佛山人物志

清代卷 上

佛山市图书馆 编

岳麓書社·长沙

《佛山人物志·清代卷》编委会名单

《佛山人物志》序

佛山作为历史文化名城，岭南文化的发源地，气标两广，大聚八方，通济天下，享誉中外。它既是武术之乡，又为粤剧之源，还称陶艺之都。曾发掘区位优势，成就冶铸、纺织、成药之业；借助三江便利，骈集百货，流通海外，成为明清商贸之首。历史上，佛山不仅与汉口镇、朱仙镇、景德镇并称“四大名镇”，而且与广州合称“省佛”，更有甚者，康熙年间，它与北京、苏州、汉口同列“天下四大聚”。改革开放以来，佛山得风气之先，再次迸发出勃勃生机，开拓创新，趁势精进，陶瓷、家电、电子、机械、塑料、纺织、建材等实体经济集群发展，在激烈的市场竞争中脱颖而出。不仅规模宏大，自成体系，而且品质上乘，特色鲜明，闻名遐迩，风靡世界。2019 年以来佛山进入“GDP 万亿俱乐部”，稳居广东经济第三城，且有发展越来越强劲快速的趋势。

按照古代观念，佛山地处岭表，偏于一隅，远离朝廷；以现代眼光来看，它既非特区，又非省会，缺少政策优势，不是政治中心。一个地理历史并不占强的城市，为何能异军突起、异彩纷呈，而且活力四射、潜能无穷、繁华永驻呢？

一个重要的原因是，明清以来岭南文化后来居上，独领风骚，成为近古文化过渡到现代文化，中华文明融入世界文明的先导，而岭南文化的形成发展又与佛山有着直接联系。佛山有一批最早的具备现代思想的文化先驱。作为启蒙者，黄衷、邱熺、梁廷枏、康有为等率先将目光投向世界，不仅接触到西方的地理文化、现代科技，而且关注到欧美的社会演进和思想嬗变。佛山士人不仅成为清末戊戌维新的主流，而且引领后来的中国先进知识分子向西方寻求真理，传播民主思想，探索救国富民之道。

如果进一步推本溯源，明清以来的佛山学者为古代儒学的演变、现代学术的发展开辟了道路，打下了基础。明代西樵的四大书院，使西樵山成为远近闻名的“理学名山”。湛若水、霍韬、方献夫论学于前，朱次琦、康有为等施教于后，主张德才兼备，提倡学以致用。他们阐释理学，更多地强调立德做人，经世济人，求真务实。例如，在“万般皆下品，唯有读书高”，全民都将科举作为升官进爵之机时，湛若水要求学子“慎勿以举业、德业为二段事干，涵养吾德业，则发挥于文章，句句是事实”，在他看来，完善自我，修己达人，竭尽才能，实事求是，有益于社会，才是读书人的根本之道。这既与当时的世俗观念划清了界线，又赋予传统儒学新的内涵，它更多地推崇“德业”，强调知行合一，摒弃空谈，最后臻于“句句是事实”。朱次琦以“四行”“五学”授徒，涉及国计民生，涵盖政治、经济、军事、水利、文物制度等。康有为更清晰地指出，“所以致富强者在致精工学，专意工学校之教”，进而提出工业兴国，物质救国。他具备现代专业学科的认知，主张“认专门之学以就专科之师”，同时将求真务实的传统与专门学习联系起来，指明学术的根本途径在于躬行实践，“学农必从事于田野，学工必从事于作场，学商必入于市肆，学矿必入于矿山，学律则讲于审判之所，学医则讲于医病之室”。只要细加考察就可发现，明清岭南学者逐渐形成的共识包括：向善是道德的追求，求真是前行的方向，务实是具体的行为，利民是最后的归宿。它从根本上扭转了传统儒学“修身、齐家、治国、平天下”，向举业的世俗化沉沦，改变了读书做官的传统认知和价值取向，提出了“德业”的方向，扩大了文化的功用，拓展了知识的范围，开阔了士人的视野，丰富了学子的才能，从而向世人展示出比读书做官更宽阔的前景。同时，将知行合一、学以致用的儒学思想变得清晰具体，切实可行。

随着时代发展，岭南文化的先进认知在佛山深入人心，被一代又一代的佛山人所接受；而一代又一代的传承，又使崇文务实、敢为人先成为一种文化积淀，内化为一种主体的自觉。从这个意义上来说，岭南文化的先进性为其策源地佛山的经济繁荣奠定了思想基础，而佛山人的积极拼搏、奋力开拓、坚持不懈、勤勉耕耘则是岭南文化先进性的具体体现。这种先进而独特的文化精神，激发了人的主体能动性和创造能力，促进了各司其业、各显其才、各展其长的社会文明，形成了物尽其宜、川尽其用、地尽其利的良性循环。事实证明，西樵山文化被誉为“珠江文明的灯塔”绝非浪得其名。

正是有鉴于此，佛山各级领导、文化学者在探讨文化渊源及其影响之时，特别重视展现当地历史人物的主体精神和主观能动性。佛山炎黄文化研究会、佛山市政协文教体卫委员会率先编辑出版了《佛山历史人物录》（花城出版社 2004 年），对百余位历史名人、各界代表加以推介；其后，佛山市地方志编纂委员会编辑出版《佛山人物志》（方志出版社 2011 年），方继浩等选编出版《佛山历史人物录》（广东人民出版社 2016 年），反映佛山名人的生平事迹和历史贡献，记录佛山藏龙卧虎、人杰地灵的种种佳话。

在此基础上，今天佛山市图书馆另辟蹊径，立足馆藏，重新整理编纂的《佛山人物志》（下文简称本书）问世。与既有的《佛山人物志》《佛山历史人物录》相比，本书更广泛地考察人的因素，从人才的角度，展示佛山的历史悠久，英才辈出；以更为丰富详实的地方史料，客观具体地反映历史人物的生平事迹及其对当地经济、政治、文化的深远影响。其有别于既有著作的价值主要体现在以下三个方面：

第一，搜集的范围更广，收录的人物更多，反映的事迹更加可观。从附录的材料看，编者参阅、采集的文献多达 60 余种，上起战国，下至清末，入选者近 9000 人。史料包括人物的姓氏字号、生活朝代、活动领域、主要事迹以及典籍依据。凡是对当地政治、经济、文化、教育献出一己之力，对开启民智、移风易俗提出一孔之见，在当时当地留下一言一行，即便在历史典籍中一灯如豆者，都在囊括之中。不限于大佬名流，不拘于祖居原籍，不计其地位高低，不论其思想倾向，凡是在佛山居住生活、雁过留声、人过留名、记诸典籍者，尽量收揽无遗。

例如，五代邓逵，字达唐，原籍不详，为后周太常博士，赵宋代周，他“耻事二姓”，“弃官隐于龙江”，兄弟三人与当地百姓亲密无间，重礼兴教，翕然向学，深得乡人敬重，当地河涌也因之改名为“邓公涌”。这种记载不仅生动体现了顺德百姓见贤思齐的美好品质，而且从一个侧面反映了岭南文化海纳百川的特征，表现出当时当地的价值取向和纯朴的感情。时至今日，佛山依然如此，向外来建设者张开双臂，地不分南北，人无问东西，如泰山不让土壤，河海不择细流，求贤若渴，广纳人才，不能不说风度有自，风气使然。

再如，佛山人冼靖，字靖安，既无官职，亦无功名，危难之际却挺身而出。明代正统年间，当黄萧养起兵占据广州、进攻佛山时，他随父亲冼灏通“率乡子弟为兵”，在“无甲兵之援、险塞之限”的情况下，列栅为城，凿沟为堑，坚守到黄萧养兵败，保全佛山免受战乱，佛山因此被钦赐“忠义乡”之名。事平之后，“贼既就擒，官司檄剿各村从贼者”，冼靖却“请释迫胁，活者无算”。这些记载充分反映其人既敢于担当，又宽厚善良的品质。更加细致也更为感人的记载还有：“有盗潜入其室期夜行窃，靖呼盗出。盗惧，因取案头笔札悉报其党姓名，得三十余人。靖对盗焚之，与钱一贯曰：‘余安责若？第愿若改行，毋终于盗耳。’盗涕泣叩头去。”这更展示了冼靖的博大胸怀和与人为善的态度。这些从普通百姓身上表现出来的美好品质，正好反映了当时的世俗民风。

还有，元末顺德陈村的区思本，只是一介书生，“幼失怙恃”，终身布衣，只因重孝悌、通诗书、性高洁，以“事继母孝”“能为诗古文词”“独隐于耕”等寥寥数语记于方志，虽其人无惊世之举，无显赫之功，寂寂无名，如烛光萤火，却享有清誉，编者也加以辑录，垂之后世，流芳乡野。

凡此种种，都说明此书爬梳之细，采集之广。相比之下，2011 年版《佛山人物志》分人物传、人物录、人物简介、人物表，若仅从目录看，类别不免粗放，入选也只有 600 多人；2004 年版《佛山历史人物录》主要着眼于名人，重点评述 100 余名流的生平事迹；2016 年版的《佛山历史人物录》在人物选择上依然沿袭前书的思路，只是加以新的、更加明确的类别。因此新编的《佛山人物志》更加全面，与已有的佛山历史人物相关著作前后相应、互为补充、相得益彰。

第二，有功于当世，有利于未来，更便于后人的研究。与 2011 年方志出版社本《佛山人物志》和《佛山历史人物录》另一个不同之处在于，本书直接呈现原始资料，既有古籍整理性质，又有资料汇编的特点。它以时间为线索，以人物为焦点，胪陈既有典籍，排列相关本事，注释典故语词，做了不少基础性的工作，这是颇有意义的。

同一人物，不同方志的记载往往会有一些出入，甚至前后抵牾。例如：

> 刘镇　字叔安，南宋南海人。嘉泰二年（1202）进士。因过失，谪居福建三山三十年，真德秀镇闽，进言朝廷，始获自由。弟镕、铎。

其下，有嘉靖《广东通志》卷十一《宋·进士》、卷五十八《列传十五·人物五》的相关史料加以补充。同时列举了不同的说法，嘉靖《广东通志》记载其人是南宋嘉泰二年（1202）进士，而《广东通志初稿》卷十九《进士科·宋·广州府》却记载，其人嘉定二年（1209）中进士。嘉泰二年与嘉定二年虽然只有一字之差，时间上却相差 7 年。孰对孰错，需要考订。这里，编者采信的是嘉泰二年，而不是嘉定二年。理由虽然没有明说，但它列出了万历《南海县志》卷十一《人物列传二》、崇祯《南海县志》卷九《人物列传》、道光《南海县志》卷三十四《列传三·宋·刘镇》等数种方志作对比。细心读者不难发现，崇祯本记载的进士科时间为“嘉泰三年”，显然时间上更为接近，因此嘉定二年可信度较低。编者将不同文献一一列出，互相对比，异同一目了然。这样，一个人物词条不仅集中了尽可能多的资料，而且提出了问题，引起进一步探讨的兴趣。提醒后来的研究者，要彻底解决问题，还要去查阅更多更细的史料，例如《宋史》的科举卷、宋代进士名录等专门文献。

即便没有出入、没有异议的人物，多提供一些原始资料，也是有利于深化认知的。例如，本书依据《广州府志》《广东通志》等方志，制定词条：

> 何淡　（约1427—约1500）字中美，明顺德乐从葛岸人。正统十二年（1447）举人，天顺元年（1457）进士。为官30年，五十多岁辞官归。父道宏，从弟经。

其下，罗列了《广州志》卷三十八、三十九、四十的相关科考信息，嘉靖《广东通志》卷六十一《列传十八·人物八》的出仕记载，再辅以万历《顺德县志》卷九、康熙十三年《顺德县志》卷七、咸丰《顺德县志》卷二十二等多种佐证材料。这样，何淡的科考过程、仕宦经历、高洁品德、对乡人的影响都得到非常清晰具体的展示。不仅为相关研究提供了资料，节省了从头翻查的工夫，而且还为后人提供了指引，便于更加深入地考察。

由此可见，本书的编辑出版有更多的资料价值，更深远的学术意义。

第三，客观实录，不作主观品评，更加多元化，自有发散性。

毫无疑问，2011年方志出版社本《佛山人物志》和《佛山历史人物录》的编写主要是为了推介佛山，说好佛山故事，带有宣传的性质。而本书不从当代视角去解读历史，引导读者，只是胪陈史料，从而避免刻意的美化现代意义的评说，造成先入为主的印象，更具客观性。

例如，对明代的黄萧养、清代红巾军的陈开，2011年方志出版社本《佛山人物志》和《佛山历史人物录》都有现代眼光的评判，而本书只陈史料，不加评述。请看：

> 黄萧养 （1410—1450）原名懋松，明南海县罗村人。年少家穷，萧家收养，改名萧养。被官府关押，率同囚十九人冲出牢门，打开广州城东门到顺德冲鹤堡，正统十四年（1449）在横江二龙山（今顺德勒流龙眼村）祭旗起兵。攻广州城，消灭前来镇压的都指挥使王清，自立为“顺民天王”，改元“东阳”，建都大良。朝廷命都督同知董兴为左副总兵，调广西、江西和南京的驻军驰赴广东会剿。同时派左佥都御史杨信民巡抚广东，分化瓦解，黄军人心动摇。景泰元年（1450），杨暴病身亡，黄军迎击董兴于大洲头菠萝庙、白蚬壳一带，黄中箭死。

在此词条下面，编者胪陈的史料有：《粤大记》、崇祯《南海县志》卷二《政事志·事纪》、咸丰《顺德县志》卷三十一等，纠错勘误，补充说明。

这样处理的好处是，不直接臧否人物，不带政治色彩，不作道德评判，不溢美，不隐恶，让读者直接阅读史料，了解事件的前因后果、人物的所作所为。词条中还舍弃了方志中原有的“貌甚陋”“一目眇”之类的描述，更显不偏不倚，冷静公允，更多超脱与客观，更能启发多元的价值思考。同时这样做也更尊重历史，避免了断章取义，避免了同一事件、人物品评上的自相矛盾，一方面肯定暴动领袖，另一方面又赞扬戡乱民众。

总而言之，本书是继2011年方志出版社本《佛山人物志》和《佛山历史人物录》后的鸿篇巨制，规模大、搜罗广、体系新，极具资料价值和学术价值。它的问世，必将激发广大读者特别是地方文化研究者的强烈兴趣，深化佛山历史人物的研究。

李克和于广州从化温泉

（作者简介：佛山科学技术学院文学与艺术学院原院长，广东省广府文化研究基地原主任，教授。）

编辑说明

1. 本书集录了广东地方志中所见的佛山有姓名有时间点的人物，地域包含现在佛山所辖五区，即南海①、顺德②、高明③、三水④、禅城⑤。时间起于清初的左乾生，止于清末的陆丹林。以原始文献为主，标明出处。

2. 所录人物按生卒年、科举考试年或其他在原文中出现的时间排列，时间相同的按姓氏笔画排列。如果某人在地方志中有记录

①南海：秦始皇三十三年（前214），置南海郡。隋开皇九年（589）废郡，十年（590）以番禺县地置南海县，属广州总管府，南海县政区建置自此始。唐武德四年（621），废南海郡置广州，南海为其属县。五代南汉乾亨元年（917），析南海县地为常康、咸宁二县。北宋开宝五年（972），复置南海县。名称沿用至今。

②顺德：秦属南海郡番禺县，隋属番禺县分出的南海县，五代南汉时属南海县分出的咸宁县，宋初重新并入南海县。明景泰三年（1452），划南海的东涌、马宁、鼎安、西淋四都和新会的白藤一堡置县，取“顺天明德”之意。明清由广州府管辖，民国时属粤海道管理，废道后直属省，中华人民共和国成立后属佛山。

③高明：汉元鼎六年（前111），朝廷置兵今高明明城青玉岗，因地势高爽，故称“高明寨”。秦属南海郡，汉至西晋为苍梧郡高要县地。明成化十一年（1475），分高要苍步、清泰等二十四都另置高明县，以高明寨得名，县治在明城。明清属肇庆府，1963年起属佛山。

④三水：秦属南海郡，西汉至东晋属番禺、四会县。明嘉靖五年（1526），分割南海县三十四图、高要县一十七图设置新县，因西、北、绥江在境内汇流定名。1949年，佛山市人民政府成立，受佛山市管辖。

⑤禅城：晋代称季华乡，唐贞观二年（628）称佛山。明清时与湖北的汉口镇、江西的景德镇和河南的朱仙镇并称中国的“四大名镇”。明景泰三年（1452），敕封为“忠义乡”。民国时，曾先后设佛山镇、佛山市、佛山镇。1949年，佛山市人民政府成立。2002年，设立佛山市禅城区。

却没有时间点，斟酌时间予以编排。有生卒年的人物，生年同卒年不同者，先卒者排在前。对只有时间点的人物，设该时间是其人生中点，统一定为 30 岁，与有生卒年的人一起排列。少量人物在地方志原文中有可供推算年龄的词语，如弱冠统一作 21 岁计算，强仕计作 40 岁，如此推出的生卒年一般都加了“约”字，仅供参考。

3. 原文照录时基本按各方志编纂时间先后排列。遵循时代越久远资料越珍贵的理念，先出的地方志全录，年代靠后的只录独有的内容，省略部分用“……”表示。收录格式为：姓名（生卒年），姓名别的写法、字号，所属朝代、地域。能揭示其生平的时间节点、主要经历和与人物相关的亲缘关系。所引资料著录格式为：年号、地方志名、卷次、篇次、地方志原文。对地方志原文加以断句标点，希望有助于通读。每个人的资料繁简不同，有则录，无则省。生僻字词酌加注解，一般仅出注一次。原文中帝王年号，在解释文字中用括号标注公元纪年。

4. 凡同姓名者，按时间先后，在姓名后括注朝代年号加以区分。

5. 人物互相之间有亲缘关系（如祖孙、父子、兄弟），如果各自的资料都比较零碎，一般集中到年辈较早、资料较多的人物名下，以利于了解他们的背景，不再按各自的时间分别排列。个别人物的传记分录在其亲属名下，既保存了原始材料，又帮助理解该亲属的背景。

6. 地方志原文中的漫漶缺字用“□”代替，缺多少字即用相应数量的“□”来代替。对于缺字不详的情况，在注释中予以说明。

目　录

清

清

左乾生　字济夫，清顺德龙山人，原籍江西南城，居佛山。为人重信用，轻钱财。子必蕃，孙大章、粤章，曾孙业光。

［雍正］《广东通志》卷三十七《封荫志·国朝封赠》：顺德人，以子必蕃赠扬州中宪大夫。

［乾隆］《佛山忠义乡志》卷九《人物志·貤封·清》：字济夫。原籍江西南城人，由诸生拔贡。遨游至粤，因卜迁焉，隶籍顺德而居于佛山。为人重然诺，轻财贿。尝岁暮窭甚，向友人贷得十金，途遇识者诉说困迫，即解所贷金与之。其人固与贷金者有旧，因过语其事且曰："非遇左某，无以卒岁矣！"贷金者愕然，索金视之，果即己物也。亟走询乾曰："君不能自了，乃代人了耶？"乾笑应曰："周急，性所快，殊不暇自谋。"贷金者叹服，袖出数金赠之曰："君幸勿复尔，余不能再助。"乾笑受之。其义侠多此类。子必蕃，以乡荐仕至左副都御史，赠乾生中宪大夫。孙大章、粤章俱领乡荐，粤章现仕大理寺评事。曾孙业光，有俊才，能诗，工书画，早卒。

刘振国　字美徵，清顺德逢简人。顺治八年（1651）举人，授真定司理，改西和县令。长子云鹄，次子云汉。

［康熙十三年］《顺德县志》卷六《选举志二·国朝·乡举·顺治辛卯》：逢简人，真定府推官，改西和县知县。

［乾隆］《顺德县志》卷十二《人物列传·宦绩》：字美徵，逢简人。性颖悟，事父兄以孝恭著。弱冠游郡泮，顺治辛卯举于乡，授真定司理，称廉明。有明经作令中州逮讯，前官既定重案，振国悯其非辜，故稽限需赦活之。所谳狱有为上官所私强其改断者，至三驳不徇。后理官奉裁，改西和令，安集流民，炉冶多士。西土故贫，为捐橐代赔积欠，市布散给冬衣。事闻，他邑误以为富，谮于墨宪，欲伺其隙而中之，终不可得。振国乃告归。长子云鹄，字抗之，补肇郡诸生，诗字颇负时名，父任爰书平反多出其手。外艰服阕，每居幕府，所在多颂声、无疑狱。次子云汉，丁丑进士，父子著有《清白堂集》行世。

［咸丰］《顺德县志》卷二十五《列传五·国朝一》：子云鹄，字杭之，肇府生，以声诗、法书负时名。精名法，父治狱平反者多令访实筹办。

刘琅 本姓冯，清顺德石硝（今属南海）人。顺治八年（1651）举人。

［康熙十三年］《顺德县志》卷六《选举志二·国朝·乡举·顺治辛卯》：石硝人，原姓冯。

［康熙］《广东通志》卷十五《选举志上·广州府·举人·国朝·顺德》：顺治辛卯，本姓冯，拣选知县。

麦应泰 清顺德马宁人。顺治八年（1651）举人。祖绍庄，祖母李氏，子万秉。

［康熙十三年］《顺德县志》卷六《选举志二·国朝·乡举·顺治辛卯》：马宁人。卷九《人物传三·列女》：李氏，马宁人，嫁夫麦绍庄……子万秉，复善事母，尝为其伯治丧具，于道中偶获遗金数十两，虽在急遽，必俟失主还之。邑大学士黄尝称其母节子廉，诗以表之。今其孙应泰，领顺治辛卯乡荐，人以为节妇余庆云。

［康熙］《南海县志》卷五《选举志·国朝乡举·顺治辛卯》：顺德人，由本学。

［康熙］《广东通志》卷十五《选举志上·广州府·举人·国朝·南海》：顺治辛卯，拣选知县。

严而宽 清三水城内人。恩贡，顺治八年（1651）任广东阳春训导。

［康熙四十九年］《三水县志》卷三《选举表·贡途·明季恩贡》：城内人，顺治八年，奉旨将贡，考委阳春训导。

严桂芳 清高明罗塘人。顺治八年（1651）恩贡。

［康熙八年］《高明县志》卷四《选举表·清恩岁贡》：罗塘人，顺治八年恩贡。

［道光］《高明县志》卷十二《选举志·贡生·国朝》：罗塘人，顺治八年府学恩贡。

杜日昇 清高明人。顺治八年（1651）恩贡，任广东永安（今紫金）教谕。

［康熙八年］《高明县志》卷四《选举表·清恩岁贡》：清泰人，顺治八年恩贡，任惠州府永安县教谕。

［道光］《高明县志》卷十二《选举志·贡生·国朝》：大楠人，顺治八年恩贡，任永安教谕。

李翘楚 字俊生，清高明人。顺治八年（1651）督建高明学宫，康熙十七年（1678）岁贡，二十年任广东南雄训导，兼摄保昌县教谕，升南雄府教授，复莅任十余年归，寿94岁。父良材，子其蕃。

［康熙八年］《高明县志》卷八《学校志·戟门》：顺治八年，知县萧来仪、教谕王孙枢重修，生员黄邦英、李翘楚、何之梓督理，吏部主事、邑人关捷先记。

［康熙二十九年］《高明县志》卷十二《贡生·清》：城中人，康熙十七年岁贡。

［康熙五十八年］《肇庆府志》卷十四《选举志·国朝·岁贡·高明》：十七年贡，仕南雄训导，高明县学康熙间贡。

［道光］《广东通志》卷四十八《职官表三十九·国朝六·南雄府·教授训导·康熙朝》：高明人，二十年任……训导。

［道光］《高明县志》卷十二《选举志·贡生·国朝》：城中人，康熙十七年岁贡。任南雄府训导，掌理教授，兼摄保昌县教谕。卷十三《人物志·国朝》：字俊生。好学能文，操行端正，由岁贡任南雄府训。课士甚勤，时给诸生膏火，且和易近人，沐其教者如坐春风。秩满将迁，绅士爱不忍别，联呈留任。大宪嘉其善诲，升南雄府教授。复莅任十余载，制锦荣归。年九十四而卒。卷三《建置志·亭台塔书院·文昌台》：文昌台，在文昌塔右……康熙十八年，通邑绅衿捐资重建……贡生李翘楚、生员谭升闻等督理。

吴羽先 清南海人。顺治八年（1651）举人。父继光。

［康熙］《广州府志》卷二十七《乡举·国朝·南海》：顺治辛卯，由府学。

［道光］《南海县志》卷三十八《列传七·吴继光传》：子……羽先，顺治辛卯举人。

吴显遇 清顺德小陈村人。顺治八年（1651）举人。

［康熙］《广州府志》卷二十七《乡举·国朝·南海》：顺治辛卯。

［康熙十三年］《顺德县志》卷六《选举志二·国朝·乡举·顺治辛卯》：小陈村人。

［康熙］《南海县志》卷五《选举志·国朝乡举·顺治辛卯》：顺德人，由本学。

余圣典 清顺德龙江人。岁贡，康熙二十五年（1686）任高要县训导。父犹龙，弟圣衡。

［康熙二十六年］《顺德县志》卷八《人物传·德业·余犹龙传》：仲子圣典，岁荐。季子圣衡，领贤书。长孙学昌，登康熙丙午乡荐，与龙先后同科，为令皆有声，家传有治谱云。

［康熙五十八年］《肇庆府志》卷八《秩官志二·国朝·高要县训导》：顺德人，岁贡，康熙二十五年任。

［乾隆］《顺德县志》卷十《选举志·贡生·清朝·康熙岁贡》：龙江人，高要县训导。卷十四《人物列传·节妇》：中书黄昌祯妻何氏，甘竹人，明大学士何吾驺女也……子承珣寻游邑庠，娶高要司训余圣典女。

余圣衡 清顺德龙江人。顺治八年（1651）举人，任安徽祁门知县。父犹龙，兄圣典。

［康熙十三年］《顺德县志》卷六《选举志二·国朝·乡举·顺治辛卯》：龙江人，祁门县知县。

［康熙二十六年］《顺德县志》卷八《人物传·德业·余犹龙传》：仲子圣典岁荐，季子圣衡领贤书。长孙学昌，登康熙丙午乡荐，与龙先后同科，为令皆有声，家传有治谱云。

余学昌 清顺德龙江人。顺治八年（1651）副贡，十二年代理高明教谕。康熙五年（1666）举人，任河北三河、北京平谷知县。父圣圃。

［康熙八年］《高明县志》卷三《秩官表·国朝·教谕》：顺德人，廪生。奉部院李考取，顺治十二年委署，后中康熙五年乡试。

［康熙］《广州府志》卷二十七《乡举·国朝·南海》：康熙丙午，顺德人。

［康熙十三年］《顺德县志》卷六《选举志二·国朝·乡举·康熙丙午》：龙江人。

［康熙二十六年］《顺德县志》卷六《选举志·国朝·举人·康熙五年丙

午科》：龙江人，平谷县知县。

［乾隆］《顺德县志》卷十《选举志·举人·国朝·康熙丙午》：南海籍龙江人，三河县知县，补平谷。

［咸丰］《顺德县志》卷十一《副贡·国朝·顺治》：龙江人，辛卯。卷十二《封赠（文阶）·国朝》：余圣圃，龙江人，以子学昌赠知县。按：《龙江乡志》“圃”作“图”。

张玉书　清南海人。顺治八年（1651）举人。

［康熙］《广州府志》卷二十七《乡举·国朝·南海》：顺治辛卯。

张言飏　清南海人。顺治八年（1651）举人，任知县。

［康熙］《广州府志》卷二十七《乡举·国朝·南海》：顺治辛卯，知县。

陆聪　本姓左，清顺德龙山人。顺治八年（1651）举人。

［康熙十三年］《顺德县志》卷六《选举志二·国朝·乡举·顺治辛卯》：龙山人，本姓左。

［康熙］《南海县志》卷五《选举志·国朝乡举·顺治辛卯》：本姓左，顺德人，由本学。

陈定邦(清顺治)　清南海人。顺治八年（1651）因军功提拔为千总。

［道光］《南海县志》卷二十二《选举表三·国朝·行伍·顺治朝》：军功，拔千总，辛卯。

陈凯　清顺德马齐人。顺治八年（1651）岁贡。

［康熙六年］《西宁县志》卷六《选举志·国朝·恩岁贡》：顺德人，顺治八年恩岁贡。

［康熙十三年］《顺德县志》卷六《选举志二·国朝·岁贡·顺治》：马齐人，由西宁学岁贡。

陈敦赞　（1622—1710）明末清初顺德大良人，寿89岁。妻冯氏，寿97岁；子辉信，寿87岁；媳廖氏，寿89岁。

［乾隆］《顺德县志》卷十四《人物列传·齐眉》：大良人。生天启壬戌，

终康熙庚寅，寿八十九。妻冯氏，生天启甲子，终康熙庚子，寿九十七。子辉信，寿八十七；媳廖氏，寿八十九。两代皓首齐眉，受恩赐粟帛。

陈蕴玉 清顺德古朗人。顺治八年（1651）举人。

［康熙］《广州府志》卷二十七《乡举·国朝·顺德》：顺治辛卯。

［康熙十三年］《顺德县志》卷六《选举志二·国朝·乡举·顺治辛卯》：古朗人。

郑懋昌 清顺德人。顺治八年（1651）举人，崖州学正，十年任广东龙川教谕。

［康熙］《广州府志》卷二十七《乡举·国朝·顺德》：顺治辛卯。

［康熙十三年］《顺德县志》卷六《选举志二·国朝·乡举·顺治辛卯》：林头人。

［康熙］《南海县志》卷五《选举志·国朝乡举·顺治辛卯》：顺德人，由本学。

［康熙］《广东通志》卷十五《选举志上·广州府·举人·国朝·南海》：顺治辛卯，学正。

［乾隆］《顺德县志》卷十《选举志·举人·清朝·顺治辛卯》：南海籍桂林人，崖州学正。

［道光］《广东通志》卷四十九《职官表四十·国朝·龙川县·教谕训导·顺治朝》：顺德人，十年任教谕。

罗为昆 （1622—1714）明末清初顺德大良人，寿95岁。子文瞻，寿92岁。

［乾隆］《顺德县志》卷十四《人物列传·耆寿》：大良人。生天启壬戌，终康熙乙未，寿九十四。子文瞻，生顺治癸巳，终乾隆甲子，寿九十二。

罗孙耀 字乃远，号澹峰，清顺德大良石湖人。顺治八年（1651）举人，十二年任广东曲江县教谕。十五年进士，任贵州都匀推官。辞官回乡，隐居石湖别业20年。子世斗、世举，孙天尺。

［康熙］《广州府志》卷二十七《乡举·国朝·顺德》：顺治辛卯，进士。《进士·国朝·顺德》：顺治戊戌，都匀府推官。

[康熙十三年]《顺德县志》卷二《建置志·书院》：石湖别业，在城北门外。邑人进士罗孙耀建，中有亭台楼阁。卷六《选举志二·国朝·乡举·顺治辛卯》：大良人，戊戌进士。

[乾隆]《顺德县志》卷十二《人物列传·宦绩》：字乃远，号澹峰，大良人，宋务光子〔昂〕之后。性严毅，襟怀洒落。痛先世大父及父俱以经学□赍志没，愤励精研，夜分尝屏床褥，工文艺。顺治辛卯中乡荐，乙未任曲江教谕。事上之体特慕海忠介，韶守衔之。守幕下腹心为曲江弟子员，干法事败，守欲庇之，不听。守怒诟曰："苜蓿青毡敢与黄堂①抗，片牍立斥耳。"不为动，竟惩之。守诬详揭，时丁酉冬届公车，挈家夜遁。戊戌登进士乃获免。擢贵州都匀府司理□□月□□借寇回籍，值吴逆乱解组归。适邑里多□□□□□，邑令听左右征敛无艺，挠之遭诬陷□□□□□□宽谕寝其事。孙耀遂深自□晦，构□□□□□□□□，中有迷蝶园、感鱼小隐、问津亭、淡远竹堂诸胜。效司空图故事，生立衣冠冢，手植三松于门，自号三松处士。与□□□②、梁梿、彭睿埙、吴文炜、刘云汉辈结石湖社，暇则出游山水名胜，旬月不归。诸贵人请谒，弗与通。一日，两粤制军吴兴祚③循行邑境，雅慕一见。香山令胡戴仁直造榻达其意，卒以病辞。制军为诗有"萧然我亦忘情者，何处烟霞问野人"之句。有同年友陈肇昌督学粤东，或请用一刺为诸儿地不许，邑令以金为寿不纳。乡居二十年，以古道训族人。他姓有佻儇④者，辄相戒曰：毋为石湖处士羞。尝修族中祠墓，拓蒸尝，设义仓，岁歉赖不瘠者数百人。子七人，次世斗，肇郡廪生；四世举，康熙癸酉副贡、定安教谕。著有《驱饥集》。孙天尺，乾隆丙辰举于乡。侄世熊，番禺陪贡，俱名噪一时。人羡其家学渊源云。

[道光]《广东通志》卷七十七《选举表十五·进士·国朝·顺治十五年戊戌孙承恩榜·广州府》：顺德人，二甲，都匀府推官，《顺德志》误列乙未。卷一百九十七《艺文略九·集部三》：《石湖集》，国朝罗孙耀撰，未见。《广东诗粹》，孙耀……早岁归隐，构石湖别业，谢绝时贵。

[咸丰]《顺德县志》卷二十五《列传五·国朝一》：会县有军事旁午，

---

①黄堂：古代太守衙中的正堂，此借指太守。

②原本此处空白，应是"陈恭尹"。恭尹之父邦彦为明末抗清义士，被禁，避嫌不书。

③吴兴祚（1632—1698），字伯成，清浙江山阴（今绍兴）人，官至两广总督。著有《宋元诗声律选》《史迁句解》《粤东舆图》。

④佻儇（tiāoxuān）：轻薄浪荡。

令王印夺于吏胥，征敛无艺。孙耀计挠之，揭八大罪陈平藩，令亦污孙耀，庭质知其事直得寝。遂隐石湖别业，自立生圹……与陈恭尹、梁梿、彭睿埙、吴文炜、刘云汉结社。

周继贤 清顺德黎村人。顺治八年（1651）解元，拣选知县。因豪放为康熙初藩王尚之信恼恨，招祸而死。祖士宏。

［康熙十三年］《顺德县志》卷六《选举志二·国朝·乡举·顺治辛卯》：黎村人，解元。

［康熙］《广东通志》卷十五《选举志上·广州府·举人·国朝·顺德》：顺治辛卯，解元，拣选知县。

［康熙二十六年］《顺德县志》卷八《人物传·德业·周士宏传》：曾孙继贤，举顺治辛卯乡试第一，以豪放为逆藩尚之信所疾，罹祸卒。

胡天宠 字卜嘉，清顺德桂洲人。顺治八年（1651）举人。子景曾。

［康熙十三年］《顺德县志》卷六《清朝·乡举·顺治辛卯》：桂洲人，子景曾。《封赠·清朝》：桂洲人，辛卯科举人，以子景曾贵封长沙府推官。

［道光］《广东通志》卷一百九十七《艺文略九·集部三》：《香眉堂诸集》，国朝胡天宠撰，未见。《岭南五朝诗选》，天宠字衢陟……著有《香眉堂集》《约草》《旅草》《寄草》《方外吟》《纪游漫言》诸书。

［咸丰］《顺德县志》卷十一《举人二·国朝·顺治》：字卜嘉，桂洲人，景曾父，辛卯科。

胡光瑗 字据叔，号竹滩，清顺德甘竹人。顺治八年（1651）举人，十八年进士，任江苏丹阳知县。

［康熙十三年］《顺德县志》卷六《选举志二·国朝·乡举·顺治辛卯》：甘竹人，辛丑进士。《选举志二·国朝·进士·顺治辛丑》：丹阳县知县。

［乾隆］《顺德县志》卷十二《人物列传·宦绩》：字据叔，家于甘竹左滩，故号竹滩。举顺治辛卯乡科，辛丑成进士。为人戆直，守正不阿，然于宗党间，未尝有矜厉之色。出宰丹阳，恩威并济，抚驭有方，民德之。

［咸丰］《顺德县志》卷二十五《列传五·国朝一》：字璩叔。

钟来吉 本姓黎，清南海人。顺治八年（1651）举人，十六年任广东大埔县教谕，康熙八年（1669）任罗定州学正。

[康熙]《广州府志》卷二十七《乡举·国朝·南海》：顺治辛卯，由府学，见任学正。

[康熙]《南海县志》卷五《选举志·国朝乡举·顺治辛卯》：本姓黎，教谕。

[道光]《广东通志》卷五十《职官表四十一·国朝八·大埔县·教谕训导·顺治朝》：南海人，十六年任，教谕。卷五十六《职官表四十七·国朝十四·罗定州·学正训导·康熙朝》：南海人，八年任，学正。

袁璜　清南海人。顺治八年（1651）副贡。

[道光]《南海县志》卷二十一《清·贡生荐辟·顺治朝》：辛卯副贡。

梁先登　清三水龙池人。恩贡，顺治八年（1651）任广东新会训导。

[康熙四十九年]《三水县志》卷三《选举表·贡途·明季恩贡》：龙池人，顺治八年，考委新会训导。

黄际会　清三水城内人。恩贡，顺治八年（1651）任广东肇庆府训导。

[康熙四十九年]《三水县志》卷三《选举表·贡途·明季恩贡》：城内人，顺治八年，考委肇庆府训导。

黄金胜　清南海佛山镇人。顺治八年（1651）举人，十二年任广东广宁县教谕。康熙十三年（1674）任曲江教谕，二十二年任潮州府教授，三十年尤在职。父德昌。

[康熙]《广州府志》卷二十七《乡举·国朝·南海》：顺治辛卯，由番禺学，见补教谕。

[康熙]《南海县志》卷五《选举志·国朝乡举·顺治辛卯》：现任教授。

[乾隆]《佛山忠义乡志》卷八《人物志·孝友·清·黄德昌传》：字好生。四岁而孤，母孔氏年二十余孀守，昌奉母以孝闻。常痛父不及见，访貌类者，自染丹青肖而轴之，节朔展拜，哀慕不辍也。博学强记，以数奇不售，乃筑别业栖息其中。好吟咏，工绘事，性尤倜傥好义，乡族多取裁焉。所著有文集诗集，自颜曰“本强”，藏于家。子金胜，领顺治辛卯乡荐，历潮州

教授。

［康熙十二年］《肇庆府志》卷八《秩官二·国朝·广宁县教谕》：南海人，顺治十二年任。

［康熙五十八年］《肇庆府志》卷八《秩官志二·国朝·广宁县教谕》：南海人，举人。顺治十二年任，升教授。

［道光］《广东通志》卷四十七《职官表三十八·国朝五·曲江县·教谕训导·康熙朝》：南海人，十三年任……教谕。卷五十《职官表四十一·国朝八·潮州府·教授训导·康熙朝》：南海人，二十二年任……教授。

［道光］《南海县志》卷二十六《艺文略二·集部·别集》：《秋园集》《树人堂稿》，国朝黄金胜撰。

黄基　清三水城内人。恩贡，顺治八年（1651）代理广东高要训导。

［康熙四十九年］《三水县志》卷三《选举表·贡途·明季恩贡》：城内人，顺治八年，委署高要县训导。

符行壮　清南海人。顺治八年（1651）举人，拣选知县。

［康熙］《广州府志》卷二十七《乡举·国朝·南海》：顺治辛卯，由府学。

［康熙］《广东通志》卷十五《选举志上·广州府·举人·国朝·南海》：顺治辛卯，拣选知县。

曾壮猷　（？—1712）字元夫，清南海九江人。顺治八年（1651）举人，任广东南海县教谕、韶州府教授三十多年。康熙二十年（1681），任广西乡试考官。

《南海九江乡志》卷三《选举·乡举·顺治八年辛卯科》：字元夫。由东安学习《春秋》，中式第四十八名。

［康熙二十六年］《东安县志》卷七《举人·国朝·顺治辛卯科》：南海人，中式第四十八名，授南海教谕。

［道光］《南海县志》卷二十一《选举表二·国朝·举人·顺治朝》：由东安学，韶州府教授。郝《通志》重列“东莞”，误。辛卯科。

《九江儒林乡志》卷十《选举略·国朝·举人·顺治八年辛卯科》：字元夫，东安学，中式第四十八名。初官南海教谕，康熙辛酉聘广西分考，迁韶州教授。卷十四《列传·清》：字元夫，东方观澜里人。由东安学，中顺治辛卯乡试。初授南海县教谕，俸满迁韶州府教授，居冷署三十余年，脩脯所入，不妄受亦不妄费，惟恤诸生贫乏无吝色。辛酉，粤西抚军聘充同考官，得士多名隽。康熙辛卯重宴鹿鸣，逾年而卒。卷八《艺文略·史部·谱系类》：《曾氏家乘》二卷，国朝曾壮猷撰。

谭李氏　（1622—1692 后）明末清初高明城中人。清军攻入高明城，其夫谭登魁被杀。她 26 岁，背负两个幼小的孩儿逃走。难平回城，孀守教子，寿终正寝。

［康熙八年］《高明县志》卷一《事纪·清》：顺治四年秋八月，陈子壮入城。（至十月二十九日，督师李成栋攻城，用火药攻破之。时……生员杨如桂、关伦纪、谭建新、杨从先、谭梦兰、谭介维、严必登、谭登魁、谭象璠、曾启佐、谭有珍、刘民钦、李宏材、谭象玙、刘景星、杨而楠、谭熢、谭继俊、杨际昌、程宪雍、杨应逊、李钟岳、杨本立、谭可美、刘守芳、麦万垓、莫可当等，杀死城内。）

［道光］《广东通志》卷三百一十八《列传五十一·列女十三·肇庆府二·高明县·国朝》：生员谭登魁妻李氏。顺治丁亥城破，登魁死难，遗孤二。李时年二十六，襁负而遁。难平返里，勤苦孀守，教子成立。康熙三十一年旌。

［道光］《高明县志》卷十四《列女志》：李氏，城中生员谭登魁妻……教二子游泮，以寿终。

谭良泰　字来祉，清高明城中人。顺治八年（1651）举人，任陕西石泉县知县。康熙三年（1664）督修文昌台，八年参修县志。

［康熙八年］《高明县志》卷四《选举表·国朝·举人·顺治八年辛卯》：字来祉，城中人，任陕西石泉县知县。卷六《建置志·台·文昌台》：康熙三年，举人谭良泰、廪生李翘楚等督理重修。卷首《高明县志重辑序》：邑绅士杨君有声、谭君良泰、李君其蕃等择吉开局，分任纂修……康熙己酉，知高明县事鲁杰识。

［康熙二十九年］《高明县志》卷十三《人物志·清》：字来祉，禀性孝友，操行端方，教授生徒，以匡扶名教为己任。举顺治辛卯乡荐，出宰石泉。泉邑土瘠民贫，间稍沃者悉属戍兵据占，民不堪命。泰甫下车，力为详请，数至被叱，泰亦不惮权势，屡为请复。逾月，上始稔泰轸恤情深，檄令悉还故业，久困获苏。历任三载，革耗羡，绝烦苛，民有以讼告理者力劝息之，

廷虚若水。后致归，萧然行橐，有古廉吏风焉。所著有《二莲轩诗集》，家藏。

谭耿　字章东，清高明大唐冈人。顺治八年（1651）举人，任山东寿光县知县。

［康熙八年］《高明县志》卷四《选举表·国朝·举人·顺治八年辛卯》：字章东，大唐冈人，任山东寿光县知县。

霍永祚　榜姓苏，清顺德马滘人。顺治八年（1651）举人，康熙五年（1666）任安徽绩溪知县。父凤光。

［康熙十三年］《顺德县志》卷六《选举志二·国朝·乡举·顺治辛卯》：霍祚，马滘人，榜名苏永祚，绩溪县知县。《选举志二·封赠·国朝》：霍凤光，马滘人，以子祚贵封七品。

［康熙］《广东通志》卷十五《选举志上·广州府·举人·国朝·南海》：顺治辛卯，知县。

［咸丰］《顺德县志》卷二十五《列传五·国朝一》：（榜姓苏，《绩溪志》作"苏霍祚"）葛岸堡之马滘人……以康熙丙午知绩溪县，剔厘积弊陋习。有报殷户充仓库吏者，上下行贿，往往倾其家，永祚勒碑禁绝。尝捐俸葺苏颍滨祠，主修《县志》。

薛起元　清顺德龙江人。顺治八年（1651）恩贡，授广东海康教谕。

［康熙十三年］《顺德县志》卷六《选举志二·国朝·恩贡·顺治》：龙江人。顺治八年，部院李考授海康教谕。

薛起鹏　清顺德龙江人。顺治八年（1651）、十一年两次乡试副贡，授教谕。

［康熙十三年］《顺德县志》卷六《选举志二·国朝·恩贡·顺治》：龙江人。辛卯副榜，甲午副榜。例贡，李部院考授电白县教谕。

［康熙二十六年］《顺德县志》卷六《选举志·荐举·国朝·顺治》：龙江人，高明教谕。

［道光］《广东通志》卷五十二《职官表四十三·国朝十·电白县·教谕训导·顺治朝》：顺德人，廪生……教谕。

何可及　字渐逵。清高明村头人。顺治九年（1652）岁贡，任从化县训导。寿81岁。

[康熙八年]《高明县志》卷四《选举表·清恩岁贡》：大幕人，顺治九年岁贡，任从化县训导。

[康熙二十九年]《高明县志》卷十三《人物志·清》：字渐逵。禀性孝友，潜心举业，不履公门。顺治辛卯科，与邑中杨有声、白一奇皆列中式，随奉文减额，俱被裁去。顺治九年岁贡，任从化训，捐俸修学，课文给赏。以艰归里，优游林下，闭户著书，弹琴、赋诗而外，淡如也，卒年八十有一。

[道光]《高明县志》卷十二《选举志·贡生·国朝》：村头人，顺治九年岁贡，任从化训导。

欧兴锭　清顺德陈村人。顺治九年（1652）岁贡。

[康熙六年]《西宁县志》卷六《选举志·国朝·恩岁贡》：顺德人，顺治九年岁贡。

[乾隆]《顺德县志》卷十《选举志·贡生·清朝·顺治岁贡》：西宁。

[咸丰]《顺德县志》卷十一《岁贡·国朝·顺治》：陈村人。

朱俊奇　清顺德龙江人。顺治时荐任广东遂溪县教谕。

[康熙二十六年]《顺德县志》卷六《选举志·荐举·国朝·顺治》：龙江，遂溪教谕。

麦华　清顺德龙江人。顺治时荐任广东韶州府教授。

[康熙二十六年]《顺德县志》卷六《选举志·荐举·国朝·顺治》：龙江人，韶州教授。

严鹤年　字会万，明末清初顺德大良人。少与兄会五、会伯师从陈邦彦，后在广州讲学。子仕忠，孙大昌、大琛。

[乾隆]《顺德县志》卷十三《人物列传·行谊》：字会万，大良人。少而嗜学，博极群书，弱冠采芹，试辄高第。讲学岭海，粤中先达多出其门。性好吟咏，及门刻其《峡游》诸草，谈风雅者竞宗之。生平恂谨多大节，丰仪秀整。同兄会五、会伯从司马陈岩野游，时有“凤山三严”之目。馆于仙湖，有女奔之，拒而不纳，因作《巫神赋》，既而焚之曰：“绮语亦当戒也！”都人称为鲁男子。方伯冼宪祖时尊礼之，以为多士式。族叔若培富而无子，

欲择为后。辞曰："孔子矍圃①不与为人后者，何忍舍吾父而父他人哉！"族多贪产争继，诘讼不休，闻风为之少变。量能容物，有贵介酗酒凌辱，旁者不平，以殴师殴祖闻于官，年反为救解。邑令称其长厚，贵介感泣，以百金为寿，笑而却之。居恒自奉甚约，祀先则丰。岁歉盗起，贷粟以赈，不足质尝继之，事平捐脩脯倡众赎还，祀典赖以不绝。邑有黄氏子被难出亡，私藏三百金托于年。乱后室空如洗，独所托者埋于井旁，发以还之。人皆叹服。晚岁逍遥物外，筑钓矶于青云海湄，把酒赋诗，人拟之富春高隐云。子仕忠，孙大昌、大琛皆有声黉序。

陈琦　字迴玉，号稚若，清顺德鼎新人。顺治副贡。无子，捐财产为庙祭田。七十多岁卒。

［咸丰］《顺德县志》卷十一《副贡·国朝·顺治》：鼎新人。卷二十五《列传五·国朝一》：字迴玉，号稚若，鼎新人……以副榜贡，不仕授徒，善诱迪，崇实学。年七十余无子，将终，悉捐己产为庙祭田。及死而会葬者数百人，乡人祀于庙庑，岁省其墓不替。

陈雌绣　清顺德容奇人。顺治时荐任广东徐闻县训导。

［康熙十三年］《顺德县志》卷六《选举志二·国朝·恩贡·顺治》：容奇人，徐闻司训。

［康熙二十六年］《顺德县志》卷六《选举志·荐举·国朝·顺治》：容奇人，徐闻训导。

［乾隆］《顺德县志》卷十《选举志·荐辟·清朝》：容奇人，顺治时徐闻训导。《选举志·贡生·清朝·顺治恩贡》：容奇人，徐闻县教谕。

谈国赞　清顺德龙涌人。顺治时任广东长宁（今新丰）教谕。

［康熙十三年］《顺德县志》卷六《选举志二·国朝·恩贡·顺治》：龙涌人，历长宁县教谕。

彭睿埙　字闻自，号竹本，清顺德龙江人。父耀。

［乾隆］《顺德县志》卷十四《人物列传·隐逸》：字闻自，号竹本，龙

①矍圃：借指学官。

江人。父耀，举人，唐王授给事。永明王立于广州，命往谕以伦序监国先后。苏观生不听，杀耀于市。睿埙过市辄流涕，明社屋后隐居不仕，寄迹僧寮野庙，人少识者，邑人所传字帖有竹本派，是其迹也。

《龙江志略》卷一《舆地·祠墓》：明通议大夫、大理寺卿忠愍彭曜墓在佛堂。明中书彭睿埙墓在佛堂忠愍公之下。

鲁兰 清顺德容奇人。顺治时荐任广西郁林州学正。

［康熙十三年］《顺德县志》卷六《选举志二·国朝·恩贡·顺治》：容奇人，广西郁林州学正。

赖镜 字孟容，号增水山人，清南海人，住佛山。曾在增城白水山读书，明亡后为僧，法名深度。工山水，书法仿苏轼、文征明。香港中文大学文物馆藏其顺治四年（1647）《山水卷》，广东省博物馆藏其顺治十五年（1658）山水画。

［乾隆］《广州府志》卷五十九《杂录一·方伎附·南海·清》：字孟容，南海人。少读书增城白水山，亦号增水山人。逃禅万寿寺，性雅淡。工点染山水，笔力遒劲，气格高凝。

［道光］《广东通志》卷三百二十六《列传五十九·方技·国朝》：同时有僧深度者，住佛山，亦善山水。

［道光］《南海县志》卷二十六《艺文略二·集部·别集》：《素庵诗抄》，国朝赖镜撰。

龙佘氏 （1623—1715）明末清初顺德大良人。寿93岁。夫龙履煜，寿94岁；子卜全，媳罗氏。

［乾隆］《顺德县志》卷十四《人物列传·寿妇》：龙履煜妻佘氏，大良人，生天启癸亥，终康熙乙未，寿九十三。媳罗氏，龙卜全妻，生顺治丙申，终乾隆丁卯，寿九十二。

黄挺华 （约1623—?）明末清初南海人。崇祯十五年（1642）举人，于清顺治任广东吴川县教谕，于康熙四年（1665）任揭阳县教谕，二十九年为佛山镇《新文昌书院记》题额。父良佐。

［崇祯］《南海县志》卷四《乡举·明·崇祯壬午》：黄挺华。

［康熙］《南海县志》卷五《选举志·明乡举·崇祯壬午》：直隶故城知县。卷十三《人物列传下·貤封·明·黄良佐传》：字佐君，别字无欲。世居羊城，家传缃素。七龄丧母，十岁失怙。值诸从兄淫佚破荡，独端重好学，弗与为伍。祖遗尝产，群从挟长斥变瓜分，恬不与校也。营葬考妣，负土成坟，遇讳日泪常盈襟，必素衣冠三日。中岁补弟子员，键户攻苦，与中表林逢春、龚文辉为师友。逮林成进士、龚应岁荐，佐偃蹇以诸生老。晚年于灵枢、青乌、天官、克择、龟筮之书无不研究，里党咨请者户屦恒满，而歙然不以术艺先人。训子惟身教，不由外傅，两子皆知名。仲子挺华，弱冠领崇祯壬午贤书。国朝筮仕，令河间故城，貤赠文林郎如子官。

［雍正］《广东通志》卷三十七《封荫志·国朝封赠》：黄良佐，番禺人，以子挺华赠文林郎。

［道光］《广东通志》卷五十二《职官表四十三·国朝十·吴川县·教谕训导·顺治朝》：南海人，举人，教谕。卷五十《清·潮州府·揭阳县教谕训导·康熙朝》：南海人，四年任……教谕。卷一百九十一《艺文略三·史部二·志乘上》：《惠州府志》二十卷，国朝吕应奎修，黄挺华辑，存。康熙丁卯，挺华，南海人。

［道光］《佛山忠义乡志》卷十二《金石志上·石·清》：《新文昌书院记》，敕授文林郎、直隶河间府故城县知县黄挺华薰沐篆额，康熙二十九年岁次庚午孟春吉旦。

［道光］《南海县志》卷二十五《艺文略一·经部·四书类》：《大学衍义抄》，明黄挺华撰。《史部·总编·汉书抄》，明黄挺华撰。卷二十六《艺文略二·集部·别集》：《待月楼稿》，明黄挺华撰。

梁建明　字国枢，清顺德大良人。顺治十年（1653）赈饥。康熙三年（1664）官府强迫迁界，为迁移者安置、施药、施棺。寿93岁。

［乾隆］《顺德县志》卷十三《人物列传·行谊》：字国枢，大良人。慷慨好义，顺治癸巳岁饥，合众捐谷赈济族戚邻里，复赒其困乏。康熙甲辰迁界，界外数千户转徙城厢，嗷嗷哀鸿，风餐露宿。建明将田园果地，搭盖茅屋，安置流民，病者施药，死者施棺掩埋。邑令张其策赠联云：存心能利物，拓土仗扶危。寿九十有三。

董惠拔　清三水大朗山人。顺治十年（1653）督修学宫。寿84岁。三水知县程翔送匾。

［康熙四十九年］《三水县志》卷十二《人物传·耆寿》：生员，大朗人。顺治癸巳春，县委督修学宫。寿八十四岁。

［嘉庆］《三水县志》卷十一《人物传·耆寿》：生员，大朗山人。顺治癸巳春，县委督修学宫。寿八十四岁，知县程扁曰"文行兼优"，绅士治锦称殇。

张汝亨　（1624—1722）明末清初顺德龙江人。寿99岁。

［乾隆］《顺德县志》卷十四《人物列传·耆寿》：龙江人。邑庠生，文行素优，生徒数百。暮年娱情山水，饮酒赋诗，儒而隐也。生天启甲子，终康熙壬寅，寿九十九。

郑邓氏　（1624—1723）明末清初顺德伦教人。寿百岁。夫郑以缉。

［乾隆］《顺德县志》卷十四《人物列传·寿妇》：郑以缉妻邓氏，伦教人。生天启甲子，终雍正癸卯，寿一百岁。

梁杜氏　（1624—1725）明末清初顺德大良人。寿102岁。夫梁守明。孙宪斌，雍正四年（1726）副贡。

［乾隆］《顺德县志》卷十四《人物列传·寿妇》：梁守明妻杜氏，大良人，国学梁士森、丙午副榜梁宪斌祖母也。勤俭慈和，克修妇道，膝下孙、曾、玄孙济济。生天启甲子，终雍正乙巳，寿一百零二岁。雍正二年旌表，建坊于阜南门外。

方茂猷　清南海人。顺治十一年（1654）举人。

［康熙］《广州府志》卷二十七《乡举·国朝·南海》：顺治甲午，候选知县。

仇一鸾　清南海人。顺治十一年（1654）拔贡。

［道光］《南海县志》卷二十一《选举表二·国朝·贡生荐辟·顺治朝》：甲午拔贡。

邓瑞（清顺治）　原姓黎，清顺德陈村人。顺治十一年（1654）举人，授从化教谕。康熙九年（1670）任广东肇庆府教授。

［康熙十二年］《肇庆府志》卷八《秩官二·国朝·府学教授》：广东顺德人，举人，康熙九年任。

［康熙十三年］《顺德县志》卷六《选举志二·国朝·乡举·顺治甲午》：陈村人，原姓黎，肇庆府教授。

［康熙］《广东通志》卷十五《选举志上·广州府·举人·国朝·从化》：顺治甲午，教谕。

［雍正］《广东通志》卷三十五《选举志五·举人·顺治十年甲午乡试榜》：从化人，教授。

刘汉祚　清三水松冈人。岁贡，顺治十一年（1654）随征广西，代理宾州知州。

［康熙四十九年］《三水县志》卷三《选举表·国朝·贡途·岁贡》：松冈人，顺治十一年随征广西，委署宾州知州。

关嘉荐　字一卿，号思斋，清南海九江人。顺治十一年（1654）举人。父关经，弟嘉棻、嘉藻。

《南海九江乡志》卷三《选举·乡举·顺治十一年甲午科》：字一卿，号思斋。由番禺学习《礼记》，中式第五名。

［康熙］《广东通志》卷十五《选举志上·广州府·举人·国朝·番禺》：顺治甲午，拣选知县。

《九江儒林乡志》卷十《选举略·国朝·举人·顺治十一年甲午科》：字一卿，号思斋。番禺学，中式第五名。顺治辛丑、康熙庚戌两登乙榜，铨授知县未赴。谨按：《县志》作“加荐”或作“嘉鹰”，盖传写之误。《选举略·国朝·封荫》：关经，以子嘉荐赠文林郎，铨授知县。卷十四《列传·清》：字一卿，号思斋，南方新基人。由番禺学，廪膳生，举顺治甲午乡试，辛丑、庚戌两登乙榜，士林扼腕而嘉荐泊如也。天性勤笃，博学好古。铨授知县，不赴。尝慕鲁仲康、姜伯淮之风，卜筑一楼，与弟嘉棻、嘉藻读书其中，更唱迭和。伯仲自相师友，天伦之乐，近世罕有其比。至今父老言友爱者，咸归之，举为子弟楷模。叩其遗址，虽樵夫牧竖犹能指其处，曰思斋先生书楼塘云。

吕化龙　清南海人，原籍新会。顺治十一年（1654）举人，会稽知县。

［康熙］《广东通志》卷十五《选举志上・广州府・举人・国朝・南海》：顺治甲午，知县。

［道光］《广东通志》卷七十八《举人一・国朝・顺治十一年甲午・肇庆府》：原新会人，南海学，今隶鹤山。会稽知县。

［道光］《南海县志》卷二十一《选举表二・国朝・举人・顺治朝》：新会人，会稽知县……甲午科。

吕乘龙　清顺德龙眼人。顺治十一年（1654）举人，任江西永丰知县。

［康熙］《广州府志》卷二十七《乡举・国朝・顺德》：顺治甲午，知县，府学。

［康熙十三年］《顺德县志》卷六《选举志二・国朝・乡举・顺治甲午》：龙眼人，吉安永丰县知县。

朱浚基　（约1625—?）字培基，明末清初顺德龙江人。南明隆武乙酉（1645）举人。祖可贞。

［康熙］《广州府志》卷二十七《乡举・明・乙酉科》：顺德。

［康熙二十六年］《顺德县志》卷五《选举志・举人・明朝・明季乙酉科》：龙江人，可贞孙。

［道光］《广东通志》卷七十六《选举表十四・举人七・明》：谨案：大清顺治二年，广东有伪隆武一科……顺德人，字培基。

［民国］《顺德县志》卷十四《艺文略・经部・四书类》：《四书正韵》，明朱浚基撰。谨按：浚基，龙江人，隆武乙酉举人。薛始亨序曰……孝廉尝以弱冠获售，其学博而才雄。

伦泰　清顺德石硝（今属南海）人。顺治十一年（1654）举人，授山东齐河县知县。

［康熙十三年］《顺德县志》卷六《选举志二・国朝・乡举・顺治甲午》：石硝人。山东齐河知县，未任。

［咸丰］《顺德县志》卷十一《举人二・国朝・顺治》：石硝人，番禺籍。知济河县……甲午科。

麦廷辉　清顺德麦村人。顺治十一年（1654）举人，拣选知县。

[康熙十三年]《顺德县志》卷六《选举志二·国朝·乡举·顺治甲午》：麦村人。

[康熙]《广东通志》卷十五《选举志上·广州府·举人·清·顺德》：顺治甲午，拣选知县。

麦吉临 清顺德麦村人。顺治十一年（1654）举人，教谕。

[康熙十三年]《顺德县志》卷六《选举志二·国朝·乡举·顺治甲午》：麦村人。

[雍正]《广东通志》卷三十五《选举志五·举人·顺治十年甲午乡试榜》：顺德人，教谕。

苏剑龙 清顺德碧江人。顺治十一年（1654）举人，十五年任广东高要县教谕。

[康熙十三年]《顺德县志》卷六《选举志二·国朝·乡举·顺治甲午》：碧江人，高要县学教谕。

[康熙十二年]《肇庆府志》卷八《秩官二·国朝·高要县教谕》：顺德人，举人，顺治十五年任。

李大善 清顺德马宁人。顺治十一年（1654）举人。

[康熙十三年]《顺德县志》卷六《选举志二·国朝·乡举·顺治甲午》：马宁人。

[康熙]《广东通志》卷十五《选举志上·广州府·举人·国朝·顺德》：顺治甲午，拣选知县。

李同清 清南海人。顺治十一年（1654）中举，知县。

[康熙]《广州府志》卷二十七《乡举·国朝·南海》：顺治甲午，知县。

[道光]《广东通志》卷七十八《选举表十六·举人一·国朝·顺治十一年甲午·广州府》：南海人，知县。旧《题名录》有李树青，无同清，疑即一人。

李象升 清南海佛山镇人。顺治十一年（1654）举人。

[康熙]《广州府志》卷二十七《乡举·国朝·南海》：顺治甲午，由番

禺学，拣选知县。

[乾隆]《佛山忠义乡志》卷四《选举志·乡举·国朝·顺治甲午》：李象升。

杨友棠　清高明人。顺治十一年（1654）岁贡。

[康熙八年]《高明县志》卷四《选举表·国朝·恩岁贡》：阮埇人，顺治十一年岁贡。

[康熙二十九年]《高明县志》卷十二《贡生·清》：苏村人，顺治十一年岁贡。

吴赓元　清初三水董埭人。顺治十一年（1654）举人。

[康熙]《广州府志》卷二十七《乡举·国朝·三水》：顺治甲午。

[康熙]《广东通志》卷十五《选举志上·广州府·举人·国朝·三水》：顺治甲午，拣选知县。

[康熙四十九年]《三水县志》卷三《选举表·国朝·文举人·顺治甲午科》：董埭人，由本学中式。

何琅　清高明人。顺治十一年（1654）拔贡。

[康熙八年]《高明县志》卷四《选举表·国朝·恩岁贡》：清溪人，顺治十一年拔贡。

[道光]《高明县志》卷十二《选举志·贡生·国朝》：幕冈人，顺治十一年拔贡。

何瑗有　清南海沙滘人。顺治十一年（1654）举人。

[康熙]《广州府志》卷二十七《乡举·国朝·南海》：顺治甲午，由三水学。

[康熙四十九年]《三水县志》卷三《选举表·国朝·文举人·顺治甲午科》：沙滘人，由本学中式。

何嘉元　清南海沙滘人。顺治十一年（1654）举人，康熙二十二年（1683）任广东曲江县教谕。

[康熙]《广州府志》卷二十七《乡举·国朝·南海》：顺治甲午，由三水学。

［康熙］《南海县志》卷五《选举志·国朝乡举·顺治甲午》：现教谕。

［康熙四十九年］《三水县志》卷三《选举表·国朝·文举人·顺治甲午科》：沙滘人，由本学中式。

［道光］《广东通志》卷四十七《职官表三十八·国朝五·曲江县·教谕训导·康熙朝》：三水人，举人。二十二年任，教谕。

佘象斗 字公辅，号齐枢，清顺德马冈人。顺治十一年（1654）举人，十八年进士，康熙十一年（1672）、二十六年参修《顺德县志》。祖元璟，子锡祚、锡纯。

［康熙十三年］《顺德县志》卷六《选举志二·国朝·乡举·顺治甲午》：马冈人，辛丑进士。《选举志二·国朝·进士·顺治辛丑》：子锡祚。卷八《人物传二·孝友》：佘元璟，字伟之，号正宇，马冈人。苦心诵读，数奇未遇。好行其德，岁捐银三十两入祠，助族丧葬婚娶。怜中表叶遐章无嗣，衣食不给，捐田五亩致赠学校。里老举为乡饮，邑侯吴裕中匾其堂曰"嘉宾"，学师黄甲、郑重亦以"恩荣齿德"匾额旌表。胞兄儒典元珍、弟儒登元训均有德行，俱列青衿。至孙象斗，成进士。曾孙锡祚，少年领乡荐。众以为元璟积德之报云。

［道光］《广东通志》卷一百九十七《艺文略九·集部三》：《啸园诗稿》，国朝佘象斗撰，未见。《岭南五朝诗选》，象斗，字公辅。

［咸丰］《顺德县志》卷十一《举人二·国朝·顺治》：字齐枢，马冈人，见进士，锡祚父……甲午科。卷二十五《列传五·国朝一·佘锡纯传》：大良人。父象斗，号齐枢，力学，诗文皆可观，顺治甲午乡荐，辛丑成进士，观政刑部。以母老告归，与修壬子、丁卯两志。性冲淡好游览，八十犹好客，相与赋诗，令子孙属和为乐。著有《诗林正宗》《韵林正宗》《韵府群玉》《啸园诗稿》。

张汝龄 清顺德龙江人。顺治十一年（1654）举人，授海丰县教谕，升任广西廉州府（今合浦）教授。父其繁。

［康熙十三年］《顺德县志》卷六《选举志二·国朝·乡举·顺治甲午》：龙江人，陵水教谕。

［康熙二十六年］《顺德县志》卷六《选举志·国朝·举人·顺治十一年甲午科》：龙江人，海丰县教谕。

［乾隆］《顺德县志》卷十《选举志·举人·清朝·顺治甲午》：番禺籍龙江人，海丰县教谕，升廉州府教授。卷十四《人物列传·耆寿》：张其

繁……寿一百岁。子汝龄授经课文，皆其庭训，以《春秋》举康熙甲午孝廉，历任海丰教谕，长厚有父风。

陆嘉士　清三水金竹人。恩贡，顺治十一年（1654）随征广西，代理南宁府同知、太平府知府。

［康熙四十九年］《三水县志》卷三《选举表·国朝·贡途·恩贡》：金竹人，顺治十一年随征广西，初委署南宁府同知，转署太平府知府。

陈一熊　清顺德马齐人。顺治十一年（1654）举人。

［康熙十三年］《顺德县志》卷六《选举志二·国朝·乡举·顺治甲午》：马齐人。

陈子廷　清南海石湾人。顺治十一年（1654）举人，国子监学正，十六年任广东兴宁县、康熙八年（1669）海阳县教谕。

［康熙十三年］《顺德县志》卷六《选举志二·国朝·乡举·顺治甲午》：南海石湾人，兴宁县学教谕。

［康熙］《南海县志》卷五《选举志·国朝乡举·顺治甲午》：国子监学正。

［道光］《广东通志》卷五十七《职官表四十八·国朝十五·兴宁县·教谕训导·顺治朝》：南海人，十六年任，教谕。卷五十《职官表四十一·国朝八·海阳县·教谕训导·康熙朝》：南海人，八年任……教谕。

陈廷宋　字居生，清南海佛山镇人。寿92岁。子奎光，孙清杰，曾孙炎宗。

［乾隆］《佛山忠义乡志》卷九《人物志·耆寿·清》：字居生。少英爽，喜任侠，尝为友人执仇，罄其资产。长乃敛抑豪迈，好礼爱儒，而刚直之概至老不改，面折人过，人亦不以为恨。耄时最重罗颙甫，称为有道君子，罗亦欣仰曰："人老则气衰，翁顾弥盛，殆正而固耶？寿又何可量！"卒年九十二。子奎光，邑诸生。孙清杰，举于乡。曾孙炎宗，解元，进士，现庶吉士。

陈奕苏　清顺德霞石人。顺治十一年（1654）拔贡。

［康熙十三年］《顺德县志》卷六《选举志二·国朝·恩贡·顺治》：霞石人，甲午拔贡。

郑应惠 （1625—1723）明末清初顺德伦教人。寿99岁。从弟观琅。

［乾隆］《顺德县志》卷十四《人物列传·耆寿》：伦教人。生天启乙丑，终雍正癸卯，寿九十九，康熙甲午领绢帛。从弟观琅。

欧韦玉 清顺德陈村人。欧大任侄孙辈。顺治十一年（1654）拔贡。

［康熙］《广州府志》卷三十二《人物志四·德行列传·欧世元传》：曾玄韦玉，顺治甲午拔贡。

［康熙十三年］《顺德县志》卷六《选举志二·国朝·恩贡·顺治》：陈村人，甲午拔贡。

罗元璐 清顺德大良人。顺治十一年（1654）举人，康熙十四年（1675）任广东化州学正。父良经，母舒氏。

［康熙］《广州府志》卷四十三《列女传三》：舒氏者，顺德处士罗良经之妻也。子元璐，登顺治甲午乡荐。

［康熙十三年］《顺德县志》卷六《选举志二·国朝·乡举·顺治甲午》：大良人。

［康熙二十六年］《顺德县志》卷六《选举志·国朝·举人·顺治十一年甲午科》：大良人，化州学正。

［道光］《广东通志》卷五十二《职官表四十三·国朝十·化州·学正训导·康熙朝》：顺德人，举人。十四年任……学正。

罗廷臣 清顺德桂林人。顺治十一年（1654）举人。

［康熙十三年］《顺德县志》卷六《选举志二·国朝·乡举·顺治甲午》：桂林人。

［咸丰］《顺德县志》卷十一《举人二·国朝·顺治》：桂林人。按：阮《志》作“珽臣”，据金、郝二《志》。《开平志》云“新会人”，今隶开平，误，今从姚《志》。甲午科。

赵鸣玉 清顺德碧江人。顺治十一年（1654）举人，十八年进士，任湖北南漳知县。

［康熙］《广州府志》卷二十七《乡举·国朝·顺德》：顺治甲午，进士。府学，知县。《进士·国朝·顺德》：顺治辛丑，漳州知县。

［康熙十三年］《顺德县志》卷六《选举志二·国朝·乡举·顺治甲午》：碧江人，辛丑进士。《选举志二·国朝·进士·顺治辛丑》：南漳县知县。

［道光］《佛山忠义乡志》卷十二《金石志下·石·清》：《修医灵庙记》，顺德赵鸣玉撰。

胡梦虎 清顺德人。顺治十一年（1654）举人，益阳县知县。

［康熙十三年］《顺德县志》卷六《选举志二·国朝·乡举·顺治甲午》：江尾人，益阳县知县。

［咸丰］《顺德县志》卷十一《举人二·国朝·顺治》：鼎新人，知益阳县，甲午科。

胡景曾 字崙孩，清顺德桂洲人。顺治十一年（1654）举人，次年进士，任湖北武昌知府。父天宠。子宣猷康熙二年（1663）亡，所聘进士陈士达女。

［康熙十三年］《顺德县志》卷六《选举志二·国朝·乡举·顺治甲午》：桂洲人，父天宠。乙未进士。《选举志二·国朝·进士·顺治乙未》：桂洲人，父天宠。历任湖广武昌府知府。

［雍正］《广东通志》卷五十《列女志二·各府》：陈氏女，胡宣徽聘妻……顺德人。

［乾隆］《顺德县志》卷十四《人物列传·烈女》：陈氏，桂洲明进士陈士达季女，许聘进士知武昌府胡景曾长子宣猷为妻。康熙癸卯宣猷病故，氏闻讣奔丧。

［道光］《佛山忠义乡志》卷十《进士·清》：顺治乙未，原顺德人。

［咸丰］《顺德县志》卷十一《举人二·国朝·顺治》：字崙孩，桂洲人，见进士，天宠子，甲午科。

梁玉容 清初顺德逢简人。顺治十一年（1654）副贡。

［咸丰］《顺德县志》卷十一《副贡·国朝·顺治》：逢简人，甲午。

梁江达 清顺德龙潭人。顺治十一年（1654）拔贡。

［康熙十三年］《顺德县志》卷六《选举志二·国朝·恩贡·顺治》：龙潭人，甲午拔贡。

梁宗典 清顺德碧江人。顺治十一年（1654）举人，康熙四年（1665）任广东德庆州学正。祖亭表，父若衡。

［康熙十二年］《肇庆府志》卷八《秩官二·国朝·德庆州教谕》：顺德人，举人，康熙四年任。

［康熙十三年］《顺德县志》卷六《选举志二·国朝·乡举·顺治甲午》：碧江人，父若衡。德庆州学正。

［康熙二十六年］《顺德县志》卷八《人物传·德业·梁亭表传》：字无畸……子若衡，举人，左州知州，赠光禄卿。孙宗典，顺治甲午科举人，迎榜日，母陈氏叱咤不令谒家庙，即云淙先生妹也。

［康熙］《广东通志》卷十五《选举志上·广州府·举人·国朝·顺德》：顺治甲午，知县。

［康熙五十八年］《肇庆府志》卷八《秩官志二·国朝·德庆州学正》：顺德人，举人。康熙四年任，修《州志》。

［道光］《广东通志》卷五十一《职官表四十二·国朝九·德庆州·学正训导·康熙朝》：顺德人，举人。四年任……学正。

［咸丰］《顺德县志》卷十一《举人二·国朝·顺治》：碧江人，知惠安县，父若衡，甲午科。

梁炳宸 字观九，明末高明孔堂人。顺治十一年（1654）乡试第一名，任直隶永年县知县，补任陕西庄浪知县。父之栋，崇祯三年（1630）副榜举人。

［康熙八年］《高明县志》卷四《选举表·国朝·举人·顺治十一年甲午》：字观九，田心人。解元，任直隶永年县知县。

［康熙二十九年］《高明县志》卷十二《举人·清》：孔堂人，顺治十一年甲午解元。任直隶永年知县，补任陕西庄浪知县。

［康熙］《广东通志》卷十五《选举志下·肇庆府·乡举·国朝·高明》：顺治辛卯，解元，知县。

［光绪］《高明县志》卷十二《选举表·国朝·举人·顺治朝》：之栋子。十一年甲午科解元，任直隶永平、陕西庄浪知县。

梁宸翰 清南海人。顺治十一年（1654）举人。

［康熙］《广州府志》卷二十七《乡举·国朝·南海》：顺治甲午。

梁德馨　清顺德葛岸人。顺治十一年（1654）举人，任山东定陶知县。

［康熙］《广州府志》卷二十七《乡举·国朝·南海》：顺治甲午，由三水学，知县。

［康熙十三年］《顺德县志》卷六《选举志二·国朝·乡举·顺治甲午》：葛岸人，定陶县知县。

［康熙四十九年］《三水县志》卷三《选举表·国朝·文举人·顺治甲午科》：顺德人，由本学中式。

黄廷喆　清顺德甘竹人。顺治十一年（1654）副贡。

［康熙十三年］《顺德县志》卷六《选举志二·国朝·恩贡·顺治》：甘竹人，甲午副榜恩贡。

黄清　清南海佛山镇人。顺治十一年（1654）中举，任海南万州学正。曾孙尚志，以万州籍于雍正十年（1732）中举。

［康熙］《广州府志》卷二十七《乡举·国朝·南海》：顺治甲午，由番禺学，学正。

［乾隆］《佛山忠义乡志》卷四《选举志·乡举·国朝·顺治甲午》：万州学正。《选举志·乡举·国朝·雍正壬子》：黄尚志，清曾孙。

［道光］《广东通志》卷七十九《选举表十七·举人二·国朝·雍正十年壬子·琼州府》：黄尚志，万州人。

黄鲲翔　字鹏翼，清高明人。顺治十一年（1654）岁贡，十六年任广东长宁（今新丰）训导，十八年任广州府教授，康熙二年（1663）退休归，寿88岁。

［康熙八年］《高明县志》卷四《选举表·国朝·恩岁贡》：田心人，顺治十一年岁贡，任广州府教授。卷十七《艺文》：《番山集序》谭甲魁（邑人，廪生）：黄先生以文章著……簉训万州，转长宁谕，迄辛丑春迁五穗。今癸卯

兰秋①，先生曰决计投章解组请归，出《番山集》属余序。番山乃广郡学镇巘②，为斯文骏发地，距先生苜蓿栏仅数十步许。

［康熙二十九年］《高明县志》卷十二《贡生·清》：伦埇人，顺治十一年岁贡，仕至广州府教授。卷十三《人物志·清》：字鹏翼。家贫力学，性恬淡，操履端方，为士类雅重。初治《毛经》，改治《麟经》。七战棘闱，数奇弗售。以顺治甲午府学岁贡，初任万州训导，捐俸修学。转长宁谕，升广州教授，所至课士有法，屡为诸督学奖美。秩满迁安肃丞，致仕不赴。归里，课诸孙学习，寒暑不辍。其馆联云："归于田食则于田，一子尚能供职。化可致教不可致，诸孙勿负贻谋。"又筑村前金城塘一顷五十余亩，以供始祖祭祀，备脩贽延师，以教族之子弟。设金城塘八景，吟咏以乐余年。寿八十八，有《燕游草》《东山集》《番山集》藏于家。

［道光］《广东通志》卷四十九《职官表四十·国朝·长宁县·教谕训导·顺治朝》：高明人，岁贡。十六年任……训导。

萧以逢　清顺德龙江人，一说从化人。顺治十一年（1654）举人，十六年进士。

［康熙十三年］《顺德县志》卷六《选举志二·国朝·乡举·顺治甲午》：龙江人，己亥进士。

［雍正］《广东通志》卷三十五《选举志五·进士·国朝·顺治十五年己亥特科徐元文榜》：从化人。

蔡斌臣　清顺德龙江人。顺治十一年（1654）举人，井研县知县，补灵台知县。康熙五十二年（1713）与子九皋同受荐举，被旌表。

［康熙十三年］《顺德县志》卷六《选举志二·国朝·乡举·顺治甲午》：龙江人，井研县知县。

［康熙二十六年］《顺德县志》卷六《选举志·国朝·举人·顺治十一年甲午科》：龙江人，井研令，补灵台令。

［道光］《南海县志》卷二十一《选举表二·国朝·顺治朝》：顺德人，知县……甲午科。卷三十九《列传八·国朝》：大榄堡人。领顺治甲午乡荐。

---

①兰秋：指农历七月。

②巘（yǎn）：大小成两截的山。

讲义理之学，手录经史，分类编纂，务求有用。修饬内行，不慕荣利，邻里矜式。子九皋，世其学。康熙五十二年诏，举山林隐逸、怀藏道德之士。抚军史公法海、提学陈公，均以斌臣父子列荐剡，抚藩、郡县悉赠匾榜，旌其间。

蔡瑞露　清顺德龙江人。顺治十一年（1654）岁贡，任广西宣化（今邕宁）训导。

［咸丰］《顺德县志》卷十一《岁贡·国朝·顺治》：龙江人，信宜籍。宣化县训导，甲午。

潘简　字子敬，清顺德冲鹤人，为人孝顺父母，友爱兄弟，乐善好施。祖梅，父策勋，兄閆，子隆晋，孙叙畴。

［康熙十三年］《顺德县志》卷八《人物传二·孝友》：字子敬，冲鹤人。户部郎中潘梅之孙，指挥佥事潘策勋之季子也。敦行力学，在广庠，事父至孝。少年失母，终身思慕不忘。事长兄潘閆如子事父，孝弟名著乡邑。真诚朴茂。其父睦乡恤族，广置义阡以资贫葬，遇岁歉出粟数百，存活甚多。皆简好义乐施之谋也。以诗礼教子孙，子隆晋，甲午乡荐，知陕西礼县事，廉介休致。孙叙畴，南庠，克继书香，皆世德所贻也。

潘隆晋　字峭江，清顺德冲鹤人。顺治十一年（1654）举人，任甘肃礼县知县，次年告归。曾祖梅，祖策勋，父简，子叙畴、友谅、鹏程，孙飞、研、露等。

［康熙十三年］《顺德县志》卷六《选举志二·国朝·乡举·顺治甲午》：冲鹤人，礼县知县。卷八《人物传二·孝友》：潘简……子隆晋，甲午乡荐，知陕西礼县事，廉介休致。

［乾隆］《顺德县志》卷十二《人物列传·宦绩》：字峭江，冲鹤人也。弱冠为诸生，有声胶序。时遇折边，田庐捐废，家无担石，不以流离琐尾懈其业。事亲孝，有老莱之慕，丁外艰哀毁骨立。甲午登乡荐，庚午计偕，以母老不欲往。母勖之曰："扬名亦显亲也，胡可以菽水承欢，绥观光之志？"隆晋洒泪入都，试礼部毕，而母讣音至，悲哀仆地，几不欲生。幸救复苏，万里奔丧，沿途恸哭，哀感路人。服阕谒选，得礼县知县。礼旧多杂派、火耗，下车日悉除之。恺悌爱民，犯罪者不忍加朴。越年，自念生无媚骨，不能随人俯仰，遂决志解组。归日琴鹤萧然。家居杜门不出，日手一编，如秀才时赴举子业。隆晋于世俗事多不谙，且胸无城府，其忠厚浑穆，人多以为

愚，时资噱笑弗校也。康熙戊辰，邑令姚肃规开乡饮宾筵宴，以诸生冯章等请，谓“非公莫可当是典者”。隆晋力辞而舆谕益属。寿古稀。子叙畴、友谅、鹏程，孙飞、研、露等，或赋，或均，或登邑学，书香克继，人谓忠厚之报云。卷十四《人物列传·乡饮宾》：冲鹤人，礼县知县，康熙二十七年正宾。

[咸丰]《顺德县志》卷二十五《列传五·国朝一》：明指挥佥事策勋孙。父简府学生……隆晋继为诸生有声。徙界事起，田庐皆在界外……。耻奔竞……逾年告归……延乡宾，强而后就。寿卒，子孙能守遗教。

黎大行　清顺德清源人。顺治十一年（1654）副贡。

[康熙十三年]《顺德县志》卷六《选举志二·国朝·恩贡·顺治》：清源人，甲午科副榜恩贡。

黎其哲　清顺德人。顺治十一年（1654）举人。

[康熙十三年]《顺德县志》卷六《选举志二·国朝·乡举·顺治甲午》：陈村人。

[咸丰]《顺德县志》卷十一《举人二·国朝·顺治》：赤花人……甲午科。

黎晔然　清高明人。顺治十一年（1654）岁贡，任番禺县训导，升昌化教谕。父天相。

[康熙八年]《高明县志》卷四《选举表·清·恩岁贡》：罗俊人，岁贡，任番禺县训导。卷十三《人物传·明·黎天相传》：子晔然，顺治十一年岁贡，任番禺训，升昌化谕。

[康熙二十九年]《高明县志》卷十二《贡生·清》：扶丽人，顺治十一年□□□，任昌化县教谕，署县事。

黎蔼吉　清顺德龙山人。顺治十一年（1654）举人。

[康熙十三年]《顺德县志》卷六《选举志二·国朝·乡举·顺治甲午》：龙山人。

[民国]《顺德县志》卷十四《艺文略·经部·书类》：《书测》，国朝黎蔼吉撰。《艺文略·经部·诗类》：《诗测》，国朝黎蔼吉撰。

杜日登 清高明人。顺治十二年（1655）岁贡，任广西玉林州判。

［康熙八年］《高明县志》卷四《选举表·国朝·恩岁贡》：清泰人，顺治十二年岁贡，任广西郁林州判官。

［道光］《高明县志》卷十二《选举志·贡生·国朝》：大楠村人，顺治十二年府学岁贡，任广西郁林州判。

何衡 字左王，号罗峰，清顺德羊额人。与陶窳、梁梿、陈恭尹及弟绛为北田五子。

［乾隆］《顺德县志》卷十四《人物列传·隐逸》：字左王，号罗峰，羊额人。好学能文，明末隐居教读，举动一准家礼。与番禺陶璜、邑人□□□①、梁梿暨其弟绛，号“北田五子”。江西魏叔子有“北田五子”论，称衡为最。衡居乡严正，能化俗人。里有病疫者多死，亲或畏避，衡经纪其丧。有梦衡沃其背，得汗而愈者，人咸高其义。

［咸丰］《顺德县志》卷二十五《列传五·国朝一·何绛传》：衡，字左王，号罗峰。好学，能文词。隐居教读，举动循礼。宁都魏叔子著论，称“北田五子”衡为最。窳携母与居而游于外，母死，衡主其丧。里病疫者多死，所亲或畏避，衡径至其家为经纪。有病中梦衡沃其背，得汗而愈者，自是病即书衡姓名，揭侧辄瘥②。

张云鹤 清南海人。顺治十二年（1655）恩贡。

［康熙六年］《西宁县志》卷六《选举志·国朝·恩岁贡》：南海人，顺治十二年恩贡。

［康熙］《南海县志》卷五《选举志·国朝岁贡》：张云鹤。

梁逸溪 （1626—1716）明末清初顺德逢简人。寿91岁。

［乾隆］《顺德县志》卷十四《人物列传·耆寿》：逢简人。生天启丙寅，终康熙丙申，寿九十一。

---

①原本此处空白，应是“陈恭尹”。恭尹之父邦彦为明末抗清义士，被禁，避嫌不书。

②瘥（chài）：病愈。

王茂春 清高明人。顺治十三年（1656）岁贡，任涯州昌化县训导。

[康熙八年]《高明县志》卷四《选举表·国朝·恩岁贡》：阮埇人，顺治十三年岁贡，任涯州昌化县训导。

[康熙二十九年]《高明县志》卷十二《贡生·清》：苏村人，顺治十三年岁贡，任崖州昌化训导，署州篆。

区秉中 清高明罗俊人。顺治十三年（1656）随征有功，授广西贵县典史。

[康熙八年]《高明县志》卷四《选举表·吏职》：罗俊人，顺治十三年随征，题授广西浔州府贵县典史。

庄梯云 清南海人。举人，顺治十二年（1655）任阳江县教谕，十三年任广东开平教谕，升湖南永宁知县。

[康熙十二年]《肇庆府志》卷八《秩官二·国朝·开平县教谕》：南海举人，顺治十二年任。

[康熙五十八年]《肇庆府志》卷八《秩官志二·国朝·阳江县教谕》：南海举人，顺治十二年任。《秩官志二·国朝·开平县教谕》：南海人，举人。顺治十三年任，升湖广永宁县知县。

关天辅 清高明人。顺治十三年（1656）岁贡，十八年任广东龙川县训导，康熙五年（1666）任罗定州学正。

[康熙八年]《高明县志》卷四《选举表·国朝·恩岁贡》：罗俊人，顺治十三年恩贡，任罗定州学正。

[康熙二十九年]《高明县志》卷十二《贡生·清》：犀头人，顺治十三年补□年岁贡，任□□州学正。

[康熙五十八年]《肇庆府志》卷十四《选举志·国朝·岁贡·高明》：十三年补七年分贡，仕罗定州学正。高明县学，顺治间贡。

[道光]《广东通志》卷四十九《职官表四十·国朝·龙川县·教谕训导·顺治朝》：高明人，十八年任，训导。卷五十六《职官表四十七·国朝十四·罗定州·学正训导·康熙朝》：高明人，五年任……学正。

苏缙臣 （1627—1725）字间惹，明末清初顺德大良人。

寿99岁。父洪。

[乾隆]《顺德县志》卷十四《人物列传·耆寿》：字间惹，大良人，百岁翁苏洪次子也。生天启丁卯，终雍正乙巳，寿九十九，屡沐恩赐粟帛。

何绛　（1627—1712）字不偕，号孟门，又号北田，清顺德羊额人。明亡，曾参加郑成功组织的反攻战役。初隐罗浮，后入西樵，晚年归隐北田。孙滨。

[乾隆]《顺德县志》卷十三《人物列传·文苑》：字不偕，号孟门，羊额人。性英爽。族叔献将门下数百人，仿马融以高弟子转相传授，立左右斋长，绛其一也。每为人讲说，简要清通，听者快惬。值明末，时事沧桑，乃自放废。徜徉罗浮、西樵山中，已复游历中原几遍。尝欲自比于马文渊，故又号曰北田，志效北地畜牧行踪也。居乡为众所信服，事惟其所左右，争辩者取平焉。善规劝，有所教责，微刺婉讽，他人不觉，其人不啻斧钺之加。有闽客寄以千金，绛瘗于地。客归卒。阅十余年，其子长至索所寄，绛掘地还之，原封如故。素工诗，大抵以张曲江、王右丞为宗，所著有《不去庐诗集》。孙滨，好吟咏，亦有《寄亭诗稿》。

[咸丰]《顺德县志》卷二十五《列传五·国朝一》：复与陶窳、陈恭尹、梁梿暨其兄衡隐，称“北田（《诗粹》作“西樵北田”，《独漉集》云“村北”）五子”。

冼存俭　清南海人。顺治十三年（1656）岁贡。

[康熙]《南海县志》卷五《选举志·国朝岁贡》：由番禺学。

[同治]《南海县志》卷九《拾遗订误·贡生》：前《志》谓年代无考，今据云丙申岁贡，顺治朝。

林乔节　清顺德杏坛人。顺治十三年（1656）任广东水师右营游击。

[乾隆]《顺德县志》卷十《选举志·行伍·明朝》：杏坛人，顺治十三年督理广东水师右营游击。

梁栋材　清南海人。顺治十三年（1656）岁贡。

[康熙六年]《西宁县志》卷六《选举志·国朝·恩岁贡》：南海人，顺治十三年岁贡。

[康熙]《南海县志》卷五《选举志·国朝岁贡》：由西宁学。

梁晨栋 字启垣，清高明城中人。顺治十三年（1656）岁贡，授海南文昌训导，十八年任广东罗定学正，卒于任。

[康熙八年]《高明县志》卷四《选举表·国朝·恩岁贡》：小崗人，顺治八年岁贡，任罗定州学正。卷十三《人物传·清》：字启垣。以顺治八年岁贡授海南文昌训，升罗定学正。尚端静不事干谒，捐俸倡率修造学宫。日与诸生谈文赋诗，中有不能举火者以苜蓿润之。卒于任，门人咸哀思，请祀名宦。著有《小草集》。

[康熙二十九年]《高明县志》卷十二《贡生·清》：城中人，顺治十三□□岁贡，任罗定州□□。卷十三《人物志·清》：字启垣。以顺治十三年岁贡授海南文昌训〔导〕，升罗定州学正。

[道光]《高明县志》卷十二《选举志·贡生·国朝》：城中人，顺治十三年府学岁贡，任罗定州学正。《通志》错载高州人。卷十三《人物志·国朝》：字启垣……十八年升罗定州学正。尚端静不事干谒，重德行以兴誉髦，却贽币以恤寒士。

程可则 （1627—1676）字周量，号石臞，清南海大同堡人。顺治八年（1651）举人，次年会试第一，十七年春应阁试，授内阁中书。康熙八年（1669）晋户部主事，十年任兵部郎中，十二年出为广西桂林知府，三藩叛乱时卒于京。父仙。

[康熙]《南海县志》卷三《编年志·事纪·国朝》：世祖章皇帝顺治九年壬辰春二月会试，擢南海程可则第一，寻以首义背传注被论落之。榜内磨勘，背注者或黜落，或停科殿试共十余人，考试官分别谪调有差。卷五《选举志·国朝乡举·顺治辛卯》：知府。《选举志·国朝进士·顺治壬辰》：会试第一，寻以背注落之。历仕桂林知府。

[康熙]《广东通志》卷十五《选举志上·广州府·封赠·国朝·南海》：程仙，以子可则封中书舍人。

[乾隆]《佛山忠义乡志》卷八《人物志·文苑·清》：字周量，伯淳程子十八世孙，其先世迁至南海，卜居鼎安大同里。可则之父曰仙，治《毛诗》教授生徒，常语人曰："学究先生，受人子弟，责亦非轻，安可不砥砺文行，使成佳士？"既困于诸生，思训子以成其志。可则五岁读书，过目不忘，十岁能文，有神童之称，弱冠下笔如云涌泉流，千言立就。顺治辛卯以《诗经》荐，与陈彩同出槜李王庭之门。壬辰会试举礼部第一，旋以首艺微失注旨奉

旨削除，不得与殿试之列，而程会元文名噪海内矣。庚子春应阁试，授内阁撰文中书，寻改内秘书院撰文，丁外艰服阕补原职。己酉晋户部主事，八月分校北闱得士十五人，三捷庚戌，一选庶常，时称得人。晋本部员外，督理左翼仓务，出入会计，公慎称职。辛亥升兵部职方正郎，奉旨同吏、刑二部郎官，往山西勘问总兵赵良栋，卒白其冤。复命召见便殿，备陈情状，言辞畅达。上喜悦，既而语大司马曰："不差人往审，赵良栋冤死矣！"癸丑出知桂林府，会撤藩部归京师，甫下车，羽檄交驰，机务猬集，可则心计手画，咄嗟立办，人服其才，然遭时艰，难轗轲忧郁，竟卒于官，闻者惜之。可则既负绝人之资，尤酣经史，手不释卷。其为诗取材于选，取法于唐，与颍川刘体仁、长洲汪琬、新城王士正并以大家称，所著有《海日楼诗文集》《遥集楼诗草》《萍花草》。可则，原大同堡人，晚居佛山。

［道光］《广东通志》卷一百九十七《艺文略九·集部三》：《海日堂集》五卷，国朝程可则撰，存……《广州府志》，可则，字周量，号石臞。

［宣统］《南海县志》卷二十六《杂录》：程可则，本邑人。顺治壬辰会元，官兵部职方司郎中。有诗名，为本朝八家之一。八家者，王士正、士禄，施闰章，宋琬，陈敬，沈荃，可则也（《淡墨录》）。《海日堂诗》五卷，湟溱程周量可则著。竹垞称湟溱诗其音舒以和，其志廉以达，览者叹其词之工而不觉其多。南海多骚雅士，尤杰出者处士屈翁山、陈元孝，孝廉梁药亭①、王东村，进退出处不同，君皆与莫逆，集中多往来酬寄之作。数君子诗并传于后，无疑竹垞之言最有轻重。近人见诸公之序誉之，遂推足以掩三家而实不然也。湟溱诗格调甚卑，近体尤甚，评者虽苛，未尝不深中其病也（《楚庭稗珠》）。案：《淡墨录》所载八家只列七家，尚缺刘公献体仁，并附志之。

区之鼎　字玉铉，清顺德乌洲人，一说番禺人。顺治十四年（1657）举人。

［康熙十三年］《顺德县志》卷六《选举志二·国朝·乡举·顺治丁酉》：乌洲人，安仁县知县。

［道光］《广东通志》卷七十八《选举表十六·举人一·国朝·顺治十四年丁酉·广州府》：番禺人，字玉铉，安仁、泸溪知县。又见《顺德志》。

［咸丰］《顺德县志》卷十一《举人二·国朝·顺治》：字玉铉，乌洲人，知泸溪、安人二县。按阮《志》云番禺人……丁酉科。

①屈大均字翁山、陈恭尹字元孝、梁佩兰字药亭，并称"岭南三大家"。

邓陈氏　（1628—1720）明末清初顺德龙山人。寿92岁。夫邓传藻。

［嘉庆］《龙山乡志》卷九《人物志·寿妇》：邓传藻妻陈氏，生崇祯戊辰，终康熙庚子，寿九十二岁。

邓梦韶　清顺德龙江人。顺治十四年（1657）举人，康熙二十年（1681）任广东连平州学正。

［康熙十三年］《顺德县志》卷六《选举志二·国朝·乡举·顺治丁酉》：龙江人。

［康熙二十六年］《顺德县志》卷六《选举志·国朝·举人·顺治十四年丁酉科》：龙江人，连平州学正。

［道光］《广东通志》卷四十九《职官表四十·国朝·连平州·学正训导·康熙朝》：顺德人，二十年任……学正。

邓雄　清南海九江人。顺治十四年（1657），一说康熙二年（1663）副贡。

［道光］《南海县志》卷二十一《选举表二·国朝·贡生荐辟·顺治朝》：丁酉副贡。

《九江儒林乡志》卷十《选举略·国朝·贡生·康熙二年癸卯》：县学副贡。

刘云翰　字功仪，清顺德逢简人。顺治十四年（1657）举人，青城知县。父振先。

［康熙十三年］《顺德县志》卷六《选举志二·国朝·乡举·顺治丁酉》：逢简人，父振先。

［康熙二十六年］《顺德县志》卷六《选举志·国朝·举人·顺治十四年丁酉科》：逢简人，振先子，青城知县。

［咸丰］《顺德县志》卷十一《举人二·国朝·顺治》：字功仪，逢简人。知青城县，丁酉科。

关弘异　清顺德容奇人。顺治十四年（1657）任广东廉州府教授，荐安溪知县。

［康熙十三年］《顺德县志》卷六《选举志二·国朝·恩贡·顺治》：容

奇人，裕州州判，升安溪知县。

［康熙二十六年］《顺德县志》卷六《选举志·荐举·国朝·顺治》：容奇人，历任安溪知县。

［道光］《广东通志》卷五十三《职官表四十四·国朝十一·廉州府·教授训导·顺治朝》：关宏异，南海人，十四年任……教授。卷五十四《职官表四十五·国朝十二·海康县·教谕训导·顺治朝》：关宏异，顺德人，贡生……教谕。

佘鸿升　清顺德马冈人。顺治十四年（1657）举人，十八年进士。弟象斗。

［康熙十三年］《顺德县志》卷六《选举志二·国朝·乡举·顺治丁酉》：马冈人，辛丑进士。

［雍正］《广东通志》卷三十五《选举志五·进士·国朝·顺治十七年辛丑马世俊榜》：顺德人，象斗兄。

［咸丰］《顺德县志》卷十《进士·国朝·顺治》：都察院观政，辛丑科。

阮梦日　清顺德黄连人。顺治十四年（1657）举人。

［康熙十三年］《顺德县志》卷六《选举志二·国朝·乡举·顺治丁酉》：黄连人。

［咸丰］《顺德县志》卷十一《举人二·国朝·顺治》：黄连人……丁酉科。

严益禹　（1628—1727）明末清初顺德大良人。寿百岁。

［乾隆］《顺德县志》卷十四《人物列传·耆寿》：大良人。生崇祯戊辰，终雍正丁未，寿百岁。

严琮　清顺德黎村人。顺治十四年（1657）举人。

［康熙十三年］《顺德县志》卷六《选举志二·国朝·乡举·顺治丁酉》：黎村人。

［康熙］《南海县志》卷五《选举志·国朝乡举·顺治丁酉》：顺德人，由本学。

［康熙］《广东通志》卷十五《选举志上·广州府·举人·国朝·南海》：顺治丁酉，拣选知县。

李文焰 （1628—1721）字兴汉，号澹轩，明末清初顺德陈村人。康熙二十一年（1682）岁贡，五十一年任广东信宜县训导。寿94岁。父际明。

［雍正］《广东通志》卷三十六《选举志六·国朝·贡生·广州府·顺德县》：信宜训导。

［乾隆］《顺德县志》卷十《选举志·贡生·清朝·康熙岁贡》：陈村人，信宜县训导。卷十四《人物列传·耆寿》：字兴汉，号澹轩，郎中际明季子也。少倜傥负奇气，初读书，时艺之外诵习古文，尤酷爱苏、韩，故为文有潮海之势。出试有司即以冠军补邑诸生，随食饩，康熙壬戌荐明经。司铎信宜，时年八十有五。在任一载，造士有方，脩脯不问，人恨得师晚。及请致〔仕〕，绅士制锦赠行，学使翁嵩年①奖以额曰"翰苑耆英"。卒年九十有四，有《周易意解》《纪行诗文》行世。

［道光］《广东通志》卷五十二《职官表四十三·国朝十·信宜县·教谕训导·康熙朝》：〔李〕文焰，顺德人，岁贡。五十一年任，训导。

［咸丰］《顺德县志》卷十六《胜迹略·坊表·表宅之属·都宁属》："翰苑耆英"，在陈村。康熙间，学使翁嵩年为学博李文熖。

李长清 清顺德龙江人。顺治十四年（1657）副贡，十七年举人，信丰县知县。

［康熙十三年］《顺德县志》卷六《选举志二·国朝·乡举·顺治庚子》：龙江人。

［乾隆］《顺德县志》卷十《选举志·举人·清朝·顺治庚子》：龙江人，信丰县知县。

［咸丰］《顺德县志》卷十一《副贡·国朝·顺治》：龙江人，丁酉。

岑徵 （约1628—？）名一作澂，字金纪，一字霍山，清南海九江人。诸生。入清与陈恭尹隐居西樵山，漫游南北，教书糊口。

［道光］《广东通志》卷一百九十六《艺文略八·集部二》：《选选楼集》，明岑徵撰，存。《广东诗粹》，徵，字金纪，一字霍山，南海诸生，后弃去，

---

①翁嵩年（1647—1728），字康饴，清钱塘（今杭州）人。康熙二十七年（1688）进士，仕广东提学。

隐居西樵。

［道光］《南海县志》卷三十九《列传八·国朝》：九江堡人。貌端伟，颀而长，星目虬髯。读书日诵万言，贯串群籍。童时即善为诗，稍长喜游侠，家藏戚将军继光剑，常佩舞作长歌以感叹。年二十遭明鼎革，弃诸生隐西樵。沧桑事定，泛三湘，走金陵，眺燕王台，再渡朱崖，过故宫战垒、英豪遗迹。多凭吊寄怀之作，而不喜名誉，每脱稿惟与二三知己放声雒诵十数遍，即碎其稿投狂澜烈炭中，故世卒莫之知者。因好游耗其产则卖文、授徒自给，然方介不受人怜，终世坎壈弗悔，梁佩兰颂其高风亮节在屈大均、陈恭尹之上。徵没三年，其子索于耆旧、门生所传诵及题书折扇卷册者，得诗百四十九首，首刻为《选选楼集》，其悲歌沉痛、性情所注诸什尚不与此。陈恭尹序徵诗，谓"锻炼精纯，沉涵渊谧，虽不如专家之富，而其精者无多让焉。矧其志节巉岩为狂澜之砥柱，其言益可贵重。远近闻而矜式者，思其人而未得见，庶几诵其诗而如见之"，其倾倒徵者至矣。

《九江儒林乡志》卷十五《列传·清》：字金纪，号霍山，南方沐滘人。貌端伟，颀而长，星目虬髯。读书日诵万言，贯串群籍。童时即善为诗，稍长喜游侠，谈韬钤占候之学。家藏戚将军继光剑，常佩舞作长歌以感叹。年二十遭明鼎革，弃诸生，与陈恭尹隐居西樵七十二峰间，每酒酣击案，切齿于失机误国之俦，而引断以古今成败，仰天号叹，至为泣下……训子弟先行后文，故诸子皆贤，而已亦收孝养之报云。

［民国］《顺德县志》卷二十四《杂志》：沧桑事定，岑辄出游，足迹几半天下，而独漉则卜居于羊城之小禺山舍，稍事应酬。岑尝有诗规之云："独怜一代夷齐志，错认侯门是首阳。"独漉忠臣子，甘以隐沦终，仍恐掇祸一时。公卿爱其才，喜相延款，自当与往还，而岑以此讽之，其直谅亦加人一等矣。

何廷相　清顺德大良人。顺治十四年（1657）举人，万州学正。

［康熙十三年］《顺德县志》卷六《选举志二·国朝·乡举·顺治丁酉》：大良人。

［康熙二十六年］《顺德县志》卷六《选举志·国朝·举人·顺治十四年丁酉科》：大良人，万州学正。

［康熙］《广东通志》卷十五《选举志上·广州府·举人·国朝·顺德》：顺治丁酉，拣选知县。

［雍正］《广东通志》卷三十五《选举志五·举人·国朝·顺治十三年丁

西乡试榜》：顺德人，教谕。

何惟藻 字雪堂，清南海人。顺治十四年（1657）举人。康熙二十四年（1685）任江苏溧阳知县，二十七年被劾归。父其美，子逢。

［康熙］《广州府志》卷二十七《乡举·国朝·南海》：顺治丁酉，由顺德学。

［康熙十三年］《顺德县志》卷六《选举志二·国朝·乡举·顺治丁酉》：南海人。

［康熙二十六年］《顺德县志》卷六《选举志·国朝·举人·顺治十四年丁酉科》：何惟藻，南海人，顺德籍，溧阳县知县。

［道光］《广东通志》卷一百九十七《艺文略九·集部三》：《平陵草》《争笑轩草》，国朝何惟藻撰，未见。《岭南五朝诗选》，惟藻，字雪神……《余耽集》，国朝何逢撰，未见。《广东诗萃》，逢，字瞿又，南海人，惟藻子，诸生。

［道光］《南海县志》卷三十九《列传八·国朝》：字雪堂，其美子……康熙二十四年知溧阳（《诗海》作濮阳，误）。为人耿介而性爱儒雅，簿书听断之暇，即延致士人讲论文艺，人亦莫敢干以私。选《醉余斋文集》，一时传诵之，二十七年被劾归。著有《平陆草》《争笑轩集》。

何耀 清顺德人。顺治十四年（1657）举人。

［康熙十三年］《顺德县志》卷六《选举志二·国朝·乡举·顺治丁酉》：平步人。

［康熙］《广东通志》卷十五《选举志上·广州府·举人·国朝·顺德》：顺治丁酉，拣选知县。

［咸丰］《顺德县志》卷十一《举人二·国朝·顺治》：桂圃人，知县……丁酉科。

余应斗 （1628—1720）字公凝，明末清初顺德大良人。寿93岁。

［乾隆］《顺德县志》卷十四《耆寿》：字公凝，大良人。生崇祯戊辰，终康熙庚子，寿九十三。

陈大经　明末清初南海九江人。清顺治十四年（1657）副贡。祖复。

《南海九江乡志》卷三《选举·贡·永历二年戊子岁贡》：陈复，字承泰，号逢交。由南海学，习《诗经》，寿七十四。著《燕贻录》《诗经解文集》《诗集》。父良珍，举人，同知。子官治庠生、官宁副总兵。孙大经，庠生。

［道光］《南海县志》卷二十一《选举表二·国朝·贡生荐辟·顺治朝》：丁酉副贡。

《九江儒林乡志》卷十《选举略·国朝·贡生·顺治十四年丁酉》：县学，副贡。祖复，岁贡。

陈彭氏　（1628—1721）女，明末清初顺德大良人。寿94岁。夫陈慧嵩。

［乾隆］《顺德县志》卷十四《人物列传·寿妇》：陈慧嵩妻彭氏，大良人。生崇祯戊辰，终康熙辛丑，寿九十四。

庞上梓　字峄樵，明末清初南海佛山镇人。三水县学生员，顺治十四年（1657）举人。清初，藩王尚可喜部下抓其父汝衡入狱，上梓变卖家产营救得释放。康熙十三年（1674），因撤藩西提督马雄叛乱，上梓召集乡绅商量，招募一批勇敢乡民痛击叛兵。十八年任贵州开州知州、瓮安县令，后在湖北荆门知州任，以年老辞官。祖景忠。

［康熙］《广州府志》卷二十七《乡举·国朝·南海》：顺治丁酉，由三水学，拣选知县。

［康熙］《南海县志》卷五《选举志·国朝乡举·顺治丁酉》：现荆门州知州。

［康熙四十九年］《三水县志》卷三《选举表·国朝·文举人·顺治丁酉科》：佛山人，由本学中式。

［乾隆］《佛山忠义乡志》卷四《选举志·乡举·国朝·顺治丁酉》：湖广荆门州知州，景忠孙。

［道光］《佛山忠义乡志》卷十二《金石志上·石·清》：《崇祯社月课碑记》，乡进士、奉直大夫协少正尹、知湖广安陆府荆门州事加一级、前文林郎、贵州瓮安县知县兼掌贵阳府开州印务、督理平大黔威四府军饷、壬戌科乡试同考官、里人庞上梓拜撰，康熙四十二年岁次癸未仲秋吉旦。

[同治]《南海县志》卷十三《列传》：字峄樵，佛山人。由三水学中式，顺治十四年丁酉科乡试举人。先是，七八年间变乱频仍，藩焰张炽，麾下虎而冠者怙势横行，遗族故家悉遭鱼肉。父汝衡株连系囹圄，上梓毁家营救，遂脱出之。逮康熙十二年撤藩议起，黔滇首肆逆，连及粤西。十三年，西提督马雄亦叛，驻兵羚羊峡，并勾通沿海疍户图掠佛山。上梓集绅会议，募勇敢士击其先至者，贼散走，乡闾获安，然其时东藩司徐姓者有异志，以办饷御寇为名勒派以千万计，乡人噪而逐之。徐益怒，乃械绅富数十人去，鞭扑苛求，无间昕夕。上梓偕绅士之有胆识者陈利害于尚藩，事得寝。十八年，杨雍建为贵州巡抚，膺恢复之寄，奉命一切官员得便宜委署。上梓适需次于黔，雍建作高要令时，充乡试同考官所取士也，悉其材，委刺开州，并委督威宁、大定、平越、黔西各府州军饷，以图进剿。虽劳于转输，而抚字不废，念开为黔、越孔道，自市场、渡口私设抽分，商人裹足，贸迁不至，地益贫，上梓革除之，归来日众。未几，奉部文授瓮安令。瓮播州地也，明万历间初入版图，经鼎革之余，民愈凋瘵。乃宽徭弛役，一以休养为先，数年民气渐复。时奉有清丈田亩之旨，民汹汹预苦科派。上梓陈于抚军，裁定费用丝毫不得增多，故不扰民而事集。俄以循良报最，擢湖广荆门州知州。州当楚蜀之冲，邮传四驰，政烦赋重。民户不编里甲，催科素乏成规，火耗亦比他邑较重，民苦之。上梓减轻火耗，不受驿马羡余，故国课完，邮政亦治。会以事晋谒省垣，值抚标兵变陷会城，蔓延附近州县，风鹤四起。上梓变服驰回，集兵民缮城堡，严守御以待之，幸得安谧。然是时年已笃老矣，事定后即解组归，士民追送者至数十里外。阙后，东省主试胡润颜其门曰“楚西良牧”，以示不忘云。

庞如璧　清南海人。顺治十四年（1657）举人。

[康熙]《广州府志》卷二十七《乡举·国朝·南海》：顺治丁酉，拣选知县。

庞启沃　清南海人。顺治十四年（1657）举人。

[康熙]《广州府志》卷二十七《乡举·国朝·南海》：顺治丁酉，由番禺学。

庞维名　清南海人。顺治十四年（1657）举人。

[康熙十三年]《顺德县志》卷六《选举志二·国朝·乡举·顺治丁酉》：南海人。

庞嗣琳　清南海人。顺治十四年（1657）副贡，康熙五年（1666）任广东饶平县训导，七年连平州学正。

［康熙］《南海县志》卷五《选举志·国朝岁贡》：教谕。

［雍正］《广东通志》卷三十六《选举志六·国朝·广州府·南海县》：学正。

［道光］《广东通志》卷五十《职官表四十一·国朝八·饶平县·教谕训导·康熙朝》：南海人，五年任……训导。卷四十九《职官表四十·国朝·连平州·学正训导·康熙朝》：南海人，七年任……学正。

［道光］《南海县志》卷二十一《选举表二·国朝·贡生荐辟·顺治朝》：连平州学正，丁酉副贡。

胡公爵　（1628—1723）明末清初顺德大良人，寿97岁。妻林氏，寿94岁。

［乾隆］《顺德县志》卷十四《人物列传·齐眉》：大良人。生崇祯戊辰，终雍正癸卯，寿九十七。妻林氏，生崇祯庚午，终康熙壬寅，寿九十四。屡沐恩赐粟帛，一门五代。

梁观琏　清顺德鼎新人。顺治十四年（1657）副贡。

［咸丰］《顺德县志》卷十一《副贡·国朝·顺治》：鼎新人，丁酉。

梁绍光　清三水大冈人。顺治十四年（1657）副贡，任广西苍梧县教谕。祖耀书，万历四十六年（1618）举人。

［康熙四十九年］《三水县志》卷三《选举表·国朝·贡途·副榜贡》：大冈人，耀书嫡孙。由本学中顺治丁酉科副榜第六名，准贡，苍梧教谕。

梁梿　（1628—1673）字器圃，清顺德伦教人。盛年结茅庐称“寒塘”隐居，工书擅画。父在廷，弟楫。子谓传其学，号寒塘派。

［乾隆］《顺德县志》卷十四《人物列传·隐逸》：字器圃，伦教人。父在廷，宦游归而生梿，池中白莲适开并蒂者七，人以为异。弱冠补诸生有声，鼎革后遂不复试有司，以先世皆仕于明也。结茅池西，自号“寒塘居士”。性孤洁，落落不苟合。既绝意世荣，益耽丘壑，杖履于罗浮、西樵间，岁常两

至焉。工临池，书规大令，画宗黄，咸得其神，人争宝之。邑令张其策高其行，屡希一见不可得。后闻在甘溪水涯，遽单车就之，握手倾慕，楗夷旷自如。策退而叹曰："高风伟节，苏云卿之流，宜不可折柬致也。"居平读书，意有所感，慷慨流连，辄投袂而起。常斥千金产资其友人远游不少惜。若与时俗人对，或瞠目视之，竟日不出一语，人始憎嫌久而亲之，知其心无他也。不治家人生产，不问有无，所入随手辄尽。多山居，常以祀事归，偶入户内，为家犬所吠，时相传以为笑。中岁偶不怡，得疾仅三日，易箦时赋诗自述，举手别亲朋，寂然而逝。论者谓其平日不参禅学仙，而最后一着虽称善知识者不如，盖清高无累与道合云。

梁裔照　清南海佛山镇人。顺治十四年（1657）举人。继室邝氏，子应瓛。

［康熙］《广州府志》卷二十七《乡举·国朝·南海》：顺治丁酉。

［乾隆］《佛山忠义乡志》卷九《人物志·列女·清》：邝氏，举人梁裔照继妻。结缡四载而照卒，氏才十八。矢志冰霜，抚遗腹子应瓛，教育有方，俾克成立。太守给匾以旌，曰"柏舟以操"。

康有年　清顺德龙江人。顺治十四年（1657）举人。

［康熙十三年］《顺德县志》卷六《选举志二·国朝·乡举·顺治丁酉》：龙江人。

康乔君　（1628—1728）明末清初顺德龙山人。寿101岁。

［乾隆］《顺德县志》卷十四《人物列传·耆寿》：龙山人。孝友纯朴，足迹不入城郭。生崇祯戊辰，终雍正戊申，寿一百零一岁。

［咸丰］《顺德县志》卷十五《耆寿·百岁以外寿民·国朝》：按《五山志林》，龙山康耀南百岁祝寿，与欧振豪饮云：相别于汉口已八十年。今采访无之，疑即一人。

黄梁氏　（1628—1721）明末清初顺德桂洲人。寿94岁。夫黄伟侯。

［乾隆］《顺德县志》卷十四《人物列传·寿妇》：黄伟侯妻梁氏，桂洲人。俭朴性成，妇道克谨。姑冯氏目病，人言苦口吮之可愈，氏晨夕舐吮，姑目复明。康熙甲辰值迁徙，夫教读糊口，氏日夜纺绩，艰苦备尝，奉养无缺。生崇祯戊辰，终康熙辛丑，寿九十四。

黄耀日 本姓苏，清顺德碧江人。顺治十四年（1657）举人。

［康熙十三年］《顺德县志》卷六《选举志二・国朝・乡举・顺治丁酉》：碧江人，本姓苏。

萧曾彦 清顺德龙江人。顺治十四年（1657）举人。

［康熙十三年］《顺德县志》卷六《选举志二・国朝・乡举・顺治丁酉》：龙江人，广西中式，浙江泰顺县知县。

崔梦吉 清南海沙头人。顺治十四年（1657）举人，十八年进士，大理寺观政。父洪。

［康熙］《广州府志》卷二十七《乡举・国朝・南海》：顺治丁酉，由府学，进士。《进士・国朝・南海》：顺治辛丑，会魁。

［宣统］《南海县志》卷十《选举表・拾遗订误・进士》：辛丑。大理寺观政，父洪，赠如其官。顺治朝。卷十一《艺文略・史部・谱系类》：《崔永思堂谱》二十卷，国朝崔泗荣撰……番禺崔弼序曰：沙头在西樵之东……迨本朝梦吉公以顺治辛丑科会魁，官大理。

曾光龙 字飞瞻，清顺德勒楼人。顺治十四年（1657）举人，康熙三年（1664）进士，任安徽合肥、江西铅山知县，因母丧归。

［康熙十三年］《顺德县志》卷六《选举志二・国朝・乡举・顺治丁酉》：勒楼人，甲辰进士。《选举志二・国朝・进士・康熙甲辰》：合肥知县。

［康熙二十六年］《顺德县志》卷六《选举志・国朝・进士・康熙三年甲辰科》：勒楼人，合肥县知县，调铅山县知县。

［乾隆］《顺德县志》卷十二《人物列传・宦绩》：字飞瞻，勒楼人。顺治丁酉领贤书，甲辰成进士。授合肥令，甫莅任，禁火耗，革蠹吏，兴利除害，百姓咸称廉明。后以肥邑冲繁，欲乞休致，徐藩宪怜之，改调铅山。当兵燹之余，哀鸿未集，光龙加意抚绥，旱疫为请祷，饥馑为请赈，详允两院免新旧钱粮，铅民始乐更生。是时铅邑虽平，而黄柏一方尚为贼首林尔瞻等所据，光龙亲往开陈利害，谕令归化，尔瞻等乃剃发归农，由是盗息民安，上宪议功题叙。适丁内艰回籍，启行日行李萧然，如昔日书生也。

曾赓吕　清顺德勒楼人。顺治十四年（1657）举人，平陆县知县。父文焴。

［康熙十三年］《顺德县志》卷六《选举志二·国朝·乡举·顺治丁酉》：勒楼人。

［康熙二十六年］《顺德县志》卷六《选举志·国朝·举人·顺治十四年丁酉科》：勒楼人，平陆县知县。

［康熙］《广东通志》卷十五《选举志上·肇庆府·乡举·国朝·高要》：顺治丁酉，拣选知县。

［雍正］《广东通志》卷三十七《封荫志·国朝封赠》：曾文焴，顺德人，以子赓吕赠文林郎。

彭祖曙　字宗暄，号药庵，清南海人。顺治十四年（1657）举人，十八年会试落第，谒选任湖北云梦知县十多年归。寿73岁。

［康熙十三年］《顺德县志》卷六《选举志二·国朝·乡举·顺治丁酉》：江尾人，云梦县知县。

［乾隆］《顺德县志》卷十二《人物列传·宦绩》：字药庵，云步人。登丁酉贤书，选云梦令，咨访民生利弊，有岁抽布饷计约千金，积弊已久，尽为蠲免，四郊讴颂。邑南有冤尸逆流而溯，廉访得实，谋杀者伏诛，阖县快心。洁己爱人，政声流溢，民为立祠尸祝。追解组□□，教授生徒，里中多借其□□。

《九江儒林乡志》卷十《选举略·国朝·举人·顺治十四年丁酉科》：字宗暄，号药庵。寄籍顺德，中式第七十一名，湖广云梦知县。卷十四《列传·清》：字宗暄，号药庵，南方冈嘴社人。生有异质，甫就傅而父病瞽，母复死，无以为生。年十六才理旧业，寄籍顺德补诸生。领顺治丁酉乡荐，乃复困于资斧，至辛丑始会试。下第后谒选，授湖广云梦知县，清勤服官，咨访民生利病，故事岁抽布饷约千金，久为民患，一切除之。县南有尸逆流而上，疑其冤，廉得谋杀主名，置之法，阖属颂神明。治云梦十余载，讼息人和，循声洋溢。及解组，士庶攀辕留恋，多泣下者。既去，民立生祠祀之。年七十三，其子孙仍家南海。

［咸丰］《顺德县志》卷二十五《列传五·国朝一》：云步人……归教授生徒，及门多成材者。

简良臣　清顺德人。顺治十四年（1657）举人，康熙二十二年（1683）任广东海丰教谕。

[康熙十三年]《顺德县志》卷六《选举志二·国朝·乡举·顺治丁酉》：勒竹人。

[康熙二十六年]《顺德县志》卷六《选举志·国朝·举人·顺治十四年丁酉科》：勒楼人，澄海县教谕。

[康熙]《南海县志》卷五《选举志·国朝乡举·顺治丁酉》：顺德人，由本学，教谕。

[乾隆]《顺德县志》卷十《选举志·举人·清朝·顺治丁酉》：南海籍勒竹人，海丰县教谕。

[道光]《广东通志》卷四十九《职官表四十·国朝·海丰县·教谕训导·康熙朝》：顺德人，二十二年任……教谕。

潘逢元　清南海人。顺治十四年（1657）举人。

[康熙]《广州府志》卷二十七《乡举·国朝·南海》：顺治丁酉，知县。

[康熙]《南海县志》卷五《选举志·国朝乡举·顺治丁酉》：山东寿光县。

黎起龙　字骢瑞，清顺德马滘人。顺治十四年（1657）举人，任广东茂名教谕，卒于官。

[康熙十三年]《顺德县志》卷六《选举志二·国朝·乡举·顺治丁酉》：马滘人。

[康熙]《广东通志》卷十五《选举志上·广州府·举人·国朝·新会》：顺治丁酉。

[道光]《广东通志》卷七十八《选举表十六·举人一·国朝·顺治十四年丁酉·广州府》：顺德人，新会籍，茂名教谕。

[咸丰]《顺德县志》卷二十四《列传四·明三·黎宏业传》：其族……应珍。起龙，字骢瑞，孝友谦和，遇农夫、牧竖无骄容。好读书，文有奇气……官茂名教谕，修学课士，息争恤贫，却其脩脯。卒官，士林举与应珍并祀新会学孝弟祠……又按，新会河塘与顺德马滘接壤，黎氏分隶两地，太仆大宗之祖祠亦在新会。阮《通志·选举表》云：起龙，顺德人新籍。《采访册》于应珍亦同。盖先开族，后乃分地立县。两人虽祀新会，以县人故收之。

邓腾芳　字鼎辉，号洁林，清顺德龙山人。拔贡，顺治十五年（1658）任广东龙川训导。

［嘉庆］《龙山乡志》卷八《人物志·文苑》：字鼎辉，号洁林。少颖悟，力学不辍，淹贯经史，兼通词赋。顺治间拔贡生，廷试授惠州府龙川县儒学，秩满解组归。隐于螺阳之侧，辟宜园数亩，亭池台榭遍栽花卉，颜其室曰"醉耳山房"，日与陈独漉诸先辈衔觞赋诗，啸咏自适。生平著作甚富，诗文自成一家，惜遗稿散佚，所存有《宜园集》一帙行世。

［道光］《广东通志》卷四十九《职官表四十·国朝·龙川县·教谕训导·顺治朝》：广府人，十五年任……训导。

刘芳 清高明人。顺治十五年（1658）岁贡，次年广东兴宁县训导，康熙四年（1665）任顺德教谕，不久去世。

［康熙八年］《高明县志》卷四《选举表·国朝·恩岁贡》：田心人，顺治十五年恩贡，任顺德县教谕。

［康熙十三年］《顺德县志》卷四《官师志·教谕》：肇庆高明人，岁贡。康熙四年任，寻卒于官。

［道光］《广东通志》卷五十七《职官表四十八·国朝十五·兴宁县·教谕训导·顺治朝》：高明人，十六年任……训导。

［道光］《高明县志》卷十二《选举志·贡生·国朝》：铁冈人，顺治十五年贡，任顺德教谕。

朱翀 清南海人。顺治十五年（1658）任广东四会教谕。

［康熙十二年］《肇庆府志》卷八《秩官二·国朝·四会县教谕》：南海人，顺治十五年任。

李民表 清南海人。顺治十五年（1658）岁贡。

［道光］《南海县志》卷二十一《选举表二·国朝·贡生荐辟·顺治朝》：岁贡……戊戌。

李志高 清顺德人。顺治十五年（1658），任广东高明城守。

［康熙八年］《高明县志》卷十《兵防志·官制武职》：国朝城守千总一员加守备衔，顺德人，顺治十五年任。

何兆魁 清南海人。顺治十五年（1658）恩贡，任广东德庆州教谕。

［道光］《南海县志》卷二十一《选举表二·国朝·贡生荐辟·顺治朝》：恩贡，德庆州教谕……戊戌。

梁佩兰　（1629—1705）字芝五，号药亭，明末清初南海盐步海心沙（今属广州）人。顺治十四年（1657）乡试第一，六次赴京会试落第。康熙二十七年（1688）进士，授翰林院庶吉士，次年告假南归。康熙帝五十寿辰，诏敕庶吉士久在外者赴馆供职，进京不满月逢散馆①考试，因不习满文被革去庶吉士职，归进士班。因不肯赴选知县，翌年放归。

［康熙］《广州府志》卷二十七《乡举·国朝·南海》：顺治丁酉，解元。

［康熙］《南海县志》卷五《选举志·国朝乡举·顺治丁酉》：解元，会魁，庶吉士。

［乾隆］《广州府志》卷三十九《人物八·文苑·清》：字芝五，号药亭。童时日记数千言，能通五经百家之学。顺治丁酉乡试举第一，时年二十六，诗文声价已播海内。戊辰擢会魁，授庶常，次年假还。洁清自好，与当事交，诗文之外无他及也。所历名山古迹莫不留题，与诸名宿歌咏唱酬、主持风雅。其诗清横醇茂，新城尚书王士正、秀水翰林朱彝尊、吴江潘来皆推重之，所著《六莹堂诗》前后集、文集各若干卷。

［道光］《广东通志》卷七十七《选举表十五·进士·国朝·康熙二十七年戊辰沈廷文榜·广州府》：南海人。会魁，二甲，庶吉士。又见旧《番禺志》。

［道光］《南海县志》卷三十九《列传八·国朝》：与屈大均、陈恭尹号“岭南三家”。康熙戊辰成进士，授庶常，已跻六帙矣。散馆改知县，同改三十人俱赴吏部选，佩兰独不肯。而辇下识与不识，皆尊求其诗，宗室戚畹迎迓无虚日，或延留别业不令见他客以矜独得，士林雅集有不识佩兰名姓者，咸以为耻。

［民国］《佛山忠义乡志》卷十《风土志二·古冢》：诗人梁药亭墓，在广州大北门外柯子岭……《重修诗人梁药亭先生故墓碑记》……先生姓梁氏，讳佩兰……生于前明崇祯己巳年十二月，卒于国朝康熙乙酉年三月，春秋七十有七……道光丙戌，乡人访得其墓，伤其久而圮也，醵金重修，谨为论

---

①庶吉士学习之地称庶常馆，学习期满称散馆。

记……资政大夫、予告省亲前护理贵州巡抚、贵州布政使加一级里人吴荣光撰并书。大清道光六年岁在丙戌夏四月十六日，吴琛光立石。

[民国]《顺德县志》卷二十二《列传七·寓贤·国朝》：戊辰成进士。

霍梦龙 清南海人。顺治十五年（1658）岁贡。

[道光]《南海县志》卷二十一《选举表二·国朝·贡生荐辟·顺治朝》：岁贡，戊戌。

马锡 清南海人。顺治十六年（1659）贡生，训导。

[道光]《南海县志》卷二十一《选举表二·国朝·贡生荐辟·顺治朝》：己亥由府学贡，训导。

李其蕃 （1630—?）字异苑，清高明人。顺治十四年（1657）举人，任江南舒城知县，康熙八年（1669）参与修县志。父翘楚。

[康熙八年]《高明县志》卷四《选举表·国朝·举人·顺治十四年丁酉》：字异苑，清泰人，吏部拣选知县。卷首《高明县志重辑序》：萃邑绅士杨君有声、谭君良泰、李君其蕃等择吉开局，分任纂修。康熙己酉，知高明县事鲁杰识。

[康熙二十九年]《高明县志》卷十二《举人·清》：城中人，顺治十四年丁酉举人，现任江南舒城知县，翘楚子。

[道光]《高明县志》卷十三《人物志·国朝》：字异苑，翘楚次子。少有才名，恬淡潇洒。年二十八登贤书，江南舒城知县。政尚慈祥，邑旧有粮耗夫役之弊，悉行扫除，百姓咸称慈父。康熙初与修《县志》。

何清 清高明人。顺治十六年（1659）任广西藤县典史。

[康熙二十九年]《高明县志》卷十二《吏职·清》：顺治十六年任广西藤县典史。

梁卢氏 （1630—1725）女，明末清初顺德黄连人。寿96岁。夫梁清海。子彦膺、成之。孙良登。

[乾隆]《顺德县志》卷十四《人物列传·寿妇》：梁清海妻卢氏，黄连人。生平执妇道，尽代终之义，广行周恤，勤课儿孙。长子彦膺，岁贡。次

子成之，充新邑廪。孙良登列国学。诗书继美，人谓积善之报。生崇祯庚午，终雍正乙巳，寿九十六。

梅黄氏 （1630—1732）女，明末清初顺德龙山人。寿103岁。夫梅溢桢。

［乾隆］《顺德县志》卷十四《人物列传·寿妇》：梅溢桢妻黄氏，龙山人。生崇祯庚午，终雍正壬子，寿一百零三岁。

崔庚 字明友，清新兴籍高明城中人。顺治十六年（1659）岁贡，十八年任广东韶州府训导，补任遂溪训导。子曰文，康熙二十三年（1684）举人。

［康熙八年］《高明县志》卷四《选举表·国朝·恩岁贡》：新兴人，府学岁贡，新居高明，任韶州府训导。

［康熙二十九年］《高明县志》卷十二《贡生·清》：新兴人，顺治十六年府学岁贡，新居高明。任韶州府训导，补任遂溪县训导。

［道光］《广东通志》卷四十七《职官表三十八·国朝五·韶州府·教授训导·顺治朝》：新兴人，岁贡。十八年任，训导。

［道光］《高明县志》卷十二《选举志·贡生·国朝》：城中人，由新兴籍顺治十六年府学岁贡。任韶州府训导，补任遂溪县训导。卷十三《人物志·国朝》：字明友，岁贡。历任韶州、遂溪训导，均有功学校，载郡邑《志》。以年老告归，绝迹公门。家素饶，惟广置书籍，务赈施，督课五子皆有成立。崔曰文，字简人。嗜古积学。随父庚任韶州府训导，时方食饩。至即选郡中名士三人结社讲习，常慨慕曲江相业，每天气晴明，辄偕三人登风度楼再三咨赏不置。后三人擢高魁者二，文亦以康熙甲子登贤书，一时传为盛事焉。

曾造道 清顺德桂林人。岁贡，顺治十六年（1659）任广东开平教谕。

［康熙十三年］《顺德县志》卷六《选举志二·国朝·岁贡·顺治》：桂林人，顺治年岁贡。

［雍正］《广东通志》卷三十六《选举志六·国朝·贡生·广州府·顺德县》：训导。

［道光］《肇庆府志》卷十三《职官三·清·开平县·教谕·顺治朝》：顺德人，十六年任。

谭盛济 （1630—1728）明末清初顺德甘竹人，寿99岁。妻何氏，寿98岁。

［咸丰］《顺德县志》卷十五《耆寿·九十寿民·国朝》：甘竹人，雍正戊申卒，年九十九。妻何氏九十八，受绢帛。

黎上林 清顺德人。顺治十六年（1659）武举，次年武进士，任广州水师中军游击。

［康熙十三年］《顺德县志》卷六《选举志二·国朝·武举·顺治己亥》：陈村人，北直获鹿籍，庚子进士。

［咸丰］《顺德县志》卷十一《武举·国朝·顺治》：弼教人，顺天榜武进士，庚子。《武进士·国朝·顺治》：广州水师中军游击，庚子。

梁楫 字巨川，号东岊，清顺德伦教人。善画兰竹。父在廷，岳父黄士俊，兄梿。

［乾隆］《顺德县志》卷十四《人物列传·隐逸》：字巨川，号东岊，伦教人。善兰竹。明大学士黄士俊婿也，装奁甚富，士俊常命其应有司试不赴。有劝纳资为郎者，曰："予先朝遗民也。"常出其资以济亲友穷乏者，老而缺食不悔，惟日焚香烹茗而已。

万琳琅 清南海人。顺治十七年（1660）举人，任临高县教谕。

［康熙］《广州府志》卷二十七《乡举·国朝·清远》：顺治庚子，附籍。

［康熙］《南海县志》卷五《选举志·国朝乡举·顺治庚子》：由清远学，拣选知县，现临高县教谕。

区孕彪 字文质，清高明人，为人孝顺，宽厚正直，好礼乐施。父大成。子简臣顺治八年（1651）中举，十八年进士。

［康熙二十九年］《高明县志》卷十三《人物志·清》：字文质。少失怙，事母以孝闻。充郡庠生，宽厚正直，附近一方推为约正。解忿息争，是非就决，无不信服，自是强横诬害之风以息。辛卯冬，李抚院授以寿官，檄郡邑优礼。子简臣以进士令于楚，彪往观政，凡臣善政之行皆借其教也。生平俭以持躬，严以正俗，善以训子孙，和以睦乡党，赒人之急，救人之危，好礼

乐施，党里咸赖其德焉。

区简臣　(1631—?) 字卜徵，清初高明阮埇人。顺治八年(1651) 中举，十八年进士，任湖南江华知县辞归。康熙十二年(1673) 编纂《肇庆府志》32卷。曾祖大成，父孕彪，子嘉元。

[康熙八年]《高明县志》卷四《选举表·国朝·举人·顺治八年辛卯》：字卜徵，阮埇人，辛丑进士。《选举表·国朝·进士·顺治十八年辛丑马世俊榜》：任湖广江华县知县。卷十三《人物·明·区大成传》：字景圣。自少失怙，事母至孝。补邑弟子员，好学敦行，以礼持躬。人有危者扶、急者周，虽横逆或来，坦然不校，以善训族，乡闾咸倚仗焉。曾孙简臣成顺治辛丑进士，授湖广江华令，励冰操、行善政，民有廉介之颂，皆为其教也。

[康熙二十九年]《高明县志》卷十三《人物志·乡贤·清》：字卜徵。禀性聪颖，好学能文。甫弱冠举顺治辛卯乡荐，辛丑成进士，任湖广江华令。华凋敝邑也，其民或因营债典鬻妻子，或因荒税离散四方。臣下车目睹仳离，即着家人归卖业办金，悉代完其逋赋、赎其妻孥，华民获安故土。遇旱拜跪祈祷，大雨立沛，民悉欢呼，以为至诚所格。因杂务繁难，点金无术，父孕彪命曰："损人媚人不可为也。"臣遂辞职而归。民歌颂之，谓"区公仅吸江华一口水，不用江华半文钱"，载在华《志》，其廉介如此。迨归里，事亲朝夕承欢，色养备至。乡居坦直淡朴，绝无富贵色相，周急扶危，遐迩乡邻所感德者甚多。教授生徒，郡邑名士多出其门，所在公庭未尝轻至，道义廉节为当道推重焉。

[道光]《广东通志》卷一百九十二《艺文略四·史部三·志乘下》：《肇庆府志》三十二卷，国朝史树骏修，区简臣辑，未见。《吴志》，树骏……康熙八年任……数载乃得陆太守鏊刻本……考正舛误，补编成书……甲寅工竣。

[道光]《高明县志》卷十三《人物志·国朝》：字卜徵……迨归里，事亲色养备至，乡居夷澹，不异韦素，曾应郡守史庸庵聘分辑旧《志》。

[道光]《肇庆府志》卷二十一《艺文·史部·地理类郡县之属》：《肇庆府志》三十二卷，国朝知府史树骏修，郡人区简臣辑，康熙十二年癸丑。

[光绪]《高明县志》卷十二《选举表·国朝·进士·顺治朝》：阮埇人，十八年辛丑科马世俊榜，湖广江夏知县。

韦振飞　字鹭西，清顺德鹭洲人。顺治十七年(1660)举人，康熙二十五年(1686)任广东潮阳县教谕。

[康熙十三年]《顺德县志》卷六《选举志二·国朝·乡举·顺治庚子》：

鹭洲人。

[康熙二十六年]《顺德县志》卷六《选举志·国朝·举人·顺治十七年庚子科》：鹭洲人，潮阳县教谕。

[康熙]《南海县志》卷五《选举志·国朝乡举·顺治庚子》：顺德人，由本学，现教谕。

[康熙]《广东通志》卷十五《选举志上·广州府·举人·国朝·南海》：顺治庚子，拣选知县。

[道光]《广东通志》卷五十《职官表四十一·国朝八·潮阳县·教谕训导·康熙朝》：南海人，二十五年任，教谕。

[民国]《顺德县志》卷十四《艺文略·集部·别集》：《守拙圃诗集》一卷，国朝韦振飞撰。谨按：振飞字鹭西，鹭洲人，顺治庚子举人。

卢象丰　（1631—1720）字庆饶，明末清初顺德桂洲人，寿90岁。妻叶氏，寿93岁。

[乾隆]《顺德县志》卷十四《人物列传·齐眉》：字庆饶，桂洲人。好善乐施。生崇祯辛未，终雍正庚子，寿九十。妻叶氏，生崇祯辛未，终雍正癸卯，寿九十三。

汤士哲　（？—1700）清番禺籍顺德石龙冈人。顺治十七年（1660）举人，康熙三十二年（1693）任广东新兴县教谕，三十九年卒于官。

[康熙]《广州府志》卷二十七《乡举·国朝·顺德》：顺治庚子。

[康熙十三年]《顺德县志》卷六《选举志二·国朝·乡举·顺治庚子》：石龙岗人。

[康熙五十八年]《肇庆府志》卷八《秩官志二·国朝·新兴县教谕》：顺德人，举人。康熙三十二年任，三十九年卒于官。

[雍正]《广东通志》卷三十五《选举志五·举人·顺治十六年庚子乡试榜》：番禺人，教谕。

[乾隆]《顺德县志》卷十《选举志·举人·国朝·顺治庚子》：番禺籍石龙冈人，新兴县教谕。

关应弼　字君简，号待庵，清南海九江人。由番禺学考中顺治十七年（1660）举人。父恒才，子上进、上迁，孙光瑞、绍祖。

［康熙］《广州府志》卷二十七《乡举·国朝·南海》：顺治庚子，由番禺学。

［雍正］《广东通志》卷三十五《选举志五·清·顺治十六年庚子乡试榜》：番禺人，中书。卷三十七《封荫志·国朝封赠》：南海人，举人，以子上进诰封文林郎、翰林检讨。

《九江儒林乡志》卷十《选举略·国朝·举人·顺治十七年庚子科》：字君简，号待庵。番禺学，中式第六名，考授内阁中书舍人。子上进，进士。子上迁，孙光瑞、绍祖皆举人。《选举略·清·封荫》：关恒才，以子应弼赠征仕郎、内阁中书舍人。卷八《艺文略·集部·别集》：《双桂园稿》，国朝关应弼撰。卷十四《列传·清·关上进传》：字凌云，号樵峰，南方沙（上浦下佘）人。父应弼，号待庵，顺治庚子举人。自经书以至诸子百家靡不探其阃奥，授内阁中书舍人不赴，布衣蔬食，左图右书，惟以经训督课子弟。

关麟（清顺治） 清南海九江人。顺治十七年（1660）武举，康熙三年（1664）武进士第三名，授二等侍卫，迁潮州城守游击，任总兵。

［康熙］《南海县志》卷五《选举志·国朝武进士·康熙甲辰》：由直隶中式，探花，历任总兵。

《九江儒林乡志》卷十《选举略·国朝·武举·顺治十七年庚子科》：寄籍顺天，康熙甲辰武进士。《选举略·国朝·武进士·康熙三年甲辰科》：殿试一甲第三名，二等侍卫。迁潮州城守游击，官至总兵。

朱应望 清南海九江人。顺治十七年（1660）岁贡，任广东翁源训导。

［康熙］《南海县志》卷五《选举志·国朝岁贡》：训导。

［同治］《南海县志》卷九《拾遗订误·贡生》：庚子岁贡，翁源训导，顺治朝。

《九江儒林乡志》卷十《选举略·国朝·贡生·顺治十七年庚子》：县学岁贡，廷试授翁源训导。

严初昺 清高明罗塘人。顺治十七年（1660）岁贡，任广东保昌训导。

［康熙八年］《高明县志》卷四《选举表·国朝·恩岁贡》：罗塘人，顺治十七年岁贡，任保昌县训导。

［康熙二十九年］《高明县志》卷十二《贡生·清》：罗塘人，顺治十七年府学岁贡，任保昌训导。

劳温良　字特生，清顺德小劳村人。顺治十七年（1660）举人，康熙九年（1670）进士，任邻水县知县，卒于官。弟玉良，子熙载，孙乔迁。

［康熙十三年］《顺德县志》卷六《选举志二·国朝·乡举·顺治庚子》：小劳村人，庚戌进士。

［康熙二十六年］《顺德县志》卷六《选举志·国朝·进士·康熙九年庚戌科》：小劳村人，邻水县知县。

［乾隆］《顺德县志》卷十二《人物列传·宦绩》：字特生，劳村人。家贫力学，年十七游广□□授生徒，博脩脯以供祖父□□。顺治庚子举于乡，康熙庚戌成进士。铨期已届，以继母老不赴，母促之□行，得邻水县。县经贼张献忠残破，又值吴逆骚扰，抵任官署已毁，视事于破寺。未有学宫，温良躬率家人及流民葺颓垣败砾，纸书先师四配先贤先儒诸神位，月朔望率生童致礼。每日清晨进诸生童听讲课文，面为甲乙。不逾月，邻邑之生童望风皆至，学使临郡，见录者甚众。川俗向陋，妇有新寡者，人以一楮奠亡夫便称纳采，控告争婚者纷纷，又兄亡后弟与嫂婚，温良概行禁止。时流民初集，通县开垦报征仅三十二两七钱，温良实力劝垦，未满一载增至一百有奇，上官嘉许。以继母丧离任卒，囊无一钱，同官交为赙赠，胞弟玉良拮据借贷，始得扶榇归粤。温良善教子弟，子熙载番禺岁贡；嫡侄发衡，康熙壬午举人，会昌知县；孙乔迁，雍正己酉举人，皆能世其科名云。

［咸丰］《顺德县志》卷二十五《列传五·国朝一》：十七即授徒会城资菽水。

李向日　字伯南，清顺德人。顺治十七年（1660）举人，康熙二十年（1681）任广东高要县教谕。子时茂。

［康熙十三年］《顺德县志》卷六《选举志二·国朝·乡举·顺治庚子》：石龙岗人。

［康熙二十六年］《顺德县志》卷六《选举志·国朝·举人·顺治十七年庚子科》：石龙冈人，高要县教谕。

［乾隆］《顺德县志》卷十三《人物列传·行谊》：字伯南，桂洲人，笃

学好义。祖曾居石龙，昆季四人皆有文名，时有“石龙四季”之称。向居敦孝弟，尚廉隅。康熙壬寅，向为仇家所诬，藩王大发兵围剿，万命胥危，冒刃肉袒，军前叩分黑白，被囚数月，几受戮者数。四军将悯之，许释之家，请曰：“如欲冤杀，愿与乡人同死，何忍独生？”既而，监军陈太常廉得其情，亟为之请，向乃获免。任高要教谕，规范拟于苏湖。卷十四《人物列传·耆寿》：李时茂，字其承，桂洲人，顺治庚子举人李向日第五子。笃学不倦，寿九十一。

［康熙五十八年］《肇庆府志》卷八《秩官志二·国朝·高要县教谕》：顺德人，举人，康熙二十年任。

何家璇 清顺德人。顺治十七年（1660）副贡。

［康熙十三年］《顺德县志》卷六《选举志二·国朝·恩贡·顺治》：桂浦人。

［康熙四十九年］《三水县志》卷三《选举表·国朝·贡途·副榜贡》：顺德人，由本学拔贡。中顺治庚子科副榜第八名，准贡。

［乾隆］《顺德县志》卷十《选举志·贡生·清朝·顺治恩贡》：平步人。

［咸丰］《顺德县志》卷十一《拔贡·清·顺治》：桂圃人。

张正心 清顺德龙江人。顺治十七年（1660）副贡。

［咸丰］《顺德县志》卷十一《副贡·国朝·顺治》：龙江人，庚子。

陈奇逢 清南海人。顺治十七年（1660）贡生。

［道光］《南海县志》卷二十一《选举表二·国朝·贡生荐辟·顺治朝》：贡生，庚子。

陈恭尹 （1631—1700）字元孝，清顺德龙山人。17岁父邦彦殉难，南明永历帝授世袭锦衣卫指挥佥事。南明亡，潜居家乡十几年。1678年秋，官府疑其与三藩叛乱有瓜葛，拘狱二百多天。后隐居，自称“罗浮布衣”。晚年筑室广州小禺山，诗酒应酬世人。子励，孙世和。

［嘉庆］《龙山乡志》卷八《人物志·文苑》：字元孝。父岩野先生，当丙戌、丁亥鼎革之秋，以书生勠力行间，崎岖百战，卒能死义报国，其事最烈。元孝以忠臣子沉痛患难，捍文网者屡矣。迨学与年深，猛鸷之气渐就和

易，如张孺子既见石公读其书，精悍之色不复见于颜面，是其杜德机①也。善隶草，尤工诗文，与屈翁山、梁药亭齐名，为岭南三大家之一，故海内缙绅先生咸推服焉。

［道光］《广东通志》卷二百八十六《列传十九·广州十九》：邦彦殉节时，恭尹才十余龄（《岩野先生遗集》）。比长，赋《姑苏怀古》诸诗倾动一时，名大起（《国朝诗别裁》）。其诗清迥拔俗，得唐人三昧（《王渔洋集》）。古体间入选理，一时习尚无所染（《赵秋谷集》）。工书法（《王渔洋集》）。新城王士正、赵执信②至粤，于广州诗人尤推重。

［咸丰］《顺德县志》卷二十五《列传五·国朝一》：邦彦殉节时，恭尹年尚少，匿妻父湛文简裔诸生粹所获免……朱彝尊……凡三至皆与为缘……恭尹生乱离，以父身抗大兵不试不仕，所与交游者皆一时名下士。四方缙绅未至粤先耳其名，至则与结缟纻③欢，故不得不出作酬答。然一生踪迹大率往来名山大麓，或匿居村落为多……时久居羊额，与何绛、陶窳辈称“北田五子”……子励……励子世和。

罗仲璧　（1631—1737）明末清初顺德大良人。寿96岁。

［乾隆］《顺德县志》卷十四《人物列传·耆寿》：大良人。生崇祯辛未，终乾隆丁巳，寿九十六。

周廷简　清顺德北滘人。顺治十七年（1660）举人，康熙二十年（1681）任广东海阳县教谕。

［康熙十三年］《顺德县志》卷六《选举志二·国朝·乡举·顺治庚子》：北滘人。

［康熙二十六年］《顺德县志》卷六《选举志·国朝·举人·顺治十七年庚子科》：北滘人，海阳县教谕。

［康熙四十九年］《三水县志》卷三《选举表·国朝·文举人·顺治庚子科》：顺德人，由本学中式。

---

①杜德机：隐住生机使之不发，为道家调气养神方术。

②赵执信（1662—1744），字伸符，清山东益都（今青州）人。17岁中举，次年进士，任右春坊右赞善兼翰林院检讨。28岁被劾革职，此后50年漫游南北。著有《饴山集》《谈龙录》《声调谱》等。

③缟纻（gǎozhù）：白色生绢及细麻所制的衣服，喻深厚的友谊，亦指友人间馈赠物品。

［道光］《广东通志》卷五十《职官表四十一·国朝八·海阳县·教谕训导·康熙朝》：顺德人，举人。二十年任……教谕。

顾鼎新 清南海人。顺治十七年（1660）举人，任陕西延川知县，父储兴。

［康熙］《广州府志》卷二十七《乡举·国朝·南海》：顺治庚子。

［康熙］《南海县志》卷五《选举志·国朝乡举·顺治庚子》：知县。

［道光］《南海县志》卷二十一《选举表二·国朝·举人·顺治朝》：延川知县……庚子科。《国朝·封荫·顺治朝》：顾储兴，以子鼎新封文林郎。

梁干云 清顺德泮浦人。岁贡，顺治十七年（1660）任广东保昌教谕。

［康熙十三年］《顺德县志》卷六《选举志二·国朝·岁贡·顺治》：泮浦人。

［雍正］《广东通志》卷三十六《选举志六·国朝·贡生·广州府·顺德县》：教谕。

［道光］《广东通志》卷四十八《职官表三十九·国朝六·保昌县·教谕训导·顺治朝》：广州人，十七年任，教谕。

梁上翀 字延翼，清南海龙津堡（今属禅城南庄）人。顺治十七年（1660）举人，授河南武强知县。康熙二十八年（1689）任广西长武知县，次年为陕西乡试同考官。73岁卒于家。

［康熙］《广州府志》卷二十七《乡举·国朝·南海》：顺治庚子，由廉州府学。

［康熙］《南海县志》卷五《选举志·国朝乡举·顺治庚子》：由廉州学，长武知县。

［道光］《南海县志》卷二十一《选举表二·国朝·举人·顺治朝》：钦州学，武强知县……庚子科。

［同治］《南海县志》卷十三《列传》：字延翼，龙津堡人。多蓄书，好博览，尤深《易》学……以《易》义冠场举于乡。康熙廿八年己巳，选授广西长武县知县。庚午科充陕西乡试同考官，所取士登进士第者四人，一时有知人之目。邑地穷僻民疲顽，赋役多逋且健讼。上翀勤厥职，到即审，审即

结，判决明允，民不能欺。工抚字、拙催科，租庸阙额或捐俸凑解，民感之，不追迫而赋自办。服官十载，囊橐萧然，旋解组归，卒于家，年七十三。

梁光履 清南海人。顺治十七年（1660）副贡。

［康熙十三年］《顺德县志》卷六《选举志二·国朝·恩贡·顺治》：□□人，庚子副榜贡。

［康熙二十六年］《顺德县志》卷六《选举志·恩贡·国朝·顺治》：南海人，顺德籍。

崔廷仪 清南海人，一说东安人。顺治十七年（1660）岁贡，康熙四年（1665）任广东新宁训导。

［康熙六年］《西宁县志》卷六《选举志·国朝·恩岁贡》：南海人，顺治十七年岁贡，授新宁县学训导。

［康熙］《南海县志》卷五《选举志·国朝岁贡》：由西宁学。

［乾隆］《广州府志》卷二十四《职官六·国朝·新宁县训导》：东安人，岁贡，康熙四年任。

彭云孙 清顺德龙江人。顺治十七年（1660）副贡，康熙五十九年（1720）任广东韶州府教授。父良蘧。

［康熙二十六年］《顺德县志》卷六《选举志·恩贡·国朝·顺治》：龙江人。

［康熙］《南海县志》卷五《选举志·国朝岁贡》：副榜贡，顺德人。

［乾隆］《南海县志》卷八《选举志·国朝贡生》：副榜贡，顺德人，教授。

［乾隆］《顺德县志》卷十《选举志·贡生·清朝·顺治恩贡》：龙江人，韶州府教授。《选举志·封赠·教谕·清朝》：彭良蘧，以子云孙贵赠。

［道光］《广东通志》卷四十七《职官表三十八·国朝五·韶州府·教授训导·康熙朝》：南海人，副榜。五十九年任，教授。

［咸丰］《顺德县志》卷十一《副贡·国朝·顺治》：龙江人，庚子，韶州府教授。

蔡文鸾 清南海人。顺治十七年（1660）副贡，康熙二年（1663）举人，任江西分宜知县。父祖实。

［康熙］《广州府志》卷二十七《乡举·国朝·南海》：康熙癸卯。

［康熙］《南海县志》卷五《选举志·国朝乡举·康熙癸卯》：知县。《选举志·封赠·国朝》：蔡祖实，以子文鸾分宜令赠知县。

［道光］《南海县志》卷二十一《选举表二·国朝·贡生荐辟·顺治朝》：副贡……庚子。

黎鸣喈　清高明人。顺治十七年（1660）岁贡，康熙十年（1671）任广东永安训导、番禺教谕。

［康熙八年］《高明县志》卷四《选举表·国朝·恩岁贡》：罗俊人，顺治十七年岁贡，任高州府训导。

［康熙二十九年］《高明县志》卷十二《贡生·清》：罗俊人，顺治十七年岁贡，任番禺教谕。

［道光］《广东通志》卷五十二《职官表四十三·国朝十·高州府·教授训导·顺治朝》：高明人，任训导。卷四十九《职官表四十·国朝·永安县·惠州府·永安县教谕训导·康熙朝》：高明人，十年任，训导。

［光绪］《高明县志》卷十二《选举表·国朝·岁贡·顺治朝》：圣堂人，十七年贡。番禺教谕，署县事。

霍儁铧　（？—约1703）字伟卿，清南海佛山镇人。顺治十七年（1660）举人，康熙三十年（1691）任广东阳春教谕。祖维诚。

［康熙］《广州府志》卷二十七《乡举·国朝·南海》：顺治庚子，由番禺学。

［康熙］《南海县志》卷五《选举志·国朝乡举·顺治庚子》：由番禺学，拣选知县，现阳春县教谕。

［康熙五十八年］《肇庆府志》卷八《秩官志二·国朝·阳春县教谕》：番禺人，举人，康熙三十年任。

［乾隆］《佛山忠义乡志》卷四《选举志·乡举·国朝·顺治庚子》：阳春县教谕，维诚孙。

［乾隆］《肇庆府志》卷十七《名宦志二·清》：字伟卿，南海举人。康熙三十九年任阳春教谕，著《铎言》及《吾师录》以训士，一时诸生多感发

兴起，争自濯磨。《吾师录》者，儁铧所辑讲学书也，太史仇公兆鳌①至端州见之称善，制序刊行。其学务在躬行，不贵虚言，教人以复性知本为要。康熙四十二年以送试疾给假归里，卒于家。所著更有《四礼准绳》《顺宁录》诸书，与《铎言》《吾师录》同行于世。

［道光］《广东通志》卷一百九十《艺文略二·史部一·谱系类》：《佛山霍氏族谱》，国朝霍儁铧撰，存。

唐辉 清南海人。顺治十八年（1661）岁贡。祖之灿。

［康熙］《广州府志》卷三十九《人物志十·儒林列传·唐泽传》：字加民，南海人。子资贤，字彦齐……以子之灿贵封司务。之灿，字道宣，弱冠登嘉靖戊午乡荐……子士望笃志嗜学，以孝友称。孙辉，康熙辛丑②岁贡。

［康熙］《南海县志》卷五《选举志·国朝岁贡》：由府学。

蔡巃 （约1632—约1661）字艮若，清顺德人。崇祯末为府学生，明亡，与陈恭尹隐居西樵山。

［道光］《广东通志》卷一百九十七《艺文略九·集部三》：《杜若居稿》，国朝蔡巃撰，未见。《岭南五朝诗选》，巃，字艮若，顺德诸生。乱后弃去，筑室西樵，年甫三十卒。

［咸丰］《顺德县志》卷二十五《列传五·国朝一·陈恭尹传》：同县蔡巃，字艮若。崇祯末，年十二为府学生，以时艰，日习子史、孙吴书，讲求天下形势隘塞。明亡，与恭尹、叶世颖筑室西樵为终焉计。

欧兴穑 （1602—1695）字嘉吟，清顺德人。寿94岁。兄兴稼，弟兴稢，

［乾隆］《顺德县志》卷十四《耆寿》：弟兴穑，字嘉吟，生万历壬寅，终康熙乙亥，寿九十四。

①仇兆鳌（1638—1717），字沧柱，清浙江鄞县人。康熙二十四年进士，三十七年（1698）秋游岭南。官至吏部右侍郎，辞官归，卒于家。著有《四书说约》《杜诗详注》《周易参同契》集注和《悟真篇》集注。

②康熙辛丑为康熙六十年（1721），因康熙《广州府志》修于早期，此时间应是康熙登基的顺治辛丑年。

欧兴稶　（1615—1706）字子益，清顺德人。寿92岁。兄兴稼、兴穑。子向日。

［乾隆］《顺德县志》卷十四《耆寿》：兴稶，字子益，生万历乙卯，终康熙丙戌，寿九十二。

陈嘉徵　清顺德逢简人。顺治八年（1651）举人，任山东博兴知县。

［康熙］《广州府志》卷二十七《乡举·国朝·顺德》：顺治辛卯，知县。

［康熙十三年］《顺德县志》卷六《清朝·乡举·顺治辛卯》：逢简人，山东博兴县知县。

［康熙］《南海县志》卷五《清乡举·顺治辛卯》：顺德人，由本学，知县。

翁邕　清顺德羊额人。顺治十一年（1654）举人、康熙二十七年（1688）肇庆府教授。父万期，母伍氏。

［康熙］《广州府志》卷二十七《乡举·国朝·顺德》：顺治甲午。

［康熙二十六年］《顺德县志》卷六《清朝·举人·顺治十一年甲午科》：羊额人，化州学正。

［康熙五十八年］《肇庆府志》卷八《国朝·府学教授》：顺德人，举人，康熙二十七年任。

［乾隆］《顺德县志》卷十四《寿妇》：翁万期妻伍氏，羊额人，教授翁邕之母。

［道光］《广东通志》卷五十二《职官表四十三·国朝十·化州·学正训导·康熙朝》：顺德人，举人。二十年任……学正。

［咸丰］《顺德县志》卷十五《耆寿·百岁以外寿妇·清》：伍氏，康熙三十九年旌表建坊。子邕，举人、教授。

黎可逢　清顺德逢简人。顺治十一年（1654）举人，任河南鄢陵知县。父象斗。

［康熙十三年］《顺德县志》卷六《清朝·乡举·顺治甲午》：逢简人，父象斗。卷八《德业》：生六子，长可逢，甲午乡进士，余皆彬彬文学，竞爽词林。

［康熙二十六年］《顺德县志》卷八《人物传·德业·黎象斗》：长子可

逢，令鄢陵。

[康熙]《南海县志》卷五《清乡举·顺治甲午》：顺德人，由本学，知县。

陈际临 （约 1632—？）字务敦，号刚长，清顺德大良人。康熙二十年（1681）举人，任海南儋州学正。祖迪详，父慧篥。从弟宪祖。

[康熙二十六年]《顺德县志》卷六《选举志·国朝·举人·康熙二十年辛酉科》：大良人。

[乾隆]《顺德县志》卷十二《人物列传·宦绩》：字务敦，号刚长，明国博迪祥孙，行人慧篥长子。慧篥奉使于外，复命经吉安，卒于金牛寺。时际临年甫五岁，入塾读书，过目成诵。长而淹博，渔猎子史，善为古文辞，从学者甚众。康熙辛酉举于乡，计偕过金牛寺，作思亲诗，语殊恻惋。需次当得官，以母老不忍远离。母卒，始就儋州学正，未两期，文风丕振。岁饥捐俸脯赈恤，人多赖以存活。论者谓岭官而能行其德于百姓者，际临一人耳。

[道光]《广东通志》卷五十五《职官表四十六·国朝十三·儋州·学正训导·康熙朝》：〔陈〕际临，顺德人，举人……学正。

[咸丰]《顺德县志》卷二十五《列传五·国朝一·陈宪祖传》：从兄际临。

罗湛浚 （1632—1728）清顺德容奇人。寿 97 岁。

[乾隆]《顺德县志》卷十四《人物列传·耆寿》：容奇人。生崇祯壬申，终雍正戊申，寿九十七。

李俭生 清南海佛山镇人。康熙元年（1662）为忠义营总。子奕其。

[乾隆]《佛山忠义乡志》卷八《人物志·武功·清》：骨体岸健，多力趫捷。康熙初为忠义营总，善诇盗，潜捕之无得逸者。性复侠好施，察盗中有悔悟者予以钱令改行。群盗畏其能、服其义，相戒不入境，夜户不闭，市里晏然。时海贼流劫佛山，势张甚，人皆震恐。俭生大言曰："吾在此，鼠辈何能为！"率众击走之，又追败之于石硝。乡人以俭生有保障功，特建生祠报之。子奕其，武诸生。

李逢春 清南海人。康熙元年（1662）岁贡。

［道光］《南海县志》卷二十一《选举表二·国朝·贡生荐辟·康熙朝》：壬寅岁贡。

吴标 清南海人。康熙元年（1662）岁贡，六年任广东开建训导。

［康熙］《南海县志》卷五《选举志·国朝岁贡》：由番禺学，训导。

［康熙］《广东通志》卷十五《选举志上·广州府·岁贡·国朝·番禺》：教谕。

［乾隆］《肇庆府志》卷九《秩官志下·开建县·清·训导》：番禺贡士，（康熙）六年任。

［道光］《南海县志》卷二十一《选举表二·国朝·贡生荐辟·康熙朝》：由番禺学，训导……壬寅岁贡。

何会隆 字允豫，号疆理，清高明石岐人。康熙初（1684）任广东怀集县典史。二十三年，请县令于学清丈土地，四载完成，四十四年到任的高明知县陈培表彰。寿87岁。曾祖一凤。

［道光］《高明县志》卷十二《选举志·职员·国朝》：石岐人，任广西怀集典史。卷十三《人物志·国朝》：字允豫，号疆理，一凤曾孙。聪颖多才，宦游西粤，任怀集县尉时行善政，邑人赖之。解组后，蒿目乡田经界污漫，无田而粮累者指不胜屈。康熙二十三年，隆以粮户何魁出名，亟请于邑侯于学①力行清丈，四载始竣。由是田亩无偏枯之患，百姓免困苦之嗟，群以为微夫人之力不及此，厥后邑侯陈培②手书“疆理耆英”匾额以旌厥勋。时四境多盗，隆禀请上宪设官渡、灵龟两汛，人获安堵。年八十有七，阖邑制锦称觞以祝焉。卷五《秩官志·国朝知县》：于学，江南吴江人，监生，康熙二十二年任，重修《邑志》。陈培，浙江绍兴举人，康熙四十四年任。

［光绪］《高明县志》卷十二《选举表·仕宦·国朝·文职》：石岐人，康熙初任广西怀集典史。

何宏言 清顺德仕版人。康熙元年（1662）岁贡。

---

①于学：江南吴江人，监生，康熙二十二年（1683）任高明知县，重修《邑志》。

②陈培：浙江绍兴举人，康熙四十四年（1705）任高明知县。

［康熙十三年］《顺德县志》卷六《选举志二·国朝·岁贡·顺治》：仕版人，康熙元年贡。

［康熙二十六年］《顺德县志》卷六《选举志·岁贡·国朝·顺治》：仕版人。

罗洛　清南海人。康熙元年（1662）岁贡。

［道光］《南海县志》卷二十一《选举表二·国朝·贡生荐辟·康熙朝》：壬寅岁贡。

胡式舆　字邹宪，清顺德桂洲人。康熙元年（1662）倾资保护乡土。子蟠，寿九十多岁。

［乾隆］《顺德县志》卷十三《人物列传·行谊》：字邹宪，桂洲人，郡庠生。康熙壬寅，乡被诬围剿。式舆倾资八百金，倡众各出所有，凑二万有奇，馈助军饷，以安军士，监军徐廉得其情乃获免。子蟠，字方圣，游邑庠。善承父志，倡建义仓，捐谷百石，率建文庙首助百金。年登耄耋，夫妇齐眉，子五俱贵，赠蟠修职郎。

［咸丰］《顺德县志》卷二十五《选举表二·国朝·胡天球传》：监军陈太常……请之藩许撤兵，而藩下军官仍索饷馈。天球乃罄家资，与子景泰竭蹶筹划。同族式舆亦倾产八百金……其子蟠……年逾九十卒。

胡渐逵　清顺德桂洲人。康熙元年（1662）为保护乡人，假认自己是盗贼而被杀。

［乾隆］《顺德县志》卷十二《人物列传·忠义》：桂洲人，慷慨尚义。康熙壬寅，有蛋民①为鼠窃者数人混入村市中，莫之觉也。仇家侦知，诬其乡聚众为变，报县详请藩院征剿。官艘暮至阻风，隐跃见人马甚盛若拒敌者，殆乡中庙祀吕相公之显灵也。军疑不进，请添兵围之。时监军司李陈大常稍觉其诬，入村巡视并无濠寨，廉得其情，极力请释。藩下未肯居错，乃诡为招抚，须献贼首数人借以解围。乡人搜获蛋窃数人，畏死不承。渐逵乃慨然曰："我非盗，然杀一己以活数万人，所愿也。况汝等向曾为窃乎？"拉同赴军前，渐逵挺认贼首就戮，兵借以解，乡人德之。

［咸丰］《顺德县志》卷二十五《列传五·国朝一·胡天球传》：当围乡

---

①蛋民：有称为疍（dàn），是广东、广西、福建以船为家的渔民。

请释时，既敛资犒军且获百七十余人矣，而藩令获贼首以献兵始全撤，乡人缚首祸窃蛋于官又畏死不承。事方轇轕①，有胡渐逵者慨然出曰："我非盗，然舍一己以活多人，义固宜之，心甘无悔。"乡人不得已解赴军前，渐逵供承如指。

胡景泰 字冲孩，清顺德桂洲人。康熙元年（1662），协助父天球保卫乡井。父天球。子道俊、应章。孙大经、廷基、殿屏、廷槐、廷翰。曾孙安邦。

［乾隆］《顺德县志》卷十三《人物列传·行谊》：字冲孩，桂洲人，天球子。幼聪敏，弱冠声噪胶庠。壬寅乡难竭蹶，襄父捐拯。既遭播迁，于乡之故旧乐为解推。值内外艰，哀毁骨立，感施者恐其灭性，奔趋吊慰□□啜饘粥。迨展复②田庐垦耕无资，景泰转贷分给，而于佃之岁输，必先询其足于耕本然后收纳，无取盈焉。时庙宇、桥梁、道路咸就圮坏，景泰签修，不敷则独任终事。痛祖灵未妥，与叔祖高德重建祠宇，族之孤寡多仰给焉，婚丧大故必过问代筹其费。臧获佃佣，悉待以和蔼。子三，长道俊、应章官等俱列明经，群孙济济，盖厚德之报云。

［乾隆］《广州府志》卷四十一《人物十·义行·顺德·清》：字冲孩。壬寅乡难竭蹶，于乡之故旧乐为解推。子二。长道俊，字秀升，慷慨豪侠，以子殿屏贵封儒林郎，以孙安邦贵赠昭武大夫。次应章，字偕升，孝友慈和。孙大经，丙辰进士。廷基，癸酉举人。殿屏、廷槐，州同。廷翰，奉世守备。曾孙安邦，都司。人谓其救全一乡之生灵，宜享其报。

夏际虞 清高明太平都人。康熙元年（1662）岁贡，四年任广东长乐（今五华）训导。

［康熙八年］《高明县志》卷四《选举表·国朝·恩岁贡》：太平人，康熙元年岁贡，任长乐县③训导。

［道光］《广东通志》卷五十七《职官表四十八·国朝十五·长乐县教谕

---

①轇轕（jiāogé）：纵横交错、杂乱，引申为纠缠不清。

②顺治十三年（1656）禁海令，"严禁商民船只私自出海"。十八年迁海令下达，福建、浙江、广东、江南、山东、北直六省尽迁海边居民入内地。平定台湾后，康熙二十二年（1683）颁"展复令"，居民回迁家乡。

③长乐：今五华，地处广东省东北部，韩江上游。

训导·康熙朝》：高明人，四年任……训导。

黄元宷　清南海人。康熙元年（1662）岁贡。

［道光］《南海县志》卷二十一《选举表二·国朝·贡生荐辟·康熙朝》：壬寅岁贡。

谭经国　清高明大唐冈人。康熙元年（1662）恩贡。

［康熙八年］《高明县志》卷四《选举表·国朝·恩岁贡》：大唐冈人，府学，康熙元年岁贡。

黎和　清顺德龙山人。康熙元年（1662）恩贡。

［康熙六年］《西宁县志》卷六《选举志·国朝·恩岁贡》：顺德人，康熙元年恩贡。

［康熙十三年］《顺德县志》卷六《选举志二·国朝·岁贡·顺治》：龙山人。

郑观琅　（1633—1721）字德球，清顺德伦教人。寿89岁。子凤翔，孙时达。

［乾隆］《顺德县志》卷十四《人物列传·耆寿·郑应惠传》：伦教人，寿九十九……从弟观琅，字德球，生崇祯癸酉，勤俭正直，宽大有容，敬宗惠族，寿八十九。琅子贡生凤翔，有父风。

［咸丰］《顺德县志》卷十五《耆寿·九十寿民·国朝》：伦教人，朴直宽大，敬宗族，年九十九。

［民国］《顺德县志》卷十三《胜迹略·署宅·里居之属》：书种堂，在伦教乡展岸坊，郑观琅、子凤翔、孙时达尝于此堂著《读易随笔》《星经图解》《东斋记事》《风土记》等书。卷十四《艺文略·经部·易类》：《读易随笔》，国朝郑观琅撰。《艺文略·集部·总集》：《连珠集》，国朝郑观琅，与子凤翔，辑列祖诗文，都为一集，郑际泰颜之曰“连珠”。

游履吉　（1633—1725）清顺德人。寿93岁，雍正元年（1723）受绢帛。

［乾隆］《顺德县志》卷十四《人物列传·耆寿》：容奇人。生崇祯癸酉，

终乾隆乙巳，寿九十三①。雍正元年领绢帛。

吴潘氏 （1633—1727）清顺德大良人。寿95岁。夫吴应芳。

［乾隆］《顺德县志》卷十四《人物列传·寿妇》：吴应芳妻潘氏，大良人。孝事舅姑，致敬尽礼，三十余年如一日，两受恩赐粟帛。生崇祯癸酉，终雍正丁未，寿九十五。

谈布氏 （1633—1729）清顺德大良人。寿97岁。夫谈华溪。

［乾隆］《顺德县志》卷十四《人物列传·寿妇》：谈华溪妻布氏，大良人。淑慎慈祥，孝事尊嫜，敬奉夫子，数十年如一日，孙曾绕膝。生崇祯癸酉，终雍正己酉，寿九十七。

卢温氏 （1633—1732）清顺德龙山人。寿百岁。夫卢泮臣。孙能文。

［乾隆］《顺德县志》卷十四《人物列传·寿妇》：卢泮臣妻温氏，龙山人。生崇祯癸酉，终雍正壬子，寿百岁。先时雍正元年，泮臣年亦九十四，督学惠士奇给匾曰“九如二达”。孙能文，拔贡。

罗似展 （1633—1738）清顺德容奇人。长寿105岁。

［乾隆］《顺德县志》卷十四《人物列传·耆寿》：大良人。生崇祯癸酉，终乾隆戊午，寿九十五②。

罗君逢 （1633—1730）清顺德葛岸人。寿98岁。

［乾隆］《顺德县志》卷十四《人物列传·耆寿》：葛岸人。生平好善乐施，兄贫，置田以供朝夕，人呼为义田。癸巳饿，捐粟赈济。生崇祯癸酉，康熙、雍正间两领绢帛，寿九十八。

---

①此处有误，乾隆乙巳为1785年。寿93岁，应为雍正乙巳（1725）。

②此处有误，如果生卒年如此，当为106岁。若是95岁，应卒于雍正丙午（1726）。

孔美发 清南海人。康熙二年（1663）举人。

［康熙］《广州府志》卷二十七《乡举·国朝·南海》：康熙癸卯，由顺德学。

［康熙十三年］《顺德县志》卷六《选举志二·国朝·乡举·康熙癸卯》：南海人。

邝廷宾 清南海人。康熙二年（1663）武举。

［康熙］《南海县志》卷五《选举志·国朝武乡举·康熙癸卯》：邝廷宾。

［康熙］《广东通志》卷十五《选举志上·广州府·武举·府学》：康熙癸卯。

［雍正］《广东通志》卷三十五《选举志五·武举人·康熙二年癸卯乡试榜》：广州人。

刘贤 清南海人。康熙二年（1663）武举。

［康熙］《南海县志》卷五《选举志·国朝武乡举·康熙癸卯》：刘贤。

［康熙］《广东通志》卷十五《选举志上·广州府·武举·番禺》：康熙癸卯。

关峻功 一说名进功，清南海人。康熙二年（1663）武举。

［康熙］《南海县志》卷五《选举志·国朝武乡举·康熙癸卯》：关峻功。

［康熙］《广东通志》卷十五《选举志上·广州府·武举·香山》：关进功，康熙癸卯。

朱化淳 清顺德仙涌人。康熙二年（1663）举人。

［康熙十三年］《顺德县志》卷六《选举志二·国朝·乡举·康熙癸卯》：仙涌人。

何师中 清顺德岳步人。康熙二年（1663）武举，任蕲州营守备。

［康熙十三年］《顺德县志》卷六《选举志二·国朝·武举·康熙癸卯》：岳步人。

［咸丰］《顺德县志》卷十一《武举·国朝·康熙》：岳步人，蕲州营守备……癸卯。

何腾龙 字云从，清南海镇涌堡人。父储，子梦弼。

［道光］《南海县志》卷二十一《选举表二·国朝·封荫·康熙朝》：以子梦弼貤赠修职郎。

［同治］《南海县志》卷十九《列传·善行》：字云从，镇涌堡人。父储，当明天启时，以幕府赞助功授百户。腾龙任侠敢为，好讲匡时策。岁暮，过访其友之为郡吏者，见其请内幕办免西关夫役稿，曰："吾试代为之。"稿成，呈广守则大喜，即聘入幕中。时广东初入版图，凡百草创，广为八郡首领，事务益繁。腾龙佐治其间，事无不办。适巡抚欲为终养疏，幕宾所拟无当意者，乃传腾龙到署为之，婉曲真诚，情词并得。中丞又大喜，留之抚幕中，政务咸共商榷。居无何，邻乡有匪徒潜匿，役捕弗获，惧罪，诬为聚党拒捕。大吏怒，将调兵征剿。腾龙进言曰："是乡与掾邻，知其颠末，乃畏捕而逃，非格捕而拒也，若檄其父兄献不肖子弟当立至。率兵往，匪已四散，徒扰平民，无益也。"大吏然之，事遂寝。郑成功之乱，明季已据台湾，劫掠沿海郡邑，康熙壬寅、癸卯间氛尤炽。朝议谓"贼巢穴在洋，生计在陆，欲困贼，非断接济、杜裹胁不可"，于是严海禁，下移民之令。居滨海者移入内地五十里，于内外交界处五里一墩、十里一台，自虎门而西至雷城三千余里联络棋布，仍遣使者不时巡查，居民有出界一步者杀无赦。初时，居民以为暂尔迁避，不久复返，多挚资挈眷聚首而客居，乃延至三四年禁未解，资用已罄，生计无门，不得已流离分散，各自谋生，野宿露栖，惨不可为状。中丞王来任心忧之，而格于令甲，不敢入告。腾龙知其机可乘也，以"为民请命"力相怂恿，并草《驰禁疏》呈之，王首颔之而仍未敢遽也。会王有疾，疾转革恐不起，使草备遗疏，乃将驰禁事入之。奏上，得俞旨，由是居人复业，鼓舞欢呼曰"王中丞生我"，不知转枢引线者腾龙之力为多。腾龙虽老于幕府而有隐德，厥后子孙繁衍，科名不绝，论者谓有感应焉。

张文郁 清南海人。康熙二年（1663）举人，二十五年任广东海丰教谕。

［康熙］《广州府志》卷二十七《乡举·国朝·南海》：康熙癸卯。

［康熙］《南海县志》卷五《选举志·国朝乡举·康熙癸卯》：现教谕。

［康熙］《广东通志》卷十五《选举志上·广州府·举人·国朝·南海》：康熙癸卯，经魁，拣选知县。

［道光］《广东通志》卷四十九《职官表四十·国朝·海丰县·教谕训导·康熙朝》：南海人，二十五年任，教谕。

陈运昌　清南海佛山镇人。康熙二年（1663）武举。

［康熙］《南海县志》卷五《选举志·国朝武乡举·康熙癸卯》：陈运昌。

［康熙］《广东通志》卷十五《选举志上·广州府·武举·东莞》：康熙癸卯。

［乾隆］《佛山忠义乡志》卷四《选举志·武科·清乡举》：康熙癸卯。

陈应诏　清南海人。康熙二年（1663）副贡，五年举人，任湖北孝感知县。

［康熙］《广州府志》卷二十七《乡举·国朝·南海》：康熙丙午。

［康熙］《南海县志》卷五《选举志·国朝乡举·康熙丙午》：孝感知县。

［道光］《南海县志》卷二十一《选举表二·国朝·贡生荐辟·康熙朝》：癸卯副贡。

陈章采　一说名章彩，清南海人。康熙二年（1663）武举。

［康熙］《南海县志》卷五《选举志·国朝武乡举·康熙癸卯》：陈章彩。

［康熙］《广东通志》卷十五《选举志上·广州府·武举·新会》：康熙癸卯。

［乾隆］《南海县志》卷八《选举志·国朝武乡举·康熙癸卯》：陈章彩。

罗孙铭　清顺德大良人。康熙二年（1663）武举。

［康熙十三年］《顺德县志》卷六《选举志二·国朝·武举·康熙癸卯》：大良人。

周万象　清南海人。康熙二年（1663）武举。

［康熙］《广东通志》卷十五《选举志上·广州府·武举·南海》：康熙癸卯。

周建五　清南海人。康熙二年（1663）武举。

［康熙］《南海县志》卷五《选举志·国朝武乡举·康熙癸卯》：周建五。

周梦龙　字卜飞，清三水黄冈里人。康熙二年（1663）举人，任河北灵寿知县。父国樑。

［康熙］《广州府志》卷二十七《乡举·国朝·三水》：康熙癸卯。

［康熙四十九年］《三水县志》卷三《选举表·国朝·文举人·康熙癸卯科》：黄冈里人，国梁三子。由本学廪生中式，任北直灵寿知县。

［嘉庆］《三水县志》卷十一《人物传·宦迹》：字卜飞。康熙癸卯举于乡，知北直灵寿县。先是，平湖陆稼书①先生尝宰是邑，及龙摄篆，新旧令尹相得甚欢，凡政因革必以告。时适龙览揆之辰②，邑士民为龙寿，且为之序"廉介精白，爱民如子。循声甚著，召父杜母③"并尸祝之。归，讲学书院，续修邑志。著有《秋水集》。

梁元爵 清顺德人。康熙二年（1663）武举，十二年武进士，任南昌守备。

［康熙十三年］《顺德县志》卷六《选举志二·国朝·武举·康熙癸卯》：陈村人，癸丑进士。

［康熙］《广东通志》卷十五《选举志上·广州府·武进士·顺德》：康熙庚戌。

［乾隆］《顺德县志》卷十《选举志·武进士·国朝·康熙癸丑》：陈村人，南昌守备。

［咸丰］《顺德县志》卷十一《武举·国朝·康熙》：弼教人，武进士，癸卯。

梁裔琛 清南海佛山镇人。康熙二年（1663）武举。

［康熙］《南海县志》卷五《选举志·国朝武乡举·康熙癸卯》：梁裔琛。

［乾隆］《佛山忠义乡志》卷四《选举志·武科·清乡举》：康熙癸卯。

黄廷献 一说名献廷，清南海人。康熙二年（1663）武举。

［康熙］《南海县志》卷五《选举志·国朝武乡举·康熙癸卯》：黄廷献。

［雍正］《广东通志》卷三十五《选举志五·武举人·康熙二年癸卯乡试

---

①陆陇其（1630—1692），字稼书，浙江平湖人。康熙九年（1670）进士，任浙江嘉定、河北灵寿知县。

②览揆：审察衡量。《离骚》："皇览揆余初度兮，肇锡余以嘉名。"意为我的父亲观看审度我初生的日月，赐我以美名。后览揆之辰用作生日的代称。

③召父杜母：是颂扬地方长官政绩的套语。指西汉召信臣和东汉杜诗，他们先后为南阳太守，都有善政。

榜》：黄献廷，归善人。

黄修永　（？—1663）一说名永修，清南海九江人。康熙二年（1663）举人，不久卒。

［康熙］《广州府志》卷二十七《乡举·国朝·南海》：康熙癸卯，由顺德学。

《九江儒林乡志》卷十《选举略·国朝·举人·康熙二年癸卯科》：顺德学，中式第十三名。卷二十一《杂录下》：占梦事属渺幻，然往往有验。黄孝廉修永，康熙癸丑领乡荐。先是，梦登蓝榜①，名下有"即卒"二字。醒而惧，以为科场犯贴例用蓝榜贴出照墙，遂决意不赴秋闱。或劝之曰："梦乌足凭，且常有反凶为吉者，奚疑惧为？"遂往，及揭晓中第十三名，未几卒。

［咸丰］《顺德县志》卷十一《举人二·国朝·康熙》：黄修永……以南海人寄县籍，癸卯科。

黄锦心　字贞猷，一字天襄，号絅斋，清顺德龙山人。康熙二年（1663）举人，授安徽五河知县，50岁回乡。父正中。

［康熙十三年］《顺德县志》卷六《选举志二·国朝·乡举·康熙癸卯》：龙山人。

［康熙二十六年］《顺德县志》卷六《选举志·国朝·举人·康熙二年癸卯科》：龙山人，同官县知县。

［乾隆］《顺德县志》卷十《选举志·封赠·知县·清朝》：黄正中，以子锦心贵赠。

［嘉庆］《龙山乡志》卷八《人物志·德业》：字贞猷，一字天襄，号絅斋，冈头人。弱冠补郡学廪生，登康熙癸卯科贤书。初选授江南凤阳府五河县，旋充辛酉同考官，取士七人，五人联捷南宫，上宪悉喜，书"为国抡才"四字赠之。再任陕西西安府同官县，值岁饥，发仓廪振贫乏，朝衣典尽，衙内一空。因升耀州知州，居官以息事宁人为主。尤奖励人材，衡鉴不爽，门人王晖烈初谒特器重之，后以贤学使提督西省，左都御史左必蕃少授业门墙，即决其异日贵显，故后进之士日以盈门。为文雄深雅健，工书法，晚善画牡

①蓝榜：清代乡、会试考场中张贴的一种文榜。凡考生试卷内有违反答卷要求、不符合书写格式者，用蓝笔写出截角张榜公布，并取消该考生考试资格。

丹。以强仕就官，年逾五十即归，制抚两荐，力辞不赴。林下十余年，依然一贫士云。

简道澄　清顺德连村人。康熙二年（1663）举人。

［康熙十三年］《顺德县志》卷六《选举志二·国朝·乡举·康熙癸卯》：连村人。

［康熙］《南海县志》卷五《选举志·国朝乡举·康熙癸卯》：顺德人，由本学。

［康熙］《广东通志》卷十五《选举志上·广州府·举人·国朝·南海》：康熙癸卯，拣选知县。

谭振国　字代工，清高明城中人。康熙二年（1663）武举，遇三藩之乱，督运军需至广西浔州府，任岭西兵备道中军守备。十九年，原已投降清廷的贼首麦岐等又偷偷掳掠百姓勒赎，振国回肇庆杀贼救俘。父九韶，子鸿儒。

［康熙八年］《高明县志》卷四《选举表·武举·清》：城中人，康熙癸卯科。

［康熙二十九年］《高明县志》卷十二《武举·清》：城中人，康熙二年癸卯科武举人，任岭西兵巡道中军守备。

［道光］《高明县志》卷十二《选举志·封典·清》：谭九韶，城中人，康熙三十年，以子振国赠武德郎、岭西兵巡道中军守备。卷十三《人物志·国朝》：字代工。少慷慨，由武庠中式癸卯科武举。时有云南之变，岭西兵备宪以国摄中军守府，督运军需，直抵西浔，蒙给守备牌札。时肇庆城禄步、大径土寇窃发，请兵防御。部院檄行道宪，委国领兵回肇，与水师会议防剿，不数日而杀贼救俘，余党奔溃。复委防驻宋崇、大茶、官渡等处地方，贼闻远避，有残党打劫芹水，国立督兵渡河，阵斩贼首，复奉道宪，搜剿各处贼寨，得麦岐、亚祐等，令悉戮于市，人人称快。卷十七《邑事志·国朝》：康熙十九年秋九月，岭西道擒捕贼党杀之（贼首麦岐及党亚祐等投于藩下，阴复掳掠男妇勒赎，迫胁乡村款纳花红，数载民不安生。时岭西道韩作栋、肇副总关麟出兵剿捕，遣道标中军守备谭振国擒麦岐、亚祐等，军前枭示，明民安堵）。二十三年，清厘荒熟（高明屡经残破，册籍混淆，荒熟无据，百姓受累。里民何魁、谭九韶、刘绍芳、谢勤等联陈上宪，蒙批知县于学履亩查丈，清出荒税二百四十余顷。于学设法劝垦，知府王效宗给发牛种助耕。自是田亩无偏枯之累，百姓始免困苦之嗟）。

[道光]《肇庆府志》卷十九《人物二·清》：字代工，高明人，少慷慨，中式癸卯科武举。时有云南之变，岭西兵备道以振国摄中军守府，督运军需，直抵西浔，给守备牌札。时肇庆城禄步、大径土寇窃发，请兵防御。部院檄振国领兵回肇，与水师会议防剿，不数日而杀贼救房，余党奔溃。复委防驻宋崇、大茶、官渡等处，贼闻远避。有残党劫芹水，振国立督兵渡河，斩贼首，复生获麦岐、亚祐等，令悉戮于市，时人称快。子鸿儒，字笑占，十七入武庠，越年登康熙乙卯科武举。性好施，每逢岁饥，出粟赈济，所活者甚众。

霍际斯 清南海人。康熙二年（1663）举人。

[康熙]《广州府志》卷二十七《乡举·国朝·南海》：康熙癸卯。

[康熙]《南海县志》卷五《选举志·国朝乡举·康熙癸卯》：现知县。

叶艳枝 一说姓李，清顺德龙山人。康熙三年（1664）岁贡，十七年任广东阳春、二十年平远县训导。

[康熙二十六年]《顺德县志》卷六《选举志·国朝·岁贡（补遗）》：龙山人，阳春教谕。

[康熙五十八年]《肇庆府志》卷八《秩官志二·国朝·阳春县训导》：李艳枝，顺德人，岁贡，康熙十七年任。

[道光]《广东通志》卷五十七《职官表四十八·国朝十五·平远县·教谕训导·康熙朝》：李艳枝，顺德人，二十年任……训导。

[道光]《南海县志》卷二十一《选举表二·国朝·贡生荐辟·康熙朝》：甲辰岁贡，阳春训导。

杨逵 字渐夫，号鸿飞，清顺德桂洲人。康熙三年（1664）迁徙时侨居广东西宁（今郁南），七年为乡正。康熙三十五年（1696）岁贡。次子良。

[康熙五十七年]《西宁县志》卷六《国朝·岁贡》：康熙三十五年。

[乾隆]《顺德县志》卷十三《人物列传·行谊》：字渐夫，号鸿飞，桂洲人。少孤，事母以孝闻。家贫力学，博通子史。康熙甲辰析边寓罗阳，罗阳人士师事之，遂游西宁泮，旋食饩，掌教州义学。戊申□□□□□□□乡正，时□□□□草窃充斥，逵殷勤课督守望，乡赖有起色。以明经卒。

[乾隆]《广州府志》卷四十一《人物十·义行·顺德·清》：字渐夫。少孤，事母以孝闻。高祖节松江别驾，遗书充栋。逵力学，博通子史。康熙

甲辰拆边寄罗阳，罗阳人士师事之，遂游西宁庠，旋食饩，掌教州书院，首识御史沈凤于未遇之先。戊申展界复业举乡正，时田野荒芜，草窃充斥，逵悉心安集，使卖刀买牛，秉耒横经。性尤好义乐施，乡党均沾其德。次子良，品洁行芳，邑里重之。

［道光］《广东通志》卷一百八十九《艺文略一・经部・四书类》：《大学正义》，国朝杨逵撰，未见。

［道光］《西宁县志》卷九《国朝・岁贡・康熙》：原籍顺德，三十五年贡。

陈其秩　字采庸，清顺德桂洲人。与梁元柱、梁梿往来。康熙三年（1664）官府强迫沿海居民内迁时，移居大良，授徒为生。寿65岁。

［康熙］《南海县志》卷三《编年志・事纪・国朝》：康熙二年癸卯，诏迁近海居民。八年己酉，诏令量复迁海居民旧业。

［乾隆］《顺德县志》卷十四《人物列传・隐逸》：字采庸，桂洲人。自少磊落，补邑诸生，益肆力古学，为文远宗秦汉，与人交不设城府。御史梁元柱抗疏回籍，每过从辄忘返。性任懒，淡志名场，辟池亭于扶宁山麓，以治圃为业，故自号曰“菜佣”。时与高士梁梿往来二樵间，有飘然世外之想。康熙三年，奉旨迁移，抱琴书而出，侨居邑城，与诸名流于凤山四贤祠为文酒之会。教授生徒，先行谊，后文章，前后及门者多奇人焉。秩为人状貌颀长，声若巨钟，或峨冠博带，聚中必杰然特出，虽三尺童子皆知为懒秀才也。年六十有五卒，有《松菊集》藏于家。

陈尚贤（清康熙）　字履思，又字履先，清顺德桂洲人。康熙初迁徙时，养家助邻。康熙十四年（1675）举人，三十五年授内阁中书。父谋。

［康熙二十六年］《顺德县志》卷六《选举志・国朝・举人・康熙十四年乙卯科》：桂洲人。

［雍正］《广东通志》卷三十七《封荫志・国朝封赠》：陈谋，顺德人，以子尚贤赠内阁中书。

［乾隆］《顺德县志》卷十三《人物列传・行谊》：字履思，桂洲人也。勤学不倦，列黉序。教授生徒，游其门者率有文名。生平崇尚朴实，淡于势利，事父母昆弟以孝友闻。时值迁徙，饥馑洊至，教读以谋饘粥，所余以恤邻里。康熙乙卯乡荐，公车北上，路遇商客被寇剽掠，衣食无资，尚贤分资斧

济之。丙子赴铨，授内阁中书。

［咸丰］《顺德县志》卷十一《举人二·国朝·康熙》：字履先，桂洲人，内阁中书……乙卯科。

陈观光 一说名光观，字师臣，清顺德容奇人。康熙初官府强迫沿海居民内迁时，举家移居广东西宁（今郁南）。康熙二十七年（1688），五十多岁成岁贡，授广东程乡训导不赴。寿90岁。

［康熙五十七年］《西宁县志》卷六《国朝·岁贡》：陈光观，康熙二十七年。

［乾隆］《顺德县志》卷十三《人物列传·行谊》：字师臣，容奇人。笃行好学，手不释卷，以孝友著名乡闾。年弱冠补岭西弟子员，寻领饩。值迁移，因奉〔父母〕，偕兄弟挈家就食学舍之旁。泷西①令闻其名，延□讲学，阖邑生徒咸负笈焉。后展界归乡，至老不离亲之左右，常变一遵古礼。善体亲心，内外祖父母各捐赡口田三十亩以为祀产。且好周恤，罄囊弗顾，乡族称慕。年五十余膺岁荐，授程乡司训，以年老辞。寿九十，无病而卒。

［乾隆］《广州府志》卷四十一《人物十·义行·顺德·清》：字师臣。笃行好学，以孝友著名乡闾。补岭西弟子员，寻领饩。值迁移，因奉父母，偕兄弟挈家就食学舍之旁。后展界归乡……无病而卒。

［道光］《西宁县志》卷九《国朝·岁贡·康熙》：陈光观，原籍南海，二十七年贡。案郝《通志》，作“陈观光”。

［咸丰］《顺德县志》卷二十五《列传五·国朝一》：康熙初边墙既筑，观光挈家西宁，令延之讲学。

罗迪洪 字懿真，清顺德罗水人。康熙三年（1664）有贼围乡勒索，迪洪到县营报告，县令让他带民勇为先导直捣贼巢。

［咸丰］《顺德县志》卷十六《胜迹略·祠庙·附乡庙·马宁属》：武帝庙，在罗水白鹤地。康熙甲辰，小麦贼围罗水，罗迪洪兵未至。前一夕，神提刀骑马立空中如杀贼状，贼惊相告曰：“红面神来矣！”围懈，迪洪至而歼之。卷二十五《列传五·国朝一》：字懿真，罗水人……有胆略。康熙甲辰八月望，小麦贼围乡索贿。迪洪走县营报，令使率民勇先往，兵随至，遂导捣贼巢。贼闻而逃，设伏邀击败之。五日事平。乡人肖像祀其祖庙。

---

①泷西，即泷州之西。泷州，今广东罗定市的旧称。

黄金珑　清高明伦埇人。康熙三年（1664）任广东阳江把总。

［道光］《高明县志》卷十二《选举志·补遗》：伦埇人，康熙三年授阳江把总。

薛起日　字君锡，号云峰，清顺德大良人。康熙三年（1664）内迁时接济亲戚，寿97岁。父天瑛，岁贡。弟起晋。子尚志，拔贡。

［乾隆］《顺德县志》卷十三《人物列传·行谊》：字君锡，号云峰，大良人，明琼山教谕，天瑛长子。好学多识，弱冠补弟子员。居家孝友，人无间言。康熙甲辰奉行迁界，亲戚赖举火者二十余家，不给，鬻产典衣，毫无倦意，时邑令称其重义忘家。寿九十七，学使嘉以匾曰"硕德遐龄"。子尚志，选拔。卷十《选举志·贡生·清朝·康熙岁贡》：薛尚志，清远籍大良人。

［咸丰］《顺德县志》卷二十四《列传四·明三·薛天瑛传》：起日子尚志，拔贡生。

薛起晋　字君翔，清顺德大良人。寿85岁。父天瑛，兄起日。

［乾隆］《顺德县志》卷十二《人物列传·孝友》：字君翔，大良人。父天瑛，任琼山教谕。起晋娶甫三日，航海省觐，遇狂风舟欲覆，虔祷于天"愿得侍养数载，死亦无恨"，风顿息。抵署，父不习水土久病，起晋侍奉汤药数月，食不甘味，衣不解带，臭秽亲为涤除，朝夕至诚祈祷，父病获愈。旋补琼山弟子员，明末随父弃职归。杜门不出，以著书讲明大义为事。寿八十五。

李召问　清南海佛山镇人。岁贡，康熙四年（1665）任广东大埔训导。

［康熙］《南海县志》卷五《选举志·国朝岁贡》：教谕。

［康熙］《广东通志》卷十五《选举志上·广州府·岁贡·国朝·南海》：训导。

［雍正］《广东通志》卷三十六《选举志六·国朝·贡生·广州府·三水

县》：博罗教谕。

［乾隆］《佛山忠义乡志》卷四《选举志·岁贡·清》：正贡，琼山教谕。

［道光］《广东通志》卷五十《职官表四十一·国朝八·大埔县·教谕训导·康熙朝》：南海人，四年任……训导。卷五十五《职官表四十六·国朝十三·定安县·教谕训导·康熙朝》：南海人……训导。《琼山县·年次无考》：教谕。卷四十九《职官表四十·国朝·博罗县·教谕训导·康熙朝》：南海人……教谕。

梁英裘　清顺德泮浦人。顺治岁贡，康熙四年（1665）任海南会同训导。

［康熙］《广东通志》卷十五《选举志上·广州府·岁贡·国朝·番禺》：训导。

［乾隆］《顺德县志》卷十《选举志·贡生·清朝·顺治岁贡》：□□籍□□人，会同训导。

［乾隆］《番禺县志》卷十三《选举下·贡生·国朝恩岁优贡》：会同训导。

［道光］《广东通志》卷五十五《职官表四十六·国朝十三·会同县·教谕训导·康熙朝》：顺德人，岁贡。四年任……训导。

［咸丰］《顺德县志》卷十一《岁贡·国朝·顺治》：泮浦人，番禺籍，会同县训导。

钟光斗　清顺德龙江人。顺治岁贡，康熙四年（1665）任广东西宁（今郁南）训导。

［康熙十三年］《顺德县志》卷六《选举志二·国朝·岁贡·顺治》：龙江人，南海学贡，西宁司训。

［康熙］《南海县志》卷五《选举志·国朝岁贡》：训导，顺德人，由本学。

［康熙五十七年］《西宁县志》卷五《官师志·国朝·训导》：南海人，岁贡，康熙四年任。

庞时倬　（1634—1646）清南海弼唐乡人。清兵入广东，父延曾被杀，亦殉死。

［康熙］《广州府志》卷三十一《人物志三·忠贞列传·庞延曾传》：字永生，弼唐曾孙。性豪爽，少通经学，然诺不苟，仗义乐施，御史梁元柱器

重之。又时招致名士为应求之雅，常蹑眺罗浮、西樵诸名胜。度大庾，过豫章，泛彭蠡，历九江、金陵，寻先二大夫治政讲学遗迹。及流寇蹂躏神州，曾虽伏处草莽，时慷慨唏嘘泣下。会丙戌大兵抵广，曾竟蹈刃而没。子五人痛哭匍救莫及，季子时倬年方十四，伏尸痛哭，解衣覆父，徐赴井而死。

[道光]《南海县志》卷三十八《列传七·明》：弼唐乡人。丙戌冬，闻兵将至，泣告其师曰："吾父性刚，兵至必遇害。父苟遇害，则吾以死殉之矣。"师哀其志，然亦未之信也。比城拔，其父被俘执索金，果大愤骂，兵将杀之。时倬哭请代死，兵不从，竟杀其父。时倬伏尸哭踊，徐以衣衾覆父，投井而死，时年十三岁也。

梁恩储 （1634—1730）字聚庵，清顺德大良人。寿97岁。

[乾隆]《顺德县志》卷十四《人物列传·耆寿》：字聚庵，大良人。朴直淳良。生崇祯甲戌，终雍正庚戌，寿九十七，两受恩赐粟帛。

黄国良（清康熙） （1635—1729）清顺德陈村人。寿95岁。

[乾隆]《顺德县志》卷十四《人物列传·耆寿》：陈村人。生崇祯乙亥，终康熙己酉，寿九十五①。

吴文炜 （1636—1696）原名韦，字山带，一字虎泉，清南海大沥大圃人。康熙三十二年（1693）举人。会试卒于途。

[雍正]《广东通志》卷三十五《选举志五·举人·康熙三十二年癸酉乡试榜》：番禺人。

[乾隆]《南海县志》卷八《选举志·乡举·国朝·康熙癸酉》：由番禺学。

[道光]《广东通志》卷二百八十六《列传十九·广州十九》：原名韦，字山带，一字虎泉，南海人（《粤东诗海》）。既更名，乃举康熙癸酉乡试第三人（《粤台征雅录》）。山带七八岁时，能画地作人物花竹。十岁即能诗，初效李长吉体，矜奇嗜险，后乃轨于正（陈元孝《独漉堂文集》）。秀水朱彝尊检讨游粤将归，山带作墨卷子赠其行，并题句云："未得便留山屐驻，罗浮晴看

①此处有误，康熙己酉为1669年。寿95岁，应为雍正己酉（1729）。

紫笼葱。”论者咸谓不减徐文长①风韵也。尝与彝尊及诸胜流燕集五层楼②赋诗。家藏书甚富，著有《金茅山堂诗集》。

［道光］《南海县志》卷三十九《列传八·国朝》：大圃堡人……秀水检讨朱彝尊游粤，与诸名士宴集镇海楼赋诗，文炜在列……时固诸生也……从子世忠，族子巌、迈并能诗。

梁逢恩 （1636—1727）清顺德平步人。康熙五十六年（1717）岁贡，寿92岁。

［康熙五十八年］《肇庆府志》卷十四《选举志·国朝·岁贡·德庆》：五十六年贡，德庆州学康熙间贡。

［乾隆］《顺德县志》卷十《选举志·贡生·清朝·康熙岁贡》：德庆籍平步人，九十二岁。卷十四《人物列传·耆寿》：平步人，岁贡生。生崇祯丙子，终雍正丁未，寿九十二。孙曾绕膝，一门四代。

［咸丰］《顺德县志》卷十五《耆寿·九十寿民·国朝》：平步，岁贡。见五代，年九十二。

何严氏 （1636—1729）清顺德羊额人。寿94岁。夫何宾臣。

［乾隆］《顺德县志》卷十四《人物列传·寿妇》：生员何宾臣妻严氏，羊额人。生崇祯丙子，终雍正己酉，寿九十四。

黄起礼 （1636—1729）清顺德陈村人。寿95岁，雍正元年（1723）给八品顶带。

［乾隆］《顺德县志》卷十四《人物列传·八品》：陈村人。生崇祯丙子，终雍正己酉，寿九十四。雍正元年恩诏奉部，准给八品顶带。

杜作霖 （1636—1730）清顺德大良人。寿95岁，雍正元年（1723）给八品顶带。

［乾隆］《顺德县志》卷十四《人物列传·八品》：大良人，淳厚谦和。

---

①徐渭（1521—1593），明山阴（今浙江绍兴）人，初字文清，后改字文长。画家，号青藤道士。

②五层楼，即镇海楼，坐落在越秀山小蟠龙冈上，楼高5层。

生于崇正丙子，卒雍正庚戌，寿九十五。雍正元年恩诏奉部，准给八品顶带。

胡罗氏 （1636—1732）女，清顺德大良人。寿97岁。夫胡公宪。

［乾隆］《顺德县志》卷十四《人物列传·寿妇》：胡公宪妻罗氏，大良人。生崇祯丙子，终雍正壬子，寿九十七，雍正二年领绢帛。

何宝图 （1636—1734）号光潜，清顺德容奇人。寿99岁。

［乾隆］《顺德县志》卷十四《人物列传·耆寿》：号光潜，容奇人。生崇祯丙子，终雍正甲寅，寿九十九。

蒙文庇 （1636—1735）字泽群，号近野，清顺德桂洲人。寿百岁。

［乾隆］《顺德县志》卷十四《人物列传·耆寿》：字泽群，号近野，桂洲人。生崇祯丙子，终雍正乙卯，寿一百岁。雍正二年，赐绢帛。

何刘氏 （1636—1739）女，清顺德昌教人。寿104岁。夫何诞卿。

［乾隆］《顺德县志》卷十四《人物列传·寿妇》：何诞卿妻刘氏，昌教人。生崇祯丙子，终乾隆己未，寿一百零四岁，乾隆三年旌表。

钟士英 （1636—1739）清顺德桑树人。寿104岁。

［乾隆］《顺德县志》卷十四《人物列传·耆寿》：桑树人。生崇祯丙子，终乾隆己未，寿一百零四岁。

方琏 清顺德陈村人。康熙五年（1666）武举。

［康熙十三年］《顺德县志》卷六《选举志二·国朝·武举·康熙丙午》：方琏。

［康熙二十六年］《顺德县志》卷六《选举志·武举·国朝·康熙》：陈村人，丙午。

邝世芳 清顺德人。康熙五年（1666）举人，二十一年

（1682）任香山县教谕。父炳寰。

［康熙］《广州府志》卷三十八《人物志九·清高列传·明·邝炳寰传》：顺德人……子世芳，举康熙丙午经魁。

［康熙十三年］《顺德县志》卷六《清朝·乡举·康熙丙午》：赤花人。

［康熙二十六年］《顺德县志》卷六《举人·清朝·康熙五年丙午科》：赤花人，香山县教谕。

［康熙五十八年］《肇庆府志》卷十四《国朝·举人·康熙丙午》：广宁人，任东莞教谕。

［乾隆］《广州府志》卷二十四《职官·国朝·香山县教谕》：广宁人，举人，（康熙）二十一年任。

邝学佳　清南海人。康熙五年（1666）举人。

［康熙］《广州府志》卷二十七《乡举·国朝·南海》：康熙丙午。

龙霖寰　清顺德大良人。康熙五年（1666）副贡。

［咸丰］《顺德县志》卷十一《副贡·国朝·康熙》：大良人，丙午。

卢启运　清南海人。康熙五年（1666）举人，二十年任海南琼山县教谕，二十七年广东南雄府教授。

［康熙］《广州府志》卷二十七《乡举·国朝·南海》：康熙丙午，由府学。

［康熙］《南海县志》卷五《选举志·国朝乡举·康熙丙午》：现教谕。

［道光］《广东通志》卷五十五《职官表四十六·国朝十三·琼山县·教谕训导·康熙朝》：南海人，举人。二十年任……教谕。卷四十八《职官表三十九·国朝六·南雄府·教授训导·康熙朝》：南海人，二十七年任……教授。

［宣统］《南海县志》卷十一《艺文略·经部·易类》：《大易捷解》，国朝卢启运撰。《艺文略·集部·别集》：《兰桂堂稿》，国朝卢启运撰。

卢麟祥　清顺德羊额人。康熙五年（1666）恩贡。

［咸丰］《顺德县志》卷十一《恩贡·国朝·康熙》：羊额人，丙午。

伍弘德　清顺德陈村人。康熙五年（1666）武举。

[康熙十三年]《顺德县志》卷六《选举志二·国朝·武举·康熙丙午》：陈村人。

[康熙]《广东通志》卷十五《选举志上·广州府·武举·增城》：康熙丙午。

伍皇多 清顺德陈村人。康熙五年（1666）武举，十二年武进士。十五年投靠吴三桂建立的伪周，逼迫乡人献银五万、美女六名。

[康熙十三年]《顺德县志》卷六《选举志二·国朝·武举·康熙丙午》：陈村人，癸丑进士。

[康熙]《广东通志》卷十五《选举志上·广州府·武进士·香山》：康熙癸丑。

[雍正]《广东通志》卷五十《列女志二·各府》：李氏，陈村人，一门节烈，即所称六正女者也。康熙丙辰逆周入寇时，则有生员李朝宗女曰简姑，敬甫女曰洁姑，文甫女曰琔姑、玠姑，云生女曰寅姑，雪生女曰璇姑，同堂比庐，年皆及笄。弁闻其美，欲掠以献。六女知不免，连臂赴池水死。事定，其家合葬之龟山之阴。士大夫传其事，作为诗诔甚众。康熙二十一年并旌。

[乾隆]《顺德县志》卷十四《人物列传·烈女》：六贞女者，陈村人也。姓李，名简姑、琔姑、玠姑、洁姑、寅姑、璇姑，皆同□姊妹。李故巨族，值伪周变乱，伪□马雄所在索□。逆弁伍皇多性淫侈，降贼自效，承追本村饷五万两，思献媚因以自肥，遂按乡籍横恣鞭挞无脱者。侦知六女有姿，故入各父名且侈其数，不能输则思折没为侍姬或献诸伪弁。父朝宗等患之，惶惧无策。六女私相谓曰："贼奴眈眈吾辈，将不利诸父，吾皎然之躯岂可辱贼？"因同心誓死，夜半潜出，结带联袂共投江死。次日，六尸同浮水面，颜色如生，万人耸观，哭声震野，逆闻亦稍稍自慑。归正后，事闻于朝，奉旨旌表，建"贞烈流芳"坊于乡。皇多虽漏诛，后为逆藩追免死银数万两，笞挞盈千，卒至赤贫而死，无后，殆天道云。

李侍问 字謇衷，明末清初南海佛山镇人。编第一部《佛山忠义乡志》，康熙五年（1666）成书。父有实。

[乾隆]《佛山忠义乡志》卷首《旧志小引》：客有过余斋头坐，相与语，因及桑梓事，客欣然请曰："天下者一国之积也，一国者一乡之积也，以君之博洽，国与天下事无所不可，一乡之概可得而悉之与？"余曰："未也，余生粤南偏，不及遨游天下名都大邑、山川风俗、人文景物，吊古人之芳踪，搜

野乘之珍藏，披舆图之广记，以益余之不逮，譬犹坐井观天尔，而又乌称博洽为？矧天之南有粤，粤之郡有广，广之邑有南海，南海之乡有佛山。即耳目见闻颇识于怀，悉足多耶？”客乃力叩余平日所为闻见者，随与语终日，咄咄不休。客曰：“嘻，异矣！以余所闻，令先翁超南公言，君弱龄长于记述，成童优于论断，殆非虚语，君其勿逊。”因出一编示客，客喜曰：“已有成书矣。盍公之母徒为枕中秘，俾佛山乡志由此书权舆，不犹愈乎？”余曰：“抱此良愿久矣，第三寸舌耕而资无从出，持钵近于陋，敛箕近于扰，计将安施乎？”归而谋诸母，母曰：“所志云何？”余曰：“孝子顺孙则志之，义夫节妇则志之，绅衿荣显又志之，封赠恩荫又志之，甚至庙寺庵堂、氏族祠宇、里巷坟墓、历年灾祥，以及幽光潜德有则必书。”母曰：“此事诚美，昔人捐资以惠浮屠氏，犹作无益害有益，兹役也费，吾老大，簪珥无几，愿毁以成厥事，其梓诸。”于是辑旧文，录碑传，询故老，焚膏继晷，历五阅月而笔稿始就，又历半载而梓工乃竣。每事必极其精详，毋敢欺己以欺世，于其所不知，盖阙如也。独是人物一节，余何人斯，安敢妄为汝南评乎？然采里巷之口碑及生平所敬仰者，虽一节之美，一行之善，据事直书，间有邑《志》已载，则采而录之，邑《志》未及载则葺而补之。是必月旦舆论有同情，方垂诸简册而无愧于是。请教乡先达叔求霍老先生，及质之同人庞君犹仲、伦君甫明、霍君章宾，咸曰善，遂命儿曹象镳、象锦、象镗及门徒梁胤昌编次较阅，而一乡之事展卷了然，谓斯《志》为草创，以俟后人之增饰，可谓斯志为遵母之志，亦可谓斯志为余之成书，则不可敢曰“国与天下有志未逮哉”！客复顾而笑曰：“君之书成矣，君其勿逊。第劳费心力，又不靳解橐，俾昔人之幽光潜德，毋致泯泯无闻者，皆志书之为也，亦君之贻之也。请记其事于简端，庶后来有续是志者，亦知所目乎？”余曰：“唯唯。”因述其颠末，聊以为引以报客。客顾是谁？顺德文康梁公之后锡植梁君也。里人李侍问撰。《旧志原序》：……佛山一乡向无专《志》，有之自今日訚衷李君始。君生而聪颖，遇事辄记，读书之暇多所著录，大司农忠定李公甚器之……李君少失怙，事母至孝，矢志芸窗，读书角艺……其《志》书纲举目张，幽遐昭著，分列十卷，首舆地庙图，次岁时风俗，而以人物传终焉……余昔甲子与郧侯公同举于乡，又与忠定公同时在燕，皆訚衷君雁行也……康熙五年五月，里人霍得之撰。卷八《人物志·孝友·明·李有实传》：字若冈。赋质端重，笃志孝友。五岁母逝，以弗及奉养为憾，触念堕泪，事父孝敬唯谨。兄患病躬亲调理，席草卧地三越月，兄亡治丧尽礼。子侍问，邑诸生，创修《佛山乡志》。

［民国］《佛山忠义乡志》卷十四《人物志四·文苑·明》：字謇衷。邑诸生，性强记，著录甚富。康熙初创修《乡志》，其母问故，曰：“阐幽光，扶名教，使一乡故事无任遗佚而已。”母喜出簪珥劝附梓，遂独任刊费，书

成，至今赖之。明季侍问弟兄有声于朝，侍问以著作显，与孝问齐名，三不朽聚于一门，可谓盛矣。

吴邦宪　清顺德黄连人。康熙五年（1666）武举。

［康熙十三年］《顺德县志》卷六《选举志二·国朝·武举·康熙丙午》：黄连人。

岑士龙　清南海人。岁贡，康熙五年（1666）任广东阳春训导，十二年任程乡训导，十八年任德庆州学正。

［康熙十二年］《肇庆府志》卷八《秩官二·国朝·阳春县训导》：广州南海人，贡生，康熙五年任。

［康熙］《南海县志》卷五《选举志·国朝岁贡》：学正。

［康熙五十八年］《肇庆府志》卷八《秩官志二·清·德庆州学正》：顺德人，岁贡，康熙十八年任。

［道光］《广东通志》卷五十《职官表四十一·国朝八·程乡县·教谕训导·康熙朝》：南海人，十二年任……训导。卷五十七《职官表四十八·国朝十五·平远县·教谕训导·康熙朝》：南海人，二十一年任……训导。

何龙　清南海人。康熙五年（1666）副贡。

［道光］《南海县志》卷二十一《选举表二·国朝·贡生荐辟·康熙朝》：丙午副贡。

何如宠　清顺德仕版人。康熙五年（1666）武举。

［康熙十三年］《顺德县志》卷六《选举志二·国朝·武举·康熙丙午》：仕版人。

何泰阶　清顺德人。康熙五年（1666）举人。

［康熙十三年］《顺德县志》卷六《选举志二·国朝·乡举·康熙丙午》：平步人。

［康熙］《广东通志》卷十五《选举志上·广州府·举人·国朝·顺德》：康熙丙午，拣选知县。

［咸丰］《顺德县志》卷十一《举人二·国朝·康熙》：桂圃人，丙午科。

余龙 本姓刘，清顺德龙江人。康熙五年（1666）举人。二十二年任广东澄海县教谕。

［康熙十三年］《顺德县志》卷六《选举志二·国朝·乡举·康熙丙午》：龙江人，本姓刘。

［康熙二十六年］《顺德县志》卷六《选举志·国朝·举人·康熙五年丙午科》：龙江人，本姓刘，澄海县教谕。

［康熙］《广东通志》卷十五《选举志上·广州府·举人·国朝·新安》：康熙丙午，拣选知县。

［道光］《广东通志》卷五十《职官表四十一·国朝八·澄海县·教谕训导·康熙朝》：顺德人，二十二年任……教谕。

佘云祚 字善将，清顺德马冈人。明亡，随父鸿飞避战乱到端州，补肇庆府生。康熙五年（1666）举人，九年（1670）进士，参与修府志。任湖南蓝山县令，三年后以亲老归。祖帝选，父鸿飞。

［康熙十三年］《顺德县志》卷六《选举志二·国朝·乡举·康熙丙午》：马冈人，庚戌进士。卷八《人物传二·孝友·佘帝选传》：字伯祯，别号白云，马冈人。本学生员，少游泮水。孝事二亲无间言，丁内外艰守古人礼，三日食粥，期年内俱蔬食水饮，服阕后不入内寝，此人情所难者。生平以德行自励，不入公门，七战棘闱未遇。性好施，常捐地以举丧之未葬者。晚年隐居东山讲学，教训生徒，所著有《四书秘义》行世。常语人曰："吾立心如是，后之子孙必有达者。"今其孙云祚，登庚戌进士，家学之传，盛德之报，信云不爽。

［康熙二十六年］《顺德县志》卷六《选举志·国朝·进士·康熙九年庚戌科》：马冈人，蓝山县知县。

［雍正］《广东通志》卷三十五《选举志五·进士·国朝·康熙九年庚戌蔡启樽榜》：顺德人，知县，象斗侄。

［乾隆］《顺德县志》卷十二《人物列传·孝友》：字善将，马冈人。十岁能文章，通经史，有神童之称。际乡乱，随父避地端州，附籍应考，补郡诸生。为乡塾师，脩脯所入，以供甘旨，余归兄侄。丙午举于乡，庚戌成进士，聘修郡《志》，人服其公。赴铨得蓝山令，三年以亲老告归，仍闭户读书。为文古气势磅礴，所著书曰《仓山稿》，曰《无名子稿》，曰《柱史》。

［咸丰］《顺德县志》卷二十四《列传四·明三·佘元璟传》：其族帝选者，字顺伯……帝选孙云祚……鼎革随父避地端州。卷十二《封荫表·封赠

（文阶）·国朝》：佘鸿飞，马冈人，以子云祚赠蓝山县……知县。

陆韬 清高明人。康熙五年（1666）武举，保卫乡里，知县赠匾。

［康熙八年］《高明县志》卷四《选举表·武举·清》：黄村人，康熙丙午科。

［道光］《高明县志》卷十二《选举志·武举·国朝》：城中人，康熙五年丙午武举。

［道光］《肇庆府志》卷十九《人物二·清》：高明人，由文生举武科，性慷慨。康熙中流贼肆掠，韬率乡人拒守。又于崇步、罗塘两都内输银筑基，有好事辈欲仿周田筑圩故事，韬力却之乃止。百余年来，彼都耆老犹有能言其德者。

［光绪］《高明县志》卷十三《列传二·人物·国朝》：由文生举武科，性慷慨。康熙中流贼肆掠，韬率乡人拒守，班邑令以“柱石堂”匾之。

陈天玺 清南海佛山镇人。康熙五年（1666）武举。

［康熙］《南海县志》卷五《选举志·国朝武乡举·康熙丙午》：陈天玺。

［乾隆］《佛山忠义乡志》卷四《选举志·武科·清乡举》：康熙丙午。

陈家萃 清南海人。康熙五年（1666）武举，九年武进士。

［康熙］《广东通志》卷十五《选举志上·广州府·武举·府学》：康熙丙午。《选举志上·广州府·武进士·府学》：康熙庚戌。

［乾隆］《南海县志》卷八《选举志·国朝武进士·康熙庚戌》：陈家萃。

陈璞生 清顺德甘园人。康熙五年（1666）副贡。

［乾隆］《顺德县志》卷十《选举志·贡生·清朝·康熙副榜》：甘园人，丙午科。

［乾隆］《广州府志》卷三十一《选举三·顺德县·清》：康熙己卯。

庞如玺 清南海人。康熙五年（1666）武举。

［康熙］《南海县志》卷五《选举志·国朝武乡举·康熙丙午》：庞如玺。

庞仪凤 一说名凤仪，清南海人。康熙五年（1666）举人。

［康熙］《广州府志》卷二十七《乡举·国朝·南海》：康熙丙午，由番禺学。

［道光］《广东通志》卷七十八《选举表十六·举人一·国朝·康熙五年丙午·广州府》：庞凤仪，南海人，番禺学。《番禺志》不载。

林应芝 清顺德石硝（今属南海）人。康熙五年（1666）举人。

［康熙］《广州府志》卷二十七《乡举·国朝·南海》：康熙丙午，由三水学。

［康熙十三年］《顺德县志》卷六《选举志二·国朝·乡举·康熙丙午》：石硝人。

［康熙四十九年］《三水县志》卷三《选举表·国朝·文举人·康熙丙午科》：顺德人，由本学中式。

欧奇芳 清顺德陈村人。康熙五年（1666）武举，九年武进士。

［康熙十三年］《顺德县志》卷六《选举志二·国朝·武举·康熙丙午》：陈村人，庚戌进士。《选举志二·国朝·武进士·康熙庚戌》：欧奇芳。

［乾隆］《顺德县志》卷十《选举志·武进士·国朝·康熙庚戌》：陈村人，保定卫守备。

罗士吉 清顺德赤花人。康熙五年（1666）举人。父玉珍。

［康熙十一年］《东安县志》卷七《选举志·国朝·康熙丙午科》：附籍入学，中式第三十五名。

［康熙十三年］《顺德县志》卷六《选举志二·国朝·乡举·康熙丙午》：赤花人。

［康熙二十六年］《东安县志》卷七《举人·国朝·康熙丙午科》：附籍，中式第三十五名，现任顺天保定府博野县知县。

［雍正］《广东通志》卷三十七《封荫志·国朝封赠》：罗玉珍，顺德人，以子士吉封文林郎、博野知县。

罗镛 清顺德杏坛人。康熙时广东连山岁贡，教书四十多年。康熙五年（1666），土匪围其乡，与同族起蕖到广州请求援兵。父琜。

［雍正］《广东通志》卷三十六《选举志六·国朝·贡生·连州·连山县》：罗镛。

［乾隆］《顺德县志》卷十《选举志·贡生·清朝·康熙岁贡》：杏坛人。

［咸丰］《顺德县志》卷二十五《列传五·国朝一·罗鏖传》：镛字白骡，父琜，从罗应许云南杀贼有功。镛贡连山，有文誉。学使延襄校，有戚嘱以片纸许重谢，镛俟其去焚之。适偶有隽者，其人如约致馈，镛自明无私，坚辞不受。教授四十余年不苟就，以廉称。

赵德　号劬园，清顺德碧江人。康熙五年（1666）举人，二十二年任山西猗氏知县，二十七年升河南邓州知州，三十二年病归。父鹤良，兄鸣玉。

［康熙十三年］《顺德县志》卷六《选举志二·国朝·乡举·康熙丙午》：碧江人。

［康熙二十六年］《顺德县志》卷六《选举志·国朝·举人·康熙五年丙午科》：碧江人，猗氏知县。

［雍正］《广东通志》卷三十五《选举志五·举人·康熙五年丙午乡试榜》：顺德人，知州。卷三十七《封荫志·国朝封赠》：赵鹤良，顺德人，以子德赠文林郎。

［乾隆］《顺德县志》卷十二《人物列传·宦绩》：号劬园，碧江人。少聪敏好学，试辄冠军。康熙丙午举于乡，癸亥授猗氏令，在任政简刑清。县北民贫多逃亡者，招集安抚，民皆感泣。一日民诉鬼冤，匍匐求雪，德笑曰："幽明迥隔，予何能为命？"扶去，异日祷城隍，□□□□判卒消灭□□□□果灭，民叩谢，盖□□感格，理或然也。戊辰举卓异，赐蟒袍，擢知河南邓州。俗奢侈好斗，设有红白棍欺凌软弱者，德训以俭朴，教以和平，民皆革面，曰："是公在猗氏时鬼且畏避，吾辈敢犯科耶？"丁卯、庚午，山西文武闱分考得人。莅邓三载，患目病辞归，家居足不履城市。

［道光］《广东通志》卷七十八《选举表十六·举人一·国朝·康熙五年丙午·广州府》：顺德人，邓州知州，兄鸣玉。

［咸丰］《顺德县志》卷二十四《列传四·明三》：越日为祷城隍，神鬼果灭，诚所感也。

梁应培　清南海佛山镇人。康熙五年（1666）武举。

［康熙］《南海县志》卷五《选举志·国朝武乡举·康熙丙午》：梁应培。

［康熙］《广东通志》卷十五《选举志上·广州府·武举·龙门》：康熙丙午。

［乾隆］《佛山忠义乡志》卷四《选举志·武科·清乡举》：康熙丙午。

梁振 清顺德石硝（今属南海）人。康熙五年（1666）武举。

［康熙十三年］《顺德县志》卷六《选举志二·国朝·武举·康熙丙午》：石硝人。

黄仲尚 清南海人。康熙五年（1666）武举。

［康熙］《南海县志》卷五《选举志·国朝武乡举·康熙丙午》：黄仲尚。

龚应霖 字汝作，号雨亭，清顺德白藤人。康熙五年（1666）举人，任湖南宁乡教授、刑科给事中、工科掌印，卒于京。子朝偀、朝伟，孙珏。

［康熙十三年］《顺德县志》卷六《选举志二·国朝·乡举·康熙丙午》：江尾人。

［康熙］《广东通志》卷十五《选举志下·肇庆府·举人·国朝·四会》：康熙丙午，拣选知县。

［雍正］《广东通志》卷三十五《选举志五·举人·康熙五年丙午乡试榜》：四会人，给事中。

［乾隆］《顺德县志》卷十二《人物列传·宦绩》：字汝作，号雨亭。黄连人，寄籍四会。康熙丙午举人。性孝友，尝与诸弟戏彩亲前。教授生徒以横渠主敬为本，及门率遵准绳，尝曰："绛帐风流，非吾事也。"初任宁乡县，莅治日，创书院，设义学，劝农率商，赋充民足。邑旧有虎害，众请建庙祟冈，设阱焉。患息，民曰："黟神之灵，侯之政也。"又设善恶两簿，阴书姓名于内，宣读上谕，日奖善者，斥其恶者。行取刑科给事中，转工科掌印，奏请举人准考中书，以疏壅滞。又痛斥学政丛弊，严行禁绝。以病卒于都。长子朝偀，任钟祥知县，邑堤涨溃，捐修请赈，有政声。次子朝伟，历南陵知县，膺卓荐。侄朝侃，昌化训导。朝伸，南海训导，有能名。长孙珏，刑部司务。

［乾隆］《佛山忠义乡志》卷六《乡俗志·氏族》：龚氏，国朝有给事中应霖。

［咸丰］《顺德县志》卷二十五《列传五·国朝一》：白藤人（陈《志》

误作黄连人，今从《采访册》)。

谭奇逢 清顺德甘竹人。康熙五年（1666）举人，任广西左州知州。

［康熙］《广州府志》卷二十七《乡举·国朝·顺德》：康熙丙午，府学。

［康熙十三年］《顺德县志》卷六《选举志二·国朝·乡举·康熙丙午》：甘竹人。

［康熙二十六年］《顺德县志》卷六《选举志·国朝·举人·康熙五年丙午科》：甘竹人，左州知州。

［康熙］《广东通志》卷十五《选举志上·广州府·举人·国朝·番禺》：康熙丙午，拣选知县。

黎上材 清顺德人。康熙五年（1666）任顺德提标左营守备。

［康熙十三年］《顺德县志》卷四《官师志·镇守衙门志·都司守备·清康熙五年》：守备提标左营，江南籍顺德人。

薛世瞻 字眉似，号次山，清顺德大良人。康熙五年（1666）举人，二十五年任广东连平州教授，51岁卒于官。弟士正，子维翰。

［康熙十三年］《顺德县志》卷六《选举志二·国朝·乡举·康熙丙午》：大良人。

［康熙二十六年］《顺德县志》卷六《选举志·国朝·举人·康熙五年丙午科》：大良人，连平州学正。

［康熙］《广东通志》卷十五《选举志上·广州府·举人·国朝·顺德》：康熙丙午，拣选知县。

［乾隆］《顺德县志》卷十三《人物列传·儒林》：字眉似，号次山，大良人。自少聪慧，博极群书，髫龄补邑弟子员，登康熙丙午乡荐。拣选知县，以两大在堂改授连平学正。捐修学宫，却脩脯，恤贫士。州学向未有选举者，瞻教训有方，丁卯学泮莲生并蒂，占者谓作养瑞气所钟云，是科遂举何多艺，嗣后科甲不绝。□□□□□瞻□温和□□□博雅简重，不□逢迎。事父母色养备至，生平依依膝下。初仕时欲迎亲就养弗许，乃勖弟士正、男维翰，凡可以娱亲者，必尽物尽志，勿或吝焉。旬日必着人赍音信问起居，孝友之情至老不倦。高曾之业五世不分，兄弟怡怡。年五十有一卒于官，士林称慕之。

［道光］《广东通志》卷四十九《职官表四十・国朝・连平州・学正训导・康熙朝》：顺德人，二十五年任，学正。

李刘氏　（1637—1737）女，清顺德龙山人。寿101岁。夫李襄侯寿92岁。

［乾隆］《顺德县志》卷十四《人物列传・寿妇》：李襄侯妻刘氏，龙山人。生崇祯丁丑，终乾隆丁巳，寿一百零一岁，乾隆二年旌表。

［嘉庆］《龙山乡志》卷九《人物志・齐眉》：李襄侯寿九十二，夫妇齐眉，一堂五代。妻刘氏，生崇祯丁丑，终乾隆丁巳，寿一百零一岁，乾隆二年奉旨旌表给坊价，赐银帛。

欧庇星　字嘉默，清顺德陈村人。康熙六年（1667）捐粟赈灾，雍正元年（1723）给八品顶戴，寿90岁。子志隆、兴。

［乾隆］《顺德县志》卷十四《人物列传・八品》：字□□□□□□□□人□□父□□□□□□□入必告，生平□□□□□□□□□捐谷三□□□□恤其乡，受惠者□□千人。年九十无病而卒。长子志隆，州同，克承父志，勤俭好施。次子兴，贡生，性孝□，家非素封，施与不吝。乾隆己未捐金五十助建养济院，壬戌捐贮社仓谷三百石，复助修三大忠祠，助建西淋义学。尝施棺衾衣米，恤孤寡，怜贫乏，能以乐善世其家。雍正元年恩诏奉部，准给八品顶带。

［咸丰］《顺德县志》卷十五《耆寿・顶戴・国朝》：字嘉默，陈村人。乐善好施。康熙丁未捐粟三百余石倡赈，活者万余。九十卒。子志隆，州同。次兴，贡生，孝友，乾隆己未助建养济院，壬戌捐贮社仓谷三百石，助修三大忠祠、西淋义学，好施孤寡……雍正元年给八品。

黎标　清高明人。康熙七年（1668）守高明山台汛。

［光绪］《高明县志》卷九《兵防志・武职》：国朝各汛官一员（或千总或把总或外委①，去留不一），本邑人，康熙七年任，升开平千总，守山台汛。

林朝璧　（1639—？）字昆生，清顺德文海人。雍正元年（1723）85岁授修职郎。子绍烈。

---

①外委：清代的额外低级武官，有外委千总、外委把总、额外外委，职位与千总、把总相同，但薪俸较低。

［乾隆］《顺德县志》卷十三《人物列传·文苑》：字昆生，文海人，端州刺史林苇裔也。人魁梧，美须髯，敦行孝友，为乡所举。读祖、父书，极寒暑不辍。诗宗子美，字仿鲁公，所画上栏竹亦潇洒有致。好宾客文酒往来，家致屡空，晨或停炊，不以为戚。雍正元年，年八十有五，恩授修职郎，妻赵氏亦获赐绢帛。子绍烈，字博侯，补弟子员。授徒广西，知名者多出其门，盐运使司庞屿其弟子也。寻以手录书史，夜不就枕，遂婴目疾丧明，人咸惜之。好交游，嗜吟咏，瞽后犹访知己、作长歌云。

［咸丰］《顺德县志》卷十五《耆寿·顶戴·国朝》：文海人……雍正元年给八品。

游鹏翼　（1639—？）字允凌，号惠文，清顺德大良人。康熙三十六年（1697）赈饥，雍正元年（1723），85 岁受八品衔。子滏泗。

［乾隆］《顺德县志》卷十三《人物列传·行谊》：字允凌，号惠文，大良人。少补邑诸生，事亲承顺，诸弟相友爱。康熙丁丑饥，倡捐赈粥，计画周详，老弱均沾。癸巳复饥，鹏翼出其所有，更多方劝谕亲友共济贫乏，酷暑不辞劳瘁。辛丑米贵，恳县令平粜，从中解囊给助。众修青云路塔阁及尊经阁，皆推董其事。寿八十五，以品行端方给八品冠带荣身。

［咸丰］《顺德县志》卷十五《耆寿·顶戴·国朝》：大良人，生员……雍正元年给八品。卷二十五《列传五·国朝一·潘天培传》：自康熙三十六年丁丑大饥，越六年为四十二年癸未，五十二年壬辰递癸巳，六十年辛丑至雍正二年甲辰，四年丙午递丁未，水旱间作，米值翔贵，遍于郡县。诸乡好义之士，一时捐资米赈济平粜者，至今犹在人耳目间。其叠举赈恤者，则有大良之梁日光、游鹏翼……子滏泗，号云麓，有行检，丧亲循朱子家礼苫次①，撰《省后庸言》。七十后自为年谱曰《云麓纪概》，令重之如其父。

欧曰瑜　（1639—1731）清顺德陈村人。雍正元年（1723）给八品顶带。寿 93 岁。

［乾隆］《顺德县志》卷十四《人物列传·八品》：陈村人。生于崇正己

①苫次：原指居亲丧的地方，也用作居亲丧的代称。古代丧礼，入殓后的夜晚，孝男铺稻草为席，摆砖块、土块为枕，围着棺柩和衣而卧，称“苫次”，俗称“困棺材脚”。

卯，卒年九十有三。雍正元年恩诏奉部，准给八品顶带。

鲁玉卿 （1639—1731）清顺德容奇人。寿93岁。

［乾隆］《顺德县志》卷十四《人物列传·耆寿》：容奇人。生崇祯己卯，终雍正辛亥，寿九十三。

方壮猷 清南海人。康熙八年（1669）武举。

［康熙］《南海县志》卷五《选举志·国朝武乡举·康熙己酉》：由三水学。

冯录 清南海佛山镇人。康熙八年（1669）武举。

［康熙］《南海县志》卷五《选举志·国朝武乡举·康熙己酉》：冯录。

［康熙］《广东通志》卷十五《选举志下·廉州府·武举·钦州》：康熙己酉。

［乾隆］《佛山忠义乡志》卷四《选举志·武科·清乡举》：康熙己酉。

冯冠英 清高明麦潮人。康熙八年（1669）武举，二十九年积极向高明知县于学争取，并承担县城南门码头的修筑。

［康熙八年］《高明县志》卷四《选举表·武举·清》：范州人，康熙己酉科。

［道光］《高明县志》卷十二《选举志·武举·国朝》：麦潮人。康熙八年己酉武举。

［光绪］《高明县志》卷三《建置·津渡》：南门马头，创筑年代无考，岁久倾圮。康熙二十九年，知县于学筑复。（于学记：……孝廉冯冠英者谋诸余，亟欲复之。余曰："是举也，蓄诸心已久。第恐工兴则劳民，职是①迟回。"冯君曰："劳之正所以逸之，复之便。"余曰："君言诚善，请从事！"冯君遂踊跃仔肩②，鸠工购石，趋役者争前恐后，不阅月而落成。）

左兆龙 清顺德龙山人。康熙八年（1669）武举。

［康熙十三年］《顺德县志》卷六《选举志二·国朝·武举·康熙己酉》：

---

①职是：因此。

②仔（zī）肩：担任，责任。

龙江人。

[康熙]《广东通志》卷十五《选举志上·广州府·武举·新会》：康熙己酉。

麦大士　清顺德麦村人。康熙八年（1669）举人。

[康熙十三年]《顺德县志》卷六《选举志二·国朝·乡举·康熙己酉》：麦村人。

麦中进　清顺德陈村人。康熙八年（1669）武举，次年武进士。父挺吉。

[康熙十三年]《顺德县志》卷六《选举志二·国朝·武进士·康熙庚戌》：麦中进。

[康熙二十六年]《顺德县志》卷六《选举志·武举·国朝·康熙》：陈村人，己酉。

[雍正]《广东通志》卷三十五《选举志五·武进士·康熙九年庚戌会试榜》：顺德人，守备。卷三十七《封荫志·国朝封赠》：麦挺吉，顺德人，以子中进赠明威将军。

麦廷铉　清三水大瑑人。康熙八年（1669）举人。祖镇鳌。

[康熙]《广州府志》卷二十七《乡举·国朝·南海》：康熙己酉，由三水学。

[康熙]《广东通志》卷十五《选举志上·广州府·举人·国朝·三水》：康熙己酉，拣选知县。

[康熙四十九年]《三水县志》卷三《选举表·国朝·文举人·康熙己酉科》：镇鳌嫡孙，大瑑人。由本学廪生中式，吏部拣选知县职。

麦蕃臻　一说名蕃蓁，清南海人。康熙八年（1669）举人。

[康熙]《南海县志》卷五《选举志·国朝乡举·康熙己酉》：由新宁学。

[康熙]《广东通志》卷十五《选举志上·广州府·举人·国朝·新宁》：麦蕃蓁，康熙己酉。

苏万邑　本姓刘，清南海人。康熙八年（1669）武举。

[康熙]《南海县志》卷五《选举志·国朝武乡举·康熙己酉》：本姓刘。

［康熙］《广东通志》卷十五《选举志上·罗定州·武举·西宁》：康熙己酉。

李钊 本姓马，清顺德水藤人，一说雷州人。康熙八年（1669）武举。

［康熙十三年］《顺德县志》卷六《选举志二·国朝·武举·康熙己酉》：水藤人，本姓马。

［雍正］《广东通志》卷三十五《选举志五·武进士·康熙八年己酉乡试榜》：雷州人。

吴之俊 本姓陈，清南海人。康熙八年（1669）举人，二十二年任广东高要教谕，三十三年罗定州学正。父誉令。

［康熙］《广州府志》卷二十七《乡举·国朝·南海》：康熙己酉，由从化学。

［康熙］《南海县志》卷五《选举志·国朝乡举·康熙己酉》：本姓陈，由从化学，现教谕。

［康熙五十八年］《肇庆府志》卷八《秩官志二·国朝·高要县教谕》：南海人，举人，康熙二十二年任。

［道光］《广东通志》卷五十六《职官表四十七·国朝十四·罗定州·学正训导·康熙朝》：南海人，三十三年任……学正。

［同治］《南海县志》卷九《举人·清》：高要教谕，前《志》作从化，非。父誉令，赠如其官，康熙朝。

佘锡祚 清顺德马冈人。康熙八年（1669）举人，三十三年任广东德庆州学正。父象斗，子于鹭。

［康熙］《广州府志》卷二十七《乡举·国朝·顺德》：康熙己酉，父象斗。

［康熙］《广东通志》卷十五《选举志上·广州府·举人·国朝·顺德》：康熙己酉，拣选知县。

［康熙五十八年］《肇庆府志》卷八《秩官志二·国朝·德庆州学正》：顺德人，举人。康熙三十三年任，三十六年丁忧去。

［雍正］《广东通志》卷三十六《选举志六·国朝·贡生·肇庆府·德庆州》：佘于鹭，顺德人，锡祚子。

陈之屏　清南海佛山镇人。康熙八年（1669）武举。

［康熙］《南海县志》卷五《选举志・国朝武乡举・康熙己酉》：陈之屏。

［康熙］《广东通志》卷十五《选举志上・广州府・武举・龙门》：康熙己酉。

［乾隆］《佛山忠义乡志》卷四《选举志・武科・清乡举》：康熙己酉。

陈子斌　清南海人。康熙八年（1669）武举，任贵州守御所千总。父大逵。

［康熙］《南海县志》卷五《选举志・国朝武乡举・康熙己酉》：贵州守御所千总。《封赠・清》：陈大逵，以子子斌守御所千总赠宣武将军。

陈公超　字式观，清顺德大良人。康熙八年（1669）举人，二十九年起任广东兴宁教谕几十年，寿70岁。学生龚应霖早他3年中举。

［康熙十三年］《顺德县志》卷六《选举志二・国朝・乡举・康熙己酉》：大良人。

［雍正］《广东通志》卷三十五《选举志五・举人・康熙八年己酉乡试榜》：顺德人，教谕。

［乾隆］《顺德县志》卷十三《人物列传・儒林》：字式观，大良人。博学多才，制义有先正风格。充弟子员，旋食廪饩，己酉举于乡。教授生徒，从之者众，借其指授登乡榜者数十人，未及门墙而摹仿其文者亦多获隽。所得脩脯俭积至七百金，一时尽散族内子弟以济其乏。抚诸外甥如己子，日夕训诲，皆隶胶庠。刑科给事中龚应霖其徒也，以假旋里，援之谒当道，介介不屑。官兴宁教谕几十年，兴学校，勤课艺，诸生有贫乏者分俸赠之，归无囊橐，怡然也。年七十。子庠生。族人夙奉为矩，遂建祠以祀。

陈全文　清顺德桂洲人。康熙八年（1669）武举。

［康熙十三年］《顺德县志》卷六《选举志二・国朝・武举・康熙己酉》：桂洲人。

［康熙］《南海县志》卷五《选举志・国朝武乡举・康熙己酉》：陈全文。

陈隽　清南海人。康熙八年（1669）举人。父敏勉。

［康熙］《广州府志》卷二十七《乡举・国朝・南海》：康熙己酉，由顺

德学。

［康熙］《南海县志》卷五《选举志·国朝乡举·康熙己酉》：现知县。

［道光］《广东通志》卷七十八《举人一·选举表十六·举人一·国朝·康熙八年己酉·广州府》：顺德人，南海籍，知县，敏勉子。

陈蒙拣　字贻昇，清三水白坭人。明末世乱，乡人推为练总，与同乡徐麟士率领乡勇保全乡里。父大捷，万历三十三年（1605），授广州右卫中所百户世袭。子镇，由知县拔为庠生。

［康熙四十九年］《三水县志》卷十二《人物传·孝义》：字贻昇，白坭人，明世袭千户陈大捷五子。为人慷慨有大节，饶智略。明末世乱，乡人联呈，蒙示推为练总。时白旗贼蜂拥剽掠，拣与同乡徐麟士统率乡勇，保障救援，杀贼无算，邻里保全，倚为长城之重。居恒敦孝友，崇义让，排难解纷，惩强抑暴。伯兄贻晃无嗣，家产数千，嫂择仲子万志继，拣不从。议与万松同继，拣执义固辞，让松独继。其行谊气节，于此可推。四子陈镇，蒙县主苏首拔进庠。绅衿公举人志。

徐麟士　字简之，清三水白坭人。明末世乱，与同乡陈蒙拣率领乡勇保全乡里。

［康熙四十九年］《三水县志》卷十二《人物传·孝义》：字简之，白坭人。为邑诸生。重言诺，仗气节，自命不苟。明末世乱，与同乡陈蒙拣保障桑梓，乡邻称道不衰。

庞如埊　清南海人。康熙八年（1669）武举。

［康熙］《南海县志》卷五《选举志·国朝武乡举·康熙己酉》：庞如埊。

［康熙］《广东通志》卷十五《选举志上·广州府·武举·番禺》：康熙己酉。

冼国幹　清南海人。康熙八年（1669）举人，二十一年进士，知府。父鹏。

［康熙］《广州府志》卷二十七《乡举·国朝·南海》：康熙己酉，由连山学。

［康熙］《南海县志》卷五《选举志·国朝进士·康熙壬戌》：冼国幹。

［雍正］《广东通志》卷三十五《选举志五·进士·国朝·康熙二十一年

壬戌蔡升元榜》：南海人，知府。

［道光］《南海县志》卷二十一《选举表二·国朝·封荫·康熙朝》：冼鹏，以子国榦赠武强知县。

罗孙苞 清顺德大良人。康熙八年（1669）武举。

［康熙十三年］《顺德县志》卷六《选举志二·国朝·武举·康熙己酉》：大良人。

康大年 清顺德龙江人。康熙八年（1669）武举。

［康熙十三年］《顺德县志》卷六《选举志二·国朝·武举·康熙己酉》：龙江人。

［康熙］《广东通志》卷十五《选举志上·广州府·武举·新会》：康熙己酉。

梁祯 一名桢，清南海佛山镇人。康熙八年（1669）武举。

［康熙］《南海县志》卷五《选举志·国朝武乡举·康熙己酉》：梁桢。

［康熙］《广东通志》卷十五《选举志上·广州府·武举·龙门》：康熙己酉。

［乾隆］《佛山忠义乡志》卷四《选举志·武科·清乡举》：康熙己酉。

梁哲 清顺德莘村人。康熙八年（1669）举人。曾祖廷钦，明万历十六年（1588）举人。

［康熙十三年］《顺德县志》卷六《选举志二·国朝·乡举·康熙己酉》：莘村人。

［咸丰］《顺德县志》卷二十四《列传四·明三·梁廷钦传》：子凤举，字秀鲁，博古好学，以孝闻。亲旧有急，倾囊以济。故人陈聘萃偿所贷金，念其贫，曰："朋友通财，义也。"辞而返之。从弟凤翱负人百金，代偿焉。其他好义类此。生平扬善隐恶，能容人过，有长厚称。与子燧、调鼎并为庠生。孙哲，康熙己酉举人。

黄晖耀 清南海人。康熙八年（1669）武举或举人。

［康熙］《广东通志》卷十五《选举志上·广州府·武举·南海》：康熙己酉。

［乾隆］《南海县志》卷八《选举志·乡举·国朝·康熙己酉》：黄晖耀。

崔达权 清南海人。康熙八年（1669）武举。

［康熙］《南海县志》卷五《选举志·国朝武乡举·康熙己酉》：崔达权。

萧联标 清顺德龙江人。康熙八年（1669）武举。

［咸丰］《顺德县志》卷十一《武举·国朝·康熙》：龙江人，广西籍……己酉。

萧露澍 清顺德龙江人。康熙八年（1669）举人，任湖北江陵知县。

［康熙十三年］《顺德县志》卷六《选举志二·国朝·乡举·康熙己酉》：龙江人，广西中式。

［道光］《广东通志》卷七十八《选举表十六·举人一·国朝·康熙八年己酉附广西中式》：顺德人，平乐籍，江陵知县。金《志》、郝《志》失载。

廖万楚 清顺德霍村人。康熙八年（1669）举人，次年进士，任隆昌县知县。

［康熙十三年］《顺德县志》卷六《选举志二·国朝·乡举·康熙己酉》：霍村人，庚戌进士。

［康熙二十六年］《顺德县志》卷六《选举志·国朝·进士·康熙九年庚戌科》：霍村人，隆昌县知县。

谭甲魁 清高明城中人。与顺治十一年（1654）解元梁炳宸同学，康熙二年（1663）为好友黄鲲翔的《番山集》作序，八年参修《高明县志》。弟伟魁。

［康熙八年］《高明县志》卷六《建置志》：邑廪生谭甲魁分辑。卷十七《艺文》：《番山集序》谭甲魁（邑人，廪生），今癸卯兰秋……先生决计投章解组请归……出《番山集》帙属余序。《学海初集序》梁炳宸（邑人，解元）：余友谭南彪氏，自早年与余同受知于督学使……余乃于其所制之累牍，暂选一半编作四卷。卷十八《艺文·书目·集汇》：《学海初集》四卷，谭甲魁撰，梁炳宸、黄鲲翔序。《学海初集序》黄鲲翔（邑人，广州府学教授）：予友南彪氏……怀才未遇，而离奇勃跃之气发为吟咏。予以休致之暇过

访……因出其集示。

蔡麟　清南海人。康熙八年（1669）举人，任博罗县教谕。

［康熙］《广州府志》卷二十七《乡举·国朝·南海》：康熙己酉。

［康熙］《南海县志》卷五《选举志·国朝乡举·康熙己酉》：现教谕。

［康熙］《广东通志》卷十五《选举志上·广州府·举人·国朝·南海》：康熙己酉，拣选知县。

［道光］《广东通志》卷四十九《职官表四十·国朝·博罗县·教谕训导·康熙朝》：顺德人……教谕。

黎祖淳　清顺德弼教人。康熙八年（1669）武举。

［咸丰］《顺德县志》卷十一《武举·国朝·康熙》：弼教人，湖南籍，己酉。

霍文寅　字名君，清南海人。康熙八年（1669）举人，任河阴知县。

［康熙］《广州府志》卷二十七《乡举·国朝·南海》：康熙己酉，由香山学。

［雍正］《广东通志》卷三十五《选举志五·举人·康熙八年己酉乡试榜》：香山人，知县。

［道光］《广东通志》卷七十八《选举表十六·举人一·国朝·康熙八年己酉·广州府》：南海人，香山学，字名君，河阴知县。

邓梅氏　（1640—1736）清顺德龙山人。寿97岁。夫邓观己。

［乾隆］《顺德县志》卷十四《人物列传·寿妇》：邓观己妻梅氏，龙山人。生崇祯庚辰，终乾隆丙辰，寿九十七，两受恩赐粟帛。

冯桂叔　（1640—1730）字相维，清顺德大良人。寿92岁。

［乾隆］《顺德县志》卷十四《人物列传·耆寿》：字相维，大良人。生崇祯庚辰，终雍正辛亥，寿九十二，雍正元年领绢帛。

杨喜珍　（1640—1733）清顺德容奇人。寿94岁。妻梁氏，寿90岁。

［乾隆］《顺德县志》卷十四《人物列传·齐眉》：容奇人。生崇祯庚辰，终雍正癸丑，寿九十四。妻梁氏，生崇祯癸未，终雍正壬子，寿九十。举案齐眉，一门四代。

薛御锡 （1640—1724）字明信，清顺德龙江人。雍正元年（1723）给八品顶带。子章燕，岁贡，乾隆元年（1736）任广西合浦县训导。

［乾隆］《顺德县志》卷十四《人物列传·八品》：字明信，龙江人。天性纯悫，曲体亲心，抚爱诸弟。生崇祯庚辰，终雍正甲辰，寿八十五。子章燕，膺岁荐，雍正元年恩诏奉部，准给八品顶带。卷十《选举志·封赠·训导·清朝》：以子章燕贵赠。

叶茂藻 清南海人。康熙九年（1670）岁贡。

［康熙］《南海县志》卷五《选举志·国朝岁贡》：由信宜学。

［道光］《南海县志》卷二十一《选举表二·国朝·贡生荐辟·康熙朝》：由信宜学贡，庚戌。

陈俊章 清顺德古朗人。康熙九年（1670）岁贡，授吴川县训导。

［康熙十一年］《东安县志》卷七《选举志·恩岁贡·清》：顺德人，康熙九年岁贡。

［康熙二十六年］《东安县志》卷七《恩岁拔贡·清》：顺德人，康熙九年岁贡，授吴川县训导。

［乾隆］《顺德县志》卷十《选举志·贡生·清朝·康熙岁贡》：古朗人，吴川县教谕。

关宗孔 清高明人。康熙九年（1670）岁贡，二十二年任广东从化训导。

［康熙八年］《高明县志》卷四《选举表·国朝·恩岁贡》：清溪人，康熙九年岁贡。

［康熙二十九年］《高明县志》卷十二《贡生·清》：清溪人，康熙九年岁贡，任从化训导。

［乾隆］《广州府志》卷二十四《职官六·国朝·从化县训导》：高明人，康熙二十二年任。

［道光］《高明县志》卷十二《选举志·贡生·国朝》：井溢人，康熙九年岁贡，任从化训导。

阮介 清顺德文海人。康熙九年（1670）岁贡。

［咸丰］《顺德县志》卷十一《岁贡·国朝·康熙》：文海人，庚戌。

何光（清康熙） 清顺德黄连人。康熙九年（1670）岁贡，十九年任广东高要教谕。曾祖思赞。

［康熙十三年］《顺德县志》卷六《选举志二·国朝·岁贡·康熙》：黄连人，新宁县学贡。卷七《人物传一·何思赞传》：曾孙光，新宁学廪生，膺康熙九年岁荐。

［康熙二十六年］《顺德县志》卷八《人物传·德业·何思赞传》：曾孙何光，岁贡，为高要教谕，廉恕有乃祖风。

［康熙五十八年］《肇庆府志》卷八《秩官志二·国朝·高要县教谕》：顺德岁贡，康熙十九年任。

陆光宗 清三水金竹人。康熙九年（1670）岁贡，任电白训导。

［康熙］《广东通志》卷十五《选举志上·广州府·岁贡·国朝·三水》：陆光宗。《选举志下·肇庆府·岁贡·国朝·广宁》：陆光宗。

［康熙四十九年］《三水县志》卷三《选举表·国朝·贡途·岁贡》：金竹人，由广宁岁荐。

［康熙五十八年］《肇庆府志》卷十四《选举志·国朝·岁贡·广宁县》：（康熙）九年贡，仕电白训导。

招良猷 清南海人。康熙九年（1670）岁贡，二十四年任广东龙门县训导。

［康熙］《南海县志》卷五《选举志·国朝岁贡》：由钦州学，训导。

［乾隆］《广州府志》卷二十四《职官六·国朝·龙门县训导》：钦州籍岁贡，（康熙）二十四年任。

［道光］《南海县志》卷二十一《选举表二·国朝·贡生荐辟·康熙朝》：

由钦州学岁贡，训导……庚戌。

罗启相　清南海人。康熙九年（1670）岁贡，任临高县训导。

［康熙］《南海县志》卷五《选举志·国朝岁贡》：由封川学，训导。

［康熙五十八年］《肇庆府志》卷十四《选举志·国朝·岁贡·封川》：九年贡，南海人，封川学康熙间贡。

［道光］《广东通志》卷五十五《职官表四十六·国朝十三·临高县·教谕训导·康熙朝》：南海人……训导。

莫光斗　清南海人。康熙九年（1670）岁贡，二十一年任广东遂溪训导。

［康熙］《南海县志》卷五《选举志·国朝岁贡》：由西宁学。

［康熙五十七年］《西宁县志》卷六《国朝·岁贡》：康熙九年。

［道光］《广东通志》卷五十二《职官表四十三·国朝十·高州府·教授训导·顺治朝》：南海人……教授。卷五十四《职官表四十五·国朝十二·遂溪县·教谕训导·康熙朝》：南海人，贡生。二十一年任……训导。

黄梦暄　字挺煜，一说廷煜，号秀仑，清顺德众涌人。康熙九年（1670）任千总，病卒于任。曾在家乡创筑堤围。

［乾隆］《顺德县志》卷十二《人物列传·忠义》：字挺煜，号秀仑，众涌人。少有膂力，智勇过人。国初海寇掠乡，众涌赖暄捐蓄筑水围率众守御。寇锋仍肆，环攻数日。暄俟其势懈，突出斩其渠魁，余孽惊溃，一乡安堵。县令王苇亲到慰劳，锡之匾曰“一乡义士”。康熙九年，顺镇左营中军周士英奉檄会平西粤，壮暄特任先锋，恢复梧州容、藤二县。复与士英会，截李山、官七于九江。时容、藤初平，士民扳留，遂委暄千总，驻扎藤县，犄角防守。未几劳病告卒，英亦阵亡，时论惜之。

［乾隆］《广州府志》卷四十《人物九·武功·清》：字廷煜。

［咸丰］《顺德县志》卷二十五《列传五·国朝一》：众涌人……顺治初，海寇肆掠，适至众涌。

［民国］《顺德县志》卷四《建置略三·堤筑》：众涌乡安乐围，见郭《志》，在江村堡。长二千八百六十丈，高一丈，底宽三丈，面积宽一丈。闸凡七。国初创筑人黄梦暄。道光二十四年，乡绅卢廷杰等重修。宣统三年，乡绅卢殷榀等再修。

谢元枢 字季昌，清高明人。康熙九年（1670）岁贡，任教于乡三十余载，后授广东乐昌训导。

[康熙八年]《高明县志》卷四《选举表·国朝·恩岁贡》：城中人，府学，康熙九年岁贡。

[康熙二十九年]《高明县志》卷十三《人物志·清》：字季昌。聪颖好学，晦明不辍，日记数千言，弱冠饩于庠。教诲生徒，历三十余载未尝欺一人，邑诸士多出其门。以明经授乐昌训，勤课艺，恤单寒，苜蓿萧然而箕敛不事。乐士有"真吾师范"之谣，后阅时艰而保护如父母焉。

[道光]《高明县志》卷十二《选举志·贡生·国朝》：侯巷人，康熙九年府学岁贡，任乐昌县训导。

苏上遇 一名猷吉，字允升，清顺德碧江人。行善好学，30岁后不应试，寿76岁。祖益明，父子杰。弟上鹏、上问。子士豪。孙珥。

[乾隆]《顺德县志》卷十四《人物列传·隐逸》：一名猷吉，字允升，碧江人。祖益明、父子杰皆善读书知大义，行配古人。上遇天性纯笃，体志承训，孝于祖宗，为建祠祏。弟上鹏、上问甚相友爱，弟有所需即给之，务惬其意。族兄以虚税蒙累，不避艰危，屡为诉诸有司，俾得豁免。族弟孤寒，不能自立，时出金济之，后得成名。友人黄某年老无子，为之置妾有子。凡在戚属以及里巷道路之人，年无论丰歉，有饥寒者悉为解推。家本贫，以是益困，志无少悔。人有善，务成之令无中辍，有不善绝口不言，或为人道辄弗乐，又止之无再语。当横逆至时，躬常自反。晚号"过三"，以希古人省身之学。生平积学好古，古文时文并工，文成每为侪偶①所服。而襟怀高澹，年三十不复应有司试，惟饮酒煎茗，兴到拈笔自摅其趣。年七十有六而殁。子士豪，目未尝视铢两，惟读异书，摹古帖，和气袭人，于义所在，则毅然不苟随众。侄士巨少敦孝友，堂上有命，苦心瘁力以赴，遂以过劳得疾殒，年仅十九，乡人咸怜之。孙珥，乾隆戊午举人，部举宏博不就。

郑启中 清顺德林头人。岁贡，康熙二十一年（1682）任高明教谕，升雷州府教授。祖国相，在广东清远教书四十多年。

---

①侪（chái）偶：同辈、伙伴。

堂弟际泰。

[康熙二十六年]《顺德县志》卷六《选举志·岁贡·国朝·康熙》：桂林人，高明教谕。

[康熙二十九年]《高明县志》卷七《学校志·儒学》：在县治东，坐碧玉冈，面卓秀峰。康熙二十一年，署县事南海县丞刘淑向、教谕郑启中、训导冼赡宗，暨通邑绅衿捐资修葺，焕然一新。生员谭锡蕃、谢升选、谭伟魁、杨言名、黄自雷、谢仪逵、谢继安、莫文润督理，翰林检讨郑际泰记。泮池，康熙二十一年，署县刘淑向、教谕郑启中、训导冼赡宗，将池塘东西墙垣筑高六尺，鼎建东西二门。青云门，原名礼门。康熙二十一年，教谕郑启中重建，改扁“青云门”。儒门，康熙二十一年，教谕郑启中重修。尊经阁，康熙二十二年，知县于学捐俸重建，扁曰“道在斯尊”，教谕郑启中督理。

[康熙五十八年]《肇庆府志》卷八《秩官志二·国朝·高明县教谕》：番禺学岁贡，顺德人。康熙二十一年任，升雷州教授。

[乾隆]《顺德县志》卷十《选举志·贡生·清朝·康熙岁贡》：番禺籍林头人，高明县教谕，升雷州府教授。卷十二《人物列传·宦绩·郑际泰传》：字德道，号珠江，桂林人也。祖国相有太丘彦方风，隐居教授，代有硕德……伯兄启中，积学能文。际泰兄事兼师事，为士林祭酒，老于雷府教授。卷十三《人物列传·行谊·郑国相传》：字凤阳，桂林人，宋登仕郎郑汉章十一代孙。性端方，事亲以孝闻，隐居不仕，教授生徒。常爱中宿飞来峡山水之胜，设帐其邑垂四十年，邑士敬重，尽执经从学。钟万禄、钟自得父子皆出其门，相每极意启发，造就有成，后俱以科第显。清俗汰侈①，每饰艳婢侍，宾筵为豪，举座客多涎目倾仄。相独危坐，竟日目不旁瞬。暇则戒以鸣豫诲淫之祸，人服其严正，风俗为改变焉。生二子昌烈、昌绪皆笃学行善。长孙启中，早膺岁荐，为外翰振铎高明。次孙际泰，少有文名，乙卯游泮即举于乡，丙辰成进士擢内翰。一门清显，人谓硕德之报云。

[咸丰]《顺德县志》卷二十五《列传五·国朝一·郑际泰传》：宋宝庆间主簿汉章后，汉章以盛德开伦教林头族。自有传。祖国相，授徒清远四十余年……父昌绪与兄昌烈共力学行善事。

黄君彩 名殿兴，以字行，清顺德众涌人。康熙三十六年(1697)、五十二年赈饥。父挺煜。妻卢氏，寿94岁。子翔，孙

---

①汰侈：指骄纵奢侈。

盈济。

［乾隆］《顺德县志》卷十四《人物列传·八品》：名殿兴，以字行，众涌人。性质朴孝友。父挺煜，国朝初，以弁委把总从征西粤，捐产赡军。同气六人衣食不继，彩力为筹给，寻购回前产均与兄弟。父尝为□商，商伴揭本于藩□□不能偿，王逮其妻子□□□执，力拯出之。康熙丁丑、癸巳岁□□□□恤，子翔、孙盈济俱①。雍正元年恩诏奉部，准给八品顶带。《人物列传·寿妇》：黄君彩妻卢氏，众涌人。生崇祯辛巳，终雍正甲寅，寿九十四。雍正元年领绢帛。

陈象颏　（1641—1737）字荆庵，清顺德沙滘人。寿97岁。

［乾隆］《顺德县志》卷十四《人物列传·八品》：字荆庵，沙滘人。孝友谦谨，尝建祖祠，岁歉倡赈，乡里德之。生崇祯辛巳，卒年九十七。雍正元年恩诏奉部，准给八品顶带。

郑际泰　（1642—1726）字德道，号珠江，清顺德人。康熙十四年（1675）举人，次年进士，授翰林院检讨、吏科给事中。曾参与编纂《大清一统志》。父昌绪。子叶梅、祖诒。

［康熙二十六年］《顺德县志》卷六《选举志·国朝·举人·康熙十四年乙卯科》：进士。《选举志·国朝·进士·康熙十五年丙辰科》：桂林人，现翰林院检讨，侍养在籍。

［康熙］《广东通志》卷十五《选举志上·广州府·举人·国朝·番禺》：康熙乙卯。

［雍正］《广东通志》卷三十七《封荫志·国朝封赠》：郑昌绪，顺德人，以子际泰赠翰林检讨。

［乾隆］《顺德县志》卷十二《人物列传·宦绩》：字德道，号珠江，桂林人也……生而颖悟，清贫攻苦，少掉鞅②文场。康熙乙卯甫游泮即歌鹿鸣，丙辰联捷南宫，选翰林院清书庶吉士。时周逆煽乱，南北音问隔绝，际泰虽获隽京华而寡母在堂，望云陟屺，泪时盈颊。越岁王师底定西南，吁请终养，得旨奉母林下者十年，备极孝养。母卒，际泰几不欲生，终夜作小儿啼，枕

---

①原本漫漶，后缺。

②掉鞅：本谓驾战车入敌营挑战时，下车整理马脖子上的皮带，以示御术高超，从容有余。后泛指从容驾驭或掌握战斗的主动权，借喻从容显示才华。

块三年。服阕入都供职，纂修《三朝实录》。甲戌分校礼闱，入彀皆知名士。康熙乙酉，召对广东粮米称旨，授吏科给事中。明年三月，京师雨愆期求直言，际泰应诏对五事，中间停止在任守制一条论议正当。未几奉旨办事史馆，纂修《一统志》，以病告归。际泰生平以“主敬存诚”为学，尝自著《理学真伪论》，有“古今无所谓理学，止有君臣父子昆弟夫妇朋友之道而已。无所谓讲理学，止有躬行实践之功而已”，又谓“人而无一善可名非人也，人而止有一善可名亦非人也”，其持论质直类如此。邑中米贵，民食不敷，际泰极力设赈，自宗族以及乡城。虽遇暑月，洒汗劝佥，得粟千石，存活甚众。居常乐施，济孤恤寡，易箦时，口占有“担荷乾坤愿颇赊，欲将忠义附天家。今朝未了平生志，放下原来没一些”之句……长子叶梅，癸巳举于乡。次子祖诒，隽丁酉乙榜。人谓哲人之后必达，信夫！

［道光］《肇庆府志》卷二十一《艺文·史部·地理类郡县之属》：《肇庆府志》三十二卷，国朝知府宋志益修，顺德郑际泰订，康熙五十八年已亥。

［咸丰］《顺德县志》卷二十五《列传五·国朝一》：林头人……家贫乏纸，拾有丧者门帖钞誊文字，贴社壁映灯而读。一婢采蚬供馔，而自检稻甲为薪。弱冠补番禺学生……成进士……派习国书，授检讨……际泰馆选三十年，恨不能陈达民隐。及居言路，时以拾遗补缺自期……忠孝本于天性，尝馆会城，去家百里，每越一二日必归省其母，偶以事阻则母念之辄减食。每出反先对栗主告之如其生时，遇讳期必闭门泣终身如一日……自处俭约而常存利济心，癸巳饥，鬻田易粟千石以赈。闻同县罗廛素食为民求雨，诣所居叩首三不令知也。捐所买官灵雁塔地为义冢，旋都舟次，凡五书属其子施米乡族。黔抚刘荫枢同年也，遗以千金，悉举周里党……晚近禅悦。喜与方外交，东西樵足迹殆遍……与同县潘月川、罗臣廉两学博交密，潘卒官崖州不得返，袖十金与罗子天尺谓：“吾老，不能归吾友骨。汝为门下，以此金促其子行。不去吾惩以法，回而航海责如之。”……里居二十年，卒年七十有五。

蔡文辅　（1642—1730）字轼子，清顺德龙江人。寿89岁。

［乾隆］《顺德县志》卷十四《人物列传·八品》：字轼子，龙江人。勤俭克家，壮游荆楚，言诺见重。生崇祯壬午，终雍正庚戌，寿八十九。孙曾满堂，一门四代。雍正元年恩诏奉部，准给八品顶带。

陈仞图　（1642—1736）清顺德古楼人。寿95岁。

［乾隆］《顺德县志》卷十四《人物列传·八品》：古楼人。生崇祯壬午，

终乾隆丙辰，寿九十五。雍正元年恩诏奉部，准给八品顶带。

黄毓山 （1642—1738）清顺德龙山人。寿97岁。

［乾隆］《顺德县志》卷十四《人物列传·耆寿》：龙山人。生崇祯壬午，终乾隆戊午，寿九十七，两受恩赐粟帛。

何郑氏 （1642—1740）清顺德羊额人。寿99岁。夫何贤灿。

［乾隆］《顺德县志》卷十四《人物列传·寿妇》：何贤灿妻郑氏，羊额人。系出名家，素识大义。夫应嗣叔良箕，后箕年迈，举动需人，氏朝夕扶持维谨。每以不逮事亲舅姑为恨，遇时物必荐寝庙，荐必涕泣。一日偶过邻家，拾遗金，徘徊以俟。顷之，见乡农林维贤女号咷跣足而来，询之，具言持银完债遗失，郑还之，人称其不愧汉章公后裔。暮年康强善饭，步履如常，雍正癸卯、乾隆丙辰两沐恩赐。子五，长年近八旬，少亦六十有奇，发白衣斑齐绕膝下，督学王丕烈旌曰“一门人瑞”。氏生崇祯壬午，终乾隆庚申，寿九十九。

区庭玉 清高明阮埇人。康熙十一年（1672）拔贡。

［康熙二十九年］《高明县志》卷十二《贡生·清》：阮埇人，康熙十一年考拔贡监。

冯国祥 榜姓张，字祉陶，号螭半，清顺德大良人。康熙十一年（1672）举人，三十四年任广东乐会教谕，寿76岁。弟国采，字祉缉，侍奉生父、养父均孝，寿74岁。

［康熙十三年］《顺德县志》卷六《选举志二·国朝·乡举·康熙壬子》：张国祥，大良人，本姓冯。

［康熙］《广东通志》卷十五《选举志上·广州府·举人·国朝·新会》：张国祥，康熙壬子。

［乾隆］《顺德县志》卷十《选举志·举人·清朝·康熙壬子》：张国祥，本姓冯，新会籍大良人，任乐会县教谕。卷十三《人物列传·儒林》：字祉陶，号螭半。赋姿颖异，卓立士林，弱冠饩新会庠，学者多宗焉，苍梧刺史聘以式多士。壬子乡隽，应邑令聘造士泽宫。丁卯与修邑志，人服其公。姚令肃规修复凤山书院，延为□师。寻□□□□谕，琼□奉为指南，告归，琼

守以□□□□□□□□□书院□□□□不苟，设教三十年□□□□□□□□砥名砺行，卒年七十有六。

［乾隆］《广州府志》卷三十九《人物八·文苑·清》：字祉陶，号螭半。食饩新会，苍梧刺史聘以式多士。壬子乡隽，应邑令聘造士泽宫。尝与修邑乘，人服其公。又为凤山书院师，寻任乐会教谕，琼士奉为指南，告归后掌书院。生平跬步不苟，设教三十年，后先出其门者多砥名砺行。著有《新会县志》。

［道光］《广东通志》卷五十五《职官表四十六·国朝十三·乐会县·教谕训导·康熙朝》：张国祥，新会人，举人。三十四年任，教谕。

叶祖典　一说名祖兴，清南海人。康熙十一年（1672）武举。

［康熙］《南海县志》卷五《选举志·国朝武乡举·康熙壬子》：叶祖典。

［康熙］《广东通志》卷十五《选举志上·广州府·武举·阳山》：叶祖兴，康熙壬子。

关尚宾　清顺德人。康熙十一年（1672）武举。

［康熙二十六年］《顺德县志》卷六《选举志·武举·国朝·康熙》：上石人，壬子。

［康熙］《南海县志》卷五《选举志·国朝武乡举·康熙壬子》：关尚宾。

［乾隆］《顺德县志》卷十《选举志·武举·清朝·康熙壬子》：上直人。

［乾隆］《佛山忠义乡志》卷四《选举志·武科·清乡举》：康熙壬子。

关帝锡　清南海人。康熙十一年（1672）拔贡，任苍梧知县。

［雍正］《广东通志》卷三十六《选举志六·国朝·贡生·广州府·南海县》：关帝锡。

［道光］《南海县志》卷二十一《选举表二·国朝·贡生荐辟·康熙朝》：拔贡，苍梧知县，壬子。

朱培源　字惠修，号惠山，清南海九江人。康熙十一年（1672）副贡。父伯莲，明末崇祯六年（1633）举人。

［康熙］《南海县志》卷五《选举志·国朝岁贡》：朱培元，由四会学

科贡。

[康熙]《广东通志》卷十五《选举志上·肇庆府·岁贡·国朝·四会》：副榜贡。

[康熙五十八年]《肇庆府志》卷十四《选举志·国朝·副榜贡》：康熙壬子，四会籍阳江人。

[雍正]《广东通志》卷三十六《选举志六·国朝·贡生·肇庆府·四会县》：副榜。

《九江儒林乡志》卷十《选举略·国朝·贡生·康熙十一年壬子》：字惠修，号惠山，四会学副贡，父伯莲举人。谨按：府《志》作"培元"，县《志》作"科贡"，均误。

麦中达　清顺德陈村人。康熙十一年（1672）武举。

[康熙二十六年]《顺德县志》卷六《选举志·武举·国朝·康熙》：陈村人，壬子。

[康熙]《广东通志》卷十五《选举志上·广州府·武举·新安》：康熙壬子。

苏允宁　清顺德黎村人。康熙十一年（1672）岁贡。

[民国]《顺德县志》卷八《选举表一·郭〈志〉补遗·五贡·国朝》：黎村人，康熙壬子岁贡。

苏家杰　一说名宗杰，清顺德黎村人。康熙十一年（1672）恩贡，四十四年任广州府教授。

[雍正]《广东通志》卷三十六《选举志六·国朝·贡生·廉州府·府学》：广府教授。

[乾隆]《广州府志》卷二十四《职官六·国朝·龙门县教谕》：灵山人。岁贡，（康熙）二十五年任。

[乾隆]《番禺县志》卷十三《选举下·贡生·国朝恩岁优贡》：由廉州学，广州教授。

[道光]《广东通志》卷四十五《职官表三十六·国朝三·广州府·教授训导·康熙朝》：苏宗杰，番禺人，四十四年任……教授。

[民国]《顺德县志》卷八《选举表一·郭〈志〉补遗·五贡·国朝》：黎村人，康熙壬子恩贡，广州府教授。

杜如曦 字德贻，清高明黄鹂堂人。康熙十一年（1672）岁贡，任广东乳源训导5年卒。

［康熙八年］《高明县志》卷四《选举表·国朝·恩岁贡》：清〔泰〕人，康熙十一年岁贡。

［康熙二十九年］《高明县志》卷十二《贡生·清》：清泰人，康熙十一年岁贡，任乳源训导。

［道光］《高明县志》卷十二《选举志·贡生·国朝》：黄鹂堂人，康熙十一年岁贡，任乳源县训导。卷十三《人物志·国朝》：字德贻。赋性豁达，耻为曲谨而大节不逾。以岁贡司乳源训，造就有方，乐易宽谐。历五载卒于任，士之奔丧扶榇者如市，以是知其德焉。

李元生 清南海人。康熙十一年（1672）举人。

［康熙］《南海县志》卷五《选举志·国朝乡举·康熙壬子》：广西中式。

李圣龙 清南海佛山镇人。康熙十一年（1672）武举，二十一年武进士，任游击。父若星。婿庞观遇。外孙逵、遥。

［康熙］《南海县志》卷五《选举志·国朝武乡举·康熙壬子》：进士。《选举志·国朝武进士·康熙壬戌》：由雷府学。

［雍正］《广东通志》卷三十五《选举志五·武进士·康熙二十一年壬戌会试榜》：南海人，游击。

［乾隆］《佛山忠义乡志》卷四《选举志·岁贡·清》：庞观遇，由庠例贡。《选举志·武科·清乡举》：康熙壬子。《选举志·国朝·武进士》：康熙壬午，江西游击，原丰岗堡人。卷九《人物志·列女·清》：李氏，游击李圣龙女，贡生庞观遇妻。少慧而婉娩，习《内则》《女诫》诸书。相夫持内政恂恂中礼，俨古贤妇风。及称夫亡人，惟勖子力学，待亲串、抚单幼悉得其宜。尤重儒术，资助族之贫士，有赖以成名者。子二进庠贡，逵举人，遥进士。诸孙綮拔贡，绍祖俱诸生，一门秀显，善报不爽矣。

［道光］《佛山忠义乡志》卷十二《金石志上·石·清》：《崇祯社月课碑记》，诰授明威将军、广州左翼镇中军守备，里人李圣龙书丹，康熙四十二年岁次癸未仲秋吉旦。

［道光］《南海县志》卷二十二《选举表三·国朝·封荫·康熙朝》：李若星，以子圣龙封明威将军。

李师锡 清南海佛山镇人。康熙十一年（1672）举人，二十一年任广东乳源教谕。

［康熙］《广州府志》卷二十七《乡举・国朝・南海》：康熙壬子，由从化学。

［康熙］《南海县志》卷五《选举志・国朝乡举・康熙壬子》：由从化学，现教谕。

［乾隆］《佛山忠义乡志》卷四《选举志・乡举・国朝・康熙壬子》：乳源县教谕，原江西人。

［道光］《广东通志》卷四十七《职官表三十八・国朝五・乳源县・教谕训导・康熙朝》：南海人，举人。二十一年任，教谕。

李樗 清南海佛山镇人。康熙十一年（1672）举人，任河内县知县。父洁。

［康熙］《广东通志》卷十五《选举志上・广州府・举人・国朝・番禺》：康熙壬子，拣选知县。

［雍正］《广东通志》卷三十七《封荫志・国朝封赠》：李洁，南海人，以子樗赠文林郎、河内知县。

［乾隆］《佛山忠义乡志》卷四《选举志・乡举・国朝・康熙壬子》：河南河内县知县。

［道光］《佛山忠义乡志》卷十二《金石志上・石・清》：《新文昌书院记》，敕授文林郎、河南怀庆府河内县知县李樗薰沐书丹，康熙二十九年岁次庚午孟春吉旦。

吴竞璧 清南海人。康熙十一年（1672）副贡。

［道光］《南海县志》卷二十一《选举表二・国朝・贡生荐辟・康熙朝》：副贡……壬子。

何家统 清南海人。康熙十一年（1672）拔贡，二十年任广东东安（今云浮）教谕。

［康熙二十六年］《东安县志》卷六《秩官志・师儒・教谕・清》：香山县人，由选监贡，康熙二十年任。

［雍正］《广东通志》卷三十六《选举志六・国朝・广州府・清远县》：教谕。

［道光］《南海县志》卷二十一《选举表二・国朝・贡生荐辟・康熙朝》：由清远学拔贡，海阳、东安教谕，壬子。

陈炎 清三水西南人。康熙十一年（1672）副贡，四十二年任广东普宁县教谕。

［康熙］《广东通志》卷十五《选举志上·广州府·岁贡·国朝·三水》：副榜贡。

［康熙四十九年］《三水县志》卷三《选举表·国朝·贡途·副榜贡》：西南人，由本学廪生中壬子科副榜第四名，准贡，任普宁教谕。

［道光］《广东通志》卷五十《职官表四十一·国朝八·普宁县·教谕训导·康熙朝》：三水人，四十二年任……教谕。

张伟 清顺德石硝（今属南海）人。康熙十一年（1672）副贡，十七年举人。

［康熙十三年］《顺德县志》卷六《选举志二·国朝·恩贡·康熙》：石硝人，壬子科副榜准贡。

［康熙二十六年］《顺德县志》卷六《选举志·国朝·举人·康熙十七年戊午科》：石硝人。

［康熙］《广东通志》卷十五《选举志上·广州府·岁贡·国朝·从化》：副榜贡。

［雍正］《广东通志》卷三十六《选举志六·国朝·贡生·广州府·顺德县》：张伟。《选举志六·国朝·贡生·广州府·从化县》：壬子副榜。

冼懋才 清南海人。康熙十一年（1672）举人。

［康熙］《广州府志》卷二十七《乡举·国朝·南海》：康熙壬子，广西中式，解元。

林桂客 清南海人。康熙十一年（1672）岁贡。

［康熙］《南海县志》卷五《选举志·国朝岁贡》：由西宁学。

［康熙五十七年］《西宁县志》卷六《国朝·岁贡》：康熙十一年。

欧俊超 清顺德陈村人。康熙十一年（1672）武举。

［康熙二十六年］《顺德县志》卷六《选举志·武举·国朝·康熙》：陈村人，壬子。

［康熙］《广东通志》卷十五《选举志上·广州府·武举·府学》：康熙

壬子。

周邦佐 清三水人。康熙十一年（1672）武举。

［康熙］《广东通志》卷十五《选举志下·高州府·武举·清》：康熙壬子。

［康熙四十九年］《三水县志》卷三《选举表·国朝·武举》：壬子科中式。

周国材 清顺德龙山人。康熙十一年（1672）武举，十三年与举人蔡洪绩请省兵击败新会贼。父新。

［康熙二十六年］《顺德县志》卷六《选举志·武举·国朝·康熙》：龙山人，壬子。

［康熙］《广东通志》卷十五《选举志下·惠州府·武举·清·博罗》：康熙壬子。

［嘉庆］《龙山乡志》卷七《选举志·封赠·国朝·武职》：周新，以子国材贵赠千总。

［咸丰］《顺德县志》卷三十一《前事略·国朝·康熙》：十三年甲寅秋七月，新会贼山官七劫南海，顺德诸村戒严。十八日贼四百劫龙山，据陈氏祠三日，惨甚。武举周国材请省兵至龙江，举人蔡洪绩邀败之。

姚廷诹 清南海人。康熙十一年（1672）举人。

［康熙］《广州府志》卷二十七《乡举·国朝·南海》：康熙壬子。

郭士望 清顺德龙江人。康熙十一年（1672）举人，任罗定州学正。

［康熙十三年］《顺德县志》卷六《选举志二·国朝·乡举·康熙壬子》：龙江人。

［咸丰］《顺德县志》卷十一《举人二·国朝·康熙》：龙江人，罗定州学正，壬子科。

莫维斗 清南海人。康熙十一年（1672）岁贡，任和平训导。

［康熙］《南海县志》卷五《选举志·国朝岁贡》：由西宁学。

［康熙五十七年］《西宁县志》卷六《国朝·岁贡》：康熙十三年。

［道光］《南海县志》卷二十一《选举表二·国朝·贡生荐辟·康熙朝》：由西宁学岁贡，和平训导……壬子。

梁友恒 一说姓陈，一说名有恒，清南海人。例贡，康熙十一年（1672）、一作二十一年任广东程乡县，二十六年任龙川县教谕。

［康熙］《南海县志》卷五《选举志·国朝岁贡》：陈友恒，例贡，教谕。

［雍正］《广东通志》卷三十六《选举志六·国朝·贡生·广州府·南海县》：梁有恒，龙川教谕。

［道光］《广东通志》卷五十《职官表四十一·国朝八·程乡县·教谕训导·康熙朝》：南海人，十一年任……教谕。卷五十七《职官表四十八·国朝十五·程乡县教谕训导·康熙朝》：南海人，岁贡。二十一……教谕。卷四十九《职官表四十·国朝·龙川县·教谕训导·康熙朝》：顺德人，二十六年任，教谕。

梁式训 清顺德泮浦人。康熙十一年（1672）举人，三十四年任广东归善教谕。

［康熙十三年］《顺德县志》卷六《选举志二·国朝·乡举·康熙壬子》：泮浦人。

［乾隆］《顺德县志》卷十《选举志·举人·清朝·康熙壬子》：泮浦人，归善县教谕。

［道光］《广东通志》卷四十九《职官表四十·国朝·归善县·教谕训导·康熙朝》：顺德人，三十四年任……教谕。

梁任 字往三，号郁磐，清顺德泮浦人。康熙十一年（1672）举人，二十七年任湖南善化知县，二十九年为湖南文武乡试同考，卒于官。父恭迎。

［康熙十三年］《顺德县志》卷六《选举志二·国朝·乡举·康熙壬子》：泮浦人。

［康熙］《广东通志》卷十五《选举志上·广州府·举人·清·顺德》：康熙壬子，拣选知县。

［雍正］《广东通志》卷三十七《封荫志·国朝封赠》：梁恭迎，顺德人，

以子任赠文林郎。

[乾隆]《顺德县志》卷十二《人物列传·宦绩》：字往三，号郁磐。康熙壬子举人，戊辰任善化知县，单车就道，甫下车革陋规，抑强横，缉盗贼，劝开垦。适藩司莅任，故事需用夫役修整衙署，系会城首邑办理。任不忍取于民又贫无所措，办理不周，藩司怒欲揭之，巡抚为言其清苦乃免。庚午分校湖南文武两闱。藩司寻升湖抚，因事差人至县，差稔知任尝为抚所衔，恣睢傲慢。任责之，乃白于抚，抚慰之，自是土豪敛戢。值茶陵州乱，钦差大臣按州事至县倩人传见。任禀见，阍人以睡辞，任折之。钦差愤恚，即遣往谕，人皆危之。州民闻其至，迎诉前牧苛苦状，任开导之，州遂平。奉委丈量，裹粮自随，两月而竣，名其册曰"均"，都无溢田亦无虚税。又委浚月河，功成而民不扰。膺卓荐，擢礼科给事中。一日赴畅春园将有所弹劾，顿遘厉疾，唇指皆黑卒。其门人为之殡殓，宦囊如洗，人异之。

[咸丰]《顺德县志》卷二十五《列传五·国朝一》：劝开垦湖南田，自明万历间增筑新堤，逆流通湖，田遂不可耕，浮赋为累，任悉为清厘而豁除之。

梁斌臣　清南海人。康熙十一年（1672）武举，任碣石游击。子瑨。

[康熙]《南海县志》卷五《选举志·国朝武乡举·康熙壬子》：梁斌臣。

[康熙]《广东通志》卷十五《选举志上·广州府·武举·南海》：康熙乙卯。

[道光]《南海县志》卷二十二《选举表三·国朝·武举·康熙朝》：碣石①游击，按：魏《志》在乙卯科，今从郭《志》……壬子科。

黄宗炯　清顺德吉祐人。康熙十一年（1672）举人，任广东怀集知县。父兆理。

[康熙十三年]《顺德县志》卷六《选举志二·国朝·乡举·康熙壬子》：吉祐人。

[康熙二十六年]《顺德县志》卷六《选举志·国朝·举人·康熙十一年壬子科》：吉祐人，怀集县知县。

[康熙]《南海县志》卷五《选举志·国朝乡举·康熙壬子》：顺德人，

---

①碣石：位于广东陆丰南部碣石湾畔。

由本学，现知县。

［乾隆］《顺德县志》卷十三《人物列传·行谊·黄兆理传》：字耀芝，号南湘，吉祐人。性至孝，少失怙，事母色养备至，及母卒哀毁骨立，抚弱弟友爱弥笃。平生好文学，喜听子弟读书声，谓胜管弦也。时乡当兵燹之余，文艺荒废，理倡创鸿文会，捐置会田二十余亩，为□□较阅饮膳之需，里绅伍瑞隆撰文纪焉。每月□□备卷帙，具供亿，虽风雨寒暑，理皆躬亲其劳不辍。邻亲相观而起，文风勃兴，理之力也。为人操履端谨，秉正不阿，乡间有忿争往就质，不一二语各降心以从，其善感人如此。尤好义乐施，乡市旁有乱坟数百，历年久远，牛羊践踏，骨骸暴露，理视之恻然，为捐资掩瘗，具甃围之，植树培土，岿然成古坟。后理梦数十人踵门谢得所，因祭焉。生二子，长宗炯，领壬子乡荐，为广西怀集令。孙大任、瑗皆饩学宫，理犹及见之，人以为阴德之报云。

［咸丰］《顺德县志》卷二十五《列传五·国朝一·黄兆理传》：月两课皆躬亲其事，文风振起。

黄朝赞 清顺德龙江人。康熙十一年（1672）举人。

［康熙十三年］《顺德县志》卷六《选举志二·国朝·乡举·康熙壬子》：龙江人。

谢大伋 清高明人。康熙十一年（1672）拔贡。

［康熙二十九年］《高明县志》卷十二《贡生·清》：东坑人，康熙十一年府学考拔贡监。

［道光］《高明县志》卷十二《选举志·贡生·国朝》：东亨人，康熙十一年府学考拔贡监。

蒙国祚 清南海人。康熙十一年（1672）举人。

［康熙］《广州府志》卷二十七《乡举·国朝·南海》：康熙壬子。

简遇熊 清南海佛山镇人。康熙十一年（1672）武举第一名。

［康熙］《南海县志》卷五《选举志·国朝武乡举·康熙壬子》：解元。

［康熙］《广东通志》卷十五《选举志上·广州府·武举·增城》：康熙壬子，解元。

［乾隆］《佛山忠义乡志》卷六《乡俗志·氏族》：简氏，国朝有武解元

遇熊。

谭上行 清高明大唐冈人。康熙十一年（1672）岁贡。

［康熙二十九年］《高明县志》卷十二《贡生·清》：大唐冈人，康熙十一年灵山学岁贡。

蔡文鸦 清南海人。康熙十一年（1672）举人，任广东连平州学正。

［康熙］《广州府志》卷二十七《乡举·国朝·南海》：康熙壬子。

［康熙］《广东通志》卷十五《选举志上·广州府·举人·国朝·南海》：康熙壬子，拣选知县。

［乾隆］《广州府志》卷二十九《选举一·南海县·清》：学正，康熙壬子举人。

［道光］《南海县志》卷二十一《选举表二·国朝·举人·康熙朝》：连平州学正，壬子科。

蔡洪绩 榜姓彭，字非文，清顺德龙江人。康熙十一年（1672）举人第一名，十三年与武举周国材请省兵击败新会贼。

［康熙十三年］《顺德县志》卷六《选举志二·国朝·乡举·康熙壬子》：彭洪绩，龙江人，本姓蔡，解元。

［乾隆］《顺德县志》卷十三《人物列传·行谊》：字非文，龙江人。淹贯子史，善属文，兼长勇略，中康熙壬子解元。甲寅山寇为乱，洪绩率众守御，乡人赖以安堵。是岁七月，新会贼李三、官七等屯劫龙山三昼夜，杀伤无数，掳男女千余人。洪绩倡率义勇乘船截贼归路，官军闻报至，贼众就抚，乡人赖以救活。时邓周生协力守御，与贼对敌，周生被炮伤死，乡中感其义勇。

［咸丰］《顺德县志》卷二十五《列传五·国朝一》：新会贼李三、官七率党掠龙山……洪绩……遣其乡武举周国材击鼓，请兵千余至捕剿。

黎叶莲 清南海佛山镇人。康熙十一年（1672）举人，任广西修仁县知县。父也容。

［康熙］《广州府志》卷二十七《乡举·清·国朝》：康熙壬子，由从化学。

［雍正］《广东通志》卷三十五《选举志五·举人·康熙十一年壬子乡试榜》：南海人，知县。

［乾隆］《佛山忠义乡志》卷四《选举志·乡举·国朝·康熙壬子》：广西修仁县知县。

［道光］《南海县志》《选举表二·国朝·封荫·康熙朝》：黎也容，以子叶莲封文林郎。

霍际盛 一说名际乘，清南海人。康熙十一年（1672）武举。

［康熙］《南海县志》卷五《选举志·国朝武乡举·康熙壬子》：霍际盛。

［康熙］《广东通志》卷十五《选举志上·广州府·武举·香山》：霍际乘，康熙壬子。

薛伯蒲 （1643—1731）字子守，清顺德龙江人。精通弈棋、诗文、书法，雍正六年（1728）至八年在任的巡抚傅泰经常与之盘桓。父起蛟。

［乾隆］《顺德县志》卷十三《人物列传·文苑·薛起蛟传》：字牟山，天植子，龙江人也……次子伯蒲，郡诸生，性孝谨，工诗字，尤精弈法。

［咸丰］《顺德县志》卷二十七《列传七·国朝三》：字子守，龙江人，蛟次子，府学生。少聪敏，与兄并得家训。举业根柢性理，屡试不售。随其父馆会城当路。父殁，犹依依不忍去。生平和易近人，而事关名节则毅然莫可夺。书法并工楷、草，旁通六艺，尤精弈理及养生术。为巡抚傅泰所知，每招与桓盘竟日。

罗子龙 （1643—1734）字柏梧。清顺德人。寿92岁。

［乾隆］《顺德县志》卷十四《人物列传·耆寿》：字柏梧。生崇祯癸未，终雍正甲寅，寿九十二。雍正元年领绢帛。

蔡文友 （1644—1728）字觉元，清顺德龙江人。与妻叶氏白首偕老。

［乾隆］《顺德县志》卷十四《人物列传·八品》：字觉元，龙江人。孝友醇谨，俭于己而丰于人，乡族敬之。生顺治甲申，终雍正戊申，寿八十五。妻叶氏白首偕老，一堂四代，子孙蕃衍。雍正元年，恩诏奉部，准给八品

顶带。

马越万　（1644—1735）清顺德桂洲人。寿92岁。

［乾隆］《顺德县志》卷十四《人物列传・耆寿》：桂洲人。生顺治甲申，终雍正乙卯，寿九十二。

梁接余　（1644—1735）清顺德登洲人。寿92岁。

［乾隆］《顺德县志》卷十四《人物列传・耆寿》：登洲人。生顺治甲申，终雍正乙卯，寿九十二。雍正三年领粟帛。

罗慧隆　（1644—1736）字君实，清顺德大良人，寿93岁。妻林氏，寿98岁。

［乾隆］《顺德县志》卷十四《人物列传・齐眉》：字君实，大良人。生顺治甲申，终乾隆丙辰，寿九十三。妻林氏，生顺治乙酉，终乾隆壬戌，寿九十八。屡蒙恩赐粟帛，一门四代。

陈帝臣　（1644—1742）清顺德龙山人。寿99岁。

［乾隆］《顺德县志》卷十四《人物列传・耆寿》：龙山人。生顺治甲申，终乾隆壬戌，寿九十九，两受恩赐粟帛。

卢振藻　一说名孙藻，清南海人。康熙十二年（1673）岁贡，任仁化训导。

［康熙］《南海县志》卷五《选举志・国朝岁贡》：卢孙藻，由广宁学。

［康熙五十八年］《肇庆府志》卷十四《选举志・国朝・岁贡・广宁》：十一年贡，广宁县学康熙间贡。

［道光］《肇庆府志》卷十五《选举二・国朝・贡生・广宁县学・康熙朝》：十一年贡，仁化训导。

［道光］《南海县志》卷二十一《选举表二・国朝・贡生荐辟・康熙朝》：由广宁学岁贡，癸丑。

朱国材　（？—约1690）字笃甫，号四古，清顺德籍南海九江人。明末崇祯间在广州粤秀山结社。康熙十二年（1673）岁贡，次年廷试第一，二十八年任广东开建县训导，卒于任。

兄国臣。子燮元。

［康熙］《南海县志》卷五《选举志·国朝岁贡》：由本府学。

［康熙五十八年］《肇庆府志》卷八《秩官志二·国朝·开建县训导》：顺德人，贡士，康熙二十八年任，卒于官。

［道光］《南海县志》卷二十一《选举表二·国朝·贡生荐辟·康熙朝》：由府学岁贡，开建县训导……癸丑。

［同治］《南海县志》卷十八《列传·文学·关上进传》：九江堡人……先是，其乡有朱国材者，字四古，崇祯间名诸生也。时社事盛兴，江右章罗、云间陈夏声气遍海宇。国材兄弟招集才士数十人，创“浩社”于镇海楼①，丽藻掞天②，与之遥相应和，时誉甚噪，然终无所遇。国变后风流云散，始由岁贡生廷试第一授开建校官，而人仍以老宿尊之，不与寻常广文比。上进少时仰其品学，亲挚其文求斧正。国材披阅，大惊曰：“此岭南独步才也！”乃修北海平原故事，结忘年交，衷己所作示之，请力加弹射③。国材死，上进哭之恸，有“生身四十年惟夫子知我”等语，其学术源流后先辉映如此。

《九江儒林乡志》卷八《艺文略·集部·别集》：《四古遗稿》，国朝朱国材撰。卷十四《列传·清》：字笃甫，号四古，西方太平约人。年十三由顺德籍进郡庠，旋食廪饩。提学科岁试，大府观风，辄拔为冠军。时社事盛兴，国材希风而起，与兄国臣招集才士数十人结“浩社”于广州之镇海楼，文藻翕习④，声华掞张⑤。鼎革后洊更世难，意气益平，践履益笃，所为文亦益旁薄入古，每一义出，人士借观，朝传夕遍。康熙甲寅，以岁贡生廷试第一，寻授开建训导。性通和，好宏奖气类，人有一技，夸叹不容口，其行能杰出者则折行辈下之。关检讨上进少时仰其品学，亲贽其文求正。国材披阅，大惊曰：“此岭南独步才也！”亟衷己作示之，请加弹射。上进亦叹服，谓“一字不可增损”。是时两人齿后先相去盖三十年，修北海平原故事，结忘年交，论友谊者，至今以为美谈。卒年六十七，子燮元，庠生。

黎廷俊　清顺德马滘人。康熙十二年（1673）拔贡，任龙

---

①镇海楼：在今广州城北越秀山顶，建于明洪武十三年（1380），取“雄镇海疆”意。

②掞天，即“焰天”，光焰照天。掞：通“焰”，光芒、光焰。

③弹（tán）射：犹言指摘。

④翕习：声势盛大的样子。

⑤掞（yàn）张：舒展、铺张。

川县教谕。

［乾隆］《新会县志》卷八《明经·国朝·外学附》：阳山学，（康熙）十二年拔贡，龙川教谕。

［乾隆］《顺德县志》卷十《选举志·贡生·清朝·康熙拔贡》：阳山籍马滘人，龙川县教谕。

霍熺 清南海佛山镇人。康熙十二年（1673）拔贡，二十年任广东廉州府训导。

［康熙］《南海县志》卷五《选举志·国朝岁贡》：例贡，训导。

［雍正］《广东通志》卷三十六《选举志六·国朝·贡生·广州府·新会县》：廉州训导。

［乾隆］《新会县志》卷八《明经·清》：（康熙）十二年拔贡，廉州府训导。

［乾隆］《佛山忠义乡志》卷四《选举志·岁贡·清》：拔贡，廉州教授。

［道光］《广东通志》卷五十三《职官表四十四·国朝十一·廉州府·教授训导·康熙朝》：南海人，贡生。二十年任……训导。

区光海 清高明人。康熙十三年（1674）岁贡。

［康熙二十九年］《高明县志》卷十二《贡生·清》：清溪人。

［康熙五十八年］《肇庆府志》卷十四《选举志·国朝·岁贡·高明》：十三年贡，高明县学康熙间贡。

［道光］《高明县志》卷十二《选举志·贡生·国朝》：官当人，康熙十三年岁贡。

刘起凤 清顺德人。康熙十三年（1674）任顺德镇标左营守备。

［康熙二十六年］《顺德县志》卷四《官师志·镇守志·镇标守备》：顺德人，左营。

［咸丰］《顺德县志》卷九《职官二·守备·康熙》：顺德人，十三年任……顺德镇左营。

陈行日 清三水南岸人。康熙十三年（1674）知县苏嵋奖匾。寿84岁。子履丰，孙进德、大猷。

［康熙四十九年］《三水县志》卷十二《人物传·潜德》：正直刚方，不畏强暴，久为绅士推重。生二子五孙：长子履丰，任永淳典史。次孙进德，邑庠。五孙大猷，任上林城守守备。甲寅三月十二，县主苏察其善行、教诲有方，复旌奖曰"耆年硕德"。寿八十四而卒。

庞大壮 清南海人。康熙十三年（1674）岁贡，三十二年任广东封开训导。其女许配何殿升，16岁未嫁而殿升故，奔丧守节，二十四年受旌。

［康熙］《南海县志》卷五《选举志·国朝岁贡》：由三水学。

［康熙四十九年］《三水县志》卷三《选举表·国朝·贡途·康熙岁贡》：十三年贡，廷试训导。卷十三《烈女志·抚孤完节者》：庞氏，贡生庞大壮之女，许配何殿升，未及归门，康熙五年夫故，奔丧守节，历今二十余载，贞操有如一日。绅士、里保公报，奉上行查，具题优奖。

［康熙五十八年］《肇庆府志》卷八《秩官志二·国朝·封川县训导》：三水籍岁贡，南海人，康熙三十二年任。

［雍正］《广东通志》卷五十《列女志二·各府》：庞氏女……年十六，未嫁而夫亡，闻讣奔丧视殓。孀居皓首，事姑以孝闻，康熙二十四年旌。

冼赡宗 清顺德大良人。岁贡，康熙十三年（1674）任高明训导，二十一年重修高明儒学。父仞蕃，教书，寿86岁。

［康熙十三年］《顺德县志》卷六《选举志二·国朝·岁贡·康熙》：大良人，高明县学训导。

［康熙二十九年］《高明县志》卷十一《名宦·教官·清》：顺德人，岁贡。康熙十三年任邑训导。温文尔雅，才识渊博，多著作，尤精于书法。日与绅士论文课艺、吟咏赓和，此外别无所求也。卷七《学校志·儒学》：在县治东，坐碧玉冈，面卓秀峰……康熙二十一年，署县事南海县丞刘淑向、教谕郑启中、训导冼赡宗，暨通邑绅衿捐资修葺，焕然一新。生员谭锡蕃、谢升选、谭伟魁、杨言名、黄自雷、谢仪逵、谢继安、莫文润督理，翰林检讨郑际泰记……康熙二十一年，署县刘淑向、教谕郑启中、训导冼赡宗，将池塘东西墙垣筑高六尺，鼎建东西二门。

［乾隆］《顺德县志》卷十四《人物列传·隐逸·冼仞蕃传》：字子芳，号大易，邑城人。性颖异，涉通经史，不乐就试有司。设教郡邑，门下士从游数百余人，举于乡者十余辈，如严琮、麦耀先皆其高第也。生平燕处，衣冠言动不苟，人多以严见惮，中实雍如也。事母唐氏至孝，继事后母谭氏，

孝养一如所生。鬻所居为父卜兆，曰："死安其宅，生又何求？"积累数年馆谷，置尝田二十亩供豆实①。年八十有六而卒，卒先十日，示子女以诀期，预自铭其旐②。子瞻宗，以明经司铎高明，其教泽也。

［道光］《高明县志》卷十六《艺文志·记序》：《重修高明县儒学记》郑际泰……司训冼君赡宗官兹土者数年矣，目击心伤力弗能逮。壬戌秋，伯兄启中以开复教谕奉命秉铎。逾月，会南海佐丞刘君淑向亦捧檄来摄县篆……爰偕冼君谋请上宪，措地居戎图为修复。

罗华　（？—1674）字乾登，号佩之，清顺德大良人。从军，任右营把总。康熙十三年（1674）调广东澄海协城守，值刘进忠③叛，拒绝胁从而死。二十八年，子万象袭官卫千总。乾隆四十九年（1784），象孙宗昌袭官督标后营千总，嘉庆初（1796）征战卒。

［乾隆］《顺德县志》卷十二《人物列传·忠义》：字乾登，号佩之，大良人。少任侠从军，总督卢崇峻异之，拔充右营把总，调澄海协。刘进忠叛，胁从不屈死，事闻恤其家，祀澄海名宦、本邑忠义祠。康熙己巳，子万象荫卫千总。

［咸丰］《顺德县志》卷二十五《列传五·国朝一》：康熙甲寅调任澄海协城守……己巳，子万象袭官卫千总。中绝，乾隆甲辰奉查，以象孙宗昌补袭，官督标后营千总。嘉庆初征川陕贼，卒于安康。嗣子明泰袭，迁守备黜，子宇乾袭。

康良臣　字茂友，清顺德龙山人。从伍，康熙十三年（1674）升都司归。

［乾隆］《顺德县志》卷十三《人物列传·武勋》：字茂友，龙山人。素

---

①豆实：盛于木豆中的祭品。

②旐（zhào）：古代的一种旗子，上面画着龟蛇。

③刘进忠（？—1682），辽宁辽阳人。原为明总兵马得功的小校，清顺治二年（1645）在芜湖降清。剿福建有功，升靖南王耿精忠的右路镇标副将。康熙六年（1667）为广东水师左路，八年任潮州镇总兵。十三年耿精忠叛，刘十六年再降清，复原职。后又企图举兵，清廷诱之与耿精忠进京，凌迟处死。

义勇，充粤西行伍。康熙甲寅，以血战功为抚蛮灭寇大将军所奖拔，历升都司，寻解组归。建祠宇，设祭田，赈凶饥，恤贫乏，修桥梁，施义冢，勋名懋于乡国焉。

黄耀祖 清高明人。康熙十三年（1674）为圩长，筑复梅子冈堤古基。

[康熙二十九年]《高明县志》卷十《水利志·堤岸》：梅子冈堤，在罗塘一田心二都，元至正间乡民创筑。基高一丈二尺，周围二百余丈。捍田二十余顷，内通伦埇、铁册、坭滘等围……康熙十三年东坑围崩，累淹伦埇、坭滘、铁册等围。是年铁册等七乡共保生员黄耀祖为圩长，集七乡人户筑复古基。

曾胜 清高明泽河人。康熙十三年（1674）守高明山台汛。

[光绪]《高明县志》卷九《兵防志·武职》：国朝各汛官一员（或千总或把总或外委，去留不一），本邑泽河村人，康熙十三年任，守山台汛。

梁喜娘 （1645—1664）又名梁亚喜，清顺德泮浦人。康熙三年（1664）遭强盗攻击，坠楼死。

[康熙]《广州府志》卷四十四《列女传四》：顺德泮浦人也，元至正间沙湾宰死节梁曾甫之后。喜娘聘本乡未字，少而闲静，非丧祭大故不出，虽从父兄弟鲜有见其面者。值海寇充斥，所至妇女尽掠。偶群女与诸母咸集，诸母曰："凶势披猖，奈诸女何？"喜独怡然曰："贼岂能污我耶！"已而寇至，喜与厥兄登楼守御，楼将陷，遂坠而死，时康熙甲辰正月人日也。

[雍正]《广东通志》卷五十《列女志二·各府》：梁氏阿喜，简侯女弟……其姊阿兰因归宁同在楼中，遂从而坠。同时有庠生梁锡莲妻苏氏，及梁氏阿蟾、阿明，俱以骂贼被害死之……顺德人。

[乾隆]《顺德县志》卷十四《人物列传·烈女》：梁亚喜，年二十岁，立身以礼，事亲至孝，不轻言笑……甲辰正月初七，盗攻其兄梁简侯楼，楼将破，喜遂从容坠楼而死。其姊亚兰已适何门，因避乱回家，亦坠而死。又有生员梁锡莲妻苏氏及烈女梁亚蟾年十八岁，梁闰明年二十岁，俱骂贼不□□，被杀，节烈萃于一□□□怜之。

梁元捷 （1645—1724）字帝翼，号石庵，清南海大江堡石梁村人。康熙三十五年（1696）举人，在广州掌教义学。任山西平阳府蒲县知县，五十三年（1714）为山西乡试考官。告老还，卒于家。

［雍正］《广东通志》卷三十五《选举志五·举人·康熙三十五年丙子乡试榜》：封川人，知县。

［道光］《肇庆府志》卷十五《选举二·国朝·举人·康熙朝·三十五年丙子科》：封川人，蒲县知县。

［同治］《南海县志》卷十三《列传》：字帝翼，号石庵，大江堡人。由封川学中……举人，年四十九矣。粤大吏仰其老成宿望，历聘为岭南、珠江诸义学主讲，一时及门多所成就。既而选授山西蒲令，孑身之官，不携眷属。遇岁旱祷雨辄应。邑傍山多虎，数为民害。元捷曰："民无良，令罪也。猛兽害人，山神职其咎。"为文檄山神，害顿息。蒲邑荒瘠，民椎鲁，元捷日劳于抚字，词讼听断，委曲开谕，终日不笞一人，时有"佛爷"之目。五十三年甲午科分校山西乡试，须眉皓白，衣冠朴古。正考官叶宏授钦其治行，手书"三晋贤良"匾额赠之，顾谓帘中诸官曰："梁先生汉循吏传中人也。"年七十余以年老告归，邑中人以袍伞赠行，攀辕遮道，慰遣不去。归家后，与族亲里党建宗祠立乡约，以礼让化人。优游十载，以雍正二年卒于家，年八十二。

胡汝护　（约1645—约1726）字国持，清顺德桂洲人。康熙三年（1664），官府强迫沿海居民内迁时，与同乡胡汝嵲并以孝闻名。

［乾隆］《顺德县志》卷十三《人物列传·行谊》：字国持，桂洲人。性诚朴。弱冠值徙边，与兄奉父母居城，艰难困苦中，善承颜顺志。连遭丧，竭诚尽礼，常自以子职有缺，每荐祭必痛哭流涕。事兄甚谨，行必禀命。见有丧事难支者辄解囊相赠，又作白骨会掩埋甚多。以信直推理祖尝历三十年，族无遗议。尝自言曰："人生不能建功斯世，亦须务尽吾心。"因作《检身册》，所行必纪。严课孙曾。寿八十。

［咸丰］《顺德县志》卷二十五《列传五·国朝一》：年八十二卒。

刘洪德　（约1645—约1744）清三水汉塘人。寿100岁，乾隆九年（1744）恩赐八品，建百岁坊。

［嘉庆］《三水县志》卷十一《人物传·耆寿》：汉塘人。乡饮宾，寿一百岁。乾隆甲子恩赐八品，建百岁坊。

胡汝嵲 字文刚，清顺德桂洲人。康熙三年（1664）官府强迫沿海居民内迁时，以挑担赚钱养父母。子士玉，雍正四年（1726）武举。

[乾隆]《顺德县志》卷十二《人物列传·孝友》：字文刚，桂洲人。性至孝，遭迁徙，走数百里担负以供菽水。或悯其惫，曰："敢自逸以绝粒遗大人忧？"时小丑充斥，嵲往来道中几为所执，穷奔绝气迷失道。夜宿山间，梦神告以津梁、里居，醒遂豁然，寻梦中故址得抵家，复事二亲，人谓孝诚所感。

胡景宪 字汪孩，清顺德桂洲人。康熙三年（1664），官府强迫沿海居民内迁时，与同乡胡汝嵲、胡汝护并以孝闻名。弟景寅、景宿。子炳夑，康熙五十九年（1720）武举。

[乾隆]《顺德县志》卷十二《人物列传·孝友》：字汪孩，桂洲人，赋性孝友。甫七岁，母患头疾，诸医罔效。闻麻鹊可疗，皇求不得，乃登楼开窗跪祷。忽有数鹊飞入，获以奉母，遂愈，人皆异之。既长，为国学生，值拆边迁徙，家业中落，景宪舌耕奉养，甘旨罔缺。父玮高年豪爽，日与吟朋墨客登山临水，所历留题，宪依依随侍，若孺慕然。亲殁哀毁骨立，颜其堂曰"思诒"，志不忘也。与弟景寅、景宿相友爱，数十年不分产业，诗酒适情，怡然也。尝买地劝葬，出粟赈饥，多有德于其乡。年七十手不释卷，所述有《大学正义》诸篇以课子侄。

[咸丰]《顺德县志》卷二十五《列传五·国朝一》：医言麻雀可疗，仓卒未得……子炳夑，康熙庚子武举。

区俊（清康熙） 字人伯，清高明人。康熙十四年（1675）举人，任海南万州学正。

[康熙二十九年]《高明县志》卷十二《举人·清》：清溪人，康熙十四年乙卯经魁。卷七《学校志·儒学》：明伦堂，在圣殿后，一座五间。康熙二十四年，知县于学捐俸，延请邑经元区俊开设义学，振起文风。

[康熙五十八年]《肇庆府志》卷十四《选举志·国朝·举人·康熙乙卯》：高明人，任万州学正。

[道光]《高明县志》卷十二《选举志·举人·国朝》：棠美人，康熙十四年乙卯经魁，任万州学正。

[道光]《肇庆府志》卷十九《人物二·清》：字人伯，高明人。赋性端严，博通经史，尤深于《易》，登康熙乙卯科经元。通籍后益恬静，谨守不入

公门。邑令聘主义学，门徒多以文行显。任万州学正，督课诸生，提命肫切，咸敬信焉。

［光绪］《高明县志》卷十三《列传二·人物·国朝》：字乂伯。

邓元桢　清南海佛山镇人。康熙十四年（1675）武举。

［康熙］《广东通志》卷十五《选举志下·肇庆府·武举·清·广宁》：康熙乙卯。

［乾隆］《佛山忠义乡志》卷四《选举志·武科·清乡举》：康熙乙卯。

卢杰（清康熙）　清顺德羊额人。康熙十四年（1675）武举。

［康熙二十六年］《顺德县志》卷六《选举志·武举·国朝·康熙》：羊额人，乙卯。

刘煜乾（清康熙）　清南海人。康熙十四年（1675）武举。

［康熙］《南海县志》卷五《选举志·国朝武乡举·康熙乙卯》：刘煜乾。

关士英　字锡卿，号雁屏，清南海九江人。康熙十四年（1675）武举，授营守备。父云翱。

［康熙］《南海县志》卷五《选举志·国朝武乡举·康熙乙卯》：关士英。

《九江儒林乡志》卷十《选举略·国朝·武举·康熙十四年乙卯科》：字锡卿，号雁屏。县学，中式第二十一名，考授营守备。谨按：关氏谱云考授武宣将军，盖以阶称之。考国初官制，千总、守备授阶亦称将军。《选举略·武选·国朝·封荫》：关云翱，以子士英赠武德骑尉。

关学吕　清南海人。康熙十四年（1675）岁贡。

［康熙］《南海县志》卷五《选举志·国朝岁贡》：由清远学。

［道光］《南海县志》卷二十一《选举表二·国朝·贡生荐辟·康熙朝》：由清远学，岁贡……乙卯。

伦纪　清南海人。康熙十四年（1675）举人，任河北安平知县。

［康熙二十六年］《顺德县志》卷六《选举志·国朝·举人·康熙十四年

乙卯科》：南海人，顺德籍。

［同治］《南海县志》卷九《举人·清》：安平知县，康熙朝。

何家桢　一说名家祯，清南海人。康熙十四年（1675）岁贡，二十一年任广东德庆州训导13年。

［康熙］《南海县志》卷五《选举志·国朝岁贡》：由灵山学，训导。

［康熙］《广东通志》卷十五《选举志下·廉州府·岁贡·国朝·灵山》：何家祯。

［康熙五十八年］《肇庆府志》卷八《秩官志二·国朝·德庆州训导》：南海人，岁贡。康熙二十一年任，三十四年忧去。

［道光］《南海县志》卷二十一《选举表二·国朝·贡生荐辟·康熙朝》：由灵山学，贡生，训导，乙卯。按：旧《志》不详何贡，《采访册》但称贡生而已，今姑从之。乙卯。

何振　清顺德羊额人。康熙十四年（1675）武举。

［康熙二十六年］《顺德县志》卷六《选举志·武举·国朝·康熙》：羊额人，乙卯。

何说言　清顺德仕版人。康熙十四年（1675）武举。

［康熙二十六年］《顺德县志》卷六《选举志·武举·国朝·康熙》：仕版人，乙卯。

［康熙］《广东通志》卷十五《选举志上·广州府·武举·三水》：康熙乙卯。

张曰瑚　清南海九江人。康熙十四年（1675）武举。

［同治］《南海县志》卷九《武科选举·补遗》：乙卯科，康熙朝。

《九江儒林乡志》卷十《选举略·国朝·武举·康熙十四年乙卯科》：东莞学武生，中式第十三名。

陈士奇　清南海佛山镇人。康熙十四年（1675）恩贡，任河南临颍知县。父世绂。

［乾隆］《佛山忠义乡志》卷四《选举志·岁贡·清》：河南临颍知县，由廪例贡。

[道光]《佛山忠义乡志》卷十《贡生·清》：廪贡。

[道光]《南海县志》卷二十一《选举表二·国朝·贡生荐辟·康熙朝》：恩贡，临颖知县，乙卯。《国朝·封荫·康熙朝》：陈世绂，以子士奇封文林郎、临颖知县。

陈吉 本姓黄，清南海人。康熙十四年（1675）举人。

[康熙]《南海县志》卷五《选举志·国朝乡举·康熙乙卯》：本姓黄，由东莞学。

陈际阳 清南海人。康熙十四年（1675）举人。

[康熙]《南海县志》卷五《选举志·国朝乡举·康熙乙卯》：陈际阳。

陈宗韩 清顺德龙山人。康熙十四年（1675）举人。

[康熙二十六年]《顺德县志》卷六《选举志·国朝·举人·康熙十四年乙卯科》：龙山人。

[康熙]《南海县志》卷五《选举志·国朝乡举·康熙乙卯》：顺德人，由本学。

陈嘉谟 清南海佛山镇人。康熙十四年（1675）武举。

[康熙]《南海县志》卷五《选举志·国朝武乡举·康熙乙卯》：陈嘉谟。

[康熙]《广东通志》卷十五《选举志上·广州府·武举·府学》：康熙乙卯。

[乾隆]《佛山忠义乡志》卷四《选举志·武科·清乡举》：康熙乙卯。

林联翀 字云翔，清顺德平宁人。官督标守备，康熙十四年（1675），参加在台湾澎湖打败郑成功。擢参将，晋副总兵，退休。

[咸丰]《顺德县志》卷二十五《列传五·国朝一》：字云翔，平宁人。官督标守备。康熙间，郑成功踞金门岛，施琅为大将军剿之，檄联翀守南澳。乙卯，败贼澎湖，追至台湾鹿耳门，又败之。会刘进忠叛，以水师游击调广州防遏。事平，擢参将，晋副总兵，致仕。

罗古 本姓老，清南海人。康熙十四年（1675）副贡，任海南临高教谕。

［康熙］《南海县志》卷五《选举志·国朝岁贡》：本姓老，副榜贡。

［康熙五十八年］《肇庆府志》卷十四《选举志·国朝·副榜贡》：乙卯，广宁人。

［道光］《南海县志》卷二十一《国朝·贡生荐辟·康熙朝》：本姓老，副贡，临高教谕，乙卯。

周应元　清顺德北滘人。康熙十四年（1675）武举。

［康熙］《广东通志》卷十五《选举志上·广州府·武举·顺德》：康熙乙卯。

［乾隆］《顺德县志》卷十《选举志·武举·清朝·康熙乙卯》：北滘人。

郭显　清南海人。康熙十四年（1675）任广东德庆州学正。

［康熙五十八年］《肇庆府志》卷八《秩官志二·国朝·德庆州学正》：海康人，岁贡，康熙十四年任。

［雍正］《广东通志》卷三十六《选举志六·国朝·贡生·广州府·南海县》：郭显。

［乾隆］《肇庆府志》卷九《秩官志下·德庆州·国朝·学正》：顺德人，岁贡，康熙十四年任。

郭瞻　清南海人。康熙十四年（1675）因军功任命为千总。

［道光］《南海县志》卷二十二《选举表三·国朝·行伍·康熙朝》：军功，授千总，乙卯。

袁安之　本姓游，清南海人。康熙十四年（1675）举人。

［康熙］《南海县志》卷五《选举志·国朝乡举·康熙乙卯》：本姓游。

［康熙］《广东通志》卷十五《选举志上·广州府·举人·国朝·番禺》：康熙乙卯。

梁勇标　本姓陈，清顺德龙山人。康熙十四年（1675）武举。

［康熙二十六年］《顺德县志》卷六《选举志·武举·国朝·康熙》：龙山人，乙卯，本姓陈。

［康熙］《广东通志》卷十五《选举志下·琼州府·武举·清·琼山》：康熙乙卯。

梁继鸣　清顺德岳步人。康熙十四年（1675）举人，二十五年任广东石城（今廉江）教谕。

［康熙二十六年］《顺德县志》卷六《选举志·国朝·举人·康熙十四年乙卯科》：岳步人，石城县教谕。

［道光］《广东通志》卷五十二《职官表四十三·国朝十·石城县·教谕训导·康熙朝》：顺德人，举人。二十五年任……教谕。

梁朝桢　清顺德龙头人。康熙十四年（1675）举人。

［康熙二十六年］《顺德县志》卷六《选举志·国朝·举人·康熙十四年乙卯科》：龙头人。

［康熙］《南海县志》卷五《选举志·国朝乡举·康熙乙卯》：由从化学，顺德人。

彭有道　清顺德龙江人。康熙十四年（1675）举人，任新化县知县。父良蘧，一说名子琏。

［康熙二十六年］《顺德县志》卷六《选举志·国朝·举人·康熙十四年乙卯科》：龙江人。

［康熙］《广东通志》卷十五《选举志下·琼州府·乡举·国朝·会同》：康熙乙卯。

［雍正］《广东通志》卷三十五《选举志五·举人·康熙十四年乙卯乡试榜》：会同人，知县。卷三十七《封荫志·国朝封赠》：彭良蘧，顺德人，以子有道赠文林郎。

［乾隆］《顺德县志》卷十《选举志·举人·清朝·康熙乙卯》：会同籍龙江人，新化县知县。《选举志·封赠·知县·清朝》：彭子琏，以子有道贵赠。

［咸丰］《顺德县志》卷十一《举人二·国朝·康熙》：龙江人，迁自南海，会同籍。知新化县……乙卯科。

谭秉谦　清南海人。岁贡，康熙十四年（1675）任广东大埔训导。

［康熙］《南海县志》卷五《选举志·国朝岁贡》：由信宜学。

［道光］《广东通志》卷五十《职官表四十一·国朝八·大埔县·教谕训导·康熙朝》：南海人，十四年任……训导。

黎缨 清南海人。康熙十四年（1675）武举。

［康熙］《广东通志》卷十五《选举志上·广州府·武举·南海》：康熙乙卯。

区士杰 清高明阮埇人。康熙十五年（1676）岁贡。

［康熙二十九年］《高明县志》卷十二《贡生·清》：阮埇人，康熙十五年岁贡。

冯国采 字祉缉，清顺德大良人。康熙十五年（1676）应童子试，以病不赴。侍奉生父、养父均孝，寿74岁。兄国详。

［乾隆］《顺德县志》卷十四《人物列传·隐逸》：字祉缉，大良人。赋性孝友，事亲先意承志。父病，不解衣者两月，居丧哀痛骨立。及出为人后，举丧祭不异所生。康熙丙辰应童子试，为郡伯赏拔，以病不赴，督学、考人多惜之。由是益自奋励，与长兄国祥有大小冯之称。学务为己，每语其徒曰："读书学文宜求践履，岂徒弋①科名、博青紫哉！"故及门皆知自好。敦实行，乡里咸以善人目之，摄县海防谭守智旌其门曰"淳良式俗"。年七十有四而卒。

何子清 清南海人。康熙十五年（1676）岁贡。

［康熙］《南海县志》卷五《选举志·国朝岁贡》：由封川学，训导。

［康熙五十八年］《肇庆府志》卷十四《选举志·国朝·岁贡·封川》：十五年贡，南海人，封川学，康熙间贡。

［道光］《广东通志》卷五十五《职官表四十六·国朝十三·儋州·学正训导·康熙朝》：南海人，岁贡……训导。

何家源 一说名嘉元，清三水鲁村人。康熙十五年（1676）

---

①弋（yì）：获取。

岁贡。

［康熙］《广东通志》卷十五《选举志下·肇庆府·岁贡·国朝·广宁》：何家源。

［康熙四十九年］《三水县志》卷三《选举表·国朝·贡途·康熙岁贡》：何嘉元，鲁村人，由广宁学岁贡。

［康熙五十八年］《肇庆府志》卷十四《选举志·国朝·岁贡·广宁县》：（康熙）十五年贡。

林嗣艮　字性奇，清顺德陈村人。康熙十五年（1676），吴三桂部将马雄拥兵威胁陈村，假装同意给予所要求的钱饷，赢得时间，等到广州官兵前来解围。子殿章，康熙五十九年（1720）岁贡。

［乾隆］《顺德县志》卷十三《人物列传·行谊》：字性奇，陈村人。不知书，少从伯兄业贩江湖，其行事忠孝，总合诗礼。伪周檄饷屠乡，嗣艮谓："重资不足惜，使他日以陈村为助伪，祸且不测！"乃约数人潜出诣大宪言状，而自见伪帅给以输饷十万以缓其抄掠。久而不与，伪帅怒，欲试以军法，官兵旋至，伪帅解去。陈村之不即于屠戮者，艮与有力也。艮从兄早逝，遗孤三龄，抚之成立，分田以食，割宅以居，若己子然。子殿章，康熙庚子岁荐。

郭甸邦　清三水新村人。康熙十五年（1676）岁贡。

［康熙四十九年］《三水县志》卷三《选举表·国朝·贡途·康熙岁贡》：补十五年贡，新村人。

黄甄　清三水城内人。康熙十五年（1676）岁贡。

［康熙］《广东通志》卷十五《选举志上·广州府·岁贡·国朝·三水》：黄甄。

［康熙四十九年］《三水县志》卷三《选举表·国朝·贡途·康熙岁贡》：十五年贡，邑内人。

曾良学　字超友，清顺德小里涌人。康熙十五年（1676）守江门要道，次年任顺德游击。

［乾隆］《顺德县志》卷十三《人物列传·武勋》：字超友，小里涌人。少读书，娴韬钤。初谒广州左翼镇马应魁，一见奇之，委以水师守备，凡蜡

书羽檄，调度机权，学之力居多。授参将，值海寇周、李窃发，学统舟师力战，获贼首周玉，余党屏息，叙功升副将。丙辰伪周将马雄大举入寇，学竭力堵御江门要道。康熙十七年，制提二宪设复顺镇，交章荐学，命下之日，以原职管理顺镇游击，多立奇功。年老解组归。卷九《兵防志·武职·顺德镇标游击》：顺德人，署右营，康熙十六年任。

[咸丰]《顺德县志》卷二十一《列传一·武传》：蛋贼周玉、李荣就抚复叛，攻破县城……丙辰，吴三桂别将马雄寇新会。

谢炳爵 清高明城中人。康熙十五年（1676）岁贡。

[康熙二十九年]《高明县志》卷十二《贡生·清》：城中人，康熙十五年府学岁贡。

吴迪龙 清顺德人。康熙十六年（1677）任顺德营千总。

[乾隆]《顺德县志》卷九《兵防志·武职·顺德营千总》：顺德人，由行伍。右哨，康熙三十六年任。

[咸丰]《顺德县志》卷九《职官二·千总·康熙》：顺德人，行伍，十六年任。案：陈《志》作“三十六年”，“三”当为“五”之误……顺德营右哨。

吴焕 清南海人。康熙十六年（1677）、十九年两任肇庆教授。

[康熙五十八年]《肇庆府志》卷八《秩官志二·国朝·府学教授》：南海人，监生，康熙十六年任。前本府教授，康熙十九年十二月复任。

谭云信 （1647—1738）清顺德龙山人。寿92岁。

[乾隆]《顺德县志》卷十四《人物列传·耆寿》：龙山人。生顺治丁亥，终乾隆戊午，寿九十二。

游严氏 （1647—1741）清顺德大良人。寿95岁。夫游蔼然。

[乾隆]《顺德县志》卷十四《人物列传·寿妇》：游蔼然妻严氏，大良人。生顺治丁亥，终乾隆辛酉，寿九十五。

张康氏 （1647—1750 后）清顺德龙江人。104 岁尚在。夫张逢恩。

［乾隆］《顺德县志》卷十四《人物列传・寿妇》：张逢恩妻康氏，龙江人。生顺治丁亥，现年一百零四岁，两受恩赐粟帛。

邱子凤 （1648—1737）清顺德龙山人。与妻左氏皆长寿。

［乾隆］《顺德县志》卷十四《人物列传・齐眉》：龙山人。生顺治戊子，终乾隆丁巳，寿九十。妻左氏，生顺治庚寅，终乾隆辛酉，寿九十二。乾隆元年领绢帛。

卫金章 清南海佛山镇人。康熙十七年（1678）副贡，二十年任广东惠州府训导，三十六年起任连州学正 20 年，五十六年任广州府教授。

［康熙五十七年］《西宁县志》卷六《国朝・副榜》：康熙戊午科，初授惠州府训导，升连州学正，再升广州府教授。

［乾隆］《佛山忠义乡志》卷四《选举志・岁贡・清》：科贡，广州教授。

［乾隆］《广州府志》卷三十《选举二・清远县・清》：康熙戊午副榜。

［道光］《广东通志》卷四十九《职官表四十・国朝・惠州府・教授训导・康熙朝》：西宁人，二十年任……训导。卷四十六《职官表三十七・国朝四・连州・学正训导・康熙朝》：东莞人，三十六年任，学正。卷四十五《职官表三十六・国朝三・广州府・教授训导・康熙朝》：罗定人，五十六年任……教授。

［道光］《西宁县志》卷九《国朝・副贡・康熙》：原籍东莞，戊午科，广州府教授。

马如松 清顺德龙江人。康熙十七年（1678）举人，任太平县知县。

［康熙二十六年］《顺德县志》卷六《选举志・国朝・举人・康熙十七年戊午科》：龙江人。

［乾隆］《顺德县志》卷十《选举志・举人・清朝・康熙戊午》：龙江人，太平县知县。

冯鐻 清南海人。康熙十七年（1678）举人，三十七年任广东高要教谕。父梦兆。

［康熙］《南海县志》卷五《选举志·国朝乡举·康熙戊午》：由高州府学。

［康熙五十八年］《肇庆府志》卷八《秩官志二·国朝·高要县教谕》：南海人，举人，康熙三十七年任。

［道光］《广东通志》卷七十八《选举表十六·举人一·国朝·康熙十七年戊午·高州府》：南海人，高州府学，梦兆子，教谕。《高州志》不载。

卢世儁　清南海人。恩贡，康熙十七年（1678）任广东高要教谕。

［康熙五十八年］《肇庆府志》卷八《秩官志二·国朝·高要县教谕》：南海恩贡，康熙十七年任。

布奕彬　清南海人。康熙十七年（1678）武举，任千总。父其美。

［康熙］《南海县志》卷五《选举志·国朝武乡举·康熙戊午》：布奕宾。

［雍正］《广东通志》卷三十五《选举志五·武举人·康熙十七年戊午乡试榜》：连山人。

［道光］《南海县志》卷二十二《选举表三·国朝·武举·康熙朝》：千总。按：彬，魏《志》作“宾”，今从《采访册》……戊午科。《国朝·封荫·康熙朝》：布其美，以子奕彬赠武略将军。

龙元琅　清顺德大良人。康熙十七年（1678）岁贡。

［咸丰］《顺德县志》卷十一《岁贡·国朝·康熙》：大良人，戊午。

朱朝宰　清顺德仙涌人。康熙十七年（1678）武举。

［雍正］《广东通志》卷三十五《选举志五·武举人·康熙十七年戊午乡试榜》：南海人。

［咸丰］《顺德县志》卷十一《武举·国朝·康熙》：仙涌人，南海籍，戊午。

伍三锡　清顺德古朗人。康熙十七年（1678）举人，任合水县知县。父廷桂。

[康熙二十六年]《顺德县志》卷六《选举志·国朝·举人·康熙十七年戊午科》：古朗人。

[雍正]《广东通志》卷三十五《选举志五·举人·康熙十七年戊午乡试榜》：番禺人。卷三十七《封荫志·国朝封赠》：伍廷桂，以子三锡赠文林郎。

[乾隆]《顺德县志》卷十《选举志·举人·清朝·康熙戊午》：番禺籍古朗人，合水县知县。

汪九锡　清南海人。康熙十七年（1678）武举。

[康熙]《南海县志》卷五《选举志·国朝武乡举·康熙戊午》：汪九锡。

[雍正]《广东通志》卷三十五《选举志五·武举人·康熙二十年辛酉乡试榜》：南海人。

麦青莲　清顺德麦村人。康熙十七年（1678）举人，任儋州学正。

[康熙二十六年]《顺德县志》卷六《选举志·国朝·举人·康熙十七年戊午科》：龙渚人。

[康熙]《南海县志》卷五《选举志·国朝乡举·康熙戊午》：顺德人，由本学。

[乾隆]《顺德县志》卷十《选举志·举人·清朝·康熙戊午》：南海籍麦村人，儋州学正。

李士　清南海人。康熙十七年（1678）举人，三十五年任广东长宁（今新丰）教谕。

[康熙]《南海县志》卷五《选举志·国朝乡举·康熙戊午》：由龙门学。

[雍正]《广东通志》卷三十五《选举志五·举人·康熙十七年戊午乡试榜》：龙门人，教谕。

[道光]《广东通志》卷四十九《职官表四十·国朝·长宁县·教谕训导·康熙朝》：龙门人，举人。三十五年任……教谕。

李士凤　清南海人。康熙十七年（1678）副贡。

[康熙]《南海县志》卷五《选举志·国朝岁贡》：戊午科副榜贡。

李文高　（？—1700）字次白，清顺德大良人。祖芳衡清初自广州迁顺德大良。因父母早亡，随祖生活。康熙十七年（1678）举人，三十三年进士，赴都选官时卒于安徽宿州。父龙骧。

［康熙二十六年］《顺德县志》卷六《选举志·国朝·举人·康熙十七年戊午科》：大良人。

［雍正］《广东通志》卷三十五《选举志五·进士·国朝·康熙三十三年甲戌胡任舆榜》：东莞人。

［乾隆］《顺德县志》卷十三《人物列传·文苑》：字次白，大良人。原居省会，两藩入粤，祖芳衡，迁大良，遂家焉。父龙骧，成童以五经补弟子员，早殁，母杜氏继亡。文高髫龄惟祖是依，捧父遗书，泪盈盈不忍读，既丁祖艰，哀毁骨立，览诗至《蓼莪》之章，流涕呜咽，因号“三何”以自悲。长益潜心经学，旁及子史百家，康熙戊午举于乡，甲戌成进士。当事非公不见，贫能自乐，教授生徒，远近受业者千人，子三人皆游于庠。庚辰赴选，卒于宿州。有《伻鹿堂诗文》行世。

何有略　清南海人。康熙十七年（1678）举人，任浙江太平知县。父逢泰。

［康熙］《南海县志》卷五《选举志·国朝乡举·康熙戊午》：由新安学。

［雍正］《广东通志》卷三十五《选举志五·举人·康熙十七年戊午乡试榜》：新安人，知县。

［道光］《广东通志》卷七十八《选举表十六·举人一·国朝·康熙十七年戊午·广州府》：南海人，新安学，浙江太平知县。

［道光］《南海县志》卷二十一《选举表二·国朝·封荫·康熙朝》：何逢泰，以子有略赠知县。

何仰尼　字文仲，清顺德容奇人。康熙十七年（1678）海盗绑架民众以取赎金，赎其妹归。寿80岁。

［乾隆］《顺德县志》卷十三《人物列传·行谊》：字文仲，容奇人。少俱孤苦，竭力事孀母，以孝闻……康熙戊午，海寇掳掠男女，仰尼妹与焉。冒险往赎得出，乡人仿而赎归者数百人，骨肉情挚同见称于闾里……营祭田，敦族谊，恤孤贫，不能葬者助之，二人孜孜为善，老而不倦……时吟咏以写性情，寿八十卒。

何珍 清南海佛山镇人，一说西宁人。康熙十七年（1678）武举。

［雍正］《广东通志》卷三十五《选举志五·武举人·康熙十七年戊午乡试榜》：西宁人。

［乾隆］《佛山忠义乡志》卷四《选举志·武科·清乡举》：康熙戊午。

张龙光 清南海九江人。康熙十七年（1678）岁贡。

《九江儒林乡志》卷十《选举略·国朝·贡生·康熙十七年戊午》：岁贡。

张赓飏 清顺德龙江人。康熙十七年（1678）举人。

［康熙二十六年］《顺德县志》卷六《选举志·国朝·举人·康熙十七年戊午科》：龙江人。

［康熙］《南海县志》卷五《选举志·国朝乡举·康熙戊午》：顺德人，由本学。

陈子豪 清南海人。康熙十七年（1678）副贡，任英德教谕。

［康熙］《南海县志》卷五《选举志·国朝岁贡》：由府学，副榜贡。

［道光］《南海县志》卷二十一《选举表二·国朝·贡生荐辟·康熙朝》：由府学副贡，英德教谕……戊午。

陈安邦 清南海人。康熙十七年（1678）岁贡。

［康熙］《南海县志》卷五《选举志·国朝岁贡》：由三水学。

［康熙四十九年］《三水县志》卷三《选举表·国朝·贡途·康熙岁贡》：十七年分贡。

陈炳 本姓梁，清顺德泮浦人。康熙十七年（1678）副贡。

［康熙二十六年］《顺德县志》卷六《选举志·恩贡·国朝·康熙》：泮浦人，本姓梁。

［咸丰］《顺德县志》卷十一《副贡·国朝·康熙》：梁炳，泮浦人，戊午。

陈贵 清南海人。康熙十七年（1678）任高明千总。

[康熙二十九年]《高明县志》卷九《兵防志·武职·清》：千总官一员，广州府南海县人，康熙十七年任。

[乾隆]《东安县志》卷三《秩官志·武职·国朝·经制千总》：南海人，康熙二十五年任。升参将，后入籍东安。

陈焕 清南海人。康熙十七年（1678）岁贡，二十五年任广州府训导。

[康熙]《南海县志》卷五《选举志·国朝岁贡》：由钦州学，训导。

[雍正]《广东通志》卷三十六《选举志六·国朝·贡生·廉州府·钦州》：广州府训导。

[道光]《广东通志》卷四十五《职官表三十六·国朝三·广州府·教授训导·康熙朝》：钦州人，二十五年任……训导。

[道光]《南海县志》卷二十一《选举表二·国朝·贡生荐辟·康熙朝》：由钦州学岁贡，广州训导，戊午。

郑杜 本姓佘，清顺德马冈人。康熙十七年（1678）举人，任海丰县教谕。

[康熙二十六年]《顺德县志》卷六《选举志·国朝·举人·康熙十七年戊午科》：马冈人，本姓佘。

[康熙]《南海县志》卷五《选举志·国朝乡举·康熙戊午》：本姓佘，顺德人，由本学。

[雍正]《广东通志》卷三十五《选举志五·举人·康熙十七年戊午乡试榜》：佘郑杜，顺德人，象斗侄。

[乾隆]《顺德县志》卷十《选举志·举人·清朝·康熙戊午》：本姓佘，马冈人，海丰县教谕。

范吴 （？—约1690）清三水三江乡人。顺治年间，广东韶州知州、广西巡抚傅弘烈聘为参谋。康熙十七年（1678）授广东怀集知县，弃官归里。3年后母死，守孝3年期满去世，在任的三水知县写诗吊唁。父东山，子端昂。

[康熙四十九年]《三水县志》卷十二《人物传·孝义》：三江人。自幼慧敏，通经史及兵刑律历等书。父东山，家法严谨，尤能将顺，每侍食必肃容，晨昏定省不敢或缺。试辄前矛，随入本邑庠。宫保傅用兵西粤，特具弓

旌来聘。因念早孤，母苏氏年将七十，欲辞不就。母出宦族，素明忠孝大义，谕令就聘参谋。恢复梧州，心切承欢，力求闲职。题授怀集教谕，到率诸生讲学明伦。甫数月平定巨寇，宫保傅题授怀集县知县，即迎母养署中，凛遵母训，省刑薄敛。母老思归，陈请终养，上司僚属赋诗送行，苍梧蔺道宪诗云："功名事业未曾终，便为承欢勇退东。一片孝思千古少，悠悠芳范五伦中。"解组归后菽水承欢，依依膝下未三载丁母艰，寝苫素食，哀毁骨立。营葬焦劳成疾，服阕，未及补用而终。程邑尊挽诗云："先生孝义世所希，孺慕从来独不违。今日盖棺公论定，芳留千载有余辉。"后康熙庚寅，蒙叶府宪详看，曰"忠而能孝"云。卷十三《烈女志·抚孤完节者》：苏氏，三江范东山妻。其先出自名族，妇范夙著，范既往，益坚贞励勉。课子吴成名，出仕为邑宰有声。氏从之任禄养，年已八十，每谆谆训子，遂为良吏，士民祝颂有序。

［嘉庆］《三水县志》卷九《选举·文职·清》：三江人。由生员题荐怀集县教谕，升怀集县知县。陈请终养。

林开春　清南海佛山镇人。康熙十七年（1678）举人，三十三年任广东澄海县教谕。

［康熙］《南海县志》卷五《选举志·国朝乡举·康熙戊午》：解元。

［雍正］《广东通志》卷三十五《选举志五·举人·康熙十七年戊午乡试榜》：南海人，解元，教谕。

［乾隆］《佛山忠义乡志》卷四《选举志·乡举·国朝·康熙戊午》：解元，揭阳县教谕，原潮州人。

［道光］《广东通志》卷五十《职官表四十一·国朝八·澄海县·教谕训导·康熙朝》：南海人，三十三年任……教谕。

［道光］《佛山忠义乡志》卷六《乡事·编年》：康熙十七年戊午，林开春领乡荐第一。（住栅下铺，原潮州人。）

欧最良　清顺德陈村人。康熙十七年（1678）武举。

［康熙二十六年］《顺德县志》卷六《选举志·武举·国朝·康熙》：陈村人，戊午。

罗良会　字子仪，号汾斋，清顺德大良人。康熙十七年（1678），为母买药遇海盗，请求送药回家被释放。十九年遇盗，愿舍身代父，父子都得免死。

［乾隆］《顺德县志》卷十二《人物列传·孝友》：字子仪，号汾斋，大良人。孝友天植。康熙戊午，海寇充斥，良会以母喘病，闻鸡洲有神祷无不应，往祷毕，于其处买药。回棹中流遇贼，良会请生还进药，虽死无憾，贼感而释之。庚申谢党劫掠，良会负父而逃，贼追及欲并杀之。良会出腰金以赎，贼嫌其少，请曰“可活父而杀子”，贼为所动，俱获免。尝建祖祠，置祭田，族党有鳏寡孤独、贫之不能自存者予以赒恤。癸巳饥，减口食以济人，邑令柴玮奖以“齿德硕儒”。年七十九无病而卒，今子孙三代犹同居。

［咸丰］《顺德县志》卷十七《艺文略一·史部·传记类名人之属》：《列郡名贤传》，国朝罗良会撰。

袁用行　本姓陈，清顺德马齐人。陈恭尹学生，康熙十七年（1678）举人，任福建归化知县。父伟。

［康熙二十六年］《顺德县志》卷六《选举志·国朝·举人·康熙十七年戊午科》：马齐人，本姓陈。

［雍正］《广东通志》卷三十五《选举志五·举人·康熙十七年戊午乡试榜》：东莞人。

［乾隆］《顺德县志》卷十《选举志·举人·清朝·康熙戊午》：本姓陈，东莞籍，马齐人，归化县知县。《选举志·封赠·知县·清朝》：陈伟，以子用行贵赠。

［咸丰］《顺德县志》卷二十五《列传五·国朝一·陈恭尹传》：陈用行，恭尹弟子，康熙戊午举人。令归化，禁溺女，诱歼郑芝龙党，声绩甚著，祀名宦。卷十二《封赠（文阶）·国朝》：陈伟，马齐人，贡生，以子用行赠归化县……知县。

莫国华　字荣长，清高明村头人。子英贤康熙四十七年（1708）举人，孙世忠、世绍，曾孙子捷、骏。

［道光］《高明县志》卷十二《选举志·封典·国朝》：村头人，邑庠。乾隆二年，以孙世忠赠翰林庶吉士、文林郎，晋赠中宪大夫。莫英才，村头人，邑增。乾隆二年，以子世忠赠翰林庶吉士、文林郎，晋赠中宪大夫。卷十三《人物志·国朝》：字荣长，邑庠。以子孙贵累赠至中宪大夫。貌壮鸿声，尝随父兄道经龙虎径，华见径路险阻，先行探听，果被贼掳。华大声连呼曰：“我被贼执，父兄勿来！”贼持刀击其背，华曰：“宁死一身，毋死一家！”父兄闻而逃遁归，计金赎。华困贼所，是夜在昏迷中，恍惚有人引出寨外，得免贼陷，人以为孝弟所感。子四人，长英贤举人，出仕山东，余并为

诸生。孙世忠翰林、世绍举人。曾孙子捷，举人，现知县。骏，举人。一门科甲，称极盛焉。

康云海　清顺德龙江人。康熙十七年（1678）武举。

［康熙二十六年］《顺德县志》卷六《选举志·武举·国朝·康熙》：龙江人，戊午。

［雍正］《广东通志》卷三十五《选举志五·武举人·康熙十七年戊午乡试榜》：广宁人。

梁友远　（？—1678）清顺德林头人。康熙十七年（1678）为救乡人被杀。曾祖绍虞。

［乾隆］《顺德县志》卷十二《人物列传·忠义》：林头人。绍虞曾孙，素骁勇。康熙戊午，贼李三、官七等劫掠林头、乾滘二乡，掳掠男女千口。友远愤持巨棍截贼，击杀多人，捍卫被掳男女数百奔逃。贼恨甚，拥众与敌，被鸟枪中首，逾墙凭树而死，乡人敛金厚葬之。

梁以楠　清顺德弼教人。康熙十七年（1678）举人。父汉清。

［康熙二十六年］《顺德县志》卷六《选举志·国朝·举人·康熙十七年戊午科》：龙津人。

［雍正］《广东通志》卷三十五《选举志五·举人·康熙十七年戊午乡试榜》：肇庆人，知县。

［乾隆］《顺德县志》卷十《选举志·举人·清朝·康熙戊午》：肇庆籍龙津人，上海县知县。《选举志·封赠·知县·清朝》：梁汉清，以子以楠贵赠。

［咸丰］《顺德县志》卷十一《举人二·国朝·康熙》：弼教人，肇庆府籍。知上海县，戊午科。

梁有济　清顺德水藤人。康熙十七年（1678）武举。

［康熙二十六年］《顺德县志》卷六《选举志·武举·国朝·康熙》：水藤人，戊午。

［雍正］《广东通志》卷三十五《选举志五·武举人·康熙十七年戊午乡试榜》：龙门人。

梁芳熙 清顺德龙头人。康熙十七年（1678）举人。

［康熙二十六年］《顺德县志》卷六《选举志·国朝·举人·康熙十七年戊午科》：龙头堡人。

［康熙］《南海县志》卷五《选举志·国朝乡举·康熙戊午》：顺德人，由本学。

梁炳宣 清南海佛山镇人。康熙十七年（1678），一作八年，武举，任广海卫千总。

［康熙］《南海县志》卷五《选举志·国朝武乡举·康熙己酉》：梁炳宣。

［雍正］《广东通志》卷三十五《选举志五·武举人·康熙十七年戊午乡试榜》：南海人。

［乾隆］《佛山忠义乡志》卷四《选举志·武科·清乡举》：康熙戊午，广海卫千总。

黄大湖 榜姓杨，一说名太湖，清顺德龙山人。康熙十七年（1678）武举。

［康熙二十六年］《顺德县志》卷六《选举志·武举·国朝·康熙》：黄太湖，龙山人，戊午。

［乾隆］《顺德县志》卷十《选举志·武举·清朝·康熙戊午》：龙山人。

［光绪］《广州府志》卷四十八《选举表十七·武科·国朝·康熙十七年戊午科》：顺德人，香山学，榜姓杨。

黄国鉽 清南海佛山镇人。康熙十七年（1678）武举。

［康熙］《南海县志》卷五《选举志·国朝武乡举·康熙戊午》：黄国鉽。

［雍正］《广东通志》卷三十五《选举志五·武举人·康熙十七年戊午乡试榜》：从化人。

［乾隆］《佛山忠义乡志》卷四《选举志·武科·清乡举》：康熙戊午。

［道光］《佛山忠义乡志》卷十三《乡禁志（告示）·拨铺给流芳祠祀典碑示》：雍正六年十一月，奉署南海县正堂加三级蒋批：随据绅士谭会海、梁叶千、黄国鉽、冼湛、梁绪祐、冼上莲、陈元佐、梁国选、梁仪舜、庞上枢、梁应璘、梁瑾、梁贻、何士赳、梁应珠、梁调元、梁鳌、梁国辅、冼重、黄上科、陈国焕等，禀为遵依回覆。

谢景福　本姓邹，清南海人。康熙十七年（1678）举人，三十三年任顺德教谕，五十六年任海南琼州府教授。

［康熙］《南海县志》卷五《选举志·国朝乡举·康熙戊午》：本姓邹，由雷州府学。

［雍正］《广东通志》卷三十五《选举志五·举人·康熙十七年戊午乡试榜》：邹景福，雷州人，知县。

［乾隆］《顺德县志》卷八《官师志·教谕》：邹景福，雷州府举人，康熙三十三年任。

［道光］《广东通志》卷五十五《职官表四十六·国朝十三·琼州府·教授训导·康熙朝》：邹景福，徐闻人，举人。五十六年任，教授。

［同治］《南海县志》卷九《举人·清》：阜平知县，康熙朝。

谭良珙　一说名珙，清顺德甘竹人。康熙十七年（1678）举人，三十一年任广东和平教谕。

［康熙二十六年］《顺德县志》卷六《选举志·国朝·举人·康熙十七年戊午科》：甘竹人。

［乾隆］《顺德县志》卷十《选举志·举人·清朝·康熙戊午》：甘竹人，和平县教谕。

［道光］《广东通志》卷四十九《职官表四十·国朝·和平县·教谕训导·康熙朝》：谭珙，顺德人，三十一年任……教谕。

［咸丰］《顺德县志》卷二十五《列传五·国朝一》：官方自守，不以私干令。殷勤诱掖，士尽倾心。岁以义学租四十八石致于学，为月课费，相仍不改。

蔡侯标　清顺德龙江人。康熙十七年（1678）举人，任山东昌邑知县。父世雄。

［康熙二十六年］《顺德县志》卷六《选举志·国朝·举人·康熙十七年戊午科》：龙江人。

［乾隆］《顺德县志》卷十《选举志·举人·清朝·康熙戊午》：龙江人，昌邑县知县。

［咸丰］《顺德县志》卷十二《封荫表·封赠（文阶）·国朝》：蔡世雄，龙江人，以子侯标封昌邑县……知县。

黎之珩　清南海人。康熙十七年（1678）岁贡。

［康熙］《南海县志》卷五《选举志・国朝岁贡》：由西宁学。

［康熙五十七年］《西宁县志》卷六《国朝・岁贡》：康熙十七年。

霍锦 清南海佛山镇人。康熙十七年（1678）武举。

［康熙］《南海县志》卷五《选举志・国朝武乡举・康熙戊午》：霍锦。

［雍正］《广东通志》卷三十五《选举志五・武举人・康熙十七年戊午乡试榜》：新安人。

［光绪］《广州府志》卷四十八《选举表十七・武科・国朝・康熙十七年戊午科》：南海人，新安学。

［乾隆］《佛山忠义乡志》卷四《选举志・武科・清乡举》：康熙戊午。

陈改娘 （1649—1664）清初顺德喜涌人。康熙三年（1664）遇抢劫死。父宗谦，弟龙桀。

［康熙十三年］《顺德县志》卷九《人物传三・列女》：陈氏名改娘，喜涌人，生员陈宗谦第七女。年十六，未受聘。甲辰年海贼劫乡，与弟龙桀避难。奔至叠石海旁傍，麾其弟速遁不予，顾贼渐逼近，氏遂投大江中。次日，家人觅尸于上流，见氏妆仪犹整，颜面如生，是女中之卓绝者，至今喜涌村人叹美不置。

谢旻禧 （约1649—?）一说名文禧，字昊相，号澹园，清高明城中人。康熙十四年（1675）举人，二十八年参修《高明县志》，卒于云南宾川知州任。

［康熙二十九年］《高明县志》卷十二《举人・清》：城中人，康熙十四年乙卯举人。卷首《高明县重修志序》：……今年春，进邑之绅士黄君之璧、谢君旻禧、王君载望、谭君锡蕃……旁搜博采，考昔证今……共成十八卷……康熙二十八年孟夏之吉，文林郎高明县知县于学谨序。

［康熙五十八年］《肇庆府志》卷十四《选举志・国朝・举人・康熙乙卯》：高明人，任四川中江县知县，升云南宾川州知州。

［道光］《广东通志》卷二百八十七《列传三十・肇庆二・谢文禧传》：字昊相，高明人。幼失怙恃，每食必抚棺痛泣。康熙乙卯举于乡。仕四川中江县，县经兵燹，土旷民稀，下车招徕荒芜以垦，又造水车以救旱，增修黉序以作人。迁云南宾川州，洁己爱民如治中江时。卒于任，州民择前之贤牧同祀，名三贤祠云。

［光绪］《高明县志》卷十三《列传二・人物・国朝》：字昊相，号澹园。

聪敏嗜学。幼失怙恃，每食必抚棺痛泣。康熙乙卯举于乡，与修邑《志》。初仕四川中江县，值兵燹后地残民稀，下车招徕荒芜以垦，别立新旧田界，有艰于牛种者应时散给，民赖以苏。尝教民造水车以救旱，增修黉序课训名流。迁云南宾川州，除书至，新旧之民共立生祠。及抵宾川，洁己爱民，一如任中江时，适宾川冈地皆赋于民，每有贫死而弃水者，乃捐俸置漏泽园，使贫死者有归，民咸戴如父母。卒于官，民哀慕不释仍建祠。择前贤牧二人同享春秋，名三贤祠。

李何氏（清康熙）　（1649—1741）清顺德碧江人。寿97岁。夫李圣真。

［乾隆］《顺德县志》卷十四《人物列传·寿妇》：李圣真妻何氏，碧江人。生顺治己丑，终乾隆乙丑，寿九十七，两受恩赐粟帛。

叶桂峰　（1649—1741）字骏乔，清顺德桂洲人。寿93岁。

［乾隆］《顺德县志》卷十四《人物列传·八品》：字骏乔，桂洲人。忠厚诚悫，不求闻达。生顺治己丑，终乾隆辛酉，寿九十三。乾隆元年恩诏奉部，准给八品顶带。

陈世琳　（1649—1742）清顺德大良人。寿94岁。

［乾隆］《顺德县志》卷十四《人物列传·八品》：大良人。习诗书，敦孝友，贫约自甘。生顺治己丑，终乾隆壬戌，寿九十四。乾隆元年恩诏奉部，准给八品顶带。

薛文成　（1649—1750）字炳超，清顺德龙江人，寿101岁。妻陈氏，寿94岁。

［乾隆］《顺德县志》卷十四《人物列传·齐眉》：字炳超，龙江人。由监生考授州同职。生平孝友谨厚，博览经史。生顺治己丑，终乾隆己巳，寿一百零一。妻陈氏亦享寿九十四。

麦成材　（？—1682）字嘉会，清南海大沥奇槎乡人。康熙十八年（1679）傅宏烈招为幕僚，在广西征讨吴三桂。二十一年二月授广西归顺州知州，不到一年卒于任。

[宣统]《南海县志》卷十六《列传》：字嘉会，扶南堡奇槎乡人。读书明大义，好讲求经世之学，尤究心于方舆地图，凡山川险易、道里远近皆了然心口之间。康熙十八年，抚蛮将军傅公宏烈招置幕府，甚见委任。广西地故多山，异常险峻，久为强寇渊薮。吴藩据险以叛，大兵征讨日久无功，朝廷命傅公往征，傅公挈成材偕行。询以方略，成材曰："平寇之方，某预烛照久矣。"出一卷献傅公，署曰"平西指掌图"，凡寇之屯积巢穴、出没路途，兵之进退握守、包抄要截，如医者洞中症结，纤悉靡遗。傅公喜曰："虏在吾掌中矣！"卒用其谋克复广西。十九年傅公任西抚，以成材随征有功，三月委补归顺州吏目。旋奉差前往桂林，随傅公至柳城供职，朝夕左右，劳勩不辞。寻归顺州被陷，改委柳城县典史。遇马贼复叛，与傅公同被虏，予以伪职，力辞不受，卒用计逃脱。六月委补思恩县典史。二十年西省治兵运粮，成材督催协济，各营兵食无缺。上宪以其材大心细堪膺繁剧，二十一年二月，补授归顺州知州。首惩流棍赌博，次揭营蠹跳诈，申报提督，吊回惩究，合州肃然，无敢犯法者。招复流民安居乐业，时出劝民勤耕作、务节俭。又劝民多设学塾以教子弟，每造学塾，奖励塾师，劝勉生徒。教民联设输粮公会以完国课，多种竹木以为公产，由是一方无欠粮者。所至之处，田夫野老乐与笑言，民皆叹曰："乱离之后，不图得此慈父母也！"未及一年卒于任所，归顺之民哭泣相告，谓"天夺吾慈父母，吾属祸劫未已也"。其事详具《归顺州志·循吏传》。

吴尔豪 清南海人。康熙十八年（1679）岁贡，三十二年任广东平远训导。

[康熙二十六年]《东安县志》卷七《恩岁拔贡·清》：康熙十九年岁贡。

[康熙]《南海县志》卷五《选举志·国朝岁贡》：由东安学。

[乾隆]《东安县志》卷三《选举志·岁贡·清》：南海人，附籍。康熙十九年贡，任平远县训导。

[道光]《广东通志》卷五十七《职官表四十八·国朝十五·平远县教谕训导·康熙朝》：南海人，三十二年任……训导。

[道光]《南海县志》卷二十一《选举表二·国朝·贡生荐辟·康熙朝》：由东安学，平远训导……己未岁贡。

何峤 清顺德三桂人。顺治岁贡，康熙十八年（1679）任广东肇庆府教授。

[康熙十三年]《顺德县志》卷六《选举志二·国朝·岁贡·顺治》：三

桂人，顺治岁贡，林高司训、茂名教谕。

[康熙五十八年]《肇庆府志》卷八《秩官志二·国朝·府学教授》：顺德人，监生，康熙十八年任。

[道光]《广东通志》卷五十五《职官表四十六·国朝十三·临高县·教谕训导·顺治朝》：顺德人，训导。卷五十二《职官表四十三·国朝十·茂名县·教谕训导·年次无考》：顺德人……教谕。

郭时开　清南海人。康熙十八年（1679）岁贡。

[道光]《南海县志》卷二十一《选举表二·国朝·贡生荐辟·康熙朝》：己未岁贡。

郭学济　一说姓霍，清南海人。康熙十八年（1679）岁贡。

[康熙]《南海县志》卷五《选举志·国朝岁贡》：霍学济，由香山学。

[道光]《南海县志》卷二十一《选举表二·国朝·贡生荐辟·康熙朝》：由香山学……己未岁贡。

[道光]《广东通志》卷五十二《职官表四十三·国朝十·电白县·教谕训导·康熙朝》：霍学济……训导。

梁园雪　清顺德碧湾人。顺治岁贡，康熙十八年（1679）任广东连山训导，知博白县。

[康熙]《广东通志》卷十五《选举志上·广州府·岁贡·国朝·顺德》：拔贡，教授。

[乾隆]《广州府志》卷二十四《职官六·国朝·清远县训导》：梁园雪。

[道光]《广东通志》卷四十六《职官表三十七·国朝四·连山县教谕训导·康熙朝》：顺德人，十八年任。

[咸丰]《顺德县志》卷十一《岁贡·国朝·顺治》：碧湾人，清远连山县训导，知博白县。

黄元龙　（？—1698）清南海冈堡人。康熙十八年（1679）从军广西，二十一年授随征守备，三十五年征广东罗定阵亡。子显德。

[道光]《南海县志》卷三十九《列传八·国朝》：冈堡黄元龙，以勇力投效总督标下。康熙十八年从军广西，恢复武宣、柳州。总督金光祖遴其能，

命随赖大将军征云南、贵州。二十年正月元日，破石门坎夺其隘口，复贵州安笼所城池。二月直抵黄草坝，生擒伪将詹王等，获象五头。进兵云南城外，元龙往侦形势与贼遇，掩杀甚众，夺贼粮而回。五月奉差驰运安笼所火药，回营策应攻城，虏获马宝，夺红庙、杏花府、银锭山诸险，筑建炮台，密受方略，乘驲传谕军机。十二月克复云南省城，叙功授随征守备，给功加署都督同知札。三十五年征罗定州怀乡山贼，阵殁。子显德荫把总。

黄克昌 清南海人。康熙十八年（1679）任广西合浦训导。

［道光］《广东通志》卷五十三《职官表四十四·国朝十一·合浦县·教谕训导·顺治朝》：南海人，十八年任，训导。

区式金 字希文，号怀溪，清高明棠美人。康熙十九年（1680）廪贡，次年任广东龙门教谕。

［康熙二十九年］《高明县志》卷十二《贡生·清》：清溪人，康熙十九年由县学廪生捐岁贡，廷试第□□，任龙门教谕。

［乾隆］《广州府志》卷二十四《职官六·国朝·龙门县教谕》：高明人，例贡，康熙二十年任。

［道光］《高明县志》卷十二《选举志·贡生·国朝》：棠美人，康熙十九年由县学廪生捐岁贡，廷试第六名，任龙门训导。卷十三《人物志·国朝》：字希文，号怀溪。少聪敏，有器识，慕范文正为人，因字希文。间从事刑名家，为督抚、藩臬借箸①，咸器重焉。巨山寇啸聚，屠毒生民，广、肇两郡苦之。金为诸生佐幕兵备，建策剿除，星罗置守，其害始绝。以明经授龙门教谕，督课诸生无倦，品评甲乙如操左券②，亲骑射中的以示，诸生多兴起者。不媚上官罢归，著有《嫁衣集》《家礼辑俗》传家。

［咸丰］《顺德县志》卷十三《仕宦·文职·国朝》：龙江人，高明籍，龙门县教谕。

关道宾 清顺德上直人。岁贡，康熙十九年（1680）任广东饶平教谕，二十三、四十一年两次任南雄府教授。

---

①借箸：指为人谋划。

②古代称契约为券，竹制，立约的各拿一片，左券常用做索偿的凭证。后来说有把握叫“操左券”。

［乾隆］《顺德县志》卷十《选举志·贡生·清朝·康熙岁贡》：上直人，南雄府教授。

［道光］《广东通志》卷五十《职官表四十一·国朝八·饶平县·教谕训导·康熙朝》：南海人，十九年任……教谕。卷四十八《职官表三十九·国朝六·南雄府·教授训导·康熙朝》：南海人，二十三年任……四十一年复任……教授。

严中行 清高明罗塘人。康熙十九年（1680）岁贡。

［康熙二十九年］《高明县志》卷十二《贡生·清》：罗塘人，康熙十九年岁贡。

劳翀 字景云，清南海魁冈堡（今属禅城）人。康熙十九年（1680）岁贡，次年授广东广宁教谕。四十六年任韶州府、五十年任海南琼州府教授，卒于任。父象乾，子仁，孙孝舆，曾孙潼。

［康熙］《南海县志》卷五《选举志·国朝岁贡》：例贡，教授。

［康熙五十八年］《肇庆府志》卷八《秩官志二·国朝·广宁县教谕》：南海人，拔贡，康熙二十年任。

［雍正］《广东通志》卷三十六《选举志六·国朝·贡生·肇庆府·封川县》：劳翀。卷三十七《封荫志·国朝封赠》：劳象乾，南海人，以子翀封登仕郎。卷四十八《人物志五·国朝》：字景云，南海贡生。性孝友，邃理学。康熙壬戌授广宁教谕，构博文、约礼二斋核士之精勤恅愺①者。会山寇内攘，翀作书详谕，招其子弟投戈讲艺，悍气遂醇。擢高州府教授，高当兵燹，学舍为兵占居，翀力清之并葺圮陋。恭刊圣祖仁皇帝训饬，士子文人予一通，朝夕讲贯，责以躬行，士知淬厉。知府郑梁重其学行，已缮荐牍，适以忧去不果。服阕补韶州，一如教广宁时，士皆景附，屝屦其间，为勒石焉。复丁内艰归，时邑有水灾，倾橐以赈，全活三百余家。再补琼州，海外闻其名庆得师，未几卒于官，祀乡贤。著有《他山集》《遗安堂稿》。子仁，能世其家，任乳源教谕殁，有遗爱。

［乾隆］《佛山忠义乡志》卷八《人物志·循吏·清》：字景云，父象乾，隐居授徒，乐善弗倦。翀幼嗜学，天性孝友，康熙辛酉由贡生授广宁教谕。

①恅愺（lǎocǎo）：犹潦草，谓作事迫促、马虎。

构博文、约礼二斋课士其中。会山寇扰攘，翀以书抚之，招其子弟之秀者投戎讲艺，鸮音乃靖。考满擢高凉教授，高当兵燹，后学舍废为营房，翀力与弁争，随撤其居，诸生复业。恭刊上谕训饬，文人予一通，责以躬行，士多化焉。知府郑梁重其品，拟荐之，会丁外艰，寻补韶州教授，却贽馈，整士习，士载口碑，未几复以忧去。南邑水灾，翀倾橐赈饥，全活三百余家。服阙补琼州，士闻群庆得师。以病卒于官，祀南海乡贤。著有《他山集》《遗安堂稿》藏于家。

［道光］《广东通志》卷四十七《职官表三十八・国朝五・韶州府・教授训导・康熙朝》：南海人，岁贡。四十六年任，教授。卷五十五《职官表四十六・国朝十三・琼州府・教授训导・康熙朝》：南海人，岁贡。五十年任……教授。

［道光］《南海县志》卷二十一《选举表二・国朝・贡生荐辟・康熙朝》：庚申岁贡，高州教授。卷三十九《列传八・国朝》：魁冈堡人……子仁，仁子孝舆，孝舆子潼。

杨一凤　字贯宸，号敬宽，清顺德桂洲人。康熙十九年(1680)，赴广东海陵剿谢昌凯旋，不久解甲归田。

［乾隆］《顺德县志》卷十三《人物列传・武勋》：字贯宸，号敬宽，桂洲人。状貌奇伟，勇力过人。弱冠充抚标目兵，熟悉海道，历本标游击。康熙庚申，福建贼谢昌、李积凤等啸聚海陵，兴师征剿。一凤身先士卒，与贼转战，直捣其穴，逆党歼焉。被掳男女悉纵之，焚其巢寨。旋解组归。

［咸丰］《顺德县志》卷二十五《列传五・国朝一・岑嗣恪传》：桂洲人……同乡杨一凤……逆镇子谢昌与党李积凤等啸聚。

岑嗣恪　（？—1680）号乐怀，清顺德桂洲人。任广东虎门千总阵亡。子德爵。孙蒂福。玄孙观池，道光元年（1821）代理顺德协千总。

［乾隆］《顺德县志》卷十二《人物列传・忠义》：号乐怀，桂洲人。任虎门千总，辑兵睦民甚有声。康熙十九年正月征剿逆贼谢昌，血战阵亡，赐祭葬、恩荫。雍正二年准祀邑忠义祠，三年入祀京城昭忠祠。卷十《选举志・封赠・千总・清朝》：岑德爵，以子蒂福荫。

［咸丰］《顺德县志》卷十二《封荫表・袭荫（武职）・国朝》：岑德爵，以父嗣恪荫卫千总。岑蒂福，以父德爵袭。岑观池，以祖蒂福袭千总。岑周伦，以父观池袭千总。卷九《职官二・千总・道光》：岑观池，县人，元年

署……左营。

何子升　一说名子昇，清南海人。康熙十九年（1680）岁贡。

［康熙］《南海县志》卷五《选举志·国朝岁贡》：由西宁学。

［康熙五十七年］《西宁县志》卷六《国朝·岁贡》：何子昇，康熙十九年。

何宗泗　清三水鲁村人。康熙十九年（1680）岁贡。

［康熙四十九年］《三水县志》卷三《选举表·国朝·贡途·康熙岁贡》：鲁村人，由广宁学岁贡。

［康熙五十八年］《肇庆府志》卷十四《选举志·国朝·岁贡·广宁县》：（康熙）十九年贡。

陈法乾　字六一，清南海人。岁贡，康熙十九年（1680）任广东封开县教谕，二十三年惠州府教授，三十一年潮州府教授。

［康熙］《南海县志》卷五《选举志·国朝岁贡》：由广府学，教授。

［康熙五十八年］《肇庆府志》卷八《秩官志二·国朝·封川县教谕》：南海人，岁贡，康熙十九年任。

［乾隆］《番禺县志》卷十三《选举下·贡生·国朝恩岁优贡》：字六一，潮州教授，著《仙石堂诗略》。

［道光］《广东通志》卷四十九《职官表四十·国朝·惠州府·教授训导·康熙朝》：南海人，二十三年任……教授。卷五十《职官表四十一·国朝·教授训导·康熙朝》：南海人，三十一年任……教授。

陈遇春　清南海人。康熙十九年（1680）岁贡。

［康熙］《南海县志》卷五《选举志·国朝岁贡》：由三水学。

［康熙四十九年］《三水县志》卷三《选举表·国朝·贡途·康熙岁贡》：十九年贡。

林懋　清顺德光华人。康熙十九年（1680）岁贡。

［咸丰］《顺德县志》卷十一《岁贡·国朝·康熙》：光华人，庚申。

蔡明良 清高明范州人。康熙十九年（1680）岁贡。

［康熙二十九年］《高明县志》卷十二《贡生·清》：范州人，康熙十九年府学岁贡。

黎龙若 清南海人。岁贡，康熙十九年（1680）任广东罗定州学正、二十四年香山教谕。

［康熙］《南海县志》卷五《选举志·国朝岁贡》：由钦州学，教谕。

［乾隆］《南海县志》卷八《选举志·国朝贡生》：由钦州学，常熟知县。

［乾隆］《广州府志》卷二十四《职官六·国朝·香山县教谕》：南海人，岁贡，（康熙）二十四年任。

［道光］《广东通志》卷五十六《职官表四十七·国朝十四·罗定州·学正训导·康熙朝》：□龙若，南海人，十九年任……训导。

胡拜书 （约1650—1699）字幼丹，号南洲，清顺德桂洲人。二十多岁丧父，至康熙三十八年（1699）梦见父亲，写诗叹三十年难忘而卒。

［乾隆］《顺德县志》卷十二《人物列传·孝友》：字幼丹，号南洲，桂洲人。性孝友，弱冠失怙，哭泣不止，母忧之，两弟劝体母心，乃少节焉。年五十侍母，朝夕捧羹饭未尝少离，邑令姚肃规匾其堂曰“爱日”。拜书为邑诸生，雅好吟咏，善书画。康熙己卯讲学甘竹，一夕梦父呼之起，取茶以进，备至欢爱。次早追思，郁郁不乐，为诗曰：“违膝三十年，依依犹在目。昨夜接音容，宛然常顾复。呼我具春茶，殷勤正相属。空成魂梦欢，醒来形影独。安得与之俱，无令悲风木。”遂投笔而逝。

李瑜焜 （1650—1719）字远瑕，名一说瑜焜，清南海雾冈村人。康熙三十六年（1697）赈饥，四十四年任广东揭阳训导14年，70岁卒于官。父桐。

［道光］《广东通志》卷五十《职官表四十一·国朝八·揭阳县·教谕训导·康熙朝》：李瑜焜，南海人，四十四年任……训导。

［道光］《南海县志》卷三十九《列传八·国朝》：字远瑕，兴贤堡雾冈村人。父桐，字方叔，任侠好施，由吏员宰江西崇义县，有政声。瑜焜聪颖绝伦，入塾五载，四书五经三传、唐宋八大家古文背诵不遗，能暗解大旨。

年二十由阳山籍补诸生，即食饩廪，乡试屡踬，处之泰然。幼随父任，定省侍奉如成人。长讲求义理之学，谨持矩矱，坐皋比必衣冠，虽对妻子不苟，学者称紫山先生。庶母无子，善事之若生我。外祖贫殁绝嗣、无期功亲，为置祭田，谋于疏属舅氏，择贤入继。康熙丁丑，亢旱大祲，斗米三百钱，乡邻待举火存活者无算。久之充岁贡，铨揭阳训导。以敦行实学励士，贫不自给者辄量佽薪水。学宫有济济亭、三星门久圮，割俸修复。司铎十四年，士风丕变。揭阳屡遭荒歉，瑜熀为请于县令协力襄赈，民免于饥。士民刻碑颂遗爱，郡守、县令上其绩，院司列荐剡，疾作不果行。寻卒，年七十。邑人思其德，请祀之乡贤祠。三子至岁贡生。

区上贶　（约1650—1736后）字沃君，号柏亭，清顺德大良人。父昌明在外地教书，随父学习、侍奉。乾隆元年（1736）举耆德。寿90岁。

［乾隆］《顺德县志》卷十二《人物列传·孝友》：字沃君，号柏亭，大良人。父昌明，教读，沃君负笈蹑屩相随奉侍。父疾衣不解带，药必亲尝。父殁啜粥百日，哀感行路，新物未荐，不敢先御。弟进修贫窭，为称贷营生，本折代偿。弟与弟妇相继早亡，丧葬如礼，抚孤侄如己子。叔贫乏嗣，为立继承祀。尝倡修祖庙，排解争讼，里党咸推重焉。乾隆丙辰公举耆德，寿九十。

［咸丰］《顺德县志》卷二十五《列传五·国朝一》：为弟进修称贷营生，折阅①力偿之。

区遇　（1650—1739）字文声，号霖山，清顺德石硝（今属南海）人，居佛山镇。康熙二十九年（1690）举人，四十五年任山东泰宁知县，四十七年分校文武两闱，五十二年任户部主事，后任山西道监察御史，诰授奉政大夫。雍正二年（1724）退休归。与妻陈氏白头偕老，寿90岁。父大俊，长子士鉴。

［雍正］《广东通志》卷三十五《选举志五·举人·康熙二十九年庚午乡试榜》：阳山人，御史。卷三十七《封荫志·国朝封赠》：区大俊，顺德人，以子遇赠河南山西道御史。

［乾隆］《顺德县志》卷十二《人物列传·宦绩》：字文声，号霖山，石

①折阅：跌价、亏钱。

硝人。少颖悟，读书过目成诵。康熙庚午中乡试，丙戌授泰宁知县，官仆三人，刑名、钱谷皆出一手。革除陋规，乐输银七百余两。设立义学，身为之师。清晨与士子讲究经书，日昃清理案牍，囹圄空虚，文风大振。戊子分校文武两闱，所取多名士。时有永兴逆民猖獗，遇单骑入寨谕以大义，缚为首十人，一朝平复，民借以安，建生祠事之。癸巳行取户部广西司主事，督理富新仓，旋任山西道监察御史。巡视北城，执法不避权要，诰授奉政大夫。雍正甲辰予告回籍，在五仙门外敦仁馆置公产，立义冢，殓白骨，施棺木，多行善事，推乡饮正宾。配陈宜人，皓首齐眉，一堂四代，寿九十卒。长子士鉴。

［乾隆］《佛山忠义乡志》卷四《选举志·乡举·国朝·康熙庚午》：山西道御史，原顺德县人。

［道光］《广东通志》卷七十八《选举表十六·举人一·国朝·康熙二十九年庚午·连州》：顺德人，阳山籍，御史。《阳山志》失载。

［咸丰］《顺德县志》卷二十五《列传五·国朝一》：岁以舟捡无主骨骸，施棺木，善迹为广管最，至今经理于大佛僧不替。

杜茂登 （1650—1741）清顺德大良人。寿92岁。

［乾隆］《顺德县志》卷十四《人物列传·耆寿》：大良人。生顺治庚寅，卒乾隆辛酉，寿九十二。

周药田 （1650—1744）字天驷，号允骏，清顺德平宁人。康熙五十二年（1713）捐赈。寿95岁。

［乾隆］《顺德县志》卷十四《人物列传·八品》：字天驷，号允骏，平宁人。少值乱□□□□□□□□□□□□□□□□□□□□岐黄术□□□□□□□□□□□□□□□□□□□赎之，丧无以殓者□□。康熙癸□□□□助赈，乡中不食嗟来者馈遗以成其介。乾隆丙辰给八品顶带，甲子，寿九十五卒。

［咸丰］《顺德县志》卷十五《耆寿·顶戴·国朝》：平宁人。能孝，医不求利，助丧殓，赎自鬻者。康熙癸巳捐赈，不领则馈之。

罗梁氏 （1650—1745）清顺德大良人。寿95岁。夫罗汾斋。

［乾隆］《顺德县志》卷十四《人物列传·寿妇》：罗汾斋妻梁氏，大良人。生顺治庚寅，终乾隆乙丑，寿九十五。

关子芳 （1650—1747）清顺德赤花人。寿98岁。

［乾隆］《顺德县志》卷十四《人物列传·耆寿》：赤花人。生顺治庚寅，终乾隆丁卯，寿九十八，雍正元年领粟帛。

吴志平 （1650—1748）清顺德登洲人。寿99岁。

［乾隆］《顺德县志》卷十四《人物列传·耆寿》：登洲人。生顺治庚寅，终乾隆戊辰，寿九十九，乾隆元年领绢帛。

邓黎氏 （1650—1750后）清顺德龙山人。101岁尚在。夫邓金尚。

［乾隆］《顺德县志》卷十四《人物列传·寿妇》：监生邓金尚妻黎氏，龙山人。生顺治庚寅，现年一百一岁。

［咸丰］《顺德县志》卷十五《耆寿·百岁以外寿妇·国朝》：乾隆十五年旌。

何梁氏 （1651—1750后）清顺德黄连人。百岁尚在。夫何超常。

［乾隆］《顺德县志》卷十四《人物列传·寿妇》：何超常妻梁氏，黄连人。生顺治辛卯，现年百岁。

马如龙 一说姓冯，名如隆，清顺德逢简人。康熙二十年（1681）岁贡。

［康熙二十六年］《顺德县志》卷六《选举志·岁贡·国朝·康熙》：冯如隆，逢简人。

［康熙五十八年］《肇庆府志》卷十四《选举志·国朝·岁贡·府学》：冯如龙，（康熙）二十年贡。

［雍正］《广东通志》卷三十六《选举志六·国朝·贡生·广州府·顺德县》：马如龙。

方文佳 清南海佛山镇人。康熙二十年（1681）例贡并任广东乐昌教谕、浙江仁和知县。

［康熙二十六年］《东安县志》卷七《恩岁拔贡·清》：附学生员，康熙二十年拔纳岁贡，现任韶州府乐昌县学教谕。

［康熙］《南海县志》卷五《选举志·国朝岁贡》：由东安学例贡，教谕。

［乾隆］《佛山忠义乡志》卷四《选举志·岁贡·清》：浙江仁和知县，原新会县人，由廪例贡。

［道光］《广东通志》卷四十七《职官表三十八·国朝五·乐昌县·教谕训导·康熙朝》：东安人，二十年任，教谕。

方曰定 清南海佛山镇人。例贡，康熙二十年（1681）任广东信宜教谕、江南太仓知州。

［康熙］《南海县志》卷五《选举志·国朝岁贡》：例贡，教谕。

［乾隆］《佛山忠义乡志》卷四《选举志·岁贡·清》：江南太仓知州，原新会县人，由廪例贡。

［道光］《广东通志》卷五十二《职官表四十三·国朝十·信宜县·教谕训导·康熙朝》：南海人，岁贡。二十年任……教谕。

王载望 清高明苏村人。康熙二十年（1681）举人，二十八年参修《高明县志》。

［康熙二十九年］《高明县志》卷十二《举人·清》：苏村人，康熙二十年辛酉举人。卷首《高明县重修志序》：今年春，进邑之绅士黄君之璧、谢君旻禧、王君载望、谭君锡蕃……旁搜博采，考昔证今……共成十八卷……康熙二十八年孟夏之吉，文林郎高明县知县于学谨序。

邓如臣 清顺德龙江人。康熙二十年（1681）举人，任湖北监利知县。

［康熙二十六年］《顺德县志》卷六《选举志·国朝·举人·康熙二十年辛酉科》：龙江人。

［雍正］《广东通志》卷三十五《选举志五·举人·康熙二十年辛酉乡试榜》：新安人。

［乾隆］《顺德县志》卷十《选举志·举人·清朝·康熙辛酉》：新安籍龙江人，监利县知县。

［嘉庆］《三水县志》卷九《选举·举人·国朝·康熙二十年辛酉何腾鲲榜》：清塘人，由新安学中式。

冯超 清南海人。康熙二十年（1681）武举。

[康熙]《南海县志》卷五《选举志·国朝武乡举·康熙辛酉》：冯超。

冯錩　本姓陈，清南海人。康熙二十年（1681）武举。

[康熙]《南海县志》卷五《选举志·国朝武乡举·康熙辛酉》：本姓陈。

[雍正]《广东通志》卷三十五《选举志五·武举人·康熙二十年辛酉乡试榜》：雷州人。

邝日观　清南海人。康熙二十年（1681）武举。

[康熙]《南海县志》卷五《选举志·国朝武乡举·康熙辛酉》：邝日观。

[雍正]《广东通志》卷三十五《选举志五·武举人·康熙二十年辛酉乡试榜》：从化人。

[光绪]《广州府志》卷四十八《选举表十七·武科·国朝·康熙二十年辛酉科》：南海人，从化学。

左必蕃　字同汾，号界园。生长佛山，注籍顺德龙山。康熙二十年（1681）举人，在佛山教书。三十三年授职河北蠡县知县，升御史。出任江苏扬州知府，康熙南巡，欣赏其办事能力，亲题“宣力南疆”四字，升太常少卿。四十七年调顺天府丞，晋都察院副都御史。五十年为江南乡试主考，被革职，79岁终老家园。父乾生，子大章、粤章，孙业光。

[康熙二十六年]《顺德县志》卷六《选举志·国朝·举人·康熙二十年辛酉科》：龙山人。

[雍正]《广东通志》卷三十五《选举志五·举人·康熙二十年辛酉乡试榜》：左必藩，顺德人，都御史。

[乾隆]《顺德县志》卷十二《人物列传·宦绩》：字同汾，号界园。其祖君召由南城隶籍，居龙山。父乾生，明恩贡，官兵部司务。蕃以经术著，从游千余，粤东西学者多问业。康熙辛酉举乡试，甲戌除蠡令有美政，丙子分校北闱甄拔得人。噶尔旦犯顺，六师亲指，军府所需，咄嗟立办，上官议叙①第一。行取擢御史巡视南城，出视扬州府事。扬当要冲，奸宄丛集，蕃至悉帖服。既而翠华②南幸，嘉其绩，升常少仍视府事。值内艰在任守制，吁乞

---

①议叙：清制对考绩优异的官员，交部核议，奏请加级、记录等奖励。

②翠华：御车或帝王的代称。

再三，给假归葬，六月旋治。前后三奉警跸，屡蒙慰劳。戊子特旨还京，调顺天府丞，提调文武两闱，弊窦肃清。寻转右通政，升光禄卿，迁宗丞，晋都察院左副都御史。辛卯典试江南，散棘有风闻，即自劾以失察归，囊橐萧然。癸巳议复因公诖误者二十四人，蕃与焉，未赴。卒年七十九。子大章，戊子举人。粤章，辛卯举人。

［乾隆］《佛山忠义乡志》卷四《选举志·乡举·国朝·康熙辛酉》：经魁，左副都御使，原江西人。

［咸丰］《顺德县志》卷二十五《列传五·国朝一》：历光禄卿、宗人府丞，晋副都御史。是时湖广总督郭琇①素有政声，其所属知府许锡龄揭报黄梅令李锦亏空，琇未加察，遽委官摘印，百姓闭城以拒。必藩劾琇既失察于前，复不能弹压于后，难胜总督之任，部议革琇职，其不避权贵如此。辛卯典试江南，盐商程氏子获隽，异母兄首之，士论哗然……孙业光。

［民国］《顺德县志》卷二十四《杂志》：是科题为“子贡曰贫而无谄富而无骄何如全章”。京师有乖词云：“命意在题中，轻贫士，重富翁，诗云子曰终无用。切磋枉工，往来能通，其斯之谓方能中。告诸公，这个方人子贡，原是货殖家风。”

左启明　清顺德龙山人。康熙二十年（1681）武举。

［康熙二十六年］《顺德县志》卷六《选举志·武举·国朝·康熙》：龙山人，辛酉。

［康熙］《广东通志》卷十五《选举志上·广州府·武举·府学》：康熙乙卯。

吕文焕　清南海佛山镇人。康熙二十年（1681）任广东肇庆府训导，三十二年升连平州学正，五十七年任韶州府训导，升浙江上虞知县。

［康熙五十八年］《肇庆府志》卷八《秩官志二·国朝·府学训导》：新会人，岁贡。康熙二十年任，三十二年升连平州学正。

［雍正］《广东通志》卷三十六《选举志六·国朝·贡生·广州府·龙门县》：上虞、山阴二县知县。

---

①郭琇（1638—1715），字瑞甫，清山东即墨人。康熙九年（1670）进士，官至湖广总督，罢官后卒于家。

[乾隆]《佛山忠义乡志》卷四《选举志·岁贡·清》：浙江上虞知县，原新会县人，由廪例贡。

[乾隆]《肇庆府志》卷十九《选举志二·国朝·岁贡·鹤山县》：由韶州教授升上虞知县，康熙间贡。

[道光]《广东通志》卷四十七《职官表三十八·国朝五·韶州府·教授训导·康熙朝》：新会人，岁贡。五十七年任……教授。

麦世表 清南海人。康熙二十年（1681）副贡。

[康熙]《南海县志》卷五《选举志·国朝岁贡》：由清远学副榜贡。

[雍正]《广东通志》卷三十六《选举志六·国朝·贡生·广州府·清远县》：辛酉副榜。

麦家仪 清顺德吉祐人。康熙二十年（1681）拔贡。

[咸丰]《顺德县志》卷十一《拔贡·国朝·康熙》：吉祐人，辛酉。

苏明守 字元之，清顺德碧江人。康熙二十年（1681）举人。寿76岁。兄喜之、冲之。

[康熙二十六年]《顺德县志》卷六《选举志·国朝·举人·康熙二十年辛酉科》：碧江人。

[乾隆]《顺德县志》卷十二《人物列传·孝友》：字元之，碧江人。幼失怙，每逢讳日，呜咽废食。事母孝，定省不违。母卒泣极，继以血致丧明，忽有道人为治愈之。长兄喜之久病，周旋调治，七易寒暑不怠。仲兄冲之遇祸，明守不避艰险，代诉得白。有从侄为非，戒之反怒，纠贼劫掠絷之去，几被杀，归置不论。先世多藏书，明守博闻强识，康熙辛酉举于乡。寿七十六，无病而卒。

李奇英 清顺德逢简人。康熙二十年（1681）举人，任博罗县教谕。

[康熙二十六年]《顺德县志》卷六《选举志·国朝·举人·康熙二十年辛酉科》：逢简人。

[乾隆]《顺德县志》卷十《选举志·举人·清朝·康熙辛酉》：逢简人，博罗县教谕。

李锡命 字公怀，清南海佛山镇人。岁贡，康熙二十年(1681)任广东四会教谕、惠州教授。

[康熙五十八年]《肇庆府志》卷八《秩官志二·国朝·四会县教谕》：字公怀，南海人。贡生，康熙二十年任。

[雍正]《广东通志》卷三十六《选举志六·国朝·贡生·广州府·南海县》：惠州教授。

[乾隆]《佛山忠义乡志》卷四《选举志·岁贡·清》：正贡，惠州教授。

[道光]《广东通志》卷五十五《职官表四十六·国朝十三·陵水县·教谕训导·年次无考》：南海人，教谕。

杨文琎 清南海佛山镇人。例贡，康熙二十年（1681）任广东永安教谕。

[康熙]《南海县志》卷五《选举志·国朝岁贡》：例贡，教谕。

[乾隆]《佛山忠义乡志》卷四《选举志·岁贡·清》：永安教谕，由廪例贡。

[道光]《广东通志》卷四十九《职官表四十·国朝·永安县·教谕训导·康熙朝》：顺德人，二十年任……教谕。

杨溥名 字遍德，清高明城中人。康熙二十年（1681）捐贡，三十三年任广东新宁（今台山）、三十六年任徐闻教谕。

[康熙二十九年]《高明县志》卷十二《贡生·清》：城中人，康熙□十年府学岁贡。初任新宁县教谕，补任徐闻县教谕。

[乾隆]《广州府志》卷二十四《职官六·国朝·新宁县教谕》：高明人，岁贡，(康熙）三十三年任。

[道光]《广东通志》卷五十四《职官表四十五·国朝十二·徐闻县·教谕训导·康熙朝》：高州人，贡生。三十六年任，教谕。

[道光]《高明县志》卷十三《人物志·国朝》：字遍德。资禀聪明，力学不倦，康熙二十年由府学廪生捐贡。选授新宁教谕，课士有方。宁之学宫两庑颓坏，捐俸重修，己巳复改坐向，阖邑绅士制锦称觞。后补任徐闻，徐地荒僻，学规未备，乃立课程，丕振文风。解组后年至八旬，犹好学不倦，著有《浣花溪诗集》，邑侯于学赠以匾曰“闻籁草堂”。

吴克善 清南海人。康熙二十年（1681）岁贡。

[康熙]《南海县志》卷五《选举志·国朝岁贡》：由番禺学例贡。

［道光］《南海县志》卷二十一《选举表二·国朝·贡生荐辟·康熙朝》：由番禺学，岁贡，辛酉。

吴朝绅　清顺德赤花人。康熙二十年（1681）岁贡。

［咸丰］《顺德县志》卷十一《岁贡·国朝·康熙》：赤花人，辛酉，海丰籍。

何中良　一说姓黄，清三水西南人。康熙二十年（1681）武举。祖翰。

［康熙四十九年］《三水县志》卷三《选举表·国朝·武举》：辛酉科，西南人，何翰孙。

［雍正］《广东通志》卷三十五《选举志五·武举人·康熙二十年辛酉乡试榜》：黄中良，新会人。

何逵　清南海人。康熙二十年（1681）副贡，任翁源教授、知县。

［康熙］《南海县志》卷五《选举志·国朝岁贡》：由德庆州学，副榜贡。

［雍正］《广东通志》卷三十六《选举志六·国朝·贡生·肇庆府·德庆州》：何逵。

［乾隆］《肇庆府志》卷十九《选举志二·国朝·副榜贡·康熙辛酉》：德庆人，翁源教授。

［道光］《南海县志》卷二十一《选举表二·国朝·贡生荐辟·康熙朝》：副贡，翁源知县……辛酉。

何梦弼　清南海镇涌堡人。康熙二十年（1681）岁贡，二十七年任广东封川教谕。祖储，明末天启时授百户。父腾龙在广州入官吏幕府。子之钫，孙如瀣。

［康熙五十八年］《肇庆府志》卷八《秩官志二·国朝·封川县教谕》：南海人，贡生，康熙二十七年任。

［乾隆］《南海县志》卷八《选举志·国朝贡生》：由清远学岁贡，封川县教谕。

［道光］《南海县志》卷二十一《选举表二·国朝·贡生荐辟·康熙朝》：由清远学岁贡，封川教谕……辛酉。《国朝·封荫·康熙朝》：何腾龙，以子

梦弼贻赠修职郎。《国朝·封荫·雍正朝》：岁贡，以孙如瀣赠文林郎、长清知县。何之钫，以子如瀣赠文林郎、长清知县。

[同治]《南海县志》卷十九《列传·善行·何腾龙传》：腾龙虽老于幕府而有隐德，厥后子孙繁衍，科名不绝，论者谓有感应焉。

何弼 清南海人。康熙二十年（1681）岁贡。

[道光]《南海县志》卷二十一《选举表二·国朝·贡生荐辟·康熙朝》：岁贡，辛酉。

何腾鲲 清顺德仕版人。康熙二十年（1681）举人第一名，三十六年任广东德庆州学正。

[康熙二十六年]《顺德县志》卷六《选举志·国朝·举人·康熙二十年辛酉科》：仕版人，解元。

[康熙五十八年]《肇庆府志》卷八《秩官志二·清·德庆州学正》：顺德人，举人，康熙三十六年任。

[雍正]《广东通志》卷三十五《举人·国朝·康熙二十年辛酉乡试榜》：新会人，解元。

陈长文 清顺德沙滘人。康熙二十年（1681）举人。

[康熙二十六年]《顺德县志》卷六《选举志·国朝·举人·康熙二十年辛酉科》：沙滘人。

[雍正]《广东通志》卷三十五《选举志五·举人·康熙二十年辛酉乡试榜》：香山人。

陈錫 清南海佛山镇人。康熙二十年（1681）武举。

[道光]《佛山忠义乡志》卷十《武举·清》：康熙辛酉。

陈耀 本姓李，清南海人。康熙二十年（1681）岁贡。

[康熙]《南海县志》卷五《选举志·国朝岁贡》：本姓李，由雷州府学。

[道光]《南海县志》卷二十一《选举表二·国朝·贡生荐辟·康熙朝》：本姓李，由雷州府学。岁贡……辛酉。

张御龙 一说名御宠，清南海佛山镇人。康熙二十年

(1681) 岁贡，四十六年任广东新兴县训导。

［康熙五十八年］《肇庆府志》卷八《秩官志二·国朝·新兴县训导》：新会人，廉州府学岁贡。康熙四十六年任，现任。

［雍正］《广东通志》卷三十六《选举志六·国朝·贡生·广州府·南海县》：新兴训导。

［乾隆］《新会县志》卷八《明经·国朝·外学附》：张御宠，廉州府学，(康熙) 二十年岁贡。

［乾隆］《佛山忠义乡志》卷四《选举志·岁贡·清》：新兴训导，由廪例贡。

邹紫客　一说名子客，字左俞，清南海人。康熙二十年(1681) 岁贡，二十三年任广东四会教谕，三十九年高州府教授。

［康熙五十八年］《肇庆府志》卷八《秩官志二·国朝·四会县教谕》：字左俞，崖州籍岁贡，南海人，康熙二十三年任。

［雍正］《广东通志》卷三十六《选举志六·国朝·贡生·广州府·南海县》：邹子客，钱塘知县。

［乾隆］《南海县志》卷八《选举志·国朝贡生》：由崖州学，知县。

［道光］《广东通志》卷五十二《职官表四十三·国朝十·高州府·教授训导·康熙朝》：三十九年任……教授。

［同治］《南海县志》卷九《选举表·拾遗订误·贡生》：前《志》谓年代无考，今据云辛酉岁贡，钱塘知县，康熙朝。

庞之兑　清南海佛山镇人。康熙二十年（1681）举人，二十三年与李锡简等发动募捐，组织重修祖庙。

［康熙］《南海县志》卷五《选举志·国朝乡举·康熙辛酉》：由连州学。

［乾隆］《佛山忠义乡志》卷六《乡俗志·氏族》：庞氏，明有主事景忠。国朝有举人知州上梓，举人翘青、之兑、逵，现进士遥。

［道光］《佛山忠义乡志》卷十二《金石志上·石·清·修灵应祠记》：甲子之春，乡绅士庞之兑、李锡简等耆老，冼闇生、何景纯、庞燕甫等发愿重修。康熙二十三年岁次甲子月立。

庞玮　清南海人。康熙二十年（1681）任广东乳源教谕。

［康熙］《南海县志》卷五《选举志·明贡》：教谕。

［雍正］《广东通志》卷三十六《选举志六·国朝·贡生·广州府·南海县》：乳源教谕

［道光］《广东通志》卷五十二《职官表四十三·国朝十·化州·学正训导·顺治朝》：南海人……训导。卷四十七《职官表三十八·国朝五·乳源县·教谕训导·康熙朝》：南海人，贡生。二十年任……教谕。

欧俊英　清顺德陈村人。康熙二十年（1681）武举，任江西南湖游击。

［康熙二十六年］《顺德县志》卷六《选举志·武举·国朝·康熙》：陈村人，辛酉。

［雍正］《广东通志》卷三十五《选举志五·武举人·康熙二十年辛酉乡试榜》：顺德人，守备。

［乾隆］《顺德县志》卷十《选举志·武举·清朝·康熙辛酉》：陈村人，任江西南湖游击。

罗文光　清顺德大良人。康熙二十年（1681）武举。

［康熙二十六年］《顺德县志》卷六《选举志·武举·国朝·康熙》：大良人，辛酉。

罗闰卿　清南海人。康熙二十年（1681）任广西浔梧镇守备。

［道光］《南海县志》卷二十二《选举表三·国朝·行伍·康熙朝》：广西浔梧镇守备，辛酉。

郭胜玉　一说名圣玉，清三水人。康熙二十年（1681），一作十四年，武举。

［康熙］《南海县志》卷五《选举志·国朝武乡举·康熙乙卯》：郭胜玉。

［康熙四十九年］《三水县志》卷三《选举表·国朝·武举》：辛酉科。

［乾隆］《南海县志》卷八《选举志·国朝武乡举·康熙辛酉》：郭圣玉。

郭斌　清南海人。康熙二十年（1681）拔贡，次年为广东吴川县教谕，后任河南考城（今兰考）知县。

［康熙］《南海县志》卷五《选举志·国朝岁贡》：由府学，训导。

［道光］《广东通志》卷五十二《职官表四十三·国朝十·吴川县·教谕训导·康熙朝》：南海人，岁贡。二十一年任……教谕。

［道光］《南海县志》卷二十一《选举表二·国朝·贡生荐辟·康熙朝》：拔贡，考城知县……辛酉。

梁祚訔 清顺德古朗人。康熙二十年（1681）举人。

［康熙二十六年］《顺德县志》卷六《选举志·国朝·举人·康熙二十年辛酉科》：古朗人。

［雍正］《广东通志》卷三十五《选举志五·举人·康熙二十年辛酉乡试榜》：番禺人。

梁显光 清南海人。康熙二十年（1681）武举。

［康熙］《南海县志》卷五《选举志·国朝武乡举·康熙辛酉》：梁显光。

梁显尧 清南海佛山镇人。康熙二十年（1681）武举。

［乾隆］《佛山忠义乡志》卷四《选举志·武科·清乡举》：康熙辛酉。

黄之璧 清高明伦埇人。康熙二十年（1681）举人，二十八年参修《高明县志》。

［康熙二十九年］《高明县志》卷十二《举人·清》：伦埇人，康熙二十年辛酉举人。卷首《高明县重修志序》：……今年春，进邑之绅士黄君之璧、谢君旻禧、王君载望、谭君锡蕃……旁搜博采，考昔证今……共成十八卷……康熙二十八年孟夏之吉，文林郎高明县知县于学谨序。

曾翘文 清南海人。康熙二十年（1681）武举第一名。

［康熙］《南海县志》卷五《选举志·国朝武乡举·康熙辛酉》：解元。

［雍正］《广东通志》卷三十五《选举志五·武举人·康熙二十年辛酉乡试榜》：新会人。

《九江儒林乡志》卷十《选举略·国朝·武举·康熙二十年辛酉科》：县学中式第一名。

谢振基 本姓马，清顺德龙江人。康熙二十年（1681）举人，三十五年任广东东莞教谕，次年赈饥，四十四年为福建乡试同考官。70岁卒于官。

［康熙二十六年］《顺德县志》卷六《选举志·国朝·举人·康熙二十年辛酉科》：龙江人，本姓马。

［雍正］《广东通志》卷三十五《选举志五·举人·康熙二十年辛酉乡试榜》：海康人。

［乾隆］《顺德县志》卷十二《人物列传·宦绩》：本姓马，龙江人，笃学明义。康熙辛酉举于乡，授东莞教谕，抵任日即以振兴士习十二条陈督学，使者颁行十郡。诸生脩脯悉置不问，惟以砥行力学谆谆训勉。丁丑饥，捐俸煮粥赈济。学宫、泮池、明伦堂暨文峰雁塔诸建置皆捐资首倡，乙酉聘校闽闱称得人，年七十卒于官。

［乾隆］《广州府志》卷二十四《职官六·国朝·东莞县教谕》：顺德人，举人，（康熙）三十五年任。

［民国］《顺德县志》卷十四《艺文略·集部·别集》：《文峰诗稿》，国朝马振基撰。

彭士橒　榜姓谢，清顺德石硝（今属南海）人。康熙二十年（1681）举人，次年进士，任广西柳城县知县。

［康熙二十六年］《顺德县志》卷六《选举志·国朝·举人·康熙二十年辛酉科》：石硝人，进士。《选举志·国朝·进士·康熙二十一年壬戌科》：谢士橒，石硝人，本姓彭。

［雍正］《广东通志》卷三十五《选举志五·举人·康熙二十年辛酉乡试榜》：谢士橒，潮州人，本姓彭，登进士。《进士·国朝·康熙二十一年壬戌蔡升元榜》：南海人，知县。

［咸丰］《顺德县志》卷十《进士·国朝·康熙》：普宁籍，知柳城县，壬戌科。按：榜姓谢。

韩廷椿　本姓何，清南海人。康熙二十年（1681）岁贡。

［康熙］《南海县志》卷五《选举志·国朝岁贡》：本姓何，由西宁学。

［康熙五十七年］《西宁县志》卷六《国朝·岁贡》：康熙二十一年。

［道光］《南海县志》卷二十一《选举表二·国朝·贡生荐辟·康熙朝》：本姓何，由西宁学。岁贡……辛酉。

简良骏　清顺德勒竹人。康熙二十年（1681）武举，任德庆城守。

[康熙四十九年]《三水县志》卷三《选举表·国朝·武举》：辛酉科。

[乾隆]《顺德县志》卷十《选举志·武举·清朝·康熙辛酉》：勒竹人，任德庆城守。

简遇彦 清南海佛山镇人。康熙二十年（1681）武举。

[康熙]《南海县志》卷五《选举志·国朝武乡举·康熙辛酉》：简遇彦。

[雍正]《广东通志》卷三十五《选举志五·武举人·康熙二十年辛酉乡试榜》：连州人。

[乾隆]《佛山忠义乡志》卷四《选举志·武科·清乡举》：康熙辛酉。

廖如熊 清顺德勒楼人。康熙二十年（1681）武举。

[康熙二十六年]《顺德县志》卷六《选举志·武举·国朝·康熙》：勒楼人，辛酉。

潘尚桂 清南海人。康熙二十年（1681）任游击。

[道光]《南海县志》卷二十二《选举表三·国朝·行伍·康熙朝》：游击……辛酉。

霍履吉 本姓梁，清顺德伦教人。康熙二十年（1681）举人，二十二年任广东始兴教谕。

[康熙二十六年]《顺德县志》卷六《选举志·国朝·举人·康熙二十年辛酉科》：伦教人，本姓梁。

[乾隆]《顺德县志》卷十《选举志·举人·清朝·康熙辛酉》：本姓梁，伦教人，始兴县教谕。

[道光]《广东通志》卷四十八《职官表三十九·国朝六·始兴县·教谕训导·康熙朝》：顺德人，二十二年任……教谕。

陈寿 字启强，号平心，清顺德桂洲人。康熙二十年（1681）至二十六年在任的广东巡抚李士祯荐入钦天监，五载例满，考授正八品。寿84岁，雍正十三年（1735）到任的知县许龙章旌。

[乾隆]《顺德县志》卷十四《人物列传·方技》：字启强，号平心，桂洲人。有才智，善推测。巡抚李士祯器重之，委招抚花山贼首梁文福等有功，

荐入钦天监。五载，监正①朋图咨送②吏部考，授正八品。家居建祖祠，赡宗族，社仓捐谷，岁荒捐赈。寿八十四。邑令许龙章题其额曰“商山一派”。

［咸丰］《顺德县志》卷二十七《列传七·国朝三》：五载例满，考授正八品。

梁锦里　清顺德大良人。乾隆初授八品顶戴。寿82岁。

［乾隆］《顺德县志》卷十四《人物列传·方技》：大良人。好吟咏，善数学，旱潦丰歉微言屡中。有监生何之元宅眷往外，白昼被窃木箱，其子以问，锦里曰：“此箱不失，在屋后树下。但其中有银两包，数将拾金，当失少许。”其子以白之元时，邻妇在旁，箱其所窃也，闻之疑被觉察，恐败露急还之。果于树下寻获，仅少银钱一员，其明验类多如此。乾隆乙卯举乡耆，给八品顶戴。年八十二，锦里预知卒日，将届期，召亲邻与诀而逝，人咸异之。

陈黄氏（清康熙）　（1652—1745）清顺德陈村人。寿94岁。夫陈国玉。

［乾隆］《顺德县志》卷十四《人物列传·寿妇》：陈国玉妻黄氏，陈村人。生顺治壬辰，终乾隆乙丑，寿九十四，乾隆元年领绢帛。

叶际华　（1652—1747）清顺德桂洲人。寿96岁。

［乾隆］《顺德县志》卷十四《人物列传·耆寿》：桂洲人。生顺治壬辰，终乾隆丁卯，寿九十六。

岑承富　（1652—1748）字嘉兆，清顺德桂洲人。寿97岁。

［乾隆］《顺德县志》卷十四《人物列传·耆寿》：字嘉兆，桂洲人。生顺治壬辰，终乾隆戊辰，寿九十七，乾隆元年领绢帛。

方黄氏　（1652—1749）清顺德大良人。寿98岁。夫方

①监正：中国古代官职之一，清朝配置于朝廷之钦天监，正五品。掌管观察天象、制定历法等，分别隶属于时宪科、天文科、漏刻科等。

②咨送：移文保送。咨：清代用于同级机关的一种公文。

景祥。

［乾隆］《顺德县志》卷十四《人物列传·寿妇》：方景祥妻黄氏，大良人。生顺治壬辰，终乾隆己巳，寿九十八，两受恩赐粟帛。

陈杜氏 （1652—1750）清顺德龙涌人。寿 99 岁。夫陈学彦。

［乾隆］《顺德县志》卷十四《人物列传·寿妇》：陈学彦妻杜氏，龙涌人。事翁姑以孝闻，太姑郑氏年九十七，事之尤谨，郑尝言曰："杜事我敬且勤，愿其福寿过于我。"杜夫中道卒，触棺几绝，孀居数十年，泪常湿枕，人比之杞梁妻。常以所见兴衰事训诫子孙，竟夕不倦。雍正、乾隆初元两领恩赐，每给领，以其半办鸡豚，率子孙曾辈望阙再拜乃取尝，其余充以纺绩之资置祭田，曰："此巨典也，宜永荐祖考，昭示后世。"其明于大义类此。杜生顺治壬辰，终乾隆庚午，寿九十九，人谓郑太姑之愿不虚云。

伍梁氏 （1652—1750 后）清顺德古朗人。99 岁尚在。夫伍卓元。

［乾隆］《顺德县志》卷十四《人物列传·寿妇》：伍卓元妻梁氏，古朗人。生顺治壬辰，现年九十九，乾隆元年领绢帛。

［咸丰］《顺德县志》卷十五《耆寿·九十寿妇·国朝》：梁氏，古朗伍卓元妻。年九十九，乾隆十七年旌。

余犹及 （1652—1750 后）字廷硕，清顺德大良人。99 岁尚在。

［乾隆］《顺德县志》卷十四《人物列传·八品》：字廷硕，大良人。存心正直，接物和平。生顺治壬辰，现年九十九。乾隆元年恩诏奉部，准给八品顶带。

马煜 清南海人。岁贡，康熙二十一年（1682）任海南琼州府训导。

［康熙］《南海县志》卷五《选举志·国朝岁贡》：由廉州学，训导。

［雍正］《广东通志》卷三十六《选举志六·国朝·贡生·廉州府·府学》：琼州训导。

［道光］《广东通志》卷五十五《职官表四十六·国朝十三·琼州府·教

授训导·康熙朝》：廉州人，岁贡。二十一年任……训导。

方林鹤 清南海人。拔贡，康熙二十一年（1682）任广东高要县、三十一年任海南琼州府训导。

[康熙]《南海县志》卷五《选举志·国朝岁贡》：由从化学恩拔，训导。

[康熙五十八年]《肇庆府志》卷八《秩官志二·国朝·高要县训导》：南海人，拔贡，康熙二十一年任。

[道光]《广东通志》卷五十五《职官表四十六·国朝十三·琼州府·教授训导·康熙朝》：从化人，拔贡。三十一年任……训导。

叶松龄 清顺德龙山人。岁贡，康熙二十一年（1682）任广东增城、三十一年开建县教谕。

[康熙二十六年]《顺德县志》卷六《选举志·岁贡·国朝·康熙》：龙山人，增城教谕。

[康熙五十八年]《肇庆府志》卷八《秩官志二·国朝·开建县教谕》：顺德人，康熙三十一年任。

[乾隆]《广州府志》卷二十四《职官六·国朝·增城县教谕》：顺德人，岁贡，（康熙）二十一年任。

田于丰 一说名子丰，清南海人。岁贡，康熙二十一年（1682）任广东英德教谕、四十四年南雄府教授。

[道光]《广东通志》卷四十七《职官表三十八·国朝五·英德县·教谕训导·康熙朝》：南海人，岁贡。二十一年任，教谕。卷四十八《职官表三十九·国朝六·南雄府·教授训导·康熙朝》：南海人，四十四年任……教授。卷五十五《职官表四十六·国朝十三·文昌县·教谕训导·雍正朝》：田子丰，南海人……教谕。

刘鼎镇 清高明大唐美人。康熙二十一年（1682）岁贡，选惠来县训导。

[康熙二十九年]《高明县志》卷十二《贡生·清》：上仓人，康熙二十□□□贡。

[康熙五十八年]《肇庆府志》卷十四《选举志·国朝·岁贡·高明》：二十一年贡，高明县学康熙间贡。

[道光]《高明县志》卷十二《选举志·贡生·国朝》：大唐美人，康熙二十一年岁贡，选惠来县训导。

李长倩　清南海人。例贡，康熙二十一年（1682）任广东兴宁教谕。

[康熙]《南海县志》卷五《选举志·国朝岁贡》：例贡，教谕。

[道光]《广东通志》卷五十七《职官表四十八·国朝十五·兴宁县教谕训导·康熙朝》：南海人，二十一年任……教谕。

杨言名　字奏敷，清高明城中人。出生半个月丧父帝魁，康熙二十一年（1682）督修高明学宫。母严氏21岁守节至79岁。子进修，三十八年举人。

[康熙二十九年]《高明县志》卷七《学校志·儒学》：在县治东，坐碧玉冈，面卓秀峰……康熙二十一年，署县事南海县丞刘淑向、教谕郑启中、训导冼赡宗，暨通邑绅衿捐资修葺，焕然一新。生员谭锡蕃、谢陞选、谭伟魁、杨言名、黄自雷、谢仪逵、谢继安、莫文润督理，翰林检讨郑际泰记。

[康熙五十八年]《肇庆府志》卷二十《人物志下·列女·清》：严氏，高明廪生严宾赐女，杨帝魁之妻。归杨一载而魁亡，子名言尚未逾月，氏年二十一岁矢志抚孤，丁亥城破卒能幸全。日以小学课子，后子孙相继入泮，犹不废纺绩，寿七十九卒。康熙四十一年，阖邑公举其节，知县钮琇具详，督学道翁扁其闾曰“画荻遗风”。孙进修己卯亚魁。

[道光]《高明县志》卷十三《人物志·国朝》：字奏敷。半月失怙，母严氏守节育之，壮补弟子员，励志举业，终身不履公庭。寻于稔村溪边筑茅屋数椽，暑月迎母就养。尝以三恨语其子孙：一曰“举业未成”，一曰“母节未旌”，一曰“不能遗汝一经”。迨己卯科，子进修以《易》登亚魁，合邑以其母守节抚孤事请旌，孝思之报如此。

明廷弼　清三水西南人。康熙二十一年（1682）岁贡，任广东开平训导。

[康熙四十九年]《三水县志》卷三《选举表·国朝·贡途·康熙岁贡》：由清远学，二十一年贡。西南人，任开平教谕。

梁慎　清三水三江人。康熙二十一年（1682）岁贡，任大埔教谕。

［康熙四十九年］《三水县志》卷三《选举表·国朝·贡途·康熙岁贡》：二十一年贡，三江人。

［光绪］《广州府志》卷五十五《选举表二十四·仕宦六·国朝·文职·三水》：康熙二十一年岁贡，大埔学，教谕。

黄自雷 清高明伦埇人。康熙二十一年（1682）督修高明学宫，三十五年岁贡。

［康熙二十九年］《高明县志》卷七《学校志·儒学》：在县治东，坐碧玉冈，面卓秀峰……康熙二十一年，署县事南海县丞刘淑向、教谕郑启中、训导冼赡宗，暨通邑绅衿捐资修葺，焕然一新。生员谭锡蕃、谢陞选、谭伟魁、杨言名、黄自雷、谢仪逵、谢继安、莫文润督理，翰林检讨郑际泰记。

［康熙五十八年］《肇庆府志》卷十四《选举志·国朝·岁贡·高明》：三十五年贡，高明县学康熙间贡。

［道光］《高明县志》卷十二《选举志·贡生·国朝》：伦埇人，康熙三十五年岁贡。

黄承瓒 清顺德甘竹人。例贡，康熙二十一年（1682）任广东西宁（今郁南）教谕，二十五年病休回籍。

［康熙二十六年］《顺德县志》卷六《选举志·国朝·应例岁贡》：甘竹人，西宁教谕。

［康熙五十七年］《西宁县志》卷五《官师志·国朝·儒学教谕》：顺德人，捐纳岁贡，加纳教谕。康熙二十一年四月任，二十五年告病休致回籍。

谢陞选 清高明城中人。康熙二十一年（1682）督修高明学宫，二十七年岁贡，卒于广东高州训导任。

［康熙二十九年］《高明县志》卷七《学校志·儒学》：在县治东，坐碧玉冈，面卓秀峰……康熙二十一年，署县事南海县丞刘淑向、教谕郑启中、训导冼赡宗，暨通邑绅衿捐资修葺，焕然一新。生员谭锡蕃、谢陞选、谭伟魁、杨言名、黄自雷、谢仪逵、谢继安、莫文润督理，翰林检讨郑际泰记。卷十二《贡生·清》：城中人，康熙二十□□岁贡。

［康熙五十八年］《肇庆府志》卷十四《选举志·国朝·岁贡·高明》：二十七年贡，仕高州训导，卒于任，高明县学康熙间贡。

彭士锦　（？—1691）清南海人。康熙二十一年（1682）任广西合浦、二十九年任广东新兴县教谕。

［康熙］《南海县志》卷五《选举志·国朝岁贡》：由清远学例贡。

［康熙五十八年］《肇庆府志》卷八《秩官志二·国朝·新兴县教谕》：清远籍岁贡，南海人。康熙二十九年任，三十年卒于官。

［道光］《广东通志》卷五十三《职官表四十四·国朝十一·合浦县·教谕训导·康熙朝》：南海人，贡生。二十一年任……教谕。

谭伟魁　字国子，清高明城中人。康熙二十一年（1682）督修高明学宫，二十九年岁贡，任海南感恩训导。伯兄甲魁。

［康熙二十九年］《高明县志》卷七《学校志·儒学》：在县治东，坐碧玉冈，面卓秀峰……康熙二十一年，署县事南海县丞刘淑向、教谕郑启中、训导冼赡宗，暨通邑绅衿捐资修葺，焕然一新。生员谭锡蕃、谢陞选、谭伟魁、杨言名、黄自雷、谢仪逵、谢继安、莫文润督理，翰林检讨郑际泰记。

［康熙五十八年］《肇庆府志》卷十四《选举志·国朝·岁贡·高明》：二十九年，仕感恩训导，高明县学康熙间贡。

［道光］《高明县志》卷十二《选举志·贡生·国朝》：城中人，康熙二十九年岁贡，任感恩训导。卷十三《人物志·国朝》：字国子。性沉静，苦志力学。补邑弟子员，与伯兄甲魁互相砥砺。应康熙二十九年岁贡，授感恩训导。教授生徒，造就有法，游其门者多名士。

谭锡蕃　字接斯，清高明城中人。康熙二十一年（1682）督修高明学宫，二十三年岁贡，二十八年参修《高明县志》。乾隆朝任海南昌化训导，寿83岁。父雄辅。

［康熙二十九年］《高明县志》卷七《学校志·儒学》：在县治东，坐碧玉冈，面卓秀峰……康熙二十一年，署县事南海县丞刘淑向、教谕郑启中、训导冼赡宗，暨通邑绅衿捐资修葺，焕然一新。生员谭锡蕃、谢升选、谭伟魁、杨言名、黄自雷、谢仪逵、谢继安、莫文润督理，翰林检讨郑际泰记。卷十二《贡生·清》：城中人，康熙二十三年岁贡。卷首《高明县重修志序》：……今年春，进邑之绅士黄君之璧、谢君旻禧、王君载望、谭君锡蕃……旁搜博采，考昔证今……共成十八卷……康熙二十八年孟夏之吉，文林郎高明县知县于学谨序。

［道光］《广东通志》卷五十五《职官表四十六·国朝十三·昌化县·教谕训导·乾隆朝》：谭锡藩，高明人，训导。

［道光］《高明县志》卷三《建置志·漏泽园》：在城北半里，坐西向东，深十丈，广十丈五尺。顺治四年丁亥，因城中被难白骨堆积，有谭雄辅倩工遍拾，于教场侧合葬之，名曰义冢。（至六年，教谕黎民超与雄辅等募缘，通邑广建道场超度。后辅长子锡蕃应二十三年岁荐，任昌化县训导。）卷十三《人物志·国朝》：字接斯。性聪敏，弱冠补弟子员。康熙二十三年岁贡，与修邑《志》。任昌化训导，训士有方。及告归林下，淡泊自甘。年八十有三。

［道光］《肇庆府志》卷二十一《艺文·集部·别集类》：《见性诗集》，国朝谭锡蕃撰。锡蕃，高明人。

潘飏臣 清顺德冲鹤人。岁贡，康熙二十一年（1682）任广东普宁训导。

［康熙十三年］《顺德县志》卷六《选举志二·国朝·岁贡·康熙》：冲鹤人，府学贡。

［康熙］《广东通志》卷十五《选举志上·广州府·岁贡·国朝·番禺》：潘飏臣。

［乾隆］《番禺县志》卷十三《选举下·贡生·国朝恩岁优贡》：普宁学训导。

［乾隆］《顺德县志》卷十《选举志·贡生·清朝·康熙岁贡》：冲鹤人，普宁县教谕。

［道光］《广东通志》卷五十《职官表四十一·国朝八·普宁县·教谕训导·康熙朝》：顺德人，二十一年任……训导。

潘熛 清南海人。康熙二十一年（1682）岁贡。

［康熙］《南海县志》卷五《选举志·国朝岁贡》：由阳山学。

［道光］《南海县志》卷二十一《选举表二·国朝·贡生荐辟·康熙朝》：壬戌，由阳山学，岁贡。

黎士云 清顺德逢简人。康熙二十一年（1682）岁贡，任电白县训导。

［康熙五十八年］《肇庆府志》卷十四《选举志·国朝·岁贡·四会》：二十一年贡。

［乾隆］《顺德县志》卷十《选举志·贡生·清朝·雍正岁贡》：逢简人，电白县训导。

［道光］《广东通志》卷五十二《职官表四十三·国朝十·电白县·教谕

训导·康熙朝》：肇庆人……训导。

关承贲　（1653—1707）字炯文，号天南，清南海九江人。康熙十一年（1672）举人，三十四年任中书舍人，卒于官。父贤祚。

［康熙］《广州府志》卷二十七《乡举·国朝·南海》：康熙壬子，由从化学。

［雍正］《广东通志》卷三十五《选举志五·举人·康熙十一年壬子乡试榜》：从化人，中书。

《九江儒林乡志》卷十《选举略·国朝·举人·康熙十一年壬子科》：字炯文，号天南。从化学中式第四十一名，考授内阁中书舍人。《选举略·国朝·封荫》：关贤祚，以子承贲赠征仕郎、内阁中书舍人。卷十四《列传·清》：字炯文，号天南。南方凤山里人。充从化学增广生，康熙壬子领乡荐，时年仅二十耳。乙亥奉旨授内阁中书舍人，卒于官，年五十五。讣闻，乡闾悲恸，盖承贲生平敦敏好学，文行端优，解纷息争，口碑载道，竟以享年不永，未尽其用，士林惜之。

何谭氏　（1653—1743）清顺德大良人。寿91岁。夫何昌凤。

［乾隆］《顺德县志》卷十四《人物列传·寿妇》：何昌凤妻谭氏，大良人。生顺治癸巳，终乾隆癸亥，寿九十一。

何桥栋　（1653—1745）清顺德羊额人。寿94岁。

［乾隆］《顺德县志》卷十四《人物列传·耆寿》：羊额人。生顺治癸巳，终乾隆乙丑，寿九十四。

何云玉　（1653—1746）清顺德羊额人。寿94岁。

［乾隆］《顺德县志》卷十四《人物列传·耆寿》：羊额人。生顺治癸巳，终乾隆丙寅，寿九十四，乾隆元年领绢帛。

岑才勷　（1653—1748）清顺德桂洲人。寿96岁。

［乾隆］《顺德县志》卷十四《人物列传·耆寿》：桂洲人。生顺治癸巳，终乾隆戊辰，寿九十六。

罗文瞻　（1653—1744）清顺德大良人。寿92岁。父为昆。

［乾隆］《顺德县志》卷十四《人物列传·耆寿·罗为昆传》：大良人……子文瞻，生顺治癸巳，终乾隆甲子，寿九十二。

方云停　一说名停云，清南海佛山镇人。拔贡，康熙二十二年（1683）任广东韶州府训导，三十三年澄海教谕，三十五年揭阳教谕。

［康熙］《南海县志》卷五《选举志·国朝岁贡》：恩拔，训导。

［雍正］《广东通志》卷三十六《选举志六·国朝·贡生·广州府·南海县》：教谕。

［乾隆］《佛山忠义乡志》卷四《选举志·岁贡·清》：拔贡，揭阳教谕。

［道光］《广东通志》卷四十七《职官表三十八·国朝五·韶州府·教授训导·康熙朝》：南海人，拔贡。二十二年任，训导。卷五十《职官表四十一·国朝八·澄海县·教谕训导·康熙朝》：南海人，三十三年任……教谕。《国朝·揭阳县·教谕训导·康熙朝》：南海人，三十五年任，教谕。

［同治］《南海县志》卷九《贡生》：方停云，揭阳教谕，前《志》作“云停”，康熙朝。

邓仲璠　清三水南岸人。康熙二十二年（1683），知县奖励。

［康熙四十九年］《三水县志》卷十二《人物传·潜德》：南岸人。品行忠直，乡族推为乡正。康熙癸亥年，县主王旌奖，锡扁曰“一乡善士”。

邝廷弼　清南海人。例贡，康熙二十二年（1683）任广东东安（今云浮）教谕，升湖广襄阳县知县。

［康熙二十六年］《东安县志》卷六《秩官志·师儒·教谕·清》：南海县人，由岁贡，康熙二十二年任。

［康熙］《南海县志》卷五《选举志·国朝岁贡》：由府学例贡，训导。

［乾隆］《东安县志》卷三《秩官志·教谕·清》：南海人，岁贡，康熙二十二年任，升湖广襄阳县知县。

卢大经 清顺德龙山人。岁贡，康熙二十二年（1683）任广东清远教谕。

［康熙二十六年］《顺德县志》卷六《选举志·岁贡·国朝·康熙》：龙山人，清远教谕。

［雍正］《广东通志》卷三十六《选举志六·国朝·贡生·广州府·顺德县》：清远教谕。《国朝·贡生·廉州府·钦州》：邵阳知县。

［乾隆］《顺德县志》卷十《选举志·贡生·清朝·康熙岁贡》：龙山人，郧阳县知县。

［乾隆］《广州府志》卷二十四《职官六·国朝·清远县教谕》：顺德人，康熙二十二年任。

关国俊 清顺德上直人。岁贡，康熙二十二年（1683）任海南澄迈教谕，升海盐知县。

［乾隆］《顺德县志》卷十《选举志·贡生·清朝·康熙岁贡》：上直人，历澄迈县教谕，升海盐知县。

［道光］《广东通志》卷五十五《职官表四十六·国朝十三·澄迈县·教谕训导·康熙朝》：南海人，岁贡。二十二年任……教谕。

陈协陶 清三水白坭人。乡族推为乡正，康熙二十二年（1683），知县王永名奖匾。

［康熙四十九年］《三水县志》卷十二《人物传·潜德》：白坭人。素行端庄，乡族推为乡正。康熙癸亥年，县主王旌奖善行，赐扁曰“清时耆硕”。仍发告示，刑杖劝化，乡族悦服。

梁廷佐 （？—约1711）字彦腾，号叠石，清顺德桂林人。康熙二十二年（1683）任广东惠来教谕，二十四年任海南定安教谕，四十六年任从化教谕，卒于官。父林建早亡，母冯氏遗腹生他，三十八年被旌表。

［康熙二十六年］《顺德县志》卷六《选举志·国朝·应例岁贡》：桂林人，定安教谕。

［雍正］《广东通志》卷五十《列女志二·各府》：冯氏。适梁林建七月而寡，奉姑孀守。既而遗腹举子廷佐，与其孀娌郑氏同抚之有成。康熙三十八年旌……顺德人。

[乾隆]《顺德县志》卷十二《人物列传·孝友》：字彦腾，号叠石，桂林人。父林建早世，母冯有妊，后五月而生廷佐。及长，孝事孀母，自励于学。以岁荐教惠来，八阅月而丁大父忧归，惠人勒石纪去思。补定安，迎母侍养。定安人士赴科维艰，母命设义田以资之。廷佐乃自鬻产，母复解佩以助之，置田三百亩。定安名宦、乡贤二祠久塌，竭力修筑。既而母思故里，廷佐力请终养。月所剃发埋于居丁山，琼南牧竖皆爱护之，曰“梁公发冢”。寻丁母忧。服阕补从化，祀名贤，纂刻《贞烈传》，所为皆有功名教事，未几卒于官。生平学术醇正，实得于□□端懿公云。有《浣砚堂□□迂言》《定阳义则》《□表文钞》《岭海清讴》诸书藏于家。

[乾隆]《广州府志》卷三十八《人物七·孝行·顺德·清》：字彦腾……有《浣砚堂惠铎迂言》《定阳义则》《旌表文钞》《岭海清讴》。

[道光]《广东通志》卷五十《职官表四十一·国朝八·惠来县·教谕训导·康熙朝》：封川人，二十二年任……教谕。卷五十五《职官表四十六·国朝十三·定安县·教谕训导·康熙朝》：顺德人，岁贡。二十四年任……教谕。卷四十六《职官表三十七·国朝四·从化县·教谕训导·康熙朝》：封川人，四十六年任……教谕。

[咸丰]《顺德县志》卷二十五《列传五·国朝一》：定安有武弁辱士，兵帅复左袒为揭三院，士气益沮。廷佐乃具详其实，遣仆曾阿喜渡海赍赴会城。喜故善走，促行七昼夜，文先达，得直。喜还，以瘁卒于高凉。廷佐哭之，定安士又建义仆祠祀焉。卷二十九《列传九·列女二·国朝》：冯氏，桂林梁林建妻，龙湾启明女。年二十三归，甫七月夫殁，遗腹生廷佐。守志不复归宁，事舅姑尽妇道。与夫弟林庆妻郑氏、友廷妻何氏同居孀守，纺绩抚孤，壶范严肃，乡人称为双白壁，按察使王令表闾曰“节孝”。廷佐长，以明经官定安教谕，不忍离，氏以大义促之，旋迎养焉。琼士秋试者资斧维艰，冯出所治绢葛若干匹并鬻簪珥，令廷佐置田三百亩，岁以所入资之。诸生德冯，共立生祠，颜曰“食德”。康熙三十五年题闻。

梁良榘 一说名良渠，清顺德碧江人。康熙二十二年(1683)岁贡。

[康熙二十六年]《顺德县志》卷六《选举志·国朝·岁贡（补遗）》：碧江人。

[康熙五十八年]《肇庆府志》卷十四《选举志·国朝·岁贡·府学》：梁良渠，(康熙)二十二年贡。

梁璧　清南海人。岁贡，康熙二十二年（1683）任广东英德训导。

［康熙］《南海县志》卷五《选举志·国朝岁贡》：由开平学，训导。

［道光］《广东通志》卷四十七《职官表三十八·国朝五·英德县·教谕训导·康熙朝》：南海人，岁贡。二十二年任，训导。

黄以敬　清南海人。岁贡，康熙二十二年（1683）任广东阳江训导。

［康熙］《南海县志》卷五《选举志·国朝岁贡》：训导。

［乾隆］《肇庆府志》卷七《秩官志上·阳江县·国朝·训导》：南海岁贡，康熙二十二年任。

黄良辅　清南海九江人。康熙二十二年（1683）岁贡。

［雍正］《广东通志》卷三十六《选举志六·国朝·贡生·广州府·南海县》：黄良辅。《国朝·贡生·罗定州·州学》：黄良辅。

《九江儒林乡志》卷十《选举略·国朝·贡生·康熙二十二年癸亥》：东安学岁贡。

曹起龙　字兆辉，清香山人，迁佛山。康熙二十二年（1683）任把总守澳门，旋调连州星子营，二十八年升连阳中军守备。三十六年因疾请归，寿75岁。子贤伟，康熙五十年举人，雍正十一年（1733）任广东阳春教谕。汲任浙江归安知县。

［乾隆］《佛山忠义乡志》卷八《人物志·武功·清》：字兆辉，原香山人，卜迁佛山。美须髯，有勇略。康熙二十二年，以把总分守澳门，旋调连州星子营。时山贼窃发，流毒两省间，起龙领兵挫贼锋，夺回被掳者百余口，授阳山城守。二十八年，连山贼陈凤焚劫三广，旋抚复叛，上官调起龙往征。大战破贼，胁从尽释，复历险穷追三阅月，得贼魁及其党歼焉，救被掳者无算。升连阳中军守备，阳民攀留，许就旧署行中军事。是秋太平龙水尾诸排复叛，起龙率兵直捣山谷中，瑶大恐，悉归所俘以降。三十六年因疾请归，越明年，当事思其才，复以防瑶游击征，起龙坚辞不赴。年七十五卒。有子十二人，五子贤伟，康熙辛卯举于乡，任项城令。七子汲任归安令。

崔应运　（？—1713）清南海人。康熙二十二年（1683）

岁贡，三十九年任广东开建县教谕。

[康熙]《南海县志》卷五《选举志·国朝岁贡》：由廉州府学。

[康熙五十八年]《肇庆府志》卷八《秩官志二·国朝·开建县训导》：南海人，康熙三十九年任，五十二年卒官。

[道光]《南海县志》卷二十一《选举表二·国朝·贡生荐辟·康熙朝》：癸亥，由廉州府学。岁贡，开建教谕。

谭秉奇　清南海人。岁贡，康熙二十二年（1683）任广东始兴训导。

[康熙]《南海县志》卷五《选举志·国朝岁贡》：由连山学，训导。

[康熙]《广东通志》卷十五《选举志上·广州府·岁贡·国朝·南海》：由阳山学。

[道光]《广东通志》卷四十八《职官表三十九·国朝六·始兴县·教谕训导·康熙朝》：连山人，二十二年任……训导。

黎佑卿　字再申，清高明圣堂人。康熙二十二年（1683）至三十四年在任的高明知县于学聘请他掌管义学，三十七年岁贡。兄珍卿。

[康熙五十八年]《肇庆府志》卷十四《选举志·国朝·岁贡·府学》：(康熙）三十七年贡。兄珍卿。

[光绪]《高明县志》卷十二《选举表·国朝·岁贡·康熙朝》：圣堂人，六十年贡，由府学。卷十三《列传二·人物·国朝》：字再申。府学岁贡。经术湛深，尤精《易》。与兄珍卿互相砥砺，恪守先世义方之训。邑令于学器重之，延掌义学，游其门者多赖裁成。卷五《职官表·国朝·知县·康熙朝》：于学，江南吴江人，监生，二十二年任，重修《县志》。

黎叶氏　（1654—1743）清顺德龙山人。夫黎东炎卒时23岁，守节至90岁。

[乾隆]《顺德县志》卷十四《人物列传·节妇》：黎东炎妻叶氏，龙山人。年二十三守节，卒于乾隆八年，寿九十。

李何氏（清康熙）　（1654—1745）清顺德桂洲人。寿92岁。夫李叔旻。

［乾隆］《顺德县志》卷十四《人物列传·寿妇》：李叔旻妻何氏，桂洲人。生顺治甲午，终乾隆乙丑，寿九十二，两受恩赐粟帛。

麦公彝　（1654—1745）清顺德勒楼人。寿92岁，乾隆二年（1737）领绢帛。

［乾隆］《顺德县志》卷十四《人物列传·耆寿》：勒楼人。生顺治甲午，终乾隆乙丑，寿九十二，乾隆二年领绢帛。

胡允文　（1654—1746）清顺德高赞人。寿92岁。

［乾隆］《顺德县志》卷十四《人物列传·耆寿》：高赞人，西宁学附生。生顺治甲午，终乾隆丙寅，寿九十二。

李萧氏　（1654—1748）清顺德龙江人。寿95岁。夫李殿韬。

［乾隆］《顺德县志》卷十四《人物列传·寿妇》：州同李殿韬妻萧氏，龙江人。生顺治甲午，终乾隆戊辰，寿九十五，乾隆元年领绢帛。

［咸丰］《顺德县志》卷十五《耆寿·九十寿妇·国朝》：萧氏，龙山州同李殿韬妻。年九十五，受绢帛。

何道洪　（1654—1749）清顺德仕版人。寿96岁。

［乾隆］《顺德县志》卷十四《人物列传·耆寿》：仕版人。生顺治甲午，终乾隆己巳，寿九十六。

岑承国　（1654—1750）字廷兆，清顺德桂洲人。寿97岁。

［乾隆］《顺德县志》卷十四《人物列传·耆寿》：字廷兆，桂洲人。生顺治甲午，终乾隆庚午，寿九十七，乾隆元年领绢帛。

鲁熺　字贤子，清顺德容奇人。康熙五十二年（1713）、雍正四年（1726）赈饥，乾隆元年（1736）给八品顶戴。妻罗氏，大良人，寿97岁。

［乾隆］《顺德县志》卷十三《人物列传·行谊》：字贤子，容奇人。少值析边，客处他乡，孝友无间。父殁时年甫十二，哀泣如成人礼。叔乏嗣，

序应承祧，遭生母、胞兄之丧，哀恸迫切，不以出继少减。寻宽界复业，建祠宇以妥先灵，作家训以励宗族，族中贫乏者时加赒恤。癸巳、丙午岁饥，捐粟赈济，丧不能殓者给以棺，人多感其惠。为郡诸生，乾隆元年举耆老，给八品顶带。生平研究精切，尝曰："世多视圣贤语言为糟粕，惟涉猎于子史百家以图博青紫。吾辈读书贵静会其理，诚得其旨趣，自有得意忘言者，而人世华膴又何计焉！"其学识有过人处。卷十四《人物列传·寿妇》：生员鲁熺妻罗氏，大良人。生顺治甲午，终乾隆庚午，寿九十七，两受恩赐粟帛。

［咸丰］《顺德县志》卷二十五《列传五·国朝一》：少值徙界客他乡，父殁甫十二龄，哀毁如成人。展界，建祠设尝祭，赒恤族属。雍正癸巳、丙午饥，捐粟赈活多人。生平好学，信古不懈。

冯昌泰 （1654—？）清顺德水藤人。乾隆二年（1737）领绢帛，97岁尚在。

［乾隆］《顺德县志》卷十四《人物列传·耆寿》：水藤人。生顺治甲午，现年九十七岁，乾隆二年领绢帛。

唐宾秀 （1654—？）清顺德冲鹤人。97岁尚在。

［乾隆］《顺德县志》卷十四《人物列传·耆寿》：冲鹤人。生顺治甲午，现年九十七。

龚梁氏 （1654—？）清顺德黄连人。97岁尚在。夫龚符俊。

［乾隆］《顺德县志》卷十四《人物列传·寿妇》：龚符俊妻梁氏，黄连人。生顺治甲午，现年九十七。

区公召 清高明棠尾人。康熙二十三年（1684）岁贡。

［康熙二十九年］《高明县志》卷十二《贡生·清》：清溪人，康熙二十三年府学岁贡。

［道光］《高明县志》卷十二《选举志·贡生·国朝》：棠尾人，康熙二十三年府学岁贡。

邓帝珍 清顺德水藤人。康熙二十三年（1684）举人，四十五年任海南万州学正。

[康熙二十六年]《顺德县志》卷六《选举志・国朝・举人・康熙二十三年甲子科》：水藤人。

[康熙]《南海县志》卷五《选举志・国朝乡举・康熙甲子》：顺德人，由本学。

[乾隆]《顺德县志》卷十《选举志・举人・清朝・康熙甲子》：南海籍水藤人，万州学正。

[道光]《广东通志》卷五十五《职官表四十六・国朝十三・万州・学正训导・康熙朝》：顺德人，四十五年任……学正。

[咸丰]《顺德县志》卷十六《胜迹略・祠庙・江村属》：科甲名臣祠，在水藤堡，前明建。祀循吏马壮行，进士何济，知府马骢、邓鉴，通判邓德纯、邓帝珍、邓大勋，知县邓之正、邓宗闰，司务邓英芝，举人邓储才、何玉汝、邓瑞十三人。

邓瑞（清康熙） 清顺德水藤人。康熙二十三年（1684）举人，四十三年任广东澄海教谕。

[康熙二十六年]《顺德县志》卷六《选举志・国朝・举人・康熙二十三年甲子科》：水藤人。

[康熙五十八年]《肇庆府志》卷十四《选举志・国朝・举人・康熙甲子》：德庆人，任澄海教谕。

[道光]《广东通志》卷七十八《选举表十六・举人一・国朝・康熙二十三年甲子・肇庆府》：原东莞人，德庆籍，澄海教谕。卷五十《职官表四十一・国朝八・澄海县・教谕训导・康熙朝》：顺德人，四十三年任……教谕。

邝世科 清南海人。康熙二十三年（1684）武举第一名。

[康熙]《南海县志》卷五《选举志・国朝武乡举・康熙甲子》：解元。

[乾隆]《南海县志》卷八《选举志・国朝武乡举・康熙甲子》：解元。

甘儒 清南海人。康熙二十三年（1684）岁贡，任海南陵水教谕。

[康熙]《南海县志》卷五《选举志・国朝岁贡》：由高府学。

[道光]《广东通志》卷五十五《职官表四十六・国朝十三・陵水县・教谕训导・年次无考》：茂名人……训导。

[道光]《南海县志》卷二十一《选举表二・国朝・贡生荐辟・康熙朝》：由高州府学，岁贡，陵水教谕，甲子。

卢上进 （？—1724）字闇思，号学山，清顺德龙山人。康熙二十三年（1684）副贡，三十五年举人，任湖北郧县知县。雍正二年（1724）分校湖北乡试，待升职卒。父必达。

［康熙二十六年］《顺德县志》卷六《选举志·恩贡·国朝·康熙》：龙山人。

［雍正］《广东通志》卷三十五《选举志五·举人·康熙三十五年丙子乡试榜》：顺德人，知县。卷三十七《封荫志·国朝封赠》：卢必达，顺德人，以子上进赠文林郎。

［乾隆］《顺德县志》卷十二《人物列传·宦绩》：字闇思，号学山，龙山人。笃学能文，康熙甲子中副车，丙子登贤书。令郧县，清勤自矢。县界河南淅川、陕西商河，中有五泉相连名曰"五股泉"，水散漫无归。上进捐资筑堰，四旁分沟溉田，民利之名曰"卢公堰"。田之荒芜者招徕垦辟。乡有虎患，移檄山神，患遂绝。尝设义学亲课生童，文风以振。雍正甲辰分校湖北乡试，寻题升，未赴卒，邑人立祠祀之。

［咸丰］《顺德县志》卷二十五《列传五·国朝一》：宰郧县，清勤自持。县界河南、淅川、陕西、商河（张《府志》作商州）。

卢挺生 清顺德众涌人。康熙二十三年（1684）岁贡。

［康熙二十六年］《顺德县志》卷六《选举志·岁贡·国朝·康熙》：众涌人。

［康熙五十七年］《西宁县志》卷六《国朝·岁贡》：康熙二十三年。

［道光］《西宁县志》卷九《国朝·岁贡·康熙》：原籍顺德，二十三年贡。

刘瑞 本姓谭，清南海人。康熙二十三年（1684）岁贡。

［康熙］《南海县志》卷五《选举志·国朝岁贡》：本姓陈，由石城学。

［雍正］《广东通志》卷三十六《选举志六·国朝·贡生·广州府·南海县》：本姓谭。《国朝·贡生·高州府·石城县》：本姓陈。

［道光］《南海县志》卷二十一《选举表二·国朝·贡生荐辟·康熙朝》：由石城学，岁贡。本姓谭，魏《志》"本姓陈"，误也……甲子。

刘煜乾（清康熙） 清三水人。康熙二十三年（1684）

武举。

［康熙四十九年］《三水县志》卷三《选举表・国朝・武举》：甲子科。

［嘉庆］《三水县志》卷九《武科・武举・康熙二十三年甲子科》：刘煜乾。

［光绪］《广州府志》卷四十八《选举表十七・武科・国朝・康熙二十三年甲子科》：三水人。

关必登 字揆端，号樵阳，清南海九江人。康熙二十三年（1684）举人，四十三年任海南琼山县、五十二年任广东海阳县、雍正二年（1724）任归善县教谕，次年升南雄府教授。父锃。弟龙康熙三十二年举人，王孙雍正四年（1726）举人。

［康熙］《南海县志》卷五《选举志・国朝乡举・康熙甲子》：由三水学。

［康熙四十九年］《三水县志》卷三《选举表・国朝・文举人・康熙甲子科》：关必登。

［嘉庆］《三水县志》卷九《选举・举人・国朝・康熙二十三年甲子王沄榜》：教授。

［道光］《广东通志》卷五十五《职官表四十六・国朝十三・琼山县・教谕训导・康熙朝》：南海人，举人。四十三年任……教谕。卷五十《职官表四十一・国朝八・海阳县・教谕训导・康熙朝》：南海人，五十二年任……教谕。卷四十九《职官表四十・国朝・归善县・教谕训导・雍正朝》：南海人，二年任……教谕。卷四十八《职官表三十九・国朝六・南雄府・教授训导・雍正朝》：南海人，三年任……教授。

［道光］《南海县志》卷二十一《选举表二・国朝・封荫・康熙朝》：关锃，以子必登封登仕郎。

［同治］《南海县志》卷十五《列传・官师》：字揆端，号樵阳，九江人。康熙甲子科乡试举人，官琼山教谕。地居海外，官此者冒瘴厉、涉风涛，故在任多苟过日时，恒惴惴冀速迁内地，至教职以冷官处僻壤，人尤难堪。必登谓："一官有一官之事，训士子，明礼教，师儒事也。朝廷为官择人，岂为人择地？矧逆藩变乱，扰及海疆，士多废业，今国威遐畅，偃武修文，不及时端士习，振文风，岂不负负？"由是月课、季考孜孜不倦，其能文者呼至学署，亲为指授，虽父兄之诲子弟不过如是也。儒师俸薄，朝夕薪水之需，惟仗脩脯。故事因新进之丰歉为执贽之重轻，黠者口虽不言，亦授意门斗学书多方苛索。必登曰："古者相见必执贽为礼，一以定师生之分，一以验来学之诚，非为取盈计也。"遂不问贫富多少听其自将，士子重其得体，尤敬服之。

必登淹贯经史，积学能文，弟龙及王孙经其陶成，于癸酉、丙午两科先后登乡榜。在琼南文名尤噪，邑令王贽修志乘，发凡起例，仗其襄赞居多。值戊子科乡试，福建省采访时望，特聘为同考官，果能杜苞苴、绝请托，所荐皆知名士。先后历琼山、归善、海阳三教谕，以积俸升南雄府教授，而任琼山最久，绩最著。身后士绅联请，崇祀县学名宦祠，其教泽入人之深如此。

《九江儒林乡志》卷十《选举略·国朝·举人·康熙二十三年甲子科》：字揆端，号樵阳。三水学，中式第二十三名。初官海阳教谕，转琼山归善教谕，戊子聘福建同考试官，迁南雄教授。弟龙、王孙皆举人。卷十四《列传·清》：字揆端，号樵阳，北方新涌人。淹贯经史，积学能文。康熙甲子由三水学领乡荐，官琼山教谕。地居海外，官此者冒瘴厉、涉风涛，在任恒惴惴冀速迁内地，至教职以冷官处僻壤，人尤难堪。必登曰："朝廷为官择人，岂为人择地？矧逆藩变乱，扰及海疆，士多废业，今幸国威遐畅，偃武修文。余秉铎斯土，忍令子衿仍其仆陋，而不亟为之振兴乎？"于是，月课、季考孜孜不倦，其能文者时呼至学署，亲为指授，如父兄之于子弟，士咸悦慕。儒师俸薄……其教泽入人之深如此。弟龙及王孙并受其陶成，癸酉、丙午两科次第登乡榜。

关正运　清南海人。康熙二十三年（1684）举人。

［康熙］《南海县志》卷五《选举志·国朝乡举·康熙甲子》：由广西中式。

［道光］《广东通志》卷七十八《选举表十六·举人一·国朝·康熙二十三年甲子附广西中式》：南海人，《广西通志》作岑溪籍苍梧人。

关殿望　清南海九江人。康熙二十三年（1684）武举，任连阳城守。

［康熙］《南海县志》卷五《选举志·国朝武乡举·康熙甲子》：关殿望。

［雍正］《广东通志》卷三十五《选举志·五武举人·康熙二十三年甲子乡试榜》：广州人。

《九江儒林乡志》卷十《选举略·国朝·武举·康熙二十三年甲子科》：县学，连阳城守。

伦之纲　清顺德石硝（今属南海）人。康熙二十三年（1684）举人。父奇遇。

［康熙二十六年］《顺德县志》卷六《选举志·国朝·举人·康熙二十三

年甲子科》：石硝人。

［雍正］《广东通志》卷三十五《选举志五·举人·康熙二十三年甲子乡试榜》：开平人，主事。卷三十七《封荫志·国朝封赠》：伦奇遇，顺德人，以子之纲赠文林郎。

［乾隆］《顺德县志》卷十《选举志·举人·清朝·康熙甲子》：开平籍石硝人，历户部主事。《封赠·主事·清朝》：伦奇遇，以子之纲贵赠。

麦见转　清南海人。康熙二十三年（1684）举人，任湖北竹山知县。父有穗。

［康熙］《南海县志》卷五《选举志·国朝乡举·康熙甲子》：由清远学。

［雍正］《广东通志》卷三十五《选举志五·举人·康熙二十三年甲子乡试榜》：清远人，知县。

［道光］《南海县志》卷二十一《选举表二·国朝·举人·康熙朝》：清远学，竹山知县……甲子科。《国朝·封荫·康熙朝》：麦有穗，以子见转赠文林郎。

劳翱　清南海佛山镇人。康熙二十三年（1684）岁贡，三十三年任广东潮阳县、四十五年任海南儋州训导。子元恭死，儿媳黄氏24岁守节，乾隆五年（1740）旌表。

［康熙］《南海县志》卷五《选举志·国朝岁贡》：由封川学。

［康熙五十八年］《肇庆府志》卷十四《选举志·国朝·岁贡·封川》：二十三年贡，南海人，封川学康熙间贡。

［道光］《广东通志》卷五十《职官表四十一·国朝八·潮阳县·教谕训导·康熙朝》：南海人，三十三年任……训导。卷五十五《职官表四十六·国朝十三·儋州·学正训导·康熙朝》：南海人，岁贡。四十五年任……训导。

［道光］《佛山忠义乡志》卷九《列女·国朝·节孝》：庠生劳元恭妻黄氏，二十四岁而寡。氏翁劳翱任儋州学正，及丁艰致仕，家居贫而食指繁，氏出其奁助翁家费不少吝。抚一子成立，乾隆五年旌表。孙文晃，邑庠，孝友严正，如修祖坟、建拾婴会不惮劳焉，生平教人循循善诱，后进多所裁成云。曾孙作栋，邑庠生。

杜迪方　清南海人。康熙二十三年（1684）武举。

［康熙］《南海县志》卷五《选举志·国朝武乡举·康熙甲子》：杜迪方。

李茂 清南海佛山镇人。康熙二十三年（1684）副贡，任感恩县教谕。弟待问，子象丰，孙茂、萼。

［雍正］《广东通志》卷三十六《选举志六·国朝·贡生·连州·阳山县》：甲子副榜。

［乾隆］《佛山忠义乡志》卷四《选举志·岁贡·清》：科贡，感恩教谕。

［道光］《广东通志》卷五十五《职官表四十六·国朝十三·感恩县·教谕训导·康熙朝》：南海人，副榜，教谕。

［道光］《佛山忠义乡志》卷九《孝友·明·李敬问传》：尚书待问同母兄。子象丰领乡荐。孙茂甲子副榜、萼庚子副榜，能世其家。

李枝翘 清三水西南人。康熙二十三年（1684）岁贡。

［康熙四十九年］《三水县志》卷三《选举表·国朝·贡途·康熙岁贡》：二十三年贡，西南人。

李锡瓒 清南海佛山镇人。康熙二十三年（1684）武举。

［康熙］《南海县志》卷五《选举志·国朝武乡举·康熙甲子》：李锡瓒。

［雍正］《广东通志》卷三十五《选举志五·武举人·康熙二十三年甲子乡试榜》：广州人。

［乾隆］《佛山忠义乡志》卷六《乡俗志·氏族》：李氏，明有尚书待问，员外升问，举人应问，经历好问、徵问、承问，署丞孝问，主事象同。国朝举人象升、锡瓒，教授锡命，教谕召问、茂、锡移，训导锡简，现举人知县绍祖、煐，举人大成。

李殿苞 字桐君，号凤冈，清顺德陈村人。16岁诸生，73岁为康熙朝岁贡。康熙五十六年（1717）赈饥。父文灿崇祯恩贡，子朗瑄、逢春。

［雍正］《广东通志》卷三十六《选举志六·国朝·贡生·广州府·顺德县》：李殿苞。

［乾隆］《顺德县志》卷十《选举志·贡生·清朝·康熙岁贡》：陈村人。卷十三《人物列传·文苑》：字桐君，号凤冈，陈村人，文灿子。少有神童之誉，读书一览成诵，年十六补弟子员，试辄前矛。淹贯经史，通词赋，问字索文踵相接也。性孝友，父以五月卒，至老不忍闻竞渡声。丁酉将筑室，值岁饥，即所积谷五百余石给赈贫乏，兴筑遂寝。居篁村，邻人侵其屋地，笑而与之。尝贷千金，一日延诸贷者痛饮，焚其券。舟行值飓风，前舟覆，苞

溯洪波拯溺者二人，载之归，赠而遣之。尝捐金延师教族人，多所成就。给谏郑际泰谓“经明行修之士如殿苞仅见”，年七十三以明经卒，士林惜之，著有《碧梧园凤冈诗文集》《大雅词钞》《醉余草》诸书藏于家。

［道光］《广东通志》卷一百九十七《艺文略九·集部三》：《碧梧园集》九卷，国朝李殿苞撰，存。《岭南贯珠集》之五。

［咸丰］《顺德县志》卷二十五《列传五·国朝一》：年七十三得贡卒。

李殿华　字竹君，清顺德陈村人。康熙二十三年（1684）岁贡，三十六年赈饥并任广东香山训导，不久卒于任。兄弟殿苞、殿菖，子陵露。

［康熙五十八年］《肇庆府志》卷十四《选举志·国朝·岁贡·广宁》：（康熙）二十三年贡，广州府人，仕香山训导，广宁县学康熙间贡。

［雍正］《广东通志》卷三十六《选举志六·国朝·贡生·广州府·顺德县》：香山训导。

［乾隆］《顺德县志》卷十《选举志·贡生·清朝·康熙岁贡》：陈村人，广宁籍，香山县训导。卷十二《人物列传·宦绩》：字竹君，陈村人。少颖悟，过目成诵，髫龄补弟子员。事亲以孝闻，母病十载，夜卧衣不解带。康熙丁丑饥，捐粟出赈，老弱者亲踵其门，自行加给，乡人多赖存活。族兄嘉全客死燕都，力为运葬，更割产以养其孀孤。旋以挨贡①授香山司训，教士有方，先实行后文艺，诸生有不给者济之。委理征输，开诚劝谕，积逋尽纳，上嘉其能。未几卒于任。子陵露，字崇镇，性洁喜吟，待铨州同知。丁外艰哀毁过度卒，著有《听松吟》藏家。

［乾隆］《广州府志》卷二十四《职官六·国朝·香山县训导》：广宁人，岁贡，（康熙）三十六年任。

［咸丰］《顺德县志》卷二十五《列传五·国朝一·李殿苞传》：弟殿华。

吴国英　清顺德黄麻涌人。康熙二十三年（1684）举人。其女20岁守节，雍正四年（1726）旌表。

［康熙二十六年］《顺德县志》卷六《选举志·国朝·举人·康熙二十三年甲子科》：大良人。

---

①岁贡是由地方的府、州、县学将秀才依次排队，按规定时间循序推荐到国子监，俗称挨贡。

[雍正]《广东通志》卷五十《列女志二·各府》：吴氏女，举人国英女。许嫁游秩仙，未婚秩仙卒。吴奔丧守节，事王姑及耄翁养，葬尽礼……雍正四年旌……顺德人。

[乾隆]《顺德县志》卷十《选举志·举人·清朝·康熙甲子》：大良住，黄麻涌人。

[咸丰]《顺德县志》卷二十九《列传九·列女二·国朝》：秩仙卒，氏年二十，奔丧贞守。事祖姑及翁，养葬尽礼……雍正四年旌。

何斌临 号简斋，清顺德马村人。康熙二十三年（1684）举人，三十六年进士，任安徽休宁知县。父士灏。

[康熙二十六年]《顺德县志》卷六《选举志·国朝·举人·康熙二十三年甲子科》：新良人。

[雍正]《广东通志》卷三十五《选举志五·举人·康熙二十三年甲子乡试榜》：番禺人，登进士。《进士·国朝·康熙三十六年丁丑李蟠榜》：番禺人，知县。

[乾隆]《顺德县志》卷十《选举志·举人·清朝·康熙甲子》：番禺籍马村人。卷十二《人物列传·宦绩》：号简斋，新良人。好读书，举康熙甲子乡科，丁丑成进士。选休宁令，洁己爱民，钱谷刑名未尝假手于幕客。当下车时，闻休俗有锢其婢仆终身不为昏配者，斌临叹曰："是俗急宜变也！"每朔望宣讲圣谕毕，必进父老而婉谕之，复遍贴禁锢婢文，俗果变。三年卒于官，休人立祠祀之。

[道光]《广东通志》卷七十八《选举表十六·举人一·国朝·康熙二十三年甲子·广州府》：顺德人，番禺籍，字简斋，进士。卷七十七《选举表十五·进士·国朝·康熙三十六年丁丑李蟠榜·广州府》：顺德人，番禺籍。二甲，休宁知县。

[咸丰]《顺德县志》卷十二《封荫表·封赠（文阶）·国朝》：何士灏，马村人，以子斌临赠休宁县知县。

陈仕进 清南海人。康熙二十三年（1684）武举。

[康熙]《南海县志》卷五《选举志·国朝武乡举·康熙甲子》：陈仕进。

[康熙四十九年]《三水县志》卷三《选举表·国朝·武举》：甲子科。

陈宪祖 字务方，清顺德大良人。康熙二十三年（1684）举人，授平原令，调长山知县。父慧仑，堂兄际临。

［康熙二十六年］《顺德县志》卷六《选举志·国朝·举人·康熙二十三年甲子科》：大良人。

［康熙］《南海县志》卷五《选举志·国朝乡举·康熙甲子》：顺德人，由本学。

［雍正］《广东通志》卷三十五《选举志五·举人·康熙二十三年甲子乡试榜》：南海人，知县。卷三十七《封荫志·国朝封赠》：陈慧仑，顺德人，以子宪祖赠文林郎。

［乾隆］《顺德县志》卷十二《人物列传·宦绩·陈际临传》：字务敦，号刚长……从弟宪祖，字务方，甲子举人，授平原令，调长山。揆几应变，政洽民怀。告归，士民立碑以纪去思。

［乾隆］《广州府志》卷二十九《选举一·南海县·清》：教授，康熙甲子举人。

［咸丰］《顺德县志》卷二十五《列传五·国朝一》：邑细民偶犯私铸，或张大其事闻于朝，重臣出以兵捕，宪祖婉白其虚……而事解。厘漕弊，革浮费。癸巳水灾请蠲恤，牍凡三上卒得报，亲发不假胥吏，羸弱悉均，宵小借饥窃发峻治之。莅长五年，不名一钱，县当山左孔道，星使迭出，供亿旁午，不派里民，缘以挪垫挂误降调归，士民相率助完公帑，资其行费。家居常屈己以便人，城西金榜山旧筑一浮屠。

张俊基　清顺德龙山人。康熙二十三年（1684）任广东潮阳训导。

［康熙二十六年］《顺德县志》卷六《选举志·国朝·应例岁贡》：龙山人。

［道光］《广东通志》卷五十《职官表四十一·国朝八·潮阳县·教谕训导·康熙朝》：顺德人，二十三年任……训导。

林翘菁　本姓庞，清南海佛山镇人。康熙二十三年（1684）举人，二十七年应募与佛山镇举人庞之兑、顺德县监生蔡琳等筑复高明南岸堤。

［康熙二十九年］《高明县志》卷十《水利志·堤岸》：南岸堤，治东三十里。元至正间，范州、古霸、罗塘、停步四都乡民创筑。高一丈二尺，周围五百余丈，石窦三穴，捍田三十一顷零。嘉靖间山潦崩基，知县陈坡督筑。顺治间崩，塍口深阔难以修筑，屡年放流成湖，田地抛荒，通县均派钱粮。至康熙二十七年，召募南海县举人庞翘菁、庞之兑，顺德县监生蔡琳等用本

筑复，经详各宪批准承业。

[康熙]《南海县志》卷五《选举志·国朝乡举·康熙甲子》：由潮州府学，本姓庞。

[乾隆]《佛山忠义乡志》卷四《选举志·乡举·国朝·康熙甲子》：庞翘菁。

[道光]《广东通志》卷七十八《举人一·清·康熙二十三年甲子·广州府》：南海人，海阳籍，本姓庞。又见《普宁志》，惟《海阳志》失载。

罗克忠 清三水人。康熙二十三年（1684）举人，任广东茂名教谕。

[康熙四十九年]《三水县志》卷三《选举表·国朝·文举人·康熙甲子科》：罗克忠。

[乾隆]《广州府志》卷二十九《选举二·番禺县·清》：康熙甲子，举人。

[道光]《广东通志》卷五十二《职官表四十三·国朝十·茂名县·县教谕训导·年次无考》：三水人，甲子经魁……教谕。

罗颢 一说名灏，字颢甫，清从化人，迁居佛山。康熙二十三年（1684）副贡，四十八年任广东石城（今廉江）教谕，卒于官。子湛、芝、秀。

[康熙]《南海县志》卷五《选举志·国朝岁贡》：由广府学，副榜贡。

[乾隆]《佛山忠义乡志》卷八《人物志·循吏·清》：字颢甫，原绿潭堡人，迁居佛山。曾祖绅由乡荐历令守，以治行称。颢少负奇气，喜任侠，长乃折节读书。其学宗阳明，好阐发良知之旨，授徒常数百人。领康熙甲子副贡，仕石城教谕。课诸生勤而有恩，有能文者倏考劣等，颢力请于学使得补考，卒付优等，其爱惜人才若此。以病卒于官。所著有《四书讲说》《四方草堂集》《天文岁钞》，子湛、芝、秀俱诸生。湛尤著，有《卷曲集》五卷、《杜诗注》五卷，扶父榇返里，恸卒。

[道光]《广东通志》卷五十二《职官表四十三·国朝十·石城县·教谕训导·康熙朝》：罗灏，从化人，副榜。四十八年任……教谕。

赵起蛟 清顺德碧江人。康熙二十三年（1684）举人，三十三年进士。

[康熙二十六年]《顺德县志》卷六《选举志·国朝·举人·康熙二十三

年甲子科》：碧江人。

［康熙］《南海县志》卷五《选举志·国朝乡举·康熙甲子》：顺德人，由本学。

［雍正］《广东通志》卷三十五《选举志五·进士·国朝·康熙三十三年甲戌胡任舆榜》：南海人。

［乾隆］《顺德县志》卷十《选举志·进士·国朝·康熙壬戌》：碧江人。

［咸丰］《顺德县志》卷十《进士·国朝·康熙》：甲戌科。按：陈《志》列壬戌科，误。

崔曰文　字简人，清新兴籍高明城中人。康熙二十三年（1684）举人。父庚。

［康熙二十九年］《高明县志》卷十二《举人·清》：新兴人，今居高明城中，康熙二十三年甲子举人。

［道光］《高明县志》卷十三《人物志·国朝》：字简人。嗜古积学。随父庚任韶州府训导，时方食饩，至即选郡中名士三人结社讲习，常慨慕曲江相业，每天气晴明，辄偕三人登风度楼，再三咨赏不置。后三人擢高魁者二，文亦以康熙甲子登贤书，一时传为盛事焉。

梁之进　清南海人。康熙二十三年（1684）武举。

［康熙］《南海县志》卷五《选举志·国朝武乡举·康熙甲子》：梁之进。

梁恒光　清南海佛山镇人。康熙二十三年（1684）武举。

［康熙］《南海县志》卷五《选举志·国朝武乡举·康熙甲子》：梁恒光。

［雍正］《广东通志》卷三十五《选举志五·武举人·康熙二十三年甲子乡试榜》：广州人。

［乾隆］《佛山忠义乡志》卷四《选举志·武科·清乡举》：康熙甲子。

梁谊　清南海佛山镇人。康熙二十三年（1684）武举。

［康熙］《南海县志》卷五《选举志·国朝武乡举·康熙甲子》：梁谊。

［雍正］《广东通志》卷三十五《武举人·清·康熙二十三年甲子乡试榜》：连山人。

［乾隆］《佛山忠义乡志》卷四《选举志·武科·清乡举》：康熙甲子。

梁泰来　清顺德桂林人。康熙二十三年（1684）举人。

［康熙二十六年］《顺德县志》卷六《选举志·国朝·举人·康熙二十三年甲子科》：桂林人。

［雍正］《广东通志》卷三十五《选举志五·举人·康熙二十三年甲子乡试榜》：廉州人。

［道光］《广东通志》卷七十八《选举表十六·举人一·国朝·康熙二十三年甲子·廉州府》：原顺德人，廉州府学，钦州籍。

梁逢禧　字英璧，清顺德大良人。康熙二十三年（1684）奖冠带。

［乾隆］《顺德县志》卷十三《人物列传·行谊》：字英璧，大良人。少服贾，险阻备尝，流离之际犹周人之急，资囊屡罄辄遇知己相助。勤于擘画，资财稍裕，设祠以妥先灵，捐产以丰俎豆。敦伦睦族，好义乐施。己施于人，不责其报。人施于己，常不忘报。著有《铭恩录》。康熙甲子公举懿行，臬司给冠带，奖以匾曰“孝友可风”。

梁梦祥　清顺德上寮人。康熙二十三年（1684）举人，任曲江县教谕。

［康熙二十六年］《顺德县志》卷六《选举志·国朝·举人·康熙二十三年甲子科》：上寮人。

［咸丰］《顺德县志》卷十一《举人二·国朝·康熙》：上寮人，曲江县教谕……甲子科。

黄志联　清南海人。康熙二十三年（1684）任广东饶平教谕。

［道光］《广东通志》卷五十《职官表四十一·国朝八·饶平县·教谕训导·康熙朝》：南海人，二十三年任……教谕。

黄金式　清三水旺子冈人。康熙二十三年（1684）岁贡。

［康熙四十九年］《三水县志》卷三《选举表·国朝·贡途·康熙岁贡》：由龙门学，二十三年贡。

［嘉庆］《三水县志》卷九《选举·岁贡·清》：旺子冈人，（康熙）二十三年贡。

黄恩锡　清顺德龙山人。康熙二十三年（1684）举人。

［康熙二十六年］《顺德县志》卷六《选举志·国朝·举人·康熙二十三年甲子科》：龙山人。

［雍正］《广东通志》卷三十五《选举志五·举人·康熙二十三年甲子乡试榜》：东莞人。

崔元勋　清南海人。康熙二十三年（1684）武举。

［康熙］《南海县志》卷五《选举志·国朝武乡举·康熙甲子》：崔元勋。

［康熙五十七年］《西宁县志》卷六《国朝·武举人》：康熙甲子科。

［道光］《西宁县志》卷九《国朝·武举·康熙》：原籍南海，甲子科。

谢斯馨　清南海人。康熙二十三年（1684）岁贡。

［康熙］《南海县志》卷五《选举志·国朝岁贡》：由连山学。

［道光］《南海县志》卷二十一《选举表二·国朝·贡生荐辟·康熙朝》：由连山学，岁贡，甲子。

谢雄生　清南海人。康熙二十三年（1684）举人，任全州学正。

［康熙］《南海县志》卷五《选举志·国朝乡举·康熙甲子》：由广西中式。

［道光］《广东通志》卷七十八《选举表十六·举人一·国朝·康熙二十三年甲子附广西中式》：南海人，永淳籍。全州学正，郝《志》失载。

赖辉　清顺德龙山人。康熙二十三年（1684）举人，三十九年进士。

［康熙二十六年］《顺德县志》卷六《选举志·国朝·举人·康熙二十三年甲子科》：龙山人。

［康熙四十九年］《三水县志》卷三《选举表·国朝·进士·康熙庚辰科》：顺德人。

［乾隆］《顺德县志》卷十《选举志·进士·清朝·康熙庚辰》：三水籍龙山人，考授中书。

薛一才　字奏韩，清顺德龙江人。康熙二十三年（1684）

举人，任海南崖州学正不久卒。

［康熙二十六年］《顺德县志》卷六《选举志·国朝·举人·康熙二十三年甲子科》：龙江人。

［雍正］《广东通志》卷三十五《选举志五·举人·康熙二十三年甲子乡试榜》：顺德人，教谕。

［乾隆］《顺德县志》卷十三《人物列传·儒林》：字奏韩，龙江人。博学能文，中康熙甲子乡科。广授生徒，邑中推为宗匠。素辟佛教，其子疾，人谓一僧可治，不令视也。任崖州学正，旋卒于官。

左奇伟 （1655—1745）清顺德龙山人。寿91岁。

［乾隆］《顺德县志》卷十四《人物列传·耆寿》：龙山人。生顺治乙未，终乾隆乙丑，寿九十一。

杨锡畴 （1655—?）清顺德容奇人。96岁尚在。

［乾隆］《顺德县志》卷十四《人物列传·耆寿》：号百揆，容奇人。生顺治乙未，现年九十六，乾隆元年领绢帛。

欧广金 （1655—1746）清顺德陈村人。寿92岁。

［乾隆］《顺德县志》卷十四《人物列传·耆寿》：陈村人。生顺治乙未，终乾隆丙寅，寿九十二。

彭临敬 （1655—1746）字文君，清顺德容奇人。寿92岁。

［乾隆］《顺德县志》卷十四《人物列传·耆寿》：字文君，容奇人。生顺治乙未。敦孝崇义，尝创祠设祭，施义地，修桥道。癸巳、丁丑岁歉，捐米倡赈乡，设社仓捐谷备荒。乾隆丙辰恩赐肉帛。丙寅卒，寿九十二。

伍黄氏 （1655—1748）清顺德古朗人。寿94岁。夫伍踵美。

［乾隆］《顺德县志》卷十四《人物列传·寿妇》：伍踵美妻黄氏，古朗人。生顺治乙未，终乾隆戊辰，寿九十四，乾隆元年领绢帛。

罗卢氏 （1655—1748）清顺德东涌人。寿94岁。夫罗茂猷。

[乾隆]《顺德县志》卷十四《人物列传·寿妇》：罗茂猷妻卢氏，东涌人。生顺治乙未，终乾隆戊辰，寿九十四。

孔鳌客 （1655—？）清顺德上涌人。乾隆二年（1737）领绢帛，96岁尚在。

[乾隆]《顺德县志》卷十四《人物列传·耆寿》：上涌人。生顺治乙未，现年九十六，乾隆二年领绢帛。

林陈氏 （1655—？）清顺德大良人。96岁尚在。夫林元琨。

[乾隆]《顺德县志》卷十四《人物列传·寿妇》：林元琨妻陈氏，平步人。生顺治乙未，现年九十六，乾隆元年领绢帛。

梁权广 （1655—1750后）清顺德容奇人。96岁尚在。

[乾隆]《顺德县志》卷十四《人物列传·耆寿》：容奇人。生顺治乙未，现年九十六，乾隆元年领绢帛。

何士达 字悦公，一字兼圃，清顺德羊额人。康熙四十七年（1708）举人，次年进士，五十年任广西廉州府教授。父良翰，妻严氏。

[康熙五十八年]《肇庆府志》卷十四《选举志·国朝·举人·康熙戊子》：德庆籍顺德人，己丑进士。《选举志·国朝·进士》：康熙己丑，德庆籍顺德人，任廉州府教授。

[乾隆]《顺德县志》卷十三《人物列传·儒林》：字悦公，一字兼圃，羊额人。少学操觚，老师夙儒咸称之。康熙戊子中乡试，己丑成进士。尚廉隅，耻奔竞。任廉州教授，廉俗以俊秀教读为白学，每岁暮，教官遣吏遍索余脩，名曰“刮白学”，诸生谒见必袖金以往。士达怃然曰：“行之无耻一至此，何怪士习之不端也！”概革除之。时士子率守兔园册子①猎取科名，多无

①兔园册子：本是唐五代时私塾教学童的课本，后指读书不多的人奉为秘本的浅陋书籍。

远识，士达加意劝导，日坐堂皇，论文校艺，博以群书，士风丕变。诸生贫者给以薪水，不能赴科者给以资斧。学使惠士奇欲荐于朝，士达旋卒，人士公谥曰“明恬先生”。卷十四《人物列传·寿妇》：进士何士达妻严氏，羊额人。生顺治乙未，现年九十六。

［道光］《广东通志》卷五十三《职官表四十四·国朝十一·廉州府·教授训导·康熙朝》：顺德人，进士。五十年任，教授。

［咸丰］《顺德县志》卷十二《封荫表·封赠（文阶）·国朝》：何良翰，羊额人，以子士达封廉州府……教授。

梁日光 一说姓卢，字象洲，清顺德大良人。康熙五十年（1711）副贡，五十二年、雍正四年（1726）赈饥，十年任海南会同教谕。寿90岁。父大来。妻邵氏，96岁尚在。

［雍正］《广东通志》卷三十六《选举志六·国朝·贡生·广州府·顺德县》：卢日光，辛卯副榜，本姓梁。

［乾隆］《新会县志》卷八《明经·清》：今按：此外尚有卢日光，（康熙）五十年副榜，顺德人。

［乾隆］《顺德县志》卷十《选举志·贡生·清朝·康熙副榜》：卢日光，大良人，辛卯科，会同县教谕。《选举志·封赠·教谕·清朝》：梁大来，以子日光贵赠。卷十三《人物列传·行谊》：字象洲，大良人。性任侠，有才智，弱冠补弟子员。乡闾偶有灾患，极力周恤，众修青云路、葺学宫、重建奎阁，皆推日光董其役。康熙癸巳饥，劝富户捐赈，辛勤勷事。雍正丙午、丁未荐饥，日光分赈南门，措注有方，贫者赖以济，邑令称之曰才堪活世。寿九十卒。卷十四《人物列传·寿妇》：生员梁日光妻邵氏，大良人。性柔顺，善事翁姑。夫设教远方，家政琐屑皆自屏当，衣不重帛，食不二味，女工称精巧，为闺门式。有仆买自海邑，配以婢，已而知为独子，令挈婢归宗。生平好善不倦。生顺治乙未，现年九十六。

［道光］《广东通志》卷五十五《职官表四十六·国朝十三·会同县·教谕训导·雍正朝》：卢日光，顺德人，副榜。十年任，教谕。

［咸丰］《顺德县志》卷二十五《列传五·国朝一·潘天培传》：城分三门以赈，经办南门，稽察有方，自捐为倡。

区振豪 （1655—1756）清顺德龙山人。寿102岁。

［乾隆］《顺德县志》卷十四《人物列传·耆寿》：欧振豪，龙山人，生顺治乙未，现年九十六。

［嘉庆］《龙山乡志》卷九《人物志·耆寿》：生顺治乙未，终乾隆丙子，寿至一百零二岁。

区嘉元 字子起，清高明阮埇人。康熙二十四年（1685）拔贡，三十九年任广西灵山教谕。父简臣。

［康熙二十九年］《高明县志》卷十二《贡生·清》：阮□□，康熙二十□□拔贡。

［康熙五十八年］《肇庆府志》卷十四《选举志·国朝·岁贡·高明》：二十四年拔贡，仕龙川教谕，补任灵山，高明县学康熙间贡。

［道光］《广东通志》卷五十三《职官表四十四·国朝十一·灵山县·教谕训导·康熙朝》：高明人，拔贡。三十九年任，教谕。

［道光］《高明县志》卷十二《选举志·贡生·国朝》：阮埇人，康熙二十四年拔贡，任灵山、龙川两县教谕。卷十三《人物志·国朝》：字子起。孝友力学，宰辅黄公士俊题其读书处曰“山天堂”，女以季女。由拔贡任灵山、龙川县教谕。□□年间同修《邑志》。

［光绪］《高明县志》卷十二《选举表·国朝·拔贡·康熙朝》：简臣子，二十四年拔贡，龙川教谕。卷十三《列传二·人物·国朝》：字子起。孝友力学，宰辅黄士俊题其读书处曰“山天堂”，女以季女。由拔贡任灵山、龙川县教谕。康熙年间同修《邑志》。

苏玉相 清顺德陈村人。岁贡，康熙二十四年（1685）任广东大埔训导。

［康熙十三年］《顺德县志》卷六《选举志二·国朝·岁贡·康熙》：龙津人。

［雍正］《广东通志》卷三十六《选举志六·国朝·贡生·广州府·番禺县》：苏玉相。《国朝·贡生·广州府·顺德县》：苏玉相。

［乾隆］《顺德县志》卷十《选举志·贡生·清朝·康熙岁贡》：番禺籍陈村人，大埔县训导。

［道光］《广东通志》卷五十《职官表四十一·国朝八·大埔县·教谕训导·康熙朝》：番禺人，二十四年任……训导。

李上汉 号云麓，清顺德陈村人。康熙二十四年（1685）拔贡，三十五年起任广东增城教谕18年，因母丧归。

［康熙五十八年］《肇庆府志》卷十四《选举志·国朝·岁贡·府学》：

（康熙）二十四年拔贡。

［雍正］《广东通志》卷三十六《选举志六·国朝·贡生·肇庆府·府学》：增城教谕。

［乾隆］《顺德县志》卷十《选举志·贡生·清朝·雍正拔贡》：龙津人。

［乾隆］《广州府志》卷二十四《职官六·国朝·增城县教谕》：德庆州人，拔贡，（康熙）三十五年任。

［咸丰］《顺德县志》卷十一《拔贡·国朝·康熙》：陈村人。卷二十五《列传五·国朝一》：号云麓……为忠简裔。康熙间以拔贡任增城教谕，育士有法，课艺亲加甲乙，谢绝脩脯，岁科试舟车、薪水皆自备。与邑令沈澄商建鸣皋义学，鸠工庀材，身任劳勚，捐俸继以私囊，士赖乐育。任十有八年，以内艰去。性友爱，教弱弟池成立，有声庠序，析产并其所积之得于公者均焉……

何全忠　清南海人。康熙二十四年（1685）拔贡。

［康熙］《南海县志》卷五《选举志·国朝岁贡》：由德庆州学选拔。

［康熙五十八年］《肇庆府志》卷十四《选举志·国朝·岁贡·德庆》：（康熙）二十四年拔贡，德庆州学康熙间贡。

郭德辉　清南海人。康熙二十四年（1685）例贡。

［康熙］《南海县志》卷五《选举志·国朝岁贡》：由西宁学，例贡。

［康熙五十七年］《西宁县志》卷六《国朝·纳贡》：康熙二十四年，由增生。

温大林　清顺德龙山人。康熙二十四年（1685）拔贡。

［康熙五十八年］《肇庆府志》卷十四《选举志·国朝·岁贡·府学》：（康熙）二十四年拔贡。

［乾隆］《顺德县志》卷十《选举志·贡生·清朝·康熙拔贡》：肇庆籍龙山人。

廖绍槐　清南海人。康熙二十四年（1685）拔贡，任合浦教谕。

［康熙］《南海县志》卷五《选举志·国朝岁贡》：恩拔。

［康熙五十八年］《肇庆府志》卷十四《选举志·国朝·岁贡·封川》：二十四年拔贡。南海人，封川学康熙间贡。

［乾隆］《新会县志》卷八《明经·国朝·外学附》：封川学，（康熙）二十四年拔贡。

［道光］《南海县志》卷二十一《选举表二·国朝·贡生荐辟·康熙朝》：拔贡，合浦教谕……乙丑。

黎首奇 清高明扶丽人。康熙二十四年（1685）岁贡。

［康熙二十九年］《高明县志》卷十二《贡生·清》：扶丽人，康熙二十四年府学岁贡。

龙郑氏 （1656—1748）清顺德大良人。95岁尚在，夫龙琰。子会贤、会坤、元郡。

［乾隆］《顺德县志》卷十四《人物列传·寿妇》：龙琰妻郑氏，大良人。生顺治丙申，现年九十五。氏翁姑早丧，相夫勤俭起家。子三，长会贤、次会坤年俱七十余，三子元、郡增生。膝下孙、曾、玄孙林立，一堂五代。

黄逢万 （1656—1745）清顺德陈村人。寿92岁，乾隆元年领绢帛。

［乾隆］《顺德县志》卷十四《人物列传·耆寿》：陈村人。生顺治丙申，终乾隆丁卯，寿九十二，乾隆元年领绢帛。

李璋球 （1656—1750）清顺德东涌人。寿95岁。妻陆氏，93岁尚在。

［乾隆］《顺德县志》卷十四《人物列传·齐眉》：东涌人。存心忠厚，望重乡闾。生顺治丙申，卒年九十有五。妻陆氏生顺治戊戌，现年九十三。俱邀恩赐粟帛。

廖国兴 （1656—1750）清顺德吉祐人。寿95岁。

［乾隆］《顺德县志》卷十四《人物列传·耆寿》：吉祐人。生顺治丙申，终乾隆庚午，寿九十五。生平正直和平，赒鳏寡，助贫乏，人称其义。乾隆元年领绢帛，一门四代，孙曾绕膝。

何居易 （1656—1750后）清顺德羊额人。95岁尚在。

［乾隆］《顺德县志》卷十四《人物列传·耆寿》：羊额人，生顺治丙申，

现年九十五。

［咸丰］《顺德县志》卷十五《耆寿·九十寿民·国朝》：乾隆元年受绢帛。

梁期生 （1656—1750后）清顺德赤花人。95岁尚在。

［乾隆］《顺德县志》卷十四《人物列传·耆寿》：赤花人。生顺治丙申，乾隆元年领肉帛，现年九十五。

陈李氏 （1656—1750后）清顺德大良人。96岁尚在。夫陈翘仲。

［乾隆］《顺德县志》卷十四《人物列传·寿妇》：陈翘仲妻李氏，大良人。生顺治丙申，现年九十六。

［咸丰］《顺德县志》卷十五《耆寿·九十寿妇·国朝》：年九十六，受绢帛。

黄象明 （1656—1750后）号厚庵，清顺德人。95岁尚在。

［乾隆］《顺德县志》卷十四《人物列传·耆寿》：号厚庵。生顺治丙申，现年九十五，乾隆元年领绢帛。

冯骏声 清南海人。康熙二十五年（1686）岁贡。

［康熙］《南海县志》卷五《选举志·国朝岁贡》：由广宁学。

［康熙五十八年］《肇庆府志》卷十四《选举志·国朝·岁贡·广宁》：二十五年贡，南海人，广宁县学康熙间贡。

刘澄 清顺德龙江人。康熙二十五年（1686）拔贡，任仁化县教谕。

［康熙二十六年］《顺德县志》卷六《选举志·恩贡·国朝·康熙》：龙江人。

［雍正］《广东通志》卷三十六《选举志六·国朝·贡生·广州府·顺德县》：刘澄。《国朝·贡生·广州府·新会县》：刘澄。

［乾隆］《新会县志》卷八《明经·清》：今按：此外尚有刘澄，（康熙）二十五年拔贡，顺德人。

[乾隆]《顺德县志》卷十《选举志·贡生·清朝·康熙拔贡》：新会籍龙江人，仁化县教谕。

李奇璋 清南海人。康熙二十五年（1686）拔贡。

[道光]《南海县志》卷二十一《选举表二·国朝·贡生荐辟·康熙朝》：拔贡……丙寅。

岑宗贵 清南海人。康熙二十五年（1686）拔贡，四十一年举人。

[道光]《广东通志》卷七十九《选举表十七·举人二·国朝·康熙四十二年壬子·广州府》：新宁人。

[道光]《南海县志》卷二十一《选举表二·国朝·贡生荐辟·康熙朝》：拔贡，丙寅。《国朝·举人·康熙朝》：新宁县学，据旧《题名录》《采访册》补，壬午科。

岑清涟 一说姓吴，清南海人。康熙二十五年（1686）岁贡，雍正三年（1725）任广东东安（今云浮）训导。

[乾隆]《东安县志》卷三《秩官志·训导·清》：吴清涟，南海人，岁贡，雍正三年任。

[乾隆]《肇庆府志》卷十九《选举志二·国朝·岁贡·开建县》：吴清涟，三十七年贡，康熙间贡。

[道光]《南海县志》卷二十一《选举表二·国朝·贡生荐辟·康熙朝》：岁贡，东安训导，丙寅。

陈应昌 清南海人。康熙二十五年（1686）岁贡。

[康熙]《南海县志》卷五《选举志·国朝岁贡》：由三水学。

[康熙四十九年]《三水县志》卷三《选举表·国朝·贡途·康熙岁贡》：康熙二十五年分岁贡，南海县人。

罗席珍 清顺德赤花人。康熙二十五年（1686）岁贡。

[康熙二十六年]《东安县志》卷七《恩岁拔贡·清》：康熙二十五年岁贡。

[乾隆]《顺德县志》卷十《选举志·贡生·清朝·康熙岁贡》：赤花人。

周沾　清南海人。康熙二十五年（1686）岁贡，四十六年任广东兴宁训导。

［雍正］《广东通志》卷三十六《选举志六·国朝·贡生·广州府·南海县》：兴宁训导。

［道光］《广东通志》卷五十七《职官表四十八·国朝十五·兴宁县·教谕训导·康熙朝》：南海人，四十六年任……训导。

［道光］《南海县志》卷二十一《选举表二·国朝·贡生荐辟·康熙朝》：由新会学，岁贡。兴宁训导……丙寅。

黄宗圣　清南海佛山镇人。岁贡，康熙二十五年（1686）任广东开建、广西合浦教谕，河南罗山知县。

［康熙五十八年］《肇庆府志》卷八《秩官志二·国朝·开建县教谕》：新会学岁贡，南海人，康熙二十五年任。

［雍正］《广东通志》卷三十六《选举志六·国朝·贡生·广州府·南海县》：河南罗山知县。

［乾隆］《佛山忠义乡志》卷四《选举志·岁贡·清》：河南罗山知县，原潮州人，由廪例贡。

［道光］《广东通志》卷五十三《职官表四十四·国朝十一·合浦县·教谕训导·康熙朝》：南海人，贡生。二十五年任……教谕。

黄钟　清高明伦埇人。康熙二十五年（1686）岁贡。

［康熙二十九年］《高明县志》卷十二《贡生·清》：伦［埇］人，康熙二十五年岁贡。

［康熙五十八年］《肇庆府志》卷十四《选举志·清·岁贡·高明》：二十五年贡，高明县学康熙间贡。

［道光］《高明县志》卷十二《选举志·贡生·国朝》：伦埇人，康熙二十五年岁贡。

李君实　（1657—1747）清顺德龙山人。寿91岁。

［乾隆］《顺德县志》卷十四《人物列传·耆寿》：龙山人。生顺治丁酉，终乾隆丁卯，寿九十一。

罗陈氏　（1657—1748）清顺德大良人。寿91岁。夫罗子昭。

［乾隆］《顺德县志》卷十四《人物列传·寿妇》：罗子昭妻陈氏，大良人。生顺治丁酉，终乾隆戊辰，寿九十一。

罗锡寿　（1657—1748）清顺德三桂人。寿92岁。

［乾隆］《顺德县志》卷十四《人物列传·耆寿》：三桂人。生顺治丁酉，卒年九十二。

何冯氏　（1657—1750后）清顺德仕版人。94岁尚在。夫何尧翰。

［乾隆］《顺德县志》卷十四《人物列传·寿妇》：何尧翰妻冯氏，仕版人。生顺治丁酉，现年九十四，乾隆元年领粟帛。

马齐治　清顺德杨滘人。康熙二十六年（1687）岁贡。

［康熙五十八年］《肇庆府志》卷十四《选举志·国朝·岁贡·府学》：（康熙）二十六年贡。

［乾隆］《顺德县志》卷十《选举志·贡生·清朝·康熙岁贡》：肇庆籍杨滘人。

冯仕祯　清南海人。例贡，康熙二十六年（1687）任广东吴川、五十年阳春教谕。

［康熙］《南海县志》卷五《选举志·国朝岁贡》：由连州学例贡。

［康熙五十八年］《肇庆府志》卷八《秩官志二·国朝·阳春县教谕》：冯士祯，连州人，廪贡，康熙五十年任。

［乾隆］《佛山忠义乡志》卷四《选举志·岁贡·清》：冯仕祯，阳春教谕，由廪例贡。

［道光］《广东通志》卷五十二《职官表四十三·国朝十·吴川县·教谕训导·康熙朝》：冯士祯，南海人，贡生。二十六年任……教谕。卷五十一《职官表四十二·国朝九·阳春县·教谕训导·康熙朝》：南海人，捐贡。五十年任……教谕。

冯吉　清南海人。康熙二十六年（1687）武举。

［雍正］《广东通志》卷三十五《选举志五·武举人·康熙二十六年丁卯

乡试榜》：南海人。

关贤宾 清顺德上直人。康熙二十六年（1687）武举。

［雍正］《广东通志》卷三十五《选举志五·武举人·康熙二十六年丁卯乡试榜》：从化人。

［乾隆］《顺德县志》卷十《选举志·武举·清朝·康熙丁卯》：上直人。

关国光 清顺德上直人。康熙二十六年（1687）武举，授督运千总。

［雍正］《广东通志》卷三十五《选举志五·武举人·康熙二十六年丁卯乡试榜》：广州人。

［乾隆］《顺德县志》卷十《选举志·武举·清朝·康熙丁卯》：上直人，授督运千总。

关国璋 清顺德上直人。康熙二十六年（1687）武举，任济宁所千总。

［雍正］《广东通志》卷三十五《选举志五·武举人·康熙二十六年丁卯乡试榜》：增城人。

［乾隆］《顺德县志》卷十《选举志·武举·清朝·康熙丁卯》：上直人，任济宁所。

［光绪］《广州府志》卷四十八《选举表十七·武科·国朝·康熙二十六年丁卯科》：顺德人，增城学，济宁千总。

［咸丰］《顺德县志》卷十一《武举·国朝·康熙》：上直人，增城籍。济宁所千总，丁卯。

朱相朋 清南海佛山镇人，原籍顺德白藤。康熙二十六年（1687）举人，五十年为湖广乡试同考官，五十五年为钦差监督居庸关赈务。

［雍正］《广东通志》卷三十五《选举志五·举人·康熙二十六年丁卯乡试榜》：顺德人，主事。

［乾隆］《顺德县志》卷十《选举志·举人·清朝·康熙丁卯》：白藤人，历户部主事。

［乾隆］《佛山忠义乡志》卷四《选举志·乡举·国朝·康熙丁卯》：户

部主事，原顺德县人。

［道光］《佛山忠义乡志》卷十二《金石志上·石·清》：《建茶亭记》，特授奉直大夫、户部四川清吏司主事、加一级纪录二次、丙申钦差监督居庸关赈务、前工部屯田司主政、乙未行取御试畅春苑、湖广常德府沅江县知县兼摄龙阳县事、辛卯科湖广乡试同考官朱相朋撰……康熙六十一年季冬九日首事梁玉书立。

杨元复　（？—1706）字震元，清高明村头人。康熙二十六年（1687）举人第一，四次会考不第。四十五年任江苏丹徒知县，不久卒。曾祖维翰。弟元泰。

［康熙二十九年］《高明县志》卷十二《举人·清》：杨梅人，康熙二十六年丁卯解元。卷十三《人物志·清·杨维翰传》：字〔瀛海〕。博学好古，过目成诵，未弱冠补邑弟子员。数十年足不入公门，自筑室于乡之西，号“藜斋居士”。诵习之暇，惟怡情山水、长歌自适而已，势利之途泊如也。其曾孙元复登国朝丁卯乡试第一名。

［康熙五十八年］《肇庆府志》卷十四《选举志·国朝·举人·康熙丁卯》：解元，高明人。选江南丹徒县知县，未任卒。

［道光］《高明县志》卷十二《选举志·举人·国朝》：村头人，康熙二十六年丁卯解元，任江南丹徒知县。卷十三《人物志·国朝》：杨维翰，字瀛海……曾孙元复，登康熙丁卯乡试第一名。

［道光］《肇庆府志》卷十九《人物二·清》：字震元，高明人，维翰之曾孙也。复英敏倜傥，自少有才名，试辄冠军。乡闱未捷，与侄进修下帷浣花溪，日课经书文五艺。康熙丁卯秋闱大书“解元”二字座右，榜发果第一。四上春官不第。邑令钮琇尝延讲学明伦堂，学者宗之，称长轩先生。弟元泰为诸生，以苦学夭折，家贫，遗孤七，抚之成立。丙戌就铨丹徒，未几卒。相国张玉书①素异其才，赠赙归葬，同榜李象元②铭其墓。

［光绪］《高明县志》卷十三《列传二·人物·国朝》：字震元。英敏倜傥，少有才名。采芹食饩皆冠军。乡闱未捷，与侄进修下帷浣花溪，日课经

①张玉书（1642—1711），字素存，清初丹徒（今江苏镇江）人。顺治十八年（1661）进士，官至文华殿大学士兼户部尚书。著有《张文贞集》十二卷。

②李象元（1661—1746），字伯猷，清广东程乡县（今梅州梅城金山）人。康熙三十年（1691）进士，任山东乡试副主考，以病乞归。著有《赐书堂集》。

书文五艺，期年艺熟。

陈逵 清顺德碧江人。康熙二十六年（1687）举人。

［康熙］《南海县志》卷五《选举志·国朝乡举·康熙丁卯》：由监生。

［乾隆］《顺德县志》卷十《选举志·举人·清朝·康熙丁卯》：南海籍碧江人。

郑果 清南海佛山镇人。康熙二十六年（1687）副贡，任龙门县教谕。

［康熙二十六年］《东安县志》卷七《恩岁拔贡·清》：康熙二十六年丁卯科副榜贡。

［乾隆］《东安县志》卷三《选举志·副榜贡·清》：南海人，附籍。康熙丁卯科，任龙门县教谕。

［乾隆］《佛山忠义乡志》卷四《选举志·岁贡·清》：科贡，龙门教谕。

罗坚 本姓伍，清顺德仕版人。康熙二十六年（1687）举人，四十七年任广东潮阳县教谕。

［雍正］《广东通志》卷三十五《选举志五·举人·康熙二十六年丁卯乡试榜》：顺德人。

［乾隆］《顺德县志》卷十《选举志·举人·清朝·康熙丁卯》：本姓伍，仕版人，潮阳县教谕。

［道光］《广东通志》卷五十《职官表四十一·国朝八·潮阳县·教谕训导·康熙朝》：顺德人，四十七年任……教谕。

罗桂芳 清南海人。康熙二十六年（1687）举人，四十六年任广东番禺教谕。雍正三年（1725）罗定州学正，四年广州府教授。

［康熙］《南海县志》卷五《选举志·国朝乡举·康熙丁卯》：由广宁学。

［康熙五十八年］《肇庆府志》卷十四《选举志·国朝·举人·康熙丁卯》：广宁人，任番禺教谕。

［雍正］《广东通志》卷三十五《选举志五·举人·康熙二十六年丁卯乡试榜》：广宁人，教授。

［乾隆］《广州府志》卷二十四《职官六·国朝·番禺县教谕》：广宁人，

举人，（康熙）四十六年任。

［道光］《广东通志》卷五十六《职官表四十七·国朝十四·罗定州·学正训导·雍正朝》：南海人，三年任……学正。卷四十五《职官表三十六·国朝三·广州府·教授训导·雍正朝》：广宁人，四年任……教授。

周宠光　清顺德北滘人。康熙二十六年（1687）武举，授山东卫千总。

［康熙四十九年］《三水县志》卷三《选举表·国朝·武举》：丁卯科。

［乾隆］《顺德县志》卷十《选举志·武举·清朝·康熙丁卯》：北滘人，授山东卫千总。

胡肇嵩　清三水三江人。康熙二十六年（1687）乡试，因二场错字落榜。

［康熙四十九年］《三水县志》卷十二《人物传·潜德》：三江人。少为诸生，好学力行。赋性狷介，动必以礼，士林推重。康熙丁卯秋闱，房考德庆州谢兰英首荐议入彀者，数日因二场错字名落孙山，后竟以食饩终身。

梁逢泰（清康熙）　清顺德龙山人。康熙二十六年（1687）举人。

［康熙二十六年］《顺德县志》卷六《选举志·国朝·举人·康熙二十六年丁卯科》：龙山人。

［康熙］《南海县志》卷五《选举志·国朝乡举·康熙丁卯》：由高要学。

［咸丰］《顺德县志》卷十一《举人二·国朝·康熙》：龙山人，高要籍。按阮《志》：顺德人，南海籍，高要学。云籍当指田税而言，今从姚《志》。丁卯科。

崔兆日　清南海人。康熙二十六年（1687）举人，任广宁教授。

［康熙］《南海县志》卷五《选举志·国朝乡举·康熙丁卯》：由东安学。

［道光］《南海县志》卷二十一《选举表二·国朝·举人·康熙朝》：东安学……丁卯科。

谭天赉　本姓卢，清顺德大晚人。康熙二十六年（1687）

举人，四十六年任广东罗定州学正。

［雍正］《广东通志》卷三十五《选举志五·举人·康熙二十六年丁卯乡试榜》：新会人，教谕。

［乾隆］《顺德县志》卷十《选举志·举人·清朝·康熙丁卯》：本姓卢，新会籍大晚人，韶州府教授。

［道光］《广东通志》卷五十六《职官表四十七·国朝十四·罗定州·学正训导·康熙朝》：顺德人，四十六年任，学正。

谭昌光 本姓岑，清顺德沙滘人。康熙二十六年（1687）举人。

［康熙二十六年］《顺德县志》卷六《选举志·国朝·举人·康熙二十六年丁卯科》：沙滘人，本姓岑。

［雍正］《广东通志》卷三十五《选举志五·举人·康熙二十六年丁卯乡试榜》：新会人。

谭鸿儒 （1658—?）字笑占，清高明城中人。康熙十四年（1675）武举，不赴选官。三十年、五十七年两次饥荒捐谷赈济。父振国。

［康熙二十九年］《高明县志》卷十二《武举·清》：城中人，振国子，康熙十四年乙卯科武举人。

［道光］《高明县志》卷十三《人物志·国朝》：字笑占，守备振国子。年十七入武庠，越年登康熙乙卯科武举。选期已届，辞不赴任，建祠妥祖，仗义怜贫。辛未、戊戌两逢岁饥，出谷赈济，所生全者甚多。今其后嗣蕃昌，衣冠不断，人以为厚德之报云。

罗振长 （1658—1749）清顺德大良人。寿92岁。

［乾隆］《顺德县志》卷十四《人物列传·耆寿》：大良人。生顺治戊戌，终乾隆己巳，寿九十二。

潘天培 （1659—1739）字垓植，清顺德冲鹤人。5岁时，祖与父并死寇难。康熙五十一年（1712）赈饥，雍正岁贡。

［乾隆］《顺德县志》卷十三《人物列传·行谊》：字垓植，冲鹤人。康熙癸卯祖、父死寇，天培甫五龄，奔号总戎捕讨，兵至贼已逃亡。大仇未复，

朝暮哀痛，稍长复拉同族被害数十辈哀吁，县宰复同总镇进兵讨贼，获其渠魁磨碟七、曹阿八等戮之。事嫡祖母，情深爱日。励志诵读入泮，旋领岁荐。壬辰癸巳饥，捐粟赈恤，舍棕材，设义冢，有急者解囊周之，品行为乡邦所推重。乾隆己未举乡饮僎宾，未赴卒。

［咸丰］《顺德县志》卷十一《岁贡·国朝·岁贡贡期无考》：冲鹤人……雍正间，年无考。

冯国先　（1659—1750）号厚纯，清顺德马冈人。寿92岁。

［乾隆］《顺德县志》卷十四《人物列传·耆寿》：号厚纯，马冈人。生顺治己亥，终乾隆庚午，寿九十二。

冯谦受　（1659—1750后）清顺德大良人。92岁尚在。

［乾隆］《顺德县志》卷十四《人物列传·耆寿》：大良人，生顺治己亥，现年九十二。

冼允龙　（1659—1750后）清顺德碧江人。92岁尚在。

［乾隆］《顺德县志》卷十四《人物列传·耆寿》：碧江人，生顺治己亥，现年九十二。

梁宠良　字殿张，晚号慕潭，清顺德古朗人，勤奋好学，热衷乡中事务。祖有年，父仞廉，兄宠元。妻缪氏。

［乾隆］《顺德县志》卷十二《人物列传·孝友》：字殿张，古朗人。明郧阳开府有年孙，乡荐梁仞廉子。宠良厚重镇静，事父母得其欢心。少从兄宠元学，孜孜不辍，长尤笃于弟道。兄于经史异同、故事得失，以及家政筹画，一有所触，终夜精思，务求其得，得则呼宠良共语，罄怀而后快。宠良知其然，每篝灯静坐候其指画，必兄就寝乃寝。平居接见，拱手旁立，言论所及，唯唯而已，未尝稍露才智。事无大小，非禀命不敢行。为诸生食饩，三十年陪岁荐。晚号慕潭，志终身之慕也。宠良有任事才，邑中修云路、城东钟楼，盖复乡贤祠，皆与有力焉。卷十四《人物列传·寿妇》：贡生梁宠良妻缪氏，大良人，生顺治乙亥①，现年九十二。

---

①此处有误，顺治朝无乙亥，有己亥，为1659年。［乾隆］《顺德县志》为手书，当是字形相近而误。

梁缪氏 （1659—1750 后）清顺德大良人。92 岁尚在。夫梁宠良。

［乾隆］《顺德县志》卷十四《人物列传·寿妇》：贡生梁宠良妻缪氏，大良人。生顺治乙亥①，现年九十二。

萧陈氏 （1659—1759 后）清顺德龙江人。101 岁时受旌。夫萧英元。

［乾隆］《顺德县志》卷十四《人物列传·寿妇》：训导萧英元妾陈氏，龙江人。生顺治己亥，现年九十二。

［咸丰］《顺德县志》卷十五《耆寿·九十寿妇·国朝》：年九十二，乾隆二十四年旌。阮《志》作“百有一”。

刘王盛 清南海人。康熙二十七年（1688）岁贡。

［雍正］《广东通志》卷三十六《选举志六·国朝·贡生·广州府·南海县》：刘王盛。

［道光］《南海县志》卷二十一《选举表二·国朝·贡生荐辟·康熙朝》：戊辰岁贡。

关秀 榜姓潘，号太虞，清南海九江人。康熙二十七年（1688）岁贡，三十五年举人。

［康熙五十八年］《肇庆府志》卷十四《选举志·国朝·岁贡·德庆》：潘秀，二十七年贡，中丙子举人。

［雍正］《广东通志》卷三十五《选举志五·康熙三十五年丙子乡试榜》：潘秀，德庆人，本姓关。

［同治］《南海县志》卷九《拾遗订误·贡生》：丁卯岁贡，康熙朝。

《九江儒林乡志》卷十《选举略·国朝·贡生·康熙二十六年丁卯》：榜姓潘，号太虞。德庆学岁贡，丙子举人。《选举略·国朝·举人·康熙三十五年丙子科》：榜姓潘，中式第四十七名。

吴国仁 清顺德庄头人。康熙二十七年（1688）岁贡，任义宁县训导。

---

①此处有误，顺治朝无乙亥，有己亥，为 1659 年。［乾隆］《顺德县志》为手书，当是字形相近而误。

［咸丰］《顺德县志》卷十一《岁贡·国朝·康熙》：庄头人，戊辰，义宁县训导。

庞式琳 清南海佛山镇人。康熙二十七年（1688）岁贡。

［康熙四十九年］《三水县志》卷三《选举表·国朝·贡途·康熙岁贡》：南海县人，康熙二十七年分岁贡。

［乾隆］《佛山忠义乡志》卷四《选举志·岁贡·清》：由庠例贡。

林日凤 清顺德陈村人。康熙二十七年（1688）岁贡。

［乾隆］《东安县志》卷三《选举志·岁贡·清》：康熙二十七年贡。

［乾隆］《顺德县志》卷十《选举志·贡生·清朝·康熙岁贡》：东安籍陈村人。

谈璞 清南海人。康熙二十七年（1688）岁贡。

［雍正］《广东通志》卷三十六《选举志六·国朝·贡生·广州府·南海县》：谈璞。

［道光］《南海县志》卷二十一《选举表二·国朝·贡生荐辟·康熙朝》：戊辰岁贡。

梁时敬 本姓李，清顺德古楼人。康熙二十七年（1688）岁贡。

［康熙五十八年］《肇庆府志》卷十四《选举志·国朝·岁贡·高要》：梁时敏，二十七年贡。

［乾隆］《顺德县志》卷十《选举志·贡生·清朝·康熙岁贡》：本姓李，高要籍古楼人。

崔秀 清南海人。康熙二十七年（1688）岁贡，任电白训导。

［雍正］《广东通志》卷三十六《选举志六·国朝·贡生·广州府·南海县》：崔秀。《国朝·贡生·廉州府·府学》：崔秀。

［道光］《南海县志》卷二十一《选举表二·国朝·贡生荐辟·康熙朝》：电白训导，戊辰岁贡。

关綖 清顺德容奇人。岁贡，康熙二十八年（1689）任广东南雄府教授。

[康熙十三年]《顺德县志》卷六《选举志二·国朝·岁贡·康熙》：容奇人。

[康熙]《广东通志》卷十五《选举志下·廉州府·岁贡·国朝·府学》：关鋋。

[乾隆]《顺德县志》卷十《选举志·贡生·清朝·康熙岁贡》：容奇人，南雄府训导。

[道光]《广东通志》卷四十八《职官表三十九·国朝六·南雄府·教授训导·康熙朝》：合浦人，二十八年任……训导。

劳万良 清顺德小劳村人。康熙二十八年（1689）岁贡，三十六年任广东潮州府、四十一年新会训导，升香山教谕。

[康熙五十八年]《肇庆府志》卷十四《选举志·国朝·岁贡·府学》：（康熙）二十八年贡。

[乾隆]《顺德县志》卷十《选举志·贡生·清朝·康熙岁贡》：肇庆籍小劳村人，新会训导，升香山教谕。

[乾隆]《广州府志》卷二十四《职官六·国朝·新会县训导》：顺德人，岁贡，（康熙）四十一年任。

[道光]《广东通志》卷五十《职官表四十一·国朝八·潮州府·教授训导·康熙朝》：广宁人，三十六年任……训导。

李尚友 清南海人。康熙二十八年（1689）任顺德城守营把总。

[乾隆]《顺德县志》卷九《兵防志·武职·顺德镇标城守把总》：南海人，由行伍。左哨，康熙二十八年任。

陆謎 清南海人。岁贡，康熙二十八年（1689）任广东恩平训导。

[康熙]《南海县志》卷五《选举志·国朝岁贡》：由钦州学。

[康熙五十八年]《肇庆府志》卷八《秩官志二·国朝·恩平县训导》：钦州人，岁贡，康熙二十八年任。

郭胜琼 清南海人。康熙二十八年（1689）岁贡，任海南昌化训导。

［雍正］《广东通志》卷三十六《选举志六·国朝·贡生·廉州府·府学》：郭圣琼，仁化教谕。

［道光］《广东通志》卷五十五《职官表四十六·国朝十三·昌化县·教谕训导·康熙朝》：南海人……教谕。

［道光］《南海县志》卷二十一《选举表二·国朝·贡生荐辟·康熙朝》：由廉州府学，己巳岁贡，昌化训导。

蔡侯让 清顺德龙江人。例贡，康熙二十八年（1689）任广东大埔训导。

［康熙二十六年］《顺德县志》卷六《选举志·国朝·应例岁贡》：龙江人。

［乾隆］《顺德县志》卷十《选举志·贡生·清朝·康熙例贡》：从化籍龙江人，大埔县训导。

［道光］《广东通志》卷五十《职官表四十一·国朝八·大埔县·教谕训导·康熙朝》：顺德人，二十八年任……训导。

关凤喈 字宣文，号夔石，清南海九江人。少时，岑徵题其诗集。康熙二十三年（1684）与朱顺昌同学于关嘉荐门下。三十五年岁贡，五十九年尚在。

［道光］《南海县志》卷二十一《选举表二·国朝·贡生荐辟·康熙朝》：岁贡，内阁中书……丙子。

《九江儒林乡志》卷十《选举略·国朝·贡生·康熙三十五年丙子》：字宣文，号夔石。顺德学，岁贡。卷八《艺文略·集部·别集》：《桐斋诗集》，国朝关凤喈撰，据《岑霍山诗集》《朱氏家谱》。朱顺昌序：……吾友夔石关先生……嗣君瞻菉，眷怀手泽，恐其散佚失传，将辑而梓之……昔先辈岑霍山，诗家宗匠也。其论诗也，不轻许可，独题先生集。有云“老去才名甘退舍，后来风雅渐登坛”，以先生少年高咏压倒元白①乃尔……忆岁甲子，先生与余游思斋关夫子之门。风雨对床，晨夕掎襹，往来桑梓，未尝远离。迨予游海外，天各一涯，庚子秋乡旋，三谒先生之庐不得一叙……去腊归来，骑

①元白：中唐诗人元稹、白居易的并称。

鲸①客去，于今三年。

黎益进　（1660—1726后）字显如，别号桂潭，清顺德槎涌人。康熙四十一年（1702）举人，四十八年进士，次年起任广东惠州府教授，20年后归。雍正四年（1726）赈饥。祖应才，父良德，子伟光、伟羽。

［康熙四十九年］《三水县志》卷三《选举表·国朝·文举人·康熙壬午科》：顺德人。《选举表·国朝·进士·康熙己丑科》：顺德人，四十九年现任惠州府学教授。

［雍正］《广东通志》卷三十五《选举志五·进士·国朝·康熙四十八年己丑赵熊诏榜》：三水人，教授。卷三十七《封荫志·国朝封赠》：黎应才，顺德人，以孙益进赠修职郎。黎良德，顺德人，以子益进赠修职郎。

［乾隆］《顺德县志》卷十四《人物列传·乡饮宾》：槎涌人，惠州教授，乾隆四年正宾。卷十三《人物列传·儒林》：字显如，别号桂潭，槎涌人。幼颖异，读书过目成诵，既长，□□三水。中康熙壬午乡试，己丑成进士。时已艾年，自爱冷秩，就惠州教授。惠为苏□忠过化之地，鹤峰之墨沼存焉。城跨丰湖，澄波如练，益进早晚临眺，胸次悠然。诸生谒见，一本鹿洞规则相勖。铎循二十载，士风丕变，官满去思不谖②。家居布衣蔬食，一如寒素，所积俸余，首建父祠，分置尝田。两遇覃恩，例封文林郎，俱移赠祖南湖、父活耕。生平学本濂洛，行率先民，居家约而能施。雍正丙午饥，出粟倡赈，邑令陈鸿熙称之云："既捐俸以济通族，复出粟以赈乡邻。此真古道照人，于今罕靓。"举乡饮正宾。长子伟光，淹贯能文，尤多吟咏，雍正癸卯举人，初授揭阳教谕，以卓异升射洪知县。次子伟羽，国学，有文名。孙廷□，曾孙景曾并列成均。

朱顺昌　（约1660—？）字宏矩，一字叔刘，号北渚，清南海九江堡人。康熙二十四年（1685）拔贡，四十八年授广东清远教谕，五十三年补海南文昌教谕。雍正七年（1729）迁广东高州教授辞归，卒于家。父起魁。

［康熙］《南海县志》卷五《选举志·国朝岁贡》：由恩平学恩拔。

---

①骑鲸：指隐遁或死亡。

②谖（xuān）：欺诈，忘记。

［乾隆］《广州府志》卷二十四《职官六・国朝・清远县教谕》：恩平人，拔贡。

［道光］《广东通志》卷五十五《职官表四十六・国朝十三・文昌县・教谕训导・雍正朝》：南海人，拔贡，教谕。

［道光］《南海县志》卷二十一《选举表二・国朝・贡生荐辟・康熙朝》：由恩平学拔贡，高州府教授……乙丑。

［同治］《南海县志》卷十五《列传・官师》：字宏矩，一字叔刘，九江堡人。康熙廿三年以诗补恩平学庠生，明年充乙丑拔贡。肄业成均，祭酒翁叔元器重之。四十八年选授清远教谕，丁内艰归。五十三年起补文昌教谕，雍正七年俸满迁高州教授，自以年届七十，引大夫致仕例遂归。顺昌器干开敏，恒欲有所建树。束于儒官无所试，于谆谆课士外，犹择邑中利害宜兴革者，赞令长施行之。先后服官，居文昌最久，时令辽东马日炳，健吏也，勤于其职，顺昌与为寅僚称契密，文有缮撰，事有仍革，令多与咨商。县志久未修，故事茫无可考，令属顺昌修撰，发凡起例，剃烦补空，从不阻挠，勒成全书，迄今百四十年奉为文献实录。邑有蔚文书院，有济荒、济贫、祭祀、科举各经费田亩，日久弊生，诸多侵冒，顺昌偕令追核，一一清厘之。城旧建东门，与南北品列而三，明季垒闃，民气噎郁，顺昌赞令开之，民称便。报迁高州，遽解组，或曰："高凉美缺，何老悖不念子孙？"叹曰："好官岂能尽历？吾年已及，遑恤其它？"归数载，卒于家。顺昌工吟咏，善行草，广交泛爱，所结纳皆名流，同时释成鹫以诗文有声艺林，与顺昌来往，尤推重之，谓"其行嚼嚼，其言谔谔，有朱光庭之淳悫，朱希真之磊落，朱万卷之淹博，朱考亭之道学"，闻者以为非阿所好云。

《九江儒林乡志》卷十《选举略・国朝・封荫》：朱起魁，以子顺昌貤封登仕郎、清远学教谕，貤赠修职郎、文昌学教谕。卷十四《列传・清》：字宏矩，号北渚，北方翘南社人。补恩平学庠生，康熙乙丑充拔贡，肄业成均，选授清远教谕，寻以艰去，起补文昌教谕，俸满迁高州府教授。自以年届七旬，引大夫七十县车例致仕归。顺昌器干开敏，志在救民。束于儒官，不能有所建树，教士暇犹留心地方利病，择其宜兴革者，赞令长施行之。先后服官，居文昌最久，文昌令辽阳马日炳，健吏也，勤于厥职，顺昌与为寅僚且十年称契洽。文有缮撰，事有因革，令每咨之而后行。县志久不修，故事茫无所考，令属顺昌纂辑，发凡起例，剃烦补空，成书一十卷，流传至今……工吟咏，善行草，广交泛爱，所结纳皆名流，于同里关孝廉龙、关中翰凤喈尤莫逆，中翰坟草已宿，犹拳拳序其诗以行焉。卷八《艺文略・史部・谱系类》：《朱氏颙观房世系全图》一卷，国朝朱顺昌撰。《艺文略・集部・别集》：《古循闲呓》一卷，《江村杂咏》一卷，《清署吟》一卷，《北行草》一卷，

《南游纪行海外集》一卷，国朝朱顺昌撰。

陈黄氏（清康熙） （1660—1750后）清顺德龙山人。91岁尚在。夫陈奖劝，子德龙。

［乾隆］《顺德县志》卷十四《人物列传·寿妇》：监生陈奖劝妻黄氏，龙山人。生顺治庚子，现年九十一。以子德龙州同赠安人。

孔正魁 清南海人。康熙二十九年（1690）武举。

［雍正］《广东通志》卷三十五《选举志五·武举人·康熙二十九年庚午乡试榜》：南海人。

孔兴梧 清南海人。康熙二十九年（1690）举人。

［康熙］《南海县志》卷五《选举志·国朝乡举·康熙庚午》：由开建学。

［雍正］《广东通志》卷三十五《选举志五·举人·康熙二十九年庚午乡试榜》：开建人，知县。

关山 清南海人。康熙二十九年（1690）岁贡。

［雍正］《广东通志》卷三十六《选举志六·国朝·贡生·广州府·南海县》：关山。

［道光］《南海县志》卷二十一《选举表二·国朝·贡生荐辟·康熙朝》：庚午岁贡。

关超 清南海九江人。康熙二十九年（1690）岁贡。

［同治］《南海县志》卷九《拾遗订误·贡生》：庚午岁贡，封川教谕，康熙朝。

《九江儒林乡志》卷十《选举略·国朝·贡生·康熙二十九年庚午》：封川县学岁贡。

麦天穗 清顺德甘竹人。康熙二十九年（1690）举人，任湖南宁乡知县。

［雍正］《广东通志》卷三十五《选举志五·举人·康熙二十九年庚午乡试榜》：连山人。

［乾隆］《顺德县志》卷十《选举志·举人·清朝·康熙庚午》：连山籍

甘竹人，宁乡县知县。

严镖　清顺德大良人。康熙二十九年（1690）岁贡。

［康熙四十九年］《三水县志》卷三《选举表·国朝·贡途·康熙岁贡》：南海县人，康熙二十九年分岁贡。

［乾隆］《顺德县志》卷十《选举志·贡生·清朝·康熙岁贡》：三水籍大良人。

岑汉贤　字国一，清南海九江人。康熙二十九年（1690）武举。

［雍正］《广东通志》卷三十五《选举志五·武举人·康熙二十九年庚午乡试榜》：南海人。

《九江儒林乡志》卷十《选举略·国朝·武举·康熙二十九年庚午科》：字国一，县学，中式第二十四名。

何天纵　清南海佛山镇人。康熙二十九年（1690）武举。

［雍正］《广东通志》卷三十五《选举志五·武举人·康熙二十九年庚午乡试榜》：番禺人。

［乾隆］《佛山忠义乡志》卷四《选举志·武科·清乡举》：康熙庚午。

何熙载　清顺德平步人。康熙二十九年（1690）副贡。

［乾隆］《顺德县志》卷十《选举志·贡生·清朝·康熙副榜》：平步人，庚午科。

［咸丰］《顺德县志》卷十一《副贡·国朝·康熙》：桂圃人，庚午。

陆凤翔　清顺德水藤人。康熙二十九年（1690）武举，任徐闻千总。

［雍正］《广东通志》卷三十五《选举志五·武举人·康熙二十九年庚午乡试榜》：四会人。

［乾隆］《顺德县志》卷十《选举志·武举·清朝·康熙庚午》：水藤人，任徐闻千总。

陆瞻宸　清三水清塘人。康熙二十九年（1690），一作五十二年副贡。曾为乡饮宾。

［雍正］《广东通志》卷三十六《选举志六·国朝·贡生·广州府·三水县》：癸巳副榜。

［嘉庆］《三水县志》卷九《选举·副榜贡·清》：清塘人，（康熙）庚午科。卷十一《人物传·乡饮宾》：岁贡。

陈文芳 清南海人。康熙二十九年（1690）岁贡。

［康熙五十八年］《肇庆府志》卷十四《选举志·国朝·岁贡·府学》：（康熙）二十九年贡。

［道光］《南海县志》卷二十一《选举表二·国朝·贡生荐辟·康熙朝》：庚午岁贡。

陈贤选 清南海九江人。康熙二十九年（1690）武举。

［同治］《南海县志》卷九《武科选举·补遗》：庚午科，康熙朝。

《九江儒林乡志》卷十《选举略·国朝·武举·康熙二十九年庚午科》：番禺籍，中式第三十六名。

陈绍 清南海人。康熙二十九年（1690）岁贡。

［道光］《南海县志》卷二十一《选举表二·国朝·贡生荐辟·康熙朝》：庚午岁贡。

林迪和 一说姓杜，清南海人。康熙二十九年（1690）武举。

［雍正］《广东通志》卷三十五《选举志五·武举人·康熙二十九年庚午乡试榜》：杜迪和，南海人。

［乾隆］《南海县志》卷八《选举志·国朝武乡举·康熙庚午》：林迪和。

林临川 清南海人。康熙二十九年（1690）举人，任海南儋州学正。

［康熙］《南海县志》卷五《选举志·国朝乡举·康熙庚午》：由府学。

［雍正］《广东通志》卷三十五《选举志五·举人·康熙二十九年庚午乡试榜》：广州人，学正。

［同治］《南海县志》卷九《举人·清》：儋州学正，康熙朝。

欧士斐　清顺德陈村人。康熙二十九年（1690）举人。

［雍正］《广东通志》卷三十五《选举志五·举人·康熙二十九年庚午乡试榜》：恩平人。

［乾隆］《顺德县志》卷十《选举志·举人·清朝·康熙庚午》：恩平籍陈村人。

梁元升　本姓关，字敏甫，号东麓，清南海九江人。康熙二十九年（1690）举人，初官万州学正，迁廉州教授，擢浙江昌化知县。父昌年，兄孙贤三十五年岁贡，子得元雍正十年（1732）岁贡。

［雍正］《广东通志》卷三十五《选举志五·举人·康熙二十九年庚午乡试榜》：顺德人。

［乾隆］《顺德县志》卷十《选举志·举人·清朝·康熙庚午》：本姓关。

［道光］《广东通志》卷五十三《职官表四十四·国朝十一·廉州府·教授训导·雍正朝》：南海人，举人。十年任……教授。

《九江儒林乡志》卷十《选举略·国朝·举人·康熙二十九年庚午科》：关元升，榜姓梁，字敏甫，号东麓。顺德学中式第二十八名。初官万州学正，迁廉州教授，擢浙江昌化知县。兄贤孙、子得元皆岁贡。谨按：《通志》《县志》皆作“本姓关”，而续《县志》补遗仍作“梁元升”，《府志》作“顺德人”，均误。《选举略·国朝·封荫》：关昌年，以子元升赠文林郎、浙江昌化县知县。

梁国元　清南海佛山镇人。康熙二十九年（1690）武举。

［乾隆］《佛山忠义乡志》卷四《选举志·武科·清乡举》：康熙庚午。

梁彩　清顺德泮浦人。康熙二十九年（1690）举人。

［乾隆］《顺德县志》卷十《选举志·举人·清朝·康熙庚午》：番禺籍泮浦人。

梁鸿渐　清南海人。康熙二十九年（1690）岁贡。

［乾隆］《东安县志》卷三《选举志·岁贡·清》：南海人，附籍，康熙二十九年贡。

崔全才 清南海人。康熙二十九年（1690）任广西梧州守备。

［道光］《南海县志》卷二十二《选举表三·行伍·清康熙朝》：广西梧州守备，庚午。

鲁梦曦 清顺德容奇人。康熙二十九年（1690）岁贡。

［乾隆］《新会县志》卷八《明经·清》：今按，此外尚有鲁梦曦，（康熙）二十九年岁贡，顺德人。

［乾隆］《顺德县志》卷十《选举志·贡生·清朝·康熙岁贡》：新会籍容奇人，选高要县教谕未任。

潘材刚 字右君，号塞台，清顺德冲鹤人。康熙二十九年（1690）岁贡，任龙川训导。寿91岁。

［康熙五十八年］《肇庆府志》卷十四《选举志·国朝·岁贡·广宁》：潘材刚。

［乾隆］《顺德县志》卷十《选举志·贡生·清朝·康熙岁贡》：广宁籍冲鹤人，龙川县训导。卷十三《人物列传·文苑》：字右君，号塞台，冲鹤人。由贡生任龙川训导，所著王安石、岳武穆诸论，雄才卓识，声光奕奕。

［道光］《肇庆府志》卷十五《选举二·国朝·贡生·广宁县学·康熙朝》：二十九年贡，龙川训导。

［咸丰］《顺德县志》卷十一《岁贡·国朝·康熙》：冲鹤人，广宁籍，龙川县训导。卷十五《耆寿·九十寿民·国朝》：冲鹤岁贡，任训导，年九十一。

潘履生 清南海人。康熙二十九年（1690）举人，任淳安知县。

［康熙］《南海县志》卷五《选举志·国朝乡举·康熙庚午》：由番禺学。

［同治］《南海县志》卷九《举人·清》：淳安知县，康熙朝。

黎烈斌 一说名斌烈，清南海佛山镇人。康熙二十九年（1690）副贡。

［康熙］《南海县志》卷五《选举志·国朝岁贡》：由开平学，庚午科副

榜贡。

［乾隆］《佛山忠义乡志》卷四《选举志·岁贡·清》：黎斌烈，科贡。

霍烺　清南海佛山镇人。康熙二十九年（1690）岁贡，任广东茂名训导。

［康熙五十八年］《肇庆府志》卷十四《选举志·国朝·岁贡·封川》：二十九年贡，南海人，封川学康熙间贡。

［乾隆］《佛山忠义乡志》卷四《选举志·岁贡·清》：廪贡，茂名训导。

［道光］《广东通志》卷五十二《职官表四十三·国朝十·茂名县·教谕训导·康熙朝》：封川人，岁贡……训导。

霍隆开　清顺德良教人。康熙二十九年（1690）岁贡，四十六年任广东惠来县、雍正五年（1727）大埔县教谕。

［道光］《广东通志》卷五十《职官表四十一·国朝八·惠来县·教谕训导·康熙朝》：顺德人，四十六年任……教谕。《教谕训导·雍正朝》：南海人，五年任，教谕。

［咸丰］《顺德县志》卷十一《岁贡·国朝·康熙》：良教人，庚午，大埔县教谕。

吴廷相　（1661—1750）清顺德赤花人。妻欧氏。子家英。

［乾隆］《顺德县志》卷十四《人物列传·齐眉》：赤花人。由邑庠考授州同职。妻欧氏，同生顺治辛丑，今九十齐眉。

［咸丰］《顺德县志》卷十五《耆寿·九十寿民·国朝》：妻欧氏九十一。子家英，八十七，妻谈九十。

严何氏　（1661—1750后）清顺德黎村人。25岁守节，乾隆十五年（1750）尚在。夫严企圣。

［乾隆］《顺德县志》卷十四《人物列传·节妇》：严企圣妻何氏，黎村人。年二十五守节，现年九十。

区瑜琮　清高明阮埇人。康熙三十年（1691）捐州同。

［道光］《高明县志》卷十二《选举志·国朝文例职》：阮埇人，康熙三十年捐授州同。

邓鲲 清南海九江人。康熙三十年（1691）岁贡，任茂名训导。

［雍正］《广东通志》卷三十六《选举志六·国朝·贡生·广州府·南海县》：邓鲲。

《九江儒林乡志》卷十《选举略·国朝·贡生·康熙三十年辛未》：岁贡，茂名训导。

冯宪祖 清高明麦潮人。康熙三十年（1691）附贡。

［道光］《高明县志》卷十二《选举志·例贡·国朝》：麦潮人，康熙三十年附贡①。

关士忠 字柱卿，号巨年，清南海九江人。康熙三十年（1691）岁贡。

［雍正］《广东通志》卷三十六《选举志六·国朝·贡生·广州府·南海县》：关士忠。

《九江儒林乡志》卷十《选举略·国朝·贡生·康熙三十年辛未》：字柱卿，号巨年。罗定州学，岁贡。

关士和 字介卿，号耿轩，清南海九江人。康熙三十年（1691）岁贡。

［雍正］《广东通志》卷三十六《清·贡生·广州府·南海县》：关士和。

《九江儒林乡志》卷十《选举略·清·贡生·康熙三十年辛未》：字介卿，号耿轩。从化学，岁贡。

关嘉棻 字棐卿，号卜丹，清南海九江人。康熙三十年（1691）岁贡。

［雍正］《广东通志》卷三十六《选举志六·国朝·贡生·广州府·南海县》：关嘉棻。

---

①附贡：明清由附生通过报捐方式取得贡生资格，能参加乡试、做官，为非正途出身。

《九江儒林乡志》卷十《选举略·国朝·贡生·康熙三十年辛未》：字棐卿，号卜丹。府学，岁贡。

杜奇颖 清高明人。康熙三十年（1691）岁贡，任宾州训导。

［康熙五十八年］《肇庆府志》卷十四《选举志·国朝·岁贡·高明》：三十年广西桂平学贡，高明人。仕宾州训导，高明县学康熙间贡。

李时敏 清南海人。康熙三十年（1691）岁贡。

［道光］《南海县志》卷二十一《选举表二·国朝·贡生荐辟·康熙朝》：岁贡……辛未。

李作仁 清顺德龙江人。康熙三十年（1691）例贡，三十四年任广东新宁（今台山）教谕，靖安县知县。父瑞荣。

［康熙五十七年］《西宁县志》卷六《国朝·纳贡》：康熙三十年，由廪生。

［乾隆］《顺德县志》卷十《选举志·贡生·清朝·康熙例贡》：龙江人，靖安县知县。《选举志·封赠·知县·清朝》：李瑞荣，以子作仁加封。

［乾隆］《广州府志》卷二十四《职官六·国朝·新宁县教谕》：西宁人，例贡，（康熙）三十四年任。

［道光］《西宁县志》卷九《国朝·仕籍·康熙》：原籍顺德，廪贡，五十九年任新宁县教谕。按：《顺德志》作“靖安县知县”。

吴大成 清南海佛山镇人。康熙三十年（1691）廪贡，五十六年任广东吴川训导。

［乾隆］《新会县志》卷八《例贡监生·清》：（康熙）三十年廪贡，吴川训导。

［乾隆］《佛山忠义乡志》卷四《选举志·岁贡·清》：吴川训导，由廪例贡。

［道光］《广东通志》卷五十二《职官表四十三·国朝十·吴川县·教谕训导·康熙朝》：南海人，岁贡。五十六年任，训导。

吴迪隆 清顺德人。康熙三十年（1691）任顺德城守营把总。

［乾隆］《顺德县志》卷九《兵防志·武职·顺德镇标城守把总》：顺德人，由行伍。右哨，康熙三十年任。

何良弼 清南海人。康熙三十年（1691）岁贡。

［乾隆］《南海县志》卷八《选举志·国朝贡生》：由新安学岁贡。

［道光］《南海县志》卷二十一《选举表二·国朝·贡生荐辟·康熙朝》：由新安学岁贡……辛未。

钟文长 清南海人。康熙三十年（1691）例贡，五十六年任广东增城训导。

［康熙五十七年］《西宁县志》卷六《国朝·纳贡》：康熙三十年，由附生。

［雍正］《广东通志》卷三十六《选举志六·国朝·贡生·广州府·南海县》：增城训导。

［乾隆］《广州府志》卷二十四《职官六·国朝·增城县训导》：林文长，西宁人，捐贡，（康熙）五十六年任。

刘挺异 清三水河洲冈人。康熙三十一年（1692）岁贡。

［康熙四十九年］《三水县志》卷三《选举表·国朝·贡途·康熙岁贡》：河洲冈人，肇庆府开建学岁贡。

［康熙五十八年］《肇庆府志》卷十四《选举志·国朝·岁贡·开建县》：康熙三十一年贡。

关士炳 字任卿，号纯斋，清南海九江人。康熙三十一年（1692）岁贡。

［雍正］《广东通志》卷三十六《选举志六·国朝·贡生·广州府·南海县》：关士炳。

《九江儒林乡志》卷十《选举略·国朝·贡生·康熙三十一年壬申》：字任卿，号纯斋。府学，岁贡。

严储 清顺德黎村人。康熙三十一年（1692）岁贡。

［咸丰］《顺德县志》卷十一《岁贡·国朝·康熙》：黎村人，壬申。

吴玮 清南海佛山镇人。康熙三十一年（1692）例贡，官湖广沅江、黔阳二县知县。

［乾隆］《新会县志》卷八《例贡监生·清》：（康熙）三十一年灵山学例贡，任湖广沅江、黔阳二县知县。

［乾隆］《佛山忠义乡志》卷四《选举志·岁贡·清》：湖广黔阳知县，原新会县人，由廪例贡。

陈世宝 清南海佛山镇人。岁贡，康熙三十一年（1692）任广东兴宁、五十八年遂溪教谕，六十一年潮州府教授。

［乾隆］《佛山忠义乡志》卷四《选举志·岁贡·清》：山西大同知县，原香山县人，由廪例贡。

［道光］《广东通志》卷五十七《职官表四十八·国朝十五·兴宁县教谕训导·康熙朝》：香山人，三十一年任……教谕。卷五十四《职官表四十五·国朝十二·遂溪县·教谕训导·康熙朝》：香山人，岁贡。五十八年任，教谕。卷五十《职官表四十一·国朝八·潮州府·教授训导·康熙朝》：香山人，六十一年任，教授。

罗寿明 清顺德罗水人。康熙三十一年（1692）岁贡。

［咸丰］《顺德县志》卷十一《岁贡·国朝·康熙》：罗水人，连山籍，壬申。

罗相 清南海人。康熙三十一年（1692）岁贡。

［道光］《南海县志》卷二十一《选举表二·国朝·贡生荐辟·康熙朝》：壬申岁贡。

周涵 清南海人。康熙三十一年（1692）岁贡。

［道光］《南海县志》卷二十一《选举表二·国朝·贡生荐辟·康熙朝》：壬申岁贡。

梁上达 清南海人。康熙三十一年（1692）岁贡。

［道光］《南海县志》卷二十一《选举表二·国朝·贡生荐辟·康熙朝》：壬申岁贡。

梁国翰 清南海人。康熙三十一年（1692）岁贡。

［道光］《南海县志》卷二十一《选举表二·国朝·贡生荐辟·康熙朝》：壬申岁贡。

康振世 清顺德人。康熙三十一年（1692）例贡，任封川县训导。

［康熙五十七年］《西宁县志》卷六《国朝·纳贡》：康熙三十一年，由增生。

［乾隆］《顺德县志》卷十《选举志·贡生·清朝·康熙例贡》：西宁籍龙□□，封川县训导。

黄河带 清高明伦埇人。康熙三十一年（1692）岁贡，任从化训导。

［康熙五十八年］《肇庆府志》卷十四《选举志·国朝·岁贡·高明》：三十一年贡，高明县学康熙间贡。

［道光］《高明县志》卷十二《选举志·贡生·国朝》：伦埇人，康熙三十一年岁贡，任从化训导。

谢连魁 字御徵，清高明城中人。康熙三十一年（1692）增贡。子大振、大猷。

［道光］《高明县志》卷十二《选举志·例贡·国朝》：城中人，康熙三十一年增贡，敕赠修职郎。卷十三《人物志·国朝》：字御徵。增贡，以子大振貤赠修职郎。孝友敦厚，勤学不倦，好义乐施，时有长者之目。子、孙、曾、玄举贡生监不下数十，流泽之长，人共羡之。

曾福贞 清顺德小里涌人。康熙三十一年（1692）岁贡。

［咸丰］《顺德县志》卷十一《岁贡·国朝·康熙》：小里涌人，壬申。

简贤相 清三水人。康熙三十一年（1692）岁贡。

［康熙四十九年］《三水县志》卷三《选举表·国朝·贡途·康熙岁贡》：南海县人，康熙三十一年分岁贡。

关上进　（1662—?）字凌云，号樵峰，清南海九江人。康熙五十二年（1713）举人，六十年进士，授翰林院检讨，新年在京参加千叟宴。雍正元年（1723）为顺天乡试同考官。父应弼，弟上迁，子光瑞。

［雍正］《广东通志》卷三十五《选举志五·举人·康熙五十二年癸巳特科乡试榜》：新宁人，进士，应弼子。《进士·国朝·康熙六十年辛丑邓钟岳榜》：新宁人，检讨。

［乾隆］《南海县志》卷八《选举志·乡举·国朝·康熙癸巳》：由新宁学拔贡，进士，检讨。

［道光］《广东通志》卷七十九《选举表十七·举人二·国朝·康熙五十二年癸巳·广州府》：南海人，新宁学，应弼子。进士，《新宁志》有会榜，无乡榜。

［道光］《南海县志》卷四十四《杂录二》：康熙、乾隆两朝万寿，叠开千叟宴，洵盛典也。康熙朝吾邑与宴者关检讨上进，年六十一，九江堡人。

［同治］《南海县志》卷十八《列传·文学》：字凌云，号樵峰……幼颖悟，资百常童，于书无不窥，《十三经》《廿一史》丹铅殆遍，尤精研儒书，穿穴理奥，所作制举业闳深古劲，不肯俯就时趋。年未弱冠，以新宁籍登邑庠，历科岁十三试俱一等第一名，士林以为佳话。惟矮屋文律，以科举式多龃龉，以此见屈有司。频年眊氉①，至康熙癸巳，年逾知命，始领贤书，越八年试南宫乃获售，已六十余矣。是科主试者为江右李绂②，以通榜取士所识拔，如钱陈群、顾栋高、黄之隽③、蒋恭棐、储大文、冯咏等皆极一时之选，上进于师友间得切磋指授诣益精。黄之隽曰："吾与张良御、符骥过关凌云谈艺，凌云以制义负盛名，张诘之曰：'君文诚佳，但多排句。至点题宜用散，亦以排偶行之者何?'关曰：'吾法四书耳。'余取《学》《庸》《语》《孟》诵之，果然其文法悉有所本如此。"康熙末年，值仁皇帝寿考作人开千叟宴，二月中和节，又谕内阁九卿词臣能吟咏者进畅春苑赐茶宴内殿，上进咸与其列，乡里荣之。自入词垣，御试诸翰林于朝元阁者凡三，所献诗文迭蒙睿赏。

①眊氉（màosào）：烦闷。

②李绂（1673—1750），字巨来，清江西临川人。康熙三十八年（1699）进士，任广西巡抚、直隶总督。因参劾下狱，乾隆初起授户部侍郎。著有《穆堂类稿》《陆子学谱》《朱子晚年全论》《阳明学录》《八旗志书》。

③黄之隽（1668—1748），清江南华亭（今属上海）人。康熙进士，雍正元年（1723）起任翰林院编修、福建督学，曾参加重修《明史》，后被革职。

雍正癸卯遂命为顺天同考官，所取多知名士。蹉跎于早岁，发越于暮年，邑中所罕见也……生平多所著述，除所刊各种制义外，有《木兰轩诗集》《粤杂记》等书，多散佚，惟诗集抄本尚存。

《九江儒林乡志》卷十《选举略·国朝·贡生·康熙四十四年乙酉》：字凌云，号退斋，新宁学拔贡。癸巳举人，辛丑进士。《选举略·国朝·举人·康熙五十二年癸巳恩科》：中式第三名，辛丑进士。《选举略·国朝·进士·康熙六十年辛丑科》：赐同进士出身，翰林院庶吉士，授职检讨。父应弼，弟上迁，子光瑞，皆举人。卷十四《列传·清》：字凌云，号樵峰，南方沙滘人。上进幼承家学，颖悟殊常，族孝廉嘉荐异之，目为奇童。及长，《十三经》《廿一史》丹铅殆遍，尤精研儒书，穿穴理窟。补新宁籍生员，食廪饩，历科岁十三试皆一等第一名，士林以为佳话。时有朱广文国材者，乡之耆儒也，上进仰其品学，尝贽文就正，国材惊曰："此岭南独步才也。"遂结忘年交，上进亦感深知己，益与契密。康熙丁丑考选拔贡生，逾年入试成均，南卷第一，张大司成选名士十数辈，集宛平王相国园中命题面校，上进复膺首列，自是声名益起。癸巳恩科中第三名举人，辛丑成进士，选翰林院庶吉士，散馆授检讨，时年已六十余矣。卷八《艺文略·经部·四书类》：《四书辨》，国朝关上进撰。《艺文略·集部·别集》：《木兰轩集》《古文词集》《凌云文稿》，国朝关上进撰。

陈梅氏　（1663—1741）清顺德龙山人。21岁未婚夫陈源斯死，奔丧守节。

［嘉庆］《龙山乡志》卷九《人物志·列女·贞女》：梅氏，陈源斯聘妻。年二十一夫亡，奔丧守贞。家贫苦难堪，日夜纺绩糊口。康熙癸巳岁饥，姑衰髦，氏减膳以供甘旨。乾隆元年恩赐粟帛。卒于乾隆辛酉，年七十九。

关上迁　字于乔，号图南，清南海九江人。康熙五十五年（1716）岁贡，五十九年举人，雍正十一年（1733）任广东电白教谕，寿91岁。父应弼，兄上进。子绍祖，雍正二年（1724）举人；侄光瑞，四年举人。

［雍正］《广东通志》卷三十五《选举志五·举人·康熙五十九年庚子乡试榜》：番禺人，应弼子。

［乾隆］《南海县志》卷八《选举志·乡举·清·康熙庚子》：由番禺学，教谕。

［道光］《广东通志》卷七十九《选举表十七·举人二·国朝·康熙五十

九年庚子·广州府》：南海人，番禺学，教谕，《番禺志》无。卷五十二《职官表四十三·国朝十·电白县·教谕训导·雍正朝》：南海人，举人。十一年任，教谕。

《九江儒林乡志》卷十《选举略·国朝·贡生·康熙五十五年丙申》：字于乔，号图南。番禺学岁贡，庚子举人。《选举略·国朝·举人·康熙五十九年庚子科》：中式第四十六名，电白教谕。父应弼，子绍祖皆举人。兄上进，进士。卷八《艺文略·经部·经总义类》：《五经讲义》，国朝关上迁撰。《艺文略·集部·别集》：《南轩诗集》，国朝关上迁撰。卷十四《列传·清·关上进传》：弟上迁，号图南，少与上进朝夕切磋，早通经术。充番禺学廪生，前后督学使者咸以粤中理学目之。四方慕其学者不惮千里来游其门，而捷南宫、登仕版者指不胜屈。康熙庚子登贤书，选授电白学教谕，进诸生教以读书明理，士习翕然向风。卒年九十一。自应弼力学擅文誉，而上进、上迁并知名，当世父子济美，兄弟联芳，一时有三苏之目。上进子光瑞，上迁子绍祖，亦皆举人。

邓莫右 （1663—1731）字作聘，清三水南岸人。60岁中雍正元年（1723）举人。

［雍正］《广东通志》卷三十五《选举志五·举人·雍正元年癸卯恩科乡试榜》：三水人。

［嘉庆］《三水县志》卷十一《人物传·文学》：字作聘，南岸人。学植淹博，少年能文章，声满黉序。邑令樊翰见之许以伟器，数奇屡踬棘闱。雍正癸卯由恩贡登贤书，年已六十矣。每一艺出，人争购诵之，故其帖括多梓行于世。为诸生时，龙岩郑玟、武进徐依先后宰肄，耳其名皆订文字交。会举优行之士，右以敦伦笃学预其选，学使者陈公手书此四字旌其门焉。天性孝友，尤方严，戚党不敢干以私。授徒于乡，肫肫以敦伦纪、崇正学为士林倡。举族正，动必循礼，子弟莫不矜式之。年六十九未仕，以孝廉终，著有《四书贯珠》《礼记摘释》《诗易发挥》《纲鉴论纂》《古文评注》藏于家。

卫邦干 本姓蔡，清南海人。康熙三十二年（1693）武举，次年武进士。

［雍正］《广东通志》卷三十五《选举志五·康熙三十二年癸酉乡试榜》：南海人，登进士。《武进士·康熙三十三年甲戌会试榜》：南海人，本姓蔡。

邓龙骧 清顺德水藤人。康熙三十二年（1693）武举。

［乾隆］《顺德县志》卷十《选举志·武举·清朝·康熙癸酉》：水藤人。

庄严 清南海佛山镇人。康熙三十二年（1693）举人，任安徽休宁知县。

［雍正］《广东通志》卷三十五《选举志五·举人·康熙三十二年癸酉乡试榜》：广州人，知县。

［乾隆］《佛山忠义乡志》卷四《选举志·乡举·国朝·康熙癸酉》：江南休宁县知县，原省城人。

刘闻得 （？—1721）字元政，清顺德龙江人。康熙三十二年（1693）举人，五十二年任贵州清平知县，卒于任。

［雍正］《广东通志》卷三十五《选举志五·举人·康熙三十二年癸酉乡试榜》：顺德人，知县。

［乾隆］《顺德县志》卷十二《人物列传·宦绩》：字元政，龙江人。少从父学，手不释卷，舞勺能文章、敦孝弟。康熙癸酉中乡试，文名日盛，性复雅静，从之游者甚众，后多登仕籍。癸巳宰贵州之清平，清平在万山中，苗民杂处，无有猜嫌，俗淳讼寡。惟地当冲要，常备驿马百匹以供往来，闻得勤于职事，不以为疲。邑人士多弇陋①，履任后尽招入学肄业，亲为训诲，授作文法，文风顿振，三年内乡、会中式者三人。于便民事无不尽力，不以一毫膏脂自润，督抚嘉之。辛丑春以清廉行取，贫难办装。未及赴召卒，榇几不能返，士民助之始得归里。

刘璇 字拙庵，清顺德荷村人。康熙三十二年（1693）岁贡，历任儋州、德庆州儒学。

［民国］《顺德县志》卷八《选举表一·郭〈志〉补遗·五贡·国朝》：字拙庵，荷村人。康熙癸酉岁贡，历任儋州、德庆州儒学。

关龙（清康熙） 字起瑞，号静斋，清南海九江人。康熙二十年（1681）副贡，三十二年举人。兄必登，二十三年举人。弟王孙，雍正四年（1726）举人。

---

①弇（yǎn）陋：浅薄。弇，覆盖。

［康熙四十九年］《三水县志》卷三《选举表·国朝·贡途·康熙岁贡》：辛酉科副榜贡。《国朝·文举人·康熙癸酉科》：南海人。

《九江儒林乡志》卷十《选举略·国朝·贡生·康熙二十年辛酉》：字起瑞，号静斋。三水学副贡，癸酉举人。《选举略·国朝·举人·康熙三十二年癸酉科》：中式第五名，兄必登、弟王孙皆举人。卷十四《列传·清》：字起瑞，号静斋，北方新涌人。工制艺，好奖励人才。充三水籍岁贡生，康熙辛酉副贡，癸酉中乡榜第五名，拣选知县。有诸生㬊者，族子行也，贫而好学，善属文，岁甲午，为里塾童子师，寥寥数人，馆谷不能自给，课童之暇日，于门外持苎布缯采虾易粟。七月秋闱期近矣，困于资不能赴。龙偶过之，㬊急入厨煮茗，龙独坐㬊书案，中见其自课试艺，取阅之悉命中技也，心窃喜。俄顷㬊自厨出奉茗以献，龙谓之曰："试期已迫，何尚不捉考具赴闱乎？"㬊以贫对，龙曰："汝文蓬蓬勃勃如釜上气，矮屋中必售之作，非元则魁，可预决也。"即出白金助之速其行，是科㬊果以第二名领乡荐，次年成进士、入词馆，人咸服其特识。卷八《艺文略·集部·别集》：《存真文稿》，国朝关龙撰。

关晟运　清南海九江人。康熙三十二年（1693）副贡。

［同治］《南海县志》卷九《拾遗订误·贡生》：广西籍，癸酉副贡，康熙朝。

汤名扬　清三水南岸人。康熙三十二年（1693）岁贡。

［康熙四十九年］《三水县志》卷三《选举表·国朝·贡途·康熙岁贡》：南岸人，岁贡。

［康熙五十八年］《肇庆府志》卷十四《选举志·国朝·岁贡·府学》：（康熙）三十二年贡。

严明初　清高明高田人。康熙三十二年（1693）为广西思恩把总，任田州城守。

［道光］《高明县志》卷十二《选举志·武职·国朝》：高田人，康熙三十二年广西思恩府把总，任田州城守。

劳世翔　一说姓何，清南海佛山镇人。岁贡，康熙三十二年（1693）任广东潮州府训导。

［乾隆］《佛山忠义乡志》卷四《选举志·岁贡·清》：正贡，潮州府

训导。

[道光]《广东通志》卷五十《职官表四十一·国朝八·潮州府·教授训导·康熙朝》：何世翔，感恩人，三十二年任……训导。

李瑞辉 清顺德龙江人。康熙三十二年（1693）举人，任曲江县教谕。

[雍正]《广东通志》卷三十五《选举志五·举人·康熙三十二年癸酉乡试榜》：乐会人。

[乾隆]《顺德县志》卷十《选举志·举人·清朝·康熙癸酉》：乐会籍龙江人，曲江县教谕。

陈云灿 本姓庞，清南海叠滘人。康熙三十二年（1693）举人。

[雍正]《广东通志》卷三十五《选举志五·举人·康熙三十二年癸酉乡试榜》：新会人，本姓庞。

[道光]《南海县志》卷二十一《选举表二·国朝·举人·康熙朝》：本姓庞，新会学。旧《志》未载，郝《通志》作"新会人"，阮《通志》据旧《题名录》，云"南海人"。按《采访册》，叠滘人，新会籍，则旧《志》失载，非也。今据《采访册》补……癸酉科。

罗世举 （？—约1721）字臣廉，号小淡，清顺德石湖人。康熙三十二年（1693）副贡，次年入京城成均馆学习，与郑际泰为友。四十四年、四十七年两次参加乡试不中，五十九年授海南定安县教谕，至端州得疾，旋归家卒。父孙耀，子天尺。

[雍正]《广东通志》卷三十六《选举志六·国朝·贡生·广州府·顺德县》：癸酉副榜，琼山教谕。

[乾隆]《顺德县志》卷十三《人物列传·文苑》：字臣廉，号小淡，都匀司理孙耀第四子。本经术为文章，少应童子试辄冠军，先辈多以大器期之。康熙癸酉乡试，主司以其卷英气太多中副车。甲戌入监肄业，祭酒张某爱其

才尝招饮，醉辄狂歌。有和学士史夔《料丝灯》① 诗，学士见之，大加赞赏，招见之不往。久滞都中，裘敝金尽②，乡太史郑际泰叹曰："罗子有才如此而困长安，是余责也!"遂馆其家。后以母老归里，己酉、戊子乡试俱荐而不售。家业益落，有弟蓦将司理所构石湖园亭花木尽售于人，诸兄弟不能堪。世举曰："木石先人遗物，兄弟先人遗体，体与物孰重?"听之。尝客休宁何斌临县署，休宁俗多锢婢，世举谓此亢阴戾阳之弊，有司所首政也，作《为劝婢嫁言》，遂变其俗。康熙庚子授定安教谕，寻卒。世举性傲岸，见尊贵人与当世贤豪多藐之，不轻交一言。晚号棱崖居士。所著有《驱饥集》，类多代庖所作，而骈体苍老，古文词豪迈不羁如其人。

［道光］《广东通志》卷五十五《职官表四十六·国朝十三·定安县·教谕训导·康熙朝》：顺德人，副榜。三十一年任……教谕。

梁子豹　字不野，清三水龙池人。康熙三十二年（1693）举人，任广西富川县。

［康熙四十九年］《三水县志》卷三《选举表·国朝·文举人·康熙癸酉科》：龙池人，任广西富川县。

［道光］《广东通志》卷二十八《列传十九·广州十九》：字不野。三水人，康熙癸酉举人，任广西富川县。县多瑶蛮壮户踞险，夙号难治。豹孚以诚信，遂变为礼义之俗。俸满引见，民立去思碑。

［嘉庆］《三水县志》卷十一《人物传·宦迹》：字不野，龙池人。康熙癸酉举人，任广西富川县知县。以恬静勤谨行政富民，俗尚机智。多瑶蛮壮户踞险，号称难治，豹以诚信化之，遂变为礼义之俗。俸满入觐，民竖去思碑，以志甘棠遗爱③焉。

梁学源　字祖克，号壶洲，清顺德大墩村（今属乐从）人。少年随伯父到广西梧州做木工，被官吏打耳光，发愤读书。十

---

①史夔（1661—1713），字胄司，清江苏溧阳人。康熙二十一年（1682）进士，四十九年为《康熙字典》纂修官。料丝灯：以玛瑙、紫石英等煮浆抽丝，看上去像细密如头发组成的玻璃片，用框合围成小方灯。

②裘敝金尽：皮袍破了，钱用完了，形容贫困失意的样子。

③甘棠遗爱：旧时颂扬离去的地方官。甘棠：木名，即棠梨。遗：留。爱：恩惠恩泽。

多年后，康熙三十二年（1693）举人，三十六年进士。在岭南义学任教7年。四十三年任江西安福县知县。后辞归广州，粤秀书院聘任主讲。子朴真。

［雍正］《广东通志》卷三十五《选举志五·举人·康熙三十二年癸酉乡试榜》：清远人，登进士。《进士·康熙三十六年丁丑李蟠榜》：清远人，知县。

［乾隆］《顺德县志》卷十二《人物列传·宦绩》：字祖克，号壶洲，大墩人。弱冠补清远弟子员，旋食饩，试辄冠军。尝言："为文如作家书，白香山诗厨下老妪亦晓，所以称佳。"康熙癸酉举于乡，丁丑成进士，布政鲁瑗延掌岭南义学，从游者数百。晨起肃坐讲四子书，证以经史，口若悬河，听者忘倦。课文时，于讲席立成一艺，士争奉为程式。甲申谒选得令安福，以海忠介自期。故事交代迟延有罚，前署令亏空仓库，暗结知府求学源代承。学源曰："承而取偿于下，病在民。不承而忤上，病在己。等病也，宁以己当之。"于是申报巡抚，直其事。遇岁歉，请缓征，复为糜以赈，民多存活。寻署泰和，值境内多虎，为文告神，虎遁去。乙酉分校《易经》，所得皆才隽。终以不合时宜解组归。巡抚范时崇初建粤秀书院，延之讲学，负笈者较前倍之。生平事两亲色养备至，居丧悉遵考亭家礼。著作甚富，所刻有《宦游囊剩》《入燕吟》《一路笔谈》《金陵草》诸种，未尽厥箧中也。子肆能读父书。卷十四《人物列传·节妇》：进士梁学源妾李氏，平步人。年二十九守节，乾隆七年旌表。

［咸丰］《顺德县志》卷二十五《列传五·国朝二》：康熙……丁丑进士，时粤中书院未设，其育才造士之地主于官者曰"岭南义学"，群材咸萃。当事方思振作，会学源需次南归，延就讲席，从游者岁数百人……每课日，于座间援笔成程文①……选安福令抵治，清勤干俭……前令故亏缺，知府当监查责使代承。学源曰："承之取偿于下则病民，不承又忤上则病己，顾与其病民，不如病己，且洁身去，己犹未遽病也。"遂上其事，巡抚直之，事遂解……寻署太和……终以强项不容谢病而归。粤秀书院创兴，延主讲席，负笈之士视义学为倍。生平事亲以善养闻，居丧一遵朱子家礼。初，学源故贫困，从其世父业木工于梧州……不十年得第。尝举以语及门，假是以劝学，至今两粤人能道其事……按：学源生卒年月无考，《五山志林》但称罢官讲学粤秀书院，而陈《志》竟云巡抚范时崇初建粤秀延之讲学……据阮《通志·职官

---

①程文：科举考试时，由官方撰定或录用考中者所作，以为范例的文章，明以后特指试官拟作者。

表》，范以康熙四十五年抚粤，四十九年去，去之年始开粤秀，学源非首先主席，而曰士较前倍，曰时崇延讲学，并误。计粤秀主讲当在康熙、雍正间，卒断在雍正后矣。卷十六《胜迹略・祠庙・典史属》：报功祠在大墩，梁朴真倡筑围基，乡人德之，建祠以祀。按：朴真为学源次子。

萧文成　清南海佛山镇人。康熙三十二年（1693）武举。

［雍正］《广东通志》卷三十五《选举志五・武举人・康熙三十二年癸酉乡试榜》：从化人。

［乾隆］《佛山忠义乡志》卷四《选举志・武科・清乡举》：康熙癸酉。

萧天颜　清顺德龙江人。康熙三十二年（1693）任广东遂溪教谕、文昌县教谕。父观祚。

［乾隆］《顺德县志》卷十《选举志・贡生・清朝・康熙例贡》：龙江人，文昌县教谕。《选举志・封赠・教谕・清朝》：萧观祚，以子天颜贵赠。

［道光］《广东通志》卷五十四《职官表四十五・国朝十二・遂溪县・教谕训导・康熙朝》：顺德人，贡生。三十二年任……教谕。卷五十五《职官表四十六・国朝十三・文昌县・教谕训导・雍正朝》：顺德人……教谕。

曾凤彩　清顺德小里涌人。岁贡，康熙三十二年（1693）任广东韶州府训导。

［雍正］《广东通志》卷三十六《选举志六・国朝・贡生・廉州府・府学》：韶州训导。

［乾隆］《顺德县志》卷十《选举志・贡生・清朝・康熙岁贡》：小里涌人，韶州府训导。

［道光］《广东通志》卷四十七《职官表三十八・国朝五・韶州府・教授训导・康熙朝》：灵山人，岁贡。三十二年任……训导。

蔡圣伦　一说姓李，清顺德龙江人。康熙三十二年（1693）举人。

［雍正］《广东通志》卷三十五《选举志五・举人・康熙三十二年癸酉乡试榜》：顺德人。

［乾隆］《顺德县志》卷十《选举志・举人・清朝・康熙癸酉》：龙江人。

［道光］《广东通志》卷四十八《职官表三十九・国朝六・保昌县・教谕

训导·康熙朝》：李圣伦，南海人，四十九年任……教谕。

蔡英 清顺德龙江人。例贡，康熙三十二年（1693）任海南会同、五十一年广东长乐（今五华）教谕。

［乾隆］《顺德县志》卷十《选举志·贡生·清朝·康熙例贡》：龙江人，长乐县教谕。

［道光］《广东通志》卷五十五《职官表四十六·国朝十三·会同县·教谕训导·康熙朝》：顺德人，三十二年任……教谕。卷五十七《职官表四十八·国朝十五·长乐县·教谕训导·康熙朝》：南海人，五十一年任……教谕。

蔡云章 字允衡，号东升，清顺德龙江人。康熙四十四年（1705）贡，国子监生，雍正五年（1727）任广东永安（今紫金）训导。病归卒，寿75岁。

［雍正］《广东通志》卷三十六《选举志六·国朝·贡生·广州府·顺德县》：蔡云章。

［乾隆］《顺德县志》卷十《选举志·贡生·清朝·康熙岁贡》：龙江人，永安县训导。卷十三《人物列传·儒林》：字允衡，号东升，龙江人。赋姿聪敏，制行端严，少与初从弟云翔读书家塾，沉潜笃志，邑令张学孔以国士期之。饩邑庠，文名藉甚，康熙乙酉以明经荐。执经问难者户屦恒满，坐讲席数十年，及门多登第仕□□。雍正丁未授永安县训导，设月课规条以端士□□明伦堂讲明正学，文风日起，永安令刘庶称为理学醇儒。适署中桃花八月盛开，人以为教化之征。寻以病告归，年七十五。

蔡云翔 字允大，号鹏九，清顺德龙江人。康熙三十二年（1693）举人，任广西灌阳知县，五十二年赈饥。56岁因丧亲归，雍正五年（1727）在家乡赈饥。父必售，孙体元。

［雍正］《广东通志》卷三十五《选举志五·举人·康熙三十二年癸酉乡试榜》：从化人，知县。卷三十七《封荫志·国朝封赠》：蔡必售，顺德人，以子云翔赠文林郎。

［乾隆］《顺德县志》卷十二《人物列传·宦绩》：字允大，号鹏九，龙江人。天资颖异，康熙癸酉登贤书。授灌阳令，清勤自励，剔厘积弊，劝农兴学。癸巳入闱分校，值岁饥，不俟详允，发仓赈贷。已而亢旱，诣城隍虔

祷，甘霖立沛。灌杂瑶民，云翔抚绥有方，遇饥一体赈济。邑有火灾，朝服再拜，风返火灭。三载考绩以循良著，时巡抚陈元龙赠联云："兰室春弥馥，松心晚更贞。"云翔年五十六犹依依孺慕，寻以忧归，百姓号送。雍正丁未饥，捐粟倡赈。为约正，解纷息讼，乡人悦服。卷十《选举志·贡生·清朝·康熙岁贡》：蔡必售，番禺籍。

［咸丰］《顺德县志》卷二十五《列传五·国朝一》：孙体元。

薛维翰　字崧百，清顺德大良人。康熙三十二年（1693）岁贡，三十六年、五十二年赈饥。寿60岁。父世瞻。

［乾隆］《顺德县志》卷十二《人物列传·孝友》：字崧百，孝廉世瞻子也。赋性温厚，居家孝友。弱冠趋庭肆力经史，凡古今名文书法靡不淹习。补邑庠，癸酉应岁荐。初，父就任连平，代父奉养祖父母，问寝视膳，一体父志，得祖父母欢心。旋遭父母弃世，连丧祖父母，哀恸几绝，数日复苏。服阕，朔望整衣冠敬礼所亲，数十年不辍。处宗族，邻里有急难者尽力周旋。丁丑、癸巳两逢饥馑，捐粟赈济，邑中重修文阁、桥梁诸务与有力焉。年六十无病而卒。

［咸丰］《顺德县志》卷二十五《列传五·国朝一·薛世瞻传》：大良人……子维翰字崧伯……父官连平，维翰随其世父士正代养祖父母。

欧俊杰　（1665—1744后）本姓区，清顺德马齐人。乾隆九年（1744）举人。

［乾隆］《顺德县志》卷十《选举志·举人·清朝·乾隆甲子》：马齐人。

［道光］《广东通志》卷八十《选举表十八·举人三·国朝·乾隆九年甲子·广州府》：顺德人，时年八十。

［咸丰］《顺德县志》卷十一《举人二·国朝·乾隆》：马齐人，本姓区，年八十……甲子科。

冯士昌　清南海人。康熙三十三年（1694）岁贡。

［道光］《南海县志》卷二十一《选举表二·国朝·贡生荐辟·康熙朝》：甲戌岁贡。

冯士显　清三水人。康熙三十三年（1694）岁贡。

［康熙四十九年］《三水县志》卷三《选举表·国朝·贡途·康熙岁贡》：本籍人，康熙三十三年分岁贡。

刘文贵 清顺德谭义人。康熙三十三年（1694）岁贡。

［咸丰］《顺德县志》卷十一《岁贡·国朝·康熙》：谭义人，南海籍，甲戌。

李德受 清顺德龙江人。廪贡，康熙三十三年（1694）任广东高要训导，四十八年升高要教谕。

［康熙五十八年］《肇庆府志》卷八《秩官志二·国朝·高要县训导》：顺德人，捐贡，康熙三十三年任。《秩官志二·国朝·高要县教谕》：顺德人，捐贡，康熙四十八年任。

［乾隆］《顺德县志》卷十《选举志·贡生·清朝·康熙例贡》：龙□□，高要县教谕。

［咸丰］《顺德县志》卷十三《仕宦·文职·国朝》：龙江人，高要县教谕。

陈公来 清南海佛山镇人。岁贡，康熙三十三年（1694）任广东遂溪训导。

［乾隆］《佛山忠义乡志》卷四《选举志·岁贡·清》：正贡，遂溪教谕。

［道光］《广东通志》卷五十四《职官表四十五·国朝十二·遂溪县·教谕训导·康熙朝》：海阳人，岁贡。三十三年任……训导。

冼澄 清高明冼村人。康熙三十三年（1694）岁贡。

［康熙五十八年］《肇庆府志》卷十四《选举志·国朝·岁贡·高明》：三十三年贡，高明县学康熙间贡。

［道光］《高明县志》卷十二《选举志·贡生·国朝》：冼村人，康熙三十三年岁贡。

黄廷璋 清南海人。岁贡，康熙三十三年（1694）任广东广宁教谕。

［康熙五十八年］《肇庆府志》卷八《秩官志二·国朝·广宁县教谕》：南海人，岁贡，康熙三十三年任。

萧嘉元 清顺德龙江人。康熙三十三年（1694）任广西灵山教谕。

［乾隆］《顺德县志》卷十《选举志·贡生·清朝·康熙例贡》：龙江人，乳源县教谕。

［道光］《广东通志》卷五十三《职官表四十四·国朝十一·灵山县·教谕训导·康熙朝》：顺德人，贡生。三十三年任……教谕。

严省 字静功，清顺德黎村人。康熙岁贡，常居广州。

［乾隆］《顺德县志》卷十《选举志·贡生·清朝·康熙岁贡》：连州籍黎村人。

［咸丰］《顺德县志》卷二十七《列传七·国朝三》：字静功，黎村人，岁贡生，以善书著岭海间。常居省会，一时缙绅大吏咸耳其名。会南门城楼修成，中额题曰“拱北”，字逾三尺，延当时号称能书者为之，刻成悬上，辄以不称易焉。最后省一挥而就，至今识者过，必驻足啧啧，叹为难事。

何侯宗 字克公，清南海镇涌堡人。早年为吏，后行医，与郑际泰、释成鹫等名流交往。

［同治］《南海县志》卷二十《列传·艺术》：字克公，镇涌堡人。始业儒，寻弃儒为吏，弃吏归医。精研方书，能辨药品良窳，兼工于制炼。国初时，适有名医朱鹰扬者，自京来粤，与侯宗谈医，成密契，尽出橐中丸散秘方授之。侯宗拣妙药，手自泡制，故治病辄应，声名远闻。然侯宗虽隐于岐黄，而耽嗜风雅，所与游者如郑际泰、李朝鼎、彭演、韩海、方外成鹫，皆一时名隽。臬司王令尤敬重之，为颜其居曰“仁寿堂”。康熙乙亥城中火，前后左右尽为灰烬，火越所居而过，至今二百余年岿然无恙，在省各店为最长久。其人老寿，店亦与俱寿焉。数传后，子孙林立，科名不绝，仍以业儒业世其家。

张亮 清顺德龙山人。岁贡，康熙三十三年（1694）任广东封开、三十八年东安、四十八年四会教谕，六十一年南雄府教授。

［康熙五十八年］《肇庆府志》卷八《秩官志二·国朝·封川县教谕》：

花县①籍贡生，顺德人，康熙三十三年任。《国朝・四会县教谕》：花县籍岁贡，顺德人。康熙四十八年任，以承重丁祖母忧去。

［乾隆］《东安县志》卷三《秩官志・教谕・清》：顺德人，贡生，康熙三十八年任。

［乾隆］《顺德县志》卷十《选举志・贡生・清朝・康熙例贡》：花县籍龙山〔人〕，南雄府〔教授〕。

［道光］《广东通志》卷四十八《职官表三十九・国朝六・南雄府・教授训导・康熙朝》：顺德人，六十一年任，教授。

佘锡纯 字允文，号兼五，清顺德大良人。康熙岁贡，雍正五年（1727）任广东阳江训导，十年升教谕。乾隆朝卒，年95岁。父象斗，子于鹗。

［雍正］《广东通志》卷三十六《选举志六・国朝・贡生・广州府・顺德县》：阳江训导，象斗子。

［乾隆］《顺德县志》卷十《选举志・贡生・清朝・康熙岁贡》：马冈人，阳江县训导。

［乾隆］《肇庆府志》卷七《秩官志上・阳江县・国朝・训导》：顺德岁贡，雍正五年任。

［道光］《广东通志》卷五十一《职官表四十二・国朝九・阳江县・教谕训导・雍正朝》：顺德人，岁贡。十年任，教谕。卷一百九十七《艺文略九・集部三》：《语山堂文稿》三卷，《语山堂诗》十二集，国朝佘锡纯撰，存。谨案：锡纯，字兼五。

［咸丰］《顺德县志》卷二十五《列传五・国朝一》：字允文，号兼五，大良人……少慧，游番禺庠，久困场屋，以岁贡任阳江训导。寻归，与缙绅名士结社城南，觞咏无虚日。雍正中有旨纂辑《一统志》，预令直省先修《通志》。总督郝玉麟开局粤秀书院，锡纯与焉，凡八阅月而成，复修《清远县志》，皆详简有法。年九十三能书蝇头小楷，扁舟挈奚童②往来村落间，即景成吟，兴致不减。越南尚诗赋，河仙镇夷官莫某者本中土人，通文翰，县人有贾其地者投所好，以所携锡纯诗册为羔雁献。莫读而善之，饮贾问作者何如人，贾以三世并享科名、夫妇齐眉及见四代、今耄尚健步对，莫叹曰："福

①花县：清康熙二十五年（1686）取南海、番禺部分区域置县，因县城近花山得名，1993年定名花都。

②奚（xī）童，亦即"奚僮"，指未成年男仆。奚本义奴隶，又专指女奴。

人也。”著有《语山堂诗文集》，卒年九十五，子于鹗。

张允良　字月池，清顺德龙江人。能大字，多题匾额。

［咸丰］《顺德县志》卷二十七《列传七·国朝三》：字月池，龙江人。龙江当国初，有彭睿埙以“草圣”驰声，其后则薛伯符临摹禊序，无虑定武、颖上经其手者，偏旁格段不失，而各得其神致。所传多绫本，盖明末调浓墨，施之绫幅，墨不甚沉，至此尚沿而用之也。允良书法并宗虞、褚，尤近河南，能擘窠①大书，熟如小楷。一时额榜②多其迹。县学明伦堂匾，即手写之佳者，与堂屏楷写圣经之出黄丹书者，称“二妙”。

胡高德　字公望，号飞熊，清顺德桂洲人。战乱中安定乡土，授武职游击，调浙江严州。转福建漳、泉，安置迁界民众，代管海澄。退休归，寿89岁。祖嘉猷，父永承。子国相，与黄圣的儿子国礼入贵州，授监纪同知，病卒于军，其妻黄氏寿96岁。

［康熙十三年］《顺德县志》卷六《选举志二·封赠·国朝》：胡嘉猷，桂洲人，以孙高德贵赠怀远将军、广东广州府水师左协中军都司佥书兼左营都司。胡永承，顺德人，以子高德贵赠怀远将军、广东广州府水师左协中军都司佥书兼左营都司。

［康熙二十六年］《顺德县志》卷六《选举志·武功·国朝》：桂洲人，福建海澄石马参将。

［乾隆］《顺德县志》卷十三《人物列传·武勋》：字公望，号飞熊，桂洲人。少慷慨，通韬略。父永承以友爱罄产，德承志义孚闾里。国初，当道谂③德义勇，令防本邑诸乡以安集流亡，积功授游击防守本邑。尝奉命遏李定国不得渡江肆残，厥功甚伟。迁严州，民家失火，德叩祝，俄风返火熄。去严之日，倾郡泣送，竞赠诗歌。升任漳、泉，值迁拆流离，德多方安集，民有老佛之号，巡历争相肩舆。漳迩台湾，枭贩利伙，故贿防偷越，德革其弊，有奉王府令牌且厚贶者却之。摄镇海澄，绥兵安民。境经寇躏，野多枯骨，

---

①擘窠（bòkē）：大字的别称。古人写碑为求匀整，有以横直界线划成方格者，叫“擘窠”。

②额榜，即匾额。

③谂（shěn）：知道。

设冢收瘗。及引年以原品休致，众谂无资，设柜投助。越日知即止之，已投资二百有奇，乃敛置义冢田，民留尸祝焉。家居建祠修墓，解纷息争，值里中哀鸿初集，多方调护之。晚年于狮山之麓构云岩诗社，徜徉二十年，寿八十九。所著有《江上草》《北征草》《云岩遗稿》等集。《人物列传·武勋·黄国礼传》：字盛采，号秋水，圣长子。胡国相，字元节，号介白，高德第五子。当伪周猖獗，冒险同入贵州黎平，说各土司背贼归款，断贼粮道，屡建奇绩。抚蛮灭寇大将军傅宏烈①嘉其功，题授监纪同知。

[乾隆]《广州府志》卷四十《人物九·武功·清·胡国相传》：字元节，高德第五子……少习儒业，夙谙韬钤……子景，雍正甲辰举人。卷四十五《列女三·清》：黄氏，同知胡国相妻，云南左都督圣次女。自幼历随父任，归国相相敬如宾。值伪周猖獗，崎岖冒险，备历艰辛，相父赞夫，俾成奇绩。及国相勤王病故，黄持冰饮檗，建祠宇以妥舅姑，择继祀以惠无祭。年登九十有六，时称贞节寿母云。

[咸丰]《顺德县志》卷二十五《列传五·国朝一》：子国相……以劳勚卒于军。

黄圣　字图洛，号凤羲，清顺德弼教人。16岁入伍，参加平广西，授会宁营游击，升山西太原参将。任标中军副将时，被吴三桂关押。后加总兵都督征云南，病归。子国礼、友瓒皆建功立业。

[康熙二十六年]《顺德县志》卷六《选举志·武功·国朝》：龙津人，河南督标副总兵。

[乾隆]《顺德县志》卷十三《人物列传·武勋》：字图洛，号凤羲，龙津弼教人。少负慷慨，膂力过人，年十六由行伍起，国初平定西粤，积功题授本省会宁营游击，升山西太原参将，所至盗息民安，军伍整肃。三省总督朱宏祚奇其才，擢升中军副将，转调湖广靖伍副将。值伪周据叛，不屈被击，吴逆败，得释。间道赴抚蛮灭寇将军傅宏烈军前，矢志灭贼。宏烈嘉其志，题加总兵左都督进征云南，寻以宏烈遭马承之害，以老病乞休。生平慷慨乐施，月俸随手辄尽，家无资产。次子友瓒，字盛文，弱冠随大将军建义侯进

①傅宏烈（1623—1680），字仲谋，江西进贤人。明末流寓广西，清顺治时，总督王国光荐授广东韶州同知，被吴三桂党羽拘禁绝食而死，朝廷赠太子太师、兵部尚书，谥忠毅。著有《傅忠毅公全集》。

征云南积功，初授四川夔州都司，寻擢本省游击。有海寇数百奄至崖州，瓒以数十骑逆击之，出贼不意，歼其巨魁，余党遁去，由是名震琼南。崖枕五指山内，杂生熟黎①瑶，时相兼并。瓒奉命抚戢，往来岚瘴，勤劳而卒，康熙四十年覃恩封定远将军。为人喜吟咏、工临池，尚书范时捷镇琼时，题“儒将风流”赠之。

［咸丰］《顺德县志》卷二十五《列传五·国朝一》：号凤熙……子国礼……友瓒。

梁应光　清顺德光华人。康熙间拔贡，任广西灵川教谕，内升翰林典簿不赴，归乡赈饥。

［咸丰］《顺德县志》卷十一《岁贡·国朝·康熙》：光华人，广西籍，翰林院典簿。卷二十七《列传七·国朝三》：光华人……寄籍广西陆川。以康熙间拔萃官灵川教谕，内升翰林典簿不赴，归。为人有德量且好施贷，会岁大祲，出俸余赈其乡三日。

梁谓　（？—1683）字言公，清顺德伦教人。诸生。能诗会画，继承家学，罗天尺比为米家父子。父梿。

［咸丰］《顺德县志》卷二十四《列传四·明三·梁崇廷传》：伦教人……兄在廷……子梿……梿子谓，字言公，亦能以诗画世其家。罗天尺极为推崇，比以大小米。寸缣尺楮，至今藏家珍之。

关骏　清南海九江人。康熙三十四年（1695）岁贡。

［同治］《南海县志》卷九《拾遗订误·贡生》：罗定籍，丁亥岁贡，康熙朝。

《九江儒林乡志》卷十《选举略·国朝·贡生·康熙三十四年乙亥》：罗定学岁贡。

陆卓云　清三水清塘人。康熙三十四年（1695）岁贡。

［雍正］《广东通志》卷三十六《选举志六·国朝·贡生·广州府·三水

---

①海南崖州居民多半是黎族，明代将黎族族群划分为生熟黎。生黎居五指山中，不服王化。熟黎指居处接近汉族地区，较早接受汉人经济文化影响的黎人，归属当地州县，耕省地，供赋役。

县》：陆卓云。

［嘉庆］《三水县志》卷九《选举·岁贡·清》：清塘人，（康熙）三十四年贡。

陈起腾 （？—1697）清南海人。康熙三十四年（1695）任广东开建教谕。

［康熙五十八年］《肇庆府志》卷八《秩官志二·国朝·开建县教谕》：南海人，康熙三十四年任，三十六年卒于官。

蔡邦正 一说名邦桢，清顺德龙江人。康熙三十四年（1695）任三水教谕。

［康熙四十九年］《三水县志》卷二《秩官表·国朝教谕》：蔡邦桢，肇庆府德庆州学，由附监，康熙三十四年六月二十一日任。

［乾隆］《顺德县志》卷十《选举志·贡生·清朝·康熙例贡》：龙江人，三水县教谕。

方德秀 清南海佛山镇人，原籍广东新会。康熙三十五年（1696）举人，任江西南丰县知县。

［雍正］《广东通志》卷三十五《选举志五·举人·康熙三十五年丙子乡试榜》：南海人，知县。

［乾隆］《佛山忠义乡志》卷四《选举志·乡举·国朝·康熙丙子》：江西南丰县知县，原新会县人。

刘云汉 字卓之，清顺德逢简人。康熙三十五年（1696）举人，次年进士。父振国。

［雍正］《广东通志》卷三十五《选举志五·举人·康熙三十五年丙子乡试榜》：顺德人，登进士。《进士·国朝·康熙三十六年丁丑李蟠榜》：顺德人。

［乾隆］《顺德县志》卷十三《人物列传·文苑》：字卓之，逢简人也。事亲敬凛，家庭肃若堂陛，言笑步趋，动循礼法。弱冠补邑弟子冠军，工五七言，近体为时辈推服，书法祖二王。伪周之乱，欲掠其乡，云汉潜出请兵于当事，乡赖以安。兄妹故，抚其侄甥，戚党义之。康熙丙子举于乡，丁丑成进士。计偕入都，诸名流慕其诗字，乐与之游，学士史夔、仇兆鳌皆深相

结纳，庄亲王、安郡王加礼重焉，有“天半朱霞”之赐。

［咸丰］《顺德县志》卷十八《艺文略二·集部二·别集二》：《北游草》，国朝刘云汉撰。

刘云鹏　字穆之，清顺德逢简人。晚年学医，寿80岁。

［乾隆］《顺德县志》卷十四《人物列传·隐逸》：字穆之，逢简人。赋性温厚，以孝友称，家庭雍睦，处乡闾无疾言遽色。性好读书，子史百家靡不淹贯。既游泮水，督学以文行兼优奖之。不求仕进，晚学岐黄，远近多济。年逾八十卒。

［咸丰］《顺德县志》卷二十五《列传五·国朝一·刘振国传》：族子云鹏。

刘鼎　清顺德人。康熙三十五年（1696）任顺德城守营千总。

［乾隆］《顺德县志》卷九《兵防志·武职·顺德镇标城守千总》：顺德人，由行伍。左哨，康熙三十五年任。

关孙贤　字希甫，号祇庵，清南海九江人。康熙三十五年（1696）岁贡。弟元升，榜姓梁。

［雍正］《广东通志》卷三十六《选举志六·国朝·贡生·广州府·南海县》：关孙贤。

《九江儒林乡志》卷十《选举略·国朝·贡生·康熙三十五年丙子》：字希甫，号祇庵。顺德学岁贡。弟元升，举人。

阮三锡　清顺德文海人。康熙三十五年（1696）举人，雍正十三年（1735）任广东澄海县教谕。父广。

［雍正］《广东通志》卷三十五《选举志五·举人·康熙三十五年丙子乡试榜》：顺德人，知县。卷三十七《封荫志·国朝封赠》：阮广，顺德人，以子三锡赠文林郎。

［乾隆］《顺德县志》卷十《选举志·举人·清朝·康熙丙子》：文海人，苍梧县知县，改澄海县教谕。

［道光］《广东通志》卷五十《职官表四十一·国朝八·澄海县·教谕训导·雍正朝》：顺德人，十三年任，教谕。

朱昌裔　清顺德龙江人。康熙三十五年（1696）武举。

［雍正］《广东通志》卷三十五《选举志五·武举人·康熙三十五年丙子乡试榜》：顺德人。

［乾隆］《顺德县志》卷十《选举志·武举·清朝·康熙丙子》：龙江人。

苏瀛　本姓詹，清南海人。康熙三十五年（1696）举人。

［雍正］《广东通志》卷三十五《选举志五·举人·康熙三十五年丙子乡试榜》：南海人，本姓詹。

李文灿（清康熙）　清南海人。康熙三十五年（1696）岁贡。

［雍正］《广东通志》卷三十六《选举志五·举人·贡生·广州府·府学》：南海人。

［道光］《南海县志》卷二十一《选举表二·国朝·贡生荐辟·康熙朝》：由府学，岁贡……丙子。

李有兴　清顺德人。康熙三十五年（1696）任顺德城守营把总。

［乾隆］《顺德县志》卷九《兵防志·武职·顺德镇标城守把总》：顺德人，由行伍。左哨，康熙三十五年任。

李应元　清南海人。康熙三十五年（1696）岁贡。

［乾隆］《南海县志》卷八《选举志·国朝贡生》：李应元。

［道光］《南海县志》卷二十一《选举表二·国朝·贡生荐辟·康熙朝》：岁贡……丙子。

李绍祖　清南海佛山镇人。康熙三十五年（1696）举人，四十二年为《崇祯社月课碑记》题额。乾隆二年（1737）任广东新兴教谕，十八年参修《佛山忠义乡志》。曾祖待问，父锡璿。

［乾隆］《南海县志》卷八《选举志·乡举·国朝·康熙丙子》：由番禺学，知县。

［乾隆］《佛山忠义乡志》卷首《纂修里人》：敕授文林郎江西永新县知

县、改授新兴县学教谕、丙子科经魁李绍祖。《佛山志序》：乾隆十有八年岁次癸酉季春吉旦，里人李绍祖顿首拜撰。卷四《选举志·乡举·国朝·康熙丙子》：江西永新县知县，改新兴教谕，待问曾孙。《选举志·封赠·清》：李锡璿，以子绍祖赠新兴教谕。

［道光］《广东通志》卷七十八《选举表十六·举人一·国朝·康熙三十五年丙子·广州府》：南海人，番禺学，知县。《番禺志》不载。

［乾隆］《肇庆府志》卷八《秩官志中·新兴县·国朝·教谕》：南海举人，乾隆二年任。

［道光］《佛山忠义乡志》卷十二《金石志上·石·清》：《崇祯社月课碑记》，乡进士吏部候选中书李绍祖篆额，康熙四十二年岁次癸未仲秋吉旦。

杨天意　清顺德岳步人。康熙三十五年（1696）举人。

［雍正］《广东通志》卷三十五《选举志五·举人·康熙三十五年丙子乡试榜》：连山人。

［乾隆］《顺德县志》卷十《选举志·举人·清朝·康熙丙子》：连山籍岳步人。

杨洲　一说姓刘，清南海人。康熙三十五年（1696）武举，四十二年武进士。

［雍正］《广东通志》卷三十五《选举志五·武举人·康熙三十五年丙子乡试榜》：南海人，登进士。《武进士·康熙四十二年癸未会试榜》：南海人。

［乾隆］《南海县志》卷八《选举志·国朝武乡举·康熙丙子》：刘洲，进士。《选举志·国朝武进士·康熙癸未》：杨洲。

何肇宗　字穀宁，清南海佛山镇人。康熙三十五年（1696）举人，三十九年进士。祖琰，顺治七年（1650）由广州迁佛山，寿98岁。妻林氏30岁守节，康熙时旌表。

［雍正］《广东通志》卷三十五《选举志五·举人·康熙三十五年丙子乡试榜》：东莞人，登进士。《进士·国朝·康熙三十九年庚辰汪绎榜》：番禺人。

［乾隆］《佛山忠义乡志》卷三《乡事志·纪略》：清康熙三十九年庚辰，何肇宗登进士（居观音堂铺，原番禺县人）。卷八《人物志·孝友·清·何琰传》：字署仲。广府诸生，原居省城。父亮，前明举人，以文行著。顺治七年，国朝大兵入粤围省城，人劝亮潜出，亮坚不肯，曰："吾将死于此！"琰

涕泣随侍曰："儿安忍独生！"比城破亮被杀，执琰问何等人，答曰"秀才"。骑听不甚了了，以为裁工也，不杀而拘役之，后知为读书人始得释，遂迁于佛山。生平孝友诚悫，严以律身，慈以畜下，贻子孙以素业，门内雍肃，寿至九十有八。孙肇宗，康熙庚辰进士。肇锐，国学；肇芳、肇选，俱岁贡。肇选现任四会训导。曾孙维矩、天眷，庠贡。世荣、桢杏俱诸生。三子道凝、七子弘泽，俱廪贡①。孙善继，邑庠，皆其训诲之力也。卷九《人物志·列女·清》：林氏，进士何肇宗妻，年三十守节，现年八十二。

[道光]《广东通志》卷七十八《选举表十六·举人一·国朝·康熙三十五年丙子·广州府》：番禺人，东莞学，字榖宁，进士。《东莞志》不载。

[道光]《佛山忠义乡志》卷九《列女·国朝·节孝》：进士何肇宗妻林氏，年三十守节，康熙年旌表。

余宏勋　清南海人。康熙三十五年（1696）副贡。

[雍正]《广东通志》卷三十六《选举志六·国朝·贡生·广州府·南海县》：余宏勋。

[乾隆]《南海县志》卷八《选举志·国朝贡生》：丙子。

[乾隆]《广州府志》卷二十九《选举一·南海县·清》：副榜，科年无考。

[道光]《南海县志》卷二十一《选举表二·国朝·贡生荐辟·康熙朝》：副贡……丙子。

邹承志　清南海人。康熙三十五年（1696）武举。

[雍正]《广东通志》卷三十五《选举志五·武举人·康熙三十五年丙子乡试榜》：南海人。

陆钟秀　清南海人。康熙三十五年（1696）岁贡，任电白训导。

[康熙五十八年]《肇庆府志》卷十四《选举志·国朝·岁贡·开建》：康熙三十五年贡，南海人。

[道光]《南海县志》卷二十一《选举表二·国朝·贡生荐辟·康熙朝》：

①廪贡：明清科举的一种出身，由廪生通过报捐方式取得贡生资格者称廪贡，是非正途出身。

岁贡，电白训导……丙子。

陈伟 本姓周，清顺德黎村人。康熙三十五年（1696）举人。

［雍正］《广东通志》卷三十五《选举志五·举人·康熙三十五年丙子乡试榜》：阳山人。

［乾隆］《顺德县志》卷十《选举志·举人·清朝·康熙丙子》：本姓周，阳山籍黎村人。

［道光］《广东通志》卷七十八《选举表十六·举人一·国朝·康熙三十五年丙子·连州》：顺德人，本姓周，阳山籍，第九名。

欧佐杰 清顺德陈村人。康熙三十五年（1696）武举。

［雍正］《广东通志》卷三十五《选举志五·武举人·康熙三十五年丙子乡试榜》：广州人。

［乾隆］《顺德县志》卷十《选举志·武举·清朝·康熙丙子》：陈村人。

罗文寿 （？—1696）字显斯，清顺德杏坛人。父稷，顺治初参加团练保乡死，文寿亦追击贼寇死。

［咸丰］《顺德县志》卷二十五《列传五·国朝一》：字显斯，杏坛人……父稷以顺治初团练保乡殁，而土寇修怨，杀其家三世妇女，文寿力集乡勇，贼不敢犯。康熙丙子，贼大至，败之，追贼中炮死，乡人为主祀之。

罗元炳 清高明平塘人。康熙三十五年（1696）任广东石头汛把总。

［道光］《高明县志》卷十二《选举志·武职·国朝》：平塘人，康熙三十五年任石头汛把总。

周羽仪 清顺德乾滘人。康熙三十五年（1696）举人，五十二年任南海县教谕。

［雍正］《广东通志》卷三十六《选举志六·国朝·贡生·廉州府·钦州》：南海训导。卷三十五《选举志五·举人·康熙三十五年丙子乡试榜》：钦州人，教谕。

［乾隆］《南海县志》卷五《官师志·国朝教谕》：顺德县人，举人，康

熙五十二年任。

［乾隆］《顺德县志》卷十《选举志·贡生·清朝·康熙岁贡》：钦州籍桂林人。《选举志·举人·清朝·康熙丙子》：钦州籍乾滘人，南海县教谕。

胡汝峻 字端白，清顺德桂洲人。曾祖与京，祖曰乾，父缉祖。子大器、大忠、大猷、大成、有雄。雍正四年（1726），大器与大忠、有雄同科武举。大成十三年武举。乾隆元年（1736），大忠、大成同成武进士。

［乾隆］《顺德县志》卷十三《人物列传·行谊》：字端白，桂洲人。曾祖与京任郎中，祖曰乾官助教，俱祀乡贤。父缉祖，赠奉政大夫。汝峻少家贫徙寓，竭力奉两亲，色养备至。弱冠补弟子员，年四十膺岁荐，教授生徒，仪型里党，有纵荡者辄畏之。为人宽厚，有待以横逆者，旁观俱愤，汝峻不校。尝建屋，梁已竖，邻人挠之即止。借贷者贫不能偿，焚其券。喜吟咏，工书画，片纸出，人争玩赏。为明经数十年，不谒时贵，不履公门，截选训导未就。年七十余犹亲课儿孙，晨夕弗倦，督学使者惠士奇称其恬淡寡营。著有《临川诗草》。子六：尧典国学生，孝友端方，阖族推为族正。大器举人，大忠守备，大猷参将，大成进士。有雄举人，明达多才□□□前中戊午乡科。人羡一门之盛。

［乾隆］《广州府志》卷四十一《人物十·义行·顺德·清》：字端白……次大器，次有雄，明达多才，俱雍正丙午举人。次大忠，乾隆丙辰进士、竹山守备、候升都司。次大猷，直隶三屯副将。次大成，亦丙辰进士。汝峻以子贵赠奉政大夫，晋赠昭勇将军。孙光前，乾隆戊午举人。为人俱惇厚雍睦，科第蝉联。人称一门之盛云。

姚典 清南海人。康熙三十五年（1696）岁贡。

［道光］《南海县志》卷二十一《选举表二·国朝·贡生荐辟·康熙朝》：岁贡……丙子。

郭有为 清南海人。康熙三十五年（1696）岁贡。

［乾隆］《东安县志》卷三《选举志·岁贡·清》：南海人，附籍，康熙三十五年贡。

莫元贞 清高明步州人。康熙三十五年（1696）举人，任永宁州学正，升安徽宣城知县。父与俦。

［康熙五十八年］《肇庆府志》卷十四《选举志·国朝·举人·康熙丙子》：高明人，附籍永康州，岁贡中式。任永宁州学正，升江南宣城县知县。

［道光］《高明县志》卷十二《选举志·举人·国朝》：步州人，康熙三十五年丙子举人，任江南宣城知县。《选举志·封典·国朝》：莫与俦，步州人，康熙□□年以子元贞赠文林郎。

黄元捷　清南海人。例贡，康熙三十五年（1696）任广东信宜、四十五年大埔教谕。

［道光］《广东通志》卷五十二《职官表四十三·国朝十·信宜县·教谕训导·康熙朝》：南海人，例贡。三十五年任，教谕。卷五十《职官表四十一·国朝八·大埔县·教谕训导·康熙朝》：南海人，四十五年任……教谕。

黄中騹　一说名中健，清南海佛山镇人。康熙三十五年（1696）举人，任上饶县知县。父映星。

［康熙五十八年］《肇庆府志》卷十四《选举志·国朝·举人·康熙丙子》：广宁人，任上饶县知县。

［雍正］《广东通志》卷三十五《选举志五·举人·康熙三十五年丙子乡试榜》：肇庆籍南海人，知县。

［乾隆］《南海县志》卷八《选举志·乡举·国朝·康熙丙子》：黄中健，由肇庆府学，知县。

［乾隆］《佛山忠义乡志》卷四《选举志·乡举·国朝·康熙丙子》：河南商丘县知县，原省城人。《选举志·封赠·清》：黄映星，庠生，以子中騹赠江西上饶知县。

［道光］《肇庆府志》卷十五《选举二·国朝·举人·康熙朝·三十五年丙子科》：黄中建，南海人，广宁籍，上饶知县。郝《通志》《府志》“建”作“騹”。

黄章简　清南海人。康熙三十五年（1696）任广东普宁教谕。

［道光］《广东通志》卷五十《职官表四十一·国朝八·普宁县·教谕训导·康熙朝》：南海人，三十五年任……教谕。

黄锡组 清三水城内人。康熙三十五年（1696）岁贡。

［康熙四十九年］《三水县志》卷三《选举表·国朝·贡途·康熙岁贡》：城内人，康熙三十五年分岁贡。

梁应铉 清南海人。康熙三十五年（1696）武举。

［雍正］《广东通志》卷三十五《选举志五·武举人·康熙三十五年丙子乡试榜》：南海人。

梁瑨 清南海人。康熙三十五年（1696）武举。父斌臣。

［雍正］《广东通志》卷三十五《选举志五·武举人·康熙三十五年丙子乡试榜》：南海人。

［道光］《南海县志》卷二十二《选举表三·国朝·武举·康熙朝》：斌臣子……丙子科。

萧英汉 字倬长，清顺德龙江人。岁贡，康熙三十五年任广东惠来训导14年，因父丧归。

［乾隆］《顺德县志》卷十《选举志·贡生·清朝·康熙例贡》：龙江人，惠来县教谕。

［道光］《广东通志》卷五十《职官表四十一·国朝八·惠来县·教谕训导·康熙朝》：广州人，三十五年任……教谕。

［咸丰］《顺德县志》卷十一《岁贡·国朝》：岁贡贡期无考。龙江人，惠来训导……雍正间，年无考。卷二十五《列传五·国朝一·薛一才传》：同乡萧英汉，字倬长，由岁贡为惠来教官，勤月课，正文体，敦行，士尤加礼之。尝捐俸修两庑。甘淡泊，介节自持。雅嗜吟咏，兴至每招及门于北郊榕石山寺，分韵赋诗，怡然自适。司教十四载，士化焉。丁外艰去，士刻石志去思。

［民国］《顺德县志》卷十四《艺文略·史部·地理类州县之属》：《惠来县志》，国朝萧英汉撰。《艺文略·子部·儒家》：《求志堂集》二十卷，《且存集》《再成集》，并国朝萧英汉撰。

龚文耀 清南海人。康熙三十五年（1696）任广东信宜教谕。

［道光］《广东通志》卷五十二《职官表四十三·国朝十·信宜县·教谕

训导·康熙朝》：南海人，选贡。三十五年任……教谕。

崔永吉 清南海人。康熙三十五年（1696）岁贡。

［康熙五十八年］《肇庆府志》卷十四《选举志·国朝·岁贡·阳春》：三十五年贡，阳春县学康熙间贡。

［雍正］《广东通志》卷三十六《选举志六·国朝·贡生·广州府·南海县》：崔永吉。《国朝·贡生·肇庆府·阳春县》：崔永吉。

曾孙来 字恺之，号幔亭，清顺德桂林人。康熙三十五年（1696）举人，授化州学正，雍正五年（1727）任高州府教授，91岁卒于官。父天遴。族弟碧之。

［雍正］《广东通志》卷三十五《选举志五·举人·康熙三十五年丙子乡试榜》：番禺人，学正。卷三十七《封荫志·国朝封赠》：曾天遴，番禺人，以子孙来封修职郎、化州学正。

［乾隆］《顺德县志》卷十二《人物列传·宦绩》：字恺之，号幔亭，桂林人。少有文名，康熙丙子登贤书。授化州学正，革陋规，振颓俗。讲学明伦堂，生童云集，有艰于薪米者助之。旋丁父艰，哀毁骨立，不茹荤者三载。补任升高州教授，寿九十一卒于官。著有①。

［道光］《广东通志》卷五十二《职官表四十三·国朝十·化州·学正训导·康熙朝》：顺德人，举人，学正。《高州府·教授训导·雍正朝》：顺德人，举人。五年任……教授。

［咸丰］《顺德县志》卷二十五《列传五·国朝一》：著有《贯恕堂文稿》《罗江诗集文集》。族弟碧之，诸生。会城曾子祠踞于军器局，碧之抱其主赴京控得复，今附祀。

彭景深 清顺德龙江人。康熙三十五年（1696）举人。

［雍正］《广东通志》卷三十五《选举志五·举人·康熙三十五年丙子乡试榜》：南海人。

［乾隆］《南海县志》卷八《选举志·乡举·国朝·康熙丙子》：顺德人，由本学。

［乾隆］《顺德县志》卷十《选举志·举人·清朝·康熙丙子》：南海籍

①“著有”下缺一行。

龙江人。

霍东翘　清南海佛山镇人。例贡，康熙三十五年（1696）任广东长宁（今新丰）教谕。

［乾隆］《佛山忠义乡志》卷四《选举志·岁贡·清》：长宁教谕，由廪例贡。

［道光］《广东通志》卷四十九《职官表四十·国朝·长宁县·教谕训导·康熙朝》：顺德人，岁贡。三十五年任……教谕。

区尚文　清高明人。康熙三十六年（1697）拔贡。

［康熙五十八年］《肇庆府志》卷十四《选举志·国朝·岁贡·高明》：三十六年拔贡，高明县学康熙间贡。

龙霖浩　字卓伦，清顺德大良人。康熙三十六年（1697）、雍正五年（1727）主持赈饥，寿90岁。

［乾隆］《顺德县志》卷十四《人物列传·隐逸》：字卓伦，大良人。少读书明大义，及壮受知于督学陈兆昌，为番禺庠生。居近南廓而性厌纷嚣，常入城失归路，人传以为笑。性质朴寡言论，至于谈文章、考典故则缕析条分，明如指掌。丁丑、癸巳两逢岁凶，当事以赈饥事见委，霖浩力任不辞，久之积劳成疾亦不少辍。寿九十。

叶之盛　字嘉莘，清顺德桂洲人。康熙三十六年（1697）、五十二年倡赈，设社仓。

［乾隆］《顺德县志》卷十三《人物列传·行谊》：字嘉莘，桂洲人。学懋品端，饩邑庠，家庭孝友无间，功缌①之亲乏嗣者为立后，贫不能殓者殡葬之，乡中秀颖子弟或无力就学给资成就，有迫于饥寒而为匪者给以衣食劝令迁善。康熙丁丑、癸巳岁饥，极力倡赈，设社仓首倡捐谷。为乡约正，复举社正。雍正丁未，督学顾仔以文行兼优咨礼部贡入成均，以足疾未赴卒。

关景祐　字华天，清顺德喜涌人。康熙三十六年、五十二

①功缌：古丧礼中大功、小功和缌麻三种丧服的通称。

年（1713）赈饥。

［乾隆］《顺德县志》卷十三《人物列传·行谊》：字华天，黎村人。事父母孝，朝夕不废问视。家素封，常谦抑自持，义所当为，毫无吝惜。事从兄如事父，抚从侄如己子。冠婚丧祭贫而无措者捐囊助之，困厄者佐以资本。康熙丁丑岁饥，捐赈本乡一月，癸巳如之，全活甚众。又承父志营砌古朗、吉祐、龙潭、北水诸乡道路，感德者请勒碑铭，祐谢之曰："吾非求名也。"以国学生考职州佐。

［咸丰］《顺德县志》卷二十五《列传五·国朝一·潘天培传》：喜涌人。

辛慕霞　清顺德北滘人。康熙三十六年（1697）饥荒济赈。父霞子，子之屏、昌五、梅五。

［乾隆］《顺德县志》卷十《选举志·封赠·庶吉士·清朝》：辛霞子，以孙昌五贵赠。辛慕霞，以子昌五贵赠。卷十三《人物列传·行谊》：北滘人，赠征仕郎。少有至性，失恃一恸几绝。事父及继母承颜顺志，家素俭朴，堂上必奉甘旨。生平任侠慷慨，尝创祖祠，敦戚谊。妻父无子，迎养之，更为立后。族叔贫，生养死葬引为己责。族弟昆显孤穷，常周恤之。康熙丁丑饥，罄所有米粟以赈饿者，晚年家业遂落，负欠千金。长子之屏，善计然策，悉偿之，尤笃通财之义，贫者焚其券。癸巳、丙午岁歉，之屏倡赈，里党德之。次子昌五笃学敦行，乡、会试闱中梦接昆显，殆图报于冥中也，遂登省元，捷南宫，历翰林检讨。三子梅五游太学，长孙济美中副车。一门有春和之气焉。

李寅亮　清南海人。康熙三十六年（1697）副贡，任阳山教谕。

［道光］《南海县志》卷二十一《选举表二·国朝·贡生荐辟·康熙朝》：丁丑拔贡，阳山教谕。

［光绪］《广州府志》卷五十三《选举表二十二·仕宦四·国朝·文职·南海》：康熙丁丑拔贡，阳春教谕。

吴有芬　字作霖，清顺德黄麻涌人。康熙三十六年（1697）、四十二年、五十一年赈饥，雍正岁贡。

［乾隆］《顺德县志》卷十二《人物列传·孝友》：字作霖，黄麻涌人，岁贡生。父客死，每祭必哭，事母惟谨。弟早卒，有芬所置产必与侄均。康熙癸巳，雍正丙午、丁未岁饥，捐米赈族中之贫者，宗党德之。

［咸丰］《顺德县志》卷十一《岁贡·国朝》：岁贡贡期无考。黄麻人……雍正间，年无考。

何上晋　字腾客，号日庵，清顺德黄连人。康熙三十六年（1697）、五十二年饥荒，竭资散众。雍正五年（1727）已老，要求儿子率先倡赈。寿86岁。

［乾隆］《顺德县志》卷十三《人物列传·行谊》：字腾客，号日庵，黄连人。善事二人，左右就养，执丧哀毁，忌日涕泣，素衣茹蔬。成童时，与弟出就外傅遇海贼，料不能俱脱，麾弟速遁，已被掳。夜梦神人语曰："念汝一门隐德，可速归。"及觉，羁械自脱遂逃免。游太学，经营祠宇，增设烝尝。康熙丁丑、癸巳饥，挥金散赈，乡推为社长。雍正丁未岁歉，年已老，犹谆谆命子倡赈。寿八十六。

何长寿　清顺德高村人。康熙三十六年（1697）饥荒助赈。寿93岁。

［乾隆］《顺德县志》卷十四《人物列传·耆寿》：高村人，贡生。好善乐施，康熙丁丑饥，捐米百石助赈。寿九十三。

何有年　字振夫，号穗石，清顺德羊额人。康熙三十六年（1697）饥荒，捐赈40余日。子际可，孙谦泰。

［雍正］《广东通志》卷三十七《封荫志·国朝封赠》：何振夫，顺德人，以子际可赠登仕郎。

［乾隆］《顺德县志》卷十三《人物列传·行谊》：字振夫，号穗石，羊额人。生平重然诺，敦任恤。康熙己未，海寇劫三大渡于黄涌，其赴水逃命创者、病者、冻馁者，颠仆匍匐至卢氏宗祠凡二百七十人，有年悉给以衣食，济以医药，归时给以资斧。丁丑饥，竭力捐资倡族合赈四十余日，全活者三千有奇。尝买黄姓子为仆，念其父失养，给资遣归，闾里义之。

［咸丰］《顺德县志》卷二十五《列传五·国朝一》：孙谦泰，谦泰孙惠群，皆得第。卷十二《封赠（文阶）·国朝》：何振夫，羊额人，以子际可赠感恩县训导，孙谦泰赠潮州府……教授。

何梁浤　（？—1725）一说名良浤，字叔时，号宏水，清顺德羊额人。康熙三十六年（1697）、五十二年赈饥，70多岁夫妻齐眉。子际盛、凤池。

［乾隆］《顺德县志》卷十二《人物列传・孝友》：字叔时，号宏水，羊额人，新会庠生。少事父母，温凊定省，色养备至。长失怙恃，泣血三年，葬祭如礼。及事庶母谈氏、后母梁氏，孺慕纯笃。康熙丁卯，后母患痈病垂危，泓以口吮痈脓，虔祷于神，母获愈，侍奉无间所生。后母年八十余而卒，哀毁骨立。友爱两弟，嫡庶莫分。丁丑、癸巳〔叠〕遭岁歉，捐赈无吝。生平勤俭克家，闭户读书不□□□。年七十有奇，与妻陈氏齐眉，雍正二年给赐绢帛粟肉，逾年而卒。长子际盛司铎徐闻，次子凤池亦游邑泮，孙曾聚顺一门，人谓孝感所致云。

［乾隆］《广州府志》卷三十八《人物七・孝行・顺德・清》：何良浤，字叔时，庠生。事后母梁氏、庶母谭氏敬谨纯笃。后母患痈病垂危，良浤口吮痈，虔祷于神，母获愈，侍奉无间，后卒哀礼亦备至焉。

［咸丰］《顺德县志》卷二十五《列传五・国朝一》：丁丑、癸巳叠遭岁歉，极力捐赈。生平勤俭克家，读书不履公庭。

佘于鹭　清顺德马冈人。康熙三十六年（1697）拔贡。父锡祚。

［康熙五十八年］《肇庆府志》卷十四《选举志・国朝・岁贡・德庆》：三十六年拔贡，德庆州学康熙间贡。

［雍正］《广东通志》卷三十六《选举志六・国朝・贡生・肇庆府・德庆州》：顺德人，锡祚子。

［乾隆］《顺德县志》卷十《选举志・贡生・清朝・康熙拔贡》：德庆籍马冈人。

陈文斗　字尊光，号谦斋，清顺德大良人。岁贡。康熙三十六年（1697）、五十二年及雍正四年（1726）赈灾。雍正十年（1732）任广东新会训导，85岁卒于官。父国琫，寿95岁。兄文逾，康熙四十五年（1706）岁贡。

［雍正］《广东通志》卷三十六《选举志六・国朝・贡生・广州府・顺德县》：陈文斗。《国朝・贡生・连州・连山县》：陈文斗。

［乾隆］《顺德县志》卷十《选举志・贡生・清朝・康熙岁贡》：连山籍大良人。卷十三《人物列传・行谊》：陈国琫，字介孚，古楼人，迁居大良。生平孝友慕义，遇岁歉出粟赈济，乡里德之。子文斗、文逾以明经荐，余或贡成均，或游泮水，皆有声。康熙甲申，恩赐粟帛冠带寿官，邑令何玉度锡

匾曰“齿德咸尊”，署县事周于义以“瑞应德星”颜其堂。寿九十有五。陈文斗，字尊光，号谦斋，古楼人，迁居大良。倜傥有干局，游连山庠食廪饩，邑有公举皆推属焉。丁丑、癸巳、丙午岁饥，文斗俱倡捐赈恤，遍佥富户，复分司散给，措注得宜，邑无饿殍，文斗之力为多。众修文阁、桥梁咸董其事，建祖祠、修祖墓独任弗辞。寻以明经授新会训导，明道谊，校文艺，勤于其职。诸生脩脯置不问，禄入以供月课，秋闱各给卷资。复捐修文昌阁、大魁阁、白沙祠，士林钦其豪迈。寿八十五卒于官。

［乾隆］《广州府志》卷二十四《职官六·国朝·新会县训导》：顺德人，岁贡，（雍正）十年任。

［咸丰］《顺德县志》卷二十五《列传五·国朝一》：与兄文逾俱明经。

陈守志　清顺德容奇人。康熙三十六年（1697）赈饥，寿95岁。子元捷、乔捷，孙经世、丹书。

［乾隆］《顺德县志》卷十四《人物列传·耆寿》：容奇人，候选州同。性纯笃，善承亲志，兄四式好无尤。妻兄贫无子，捐田三十亩为立嗣承祀。康熙丁丑饥，捐粟赈济。凡遇小歉，乡中不给者必赒恤之。尝与族弟肇勷施棺与贫不能殓者。寿九十五。子孙济济衣冠，人以为德报。

［乾隆］《广州府志》卷四十一《人物十·义行·顺德·清》：州同……年九十三。子四：长元捷，字钟秀，为人孝友淳谨，士林矜式，学使梁文山亲为寿序。次乔捷，明经。孙经世，训导。丹书，甲子解元。群孙皆为名诸生。

邵宗　清南海佛山镇人。例贡，康熙三十六年（1697）任广东兴宁教谕，五十七年南雄府教授，官至山东禹城知县。

［乾隆］《佛山忠义乡志》卷四《选举志·岁贡·清》：山东禹城知县，原潮州人，由廪例贡。

［道光］《广东通志》卷四十八《职官表三十九·国朝六·南雄府·教授训导·康熙朝》：花县人，五十七年任……教授。卷五十七《职官表四十八·国朝十五·兴宁县教谕训导·康熙朝》：南海人，三十六年任……教谕。

张际阞　清南海佛山镇人。康熙三十六年（1697）拔贡，乾隆元年（1736）任广东永安（今紫金）教谕。

［康熙五十八年］《肇庆府志》卷十四《选举志·国朝·岁贡·府学》：（康熙）三十六年拔贡。

［乾隆］《新会县志》卷八《明经·国朝·外学附》：肇庆府学，（康熙）三十六年拔贡，永安教谕。

［乾隆］《佛山忠义乡志》卷四《选举志·岁贡·清》：拔贡，永安教谕。

［道光］《广东通志》卷四十九《职官表四十·国朝·永安县·教谕训导·乾隆朝》：张际升，新会人，拔贡。元年任……教谕。

张泷腾　一说姓梁，字曦腾，号巨川，清南海九江人。康熙三十六年（1697）拔贡，五十年举人，后溺死。

［康熙四十九年］《三水县志》卷三《选举表·国朝·贡途·康熙岁贡》：南海县人，康熙三十六年分拔贡。

［雍正］《广东通志》卷三十五《选举志五·举人·康熙五十年辛卯乡试榜》：三水人。

［嘉庆］《三水县志》卷九《选举·举人·国朝·康熙五十年辛卯陈春英榜》：梁泷腾。

［道光］《南海县志》卷二十一《选举表二·国朝·举人·康熙朝》：内阁中书……辛卯科。

《九江儒林乡志》卷十《选举略·国朝·贡生·康熙三十六年丁丑》：字曦腾，号巨川。三水学拔贡，辛卯举人。《选举略·国朝·举人·康熙五十年辛卯科》：中式第三十三名，考授内阁中书舍人。卷二十一《杂录下》：张巨川泷腾，康熙丁丑拔贡，辛卯中式举人，授内阁中书。其命名盖取龙得水而飞腾之象，乃舟至泷忽溺水死，竟成名谶焉。

张鸣玉　清顺德龙江人。康熙三十六年（1697）任广东大埔训导。

［乾隆］《顺德县志》卷十《贡生·清朝·康熙岁贡》：龙江人，大浦县训导。

［道光］《广东通志》卷五十《职官表四十一·国朝八·大埔县·教谕训导·康熙朝》：顺德人，三十六年任……教谕。

范端昂　字吕男，清三水三江人，祖籍浙江会稽（今绍兴）。候选州同，于广东英德三山讲学。康熙三十六年（1697）在家乡赈饥，五十五年到广东阳山通儒乡讲学。雍正四年（1726）在广东连州金龟山讲学时，连县知县黄南桥送他“经术醇儒”匾。著《粤中见闻》。父吴。

［康熙四十九年］《三水县志》卷三《选举表·例监·清》：三江人，由开建学候选州同。卷一《事纪》：大清康熙三十六年丁丑，春不雨，夏大饥。（奉上行赈饥民，绅士董芳、范端昂分路捐赈，邑令给匾旌之）

［道光］《广东通志》卷一百九十三《艺文略五·史部四·风土杂记》：《粤中见闻》三十六卷，国朝范端昂撰，存。谨案：端昂，乾隆时人，文正之裔。由浙迁粤，遂占籍三水。

罗履吉 清顺德桂林人。康熙三十六年（1697）拔贡，任遂溪教谕。

［雍正］《广东通志》卷三十六《选举志六·国朝·贡生·广州府·顺德县》：遂溪教谕。《国朝·贡生·罗定州·东安县》：罗履吉。

［乾隆］《东安县志》卷三《选举志·拔贡·清》：顺德人，附籍，康熙三十六年拔贡。

［乾隆］《顺德县志》卷十《选举志·贡生·清朝·康熙拔贡》：东安籍桂林人。

［道光］《广东通志》卷五十四《职官表四十五·国朝十二·遂溪县·教谕训导·康熙朝》：顺德人，贡生……教谕。

高犹宠 （？—1737）字飞溟，清顺德马滘人。康熙三十六年（1697）拔贡，雍正九年（1731）选广州增城教谕，7年后卒于官。

［康熙五十八年］《肇庆府志》卷十四《选举志·国朝·岁贡·府学》：（康熙）三十六年拔贡。

［乾隆］《顺德县志》卷十《选举志·贡生·清朝·康熙拔贡》：西宁籍马滘人，增城县教谕。

［乾隆］《广州府志》卷二十四《职官六·国朝·增城县教谕》：肇庆府籍拔贡，雍正三年任。

［咸丰］《顺德县志》卷二十五《列传五·国朝一》：字飞溟，马滘人……由西宁庠（《增城志》作“肇庆府学”）拔贡，雍正辛亥选增城教谕，至即集诸生讲经义。明年兼书院讲席，从学益多。每课士必自作一艺以示程式，暇则集诸生咏歌为乐。任七年卒官，人士至今守其遗教，颇赖作兴。

高亮 清南海人。康熙三十六年（1697）岁贡，四十四年举人。

［康熙五十八年］《肇庆府志》卷十四《选举志·国朝·岁贡·德庆》：三十六年贡，中乙酉举人，德庆州学康熙间贡。

［雍正］《广东通志》卷三十五《选举志五·举人·康熙四十四年乙酉乡试榜》：德庆人。

［乾隆］《南海县志》卷八《选举志·乡举·国朝·康熙乙酉》：由德庆州学。

郭连枝　清顺德龙江人。例贡，康熙三十六年（1697）任广东新会县、四十七年潮州府训导。

［乾隆］《顺德县志》卷十《选举志·贡生·清朝·康熙例贡》：龙江人，潮州府训导。

［乾隆］《广州府志》卷二十四《职官六·国朝·新会县训导》：顺德人，捐贡，（康熙）三十六年任。

［道光］《广东通志》卷五十《职官表四十一·国朝八·潮州府·教授训导·康熙朝》：顺德人，四十七年任……训导。

梁文圣　清南海人。康熙三十六年（1697）任顺德城守营把总。

［乾隆］《顺德县志》卷九《兵防志·武职·顺德镇标城守把总》：南海人，由行伍。右哨，康熙三十六年任。

梁允瑞　字熙琼，清顺德龙潭人。康熙三十六年（1697）、五十二年及雍正四年（1726）赈饥。

［乾隆］《顺德县志》卷十三《人物列传·行谊》：字熙琼，龙潭人。父母早卒，事叔婶惟谨。功偲弟妹皆□笃恩联，倡建本乡龙社文会以鼓励人才。康熙丁丑饥，捐米赈济，时总督石琳为之赞，复赠以嘉□□接润，谓其能接济润泽乡人也。康熙癸巳，雍正丙午、丁未荐饥俱极力捐赈，又尝施棺衾以资贫丧。人谓吉人为善，惟日不足，允瑞有焉。

梁逢勦　清顺德伦教人。康熙三十六年（1697）、五十二年赈饥。

［乾隆］《顺德县志》卷十三《人物列传·行谊》：伦教人，国学生。好

义乐施，自伦教乡至黎村路苦泥泞，逢勷砌以石，费七百余金。又捐五十金修乡中往北海路。康熙丁丑、癸巳饥，竭力捐赈，乡人德之。

董芳 字载之，清三水大潮山人。任广东韶州府教授，康熙三十五年（1696）至三十六年在家赈饥。父应标，子长发，孙亨。

［康熙四十九年］《三水县志》卷三《选举表·例监·清》：大潮山人。由本学生员恩拔，任韶州府儒学教授。卷十二《人物传·儒行》：字载之，大潮山人。邑庠生，应标之子。少丧父，事母孝。以国学奉委韶郡教授，勤于课士。适岁歉，督理赈粥，捐俸以助，全活甚众。康熙丙子丁丑，家居赈饥亦如在韶，人咸德之。生平行谊端方，居附城郭非公不至，邑令谓其有子羽①风焉。卷一《事纪》：大清康熙三十六年丁丑，春不雨，夏大饥。（奉上行赈饥民，绅士董芳、范端昂分路捐赈，邑令给匾旌之）

［嘉庆］《三水县志》卷十一《人物传·潜德·董亨传》：字裔显，大潮山人。韶州府教授芳之孙，庠生，长发之子也。少颖异，出应童子试冠其曹，入邑庠。性醇谨，内敦天显，外笃友谊，重然诺而轻于财。尝偕邑明经邓宇读书紫霞寺中，邑进士胡建伟赠以诗，有"直追汉代陈三策②，不负云台第一家"③ 之句，其心赏如此。

蔡士达 清顺德龙江人。康熙三十六年（1697）岁贡。

［咸丰］《顺德县志》卷十一《岁贡·国朝·康熙》：龙江人，丁丑。

蔡侯度 清顺德龙江人。岁贡，康熙三十六年（1697）任广东西宁（今郁南）教谕，五十七年潮州府教授。

［康熙五十七年］《西宁县志》卷五《官师志·国朝·儒学教谕》：广州府顺德县人，岁贡，加纳教谕，康熙三十六年九月任。

［乾隆］《顺德县志》卷十《选举志·贡生·清朝·康熙例贡》：龙江人，〔广〕州府教。

---

①子羽：澹台灭明的字，孔子弟子。《论语》谓其"行不由径。非公事，未尝至于偃之室也"。偃即子游，时为武城宰。

②陈三策：指张良向汉高祖陈奏三大策。

③云台第一家：唐显宗绘二十八功臣于云台之下，第一家为邓禹。

［道光］《广东通志》卷五十《职官表四十一·国朝八·潮州府·教授训导·康熙朝》：顺德人，五十七年任……教授。

蔡瑞龙 一说名瑞隆，清顺德龙江人。康熙三十六年（1697）拔贡。

［康熙五十八年］《肇庆府志》卷十四《选举志·国朝·岁贡·阳春》：（康熙）三十六年拔贡。

［乾隆］《顺德县志》卷十《选举志·贡生·清朝·康熙拔贡》：蔡瑞隆，阳春籍龙江人。

冯士沆 清南海人。康熙三十七年（1698）岁贡。

［道光］《南海县志》卷二十一《国朝·贡生荐辟·康熙朝》：岁贡……戊寅。

何秾 榜姓李，清顺德上地人。康熙三十七年（1698）岁贡。

［康熙五十八年］《肇庆府志》卷十四《选举志·国朝·岁贡·四会》：康熙三十七年贡，四会县学康熙间贡。

［乾隆］《顺德县志》卷十《选举志·贡生·清朝·康熙岁贡》：李秾，本姓何，四会籍上地人。

余洲枝 一说姓佘，清顺德马冈人。岁贡，康熙三十七年（1698）任广东石城（今廉江）、五十八年广宁教谕。

［乾隆］《顺德县志》卷十《选举志·贡生·清朝·康熙例贡》：佘洲枝，马冈人，石城县教谕，补临皋、广宁二县。

［乾隆］《肇庆府志》卷八《秩官志中·广宁县·清·教谕》：顺德岁贡，（康熙）五十八年任。

［道光］《广东通志》卷五十二《职官表四十三·国朝十·石城县·教谕训导·康熙朝》：顺德人，贡士。三十七年任……教谕。

梁凤翔 一说姓张，清南海人。康熙三十七年（1698）岁贡，三十九年任广东潮阳训导。

［康熙五十八年］《肇庆府志》卷十四《选举志·国朝·岁贡·开建》：

康熙三十七年贡，南海人。

［道光］《广东通志》卷五十《职官表四十一·国朝八·潮阳县·教谕训导·康熙朝》：张凤翔，南海人，三十九年任，训导。

梁铨　清三水人。康熙三十七年（1698）恩贡。

［康熙四十九年］《三水县志》卷三《选举表·国朝·贡途·康熙岁贡》：本籍人，康熙三十七年分恩贡。

曹琏　一说名涟，清南海人。康熙三十七年（1698）岁贡。

［康熙五十七年］《西宁县志》卷六《国朝·岁贡》：康熙三十七年。

［乾隆］《南海县志》卷八《选举志·国朝贡生》：曹涟，由西宁学。

龚朝伟　清顺德白藤人。康熙三十七年（1698）任新宁（今台山）教谕。父应霖。

［乾隆］《顺德县志》卷十二《人物列传·宦绩·龚应霖传》：字汝作，号雨亭……次子朝伟，历南陵知县，膺卓荐。

［乾隆］《广州府志》卷二十四《职官六·国朝·新宁县教谕》：四会人，例贡，（康熙）三十七年任。

潘兆祥　清南海人。康熙三十七年（1698）岁贡。

［雍正］《广东通志》卷三十六《选举志六·国朝·贡生·广州府·南海县》：潘兆祥。

［乾隆］《南海县志》卷八《选举志·国朝贡生》：由南海岁贡。

［道光］《南海县志》卷二十一《选举表二·国朝·贡生荐辟·康熙朝》：岁贡……戊寅。

黎毓祥　明末高明人。康熙三十七年（1698）岁贡。祖士楚。

［康熙五十八年］《肇庆府志》卷十四《选举志·国朝·岁贡·高明》：三十七年贡，高明县学康熙间贡。

［道光］《高明县志》卷十二《选举志·例贡·国朝》：仙村人，康熙三十七年贡生。

［光绪］《高明县志》卷十二《选举表·国朝·岁贡·康熙朝》：士楚孙，

三十七年贡。

王颙　清顺德桂洲人。康熙三十八年（1699）举人。

［雍正］《广东通志》卷三十五《选举志五·举人·康熙三十八年己卯乡试榜》：广州人。

［乾隆］《顺德县志》卷十《选举志·举人·清朝·康熙己卯》：桂洲人。

邓绍隆　清顺德龙江人。康熙三十八年（1699）任广东保昌教谕。

［乾隆］《顺德县志》卷十《选举志·贡生·清朝·康熙例贡》：龙江人，保昌县教谕。

［道光］《广东通志》卷四十八《职官表三十九·国朝六·保昌县·教谕训导·康熙朝》：顺德人，三十八年任……教谕。

冯国庆　清顺德马冈人。康熙三十八年（1699）武举，任新安千总。

［雍正］《广东通志》卷三十五《选举志五·武举人·康熙三十八年己卯乡试榜》：顺德人。

［乾隆］《顺德县志》卷十《选举志·武举·清朝·康熙己卯》：马冈人，任新安千总。

甘霖　清顺德里水人。康熙三十八年（1699）举人。

［雍正］《广东通志》卷三十五《选举志五·举人·康熙三十八年己卯乡试榜》：广州人。

［乾隆］《顺德县志》卷十《选举志·举人·清朝·康熙己卯》：南海籍里水人。

龙海见　字禹涛，号金山，清顺德大良人。康熙三十八年（1699）举人。父雯翱。

［雍正］《广东通志》卷三十五《选举志五·举人·康熙三十八年己卯乡试榜》：顺德人，知县。卷三十七《封荫志·国朝封赠》：龙雯翱，顺德人，以子海见赠文林郎。

［乾隆］《顺德县志》卷十二《人物列传·宦绩》：字禹涛，号金山，大

良人。素厚重，康熙己卯领乡荐，授阳信令。县俗醇朴，海见以慈惠抚之。修文庙，育人才，承其指授捷高魁者甲于他邑，庚子、甲辰分校乡闱称得士。壬寅旱，捐钱四百贯散给贫民，奉命赈济，复捐己粟二千余石助之，邑赖全活。民病涉，修桥梁四道。尝解运西北军需，议叙加级，巡抚欲题升德州，以母老乞终养归，士民送者万计。

关孙谋 清高明苏村人，居南海佛山镇。康熙三十八年（1699）举人，任建阳县知县。祖捷先。

［康熙五十八年］《肇庆府志》卷十四《选举志·国朝·举人·康熙己卯》：高明人，任建阳县知县。

［乾隆］《佛山忠义乡志》卷四《选举志·乡举·国朝·康熙己卯》：福建建阳县知县，捷先孙。

［道光］《高明县志》卷十二《选举志·举人·国朝》：苏村人，康熙三十八年己卯举人，任福建建阳知县。

邱德新 本姓刘，清顺德逢简人。康熙三十八年（1699）举人，五十二年任广东德庆州学正。

［康熙五十八年］《肇庆府志》卷八《秩官志二·国朝·德庆州学正》：丘德新，顺德人，举人，康熙五十二年任。

［雍正］《广东通志》卷三十五《选举志五·举人·康熙三十八年己卯乡试榜》：东莞人，教谕。

［乾隆］《顺德县志》卷十《选举志·举人·清朝·康熙己卯》：东莞籍逢简人，德庆州学正。

［咸丰］《顺德县志》卷十一《举人二·国朝·康熙》：刘德新，榜姓邱，逢简人，东莞籍。德庆州学正……己卯科。

朱觃 清顺德仙涌人。康熙三十八年（1699）岁贡。

［雍正］《广东通志》卷三十六《选举志六·国朝·贡生·广州府·府学》：顺德人。

［咸丰］《顺德县志》卷十一《岁贡·国朝·康熙》：仙涌人，己卯。

伍魁 名一作槐，清顺德古朗人。康熙三十八年（1699）举人，任东阳县知县。

［雍正］《广东通志》卷三十五《选举志五·举人·康熙三十八年己卯乡试榜》：伍櫆，封川人，知县。

［乾隆］《顺德县志》卷十《选举志·举人·清朝·康熙己卯》：封川籍古朗人，东阳县知县。

［道光］《广东通志》卷七十九《选举表十七·举人二·国朝·康熙三十八年己卯·肇庆府》：顺德人，封川籍，东阳知县。"魁"一作"櫆"，《封川志》无。

阮永裕 清南海佛山镇人。康熙三十八年（1699）举人，知县。

［雍正］《广东通志》卷三十五《选举志五·举人·康熙三十八年己卯乡试榜》：罗定人，知县。

［乾隆］《南海县志》卷八《选举志·乡举·国朝·康熙己卯》：由罗定州学，知县。

苏天植 清顺德碧江人。康熙三十八年（1699）举人。

［雍正］《广东通志》卷三十五《选举志五·举人·康熙三十八年己卯乡试榜》：南海人。

［乾隆］《顺德县志》卷十《选举志·举人·清朝·康熙己卯》：南海籍碧江人。

李宠升 清南海人。康熙三十八年（1699）武举。

［雍正］《广东通志》卷三十五《选举志五·武举人·康熙三十八年己卯乡试榜》：顺德人。

［乾隆］《南海县志》卷八《选举志·国朝武乡举·康熙己卯》：李宠升。

杨进修 字诣将，清高明城中人。康熙三十八年（1699）举人，任贵州湄潭知县。兄业将。

［康熙五十八年］《肇庆府志》卷十四《选举志·国朝·举人·康熙己卯》：高明人，任贵州湄潭县知县。

［道光］《广东通志》卷二百八十七《列传三十·肇庆二》：字诣将，高明人，弱冠补弟子员。胞兄业将被诬系狱，进修以身代。狱中夜读《易》，查狱者异之，廉得其枉，寻得释。后登康熙乙卯乡荐，官湄潭令。除浮税，兴学校，秩满告归，民为立祀象鼻山。

[道光]《高明县志》卷十二《选举志·举人·国朝》：城中人，康熙三十八年己卯亚魁，任贵州湄潭知县。卷十三《人物志·国朝》：字诣将，聪明嗜学，弱冠饩于庠。胞兄业将因他人失札嫁祸陷囚，修以身代，狱中夜犹读《易》。适臬宪子查狱异之，问罪由具以告，愕然，知其枉，且曰："弟道可风。"白诸宪而释之。后以《易》登康熙己卯亚魁，官湄潭，革杂税陋规，振兴学校。时邻县瓮安有童毛邑应考，瓮安众推为邻县籍，宪委修承审。修爱其文而定其籍于瓮，复召毛来，与潭诸生同给膏火肄业，多至科甲。秩满荣归，湄人思之，立祠象鼻山。至乾隆壬戌年，毛邑以进士来知高明，闻修已卒，因流涕口占："怜才携我上瀛洲，遍处甘棠湄上讴。今日就访知己去，玉山空对泪长流。"登其墓，行师生礼以奠之。

吴奇遇 字赞元，号际唐，清顺德大良人。康熙三十八年（1699）举人，授灵宝知县。

[雍正]《广东通志》卷三十五《选举志五·举人·康熙三十八年己卯乡试榜》：番禺人，知县。

[乾隆]《顺德县志》卷十二《人物列传·宦绩》：字赞元，号际唐，大良人。家贫力学，康熙己卯登贤书。授灵宝知县，劝课农桑，清理案牍。邑鲜秀颖，首延经明行修之士为之师，月有课，季有考，时分俸余为士子膏火，文风以振。中州故有盐引，累上书制府厘剔夙弊，同僚咸受其福。巡抚廉其德政，给以"清惠爱民勤敏办事"匾额。适进兵西藏，道经灵宝，供亿之费，奇遇不忍派之民，那用库项数千金，以亏空落职。民感之，各出银钱投柜代为补偿。回籍时，士民送数百里，立祠祀之。奇遇性狷介，邑令许龙章延掌义学。晚年尝绝粒而非义不取，陈邑令志仪高其节，以粟馈之。所著有《四书铎》《易经撮要图注》《葆光堂稿》《疗忧草》《宦海狂吟》《剩艺》诸书。

吴宠祥 清顺德北水人。康熙三十八年（1699）举人，知县。

[雍正]《广东通志》卷三十五《选举志五·举人·康熙三十八年己卯乡试榜》：南海人，知县。

[乾隆]《顺德县志》卷十《选举志·举人·清朝·康熙己卯》：南海籍北水人。

吴漳 本姓庞，名或作璋，清南海人。康熙三十八年（1699）任广东新宁（今台山）训导。

[康熙]《南海县志》卷五《选举志·国朝岁贡》：本姓庞，由钦州学。

[雍正]《广东通志》卷三十六《选举志六·国朝·贡生·廉州府·钦州》：吴璋。

[乾隆]《广州府志》卷二十四《职官六·清·新宁县训导》：岁贡，（康熙）三十八年任。

吴韺 字承云，清南海大圃堡人，吴文炜族子，康熙三十八年（1699）乡试不第。族兄弟迈，字南州，14岁享有文名而及试屡挫，八十高龄仍奔波于考场。

[道光]《广东通志》卷一百九十七《艺文略九·集部三》：《白园集》，国朝吴韺撰，未见。《广东诗粹》，韺，字承云，南海人，诸生。

[道光]《南海县志》卷三十九《列传八·国朝·吴文炜传》：大圃堡人……族子韺……总角诵汉魏六朝诗能搦管拟之，既列诸生，尤耽吟咏。尝以事逮于讼羁累月，周大樽往省，见其溷①迹徒隶缧绁间，吟咏终不辍。康熙己卯省试，闱中甚赏其文，拟取解首，既而不得，卒落之。撤棘夕，主师编修胡京蒙润知为韺卷，即请见语之故，慰惜再三，韺闻之淡然。韺得诗法于文炜而体格大不类，盎漾盈溢，如阳春着人，情韵不可言喻……迈，字南州，年十四有文誉，三十五乃籍于庠。八十岁尚战棘闱，终不遇。其抑塞磊落之气悉发于诗，著《栖霞山人诗草》四卷。

何开泰 字叶文，号东墅，清顺德羊额人。康熙三十八年（1699）举人，五十四年任四川汶川知县。雍正四年（1726）迁顺天通判，不久升吏部验封司员外。因足疾归，十多年后卒。祖长庚，父祐君。

[雍正]《广东通志》卷三十五《选举志五·举人·康熙三十八年己卯乡试榜》：顺德人，员外。卷三十七《封荫志·国朝封赠》：何长庚，顺德人，以孙开泰赠文林郎。何佐君，顺德人，以子开泰赠文林郎。

[乾隆]《顺德县志》卷十《选举志·封赠·知县·清朝》：何长庚，以孙开泰貤赠。何祐君，以子开泰贵赠。卷十二《人物列传·宦绩》：字叶文，号东墅，羊额人。性警敏，有识略。年十七补弟子员，丁父艰，恐伤母心，哀毁不敢逾节，然遇新必荐，忌日必泣，兄弟友爱无间。康熙己卯获隽，癸

①溷：通“混”。

未会试，粤省无登第者，开泰与林贻熊侃切条陈，礼部题达，许分省取录，远省得不偏枯。乙未任汶川县，值用兵西藏，军需挽运，郫、灌、威、茂诸州县均供一站，汶川独当其三。开泰以尤溪一站附□□□□□□□□办理，又以运夫著□□寺，土司分□□□□□□□□，开泰挂冠力争乃得请。路崎岖不可行，令番民□□佣工者一人输一工。欹者平之，狭者广之，高者低之，断处架以桥，猱猿所畏之道，匝月而成康庄。军马、商旅咸便之，因号“何公道”。雍正丙午迁顺天通判，民遮道留之。旋擢吏部验封司员外，以足疾归林下，优游十余年卒。

［乾隆］《广州府志》卷三十五《人物四·循吏二·顺德·清》：字叶文，康熙己卯举人，任汶川县，值用兵西藏，军需挽运，诸州县均供一站，汶川独当其三，开泰请减其二。道路崎岖不可行，令番民开辟匝月而成康庄。军马、商旅咸便之，因号“何公道”。迁顺天通判、〔吏部〕验封司员外，以足疾归。

张兆桂　清顺德龙江人。康熙三十八年（1699）副贡，雍正五年（1727）任广东吴川县教谕。

［雍正］《广东通志》卷三十六《选举志六·国朝·贡生·广州府·顺德县》：己卯副榜。

［乾隆］《顺德县志》卷十《选举志·贡生·清朝·康熙副榜》：龙江人，己卯科，吴川县教谕。

［道光］《广东通志》卷五十二《职官表四十三·国朝十·吴川县·教谕训导·雍正朝》：顺德人，副榜。五年任……教谕。

［咸丰］《顺德县志》卷十一《副贡·国朝·康熙》：龙江人，增城籍。吴川县教谕，己卯。

张鸣宰　清顺德道教人。康熙三十八年（1699）举人，任秀水县知县。

［雍正］《广东通志》卷三十五《选举志五·举人·康熙三十八年己卯乡试榜》：开建人，知县。

［乾隆］《顺德县志》卷十《选举志·举人·清朝·康熙己卯》：开建籍道教人，秀水县知县。

陈励　字士皆，清顺德龙山人。康熙三十八年（1699）举人第三名，赴选时卒于江苏金阊。父恭尹，兄弟赣。

［乾隆］《顺德县志》卷十《选举志·举人·清朝·康熙己卯》：连州籍龙山人。

［咸丰］《顺德县志》卷十八《艺文略二·集部二·别集二》：《弗如亭草》，国朝陈赣撰。按：赣字端木，恭尹子。《东轩稿》，国朝陈励撰。按：励字士皆，恭尹子。卷二十五《列传五·国朝一·陈恭尹传》：诗有家学而独成面目。举己卯第三，赴选卒金阊。著有《东轩草》。

郑作霖　清顺德林头人。康熙三十八年（1699）举人。

［乾隆］《顺德县志》卷十《选举志·举人·清朝·康熙己卯》：阳春籍桂洲人。

［咸丰］《顺德县志》卷十一《举人二·国朝·康熙》：林头人，阳春籍……己卯科。

林达春　清南海人。康熙三十八年（1699）举人，知县。

［雍正］《广东通志》卷三十五《选举志五·举人·康熙三十八年己卯乡试榜》：南海人，知县。

林世芳　清三水冈头人。康熙三十八年（1699）举人，任浙江永嘉县知县。祖裔荣，父阳春。

［康熙四十九年］《三水县志》卷三《选举表·国朝·文举人·康熙己卯科》：冈头人，附开平籍。授知县职，林裔荣孙。

［嘉庆］《三水县志》卷九《选举·举人·国朝·康熙三十八年己卯洪晨孚榜》：冈头人，裔荣孙，浙江永嘉县知县。《选举·封赠·清》：林阳春，以子世芳赠文林郎、浙江永嘉县知县。

林起龙　清南海人。康熙三十八年（1699）武举。

［雍正］《广东通志》卷三十五《选举志五·武举人·康熙三十八年己卯乡试榜》：南海人。

招秋　清南海人。康熙三十八年（1699）武举，任守备。父伦叙。

［雍正］《广东通志》卷三十五《选举志五·武举人·康熙三十八年己卯乡试榜》：南海人。

［道光］《南海县志》卷二十二《选举表三・国朝・武举・康熙朝》：守备……己卯科。《国朝・封荫・康熙朝》：招伦叙，以子秋赠武德将军。

欧之麟 一说姓区，清顺德陈村人。康熙三十八年（1699）举人。

［雍正］《广东通志》卷三十五《选举志五・举人・康熙三十八年己卯乡试榜》：番禺人。

［乾隆］《顺德县志》卷十《选举志・举人・清朝・康熙己卯》：番禺籍陈村人。

［道光］《广东通志》卷七十九《选举表十七・举人二・国朝・康熙三十八年己卯・广州府》：区之麟，顺德人，番禺籍。

罗宏 清南海人。康熙三十八年（1699）副贡，任长乐教谕。

［乾隆］《番禺县志》卷十三《选举下・贡生・国朝副榜・康熙》：己卯，长乐教谕。

［道光］《南海县志》卷二十一《选举表二・国朝・贡生荐辟・康熙朝》：己卯副贡。

罗维正 清顺德大良人。康熙三十八年（1699）副贡。

［雍正］《广东通志》卷三十六《选举志六・国朝・贡生・广州府・顺德县》：己卯副榜。

［乾隆］《顺德县志》卷十《选举志・贡生・清朝・康熙副榜》：大良人，己卯科。

周遂 清顺德黎村人。康熙三十八年（1699）武举，任儋州中军守备。

［康熙四十九年］《三水县志》卷三《选举表・国朝・武举》：己卯科。

［雍正］《广东通志》卷三十五《选举志五・武举人・康熙三十八年己卯乡试榜》：三水人，守备。

［乾隆］《顺德县志》卷十《选举志・武举・清朝・康熙己卯》：黎村人，任儋州中军守备。

胡天贶 字夏溪，清南海夏滘堡人，居佛山镇。康熙三十八年（1699）举人，任福建尤溪县知县。

［雍正］《广东通志》卷三十五《选举志五·举人·康熙三十八年己卯乡试榜》：南海人，知县。

［乾隆］《佛山忠义乡志》卷四《选举志·乡举·国朝·康熙己卯》：福建尤溪县知县，原夏滘堡人。

［道光］《南海县志》卷三十九《列传八·国朝·曾士兰传》：同时胡天贶者，字夏溪，夏教堡人。八岁能文，十四列诸生，十九食饩廪。领康熙己卯乡荐，出宰福建尤溪，兼理大田县事，有政声。以忧去职，士庶恋之，献万民袍以饯。

胡道长 清顺德桂洲人。捐贡，康熙三十八年（1699）任广东连州训导。

［乾隆］《顺德县志》卷十《选举志·贡生·清朝·康熙例贡》：桂洲人，连州训导。

［道光］《广东通志》卷四十六《职官表三十七·国朝四·连州·学正训导·康熙朝》：顺德人，三十八年任，训导。

［同治］《连州志》卷五《职官志·国朝·训导》：顺德人，阳江籍贡生，康熙三十八年任。

郭缵祖 清南海人。康熙三十八年（1699）任海南琼山县训导。

［雍正］《广东通志》卷三十六《选举志六·国朝·贡生·广州府·南海县》：琼山训导。

［道光］《广东通志》卷五十五《职官表四十六·国朝十三·琼山县·教谕训导·康熙朝》：南海人，贡生。三十八年任……训导。

梁嘉最 本姓陈，清南海人。康熙三十八年（1699）、四十四年、四十七年、五十六年四次副贡，雍正九年（1731）任广东大埔教谕。

［雍正］《广东通志》卷三十六《选举志六·国朝·贡生·广州府·府学》：副榜，南海人。

［道光］《广东通志》卷五十《职官表四十一·国朝八·大埔县·教谕训

导·雍正朝》：南海人，九年任，教谕。

［道光］《南海县志》卷二十一《选举表二·国朝·贡生荐辟·康熙朝》：陈嘉最，榜姓梁，乙酉、戊子复中副榜……己卯副贡。

黄元宠 清顺德马齐人。康熙三十八年（1699）举人。

［雍正］《广东通志》卷三十六《选举志六·国朝·广州府·顺德县》：黄元宠。卷三十五《选举志五·举人·康熙三十八年己卯乡试榜》：龙门人。

［乾隆］《顺德县志》卷十《选举志·贡生·清朝·康熙拔贡》：马齐人。《选举志·举人·清朝·康熙己卯》：龙门籍马齐人。

黄正己 清南海人。康熙三十八年（1699）武举。

［雍正］《广东通志》卷三十五《选举志五·武举人·康熙三十八年己卯乡试榜》：番禺人。

［乾隆］《南海县志》卷八《选举志·国朝武乡举·康熙己卯》：由番禺学。

崔恂 清南海人。康熙三十八年（1699）武举。

［雍正］《广东通志》卷三十五《选举志五·武举人·康熙三十八年己卯乡试榜》：南海人。

谭洪猷 榜姓梁，字彬友，清顺德甘竹人。康熙三十八年（1699）副贡，选广东大埔教谕，未任而卒。

［雍正］《广东通志》卷三十六《选举志六·国朝·贡生·广州府·顺德县》：己卯副榜。

［乾隆］《顺德县志》卷十《选举志·贡生·清朝·康熙副榜》：榜姓梁，番禺籍甘竹人，己卯科，大埔县教谕。卷十三《人物列传·行谊》：字彬友，甘竹人。弱冠为诸生，康熙己卯，相国中丞萧公、鹾政御史沈公决科取士，并邀赏识。秋闱，同考钱公得卷力荐，以限于额屈置副车。广授生徒，游其门者多登仕路。事父母孝，菽水之奉，务必躬亲，婉愉之容数十年如一日。痛生不逮事父，祀日掩泣。御仆隶甚□，或有念本支而求去者即还其券。乡阁建□□□□力督□□□□侠。遇岁歉，捐粟倡赈□□□□□活者众。晚年铨授大埔教谕，未任而卒。卒之日，值阖乡有梨园之会，闻讣皆为罢唱，其见敬于人如此。

［咸丰］《顺德县志》卷二十五《列传五·国朝一》：康熙己卯副贡，门

多中隽……恕御仆隶，求归宗者必还其券。岁歉捐粟举赈，不惮劳瘁，存活者众……卒日乡方演剧，遽停之。

钟桂 清三水人。康熙三十八年（1699）武举。

［康熙四十九年］《三水县志》卷三《选举表·国朝·武举》：己卯科。

黎琮 清南海人。岁贡，康熙三十八年（1699）任广东新兴训导。

［康熙］《南海县志》卷五《选举志·国朝岁贡》：由阳山学。

［道光］《广东通志》卷五十三《职官表四十四·国朝十一·合浦县·教谕训导·康熙朝》：南海人，贡生。三十八年任……训导。

黎嘉裕 名一作家裕，清顺德鹭洲人。康熙三十八年（1699）举人。

［雍正］《广东通志》卷三十五《选举志五·举人·康熙三十八年己卯乡试榜》：黎家裕，顺德人。

［乾隆］《顺德县志》卷十《选举志·举人·清朝·康熙己卯》：鹭洲人。

霍世恒 清南海佛山镇人。康熙三十八年（1699）武举第一名，四十二年武进士。

［雍正］《广东通志》卷三十五《选举志五·武举人·康熙三十八年己卯乡试榜》：从化人，登进士。《武进士·康熙四十二年癸未会试榜》：从化人。

［乾隆］《佛山忠义乡志》卷四《选举志·武科·清乡举》：康熙己卯解元。《选举志·国朝·武进士》：康熙癸未会魁。

王启彦 一说姓陈，清顺德龙山人。康熙三十九年（1700）岁贡。

［康熙四十九年］《三水县志》卷三《选举表·国朝·贡途·康熙岁贡》：顺德县人，康熙三十九年分岁贡。

［乾隆］《顺德县志》卷十《选举志·贡生·清朝·康熙岁贡》：陈启彦，三水籍龙山人。

白珩 清高明小塘边人。康熙三十九年（1700）岁贡。

［雍正］《广东通志》卷三十六《选举志六·国朝·贡生·廉州府·灵山县》：白珩。

［光绪］《高明县志》卷十二《选举表·国朝·岁贡·康熙朝》：小塘边人，三十九年贡。

劳文昭 字张君，清顺德劳村人。康熙三十九年（1700）岁贡。

［乾隆］《顺德县志》卷十三《人物列传·儒林》：字张君，劳村人。力学不倦，补恩平弟子员，康熙庚辰领岁荐。生平庄敬自持，虽时游醉乡为羲皇以上人①，究异于晋人之放旷也。著有《易经讲义》。

苏允桢 清南海人。康熙三十九年（1700）岁贡，任广西灵山县训导。

［道光］《南海县志》卷二十一《选举表二·国朝·贡生荐辟·康熙朝》：岁贡，灵山训导。按：允桢，广西宣化学，以拨归原籍故载之……庚辰。

杜孙茂 清高明黄鹂堂人。康熙三十九年（1700）岁贡。

［康熙五十八年］《肇庆府志》卷十四《选举志·国朝·岁贡·高明》：三十九年贡，高明县学康熙间贡。

［道光］《高明县志》卷十二《选举志·贡生·国朝》：黄鹂堂人，康熙三十九年岁贡。

陈畴祉 清南海人。康熙三十九年（1700）岁贡。

［雍正］《广东通志》卷三十六《选举志六·国朝·贡生·广州府·从化县》：陈畴祉。

［道光］《南海县志》卷二十一《选举表二·国朝·贡生荐辟·康熙朝》：岁贡……庚辰。

梁轮 清顺德龙眼人。康熙三十九年（1700）岁贡。

---

①羲皇以上人：伏羲氏以前的人，即太古的人。比喻无忧无虑、生活闲适的人。

［康熙五十八年］《肇庆府志》卷十四《选举志·国朝·岁贡·德庆》：三十九年贡，德庆州学康熙间贡。

［乾隆］《顺德县志》卷十《选举志·贡生·清朝·康熙岁贡》：德庆籍龙眼人。

苏雄视　（？—1701）本姓伍，清顺德大良人。岁贡，康熙四十年（1701）任高明训导十个月。

［康熙五十八年］《肇庆府志》卷八《秩官志二·国朝·高明县训导》：顺德人，岁贡，康熙四十年二月任，卒于官。

［雍正］《广东通志》卷三十六《选举志六·国朝·贡生·广州府·顺德县》：本姓伍。

［乾隆］《顺德县志》卷十《选举志·贡生·清朝·康熙岁贡》：本姓伍，番禺籍碧江人。

［咸丰］《顺德县志》卷十一《岁贡·国朝·康熙》：册姓伍，碧江人，番禺籍，阳江县训导。

李遇辉　清南海人。岁贡，康熙四十年（1701）任广东四会训导。

［康熙五十八年］《肇庆府志》卷八《秩官志二·国朝·四会县训导》：增城籍岁贡，南海人，康熙四十年任。

［雍正］《广东通志》卷三十六《选举志六·国朝·贡生·广州府·南海县》：昌化训导。

李殿菖　字梅君，清顺德陈村人。康熙四十年（1701）岁贡，五十二年赈饥。49岁荐明经，授广东永安（今紫金）训导。父文灿，岳父区简臣，兄殿苞，子循。

［康熙五十八年］《肇庆府志》卷十四《选举志·国朝·岁贡·府学》：(康熙）四十年贡。

［乾隆］《顺德县志》卷十《选举志·贡生·清朝·康熙岁贡》：肇庆籍，陈村人。永安县训导，未任。卷十三《人物列传·行谊》：字梅君，陈村人。幼饫祖父诗礼之训，歧疑嗜学，□极聪慧，师授经史辄了了于心口。年十六

补肇郡庠，壮淳朴谦和，古心古貌。居家首敦伦行，处人尤重道义，布衣麈尾①，萧然吟咏。癸巳岁饥，捐米沿门分给，闾里德之。年四十九荐明经，授永安教谕，督学臧大受赠以匾曰“世祥堂”。子循，字崇信，充府学贡生。四岁丧母区氏，号泣欲绝，复以首触地至流血，进士区简臣，循外祖也，强抱之膝中。呼啼不食三日，家人哀之，饮食皆辍。继事仇母，爱敬弥笃，母年五十生一子，将满月而死，循与妻孔氏朝夕侍床安慰其心。江南进士杨艮讲学郡城，遵母命往从游三载，辄以先正文字发圣贤义理，朝夕刻苦，心疾几殆，幸病间荐于朝。廷试北归，抵江南祭杨墓，痛哭心丧。无何旧疾复作，易箦曰：“先君止生不孝，舍母长逝，目能瞑耶?”语毕而卒。循生酷嗜白沙陈先生诗文，及自著《勉轩集》，多得其髓。

[咸丰]《顺德县志》卷二十五《列传五·国朝一·李殿苞传》：弟……殿莒。

梁泽 （1672—1768）字恒白，号采山，清顺德伦教人。康熙三十八年（1699）举人，五十六年出任浙江海盐知县，六十年因丧母归。服阕因案召回海盐，八年才澄清南归。乾隆元年（1736）开博学鸿词科不赴，二十四年官员奏请重与鹿鸣宴。曾祖在廷，父符祖。

[雍正]《广东通志》卷三十五《选举志五·举人·康熙三十八年己卯乡试榜》：顺德人，知县。卷三十七《封荫志·国朝封赠》：梁祖符，顺德人，以子泽赠文林郎。

[乾隆]《顺德县志》卷十《选举志·举人·清朝·康熙己卯》：伦教人，海盐县知县行取。

[咸丰]《顺德县志》卷十二《封赠（文阶）·国朝》：梁符祖，伦教人。以子泽赠海盐县……知县。卷二十五《列传五·国朝一》：字恒白，号采山。伦教人。曾祖在廷，自有传。泽承其祖梿寒塘诗派之后，幼有闻见……举康熙己卯乡书，慨然有志为循良吏。见雷州陈清端瑸于都，请为治法，陈以“不纷更，不受钱”语之，遂守终身。丁酉选海盐，旧令率挂累去。泽至，作《四无诗》揭于堂壁，四无者，无亏空、多取、侈用、恋官也。力行保甲，示民更始。甘浦去城三十里，号沿洋险要，前明城毁于倭，部檄修复往督。值

①麈尾：用麈的尾毛做的拂尘，古人闲谈时执以驱虫、掸尘的一种工具。后成为名流雅器，时常拿在手里。

生朝，库吏奉里甲金各二十余为寿，泽受而为完其课。县漕六万石，故事石加银二钱，一归令，一备供上官，泽曰："上官方严檄杜弊，敢相污耶？"悉革之，巡抚朱文端轼举泽所行勖他属。初入境，过邑尚书陈文勤世倌第，仆当门坐不起，停舆呼使前将予杖，役代请则曰："我邑父母也，尚书犹当礼我，况仆乎？"卒惩之……海盐故近海塘，旗兵驻防者放鹰偶飏去责偿，村民不服，则毁其家具。民指八人泣诉，立命系至，役徒手返，乃尽所役八十人出。缚一兵至，自称查塘官，索牌验又无有。泽遽怒曰："逃人也。释汝，我受新处分。"重械送巡抚，文端知泽风，力咨将军治八人者罪，将军亦还报泽且定交。由是声益著，民相与呼曰"梁青天"，为庙祀焉，曰"大梁公祠"……既而摄秀水，改桐乡帅。初政与民兴除，每谓"百姓望我如岁，不可以暂易我素志。譬诸文字，见题小遂用拙笔哉"？前令死，其家留僧舍者食且绝，为市宅，赡其衣食，筹所以归之。学士卢文弨少贫弱，父存心为怨家陷，系讼急。泽为惩怨者，才文弨，迎至亲课之。所拔士，首以学识经济，次及词章。最赏识者如副使屠嘉政、督学王应彩、侍御诸锦，而摸索出闱房力荐者则吴方、平日爔、桑调元、陈佑、曾华、马维翰、朱嵩龄、陆奎勋七八辈，皆一时名宿，而杭世骏①独隽词科，同县何谦泰又里门受业士也，一时咸取上第，人服其藻鉴。辛丑以交章保荐行取主事，适丁内艰，服阕，会民欠案发，还海盐留八年，士民日馈薪米不绝，祇候如其父兄。事已而泽亦倦而归矣，大吏奏请重与鹿鸣宴。居乡训族，事无大小，得一言辄解。先是，文弨随其父就署课，调元与焉，泽使妻以女。至是，乙酉文弨主粤试，榜首梁泉即泽族弟，所尝授业者偕抵里门，执礼甚恭……戊子卒，年九十有六。南归，与同县罗天尺、陈份、佘锡纯，澳丞张汝霖交最惬，诗筒来往无虚日。丙辰词科之开也，当事荐之，力辞不赴。卒后，《海盐志》传循吏。著有《取斯堂集》。

区文光　清南海人。康熙四十一年（1702）任广东新兴教谕。

［康熙五十八年］《肇庆府志》卷八《秩官志二·国朝·新兴县教谕》：南海人，阳山籍例贡。康熙四十一年任，丁外艰去。

［道光］《广东通志》卷五十一《职官表四十二·国朝九·新兴县·教谕训导·康熙朝》：四十四年任……教谕。

---

①杭世骏（1696—1772），字大宗，清仁和（今浙江杭州）人。雍正二年（1724）举人，乾隆元年（1736）举鸿博，授编修，官御史。晚年主讲广东粤秀和江苏扬州两书院。工书善画，著有《道古堂集》《榕桂堂集》。

区式锟　清高明棠美人。康熙四十一年（1702）捐同知。父大谟。

［道光］《高明县志》卷十二《选举志·国朝文例职》：棠美人，康熙四十一年捐授州同。《选举志·援捐·封典》：区大谟，棠美人，康熙□□年以子式锟赠儒林郎。

区斌　字兼两，号南洲，清顺德潭村人。康熙四十一年（1702）武举，任龙门千总，两护守备。子岳，五十二年武举。

［雍正］《广东通志》卷三十五《选举志五·武举人·康熙四十一年壬午乡试榜》：南海人。

［乾隆］《顺德县志》卷十三《人物列传·武勋》：字兼两，号南洲，潭村人。康熙壬午武举，任龙门千总，两护守备。旧有派买乡民牲畜、柴炭陋规，乡练修葺围寨，缴结例有数百金，斌悉裁革。诰授宣武将军。寻带兵堵御邻寇，驻山中月余染岚瘴，告病乞休。著《纲鉴评论》等书。子岳，字种甫，号崧崖。

邝永元　一说姓李，清南海人。康熙四十一年（1702）武举。

［雍正］《广东通志》卷三十五《选举志五·武举人·康熙四十一年壬午乡试榜》：李永元，顺德人。

［乾隆］《南海县志》卷八《选举志·国朝·武乡举·康熙壬午》：由顺德学。

刘德纪　清南海人。康熙四十一年（1702）举人。

［雍正］《广东通志》卷三十五《选举志五·举人·康熙四十一年壬午乡试榜》：番禺人。

［乾隆］《南海县志》卷八《选举志·乡举·国朝·康熙壬午》：由番禺学，五名。

劳发衡　清顺德小劳村人。康熙四十一年（1702）举人，任江西会昌知县。

［雍正］《广东通志》卷三十五《选举志五·举人·康熙四十一年壬午乡

试榜》：新安人，知县。

［乾隆］《顺德县志》卷十《选举志·举人·清朝·康熙壬午》：新安籍小劳村人，会昌县知县。

苏昌隆 清三水蓬村人。康熙四十一年（1702）举人。

［康熙四十九年］《三水县志》卷三《选举表·国朝·文举人·康熙壬午科》：蓬村人，授知县职。

李化民 清顺德龙江人。岁贡，康熙四十一年（1702）任广东阳江训导。

［康熙二十六年］《顺德县志》卷六《选举志·国朝·岁贡（补遗）》：龙江人。

［雍正］《广东通志》卷三十六《选举志六·国朝·贡生·广州府·顺德县》：李化民。《国朝·贡生·琼州府·昌化县》：李化民。

［乾隆］《顺德县志》卷十《选举志·贡生·清朝·康熙岁贡》：龙江人。

［乾隆］《肇庆府志》卷七《秩官志上·阳江县·国朝·训导》：顺德岁贡，（康熙）四十一年任。

岑袁昌 清顺德桂洲人。康熙四十一年（1702）武举，任督标千总。

［雍正］《广东通志》卷三十五《选举志五·武举人·康熙四十一年壬午乡试榜》：顺德人。

［乾隆］《顺德县志》卷十《选举志·武举·清朝·康熙壬午》：桂洲人，任督标千总。咨部，候补守备。

何大魁 清南海人。岁贡，康熙四十一年（1702）任海南会同、五十四年三水训导，雍正三年（1725）广东博罗教谕，乾隆元年（1736）琼州府教授。

［康熙］《南海县志》卷五《选举志·国朝岁贡》：由灵山学。

［乾隆］《广州府志》卷二十四《职官六·国朝·三水县训导》：灵山人，岁贡，（康熙）五十四年任。

［道光］《广东通志》卷五十五《职官表四十六·国朝十三·会同县·教谕训导·康熙朝》：南海人，四十一年任……训导。《国朝·琼州府·教授训

导·乾隆朝》：南海人，岁贡。元年任，教授。卷四十九《职官表四十·国朝·博罗县·教谕训导·雍正朝》：灵山人，贡生。三年任……教谕。

何嘉客 清南海人。康熙四十一年（1702）岁贡。

［康熙四十九年］《三水县志》卷三《选举表·国朝·贡途·康熙岁贡》：南海县人，康熙四十一年分岁贡。

张子瑗 清顺德龙山人。康熙四十一年（1702）副贡。

［乾隆］《顺德县志》卷十《选举志·贡生·清朝·康熙副榜》：龙山人，壬午科。

张权 （？—1713）字乃卓，号异庵，清顺德道教人。康熙四十一年（1702）武举，四十八年为千总，五十二年战死。

［雍正］《广东通志》卷三十五《选举志五·武举人·康熙四十一年壬午乡试榜》：化州人。

［乾隆］《顺德县志》卷十二《人物列传·忠义》：字乃卓，号异庵，道教人。康熙壬午武举，任恩平城守，训兵有方。癸巳冬，贼周广生等焚劫城南，权领兵出敌，被炮伤亡。甲午赐祭葬，祀邑忠孝祠。

［道光］《肇庆府志》卷十七《宦绩二·国朝·武职》：顺德人。康熙四十八年，以武举任那扶营千总，分守恩平城。贼劫南郭民，权率兵出击。贼闻官兵至，急走匿。权不舍，蹑其后追之。贼素知其勇，伏炮以伺。比至炮发，遂中炮死。

张河图 字太初，清南海人。康熙四十一年（1702）或五十三年副贡。

［道光］《广东通志》卷一百九十七《艺文略九·集部三》：《振堂集》，国朝张河图撰，未见。《广东诗粹》：河图，字太初，南海人，康熙甲午副贡。卷三百三十一《杂录一·广州府》：昔人有为西园诗社以续罗浮遗响者，至张振堂前辈复集十二人，各取一字以名，称西园十二堂吟社。省堂诸子继起，亦仿之为后十二堂。张振堂名河图……由东莞学登康熙壬午副榜。有《振堂诗集》，相传十二楼社诗红药女郎香奁卷乃其游戏之作，而不入集也。

陈上连 清南海人。康熙四十一年（1702）岁贡。

[道光]《南海县志》卷二十一《选举表二·国朝·贡生荐辟·康熙朝》：壬午岁贡。

陈廷秀 清顺德龙江人。康熙四十一年（1702）举人，任花县教谕。

[雍正]《广东通志》卷三十五《选举志五·举人·康熙四十一年壬午乡试榜》：琼山人，教谕。

[乾隆]《顺德县志》卷十《选举志·举人·清朝·康熙壬午》：琼州籍龙江人，花县教谕。

陈世臻 一说名世溱，清顺德逢简人。康熙四十一年（1702）岁贡。

[康熙五十八年]《肇庆府志》卷十四《选举志·国朝·岁贡·广宁》：陈世溱。

[乾隆]《顺德县志》卷十《选举志·贡生·清朝·康熙岁贡》：广宁籍逢简人。

[道光]《肇庆府志》卷十五《选举二·国朝·贡生·广宁县学·康熙朝》：四十一年贡。

陈梦元（清康熙） 清顺德马齐人。康熙四十一年（1702）举人。

[雍正]《广东通志》卷三十五《选举志五·举人·康熙四十一年壬午乡试榜》：东莞人。

[乾隆]《顺德县志》卷十《选举志·举人·清朝·康熙壬午》：东莞籍马齐人。

陈凝 清顺德马宁人。康熙四十一年（1702）举人，任福建海澄知县。

[乾隆]《顺德县志》卷十《选举志·举人·清朝·康熙壬午》：广西籍马宁人。

[道光]《广东通志》卷七十九《选举表十七·举人二·国朝·康熙四十一年壬午·附广西中式》：顺德人，平乐府永安籍。海澄知县。郝《志》失载。

欧阳二酉　字学山，清顺德三华人。康熙四十一年（1702）举人，任江西崇义知县。雍正二年（1724）、四年两次为乡试考官，乾隆十一年（1746）乡饮正宾，寿81岁。父昭。子达，乾隆十七年（1752）岁贡。

[雍正]《广东通志》卷三十五《选举志五·举人·康熙四十一年壬午乡试榜》：顺德人，知县。卷三十七《封荫志·国朝封赠》：欧阳昭，顺德人，以子二酉赠文林郎。

[乾隆]《顺德县志》卷十《选举志·封赠·知县·清朝》：欧阳眙，以子二酉贵赠。卷十二《人物列传·宦绩》：字学山，江尾人。登康熙壬午贤书，令崇义□□故多旷土，二酉招贫户开垦，资以器用，薄定□□，草莱以辟。先时，祭圣品物派供行户，学胥肆其中饱，二酉勒碑永革。雅意作人，多士奋起，甲辰、丙午分校两闱，所取多知名士。官六载，门无私谒。有某生将以事关说，二酉察知其情，先诘曰："若所袖者近艺乎？"某生惶悚而退，其和而介类此。一日闻兄病解组归，扳辕者百里不绝，自是友爱益笃。家素清贫，县令王之正延掌义学。乾隆丙寅举乡饮正宾，寿八十一。卷十四《人物列传·乡饮宾》：江尾人，崇义知县，乾隆十一年正宾。

[咸丰]《顺德县志》卷二十五《列传五·国朝一》：三华人。康熙壬子举人，授崇义令。邑故多旷土，二酉捐备食器，力招贫户开垦，薄定其赋，则草莱以辟……子达，岁贡生，游浔州守幕，与修《府志》。好吟咏，著有《无逸堂集》。

罗良辅　清高明充美人。康熙四十一年（1702）岁贡。

[康熙五十八年]《肇庆府志》卷十四《选举志·国朝·岁贡·高明》：四十一年贡，高明县学康熙间贡。

[道光]《高明县志》卷十二《选举志·贡生·国朝》：充美人，康熙四十一年岁贡。

周大樽　名瓠，以字行，一字冷泉，清南海人。康熙四十一年（1702）举人，曾为吴文炜撰《行状》。

[雍正]《广东通志》卷三十五《选举志五·举人·康熙四十一年壬午乡试榜》：南海人。

[道光]《广东通志》卷一百九十七《艺文略九·集部三》：《乳峰堂集》，国朝周大樽撰，存。《广东诗粹》：大樽，名瓠，以字行，一字冷泉。南海人，康熙壬午举人。居石门山中，以文行著于庠序，孤云野鹤，随心去留，人莫

测也。访吴中山水殆遍，之越游富春，之楚游衡岳，尝数岁不归。

赵爵 字晋甫，号一斋，清顺德大良人。康熙四十一年（1702）举人。子瑚。

［雍正］《广东通志》卷三十五《选举志五·举人·康熙四十一年壬午乡试榜》：顺德人。

［乾隆］《顺德县志》卷十三《人物列传·行谊》：字晋甫，号一斋，大良人。康熙壬午举人。家素淡薄，舌耕孝养。父母殁，忌日必哀。爵兄弟三人，先时，父母独钟爱爵，蓄有百金私授之。爵暂拜受，及送终毕，均其金于两兄。尝葺祖祠，置尝业，族有年老不能自给者每助其乏。有自鬻者买为仆，已而知为独子，纵归养亲，人称厚道。爵兄成甫尝扶危济急，施棺助葬。寿八十四，邑令柴玮旌以匾曰“仁寿”。卷十四《人物列传·节妇》：冯恭祐妻赵氏，大良人，举人赵爵之女，乐会教谕冯国祥之媳也。二十一岁适冯门，逾年夫故，氏矢志柏舟。老姑苏氏系故翁继配，所生三子或弱或病，属望惟恭祐，又早夭，悲不自胜。氏百计承欢，举长伯之子入继。乾隆丙辰姑殁，嗣子、弱媳复相继亡，膝下惟余孤孙，次孙十余岁足不能行，氏提携成立，人以为苦节。

［咸丰］《顺德县志》卷二十五《列传五·国朝一》：子瑚，亦举康熙戊子乡书，令崇善。

胡凌泰 清南海九江人。康熙四十一年（1702）岁贡。

《九江儒林乡志》卷十《选举略·清·贡生·康熙四十一年壬午》：新安学岁贡。

胡琏 清南海九江人。康熙四十一年（1702）岁贡。

《九江儒林乡志》卷十《选举略·国朝·贡生·康熙四十一年壬午》：新安学岁贡。

梁正观 清顺德泮浦人。康熙四十一年（1702）举人。

［雍正］《广东通志》卷三十五《选举志五·举人·康熙四十一年壬午乡试榜》：东莞人。

［乾隆］《顺德县志》卷十《选举志·举人·清朝·康熙壬午》：东莞籍泮浦人。

黄伊若 清南海人。康熙四十一年（1702）举人。

［雍正］《广东通志》卷三十五《选举志五·举人·康熙四十一年壬午乡试榜》：南海人。

萧奇遇 清南海佛山镇人。例贡，康熙四十一年（1702）任广东罗定训导。

［康熙］《南海县志》卷五《选举志·国朝岁贡》：由从化学例贡。

［雍正］《广东通志》卷三十六《选举志六·国朝·贡生·广州府·南海县》：罗定训导。

［乾隆］《佛山忠义乡志》卷四《选举志·岁贡·清》：罗定训导，由廪例贡。

［道光］《广东通志》卷五十六《职官表四十七·国朝十四·罗定州·学正训导·康熙朝》：从化人，四十一年任……训导。

曾逸莲 清南海九江人。康熙四十一年（1702）武举。

［雍正］《广东通志》卷三十五《选举志五·武举人·清·康熙四十一年壬午乡试榜》：南海人。

《九江儒林乡志》卷十《选举略·国朝·武举·康熙四十一年壬午科》：县学，中式第三十五名。

蒋学谦 清南海人。康熙四十一年（1702）岁贡。

［道光］《南海县志》卷二十一《选举表二·国朝·贡生荐辟·康熙朝》：壬午岁贡。

蔡柱樑 清南海深村人。康熙四十一年（1702）举人，任沂水知县。

［雍正］《广东通志》卷三十五《选举志五·举人·康熙四十一年壬午乡试榜》：南海人，知县。

［道光］《广东通志》卷七十九《选举表十七·举人二·国朝·康熙四十一年壬午·广州府》：新会人，南海学，沂水知县，一作“梁”。

［道光］《南海县志》卷二十一《选举表二·国朝·举人·康熙朝》：沂水知县。阮《通志》：新会人，南海学。按《采访册》，西淋都深村乡人，则阮《通志》误也……壬午科。

钟如雷　本姓冯，清顺德马冈人。康熙四十一年（1702）举人，任衡阳县知县。父履锡。

［雍正］《广东通志》卷三十五《选举志五・举人・康熙四十一年壬午乡试榜》：清远人，知县。卷三十七《封荫志・国朝封赠》：冯履锡，顺德人，以子如雷赠文林郎。

［乾隆］《顺德县志》卷十《选举志・举人・清朝・康熙壬午》：本姓冯，清远籍马冈人，衡阳县知县。

钟惠宣　本姓黄，字映剑，清顺德众涌人。康熙四十一年（1702）举人，任江西新昌知县病归。父最与罗孙耀、陈恭尹相唱和。

［雍正］《广东通志》卷三十五《选举志五・举人・康熙四十一年壬午乡试榜》：东莞人，知县。

［乾隆］《顺德县志》卷十《选举志・举人・清朝・康熙壬午》：本姓黄，东莞籍众涌人，新昌知县。卷十四《人物列传・隐逸・黄最传》：字君简，号放斋，众涌人。博闻强记，屡试冠军，而淡于荣利，怡情山水间，日与刘云汉、罗孙耀、□□□、□□□诸名士相唱和。诗文脍炙人口，书画俱臻妙品，势利之场未尝涉足也。子惠宣，字映剑，能读父书。中康熙壬午乡科，宰新昌，兴利去弊。寻引疾归，优游三径，有陶彭泽之风焉。

［咸丰］《顺德县志》卷二十五《列传五・国朝一・罗孙耀传》：黄最……与孙耀及刘云汉、陈恭尹徜徉山水间，更相唱和，所为书画称妙品。子惠宣，字映剑，康熙壬午举人，宰新昌，兴利去弊，未几引疾归。卷二十九《列传九・列女二・国朝》：梁氏，众涌黄富春妻。既寡无子，勤俭事翁姑，教嗣子。年九十三卒。孙曾最以诗画名，君彩尤以齿德著。惠宣以康熙壬午乡举令新昌，人谓节孝之报。

潘文龙　清南海人。康熙四十一年（1702）武举。

［乾隆］《南海县志》卷八《选举志・国朝武乡举・康熙壬午》：潘文龙。

潘衍泗　字淑子，清顺德大峄人。康熙四十一年（1702）举人，主讲大良凤山书院。60 岁始官海南崖州学正，抵任半月卒。

［雍正］《广东通志》卷三十五《选举志五・举人・康熙四十一年壬午乡

试榜》：南海人，教谕。

［乾隆］《顺德县志》卷十《选举志·举人·清朝·康熙壬午》：南海籍古楼人，崖州学正。卷十三《人物列传·儒林》：字淑子，大峄人也。少嗜学，长益湛深经术，工文通诗，善真草书，试辄前列，弱冠采芹。当途慕其才，粮道蒋伊、巡道杨佐国、提督李某、检讨郑际泰皆聘主西席。康熙壬午榜列第七，主司汪倓称为岭南佳士，邑令刘鹏复请开义学于凤山书院，前后及门者千余人。衍泗端模范、谨操守，与生徒砥名砺节，讲道论文数十年不渝。至性过人，以早失怙恃，事叔如父，脩脯不以自私。叔没，叔母孀守，从弟幼稚，丧葬婚娶悉以身任，义让先世遗田，代输其赋。外祖罗心宇乏嗣，无遗业，支属无可为继，捐金置田，畀其宗人附祀家庙。年六十官崖州学正，抵任半月卒。

［咸丰］《顺德县志》卷二十五《列传五·国朝一》：弱冠为诸生，缙绅迭延主西席。康熙壬午乡荐，下第归……生平撰著多散佚，族三世孙兰皋葺其遗文，录存之。

黎兆祺 清南海佛山镇人。康熙四十一年（1702）岁贡，雍正四年（1726）任广东石城（今廉江）训导。

［雍正］《广东通志》卷三十六《选举志六·国朝·贡生·罗定州·东安县》：石城训导。

［乾隆］《东安县志》卷三《选举志·岁贡·清》：南海人，附籍。康熙（四）① 十一年贡，任石城县训导。

［乾隆］《佛山忠义乡志》卷四《选举志·岁贡·清》：石城训导，由廪例贡。

［道光］《广东通志》卷五十二《职官表四十三·国朝十·石城县·教谕训导·雍正朝》：南海人，岁贡。四年任……训导。

霍通 清南海人。康熙四十一年（1702）岁贡。

［康熙五十八年］《肇庆府志》卷十四《选举志·国朝·岁贡·德庆》：四十一年贡，德庆州学康熙间贡。

---

①此处原文为“康熙十一年贡”，但前一人为“康熙三十九年贡”，后一人“康熙四十三年贡”，且康熙十一年（1672）、二十六年刻《东安县志》皆不录其人，漏“四”字，补入。

［雍正］《广东通志》卷三十六《选举志六・国朝・贡生・广州府・南海县》：霍通。《国朝・贡生・肇庆府・德庆州》：霍通。

区凖绅 清高明棠美人。康熙四十二年（1703）附贡。

［道光］《高明县志》卷十二《选举志・例贡・国朝》：棠美人，康熙四十二年附贡。

冯安 清南海佛山镇人。康熙四十二年（1703）任广东廉州府训导。

［康熙］《南海县志》卷五《选举志・国朝岁贡》：由连州学。

［乾隆］《佛山忠义乡志》卷四《选举志・岁贡・清》：廉州府训导，由廪例贡。

［道光］《广东通志》卷五十三《职官表四十四・国朝十一・廉州府・教授训导・康熙朝》：南海人，贡生。四十二年任，训导。

冯官义 清南海人。康熙四十二年（1703）任广东保昌教谕。

［道光］《广东通志》卷四十八《职官表三十九・国朝六・保昌县・教谕训导・康熙朝》：南海人，四十二年任……教谕。

关龙（清康熙） 清高明见龙人。康熙四十二年（1703）任广西永安州吏目。

［道光］《高明县志》卷十二《选举志・吏职・国朝》：见龙人，康熙四十二年任广西永安州吏目。

李祥发 清南海人。康熙四十二年（1703）岁贡。

［雍正］《广东通志》卷三十六《选举志六・国朝・贡生・广州府・南海县》：李祥发。

［道光］《南海县志》卷二十一《选举表二・国朝・贡生荐辟・康熙朝》：癸未岁贡。

欧阳光裔 清顺德三华人。康熙四十二年（1703）岁贡。

［咸丰］《顺德县志》卷十一《岁贡・国朝・康熙》：三华人，癸未，新

安籍。

梁三季 一说名三李，清南海九江人。康熙四十二年（1703）岁贡。

［雍正］《广东通志》卷三十六《选举志六·国朝·贡生·广州府·南海县》：梁三李。《国朝·贡生·高州府·信宜县》：梁三季。

《九江儒林乡志》卷十《选举略·国朝·贡生·康熙四十二年癸未》：顺德学岁贡。

黄金声 清顺德吉祐人。例贡，康熙四十二年（1703）任广东长宁（今新丰）教谕。

［乾隆］《顺德县志》卷十《选举志·贡生·清朝·康熙例贡》：吉祐人，长宁县教谕。

［道光］《广东通志》卷四十九《职官表四十·国朝·长宁县·教谕训导·康熙朝》：顺德人，岁贡。四十二年任……教谕。

梅荚 一说姓吕，清南海佛山镇人。岁贡，康熙四十二年（1703）任广东程乡、雍正五年（1727）饶平教谕。

［乾隆］《佛山忠义乡志》卷四《选举志·岁贡·清》：吕荚，正贡，程乡教谕。

［道光］《广东通志》卷五十《职官表四十一·国朝八·程乡县·教谕训导·康熙朝》：南海人，四十二年任……教谕。《饶平县·教谕训导·雍正朝》：南海人，五年任，教谕。卷五十七《职官表四十八·国朝十五·程乡县·教谕训导·康熙朝》：梅荚，南海人，廪贡。四十二年任……教谕。

尹凤鸣 清顺德人。副贡，康熙四十三年（1704）任海南乐会教谕。

［道光］《广东通志》卷五十五《职官表四十六·国朝十三·乐会县·教谕训导·康熙朝》：顺德人，副榜。四十三年任……教谕。

冯绳祖 字斯年，清顺德龙山人。康熙四十三年（1704）置义冢，雍正十年（1732）、十二年与陈德龙、邓可韬、冯兆昌、梁竹庵致力捐赈、施棺等公益事务，官府奖给匾额“好义可风”。

[乾隆]《顺德县志》卷十三《人物列传·行谊》：字斯年，龙山人。邓可韬，国学生，水藤人。冯兆昌，古鉴人。梁竹庵，逢简人，好善乐施。绳祖素孝义，游贾省城，见遗骸满野，康熙甲申，与南海邓汉公出资结□□曰敦仁，雇舟率工遍检露胔，分别男女就地掩□□□□□□□□□。可韬复与南海商监七人□□□□□□□□□□□□□□□竹庵□□□□□资在省城五仙□□□□□□□舍坟地，施棺椁殓暴骨，岁饥捐赈，俱经督抚咨□礼部，给匾曰“好义可风”。

[乾隆]《广州府志》卷四十一《人物十·义行·顺德·清》：冯绳祖、邓可韬、冯兆昌、梁竹庵，好善乐施。绳祖素孝义，游贾省城，见遗骸满野，康熙甲申，与南海邓可韬出资结会名曰敦仁，雇舟率工遍检露胔，分别男女就地掩埋，旋置义冢。雍正壬子，可韬复与南海商监七人，捐资舍地，设立义冢收埋贫尸。兆昌、竹庵于甲寅岁捐资在五仙门外建敦仁会馆，舍坟地，施棺椁殓暴骨，岁饥捐赈，人称好义云。

[嘉庆]《龙山乡志》卷八《人物志·行谊》：字斯年，旺村人。陈德龙，字振华，小陈涌人。素俱孝义，好善乐施。游贾省城，见遗骸满野，康熙甲申，与南海邓汉公出资结会名曰敦仁，雇舟率工遍检露胔，分别男女就地掩埋，旋置义冢。雍正壬子，复与水藤邓可韬、古鉴冯兆昌、逢简梁竹庵暨南海商监七人，捐资舍地，设立义冢收埋贫尸。又于甲寅岁捐资在省城五仙门外建敦仁会馆，舍坟地，施棺椁殓暴骨，岁饥捐赈，俱经督抚咨达礼部，给匾曰“好义可风”。

李佩远　清顺德绿道人。康熙四十三年（1704）岁贡。

[乾隆]《肇庆府志》卷十九《选举志二·国朝·岁贡·开建县》：四十三年贡，康熙间贡。

[咸丰]《顺德县志》卷十一《岁贡·国朝·康熙》：绿道人，甲申。

李殿芝　清顺德陈村人。康熙四十三年（1704）岁贡，五十九年举人。

[康熙五十八年]《肇庆府志》卷十四《选举志·国朝·岁贡·府学》：（康熙）四十三年贡。

[雍正]《广东通志》卷三十五《选举志五·举人·康熙五十九年庚子乡试榜》：肇庆人。

[乾隆]《顺德县志》卷十《选举志·贡生·清朝·康熙岁贡》：肇庆籍

陈村人。

何士超 清高明人。康熙四十三年（1704）岁贡。

［康熙五十八年］《肇庆府志》卷十四《选举志·国朝·岁贡·高明》：四十三年贡，高明县学康熙间贡。

陈飞涛 名一作“飞焘”，清南海人。康熙四十三年（1704）岁贡，长寿百岁，雍正十二年（1734）旌。

［康熙四十九年］《三水县志》卷三《选举表·国朝·贡途·康熙岁贡》：南海县人，康熙四十三年分岁贡。

［雍正］《广东通志》卷三十六《选举志六·国朝·贡生·广州府·三水县》：陈飞焘。

［光绪］《广州府志》卷一百三十八《列传二十七·耆寿·南海》：岁贡生，年一百岁，雍正十二年旌。

罗象贤 清顺德人。清顺德罗水人，康熙四十三年（1704）任海南乐会训导。祖文解，父瑞枏。弟象升，雍正十年（1732）岁贡。

［乾隆］《顺德县志》卷十《选举志·贡生·清朝·康熙岁贡》：罗瑞枏，罗水人，任河阳知县。罗象贤，罗水人，乐会县教谕。

［道光］《广东通志》卷五十五《职官表四十六·国朝十三·乐会县·教谕训导·康熙朝》：陆丰人，岁贡。四十三年任……训导。

［咸丰］《顺德县志》卷十一《岁贡·清·雍正》：罗象升，罗水人，壬子，灵山县训导。卷二十四《列传四·明三·罗文解传》：子瑞枏，国朝顺治岁贡（《郭志刊误》选举表瑞枏贡列康熙朝），令河阳，有政声，迁临清州同知。孙象贤乐会训导，象升灵山训导。

尤国瑞 清顺德北水人。康熙四十四年（1705）岁贡。

［咸丰］《顺德县志》卷十一《岁贡·国朝·康熙》：北水人，乙酉。

邓藻 字彦超，号大山，清顺德龙山人。康熙四十四年（1705）至五十九年，多次赴乡试不中，在家教学，寿68岁。

［嘉庆］《龙山乡志》卷八《人物志·行谊》：字彦超，号大山。性敏嗜

学，笃行好义。弱冠游黉序，科岁试辄前矛，补廪膳生。惟不利场屋，康熙乙酉、庚子屡荐不售，以明经终老，士林惜之。居乡品望甚隆，其为教皆谆谆以德行为本、文艺为末，故从之游者多笃学士。著有诗集文集藏于家，卒年六十八。

关家祚 清顺德勒竹人。康熙四十四年（1705）岁贡。

［康熙五十八年］《肇庆府志》卷十四《选举志·国朝·岁贡·府学》：（康熙）四十四年贡。

［乾隆］《顺德县志》卷十《选举志·贡生·清朝·康熙岁贡》：肇庆籍勒竹人。

吕廷佩 清顺德赤花人。康熙四十四年（1705）举人，任崖州学正。

［雍正］《广东通志》卷三十五《选举志五·举人·康熙四十四年乙酉乡试榜》：南海人，教谕。

［乾隆］《顺德县志》卷十《选举志·举人·清朝·康熙乙酉》：南海籍陈村人，崖州学正。

朱宗元 字舆嗣，号厚斋，清南海九江人。康熙四十四年（1705）举人，任崖州学正。族兄燮元。

［雍正］《广东通志》卷三十五《选举志五·举人·康熙四十四年乙酉乡试榜》：南海人，教谕。

［道光］《广东通志》卷五十五《职官表四十六·国朝十三·崖州·学正训导·康熙朝》：南海人，举人，学正。

《九江儒林乡志》卷十《选举略·国朝·举人·康熙四十四年乙酉科》：字舆嗣，号厚斋。县学中式第五十九名，崖州学正。卷二十一《杂录下》：朱厚斋孝廉宗元，髫龄食饩，然以贫故就馆于族兄廪生燮元家。燮元为训导国材子，世擅举业名，宗元又其受业弟子也。康熙乙酉元旦，燮元梦数人舁文魁扁蹋门入，气势汹汹，不能辨名字，而光炯夺目。既觉喜甚，语人曰："今科乡人士多有命中者，不出吾族矣。"问谁何？笑而不答，盖自许也，榜发乃厚斋得魁选。

李飏臣 清南海佛山镇人。康熙四十四年（1705）副贡，任长宁教谕。

［康熙］《南海县志》卷五《选举志·国朝岁贡》：李飏臣。

［乾隆］《佛山忠义乡志》卷四《选举志·岁贡·清》：长宁教谕，由廪例贡。

［道光］《南海县志》卷二十一《选举表二·国朝·贡生荐辟·康熙朝》：副贡……乙酉。

杨芝耀 榜姓刘，清顺德潭村人，住佛山镇。康熙四十四年（1705）副贡，雍正七年（1729）任广东英德教谕。父正言。

［乾隆］《顺德县志》卷十《选举志·贡生·清朝·康熙副榜》：刘芝耀，本姓杨，花县籍潭村人。英德县教谕，乙酉科。《选举志·封赠·教谕·清朝》：杨正言，以子芝耀贵赠。

［道光］《广东通志》卷四十七《职官表三十八·国朝五·英德县·教谕训导·雍正朝》：刘芝耀，顺德人，副榜。七年任，教谕。

［道光］《佛山忠义乡志》卷十《贡生·清》：副贡。

何一柱 榜姓李，字孟行，清顺德羊额人。康熙四十四年（1705）举人，雍正五年（1727）任海南乐会县教谕。父鲲。

［雍正］《广东通志》卷三十五《选举志五·举人·康熙四十四年乙酉乡试榜》：东莞人，教谕。

［乾隆］《顺德县志》卷十《选举志·举人·清朝·康熙乙酉》：李一柱，本姓何，东莞籍羊额人，乐会县教谕。卷十二《人物列传·宦绩》：榜姓李，字孟行，羊额人。父鲲，恩贡生，著作甚富。一柱承庭训，康熙乙酉举于乡，授乐会教谕。俗故浮靡，一柱首捐建义学，勒碑示训。有诸生不饬簠簋①，召而呵之，自是诸生皆循循谨饬。督学惠士奇再试琼南，见士风丕振，奖之曰："所谓拯微言于将绝、振东南之萎靡者，非欤？"学中有小书陈登瀛，因贫事刀笔，一柱见之谓可造就，亲为课读，旋登贤书，其善于作人类此。著有《四书讲义》《宜堂集》《石洞旅游琼南草辑》藏于家。

［道光］《广东通志》卷五十五《职官表四十六·国朝十三·乐会县·教谕训导·雍正朝》：何一柱，顺德人，举人。五年任……教谕。

［咸丰］《顺德县志》卷十五《耆寿·九十寿妇》：周氏，羊额恩贡何鲲

①簠簋（fǔguǐ）：两种盛黍稷稻粱之礼器，亦借指酒食、筵席。

继妻。子一柱，举人……年九十四。

陆云腾　本姓黄，清南海九江人。康熙四十四年（1705）举人。

［康熙四十九年］《三水县志》卷三《选举表·国朝·文举人·康熙乙酉科》：南海人。

《九江儒林乡志》卷十《选举略·国朝·举人·康熙四十四年乙酉科》：黄云腾，榜姓陆。三水学，中式第三十八名。

陈昌朝　清南海佛山镇人。康熙四十四年（1705）举人，雍正八年（1730）任广东兴宁教谕。祖宾王，父宗德，兄昌诰。

［雍正］《广东通志》卷三十五《选举志五·举人·康熙四十四年乙酉乡试榜》：番禺人，教谕。

［乾隆］《佛山忠义乡志》卷四《选举志·乡举·清·康熙乙酉》：江南新阳县知县，改兴宁教谕，宾王孙。《选举志·封赠·清》：陈宗德，庠生，以子昌朝赠兴宁教谕。卷八《人物志·孝友·陈昌诰传》：字邦华。至性过人，十余岁即代父掌家务，凡晨昏甘旨、宾客肴核所以承父欢者靡不至，己则口无兼味、身无完衣也。母病求医，拮据忧苦，因笃志岐黄，通其术。心知母危，欲以身代，吁天叩头，一字一泣，如此者数十夜，故里人有陈孝子之目。诰少雄于文而数奇不遇，以母病通医用资奉养，遂卒于医。弟昌朝，举于乡，自少至长友爱无间，有所得辄公诸弟，一丝一粟未尝入私室。有子五人。

［道光］《广东通志》卷五十七《职官表四十八·国朝十五·兴宁县·教谕训导·雍正朝》：南海人，八年任，教谕。

林琛　本姓梁，清南海人。康熙四十四年（1705）武举。

［雍正］《广东通志》卷三十五《选举志五·武举人·康熙四十四年乙酉乡试榜》：增城人。

［乾隆］《南海县志》卷八《选举志·国朝武乡举·康熙乙酉》：本姓梁，由增城学。

罗永吉　清南海佛山镇人。康熙四十四年（1705）举人。

［雍正］《广东通志》卷三十五《选举志五·举人·康熙四十四年乙酉乡试榜》：肇庆人。

［乾隆］《佛山忠义乡志》卷四《选举志·乡举·国朝·康熙乙酉》：原绿潭堡人。

唐其有　清南海人。康熙四十四年（1705）举人。

［雍正］《广东通志》卷三十五《选举志五·清·康熙四十四年乙酉乡试榜》：南海人，知县。

梁祚贤　名一作“作贤”，清顺德扶闾①人。康熙四十四年（1705）副贡。

［雍正］《广东通志》卷三十六《选举志六·国朝·贡生·广州府·顺德县》：梁作贤，己酉副榜。

［乾隆］《顺德县志》卷十《选举志·贡生·清朝·康熙副榜》：扶闾人，乙酉科。

梁愈达　榜姓程，清顺德古朗人。拔贡，康熙四十四年（1705）举人，任江南道监察御史。父宠元。

［康熙五十八年］《肇庆府志》卷十四《选举志·国朝·举人·康熙乙酉》：程愈达，阳江人。

［雍正］《广东通志》卷三十五《选举志五·举人·康熙四十四年乙酉乡试榜》：程愈达，阳江人，御史，本姓梁。

［乾隆］《顺德县志》卷十《选举志·贡生·清朝·康熙拔贡》：古朗人。《选举志·举人·清朝·康熙乙酉》：榜姓程，古朗人，江南道监察御史。

［咸丰］《顺德县志》卷二十四《列传四·明三·梁有年传》：孙宠元……宠元子愈达，康熙乙酉乡荐，官御史；显荣，字凝勋，雍正壬子岁贡。

黄云客　清顺德弼教人。康熙四十四年（1705）岁贡。

［咸丰］《顺德县志》卷十一《岁贡·国朝·康熙》：弼教人，乙酉。

谢魁斗　清南海人。康熙四十四年（1705）拔贡。

［雍正］《广东通志》卷三十六《选举志六·国朝·贡生·连州·连山

①扶闾：位于顺德勒流街道北面，地处北江及西江支流交汇点。

县》：谢魁斗。

［乾隆］《南海县志》卷八《选举志·国朝贡生》：由连山学拔贡。

［道光］《南海县志》卷二十一《选举表二·国朝·贡生荐辟·康熙朝》：由连山学拔贡……乙酉。

谭朝爵　清高明巨村人。康熙四十四年（1705）例贡。

［道光］《高明县志》卷十二《选举志·例贡·国朝》：巨村人，康熙四十四年例贡。

谭锡珍　字善公，清顺德甘竹人。康熙四十四年（1705）举人，为乡正数十年。

［雍正］《广东通志》卷三十五《选举志五·举人·康熙四十四年乙酉乡试榜》：化州人。

［乾隆］《顺德县志》卷十《选举志·举人·清朝·康熙乙酉》：化州籍甘竹人。卷十三《人物列传·行谊》：字善公，甘竹人。好学敦品，中康熙乙酉乡试。□乡正咸矜式之，所立条约，数十年无有犯者。尝□□文庙，课乡中子弟，训迪不倦。寻赴选卒，里人哀。

［咸丰］《顺德县志》卷二十五《列传五·国朝一·谭洪猷传》：其族锡珍，字善公，亦植品。康熙乙酉乡举，为乡正数十年无犯其条约者，建文庙训课乡子弟不倦。赴选卒。

马骏　清顺德龙江人。捐贡，康熙四十五年（1706）任海南昌化教谕。子承恩，捐贡，五十六年任广东阳山教谕。

［雍正］《广东通志》卷三十七《封荫志·国朝封赠》：顺德人，以子承恩赠登仕郎。

［乾隆］《顺德县志》卷十《选举志·贡生·清朝·康熙例贡》：徐闻籍龙江人。□承恩，临皋籍龙江人，阳山县教谕。

［道光］《广东通志》卷五十五《职官表四十六·国朝十三·昌化县·教谕训导·康熙朝》：徐闻人，四十五年任……教谕。卷四十六《职官表三十七·国朝四·阳山县·教谕训导·康熙朝》：冯承恩，顺德人，五十六年任，教谕。

王彦　字长四，清高明冈头人。三次乡试不中，康熙四十五年（1706）岁贡，77岁卒于广东翁源训导。子斗南、尹南。

［康熙五十八年］《肇庆府志》卷十四《选举志·国朝·岁贡·高明》：四十五年贡，高明县学康熙间贡。

［道光］《高明县志》卷十二《选举志·贡生·国朝》：冈头人，康熙四十五年岁贡，任翁源训导。卷十三《人物志·国朝》：字长四。赋性聪敏，博极群书。为文力追先正，不尚浮华。进庠后七列冠军，三荐乡试，仅膺康熙丙戌岁贡。生平笃于孝义，远近咸孚。邑令陈绂延掌义学，游其门者经明行修，士称济济。任翁源训导，督课不倦，凡益于学校靡不举行，士风丕振。年七十七卒于官。长子斗南邑庠，次子尹南岁贡，扶榇归时，翁士泣送，沿途不绝。

区準高　字德园，清高明棠美人。康熙四十五年（1706）廪贡。父式金，十九年廪贡。

［道光］《高明县志》卷十二《选举志·贡生·国朝》：棠美人，康熙四十五年由廪生捐岁贡。卷十三《人物志·国朝》：字德园，龙门教谕，式金长子。颖悟博学，年十五补邑庠，十七食饩。试辄优等，学政叹为奇才，一时名噪诸生。庚辰冬，学政臧公尝延高阅文。高以父弃官远游、不得奉养为恨，广试未毕，旋即以寻亲告归，赋别有“草有忘忧忘不得”及“原上哀鸰化子规”之句，臧公哀而许焉。自是往返中原，秦晋燕赵、三楚邹鲁，足迹几遍，盖其怨慕者深矣，至以廪贡应顺天乡试，非本志也。生平有器识，善议论，黜浮华，务为有用之学。斋头常悬陈白沙小影，严师事之，及病犹题曰：“前病夫兮后病夫，后夫深愧前夫多。后夫半是自家取，不及前夫天病何！”又曰：“惟寻无欲做工夫，却病奇方不在多。早向先生得方子，服事疏懒效如何。”其潜心理学，虽死不懈如此，著有《清溪小集》四卷，《四书格》六卷。

冯章　一说名璋，清顺德龙山人。岁贡，康熙四十五年（1706）任广东化州训导。

［乾隆］《顺德县志》卷十《选举志·贡生·清朝·康熙岁贡》：龙山人，化州训导。

［道光］《广东通志》卷五十二《职官表四十三·国朝十·化州·学正训导·康熙朝》：冯璋，广州人，贡生。四十五年任……训导。

刘鼎臣　清三水横村人。康熙四十五年（1706）岁贡，雍正十三年（1735）任广东英德训导。

［雍正］《广东通志》卷三十六《选举志六・国朝・贡生・广州府・三水县》：刘鼎臣。

［嘉庆］《三水县志》卷九《选举・岁贡・清》：横村人，（康熙）四十五年贡，英德县训导。

［道光］《广东通志》卷四十七《职官表三十八・国朝五・英德县・教谕训导・雍正朝》：三水人，挨贡，十三年任。

关尔纲　本姓赵，清顺德碧江人。康熙四十五年（1706）岁贡。

［康熙五十七年］《西宁县志》卷六《国朝・岁贡》：康熙四十五年。

［雍正］《广东通志》卷三十六《选举志六・国朝・贡生・罗定州・西宁县》：本姓赵。

［乾隆］《顺德县志》卷十《选举志・贡生・清朝・康熙岁贡》：赵尔纲，西宁籍碧江人。

［道光］《西宁县志》卷九《国朝・岁贡・康熙》：本姓赵，原籍顺德，四十五年贡。

劳芝兰　清顺德劳村人。康熙四十五年（1706）岁贡，雍正十二年（1734）补广东曲江训导。

［康熙五十八年］《肇庆府志》卷十四《选举志・国朝・岁贡・开建》：康熙四十五年贡，南海人，开建县学康熙间贡。

［乾隆］《顺德县志》卷十《选举志・贡生・清朝・康熙岁贡》：开建籍小劳村人，韶州训导，补曲江。

［道光］《广东通志》卷四十七《职官表三十八・国朝五・韶州府・教授训导・康熙朝》：顺德人，挨贡。五年任，训导。《职官表三十八・国朝五・曲江县・教谕训导・雍正朝》：劳芝兰，顺德人，挨贡。十二年任，训导。

严之炎　清三水城内人。康熙四十五年（1706）岁贡。

［康熙四十九年］《三水县志》卷三《选举表・国朝・贡途・康熙岁贡》：城内人，康熙四十五年分岁贡。

严懋赋　清顺德黎村人。康熙四十五年（1706）岁贡。

［咸丰］《顺德县志》卷十一《岁贡・国朝・康熙》：黎村人，丙戌。

苏兰 清顺德陈村人。康熙四十五年（1706）岁贡。

［康熙五十八年］《肇庆府志》卷十四《选举志·国朝·岁贡·阳江》：康熙四十五年贡，阳江县学康熙间贡。

［乾隆］《顺德县志》卷十《选举志·贡生·清朝·康熙岁贡》：阳江籍陈村人。

陈文逾 清顺德大良人。康熙四十五年（1706）岁贡。父国琫，弟文斗。

［康熙五十八年］《肇庆府志》卷十四《选举志·国朝·岁贡·德庆》：四十五年贡，德庆州学康熙间贡。

［雍正］《广东通志》卷三十六《选举志六·国朝·贡生·广州府·顺德县》：陈文逾。

［乾隆］《顺德县志》卷十《选举志·贡生·清朝·康熙岁贡》：德庆籍古楼人。卷十三《人物列传·行谊·陈国琫传》：字介孚……子文斗、文逾以明经荐，余或贡成均，或游泮水，皆有声。

陈如锡 字德先，清南海佛山镇人。康熙四十五年（1706）任广东始兴教谕，雍正元年（1723）海南琼州府教授，任浙江遂昌知县落职归。子应枢。

［乾隆］《佛山忠义乡志》卷四《选举志·岁贡·清》：浙江遂昌知县，原顺德县人，由廪例贡。陈应枢，由庠例贡。

［乾隆］《广州府志》卷三十四《人物三·循吏一·南海·清》：字德先。由明经授始兴教谕，历迁浙江遂昌知县。遂邑僻处山中，民困水旱，多逋负，如锡怜之，以他项抵解，卒以是落职。既罢，贫无所资，民争馈钱米。及其归也，致赆者盈户。如锡以刘宠故事对，众曰“非此无以为舟车费”，请益力乃受。车发，士民皆攀辕泣下，如锡题诗为谢，有“彻骨何须悔一官”句。归家后益困，惟寄情于诗。年七十四卒。子应枢，岁贡生。

［道光］《广东通志》卷四十八《职官表三十九·国朝六·始兴县·教谕训导·康熙朝》：广州人，四十五年任，教谕。卷五十五《职官表四十六·国朝十三·琼州府·教授训导·雍正朝》：南海人，附贡。元年任……教授。

陈绳尹 清南海九江人。康熙四十五年（1706）岁贡。

［雍正］《广东通志》卷三十六《选举志六·国朝·贡生·广州府·南海县》：陈绳尹。

［道光］《南海县志》卷二十一《选举表二·国朝·贡生荐辟·康熙朝》：丙戌岁贡。

《九江儒林乡志》卷十《选举略·国朝·贡生·康熙五十四年丙戌》：县学岁贡。

周太一　清顺德人。康熙四十五年（1706）任顺德营把总。

［乾隆］《顺德县志》卷九《兵防志·武职·顺德营把总》：顺德人，由行伍。左哨，康熙四十五年任。

胡应昇　清顺德桂洲人。例贡，康熙四十五年（1706）任海南琼州府训导。

［乾隆］《顺德县志》卷十《选举志·贡生·清朝·康熙例贡》：胡〔应〕升，桂洲人，琼州府训导。

［道光］《广东通志》卷五十五《职官表四十六·国朝十三·琼州府·教授训导·康熙朝》：顺德人，贡生。四十五年任……训导。

黄兴贤　清南海人。康熙四十五年（1706）岁贡，任乳源训导。

［康熙］《南海县志》卷五《选举志·国朝岁贡》：由府学，例贡。

［道光］《南海县志》卷二十一《选举表二·国朝·贡生荐辟·康熙朝》：乳源训导……丙戌岁贡。

廖裕　清顺德勒楼人。康熙四十五年（1706）岁贡。

［康熙五十八年］《肇庆府志》卷十四《选举志·国朝·岁贡·府学》：（康熙）四十五年贡。

［乾隆］《顺德县志》卷十《选举志·贡生·清朝·康熙岁贡》：肇庆籍勒楼人。

王吉士　一说姓陈，清南海佛山镇人。康熙四十六年（1707）任广东惠来训导。

［康熙］《南海县志》卷五《选举志·国朝岁贡》：陈吉士，由廉州学。

［雍正］《广东通志》卷三十六《选举志六·国朝·贡生·广州府·南海县》：惠来训导。《国朝·贡生·廉州府·府学》：王吉士

［乾隆］《佛山忠义乡志》卷四《选举志·岁贡·清》：陈吉士，正贡，惠来训导。

［道光］《广东通志》卷五十《职官表四十一·国朝八·惠来县·教谕训导·康熙朝》：南海人，四十六年任，训导。

卢斗璋　清南海人。康熙四十六年（1707）任广东大埔训导。

［道光］《广东通志》卷五十《职官表四十一·国朝八·大埔县·教谕训导·康熙朝》：南海人，四十六年任……训导。

关仕开　清南海九江人。康熙四十六年（1707）岁贡，雍正十一年（1733）任广东广宁训导。

［乾隆］《肇庆府志》卷八《秩官志中·广宁县·清·训导》：关仕开，南海岁贡，（雍正）十一年任。

［同治］《南海县志》卷九《拾遗订误·贡生》：关仕开，连州籍，丁亥岁贡，广宁训导，康熙朝。

《九江儒林乡志》卷十《选举略·国朝·贡生·康熙四十六年丁亥》：连州学岁贡，广宁训导。

梁之槢　一说姓黎，清顺德乌洲人。康熙四十六年（1707）岁贡。

［康熙五十八年］《肇庆府志》卷十四《选举志·国朝·岁贡·府学》：（康熙）四十六年贡。

［雍正］《广东通志》卷三十六《选举志六·国朝·贡生·肇庆府·府学》：黎之槢。

［乾隆］《顺德县志》卷十《选举志·贡生·清朝·康熙岁贡》：梁之槢，肇庆籍乌洲人。

梁直　清顺德泮浦人。例贡，康熙四十六年（1707）任广东归善训导。父而坎。

［乾隆］《顺德县志》卷十《选举志·贡生·清朝·康熙例贡》：连州籍泮浦人，归善县训导。《选举志·封赠·训导·清朝》：梁而坎，以子直贵赠。

［道光］《广东通志》卷四十九《职官表四十·国朝·归善县·教谕训

导·康熙朝》：顺德人，四十六年任……训导。

蔡亮绩　清顺德龙江人。例贡，康熙四十六年（1707）任广东韶州府训导。

［乾隆］《顺德县志》卷十《选举志·贡生·清朝·康熙例贡》：龙江人，韶州府训导。

［道光］《广东通志》卷四十七《职官表三十八·国朝五·教授训导·康熙朝》：顺德人，捐贡。四十六年任……训导。

莫殿元　字廷简，清高明村头人。子象宣、宪宣、奉宣。

［道光］《高明县志》卷十三《人物志·国朝》：字廷简，磊落人也。好读书，早年入泮，屡试秋闱未售，锐意教子。长象宣举人，次宪宣岁贡，次奉宣国学。曾孙若之举人。德厚流光，信然。

马光祖　清顺德龙江人。康熙四十七年（1708）举人。

［雍正］《广东通志》卷三十五《选举志五·举人·康熙四十七年戊子乡试榜》：顺德人。

［乾隆］《顺德县志》卷十《选举志·举人·清朝·康熙戊子》：龙江人。

区化宠　清高明人。康熙四十七年（1708）恩贡。

［康熙五十八年］《肇庆府志》卷十四《选举志·国朝·岁贡·高明》：四十七年恩贡，高明县学康熙间贡。

冯瑚　清顺德大良人。康熙四十七年（1708）举人，任广西恭城、崇善知县。父辛，教书为业。

［雍正］《广东通志》卷三十五《选举志五·举人·康熙四十七年戊子乡试榜》：顺德人，知县。

［乾隆］《顺德县志》卷十《选举志·举人·清朝·康熙戊子》：大良人，恭城县知县，调崇善县。卷十三《人物列传·行谊·冯辛传》：字谦迥，大良人。勤苦力学，少进胶庠。性最孝，舌耕供职，每归省视必依膝前谈论琐屑，必及至夜分乃去，将之馆则视亲衣服浣洗而后行。尤敦友爱，常团坐终日，怡怡如也。性潇洒无俗气，喜吟咏，著有《借庐集》。子瑚，康熙戊子举于乡，官粤西崇善令。

左大章 清顺德龙山籍，居佛山。康熙四十七年（1708）举人。妻霍氏奔丧守节，乾隆五年（1740）旌表。父必蕃。

［雍正］《广东通志》卷三十五《选举志五·举人·康熙四十七年戊子乡试榜》：顺德人，必蕃子。

［乾隆］《顺德县志》卷十《选举志·举人·清朝·康熙戊子》：龙山人，候补内阁中书。

［乾隆］《佛山忠义乡志》卷四《选举志·岁贡·清》：中式，由庠例贡。《选举志·乡举·国朝·康熙戊子》：必蕃长子。卷九《人物志·列女·清》：霍氏，举人左大章妻，乾隆五年旌表。

［咸丰］《顺德县志》卷十四《节孝表一·乾隆朝》：霍氏，龙山左大章妻……奔丧守，五年旌。

卢上选 清顺德龙山人。康熙四十七年（1708）岁贡。

［康熙五十七年］《西宁县志》卷六《国朝·岁贡》：康熙四十七年。

［乾隆］《顺德县志》卷十《选举志·贡生·清朝·雍正岁贡》：西宁籍龙山人。

［道光］《西宁县志》卷九《国朝清·岁贡·康熙》：原籍顺德，四十七年贡。

卢应星 清顺德羊额人。康熙四十七年（1708）武举。

［雍正］《广东通志》卷三十五《武举人·清·康熙四十七年戊子乡试榜》：顺德人。

［乾隆］《顺德县志》卷十《选举志·武举·清朝·康熙戊子》：羊额人。

关国华 清顺德上直人。康熙四十七年（1708）武举。

［雍正］《广东通志》卷三十五《选举志五·武举人·康熙四十七年戊子乡试榜》：南海人。

［乾隆］《顺德县志》卷十《选举志·武举·清朝·康熙戊子》：上直人。

阮国昌 清顺德古朗人。康熙四十七年（1708）岁贡。

［康熙五十八年］《肇庆府志》卷十四《选举志·国朝·岁贡·阳江》：四十七年贡，阳江县学康熙间贡。

［乾隆］《顺德县志》卷十《选举志·贡生·清朝·康熙岁贡》：阳江籍古朗人。

［乾隆］《肇庆府志》卷十九《选举志二·国朝·岁贡·阳江县》：四十七年贡，康熙间贡。

麦尚培 清南海佛山镇人。康熙四十七年（1708）岁贡，雍正五年（1727）任广东海丰教谕，次年任大埔、十二年任平远训导。

［乾隆］《肇庆府志》卷十九《选举志二·国朝·岁贡·开建县》：四十七年贡，康熙间贡。

［乾隆］《佛山忠义乡志》卷四《选举志·岁贡·清》：正贡，海丰教谕。

［道光］《广东通志》卷四十九《职官表四十·国朝·海丰县·教谕训导·乾隆朝》：恩平人，贡生。五年任……教谕。卷五十《职官表四十一·国朝八·大埔县·教谕训导·雍正朝》：南海人，六年任，训导。卷五十七《职官表四十八·国朝十五·平远县·教谕训导·雍正朝》：广州人，十二年任……训导。

严允兴 一说名元兴，清顺德黎村人。康熙四十七年（1708）岁贡。

［康熙四十九年］《三水县志》卷三《选举表·国朝·贡途·康熙岁贡》：香山县人，康熙四十七年分岁贡。

［雍正］《广东通志》卷三十六《选举志六·国朝·贡生·广州府·三水县》：严元兴。

［乾隆］《顺德县志》卷十《选举志·贡生·清朝·康熙岁贡》：三水籍黎村人。

李应秋 清三水洲边人。康熙四十七年（1708）举人，四十九年参修《三水县志》，雍正六年（1728）任广东新兴县教谕。

［康熙四十九年］《三水县志》卷三《选举表·国朝·文举人·康熙戊子科》：洲边人。

［雍正］《广东通志》卷三十五《选举志五·举人·康熙四十七年戊子乡试榜》：三水人，教谕。

［乾隆］《肇庆府志》卷八《秩官志中·新兴县·国朝·教谕》：三水人，雍正六年任。

［嘉庆］《三水县志》卷九《选举·举人·国朝·康熙四十七年戊子李恒煩榜》：洲边人。历任新兴县教谕，福建宁洋、顺昌等县知县。康熙庚寅续修邑志。

李炳 清南海人。康熙四十七年（1708）举人，雍正九年（1731）任广东龙川县教谕。

［雍正］《广东通志》卷三十五《选举志五·举人·康熙四十七年戊子乡试榜》：广州人。

［乾隆］《南海县志》卷八《选举志·乡举·国朝·康熙戊子》：教谕。

［道光］《广东通志》卷四十九《职官表四十·国朝·龙川县·教谕训导·雍正朝》：南海人，举人。九年任，教谕。

［同治］《南海县志》卷九《举人·清》：河源教谕，康熙朝。

李锡桸 清南海佛山镇人。康熙四十七年（1708）任广东合浦教谕。子煐，康熙五十六年（1717）举人，雍正六年（1728）任高明教谕。

［乾隆］《佛山忠义乡志》卷四《选举志·岁贡·清》：正贡，合浦教谕。《选举志·封赠·清》：合浦教谕，以子煐加赠高明教谕。

［道光］《广东通志》卷五十三《职官表四十四·国朝十一·合浦县·教谕训导·康熙朝》：南海人，贡生。四十七年任，教谕。

吴文伟 清南海石湾人。康熙四十七年（1708）举人。

［雍正］《广东通志》卷三十五《选举志五·举人·康熙四十七年戊子乡试榜》：广州人。

［道光］《广东通志》卷七十九《选举表十七·举人二·国朝·康熙四十七年戊子存疑》：吴文炜，南海人。应即癸酉吴文炜，郝《志》作“吴文伟”，重见是科，恐误。

［道光］《南海县志》卷二十一《选举表二·国朝·举人·康熙朝》：郝《志》有，阮《通志》存疑，云即癸酉吴文炜。按《采访册》，文炜，字山带，大圃堡人。文伟，大江堡石湾乡人，非一人也。阮《通志》误，今不从。戊子科。

吴传覲 清南海人。康熙四十七年（1708）举人，五十四年进士。

［雍正］《广东通志》卷三十五《选举志五·举人·康熙四十七年戊子乡试榜》：南海人，登进士。《进士·国朝·康熙五十四年乙未徐陶璋榜》：南海人，郎中。

［乾隆］《南海县志》卷八《选举志·乡举·国朝·康熙戊子》：进士，检讨。

何玉枚 清南海人。康熙四十七年（1708）恩贡。

［雍正］《广东通志》卷三十六《选举志六·国朝·贡生·广州府·南海县》：何玉枚。《国朝·贡生·肇庆府·广宁县》：何玉枚。

［乾隆］《肇庆府志》卷十九《选举志二·国朝·岁贡·广宁县》：四十七年恩贡，南海人，康熙间贡。

张天牧 榜姓陈，清南海九江人。康熙四十七年（1708）举人。

［雍正］《广东通志》卷三十五《选举志五·举人·康熙四十七年戊子乡试榜》：陈天牧，东莞人。

［道光］《广东通志》卷七十九《选举表十七·举人二·国朝·康熙四十七年戊子·广州府》：旧《题名录》作南海人。郝《志》作姓陈，东莞人。二邑《志》无。

《九江儒林乡志》卷十《选举略·国朝·举人·康熙四十七年戊子科》：榜姓陈，东莞学，中式第二十一名。

陈元翰 清南海人。康熙四十七年（1708）岁贡。

［康熙五十八年］《肇庆府志》卷十四《选举志·国朝·岁贡·封川》：四十七年贡，南海人，封川学康熙间贡。

［道光］《南海县志》卷二十一《选举表二·国朝·贡生荐辟·康熙朝》：岁贡……戊子。

陈志道 清南海人。康熙四十七年（1708）岁贡。

［道光］《南海县志》卷二十一《选举表二·国朝·贡生荐辟·康熙朝》：岁贡……戊子。

陈柱 清南海人。康熙四十七年（1708）副贡，雍正八年（1730）任广东海康教谕。

［雍正］《广东通志》卷三十六《选举志六·国朝·贡生·广州府·南海县》：副榜，海康教谕。

［道光］《广东通志》卷五十四《职官表四十五·国朝十二·海康县·教谕训导·雍正朝》：南海人，附贡。八年任，教谕。

［道光］《南海县志》卷二十一《选举表二·国朝·贡生荐辟·康熙朝》：副榜，海康教谕……戊子。

陈弼 清南海人。康熙四十七年（1708）岁贡。

［雍正］《广东通志》卷三十六《选举志六·国朝·贡生·广州府·南海县》：陈弼。

［道光］《南海县志》卷二十一《选举表二·国朝·贡生荐辟·康熙朝》：岁贡……戊子。

招赉球 清南海人。康熙四十七年（1708）武举。

［雍正］《广东通志》卷三十五《选举志五·武举人·康熙四十七年戊子乡试榜》：南海人。

罗文灿 字奇伟，清高明城中人。教书数十年，康熙四十七年（1708）岁贡，寿77岁。

［康熙五十八年］《肇庆府志》卷十四《选举志·国朝·岁贡·高明》：四十七年贡，高明县学康熙间贡。

［道光］《高明县志》卷十二《选举志·贡生·国朝》：城中人，康熙四十七年岁贡。卷十三《人物志·国朝》：字奇伟。性朴诚，笃学好义。弱冠补邑庠，寻食饩，为诸生数十余载。教授生徒，于寒畯之士概不取其脩脯。时城守欲申宪建衙，择地不得请于灿，灿欣然以地与之，予以值不受。晚年应岁贡，益自刻厉，布衣蔬食，淡如也。寿七十有七。

周纯武 一说姓陈，清顺德黎村人。康熙四十七年（1708）武举，任澄海千总。

［雍正］《广东通志》卷三十五《选举志五·武举人·康熙四十七年戊子乡试榜》：陈纯武，琼州人。

［乾隆］《顺德县志》卷十《选举志·武举·清朝·康熙戊子》：黎村人，任澄海千总。

周浚　清南海人。康熙四十七年（1708）恩贡。

［道光］《南海县志》卷二十一《选举表二·国朝·贡生荐辟·康熙朝》：恩贡……戊子。

胡耿　字覲彦，清顺德桂洲人。康熙四十七年（1708）、五十二年两次参加乡试未中，雍正十三年（1735）任广东茂名训导病归。父汝岱。子宗瑗，康熙五十年（1711）服侍祖母之病。

［雍正］《广东通志》卷三十六《选举志六·国朝·贡生·广州府·顺德县》：胡耿。

［乾隆］《顺德县志》卷十《选举志·贡生·清朝·康熙岁贡》：桂洲人，茂名县训导。《选举志·封赠·训导·清朝》：胡汝岱，以子耿贵赠。卷十三《人物列传·儒林》：字覲彦，桂洲人。嗜古好义，为诸生试辄前茅。康熙戊子、癸巳两科房考得卷击赏力荐，数奇不售。膺岁荐，任茂名训导。勤于训课，诸生贫者给以膏火，捐修学宫凿泮池，培植多方。寻以病致仕，人士送行者百余，赠别诗有“归囊不载声名去，留在笔山第一峰”之句。家居倡建义仓，遇岁歉捐粟赈济，邑令许龙章旌以匾曰“尚义可风”。

［乾隆］《广州府志》卷四十一《人物十·义行·顺德·清》：字覲彦，为诸生，嗜古好义。康熙戊子、癸巳两荐未售，由岁贡任茂名训导……次子俨，拣选卫弁。孙大有，贡成均，以子辉斗贵封儒林郎。孙曾济济，迄今称盛。卷三十八《人物七·孝行·顺德·清·胡宗瑗传》：字嗣高，国学生。父耿，任茂名训导。宗瑗孝友成性，年十岁即能善体亲心，晨昏定省，罔敢或怠。康熙辛卯，值大母病，宗瑗奉侍汤药，衣不解带，为文祷神，愿以身代，翌日大母不药而愈，宗族称之。生平慈和乐易，更好施与，凡有亲老力不能供应者，必代为筹画，使其无缺菽水之欢。后大母殁，父耿哀毁成病，宗瑗多方解□，父病遂小愈，而宗瑗忧劳困顿，竟至不起。临殁惟以父及两弟为念，孝友之名无间远近。后以孙辉斗贵赠儒林郎，子大有亦以辉斗封如其官，大观贡入成均。

［道光］《广东通志》卷五十二《职官表四十三·国朝十·茂名县·教谕训导·雍正朝》：顺德人，岁贡。十三年任，训导。

莫英贤　字汉简，清高明步州人。康熙四十七年（1708）

举人，授山东新泰知县。子世绍，侄世忠。

［康熙五十八年］《肇庆府志》卷十四《选举志·国朝·举人·康熙戊子》：高明人。

［道光］《高明县志》卷十二《选举志·举人·国朝》：村头人，康熙四十七年戊子举人，授山东新泰知县。卷十三《人物志·国朝》：字汉简。性质厚，苦心力学，康熙戊子科以《易经》中式。性好讲学论文，谆谆不倦，子世绍、侄世忠领乡荐、捷南宫皆英贤教训之力也。授山东新泰县知县，寻以终养回籍，士大夫制锦称觞，大学士三等伯廷玉张公为之序。

梁为鹏 字博斯，一说搏斯，清三水邓坑人。康熙四十七年（1708）举人，四十九年通过考试任内阁中书，辞归。子逢年、熙年，孙文辉，曾孙太举，玄孙瑞元。

［康熙四十九年］《三水县志》卷三《选举表·国朝·文举人·康熙戊子科》：邓坑人，授中书职。

［嘉庆］《三水县志》卷十一《人物传·文学》：字博斯，邓坑人。性颖悟，凡周髀、巫咸、青囊、赤雹之术，罔不究心探索，抉其玄奥。积学既富，发为诗文，宏博奇丽，为岭南诸名家所引重。康熙戊子举于乡，庚寅考授内阁中书。性刚直，胆识尤卓，能为人所不敢为。朝制礼闱取士，酌定进士额，合十八省以南北分之，湖广、江西、福建、四川、广东五省，合江、浙、滇、黔等省为南卷，而论卷取中焉。康熙五十一年会试，五省乡先生欲呈请别于江浙等省，以免人多数少偏枯之病。缮稿既就，以叩阍难其人议久不决，鹏毅然身任。事闻，得旨下礼部议，乃获于南卷中复分南左、南右以别之。当叩阍时，大臣叱问"抱牍者为何省人"，鹏抗声应对不少屈，章遂得达，未几引疾归。邑有富宦欲从祀乡贤，令已徇其请矣。府檄邑绅签名结覆，腹党祖之案几定。鹏闻之愤然曰："崇祀大典乌可以财虏冒滥污我圣贤？"挺身攻击，卒赖以寝。鹏初以叩阍得直，远近耳其名，至是人益敬惮之。居乡训子弟，敦齿让，乐施与，晚年益自敛抑，和平坦易，尤多长者风焉。子逢年恩贡，熙年邑庠。孙文辉，举人。曾孙太举、玄孙瑞元俱贡生。

［光绪］《广州府志》卷一百三十六《列传二十五·县·国朝·三水》：字搏斯，邓坑人。于书无不读，诗文宏博奇丽，为岭南诸名家所引重。康熙戊子举于乡，庚寅考授内阁中书。故事礼闱取士，酌定进士额，合十八省以南北分之，湖广、江西、福建、四川、广东五省，合江、浙、滇、黔为南卷而论卷取中焉。康熙五十一年会试，五省京官欲呈请分卷别中，以免偏枯，议久不决，鹏毅然身任。事得上闻，下礼部议，乃复分南左、南右以别之，未

儿引疾归……

梁逢鳌　清顺德伦教人。康熙四十七年（1708）任广东广宁教谕，升任江西九江府同知。父廷翼，三十六年捐谷赈饥。

［康熙五十八年］《肇庆府志》卷八《秩官志二·国朝·广宁县教谕》：顺德人，岁贡。康熙四十七年任，升现任江西九江府同知。

［乾隆］《顺德县志》卷十《选举志·贡生·清朝·康熙例贡》：伦教人，九江府同知，诰授奉政大夫。《选举志·封赠·同知·清朝》：梁廷翼，以子逢鳌贵赠。卷十三《人物列传·行谊·梁廷翼传》：字式君，伦教人。质直好义，游太学，授征仕郎。黎村、北海两乡古道倾颓，捐金数百修复，以便往来。康熙丁丑岁饥，捐谷四百石分赈，存活数千人。子十人，廷翼临卒遗嘱贮尝以备凶年，闾里思德，为之罢舂。癸未复饥，其子基云，遵守遗命，捐谷三百七十五石分赈，雍正丙午、丁未连灾又捐赈如前。廷翼，以子逢鳌贵，加赠奉政大夫。

董振鹭　清三水董埬人。康熙四十七年（1708）举人，四十九年参修《三水县志》。

［康熙四十九年］《三水县志》卷三《选举表·国朝·文举人·康熙戊子科》：董埬人。

［嘉庆］《三水县志》卷九《选举·举人·国朝·康熙四十七年戊子李恒熉榜》：董埬人，康熙庚寅续修邑志。

蔡道浚　清南海人。康熙四十七年（1708）举人。

［雍正］《广东通志》卷三十五《选举志五·举人·康熙四十七年戊子乡试榜》：南海人，教谕。

钟和声　清南海人。康熙四十七年（1708）举人。

［雍正］《广东通志》卷三十五《选举志五·举人·康熙四十七年戊子乡试榜》：南海人。

潘世準　清顺德古楼人。康熙四十七年（1708）恩贡，雍正五年（1727）任广东长乐（今五华）、七年长宁（今新丰）教谕。

［康熙五十八年］《肇庆府志》卷十四《选举志·国朝·岁贡·阳江》：四十七年恩贡，阳江县学康熙间贡。

［乾隆］《顺德县志》卷十《选举志·贡生·清朝·康熙恩贡》：阳江籍古楼人，长宁县教谕。

［道光］《广东通志》卷五十七《职官表四十八·国朝十五·长乐县·教谕训导·雍正朝》：顺德人，五年任……教谕。卷四十九《职官表四十·国朝·长宁县·教谕训导·雍正朝》：顺德人，恩贡。七年任……教谕。

邓洪锡 清三水白坭人。康熙四十八年（1709）岁贡。父善持，寿96岁。

［康熙四十九年］《三水县志》卷三《选举表·国朝·贡途·康熙岁贡》：系肇庆府德庆州廪膳生员，于康熙四十八年岁贡，白坭人。卷十二《人物传·耆寿·邓善持传》：白坭人，寿九十六岁。子洪锡，岁贡。

［康熙五十八年］《肇庆府志》卷十四《选举志·国朝·岁贡·德庆》：四十七年贡，德庆州学康熙间贡。

张存良 清顺德人。康熙四十八年（1709）任顺德营把总，五十二年任千总。

［乾隆］《顺德县志》卷九《兵防志·武职·顺德营千总》：顺德人，由行伍，左哨，康熙五十二年任。

温昌戴 清顺德龙山人。康熙四十八年（1709）岁贡。

［康熙五十八年］《肇庆府志》卷十四《选举志·国朝·岁贡·府学》：(康熙）四十八年贡。

［乾隆］《顺德县志》卷十《选举志·贡生·清朝·康熙岁贡》：肇庆籍龙山人。

温敬甫 以字行，号惺庵，清顺德龙山人。父俊升，子启新、启兼、天诏、启孳、应璋、应聪。

［嘉庆］《龙山乡志》卷八《人物志·孝义》：以字行，号惺庵。父俊升，笃行好义，教子有方，乡里称为善人。然家初贫，敬甫克体亲心，勤俭自持。至于朝夕膳羞则竭力奉养，亲为烹饪。疾痛疴痒，亲为抑搔。垢服溺器，亲为涤濯。并不假诸妇。其妇亦贤，能承夫志和颜悦色，凡所以得二人之欢者

靡不至焉。尝积谷数石贮瓦瓮中，以竹盖覆其上，夜有鼠啮盖，其父夜不能寐，恐鼠窃谷，呼敬甫起，令密其盖毋令鼠入。敬甫应诺，潜去其盖。早起其妇问之，答曰："鼠窃谷几何？愈密则啮愈甚，二人终不寐矣。无如令之入使饱食而去，庶令吾亲得安其寝尔。"其善事父母多类此。生平乐施善让，有可以济人之急，恤人之难，量力所能，无不为也，故善行著于一乡，宗族间党俱无间言。生子六人，长启新能承父志，以勤俭起家为诸弟先。次启兼、次天诏、次启孳、次应璋、次应聪，皆贤，称克家子。厥后以天诏贵赠中宪大夫，荣褒两代，孙曾衍蕃，登科甲者、登仕版者彬彬济济，一时称盛，咸以为积德之报云。

李鸣惊 清南海人。康熙四十九年（1710）岁贡，任合浦训导。

［康熙五十八年］《肇庆府志》卷十四《选举志·国朝·岁贡·高要》：（康熙）四十九年贡。

［雍正］《广东通志》卷三十六《选举志六·国朝·贡生·广州府·南海县》：合浦训导。

［道光］《广东通志》卷五十三《职官表四十四·国朝十一·合浦县·教谕训导·雍正朝》：高要人，贡生。七年任……训导。

杨梦松 清顺德龙潭人。康熙四十九年（1710）岁贡，任乳源县训导。

［康熙五十八年］《肇庆府志》卷十四《选举志·国朝·岁贡·广宁》：杨梦松。

［乾隆］《顺德县志》卷十《选举志·贡生·清朝·康熙岁贡》：广宁籍龙潭人，乳源县训导。

［道光］《肇庆府志》卷十五《选举二·国朝·贡生·广宁县学·康熙朝》：四十九年贡，乳源训导。

岑沛 清顺德沙滘人。康熙四十九年（1710）岁贡。

［雍正］《广东通志》卷三十六《选举志六·国朝·贡生·广州府·新会县》：岑沛。

［乾隆］《新会县志》卷八《明经·清》：今按，此外尚有岑沛，（康熙）四十九年岁贡，顺德人。

［乾隆］《顺德县志》卷十《选举志·贡生·清朝·康熙岁贡》：新会籍

沙滘人。

罗良修 清高明充美人。康熙四十九年（1710）岁贡。

［康熙五十八年］《肇庆府志》卷十四《选举志·国朝·岁贡·高明》：四十九年贡，高明县学康熙间贡。

［道光］《高明县志》卷十二《选举志·贡生·国朝》：充美人，康熙四十九年岁贡。

罗声乐 清顺德大良人。康熙四十九年（1710）岁贡。

［康熙四十九年］《三水县志》卷三《选举表·国朝·贡途·康熙岁贡》：顺德人，康熙四十九年分岁贡。

［乾隆］《顺德县志》卷十《选举志·贡生·清朝·康熙岁贡》：三水籍大良人。

梁高式 清顺德弼教人。康熙四十九年（1710）岁贡。

［康熙五十八年］《肇庆府志》卷十四《选举志·国朝·岁贡·封川》：四十九年贡，顺德人，封川学康熙间贡。

［乾隆］《顺德县志》卷十《选举志·贡生·清朝·康熙恩贡》：封川籍弼教人。

霍元弼 清南海佛山镇人。康熙四十九年（1710）岁贡。

［康熙五十八年］《肇庆府志》卷十四《选举志·国朝·岁贡·阳春》：四十九年贡，阳春县学康熙间贡。

［雍正］《广东通志》卷三十六《选举志六·国朝·贡生·肇庆府·阳春县》：霍元弼。

［乾隆］《佛山忠义乡志》卷四《选举志·岁贡·清》：庠贡。

佘锡洪 字允周，号彦庵，清顺德大良人。乾隆二年（1737）礼部奖匾。子于鹏、于璋。

［乾隆］《顺德县志》卷十三《人物列传·行谊》：字允周，号彦庵，大良人。候选八品。性纯厚，好施予，尝捐资舍地设立义冢，施棺收埋暴骨。悯贫人之寒制衣散给，布政使萨哈亮饬县奖以“乐善不倦”。子监生于鹏、于璋推广父德。乾隆丁巳，邑令许龙章详报上宪，称其“居心醇厚，处世端方。

乐善捐田，孤魂有祀。挥金置地，枯骨深埋。制衣济贫，捐橐好施”。督抚咨报礼部，给以“好义可风”匾额。

陆敬 （约1680—1771后）清三水清塘人。乾隆十五年（1750）恩贡，三十六年赐举人。寿92岁。

［嘉庆］《三水县志》卷九《选举·恩贡·清·乾隆十五年贡》：陆敬。《选举·举人·国朝·乾隆三十六年辛卯陈相伯榜》：清塘人，年九十二岁，钦赐。

黄梦麟妻 （1680—1782）清顺德龙山人。

［嘉庆］《龙山乡志》卷九《人物志·寿妇》：处士黄梦麟妻，性端淑。年二十于归，伉俪甚笃。未几梦麟客死廉城，讣至，矢志柏舟，抚养其子锡孙卒有成立。乾隆己亥寿登百龄，蒙恩敕赐贞寿之门，建坊旌表，逾三年而终。

梁国献女 （1681—?）清顺德泮浦人。14岁许配袁德恭，23岁未婚夫病故，奔丧守节四十多年，乾隆十一年（1746）旌表。

［乾隆］《顺德县志》卷十四《人物列传·贞女》：梁氏，泮浦生员梁国献次女。少聪敏，闻父读书辄成诵，《孝经》《仪礼》无不悉娴。年十四，受横岸乡袁万斯长子德恭聘。德恭病故，氏年二十三，奔丧守节。家居淡薄，朝夕纺绩度日，孝事翁姑，和处妯娌。氏生于康熙辛酉，孀守四十余年，乾隆十一年旌表。

徐和九妻 （1681—1778）清顺德龙山人。寿98岁。子启淮。

［嘉庆］《龙山乡志》卷九《人物志·寿妇》：州同徐和九妻，生康熙辛酉，终乾隆戊戌，寿九十八，以子启淮贵封恭人。

区耀章 一说姓欧。清三水新生人。康熙五十年（1711）副贡，乾隆三年（1738）任广东仁化教谕。

［雍正］《广东通志》卷三十六《选举志六·国朝·贡生·广州府·三水县》：欧耀章，辛卯副榜。

［嘉庆］《三水县志》卷九《选举·副榜贡·清》：新生人，（康熙）戊午科，仁化县训导。

［道光］《广东通志》卷四十七《职官表三十八·国朝五·仁化县·教谕训导·乾隆朝》：三水人，副贡。三年任……教谕。

左粤章 清南海佛山镇人，顺德龙山籍。康熙五十年（1711）举人，任广元县知县，升大理评事。父必蕃。

［雍正］《广东通志》卷三十五《选举志五·举人·康熙五十年辛卯乡试榜》：顺德人，必蕃子。

［乾隆］《顺德县志》卷十《选举志·举人·清朝·康熙辛卯》：龙山人，任广元县知县，升大理评事。

［乾隆］《佛山忠义乡志》卷四《选举志·乡举·国朝·康熙辛卯》：现大理寺评事，必蕃次子。

刘鸣岐 字任文，号峄桐，清顺德逢简人。康熙五十年（1711）举人。

［雍正］《广东通志》卷三十五《选举志五·举人·康熙五十年辛卯乡试榜》：恩平人。

［乾隆］《顺德县志》卷十三《人物列传·儒林》：字任文，号峄桐，逢简人。少失怙恃，孝事王母，而叔父、叔母亦事如所生。沉潜学问，为文章理法根柢先正，气力雄厚。旅寓恩平，庠序有声。康熙辛卯中乡试，考取中书，仍教授生徒，多所成就。生平淡泊宁静，操履坚贞，人称为理学名儒。

刘俶衍 清顺德逢简人。康熙五十年（1711）举人。

［雍正］《广东通志》卷三十五《选举志五·举人·康熙五十年辛卯乡试榜》：顺德人。

［乾隆］《顺德县志》卷十《选举志·举人·清朝·康熙辛卯》：逢简人。

［道光］《广东通志》卷七十九《选举表十七·举人二·国朝·康熙五十年辛卯·广州府》：刘叔衍，顺德人。

吕萃 清南海佛山镇人。拔贡，康熙五十年（1711）任广东东安（今云浮）教谕。

［乾隆］《东安县志》卷三《秩官志·教谕·清》：南海人，拔贡，康熙

五十年任。

[乾隆]《佛山忠义乡志》卷四《选举志·岁贡·清》：拔贡，东安教谕。

伦教身　清顺德石硝（今属南海）人。康熙五十年（1711）举人，雍正二年（1724）任广东潮阳教谕。

[雍正]《广东通志》卷三十五《选举志五·举人·康熙五十年辛卯乡试榜》：番禺人。

[乾隆]《顺德县志》卷十《选举志·举人·清朝·康熙辛卯》：番禺籍石硝人，潮阳县教谕。

[道光]《广东通志》卷五十《职官表四十一·国朝八·潮阳县·教谕训导·雍正朝》：二年任，教谕。

陈文炯　清南海佛山镇人。康熙五十年（1711）武举。

[雍正]《广东通志》卷三十五《选举志五·武举人·康熙五十年辛卯乡试榜》：顺德人。

[乾隆]《佛山忠义乡志》卷四《选举志·武科·清乡举》：康熙辛卯。

[道光]《佛山忠义乡志》卷十三《乡禁志（告示）》：灵应祠庙铺还庙碑示：现据举人梁叶千、李绍祖、陈清杰、李熯、陈文炯，贡生郑绍勋、冼湛、霍登元，监生霍游风、黄上泰，生员李锡珽、岑尚丰、黄国紘、霍世荣，里民梁万履、陈祥、黄应同、岑永泰、梁修进等禀称……康熙五十九年五月。

陈礼怡　清顺德石涌人。例贡，康熙五十年（1711）任广东大埔教谕。

[乾隆]《顺德县志》卷十《选举志·贡生·清朝·康熙例贡》：□礼怡，石涌人，大埔县教谕。

[道光]《广东通志》卷五十《职官表四十一·国朝八·大埔县·教谕训导·康熙朝》：番禺人，五十年任……教谕。

陈世正　清南海佛山镇人。康熙五十年（1711）武举。

[雍正]《广东通志》卷三十五《选举志五·武举人·康熙五十年辛卯乡试榜》：香山人。

[乾隆]《佛山忠义乡志》卷四《选举志·武科·清乡举》：康熙辛卯。

张弘猷 一说名宏猷，清南海佛山镇人。康熙五十年（1711）任海南陵水教谕。

［乾隆］《佛山忠义乡志》卷四《选举志·岁贡·清》：直隶沙河知县，原江西人，由廪例贡。

［道光］《广东通志》卷五十五《职官表四十六·国朝十三·陵水县·教谕训导·康熙朝》：张宏猷，广州南海人，贡生。五十年任。

欧向日 清顺德陈村人。康熙五十年（1711）举人，任崖州学正。伯兴稼、兴穑，父兴穖皆寿九十多岁。

［雍正］《广东通志》卷三十五《选举志五·举人·康熙五十年辛卯乡试榜》：三水人。

［乾隆］《顺德县志》卷十《选举志·举人·清朝·康熙辛卯》：三水籍陈村人，崖州学正。

［咸丰］《顺德县志》卷十五《耆寿·九十寿民·国朝》：欧兴稼，陈村人，年九十三。弟兴穑九十四，兴穖九十二。皆赉粟帛。穖子向日，康熙举人，官学正。

赵起凤 清顺德碧江人。康熙五十年（1711）举人。

［雍正］《广东通志》卷三十五《选举志五·举人·康熙五十年辛卯乡试榜》：顺德人。

［乾隆］《顺德县志》卷十《选举志·举人·清朝·康熙辛卯》：碧江人。

胡灿 字邦彦，号美庵，清顺德桂洲人。乾隆七年（1742）捐米，次年倡设社仓。子麟书，乾隆六年（1741）武举。

［乾隆］《顺德县志》卷十三《人物列传·行谊》：字邦彦，号美庵，桂洲人。孝友天植，人言无间。乾隆壬戌岁歉，捐米百石以济贫乏。癸亥设社仓，复捐谷三百石，邑令许龙章赠以“好义可风”匾额。灿充国子生卒，以子贵赠昭信校尉。先时设立义仓，灿族叔监生岸、捷龙各捐谷百石。乾隆庚申，岸妻岑、捷龙妻王同捐金设普济堂，许令俱给匾旌奖。

［乾隆］《广州府志》卷四十一《人物十·义行·顺德·清》：字邦彦。性孝友，事祖父母暨所生俱承颜顺志……以子麟书登乾隆辛酉乡榜，赠昭信校尉。

梁金玉 清顺德高赞人。康熙五十年（1711）举人，雍正四年（1726）任广东和平教谕，乾隆元年（1736）任南雄府教授。

［雍正］《广东通志》卷三十五《选举志五·举人·康熙五十年辛卯乡试榜》：南海人，教谕。

［乾隆］《顺德县志》卷十《选举志·举人·清朝·康熙辛卯》：南海籍高赞人，和平县教谕。

［道光］《广东通志》卷四十九《职官表四十·国朝·和平县·教谕训导·雍正朝》：顺德人，举人。四年任，教谕。卷四十八《职官表三十九·国朝六·南雄府·教授训导·乾隆朝》：南海人，元年任……教授。

［咸丰］《顺德县志》卷二十五《列传五·国朝一》：举辛卯……任和平教谕……博学洁操守，后至乐育。

萧良耀 清顺德龙江人。康熙五十年（1711）武举。

［雍正］《广东通志》卷三十五《选举志五·武举人·康熙五十年辛卯乡试榜》：顺德人。

［乾隆］《顺德县志》卷十《选举志·武举·清朝·康熙辛卯》：龙江人。

曹贤伟 清南海人。康熙五十年（1711）举人，雍正十一年（1733）任广东阳春教谕。父起龙，弟汲。

［乾隆］《佛山忠义乡志》卷八《人物志·武功·清·曹起龙传》：字兆辉，原香山人，卜迁佛山……有子十二人。五子贤伟康熙辛卯举于乡，任项城令。七子汲任归安令。卷四《选举志·乡举·国朝·康熙辛卯》：河南项城知县，改阳春教谕，原香山县人。

［乾隆］《肇庆府志》卷八《秩官志中·阳春县·国朝·教谕》：广州府南海人，寄籍阳山县，雍正十一年任。

曾克操 清顺德小里涌人。康熙五十年（1711）举人，雍正五年（1727）任海南琼山教谕。

［雍正］《广东通志》卷三十五《选举志五·举人·康熙五十年辛卯乡试榜》：龙门人，教谕。

［乾隆］《顺德县志》卷十《选举志·举人·清朝·康熙辛卯》：龙门籍小里涌人，琼山县教谕。

［道光］《广东通志》卷五十五《职官表四十六·国朝十三·琼山县·教谕训导·雍正朝》：顺德人，举人。五年任……教谕。

董逢阳 清顺德人。岁贡，康熙五十年（1711）任广东开平训导。

［康熙五十八年］《肇庆府志》卷八《秩官志二·清·开平县训导》：顺德人，岁贡，康熙五十年任。

黎琦 清顺德马滘人。康熙五十年（1711）举人，雍正七年（1729）任广东化州学正。

［雍正］《广东通志》卷三十五《选举志五·举人·康熙五十年辛卯乡试榜》：广州人。

［乾隆］《顺德县志》卷十《选举志·举人·清朝·康熙辛卯》：马滘人，化州学正。

［道光］《广东通志》卷七十九《选举表十七·举人二·国朝·康熙五十年辛卯·广州府》：番禺人，化州学正，又见《顺德志》《新会志》。卷五十二《职官表四十三·国朝十·化州·学正训导·雍正朝》：顺德人，举人。七年任……学正。

霍玉祥 清三水人。康熙五十年（1711）举人。

［雍正］《广东通志》卷三十五《选举志五·举人·康熙五十年辛卯乡试榜》：三水人。

霍张敏 清南海人。康熙五十年（1711）岁贡。

［道光］《南海县志》卷二十一《选举表二·国朝·贡生荐辟·康熙朝》：辛卯岁贡。

薛起龙 清顺德人。康熙五十年（1711）副贡。

［光绪］《广州府志》卷五十三《选举表二十二·仕宦四·国朝·文职·顺德》：康熙辛卯副贡，电白教谕。

魏雄图 清南海人。康熙五十年（1711）武举。

［雍正］《广东通志》卷三十五《选举志五·武举人·康熙五十年辛卯乡

试榜》：南海人。

冯彦 清南海人。康熙五十一年（1712）恩贡，乾隆元年（1736）任广东始兴教谕。

［康熙五十八年］《肇庆府志》卷十四《选举志·国朝·岁贡·府学》：（康熙）五十一年恩贡。

［雍正］《广东通志》卷三十六《选举志六·国朝·贡生·广州府·南海县》：冯彦。《国朝·贡生·肇庆府·府学》：冯彦。

［道光］《广东通志》卷四十八《职官表三十九·国朝六·始兴县·教谕训导·乾隆朝》：南海人，元年任……教谕。

朱元英 字澄修，号啸峰，清南海九江人。康熙五十一年（1712）岁贡。

［康熙五十八年］《肇庆府志》卷十四《选举志·国朝·岁贡·新兴》：五十一年贡，新兴县学康熙间贡。

［雍正］《广东通志》卷三十六《选举志六·国朝·贡生·广州府·南海县》：朱元英。《国朝·贡生·肇庆府·新兴县》：朱元英。

《九江儒林乡志》卷十《选举略·国朝·贡生·康熙五十一年壬辰》：字澄修，号啸峰。新兴学，岁贡。

劳仁 （？—1725）字元伯，清南海佛山镇人。恩贡，康熙五十一年（1712）任海南乐会教谕，父翀丧琼州归。五十七年补广东乳源，卒于任。

［乾隆］《佛山忠义乡志》卷九《人物志·循吏·清》：字元伯。父翀，历任高、韶、琼三郡教授，有善政，祀乡贤，别有传。仁少博学，弘通经史，自天文律历以及握奇布算、青乌家言靡不淹贯。由恩贡生筮仕琼之乐会，以振兴文教为己责，修学宫，建明伦堂，进诸生面命之，谆复不厌。先是，令琼者以海外宪远，率庭辱诸生辄予杖，会同令张某政尤酷。仁严为约其徒，躬与令抗，令不敢逞。摄篆会同三年，张令尤敬惮之，邻邑闻风而化，由是十县三州士气大振。适其父翀起复琼教授，父子同仕海外，士翕然归之。以父忧扶榇还，诸生执绋蚁附，哭声沸海。戊戌补任乳源，乳故岩邑，学址久废，有司度外置之。仁至首集绅士鸠工庀材，建复大成殿两庑各宇，工未竣而橐已空，不恤也，乃多劝谕，草创略备，以瘁成病。官乳七年，正士风，惩佻达，却贽馈，严课程，尝刻《先正格言》《文昌宝训》《阴骘文》诸书颁

之多士。生平勇于为善，乐施予。家居海滨，岁收流殍，至者必洄旋涯涘以待之，人咸谓好善之感云。然性过峻，不畏强御，居恒自谓“疾恶太严，不能自克，每为宵小所忤”。乙巳秋以病卒于官，邑人立碑思之。

[道光]《广东通志》卷五十五《职官表四十六·国朝十三·乐会县·教谕训导·康熙朝》：海阳人，举人。五十一年任……教谕。

杨迪修 字念将，清高明城中人。康熙五十一年（1712）岁贡。父溥名，二十年捐贡。弟敬修，五十七年岁贡。

[康熙五十八年]《肇庆府志》卷十四《选举志·国朝·岁贡·高明》：五十一年贡，高明县学康熙间贡。

[道光]《广东通志》卷一百九十七《艺文略九·集部三》：《苇园草前后二集》，国朝杨迪修撰，未见。《高明县志》，迪修，字念将，康熙辛卯岁贡生。

[道光]《高明县志》卷十二《选举志·贡生·国朝》：城中人，溥名长子，康熙五十一年岁贡。卷十三《人物志·国朝》：字念将，少食廪饩，应康熙辛卯岁荐。从父新宁学署中，史明府延辑县志，精核大备。晚从游姑苏，沿途题咏甚富，有《苇园草前后二集》。

何逢期 清顺德潭村人。康熙五十一年（1712）岁贡。

[咸丰]《顺德县志》卷十一《岁贡·国朝·康熙》：潭村人，壬辰。

陆士炳 清高明城中人。康熙五十一年（1712）附贡。

[道光]《高明县志》卷十二《选举志·例贡·国朝》：城中人，康熙五十一年附贡。

高焕 清南海人。康熙五十一年（1712）任广东惠州府训导。

[雍正]《广东通志》卷三十六《选举志六·国朝·贡生·广州府·南海县》：惠州训导。《国朝·贡生·廉州府·合浦县》：惠州训导。

[道光]《广东通志》卷四十九《职官表四十·国朝·惠州府·教授训导·康熙朝》：合浦人，岁贡。五十一年任，训导。

梁以枫 清顺德弼教人。康熙五十一年（1712）岁贡。

［康熙五十八年］《肇庆府志》卷十四《选举志·国朝·岁贡·封川》：五十一年贡，顺德人，封川学康熙间贡。

［乾隆］《顺德县志》卷十《选举志·贡生·清朝·康熙岁贡》：封川籍弼教人。

谭拔相 清高明巨村人。康熙五十一年（1712）例贡。

［道光］《高明县志》卷十二《选举志·例贡·国朝》：巨村人，康熙五十一年例贡。

谭熙枏 清高明巨村人。康熙五十一年（1712）例贡。

［道光］《高明县志》卷十二《选举志·例贡·国朝》：巨村人，康熙五十一年例贡。

区岳 字钟甫，号崧崖，清顺德潭村人。康熙五十二年（1713）武举。父斌。

［雍正］《广东通志》卷三十五《选举志五·武举人·康熙五十二年癸巳恩科乡试榜》：南海人。

［乾隆］《顺德县志》卷十三《人物列传·武勋·区斌传》：字兼两，号南洲……子岳，字钟甫，号崧崖。康熙癸巳武举，任守备。著有《鸦丛》等集。卷十《选举志·武举·清朝·康熙癸巳》：潭村人，任江南淮安卫千总。

冯起新 清顺德人。康熙五十二年（1713）任顺德营把总。

［乾隆］《顺德县志》卷九《兵防志·武职·顺德营把总》：顺德人，由行伍。左哨，康熙五十二年任。

冯肖孟 字扩德，清南海磻溪堡人。康熙五十二年（1713）饥荒时助人。80岁夫妻共存，子彭年、进年、恒年。孙成修。

［乾隆］《广州府志》卷四十一《人物十·义行·南海·清》：字扩德，世居庄头乡。性孝友，为人正直和平，持躬范俗一以文公家训为准，尤好施与。癸巳岁饥，乡人不能谋生，将鬻妻子以求活，肖孟闻而悯之，因问所得价即如数给之，俾其完聚。有以券求贷者，后不责其偿，为还其券。又创立义学，延师训课，多所造就。尝买谷于市，忽于谷中得数十金，悉以还其主，不形德色，襟怀乐易，绝不与人校。妻张氏、妾简氏亦能通晓大义，有可以

利人者，无不相夫以成之，年八十夫妻犹举案云。生三子，长彭年、次进年、次恒年。彭年生而颖悟，幼即能文，由监生屡应乡试，数奇未售，晚年沉潜于宋五子之学，以之自治，即举以教人。尝仿古义仓法创立于乡之南郊，迄今里闬尚歌其德。进年以子成修贵，封奉政大夫、吏部文选司员外郎，妻邓氏赠宜人。肖孟亦以孙成修赠如其职，张氏、简氏并赠宜人。

［道光］《南海县志》卷三十九《列传八·国朝》：磻溪堡人。孝友易直，持身范俗一准朱子家训。

冯勇　清顺德马冈人。康熙五十二年（1713）武举。

［雍正］《广东通志》卷三十五《选举志五·武举人·康熙五十二年癸巳恩科乡试榜》：新会人。

［乾隆］《顺德县志》卷十《选举志·武举·清朝·康熙癸巳》：马冈人。

左卓士　清顺德龙山人。康熙五十二年（1713）举人。

［雍正］《广东通志》卷三十五《选举志五·举人·康熙五十二年癸巳特科乡试榜》：新宁人。

［乾隆］《顺德县志》卷十《选举志·举人·清朝·康熙癸巳》：新宁籍龙山人。

吕如德　本姓卢，清顺德羊额人。康熙五十二年（1713）举人，雍正七年（1729）任广东连州学正。

［雍正］《广东通志》卷三十五《选举志五·举人·康熙五十二年癸巳特科乡试榜》：新会人。

［乾隆］《顺德县志》卷十《选举志·举人·清朝·康熙癸巳》：本姓卢，新会籍，羊额人，连州学正。

［道光］《广东通志》卷四十六《职官表三十七·国朝四·连州·学正训导·雍正朝》：顺德人，七年任……学正。

吕跃　清顺德马齐人。康熙五十二年（1713）举人。

［雍正］《广东通志》卷三十五《选举志五·举人·康熙五十二年癸巳特科乡试榜》：番禺人。

［乾隆］《顺德县志》卷十《选举志·举人·清朝·康熙癸巳》：番禺籍马齐人。

朱文渊 字闇然，清顺德大良人。授徒，康熙五十二年（1713）客居佛山。

［乾隆］《顺德县志》卷十三《人物列传·行谊》：字闇然，大良人。少贫力学，弱冠补邑弟子员。教授生徒，及门多名下士。尝论文生于心，心端则文自佳，故其教皆以主静为宗。善楷草，工词赋，为名流推许。康熙癸巳客禅山，值岁凶，饥民掠食。居停主固巨商也，负重资而窜与文渊俱。文渊先返，获一囊于其榻前，发之皆珠贝及黄白物。贮之，俟居停归举以还，闻者义焉。

［咸丰］《顺德县志》卷二十五《列传五·国朝一》：康熙癸丑客佛山，值饥民掠食，与主者出避。文渊先返，获所遗金珠一囊于室，收以还主人。

苏才御 号璞庵，清顺德西渚人。康熙五十二年（1713）赈饥。

［乾隆］《顺德县志》卷十四《人物列传·方技》：号璞庵，西渚人。种杏林，以济人为事，求医者家富仅取药之所值，贫者或反赠以钱米。康熙癸巳饥，竭力捐赈，郡司马赠以匾曰“青囊寿世”。

［咸丰］《顺德县志》卷二十七《列传七·国朝三》：字朴庵。

苏善瑞 字恒瞻，清顺德碧江人。康熙五十二年（1713）、雍正五年（1727）赈饥。兄恒先、恒璋。

［乾隆］《顺德县志》卷十三《人物列传·行谊》：字恒瞻，碧江人。少孤，与兄恒先、恒璋事母程氏，善体亲心，兄弟怡怡。力行善事，祠宇倾圮，捐资修复，又于祠侧筑室以祀乡之无后者。癸巳、丙午岁饥，倾资赈恤。摄县楼俨颜其堂曰“锡福”，匾其间曰“敦本”。

［咸丰］《顺德县志》卷二十五《列传五·国朝一·潘天培传》：碧江之苏善瑞。

李晅见 字行刚，清顺德桂洲人。康熙五十二年（1713）赈饥。

［乾隆］《顺德县志》卷十三《人物列传·行谊》：字□□，桂洲人。性醇厚，康熙□□□□□□□□□□□□□□□□□□□□□□□□□□□□□身节用。癸巳饥，罄囊赒恤，复力劝富户□□□活甚众。雍正元年给八品顶带，夫妇齐眉，寿九十□孙联登科甲。

[咸丰]《顺德县志》卷二十五《列传五·国朝一·潘天培传》：字行刚。癸巳已出橐，又遍劝殷户不遗余力，乡族恃以无馁。

杨才 字俭乎，清顺德桂洲人。康熙五十二年（1713）赈饥，寿85岁。子文英、具集、麟高。孙旭日，乾隆十七年（1752）举人。

[乾隆]《广州府志》卷四十一《人物十·义行·顺德·清》：字俭乎，诸生。生平敦孝弟，好施予，族有老疾不给者衣食咸借之。癸巳岁饥，设粥以食，复鬻产倡赈，存活甚众。家有月池，建阁其上，积书万卷，俾子孙及族之俊秀者诵读其中，复厚其供给焉。卒年八十五。子文英、具集、麟高俱明经。孙旭日，乾隆壬申举人。

[咸丰]《顺德县志》卷二十五《列传五·国朝一·潘天培传》：康熙……五十二年壬辰递癸巳……水旱间作……桂洲之……杨才……癸巳设粥食人，鬻产倡赈。

杨宠炳 字温乎，清顺德桂洲人。康熙五十二年（1713）赈济族人。寿81岁。

[乾隆]《广州府志》卷四十一《人物十·义行·顺德·清》：字温乎。生而颖悟，嗜古成癖，所作诗文力追秦汉以上。壮年补弟子员，负笈从游者恒伯什人。康熙初载，海氛未静，顺之南境，旋迁旋复，教化未行。炳首倡讲学，广聚生徒，月之朔望，集其乡里，宣讲圣谕，乡人皆敬信之。性刚介，无谄曲，每见人有过即直言以导之，故人往往不畏有司之法而畏炳之谠论也，乡人服其训诫，几至无讼。癸巳大饥，炳罄其家财以周族党，虽已无担石之余所勿恤也。年八十一无疾卒。

[道光]《广东通志》卷一百九十七《艺文略九·集部三》：《枕翠山房集》，国朝杨宠炳撰，未见。

何全智 清南海人。拔贡，康熙五十二年（1713）任广东新兴教谕。

[康熙]《南海县志》卷五《选举志·国朝岁贡》：由钦州学选拔。

[康熙五十八年]《肇庆府志》卷八《秩官志二·国朝·新兴县教谕》：南海人，钦州籍拔贡，康熙五十二年任。

何登　一说姓黄，清南海佛山镇人。康熙五十二年（1713）武举。

［雍正］《广东通志》卷三十五《选举志五·武举人·康熙五十二年癸巳恩科乡试榜》：黄登，花县人。

［乾隆］《佛山忠义乡志》卷四《选举志·武科·清乡举》：康熙癸巳。

佘汉　清顺德马冈人。康熙五十二年（1713）捐资赈饥。父邑崧，寿85岁。子至伦，乾隆十二年（1747）武举。

［乾隆］《广州府志》卷四十一《人物十·义行·顺德·清·佘邑崧传》：字越万。性嗜学，至老不衰，而禔躬谦谨，接物雍和，力敦实行，不求名誉，尝曰“廊庙勋猷即草野经济”，洒然自得。岁饥捐赈，存活甚众，享寿八十有五。佘汉，邑崧第五子也。少孤，以不逮养亲为恨，事诸兄惟谨。赋性恬淡，约以自奉，而遇亲友有急，辄倾囊以赠。康熙癸巳岁饥，捐资溥赈。远祖光禄卿山顶余地有关地脉，而业主居奇，即破产买归，族人无不感激。尝扃户读书，为文动与古会。后以汉子至伦登丁卯贤书，俱封武信郎。

［咸丰］《顺德县志》卷二十五《列传五·国朝一·潘天培传》：马冈之……佘汉……虽非能迭出其力，要皆目击颠连而动于义……远祖光禄卿墓后地，破产买之，俾免丛葬……子至伦，乾隆丁卯武举。

佘朝瑞　字文迥，清顺德马冈人。康熙五十二年（1713）捐粟学宫。寿75岁。

［乾隆］《顺德县志》卷十三《人物列传·行谊》：字文迥，马冈人。天姿醇笃，励志儒修，游端州郡庠，登明经。生平孝养二亲，老而不倦。康熙癸巳饥，捐米赈济。两举优行坚辞，年七十五卒。

张良鸿　清顺德龙江人。康熙五十二年（1713）举人。

［雍正］《广东通志》卷三十五《选举志五·举人·康熙五十二年癸巳特科乡试榜》：连州人。

［乾隆］《顺德县志》卷十《选举志·举人·清朝·康熙癸巳》：连州籍龙江人。

张斌授　字冠南，清南海九江人。康熙五十二年（1713）武举，雍正二年（1724）武进士，任三等侍卫。祖陆盘，父接龙。

［雍正］《广东通志》卷三十五《选举志五·武举人·康熙五十二年癸巳恩科乡试榜》：南海人，登进士。《武进士·清·雍正二年甲辰会试榜》：南海人，侍卫。

［道光］《南海县志》卷二十二《选举表三·国朝·封荫·雍正朝》：张陆盘，以孙斌授貤赠通议大夫。张接龙，以子斌授赠通议大夫。

《九江儒林乡志》卷十《选举略·国朝·武举·康熙五十二年癸巳恩科》：字冠南，县学，中式第一名，雍正甲辰武进士。《选举略·国朝·武进士·雍正二年甲辰科》：殿试二甲第一名，三等侍卫。

陆王佐 清南海人。康熙五十二年（1713）举人，雍正十一年（1733）任广东澄海县教谕。

［雍正］《广东通志》卷三十五《选举志五·举人·康熙五十二年癸巳特科乡试榜》：罗定人。

［道光］《广东通志》卷七十九《选举表十七·举人二·国朝·康熙五十二年癸巳·罗定州》：南海人，罗定籍。卷五十《职官表四十一·国朝八·澄海县·教谕训导·雍正朝》：南海人，十一年任……教谕。

陈大勋 本姓邓，清顺德水藤人。康熙五十二年（1713）举人，任罗定州学正。

［雍正］《广东通志》卷三十五《选举志五·举人·康熙五十二年癸巳特科乡试榜》：顺德人。

［乾隆］《顺德县志》卷十《选举志·举人·清朝·康熙癸巳》：本姓邓，水藤人。

［道光］《广东通志》卷五十六《职官表四十七·国朝十四·罗定州·学正训导·雍正朝》：邓太勋，顺德人，举人。十年任……学正。

陈际鼎 字务铉、务铦，清顺德大良人。康熙五十二年（1713）赈饥，陈恭尹称他“菊癖”。

［乾隆］《顺德县志》卷十四《人物列传·隐逸》：字务铉，大良人。有至性，父殁哀毁骨立。母瞽，朝夕绕膝，进衣进食，一一躬亲。与弟友爱，囊无私积，财产至老不分。族侄尝占其田，恣听之，谓贫富有命，倘一脉相残，何以见先人于地下也！康熙癸巳饥，乡里多所周恤。生平恬淡，不慕荣名，风晨月夕，或吟诗，或作字，或弄琴，陶然自适。性尤耽种菊，故薛起

蛟、□□□诸名士赠号曰“菊癖”，亦有无怀葛天之风焉。

［咸丰］《顺德县志》卷二十五《列传五·国朝一·潘天培传》：字务铦……陈恭尹呼以“菊癖”。

张重光 清南海佛山镇人。康熙五十二年（1713）例贡，任湖广道监察御史。父普公。

［乾隆］《南海县志》卷八《选举志·国朝贡生》：南海佛山人，由新会籍充广州府学贡生，现任湖广道监察御史。

［乾隆］《新会县志》卷八《例贡监生·清》：（康熙）五十二年例贡，现任监察御史。

［乾隆］《佛山忠义乡志》卷四《选举志·岁贡·清》：张普公，湖广都司经历，原新会县人。张重光，湖广道御史，普公子。

郑叶梅 清顺德桂林人。康熙五十二年（1713）举人，乾隆四年（1739）任广东归善县教谕。父际泰，弟祖贻。

［雍正］《广东通志》卷三十五《选举志五·举人·康熙五十二年癸巳特科乡试榜》：广州人，际泰子。

［乾隆］《顺德县志》卷十《选举志·举人·清朝·康熙癸巳》：桂林人，归善教谕。卷十四《人物列传·节妇》：李绍唐妻郑氏，桂林人，国学郑启瑜之女也。于归□□三日夫故，氏矢志孀守，孝养翁姑，承欢无□□□检讨郑际泰尝手书奖美，积二十年几至盈箧。督学惠士奇表庐曰“松柏坚操”。乾隆二年旌表。

［道光］《广东通志》卷四十九《职官表四十·国朝·归善县·教谕训导·乾隆朝》：顺德人，举人。四年任……教谕。

［咸丰］《顺德县志》卷二十五《列传五·国朝一·郑际泰传》：子叶梅，康熙癸巳举人，归善教谕。祖贻丁酉科副贡。卷二十九《列传九·列女二·国朝》：郑氏……于归仅十三日夫死，氏养翁姑承欢罔间。伯父检讨际泰尝手书奖美。

郑冕 本姓黄，字周五，号南溟，清顺德大良人。康熙五十二年（1713）饥荒，协助父象坤赈济，当年乡试中举，40岁卒。侄丹书。

［乾隆］《顺德县志》卷十《选举志·举人·清朝·康熙癸巳》：本姓黄，番禺籍大良人。卷十三《人物列传·行谊》：黄冕，字周五，号南溟，大良

人。少而聪慧，矢口谐谑皆成文章，为诸生试辄冠军。康熙癸巳举于乡，值邑大饥，策赈捐粟，人赖存活。南海有发冢贼，出金购获，送当事置之重典，时共称快。为人和厚坦白，方强仕而卒，士林惜之。

［道光］《广东通志》卷七十九《选举表十七·举人二·国朝·康熙五十二年癸巳·广州府》：顺德人，番禺籍，本姓黄。侄丹书，侄孙玉衡、玉滨。

［咸丰］《顺德县志》卷二十四《列传四·明三·黄梦赉传》：子文栻、孙象坤俱庠生。象坤，字揆先，性纯和，工吟咏。康熙癸巳饥，倾囊倡赈，子冕助之筹画，是秋乡试适隽。

林大登　清南海人。康熙五十二年（1713）副贡，五十九年举人。

［雍正］《广东通志》卷三十五《选举志五·举人·康熙五十九年庚子乡试榜》：南海人。

［乾隆］《南海县志》卷八《选举志·国朝贡生》：癸巳。

［乾隆］《广州府志》卷二十九《选举一·南海县·清》：副榜，科年无考。

［道光］《南海县志》卷二十一《选举表二·国朝·贡生荐辟·康熙朝》：副贡……癸巳。

林琊　字魁翰，号厚庄，清顺德甘竹人。康熙五十二年（1713）饥荒赈饥。子孟麟，乾隆三年（1738）举人，二十六年任广东化州学正。

［乾隆］《顺德县志》卷十三《人物列传·行谊》：字魁翰，号厚庄，甘竹人。善事父母。兄弟三人，琊居次，家素淡薄，兄弟皆琊所成全。弟早卒，遗孤视同己子。康熙癸巳饥，族中不给者赈之。戚友贫乏，为加周□，更代营生计。有鬻女者金已入，女不肯往投□□□□之□□□□乏金俾得□□。绣匠某妻为人□掳，助之资，得诉于有司还其妻。族有争论者一言立判，故族无匍匐公庭者。琊由国学职州同。子孟麟，登贤书。

［乾隆］《广州府志》卷四十一《人物十·义行·顺德·清》：字魁翰……戚友贫乏，为加周恤，更代营生计。有鬻女者金已入，女不肯往投于池。琊见之急救活，与之金俾得保聚。绣匠某女为人所掳，助之资，得诉于有司还其妻。

［咸丰］《顺德县志》卷二十五《列传五·国朝一·潘天培传》：里有鬻女得金者，耗已半而女不愿，投于池，琊见急拯活。

招文炽 清南海人。康熙五十二年（1713）岁贡。

［道光］《南海县志》卷二十一《选举表二·国朝·贡生荐辟·康熙朝》：岁贡，癸巳。

欧率锐 字载臣，清顺德大良人。顺治时请代父罪，康熙五十二年（1713）赈饥。

［乾隆］《顺德县志》卷十二《人物列传·孝友》：字载臣，大良人。有至性。国初父以王债被□，率锐请以身代，藩下怜之获免。兵燹之余，家业破荡，飘零异域。一夕梦神人语曰："汝母失明矣。"遽束装归，果如所梦。哀痛祈祷，母目忽复明，人谓其孝感。友爱诸弟，从无诟谇。康熙癸巳饥，捐赈族中之贫乏，族有不能娶者助之。子四人俱列璧泮有声。

［咸丰］《顺德县志》卷二十五《列传五·国朝一》：顺治间，父以藩债被累。

罗天经 清顺德陈村人。康熙五十二年（1713）岁贡。

［咸丰］《顺德县志》卷十一《岁贡·国朝·康熙》：陈村人，雷州籍，癸巳。

罗伯受 清顺德罗水人。康熙五十二年（1713）举人。

［雍正］《广东通志》卷三十五《选举志五·举人·康熙五十二年癸巳特科乡试榜》：南海人。

［道光］《南海县志》卷二十一《选举表二·国朝·康熙朝》：顺德人……癸巳科。

［咸丰］《顺德县志》卷十一《举人二·国朝·康熙》：罗水人，南海籍……癸巳万寿恩科，是年二月乡试，八月会试。

罗朝彦 字笑秦，清顺德大良人。康熙五十二年（1713）举人，乾隆四年（1739）任浙江昌化知县，六年为考官，八年任广东化州学正。父升如。

［雍正］《广东通志》卷三十五《选举志五·举人·康熙五十二年癸巳特科乡试榜》：新安人。卷三十七《封荫志·国朝封赠》：罗升如，顺德人，以子朝彦赠文林郎。

［乾隆］《顺德县志》卷十《选举志·举人·清朝·康熙癸巳》：新安籍大良人，昌化县知县，改化州学正，举乡饮。卷十二《人物列传·宦绩》：字笑秦，大良人。少失怙，事母陈备极孝养。康熙癸巳举于乡，为乡饮宾。乾隆己未任昌化令。昌化地僻民驯，朝彦亦不事操切。捐修文庙，开义学，葺金昌坡亭。辛酉入闱分校，矢公矢慎。寻赴京，民焚香远送。改化州学正，却脩脯，勤课程，捐学田租二百六十石为罗江书院士子膏火。以足病归。卷十四《人物列传·乡饮宾》：大良人，康熙癸巳举人，乾隆四年僎宾①。

［道光］《广东通志》卷五十二《职官表四十三·国朝十·化州·学正训导·乾隆朝》：顺德人，举人。八年任……学正。

罗麐　字瑞仁，号鲁亭，清顺德杏坛人。康熙五十二年（1713）旱灾时斋戒祈祷，郑际泰敬重。父起蕖，康熙五年（1666）土匪围其乡，与同族镛到广州乞援兵。孙大有，乾隆六年（1741）举人。

［乾隆］《顺德县志》卷十三《人物列传·儒林》：字瑞仁，号鲁亭，杏坛人也。父起渠，品行见重于乡间。麐禀庭教，家贫好学，道义自持，非圣贤之书不读。长寿寺妖僧大汕左道惑众，大僚多敬礼之。太史潘耒②偶游东粤，撰《砭狂录》数万言以斥其妄。麐投以札曰："《砭狂》之作诚为今日中流一柱，独惜于缁素源流分泾渭，不过以邪攻邪。曷不示以吾儒仁义之旨，大培吾粤元气于既坏之后为更得也！"耒拜受之，遂深相结纳，旋对馆友郑际泰嘉其文笔兀奡，持论严正，名不出于里巷，真隐君子也。所著有《阅历随书》，论不嫁殇事尤于风俗有关云。孙大有，举乡书。

［乾隆］《广州府志》卷三十六《人物五·儒林·顺德·清》：字瑞仁，父起渠，品行见重于乡间。

［咸丰］《顺德县志》卷二十五《列传五·国朝一》：父起蕖……余费生息，积久遂多，移给五乡文社，士资课育。麐守父训，有济施心。癸巳旱，方馆南海学，浃旬素食，旦夕祈祷。给事郑际泰闻而嘉之，诣所居向门揖而退。长寿寺僧大汕者以私贩海上致富，延名流作诗刻集，尝摘《五灯会元》

---

①僎（zūn）宾：古代行乡饮酒礼时辅佐主人的人。

②潘耒（1646—1708），字次耕，清吴江（今属江苏苏州）人。康熙十八年（1679）举博学鸿词，授翰林院检讨，主纂《明史·食货志》。著有《类音》《遂初堂诗集》《遂初堂文集》《遂初堂别集》等。

为书示宗旨，大僚多与往来。会潘未游粤不为所礼，撰《砭狂录》斥其妄。廖以其独详彼教源流而未正以仁义也，投札规焉。潘爱其文笔，为书复之。

胡汝巘　号淡宁子，清顺德桂洲人。好书画。弟汝峙，康熙五十二年（1713）、雍正六年（1728）赈饥，其儿媳因守节获旌表。孙家驺，乾隆六年（1741）举人。

［乾隆］《顺德县志》卷十四《人物列传・方技》：号淡宁子，桂洲人。溺好古今名人字画，所为书法篆隶行楷俱臻妙品。又为兰、竹二谱，跃然具有生气。襟怀潇洒，优游物外，年七十七。弟汝峙，钦天监主簿职，品端行洁，里党推重。长孙家驺，乾隆辛酉举于乡。

胡汝峙　号九峰，清顺德桂洲人。康熙五十二年（1713）、雍正六年（1728）赈饥。兄汝巘，孙国宝。

［乾隆］《顺德县志》卷十四《人物列传・方技・胡汝巘传》：号淡宁子，桂洲人……弟汝峙，钦天监主簿职，品端行洁，里党推重。

［乾隆］《广州府志》卷四十一《人物十・义行・顺德・清》：号九峰，钦天监主簿。少遭乡徙，寄寓黄连。汝峙奉养父母，不辞拮据，暇即诵书不辍。继母叶氏患痈疽，汝峙百计莫瘳，人告以舌舐可愈，峙如其言以吮之，母患获苏。癸巳戊申岁歉，汝峙倡赈捐谷三百石，存活甚众。又买地为义冢，凡贫无力者任为埋葬。与吴某素友善，受托遗孤，吴族人觊其产业，汝峙备历艰辛，保安终始。其他广置祀田、建修祖宇、劝学恤贫，里党咸赖。年九十，与妻严氏齐眉。一门四代，游庠食饩者八人，孙国宝，乾隆庚午举人。

胡道伟　清顺德桂洲人。康熙五十二年（1713）武举，任江南凤阳府长淮卫守备。

［雍正］《广东通志》卷三十五《选举志五・武举人・康熙五十二年癸巳恩科乡试榜》：顺德人。

［乾隆］《顺德县志》卷十《选举志・武举・清朝・康熙癸巳》：桂洲人，任江南凤阳府长淮卫守备。

胡道最　清顺德桂洲人。康熙五十二年（1713）武举。

［雍正］《广东通志》卷三十五《选举志五・武举人・康熙五十二年癸巳恩科乡试榜》：广州人。

［乾隆］《顺德县志》卷十《选举志·武举·清朝·康熙癸巳》：桂洲人。

俞琏　清南海佛山镇人，广东新会籍。康熙五十二年（1713）举人，雍正十三年（1735）任广东曲江教谕。

［乾隆］《新会县志》卷八《举人·国朝·康熙五十二年癸巳恩科》：滘头人，曲江教谕。

［乾隆］《佛山忠义乡志》卷四《选举志·乡举·国朝·康熙癸巳》：山西夏县知县，改曲江教谕，原新会县人。

［道光］《广东通志》卷四十七《职官表三十八·国朝五·曲江县·教谕训导·雍正朝》：新会人，举人。十三年任，教谕。

钱懋孝　清三水城内东门坊人。康熙五十二年（1713）岁贡。

［嘉庆］《三水县志》卷九《选举·岁贡·清》：城内东门坊人，（康熙）五十二年贡。

梁三寿　清顺德古朗人。康熙五十二年（1713）举人。

［雍正］《广东通志》卷三十五《选举志五·举人·康熙五十二年癸巳特科乡试榜》：顺德人。

［乾隆］《顺德县志》卷十《选举志·举人·清朝·康熙癸巳》：古朗人。

梁叶千　清南海佛山镇人。康熙五十二年（1713）举人，雍正八年（1730）任广东新会教谕。

［雍正］《广东通志》卷三十五《选举志五·举人·康熙五十二年癸巳特科乡试榜》：开建人，知县。

［乾隆］《佛山忠义乡志》卷四《选举志·乡举·国朝·康熙癸巳》：新会县教谕。

［乾隆］《广州府志》卷二十四《职官六·国朝·新会县教谕》：南海人，举人，雍正八年任。

［道光］《佛山忠义乡志》卷十三《乡禁志（告示）》：灵应祠庙铺还庙碑示：梁图首告梁翰章、简熊子等踞业欺神。今据前情，合就给示勒石，为此示谕绅士里民梁叶千等知悉，即便遵照。康熙五十九年五月。

梁伟伸 字芳之，一说芳芝，清顺德石硝（今属南海）人。康熙五十二年（1713）举人，雍正十年（1732）任广西钦州学正。乾隆三年（1738）钦州水灾，捐谷平粜，不久因年老退休。父国钟。兄伟仁岁贡。

［雍正］《广东通志》卷三十五《选举志五·举人·康熙五十二年癸巳特科乡试榜》：广州人。

［乾隆］《顺德县志》卷十《选举志·封赠·学正·清朝》：梁国钟，以子伟伸贵赠。卷十二《人物列传·宦绩》：字芳之，石硝人。聪敏笃学，尤敦善行。康熙癸巳举于乡，是岁饥，与兄极力捐赈，里党德之。雍正壬子选钦州学正，革贽仪脩脯陋规，勤月课，端士习，两署合浦，奏最加级。乾隆戊午、己未钦州连遭水患，伟伸赈恤贫士，捐谷四百余石，减价平粜，以济兵民。寻引年休致，士民制锦铭衣，祖送数十里。兄伟仁字张之，岁贡生，举乡正。

［道光］《广东通志》卷五十三《职官表四十四·国朝十一·钦州·学正训导·雍正朝》：顺德人，举人。十年任，学正。

［咸丰］《顺德县志》卷十一《举人二·国朝·康熙》：字芳芝，石硝人，钦州学正。按阮《志》作仲……癸巳万寿恩科。

梁成之 字文升，号兼善，清顺德黄连人。康熙五十二年（1713）赈饥。子登，乾隆三年（1738）举人。孙兆榜，十六年进士。

［乾隆］《顺德县志》卷十二《人物列传·孝友》：字文升，号兼善。黄连人，新会庠生。少失怙，善事母。母患目疾，积年不愈，日夕涕泣，乃以其泪洗之，历十四日而愈，人竟传为孝感，名之曰“洗眼秀才”。康熙癸巳饥，族之贫者赈于祠内，左粥右米，量口以畀，其甘贫自守者微往馈之，以成其介，又为粥于道，以待乡之饿者凡十余日。岁中施棺，丧不能殓者给之。举族正，争讼者片言立解。子登，戊午领乡荐，余列成均。孙兆榜，丁卯经魁。

［咸丰］《顺德县志》卷十二《封赠（文阶）·国朝》：黄连人，附生，以孙兆榜赠，加赠礼部主客司主事……庶吉士。

［光绪］《广州府志》卷一百三十二《列传二十一·国朝·顺德》：字文升，号兼善。起季子祯之裔，祯子宗玉，元末娶关敏妹，遂为黄连人。

梁廷相 本姓关，清顺德容奇人。康熙五十二年（1713）

举人，雍正十三年（1735）任广东博罗教谕。

［雍正］《广东通志》卷三十五《选举志五·举人·康熙五十二年癸巳特科乡试榜》：新会人。

［乾隆］《顺德县志》卷十《选举志·举人·清朝·康熙癸巳》：本姓关，新会籍容奇人，博罗县教谕。

［道光］《广东通志》卷四十九《职官表四十·国朝·博罗县·教谕训导·雍正朝》：关廷相，顺德人，举人。十三年任，教谕。

梁赤光 清顺德古楼人。康熙五十二年（1713）赈饥。

［乾隆］《顺德县志》卷十四《人物列传·八品》：古楼人。质直纯厚，好善乐施。康熙癸巳岁饥，变产倡捐米二十八石，竭力佥赈，县令旌其门曰“尚义世休”。

梁玮 清顺德甘村人。康熙五十二年（1713）岁贡，任广西怀远县训导。

［咸丰］《顺德县志》卷十一《岁贡·国朝·康熙》：甘村人，癸巳，广西籍，怀远县训导。

梁图 清顺德人。岁贡，康熙五十二年（1713）任海南乐会训导。

［道光］《广东通志》卷五十五《职官表四十六·国朝十三·乐会县·教谕训导·康熙朝》：顺德人，岁贡。五十二年任……训导。

梁承天 清顺德黎村人。康熙五十二年（1713）武举。

［雍正］《广东通志》卷三十五《选举志五·武举人·康熙五十二年癸巳恩科乡试榜》：顺德人。

［乾隆］《顺德县志》卷十《选举志·武举·清朝·康熙癸巳》：黎村人。

黄元善 清南海人。康熙五十二年（1713）武举。

［乾隆］《南海县志》卷八《选举志·国朝武乡举·康熙癸巳》：黄元善。

萧茂长 字英连，号沧州，清顺德龙江人。康熙五十二年（1713）赈饥。子良耀五十年武举，卓雍正十三年（1735）武举。兄英俊早卒，嫂张氏29岁守节，侄芝泰、纲。

[雍正]《广东通志》卷五十《列女志二·各府》：张氏，萧英俊妻。夫亡矢志靡他，奉姑教子以节终……康熙五十二年旌……顺德人。

[乾隆]《顺德县志》卷十四《人物列传·节妇》：萧英俊妻张氏，龙江人。年二十九守节，康熙五十一年旌表。卷十三《人物列传·行谊》：字英连，号沧州，龙江人。有义概。兄英俊早卒，抚侄犹子，殷勤教诲，侄芝泰授儒林郎，纲任应州牧。康熙癸巳饥，捐粟赈济。常施药疗疾。乡中福禄木桥圮，易以石。子六，长良耀、次卓俱领乡荐。卷十《选举志·封赠·州同职捐封·清朝》：萧英俊，以子芝泰贵赠。《选举志·贡生·清朝·康熙例贡》：萧纲，龙江人，应州知州。《选举志·武举·清朝·康熙辛卯》：萧良耀，龙江人。

[咸丰]《顺德县志》卷二十五《列传五·国朝一》：子良耀、卓俱中武科。卓……以雍正乙卯得科名，士亦重其谨饬。

曾士兰 字佩芳，号芝谷，清南海九江人。康熙五十二年（1713）举人，雍正十年（1732）为广西乡试同考官。乾隆十三年（1748）任广东曲江县教谕，授江西乐安知县。寿73岁。父组琦。子廷举，嘉庆三年（1798）赐副榜。孙干贞，道光十一年（1831）赐副贡。

[雍正]《广东通志》卷三十五《选举志五·举人·康熙五十二年癸巳特科乡试榜》：顺德人。

[道光]《广东通志》卷七十九《选举表十七·举人二·国朝·康熙五十二年癸巳·广州府》：顺德人，五经中式。见旧《题名录》、郝《志》，惟《顺德志》无。卷四十七《职官表三十八·国朝五·曲江县·教谕训导·乾隆朝》：南海人，举人。十三年任……教谕。

[道光]《南海县志》卷三十九《列传八·国朝》：字佩芳，九江堡人。由顺德籍补诸生，康熙五十二年癸巳特科，以五经卷领乡荐。时功令专经取士，头场四书文三篇、本经四篇，二场判六道、表一、论一，三场策五道。若习五经卷，头场四书文三篇、五经文二十篇，故有五经魁之称。雍正十年聘广西壬子科乡试同考官，得士六人。试竣会试谒选，授江西崇义，寻调乐安，并多惠政。大学士高安朱文端公轼，尝手书"百里春风荣锦树，一帘秋月映冰壶"楹贴贻之。士兰治县，清操自励，裁革陋规，问民疾苦，去之惟力。士民感德，献冠服上寿，表衣缀襆前后际，刺绣雅诗"乐只君子，民之父母"句，余与里衣裾袖针凿璀璨，皆士民姓字也。及谢事，复留靴志遗爱

焉。卒年七十三。子廷举、孙干贞并赐副榜。

《九江儒林乡志》卷十《选举略·国朝·举人·康熙五十二年癸巳恩科》：字佩芳，号芝谷。顺德学中式第二十八名，由五经中式。初官曲江教谕，擢江西崇义知县，转乐安知县。雍正壬子聘广西同考试官。《选举略·国朝·封荫》：曾组琦，以子□兰赠文林郎、江西乐安县知县。《选举略·国朝·贡生·道光十一年辛卯》：曾干贞，以字行，号篔园。县学，赐副榜。卷十四《列传·清》：字佩芳，号芝谷，南方赵涌人。由顺德籍补诸生，康熙癸巳特科，以五经卷领乡荐。时功令专经取士，若习五经卷，头场四书文三篇、五经文二十篇，故有五经魁之称，非积学之士未易膺其选也。初授曲江教谕，雍正壬子聘广西乡试分考，试竣，擢江西崇义县知县，寻调乐安县知县，并多惠政……卒年七十三。子廷举、孙干贞并赐副榜。

曾文运　本姓黎，清顺德昌教人。康熙五十二年（1713）举人。

［雍正］《广东通志》卷三十五《选举志五·举人·康熙五十二年癸巳特科乡试榜》：南海人。

［乾隆］《顺德县志》卷十《选举志·举人·清朝·康熙癸巳》：本姓黎，昌教人。

曾益　清顺德桂林人。康熙五十二年（1713）举人。

［雍正］《广东通志》卷三十五《选举志五·举人·康熙五十二年癸巳特科乡试榜》：番禺人。

［道光］《广东通志》卷七十九《选举表十七·举人二·国朝·康熙五十二年癸巳·广州府》：顺德人，番禺籍。

［咸丰］《顺德县志》卷十一《举人二·国朝·康熙》：桂林人，番禺籍……癸巳万寿恩科。

谭殿飏　清顺德甘竹人。康熙五十二年（1713）副贡。

［雍正］《广东通志》卷三十六《选举志六·国朝·贡生·广州府·顺德县》：癸卯副榜。

［乾隆］《顺德县志》卷十《选举志·贡生·清朝·康熙副榜》：甘竹人，癸巳副榜。

蔡大勋　清南海人。康熙五十二年（1713）武举。

［雍正］《广东通志》卷三十五《选举志五·武举人·康熙五十二年癸巳恩科乡试榜》：南海人。

潘度心　字殿侃，号季庵，清顺德大良人。岁贡，康熙五十二年（1713）赈饥。

［乾隆］《顺德县志》卷十三《人物列传·行谊》：字殿侃，号季庵，大良人。岁贡生。性谨厚，尝建祠祀先，尊贤敬老。康熙癸巳饥，捐米赈济，乡人德之。

霍文广　清南海佛山镇人。康熙五十二年（1713）举人，任广东长宁（今新丰）教谕。

［雍正］《广东通志》卷三十五《选举志五·举人·康熙五十二年癸巳特科乡试榜》：香山人。

［道光］《南海县志》卷二十一《选举表二·国朝·举人·康熙朝》：长宁教谕。阮《通志》作香山人，案《采访册》，深村堡人，今据补。癸巳科。

霍作明　字良宾，号梧园，清南海佛山镇人。康熙五十二年（1713）举人，雍正十一年（1733）进士，任临县知县归，徙居三水。祖纪初，父汝桂，子学韬、学源。孙孔铨、孔鋹、孔钟、孔钊、孔钧、孔镛、孔钲。

［雍正］《广东通志》卷三十五《选举志五·举人·康熙五十二年癸巳特科乡试榜》：三水人。

［乾隆］《佛山忠义乡志》卷三《乡事志·纪略》：清雍正十一年癸丑，霍作明登进士（迁居三水县）。卷四《选举志·进士·国朝·雍正癸丑》：临县知县。

［嘉庆］《三水县志》卷九《选举·封赠·清》：霍纪初，以孙作明赠文林郎、山西临县知县。霍汝桂，以子作明赠文林郎、山西临县知县。卷十一《人物传·宦迹》：字良宾，董𡌶人。幼聪敏过人，康熙癸巳登贤书，雍正癸丑成进士。授山西汾州府临县知县，甫下车即捐俸修学宫，聘名师主义学讲席，课士论文，人才蔚起。邑处山陬畏旱，祷雨向在三交镇庙，距县治四十余里。遇旱尝躬冒烈日徒步虔祷，是夕果滂沱立沛，临民颂曰“霍公头上雨”。嗣又值岁荒，即详宪开仓赈济，民无失所。又助资粮，给牛种，民庆盈宁焉。慈惠廉明，大学士张廷玉赠以“廉声直比玉壶清”之句，民立祠祀之。

归有《大学》《中庸》两论讲义及《梧园稿》传家。子学韬例授千总，学源教谕。孙孔铨、孔鋇、孔钟、孔钊，俱邑庠生。孔钧、孔镛俱国学，孔钲廪生。曾孙汪、湖，俱邑庠生。

［道光］《佛山忠义乡志》卷九《循吏·清》：号梧园。幼聪敏，年十六举弟子员。解组后徙居三水，注有《四书讲义》《梧园稿》。

钱方文　（1683—1767 后）清三水城内东门坊人。85 岁时，乾隆三十二年（1767）仅任一年的知县周志让题匾。子宗琳，三十五年仅代理一年的知县洪煦题匾，嘉庆二十三年（1818）为修《三水县志》管局。

［嘉庆］《三水县志》卷十一《人物传·乡饮宾》：城内东门坊人，增生。八十五岁，本府张匾曰“惠及乡邦”，知县周匾曰“坊表在兹”。钱宗琳，方文子，武生。知县洪匾曰“古训是式”，嘉庆戊寅修《志》管局。卷六《秩官表·国朝知县》：周志让，山东即墨人，举人，（乾隆）三十二年任。杨觐光，贵州铜仁人，举人，（乾隆）三十二年任。洪煦，浙江会稽人，举人，（乾隆）三十五年署。张怡泽，直隶南皮县人，监生，（乾隆）三十五年署。

钟元辅　（1684—1737）改姓伍，字家千，清南海扶南堡人。康熙五十年（1711）举人，六十年进士。雍正四年（1726）选山西怀仁知县，代理大同通判、浑源知州，擢员外郎、郎中。因母丧归，次年卒。父凤仪。子上遵，乾隆元年（1736）举人。

［雍正］《广东通志》卷三十五《选举志五·举人·康熙五十年辛卯乡试榜》：新会人，登进士。《进士·国朝·康熙六十年辛丑邓钟岳榜》：新会人，郎中。

［道光］《广东通志》卷七十九《选举表十七·举人二·国朝·康熙五十年辛卯·广州府》：伍元辅，新会人，进士。字家千，本姓钟。礼部郎中。

［道光］《南海县志》卷三十九《列传八·国朝》：字家千，扶南堡人。生父凤仪，字殿翱，县学廪生。七岁丧母，事继母以孝谨闻，乡人呼为钟孝子。长嗜白沙甘泉之学，笃友谊。师事谭生，谭死，家贫无子，凤仪帅同学敛葬，置祭田名“念师田”。倡修石云桥数十丈，行者歌曰：“道平直，孝子力。人如织，愿相识。”元辅由新会籍以五艺补诸生，康熙五十年举辛卯贡士，六十年成进士，南归需次，与新会胡大灵、皖城谢禹翱讲学大通寺。雍正四年选山西怀仁，怀仁为边陲地，民鲜习农功女红。元辅至，教之纺绩，贷之五种，游民自是乃复业。决积年疑狱，院司以为能，委权大同通判，解

守备白某冤。厘清钱粮，悯无力贫民积欠，为诗曰："十年逋赋征难缓，三月春田冻未耕。"遂捐俸完之。奉办军需至归化城，道雁门关游古寺，有明逆阉魏忠贤像，令曳出击尽碎。移摄浑源州，延义学师，申报有文行生员于学使，丕振士风。杖毙豪猾四人，奸宄屏迹。保举新会岁贡生张重光，得试用工部、历官湖广道御史，人服元辅识鉴。因窃案挂巡按御史白简，谢事日，士民嗟悼载于涂。旋以巡抚石公麟疏荐"通达治体，兼精岐黄"，复原官供奉内廷。越月圣躬不豫，元辅诊视进方药，未旬日有瘳，擢户部员外郎兼管太医院使事，赐第韩家潭景山东门二区。温旨垂询家世及父母，特命督抚臣遣官送元辅母潘入都，既以年老不果行，乃赐白金二千两、参貂彩緞称之。未几迁郎中备侍从，论诗史医学称旨，命坐赐茶。寻转礼部郎中，上疏条陈广东盐法。十三年赐文绮克食回粤省亲，六月旋京，奉旨与大学士朱轼巡阅浙江海塘。舟次景州，宪皇帝登遐，仓皇返都。元辅职掌仪曹，凡大丧仪制与同官恪恭将事弗懈昼夜。越月母忧讣至，奔丧南还，丧毕逾年卒，年五十四。著有《钟司徒诗集》。子上遵，乾隆丙辰科举人，官两淮盐大使。

王标　清高明冈头人。康熙五十三年（1714）举人。

［道光］《广东通志》卷七十九《选举表十七·举人二·国朝·康熙五十三年甲午附广西中式》：高明人，平乐籍。郝《志》无载。

［道光］《高明县志》卷十二《选举志·举人·国朝》：冈头人，康熙五十六年甲午举人，西榜。

王澍　清高明苏村人。康熙五十三年（1714）举人。

［康熙五十八年］《肇庆府志》卷十四《选举志·国朝·举人·康熙甲午》：高明人。

［道光］《高明县志》卷十二《选举志·举人·国朝》：苏村人，康熙五十六年甲午举人。

［光绪］《高明县志》卷十二《选举表·国朝·举人·康熙朝》：苏村人，五十三年甲午科。

邓翔（清康熙）　清三水人。康熙五十三年（1714）武举。

［雍正］《广东通志》卷三十五《选举志五·武举人·康熙五十三年甲午乡试榜》：三水人。

冯天寿　清南海人。康熙五十三年（1714）举人。

［雍正］《广东通志》卷三十五《选举志五·举人·康熙五十三年甲午乡试榜》：番禺人。

［乾隆］《南海县志》卷八《选举志·乡举·国朝·康熙甲午》：由番禺学。

卢汝成　清南海人。康熙五十三年（1714）举人，乾隆七年（1742）任广东海阳教谕。

［雍正］《广东通志》卷三十五《选举志五·举人·康熙五十三年甲午乡试榜》：新会人。

［乾隆］《南海县志》卷八《选举志·乡举·国朝·康熙甲午》：由新会学。

［道光］《广东通志》卷五十《职官表四十一·国朝八·海阳县·教谕训导·乾隆朝》：南海人，七年任……教谕。

刘书正　一说姓邓，字省之，清顺德荷村人。康熙五十三年（1714）岁贡，雍正十年（1732）任广东四会训导。

［乾隆］《肇庆府志》卷八《秩官志中·四会县·国朝·训导》：邓书正，顺德岁贡，雍正十年任。

［民国］《顺德县志》卷八《选举表一·郭〈志〉补遗·五贡·国朝》：字省之，荷村人。康熙甲午岁贡，四会县儒学。

刘觐进　清顺德龙山人。康熙五十三年（1714）举人。

［雍正］《广东通志》卷三十五《选举志五·举人·康熙五十三年甲午乡试榜》：顺德人。

［乾隆］《顺德县志》卷十《选举志·举人·清朝·康熙甲午》：龙山人。

关显斌　清顺德伦教人。康熙五十三年（1714）副贡。

［雍正］《广东通志》卷三十六《选举志六·国朝·贡生·广州府·顺德县》：甲午副榜。

［乾隆］《顺德县志》卷十《选举志·贡生·清朝·康熙副榜》：伦教人，甲午科。

关暾　榜姓周，字兼万，号荔江，清南海九江人。康熙五十三年（1714）举人，次年进士，庶吉士，改河南唐县知县。父葵国。

［雍正］《广东通志》卷三十五《选举志五·举人·康熙五十三年甲午乡试榜》：南海人，登进士。《进士·国朝·康熙五十四年乙未徐陶璋榜》：南海人，检讨。卷三十七《封荫志·国朝封赠》：关葵国，南海人，以子陳赠征仕郎、翰林院庶吉士。

［道光］《广东通志》卷七十七《选举表十五·进士·国朝·康熙五十四年乙未徐陶璋榜·广州府》：南海人，庶吉士。《题名碑》作关陈，东莞人，《东莞志》无。

［道光］《南海县志》卷二十一《选举表二·国朝·举人·康熙朝》：关陈，榜姓周，进士……甲午科。《国朝·进士·康熙朝》：关陈，庶吉士。魏《志》、阮《通志》并作“陳”，国子监《题名碑录》作“陈”。按“陳”“陈”古今字，今从《题名碑录》。《题名碑录》又云东莞人，然则由东莞学也……乙未科。

《九江儒林乡志》卷十《选举略·国朝·举人·康熙五十三年甲午科》：亦作陈，字兼万，号荔江。开平学中式第二名，联捷进士。《选举略·国朝·进士·康熙五十四年乙未科》：赐同进士出身，翰林院庶吉士，改河南唐县知县。卷十四《列传·清》：字兼万，号荔江，北方吴涌人。贫而孝友，事父葵国及诸昆见称闾里。姿质敏悟，工制艺，充开平籍附生，族父孝廉龙器重之。康熙甲午，贫不能赴秋闱，龙出白金助之行，遂以第二名领乡荐，乙未联捷进士。改翰林院庶吉士，散馆改唐县知县，既莅任，兴学重农，有不便于民者以次革除，前时供应陋规豁免殆尽。值资郎某出守南阳，与院司有旧，陳不为礼，遂相龃龉。盖居恒慷慨任气，长于恤下而短于事上，尝曰：“士君子守志俟命，行其所当为。若屈节忍尤，虽一日三迁犹为羞辱。安能如涧底松，以百尺之身受荫非类乎！”乃投绂归。去之日，唐人如失慈母，建祠尸祝，甘棠之爱，久有余思。卒年七十三。

伍位元　清顺德古朗人。康熙五十三年（1714）岁贡。

［康熙五十八年］《肇庆府志》卷十四《选举志·国朝·岁贡·开建》：康熙五十三年贡，顺德人，开建县学康熙间贡。

［乾隆］《顺德县志》卷十《选举志·贡生·清朝·康熙岁贡》：开建籍古朗人。

李运开　榜姓黄，清南海佛山镇人。康熙五十三年（1714）

副贡。

［雍正］《广东通志》卷三十六《选举志六·国朝·贡生·广州府·府学》：黄运开，副榜，顺德人。

［乾隆］《新会县志》卷八《明经·国朝·外学附》：榜姓黄，广州府学，（康熙）五十三年副榜。

［乾隆］《佛山忠义乡志》卷四《选举志·岁贡·清》：科贡。

李昌麒 清高明城中人。康熙五十三年（1714）岁贡。

［康熙五十八年］《肇庆府志》卷十四《选举志·国朝·岁贡·高明》：李昌麟，五十三年贡，高明县学康熙间贡。

［道光］《高明县志》卷十二《选举志·贡生·国朝》：城中人，康熙五十三年贡，《府志》误作"昌麟"。

李绂卿 清南海人。康熙五十三年（1714）副贡。

［道光］《南海县志》卷二十一《选举表二·国朝·贡生荐辟·康熙朝》：由府学，副贡……甲午。

李德林 字宗博，号柯山，清顺德逢简人。康熙五十三年（1714）岁贡，雍正七年（1729）选广东化州训导。父嘉庆。弟德柄，康熙三十八年（1699）举人，在江苏任知县。

［雍正］《广东通志》卷三十五《选举志五·举人·康熙三十八年己卯乡试榜》：李德柄，广州人，知县。卷三十七《封荫志·国朝封赠》：李嘉庆，顺德人，以子德柄赠文林郎。

［乾隆］《顺德县志》卷十《选举志·贡生·清朝·康熙岁贡》：南海籍逢简人，选化州训导，未任。卷十三《人物列传·文苑》：号柯山，逢简人。性颖悟，综览群书。康熙甲午登岁荐，雍正己酉选化州训导，未任卒。侍御区遇尝称曰："柯山之诗，海水之汩没耶？山林之窅冥耶？群鸟之悲号耶？"有集梓行。弟德柄康熙己卯举人，历高阳、无锡知县，著有《北游诗草》。

［道光］《广东通志》卷一百九十七《艺文略九·集部三》：《柯山草堂集》，国朝李德林撰，存。《岭南五朝诗选》，德林，字宗博，顺德人，康熙岁贡……《北游诗草》，国朝李德柄撰，未见。《粤东诗海》，德柄，字宗谦，顺德人，德林弟。

［咸丰］《顺德县志》卷二十五《列传五·国朝一·刘鸣岐传》：其乡有李德林字柯山者，甲午岁荐。诗为名流所称，著有《柯山集》。弟德柄以己卯

举人令无锡，有《北游草》，改高阳，方捕蝗，忽大风吹散，为鸦啄尽，时谓德政所感。

何珩　清顺德甘溪人。康熙五十三年（1714）恩贡，五年任广东三水、十三年翁源教谕，乾隆四年（1739）南雄教授。

［乾隆］《顺德县志》卷十《选举志·贡生·清朝·康熙岁贡》：恩平籍甘溪人。

［乾隆］《肇庆府志》卷十九《选举志二·国朝·岁贡·开建县》：五十三年贡，康熙间贡。

余朝宗　清南海人。康熙五十三年（1714）岁贡。

［道光］《南海县志》卷二十一《选举表二·国朝·贡生荐辟·康熙朝》：岁贡……甲午。

陈俊明　清顺德古朗人。康熙五十三年（1714）岁贡。

［乾隆］《东安县志》卷三《选举志·岁贡·清》：康熙五十三年贡。

［乾隆］《顺德县志》卷十《选举志·贡生·清朝·康熙岁贡》：东安籍古朗人。

陈清杰　字适今，清南海佛山镇人。康熙五十三年（1714）举人，未仕而卒。父龙光，妻林氏，子炎宗。

［雍正］《广东通志》卷三十五《选举志五·举人·康熙五十三年甲午乡试榜》：顺德人。

［乾隆］《佛山忠义乡志》卷八《人物志·孝友·清》：字适今。父龙光，仁厚多隐德，由胄监考列州丞，未出仕。清杰生有至性，事父及继母以孝闻。博学富才藻，尤善古文辞，为高材生二十年，始领康熙甲午乡荐。生平无私蓄，尝手致千金，尽公之两弟。有友人母病垂危，亲往候视，急归取十金遗之，友得尽丧礼，然友未曾告贷也，后此友每向人言辄感激流涕。其好义轻财若此类者甚多。未及仕而卒，所著有《冰玉堂文集》《北行漫钞》《西游诗草》。子炎宗，乾隆辛酉解元，戊辰进士，现翰林院庶吉士。卷九《人物志·列女·清》：林氏，修职郎林上梧女，举人陈清杰妻。自幼知书通大义，事舅及继姑卑下婉曲，执子妇礼数十年，朝夕问视不少懈。口授子经书，夫逝后益加督勉。尝曰："他人望子富，余但愿子学问有成耳！"性俭而好施，戚属多感其惠。卒年七十。子炎宗以解元、进士入词林，群谓由母善教云。

庞琮 一说名悰，清南海佛山镇人。康熙五十三年（1714）副贡。

［雍正］《广东通志》卷三十六《选举志六·国朝·贡生·广州府·南海县》：甲午副榜。

［乾隆］《佛山忠义乡志》卷四《选举志·岁贡·清》：庞悰，科贡。

郑天历 榜姓张，清顺德林头人。康熙五十三年（1714）举人。

［雍正］《广东通志》卷三十五《选举志五·举人·康熙五十三年甲午乡试榜》：张天历，开平人。

［道光］《广东通志》卷七十九《选举表十七·举人二·国朝·康熙五十三年甲午·广州府》：张天历，顺德人，本姓郑。郝《志》、《肇庆志》作开平人，《开平志》无。

［咸丰］《顺德县志》卷十一《举人二·国朝·康熙》：榜姓张，林头人。按阮《志》引《肇庆志》作开平人，误……甲午科。

明士宏 清南海九江人。康熙五十三年（1714）岁贡。

《九江儒林乡志》卷十《选举略·国朝·贡生·康熙五十三年甲午》：岁贡。

罗天育 清南海金瓯堡人。康熙五十三年（1714）举人。

［道光］《广东通志》卷七十九《选举表十七·举人二·国朝·康熙五十三年甲午·广州府》：新会人。《新会志》无。

［道光］《南海县志》卷二十一《选举表二·国朝·康熙朝》：魏《志》不载，按《采访册》，金瓯堡人，今据补。甲午科。

周芳远 清南海人。康熙五十三年（1714）岁贡。

［同治］《南海县志》卷九《拾遗订误·贡生》：恩平籍，甲午岁贡，康熙朝。

赵之璧 清顺德碧江人。康熙五十三年（1714）岁贡。

［雍正］《广东通志》卷三十六《选举志六·国朝·贡生·广州府·新会

县》：赵之璧。

［乾隆］《新会县志》卷八《明经·清》：（康熙）五十三年岁贡。

［乾隆］《顺德县志》卷十《选举志·贡生·清朝·康熙岁贡》：新会籍碧江人。

贲志勇　清南海人。康熙五十三年（1714）武举。

［乾隆］《南海县志》卷八《选举志·国朝武乡举·康熙甲午》：贲志勇。

梁文泗　字嗣方，号方洲，清顺德黄涌人。康熙五十三年（1714）举人。父朝宾，子梦吉、梦松、梦熊。

［雍正］《广东通志》卷三十五《选举志五·举人·康熙五十三年甲午乡试榜》：南海人。

［乾隆］《顺德县志》卷十三《人物列传·儒林》：字嗣方，号方洲，黄涌人。父朝宾，患足病，坐卧床褥三十年，文泗左右奉侍无间。兄殁，事孀嫂如母。读书过目成诵，以礼义自律，以道学为宗。康熙甲午举于乡，教授生徒，从游者数百人。教人以读书穷理为根本，以文章字学为羽仪，论文一准先正，疾时尚诡异，一时奉为宗匠。著有《四书讲义》。子梦吉、梦松、梦熊俱有声庠序。

梁羽扶　清顺德林头人。康熙五十三年（1714）岁贡。

［康熙五十八年］《肇庆府志》卷十四《选举志·国朝·岁贡·封川》：五十三年贡，南海人，封川学康熙间贡。

［乾隆］《新会县志》卷八《明经·国朝·外学附》：封川学，（康熙）五十三年岁贡。

［乾隆］《顺德县志》卷十《选举志·贡生·清朝·康熙岁贡》：封川籍林头人，饶平县。

梁松龄　清三水冈头人。康熙五十三年（1714）举人，进士乙榜，雍正七年（1729）任广东始兴教谕，调定远县知县。

［雍正］《广东通志》卷三十五《选举志五·举人·康熙五十三年甲午乡试榜》：三水人。

［嘉庆］《三水县志》卷十一《人物传·宦迹》：冈头人。康熙甲午举人，中乙榜进士，授始兴教谕。铨云南平彝县，特调定远县知县。质性明敏，治狱公平，百姓欢颂之。解组时，绅士制袍祖于道。

［道光］《广东通志》卷四十八《职官表三十九·国朝六·始兴县·教谕训导·雍正朝》：三水人，七年任，教谕。

梁洪 清南海人。康熙五十三年（1714）举人。

［雍正］《广东通志》卷三十五《选举志五·举人·康熙五十三年甲午乡试榜》：南海人。

梁彦升 清顺德泮浦人。康熙五十三年（1714）举人。

［雍正］《广东通志》卷三十五《举人·清·康熙五十三年甲午乡试榜》：东莞人。

［乾隆］《顺德县志》卷十《选举志·举人·清朝·康熙甲午》：东莞籍泮浦人。

梁锡祚 清南海人。康熙五十三年（1714）副贡。

［同治］《南海县志》卷九《拾遗订误·贡生》：新会籍，甲午副贡，康熙朝。

谢瑶 清高明对村人。康熙五十三年（1714）附贡。

［道光］《高明县志》卷十二《选举志·例贡·国朝》：对村人，康熙五十三年附贡。

曾誉 清顺德桂林人。康熙五十三年（1714）举人。

［雍正］《广东通志》卷三十五《选举志五·举人·康熙五十三年甲午乡试榜》：广州人。

［乾隆］《顺德县志》卷十《选举志·举人·清朝·康熙甲午》：新会籍桂林人。

彭殿国 清南海人。康熙五十三年（1714）副贡。

［道光］《南海县志》卷二十一《选举表二·国朝·贡生荐辟·康熙朝》：副贡……甲午。

潘盛 清南海人。康熙五十三年（1714）武举。

［雍正］《广东通志》卷三十五《选举志五·武举人·康熙五十三年甲午

乡试榜》：南海人。

霍邑 清南海人。康熙五十三年（1714）恩贡。

［道光］《南海县志》卷二十一《选举表二·国朝·贡生荐辟·康熙朝》：恩贡……甲午。

陈体全 （1685—1749）清南海九江河清人。研制膏丹丸散，周济贫民，与李升佐共建药厂“陈李济”，同治帝赐“杏仁堂”封号。子祖光、祖开。

［道光］《广东通志》卷三百二十六《列传五十九·方技·国朝》：南海人，家贫，性纯孝。母病痿，三年不愈，体全露祷西樵山凡五十余夜。遇采药翁，出篮中青草一茎、方书一卷授之，曰：“嘉子纯孝，草可疗母疾。方书习之，一生衣食勿虑也，然利济之心不可忘。”体全敬谨受教，归进草汁，母病立瘳。勤诵方书，遂精岐黄，治病多奇效。手制丸药，施济贫病者，所赖存活无算。年九十余，无疾而终。子祖光、祖开，皆以医名于时。

罗天尺 （1686—1766）字履先，号石湖，清顺德大良人。20岁到省学，与何梦瑶、陈海六、苏珥为“惠门四俊”。乾隆元年（1736）50岁中举，一直隐居在石湖别业中。参编《广东通志》，晚年把多年搜集到的资料写成《五山志林》8卷。祖孙耀，父世举，母劳氏。

［乾隆］《顺德县志》卷十《选举志·举人·清朝·乾隆丙辰》：大良人。

［道光］《广东通志》卷一百九十八《艺文略十·集部四》：《瘿晕山房诗钞》十卷，国朝罗天尺撰，存。卷二百八十七《列传二十·广州二十》：字履先，顺德人。少以淹博闻，年十七应童子试，日竟十三艺（《县草志》）。长于诗（《道古堂文集》）。吴县惠天牧按试广东拔之，大加称许，手录其词赋以示诸生（《粤台征雅录》）。声望蔚起（《瘿晕山房诗钞·序》），荐鸿博，以母老不就（《瘿晕山房文钞》）。乾隆丙辰举于乡，一上春官即归奉母。不登高，不临深，杜门著述，所为诗文，得其尺蹄①者，珍若拱璧。为人耻奔竞，好诱掖后进，一言一动，卓然风雅总持（《县草志》）。与南海何梦瑶交密（《道古堂

①尺蹄：指片纸或书札。

文集》)。邮诗招隐(《粤东金石略》)。著有《瘿晕山房诗钞》《瘿晕山房文钞》《五山志林》。

[咸丰]《顺德县志》卷十八《艺文略二·集部二·别集二》:《瘿晕山房文钞》,国朝罗天尺撰……惠士奇序曰:余昔视学岭南,岁在辛丑,试广州,得罗生天尺、何生梦瑶、苏生珥、陈生海六等数十人,皆南海明珠也……最后得辛生昌五等数十人,皆斐然成章,而辛生尤善揣摩,遂魁乡荐。罗生学古之暇,工科举文,亦得登贤书。先是,何生成进士,出为县令。辛生入翰林,旋乞归奉母。罗生以病,不获计偕。独苏生好古,不善揣摩之学,困于场屋者数矣,戊午秋乡荐,竟魁其经,与罗生同上公车……余素知罗生不独工制艺,且擅声诗,能古文词,曩试古学,手录其《荔枝赋》《珠江竹枝词》数阕,声望蔚起岭海间。卷二十五《列传五·国朝一·罗孙耀传》:世举子天尺,字履先,号石湖。少以淹博闻……得心悸疾,祖母梁戒攻举子业,闭置一室,使从容于经卷药炉间。丙戌举于乡,益肆力事诗古文词。长洲陈学士璋、宣城张司马汝霖、眉山彭观察端淑、秀水郑学使虎文并与订交,西蜀蔡太史时田、镇粤将军福增格则素未谋面,亦倾倒而推挽之,而督学惠士奇知之尤深……与同县苏珥、陈海六辈称惠门八子。时天尺文名藉甚,会开博学鸿词科,巡抚傅泰将荐之,以母老辞。一上春官不再赴,不临深,不登高,养疴石湖而终。著有《瘿晕山房诗删》十四卷,门人罗作屏所注诗集十卷、文钞卷、《五山志林》八卷。

尹道人 字南芳,清顺德龙江人。到京遇人授辟谷术,能不寝不食。罗天尺在粤秀山读书时有交往。

[咸丰]《顺德县志》卷三十《列传十·方外·道家》:字南芳,龙江人。少以范金为业,某总戎者,最喜其技,招入署。相从至都门,遇异人,授以辟谷术,自是不寝不食,日惟饮水,啖柏叶少许。时为人诵道经禳疾,夜坐一胡床,径无倦容。罗天尺读书粤秀山,每相遇投三元宫,与讲服食甚洽。其后稍食烟火,颜转丰红,不知其终。

严魁 清高明高田人。康熙五十四年(1715)为广东肇协把总,任东安(今云浮)城守。

[道光]《高明县志》卷十二《选举志·武职·国朝》:高田人,康熙五十四年肇协把总,任东安城守。

李身 清南海佛山镇人。康熙五十四年(1715)拔贡。

［乾隆］《佛山忠义乡志》卷四《选举志・岁贡・清》：庠贡。

［道光］《佛山忠义乡志》卷十《贡生・清》：附贡。

［道光］《南海县志》卷二十一《选举表二・国朝・贡生荐辟・康熙朝》：乙未拔贡。

杨拔儒　清高明城中人。康熙五十四年（1715）附贡。

［道光］《高明县志》卷十二《选举志・例贡・国朝》：城中人，康熙五十四年附贡。

谭印元　清高明城中人。康熙五十四年（1715）附贡。子澄，乾隆二十五年（1760）举人，四十四年赠父官衔。

［道光］《高明县志》卷十二《选举志・例贡・国朝》：城中人，康熙五十四年附贡。《选举志・封典・国朝》：城中人，附贡，乾隆四十四年以子澄赠修职郎。

关上举　清南海九江人。康熙五十五年（1716）岁贡。

［雍正］《广东通志》卷三十六《选举志六・国朝・贡生・广州府・南海县》：关上举。

［同治］《南海县志》卷九《拾遗订误・贡生》：丙申岁贡，康熙朝。

《九江儒林乡志》卷十《选举略・国朝・贡生・康熙五十五年丙申》：番禺府学岁贡。

李民庸　清南海佛山镇人。例贡，康熙五十五年（1716）任广东遂溪训导。

［乾隆］《佛山忠义乡志》卷四《选举志・岁贡・清》：遂溪训导，由廪例贡。

［道光］《广东通志》卷五十四《职官表四十五・国朝十二・遂溪县・教谕训导・康熙朝》：五十五年任，训导。

杨达儒　清高明城中人。康熙五十五年（1716）例贡。

［道光］《高明县志》卷十二《选举志・例贡・国朝》：城中人，康熙五十四年例贡，捐授县丞。

何肇基 清高明朗锦人。康熙五十五年（1716）附贡。

［道光］《高明县志》卷十二《选举志·例贡·国朝》：朗锦人，康熙五十五年附贡。

罗世昌 本姓何，清顺德江尾人。康熙五十五年（1716）岁贡，选英德县训导未任。

［雍正］《广东通志》卷三十六《选举志六·国朝·贡生·广州府·新会县》：罗世昌。

［乾隆］《新会县志》卷八《明经·清》：今按，此外尚有罗世昌，（康熙）五十五年岁贡，顺德人。

［乾隆］《顺德县志》卷十《选举志·贡生·清朝·康熙岁贡》：本姓何，星槎人，选英德县训导未任。《选举志·贡生·清朝·雍正岁贡》：本姓何，新会籍江尾人，选英德县训导。

黄起青 清高明芹水人。康熙五十五年（1716）岁贡。

［康熙五十八年］《肇庆府志》卷十四《选举志·国朝·岁贡·高明》：五十五年贡，高明县学康熙间贡。

［道光］《高明县志》卷十二《选举志·贡生·国朝》：芹水人，康熙五十五年岁贡。

黄朝弼 清三水旺子冈人。康熙五十五年（1716）岁贡。

［嘉庆］《三水县志》卷九《选举·岁贡·清》：旺子冈人，（康熙）五十五年贡。

曾功堃 字宏载，清南海九江人。康熙五十五年（1716）岁贡。

［雍正］《广东通志》卷三十六《选举志六·国朝·贡生·广州府·南海县》：曾功堃。

［道光］《南海县志》卷二十一《选举表二·国朝·贡生荐辟·康熙朝》：丙申岁贡。

《九江儒林乡志》卷十《选举略·国朝·贡生·康熙五十五年丙申》：字宏载，西宁学岁贡。

谭宗仁　清高明城中人。康熙五十五年（1716）增贡。

［道光］《高明县志》卷十二《选举志·例贡·国朝》：城中人，康熙五十五年增贡。

谭宗铎　清高明城中人。康熙五十五年（1716）例贡。

［道光］《高明县志》卷十二《选举志·例贡·国朝》：城中人，康熙五十五年由武庠例贡。

颜光汉　清南海人。康熙五十五年（1716）岁贡。

［康熙五十八年］《肇庆府志》卷十四《选举志·国朝·岁贡·阳春》：五十五年贡，阳春县学康熙间贡。

［雍正］《广东通志》卷三十六《选举志六·国朝·贡生·广州府·南海县》：颜光汉。《国朝·贡生·肇庆府·阳春县》：颜光汉。

［道光］《南海县志》卷二十一《选举表二·国朝·贡生荐辟·康熙朝》：丙申岁贡。

黎文翼　清顺德陈村人。岁贡，康熙五十五年（1716）任海南会同县训导。

［乾隆］《顺德县志》卷十《选举志·贡生·清朝·康熙岁贡》：陈村人，会同县训导。

［道光］《广东通志》卷五十五《职官表四十六·国朝十三·会同县·教谕训导·康熙朝》：顺德人，五十五年任，训导。

万上达　榜姓潘，清南海人。康熙五十六年（1717）举人，次年进士，乐亭知县。

［雍正］《广东通志》卷三十五《选举志五·举人·康熙五十六年丁酉乡试榜》：潘上达，番禺人，登进士。《进士·国朝·康熙五十七年戊戌汪应铨榜》：潘上达，番禺人，知县。

［乾隆］《南海县志》卷八《选举志·乡举·国朝·康熙丁酉》：由番禺学。《选举志·进士·国朝·康熙乙未》：由番禺学，知县。

［道光］《南海县志》卷二十一《选举表二·国朝·进士·康熙朝》：番禺学，知县，戊戌科。按《番禺志》作“潘上达”，盖榜姓也。魏《志》作乙未科，阮《通志》在戊戌科。考国子监《题名碑》，上达在戊戌科三甲四十

九名，则魏《志》误也，今从阮《通志》。

［同治］《南海县志》卷九《进士》：乐亭知县，康熙朝。

区士林 一说名士琳，清南海人。康熙五十六年（1717）武举。

［雍正］《广东通志》卷三十五《选举志五·武举人·康熙五十六年丁酉乡试榜》：区士琳，南海人。

［乾隆］《南海县志》卷八《选举志·国朝武乡举·康熙丁酉》：区士林。

刘绳孙 清顺德人。廪贡，康熙五十六年（1717）任广东阳江训导。

［乾隆］《肇庆府志》卷七《秩官志上·阳江县·国朝·训导》：顺德捐贡，（康熙）五十六年任。

朱国琬 清顺德甘溪人。康熙五十六年（1717）副贡。

［乾隆］《顺德县志》卷十《选举志·贡生·清朝·康熙副榜》：府学，甘溪人，丁酉科。

伦庭芝 清南海人。康熙五十六年（1717）岁贡。

［雍正］《广东通志》卷三十六《选举志六·国朝·贡生·广州府·南海县》：伦庭芝。

［道光］《南海县志》卷二十一《选举表二·国朝·贡生荐辟·康熙朝》：岁贡……丁酉。

苏云章 清顺德碧江人。例贡，康熙五十六年（1717）任广东大埔、雍正元年（1723）合浦教谕。父介庵。

［乾隆］《顺德县志》卷十《选举志·贡生·清朝·康熙例贡》：碧江人，大埔县教谕，补合浦县。《选举志·封赠·教谕·清朝》：苏介庵，以子云章贵赠。

［道光］《广东通志》卷五十《职官表四十一·国朝八·大埔县·教谕训导·康熙朝》：顺德人，五十六年任……教谕。卷五十三《职官表四十四·国朝十一·合浦县·教谕训导·雍正朝》：顺德人，贡生。元年任……教谕。

李瑛 一说名煐，清南海佛山镇人。康熙五十六年（1717）举人，雍正六年（1728）任高明教谕。父锡移。

［雍正］《广东通志》卷三十五《选举志五·举人·康熙五十六年丁酉乡试榜》：李煐，广州人，教谕。

［乾隆］《佛山忠义乡志》卷四《选举志·岁贡·清》：李煐，中式。《选举志·乡举·国朝·康熙丁酉》：李煐，浙江余姚县知县。《选举志·封赠·清》：李锡移，合浦教谕，以子煐加赠高明教谕。

［乾隆］《肇庆府志》卷八《秩官志中·高明县·国朝·教谕》：南海举人，（雍正）六年任。

吴伟任 清南海人。康熙五十六年（1717）武举。

［乾隆］《南海县志》卷八《选举志·国朝武乡举·康熙丁酉》：吴伟任。

何达陡 本姓杨，清顺德潭村人。康熙五十六年（1717）举人。

［雍正］《广东通志》卷三十五《选举志五·举人·康熙五十六年丁酉乡试榜》：顺德人。

［乾隆］《顺德县志》卷十《选举志·举人·清朝·康熙丁酉》：本姓杨，潭村人。

何琛（清康熙） 清高明唐溢坊人。康熙五十六年（1717）举人。

［康熙五十八年］《肇庆府志》卷十四《选举志·国朝·举人·康熙丁酉》：高明人。

［道光］《高明县志》卷十二《选举志·举人·国朝》：唐溢坊人，康熙五十九年丁酉举人。

［光绪］《高明县志》卷十二《选举表·国朝·举人·康熙朝》：唐溢坊人，五十六年丁酉科。

陈日扶 清高明瑶村人。康熙五十六年（1717）为广东道标千总。

［道光］《高明县志》卷十二《选举志·武职·国朝》：瑶村人，康熙五十六年道标千总，任花县城守。

陈进成 字学山，号懋斋，清南海九江人。康熙五十六年（1717）副贡，雍正七年（1729）举人。乾隆二年（1737）、七年两次会试乙榜，十一年任海南乐会教谕，十四年崖州学正，二十二年任广东连州学正，称病归。寿75岁。父绍修。

［乾隆］《南海县志》卷八《选举志·国朝贡生》：丁酉。《选举志·乡举·国朝·雍正己酉》：陈进成。

［道光］《广东通志》卷五十五《职官表四十六·国朝十三·乐会县·教谕训导·乾隆朝》：南海人，举人。十一年任……教谕。《崖州·学正训导·乾隆朝》：南海人，举人。十四年任……学正。卷四十六《职官表三十七·国朝四·连州·学正训导·乾隆朝》：南海人，二十二年任……学正。

［道光］《南海县志》卷二十一《选举表二·国朝·贡生荐辟·康熙朝》：副贡……丁酉。《国朝·举人·雍正朝》：山东滋阳县知县。《国朝·封荫·雍正朝》：陈绍修，以子进成赠修职郎。卷三十九《列传八·国朝》：字学山，九江堡人。以奇童受知樊督学，雍正己酉由副贡领乡荐。乾隆丁巳、壬戌会试，两登明通榜。屡聘粤秀中厅山长，初官乐会教谕，丁艰起复补崖州。崖俗犷野，进成导以礼，士习一变。晋山东滋阳令，督学孙公人龙称为真循吏。以囚逸左迁连州学正，寻引疾归里。进成风度端凝，博学耽诗，书法得颜鲁公神髓。教人重根本之学，尝作《师道箴》榜座隅……司铎所至，士庆得师。乡人苦冗役，进成白于当道得裁免，镌其禁于石，桑梓赖之。卒年七十五，著《晚香亭稿》十卷。

《九江儒林乡志》卷十《选举略·国朝·贡生·康熙五十六年丁酉》：字学山，号懋斋。县学副贡，雍正己酉举人。《选举略·国朝·举人·雍正七年己酉科》：中式第二十九名，乾隆丁巳、壬戌两登乙榜，初官乐会教谕，迁崖州学正，擢山东滋阳知县，改连州学正，重游泮水①。卷八《艺文略·集部·别集》：《懋斋文集》，国朝陈进成撰。卷十四《列传·清》：字学山，号懋斋，南方沐涪人。年十四以奇童受知樊督学泽达，补诸生。雍正己酉由福贡领乡荐，乾隆丁巳、壬戌会试两登明通榜。屡聘粤秀中厅山长，初官乐会教谕，丁艰起复补崖州学正。崖俗犷野，进成导以礼，士习一变。擢山东滋

①重游泮水：清制，童生考入州、县学，称入学或入泮、游泮。自此时起至期满六十年时，须再行入学典礼，如初入泮之新科童生，以作为曾考中生员（秀才）而享高寿的庆典。

阳县知县，督学孙人龙称为真循吏。以囚逸左迁连州学正，寻引疾归里。进成风度端凝，博学能诗，书法得颜鲁公神髓。教人重根本之学，尝作《师道箴》曰："天生蒸民，厥有知觉。继天复性，端本于学。既立之师，振聋以铎。厥职维何，长善救恶。九二刚中，惠我童蒙。大叩小叩，应如撞钟。善歌继志，道合信从。以延绝学，克振宗风。仪型表正，是曰身教。言教者讼，罔有成效。虚縻廪禄，涓埃莫报。伊昔自命，谈经讲道。不模不范，负兹夙抱。在昔主席，鹿洞鹅湖。规条整饬，身为先驱。安定教授，乃在苏湖。经义治事，体用并途。师道尊严，善人辈出。子衿佻达，伊谁之失？敬尔在位，兢兢慎密。范尔金科，守尔玉律。以诏来学，成就非一。砥砺文章，陶镕气质。谕德翊连，永保贞吉。"铎所至，士庆得师。乡人屡苦冗役，进成白于当道得裁免，镌其禁于石，桑梓赖之。卒年七十五。

邹冲霄　清南海人。康熙五十六年（1717）武举。

［雍正］《广东通志》卷三十五《选举志五·武举人·康熙五十六年丁酉乡试榜》：南海人。

林弘文　一说名宏文，清南海人。康熙五十六年（1717）武举。

［雍正］《广东通志》卷三十五《选举志五·武举人·康熙五十六年丁酉乡试榜》：南海人。

［乾隆］《南海县志》卷八《选举志·国朝武乡举·康熙丁酉》：林宏文。

林丽　清南海人。康熙五十六年（1717）武举第一名。

［乾隆］《南海县志》卷八《选举志·国朝武乡举·康熙丁酉》：解元。

郑祖贻　一说名祖诒。清顺德桂林人。康熙五十六年（1717）副贡，乾隆十年（1745）任广东广宁教谕。父际泰，兄叶梅。

［雍正］《广东通志》卷三十六《清·贡生·广州府·顺德县》：郑祖诒，丁酉副榜。

［乾隆］《顺德县志》《选举志·贡生·清朝·康熙副榜》：番禺籍林头人，丁酉科，普宁县教谕。

［乾隆］《肇庆府志》卷八《秩官志中·广宁县·清·教谕》：郑祖诒，

顺德副榜，（乾隆）十年任。

［咸丰］《顺德县志》卷二十五《列传五·国朝一·郑际泰传》：子叶梅，康熙癸巳举人，归善教谕。祖贻，丁酉科副贡。

赵元元 清南海人。康熙五十六年（1717）武举。

［雍正］《广东通志》卷三十五《选举志五·武举人·康熙五十六年丁酉乡试榜》：南海人。

梁万里 清三水龙池人。康熙五十六年（1717）举人，雍正元年（1723）进士。

［雍正］《广东通志》卷三十五《选举志五·举人·康熙五十六年丁酉乡试榜》：三水人，登进士。《进士·国朝·雍正元年癸卯恩科于振榜》：三水人。

［嘉庆］《三水县志》卷九《选举·举人·国朝·康熙五十六年丁酉林茂秀榜》：龙池人。

黄汝楫 清南海人。康熙五十六年（1717）举人。

［雍正］《广东通志》卷三十五《选举志五·举人·康熙五十六年丁酉乡试榜》：广州人。

［道光］《广东通志》卷七十九《选举表十七·举人二·国朝·康熙五十六年丁酉·广州府》：旧《题名录》作南海监生，郝《志》作广州人，各邑《志》无。

黄秉义 清南海人。康熙五十六年（1717）武举。

［雍正］《广东通志》卷三十五《选举志五·武举人·康熙五十六年丁酉乡试榜》：南海人。

黄斯瀚 字跃也，清南海平地堡人。康熙五十六年（1717）举人。

［雍正］《广东通志》卷三十五《选举志五·举人·康熙五十六年丁酉乡试榜》：东莞人。

［乾隆］《南海县志》卷八《选举志·乡举·国朝·康熙丁酉》：由东莞学。

［道光］《南海县志》卷三十九《列传八·国朝》：字跃也，平地堡人。领康熙丁酉乡荐，以纯孝闻。母林卞急而僻，尝虐使斯瀚，斯瀚服劳益谨。或以他事怒挞，斯瀚则跪受杖，不置辩，时已登贤书矣。斯瀚妻陈辄遭遣詈，詈已，复迁怒斯瀚，谓："不能治内，安用汝读书为？"斯瀚则饮泣长跪请罪，母怒息，乃敢起。斯瀚知母欲逐其妻，遂遣妻归外家。陈居外家，使人问姑安不绝。林感其意，怒渐怠。及病笃，始命斯瀚召妻还，陈居外家已十余年矣。乡里称之曰："黄举人孝感亲，妻去还，母欣欣，愿我儿步后尘。"

黄朝干　清南海人。康熙五十六年（1717）武举。

［雍正］《广东通志》卷三十五《选举志五·武举人·康熙五十六年丁酉乡试榜》：南海人。

萧廷环　清顺德龙江人。康熙五十六年（1717）岁贡。

［咸丰］《顺德县志》卷十一《岁贡·国朝·康熙》：龙江人，平乐籍，丁酉。

温又新　清顺德龙山人。康熙五十六年（1717）举人。

［雍正］《广东通志》卷三十五《选举志五·举人·康熙五十六年丁酉乡试榜》：顺德人。

［乾隆］《顺德县志》卷十《选举志·举人·清朝·康熙丁酉》：龙山人。

曾又周　字更上，号太迁，清南海九江人。康熙五十六年（1717）举人，考授知县未赴。

［雍正］《广东通志》卷三十五《选举志五·举人·康熙五十六年丁酉乡试榜》：西宁人。

［道光］《广东通志》卷七十九《选举表十七·举人二·国朝·康熙五十六年丁酉·罗定州》：西宁人，知县。

［道光］《南海县志》卷二十一《选举表二·国朝·康熙朝》：西宁学。魏《志》不载。按《采访册》，九江人，今据补。丁酉科。

《九江儒林乡志》卷十《选举略·国朝·举人·康熙五十六年丁酉科》：字更上，号太迁。西宁学中式第二十二名，考授知县未赴。

简天章　清顺德简岸人。康熙五十六年（1717）举人，雍正八年（1730）进士，次年任广东高州府教授。祖国相，父仁济。

［雍正］《广东通志》卷三十五《选举志五·举人·康熙五十六年丁酉乡试榜》：顺德人，登进士。《进士·国朝·雍正八年庚戌周澍榜》：顺德人。

［乾隆］《顺德县志》卷十《选举志·举人·清朝·康熙丁酉》：简岸人，任高州府教授。《选举志·封赠·教授·清朝》：简国相，以孙天章贵赠。简仁济，以子天章贵赠。

［道光］《广东通志》卷五十二《职官表四十三·国朝十·高州府·教授训导·雍正朝》：顺德人，进士。九年任，教授。

鲍应泰　清南海人。康熙五十六年（1717）任广东平远训导。

［道光］《广东通志》卷五十七《职官表四十八·国朝十五·平远县教谕训导·康熙朝》：南海人，五十六年任，训导。

钟天秀　本姓金，清南海人。康熙五十六年（1717）举人。

［雍正］《广东通志》卷三十五《选举志五·举人·康熙五十六年丁酉乡试榜》：南海人，本姓金。

［道光］《广东通志》卷七十九《选举表十七·举人二·国朝·康熙五十六年丁酉·广州府》：番禺人，本姓金，教谕。

霍飞　清南海人。康熙五十六年（1717）武举。

［雍正］《广东通志》卷三十五《选举志五·武举人·康熙五十六年丁酉乡试榜》：南海人。

陆之隆　（1687—?）清三水骊坑人。康熙五十二年（1713）赈饥。长子文明，雍正七年（1729）举人。

［嘉庆］《三水县志》卷十一《人物传·孝义》：上骊坑人，国学生。性孝友，年十九丁内艰，丧葬尽礼。越岁丁亥，父赴省试，旅邸遇病，亲侍汤药，寝食俱忘，晨夕焚香拜祷，愿以身代。丁外艰，祖母犹在，隆苦块抱痛，不大著于声色，恐触老人悲也。家本小康，轻财好义。癸巳岁大饥，邻里缺食，隆罄粟以贷，不求其息，亦不责偿，活者甚众。恤孤掩骼，尝倾囊橐以为之。读书至老不倦，更庭训有方。长子文明，领雍正己酉科乡荐。次子及

婿，俱邑庠生。

李朝京　（约 1688—约 1789）清三水塘夏人。寿 102 岁，乾隆五十四年（1789）建坊旌表。

［嘉庆］《三水县志》卷十一《人物传·耆寿》：塘夏人，寿一百零二岁，乾隆己酉建坊旌表。

尹存道　清顺德龙江人。康熙五十七年（1718）岁贡。

［康熙五十七年］《西宁县志》卷六《国朝·岁贡》：康熙五十七年。

［乾隆］《顺德县志》卷十《选举志·贡生·清朝·康熙岁贡》：西宁籍龙江人。

［道光］《西宁县志》卷九《国朝·岁贡·康熙》：原籍顺德，五十七年贡。

左区枝　清顺德龙山人。例贡，康熙五十七年（1718）任广东海阳训导。父湘洲。

［乾隆］《顺德县志》卷十《选举志·贡生·清朝·康熙例贡》：西宁籍龙山人，海阳县训导，改长州主簿。《选举志·封赠·训导·清朝》：左湘洲，以子区枝贵赠。

［道光］《广东通志》卷五十《职官表四十一·国朝八·海阳县·教谕训导·康熙朝》：顺德人，五十七年任，训导。

刘佩　名一作珮，字鸣玉，清高明大唐美人。教书为业，康熙五十七年（1718）岁贡，寿 67 岁。

［康熙五十八年］《肇庆府志》卷十四《选举志·国朝·岁贡·高明》：五十七年贡，高明县学康熙间贡。

［道光］《高明县志》卷十二《选举志·贡生·国朝》：大唐美人，康熙五十七年岁贡。卷十三《人物志·国朝》：刘珮，字鸣玉。为人品格端方，好学不倦。邑宰之庭，非公不至，唯以教授生徒为事。应康熙五十七年戊戌岁贡，年六十七岁而卒，邑士惜焉。

关士宪　字范卿，号矩亭，清南海九江人。康熙五十七年（1718）岁贡。

《九江儒林乡志》卷十《选举略·国朝·贡生·康熙五十七年戊戌》：字范卿，号矩亭。罗定州学，岁贡。

麦梦麟　清顺德勒楼人。例贡，康熙五十七年（1718）任广东兴宁教谕。父秀实。

［乾隆］《顺德县志》卷十《选举志·贡生·清朝·康熙例贡》：勒楼人，兴宁县教谕。《封赠·教谕·清朝》：麦秀实，以子梦麟贵赠。

［道光］《广东通志》卷五十七《职官表四十八·国朝十五·兴宁县教谕训导·康熙朝》：顺德人，五十七年任，教谕。

杨敬修　字日将，清高明城中人。康熙五十七年（1718）岁贡。父溥名。

［康熙五十八年］《肇庆府志》卷十四《选举志·国朝·岁贡·开建》：康熙五十七年贡，高明人，开建县学康熙间贡。

［道光］《高明县志》卷十二《选举志·贡生·国朝》：城中人，溥名次子。康熙五十七年岁贡，由开建籍。卷十三《人物志·国朝》：字日将，康熙戊戌岁荐。德器纯粹，寡言笑，家饶，好读书。尝读小学《嘉言》《善行》两篇，慨然曰："宋以下尚多可采之说，惜朱子不及见也。"因摭拾①遗事汇成一帙，题其编曰《小学后书》。

林汝鸿　清高明范州人。康熙五十七年（1718）岁贡。

［光绪］《高明县志》卷十二《选举表·国朝·岁贡·康熙朝》：范州人，广西籍。五十七年贡，灵川训导。

梁以桐　清顺德弼教人。例贡，康熙五十七年（1718）任广东大埔训导。

［乾隆］《顺德县志》卷十《选举志·贡生·清朝·康熙例贡》：弼教人，大埔县训导。

［道光］《广东通志》卷五十《职官表四十一·国朝八·大埔县·教谕训导·康熙朝》：顺德人，五十七年任……训导。

---

①摭（zhí）拾：多指袭用现成的事例或词句。

黄必售　清顺德杏坛人。岁贡，康熙五十七年（1718）任广东花县训导。

［乾隆］《顺德县志》卷十《选举志·贡生·清朝·康熙岁贡》：花县训导，杏坛人。

［乾隆］《广州府志》卷二十四《职官六·国朝·花县训导》：化州人，贡生，（康熙）五十七年任。

黄国贤　清顺德人。康熙五十七年（1718）任顺德营把总。

［乾隆］《顺德县志》卷九《兵防志·武职·顺德营把总》：顺德人，由行伍。右哨，康熙五十七年任。

曾卜贤　一说姓黎，字文甫，号梦岩，清南海九江人。康熙五十七年（1718）岁贡。

［康熙五十八年］《肇庆府志》卷十四《选举志·国朝·岁贡·广宁》：黎卜贤，广宁县学康熙间贡。

［雍正］《广东通志》卷三十六《选举志六·国朝·贡生·广州府·南海县》：曾卜贤。

［乾隆］《肇庆府志》卷十九《选举志二·国朝·岁贡·广宁县》：黎卜贤，五十九年贡，康熙间贡。

《九江儒林乡志》卷十《选举略·国朝·贡生·康熙五十七年戊戌》：字文甫，号梦岩。广宁学，岁贡。

黎一夔　一说姓郭、郑，清顺德桃村人。康熙五十七年（1718）岁贡。

［乾隆］《顺德县志》卷十《选举志·贡生·清朝·康熙例贡》：恩平籍桃村人。

［乾隆］《肇庆府志》卷十九《选举志二·国朝·岁贡·开建县》：郭一夔，五十七年贡，康熙间贡。

［道光］《肇庆府志》卷十五《选举二·国朝·贡生·恩平县学·康熙朝》：郑一夔，五十七年贡。

任廷瑄　清南海人。康熙五十八年（1719）任广东揭阳训导，六十年岁贡。父茂猷。

［道光］《广东通志》卷五十《职官表四十一·国朝八·揭阳县·教谕训导·康熙朝》：龙门人，五十八年任，训导。

［道光］《南海县志》卷二十一《选举表二·国朝·贡生荐辟·康熙朝》：岁贡，揭阳训导，辛丑……《国朝·封荫·康熙朝》：任茂猷，以子廷瑄貤赠揭阳训导。

何晏　清三水区村人。康熙五十八年（1719）岁贡。

［嘉庆］《三水县志》卷九《选举·岁贡·清》：区村人，（康熙）五十八年贡。

高圣科　清顺德人。例贡，康熙五十八年（1719）任广东普宁训导。

［乾隆］《顺德县志》卷十《选举志·贡生·清朝·康熙例贡》：□□□普宁县训导。

［道光］《广东通志》卷五十《职官表四十一·国朝八·普宁县·教谕训导·康熙朝》：顺德人，五十八年任，训导。

梅元捷　改姓陈，字以谋，清顺德龙山人。例贡，康熙五十八年（1719）任广东新安教谕，雍正五年（1727）归。父良珍。

［乾隆］《顺德县志》卷十《选举志·贡生·清朝·康熙例贡》：陈元捷，本姓梅，西宁籍龙山人，新安县教谕。卷十三《人物列传·儒林》：字以谋，龙山人。至性醇笃，勤于孝养。兄弟友爱，有推梨让枣之风。尝建祖祠，恤族里义孚于人。研精书史，尤邃于易。登岁荐，任新安教谕，劝学兴行，不问脩脯，督学惠士奇旌以匾曰“铎振南天”。雍正丁未辞职，乡曲资其训迪焉。

［嘉庆］《龙山乡志》卷七《选举志·贡生·国朝·康熙庠贡》：陈元捷，本姓梅，西宁籍，新安县教谕。《选举志·封赠·国朝·文职》：陈良珍，本姓梅，以子元捷贵赠新安教谕。

［道光］《西宁县志》卷九《国朝·仕籍·康熙》：陈元捷，本姓梅，原籍顺德。廪贡，五十八年任新安县教谕。

［咸丰］《顺德县志》卷十一《岁贡·国朝》：岁贡贡期无考。龙山人，新安教谕……雍正间，年无考。

邓山蒲　一说名山甫，清顺德龙江人。康熙五十九年（1720）任广东保昌教谕。

［康熙二十六年］《顺德县志》卷六《选举志·恩贡·国朝·康熙》：龙江人。

［雍正］《广东通志》卷三十六《选举志六·国朝·贡生·琼州府·琼山县》：邓山甫。

［乾隆］《顺德县志》卷十《选举志·贡生·清朝·康熙拔贡》：琼山籍龙江人，保昌县教谕。

［道光］《广东通志》卷四十八《职官表三十九·国朝六·保昌县·教谕训导·康熙朝》：南海人，五十九年任，教谕。

卢若虚　字淡公，清顺德众涌人。康熙五十九年（1720）岁贡。

［乾隆］《顺德县志》卷十《选举志·贡生·清朝·康熙岁贡》：和平籍众涌人。卷十三《人物列传·行谊》：字淡公，众涌人。好学能文，游和平庠。康熙庚子岁贡，教授生徒，师范端严。岁饥，所得馆谷分恤邻里。祖宗祠墓倾圮，力为修复。族人贫难，无以为婚娶丧葬之资者赒恤不吝。若虚同里黄在中家稍裕，每遇荒歉，亦多赈济，有淳厚之风。

卢杰（清康熙）　清南海人。康熙五十九年（1720）举人，雍正元年（1723）进士，八年任广东永安（今紫金）教谕。

［雍正］《广东通志》卷三十五《选举志五·进士·国朝·雍正元年癸卯恩科于振榜》：番禺人，知县。

［乾隆］《南海县志》卷八《选举志·乡举·国朝·康熙庚子》：由番禺学，进士。

［道光］《广东通志》卷七十九《选举表十七·举人二·国朝·康熙五十九年庚子·广州府》：南海人，番禺学，进士。《番禺志》无。卷四十九《职官表四十·国朝·永安县·教谕训导·雍正朝》：南海人，进士。八年任，教谕。

关若　清南海九江人。康熙五十九年（1720）岁贡。

［雍正］《广东通志》卷三十六《选举志六·国朝·贡生·广州府·南海县》：关若。

［乾隆］《肇庆府志》卷十九《选举志二·国朝·岁贡·封川县》：三年

贡，雍正间贡。

《九江儒林乡志》卷十《选举略·国朝·贡生·康熙五十九年庚子》：封川学岁贡。

关赵保 字璧光，号松园，清南海九江人。康熙五十九年（1720）武举。

［同治］《南海县志》卷九《武科选举·补遗》：庚子科，康熙朝。

《九江儒林乡志》卷十《选举略·国朝·武举·康熙五十九年庚子》：字璧光，号松园。开平籍，中式第二十八名。

关翔云 清南海九江人。康熙五十九年（1720）岁贡。

《九江儒林乡志》卷十《选举略·国朝·贡生·康熙五十九年庚子》：感恩学岁贡。

关翔霄 字旷机，清南海九江人。康熙五十九年（1720）举人。

［雍正］《广东通志》卷三十五《选举志五·举人·康熙五十九年庚子乡试榜》：顺德人。

［乾隆］《南海县志》卷八《选举志·乡举·国朝·康熙庚子》：由顺德学。

《九江儒林乡志》卷十《选举略·国朝·举人·康熙五十九年庚子科》：字旷机，顺德学，中式第五十三名。

吕朝鼎 清南海佛山镇人。康熙五十九年（1720）举人。

［雍正］《广东通志》卷三十五《选举志五·举人·康熙五十九年庚子乡试榜》：顺德人。

［乾隆］《南海县志》卷八《选举志·乡举·国朝·康熙庚子》：由顺德学。

［乾隆］《佛山忠义乡志》卷四《选举志·岁贡·清》：中式。《选举志·乡举·国朝·康熙庚子》：原福建人。

麦在田 字宗道，清南海大沥人。康熙五十九年（1720）举人，讲学于佛山心性书院。

［雍正］《广东通志》卷三十五《选举志五·举人·康熙五十九年庚子乡试榜》：南海人。

［乾隆］《佛山忠义乡志》卷八《人物志·文苑·清》：字宗道，生而端重，笃志力学。读书以精熟为务，淹贯经史，领康熙庚子经魁。律己严洁，仪容整肃。开讲席于心性书院，生徒云集，近而广州各邑，远而肇、廉各郡暨粤西邻界诸处，皆裹粮负笈以从，在田尽心训迪，前后多知名士。时新会胡方以学行自高于人少许可，独爱重在田，以女妻之。在田厚于人伦，俸脯所入，赡贫弟，建祖祠，抚教犹子兼予田宅。所著有《四书辑释》《易经要义》《春秋详训》《古文端》《易园诗文集》。（在田原平洲堡人，以讲学移家佛山凡数十年。）

［道光］《南海县志》卷二十五《艺文略一·经部·易类》：《易图》，国朝麦在田撰。《经部·四书类》：《四书说林》，国朝麦在田撰。卷二十六《艺文略二·集部·总集》：《古文端》十卷，国朝麦在田撰。

［民国］《佛山忠义乡志》卷十四《人物志九·流寓·清》：南海大沥人。

苏大忠　榜姓李，名一说“大中”，清顺德碧江人。康熙五十九年（1720）举人，雍正八年（1730）进士，乾隆十五年（1750）任广东肇庆府教授。祖朝宪，父履素。

［雍正］《广东通志》卷三十五《选举志五·举人·康熙五十九年庚子乡试榜》：东莞人，登进士。《进士·国朝·雍正八年庚戌周澍榜》：东莞籍顺德人。

［乾隆］《顺德县志》卷十《选举志·举人·清朝·康熙庚子》：李大忠，本姓苏，东莞籍碧江人。《选举志·封赠·教授·清朝》：苏朝宪，以孙大忠贵赠。苏履素，以子大忠贵赠。卷十三《人物列传·行谊·苏朝宪传》：字永清，碧江人。读书慷慨，始祖尝田为世家所踞，捐资赎之，族有遗税累者，代为清豁。又设义仓于小宗祠以备饥馑，丧葬无具者咸取资焉。外祖乏嗣，为择继，拨田十亩以供祀事。贫而求贷者不责其偿，□令徐勅旌其闾曰“聚顺可风”。子履素，性孝友，好善乐义有父风。孙大忠，庚戌成进士，人以为德报。

［乾隆］《肇庆府志》卷七《秩官志上·肇庆府·国朝·府学教授》：苏大中，顺德进士，知县就教，（乾隆）十五年任。

［咸丰］《顺德县志》卷十《进士·国朝·雍正》：知印江县，庚戌科。

苏利见　本姓黄，清顺德甘竹人。康熙五十九年（1720）

副贡。

[雍正]《广东通志》卷三十六《选举志六·国朝·贡生·广州府·顺德县》：庚子副榜，本姓黄。

[乾隆]《顺德县志》卷十《选举志·贡生·清朝·康熙副榜》：本姓黄，甘竹人，庚子科。

李萼 清南海佛山人。敬问孙，康熙五十九年（1720）副贡。岳父必蕃。妻左氏。

[雍正]《广东通志》卷三十六《选举志六·国朝·贡生·广州府·南海县》：副榜。

[乾隆]《南海县志》卷八《选举志·国朝贡生》：庚子。

[乾隆]《佛山忠义乡志》卷四《选举志·岁贡·清》：科贡。

[道光]《佛山忠义乡志》卷九《列女·国朝·才媛》：副贡李萼妻左氏，副都御史左必蕃女。性聪巧知书，刺绣精妙，望之如绘画。工篆刻，能以寸许玉缕《归去来辞》或前后《赤壁赋》，细致玲珑，人称绝技。

李奏功 清南海人。康熙五十九年（1720）岁贡。

[道光]《南海县志》卷二十一《选举表二·国朝·贡生荐辟·康熙朝》：岁贡，庚子。

李俊伟 清三水人。康熙五十九年（1720）武举。

[雍正]《广东通志》卷三十五《选举志五·武举人·康熙五十九年庚子乡试榜》：三水人。

杨辅元 字乐将，清高明城中人。康熙五十九年（1720）岁贡。

[乾隆]《肇庆府志》卷十九《选举志二·国朝·岁贡·高明县》：五十九年恩贡，康熙间贡。

[道光]《高明县志》卷十二《选举志·贡生·国朝》：城中人，康熙五十九年岁贡。卷十三《人物志·国朝》：字乐将。少失怙恃，常以不逮事双亲为恨，遇讳日必涕泣沾襟、终日不食。处兄弟甚友爱，胸怀洒落。岁荐后怡情山水，留题甚富。工书法，为世所珍。

岑江　清顺德桂洲人。康熙五十九年（1720）武举。

［雍正］《广东通志》卷三十五《选举志五·武举人·康熙五十九年庚子乡试榜》：顺德人。

［乾隆］《顺德县志》卷十《选举志·武举·清朝·康熙庚子》：桂洲人。

何国祚　清南海人。康熙五十九年（1720），一作雍正元年（1723）副贡。

［雍正］《广东通志》卷三十六《选举志六·国朝·贡生·罗定州·西宁县》：副榜。

［道光］《西宁县志》卷九《国朝·副贡·康熙》：原籍南海，庚子科。

［同治］《南海县志》卷九《拾遗订误·贡生》：癸卯副贡，雍正朝。

陈永祺　清顺德马齐人。康熙五十九年（1720）任广东石城（今廉江）训导。

［乾隆］《顺德县志》卷十《选举志·贡生·清朝·康熙例贡》：马齐人，石城县教谕。

［道光］《广东通志》卷五十二《职官表四十三·国朝十·石城县·教谕训导·康熙朝》：顺德人，贡生。五十九年任，训导。

陈振桂　字灿鸣，号鹤亭，清顺德龙山人。康熙五十九年（1720）举人，雍正八年（1730）进士，十一年任广东雷州府教授。寿70岁。祖伯正，父汝兴。

［雍正］《广东通志》卷三十五《选举志五·举人·康熙五十九年庚子乡试榜》：琼州人，登进士。《进士·国朝·雍正八年庚戌周澍榜》：会同籍顺德人。

［乾隆］《顺德县志》卷十《选举志·进士·清朝·雍正庚戌》：琼山籍龙山人，雷州府教授。《选举志·封赠·教授·清朝》：陈伯正，以孙振桂贵赠。陈汝兴，以子振桂贵赠。

［嘉庆］《龙山乡志》卷八《人物志·文苑》：字灿鸣，号鹤亭。少颖悟，博学能文，补琼山县弟子员。中康熙庚子乡试，登雍正庚戌进士。授雷州府教授，诸生谒见，悉以务实学、黜浮华相勖，化雨所及，士风丕变。雷郡守复延主书院讲席，其教一遵于古，而其自为文也，精神气味浸淫变化，动与古会，有不知其然而然者，故一时人士翕然宗之。晚筑环溪洞，水旁栽种花

木，垂荫数亩，楼窗恰对西樵，七十二峰恍然在目。朝夕临眺，兴之所至，偶有所得，悉见诸诗歌，其胸次悠然如此。卒年七十，著有《鹤亭文稿》。

［道光］《广东通志》卷五十四《职官表四十五·国朝十二·雷州府·教授训导·乾隆朝》：顺德人，进士。十一年任，教授。

［民国］《顺德县志》卷十四《艺文略·史部·史钞类》：《廿一史要略》，国朝陈振桂撰。谨按，振桂，龙山人，雍正庚戌进士。

陈徽典　清顺德龙涌人。康熙五十九年（1720）拔贡。

［雍正］《广东通志》卷三十六《选举志六·国朝·贡生·雷州府·徐闻县》：陈徽典。

［咸丰］《顺德县志》卷十一《拔贡·国朝·康熙》：龙涌人，庚子。

冼湛　清南海佛山镇人。康熙五十九年（1720）岁贡。

［雍正］《广东通志》卷三十六《选举志六·国朝·贡生·广州府·新会县》：冼湛。

［乾隆］《新会县志》卷八《明经·清》：今按：此外尚有冼湛，（康熙）五十九年岁贡，南海人。

［乾隆］《佛山忠义乡志》卷四《选举志·岁贡·清》：正贡。

林从光　清南海人。康熙五十九年（1720）举人，雍正二年（1724）进士，任沈丘知县。

［雍正］《广东通志》卷三十五《选举志五·举人·康熙五十九年庚子乡试榜》：南海人，登进士。《进士·国朝·雍正二年甲辰陈德华榜》：南海人，知县。

［同治］《南海县志》卷九《进士》：沈丘知县，雍正朝。

林嵋萼　清三水大塘人。康熙五十九年（1720）岁贡。

［嘉庆］《三水县志》卷九《选举·岁贡·清》：大塘人，（康熙）五十九年贡。

林殿章　清顺德陈村人。康熙五十九年（1720）岁贡。父嗣艮。

［乾隆］《顺德县志》卷十三《人物列传·行谊·林嗣艮传》：字性奇，

陈村人……子殿章，康熙庚子岁荐。

胡炳燮 清顺德桂洲人。康熙五十九年（1720）武举。父景宪。

［乾隆］《顺德县志》卷十《选举志·武举·清朝·康熙庚子》：桂洲人。

［咸丰］《顺德县志》卷二十五《列传五·国朝一·胡景宪传》：子炳燮，康熙庚子武举。

黄环 清顺德甘竹人。例贡，康熙五十九年（1720）任广东韶州府训导。

［乾隆］《顺德县志》卷十《选举志·贡生·清朝·康熙例贡》：甘竹人，韶州府训导。

［道光］《广东通志》卷四十七《职官表三十八·国朝五·韶州府·教授训导·康熙朝》：顺德人，捐贡。五十九年任……训导。

黄英爵 清南海佛山镇人。例贡，康熙五十九年（1720）任广东程乡教谕。

［乾隆］《佛山忠义乡志》卷四《选举志·岁贡·清》：徐闻教谕，由廪例贡。

［道光］《广东通志》卷五十《职官表四十一·国朝八·程乡县·教谕训导·康熙朝》：南海人，五十九年任，教谕。卷五十七《职官表四十八·国朝十五·程乡县·教谕训导·康熙朝》：南海人，廪贡。五十九年任，教谕。

黄旒珊 清南海佛山镇人。廪贡，康熙五十九年（1720）任广东香山训导，雍正七年（1729）顺德、十三年归善教谕。

［乾隆］《顺德县志》卷八《官师志·教谕》：琼州府廪贡生，雍正七年十月由香山训导升任。

［乾隆］《佛山忠义乡志》卷四《选举志·岁贡·清》：廪贡，湖南临武知县，原潮州人。

［乾隆］《广州府志》卷二十四《职官六·国朝·香山县训导》：昌化人，贡生，（康熙）五十九年任。

［道光］《广东通志》卷四十九《职官表四十·国朝·归善县·教谕训导·雍正朝》：南海人，十三年任，教谕。

黄瑄 字仁仲，号润山，清顺德龙山人。康熙五十九年（1720）举人。寿51岁。

［雍正］《广东通志》卷三十五《选举志五·举人·康熙五十九年庚子乡试榜》：高州人。

［乾隆］《顺德县志》卷十《选举志·举人·清朝·康熙庚子》：高州籍龙山人。

［嘉庆］《龙山乡志》卷八《人物志·文苑》：字仁仲，号润山，冈头人也。少颖悟，倜傥不羁，未冠补高州府学廪生，逾数载郡荐明经。康熙庚子捷秋闱，主司叹为奇才，两试礼部不遇遂归，以诗酒自娱。生平行文，援笔立就，入场不设灯烛，博闻强记，所阅书史过目不忘。尝宿友人斋中，有自外至者诵其场中得意文字即默记之，明日誊写携入，诸友不知其从何来也，其聪敏绝人类皆如此。卒年五十一。

萧良佐 清顺德龙江人。康熙五十九年（1720）武举。

［雍正］《广东通志》卷三十五《选举志五·武举人·康熙五十九年庚子乡试榜》：顺德人。

［乾隆］《顺德县志》卷十《选举志·武举·清朝·康熙庚子》：龙江人。

温明亮 本姓邓，字则裕，号理亭，清顺德龙山人。康熙五十九年（1720）举人，乾隆八年（1743）任广东澄海县教谕，不久卒，68岁。

［雍正］《广东通志》卷三十五《选举志五·举人·康熙五十九年庚子乡试榜》：清远人。

［乾隆］《顺德县志》卷十《选举志·举人·清朝·康熙庚子》：本姓邓，清远籍龙山人。任巴东县知县，改澄海县教谕。

［嘉庆］《龙山乡志》卷八《人物志·行谊》：邓明亮，字则裕，号理亭。博学能文，补清远县弟子员，旋食饩，登康熙庚子贤书。生平恬淡自高，不事趋竞。选授湖北宜昌府巴东县，以年老辞不就职。改授澄迈教谕，未几卒于官，年六十八。居乡人钦其直，有争斗者皆赴质焉，无不贴服，其德望见重于里党若此。

［道光］《广东通志》卷五十《职官表四十一·国朝八·澄海县·教谕训导·乾隆朝》：邓明亮，顺德人，八年任……教谕。

彭健 清顺德龙江人。康熙五十九年（1720）武举。

［雍正］《广东通志》卷三十五《选举志五·武举人·康熙五十九年庚子乡试榜》：顺德人。

［乾隆］《顺德县志》卷十《选举志·武举·清朝·康熙庚子》：龙江人。

［乾隆］《南海县志》卷八《选举志·国朝武乡举·康熙庚子》：由顺德学。

程尚正　清南海人。康熙五十九年（1720）武举。

［同治］《南海县志》卷九《武科选举·补遗》：庚子科，漕运千总，康熙朝。

谭君任　清南海人。康熙五十九年（1720）岁贡，雍正十三年（1735）任广东信宜训导。

［道光］《广东通志》卷五十二《职官表四十三·国朝十·信宜县·教谕训导·雍正朝》：广州人，岁贡。十三年任，训导。

［道光］《南海县志》卷二十一《选举表二·国朝·贡生荐辟·康熙朝》：由府学岁贡，信宜训导，庚子。

蔡俨　清南海人。康熙五十九年（1720）举人。

［雍正］《广东通志》卷三十五《选举志五·举人·康熙五十九年庚子乡试榜》：博罗人，知县。

［乾隆］《南海县志》卷八《选举志·乡举·国朝·康熙庚子》：由博罗学。

黎贞　清康熙五十九年（1720）举人，雍正二年（1724）进士。祖民铎，子道炳、道然。

［光绪］《高明县志》卷十二《选举表·国朝·举人·康熙朝》：五十九年庚子科亚元。《选举表·国朝·进士·雍正朝》：民铎孙，石城籍。二年甲辰科陈惪华榜，户部主事，升郎中。

黎际泰　清顺德龙山人。康熙五十九年（1720）拔贡，任河源教谕。

［雍正］《广东通志》卷三十六《选举志六·国朝·贡生·肇庆府·广宁县》：黎际泰。

[乾隆]《顺德县志》卷十《选举志·贡生·清朝·康熙拔贡》：广宁籍龙山人，河源县教谕。

[乾隆]《肇庆府志》卷十九《选举志二·国朝·岁贡·广宁县》：康熙间贡。

[道光]《肇庆府志》卷十五《选举二·国朝·贡生·广宁县学·康熙朝》：五十九年拔贡，河源教谕。

霍瑞 清南海人。康熙五十九年（1720）武举，雍正五年（1727）武进士。

[雍正]《广东通志》卷三十五《选举志五·武举人·康熙五十九年庚子乡试榜》：南海人。《武进士·雍正五年丁未会试榜》：南海人。

李晚芳 （1691—1767）清顺德陈村人。父心月，为儒医。六岁跟随寡居碧江的姐姐学习，嫁碧江人梁永登。晚年潜心著述。

[道光]《广东通志》卷三百〇八《列传四十一·列女三·广州府三·顺德县·国朝》：苏某聘室李氏，处士心月女。许嫁而夫卒，归夫家守节。博极群书，礼法严谨，终其身不以文墨示人。乾隆年间得旌。将卒，使人预为殓具。有妹晚芳尝从受经，至是召之属曰："吾死，汝即亲扶入棺，不可从三日礼，女子示人以亵，非全归矣。"越日晨起，呼栉沐竟，曰："吾一妇人受恩旌表，当望阙稽首谢。"强起北面再拜，乃返寝从容而逝，妹遵遗命盖棺而后受吊焉。晚芳适梁永登，动循法度，以圣贤之学自期，敬事舅姑，勤相夫子。晚年注释经史，好学不倦，教其子炜分田以赡亲族，人称女宗。著有《女学言行纂》《读史管见》行于世。

[咸丰]《顺德县志》卷二十九《列传九·列女二·国朝》：李氏姊妹者，龙津处士心月女。长受碧江苏某聘……富著述……惟其妹晚芳时得见之……晚芳少从姊受经，及长适碧江梁永登……研究经史，著论多前人所未发……虽食贫艰苦，而生事死葬并能如礼……家稍裕即割备祖尝，又分数百亩以赡亲族并及子师，他如救荒、养老、恤孤诸善举皆筹及之。以所居园曰菉猗，晚自署菉猗老人，著有《女学言行纂》《读史管见》《乡俗居丧辟谬》《续女诫》诸书并刊行。

杜作楫 清高明矮冈人。康熙六十年（1721）任广西横州仓大使。

[道光]《高明县志》卷十二《选举志·吏职·国朝》：矮冈人，康熙六十年任广西横州仓大使。

吴世忠 字仲坡，清南海大圃堡人。吴文炜侄儿，康熙六十年（1721）受知于广东学使惠士奇。

[道光]《南海县志》卷三十九《列传八·国朝·吴文炜传》：大圃堡人……从子世忠……字仲坡。文炜藏书甚富，世忠少承家学，得肆博览，有谢庭兰玉之目。诗名亦早著，白燕堂社《峤华集》所录皆其杰作。康熙辛丑初，惠天牧学士督学吾粤，以经古学罗致髦彦，世忠与何梦瑶、劳孝舆、陈世和，番禺吴秋，顺德苏珥、罗天尺、陈鳌山，尤见赏誉。驻省暇恒启阁招集论文赋诗，闲令随往外郡分校试艺，声华藉甚，时称为"惠门八子"。卷二十六《艺文略二·集部·别集》：《莱山堂集》一卷，国朝吴世忠撰。

陈思聪 清南海人。康熙六十年（1721）岁贡。

[道光]《南海县志》卷二十一《选举表二·国朝·贡生荐辟·康熙朝》：岁贡，辛丑。

区恭先 清顺德石硝（今属南海）人。康熙六十一年（1722）岁贡。

[雍正]《广东通志》卷三十六《选举志六·国朝·贡生·肇庆府·广宁县》：区恭先。

[乾隆]《顺德县志》卷十《选举志·贡生·清朝·雍正岁贡》：广宁籍石硝人。

[乾隆]《肇庆府志》卷十九《选举志二·国朝·岁贡·广宁县》：六十一年贡，康熙间贡。

关殿亮 清南海人。康熙六十一年（1722）岁贡，乾隆四年（1739）任广东仁化训导。

[道光]《广东通志》卷四十七《职官表三十八·国朝五·仁化县·教谕训导·乾隆朝》：南海人，挨贡。四年任。

[道光]《南海县志》卷二十一《选举表二·国朝·贡生荐辟·康熙朝》：岁贡，仁化训导……壬寅。

严光邦 一说名邦光，清高明罗塘人。康熙六十一年（1722）恩贡。

［雍正］《广东通志》卷三十六《选举志六·国朝·贡生·肇庆府·高明县》：严光邦。

［乾隆］《肇庆府志》卷十九《选举志二·国朝·岁贡·高明县》：严邦光，六十一年贡，康熙间贡。

［道光］《高明县志》卷十二《选举志·贡生·国朝》：罗塘人，康熙六十一年恩贡。

邱国尧 清南海人。康熙六十一年（1722）任广东新兴训导，雍正八年（1730）代理阳江教谕。

［乾隆］《肇庆府志》卷七《秩官志上·阳江县·国朝·教谕》：南海贡生，雍正八年署任。卷八《秩官志中·新兴县·国朝·训导》：南海人，康熙六十一年任。

陈有信 清南海人。康熙六十一年（1722）岁贡。

［道光］《南海县志》卷二十一《选举表二·国朝·贡生荐辟·康熙朝》：岁贡，壬寅。

罗光烈 清高明孔堂人。康熙六十一年（1722）岁贡，乾隆三年（1738）任广东乳源训导。

［道光］《广东通志》卷四十七《职官表三十八·国朝五·乳源县·教谕训导·乾隆朝》：高明人，挨贡。三年任。

［道光］《高明县志》卷十二《选举志·贡生·国朝》：孔堂人，康熙六十一年岁贡，任乳源县训导。

黄舫 字方舟，清高明伦埇人。康熙六十一年（1722）拔贡。子云锦，乾隆三十三年（1768）举人。

［雍正］《广东通志》卷三十六《选举志六·国朝·贡生·肇庆府·高明县》：黄舫。

［道光］《高明县志》卷十二《选举志·贡生·国朝》：伦埇人，康熙六十一年拔贡。卷十三《人物志·国朝》：字方舟。聪明颖悟，文不属稿。弱冠补邑弟子员，应康熙六十一年拔贡。屡掌本邑义学讲席，名士多出其门。后

其子云锦以《诗经》领戊子科乡荐，亦舫之教所诒也。

蔡国珍 清顺德龙江人。康熙六十一年（1722）岁贡，乾隆三年（1738）任广东鹤山训导。

［乾隆］《顺德县志》卷十《选举志·贡生·清朝·康熙岁贡》：阳春籍龙江人，鹤山县训导。

［乾隆］《肇庆府志》卷十九《选举志二·国朝·岁贡·阳春县》：蔡国正，六十一年贡，康熙间贡。卷九《秩官志下·鹤山县·清·训导》：顺德岁贡，乾隆三年任。

冯相 字达公，清南海鼎安堡人。32岁病卒，何梦瑶痛失朋友，为之作传。

［同治］《南海县志》卷十九《列传·善行》：字达公，鼎安堡人。识见高明，邈焉罕偶。少失怙，伯父抚育之。其舅唆之曰："汝伯包藏祸心，将没汝产，盍讼之官？"相叱曰："尊长于卑幼，宜教以孝顺，勉为善良，未有使背上叛亲，横兴牙角者，非所望于渭阳也！"舅惭而退。稍长从俗师读，学作文，师课以制艺千篇，经传禁不使寓目。相无所得，大疑之，谓人曰："所贵读书者岂作制义、求功名已哉？且工于制义未必从制义出也，譬之欲饱食者必服田亩，欲暖衣者必务蚕桑，安有剪裁故绣可以为文章、剽窃残膏可以夸牢醴①者？"遂弃去，博涉艺苑，诵古文亦千余篇又无所得，乃求之于经，见程朱之说，多于伦常日用之间，引于性命身心之地，曰："道在是矣！"欲引诸儒说证明之，而歧中有歧中无把握，最后见胡大灵讲义，得所宗尚笃信不疑，然素多病，功常作辍。时方治《周易》，苦心精思，务通奥旨，病益剧，遂卒，年三十二。素与何梦瑶以道义相勖，其卒也，何伤以诗又为之传，意谓：自正学不明，士人求道者多由末及本，从流溯源，昌黎大儒，亦因学古人之文遂窥见古人之道，未有束发受书而排弃俗学、笃慕儒先者。间有之，而贪富贵、嗜利达之徒不嘲为伪则笑为迂，一傅百咻，必使人丧所守而后止。达公不惑于浮言，不诱于势利，年华甚盛，趋向克端，精进不休，所成正未可量，乃天既生之而又夭之，至赍志而死非仅斯人之不幸也！其为名流爱惜如此。

---

①牢醴：古代祭祀用的牲品和美酒。

何梦瑶 （1693—1764）字报之，清南海西樵（今崇北大沙村）人。早年与顺德罗天尺、苏珥等在广州结南园诗社，29岁受知于广东学使惠士奇。雍正七年（1729）拔贡、举人，次年进士。分发广西，历义宁、阳朔、岑溪和思恩知县，升奉天辽阳州牧，不久告病归。行医自给，聘任端溪、粤秀、越华书院讲席，肇庆府聘修府志。祖亘明，父体严。

［雍正］《广东通志》卷三十六《选举志六·国朝·贡生·广州府·府学》：南海人。卷三十五《选举志五·举人·雍正七年己酉乡试榜》：广州人，登进士。《进士·国朝·雍正八年庚戌周澍榜》：南海人。

［乾隆］《南海县志》卷八《选举志·乡举·国朝·雍正己酉》：进士，知县。

［道光］《广东通志》卷一百八十九《艺文略一·经部·乐类》：《赓和录》二卷，国朝何梦瑶撰，佚。卷一百九十二《艺文略四·史部三·志乘下》：《肇庆府志》二十八卷，国朝吴绳年修，何梦瑶辑，存。乾隆庚辰。梦瑶，南海人。卷一百九十四《艺文略六·子部·儒家》：《皇极经世易知录》八卷，国朝何梦瑶撰，存。《艺文略六·子部·医家》：《医碥》二卷，国朝何梦瑶撰，存。谨案：《粤台征雅录》，梦瑶尚有《伤寒论近言》《妇婴痘三科辑要》《绀山医案》《针灸吹云集》，俱未见。《艺文略六·子部·天文算法》：《算法迪》十二卷，国朝何梦瑶撰，存。《匊芳园集》自序云，新安程宾渠《算法统宗》……但举算例，绝无诠释……瑶牧辽阳时，曾取而删订之……今引疾归里，掌教端溪……但视旧稿所无者抄撮梗概，又得八卷，合为一书以授学徒讲习……《三角辑要》，国朝何梦瑶撰，未见。见《粤台征雅录》所著尚有《移橙余话》，亦未见。《艺文略六·子部·道家》：《庄子故》六卷，国朝何梦瑶撰，存。卷一百九十七《艺文略九·集部三》：《匊芳园诗钞》八卷，国朝何梦瑶撰，存。

［道光］《南海县志》卷三十九《列传八·国朝》：字报之，云津堡人。颖悟绝伦，十岁能文，十三工诗。即应童子试屡考辄落，二十七充巡抚署掾属①三月，郁郁不乐，作《紫棉楼乐府》寄意拂衣去。二十九康熙辛丑岁试，惠公士奇籍于庠。壬寅试优食饩，命随阅惠州试卷。雍正元年癸卯考拔贡而梦瑶不与选，僚属问故，惠公曰："何生必先鸣，不用此也。"甲辰惠公再督

---

①掾属：佐治的官吏。汉代自三公至郡县都有掾属，人员由主官自选。隋统一以后，改由吏部任免。

粤学，举优行特免考验，且榜曰："何生文行并优，吾所素悉。"三十七选已酉拔贡，旋领乡荐，庚戌联捷进士。即用广西，历宰义宁、阳朔、岑溪、思恩，擢奉天辽阳州牧，寻引疾退。梦瑶治狱明慎，义宁民梃伤所识夺其牛，梦瑶援新定例论戍，巡抚驳改大辟不从。巡抚怒，臬、府并谕梦瑶曲从，不然且黜，梦瑶执前议益力，三驳弗变。巡抚无如何，牒部请决，部檄如梦瑶议，上官自是服其能。大滩地距义宁治数百里，深箐叠嶂，攀磴援萝，七月始达，官吏无敢至者。其壮民与怀远县斗江中，峒壮仇杀数十年未已，梦瑶莅县，亲往开导始解释。相度金钱隘为两地通涂，请上官设弁兵防守，壮民械斗乃绝。在思恩，城守朱某日亭午猝至厅事，屏左右以"壮民玉某密首，七里半聚贼千余，今日薄暮来攻城"耳语梦瑶，请急为牒白郡守发兵来援。梦瑶应曰："自此至府治往返三日，缓不及事，且谍未确而冒昧请不可。"朱曰："然则公与吾宜先遣家口走避，召百姓入保。"曰："城土垣高不逾仞，人无固志，必鸟兽散，盗贼乘机窃发，且官眷属苟出城，是先去以为民望不可。吾两人与城为存亡者也，果有此，同骂贼死耳。"是时家人窃听皆哭，梦瑶叱止之。召玉至问反贼状，玉出一纸列首贼姓名十余。遽命户书入以玉纸付之，曰："此欠户，可速为檄，遣役追呼。"户书愕眙曰："此皆殷户，开征辄毕输。"复诘曰："果殷户，素行何若？"曰："最守分。"梦瑶笑曰："吾别有事问，姑速呼至。"役捧檄去，朱问："何缓视之甚？"梦瑶谓："若辈皆富人，玉有求弗获，以此诬陷耳！有异谋必不敢来，若无明日当至。"朱曰："若今夜何？"梦瑶笑谓曰："若辈真反，已在半途矣！役往必遇，遇必疾驰报，吾将为君再计。"次日七里半民果至，梦瑶语之故，则皆曰："玉夙有心疾，非时为呓语，乞吾父母勿听也。"其谳疑狱命案，擿发奸凶，出人意表类如此，以故六任州县，刁悍敛迹，讼狱衰歇。梦瑶博学多通，宰岑溪日，大吏以鸿博荐不就。初至广西未视事，充省志纂修，在岑溪自辑邑乘。岑溪有书院、义学，师生脩脯、膏火田自梦瑶始。思恩患疫，立方救疗，多所全活，策制府楞下其方于各郡邑。五分校乡闱，所得士多知名。比去县，因岁歉赔仓谷三百石，贷舟车费乃东归。牧辽阳两载，终不名一钱，归而悬壶自给。当道式其学行，叠聘主粤中三大书院讲席，因自称"研农"。富于著述，已梓者《匊芳园诗钞》《庄子故》《赓和录》《制义焚余》《胡金竹梅花四体诗笺》《大沙古迹诗》，未梓者《匊芳园文钞》《医碥》《妇婴痘三科辑要》《伤寒论近言》《紫棉楼乐府》《绀山医案》《针灸吹云集》《算迪》《三角辑要》《比例尺解》《秋訚》《金钱隘纪闻》《罗浮梦暖》《金盒》《匊芳园诗续钞》。卒年七十二。卷二十一《选举表二·国朝·封荫·雍正朝》：何亘明，以孙梦瑶貤赠文林郎。何体严，以子梦瑶赠文林郎。

陈海六 字鳌山，清顺德熹涌人。惠门八子之一，以优行贡太学，乾隆十一年（1746）任广东饶平训导。子卓南。弟瀚六，九年举人，四十九年任广东博罗教谕。翰六子琴知，入罗浮山修行。

［乾隆］《顺德县志》卷十《选举志·贡生·清朝·雍正拔贡》：熹涌人，优贡①，饶平县训导。《选举志·举人·清朝·乾隆甲子》：陈瀚六，熹涌人。

［道光］《广东通志》卷五十《职官表四十一·国朝八·饶平县·教谕训导·乾隆朝》：顺德人，十一年任……训导。卷四十九《职官表四十·国朝·博罗县·教谕训导·乾隆朝》：陈翰六，顺德人，举人。四十九年任……教谕。

［咸丰］《顺德县志》卷二十五《列传五·国朝一·苏珥传》：当在督学署，天尺约婚于海六，士奇使珥为之媒。海六，喜涌人，一字鳌山，惠门八子之一也。士奇来提学，教士习《三礼》《三传》，一时翕然向风，海六实为之倡。尤潜心宋五子书，讲《太极图说》，朝夕玩索，所得独深。以优行贡太学，考教习，派八旗官学，未当馆而归，选饶平训导。士奇书牍数至，辄问陈生所学，及谢病来粤抵潮州，潮士争馆之。广士知而往迓则已返，惟海六得叙旧谊，与潮士奉士奇像配食韩庙。弟瀚六，举人，亦以字行，博罗教谕，淹通能文，名与兄埒。子卓南诸生，能世其家学，精贯经义，尤邃《三礼》，受业者多所成立。卷三十《列传十·方外·道家》：陈琴知，熹涌人，翰六子，世传儒业。少聪颖好奇，性诞傲，习吐纳术，所之辄穷。年三十余，妻死，未有子，不复娶。入罗浮山留居不还，道流时或遇之。及同县黎简游罗浮，闻琴知尚在黄龙观，亟访之不得。

梅本深 （？—1747）字花北，号半林，清顺德龙山人。康熙岁贡，任海南感恩教谕。乾隆十五年（1750），其子遵其遗命，捐田给县城义学。祖万祉，父挺佖。

［乾隆］《顺德县志》卷十《选举志·封赠·知县·清朝》：梅万祉，以孙本深贵赠。梅挺佖，以子本深贵赠。卷十二《人物列传·宦绩》：字花北，号半林，挺佖子。少好学，游南海庠，善承父志。母没，事继母甚谨。晤母姨如见其母，辄唏嘘□事之。处族党恂恂，执弟子礼于父密友之妻□□□之

①优贡：科举制度中，由地方教官保举品学兼优生员，经学政会同巡抚考试，贡入国子监。

甚厚。膺岁荐授感恩教谕，惮心诱迪，诸生贫乏者济之。感恩远在海外，应秋闱者艰于资斧，本深助其费，士德之。擢乐陵知县，下车问民疾苦。邑有新旧带征钱粮，斟酌缓急，以纾民力，或经死伤迁徙，旧多株及取足，本深代为完纳。漕运夫价新例减半，适岁凶夫役饥疲，为解囊给之。野有菜色，亟请赈济。莅任三载，清积案，弭盗贼，捐修普济院，署前古井味苦变为甘，人谓德政所感。委分浚武定鬲津河，麦方熟，请缓期，农民感其体恤，及兴役，昼夜竭作，工先告竣。会勘不中度复鸠工，本深悯劳民力给以钱，民请辞曰："受惠多矣，忍再承解橐耶？"同官亏帑或数百金或千金，助之赔补。千总于某纵兵凌民，揭之两解任质审。于某理屈配杖，本深犹护之恐为众怨所伤，复以金赠行，于某亦感其厚谊。督抚考绩，称其人品端方，补任平原未赴，旋升主事。乐陵士民慰问者日数百人，争献瓜果，进绣袍，赴上宪恳留千余人，婉谕之，乃相率送至都门，邑为立碑建祠。寻闻父疾，倍道归里，奉侍数月。父卒家居，捐谷备赈周贫乏，置义冢，施棺椁，解纷息争，劝善课读，辟横塘别墅，聚韵士吟咏其中。以子贵加封奉政大夫，卒年六十五，子孙繁衍。本深临卒时，属其子候选州同士刚，同知士仁，贡生士彩、士卓，儒士士友。孙贡生宜渭，捐土名三角南上税一十七亩，田□二十五亩，又上税五十八亩，共田百亩，俱载香山番南一图末甲梅三和爪内，入邑城义学，为邑人士肄业膏火之资。卷十三《人物列传·行谊·梅万祉传》：字介民，龙山人。少失怙，事母极意承欢，琐细必亲，恐□□□□不能周至。好读书，补郡增广生，试辄前□□□□□□力修建。□朋交际，情谊笃挚，贫乏□□□□□出者恤□□，或有□□□□□□□□全□□会所□□□诗□古文，有《垂纶阁□》。

［乾隆］《广州府志》卷四十一《人物十·义行·顺德·清·梅万祉传》：字介民。少失怙，事母极意承欢，琐细必亲，恐童仆苟且不能周至。好读书，补增生。祖祠颓废，独力建修。亲朋交际，情谊笃挚，贫乏者周其急，出远者恤其家，或有危险，出其智计以安全之。兴会所至，著为诗歌古文，有《垂纶阁集》。

［嘉庆］《龙山乡志》卷七《选举志·贡生·国朝·康熙庠贡》：南海籍。乐陵知县，候升主事。卷八《人物志·德业》：字花北，号半林，挺佖子。少好学，游南海庠，善承父志。母没，事继母甚谨。晤母姨如见其母，辄唏嘘敬事之。处族党恂恂，执弟子礼于父密友之妻子皆待之甚厚。……捐土名三角南上税一十七亩，田税二十五亩，又上税五十八亩，共田百亩，俱载香山番南一图末甲梅三和爪内，入邑城义学，为邑人士肄业膏火之资。

［咸丰］《顺德县志》卷二十五《列传五·国朝一》：康熙间膺岁荐。

释元默 俗姓冯，号葆庵，清南海九江人。雍正间，与督学惠士奇结交唱酬。徒弟圆德，顺德潭义人，俗姓刘，曾修《光孝寺志》。

［道光］《南海县志》卷四十二《列传十一·仙释·憨山禅师传》：雍正间有敏言法师名元默，住持圆德之师也。元默，号葆庵，九江冯氏子。与惠学使士奇为方外友，多唱酬。圆德，名成鉴，亦能诗与书。

［咸丰］《顺德县志》卷三十《列传十·方外·释家》：成鉴，号圆德，潭义刘氏子。时诃林僧薛元默……成鉴师之，亦幼知声律……琴理甚深。既而嗣法观音堂，堂诃林十房之一也，主其房席。远近缙绅至者皆与通问，大吏亦折节礼之。尝修《光孝寺志》。

方亮文 清南海佛山镇人。雍正元年（1723）恩贡。

［雍正］《广东通志》卷三十六《选举志六·国朝·贡生·连州·连山县》：方亮文。

［乾隆］《新会县志》卷八《明经·国朝·外学附》：连山学，（雍正）元年恩贡。

［乾隆］《佛山忠义乡志》卷四《选举志·岁贡·清》：正贡。

王大捷 本姓何，清顺德登洲人。雍正元年（1723）武举。

［雍正］《广东通志》卷三十五《选举志五·武举人·雍正元年癸卯恩科乡试榜》：广州人。

［乾隆］《顺德县志》卷十《选举志·武举·清朝·雍正癸卯》：本姓何，登洲人。

区观球 姓一作欧，清顺德石硝（今属南海）人。雍正元年（1723）举人。弟琛。

［雍正］《广东通志》卷三十五《选举志五·举人·雍正元年癸卯恩科乡试榜》：南海人。

［乾隆］《南海县志》卷八《选举志·乡举·国朝·雍正癸卯》：顺德人，由本学。

［乾隆］《顺德县志》卷十《选举志·举人·清朝·雍正癸卯》：欧观球，南海籍石硝人。

［道光］《广东通志》卷八十《选举表十八·举人三·国朝·乾隆三年戊午·广州府》：区琛，顺德人，监生。兄观球。

区奇遇 清顺德石硝（今属南海）人。岁贡，雍正元年（1723）任广东廉州府训导。

［雍正］《广东通志》卷三十六《选举志六・国朝・贡生・广州府・番禺县》：廉州训导。

［乾隆］《顺德县志》卷十《选举志・贡生・清朝・雍正岁贡》：石硝人，廉州训导。

［道光］《广东通志》卷五十三《职官表四十四・国朝十一・廉州府・教授训导・雍正朝》：南海人，贡生。元年任……训导。

邓时可 清三水南岸人。雍正元年（1723）举人，子琦。

［雍正］《广东通志》卷三十五《选举志五・举人・雍正元年癸卯恩科乡试榜》：三水人。

［嘉庆］《三水县志》卷九《选举・举人・国朝・雍正元年癸卯恩科谢仲坃榜》：南岸人。

孔毓介 清南海人。雍正元年（1723）举人。

［雍正］《广东通志》卷三十五《选举志五・举人・雍正元年癸卯恩科乡试榜》：番禺人。

［乾隆］《南海县志》卷八《选举志・乡举・国朝・雍正癸卯》：由番禺学。

刘之麟 清三水横村人。雍正元年（1723）举人，任福建漳平县知县。

［雍正］《广东通志》卷三十五《选举志五・举人・雍正元年癸卯恩科乡试榜》：三水人。

［嘉庆］《三水县志》卷九《选举・举人・国朝・雍正元年癸卯恩科谢仲坃榜》：横村人。任福建漳平县知县，署兴化分府龙岩知州，戊午同考试官，绅士制袍纪德。

关万禄 清南海人。雍正元年（1723）岁贡。

［道光］《南海县志》卷二十一《选举表二・国朝・贡生荐辟・雍正朝》：岁贡，癸卯。

关王孙 字友端，号锦亭，清南海九江人。雍正元年（1723）恩贡，四年举人。兄必登、龙。子仲椆，乾隆三十三年（1768）岁贡。

［雍正］《广东通志》卷三十六《选举志六·国朝·贡生·罗定州·州学》：关王孙。卷三十五《选举志五·举人·雍正四年丙午乡试榜》：罗定人。

［乾隆］《南海县志》卷八《选举志·乡举·国朝·雍正丙午》：由罗定州学，教谕。

《九江儒林乡志》卷十《选举略·国朝·贡生·雍正元年癸卯》：字友端，号锦亭。罗定州学恩贡，丙午举人。《选举略·国朝·举人·雍正四年丙午科》：中式第二十八名。子仲椆，岁贡。兄必登、龙，皆举人。曾孙家驹，举人。

关梦祥 清南海九江人。雍正元年（1723）岁贡。

《九江儒林乡志》卷十《选举略·国朝·贡生·雍正元年癸卯》：岁贡。

关梦球 字子璇，号也白，清顺德赤花人。雍正元年（1723）恩贡，五年任广东三水、十三年任翁源教谕，乾隆四年（1739）任南雄教授。父永镇。

［雍正］《广东通志》卷三十六《选举志六·国朝·贡生·广州府·顺德县》：三水教谕。《国朝·贡生·肇庆府·恩平县》：关梦球。

［乾隆］《顺德县志》卷十《选举志·封赠·教授·清朝》：关永镇，以子梦球贵赠。卷十三《人物列传·儒林》：字子璇，号也白，赤花人。父永镇，敦孝友，好施与，里党高其义。梦球少颖悟，舞勺补恩平弟子员，试辄高等。雍正癸卯恩贡，选三水教谕，调翁源，升南雄教授。持己严正，训迪谆殷，所至有声。生平春容大雅，恬淡寡营，惟耽情奇石，有米南宫①之风。

［乾隆］《肇庆府志》卷十九《选举志二·国朝·岁贡·开建县》：六十一年贡，康熙间贡。

［嘉庆］《三水县志》卷六《秩官表·国朝教谕》：恩平人，恩贡，（雍正）五年任。

［道光］《广东通志》卷四十七《职官表三十八·国朝五·翁源县·韶州

①米南宫：唐以后，尚书省六部统称南宫。北宋书画家米芾曾官礼部员外郎，世称米南宫。

府·翁源县教谕训导·雍正朝》：顺德人，恩贡。十三年任，教谕。卷四十八《职官表三十九·国朝六·南雄府·教授训导·乾隆朝》：顺德人，四年任……教授。

麦道讲 清顺德吉祐人。雍正元年（1723）岁贡。

［咸丰］《顺德县志》卷十一《岁贡·国朝·雍正》：吉祐人，癸卯，恩平县训导

麦瑞正 名一作瑞桢，清顺德上寮人。雍正元年（1723）举人。

［雍正］《广东通志》卷三十五《选举志五·举人·雍正元年癸卯恩科乡试榜》：南海人。

［乾隆］《顺德县志》卷十《选举志·举人·清朝·雍正癸卯》：南海籍上寮人。

［道光］《广东通志》卷七十九《选举表十七·举人二·国朝·雍正元年癸卯·广州府》：麦端正，顺德人，南海籍。

［道光］《南海县志》卷二十一《选举表二·国朝·雍正朝》：麦瑞桢，顺德人。按：瑞桢，《通志》作“端正”，今从旧抄本《题名录》……癸卯科。

劳朝显 清南海人。雍正元年（1723）武举。武进士。

［雍正］《广东通志》卷三十五《选举志五·武举人·雍正元年癸卯乡试榜》：南海人，登进士。《武进士·雍正元年癸卯会试榜》：南海人。

苏正学 榜姓张，清顺德碧江人。雍正元年（1723）举人，任石棣县知县。乾隆十一年（1746）任广东德庆州学正，卒于任。孙以衡，道光十三年（1833）任湖北石首知县。

［雍正］《广东通志》卷三十五《选举志五·举人·雍正元年癸卯恩科乡试榜》：张正学，新会人。

［乾隆］《顺德县志》卷十《选举志·举人·清朝·雍正癸卯》：张正学，本姓苏，新会籍，石棣县知县。卷十二《人物列传·宦绩》：碧江人。少聪颖，为文援笔立就，举雍正癸卯乡试。令石棣，持己清俭，催科不事严急。听断词讼，曲体情事，用刑矜恤，尤戒淹禁，诸狱囚薪米皆亲给发。喜育人

才，季考之□□以文请正者即评点指示。诸生之贫者月给钱米，士民德□□德庆学正，日与人士赋诗论文。及卒，贫无以殓，州绅士助之榇得归。

［乾隆］《肇庆府志》卷九《秩官志下·德庆州·国朝·学正》：顺德举人，乾隆十一年任。

［咸丰］《顺德县志》卷二十五《列传五·国朝一》：按季课士，以文就质，立为点论，贫者月给钱米，士民德之。改德庆州学正……著有《宦游草》《陵阳言别》。孙以衡，入资为县，发湖北。道光癸巳监赈石首，旋摄令，筑堤竣告归。亦著有《续宦游草》《绣林言别》。

杜俊　本姓麦，清顺德麦村人。雍正元年（1723）武举。

［雍正］《广东通志》卷三十五《选举志五·武举人·雍正元年癸卯恩科乡试榜》：东莞人。

［乾隆］《顺德县志》卷十《选举志·武举·清朝·雍正癸卯》：黎村人，本姓麦。

李世明　清南海人。雍正元年（1723）副贡，任封川教谕。

［雍正］《广东通志》卷三十六《选举志六·国朝·贡生·广州府·南海县》：副榜。

［道光］《南海县志》卷二十一《选举表二·国朝·贡生荐辟·雍正朝》：副贡，封川教谕……癸卯。

李叶蓁　清南海人。雍正元年（1723）武举。

［雍正］《广东通志》卷三十五《选举志五·武举人·雍正元年癸卯恩科乡试榜》：南海人。

李光阳　清南海人。雍正元年（1723）副贡，乾隆十九年（1754）、二十五年两度任高明教谕，考核得卓异。

［雍正］《广东通志》卷三十六《选举志六·国朝·贡生·广州府·南海县》：李光阳。《国朝·贡生·广州府·番禺县》：副榜。

［乾隆］《肇庆府志》卷八《秩官志中·高明县·国朝·教谕》：番禺副榜，（乾隆）十九年任。

［道光］《高明县志》卷五《秩官志·国朝教谕》：番禺副榜，乾隆十九年任，大计卓异引见。乾隆二十五年复任，以病去。卷十一《名宦·教官·国朝》：南海副贡，博通经籍，工诗赋，邑侯杨兴邦留心学校，知其造士有

方，延请兼掌义学，因材造就，于寒士尤加意启迪。暇则与士人散步花坞，题咏为乐，文风于时称盛焉。当课最之年，杨侯录其实详报，以卓异升知县不就。制锦荣归，士咸思慕。

［道光］《南海县志》卷二十一《选举表二·国朝·贡生荐辟·雍正朝》：副贡，高明教谕……癸卯。

［光绪］《广州府志》卷五十三《选举表二十二·仕宦四·国朝·文职·南海》：雍正元年癸卯副贡，高明训导。

李奇虬 清顺德龙山人。雍正元年（1723）举人，十一年任海南儋州学正。父乔万。

［雍正］《广东通志》卷三十五《选举志五·举人·雍正元年癸卯恩科乡试榜》：李奇虬，南海人。

［乾隆］《顺德县志》卷十《选举志·举人·清朝·雍正癸卯》：南海籍龙山人，儋州学正。

［嘉庆］《龙山乡志》卷七《选举志·举人·国朝·雍正癸卯》：南海籍，儋州学正，考授中书。

［道光］《广东通志》卷五十五《职官表四十六·国朝十三·儋州·学正训导·雍正朝》：顺德人，举人。十一年任，学正。

［民国］《顺德县志》卷九《封荫表·封赠·文阶》：李乔万，龙山人，以子奇虬赠长清县……知县。

李寅高 清顺德人。雍正元年（1723）任广东遂溪县教谕。父伯仪。

［乾隆］《顺德县志》卷十三《行谊·李伯仪传》：字癖愚，陈村人，宋忠简李昴英裔孙……雍正甲辰，以次子寅高贵赠修职郎。寅高，任遂溪教谕，却脩脯，勤训课，有苦行称。卷十四《寿妇》：李传诲妻区氏，陈村人。修职郎伯仪母，遂溪教谕寅高祖母，郡廪李恺曾祖母……次子久仲寿八十有九，季子伯仪寿九十有七，次孙寅高、季孙寅望年皆九十，人谓大寿萃于一家。

［道光］《广东通志》卷五十四《职官表四十五·国朝十二·遂溪县·教谕训导·雍正朝》：顺德人，元年任……教谕。

李斌卿 本姓周，清南海人。雍正元年（1723）武举。

［雍正］《广东通志》卷三十五《选举志五·武举人·雍正元年癸卯恩科乡试榜》：顺德人。

[乾隆]《南海县志》卷八《选举志·国朝武乡举·雍正癸卯》：由顺德学，本姓周。

吴超伦 字功上，清顺德赤花人。雍正元年（1723）恩贡，乾隆四年（1739）任广东潮州府训导。

[雍正]《广东通志》卷三十六《选举志六·国朝·贡生·廉州府·钦州》：吴超伦。

[乾隆]《顺德县志》卷十《选举志·贡生·清朝·雍正岁贡》：钦州籍赤花人，韶州府训导。卷十三《人物列传·儒林》：字功上，赤花人。雍正癸卯岁贡，任潮州训导，启迪谆殷，不问脩脯。故事诸生报丁忧有纸笔资，超伦曰："此涕泪金也。"却之。月课拔一儒童，询知其贫，助之膏火，旋游郡泮，领贤书，资给其费。人士有违法者必惩之，荐绅、同寅关说不贷。座中常满，日与名士谈论古今，咸称豪爽无苜蓿气。主政佘圣言检东坡句赠曰："语带烟霞从古少，气含蔬笋到公无。"盖实录也。寻以养亲告归，里中饥，极力捐赈，人感其德。

[道光]《广东通志》卷五十《职官表四十一·国朝八·潮州府·教授训导·乾隆朝》：顺德人，四年任……训导。

岑时发 榜姓陈，字允如，号樵阳，清南海九江人。雍正元年（1723）举人。

[雍正]《广东通志》卷三十五《选举志五·举人·雍正元年癸卯恩科乡试榜》：陈时发，番禺人。

[乾隆]《南海县志》卷八《选举志·乡举·国朝·雍正癸卯》：陈时发，由番禺学，本姓岑。

《九江儒林乡志》卷十《选举略·国朝·举人·雍正元年癸卯恩科》：榜姓陈，字允如，号樵阳。番禺学，中式第二十五名。卷十四《列传·清》：字允如，号樵阳，南方沐滘人。贫而好学，少时家徒四壁，卖丝骨以为生。有塾师讲学里门，时发过而听讲，徘徊不能去，日以为常，塾师怪之，诘之曰："子卖丝骨为生，而日日憩此听讲，货将谁售乎？既凭此为衣食计，当勿复尔也。"时发叹曰："谋食固不如谋道，奈家贫有志未逮何？"师曰："人患志不立，盍留而受业？无事束脩。"时发于是下帷力学，晨夕躬自炊爨。初课其文，脱稿已有意致，师大喜，未几充番禺学附生。雍正元年遂领乡荐，值岁歉，与驻防陈守备敛钱赈饥，存活甚众。顾为人颇戆，易于信人，冬寒见有负棉被称贷者，赠钱止之曰："非此物不能御寒，岂宜遽贷？可将吾钱易粟耳。”于是诡谲者当岁暮或故负棉被以绐之。受欺既多，时发乃变计，后有所见，不复予之钱，必以粟一斗亲送其家，绐者乃止。易箦之日，有族人贩鱼于粤西者归，至中途遇时发冠服徐行，询以何往，曰：“适有事向海隅，呼舟子去耳。”族人顾望海旁，果有船艘若泊以相待者，船头插帜竖牌悉书“泗城府城隍”五字。方欲转诘其故，时发忽疾呼族人曰：“君旋乡，劳寄数语。”族人曰：“何言？”时发曰：“吾向在家曾雇工匠作灶，未与之值，有青蚨数百在楼上衣簏里，可属家人取偿之。又有烟管置于房门后，亦宜检拾收存。”族人唯唯，且行且疑，以为时发何由来此，即来此亦何必具衣冠仆仆道途，得非游魂为变耶？回顾则人船已寂无所见矣。到里知时发果死，述之，家人寻取钱物悉如其说，此虽涉于杳冥之事，而族人确有所见，不可没也。

岑殿宁 字朝泰，号厚斋，清南海九江人。雍正元年（1723）拔贡。侄传光。

《九江儒林乡志》卷十《选举略·清·贡生·雍正元年癸卯》：字朝泰，号厚斋，雷州学，拔贡。卷十四《列传·清·岑传光传》：字昭受，号旭初，又号次庵，东方腾滘人……与从叔拔贡生殿宁等于其下谭论诗文，时人比之谢庭玉树。

何乃琬 清南海人。雍正元年（1723）拔贡，乾隆八年（1743）任广东归善县、十年韶州府训导，官至郧县知县。

[雍正]《广东通志》卷三十六《选举志六·国朝·贡生·广州府·府学》：南海人。

[乾隆]《南海县志》卷八《选举志·国朝贡生》：癸卯科拔贡，归善训导。

[道光]《广东通志》卷四十九《职官表四十·国朝·归善县·教谕训导·乾隆朝》：南海人，拔贡。八年任……训导。卷四十七《职官表三十八·国朝五·韶州府·教授训导·乾隆朝》：南海人，拔贡。十年任……训导。

[道光]《南海县志》卷二十一《清·贡生荐辟·雍正朝》：拔贡，郧县知县。按魏《志》，归善训导，非其终官也……癸卯。

何际盛 （？—约1806）字朝仕，号如五，清顺德大良人。雍正元年（1723）恩贡，九年任广东徐闻教谕，卒于任。父梁浤。

[雍正]《广东通志》卷三十六《选举志六·国朝·贡生·广州府·顺德

县》：何际盛。

［乾隆］《顺德县志》卷十《选举志·贡生·清朝·雍正恩贡》：大良人，徐闻县教谕。卷十三《人物列传·儒林》：字朝仕，号如五，羊额人。好读书，中无外慕，饩邑庠。雍正癸卯恩贡，授徐闻教谕，未几卒于官。生平居家孝友，处众谦和。教育人才，多所造就。尝建祖祠，建湛公祠，敦朴有古人风。

［道光］《广东通志》卷五十四《职官表四十五·国朝十二·徐闻县·教谕训导·雍正朝》：顺德人，恩贡，九年任……教谕。

［咸丰］《顺德县志》卷二十五《列传五·国朝一·何梁浤传》：子际盛……康熙癸卯恩贡。

何其卓 榜姓卢，名或作"其倬""其焯"。清顺德羊额人。雍正元年（1723）武举。武进士。

［雍正］《广东通志》卷三十五《选举志五·武举人·雍正元年癸卯恩科乡试榜》：南海人。登进士。《武进士·雍正元年癸卯会试榜》：南海人。

［乾隆］《南海县志》卷八《选举志·国朝武乡举·雍正癸卯》：何其倬，进士。

［乾隆］《顺德县志》卷十《选举志·武进士·国朝·雍正癸卯恩科》：卢其卓，本姓何，羊额人。

［道光］《南海县志》卷二十二《选举表三·国朝·武进士·雍正朝》：何其焯……癸卯科。

何鲲 清顺德羊额人。雍正元年（1723）恩贡。

［雍正］《广东通志》卷三十六《选举志六·国朝·贡生·肇庆府·阳春县》：何鲲。

［乾隆］《顺德县志》卷十《选举志·贡生·清朝·康熙恩贡》：阳春籍羊额人。《选举志·贡生·清朝·雍正恩贡》：阳春籍羊额人。

［乾隆］《肇庆府志》卷十九《选举志二·国朝·岁贡·阳春县》：元年恩贡，雍正间贡。

邵泰松 一说姓赵，清南海人。雍正元年（1723）拔贡。

［雍正］《广东通志》卷三十六《选举志六·国朝·贡生·广州府·南海县》：邵泰松。《国朝·贡生·肇庆府·封川县》：邵泰松。

［乾隆］《南海县志》卷八《选举志·国朝贡生》：由封川学。

［乾隆］《肇庆府志》卷十九《选举志二・国朝・岁贡・封川县》：赵泰松，元年拔贡，雍正间。

陈远　清南海人。雍正元年（1723）举人。

［雍正］《广东通志》卷三十五《选举志五・举人・雍正元年癸卯恩科乡试榜》：南海人。

陈是集　清南海人。雍正元年（1723）举人，任北流知县。父宪昌。

［雍正］《广东通志》卷三十五《选举志五・举人・雍正元年癸卯恩科乡试榜》：番禺人。

［乾隆］《南海县志》卷八《选举志・乡举・国朝・雍正癸卯》：由番禺学。

［道光］《南海县志》卷二十一《选举表二・国朝・举人・雍正朝》：番禺学，北流知县……癸卯科。《国朝・封荫・雍正朝》：陈宪昌，以子是集赠文林郎。

庞逵　清南海佛山镇人。乾隆六年（1741）举人。祖上梓，弟遥。

［乾隆］《佛山忠义乡志》卷四《选举志・岁贡・清》：中式。《选举志・乡举・国朝・乾隆辛酉》：遥兄。

庞遥　清南海佛山镇人，迁居广州。雍正元年（1723）副贡，乾隆元年（1736）举人，四年进士。祖上梓，兄逵。

［雍正］《广东通志》卷三十六《选举志六・国朝・贡生・广州府・南海县》：副榜。

［乾隆］《佛山忠义乡志》卷首《纂修里人》：赐同进士出身截选知县庞遥。卷三《乡事志・纪略》：清乾隆四年己未，庞遥登进士（迁居省城五仙门内水母湾）。卷四《选举志・乡举・清・乾隆丙辰》：进士，上梓孙。《选举志・乡举・清・乾隆辛酉》：庞逵，遥兄。

［道光］《南海县志》卷二十一《选举表二・国朝・贡生荐辟・雍正朝》：副贡……癸卯。

冼荣昌 一说姓郑，清初顺德人。雍正元年（1723）举人。祖嘉徵。父煜，康熙三十八年（1699）举人。

［雍正］《广东通志》卷三十五《选举志五·举人·雍正元年癸卯恩科乡试榜》：郑荣昌，顺德人。

［乾隆］《佛山忠义乡志》卷四《选举志·乡举·清·雍正癸卯》：煜子。

范华英 清三水蒋岸人。雍正元年（1723）拔贡，任永安县教谕。

［雍正］《广东通志》卷三十六《选举志六·国朝·贡生·广州府·三水县》：范华英。

［嘉庆］《三水县志》卷九《选举志五·举人·拔贡·清》：蒋岸人，雍正癸卯拔贡，永安县教谕。

罗世健 字臣乾，号古愚，清顺德大良人。雍正元年（1723）拔贡。

［雍正］《广东通志》卷三十六《选举志六·国朝·贡生·广州府·顺德县》：罗世健。

［乾隆］《顺德县志》卷十三《人物列传·儒林》：字臣乾，号古愚，大良人。少有文名，雍正癸卯拔贡。生平耽文酒，不与外事。以文艺请丹黄者见辄忘疲，议及世态者笑而不答。邑令聘主丽泽书院，从游者甚众，脩脯所入辄付两兄，囊无私蓄。鹾使庞屿旧与交好，抵任屡招不往，品高行洁为里党所矜式。

封时中 清南海佛山镇人。雍正元年（1723）举人。

［雍正］《广东通志》卷三十五《选举志五·举人·雍正元年癸卯恩科乡试榜》：番禺人。

［乾隆］《南海县志》卷八《选举志·乡举·国朝·雍正癸卯》：由番禺学。

［乾隆］《佛山忠义乡志》卷四《选举志·乡举·国朝·雍正癸卯》：原魁岗堡人。

胡斯盛 清顺德桂洲人。雍正元年（1723）举人，乾隆四年（1739）进士，次年任广东高州府教授。祖鳌寿97岁。

［雍正］《广东通志》卷三十五《选举志五·举人·雍正元年癸卯恩科乡试榜》：南海人。

［乾隆］《南海县志》卷八《选举志·乡举·国朝·雍正癸卯》：顺德人，由本学。

［乾隆］《顺德县志》卷十《选举志·进士·清朝·乾隆己未》：桂洲人，任高州府教授。

［道光］《广东通志》卷五十二《职官表四十三·国朝十·高州府·教授训导·雍正朝》：顺德人，进士。五年任……教授。

［咸丰］《顺德县志》卷十五《耆寿·九十寿民·国朝》：胡鳌，桂洲人。端方博经史，年九十七，两受粟帛。长子琚，质实如父，年八十四。孙斯盛，乾隆进士，教授。

郭曰楫　清三水莘村人。雍正元年（1723）举人。

［雍正］《广东通志》卷三十五《选举志五·举人·雍正元年癸卯恩科乡试榜》：三水人。

［嘉庆］《三水县志》卷九《选举·举人·国朝·雍正元年癸卯恩科谢仲坃榜》：莘村人。

徐弘勋　清南海人。雍正元年（1723）武举。武进士。

［雍正］《广东通志》卷三十五《选举志五·武举人·雍正元年癸卯恩科乡试榜》：南海人，登进士。《武进士·雍正元年癸卯会试榜》：南海人。

梁公甫　清高明铁泽人。雍正元年（1723）举人，任山东寿张知县。

［道光］《广东通志》卷七十九《选举表十七·举人二·国朝·雍正元年癸卯附广西中式》：高明人，桂平籍，寿张知县，郝《志》失载。

［光绪］《高明县志》卷十二《选举表·国朝·举人·雍正朝》：铁泽人，广西桂平籍。元年癸卯科，山东寿张知县。

梁应魁　清顺德桂林人。雍正元年（1723）岁贡。

［雍正］《广东通志》卷三十六《选举志六·国朝·贡生·肇庆府·封川县》：梁应魁。

［乾隆］《顺德县志》卷十《选举志·贡生·清朝·雍正岁贡》：封川籍桂林人。

［乾隆］《肇庆府志》卷十九《选举志二·国朝·岁贡·封川县》：元年贡，雍正间。

梁极 清顺德泮浦人。雍正元年（1723）副贡。

［雍正］《广东通志》卷三十六《选举志六·国朝·清·贡生·广州府·顺德县》：副榜。

［乾隆］《顺德县志》卷十《选举志·贡生·清朝·雍正副榜》：泮浦人，癸卯科。

梁梦鲤 清顺德庄头人。雍正元年（1723）岁贡。

［咸丰］《顺德县志》卷十一《岁贡·国朝·雍正》：庄头人，癸卯。

梁瑞正 榜姓陈，字石云，清南海佛山镇人。雍正元年（1723）举人，十三年任海南琼山县教谕，乾隆二年（1737）海南陵水县教谕。父世凤。

［雍正］《广东通志》卷三十五《选举志五·举人·雍正元年癸卯恩科乡试榜》：陈瑞正，南海人。

［乾隆］《南海县志》卷八《选举志·乡举·国朝·雍正癸卯》：陈瑞正，本姓梁。

［乾隆］《佛山忠义乡志》卷四《选举志·乡举·国朝·雍正癸卯》：山西洪洞县知县，原冈堡人。《选举志·封赠·清》：梁世凤，以子瑞正赠文林郎。

［道光］《广东通志》卷五十五《职官表四十六·国朝十三·琼山县·教谕训导·雍正朝》：南海人，举人。十三年任……教谕。《陵水县·教谕训导·乾隆朝》：南海人，举人。二年任，教谕。卷一百九十七《艺文略九·集部三》：《芙蓉亭诗钞》，国朝梁瑞正撰，存。《粤东诗海》：瑞正，字石云……官山西宁晋、洪洞知县。

梁璇 本姓刘，清顺德平步人。廪贡，雍正元年（1723）任广东德庆州训导。

［乾隆］《顺德县志》卷十《选举志·贡生·清朝·康熙例贡》：本姓刘，平步人，德庆州训导。

［乾隆］《肇庆府志》卷九《秩官志下·德庆州·国朝·训导》：顺德廪

捐，雍正元年任。

黄国鼎 清南海人。雍正元年（1723）武举。

［雍正］《广东通志》卷三十五《选举志五 · 武举人 · 雍正元年癸卯恩科乡试榜》：新会人。

［乾隆］《南海县志》卷八《选举志 · 国朝武乡举 · 雍正癸卯》：由新会学。

释源子 俗姓吴，清顺德大良人。在广州海幢寺为僧。雍正初，与节制使杨琳之子应琚同游罗浮山。

［咸丰］《顺德县志》卷三十《列传十 · 方外 · 释家》：居会城河南之海幢寺。雍正初，奉天杨琳来节制两粤，其子应琚随侍，与游颇相得，尝偕入罗浮各有题咏。源子恃才傲物，蔑视同辈，与众不合。晚退居小金山，迨应琚来继秉节，源子已圆寂久矣。至今宝林寺尚藏其《罗浮诗稿》。

谭士鹏 清南海人。雍正元年（1723）武举。

［雍正］《广东通志》卷三十五《选举志五 · 武举人 · 雍正元年癸卯恩科乡试榜》：南海人。

谭兰英（清雍正） 清高明王桐人。雍正元年（1723）例贡。

［道光］《高明县志》卷十二《选举志 · 例贡 · 国朝》：王桐人，雍正元年例贡。

谭会海 清南海佛山镇人。雍正元年（1723）举人，五年进士，十年任广东韶州府教授。祖誉，父上璧。

［雍正］《广东通志》卷三十五《选举志五 · 举人 · 雍正元年癸卯恩科乡试榜》：广州人，登进士。《进士 · 国朝 · 雍正五年丁未彭启丰榜》：南海人。

［乾隆］《南海县志》卷八《选举志 · 乡举 · 国朝 · 雍正癸卯》：进士。

［乾隆］《佛山忠义乡志》卷三《乡事志 · 纪略》：清雍正五年丁未，谭会海登进士（居福德铺之福禄里）。卷四《选举志 · 封赠 · 清》：谭誉，以孙会海貤赠韶州府教授。谭上璧，以子会海赠韶州府教授。

［道光］《广东通志》卷四十七《职官表三十八 · 国朝五 · 韶州府 · 教授

训导·雍正朝》：南海人，进士。十年任，教授。

黎伟光　字朴园，清顺德槎涌人。雍正元年（1723）举人，任射洪县知县，六年任广东揭阳教谕，乾隆九年（1744）澄海、二十九年高要教谕。父益进，弟伟羽。

［雍正］《广东通志》卷三十五《选举志五·举人·雍正元年癸卯恩科乡试榜》：南海人，教谕。

［乾隆］《南海县志》卷八《选举志·乡举·国朝·雍正癸卯》：教谕。

［乾隆］《顺德县志》卷十《选举志·举人·清朝·雍正癸卯》：南海籍茶涌人，射洪县知县。《选举志·封赠·知县·清朝》：黎益进，以子伟光加封。

［道光］《广东通志》卷五十《职官表四十一·国朝八·揭阳县·教谕训导·雍正朝》：顺德人，六年任，教谕。《澄海县·教谕训导·乾隆朝》：顺德人，九年任……教谕。卷五十一《职官表四十二·国朝九·高要县·教谕训导·乾隆朝》：顺德人，举人。二十九年任……教谕。卷一百九十七《艺文略九·集部三》：《冷香前后集》《燕游草》，国朝黎伟光撰，存。《粤东诗海》：伟光，字朴园……官四川射洪县。

［咸丰］《顺德县志》卷二十五《列传五·国朝一·黎益进传》：槎涌人……长子伟光，淹贯能文，尤工诗……初授揭阳教谕，以卓异升令射洪。次子伟羽，游国学，亦有文名。

黎奇　（1694—?）字燕臣，清顺德龙山人。善画牛，香港中文大学文物馆藏其乾隆二十年（1755）《五牛图》，广州艺术博物院藏其三十七年《牧牛图》、四十年《柳阴牧牛图》。

［嘉庆］《龙山乡志》卷九《人物志·方技》：字燕臣。能诗，不多作。善画兰竹画鸡，尤善画牛。所画牛或眠者、或立者、或行者、或食者、或斗者，尺幅中辄画百头，各具一状无不毕肖，竟以牛得名云。晚隐于省城之河南，栽花种竹，窗无俗韵，洒如也。年八十余无疾而逝。

谢瓒　（1694—1791）字昌璧，清高明城中人。教书养家。每逢科考必赴，至92岁，乾隆五十一年（1786）赐举人，次年会试赐翰林院检讨，五年后卒。

［道光］《高明县志》卷十二《选举志·钦赐》：城中人，乾隆丙午钦赐

举人，丁未会试恩加一等进士，钦赐翰林院检讨。卷十三《人物志·国朝》：字昌璧，狷介人也。贫而好学，少登黉序。以馆教为寂水供，读书外未尝以别事分营。历数十年手不释卷，每于树林石蹬间披吟不辍。经术湛深，自命必售，遇科场虽典衣卖产必赴。至丙午科，以耆儒恩赐举人，一体会试。丁未会试后钦赐翰林检讨，时年九十有二，后五年卒。

王浩　清南海人。雍正二年（1724）武举。

［雍正］《广东通志》卷三十五《选举志五·武举人·雍正二年甲辰乡试榜》：南海人。

区沛　字用霖，清顺德大良人。雍正二年（1724）举人，任山东宁津知县。

［雍正］《广东通志》卷三十五《选举志五·举人·雍正二年甲辰补行癸卯正科乡试榜》：顺德人。

［乾隆］《顺德县志》卷十《选举志·举人·清朝·雍正癸卯正科》：大□□□津□□□。

［道光］《广东通志》卷七十九《选举表十七·举人二·国朝·雍正二年甲辰补行癸卯正科·广州府》：顺德人，宁津知县。

［咸丰］《顺德县志》卷十一《举人二·国朝·雍正》：字用霖，大良人，知宁津县……甲辰年补行癸卯正科。

孔兴瑗　清顺德龙山人。雍正二年（1724）举人。父衍言。

［雍正］《广东通志》卷三十五《选举志五·举人·雍正二年甲辰补行癸卯正科乡试榜》：番禺人。

［乾隆］《顺德县志》卷十《选举志·举人·清朝·雍正癸卯正科》：番禺籍龙山人。

［嘉庆］《龙山乡志》卷二《乡事志·坊表》："庭桧承芳"，在排涌，为文林郎孔衍言建。卷七《选举志·举人·国朝·雍正甲辰》：番禺籍，信宜教谕。《选举志·封赠·国朝·文职》：孔衍言，以子兴瑗贵赠候选知县。

朱元翰　清南海人。雍正二年（1724）举人。

［乾隆］《南海县志》卷八《选举志·乡举·国朝·雍正癸卯》：广西中式。

［道光］《广东通志》卷七十九《选举表十七·举人二·国朝·雍正元年

癸卯存疑》：南海人，广西中式，见《南海志》。考《广西通志》作二年甲辰举人，太平籍，思恩教授。

［道光］《南海县志》卷二十一《清·举人·雍正朝》：广西中式，按旧《志》在癸卯科。考《广西志》作二年甲辰举人，盖癸卯特开恩科，四月乡试，九月会试，其癸卯正科二年甲辰补行，故元翰误编入癸卯特科耳，今从《广西志》。甲辰补行癸卯正科。

刘锳　清三水刘冈人。雍正二年（1724）岁贡。

［雍正］《广东通志》卷三十六《选举志六·国朝·贡生·广州府·三水县》：刘锳。

［嘉庆］《三水县志》卷九《选举·岁贡·清》：刘冈人，雍正二年贡。

关绍祖　字芳一，号岭梅，清南海九江人。雍正二年（1724）举人。祖应弼，父上迁。

［雍正］《广东通志》卷三十五《选举志五·举人·雍正二年甲辰补行癸卯正科乡试榜》：番禺人，应弼孙。

［乾隆］《南海县志》卷八《选举志·乡举·清·雍正甲辰》：由番禺学。

《九江儒林乡志》卷十《选举略·国朝·举人·雍正二年甲辰补行癸卯正科》：字芳一，号岭梅。番禺学，中式第四十七名。祖应弼、父上迁皆举人。

麦之璋　一说名之章，清顺德吉祐人。雍正二年（1724）岁贡。

［雍正］《广东通志》卷三十六《选举志六·国朝·贡生·肇庆府·恩平县》：麦之章。

［乾隆］《顺德县志》卷十《选举志·贡生·清朝·雍正岁贡》：恩平籍吉祐人。

［乾隆］《肇庆府志》卷十九《选举志二·国朝·岁贡·开建县》：二年贡，雍正间贡。

［道光］《肇庆府志》卷十五《选举二·国朝·贡生·恩平县学·雍正朝》：三年贡。

麦秋　清顺德马宁人。雍正二年（1724）举人。

［雍正］《广东通志》卷三十五《选举志五·举人·雍正二年甲辰补行癸卯正科乡试榜》：西宁人。

[乾隆]《顺德县志》卷十《选举志·举人·清朝·雍正癸卯正科》：西宁籍马宁人。

苏渔 字允贤，号芸轩，清顺德龙头人。雍正二年（1724）举人，教书为生，寿82岁。

[雍正]《广东通志》卷三十五《选举志五·举人·雍正二年甲辰补行癸卯正科乡试榜》：广州人。

[乾隆]《顺德县志》卷十《选举志·举人·清朝·雍正癸卯正科》：碧江人。卷十三《人物列传·儒林》：字允贤，号芸轩，龙头人。性端严，敬事高堂，型于妻，友于兄，庭闱整肃。素习经史及宋五子书，耽味至忘寝食。弱冠受知于巡抚朱宏祚，游郡庠，学使臧大受延阅试卷。中雍正甲辰乡试，赴礼闱，资斧微薄，或邀与别宗通谱，可得厚资，渔曰："俗以举人为孝廉，冒认宗支非孝，贪图财贿非廉。"竟却之。亲族赠遗皆不受，曰："士不可轻受人恩也。"有讥其迂拙者，恬然不顾。往来万六千里，轻装省费，刻苦以足用。居常教授生徒，微言奥义，剖析详明。尝语："学者当杜门自爱，不可逐逐于名利。构思属笔，不可徒作时文，便算生活。"寿八十二，绰有古风。

李骅 清顺德陈村人。雍正二年（1724）岁贡。

[雍正]《广东通志》卷三十六《选举志六·国朝·贡生·广州府·新会县》：李骅。

[乾隆]《新会县志》卷八《明经·清》：今按：此外尚有李骅，雍正二年岁贡，顺德人。

[乾隆]《顺德县志》卷十《选举志·贡生·清朝·雍正岁贡》：新会籍陈村人。

杨代纪 字道纲，清顺德乾滘人。雍正二年（1724）举人，教书为生。子益勷。

[雍正]《广东通志》卷三十五《选举志五·举人·雍正二年甲辰补行癸卯正科乡试榜》：顺德人。

[乾隆]《顺德县志》卷十三《人物列传·儒林》：字道纲，乾滘人。家贫，刻励读书，夜不就枕，倦则凭几少憩，俄起复诵。食饩邑庠，中雍正甲辰乡试。尝舌耕以养亲，亲殁孺慕不衰。友爱弟道乾，资财与共。生平正直好义，祖祠倡建，族谊笃厚，戚党赒其困乏，岁饥罄所积以济人。为族正排难解纷，乡中无词讼入公门者数十年，时人推为有道。子益勷，能读父书，

赍志以殁，咸惜之。

何元标　清顺德人。雍正二年（1724）任顺德左镇营把总。

［乾隆］《顺德县志》卷九《兵防志·武职·左镇标下中营把总》：顺德人，由行伍。左哨，雍正二年任。

［咸丰］《顺德县志》卷九《职官二·把总·雍正》：顺德人，行伍。二年任……左翼镇中营左哨。

何如潍　字建则，清南海镇涌堡人。雍正二年（1724）举人，十一年进士，任河南新郑知县。退归为义学山长，乾隆四十九年（1784）再次参加鹿鸣宴。祖梦弼，父之钫。

［雍正］《广东通志》卷三十五《选举志五·举人·雍正二年甲辰补行癸卯正科乡试榜》：广州人。

［乾隆］《南海县志》卷八《选举志·乡举·国朝·雍正甲辰》：进士，知县。《选举志·进士·国朝·雍正癸丑》：何如潍。

［道光］《广东通志》卷七十九《选举表十七·举人二·国朝·雍正二年甲辰补行癸卯正科·广州府》：南海人，进士。重宴鹿鸣。卷七十七《选举表十五·进士·国朝·雍正十一年癸丑陈倓榜·广州府》：南海人，河南新郑知县。《题名碑》作顺德人，《顺德志》无。卷一百八十九《艺文略一·经部》：《读易日抄》十二卷，国朝何如潍撰，未见。《四书讲义自得录》六卷，国朝何如潍撰，存。

［道光］《南海县志》卷二十一《选举表二·国朝·封荫·雍正朝》：何梦弼，岁贡，以孙如潍赠文林郎、长清知县。何之钫，以子如潍赠文林郎、长清知县。卷三十九《列传八·国朝》：字建则，镇涌堡人。雍正甲辰膺乡荐，登癸丑进士。出为县令，多善政。初宰山东冠氏，调长清。冠氏旧有枯河，南接直隶元城，北抵馆陶。遇雨甚，从馆陶下流注泄，初不为害，前摄令役民塞之，冠民始病。如潍到官，数建议开复未得请。会卫河水涨，元城人决卫河入枯河以杀其势，下流壅不能容，遂致泛滥，而馆陶下流骤溃，水势顿减。于是如潍复以开复枯河请，上官韪之，永不堵塞，冠民自是无水患。旋移河南新郑，遇抽拨驿骑、协筑堤工诸役，悉以自任，毫不扰民。解绶归，囊橐萧然。授徒自给，士翕然师之，岁常数百人，其所赏识士郡县恒物色以

为批首①。晚年德望益崇，谭粤中耆旧咸于如瀶首屈指，宦粤大吏咸造访焉。有奉万金求代诣布政使关说者，初许诺，既而曰："当道所以重吾者品耳，苟受万金，若吾品何！"卒却之。每岁正月出息贷薪水银，至登馆谷乃偿，晏如也。著《四书自得录》十卷、《续录》一卷、《读易日钞》十二卷、诗一卷。卷二十五《艺文略一·子部·道家释家》：《庄子注》四卷，国朝何如瀶撰。卷二十六《艺文略二·集部·别集》：《芸业轩诗存》一卷，国朝何如瀶撰。

何瞻文 清三水区村人。雍正二年（1724）岁贡。

［嘉庆］《三水县志》卷九《选举·岁贡·清》：区村人，（雍正）二年贡。

张正 清南海人。雍正二年（1724）任顺德左镇营千总。

［乾隆］《顺德县志》卷九《兵防志·武职·左镇标下中营千总》：南海人，由行伍。右哨，雍正二年任。

张承灏 清南海佛山镇人，原籍广东新会。雍正二年（1724）举人，任福建长汀县知县。

［乾隆］《佛山忠义乡志》卷四《选举志·乡举·国朝·雍正甲辰》：福建长汀县知县，原新会县人。

陈世莲 清顺德大良人。雍正二年（1724）举人第一名，六年任广东阳春、乾隆五年（1740）吴川教谕。父赤公。

［雍正］《广东通志》卷三十五《选举志五·举人·雍正二年甲辰补行癸卯正科乡试榜》：香山人，解元，教谕。

［乾隆］《顺德县志》卷十《选举志·举人·清朝·雍正癸卯正科》：香山籍大良人，解元，吴川县教谕。《选举志·封赠·教谕·清朝》：陈赤公，以子世莲贵赠。

［乾隆］《肇庆府志》卷八《秩官志中·阳春县·国朝·教谕》：顺德人，解元，雍正六年任。

［道光］《广东通志》卷五十二《职官表四十三·国朝十·吴川县·教谕训导·乾隆朝》：顺德人，解元。五年任……教谕。

---

①批首：旧时科举考试中，指院试名列第一。

陈起臣 清南海人。雍正二年（1724）武举。

［雍正］《广东通志》卷三十五《选举志五·武举人·雍正二年甲辰乡试榜》：南海人。

陈时扬 清南海人。雍正二年（1724）武举。父裕庵。

［雍正］《广东通志》卷三十五《选举志五·武举人·雍正二年甲辰乡试榜》：抚标右营兵丁。

［道光］《南海县志》卷二十二《选举表三·国朝·雍正朝》：守备……甲辰科。《国朝·封荫·雍正朝》：陈裕庵，以子时扬赠武略尉。

冼金声 清南海人。雍正二年（1724）岁贡，乾隆五年（1740）任广东大埔训导。

［雍正］《广东通志》卷三十六《选举志六·国朝·贡生·广州府·南海县》：冼金声。《国朝·贡生·肇庆府·阳春县》：冼金声。

［乾隆］《肇庆府志》卷十九《选举志二·国朝·岁贡·阳春县》：二年贡，雍正间贡。

［道光］《广东通志》卷五十《职官表四十一·国朝八·大埔县·教谕训导·乾隆朝》：南海人，五年任……训导。

罗应举 字体远，号桀岏，清顺德大良人。雍正二年（1724）举人，五年赴京会试不中。

［雍正］《广东通志》卷三十五《选举志五·举人·雍正二年甲辰补行癸卯正科乡试榜》：东莞人。

［乾隆］《顺德县志》卷十三《人物列传·文苑》：字体远，号桀岏，大良人。同祖昆弟国器，少同学相劘切，手不停披，文学渊瞻，游东莞庠试冠军。应举于雍正甲辰，先中乡科。丁未公车上，垂翅南返，侍讲学士王兰生秉浙文衡，招同检校。归里，博罗延掌教。应举能诗，工大小楷书行法，著《桀岏山房稿》。

罗御怀 清顺德赤花人。岁贡，雍正二年（1724）任广东饶平教谕。父仁政。

［乾隆］《顺德县志》卷十《选举志·贡生·清朝·康熙例贡》：赤花人，

饶平县训导。《选举志·封赠·训导·清朝》：罗仁政，以子御怀贵赠。

［道光］《广东通志》卷五十《职官表四十一·国朝八·饶平县·教谕训导·雍正朝》：香山人，二年任……教谕。

胡天运 字会明，清顺德桂洲人。雍正二年（1724）捐谷建义仓。子蓉，辑《太平录》一百二十一卷。女儿许配何瑞谦，18岁未婚夫死，奔丧送葬后上吊死，旌表。

［雍正］《广东通志》卷五十《列女志二·各府》：胡氏，监生天运女。许字何瑞谦，闻讣奔丧。瑞谦既葬，阖户自经死。雍正六年旌……顺德人。

［乾隆］《顺德县志》卷十四《人物列传·贞女》：胡氏，监生胡天运次女，许聘登洲何瑞谦为妻。谦未娶而亡，氏年十八，闻讣奔丧，尽哀尽礼，承事耄姑，尤极孝敬。迨练祥将阕，闭门自缢，雍正六年旌表。

［乾隆］《广州府志》卷四十一《人物十·义行·顺德·清》：字会明。监生。祖高德，以武勋起家。天运性豪迈，好推解①。雍正二年捐谷建义仓，乡里多被其惠，邑令陈鸿熙、许龙章雅重之。曾读书罗浮黄龙观，手植松数百株。生平遇寒士困乏，每分以金，学者推为祭酒，有《国朝精华集》行世。子蓉，善诗文。

［咸丰］《顺德县志》卷二十五《列传五·国朝一》：子蓉，字泽东。好读书，喜为诗赋散文而不善举子业，然试童子至老不灰其志。应点必衣冠以揖，佻达者多目笑之，不顾也。生平留心广东文献，自通志以迄府、厅、州、县志，时贤缙绅志状皆搜存之，缺则贷资典衣以购。辑为《太平录》百二十有一卷，粤中山川名胜、人物，艺文略具焉，古迹有未经前人著撰者，补为之。

胡建中 字砥如，清顺德桂洲人。岁贡，雍正二年（1724）至五年赈饥。子经纶。

［乾隆］《顺德县志》卷十三《人物列传·行谊》：字砥如，桂洲人。邑庠生。少失怙，事母以孝闻。弱冠为伯父嗣，善事继母。好读书，领岁荐。雍正甲辰至丁未连岁饥馑，建中捐米粟二千余石赈恤贫人，全活甚众。子经纶登鼎甲，赠中宪大夫，人以为阴德之报云。

［道光］《广东通志》卷二百八十七《列传二十·广州二十》：子经纶，

①推解：为“推食解衣”之省，指在生活上关心他人。

乾隆乙丑武进士一甲第三人，官山东参将。

［咸丰］《顺德县志》卷十一《岁贡·国朝·乾隆》：乾隆间岁贡而失年次者，桂洲人。

胡景 字邵明，清顺德桂洲人。雍正二年（1724）举人。

［雍正］《广东通志》卷三十五《选举志五·举人·雍正二年甲辰补行癸卯正科乡试榜》：广州人。

［乾隆］《顺德县志》卷十《选举志·举人·清朝·雍正癸卯正科》：桂洲人。

［咸丰］《顺德县志》卷十一《举人二·国朝·雍正》：字邵明，桂洲人，甲辰年补行癸卯正科。

黄中魁 一说姓曾，字肇迹，号敬亭，清南海九江人。雍正二年（1724）副贡，乾隆十七年（1752）任广西灵山教谕。

［雍正］《广东通志》卷三十六《选举志六·国朝·贡生·广州府·南海县》：曾中魁。《国朝·贡生·广州府·花县》：副榜。

［道光］《广东通志》卷五十三《职官表四十四·国朝十一·灵山县·教谕训导·乾隆朝》：花县人，副榜。十七年任……教谕。

《九江儒林乡志》卷十《选举略·国朝·贡生·雍正二年甲辰补行癸卯正科》：曾中魁，字肇迹，号敬亭。花县学副贡，灵山教谕。

黄积发 清顺德甘竹人。雍正二年（1724）武举。

［雍正］《广东通志》卷三十五《选举志五·武举人·雍正二年甲辰乡试榜》：顺德人。

［乾隆］《顺德县志》卷十《选举志·武举·清朝·雍正甲辰》：甘竹人。

梁中和 清三水冈头人。雍正二年（1724）举人。

［雍正］《广东通志》卷三十五《选举志五·举人·雍正二年甲辰补行癸卯正科乡试榜》：三水人。

［嘉庆］《三水县志》卷九《选举·举人·国朝·雍正二年甲辰补行癸卯正科陈世莲榜》：冈头人。签掣①陕西伏羌县，请旨改授儒学。

---

①签掣：明代听候派委的官员过多，一时无缺可派，以抽签办法以定先后。

梁汉鼎　清顺德桂林人。雍正二年（1724）举人、进士，任沁源知县。

［雍正］《广东通志》卷三十五《选举志五·举人·雍正二年甲辰补行癸卯正科乡试榜》：定安人，登进士。《进士·国朝·雍正二年甲辰陈德华榜》：顺德人，知县。

［乾隆］《顺德县志》卷十《选举志·进士·清朝·雍正甲辰》：桂林人，定安籍，沁源知县。

游飞鸣　清南海人。雍正二年（1724）举人。

［雍正］《广东通志》卷三十五《选举志五·举人·雍正二年甲辰补行癸卯正科乡试榜》：广州人。

［乾隆］《南海县志》卷八《选举志·乡举·国朝·雍正甲辰》：游飞鸣。

［同治］《南海县志》卷九《举人·清》：知州，雍正朝。

温应科　清顺德龙山人。雍正二年（1724）举人。

［雍正］《广东通志》卷三十五《选举志五·举人·雍正二年甲辰补行癸卯正科乡试榜》：东莞人。

［乾隆］《顺德县志》卷十《选举志·贡生·清朝·雍正拔贡》：东莞籍龙山人。

谢钟兴　字卓言，清高明东亨人。雍正二年（1724）恩贡，乾隆六年（1741）任广东丰顺教谕。

［雍正］《广东通志》卷三十六《选举志六·国朝·贡生·肇庆府·高明县》：谢钟兴。

［乾隆］《肇庆府志》卷十九《选举志二·国朝·岁贡·高明县》：二年贡，丰顺县①训导，雍正间贡。

［道光］《广东通志》卷五十《职官表四十一·国朝八·丰顺县·教谕训导·乾隆朝》：高明人，六年任……训导。

［道光］《高明县志》卷十二《选举志·贡生·国朝》：东亨人，雍正二

①丰顺县：位于广东省东部。清乾隆三年（1738）始建县，是梅州和赣南、闽西往潮汕沿海的必经之地。

年岁贡，任丰顺教谕。卷十三《人物志·国朝》：字卓言。诚朴不尚铅华，少时颇任情倜傥，既而悔悟，潜心理学，尽变其气质。随登黉序食廪，以雍正二年恩贡任丰顺教谕。训士以理学为先，将自己从前未学之非与既学之益，谆复再三，士多感悟。时丰顺为新设之邑，得理学之教以为之先，一时谓丰之谢不异潮之韩。

熊栋柱 一说姓梁，清南海人。雍正二年（1724）武举，五年武进士，任侍卫、镇筸镇总兵。父协功。

［雍正］《广东通志》卷三十五《选举志五·武举人·雍正二年甲辰乡试榜》：梁栋柱，番禺人，登进士。《武进士·雍正五年丁未会试榜》：番禺人，侍卫。

［道光］《南海县志》卷二十二《选举表三·国朝·雍正朝》：镇筸镇总兵……丁未科。《国朝·封荫·雍正朝》：熊协功，以子栋柱赠怀远将军。

［光绪］《广州府志》卷四十七《选举表十六·选举表十六·武进士·国朝·雍正五年丁未科》：南海人，镇筸镇总兵。又见《番禺志》，"熊"作"梁"。

魏高举 本姓卢，清顺德羊额人。雍正二年（1724）武举。

［雍正］《广东通志》卷三十五《选举志五·武举人·雍正二年甲辰乡试榜》：顺德人。

［乾隆］《顺德县志》卷十《选举志·武举·清朝·雍正甲辰》：本姓卢，羊额人。

叶必达 清南海人。岁贡，雍正三年（1725）任高明县训导。

［乾隆］《肇庆府志》卷八《秩官志中·高明县·国朝·训导》：南海贡，雍正三年任。

［光绪］《高明县志》卷五《职官表·国朝·训导·雍正朝》：南海人，岁贡，三年任。

刘一正 清高明世唐美人。雍正三年（1725）例贡。

［道光］《高明县志》卷十二《选举志·例贡·国朝》：世唐美人，雍正三年例贡。

刘傚傪　清顺德逢简人。雍正三年（1725）优贡。

［咸丰］《顺德县志》卷十一《优贡·国朝·雍正》：逢简人，乙巳。

黄凌举　字达可，号桂园，清顺德白藤人。雍正三年（1725）南海岁贡。

［雍正］《广东通志》卷三十六《选举志六·国朝·贡生·广州府·南海县》：黄凌举。

［乾隆］《顺德县志》卷十《选举志·贡生·清朝·雍正岁贡》：南海籍白藤人。卷十三《人物列传·儒林》：字达可，号桂园，白藤人。资性刚毅，勇于求道。敦伦纪，谨幽独，身心口过必书于册，痛自惩创。学以主敬为本，少游南海庠，雍正乙巳岁贡。家政严肃，每月朔望，尊卑长幼必衣冠拜揖。教人镕经铸史，而宋儒之书尤令佩服，有古醇儒风。

［咸丰］《顺德县志》卷二十五《列传五·国朝一》：雍正乙巳贡自南海学，文尚根柢，诲人尤谆以为勖。生平尊崇宋学，于主敬之说较服膺焉。

梁焕纶　一说姓何，清顺德仕版人。雍正三年（1725）任广东惠来训导。

［雍正］《广东通志》卷三十六《选举志六·国朝·贡生·广州府·顺德县》：梁焕纶。

［乾隆］《顺德县志》卷十《选举志·贡生·清朝·康熙岁贡》：何焕纶，仕版人，惠来县训导。

［道光］《广东通志》卷五十《清职官表四十一·国朝八·惠来县·教谕训导·雍正朝》：顺德人，三年任……训导。

何景辰　字映垣，号半如，清顺德羊额人。子应泷、振升，孙元统，曾孙德贤。

［乾隆］《顺德县志》卷十三《人物列传·行谊》：字映垣，号半如，羊额人。少失恃，事父及继母得其欢心。尝增置祭田以丰祀事，并追报外祖。有族人乏嗣为立继，给以资产。戚属某负债被索无措，景辰出己田代为偿还。乡中古柩暴露，买南畔山地葬之，遂施为义冢。生平嗜学，为文不屑常套，务抒写性灵。游增城庠食廪饩，届贡而卒。子应泷、振升俱明经。孙元统，康熙恩贡，品行文章为士林表。曾孙德贤，乾隆戊午登贤书。人羡其经学传家云。

区士鉴 字闇公，号镜三，清顺德石硝（今属南海）人，居佛山镇，以明经授潮阳司训。父遇，雍正四年（1726）任广东潮阳训导。子瀛，该年举人。弟士铉，十年举人。

［雍正］《广东通志》卷三十五《选举志五·举人·雍正四年丙午乡试榜》：区瀛，顺德人。

［乾隆］《顺德县志》卷十二《人物列传·宦绩·区遇传》：字文声，号霖山，石硝人……长子士鉴，字闇公，号镜三。以明经授潮阳司训，端模范，严课程，资贫乏，殷奖励，捐修文庙。秩满改补不赴，潮士德之。卷十《选举志·贡生·清朝·康熙岁贡》：石硝人，潮阳县□□。

［乾隆］《佛山忠义乡志》卷四《选举志·岁贡·清》：揭阳训导，由廪例贡。《选举志·乡举·清·雍正丙午》：区瀛，遇孙。

［道光］《广东通志》卷五十《职官表四十一·国朝八·潮阳县·教谕训导·雍正朝》：南海人，四年任……训导。

冯梦正 清南海人。雍正四年（1726）任广东潮阳训导。

［乾隆］《南海县志》卷八《选举志·国朝贡生》：训导。

［道光］《广东通志》卷五十《职官表四十一·国朝八·潮阳县·教谕训导·雍正朝》：南海人，四年任……训导。

甘师旦 一说名思旦，清高明芹水人。雍正四年（1726）岁贡，乾隆七年（1742）任广东和平训导。

［雍正］《广东通志》卷三十六《选举志六·国朝·贡生·肇庆府·高明县》：甘师旦。

［乾隆］《肇庆府志》卷十九《选举志二·国朝·岁贡·高明县》：四年贡，和平训导，雍正间贡。

［道光］《广东通志》卷四十九《职官表四十·国朝·和平县·教谕训导·乾隆朝》：高明人，岁贡。七年任……训导。

［道光］《高明县志》卷十二《选举志·贡生·国朝》：芹水人，雍正四年岁贡，任和平训导。

［光绪］《高明县志》卷十二《选举表·国朝·岁贡·雍正朝》：甘思旦，芹水人，四年贡，和平训导。

卢惠 清顺德云步人。雍正四年（1726）武举，八年武进士。

[雍正]《广东通志》卷三十五《选举志五·武举人·雍正四年丙午乡试榜》：番禺人，登进士。《武进士·雍正八年庚戌会试榜》：番禺人。

[乾隆]《顺德县志》卷十《选举志·武举·清朝·雍正丙午》：云步人。

刘一传 清高明世唐美人。雍正四年（1726）例贡。

[道光]《高明县志》卷十二《选举志·例贡·国朝》：世唐美人，雍正四年例贡。

关光瑞 字星一，号启明，清南海九江人。雍正四年（1726）举人。祖应弼，父上进。

[雍正]《广东通志》卷三十五《选举志五·举人雍正四年丙午乡试榜》：南海人，应弼孙。

[道光]《南海县志》卷二十一《选举表二·国朝·举人·雍正朝》：上进子……丙午科。

《九江儒林乡志》卷十《选举略·国朝·举人·雍正四年丙午科》：字星一，号启明。监生，中式第七十四名。祖应弼，举人。父上进，进士。

关思聘 清南海人。雍正四年（1726）举人。

[道光]《广东通志》卷七十九《选举表十七·举人二·国朝·雍正四年丙午附广西中式》：南海人，容县籍。《广西志》作“关恩聘”，《南海志》无。

麦世忠 本姓吴，清顺德桂洲人。雍正四年（1726）武举，八年武进士，任福建漳州镇游击。

[雍正]《广东通志》卷三十五《选举志五·武举人·雍正四年丙午乡试榜》：新会人，登进士。《武进士·雍正八年庚戌会试榜》：新会人。

[乾隆]《顺德县志》卷十《选举志·武举·清朝·雍正丙午》：本姓吴，桂洲人。《选举志·武进士·清朝·雍正庚戌》：吴世忠，桂洲人，福建守备。

[咸丰]《顺德县志》卷十一《武进士·国朝·雍正》：吴世忠，福建漳州镇游击……庚戌科。

严蔚 （？—1727）字惟乔，号粤秀，清顺德黎村人。雍正四年（1726）举人，次年进士，发榜后卒。父士升，弟惟圣、惟经。

［雍正］《广东通志》卷三十五《选举志五·举人·雍正四年丙午乡试榜》：龙门人，登进士。

［乾隆］《顺德县志》卷十三《人物列传·行谊》：字惟□，黎村人。生而隽爽，意气自豪。甫九龄父士升见背，母陈氏尝勖曰："汝父以明经老，务阐厥志。"蔚捧遗书，刻骨自励，弱冠游泮，试辄前矛。为文浩气排空，临池之暇，旁习诗歌，珠江郑太史雅器重之。丙午举贤书，丁未成进士卒。蔚虽旷达不羁，而慷慨尚义，受业师之托，抚其遗孤，念外祖失传，捐田置后。与弟惟圣、惟经怡怡无间，有田荆、姜被①之风。既殁，族党□思焉。

［咸丰］《顺德县志》卷十一《举人二·国朝·雍正》：号粤秀，黎村人，龙门籍。见进士。按《题名录》作龙门人，误……丙午科。卷二十五《列传五·国朝一》：字惟乔……词章、八比文并有时名……榜发卒。

苏宪轼　清南海人。雍正四年（1726）举人。

［雍正］《广东通志》卷三十五《选举志五·举人·雍正四年丙午乡试榜》：南海人。

苏起隆　本姓胡，清顺德桂洲人。雍正四年（1726）武举。

［雍正］《广东通志》卷三十五《选举志五·武举人·雍正四年丙午乡试榜》：南海人。

［乾隆］《顺德县志》卷十《选举志·武举·清朝·雍正丙午》：本姓胡，桂洲人。

李兆　清顺德南浦人。雍正四年（1726）武举，次年武进士。

［雍正］《广东通志》卷三十五《选举志五·武举人·雍正四年丙午乡试榜》：南海人，登进士。《武进士·雍正五年丁未会试榜》：南海人，游击。

---

①田荆：据南朝梁吴均《续齐谐记·紫荆树》载，京兆田真兄弟三人分家，准备将堂前的紫荆树一分为三，次日树即枯死。真大惊谓诸弟曰："树本同株，闻将分斫，所以憔悴，是人不如木也。"兄弟感悟，遂合产和好，树亦复茂，后以为兄弟和好之典实。姜被：指姜肱兄弟同被而寝，谓兄弟友爱。

［乾隆］《顺德县志》卷十《选举志·武进士·国朝·雍正丁未》：番禺籍高磡人，福建参将。

［咸丰］《顺德县志》卷十一《武举·国朝·雍正》：南浦人，番禺籍……丙午。

李应槐 清三水天湖人。雍正四年（1726）举人，乙榜进士，乾隆七年（1742）任广东乐昌教谕。

［雍正］《广东通志》卷三十五《选举志五·举人·雍正四年丙午乡试榜》：三水人。

［嘉庆］《三水县志》卷九《选举·举人·国朝·雍正四年丙午罗国器榜》：天湖人，乙榜进士，任江南砀山县知县。

［道光］《广东通志》卷四十七《职官表三十八·国朝五·乐昌县·教谕训导·乾隆朝》：三水人，举人。七年任……教谕。

李贵昌 本姓简，清南海林岳人。雍正四年（1726）举人。

［雍正］《广东通志》卷三十五《选举志五·举人·雍正四年丙午乡试榜》：番禺人。

［道光］《南海县志》卷二十一《选举表二·国朝·举人·雍正朝》：番禺学，本姓简。魏《志》无，阮《通志》云番禺人。旧抄《题名录》：番禺学，林岳人……丙午科。

何世炽 字大五，清顺德羊额人。雍正四年（1726）举人，与父展成俱行孝义。兄好讼。

［雍正］《广东通志》卷三十五《选举志五·举人·雍正四年丙午乡试榜》：广州人。

［乾隆］《顺德县志》卷十二《人物列传·孝友》：字大五，羊额人。少失怙，事母色养备至。兄好讼，每弥缝其失而婉喻于道，兄产荡尽，分其所有不吝。养嫂事之如母，诸弟友爱无间。生平沉静恬雅，嗜学能文，中雍正丙午乡试，巡抚验看，嘉其善气迎人。卷十三《人物列传·行谊·何展成传》：字济美，羊额人。九岁失恃，逢讳日辄蔬食流涕。父好诗酒，广交游，晚有足疾，登涉颇艰。展成辟美山□□□□所往来者，谈宴以博其欢□□□□□□，当风日晴美，父欲有所往，辄供御以行。生平勇于为义，建祠宇，广尝业，奋身以救伯兄之□，捐田以续祖姑之祧，舍棺衾以殡无归者。以明经老。子世炽，举雍正丙午贤书。

［咸丰］《顺德县志》卷二《列传五·国朝一·何展成传》：展成辟美山堂，日招执友谈宴以博其欢，制为小篮舆，当风日晴美辄御以行……尝奋身以救伯兄难，捐田为祖姑立祀。

何芝眉　清顺德三桂人。雍正四年（1726）举人。

［雍正］《广东通志》卷三十五《选举志五·举人·雍正四年丙午乡试榜》：南海人。

［乾隆］《顺德县志》卷十《选举志·举人·清朝·雍正丙午》：南海籍三桂人。

陆竹　清三水官员人。雍正四年（1726）举人。

［雍正］《广东通志》卷三十五《选举志五·举人·雍正四年丙午乡试榜》：三水人。

［嘉庆］《三水县志》卷九《选举·举人·国朝·雍正四年丙午罗国器榜》：官员人。

陈文挺　清南海人。雍正四年（1726）武举。

［雍正］《广东通志》卷三十五《选举志五·武举人·雍正四年丙午乡试榜》：乐会人。

［乾隆］《南海县志》卷八《选举志·国朝武乡举·雍正丙午》：陈文挺。

陈世隆　字渭泉，号锦川，清顺德容奇人。雍正四年（1726）捐谷赈饥。

［乾隆］《顺德县志》卷十三《人物列传·行谊》：字渭泉，号锦川，容奇人。国学生。性质直，崇气谊。雍正丙午饥，捐粟广赈，多所存活，复舍棺椁以济无归者。邑令陈鸿熙廉访而嘉之，匾其闾曰“积善有庆”。

陈汝达　清顺德龙山人。康熙岁贡，雍正四年（1726）举人。

［雍正］《广东通志》卷三十六《选举志六·国朝·贡生·广州府·清远县》：陈汝达。卷三十五《选举志五·举人·雍正四年丙午乡试榜》：清远人。

［乾隆］《顺德县志》卷十《选举志·贡生·清朝·康熙岁贡》：清远籍龙山人，中式。《选举志·举人·清朝·雍正丙午》：清远籍龙山人。

陈鸣鸾 清南海人。雍正四年（1726）举人。

［雍正］《广东通志》卷三十五《选举志五·举人·雍正四年丙午乡试榜》：番禺人。

［乾隆］《南海县志》卷八《选举志·乡举·国朝·雍正丙午》：由番禺学。

张上翀 清南海人。雍正四年（1726）武举。

［雍正］《广东通志》卷三十五《选举志五·武举人·雍正四年丙午乡试榜》：南海人。

郑交赞 清顺德伦教人。雍正四年（1726）举人，乾隆十七年（1752）任广东海丰教谕。

［雍正］《广东通志》卷三十五《选举志五·举人·雍正四年丙午乡试榜》：南海人。

［乾隆］《顺德县志》卷十《选举志·举人·清朝·雍正丙午》：南海籍伦教人。

［道光］《广东通志》卷四十九《职官表四十·国朝·海丰县·教谕训导·乾隆朝》：顺德人，举人。十七年任……教谕。

范有望 本姓冯，清顺德裕涌人。雍正四年（1726）举人。

［雍正］《广东通志》卷三十五《选举志五·举人·雍正四年丙午乡试榜》：顺德人。

［乾隆］《顺德县志》卷十《选举志·举人·清朝·雍正丙午》：本姓冯，苏涌人。

［咸丰］《顺德县志》卷十一《举人二·国朝·雍正》：冯有望，榜姓范，裕涌人。丙午科。

欧时禹 清顺德陈村人。雍正四年（1726）举人，乾隆十六年（1751）任广东罗定州学正，甘肃伏羌知县。

［雍正］《广东通志》卷三十五《选举志五·举人·雍正四年丙午乡试榜》：番禺人。

［乾隆］《顺德县志》卷十《选举志·举人·清朝·雍正丙午》：番禺籍。

［道光］《广东通志》卷五十六《职官表四十七·国朝十四·罗定州·学

正训导·乾隆朝》：顺德人，举人。十六年任……学正。

［咸丰］《顺德县志》卷十一《举人二·国朝·雍正》：陈村人，番禺籍，知伏羌县。按郝《志》作“雨”，误，今从阮《志》……丙午科。

罗国器 字跃剑，号岭南，清顺德大良人。举优行，接着中雍正四年（1726）举人第一名，主讲河源书院。

［雍正］《广东通志》卷三十五《选举志五·举人·雍正四年丙午乡试榜》：南海人，解元。

［乾隆］《顺德县志》卷十三《人物列传·文苑》：字跃剑，号岭南。罗应举，大良人。同祖昆弟，少同学相劘切，手不停披，文学渊赡。游南海庠，试冠军。丙午举优行，旋中省元。丁未公车偕上，垂翅南返。侍讲学士王兰生秉浙文衡，招同检校，先后归里，河源延国器掌教。著《八索九丘解》《五经通解》《庄子注》《李杜诗解》《离骚解》《大小题文名媛诗归》《刘兰雪诗解》《罗浮剩书》。

［乾隆］《广州府志》卷二十九《选举一·南海县·清》：解元，雍正丙午举人。

胡大器 榜姓杜，清顺德桂洲人。父汝峻，弟大忠、大猷、大成、有雄。雍正四年（1726）大器与弟大忠、有雄同科武举，弟大成十三年武举，乾隆元年（1736）大忠、大成同成武进士。

［雍正］《广东通志》卷三十五《选举志五·武举人·雍正四年丙午乡试榜》：杜大器，番禺人。

［乾隆］《顺德县志》卷十《选举志·武举·清朝·雍正丙午》：杜大器，本姓胡，桂洲人。卷十三《人物列传·行谊·胡汝峻传》：字端白，桂洲人……子六，尧典国学生，孝友端方，阖族推为族正。大器举人，大忠守备，大猷参将，大成进士，有雄举人。明达多才□□□前中戊午乡科，人羡一门之盛。

［乾隆］《广州府志》卷四十一《人物十·义行·顺德·清·胡汝峻传》：字端白……子六：尧典，监生，孝友端方，阖族推为族正。次大器，次有雄。明达多才，俱雍正丙午举人。

胡大忠 清顺德桂洲人。雍正四年（1726）武举，乾隆元年（1736）成武进士。父汝峻，兄大器，弟大猷、大成、有雄。

［雍正］《广东通志》卷三十五《选举志五·武举人·雍正四年丙午乡试

榜》：番禺人。

［乾隆］《顺德县志》卷十《选举志·武举·清朝·雍正丙午》：胡大中，桂洲人。《选举志·武进士·清朝·乾隆丙辰》：桂洲人。

［乾隆］《广州府志》卷四十一《人物十·义行·顺德·清·胡汝峻传》：字端白……子六：尧典，监生，孝友端方，阖族推为族正。次大器，次有雄。明达多才，俱雍正丙午举人。次大忠乾隆丙辰进士，竹山守备、候升都司。

［咸丰］《顺德县志》卷十一《武进士·国朝·乾隆》：四川绥宁营参将……丙辰科。卷二十五《列传五·国朝一·胡大猷传》：弟大成，号恕斋，与兄大忠同中丙辰科武进士，拣选二等，以诸兄宦远，留任家政。癸酉、戊寅饥，捐租倡赈，多赖以活。族有急皆恃之，教子弟读书亲为督课。

胡大成　号恕斋，清顺德桂洲人。父汝峻。兄大器、大忠、大猷，弟有雄。子绍中。雍正十三年（1735）武举，乾隆元年（1736）与兄大忠同成武进士。

［乾隆］《顺德县志》《人物列传·行谊·胡汝峻传》：字端白，桂洲人……子六，尧典国学生，孝友端方，阖族推为族正。大器举人，大忠守备，大猷参将，大成进士，有雄举人。明达多才□□□前中戊午乡科，人羡一门之盛。

［乾隆］《广州府志》卷四十一《人物十·义行·顺德·清·胡汝峻传》：字端白……子六：尧典，监生，孝友端方，阖族推为族正。次大器，次有雄，明达多才，俱雍正丙午举人。次大忠乾隆丙辰进士，竹山守备、候升都司。次大猷，直隶三屯副将。次大成，亦丙辰进士。

［咸丰］《顺德县志》卷二十五《列传五·国朝一·胡大猷传》：弟大成，号恕斋，与兄大忠同中丙辰科武进士，拣选二等。卷十二《封赠（文阶）·国朝》：桂洲人，武进士，以子绍中赠黄冈县……知县。

胡有雄　榜姓黄，清顺德桂洲人。父汝峻，兄大器、大忠、大猷、大成。雍正四年（1726）与兄大器同科武举。

［雍正］《广东通志》卷三十五《选举志五·武举人·雍正四年丙午乡试榜》：黄有雄，番禺人。

［乾隆］《顺德县志》卷十《选举志·武举·清朝·雍正丙午》：黄有雄，本姓胡，桂洲人。卷十三《人物列传·行谊·胡汝峻传》：字端白，桂洲人……子六：尧典国学生，孝友端方，阖族推为族正。大器举人，大忠守备，大猷参将，大成进士，有雄举人。明达多才□□□前中戊午乡科，人羡一门

之盛。

［乾隆］《广州府志》卷四十一《人物十·义行·顺德·清·胡汝峻传》：字端白……子六：尧典，监生，孝友端方，阖族推为族正。次大器，次有雄，明达多才，俱雍正丙午举人。

胡士玉 清顺德桂洲人。雍正四年（1726）武举。父汝嵲。

［雍正］《广东通志》卷三十五《选举志五·武举人·雍正四年丙午乡试榜》：南海人。

［乾隆］《顺德县志》卷十《选举志·武举·清朝·雍正丙午》：桂洲人。

［乾隆］《广州府志》卷三十八《人物七·孝行·顺德·清·胡汝嵲传》：字文刚……子士玉，丙午科举人。

胡云 清顺德桂洲人。雍正四年（1726）武举。

［雍正］《广东通志》卷三十五《选举志五·武举人·雍正四年丙午乡试榜》：广州人。

［乾隆］《顺德县志》卷十《选举志·武举·清朝·雍正丙午》：桂洲人。

莫大豹 榜姓梁，清南海人。雍正四年（1726）举人。

［雍正］《广东通志》卷三十五《选举志五·举人·雍正四年丙午乡试榜》：梁大豹，新安人。

［道光］《南海县志》卷二十一《选举表二·国朝·举人·雍正朝》：梁大豹，新安学，本姓莫，按《广东通志》新安人，非是，今从旧抄《题名录》。丙午科。

梁宪斌 字元材，清顺德扶闾人。雍正四年（1726）副贡。

［雍正］《广东通志》卷三十六《选举志六·国朝·贡生·广州府·番禺县》：副榜。《国朝·贡生·广州府·顺德县》：甲午副榜。

［乾隆］《顺德县志》卷十《选举志·贡生·清朝·雍正副榜》：扶闾人，丙午科。卷十三《人物列传·儒林》：字元材，大良人。雍正丙午副榜贡生。敦孝友，尚廉隅，恬静寡言，笃志经书，三余无间。所著有《慎余录》《吟梅阁集》，多失散。

［乾隆］《番禺县志》卷十三《选举下·贡生·国朝副榜·康熙》：甲午。

梁肇远 清顺德光华人。雍正四年（1726）岁贡，任广西迁江县训导。父应元。

［乾隆］《顺德县志》卷十《选举志·封赠·训导·清朝》：梁应元，以子肇远贵赠。

［咸丰］《顺德县志》卷十一《岁贡·国朝·雍正》：光华人，丙午，岑溪籍，迁江县训导。

梁谒然 清顺德马宁人。雍正四年（1726）举人。

［乾隆］《顺德县志》卷十《选举志·举人·清朝·雍正丙午》：思恩籍马宁人。

黄哲 清顺德甘竹人。雍正四年（1726），与黄再白、黄昆竹等倡筑放牛朗围。

［民国］《顺德县志》卷四《建置略三·堤筑》：放牛朗围，在甘竹堡右滩……自象弼山嘴起，至黄冈头止。长二千四百四十一丈，高一丈零五寸，底宽一丈六尺，面宽四尺五寸。闸凡六……雍正四年，里人黄哲、黄再白、黄昆竹等倡筑（郭《志》云筑不知年）。道光九年、道光十二年、宣统元年重修。

曹厥恒 清南海人。雍正四年（1726）举人。

［道光］《广东通志》卷七十九《选举表十七·举人二·国朝·雍正四年丙午附广西中式》：南海人，桂平籍，柳州教授。《南海志》无。

游天叙 清顺德大良人。岁贡，雍正四年（1726）举人。

［雍正］《广东通志》卷三十六《选举志六·国朝·贡生·广州府·顺德县》：游天叙。卷三十五《选举志五·举人·雍正四年丙午乡试榜》：顺德人。

［乾隆］《顺德县志》卷十《选举志·贡生·清朝·雍正岁贡》：大良人，中式。

赖成学 本姓谭，清顺德甘竹人。雍正四年（1726）举人。

［雍正］《广东通志》卷三十五《选举志五·举人·雍正四年丙午乡试榜》：广州人。

［乾隆］《顺德县志》卷十《选举志·举人·清朝·雍正丙午》：本姓谭，甘竹人。

黎天栋　本姓苏，清顺德金陡人。雍正四年（1726）岁贡，乾隆十二年（1747）任海南琼山训导。

［雍正］《广东通志》卷三十六《选举志六·国朝·贡生·广州府·从化县》：黎天栋。

［乾隆］《顺德县志》卷十《选举志·贡生·清朝·雍正岁贡》：本姓苏，从化籍金陡人。

［道光］《广东通志》卷五十五《职官表四十六·国朝十三·琼山县·教谕训导·乾隆朝》：南海人，贡生。十二年任……训导。

［同治］《南海县志》卷九《拾遗订误·贡生》：苏天栋，从化籍，丙午岁贡，琼山训导。《通志》作“黎天栋”，实本姓苏。雍正朝。

黎鸿渐　清顺德桃村人。雍正四年（1726）举人，十二年任广东徐闻教谕。

［雍正］《广东通志》卷三十五《选举志五·举人·雍正四年丙午乡试榜》：南海人。

［乾隆］《顺德县志》卷十《选举志·举人·清朝·雍正丙午》：□海□。

［道光］《广东通志》卷五十四《职官表四十五·国朝十二·徐闻县·教谕训导·雍正朝》：顺德人，举人。十二年任，教谕。

［咸丰］《顺德县志》卷十一《举人二·国朝·雍正》：桃村人，南海籍。徐闻县教谕……丙午科。

薛钟岳　清顺德龙江人。雍正四年（1726）举人，任阳朔教谕。乾隆十九年（1754）任广东信宜教谕。

［乾隆］　《顺德县志》卷十《选举志·举人·清朝·雍正丙午》：□□□□□龙江。

［乾隆］《广州府志》卷三十一《选举三·顺德县·清》：教谕，雍正丙午举人。

［道光］《广东通志》卷七十九《选举表十七·举人二·国朝·雍正四年丙午附广西中式》：顺德人，左州籍，阳朔教谕。卷五十二《职官表四十三·国朝十·信宜县·教谕训导·乾隆朝》：广州人，举人。十九年任……教谕。

杨芳世　字馨甫，清高明城中人。雍正五年（1727）岁贡，乾隆九年（1744）任广东长宁（今新丰）训导。次子东厘，字建京，12 次乡试不中，教书四十多年，乾隆三十六年（1771）恩贡。

［雍正］《广东通志》卷三十六《选举志六·国朝·贡生·肇庆府·高明县》：杨芳世。

［乾隆］《肇庆府志》卷十九《选举志二·国朝·岁贡·高明县》：五年贡，长宁训导，雍正间贡。

［道光］《广东通志》卷四十九《职官表四十·国朝·长宁县·教谕训导·乾隆朝》：高明人，岁贡。九年任……训导。

［道光］《高明县志》卷十二《选举志·贡生·国朝》：城中人，雍正五年岁贡，任长宁训导。卷十三《人物志·国朝》：字馨甫。质性颖悟，操守严介。年弱冠为邑庠，逾年食饩。由岁贡秉铎长宁，日诏诸生，谆谆勉以德行文章，如课家之子弟。手著《四书讲义》，作《针文集》传于家。次子东厘，膺恩贡，余亦诸生，皆述其著作以传于世云。

吴廷赉　清顺德赤花人。雍正五年（1727）岁贡。

［乾隆］《顺德县志》卷十《选举志·贡生·清朝·雍正岁贡》：德庆籍赤花人。

［乾隆］《肇庆府志》卷十九《选举志二·国朝·岁贡·德庆州》：五年贡，雍正间贡。

何咸遂　清顺德黄连人。雍正五年（1727）赈饥，寿83岁。

［乾隆］《顺德县志》卷十三《人物列传·行谊》：黄连人。性醇朴，事亲爱敬，执丧三年未尝见齿，兄弟怡怡。雍正丁未饥，捐资赈恤。里中有争者平之。寿八十三，邑令陈鸿熙旌其门曰“耆年有德”。

张昌仁　清南海人。岁贡，雍正五年（1727）任广东高要县、十年潮阳县训导。

［雍正］《广东通志》卷三十六《选举志六·国朝·贡生·广州府·南海县》：高要训导。《国朝·贡生·廉州府·府学》：张昌仁。

［乾隆］《南海县志》卷八《选举志·国朝贡生》：由廉州学岁贡，训导。

［乾隆］《肇庆府志》卷七《秩官志上·高要县·国朝·训导》：南海岁贡，雍正五年任。

［道光］《广东通志》卷五十《职官表四十一·国朝八·潮阳县·教谕训

导·雍正朝》：南海人，十年任，训导。

陈世和 （？—1733）字圣取，别字时一，清顺德龙山人。雍正五年（1727）举优行，任浙江龙游县丞卒。祖恭尹，父励。子铭曾。

［雍正］《广东通志》卷三十六《选举志六·国朝·贡生·广州府·南海县》：陈世和。卷三十五《选举志五·奉恩诏荐举·雍正五年举才能》：顺德拔贡，浙江试用。

［乾隆］《顺德县志》卷十《选举志·荐辟·清朝》：南海籍龙山人。雍正时举优行，咨部引见，奉发浙江省以知县以下试用。卷十二《人物列传·孝友》：字圣取，别字时一，龙山人。金吾□□孙，举人励子也。产数月，所生母为嫡母李氏所出，至数岁闻之，朝夕含泪依嫡母膝下，嫡母亦怜爱之，追悔旧日。稍长父亡，三年泪不已。天姿绝敏，家夙聚书，遍诵弗遗。诗歌古文绰有祖风，尤善于谈论，援引古今若悬河注。性视财如土，亲戚多主其家，于知己则爱若性命，急人之难，恤人之乏，囊罄不顾。应童子试日，有□□入泮者以士重始进不应。学士惠□□来粤视学，□赏其文，补南海庠生，旋携至潮助校士。未几拔贡北上，归嫡母已亡，哀如丧父。以优行为巡抚傅泰所荐，发闽浙总督李卫试用。署盐场大使，革陋规，除宿弊，人多嫉之。转龙游县丞，衙斋无事，仍理旧业，日考古书。癸丑殁于署，囊无一物，县正阎沛年为经纪其丧。世和诗文不轻作，间有所著，殁后散失，所存有《十余子草》。其妻张氏于归周岁，生子铭曾，旋殁，不复娶。盖以慕母故，不忍他慕，负痛不为人道，识者悲之。

［乾隆］《广州府志》卷三十八《人物七·孝行·顺德·清》：字圣取……天姿绝敏，诗歌古文绰有祖风，学使惠士奇咨赏其文。

［嘉庆］《龙山乡志》卷八《人物志·孝友》：字圣取，别字时一，金吾恭尹孙，举人励子也。……应童子试日，有欲为入泮者以士重始进不应。学士惠士奇来粤视学，咨赏其文，补南海庠生，旋携至潮助校士。……盖以慕母故，不忍他慕，负痛不为人道，识者悲之。

［道光］《广东通志》卷一百九十七《艺文略九·集部三》：《介亭诗钞》，国朝陈世和撰，存。《粤东诗海》：世和……恭尹孙。

［咸丰］《顺德县志》卷十八《艺文略二·集部二·别集二》：《拾余子草》，并国朝陈世和撰。卷二十五《列传五·国朝一·陈恭尹传》：子励。励子世和……应童子试，有欲说项者弗屑也。

陈华封　字祝三，号复斋，清顺德龙山人。少随堂兄世和学，与杭世骏友好。祖恭尹，父南敬。子次藩，初名举甫。女贤，嫁张晖良，生张如芝。

［嘉庆］《龙山乡志》卷八《人物志·文苑》：字祝三，号复斋，元孝孙也。世迁居羊城之育贤坊，性豪俊不羁。少随从兄圣取学，工举子业，潦倒场屋，老而弗遇，遂以诗世其家。尝自序其稿……因筑晚成堂以见志，日与郡邑名流分曹结社，有探珠入兰乐群等目。其时王书门观察、张芸墅司马皆耳其名，造门定交。杭堇浦太史时应山长聘入粤，尤称莫逆。……罗定有《三泷诗选》，乃其应聘掺衡所定也。著有《复斋诗钞》，与堇浦同作诗多附刻于《岭南集》中。子次藩，有父风，洒脱自喜，翕然远俗。甫成童时，名流日集堂中，即能擘笺分赋，其后每招吟，杖履裙屐咸叙，故有忘年社之称，著有《小禺诗草》。女适张氏，孝廉张如芝母也，亦能诗，遗有《柔存诗草》。

［道光］《广东通志》卷一百九十八《艺文略十·集部四》：《小禺诗草》，国朝陈次蕃撰，未见。《粤东诗海》：次蕃，初名举甫，字又蕃，顺德人，华封子。《艺文略十·集部四·名媛》：《柔存堂遗草》，国朝名媛陈氏撰，未见。《粤东诗海》：陈氏，顺德人，陈华封女。《秋香亭诗草》一卷，国朝名媛陈贤撰，存。《女文苑》：贤字仲妫，顺德人，诗人恭尹曾孙女，张晖良妻。子如芝，乾隆戊申举人。

［咸丰］《顺德县志》卷二十五《列传五·国朝一·陈恭尹传》：亦恭尹孙，南敬子……少随世和学举子业不售……太史杭世骏来主粤秀书院，尤称莫逆……应聘罗定，辑《三泷诗选》。

梅挺偲　字俨先，号澹庵，清顺德龙山人。父万祉。子本深，雍正二年（1724）、五年赈饥。

［乾隆］《顺德县志》卷十三《人物列传·行谊》：字俨先，号澹庵，龙山人，万祉子。少事双亲，上承王母，各得其欢心，同胞五人怡怡如也。尝拓祖庙，增祭田，族人婚嫁丧葬，率多厚给。雍正甲辰至丁未邑荐饥，挺偲厚捐赈济里中。时为文会汇送名儒，定其甲乙，文风以振。尝与黎汪甫同事计然策，未几汪甫卒，资本无存。后自经营致巨万，析其半与汪甫之子。游历齐楚燕赵间，贤豪显贵，多所交投。尚气谊，周人之急，成人之美，惟恐不及。补太学生，候选州倅。寿七十五卒，以子本深贵封文林郎。

谢延魁　清高明城中人。雍正五年（1727）例贡。

［道光］《高明县志》卷十二《选举志·例贡·国朝》：城中人，康熙五

十三年例贡。奉旨优行，候选州同。

陈家修 字俞徵，清南海简村人。慷慨待人。

［同治］《南海县志》卷十九《列传·善行》：字俞徵，简村堡人。雍正间例贡生。家本素封，田产资财积累巨万。然性喜挥霍，亲友贫乏，有取求无勿予。其农家举贷为耕种资、商贾揭母钱为贸迁本者手书一券，慨然给之，不取重利，知其人已折阅亦不复追取，故积欠累累，契券盈箱箧。晚年将易箦，手搜质券，抽出数十百纸谓所亲曰："此皆穷户，倘必追逋，虽拆房屋、卖妻子不足偿也。无银可偿，此券遂成废纸，留之身后为子孙构讼地耳！"乃召欠户到，当面焚之，计一炬散二万余金，各人欢呼而去，曰："孟尝市义，今再见矣！"自雍正迄今百余载，子孙繁衍多至百数十人，厚德载物，地道资生，或以为有报应云。

黎仕俊 清南海人。雍正间任千总，阵亡。孙松伟。

［道光］《南海县志》卷二十二《选举表三·国朝·行伍·雍正朝》：千总。《国朝·封荫·雍正朝》：黎松伟，以祖仕俊阵亡，荫恩骑尉。黎福肇，以曾祖仕俊荫恩骑尉。黎福安，以曾祖仕俊荫恩骑尉，福肇无子故也。

邓景濂 一说名景廉，清顺德水藤人。雍正六年（1728）岁贡。

［雍正］《广东通志》卷三十六《选举志六·国朝·贡生·肇庆府·恩平县》：邓景濂。

［乾隆］《顺德县志》卷十《选举志·贡生·清朝·雍正岁贡》：邓景廉，恩平籍水藤人。

［乾隆］《肇庆府志》卷十九《选举志二·国朝·岁贡·开建县》：六年贡，雍正间贡。

许滨 清南海人。雍正六年（1728）岁贡。

［雍正］《广东通志》卷三十六《选举志六·国朝·贡生·广州府·南海县》：许滨。

［道光］《南海县志》卷二十一《选举表二·国朝·贡生荐辟·雍正朝》：岁贡……戊申。

吕兰芳　清南海佛山镇人。雍正六年（1728）拔贡。

［雍正］《广东通志》卷三十六《选举志六・国朝・贡生・广州府・从化县》：吕兰芳。

［乾隆］《佛山忠义乡志》卷四《选举志・岁贡・清》：由庠例贡。

［乾隆］《肇庆府志》卷十九《选举志二・国朝・岁贡・鹤山县》：六年拔贡，雍正间贡。

［道光］《肇庆府志》卷十五《选举二・国朝・贡生・鹤山县学・雍正朝》：由从化学岁贡。

周致焕　清南海人。雍正六年（1728）岁贡。

［道光］《南海县志》卷二十一《选举表二・国朝・贡生荐辟・雍正朝》：由广州府学，岁贡……戊申。

潘法茂　清南海人。雍正六年（1728）任广东东安（今云浮）训导。

［乾隆］《东安县志》卷三《秩官志・训导・清》：南海人，岁贡，雍正六年任。

劳孝舆　（1698—1747）字阮斋，清南海佛山镇人。雍正八年（1730）参修《一统志》，十三年拔贡。与何梦瑶、罗天尺、苏珥齐名，世称"惠门四子"。乾隆元年（1736）举博学鸿辞科，卒官。父仁，子济、潼。

［乾隆］《南海县志》卷八《选举志・国朝贡生》：乙卯科拔贡。

［道光］《广东通志》卷六十五《选举表三・制举・国朝・雍正十三年乙卯博学鸿词》：南海拔贡生，廷试第五，历知黔南锦屏、青镇、龙泉、清溪、毕节、镇远六县。子潼。卷一百八十九《艺文略一・经部・春秋类》：《春秋诗话》五卷，国朝劳孝舆撰，存。《鹤征录》：阮斋才气豪放，学亦博赡。所著《春秋诗话》，专取左氏之言诗者。卷一百九十七《艺文略九・集部三》：《阮斋文集》四卷、《诗集》八卷，国朝劳孝舆撰，存。罗天尺序曰……乾隆壬午腊月，二子济、潼刻其《阮斋集》……忆康熙癸卯，惠天牧督学吾粤，予与苏子瑞一同寓仙湖，与陈子圣取晚成堂邻比，而孝舆与何子报之寓馆亦近，旦夕过从……已而秋闱报罢，各散一方……雍正庚戌，诏天下修《大清一统志》，予与孝舆给事西局……总裁以人物传属予二人……丁卯秋得黔中

书，而孝舆死矣。卷一百九十八《艺文略十·集部四·总集》：《读杜窃余》五卷，国朝劳孝舆撰，存。

［道光］《佛山忠义乡志》卷九《循吏·清》：字阮斋，拔贡生。少好游，渡琼海，登罗浮绝顶，历览江河、衡岳诸胜，著作日富。受知学使惠士奇，与何梦瑶、罗天尺、苏珥齐名，世称"惠门四子"，名大噪。雍正庚戌诏修《一统志》，孝舆与纂粤乘，发凡起例，多出其手。乾隆丙辰举博学鸿词，召试未用，旋出为黔宰。时苗乱初靖，有屯田之役，始经理三堡，遂入山苗。由二岭至山婆，逾圭翁斗巴直达琴台，措置八堡屯田，足茧万山者七月。将去，屯之民蚁行盘路而下攀辕曰："公衣食我，忍未及睹我饱暖而去也！"历任诸邑，不名一钱，迁镇远，卒于官。著有《阮斋文钞》四卷、《诗钞》六卷、《春秋诗话》《读杜识余》。子潼。

［道光］《南海县志》卷三十九《列传八·国朝》：仁子……孝舆以文学饰吏治，布政使陈公悳荣深与投契，所上劝民开垦养蚕种树条例，陈公多采纳檄行诸郡，至今民以为便。初署锦屏、清镇，旋补龙泉，摄清溪，不欲以催科见长。毁嘉靖旧码，易以今制，输粮者获羡归，民大悦，为建"劳公书院"尸祝之。调繁毕节，适岁饥，有纠众剽掠者，孝舆方在省垣，闻之驰拘其魁，以饥民报，薄惩治。邻邑有类此者，邑令以乱民报，多抵于法，毕民皆感泣曰"劳父实生我"云……卒于官，年五十。

劳谈氏　清南海佛山镇人。父德，乾隆元年（1736）举人第一名。夫劳孝舆，子济、潼。

［乾隆］《佛山忠义乡志》卷三《乡事志·纪略》：清乾隆元年丙辰特恩乡试，谈德领乡荐第一（居福德铺，原平洲堡人）。卷九《人物志·耆寿·清》：谈俊，九十八，解元德父。

［道光］《佛山忠义乡志》卷九《列女·国朝·贤母》：劳孝舆妻谈氏，幼随父德河南襄城任内，性慈厚而俭，好诗书，知古今。及归孝舆，事祖姑及翁姑得其欢心。夫殁后，抚二子成立。长济，庠生。次潼，氏每夜口授《毛诗》，后潼以本经中式冠其房，盖氏所教云。

苏珥　（1699—1767）字瑞一，号古侪，晚号睡逸居士，清顺德碧江人。13岁学于督学惠士奇，乾隆三年（1738）举人。祖上遇。

［乾隆］《顺德县志》卷十《选举志·举人·清朝·乾隆戊午》：碧江人。

［道光］《广东通志》卷六十五《选举表三·制举·国朝·雍正·十三年

乙卯博学鸿词》：顺德人。雍正十二年举优行，乾隆戊午举人。卷一百九十《艺文略二·史部一·总编》：《宏简录辨定》，国朝苏珥撰，佚。谨案：珥字瑞一，顺德人，乾隆戊午举人。所著又有《笔山堂类书》《前明登科入仕考》，皆未见。卷一百九十八《艺文略十·集部四》：《安舟遗稿》，国朝苏珥撰，未见。卷二百八十七《列传二十·广州二十》：性脱略不羁，然笃于学。尝掉臂游市中，且行且诵，人莫能测（《县草志》）。诗有别趣（《粤台征雅录》）。惠士奇称之曰"南海明珠"（《瘿晕山房诗钞》）。珥尤敦伦纪，会荐举鸿博，大吏上其名（《县草志》）。南海劳孝舆同被征，约与俱。珥曰："予有母八十，不畏碧玉老人见哂乎？"（《瘿晕山房文钞》）乾隆戊午举于乡，无计偕意。母促之乃行，及南返不复出（《县草志》）。为文长于序记，与书法皆名重一时，称二绝。

[咸丰]《顺德县志》卷二十五《列传五·国朝一》：号古侪，晚号睡逸居士，碧江人。祖上遇，字允升，豁达好善，族党多受推解者，家以是贫。生平务成人善，不言人过，与兄弟友爱甚笃，其子士豪亦好异书古刻。珥生七岁即能文，长博书史。嗜饮，而丧亲则斥去杯杓。雍正初，珥年十三，受知督学吴县惠士奇，旋食饩入幕，与同县罗天尺、陈海六，南海何梦瑶襄校阅，称惠门四俊。督学邓钟岳以优行荐，雍正十五年分设肇高、广韶两学政，广韶学政止邓钟岳以雍正八年任，而《敬学轩文集》邓有存荐优行，不著其年，盖书字也。巡抚杨文乾以孝廉方正荐，皆不就。缙绅大吏至粤，耳其名恒造庐与订交，论文外无他言，又不谄答，群公转加礼重。乙卯开博学鸿词科，刑部右侍郎杨超曾以珥奏，诏下有司起送入都。时巡抚杨永斌亦荐南海劳孝舆，素与珥交厚，约偕行，珥……陈之疆吏，以母老代请免试。戊午举于乡，不欲赴礼闱……至都，偕天尺谒士奇，士奇笑曰："古侪不善揣摩，屡踬场屋，今竟售，南海明珠尽入贡矣！"下第与江南沈德潜、夏之蓉唱和甚欢，会士奇以事籍产，随复官，珥率粤士醵金赎还红豆斋居焉。乙丑南归乏资，德潜赠以金而后得治装，既归不复会试。家故中落，以束脩所入购书万卷，著述自娱。性既强记，又手录而点论之，札记月日。及门以古事质，倦于缕答，则指架庋卷帙篇页，使自捡阅辄不爽。生平最笃友谊，梦瑶死，闻即拏舟往哭，至则已盖棺，遽令其属启而复视，对尸大恸。刘铁笛子不率教，将置之死，珥匿而教之，数年得乡举，父子感深刺骨。士奇子定宇与弟纯楠重游粤主于珥，出所注《渔洋精华录训纂》属参订，即为卒业就所见校之。为文光怪陆离，书亦负重名。有豪贵子以巨金请为文，珥怫然曰："吾非鬻文，金奚宜？"至与士夫游，非所甚善不肯以诗词赠答。同族与人争地，馈千金借其名为重不可。居恒简脱，不修容止，往往吟哦市上，旁若无人。当道欲一见不可得，方物色间，适袖果实行且食而过不顾也。著有……《古侪杂

钞》《明登科入仕考》《诗文集》。

区兆麟 清顺德人。雍正七年（1729）任顺德左镇营外委千总。

［乾隆］《顺德县志》卷九《兵防志·武职·左镇标下中营外委千总》：顺德人，由行伍。左哨，雍正七年到汛。

区廷辉 清南海佛山镇人。雍正七年（1729）被推举为约正。

［乾隆］《佛山忠义乡志》卷三《乡事志·纪略》：清雍正七年己酉设约正（乡推贡生区廷辉）。卷四《选举志·岁贡·清》：由庠例贡。

［道光］《佛山忠义乡志》卷十《贡生·清》：附贡。

区植仁 姓一作欧，字生府，清高明棠美人。雍正七年（1729）举人，任河北灵寿知县六年。

［雍正］《广东通志》卷三十五《选举志五·举人·雍正七年己酉乡试榜》：欧植仁，高明人。

［乾隆］《顺德县志》卷十《选举志·举人·清朝·雍正己酉》：欧植仁，龙江人。

［乾隆］《肇庆府志》卷十九《选举志二·国朝·举人·雍正己酉》：欧植仁，高明人，灵寿知县。

［道光］《高明县志》卷十二《选举志·举人·国朝》：棠美人，雍正己酉举人，任直隶灵寿知县。卷十三《人物志·国朝》：字生府。沉潜和厚，以监生中雍正己酉乡试。令直隶灵寿县，灵土瘠民贫，仁始下车，法稼书陆公遗政，严剔滋扰之蠹吏以与民休息。遇水患，终夜徒步指挥，拯救而赈抚之。军兴旁午，派拨飞车，民心惶惑，仁力请捐俸助济，以免其苦，民乃安。在任六载，听断无私，催科不迫，劝农课士，皆以实心行实政。灵人德之，谓与陆公稼书后先济美，同出于学道爱人之训云。

邓朝第 清南海人。雍正七年（1729）举人。

［乾隆］《南海县志》卷八《选举志·乡举·国朝·雍正己酉》：广西中式。

［道光］《广东通志》卷七十九《选举表十七·举人二·国朝·雍正七年

己酉附广西中式》：南海人，楚平籍。

孔传大 清南海叠滘人。雍正七年（1729）举人，乾隆元年（1736）进士。

［雍正］《广东通志》卷三十五《选举志五·举人·雍正七年己酉乡试榜》：广州人。

［乾隆］《南海县志》卷八《选举志·乡举·国朝·雍正己酉》：进士。《选举志·进士·国朝·乾隆丙辰》：孔传大。

冯迪祥 清顺德龙山人。雍正七年（1729）举人，十二年任广东普宁教谕。父熳。

［雍正］《广东通志》卷三十五《选举志五·举人·雍正七年己酉乡试榜》：顺德人。

［乾隆］《顺德县志》卷十《选举志·举人·清朝·雍正己酉》：龙山人，普宁县教谕。《选举志·封赠·教谕·清朝》：冯熳，以子迪祥贵赠。

［道光］《广东通志》卷五十《职官表四十一·国朝八·普宁县·教谕训导·雍正朝》：顺德人，十二年任，教谕。

叶学聪 清南海人。雍正七年（1729）岁贡。

［道光］《南海县志》卷二十一《选举表二·国朝·贡生荐辟·雍正朝》：岁贡，四川嘉定分府……己酉。

卢日盛 清顺德羊额人。雍正七年（1729）武举，乾隆二年（1737）武进士，任福建都司。

［雍正］《广东通志》卷三十五《选举志五·武举人·雍正七年己酉乡试榜》：顺德人。

［乾隆］《顺德县志》卷十《选举志·武进士·国朝·乾隆丁巳恩科》：羊额人，侍卫，任福建都司。

卢泰来 一说名来泰，清顺德羊额人。雍正七年（1729）武举。

［雍正］《广东通志》卷三十五《武举人·清·雍正七年己酉乡试榜》：卢来泰，顺德人。

［乾隆］《顺德县志》卷十《选举志·武举·清朝·雍正己酉》：羊额人。

卢登进　清顺德羊额人。雍正七年（1729）武举。

［雍正］《广东通志》卷三十五《选举志五·武举人·雍正七年己酉乡试榜》：广州人。

［乾隆］《顺德县志》卷十《选举志·武举·清朝·雍正己酉》：羊额人。

刘昌五　本姓辛，清顺德北滘人。雍正七年（1729）乡试第一，次年进士。父慕霞，姊守节受旌。

［雍正］《广东通志》卷三十五《选举志五·举人·雍正七年己酉乡试榜》：顺德人，解元，本姓辛。

［乾隆］《顺德县志》卷十《选举志·进士·清朝·雍正庚戌》：本姓辛，北滘人，翰林院检讨。卷十四《人物列传·节妇》：杨仁忠妻辛氏，乾滘人，赠儒林郎辛慕霞之女，检讨辛昌五之胞姊也。年十八于归，生一子甫二岁夫故，氏年二十八矢志柏舟。时生、继两翁姑在堂，奉养皆得欢心。家徒四壁，纺绩自供，抚孤教诲有方。乾隆十年旌表。

［咸丰］《顺德县志》卷二十五《列传五·国朝一·辛慕霞传》：子昌五，敦学行，能文章。雍正己酉乡试第一，明年登第，官检讨。工诗，与梁善长、罗天尺交契。

关荫敏　清南海九江人。雍正七年（1729）武举。

［雍正］《广东通志》卷三十五《选举志五·武举人·雍正七年己酉乡试榜》：广州人。

［乾隆］《南海县志》卷八《选举志·国朝武乡举·雍正己酉》：关荫敏。

《九江儒林乡志》卷十《选举略·国朝·武举·雍正七年己酉科》：县学，中式第二名。

关腾飞　清南海人。雍正七年（1729）武举。

［乾隆］《南海县志》卷八《选举志·国朝武乡举·雍正己酉》：关腾飞。

吴俊常　清南海佛山镇人。雍正七年（1729）拔贡。

［雍正］《广东通志》卷三十六《选举志六·国朝·贡生·广州府·新会县》：吴俊常。

［乾隆］《新会县志》卷八《明经·清》：（雍正）七年拔贡。

［乾隆］《佛山忠义乡志》卷四《选举志·岁贡·清》：拔贡。

汤新 清顺德人。雍正七年（1729）任顺德左镇营外委把总。

［乾隆］《顺德县志》卷九《兵防志·武职·左镇标下中营外委把总》：顺德人，由行伍。左哨，雍正七年到汛。

辛元隆 清顺德北滘人。雍正七年（1729）武举。

［雍正］《广东通志》卷三十五《选举志五·举人·雍正七年己酉乡试榜》：广州人。

［乾隆］《顺德县志》卷十《选举志·武举·清朝·雍正己酉》：北滘人。

劳乔迁 清顺德小劳村人。雍正七年（1729）举人，十七年任广东海阳县教谕。

［雍正］《广东通志》卷三十五《举人·清·雍正七年己酉乡试榜》：顺德人。

［道光］《广东通志》卷五十《职官表四十一·国朝八·海阳县·教谕训导·乾隆朝》：顺德人，十七年任……教谕。

［咸丰］《顺德县志》卷十一《举人二·国朝·雍正》：小劳村人，海阳县教谕……己酉科。

严大昌 字而大，号五峰，清顺德大良人。雍正七年（1729）与修《顺德县志》。乾隆元年（1736）参加博学鸿词科地方选拔，未得荐。

［咸丰］《顺德县志》卷二十五《列传五·国朝一·陈份传》：其时，同县之偕试于弥达而未得荐者，龙山则邓彪，大良则罗天尺、严大昌……大昌，字而大，号五峰，廪生。少与陈敬南下帷小禺山舍，遂窥见独漉渊源。舍藏书万卷，得晨夕披览，浥注甚深。以余事为诗赋，出语惊人。大昌人秀颖而疾恶太严，语不合辄拂衣起，退则为书自伸其说，滚滚不休。晚筑园曰“不窥”，有无倦室、独醒斋诸胜，徜徉其间。年希尧抚粤，书“三朝文献”语以赠。雍正己酉县志：份、大昌与同县梁麟生、薛宁伯相与纂修……著有《不窥园集》十八卷。

李大任　清顺德大良人。雍正七年（1729）副贡。

［雍正］《广东通志》卷三十六《选举志六·国朝·贡生·广州府·香山县》：已酉副榜。

［乾隆］《广州府志》卷三十《选举二·香山县·清》：雍正己酉，副榜。

［咸丰］《顺德县志》卷十一《副贡·国朝·雍正》：大良人，己酉。

李唐　清顺德人。雍正七年（1729）任顺德左镇营把总。

［乾隆］《顺德县志》卷九《兵防志·武职·左镇标下中营把总》：顺德人，由行伍。左哨，雍正七年任。

［咸丰］《顺德县志》卷九《职官二·把总·雍正》：顺德人，行伍。七年任……左翼镇中营左哨。

杨凤翔　清顺德人。雍正七年（1729）任顺德左镇营外委千总。

［乾隆］《顺德县志》卷九《兵防志·武职·左镇标下中营外委千总》：顺德人，由行伍。右哨，雍正七年到汛。

吴根懋　清南海九江人。雍正七年（1729）拔贡。

［雍正］《广东通志》卷三十六《选举志六·国朝·贡生·广州府·南海县》：吴根懋。

［乾隆］《南海县志》卷八《选举志·国朝贡生》：己酉科拔贡。

《九江儒林乡志》卷十《选举略·国朝·贡生·雍正七年己酉》：广州学拔贡。

岑作梅　清顺德沙滘人。雍正七年（1729）岁贡。

［雍正］《广东通志》卷三十六《选举志六·国朝·贡生·罗定州·西宁县》：岑作梅。

［道光］《西宁县志》卷九《国朝·岁贡·雍正》：城内人，四年贡。

［咸丰］《顺德县志》卷十一《岁贡·国朝·雍正》：沙滘人，己酉。

佘于鹗　字阆西，清顺德大良人。雍正七年（1729）举人，乾隆十八年（1753）任广东嘉应州学正。祖象斗，父锡纯。

［雍正］《广东通志》卷三十五《选举志五·举人·雍正七年己酉乡试

榜》：顺德人，象斗孙。

［乾隆］《顺德县志》卷十《选举志·举人·清朝·雍正己酉》：马冈人。

［道光］《广东通志》卷五十七《职官表四十八·国朝十五·嘉应州·学正训导·乾隆朝》：顺德人，举人。十八年任……学正。

［咸丰］《顺德县志》卷二十五《列传五·国朝一·佘锡纯传》：大良人……子于鹗，字阆西，雍正己酉举人，嘉应州学正，有名于时，著有《退轩诗钞》。

陆文明　清三水骊坑人。雍正七年（1729）举人，乾隆十七年（1752）任湖南平江知县归。父之隆。

［雍正］《广东通志》卷三十五《选举志五·举人·雍正七年己酉乡试榜》：三水人。

［嘉庆］《三水县志》卷十一《人物传·宦迹》：骊坑人。幼有神悟，未冠补博士弟子员。雍正己酉领乡荐，茗竖颖发①，门里啧啧称羡，争以杜黄裳②器之。乾隆壬申，以谒选得楚南平江县。甫下车，首革征漕积弊，育士课农，次第设施，皆犁然③就绪。方伯周人骥极为嘉赏，会教谕缺员，即命兼摄。听政之余，集诸生至署，讲论弗辍，邑人沐其教，文风一变。秩满政成，慨然曰："田园将芜，可以归矣！"遂引疾归。扃户著书，足不践城市，属奉檄催赴部补官，坚辞不往，寿终于家。其去平邑也，士庶涕泣挽之不可，争相馈饯，有"玉洁冰清，德洋恩溥"之颂，并建生祠祀之。

陈量进　榜姓吴，清顺德龙涌人。雍正七年（1729）副贡。

［雍正］《广东通志》卷三十六《选举志六·国朝·贡生·广州府·顺德县》：吴量进，己酉副榜。

［乾隆］《顺德县志》卷十《选举志·贡生·清朝·雍正副榜》：龙涌人，己酉科，榜姓吴。

庞良骥　清南海人。雍正七年（1729）举人。

---

①茗竖颖发：茗是茶芽，颖发即脱颖而发，指少年英俊。

②杜黄裳（738—808），字遵素，唐京兆万年（今陕西西安）人。年轻时中进士，累官同平章事（相当宰相）。

③犁然：坚定不移的意思。

［雍正］《广东通志》卷三十五《选举志五·举人·雍正七年己酉乡试榜》：南海人。

［道光］《广东通志》卷五十二《职官表四十三·国朝十·信宜县·教谕训导·乾隆朝》：□良骥，广州人，七年任……教谕。

林允益　清高明范州人。雍正七年（1729）岁贡。

［光绪］《高明县志》卷十二《选举表·国朝·岁贡·雍正朝》：范州人，广西籍，七年贡。

林纮　一说名缄，清南海人。雍正七年（1729）岁贡，乾隆九年（1744）任广东永安（今紫金）训导。

［雍正］《广东通志》卷三十六《选举志六·国朝·广州府·府学》：林緎，南海人。

［道光］《广东通志》卷四十九《职官表四十·国朝·永安县·教谕训导·乾隆朝》：林缄，南海人，岁贡。九年任，训导。

［道光］《南海县志》卷二十一《选举表二·国朝·贡生荐辟·雍正朝》：《永安志》作“林緎”，南海人，岁贡，乾隆九年任训导……己酉。

欧阳显（清雍正）　本姓卢，清顺德众涌人。雍正七年（1729）副贡，乾隆二十二年（1757）任广东惠来教谕。

［雍正］《广东通志》卷三十六《选举志六·国朝·贡生·广州府·顺德县》：己酉副榜。

［乾隆］《顺德县志》卷十《选举志·贡生·清朝·雍正副榜》：本姓卢，四会籍众涌人，己酉科。

［道光］《广东通志》卷五十《职官表四十一·国朝八·惠来县·教谕训导·乾隆朝》：顺德人，二十二年任……教谕。

罗国用　字信昌，清南海简村堡人。雍正七年（1729）参选力士，寿90岁。

［道光］《南海县志》卷四十四《杂录二》：字信昌，简村堡人。貌雄伟，多力。尝与众共坐，指其门楼曰：“吾力能撼此。”众不信，因与众约：“倾汝等修复。”众曰：“可。”撼之门楼果倾。又尝与众约以齿啮谷二石绕禾场三周，着高齿木屐，以长杉挑谷十二箩，行遍一乡，而止山根渡船。尝负书院

租，国用与众往讨不得。船橹重数百斤，独扛至书院，使不得行。大桐陈某善搏击，聚徒教授为里闾患，欲惩之，与乡人秦可达往，入门取其巨石，掷之阶下，棍棒手折之，其人惧立散。又九江人尝乘大船，至村中窃草伤稼，村人止之不得，国用怒，手举其船置陆上。雍正七年，诏选天下力士，国用与焉。初、再试皆赏银，三试赏龙绢，充勇健营力士。后分发回省就营效力，遂家居不复出。性孝友，治家极严，乡间有不平事，皆就决之，年九十乃卒。

周元俠　清顺德黎村人。雍正七年（1729）武举，60年后重逢鹰扬宴。

［雍正］《广东通志》卷三十五《选举志五·武举人·雍正七年己酉乡试榜》：顺德人。

［乾隆］《顺德县志》卷十《选举志·武举·清朝·雍正己酉》：黎村人。

［咸丰］《顺德县志》卷十一《武举·国朝·雍正》：黎村人，重宴鹰扬……己酉。

胡国楠　一说名国南，字兼弼，清顺德桂洲人。优贡，雍正七年（1729）任广东河源教谕。

［乾隆］《顺德县志》卷十《选举志·贡生·清朝·康熙例贡》：胡国南，桂洲□□源县□□。

［道光］《广东通志》卷四十九《职官表四十·国朝·河源县·教谕训导·雍正朝》：顺德人，廪贡，七年任教谕。

［咸丰］《顺德县志》卷二十七《列传七·国朝三》：字兼弼……桂洲人。国楠少负才名，以廪生贡优行，署阳江教谕。雍正己酉，补河源。勤讲课，却脩脯，士咸爱戴之。八月，甘露降其庭。九月，学田产嘉禾，茎五六穗者四十八本，大吏题闻，人谓德教所致。先是，河源少中第，逮是科名大振，上官并奖之。归卒于家，河源人祀于槎江义学。国楠友爱笃挚，居乡族，力倡善举，无德色。

柯大抡　本姓胡，一说名大伦，清顺德大良人。雍正七年（1729）或乾隆五年（1740）岁贡。

［雍正］《广东通志》卷三十六《选举志六·国朝·贡生·肇庆府·府学》：柯大伦。

［乾隆］《顺德县志》卷十《选举志·贡生·清朝·雍正岁贡》：本姓胡，肇庆籍大良人。

［乾隆］《肇庆府志》卷十九《选举志二·国朝·岁贡·肇庆府》：阳春人，五年贡，乾隆年间贡。

［道光］《肇庆府志》卷十五《选举二·国朝·贡生·肇庆府学·雍正朝》：阳春人，七年贡。

柯檑 清顺德龙山人。雍正七年（1729）举人。

［雍正］《广东通志》卷三十五《举人·清·雍正七年己酉乡试榜》：顺德人。

［乾隆］《顺德县志》卷十《选举志·举人·清朝·雍正己酉》：龙山人。

郭元星 清南海人。雍正七年（1729）岁贡。

［道光］《南海县志》卷二十一《选举表二·国朝·贡生荐辟·雍正朝》：岁贡……己酉。

郭都卿 清三水莘村人。雍正七年（1729）武举。

［雍正］《广东通志》卷三十五《选举志五·武举人·雍正七年己酉乡试榜》：三水人。

［嘉庆］《三水县志》卷九《选举·武举·国朝·雍正七年己酉科》：莘村人。

梁必登 清南海佛山镇人。岁贡，雍正七年（1729）任广东程乡训导。

［乾隆］《佛山忠义乡志》卷四《选举志·岁贡·清》：正贡，嘉应训导。

［道光］《广东通志》卷五十《职官表四十一·国朝八·程乡县·教谕训导·雍正朝》：南海人，七年任，训导。卷五十七《职官表四十八·国朝十五·程乡县·教谕训导·雍正朝》：南海人，岁贡。七年任，训导。

梁日昇 一说名日升，清顺德弼教人。雍正七年（1729）举人。

［雍正］《广东通志》卷三十六《选举志六·国朝·贡生·广州府·花县》：梁日昇。卷三十五《选举志五·举人·雍正七年己酉乡试榜》：花县人。

［乾隆］《顺德县志》卷十《选举志·贡生·清朝·雍正拔贡》：弼教人，中式。《选举志·举人·清朝·雍正己酉》：梁日升，花县籍弼教人。

梁连元　榜姓戴，清顺德大都人。雍正七年（1729）举人，次年进士，琼州府教授。妻朱氏寿百岁。孙若镜，寿90岁。

［雍正］《广东通志》卷三十五《选举志五·举人·雍正七年己酉乡试榜》：戴连元，广州人，姓梁，登进士。《进士·国朝·雍正八年庚戌周澍榜》：顺德人。

［乾隆］《顺德县志》卷十《选举志·进士·清朝·雍正庚戌》：戴连元，本姓梁，大都人。

［咸丰］《顺德县志》卷十《进士·国朝·雍正》：琼州府教授……庚戌科。卷十五《耆寿·百岁寿妇·国朝》：朱氏，大都人，进士戴连元妻，年百岁。《耆寿·九十寿民·国朝》：戴若镜，本姓梁，大都人，进士连元孙，年九十。

梁麟生　字灵长、越裳，清顺德伦教人。与罗天尺交谊最深。雍正七年（1729）与陈份、严大昌、薛宁伯修县志。

［道光］《广东通志》卷一百九十七《艺文略九·集部三》：《药房集》，国朝梁麟生撰，未见。《粤东诗海》，麟生，字灵长，顺德人，诸生。

［咸丰］《顺德县志》卷二十四《列传四·明三·梁崇廷传》：伦教人……崇廷子家棣，号云陲。好吟咏，书兼工楷草，直造晋贤堂奥，求书者户屦常满，率自书所为诗。兵燹后，遗迹存绝少，或藏其立幅，黎简尝对之，移时不能去。棣侄麟生，字灵长，又字越裳。少负逸才，名藉甚，学于棣。作诗不坠家风，尤工艳体，与天尺交最深。雍正己酉，偕陈份、严大昌、薛宁伯修县志。著有《药房诗钞》四卷。在廷、崇廷子若孙两世，为诸生者十人，皆有声。自梿以下四人外，余则以隐逸著，旧《志》各为立传。咸自以其先世仕宦，鼎革后无意进取，其清风高节往往见于国初人纪载，以为词赋一家云。

龚朝伸　一说名朝昇，清顺德黄连人。雍正七年（1729）任南海训导。

［乾隆］《顺德县志》卷十《选举志·贡生·清朝·雍正例贡》：黄连人，南海训导。

［道光］《广东通志》卷四十五《职官表三十六·国朝三·南海县·教谕训导·雍正朝》：龚朝昇，四会人。岁贡，七年任，训导。

曾功坚　字贞可，号干峰，清南海九江人。雍正七年

(1729) 举人。

[雍正]《广东通志》卷三十五《选举志五・举人・雍正七年己酉乡试榜》：南海人。

《九江儒林乡志》卷十《选举略・国朝・举人・雍正七年己酉科》：字贞可，号干峰。儋州学中式第四十三名。

彭士佳 清顺德龙江人。岁贡，雍正七年(1729)任广东兴宁训导。

[雍正]《广东通志》卷三十六《选举志六・国朝・贡生・高州府・茂名县》：兴宁训导。

[乾隆]《顺德县志》卷十《选举志・贡生・清朝・康熙岁贡》：龙江人，兴宁县训导。

[道光]《广东通志》卷五十七《职官表四十八・国朝十五・兴宁县教谕训导・雍正朝》：茂名人，七年任……训导。

程尚元 清南海人。雍正七年(1729)武举。子玉章。

[雍正]《广东通志》卷三十五《选举志五・武举人・雍正七年己酉乡试榜》：广州人。

[乾隆]《南海县志》卷八《选举志・国朝武乡举・雍正己酉》：程尚元。

[道光]《南海县志》卷二十二《选举表三・国朝・武举・雍正朝》：己酉科。

谭大谟 清高明城中人。雍正七年(1729)增贡。

[道光]《高明县志》卷十二《选举志・例贡・国朝》：城中人，雍正七年增贡。

谭彦升 清南海人。雍正七年(1729)岁贡。

[道光]《南海县志》卷二十一《选举表二・国朝・贡生荐辟・雍正朝》：由广州府学，岁贡……己酉。

谭谦 清高明冈边人。雍正七年(1729)拔贡。

[道光]《高明县志》卷十二《选举志・吏职・补遗》：冈边人，雍正己酉拔贡，灵山籍，任浙江安吉州。

潘生木　清顺德冲鹤人。雍正七年（1729）武举。

［雍正］《广东通志》卷三十五《选举志五·武举人·雍正七年己酉乡试榜》：广州人。

［乾隆］《顺德县志》卷十《选举志·武举·清朝·雍正己酉》：冲鹤人。

潘宪勋　字华苍，清顺德冲鹤人。雍正七年（1729）武举，乾隆十三年（1748）选卫千总。

［乾隆］《顺德县志》卷十《选举志·武举·清朝·雍正丙午》：冲鹤人。任太沧千总。

［咸丰］《顺德县志》卷二十五《列传五·国朝一·苏珥传》：字华苍，冲鹤人。少负异姿，娴声律，工画花卉，墨菊尤知名，喜骑射。时武童及能诗赋而非应童子科者，皆得就督学经古试，宪勋卷为士奇赏识，补武生。己酉中武举，制军鄂尔泰①与语异之，令就节署读书三年，诗学益邃。戊辰选卫千总领江南漕运，以诗谒德潜为序而行之。定宇至粤亦以世谊诗筒往还数数，仁和杭世骏主粤秀讲席与订交。宪勋为人有雅量，不以危险动心。尝于海上遭飓，舟人恐怖无色，宪勋独谈笑自若。又尝夜居山舍，有虎瞰其室，宪勋啸歌不辍，虎掉尾跃去。至今士林称惠门风致者，于八子外即屈指及之。著有《鹤堡诗钞》四卷、《太仓诗钞》三卷、《南归诗钞》六卷、《辘园诗钞》八卷。

潘康泰　又名李升，清顺德人。雍正七年（1729）任顺德左镇营外委把总。

［乾隆］《顺德县志》卷九《兵防志·武职·左镇标下中营外委把总》：李升，本姓潘名康泰，顺德人，由行伍。左哨，雍正七年到汛。

区章耀　字炯朝，清高明阮埇人。不满50去世。子成炎，其子郁如乾隆五十四年（1789）拔贡。成琬，其子灿如五十七年举人，嘉庆二十四年（1819）赠官衔。

［道光］《高明县志》卷十三《人物志·国朝》：字炯朝。少孤，事母以

---

①鄂尔泰（1677—1745），字毅庵，清镶蓝旗人。康熙举人，任内务府员外郎。雍正三年（1725）迁广西巡抚，次年调云贵总督，后任军机大臣，加太保，乾隆十年（1745）以病解职。

孝闻。性聪敏，早岁食饩，肄业端溪，为山长刘斗田所器重。年未五旬，仅及陪贡而没，远近惜之。今其孙郁如以选拔膺学博，灿如早岁掇巍科。子成炎亦以诸生衔封典。德厚流光，数或然与？卷十二《选举志·封典·国朝》：区成炎，阮埇人，邑增，嘉庆元年以子郁如封修职郎，二十四年晋赠文林郎。区章耀，阮埇人，廪生，嘉庆二十四年，以孙郁如貤赠文林郎。

［光绪］《高明县志》卷十二《选举表·封赠·国朝》：区成琬，嘉庆二十四年，以子灿如赠文林郎，以孙拔熙赠奉直大夫。

潘凤昌　字允韶，号梧斋，清顺德冲鹤人。严格教育生徒，督学惠士奇表扬。父黄虞，兄凤升，子秋最。

［乾隆］《顺德县志》卷十三《人物列传·儒林》：字允韶，号梧斋，冲鹤人。父黄虞为诸生，遭寇乱，居屡徙，备极艰苦，凤昌随兄凤升晨夕务娱亲志。励志读书夜分不辍，弱冠应童子试拔帜，补南海弟子员，历试优等食廪饩。平生操行纯谨，善气迎人，对知交辄为劝学，教子弟及生徒问答间接之甚和。督课严厉，及门岁科试多隶胶庠，学使咸嘉之。检讨陈均檄学博表其门曰“士林矜式”，学士惠士奇复表之曰□□□□□□□咏。与朋辈倡和，顷刻得十余纸，大抵以自然为宗。兄凤升亦工诗，学士王士祯祭告南海，见其诗于古刹，叹赏欲见之，辞不往，人甚高之。凤升，号梧轩，学者兼称二梧云。子秋最，鹤山廪膳生。

［乾隆］《广州府志》卷三十九《人物八·文苑·顺德·清》：字允韶，号梧斋……平生操行纯谨，善气迎人而督课严厉。嗜吟咏，与朋辈倡和，顷刻得十余纸，大抵以自然为工。

［咸丰］《顺德县志》卷十八《艺文略二·集部二·别集二》：《寄亭草》，国朝潘凤昌撰。按：昌字允韶，诸生。卷二十五《列传五·国朝一》：惠士奇来视学，复表曰“文高行卓”。

朱上儒　清南海人。岁贡，雍正八年（1730）任广东海康训导。

［道光］《广东通志》卷五十四《职官表四十五·国朝十二·海康县·教谕训导·雍正朝》：南海人，岁贡。八年任，训导。

李万就　清顺德古楼人。雍正八年（1730）任顺德训科。

［咸丰］《顺德县志》卷九《职官一·训科（医学）·国朝·雍正》：古楼人，八年充。

李正　清顺德人。雍正八年（1730）任顺德左镇营外委千总。

［乾隆］《顺德县志》卷九《武职・左镇标下中营外委千总》：顺德人，由行伍。右哨，雍正八年到汛。

张太经　清顺德桂洲人。雍正八年（1730）任顺德训术。

［乾隆］《顺德县志》卷八《官师志・□□训术》：桂洲乡人，雍正八年奉设。

［咸丰］《顺德县志》卷九《职官一・训术（阴阳）・国朝・雍正》：桂洲人，八年充。

林大有　清南海人。雍正八年（1730）岁贡。

［雍正］《广东通志》卷三十六《选举志六・国朝・贡生・广州府・南海县》：林大有。

［道光］《南海县志》卷二十一《选举表二・国朝・贡生荐辟・雍正朝》：庚戌岁贡。

欧必登　清顺德陈村人。雍正八年（1730）岁贡。

［乾隆］《顺德县志》卷十《选举志・贡生・清朝・雍正例贡》：陈村人，优行。

［咸丰］《顺德县志》卷十一《岁贡・国朝・雍正》：陈村人，庚戌。

胡颖凝　清三水三江人。雍正八年（1730）岁贡。

［雍正］《广东通志》卷三十六《选举志六・国朝・贡生・广州府・三水县》：胡颖凝。

［嘉庆］《三水县志》卷九《选举・岁贡・清》：三江人，（雍正）八年贡。

静恒　清顺德冲鹤人。雍正八年（1730）任顺德僧会司。

［乾隆］《顺德县志》卷八《官师・僧会司》：冲鹤乡人。雍正八年奉设。

潘志刚　清顺德冲鹤人。雍正八年（1730）岁贡。

［咸丰］《顺德县志》卷十一《岁贡·国朝·雍正》：冲鹤人。庚戌。

黎锡兴 清顺德羊额人。雍正八年（1730）任顺德道会司。

［乾隆］《顺德县志》卷八《官师·道会司》：羊额乡人，雍正八年奉设。

邓捷三 清三水清塘人。雍正九年（1731）岁贡，十一年任广东龙川教谕。

［嘉庆］《三水县志》卷九《选举·岁贡·清》：清塘人。（雍正）九年贡，龙川县教谕。

［道光］《广东通志》卷四十九《职官表四十·国朝·龙川县·教谕训导·乾隆朝》：三水人，挨贡。十一年任……训导。

刘琛（清雍正） 一说姓陈，清南海佛山镇人。雍正九年（1731）任广东西宁（今郁南）教谕。

［雍正］《广东通志》卷三十六《选举志六·国朝·贡生·广州府·南海县》：刘琛。

［乾隆］《佛山忠义乡志》卷四《选举志·岁贡·清》：陈琛，恩贡，现西宁教谕。

［道光］《西宁县志》卷八《国朝·教谕·雍正》：南海人。恩贡，九年任。

严思温 字象吉，清高明罗塘人。雍正九年（1731）恩贡，乾隆三年（1738）任海南会同训导。

［乾隆］《肇庆府志》卷十九《选举志二·国朝·岁贡·高明县》：九年恩贡，会同训导，雍正间贡。

［道光］《广东通志》卷五十五《职官表四十六·国朝十三·会同县·教谕训导·乾隆朝》：高明人。三年任……训导。

［道光］《高明县志》卷十二《选举志·贡生·国朝》：罗塘人，雍正九年恩贡，任会同训导。卷十三《人物志·国朝》：字象吉。笃志好学，以府学岁贡授会同训导。清廉自守，尝慕海忠介之风。日与士子程艺谈经，申明白鹿洞五条，以故文风丕振。解组归，阖邑制锦称觞，歌颂不置。

吴霈梓 清三水董𡉏人。例贡，雍正九年（1731）任广东化州训导。

［嘉庆］《三水县志》卷九《选举·例贡·清》：董裹人，任化州训导。

［道光］《广东通志》卷五十二《职官表四十三·国朝十·化州·学正训导·雍正朝》：三水人，挨贡。九年任……训导。

黄洛瑞 清顺德吉祐人。雍正九年（1731）岁贡。

［咸丰］《顺德县志》卷十一《岁贡·国朝·雍正》：吉祐人，辛亥。

游文贵 或改姓叶，清南海人。雍正九年（1731）任广东南雄协镇右哨千总。

［道光］《南海县志》卷二十二《选举表三·国朝·行伍·雍正朝》：南雄协镇右哨千总。按《南雄志》载"叶文贵"，"游"盖其本姓也。辛亥。

谭谦益 清高明大唐冈人。雍正九年（1731）岁贡，乾隆十年（1745）任广东茂名训导。

［乾隆］《肇庆府志》卷十九《选举志二·国朝·岁贡·高明县》：九年贡，茂名训导，雍正间贡。

［道光］《广东通志》卷五十二《职官表四十三·国朝十·茂名县·教谕训导·乾隆朝》：高明人，岁贡。十年任……训导。

［道光］《高明县志》卷十二《选举志·贡生·国朝》：大唐冈人，雍正九年岁贡，任茂名训导。

冯成修 （1702—1796）字达天。清南海人。乾隆元年（1736）举人，四年进士，选庶吉士。散馆改吏部主事，迁员外郎，充十五年福建副主考，升礼部祠祭司郎中。十八年典试四川，二十四年督学贵州，不久被召回京。61岁归，掌教广州越华、粤秀书院。三十四年旱，请布政使查禁屯积。出世时，父进年外出谋事未归。7岁丧母，寄养在伯父处。任官后两次请假寻父无所遇，80岁易服守孝3年。乾隆六十年（1795）赴京参加"鹿鸣宴"，翌年卒。祖肖孟，父进年。子斯传、斯衡、斯倬、斯佐、斯伟。孙光谟。

［乾隆］《南海县志》卷八《选举志·乡举·国朝·乾隆丙辰》：进士，

庶吉士。《选举志·进士·国朝·乾隆己未》：庶吉士。

［道光］《广东通志》卷七十七《选举表十五·进士·国朝·乾隆四年己未庄有恭榜·广州府》：南海人，二甲，编修、吏部员外郎、贵州学政。

［道光］《南海县志》卷三十九《列传八·国朝》：字达天。祖肖孟，自有传。父进年，倜傥抱远志，广西养利州牧王任辟为从事去，久之不归。成修盖遗腹产也，七龄丧母，哀毁如成人，依世父抚养，事大父母惟谨，每语及其父远出事辄涕泗交颐。益奋学，稍长文行兼饬，年二十五，惠督学士奇籍于庠。三十五领乾隆丙辰乡荐，己未成进士，选庶常，散馆改吏部主事，迁文选司员外郎，在职三年以勤敏著，相国傅忠勇公深嘉其能。寻充庚午福建副主考，晋礼部祠祭司郎中。癸酉复典试四川，己卯提督贵州学政，揭条约十四则以训士……所至谆谆讲实学，正文风。复陈奏学政事宜五条，其禁止命题割截、免勘童生试卷二事上采用之，旋召回京。成修初举于乡，计偕途次遍踪迹其父，赝馆选即乞假寻亲弗遇。返粤复请于抚军王公謩，咨行直省州县悬榜物色弗遇，改部后乞假再寻终弗遇。自是壹郁终身，居恒饮泣，无心通显，年六十一假归，遂不复出。掌教粤秀、越华书院，授经里中，粹然师范，学者称潜斋先生，受业率数百人。年八十计其父已百有十龄，乃持服三年，终身衣布。性耿介而留心桑梓。己丑夏秋亢旱，殷户屯积，米价骤贵，成修亲至姚布政使密陈其弊，出谕查禁，翌日价顿减。粤省贡院号舍潮湿，既终场士辄生病，故事炉炭皆士子自备入闱。庚寅恩科，澳门同知曾萼总办科场，曾为成修闽闱所得士，成修劝之捐廉增备炉炭、竹席，曾受命亟请于巡抚德公保著为令。其余月吉①外，成修未尝轻投刺当道也。乙卯重宴鹿鸣，逾年卒，寿九十有五。著有《文基文式》《养正要规》《学庸集要》《人生必读书纂要》诸书。子斯传，廪生。斯衡，丁酉顺天举人，官知县。斯倬，癸巳副贡。斯佐，癸卯优贡。斯伟，癸酉举人，现官知县。长孙光谟，己亥举人。

区士铉 清顺德石硝（今属南海）人，居佛山镇。雍正十年（1732）举人。父遇，兄士鉴。

［乾隆］《顺德县志》卷十《选举志·举人·清朝·雍正壬子》：石硝人。

［乾隆］《佛山忠义乡志》卷四《选举志·乡举·清·雍正壬子》：遇子。

［道光］《广东通志》卷七十九《选举表十七·举人二·国朝·雍正十年壬子·廉州府》：顺德人，廉州府学。

---

①月吉：农历每月初一，或指正月初一。

邓殿邦 字立云，清顺德龙山人。雍正十年（1732）任广东番禺、十三年高要训导。乾隆五年（1740）荐卓异，十年升化州学正，卒官。父金尚。

［乾隆］《顺德县志》卷十《选举志·贡生·清朝·雍正例贡》：连州籍龙山人，化州学正。《选举志·封赠·训导·清朝》：邓金尚，以子殿邦贵赠。卷十二《人物列传·宦绩》：字立云，龙山人。性颖悟，善属文，入连州学登岁荐。授番禺训导，署东莞、花县学，清慎自矢，留心训迪。寻调高要，学宫荒芜，捐俸倡修。值岁饥委平粜，散给有方，民沾实惠。新兴水灾，檄委协同赒恤，多所全活。乾隆庚申补行计典，督抚以“贤能廉正、文行兼优”荐举卓异，入觐钦赐朝衣，回任候升。总督策楞聘掌端溪书院，寻升化州学正，复掌罗江书院，卒于官。

［乾隆］《广州府志》卷二十四《职官六·国朝·番禺县训导》：连州人，廪贡，（雍正）十年任。

［乾隆］《肇庆府志》卷七《秩官志上·高要县·国朝·训导》：顺德捐贡，（雍正）十三年任。

［道光］《广东通志》卷五十二《职官表四十三·国朝十·化州·学正训导·乾隆朝》：顺德人，贡生。十年任……学正。

邝斐 清南海人。雍正十年（1732）恩贡。

［道光］《南海县志》卷二十一《选举表二·国朝·贡生荐辟·雍正朝》：恩贡……壬子。

冯天云 清顺德大良人。雍正十年（1732）举人。

［乾隆］《顺德县志》卷十《选举志·举人·清朝·雍正壬子》：大良人。

冯秉纲 字振三，号慊斋，清南海九江人。雍正十年（1732）举人，乾隆二年（1737）会试乙榜，授广西藤县教谕，迁思恩教授，代理武缘县事。父时。

［同治］《南海县志》卷九《拾遗订误·举人》：广西籍，壬子，思恩府教授，乾隆朝。

《九江儒林乡志》卷十《选举略·国朝·举人·雍正十年壬子科广西乡试中式》：字振三，号慊斋。太平府学，中式第四十八名，乾隆丁巳乙榜。初官广西藤县教谕，迁思恩教授，署武缘县事。《选举略·国朝·封荫》：冯时，以子秉纲赠文林郎、广西思恩府教授。

卢连桂 清顺德马宁人。雍正十年（1732）武举，乾隆元年（1736）武进士。

［乾隆］《顺德县志》卷十《选举志·武举·清朝·雍正壬子》：广西中式，马宁人，候选守备。《选举志·武进士·清朝·乾隆丙辰》：马宁人。

关得元 字广多，号始亭，清南海九江人。雍正十年（1732）岁贡。父元升，榜姓梁。

《九江儒林乡志》卷十《选举略·国朝·举人·康熙二十九年庚午科》：关元升，榜姓梁，字敏甫，号东丽……兄贤孙、子得元皆岁贡。《选举略·国朝·贡生·雍正十年壬子》：字广多，号始亭。顺德学，岁贡。父元升，举人。

刘元相 清高明世唐美人。雍正十年（1732）副贡。

［道光］《高明县志》卷十二《选举志·例贡·国朝》：世唐美人，雍正十年副贡。

麦良相 清顺德麦村人。康熙岁贡，雍正十年（1732）任广东广宁训导。

［雍正］《广东通志》卷三十六《选举志六·国朝·贡生·广州府·顺德县》：麦良相。

［乾隆］《顺德县志》卷十《选举志·贡生·清朝·康熙岁贡》：麦村人，广宁县训导。

［乾隆］《肇庆府志》卷八《秩官志中·广宁县·清·训导》：顺德岁贡，（雍正）十年任。

严之逢 清高明罗塘人。雍正十年（1732）例贡，乾隆十五年（1750）督修城隍庙。

［道光］《高明县志》卷十二《选举志·例贡·国朝》：罗塘人，雍正十年例贡。卷十六《艺文志二》：《重修高明城隍庙碑记》……岁贡严之逢、谭爵，生员刘斌、邓南金，复竭虔诚，日夜督工料理，捐资三百一十余千，阅

四十日而即告成……乾隆十五年庚午孟春，知县郑其仁撰。

严之遴　清高明罗塘人。雍正十年（1732）例贡。

［道光］《高明县志》卷十二《选举志·例贡·国朝》：罗塘人，雍正十年例贡。

劳通　清顺德小劳村人。雍正十年（1732）举人，乾隆七年（1742）进士，授翰林院庶吉士。

［乾隆］《顺德县志》卷十《选举志·举人·清朝·雍正壬子》：小劳村人。《选举志·进士·清朝·乾隆壬戌》：小劳村人，翰林院庶吉士。

苏文　字瞻如，清三水蓬村人。雍正十年（1732）举人，次年进士。

［嘉庆］《三水县志》卷九《选举·举人·国朝·雍正十年壬子郭曰槐榜》：蓬村人。《选举·进士·国朝·雍正十一年癸丑陈倓榜》：联捷，官陕西平凉府隆德县知县。卷十一《人物传·儒行》：字瞻如，蓬村人。与郭曰槐乡，会同榜成进士，回籍候铨，一室授徒，依然儒素也。村前积淤成坦，曰海心沙，民争承垦，历年不决。邑令重文廉介，属为文业，强使召佃升科，族人争出资助之，文弗能却。既报承，文归之祖尝，为通族岁祀之需，且备旱潦荒歉。尝曰："邑侯盛德，文不敢辞，亦不敢独私，其利宗人藩衍，可共保之。"邻里述为美谈。后以应选入都，卒于旅邸，同邑梁进士乔阜，集资归其榇焉。

杜之菁　清高明大楠村人。雍正十年（1732）增贡。

［道光］《高明县志》卷十二《选举志·例贡·国朝》：大楠村人，雍正十年增贡。

李乾宠　清南海人。雍正十年（1732）岁贡，同年任广东南雄府训导。

［乾隆］《南海县志》卷八《选举志·国朝贡生》：由连州学岁贡，训导。

［道光］《广东通志》卷四十八《职官表三十九·国朝六·南雄府·教授训导·雍正朝》：南海人，十年任，训导。

［道光］《南海县志》卷二十一《选举表二·国朝·贡生荐辟·雍正朝》：

由连州学岁贡，南雄府训导……壬子。

李梦龙 清顺德桂洲人。雍正十年（1732）武举，乾隆二年（1737）武进士。

［乾隆］《顺德县志》卷十《选举志·武举·清朝·雍正壬子》：桂洲人。《选举志·武进士·清朝·乾隆丁巳恩科》：桂洲人。

何元法 清顺德登洲人。雍正十年（1732）武举，次年武进士。

［乾隆］《顺德县志》卷十《选举志·武举·清朝·雍正壬子》：登洲人。《选举志·武进士·清朝·雍正癸丑》：登洲人。

何则文 清顺德高村人。雍正十年（1732）举人。

［乾隆］《顺德县志》卷十《选举志·举人·清朝·雍正壬子》：高村人。

何超文 清南海人。雍正十年（1732）举人，乾隆九年（1744）任广东揭阳县教谕，三十四年肇庆府教授。祖遂伟，父象瀛，母林氏寿100岁。

［乾隆］《南海县志》卷八《选举志·乡举·国朝·雍正壬子》：何超文。

［道光］《广东通志》卷五十《职官表四十一·国朝八·揭阳县·教谕训导·乾隆朝》：南海人，九年任……教谕。卷五十一《职官表四十二·国朝九·肇庆府·教授训导·乾隆朝》：南海人，举人。三十四年任……教授。

［道光］《南海县志》卷二十一《选举表二·国朝·封荫·雍正朝》：何遂伟，以孙超文貤赠文林郎。何象瀛，以子超文貤赠修职郎，晋文林郎。

［光绪］《广州府志》卷一百三十八《列传二十七·耆寿·番禺》：何化正妻林氏，修职郎何超文母，年一百岁，雍正十一年旌。

陈元喜 清南海人。廪贡，雍正十年（1732）任广东归善训导。

［道光］《广东通志》卷四十九《职官表四十·国朝·归善县·教谕训导·雍正朝》：南海人，廪贡。十年任……训导。

陈卓伍 清高明高村人。雍正十年（1732）例贡。父居信，子钟英。

［道光］《高明县志》卷十二《选举志·例贡·国朝》：高村人，雍正十年例贡。《选举志·援捐·封典》：陈居信，高村人，国学，乾隆四十年以孙钟英赠宣武大夫。陈卓伍，高村人，贡生，乾隆四十年以子钟英赠宣武大夫。

陈洪范 清南海佛山镇人。雍正十年（1732）举人。

［乾隆］《佛山忠义乡志》卷四《选举志·乡举·国朝·雍正壬子》：陈洪范。卷六《乡俗志·氏族》：陈氏，明有参议善、知州士介、举人学正建中、举人士兴，国朝有举人清杰、现庶吉士炎宗、举人知县昌朝、举人洪范。

［道光］《广东通志》卷七十九《选举表十七·举人二·国朝·雍正十年壬子·广州府》：番禺人，广府学。《番禺志》无。

陈荀龙 清南海人。雍正十年（1732）岁贡。

［乾隆］《南海县志》卷八《选举志·国朝贡生》：陈荀龙。

［道光］《南海县志》卷二十一《选举表二·国朝·贡生荐辟·雍正朝》：岁贡……壬子。

张宏远 清南海九江人。雍正十年（1732）岁贡。

［同治］《南海县志》卷九《拾遗订误·贡生》：广西籍，壬子岁贡，雍正朝。

《九江儒林乡志》卷十《选举略·国朝·贡生·雍正十年壬子》：思明籍岁贡。

郑志正 清南海人。雍正十年（1732）举人。

［乾隆］《南海县志》卷八《选举志·乡举·国朝·雍正壬子》：郑志正。

林盛 清三水白坭角里人。雍正十年（1732）武举，次年武进士，是三水县唯一的武进士，任直隶张家口守备。祖观旦，父第新。

［嘉庆］《三水县志》卷九《选举·武举·国朝·雍正十年壬子科》：林盛。《选举·武进士·国朝·雍正十一年癸丑科》：角里人，联捷进士，任直隶张家口守备。《选举·封赠·清》：林观旦，以孙盛赠武德郎、直隶张家口守备。林第新，以子盛赠武德郎、直隶张家口守备。

招成文 清南海人。雍正十年（1732）岁贡。

［道光］《南海县志》卷二十一《选举表二·国朝·贡生荐辟·雍正朝》：岁贡……壬子。

罗兆鳌 清南海人。雍正十年（1732）举人，乾隆五年（1740）任广东揭阳教谕。父朝阳。

［乾隆］《南海县志》卷八《选举志·乡举·国朝·雍正壬子》：教谕。

［道光］《广东通志》卷五十《职官表四十一·国朝八·揭阳县·教谕训导·乾隆朝》：南海人，五年任……教谕。

［道光］《南海县志》卷二十一《选举表二·国朝·封荫·雍正朝》：罗朝阳，以子兆鳌貤封修职郎。

罗诗词 清顺德大良人。雍正十年（1732）武举。

［乾隆］《顺德县志》卷十《选举志·武举·清朝·雍正壬子》：大良人。

罗朝大 清顺德人。雍正十年（1732）任顺德左镇营外委把总。

［乾隆］《顺德县志》卷九《兵防志·武职·左镇标下中营外委把总》：顺德人，由行伍。左哨，雍正十年到汛。

周世正 清顺德桂洲人。雍正十年（1732）武举，乾隆元年（1736）武进士。

［乾隆］《顺德县志》卷十《选举志·武举·清朝·雍正壬子》：桂洲人。《选举志·武进士·清朝·乾隆丙辰》：桂洲人。

赵殿俞 清南海人。雍正十年（1732）武举。

［乾隆］《南海县志》卷八《选举志·国朝武乡举·雍正壬子》：赵殿俞。

胡大猷 （？—1767）字振五，清顺德桂洲人。雍正十年（1732）武举，乾隆二年（1737）武进士，授殿前侍卫，十年外派陕西平凉府游击，升瓜州参将。三十二年，当时中国的属国缅甸发生内乱，大猷代理提督，协同云贵总督明瑞平乱，在木邦战役中阵亡。高祖与京，曾祖曰乾。

［乾隆］《顺德县志》卷十《选举志·武举·清朝·雍正壬子》：桂洲人。《选举志·武进士·清朝·乾隆丁巳恩科》：桂洲人，侍卫、陕西参将。

［道光］《广东通志》卷二百八十七《列传二十·广州二十》：字振五，顺德人。明乡贤胡与京、曰乾父子，大猷之高、曾祖也。大猷，伟仪度，讲忠孝大节。乾隆……乙丑外擢陕西平凉游击，升瓜州参将。调紫荆关，关有榷税由参将征收，大猷不以自润。历副将，迁湖南镇筸镇总兵。时缅甸不靖，官兵过湖南，奉调沅州督办军务，旋署提督，逾月移云南普洱镇。途次得旨特调木邦，克期进剿缅匪，大猷感激主知，誓从将军指挥破贼，虽肝脑涂地无恨也。既至，领兵援锡箔桥，守葫芦口。俄见贼抄小路围木邦，急回兵且战且守，相持久之，一日猝中枪伤，膝犹负痛，跃怒马，先士卒奋击，复弃马步战，手刜数十人而亡于阵。大猷初以退保木邦被议褫职，至是事闻，诏复原官。

［咸丰］《顺德县志》卷二十五《列传五·国朝一》：调紫荆关职榷税，不病商亦不以自润……丁亥缅甸内扰，滇督杨应琚以木邦兵溃被逮，上命明瑞以将军兼总督调兵剿之……时明瑞取缅东路，留参赞珠鲁讷兵守木邦，明瑞自率兵为浮桥渡锡箔江。

郭曰槐　字条远，一说字条达，清三水莘村人。雍正十年（1732）举人第一名，次年进士。父玉客，兄曰楫。

［嘉庆］《三水县志》卷十一《人物传·儒行》：字条远，莘村人，孝廉曰楫之弟。以雍正壬子榜首联捷成进士。乾隆癸亥授浙江松阳县，兼署遂昌，甲子充浙闱同考官。淡于仕进，未久即解组归里，两袖清风而已。槐自成童即偕兄曰楫恪遵家训，安贫嗜学，其父玉客课子严，每日必令其兄弟构时艺数首，故得题皆能举笔立就。而槐尤工于诗，归里后吟咏自娱，有《绍衣堂文稿》传家。

［光绪］《广州府志》卷一百三十六《列传二十五·县·国朝·三水》：字条达，莘村人。以雍正十年壬子解元联捷成进士，乾隆癸亥授浙江松阳县，兼署遂昌。淡于仕进，未久即解组归，安贫嗜学，近所少见也。

梁达　清顺德林头人。岁贡，雍正十年（1732）任广东饶平训导。父云元。

［雍正］《广东通志》卷三十六《选举志六·国朝·贡生·广州府·府

学》：新会人。

［乾隆］《顺德县志》卷十《选举志·贡生·清朝·康熙岁贡》：新会籍林头人。《选举志·封赠·训导·清朝》：梁云元，以子达贵赠。

［道光］《广东通志》卷五十《职官表四十一·国朝八·饶平县·教谕训导·雍正朝》：顺德人，十年任，训导。

［咸丰］《顺德县志》卷十一《副贡·国朝·雍正》：林头人，新会籍，饶平县训导，乡宾。

梁乔阜 原名膺绶，号髻麓，清三水大冈人。雍正十年（1732）副贡，乾隆九年（1744）举人，次年进士，授四川名山县，卒于官。

［嘉庆］《三水县志》卷九《选举·副榜贡·清》：雍正壬子科。《选举·举人·国朝·乾隆九年甲子何蕴跃榜》：大冈人。《选举·进士·国朝·乾隆十年乙丑钱维城榜》：联捷，四川名山县知县。卷十一《人物传·文学》：号髻麓，大冈人。以副榜登乾隆甲子贤书，乙丑联捷成进士，归铨选，将促装行矣，会同邑苏进士文赴铨在都，病卒于邸，榇不能归。乔阜解装暂留，百计经营，益以称贷，偕邑孝廉欧阳腾亲送回籍。非以此为豪举，盖天性也。居恒学有根柢，一时俊髦多出其门。届选授四川名山县，多惠政，廉洁自好，不事奔竞，秩满不迁，寻卒于官。乔阜原名膺绶，应童子试，府考被黜。先是，族伯弥振得梦兆，以乔阜名其子而不慧，令其借名补试得入泮。秋榜发即中副车，因仍其名不复更正。后名山人感其德，为位配享城隍庙，至今弗替云。

梁伯式 清顺德黄连人。雍正十年（1732）副贡。

［乾隆］《顺德县志》卷十《选举志·贡生·清朝·雍正副榜》：黄连人，壬子科。

梁显荣 字凝勋，清顺德大良人。雍正十年（1732）岁贡。父宠元，兄愈达。

［乾隆］《顺德县志》卷十《选举志·贡生·清朝·雍正岁贡》：大良人。卷十三《人物列传·行谊》：字凝勋，大良人，宠元子，御史愈达之弟也。事父母咸得其欢，父病忧形于色，衣不解带者屡月。居丧哀毁，几至灭性，祭祀呜咽竟日。每行事必禀命长兄，财货无私蓄。为诸生食饩，雍正壬子充岁贡。生平任侠好施，岁饥出粟赈济。尝受闽人黄璧生妻子之托，璧生卒经其

丧葬，周其困乏，其子长为教读完姻，乡闾推为长者。

梁调元 清南海佛山镇人。雍正十年（1732）副贡，乾隆六年（1741）举人，参修［乾隆］《佛山忠义乡志》。祖玉环死，祖母李氏28岁守节。父应琰，婚后数年亡，母潘氏抚养襁褓中的调元。孙能缵，乾隆三十年（1765）举人。

［乾隆］《南海县志》卷八《选举志·国朝贡生》：辛酉中式。

［乾隆］《佛山忠义乡志》卷首《纂修里人》：辛酉举人、拣选知县梁调元同纂。卷四《选举志·岁贡·清》：科贡，中式。卷九《人物志·列女·清》：李氏，梁玉环妻。潘氏，庠生梁应琰妻。李年二十八守节，抚子应琰游泮，娶媳潘，不数载应琰又亡，遗孙调元方在襁褓中。潘上事孀姑，下鞠弱子，艰苦备尝，数十年如一日，卒年八十九。调元，领乾隆辛酉乡荐，盖一门双节之报也。乾隆十年旌表。

［道光］《南海县志》卷二十一《选举表二·国朝·贡生荐辟·雍正朝》：副贡……壬子。

梁德邵 清顺德桂洲人。岁贡，雍正十年（1732）任广东鹤山训导。父秉谦。

［雍正］《广东通志》卷三十六《选举志六·国朝·贡生·广州府·顺德县》：梁德邵。《国朝·贡生·廉州府·府学》：梁德邵。

［乾隆］《顺德县志》卷十《选举志·贡生·清朝·雍正岁贡》：桂洲人，广宁县训导。《选举志·封赠·训导·清朝》：梁谦秉，以子德邵贵赠。

［乾隆］《肇庆府志》卷九《秩官志下·鹤山县·清·训导》：顺德人，灵山籍岁贡，雍正十年任。

黄文都 清南海人。雍正十年（1732）举人，任广西兴业教谕。

［乾隆］《南海县志》卷八《选举志·乡举·国朝·雍正壬子》：广西中式，进士。

［乾隆］《广州府志》卷二十九《选举一·南海县·清》：黄文□，雍正壬子举人。

［道光］《广东通志》卷七十九《选举表十七·举人二·国朝·雍正十年壬子·附广西中式》：南海人，西隆籍，兴业教谕。

黄浩 清三水三江人。雍正十年（1732）举人。

［嘉庆］《三水县志》卷九《选举·举人·国朝·雍正十年壬子郭曰槐榜》：三江人，中式七十二名。

黄灿 清高明伦埇人。雍正十年（1732）例贡。

［道光］《高明县志》卷十二《选举志·例贡·国朝》：伦埇人，雍正十年例贡。

谢锡祐 清高明侯巷人。雍正十年（1732）例贡。

［道光］《高明县志》卷十二《选举志·例贡·国朝》：侯巷人，雍正十年例贡。

程帝臣 清高明城中人。雍正十年（1732）例贡，乾隆十九年（1754）督建社仓。

［道光］《高明县志》卷十二《选举志·例贡·国朝》：城中人，雍正十年例贡。卷十六《艺文志二》：《高明县创建社仓碑记》……我邑侯父母雷莅任五载……构仓一连三间，择绅士之贤能者付以督理，任斯劳者虽有贡生程帝臣、刘斌、邓南金，董其成者……乾隆十九年岁次甲戌仲秋谷旦。

简观 字式三，清顺德连村人。雍正十年（1732）举人，乾隆元年（1736）任广东高要教谕。父英著。

［乾隆］《顺德县志》卷十《选举志·举人·清朝·雍正壬子》：连村人，高要县教谕。卷十三《儒林》：字式三，连村人。沉潜敦朴，孝友无间。好读书，博通淹贯，讲学羊城，生徒数百。雍正壬子以五经中式，任高要教谕。日集诸生于明伦堂析疑辨惑，制府延掌端溪书院，教育有方，各邑士子游其门者多彬彬儒雅。考绩列一等，学使皆礼重之。乾隆二年，覃恩赠父英著修职郎。

［乾隆］《肇庆府志》卷七《秩官志上·高要县·国朝·教谕》：顺德举人，乾隆元年任。

谭斐章 清高明城中人。雍正十年（1732）例贡。

［道光］《高明县志》卷十二《选举志·例贡·国朝》：城中人，雍正十年例贡。

蔡居玮　名或作“君伟”“居伟”，清顺德龙江人。雍正十年（1732）举人，乾隆六年（1741）任广东开建县教谕。

［乾隆］《顺德县志》卷十《选举志·举人·清朝·雍正壬子》：龙江人，开建县教谕。

［乾隆］《肇庆府志》卷九《秩官志下·开建县·清·教谕》：蔡君伟，顺德举人，（乾隆）六年任。

［道光］《肇庆府志》卷十三《职官三·清·开建县·教谕·乾隆朝》：蔡居伟，顺德人，举人，六年任。

钟鹰扬　清南海人。雍正十年（1732）武举，次年武进士。

［乾隆］《南海县志》卷八《选举志·国朝武乡举·雍正壬子》：钟鹰扬。

［道光］《南海县志》卷二十二《选举表三·国朝·武进士·雍正朝》：癸丑科。

潘之芳　清顺德裕涌人。雍正十年（1732）副贡，乾隆二十六年（1761）任广东始兴教谕。

［乾隆］《顺德县志》卷十《选举志·贡生·清朝·雍正副榜》：冲鹤人，壬子科。

［道光］《广东通志》卷四十八《职官表三十九·国朝六·始兴县·教谕训导·乾隆朝》：广州顺德人，副榜。二十六年任……教谕。

［咸丰］《顺德县志》卷十一《副贡·国朝·雍正》：裕涌人，壬子。

潘高云　清南海人。雍正十年（1732）武举。

［乾隆］《南海县志》卷八《选举志·国朝武乡举·雍正壬子》：潘高云。

潘蜀五　清顺德冲鹤人。雍正十年（1732）武举。

［乾隆］《顺德县志》卷十《选举志·武举·清朝·雍正壬子》：冲鹤人。

黎文元　清顺德大罗村人。雍正十年（1732）举人，任湖南澧洲知县。祖好山，父士朝。

［乾隆］《顺德县志》卷十《选举志·举人·清朝·雍正壬子》：大罗村人。

[咸丰]《顺德县志》卷十一《举人二·国朝·雍正》：大罗村人，知澧洲……壬子科。卷十二《封赠（文阶）·国朝》：黎好山，鹭洲人，以孙文元赠。黎士朝，以子文元赠。俱永定县……知县。

[民国]《顺德县志》卷九《封荫表·封赠（文阶）·清》：黎好山，大罗村人，以孙文元封……湖南永定县……知县。

霍纬 清南海人。雍正十年（1732）武举。

[乾隆]《南海县志》卷八《选举志·国朝武乡举·雍正壬子》：霍纬。

霍显朝 清南海人。雍正十年（1732）武举。

[乾隆]《南海县志》卷八《选举志·国朝武乡举·雍正壬子》：霍显朝。

霍逢齐 清南海人。雍正十年（1732）武举。

[乾隆]《南海县志》卷八《选举志·国朝武乡举·雍正壬子》：霍逢齐。

马浚畿 清顺德龙江人。雍正十一年（1733）岁贡。

[咸丰]《顺德县志》卷十一《岁贡·国朝·雍正》：龙江人，癸丑，东安籍。

冯维新 清高明坐阁人。雍正十一年（1733）附贡。

[道光]《高明县志》卷十二《选举志·例贡·国朝》：坐阁人。雍正十一年附贡。

杜霖 清高明大楠村人。雍正十一年（1733）例贡。

[道光]《高明县志》卷十二《选举志·例贡·国朝》：大楠村人。雍正十一年例贡。

陆梦球 清高明城中人。雍正十一年（1733）附贡。

[道光]《高明县志》卷十二《选举志·例贡·国朝》：城中人。雍正十年附贡。

陈大遇 清南海九江人。雍正十一年（1733）岁贡。

[道光]《南海县志》卷二十一《选举表二·国朝·贡生荐辟·雍正朝》：

癸丑岁贡。

《九江儒林乡志》卷十《选举略·国朝·贡生·雍正十一年癸丑》：县学岁贡。

林友贤 清高明范州人。雍正十一年（1733）岁贡。

［光绪］《高明县志》卷十二《选举表·国朝·岁贡·雍正朝》：范州人，广西籍，十一年贡。

黄大任 清顺德龙江人。雍正十一年（1733）岁贡。

［咸丰］《顺德县志》卷十一《岁贡·国朝·雍正》：龙江人，癸丑，石城籍。

谭大经 清高明王桐人。雍正十一年（1733）附贡。

［道光］《高明县志》卷十二《选举志·例贡·国朝》：王桐人，雍正十一年附贡。

谭兰芳 清高明王桐人。雍正十一年（1733）增贡。

［道光］《高明县志》卷十二《选举志·例贡·国朝》：王桐人，雍正十一年增贡。

黎上进 清顺德鹭洲人。雍正十一年（1733）岁贡。

［咸丰］《顺德县志》卷十一《岁贡·国朝·雍正》：鹭洲人，癸丑。

陆肇泰 字保泰，清三水金竹人。孝顺，雍正十一年（1733）至乾隆七年（1742）在任的三水知县任士鉴到家看望，三十三年至三十七年间成岁贡。父其超。

［嘉庆］《三水县志》卷九《选举·岁贡·清》：金竹人，（乾隆）三十□年贡，入祀孝弟祠。卷十一《人物传·孝义》：字保泰，金竹人。岁贡生。天性悬挚，少时事父母即以孝闻。父其超，邑庠生，课子严。泰秉义方训，笃志文行，学养兼到。亲病辄忧形于色，衣不解带，亲殁擗踊欲绝，殡葬尽礼，庐于墓者三年，晨夕泣慕不少衰，丁内外艰如一辙。知县任士鉴尝具蔬米造庐存问，为署行义年于大府，举孝廉，敦促赴省验看，固辞不往，尝谓人曰："守礼不愆吾党分内事，以此得官是假终南为捷径也。"大府愈高其节，闻于

朝，得旨建坊旌表。泰长于文，有声黉序。既食饩，人咸以通显期之。屡荐不售，以明经老，义命自安，不作抑郁不平之鸣，尤为荐绅先生所推服。生平敦实行，尚气节，和而不流，戚党无愚智咸爱而敬之。今奉祀孝弟祠。卷六《秩官表·国朝知县》：任士鉴，山东高密人，举人，（雍正）十一年任。熊约祺，江苏清浦人，进士，乾隆七年任。

区儒卓 清高明阮埇人。雍正十二年（1734）捐州同，乾隆二十四年（1759）赠祖、父官衔。祖相邦，父正选。

［道光］《高明县志》卷十二《选举志·国朝文例职》：阮埇人，雍正十二年捐授州同。《选举志·援捐·封典》：区相邦，阮埇人，乾隆二十四年以孙儒卓貤赠儒林郎。区正选，阮埇人，国学，乾隆二十四年以子儒卓赠儒林郎。

杨湄 清三水城内人。雍正十二年（1734）岁贡。

［嘉庆］《三水县志》卷九《选举·岁贡·清》：城内人，（雍正）十二年贡。

吴文秀 一说姓苏，清顺德赤花人。康熙岁贡，雍正十二年（1734）任海南琼州府训导。

［乾隆］《顺德县志》卷十《选举志·贡生·清朝·康熙岁贡》：钦州籍赤花人，琼州府训导。

［道光］《广东通志》卷五十五《职官表四十六·国朝十三·琼州府·教授训导·雍正朝》：苏文秀，顺德人，岁贡。十二年任……训导。

罗庆云 字延金，清顺德赤花人，广东东安（今云浮）增生。雍正十二年（1734）总督郝玉麟旌表。寿90岁。

［乾隆］《顺德县志》卷十三《人物列传·行谊》：字延金，赤花人，东安增广生。有至性，亲所欲皆曲致之，遭丧过哀遂失听，届寒食必泣墓下，耄期弗辍也。尝独居保真养气，刻先正格言劝世，乡族多化之，与弟延霖终身不析产。卒年九十，总督郝玉麟旌其门曰“德重乡闾”。

［咸丰］《顺德县志》卷十六《胜迹略·坊表·表宅之属》：“孝友可风”，“德重乡闾”并在赤花。雍正十二年，惠督学、郝制府为增生罗庆云。

谢大振 一说名文振，字公一，清高明城中人。乾隆元年（1736）岁贡，十六年任广东始兴训导。父连魁。弟大猷雍正十二年（1734）。子作宾十三年例贡。

［乾隆］《肇庆府志》卷十九《选举志二·国朝·岁贡·高明县》：谢文振，元年恩贡，始兴训导，乾隆间贡。

［道光］《广东通志》卷四十八《职官表三十九·国朝六·始兴县·教谕训导·乾隆朝》：高明人，十六年任……训导。

［道光］《高明县志》卷十二《选举志·贡生·国朝》：城中人，连魁长子。乾隆元年岁贡，任始兴训导，署教谕事。《选举志·例贡·国朝》：谢作宾，城中人，雍正十三年例贡，大振长子。《选举志·封典·国朝》：谢连魁，城中人，增贡。乾隆十六年，以子大振赠修职佐郎①。卷十三《人物志·国朝》：字公一。性尚温和，好读书。少从学解元元复，杨公奇其文，后见其事父母竭诚尽敬，兼扶弱弟大猷，友爱甚笃，益加爱重，遂以女妻之。补邑弟子员，应乾隆丙辰岁荐，任始兴训导，署教谕。教士有方，务敦实行，课程甚谨，遇期必捐薄俸设酒食，生徒益加欣跃。丙子科王琊等共捷贤书，始人德之，制锦为寿。子十二，与孙、曾等多列青衿。秩满回乡，邑之人共羡其福寿荣旋焉。

谢大猷 字荩臣，清高明城中人。雍正十二年（1734）例贡。父连魁，兄大振。

［道光］《高明县志》卷十二《选举志·例贡·国朝》：城中人，雍正十二年例贡，连魁次子。卷十三《人物志·国朝》：字荩臣。性孝友，聪明好学。少失怙，兄弟相依。弱而善病，苦读不辞，兄见而怜之，谕以从容守身为本。后遇科期，恨不能与兄同赴，因捐贡入场，屡战不懈。教子立品读书，谕以“及时奋勉，谓无以姑待自误，如吾悔之不及也”。长子邑庠，次岁荐，三乡荐，窃意皆义方之教欤？

曾圻 字次郊，号畿庵，清南海九江人。雍正十二年（1734）岁贡，任广东石城（今廉江）教谕。

［道光］《南海县志》卷二十一《选举表二·国朝·贡生荐辟·雍正朝》：

①修职佐郎：散阶称号。明始置，为文职从八品之升授。清沿置，为文职从八品之封赠。

甲寅岁贡。

《九江儒林乡志》卷十《选举略·国朝·贡生·雍正十二年甲寅》：字次郊，号畿庵。府学岁贡，石城教谕。

谭大谋 清高明城中人。雍正十二年（1734）例贡。

［道光］《高明县志》卷十二《选举志·例贡·国朝》：城中人，雍正十二年例贡。

谭漋 清高明大唐冈人。雍正十二年（1734）岁贡，任保昌训导。

［乾隆］《肇庆府志》卷十九《选举志二·国朝·岁贡·高明县》：十二年贡，雍正间贡。

［道光］《高明县志》卷十二《选举志·贡生·国朝》：大唐冈人，雍正十二年岁贡，任保昌训导。

马符录 字受之，清南海西樵人。雍正十三年（1735）任广东陆丰训导，乾隆三年（1738）将罗国器重修的《西樵山志》补辑出版。兄元征，弟元龙。

［乾隆］《南海县志》卷八《选举志·国朝贡生》：陆丰县①训导。

［道光］《广东通志》卷四十九《职官表四十·国朝·陆丰县·训导·雍正朝》：南海人，澄迈籍岁贡，十三年任。卷一百九十三《艺文略五·史部四·山水类》：《西樵志》六卷，国朝马符录撰，存。《钦定四库全书提要》：符录，字受之，南海人，官陆丰县训导。西樵山属南海县，在广州府城西南一百二十里。明万历辛卯，郡人霍尚守初为之志，岁久散佚。国朝罗国器重修未竟，符录因其旧本辑为此编。

［道光］《南海县志》卷二十五《艺文略一·史部·山水类》：《西樵志》六卷，国朝马符录编，据《四库书目》……自序曰："西樵余故里也……余与山灵相赏数十载矣……长兄元征雅欲补遗重梓，会康熙辛丑薄宦循州，偕余与俱，愿莫之遂。季弟元龙与罗君跃剑山窗共事，不屑屑攻制举艺，好为诗歌古文词。暇时重加搜辑，颇勒成书，季弟竟尔捐馆。嗣罗君获冠秋闱，遨

①陆丰县：位于广东汕尾东南部碣石湾畔。清雍正九年（1731），析海丰县东部三都置。

游南北，未几旋，亦应召修文。雍正乙卯，余莅任陆丰闲员……戊午……因出原稿呈请参补……付梓。”

区扬彤 一说名欧阳彤，字廷举，清高明官当人。雍正十三年（1735）举人，拟授官卒。

［乾隆］《肇庆府志》卷十九《选举志二·国朝·举人·雍正乙卯》：欧阳彤，高明人。

［道光］《高明县志》卷十二《选举志·举人·国朝》：官当人，雍正十三年乙卯举人。卷十三《人物志·国朝》：字廷举。敏而好学，随父旅居羊城，日与诸名公观摩砥砺。文行兼优，登雍正乙卯贤书，生平笃于孝友，尤善事后母，母爱之如己出。为文腹稿浑然天成，喜吟咏，工草书，学者宝若圭璧。登科后更留心经济。临铨而卒，识者惜焉。

冯喜 清顺德马冈人。康熙恩贡，雍正十三年（1735）任广东乳源教谕。

［乾隆］《顺德县志》卷十《选举志·贡生·清朝·康熙恩贡》：马冈人，乳源县教谕。

［道光］《广东通志》卷四十七《职官表三十八·国朝五·乳源县·教谕训导·雍正朝》：顺德人，恩贡。十三年任，教谕。

江国理 清南海人。雍正十三年（1735）岁贡。

［道光］《南海县志》卷二十一《选举表二·国朝·贡生荐辟·雍正朝》：岁贡，乙卯。

刘际盛（清雍正） 清南海人。雍正十三年（1735）举人。

［乾隆］《南海县志》卷八《选举志·乡举·国朝·雍正乙卯》：广西中式。

［道光］《广东通志》卷七十九《选举表十七·举人二·国朝·雍正十三年乙卯·附广西中式》：南海人，西隆籍，云南道库大使。《广西通志》误作“列际盛”。

刘端 字全政，清三水河州冈人。子尔德，孙迈祖。

［嘉庆］《三水县志》卷九《选举·封赠·清》：刘尔德，庠生，以子迈

祖赠修职郎、揭阳县教谕。卷十一《人物传·潜德》：字全政，邑庠生，河州冈人。生平好积德阴，行善事。有友李远出舌耕，以赴岁考不及入规避诖误，端助资随棚补考，得附三等末。时李年已五旬乏嗣，端又为捐囊买妾，果生一子，髫龄入泮。其族人某贫而无子，端赡生殡死，属子孙岁时祭墓弗衰。其全名广嗣①、轸老恤贫类如此。孙迈祖，领乾隆庚辰恩科乡荐。曾、玄孙列胶庠、食廪饩者绳绳不绝，人以为积德获报云。

关兆昌 清南海九江人。雍正十三年（1735）武举。

［乾隆］《南海县志》卷八《选举志·国朝武乡举·雍正乙卯》：关兆昌。

《九江儒林乡志》卷十《选举略·国朝·武举·雍正十三年乙卯科》：县学，中式第四十一名。

辛济美 清顺德北滘人。雍正十三年（1735）副贡。

［乾隆］《顺德县志》卷十《选举志·贡生·清朝·雍正副榜》：北滘人，乙卯科。

李琯朗 字崇朴（或作崇璞），号冬见，清顺德陈村人。雍正十三年（1735）举博学鸿词科辞。父殿苞，弟逢春。子大生、大作。

［乾隆］《广州府志》卷三十九《人物八·文苑·顺德·清》：字崇朴，号冬见。善读书，无不淹贯。雍正乙卯，巡抚鄂弥达荐举博学鸿词科，以母老辞。诛茅构隐，颜其室曰“一箦山房”，尽藏先世遗书，日教二子大生、大作。为文章淋漓慷慨，酒后耳热辄狂歌长啸，乡人目之曰李颠。所著有《崇朴山书》八十二种，《贯珠诗文集》八卷，任城王少参元枢序之，仁和杭编修世骏题其《山行小影》，曰“只因不与时宜合，错被人呼作李颠”，盖实录也。

［咸丰］《顺德县志》卷十六《胜迹略·署宅·园林之属·都宁》：碧村园、一蒉山房俱在陈村北。贡生李殿苞于乾隆中建碧梧园。陈《志》：园在龙津堡篁村，袤广十余里，环径高梧，池中累土成山，古木阴森，葬其残笔败砚，自为之铭。长子琯朗（字崇璞，又字冬见）补以亭台。颜曰“一蒉山房”。山下潆波漾荡，隔以石桥，双松夹抱，桥东一门大书曰：“山中有约，不迎不送。两无拘束，何等受用。”又陶大瓦三十六为堂，谐其声曰“大雅

①全名广嗣：成全他人的功名和繁育后代。

堂”，凡三楹。时仁和杭堇浦编修世骏主讲粤秀书院，拿舟往游，盘桓信宿，谒忠简祠，言于大吏，设主书院之宋五子祠，其诗并见《岭南集》。卷二十五《列传五·国朝一·李殿苞传》：子朗琯……国子生……招吟侣为文酒会……子大生、大作皆庠生……逢春，字崇瓒，年十三通诸经，见爱于父，出必携以行，寝必同榻，历二十三载依依若赤子。父病剧，祝神愿身代。及殁，哀毁骨立，至吐血犹居苦块。服阕后，卧所遗床箦，泪痕常渍，发病濒死者数。先产有田名孝友坊，兄弟以让逢春，辞曰：“田名受之有愧。”遂均之。生平刻苦而未获寸进，每自歉然。年三十九死，知者惜之。

何仁上　清顺德人。雍正十三年（1735）任顺德左镇营外委把总。

［乾隆］《顺德县志》卷九《兵防志·武职·左镇标下中营外委把总》：顺德人，由行伍。右哨，雍正十三年到汛。

陈大雁　清三水胥江人。雍正十三年（1735）岁贡。

［嘉庆］《三水县志》卷九《选举·岁贡·清》：胥江人，（雍正）十三年贡。

陈天官　榜姓麦，字太先，号炳然，清南海九江人。雍正十三年（1735）举人。

［乾隆］《南海县志》卷八《选举志·乡举·国朝·雍正乙卯》：陈天官。

《九江儒林乡志》卷十《选举略·国朝·举人·雍正十三年乙卯科》：榜姓麦，字太先，号炳然。县学，中式第三十九名。

陈怀圣　清高明高村人。雍正十三年（1735）例贡。

［道光］《高明县志》卷十二《选举志·例贡·国朝》：高村人，雍正十三年例贡。

陈卓伦　清高明高村人。雍正十三年（1735）例贡。

［道光］《高明县志》卷十二《选举志·例贡·国朝》：高村人，雍正十三年例贡。

陈知喜　清高明高村人。雍正十三年（1735）例贡。

［道光］《高明县志》卷十二《选举志·例贡·国朝》：高村人，雍正十三年例贡。

陈畴 清三水西南人。雍正十三年（1735）岁贡。

［嘉庆］《三水县志》卷九《选举·岁贡·清》：西南人，（雍正）十三年贡。

林本仁 清南海人。雍正十三年（1735）举人。

［乾隆］《南海县志》卷八《选举志·乡举·国朝·雍正乙卯》：林本仁。

罗德汉 清顺德古粉人。雍正十三年（1735）倡建镇安围。

［咸丰］《顺德县志》卷五《建置略二·堤筑·马宁属》：镇安围，在古粉堡南。自西渚官村界起，北至安教、上湾洪圣庙止，西自光华、罗涌界起，东至古粉界止，计长千一百有十丈，高九尺，底宽二丈有五尺，面宽八尺，自南至洪圣庙接龙闸七百三十丈，自庙闸至四丫海六十五丈，四丫至东星闸、兴源闸八丈，靖波闸至西渚界三十二丈。雍正十三年乙卯，罗德汉等倡建。按《采访册》：南围、西围外涌并宽四丈四尺，北围外涌宽二丈，东围外涌宽三丈五尺。不知是否公界，抑就现在约略为言。粤河每易沙淤，围外总以畅流为宜也。闸四：曰静波，曰兴源，曰接龙，曰健在。案略。《顺德县奉布政司转奉巡抚察院批》：本司查里民罗德汉等，请将该乡禾、鸭二埠租银留修基闸，可否照麦永昌之例，准免追征。自雍正十二年为始，永留乡支，奉批如详，准免追征。随据业户罗德汉、李俊昌、苏伯厚等呈恳勒石遵守前来，所有报承罗水村外禾、鸭二埠租银一两六钱，尽数交出墟总地保，公同支修围基、窦闸。勒石永遵。

胡连达 清南海人。雍正十三年（1735）副贡，乾隆二十八年（1763）任广东和平教谕。

［道光］《广东通志》卷四十九《职官表四十·国朝·和平县·教谕训导·乾隆朝》：南海人，副贡。二十八年任……教谕。

［道光］《南海县志》卷二十一《选举表二·国朝·贡生荐辟·雍正朝》：副贡，和平教谕……乙卯。

胡杰 字而行，号槐园，清顺德艾步人。雍正十三年

（1735）举人，乾隆元年（1736）进士，历官吏部员外郎、御史归。祖景辉，父炳，子亦常。

［乾隆］《顺德县志》卷十《选举志·举人·清朝·雍正乙卯》：艾步人。《选举志·进士·清朝·乾隆丙辰》：艾步人，吏部验封司员外郎。《选举志·封赠·庶吉士·清朝》：胡景辉，以孙杰贵赠。《选举志·封赠·主事·清朝》：胡炳，以子杰贵赠。

［乾隆］《广州府志》卷三十八《人物七·孝行·顺德·清·胡炳传》：字安觊。父景辉，赠文林郎，世笃孝友。炳端方嗜学，幼失怙恃，哀毁如成人。结庐墓侧朝夕悲哀，闻者伤之，远近遂以孝称。以子杰贵封文林郎、翰林院庶吉士，著有《四书讲义》及诗集行世。

［咸丰］《顺德县志》卷十一《举人二·国朝·雍正》：艾步人，见进士，亦常父。按：题名碑作南海人，误。乙卯科。卷十二《封赠（文阶）·国朝》：胡景辉，豸浦人，以孙杰赠，加赠吏部文选司主事……庶吉士。卷二十六《列传六·国朝二·胡亦常传》：父杰，字而行，号槐园。雍正己卯举人，明年成进士，改庶常。习国书，历吏部员外郎、记名御史。忤某尚书，归主丽泽书院。初，杰论婚，女家以貌寝不许，改卜而生亦常。著有《槐园集》。

莫世忠　改名如忠，字健辉，清高明村头人。雍正十三年（1735）拔贡。举人。乾隆二年（1737）进士，授甘肃成县知县。升巩昌府同知，迁顺天府南路同知。近80岁退休归。弟世举，十七年附贡。子子捷、骏。

［乾隆］《肇庆府志》卷十九《选举志二·国朝·举人·雍正乙卯》：登进士，高明人。《选举志二·国朝·进士·乾隆丁巳》：莫如忠，原名世忠，高明人。庶吉士，散馆考二等，改授甘肃成县知县。升巩昌府同知，奉旨改今名。迁顺天府南路同知。

［道光］《广东通志》卷七十九《举人二·选举表十七·举人二·国朝·雍正十三年乙卯·肇庆府》：高明人，亚魁，进士。

［道光］《高明县志》卷十二《选举志·贡生·国朝》：村头人，雍正十三年拔贡。卷十三《人物志·国朝》：字健辉。少负大志，为文雄厚，自成一家。雍正乙卯拔贡，是科捷于乡。乾隆丁巳恩科成进士，入翰苑。散馆改外任，得甘肃成县。甫下车见边疆风气鄙俚，辄思以振兴礼教为急务。适大荆川用兵，调甘肃、宁夏、凉州等处官兵取道于成，忠料理营盘、运送粮草等事井井有条。督宪嘉其才，守题升洮州抚番同知极边要缺。时洮州有杨土司管辖番子十万户，又有马僧纲所辖番子仅三千户。杨恃其势力，肆谋吞并，

伪称马系属野番，经其祖征服，欲霸为己有，遂成大狱。司议已将马番归杨矣，忠披阅案卷，备历情由，通禀各宪，卒翻前案。甫两载调顺天南路同知，寻迁部郎中，畿南吏民制锦称觞，同年鼎元首辅敏中于公为之序。年近八旬致仕归里。著《见性诗集》传家，有《端溪书院课艺》刊刻行世。长子捷、次骏俱登贤书，捷现任湖北应山知县。

翁玉章 清顺德连村人。雍正十三年（1735）副贡。

［乾隆］《顺德县志》卷十《选举志·贡生·清朝·雍正副榜》：连村人，乙卯科。

梁易简 字式章，清南海西樵碧霞乡人。以优行贡太学，雍正十三年（1735）举人。乾隆四年（1739）举孝廉方正，授荥河县知县。十五年办理皇帝祭告嵩山差务八个月，二十二年补禹州、信阳州同知，二十五年返粤，已在河南任职16年。寿68岁。子基圣，乾隆五十三年（1788）举人。侄昌圣。

［乾隆］《南海县志》卷八《选举志·乡举·国朝·雍正乙卯》：举孝廉方正，知县。《选举志·荐辟·清》：举人，乾隆三年举孝廉方正，任山西蒲州府荥河县知县。

［道光］《广东通志》卷六十五《选举表三·制举·国朝·乾隆·元年丙辰孝廉方正》：南海人，雍正乙卯举人，山西荥河知县。见《南海志》作三年举孝廉方正，未确。

［道光］《南海县志》卷二十一《选举表二·国朝·贡生荐辟·乾隆朝》：举孝廉方正，授荥河县知县，终信阳州知州。有传。按阮《通志》作元年丙辰科，魏《志》作三年。盖元年诏举，至三年授官，故魏《志》在三年记其实也，今从之。卷三十九《列传八·国朝》：字式章，碧霞乡人。年十六选诸生，久之以优行贡太学……乾隆四年诏举孝廉方正，巡抚太仓王公以易简充首选，送部引见即用山西荥河县，旋丁外艰。服阕补河南渑池，居职五载，葺黉舍，设义学，修图经，均输①平价，庶务具举。时金川用兵，督师大将军领京营兵进剿，司员运饷炮悉道渑池。易简办兵差岁余，殚力集事，大兵凯

①均输：古代政府为解决贡物运输而采取的经济措施，包括以田地的多少、人户的上下求赋税，以道路的远近、负载的轻重求脚费，以物价的高低不一求平均数等。

还，以军功一等荐卓异，调繁永城。去渑日，民赠冠服屏伞遮道饯，且为立去思碑。永城钱粮五万余两，岁输不完半，士民、书役①互结为奸。易简视事半月廉其弊，悉收书役牒，院司严治之，有中饱至二三百金者刻期追赔，弊遂绝。十五年，纯皇帝有祭告嵩岳之命，巡抚奏调易简附省祥符县总办大差。二月改巡抚署为行宫，九月事竣，十月翠华幸豫。易简搘②挂差务八越月，案无留牍，巡抚录上其能，赐蟒袍一袭。晋郑州，协办河北武阳堤工，绩甫成以内忧去。服阕复莅河南权开封同知，兼署卢氏县事。大兵剿巴里坤，易简办兵差如在渑池。二十二年正月题补禹州，抵任即捧檄永城、商邱，勘赈水灾，多所存活。州东油店被毒致死者二人，致病者四人，店民首张甲所为。易简鞫之无左据，祷城隍庙三日获主罪者，民咸颂得神助。十月移信阳州，是岁豫省开、归、陈、许、汝五府州被水灾，钦差与巡抚履视地势，开河数十道，内干河四道直抵江南洪泽湖以杀河势。杞县河八千六百余丈，易简至信十日，驰办杞河三之一，半载乃毕工。复调洛阳办赴巴官兵站，莅信再期月，而在署之日实少。易简勤于谳狱，日未明视事，及晡乃休。信阳犬牙地湖北应山县有盗案，一年不获，易简竟以余力代侦获之，书役自是咸惮，蠹玩衰息。二十四年五月，巡抚行部办差，丁役假立杂费名色，书诸籍随巡抚所至驲递。前涂州县供张惟谨，易简得籍缄白巡抚曰："信阳当湖北之交，籍苟错递，事泄邻省，大人廉声著宇内，必不出此，请罪驰籍者。"抚军阳谢之，二十五年正月以驿马疲瘦、牌甲缺漏挂弹章。易简怡然曰："吾宦豫十六年，去乡五千里，惟留妻子代养，不以家累自随，为便去就计也。"遂单车返粤，士民饯之者三十里，谓真孝廉方正云。卒年六十八，著有《迎銮草》。子基圣，乾隆戊申举人。侄昌圣。

黄文陛　清南海人。雍正十三年（1735）举人。

［乾隆］《南海县志》卷八《选举志·乡举·国朝·雍正乙卯》：黄文陛。

萧卓　字辉五，号越亭，清顺德龙江人。雍正十三年（1735）武举。父茂长，兄良耀。

［乾隆］《顺德县志》卷十三《人物列传·行谊·萧茂长传》：字英连，号沧州，龙江人……子六，长良耀、次卓俱领乡荐。卷十二《人物列传·孝

①书役：犹书办，为管办文书的属吏，亦泛指掌管文书翰墨的人。
②搘（zhī）：古同"支"，支撑、支持。

友》：字辉五，号越亭，龙江人。少失怙，事嫡母、生母色养备至。生母病危，卓忧戚虔祷，母旋愈，人以为孝感。兄弟友爱，弟妇孀守尤加敬礼。族中贫者必周给之。有族人贫病鬻其子，赎之，予资本营生。邻人因岁饥将出其妻，卓为敛钱以赠，俾得完聚。有邓某老而无子，助之纳妾得举子。乡中□食乏资者，每解囊给之。生□读书□□□于武略□□乙卯中式□□□□□□□□之公□优行。卷十《选举志·武举·清朝·雍正乙卯》：龙江人。

［乾隆］《广州府志》卷四十一《人物十·义行·顺德·清》：字辉五……读书能文，长于武略，雅尚气谊……雍正乙卯举人，公举优行。

［咸丰］《顺德县志》卷二十五《列传五·国朝一·萧茂长传》：子良耀、卓俱中武科……卓以雍正乙卯得科名，士亦重其谨饬。

谭为俊 清顺德甘竹人。雍正十三年（1735）武举。

［乾隆］《顺德县志》卷十《选举志·武举·清朝·雍正乙卯》：甘竹人。

谭居广 字宣乾，清顺德甘竹人。雍正十三年（1735）岁荐。寿70岁。

［乾隆］《顺德县志》卷十《选举志·贡生·清朝·乾隆岁贡》：甘竹人。卷十二《人物列传·孝友》：字宣乾，甘竹人，雍正乙卯登岁荐。生平教读所得馆谷及笔墨之资悉归父母，父母暮年为置腴田与之，曰："此汝舌耕所积也。"居广请曰："礼，父母存不有私财，所有皆父母物也，愿与两弟均之。"不许固请，人称其让。年七十卒。

蔡廷振 清顺德龙江人。康熙岁贡，雍正十三年（1735）任广东电白训导。父天祚。

［乾隆］《顺德县志》卷十《选举志·贡生·清朝·康熙岁贡》：陵水籍龙江人，电白县训导。《选举志·封赠·训导·清朝》：蔡天祚，以子廷振贵赠。

［道光］《广东通志》卷五十二《职官表四十三·国朝十·电白县·教谕训导·雍正朝》：顺德人，岁贡。十三年任，训导。

黎信忠 清顺德桂洲人。雍正十三年（1735）武举，乾隆四年（1739）武进士，任侍卫、四川游击。

［乾隆］《顺德县志》卷十《选举志·武举·清朝·雍正乙卯》：桂洲人。

《选举志·武进士·清朝·乾隆己未》：桂洲人，侍卫，四川游击。

黎文耀 清高明官下人。雍正十三年（1735）武举，任南雄府始兴县城守。兄文彩，乾隆三十六年（1771）代理广东兴宁都司。

［乾隆］《肇庆府志》卷十九《选举志二·武科·武举·雍正乙卯》：高明人，肇协马兵。

［道光］《高明县志》卷十二《选举志·武举·国朝》：官下人，雍正十三年乙卯武举，任南雄府始兴县城守。《选举志·武职·国朝》：黎文彩，官下人，文耀兄。督标守备，乾隆三十六年署惠州兴宁都司。

［光绪］《高明县志》卷十二《选举表·国朝·武举》：官下人，雍正十三年乙卯科。任南雄府始兴县城守，署南雄都司。

邓彪 字献升，号炳园，清顺德龙山人。雍正岁贡，乾隆元年（1736）参加博学鸿词科地方选拔。

［乾隆］《顺德县志》卷十三《人物列传·文苑》：字献升，号炳园，龙山人。博涉经史，补三水庠，膺岁荐。诗赋文词温文尔雅，乾隆丙辰，制抚鄂弥达考取博学鸿词，以年老不赴，旌以才高品洁，诗赋文稿藏于家。

［咸丰］《顺德县志》卷十一《岁贡·国朝》：岁贡贡期无考。陈村人……雍正间，年无考。卷二十五《列传五·国朝一·陈份传》：其时，同县之偕试于弥达而未得荐者，龙山则邓彪……著有《梅花书屋诗稿》。

叶钟灵 字朝杰，清顺德桂洲人。乾隆元年（1736）举人，二十九年任海南琼山教谕。

［乾隆］《顺德县志》卷十《选举志·举人·清朝·乾隆丙辰科》：桂洲人。

［道光］《广东通志》卷五十五《职官表四十六·国朝十三·琼山县·教谕训导·乾隆朝》：顺德人，举人。二十九年任……教谕。

［咸丰］《顺德县志》卷二十五《列传五·国朝一》：字朝杰……令南和，改教琼山。甘贫砺节，邃于《易》。祖遗田园以让其兄，取馆谷佐养。卒官。著有《周易来注辨疑》十五卷。

朱吉兆 字迪之，号樵南，清南海九江人。乾隆元年（1736）

举人，任河南汝州同知三年卒，年49岁。

[乾隆]《南海县志》卷八《选举志·乡举·国朝·乾隆丙辰》：朱吉兆。

[同治]《南海县志》卷九《举人·清》：汝州同知，乾隆朝。

《九江儒林乡志》卷十《选举略·国朝·举人·乾隆元年丙辰恩科》：字迪之，号樵南。县学，中式第二十一名，河南汝州州同。卷十四《列传·清》：字迪之，号樵南，北方学田里人。弱龄有执，甘清贫，守节概，游州里中未尝以酒食相征逐，朋旧或载酒燕游，挥金歌舞，辄匿不与。早补邑庠，中乾隆丙辰乡试。久不第，惟以馆谷自赡，暇则合郡中子姓之贤者，兴筑会垣晦翁书院以收族属。谒选授河南汝州直隶州州同，历官三载，廉勤日闻，得膺荐牍，旋遘疾卒于官，年四十九。吉兆鲠亮负时望，受事日浅，未跻大用，时论惜之。同年生冯学使成修谓其为人如浑金璞玉，存心不欺，足媲古循良吏云。

苏善成 清顺德碧江人。乾隆元年（1736）举人。

[乾隆]《顺德县志》卷十《选举志·举人·清朝·乾隆丙辰科》：碧江人。

杜敏 清南海人。乾隆元年（1736）举人。

[乾隆]《南海县志》卷八《选举志·乡举·国朝·乾隆丙辰》：杜敏。

李士英 清南海西樵人。早年学外科，后入伍，乾隆元年（1736）参加四川金川作战，因败逃逸入深山，遇高人传授异术，能通过念咒、照水，救活受伤致死者。

[道光]《南海县志》卷四十四《杂录二》：南海人，家近西樵。少学外科，弃而入伍。乾隆元年金川有事，调粤兵进剿，而李与焉。时大将军失机，余兵溃散。李窜入深山……有老翁……授以法……李谢去……行十余日抵粤界，至家匿而熟其技。乡间有患疮毒及跌伤至死者，试之无不神验。其法以水一碗，咒而照之，名照魂水。若魂尚在，则再念咒，以水喷之，其人即活，勿药有喜，如无患者然。于是远近传播，延请无虚日，大获金资。霞浦黄富翁有幼女登楼坠跌折骨，气仅属焉。急请李，李以水照之，知魂在，索谢三百金，一喷而苏。又邻乡佃户彼此争圳水，一推翻跌坠沟下，有木撞胸而死，以命案报验。其田乃某富翁业，因控富翁主令。书吏觊其富，并拘翁赴尸所。时仵作将相验，而李适过，以水照之，知其可活也。喷之，死者起而惊顾曰："若何为径奔而归？"吏骇白官，官拘问，谓以妖术乱法，将治之。李对曰：

“天地以好生为心，皇上以好生为德，官以好生为政。如生者而死之，则罪诚在我。若死者而生之，将赏之不暇，奚罪焉?”官语塞，后富翁德之，酬以重金。后名益噪，来学者数十人，屡试皆不验。窃疑李秘其术，乃李之子亦习之，卒无效。李死，其法遂成广陵散，不传人间矣。

李朝光　清顺德大良人。乾隆元年（1736）武举，次年武进士。

［乾隆］《顺德县志》卷十《选举志·武举·清朝·乾隆丙辰恩科》：大良人。《选举志·武进士·清朝·乾隆丁巳恩科》：大良人。

［咸丰］《顺德县志》卷十一《武进士·国朝·乾隆》：浙江平阳协都司，丁巳恩科。

杨仕俊　清高明仓角人。乾隆元年（1736）任肇庆协把总。子廷相，二十五年任高明城守，三十六年升江西南赣守备，代理龙泉都司。

［道光］《高明县志》卷十二《选举志·武职·国朝》：仓角人，乾隆元年任肇营把总。杨廷相，仓角人，仕俊子。乾隆三十六年任江西南赣守备，题署龙泉都司。卷九《兵防志·武职》：国朝城守官一员（或千总或把总），杨廷相，城中人，乾隆二十五年任，后升江西南赣守备，题署龙泉都阃。

吴彦　清南海人。乾隆元年（1736）举人。

［乾隆］《南海县志》卷八《选举志·乡举·国朝·乾隆丙辰》：吴彦。

岑玉琮　清顺德桂洲人。乾隆元年（1736）武举，十三年武进士。

［乾隆］《顺德县志》卷十《选举志·武举·清朝·乾隆丙辰恩科》：桂洲人。《选举志·武进士·清朝·乾隆戊辰》：桂洲人。

何希尧　清顺德马宁人。乾隆元年（1736）举人，任临桂县教谕。

［乾隆］《顺德县志》卷十《选举志·举人·清朝·乾隆丙辰科》：广西籍马宁人，临桂县教谕。

［道光］《广东通志》卷八十《选举表十八·举人三·国朝·乾隆元年丙

辰附广西中式》：顺德人，临桂教谕。《顺德志》有，《广西志》失载。

何邵 字青门，清顺德马宁人。乾隆元年（1736）举人。

［乾隆］《顺德县志》卷十《选举志·举人·清朝·乾隆丙辰科》：马宁人。

［咸丰］《顺德县志》卷十一《举人二·国朝·乾隆》：字青门，马宁人……丙辰登极恩科。

［民国］《顺德县志》卷十七《列传二》：游幕广西，巡抚金鉷荐举博学鸿词科，以母老未赴试。著有《楚庭诗存》，与苏珥、罗天尺等相唱和。

何桂琚 清南海人。乾隆元年（1736）举人。

［乾隆］《南海县志》卷八《选举志·国朝贡生》：由广西太平府学中式举人。《选举志·乡举·国朝·乾隆丙辰》：广西中式。

何毅夫 名懋士，以字行，号介园，清顺德三桂人。乾隆元年（1736）与其父友桐同榜举人，八年进士乙榜，任广东电白县教谕。十年进士，代理广西雒容、永安知县。十二年分校省试，补昭平知县病归。

［乾隆］《顺德县志》卷十《选举志·举人·清朝·乾隆丙辰科》：三桂人。何友桐，三桂人。《选举志·进士·清朝·乾隆乙丑》：三桂人，昭平县知县。

［道光］《广东通志》卷五十二《职官表四十三·国朝十·电白县·教谕训导·乾隆朝》：顺德人，举人。八年任……教谕。卷一百九十八《艺文略十·集部四》：《浣花堂集》，国朝何毅夫撰，未见。《粤东诗海》：毅夫，名懋，以字行，号介园。乾隆丙辰，与父友桐同登贤书……官广西永安昭平知县。

［咸丰］《顺德县志》卷十《明通榜·国朝·乾隆》：三桂人……壬戌科。卷二十五《列传五·国朝一》：名懋士，以字行，又字介园……摄雒容、永安，并因俗革弊。民欠械久不能完，释之，买商贾物定以例价。关榷旧以严苛为行旅病，革其滥罚，一依木榜征课，于是商民皆祝之。丁卯分校省闱，称公明。补昭平，地寥阔，瑶壮杂处，初至即为招集抚循。滨临漓水，当东西省之冲，大吏过者供张不逾礼节。以其暇留意作人，捐修学舍，择师主讲。尝夜步过书院，就南池斋与多士讲论至三鼓，谓士习文教皆有司责，期以各尽。先是，土产有佛手柑，前官岁以佳者分饷上游，责供于民，毅夫至是除

之。遇岁祲以灾报，旋即被劾改，引疾遽归。昭平人深惜其去，追修志乘，举为县政绩，纂传名宦，所以报也。

陈见龙 字滋权，清顺德大良人。乾隆元年（1736）举人，任河北保定知县不久退休归。祖慧岢，父际盛。

［乾隆］《顺德县志》卷十《选举志·举人·清朝·乾隆丙辰科》：大良人。

［咸丰］《顺德县志》卷十二《封赠（文阶）·国朝》：陈慧岢，大良人，以孙见龙赠；陈际盛，以子见龙赠，俱保定县……知县。卷十四《节孝表一·乾隆朝》：罗氏，陈际盛妻……大良……八年旌。卷二十五《列传五·国朝一·陈宪祖传》：族子见龙，字滋权……令保定。革路役需索弊，添快役分道责缉，革役樊青等劫掠行旅，捕而置之法。值旱蝗，竭诚露祷，雨下蝗灭。寻致仕去。

陈份 字于吼，号古村，清顺德古朗人。早年住广州，与陈恭尹、梁麟生、罗天尺交往。乾隆元年（1736）参加博学鸿词科地方选拔未得荐，但中举。考进士十年不第，到广州将军署教书。祖克侯。

［乾隆］《顺德县志》卷十《选举志·举人·清朝·乾隆丙辰科》：古朗人。

［咸丰］《顺德县志》卷二十五《列传五·国朝一》：字于吼，号古村，古朗人，为金沧观察克侯之孙。自大良家会城，与陈恭尹、梁麟生、罗天尺友善。居恭尹晚成堂，与四方诗人唱和辄先成，恭尹每推重之。既而迁还里门，会丙辰开博学鸿词科，总督鄂弥达将有所荐。时尚驻肇庆，乃迎份与二十人者，以金鉴赋《江城如画里》诗，试于署西来鹤堂，最赏份作。既而皆不果荐，而侍郎杨超曾荐县廪生苏珥……份是年旋登贤书，十年不第。复寓会城，益肆力于古文词，授书将军署，一时大吏皆遣其子弟从之游。著有《水庨集》。

陈洪 清南海人。乾隆元年（1736）岁贡。

［道光］《南海县志》卷二十一《选举表二·国朝·贡生荐辟·乾隆朝》：由府学，岁贡……丙辰。

张光兰 清顺德黄连人。乾隆元年（1736）举人。

［乾隆］《顺德县志》卷十《选举志·举人·清朝·乾隆丙辰科》：黄连人。

［道光］《广东通志》卷八十《选举表十八·举人三·国朝·乾隆元年丙辰·广州府》：顺德人，监生。

林自广 清南海人。乾隆元年（1736）武举，任平和营守备。祖泽仓，父涵一。

［乾隆］《南海县志》卷八《选举志·国朝武乡举·乾隆丙辰》：林自广。

［道光］《南海县志》卷二十二《选举表三·国朝·武举·乾隆朝》：平和营守备，丙辰科。《国朝·封荫·乾隆朝》：林泽仓，以孙自广貤赠武信佐郎。林涵一，以子自广赠武信佐郎。

林泰 清高明范州人。乾隆元年（1736）岁贡。

［光绪］《高明县志》卷十二《选举表·国朝·岁贡·乾隆朝》：范州人，广西桂平籍，元年贡。

欧如熊 清顺德陈村人。乾隆元年（1736）武举，四年武进士。

［乾隆］《顺德县志》卷十《选举志·武举·清朝·乾隆丙辰恩科》：陈村人。《选举志·武进士·清朝·乾隆己未》：陈村人。

胡大经 清顺德桂洲人。乾隆元年（1736）武举，次年武进士。祖景泰。

［乾隆］《顺德县志》卷十《选举志·武举·清朝·乾隆丁巳恩科》：桂洲人。

［乾隆］《广州府志》卷四十一《人物十·义行·顺德·清·胡景泰传》：字冲孩……孙大经，丙辰进士。

［咸丰］《顺德县志》卷十一《武进士·国朝·乾隆》：四川小河营守备……丁巳恩科。

胡殿臣 清顺德桂洲人。乾隆元年（1736）武举。

［乾隆］《顺德县志》卷十《选举志·武举·清朝·乾隆丙辰恩科》：桂

洲人。

钟上遵　清南海扶南堡人。乾隆元年（1736）举人。父元辅。

［乾隆］《广州府志》卷二十九《选举一·南海县·清》：乾隆丙辰举人。

［道光］《广东通志》卷八十《选举表十八·举人三·国朝·乾隆元年丙辰·广州府》：南海人，监生，父元辅。

［道光］《南海县志》卷三十九《列传八·国朝·钟元辅传》：子上遵，乾隆丙辰科举人，官两淮盐大使。

夏襄　清高明小塘人。乾隆元年（1736）恩贡。

［乾隆］《肇庆府志》卷十九《选举志二·国朝·岁贡·高明县》：元年贡，乾隆间贡。

［道光］《高明县志》卷十二《选举志·贡生·国朝》：小塘人，乾隆元年恩贡。

梁绍储　一说名绍绪，字东麓，清顺德赤花人。乾隆元年（1736）举人，十三年任广东海丰教谕。十六年乙榜进士，二十一年任海南琼山教谕，官至贵州平越县知县。

［乾隆］《顺德县志》卷十《选举志·举人·清朝·乾隆丙辰科》：陈村人，海丰县教谕。

［道光］《广东通志》卷四十九《职官表四十·国朝·海丰县·教谕训导·乾隆朝》：梁绍绪，顺德人，举人。十三年任……教谕。卷五十五《职官表四十六·国朝十三·琼山县·教谕训导·乾隆朝》：顺德人，举人。二十一年任……教谕。

［咸丰］《顺德县志》卷十一《举人二·国朝·乾隆》：赤花人，海丰县教谕，见乙榜，知平越县……丙辰登极恩科。卷十《明通榜·国朝·乾隆》：赤花人，海丰县教谕，辛未科。

［民国］《顺德县志》卷十四《艺文略·子部·儒家》：《家训》一卷，国朝梁绍储撰。谨按：绍储，字东麓，赤花人，乾隆丙辰举人，辛未乙榜进士，知贵州平越县。

梁祖汇　清三水邓坑人。乾隆元年（1736）岁贡，十七年任海南定安县教谕。

[嘉庆]《三水县志》卷九《选举·岁贡·清》：邓坑人，乾隆元年贡，定安教谕。

[道光]《广东通志》卷五十五《职官表四十六·国朝十三·定安县·教谕训导·乾隆朝》：三水人，岁贡。十七年任……训导。

梁维光 清顺德麦村人。乾隆元年（1736）举人。

[乾隆]《顺德县志》卷十《选举志·举人·清朝·乾隆丙辰科》：广西籍麦村人。

黄汪 清南海人。乾隆元年（1736）举人。

[乾隆]《南海县志》卷八《选举志·乡举·国朝·乾隆丙辰》：黄汪。

黄琨 清南海佛山镇人。例贡，乾隆元年（1736）任广东茂名教谕。

[乾隆]《佛山忠义乡志》卷四《选举志·岁贡·清》：廪贡，现茂名教谕。

[道光]《广东通志》卷五十五《职官表四十六·国朝十三·儋州·学正训导·康熙朝》：南海人，岁贡，训导。卷五十二《职官表四十三·国朝十·茂名县·教谕训导·乾隆朝》：南海人，廪贡。元年任……教谕。

温应春 清顺德龙山人。乾隆元年（1736）举人。兄严友到广西应试死，已订婚的区氏奔丧进温家门，后以应春子廷参为嗣子。

[乾隆]《顺德县志》卷十《选举志·举人·清朝·乾隆丙辰科》：龙山人。卷十四《人物列传·贞女》：区氏，龙山人。儒士温严友聘妻，举人温应春之嫡嫂也。严友应试西粤而客死，讣闻，氏哀恸几绝，因剪发自誓，请于父母易服奔丧，时年方十八。事翁姑敬执妇道，口不妄言，足不越阃，历三十余年无间。卒之日，以夫胞弟应春之子廷参入继。

游法珠 字寅章，又字桂涯，清顺德大良人。乾隆元年（1736）举人，次年进士，任信丰县知县。归，主讲于凤山书院，不久卒。祖际可，父兴忠。

[乾隆]《顺德县志》卷十《选举志·举人·清朝·乾隆丙辰科》：大良人。《选举志·进士·清朝·乾隆丁巳》：大良人，任信丰县知县。

[咸丰]《顺德县志》卷十二《封赠（文阶）·国朝》：游际可，大良人，以孙法珠赠；游兴忠，以子法珠赠，俱信丰县……知县。卷二十五《列传五·国朝一》：字寅章，又字桂涯……初任信丰，改广丰，摄赣州郡丞，皆称职。信俗喜讼，祀一鬼状狞恶，相传祷之辄胜。法珠闻即督役焚其庙，役惧祸不敢动，法珠怒，乃手断其泥脰，讼遂稀。先是，牍繁案积，告侵夺墓地者支离无可谳决，遂开诚布公，为文告剀切晓导，民大感服，尘案顿清。先后尝三校文闱，所荐悉宿学士。去后，民争祀之。既归主凤山书院讲席，教课颇尽心力，未几卒。

彭尚忠　清顺德容奇人。乾隆元年（1736）武举，七年武进士。

[乾隆]《顺德县志》卷十《选举志·武举·清朝·乾隆丙辰恩科》：容奇人。《选举志·武进士·清朝·乾隆壬戌》：容奇人。

谭玉　清顺德桂洲人。乾隆元年（1736）举人，次年进士，任阳武县知县。

[乾隆]《顺德县志》卷十《选举志·举人·清朝·乾隆丙辰科》：桂洲人。《选举志·进士·清朝·乾隆丁巳》：桂洲人，阳武县知县。

谭献　清高明劬塘人。乾隆元年（1736）例贡。

[道光]《高明县志》卷十二《选举志·例贡·国朝》：劬塘人，乾隆元年例贡。

蔡洪恩　清顺德龙江人。乾隆元年（1736）举孝廉方正。

[乾隆]《顺德县志》卷十《选举志·荐辟·国朝》：龙江人，乾隆元年举孝廉方正，授六品，备诏用。

潘延辉　清高明尼教人。乾隆元年（1736）例贡。

[道光]《高明县志》卷十二《选举志·例贡·国朝》：尼教人，乾隆元年例贡。

潘恕 清顺德冲鹤人。乾隆元年（1736）武举。

［乾隆］《顺德县志》卷十《选举志·武举·清朝·乾隆丙辰恩科》：冲鹤人。

黎之涵 清南海人。乾隆元年（1736）举人。

［乾隆］《南海县志》卷八《选举志·乡举·国朝·乾隆丙辰》：黎之涵。

［道光］《南海县志》卷二十一《选举表二·国朝·举人·乾隆朝》：明通进士……丙辰科。

薛章燕 （1640—1724）清顺德龙江人。岁贡，乾隆元年（1736）任广西合浦县训导。父御锡。

［乾隆］《顺德县志》卷十四《人物列传·八品·薛御锡传》：字明信，龙江人……子章燕，膺岁荐。雍正元年恩诏奉部，准给八品顶带。卷十《选举志·贡生·清朝·康熙岁贡》：府学，龙江人，合浦县训导。

［道光］《广东通志》卷五十三《职官表四十四·国朝十一·合浦县·教谕训导·乾隆朝》：顺德人，贡生。元年任……训导。

区嘉炽 清高明阮埇人。乾隆元年（1736）附贡。

［道光］《高明县志》卷十二《选举志·例贡·国朝》：阮埇人，乾隆二年附贡。

邓文元 清三水南岸人。乾隆二年（1737）岁贡。

［嘉庆］《三水县志》卷九《选举·岁贡·清》：南岸人，（乾隆）二年贡。

阮文琚 清南海人。乾隆二年（1737）岁贡。

［道光］《南海县志》卷二十一《选举表二·国朝·贡生荐辟·乾隆朝》：岁贡……丁巳。

莫象宣 字肯堂，清高明村头人。乾隆二年（1737）岁贡，次年举人，未仕卒。弟宪宣十一年岁贡。

［乾隆］《肇庆府志》卷十九《选举志二·国朝·岁贡·肇庆府》：二年贡，高明人，乾隆年间贡。《选举志二·国朝·举人·乾隆戊午》：高明人。

［道光］《高明县志》卷十二《选举志·贡生·国朝》：村头人，乾隆二年府学岁贡，戊午科中式。卷十三《人物志·国朝》：字肯堂。性刚直有智略，遇事镇静，乡邑倚之。年十六入郡庠，旋食饩。乾隆丁巳岁贡，戊午以《易经》中式，未仕而终。

简政新 清南海人。乾隆二年（1737）贡生。

［道光］《南海县志》卷二十一《选举表二·国朝·贡生荐辟·乾隆朝》：贡生……丁巳。

罗天恂 （1708—?）《题名册》作姓张。字锡仁，清高明棠窝人。雍正十三年（1735）举人，乾隆十年（1745）明通进士，十四年任广东乐昌教谕，以亲丧归。

［乾隆］《肇庆府志》卷十九《选举志二·国朝·举人·雍正乙卯》：乐昌教谕，高明人。

［道光］《广东通志》卷七十九《选举表十七·举人二·国朝·雍正十三年乙卯·肇庆府》：高明人，乙丑明通，乐昌教谕，《题名册》作姓张。卷四十七《职官表三十八·国朝五·乐昌县·教谕训导·乾隆朝》：高明人，举人。十四年任……教谕。

［道光］《高明县志》卷十二《选举志·举人·国朝》：棠窝人，雍正十三年乙卯举人。乾隆乙丑明通进士，任乐昌教谕。卷十三《人物志·国朝》：字锡仁。旷达不羁。幼聪悟，不烦师训，为文若夙成，尤善诗赋。年二十七举雍正乙卯乡科，乾隆乙丑明通进士，随选乐昌谕，惟以课士为职，苜蓿自甘。二载丁艰归，肆志山水，邑中诸名胜游览吟咏殆遍，不复仕进，遂徜徉以终焉。

王钦 清高明冈头人。乾隆三年（1738）岁贡，十九年任海南会同训导。

［乾隆］《肇庆府志》卷十九《选举志二·国朝·岁贡·高明县》：三年贡，会同训导，乾隆间贡。

［道光］《广东通志》卷五十五《职官表四十六·国朝十三·会同县·教谕训导·乾隆朝》：高明人，岁贡。十九年任……训导。

［道光］《高明县志》卷十二《选举志·贡生·国朝》：冈头人，乾隆三年岁贡，任会同训导。

区琛　清顺德石硝（今属南海）人。乾隆三年（1738）举人。兄观球。

［乾隆］《顺德县志》卷十《选举志·举人·清朝·乾隆戊午》：石硝人。

［道光］《广东通志》卷八十《选举表十八·举人三·国朝·乾隆三年戊午·广州府》：顺德人。监生。兄观球。

邓儒翰　清南海人。乾隆三年（1738）举人。

［乾隆］《南海县志》卷八《选举志·乡举·国朝·乾隆戊午》：由监生。

冯一洲　清顺德大良人。康熙岁贡，乾隆三年（1738）任广东东安（今郁南）训导。

［雍正］《广东通志》卷三十六《选举志六·国朝·贡生·广州府·顺德县》：冯一洲。

［乾隆］《东安县志》卷三《秩官志·训导·清》：顺德人，岁贡，乾隆三年任。

［乾隆］《顺德县志》卷十《选举志·贡生·清朝·康熙岁贡》：大良人，东安县训导。

卢大壮　清顺德众涌人。乾隆三年（1738）举人。

［乾隆］《顺德县志》卷十《选举志·举人·清朝·乾隆戊午》：众涌人。

［咸丰］《顺德县志》卷十六《胜迹略·坊表·表宅之属》："乡贤"，在众涌，知县陈志仪为学录卢大壮。

卢鸿卿　清顺德龙山人。康熙岁贡，乾隆三年（1738）任广东钦州训导。

［雍正］《广东通志》卷三十六《选举志六·国朝·贡生·广州府·清远县》：卢鸿卿。

［乾隆］《顺德县志》卷十《选举志·贡生·清朝·康熙岁贡》：清远籍龙山人，钦州训导。

［道光］《广东通志》卷五十三《职官表四十四·国朝十一·钦州·学正训导·乾隆朝》：清远人，挨贡。三年任……训导。

左瑞陛　清顺德龙山人。乾隆三年（1738）举人。

［乾隆］《顺德县志》卷十《选举志・举人・清朝・乾隆戊午》：广西籍龙山人，全州学正。

关元澾 字乔北，号云峰，清南海九江人。乾隆三年（1738）举人。

［乾隆］《南海县志》卷八《选举志・乡举・国朝・乾隆戊午》：关元澾。

《九江儒林乡志》卷十《选举略・国朝・举人・乾隆三年戊午科》：字乔北，号云峰。县学，中式第五十七名。

劳伸 清顺德小劳村人。乾隆三年（1738）举人，三十二年任广东曲江县教谕。父荆生，弟文兼。

［乾隆］《顺德县志》卷十《选举志・举人・清朝・乾隆戊午》：小劳村人。

［道光］《广东通志》卷八十《选举表十八・举人三・国朝・乾隆三年戊午・广州府》：顺德人，弟文兼。卷四十七《职官表三十八・国朝五・曲江县・教谕训导・乾隆朝》：顺德人，举人。三十二年任……教谕。

［咸丰］《顺德县志》卷十一《举人二・国朝・乾隆》：小劳村人，曲江县教谕，文兼兄……戊午科。

［民国］《顺德县志》卷九《封荫表・封赠・文阶》：劳荆生，大罗村人，以子伸赠曲江教谕、子文兼赠陕西宜居县……知县。

吴文正 字念中，号立亭，清顺德黎村人。乾隆三年（1738）举人，次年进士，官怀来县、昌平州知县。祖一慧。

［乾隆］《顺德县志》卷十《选举志・举人・清朝・乾隆戊午》：黎村人。《选举志・进士・清朝・乾隆己未》：黎村人，怀来县知县。

［咸丰］《顺德县志》卷十《进士・国朝・乾隆》：知怀来县、昌平州……己未科。卷十二《封赠（文阶）・清》：吴一慧，黎村人，以孙文正赠怀来县知县。卷二十六《列传六・国朝二・梁善长传附》：字念中，号立亭，黎村人。少与善长同业粤秀，同举登第归，善长旋主院讲，文正亦授徒，多所成就。既而令怀来，玲珑坝岁糜帑，旋修旋塌，文正以其地长峡峭壁已足束杀下流，为图陈上官停之。屯赋产去粮存为民病，为立过割滚单，积弊遂清。军兴役民，均其贫富。荐擢昌平州，被议解任，旋卒。著有《立亭文稿》一卷。

何元潼 清顺德登洲人，居佛山镇。乾隆三年（1738）武举。

［乾隆］《顺德县志》卷十《选举志·武举·清朝·乾隆戊午》：登洲人。

［乾隆］《佛山忠义乡志》卷四《选举志·武科·清乡举》：乾隆戊午。

何德贤 榜姓谢，清顺德羊额人。乾隆三年（1738）举人。曾祖景辰。

［乾隆］《顺德县志》卷十《选举志·举人·清朝·乾隆戊午》：谢德贤，本姓何，广西籍羊额人。卷十三《人物列传·行谊·何景辰传》：字映垣，号半如，羊额人……曾孙德贤，乾隆戊午登贤书。

陈天禄 清顺德碧江人。乾隆三年（1738）举人，三十二年任广东连平州学正。

［乾隆］《顺德县志》卷十《选举志·举人·清朝·乾隆戊午》：碧江人。

［道光］《广东通志》卷四十九《职官表四十·国朝·连平州·学正训导·乾隆朝》：顺德人，举人。三十二年任……学正。

陈魁 清顺德马齐人。乾隆三年（1738）武举。

［乾隆］《顺德县志》卷十《选举志·武举·清朝·乾隆戊午》：马齐人。

林孟麟 清顺德甘竹人。乾隆三年（1738）举人，二十六年任广东化州学正。父瑯。

［乾隆］《顺德县志》卷十三《人物列传·行谊·林瑯传》：字魁翰，号厚庄，甘竹人……瑯由国学职州同。子孟麟，登贤书。卷十《选举志·举人·清朝·乾隆戊午》：甘竹人。

［道光］《广东通志》卷五十二《职官表四十三·国朝十·化州·学正训导·乾隆朝》：顺德人，举人。二十六年任……学正。

欧阳腾 清三水雄旗人。乾隆三年（1738）举人。曾与同乡的十年进士梁乔阜，送在京病卒的同乡、雍正十一年（1733）进士苏文回家。

［乾隆］《广州府志》卷三十一《选举三·三水县·清》：乾隆戊午举人。

［嘉庆］《三水县志》卷九《选举·举人·国朝·乾隆三年戊午王定九榜》：雄旗人。卷十一《人物传·文学·梁乔阜传》：号髻麓，大冈人。以副

榜登乾隆甲子贤书，乙丑联捷成进士，归铨选。将促装行矣，会同邑苏进士文赴铨在都，病卒于邸，榇不能归。阜解装暂留，百计经营益以称贷，偕邑孝廉欧阳腾亲送回籍。

欧衎 姓一作区，清顺德陈村人。乾隆三年（1738）举人，三十四年任广东潮阳教谕。

［乾隆］《顺德县志》卷十《选举志·举人·清朝·乾隆戊午》：陈村人。

［乾隆］《广州府志》卷三十一《选举三·顺德县·清》：区衎，乾隆戊午举人。

［道光］《广东通志》卷五十《职官表四十一·国朝八·潮阳县·教谕训导·乾隆朝》：顺德人，三十四年任……教谕。

［咸丰］《顺德县志》卷十一《举人二·国朝·乾隆》：陈村人。《采访册》。知清河县，戊午科。

罗公俊 清顺德大良人。乾隆三年（1738）举人。

［乾隆］《顺德县志》卷十《选举志·举人·清朝·乾隆戊午》：大良人。

郑际熙 清顺德桂林人。康熙岁贡，乾隆三年（1738）任广东韶州府训导。

［雍正］《广东通志》卷三十六《选举志六·国朝·贡生·广州府·府学》：南海人。

［乾隆］《顺德县志》卷十《选举志·贡生·清朝·康熙岁贡》：番禺籍桂林人，韶州府训导。

［道光］《广东通志》卷四十七《职官表三十八·国朝五·韶州府·教授训导·乾隆朝》：顺德人，拔贡。三年任……训导。

胡世光 清顺德桂洲人。乾隆三年（1738）武举，任福建邵武营千总。

［乾隆］《顺德县志》卷十《选举志·武举·清朝·乾隆戊午》：桂洲人。

［咸丰］《顺德县志》卷十一《武举·国朝·乾隆》：桂洲人，福建邵武营千总……戊午。

胡光前 清顺德桂洲人。乾隆三年（1738）武举。

［乾隆］《顺德县志》卷十《选举志·武举·清朝·乾隆戊午》：桂洲人。

柯光第 清南海人。乾隆三年（1738）举人。

［乾隆］《南海县志》卷八《选举志·乡举·国朝·乾隆戊午》：柯光第。

郭尚政 清南海人。乾隆三年（1738）举人，三十四年任海南琼山县教谕。

［乾隆］《南海县志》卷八《选举志·乡举·国朝·乾隆戊午》：郭尚政。

［道光］《广东通志》卷五十五《职官表四十六·国朝十三·琼山县·教谕训导·乾隆朝》：南海人，举人。三十四年任……教谕。

黄辅翼 清顺德江村人。乾隆三年（1738）副贡。

［乾隆］《顺德县志》卷十《选举志·贡生·清朝·乾隆副榜》：江村人，戊午科，花县拨回。

梁天禄 清顺德逢简人。乾隆三年（1738）举人。

［乾隆］《顺德县志》卷十《选举志·举人·清朝·乾隆戊午》：逢简人。

梁连茹（清乾隆） 清顺德大良人。乾隆三年（1738）副贡。

［乾隆］《顺德县志》卷十《选举志·贡生·清朝·乾隆副榜》：大良人，戊午科。

梁炳 清三水大冈人。乾隆三年（1738）副贡。

［嘉庆］《三水县志》卷九《选举·副榜贡·清》：大冈人，乾隆戊午科。

梁善长 （？—1764）字崇一，又字夔庵，清顺德伦教人。乾隆三年（1738）举人，次年进士，任陕西白水县知县。二十九年升福建建宁府同知，八个月后卒。祖林垣，父文在，孙之任。

［乾隆］《顺德县志》卷十《选举志·举人·清朝·乾隆戊午》：伦教人。《选举志·进士·清朝·乾隆己未》：伦教人，白水县知县。

［道光］《广东通志》卷一百九十八《艺文略十·集部四·总集》：《广东诗粹》十二卷，国朝梁善长编，存。《钦定四库全书提要》：善长，字崇一，顺德人，乾隆己未进士。此集所选广东诗，上起于唐，下至国朝，凡四百一十三家一千五百五十余首，各为之详注。先是，黄登有《五朝诗选》，善长以其持择未精，故更加搜讨，定为此集云。谨案：善长著述尚多，余皆未见。

《西樵白云洞志》第五册《艺文·增辑诗》：工诗，久作骚坛提唱。尝搜罗十三州郡，荟萃百家而纂辑之，名曰《诗粹》。

［咸丰］《顺德县志》卷十二《封赠（文阶）·国朝》：梁林垣，伦教人，以孙善长赠。梁文在，以子善长赠。俱白水县……知县。卷二十六《列传六·国朝二》：又字夔庵……原本家学，幼知恭慎，读书尤颖悟，早饩于庠。乾隆戊午乡荐，己未登庄有恭榜进士，需次归。先是，有恭与善长暨同县吴文正三人者，肄业粤秀讲院，咸为大吏所知，至是同假归。善长继主讲，执贽者皆旧同砚席，立简易课程，取积弊之不便者剔除殆尽。教人务变化气质，注白鹿洞规条，斥浮扫靡，数年间，粤才遂称极盛。归筑鉴塘，日集罗天尺、苏珥、何梦瑶、陈海六辈讨论声律……时仁和杭世骏负海内名，故出其族兄泽门，亦就聘至，善长折行辈与游处。出令白水，以良吏自期。地硗多逋赋，于是一金减耗五分，米石减五升，积赋争完。民供有薪盐银岁数百，当商节馈亦如之，皆申请裁免。士风朴陋，设科奖励，过学必步行，自是人知敬业。每岁歉，筹赈不假胥吏，实惠在民，他县多就食者。巡抚临察抵县境，吏请入曰："梁令君子不我欺。"遂去。摄澄城、蒲城，政尚宽和，不为苛察。暇即延诸生于室，谆谆讲业如父师。旦出坐外堂，诉者至立为断结，民大德之，语曰："一文不取清如白水，锦绣满胸多谢梁公。"庚辰调郃阳，值山水暴涨坏民居，捐金悉为修复，民肖像祀焉。故事，监生初援例，必贽令十二金，会修古莘书院，遂留备育士费，复捐俸裕之。朔望招诸生入署课，饭而返，役控马驼、制钱数千笼灯送之。韩城相国王文端杰①未第时，亦以道近就课，受培育最深。无何军事起，羽书旁午，驿马刍粮，应付不时，皆亲巡按给，丝毫不以累户甲。尝稽粮葭州，过白水，父老迎送数千人。居陕十五年，声绩茂著，甲申荐卓异，初选建宁邵武，改白水，及是擢建宁同知。有恭方秉节十闽，握手道旧，而善长遽卒，抵任仅八阅月也。子附贡生瑰玉适自乡至，所遗止金石书帙数巨簏，他无有，同官赙归其丧。所至并享庙食，白水人辟署左一堂举时祀，蒲城别祠遗爱碑志去思。郃阳故前明叶梦熊谪地也，有专

①王杰（1725—1805），字伟人，清韩城人。乾隆二十六年（1761）进士第一名，官至内阁学士。著有《惺园易说》《葆醇阁集》。

祠合而奉之，更其额曰“叶梁”，建宁以配朱子，迄今不替。著述甚富，著录……《彭衙编》《彭衙二编》《礼鹄》《诗鹄》《训俗迩言》《白水县志》《古文选》《鉴塘子古文选》《赐衣堂文集》《鉴塘诗钞》《葭州吟》《北岸小草》《鉴塘诗续稿》。选刻教人为科举之学者，曰《明文粹》《国朝墨粹》《考卷粹》各若干卷。孙之任。

梁登　清顺德黄连人。乾隆三年（1738）举人。父成之，子兆榜。

［乾隆］《顺德县志》卷十二《人物列传·孝友·梁成之传》：字文升，号兼善，黄连人……子登，戊午领乡荐，余列成均。孙兆榜，丁卯经魁。卷十《选举志·举人·清朝·乾隆戊午》：黄连人。

［咸丰］《顺德县志》卷十二《封赠（文阶）·国朝》：举人，以子兆榜赠，加赠礼部主客司主事……庶吉士。

曾文智　清顺德小里涌人。乾隆三年（1738）副贡，任合浦县教谕。

［乾隆］《顺德县志》卷十《选举志·贡生·清朝·乾隆副榜》：小里涌人，戊午科。

［咸丰］《顺德县志》卷十一《副贡·国朝·乾隆》：小里涌人，戊午，合浦县教谕。

梁秋举　清三水大冈人。乾隆四年（1739）岁贡，二十二年任广东嘉应州训导。父韶伯。四子梧隆，五十七年岁贡。

［嘉庆］《三水县志》卷九《选举·岁贡·清》：大冈人，（乾隆）四年贡，嘉应州训导。梁梧隆，秋举四子，（乾隆）五十七年贡。《选举·封赠·清》：梁韶伯，以子秋举赠修职郎、嘉应州训导。卷十一《人物传·乡饮宾》：岁贡。

［道光］《广东通志》卷五十七《职官表四十八·国朝十五·嘉应州·学正训导·乾隆朝》：三水人，挨贡。二十二年任……训导。

温启兼　字洁夫，号浣亭，清顺德龙山人。祖俊升，父敬甫。兄启新，弟天诏、启孳、应璋、应聪。

［嘉庆］《龙山乡志》卷八《人物志·行谊》：字洁夫，号浣亭。祖俊升，

父敬甫，世有隐德。启兼生而目光如炬，鼻准若柱，一望而知其为克家子也。性警敏，不沾沾于帖括，理巨艰如流，壮岁积勤，历客江湖，遂起家焉。为人主彝伦、明大义，凡广祖尝、建祖宇、尊贤立学、出粟赈饥、扶戚友以成立者，不可枚举。尝曰睦姻任恤分内事耳，毫无德色，与人不分贵贱一以礼接之，故穷村妇孺皆知其名而当道亦多物色焉。生平尤笃于孝友，亲在出告反面，虽省、佛之近，归必有期。兄弟六人，与伯兄多所创立，四弟均之。弟天诏久宦京师，念之切，寄以诗云："漫言姜被南天暖，八载常怀北地寒。"友于之爱，情见乎词矣。素耽诗，句多天趣，不琢自工。……中岁即归隐于鳌峰之西，慕陶靖节为人，辟畦栽菊，秋来黄花满径，日与诸昆弟及骚人词客把酒吟赏。数十年于延师训子孙外，即以品花拈韵为乐，寿跻大耄而终，论者谓陈太邱之盛德、黄叔度之雅怀兼而有之，洵实录云。

［咸丰］《顺德县志》卷十八《艺文略二·集部二·别集二》：《敏慎堂草》，国朝温启兼撰。

温天诏　字洁修，号适斋，清顺德龙山人。诸生，任户部司务、兵部职方司郎中，乾隆四年（1739）校武闱。祖浚升，父敬甫。兄启新、启兼，弟启孳、应璋、应聪。

［乾隆］《顺德县志》卷十《选举志·贡生·清朝·雍正例贡》：龙门籍龙山人，兵部职方司郎中。《选举志·封赠·郎中·清朝》：温浚升，以孙天诏贵赠。温敬甫，以子天诏贵赠。

［嘉庆］《龙山乡志》卷八《人物志·德业》：字洁修，号适斋。父敬甫，家世积德，以善行著名乡闾。然家非素封，故同怀兄弟六人皆令治生产，唯天诏读书。少力学，游龙门庠有声。后兄弟悉以勤俭起家，思有以显扬其亲，劝之仕。由是谒选都门，援授户部司务，寻升兵部职方司郎中。居官清慎，历职无忝。性友爱，虽身居京邸，每眷念手足，时刻不去于怀，其兄若弟亦念之切，岁携子侄束装赴都聚首。……乞假归里，筑室于鳌溪之畔，颜其堂曰"晖堂"。日与诸兄弟暨二三友朋觞咏其中，怡然乐甚。其处乡党悉以礼让相接，其教子弟首以孝弟为先，尤能为乡中兴利除弊，其所以济贫乏、拯灾难无一不周。先是，乡有基围长百余丈，农民借以防水潦者，日久渐颓，田禾岁受水伤，乡人苦之。天诏慨然首捐金以为好义倡复，身董其事，督率有方，不数月而基堤巩固，至今闾井啧啧，每追念其人而思慕其德于不置云。《人物志·孝友》：温敬甫，以字行，号惺庵……生子六人，长启新……次启兼、次天诏、次启孳、次应璋、次应聪皆贤。《人物志·行谊》：温启兼，字洁夫，号浣亭……弟天诏，久宦北京，念之切，寄以诗云："漫言姜被南天

暖，八载常怀北地寒。”友于之爱，情见乎词矣。

［咸丰］《顺德县志》卷二十六《列传六・国朝二》：父敬甫……值岁荒多遗婴儿，罄藏粟活之……天诏……敏慎称职，会雨缺米，值大翔，诏发粟西厂平粜，天诏领其事，人沾实惠。己未校武闱称公慎，考满将外用遽归。

温应聪　字洁峰，号侣云，清顺德龙山人。祖俊升，父敬甫，兄启新、启兼、天诏。子明，孙汝纲。

［嘉庆］《龙山乡志》卷八《人物志・行谊》：字洁峰，号侣云，中宪公敬甫季子也。赋性纯笃，乐善不倦。少随诸兄客游，奔走燕齐，跋涉吴楚，虽日在风雪中无少懈容。生平遇事果断，义之所在，靡有不赴，故里党咸相推重。性尤惇于宗族，数十年用心倦倦，悉体先人遗意，以敬宗收族为念。尝虑族口繁多，一遇凶荒，无以为备，首捐义田数十亩，每岁积粟防饥，以为好义者倡，宗族至今赖之。族人有疑事不决、斗讼不息咸取断，一言其事辄已。时奉例设立族正，众力请充其任，由是家规整肃，桀黠者不敢为非，称善族焉。晚岁筑室于鳌津之西，教子训孙悉以礼让为本，乡里啧啧以为有万石家风不外是也。寿至七十余卒，以其孙汝纲贵赠武功大夫。次子明嗜学，游邑庠有声，然数奇不遇。晚善岐黄术，日以济人为念，有父风，凡尊祖睦族、广尝建祠诸事皆出其手，宗族咸称其贤而好义，克承父志云。

岑传光　（约1709—1744）字昭受，号旭初，又号次庵，清南海九江人。雍正七年（1729）举人。堂叔殿宁。

［雍正］《广东通志》卷三十五《选举志五・举人・雍正七年己酉乡试榜》：南海人。

《九江儒林乡志》卷十四《列传・清》：字昭受，号旭初，又号次庵，东方腾滘人。貌魁梧，有器量，聪颖博学，弱冠以顺德籍廪生，中雍正己酉乡榜第七名。为骈散体文成不加点，脱稿人争传诵。生平耽吟咏，笃天伦，里门外植水松数十株，月夕风晨，与从叔拔贡生殿宁等于其下谭论诗文，时人比之谢庭玉树。享岁不永，卒年三十六，遗属以所爱徽墨一丸、诗稿二卷殉葬。

李圣修　（约1709—1810）清三水天湖人。寿102岁，嘉庆十五年（1810）在任的三水知县章家麟送匾。

［嘉庆］《三水县志》卷十一《人物传・耆寿》：天湖人。寿一百零二岁，知县章匾曰“能静斯寿”。卷六《秩官表・国朝知县》：章家麟，安徽东流人，

举人，（嘉庆）十五年任。

莫世绍 （1710—?）字惇辉，清高明村头人。乾隆元年（1736）举人。父英贤。女嫁杨朝模。

［乾隆］《肇庆府志》卷十九《国朝·举人·乾隆丙辰》：高明人。

［道光］《广东通志》卷八十《选举表十八·举人三·国朝·乾隆元年丙辰·肇庆府》：高明人，英贤子。

［道光］《高明县志》卷十三《人物志·国朝》：字惇辉，孝廉英贤子也。性聪慧，通达事变。年二十七，由廪生举乾隆丙辰恩科贤书。连试礼闱不第，归事父母、友兄弟，绝迹公门，郡邑钦其雅望云。卷十四《列女志》：莫氏，村头孝廉世绍女，朗第生员杨朝模妻。年十九于归，未及一载夫故。孝事翁姑，孀守四十余年，族里罕识其面，现寿六十八。嘉庆三年，嗣子州同炯请旌建坊。

谭起韬 （约1710—1781后）字恺捷，清高明展旗人。乾隆十五年（1750）举人，四十六年会试赐大理寺评事。

［乾隆］《肇庆府志》卷十九《国朝·举人·乾隆庚午》：高明人。

［道光］《广东通志》卷八十《选举表十八·举人三·国朝·乾隆十五年庚午·肇庆府》：高明人，辛丑，钦赐大理评事。

［道光］《高明县志》卷十二《选举志·举人·国朝》：展旗人，乾隆庚午举人，辛丑会试钦赐大理寺评事。卷十三《人物志·国朝》：字恺捷。宽洪敏达，与人无忤。生平所学，博闻强记，凡经史手自抄读，终身来尝遗忘。尤究心《朱子语类》《或问》诸书，故为文根极理要，不蹈时蹊，陈公德华①校粤时尝以大家目之。设讲帐五十余载，学者仰之。自弱冠为诸生，食饩二十一年始膺乡荐。六赴礼闱，不得一官以展所学，数亦奇矣。后以年老钦赐大理寺评事职衔，卒于家。卷十六《艺文志二》：《高明县创建社仓碑记》……邑人谭起韬撰文，乾隆十九年岁次甲戌仲秋谷旦。

黄诞嘉 （约1710—1783）字会贞，清顺德北海人。乾隆四十九年（1784）岁贡。同时何孔山，羊额人，五十一年岁贡。

---

①陈德华（1696—1779），清直隶安州人。雍正二年（1724）状元，官至左都御史、礼部尚书。

［咸丰］《顺德县志》卷十一《岁贡·国朝·乾隆》：北海人，甲辰。卷十八《艺文略二·集部二·别集二·清》：《礼堂遗稿》一卷，国朝黄诞嘉撰，“冯孟文册”。按：诞嘉，字会贞，北海人，能文，与梁泉、郑翼亭齐名。卷二十六《列传六·国朝二·梁泉传》：当时以四书文受督学知，与泉齐名者……羊额何孔山，以字行，屡荐竟不售，依依以丙午贡老。北海黄诞嘉，字会贞，质讷而援笔若宿构，远近多从游致通显者。生平无所求于人，或不如愿，旁观方为惋怅，诞嘉辴①然曰：“岂稚子之于枣栗哉？”壮未有子，即抚侄为嗣，年七十一举一子。以甲辰贡，旋卒。

梁翰　（1711—1774）字遇屏，又字少周，号戢庵，清顺德麦村人，居佛山。31岁补博士弟子员。乾隆六年（1741）乡试副榜，九年举人，次年进士乙榜，十一年任广东龙川教谕。十三年进士，继续任教谕，八年后俸满保荐，任福建罗源知县八年。二十九年（1764）代理福建邵武府同知病归，64岁卒于家。养父戊赐，生父麟赐。

［乾隆］《顺德县志》卷十《选举志·贡生·清朝·乾隆副榜》：麦村人，辛酉科。《选举志·举人·清朝·乾隆甲子》：麦村人。《选举志·进士·清朝·乾隆戊辰》：麦村人，龙川县教谕。

［道光］《广东通志》卷四十九《职官表四十·国朝·龙川县·教谕训导·乾隆朝》：顺德人，举人。十一年任……教谕。

［道光］《佛山忠义乡志》卷八《名宦·流寓（附）》：字遇屏，又字少周，号戢庵。生而岐嶷，随其父玉书就傅佛山。稍长与陈云麓太史、何远君司训结社论文，每试辄前列。年三十一补博士弟子员，乾隆辛丑中副榜，甲子举于乡，乙丑中明通榜，为龙川教谕。戊辰成进士，加教授衔，复教谕任。八年俸满，保荐以知县用。丙子选福建罗源县知县，罗源故小邑，翰勤案牍，绝苞苴，旧令黄公旅榇停厝六十余年，翰捐俸葬之，复拨闲款以供祀事。又捐廉倡绅士建罗川书院，延名师设膏火，邑不登贤书者五六十年，至是屡获乡榜。罗田苦旱，翰教以吾粤水车之法，民甚便之，至有“梁公车”之目。他如修县城、行社仓、禁火葬之忍、治溺女之罪，治罗八年，邑人爱之如父母。甲申署邵武同知，未几以病移归。其设教佛山时，进士伦显圣、孝廉陈应魁、拔贡刘良浚皆出其门。著有《寸知堂制艺》《循阳前后二草》《旅燕宦

---

①辴（chǎn）：笑的样子。

闽二草》《教养纪实》等书。年六十四卒于家。卷五《乡俗·园林》：茶亭，在桥亭铺。康熙六十一年，里人梁玉书等建，雍正十一年复修，俱有记，今圮。

[咸丰]《顺德县志》卷十二《封赠（文阶）·国朝》：梁戊赐，麦村人，以子翰赠。梁麟赐，以出嗣子翰赠。俱罗源县……知县。

王登云 清高明苏村人。乾隆五年（1740）岁贡，二十二年任三水训导，二十九年教谕。父蓬龄。

[乾隆]《广州府志》卷二十四《职官六·国朝·三水县训导》：高明人，岁贡，（乾隆）二十二年任。

[乾隆]《肇庆府志》卷十九《选举志二·国朝·岁贡·高明县》：五年贡，三水训导，乾隆间贡。

[嘉庆]《三水县志》卷六《秩官表·国朝教谕》：高明人，岁贡，（乾隆）二十九年任。《秩官表·国朝训导》：高明人，岁贡，（乾隆）二十二年任。

[道光]《高明县志》卷十二《选举志·贡生·国朝》：苏村人，乾隆五年岁贡，任三水训导。《选举志·封典·国朝》：王蓬龄，苏村人，以子登云敕赠修职佐郎。

区士锦 清顺德石硝（今属南海）人，住佛山镇。乾隆六年（1741）副贡。

[乾隆]《顺德县志》卷十《选举志·贡生·清朝·乾隆副榜》：石硝人，辛酉科。

[乾隆]《佛山忠义乡志》卷四《选举志·岁贡·清》：科贡。

毛经 清三水白坭人。乾隆六年（1741）副贡。

[嘉庆]《三水县志》卷九《选举·副榜贡·清》：白坭人，（乾隆）辛酉科。

邓文桂 清三水白坭村头人。乾隆六年（1741）举人。

[乾隆]《广州府志》卷三十一《选举三·三水县·清》：乾隆辛酉举人。

[嘉庆]《三水县志》卷九《选举·举人·国朝·乾隆六年辛酉陈炎宗榜》：白坭村头人。

邓琦 清三水南岸人。乾隆六年（1741）拔贡。父时可。

［雍正］《广东通志》卷三十六《选举志六·国朝·贡生·广州府·南海县》：邓琦。

［嘉庆］《三水县志》卷九《选举·拔贡·清》：南岸人，时可子，乾隆六年拔贡。

汤学宣 清南海人。乾隆六年（1741）任海南澄迈训导。

［雍正］《广东通志》卷三十六《选举志六·国朝·贡生·广州府·南海县》：汤学宣。

［乾隆］《南海县志》卷八《选举志·国朝贡生》：由开平学岁贡，训导。

［道光］《广东通志》卷五十五《职官表四十六·国朝十三·澄迈县·教谕训导·乾隆朝》：六年任，训导。

杜圣焰 清南海人。乾隆六年（1741）举人。

［乾隆］《南海县志》卷八《选举志·乡举·国朝·乾隆辛酉》：杜圣焰。

李仕琳 清南海人。乾隆六年（1741）拔贡。

［乾隆］《南海县志》卷八《选举志·国朝贡生》：辛酉科拔贡。

［乾隆］《广州府志》卷二十九《选举一·南海县·清》：副榜，科年无考。

李佑昌 清顺德桂洲人。乾隆六年（1741）举人。父安性早亡，母胡氏28岁遗腹生他。

［乾隆］《顺德县志》卷十《选举志·举人·清朝·乾隆辛酉》：桂洲人。卷十四《人物列传·节妇》：李安性妻胡氏，年二十五适安性，三年孕。数月夫疾，问之曰："吾病难愈矣，汝何以自处？"答曰："舅姑之志弗敢有违，吾分内事也。以君之灵，倘得生男教之成立。"所自矢如此。夫故，遗腹生子佑昌，氏仰事俯育。子夜读，己以纺绩伴之，学偶惰辄加鞭笞。舅姑没，益严谨自持，人罕见其面。佑昌于乾隆辛酉中式，督责犹不少懈。主试御史陈大玠旌之曰"令德裕后"。

李维邦 清顺德容奇人。乾隆六年（1741）武举。父端平。

［乾隆］《顺德县志》卷十《选举志·武举·清朝·乾隆辛酉》：容奇人。

［咸丰］《顺德县志》卷十五《耆寿·九十寿妇》：杨氏，容奇李端平妻，子维邦武举。关氏，容奇武举李维邦妻……俱年九十一。

李鹰扬（清乾隆） 清顺德大良人。乾隆六年（1741）武举第一名，次年武进士，任福建守备。

［乾隆］《顺德县志》卷十《选举志·武举·清朝·乾隆辛酉》：大良人，解元。《选举志·武进士·清朝·乾隆壬戌》：大良人，福建守备。

何则书 字显义，清南海大通堡人。乾隆六年（1741）举人。祖文俨，父荣客，弟维新。

［乾隆］《南海县志》卷八《选举志·乡举·国朝·乾隆辛酉》：何则书。

［道光］《广东通志》卷八十《选举表十八·举人三·国朝·乾隆六年辛酉·广州府》：南海人，五经中式。

［道光］《南海县志》卷三十九《列传八·国朝》：字显义，大通堡人。乾隆辛酉领乡荐，官严镇场大使。灶籍民应童子试，例由场官录名送县，辄滥索纸笔钱，则书既视事，立裁革。士欣悦，应考人数倍前。久之，因公亏空七百金，比谢事，籍民竞相佽垫，复赆之。则书取足行费，余却弗纳。比至家，行箧所存布袍一袭，无长物也。

何松 清顺德羊额人。乾隆六年（1741）举人。

［乾隆］《顺德县志》卷十《选举志·举人·清朝·乾隆辛酉》：羊额人。

陈炎宗 字文樵，号云麓，清南海佛山镇人。乾隆六年（1741）举人第一名（解元），十三年进士，任太史馆太史半年辞归。家居30年，在岭南义学授徒，乾隆十七年（1752）编成《佛山忠义乡志》11卷。父清杰，母林氏，妻吴氏，女霞浣。

［乾隆］《南海县志》卷八《选举志·乡举·国朝·乾隆辛酉》：解元。

［乾隆］《佛山忠义乡志》卷三《乡事志·纪略》：清乾隆六年辛酉，陈炎宗领乡荐第一（居耆老铺之金鱼塘）。卷四《选举志·乡举·国朝·乾隆辛酉》：解元，进士，清杰子。《选举志·进士·国朝·乾隆戊辰》：现翰林院庶吉士。

［道光］《佛山忠义乡志》卷六《乡事志·编年》：乾隆十七年壬申，陈炎宗修乡志竣。卷九《文苑·清》：字文樵，号云麓。父清杰，康熙甲午举

人。炎宗少孤，聪颖迈伦，乾隆辛酉领解额，戊辰成进士，馆选越六月即告归。居家三十年，主讲岭南义学。性孤介恬淡，非公事无一刺及长吏。大学士陈大受戊辰会试总裁也，后节制两粤，炎宗一谒不再至。所居乡曰佛山，搜罗文献辑为乡志，识者称其简而有章。生平为诗古文词未尝属稿，挥成辄为人持去，故多散佚。其卒也，大兴朱太傅珪①表其墓云。

［道光］《南海县志》卷三十九《列传八·国朝》：父清洁。

［宣统］《南海县志》卷二十三《列传·列女》：林氏，佛山堡人陈清杰妻，太史炎宗母也。自幼知书通大义，事舅及继姑愉婉执子妇礼，朝夕问视，数十年不少懈。口授子经书，尝曰："他人望子富，予但愿子学问有成耳。"炎宗妻吴氏亦通书史文词，恪修妇道。其女霞浣，字雪心，幼痛母殁，每出其遗稿，辄对之涕零，事庶母以孝闻。善女红，耽书史。许字冯氏子，及笄而夫亡，奔丧守节，嗣子继夭。氏读书稽古以自遣，能背诵《康熙字典》全部，识疑难字及切法，兼工韵语。合河康基田为粤藩，欲延教其女，辞不赴，乃遣女受业于其家，讨论文学每至漏尽。好义喜施，常以家资恤冯、陈二族之贫者。著有《绩古事苑》《雪心诗钞》《字海辨似》。嗣孙叶询，进士。

林大伦　清南海人。乾隆六年（1741）武举。

［同治］《南海县志》卷九《武科选举·补遗》：辛酉科，碣石守备，乾隆朝。

林根　清高明范州人。乾隆六年（1741）岁贡。

［道光］《高明县志》卷十二《选举志·贡生·国朝》：范州人，乾隆六年岁贡。

招安海　清南海人。乾隆六年（1741）武举。

［乾隆］《南海县志》卷八《选举志·国朝武乡举·乾隆辛酉》：招安海。

罗大有　清顺德杏坛人。乾隆六年（1741）举人。

［乾隆］《顺德县志》卷十《选举志·举人·清朝·乾隆辛酉》：杏坛人。

---

①朱珪（1731—1806），字石君，清北京大兴人。乾隆十三年（1748）进士，官大学士，晋太傅，谥文正。工隶书，著《知足斋集》《艺舟双楫》《瓯钵罗室书画过目考》。

佛山人物志

清代卷 中

佛山市图书馆 编

岳麓書社·长沙

罗如纬 清三水胥江连凹人。乾隆六年（1741）副贡，三十九年任广东阳山教谕。

［嘉庆］《三水县志》卷九《选举·副榜贡·清》：胥江连凹人，（乾隆）辛酉科，阳山县教谕。

［道光］《广东通志》卷四十六《职官表三十七·国朝四·阳山县·教谕训导·乾隆朝》：三水人，副榜。三十九年任……教谕。

胡家驺 清顺德桂洲人。乾隆六年（1741）举人。祖汝巘。

［乾隆］《顺德县志》卷十四《人物列传·方技·胡汝巘传》：号淡宁子，桂洲人……长孙家驺，乾隆辛酉举于乡。卷十《选举志·举人·清朝·乾隆辛酉》：桂洲人。

胡麟书 清顺德桂洲人。乾隆六年（1741）武举。父灿，子志昕。

［乾隆］《顺德县志》卷十《选举志·武举·清朝·乾隆辛酉》：桂洲人。

［乾隆］《广州府志》卷四十一《人物十·义行·顺德·清·胡灿传》：字邦彦……以子麟书登乾隆辛酉乡榜，赠昭信校尉。

［光绪］《广州府志》卷五十九《选举表二十八·封荫四·国朝·顺德》：武举，以子志昕赠阳江教谕。

赵林临 清顺德碧江人。雍正拔贡，乾隆六年（1741）举人，次年进士，二十五年任广东潮州府教授。

［雍正］《广东通志》卷三十六《选举志六·国朝·贡生·广州府·府学》：顺德人。

［乾隆］《顺德县志》卷十《选举志·贡生·清朝·雍正拔贡》：碧江人。《选举志·举人·清朝·乾隆辛酉》：碧江人。《选举志·进士·清朝·乾隆壬戌》：碧江人。

［道光］《广东通志》卷五十《职官表四十一·国朝八·潮州府·教授训导·乾隆朝》：顺德人，二十五年任……教授。

梁文勋 字辉鼎，清三水邓坑人。乾隆六年（1741）举人，次年乙榜进士，十九年任广东东安（今云浮）、三十五年龙川教谕。祖为鹏，父登魁。

［乾隆］《广州府志》卷三十一《选举三·三水县·清》：乾隆辛酉举人。

［嘉庆］《三水县志》卷九《选举·举人·国朝·乾隆六年辛酉陈炎宗榜》：邓坑人，壬戌乙榜进士。《选举·封赠·清》：梁登魁，以子文勋赠修职郎、东安县教谕。卷十一《人物传·儒行》：字辉鼎，邓坑人。领乾隆辛酉乡荐，壬戌联捷乙榜进士。选惠来教谕，丁艰起，改授东安。会邑有征调事，新令未至，台司命暂摄县篆，事悉办。以军功举卓异，不乐就繁剧，引见后仍请留教职，以龙川教谕终。勋负宿学，志在汲引后进，不欲以吏治显，故秉铎三县，所至得士心，而干济才亦于摄篆时见一班矣。

［道光］《广东通志》卷八十《选举表十八·举人三·国朝·乾隆六年辛酉·广州府》：三水人，为鹏孙。卷五十六《职官表四十七·国朝十四·东安县·教谕训导·乾隆朝》：三水人，举人。十九年任……教谕。卷四十九《职官表四十·国朝·龙川县·教谕训导·乾隆朝》：三水人，举人。三十五年任……教谕。

梁文辉 清三水邓坑人。乾隆六年（1741）副贡，十二年举人。祖为鹏。

［乾隆］《广州府志》卷三十一《选举三·三水县·清》：乾隆丁卯举人。

［嘉庆］《三水县志》卷九《选举·副榜贡·清》：邓坑人，（乾隆）辛酉科。《选举·国朝·乾隆十二年丁卯劳文兼榜》：邓坑人。

［道光］《广东通志》卷八十《选举表十八·举人三·国朝·乾隆十二年丁卯·广州府》：三水人，为鹏孙。

梁为枢 清三水龙池人。乾隆六年（1741）岁贡。

［嘉庆］《三水县志》卷九《选举·岁贡·清》：龙池人，（乾隆）六年贡。

潘鍫 清南海人。乾隆六年（1741）举人。

［乾隆］《南海县志》卷八《选举志·乡举·国朝·乾隆辛酉》：潘鍫。

左业光 字能甫，清顺德人，居佛山。与乾隆六年（1741）解元陈炎宗等结社，不到四十岁卒。祖必蕃。

［道光］《佛山忠义乡志》卷十四《杂录志》：陈云麓少时尝与李因斋、

吴竹屏、左省轩结社汾江，称“懒园四子”，流连文酒无虚日。其后因斋弟埴斋亦附焉，省轩以“懒园小友”呼之，故亦称五子……省轩，名业光，字能甫，顺德人，界园副都宪之孙，太学生，书法自成一家，得其片楮者珍若拱璧，年未四十卒。李、左皆世寓佛山……今懒园之名犹播艺林资雅谈，然诸子诗文未有编集之者。

［咸丰］《顺德县志》卷二十五《列传五·国朝一·左必蕃传》：孙业光，有俊才，能诗，工书画，早卒。

冼有文 字质君，号南弼，清南海佛山镇人。与乾隆六年（1741）解元陈炎宗交往。

［道光］《佛山忠义乡志》卷九《孝友·清》：字质君，号南弼。幼孤，母黎氏、庶母伦氏抚之成立。性嗜学，以独子养母不欲远离膝下。母死哀毁骨立，绝意仕进，待诸姊妹益肫恳。好施与，家虽不丰，有贷必遂。好为诗古文词，一时与游者如陈炎宗、汪后来皆知名士也，家有鹤园遗址，日与诸君吟咏其中。著有《督耕堂集》，以寿终。

［民国］《佛山忠义乡志》卷十五《艺文志一·史部·谱录类·清》：《鹤园冼氏家谱》……清道光冼有文重修。《艺文志二·集部·清》：《督耕堂集》，冼有文著……一字圣章……母霍氏、庶母黎氏抚之成立，长不忍离膝下，遂就例国学……时于古洛督耕，因颜其集曰“督耕”。兹于集中分别登之，以见其好古之心焉。房曾侄孙冼沂谨序。

欧瑶 号玉泉，清顺德陈村人。乾隆早期岁贡，任内廷教习，卒于都。同族功焕为乾隆二十一年（1756）举人，最佩服他。

［乾隆］《顺德县志》卷十《选举志·贡生·清朝·乾隆岁贡》：商籍，陈村人，内廷教习。

［咸丰］《顺德县志》卷二十五《列传五·国朝一》：号玉泉……诸生。少承父教，有志经济，不屑屑举子业，督学惠士奇、王丕烈皆赏其才。膺岁荐，教习官学，例满得县令发山东，未赴卒于都。生平善书画，精鉴别，以其暇习射、鼓琴、镌刻、缪篆①，同族功焕者最所佩服。著有《玉泉遗稿》。

---

①缪篆：汉王莽时期所定六书（古文、奇字、小篆、佐书、缪篆、鸟虫）之一，为汉初沿袭秦书八体之一的“摹印”，故又名摹印篆。

区凖亮　字扩元，清高明棠美人。乾隆七年（1742）拔贡。

［乾隆］《肇庆府志》卷十九《选举志二·国朝·岁贡·高明县》：七年拔贡，乾隆间贡。

［道光］《高明县志》卷十二《选举志·贡生·国朝》：棠美人，乾隆七年拔贡。卷十三《人物志·国朝》：字扩元。性耿介，脱略恬静。不治生产，惟勤学好古，虽严冬盛夏而披吟不辍。年弱冠补邑弟子员，授徒讲学，远迩信从者众。应乾隆辛酉拔贡，著有《日间诗集》三卷。

邓子鉴　清南海人。岁贡，乾隆七年（1742）任广东鹤山训导。

［乾隆］《肇庆府志》卷九《秩官志下·鹤山县·清·训导》：南海岁贡，（乾隆）七年任。

［道光］《广东通志》卷五十一《职官表四十二·国朝九·鹤山县·训导·乾隆朝》：南海人，岁贡，十年任。

关继书　字桥孺，清高明犀头人。乾隆七年（1742）拔贡，十二年举人，十八年任广东番禺、二十五年任海南感恩教谕，升山东宁津知县不久卒。

［乾隆］《广州府志》卷二十四《职官六·国朝·番禺县教谕》：高明人，举人，（乾隆）十八年任。

［乾隆］《肇庆府志》卷十九《选举志二·清·举人·乾隆丁卯》：高明人，番禺教谕。

［道光］《广东通志》卷八十《选举表十八·举人三·国朝·乾隆十二年丁卯·肇庆府》：高明人，亚元，河南宁津知县。卷五十五《职官表四十六·国朝十三·感恩县·教谕训导·乾隆朝》：高明人，举人。二十五年任……教谕。

［道光］《高明县志》卷十二《选举志·贡生·国朝》：犀头人，乾隆七年府学拔贡。卷十三《人物志·国朝》：字桥孺。苦学不缀，为文雄厚，素为端溪掌教刘斯组器重，以拔贡举乾隆丁卯亚元。任番禺教谕，督课诸生，敦本尚实，文风蔚起。藩宪重之，委署粤秀监院。学政吴鸿阅继文欣赏不释手，知其才学优裕，正荐卓异，调感恩教谕，训士如番邑。俸满升授直隶宁津令，甫莅任而卒于官。

［道光］《肇庆府志》卷十五《选举二·国朝·贡生·肇庆府学·乾隆

朝》：六年拔贡。

严祥 清高明罗塘人。乾隆七年（1742）岁贡。

［乾隆］《肇庆府志》卷十九《选举志二·国朝·岁贡·高明县》：七年贡，乾隆间贡。

［道光］《高明县志》卷十二《选举志·贡生·国朝》：罗塘人，乾隆七年岁贡。

符道瀛 清南海人。拔贡，乾隆七年（1742）任广东始兴县教谕。

［雍正］《广东通志》卷三十六《选举志六·国朝·贡生·琼州府·感恩县》：符道瀛。

［乾隆］《南海县志》卷八《选举志·国朝贡生》：由□□学拔贡，教谕。

［道光］《广东通志》卷四十八《职官表三十九·国朝六·始兴县·教谕训导·乾隆朝》：南海人，七年任……教谕。

廖嗣庄 一说名嗣壮，清顺德勒楼人。雍正岁贡，乾隆七年（1742）任海南琼州府训导。

［雍正］《广东通志》卷三十六《选举志六·国朝·贡生·广州府·新安县》：廖嗣壮。

［乾隆］《顺德县志》卷十《选举志·贡生·清朝·雍正岁贡》：新安籍勒楼人，琼州府训导。

［道光］《广东通志》卷五十五《职官表四十六·国朝十三·琼州府·教授训导·乾隆朝》：顺德人，岁贡。七年任……训导。

李经芳 清顺德陈村人。岁贡，乾隆八年（1743）任广东广宁训导。

［雍正］《广东通志》卷三十六《选举志六·国朝·贡生·广州府·花县》：李经芳。

［乾隆］《顺德县志》卷十《选举志·贡生·清朝·雍正岁贡》：花县籍陈村人，广宁县训导。

［乾隆］《肇庆府志》卷八《秩官志中·广宁县·清·训导》：顺德岁贡，（乾隆）八年任。

陈世科 清顺德龙涌人。雍正例贡，乾隆八年（1743）任广东普宁训导。

［雍正］《广东通志》卷三十六《选举志六·国朝·贡生·肇庆府·开建县》：陈世科。

［乾隆］《顺德县志》卷十《选举志·贡生·清朝·雍正例贡》：龙涌人，普宁县训导。

［道光］《广东通志》卷五十《职官表四十一·国朝八·普宁县·教谕训导·乾隆朝》：顺德人，八年任……训导。

罗绍华 清南海人。乾隆八年（1743）任广西协镇右营千总。

［道光］《南海县志》卷二十二《选举表三·国朝·行伍·乾隆朝》：广西协镇右营千总，癸亥。

罗美锦 清高明城中人。乾隆八年（1743）创建官径口桥。

［道光］《高明县志》卷三《建置志·桥梁》：官径口桥，往郡通衢。乾隆八年，北门内耆民罗美锦用石创建。

梁家隆 字锐五，清顺德逢简人。乾隆八年（1743）捐谷赈饥荒。父锡，从兄时发。

［乾隆］《顺德县志》卷十三《人物列传·行谊》：字锐五，逢简人。父锡，登明经，敦孝义。家隆补弟子员，承父志，尤好善乐施。乾隆癸亥岁歉，捐谷二百余石赈恤乡邻，为粥于路，以食饿者，复散给钱米。居常施药施棺，里中多感其惠，邑令许龙章为旌其门。家隆从兄时发，岁贡，亦年高有德。

［咸丰］《顺德县志》卷二十五《列传五·国朝一·梁成之传》：其族家隆，字锐……依大宗居逢。

梁彦 字书升，清顺德黄连人。康熙岁贡。

［乾隆］《顺德县志》卷十三《人物列传·行谊》：字书升，黄连人。事亲以孝闻，素有文名，远近每盛币聘居讲席，不肯暂易其膝下之欢。补弟子员，膺岁荐，求文者户屦常满。所得金半以给乡之贫者，半蓄置田数亩为族姓子弟膏火之需，其田名曰稽古湾。卷十《选举志·贡生·清朝·康熙岁贡》：连州籍黄连人。

［咸丰］《顺德县志》卷二十五《列传五·国朝一·梁成之传》：其族……彦字书升……不肯离其亲，延训子弟者稍远辄辞之。

陈钟 （1714—1796 后）清南海平洲人。乾隆五十九年（1794）赐举人，两年后参加乾隆朝千叟宴，赐检讨。

［道光］《南海县志》卷二十一《选举表二·国朝·举人·乾隆朝》：钦赐举人。丙辰与千叟宴，赐检讨……甲寅科。卷四十四《杂录二》：康熙、乾隆两朝万寿，叠开千叟宴，洵盛典也。吾邑……乾隆朝与者，陈检讨钟，年八十三，平洲堡人。

冯国用 清南海人。乾隆九年（1744）任顺德左镇营把总，十二年任千总。

［乾隆］《顺德县志》卷九《兵防志·武职·左镇标下中营把总》：南海人，由行伍。右哨，乾隆九年任。《兵防志·武职·左镇标下中营千总》：南海人，由行伍。右哨，乾隆十二年任。

［咸丰］《顺德县志》卷九《职官二·把总·乾隆》：南海人，行伍。九年任……左翼镇中营右哨。

冯慈 字子持，清南海简村堡人。乾隆九年（1744）举人，十六年进士。任浙江缙云知县，二十五年去职。二十七年皇帝南巡，接驾有功，次年代理温州通判。三十年转台州同知，次年调归安县，再移龙游县，48 岁卒于官。子观育，五十一年举人，嘉庆三年（1798）任广东博罗教谕。

［乾隆］《广州府志》卷二十九《选举一·南海县·清》：乾隆甲子举人。

［道光］《广东通志》卷七十七《选举表十五·进士·国朝·乾隆十六年辛未吴鸿榜·广州府》：南海人。

［道光］《南海县志》卷三十九《列传八·国朝》：字子持，简村堡人。幼孤力学，举乾隆甲子贡士第九人，辛未成进士。出宰浙江缙云，甫下车谒学宫，悯殿庑剥落，捐俸倡修。莅事一月，清积牍五百余起，能声大噪。以供应失上官意，庚辰去职。壬午翠华南幸，抚军委慈办大差，引见行宫，奉旨留浙效力。癸未权判温州，温有米行，岁稍不熟，即闭囤昂价，民久切齿，诉于慈。慈召父老计议章程可久行者，力请院司尽革其弊。甲申复办大差，乙酉转权台州同知，去温日，民绘“恩留百世”图赠行。比至台，侦治结党

械斗渠首四人，悍民屏迹，复度地倡建书院，以兴文教。丙戌摄归安，归安繁剧甲于浙，慈至无留牍。匝月移龙游，县属多山，产材木、美冬笋。有友兴土木工役，谒慈发官价求木，拒不应。前令买冬笋常至五百担供馈赠，慈在职仅买四十担，凡供亿皆裁以礼。尝因画诺诏子曰："堂上一点红，村中一家血。县官尺檄不可轻易下也。"以疾谢事，卒于浙，年四十八。著有《大野集》。子观育，乾隆丙午科举人。

苏汝颖　字敏君，清高明瑶村人。乾隆九年（1744）岁贡，二十五年任海南澄迈县训导。寿81岁。父文茂。

［乾隆］《肇庆府志》卷十九《选举志二·国朝·岁贡·高明县》：九年贡，乾隆间贡。

［道光］《广东通志》卷五十五《职官表四十六·国朝十三·澄迈县·教谕训导·乾隆朝》：高明人，岁贡。二十五年任……训导。

［道光］《高明县志》卷十二《选举志·贡生·国朝》：瑶村人，乾隆九年岁贡。任澄迈训导，署教谕事。《选举志·封典·国朝》：苏文茂，瑶村人，邑庠，乾隆二十六年以子汝颖赠修职佐郎。卷十三《人物志·国朝》：字敏君。孝友醇谨，聪明嗜学，慨然以诗书起家，应乾隆九年岁荐，任澄迈训导兼署教谕事。造就有方，于寒士更为体恤，诸生德之，制锦称祝。秩满荣归，复与诸友饮酒赋诗为乐，无事即读书稽古以自娱。年八十一而卒。

杨宏　清南海人。乾隆九年（1744）举人。

［道光］《广东通志》卷八十《选举表十八·举人三·国朝·乾隆九年甲子附广西中式》：南海人，藤县籍。

岑廷羽　清顺德桂洲人。乾隆九年（1744）武举。

［乾隆］《顺德县志》卷十《选举志·武举·清朝·乾隆甲子》：桂洲人。

何良士　清顺德上直人。乾隆九年（1744）武举。

［乾隆］《顺德县志》卷十《选举志·武举·清朝·乾隆甲子》：上直人。

何琼武　清顺德上地人。乾隆九年（1744）武举，十六年武进士。

［乾隆］《顺德县志》卷十《选举志·武举·清朝·乾隆甲子》：上直人。

［咸丰］《顺德县志》卷十一《武举·国朝·乾隆》：上地人……甲子。《武进士·国朝·乾隆》：侍卫，直隶营都司……辛未科。

张肇基 清顺德黄连人。乾隆九年（1744）武举。

［乾隆］《顺德县志》卷十《选举志·武举·清朝·乾隆甲子》：黄连人。

陈丹书 清顺德容奇人。乾隆九年（1744）武举第一名，十一年武进士，候选州同。寿95岁。祖守志。

［乾隆］《顺德县志》卷十四《人物列传·耆寿·胡守志传》：容奇人，候选州同。性纯笃，善承亲志，兄四式好无尤。妻兄贫无子，捐田三十亩为立嗣承祀。康熙丁丑饥，捐粟赈济。凡遇小歉，乡中不给者必赒恤之。尝与族弟肇勷施棺与贫不能殓者。寿九十五，子孙济济衣冠，人以为德报。卷十《选举志·武举·清朝·乾隆甲子》：容奇人，解元。《选举志·武进士·清朝·乾隆壬戌》：容奇人。

［乾隆］《广州府志》卷四十一《人物十·义行·顺德·清·陈守志传》：州同……年九十三。子四，长元捷，字钟秀，为人孝友淳谨，士林矜式，学使梁文山亲为寿序。次乔捷，明经。孙经世，训导。丹书，甲子解元。群孙皆为名诸生。

［咸丰］《顺德县志》卷二十五《列传五·国朝一·潘天培传》：丹书，乾隆甲子举武科。

［光绪］《广州府志》卷四十七《选举表十六·武科·武进士·国朝·乾隆十一年乙丑科》：顺德人。

陈东阳 清南海人。乾隆九年（1744）武举。

［同治］《南海县志》卷九《武科选举·补遗》：甲子科，乾隆朝。

陈崧 清顺德容奇人。乾隆九年（1744）武举。

［乾隆］《顺德县志》卷十《选举志·武举·清朝·乾隆甲子》：容奇人。

林栋 榜姓杨，清南海人。乾隆九年（1744）举人。

［乾隆］《广州府志》卷二十九《选举一·南海县·清》：杨栋，乾隆甲子举人。

［道光］《南海县志》卷二十一《选举表二·国朝·举人·乾隆朝》：榜

姓杨……甲子科。

罗启宇 字沃朝，清顺德大良人。乾隆九年（1744）举人。

[道光]《广东通志》卷八十《选举表十八·举人三·国朝·乾隆九年甲子·广州府》：顺德人。

[咸丰]《顺德县志》卷十一《举人二·国朝·乾隆》：字沃朝，大良人，国子监学录……甲子科。

周天柱（清乾隆） 清南海人。乾隆九年（1744）武举，十三年武进士。

[道光]《南海县志》卷二十二《选举表三·国朝·武举·乾隆朝》：甲子科。《国朝·武进士·乾隆朝》：戊辰科。

周赓 清顺德桂洲人。乾隆九年（1744）武举。

[乾隆]《顺德县志》卷十《选举志·武举·清朝·乾隆甲子》：桂洲人。

胡士魁 清顺德甘竹人。雍正拔贡，乾隆九年（1744）副贡，十三年任海南澄迈、十九年任广东饶平教谕。

[乾隆]《顺德县志》卷十《选举志·贡生·清朝·雍正拔贡》：胡士魁。《选举志·贡生·清朝·乾隆副榜》：甘竹人，甲子科。

[道光]《广东通志》卷五十五《职官表四十六·国朝十三·澄迈县·教谕训导·乾隆朝》：顺德人，副榜。十三年任……教谕。卷五十《职官表四十一·国朝八·饶平县·教谕训导·乾隆朝》：顺德人，十九年任……教谕。

胡殿珂 原名殿歌，清顺德桂洲人。乾隆九年（1744）武举，十三年武进士。

[乾隆]《顺德县志》卷十《选举志·武举·清朝·乾隆甲子》：胡殿歌，桂洲人。《选举志·武进士·清朝·乾隆戊辰》：胡殿歌，桂洲人。

[咸丰]《顺德县志》卷十一《武举·国朝·乾隆》：原名殿歌，桂洲人……甲子。《武进士·国朝·乾隆》：甘肃安远营都司……戊辰科。

姚光国 清顺德赤花人，居佛山镇。乾隆九年（1744）举人，四十一年被劫，官府追杀劫匪。

［乾隆］《顺德县志》卷十《选举志·举人·清朝·乾隆甲子》：陈村人。

［道光］《佛山忠义乡志》卷十《举人·清》：乾隆甲子，原番禺人。卷六《乡事志·编年》：乾隆四十一年丙辰，官诛剧贼松糕新。时举人姚光国被劫，呈官追捕，就擒戮之，乡赖以安。

［咸丰］《顺德县志》卷十一《举人二·国朝·乾隆》：赤花人……甲子科。

莫元柯　清南海人。岁贡，乾隆九年（1744）任广东开建训导。

［乾隆］《肇庆府志》卷九《秩官志下·开建县·清·训导》：南海岁贡，（乾隆）九年任。

顾家俊　字霍杲，清南海大通堡人。乾隆九年（1744）举人，三十九年起任广东博罗教谕6年。寿90岁。

［乾隆］《广州府志》卷二十九《选举一·南海县·清》：乾隆甲子举人。

［道光］《广东通志》卷四十九《职官表四十·国朝·博罗县·教谕训导·乾隆朝》：南海人，举人。三十九年任，教谕。

［道光］《南海县志》卷三十九《列传八·国朝》：字霍杲，大通堡人。家贫，性恬淡好义。为诸生时，有楚人以种痘术主其家，病几不起。乡人劝家俊徙之客舍，家俊曰："吾不忍也！"延名医诊治，躬视汤药，楚人得不死。乾隆甲子家俊领乡荐，谒选得云南师宗，改就教职。座主户部尚书金公甡悯其贫，为手书予之使归谒上游。家俊受书藏行箧，既返粤卒不投谒。比补博罗，已捧檄，适学使巡视惠州有行期，所亲讽家俊速抵任，家俊笑曰："吾岂不知利害者？惟闻摄篆某君贫不给衣食，待试竣，彼获门生贽礼，可稍济其空乏，遂故缓行。"家俊则素未识其人也。在职六年，文风丕振，士镌碑颂其教焉。卒年九十。

徐齐远　清南海人。乾隆九年（1744）举人。

［乾隆］《广州府志》卷二十九《选举一·南海县·清》：乾隆甲子举人。

梁元龙　清顺德碧江人。乾隆九年（1744）举人，进京会试不中归卒。

［乾隆］《顺德县志》卷十《选举志·举人·清朝·乾隆甲子》：碧江人。

梁声玉 清顺德逢简人。乾隆九年（1744）武举，次年武进士。

［乾隆］《顺德县志》卷十《选举志·武举·清朝·乾隆甲子》：逢简人。《选举志·武进士·清朝·乾隆乙丑》：逢简人。

梁景璋 字尚南，号莪轩，清顺德伦教人。乾隆九年（1744）举人，次年进士，任户部河南司主事、浙江余杭知县，辞归，主讲凤山书院十余年。

［乾隆］《顺德县志》卷十《选举志·举人·清朝·乾隆甲子》：大良人。《选举志·进士·清朝·乾隆乙丑》：大良人，户部主事。

［咸丰］《顺德县志》卷二十五《列传五·国朝一·梁泽传》：伦教人……侄景璋，字尚南，号莪轩……补户部河南司主事，既又出宰余杭。少即以循吏自期，志量如泽而醇谨过之。泽尝诲之曰："吏治之不古，盖中于多欲，多欲必多取而侈用，用不足必亏，虽欲恋栈得乎？"盖犹以"四无"意世其家也。余杭故海盐邻邑，泽所为洁己爱民之得循声者又时时耳熟之，故为治如板印而复行以明恕。然生平宦兴淡甚，未几遽谢归。会凤山书院重兴，令延主讲席十余年，渐摩教育，士习还淳。新令至咸加礼待，而未尝有丝毫干请。卒之日囊橐萧然，子孙无以为祭，门弟子碧江梁炜以母命，馈腴田二十亩绵其祀。

梁炜 字震科，清顺德碧江人。早年随母李晚芳学习，后为了生计经商，行走江西、浙江，成为巨富。率子跟从梁景璋习举子业，三次赴考不中。依照母亲意愿，分田给亲戚和老师，只留了300亩给3个儿子。后因市场火灾，家道中落，仍然将儿子的田地分一部分作为义祠祀费，并为四邻备荒。

［咸丰］《顺德县志》卷二十七《列传七·国朝三》：字震科，碧江人……国子生。炜幼受读于母李氏。李精熟诸史，有识明大义，世称菉猗女史者也……炜以孤贫不能竟学，去而事贾，走豫章、吴会间，遂致巨富。自伤失学，乃复率其子从梁景璋游，习举子业，景璋亦悉心教之，三赴棘闱不售。尝体母志，建祠置尝产，以田分内外期功亲有差，遗景璋二十亩使择焉。捐产过半，仅余三百亩为三子衣食。未几，肆遭火，家中落，仍析其子田为义祠祀费，且豫为四邻备荒，景璋为编录曰"分田"，印存县档。居母丧，哀毁尽礼，庐墓三年。至今子孙犹守遗训，丧不用乐，不投钱买水，殓不款宾

酒肉云。

温济川　字起剑，号石瓢，清顺德龙山人。乾隆九年（1744）副贡，教书为生。

［乾隆］《顺德县志》卷十《选举志・贡生・清朝・乾隆副榜》：龙山人，甲子科。

［嘉庆］《龙山乡志》卷八《人物志・文苑》：字起剑，号石瓢，大陈涌人也。博闻强记，涉猎经史，所为文章具有根柢。弱冠游邑庠，中乾隆甲子乙榜。家贫以砚耕为业，教人严而有法，不假词色，课艺而外勖以事亲敬长、持己接物，谆谆不倦。尝语人曰："古之教者必自小学始，吾唯遵斯道以为教而已。"弟子有不受诲者必面责之，不听则屏之门外。由是人敬惮之不敢肆，出其门者亦类能奋发以致成立，为其师道得也。生平著作颇富，临终自焚其稿曰："无以累后人也。"所存诗文及门士尚有藏之者。

谭爵　清高明城中人。乾隆九年（1744）附贡，十五年督修城隍庙。

［道光］《高明县志》卷十二《选举志・例贡・国朝》：城中人，乾隆九年附贡。卷十六《艺文志二》：《重修高明城隍庙碑记》……岁贡严之逢、谭爵，生员刘斌、邓南金，复竭虔诚，日夜督工料理，捐资三百一十余千，阅四十日而即告成……乾隆十五年庚午孟春，知县郑其仁撰。

黎文翰　一说名文瀚，清南海人。乾隆九年（1744）举人。

［乾隆］《广州府志》卷二十九《选举一・南海县・清》：黎文瀚，乾隆甲子举人。

［道光］《南海县志》卷二十一《选举表二・国朝・举人・乾隆朝》：甲子科。

杨卓儒　清高明城中人。乾隆十年（1745）例贡。

［道光］《高明县志》卷十二《选举志・例贡・国朝》：城中人，乾隆十年例贡。

郑联元　清顺德林头人。雍正拔贡，乾隆十年（1745）任广东普宁教谕。

［雍正］《广东通志》卷三十六《选举志六·国朝·贡生·雷州府·徐闻县》：郑联元。

［乾隆］《顺德县志》卷十《选举志·贡生·清朝·雍正拔贡》：林头人，普宁县教谕。

［道光］《广东通志》卷五十《职官表四十一·国朝八·普宁县·教谕训导·乾隆朝》：顺德人，十年任……教谕。

区儒望　（1716—1797）字御英，号翘圃，清高明阮埇人。八次乡试不第，捐正四品衔。乾隆二十四年（1759）赠父宪武官衔。四十四年赈饥。子汝绣、汝绶、汝组。

［道光］《高明县志》卷十二《选举志·国朝文例职》：阮埇人，乾隆二十四年捐授州同，加五级中宪大夫。《选举志·援捐·封典》：区宪武，阮埇人，邑庠，乾隆二十四年以子儒望赠中宪大夫。《选举志·贡生·国朝》：区汝绣，阮埇人，乾隆五十二年由廪生捐岁贡。《选举志·例贡·国朝》：区汝组，阮埇人，嘉庆六年附贡。卷十三《人物志·国朝》：字御英，号翘圃。少笃学，由例贡八战棘闱不遇，加捐正四品，诰授中宪大夫职衔，貤赠父母。生平孝友敦睦，恤寡怜贫，乐倡义举。乾隆己亥邑大饥，尝设法赈济乡邻，邑侯于奖以匾额曰“惠周谊溥”。丙午岁寿七十一，诸学博制屏称祝，学使平为之序，邑侯李复奖以匾额曰“椿萱并茂”。享寿八十有二。督课四子，长子汝绣优行廪贡。次子汝绶庚子副榜，历任长宁、永安、琼山、惠来各县教谕，调崖州学正，候升知县。三子汝组，附贡。人以为厚德之报云。卷首《纂修〈高明县志〉·校字》：附贡区汝组。

龙应时　（1716—1800）字懋之，清顺德大良人。乾隆九年（1744）举人，十六年进士，任山西灵石知县。曾买下明代状元黄士俊在大良南门外的废园，其子廷槐于嘉庆十年（1805）改建为清晖园。祖河祥，父文觃，子廷槐、廷梓。

［乾隆］《广州府志》卷三十一《选举三·顺德县·清·进士》：乾隆辛未。《选举三·顺德县·清·举人》：乾隆甲子。

［道光］《广东通志》卷八十《选举表十八·举人三·国朝·乾隆九年甲子·广州府》：顺德人，进士。卷七十七《选举表十五·进士·国朝·乾隆十六年辛未吴鸿榜·广州府》：顺德人。

［咸丰］《顺德县志》卷十二《封赠（文阶）·国朝》：龙文觃，大良人，以子应时封知县、孙廷槐赠。龙应时，以子廷槐封，孙元侃加赠员外郎、元

俨赠编修。龙河祥，大良人，增生，以孙应时赠灵石县知县。卷二十六《列传六·国朝二·龙廷槐传》：父应时，字懋之，乾隆辛未进士。令灵石，协济豫粮六千余石，优商采费，为短站接运法，纾夫力，辄先期至地。冲站供刍粟，旧縻于蠹吏，至即革之，岁省可二万有奇。李四党至二百，通捕役害民，责役自赎，雪夜挈而抵其巢，获魁置诸法。水旱坏民田宅，祷神责己，水遽退。遂浚河流，以工代赈。调首县，告养归。岁饥，捐米数百石倡赈。九图沿开县故事派供官物，偕城绅请禁……会有丈溢田给旗民议，以濒海风涛守候切陈，大府遂止。著有《天章阁诗钞》五卷、《驿传要规》二卷、《赈恤纪略》二卷。

［民国］《顺德县志》卷二十四《杂志》：大良龙族望族也，其历传寿考，尤为难能可贵。尤霖济寿八十四，霖济子河祥寿八十五，河祥子文觃寿七十九。文觃子应时，乾隆辛未进士，官山西灵石知县，寿八十五。应时子廷槐，翰林院编修，官赞善，寿七十九。廷槐子元份，附生，寿八十一。元份子景琮，寿七十八。又应时子廷梓，附生，寿七十八。廷梓子元僖，翰林院编修，官太常寺卿，寿七十五。自霖济至景琮年登古稀凡七代，自霖济至元僖登古稀凡六代。现景琮子锡渠、元僖子景恺，均寿至七十以外，诚熙朝人瑞矣。水藤沙边何族，十四世紫峰寿七十三，配麦氏寿七十一。十五世明善寿七十，配吴氏寿七十八。十六世裕堂寿七十四，配崔氏寿七十八。十七世和信寿七十三，配谭氏寿八十一。十八世百忍寿八十，配吴氏寿八十七，妾陈氏寿七十二。十九世晋笙寿七十二，配马氏寿九十六，妾李氏寿八十三。二十世次芗寿八十二，继室萧氏现存，年八十七。七代一脉相承，夫妇嫡庶上者百岁，下者古稀。次芗即兰陔太史之封翁也，与大良龙族之历传寿考者洵媲美哉！

邓宜刚　清南海九江人。乾隆十一年（1746）岁贡。

《九江儒林乡志》卷十《选举略·国朝·贡生·乾隆十一年丙寅》：苍梧籍，岁贡。

冯国瑛　一说名国英，清南海人。乾隆十一年（1746）岁贡，二十九年任广东龙川训导。

［道光］《广东通志》卷四十九《职官表四十·国朝·龙川县·教谕训导·乾隆朝》：冯国英，南海人，挨贡。二十九年任……训导。

［同治］《南海县志》卷九《拾遗订误·贡生》：丙寅岁贡，龙川训导，乾隆朝。

刘良浚　清南海佛山镇人。拔贡，乾隆十一年（1746）任顺德教谕。

［乾隆］《佛山忠义乡志》卷四《选举志·岁贡·清》：拔贡。

［道光］《广东通志》卷四十五《职官表三十六·国朝三·顺德县·教谕训导·乾隆朝》：仁化人，十一年任……教谕。卷五十五《职官表四十六·国朝十三·昌化县·教谕训导·乾隆朝》：拔贡……教谕。

吕连芳　清南海佛山镇人。乾隆十一年（1746）岁贡，二十八年任广东茂名训导。

［乾隆］《佛山忠义乡志》卷四《选举志·岁贡·清》：正贡。

［乾隆］《肇庆府志》卷十九《选举志二·国朝·岁贡·鹤山县》：十一年贡，乾隆间贡。

［道光］《广东通志》卷五十二《职官表四十三·国朝十·茂名县·教谕训导·乾隆朝》：鹤山人，挨贡。二十八年任……训导。

吴世元　清南海人。乾隆十一年（1746）岁贡。

［道光］《南海县志》卷二十一《选举表二·国朝·贡生荐辟·乾隆朝》：丙寅岁贡。

陈文裕　清高明高村人。乾隆十一年（1746）任千总。

［道光］《高明县志》卷十二《选举志·武职·国朝》：高村人，乾隆十一年任抚标左营千总。

罗文登　清高明横川人。乾隆十一年（1746）例贡。

［道光］《高明县志》卷十二《选举志·例贡·国朝》：横川人，乾隆十一年例贡。

莫宪宣　字肯堂，清高明村头人。乾隆十一年（1746）岁贡。兄象宣。

［乾隆］《肇庆府志》卷十九《选举志二·国朝·岁贡·高明县》：十一年贡，乾隆间贡。

［道光］《高明县志》卷十二《选举志·贡生·国朝》：村头人，象宣弟，乾隆十一年岁贡。

梁见大　清三水龙池人。乾隆十一年（1746）岁贡。

［嘉庆］《三水县志》卷九《选举·岁贡·清》：龙池人，（乾隆）十一年贡。

梁家懋　清南海人。乾隆十一年（1746）岁贡。

［道光］《南海县志》卷二十一《选举表二·国朝·贡生荐辟·乾隆朝》：丙寅岁贡。

孔毓荣　清南海人。乾隆十二年（1747）举人。

［乾隆］《广州府志》卷二十九《选举一·南海县·清》：乾隆丁卯举人。

王家宪　清高明村头人。乾隆十二年（1747）举人，十六年进士，任河南延津知县。

［道光］《广东通志》卷八十《选举表十八·举人三·国朝·乾隆十二年丁卯·廉州府》：高明人，灵山籍，进士。

［道光］《高明县志》卷十二《选举志·进士·国朝》：苏村人，乾隆辛未科吴鸿榜进士，任河南延津知县。

关拜扬　清顺德容奇人。乾隆十二年（1747）武举。

［乾隆］《顺德县志》卷十《选举志·武举·清朝·乾隆丁卯》：容奇人。

劳文兼　清顺德小劳村人。乾隆十二年（1747）举人第一名，官海阳县教谕。父荆生，兄伸。

［乾隆］《广州府志》卷三十一《选举三·顺德县·清》：解元，乾隆丁卯举人。

［道光］《广东通志》卷八十《选举表十八·举人三·国朝·乾隆三年戊午·广州府》：劳伸，顺德人，弟文兼。

［咸丰］《顺德县志》卷十一《举人二·国朝·乾隆》：小劳村人，第一名，知宜君县，改海阳县教谕……丁卯科。

［民国］《顺德县志》卷九《封荫表·封赠·文阶》：劳荆生，大罗村人，以子伸赠曲江教谕，子文赠陕西宜居县知县。

苏世沾 号齐谦，清顺德弼教人。受到乾隆十二年（1747）在任的顺德知县陈志仪表彰。

［咸丰］《顺德县志》卷二十七《列传七·国朝三》：号齐谦，弼教人。性纯孝，少失怙家贫，母雷教之读，能通经。率妻冯自食粗粝，别备精馔奉母，始终不异。乡里闻于官，令陈志仪就见焉。适他出。母将以米易茶献，冯虑姑食缺，剪其发卖于邻以代。志仪返始知之，再诣其家赠以金，辞。延入署，又以侍奉辞。志仪乃表其宅，遂名地曰“慈孝门”。丧母卒，即弃举业，庐墓三年。卷十六《胜迹略·坊表·表宅之属》：“慈孝成德”，在弼教，知县陈志仪为苏世沾母雷、妻冯。卷九《职官表一·知县·国朝·乾隆》：陈志仪，安徽石埭人，十二年任，贡生。

李大成 清南海佛山镇人。乾隆十二年（1747）举人。

［乾隆］《佛山忠义乡志》卷四《选举志·举人·国朝·乾隆丁卯》：李大成。

李国才 清南海佛山镇人。乾隆十二年（1747）举人。

［乾隆］《佛山忠义乡志》卷四《选举志·举人·国朝·乾隆丁卯》：原深村堡人。

［道光］《广东通志》卷八十《选举表十八·举人三·国朝·乾隆十二年丁卯·广州府》：李国材，南海人，监生。

杨和 清南海佛山镇人。乾隆十二年（1747）举人。曾祖邦翰。

［乾隆］《佛山忠义乡志》卷四《选举志·举人·国朝·乾隆丁卯》：邦翰曾孙。卷六《乡俗志·氏族》：杨氏，明有太仆少卿邦翰，国朝有现举人和。

何启魁 本姓麦，清顺德上寮人。乾隆十二年（1747）举人。

［乾隆］《广州府志》卷三十一《选举三·顺德县·清》：乾隆丁卯举人。

［道光］《广东通志》卷八十《选举表十八·举人三·国朝·乾隆十二年丁卯·广州府》：顺德人，本姓麦。

［咸丰］《顺德县志》卷十一《举人二·国朝·乾隆》：麦启魁，榜姓何，

上寮人。国子监学录衔……丁卯科。

何国玺　清顺德羊额人。乾隆十二年（1747）武举，次年武进士，任梧州营都司。

［乾隆］《顺德县志》卷十《选举志·武举·清朝·乾隆丁卯》：羊额人。《选举志·武进士·清朝·乾隆戊辰》：羊额人。

［咸丰］《顺德县志》卷十一《武进士·国朝·乾隆》：梧州营都司……戊辰科。

何维林　清顺德羊额人。乾隆十二年（1747）武举，次年武进士，任宣化右营游击。

［乾隆］《顺德县志》卷十《选举志·武举·清朝·乾隆丁卯》：羊额人。《选举志·武进士·清朝·乾隆戊辰》：羊额人。

［咸丰］《顺德县志》卷十一《武进士·清·乾隆》：宣化右营游击，戊辰科。

何维新　字显义，清南海大通堡人。乾隆十二年（1747）举人。祖文俨，父荣客，兄则书。

［道光］《广东通志》卷八十《选举表十八·举人三·国朝·乾隆十二年丁卯·广州府》：南海人，五经中式，兄则书。

［道光］《南海县志》卷二十一《选举表二·国朝·举人·乾隆朝》：五经中式，漳平知县……丁卯科。《国朝·封荫·乾隆朝》：何文俨，以孙维新貤赠文林郎、漳平知县。何荣客，以子维新赠文林郎、漳平知县。

佘至伦　清顺德马冈人。康熙五十二年（1713）捐资赈饥。乾隆十二年（1747）武举。祖邑崧，父汉。

［乾隆］《顺德县志》卷十《选举志·武举·清朝·乾隆丁卯》：马冈人。

［乾隆］《广州府志》卷四十一《人物十·义行·顺德·清·佘邑崧传》：字越万……佘汉，邑崧第五子也……后以汉子至伦登丁卯贤书，俱封武信郎。

［咸丰］《顺德县志》卷二十五《列传五·国朝一·潘天培传》：马冈之……佘汉……虽非能迭出其力，要皆目击颠连而动于义者也……远祖光禄卿墓后地，破产买之，俾免丛葬，族德之。子至伦，乾隆丁卯武举。

陈元凤 清南海人。乾隆十二年（1747）武举。

［道光］《南海县志》卷二十二《选举表三·国朝·武举·乾隆朝》：丁卯科。

陈汝勋 清南海九江人。乾隆十二年（1747）岁贡。

［道光］《南海县志》卷二十一《选举表二·国朝·贡生荐辟·乾隆朝》：岁贡……丁卯。

《九江儒林乡志》卷十《国朝·贡生·乾隆十二年丁卯》：岁贡。

陈而勉 清顺德古朗人。乾隆十二年（1747）副贡。

［乾隆］《顺德县志》卷十《选举志·贡生·清朝·乾隆副榜》：古朗人，丁卯科。

陈伸 清高明苏村人。乾隆十二年（1747）岁贡。

［乾隆］《肇庆府志》卷十九《选举志二·国朝·岁贡·高明县》：十二年贡，乾隆间贡。

［道光］《高明县志》卷十二《选举志·贡生·国朝》：苏村人，乾隆十二年岁贡。

陈贻泰 清顺德马宁人。乾隆十二年（1747）武举，十六年武进士。

［乾隆］《顺德县志》卷十《选举志·武举·清朝·乾隆丁卯》：马齐人。

［咸丰］《顺德县志》卷十一《武进士·国朝·乾隆》：辛未科。

陈锡传 清顺德龙涌人。乾隆十二年（1747）任顺德知县的陈志仪表彰其孝友。

［咸丰］《顺德县志》卷二十七《列传七·国朝三·刘朝昇传》：安教人……遇亲讳日，必丰其品以荐，竟日啼哭。朝昇尤敬礼贞嫂，事必咨而行，钱帛不私妻妾。倡筑安教围捍西潦，乡人祀诸公约。同村李宗迪、龙涌陈锡传，性并笃挚，家庭事人无间言，先后受表于令。卷十六《胜迹略·坊表·表宅之属》：“孝友可风”二，在龙涌，知县陈志仪为陈锡传、贤传兄弟。卷九《职官一·知县·国朝·乾隆》：陈志仪，安徽石埭人，十二年任，贡生。

庞宏毅　清南海佛山镇人。乾隆十二年（1747）副贡。

［乾隆］《佛山忠义乡志》卷四《选举志·岁贡·清》：科贡。

［道光］《南海县志》卷二十一《选举表二·国朝·贡生荐辟·乾隆朝》：由府学副贡……丁卯。

郑锬　清顺德伦教人。乾隆十二年（1747）副贡，十五年举人。

［乾隆］《顺德县志》卷十《选举志·贡生·清朝·乾隆副榜》：伦教人，丁卯科。

［乾隆］《广州府志》卷三十一《选举三·顺德县·清》：乾隆庚午举人。

罗明秀　清顺德杏坛人。乾隆十二年（1747）举人。

［乾隆］《顺德县志》卷十《选举志·举人·清朝·乾隆□□》：杏坛人。

周学元　清顺德黎村人，居佛山。乾隆十二年（1747）举人或武举。

［乾隆］《佛山忠义乡志》卷四《选举志·举人·清·乾隆丁卯》：原顺德人。

［咸丰］《顺德县志》卷十一《举人二·国朝·乾隆》：丁卯科。按阮《志》别有周学元，已入武科。《武举·国朝·乾隆》：黎村人，丁卯。

赵元德　清顺德碧江人。乾隆十二年（1747）举人，十八年任广东阳山教谕。

［乾隆］《顺德县志》卷十《选举志·举人·清朝·乾隆□□》：碧江人。

［道光］《广东通志》卷四十六《职官表三十七·国朝四·阳山县·教谕训导·乾隆朝》：顺德人，举人。十八年任……教谕。

［咸丰］《顺德县志》卷十一《举人二·国朝·乾隆》：碧江人……丁卯科。

胡大朝　清顺德桂洲人。乾隆十二年（1747）武举第一名。

［乾隆］《顺德县志》卷十《选举志·武举·清朝·乾隆丁卯》：桂洲人，解元。

［咸丰］《顺德县志》卷十一《武举·国朝·乾隆》：桂洲人，第一名，

兵部差官……丁卯。

胡经邦 清顺德桂洲人。乾隆十二年（1747）武举。

[乾隆]《顺德县志》卷十《选举志·武举·清朝·乾隆丁卯》：桂洲人。

黄光鍴 清顺德甘竹人。乾隆十二年（1747）举人。

[道光]《广东通志》卷八十《选举表十八·举人三·国朝·乾隆十二年丁卯·广州府》：顺德人。

[咸丰]《顺德县志》卷十一《举人二·国朝·乾隆》：甘竹人……丁卯科。

梁兆榜 字尺波，又字鹤圃，清顺德勒流黄连人。乾隆十二年（1747）举人，十六年进士，任河北盐山知县。因过失贬效力军台，次年病卒。子寿昌。

[乾隆]《顺德县志》卷十《选举志·举人·清朝·乾隆□□》：黄连人。

[乾隆]《肇庆府志》卷十九《选举志二·国朝·举人·乾隆丁卯》：鹤山人。《选举志二·国朝·进士·乾隆己未》：鹤山籍顺德人，翰林院、盐山知县。

[咸丰]《顺德县志》卷十八《艺文略二·集部二·别集二》：《分省吟》一卷、《观察遗诗》四卷，国朝梁兆榜撰。卷二十六《列传六·国朝二》：字尺波，又字鹤圃……少承家教，以名诸生举丁卯乡书。辛未第进士，改庶吉士。先是，县城内东街，同姓某梦迎科第门额，名次三甲第二十八，其名则兆榜也。适鹤山县新开籍，以名其子，将应县考遽死。兆榜偶用其名，入试驯得第，总裁劝习书，以梦对。既而名在三甲第八，上以所拟二甲人过多，摘后二十人者置三甲首，而梦终验。缘是生平安分，未尝作躐进想。按：罗天尺《五山志林》、袁枚《子不语》、刘世馨《粤屑》三书并载其事，而语有同异，详略亦互见。袁、刘并称某妻素奉佛，有娠见诸梦，生子为捐监，以兆榜名之。及长顽蠢，乃以照与族侄下场，即观察也，果庚午、辛未连捷云云，皆传闻之误。今考《家传》与阮《志·选举表》并云丁卯举人，合去登第五年。据《家传》"由学生中乡书"，则连捷、捐监皆误。散馆出为盐山令，大姓多侵渔税户，有积逋十年者皆倚胥吏为奸。至即密捕易库银吏置于法，其党犹伺隙欺罔，辄随事摘发，令民得自投赋，吏不复逞。会报田有蝗，守闻督捕至，兆榜适病，迎以仆。守故悉其治状，麾令归，语勿遽出，兆榜曰："非吾亲行不可。"然实不能起坐，以带约诸舆及畦，见蝗翼尚蔽空，稼已缘

捕逐践坏，抚轼大恸曰："蝗尽稼亦尽矣！罚宜及吾，胡毒民如是？"环舆农数千，官泣亦泣。刘猛将军者旧祠其地，入揖曰："神职治蝗，今与神约，三日蝗不去令黜，神亦终不得享祀。"越日蝗少，又越日尽，病亦旋瘥，其秋大熟。居五年，豪猾以次远窜。谳死囚必引问怨否，曰无乃给之棺。新守以墨著，憾兆榜不为迁就，将假事中伤焉。上官闻反先诘守，守愈惭忿，当公宴语侵之。兆榜怒曰："公毋然，士未可辱也。"守阳谢而伺之益密，卒不得其隙。兆榜寻以荐入为礼部主客司主事，遇事能持大体，所议辄当。盐山父老走都门，出豚面酒果以献，岁且数至，至是循声播辇毂。既以京察擢长宝道，两权臬事。值大兵征缅甸道湖南，应办有法，民不惊扰。茶陵知州戴保豫筑州城竣，法当兆榜诣勘，信其无欺也，竟保上。有乘以叩阍者，按验时保豫已调且死，州民迎钦使诉故牧贤，会勘工果实。覆奏得旨严罪告者，兆榜以未勘候议。茶陵人士有请以尝亲至具词代证者，曰："吾疏忽宜受过，更挟百姓以售欺，何以为人？"旋效力军台，逾年卒于戍。兆榜娴声律，好吟咏，所过山川形胜、军屯风俗率见之诗。荷戈马上辄和陶渊明韵，皆和平忠爱。著有文集二卷，诗集四卷，《战国策论》二卷。子寿昌。

梁祖浩　清三水邓坑人。乾隆十二年（1747）岁贡。

［嘉庆］《三水县志》卷九《选举·岁贡·清》：邓坑人，（乾隆）十二年贡。

梁泉　（？—1772）字崇简、崇一，又字佩韦，号弼亭，清顺德伦教人。拜堂兄善长为师，中年主讲广东连州书院。乾隆十二年（1747）乡试因两主试争名次未中，三十年举人第一名。三十四年会试中第二十名，因考官间倾轧落第。归后受聘广州粤秀书院，三十七年赴京会试归途卒，学生何镇江整理出版其遗著。

［道光］《广东通志》卷八十《选举表十八·举人三·国朝·乾隆三十年乙酉·广州府》：解元，顺德人，会魁。卷七十七《选举表十五·进士·国朝·乾隆三十四年己丑陈初哲榜·广州府》：顺德人。初拟元，中式二十名，会魁，复磨勘被黜，不得殿试，竟卒。卷二百八十七《列传二十·广州二十》：字崇简……泉少受业于从兄善长，下笔瑰伟，善长奇之。长愈刻志积学，百家诸子无所不通。为文原本《史》《汉》，取裁庄骚。古今诗沉著锻炼，自成一格。著有《弼亭遗文》四卷、《四书文》四卷、《笔记》四卷。卷一百九十八《艺文略十·集部四》：《弼亭古文遗稿》四卷，国朝梁泉撰，未见。

《粤东文海》，泉，字崇一，顺德人，乾隆乙酉解元。

［咸丰］《顺德县志》卷十一《举人二·国朝·乾隆》：字崇简，号弼亭，伦教人。第一名……乙酉科。卷二十六《列传六·国朝二》：字崇简，又字佩韦，老号栀蜡道人。居一亭，署曰“弼”，人称弼亭先生。伦教人，善长从弟。髫龄即锐志向学，师善长期以伟器，泉亦愈刻厉。十六补博士弟子，历试连第一，文誉噪岭海。乾隆丙寅丁卯间，高邮夏之蓉方以广韶学政至，试吏唱名入及泉，亟拱立曰：“读君文久矣，尚困一衿耶？今天下弁冕群才非君谁属？幸不作第二人想也。”闱文既刻，而两主试争名次不相下，并置焉。越十年，仁和吴鸿①以少年鼎甲校广州，发落语泉谓：“君文传岭外久，予集而摩挲之，得力既多，君正未必知之也。”其为当时所激赏如此。寻以夜读发疾，心惘惘若有所失，甫愈旋丁外艰，哀毁过礼，病又间作，试常失期。既抑塞不得其志，家又中落，不善治生，岁资馆谷为养。生平磊落卓荦之气往往发泄于文，原本《史记》《汉书》，出入韩、柳之间而取材诸子百家以为波澜。每阅一书，丹黄辄三四下，出己意别为评骘辨正，皆通贯精密，稿甫脱，传诵者已遍乡县。所为诗沉著锻炼，自成一家。中年从游者众，连州牧聘主院讲，闻者恒千里负笈踵至，舍不能容。其教人务主博通、不拘一格，先泉捷者类回翔馆阁，蔚为时髦，而泉犹未得一第也。乙酉以房官郑天锦力争举第一，次为南海劳潼，潼素自负，闻报怫甚，知首泉乃叹服焉。己丑会试中式第二十人，总裁武进刘文正以同考张詹事曾厂所荐最惬意，取倍他房，会张与同事论相轧衔之，泉卷适出张房。时纯皇帝留意制科，方以清真雅正式多士。泉闱文嶙峋逾越绳墨，隶事又过僻，遂遭磨勘，揭疵类凡数十，签下刑部，提问考验无私状，得旨复举人而张竟坐废。居常恂谨自爱，及是经事几蹈不测，深自凛惕，归则闭门讽诵，弥月足不出户。是科满洲德文庄亦与总裁，未几出抚粤，书招之见，阍吏不知也，索规不遽为通，文庄知之革吏役。巡抚育士书院曰“粤秀”，故事诸生以经史疑义条质于师，以次答之，而别举古义还令条对，备书诸册曰“质疑”，并在月课外监院者汇集，而季呈巡抚覆核，以验学识、稽勤惰，非通才莫敢为役，文庄一以委之。会同门朱纫兰主讲席，素推服泉，嫌无可引，于是为博考旁证，论议恒出意表。终文庄任，士皆知积学。乡里富人沙田久系讼，稔惟泉一言于文庄可决，适开辛卯恩榜，当北上谋，行李无出，致千金以请。泉曰：“是岂我见公意哉？”文庄闻愈重之，为治装乃果行。学士朱筠闱房得卷叹赏，持示他房谓必泉也，取

①吴鸿（1725—1763），清浙江仁和（今杭州）人。乾隆十六年（1751）状元，二十二年出任广东学政。

次第五，而广东中额仅四又见遗。壬辰过夏都门复失第返，至运河南旺闸遭暑病。先数日，酌同舟南海霍时茂曰："我必不起矣！君义士，当能归我骨，无所憾。自计此生谬膺虚誉，著撰积巾箱，时复点窜，不及订梓手质名流，斯耿耿耳。"言已唏嘘泣下，随卒，时茂挈柩归。著有《读史偶评》，皆杂书史旁，预定其目可录编十卷。又取五代史按《易》爻隶之，曰《周易集证》六卷、笔记四卷。四书文率散佚，及门何镇江校梓。别有古今体诗、骈散文之在行箧者，孙高梧以索序出，沉舟牂牁，未录副。嘉庆癸酉，国史馆奉纂《儒林文苑传》征取遗书，下郡县寻求不获，子姓访辑十一刻为《弼亭遗文》四卷。

崔德贵　清南海人。乾隆十二年（1747）武举。

［道光］《南海县志》卷二十二《选举表三·国朝·武举·乾隆朝》：丁卯科。

黎光涵　清南海人。乾隆十二年（1747）岁贡。

［道光］《南海县志》卷二十一《选举表二·国朝·贡生荐辟·乾隆朝》：由府学岁贡……丁卯。

黎亮功　清南海人。乾隆十二年（1747）举人，二十八年任海南昌化、三十九年任文昌教谕。

［乾隆］《广州府志》卷二十九《选举一·南海县·清》：乾隆丁卯举人。

［道光］《广东通志》卷五十五《职官表四十六·国朝十三·昌化县·教谕训导·乾隆朝》：南海人，举人。二十八年任……教谕。《文昌县·教谕训导·乾隆朝》：南海人，举人。三十九年任……教谕。

关王国　清南海九江人。乾隆十三年（1748）岁贡。

［同治］《南海县志》卷九《拾遗订误·贡生》：戊辰岁贡，乾隆朝。

《九江儒林乡志》卷十《选举略·国朝·贡生·乾隆十三年戊辰》：岁贡。

杨瀛　清高明城中人。乾隆十三年（1748）岁贡，任合浦训导。

［乾隆］《肇庆府志》卷十九《选举志二·国朝·岁贡·肇庆府》：高明人，十三年贡，乾隆年间贡。

［道光］《高明县志》卷十二《选举志·贡生·国朝》：城中人，乾隆十三年府学岁贡，任合浦训导。

何肇选 字仁峰，清南海佛山镇人。岁贡，乾隆十三年（1748）起任广东四会训导10年。

［乾隆］《佛山忠义乡志》卷四《选举志·岁贡·清》：正贡，现四会训导。

［乾隆］《番禺县志》卷十三《选举下·贡生·国朝恩岁优贡》：字仁峰，四会训导。

［道光］《广东通志》卷五十一《职官表四十二·国朝九·四会县·教谕训导·乾隆朝》：番禺人，岁贡，十三年任……训导。

罗元标 清高明屏山人。乾隆十三年（1748）例贡。父準臣，子天培。

［道光］《高明县志》卷十二《选举志·例贡·国朝》：屏山人，乾隆十三年例贡。《选举志·援捐·封典》：罗準臣，屏山人，乾隆四十五年以孙天培赠文林郎。罗元标，屏山人，贡生，乾隆四十五年以子天培赠文林郎。

潘大卿 字大书，号涞棠，清顺德大峄人。乾隆十三年（1748）疫，施棺。

［咸丰］《顺德县志》卷二十五《列传五·国朝一·潘衍泗传》：大峄人……族孙大卿，字大书，号涞棠。诸生，能文不售。戊辰大疫，倡施材殓道死者。

胡建伟 （1718—1796）字式懋，清三水乐平古灶村人。乾隆三年（1738）举人，次年进士，任河北无极、正定及福建福鼎、永定、闽县知县，升福州知府兼澎湖通判、粮驿道，漳州南胜、台湾北路理番同知卒。祖士隆，父五□，子璘、玥、琲。

［乾隆］《广州府志》卷三十一《选举三·三水县·清》：乾隆己未进士。

［嘉庆］《三水县志》卷九《选举·进士·国朝·乾隆四年己未庄有恭榜》：官至福建漳州南胜同知，署福州府护粮驿道。《选举·封赠·清》：胡士隆，以孙建伟赠文林郎、直隶无极县知县。胡利见，庠生，以本生孙建伟赠

文林郎、福建福鼎县知县。胡五嶕，以子建伟赠成德郎、福建澎湖通判。卷十一《人物传·贤良》：字式懋，三江人。少颖异，励精为学，自号勉亭，积劳得咯血病，犹攻苦弗辍，卒以文学显。乾隆戊午举于乡，己未联捷成进士。谒选得直隶无极县，迁正定，母丧去官，服阕补福鼎。鼎为闽之边界邻于浙，当两省之冲，冠盖所经，辄借民舍栖止，不堪其扰。前令沿以为常，伟为筑候馆居之，公私称便。未几历永定，调闽县，所至以循卓称。有戴乙者窜名司吏，颇骄横，因事倨见，怒立杖械之，一县慑伏①，大府益器之。署福州粮捕通判，权竹崎关廉平称职。荐擢澎湖通判，署福州守仍兼通判，复护粮驿道，时以一身绾三符②咸就理。澎湖为海中孤岛，遥隶台湾，士子赴府道试再渡重洋，风涛险恶，以故人鲜就学，国朝茂才仅三人。伟至，建文石书院，延名师启迪之，详定岁科二试即由澎湖考送学院，士咸乐之，终其任得庠生十三人。寻升漳州南胜同知，调台湾北路理番同知，卒于官。伟为人干练精密，遇事辄办，尤嗜古，遇公余即一卷弗释。历官南北，必载书簏以行，故选士有人伦鉴，壬午分校闽闱，得张中丞岱宗、李方伯廓等六人皆知名士。所著《澎湖纪略》十二卷、《江湄集》八卷，藏于家。子琲，官至甘肃河州知州，有循声。卷十二《列女》：何氏，三江乡进士胡建伟之媳、珳之妻也。年二十四而珳亡，悲号欲绝。葬时将以生殉，众力挽乃止。每逢夫忌日必呜咽绝粒，孀居三十余年而卒。谭氏，珳弟赠文林郎珝之妻也。结缡期年，遂失所天，矢志守节，足不逾户。翁建伟历官闽省二十余年，合家随任，氏独不往。珝弟琲欲为之请旌，氏曰："夫死妻孀分也，何旌为?"后琲以己官貤赠兄嫂，氏膺孺人封典，并命长男入继珝后以慰其志焉。氏与何氏一门双节，为邑乘之荣。

朱道南　（约 1719—1788）字接东，号木斋，清南海九江人。乾隆二十一年（1756）举人，三十四年任广西灵山训导，五十三年迁肇庆府教授，未及上任卒。

［乾隆］《广州府志》卷二十九《选举一·南海县·清》：乾隆丙子举人。

［道光］《广东通志》卷五十三《职官表四十四·国朝十一·灵山县·教谕训导·乾隆朝》：南海人，举人。三十八年任……训导。

［同治］《南海县志》卷十五《列传·官师》：字接东，号木斋，九江堡

---

①慑伏：因恐惧而不敢动弹。

②绾（wǎn）三符：一身管三个官职。绾，掌管、控制。

人。乾隆廿一年丙子举人，官灵山教谕。平日授经于乡，登第后同郡各邑耳其文名，多延往主讲，故终身仅一赴公车，余日足迹不出岭表。向例新科举子会试不第，榜后到吏部注册谓之"考拣"，或归知县班，或归教职班，听其人自愿。吏部依班挨次选补，自考选日计起，知县约廿余年，教职约十余年，由是乙榜需次人员颇觉濡滞。乾隆三十一年上谕：王大臣以身言差次三科。以前举人分为两等，一等以知县用，二等以教职用。经挑起者，知县分省即可摄篆兼权教职，一二年即可特授实缺，较拣选一途倍为直捷。急于禄仕者争趋之，独道南素无宦情，且谓民社非己所长，不若教官易于称职，其频年守株安坐以待竟不赴挑殆谓此也。卅四年选廉州府灵山县训导，学博与生徒迹本阔疏，惟科岁送考时略与诸生一面，余则循行故事，受其羔雁束脩而止。道南以教学为儒生本业，平时于东家馆谷不敢滥邀，岂今日食太仓之储自甘尸素？因于月课外招诸生燕集，谆谆然指授制举文作法，如三家村①老学究之训儿童，以此师弟间格外款洽。会典史衙门与学斋逼近，鸠形鹄面②日经于前，敲扑银铛日闻于耳，道南甚不乐。绅富知其然也，遂自筹款庀材择地，禀请郡守、县长迁而远之。及道南六十生辰，诸生制锦称觞阗满户外，城厢耆老又制万民伞盖投献衙斋，悦服之诚前此未有也。初道南举于乡，时令甲沿明旧制未有诗，洎其后增试贴一首。值绵州李调元以吏部曹司督粤学，喜称诗，赏拔少年轻隽子弟。不好儒，道南持版庭参且报考，风貌朴古迂缓，其衣冠拜起舒迟不中趋跄节，李不悦。及考诗文又不工，李颜变赤，诘责多辞，往复殊苦。道南窘甚，鞠躬俟阶下不敢去，忽闻李詈曰："若举主何人，顾以朝廷科第予风汉③耶?"道南抗声曰："梁中堂也!"李矍然止，揖之出。梁中堂，会稽梁文定国治④，时为相国。道南语人曰："予不肖，然一生得师门力也!"其诚朴如此。五十三年迁肇庆府教授，未上卒于官，年七十。

《九江儒林乡志》卷十《选举略·国朝·举人·乾隆二十一年丙子科》：字接东，号木斋，县学，中式第三十七名。初官琼山训导，迁肇庆教授。卷十四《列传·清》：字接东，号木斋，西方太平约人。乾隆丙子，由邑庠生领乡荐，春官不第，归即教授于乡，有师法。

---

①三家村：指人很少的农村，谓小地方。

②鸠形鹄面：身体像斑鸠（肚子低陷、胸骨凸出），脸像黄鹄（一点肉都没有），形容人因饥饿而瘦削憔悴。

③风汉：言语行动颠狂的人，风今写作"疯"。

④梁国治（1723—1787），字阶平、丰山，浙江会稽（今绍兴）人。进士，乾隆五十年（1785）东阁大学士兼户部尚书。卒谥文定，著有《敬思堂文集》。

蔡朝恩　清顺德人。乾隆十四年（1749）任顺德左镇营外委千总。

［乾隆］《顺德县志》卷九《兵防志·武职·左镇标下中营外委千总》：顺德人，由行伍。左哨，乾隆十四年到汛。

王尹南　清高明冈头人。乾隆十五年（1750）恩贡。父彦。

［乾隆］《肇庆府志》卷十九《选举志二·国朝·岁贡·高明县》：十五年恩贡，乾隆间贡。

［道光］《高明县志》卷十二《选举志·贡生·国朝》：冈头人，乾隆十五年恩贡，彦子。

区泰卿　清南海人。乾隆十五年（1750）岁贡，二十三年任广东惠州训导。

［道光］《广东通志》卷四十九《职官表四十·国朝·惠州府·教授训导·乾隆朝》：南海人，挨贡。二十三年任……训导。

［道光］《南海县志》卷二十一《选举表二·国朝·贡生荐辟·乾隆朝》：岁贡，惠州训导……庚午。

冯必得　字后斋，清顺德古楼人。乾隆十五年（1750）岁贡。

［咸丰］《顺德县志》卷十一《岁贡·国朝·乾隆》：古楼人，庚午，乡宾。卷二十七《列传七·国朝三·冯龙官传》：族先有必得，字后斋者，讲学以心得为宗。

龙朝忠　清顺德大良人。乾隆十五年（1750）武举，次年武进士。

［乾隆］《顺德县志》卷十《选举志·武举·清朝·乾隆庚午》：大良人。

［咸丰］《顺德县志》卷十一《武举·国朝·乾隆》：大良人，庚午。《武进士·国朝·乾隆》：龙朝宗，辛未科。

叶敷锦　清高明幕田人。乾隆十五年（1750）岁贡。祖母罗氏，雍正四年（1726）请旌。

［乾隆］《肇庆府志》卷十九《选举志二·国朝·岁贡·高明县》：十五年贡，乾隆间贡。

［道光］《高明县志》卷十二《选举志·贡生·国朝》：幕田人，乾隆十五年岁贡。卷十四《列女志》：罗氏，幕田叶九经妻，孀居勤苦。雍正四年，其孙敷锦具请旌表。

刘丹 清三水河洲冈人。乾隆十五年（1750）岁贡。次子淮，三十七年岁贡。

［嘉庆］《三水县志》卷九《选举·岁贡·清》：河洲冈人，（乾隆）十五年贡。卷十一《人物传·乡饮宾》：岁贡。

刘斌 字季昭，清高明大唐美人。乾隆十五年（1750）督修城隍庙，十九年参建社仓。子恩桂。

［道光］《高明县志》卷十三《人物志·国朝》：字季昭。邑庠士。少失怙恃，家素淡，舌耕糊口，勤俭增积产业。居心平易，乐善好施。修葺学宫不惜捐资，经营图度与有力焉。年七十，阖邑缙绅制锦称觞。子恩桂，历任各属儒学俱有宦声。卷十六《艺文志二》：《重修高明城隍庙碑记》，生员刘斌、邓南金日夜督工料理，阅四十日而即告成。乾隆十五年庚午孟春。《高明县创建社仓碑记》……择绅士之贤能者付以督理，是任斯劳者有贡生程帝臣、刘斌、邓南金……乾隆十九年岁次甲戌仲秋谷旦。

刘添贵 榜姓梁，字士昂，清顺德逢简人。乾隆十五年（1750）举人。

［乾隆］《顺德县志》卷十《选举志·举人·清朝·乾隆□□》：榜姓梁，逢简人。

［咸丰］《顺德县志》卷十一《举人二·国朝·乾隆》：字士昂，逢简人，榜姓梁……庚午科。

苏云程 清顺德黎村人。乾隆十五年（1750）岁贡。

［民国］《顺德县志》卷八《选举表一·郭〈志〉补遗·五贡·国朝》：黎村人，乾隆庚午岁贡。

苏应文 清三水石牛冈人。乾隆十五年（1750）举人。孙世勋嘉庆五年（1800）举人，十五年为同考官。

［乾隆］《广州府志》卷三十一《选举三·三水县·清》：乾隆庚午举人。

［嘉庆］《三水县志》卷九《选举·举人·清·乾隆十五年庚午潘其勤榜》：石牛冈人。

苏建唐　清顺德碧江人。乾隆十五年（1750）武举。

［乾隆］《顺德县志》卷十《选举志·武举·清朝·乾隆庚午》：碧江人。

苏梦篆　清顺德碧江人。拔贡，乾隆十五年（1750）举人，十九年进士乙榜，次年任广东新兴教谕。二十五年海南儋州学正，后为江西万年知县。

［乾隆］《顺德县志》卷十《选举志·贡生·清朝·乾隆拔贡》：碧江人。《选举志·举人·清朝·乾隆□□》：碧江□。

［乾隆］《肇庆府志》卷八《秩官志中·新兴县·国朝·教谕》：顺德举人，乾隆二十年任。

［道光］《广东通志》卷八十《选举表十八·举人三·国朝·乾隆十五年庚午·广州府》：顺德人。卷五十五《职官表四十六·国朝十三·学正训导·乾隆朝》：顺德人，举人。二十五年任……学正。

［咸丰］《顺德县志》卷十《明通榜·国朝·乾隆》：碧江人，知万年县……甲戌科。

杨麟阁　清顺德容奇人。乾隆十五年（1750）武举。

［乾隆］《顺德县志》卷十《选举志·武举·清朝·乾隆庚午》：容奇人。

吴肇泰　清高明铁冈人。乾隆十五年（1750）附贡。

［道光］《高明县志》卷十二《选举志·例贡·国朝》：铁冈人，乾隆十五年郡附贡。

何廷宗　清顺德登洲人。乾隆十五年（1750）岁贡。

［乾隆］《顺德县志》卷十《选举志·贡生·清朝·乾隆岁贡》：府学，登洲人。

［咸丰］《顺德县志》卷十一《岁贡·国朝·乾隆》：登洲人，庚午。

何定元 字青林，清顺德马宁人。乾隆十五年（1750）举人，任浙江汤溪知县。祖一麟，父以秀。

［道光］《广东通志》卷八十《选举表十八·举人三·国朝·乾隆十五年庚午·广州府》：顺德人。

［咸丰］《顺德县志》卷十一《举人二·国朝·乾隆》：字青林，马宁人。知汤溪县……庚午科。卷十二《封荫表·封赠（文阶）·国朝》：何一麟，马宁人，以孙定元赠。何以秀，以子定元赠。俱汤溪县……知县。

陆毅 清三水金竹人。乾隆十五年（1750）举人。

［乾隆］《广州府志》卷三十一《选举三·三水县·清》：乾隆庚午举人。

［嘉庆］《三水县志》卷九《选举·举人·国朝·乾隆十五年庚午潘其勤榜》：金竹人。

陈九谦 清南海人。乾隆十五年（1750）副贡。

［乾隆］《广州府志》卷二十九《选举一·南海县·清》：副榜，科年无考。

［道光］《南海县志》卷二十一《选举表二·国朝·贡生荐辟·乾隆朝》：副贡……庚午。

张士元 清顺德黄连人。乾隆十五年（1750）举人。

［乾隆］《顺德县志》卷十《选举志·举人·清朝·乾隆□□》：鹤山籍□莲人。

［咸丰］《顺德县志》卷十一《举人二·国朝·乾隆》：黄连人，鹤山籍……庚午科。

张万鹏 清顺德龙江人。乾隆十五年（1750）举人，次年进士。

《龙江志略》卷一《编年·清》：乾隆十六年辛未，张万鹏成进士。

［咸丰］《顺德县志》卷十一《举人二·国朝·乾隆》：龙江人，广西隆州籍……按阮《志》漏，今从张《府志》。庚午科。卷十《选举表一·进士·国朝·乾隆》：辛未科。

张成宾 一说名成贵，清南海人。乾隆十五年（1750）举人，二十二年进士，三十九年任广西廉州府教授。

［乾隆］《广州府志》卷二十九《选举一·南海县·清》：张成贵，乾隆庚午举人。

［道光］《广东通志》卷七十七《选举表十五·进士·国朝·乾隆二十二年丁丑蔡以台榜·广州府》：南海人。卷五十三《职官表四十四·国朝十一·廉州府·教授训导·乾隆朝》：南海人，进士。三十九年任……教授。

周文光　清顺德北滘人。乾隆十五年（1750）武举，任广西平乐营都司。

［乾隆］《顺德县志》卷十《选举志·武举·清朝·乾隆庚午》：北滘人。

［咸丰］《顺德县志》卷十一《武举·国朝·乾隆》：北滘人，广西平乐营都司，赐重宴鹰扬……庚午。

周金水　清顺德北滘人。乾隆十五年（1750）武举。

［乾隆］《顺德县志》卷十《选举志·武举·清朝·乾隆庚午》：北滘人。

范绍文　清南海人。乾隆十五年（1750）举人，三十二年任广东开建训导。

［乾隆］《广州府志》卷二十九《选举一·南海县·清》：乾隆庚午举人。

［道光］《广东通志》卷五十一《职官表四十二·国朝九·开建县·教谕训导·乾隆朝》：南海人，举人。三十三年任……训导。

［道光］《肇庆府志》卷十三《职官三·清·开建县·训导·乾隆朝》：南海人，举人，三十二年任。

胡国宝　清顺德桂洲人。乾隆十五年（1750）武举。祖汝峙。

［乾隆］《顺德县志》卷十《选举志·武举·清朝·乾隆庚午》：桂洲人。

［乾隆］《广州府志》卷四十一《人物十·义行·顺德·清·胡汝峙传》：号九峰，钦天监主簿……孙国宝，乾隆庚午举人。

胡经才　清顺德桂洲人。乾隆十五年（1750）武举。

［乾隆］《顺德县志》卷十《选举志·武举·清朝·乾隆庚午》：桂洲人。

梁之望 清南海人。乾隆十五年（1750）岁贡。

［道光］《南海县志》卷二十一《选举表二·国朝·贡生荐辟·乾隆朝》：岁贡……庚午。

梁开泰 清顺德莘村人。乾隆十五年（1750）岁贡。

［咸丰］《顺德县志》卷十一《岁贡·国朝·乾隆》：莘村人，庚午。

梁宇 清顺德人。乾隆十五年（1750）任顺德左镇营外委千总。

［乾隆］《顺德县志》卷九《兵防志·武职·左镇标下中营外委千总》：顺德人，由行伍。右哨，乾隆十五年到汛。

梁廷宝 清顺德黎村人。乾隆十五年（1750）武举。

［乾隆］《顺德县志》卷十《选举志·武举·清朝·乾隆庚午》：黎村人。

梁佳星 清顺德黎村人。乾隆十五年（1750）恩贡。

［乾隆］《顺德县志》卷十《选举志·贡生·清朝·乾隆岁贡》：黎村人。

［咸丰］《顺德县志》卷十一《恩贡·国朝·乾隆》：黎村人，庚午。

游大昌 清顺德大良人。乾隆十五年（1750）武举。

［乾隆］《顺德县志》卷十《选举志·武举·清朝·乾隆庚午》：鹤山籍大良人。

简瑞 清顺德龙江人。乾隆十五年（1750）举人，十七年进士。

［乾隆］《顺德县志》卷十《选举志·举人·清朝·乾隆□□》：□□籍龙江人。

［道光］《广东通志》卷七十七《选举表十五·进士·国朝·乾隆十七年壬申秦大士榜·广州府》：顺德人。

［咸丰］《顺德县志》卷十一《举人二·国朝·乾隆》：龙江人……庚午科。

谭忠孝 清高明范州人。乾隆十五年（1750）举人。

［道光］《广东通志》卷八十《选举表十八·举人三·国朝·乾隆十五年庚午附广西中式》：高明人，南宁籍。

［道光］《高明县志》卷十二《选举志·举人·国朝》：范州人，乾隆庚午科举人，西榜。

潘其勤　清南海人。乾隆十五年（1750）举人第一名，十八年任广东广宁教谕，三十三年任惠州教授。

［乾隆］《广州府志》卷二十九《选举一·南海县·清》：解元，乾隆庚午举人。

［乾隆］《肇庆府志》卷八《秩官志中·广宁县·清·教谕》：南海解元，（乾隆）十八年任。

［道光］《广东通志》卷四十九《职官表四十·国朝·惠州府·教授训导·乾隆朝》：南海人，举人。三十三年任……教授。

颜树民　清南海人。乾隆十五年（1750）岁贡，三十六年任广东翁源训导。父任。

［道光］《广东通志》卷四十七《职官表三十八·国朝五·翁源县·教谕训导·乾隆朝》：南海人，挨贡。三十六年任……训导。

［道光］《南海县志》卷二十一《选举表二·国朝·贡生荐辟·乾隆朝》：岁贡，翁源训导……庚午。《国朝·封荫·乾隆朝》：颜任，以子树民貤赠翁源训导。

黎丕　清顺德桃村人。乾隆十五年（1750）恩贡。

［咸丰］《顺德县志》卷十一《恩贡·国朝·乾隆》：桃村人，庚午。

区青英　清顺德登洲人。乾隆十六年（1751）恩贡。

［咸丰］《顺德县志》卷十一《恩贡·国朝·乾隆》：登洲人，辛未。

朱会斯　清南海人。乾隆十六年（1751）岁贡。

［道光］《南海县志》卷二十一《选举表二·国朝·贡生荐辟·乾隆朝》：辛未由府学岁贡。

梁逢年　清三水邓坑人。乾隆十六年（1751）恩贡。父为鹏。

[嘉庆]《三水县志》卷十一《人物传·文学·梁为鹏传》：字博斯……子逢年，恩贡。熙年，邑庠。孙文辉，举人。曾孙太举、玄孙瑞元，俱贡生。卷九《选举·恩贡·清》：为鹏子，（乾隆）十六年贡。

冯美济 （约1720—1770）一说名济美，字参常，号琛川，清顺德龙山人。乾隆三十五年（1770）举人。

[嘉庆]《龙山乡志》卷八《人物志·行谊》：字参常，号琛川，旺村人也。读书谨行，素有令名，惟谦抑自居，不欲以才华上人。居乡言语恂恂，孝弟礼让以躬先之。弱冠游邑庠，旋食廪饩，二十余年潦倒场屋。年近五十始登乾隆庚寅贤书，未几卒。为文醞醸渊雅，名理隽言奔赴腕下，早为学使吴云岩先生器重，科岁试尝取其文冠多士。论者谓其文行兼优，咸惜其遇合之晚云。

[咸丰]《顺德县志》卷十一《举人二·国朝·乾隆》：冯济美，龙山人……庚寅万寿恩科。

温必进 （约1721—1785后）字德修，号懋堂，清顺德龙山人。20岁丧父母，五个哥哥资助他读书。乾隆四十四年（1779）举人，教书乡里。父昌汉。

[嘉庆]《龙山乡志》卷八《人物志·孝友》：字德修，号懋堂。生有异质，丰额阔顶，目如炬光。天性纯笃，少力学，聪敏过人，所读书过目辄了。事父母以孝闻，年二十父母相继殁，必进遭两丧悲号哀致骨立形殆，戚友兄弟咸劝乃止。家贫，同怀兄弟五人各治生产，岁以有余助必进读，由是闭户下帷，攻苦不辍。服阕就童子试，补郡弟子员，文誉噪郡邑，里党争师之。性尤笃于手足，必进最少，父殁事诸兄如父，兄病弃馆归侍，昼夜服劳，历数年如一日。其诸兄亦咸相友爱，一门孝弟，人无间言。然屡困文场，久不获售，至乾隆己亥始登贤书，年已近六旬矣。是时诸兄相继谢世，惟长兄尚在，必进以兄年老不忍作北行计，兄速之曰："弟可决意北上，吾康健如常，待弟归来可无恙也！"必进不获，已斋戒祈之于神，愿许长兄无恙始束装就道。庚子、辛丑连上公车荐而不第……于是归不复出，岁聚生徒讲学……寿至八十一，无疾而终。

[咸丰]《顺德县志》卷十二《封赠（文阶）·国朝》：温昌汉，龙山人，以子必进封候选知县。

胡经纶　（1722—1763）号醇斋，清顺德桂洲人。乾隆九年（1744）武举，次年（一作十三年）武进士第三名，官山东参将，十八年归。父建中，嗣子绍璩。

［乾隆］《顺德县志》卷十《选举志·武举·清朝·乾隆甲子》：桂洲人，探花。《选举志·武进士·清朝·乾隆乙丑》：桂洲人，探花，山东参将。

［道光］《广东通志》卷二百八十七《列传二十·广州二十·胡建中传》：子经纶，乾隆乙丑武进士一甲第三人，官山东参将。

［咸丰］《顺德县志》卷二十五《列传五·国朝一·胡大猷传》：族子经纶，号醇斋，乙丑武进士……派镶蓝旗二等侍卫，官山东即墨营参将得士心。经纶美丰姿，二十四登第南旋，慎郡王送以诗。癸酉归，恭谨自爱，凡修学及乡赈事靡不竭力，以田赡宗党尤得族心。年四十二卒，无子，侄绍璩嗣。

区以权　清高明官当人。乾隆十七年（1752）恩贡。

［乾隆］《肇庆府志》卷十九《选举志二·国朝·岁贡·高明县》：十七年贡，乾隆间贡。

［道光］《高明县志》卷十二《选举志·贡生·国朝》：官当人，乾隆十七年恩贡。

区佩　字纫秋，清高明勤学人。乾隆十七年（1752）岁贡，寿81岁。子兆灯，四十一年岁贡。

［乾隆］《肇庆府志》卷十九《选举志二·国朝·岁贡·高明县》：十七年恩贡，乾隆间贡。

［道光］《高明县志》卷十二《选举志·贡生·国朝》：勤学人，乾隆十七年岁贡。区兆灯，勤学人，乾隆四十一年岁贡，佩子。卷十三《人物志·国朝》：字纫秋。乾隆壬申岁荐。和平浑厚，与人无疾言遽色。敬教生徒，从容感化而独严于持躬。谨动履，慎取舍，有以贿赂干则义形于色，儒林重焉。应贡日，子兆灯补其廪。寿八十有一。

［道光］《肇庆府志》卷十五《选举二·国朝·贡生·高明县学·乾隆朝》：十七年贡。

区梦熊　清顺德龙江人。乾隆十七年（1752）举人，十九年进士乙榜，三十一年任广东嘉应州学正，四十一年海丰教谕。

［乾隆］《广州府志》卷三十一《选举三·顺德县·清》：乾隆壬申举人。

［道光］《广东通志》卷五十七《职官表四十八·国朝十五·嘉应州学正训导·乾隆朝》：顺德人，举人。三十一年任……学正。卷四十九《职官表四十·国朝·海丰县·教谕训导·乾隆朝》：顺德人，举人，四十一年任……教谕。

［咸丰］《顺德县志》卷十一《举人二·国朝·乾隆》：龙江人，广西西隆州籍，壬申皇太后万寿恩科。卷十《明通榜·国朝·乾隆》：龙江人，嘉应州学正，甲戌科。

邓维岳　清南海人。乾隆十七年（1752）任广东潮阳训导。

［道光］《广东通志》卷五十《职官表四十一·国朝八·潮阳县·教谕训导·乾隆朝》：南海人，十七年任……训导。

叶耀成　字廷辉，清顺德勒楼人。国子生。子天授、霖、云、瑶。

［咸丰］《顺德县志》卷二十五《列传五·国朝一》：字廷辉，勒楼人……国子生。孝谨朴直，乐施予，课子严。附乡子弟贫者，代备脩脯且资膏火焉，以是学成者多。子四人，天授、霖、云，皆诸生。瑶，乾隆壬申乡荐，知象山县，有政声。

叶瑶　清顺德勒楼人。乾隆十七年（1752）举人，任广西象山知县。父耀成。

［乾隆］《顺德县志》卷十三《人物列传·行谊·叶耀成传》：字□□，号贲园，勒楼人。国学生。孝谨朴直，□□好施，为□□□□广建□舍延师□□□□□□□弟□□□□□□□□□□□□□多所成就□□□天授、霖□□皆庠序□声，御史杨缵绪题其堂□□厚流长。

［乾隆］《广州府志》卷三十一《选举三·顺德县·清》：乾隆壬申举人。

［咸丰］《顺德县志》卷二十五《列传五·国朝一·叶耀成传》：勒楼人……子四人，天授、霖、云，皆诸生。瑶，乾隆壬申乡荐，知象山县，有政声。

关礼　字履兹，号以耕，清南海九江人。乾隆十七年（1752）举人，十九年会试乙榜，任广东连山教谕归。

［乾隆］《肇庆府志》卷十九《选举志二·国朝·举人·乾隆壬申》：鹤

山籍南海人。

［道光］《广东通志》卷八十《选举表十八·举人三·国朝·乾隆十七年壬申·肇庆府》：南海人，鹤山籍，教谕。

《九江儒林乡志》卷十《选举略·国朝·举人·乾隆十七年壬申恩科》：字履兹，号以耕。鹤山籍，中式第五名。甲戌乙榜，连山教谕。卷十四《列传·清》：字履兹，号以耕，西方低田人。少聪颖，多学能识，文名噪于时。寄籍鹤山，受知于督学使者程，再试超等补郡增广生。乾隆壬申领乡荐第五名，甲戌礼闱等乙榜，大挑①二等，补连山教谕，以冷官不得展所用解任家居。教训族孙上谋出为良吏，春秋佳日，时相与钓游于牂牁海目间，故上谋在官恒不忘师恩，尝寄以诗有"室迩人遐归未得，月明元度忆何如"之句，盖实录云。卷八《艺文略·集部·别集》：《课士文集》，国朝关礼撰。

杜可元　清高明清泰人。乾隆十七年（1752）例贡。

［道光］《高明县志》卷十二《选举志·例贡·国朝》：清泰人，乾隆十七年例贡。

杜澍洙　字泮参，清高明矮冈人。乾隆十七年（1752）副榜。

［乾隆］《肇庆府志》卷十九《选举志二·国朝·副榜贡·乾隆壬申》：高明人。

［道光］《高明县志》卷十二《选举志·贡生·国朝》：矮冈人，乾隆十七年壬申副榜。卷十三《人物志·国朝》：字泮参。幼勤学，博通经史。兄弟六人，恪遵庭训，互相砥砺，俱各成名。入泮后即补弟子员。以五经宿场己酉获荐，壬申恩科中副榜。生平刚性，见义必为，严训子侄。尝掌增城义学讲席，生徒咸沐造就焉。寿七十七而终。

杨旭日　字景苏，清顺德桂洲人。乾隆十七年（1752）举人，三十二年任广东曲江县训导，四十六年海南琼山县教谕。父文英。子攀龙，五十一年举人。

［乾隆］《广州府志》卷三十一《选举三·顺德县·清》：乾隆壬申举人。

［道光］《广东通志》卷四十七《职官表三十八·国朝五·曲江县·教谕

①大挑：举人而未中进士者，经考核德才兼备，准予直接任职。

训导·乾隆朝》：顺德人，举人。三十二年任……训导。卷五十五《职官表四十六·国朝十三·琼山县·教谕训导·乾隆朝》：顺德人，举人。四十六年任……教谕。

［咸丰］《顺德县志》卷十一《举人二·国朝·乾隆》：字景苏，桂洲人，琼山县教谕，壬申皇太后万寿恩科。卷十二《封赠（文阶）·清》：杨文英，桂洲人，以子旭日赠训导、攀龙加赠城武县。杨旭日，桂洲人，训导，以子攀龙赠城武县知县。

岑尧卿　清顺德桂洲人。乾隆十七年（1752）举人。

［道光］《广东通志》卷八十《选举表十八·举人三·国朝·乾隆十七年壬申·广州府》：广州人。

［咸丰］《顺德县志》卷十一《举人二·国朝·乾隆》：桂洲人，按阮《志》作广州人，误……壬申皇太后万寿恩科。

何尚志　清南海人。乾隆十七年（1752）任河南彰德营都司。

［道光］《南海县志》卷二十二《选举表三·国朝·行伍·乾隆朝》：河南彰德营都司，壬申。

何尚英　清顺德羊额人。乾隆十七年（1752）武举，十九年武进士。

［咸丰］《顺德县志》卷十一《武举·国朝·乾隆》：羊额人……壬申。《武进士·国朝·乾隆》：京省提塘，甲戌。

余士泰　清顺德甘竹人。乾隆十七年（1752）举人。

［乾隆］《广州府志》卷三十一《选举三·顺德县·清》：乾隆壬申举人。

［咸丰］《顺德县志》卷十一《举人二·清·乾隆》：甘竹人，壬申皇太后万寿恩科。

余文现　清顺德甘竹人。乾隆十七年（1752）岁贡。

［咸丰］《顺德县志》卷十一《岁贡·国朝·乾隆》：甘竹人，壬申。

陈正位　清三水西南人。乾隆十七年（1752）举人。

［乾隆］《广州府志》卷三十一《选举三·三水县·清》：乾隆壬申举人。

［嘉庆］《三水县志》卷九《选举·举人·国朝·乾隆十七年壬申恩科温章元榜》：西南人。

张孔绍　清顺德龙山人。乾隆十七年（1752）举人。进士，任翰林院庶吉士。祖扩万，父臣驹。

［嘉庆］《龙山乡志》卷七《选举志·举人·国朝·乾隆壬申》：张孔绍。《进士·国朝·乾隆壬申》：翰林院庶吉士。《封赠·国朝·文职》：张扩万，以孙孔绍贵赠翰林院庶吉士。张臣驹，以子孔绍贵赠翰林院庶吉士。

［道光］《广东通志》卷七十七《选举表十五·进士·国朝·乾隆十七年壬申秦大士榜·广州府》：顺德人。

冼乔　字应乔，清南海人。乾隆十七年（1752）副贡，五十二年任海南乐会教谕。

［乾隆］《广州府志》卷二十九《选举一·南海县·清》：副榜，科年无考。

［道光］《广东通志》卷五十五《职官表四十六·国朝十三·乐会县·教谕训导·乾隆朝》：南海人，副榜。五十二年任，教谕。

［道光］《南海县志》卷二十一《选举表二·国朝·贡生荐辟·乾隆朝》：副贡，乐会教谕……壬申。

《西樵白云洞志》第二册《传略·冼广文乔》：字应乔，南海人。乾隆壬申副贡，官乐会教谕。尝肄业洞中。

林大全　清顺德人。乾隆十七年（1752）武举。

［咸丰］《顺德县志》卷十一《武举·国朝·乾隆》：壬申。

林绍唐　清南海人。乾隆十七年（1752）举人、进士。

［乾隆］《广州府志》卷二十九《选举一·南海县·清》：乾隆壬申举人。

［道光］《广东通志》卷七十七《选举表十五·进士·国朝·乾隆十七年壬申秦大士榜·广州府》：南海人，二甲。

欧阳达　清顺德三华人。乾隆十七年（1752）岁贡。父二酉。

［咸丰］《顺德县志》卷二十五《列传五·国朝一·欧阳二酉传》：子达，岁贡生，游浔州守幕，与修《府志》。好吟咏，著有《无逸堂集》。卷十一《岁贡·国朝·乾隆》：三华人，壬申。

罗代创 清顺德大良人。乾隆十七年（1752）举人。

［道光］《广东通志》卷八十《选举表十八·举人三·国朝·乾隆十七年壬申·广州府》：顺德人。

［咸丰］《顺德县志》卷十一《举人二·国朝·乾隆》：大良人……申皇太后万寿恩科。

周天成 清南海人。乾隆十七年（1752）武举。

［道光］《南海县志》卷二十二《选举表三·国朝·武举·乾隆朝》：壬申科。

周天柱（清乾隆） （？—1808）原名朝柱，字岐甸，号凤台，清顺德龙江人。乾隆十七年（1752）举人，十九年进士，任江苏溧水、四川蓬州知县。

《龙江志略》卷一《编年·清》：乾隆十九年甲戌，周天柱成进士。

［咸丰］《顺德县志》卷十一《拔贡·国朝·乾隆》：原名朝柱，龙江人，广西籍。《举人二·国朝·乾隆》：字岐甸，龙江人。广西西隆州籍……壬申皇太后万寿恩科。卷十八《艺文略二·集部二·别集二》：《凤台诗集》一卷，国朝周天柱撰。卷二十六《列传六·国朝二》：字岐甸，号凤台……龙江人。天柱成乾隆甲戌进士，知蓬州，两分校蜀闱，署守顺庆。先是，川蛮蠢动，运粮瘁力，至是粮台递遭蹂躏，会调军前，天柱知势不免，解印附宾佐驰报军局，誓以死守，竟困陷负伤。适蓬民充别站粮夫者百余经破碉，见之奋呼冲战，背负天柱走出，仅得平复，戊辰卒于官。天柱为政尚宽平，官溧水，作堂曰“补过”以自警。蓬居蜀北，啯匪时出没为害，天柱获其魁，与约而释之，啯遂敛迹。于城开文明、紫气两门，建买闲亭望江楼下以课士。两科捷者五蓬士，入国朝来所无也，士民貌遗象于亭奉之。

周荣 清南海人。乾隆十七年（1752）举人。

［乾隆］《广州府志》卷二十九《选举一·南海县·清》：乾隆壬申举人。

周家良　一说名家梁，字介峰，清顺德黎村人。乾隆十七年（1752）举人，6次会试不中。

[乾隆]《广州府志》卷三十一《选举三·顺德县·清》：周家梁，乾隆壬申举人。

[咸丰]《顺德县志》卷二十六《列传六·国朝二·梁泉传》：当时以四书文受督学知，与泉齐名者……黎村周家良，字介峰，从善长游，刻苦励学。乾隆壬申乡荐，六试礼闱，田百亩以会试尽。截选就验，令改教职，拂袖辞去。诗文散佚无传。

胡国林　一说名国琳、国材，清南海人。乾隆十七年（1752）举人。

[乾隆]《广州府志》卷三十一《选举三·顺德县·清》：胡国琳，乾隆壬申举人。

[乾隆]《肇庆府志》卷十九《选举志二·国朝·举人·乾隆壬申》：南海人，附鹤山籍。

[道光]《广东通志》卷八十《选举表十八·举人三·国朝·乾隆十七年壬申·肇庆府》：胡国材，南海人，鹤山籍。

[道光]《南海县志》卷二十一《选举表二·国朝·举人·乾隆朝》：鹤山学，壬申科。

胡定朝　清顺德桂洲人。乾隆十七年（1752）武举。

[咸丰]《顺德县志》卷十一《武举·国朝·乾隆》：桂洲人……壬申。

莫世举　清高明村头人。乾隆十七年（1752）附贡。兄世忠。

[道光]《高明县志》卷十二《选举志·例贡·国朝》：村头人，世忠弟，乾隆十七年附贡。

顾恂　一说名珣，清顺德容奇人。乾隆十七年（1752）举人。孙文炜，咸丰二年（1852）举人。

[乾隆]《广州府志》卷三十一《选举三·顺德县·清》：乾隆壬申举人。

[道光]《广东通志》卷八十《选举表十八·举人三·国朝·乾隆十七年壬申·广州府》：顾珣，顺德人。

［咸丰］《顺德县志》卷十一《国朝·乾隆》：容奇人，孙文炜……壬申皇太后万寿恩科。

梁嘉 一说名德嘉，清顺德陈村人。乾隆十七年（1752）副贡。

［乾隆］《肇庆府志》卷十九《选举志二·国朝·副榜贡·乾隆壬申》：梁德嘉，鹤山籍顺德人。

［咸丰］《顺德县志》卷十一《副贡·国朝·乾隆》：陈村人，壬申。

崔炘 清南海人。乾隆十七年（1752）岁贡。

［道光］《南海县志》卷二十一《选举表二·国朝·贡生荐辟·乾隆朝》：岁贡……壬申。

谭名池 清顺德桂洲人。乾隆十七年（1752）举人，四十七年任海南琼山县教谕。

［乾隆］《广州府志》卷三十一《选举三·顺德县·清》：乾隆壬申举人。

［道光］《广东通志》卷五十五《职官表四十六·国朝十三·琼山县·教谕训导·乾隆朝》：顺德人，举人。四十七年任……教谕。

［咸丰］《顺德县志》卷十一《举人二·国朝·乾隆》：桂洲人，琼山县教谕……壬申皇太后万寿恩科。

潘秋最 清顺德冲鹤人。乾隆十七年（1752）岁贡。

［乾隆］《肇庆府志》卷十九《选举志二·国朝·岁贡·鹤山县》：十七年贡，乾隆间贡。

［咸丰］《顺德县志》卷十一《岁贡·国朝·乾隆》：冲鹤人，壬申。

黎森 清顺德大良人。乾隆十七年（1752）举人，任揭阳县教谕。

［乾隆］《广州府志》卷三十一《选举三·顺德县·清》：乾隆壬申举人。

［咸丰］《顺德县志》卷十一《举人二·国朝·乾隆》：大良人，揭阳县教谕……壬申皇太后万寿恩科。

邓公俊 字才遇，清三水上灶人。长孙光岳，嘉庆十八年

(1813) 举人。

［嘉庆］《三水县志》卷十一《人物传·潜德》：字才遇，上灶人。秉正不阿，闻有以横逆于乡曲者眦辄裂，而一室之内事亲敬长，则恂恂如不及。祖遗蒸尝田若干亩，界址为人所侵，俊固知之，欲出理，惧涉讼贻父母忧，隐忍不发，晚年卒以清理祖尝为仇者所害。戚党咸不平，执其仇鸣之官，狱成瘐死。俊后日以蕃衍，嘉庆癸酉，长孙光岳举于乡，询其仇家，已无遗类矣。

冯稷成　清顺德逢简人。乾隆十八年（1753）拔贡，二十四年举人，历任灵川、兴安教谕，至江西广昌县知县，未任卒。祖品卿，父蟠溪。

［道光］《广东通志》卷八十《选举表十八·举人三·国朝·乾隆二十四年己卯附广西中式》：顺德人，平乐籍。历任灵川、兴安教谕，宁明州学正，升江西广昌县知县，未任卒。

［咸丰］《顺德县志》卷十一《拔贡·国朝·乾隆》：逢简人，平乐籍，癸酉。《举人二·国朝·乾隆》：逢简人，广西平乐籍。灵川、兴安二县教谕，宁明州学正，桂林府教授，知广昌县。己卯科。卷十二《封赠（文阶）·国朝》：冯品卿，逢简人，以孙稷成赠。冯蟠溪，以子稷成赠。俱广昌县……知县。

庄自健　清南海人。乾隆十八年（1753）副贡，五十四年任广东西宁（今郁南）教谕。

［乾隆］《广州府志》卷二十九《选举一·南海县·清》：副榜，科年无考。

［道光］《广东通志》卷五十六《职官表四十七·国朝十四·西宁县·教谕训导·乾隆朝》：南海人，副榜。五十四年任……教谕。

［道光］《南海县志》卷二十一《选举表二·国朝·贡生荐辟·乾隆朝》：副贡……癸酉。

刘起之　清顺德大良人。乾隆十八年（1753）举人，次年乙榜进士。

［道光］《广东通志》卷八十《选举表十八·举人三·国朝·乾隆十八年癸酉·广州府》：顺德人。

［咸丰］《顺德县志》卷十《明通榜·国朝·乾隆》：大良人……甲戌科。

关尧 清南海九江人。乾隆十八年（1753）拔贡，三十九年副贡，四十八年任广东阳江教谕。

［道光］《广东通志》卷五十一《职官表四十二·国朝九·阳江县·教谕训导·乾隆朝》：西宁人，拔贡。四十八年任，教谕。

［道光］《西宁县志》卷九《国朝·拔贡·乾隆》：南渡人，癸酉科。《国朝·副贡·乾隆》：南渡人，甲午科，阳江县教谕。

《九江儒林乡志》卷十《选举略·国朝·贡生·乾隆十八年癸酉》：副贡。

伍烜 清顺德古朗人。乾隆十八年（1753）举人，三十三年任合浦训导，三十九年任龙川教谕，四十一年任高明训导。

［乾隆］《广州府志》卷三十一《选举三·顺德县·清》：乾隆癸酉举人。

［道光］《广东通志》卷五十三《职官表四十四·国朝十一·合浦县·教谕训导·乾隆朝》：顺德人，举人。三十三年任……训导。卷四十九《职官表四十·国朝·龙川县·教谕训导·乾隆朝》：顺德人，举人。三十九年任……教谕。

［道光］《高明县志》卷五《秩官志·国朝训导》：顺德举人，乾隆四十一年任。

［咸丰］《顺德县志》卷十一《举人二·国朝·乾隆》：古朗人……癸酉科。

麦一鸣 清三水董塱人。乾隆十八年（1753）岁贡。

［嘉庆］《三水县志》卷九《选举·岁贡·清》：董塱人，（乾隆）十八年贡。

麦文禧 清顺德桂洲人。乾隆十八年（1753）举人。

［乾隆］《广州府志》卷三十一《选举三·顺德县·清》：乾隆癸酉举人。

［咸丰］《顺德县志》卷十一《举人二·国朝·乾隆》：桂洲人，都察院经历衔，癸酉科。

李士魁 清顺德桂洲人。乾隆十八年（1753）副贡。

［咸丰］《顺德县志》卷十一《副贡·国朝·乾隆》：桂洲人，癸酉。

李日望 清顺德逄简人。乾隆十八年（1753）举人。

［乾隆］《广州府志》卷三十一《选举三·顺德县·清》：乾隆癸酉举人。

［咸丰］《顺德县志》卷十一《举人二·国朝·乾隆》：逄简人，鹤山籍，癸酉科。

李松筠 清南海佛山镇人。乾隆十八年（1753）副贡。

［乾隆］《佛山忠义乡志》卷四《选举志·岁贡·清》：科贡。

［乾隆］《番禺县志》卷十三《选举下·贡生·国朝副榜·乾隆》：癸酉。

李咸临 清三水天湖人。乾隆十八年（1753）拔贡，二十一年副贡第一名，二十四年举人。

［嘉庆］《三水县志》卷九《选举·拔贡·清》：天湖人，（乾隆）十八年拔贡。《选举·副榜贡·清》：（乾隆）丙子科第一名。《选举·举人·国朝·乾隆二十四年己卯卢圣存榜》：天湖人，中式二十四名。

李欘 清南海人。乾隆十八年（1753）举人。

［乾隆］《广州府志》卷二十九《选举一·南海县·清》：乾隆癸酉举人。

［道光］《广东通志》卷八十《选举表十八·举人三·国朝·乾隆十八年癸酉·广州府》：南海人，监生。

［道光］《南海县志》卷二十四《古迹略二·坊表》：荐贤书坊，在暮冈乡，为乾隆癸酉科举人李欘立。

何琼诏 清顺德上地人。乾隆十八年（1753）武举，十七年武进士，任侍卫、福建提标参将。

［咸丰］《顺德县志》卷十一《武举·国朝·乾隆》：上地人……癸酉。《武进士·国朝·乾隆》：侍卫、福建提标参将。壬申恩科。

何谦泰 字循陔，清顺德羊额人。乾隆十八年（1753）举人，次年乙榜，二十二年进士，次年任海南乐会教谕，三十年广东潮州教授。父遒上，孙惠群。

［乾隆］《广州府志》卷三十一《选举三·顺德县·清》：乾隆丙子举人。

［道光］《广东通志》卷八十《选举表十八·举人三·国朝·乾隆十八年癸酉·广州府》：顺德人，进士。卷七十七《选举表十五·进士·国朝·乾隆

二十二年丁丑蔡以台榜·广州府》：顺德人。卷五十五《职官表四十六·国朝十三·乐会县·教谕训导·乾隆朝》：顺德人，进士。二十三年任……教谕。卷五十《职官表四十一·国朝八·潮州府·教授训导·乾隆朝》：顺德人，三十年任……教授。

［咸丰］《顺德县志》卷十二《封赠（文阶）·国朝》：何遒上，廪生，以子谦泰赠潮州府……教授。卷十一《举人二·国朝·乾隆》：字循陔，羊额人。见进士，惠群祖……癸酉科。卷十《进士·国朝·乾隆》：二甲，潮州府教授，有传，丁丑科。卷二十七《列传七·国朝三·何太青传》：惠群……太青族侄……祖谦泰，字循堂，少嗜读。娶日亲迎，女恶其贫不出阁。邻女梁氏入劝为所辱，诉于父。父见谦泰器焉，遽以己女代之，劝学甚笃。乾隆癸酉乡举，连捷明通进士。选教乐会，以母老、会试迟，至岁终乃行。丁丑旋得第，教授潮州，爱士如子弟。

邵流光　清南海人。乾隆十八年（1753）举人。

［乾隆］《广州府志》卷二十九《选举一·南海县·清》：乾隆癸酉举人。

陈云（清乾隆）　清顺德容奇人。乾隆十八年（1753）武举。

［咸丰］《顺德县志》卷十一《武举·国朝·乾隆》：容奇人……癸酉。

陈经　清南海人。乾隆十八年（1753）举人。

［乾隆］《广州府志》卷二十九《选举一·南海县·清》：乾隆癸酉举人。

罗升隆　清顺德大良人。乾隆十八年（1753）举人。

［乾隆］《广州府志》卷三十一《选举三·顺德县·清》：乾隆癸酉举人。

［咸丰］《顺德县志》卷十一《举人二·国朝·乾隆》：大良人……癸酉科。

胡廷基　清顺德桂洲人。乾隆十八年（1753）武举。祖景泰。

［乾隆］《广州府志》卷四十一《人物十·义行·顺德·清·胡景泰传》：字冲孩……孙大经，丙辰进士。廷基，癸酉举人。

［咸丰］《顺德县志》卷十一《武举·国朝·乾隆》：桂洲人，癸酉。

郭异 清三水莘村人。乾隆十八年（1753）岁贡。

［嘉庆］《三水县志》卷九《选举·岁贡·清》：莘村人，（乾隆）十八年贡。

郭治 字元峰，清南海大同朝山乡人。附贡，精医术，乾隆十八年（1753）著成《脉如》一卷。

［道光］《广东通志》卷三百二十六《列传五十九·方技·国朝》：字元峰。南海附贡生，精于医术。清远县男子患水肿，曰："非药水蒸之不可。"令以绵被裹肩及踵置巨镬中，窍其盖而见首，炽薪焉。汗透重绵，掖之下，肿顿消。有友人伪为病者试之，餐而待于门，望其至则疾趋入，触而踣①。或促之床延视之，惊曰："五中既乱，疾不可为矣！"皆笑。翌日竟死。同时有崔七者，治病亦多奇效，闻其名不信，匿童男女于帏，更迭其手而使诊之，既不予方，问其故，曰："阴阳已乱，尚可治耶？"崔服其明，遂定交去。著有《脉如》《伤寒论》《药性别》《医约》各一卷，惟《脉如》《伤寒论》见存云。

梁惟林 清南海人。乾隆十八年（1753）副贡。

［道光］《南海县志》卷二十一《选举表二·国朝·贡生荐辟·乾隆朝》：副贡……癸酉。

梅士仁 字仁山，号静涵，清顺德龙山人。乾隆十八年（1753）谒选，任甘肃凉州、云南中甸同知。寿86岁。乾隆十五年（1750），其子遵遗命，捐田一百亩给县城义学。祖挺佖，父本深。

［乾隆］《顺德县志》卷十《选举志·贡生·清朝·乾隆例贡》：龙山人，凉州府同知。《选举志·封赠·同知·清朝》：梅挺佖，以孙士仁贵赠。梅本深，以子士仁贵赠。

［嘉庆］《龙山乡志》卷八《人物志·德业》：字仁山，号静涵，本深子也。质性和粹，风度端凝，自其少时已持重若老成。弱冠随亲宦游，备闻抚字之宜、莅临之要，而又仁心为质，有学道爱人之意。其父器之，命之仕，乾隆十八年入都谒选，得授甘肃凉州府同知。凉州古武威郡，政务殷繁，所

---

①踣（bó）：向前仆倒，倒毙。

司粮驿、茶税、旗饷及番人之贡马者事冗且剧。士仁莅任后，邮马番无扰，茶无滞，粮无溢额，税无厉储，粟以备，赡给以时，贡马来者恐后，百姓欢呼载道。士仁念民俗鲜盖藏为谋生计，捐俸廪二千石创建社仓于平番之南鄙，边民利赖，巡抚上其事得优叙焉。寻署凉州府知府，兼摄柳林湖通判，未几奉委护准噶尔赴藏熬茶。监督官军口粮，飞挽万里，衔枚越险，士仁悉心经理，纤悉不遗。差竣丁外艰归，服阕拣发滇省委解京铜，旋补授丽江府中甸同知，历任数州郡并能于其职。后以事罢归，遂不复出，时从亲友游，东阡西陌，徒步往还，见者不知其曾为良二千石也。生平孝友，慷慨仗义，尝与其弟兄捐田百亩入邑城义学，为诸生膏火之费，恭承父志云，至今士林赖之。寿至八十六卒。

黄应魁　字正善，号勉堂，清顺德龙江人。乾隆十八年(1753)拔贡，二十年任广东永安县，次年任德庆州训导，卒于官。

[乾隆]《肇庆府志》卷九《秩官志下·德庆州·国朝·训导》：顺德拔贡，(乾隆)二十一年任。

[道光]《广东通志》卷四十九《职官表四十·国朝·永安县·教谕训导·乾隆朝》：顺德人，拔贡。二十年任……训导。

[咸丰]《顺德县志》卷二十六《列传六·国朝二》：字正善，号勉堂，龙江人……癸酉拔贡，补永安训导。荐授通城令，未之官丁艰，起历咸宁、江夏、黄陂及汉阳同知。擢牧寻甸，留审武昌大狱，得积年巨盗，巡抚以闻，升守曲靖，三年调东川，卒官。江夏滨江为盗薮，窝者每以子弟充县役莫敢发。应魁出重金募健卒沿江逻缉，枭十数人悬首江干，置窝主重典，盗风尽息。曲靖汉夷杂处，不逞窃发，慑以兵反致生事。应魁但亲率数骑往，执其渠而散其众，不劳营卒，民绝骚扰，颂声继作。禄入皆举周亲友，卒后余图书、敝裘而已。著有《勉堂诗文稿》五卷。

黄佐　清高明伦埇人。乾隆十八年(1753)武举，官至右江镇左营中军守备。

[乾隆]《肇庆府志》卷十九《选举志二·武科·武举·乾隆癸酉》：高明人。

[道光]《高明县志》卷十二《选举志·武举·国朝》：伦埇人，乾隆十八年癸酉武举。仕至右江镇左营中军守备，署隆林营游击事。

程玉章 清南海人。乾隆十八年（1753）拔贡，四十一年任广东和平县训导，四十九年任海南琼州府教授。父尚元。

［乾隆］《肇庆府志》卷十九《选举志二·国朝·岁贡·鹤山县》：十八年拔贡，西宁教谕，乾隆间贡。

［道光］《广东通志》卷四十九《职官表四十·国朝·和平县·教谕训导·乾隆朝》：南海人，拔贡。四十一年任……教谕。卷五十六《职官表四十七·国朝十四·西宁县·教谕训导·乾隆朝》：鹤山人，拔贡。二十三年任……教谕。卷五十五《职官表四十六·国朝十三·琼州府·教授训导·乾隆朝》：南海人，拔贡。四十九年任……教授。

［道光］《西宁县志》卷八《国朝·教谕·乾隆》：程玉章，鹤山人。拔贡，二十二年任。

［道光］《南海县志》卷二十一《选举表二·国朝·贡生荐辟·乾隆朝》：拔贡，琼州府教授……癸酉。《国朝·封荫·乾隆朝》：程尚元，武举，以子玉章貤封修职郎。

曾云程 字万里，清高明泽河人。乾隆十八年（1753）拔贡。

［乾隆］《肇庆府志》卷十九《选举志二·国朝·岁贡·高明县》：十九年拔，乾隆间贡。

［道光］《高明县志》卷十二《选举志·贡生·国朝》：泽河人，乾隆十八年拔贡。卷十三《人物志·国朝》：字万里。颖悟嗜学，弱冠补邑弟子员，屡试前茅，乾隆癸酉选拔。远近之士钦其行高学博，多受业于门。晚年娱情山水，饮酒赋诗，有《西山集》藏于家。

潘广大 清三水禄步沙头人。乾隆十八年（1753）武举。

［嘉庆］《三水县志》卷九《选举·武举·清·乾隆十八年癸酉科》：禄步沙头人。

黎应图 清南海人。乾隆十八年（1753）举人。

［乾隆］《广州府志》卷二十九《选举一·南海县·清》：乾隆癸酉举人。

霍云霆 清南海人。乾隆十八年（1753）恩贡。

［道光］《南海县志》卷二十一《选举表二·国朝·贡生荐辟·乾隆朝》：

恩贡……癸酉。

区殿遴 清高明阮埇人。乾隆十九年（1754）岁贡。

[乾隆]《肇庆府志》卷十九《选举志二·国朝·岁贡·高明县》：十九年贡，乾隆间贡。

[道光]《高明县志》卷十二《选举志·贡生·国朝》：阮埇人，乾隆十九年岁贡。

刘健 清高明人。乾隆十九年（1754）捐资建桥。

[道光]《高明县志》卷三《建置志·桥梁》：邑庙涠石桥，乾隆十九年，生员刘健捐资建。

何卓贤 一说姓周，清顺德羊额人。乾隆十九年（1754）恩贡，四十六年任广东长宁（今新丰）教谕。

[道光]《广东通志》卷四十九《职官表四十·国朝·长宁县·教谕训导·乾隆朝》：周卓贤，顺德人。恩贡，四十六年任……教谕。

[咸丰]《顺德县志》卷十一《恩贡·国朝·乾隆》：羊额人，甲戌，长宁县教谕。

余淮 清南海九江人。乾隆十九年（1754）岁贡。

《九江儒林乡志》卷十《选举略·国朝·贡生·乾隆十九年甲戌》：顺德学，岁贡。

陈光祖 字松甫，号介堂，清顺德龙山人。任河北广平同知，乾隆十九年（1754）调正定，积劳卒。父鳌溪。

[乾隆]《顺德县志》卷十《选举志·贡生·清朝·雍正例贡》：南海籍龙山人。广平府同知，调正定。《选举志·封赠·同知·清朝》：陈鳌溪，以子光祖贵赠。卷十二《人物列传·宦绩》：字松甫，号介堂，龙山人。少读书，膺岁荐，选指挥，改同知。出任广平，单车就道，妻子不以自随。郡盐埠、当铺及城外莲花池旧有岁规①几二千两，详贮永平县库为修学及诸生膏

---

①岁规：清代官吏每年向下属索取的现金。

火、月课奖给之资。奉委解陕西军需，买江南物件、修战船、查驿站、勘八旗田亩，俱措置得宜。摄知府事，廉慎如分府时，文移批答，手自裁定，岁试所拔，皆郡英隽。乾隆庚申调正定，时督造天津战船，积劳成疾卒。光祖兄弟子侄二十余人不拆产，有所余以恤乏解急云。

［咸丰］《顺德县志》卷十一《岁贡·国朝》：岁贡贡期无考。龙山人，广平同知……乾隆间，年无考。

梁泰 清顺德桂洲人。乾隆十九年（1754）岁贡。

［咸丰］《顺德县志》卷十一《岁贡·国朝·乾隆》：桂洲人，甲戌。

黄启徵 清顺德龙山人。廪贡，乾隆十九年（1754）任广东归善训导。

［乾隆］《肇庆府志》卷十九《选举志二·国朝·岁贡·鹤山县》：归善训导，乾隆间贡。

［嘉庆］《龙山乡志》卷七《选举志·贡生·国朝·乾隆庠贡》：鹤山籍，归善训导。

［道光］《广东通志》卷四十九《职官表四十·国朝·归善县·教谕训导·乾隆朝》：顺德人，廪贡。十九年任……训导。

温贤超 字登于，号羲窗，清顺德龙山人。寿78岁。子汝适。

［嘉庆］《龙山乡志》卷七《选举志·封赠·国朝·文职》：温贤超，以子汝适贵封翰林院编修。卷八《人物志·行谊》：字登于，号羲窗，侍读筼坡父也。谨身慎行，天性纯笃，少好学，攻举子业。随父适齐，宦都门因入太学，应顺天乡试不售，未几归里。屡赴省闱又不售，年已五旬，遂作归隐计，于鳌溪之西辟池塘数十亩，回栏曲榭，亭阁参差，绿柳百株环植其外，颜曰“柳塘”，中藏万卷书，岁延名师训诸子。日以诵读为事，然犹手不释卷，时集诸社友课艺，所为诗文，兴至一挥而就，至老弗衰。暇则偕二三朋好游眺，竟日相与把杯为乐。生平事亲以孝，处家以和，无疾言遽色，口不谈人过，人有善则必称之。尤乐施与，义之所在，力可以为必勉赴之。邑学宫日久倾塌，众议修建，计工费浩繁，多畏避者。独慨然任事，首捐输以为众倡，始终规画不遗余力。告成日，阖邑士大夫制锦登堂，捧觞为寿，以酬其德，乡里荣之。性尤笃于宗族，岁捐米数百石以赡族之孤寡穷婺，俾无失所……族人赖以活者甚众……生子九人，孙曾蕃衍，科甲簪缨一时称盛，寿至七十

八卒。

［民国］《顺德县志》卷二十四《杂志》：温贺坡少司马，庶出也。其生母任氏性慈祥，尝往乡之金紫峰观音殿烧香，甫下舆，贯髻之金簪被人抢去。众追之，将施挞楚，任氏疾呼曰："此骨簪耳，无庸追也。"众乃止。后常戴骨簪，故人称之为"骨簪二太"。

游宗茂　清顺德大良人。乾隆十九年（1754）岁贡。

［咸丰］《顺德县志》卷十一《岁贡·国朝·乾隆》：大良人，甲戌。

杨栋　清高明禾仓人。乾隆二十年（1755）例贡。

［道光］《高明县志》卷十二《选举志·例贡·国朝》：禾仓人，乾隆二十年例贡。

陆瞻宸　清三水清塘人。乾隆二十年（1755）岁贡。

［嘉庆］《三水县志》卷九《选举·岁贡·清》：清塘人，（乾隆）二十年贡。

陈士越　字廷俊，清顺德桂洲人。孝友乐施，受到乾隆二十年（1755）任顺德知县的高坤旌表。同乡潘天骥、吴经邦。

［咸丰］《顺德县志》卷二十七《列传七·国朝三·潘天骥传》：桂洲人……同乡陈士越，字廷俊，监生。孝友乐施，好学不倦。少失怙，事母岑尽孝，兄弟终身同居。大父嗜甘竹滩嘉鱼，士越必身致之。家非素裕，大父尝田二亩半，后广置十倍，且积资建祠，修各祠墓。岁饥减食助济，令高坤旌以"为善必昌"额。同乡吴经邦，亦以赈饥见称于里。卷九《职官一·知县·国朝乾隆》：高坤，顺天昌平人，二十年任，举人。

陈新伸　清高明寮头人。乾隆二十年（1755）例贡。

［道光］《高明县志》卷十二《选举志·例贡·国朝》：寮头人，乾隆二十年例贡。

莫祖眷　清高明村头人。乾隆二十年（1755）例贡。

［道光］《高明县志》卷十二《选举志·例贡·国朝》：村头人，乾隆二十年例贡。

程朝举 清高明城中人。乾隆二十年（1755）例贡。

［道光］《高明县志》卷十二《选举志·例贡·国朝》：城中人，乾隆二十年例贡。

黎之远 清高明布社人。乾隆二十年（1755）例贡。

［道光］《高明县志》卷十二《选举志·例贡·国朝》：布社人，乾隆二十年例贡。

马遇良 清顺德大良人。乾隆二十一年（1756）岁贡。

［咸丰］《顺德县志》卷十一《岁贡·国朝·乾隆》：大良人，丙子。

邓士聪 清三水中灶人。乾隆二十一年（1756）举人。

［乾隆］《广州府志》卷三十一《选举三·三水县·清》：乾隆丙子举人。

［嘉庆］《三水县志》卷九《选举·举人·国朝·乾隆二十一年丙子梁尚秉榜》：中灶人。

邓逢秋 清三水清塘人，一作顺德罗水人。乾隆二十一年（1756）举人，三十三年任海南会同训导、四十年任万州学正。

［乾隆］《广州府志》卷三十一《选举三·三水县·清》：乾隆丙子举人。

［嘉庆］《三水县志》卷九《选举·举人·国朝·乾隆二十一年丙子梁尚秉榜》：清塘人，迁新生，历任会同教谕、万州学正。

［道光］《广东通志》卷五十五《职官表四十六·国朝十三·会同县·教谕训导·乾隆朝》：三水人，举人。三十三年任，训导。《国朝·琼州府·万州学正训导·乾隆朝》：三水人，举人。四十年任……训导。

［咸丰］《顺德县志》卷十一《举人二·国朝·乾隆》：罗水人，三水籍，学正。按阮《志》据榜，今从《采册》。丙子科。

邓海 清顺德龙山人。乾隆二十一年（1756）举人。

［乾隆］《广州府志》卷二十九《选举一·南海县·清》：乾隆丙子举人。

［嘉庆］《龙山乡志》卷七《选举志·举人·国朝·乾隆丙子》：邓海。

左士登 清顺德龙山人。乾隆二十一年（1756）岁贡。

[咸丰]《顺德县志》卷十一《岁贡·国朝·乾隆》：龙山人，丙子。

刘骐　清三水横村人。乾隆二十一年（1756）举人第二名，任安徽宁国县知县。

[乾隆]《广州府志》卷三十一《选举三·三水县·清》：乾隆丙子举人。

[嘉庆]《三水县志》卷九《选举·举人·国朝·乾隆二十一年丙子梁尚秉榜》：横村人，中式第二名，任安徽宁国县知县。

伦显圣　字睿作，号宪亭，清南海佛山镇人。乾隆二十一年（1756）举人，次年进士。任四川南川知县，适逢第二次金川用兵，积劳成疾而卒。父瑞云。

[乾隆]《广州府志》卷二十九《选举一·南海县·清》：乾隆丙子举人。

[道光]《广东通志》卷七十七《选举表十五·进士·国朝·乾隆二十二年丁丑蔡以台榜·广州府》：南海人。

[道光]《佛山忠义乡志》卷九《文苑·清》：字睿作，号宪亭。读书日诵千言，父瑞云督课甚严，童年以背经补弟子员。弱冠为文，汪洋灏瀚。食廪饩时，冯太史成修主粤秀讲席，与莞邑谢庶常敦源、本邑国子监学正劳潼均器重之。……成进士，归而养亲，乡人荣之。旋丁艰，服阕选蜀南川令。适当金川用兵，征役繁，不堪奔命。上官廉知，适乡试，调充内帘①考官，而心疾剧甚，场后卒。遗文散佚。

李应鹏　清三水天湖人。乾隆二十一年（1756）岁贡。

[嘉庆]《三水县志》卷九《选举·岁贡·清》：天湖人，（乾隆）二十一年贡。

李诚孚　清三水洲边人。乾隆二十一年（1756）武举。

[嘉庆]《三水县志》卷九《选举·武举·国朝·乾隆二十一年丙子科》：洲边人，嘉庆丙子科重逢鹰扬宴，奉谕旨赐武德佐骑尉职衔。

---

①内帘：乡试和会试时，为防舞弊，试官在帘内阅卷，阅毕才允许撤帘回家，故称试官为“内帘”。

李青桐　清南海人。乾隆二十一年（1756）举人，三十八年任广东新兴训导、五十二年任高州教授。

［乾隆］《广州府志》卷二十九《选举一·南海县·清》：乾隆丙子举人。

［道光］《广东通志》卷五十一《职官表四十二·国朝九·新兴县·教谕训导·乾隆朝》：南海人。举人，三十八年任……训导。卷五十二《职官表四十三·国朝十·高州府·教授训导·乾隆朝》：南海人。举人，五十二年任，教授。

李潮三　一说名朝三，字大章，号匀海，清南海人。乾隆二十一年（1756）举人，三十三年任广东电白县训导，官至湖南醴陵县知县。

［乾隆］《广州府志》卷二十九《选举一·南海县·清》：乾隆丙子举人。

［道光］《广东通志》卷五十二《职官表四十三·国朝十·电白县·教谕训导·乾隆朝》：南海人。举人，三十三年任……训导。卷一百九十八《艺文略十·集部四》：《一柏堂诗集》十四卷，国朝李朝三撰，存。谨案：潮三，字大章，号匀海，南海人。乾隆丙子举人，官湖南醴陵县知县。

［同治］《南海县志》卷九《举人·清》：城步知县，乾隆朝。

杨法先　清高明城中人。乾隆二十一年（1756）例贡。

［道光］《高明县志》卷十二《选举志·例贡·国朝》：城中人，乾隆二十一年例贡。卷十六《艺文志·记序》：《重修高明县城隍庙碑记》……命绅士谢艺圃、杨法先、谭若泰、何允彪、程飞熊等，鸠工庀材，共襄厥事……凡七阅月而告峻……乾隆四十三年戊戌孟夏，知县于煌撰。

杨琼先　字爵嵘，清高明城中人。乾隆二十一年（1756）岁贡，不满50岁卒。

［乾隆］《肇庆府志》卷十九《选举志二·国朝·岁贡·高明县》：二十一年贡，乾隆间贡。

［道光］《高明县志》卷十二《选举志·贡生·国朝》：城中人，乾隆二十一年岁贡。卷十三《人物志·国朝》：字爵嵘。聪明宁静，好读书，弱冠补弟子员。肄业端溪，为山长刘斗田所器。乡试屡荐俱落孙山，应乾隆丙子岁荐。未五旬而卒，人皆太息。

张大鲲　清南海人。乾隆二十一年（1756）举人，次年进士。祖卜赓，父德孚。

［乾隆］《广州府志》卷二十九《选举一·南海县·清》：乾隆丙子举人。

［道光］《广东通志》卷七十七《选举表十五·进士·国朝·乾隆二十二年丁丑蔡以台榜·广州府》：南海人。

［道光］《南海县志》卷二十一《选举表二·国朝·封荫·乾隆朝》：张卜赓，以孙大鲲貤赠文林郎、潞城知县。张德孚，以子大鲲赠文林郎、潞城知县。

陈奋　字丹书，一字灏川，号荷斋，清南海九江人。雍正四年（1726）参加广西乡试未中，九年回籍进南海学。乾隆二十一年（1756）岁贡，二十三年任海南琼州、二十六年任万州训导，三十五年迁贵州大定府经历。父承烈。

［道光］《广东通志》卷五十五《职官表四十六·国朝十三·琼州府·教授训导·乾隆朝》：南海人。廪贡，二十三年任……训导。《万州·学正训导·乾隆朝》：南海人。廪贡，二十六年任……训导。

［同治］《南海县志》卷九《拾遗订误·贡生》：丙子岁贡，贵州大定府经历，父承烈赠修职郎，乾隆朝。

《九江儒林乡志》卷十《选举略·国朝·贡生·乾隆二十一年丙子》：字丹书，号荷斋。县学，岁贡。初官琼州训导，迁万州学正。改肇庆训导，兼署教授事。荐擢四会长宁教谕、贵州大定府经历。《选举略·国朝·封荫》：陈承烈，以子奋貤赠修职佐郎、琼州府训导。卷十四《列传·国朝》：字丹书，一字灏川，号荷斋，东方兴仁里人。游孝廉陈进成门，励志读书，不设枕席，或竟夜不寐，倦则出门走旷野里许，回寓诵读如故，文思从此日进。应广西西林县试，以第一补弟子员，丙午秋闱荐而不售。丁未、戊申岁科两试，卫宗师昌绩①俱拔第一，遂以名噪遭忌，乙酉不得进场。辛亥回籍应考，又得进南海学第一，旋充廪膳生。教授里门，受业者多掇科名，而奋自试棘闱则连荐不中。以乾隆丙子岁贡赴铨，授琼州府训导，报最题调万州边缺。俸满，仍前后委署肇庆府教授、训导，四会训导、长宁教谕。奋历任广文，皆兼掌教门，弟子如吴玙、黄永祺等皆捷南宫，有声于时。庚寅迁贵州大定

①卫昌绩，字子久，清山西省阳城县人。康熙四十五年（1706）进士，四十八年任翰林院编修，雍正四年（1726）任江南道监察御史、广西学政。

府经历，值金川蠢动，兵差络绎于途，并无贻误。解任回籍，卒于家。

陈昌言　清顺德龙山人。乾隆二十一年（1756）举人。

［乾隆］《广州府志》卷三十一《选举三·顺德县·清》：乾隆丙子举人。

［嘉庆］《龙山乡志》卷七《选举志·举人·国朝·乾隆丙子》：陈昌言。

［民国］《顺德县志》卷十四《艺文略·经部·四书类》：《四书辑解》四卷，国朝陈昌言撰。

陈鹤翔　字矗善，清南海盐步人。乾隆二十一年（1756）举人，三十三年任广东饶平、五十一年阳江训导，迁河北广平、三河知县归。寿84岁。祖景顺，父素存。

［乾隆］《广州府志》卷二十九《选举一·南海县·清》：乾隆丙子举人。

［道光］《广东通志》卷八十《选举表十八·举人三·国朝·乾隆二十一年丙子·广州府》：南海人，三河知县。卷五十《职官表四十一·国朝八·饶平县·教谕训导·乾隆朝》：南海人。三十三年任……训导。卷五十五《职官表四十六·国朝十三·万州·学正训导·乾隆朝》：南海人。举人，四十一年任……学正。

［道光］《肇庆府志》卷十三《职官三·清·阳江县·训导·乾隆朝》：南海人。举人，五十一年署任。

［道光］《南海县志》卷三十九《列传八·国朝》：字矗善，盐步堡人。由乾隆丙子乡荐历仕饶平、万州、潮州、南雄、宝昌、阳江校官，所至尊经迪士。迁县令，补直隶广平，调三河，署蓟州。其宰广平之明年漳河决，奉旨拨东米赈灾。鹤翔亲检丁户，悉祛夙弊，无一粒不及于民。又明年躬率夫役于决口筑长堤十余里，以工代赈，凡捐俸二千余金。口三合三决，鹤翔哭祷于河曰："再不合，县令有赴河死耳！"言未已，堤旁观者数十人踊跃助之，口遂合而堤成。植柳数千株其上，民呼堤曰陈公堤、柳曰陈公柳，春秋祠事之。鹤翔性怜才能，慨然以千金赠士。迨以意外事落职，寄居京邸，贫不自给。潮士人有计偕者素闻父兄道鹤翔贤，径往慰唁，持之泣，佽以舟车费乃得南归云。卒年八十四。卷二十一《选举表二·国朝·封荫·乾隆朝》：陈景顺，以孙鹤翔貤赠文林郎、广平知县。陈素存，以子鹤翔赠文林郎、广平知县。

欧功焕　字汉甫，号剑村，清顺德陈村人。乾隆二十一年（1756）举人，三十三年任广东澄海训导，五十年任南雄府教授。

［乾隆］《广州府志》卷三十一《选举三·顺德县·清》：乾隆丙子举人。

［道光］《广东通志》卷五十《职官表四十一·国朝八·澄海县·教谕训导·乾隆朝》：顺德人。三十三年任……训导。卷四十八《职官表三十九·国朝六·南雄府·教授训导·乾隆朝》：广州顺德人。举人，五十年任……教授。卷一百九十八《艺文略十·集部四》：《意圃诗古文稿》二卷，国朝欧功焕撰，存。谨案：功焕，字汉甫，乾隆丙子举人。

［咸丰］《顺德县志》卷十一《举人二·国朝·乾隆》：大来祖……丙子科。卷二十五《列传五·国朝一·欧瑶传》：陈村人……功焕，号剑村，幼即好奇品古，嗜好与瑶同，不甚喜习帖括。长遂淹博，能为古文词，洞悉诗学源流……选澄海学官，与诸生讨论，亹亹忘倦。俸满迁南雄教授，课士如澄，贽币无所较……《诗格》《意园诗文集》《陆装集》。

罗天恒　清高明际村人。乾隆二十一年（1756）例贡。

［道光］《高明县志》卷十二《选举志·例贡·国朝》：际村人，乾隆二十一年例贡。

罗元昌　清顺德大良人。乾隆二十一年（1756）武举。

［咸丰］《顺德县志》卷十一《武举·国朝·乾隆》：大良人，江淮卫千总……丙子。

胡亢鼎　清顺德桂洲人。乾隆二十一年（1756）武举。

［咸丰］《顺德县志》卷十一《武举·国朝·乾隆》：桂洲人，鹤山籍……丙子。

胡宗发　清顺德桂洲人。乾隆二十一年（1756）武举。

［咸丰］《顺德县志》卷十一《武举·国朝·乾隆》：桂洲人，丙子。

梁兆熊　清顺德逢简人。乾隆二十一年（1756）武举。

［咸丰］《顺德县志》卷十一《武举·国朝·乾隆》：逢简人……丙子。

梁尚秉　字介峰、文言，清顺德桂林人。乾隆二十一年（1756）举人第一名，次年进士，任湖南石门、浏阳、永顺知县。祖晋修。

［乾隆］《广州府志》卷三十一《选举三·顺德县·清》：解元，乾隆丙子举人。

［道光］《广东通志》卷七十七《选举表十五·进士·国朝·乾隆二十二年丁丑蔡以台榜·广州府》：顺德人。

［咸丰］《顺德县志》卷十一《举人二·国朝·乾隆》：字介峰，桂林人。第一名，丙子科。卷十二《封赠（文阶）·国朝》：梁晋修，林头人，以孙尚秉封石门县……知县。卷二十六《列传六·国朝二》：字文言，林头人。乾隆丙子贤书第一，联捷进士。令石门，采办仓谷二千石，禁绝抑勒。会大兵征缅甸，派台站解滇马，措理无误。调浏阳，历永顺，清积牍，惩健讼风。浏有流犯耿某狡险，结吏胥重利盘剥，讦者皆无如何，尚秉严鞠之论如律。永顺为南楚边苗地，峒乡苗为民患，驱近村牛马入山峪中窖藏勒赎。尚秉出健役，径抵其巢，缚三十余人，差其罪轻重置诸法，苗匪自是敛迹。后以浏阳命案挂误归，杜门读书以终。

梁球　字天球，清南海九江人。乾隆二十一年（1756）举人。

［乾隆］《广州府志》卷二十九《选举一·南海县·清》：乾隆丙子举人。

《九江儒林乡志》卷十《选举略·国朝·举人·乾隆二十一年丙子科》：字天球，县学，中式第五十八名。卷十四《列传·清》：字天球，西方昙涌人。清苦力学，穷且益坚。未遇时抑塞坎坷，罕有其匹，嬉笑者引为谈柄，乡中妇孺每有矢誓则曰“予所否者衰比梁球”云。然球卒不以此变其志，或出门则目无他视，惟俯首默诵制艺，计一往返其多者或至百数十篇。乾隆丙子元旦，自见中天榜五十八名，秋闱揭晓果验。有志竟成，球殆其人欤？

梁植　字炎亭，又字符允，清顺德逢简人。乾隆二十一年（1756）举人，任山西石楼知县十三年，升湖北鹤峰知州二年，代理黄州通判。女婿黄玉霞，外孙允恂、乐之。

［乾隆］《广州府志》卷三十一《选举三·顺德县·清》：乾隆丙子举人。

［道光］《广东通志》卷三百〇八《列传四十一·列女三·广州府三·顺德县·国朝》：廪生黄玉霞妻梁氏，峰州知州梁植女，南雄训导黄臣鸣子妇也。少读书明大义，敬事翁姑。年二十九玉霞卒，梁抚三子二女，鞠育备至。子允恂，举人。次乐之，拔贡。母能兼师，里中啧啧称贤焉。嘉庆二十年旌。

［咸丰］《顺德县志》卷十一《举人二·国朝·乾隆》：字炎亭，逢简人。

知鹤峰州……丙子科。卷二十六《列传六·国朝二》：字符允……领乾隆丙子领乡荐，官石楼令。两饥皆举赈，多全活。五校省闱，操守严介，政务宽平。尝谓为官但于人有济，得钱反为子孙累。令楼十三年不谋移，擢升鹤峰州两载，摄判黄州，值岁祲，监赈麻城、蕲水，杜绝胥吏侵渔，民沾实惠。旋署汉川，告养归，鬻衣资舟车费。

黄大士 字右文，清三水黄山人。乾隆二十一年（1756）举人。

[乾隆]《广州府志》卷三十一《选举三·三水县·清》：乾隆丙子举人。

[嘉庆]《三水县志》卷十一《人物传·儒行》：字右文，黄山人。少鲁钝，秉父训溺苦于学，登乾隆丙子贤书。父材英以学术佐诸侯治，当道争延致之。大士既获隽，会新建裘尹来宰斯邑，其尊人曾仕于粤而材英主之者也，与大士聚纪群交，延主凤冈讲席，深相器重。大士拥皋比勤讲授，非公不至，虽至戚密友不敢干以私，尹益敬礼之。性恬淡不乐仕进，通邑重其品，公举乡饮大宾。安贫乐道，以寿终。

黄奇扬 清顺德陈村人。乾隆二十一年（1756）举人。

[乾隆]《广州府志》卷三十一《选举三·顺德县·清》：乾隆丙子举人。

[咸丰]《顺德县志》卷十一《举人二·国朝·乾隆》：陈村人……丙子科。

程达 字侯拔，清高明濠基人。乾隆二十一年（1756）举人，五次会试落选，两次大挑不参与。父林士，被十九年任高明知县的杨士巩举为乡宾。

[乾隆]《肇庆府志》卷十九《选举志二·国朝·举人·乾隆丙子》：高明人。

[道光]《高明县志》卷五《秩官志·国朝·知县》：杨士巩，江南娄县进士，乾隆十九年任，后升肇庆府知府。江巩，广西陆川进士，乾隆二十年任。卷十二《选举志·举人·国朝》：濠基人，乾隆二十一年丙子举人。卷十三《人物志·国朝》：程林士，字国球。早失怙，善承母志，四十年无怠容。听兄魁士约束，事必禀命，宗党称其孝弟焉。为人厚重少文，存心诚悫，邑人咸钦雅度闻之。邑侯杨士巩举为乡宾，惬众望也。长子达登贤书，其余子孙多列黉序，亦积德昌后之一验也。程达，字侯拔。少迟钝，然笃志务学，积数年攻苦，聪颖顿开，遂通经史百家。善为文，日数首操笔立就。及冠游

郡泮，旋食饩，益锐志举业，口不绝吟。邑侯郑其仁闻而过访，叩其所得惊异，因敬礼之，取所为文数百反复披览，辄以手加额曰：“此秋闱写领种子也！”登丙子科贤书，五试礼部不售，两逢大挑不与，竟赍志以没。素性和易，与物无忤，尤爱寒士，有贫窭者，从游必解薄囊以赠，出其门者多显达焉。

谭衍麟　清高明王桐人。乾隆二十一年（1756）例贡。

［道光］《高明县志》卷十二《选举志·例贡·国朝》：王桐人，乾隆二十一年例贡。

潘秋尝　清顺德冲鹤人。乾隆二十一年（1756）举人。

［乾隆］《广州府志》卷三十一《选举三·顺德县·清》：乾隆丙子举人。

［咸丰］《顺德县志》卷十一《举人二·国朝·乾隆》：冲鹤人……丙子科。

霍泰来　清南海人。乾隆二十一年（1756）岁贡。

［道光］《南海县志》卷二十一《选举表二·国朝·贡生荐辟·乾隆朝》：丙子岁贡。

吴士洙　清高明铁冈人。乾隆二十二年（1757）例贡。

［道光］《高明县志》卷十二《选举志·例贡·国朝》：铁冈人，乾隆二十二年例贡。原捐县丞，后升贵州镇远经历。

［光绪］《高明县志》卷十二《选举表·仕宦·国朝·文职》：铁冈人，乾隆二十三年例贡，贵州镇远经历。

黄泽　清顺德吉祐人。乾隆二十二年（1757）、二十三年赈饥。

［咸丰］《顺德县志》卷二十七《列传七·国朝三》：吉祐人……尝抚其戚尤、梁两孤成立。乾隆丁丑、戊寅洊饥，力捐倡济其乡人，举乡宾。

刘倬　字汉超，号诒斋，清南海佛山镇人。乾隆二十三年（1758）、四十三年赈饥。子东阳，六十年亦捐赈。

［道光］《佛山忠义乡志》卷九《义行·清》：字汉超，号诒斋。乐义好

施。乾隆戊寅、戊戌岁饥皆竭力倡捐买米，与各绅士赈济公厂，有漏给者，倬夜率僮仆持米分给。又修闸栅以弭盗，乡人德焉。子东阳能继其志，乙卯捐资倡赈，修往石湾大路，有父风。

［民国］《佛山忠义乡志》卷十六《金石志二·乡土碑记》：敬字亭碑记……麦晅敬书，乾隆五十五年仲秋谷旦，值事劳潼、吴廷招、区宏绪、刘东阳、李宪邦等同立。

杜祖昌 字孙谋，清高明矮冈人。乾隆四十五年（1780）以子澍京赠修职佐郎。父作楫，子澍京。

［道光］《高明县志》卷十二《选举志·封典·国朝》：矮冈人，乾隆四十五年以子澍京赠修职佐郎。卷十三《人物志·国朝》：字孙谋。幼而聪悟，父作楫任广西军储仓大使，寄籍挪阳，进思明郡庠。后父母终世，亲带骨骸归葬，创建祠宇，厚积蒸尝。教训六子而五子成名，长附生，次副榜，三、四增生。以五子澍京岁贡任新宁学训导，乃敕赠新宁县儒学训导。一门五代，孙曾济济，食饩游庠，接踵而起，人咸以为阴德所致。享寿九十有一。

杜澍京 一说名树京，清高明矮冈人。乾隆二十三年（1758）岁贡，四十三年任广东新宁（今台山）训导。父祖昌，子扶公。

［乾隆］《肇庆府志》卷十九《选举志二·国朝·岁贡·高明县》：二十三年贡，乾隆间贡。

［道光］《广东通志》卷四十六《职官表三十七·国朝四·新宁县·教谕训导·乾隆朝》：杜树京，高明人，四十三年任……训导。

［道光］《高明县志》卷十二《选举志·贡生·国朝》：矮冈人，乾隆二十三年岁贡，任新宁训导。《选举志·封典·国朝》：杜祖昌，矮冈人，乾隆四十五年以子澍京赠修职佐郎。

杨法彭 清高明城中人。乾隆二十三年（1758）例贡。

［道光］《高明县志》卷十二《选举志·例贡·国朝》：城中人，乾隆二十三年例贡。

陈昱 字仕选，号日亭，清嘉应州人。子继英，经商佛山，迁居，乾隆二十三年（1758）、四十二年捐资赈饥。

［道光］《佛山忠义乡志》卷九《义行・清》：字仕选，号日亭。由闽徙粤嘉应州。子继英，贾于佛山，遂家焉。昱少嗜学，以独子代父贸迁，信直为远近商人所倚托。家渐裕，尤好义乐施，乾隆戊寅、丁酉岁饥，捐金数百以倡赈。

黄堂　清顺德甘竹人。乾隆二十三年（1758）岁贡。

［咸丰］《顺德县志》卷十一《岁贡・国朝・乾隆》：甘竹人，戊寅。

曾熙　清顺德陈村人。岁贡，乾隆二十三年（1758）任广东曲江训导。

［乾隆］《顺德县志》卷十《选举志・贡生・清朝・乾隆岁贡》：由增城拨回，陈村人。

［道光］《广东通志》卷四十七《职官表三十八・国朝五・曲江县・教谕训导・乾隆朝》：顺德人，挨贡。二十三年任……训导。

明占三　（约1728—1819后）清三水西南人。嘉庆二十四年（1819）《三水县志》记载，他92岁仍在世。

［嘉庆］《三水县志》卷十一《人物传・耆寿》：西南人。现年九十二岁，四代同堂。知县王匾曰“硕德可风”，那制军匾曰“型方善俗”。

吴易氏　（1729—1820）清南海佛山镇人。夫恒孚，子济运，孙荣光、弥光、恩光、绶光、垂光。

［道光］《佛山忠义乡志》卷九《列女・国朝・贤母》：吴恒孚侧室易氏，性俭朴，和以处众，介以自持，待下慈而明。嫡早殁，氏佐中馈，尤勤于女红，虽老且贵，犹亲组纴，一灯荧荧，每至宵分未歉也。生平无重裘兼味之奉，然戚邻有告贷者赒之恐后，不责其偿。嘉庆二十年五世同堂，其孙荣光官刑部郎中，具呈长官，奏请蒙旌表，表其门曰“升平应瑞”，并拜绢帛银米之赐。年九十二卒。初封孺人，再封恭人，晋封淑人，再赠夫人。（冼沂撰并填讳）卷十一《艺文志・疏折》：五世同堂呈（附员外郎）吴荣光。荣光祖母易氏现年八十七岁，恭遇嘉庆四年覃恩曾经得受封典，生荣光之父济运廪贡生、候选教谕。济运生荣光兄弟五人：长荣光、次弥光，附学生。次恩光、次绶光、次垂光。荣光生子二人：长尚忠、次尚志。今于嘉庆二十年正月，尚忠生子高禧。现在五世同堂，例应呈报。

王士毅 清南海人。乾隆二十四年（1759）举人，任国子监监丞。祖庆集，父鸿彦。

［道光］《广东通志》卷八十《选举表十八·举人三·国朝·乾隆二十四年己卯·广州府》：南海人。

［道光］《南海县志》卷二十一《选举表二·国朝·举人·乾隆朝》：国子监监丞……己卯科。《国朝·封荫·乾隆朝》：王庆集，以孙士毅赠儒林郎。王鸿彦，以子士毅赠儒林郎。

区成炎 字序西，清高明阮埇人。父章耀。子郁如，乾隆五十四年（1789）拔贡。

［道光］《高明县志》卷十二《选举志·封典·国朝》：区成炎，阮埇人。邑增，嘉庆元年以子郁如封修职郎，二十四年晋赠文林郎。区章耀，阮埇人。廪生，嘉庆二十四年，以孙郁如貤赠文林郎。

［光绪］《高明县志》卷十三《列传二·人物·国朝》：字序西。性方严、有远志而和平近人。薰而善良者甚众，乡中创文阁，设文会，协力区画，赞成美举，自是人文蔚起、科甲联登，那制军彦成①锡以“型方善俗”额昭其德也。虽以诸生老而子贵孙荣，屡膺封赠，道光初年，子孙以科目同时出仕者四，三县令，一学博，迄今采芹、食饩、领乡荐者接踵而起，其诒留②远矣。

卢士超 字隽南，清顺德众涌人。乾隆二十四年（1759）优贡，次年副贡，三十年举人，四十二年任广东连州学正、五十八年任韶州府教授。祖广斯，父升庵。

［道光］《广东通志》卷八十《选举表十八·举人三·国朝·乾隆三十年乙酉·广州府》：顺德人。卷四十六《清职官表三十七·国朝四·连州·学正训导·乾隆朝》：顺德人。副贡，四十二年任……学正。卷四十七《职官表三十八·国朝五·韶州府·教授训导·乾隆朝》：顺德人。副榜，五十八年任，教授。

---

①那彦成（1763—1833），章佳氏，清满洲正白旗人，大学士阿桂之孙。乾隆五十四年（1789）进士，四迁至内阁学士。嘉庆十八年（1813）破天理会李文成，封三等子爵，授直隶总督。卒赐尚书衔，谥文毅。

②诒留：同“遗留”，留给后人的恩惠。

［咸丰］《顺德县志》卷十一《优贡·国朝·乾隆》：众涌人，己卯。《副贡·国朝·乾隆》：卢上超，众涌人，庚辰。卷十二《封赠（文阶）·国朝》：卢广斯，众涌人，以孙士超赠。卢升庵，以子士超赠，俱韶州府……教授。卷二十六《列传六·国朝二·梁兆榜传》：当兆榜椽之自台入都也，其友乙酉举人卢士超方会试，实护以归。士超，字隽南，连州学正，端师范。三考满，迁韶州府教授。截铨长泰令，不赴。主讲珠江义学，康方伯基田礼之。著有《通志堂诗集》。

叶达广 清南海人。乾隆二十四年（1759）举人，三十八年任广东博罗训导、四十二年任海南感恩教谕。父际时。

［道光］《广东通志》卷八十《选举表十八·举人三·国朝·乾隆二十四年己卯·广州府》：南海人。卷四十九《职官表四十·国朝·博罗县·教谕训导·乾隆朝》：南海人。举人，三十八年任……训导。卷五十五《职官表四十六·国朝十三·感恩县·教谕训导·乾隆朝》：南海人。举人，四十二年任……教谕。

［道光］《南海县志》卷二十一《选举表二·国朝·封荫·乾隆朝》：叶际时，以子达广貤赠修职郎。

［同治］《南海县志》卷九《举人·清》：感恩教谕，乾隆朝。

叶廷秀 清南海人。乾隆二十四年（1759）贡生。

［道光］《南海县志》卷二十一《选举表二·国朝·贡生荐辟·乾隆朝》：贡生……己卯。

刘凤鸣 字岐山，清顺德逢简人。乾隆二十四年（1759）举人，任浙江富阳、桐乡、萧山知县。祖德熙，父殿恒，兄凤翔。

［道光］《广东通志》卷八十《选举表十八·举人三·国朝·乾隆二十四年己卯·广州府》：顺德人。

［咸丰］《顺德县志》卷十二《封赠（文阶）·国朝》：刘凤翔，逢简人，以弟凤鸣赠萧山县知县。刘德熙，逢简人，以孙凤鸣赠。刘殿恒，以子凤鸣赠。俱萧山县……知县。卷二十六《列传六·国朝二》：字岐山，逢简人……己卯举人，历令富阳、桐乡皆有声。在桐旱，祷雨立至，民颂之，撰记纪事。致仕后钓游自适，今午桥钓台垂竿处也。

苏文炳 清顺德碧江人。乾隆二十四年（1759）岁贡。

［咸丰］《顺德县志》卷十一《岁贡·国朝·乾隆》：碧江人，己卯。

岑兆葵 清顺德桂洲人。乾隆二十四年（1759）举人。

［道光］《广东通志》卷八十《选举表十八·举人三·国朝·乾隆二十四年己卯·广州府》：顺德人。

［咸丰］《顺德县志》卷十一《举人二·国朝·乾隆》：桂洲人……己卯科。

何应垣 清顺德三桂人。乾隆二十四年（1759）举人，任广东揭阳县教谕。

［道光］《广东通志》卷八十《选举表十八·举人三·国朝·乾隆二十四年己卯·广州府》：顺德人。

［咸丰］《顺德县志》卷十一《举人二·清国朝·乾隆》：三桂人，揭阳县教谕……己卯科。

何震东 清顺德马宁人。乾隆二十四年（1759）岁贡。

［咸丰］《顺德县志》卷十一《岁贡·国朝·乾隆》：马宁人……己卯。

陆祚 清三水金竹人。乾隆二十四年（1759）副贡，三十年举人。

［嘉庆］《三水县志》卷九《选举·副榜贡·清》：金竹人，（乾隆）己卯科。《选举·举人·国朝·乾隆三十年乙酉梁泉榜》：金竹人，中式六十六名。

陈应魁 字挺夫，号鳌麓，清顺德龙山人。早丧父，母亲教读。乾隆二十四年（1759）中举时，其母81岁。任四川太平、邻水知县归。祖能逊，父之孺。

［嘉庆］《龙山乡志》卷七《选举志·封赠·国朝·文职》：陈能逊，以孙应魁贵赠邻水知县。陈之孺，以子应魁贵赠邻水知县。卷八《人物志·德业》：字挺夫，鳌麓其号也。生有异质，丰颐大耳。长而歧嶷，聪敏善悟。游邑庠，旋试高等补增广生，登乾隆己卯贤书。少孤，学业赖母以成，鹿鸣宴日恰值母寿八帙开一，同年制锦称觞，一时传为盛事。然屡踬公车久不售，部选期至，年已周花甲矣。抵都铨授四川太平知县，太平蜀岩邑也，民俗刁

悍，人咸畏之。应魁怡然就道，捧檄入境，不数月而民情宁豫。寻调邻水，甫至任访淳漓，询疾苦，殷殷以休养为己任。暇常携一书一役周行县境，顾谓幕僚曰："邻地腴民朴，其善驭之，无背我诵读初心。"邑甘、李二姓皆豪族，争伐山木械斗，甘杀李数人应坐。甘雄于财，上下干营，潜易以他人抵罪，杀人者几幸免。应魁细阅前后供词觉有异，令属出访，果得其情，悉置诸法，其为治廉静仁明多类此。然性恬淡，不喜趋竞，未几移疾告归，邻士民遮留不已，至于攀车泣下，相与祖送者几万人，奔走十数里不绝。应魁亦为之泣，其别父老诗曰："三年抚字惭称母，三径荒芜却待耘。"……既归，日与朋好往还，衔杯话旧，暇即堆书教子，安焉若素，乡闾事有不能明者咸折衷焉。寿至七十四卒。

［咸丰］《顺德县志》卷二十五《列传五·国朝一》：宴鹿鸣日值其母八十一生朝，集同年寿之……调邻水……出每携一吏一役周巡县境，以见闻资谳狱。

［民国］《顺德县志》卷十四《艺文略·集部·别集》：《北行诗稿》，国朝陈应魁撰。

陈德新　清南海人。乾隆二十四年（1759）副贡，六十年任广东信宜教谕。父元蕃。

［道光］《广东通志》卷五十二《职官表四十三·国朝十·信宜县·教谕训导·乾隆朝》：南海人，副榜。六十年任，教谕。

［道光］《南海县志》卷二十一《清·贡生荐辟·乾隆朝》：副贡，信宜教谕，己卯。《国朝·封荫·乾隆朝》：陈元蕃，以子德新貤赠修职郎。

张周璧　清顺德道教人。乾隆二十四年（1759）举人，三十六年任海南澄迈县教谕。

［道光］《广东通志》卷八十《选举表十八·举人三·国朝·乾隆二十四年己卯·广州府》：顺德人。卷五十五《职官表四十六·国朝十三·澄迈县·教谕训导·乾隆朝》：顺德人。举人，三十六年任……训导。

［咸丰］《顺德县志》卷十一《举人二·国朝·乾隆》：道教人，澄迈县教谕……己卯科。

庞一崑　清南海佛山镇人。乾隆二十四年（1759）与弟振同科举人，任知县。

［道光］《广东通志》卷八十《选举表十八·举人三·国朝·乾隆二十四

年己卯·广州府》：南海人。振兄。庞振，南海人。

［道光］《佛山忠义乡志》卷十《举人·清》：乾隆乙卯。

［同治］《南海县志》卷九《举人·清》：深泽知县，乾隆朝。

［民国］《佛山忠义乡志》卷十三《选举志二·仕宦·文职·清》：直隶东光县知县……庞振，分发湖北知县。

罗东璧 清三水蚬壳冈人。乾隆二十四年（1759）岁贡。

［嘉庆］《三水县志》卷九《选举·岁贡·清》：蚬壳冈人，（乾隆）二十四年贡。

周元李 清三水文山人。乾隆二十四年（1759）举人第三名，任四川南川县知县，四十七年任广东开建教谕。嗣父瑞鹏，生父文炳。

［嘉庆］《三水县志》卷九《选举·举人·国朝·乾隆二十四年己卯卢圣存榜》：文山人。中式第三名，任四川南川县知县，劝农兴学。解组，邑进士韦洪瓒撰文题“学道爱人”四字，于隆化书院祀之。《选举·封赠·清》：周瑞鹏，以子元李赠文林郎、四川南川县知县。周文炳，以本生子元李赠文林郎、四川南川县知县。

［道光］《广东通志》卷五十一《职官表四十二·国朝九·开建县·教谕训导·乾隆朝》：三水人。举人，四十七年任……教谕。

周星聚 字以德，清三水黄冈里人。乾隆二十四年（1759）举人，四十六年广东东安（今云浮）教谕，五十三年改广东高要教谕，70岁卒于官。父兆元。

［嘉庆］《三水县志》卷九《选举·举人·国朝·乾隆二十四年己卯卢圣存榜》：黄冈里人，中式第九名，历任东安、高要县教谕。《选举·封赠·清》：周兆元，以子星聚赠修职郎、高要县教谕。卷十一《人物传·文学》：字以德，黄冈里人。醇正风雅，行与文称，先达见其文，许为作手交誉之，益肆力于学，造诣日进。乾隆己卯举于乡，以谒选知县任东安教谕，仍候铨。东安隶罗定，故小邑俗简陋，星聚秉铎后文风一变，州人士多负箧从之。嗣赴铨授湖北谷城知县，自谓乏民社才，愿仍就教职，乃改高要教谕。以诱掖奖劝得士心，广、肇各郡学者咸闻风至，数年间其彭戴多破壁飞去，春秋榜中踵相接也。大府重其才，属兼端溪书院监院，门墙之盛，时罕其匹。宗人府丞龚公骖文予告在籍，赠以言有经师人师之目。年七十卒于官，钦州冯太

史敏昌为志墓。所著《竹里文稿》，及门南海何守奇梓而行于世。

［道光］《广东通志》卷五十六《职官表四十七·国朝十四·东安县·教谕训导·乾隆朝》：三水人。举人，四十六年任……训导。卷五十一《职官表四十二·国朝九·高要县·教谕训导·乾隆朝》：三水人。举人，五十三年任，教谕。

胡凤章 清顺德桂洲人。乾隆二十四年（1759）武举。

［咸丰］《顺德县志》卷十一《武举·清·乾隆》：桂洲人，千总，己卯。

胡殿朝 清顺德桂洲人。乾隆二十四年（1759）武举。

［咸丰］《顺德县志》卷十一《国朝·乾隆》：桂洲人……己卯。

高亭北 清南海人。乾隆二十四年（1759）举人。

［道光］《广东通志》卷八十《选举表十八·举人三·国朝·乾隆二十四年己卯·广州府》：南海人。

梁学兼 清南海人。乾隆二十四年（1759）举人。

［道光］《广东通志》卷八十《选举表十八·举人三·国朝·乾隆二十四年己卯·广州府》：南海人。

梁昌圣 字拜善，清南海西樵碧霞乡人。乾隆二十四年（1759）举人，二十六年进士，选江苏江浦知县。三十五、三十六年两次做江南同考官，调震泽知县，迁河北晋州知州。寿85岁。

［道光］《广东通志》卷八十《选举表十八·举人三·国朝·乾隆二十四年己卯·广州府》：南海人，进士。卷七十七《选举表十五·进士·国朝·乾隆二十六年辛巳王杰榜·广州府》：南海人，二甲十名。

［道光］《南海县志》卷三十九《列传八·国朝·梁易简传》：碧霞乡人……侄昌圣，乾隆……辛巳进士。选江苏江浦县，庚寅、辛卯两充江南同考官，调震泽。震泽赋重，昌圣在职三年，催科完全，膺议叙迁直隶晋州，以病去职。昌圣精讯谳，不事拷扑，命案疑狱僚友不能决者，院司辄委昌圣决之，多所洗雪。迁晋州，上官荐幕客不受，到保定再荐不受，抵任复荐终不受，上官衔之，多困以别属事。昌圣赴勘，随行止吏书二人，必成谳而返，

上官终无能中伤之也。年八十五卒，著《碧霞诗钞》《匊芳园诗笺》。

《西樵白云洞志》第五册《艺文·增辑诗》：一字拜善。

黄起南　清南海人。乾隆二十四年（1759）副贡，二十八年任广东石城、四十六年永安教谕。父伯允。

［道光］《广东通志》卷五十二《职官表四十三·国朝十·石城县·教谕训导·乾隆朝》：南海人。副榜，二十八年任……教谕。卷四十九《职官表四十·国朝·永安县·教谕训导·乾隆朝》：南海人。副榜，四十六年任……教谕。

［道光］《南海县志》卷二十一《选举表二·国朝·贡生荐辟·乾隆朝》：副贡，永安教谕……己卯。《国朝·封荫·乾隆朝》：黄伯允，以子起南貤赠修职郎。

谭孔驹　清高明潭边人。乾隆二十四年（1759）例贡。

［道光］《高明县志》卷十二《选举志·例贡·国朝》：潭边人，乾隆二十四年例贡。

霍天学　清南海佛山镇人。乾隆二十四年（1759）举人，四十七年任广东南雄府训导。

［道光］《广东通志》卷八十《选举表十八·举人三·国朝·乾隆二十四年己卯·广州府》：南海人。卷四十八《职官表三十九·国朝六·南雄府·教授训导·乾隆朝》：广州南海人。举人，四十七年任，训导。

［道光］《佛山忠义乡志》卷十《举人·清》：乾隆乙卯。

霍超士　字巨源，号涛轩，清南海佛山镇人。乾隆二十四年（1759）举人，终身教学为业，四十八年授国子监学录。70多岁卒。

［道光］《广东通志》卷八十《选举表十八·举人三·国朝·乾隆二十四年己卯·广州府》：南海人。

［道光］《佛山忠义乡志》卷九《文苑·清》：字巨源，号涛轩。以府试冠军补弟子员，乾隆己卯举于乡。再赴礼闱不售，遂居乡课徒，尽心启迪，游其门者多知名之士。与人坦直，然廉介自持，屡主义学讲席，非乡有大事，有司未尝一见其面。贫而好施，所得脩脯，有借者不吝，亦不责其偿，以故

乡重其德、钦其量。时文为士林标准，谈艺者一经改定，无敢私议。有《涛轩文集》，其门人刊以行世。年七十余卒，无子且贫，门人咸赙以葬。卷十《举人·清》：乾隆乙卯，国子监学录。

［道光］《南海县志》卷三十九《列传八·国朝》：顺德黎简侨佛山，负才名，少许可，于超士独屡谒，奉自书立轴，楹铭为贽。超士素不喜简为人，厚酬之，而未尝造其庐也。癸卯需次届期，仍不出，循例授国子监学录。

［民国］《佛山忠义乡志》卷五《教育志二·书院》：福山书院……乾隆五十七年岁次壬子桂月谷旦，阖镇值事绅耆张遇阳、曹应池、区应奎、陈鼎庵、霍超士、陈君季、梁茂然、张肇昌、区宏绪、李天达、霍祥洲、陈绍谦、袁象天、冼湘、梁均成、叶楚华、施早霖、周渐壮、陈以庄、李宁子等同立。

黄伯毅　（1730—1799）字士肩，别字宏夫，号远亭，清顺德龙山人。乾隆四十四年（1779）举人。子玉书。

［嘉庆］《龙山乡志》卷八《人物志·孝义》：字士肩，别字宏夫，号远亭，冈头人也。生而聪悟，慧读过人，稍长即能文，经传精熟，为一时朋侪冠。父早丧，事母以孝闻，承颜悦志，饮食必亲。暇即执卷呫哔，诵于母前，母喜，益力学，昼夜不辍，思所以显扬其亲，故无或少懈也。弱冠补郡弟子员，试辄高等食饩，文名噪郡邑，每出一艺，远近争相传诵。然屡踬棘闱，数十年不获售，识者咸为之扼腕。乾隆己亥始登贤书，年已五旬矣。赴礼闱者四复不第，于是归，日以养母课子为事，杜门注经，不与尘俗务。乡患西潦水涨入屋，背母走数里，余弗之顾。母病侍医药，废寝食，及卒，哭泣哀毁，丧葬循礼，里党称至孝焉。生平行文敏捷，日可数艺，才力驰骋，贯以精义，酷近国初熊、刘诸家。著有《远亭文稿》，卒年七十。

［咸丰］《顺德县志》卷十一《举人二·国朝·乾隆》：字士肩，龙山人，玉书父……己亥万寿恩科。

康煇　（约1730—1804后）字文耀，号炳堂，清南海银塘乡人。教书50年，近40岁入县学，嘉庆六年（1801）赐副榜。当时钦州冯敏昌接手主持粤秀书院，康煇年近70，拜师于冯。九年赐举人，赴京会试，卒于河北涿州。孙国禧、赞修、国器，曾孙达初（康有为父）、熊飞。

［道光］《南海县志》卷二十一《选举表二·国朝·举人·嘉庆朝》：钦赐举人，甲子科。

［同治］《南海县志》卷十五《列传·官师》：字文耀，号炳堂，江浦司

丹桂堡银塘乡人。嘉庆辛酉科钦赐副榜，甲子科钦赐举人。先世自高、曾以来代为公府掾，至煇乃抗志为儒。以孝友居家，以诚恕待物，家极贫，以教读为生，而修行穷经，气不少挫。乾隆癸未始进庠，年将强仕矣，值岁凶，父恐食指繁多煇难独任，命其异母弟二人与析箸。煇闻之泣请复合，恐其弟不能自食贻父母忧也。母病在床，虽假馆于外，夜半必徒步归，俟母安寝乃返馆睡。睡觉闻人语犬吠声又披衣起，疑病或不测遣使召之也。念始迁祖至己十七传，族姓单微，宗祠未立，乃蓄脩脯卒成之。岁时率子弟享祀，谆谆然以立身扬名无忝先人为训，有不率教者，诃谴劝诫，至于涕泣。外间无知之人有侮慢之者置不与校，其仁恕如此。生平严于课徒，笃于友谊。有冯姓友将没，托以后事，煇每事为之经纪，力任不辞。有梁姓友一家病疫，死数人矣，俗谓疫有鬼病易传染，无敢过唁者，煇独频频往来，为之商酌饮子。其授徒于课文外，尤以修士行、守礼法相督责。有不肖必谯让之，不改则驱逐之，略不假贷，人亦乐其真挚，负笈相从者户外之屦恒满。然数奇，先后设帐五十年，门弟子缀巍科、登仕版者指不胜屈，己尚困于场屋，旁人代为扼腕，煇进取之志不懈益坚。会钦州冯敏昌①主讲粤秀书院，煇仰其学行，移住院中，亲往受业，时年将七十矣。敏昌一见深重之，谓人曰："吾门不乏英才，若刚毅朴诚，守圣贤之规、严义利之辨如炳堂者，吾见亦罕。此非吾弟子，乃畏友也。"即亲书帖子表其寓斋曰："门无俗客，户有清风。"其为名流佩服多类此。向来以钦赐登第者多年高才尽不复北行，煇年老尚健于文，伸纸濡毫，滔滔不竭。适其门人多计偕者劝之同行，欣然就道，抵涿州抱微恙而卒。丧南返，会葬之数十百人，赠之文词皆曰："科名仕宦，天以报施善人。先生以明德重望训后学、表乡闾，不得于其身，必偿于其后无疑也。"厥后子姓繁衍，孙赞修，道光丙午举人，官钦州学正。国禧，候选知县。国器，广西布政使司布政使。曾孙熊飞，浙江候补道。

潘裔敏 （约1730—1819）字臣举，清高明独冈人，监生。子鸣歧。

［道光］《高明县志》卷十三《人物志·国朝》：字臣举。充国子监太学生。天性醇厚，乐善好施，自少而壮而老始终罔间，闾里称为长者。尤志切书香，延请名师以训课子弟，优崇备至……敏九十齐眉而终，旋膺荣赠，人

①冯敏昌（1747—1807），字伯求，清广西钦州人。乾隆四十三年（1778）进士，官至主事，父丧不复出。前后主讲端溪、越华、粤秀三书院，学者称鱼山先生。著有《河阳金石录》《华山小志》《小罗浮草堂集》。

以为积善之庆云。卷十二《选举志·封典·国朝》：独冈人。监生，嘉庆二十四年，以子鸣歧赠修职佐郎。

区应孔 清高明阮埇人。乾隆二十五年（1760）副榜举人。

［道光］《高明县志》卷十二《选举志·贡生·国朝》：阮埇人。乾隆二十五年庚辰恩科副榜。

邓梦桂 清三水邓坑人。乾隆二十五年（1760）恩贡。

［嘉庆］《三水县志》卷九《选举·恩贡·清》：邓坑人，（乾隆）二十五年贡。

邓鹏翰 号肄江，清三水清塘人。乾隆二十五年（1760）举人，三十八年任广东封川教谕、曲江训导。升江苏青浦知县，代理上海川沙同知一年归。祖文琳，父成德，子苍霈。

［嘉庆］《三水县志》卷九《选举·举人·国朝·乾隆二十五年庚辰恩科李高飞榜》：清塘人。中式十三名，任江苏青浦县知县，署川沙同知。《选举·封赠·清》：邓文琳，庠生，以孙鹏翰赠文林郎、江苏青浦县知县。邓成德，以子鹏翰赠文林郎、江苏青浦县知县。《选举·例贡·清》：邓苍霈，清泰人，鹏翰子，由附生。卷十一《人物传·宦迹》：号肄江，清塘人。领乾隆庚辰乡荐，授曲江训导，秩满铨升江苏青浦县。为人醇厚谨饬，司铎时捐俸修祭器，月课创给奖赏，循循善诱，士论翕然。及宰青浦，甫莅治即浚淤塞以弭水患。青邑漕米向多势豪包纳，至悉绝之，官斛平收，不许浮溢，民大悦服，通邑有“邓慈父”之称。寻署川沙同知，亦多惠政，汪中丞①□□时督粮储，尝叹曰：“邓令好官，慈祥坦直，但恐不久任耳！”逾年果去官归里。

［道光］《广东通志》卷四十七《职官表三十八·国朝五·曲江县·教谕训导·乾隆朝》：三水人，举人，三十八年任……训导。

［道光］《肇庆府志》卷十三《职官三·清·封川县·教谕·乾隆朝》：三水人。举人，三十八年任。

---

①汪中丞，即汪由敦（1692—1758），初名汪良金，字师茗，清安徽休宁人。雍正二年（1724）进士，乾隆间累官至吏部尚书。工书法，有《松泉集》。

刘世锦 清顺德逢简人。乾隆二十五年（1760）岁贡。

［咸丰］《顺德县志》卷十一《岁贡·国朝·乾隆》：逢简人，庚辰。

刘迈祖 清三水河洲冈人。乾隆二十五年（1760）举人，四十三年任广东归善教谕。祖端，父尔德，岳父陆文选。

［嘉庆］《三水县志》卷九《选举·举人·国朝·乾隆二十五年庚辰恩科李高飞榜》：河洲冈人。中式第二名，历任丰顺、陆丰、归善教谕，罗定州学正。《选举·封赠·清》：刘尔德，庠生，以子迈祖赠修职郎、揭阳县教谕。陆文选，以婿迈祖赠修职郎、归善县教谕。卷十一《人物传·潜德·刘端传》：字全政……孙迈祖，领乾隆庚辰恩科乡荐。

［道光］《广东通志》卷五十《职官表四十一·国朝八·揭阳县·教谕训导·乾隆朝》：三水人。十四年任……教谕。卷四十九《职官表四十·国朝·归善县·教谕训导·乾隆朝》：三水人。举人，四十三年任……教谕。

刘念新 清三水旱塘人。乾隆二十五年（1760）岁贡。

［嘉庆］《三水县志》卷九《选举·岁贡·清》：旱塘人。（乾隆）二十五年贡。

吴彧良 清三水董埭人。乾隆二十五年（1760）举人。

［嘉庆］《三水县志》卷九《选举·举人·国朝·乾隆二十五年庚辰恩科李高飞榜》：董埭人。

何天祐 清顺德马宁人。乾隆二十五年（1760）举人，三十七年任海南定安县训导。

［道光］《广东通志》卷八十《选举表十八·举人三·国朝·乾隆二十五年庚辰·广州府》：顺德人。卷五十五《职官表四十六·国朝十三·定安县·教谕训导·乾隆朝》：顺德人。举人，三十七年任……训导。

［咸丰］《顺德县志》卷十一《举人二·国朝·乾隆》：马宁人。定安县训导，庚辰万寿恩科。

庞组 清南海人。乾隆二十五年（1760）任海南琼山县训导。

［道光］《广东通志》卷五十五《职官表四十六·国朝十三·琼山县·教

谕训导·乾隆朝》：南海人，廪贡。二十五年任……训导。

罗元泰 清顺德大良人。乾隆二十五年（1760）武举。

［咸丰］《顺德县志》卷十一《武举·国朝·乾隆》：大良人，庚辰恩科。

胡元鼎 清顺德桂洲人。乾隆二十五年（1760）武举。

［咸丰］《顺德县志》卷十一《武举·国朝·乾隆》：桂洲人，庚辰恩科。

胡英才 清顺德桂洲人。乾隆二十五年（1760）武举。

［咸丰］《顺德县志》卷十一《武举·国朝·乾隆》：桂洲人。四川黎雅营守备，庚辰恩科。

郭龙光 清南海人。乾隆二十五年（1760）举人，四十七年任广东镇平（今蕉岭）训导，历任湖南布政库大使、岳州府同知。

［道光］《广东通志》卷八十《选举表十八·举人三·国朝·乾隆二十五年庚辰·广州府》：南海人。卷五十七《职官表四十八·国朝十五·镇平县·训导·乾隆朝》：南海人。举人，四十七年任……训导。

［道光］《南海县志》卷二十一《选举表二·国朝·举人·乾隆朝》：湖南布政库大使……庚辰科。

［同治］《南海县志》卷九《举人·清》：岳州府同知，乾隆朝。

曾瑚琏 字诚久，号石斋，清南海九江人。乾隆二十五年（1760）副贡。

［道光］《南海县志》卷二十一《选举表二·国朝·贡生荐辟·乾隆朝》：副贡……庚辰。

《九江儒林乡志》卷十《国朝·贡生·乾隆二十五年庚辰》：字诚久，号石斋。县学，副贡。卷八《艺文略·经部·小学类》：《古帖辨》一卷，国朝曾瑚琏撰。

谭丹书 清南海人。乾隆二十五年（1760）举人，三十五年任海南安定县训导。

［道光］《广东通志》卷八十《选举表十八·举人三·国朝·乾隆二十五

年庚辰·广州府》：南海人。卷五十五《职官表四十六·国朝十三·定安县·教谕训导·乾隆朝》：南海人。举人，三十五年任……训导。

谭起圣 清高明展旗人。乾隆二十五年（1760）恩贡。兄起韬。

［道光］《高明县志》卷十二《选举志·贡生·国朝》：展旗人。起韬弟，乾隆二十五年恩贡。卷十三《人物志·国朝》：展旗人。起韬弟，耿介端直，不事浮华，与诸兄笃志苦学。方应童子试时，招覆榜①发，闻父凶信，即奔回家，及学使点故询其不到之名，众以实对，遂拔置前列。试常冠军而屡荐不售。食饩二十年，仅以恩贡老，士论惜之。

谭澄 字静江，清高明城中人。乾隆二十五年（1760）举人，三十四年任广东惠来教谕，三十八年广西钦州学正。父印元，康熙五十四年（1715）附贡。子维翰、隽才、维杰、维枢。

［道光］《广东通志》卷五十《职官表四十一·国朝八·惠来县·教谕训导·乾隆朝》：高明人。三十四年任……教谕。卷五十三《职官表四十四·国朝十一·钦州·学正训导·乾隆朝》：高明人。举人，三十八年任……学正。

［道光］《高明县志》卷十二《选举志·举人·国朝》：城中人。乾隆二十五年庚辰恩科举人，任陕西清涧知县。卷十三《人物志·国朝》：字静江。少聪颖，年十六补郡庠，寻食饩，登乾隆庚辰特科贤书。丙戌大挑以教职用，授惠来教谕，改钦州学正，历署香山教谕，雷州、南海、琼山、徐闻训导。所至察行衡文，课士有法，尝兼文明、钦江两书院讲席，游其门者多成就。以中丞李质颖荐，除陕西清涧知县。甫下车，勤访民间疾苦，政尚宽和，不轻下杖。秦地强悍，民素好斗，澄时召其父老子弟申谕再三，民俗为之一变。会岁饥，力言于上，蠲免粮钱，设法赈哺，存活者众，民甚德之。及去任，清风两袖，遮道饮饯有送至千里外者。子四人：长维翰，举于乡。次隽才，优廪。次维杰、次维枢，孙骏，俱诸生。人以为厚德之报云。

---

①招覆榜：招覆即招来覆试，是初试以后再行测试的意思。参加乡试前，学生需要参加县考、府考、院考三级。院考通常分两次放榜，初步选择都是按各府、州、县应该录取的定额加倍，所出的榜名招覆榜。榜式的排列为圆圈形，写正场的座位号而不写姓名，亦无首尾之分，以示不分次第。

蔡能经　清高明新围人。乾隆二十五年（1760）例贡。

［道光］《高明县志》卷十二《选举志·例贡·国朝》：新围人。乾隆二十五年例贡。

黎师孔　清高明扶丽人。乾隆二十五年（1760）岁贡。

［乾隆］《肇庆府志》卷十九《选举志二·国朝·岁贡·高明县》：二十三年贡，乾隆间贡。

［道光］《高明县志》卷十二《选举志·贡生·国朝》：扶丽人。乾隆二十五年岁贡。

任汝澜　字挺源，号澄波，鹤山江宰村人，家佛山。父远志，孙元梓、元亨。

［民国］《佛山忠义乡志》卷十四《人物志六·义行·清》：字挺源，号澄波。鹤山江宰村人，为宋广州教授文达十五传孙远志长子。乡居教读，不论脩脯。性孝愿，精堪舆术，远代之停柩及坟墓之崩颓者，皆独力修改而扦葬之。乡邻族属有争讼不决者多就质证，俟两造各毕其说乃起而言曰："大事宜化为小事，多事终不若省事。今彼此不弃来相下问，是欲调解此事也。无他，盍于彼于此稍为退让而从吾言，可乎?"事多借以排解。以大功①兄弟序次行六，时人称为"无他六"云。家佛山，为任氏始迁祖。孙元梓、元亨俱举人。

梅应科（清乾隆）　字孝常，号纯轩，清顺德龙山人。乾隆二十六年（1761），与曾熙、陈科、叶观相等创筑龙山围，乡亲请苏珥写赞感激。

［嘉庆］《龙山乡志》卷八《人物志·行谊》：字孝常，号纯轩。曾熙，字育朗，号桂亭。陈科，字拜盈，号静轩。叶观相，字绍联，号芝亭。四翁皆隐君子也。乡自凤塘北华至水城一带附近，东北田塘每忧水溢，池鱼畦黍岁往失利。诸父老议筑堤捍患，咸推老成谙练非四翁不可，阖众延请，果慨然许诺。刻日鸠工，计期竣事。堤成之日，父老子弟莫不欣然喜跃往酬其功，四翁毫无德色，但云"吾辈为桑梓计，分当如是而已"。众因悬扁社中以志其事，扁云"相尚以道"，复拟古绘四老图以赠。江右赖耕南绘像，邑孝廉苏珥

①大功：丧服名，古代五等丧服制第三等。

为之赞焉，亦盛事也。

［咸丰］《顺德县志》卷二十六《列传六·国朝二》：年地相等，同为乡里信服。乡东北田庐每苦西潦为患，议筑堤捍之，役重费巨，咸推四人者始终其事，四人相与谋合，乃慨出而肩焉。堤成，一乡皆居乐土，众备仪为谢，四人固让不已，毫无德色，于是书年月始末，刻诸木为额，悬社公亭……复绘四老图，各貌其须眉神致，倩碧江苏珥为赞以赠。珥盖当时能文士，不可以币致者，故乡人以是荣而酬之也。按：龙山每防西潦，故民舍率有楼阁，设避水具。盖地在桑园围之内，而堤去其乡远，抢救恒恃他堡，今固筑无虞矣。此则堤防，乡东北田庐者，尤为切近也。

［民国］《顺德县志》卷四《建置略三·堤筑》：北辅围，在龙山堡……乾隆辛巳，凤塘人梅应科等创筑。南自村头龙山周道闸门外横路石起，北至水城麒麟臂止。共长五百三十余丈，基面宽五尺，底约一丈八尺，内包桑基鱼塘一千亩。与龙江合围分段，彼疆此界，不相干涉。

区东阳 清高明阮埇人。乾隆二十七年（1762）例贡。

［道光］《高明县志》卷十二《选举志·例贡·国朝》：阮埇人，乾隆二十七年例贡。

邓兆槐 清三水成㙟人。乾隆二十七年（1762）岁贡。

［嘉庆］《三水县志》卷九《选举·岁贡·清》：成㙟人，（乾隆）二十七年贡。

冯章锡 名一作锡章，字于长，号衷亭，清顺德龙山人。乾隆二十七年（1762）举人，四十多岁卒。

［嘉庆］《龙山乡志》卷八《人物志·文苑》：字于长，号衷亭，旺村人也。生有胆量，遇事果断，人不敢欺。年甫弱冠，状貌雄伟，英姿越俗，识者早卜其非凡器也。少为后母所苦，失爱于父，令其远佣，不使就学，章锡在外潜就师读，昼夜攻苦不辍。博极群书，工古文词，有奇气，不拘绳尺，业师梁孝廉泉素器重之。初应童子试即受知于郑炳也，学使拔置冠军，补郡庠生，旋登乾隆壬午贤书。屡赴公车不第，寻卒，年四十余，士论惜之。

［咸丰］《顺德县志》卷二十六《列传六·国朝二·梁泉传》：泉门下多通材……冯锡章……甫应童子试，即受知督学郑虎文，拔第一，期许良厚。

麦逢春 清顺德麦村人。乾隆二十七年（1762）恩贡。

［咸丰］《顺德县志》卷十一《恩贡·国朝·乾隆》：麦村人，广西昭平籍，壬午。

李同光　清顺德鹿门人。乾隆二十七年（1762）武举。

［咸丰］《顺德县志》卷十一《武举·国朝·乾隆》：鹿门人，壬午。

李国祀　清南海简村堡人。乾隆二十七年（1762）捐谷义仓。同族泉。

［同治］《南海县志》卷四《建置略·廨署·仓廒附》：简村堡义仓，阖堡同建，乾隆二十七年，里人李国祀捐谷二百石贮仓。今废，惟旧址存。卷十九《列传·善行·李泉传》：简村堡人。有李国祀者，泉同族人也。当乾隆丙午、丁未大饥后，谓“乡间不可无积贮”，先捐米二百石倡为义仓，建廒于江浦司署侧，广府太守以“志存任恤”匾奖之。二人皆好义可风，为简村之望云。

杨世玉　清顺德桂洲人。乾隆二十七年（1762）举人。

［道光］《广东通志》卷八十《选举表十八·举人三·国朝·乾隆二十七年壬午·广州府》：顺德人。

［咸丰］《顺德县志》卷十一《举人二·国朝·乾隆》：桂洲人……壬午科。

杨邦　字作其，清顺德桂洲人。乾隆二十七年（1762）举人。子凤墀。

［道光］《广东通志》卷八十《选举表十八·举人三·国朝·乾隆二十七年壬午·广州府》：顺德人，字作其，子凤墀。卷一百八十九《艺文略一·经部·春秋类》：《春秋辑义》，国朝杨邦撰，存。谨案：邦，字作其，顺德人，乾隆壬午举人。

［咸丰］《顺德县志》卷十一《举人二·国朝·乾隆》：字作其，桂洲人，子凤墀……壬午科。

何璠　清顺德三桂人。乾隆二十七年（1762）岁贡。

［咸丰］《顺德县志》卷十一《岁贡·国朝·乾隆》：三桂人，壬午。

陆士爱 清三水清塘人。乾隆二十七年（1762）举人。子锦文。

[嘉庆]《三水县志》卷九《选举·举人·国朝·乾隆二十七年壬午钟允彝榜》：清塘人。中式六十五名。《选举·拔贡·清》：陆锦文，清塘人。士爱子。

陆行中 清南海人。乾隆二十七年（1762）举人，三十九年任广东惠州训导。祖纯正，父元徽。

[道光]《广东通志》卷八十《选举表十八·举人三·国朝·乾隆二十七年壬午·广州府》：南海人。卷四十九《职官表四十·国朝·惠州府·教授训导·乾隆朝》：南海人，举人。三十九年任……训导。

[道光]《南海县志》卷二十一《选举表二·国朝·举人·乾隆朝》：惠州府教授……壬午科。《国朝·封荫·乾隆朝》：陆纯正，以孙行中覃恩赠修职郎。陆元徽，以子行中覃恩赠修职郎。

陈子瑾 号朴园，清顺德桂洲人。乾隆二十七年（1762）举人，任河南新野县令，卒于都。子汉夫。

[道光]《广东通志》卷八十《选举表十八·举人三·国朝·乾隆二十七年壬午·广州府》：顺德人。

[咸丰]《顺德县志》卷二十六《列传六·国朝二·梁兆榜传》：号朴园，桂洲人，居邑城。为文能囊括理蕴，乾隆壬午举于乡。选平和令，改新野，一以教养士民为务。邑有白水书院日就荒废，捐俸修葺。拨前令断入绝户李得志行粮地一顷九十余亩，为诸生膏火，月课手为点窜，于是士知向往。积谷常平社仓，皆归实贮，蠹吏奸无所容。治当豫南下游，岁频伤稼，令民乘时浚筑。政声渐起，遽以盗案缓报落职，效力军台。宦橐萧然，同官及绅民捐助资斧。代者摘印至，会龙山冯庆初者，以旧识自都还访之，因从容言其居官状，代者不复苛求，遂力为筹资，归付其子汉夫，以备例缴台费，沿途不至拮据。至台而目疾剧，龙廷槐为致书台官，延之教读。寻以雨泽稍愆，命清厘积狱，遂奉恩旨省释，卒于都。著有《中山堂文集》《诗集》若干卷。

陈其焜 字介炎，号琬同，广东新会籍，住佛山镇。乾隆二十七年（1762）举人，次年进士。病归，主讲粤秀书院十余年。嘉庆二年（1797）倡议重修田心书院。

［道光］《广东通志》卷八十《选举表十八·举人三·国朝·乾隆二十七年壬午·广州府》：新会人，进士。

［道光］《佛山忠义乡志》卷六《乡事志·编年》：乾隆二十八年癸未，陈其焜登进士。（住栅下堡金鱼塘）卷十《举人·清》：乾隆壬午进士。卷九《文苑·清》：字介炎，号琬同，本籍新会。乾隆癸未成进士，由翰林洊官给事中，以病归。当道聘主粤秀讲席十余年，绝不干谒。生平和易可亲，谦退自处，未尝以才气加人。论文不取高深峻削，惟以优游平中，使可荣世，即可寿世云。卷十二《金石志下·石·清》：《重修田心书院碑记》，经始于嘉庆二年六月，落成于九月。始其事者给谏陈琬同先生倡之，李庶常凝修及诸同人和之，肩其劳者则区子应魁、叶子楚华、唐子融修，暨予从侄作栋也。里人劳潼撰。嘉庆三年六月初一日，重修值事陈其焜等立石。《吉制府给发佛山田心书院会课支费并拨汾江书院膏火碑记》，里人陈其焜撰。嘉庆四年己未仲秋立。

陈明新　清三水西村人。乾隆二十七年（1762）举人。子尔梅亡，儿媳邓氏守节，嘉庆二十三年（1818）旌表。

［嘉庆］《三水县志》卷九《选举·举人·国朝·乾隆二十七年壬午钟允彝榜》：西村人。中式二十二名。资学过人，孝友成性。卷十二《列女》：邓氏，南岸邓馥兰女，西村举人陈明新子尔梅妻。年十九夫逝，守节。事姑尽孝，训嗣有方。嘉庆二十三年旌。

［道光］《广东通志》卷三百一十二《列传四十五·列女七·广州府七·三水县·国朝》：陈尔梅妻邓氏……嘉庆二十五年旌。

林组　字儒桢，清南海人。乾隆二十七年（1762）副贡，四十年任广东新兴教谕。

［道光］《广东通志》卷五十一《职官表四十二·国朝九·新兴县·教谕训导·乾隆朝》：南海人，副榜。四十年任……教谕。

［道光］《肇庆府志》卷十七《宦绩二·清》：字儒桢，南海人。乾隆壬午副榜，新兴训导。敦崇实学，勤于训士。初履任时治学圃，得旧碑知学田多为人隐占，阅十载不问，去任时始厘正立案，人咸钦服。著有《周礼提纲辑注》《待薙草》《善成堂制义》行于世。

周邦彦　清顺德北滘人。乾隆二十七年（1762）恩贡。

［咸丰］《顺德县志》卷十一《恩贡·国朝·乾隆》：北滘人，壬午。

黄嘉才　字淇英，清南海九江人。乾隆二十七年（1762）捐米义仓。

[道光]《南海县志》卷三十九《列传八·国朝》：字淇英……以好义闻于有司，九江堡人。乾隆二十七年，江浦司创义仓，嘉才饮米百石为之倡，县尹丁公亭书“好善可风”匾赠之……子侄列诸生者三。

萧抡魁　清顺德高赞人。乾隆二十七年（1762）举人。

[道光]《广东通志》卷八十《选举表十八·举人三·国朝·乾隆二十七年壬午·广州府》：顺德人。

[咸丰]《顺德县志》卷十一《举人二·国朝·乾隆》：高赞人，壬午科。

崔煊　清南海人。乾隆二十七年（1762）岁贡。

[道光]《南海县志》卷二十一《选举表二·国朝·贡生荐辟·乾隆朝》：岁贡……壬午。

谢作梁　字乔舒，号木斋，清高明城中人。执教数十年，乾隆五十一年（1786）岁贡，75岁授广西廉州府训导卒。父大猷，弟艺圃。

[道光]《高明县志》卷十二《选举志·贡生·国朝》：城中人，大猷次子，乾隆五十一年岁贡，选廉州府训导。卷十三《人物志·国朝》：字乔舒，号木斋。为人温厚和平，敦本务实。孝养得亲欢心，恭兄义笃天显。自采芹食饩至选贡后，常恪守卧碑，博览经史，举势利奔竞之习绝不入其胸次。友教数十年，出其门者多造就成材。至吟咏余闲，陶情于操琴栽花、临帖描画，故得其楷书草圣、山水云树珍如拱璧，若木斋者可谓风流名士矣。及部铨廉州府训导，适当是年卒，寿七十五岁。

谢艺圃　字泰舒，清高明人。乾隆二十七年（1762）武举。父大猷，兄作梁。

[道光]《高明县志》卷十三《人物志·国朝》：字泰舒。读书聪慧，慷慨轩举。以武庠登乾隆壬午科武举，上公车会试不第。故事不第举子取咨回本省效力得官，人共争趋，圃独不与，马首东回。人问其故，答曰：“士人欲建功立业而乃借径于执鞭效镫，余弗为也。即终身不遇，读书博古何非乐

地?”人服其高尚焉。

［光绪］《高明县志》卷十二《选举表·国朝·武举》：大猷三子，乾隆二十七年壬午科。

谢南振 清高明对村人。乾隆二十七年（1762）例贡。

［道光］《高明县志》卷十二《选举志·例贡·国朝》：对村人，乾隆二十七年例贡。

谭韶音 字声行，清高明城中人。乾隆二十七年（1762）岁贡。

［道光］《高明县志》卷十二《选举志·贡生·国朝》：城中人，乾隆二十七年岁贡。卷十三《人物志·国朝》：字声行。沉潜笃实，乐易和平，应乾隆二十七年岁贡。嗜读周、程诸书，潜心探索。尤邃于《易》学，手订有《易理精义》藏家。

潘兰皋 字澧翘，号九畹，清顺德古楼人。乾隆二十七年（1762）举人，五十五年任江西万年知县，12年后病归，主讲凤山书院、西淋义学。

［道光］《广东通志》卷八十《选举表十八·举人三·国朝·乾隆二十七年壬午·广州府》：顺德人。卷一百九十八《艺文略十·集部四》：《九畹堂诗集》，国朝潘兰皋撰，未见。《粤东诗海》：兰皋，字澧翘，号九畹。顺德人，乾隆壬午举人，官江西万年知县。

［咸丰］《顺德县志》卷十一《举人二·国朝·乾隆》：字九畹，古楼人。知万年县……壬午科。卷十七《艺文略一·史部》：《古楼潘氏族谱》，国朝潘兰皋撰。《姚西政略》，国朝潘兰皋撰。朱廷瑛序略：岭南九畹潘明府，以名孝廉宰吾饶万邑，甫下车即揭谕千言，惟饬伦纪、厚风俗为首务，其中兴利除害，关切于民生日用者，靡不纲举目张，即《种梅》一书，已足觇康阜实迹矣。瑛闻而乐道之。壬子岁，召主姚西讲席，见其爱才如命，保民若赤。观于外，而民之输将日益劝，狱讼日益简，窃叹儒术之不诬，德教之有验。每当随堂审判，给发谳语，俾知遵守。复择其有关劝惩者，汇辑成轶，以备参考，其难其慎之心，日与民事相终始。卷二十五《列传五·国朝一·潘衍泗传》：大峄人……康熙壬午乡荐……生平撰著多散佚，族三世孙兰皋葺其遗文，录存之……兰皋，字澧翘，少失二亲，故号痛庐，茹苦力学，弱冠食饩有文名，乾隆乡举，去衍泗捷年刚周甲。庚戌出宰万年山区，峣峋旷野，旧

树松竹，乏收成，兰皋教以植梅及盐制诸法，不数年所在成林，获利无算。尤善折狱，随谳随判，两造皆贴服，关风化者，辑刻成帙曰《政略》示劝惩。历十二年，声绩茂著。引病归，迭主讲凤山书院、西淋义学，著有《九畹堂诗文集》《姚西政略》。

霍时茂 号谏果，清南海深村（今属禅城）人。乾隆二十七年（1762）副贡，三十年举人。三十七年赴京会试归途梁泉卒，为之殓并完成遗愿。四十六年到广西任知县，四十八年、五十四年两次为乡试同考官。嘉庆五年（1800）在来宾知县任，请禁虐民之政。归20多年，寿90岁。祖元才，父经。与顺德梁泉为忘年交。

[道光]《广东通志》卷八十《选举表十八·举人三·国朝·乾隆三十年乙酉·广州府》：南海人，知县。

[道光]《南海县志》卷二十一《选举表二·国朝·贡生荐辟·乾隆朝》：副贡……壬午。《国朝·举人·乾隆朝》：来宾知县……乙酉科。《国朝·封荫·乾隆朝》：霍元才，以孙时茂貤赠文林郎。霍经，以子时茂赠文林郎。卷二十五《艺文略一·子部·儒家类》：《东莱博议文窥》，国朝霍时茂撰。《子部·杂家》：《既雨堂杂著》，国朝霍时茂撰。《子部·道家释家》：《庄子抄》，国朝霍时茂撰。

[光绪]《广州府志》卷一百二十八《列传十七·国朝·南海》：号谏果，深村堡人。乾隆乙酉举人，与顺德梁泉为忘年交。壬辰偕试礼闱归，至南旺闻泉病亟，嘱时茂曰："君能归我骨无所憾，惟著撰积巾箱不及订梓，斯耿耿耳。"时茂慨然为之挈柩归，并序遗稿属其孙梓之。辛丑以大挑知县分发广西，初署修仁，发奸擿伏，阖境肃然。补来宾，毁淫祠，为义学增膏火，而尤以节省塘夫①为亟。塘夫为广西虐政，嘉庆五年，御史张鹏展奏禁，实时茂倡其议也。调上林，创建鼓江河石桥以利涉。署雒容三月，推升大名通判，而时茂已谢病归矣。时茂虽久历簿书而不废讲业，历充癸卯、己酉同考官，所取多知名士。家居二十余载，主丰湖书院讲席七年，复居省授徒十年，寿九十卒。著有《博议文窥》《庄子钞》及《雨既堂杂著》《悬车近艺》。

---

①塘夫：明清时关卡为驻防及传递军情而设，通常是十里设一塘，有塘夫负责传递公文。

唐材 （约1732—1822）字云升，号晴川，清南海佛山镇人。乾隆二十一年（1756）举人，赴选得福建建阳知县。三十六年（1771）任广东长宁（今新丰）教谕，五十六年德庆州学正，嘉庆七年（1802）升南雄教授。二十一年再次参加鹿鸣宴，寿90多岁。

［乾隆］《广州府志》卷二十九《选举一·南海县·清》：乾隆丙子举人。

［道光］《广东通志》卷八十《选举表十八·举人三·国朝·乾隆二十一年丙子·广州府》：南海人。福建知县，改教谕，升教授。重宴鹿鸣。卷四十九《职官表四十·国朝·长宁县·教谕训导·乾隆朝》：南海人。举人，三十六年任……教谕。卷五十一《职官表四十二·国朝九·德庆州·学正训导·乾隆朝》：南海人。举人，五十六年任，学正。卷四十八《职官表三十九·国朝六·南雄府·教授训导·嘉庆朝》：南海县举人，七年任……教授。

［道光］《佛山忠义乡志》卷十《举人·清》：乾隆丙子，原新会人。卷九《文苑·清》：字云升，号晴川。领乾隆丙子乡荐，后赴选得闽之建阳令，以不乐刑名改教职，授德庆州学正十余年，擢南雄、嘉应教授。性恬淡无猥琐气习，故士子重之。家居后，州人士赴棘闱过乡必问其起居。善画莲、竹，饮酒多而不乱。嘉庆丙子，与三河令陈鹤翔重逢鹿鸣宴，将入奏而陈卒，独唐与焉。在乡掌教义学六年，年九十余卒。

陆苍霖 （1733—1787）字昊泽，清三水金竹人。《陆训系总宗谱》载，肄业粤秀书院，乾隆二十七年（1762）举人，三十六年进士。四十四年升祠祭司郎中，隔年放广西右江兵备道，署广西按察司。五十二年赴黔粤交界梅寨司地方点兵，回署卒，寿55岁。曾祖奇策，祖群星，父斯仁，子光斗。

［嘉庆］《三水县志》卷九《选举·举人·国朝·乾隆二十七年壬午钟允彝榜》：金竹人，中式三十五名。《选举·进士·国朝·乾隆三十六年辛卯黄轩榜》：官至广西右江道，署广西按察司。《选举·封赠·清》：陆奇策，以曾孙苍霖赠中宪大夫、礼部祠祭司郎中、工部宝源局①监督。陆群星，以孙苍霖赠奉直大夫、礼部祠祭司主事。陆斯成，以侄苍霖赠中宪大夫、礼部祠祭司郎中、工部宝源局监督。陆斯仁，以子苍霖累封中宪大夫、礼部祠祭司郎中、

①宝源局：清钱币铸造局名。满清在工部和户部设立宝源和宝泉两个中央造币厂，清代钱币皆出自二厂。

工部宝源局监督、广西分巡右江兵备道。《选举·例贡·清》：陆光斗，金竹人，苍霖子，由附生。卷十一《人物传·宦迹》：字昊泽，金竹人。少负能文名，乾隆壬午举于乡，辛卯恩科成进士，授礼部精膳司主事。升祠祭司员外郎兼仪制司事，充学政全书馆、会典馆纂修官。礼部向有钦给饭食田责佃取租，苍霖悯其租赋稍重请于朝，岁减额银四百余两。皇太后升遐，以办理丧仪称旨，得议叙京察一等，由工部宝源局监督迁郎中。秩满记名保送御史，寻擢广西右江兵备道。官京曹时每以不得事二亲为疚，及拜监司之命，喜形于色，即请假回籍迎二亲至粤西，孝养弗衰。右江道驻柳州，西陲诸郡俗多简陋，至则首葺罗池祠，增柳江书院膏火延名师，毅然以培育人才为己任。两权臬篆，恤刑慎罚，大府咸倚重焉。闽省台匪告警，奉旨调广西兵，中丞檄赴黔粤交界之梅寨司地方，点送官兵出境，因感烟瘴，差竣卒于官。生平以忠孝为大节而根于慈爱，观察六年，柳民蒙其赐最多，即于柳江书院中为建祠永祀云。

劳潼 （1733—1801）字莪野、润之，清南海佛山镇人。父孝舆去世早，由母授《毛诗》。乾隆三十年（1765）第二名举人，官国子监学正，在佛山和广州教学著述。

［道光］《广东通志》卷八十《举选举表十八·举人三·国朝·乾隆三十年乙酉·广州府》：南海人，第二名。卷一百八十九《艺文略一·经部·孝经》：《孝经考异选注》，国朝劳潼撰，存。见《冯鱼山文集》：潼，孝舆子。卷一百九十八《艺文略十·集部四》：《荷经堂古文诗稿》三卷，国朝劳潼撰，存。

［道光］《佛山忠义乡志》卷六《乡事志·编年》：嘉庆己未四年，总督觉罗吉拨给充公项银二千二百一十八两有奇置产，以租息为田心书院会文之费。系绅士劳潼、吴昆同、陈维屏等联呈请给，后定每岁拨租息十四两为佛山书院生童膏火。卷九《文苑·清》：字莪野，孝舆子。受知武进刘星炜、大兴翁方纲、余姚卢文弨，得名最早。事母孝，至不肯再应礼闱。以引奖后进为己任，尝言："读孔子书得一言曰'务民之义'，读孟子书得一言曰'强为善而已矣'，读朱子书得一言曰'切己体察'。"其敬恤宗亲、倡率乡党、备赈义举皆有成绩，丙午、丁未岁饥，赖以全活无算。至论学以立志、居敬穷理、笃行为的，而敬尤贯于三者之中。每训人必欲以小学立其根本，乃可由程朱

窥孔孟。始设教本乡，继在羊城，及门知名之士指不胜屈，士林奉为圭臬①。吉制军曾延主越华讲席，以病未就，旋卒。生平著作极富，已梓者如《四礼翼》《人生必读》各书，未梓者备载书目，冯太史敏昌、陈观察昌齐皆极推重焉。卷十《贡生·清》：中式，拔贡。

［道光］《南海县志》卷三十九《列传八·国朝》：字润之。孝舆子，乾隆乙酉由拔贡生，以第二人冠一经……髫龄时，母常于榻上授《毛诗》，辄能成诵，长遂习焉。后赴棘闱，由《诗经》房溢额见遗者再。所知劝其改经，潼曰："吾不敢忘母教。"领乡荐，母在，不肯再应礼闱……卒年六十八。卷二十五《艺文略一·经部·易类》：《周易择粹》，国朝劳潼撰。《经部·礼类》：《重订吕氏四礼翼》，国朝劳潼撰。《经部·孝经类》：《孝经小学正义》，国朝劳潼撰。《史部·总编》：《纲目兴观录》《读史随笔》《古事拾要》，国朝劳潼撰。《子部·儒家类》：《人生必读择要》《养正编》《追慕继志编》《兴观录》《朱子学粹》《先正格言论拾遗》，国朝劳潼撰。《子部·杂家》：《吕语择粹》，国朝劳潼撰。卷二十六《艺文略二·集部·别集》：《荷经堂诗文稿》，国朝劳潼撰。

［宣统］《南海县志》卷十一《艺文略·史部·传记类》：《冯潜斋先生年谱》，国朝劳潼撰，据刊行本。

区大登　（1733—1810）字台府，清南海先登堡人。乾隆二十五年（1760）副贡，三十年举人。早年丧父，教学养母，母丧服阕任广西博白知县。嘉庆元年（1796）办军需，四年代理知州，七年以年老辞归已 70 岁，讲学自给，前后授徒近 50 年。祖殿元，父占。

［道光］《广东通志》卷八十《选举表十八·举人三·国朝·乾隆三十年乙酉·广州府》：南海人，知县。

［道光］《南海县志》卷二十一《选举表二·国朝·贡生荐辟·乾隆朝》：副贡……庚辰……区先登，乙卯岁贡。《国朝·封荫·乾隆朝》：区殿元，以孙大登貤赠文林郎。区占，以子大登赠文林郎。卷三十九《列传八·国朝》：字台府，先登堡人。少孤力学，尝与陈汪刻烛试诵《仪礼》，十数页不遗一字。乾隆庚辰联捷副榜，乙酉领乡荐。选广西郁林之博白，地瘠民顽号难治。大登甫下车，侦知了山圩群盗渊薮，角立数寨，聚党至千百人，为邑剧患。

①圭臬：指圭表，比喻准则或法度。

以计令盗自相攻，诱擒渠魁，博民肃然。听狱为粤语折辨，不事钩距，囚伏罪无怨者。嘉庆丙辰办军需，稽粮起役，严惩勒索，胥吏不得逞。己未护州篆，兼理陆川事，洗雪劫案冤狱。博、陆犬牙地多虎，大登行部度岭，宿虎王庙。午夜虓声出林薄，风萧瑟振山谷，从人股栗。大登从容揖告神曰："尔镇一山，余宰一邑，等耳。所不愿者，率兽食人耳！"言毕，庙外虎啸遁。逾岁怦过其地，询村叟谓虎患自此息云。庚申，谢抚军檄郡守察贤令，州牧亟以大登闻。抚军欲调天保题升，大登以年老辞。壬戌去职，士民赆饯之者数十里。大登仁厚廉节，为学恪守程朱、步趋先正。初上公车不第，授徒养母。母卒三年不入内寝，服阕始仕。致仕日年已七十，犹授徒自给。前后讲学垂五十年，弟子数千，多所成就。卒年七十八岁。

何镇江　（约1733—?）号南峰，清顺德羊额人。乾隆五十七年（1792）举人。早年为梁泉学生，后整理其遗著出版。祖开泰。

[道光]《广东通志》卷八十一《选举表十九·举人四·国朝·乾隆五十七年壬子·广州府》：顺德人。

[咸丰]《顺德县志》卷二十五《列传五·国朝一·何开泰传》：羊额人……孙镇江，号南峰，性浑厚，闾里善事必力倡。饩于庠，试辄优，文誉大起。屡荐，届六十始登乾隆壬子贤书。少受业同县梁泉门，泉负海内重名，得片鳞即成绝诣，而八比文独许镇江，称高足。及泉道卒，镇江取其时艺，以己意校梓之，风行岭北，盖渊源有自也。

陈汪　字汪远，清南海镇涌堡人。监生，乾隆四十六年（1781）乡举保正。

[道光]《南海县志》卷三十九《列传八·国朝·胡珽传》：辛丑，临川李恭毅公湖抚粤，檄郡县穷治盗匪，谕乡举保正，官给照牒……陈汪……字汪远，镇涌堡人。好施予，耽吟咏，著有《清溪吟草》。李抚军设保正令下，乡众以汪应选。有负小不韪，汪送县笞之，既释，其人为汪负行匣返里。或由汪讼其罪遣戍，赐环①日路遇汪，惭悚无怨言。恭毅公卒于任，汪诣县缴保正牒，杜门不预外事。

---

①赐环：旧时指放逐之臣，遇赦召还。

卢松长 字跃龙，清顺德众涌人。喜隶篆，好游览。黎简曾师从之。

［咸丰］《顺德县志》卷二十六《列传六·国朝二·黎简传》：简既崛出，不借师承，而东旋后从学者二，曰黄超、曰卢松长……松长，字跃龙，众涌人，大壮从子。为文奇古拔俗，喜隶篆，嗜好故与简同。生平每事壮游，北出关外，南抵交趾，所过凭吊古迹，发为声歌。归辟室曰“养恕”，优游卒岁。

邱泗成 字骏长，清顺德龙山人。与同乡乾隆前期例贡黎常功，乾隆二十七年（1762）举人冯章锡、温必进设乡约条例。

［乾隆十五年］《顺德县志》卷十《贡生·清朝·乾隆例贡》：黎常功，龙山人，常府同知。

［嘉庆］《龙山乡志》卷八《人物志·行谊》：字骏长，冈头人也。博学能文，淹贯群经。年逾二十充邑弟子员，试辄前矛，旋补增广生，文名噪黉序，学者多师事之。性恬淡，不屑屑于仕进，虽屡困文场无戚戚容，惟以读书学古为事。其教人严而有方，根柢悉本六经，故游其门者多实学之士。生平词貌整肃，不轻言笑，事所当为义形于色，乡里有斗讼者得一二言悉解散而去。时乡中匪徒充斥，抢掠频报，富户良民昼夜不宁。泗成恻然曰：“锄奸宄即所以安良善，此士君子居乡之责也。倘及今不治，将为后患，非禀官立法不可。”于是偕乡人士黎常功、冯章锡、温必进等联名禀，请列宪设立乡约，酌定规条，凡为匪者除之，良者保之，遇事集约，悉秉至公。由是匪党潜迹，良善获安，数十年乡里辑宁。父戒其子，兄戒其弟，奸慝不作，盗贼无闻，皆首倡诸人之力也，故至今登乡约者尚追慕风规于不置焉。

何际可 清顺德羊额人。任海南感恩训导。父有年，字振夫。

［乾隆］《顺德县志》卷十《选举志·贡生·清朝·康熙例贡》：羊额人，感恩县训导。《选举志·封赠·训导·清朝》：何振夫，以子际可贵赠。卷十二《人物列传·宦绩》：羊额人，父有年，□□□寇劫冈州三大渡，□□者二

百七十人，悉衣食之，给以归资。丁丑饥，赈□□余□，存活三□□人①。际可生而颖异，笃学有守，登明经，□感恩训导。正身率士，勤于训课，诸生贫乏不能□□者，助以资斧感之，人士德之。

[咸丰]《顺德县志》卷十二《封赠（文阶）·国朝》：何振夫，羊额人，以子际可赠感恩县训导、孙谦泰赠潮州府……教授。卷二十七《列传七·国朝三·何太青传》：惠群……太青族侄……再从祖②际可岁贡，任感恩训导，士贫不能赴秋试者，必资之。

张满开 字五车，清南海西樵云滘乡人。自学成医，精儿科，寿90岁。孙腾。

[宣统]《南海县志》卷二十一《列传·艺术》：字五车，云津堡云滘乡人。生周岁而孤，有至性，既就傅，同学有问其父者辄涕泣。归问其母，母以其父小像示之，谛视不忍释手，即悬之堂上旦夕瞻礼，岁时祭祀，弥极哀慕。稍长，闵母劬劳，急思谋养，搜父遗簏得林氏秘授儿科专方，试以诊治辄应手效，遂辍读习医，悬壶市中，颜其堂曰“遇林”，志所自也。远近仰其术，褓儿至者日以百数，凡所决治，虽残羸奇险无不立愈。遇贫苦者每赠以药，病愈亦不受谢，因是名大噪。儿科独步一时，樵山左右无不知“张五车”者，后人传其业，人犹称之为“车孙”云。事母孝，甘旨奉养惟谨，善体母志，将以所入周给亲邻，未尝私其妻子，乡里称善人。母冯氏年九十八乃终，满开亦享年九十，子三人。孙腾，以吏员勷办军务，保举布政司经历，升衔候选县丞。腾子曰仁县学生，铭恕恩贡生。曰仁子伯龙，光绪乙酉科举人。仕龙、荀龙俱生员。

杨中和 清顺德玗滘人。居大良行医，乾隆三十三年（1768）举人薛灿五赠诗。99岁死于天花。孙孔麟继承其业。

[咸丰]《顺德县志》卷二十七《列传七·国朝三》：玗滘人，居大良。卖药城北市，晨旦襁负儿求医者，恒百十人。饭后即就病者家，一伞一扇遍

①原本漫漶，可参何有年传之文：“海寇劫村渡之经黄涌者，伤者病者合三渡二百七十人，无所得食。黄涌最近羊额，匍匐至有年家，为衣食，赠之资遣还。丁丑饥，捐赈四十日有奇，活人三千。”

②再从祖：同祖的亲属关系叫从，同曾祖的亲属关系叫再从，故曾祖父的亲兄弟称为再从祖祖父。

行村落。纳笔砚于行囊中，以便贫者，或几榻弗备，即膝上书药帖，盖小印章，令往已店领药，不取值，不索谢也。孝廉薛灿五赠句曰：“道行三万六千日，活尽东西南北人。”年九十九患痘卒。其孙孔麟能世其业，有时名。

陈霞浣 字雪心，清南海佛山镇人。乾隆六年（1741）解元陈炎宗女。未婚夫亡，奔丧守节。嗣孙叶询。

［道光］《佛山忠义乡志》卷九《列女·国朝·节孝》：冯陈氏，名霞浣，字雪心，庶吉士陈炎宗次女。幼失恃，事庶母以孝闻。善女工，耽书史。许字本乡冯氏子，及笄而夫亡，奔丧守节，嗣子炘继夭。氏读书稽古以自遣，能背诵《康熙字典》全部，识疑难字及切法，兼工韵语。合浦康基田为粤藩时欲延教其女，氏以寡守畏清议不就。晚年家有余资，常赒恤冯、陈二族之贫者。著有《续古事苑》《雪心诗钞》《字海辨似》。嗣孙叶询，庚辰连捷进士。

黄超 清顺德弼教人。诸生。主讲佛山田心书院，黎简客居佛山时，从之学诗。

［咸丰］《顺德县志》卷二十六《列传六·国朝二·黎简传》：简既崛出，不借师承，而东旋后从学者二：曰黄超、曰卢松长。超亦弼教人，以诸生主讲南海佛山田心书院，简从焉，为诗有骚人意。

谢景卿 （？—1806）字殿扬，清南海和顺鹤峰村人。能诗好鉴古，镌印谱《紫石山房印蜕》4 册，摹录有《选集汉印分韵》《续集汉印分韵》各 2 卷。父昌言，子兰生、观生。

［道光］《南海县志》卷二十一《选举表二·国朝·封荫·嘉庆朝》：谢昌言，以孙兰生貤赠文林郎。谢景卿，以子兰生赠文林郎。卷三十九《列传八·国朝·谢兰生传》：麻奢堡人……父景卿，字殿扬，县诸生。博雅嗜古，能诗，著有《鸡肋草》。篆刻直追秦汉，鉴别古书画，真赝立辨，尝选集《汉印分韵》四卷。中年后日以蓄书、课子为事，不求闻达。兰生……嘉庆壬戌进士，选庶吉士，请假省亲，以父年老未散馆。丙寅父殁，遂绝意仕宦。

庞永乾 清南海佛山镇人。岁贡，乾隆二十八年（1763）任广东连山训导。

［乾隆］《佛山忠义乡志》卷四《选举志·岁贡·清》：正贡。

[道光]《广东通志》卷四十六《职官表三十七·国朝四·连山县·教谕训导·乾隆朝》：南海人。举人，二十八年任……训导。

[道光]《佛山忠义乡志》卷十《贡生·清》：岁贡。

林捷 清高明范州人。乾隆二十八年（1763）岁贡。

[光绪]《高明县志》卷十二《选举表·国朝·岁贡·乾隆朝》：范州人，广西桂平籍，二十八年贡。

黄连璧 字应槐，清顺德龙山人。贡生，乾隆二十八年（1763）任南海训导，三十年教谕。父麟。

[嘉庆]《龙山乡志》卷七《选举志·贡生·国朝·乾隆庠贡》：鹤山籍，南海训导。《封赠·国朝·文职》：黄麟，以子连璧贵赠南海训导。卷八《人物志·文苑》：字应槐，冈贝人也。魁梧奇伟，英爽过人。少笃学，淹贯书史，甫长即能文。原本经术，发为词章，故其才力驰骤，轶出时辈，衡鉴者每以韩潮苏海比之。壮岁补鹤山弟子员，旋食饩，以廪贡生选授南海儒学。时制艺习尚浮靡，绝少精铨，每作月课拔取真才，诸生谒见辄以崇尚经学、务去陈言为戒，一时好学之士多翕然宗之。盖本生平得力以训式多士，言易入而人易从，其善于诱迪如此。

[道光]《广东通志》卷四十五《职官表三十六·国朝三·南海县·教谕训导·乾隆朝》：肇庆人。三十年任……教谕……鹤山人，二十八年任……训导。

黎光灿 清高明罗俊人。乾隆二十八年（1763）岁贡，子卓仁五十七年举人、卓义四十八年举人。

[光绪]《高明县志》卷十二《选举表·国朝·岁贡·乾隆朝》：罗俊人。广西武宣籍，二十八年贡。

霍学源 清三水董亰人。乾隆二十八年（1763）任广东龙川教谕、三十五年海南崖州学正，卒于官。父作明，雍正十一年（1733）进士，由南海佛山镇徙居三水。

[嘉庆]《三水县志》卷九《选举·例贡·清》：董亰人，由廪生任龙川县教谕、崖州学正。

[道光]《广东通志》卷四十九《职官表四十·国朝·龙川县·教谕训

导·乾隆朝》：三水人。廪贡，二十八年任……教谕。卷五十五《职官表四十六·国朝十三·崖州·学正训导·乾隆朝》：三水人。廪贡，三十五年任……学正。

［道光］《佛山忠义乡志》卷九《循吏·清·霍作明传》：解组后徙居三水。次子学源，由廪贡授龙川县教谕，调崖州，俸满升知县。勤于课士，正己以为之率，邑侯汪鼎金称为经师、人师。卒于官。

区澍　字士元，清高明棠美人。在广西梧州教学，乾隆二十九年（1764）岁贡，学生中已经入仕者一起为他祝贺。

［道光］《高明县志》卷十二《选举志·贡生·国朝》：棠美人，乾隆二十九年岁贡。卷十三《人物志·国朝》：字士元，赋性聪敏，笃志好学。年弱冠补邑弟子员，试多优等，尝友教于粤西梧郡，桃李多出其门。乾隆癸未岁贡，其徒登仕版者共制锦称觞以祝焉。

冯中立　清顺德大良人。乾隆二十九年（1764）岁贡。

［咸丰］《顺德县志》卷十一《岁贡·国朝·乾隆》：大良人，甲申。

冯廷献　清高明坐阁人。乾隆二十九年（1764）例贡。

［道光］《高明县志》卷十二《选举志·例贡·国朝》：坐阁人，乾隆二十九年例贡。

何逢清　清三水鲁村人。乾隆二十九年（1764）岁贡。

［嘉庆］《三水县志》卷九《选举·岁贡·清》：鲁村人，（乾隆）二十九年贡。

方清　清南海人。乾隆三十年（1765）举人。

［道光］《广东通志》卷八十《选举表十八·举人三·国朝·乾隆三十年乙酉·广州府》：南海人。

区肇燽　清南海人。乾隆三十年（1765）举人，唐县知县。

［道光］《广东通志》卷八十《选举表十八·举人三·国朝·乾隆三十年乙酉·广州府》：南海人。

［道光］《南海县志》卷二十一《选举表二·国朝·举人·乾隆朝》：知

县……乙酉科。

[同治]《南海县志》卷九《举人·清》：唐县知县，乾隆朝。

左右逢 字凌周，清顺德龙山人。乾隆三十年（1765）举人，考进士数次不中，家居至60岁卒。

[嘉庆]《龙山乡志》卷八《人物志·行谊》：字凌周，冈贝人也。性淳笃嗜学，家贫无以供读。少尝受佣随人远贾，虽备历艰苦，每闻人读书，心神向往，夜静辄于敝簏中搜得残缺经书，呫哔不倦。忽自叹曰："书中自有富贵，何为逐逐市廛了却一生？纵陶朱可致无益也！"于是归，健户下帏，囊罄无买书资，恒向朋好借，得即尽夜手钞不辍。岁于村舍授徒，所得脩脯不供爨炊屡空。其妻贤，常夜纺佐读。戚友中未尝乞贷，间有知其贫者馈之粟，受之亦弗谢。未几游邑庠，愈刻励攻苦，制艺出冠时辈，与之游者称畏友焉。旋中乾隆乙酉科乡试亚魁，赴鹿鸣日，亲友登堂馈赠称庆，里党悉为之喜。数上公车不售，自是杜门读书不复出。居乡与人交肫诚笃实，敦气谊，重言诺，一望而知为长者也。乡闾有事，裁处咸得其当，以是乡之人益加敬畏不敢欺云。卒年仅六十，未竟其志，士论惜之。

刘衍涛 清顺德逢简人。乾隆三十年（1765）举人。

[道光]《广东通志》卷八十《选举表十八·举人三·国朝·乾隆三十年乙酉·广州府》：顺德人。

[咸丰]《顺德县志》卷十一《举举人二·国朝·乾隆》：逢简人……乙酉科。

何曾 字日临，清顺德羊额人。乾隆三十年（1765）举人，任江苏镇洋知县，五十八年、五十九年大水，缓征赈济，60岁卒于任。祖元统，父褅康。

[道光]《广东通志》卷八十《选举表十八·举人三·国朝·乾隆三十年乙酉·广州府》：顺德人。

[咸丰]《顺德县志》卷十二《封赠（文阶）·国朝》：何元统，羊额人，岁贡生，以孙曾赠。何褅康，以子曾赠。俱镇洋县……知县。卷二十六《列传六·国朝二》：字日临……乙酉乡荐，挑令镇洋，勤求民瘼，悉心听断。徐富南者犯事久在逃，一夕忽自投曰："限至矣，不忍累公，愿伏法。"有杀偷儿弃河者莫得主名，曾易服缉于乡，老妪密语之，执讯果服。邑东南河渠多淤，得请次第浚之。癸丑、甲寅频年大水，详请缓征，为粥以赈，复平粜常

平仓谷，民德焉。年六十卒于任。

何璋珩　清顺德羊额人。乾隆三十年（1765）拔贡，三十七年任广东乳源教谕。三十九年副贡，次年任海南陵水教谕。父元襄，弟璋玠，璋玠子太青。

［道光］《广东通志》卷四十七《职官表三十八·国朝五·乳源县·教谕训导·乾隆朝》：顺德人。拔贡，三十七年任……教谕。卷五十五《职官表四十六·国朝十三·陵水县·教谕训导·乾隆朝》：顺德人。拔贡，四十年任……教谕。

［咸丰］《顺德县志》卷十一《副贡·国朝·乾隆》：羊额人，甲午，陵山县教谕。卷十二《封荫表·封赠（文阶）·国朝》：何元襄，羊额人，以子璋珩封教谕，孙太青赠，加赠乍浦同知。何璋玠，以子太青封，加赠乍浦同知……庶吉士……何璋珩，羊额人，以侄太青赠仁和县……知县。卷二十七《列传七·国朝三·何太青传》：祖元襄，阔达有干才，足迹半天下，资尽耗，复以发铁矿大起，客负数万金悉毁其券。伯父璋珩，乾隆乙酉拔贡，校录期满，选陵水教谕，有教泽。并封庶吉士。

张应丰　清顺德龙江人。乾隆三十年（1765）拔贡，四十年任广东翁源县教谕。

［道光］《广东通志》卷四十七《职官表三十八·国朝五·翁源县·教谕训导·乾隆朝》：顺德人。拔贡，四十年任……教谕。

［咸丰］《顺德县志》卷十一《拔贡·国朝·乾隆》：龙江人。乙酉，翁源县训导。

张健良　清顺德龙江人。乾隆三十年（1765）举人，任连山县教谕。

［道光］《广东通志》卷八十《选举表十八·举人三·国朝·乾隆三十年乙酉·广州府》：顺德人。

［咸丰］《顺德县志》卷十一《国朝·乾隆》：龙江人。连山县教谕……乙酉科。

陆超　清三水大寮人。乾隆三十年（1765）武举。

［嘉庆］《三水县志》卷九《选举·武举·国朝·乾隆三十年乙酉科》：

大綦人。

陈龙川　清顺德容奇人。乾隆三十年（1765）副贡。

［咸丰］《顺德县志》卷十一《副贡·国朝·乾隆》：容奇人，乙酉。

陈似达　清南海人。乾隆三十年（1765）举人。

［道光］《广东通志》卷八十《选举表十八·举人三·国朝·乾隆三十年乙酉·广州府》：南海人。

陈国成　清顺德龙江人。乾隆三十年（1765）副贡。

［咸丰］《顺德县志》卷十一《副贡·国朝·乾隆》：龙江人，乙酉。

陈念祖　清南海人。乾隆三十年（1765）举人。

［道光］《广东通志》卷八十《选举表十八·举人三·国朝·乾隆三十年乙酉·广州府》：南海人。

陈捷　清南海人。乾隆三十年（1765）岁贡。

［道光］《南海县志》卷二十一《选举表二·国朝·贡生荐辟·乾隆朝》：岁贡……乙酉。

郑大经　清南海人。乾隆三十年（1765）举人。

［道光］《广东通志》卷八十《选举表十八·举人三·国朝·乾隆三十年乙酉·广州府》：南海人。

林天因　字迎笃，清顺德龙山人。乾隆三十年（1765）岁贡。曾祖逢春。

［嘉庆］《龙山乡志》卷八《人物志·文苑》：字迎笃，太仆逢春曾孙也。性警敏，善属文，数千言援笔立就，贯穿经传，词采烂然，尤专盲左①。补邑弟子员，试辄前矛，食廪饩，久困诸生。岁聚徒讲学于芹溪鳌渚之间，鉴别

①盲左：春秋鲁太史左丘明的代称。传说《左氏春秋》的作者是左丘明，左双目失明，故称。

人才，诱掖后进，一时推为名师，故游其门者如黄广文连璧、邱文学泗成辈皆知名士。生平所著经义甚富，至老不获一第，仅以明经终，士林咸为之惋惜云。

［咸丰］《顺德县志》卷十一《岁贡·国朝·乾隆》：龙山人，乙酉。

林兆联　清南海人。乾隆三十年（1765）拔贡。

［道光］《南海县志》卷二十一《选举表二·国朝·贡生荐辟·乾隆朝》：拔贡……乙酉。

罗际泰　清顺德陈村人。乾隆三十年（1765）举人，五十六年任广东四会县教谕。

［道光］《广东通志》卷八十《选举表十八·举人三·国朝·乾隆三十年乙酉·广州府》：顺德人。

［道光］《肇庆府志》卷十三《职官三·清·四会县·教谕·乾隆朝》：顺德人。举人，五十六年任。

［咸丰］《顺德县志》卷十一《举人二·国朝·乾隆》：陈村人。四会县教谕……乙酉科。

周霖　清三水黄冈里人。乾隆三十年（1765）岁贡，曾为乡饮宾。

［嘉庆］《三水县志》卷九《选举·岁贡·清》：黄冈里人，（乾隆）三十年贡。经学湛深，教泽广被。卷十一《人物传·乡饮宾》：岁贡。

梁廷选　清顺德碧江人。乾隆三十年（1765）武举。

［咸丰］《顺德县志》卷十一《武举·国朝·乾隆》：碧江人，乙酉。

梁能缵　清南海佛山镇人。乾隆三十年（1765）举人。祖调元。

［道光］《广东通志》卷八十《选举表十八·举人三·国朝·乾隆三十年乙酉·广州府》：南海人，祖调元。

梁肇文　（？—1779）字景图，清三水沙头人。乾隆三十年（1765）拔贡，三十二年任广东兴宁、三十七年海南陵水教谕，升河北昌黎知县。母死回乡卒。祖鸿，父超郡，子起云、登、瑄，孙光槐、光钊。

［嘉庆］《三水县志》卷九《选举·拔贡·清》：沙头人。三十年拔贡，任兴宁县教谕。调边俸满，升直隶昌黎县知县。《选举·封赠·清》：梁鸿，监生，以孙肇文赠文林郎、直隶昌黎县知县。梁超郡，增生，以子肇文赠文林郎、直隶昌黎县知县。卷十一《人物传·宦迹》：字景图，沙头人。乾隆乙酉选拔，授兴宁教谕，训饬士习，给赴科者以卷资，士感而奋。值岁饥，捐俸倡赈，饥民赖以存活者甚众，为位于文昌宫尸祝之。秩满调陵水，后以边俸满铨升江西奉新县，引见改直隶昌黎。邑士力学者多苦无资，恒就四库馆佣书自给，肇文择其能文者月给膏火以资之使卒业，复捐俸属绅士资息为士子赴科纳卷资。邑有淤田数十顷，择亲老孤寡及贫士无田者承之，其有讼扰公庭者黜勿与，抑其公费，实其征税，俾经久行之。乾隆四十五年上南巡，赏除道能赐衣一袭，纪名候擢用。适以母忧回籍，哀毁遽卒，人多惜其才之未竟云。子起云，国学生。三子登、五子瑄，孙光槐、光钊，俱邑庠生。卷十二《列女》：梁氏，原任昌黎县知县梁肇文女，鲁村何屏宰妻。年二十四孀守，抚孤成立。

［道光］《广东通志》卷五十七《职官表四十八·国朝十五·兴宁县·教谕训导·乾隆朝》：三水人。拔贡，三十二年任……教谕。卷五十五《职官表四十六·国朝十三·陵水县·教谕训导·乾隆朝》：三水人。拔贡，三十七年任……教谕。

黄广川　清顺德吉祐人。乾隆三十年（1765）副贡，嘉庆三年（1798）任海南乐会教谕。

［道光］《广东通志》卷五十五《职官表四十六·国朝十三·乐会县·教谕训导·嘉庆朝》：顺德人。副榜，三年任……教谕。

［咸丰］《顺德县志》卷十一《副贡·国朝·乾隆》：吉祐人。乙酉，乐会县教谕。

黄国琮　清顺德白藤人。乾隆三十年（1765）武举。

［咸丰］《顺德县志》卷十一《武举·国朝·乾隆》：白藤人……乙酉。

崔继烈　字绳武，清高明城中人。嘉庆元年（1796）以子颐赠修职郎。

［道光］《高明县志》卷十二《选举志·封典·清》：城中人。邑廪，嘉

庆元年以子颐赠修职郎。卷十三《人物志·国朝》：字绳武。状貌魁梧。读书有器识，慨然以远大自期，尝口诵一联云："世事莫非心性事，古书原是祖祢书。"年十九游泮，将届七旬犹率长、次子力战棘闱，卒以历廪二十载终焉。

崔颐 字吉甫，清高明城中人。乾隆三十年（1765）拔贡，五十四年督修东洲寺，五十九年任广东河源教谕。嘉庆元年（1796）赠父官衔，十三年赐举人，次年会试赐国子监学正。十九年补海南文昌教谕，退休归，寿87岁。父继烈。

［道光］《广东通志》卷四十九《职官表四十·国朝·河源县·教谕训导·乾隆朝》：高明人。拔贡，五十九年任，教谕。卷五十五《职官表四十六·国朝十三·文昌县·教谕训导·嘉庆朝》：高明人。拔贡，十九年任，教谕。

［道光］《高明县志》卷十二《选举志·贡生·国朝》：城中人。乾隆三十年拔贡，任河源学教谕。《选举志·钦赐》：城中人。嘉庆十三年戊辰由拔贡钦赐举人，己巳会试，钦赐国子监学正。《选举志·封典·国朝》：崔继烈，城中人。邑廪，嘉庆元年以子颐赠修职郎。卷十三《人物志·国朝》：字吉甫。性质直，志气超群。聪颖喜读书，提要钩元，有会心即下注疏。少年试辄冠军，随以邑廪膺拔贡。凡遇科场，闱中不作第二人想也，然数奇不遇。居恒讲学教人，力追正始知名士①，游其门者甚众。初任河源教谕，以修学明伦、课士育才力己任。戊辰钦赐举人，己巳会试后钦赐国子监学正，补任文昌教谕，造士悉如河源。及致仕，生徒络络祖饯②，公赠以匾曰"经师人师"。卒年八十有七。卷十六《艺文志二》：《东洲春浪赋》：崔颐，邑人。拔贡，教谕。乾隆己酉六月，余董修东洲寺，至庚戌落成。

温显祖 清顺德龙山人。乾隆三十年（1765）举人。祖丽吾，父瑞洲。

［嘉庆］《龙山乡志》卷七《选举志·举人·国朝·乾隆乙酉》：恩平教谕，未任。《选举志·封赠·国朝·文职》：温丽吾，以孙显祖贵赠候选知县。

---

①正始名士：指三国时以何晏、王弼、夏侯玄等为首的一班名士，他们发动了正始改制。正始：三国魏齐王芳的年号。当时玄风渐兴，士大夫唯老庄是宗，竞尚清谈。

②祖饯：饯行。

温瑞洲，以子显祖贵赠候选知县。

曾文敬 清顺德小里涌人。乾隆三十年（1765）岁贡。

［咸丰］《顺德县志》卷十一《岁贡·国朝·乾隆》：小里涌人，乙酉。

彭曾 清顺德龙江人。乾隆三十年（1765）岁贡。

［咸丰］《顺德县志》卷十一《岁贡·国朝·乾隆》：龙江人，南海籍，乙酉。

黎道炳 清高明人。乾隆三十年（1765）拔贡，任龙川教谕。祖民铎，父贞，弟道然。

［光绪］《高明县志》卷十二《选举表·国朝·拔贡·乾隆朝》：贞长子，石城籍。三十年拔贡，龙川教谕。

王士驹 清高明冈头人。乾隆三十一年（1766）岁贡。

［道光］《高明县志》卷十二《选举志·贡生·国朝》：冈头人，乾隆三十一年岁贡。

罗圣衡 清顺德大良人。乾隆三十一年（1766）岁贡。

［咸丰］《顺德县志》卷十一《岁贡·国朝·乾隆》：大良人，丙戌。

崔有玲 字怀长，清高明城中人。讲学50余载，乾隆三十一年（1766）岁贡。寿83岁。

［道光］《高明县志》卷十二《选举志·贡生·国朝》：城中人。乾隆三十一年岁贡，由新兴籍。卷十三《人物志·国朝》：字怀长，性廉静，品端方。沉潜笃学，弱冠补弟子员。设绛讲业五十余载，多所造就。不治生产，脩脯之外绝无营求。著有《稼石堂四书善注》及《易经讲义》数十卷，四易其稿，手自抄录，自少至老始终不懈。应乾隆丙戌岁贡，年八十有三。

谭兰英（清乾隆） 字馨甫，号九畹，清高明巨村人。乾隆三十一年（1766）例贡。孙三才，嘉庆二十一年（1816）武举，道光三年（1823）参修《高明县志》。

［道光］《高明县志》卷十二《选举志·例贡·国朝》：巨村人，乾隆三

十一年例贡。卷十三《人物志·国朝》：字馨甫，号九畹。性孝友，聪睿好学。早失怙，谨承母命理家产。就选南雍，力抚两弟俱列胶庠。生平慷慨好施，贫邻婚丧借贷靡不乐从。排难解分，党里有争讼者得一言莫不寝息。晚岁虽耽诗酒，而课子勖孙，从不少容宽假。年近七旬而卒，子皆有声泮璧。孙三才以嘉庆丙子科获售，其亦积善之报乎？

陈贡　清顺德古朗人。乾隆三十二年（1767）岁贡。

［咸丰］《顺德县志》卷十一《岁贡·国朝·乾隆》：古朗人，丁亥。

罗礼绵　（1737—1816）字希晦，号抑斋，清顺德大良人。乾隆五十九年（1794）举人，嘉庆十年（1805）补广东吴川教谕。子嵩，从军战死。孙家政、家益跟从祖父学习。曾孙惇衍。

［道光］《广东通志》卷八十一《选举表十九·举人四·国朝·乾隆五十九年甲寅·广州府》：番禺人。教谕。卷五十二《职官表四十三·国朝十·吴川县·教谕训导·嘉庆朝》：顺德人。举人，十年任……教谕。

［咸丰］《顺德县志》卷二十六《列传六·国朝二》：字希晦，号抑斋，大良人。十世祖显庸，倡请建城……家贫力学，年十四始就傅，毅然有志经术。三十为诸生食饩，名日噪。乾隆甲寅始举于乡，年且五十八矣。生平操行修洁，丁内外艰终丧不御酒肉。授徒督课严，得指授捷去者指不胜屈。晚补吴川教谕，官方自励，未尝责人贽脯，士乐从游，学舍为满。前任潮州黄某卒于官，道远贫不能归，捐俸倡资其行。秩满去，诸生走送数十里，有泣下者，书问终礼，绵世不绝。卒年七十有九。子嵩……于达州之白岩山御贼遽死，时子家政、家益并幼，从祖学。

［民国］《顺德县志》卷九《封荫表·封赠·文阶》：大良人。举人，以出嗣曾孙惇衍赠。罗礼来，以曾孙惇衍赠。罗嵩，外委阵亡赐恤，以孙惇衍赠。罗家政，举人，以子惇衍赠……户部尚书。

关廷牧　（1738—1789）榜姓陈，字丛桂，号西园，清南海九江人。乾隆二十七年（1762）举人，次年进士。三十六年任天津宁河知县，五十年升北京通州知州，次年为天津府同知。五十三年改广西武缘知县，病卒，时年52岁。祖腾蛟，父泰，子熊。

［道光］《广东通志》卷八十《选举表十八·举人三·国朝·乾隆二十七

年壬午·广州府》：陈廷牧，南海人。进士，本姓关。

［道光］《南海县志》卷三十九《列传八·国朝》：字丛桂，九江堡人。年十三失怙，家甚贫，母家资给之，益力学。二十五岁举乾隆壬午贡士，癸未联捷进士。辛卯铨直隶顺天之宁河，乙巳升北通州。通与宁河密迩畿辅，为翠华巡幸必经地。廷牧历办皇差，恪勤周妥，刘制府廉其能，委兼理顺天东路府事。丙午升天津府同知，以属县静海盗案镌三级。戊申改授广西武缘县，寻卒。廷牧勤于吏治，初至宁河，问民所苦，岁有供船运粮谷例，力请院司革其弊。县属催科无粮长，岁二月开征，书吏具檄，县官画诺。图差①捧檄，追呼传食②，乡井民竭力豢差，差橐饱，民益罢欠。廷牧则与绅耆约：户立户长，里立里长，丁统于户，户统于里。官坐堂皇点充，定输将期限，里长敛地、丁钱粮，如期赴县治投柜执概③亲输于官，图差中饱之路绝。雍正九年始析宝坻县东南隅置宁河，为河淀朝宗径道，士人少课诵地，县掌故附载《宝坻志》。城西养济院久圮于河，北塘西南路为南北孔道，逢潮汐途辄梗。自廷牧莅任，筑北塘叠道十里，架石桥通河流，复养济院旧址，建渠梁书院，创始《宁河图经》，兴革乃大备。辛丑，廷牧族兄某赴武公车道武清憩树下，乡民程某询为宁河官亲，延至家致款洽供馔甚丰，厅事中木楬④金书廷牧衔名。某讶问故，则程与张某詈骂，张骤得病死，其家诬控程殴毙，程苦刑诬服议绞。狱上郡，郡守命廷牧覆谳，得其情与昭雪，遂尸祝廷牧以报也。比迁通州，士民攀送数十里，多感泣者。通州冲要甲天下，廷牧日办差务，夜烛治官书，恒冠带彻曙。期月以劳除天津，值米价昂贵，查封囤积劝平粜，民以不饥。左迁武缘，多积案，兼统辖六土司。廷牧日勤审决，视事仅匝岁，数年留狱为之清。以不服水土病殁，士民哭临累日，年五十二。子熊，官四川迷易司巡检。卷二十五《艺文略一·史部·方志》：《宁河县志》十六卷，国朝关廷牧辑。

［同治］《南海县志》卷九《进士》：通州知州，祖腾蛟、父泰俱赠奉政大夫，乾隆朝。

［光绪］《广州府志》卷一百二十八《列传十七·国朝·南海》：字丛桂，九江堡人。年十三失怙，家甚贫，母家资给之，益力学。举乾隆壬午乡荐，癸未进士。辛卯铨直隶顺天宁河知县，乙巳升北通州。通与宁河密迩畿辅，

---

①图差：明清时地方基层区划的差使人员。

②传食：指辗转受人供养。

③概：量米粟时刮平斗斛（hú）用的木板。

④楬（jié）：作标记用的小木桩。

为巡幸必经地。廷牧历办大差，恪勤周妥，刘制府廉其能，委兼理顺天东路同知事。……子熊，官四川述易司巡检。

《九江儒林乡志》卷十《选举略·国朝·举人·乾隆二十七年壬午科》：榜姓陈，字丛桂，号西园。县学，中式第六十九名。联捷进士。《选举略·国朝·进士·乾隆二十八年癸未科》：赐同进士出身，即用知县，补顺天宁河知县，递擢通州知州、天津同知，兼署顺天东路同知。《选举略·国朝·封荫》：关腾蛟，以孙廷牧赠奉政大夫、天津府同知。关泰，以子廷牧赠奉政大夫、天津府同知。卷十四《列传·清》：字丛桂，号西园，西方长龄约人。年十三失怙，家甚贫，母家资给之，益力学，以附生登乾隆壬午乡榜，癸未联捷进士。

邓宇　清三水清塘人。乾隆三十三年（1768）岁贡，任茂名县训导。

［嘉庆］《三水县志》卷九《选举·岁贡·清》：清塘人，（乾隆）三十三年贡，茂名县训导。训迪有方，士林敬重。卷十一《人物传·乡饮宾》：岁贡。

［道光］《广东通志》卷五十二《职官表四十三·国朝十·茂名县·教谕训导·乾隆朝》：三水人。挨贡，五十五年任，训导。

邓斌　清三水上灶人。乾隆三十三年（1768）武举。

［嘉庆］《三水县志》卷九《选举·武举·国朝·乾隆三十三年戊子科》：上灶人。

朱瑛　字辑璧，号勉亭，清南海九江人。乾隆三十三年（1768）武举。子凤扬。

［道光］《南海县志》卷二十二《选举表三·国朝·武举·乾隆朝》：戊子科。

《九江儒林乡志》卷十《选举略·国朝·武举·乾隆三十三年戊子科》：字辑璧，号勉亭。县学，中式第四十一名。子凤扬，武举。

伍冲斗　清顺德北水人。乾隆三十三年（1768）岁贡。

［咸丰］《顺德县志》卷十一《岁贡·国朝·乾隆》：北水人，戊子。

关仲枬 一说姓陈，字缙式，号戬红，清南海九江人。乾隆三十三年（1768）岁贡。生父王孙，继父龙，孙家驹。

［同治］《南海县志》卷九《拾遗订误・贡生》：陈仲枬，戊子岁贡，乾隆朝。

《九江儒林乡志》卷十《选举略・国朝・贡生・乾隆三十三年戊子》：字缙式，号戬红。罗定学，岁贡。继父龙、本生父王孙、孙家驹，皆举人。

杨麟光 清顺德容奇人。乾隆三十三年（1768）武举。

［咸丰］《顺德县志》卷十一《武举・国朝・乾隆》：容奇人……戊子。

吴廷招 清南海佛山镇人。乾隆三十三年（1768）举人，任国子监学正。

［道光］《广东通志》卷八十《选举表十八・举人三・国朝・乾隆三十三年戊子・广州府》：新会人。

［道光］《佛山忠义乡志》卷十《举人・清》：乾隆戊子，国子监学正。

［民国］《佛山忠义乡志》卷十六《金石志二・乡土碑记》：《敬字亭碑记》，麦晅敬书，乾隆五十五年仲秋谷旦，值事劳潼、吴廷招、区宏绪、刘东阳、李宪邦等同立。

何文谒 清顺德大良人。乾隆三十三年（1768）岁贡，五十五年任广东恩平训导。

［道光］《广东通志》卷五十一《职官表四十二・国朝九・恩平县・训导・乾隆朝》：顺德人。挨贡，五十五年任。

［咸丰］《顺德县志》卷十一《岁贡・国朝清・乾隆》：大良人。戊子，恩平县训导。

陈大临 字翔仕，一字信谷，清南海人。曾在西樵山学习，乾隆三十三年（1768）副贡。

［道光］《南海县志》卷二十一《选举表二・国朝・贡生荐辟・乾隆朝》：戊子副贡。

《西樵白云洞志》第二册《传略・陈明经大临》：字翔仕，一字信谷，南海人。乾隆戊子副贡。尝肄业洞中。

陈义悦 清顺德南面人。乾隆三十三年（1768）岁贡，四十二年任广东韶州府训导。

［道光］《广东通志》卷四十七《职官表三十八·国朝五·韶州府·教授训导·乾隆朝》：阳春人。挨贡，四十二年任……训导。

［道光］《肇庆府志》卷十五《选举二·国朝·贡生·阳春县学·乾隆朝》：三十三年贡，韶州训导。

［咸丰］《顺德县志》卷十一《岁贡·国朝·乾隆》：南面人，阳春籍。戊子，韶州府训导。

陈梦元（清乾隆） 清顺德大良人。乾隆三十三年（1768）举人。

［道光］《广东通志》卷八十《选举表十八·举人三·国朝·乾隆三十三年戊子·广州府》：顺德人。

［咸丰］《顺德县志》卷十一《举人二·国朝·乾隆》：大良人……戊子科。

陈锡梓 清顺德桂洲人。乾隆三十三年（1768）武举第一名。

［咸丰］《顺德县志》卷十一《武举·国朝·乾隆》：桂洲人，第一名……戊子。

林允中 清高明范州人。乾隆三十三年（1768）举人，副榜。

［道光］《高明县志》卷十二《选举志·贡生·国朝》：范州人，乾隆三十三年戊子副榜，西籍。

林兆璠 清南海人。乾隆三十三年（1768）举人，四十二年任广东开建、四十七年高明教谕，后授江西安福知县。父国缙。

［道光］《广东通志》卷八十《选举表十八·举人三·国朝·乾隆三十三年戊子·广州府》：南海人。卷五十一《职官表四十二·国朝九·开建县·教谕训导·乾隆朝》：南海人。举人，四十二年任……教谕。卷五十五《职官表四十六·国朝十三·定安县·教谕训导·乾隆朝》：南海人。举人，四十二年

任……教谕。

［道光］《高明县志》卷五《秩官志·国朝训导》：南海人，举人。乾隆四十七年任，后授江西安福知县。

［道光］《南海县志》卷二十一《选举表二·国朝·封荫·乾隆朝》：林国缙，以子兆璠貤封开建教谕。

周文标　清顺德北滘人。乾隆三十三年（1768）武举。

［咸丰］《顺德县志》卷十一《武举·国朝·乾隆》：北滘人。南漕督运千总，戊子。

周冲　清南海人。乾隆三十三年（1768）举人。

［道光］《广东通志》卷八十《选举表十八·举人三·国朝·乾隆三十三年戊子·广州府》：南海人，知县。

郭月林　清南海人。乾隆三十三年（1768）举人，四十六年与大同堡李俨同时为保正，四十八年任广东广宁教谕，嘉庆七年（1802）韶州府教授。父方达。

［道光］《广东通志》卷八十《选举表十八·举人三·国朝·乾隆三十三年戊子·广州府》：南海人。卷五十一《职官表四十二·国朝九·广宁县·教谕训导·乾隆朝》：南海人。举人，四十八年任，教谕。卷四十七《职官表三十八·国朝五·韶州府·教授训导·嘉庆朝》：南海人。举人，七年任……教授。

［道光］《南海县志》卷二十一《选举表二·国朝·封荫·乾隆朝》：郭方达，以子月林貤赠修职郎。卷三十九《列传八·国朝·胡珽传》：辛丑，临川李恭毅公湖抚粤，檄郡县穷治盗匪，谕乡举保正……并时李俨……字拜常，大同堡人，伉爽尚义，屡脱乡邻无妄灾于狱，与举人郭月林并受徐县尹礼致为保正。月林尝谓："诸君虽殚心瘁力，重大事或逊谢未遑。俨独详审以应，有旁挠之，益毅然劝善惩恶。俨所裁决，退无后言者。"

［同治］《南海县志》卷九《举人·清》：韶州府教授，乾隆朝。

黄永祺　字维千，清南海佛山镇人。乾隆三十三年（1768）举人，三十七年进士。

［道光］《广东通志》卷八十《选举表十八·举人三·国朝·乾隆三十三

年戊子·广州府》：番禺人，字维千，进士。

［道光］《佛山忠义乡志》卷十《进士·清》：乾隆壬辰，原番禺人。

黄洪祚 清高明城中人。乾隆三十三年（1768）岁贡。

［道光］《高明县志》卷十二《选举志·贡生·国朝》：城中人，乾隆三十三年贡。

黄云锦 字倬章，清高明伦埇人。乾隆三十三年（1768）举人，教书为业，未仕而卒。父舫，康熙六十一年（1722）拔贡。

［道光］《广东通志》卷八十《选举表十八·举人三·国朝·乾隆三十三年戊子·肇庆府》：高明人。

［道光］《高明县志》卷十二《选举志·举人·国朝》：伦埇人。乾隆三十三年戊子举人。卷十三《人物志·国朝》：字倬章。弱冠充邑诸生，家贫力学，博古能文。领戊子科贤书，通籍后益自勤苦。足迹不履公门，惟以教授生徒为务，邑人重之。未仕而卒，舆论惜焉。

黄殿英 清南海人。乾隆三十三年（1768）举人。

［道光］《广东通志》卷八十《举人三·清·乾隆三十三年戊子·广州府》：南海人。

温闻源 字华石，号碧池，清顺德龙山人。乾隆三十三年（1768）举人，四十五年进士，授内阁中书归。父启新。

［嘉庆］《龙山乡志》卷七《选举志·封赠·国朝·文职》：温启新，以子闻源贵赠翰林院庶吉士。卷八《人物志·德业》：字华石，号碧池。幼而聪颖，诗书过目即能成诵。稍长善属文，一时侪辈无不倾服，邑郡试辄列前矛。初补商籍弟子员，以限于额荐而未售即弃去，旋冠郡试军游邑庠。中乾隆戊子乡试亚魁，闱墨一出，阅者无不击节，然屡困礼闱。庚子始成进士，授翰林院庶吉士，文誉由是愈噪，京邸名公巨卿莫不折节与之交游。然性洒脱不任束缚，虽日在冠盖中不以为荣也。适改授内阁中书，意不乐就即束装归里。筑室数椽，藏书万卷，暇与二三朋从论文赋诗，萧然自得。黎司马芹洲、陈明府鳌麓悉相与友善。生平孝友，少孤，赖母梁氏贤得以成立，每念成名迟暮，怅其母之不及见辄为泣下。居乡接人以礼，处人以义，邻里有疑难者决

之，有祸害者恤之。时值群匪充斥为乡患，亟请之官建立乡约，定规条严捍卫十余年，乡境赖宁皆其力云。卒年五十五，所著诗文甚富，稿藏于家。

[道光]《广东通志》卷一百九十八《艺文略十·集部四》：《碧池诗钞》一卷，国朝温闻源撰，存。谨案：闻源……初官内阁中书，散馆仍归中书。

《西樵白云洞志》第五册《艺文·增辑诗》：一字碧池。

[咸丰]《顺德县志》卷二十六《列传六·国朝二·梁泉传》：泉门下多通材，久而得第者，莫如温闻源……母梁闻泉才使从焉……与乡人邱泗成辈定设乡约、立规条，至今仿守不变……尝入会城约友围棋，漏五下争一劫，喧达户外，逻者过问知之，传以为笑。与族侄汝适同学，交相推重，汝适跋其遗集，称其胸有万卷，为文得力于泉云。

曾大炎　清顺德勒楼人。乾隆三十三年（1768）武举。

[咸丰]《顺德县志》卷十一《武举·国朝·乾隆》：勒楼人……戊子。

程元英　字方元，号正夫，清高明城中人。乾隆三十三年（1768）捐授把总，寿70岁。子开绣，五十六年捐授卫千总，道光三年（1823）参修《高明县志》。孙榛、槐。

[道光]《高明县志》卷十二《选举志·国朝武职例》：城中人，乾隆三十三年由武生捐授把总。卷十三《人物志·国朝》：字方元，号正夫，郡庠。早失怙，善事母氏，上承诸兄教训，下督弱弟墨香。外出就傅，力为己任，后以家事浩繁就职奋武郎①，然其爱人、读书之心至老不倦。处身甚约，而延师教子弟侄脩脯从不或吝，而凡房内弟侄赴科应试，无不各有资助，率以为常。寿七十而卒。子二，长职授守备，次文生。孙榛，现任化州学训导。槐以廪贡肄业国子监，期满即用儒学训导。余皆邑庠，人咸以为积善好义之报焉。

程璋　字用宾，清高明城中人。早年入县学，进肇庆端溪书院深造，40多年后中乾隆三十三年（1768）举人。父万通。

[道光]《高明县志》卷十二《选举志·举人·国朝》：城中人，乾隆三

---

①奋武郎：清初为封赠武职正七品之官阶名。乾隆二十年始定，为武职中属绿营者正七品及属八旗者正、从七品之封赠。三十二年（1767），八旗改同绿营，只封正七品。五十一年，统一改为武信骑尉。

十三年戊子举人。卷十三《人物志·国朝》：程万通，字正谊。端方正直，廉隅自饬。弱冠充邑诸生，历战棘闱不遇。至老犹手不释卷，居恒训子弟，尝谓："人但虑无学，何患无名？"其勤勉若此。后其子璋果以《易经》领戊子科贤书。程璋，字用宾。少聪慧，气宇不凡。弱冠入泮，补邑弟子员，肄业端溪。博极群书，尤深于《易》及《左》《国》《周礼》。院长徐称："程生积学能文，掇巍科如拾芥。"璋亦窃以自许也，乃力学四十余年始领戊子乡荐。生平廉正朴直，坐立色笑不苟，课诸生严谨谆切，故人常惮其尊严而乐遵其教诲云。

黎士光　清顺德桂洲人。乾隆三十三年（1768）武举。

［咸丰］《顺德县志》卷十一《国朝·乾隆》：桂洲人……戊子。

薛灿五　清顺德大良人。乾隆三十三年（1768）举人，嘉庆五年（1800）任广东海丰教谕。

［道光］《广东通志》卷八十《选举表十八·举人三·国朝·乾隆三十三年戊子·广州府》：顺德人。卷四十九《职官表四十·国朝·海丰县·教谕训导·嘉庆朝》：顺德人，举人。五年任……教谕。

［咸丰］《顺德县志》卷十一《举人二·国朝·乾隆》：大良人，海丰县教谕，戊子科。

苏膺瑞　（1739—?）字其詹，又字啸泉，号一笛，清顺德杏坛人。乾隆五十一年（1786）举人，嘉庆三年（1798）60岁任广东东安（今云浮）教谕。

［道光］《广东通志》卷八十一《选举表十九·举人四·国朝·乾隆五十一年丙午·广州府》：顺德人，教谕。卷五十六《职官表四十七·国朝十四·东安县·教谕训导·嘉庆朝》：顺德人。举人，三年任……教谕。

［咸丰］《顺德县志》卷十一《举人二·国朝·乾隆》：字其詹，杏坛人。东安县教谕……丙午科。卷二十六《列传六·国朝二·黎简传》：简所厚黄丹书、张锦芳……次则莫如苏膺瑞。膺瑞，字其詹，又字啸泉。好吹笛，以一笛名斋，因以为号。乾隆丙午举于乡。为人刚直朴讷，粥粥①若无能，而学问故淹博。贫不治生，所入脩脯尽购群书。弱冠应童子，双眸炯炯。简方同试，

①粥粥：柔弱无能貌。

见而奇之，阅所作益折服，出遂订终身契，唱酬岁且数数。知简善病，节资助焉。道遇疾病患难者，拯之每视其力。蓄一铁笛，鼓其气，声能穿云裂石。尝计偕道楚北，泊黄鹤楼，解囊三弄，邻舟并起，惊以为仙。六十始就东安教谕，勤训迪。其令李某亦名士，文宴欢甚，祈祷必偕。先一年简豫贻文为寿，有"君文造物不能与之争厄之夭，经明行修而文茂于道，扬名后世在此不在彼"语，其相喻深矣。生平他无嗜好，独喜食果实，癖荔，见必果腹，饭止杯卮。夜坐辄达旦，不寐可半月，或以是疑有引气服草木术。著有《一笛诗钞》。

［民国］《顺德县志》卷十四《艺文略·集部·别集》：《广文遗集》国朝苏赓瑞撰。谨按：赓瑞著有《一笛诗钞》已入前《志》，今以采访所及并存之。

陈书（清乾隆） （1739—1828后）字宗绍，号洛川，清南海九江人。乾隆三十三年（1768）武举，次年武进士。90岁再度参加鹰扬宴。曾祖联岳，祖进祥，父文璧。

［道光］《南海县志》卷二十二《选举表三·国朝·武举·乾隆朝》：戊子科。《国朝·武进士·乾隆朝》：己丑科。侍卫，盐城游击。道光戊子科重宴鹰扬，加武功将军。《国朝·封荫·乾隆朝》：陈联岳，以曾孙书赠游击。陈进祥，以孙书初赠侍卫，再赠游击。陈文璧，以子书赠游击。

［同治］《南海县志》卷十四《列传》：字洛川，九江堡人。长身頳面，风貌伟然，素以洞铁、翘关魁其曹偶。供职禁近以勤恪称，不敢暇逸，效力期满，擢授营游击，累前后获盗功升吴淞参将，然宦情素澹，年仅耆艾，请急归不复出。先是，乾嘉间九江武科最盛，父兄子弟以砧刀骑射相传，虎榜题名，几操券可获。而兜鍪之辈不识令甲，不习诗书，以武断乡曲为当然，以博塞抽头①为世业，大抵多一武举即增一赌场，盗贼朋兴，风俗寖坏。书以武弁家居，不染恶习，惟御灾捍患，有益闾里则踊跃争先。有乡人黄荣基者，猾吏也，充县刑书，与贼勾通，教使诬攀良善，不曰窝寇则曰消赃，不曰助资粮则曰出器械，讹索多端。五堡遍受其害，欲联名攻讦，莫敢为倡，书忿

---

①博塞抽头：原指赌场主人从赢家所得中抽取一定数额的利钱，后泛指各种打秋风的行为。

甚，愿为呈首，发其积恶讼于官而戍之。嘉庆十四年海寇张保①窜内河，焚劫杰洲、甘竹等村，溯流直至九江。时人不知兵，风鹤传闻，未战股栗。书亲督子弟御于桑园围，开炮轰之，屡碎其尾棚，折其桅柁，贼不得泊岸。数万家借以无虞，佥曰此陈公保障力也。道光戊子科，年九十矍铄如常，再赴鹰扬宴，奉旨赏加副将衔。躬享遐龄，渥承天宠，乡人艳称之。

《九江儒林乡志》卷十《选举略·国朝·武举·乾隆三十三年戊子科》：字宗绍，号洛川。县学，中式第二十五名，联捷武进士。《选举略·国朝·武进士·乾隆三十四年己丑科》：殿试二甲第五名，蓝翎侍卫。迁江西文英营都司、江南江阴营游击，调盐城营游击，擢吴淞营参将。鹰扬重宴，加副将衔。卷十四《列传·清》：字洛川，东方大谷人。乾隆戊子武举，己丑联捷进士，选侍卫……嘉庆十四年，海寇张保窜入内河，焚劫杰洲、甘竹等村，直至我乡沙口。是时人不知兵，风鹤传闻，未战股栗。书与同里孝廉朱程万、陈履恒等谋御于桑园围，亲督子弟开炮轰之，碎其尾棚，折其桅柁，贼不得泊岸。数万家借以无虞，佥曰此陈公保障力也。

李霖　字晴轩，清顺德龙江人。

［咸丰］《顺德县志》卷二十六《列传六·国朝二》：字晴轩，龙江人……为邑诸生，读书有心得。当时学者风尚墨义②，求弋获科名，霖独重经学。自霖设帐，乡人始知读三礼、三传、《尔雅》，风气一变。后数十年科名之众，霖与有力焉，不独游其门者多掇榜花也。晚年理乡事，一秉至公，群情贴服，称祭酒焉。

杜继书　（约1740—约1809）字次山，清顺德大良人。乾隆二十四年（1759）举人，为广东揭阳县教谕。

［乾隆］《肇庆府志》卷十九《选举志二·国朝·举人·乾隆己卯》：肇府人。

［道光］《广东通志》卷八十《选举表十八·举人三·国朝·乾隆二十四年己卯·肇庆府》：高要人。

［咸丰］《顺德县志》卷十一《举人二·国朝·乾隆》：字次山，大良人，

①张保（1786—1822），别名宝。海盗招安，官至福建闽安副将。嘉庆十四年（1809），两广总督禁船出海，海上无所劫掠，入内河假冒官兵抢夺，香山、东莞、南海、番禺、顺德等县均受其害。

②墨义：唐以后，科举考试时令士子笔答经义，谓之“墨义”。

鹤山籍，揭阳县教谕，有传。按：阮《志》作高要人，误……已卯科。卷二十六《列传六·国朝二·李霖传》：当时大良杜继书、陈村欧载、上直何逑士，亦各以治经称，自处皆廉洁。继书，字次山，乾隆己卯举于乡方弱冠。至七十卒，从无一刺入公门，粗衣粝食以终。

周维登　（1740—1809）清顺德玕滘（今北滘镇广教）人。嘉庆十四年（1809），海盗劫掠至村，独力奋战而死。

［咸丰］《顺德县志》卷二十七《列传七·国朝三》：玕滘人，七十老农也。少负胆气，精拳勇。藏箭于袖，手伸箭出无虚发。嘉庆己巳洋寇张保内扰，诸村堡各自团练以御。一时壮士先后死贼者，黄连则李珍宝、何松光、钟阿妹（香山人），扶闾则廖凤儒、廖广儒、廖新科、廖茂和，陈村则欧连魁、黄长余（《访册》作启俊）、马吉、黄镇中、麦昌联、欧瑞锦、欧福联、韩东飏、林有，鸡洲则陆进高、苏强盛、李长义，羊额则何祥、卢福堂，皆奋不顾其躯，当时各为祠祀者。而维登战最勇，死亦最烈。玕滘地面环海，贼舣舟登岸，见者股栗群奔。维登愤甚，白髯如戟，执挺袖箭而出，扼贼于村旁小桥，村之要路也。有两少年相从夹其左右，贼群至不得过，格斗良久，箭挺所及，无不死且创甚。贼仍不退，蜂拥至，少年色沮，维登叱之曰："竖子，保尔命去，毋累我！"两少年既并窜，贼来愈众。维登气愈厉，箭尽挺折，退负一短墙，持半段棒独当三面。贼虑终不可入，乃密掉小舟绕出其后，炮发洞墙而维登死，死犹屹立不仆。贼寸磔其尸，拥入，掳男女千余人去。其女亦刃贼死。

［光绪］《广州府志》卷一百三十三《列传二十二·国朝·顺德》：玕滘人，七十老农也。少负胆气，精拳勇。藏箭于袖，手伸箭出无虚发。嘉庆十四年己巳洋贼张保内扰，诸村堡各自团练以御。一时壮士先后死贼者，黄连、扶闾、陈村、鸡洲、羊额皆祠祀焉。（平步则李珍宝、何松光，香山钟阿妹，扶闾则廖凤儒、廖广儒、廖新移、廖茂和，陈村则欧连魁、黄长余、马吉、黄镇中、麦昌联、欧瑞锦、欧福联、韩东飏、林有，鸡洲则陆进高、苏强盛、李长荣，羊额则何祥、卢福堂，皆祠祀。）

严泽远　清高明唐肚人。乾隆三十四年（1769）例贡。

［道光］《高明县志》卷十二《选举志·例贡·国朝》：唐肚人，乾隆三十四年例贡。

杨西梅　清南海人。乾隆三十四年（1769）岁贡。

［道光］《南海县志》卷二十一《选举表二·国朝·贡生荐辟·乾隆朝》：己丑岁贡。

区灼然 字华汉，清高明阮埇人。乾隆三十五年（1770）举人，四十九年起任广东龙川训导12年。五十年赠其父荣桂官衔。

［道光］《广东通志》卷八十《选举表十八·举人三·国朝·乾隆三十五年庚寅·肇庆府》：高明人，龙川训导。卷四十九《职官表四十·国朝·龙川县·教谕训导·乾隆朝》：高明人。举人，四十九年任，训导。

［道光］《高明县志》卷十二《选举志·举人·国朝》：阮埇人。乾隆三十五年庚寅恩科举人，任龙川训导。《选举志·封典·国朝》：区荣桂，阮埇人，乾隆五十年以子灼然赠修职郎。卷十三《人物志·国朝》：字华汉。少聪颖，家贫苦学，年十九进庠，耽于经史。列乾隆庚寅贤书，学益富。任龙川县训导十二年，薰炙诸生，一时多致通显。

冯日永 字菽园，清顺德大良人。乾隆三十五年（1770）举人，教书为生。其女许配同村潘鹤鸣，未嫁守节至72岁卒，道光二十六年（1846）旌。孙苓。

［道光］《广东通志》卷八十《选举表十八·举人三·国朝·乾隆三十五年庚寅·广州府》：顺德人。

［咸丰］《顺德县志》卷二十六《列传六·国朝二》：字菽园……大良人。举甲午乡书，家故贫，课徒供菽水。与二弟同居，昏嫁皆资焉。内行谨饬，门庭不闻垢谇。尝偕卢绍仁辈修陈岩野祠。生平甘淡薄，届选不赴，不请京衔。孙苓，字子耳，廪生，善隶书，馆谷皆均其同祖。卷二十九《列传九·列女二·国朝》：冯氏，大良人日永女。年十七，值父病，潜割股肉以进，旋愈。许字同村潘鹤鸣，未嫁而鹤鸣卒，闻即奔丧。孝养舅姑，居恒足不出户，七十二而卒。道光二十六年旌。

冯城 字子维，号方山，清南海九江人。乾隆三十五年（1770）举人，五十二年任湖南永兴、善化知县，六十年乡试同考官。寿74岁。祖顺斋，父巨鳌，弟淦，子长康。

［道光］《广东通志》卷八十《选举表十八·举人三·国朝·乾隆三十五年庚寅·广州府》：南海人，知县。

［道光］《南海县志》卷二十一《选举表二·国朝·封荫·乾隆朝》：冯顺斋，以孙城貤赠文林郎、善化知县。冯巨鳌，生员，以子城赠文林郎、善化知县。卷二十五《艺文略一·经部·春秋类》：《左传批窾》八卷，国朝冯城撰。《史部·春秋类》：《三史精华》二卷，国朝冯城撰。卷二十六《艺文略二·集部·别集》：《传经堂诗钞》四卷附《丽川遗草》一卷，国朝冯城撰。《丽川遗草》，城弟淦撰。《集部·总集》：《五律龙天》十卷。《七律新翻选》，国朝冯城撰。卷三十九《列传八·国朝·岑征传》：九江堡人……征乡人冯城，字子维。家贫，尚气节。嗜书史，少即能诗，弱冠有声坛坫，与顺德张锦芳、胡亦常、黎简，钦州冯敏昌齐名，每一篇出，五人互缄骘评，相视莫逆。乾隆庚寅科由廪生领乡荐，丁未挑发湖南补永兴县，巡抚姜公晟特器重之。寻调善化，分校乙卯乡闱。值苗匪不靖，委办军需，戎马间手不释卷，所撰从军诸什风格酷肖杜甫，然未尝以吟咏废事。叙功应升擢，以介直忤布政使郑某意，引疾归里。适姜抚军晋直隶总督，郑某遂追劾城在任加增谷价，分赔银数千两，籍其家无所得。姜尚书闻之，代完过半，余俟城补官日完缴。旋起补善化，赔累弗克完，士民联吁院司代输不得请，遂挂吏议。城乡荐后犹手抄九经循诵弗辍，二十一史遍加批点。文宗汉魏，诗以李、杜、韩、苏为的，兼工八法，学使翁覃溪、主师陆耳山咸期以大器。既而屈身簿书，声誉满湘楚间。落职旅居，求诗文索书者户外屦不绝，士民佽助资斧者岁相继也。卒年七十四，著有《左传批窾》《三史精华》《七书摘翠》《五律天龙》《七律翻新》《传经堂诗钞文抄》诸书。

《九江儒林乡志》卷十《国朝·举人·乾隆三十五年庚寅恩科》：字子维，号方山。县学，中式第六十一名。初官湖南永兴知县，转耒阳知县，调善化知县，乙卯同考试官，历署茶陵州、桂阳、蓝山、石门、新宁、巴陵、平江、攸县事，护理永顺同知。卷十四《列传·清》：字子维，号方山，北方铁滘人。少与弟淦受书于父诸生巨鳌，色笑弗忤。兄弟以学问相勖，嗜书史，工诗古文词。弱冠充博士弟子员食饩，与顺德张锦芳、胡亦常、黎简，钦州冯敏昌往来谭艺，每一篇出，五人互缄骘评，相视莫逆。乾隆庚寅登贤书，丁未大挑以知县分发湖南，历蓝山、石城两县篆，权永顺府同知，举能其职，院司以为贤。补永兴县知县，寻调善化，姜中丞晟特倚任之，复由善化递署长沙县暨宝庆通判，兼绾攸县符。辰州苗匪不靖，捧檄驰往代理军需。乙卯秋闱分校事竣，仍督办兵差。及馈饷贵州天星寨大营，委办辰州能滩粮站，城才余于事，虽倥偬戎马间，手不释卷……丁卯起补善化县，而城拙于心计，赔累逾限，终弗克完，士民联吁院司，愿宽限代缴，不得请，遂挂吏议。城体昂貌丰伟，素尚气节。文追汉魏，诗宗李、杜、韩、苏，兼精八法……学使翁方纲、座师陆锡熊咸期以大器……卒于长沙行馆，贫无以殓，士民哀之，相率赙赠归其丧。城具知人鉴，族子进士锡镛方年幼在塾，城见之，抚其首语塾师曰：“此子双瞳秀发，当非凡器，可善视之。”及锡镛长，即梓其遗稿以行。弟淦，亦学有根柢，以诗鸣。子长康，县学附生。卷八《艺文略·经部·小学类》：《七书音义》，国朝冯城撰。《艺文略·史部·总编类》：《读史益智录》，国朝冯城撰。

冯澄　清南海人。乾隆三十五年（1770）武举。

［道光］《南海县志》卷二十二《选举表三·国朝·武举·乾隆朝》：庚寅科。

叶逢鳌　清顺德勒楼人。乾隆三十五年（1770）武举。

［咸丰］《顺德县志》卷十一《武举·国朝·乾隆》：勒楼人……庚寅恩科。

关作师　清高明井溢人。乾隆三十五年（1770）岁贡。

［道光］《高明县志》卷十二《选举志·贡生·国朝》：井溢人，乾隆三十五年岁贡。

关学优　字乃来，号若谷，清顺德容奇人。乾隆三十五年（1770）举人，四十八年任广东罗定州训导，五十九年连州学正，卒于浙江庆元知县任。祖经文，父光涵。

［道光］《广东通志》卷八十《选举表十八·举人三·国朝·乾隆三十五年庚寅·广州府》：顺德人。卷五十六《职官表四十七·国朝十四·罗定州·学正训导·乾隆朝》：顺德人。举人，四十八年任……训导。卷四十六《职官表三十七·国朝四·连州·学正训导·乾隆朝》：顺德人。举人，五十九年任……学正。

［咸丰］《顺德县志》卷十二《封赠（文阶）·国朝》：关经文，容奇人。以孙学优赠。关光涵，以子学优赠。俱庆元县……知县。卷二十六《列传六·国朝二》：字乃来，号若谷……令庆元，前令积逋赋逾万，催科火迫。学优至，即请停采买，岁报买谷三四百石，裁汰陋规银八百两，捐羡千合解正供，以纾民困。附郭姚姓先世以习罗教得罪远窜，宗支在庆者，官岁一至其家搜捕，典史则以月至，滋扰苦甚，学优与约令月一诣，典史听点，而存结于档，吏胥自是不复扰。政务简要，吏民相安。邑乘久废未修，倡为续志。择文秀士，食而教于署，文风丕变。既以亲老请养，会病卒，代者以亏缺揭。

守王绩著愕然曰："关令日用钱不过三百，乌有是？"核之皆前任所流交，代垫已三千余矣，竟厚赙而归之。

苏青鳌 字崧友，一字云川，清南海人。乾隆三十五年（1770）举人，三十七年进士，任翰林院编修。

［道光］《广东通志》卷八十《选举表十八·举人三·国朝·乾隆三十五年庚寅·广州府》：南海人，进士。卷七十七《选举表十五·进士·国朝·乾隆三十七年壬辰金榜榜·广州府》：南海人，二甲，翰林院编修。卷一百九十八《艺文略十·集部四》：《丛桂山房诗集》，国朝苏青鳌撰，未见。《粤东诗海》：青鳌，字崧友，一字云川，南海人，乾隆壬辰进士。

李云章 清南海人。乾隆三十五年（1770）岁贡。

［道光］《南海县志》卷二十一《选举表二·国朝·贡生荐辟·乾隆朝》：岁贡……庚寅。

杨玉 清南海人。乾隆三十五年（1770）举人。

［道光］《广东通志》卷八十《选举表十八·举人三·国朝·乾隆三十五年庚寅·广州府》：南海人。

［道光］《南海县志》卷二十一《选举表二·国朝·举人·乾隆朝》：知县……庚寅科。

何天宠 字淮侯，清南海佛山镇人。乾隆三十五年（1770）举人。

［道光］《广东通志》卷八十《选举表十八·举人三·国朝·乾隆三十五年庚寅·广州府》：番禺人，字淮侯。

［道光］《佛山忠义乡志》卷十《举人·清》：乾隆庚寅。

何必列 清顺德三桂人。乾隆三十五年（1770）岁贡。

［咸丰］《顺德县志》卷十一《岁贡·国朝·乾隆》：三桂人，庚寅。

何纶 清顺德上地人。乾隆三十五年（1770）举人。

［道光］《广东通志》卷八十《选举表十八·举人三·国朝·乾隆三十五年庚寅·广州府》：顺德人。

［咸丰］《顺德县志》卷十一《举人二·国朝·乾隆》：上地人，庚寅万寿恩科。

张世泰　清顺德龙江人。乾隆三十五年（1770）举人，四十九年任广西合浦训导，五十二年钦州学正。

［道光］《广东通志》卷八十《选举表十八·举人三·国朝·乾隆三十五年庚寅·广州府》：顺德人。卷五十三《职官表四十四·国朝十一·合浦县·教谕训导·乾隆朝》：顺德人。举人，四十九年任……训导。《钦州学正训导·乾隆朝》：顺德人。举人，五十二年任……学正。

［咸丰］《顺德县志》卷十一《举人二·国朝·乾隆》：龙江人，钦州学正……庚寅万寿恩科。

陈寸云　字宗岳，号南浦，清顺德南浦人。乾隆三十五年（1770）举人，赐翰林典簿衔。

［道光］《广东通志》卷八十《选举表十八·举人三·国朝·乾隆三十五年庚寅·广州府》：广州人。

［咸丰］《顺德县志》卷十一《举人二·国朝·乾隆》：字宗岳，南涌人。翰林院典籍衔。按阮《志》但作广州人，未详……庚寅万寿恩科。卷二十六《列传六·国朝二》：南浦人，因号南浦……少时，父临终嘱曰："汝不能读书成名，吾死不瞑目。"由是肆力问学。为古文得八家规矩，乡县碑板文字多归焉。尤以经义勖诸生，何惠群有夙慧从受业，乡举后犹相依不去。陈寿祺来典试，榜后索阅惠群文，见寸云评语，力劝改从三礼、三传入，毋囿于村学究言。盖有所指，而不知寸云时已耄，率书之而根柢故别有在也。兄客死越南，遗妾及二子，岁寄资以养。二子同返，寸云以涉险并离寡母戒之，使更番轮往。著有《南浦集》。

陈钟英　清高明高村人。乾隆三十五年（1770）捐授都司。

［道光］《高明县志》卷十二《选举志·国朝武职例》：高村人，乾隆三十五年由武生捐授都司。

庞锡澍　字泽昌，清南海石硝人。与《西樵白云洞志》著者黄亨的祖父黄虞，同为乾隆三十五年（1770）举人。四十年重辟白云洞，锡澍带头筹款建造。

［道光］《广东通志》卷八十《选举表十八·举人三·国朝·乾隆三十五年庚寅·广州府》：南海人。

《西樵白云洞志》第二册《传略·庞孝廉锡澍》：字泽昌，南海石硝乡人。乾隆庚寅举人，为孚初公同年友。乙未重辟白云洞，醵金筑室并首其事，亦尝栖息洞中者。

郑翼亭　字惟柱，又字伯羽，清顺德林头人。早年与梁泉齐名，乾隆三十五年（1770）第一名举人，晚年得学正衔。

［道光］《广东通志》卷八十《选举表十八·举人三·国朝·乾隆三十五年庚寅·广州府》：解元，顺德人。

［咸丰］《顺德县志》卷二十五《列传五·国朝一·郑际泰传》：林头人……族子翼亭，字惟柱，又字伯羽。少聪颖绩学，与梁泉齐名，督学夏之蓉决二人必得首解，中乾隆庚寅乡举第一。居乡训俗，卓有典型，乡人以形家言改村口河，强之再不肯署名。乾隆甲寅，城绅议塞入县新滘，翼亭以不便舟楫，商于梁景璋、何谦泰、温汝适，公请大吏示禁而止。晚得学正衔。

林则侯　清顺德文海人。乾隆三十五年（1770）副贡。

［咸丰］《顺德县志》卷十一《副贡·国朝·乾隆》：文海人，庚寅。

招起元　清南海人。乾隆三十五年（1770）副贡，嘉庆十一年（1806）任广东石城（今廉江）教谕。父祈富。

［道光］《广东通志》卷五十二《职官表四十三·国朝十·石城县·教谕训导·嘉庆朝》：南海人。副榜，十一年任，教谕。

［道光］《南海县志》卷二十一《选举表二·国朝·贡生荐辟·乾隆朝》：副贡，石城教谕……庚寅。《国朝·封荫·乾隆朝》：招祈富，以子起元貤赠修职郎。

胡芳洲　清顺德桂洲人。乾隆三十五年（1770）副贡，四十三年任广西灵山教谕。

［道光］《广东通志》卷五十三《职官表四十四·国朝十一·灵山县·教谕训导·乾隆朝》：顺德人。副榜，四十三年任……教谕。

［咸丰］《顺德县志》卷十一《副贡·国朝·乾隆》：桂洲人，庚寅，灵山县教谕。

胡鸣皋 清顺德桂洲人。乾隆三十五年（1770）副贡，次年举人。

［道光］《广东通志》卷八十《选举表十八·举人三·国朝·乾隆三十六年辛卯·广州府》：顺德人。

［咸丰］《顺德县志》卷十一《副贡·国朝·乾隆》：桂洲人，庚寅。《举人二·国朝·乾隆》：桂洲人……辛卯科。

胡梦麟 清顺德桂洲人。乾隆三十五年（1770）武举。

［咸丰］《顺德县志》卷十一《武举·国朝·乾隆》：桂洲人，庚寅恩科。

郭国器 清南海人。乾隆三十五年（1770）岁贡。

［道光］《南海县志》卷二十一《选举表二·国朝·贡生荐辟·乾隆朝》：岁贡……庚寅。

郭荣 清南海人。乾隆三十五年（1770）举人，任陕西石泉知县。父应时。

［道光］《广东通志》卷八十《选举表十八·举人三·国朝·乾隆三十五年庚寅·广州府》：南海人。

［道光］《南海县志》卷二十一《选举表二·国朝·举人·乾隆朝》：石泉县知县……庚寅科。《国朝·封荫·乾隆朝》：郭应时，以子荣赠文林郎。

梁兆楞 清顺德黄连人。乾隆三十五年（1770）副贡，五十八年任广西灵山教谕，嘉庆十四年（1809）广东肇庆府教授。祖成之，父登，兄兆榜。

［道光］《广东通志》卷五十三《职官表四十四·国朝十一·灵山县·教谕训导·乾隆朝》：顺德人。副榜，五十八年任，教谕。卷五十一《职官表四十二·国朝九·肇庆府·教授训导·嘉庆朝》：顺德人。副榜，十四年任……教授。

［咸丰］《顺德县志》卷十一《副贡·国朝·乾隆》：黄连人，庚寅，肇庆府教授。卷二十六《列传六·国朝二·梁兆榜传》：祖成之……父登，乾隆戊午举人……弟兆楞，以副榜贡生积官肇庆府教授。

梁梦松 清顺德黄涌人。乾隆三十五年（1770）副贡。

[咸丰]《顺德县志》卷十一《副贡·国朝·乾隆》：黄涌人，庚寅。

梁耀荣 清顺德龙江人。乾隆三十五年（1770）举人，五十三年任广东始兴县训导。

[道光]《广东通志》卷八十《选举表十八·举人三·国朝·乾隆三十五年庚寅·广州府》：顺德人。卷四十八《职官表三十九·国朝六·始兴县·教谕训导·乾隆朝》：顺德人，举人。五十三年任……训导。

[咸丰]《顺德县志》卷十一《举人二·国朝·乾隆》：龙江人，始兴县训导……庚寅万寿恩科。

黄虞 字翀汉，一字孚初，清南海沙头人。乾隆三十五年（1770）举人，代理河北肃宁、香河知县，补任山东宁津知县6年。告归20余年，寿93岁。祖卓翘，父光成，孙亨。

[道光]《广东通志》卷八十《选举表十八·举人三·国朝·乾隆三十五年庚寅·广州府》：南海人。

[道光]《南海县志》卷二十一《选举表二·国朝·封荫·乾隆朝》：黄卓翘，以孙虞貤赠文林郎、宁津知县。黄光成，以子虞赠文林郎、宁津知县。卷三十九《列传八·国朝》：字翀汉，沙头堡人。举乾隆庚寅科贡士，大挑分发直隶，摄篆肃宁。肃宁故穷县，虞蔬食治事，民安之。旋署香河，香河陋规，薪米、鱼肉、蔬果悉有官价。虞始至，却供应，召市魁谕照民价买僨。视事五越月，讼狱端平。补宁津，民遮留之不能得，则献新靴，易虞旧靴舁置城楼上示不忘。虞莅宁津六年，绝苞苴，勤听讼，胥役催科，无敢叫嚣驱突者，民大服。以报雨忤上官意撤委，或讹言虞因亏空罢，民相率醵金助虞。至省垣，值虞进谒布政使，县民坌①集藩署大呼："请大人还我县父母！"司阍②呵止，人既众，呼益切，厉声彻内署。布政使遽令虞出慰谕曰："上官非罪我，不久我即回为尔县尹矣！"民踊跃跪诺，纷纷赠虞金，虞峻却之不听，咸委金去。虞命吏籍记之，余三千两，时适修保定府城垣，虞尽输其金助工费。上官廉虞贤乃复职，而离任已四月余矣。还县日，老幼欢呼焚香迎之，谢事去，送亦如之。虞素嗜《易》，解组林下，朴诚慈惠，乡族倚重二十余年。九十三岁乃卒，人谓得易谦恒之义云。长孙亨，道光辛卯科举人。

---

①坌（bèn）：聚积。

②司阍（hūn）：看门的人。

《西樵白云洞志》第二册《传略·黄大令虞》：一字孚初……性恬雅，少读书西樵白云洞中，一切名利泊如也。乾隆庚寅举于乡，与黎萃堂等建巃嵸阁，闭关考业。旋以大挑分发直隶，补宁津县知县。听狱廉慎，民爱之。居六年，以报雨忤大吏意去。民讹言为亏空故，则醵金走省垣助之。值大令谒布政使，既入署，民坌集堂下大呼："还我父母！"司阍呵之不能止，声益震。布政使闻，命大令谕曰："大吏非罪我，我今还县矣。"则皆踊跃欢庆，且进大令金，大令却之不听，皆委之去。大令乃借以助保定府城工计三千金。及还县，民焚香迎。大吏廉知其贤将擢迁，然非其好也，未几告归。爱白云洞之胜，复与岑璞轩、陈锦堂辈于漱芳园结吟社，优游林下者三十年。年九十三卒。(从曾广文勉士《面城楼文存》录出）第一册《名胜·亭院（楼阁馆舍附)》：巃嵸阁，在白云洞。左倚峭壁，右带飞流，其基即云瀑亭故址。(阁建于乾隆乙未，越丙申初夏而成，南海黄虞、黎光等建）……本《西樵游览记》，今按……圮。

游凤朝　清顺德大良人。乾隆三十五年（1770）武举，次年武进士。

［咸丰］《顺德县志》卷十一《武举·国朝·乾隆》：大良人……庚寅恩科。《武进士·国朝·乾隆》：辛卯恩科。

谭泽　清南海佛山镇人。拔贡，乾隆三十五年（1770）举人。

［道光］《广东通志》卷八十《选举表十八·举人三·国朝·乾隆三十五年庚寅·广州府》：新会人。

［道光］《佛山忠义乡志》卷十《贡生·清》：中式，拔贡。

翁张宪　(1741—?）字允斌，清顺德羊额人。乾隆二十四年（1759）举人，次年进士。南归事亲，有诗作必就近请梁泉帮助推敲。早卒。

［道光］《广东通志》卷八十《选举表十八·举人三·国朝·乾隆二十四年己卯·广州府》：顺德人，进士。卷七十七《选举表十五·进士·国朝·乾隆二十五年庚辰毕沅榜·广州府》：顺德人。

［咸丰］《顺德县志》卷十八《艺文略二·集部二·别集二》：《静观阁诗草》，国朝翁张宪撰。卷二十六《列传六·国朝二·梁泉传》：泉门下多通材……早捷莫如翁张宪……张宪，字允斌，羊额人，受泉学最早。年十九，

膺乾隆己卯乡荐，庚辰成进士。南归事亲，依依爱日，筑楼习静，不与门外事，萧然如寒士居。去泉舍二三里，旦夕过从候兴居，执弟子礼甚恭。喜吟咏，有所作必携就泉为推敲。自恨早达，思积学以自见，未几竟卒。泉伤甚，为之传。

区士龙　清南海佛山镇人。乾隆三十六年（1771）武举。去世时，妻蔡氏22岁，守节。

［道光］《佛山忠义乡志》卷十《武举·清》：乾隆辛卯。卷九《列女·国朝·节孝》：武举区士龙妻蔡氏，二十二岁守节。

区宏绪　字端大，号理斋，清南海佛山镇人。乾隆三十六年（1771）举人，五十年阻止设硝厂。寿79岁。子承谟。

［道光］《广东通志》卷八十《选举表十八·举人三·国朝·乾隆三十六年辛卯·广州府》：广州人。

［道光］《佛山忠义乡志》卷九《文苑·清》：字端大，号理斋。三赴礼闱未遇，遂绝意仕进，以奖引后进为己任。生平无干谒，惟于乡事如攻硝厂、建义仓、倡拾婴各举无不尽力焉。卒年七十九。子承谟，庠生。卷六《乡事·编年》：乾隆五十年乙巳，禁硝厂。时奸商李润汉、冯焕与书役通，事在必成。举人区宏绪、劳潼上控，委员踏勘袒商，总督孙悉其诈，仰司押拆，乡免于塞水潦之患。卷十三《乡禁志（告示）》：广储义仓碑示，现据佛山举人李天达、区宏绪，国子监学正劳潼呈称，嘉庆二年九月十五日。

邓以镛　清三水清塘人。乾隆三十六年（1771）举人，五十年任广东惠州训导，五十七年任封川、嘉庆五年（1800）任揭阳教谕。弟以钲。

［嘉庆］《三水县志》卷九《选举·举人·国朝·乾隆三十六年辛卯陈相伯榜》：清塘人。中式五十名，历任惠州府训导，西宁、普宁、龙川、封川、揭阳教谕。

［道光］《广东通志》卷四十九《职官表四十·国朝·惠州府·教授训导·乾隆朝》：三水人。举人，五十年任……训导。卷五十《职官表四十一·国朝八·揭阳县·教谕训导·嘉庆朝》：三水人。五年任……教谕。

［道光］《肇庆府志》卷十三《职官三·清·封川县·教谕·乾隆朝》：三水人。举人，五十七年任。

冯元 清南海人。乾隆三十六年（1771）举人，任国子监学正。子昶，孙赓飏。

［道光］《南海县志》卷二十一《选举表二・国朝・举人・乾隆朝》：国子监学正……辛卯科。《国朝・封荫・嘉庆朝》：冯元，举人，以孙赓飏貤赠文林郎、黄县知县。冯昶，以子赓飏赠文林郎、庶吉士。

冯斯衡 清南海丹灶梅庄人。乾隆三十六年（1771）优贡，四十二年举人，任贵溪知县。父成修。弟斯倬，三十八年优贡。

［道光］《广东通志》卷八十一《选举表十九・举人四・国朝・乾隆四十二年丁酉・附顺天中式》：南海人，成修子，贵溪知县。

［道光］《南海县志》卷二十一《选举表二・国朝・贡生荐辟・乾隆朝》：成修子，优贡……辛卯。

卢骐 清南海人。乾隆三十六年（1771）优贡，五十九年任广东揭阳县训导。

［道光］《广东通志》卷五十《职官表四十一・国朝八・揭阳县・教谕训导・乾隆朝》：南海人。五十九年任，训导。

［道光］《南海县志》卷二十一《选举表二・国朝・贡生荐辟・乾隆朝》：优贡……辛卯。

关上谋 字南棠，号榕庄，清南海九江人。乾隆三十六年（1771）举人，四十六年谒选，任山西稷山知县16年，嘉庆三年（1798）迁浙江宁波府同知。寿79岁。祖国贤，父云鸾。

［道光］《广东通志》卷八十《选举表十八・举人三・国朝・乾隆三十六年辛卯・广州府》：南海人，知县，浙江宁波同知。

［道光］《南海县志》卷三十九《列传八・国朝・关廷牧传》：九江堡人……族子上谋，字南棠。乾隆辛卯贡士，辛丑谒挑，宰山西稷山。治县十六年，政尚简静。城内武生某夜杀史姓一家十命驶匿去，莫知凶首，邻里骇窜。上谋谕民案堵①，密摄真凶诛之，无所牵累。民间供应陋规裁革务尽，历办五台、兰州、川楚差务，皆躬亲集事，未尝勒派扰民。嘉庆戊午迁浙江宁

①案堵：安居、安定有序。案通“安”。

波同知，士民饯逾境外，醵金三千两助盘缠，上谋却之，父老再三馈，卒不受去，后士民建生祠祝焉。卒年七十九。著《双榕堂诗集》。卷二十一《选举表二·国朝·封荫·乾隆朝》：关国贤，以孙上谋貤赠宁波府同知。关云鸾，以子上谋赠宁波府同知。卷二十五《艺文略一·子部·杂家》：《见闻丛录》，国朝关上谋撰。卷二十六《艺文略二·集部·别集》：《双榕堂诗草》三卷、《续刻》二卷，国朝关上谋撰。

《九江儒林乡志》卷十《选举略·国朝·举人·乾隆三十六年辛卯科》：字南棠，号榕庄。县学，中式第五十八名。初官山西永和知县，转石楼、稷山知县，擢浙江宁波同知。卷十四《列传·清》：字南棠，号榕庄，西方洪圣约人。乾隆辛卯举人，大挑一等。

严文进 清顺德黎村人。乾隆三十六年（1771）恩贡。

［咸丰］《顺德县志》卷十一《恩贡·国朝·乾隆》：黎村人，辛卯。

李泽先 清三水李沙人。乾隆三十六年（1771）恩贡，四十三年任海南临高、五十一年任高明县教谕，嘉庆六年（1801）升广东南雄府教授。

［嘉庆］《三水县志》卷九《选举·恩贡·清》：李沙人，（乾隆）三十六年贡，官至南雄府教授。

［道光］《广东通志》卷五十五《职官表四十六·国朝十三·临高县·教谕训导·乾隆朝》：三水人，恩贡。四十三年任……教谕。《万州·学正训导·乾隆朝》：三水人，恩贡。四十六年任……学正。卷五十一《职官表四十二·国朝九·高明县·教谕训导·乾隆朝》：三水人，恩贡。五十一年任，教谕。卷四十八《职官表三十九·国朝六·南雄府·教授训导·嘉庆朝》：广州三水人。恩贡，六年任……教授。

［道光］《高明县志》卷五《秩官志·国朝教谕》：三水人。恩贡，乾隆五十一年任，后升南雄教授，与修《县志》。

杨东厘 字建京，清高明城中人。12次乡试不中，教书40多年，乾隆三十六年（1771）恩贡，寿78岁。父芳世。

［道光］《高明县志》卷十二《选举志·贡生·国朝》：城中人，芳世次子，乾隆三十六年恩贡。卷十三《人物志·国朝》：杨芳世……次子东厘，膺恩贡，余亦诸生，皆述其著作以传于世云。杨东厘，字建京。性耽书史，不营势利。弱冠补邑弟子员，屡试前矛，为当道赏识。十二战棘闱，两获荐卷

弗遇，士论惜之。厘知穷达由命，遂淡科举，以恩贡终。主讲席四十余载，所在成槐市①，名士多出其门。生平与人无伪，言如其心，薰其德者如坐春风。卒年七十有八，学者慕之，多心丧焉。

吴昇运　字汉阶，号晓桐，清南海佛山镇人。乾隆三十七年（1772）任浙江余姚县丞，嘉庆六年（1801）乡饮正宾。寿81岁。

［道光］《佛山忠义乡志》卷九《义行·清》：字汉阶，号晓桐。幼失恃，稍长出就外傅，即明大义。以屡试不售就职县丞，乾隆壬辰补余姚县丞。大吏知其才，委办迁丞署、查古钱、清孤老院各事，清洁自守，一无所私，以父命乞休去，士民留爱焉。丁外艰哀毁尽礼。尝于胜门头东筑别墅名曰“学为圃”，莳花植竹。日与诸名士诗酒唱和，自署“四百八十甲子逸田老人”，盖恬淡其天性也。生平敦孝友，尚气义，和而不同，乡有公事辄推重之。自奉甚俭，然如赈饥施棺各义举必捐资以倡。嘉庆辛酉乡饮正宾。卒年八十一。(冼沂撰）卷十《贡生·清》：例贡。

何文郁　清顺德羊额人。乾隆三十六年（1771）举人，任四川屏山知县。

［道光］《广东通志》卷八十《选举表十八·举人三·国朝·乾隆三十六年辛卯·广州府》：顺德人。

［咸丰］《顺德县志》卷十一《举人二·国朝·乾隆》：羊额人，知屏山县……辛卯科。

何如璧　清顺德良教人。乾隆三十六年（1771）岁贡。

［咸丰］《顺德县志》卷十一《岁贡·国朝·乾隆》：良教人，辛卯。

罗潼　清顺德甘村人。乾隆三十六年（1771）举人。

［道光］《广东通志》卷八十《选举表十八·举人三·国朝·乾隆三十六年辛卯·广州府》：顺德人。

［咸丰］《顺德县志》卷十一《举人二·国朝·乾隆》：甘村人……辛

①槐市：汉代长安读书人聚会、贸易之市，因其地多槐而得名，后借指学宫、学舍。

卯科。

胡昌度 清顺德桂洲人。乾隆三十六年（1771）武举。

［咸丰］《顺德县志》卷十一《武举·国朝·乾隆》：桂洲人，辛卯。

莫子捷 号远崖，清高明城中人。乾隆三十六年（1771）举人，历任湖北应山、麻城、汉阳知县，黄州府通判、沔阳州同、随州知州等官。道光三年（1823）参修《高明县志》，十一年重宴鹿鸣。父世忠，弟骏（1753—?）。

［道光］《高明县志》卷十二《选举志·举人·国朝》：村头人，世忠长子。乾隆三十六年辛卯顺天亚魁，题复本籍。原任湖北应山知县，历任麻城、汉阳知县，署黄州府通判、沔阳州同，知武昌督粮府、随州知州。卷首《纂修〈高明县志〉·分纂》：举人、原任应山县知县莫子捷。

［光绪］《高明县志》卷十三《列传二·人物·国朝》：号远崖。由大兴附生中乾隆辛卯顺天举人，历署湖北麻城、蕲水县，黄州通判、沔阳州同，补应山知县。少而权奇，壮膺民社，自以名父子峻丰裁、励操守，所至有政声。及解组归来，依然寒素，而清能容物使人意消。道光癸未与修《县志》，辛卯重宴鹿鸣，士林荣之。

梁云池 清南海人。乾隆三十六年（1771）举人。

［道光］《广东通志》卷八十《选举表十八·举人三·国朝·乾隆三十六年辛卯·广州府》：南海人。

黄贤 字毓豪，清南海兴贤堡人。乾隆三十六年（1771）举人，四十三年进士，五十三年任湖南桂阳知县，改教职。寿55岁。祖超聪，父广怡。

［道光］《广东通志》卷八十《选举表十八·举人三·国朝·乾隆三十六年辛卯·广州府》：广州人，进士。卷七十七《选举表十五·进士·国朝·乾隆四十三年戊戌戴衢亨榜·广州府》：南海人。

［道光］《南海县志》卷二十一《选举表二·国朝·封荫·乾隆朝》：黄超聪，以孙贤赠文林郎。黄广怡，以子贤赠文林郎。卷三十九《列传八·国朝》：字毓豪，兴贤堡人。举乾隆辛卯贡士，登戊戌进士，戊申铨湖南桂阳令。桂俗刁悍不畏法，县吏胥恒借命案诬引富民，必破其产事乃白，名曰

“油火案”。贤严惩以反坐，吏民肃然。守城弁与武生有憾，自坏城门锁钥，诬武生兵劫。贤验为先坏茎而后及钥，罪在弁，武生得无罪。调署安仁，比回桂阳，道过郴州，行橐已罄。桂民寓郴者或要赆于路，贤却不受。在职数年，桂人歌之曰：“黄青天，真清廉。为官不要钱，百姓乐尧年①。囚狱无冤遣，牛羊遍野眠。”旋为忌者所中，以诖误改教职。桂人饯之，祖帐②三百里。卒年五十五。

游际泰 字阶符，清南海蠕冈堡人。乾隆三十六年（1771）举人，四十六年调发四川，四十八年接管西藏巴塘粮务，因丧父去职。子苍育。

［道光］《广东通志》卷八十《选举表十八·举人三·国朝·乾隆三十六年辛卯·广州府》：广州人。

［道光］《南海县志》卷三十九《列传八·国朝》：字阶符，蠕冈堡人。乾隆辛卯科领乡荐，辛丑挑发四川，宰南部。勤慎自矢，有吏材，士民咸畏服。分纂《四川省志》。四充同考官，所荐拔皆知名，蜀士有“卷入游夫子房，即不中无怨言”之谣。癸卯，奉委接管西藏巴塘粮务，抚诸蛮以诚，蛮人爱之。以父忧去职，蛮人泣送者万计。川俗往往以未成童之子娶已及笄之女，名小接童媳，弊端蜂起。官厉禁之，积习弗变。际泰莅南部日，以俚语作歌析其害，反复千言。民读之皆感泣曰：“县父母说得是。”陋俗遂革。著《太平边备》《云栈诗钞》藏于家。子苍育，嘉庆戊寅科举人。

潘如彦 清南海人。乾隆三十六年（1771）副贡，嘉庆十五年（1810）赐举人，次年任高明训导。

［道光］《广东通志》卷五十一《职官表四十二·国朝九·高明县·教谕训导·嘉庆朝》：南海人。副榜，十六年任……训导。

［道光］《南海县志》卷二十一《选举表二·国朝·贡生荐辟·乾隆朝》：副贡……辛卯。《国朝·举人·嘉庆朝》：钦赐举人……庚午科。

黎作圣 清高明布社人。乾隆三十六年（1771）捐授把总。

---

①尧年：古史传说尧时天下太平，因以“尧年”比喻盛世。

②祖帐：传说道路神明为祖神，人外出为求平安，临行前都要祭拜祖神。后称送别饯行时所设的帐幕。

［道光］《高明县志》卷十二《选举志·国朝武职例》：布社人，乾隆三十六年由武生捐授把总。

黎诞登 清顺德昌教人。乾隆三十六年（1771）举人，任江苏太仓知州。子应南、应元。

［道光］《广东通志》卷八十《选举表十八·举人三·国朝·乾隆三十六年辛卯·广州府》：南海人，知县。子应元、应南。

［道光］《南海县志》卷二十一《选举表二·国朝·举人·乾隆朝》：辛卯科。阮《通志》有黎诞登，云南海人，误也，诞登实顺德人。

［咸丰］《顺德县志》卷十一《举人二·国朝·乾隆》：昌教人，知太仓州。按阮《志》作南海人，误。辛卯科。

刘淮 清三水河州冈人。乾隆三十七年（1772）岁贡。父丹。

［嘉庆］《三水县志》卷九《选举·岁贡·清》：丹次子。（乾隆）三十七年贡。

李钟瑞 清三水天湖人。乾隆三十七年（1772）岁贡。

［嘉庆］《三水县志》卷九《选举·岁贡·清》：天湖人，（乾隆）三十七年贡。性质真醇，学问鸿博。

陆鸿 清高明城中人。乾隆三十七年（1772）岁贡。

［道光］《高明县志》卷十二《选举志·贡生·国朝》：城中人，乾隆三十七年岁贡。

严忠 清高明唐肚人。乾隆三十七年（1772）例贡。

［道光］《高明县志》卷十二《选举志·例贡·国朝》：唐肚人，乾隆三十七年例贡。

罗鼎臣 清南海人。乾隆三十七年（1772）恩贡。

［道光］《南海县志》卷二十一《选举表二·国朝·贡生荐辟·乾隆朝》：壬辰恩贡。按壬辰无恩科，盖庚寅恩科，至是部覆准贡，故作是年也。

周启厥　清顺德北滘人。乾隆三十七年（1772）岁贡。

［咸丰］《顺德县志》卷十一《岁贡·国朝·乾隆》：北滘人，壬辰。

黄成恒　清顺德甘竹人。乾隆三十七年（1772）岁贡，四十一年任广东肇庆府、四十五年韶州府训导。

［道光］《广东通志》卷五十一《职官表四十二·国朝九·肇庆府·教授训导·乾隆朝》：顺德人。廪生，四十一年任……训导。卷四十七《职官表三十八·国朝五·韶州府·教授训导·乾隆朝》：顺德人。廪贡，四十五年任……训导。

［咸丰］《顺德县志》卷十一《岁贡·国朝·乾隆》：甘竹人，壬辰，韶州府训导。

李德旺　清南海人。乾隆三十八年（1773）岁贡。

［道光］《南海县志》卷二十一《选举表二·国朝·贡生荐辟·乾隆朝》：癸巳岁贡。

陈简在　清顺德喜涌人。乾隆三十八年（1773）岁贡。

［咸丰］《顺德县志》卷十一《岁贡·国朝·乾隆》：喜涌人，癸巳。

胡亦常　（1743—1773）字同谦，号豸浦，清顺德均安豸浦人。乾隆三十六年（1771）举人。25岁即以诗出名，与冯敏昌、张锦芳称“岭南三子”。父杰。

［道光］《广东通志》卷八十《选举表十八·举人三·国朝·乾隆三十六年辛卯·广州府》：顺德人，字同谦，监生。卷二百八十七《列传二十·广州二十》：父杰，壬辰进士，官吏部员外郎，以学行名于时。亦常少承家学（县《草志》），抗志希古，不欲为一乡一国之士。下第后南归，与休宁戴震①同舟，至富春江乃别，舟中尽钞震所著书。复致书钱辛楣宫詹，欲壹志于经术

①戴震（1724—1777），字东原，清安徽休宁隆阜人，乾隆年间著名学者、大思想家。富春江，浙江省中部河流，为钱塘江建德市梅城镇下至萧山区闻堰段的别称。

（《钱大昕①文集》）。性素渊默，事母尽孝（县《草志》）。有郭外田数十亩，岁入悉以奉母甘旨，亦常终岁屦粗粝自若，尝购书盈簏值数镒，谋诸妇脱钗钏偿之，不敢私取田之所入（《钱大昕文集》）。为文戛戛独造②（县《草志》），诗妙悟天成，不由师授，能于南园诸子外自成一家（《钱大昕文集》）。年三十一卒，天不假年，人咸惜之。著有《赐书楼初续集》。卷一百九十八《艺文略十·集部四》：《赐书楼诗钞》二卷，国朝胡亦常撰，存。

［咸丰］《顺德县志》卷二十六《列传六·国朝二》：号豸浦，所居乡也……父杰……官都门，梦常遇春，会产子，因名焉。诗古文词皆承家学，五岁随侍，南归后，所过名山古迹，能为大父述之。读书日千余言，十岁毕五经、三传。父殁益自奋励，与张锦芳、黄丹书、欧阳芬游，于锦麟尤深契。辛卯乡举，房官益都李文藻③亦名士，为书荐之。钱竹汀、纪文达④至则旦夕过从，益知艺业源流。既而与休宁戴东原震同舟而南，得罄其蕴奥，手录所著天文律历书。时值暑月，多啖瓜果，病胃寒遂卒，年止三十有一。妾遗腹得子，应科亦殇。竹汀闻，为铭墓……年少即删存诗集，手书付梓。生平善章草，尝以笔缚弓弦悬而搦之，日数十纸。嗜山蓣⑤，饷以求书无不应。尝访友误入他舟，抵岸，其人别去。旁皇无投宿处，乃入一村塾，与塾师谈洽，流连数日。偶乘月访苏赓瑞，赓瑞送之返，则又送赓瑞，不觉东方竟白。国史馆修文苑传，下郡县征取所遗诗，时嘉庆癸酉也。

胡珽　（1744—1803）一说名挺，字卓廷，号搢堂，清南海九江人。乾隆四十二年（1777）举人，四十九年谒选代理广

---

①钱大昕（1728—1804），字晓徵、及之，清江苏嘉定（今属上海）人。乾隆十九年（1754）进士，官詹事府少詹事，提督广东学政。居丧归里，引疾不仕。一生著述甚富，后世辑为《潜研堂丛书》刊行。

②戛（jiá）戛独造：形容文章别出心裁，富有独创性。

③李文藻（1730—1778），字素伯，清山东益都（今青州）人。乾隆二十六年（1761）进士，曾任广东恩平、潮阳知县，官至广西桂林府同知。钱大昕称许他“性好聚书”。

④纪文达，即纪昀（1724—1805），字晓岚，一字春帆，晚号石云，清直隶献县（今属河北）人。乾隆进士，官至礼部尚书、协办大学士。曾任四库全书总纂官，纂定《四库全书总目提要》，著有《阅微草堂笔记》。

⑤山蓣（yù）：即薯蓣。薯蓣，因唐代宗叫李豫，为避讳改为薯药，因宋英宗叫赵曙，又避讳改为山药。

东肇庆教授，五十四年补广东石城（今廉江）训导归。父德进，孙培桄，曾孙凝吉。

［道光］《广东通志》卷八十一《选举表十九·举人四·国朝·乾隆四十二年丁酉·广州府》：胡挺，南海人，教谕。卷五十二《职官表四十三·国朝十·石城县·教谕训导·乾隆朝》：南海人。举人，五十四年任……训导。

［道光］《南海县志》卷二十一《选举表二·国朝·封荫·乾隆朝》：胡德进，以子珽贻封修职郎、石城训导。卷三十九《列传八·国朝》：字卓廷，九江堡人。乾隆……甲辰谒挑，权肇庆教授。己酉，某生未终丧，图改学籍出嗣考拔贡，厚饵珽，珽拒之。补石城教谕，石城士不赴鹿鸣宴者六十年，珽进诸生亲教之，次年戊午门下生文在中即举于乡，自此石城科名顿起。先是，辛丑临川李恭毅公湖抚粤，檄郡县穷治盗匪，谕乡举保正官给照牒。当是时，群凶走险，盗魁苏某尤为民患。徐县尹与蕃倚办于珽，珽诱至乡约缚之。其党意为营兵所得，率百余人谋夺去，至知计出珽，各震栗逃散。解组后，悯乡中公费乏缺，或议复鱼花埠、承升西海沙田。珽以为不可，独定地倡建丝市，岁籍其租供乡人士文课，至今赖利。珽既殁，鱼埠、沙田之讼十数年未已，同人咸愧服其识焉。

《九江儒林乡志》卷十《选举略·国朝·举人·乾隆四十二年丁酉科》：字卓廷，号播堂。县学，中式第六十八名。初署肇庆府训导，补石城教谕。卷十四《列传·清》：字卓廷，号播堂，西方大盛坊人。性警敏有才略，初应童试，中流飓作舟覆，同舟多溺死，恍惚中若有掖之以出者。乾隆丁酉领乡荐，甲辰大挑教职，署肇庆府训导……嘉庆壬戌截选知县已赴验，未及出山而疾作，逾年遂卒，年六十。孙培桄、曾孙凝吉，俱庠生。

［咸丰］《顺德县志》卷十一《举人二·国朝·乾隆》：甘竹人，南海籍。阮《志》据榜……丁酉科。

区祥衍　清高明阮埇人。乾隆三十九年（1774）岁贡。

［道光］《高明县志》卷十二《选举志·贡生·国朝》：阮埇人，乾隆三十九年岁贡。

邓云龙　清三水大滘人。乾隆三十九年（1774）举人，嘉庆十五年（1810）改广东归善教谕。祖朝伟，寿92岁。

［嘉庆］《三水县志》卷九《选举·举人·国朝·乾隆三十九年甲午郭雄图榜》：大滘人，中式三十九名。任直隶唐山县知县，改授惠州府归善县教谕。卷十一《耆寿》：邓朝伟，职员。大滘人，举人邓云龙之祖，积德昌后，

寿九十二岁。

[道光]《广东通志》卷四十九《职官表四十·国朝·归善县·教谕训导·嘉庆朝》：三水人。举人，十五年任……教谕。

冯忻 清南海人。乾隆三十九年（1774）武举。

[道光]《南海县志》卷二十二《选举表三·国朝·清·武举·乾隆朝》：甲午科。

冯斯倬 清南海丹灶梅庄人。乾隆三十九年（1774）优贡。父成修，兄斯衡。

[道光]《南海县志》卷二十一《选举表二·国朝·贡生荐辟·乾隆朝》：成修子，甲午副贡。

刘恩桂 字攀士，清高明大唐美人。乾隆三十九年（1774）廪贡，历官花县训导、吴川教谕、龙川训导等。

[道光]《高明县志》卷十二《选举志·贡生·国朝》：大唐美人，乾隆三十九年由县廪捐岁贡，历署平远、惠州、合浦、始兴、花县训导，吴川教谕，龙川训导。卷十三《人物志·国朝》：字攀士。聪明力学，外就傅几二十年，不妄与交游，不撄心世故，孝友淳谨，闻于里党。以优廪援例教职，秉铎平远、始兴、花县、合浦、吴川、惠州、龙川七郡县，俱尽课士之诚。卒于龙川学署，绅士哀悼吊祭者不下数百人。

麦穗泰 清顺德麦村人。乾隆三十九年（1774）举人。

[咸丰]《顺德县志》卷十一《举人二·国朝·乾隆》：麦村人，广西籍。知范县……甲午科。

严绍芳 字孔斌，清高明唐肚人。乾隆三十九年（1774）举人，五十三年任广东镇平（今蕉岭）训导。父中。

[道光]《广东通志》卷五十七《职官表四十八·国朝十五·训导·乾隆朝》：高明人。举人，五十三年任……训导。

[道光]《高明县志》卷十二《选举志·举人·国朝》：唐肚人。乾隆三

十九年甲午举人，任镇平①训导。《选举志·封典·国朝》：严中，唐肚人。邑庠，乾隆五十五年以子绍芳赠修职郎。卷十三《人物志·国朝》：字孔斌。笃志好学，淹通经史。甲午科举于乡，授镇平训导。课士有规，尝以昌明文教为己任。未几卒于官，邑诸生感其教泽，咸赠赙扶榇归里焉。卷三《建置志·桥梁》：丙州桥，在丙州乡。长十丈，高一丈五尺，知县陈坡建。乾隆四十八年，各乡义助，垒石重修。邑举人严绍芳记。

李麟书 清顺德赤花人。乾隆三十九年（1774）岁贡。

［咸丰］《顺德县志》卷十一《岁贡·国朝·乾隆》：赤花人，甲午。

杨济川 清顺德桂洲人。乾隆三十九年（1774）武举。

［咸丰］《顺德县志》卷十一《武举·国朝·乾隆》：桂洲人……甲午。

吴匡时 （？—1808）一说名臣时，字博任，一字约堂，清顺德容奇人。乾隆三十九年（1774）举人，嘉庆九年（1804）任海南澄迈教谕。赴京时卒。

［道光］《广东通志》卷八十一《选举表十九·举人四·国朝·乾隆三十九年甲午·广州府》：广州人。卷五十五《职官表四十六·国朝十三·澄迈县·教谕训导·嘉庆朝》：吴臣时，顺德人。举人，九年任……教谕。

［咸丰］《顺德县志》卷二十六《列传六·国朝二》：字博任，一字约堂……容奇人。质鲁嗜学，从梁泉游，遂通经术。思致用，凡山川关隘险阻隘塞之处，古今人物盛衰得失之由，靡不研索贯穿。既屡试不售，慨然有磨盾②志。会用兵缅甸，已遵牂牁行半道，疡溃于面而返。旋领乾隆甲午乡荐，留都七载，挑选澄迈教谕。时洋匪猖獗，城滨巨海，匡时会其令田某选炮械、募士勇为备。匪果潜入，伏起击之，颇有斩获，城赖安。戊辰赴都卒。

何大进 清南海人。乾隆三十九年（1774）武举。

---

①镇平：明崇祯六年（1633），析平远县置，县治在今梅州蕉城镇（明称怀仁里，清称蕉阳镇），隶属广东潮州。清雍正十一年（1733），隶属直隶嘉应州。1914年，改名为蕉岭县。

②磨盾：亦作“磨盾鼻”，在盾牌把手上磨墨草檄，典出《北史·荀济传》，后因以称在军队里做文书工作。

[道光]《南海县志》卷二十二《选举表三·国朝·武举·乾隆朝》：甲午科。

何炎光 清顺德三桂人。乾隆三十九年（1774）举人。

[道光]《广东通志》卷八十一《选举表十九·举人四·国朝·乾隆三十九年甲午·广州府》：广州人。

[咸丰]《顺德县志》卷十一《举人二·国朝·乾隆》：三桂人，按阮《志》作广州人……甲午科。

陈文耀 （？—约1798）字炳华，一字锦堂，清南海人。乾隆三十九年（1774）举人，赴京考进士3次不中，六十年任广东开平教谕，卒于官。

[道光]《广东通志》卷八十一《选举表十九·举人四·国朝·乾隆三十九年甲午·广州府》：南海人。卷五十一《职官表四十二·国朝九·开平县·教谕训导·乾隆朝》：南海人。举人，六十年任，训导。

《西樵白云洞志》第二册《传略·陈广文文耀》：字炳华，一字锦堂，南海人。少能诗，家素贫，养亲以吟咏，承色笑。乾隆甲午举乡试第三人，主司王九华、李雨村大加奖异，许以翰苑才。三上春官不第，以大挑二等选开平教谕，卒于官。为人和气可亲而内守极严，处乡邻排难解纷，靡不钦服。常言："吾于药物中最恶甘草，谓其性随物转，和而不介也。"其人品概可想见。尝讲学三湖书院，结漱芳吟社，著有《锦堂诗钞》。

陈应隆 清顺德桂洲人。乾隆三十九年（1774）武举，任千总。

[咸丰]《顺德县志》卷十一《武举·国朝·乾隆》：桂洲人，领运千总……甲午。

[光绪]《广州府志》卷五十三《选举表二十二·仕宦四·国朝·武职·顺德》：乾隆甲午武举，仪征领运千总，署本卫守备。

陈锡熙 清顺德桂洲人。乾隆三十九年（1774）举人，四十六年进士，任山东博平知县。祖应晃，父天保，母秦氏寿百岁。

[道光]《广东通志》卷八十一《选举表十九·举人四·国朝·乾隆三十

九年甲午·广州府》：顺德人。进士，山东博平知县。卷七十七《选举表十五·进士·国朝·乾隆四十六年辛丑钱棨榜·广州府》：顺德人，山东博平知县。

［咸丰］《顺德县志》卷十二《封赠（文阶）·国朝》：陈应晃，桂洲人，以孙锡熙赠。陈天保，子锡熙赠。俱博平县……知县。卷十五《耆寿·百岁寿妇·国朝》：秦氏，登洲人，陈天节妻，百岁。五代同堂，奉旌给坊。子锡熙，进士。

陈鹤年　清顺德喜涌人。乾隆三十九年（1774）举人，任广东石城（今廉江）教谕。拜同乡梁泉为师。

［道光］《广东通志》卷八十一《选举表十九·举人四·国朝·乾隆三十九年甲午·广州府》：广州人。

［咸丰］《顺德县志》卷二十六《列传六·国朝二·梁泉传》：喜涌人，乾隆甲午乡荐，终石城教谕。亦以居近受学，湛深经术，精熟科举之学，而不甚喜为词章。泉亦就材而勖，不之强也。

罗天培（清乾隆）　清高明屏山人。乾隆三十九年（1774）附贡，四十五年赠祖凖臣、父元标官衔。

［道光］《高明县志》卷十二《选举志·例贡·国朝》：屏山人。乾隆三十九年附贡，任詹事府主簿。《选举志·援捐·封典》：罗凖臣，屏山人，乾隆四十五年以孙天培赠文林郎。罗元标，屏山人，贡生，乾隆四十五年以子天培赠文林郎。

罗礼琮　字镇玉，号峭岩，清顺德大良人。乾隆三十九年（1774）举人，五十三年任广东徐闻训导。寿83岁。父诗鹤，弟礼璋，子传翰、在思。

［道光］《广东通志》卷八十一《选举表十九·举人四·国朝·乾隆三十九年甲午附顺天中式》：顺德人，广西藩库大使，子在思。卷五十四《职官表四十五·国朝十二·徐闻县·教谕训导·乾隆朝》：顺德人。举人，五十三年任，训导。

［咸丰］《顺德县志》卷二十六《列传六·国朝二》：字镇玉，号峭岩，大良人。十一世祖子房，自有传。礼琮少肄业粤秀院，从侍郎沈廷芳学，已为当道器重。为增广生，连试不售，慨然志用世。会用兵大金川，乃援授兵马司吏目。旋举顺天甲午乡试，遭内外艰。佐幕宣河遇灾，劝主者且申且发，

代历乡堡赈之多存活。挑选徐闻训导，士少见闻，为之反复教迪，月甲乙课榜署外为激劝，有非理讼累者，多方雪之。躬下村落筹修学费，主席义学悉所入租充膏火。年七十会试假病归，截选得广西藩库使。省例各县尽收尽解，吏缘出纳滋弊，礼琮请得扣留其解者，堂给批回，一时称便。寻以就子在思封弃职杜门著述，读书遇不惬意，辄为删订考证，诸经援引皆极淹贯。先是，开县城署皆役于九图，因供及官需器物，吏胥刁以渔利，扰累不堪。至是，礼琮偕城绅白令勒石禁绝，榻①分九十户藏之，迨胥役踣石索如前，乃共以拓本诉遂寝。卒年八十有三。著有《四书明辨》《礼记补正附论》《岭南杂记》《释来轩文稿》《芥舟诗存》。弟礼璋……子传翰……在思。卷十五《耆寿·九十寿妇》：卢氏，大良罗礼琮妾，以子润封九品孺人……年九十一。

罗礼璋 字献玉，又字达堂，清顺德大良人。乾隆三十九年（1774）武举，四十六年武进士，到福建任职。五十一年，台湾林爽文起义，率师渡海镇压，升福建永宁守备。迁广西新太都司17年，嘉庆七年（1802），镇压广东博罗会教徒。祖能赞，父诗鹤。弟体仁，嘉庆初（1796）为堡乡正。

［道光］《广东通志》卷二百八十七《列传二十·广州二十》：字献玉，顺德人。少读书，有奇气，貌伟善射。乾隆辛丑成武进士，拣发福建，署提标守备，晋署督标参将。值台湾林爽文②作乱，礼璋请率师渡海剿办。大小十三战，直刺贼巢，锋无少挫，诸路一举荡平。壬戌，博罗会匪滋事，礼璋攻克义容天字嶂，斩馘数百，擒伪王关奥龙等，余党就抚，惠民以安。摄广西新太、庆远二协，调剂兵民，恩威并用。寻擢河北游击，为卒旅筹粮秣经久计，洁己奉公，有“救苦罗菩萨”之颂。垂老解组未归，适兴筑广西太平陀陵水坝，蓄泄得宜，土山夷为沃壤。劳瘁两年，卒于工次。

［咸丰］《顺德县志》卷十二《封赠（武阶）·国朝》：罗能赞，大良人，以孙礼璋赠。罗诗鹤，以子礼璋赠。俱永宁营……守备。卷二十六《列传六·国朝二》：又字达堂，大良人。少负奇气，明核算。乾隆甲午武举，辛丑

---

①榻：同“拓”。在刻铸有文字或图像的器物上涂墨，蒙上一层纸，捶打后显出文字图像来。

②林爽文，原籍福建平和县，乾隆三十八年随父迁居台湾彰化大里杙庄，募众垦田致富。参加天地会，成北路首领。五十一年（1786）至五十三年，领导农民起义，朝廷派兵镇压被害。

进士。拣发福建，署提标守备，护督标参将。会闻台湾林爽文乱作，礼璋请率千八百兵赴台。抵岸察形势，分遣诸弁卫村，留五百人扼扈尾山港口。贼猝至，击之退。数日，复遇于西山间。贼设伏，见礼璋勒兵不遽出，遂全队相向。礼璋励勇跃溪过，击贼败，追杀十余里。料贼复来，敛兵为三，伏俟之。五鼓，贼果大至，见空营亟退，遇伏，多坠崖谷死。应兵亦集，身先士卒，十三战，终捣贼巢。师旋，擢永宁守备，寻迁新太都司。以熟悉边土，留十有七年，始题迁河北游击，未几罢。当都司例满，以考验，旋东适惠州博罗。会匪滋事，慨然请往，攻克义容天字嶂，夺寨杀数百，擒匪首关奥龙等。吉制府意主招抚，恶其杀人，严诘之，曰："公能抚，末弁即不杀矣。"其有胆略、善应对如此。摄新太、庆远二协，新太所属太平府，水为土山夹束流远，民田艰于灌溉。先是，土司议夷山为沃壤，会改流中止。至是礼璋继为之，垂成而迁河北。冬饷半敷草价，遂豫筹买费，兵米半折部价，设仓收放，兵便之。罢官，太平以旧役迎致，规画竣，夜整冠而卒。卷二十七《列传七·国朝三·罗体仁传》：大良罗体仁，增贡生，诗鹤子。承父遗命，捐送赵沙田为祖祭业。母老，家资出入，必禀命而行。嘉庆初行保甲，设堡乡正，首与其选。

罗次壎　字圣表，清顺德大良人。乾隆三十九年（1774）举人，五十四年任广东翁源教谕。

［道光］《广东通志》卷八十一《选举表十九·举人四·国朝·乾隆三十九年甲午·广州府》：顺德人。卷四十七《职官表三十八·国朝五·翁源县·教谕训导·乾隆朝》：顺德人。举人，五十四年任，教谕。

［咸丰］《顺德县志》卷二十六《列传六·国朝二》：字圣表，大良人……登乾隆庚寅贤书，官翁源教谕，端师范，不责贽礼。翁俗刁，健讼者每牵涉诸生，肆其诬挟。次壎遇投状者即牒于县，而谆诫诸生守卧碑，风顿改。每出坐明伦堂，为诸生谈经讲艺，但粗给薪水，无多求也。卒之日，丧不能举，诸生佽助归其榇，祀于翁山义学。

罗廷琏　清顺德大良人。乾隆三十九年（1774）举人。

［道光］《广东通志》卷八十一《选举表十九·举人四·国朝·乾隆三十九年甲午·广州府》：顺德人。

［咸丰］《顺德县志》卷十一《举人二·国朝·乾隆》：大良人……甲午科。

聂殿扬 清南海人。乾隆三十九年（1774）武举。

［道光］《南海县志》卷二十二《选举表三·国朝·武举·乾隆朝》：甲午科。

梁钧池 清顺德桂洲人。乾隆三十九年（1774）举人，四十三年进士。

［道光］《广东通志》卷八十一《选举表十九·举人四·国朝·乾隆三十九年甲午·广州府》：顺德人，进士。卷七十七《选举表十五·进士·国朝·乾隆四十三年戊戌戴衢亨榜·广州府》：顺德人。

［咸丰］《顺德县志》卷十一《举人二·国朝·乾隆》：桂洲人……甲午科。

彭廷权 清顺德容奇人。乾隆三十九年（1774）武举。

［咸丰］《顺德县志》卷十一《武举·国朝·乾隆》：容奇人……甲午。

黎道然 清高明人，乾隆三十九年（1774）岁贡。祖民铎，父贞，兄道炳。

［光绪］《高明县志》卷十二《选举表·国朝·岁贡·乾隆朝》：贞次子，石城籍。三十九年贡。

关敏夫 字泰元，一字鲁窝，清南海人。乾隆四十年（1775）参加创建西樵山蘢嵸阁。

《西樵白云洞志》第二册《传略·关处士敏夫》：字泰元，一字鲁窝，南海人。能琴，喜吟咏。酷爱白云洞岩泉之胜，既与同志倡议买山辟建蘢嵸阁，又独筑环绮亭于华盖峰腰，抱琴观瀑，绘入图画，谓白云瀑布高不及匡庐而曲折胜之，其栖息洞中为最久。岑璞轩辟漱芳园，鲁窝实赞成之。第五册《艺文·增辑诗》：《鼎建蘢嵸书阁及置本山地段碑记》，蘢嵸书阁每股捐银拾两鼎建，或一人两股，或每人一股，或两人一股。经始于乾隆乙未十月，半载落成。丙申腊月十七日，始奉文帝升座，时有喜鹊回翔，观者群致庆焉。兹将文会芳名勒纪于左（黄孚初贰股，李容门壹股，黎萃堂贰股，关鲁窝贰股，刘博堂贰股，邓联芳贰股……）。乾隆四十一年岁次丙申腊月吉日，首事黄虞、李抡才、黎光、关敏夫谨识。

李抡才 字本毓，一字容门，清南海龙津堡（今属禅城南庄）人。乾隆四十年（1775）参与创建西樵山巃嵸阁，五十年恩贡。嘉庆八年（1803）为广州光孝寺书写《重建天王殿并回廊碑记》，九年钦赐举人。在广州教学，50岁后只游寺观。

［道光］《南海县志》卷二十一《选举表二·国朝·贡生荐辟·乾隆朝》：乙巳恩贡。

《西樵白云洞志》第二册《传略·李孝廉抡才》：字本毓，一字容门，南海人。钦赐嘉庆甲子科举人。生平善草书，雅爱闲静，不涉俗务。居常手瓮浇花，临池展帖，兴到则为山水游。乾隆乙未岁，闻孚初公与黎萃堂、关鲁窝欲重辟白云洞，有醵金建阁之约，欣然署名为事首，其高怀逸致，亦可窥见一斑。

［同治］《南海县志》卷二十《列传·艺术》：龙津堡人。岁贡生，嘉庆甲子科钦赐举人。弱冠能文，兼工书法，设教省垣，持缣素求书者几于踏破铁限。然性温和，颇厌弃俗务，五十岁后不复设帐，以杜绝应酬，惟结方外交，梵宇琳宫，游玩殆遍，至则品茶读画，萧然如世外人。所作行草，留于寺观独多，缁侣羽流，至今宝重之。

［宣统］《南海县志》卷十三《金石略二·国朝》：《重建天王殿并回廊碑记》……恩贡生截选州判、佛弟子李抡才撰并书，嘉庆八年岁次癸亥孟冬吉旦，刻在光孝寺佛殿前檐左。卷二十六《杂录》：白云洞为西樵名胜，亭台楼阁，点缀林泉，足供幽赏。乾隆间，文学之士即蕴玉山房故址，改建云泉仙馆，借慕道以寄幽栖。同、光以后来者益众，且乐提倡善举。陆孝廉师彦、李孝廉锡鸿尝创调元善社，复与同人创建各善堂，至恤产施药、赠种洋痘、建茶亭、修石路及救灾善举，必乐捐输，盖修真之士，以慈善为心、以济人为事者。仙馆前后左右各地段多属杏头乡梁姓业，所有创建地段并备价与梁姓购买。如乾隆乙未，黄孝廉孚初、李孝廉榕门等，即云瀑亭故址建巃嵸阁，其地系与梁伟然等买受，载在《白云洞志》。

林承谟 清南海人。乾隆四十年（1775）岁贡。

［道光］《南海县志》卷二十一《选举表二·国朝·贡生荐辟·乾隆朝》：乙未岁贡。

罗嘉乐 清南海人。乾隆四十年（1775）任广西梧州协镇右营千总。

［道光］《南海县志》卷二十二《选举表三·国朝·行伍·乾隆朝》：广

西梧州协镇右营千总，乙未。

郭朝纲 清三水莘村人。乾隆四十年（1775）岁贡，曾为乡饮宾。

［嘉庆］《三水县志》卷九《选举·岁贡·清》：莘村人，（乾隆）四十年贡。卷十一《人物传·乡饮宾》：岁贡。

黄拱瀛 清南海人。廪贡，乾隆四十年（1775）任广东潮州府、五十八年廉州府训导。

［道光］《广东通志》卷五十《职官表四十一·国朝八·潮州府·教授训导·乾隆朝》：南海人。四十年任……训导。卷五十三《职官表四十四·国朝十一·廉州府·教授训导·乾隆朝》：南海人。廪贡，五十八年任，训导。

黎光 字拔朝，号萃堂，清南海沙头人。工画能诗，乾隆四十年（1775）创建西樵山巃嵸阁。

《西樵白云洞志》第二册《传略·黎处士光》：孚初公《乞同人展黎子墓议》，黎子讳光，字拔朝，号萃堂，南海沙头人。工于画，能诗，兼善双钩，有山水癖。于乾隆乙未十月偕关鲁窝，邀予购白云故址，辟荆棘，寻幽胜，创建巃嵸阁等书屋。工甫就而黎子忽逝，时子幼妻弱，鲁窝于其灵前卜地，问以白云洞口白云寺之右，许焉。今其子亡无后，巃嵸阁久已公之士类，凡到潜修者，遇清明日祈为黎子垅上压纸，虽不能如云路口之为李子长立祀，亦见重辟此山者之赖有其人。（亨按：萃堂墓题咏甚伙，闻其墓志亦孚初公撰。今秋访诸其墓则已遭毁变，求其诗集亦已散亡。犹幸《西樵游览记》及《诗海》《岭南鼓吹》诸选本，存其数首，是萃堂之墓虽毁，萃堂之名不终毁矣！）第一册《名胜·亭院（楼阁馆舍附）》：巃嵸阁，在白云洞。左倚峭壁，右带飞流，其基即云瀑亭故址。（阁建于乾隆乙未，越丙申初夏而成，南海黄虞、黎光等建）……本《西樵游览记》，今按……圮。

区兆灯 名一作兆登，清高明勤学人。乾隆四十一年（1776）岁贡。父佩。

［道光］《高明县志》卷十二《选举志·贡生·国朝》：勤学人。乾隆四十一年岁贡，佩子。

［道光］《肇庆府志》卷十五《选举二·国朝·贡生·高明县学·乾隆

朝》：区兆登，四十一年贡。

刘子秀　字振天，一字南畲，清顺德龙江人。乾隆四十一年（1776）在西樵山建白云书屋，读书其中。

［道光］《南海县志》卷二十五《艺文略一·史部·游览》：《西樵游览记》十四卷，国朝刘子秀撰。

《西樵白云洞志》第二册《传略·刘上舍子秀》：先大父为撰墓志，其略云：君讳子秀，字振天，一字南畲，顺德龙江乡人。赋性渊静，少而嗜学。乾隆丙申、丁酉间，与余同掩关于白云书屋。君日寻圣贤道味，旁搜古名儒书籍，一切尘务度外置之。未尝不应试，文不见售，澹如也。其人品与古为徒，学必穷源，不求时好。余心钦服之，以故订交最淡而永。所著有《易注》二卷、《南畲诗集》一帙。其《西樵游览记》业已梓行，人争购之以为珍秘。(内参刘氏世谱序语，亦先大父撰，亨按：南畲为人宽厚。尝有贼逾其垣图窃，误坠地伤足。南畲见而恻然，疗之以药，给予数金，戒而释之，闻者感叹。后夜行遇盗，将夺之衣物。有识之者曰："此刘振天先生也!"遂舍之而去。其感服于人如此。所居白云书屋即云广山房，结漱芳吟社。惜《诗集》《易注》未果刻，今佚）第一册《名胜·亭院（楼阁馆舍附)》：云广山房，在白云洞华盖峰之下，俯瞰湖滨。后有揽翠园，石床石几皆出天然，颇幽赏可憩。(乾隆丙申初夏，顺德刘子秀建）……本《西樵游览记》，今按……圮。

张光朝　清顺德黄连人。乾隆四十一年（1776）岁贡。

［咸丰］《顺德县志》卷十一《岁贡·国朝·乾隆》：黄连人，由广西苍梧改回。丙申。

黄臣鸣　字廷诏，清顺德大良人。贡生，乾隆四十一年（1776）任广东南雄训导，次年举人。45 岁卒。父正色，弟廷矩、丹书。

［道光］《广东通志》卷八十一《选举表十九·举人四·国朝·乾隆四十二年丁酉·广州府》：顺德人，南雄府训导。卷四十八《职官表三十九·国朝六·南雄府·教授训导·乾隆朝》：广州顺德人。廪生，四十一年任……训导。卷二百八十七《列传二十·广州二十》：字廷诏……少嗜学，刻苦穷经，不间寒暑。生有至性，早失恃，事继母、诸母，抚爱幼弟，内外无间言。季弟丹书尝从受业，臣鸣悉心指授，遂成大名。为文力追先正，学者称叩山先生。初以贡授南雄训导，革陋规，日进诸生，谆谆诲以经书大义，督学李调

元称其不愧经师人师云。卒年四十五，著有《盈缶堂稿》行世。

［咸丰］《顺德县志》卷十二《封赠（文阶）·国朝》：黄正色，大良人，以子臣鸣封训导，孙玉衡赠。黄臣方，以侄玉衡赠……编修。卷二十六《列传六·国朝二·黄丹书传》：父正色，号旭园，例贡生。至性天植，少孤，读偶暇即归内，集诸姊妹谈里巷琐屑博母笑。尝以始迁祖未祠独力建成，祭必躬亲，老仍不怠。兄臣鸣……尝器丹书，授以学，卒成大名。未举，先以贡官南雄训导。

邓天麟 清南海人。廪贡，乾隆四十二年（1777）任广东长乐（今五华）、四十五年任海南陵水、五十五年任信宜教谕。

［道光］《广东通志》卷五十七《职官表四十八·国朝十五·长乐县·教谕训导·乾隆朝》：南海人。廪生，四十二年任……教谕。卷五十五《职官表四十六·国朝十三·陵水县·教谕训导·乾隆朝》：南海人。廪贡，四十五年任……教谕。卷五十二《职官表四十三·国朝十·信宜县·教谕训导·乾隆朝》：南海人。贡生，五十五年任……教谕。

叶光锡 清高明云良人。乾隆四十二年（1777）捐州同。

［道光］《高明县志》卷十二《选举志·国朝·文例职》：云良人，乾隆四十二年捐授州同。

朱光朝 字丕云，号靖国，清南海九江人。乾隆四十二年（1777）武举。

［道光］《南海县志》卷二十二《选举表三·国朝·武举·乾隆朝》：丁酉科。

《九江儒林乡志》卷十《选举略·国朝·武举·乾隆四十二年丁酉科》：字丕云，号靖国。县学，中式第十八名。

宋大荣 名一作文荣，清南海佛山镇人。乾隆四十二年（1777）拔贡、举人。

［道光］《广东通志》卷八十一《选举表十九·举人四·国朝·乾隆四十二年丁酉·肇庆府》：宋文荣，鹤山人，一作大荣。

［道光］《佛山忠义乡志》卷十《贡生·清》：中式，拔贡。《举人·清》：乾隆乙酉。

［道光］《肇庆府志》卷十五《选举二·国朝·贡生·鹤山县学·乾隆朝》：四十二年拔贡。

麦凤岐　（？—1799）清高明版村人。乾隆四十二年（1777）拔贡，任四库馆誊录，五十年赴陕西试用布政司通判，代理同官、山阳知县及五郎通判。在陕15年，代理州县之职14个，卒于官。父献穗。子文田，嘉庆三年（1798）选县丞。

［道光］《高明县志》卷十二《选举志·贡生·国朝》：版村人。乾隆四十二年拔贡，历署同官、咸阳、靖边县知县，陇州、华州、西安府五郎通判，候补陕西布政司理问。《选举志·职员·国朝》：麦文田，版村人。嘉庆三年由监生即选县丞，凤歧子。卷十三《人物志·国朝》：麦献穗，字秉光。壮游庠序，好善乐施。延名师训子弟，有贫而嗜学者必招致肄业，赠以资斧。子二人，长凤岐，应丁酉选拔，出仕陕西。次亦诸生。孙文田，即选县丞。人以为能训子弟之报云。麦凤岐，版村人，生而隽颖，年甫壮补邑弟子员。乾隆丁酉选拔，充四库馆誊录，以功叙试用陕西布政司理问，乙巳抵省。初署同官、山阳县事及五郎通判，所在各有宦声。后匪教窃发，奉差湖北竹溪军前，师捷以功议叙。频年手握数篆，盘根错节，游刃有余，屡为各大宪赏识。宦游秦地一十五载，历署州县十四缺，艰苦备尝，以勤劳卒于官。子文田，即用县丞。

李际瑞　清南海人。乾隆四十二年（1777）岁贡。

［道光］《南海县志》卷二十一《选举表二·国朝·贡生荐辟·乾隆朝》：岁贡……丁酉。

李祥　清高明对村人。乾隆四十二年（1777）举人。

［道光］《高明县志》卷十二《选举志·举人·国朝》：对村人，乾隆丁酉科举人，西榜。

杨统　（？—1792）字元甫，一字敬轩，清顺德容奇人。乾隆四十二年（1777）举人，四十六年进士，为乡试同年冲鹤人潘应行护丧回乡。五十年任广东韶州府教授，卒于连平州学正任。祖士薮。

［道光］《广东通志》卷八十一《选举表十九·举人四·国朝·乾隆四十

二年丁酉·广州府》：顺德人，进士。卷七十七《选举表十五·进士·国朝·乾隆四十六年辛丑钱棨榜·广州府》：顺德人。卷四十七《职官表三十八·国朝五·韶州府·教授训导·乾隆朝》：顺德人。进士，五十年任……教授。

［咸丰］《顺德县志》卷十二《封赠（文阶）·清》：杨士薮，容奇人，以孙统赠韶州府……教授。卷二十六《列传六·国朝二》：字元甫，一字敬轩，容奇人……性敏慧，日记数千言。辛丑成进士，同年潘应行病卒京邸，经纪其丧，扶榇归里，人皆义之。选韶州府教授，守重其才品，延主韶阳书院，从游者众，以艰去。居家勉力行善，尝倡捐筑石路，自乡西北抵东南亘十余里。服阕署连平州学正，循江入，睹山川奇秀，谓所亲曰："吾将老是乡矣。"未几病，诸生请祷，统笑曰："是乡方偿吾愿，奚祷为？"子弟送之返，端坐舟中而逝。按《粤屑》：统甲辰进士，容奇人，潮州教授。《采访册》作桂洲人，误……又云署连平州学正，州牧张梦新城隍来，拜迎入，白晰美须，次日统莅任诣张，即所梦神也，揖让谈吐一如梦所见。越日统病濒危，买舟回籍，为大风吹还，仍泊城下，卒于舟次。先一夕，绅耆亦梦新城隍至，及统死，庙中有鼓乐排衙声，张遂率绅耆行香新其庙，壬子四月二十四日也。

杨宰平　清顺德桂洲人。乾隆四十二年（1777）举人。

［道光］《广东通志》卷八十一《选举表十九·举人四·国朝·乾隆四十二年丁酉·广州府》：顺德人。

［咸丰］《顺德县志》卷十一《举人二·国朝·乾隆》：桂洲人……丁酉科。

岑栋樑　清顺德桂洲人。乾隆四十二年（1777）武举。

［咸丰］《顺德县志》卷十一《武举·国朝·乾隆》：桂洲人，丁酉。

陆锦文　清三水清塘人。乾隆四十二年（1777）拔贡，嘉庆十二年（1807）任广东封川县教谕。父士爱。

［嘉庆］《三水县志》卷九《选举·拔贡·清》：清塘人，士爱子。四十二年拔贡，授封川县教谕。有《絅庵文集》传家。

［道光］《广东通志》卷五十一《职官表四十二·国朝九·封川县·教谕训导·嘉庆朝》：三水人。拔贡，十二年任……教谕。

陆锦泉　清南海人。乾隆四十二年（1777）举人。

［道光］《广东通志》卷八十一《选举表十九·举人四·国朝·乾隆四十

二年丁酉·广州府》：南海人。

陈介特　清南海人。乾隆四十二年（1777）岁贡。

［道光］《南海县志》卷二十一《选举表二·国朝·贡生荐辟·乾隆朝》：岁贡……丁酉。

陈在宽　字建乎，号宾樵，清顺德龙山人。贡生，乾隆四十二年（1777）任广东归善训导。父俊选。

［嘉庆］《龙山乡志》卷七《选举志·贡生·国朝·乾隆庠贡》：鹤山籍，归善训导。《选举志·封赠·国朝·文职》：陈俊选，以子在宽贵赠归善训导。卷八《人物志·文苑》：字建乎，号宾樵，仙塘人也。少颖悟，综览群书，里党推能文。少游鹤山邑庠，名噪诸生间，旋试高等食饩。以廪贡选授惠州府归善训导，所著文章为多士式。

［道光］《广东通志》卷四十九《职官表四十·国朝·归善县·教谕训导·乾隆朝》：顺德人。廪贡，四十二年任……训导。

陈步高　清顺德马齐人。乾隆四十二年（1777）副贡。

［民国］《顺德县志》卷八《选举表一·郭〈志〉补遗·五贡·国朝》：马齐人，乾隆丁酉副贡，顺天籍。

陈思辑　清南海人。乾隆四十二年（1777）拔贡，任湖北京山县丞。

［道光］《南海县志》卷二十一《选举表二·国朝·贡生荐辟·乾隆朝》：拔贡，京山县丞……丁酉。

周名陞　清南海人。乾隆四十二年（1777）任广州协镇右营千总。

［道光］《南海县志》卷二十二《选举表三·国朝·行伍·乾隆朝》：广州协镇右营千总，丁酉。

周林青　清南海人。乾隆四十二年（1777）武举。

［道光］《南海县志》卷二十二《选举表三·国朝·武举·乾隆朝》：丁酉科。

胡绍中　字定先，清顺德桂洲人。乾隆四十二年（1777）举人，任湖北黄梅、黄冈知县，卒于官。弟绍和（？—1778）同榜举人，次年会试下第卒。

［道光］《广东通志》卷八十一《选举表十九·举人四·国朝·乾隆四十二年丁酉·广州府》：顺德人。胡绍和，顺德人。

［咸丰］《顺德县志》卷二十五《列传五·国朝一》：字定先，桂洲人。高祖曰乾，自有传。祖汝峻……绍中与弟绍和同膺乾隆丁酉贤书，戊戌下第偕还，绍和旅卒，伤惨逾恒。令黄梅值大水，赈恤灾民，安集无外就食者。堵筑潘兴口、王家园、凉亭口三大堤，心殚力瘁，保障全境。梅当南北孔道，驿传络绎，一切供亿派不及民。调江夏，会越南国王入觐，所过供车辆，旅次动关国体。大吏以绍中明掌故、有机宜留梅办差，事竣无贻误，肆应裕如。改调黄冈，清积牍，狱无留滞，亦无匿情。以疾卒于官。著有《怀远堂集》。卷十一《举人二·国朝·乾隆》：胡绍和，字介先，桂洲人。兄绍中同榜……丁酉科。

梁文彩　清南海人。乾隆四十二年（1777）举人。

［道光］《广东通志》卷八十一《选举表十九·举人四·国朝·乾隆四十二年丁酉·广州府》：南海人。

梁栋　清南海人。乾隆四十二年（1777）副贡。

［道光］《南海县志》卷二十一《选举表二·国朝·贡生荐辟·乾隆朝》：副贡……丁酉。

游凤翔　清顺德大良人。乾隆四十二年（1777）拔贡、举人，五十五年任广东开建训导。

［道光］《广东通志》卷八十一《选举表十九·举人四·国朝·乾隆四十二年丁酉·广州府》：顺德人。卷五十一《职官表四十二·国朝九·教谕训导·乾隆朝》：顺德人。举人，五十五年任，训导。

［道光］《肇庆府志》卷十三《职官三·清·开建县·训导·乾隆朝》：顺德人。举人，五十九年任。

［咸丰］《顺德县志》卷十一《拔贡·国朝·乾隆》：大良人，丁酉。

潘世名　清顺德冲鹤人。乾隆四十二年（1777）举人，五十五年任广东肇庆府训导，嘉庆六年（1801）任高明训导，九年海丰教谕。

［道光］《广东通志》卷八十一《选举表十九·举人四·国朝·乾隆四十二年丁酉·广州府》：顺德人。卷五十一《职官表四十二·国朝九·肇庆府·教授训导·乾隆朝》：顺德人。举人，五十五年任，训导。卷四十九《职官表四十·国朝·海丰县·教谕训导·嘉庆朝》：顺德人。举人，九年任……教谕。

［道光］《高明县志》卷五《秩官志·国朝训导》：顺德人，举人，嘉庆六年任。

［咸丰］《顺德县志》卷十一《举人二·国朝·乾隆》：冲鹤人，海丰县教谕……丁酉科。

黎云日　清顺德桃村人。乾隆四十二年（1777）恩贡。

［咸丰］《顺德县志》卷十一《恩贡·国朝·乾隆》：桃村人，丁酉。

霍允兼　清南海人。乾隆四十二年（1777）拔贡，四十四年任广西合浦、四十八年任海南儋州、五十四年任广东四会训导，嘉庆十二年（1807）大埔教谕。父桂枝。

［道光］《广东通志》卷五十三《职官表四十四·国朝十一·合浦县·教谕训导·乾隆朝》：南海人。拔贡，四十四年任……训导。卷五十五《职官表四十六·国朝十三·儋州·学正训导·乾隆朝》：南海人。拔贡，四十八年任……训导。卷五十一《职官表四十二·国朝九·四会县·教谕训导·乾隆朝》：南海人。五十四年任……训导。卷五十《职官表四十一·国朝八·大埔县·教谕训导·嘉庆朝》：南海人。十二年任……教谕。

［道光］《南海县志》卷二十一《选举表二·国朝·贡生荐辟·乾隆朝》：拔贡，儋州学正……丁酉。《国朝·封荫·乾隆朝》：霍桂枝，以子允兼貤赠修职郎。

霍梦赤　清南海人。乾隆四十二年（1777）举人。

［道光］《广东通志》卷八十一《选举表十九·举人四·国朝·乾隆四十二年丁酉·广州府》：南海人。

张锦芳　（1747—1792）字粲夫，一字药房，清顺德龙江坦田人。乾隆三十三年（1768）优贡入国子监，四十四年（1779）副贡，次年广东乡试解元。五十四年进士，授翰林编修，在京三年，得知长兄去世，归乡而殁。子思齐、思植。

［道光］《广东通志》卷八十一《选举表十九·举人四·国朝·乾隆四十五年庚子·广州府》：顺德人。解元，进士。卷七十七《选举表十五·进士·国朝·乾隆五十四年己酉胡长龄榜·广州府》：顺德人。二甲五名，编修。卷一百九十八《艺文略十·集部四》：《逃虚阁诗集》六卷、《诗余》一卷，国朝张锦芳撰，存。谨案：锦芳，字粲夫，一字药房。

［咸丰］《顺德县志》卷十一《优贡·国朝·乾隆》：龙江人，戊子。《副贡·国朝·乾隆》：龙江人，己亥。卷二十六《列传六·国朝二》：以优贡入都试，嘉定钱竹汀、河间纪文达见而奇之。举乾隆庚子乡试第一，己酉成进士，以庶常授编修。锦芳淹贯群籍，通《说文》，识籀篆，分隶深入汉人室，以余事为山水花草，无不入妙。而于诗所造尤邃，与钦州冯敏昌、同县胡亦常称“岭南三子”，合刻传播，都下咸谓堪鼎足。益都李文藻官粤，又合黄丹书、黎简、吕坚为“岭南四家”，皆以锦芳为弁冕。天性孝友，能测亲意指，恭畏爱慕，常若童稚。简不修边幅，与游，以父不喜不敢留而交益厚。以兄某、弟锦麟并早世，居恒泪盈眶睫，迨登第闻伯兄讣益自伤，遂乞归养。未几卒，年四十七。著有《南雪轩文钞》二卷、《逃虚阁诗钞》六卷、《南雪轩诗余》。子思齐……思植……自锦芳以书画名世，其子姓之得诸濡染、遂工六法者，指不胜屈。

梁雪　（1747—1784）字飞素，清顺德人。夫黎简。简祖超然，寿92岁。女琼、芸。

［咸丰］《顺德县志》卷十五《耆寿·九十寿民·国朝》：黎超然，弼教人，年九十二。子晴山，九十。孙海樵，九十一。简，拔贡。卷二十九《列传九·列女二·国朝》：字飞素，佛滘拔贡生黎简妻。丽外慧中，乐施与，节概特陵厉。尝归省，途遇贼欲劫之，脱将赴水，厉声曰：“黎二樵妇畏贼耶？汝辈自求死耳。”贼闻，遽解去。巷有古屋，中皆无祀鬼，忽倾圮，鬻钗饰构复之。性恶尼佞佛，自诵《金刚》《维摩》经，得理解为诗，出语玄妙。与黎伉俪甚笃。

黎简　（1747—1799）字简民，又字未裁，号二樵，清顺德弼教村人。生于广西南宁，27岁回乡，33岁成秀才，乾隆五十四年（1789）拔贡，诗、书、画俱精。

［道光］《广东通志》卷一百九十八《艺文略十·集部四》：《五百四峰堂诗钞》二十五卷，国朝黎简撰，存。谨案：简字简民，号二樵，顺德人，乾隆己酉拔贡。

［道光］《佛山忠义乡志》卷八《名宦·流寓（附）》：又字未裁，世称二樵先生者也。生粤西，十岁能诗。归里益肆力于古，乾隆己酉拔贡生。简诗峻拔清峭，刻意新颖，言人所不能言。性好山水，屡入朱明洞天①，穷其幽胜。足迹不逾岭，尝寓居佛山秋官坊，海内词人士想望丰采，名流来粤者咸折节下交。简才思敏妙，为诗援笔立就。兼工书画，书得汉、晋人意，画直造元四家堂奥。著《五百四峰草堂诗文钞》《药烟阁词钞》《芙蓉亭乐府》《注庄韵学》。

［咸丰］《顺德县志》卷二十六《列传六·国朝二》：尝往来东西两樵间，自号曰“二樵”，粥教人。父居肆南宁，妾生简。少慧悟，十岁能为诗。工缪篆摹印，每取肆具范铜②，父禁之不予，则独游蛮洞得其起伏势，便能拨墨作山水烟云。年二十五奉母归，始博综群籍，肆力学问。贫未知名，偶为会城富商购园林，使叠石作假山，见者知其能画。时同县张锦芳方家省郭，见简诗订交焉。由是识番禺吕坚，坚故兀傲无所许可，得简乃心折。既以黄丹书劝归试，以《拟石鼎联句》受知督学李调元拔首，名藉甚。越十年选拔萃科，当北行会丁外艰。生平足不逾岭，海内人士想望丰裁者恨不获见，缙绅来粤无不深相结纳，李文藻令潮阳决以必传。简故自慎，不轻投缟纻，亦不轻作酬应诗。武弁谢南村有轩滨珠海，延赋新柳有“入帘黄叶病将军”句，请易之不许。浙人某负当代盛名，以探罗浮至，介所素习者招于乡，简遽答书，摘其平日诗伤忠厚语，力却之。简既淡于进取，中年又多病，摄生之资与衣食等。村人多业卖花，佳种辄盘馈之。筑药烟阁，旦夕与其妇梁相依于药鼎茶铛中，棱棱瘦骨，弱不胜衣。暇即吮毫伸纸，为远近作山水屏幛，恃所得润笔为活。其画由倪、吴直窥董、巨，生意盎然，气韵古厚，胶山矾海，日以为常，所造益邃。间携客入东樵，盘桓飞云峰下，望华首领略活泉奇脉。或当烟波缥缈，桃柳参差，挈琴笛酒榼泊村溪，终日危坐翻卷，故下笔每见自然远致，盖江山助人，不必穷极万里也。书笔本天授，更寝馈晋、唐善刻，成家在苏、黄间，隶体则全宗石经，不参他法。一时求书画者趾相接，意稍

①朱明洞天：位于罗浮山，是罗浮山十八洞天之首，是道教第七洞天、第三十四福地。洞天是道教的称谓，朱明洞天原意为“朱明耀真之天”。

②范铜：铸铜。

不合虽巨金必挥去，缘是遂有狂名，因亦自识曰“狂简”。初就县试即奇苏膺瑞，握手定心交。膺瑞司铎归，窘况颇相近，然犹时有资给。每冬残简亦屏人事，预作数帧致之，俾卖以度岁。与石帆傲骨各具，往往反唇相稽①，继以笔札，过亦彼此相忘。颇不喜人以张、黄、黎、吕并称，盖大有卢后意也。所为诗境幽意峭，句搜字琢（阳湖洪亮吉《北江诗话》：“黎明经诗如怒猊饮涧，激电搜林，造境造意非大家不能，明经颇擅其胜。”倾倒语不一而足。)，见者疑出自经营惨淡。简顾援笔立就，出手便能缒幽凿险，亦往往有屡改尤妙者。尝自谓：“作元白诗不愁作不及，只愁写不及。”惟久与唱和，始信其言非夸大也。为文每杂入庄骚，不屑屑八家轨范，而四书文实非所长。以余事为填词，晚有所感，忽杜门旬月撰《芙蓉亭》院本，意颇矜重，然南北宫调，犹未窥元贤门径。论诗心服二李，手评《义山集》具有见地。居恒讲求韵学，尝取庄子语有韵可寻者叶②之，别录为书（按：刘彬华《岭南四家诗钞》小传云，著有《注庄韵学》等书。阮《通志》传因是沿误。）以嘉庆己未卒，年五十三（按《北江诗话》：云“惜年甫四十而卒。”盖传闻之误。）卒后，其友孙平叔尔準总制两湖，力购其遗翰，声价一时顿增，较生时翔且十倍，到今尺缣可易饼金，时史多假其名以糊口。著有《五百四峰草堂诗》二十五卷，卒越十有四年，国史馆征遗集下郡县，取以献《药烟阁词钞》一卷、《芙蓉亭曲》二册。简既崛出，不借师承，而东旋后从学者二：曰黄超，曰卢松长。

许廷进 （1747—1813）清顺德古楼人。幼随父侨居广西钦州，充龙门协马兵。乾隆三十九年（1774）拔把总，嘉庆十八年（1813）任总兵，在台湾剿捕受伤卒。子绍龙。

［咸丰］《顺德县志》卷二十六《列传六·国朝二》：古楼人。族祖大成万历庚戌进士，官刑部云南司主事，改行人。廷进幼随父侨钦州，充龙门协马兵。乾隆甲午拔硇州把总，历达壕营守备、香山协右营都司，补碣石游击。随大帅福康安征台湾，以连胜功迁大鹏营参将。既又从总督孙玉庭防越南，驻关外，夜渡市球江杀贼。擢龙门协副将，赏花翎，旋调闽安。嘉庆初迁海坛镇总兵官，寻以琉球夷舟被盗降千总，案破并获闽贼蔡牵首党，复守备。遇飓舟沉受伤，用都司、复翎，历烽火门参将、澎湖副将。洋匪张保肆扰闽

---

①反唇：回嘴、顶嘴。稽：计较。反唇相稽：受到指责不服气，反过来责问对方，重在责问分辩。

②叶（xié）：通“协”，和洽、相合。

海，廷进率先过船擒获无算，驱逐逃返粤洋。癸酉台湾乱作，时廷进方署挂印总兵，剿捕被重伤遽卒，年六十六。卒后三十有余年，史馆行查事迹，立传祠祀，议恤如例。子绍龙，太平通判，卒无子，袭停。

区瑞 字月泉，清顺德大良人。善画人物，与黎简同时。

［咸丰］《顺德县志》卷二百七十七《列传七·国朝三·佘凤传》：同时有区瑞字月泉、李裘字桂□者，皆大良人。瑞以人物得流俗名，衣裙故作粗笔，惟面目间颇见精神，盖知禅月流派，而未能心与贯澈，故树石稍俗。有属作《兰亭禊集图》，但令画会中四十一人参错，萃于一帧，使黎简补以山水亭树，至今藏家珍之。裘能作巨幅大人物，罗汉天神高至寻丈，以草法行之。郡县寺僧每延写十八应真、三十六诸天，遇佛事张之广座，亦刮众目。

仇巨川 （？—1800）字汇洲，号秦山，清顺德陈村勒竹村人。著《羊城古钞》八卷。

［咸丰］《顺德县志》卷二十七《列传七·国朝三·温汝能传》：字汇洲，号秦山，勒竹人。性潇洒，能文章，工吟咏。与汝能交，甚投契，尝馆其家。汝能所辑乡志，去取多宗其论，有传述先世者，亦假手为之。尝网罗散佚，著为《羊城古钞》八卷。

伍锟瑶 字香洲，清顺德勒流人。与黎简等吟咏唱和，50岁后居乡种花。

［民国］《顺德县志》卷十七《列传二》：字香洲，勒楼人。隐于吏而吟咏不废，恒与二樵、药房相唱和，诗格在香山、诚斋之间。性任侠而意趣安雅，恂恂如儒者，故所往还多一时名士。性好游，粤东名胜屐齿殆遍，而歌咏流连以罗浮为最。五十后杜门却扫，筑室于乡之漕江东，苍松老柏，古木蓊翳，复莳花百种，四时不零，名曰“百花庄”。

何文宰 字勤良，号葭洲，清顺德羊额人。与黎简、张锦芳等交往。妻陈广逊，子笔江。

［道光］《广东通志》卷一百九十八《艺文略十·集部四》：《葭洲诗草》，国朝何文宰撰，未见。《粤东诗海》：文宰，字勤良，号葭洲，顺德人，布衣。

［咸丰］《顺德县志》卷二十六《列传六·国朝二·黎简传》：又字葭洲，羊额人。论诗东坡外无所宗尚，和韵多至百篇，与简及丹书、锦芳、亦常以

诗相往还，交日益笃。顾家赤贫，岁资授徒，当雅集往往不获周旋其间。其室陈广逊，字静斋，亦闺秀之杰出者……巨室延作女子师。岁暮并撤帐归，闭户讲倡随之乐。不时出，独数邮筒致简所，盖村居近而便也。先是，妻父陈博堂司铎铁城，招之令试毕行。文宰遽挈妻就道，历东莞、归善，不复试，竟以布衣终。

陈广逊　女，字静斋，清顺德容奇人。幼从母学诗，善画能琴。嫁羊额何文宰，夫妻教学为生，互为吟和。父博堂为福建铁城及广东东莞、归善教谕时，曾携夫同行。李文藻为她的《静斋小草》作序。

［道光］《广东通志》卷一百九十八《艺文略十·集部四·名媛》：《静斋小稿》一卷，国朝名媛陈广逊撰，存。《女文苑》：广逊，字静斋，顺德人。训导次文女，何勤良妻。李文藻序略：陈君次文司训海阳，寄其女静斋诗一卷属序。其古体纵横有楮柱，近体清峭绝不类妇人。既从其里人张药房闻静斋事翁姑甚孝，与夫子何君文宰闭门唱和，有偕隐之风。

［咸丰］《顺德县志》卷二十九《列传九·列女二·国朝》：容奇人。归羊额布衣何文宰……幼从其母罗学为声诗，诸体皆工。又善画兰竹，草草有生致。能琴及卜筮辄验，与文宰极倡随之乐。文宰以贫故岁出授徒，广逊亦应巨室聘教其女子。每撤帐归同居一室，吟和无暇晷。先是，广逊父博堂者官铁城教谕，招其夫妇同行，阅东莞、归善皆从父任。晚以女嫁伦教梁章锡子，梁亦喜吟咏，性不羁，所居相去不二里而近。广逊每持巨葵扇访梁，不入室，至即呼使出。门有条石二，各据而坐，谈诗竟即去，梁妇延之入不顾，当时以为有名士风。著有《静斋集》。

陈怀　字石樵，清顺德伦教人。乾隆间，杭世骏来主粤秀讲席，数与诗筒酬唱。学梁梿寒塘画派。

［咸丰］《顺德县志》卷二十七《列传七·国朝三》：字石樵，伦教人，诸生。顺德自参议梁元柱崛起画苑，稍后而梁梿以寒塘画派传海内……怀耳濡目染，从事久，亦遂知名。所作繁简有法，巨幅尺缣各尽能事。乾隆中，仁和杭世骏来，主粤秀讲席，数与诗筒酬唱，每以课暇游玉山珠海间，必招与偕。缙绅大吏耳其品学，恒折节礼焉。尝壮游㑇伲，馆边帅陈诚庵署。高绵使至，每请见之，盖声闻异域矣。同时罗声玉，字石洲，大良人，亦能以

大笔为巨轴，淋漓鼓铸①，望而知非老于其中者，无是魄力也。

欧阳显（清乾隆） 字昌绪，又字晦崖，清顺德三华人。居广州卖字，善临摹古帖，与黎简、张锦芳等交往。

［咸丰］《顺德县志》卷二十七《列传七·国朝三》：字昌绪，又字晦崖，三华人。少习举业，应童子科，县以第三人解督学，不售则弃去。专意学书，自晋迄宋分途而各求其门径，其笔法本天授，楷、行无不各尽其妙。家贫，侨会城，为人书屏帐，士夫交口揄扬，名满岭海间。福增格来粤将驻防军，喜书画，多与粤会名流接。数招之不见，为介者问其故，以军府峻，不欲布衣入为言。将军闻即为援例国子，相得欢甚。所致润笔丰厚，显豪取手散，顷刻辄尽。时海宇方承平，官粤者每讲鉴藏，购收名迹，恒请定焉。当其空匮，往往摹临一二古帖，善装而售之，见者酬以厚值。吴蠡涛方伯俊，尝以五百金购得一卷，酒后击节叹赏，越日审视，召而指其瑕，盖显所为持以易资者也。遽询所自，以先世旧藏对，吴笑曰："若然，君先世亦受欺矣。"遂以实告，吴掉首曰："非君所及也。"与张锦芳、黎简友善，张尝得一黄文节卷，携共观之，亦显所戏摹者。生平每仿古迹，必杜门谢绝朋从，萃神谛视，良久乃下笔，一本置纸下，一本对临，故规模合而精神亦逼肖。所藏阁帖祖本，黎时假归，叹其书法有自。临有唐王居士砖塔铭，刻诸石，毫发皆似。

高凤池 字季长，清南海大同堡凤林乡人。在家乡教书终老，嘉庆以前大同堡中举者多是其学生。

［同治］《南海县志》卷十九《列传·善行》：字季长，大同堡凤林乡人，邑庠生。赋性和平，不与人竞。以教授老于乡，嘉庆前堡内登科者多其弟子。居恒训宗族，谓有子弟不可不读书，读书明理，不必得科名自可免祸害。处邻里要和睦，自卑尊人，于己无亏缺，且可免好勇斗狠，忘身及亲之忧。又知寒士艰难，将己田拨入祖尝，以资子侄读书膏火。大同俗喜械斗，睚眦之怨，动辄横戈流血、伏尸而不悔，独凤林乡不染恶习，君子之泽孔长矣。

郭适 （？—1794）字乐郊，清顺德龙江人。卖画为生，《广东名画家书画选集》录其乾隆二十一年《桃花牡丹图》，广东省博物馆藏其乾隆五十九年（1794）《桃花水仙图》。子元刚，

---

①鼓铸：谓陶冶、锻炼。

为武官。外甥尹右，善刻印绘画。

［道光］《南海县志》卷四十二《列传十一·方技》：字乐郊。山居养静，人品高洁，工画水墨杂卉。

［咸丰］《顺德县志》卷二十七《列传七·国朝三》：龙江人。性放诞不羁，诗如其人。作花卉画，尤善用墨，又最喜画牡丹，墨法如染色。每仿天池生，能以放为收，神味出白阳山人上。植品高洁，居山舍习静养性，不入城市，亦少作世俗缘。子元刚，官把总。

梁枢 字拱璠，号石痴，清顺德大良人。早年多次乡试未第，专心攻习书画。初期学米氏父子笔法，中年趋步沈周，晚年专攻青绿山水。

［咸丰］《顺德县志》卷二十七《列传七·国朝三》：字拱璠，号石痴，大良人。连试不售，乃弃举业，专意以画名世，一时郡县咸推巨擘。当其少时，顺德作画之风未起。国初，老辈喜为枯林瘦岭，至枢始追摹古人。初作米家山，烘托云烟，墨气活泼。中年稍趋步石田蹊径，既熟而后，随笔所之，皆能变化，脱去面目而得其真趣。晚转拖青抹绿，点染嫣红脂彩，益觉生致盎然。生平不肯作诗，而名流雅集恒邀致焉。有孔某者，尝饯衡阳客于珠江花舫，或戏曰："无送客诗不得入席。"枢曰："诗自易为，顾问工拙何如耳。"援笔立书截句曰："昔自衡阳来，今返衡阳去。风送衡阳云，目断衡阳树。"见者皆为搁笔。

董翕中 字同和，清三水大□山人。终身在乡塾教书，嘉庆十七年（1812）岁贡。死时，十八年至二十二年在任的三水知县王元樑大为惋惜。子思诚。

［嘉庆］《三水县志》卷九《选举·岁贡·清》：大□山人，（嘉庆）十七年岁贡。卷十一《人物传·儒行》：字同和，大□山人。岁贡生。性朴讷，笃守古训，不苟言笑。丁内外艰仿丧礼行之，衔恤三年。至性肫肫，不假貌饰，论者谓能追踪江子望①云。课徒乡塾，以正人品为先务。设《治心编》，准一日行事之功过书于册，昏定覆按之，期于无憾而后即安，弟子多则效之。居

①江子望，即江公望，字民表，宋建德人。熙宁六年（1073）进士，建中靖国元年（1101）拜左司谏。时徽宗登位大赦，内苑畜珍禽奇兽，力言非初政所宜。帝从之，于杖头刻公望姓名以记其谏。

附城，恬淡自甘，邑令时适其庐每不报。易箦之日，邑令王元樑深惋惜之，挽章有“学富由来推子政①，公余何处望澹台”之句，非虚誉也。著有《四书讲义》《经义辨类》《陇西族谱》藏于家。子思诚，嘉庆丁卯科举人，怀道国学生。卷六《秩官表·国朝知县》：王元樑，江西龙南人。进士，（嘉庆）十八年任。

冯珣 清高明冈头人。乾隆四十三年（1778）岁贡。

［道光］《高明县志》卷十二《选举志·贡生·国朝》：冈头人，乾隆四十三年岁贡。

吴尚义 清顺德赤花人。乾隆四十三年（1778）岁贡。

［咸丰］《顺德县志》卷十一《岁贡·国朝·乾隆》：赤花人，戊戌。

陈捷举 清南海人。乾隆四十三年（1778）任广东惠来训导。

［道光］《广东通志》卷五十《职官表四十一·国朝八·惠来县·教谕训导·乾隆朝》：南海人，四十三年任……训导。

郭枫 清三水莘村人。乾隆四十三年（1778）岁贡。

［嘉庆］《三水县志》卷九《选举·岁贡·清》：莘村人，（乾隆）四十三年贡。

邓纯 字诚中，清三水金利三甲人。乾隆四十四年（1779）举人，历任陕西韩城、临潼等县知县，两次解饷入川。父文煜，弟粹，子兆桐。

［嘉庆］《三水县志》卷九《选举·举人·国朝·乾隆四十四年己亥恩科何其英榜》：金利三甲人，中式五十八名。历署陕西韩城、临潼、吴堡、同

---

①子政：西汉学者刘向（约前77—前6），原名更生，字子政，汉朝宗室，官至中垒校尉。其《别录》为中国最早的目录学著作，《洪范五行传》11篇为中国最早的灾异史，《汉书·艺文志》载其赋33篇，《说苑》《新序》《列女传》是魏晋小说的先声，明人辑有《刘子政集》。

官、麟游、怀远等县知县，耀州、葭州知州，戊辰恩科同考试官。《选举·封赠·清》：邓文煜，庠生，以次子粹赠修职郎、始兴县教谕。卷十一《人物传·宦迹》：字诚中，金利三甲人。祖雄于财，任侠好施与，推解弗倦。父慷慨亦如之，家遂中落。纯与弟粹安贫读书，次第以科名显。纯领乾隆己亥恩科乡荐，以知县签掣陕西，历署韩城、临潼、白水、同官、麟游、怀远等县，两握州篆，所至有政声。尤好吟咏，暇即赋诗弗辍。韩城王文简公在都曾寄“慈惠廉明”四字以赠，纯诗有“辱承相国施华衮①，捧到双鱼②切悚惶”之句，盖纪实也。白莲教扰川东，关中震动，纯两解军饷入川，屡犯险阻。大府悯其劳，檄署临潼。潼故剧邑，民逼于匪警，率多他徙，庐舍几空。纯至多方捍卫，贼不能犯城赖以全，然濒于危者亦数矣，故其纪事诗云：“义士奋身宁惜死，老夫矢志不偷生。”时论壮之。弟粹，乾隆戊申举人，官始兴教谕。子兆桐，嘉庆己卯科举人。

冯汝楫　字仙树，号梦岩，清南海人。乾隆四十四年（1779）举人，官山西潞城知县。

［道光］《广东通志》卷八十一《选举表十九·举人四·国朝·乾隆四十四年己亥·广州府》：南海人。

［道光］《南海县志》卷二十一《选举表二·国朝·举人·乾隆朝》：潞城知县……己亥科。

《西樵白云洞志》第五册《艺文·增辑诗》：冯汝楫（字仙树，号梦岩，南海人，乾隆己亥举人，官山西潞城知县）。

冯光谟　清南海人。乾隆四十四年（1779）举人。祖成修。

［道光］《广东通志》卷八十一《选举表十九·举人四·国朝·乾隆四十四年己亥·广州府》：南海人，知县。

［道光］《南海县志》卷三十九《列传八·国朝·冯成修传》：长孙光谟，己亥举人。

关泰　清南海九江人。乾隆四十四年（1779）武举。

---

①华衮：古代王公贵族多采的礼服，常用以表示极高的荣宠。

②双鱼：指书信。《古诗》：“客从远方来，遗我双鲤鱼。呼儿烹鲤鱼，中有尺素书。”后人就以双鱼或双鲤指书信。

［道光］《南海县志》卷二十二《选举表三·国朝·武举·乾隆朝》：己亥科。

《九江儒林乡志》卷十《国朝·武举·乾隆四十四年己亥恩科》：县学，中式第九名。

苏光瑜　清顺德碧江人。乾隆四十四年（1779）举人。

［道光］《广东通志》卷八十一《选举表十九·举人四·国朝·乾隆四十四年己亥·广州府》：顺德人。

［咸丰］《顺德县志》卷十一《举人二·国朝·乾隆》：碧江人……己亥万寿恩科。

杜见孙　清高明清泰人。乾隆四十四年（1779）例贡。

［道光］《高明县志》卷十二《选举志·例贡·国朝》：清泰人，乾隆四十四年例贡。

杨玉中　字博悠，清顺德容奇人。乾隆四十四年（1779）武举。嘉庆九年（1804），与同乡陈其昌、杨朝日、李良弼、李真吾、林士元筑台购炮，日夜巡防，洋匪不敢进犯。十三年，六人在奇山（俗称大沙浮）建容山书院。

［咸丰］《顺德县志》卷十一《武举·国朝·乾隆》：容奇人……己亥恩科。《武举·国朝·嘉庆》：陈其昌，容奇人……戊午。卷二十七《列传七·国朝三》：容奇杨朝日，字泽苏，例贡生。杨玉中，字博悠。陈其昌，字启祥。俱武举。李良弼字彝聪，李真吾，林士元字泽修，俱监生。甲子洋匪初入内河，容奇居邑下游环海，六人者于得胜海旁筑台置炮，台外海壖①复为土堤数百丈，昼夜巡防，贼不敢进。时承平久，苦无巨炮，闻夷舶有四千斤者可售，皆畏贼近不敢往。玉中诣令领文市归，贼闻遽遁。事定，建容山书院教乡士，他乡多附学者。容桂公约之设也，诸人实均其力焉。

岑朝保　字茂堂，清南海九江人。乾隆四十四年（1779）武举。

---

①壖（ruán）：古同“堧”，城下宫庙外及水边等处的空地或田地、古代宫殿的外墙。

［道光］《南海县志》卷二十二《选举表三·国朝·武举·乾隆朝》：己亥科。

《九江儒林乡志》卷十《国朝·武举·乾隆四十四年己亥恩科》：字茂堂，中式第二十一名。

何选 清顺德羊额人。乾隆四十四年（1779）举人。

［道光］《广东通志》卷八十一《选举表十九·举人四·国朝·乾隆四十四年己亥·广州府》：顺德人。

［咸丰］《顺德县志》卷十一《举人二·国朝·乾隆》：羊额人……己亥万寿恩科。

何国琮 清顺德羊额人。乾隆四十四年（1779）恩贡，任广东石城（今廉江）教谕。

［咸丰］《顺德县志》卷十一《恩贡·国朝·乾隆》：羊额人，己亥，石城县教谕。

张万恩 清南海人。乾隆四十四年（1779）副贡，四十八年举人。

［道光］《广东通志》卷八十一《选举表十九·举人四·国朝·乾隆四十八年癸卯·广州府》：南海人。

［道光］《南海县志》卷二十一《选举表二·国朝·贡生荐辟·乾隆朝》：己亥副贡。《国朝·举人·乾隆朝》：癸卯科。

张汝玉 字如璧，号德圃，清南海九江人。乾隆四十四年（1779）举人，家居教学。4次会试不中，大挑授广东龙川教谕卒。子维城。

［道光］《广东通志》卷八十一《选举表十九·举人四·国朝·乾隆四十四年己亥·广州府》：南海人。

［道光］《南海县志》卷二十一《选举表二·国朝·举人·乾隆朝》：训导……己亥科。

《九江儒林乡志》卷十《国朝·举人·乾隆四十四年己亥恩科》：字如璧，号德圃。府学，中式第三十七名，龙川教谕。卷十四《列传·清》：字如璧，号德甫，北方翘南社人。生有异质，甫成童五经尽通，及长学殖益富，为文光怪陆离惊其侪偶。乾隆己亥由诸生领乡荐，教授里门，生徒常满，或贫不能具脯脡①辄收教之。性峭直，排难解纷，能任人所不能任。乡不逞倡设淫祠，图煽惑将为地方害，汝玉举而火之，籍其党名于社，患遂熄。李恭毅抚粤治盗严，族子某素横恣惧祸及，伺汝玉夜出，跪路旁奉金求救。汝玉理斥之，掷其金，某泣悔改行。桑园围屡苦水潦，众举汝玉董修，或虑其戆不任事，而汝玉委婉劝输，工竟赖以济。时鹾政日坏，孙制府士毅檄郡县拘富户为殷商，蠹吏奸胥席符索诈，虽中人产亦不获免。当路洞灼其弊，县择孝廉有德望者委任之，听其举罢。汝玉与选，秉公核实，所报悉当，无或受累者，邑人咸诵其德。四上春官不第，大挑教职，选授龙川教谕，未赴任病卒。子维城，郡庠生。

陈鸿章　清南海人。乾隆四十四年（1779）举人，授太常寺博士。子廷辅，道光二年（1822）举人。孙景昕，同治元年（1862）举人。

［道光］《广东通志》卷八十一《选举表十九·举人四·国朝·乾隆四十四年己亥·广州府》：南海人，太常寺博士。《道光二年壬午·广州府》：陈廷辅，南海人，鸿章子。

［同治］《南海县志》卷九《同治朝·举人》：陈景昕，鸿章孙，廷辅子，壬戌并补行己未科。

庞繐　清南海人。乾隆四十四年（1779）举人，嘉庆八年（1803）任广东吴川训导、十八年任海南崖州学正。

［道光］《广东通志》卷八十一《选举表十九·举人四·国朝·乾隆四十四年己亥·广州府》：南海人，吴川教谕。卷五十二《职官表四十三·国朝十·吴川县·教谕训导·嘉庆朝》：南海人，举人。八年任……训导。卷五十五《职官表四十六·国朝十三·崖州·学正训导·嘉庆朝》：南海人，举人。十八年任……学正。

胡绍文　清顺德桂洲人。乾隆四十四年（1779）武举。

［咸丰］《顺德县志》卷十一《武举·国朝·乾隆》：桂洲人……己亥恩科。

①脯脡：条状的干肉，代指束脩。

胡维新 清顺德桂洲人。乾隆四十四年（1779）武举。

［咸丰］《顺德县志》卷十一《武举·国朝·乾隆》：桂洲人……己亥恩科。

梁冲汉 清南海人。乾隆四十四年（1779）武举。

［道光］《南海县志》卷二十二《选举表三·国朝·武举·乾隆朝》：己亥科。

梁瑞珍 字洪持，清顺德林头人。乾隆四十四年（1779）举人。母欧氏，五十一年赈饥，守节24年卒。父彦占，孙纯纲。

［道光］《广东通志》卷八十一《选举表十九·举人四·国朝·乾隆四十四年己亥·广州府》：顺德人。

［咸丰］《顺德县志》卷二十六《列传六·国朝二·梁尚秉传》：林头人……同族瑞珍，字洪持，以文称，尤善教人举业。己亥乡隽，从学日众。居乡持正任事，锄莠安良，赈饥恤困。建社学，立课程，诱掖后起，族党事恒取决。孙纯纲，庠生。卷二十九《列传八·列女二》：欧氏，桂林梁彦占妻，举人瑞珍母。中年夫死，子幼家贫，氏益勤俭。丙午饥，典衣得十千，倡捐赈粥。守节二十四年而卒。

梁觐光（清乾隆） 清顺德逢简人。乾隆四十四年（1779）武举，四十九年武进士。

［咸丰］《顺德县志》卷十一《武举·国朝·乾隆》：逢简人，武进士，己亥恩科。《武进士·国朝·乾隆》：甲辰。

黄联魁 清顺德龙山人。乾隆四十四年（1779）举人。

［嘉庆］《龙山乡志》卷七《选举志·举人·国朝·乾隆己亥》：黄联魁。

黄献瑜 清高明平塘人。乾隆四十四年（1779）附贡。

［道光］《高明县志》卷十二《选举志·例贡·国朝》：平塘人，乾隆四十四年附贡。

萧翔云 清南海人。乾隆四十四年（1779）举人，嘉庆元年（1796）任广东茂名训导。父俊品。兄登云，五十一年举人。

［道光］《广东通志》卷八十一《选举表十九·举人四·国朝·乾隆四十四年己亥·广州府》：南海人。《乾隆五十一年丙午·广州府》：萧登云，南海人。卷五十二《职官表四十三·国朝十·茂名县·教谕训导·嘉庆朝》：南海人，举人。元年任……训导。

［道光］《南海县志》卷二十一《选举表二·国朝·举人·乾隆朝》：茂名训导……己亥科……萧登云，翔云兄……丙午科。《国朝·封荫·乾隆朝》：萧俊品，以子翔云貤赠修职郎。

温汝成　清顺德龙山人。乾隆四十四年（1779）举人。嘉庆十四年（1809）借得大炮，同乡庠生陈汝楫与温汝能用炮轰击海盗张保仔船。

［嘉庆］《龙山乡志》卷七《举人·国朝·乾隆己亥》：温汝成。

［咸丰］《顺德县志》卷二十七《列传七·国朝三·温汝能传》：同乡庠生陈汝楫，性慷慨。时洋匪张保因封海口，突入内河，围攻黄连。黄连绅士请救于诸乡。是时举人温汝成侨居黄连鹾埠，预借巨炮至。楫曰："黄连唇齿之乡，不可不救。"乃挑勇壮三百训练，试炮于龙山大冈墟，遂率之与汝能同至黄连。黄连之乡壮及各乡之以勇来助者先到，咸推龙山勇壮为最劲。时有参将率官兵亦到，相与夹击。龙山乡兵用炮轰去贼船棚尾，贼遂退遁，乃返。

温汝枢　字约斋，清顺德龙山人。乾隆四十四年（1779）举人。父贤光，堂弟汝适。

［嘉庆］《龙山乡志》卷七《举人·国朝·乾隆己亥》：内阁中书舍人。《封赠·国朝·文职》：温贤光，以子汝枢贵赠候选知县。卷九《节妇》：奉直温贤光妻冯氏，年二十三守节。性端肃，知礼明大义，事舅姑尽孝，抚二子教育有方，俾克成立。年六十三卒，以子汝枢贵封宜人。（仇巨川撰）

［道光］《广东通志》卷八十一《选举表十九·举人四·国朝·乾隆四十四年己亥·广州府》：顺德人，刑部郎中。

［咸丰］《顺德县志》卷二十七《列传七·国朝三·温汝适传》：从兄汝枢，字约斋。举孝廉方正，不就。己亥乡举，由中书改刑部山西司员外。乐施予戚友有待举火者。其他赈饥旱，减租额，置义冢，汲汲行善。过钱塘，出重金拯溺，不告姓名而去。

［民国］《顺德县志》卷十四《艺文略·集部·别集》：《约斋剩草》，国朝温汝枢撰。

廖重熙 字希文，清顺德扶闾人。乾隆四十四年（1779）举人，任浙江会稽知县。嗣父士能、生父士交。

［道光］《广东通志》卷八十一《选举表十九·举人四·国朝·乾隆四十四年己亥·广州府》：顺德人。

［咸丰］《顺德县志》卷十一《举人二·国朝·乾隆》：字希文，扶闾人。知会稽县……己亥万寿恩科。卷十二《封赠（文阶）·国朝》：廖士能，扶闾人，以子重熙赠。廖士交，以出嗣子重熙赠……知县。

温汝能 （1748—1811）字希禹，一字熙堂，晚号谦山，清顺德龙山人。乾隆五十三年（1788）举人，任内阁中书舍人等小京官数年辞归，隐居莲溪（今顺德勒流黄连），编有《龙山乡志》。嘉庆十四年（1809）主持龙山团防。父贤昌。

［嘉庆］《龙山乡志》卷七《举人·国朝·乾隆戊申》：顺天榜，中书舍人。《封赠·国朝·文职》：温贤昌，以子汝能贵赠中书舍人。卷九《节妇》：州同温贤昌妻陈氏，年二十二守节。性严洁，独处一室，足不逾阈四十余年，虽亲属亦罕相见。居常粗衣蔬食，一切服饰俱屏绝，奴婢每摇手相戒无敢犯者。年六十余卒，以子汝能贵赠宜人。

［道光］《广东通志》卷一百八十九《艺文略一·经部·孝经类》：《孝经约解》二卷，国朝温汝能撰，存。谨案：汝能字希禹，顺德人。卷一百九十八《艺文略十·集部四》：《谦山诗钞》六卷，国朝温汝能撰，存。《粤东文海》六十六卷，国朝温汝能编，存。《粤东诗海全集》一百卷《补遗》六卷，国朝温汝能编，存。

《西樵白云洞志》第五册《艺文·增辑诗》：一字熙堂，晚号谦山，顺德人。乾隆戊申举顺天乡试，官中书科中书。寻乞归，事著述。筑中斋于莲溪上，藏书数万卷，寝馈其中。著有《谦山诗钞》《文集》《制义》《孝经图注》《尔雅图注》《岭南文海》《诗海》。

［咸丰］《顺德县志》卷二十七《列传七·国朝三》：性好施急难，龙山有义仓，岁久弊生，倡而复之。凡救荒、捕盗、养老、恤孤、劝学诸费，皆出其中。嘉庆己巳，洋匪内扑，方募乡勇，请铸炮，而贼已连樯数百，逼近黄连。汝能率勇救之，拒六昼夜，暂退。越二日又至，围六日，贼以防严去。居恒广搜先哲诗文，辑为书，皆以海名。选择当而搜罗广，前此未尝有也。年六十四卒。

［民国］《顺德县志》卷十四《艺文略·经部·群经总义类》：《谦山经

义》，国朝温汝能撰。

张锦麟　（1749—1776）字瑞夫，一字玉洲，清顺德龙江人。与兄锦芳并为翁方纲欣赏，乾隆三十三年（1768）举人。与胡亦常交谊最深，亦常去世，痛失知已，3年后溘然长逝。

［道光］《广东通志》卷八十《选举表十八·举人三·国朝·乾隆三十三年戊子·广州府》：顺德人。卷一百九十八《艺文略十·集部四》：《少游草》二卷，国朝张锦麟撰，存。

《西樵白云洞志》第四册《艺文·诗》：字瑞夫，一字玉洲……与兄锦芳并著才名，有“双丁两到①”之目，钱辛楣、黄仲则皆推重之。

［咸丰］《顺德县志》卷二十六《列传六·国朝二》：龙江人，与兄锦芳同居会城……聪慧绝伦，甫十岁通群经，稍长即工诗。弱冠受知督学北平翁方纲，遂能为《说文》，肆力考据，为文藻校九经古义精甚。与兄锦芳相磋切，名并起，而锦麟才尤敏捷，下笔如泉涌。尝试，未午毕数十诗而出。戊子领乡荐入都，所与游皆一时名彦，见之心折。下第返，复澄心渺虑，闭户与古人角旗鼓。锦麟性既孤介，又天资迥越流辈，从不阅广东人诗且见诸语言，人遂多忌之。独与亦常订莫逆交，癸酉亦常死，锦麟哭之恸，歌挽哀咽，人不忍读。逾年锦麟亦卒，少亦常仅两岁，海内惜之。著有《少游诗》百八十篇，濒死犹问稿所在。

［光绪］《广州府志》卷一百三十二《列传二十一·国朝·顺德》：字瑞夫，乾隆戊子举人。幼绝慧，十岁通经能诗。稍长与锦芳并为北平翁方纲所赏，有“双丁两到”之目。锦麟，性孤介，诗标新领异，南园以后诸子视之蔑如也。有《少游草》。年二十九卒。

龙廷槐　（1749—1827）字沃堂，又字春岩，清顺德大良人。乾隆四十四年（1779）举人，五十二年进士，授翰林院编修。嘉庆五年（1800）因父丧归不复出，将父亲生前买的明代状元黄士俊在大良南门外的废园改建为清晖园。十四年主持民

---

①双丁两到：三国时期魏国的丁仪、丁廙兄弟都有文学才能，被曹操所赏识，故称“双丁”。到溉，梁代人，少时孤贫，历御史中丞吏部尚书，授国子祭酒，因病失明，以散骑常侍、金紫光禄大夫职回家养病。其弟到洽也有才学，诏为太子舍人，时人称其为“两到”。

间联防，后倡设容桂公约（联防机构），制度沿用到清末。外公陈声尹，父应时，子元侃、元任、元伟、元似。

［道光］《广东通志》卷八十一《选举表十九·举人四·国朝·乾隆四十四年己亥·广州府》：顺德人，进士。卷七十七《选举表十五·进士·国朝·乾隆五十二年丁未史致光榜·广州府》：顺德人，二甲，编修。

［咸丰］《顺德县志》卷十二《封赠（文阶）·国朝》：陈声尹，容奇人，以外孙龙廷槐赠。冯明繁，大良人，以外孙龙元任赠……编修。卷二十六《列传六·国朝二》：字沃堂，又字春岩，大良人。父应时……廷槐颖而好学，少即朴俭端正，以廪生领己亥乡举。丁未第进士，馆选授编修，转赞善。大考①三等左迁，旋记名用御史，入直上书房，叠承恩赐。见和坤势赫，思引退，会丁外艰南归，筑园奉母，谢绝应酬。一出主越华书院讲，未几辞去。家居每手一编，萧然儒素，遇乡里利病，则与当事委曲商行，岁祲必力捐赈恤。嘉庆己巳洋匪张保连艅焚劫内河村堡，廷槐函约乡自设备，首捐募勇，筑台县东拒贼，仓卒得神庙人土旧炮，竭力防堵。筹备大良公费万金，凡济贫、养士、拯荒皆赖焉。顺民田多在香山，东海贼以歧界，每扰及耕佃，乃设容桂公约，计亩抽银，为船壮缉捕费。廷槐善之，言于大吏，至今得循守。著有《敬学轩文集》。子元侃……元任……元伟……元似。

梁履端　字逢泰，清顺德容奇人。龙廷槐同学。道光八年（1828）赐举人，次年赐翰林院编修。寿101岁。

［咸丰］《顺德县志》卷十一《举人二·国朝·道光》：字逢泰，容奇人。以符例赐，己丑赐翰林院编修。戊子科。卷十五《耆寿·百岁以外寿民寿妇·国朝》：能文，与翰林龙廷槐同砚，老而交笃，九十余受知督学翁心存②，赐编修，给坊……年百有一岁。

区汝缓　（？—约1813）字佩之，清高明阮埇人。乾隆四

---

①大考：清制，翰林院官员自侍讲学士、侍读学士以下，编修、检讨以上，詹事府自少詹事以下，中允、赞善以上，每隔数年，不定期，临时召集考试，不许称病托词，规避请假，称为大考，是翰林、詹事的升级考试。

②翁心存（1791—1862），字二铭，清江苏常熟人。道光二年（1822）进士，官至体仁阁大学士，赠太保，谥文端。有《知止斋诗集》。子同龢（1830—1904）。

十五年（1780）乡试副榜，五十二年及嘉庆十三年（1808）两次任广东惠来教谕，十六年任海南崖州学正，71岁卒于任。父儒望。子家琪、家璋、登元、华元。

［道光］《广东通志》卷五十《职官表四十一·国朝八·惠来县·教谕训导·乾隆朝》：高明人，五十二年任，教谕。《惠来县·教谕训导·嘉庆朝》：高明人。十三年复任……教谕。卷五十五《职官表四十六·国朝十三·崖州·学正训导·嘉庆朝》：高明人。副榜，十六年任……学正。

［道光］《高明县志》卷十二《选举志·贡生·国朝》：阮埇人。乾隆四十五年庚子副榜，任惠来教谕，俸满归养。卷十三《人物志·国朝》：字佩之。性笃孝友，质秉刚方，磊落超群。少年苦志力学，中庚子副荐，益图上进。肄业京都国子监，见闻愈恢宏。历任琼山、长宁、永安、惠来教谕，辑成《字学法式》，悉心造士，月课谨严，不论脯脩，到处以振文风为己任。在惠闻父足跌微伤，辄请终养，家居数载，竭尽爱日之诚，兄弟分产多逊让。服阕起用崖州学正，爱士如初，任甫满卒于官，绅士慕其师范可风，咸祖奠赙榇归焉。寿七十一岁。生四子：家琪，进成均。家璋，冠武庠，拔选崖营总司。登元、华元，俱以冠军树帜文坛。

区汝锦　清高明阮埇人。乾隆四十五年（1780）岁贡。父儒俊。

［道光］《高明县志》卷十二《选举志·贡生·国朝》：阮埇人，乾隆四十五年岁贡。卷十三《人物志·国朝·区儒俊传》：字泗英。少嗜学，游痒食饩后志益逊，学益笃，以屡战棘闱不售赍恨以终。生平正直和平，为里党推重，郡太守陈公凤友贻以匾曰“优行可风”。子汝锦，登岁贡，余俱有成立。

区焜猷　字慎徽，清高明阮埇人。教书近50年，参加科举考试14次不中，乾隆四十五年（1780）恩贡，寿70岁。

［道光］《高明县志》卷十二《选举志·贡生·国朝》：阮埇人，乾隆四十五年恩贡。卷十三《人物志·国朝》：字慎徽。孝事父母，亲没后，讳日必斋戒涕泣，至老不忘。性木讷，甘淡薄。酷嗜诗赋经史，学日博，生徒日众，友教几五十年，出其门者多所成立。前后十四棘闱不售，仅膺乾隆庚子恩贡。寿七十而卒，士论惜焉。

冯文灼　清南海佛山镇人。乾隆四十五年（1780）举人。

妻高氏守节，道光元年（1821）旌表。

［道光］《广东通志》卷八十一《选举表十九·举人四·国朝·乾隆四十五年庚子·广州府》：番禺人。

［道光］《佛山忠义乡志》卷十《举人·清》：乾隆庚子，原番禺人。卷九《列女·国朝·节孝》：举人冯文灼妻高氏，道光元年旌表。

叶秀春 清南海人。乾隆四十五年（1780）岁贡。

［道光］《南海县志》卷二十一《选举表二·国朝·贡生荐辟·乾隆朝》：岁贡……庚子。

刘颐 字琼光，清高明人。长子际盛，嘉庆十五年（1810）廪贡。次子际时。

［道光］《高明县志》卷十三《人物志·国朝》：字琼光，郡庠。性孝友，失怙后奉母训益谨。痛弟早逝，以次子际时为其后。母年及耄，阖族戚制屏致庆。生平尤志切书香，自恨棘闱不售，敬礼师儒，课儿使有成立。长子际盛，以廪贡历任惠州府训导、曲江教谕。次子际时，未弱冠辄试拾芹。皆颐之教所诒也。

关麟（清乾隆） 清南海九江人。乾隆四十五年（1780）武举。

［道光］《南海县志》卷二十二《选举表三·国朝·武举·乾隆朝》：庚子科。

《九江儒林乡志》卷十《国朝·武举·乾隆四十五年庚子科》：县学，中式第三十名。

苏国璋 清顺德桂洲人。乾隆四十五年（1780）武举。

［咸丰］《顺德县志》卷十一《武举·国朝·乾隆》：桂洲人……庚子。

杜天怀 清高明大楠村人。乾隆四十五年（1780）例贡。

［道光］《高明县志》卷十二《选举志·例贡·国朝》：大楠村人，乾隆四十五年例贡。

吴逢时 清高明龙珠人。乾隆四十五年（1780）附贡。

［道光］《高明县志》卷十二《选举志·例贡·国朝》：龙珠人，乾隆四十五年附贡。

吴鹏 字凝绪，清顺德黎村人。乾隆四十五年（1780）举人。

［咸丰］《顺德县志》卷十一《举人二·国朝·乾隆》：字凝绪，黎村人，广西迁江籍，庚子科。

岑理 清顺德沙滘人。乾隆四十五年（1780）举人。

［道光］《广东通志》卷八十一《选举表十九·举人四·国朝·乾隆四十五年庚子·罗定州》：西宁人。

［咸丰］《顺德县志》卷十一《举人二·国朝·乾隆》：沙滘人，阳春县训导。按阮《志》作西宁人……庚子科。

何士昌 清顺德上地人。乾隆四十五年（1780）武举。

［咸丰］《顺德县志》卷十一《武举·国朝·乾隆》：上地人，庚子。

何士瑛 清顺德马宁人。乾隆四十五年（1780）恩贡。

［咸丰］《顺德县志》卷十一《恩贡·国朝·乾隆》：马宁人，庚子。

张臣 字衍秀，号纯轩，清顺德龙山人。乾隆四十五年（1780）副贡，四十九年任广东封开训导，次年任海南琼州府训导。父有尚。

［嘉庆］《龙山乡志》卷七《选举志·封赠·国朝·文职》：张有尚，以子臣贵赠琼州训导。卷八《人物志·孝友》：字衍秀，号纯轩，沙富人也。性孝友嗜学，壮岁游郡庠即遭父丧。家贫，每岁舌耕羊城，所得脩脯悉持归养母。处兄弟无间言，囊无私蓄，一门内天性融融，即娣姒亦咸知大义，盖家教感通使之然也。然屡困文场，荐而不售，久之始食廪饩，遂以廪贡援授儒学训导。旋中乾隆庚子乡试乙榜，历署归善、琼山教谕，遭母丧归。结庐墓侧，终夜起哭，哀毁过甚，两眸不见。适遇良医为之下针，七日而双瞳复朗，人以为孝德之报云。服阕复署封川训导，旋补琼州府训导。司铎十余年，凡所至诸生谒见，悉以“孝弟忠信”四字为言，常诵周子“文艺末也”之句。时捐俸金奖励月课高等，以作养人材为己任，故一时人士多倾心焉。未几俸

满考验，乘便禀假省墓，舟抵江门疾作，归里遽卒，士林惜之。

[道光]《广东通志》卷五十五《职官表四十六·国朝十三·琼州府·教授训导·乾隆朝》：顺德人。廪贡，五十年任……训导。

[道光]《肇庆府志》卷十三《职官三·清·封川县·训导·乾隆朝》：顺德人。副榜，四十九年任。

陈上进 清南海人。乾隆四十五年（1780）恩贡，嘉庆十一年（1806）任广西合浦教谕。

[道光]《广东通志》卷五十三《职官表四十四·国朝十一·合浦县·教谕训导·嘉庆朝》：南海人。恩贡，十一年任……教谕。

[道光]《南海县志》卷二十一《选举表二·国朝·贡生荐辟·乾隆朝》：恩贡，合浦教谕……庚子。卷二十五《艺文略一·经部·经总义》：《五经字音》二卷，国朝陈上进撰。《经部·乐类》：《琴譜》一卷，国朝陈上进撰。《史部·总编》：《明史略》二卷，国朝陈上进撰。《子部·儒家类》：《先贤语类》二卷，国朝陈上进撰。卷二十六《艺文略二·集部·别集》：《游廉诗草》一卷，国朝陈上进撰。

陈景舜 字宗莘，号仰亭，清南海九江人。乾隆四十五年（1780）武举第一名。

[道光]《南海县志》卷二十二《选举表三·国朝·武举·乾隆朝》：解元……庚子科。

《九江儒林乡志》卷十《选举略·国朝·武举·乾隆四十五年庚子科》：字宗莘，号仰亭。县学，中式第一名。

郑佐扬 字鸣岐，号瑞峰，清南海九江人。乾隆四十五年（1780）武举，嘉庆八年（1803）建翘南社义仓。

[道光]《南海县志》卷二十二《选举表三·国朝·武举·乾隆朝》：庚子科。

《九江儒林乡志》卷十《选举略·国朝·武举·乾隆四十五年庚子科》：字鸣岐，号瑞峰。县学，中式第三十九名。卷四《建置略·义仓社仓》：北方翘南社义仓。嘉庆八年癸亥，社内绅士郑佐扬等倡建义仓，积银一千两有奇，置产资租以备凶荒，己巳、癸酉两遇灾歉，赈恤有效，见存基塘五口，该税二十余亩。

罗依仁　字同玉，清顺德大良人。乾隆四十五年（1780）举人，任觉罗官学教习6年，归途卒。兄弟礼琮。

［道光］《广东通志》卷八十一《选举表十九・举人四・国朝・乾隆四十五年庚子・广州府》：顺德人。

［咸丰］《顺德县志》卷十一《举人二・国朝・乾隆》：字同玉，大良人。觉罗官学教习……庚子科。卷十二《封荫表・封赠（文阶）・国朝》：罗礼琮，大良人，教谕，以子在思封。罗依仁，以侄在思赠。罗传翰，以弟在思封……光禄寺署正。卷二十九《列传九・列女二》：陈氏，大良举人罗依仁继妻。十七归罗，未期翁姑相继逝，与妯娌妾媵同里无间。依仁领乡荐，留京六载，南归道卒。氏年二十八，抚妾子如己出。既婚，子与其母并亡，媳龙遗腹生女，姑媳茕茕孀居。以侄光禄寺署正在思貤封宜人，嘉庆十五年旌。

郭恭　字翼圣，清三水莘村人。乾隆四十五年（1780）举人，六十年派福建为知县，调台湾嘉义知县，不久卒。祖奇英，父悦德。

［嘉庆］《三水县志》卷九《选举・举人・国朝・乾隆四十五年庚子张锦芳榜》：莘村人。中式十八名，署福建莆田嘉义县知县，戊午同考试官，补龙岩州州同，历署泉州马巷通判、北路理番同知。《选举・封赠・清》：郭奇英，以孙恭赠文林郎、福建嘉义县知县。郭悦德，以子恭赠文林郎、福建嘉义县知县。郭悦彰，以侄恭赠儒林郎、福建龙岩直隶州州同。卷十一《人物传・宦迹》：字翼圣，莘村人。少颖悟，有远器。领乾隆庚子科乡荐，乙卯以知县签掣福建。视篆莆田，补龙岩州州同，历署泉州马巷通判、北路理番同知，所至有廉惠声。以调繁署台湾府嘉义县事，莅任未久值剧盗窃发，相聚为乱。恭即申请院宪先往剿捕，擒其凶渠，民赖安堵，院宪录其功咨部议叙。寻以劳瘁卒于官，囊橐萧然，士民助资归葬。

彭捷　清三水胥江彭园街人。乾隆四十五年（1780）举人。

［嘉庆］《三水县志》卷九《选举・举人・国朝・乾隆四十五年庚子张锦芳榜》：胥江彭园街人。

梁又鸿　清顺德光华人。乾隆四十五年（1780）恩贡。

［咸丰］《顺德县志》卷十一《恩贡・国朝・乾隆》：光华人，岑溪籍，庚子。

梁龙骧 清三水邓坑人。乾隆四十五年（1780）岁贡。

[嘉庆]《三水县志》卷九《选举·岁贡·清》：邓坑人，（乾隆）四十五年贡。

梁世喆 清高明铁泽人。乾隆四十五年（1780）广西乡试第一名举人。

[光绪]《高明县志》卷十二《选举表·国朝·举人·乾隆朝》：铁泽人，广西崇善籍。解元，四十五年庚子科。

梁伟章 清顺德石硝（今属南海）人。乾隆四十五年（1780）岁贡。

[咸丰]《顺德县志》卷十一《岁贡·国朝·乾隆》：石硝人，庚子。

梁惟道 清三水冈头人。乾隆四十五年（1780）恩贡。

[嘉庆]《三水县志》卷九《选举·恩贡·清》：冈头人，（乾隆）四十五年贡。

谭维翰 字嵩华，清高明城中人。乾隆四十五年（1780）举人，嘉庆二年（1797）任广东普宁教谕10余载，68岁卒于官。父澄，乾隆二十五年（1760）举人。

[道光]《广东通志》卷八十一《选举表十九·举人四·国朝·乾隆四十五年庚子·肇庆府》：高明人。经元，普宁教谕。卷五十《职官表四十一·国朝八·普宁县·教谕训导·嘉庆朝》：高明人。二年任……教谕。

[道光]《高明县志》卷十二《选举志·举人·国朝》：城中人，澄长子。乾隆四十五年庚子经元，任普宁教谕。卷十三《人物志·国朝》：字嵩华，陕西清涧令澄长子也。聪颖异常，过目成诵，采芹食饩，联捷冠军，以《易经》领乾隆庚子经元。掌教本邑义学，裁成有方，孝廉莫若之、谭维烈、谢鸣皋、杨为桂俱出门下。授普宁教谕，两任有奇。督课诸生，提命肫切。黜华务实，文风蔚起。六十八卒于官，绅士奔丧扶榇者络绎不绝，以是知其教泽之人人深也。

[光绪]《高明县志》卷十三《列传二·人物·国朝》：字嵩华，陕西清涧令澄长子也……授普宁教谕十余年。

简敬修 清南海人。乾隆四十五年（1780）举人。

［道光］《广东通志》卷八十一《选举表十九·举人四·国朝·乾隆四十五年庚子·广州府》：南海人。

蔡青田 清顺德龙江人。乾隆四十五年（1780）举人，知武义县。

［咸丰］《顺德县志》卷十一《举人二·国朝·乾隆》：龙江人，顺天榜。知武义县①，庚子科。

霍光朝 清顺德鸡洲人。乾隆四十五年（1780）武举。

［咸丰］《顺德县志》卷十一《武举·国朝·乾隆》：鸡洲人……庚子。

吴济运 （1751—1828）字崇阶，号和衷，清南海佛山镇人。父恒孚，子荣光、弥光、恩光、绶光、垂光。

［道光］《佛山忠义乡志》卷九《貤赠·清》：字崇阶，号和衷。生而谦谨自持，性勤俭，尤为其父所钟爱。同居子姓蕃衍，处以友恭，人无间言。补弟子员，旋食廪饩，由川楚例捐授教谕。不乐仕进，养亲课子外不妄交游。布衣蔬食，泰如也。尝极力营建祠宇以奉先祀，而于居宅之湫隘，则以为先人所遗不忍骤更。其为文根极理要，不屑屑苟合时态，以故困踬诸生中。其训子弟必曰“植品励学，毋急功名、图幸进”。长子荣光，应童子试，县令某有欲罗致门下予以首选者，济运峻拒之，谓荣光曰：“得失有命，士人进身之始即以干请，他日何不可为？”迨荣光入翰林，改御史，由刑曹入枢直，以至外擢于陕于闽于浙于黔，迎养终未肯就，惟勉以勤职业、忠国事、毋念身家。至于通家世好之为达官因公过粤造访其庐者，固谢弗见，谓：“某君等均以公事至，固无请托亦当引嫌也。”道光乙酉，荣光在贵州布政使任内蒙恩给假归省，丙戌还朝，蒙上垂询其父近状至再至三，荣光有《归省第三集》以纪恩遇，可谓荣矣。生平恬退虚静，所居曰澹和堂，有《澹和堂制义》二卷、《诗钞》二卷。卒年七十八，初封中宪大夫、陕西陕安兵备道，晋封通议大夫、浙江按察使，赠通奉大夫、福建布政使。妻梁氏，乾隆戊辰进士、福建罗源县令梁翰四女，事翁姑得其欢心。尝为女相攸，却邑豪某婚，后豪以不义毙，人服其明哲。赠恭人，晋淑人、夫人。卷十一《艺文志·疏折》：济运生荣光

①武义县：始建于周天授二年（公元691年），位于浙江省中部，金华市南部。

兄弟五人：长荣光、次弥光，附学生。次恩光、次绶光、次垂光。荣光生子二人，长尚忠、次尚志。

［民国］《佛山忠义乡志》卷九《氏族志·各姓祠堂》：方伯家庙，在祖庙铺大树堂。道光九年建，祀赠福建布政吴济运公。

欧阳莲　（1751—1831）字蕖实，清顺德三华人。嘉庆五年（1800）举人，九年倡筑上径围。二十五年任广东平远训导，因病归。祖丕瑞。父国昌。子恭，邑庠生；炳，道光十七年（1837）举人；美善，二十二年倡修华安围。

［道光］《广东通志》卷八十一《选举表十九·举人四·国朝·嘉庆五年庚申·广州府》：顺德人，教谕。卷五十七《职官表四十八·国朝十五·平远县·教谕训导·嘉庆朝》：顺德人。举人，二十五年任，训导。

［咸丰］《顺德县志》卷十五《耆寿·九十寿民·国朝》：欧阳丕瑞，三华人，年九十二。子国昌八十六，妻梁八十一。孙莲，举人，八十一，妻李九十，其子炳，举人。卷五《建置略二·堤筑·马宁属》：上径围，在白藤堡之三华村，计长千一百五十余丈，闸凡三。嘉庆九年甲子，乡绅欧阳莲等倡筑……华安围，在三华村，旧分为二：曰村落，曰凫洲，中隔一河。遇西潦至，从中河壅涨，最难防范，堤岸亦被冲塌。道光二十二年壬寅，乡绅欧阳美善倡修，合而一之，上接豸浦之玉带围角起，下至慈悲古庙余山书院右侧止，计长四百四十丈有奇，闸曰华安。卷二十五《列传五·国朝一·欧阳二酉传》：族子莲，字蕖实，性愿朴，读书务实学，与龙廷槐友善，常以礼法相规正。五十始领嘉庆庚申乡荐，授徒多所造就。生平勇于行义，洋匪张保扑岸，别遣头目分掠县西南诸堡，贼艅泊木头海。莲偕其同里冯以伦、何大勋、欧阳赓、胡权、黄伟来、李应龙辈率乡兵堵御，贼知有备旋去。尝以西潦为乡患，倡筑凫洲各围堵之，三华不至受浸，莲力也。就挑选平远训导，引病归，卒年八十一。著有《爱亭文稿》。子恭，邑庠生。炳，举人。美善，好吟咏，终布衣，著有《乐以山房诗草》《庐陵一家集》。卷十一《举人二·国朝·道光》：欧阳炳，字彪如，三华人，莲子……丁酉科。卷十八《艺文略二·集部·别集二》：《乐以山房吟草》，国朝欧阳美善撰。按：美善，一字韶石，三华人。

黄世显　（1751—1837）字业广，号汇川，清南海九江人。乾隆四十五年（1780）举人，五十九年在家参与修复桑园围。嘉庆二年（1797）任广西廉州府训导，十年广东潮阳县教谕，十二年罗定州学正。道光八年（1828）加大理寺评事衔，次年退休。归九年，寿 87 岁。父耀光，孙福臻。

［道光］《广东通志》卷八十一《选举表十九・举人四・国朝・乾隆四十五年庚子・广州府》：南海人，教谕。卷五十三《职官表四十四・国朝十一・廉州府・教授训导・嘉庆朝》：南海人。举人，二年任……训导。卷五十《职官表四十一・国朝八・潮阳县・教谕训导・嘉庆朝》：南海人。十年任……教谕。卷五十六《职官表四十七・国朝十四・罗定州・学正训导・嘉庆朝》：南海人。举人，十二年任，学正。

［道光］《南海县志》卷二十一《选举表二・国朝・举人・乾隆朝》：韶州府教授……庚子科。《国朝・封荫・乾隆朝》：黄耀光，以子世显貤封修职郎、廉州训导。

《九江儒林乡志》卷十《选举略・国朝・举人・乾隆四十五年庚子科》：字业广，号汇川。县学，中式第四十一名。初署肇庆府训导，转廉州府训导，递迁罗定州学正、韶州教授，加大理寺评事衔。卷十四《列传・清》：字业广，号汇川，北方大洲人。乾隆庚子由诸生领乡荐，大挑教职。署肇庆府教授，选廉州府训导。学醇行端，勤于教育，与门下士讲论经义之外，谆谆勉以孝弟忠信，如父兄之训诲子弟。四方望闻风景慕，相与裹粮负书踵门受业，学舍不能容，至有僦居客邸以诗请益者。外艰归，门下士追送数十里外。继丁内艰，营葬甫毕，廉州人士思慕不置，聘请回廉，设教于海角亭中。世显嘉其诚，尽心训迪，从学者随才质高下而成就之。服阕委署潮阳县教谕，补罗定州学正。刺史张纯贤、李华庭素重世显，先后延主罗阳书院讲席。既三年，世显固辞，多士又相率就学舍问业如官廉州时。州民有逋赋积年追比莫应者，刺史请世显往谕之，则皆感激输将恐后，曰无负黄老师也。刺史益倚重之，凡兴修试院及改建文昌书院，惟世显言是听。截选知县不赴，以积俸擢韶州府教授。去之日，官绅士庶空城祖饯东郊外，乡民扶老携幼，道旁观者如堵。总戎德芳谓西宁县令诸豫宗曰："我辈为官当如黄学博，庶几无愧耳。"戊子加大理寺评事衔，明年致仕归。优游田里者九年，恒手不释卷，课诸孙读书犹作文示之，亹亹不倦，卒年八十七。生平自奉俭约，居官三十余年，所余俸金分赡同气、增益祖尝，丝毫不为筐箧计。尤留意桑梓，乾隆甲寅桑园围堤决，亲与各堡绅士相度工程，劝捐修复，口不言劳。乡内丝市久废，贸易无所，偕同里广文胡珽等建议公设，岁取廛以供通乡育材经费。大洲围基卑薄，倡众埤厚增高，沿涂砌石，至今赖之。孙福臻，邑廪生。卷八《艺文略・集部・别集》：《得树堂集》《敩半斋集》，国朝黄世显撰。

何大勋 字庭植，清顺德星槎人。热心公义，与欧阳莲等抵御洋匪张保仔，乡人举为保正。

[咸丰]《顺德县志》卷二十七《列传七·国朝三》：字庭植，星槎人。职监生，持正有胆略，家仅中人，乐施不倦。乡有星槎书院，课俊秀子弟，所首倡也。乡故滨海，尝偕欧阳莲等捍御，张保过不敢入。举保正，锄莠植良无所私。遇灾害，与同族健年、在玑，乡人苏为仪协力赈恤，当道召而奖以额……健年，字丽章，监生，继大勋倡筑大有围，以捍乡西水。

左玉成 榜姓黄，字丹图，号我斋，清顺德人。岁贡，乾隆四十六年（1781）任广东连州训导。子晋泰。

[道光]《广东通志》卷四十六《职官表三十七·国朝四·连州·学正训导·乾隆朝》：黄玉成，四十六年任……训导。

[同治]《连州志》卷五《职官志·国朝·续训导》：黄玉成，本姓左，顺德举人，乾隆四十六年任。

[咸丰]《顺德县志》卷二十五《列传五·国朝一·左必蕃传》：同族玉成，字丹图，号我斋。以西隆州学岁荐，选丰顺教谕，未赴，改连州训导，主星江书院，勤于启迪，移病归，士泣送之。居乡排难解纷。善书，得米南宫意，所书张、陈二先生碑，尤为人称赏。年九十三卒。子晋泰，工篆书，尝陋翁方纲缩临稧帖，别以定武意书之，小中见大，世争宝贵。

刘官锡 清南海九江人。乾隆四十六年（1781）岁贡。

[道光]《南海县志》卷二十一《选举表二·国朝·贡生荐辟·乾隆朝》：辛丑岁贡。

《九江儒林乡志》卷十《选举略·国朝·贡生·乾隆四十六年辛丑》：县学，岁贡。

李芝芳 清高明松塘人。乾隆四十六年（1781）岁贡。弟桂芳，八十多岁仍参加科举，嘉庆十二年（1807）赐副榜，十五年赐举人。

[道光]《高明县志》卷十二《选举志·贡生·国朝》：松塘人，乾隆四十六年岁贡。《选举志·钦赐》：李桂芳，松塘人，芝芳弟。嘉庆十二年丁卯钦赐副榜，庚午钦赐举人。卷十三《人物志·国朝·李桂芳传》：字兼有，号攀云。性敦孝友，尚廉介。与胞兄岁贡芝芳素称沉潜嗜学，进邑增生。尊师

重道，雅有古风。凡事关名教，必鼎力维持而取舍不苟，人恒引重之。年八秩有奇，棘闱酣战不懈，连钦赐副榜举人，与兄俱得以经明行修著焉，子膺亦列诸生。

［光绪］《高明县志》卷十二《选举表·国朝·岁贡·乾隆朝》：松塘人，四十七年贡。

杨法舜　清高明城中人。乾隆四十六年（1781）例贡。

［道光］《高明县志》卷十二《选举志·例贡·国朝》：城中人，乾隆四十六年例贡。

罗与参　清顺德甘溪人。乾隆四十六年（1781）恩贡。

［咸丰］《顺德县志》卷十一《恩贡·国朝·乾隆》：甘溪人，辛丑。

潘天骥　字鉴周，清顺德桂洲人。子履泰，嘉庆十六年（1811）赈饥。

［咸丰］《顺德县志》卷二十七《列传七·国朝三》：字鉴周……诸生，桂洲人。困于场屋，乃援例就职。嘉庆辛未饥，使其子履泰倡捐赒恤。总督松筠闻而延见，与巡抚合奖以额……履泰，字聘光，由廪贡以捕盗功，补琼州训导，调监粤秀院，檄还理十六沙缉捕，义举能继父志。

卢英才　清顺德龙山人。乾隆四十七年（1782）岁贡。

［嘉庆］《龙山乡志》卷七《选举志·贡生·国朝·乾隆岁贡》：广西籍。

［咸丰］《顺德县志》卷十一《岁贡·国朝·乾隆》：龙山人，壬寅。

关秀光　清南海佛山镇人。乾隆四十七年（1782）岁贡，嘉庆十二年（1807）任海南临高训导。

［道光］《广东通志》卷五十五《职官表四十六·国朝十三·临高县·教谕训导·嘉庆朝》：南海人，挨贡。十二年任……训导。

［道光］《佛山忠义乡志》卷十《贡生·清》：岁贡。

［道光］《肇庆府志》卷十五《选举二·国朝·贡生·开平县学·乾隆朝》：四十七年由广州府学岁贡，临高训导。

李吉林　字蔼标，一字龙门，清南海简村人。在西樵山建

“小桃源”讲学数十年。学生张乔年，嘉庆二十一年（1816）举人；梁策书，道光元年（1821）举人。同姓李光发、缉熙等西樵附近石冈乡人，乾隆四十二年（1777）建攻玉楼。

《西樵白云洞志》第二册《传略·李文学吉林》：字蔼标，一字龙门，南海人，诸生。因温憩园所辟建韫玉山房，与陈上舍蔼亭（名珮琚，字秉宽。）旁加葺治。凿池引泉，锄云移石，藩其余地，自成别一洞天，因名之曰“小桃源”，相与幽居考业。未几，蔼亭没。龙门讲学其中者数十年，闭关谢客，非其人辄不得入。甫入门，有“觉道”二字颜诸石壁，寄托甚高。张广文乔年、梁孝廉策书尝从受业于此。李上舍光发、缉熙等居樵东石冈乡，尝建攻玉楼于逍遥台畔，阁道可通，登眺称快。《西樵游览记》所谓石冈李氏，即其人也。第一册《名胜·亭院（楼阁馆舍附）》：玉楼（按今名攻玉楼）在白云洞外，披云、逍遥二台之间。（乾隆丁酉，南海石冈李氏建）……本《西樵游览记》，今按……圮。《名胜·续记》：蕴玉书室，在小桃源西北。前面鉴湖，后倚狮子岭与白云峰侧界……（顺德龙山温憩园建，南海简村李吉林、陈珮琚增葺，今圮）附《白云洞游览诗》：崔令仪，己亥仲秋，与谭次卿、邓巢阁、张云楣、冯寅谷小住巃嵸阁，越日始访小云泉。（泉向未辟治。乾隆丁酉间，李氏始颜其洞口曰“小桃源”）

易彬 清南海人。乾隆四十七年（1782）岁贡。

［道光］《南海县志》卷二十一《选举表二·国朝·贡生荐辟·乾隆朝》：壬寅岁贡。

梁文瑶 清三水冈头人。乾隆四十七年（1782）岁贡。

［嘉庆］《三水县志》卷九《选举·岁贡·清》：冈头人，（乾隆）四十七年贡。

霍壬琇 一说名玉琇，清南海深村人。乾隆四十七年（1782），由廪贡生任广东封川训导。寿80岁。

［道光］《广东通志》卷五十一《职官表四十二·国朝九·封川县·教谕训导·乾隆朝》：霍玉琇，南海人。挨贡，四十七年任……训导。

［道光］《肇庆府志》卷十三《职官三·清·封川县·训导·乾隆朝》：南海人。岁贡，四十七年任。

［道光］《南海县志》卷三十九《列传八·国朝》：深村堡人。乾隆四十七年，由廪贡生官封川训导。封川旧有东山塘学田三百亩，明鼎革后为县人

占有，仅存七十八亩二分。诸生某充佃户，干没七十二亩六分，而输五亩六分租于学，学中经费大绌。前校官多苦之，而忍隐坐视。壬琇至，廉悉其弊，与教谕谢才，牒请郡守监司，檄县令亲勘视讯，复七十八亩额，豪户自此慑伏。卒年八十。

方世馨　清南海人。乾隆四十八年（1783）举人。

［道光］《广东通志》卷八十一《选举表十九·举人四·国朝·乾隆四十八年癸卯·广州府》：南海人。

区振泰　字宁兹，号如爵，清高明显州人。子夏卿。

［道光］《高明县志》卷十二《选举志·封典·国朝》：显州人。吏员，嘉庆二十四年以子夏卿赠修职郎。卷十三《人物志·国朝》：字宁兹，号如爵，登仕佐郎。少贫，仰事父母及祖母。年未弱冠，惧饔飧不给，权佣书于粤西。常以糊口余资尽付归养，论者以为有负米风焉。俭积稍裕，不复远游，亲丧后即购吉地安厝，旋建家祠以奉四亲，房亲之无后者咸祀焉。又首倡捐题创太祖祠，族亲之无后者咸祀焉。凡祭祀修祠之费经理尽善，遇忌日必哭，间御酒食叹曰："先人尝不足也！"自揣贫贱不能显亲，丙午冬促其子夏卿会试，曰："不捷无归，努力上进，以光乃祖。"其念切先人，自少而壮而老未尝少忘。及病垂死，犹嘱书以大义遗其子云。

区夏卿　号赞平，清高明显州人。乾隆四十八年（1783）举人，五十一年父振泰敦促他参加会试。嘉庆二十二年（1817）起任广东兴宁教谕6年，道光三年（1823）与修《高明县志》。

［道光］《广东通志》卷八十一《选举表十九·举人四·国朝·乾隆四十八年癸卯·肇庆府》：高明人。卷五十七《职官表四十八·国朝十五·兴宁县·教谕训导·嘉庆朝》：高明人。举人，二十二年任，教谕。

［道光］《高明县志》卷十二《选举志·举人·国朝》：显州人。乾隆四十八年癸卯举人，现任兴宁教谕。《选举志·封典·国朝》：区振泰，显州人。吏员，嘉庆二十四年以子夏卿赠修职郎。卷十三《人物志·国朝·区振泰传》：丙午冬促其子夏卿会试，曰："不捷无归，努力上进，以光乃祖。"卷首《纂修〈高明县志〉·分纂》：举人，现任兴宁县教谕区夏卿。

［光绪］《高明县志》卷十三《列传二·人物·国朝》：号赞平。潜修环堵，性秉谦挹。乾隆癸卯举于乡，名始著，任兴宁教谕六年，尝曰："居乡不能挽末俗，居官无以扶文教，是吾忧也。"道光癸未与修《县志》。

邓大观　号颙若，清南海九江人。乾隆四十八年（1783）举人，嘉庆十四年（1809）任海南澄迈训导。

［道光］《广东通志》卷八十一《选举表十九·举人四·国朝·乾隆四十八年癸卯·广州府》：南海人。卷五十五《职官表四十六·国朝十三·澄迈县·教谕训导·嘉庆朝》：邓文观，南海人。举人，十四年任……训导。

［同治］《南海县志》卷九《举人·清》：澄迈教谕，乾隆朝。

《九江儒林乡志》卷十《选举略·国朝·举人·乾隆四十八年癸卯科》：号颙若，县学，中式第四十六名，澄迈教谕。

邓学海　清南海九江人。乾隆四十八年（1783）副贡，任广东长乐（今五华）训导。

［道光］《南海县志》卷二十一《选举表二·国朝·贡生荐辟·乾隆朝》：副贡，癸卯。

［同治］《南海县志》卷九《贡生》：长乐训导，乾隆朝，副贡。

《九江儒林乡志》卷十《选举略·国朝·贡生·乾隆四十八年癸卯》：县学副贡，长乐训导。

邓惠尧　清三水董䶮人。乾隆四十八年（1783）举人。

［嘉庆］《三水县志》卷九《选举·举人·国朝·乾隆四十八年癸卯李惠元榜》：董䶮人。

叶秀刚　清南海人。乾隆四十八年（1783）武举。

［道光］《南海县志》卷二十二《选举表三·国朝·武举·乾隆朝》：癸卯科。

冯斯佐　清南海丹灶梅庄人。乾隆四十八年（1783）优贡。父成修。

［道光］《南海县志》卷二十一《选举表二·国朝·贡生荐辟·乾隆朝》：优监。《采访册》作优贡，今从学册……癸卯。

刘遂祖　清三水横村人。乾隆四十八年（1783）岁贡。

［嘉庆］《三水县志》卷九《选举·岁贡·清》：横村人。（乾隆）四十八

年贡。

苏嗣蘧　清顺德黎村人。乾隆四十八年（1783）岁贡。

［乾隆］《番禺县志》卷十三《选举下·贡生·国朝恩岁优贡》：四会训导。

［民国］《顺德县志》卷八《选举表一·郭〈志〉补遗·五贡·国朝》：黎村人，乾隆癸卯岁贡，四会县儒学。

苏跃澄　清顺德大良人。乾隆四十八年（1783）副贡。

［咸丰］《顺德县志》卷十一《副贡·国朝·乾隆》：大良人，癸卯。

吴玑　字配京，号砺斋，清顺德陈村人。乾隆四十八年（1783）举人，任广西天河知县卒。

［道光］《广东通志》卷八十一《选举表十九·举人四·国朝·乾隆四十八年癸卯·广州府》：顺德人。

［咸丰］《顺德县志》卷二十七《列传七·国朝三》：字配京，号砺斋，陈村人。乾隆癸卯举人。己巳，百龄①初总制，骤断接济，而海口未及严备。玑上书曰："治盗除其外扰，必防其内忧。今既下封港令，内河隘口须命严守，预为堵塞。不然，则贼既乏食，势必内肆，香山、顺德必受其害。"制军令图三路隘口进，而贼已入，始服其先见。贼将至其乡，乡人咸主逆击，玑欲设伏邀之，议不合，避之会城。遗同乡欧某书，谓贼经久战，而乡人素不知兵，战必不利，宜拣壮分两队，伏炮要隘，贼至伏发，贼惊骇必不敢深入。后果如所料。戊寅令天河，亲挈役至贼薮，获贼魁李月生。旋卒官。

何綗　清顺德三桂人。乾隆四十八年（1783）副贡。

［咸丰］《顺德县志》卷十一《副贡·国朝·乾隆》：三桂人，癸卯。

余金惏　清南海人。乾隆四十八年（1783）举人。

［道光］《广东通志》卷八十一《选举表十九·举人四·国朝·乾隆四十

①百龄（1748—1816），即张百龄，字菊溪，清汉军正黄旗人。乾隆三十七年（1772）进士，授翰林院编修，改御史。嘉庆十四年（1809），总督两广。后卒于江宁。

八年癸卯·广州府》：南海人。

陈如江　清南海人。乾隆四十八年（1783）举人。

[道光]《广东通志》卷八十一《选举表十九·举人四·国朝·乾隆四十八年癸卯·广州府》：南海人。

陈玘　字可宗，清南海登俊堡人。捐建社学为书院，死后，嘉庆二十五年（1820）旌表。子鳌，嘉庆十八年（1813）拔贡，道光元年（1821）举人。孙巽田。

[道光]《南海县志》卷三十九《列传八·国朝》：字可宗，以好义闻于有司……登俊堡人。解金率众拓建社学为书院，筹立公产田二顷，岁入其租供乡人士课文读法、公车费。身歿，乡人思焉，以事白郡守罗公含章，嘉庆二十五年，郡守旌其间曰"懿德可风"……子鳌，癸酉拔贡，辛巳领乡荐。

[同治]《南海县志》卷九《咸丰朝·举人》：陈巽田，鳌子，辛亥科。

胡昌雄　清顺德桂洲人。乾隆四十八年（1783）武举。妻何氏，守节32年，嘉庆二十四年（1819）受旌。子锡瑶。

[咸丰]《顺德县志》卷十一《武举·国朝·乾隆》：桂洲人，癸卯。卷十四《节孝表二·道光朝汇案一》：何氏，桂洲武举胡昌雄妻，二十九守节，同知锡瑶母……道光二十六年汇案，拆载四之一。卷二十九《列传九·列女二》：何氏，桂洲武举胡昌雄妻。二十九守节，奉舅姑，抚幼子。遇岁饥，赈贷无德色。孀居三十二年，嘉庆二十四年旌。

温汝熙　清顺德龙山人。乾隆四十八年（1783）举人，

[嘉庆]《龙山乡志》卷七《选举志·举人·国朝·乾隆癸卯》：温汝熙。

温汝骥　字北雄，清顺德龙山人。乾隆四十八年（1783）副贡，五十四年举人。

[嘉庆]《龙山乡志》卷七《选举志·贡生·国朝·乾隆副贡》：癸卯科。《选举志·举人·国朝·乾隆己酉》：分发云南知县。

[道光]《广东通志》卷一百九十八《艺文略十·集部四》：《灵渊诗钞》二卷，国朝温汝骥撰，存。谨案：汝骥，字北雄，顺德人，乾隆己酉举人。

曾宗元　字耀先，清高明泽河人。乾隆四十八年（1783）捐卫千总。子江，嘉庆三年（1798）分发县丞；浩，同年例贡；潭，五年捐州判。

［道光］《高明县志》卷十二《选举志·国朝武例职》：泽河人，乾隆四十八年，由监生捐授卫千总。《选举志·职员·国朝》：曾江，泽河人，嘉庆三年由增生分发县丞，宗元长子。《选举志·例贡·国朝》：曾浩，泽河人，宗元子，嘉庆三年例贡。《选举志·国朝文例职》：曾潭，泽河人，宗元子，嘉庆五年，由监生捐授州判。卷十三《人物志·国朝》：字耀先。少失怙恃，奉后母，侍疾数十年无倦色。乡子弟贫不能学者，捐金延师劝卒业焉。由太学恩授卫千总职衔，以寿卒于家。子十：长江，以增生补县丞；次潭，候选州判；余亦多列青衿。

曾江　清高明泽河人。嘉庆三年（1798）分发县丞。父宗元，弟浩、潭。

［道光］《高明县志》卷十二《选举志·职员·国朝》：泽河人，嘉庆三年由增生分发县丞，宗元长子。卷十三《人物志·国朝·曾宗元传》：字耀先……子十：长江，以增生补县丞；次潭，候选州判；余亦多列青衿。

曾浩　清高明泽河人。嘉庆三年（1798）例贡。父宗元，兄江。

［道光］《高明县志》卷十二《选举志·例贡·国朝》：泽河人，宗元子，嘉庆三年例贡。

曾潭　清高明泽河人。嘉庆五年（1800）捐州判。父宗元，兄江。

［道光］《高明县志》卷十二《选举志·国朝文例职》：泽河人，宗元子。嘉庆五年，由监生捐授州判。卷十三《人物志·国朝·曾宗元传》：字耀先……子十：长江，以增生补县丞；次潭，候选州判；余亦多列青衿。

黎卓仁　清高明罗俊人。乾隆五十七年（1792）举人。父光灿。

［光绪］《高明县志》卷十二《选举表·国朝·拔贡·乾隆朝》：光灿子，广西武宣籍拔贡。苍梧教谕，河池州学正。《选举表·国朝·举人·乾隆朝》：

广西武宣籍，余杭知县，五十七年壬子科。

黎卓义 清高明罗俊人。乾隆四十八年（1783）举人。父光灿，兄卓仁。

［光绪］《高明县志》卷十二《选举表·国朝·举人·乾隆朝》：罗俊人，卓仁弟，广西武宣籍，四十八年癸卯科。

潘鸣歧（清乾隆） 清顺德冲鹤人。乾隆四十八年（1783）恩贡。嘉庆六年（1801）赐举人，次年赐国子监学正衔，十年赐助教衔。

［咸丰］《顺德县志》卷十一《恩贡·国朝·乾隆》：冲鹤人，癸卯。《举人二·国朝·嘉庆》：冲鹤人。以符例赐，壬戌赐国子监学正衔，乙丑赐助教衔……辛酉科。卷十八《艺文略二·集部二·别集二》：《凤园诗钞》，国朝潘鸣歧撰。

吴才略 清南海西隆堡人。父广升，50 多岁父母妻儿皆亡，遂到广西浔州佣工，60 多岁时再娶而生才略，回乡扫墓卒。才略母子二人衣食无着，母再嫁。才略七八岁被继父逼着卖汤圆，借字典自学，经商精明、讲信用，到 30 多岁时致富。生于孤苦，奋发图强，孝友待人。一生客居浔州，89 岁临终时，要求一子归住故乡，以便祭扫先茔。子祖昌。

［同治］《南海县志》卷十九《列传·善行》：西隆堡人。父广升数世单传，及身，年五十余妻子俱丧，遂西上浔州为佣保。阅数年再娶妇生子才略，时年六十余矣，东归扫墓而卒。才略子母无所得食，不得已再醮于黄氏。黄县捕役也，性苛暴，才略七八岁遣卖汤丸，不售痛加鞭挞，子母闻其声即胆碎，噤不敢发一言。洎才略年将成童，适有族人贩布于浔者哀怜之，呼为灶下养，谓之曰：“汝孤寒如此，若以筋力事人，终岁胝胼仅糊口耳，欲成家立业，非精书算不可也。”才略记从蒙师时师查字必看字典，曰：“此必字书也。”因借字典，捡其平常通用者考其声音训诂，择千余字牢识之，经年遂通文义。为人又精明信实，浔人信任之。年三十外，累至千金。然才略待继父孝，有疾病在外必归，待异姓弟妹为立室家、筹嫁娶无异同胞，谓所亲曰：“父待我薄少时不能无怨，及今思之正蒙其拘管力也。人性好逸恶劳，使当时姑息误我，我岂肯苦心衡虑有今日哉？风霜雨露皆天地之恩，安敢忘也！”论

者谓《孝经》言资于事父以事君，以明大义感私恩，两者出于一心无二理也，才略事继父如此，真忠孝人哉！才略素精勤，经磨练挫折之余，神气益强固。前后妻妾五人，生子女十余人，逾古稀五年仍能产育，年八十九乃卒。未卒之前，自述一生伶丁困苦以示子孙，且诲之曰："吾索米来浔州，然祖父以上坟墓在东土，木落必粪其本，水流必返其乡，狐死首丘，情安能契！我身后，汝兄弟必一人归东住故居，得以岁时扫除墓地，无作离弦箭也！"其仁孝如此。子八人，少子祖昌，以桂平籍中西榜，道光己亥举人，辛丑成进士，官南昌府知府。

何向中　清顺德羊额人。嘉庆十五年（1810）赐副贡，寿90岁，妻潘氏寿93岁。父谦泰，乾隆二十二年（1757）进士．子惠群，嘉庆十四年（1809）进士。

［咸丰］《顺德县志》卷十一《副贡·国朝·嘉庆》：羊额人，庚午……以符例赐。卷十二《封赠（文阶）·国朝》：何谦泰，羊额人，教授，以孙惠群赠。何向中，副贡，以子惠群封……庶吉士。卷十五《耆寿·九十寿民·国朝》：羊额人，赐副贡，年九十。妻潘，九十三．子惠群，进士。

黄廷矩　字至斋，清顺德大良人。与同乡潘成善，跟从欧世珍学医治天花。父正色，异母兄弟臣鸣、丹书。

［咸丰］《顺德县志》卷二十七《列传七·国朝三》：字至斋，异母弟丹书。性笃厚，出于侧室，善事嫡母。以乡里儿多殇于痘，慨思以是术济人。适楚南欧世珍者，挟技游粤，有神术，屡著奇效。廷矩师事之，罄其所学。神明变化，曲尽其妙。于是延者无虚日，自郡县迄缙绅家，咸具币聘，名噪岭峤。廷矩故善饮，虽多不乱，往往酒后秉烛审视，精神转旺，眼亦愈明，起死回生，奇异百出。五十后，世珍死已久，学亦中绝。招其子洪澜至，悉以所得于其父者教之。自是洪澜亦世其业，垂老而卒。番禺吕坚，故与丹书善，称"四子"者，常赠诗有"十年平乐酒，八十太公年"句，纪实也。著有《痘疹杂钞》。潘成善，亦大良人，与廷矩同师。精其业，活人无算，贫者不受谢，且施药焉。同时喜涌陈盛南，亦以痘医鸣于时。

温汝达　字泉始，一字安波，清顺德龙山人，候补员外郎。弟汝适、汝造、汝科、汝遵、汝进、汝遂、汝述，子侄丕谟、承悌。

《西樵白云洞志》第五册《艺文·增辑诗》：字泉始，一字安波，顺德人。候补内部员外郎，著有《退一步斋诗钞》。

［咸丰］《顺德县志》卷十八《艺文略二·集部二·别集二》：《退一步斋诗钞》，国朝温汝达撰……按：汝达，字泉始，号安波，候补员外郎，龙山人，汝适兄。汝适序曰：乾隆癸未岁，先君子手辟柳塘别业，中为见山堂，后为书阁，延师训课子侄。余与安波兄首居之，读书其间者几阅十年……晚岁兄筑舍南小圃，余居占鸥吟馆……今惟余两人无恙……誉斯、履安、旋矩诸弟之作，亦继付剞劂……兄《品花百咏》早为时所称……其于诗自少陵外兼嗜乐天，宋之苏、陆尤所心醉。

莫骏　（1753—？）字腾万，清高明城中人。乾隆三十五年（1770）举人，未仕而卒。父世忠。兄子捷，次年举人。

［道光］《广东通志》卷八十《选举表十八·举人三·国朝·乾隆三十五年庚寅·附顺天中式》：高明人，世忠次子。

［道光］《高明县志》卷十二《选举志·举人·国朝》：村头人，世忠次子。乾隆三十五年庚寅恩科顺天举人，题复本籍。卷十三《人物志·国朝》：字腾万。性聪异，承父太史世忠庭训，为文有奇气，尤工诗赋。年十八由大兴庠生领顺天乡荐，状貌魁伟，卓荦不群，当道以大器期之，未仕而卒。

冼湘　（1754—1816）字昆源，号云泉，清南海佛山镇人。乾隆四十八年（1783），广州府知府魁文举行考试，湘为冠军，五十七年参与建立福山书院。侄沂，嘉庆二十四年（1819）举人。祖尚犀。

［道光］《广东通志》卷四十五《职官表三十六·国朝三·广州府·知府·乾隆朝》：魁文，镶黄旗，满洲监生，四十八年任。

［道光］《佛山忠义乡志》卷九《隐逸·清·冼尚犀传》：字瑞淮，号志仁。父维超生子七，尚犀行六。性孝友，隐居不仕。当时兄弟竞侈靡，尚犀自甘恬退，有以为懦而强取其物者卒不校。既而各兄弟式微，复以时周恤之，以故家益落而卒无愁怨色。后兄弟六人嗣俱绝，而尚犀长子善镇，从九品。孙士琪、士连，监生。湘，府学生。士连次子、曾孙沂，现举人，世以为有隐德者焉。

［民国］《佛山忠义乡志》卷十五《艺文志二·集部·清》：《丛桂斋吟草》，冼湘著。冼湘，字昆源，号云泉，生平好学不倦。年三十，魁太守考取郡试冠军，史学使取补弟子员，喜其文优游平中，足以荣世。乃卒困棘闱，

晚年肆力于诗。叔与世父士琪、先君士连孝友无间，所得资财，合而为一，有需各支而皆无所苟，沂父殁乃析焉。忆丙子叔卧病，沂及各弟侍药，犹谆谆以节俭力学为勉，迨己卯获荐，距叔殁已四年矣。录遗稿，不觉泪涔涔下也。胞侄沂谨序。卷五《教育志二·书院》：福山书院，在纪纲铺纪纲街……《碑记》附……壬子岁……阖镇绅士踊跃醵金，建设书院，为增置会文之所……落成，颜曰福山书院……乾隆五十七年岁次壬子桂月谷旦，阖镇值事绅耆张遇阳、曹应池、区应奎、陈鼎庵、霍超士、陈君季、梁茂然、张肇昌、区宏绪、李天达、霍祥洲、陈绍谦、袁象天、冼湘、梁均成、叶楚华、施早霖、周渐壮、陈以庄、李宁子等同立。

温汝适　（1754—1820）字步容，一字筼坡，清顺德龙山人。乾隆三十五年（1770）举人，四十九年进士。嘉庆十八年（1813）升兵部右侍郎，以母老乞终养，回家主持桑园围维护事宜。父贤超，子承悌。

［嘉庆］《龙山乡志》卷七《选举志·举人·国朝·乾隆庚寅》：温汝适。《进士·国朝·乾隆甲辰》：翰林院编修。

［道光］《广东通志》卷八十《选举表十八·举人三·国朝·乾隆三十五年庚寅·广州府》：顺德人，字步容，进士。子承悌。卷七十七《选举表十五·进士·国朝·乾隆四十九年甲辰茹棻榜·广州府》：顺德人。二甲，兵部右侍郎。卷二百八十七《列传二十·广州二十》：字步容，一字筼坡。顺德人。质颖异，九龄解作史论。年十六，领乾隆庚寅乡荐。甲辰成进士，改庶常，授编修。丁巳入直尚书房，擢赞善，再擢洗马、侍讲、侍读，转左右庶子，迁国子祭酒、太仆少卿、通政使。历典广西、四川、山东乡试，督学陕甘，寻升副都御史。己巳监临京兆试，临场条陈，降补太仆正卿。旋复副都御史，癸酉擢兵部右侍郎。甲戌以母老予告南归，未几居母忧，哀毁成疾。及痛闻仁宗睿皇帝升遐，急奔赴，扶病就道，兼程进发，卒于江西吉安舟次，年六十有七。上闻悯恤，赐其子举人承悌进士，士论荣之。汝适视学陕甘时，以甘肃窎远，藏书绝少，乃厚捐俸资，多购善本，置书院中，借广诸生见闻。奉命谳狱天津，未尝有所操切而奸宄潜戢。戊辰、己巳间粤洋不靖，汝适即见闻所及剀切陈奏。生平无他嗜好，惟多蓄书，公余以书史自娱。著有《曲江集考证》二卷、《曲江年谱》一卷、《携雪斋诗钞》六卷、《文钞》二卷，其未梓者有《咫闻录》二卷、《韵学纪闻》二卷、《日下纪游略》二卷藏于家。

《西樵白云洞志》第五册《艺文·增辑诗》：服职中外，竭尽心力。事父母以孝闻。卫桑梓，培后进，恤困穷，人怀其惠……祀乡贤。

［咸丰］《顺德县志》卷二十七《列传七·国朝三》：父贤超……以孝友称，岁捐米数百石赈其族，并详为立法，俾行久远……汝适生有异质，少即端凝，肆力问学，能文词……历典试广西、四川、山东，得士多通显。督学陕甘，屏绝供应故事，童试补弟子员有贽礼，悉革之……汝适居官勤慎，朝中号正人。每入对，辄有所陈，皆切中民瘼。尝奉命偕刑部侍郎穆克登额，往谳福建海船水手苏花脸等，私藏器械，扰害地方，讯实，按律惩治。旋有山东日照县民冯爱，控弟妇冯厉氏纠母族多人，殴毙其弟冯爰，仍命汝适等往案之。讯实，冯厉氏之弟厉廷选起意纠殴，冯厉氏未行喊救，俱问拟如律。先是，嘉庆甲子，洋匪日渐猖獗，盐由海运者，额设局艚二百七十有奇。至是，汝适奏陈洋盗情形，谓劫大洲场烧船六七十，抢电白港船七十余，水东船二十余，语多剀切，其后遂有陆运之议。戊辰，英夷窥西洋夷弱，驶兵舶入澳门，欲夺而居之。时总督稍事因循，汝适言："英夷但恃大炮巨舰，实不谙战，使募凿其船，或绝其薪米，皆足制胜，畏葸反为所轻。宜声其带兵擅入之罪，厚集兵力，驱之必去。"已而果然。己巳，洋匪以严断接济失食，扑入内河。又言："断内匪之接济，必先行保甲，使乡自编查，则接济自绝。沿海台兵，因分见少，必随乡大小自为团练，使与台汛互为声援。师船脆小难用，当因地制宜，勿拘成见。炮台今昔不同，势难处处改建，宜择要隘添设碉楼。"皆下疆吏议行。逾年，匪穷蹙，剿抚并施而尽。以母老乞终养，濒行叠蒙温谕。抵家会西潦为灾，顺德、南海村落，多恃桑园围捍障，而围基适在南地，坏则南围南修。汝适以顺民故在围中，广劝同县输资协济，言于当事，奏借帑金八万生息，为岁修资。两县田庐咸利赖焉。按：此围跨连数县，而在南海者为至多，在顺德者为至少。西岸东北自南海、三水交界飞鹅山下之马蹄围，南而海舟凡四越小山，至镇海、河清、九江之西，又越象蚌等三小山，至龟冈一带山岭，复自九江之南龛背山下，至分界树折而东，即顺德之甘竹堡。其东岸自南海仙莱乡，南越晒网墩，经民乐至沙头，即顺德之龙江堡（名河澎围），尽于高桑地。稍东即水藤堡，而龙山堡即在其西南。盖围基虽在南海，而龙江、龙山实居围之腹心。岁当西潦至，一切察看、抢修皆恃于近围基村堡，而居腹内者力无从施，一有冲决，转瞬波及，无可措手。故龙江、龙山地稍低洼者必筑楼以备，避水之具亦时时预蓄之。先是，围基不入县境，旧持南围南修之说，遇堤坏即由决处修复，力薄工不能固，辄复坍陷。自汝适捐修，均诸围内，又言于大吏，嘉庆二十年，奏准借帑八万，发当商生息，岁得银九千六百两，以五千还帑，以四千六百备岁修，俟还足，即以息项全资修费，可谓一劳永逸。惟缴存官库，缙绅无请行岁修之举，于是当事者或移充捕费。道光十三年冲决，奏请在堤岸岁修项内支用。二十年，

林文忠领两广节钺，知侍郎入祀府学之由端在于此。时方海夷多故，犹令首县查开存项，将筹为经久之法，未几受代以去，事遂中止。今纂入省例，云：如历年存贮岁修本款息银不敷动支，先于藩库筹项借给，续收岁修息银归补。如工程过多，借项未便久悬，应酌定年限，除续收岁修归补若干外，余银仍由该围分年按粮摊征归款。既而丁内艰，哀毁成病，闻睿皇宾天，力疾奔赴，至吉安遽卒，奉谕赏给子举人承悌进士。汝适于嘉庆年间在上书房，曾侍宣宗成皇帝藩邸书帷，时有启沃。殁后二十余年，同郡罗文俊擢官侍郎，召见时犹蒙垂谕，称其品学兼优，追悼者久之。汝适久居都门，不尚声气，所交皆端士。以朱文正、纪文达为师资，故学问深邃。居恒无他嗜好，惟以书卷自娱。昆弟既多，皆处之翕然，各选刻其诗为家集。著有……《携雪轩诗钞》八卷、《文钞》三卷……按：南海吴荣光撰《墓志》云，嘉庆乙丑之秋，海盗入扰顺德、香山沿海村落，荣光陈之，公继具折。据《海防汇览》，洋匪扑入顺德内河，因己巳年总督百龄至，首断接济，乙丑但游奕外洋，间扰香山海滨而已。奏覆局艚被劫，尚在丙寅吴熊光督粤时。先一年，总督那彦成奏盐务与现年不符，已奉旨谕。及汝适条奏盐船事，是乙丑之奏，洋匪尚未入内地也。《墓志》又云：后洋盗劫掠，恺切折陈，正入内地后，吴忆叙偶误耳。

[光绪]《广州府志》卷一百三十三《列传二十二·国朝·顺德》：字贫坡，龙山人……汝适久居都门，不尚声气，以大兴朱珪、河间纪昀为师，歙县程恩泽、寿阳祁俊藻为友，故学有本原。

何如栋　字桢士，清高明朗锦人。乾隆四十九年（1784）例贡。长子汝扬，嘉庆十九年（1814）附贡。次子汝经，道光三年（1823）捐授盐运司库大使。

[道光]《高明县志》卷十二《选举志·例贡·国朝》：朗锦人，乾隆四十九年例贡。《选举志·职员·国朝》：何汝扬，朗锦人，如栋长子。嘉庆十九年，由附贡分发福建县丞，署建阳、建安、崇安、宁化县丞。《选举志·国朝文例职》：何汝经，朗锦人，如栋次子。道光三年由监生捐授盐运司库大使。卷十三《人物志·国朝》：字桢士，贡生。厚重少文，慷慨仗义，乡邻有贫寡者恤之。尤谆谆以延师教子为务，长子汝扬，由附贡分发福建县丞，历任建阳、建安、崇安、宁化四属县丞，俱有宦声。次，诸生三库使。义方之训信然。卷首《纂修〈高明县志〉·采辑》：附贡、原任建阳县丞何汝扬。

李逢年　清南海人。乾隆四十九年（1784）岁贡。

[道光]《南海县志》卷二十一《选举表二·国朝·贡生荐辟·乾隆朝》：

甲辰岁贡。

程昌 字维山，号焕林，清高明濠基人。乾隆四十九年（1784）岁贡，五十一年举人，在京为御史郭仪长当塾师7年。连续参加会试不第，六十年大挑二等，嘉庆三年（1798）任广东从化训导。五年赠其父相举官衔。70岁后卒于官。

［道光］《广东通志》卷八十一《选举表十九·举人四·国朝·乾隆五十一年丙午·肇庆府》：高明人。卷四十六《职官表三十七·国朝四·从化县·教谕训导·嘉庆朝》：高明人。举人，三年任……训导。

［道光］《高明县志》卷十二《选举志·贡生·国朝》：濠基人。乾隆四十九年岁贡，丙午科中式。《选举志·封典·国朝》：程相举，濠基人，嘉庆五年以子昌赠修职郎。卷十三《人物志·国朝》：字维山，号焕林。少聪颖，博学能文，工书法。弱冠受知督学翁覃溪，科岁连试冠军，补邑廪。家素贫，馆粥惟给于舌耕，然介节自持，义不苟取。友教四方，不独邑内知名，士多出其门。丙午科由岁贡中式，住京七载，御史郭仪长①素重昌学行，延课子。连试礼闱不遇，以乙卯大挑二等，借补从化学训导。廉洁自若，脩脯不计，日与诸生讲论名节道艺。从化士类慕之，具呈邑侯，延请掌教石歧书院六载。年七秩，制锦称觞。后卒于官，凡殡具旋榇斧资皆绅士赠之，其得士心如此。子四，叔、季登庠序。

方天保 清南海人。乾隆五十年（1785）任广东丰顺训导。

［道光］《广东通志》卷五十《职官表四十一·国朝八·丰顺县·教谕训导·乾隆朝》：南海人，五十年任……训导。

刘中 字参权，号达时，清高明世唐美人。乾隆五十年（1785）捐州同，寿92岁。子来泰、交泰。

［道光］《高明县志》卷十二《选举志·国朝文例职》：世唐美人，乾隆五十年捐授州同。《选举志·贡生·国朝》：刘交泰，世唐美人，道光元年廪贡，国子监肄业。卷十三《人物志·国朝·刘交泰传》：字德辉，中三子，与仲兄来泰同庚。

---

①郭仪长（1732—1809），字震元，清广东清远人。乾隆四十八年（1783）举人，嘉庆朝任监察御史。

［光绪］《高明县志》卷十三《列传三・耆寿・国朝》：字参权，号达时，世唐美人。乾隆间捐职州同。年九十二岁。《列传四・列女》：生员刘来泰妻李氏，世唐美人，年二十二岁守节。

麦飏 清三水大橐人。乾隆五十年（1785）恩贡。

［嘉庆］《三水县志》卷九《选举・恩贡・清》：大橐人，（乾隆）五十年贡。

杜成章 字唯一，清高明大楠村人。教书50多年，参加乡试21次，乾隆五十年（1785）恩贡。

［道光］《高明县志》卷十二《选举志・贡生・国朝》：大楠村人，乾隆五十年恩贡。卷十三《人物志・国朝》：字唯一。聪慧敏达，孝友醇厚。早岁能文，遇题不起稿而卒然立就。才弱冠补弟子员，寻食饩。因家贫，以馆教为菽水历五十余载，训诲生徒，邑乡几遍，凡游其门，每多成立。应科岁试列超等者六次，力战棘闱者二十一科，屡荐不售，仅以乾隆乙巳恩贡而终，士人多悼其命之蹇云。

梁秉钧 清三水邓坑人。乾隆五十年（1785）岁贡。

［嘉庆］《三水县志》卷九《选举・岁贡・清》：邓坑人，（乾隆）五十年贡。

程琛 清高明城中人。乾隆五十年（1785）附贡，道光三年（1823）参修《高明县志》。子柏芳。

［道光］《高明县志》卷十二《选举志・例贡・国朝》：城中人，乾隆五十年附贡。卷首《纂修〈高明县志〉・编次》：附贡程琛。

方显扬 清南海人。乾隆五十一年（1786）武举。

［道光］《南海县志》卷二十二《选举表三・国朝・武举・乾隆朝》：丙午科。

卢绍仁 字立亭，又字良秀，清顺德大良人。乾隆五十一年（1786）、五十二年赈饥。嘉庆五年（1800）赐副贡，次年以老诸生例给举人。

［咸丰］《顺德县志》卷十一《副贡·国朝·嘉庆》：大良人，庚申……以符例赐。《举人二·国朝·嘉庆》：字立亭，大良人。以符例赐，辛酉科。卷二十六《列传六·国朝二》：字良秀，大良人……以老诸生，例给举人。家本中人产，行义无所吝惜。乾隆丙午、丁未洊饥，先后捐米二百石倡赈。余数十金权其息，十年倍之，以施棺材、自置义冢地便贫葬。张保之扰，与里绅设防城北。著有《二庚诗集》。

冯观育 清南海简村堡人。乾隆五十一年（1786）举人，嘉庆三年（1798）任广东博罗教谕。父慈。

［道光］《广东通志》卷八十一《选举表十九·举人四·国朝·乾隆五十一年丙午·广州府》：南海人，教谕。卷四十九《职官表四十·国朝·博罗县·教谕训导·嘉庆朝》：南海人。举人，三年任……教谕。

［道光］《南海县志》卷三十九《列传八·国朝·冯慈传》：子观育，乾隆丙午举人。

关国鹰 字文表，号建翎，清南海九江人。乾隆五十一年（1786）武举。子廷标，五十七年武举第一名。

［道光］《南海县志》卷二十二《选举表三·国朝·武举·乾隆朝》：丙午科。

《九江儒林乡志》卷十《选举略·国朝·武举·乾隆五十一年丙午科》：字文表，号建翎。县学，中式第十五名。子廷标，武举。

麦楞 字植贤，号刓斋，清顺德麦村人。乾隆五十一年（1786）举人，嘉庆二十二年（1817）任广东惠州教谕。

［道光］《广东通志》卷八十一《选举表十九·举人四·国朝·乾隆五十一年丙午·广州府》：顺德人。卷四十九《职官表四十·国朝·惠州府·教授训导·嘉庆朝》：顺德人。举人，二十二年任，训导。

［咸丰］《顺德县志》卷二十七《列传七·国朝三》：字植贤，号刓斋，麦村人。夙负经济，乾隆丙午举于乡。补惠州训导，修丰湖书院，赡贫士，增房舍膏火。归而讲学，弟子多知名。麦村故有围，不足防潦，与同族思成、盛滋增筑之，植松以固，患顿息。丁未饥，土盗窃发，创立乡约，劝捐赈恤。生平公正，为人推服，争不诣官者四十年。令程焕颁其手纂《保定录》于诸村备程式，卒后，辑其诗文为《景行集》。思成、盛滋皆能以正率族，盛滋精音律，取《浔阳行》入琵琶为谱。

严仪生 字两亭，清顺德大良人。乾隆五十一年（1786）赈灾，嘉庆十四年（1809）献策抵御海盗。十七年岁贡，道光十八年（1838）赐举人。祖林翰，父士美，继室沈淑端。

［咸丰］《顺德县志》卷十一《岁贡·国朝·嘉庆》：大良人，壬申。《举人·国朝·道光》：字两亭，大良人。以符例赐，丁酉科。

［民国］《顺德县志》卷九《封荫表·封赠·文阶》：严林翰，大良人，以孙仪生赠。严士美，以子仪生赠。俱浙江昌化县……知县。卷十七《列传二·何松年传》：由岁贡授河源教谕，保升知县。道光丁酉钦赐举人。乾隆丙午、丁未岁大祲，仪生倡乡族赈，多所存活。嘉庆己巳海贼张保四扰，献策当道筹防堵，乡邑赖安。卷十三《胜迹略·署宅·园林之属》：大园、无邪斋、绿琴轩并在县城东，国朝严仪生建。卷十四《艺文略·集部·别集·闺秀》：《馥秋阁诗稿》二卷，国朝沈淑端撰。谨按：淑端，浙江德清人，大良钦赐举人严仪生继室。

苏步荣 字秀峰，清顺德碧江人。乾隆五十一年（1786）赈济。

［咸丰］《顺德县志》卷二十七《列传七·国朝三》：碧江苏步荣，字秀峰者，以设水栅守严，贼不敢犯。生平好施与，乾隆丙午，方以懋迁居吴城，请诸官买米六百石归，赈济、平粜各半之。

苏茂峰 清顺德南水人。乾隆五十一年（1786）建兰园。

［咸丰］《顺德县志》卷十六《胜迹略·署宅·园林之属·江村》：苏氏兰园在南水乡，乾隆丙午苏茂峰建。

李士震 字绍元，号省轩，清南海丰华堡人，居佛山镇。乾隆五十一年（1786）、五十二年赈饥。子芳、可端、可琼、可蕃、可美。

［道光］《佛山忠义乡志》卷九《貤赠·清》：字绍元，号省轩，监生，居黄鼎华平乡。祖、父皆好善，家中落。士震年弱冠僦居佛山，弃举业学为贾。岁暮归里仅获二金，遇季弟于途曰："不食两餐矣。"士震即罄所获金与之，徒步返佛山。旋贷资贩于湖湘，于郁林，稍获赢余即以赡族党，遇岁歉及婚丧贫乏者辄佽助之。抚同祖以下兄弟子女，婚嫁以时，分田析产，视如

己出。建始祖及房祖祠费盈千，其他桥梁道路倡捐兴作不可枚举。乾隆丙午、丁未粤中大饥，佛山绅耆募资，请于官给牌照告籴邻省。众举士震往湖南，士震以长子芳代行，且告于众曰："某本华平乡人也，亲戚兄弟多在乡居，贫无以赈，欲借佛山义举，自携己资另籴以恤吾乡族。颗粒不敢自私，请誓诸神。"众许之。时告籴他省惟湖南最远，芳往返仅三月米独先至，粮价顿减，人心以定。先是，邻民遏籴，粤客贩米者不得出境。芳赍檄抵郴州，多啖以重赂使导客米先行，芳曰："吾佛山望赈甚切，驳船不敷，汝客米虽抵粤不过待价而售，岂能救急！"力却之，星夜趱行，故至最速，人谓士震善任云。士震教子有方，长子芳以弟貤封翰林院庶吉士，次可端成进士、入翰林，次可琼、次可蕃后先馆选，次可美增贡生。士震以子贵，初封翰林院检讨，晋赠湖南粮道，再赠山东盐运使。妻何氏、继妻张氏、妾谭氏，俱封淑人。

［道光］《南海县志》卷三十九《列传八·国朝》：丰华堡人。

李见大　清南海人。乾隆五十一年（1786）恩贡。

［道光］《南海县志》卷二十一《选举表二·国朝·贡生荐辟·乾隆朝》：恩贡……丙午。

李凤阳　清南海佛山镇人。乾隆五十一年（1786）副贡，五十八年任广东长宁（今新丰）教谕，嘉庆元年（1796）海南感恩教谕。弟天达。

［道光］《广东通志》卷四十九《职官表四十·国朝·长宁县·教谕训导·乾隆朝》：南海人。副榜，五十八年任，教谕。卷五十五《职官表四十六·国朝十三·感恩县·教谕训导·嘉庆朝》：南海人，副榜。元年任……教谕。

［道光］《佛山忠义乡志》卷十《贡生·清》：副贡。卷五《乡俗志·氏族》：李氏，系出陇西。国朝有知县绍祖、煐、凤阳。

［道光］《南海县志》卷二十一《选举表二·国朝·贡生荐辟·乾隆朝》：副贡，陕西甘泉县知县……丙午。《国朝·举人·乾隆朝》：李天达，儋州学正，凤阳弟，乙卯科。

李林士　清南海人。乾隆五十一年（1786）副贡。

［道光］《南海县志》卷二十一《选举表二·国朝·贡生荐辟·乾隆朝》：副贡……丙午。

李逢光 清顺德容奇人。乾隆五十一年（1786）武举第一名。

［咸丰］《顺德县志》卷十一《武举·国朝·乾隆》：容奇人，第一名……丙午。

杨攀龙 清顺德桂洲人。乾隆五十一年（1786）举人。祖文英，父旭日。

［道光］《广东通志》卷八十一《选举表十九·举人四·国朝·乾隆五十一年丙午·广州府》：顺德人，监生。

［咸丰］《顺德县志》卷十一《举人二·国朝·乾隆》：桂洲人。监生，知城武县……丙午科。卷十二《封荫表·封赠（文阶）·国朝》：杨文英，桂洲人，以子旭日赠训导、攀龙加赠城武县……杨旭日，桂洲人，训导，以子攀龙赠城武县……知县。

吴之良 清顺德黎村人。乾隆五十一年（1786）举人。

［咸丰］《顺德县志》卷十一《举人二·国朝·乾隆》：黎村人，广西迁江籍。横州学正，丙午科。

何大光 清顺德羊额人。乾隆五十一年（1786）武举。

［咸丰］《顺德县志》卷十一《武举·国朝·乾隆》：羊额人……丙午。

何孔山 清顺德羊额人。乾隆五十一年（1786）岁贡。

［咸丰］《顺德县志》卷十一《岁贡·国朝·乾隆》：羊额人，丙午。卷二十六《列传六·国朝二·梁泉传》：当时以四书文受督学知，与泉齐名者……羊额何孔山，以字行，屡荐竟不售，依依以丙午贡老。

何健翎 清南海人。乾隆五十一年（1786）优贡，嘉庆十三年（1808）任广东肇庆府教授，十七年任广宁训导。

［道光］《广东通志》卷五十一《职官表四十二·国朝九·广宁县·教谕训导·嘉庆朝》：南海人。优贡，十七年任……训导。

［道光］《肇庆府志》卷十三《职官三·清·肇庆府·教授训导·嘉庆朝》：南海人。优贡，十三年任，教授。

［道光］《南海县志》卷二十一《选举表二·国朝·贡生荐辟·乾隆朝》：

优贡，广宁训导……丙午。

张锦华　号秋圃，清高明人。乾隆五十一年（1786）赈饥，嘉庆十年（1805）捐筑堤围。子纯天、怀礼，孙其典，玄孙茂勋。

[光绪]《高明县志》卷十二《选举表·封赠·清》：监生，以孙其典赠征仕郎，晋赠文林郎。张怀礼，以子其典赠征仕郎，晋赠文林郎。卷十三《列传二·人物·国朝》：号秋圃。国学生，温厚和平，有至性。五岁而孤，事节母以孝闻。读书至老不倦，性好施。乾隆丙午、丁未岁荐饥，锦华出谷赈族党。嘉庆乙丑，梅子上围堤决，独捐数百金修筑，再决再筑，阖围颂之。及卒，南海举人关惠元为作《行述》传于家。长子纯天，邑廪。孙其典，道光庚子举人，任新会教谕，加内阁中书衔，升廉州府教授。玄孙茂勋，邑庠。以孙其典官膺敕赠。卷首《后叙》：……后以属梁君廷栋重加厘订，张君其典、谢君震共图厥成，爰述始末而为之序。光绪二十年孟夏，花翎同知衔、高明知县蔡逢恩谨序。

陆迪　清三水塘夏人。乾隆五十一年（1786）副贡。

[嘉庆]《三水县志》卷九《选举·副榜贡·清》：塘夏人，（乾隆）丙午科。

陈东铭　清南海人。乾隆五十一年（1786）举人。

[道光]《广东通志》卷八十一《选举表十九·举人四·国朝·乾隆五十一年丙午·广州府》：南海人，监生。

陈起　字孝先，清顺德甘园人。管理乡政30年，乾隆五十一年（1786）、五十二年担任赈饥事务。子桐。同时有仙涌朱文祖、古朗伍盈仲亦出粮、钱赈饥。

[咸丰]《顺德县志》卷二十六《列传六·国朝二》：字孝先，甘园人。少孤，善事母。任乡政三十年，息讼解纷。丙、丁之岁，综理乡赈，不辞劳瘁，令先后赠以额者三。子桐，字友桐，能诗工书。尝归皇甫元石棕于西粤，返其妻子。时仙涌朱文祖出粟百石，以贷其族之贫者。古朗伍盈仲，当饥时，贫者将鬻祠以赈，盈仲竭资济而止之。

林槐　清三水白坭角里人。乾隆五十一年（1786）举人，任江苏盐城县知县。祖盛，雍正十年（1732）武举，次年武进士。父楫。

［嘉庆］《三水县志》卷九《选举·举人·国朝·乾隆五十一年丙午陈雄思榜》：角里人，盛之孙。任江苏盐城县知县，署南捕通判、北捕通判、清军同知。修筑天妃等闸，洪流赖安。又捐廉修复书院，增设膏火，文风丕变。《选举·封赠·清》：林楫，以子槐赠文林郎、江苏盐城县知县。

招五章　清南海人。乾隆五十一年（1786）武举。

［道光］《南海县志》卷二十二《选举表三·国朝·武举·乾隆朝》：丙午科。

胡梦龄　清顺德桂洲人。乾隆五十一年（1786）武举。

［咸丰］《顺德县志》卷十一《武举·国朝·乾隆》：桂洲人，丙午。

胡朝纲　清顺德桂洲人。乾隆五十一年（1786）武举。

［咸丰］《顺德县志》卷十一《武举·国朝·乾隆》：桂洲人，丙午。

梁英岩　字瑞朝，清南海恩洲堡人。乾隆五十一年（1786）、五十二年赈饥。

［同治］《南海县志》卷十九《列传·善行》：字瑞朝，恩洲堡人，太学生。家丰赡，亲故有急推解不吝。乾隆丙午、丁未岁大饥，捐粟千百石自赈其乡，而宗亲外戚别有周恤。他如建祠修路、营庙疏河动费数百金，为捐题首。尤喜栽培寒士，其馆师无力完娶者必助成之，其族人欲从师无脩脯者必代谋之。尝谓："博施济众，圣人犹病。吾力不能建义仓，故随时振恤，吾力不能设义学，故代出脩金，为吾力所能为而已。"晚年恒设鸡黍局以会亲朋，或谓"饮食若流非居家法"，笑曰："马伏波有言，凡积财产贵施予也，否则守钱虏耳。吾岂肯节口食、饿体肤积阿堵物，遗身后不知谁何人哉！"其豁达如此，故村里称其义侠云。

梁济川（清乾隆）　字楫泉、暨舟，清顺德桂洲人。捐任广东海康、徐闻训导，乾隆五十一年（1786）、五十二年赈饥。

［咸丰］《顺德县志》卷十八《艺文略·集部二·别集二》：《景郢堂稿》，

国朝梁济川撰。按：济川字楫泉，桂洲人。卷二十七《列传七·国朝三·潘天骥传》：字暨舟……诸生……桂洲人……为天骥中表子。亦以久困庠序捐训导，历署海康、徐闻学有声，卒于家，两学生走千里来吊。生平喜奖掖后进，赡贫士膏火。乾隆丙丁洊饥，捐济其族，遇歉必赈。著有《景邺堂集》《雷阳草》。

梁洞霖　清南海盐步堡人。为乡塾师，家贫卖屋自给，寄居祖祠。乾隆五十一年（1786）饥荒，剥祠堂里面的旧鼓皮煮食。

［道光］《南海县志》卷三十九《列传八·国朝》：盐步堡人。家贫，为乡塾师。性介，不谐于俗，常失馆谷。鬻屋自给，与甲成约，价三十金。乙欲之，增十金。甲闻，增金如乙数，互增至八十。洞霖谓两人曰："昂值争受鬻，我取之不义，公等自此将不睦。我惟予始约者。"遂取三十金，立券售甲屋。金既尽，贫益甚，无僦屋钱，携幼子寄息祖祠。会乾隆丙午岁大饥，粒绝。祠有败鼓，剥革煮为食。幼子啼饥，洞霖手一编不辍也。

梅克和　字衷谋，号竹居，清南海九江人。乾隆五十一年（1786）岁贡。子绵飏，道光十九年（1839）赐副贡。

［道光］《南海县志》卷二十一《选举表二·国朝·贡生荐辟·乾隆朝》：岁贡……丙午。

《九江儒林乡志》卷十《选举略·国朝·贡生·乾隆五十一年丙午》：字衷谋，号竹居。县学，岁贡。子绵飏，赐副榜。卷十四《列传·国朝》：字衷谋，号竹居，东方大谷人，乾隆丁未岁贡生。少孤力学，淹贯群书，所为制艺经经纬史，笼罩百家，士林争先传诵。乡中文会，与同里关铜池、朱剑书、关仁虎、邓翰西五人迭为冠军，里谚有五虎将之目。岁科试辄高等，为学使者所器。棘闱屡荐不售，家居讲学，从游者多远方人。性孝，居母丧复览经书，有言及父母者每潸然出涕。与人坦白无城府，见者咸爱而重之。至缮治堤围、修筑窦闸，凡桑梓利病、有事兴除者必慷慨身任，无不竭力。卒年七十五。子绵飏，赐副贡生。

梅伯埙　清顺德龙山人。乾隆五十一年（1786）举人，嘉庆八年（1803）任广东乳源教谕。

［嘉庆］《龙山乡志》卷七《选举志·举人·国朝·乾隆丙午》：乳源县训导。

[道光]《广东通志》卷四十七《职官表三十八·国朝五·乳源县·教谕训导·嘉庆朝》：顺德人。举人，八年任……教谕。

[咸丰]《顺德县志》卷十一《举人二·国朝·乾隆》：龙山人。乳源县教谕，丙午科。

崔梦元 字应先，清高明城中人。乾隆五十一年（1786）岁贡，72岁还在参加乡试。

[道光]《高明县志》卷十二《选举志·贡生·国朝》：城中人，乾隆五十一年府学岁贡。卷十三《人物志·国朝》：字应先，宽厚人也，孝谨笃学。幼孤，仰命祖母，读书回辄问视，顺事终身。处己待人，必诚必信，邑有公事，和衷就理，人无非之者。丙午由郡廪登岁贡，年七十二棘闱不懈，惜志未逮而终。

谢圣传 清高明对村人。乾隆五十一年（1786）捐州同。

[道光]《高明县志》卷十二《选举志·国朝文例职》：对村人，乾隆五十一年捐授州同。

蔡伟光 清顺德龙江人。乾隆五十一年（1786）举人，任湖南溆浦知县。子如蘅。

[道光]《广东通志》卷八十一《选举表十九·举人四·国朝·乾隆五十一年丙午·广州府》：顺德人，知县。子如蘅。

[咸丰]《顺德县志》卷十一《举人二·国朝·乾隆》：龙江人，知溆浦县。子如蘅……丙午科。

蔡瑞昌 清顺德龙江人。乾隆五十一年（1786）副贡，嘉庆九年（1804）赐举人。

[咸丰]《顺德县志》卷十一《副贡·国朝·乾隆》：龙江人，丙午。《举人·国朝·嘉庆》：龙江人……以符例赐，甲子科。

潘殿飏 清顺德冲鹤人。乾隆五十一年（1786）武举。

[咸丰]《顺德县志》卷十一《武举·国朝·乾隆》：冲鹤人……丙午。

潘湖 字浩发，清顺德大良人。乾隆五十一年（1786）饥荒，自赡其族。

［咸丰］《顺德县志》卷二十六《列传六·国朝二》：字浩发，大良人。诸生，以馆谷供甘旨。乾隆丙午、丁未饥，自赡其族。著有《五经汇说》。

薛耀祖　字国桢，清顺德龙江人。乾隆五十一年（1786）赈饥。孙兆科。

［咸丰］《顺德县志》卷二十六《列传六·国朝二·邓在文传》：龙江人……同乡薛耀祖，字国桢，诸生。兄弟三人，耀祖嫡而长，母遗奁厚，父以与之，辞曰："二弟皆吾母子也。"卒三分之。邻人生子不育，形家以行东门不利，西故耀祖地也，语以故即许令更焉，地遂为公路。乾隆丙午、丁未饥，倡赈存活无算。有尹某夙贷千金，变其产得值三百，请稍迟以生计足之，耀祖焚其券。著有《春秋集义》。孙兆科，举人。

梁梦熊　清顺德黄涌人。乾隆五十二年（1787）岁贡。

［咸丰］《顺德县志》卷十一《岁贡·国朝·乾隆》：黄涌人，丁未。

程飞凤　清高明城中人。嘉庆四年（1799）例贡。父士英，弟飞熊。

［道光］《高明县志》卷十二《选举志·例贡·国朝》：城中人，嘉庆四年例贡。卷十三《人物志·国朝·程士英传》：字超相。弱冠充邑庠生。性孝友，好读书，财利不撄，家事一任长兄管理，唯以督责诸子侄读书为务。子四：仲飞凤，例贡生；季飞熊，应乾隆丁未岁贡；余亦诸生。义方之训信然。

程飞熊　清高明城中人。乾隆五十二年（1787）岁贡，嘉庆二十一年（1816）任海南文昌训导。父士英。兄飞凤，嘉庆四年（1799）例贡。

［道光］《广东通志》卷五十五《职官表四十六·国朝十三·文昌县·教谕训导·嘉庆朝》：高明人。挨贡，二十一年任，训导。

［道光］《高明县志》卷十二《选举志·贡生·国朝》：城中人。乾隆五十二年岁贡，任文昌训导。卷十三《人物志·国朝·程士英传》：字超相……子四：仲飞凤，例贡生；季飞熊，应乾隆丁未岁贡；余亦诸生。义方之训信然。

黄丹书 （1757—1808）字廷授，号虚舟，清顺德大良人。乾隆四十五年（1780）优贡，六十年举人，嘉庆八年（1803）任广东开平训导。以诗、书、画名。父正色，兄臣鸣、廷矩，子玉衡、玉衔。

［道光］《广东通志》卷八十一《选举表十九·举人四·国朝·乾隆六十年乙卯·广州府》：顺德人，玉衡父。卷五十一《职官表四十二·国朝九·开平县·教谕训导·嘉庆朝》：顺德人，优贡。八年任……训导。卷一百九十八《艺文略十·集部四》：《鸿雪轩诗钞》八卷，国朝黄丹书撰，存。谨案：丹书，字廷受，一字虚舟。

［咸丰］《顺德县志》卷十一《优贡·国朝·乾隆》：大良人，庚子。《举人二·国朝·乾隆》：字虚舟，大良人，开平县训导，子玉衡……乙卯科。卷二十六《列传六·国朝二》：字廷授，号虚舟……天姿秀颖，读书过目不忘。年十三县试冠军不售，逾年连冠县、府试，始补弟子员。调元见其诗叹曰："抗风轩之不坠，其在斯乎！"以优行贡廷试。归筑听雨楼东城根，隐居养亲若将终身。居生父忧，哀号终夜恒失声，服阕犹蔬素。乾隆乙卯举于乡下第，缙绅贵游耳其名争延致，辞不就，语人曰："贫与富交则损名，贱与贵交则损节。"大兴朱珪抚粤，尤加礼重。晚官广文，手不释卷，所学弥粹。与人和而介，端正不露圭角①，士林尊之如泰山北斗。生平为诗多腹稿，数十年不失一字。钦州冯敏昌归主粤秀讲席，多为规条。先是院规，生徒出必请假，自梁善长甫第即主席，学者多旧同砚，乃更设簿籍，令出则自书，返而销焉。至是冯欲复其例，多士以为苦，有烦言。于是大吏以丹书监院事，以书法与冯互相推服，交甚欢，因获调剂，宽严悉中。既与同县黎简友善，当简还自西粤，交游未广，丹书每为揄扬。简负高才，抑塞不得志，往往好为大言，人以为傲，丹书时规正之，简亦深相折服。乡居每就吕翔、梁元翀于碧鉴海旁论画，娓娓忘倦。兴至相与拏舟溯沦渚，访画侣梁三峰，相与盘桓旬日，使尽出所藏名迹摩挲之。有以巨金请诣县言事者，欣然命舆往，既出候而问之则茫然，且自咎曰："此何如事，竟忘之！老不如人矣。"其风趣如此。著有《鸿雪斋诗钞》八卷、《文钞》一卷、《胡桃斋诗余》一卷。

［光绪］《广州府志》卷一百三十三《列传二十二·国朝·顺德》：号虚舟，大良人……工书善画，与其诗并称三绝。

①圭角：圭的锋芒有棱角，比喻人的言行奇特刻薄。

蔡良穀　（约1758—?）清顺德龙江人。嘉庆十五年（1810）岁贡，任广东普宁县训导。父体元，字怀万，中年无子，乾隆二十三年（1758）首倡赈饥，不久良穀生，人谓举赈之报。

［咸丰］《顺德县志》卷十一《岁贡·国朝·嘉庆》：龙江人，庚午，普宁县训导。卷二十五《列传五·国朝一·蔡云翔传》：孙体元，字怀万。受祖训，有志经学，为府增广生，试经解辄冠曹。居恒以义自律，补廪需次，有愿移优期以就者，以先死人亲不义辞。岁授徒，得馆谷分济贫乏。戊寅大饥，首倡劝赈，未几子良穀生。先是，体元方中年未有子，至是咸谓举赈之报，而体元不以为然也。年六十四，临卒自题旌曰"龙江学者"。著有《周易书礼》《四书讲义》《春秋左传评义》。良穀以明经选普宁训导，世其家学。

尹斯　清顺德龙江人。乾隆五十三年（1788）举人。

［道光］《广东通志》卷八十一《选举表十九·举人四·国朝·乾隆五十三年戊申·广州府》：顺德人。

［咸丰］《顺德县志》卷十一《举人二·国朝·乾隆》：龙江人……戊申预行正科。

邓粹　清三水金利三甲人。乾隆五十三年（1788）举人，嘉庆二十二年（1817）任广东始兴教谕。父文煜，兄纯。

［嘉庆］《三水县志》卷九《选举·举人·国朝·乾隆五十三年戊申恩科梁有源榜》：金利三甲人，纯之弟。中式四十二名，现任始兴县教谕。《选举·封赠·清》：邓文煜，庠生，以次子粹赠修职郎、始兴县教谕。卷十一《人物传·宦迹·邓纯传》：字诚中……弟粹，乾隆戊申举人，官始兴教谕。

［道光］《广东通志》卷四十八《职官表三十九·国朝六·始兴县·教谕训导·嘉庆朝》：三水人。举人，二十二年任，教谕。

冯应祥　清顺德容奇人。乾隆五十三年（1788）武举。

［咸丰］《顺德县志》卷十一《武举·国朝·乾隆》：容奇人……戊申恩科。

卢凤书　清顺德羊额人。乾隆五十三年（1788）举人，嘉庆八年（1803）任广东海阳县训导。

［道光］《广东通志》卷八十一《选举表十九·举人四·国朝·乾隆五十

三年戊申·广州府》：顺德人。卷五十《职官表四十一·国朝八·海阳县·教谕训导·嘉庆朝》：顺德人。八年任……训导。

［咸丰］《顺德县志》卷十一《举人二·国朝·乾隆》：羊额人。海阳县训导……戊申预行正科。

庄清槐 清南海人。乾隆五十三年（1788）举人，弟清涛，六十年举人。子鸿舒，嘉庆二十三年（1818）岁贡。孙炳良，道光十二年（1832）举人。

［道光］《广东通志》卷八十一《选举表十九·举人四·国朝·乾隆五十三年戊申·广州府》：南海人，第三名。

［道光］《南海县志》卷二十一《选举表二·国朝·贡生荐辟·嘉庆朝》：庄鸿舒，岁贡，清槐子……戊寅。《国朝·举人·道光朝》：庄炳良，鸿舒子，英德教谕……壬辰科。

刘九霄 清高明大唐美人。乾隆五十三年（1788）例贡。

［道光］《高明县志》卷十二《选举志·例贡·国朝》：大唐美人，乾隆五十三年例贡。

严中温 清高明高田人。乾隆五十三年（1788）举人副榜。

［道光］《高明县志》卷十二《选举志·贡生·国朝》：高田人，乾隆五十三年戊申科西籍副榜。

岑大鹏 字万里，号长风，清南海九江人。乾隆五十三年（1788）武举。

［道光］《南海县志》卷二十二《选举表三·国朝·武举·乾隆朝》：戊申科。

《九江儒林乡志》卷十《选举略·国朝·武举·乾隆五十三年戊申科》：字万里，号长风。县学，中式第三十三名。

余秉光 （？—约1789）字旦华，号旸谷，清南海九江人。乾隆五十三年（1788）举人。

［道光］《广东通志》卷八十一《选举表十九·举人四·国朝·乾隆五十三年戊申·广州府》：南海人。

《九江儒林乡志》卷十《选举略·国朝·举人·乾隆五十三年戊申科》：字旦华，号旸谷。县学，中式第二十二名。卷十四《列传·国朝》：字旦华，号旸谷，东方奇山人。家贫力学，讽诵之声恒彻丙夜。乾隆戊申由诸生领乡荐，试礼部不第，归数月病终于家，乡人叹息。秉光为人介而廉，待丑夷必以貌，于尊辈犹敬谨，至强御则抗直无所避，或有忿争，得其一言辄解。家虽屡空而济人利物之事，无不随力自尽，委曲以济。尝僦居省垣，同舍友遘危疾，或劝徙避，秉光曰："患难相弃，予不忍也。"旦暮就榻前执手问所苦，周旋医药数十日无少却，友病以瘳，感泣谢曰："我将死，君生之，它日幸获余年，皆君赐也。"人多其义，而秉光绝无德色。丙午、丁未连岁大饥，米翔贵，秉光节缩家食，馆谷所入悉遗宗族贫者，绝口不以语人，人亦习见，秉光贫不意其施予能如是也。一日，秉光方与族子辈拥炉烘鱼虾，客自外至讶之问"胡为"者，秉光曰："某某一房孑遗也，孤弱无依。予不能多恤，又不忍坐视其馁，故为之措理，庶少补耳。"与同里冯大令城交莫逆，大令尝谓"太史公言：'与友信，临财廉，分别有让，恭俭下人。'旸谷庶几无愧"云。卷二十一《杂录下》：吾乡游泮首选者不一，其人可传为佳话则余旸谷秉光为最。旸谷，东方人，居近内河滨，届道试期，偶清晨散步河岸，见二人乘小舟过，窥之则故交邑试批首黄汇川世显、郡试批首关穗田士昂也。二人手招旸谷曰："学宪已抵省垣，试期近矣，君何逍遥若此？我二人今即问渡，君盍同行！"故事郡邑试批首无不游泮，二人言之意气扬扬若甚自得者。旸谷曰："两君今日之行知必得意矣，然两君既以县府试第一导吾先路，吾当以道试第一步君后尘。愿舣舟小待，检点行李相随可耳。"三人遂同日赴省，迨道试揭榜，旸谷果首列。

张如芝　（？—1824）字墨池，清顺德龙江人。乾隆五十三年（1788）举人。张锦芳侄。子应秋。

[道光]《广东通志》卷八十一《选举表十九·举人四·国朝·乾隆五十三年戊申·广州府》：顺德人，子应秋。

[咸丰]《顺德县志》卷二十六《列传六·国朝二·张锦芳传》：龙江人……自锦芳以书画名世，其子姓之得诸濡染遂工六法者指不胜屈。如芝，字墨池，戊申举人。设帐会城，生徒日众，讲课之暇，惟以作画为事，自石谷、麓台老人而登元四家堂奥。闻好事者得一古迹必诣观竟日，会其神致而后已，故所造益邃。子应秋，举人。

陈纪　字理斋，清顺德桂洲人。乾隆五十三年（1788）举人，嘉庆八年（1803）任广东阳春县教谕，旋卒官。学生苏献琛记录其生平。

［道光］《广东通志》卷八十一《选举表十九·举人四·国朝·乾隆五十三年戊申·广州府》：顺德人。卷五十一《职官表四十二·国朝九·阳春县·教谕训导·嘉庆朝》：顺德人。举人，八年任……教谕。

［咸丰］《顺德县志》卷二十七《列传七·国朝三》：字理斋……桂洲人……戊申举人。贫而力学，比长授徒自给，脩脯与诸弟同之。其为教，长善救失，肫然出于肺腑，令汪甡素重焉。适有某以讼，怀多金求一言，纪峻却去，绝口不为人道。晚官阳春教谕，诲人以伦纪为先。旋卒官，无以殓，生徒醵金助，哭送者盈途。门下多知名士。门人陈观成，字善和，亦桂洲人，监生，乡贤赤城①裔。尝捐资劝学，焚逋负之券。少好学，师事纪。纪卒官，子孙薄植，与同志捐金为祠祀之。乙巳，督众防御以安乡境，令匾曰“直道而行”。卒，行道流涕。

陈怀谦　字若谷，清顺德喜涌人。乾隆五十三年（1788）举人，嘉庆八年（1803）任广东石城（今廉江）教谕。

［道光］《广东通志》卷八十一《选举表十九·举人四·国朝·乾隆五十三年戊申·广州府》：顺德人。卷五十二《职官表四十三·国朝十·石城县·教谕训导·嘉庆朝》：顺德人。举人，八年任……教谕。

［咸丰］《顺德县志》卷十一《举人二·国朝·乾隆》：字若谷，喜涌人。石城县教谕……戊申预行正科。卷二十六《列传六·国朝二·梁泉传》：泉门下多通材……陈鹤年同族怀谦，治经极得渊源，著录生岁以百计，竟老于场屋，不得其志，颇与其师相似。

陈剑光　清顺德沙滘人。乾隆五十三年（1788）举人。

［道光］《广东通志》卷八十一《选举表十九·举人四·国朝·乾隆五十三年戊申·广州府》：顺德人。

［咸丰］《顺德县志》卷十一《举人二·国朝·乾隆》：沙滘人……戊申预行正科。

---

①乡贤赤城：明末陈士谔号赤城，崇祯四年（1631）举乡饮宾，雍正元年（1723）祀乡贤。

欧德桐 清顺德陈村人。乾隆五十三年（1788）举人，嘉庆十四年（1809）任广东揭阳县训导。

［道光］《广东通志》卷八十一《选举表十九·举人四·国朝·乾隆五十三年戊申·广州府》：顺德人。卷五十《职官表四十一·国朝八·揭阳县·教谕训导·嘉庆朝》：顺德人，十四年任……训导。

［咸丰］《顺德县志》卷十一《举人二·国朝·乾隆》：陈村人。揭阳县教谕……戊申预行正科。卷二十五《列传五·国朝一·欧功焕传》：从子德桐，戊申举人，揭阳训导。从功焕学诗，著有《尺园集》。

罗思瑾 清南海人。乾隆五十三年（1788）举人。

［道光］《广东通志》卷八十一《选举表十九·举人四·国朝·乾隆五十三年戊申·广州府》：南海人。

罗缜 一说名镇，清高明城中人。乾隆五十三年（1788）举人，授四川黔江知县，两年卸职，卒于成都。子世琳。

［道光］《广东通志》卷八十一《选举表十九·举人四·国朝·乾隆五十三年戊申·肇庆府》：高明人。

［道光］《高明县志》卷十二《选举志·举人·国朝》：城中人，乾隆五十三年戊申举人，任四川黔江知县。卷十三《人物志·国朝》：性孝友，慷慨勇于义。少时贫甚苦学，不逐逐家人生产，由廪登贤书。凡邑中兴利除害诸大务，挺然身任无所屈，及臻厥成，食其利者时记忆曰："非夫人不及此！"故阖邑制锦称觞，为其母上寿，崇报义也。迨出宰益州，领黔江县尹，县故称僻陋疲险，仕宦者恒以为病。缜欣然就职，曰："是岂不足为政耶？治成不愆于素。"官二载卸事回成都，卒于旅邸，囊橐萧然，同寅赙其归榇，重其政事才也。明邑旧有玉山书舍，义祀也，至是复公议入缜牌位祀之，用志其功于不忘。生平尝语人曰："不遇盘根错节，何别利器？"此可见其梗概矣。《传》曰："不怵于威，不回于利。"缜其有焉。缜二子，长世琳，弱冠登郡庠。

［道光］《肇庆府志》卷十五《选举二·国朝·举人·乾隆朝·五十三年戊申科》：罗镇，高明人，黔江知县。

周维祺 字翼年，号霁山，清顺德龙山人。乾隆五十三年（1788）举人，嘉庆五年（1800）、十八年、二十二年赈饥、修围。父于天。

［嘉庆］《龙山乡志》卷七《选举志·举人·国朝·乾隆戊申》：周维祺。

［咸丰］《顺德县志》卷二十七《列传七·国朝三》：字翼年，号霁山……龙山人。维祺生而颖悟，长从诸名宿游，学日进，补邑庠生。嘉庆戊申举于乡，赴礼闱不售，留京受业于侍御陈昌齐。陈深器之，示以手所抄书，所诣益邃。庚戌预荐，复以额满见摈，以母老遂不复试。性孝友，尝故为儿戏，索果栗博亲欢。捡先人手迹，必装池珍重。训诸弟偶不勤，挥涕勖之。庚申岁歉，通乡谋赈，既捐金，复于族中倡义举。癸酉桑园围决，各乡捐筑，首捐以倡，复偕同志乘舟劝捐，堤借以固，丁丑堤决亦如之。乡中应乡、会试者，家贫多裹足，维祺同众议集资生息，助程费，给卷资，并为经画垂久远，士论称之。乙丑海贼窃发，维祺偕乡人联呈督抚，请多给火炮卫村，后因炮多，得以巨炮助黄连，一发碎贼船，贼乃遁。

［民国］《顺德县志》卷九《封荫表·封赠·文阶》：周于天，龙山人。以子维祺封……内阁中书。

赵元谦　字地山，清顺德碧江人。乾隆五十三年（1788）举人，嘉庆十四年（1809）任广东高要县教谕。子允恭，十八年举人。

［道光］《广东通志》卷八十一《选举表十九·举人四·国朝·乾隆五十三年戊申·广州府》：顺德人，高要教谕，子允恭。《嘉庆十八年癸酉·广州府》：赵允恭，顺德人，字唐勋，元谦子。

［道光］《肇庆府志》卷十三《清·高要县·教谕训导·嘉庆朝》：顺德人，举人。十四年任，教谕。

［咸丰］《顺德县志》卷十一《举人二·国朝·乾隆》：字地山，碧江人，高要县教谕。子允恭……戊申预行正科。

梁士元　清南海人。乾隆五十三年（1788）举人，嘉庆八年（1803）任广东新兴教谕。父会斯。

［道光］《广东通志》卷八十一《选举表十九·举人四·国朝·乾隆五十三年戊申·广州府》：南海人，教谕。

［道光］《肇庆府志》卷十三《职官三·清·新兴县·教谕·嘉庆朝》：南海人。举人，八年任。

［道光］《南海县志》卷二十一《选举表二·国朝·封荫·乾隆朝》：梁会斯，以子士元貤赠修职郎。

梁卓熊 清三水邓坑人。乾隆五十三年（1788）举人。父秉钧。

［嘉庆］《三水县志》卷九《选举·举人·国朝·乾隆五十三年戊申恩科梁有源榜》：邓坑人，秉钧子，中式三十名。

梁基圣 清南海人。乾隆五十三年（1788）举人。

［道光］《广东通志》卷八十一《选举表十九·举人四·国朝·乾隆五十三年戊申·广州府》：南海人。

黄大进 清南海九江人。乾隆五十三年（1788）武举。

［道光］《南海县志》卷二十二《选举表三·国朝·武举·乾隆朝》：戊申科。

《九江儒林乡志》卷十《选举略·国朝·武举·乾隆五十三年戊申科》：县学，中式第四名。

游麟 清南海人。乾隆五十三年（1788）副贡。

［道光］《南海县志》卷二十一《选举表二·国朝·贡生荐辟·乾隆朝》：副贡……戊申。

谢炳然 清南海人。乾隆五十三年（1788）举人，任福建长汀县知县、永春州知州。祖捷庵，父云沛。

［道光］《南海县志》卷二十一《选举表二·国朝·举人·乾隆朝》：长汀县知县……戊申科。《国朝·封荫·乾隆朝》：谢捷庵，以孙炳然貤赠儒林郎。谢云沛，以子炳然赠儒林郎。

［同治］《南海县志》卷九《举人·清》：永春州知州，乾隆朝。

刘法曾 清高明大唐美人。乾隆五十三年（1788）捐按察司照磨。

［道光］《高明县志》卷十二《选举志·国朝文例职》：大唐美人，乾隆五十三年捐授按察司照磨。

程祥 清高明城中人。乾隆五十三年（1788）举人副榜，任海康教谕，道光三年（1823）参修《高明县志》。

［道光］《高明县志》卷十二《选举志·贡生·国朝》：城中人，乾隆五十三年戊申科副榜。卷首《纂修〈高明县志〉·分纂》：副贡、序选教谕程祥。

［光绪］《高明县志》卷十二《选举表·国朝·副榜·乾隆朝》：城中人。海康教谕，五十三年戊申科副榜。

蔡宪基　清顺德龙江人。乾隆五十三年（1788）武举，五十五年武进士。

［咸丰］《顺德县志》卷十一《武举·国朝·乾隆》：龙江人……戊申恩科。《武进士·国朝·乾隆》：山东寿张营游击，庚戌。

潘吉士　清南海人。乾隆五十三年（1788）举人，嘉庆十五年（1810）任广东大埔教谕。

［道光］《广东通志》卷五十《职官表四十一·国朝八·大埔县·教谕训导·嘉庆朝》：南海人。十五年任……教谕。

［道光］《南海县志》卷二十一《选举表二·国朝·举人·乾隆朝》：顺天中式……戊申科。

《西樵白云洞志》第五册《艺文·增辑诗》：潘吉士（南海人，乾隆戊申顺天乡试举人）。

潘有裕　清三水禄步沙头人。乾隆五十三年（1788）举人。子敬祖。

［嘉庆］《三水县志》卷九《选举·举人·清·乾隆五十三年戊申恩科梁有源榜》：禄步沙头人，中式十八名。《选举·举人·清·嘉庆二十四年己卯科廖翱榜》：潘敬祖，禄步沙头人，中式二十三名，有裕子。

潘潮生　清顺德冲鹤人。乾隆五十三年（1788）举人，嘉庆八年（1803）任广东永安县训导。

［道光］《广东通志》卷八十一《选举表十九·举人四·国朝·乾隆五十三年戊申·广州府》：顺德人。卷四十九《职官表四十·国朝·永安县·教谕训导·嘉庆朝》：顺德人。举人，八年任……训导。

［咸丰］《顺德县志》卷十一《举人二·国朝·乾隆》：冲鹤人。永安县

训导……戊申预行正科。

黎凤池　字国徵，号云翥，清顺德龙山人。乾隆五十三年（1788）副贡。51岁卒。

[嘉庆]《龙山乡志》卷七《选举志·贡生·国朝·乾隆副贡》：戊申科，阳山教谕。卷八《人物志·文苑》：字国徵，号云翥，沙洲人也。性萧散，卓荦绝俗，少即嗜学，甫长能文，尤耽于诗酒，当其举杯豪吟，目空一世，意度盖豁如也。久困童子试，戊申科以国学生赴秋闱，主司得其卷，赏赞不置，亟列高魁，适字句间微有触碍，抑置副车，榜发进谒，深为慰惜。劝其赴都，以行囊未充不果，然不少介意，后复屡试弗售，遂援例就教职。初委署阳山教谕，历署惠来、乳源训导，所至教士有方，悉以务实学、黜浮夸为本，士多趋之。年甫五十一病不起，远近闻者掩涕汍澜。所著诗文旋得辄弃，不自检拾，然侪辈中多有存者，每时诵其佳句犹为之追慕称道不衰，如或见其人焉，盖其相感也深矣。

区广修　清高明阮埇人。乾隆五十四年（1789）附贡。父元士，子秉哲。

[道光]《高明县志》卷十二《选举志·例贡·国朝》：阮埇人，乾隆五十四年附贡。《选举志·援捐·封典》：区元士，阮埇人，监生，嘉庆十二年以孙秉哲貤赠奉直大夫。区广修，阮埇人，附贡，嘉庆十二年以子秉哲赠奉直大夫。

区郁如　号卿圃，清高明阮埇人。乾隆五十四年（1789）拔贡，五十六年任广东龙川，嘉庆十年（1805）任新安、十二年任海南感恩、二十年任徐闻教谕。祖章耀，父成炎。

[道光]《广东通志》卷四十九《职官表四十·国朝·龙川县·教谕训导·乾隆朝》：高明人，拔贡。五十六年任……教谕。卷五十五《职官表四十六·国朝十三·儋州·学正训导·乾隆朝》：高明人，拔贡。五十六年任，学正。《感恩县·教谕训导·嘉庆朝》：高明人。拔贡，十二年任……教谕。卷四十六《职官表三十七·国朝四·新安县·教谕训导·嘉庆朝》：高明人。拔贡，十年任……教谕。卷五十四《职官表四十五·国朝十二·徐闻县·教谕训导·嘉庆朝》：高明人。拔贡，二十年任……教谕。

[道光]《高明县志》卷十二《选举志·贡生·国朝》：阮埇人，乾隆五十四年拔贡。任龙川教谕，调儋州学正，升任福建大田知县。

[光绪]《高明县志》卷十二《选举表·封赠·国朝》：区成炎，增生，嘉庆元年以子郁如封修职郎，二十四年晋赠文林郎。区章耀，廪生，嘉庆二十四年以孙郁如赠文林郎。卷十三《列传二·人物·国朝》：号卿圃。性颖悟，工楷法，善诗赋，为制艺清真雅正，至今脍炙人口。由乾隆己酉拔萃，历任龙川等五儒学，师范卓然。及令福建大田，公庭清寂，不废吟咏，每课士辄拟程文示生童。大田地瘠民贫，郁如廉俭自持，囊橐萧然。致仕归，两袖清风，仍拥皋比，裁成益广。著有《瀖东草堂诗文集》。

区基鸿 清高明棠美人。乾隆五十四年（1789）例贡。

[道光]《高明县志》卷十二《选举志·例贡·国朝》：棠美人，乾隆五十四年例贡。

邓大经 清三水大滘人。乾隆五十四年（1789）拔贡，五十七年举人，署福建宁洋县知县。

[嘉庆]《三水县志》卷九《选举·拔贡·清》：大滘人，（乾隆）五十四年拔贡。《选举·举人·国朝·乾隆五十七年壬子宋湘榜》：大滘人，中式二十二名。署福建宁洋县知县，振兴文教，息事宁人，境内称治。

邓家璧 清三水南岸人。乾隆五十四年（1789）岁贡。

[嘉庆]《三水县志》卷九《选举·岁贡·清》：南岸人，（乾隆）五十四年贡。

冯友琼 一说名友準，清南海人。乾隆五十四年（1789）举人。

[道光]《广东通志》卷八十一《选举表十九·举人四·国朝·乾隆五十四年己酉·广州府》：南海人。卷五十二《职官表四十三·国朝十·化州·学正训导·嘉庆朝》：冯友準，南海人。举人，元年任……学正。

关仕龙 字正兼，又字政兼，号云阶，清南海九江人。乾隆五十四年（1789）举人，嘉庆六年（1801）进士。以知县归班候选，迁广州租屋教学，远近学生济济一堂，蔚为大观。赴京谒选病卒。子翀鹏。

[道光]《广东通志》卷八十一《选举表十九·举人四·国朝·乾隆五十

四年己酉·广州府》：南海人，进士。卷七十七《选举表十五·进士·国朝·嘉庆六年辛酉顾皋榜·广州府》：南海人，知县。

［同治］《南海县志》卷十五《列传·官师》：字正兼，号云阶，九江堡人。家贫嗜学，精熟四子书，于程朱说尤所深究。素以制举业魁其曹偶，登第之作传诵遍艺林，居乡教授恒数十百人。洎释褐以知县归班候选，而年丁晚暮，需次费时，乃迁教授省垣之仙湖街。租二巨舍，弟子住房分行排列，戢戢如蜂巢，约可住百余人不等，谓之内馆。居内既满，后至者无可容膝，乃约同志三五人自行赁屋而居，早晚登堂听讲，谓之外馆。其内馆空其后座，两旁列长案可坐百十人，与童试坐号等，师席居中南面，谓之讲堂。每讲时远近奔赴，间有其人本非及门，窜身其中执卷隅坐者，亦有道远来迟难争坐位，蹲伏屏风外倾耳而听者。师有新说，弟子牢记之，退则注于高头讲章之上方，字细如牛毛，以为枕中秘。盖其时风气近古，师弟授受之间，其笃信好学类如此也。自时厥后，士争艳科名，征逐日多，徒侣日众，远过先民，顾声气之盛莫逮于今，慕悦之诚渐不如昔。尝见一馆百余人，及听讲登堂如山上旱苗离离可数，其甚者跫然之音不接于耳，又类崇祯之季两朔无臣，自是师儒之道苦、折阅之累多矣，不图上下百年，士习径庭如此。

《九江儒林乡志》卷十《选举略·国朝·举人·乾隆五十四年己酉科》：字政兼，号云阶。县学，中式第五名，嘉庆辛酉进士。《选举略·国朝·进士·嘉庆六年辛酉科》：赐同进士出身，截铨知县未赴。卷十四《列传·国朝》：字政兼，号云阶，西方万寿约人。乾隆己酉举人，嘉庆辛酉成进士……工篆书，笔力遒劲，得李少监遗意。后因赴部谒选病卒京邸，归榇之日，远近会葬者数百人。子翀鹏，庠生。

麦用　清南海人。乾隆五十四年（1789）岁贡。

［道光］《南海县志》卷二十一《选举表二·国朝·贡生荐辟·乾隆朝》：由府学岁贡，己酉。

李孟廉　字蓴舒，一字介亭，清南海人。乾隆五十四年（1789）讲学于西樵山。长子宗简，孙锡熊。

《西樵白云洞志》第二册《传略续补·李文学孟廉》：字蓴舒，一字介亭，南海人，容门先生之长子也。早岁泮游，补郡增生。十赴乡闱不遇，遂绝意进取。家居授徒，裁成后进，庭训綦严。排难解纷，尤见重于乡党。生平性爱山水，老而不倦。乾隆己酉讲学于龍嵸阁，创建枕流亭。迨后洞中亭阁日就倾圮，每谆嘱后人建复，以无忘祖、父之志。且令设法防卫，俾肄业者得以安居，为久远计。长子宗简，一字文川，嘉庆癸酉副贡生。迩因同人重修斯洞，鼎力劝捐，慨然以继志绍徽为己任。不敢告劳，诸工多所成就，知者谓阙考之灵默诱其衷云。

李高魁　清顺德陈村人。乾隆五十四年（1789）举人，嘉庆九年（1804）任广东始兴县训导。子清华，原名殿芳，嘉庆十二年（1807）举人，道光二年（1822）任罗定州训导。孙应田，咸丰二年（1852）进士；应棠，道光二十九年（1849）举人。

［道光］《广东通志》卷八十一《选举表十九·举人四·国朝·乾隆五十四年己酉·广州府》：顺德人，始兴教谕。《嘉庆十二年丁卯·广州府》：李殿芳，顺德人，改名清华，教谕高魁子。卷四十八《职官表三十九·国朝六·始兴县·教谕训导·嘉庆朝》：顺德人。举人，九年任……训导。

［咸丰］《顺德县志》卷十一《举人二·国朝·乾隆》：陈村人。始兴县训导……己酉恩科。《举人二·国朝·嘉庆》：李清华，字漱六，原名殿芳。罗定州训导、内阁中书。子应田、应棠……丁卯科。

［民国］《顺德县志》卷九《封荫表·封赠·文阶》：陈村人。举人，以孙应田赠。李清华，内阁中书，以子应田赠……翰林院检讨。卷十三《胜迹略·坊表》："四代五科甲"，在龙津堡樟村。光绪间，两广总督张之洞为举人李高魁、李殿芳，进士李应田、举人李应棠、优贡李肇沅。

李麟徵　字应符，号闻洲，清顺德鹿门人。乾隆五十四年（1789）举人，嘉庆元年（1796）进士，选任禄丰县令，十七年改广东肇庆教授，卒于任。孙大瀛，道光二十年（1840）副贡。

［道光］《广东通志》卷八十一《选举表十九·举人四·国朝·乾隆五十四年己酉·广州府》：顺德人，知县。卷七十七《选举表十五·进士·国朝·嘉庆元年丙辰赵文楷榜·广州府》：顺德人。癸丑中式，是科殿试。知县。卷五十一《职官表四十二·国朝九·肇庆府·教授训导·嘉庆朝》：顺德人。进士，十七年任……教授。

［咸丰］《顺德县志》卷十一《举人二·国朝·乾隆》：字闻洲，鹿门人……己酉恩科。卷二十六《列传六·国朝二》：字应符，号闻洲，鹿门人。九岁解文律。为诸生，与胡亦常、苏膺瑞交善，相勉作传人。乾隆中式，癸丑会试，仆病笃，虑失医不欲终场事，仆涕泣促之再乃入，榜发遂成进士。选禄丰令，缺简而冲，因俗敷化。慎仓储，严驲马扣克，往来无碍。旧有书

院苦乏膏火，以充公杂项拨置，定为名额月给之，士始知向学。未几改教授肇庆，慨然曰："向役簿书，不获与诸生讲习使得师资，今遂吾志矣。"数年竟卒官，端州人士太息不已。著有《闻洲文集》。

［光绪］《广州府志》卷一百三十三《列传二十二·国朝·顺德》：号闻洲，鹿门人……选禄丰令，缺简而冲，因俗敷化。慎仓储，严驿政……丁忧服阕改教，选肇庆学。

岑怀瑾 字壮忠，一字璞轩，清南海西樵金瓯堡人。岁贡，乾隆五十四年（1789）建立西樵山三湖书院。父国用。

《西樵白云洞志》第二册《传略·岑文学怀瑾》：字壮忠，一字璞轩，南海人。诸生。为人慷慨知义，恤孤寡，赈贫乏，造桥梁，修道路，立义仓，助农功，睦乡邻，敦友谊，远迩称道者无异词。有应世才而雅志丘壑，尝于白云洞中筑三湖、建书院，倡结漱芳吟社。日与诸吟朋搜罗佳胜未著名者，品而出之，剔幽发潜，推陈出新，点缀林泉，胜如图画，实璞轩之力居多。常与张药房、黎二樵游，故当时洞中院舍多二公笔迹。今虽废为荒壤，而访斯洞者犹往往追念璞轩云。第一册《名胜·续记》：三湖书院，在华盖峰西北。云瀑从洞中流出为应潮湖，数折而下为鉴湖，又其下为会龙湖，是为三湖。书院面临鉴湖，三湖环抱如襟带，故以为名。（乾隆己酉，金瓯堡绅士岑怀瑾等建，今圮。有张药房太史撰书碑记，今存。）

［同治］《南海县志》卷十九《列传·善行·梁世祥传》：字壮中，金瓯堡人，岁贡生。父国用，轻财任侠，一掷万钱，身充巨商，卒破其产。怀瑾痛自撙节，折节读书，仗义豪举过于先人。由金瓯至官山墟路六百余丈，为负贩走集，天雨苦泥泞。怀瑾攘臂称首，倡议兴筑，众助成之，工乃竣，遂为久远利。闲则筑亭于白云洞，点缀花竹，曲折幽深，招名流觞咏其间，极文酒诗歌之乐。黎二樵简贻赠最多，常有句云："午桥通绿墅，初服爱青衿。"可以想其风致矣。

何应松 字聘君，号云涛，清南海吉利堡人。乾隆五十四年（1789）举人，嘉庆六年（1801）大挑一等，任安徽颍州府同知、休宁知县。祖德贤，父兼士。

［道光］《广东通志》卷八十一《选举表十九·举人四·国朝·乾隆五十四年己酉·广州府》：南海人。

［道光］《南海县志》卷二十一《选举表二·国朝·举人·乾隆朝》：休宁知县……己酉科。《国朝·封荫·乾隆朝》：何德贤，以孙应松貤赠儒林郎。

何兼士，以子应松赠中宪大夫。

［同治］《南海县志》卷十三《列传》：字聘君，号云涛，吉利堡人。由附生中……举人，嘉庆六年辛酉大挑一等，签掣山东。到省后，因与臬司金姓者谊属师生，例应回避，遂改发安徽。历署颍州府同知，颍上、望江、婺源等县知县，题补休宁县知县，寻调署灵璧、凤阳两县知县。其署婺源也，土人妇女新嫁多不乐居夫家，偶以口角微嫌辄自经以图贻累，妻族又借人命以起讼端，纷纷告讦，多所株连，以便讹诈。官吏明知事属子虚，以延讼为索贿之门，至两造家散人亡而后止，由是衅隙愈深，姻好化为寇仇，风俗大坏。应松稔知其弊，遇有此案，即时相验，果无别情，立使备棺收殓，并不带人到衙问讯，不准妻族多生事端。妇女知轻生不能累人，刁风遂息。其署凤阳也，地瘠民玩，动兴械斗，杀死人命，视为故常，不复告官。官亦谓二匪相斗，自死自生，无关处分，悉置之不理。应松曰："此风何可长也?"于是凡有催征踏勘下巡乡曲，遇父老子弟便谆谆告诫，使和乡里，毋以小忿结大仇、伤生命，人感其诚恳，冥顽渐革。其署灵璧也，适当收漕之时。向来州县衙门胥吏幕客、亲友家丁皆以收漕为利，凡浮取抑勒，刁难讹索，千创百孔，悉数难终，应松素知之。到任即扫除宿蠹，厘定科条，铲去陋规，以苏民困，民尤德之。然皖省署事之例与粤省不同，少者仅二三月，多者不过六七月，为时无几，整顿难周。惟休宁为题补实缺，除出差外，先后视事殆及四年，百务咸修，四郊无事，得以暇日纂邑乘、修书院、添膏火以振文风。其仕皖历任剧繁，宦绩于休宁最著，以此也。顾应松以儒素起家，虽为承乏①之员，不肯苟同俗吏。科岁两试必拔真才，且殷勤劝学。两署颍上，初次应试者三四百人，再到则应试者多至六七百人。三为房考，所得士登甲榜者多至十人。其以儒术治民，类多如此。故婺源卸任亏空千余金，民相率醵钱为赆仪俾免赔累。灵璧卸任，民相率诣大府吁请愿借寇一年。在休宁卸任，士绅祀其禄位于海阳书院，又饯别于明伦堂，择名手绘为长卷以赠之，遍加题咏，有"他日披图公定喜，画中犹见旧门生"之句。其到处有声，亦作令所少见也。

何秉礼　字筠甫，又字约堂，清顺德羊额人。乾隆五十四年（1789）拔贡，嘉庆十一年（1806）任广东遂溪教谕，次年举人，十八年归善教谕，二十三年化州学正，升浙江分水知县

①承乏：古代暂任某官职时的谦称，谓职位一时无适当人选，暂由己充数。

病归。祖国祥，父世喜，弟秉信。

［道光］《广东通志》卷五十四《职官表四十五·国朝十二·遂溪县·教谕训导·嘉庆朝》：顺德人。拔贡，十一年任……教谕。卷八十一《选举表十九·举人四·国朝·嘉庆十二年丁卯·广州府》：顺德人，教谕。卷五十五《职官表四十六·国朝十三·陵水县·教谕训导·嘉庆朝》：顺德人，拔贡。十三年任……教谕。卷四十九《职官表四十·国朝·归善县·教谕训导·嘉庆朝》：顺德人。举人，十八年任……教谕。卷五十二《职官表四十三·国朝十·化州·学正训导·嘉庆朝》：顺德人。举人，二十三年任……学正。

［咸丰］《顺德县志》卷十一《拔贡·国朝·乾隆》：羊额人，己酉。卷十二《封荫表·封赠（文阶）·国朝》：何国祥，羊额人，以孙秉礼赠……直隶州州判……何世喜，羊额人，以子秉礼赠分水县……知县。卷二十七《列传七·国朝三·何太青传》：族祖秉礼者，亦后璋珩司铎陵水，与太青同时令浙。字筠甫，又字约堂，选嘉庆己酉拔萃，历阳江、遂溪、陵水、化州学职。嘉庆丁卯举乡书，会卓荐擢令分水。有独子慧而肆，父以逆诉，令挈子至，缕述率皆家庭琐屑，且悔姑息。秉礼谓："汝父老矣，即行孝亦无几，奚忍焉？"子伏泣，父抱之亦泣，役皆垂涕，遽叱使掖父出。未几以改行告，果补诸生。旋引疾归，与弟秉信筹购村北田数百亩裕祠尝，卒遂祔焉。著有《约堂诗存》。

何溶　清顺德潭村人。乾隆五十四年（1789）副贡。

［咸丰］《顺德县志》卷十一《副贡·国朝·乾隆》：潭村人，己酉。

何肇功　清三水走马逮人。乾隆五十四年（1789）岁贡。

［嘉庆］《三水县志》卷九《选举·岁贡·清》：走马逮人，（乾隆）五十四年贡。

张青选　字商彝，号云巢，清顺德龙江人。7岁丧父，靠母蔡氏教养成长，乾隆五十四年（1789）举人。嘉庆九年（1804）补嘉善知县，十四年在余姚知县任赈饥。迁东海防同知、督粮道、两淮盐运使，按察湖北。因上书指责嘉庆将新疆用兵的军费转嫁百姓，贬为浙江金衢严道台，任满闲置，病老杭州。兄曰瑶，乾隆六十年举人，任福建永定知县。子邦保、邦佐、邦佺。

[道光]《广东通志》卷八十一《选举表十九·举人四·国朝·乾隆五十四年己酉·广州府》：顺德人，浙江督粮道。《乾隆六十年乙卯·广州府》：张曰瑶，顺德人，青选兄，知县。

[咸丰]《顺德县志》卷二十七《列传七·国朝三》：字商彝，号云巢，龙江人。少孤即励志显扬，乾隆己酉举于乡，挑发浙江，署瑞安、海宁州有实政。嘉庆甲子补嘉善，夏霖大水淹田庐，民嗷嗷待哺。先赈后请，幕友阻以例。青选曰："民灾如此，犹自顾考成，坐视其为饿殍耶？"遂多全活，其后民为立祠祀。改余姚，己巳岁歉，捐俸劝赈。调仁和首邑，恒日趋公而夜治事，鞫狱必亲。寻迁东海防同知，在台州，临海奸民苏占鳌敛钱惑众，势将蔓延，制府将以兵捕。青选虑扰民，推诚谕占鳌首，而薄其罪，余党悉散，保全甚众。四权府篆皆有遗爱。擢守严州，调杭州，设局清查盐务。迁督粮道、两淮运使，淮鹾疲敝，正己恤商。寻调长芦，上谕盐政福珠隆阿曰："汝无忧，朕调一好运司帮汝。"既视事，官商畏服。转按察直隶，召见，温谕褒勉。调福建，旋以三品卿衔补两淮盐政，惩邗江旧俗奢靡，躬行节俭，利病皆据实陈奏。会新疆用兵，以奏请缓解商捐银两，方任满，按察湖北，奉严旨训饬，降选金衢严道。引见，以原品休致，居杭州。寻卒。青选七岁而孤，母蔡教之成立。生平慷慨尚义，周人之急，道人之善，爱才礼士，敦本睦族。自以受恩深重，报称维艰，蹇蹇之衷，时形抱疚。著有《清芬阁诗集》《听潮吟馆唱和集》。子邦保，同知。邦佐，知县。邦佺，进士，馆选出令怀远。

[光绪]《广州府志》卷一百三十三《列传二十二·国朝·顺德》：字商彝，龙江人。嘉庆甲子补嘉善，大水淹田庐，民嗷嗷待哺。先赈后请，遂多全活。寻改余姚，己巳岁歉，捐俸劝赈。调仁和首邑，不以趋公废事。寻迁东塘海防同知，署台州府。临海奸民苏占鳌敛钱惑众，制府将用兵，青选虑扰民，谕占鳌自首而薄其罪，余党悉散。擢守严州，调杭州，设局清查盐务。迁督粮道、两淮运使，调长芦，既视事，官商畏服。擢直隶按察使，调福建，旋以三品卿衔补两淮盐政，惩扬州旧俗奢靡，躬行节俭，利病皆据实陈奏。

陈凤岐　清顺德南涌人。乾隆五十四年（1789）武举。

[咸丰]《顺德县志》卷十一《武举·国朝·乾隆》：南涌人，己酉。

陈锡铨　清高明小峒人。乾隆五十四年（1789）捐资建桥，五十八年例贡。

[道光]《高明县志》卷三《建置志·桥梁》：石坡桥，在罗丹村，界更合通衢。乾隆五十四年，小洞村贡生陈锡铨捐资用石建。卷十二《选举志·

例贡·国朝》：小峒人，乾隆五十八年例贡。

范黄琮 （？—约1816）清南海人。乾隆五十四年（1789）举人，嘉庆八年（1803）任高明教谕。

［道光］《广东通志》卷八十一《举表十九·举人四·国朝·乾隆五十四年己酉·广州府》：南海人。

［道光］《高明县志》卷五《秩官志·国朝训导》：南海人，举人。嘉庆八年任，卒于官。

［道光］《南海县志》卷二十一《选举表二·国朝·举人·乾隆朝》：高明教谕……己酉科。

林兆珑 一说名兆龙，清南海人。乾隆五十四年（1789）拔贡，五十九年代理广东恩平训导，任乳源教谕。

［道光］《肇庆府志》卷十三《职官三·清·恩平县·训导·乾隆朝》：林兆龙，南海人。拔贡，五十九年署。

［道光］《南海县志》卷二十一《选举表二·国朝·贡生荐辟·乾隆朝》：拔贡……己酉。

［同治］《南海县志》卷九《贡生》：乳源教谕，乾隆朝，拔贡。

林如绅 清高明范州人。乾隆五十四年（1789）举人，任广西怀集教谕。

［道光］《广东通志》卷八十一《选举表十九·举人四·国朝·乾隆五十四年己酉·附广西中式》：高明人，桂平籍。

［道光］《高明县志》卷十二《选举志·举人·国朝》：范州人，乾隆五十四年己酉恩科举人，西榜，任广西怀集教谕。

明秉璋 字宪朝（或字献朝），号琢如，清南海九江人。乾隆五十四年（1789）举人，任国子监监丞。

［道光］《广东通志》卷八十一《选举表十九·举人四·国朝·乾隆五十四年己酉·广州府》：南海人。

《九江儒林乡志》卷八《艺文略·集部·别集》：《江城吟草》，国朝明秉璋撰。卷十《选举略·国朝·举人·乾隆五十四年己酉恩科》：字宪朝，号琢如。县学，中式第五十六名，就职国子监监丞。卷十四《列传·清》：字献朝，号琢如，东方沙滘人。家贫力学，为制艺捷而工。乾隆己酉领乡荐。性急迫人，有不当意面发赤，语轰轰谔谔，怒解则宽和如初，无纤芥嫌。喜周人急，桂主簿卒于任，眷属贫不能返家，秉璋为倡助资斧，遂得归榇。邻有关姓妇孀居抚幼女二，翁姑贫不能顾令改适。秉璋止之，率好义辈醵金为庞公会，俾日给有资得完节，二女长成亦得所归。截取①知县不就，以年老赐国子监监丞衔。卒年八十五。

周定元 清顺德桂洲人。乾隆五十四年（1789）武举。

[咸丰]《顺德县志》卷十一《武举·国朝·乾隆》：桂洲人……己酉。

黄庭 清顺德甘竹人。乾隆五十四年（1789）岁贡。

[咸丰]《顺德县志》卷十一《岁贡·国朝·乾隆》：甘竹人，迁江籍，己酉。

黄绍祖 清顺德甘竹人。乾隆五十四年（1789）拔贡。

[咸丰]《顺德县志》卷十一《拔贡·国朝·乾隆》：甘竹人，广西迁江籍，己酉。

黄辉中 清南海人。乾隆五十四年（1789）举人。

[道光]《广东通志》卷八十一《选举表十九·举人四·国朝·乾隆五十四年己酉·广州府》：南海人。

温汝科 清顺德龙山人。乾隆五十四年（1789）举人，嘉庆九年（1804）任广东南雄府训导。兄汝适。

[嘉庆]《龙山乡志》卷七《选举志·举人·国朝·乾隆己酉》：南雄训导。

[道光]《广东通志》卷八十一《选举表十九·举人四·国朝·乾隆五十四年己酉·广州府》：顺德人，知县。卷四十八《职官表三十九·国朝六·南雄府·教授训导·嘉庆朝》：广州顺德人。举人，九年任，训导。

---

①截取：清制，根据官员食俸年限及科分、名次，核定其截止期限，由吏部予以选用，称为截取。又举人于中式后经过三科，由本省督抚给咨赴吏部候选，亦称截取。

［咸丰］《顺德县志》卷十八《艺文略二·集部二·别集二》：《寄崖诗集》，国朝温汝科撰。……汝适弟……集汝适为之序。

谢应琳 清南海人。乾隆五十四年（1789）举人。

［道光］《广东通志》卷八十一《选举表十九·举人四·国朝·乾隆五十四年己酉·广州府》：南海人。

程翔 清南海人。乾隆五十四年（1789）举人，任河北安平知县。祖怀德，父遇芳。

［道光］《南海县志》卷二十一《选举表二·国朝·举人·乾隆朝》：安平知县……己酉科。《国朝·封荫·乾隆朝》：程怀德，以孙翔貤赠文林郎。程遇芳，以子翔赠文林郎。

颜平章 清南海人。乾隆五十四年（1789）举人，嘉庆十五年（1810）任广东开平训导。子叙适，二十四年举人。

［道光］《广东通志》卷八十一《选举表十九·举人四·国朝·乾隆五十四年己酉·广州府》：南海人，教谕，子叙适。《嘉庆二十四年己酉·广州府》：颜叙适，南海人，平章子，第八名。卷五十一《职官表四十二·国朝九·开平县·教谕训导·嘉庆朝》：南海人。举人，十五年任……训导。

［道光］《南海县志》卷二十一《选举表二·国朝·举人·嘉庆朝》：颜叙适，乐会教谕，平章子……己卯科。

［同治］《南海县志》卷二十五《杂录上》：颜孝廉平章，父某在武夷山早行，见有弃婴儿于路者收养之，及长还其族人。后卧病，恍惚间有人引见冥官，稽籍久，曰："此人曾活一命，当延寿一纪。子平章，乾隆己酉恩科举人，官华亭知县。"命冥卒引去遂苏。己酉非恩科，后果命改作恩科。平章中式，乃以大挑二等，官开平训导卒，知县之语不验。造物偶于一事中示以因果，而又不尽然，所谓天道神而莫测。据《邝斋杂记》修。

颜时普 清南海人。乾隆五十四年（1789）举人。

［道光］《广东通志》卷八十一《选举表十九·举人四·国朝·乾隆五十四年己酉·广州府》：南海人。

［同治］《南海县志》卷十《艺文略·集部》：《观心》《贞元》两集，国朝颜时普撰，据《岭南群雅耆旧集》。

颜斯缉 清南海人。乾隆五十四年（1789）拔贡，五十六年任广东阳春教谕。父时珣。

［道光］《广东通志》卷五十一《职官表四十二·国朝九·阳春县教谕训导·乾隆朝》：南海人。拔贡，五十六年任，教谕。

［道光］《南海县志》卷二十一《选举表二·国朝·贡生荐辟·乾隆朝》：拔贡，阳春教谕……己酉。《国朝·封荫·乾隆朝》：颜时珣，以子斯缉貤封修职郎。

黎常勉 清顺德龙山人。乾隆五十四年（1789）副贡。

［嘉庆］《龙山乡志》卷七《选举志·贡生·国朝·乾隆副贡》：己酉科，遂溪教谕。

陈觐光 （约1759—约1840）字枫垣，号保庵，清南海魁冈堡黎涌乡人。嘉庆五年（1800）举人，十三年大挑二等，任广东潮州教授。十八年选新兴训导，不久请假养亲归。道光三年（1823）补新兴训导，十八年升韶州府教授。以都察院经历退休，卒于家。

［道光］《广东通志》卷八十一《选举表十九·举人四·国朝·嘉庆五年庚申·广州府》：南海人，教谕。

［道光］《肇庆府志》卷十三《职官三·清·新兴县·训导·嘉庆朝》：南海人。举人，二十年二月署任，告养回籍。《职官三·清·新兴县·训导·道光朝》：三年复任。

［同治］《南海县志》卷十五《列传·官师》：字枫垣，号保庵，魁冈堡黎涌乡人。嘉庆庚申恩科举人，戊辰大挑二等，以教职用，旋委署潮州教授，癸酉选新兴训导，未几以告养归。赋性清廉，敦本务实，家居教读，恒以培人材、和乡里、恤宗族为心。先是，嘉庆己巳，洋寇张保等窜入内河攻劫澜石、小浦一带。觐光居黎涌地与毗连，特联合各乡招勇团防，贼不能犯。又以黎涌乡先辈多祀郡邑乡贤，而数百年后闾里不能举其名，末学安知模楷？乃筹款建先贤祠于村中，祀南汉右丞简魁冈文会、明理学名儒陈东峰庸、状元伦迂冈文叙、榜眼伦白山以训，俾后生得所景仰以继轨前修。乡地邻近石湾，烧缸瓦者多挖取冈底细沙，惨将枯骨抛弃，觐光讼于官出示严禁，幽冥获安。乡饮礼本朝廷大典，而官绅多视为末务，不复举行。觐光谓："此礼所以兴贤能、养寿耇，教民礼让必此之由。"乃仿其意建乡饮社，每月课文、正岁宴寿使弟子从旁观礼以兴教化焉。族内丁口繁多，祭田未立，有历年无人

拜扫不知坟墓所在者，有家贫无力从师到老不识丁字者，有所生出为人后、本支一再传遂绝、粟主无所归者。觐光多立祭产，使清明展墓、童蒙从师、岁荒振恤皆有所借。又自建祢庙，俾本生高祖及族内无后者附祀焉，其恩谊曲尽如此。道光三年，坐补新兴训导。新兴士多游惰，觐光严督课之。十八年俸满升韶州府教授，年八十矣。此缺最贫瘠，觐光借以娱老，粗粝才足，不复有所营求，虽居官，几与寒士等。朱大令次琦兄弟因会试路出韶阳，以旧执弟子礼往谒，见其四壁萧然，室无眷属，惟畜一赤脚童子供应门传刺之役。其会客处所上雨旁风，并无几案，将柴把纵横叠起作立方形，施草荐蒙之以坐客，偶一转侧即鵵鼿①不安，惴惴然惧倾跌。觐光方对客论文道古，剌剌不休，不知客之久欲告辞也。寻以都察院经历致仕，卒于家，年八十二。

温汝造 （1760—1814）字誉斯，号水南，清顺德龙山人。兄汝适。

［咸丰］《顺德县志》卷十八《艺文略二·集部二·别集二》：《水南诗集》，国朝温汝造撰。按：汝造，字誉斯，号水南，候补京府治中，龙山人……汝适弟……集汝适为之序。

谢兰生 （1760—1831）字佩士，清南海和顺鹤峰村人。乾隆五十三年（1788）副贡，五十七年举人，嘉庆七年（1802）进士，授翰林院庶吉士，因父景卿年老请假归。父死后，连续主持广州粤秀、越华、端溪书院讲席，道光元年（1821）任羊城书院山长。两广总督阮元重修《广东通志》时为该志总纂。弟观生，子念典、念功、念绍、念庶、念恩、念中。

［道光］《广东通志》卷八十一《选举表十九·举人四·国朝·乾隆五十七年壬子·广州府》：南海人，进士。卷七十七《选举表十五·进士·国朝·嘉庆七年壬戌吴廷琛榜·广州府》：南海人，二甲，庶吉士。

［道光］《南海县志》卷三十九《列传八·国朝》：字佩士，麻奢堡人，侨居捕属②素波巷。父景卿……兰生由廪膳生中乾隆戊申副车，壬子举贡士，

①鵵鼿（nièwù）：动摇不安貌。

②捕属：县衙捕所直接管辖的范围。清代南海、番禺两县捕属涵盖广州城内及近郊繁华区域，二县捕属辖区即广州府两附郭县县城所在，成为捕属人即归入捕所管辖的意思。

年四十三始成嘉庆壬戌进士，选庶吉士。请假省亲，以父年老，未散馆。丙寅父殁，遂绝意仕宦，迭主粤秀、越华、端溪三大书院讲席，月课严甄别，士风丕变。道光元年，滇西程公含章守广州，并穗城、羊石、珠江书院、义学为羊城书院。设正外课膏火额，牒院司加季课，送学使录遗才科举拟三大书院，为章程刻石，聘兰生为山长。程公骤迁擢去，广州、南海、番禺校官吁学使令诸生归本学录遗，由羊城书院送考禁勿许。兰生谂①诸生曰："羊城虽一郡书院，然扩建贡院号舍、创学使考棚石台架、乡试遗才试凉厂②广州供奉半费，体统固当殊越诸郡。且院司大宪既加羊城季课与三大书院埒，而录遗不与则院司教养之泽隐。"遂邮书程公陈巅末③。逾年程公还抚粤，复羊城书院录遗章程，著为例。兰生聪敏过人，内承庭训，博通多能。精时艺，暮年悉焚其稿，曰："此仅足弋利禄，不可传。"酷嗜古文，得昌黎、东坡家法，并时为古文者咸推为祭酒。诗宗大苏，出入杜、韩两家。八法专师颜鲁公，参以褚河南、苏灵芝、李北海，擘窠大字无能出其右。兼工绘事，探吴仲圭、董香光、王麓台之妙。自词馆假归，流连山水，挥毫洒翰，风致清豪。晚而好道，尝论"濂溪主静、伊川静坐、朱子明心，均不外主敬工夫"，怡然有得。殁前五年预书遗命，丧葬事纤悉周详、敦俭守礼，务革粤省奢汰之俗。先是，戊寅宫保阮公元修《广东通志》，兰生与海康陈昌齐、番禺刘彬华充总纂。今修《县志》，兰生发凡起例既定而卒，年七十二。著《常惺惺斋文集》四卷、《诗集》四卷、《北游纪略》二卷。次子念功，道光壬午科举人。兰生族祖铨，字衡峰，廪贡生。擅书名，一时碑版多其手写。初师欧、颜、柳、董，继师二王，皆神似，其酷类米襄阳者，则晚年笔也，兰生尝自言得书诀于铨云。

［宣统］《南海县志》卷十一《艺文略·史部·地理属方志类》：《游罗浮日记》一卷，国朝谢兰生撰。《艺文略·子部·艺术类》：《书画题跋》二卷，国朝谢兰生撰。

黄昂　（1760—1850）字鹤如，清顺德甘竹人。道光十九年（1839）赐副贡，二十九年赐举人，次年卒，享年91岁。子子巩，十七年拔贡、二十四年举人。

［咸丰］《顺德县志》卷十一《拔贡·国朝·道光》：黄子巩，甘竹人，

①谂（shěn）：劝告。

②凉厂：凉棚，专为夏天纳凉搭建。

③巅末：从开始到末尾，谓事情的全过程。

丁酉。《副贡·国朝·道光》：甘竹人，己亥，以符例赐。《举人二·国朝·道光》：黄子玑，字在珊，甘竹人，昂子……甲辰恩科……黄昂，字鹤如，甘竹人，子玑父……以符例赐，己酉科。卷二十七《列传七·国朝三》：甘竹人。能文，数奇不售，以老诸生得举。逾年，九十一卒。生平廉静自守，尝谓物外无知，当动时格物，静时致知，其宗旨如此。子子玑，举人。

梁廷标 （约1760—1838）字昭文，又号植堂，清南海澜石（今属禅城）人。六十多岁中道光五年（1825）举人。子绍训，十二年举人。

［道光］《南海县志》卷二十一《选举表二·国朝·举人·道光朝》：子绍训……乙酉科。

［同治］《南海县志》卷十九《列传·善行》：字昭文，又号植堂，魁冈堡澜石人。由廪生中举人，年六十余矣。家贫力学，尝谓："今之学者但诵习四书，一切经文不复寓目，其甚者并四书不能背诵，惟择乡会小试获进之作数十首简练揣摩，师弟所研求、父兄所督责无非是物，故见闻日益陋，士习日益浇，廷标宿恨之。"其教人务课以五经，使其温之又温，必烂熟乃止。故其长子绍训年七十余老而健忘，尤能背诵《礼记》。族子绍献童试时能默写七经，虽《仪礼》为最难记之书，亦信口述来，不漏一字，此其效也。惜暮年登第徒侣稀疏，教泽不能及远耳。然廷标虽专精启迪，他事概不经心，而敬宗收族诸大端委曲善于措置。先是，乾隆丙午、丁未岁大饥，族人嗷嗷待泽。廷标时未脱白，苦口开导，劝其稍有力者各出钱米以赈之。顾挹注①无多转瞬立涸，鸠形鹄面者汹汹然来，欲卖祖祠以续残命。廷标知势不能禁，乃谓之曰："此祭田堪舆家②称为吉壤，卖与他姓，断无归璧之时。不若劝子孙之有余财者醵银买之，以田价为赈费。待年成丰收，另为太祖筹款，照价赎回。如此尝业无亏，民命有赖，买田者仍得回本，银无所短缺，不更美乎！"众欣然允肯。异日祖祠既建，室家充赡，科甲联翩，廷标力也。平日勤以治生，俭以节欲，衣食外不妄费一文。子弟守其遗规咸有储积，闾里则效之，称为梁公家法云。卒时，年七十九。

---

①挹注：把液体从一个容器中舀出，倒入另一个容器，引伸为以有余来弥补不足。

②堪舆家：以相地看风水为职业者，俗称"风水先生"。

区就　字自将，清高明勤学人。嘉庆二十四年（1819），以子当仁赠修职佐郎。

［道光］《高明县志》卷十二《选举志·封典·国朝》：勤学人，邑庠。嘉庆二十四年，以子当仁赠修职佐郎。卷十三《人物志·国朝》：字自将。苦学能文而艰于遇，年四十始受知于刘文宗，补弟子员。为人狷介慈祥，家贫困不受赂金，粗衣疏食晏如也。好排难解纷，寒微者每借以安全。子当仁，以岁贡任乐会训导，旋膺荣赠，人以为行善之报云。

区当仁　字存天，号健斋，清高明勤学人。乾隆五十五年（1790）岁贡，嘉庆十八年（1813）赐举人，二十四年赠父官衔。任海南乐会教谕，82岁卒于官。父就。

［道光］《高明县志》卷十二《选举志·贡生·国朝》：勤学人，乾隆五十五年岁贡，任乐会训导。《选举志·钦赐》：勤学人，嘉庆十八年癸酉由岁贡钦赐举人。《选举志·封典·国朝》：区就，勤学人。邑庠，嘉庆二十四年，以子当仁赠修职佐郎。卷十三《人物志·国朝》：字存天，号健斋。少贫力学，弱冠进庠。有嫡堂兄早逝无嗣，大母深以为忧。仁默体大母志，即以己甫生之长男公采嗣之。丁外艰时，弟尚义仅四龄，抚逾己子。人或讶之，仁曰："吾子死尚可有子，弟一死则无弟矣。"教育备至，故弟弱冠即补邑弟子员。仁文行兼优，列上舍、膺岁荐而青云之志不少衰。嘉庆癸酉，蒙恩赐孝廉，犹欲公车北上。未几司训琼州乐会，日与诸生砥砺名节、讲论书理。左观察辅观风乐会，士子多缺课，仁首倡为文以奖励之。文呈观察，赏为"学养纯粹，足以楷摸多士"。诸生中有犯规者将贿仁，仁毅然曰："受金而坏风俗，上愧圣贤，内惭幽独。"却之，众咸惮之。乐会姬明府光璧题其署曰："南极腾辉映赤城，如君端不负高明。从知静是延龄诀，心似冰壶彻底清。"年八十二卒于官，柩返里，道旁送者数百人多涕泣云。

区应乾　清高明阮埇人。乾隆五十五年（1790）恩贡。

［道光］《高明县志》卷十二《选举志·贡生·国朝》：阮埇人，乾隆五十五年恩贡。

邓肇基　清顺德龙江人。乾隆五十五年（1790）岁贡。

［咸丰］《顺德县志》卷十一《岁贡·国朝·乾隆》：龙江人，庚戌。

陆伟　清高明白石人。乾隆五十五年（1790）例贡。

［道光］《高明县志》卷十二《选举志·例贡·国朝》：白石人，乾隆五十五年例贡。

陈彦豪　清顺德龙山人。乾隆五十五年（1790）恩贡。

［嘉庆］《龙山乡志》卷七《选举志·贡生·国朝·乾隆恩贡》：广西籍。

［咸丰］《顺德县志》卷十一《恩贡·国朝·乾隆》：龙山人，庚戌。

郭和珍　清三水莘村人。乾隆五十五年（1790）岁贡。

［嘉庆］《三水县志》卷九《选举·岁贡·清》：莘村人，（乾隆）五十五年贡。

谭辉麟　清高明王桐人。乾隆五十五年（1790）例贡。

［道光］《高明县志》卷十二《选举志·例贡·国朝》：王桐人，乾隆五十五年例贡。

黎而宽　清高明布社人。乾隆五十五年（1790）例贡。

［道光］《高明县志》卷十二《选举志·例贡·国朝》：布社人，乾隆五十五年例贡。

严郁斌　清高明唐肚人。乾隆五十六年（1791）例贡。

［道光］《高明县志》卷十二《选举志·例贡·国朝》：唐肚人，乾隆五十六年例贡。

莫元德　字德华，又字懋功，清高明人。长子应龙，道光元年（1821）举人。

［道光］《高明县志》卷十三《人物志·国朝》：莫字德华，又字懋功。天性孝友，气度冲和。自幼聪敏力学，游泮后益穷究经史。逮五战棘闱不遇，慨然以整饬风化为己责，凡事关名教一身任之。于列祖之无尝田者悉为经营创置，乡邑咸倚重焉。岁丙寅，阖邑制锦为其父母上寿。德与诸兄弟彩服联翩，情文备至，报祖功而隆孝养，其所树立者然也。待人甚宽而庭训维严，常言："士以德行为本，文艺为末。"故遇事必以身教。子四，长应龙，现举辛巳孝廉，其义方之遗训欤？

黄天柱 一字悦桐，清顺德人。中年在罗浮山为道士，乾隆五十六年（1791）至五十七年，居南海西樵山攻玉楼。

《西樵白云洞志》第五册《艺文·增辑诗》：一字悦桐，顺德人。性好道，中年簪冠于罗浮黄龙观，日与羽流相往来。乾隆辛亥、壬子间，寓居攻玉楼，琴书自娱，飘然有遗世之志。

梁太举 清三水邓坑人。乾隆五十六年（1791）贡。曾祖为鹏。

［嘉庆］《三水县志》卷九《选举·恩贡·清》：邓坑人，（乾隆）五十六年贡。

程开绣 清高明城中人。乾隆五十六年（1791）捐授卫千总，道光三年（1823）参修《高明县志》。父元英。

［道光］《高明县志》卷十二《选举志·国朝武职例》：城中人，元英子。乾隆五十六年，由监生捐授卫千总，加捐守备。卷首《纂修〈高明县志〉·校刊》：候选守府程开绣。

区灿如 一说名灿明，号晦亭，清高明阮埇人。乾隆五十七年（1792）举人，大挑一等，嘉庆九年（1804）任广东连山教谕、海南崖州学正，十七年潮阳训导，次年海阳教谕，任山西榆社知县罢归。父成琬，子拔熙。

［道光］《广东通志》卷八十一《选举表十九·举人四·国朝·乾隆五十七年壬子·肇庆府》：高明人。卷四十六《职官表三十七·国朝四·连山县教谕训导·嘉庆朝》：区灿明，高明人。举人，九年任……教谕。卷五十五《职官表四十六·国朝十三·崖州学正训导·嘉庆朝》：高明人，举人。九年任……学正。卷五十《职官表四十一·国朝八·潮阳县教谕训导·嘉庆朝》：高明人。十七年任……训导。《海阳县教谕训导·嘉庆朝》：高明人，十八年任……教谕。

［道光］《高明县志》卷十二《选举志·举人·国朝》：阮埇人。乾隆五十七年壬子举人，任山西榆社县知县。《选举志·封典·国朝》：区成琬，阮埇人，嘉庆二十四年以子灿如赠文林郎。

［光绪］《高明县志》卷十三《列传二·人物·国朝》：号晦亭。存心忠

厚无城府，操笔为文风发泉涌。登乾隆壬子贤书，大挑一等改教，历任连山、海阳、崖州儒学，和易真挚，诸生视如父兄。俸满令山西榆社，邑处山谷间，民俗俭啬。灿如处己介、敷政宽，把卷流连，缊袍如故。罢官后就养子拔熙官舍，列书满厨，暇则作文示子孙，积久成帙号《养云庐稿》。七秩在川制锦，八秩在豫称觞，受四品封，享古稀寿，乡人称全福焉。

区攸标 清顺德高阳人。乾隆五十七年（1792）举人，嘉庆十五年（1810）任广东乳源训导。

［道光］《广东通志》卷八十一《选举表十九·举人四·国朝·乾隆五十七年壬子·广州府》：顺德人。卷四十七《职官表三十八·国朝五·韶州府·乳源县教谕训导·嘉庆朝》：顺德人。举人，十五年任……训导。

［咸丰］《顺德县志》卷十一《举人二·国朝·乾隆》：高阳人。乳源县训导，壬子科。

关士昂 字璧堂，号穗田，清南海九江人。乾隆五十七年（1792）举人，历署山西石楼、太谷知县，蒲州同知。

［道光］《广东通志》卷八十一《选举表十九·举人四·国朝·乾隆五十七年壬子·广州府》：南海人，知县。

《九江儒林乡志》卷八《艺文略·集部·别集》：《北游吟草》一卷、《带经草堂文集》二卷，国朝关士昂撰。卷十《国朝·举人·乾隆五十七年壬子科》：字璧堂，号穗田。县学，中式第六十一名。历署山西石楼、太谷知县，蒲州同知。卷十四《列传·清》：字璧堂，号穗田，西方低田人。登乾隆壬子贤书，大挑一等。历署山西石楼、太谷知县，擢蒲州府水利同知，丁艰回籍，遂不出。设教会垣，远近从学出其门者多知名士。性清介，足不履官门，暇惟与岑孝廉善门、谭茂才硕卿等樽酒论文。诗文、著作亦富。

关丛韬 清南海九江人。乾隆五十七年（1792）武举，任增城营守备。

［道光］《南海县志》卷二十二《选举表三·国朝·武举·乾隆朝》：壬子科。

《九江儒林乡志》卷十《选举略·国朝·武举·乾隆五十七年壬子科》：县学，中式第十一名，增城营守备。

关廷标　清南海九江人。乾隆五十七年（1792）武举第一名。父国鹰。

［道光］《南海县志》卷二十二《选举表三·国朝·武举·乾隆朝》：解元……壬子科。

《九江儒林乡志》卷十《选举略·国朝·武举·乾隆五十七年壬子科》：县学，中式第一名。父国鹰，武举。

杜大猷　清高明清泰人。乾隆五十七年（1792）例贡。

［道光］《高明县志》卷十二《选举志·例贡·国朝》：清泰人，乾隆五十七年例贡。

李畅　清南海人。乾隆五十七年（1792）举人，嘉庆九年（1804）任海南定安县教谕。

［道光］《广东通志》卷八十一《选举表十九·举人四·国朝·乾隆五十七年壬子·广州府》：南海人。卷五十五《职官表四十六·国朝十三·定安县教谕训导·嘉庆朝》：南海人。举人，九年任……教谕。

杨枝芳　清高明城中人。乾隆五十七年（1792）捐授把总。子耀奇、至恭。

［道光］《高明县志》卷十二《选举志·国朝武例职》：城中人。乾隆五十七年，由监生捐授把总。《选举志·国朝文例职》：杨耀奇，城中人，枝芳长子。嘉庆三年，由按察司经历捐授布政司理问。《选举志·国朝武职例》：杨至恭，城中人，枝芳次子，嘉庆十六年捐授千总。

杨耀奇　清高明城中人。嘉庆三年（1798）捐授布政司理问。父枝芳，弟至恭。

［道光］《高明县志》卷十二《选举志·国朝文例职》：城中人，枝芳长子。嘉庆三年，由按察司经历捐授布政司理问。

杨至恭　清高明城中人。嘉庆十六年（1811）捐授千总。父枝芳，兄耀奇。

［道光］《高明县志》卷十二《选举志·国朝武职例》：城中人，枝芳次子，嘉庆十六年捐授千总。

何卓 清顺德羊额人。乾隆五十七年（1792）举人，嘉庆十六年（1811）任广东平远县训导。

［道光］《广东通志》卷八十一《选举表十九·举人四·国朝·乾隆五十七年壬子·广州府》：顺德人。卷五十七《职官表四十八·国朝十五·平远县·教谕训导·嘉庆朝》：顺德人。举人，十六年任……训导。

［咸丰］《顺德县志》卷十一《举人二·国朝·乾隆》：羊额人。平远县训导，壬子科。

何逑士 字伟吾，清顺德上直人。乾隆五十七年（1792）岁贡，嘉庆九年（1804）赐举人。寿88岁。与当时杜继书、欧载以治经闻名。兄仁吾。

［咸丰］《顺德县志》卷十五《耆寿·九十寿民·国朝》：何仁吾，上直人，年九十一。弟逑士，嘉庆甲子赐举人，以品学著，年八十八。卷二十六《列传六·国朝二·李霖传》：当时大良杜继书、陈村欧载、上直何逑士亦各以治经称，自处皆廉洁……逑士，字伟吾，乾隆壬子岁贡，嘉庆甲子赐举人，年八十有八卒，颇以学望著乡里。

张成钟 清南海人。乾隆五十七年（1792）举人，嘉庆十六年（1811）任福建永安教谕。父鳌。

［道光］《广东通志》卷八十一《选举表十九·举人四·国朝·乾隆五十七年壬子·广州府》：南海人，永安教谕。卷四十九《职官表四十·国朝·永安县教谕训导·嘉庆朝》：南海人。举人，十六年任，训导。

［道光］《南海县志》卷二十一《选举表二·国朝·封荫·乾隆朝》：张鳌，以子成钟貤封修职郎。

张禄 清南海人。乾隆五十七年（1792）任广东高州镇右营把总。子瑞龙、瑞凤。

［道光］《南海县志》卷二十二《选举表三·国朝·行伍·乾隆朝》：高州镇右营把总。壬子。《国朝·封荫·乾隆朝》：张瑞龙，以继父禄阵亡，荫云骑尉、黄冈协镇守备。张瑞凤，以继父禄荫云骑尉，瑞龙无子故也。

陈有年 清高明罗庆人。乾隆五十七年（1792）例贡，嘉庆十五年（1810）捐授州同并赠祖朝俊、父鸿熙官衔。

［道光］《高明县志》卷十二《选举志·例贡·国朝》：罗庆人，乾隆五十七年例贡。《选举志·国朝文例职》：罗庆人，嘉庆十五年，由例贡捐授州同，加五级中宪大夫。《选举志·援捐·封典》：陈朝俊，罗庆人，嘉庆十五年以孙有年赠中宪大夫。陈鸿熙，罗庆人，国学，嘉庆十五年以子有年赠中宪大夫。

陈景唐 清三水白坭人。乾隆五十七年（1792）举人，代理福建连城、长泰、漳平、凤山（今属台湾）知县。祖世佐，为乡正，乾隆四十五年（1780）举乡饮宾，97岁寿终正寝。

［嘉庆］《三水县志》卷九《选举·举人·国朝·乾隆五十七年壬子宋湘榜》：白坭人。中式四十二名，历署福建连城、长泰、漳平、凤山等县知县，庚午同考试官。卷十一《人物传·潜德·陈世佐传》：白泥人。守道自足，有隐君子风。少孤孝母，母持家严肃，不假词色。一日，庶母何偶忤母意，谯让①之，忿而求去。佐时九龄，牵衣泣止之不可，亲为负橐至桥复请还，曰："母不还，儿无颜独归矣！"欲赴水死，何感动遂留。有一姊适邓贫而孀，佐为抚其孤得成立。家故中人产，好施弗倦，孳孳为善，尤喜诱掖后进。日以曾氏三省自箴，因号"省堂"。邑令耳其贤，会举乡正，众即以佐应之。里有无赖某肆横，咸欲闻诸官。佐察其人非怙过不悛者，且闻其单传已三世矣，一线之祧，罪不应绝，欲委曲以全之，倡言曰："某无行宜绳以法，但非白其状官不为理，谁工为牒者？"众请先行而具牒，佐执曰："非成牒不行。"众相顾愕然，事遂寝，其人闻之卒改行焉。乾隆庚子，举乡饮宾。晚年学益进，事物朕兆若可烛照。偶感微疾辞勿药，属子婿李某作祭文，览毕沐浴正衾而逝，年九十有七。著有《北窗诗草》存家，谢太史兰生为之传。子道全，邑增生。孙景唐，壬子科乡荐，历任福建连城、长泰、漳平等县知县。

陈镛 字簾亭，清顺德大良人。乾隆五十七年（1792）举人，嘉庆十年（1805）任广东河源县训导。

［道光］《广东通志》卷八十一《选举表十九·举人四·国朝·乾隆五十七年壬子·广州府》：顺德人。卷四十九《职官表四十·国朝·河源县教谕训导·嘉庆朝》：顺德人。举人，十年任，训导。

---

①谯（qiào）让：谴责、责怪。

[咸丰]《顺德县志》卷十一《举人二·国朝·乾隆》：字簾亭，大良人。河源县训导，壬子科。卷十八《艺文略二·集部二·别集二》：《簾亭文钞》，国朝陈镛撰。

林龙光 字炳宗，清南海大江堡人。乾隆五十七年（1792）举人，嘉庆六年（1801）大挑为江苏沭阳知县，十二年江南同考官，补上海青浦、江苏镇洋知县，病归卒，享年62岁。祖国梅，父振。

[道光]《广东通志》卷八十一《选举表十九·举人四·国朝·乾隆五十七年壬子·广州府》：南海人，知县。

[道光]《南海县志》卷二十一《选举表二·国朝·封荫·乾隆朝》：林国梅，以孙龙光貤赠文林郎。林振，以子龙光赠文林郎。卷三十九《列传八·国朝·林绍光传》：大江堡人……从兄龙光，字炳宗……嘉庆辛酉大挑，摄江苏沭阳，兴水利，民颂其绩。充丁卯江南同考官，补青浦，内艰去职。起复补镇洋，值大旱，捐廉筑塘工，开小娄河灌民田。引疾归里，民建祠县治东祀之。年六十二卒。

[同治]《南海县志》卷十三《列传》：幼聪慧，能属文。年十四赴院考，学使李调元以十一字楹贴试之，对甚工，学使激赏，即充弟子员。会试后大挑一等，除沭阳县知县。邑有田家集河频年淤塞，潦无所泄，旱无所灌，龙光捐廉疏瀹之，溉田千顷，邑人曰“林公堤”。历知丰县、溧阳、青浦等县，服阕赴补镇洋县知县。邑地濒海，泛滥为灾。龙光亲历村乡查勘，得其要领，乃捐廉为倡开挑小娄河，由是水旱有备。民德之，乃请于上官，立禄位牌于城东吕祖祠西偏。寻谢病归，未几卒。

罗达远 清顺德众涌人。乾隆五十七年（1792）岁贡。

[咸丰]《顺德县志》卷十一《岁贡·国朝·乾隆》：众涌人，西宁籍，壬子。

周俊瑀 清三水文山人。乾隆五十七年（1792）举人，嘉庆九年（1804）任广东英德、二十年海阳教谕。父锦江早逝，母陈氏守节。

[嘉庆]《三水县志》卷九《选举·举人·国朝·乾隆五十七年壬子宋湘榜》：文山人，中式第八名，历任英德、海阳教谕。卷十二《列女》：陈氏，

白坭乡陈端仪女，文山乡周锦江妻。子俊璃，领乾隆壬子科乡荐。

［道光］《广东通志》卷四十七《职官表三十八·国朝五·英德县教谕训导·嘉庆朝》：三水人。举人，九年任……教谕。卷五十《职官表四十一·国朝八·海阳县·教谕训导·嘉庆朝》：三水人。二十年任……教谕。

胡俊书　清顺德桂洲人。乾隆五十七年（1792）副贡。

［咸丰］《顺德县志》卷十一《副贡·国朝·乾隆》：桂洲人，壬子。

高士钊　字西山，清顺德马滘人。乾隆五十七年（1792）举人，授徒广州。

［道光］《广东通志》卷八十一《选举表十九·举人四·国朝·乾隆五十七年壬子·广州府》：顺德人。

［咸丰］《顺德县志》卷十一《举人二·国朝·乾隆》：字西山，马滘人……壬子科。卷二十五《列传五·国朝一·高犹宠传》：族后辈有士钊号西山者，乾隆壬子乡荐。授徒省门，风致豪举，门下多科名士。脩脯必袖献其父，不敢有私存，与六弟同居终身不析箸。为文识体制，碑版多出其手。时会城尚风雅，名士如谢澧浦庶常、刘朴石编修辈并主坛坫。阮文达方总制两粤，幕府群彦竞讲考据，皆与士钊游，推服如出一口。以其暇为八韵排律，声格并超妙，衣被后生，著有《诗文集》《紫藤花馆试帖》。

黄光汉　清南海佛山镇人。乾隆五十七年（1792）武举。父朝珣，母吴氏，兄昭汉，弟廷槐。

［道光］《佛山忠义乡志》卷十《武举·清》：乾隆壬子。卷十二《金石志上·金》：小莒刀，黄朝珣家藏。朝珣妻吴氏将生，氏父遇一道人赠以此刀，曰："是大钱为君喜征。"至家而氏生，因以与之。长携莒刀归朝珣家，生子三：长昭汉，附生。次光汉，武举。三廷槐，按察司知事。黄家以为吉祥，世守之。卷十三《乡禁志（告示）》：广储义仓碑示，现据佛山举人李天达、武举黄光汉呈称。嘉庆二年九月十五日。

［民国］《佛山忠义乡志》卷十三《选举志一·武举·清》：乾隆壬子，武庠生。

黄应荣　清高明瑶村人。乾隆五十七年（1792）例贡。道光三年（1823）参修《高明县志》，十四年赐副贡。

[道光]《高明县志》卷十二《选举志·例贡·国朝》：瑶村人，乾隆五十七年例贡。卷首《纂修〈高明县志〉·校字》：贡生黄应荣。

[光绪]《高明县志》卷十二《选举表·钦赐》：瑶村，道光十四年甲午赐副榜。

梁大选　清南海人。乾隆五十七年（1792）举人。

[道光]《广东通志》卷八十一《选举表十九·举人四·国朝·乾隆五十七年壬子·广州府》：南海人。

梁梧隆　清三水大冈人。乾隆五十七年（1792）岁贡。父秋举。

[嘉庆]《三水县志》卷九《选举·岁贡·清》：秋举四子，（乾隆）五十七年贡。

谭纯修　清高明城中人。乾隆五十七年（1792）例贡。

[道光]《高明县志》卷十二《选举志·例贡·国朝》：城中人，乾隆五十七年例贡。

蔡廷柏　清南海人。乾隆五十七年（1792）举人。

[道光]《广东通志》卷八十一《选举表十九·举人四·国朝·乾隆五十七年壬子·广州府》：南海人。

区汝奇　清高明阮埇人。乾隆五十八年（1793）岁贡。

[道光]《高明县志》卷十二《选举志·贡生·国朝》：阮埇人，乾隆五十八年岁贡，铨香山训导。

区秉玉　清高明阮埇人。乾隆五十八年（1793）例贡。

[道光]《高明县志》卷十二《选举志·例贡·国朝》：阮埇人，乾隆五十八年例贡。

刘文组　清高明大唐美人，乾隆五十八年（1793）捐布政司理问。子以珄，嘉庆二十四年（1819）附贡。

[道光]《高明县志》卷十二《选举志·国朝文例职》：大唐美人，乾隆

五十八年由按察司经历捐授布政司理问。《选举志·例贡·国朝》：刘以珄，大唐美人，文组次子，嘉庆二十四年附贡。

吴耀宗　清高明龙珠人。乾隆五十八年（1793）岁贡。

［道光］《高明县志》卷十二《选举志·贡生·国朝》：龙珠人，乾隆五十八年岁贡。

何健　清顺德人。乾隆五十八年（1793）、嘉庆十三年（1808）两任广东嘉应州训导。

［道光］《广东通志》卷五十七《职官表四十八·国朝十五·嘉应州·学正训导·乾隆朝》：顺德人。廪生，五十八年任，训导。《嘉应州·学正训导·嘉庆朝》：十三年任……训导。

莫芝兰　清高明村头人。乾隆五十八年（1793）捐授卫千总。

［道光］《高明县志》卷十二《选举志·国朝武职例》：村头人，乾隆五十八年由武生捐授卫千总。

李熙元　（1763—1862后）清南海先登堡人。寿百岁。

［同治］《南海县志》卷二十一《列传·耆寿》：先登堡人。勤俭成家，心明大体。咸丰五年红巾乱后，田亩抛荒，粮运不至，乡民嗷嗷，旦夕待死。熙元出粟数十百石自恤其亲邻，众得所依，不至流为盗贼，保全甚多。同治元年享寿百岁，子孙共二十人，蒙恩赐文林郎，给“升平人瑞”扁额，人以为厚德之报云。

孔毓端　清南海人。乾隆五十九年（1794）举人。

［道光］《广东通志》卷八十一《选举表十九·举人四·国朝·乾隆五十九年甲寅·广州府》：南海人。

冯大经　清高明坐阁人。乾隆五十九年（1794）捐授把总、千总。

［道光］《高明县志》卷十二《选举志·国朝武职例》：坐阁人，乾隆五十九年捐授把总，再加捐千总。

冯光燕 字子翼，清顺德马冈人，迁籍高要。乾隆五十九年（1794）举人，任湖北随州知州。

［道光］《广东通志》卷八十一《选举表十九·举人四·国朝·乾隆五十九年甲寅·肇庆府》：高要人。

［咸丰］《顺德县志》卷十一《举人二·国朝·乾隆》：字子翼，知随州。按：光燕自马冈迁家，入籍高要，去得举时尚近，明伦堂木榜载之……乙卯科。

关如均 一说名如钧，字荔圃，清顺德容奇人。乾隆五十九年（1794）举人，接手胡鸣鸾所托付的容桂公约事务，嘉庆二十三年（1818）任广东英德训导。弟天池，嘉庆十八年（1813）举人。

［道光］《广东通志》卷八十一《选举表十九·举人四·国朝·乾隆五十九年甲寅·广州府》：顺德人。卷四十七《职官表三十八·国朝五·英德县·教谕训导·嘉庆朝》：关如钧，顺德人。举人，二十三年任，训导。

［咸丰］《顺德县志》卷十一《举人二·国朝·乾隆》：字荔圃，容奇人。揭阳县教谕，天池兄。乙卯科。《举人二·清·嘉庆》：关天池，容奇人，如均弟……癸酉科。卷二十七《列传七·国朝三·胡鸣鸾传》：倡建容桂公约……将赴选，以约事择关如均付焉。如均，容奇人，甲寅举人。既受鸣鸾托，劳怨兼任，胆识俱全。缉捕既严，贼亦从而怨之，如均防之甚密。尝因公事往省，恐贼窥伺拦截，乃藏匿木柜，使人扛至江边下船乃免。后选揭阳教谕，尝自言其事。卷二十一《沈权衡传附》：顺德诸乡公约之设为他县所无，他县役奉官票下乡可以上下其手，顺德非机密事率先诣公约告之保正，传地保协拘。保正始设，择殷实者充之，有不愿者迫于公论，勉从焉，所以为官耳目手足者，其责甚专。迨行之既久，劳怨并任，殷实者退而钻营之风以起，诡串一二乡老指控旧者乘贿吏胥，官不察而遽当其缺，虽违乡论而扶循情面，无发其覆者矣。盖乡族止一人，权愈重愈可行其私也。山阴李铁桥深知一法一弊之故，申明旧章，增人以杀其势。而后得彼此互相伺察，人持一戳，戳不集则启官疑，故防弊较前为易。然迄于今，已有江河日下之叹矣。

朱燕玙 清顺德仙涌人。乾隆五十九年（1794）举人。

［道光］《广东通志》卷八十一《选举表十九·举人四·国朝·乾隆五十九年甲寅·广州府》：顺德人。

［咸丰］《顺德县志》卷十一《举人二·国朝·乾隆》：仙涌人……乙卯科。

严秉忠　清高明唐肚人。乾隆五十九年（1794）捐授千总。

［道光］《高明县志》卷十二《选举志·国朝武职例》：唐肚人，乾隆五十九年由武生捐授千总。

李光辅　清南海人。乾隆五十九年（1794）举人。

［道光］《广东通志》卷八十一《选举表十九·举人四·国朝·乾隆五十九年甲寅·广州府》：南海人。

李昌曜　名肇珠，以字行，清南海海舟堡人。早年随父居广西，学习法家理论、农田水利。乾隆五十九年（1794）水灾决堤后，官府委托主持修补堤围。

［同治］《南海县志》卷十九《列传·善行》：名肇珠，以字行，海舟堡人。少随父客粤西，习法家言，恒居县幕，留心经世之学，于农田水利尤所深悉。乾隆五十九年甲寅水大涨，自李村抵鱼婢潭决口共廿二处。时布政使会稽陈大文、在籍绅士翰编温汝适，谓此围捍西北两江，为粮命最大之区，年来为洪涛冲击危险已极，非通围大修不可。然工巨费烦，必得熟晓堤工、实心任事之人乃克有济。于是博访众绅，咸推昌曜，遂札委为通围主办。昌曜乃踏勘东西围形势，其厚薄高下、危险平易了然于心。而后买料必得其用，用人必当其才，工役不敢偷安，度支不得泛滥，数阅月工完。除塞廿二缺口外，补薄增高，危者平，险者易，数千丈一律完固。时督工者九江主簿稽会嘉，仿汉筑宣房宫法，建河神庙于李村镇压之，又于决口栽榕树护堤，阴森夹道。论者谓此围，自明初陈博民诣阙上书请筑堤捍患，迄今五百年而昌曜继之，两布衣后先辉映，为德桑梓。陈方伯锡以匾额曰“乡闾保障”，诚实录也。后数年，友人招往湖南办鹾埠。埠居万山中，前有小河通舟楫，每山水发纵横曼衍，山民杂粮多被淹。昌曜详看川源，得其条理，教民采石作坝遏山，水尽入小河，患遂息。土人德之，名曰“思德坝”。此其精于水利之一端也。

李琅　清南海人。乾隆五十九年（1794）举人。

［道光］《广东通志》卷八十一《选举表十九·举人四·国朝·乾隆五十九年甲寅·广州府》：南海人。

杨名标 清顺德桂洲人。乾隆五十九年（1794）武举。

［咸丰］《顺德县志》卷十一《武举·国朝·乾隆》：桂洲人，甲寅恩科。

杨蘅 初名春，一说名衡，字澧澄，清顺德桂洲人。乾隆五十九年（1794）举人，嘉庆十六年（1811）任广东惠来教谕。

［道光］《广东通志》卷八十一《选举表十九·举人四·国朝·乾隆五十九年甲寅·广州府》：顺德人，教谕。卷五十《职官表四十一·国朝八·惠来县·教谕训导·嘉庆朝》：杨衡，顺德人。十六年任，教谕。

［咸丰］《顺德县志》卷二十六《列传六·国朝二》：字澧澄，桂洲人……初名春。少聪慧，一目十行，以诗赋受学使李调元知，梓其诗于《观海集》。甲寅得举，教谕惠来，潜心问学。精熟性理，尝自言能知圣学源流，苦不能行，行则勉强耳。阮文达公督粤，特知而礼之。东原著《原善》，蘅见即录焉，为之旁推侧证，明其节段而综其指归，别为镂板以行。时制府幕中多名流，见而心折，会方议修《通志》需才，使监粤秀书院。不数月，以荒本职遽辞去。至老犹计偕不倦，亦自谓名心未灰，即此已非圣学，顾自知之而不能行之一端也。生平仗义轻财，戊寅会试，道遇故人贫而遭丧者，辄倾囊以赠，别筹路费。尝捐增惠来学舍，病其邑人不善生业，取江南大头菜种于乡，至则给资使分种之，沿利至今。卒官，泣送者数百人。

吴绳泽 字丽川，清顺德黎村人。乾隆五十九年（1794）举人，嘉庆十六年（1811）任广东英德县教谕病归。

［道光］《广东通志》卷八十一《选举表十九·举人四·国朝·乾隆五十九年甲寅·广州府》：广州人。卷四十七《职官表三十八·国朝五·英德县·教谕训导·嘉庆朝》：顺德人。举人，十六年任……教谕。

［咸丰］《顺德县志》卷二十七《列传七·国朝三》：字丽川，黎村人……乾隆甲寅……乡榜。早隽，故得肆力于诗，喜隶僻典，往往我用我法，晚遂成家。官英德教谕，以足疾归。

何闻声 清顺德三桂人。乾隆五十九年（1794）岁贡。

［咸丰］《顺德县志》卷十一《岁贡·国朝·乾隆》：三桂人，甲寅。

张广钊 清南海人。乾隆五十九年（1794）副贡，嘉庆九年（1804）举人。

［道光］《广东通志》卷八十一《选举表十九·举人四·国朝·嘉庆九年甲子·广州府》：南海人。

［道光］《南海县志》卷二十一《选举表二·国朝·贡生荐辟·乾隆朝》：副贡……甲寅。

张翅　清三水猆头人。乾隆五十九年（1794）岁贡。

［嘉庆］《三水县志》卷九《选举·岁贡·清》：猆头人，（乾隆）五十九年贡。

陆恒康　清南海人。乾隆五十九年（1794）举人。子沾荣，改名敦庸，嘉庆二十四年（1819）举人，道光十五年（1835）进士。

［道光］《广东通志》卷八十一《选举表十九·举人四·国朝·乾隆五十九年甲寅·广州府》：南海人。《嘉庆二十四年己卯·广州府》：嘉庆二十四年己卯，陆沾荣，南海人。

［道光］《南海县志》卷二十一《选举表二·国朝·举人·嘉庆朝》：陆沾荣，恒康子……己卯科。《国朝·进士·道光朝》：陆敦庸，原名沾荣，乙未科。

陈至道　清南海人。乾隆五十九年（1794）钦赐举人。

［道光］《南海县志》卷二十一《选举表二·国朝·举人·乾隆朝》：钦赐举人，甲寅科。

周端佩　字参与，号别存，清南海大榄堡人。乾隆五十九年（1794）举人。嘉庆十四年（1809）居家防御海盗。二十二年大挑二等，次年任广东翁源教谕，68 岁卒于官。父万长。

［道光］《广东通志》卷八十一《选举表十九·举人四·国朝·乾隆五十九年甲寅·广州府》：南海人。卷四十七《职官表三十八·国朝五·翁源县·教谕训导·嘉庆朝》：南海人。举人，二十三年任，教谕。

［道光］《南海县志》卷二十一《选举表二·国朝·封荫·乾隆朝》：周万长，以子端佩貤赠修职郎。

［同治］《南海县志》卷十五《列传·官师》：字参与，号别存，大榄堡

人。由庠生中乾隆五十九年甲寅恩科乡试举人，丁丑大挑二等，授翁源学教谕。粤东文风以南韶连一道为下，恒累数科鲜领乡荐者。翁源在万山中，去郡治较远，俗不讲礼让，顽悍好斗争。先是，上下两乡因小嫌械斗，误毁伤学署，端佩至，两造互诘不休。端佩曰："此教之无素，学官责也。"以情理委曲和解之，命两乡公同捐题修复衙署，众皆悦服。见诸生不知悦学，科第日衰，乃与绅士张镐东等创建青云书院，亲下乡劝捐，增膏火、立课程以诱掖奖劝之。诸生中有许尔谦者，庠中翘楚也，端佩器重之，誉其文为诸生式，后尔谦屡考优等，旋于丁酉选拔中乡科，其善衡鉴如此。居教职不干公事，而民有冤苦亦代白之。邑有匪周某在逃，差拘同姓异名者以代，父老联禀乞垂救，乃言于县而释之。乡人携金以谢不受，曰："拯孺子入井，岂为受贿计哉？"居家时，值嘉庆己巳洋匪之乱，土匪乘机窃发，乃联合四乡建保良攻匪策，至今四邻安堵，人尤德之。其送考旋乡，学俸所余，必酌量分给族老之贫乏者，以示推恩之意。所居大榄乡，自道光乙酉以前经十科不发乡榜，端佩谓："堡内无书院为讲学课文所，宜文风之不振也。"因己居官不能亲自董劝，属乡后辈必成之。厥后云鹏书院成，科名渐起，人以为端佩之功云。卒于官，年六十八。

冼成禄　字斯立，清南海佛山镇人。寿89岁。子奇珍，孙荣锡，曾孙乃起。

［民国］《佛山忠义乡志》卷十四《人物志七·孝友·清》：字斯立。性友爱，兄弟四人，成禄庶出居次。父终析产，兄弟归瘠于成禄，怡然受之。未几，兄弟中落，尽鬻成禄产，或有以为言者，曰："彼贫固应尔，祭扫事吾自任之可也。"复以时应其需，稍不遂意，辄厉色相加，置弗校，以故家益窘，乃经商粤西，获万金而返。既而兄弟沦亡殆尽，成禄抚诸孤，为之治产，俾遂成立。宗族三十无室者均为之娶，曰："吾以蕃吾宗也。"亲属邻里有贷于成禄，无不立付，亦不索偿，而必令其人署券计息。或疑不类其生平，成禄曰："吾之为此，欲使用吾财者知债之有累，不可不急自营生也。"及病亟，悉取诸券焚之，曰："毋重贻吾子孙过。"至今传为盛德。卒年八十有九，以曾孙乃起贵晋赠朝议大夫。

胡元榜　清顺德桂洲人。乾隆五十九年（1794）武举，嘉庆四年（1799）武进士，甘肃延绥营守备。

［咸丰］《顺德县志》卷十一《武举·国朝·乾隆》：桂洲人……甲寅恩科。《武进士·国朝·嘉庆》：甘肃延绥营守备，己未。

胡凤 清南海佛山镇人。拔贡，乾隆五十九年（1794）任广东连山教谕，嘉庆十五年（1810）任永安训导，十八年任海南会同教谕。

［乾隆］《佛山忠义乡志》卷四《选举志·岁贡·清》：由庠例贡。

［道光］《广东通志》卷四十六《职官表三十七·国朝四·连山县·教谕训导·乾隆朝》：南海人。拔贡，五十九年任，教谕。卷四十九《职官表四十·国朝·永安县·教谕训导·嘉庆朝》：南海人。拔贡，十五年任……训导。卷五十五《职官表四十六·国朝十三·陵水县·教谕训导·嘉庆朝》：浙江山阴人，拔贡。二年任……教谕。《会同县·教谕训导·嘉庆朝》：南海人。拔贡，十八年任……教谕。

［道光］《佛山忠义乡志》卷十《贡生·清》：附贡。

胡鸣鸾 （？—1814）字徽启，号和庵，清顺德桂洲人。乾隆五十九年（1794）副贡，嘉庆五年（1800）举人，次年进士，九年倡建容桂公约。十七年任辽宁建平知县，两年后卒于任。

［道光］《广东通志》卷八十一《选举表十九·举人四·国朝·嘉庆五年庚申·广州府》：顺德人，进士。卷七十七《选举表十五·进士·国朝·嘉庆六年辛酉顾皋榜·广州府》：顺德人，知县。

［咸丰］《顺德县志》卷十一《副贡·清·乾隆》：桂洲人，甲寅恩科。卷二十七《列传七·国朝三》：字徽启，号和庵……需次家居，会嘉庆甲子，香山县属东海十六沙税杂香、顺者盗匪滋扰，耕多失业。鸣鸾倡建容桂公约，通计现田二十万亩，亩抽银八分为守捕费。官为准行，一时获匪数百。己巳，海寇张保闯入内河，复捐地建台设炮御之。上书总督请盐改陆运，其言曰："海盗啸聚海隅，盐船畏威，辄馈以米粮火药，或不如意，贼即据而夺其期程，过关验放无自稽查，于是登陆焚掠。惟肇庆府陆路可通电白，若改从陆运，而堵御隘口，盗无所济而自靖矣。"又曰："内匪勾结洋盗，必有线人，故洋盗勒赎海船出口，线人皆为说合，被掳者方德之不暇，不肯首告。惟有访拿置之重典，庶勾结之风渐息。"大府用其言，遂严断接济。壬申选建平令，抵任二年卒。将赴选，以约事择关如均付焉……洋匪之入北水，监生尤庚亦上《平洋十策》，大指如鸣鸾，大吏不能用。

［民国］《顺德县志》卷三《建置略二·团局公约》：附录《容桂公约始末》，容桂公约在容奇墟头，嘉庆九年甲子，桂洲进士胡鸣鸾等创建，办理东

海沙田事务。逮咸丰九年提归邑局兼办，该局遂撤。初建约时由容桂各姓集资而成，经邑局将各姓原科银数分别送还，该公约作为邑局公产。约内原有乡义祠，供奉缉贼被戕之丁壮牌位，其香油及守祠人工食始向护沙局支领，后托容奇乡约将原公约租赁与人收租，应支不复向护沙局领取。

黄大纲　一说名大刚，字其昭，又字纪斋，清顺德龙山人，住南海佛山镇。乾隆五十九年（1794）武举。

［嘉庆］《龙山乡志》卷七《选举志·武举·国朝·乾隆甲寅》：黄大刚。

［道光］《佛山忠义乡志》卷十《武举·清》：黄大刚，乾隆甲寅。卷十三《乡禁志（告示）》：广储义仓碑示，现据佛山举人李天达、武举黄大纲呈称。嘉庆二年九月十五日。

［道光］《南海县志》卷二十二《选举表三·国朝·武举·乾隆朝》：甲寅科。

［民国］《佛山忠义乡志》卷十三《选举志一·武举·清》：黄大刚，乾隆甲寅，武庠生。

［民国］《顺德县志》卷八《选举表二·郭〈志〉补遗·武举》：字其昭，又字纪斋，龙山人。南海籍，乾隆甲寅科。

梅世昌　清顺德龙山人。乾隆五十九年（1794）举人。

［嘉庆］《龙山乡志》卷七《选举志·举人·国朝·乾隆甲寅》：梅世昌。

谢谦　清南海人。乾隆五十九年（1794）举人，嘉庆二十三年（1818）任广东归善教谕。父继昌。弟词，五十四年举人。

［道光］《广东通志》卷八十一《选举表十九·举人四·国朝·乾隆五十九年甲寅·广州府》：南海人。《乾隆五十四年己酉·广州府》：谢词，南海人。卷四十九《职官表四十·国朝·归善县·教谕训导·嘉庆朝》：南海人。举人，二十三年任，教谕。

［道光］《南海县志》卷二十一《选举表二·国朝·举人·乾隆朝》：归善教谕，词兄……甲寅科。《国朝·封荫·乾隆朝》：谢继昌，以子谦貤赠修职郎。

程功培　清南海人。乾隆五十九年（1794）举人。

［道光］《广东通志》卷八十一《选举表十九·举人四·国朝·乾隆五十九年甲寅·广州府》：南海人。

［道光］《南海县志》卷二十一《选举表二·国朝·举人·乾隆朝》：教谕……甲寅科。

潘起鹏　字泽堂，清顺德冲鹤人。乾隆五十九年（1794）举人，嘉庆十四年（1809）抵御海盗，十六年任广东遂溪训导。子杰，咸丰元年（1851）举人。

［道光］《广东通志》卷八十一《选举表十九·举人四·国朝·乾隆五十九年甲寅·广州府》：顺德人。卷五十四《职官表四十五·国朝十二·遂溪县·教谕训导·嘉庆朝》：顺德人。举人，十六年任，训导。

［咸丰］《顺德县志》卷十一《举人二·国朝·乾隆》：字泽堂，冲鹤人。遂溪县训导……乙卯科。卷二十七《列传七·国朝三》：嘉庆……己巳夏，张保、郑石氏闯入内河，时乡县以保御闻者……举人……如冲鹤潘起鹏。

崔槐　（1764—1818）字植庭，一字荫亭，清南海沙头堡人。乾隆五十七年（1792）在西樵山白云洞读书，嘉庆五年举人。十四年（1809）进士，任内阁中书、文渊阁检校。丧母归守孝，在广州教书。二十一年回京复职，二十三年分校顺天乡闱，病卒。富藏唐、宋、元、明人书画真迹。生父泽，嗣父端。

［道光］《广东通志》卷八十一《选举表十九·举人四·国朝·嘉庆五年庚申·广州府》：南海人，进士。卷七十七《选举表十五·进士·国朝·嘉庆十四年己巳洪莹榜·广州府》：南海人，内阁中书。

［道光］《南海县志》卷二十一《选举表二·国朝·封荫·嘉庆朝》：崔泽，以出嗣子槐貤赠文林郎。崔端，以子槐赠文林郎。卷三十九《列传八·国朝》：字植庭，沙头堡人。为诸生，试辄冠其曹偶。嘉庆庚申举贡士，四上春官成己巳进士，授内阁中书，充文渊阁检校。母忧去职，授徒羊城，从之游者数百人。槐孝友笃实，教人以立诚为宗，尝属门弟子曰："与其从师逐队过日，不如二三知己屏迹相切劘之为愈。"生平酷嗜书画，蓄唐、宋、元、明人真迹甚富，居恒无事，展玩至夜分不辍。京师士大夫往来尚声气，槐在都高简沉默，公余闭门著述。客至，寒暄外常移时不交一语，至论文及辨证书画则亹亹终日。丙子起复供职，戊寅分校顺天乡闱，得士如额，而疾作未揭晓卒，年五十五。著《四书义》《易义》最精核，欲授梓人不果。

《西樵白云洞志》第二册《传略·崔中书槐》：按中翰，一字荫亭，乾隆壬子、癸丑间，尝读书于白云洞。

［宣统］《南海县志》卷十一《艺文略·经部·易类》：《周易集义》，国

朝崔槐撰。《艺文略·经部·四书类》：《四书讲义》，国朝崔槐撰。

梁元翀　(1764—1832) 字章远，号侪石，清顺德大良人。与吕翔、佘凤邻居，善画。族叔彝，子思明。

[咸丰]《顺德县志》卷二十七《列传七·国朝三》：字章远，号侪石，大良人。先世迁自伦教，居碧鉴海滨，宅旁有古松三株，又号三松居士。与吕翔、培，佘凤左右比邻。翔少学画，欲师事黎简。元翀亟止之曰："为画当师造化，他日诣成，局人门下，悔之晚矣。"翔大悟，于是相与纵论六法，约各就笔性所近，自寻宗派。翔以摹古入而兼工花卉。培稍后出，专擅兰竹而间以没骨花草。凤专以人物名，而元翀则但为山水，自幼即具老笔，苍莽峭拔，偶作黄鹤山樵，万毛攒凑中苍翠欲滴。两兄并商越南死，元翀奉事寡母，家中落，恃馆谷为菽水。族叔三峰招授子弟读，辟室聚古图籍，宋、元名迹肆其披览。元翀自是心摹手追，辄有会心，摩挲既久，遂洞悉诸家源流，以秀润济其古劲，绝不依傍古稿，而胸中丘壑，迭取不穷。学以大进，声亦辄起，得尺幅者珍同球璧。士夫官岭北，游显贵门，海舶远航异国，皆挟其画以行。每画成，必吮毫题韵语其上，书法山谷，神韵逼肖，人称三绝。但兴到即作，未尝锱铢较所酬。遇贫士不受润笔，纸尾记来属日月，以次还之，不以声价自高也。素方正，尝产丰而无节，积以建祠门，为规条训子姓，留巨迹于祠，使见而记之也。道光壬辰，年六十九，中秋珠江对月，饮已，遽买棹归，卒于碧江舟次。子思明，世其画学。

蔡云　(1764—1832) 字青岩，清顺德龙江人。乾隆五十七年 (1792) 举人，大挑任山东知县，因父去世归。嘉庆十四年 (1809) 抵抗海盗。父湛泉。长子膺，道光十七年 (1837) 举人。次子庸，增生。

[道光]《广东通志》卷八十一《选举表十九·举人四·国朝·乾隆五十七年壬子·广州府》：顺德人。

[咸丰]《顺德县志》卷十一《举人二·国朝·乾隆》：龙江人。知金乡县……壬子科。

[民国]《顺德县志》卷九《封荫表·封赠·文阶》：蔡湛泉，龙江人，以子云封山东金乡县……知县。卷十七《列传二》：字青岩，龙江人。幼有异质，弱冠时遇旱荒，为祈雨劝赈文，情词剀切，富人感动，踊跃捐输。中乾隆壬子举人，大挑知县，分发山东。巡抚铁冶亭器之，即委协送琉球贡使。旋摄篆金乡，调署博山，政声卓著。既而卸篆需次任城，值河决，钦差张秋

委云查账，政平事理。丁父艰归，行李萧然，服阕以养母不复出。嘉庆己巳，海寇张保犯境，云偕同志竭力捍御，寇退结社曰“防御”，纪实也。主龙江局务，治事明察。有盗鱼积匪被获，云辨其诬，因谓之曰：“汝常盗，奚怪人疑？”其人泣且悔，云察其诚，予钱数千令行贩，盗遂改行为良民。慕晋代白莲社，乃与里中逸士构筑吟坛，号曰“慕莲书舍”，吟咏自娱。道光十二年卒，年六十八。长子膺，领道光丁酉乡荐。次子庸，增生。

叶应璠　清顺德桂洲人。乾隆六十年（1795）武举。

［咸丰］《顺德县志》卷十一《武举·国朝·乾隆》：桂洲人……乙卯。

庄清涛　清南海人。乾隆六十年（1795）举人。兄清槐。

［道光］《广东通志》卷八十一《选举表十九·举人四·国朝·乾隆六十年乙卯·广州府》：南海人。

［道光］《南海县志》卷二十一《选举表二·国朝·举人·乾隆朝》：清槐弟……乙卯科。

刘宗瑚　字敦次，清高明大唐美人。子学藻。

［道光］《高明县志》卷十三《人物志·国朝》：字敦次。廉介自守，雅好稽古。早岁援例成均，学力之勤诸生罕有其匹，及老犹谆谆以读书教训子弟。其子学藻，乾隆乙卯科以耆儒钦赐副榜，嘉庆戊午科赐举人，此瑚生平积学之报也。

刘学藻　清高明大唐美人。乾隆六十年（1795）赐副榜，嘉庆三年（1798）赐举人。父宗瑚。

［道光］《高明县志》卷十二《选举志·钦赐》：大唐美人。乾隆六十年乙卯恩科钦赐副榜，嘉庆三年戊午钦赐举人。卷十三《人物志·国朝·刘宗瑚传》：字敦次……其子学藻，乾隆乙卯科以耆儒钦赐副榜，嘉庆戊午科赐举人，此瑚生平积学之报也。

关绍武　清顺德黄连人。乾隆六十年（1795）赐副贡。

［咸丰］《顺德县志》卷十一《副贡·国朝·乾隆》：黄连人，乙卯，以符例赠。

李天达 清南海佛山镇人。乾隆六十年（1795）举人，嘉庆十七年（1812）任广东普宁教谕，二十四年海南儋州学正。兄凤阳。

［道光］《广东通志》卷五十五《职官表四十六·国朝十三·儋州·学正训导·嘉庆朝》：南海人。举人，二十四年任，学正。卷五十《职官表四十一·国朝八·普宁县·教谕训导·嘉庆朝》：南海人。十七年任……教谕。卷八十一《选举表十九·举人四·国朝·乾隆六十年乙卯·广州府》：南海人，教谕。

［道光］《佛山忠义乡志》卷十《举人·清》：乾隆乙卯。卷五《乡俗志·氏族》：李氏，系出陇西。现教谕天达。卷十三《乡禁志（告示）》：广储义仓碑示，现据佛山举人李天达呈称。嘉庆二年九月十五日。

［道光］《南海县志》卷二十一《选举表二·国朝·举人·乾隆朝》：儋州学正，凤阳弟……乙卯科。

［民国］《佛山忠义乡志》卷五《教育志·书院》：福山书院……乾隆五十七年岁次壬子桂月谷旦，阖镇值事绅耆……区宏绪、李天达等同立。卷七《慈善志·仓储·佛山义仓》：在祖庙铺麒麟社后。乾隆六十年乙卯，举人李天达等以佛山向有社仓为一司十堡所共，每遇散赈出纳，动需禀官，有稽时日，爰议再谋积贮，添建仓廒，并规定条约，禀准立案，勒石遵行，以垂久远……嘉庆年间，举人李天达等呈请广储民食，给示立石在乡禁门。

李阳光 清顺德人。乾隆六十年（1795）举人，任广东镇平（今蕉岭）训导。

［道光］《广东通志》卷八十一《选举表十九·举人四·国朝·乾隆六十年乙卯·广州府》：顺德人。

［咸丰］《顺德县志》卷十一《举人二·国朝·乾隆》：六道人。镇平县训导……乙卯科。

李应扬 清南海海舟堡人。乾隆六十年（1795）武举，道光时参与修堤。

［道光］《南海县志》卷二十二《选举表三·国朝·武举·乾隆朝》：乙卯科。

［同治］《南海县志》卷十九《列传·善行·李昌曜传》：海舟人。留意堤工。道光年间，举人曾铭勋、何子彬、冯日初、明伦等修围，前后资其赞画。所居在西江，土人习为椎埋，为行旅苦，应扬一以法惩之，遂不敢逞。

自其族有读书登第者专为逋逃薮，反诬应扬为弓马粗材，不知变通。应扬虽高年重望，弹压不灵，俗渐败坏。以版筑为生计，以胖痾为利源，行李相戒裹足，目为罗利江人，乃思应扬以为不可及云。

岑诚 字怀敬，号善门，清南海九江人。乾隆六十年（1795）举人，教书为业。嘉庆十二年（1807）桑园围决口，与潘澄江主理修复。

［道光］《广东通志》卷八十一《选举表十九·举人四·国朝·乾隆六十年乙卯·广州府》：南海人。

《九江儒林乡志》卷十《选举略·国朝·举人·乾隆六十年乙卯科》：字怀敬，号善门。县学，中式第十七名。卷十四《列传·清》：字怀敬，号善门，西方西山约人。性行纯笃，嗜学能文，尝手辑先正名言一卷题曰《善门宝录》，朝夕省览。家故贫，课徒自给。受馆于鹤山村落间，束脩菲薄，人所难堪，诚独不以为嫌，下帷讲授，穷年矻矻，晏如也。乾隆乙卯由邑学领乡荐，落第后仍以讲学为事。居近桑园大围，于堤工素所讲究。嘉庆丁丑，夏潦涨发卫决，海舟堡三丫基六十余丈刷深成潭，筑复工程较甲寅李村决口更难为力。当道访求董理，以诚谙练基务属，与孝廉潘澄江等共襄厥事，遂偕赴工次审度情形，悉心经画。先将决口筑复，其余东西基各险要亦次第修葺，一律完固。工既竣，又复为通围筹善后之策，倡联南、顺两邑绅士吁请大府，奏准借帑生息以裕经费，自是比岁修理，基围日加巩固，其所以为桑梓计者周矣。晚年精于地理。

何丽珍 清南海佛山镇人。乾隆六十年（1795）举人。

［道光］《广东通志》卷八十一《选举表十九·举人四·国朝·乾隆六十年乙卯·广州府》：南海人。

［道光］《佛山忠义乡志》卷十《举人·清》：乾隆乙卯。

陈中孚 清南海人。乾隆六十年（1795）举人，化州学正。

［道光］《广东通志》卷八十一《选举表十九·举人四·国朝·乾隆六十年乙卯·广州府》：南海人。

［道光］《南海县志》卷二十一《选举表二·国朝·举人·乾隆朝》：化州学正……乙卯科。

陈龙章 清顺德容奇人。乾隆六十年（1795）武举。

[咸丰]《顺德县志》卷十一《武举·国朝·乾隆》：容奇人，乙卯。

陈圣铸 清顺德桂洲人。乾隆六十年（1795）举人，任福建永福知县。父树培，兄圣治。

[道光]《广东通志》卷八十一《选举表十九·举人四·国朝·乾隆六十年乙卯·广州府》：顺德人，福建永福知县。

[咸丰]《顺德县志》卷十一《举人二·国朝·乾隆》：桂洲人，知永福县，乙卯科。卷十二《封荫表·封赠（文阶）·国朝》：陈树培，以子圣铸赠。陈圣治，巡检，以弟圣铸赠。俱永福县……知县。

陈国玉 清南海人。岁贡，乾隆六十年（1795）任广东仁化训导。

[道光]《广东通志》卷四十七《职官表三十八·国朝五·仁化县·教谕训导·乾隆朝》：南海人，挨贡，六十年任。

林绍光 字延宗，清南海大江堡人。乾隆六十年（1795）举人，嘉庆元年（1796）进士，任湖北安陆知府。寿63岁。祖国鼐，父钟。

[道光]《广东通志》卷八十一《选举表十九·举人四·国朝·乾隆六十年乙卯·广州府》：南海人，进士。卷七十七《选举表十五·进士·国朝·嘉庆元年丙辰赵文楷榜·广州府》：南海人。二甲，户部郎中、安陆知府。

[道光]《南海县志》卷二十一《选举表二·国朝·封荫·嘉庆朝》：林国鼐，以孙绍光貤赠奉直大夫。林钟，以子绍光赠奉直大夫，晋朝议大夫。卷三十九《列传八·国朝》：字延宗，大江堡人。生七十日而孤，事节母以孝闻。年十五补诸生，五经史传尽通，有神童之目。举乾隆乙卯贡士，嘉庆丙辰连捷进士，观政户部。办理军需局钱法，堂派管工部宝源局监督，兢慎供职，上官戴莲士相国、初颐园尚书咸倚重之。出守湖北安陆，属邑多积案，绍光甫视事，昕夕督谳，囚系一空。郡有兰台书院久圮，绍光捐廉倡修。暇辄亲进郡士讲艺，士大悦服，预为栗主尸祝于书院，绍光峻却乃止。寻以诖误左迁去，士民焚香送者载涂。卒年六十三。

罗彦伦 清南海人。乾隆六十年（1795）武举。祖杰士，父敏辉。

［道光］《南海县志》卷二十二《选举表三·国朝·武举·乾隆朝》：乙卯科。《国朝·封荫·乾隆朝》：罗杰士，以孙彦伦貤赠武略骑尉。罗敏辉，以子彦伦赠武略骑尉。

胡廷任 清顺德桂洲人。乾隆六十年（1795）武举。

［咸丰］《顺德县志》卷十一《武举·国朝·乾隆》：桂洲人……乙卯。

胡志昕 字颜仲，清顺德桂洲人。乾隆六十年（1795）举人，嘉庆十七年（1812）任广东阳江教谕。

［道光］《广东通志》卷八十一《选举表十九·举人四·国朝·乾隆六十年乙卯·广州府》：顺德人。卷五十一《职官表四十二·国朝九·阳江县·教谕训导·嘉庆朝》：顺德人。举人，十七年任……教谕。

［咸丰］《顺德县志》卷十一《举人二·国朝·乾隆》：字颜仲，桂洲人。阳江县教谕……乙卯科。

胡昌梧 清顺德桂洲人。乾隆六十年（1795）武举。

［咸丰］《顺德县志》卷十一《武举·国朝·乾隆》：桂洲人……乙卯。

胡维纲 清顺德桂洲人。乾隆六十年（1795）武举。

［咸丰］《顺德县志》卷十一《武举·国朝·乾隆》：桂洲人。浙江宁波卫千总……乙卯。

胡朝安 清顺德桂洲人。乾隆六十年（1795）武举第一名。

［咸丰］《顺德县志》卷十一《武举·国朝·乾隆》：桂洲人。第一名，千总……乙卯。

袁虚舟 清顺德勒楼人。乾隆六十年（1795）赐副贡。

［咸丰］《顺德县志》卷十一《副贡·国朝·乾隆》：勒楼人。乙卯，以符例赐。

莫若之 号芳洲，清高明村头人。乾隆六十年（1795）举人，嘉庆二十三年（1818）任三水教谕，道光三年（1823）与修《高明县志》。父且坚。

［嘉庆］《三水县志》卷六《秩官表·国朝教谕》：高明人。举人，（嘉庆）二十三年任。

［道光］《广东通志》卷八十一《选举表十九·举人四·国朝·乾隆六十年乙卯·肇庆府》：高明人，教谕。

［道光］《高明县志》卷十二《选举志·举人·国朝》：村头人。乾隆六十年乙卯恩科举人，现任三水县教谕，兼理花县学事。《选举志·封典·国朝》：莫且坚，村头人，嘉庆二十四年以子若之赠修职郎。卷首《纂修〈高明县志〉·分纂》：举人、现任三水县教谕莫若之。

［光绪］《高明县志》卷十三《列传二·人物·国朝》：号芳洲，由廪生领乾隆乙卯乡荐，任三水学兼花县学。家贫嗜古，以孝友著，夫妻相敬如宾。内行既谨，复擅人伦鉴，每观言动以决成败多奇中。文昌塔久圮，实力倡修。道光癸未与修《县志》。

梁定邦　清顺德光华人。乾隆六十年（1795）武举。

［咸丰］《顺德县志》卷十一《武举·国朝·乾隆》：光华人，乙卯。

梁琛　清高明陈等人。乾隆六十年（1795）举人，任广西罗城教谕。

［光绪］《高明县志》卷十二《选举表·国朝·举人·乾隆朝》：陈等人，广西南宁籍。罗城教谕，六十年乙卯科。

黄一木　清南海人。乾隆六十年（1795）赐举人。

［道光］《南海县志》卷二十一《选举表二·国朝·举人·乾隆朝》：钦赐举人……乙卯科。

温丕谟　字远猷，号濂渚，清顺德龙山人。乾隆六十年（1795）举人，37岁卒。叔汝适。

［嘉庆］《龙山乡志》卷八《人物志·文苑》：字远猷，号濂渚。赋质清癯，弱不胜衣。早孤，事母孝。年十六始学为文，昼夜攻苦不少懈，学由日进。二十游邑庠，愈发愤刻励，日惟危坐一室，手不释卷，稍有疑义，必搜剔群书，不得其解不止。所积书丹墨俱下，经传中诸说纷纭，孰得孰失，悉为拈出，凡有要义，手辑成帙。居恒不妄交游，乐与正人居，有疑必问，每事必询，以是里党咸敬爱之。乾隆乙卯举于乡，两赴公车不遇而归，卒年甫三十七。识者谓其好学深思，乐善不倦，一旦溘逝，未竟其志，乡人士莫不

为之悼叹弗置焉。

［咸丰］《顺德县志》卷十八《艺文略二·集部二·别集二》：《濂渚诗集》，国朝温丕谟撰。丕谟，汝适兄子，集汝适为之序。

谭璟　清高明范州人。乾隆六十年（1795）举人，嘉庆十七年（1812）任广东新安（今深圳）训导。父起鳌。

［道光］《广东通志》卷八十一《选举表十九·举人四·国朝·乾隆六十年乙卯·肇庆府》：高明人，起韬侄。卷四十六《职官表三十七·国朝四·新安县教谕训导·嘉庆朝》：高明人。举人，十七年任，训导。

［道光］《高明县志》卷十二《选举志·封典·国朝》：谭起鳌，范州人。增生，嘉庆二十四年以子璟赠修职郎。

梁森　字掞庭，清顺德黄连人。乾隆末任广西柳州知府，卒于官。堂兄兆榜。孙玉淦，官湖北多云巡检，守城死。

［咸丰］《顺德县志》卷二十六《列传六·国朝二·梁兆榜传》：黄连人……从弟森，字掞庭。作宰嘉兴，力清漕弊，戒浮羡，调剂务得其平，谳狱最明决，上官令设局清厘积案。迁盐运副使。乾隆末，大驾南巡，驻跸西湖。恭进《迎銮》雅乐，取浙中故实之有关民事者，为曲九出。会搜得苏文忠马券石刻于榛芜间，相国王文端杰拓呈御览。迁守柳州，历权泗城、庆远、太平卒。孙玉淦，官湖北多云巡检，咸丰二年十二月逆匪扰会城，守宾阳门力不支死之，方请荫恤。

陈晟炽　字旸谷，一字海岛，清顺德樟冈人，居大良。李麟徵、黄丹书请为家教。在大良教书，与梁之任齐名。子经，道光八年（1828）举人。

［咸丰］《顺德县志》卷十八《艺文略二·集部二·别集二》：《味雪轩遗稿》二卷，国朝陈晟炽撰。按：晟炽字旸谷，号海岛，诸生，樟冈人，居大良。卷二十六《列传六·国朝二·李麟徵传》：字旸谷，一字海岛，樟冈人。少务学，为麟徵器重，悯其贫招为子师，授以文诀，遂知名。黄丹书闻而延馆于家，所接皆一时名下士，诗古文词日就精熟，书法日益工，胡亦常、黎简、张锦芳皆见而推挹。设帐县城，从者岁以百计，经指授率早达，饩于学、就保试至四五百人，多积年门下也。所为制艺一循前民矩矱，颇自负，时梁之任亦有盛名，乡试出录草互质，彼此皆不作第二人想，往往互争不相下，而两人故交深不嫌也。麟徵卒，晟炽哭之恸，每举李义山哭刘蕡诗，时一吟

哦，几为怆绝，盖少日受麟徵期许厚，自以潦倒场屋，有负知己，实自伤也。子经举人，量诸生。著有《味雪轩集诗余》……按晟炽书法唐碑，尤深入欧阳率更堂奥。临终尚明爽，呼子语曰："地下召我书某碑，砻石待久，不能不行。"语毕而绝。长吉玉楼①，于古有征，然事怪不得入传。卷十一《举人二·国朝·道光》：陈经，字法士，樟冈人，住大良……戊子科。

徐登　字璧华，号稚山，清南海河村人。工书善画，书学赵孟頫，画仿王翚，为当时谢兰生所推重。子汝霖。

［同治］《南海县志》卷二十《列传·艺术》：字璧华，号稚山，江浦司河村人。工书画，书学赵松雪而得其秀腴，画仿王石谷而得其精密。所写长林巨壑，最为工致，其余写花竹士女，下及虫鱼，皆有深致。而尤善临摹，得古人手迹，绘其貌而取其神，虽老于鉴赏者几莫能辨。晚年好游览山川，画品益进，弥自矜高，有金碧堆床不能得其片幅者。同时谢庶常兰生以书画冠世，亦推重之，尝谓："稚山画绳趋矩步，法律森严，我辈不及。所惜者能踏实不能凌空，我辈能凌空不能踏实，坐此不逮古人耳。"昔董香光论书，谓赵文敏以熟反有俗态，拙书以生，反有秀色，此入微之论，评画当以是推之。登能为五言小诗。子汝霖，能传其家学。

董廷诰　字凌山，清顺德金陡人。与李麟徵倡建金峰书院，龙廷槐邀教家塾。

［咸丰］《顺德县志》卷二十六《列传六·国朝二·李麟徵传》：字凌山，金陡人，诸生。举乡正，子弟不善者畏为所闻。倡建金峰书院，与麟徵同事。龙廷槐延致家塾，知其品学，将留为所居南关党正。廷诰以异乡辞，至以解馆争乃止。

温汝遵　字旋矩，号竹堂，清顺德龙山人。随兄汝适在京，屡试不中，援例官詹事府主簿。

［咸丰］《顺德县志》卷二十七《列传七·国朝三·温汝适传》：龙山人……弟汝遵，字旋矩，号竹堂，事母孝恭。兄代理家务，汝适入直内廷，出奉使命，在公日多，汝遵晨夕不离母侧，母年老安居京邸，忘乡土之遥。

①长吉玉楼：唐李商隐《李贺小传》记载，"长吉将死时，忽昼见一绯衣人驾赤虬，持一板书笑曰'帝成白玉楼，立召君为记'"。

赋性明敏，汝适尝与共议乡族诸事，悉得其宜。故其殁，为诗哭之，有“才能助我”句。屡蹶京兆试，援例官詹事府主簿。公暇嗜学，于一切纷华靡丽皆不顾，惟好吟咏，尝与都中士大夫唱和，为时所称，著有《竹堂诗钞》。

温汝遂　字遂之，以字行，自号竹梦生，清顺德龙山人。汝适九弟，与张锦芳、黎简、谢兰生等以诗画交。

［咸丰］《顺德县志》卷二十七《列传七·国朝三》：字遂之，以字行，自号竹梦生，汝适第九弟也。聪明嗜学，多聚书，手加丹黄。喜札记异同，缘是能淹贯，兼工草书，落笔如万斛泉流不择地。兄弟皆以仕宦显，惟汝遂恬淡，绝意科名。同县黄丹书、黎简、张锦芳，南海谢兰生先后杰出，并以书画享重名，皆与交好。汝遂初未尝学画，见弟汝述工山水得元人法，乃专心于画竹。楼居三月，取坡翁、梅道人、李息斋竹卷，萃精摹拟，得其阴晴风雨、整斜正变之神。尤着意箨笋，以己意造为新法，洗出甲、坼、抽、含诸势，于是出与群彦角艺，皆惊异，莫知所从来。生平精鉴别，所蓄古彝器、汉晋瓦当、宋元名迹，率精品。时方承平，藏家订期日，具酒榼于珠江，各出所有，互为品评，殿者供其费，每以汝遂第一。文酒场中陶乐至老，著有《梦痕录》六卷、《续录》二卷。

［民国］《顺德县志》卷十四《艺文略·集部·别集·闺秀》：《淡秋楼诗文稿》，国朝名媛吴氏撰……谨按：吴氏，南海吴承懿女，龙山温遂之之妻。

陈耜文　字甸周，清顺德龙山人。精医术。族弟纬文亦善医，与邻居温遂之经常饮酒纵谈。子年光。

［咸丰］《顺德县志》卷二十七《列传七·国朝三》：字甸周，龙山人。少聪敏，博览书史，尤精岐黄学，每谓学医必须先向源头探求，始有根柢，非下帷数年不能有成。尝登阁读《灵枢》《素问》诸古书，久之，并穿穴历代诸名家，五年后始出问世，一出而名遍里闾。诊脉时，息心静气，务得病源，远来者必令少憩，方与诊视，以故用药辄效。晚年名播省垣，士大夫争相延致。番禺编修刘彬华尤与深契。同族得其传，多精医者。族弟纬文，字杼周，亦善医，户外屦常满。每遇疑难症，未尝率意，必遍稽书籍，或借诸藏书家，务得治法乃已。兼精鉴藏，与温遂之比邻，每日归，必过饮纵谈。醉后但宴坐调息，比明复出门，终日无倦容。子年光，字应元，能世其业。制方多速效，求诊者尤众，日不暇给，竟以劳瘁成疾。及殁，人深惜之。

黄子健　字江皋，清南海盐步平地人。增生，有医术。

［道光］《南海县志》卷四十二《列传十一·方技》：字江皋，平地村人。邑增生。性沉毅，言笑不苟。为制义文不染时习，久困场屋，乃肆力于医。尝谓："世人不读黄帝、张仲景书而自命为医，是草菅人命也。"取《内经》及《伤寒论》《金匮要略》，殚思研虑者二十年，遂精其术。著有《订正金匮玉函经集注》藏于家。

吕逢恩 字湛予，清顺德大良人。贡生，任广西廉州教授。与翙和俱为吕翔、吕培堂兄，均善画。28岁卒于官，妻佘氏守节。

［咸丰］《顺德县志》卷十三《仕宦·文职·国朝》：容奇人，训导，署廉州教授。卷十四《节孝表二·道光朝汇案三》：佘氏，贡生吕逢恩妻……大良……道光二十六年汇案，拆载四之三。卷二十七《列传七·国朝三·吕翔传》：群从以画名者，逢恩，字湛予，官廉州教授，励士节，振文风，贫者每资其膏火。卒官，年仅二十八。人惜之。翙和，晓形家言，皆以耳目濡染，能作花卉，而不善山水泼墨。容奇有梁胶者，善书，精海山人物，能作方丈大轴。

吕翔 字腾羽，号隐岚，清顺德大良人。工画，弟培。

［咸丰］《顺德县志》卷二十七《列传七·国朝三》：字腾羽，号隐岚，大良人。先世迁自容奇，于碧鉴海旁三株松下，筑堂池以居，刻陆放翁"诗境"字额其门。性寡默而喜交游，少即能摹拟古名迹，每见必钩稿藏焉。画时辄取较其大小远近之度以为绳尺，故所作蹊径，动与古合，既熟，则意为伸缩，不爽毫发。盖天分绝高又能精心师古，烟云变灭，气韵生动，非野战①所能及也。声华既四播，岭北缙绅得其片缣，珍同古轴，往往折节纳交。有奉使册封琉球者，以重币聘之，会病不果往。先是画苑有"南奚北宋"之目，谓葆淳与冈也，既而汀州伊秉绶来粤守惠，见翔画，遂易之曰"北奚南吕"。所为花卉专学陈道，复参以钱坤一法。与其弟培对案泼墨，胶山矾海间，商量位置，怡怡如也。所居与梁元翀、佘凤比邻，复与黄丹书、黎简、梁枢为忘年交，相与谈论六法，无间旦夜。尝闻其友梁礼觐习静西樵，袱被相访。住白云洞屡月，对坐瀑下，顿忘朝食，自言进境以是始云。

①野战：不按常法作战，喻不按棋谱对弈。

冯龙官　字孟苍，清顺德古楼人。好考证古文，教书广州时，曾燠急于罗致身边，伊秉绶亦为其著作而倾倒，阮元修志时聘他主持地理局，皆不往。父瑜。

［咸丰］《顺德县志》卷二十七《列传七·国朝三》：字孟苍，意不慊于赠者，因自称孟，古楼人……父瑜，诸生，幼即教以小学，上口能解说。年十二补县学，先世注籍庠序者，至是已七世矣。送粤秀书院肄业，院长戴相国时方主讲，见而奇之，期望綦切。甫冠，以父折阅系讼，辄出作汗漫游，沿楚入蜀，所至与其名流硕彦讲求问学。见闻既扩，又得助以山川胜概，业大进益。归则聚群书，穷日夜研究，迄五夜不辍。时年富意锐，尝取周秦廿八书、《文选》《玉台新咏》各为考证，又集《弟子职》①《急就》第为《幼学十书》。思注十四经，先成《孝经》数万言为蚁蚀，遂叹息中止。既而父殁，家益落，授徒会城，名大起，缙绅闻每造访，龙官杜门不肯修见礼。布政使者南城曾燠，方负一时重望，介其弟子陈昙延致之。龙官笑不答，书条纸于案曰："古有逾垣而避者，予岂不知所以自处耶？"卒不往。汀州伊秉绶之守惠也，恒主于陈，癖嗜龙官书及所撰作，讶为古人，倾倒致深。顾数载同居停，卒未获一接晤，伊亦不数数强也。迨惠州盗发，伊得罪入狱，龙官于是青衣小帽，就狱中与订交。阮文达制两广，修东省志，聘主地理局，中驰三书以招，龙官方馆伦教，使其弟子辞焉。广西袭土司岑垲以事至，泊省河，屏从徒诣之，与谈终日，揖送预告以不答拜故。生平尚风节，敦古处，酷慕南海邝湛若，而跬步深自捡束。为《日记》记其交处酬应，阴晴寒燠与诵读撰著，数十年不间，积盈巾箱，殆无一言一动不可告人者。为文务循正轨，最讲体例，考据更极精博，洋洒数千言，随手挥出，曾无腹稿。聚书每鉴别善本，手装而跋其尾，积为一编曰《载关录》，中年后以次易米几尽，不自惜。喜金石文字，至罗定搜龙龛岩文，至是遂出。先是，广管无为说文者，自龙官始。卒，前集所存文字，付弟子刻之，今著录之冯孟文册、诗册不次卷第者是也。子向，县诸生。卷十七《艺文略一·史部·目录类》：《载关录》一册、《历代冯氏撰述书目》一册、《广东诸家撰述书目》一册、《桂柯十录总目》一册、《顺德县文录》《四声录》合三册、《艺文总录》《金石总录》合五十册、《绿墅书录》六册、《石鼓文录》一册、《四川碑记录》四册，并国朝冯龙官撰……《载关录》自序：余家自中落，先世藏书荡然尽已。比复营购，而以负米之余，或有所获，亦往往失臂交之，不得已则读且售以为继，力日

①《弟子职》：《管子》一书中的篇章。用四字韵文写成，主要讲学生的日常行为规范。

竭矣，曾于心未遂，百之一也。至有旦夕不废，及意所尤系者，每约略以充诸匣，为出入随行之具，而或等类相错，妨于简稽，用发十例为目次，率刺取《墨子》关中载书语题之。

严伦 字伦皆，号石樵，清顺德大良人。与邻居冯龙官为友，与弟紫芝皆能画。

［咸丰］《顺德县志》卷二十七《列传七·国朝三·梁枢传》：字伦皆，号石樵，大良人，国子生。居东郊，友比邻冯龙官负不世才，困青衿，家贫养母，偶缺旨甘，伦必私有以赠之，伦固寒士也。见枢画多作米家父子派，因亦极力摹拟烟痕雨意，久遂成家，谓一节可名，不复旁骛。诗亦积久钞而成集，曰《碧梧轩诗钞》。弟紫芝，字商山，亦知画。

林必仁 字乐山，清顺德黎村人。贡生，山水花卉与沙富人连仁并称。内弟郑鹗翔，伦教人，善画，惟与严伦讨论。侄桂，嘉庆二十三年（1818）举人第一名。

［咸丰］《顺德县志》卷二十七《列传七·国朝三·佘凤传》：连仁，沙富人，自号清娱外史，人物亦学老莲。林必仁，字乐山，黎村人，例贡生。山水花卉并有时誉，称“二仁”。侄桂，能诗，首解后益工。必仁与妻弟伦教郑鹗翔皆少学六法，必仁交满郡县，而鹗翔则杜门不通一客，惟时出所作，就严伦质正而已。

罗学鹏 字秩宗，清顺德大良人。嘉庆时，海盗张保袭击内河，主动上书，出谋划策。搜罗州县先贤诗文，编为《广东文献》出版。65岁卒，朋友冯龙官为诔哀悼。曾祖良会。

［道光］《广东通志》卷一百九十八《艺文略十·集部四·总集》：《广东文献》七十一卷，国朝罗学鹏辑，存。《顺德草志》，学鹏搜罗数十年，成初集十八卷、二集九卷、三集十八卷、四集二十六卷。

［咸丰］《顺德县志》卷二十七《列传七·国朝三·冯龙官传》：字秩宗，大良人。曾祖良会……学鹏好搜罗郡邑先正所遗诗文，每求诸其子姓，无虑残编蠹简，皆手录尽而后已。弱冠即援例入国子，为有用之学，喜谈经济。洋匪张保辈之内扑也，诣制府上书，善而不用。既又条陈广东治安，凡平海寇、买洋米、设沙夫多用其策，而卒无所遇。既屡试都门不售，南归老且贫矣，乃出所录，次为初至五集，并题曰《广东文献》刻焉，工资缺，鬻所居

给之。自以别妇早，至六十重合卺如初婚，情好弥笃。居恒少食辄饱，饥则啜清泉盈瓯而已。年六十有五，先龙官死。先是，文献之刻，附所自为诗文，龙官规之不听，至是为诔哀之。著有《春晖草堂诗集》。

佘凤 字应占，清嘉庆至道光间顺德马冈人。与梁元翀、吕翔一起长大，为梁彝儿女亲家，善画仕女、鸟兽、花石。

［咸丰］《顺德县志》卷二十七《列传七·国朝三》：字应占，马冈人，居大良碧鉴海旁。少有聋疾，以是心思转得专一。既与梁元翀、吕翔邻近，为总角交，又与梁彝订儿女姻，于是以画学互相勖勉。凤谓："诸君他日必以山水成名，予笔弱当让一筹矣。"于是先取仇实父摹刻《列女传》求其规矩绳墨，后见陈洪绶迹，又参用其波折，故所为士女神貌逼肖十洲，而衣褶则每拟老莲，仙佛神像复远追吴道子、赵文敏。凡人物所宜装配，如鸟兽花石、房室陈设之属，无不细为讲求，而绝不喜作粉稿。熟极巧生，下笔有雅韵，无俗气，盖濡染于古者深也。一画动需旬月，或受促迫则卷还之。偶夹以山岭流泉，往往倩彝为之补造，其虚怀如此。

梁彝 字礼秉，号三峰，清顺德伦教人。聚元明画真迹，与黄丹书、吕翔、佘凤讲论源流。弟礼觐，礼觐子廷枏。

［咸丰］《顺德县志》卷二十七《列传七·国朝三》：字礼秉，号三峰，伦教人。质性高超，少讲服气导引之术。尝为游具挈侣入罗浮，度铁桥数日不返，夜即张方丈盖布围之，席地卧。所近名山，足迹殆遍，既无所得而归，则筑台重屋上，早暮吐纳。多聚元明人迹，与吕翔、黄丹书、佘凤、梁元翀辈，讲贯其源流，几废寝食。所藏既富，率笔为山水，为仙佛神鬼，皆能尽其法矩。黎简之为李雨村学使作《校射图》也，苦位置未安不时应，促之再，则拏舟诣彝，索所藏仇实甫诸葛忠武《校弩》巨轴，参入成之，故论画宗旨，极相契合。其母养一子，与弟举资付其出纳不问。以国子生卒，赠澄海训导。卷二十六《列传六·国朝二·梁善长传》：孙之任……从游者数百人，惟族少叔礼觐者，受学最早，论诗宗旨亦最投契……礼觐以字行，又字澹缘。洞精音律，从之任学，最先游太学。婚于闽，读书武夷幔亭者三年。归经十八滩，舟破咯血几殆，有不识客裹药临诊送抵家，方留谢不辞而去。遂迎之任及同门吴维彰、任援之，习静西樵，黄丹书、吕翔、梁元翀亦时还往。尝六月披长裘作书画兰，日尽升墨。雅重太青，妻以兄子，资之令就之任学。敬事长兄，事嫂如母，与仲兄彝摩挲藏翰，付生计于母所养子而均以资。之任死，力为经纪，抚其遗息。援之负千余金，出券焚焉，割田数十亩为姊祭费。以

注杜诗者误会时事，别为注，未成卒，赠内阁中书。

蔡能昆　字道元，清顺德龙江人。倡设家塾。侄湘，嘉庆二十三年（1818）举人。

［咸丰］《顺德县志》卷二十七《列传七·国朝三》：字道元，龙江人。国子生……倡设家塾，教族之贫不能就学者。凡赙丧葬、助婚嫁，咸视其力无所靳。复集好义而有力者，醵资本，权子息以继而永之。置义地埋露胔，遇灾即倡为赈恤。以子为从兄后，半出所遗产，增祖尝旁逮所亲，语子曰："继以义，不以财，人患不能自立耳，安事多财为也？"教孤侄湘学，得举。

余金汇　字郁文，清南海金瓯堡人。劳潼学生。

［同治］《南海县志》卷十九《列传·善行》：字郁文，金瓯堡人。少从劳潼游，潜心正学，尤以敦伦纪、辨义利为要归。父登大耋，兄弟四人丰歉不一，金汇终岁勤劬，所得悉以归公家，不私妻子。从兄余金掀孝廉夫妻双殁，遗孤嗷嗷，为之教诲提携，代完婚嫁，其遗产被人干没者经理而返之。劳潼亦有"抗心希古，实行是崇"语，盖心许之也。论曰：吾邑自劳潼讲学羊城，借举子贴括①之文，引之儒者躬行之地，一时负笈相从者，譬百川之赴巨海、鳞介之从龟龙焉，可云盛矣。顾潼之学出于冯潜斋成修，成修溯源于朱子。潼于师说笃信谨守，以实践为宗，不尚辩论之支离，不谈性天之奥妙。其于前明隆、万以后，阳儒阴释之说不得惑其心，源流正矣。后学自诩高明，非诋为空疏，则嗤为拘滞。然从彼者姿虽卓越，不免荡检逾闲，由此者质近卑庸，亦能谨身寡过。余闻劳门弟子，或数代不离白屋，或垂老不获青衿，而井里归以君宗，家巷称其雍睦，此岂无本而能然哉！故纪其门弟子事著于篇，俾谈学术者有考焉。

彭杞材　字俊良，号云洲，清南海佛山镇人。20多岁拜师劳潼，潼又命他代为教育其子作栱等。李可琼兄弟曾建议他捐钱作监生应考，两试不第，转以教学为业。晚年为乡饮正宾，66岁卒于家。父学圣。

［同治］《南海县志》卷十九《列传·善行》：字俊良，号云洲，佛山人。太学生。父学圣，艰难起家，爱抚诸弟，同居共产，门内数十人雍睦无间。

---

①贴括：泛指科举应试文章，明清时亦用指八股文。

劳潼敬慕之，谓士夫家多愧不及。杞材生母何氏年二十而寡，刻苦守节五十余年，日以诵读课诸子。杞材夙承家学，端谨老成，弱冠师事劳潼，称入室弟子，潼亦命教其子作柣等，遂以文学笃行重于艺林。然数奇，童试屡踬，李可琼兄弟劝纳监①赴科，又两荐不售，因绝意科名，专以勤训迪、育人才为事。待人宽和而馆规严整，故门下士谦冲笃实者居多，盖训子弟不坠家风、授门徒能守师法者也。晚年矜式乡闾，望益重，故佛镇绅士举为乡饮正宾，使后进知所景仰焉。卒于家，年六十六。

胡华章　清顺德豸浦人，寿90岁。

［咸丰］《顺德县志》卷二十七《列传七·国朝三》：豸浦胡华章事母孝，每行贾归必亲涤牏厕，不以委其妇，数十年无少懈。卷十五《耆寿·顶戴·国朝》：豸浦人，年九十，妻欧阳年八十七……咸丰元年给八品。

梁玉成　字恕堂，清顺德麦村人，嘉庆初年随父国雄及弟蔼如、可成迁佛山。贩盐致富，支持弟弟及子侄九章、九华、九图读书成才。热心修路、助贫，编辑、印行医方《良方类钞》。道光十一年（1831）佛山受灾，捐粮超过千石，人多赖以存活。

［民国］《佛山忠义乡志》卷十四《人物志六·义行·清》：梁国雄，字朴斋。顺德人，迁佛山。性孝友，好施与。兄、四弟一皆窭，慨然曰："吾不忍厚己薄兄弟也！"为作室如己居。父殁葬已久，地师云墓宜迁否则丁损，曰："归土安矣，吾不以子孙故动吾亲。"当其为子聘也，俗尚茶饼，躬亲往市，出门有踵求者，谓某死无以殡，曰："吾任之，予资使先治棺。"迨从市归则衣衾、茶饼并入，家人诧且诟，第笑而置之。凡有告助必问其所费，务足然后已，其豁达好义如此。长子玉成弃举业就鹾商，数年积资累巨万，则曰："财之积也难，汝骤获之，祥与殃莫定也。勉作善，毋累后人。"玉成终身乐善不倦，实承家训焉。年六十五卒。次子蔼如成进士，授内阁中书，赠如其官。曾孙禹甸官游击，赠振威将军②。都唐官道员，赠荣禄大夫。梁玉成，字恕堂。兄弟三人，随父国雄由顺德迁佛山。家本中资，弃儒就商，业遂隆起，百倍于昔。析产时尽与两弟均，每勖次弟蔼如曰："吾营产业，汝勤

①纳监：明清科举时代，富家子弟纳资为监生。

②振威将军：清为武职散官名，从一品。

学业，各肩厥任，勉承考志，勿以尘务撄心。”故蔼如得一志读书成进士者实其力也。居恒俭约，衣粗茹淡，独于善举弗稍吝。察族之贫者按口授粟，足其食乃止，至于婚嫁凶丧皆有赡。原籍村外放牛，□路四达，洼淖且长，行者叹苦，尽筑以石，所费不赀。人皆谓好行其德，则曰：“此先志也，力未逮耳。今幸小康，义能已耶?”道光辛卯岁大祲，由族而乡而佛山捐粟逾千石，人多借以存活。素通岐黄术，辑医方之屡验者二十余卷曰《良方类钞》，命子九图梓以疗世。复购地瘗佛山、吉祐等处露骸千数百具，如施衣、施棺、施药、拾婴孩、赠种痘诸事不可殚述。临终取贷而困者悉焚其券，远近德之，其轻财好义诚可风已。卒年七十二。后有人率子弟哭于墓甚哀，问其故始知尝窃于其家，不见罪而转予以金者，其隐德盖有不能尽知欤！孙僧宝成进士，官少卿，赠资政大夫。禹甸官游击，赠振威将军。都唐官道员，赠荣禄大夫。《人物志十·列女传·贤淑·清》：梁玉成妾刘氏，九图之生母也。事嫡惟谨，嫡早故，抚其子若已出，训所生子善事长兄敦手足谊，门内

怡愉无间。玉成晚年均产，以嫡仅一子、己有五子，请与嫡长以倍，与嫡孙以半，皆从其言，戚族莫不嘉叹。性俭约，家虽饶，常服浣濯衣，与婢妪同操作。御下有恩，教其不能，未尝呵谴，虽他适，犹时来省起居云。玉成殁，命诸子循其恤族良法，按口授粮勿替。道光甲午大饥，又命随地施赈，捐粟以千石计，远近颂德焉。素不奉释教，尝言：“佛在人心，心不可问，佞佛何益?曷若以敬佛之心待人、以供佛之费周急。”故平居推解不吝，而女尼、道姑罕能入门。其存心处事深明大义如此，是皆妇人所难能而可贵者。吁，可敬矣！孙僧宝官少卿、禹甸官营将、都唐官道员，赠夫人，叠晋一品夫人。

冼汪　（约1766—1788）字澄夫，一字白澜，清南海佛山镇人。21岁时，乾隆四十八年（1783）至五十一年在任的广东学政平恕，取为庠生。族弟沂。

［道光］《广东通志》卷四十三《职官表三十四·国朝一·学政·乾隆朝》：平恕，浙江山阴人，壬辰进士，四十八年任。

［民国］《佛山忠义乡志》卷十五《艺文志二·集部·清》：《鸲原诗稿》，冼汪撰。冼汪，字澄夫，一字白澜。自少为文铲刻巉岩，深入显出，游霍涛轩门，器之而忧其不永。年二十一，平学使取补弟子员，二十三而殁。成诗

不多，今择而录之，以志鸰原①之感云。房弟沂序。卷十四《人物志十·列女传·节孝表·清》：冼汪妻张氏……二十岁守节。

梁序镛　（1766—1845）一字云门，清南海盐步堡人。嘉庆五年（1800）举人，二十二年进士，任广东韶州府教授归，与谢兰生为［道光］《南海县志》总修。居广州教书，道光十三年（1833）水灾时主持神安司赈济。祖世元，父华新，子汝琛。

［道光］《广东通志》卷八十一《选举表十九·举人四·国朝·嘉庆五年庚申·广州府》：南海人，进士。卷七十七《选举表十五·进士·国朝·嘉庆二十二年丁丑吴其濬榜·广州府》：南海人。

［道光］《南海县志》卷二十一《选举表二·国朝·进士·嘉庆朝》：韶州府教授……丁丑科。《国朝·封荫·嘉庆朝》：梁世元，以孙序镛貤赠文林郎。梁华新，以子序镛赠文林郎。

《西樵白云洞志》附《白云洞唱和诗册》：一字云门，南海人。嘉庆丁丑进士，官韶州府教授。

［同治］《南海县志》卷十三《列传》：盐步堡人。性明敏，自经史外，汉宋诸儒语录注疏及释典道藏、阴阳卜筮、堪舆药石之书无不博涉，而待物以和，守己以介，尝引先儒胡方语为立心制行之宗，所作时文，亦刻苦精深，不苟趋风气。姚殿撰②文田论文最严，斤斤以先正理法相绳，寡所许可。及主试来粤，闱中得序镛卷，心赏之，即领乡荐。嗣后屡踬公车，越十七年姚为会试总裁，遂登甲榜。谒见日，姚谓曰："我与若真师生沆瀣一气，设我不入闱，汝虽老作家，安知不明珠暗投、遭人按剑也？"其特见识拔如此。顾平日好渔猎传记，不遑学书，友人劝其再临池两年，俟下科己卯廷对或邀馆选，序镛以亲老急禄养，因呈就教职而归。旋丁内艰，服除授韶州府教授。儒官俸薄，专仗脩贽自给，韶地又最荒瘠，予者欲少，取者欲多，争辩喧嚣，恒不成事体。序镛抵任绝不计较，惟以训迪为心，至报劣举优秉正不阿，未尝仰上官眉睫。有生员某强占村民妻，民讼之，确查属实，即为详革。有谭生者居近宫墙，或诬其侵学地，诿之府，府欲置之法，令学具详。查其有印券可凭，据实详以申其枉，府令将详文改办，序镛曰："详文须实，改即不实

①鸰原：典出《诗经·小雅·常棣》"鹡鸰在原，兄弟急难"，表示兄弟之情。
②殿撰：宋代集英殿修撰、集贤殿修撰的省称。元代张起岩以进士第一名特授集贤院修撰，明清沿其制，成为状元的通称。

矣。”府无如之何，事竟寝。有蔡生者家酷贫，业岐黄糊口，后入泮具贽请谒，力却之，曰：“贫者不以货材为礼，如汝无须此也。”以文学品概为士林宗，负笈来者户外屦常满。居二载，得恩赠先人如例，即决意悬车，无所依恋。启行时，诸生醵百金为饯坚不受，韶人士仰若山斗，立长生位于相江书院志去思也。归家后，适纂修邑志，众推与谢太史兰生、邓鉴堂观察为总修。仍居省垣，以授徒为业。值道光癸巳水灾，广州府知府谕乡绅设局平粜，神安一属委为总理。初开粜时，见有极贫不名一钱者，特禀府，请无钱买米者照价领三分之一，改平粜为散赈，人尤德之。性耻私谒，为赈饥事一诣郡署，余日足迹不踏公门，即同年来督学者先后二人，未尝投以一刺。邑侯梁星源聘主西湖讲席，亲至门，托言外出不会。道光廿五年，祁埙督两粤，其兄与序镛同年也，遣子请见亦避嫌不面，及回拜，必俟其公出始往拜之，高介之风近世所罕睹也。然序镛虽简于应酬，至居乡则排难解纷，怜孤恤寡，洎诱掖后生尤谆谆不倦。族内有三嫠妇，悯其苦节，赡之终身。又谓近来学者荒经茂古，由童时不能熟诵以贯之，后虽补牢无及。特创为倍经社，儿童读经成诵者厚赏之，一时村塾书声琅琅不绝。自以幼孤借叔父养育，事之如其父，待群从兄弟友爱尤殷。其母老疾失明，恒亲自扶掖绕室而行，婢仆欲代其劳不得。居忧年过衰，仍涕泣如孺子慕。其内行纯备，乡党咸无间言。耆读书，老不释卷，一灯如豆，披览常至夜分。道光乙巳，年八十矣，偶感微恙而卒。其门弟子贡生李海曰：“吾师服膺儒教，不杂异端，然间与老诸生彭大迂谈禅，名言隽永，知其无所不通也。胸次坦白，视人犹己，闻善则信，闻恶则疑，欺以其方，固自易易。有通家子踵门求见，言家贫父没、未葬者数棺，恻然悯之，即留之馆中，连日筹银三十两馈之，其人拜谢去。越五六日复返，言附商船归，为盗劫掠，今葬费无，路费亦无矣。师长吁累息，再典衣以银授之。后友人见其人自赌馆出，知其伪以告师，师不信曰：‘人虽无良，何忍以窀穸之资为孤注耶?’”其忠厚存心多此类也。邹征君伯奇曰：“王夷甫口不言钱，乃是自附清流，工于作伪耳。若吾师，真不识阿堵为何物。尝言某年度岁，囊橐萧然，寂坐无聊，见敝簏书籍参差，起意整顿。及抽巨册一披，中夹银十两，乃悟《幼学》诗谓书中有金玉，诚非诳语，世人仆仆营求，求未必得，真无谓也。然此银必弟子脩金，师信手放簏中日久不复记忆者，故不知己所留遗，反疑为天所赉予也。其迂拙如是。”然观数事，其乐道安贫、轶出尘埃之外可想见矣。子二人，长汝琛，邑庠生。卷十《艺文略·集部》：《彝训堂遗稿》，国朝梁序镛撰。

[宣统]《南海县志》卷十一《艺文略·集部·别集》：《芸门山人诗草》，国朝梁序镛撰。

吕泽臣　(1766—1864)字念简，清南海沙丸堡人。寿99岁。

[同治]《南海县志》卷二十一《列传》：字念简，沙丸堡人。咸丰四年之乱匪等分布党与，向各乡裹胁，大抵以虚声恫吓，如云某乡某乡皆已降附，惟某乡抗我颜行必督兵灭之等语，及往他乡亦云然。以此人心惴恐，绅士无识者为之胆落，无敢昌言屯练者。泽臣深知贼乌合，纠邻近五十三乡设河荣屯练总局，并按剑步行巡各村落，所至以“贼不足畏”晓谕乡民，各人怯懦之风为之一振，时年八十九矣。生平赋质坚强，尚义执礼，至老不倦，人以矍铄公目之。生乾隆，终同治，身阅五朝，享寿九十九岁。以德高望重举乡饮大宾，前恩赏登仕郎，后赏修职郎。

杜天池　清三水周村人。嘉庆元年(1796)岁贡，十五年赐举人，任高要县教谕。

[嘉庆]《三水县志》卷九《选举·岁贡·清》：周村人，嘉庆元年贡。《选举·举人·国朝·嘉庆十五年庚午黄文海榜》：周村人，钦赐。

[光绪]《广州府志》卷四十五《选举表十四·举人·国朝·嘉庆十五年庚午·钦赐举人》：三水人，高要县教谕。

李佑飏　清顺德鹿门人。嘉庆元年(1796)岁贡，三年赐举人，六年赐检讨衔。

[咸丰]《顺德县志》卷十一《岁贡·国朝·嘉庆》：鹿门人，丙辰。《举人二·国朝·嘉庆》：鹿门人，以符例赐。辛酉赐检讨衔，赐举人始见此。戊午科。卷十八《艺文略二·集部二·别集二》：《燮堂诗草》，国朝李佑飏撰。

李鸣盛　字尧山，清南海丰冈堡邓冈乡人。附贡生，屡试不中，候选詹事府主簿。嘉庆初抵御土寇。得吴荣光、黄丹书赏识。子应桂。

[同治]《南海县志》卷二十《列传·艺术》：字尧山，丰冈堡邓冈乡人，附贡生。家本富饶，性尤豪迈。喜任事，能周人之急。嘉庆初土寇窃发，曾捐资募勇，保卫乡闾。自谓抱负不凡，恒欲借手一官，稍抒蕴积，及屡试屡踬，知无所就，乃寄意毫翰，借以挥洒性灵。生平好与学士大夫游，吟咏唱酬无虚日，得其指授熏陶之力，所作弥工。诗则掩映风华，画则清超拔俗。一时名士，近则邑人吴荣光、顺德黄丹书、番禺刘彬华、嘉应宋湘，远则仁

和马秋药、东乡吴嵩梁皆激赏之。宋则交情益深，故吴题其画卷有“尧山画似芷湾诗”之句，芷湾，湘别字也，可以得其梗概矣。子应桂，能画梅竹，世其家。

吴宁邦 清三水董溹人。庠生，嘉庆元年（1796）举孝廉方正，曾为乡饮宾。

[嘉庆]《三水县志》卷九《选举·荐辟·清》：董溹人。嘉庆元年，由生员举孝廉方正，给六品顶戴。卷十一《人物传·乡饮宾》：庠生，孝廉方正。

[道光]《广东通志》卷六十五《选举表三·制举·国朝·嘉庆·元年丙辰孝廉方正》：三水学生员。

何元善 清南海人。嘉庆元年（1796）举孝廉方正。

[道光]《广东通志》卷六十五《选举表三·制举·国朝·嘉庆·元年丙辰孝廉方正》：南海县职员。

[道光]《南海县志》卷二十一《选举表二·国朝·贡生荐辟·嘉庆朝》：举孝廉方正，丙辰。

陆安澜 清三水官员人。嘉庆元年（1796）岁贡。

[嘉庆]《三水县志》卷九《选举·岁贡·清》：官员人，嘉庆元年贡。

陈钟元 清高明高村人。嘉庆元年（1796）岁贡。

[道光]《高明县志》卷十二《选举志·贡生·国朝》：高村人，嘉庆元年岁贡，分发训导。

陈汤鎏 字荣植，一字敬堂，清南海人。嘉庆元年（1796）恩贡，任广东长乐（今五华）教谕。曾在西樵山学习。

[道光]《南海县志》卷二十一《选举表二·国朝·贡生荐辟·嘉庆朝》：恩贡……丙辰。

《西樵白云洞志》第二册《传略·陈广文汤鎏》：字荣植，一字敬堂，南海人。嘉庆丙辰恩贡，官长乐教谕。尝肄业洞中。

罗嵩 字壮亭，清顺德大良人。曾经商，后从军入顺德协。嘉庆元年（1796），主动报名赴湖南剿灭白莲教起义。改调四川营，于重庆达州作战死。父礼绵，子家政、家益。

［咸丰］《顺德县志》卷二十六《列传六·国朝二·罗礼绵传》：大良人……子嵩，字壮亭，性通豁，不胥经生业，弃而事贾，一言之合即贷人以资。尝寒甚，道遇乞者以饥告，捡囊无一钱，解衣衣之。生平有大志，奋身投伍，隶顺德协，邀顶戴。嘉庆丙辰，教匪煽扰楚蜀，调协兵进剿湖南。嵩以册未列己名，乃慨然诣营请至再，副将奇而许之。抵楚，战屡捷，气锐甚。军帅以胜兵乘势，改调四川营，于达州之白岩山御贼遽死。时子家政、家益并幼，从祖学，家政既乡举补学职，家益亦有声于庠。道光乙巳，家政子惇衍，以迁通政使召对，询及先世，知嵩死军前，但受恤，不得荫，天颜恻然。己酉，家政以夷人不入城事，受赏加衔，惇衍方督学安徽，折谢语及嵩事，报闻。家益，字酌平，性孝友，侍母病，衣常不解带，谨事伯兄。早卒，惇衍覃恩赠通奉大夫，先家政封，盖幼承训课所以报也。

夏逢泰　清高明云水人。嘉庆元年（1796）岁贡。

［道光］《高明县志》卷十二《选举志·贡生·国朝》：云水人，嘉庆元年府学岁贡。

梁扬光　（？—1799）字时扬，清南海海舟堡人。家世业农，投身行伍，补武学生。拔补行营外委。嘉庆元年调赴楚南征苗，二年派征湖北，镇压白莲教起义。因军功赏五品顶戴，带花翎。四年在川北阵亡。子恩培，为督标前营守备。

［同治］《南海县志》卷十七《列传·节义》：字时扬，海舟堡人。家世业农，日者相其祖墓，谓子孙当以武功显，乃投身行伍，充抚标左营马兵。就督学试，以挽强命中补武学生。时大兴朱圭抚粤，赏其缉捕擒能，拔补行营外委。嘉庆元年调赴楚南军营征苗匪，至即随营打仗，攻克马头山、贯鱼陂、石龙寨等贼营，阵斩首犯柳邓，生擒吴廷义。是年苗匪平，扬光渐以奋勇著。二年派征湖北，随钦差额勒登保剿教匪，至即攻克四方台，多所斩获。一路穷追，深入黄柏山五十余里，叙功头等。继又攻围芭叶山、白鱼寨、天池口各贼营，将大方口石硐木城尽行摧塌，杀贼无算，叙功超等。主帅赏异之，补督标后营把总。是年，大军在宜昌府围贼破之，生擒教首覃加曜解京师，湖北平。扬光在行间奋勇之名愈著，主帅命随营办贼，派带兵丁随参赞大臣额，由湖入川剿除余匪，此嘉庆三年事也。会是时，陕西教首齐王氏又起，有旨命参赞由湖入陕，扬光随行，以道梗暂驻兴安。适内大臣德楞泰追匪入川，调扬光随营，一路遄驰，直抵顺庆府。时参将委踏实路径、侦探军

营为进兵地。扬光探得首犯冷天禄在营口县地方，悍贼数千，凶威甚盛，乃回大营讨奋勇，领兵为先锋，与贼血战经时，手杀十余人。谍知贼首所在，率健卒拚死扑之，生获冷天禄解大营。经略勒保会诸大臣具奏，奉旨赏绰克巴图鲁名号、五品顶戴，赏带花翎、银一百两，行破贼处图形以表伟绩。冷天禄者桀黠善战，频挫官兵，自谓“万人敌”者也。自是贼气慑，扬光亦轻视贼，贼益恨扬光思报复矣。四年冬，逐贼至川北，官军未集，贼据险相搏锋锐甚。同事劝扬光闭营勿战，扬光欲乘初至锐气胜之，卒入伏为贼所围。兵少贼多，力竭不支遂败，与总兵马瑀等三人同没于阵。事闻，予荫恤世袭云骑尉，给葬银百两、致祭银六两，舆榇还葬。子恩培，为督标前营守备。

谭绍洵　清顺德甘竹人。嘉庆元年（1796）恩贡，十二年赐举人，次年赐国子监学正衔，十六年赐助教衔。

［咸丰］《顺德县志》卷十一《恩贡·国朝·嘉庆》：甘竹人，丙辰。《举人·国朝·嘉庆》：甘竹人，以符例赐。戊辰赐国子监学正衔，辛未赐助教衔。丁卯科。

曾文锦　以字行，号絅堂，清南海九江人。嘉庆元年（1796）岁贡，十二年赐举人，次年赐国子监学正。

［道光］《南海县志》卷二十一《选举表二·国朝·贡生荐辟·嘉庆朝》：岁贡……丙辰。《国朝·举人·嘉庆朝》：钦赐举人，国子监学正……丁卯科。

《九江儒林乡志》卷十《选举略·国朝·贡生·嘉庆元年丙辰》：以字行，号絅堂。县学，岁贡，丁卯赐举人。卷十四《列传·清》：以字行，号絅堂，南方景星里人。天性乐易，擅制举业，尤工诗。甫弱冠受知于张学使模，补弟子员。是时功令始以诗试士，乡曲间尚鲜揣摩。文锦独能稟经酌雅，卓然以才藻鸣于时，故舌耕所至，莫不愿及其门，而文锦亦自以振兴风雅为己任。时与顺德蔡太史超群、温舍人汝能，同里关郡丞上谋、冯大令城等往来唱酬，极一时朋簪之盛。然抱才不遇，潦倒棘闱数十载，嘉庆丁卯，遂以岁贡生年老赐举人，明年会试下第，复赐国子监学正衔。

蔡国臣　（？—约1797）字沛然，清顺德龙江人。任广东广信县事、护理同知，升江西吉州、署山西隰州知州。嘉庆初归，不久卒。

［咸丰］《顺德县志》卷二十六《列传六·国朝二·黄应魁传》：龙江人。同里蔡国臣，字沛然，寄籍梧州为弟子，以藩经历借补广信署县事、护理同

知。会湖南土苗不靖，军需俱由豫备解，每办粮米辄先交卸。事平升牧吉州，署隰州。嘉庆初归，旋卒。国臣性介而和，善折狱。在大庾，有崇义民为仇杀，讼久，冤不获伸，诣国臣泣诉。请移案谳鞫，抵罪外戍二人遂结。

吴怀中 清高明铁冈人。嘉庆二年（1797）恩贡。

［道光］《高明县志》卷十二《选举志·贡生·国朝》：铁冈人，嘉庆二年恩贡。

何为谋 清高明朗锦人。嘉庆二年（1797）捐授卫千总。兄为哲，子如桂，孙善美。

［道光］《高明县志》卷十二《选举志·国朝武职例》：朗锦人，为哲弟，嘉庆二年由监生捐授卫千总。何如桂，朗锦人，为谋次子，嘉庆九年由武生捐授营千总。《选举志·职员·国朝》：何善美，朗锦人，如桂子，嘉庆十九年分发州判。

张永成 （？—1798）字思远，清三水张边人。嘉庆二年（1797）任广东潮州城守营都司，调四川剿白莲教起义，次年重庆达州旂山之役阵亡。子仁，继承父恩，代理顺德协副将。

［嘉庆］《三水县志》卷九《选举·武职·清》：张边人，潮州营都司。军功奏，赏游击，赏赐花翎。嘉庆三年随征，在西蜀达州阵亡，荫云骑尉。卷十一《人物传·武略》：字思远，张边人。躯貌雄伟，有胆略，以军校得官，洊擢至潮州城守营都司。嘉庆二年调粤兵赴两湖，命永成帅以往，留营协剿，屡著斩获功。寻调赴四川剿教匪，每临敌辄奋勇为士卒先。粤兵素矫健，从而摧坚靡不克，以故得胜仗尤多。经略上其劳，赏游击衔，赐巴图鲁名号，戴花翎，晋阶武义都尉。三年随征达州，旂山之战贼势颇张，永成跃马入阵，贼数重围之，战愈酣，自晨至昃，血其刃者无算，四顾援绝，屡突围不得出，力诎没于军事，闻优恤如典。《易》曰："泽水困，君子以致命遂志。"永成有焉！子仁，世袭云骑尉，升雷州营参将，委署顺德协副将。

朱成发 字镇元，别字奋之，清南海九江人。艰难兴家，竭力助人。妻张氏，继妻关氏。父德进，子次琦。

［同治］《南海县志》卷九《道光朝·封荫》：朱德进，以孙次琦赠如其官。朱成发，以子次琦赠如其官。卷十九《列传·善行》：字镇元，别字奋

之，九江堡人。生而孤露，艰难立家，资至小有。弱冠以及莫齿，耆义若渴，临财能廉，凡乡闾美举、恤嫠哺孤、修桥治道、振残废而助昏丧，皆所出恒逾其量，不知者以为如江如河而不知仅潢污之积也。笃于友谊，所交者必有始终。苏人有唐景泰者，大贾也，成发客苏州与密契，唐后转货来粤，恒主其家。嘉庆丁卯，唐年七十矣，莫景思乡，即欲遄往，而未收客帐尚三千金仓促难索讨，以券付成发曰："吾老矣，恐不复来，以是区区者赠别，君辱收之!"成发阳①许诺，唐去后果不至，成发收责②毕，卒因长洲朱君履四千里外返其金。河南人范三者先富后贫，成发故交也，主其家，济珠江溺死，成发罄资求其遗胔，嫁其孤女无失时，常岁三月挈友人祭其冢海舶。三水韩某者贷千钱为商本折阅无返，负八百金，内惭不敢面也。成发曰："成亏消息，事理之常，何至如是!"乃呼其子至，出券焚之。其豁达忠诚多类此。自以幼时起家单寒，恒欲推有余以及物，谓其子士琦等曰："凡力有可竭而不以及人，非天命富贵意也，汝曹识之矣!"晚岁闲居，好阅朝报，凡民俗瘠腴、吏治良窳、四方风蝗水旱皆能言其大略，曰："吾贱，无理人责，知之何益也?聊以慰吾意耳!"盖其关心世事无顷刻忘也。成发原阶从九品，后以子次琦任山西襄陵知县，赠如其官。

《九江儒林乡志》卷十五《列传·清》：字镇元，别字奋之，西方太平约人……唐景泰苏州大贾也，成发客苏时与密契，唐后转货来粤，常主其家。及唐年七十，垂暮思乡，迫于治装，而人之负欠者尚余三千金，濒行以券付成发曰："吾老矣，恐不复来，以是区区者赠别，君辱收之!"成发阳许诺，唐去后果不至，成发收责毕，卒因长洲朱某履四千里外返其金……卒年六十八。成发原阶从九品，后以子次琦任山西襄陵知县，赠如其官。卷二十一《杂录下》：朱征君子襄事继母关至孝……甲辰秋会试返，及门闻关丧，号踊恸绝，三日勺水不入口，咯血满地……兄炳琦恐，遽迎族叔之知医者至诊治。

程士伟　（1767—1836）一说名仕伟，字匡时，号璜溪，清南海大同璜矶乡人。乾隆五十九年（1794）举人，嘉庆十三年（1808）大挑一等，任江苏娄县、奉贤、荆溪知县。道光二年（1822）代理川沙厅同知，调补金山、武进知县。70岁卒于家。祖正元，父玉朗。

---

①阳：通"佯"，假装。

②责（zhài）：古同"债"。

[道光]《广东通志》卷八十一《选举表十九·举人四·国朝·乾隆五十九年甲寅·广州府》：程仕伟，南海人，知县。

[道光]《南海县志》卷二十一《选举表二·国朝·举人·乾隆朝》：武进知县……甲寅科。《国朝·封荫·乾隆朝》：程正元，以孙士伟貤赠文林郎。程玉朗，以子士伟赠文林郎。

[同治]《南海县志》卷十三《列传》：字匡时，号璜溪，大同璜矶乡人。少颖悟，善属文，与本邑李可琼兄弟及番禺何有书、凌旭升为文字交，早负声誉。由弟子员中举人，戊辰大挑一等，分发江苏以知县用，历署娄县、奉贤、荆溪县，皆以恩惠及民，有“学道爱人”颂。道光二年署川沙厅抚民同知，厅地濒湖三泖，恒患淤塞，农商失利。士伟至即捐廉疏浚，并埋境内露棺无数，民德之。寻补金山县知县，水大涨，士伟勘灾，据实申详，请振恤、平粜、缓征，全活无算。邑有大猾吴熙缔交无赖，鱼肉细民，无恶不作，用计擒获置之法，民称快。数年间恩威并行，上下孚惬，然后设书院、给膏火以训生童，士风一变，大吏嘉许。以卓荐调繁，补武进县知县。县为常州首邑，送往迎来，供亿络绎不绝，士伟处之裕如。邑有孟渎河通大江，舟楫所经由、农田所宣泄者也，每年疏浚，工费不赀。士伟招绅士余葆纯等任其事，不委吏胥，故用力少、成功多，民以永赖。时有革生庄午可，邑强宗且大猾也，庇匪包漕，结党抗官，莫敢诘究。士伟到，购谍诱致之，旋飏去。嗣新抚莅任，午可为仇家告讦，檄县往捕。士伟请曰：“午可被告，恐官捕之必设备，否则逃匿难得手。且漕期迫，恐多方掯阻，别生事端。俟漕毕，出其不意，缚之一夫力耳。”及事竣请往捕，吴抚曰：“前吾檄汝汝不行，今又欲往，岂别奉督宪札耶？”士伟顿首曰：“午可党众，可以智胜不可力捽也。倘临以兵不获某罪一，因而误漕某罪二，且午可逃罪只在某，若误漕并贻大人忧，不若迟之耳。”吴抚曰：“需兵几何？”士伟请以计罗之，勿动兵。常州守与游击请多发兵围剿，抚命士伟随往。午可果率党拒捕伤官兵，太守、游击抱头窜，由是匝月不得，将免官。士伟乃挑选乡勇、差役精壮者数十百名冒险追蹑，枪炮齐施，毙魁渠二人，生擒五人。午可见县令至，谓其党曰：“吾辈纵不义，何可与父母官抗？逃散可耳。”遂匿宣城界中。士伟密侦探知所在，偕宣城令掩捕之，罪人斯得，然坐是改中简缺。故事，改简者必送部引见方得补官，而士伟已有退志矣。会金山令与舆情不协，征漕不前，抚军林则徐商之藩司陈銮，以士伟前令金山得民心，乃委往金山襄办，民遮谒曰：“父台勿再来，我等明年乃有漕可纳。”士伟以抚檄示之，多方劝谕乃如约。适金山令疾作遽卒，因命士伟暂署金山。而是年霖雨三阅月，稻多霉变，十二月收漕十不及一。士伟面谕绅民，有积谷者借官充漕，明岁抵偿，民踊跃照办，事乃竣。是役也，非士伟平日有德于民，真无从下手云。十三年六月，代者至

乃卸事。其后大吏欲委代理金山，而士伟以资斧不继告假回籍矣。十五年，苏抚以士伟历任有声，移咨本省催销假起用，因引疾不出。十六年卒于家，年七十。

潘进 （1767—1837）字健行，号思园，清南海西樵百西村头村人。早年为吏。嘉庆二十一年（1816），李可蕃任湖南粮道，招为幕僚一年多。道光十三年（1833）水灾兼风灾，在族内捐赈，保护桑园围。子以翥，孙斯濂。

［同治］《南海县志》卷十四《列传》：字健行，号思园，百滘堡黎村人。自幼友爱性成，笃交谊，喜施与。读书不屑屑章句，屡困童试，澹如也，后以家贫弃举业，习法家言。尝谓："治狱之道以得情为主，情真而后律当。既得其情而无宽厚之意，纵协法中之义，已失法外之仁。或者故为宽厚，不能以精明之识权之，畸轻畸重亦不足称平允。近日移情就律，律能强合，情已远离。所犯非所刑，所刑非所犯，即无徇私之心，已非义刑之谓矣！"其精于读律如此。粤中州县多延为幕宾，而进谓："佐治者犹箭在弦上，指发由人，恐不能自行其意。"遂改事盐策，如是者数年。又谓业此者止可利用安身，不能惠人怿物，且终日持筹握算，亦觉其劳，方拟改业，会李可蕃观察楚南招之往。先是，可蕃在谏垣时欲条陈粤东利病，谓进留心世务，必有所见，邮书咨访。进以草茅不敢谈国事屡辞不得，乃草数千言寄之。一曰奸民多遏籴，粮运不通。二曰旗弁多营私，缉查不力。三曰州县多借盗销案而真犯在逃。其尤切要者谓："近日小民多联盟拜会，结党横行，若不痛惩，即为他日弄兵潢池之渐。"李据以入奏，奉旨下督抚施行。一时雷厉风驰，颇觉振肃，后渐废弛，故习日深。至咸丰四年红巾起，破名城，杀令牧，广、肇、惠、潮、韶五郡所在绎骚，其言遂验。进居楚幕年余，洎可蕃转漕而北，进随之，得以遍游湖湘汉沔之间，乃作《倦游图》寄意。度岭而归，归则林下逍遥，不经心尘务，而居乡族内，凡理所当为、力所能为者，无不踊跃争先。道光十三年，西潦决围，民苦饥馑，飓风又作，族内房舍坍塌实多。进先捐资平粜，水退后，按房大小，酌量给赀使自为修复，昏垫、露处之氓多所全活。而惠泽及人之广远，尤在前后保护桑园围一事。初，桑园围自乾隆甲寅后频年溃决，修筑之费累巨万，起科不足寄以题签，上则督责追呼，下则喧争聚讼，民甚苦之。自嘉庆间温侍郎汝适家居，商同督抚奏发司库银八万两发围内当商生息，俟将递年息银清还库项，然后将此息为岁修之资。帑项无亏，堤防有赖，法至善也。厥后卢、伍二商捐银十万两，将险要处改建石堤，当道谓崩决既可无忧，岁修银亦可不设，将此项改拨他用，而岁修专款竟成乌有矣。

道光癸巳围再决，工料之需茫无借手。进乃言于绅士邓士宪等曰："此项银为修围而设，前因无须修而改去，今因急于修而拨回。至公至平，有何不可？"旋请于大吏，卒如其言。嗣后历甲辰、己酉、癸丑屡次兴修，皆得陆续支领，长堤巩固，进之力居多。进精筹画，善变通，常有众人束手无策，一转移间即反败为功者。先是，道光九年围决，三水县之陂子角水建瓴下，由是桑园围之吉水湾、仙莱岗等处皆决。进劝伍商捐银三万六千两分助修筑，而围中故事，各乡所分管基段如有溃决，附近业主修筑。仙莱岗族小人贫，除伍商助银三千余两外不敷五百余两，官绅追迫频仍，将有逃亡之势。进谓其乡人曰："我乡每月会文经费不足，而仙莱岗因修堤故曾买田十二亩，挖田面浮土以培厚堤基。田既低洼，不能种植，尽成废业，且留下虚粮。我欲开义仓凑银千百两，照原价买此废田，然后就低洼处再刬深以为池。池深六尺，池旁地即高六尺，盖将池心之泥叠于四旁故也。低者养鱼，高者种桑，则下业变上业。仙莱人得田价为修费，可无拖欠之虞，税入我乡，彼又无虚粮之累，而我变田为塘，租入自倍。本钱既无亏短，会费重觉裕如，此方便术也。"佥曰"善！"如策行之，人己公私两利，其善为人谋如此。平生自奉甚约，而待内外亲好不吝恩施，交友始终无间。尝与三水邓朝干结异姓兄弟，邓死托以后事，为之区处家务、训诲子孙无异同产，亦世俗所罕见也。援例候选直隶州州同，以孙斯濂贵貤赠翰林院庶吉士，晋赠候选员外郎，卒时年七十一。进聪明绝人，兼能强记，少为掾吏，经手案牍，事由本末及卷置某处，数十年记忆不忘，如其言搜之必得。晚年居一室，旁置汉史暨律例、会典等书披阅不倦。李可琼戏曰："汝发如此种种，尚欲为博士耶？"曰："非也。古今人情不相远，今人事变皆古人所已经，吾得其哲行嘉言为处身涉世标准。至身居昭代，一切典章制度，问之懵然，亦殊弇鄙①，安可束之高阁乎？"论者谓进自祖父以上，累代单传，名亦不显，自进以后子孙林立，科第联翩，遂为本邑望族，殆厚德之报云。《道光朝·封荫》：潘以翥，以子斯濂赠如其官。

张戊兰　（1768—1821）女，清南海九江人。父国沧，夫朱成发，子士琦、炳琦、次琦、宗琦。

［同治］《南海县志》卷二十二《列传·列女》：朱成发妻张氏，九江堡人。父国沧隐于医，兼精风角壬遁杂占之术。氏幼有奇慧，授之书略皆上口，凡妇工组纫、术家占相皆能之，而智勇深沉、度量开豁更为女流所不及。氏夫家本单微，以诚朴温良为物情所归，日渐饶裕而性喜施予，氏又赞助之，故

---

①弇（yǎn）鄙：浅薄。弇，覆盖、遮蔽。

产仅中资，赈恤捐题恒裒然称首里中。无赖以为山渊之积，可恣取携也，益苛索之。有黄毛闰者族子行也，横行掳劫垂十年，闻氏夫妇，谓其从兄曰："若弟富贵当犒我白金千，咄嗟未能先输五百，否者白刃无亲情也！"从兄述盗言告氏，氏不动。须臾夫自外返，氏急出之，并遣子女俱出，安坐以待。薄暮，贼胁从兄导悍党数十人至，剥啄呼三叔甚急。氏扶媪出，问曰："呼叔者谁？何遽也？叔未返，有要语，暂憩此相须可耳。"门启，盗魁昂然入踞上坐，解刀置案上铮然有声。氏从容诘所以，呼叔者曰："捕急，假数百金亡命耳！"余党俟户外者合声齐呼，响振屋瓦，氏正色责之曰："汝呼我家为叔，虽疏属，骨肉亲也。果有急当告我，我岂爱惜区区者。今乃不识亲疏，引外间不逞之人，带不详之器，于家门内高声恫喝，意欲何为？为人子弟当悖乱如是耶？且汝叔不恒归，即归岂旦旦①预为汝谋者？"于是盗遽起，麾止其众曰："徐之，何惊人如是！"氏乃入室，探钗珥数事，并解腕中条脱②益之，约直十余金陈几上，曰："汝将此去，不足可复来，何待叔也？"盗大惭，唯唯不敢受，逡巡持械出。当是时，贼党环立如林，露刃汹汹将用武，兄某倚户震怖，环索琅琅作响，婢妪煮茗者火爇③手不自知也，而氏色夷气温，吐词泉涌，阳阳如平时。盗出语人曰："吾杀人不转瞬，出入波涛烽火间未尝动心，今胆落于某家妇矣！"氏聪强善记，冠昏丧祭诸器数经目不忘。虑事有识，值疑难措置妥善，夫党绅儒若处士祥麟、太学光宇、武举凤扬等恒登堂商榷。孝廉尧勋尤敬重之，遇事咨而后行，事之如母，谓人曰："吾观史家列女传，其以仁慈逮下，著贤声、以茹苦啮冰称介节者所在多有，至于知礼法、明大体、豁度宏识如文伯母敬姜④、李固女太姬⑤、羊琇妻辛宪英⑥之类实不多觏。窃谓芳躅⑦高风绝于晚季，及遇吾家叔婶，昔闻其语，今见其人！"氏

---

①旦旦：天天。

②条脱：指古代臂饰。呈螺旋形，上下两头左右可活动，以便紧松。一副两个。

③爇（ruò）：烧。

④敬姜，齐侯之女，姜姓，谥敬，是鲁国大夫公父文伯的母亲，与孔子同时。

⑤李固女太姬：东汉时人嫁同郡赵伯英。固遭梁冀之难，三子两死狱中，文姬匿其弟燮，托固门生王成保全之。

⑥辛宪英（190—269），三国时魏国阳翟（今禹州）人，辛毗之女，太常羊耽之妻，聪明有才识。

⑦芳躅（zhú）：指前贤的踪迹。

素有羸疾，其将卒也，偶抱恙自知不起，谓诸子曰："吾畴昔之夜梦易灶陉①而新之。夫灶者老妇之祭也，妇主中馈，今去故而取新，吾不免矣！"果卒，年五十四。氏四子。士琦，道光己亥举人。次琦，丁未进士，官知县。

《九江儒林乡志》卷十八《列传·列女》：朱成发妻张，系出奇山冈南里。父国沧，以医济人，兼精风角、壬遁、杂占之术。张小字戊兰，聪敏能诵书，解占相，妇工组绚尤精，至其智勇深沈，度量开豁，更为女流所不及，国沧抚爱过于诸男……黄毛闰者，族子行也，横行掳劫垂十年，乘成发归，大言于其从兄林长……长男士琦幼跳荡，谯责苛峻，卒矫厉有成。道光元年卒，年五十四……四子。士琦，举人。次琦，进士，官知县，赏五品卿衔。宗琦，增生。同治元年，以次琦邀恩赠孺人。卷十《选举略·国朝·封荫》：朱士琦，以弟次琦貤赠文林郎、山西襄陵县知县。朱炳琦，以弟次琦貤封文林郎、山西襄陵县知县。

王廷选 清南海人。嘉庆三年（1798）举人。

［道光］《广东通志》卷八十一《选举表十九·举人四·国朝嘉庆三年戊午·广州府》：南海人。

区献璧 清高明石奇夏塘人。嘉庆三年（1798）举人。

［道光］《广东通志》卷八十一《选举表十九·举人四·国朝·嘉庆三年戊午又广西中式》：高明人，昭平籍。

［道光］《高明县志》卷十二《选举志·举人·国朝》：石奇夏塘人，嘉庆三年戊午举人，西榜。

邝恕 清南海人。嘉庆三年（1798）赐副贡。

［道光］《南海县志》卷二十一《选举表二·国朝·贡生荐辟·嘉庆朝》：钦赐副榜……戊午科。

冯光镳 清南海人。嘉庆三年（1798）武举。

［道光］《南海县志》卷二十二《选举表三·国朝·武举·嘉庆朝》：戊午科。

①灶陉（xíng）：灶边凸出部分。

冯应朝 清顺德容奇人。嘉庆三年（1798）武举。

[咸丰]《顺德县志》卷十一《武举·国朝·嘉庆》：容奇人……戊午。

冯国倚 （？—1844）一说名国椅，字觉林，号磻泉，清南海磻溪人。嘉庆三年（1798）举人，十三年以大挑一等任浙江云和知县仅半年罢归。在广州狮子禅林讲学，罗文俊、孔继勋为其门生。自嘉庆二十一年（1816）开始，主讲广东八旗义学29年。

[道光]《广东通志》卷八十一《选举表十九·举人四·国朝·嘉庆三年戊午·广州府》：南海人。

[道光]《南海县志》卷二十一《选举表二·国朝·举人·嘉庆朝》：冯国椅，知县……戊午科。

[同治]《南海县志》卷十五《列传·官师》：字觉林，号磻泉，磻溪堡人，冯成修族子也。少端悫嗜学，成修于子弟中独器重之，弱冠补弟子员。……戊辰大挑一等，分发浙江以知县用。寻署云和县知县，到任仅六月以事罢归，盖国倚本儒者，屈为风尘俗吏，动多龃龉故也。归后寓省垣，讲学于狮子禅林，以经义教授，循循善诱，一时英人杰士如工部侍郎罗文俊，翰林院编修孔继勋、卢凤道、冼倬邦等先后多出其门。粤东驻防有八旗义学，嘉庆廿一年丙子，镇粤将军本都统成仰国倚学行，延请主讲。会是岁八旗满汉生员皆归本省乡试以制艺、诗策取中，驻防士子深知砥砺，负笈相从者日益多，其掇危科①登膴仕②者强半出国倚门下。洎道光廿三年癸卯，诏各省驻防改用翻译考试，于本省三场完满后扃门另考，其题目从主试带来，其试卷解京派大臣公阅，而八旗归本省乡试之例于是复停。明年甲辰科国倚亦谢世，计主讲席者二十九年，八旗开科而来，八旗停科而去，若与驻防文运相始终者，此中具有前缘，非偶然也。平素性耽风雅，澹于宦情，将军庆保欲仿书院掌教议叙例为开复原官，以力辞而止。身后四壁萧然，旗人恤其遗孤，岁时为之扫墓上冢，而弟子樊封、王镇雄、刘建德等，倡议建苏、冯二先生祠于西营巷，不忘渊源所自也。诗学苏、白二家，抒写性灵，清空拔俗，著有《梅花书屋文稿》《嘉声斋诗存》未付梓，藏其稿于家。

---

①危科，即高科，指科举考试名登前列。

②膴仕：高官厚禄。

冯朝槐 清南海人。嘉庆三年（1798）举人。

［道光］《广东通志》卷八十一《选举表十九·举人四·国朝·嘉庆三年戊午·广州府》：南海人。

甘天骥 清顺德甘溪人。嘉庆三年（1798）举人，二十四年任广东开建训导。

［道光］《广东通志》卷八十一《选举表十九·举人四·国朝·嘉庆三年戊午·广州府》：顺德人。卷五十一《职官表四十二·国朝九·开建县·教谕训导·嘉庆朝》：顺德人。举人，二十四年任，训导。

［咸丰］《顺德县志》卷十一《举人二·国朝·嘉庆》：甘溪人。开平县训导，戊午科。

刘龙湫 清三水河洲冈人。嘉庆三年（1798）岁贡。

［嘉庆］《三水县志》卷九《选举·岁贡·清》：河洲冈人，（嘉庆）三年贡。

关凤鸣（清嘉庆） 一说名鸣凤，清南海人。嘉庆三年（1798）赐副贡，九年赐举人。

［道光］《南海县志》卷二十一《选举表二·国朝·举人·嘉庆朝》：钦赐举人……甲子科。

［同治］《南海县志》卷九《拾遗订误·贡生》：关鸣凤，戊午钦赐副榜，嘉庆朝。

关惠元 清南海人。嘉庆三年（1798）举人。

［道光］《广东通志》卷八十一《选举表十九·举人四·国朝·嘉庆三年戊午·广州府》：南海人。

汪大源 字星注，清南海人。嘉庆三年（1798）举人，十八年任广东乐昌教谕。父钧。

［道光］《广东通志》卷八十一《选举表十九·举人四·国朝·嘉庆三年戊午·广州府》：南海人，字星注，乐昌教谕。卷四十七《职官表三十八·国朝五·乐昌县·教谕训导·嘉庆朝》：南海人。举人，十八年任。

［道光］《南海县志》卷二十一《选举表二·国朝·封荫·嘉庆朝》：汪

钧，以子大源貤赠修职郎。

苏献琛 字蕴石，一说字琦修，号韫石，清顺德桑麻人。嘉庆三年（1798）举人，十三年进士，任娄县知县。兄献瑛。

［道光］《广东通志》卷八十一《选举表十九·举人四·国朝·嘉庆三年戊午·广州府》：顺德人，进士。卷七十七《选举表十五·进士·国朝·嘉庆十三年戊辰吴信中榜·广州府》：顺德人。二甲，知县。

［咸丰］《顺德县志》卷十一《举人二·国朝·嘉庆》：字蕴石，桑麻人。见进士，献瑛弟……戊午科。卷十《进士·国朝·嘉庆》：二甲，知娄县，戊辰科。卷二十七《列传七·国朝三》：弟献琛，字琦修，号韫石……仕为娄令，未几以亲老归。与兄友爱，事必禀而行。授徒会城，不入公府。林文忠公来理海事，闻以书招之，谢不往见。少师事阳春教谕陈纪，景其学行，殁，合资为祠祀之，终身不忘。

李仕倌 名一作士倌，原名廷倌（一作廷官），字白山，清顺德鹿门人。嘉庆三年（1798）举人，分发陕西知县，因母丧回乡，十四年倡办团练。寿93岁。弟士昂。

［道光］《广东通志》卷八十一《选举表十九·举人四·国朝·嘉庆三年戊午·广州府》：李廷官，顺德人，改名士倌，陕西知县。

［咸丰］《顺德县志》卷十一《举人二·国朝·嘉庆》：原名廷倌，字白山，鹿门人。分发陕西知县……戊午科。

［光绪］《广州府志》卷一百三十三《列传二十二·国朝·顺德》：李士倌，原名廷官，号白山，鹿门人。工书善画兰，为黄丹书、黎简所重。嘉庆戊午乡荐，戊辰大挑一等分发陕西，到省半载即丁内艰回籍，总理乡堡事，遂不出。己巳海贼张保入内河，士倌奉檄先捐资倡堡内办团练，募勇铸炮，防御甚密，阖堡赖焉。生平见义必为，方其续娶也，所聘容奇鲁氏，先经许配同砚某者，友亡而再许聘，士倌不知也。来归之夕，诸娣颇有漏言，细询始得其详，慨然曰："此余先友妻也，今忍以其妻为妻乎？"因谓鲁曰："父母为汝改适者礼也，余不忍以汝为妻者义也。汝能守节，我能妹汝若何？"鲁感其义，慨然诺之，即构屋别居，养之终其身。同族有女因贫被拐，流落平康，士倌一见即赎回，其勇于行义多此类也。中年目眚，不复理乡事，晚乃复明，又数年而卒，年九十三。弟仕昂，字容彰，邑诸生，亦享高寿。咸丰元年恩赐副榜，卒年八十三。

李光泰 清顺德北滘绿道人。嘉庆三年（1798）举人。

［道光］《广东通志》卷八十一《选举表十九·举人四·国朝·嘉庆三年戊午·广州府》：顺德人。

［咸丰］《顺德县志》卷十一《举人二·国朝·嘉庆》：六道人……戊午科。

杨炘 字旭世，号南河，清高明城中人。嘉庆三年（1798）廪贡，九年任广东仁化教谕。

［道光］《广东通志》卷四十七《职官表三十八·国朝五·仁化县·教谕训导·嘉庆朝》：高明人。廪贡，九年任……教谕。

［道光］《高明县志》卷十二《选举志·贡生·国朝》：城中人。嘉庆三年府学廪贡，任仁化教谕。卷十三《人物志·国朝》：字旭世，号南河。丰裁俊雅，自髫龄受书，痛念早失怙，恪承兄训。弱冠采芹，旋食饩，随兄廪士炤肄业端溪，素见赏于嵰山马山长。志切举业，十战秋闱不得志。因念母老，思以禄养，由廪贡就选仁化教谕。任数载，善气迎人，杯酒论文，兴寄琴操，生徒庆坐春风。及母年八秩，恭请彭学宪撰锦拟觞祝，适闻兄讣，恸摧棣萼，遂告归奉母，不复以仕途为念。邑侯雷际泰卸篆，主于炘馆三年。炘敬雷侯廉介爱民，以父事礼事之，论者谓炘得事贤友仁风焉。

杨贵 （？—1798）清顺德人。征剿白莲教，在重庆达州旂山阵亡。

［道光］《广东通志》卷二百八十七《列传二十·广州二十》：顺德人。少有勇略，由行伍拔补新塘营外委。嘉庆三年，随征教匪达州旂山，力战阵亡，奉旨崇祀昭忠祠。

［咸丰］《顺德县志》卷二十七《列传七·国朝三·杨龙韬传》：□□人。嘉庆三年，教匪扰乱川楚，贵以新塘营外委随征，至达州旂山力战阵亡，与龙韬并祀昭忠。

岑逢舜 字建时，号凤衔，清南海九江人。嘉庆三年（1798）武举。

［道光］《南海县志》卷二十二《选举表三·国朝·武举·嘉庆朝》：戊午科。

《九江儒林乡志》卷十《选举略·国朝·武举·嘉庆三年戊午科》：字建时，号凤衔。县学，中式第十一名。

何大祥　清顺德黎村人。嘉庆三年（1798）武举。

［咸丰］《顺德县志》卷十一《武举·国朝·嘉庆》：黎村人，戊午。

何在玑　字锡璇，清顺德星槎人。嘉庆三年（1798）副贡，选阳春教谕，卒于官。

［咸丰］《顺德县志》卷二十七《列传七·国朝三·何大勋传》：星槎人。遇灾害，与同族健年、在玑……协力赈恤……在玑，字锡璇，嘉庆戊午副贡，选阳春教谕，卒于官。素友爱，所得脩俸时以分予诸兄弟之贫者，死之日囊无余积。

何光（清嘉庆）　清高明石奇人。嘉庆三年（1798）举人。

［道光］《广东通志》卷八十一《选举表十九·举人四·国朝·嘉庆三年戊午·肇庆府》：高明人。

［道光］《高明县志》卷十二《选举志·举人·国朝》：石奇人，嘉庆三年戊午举人。

何为哲　字彦芳，清高明朗锦人。嘉庆七年（1802）例贡。父光东。子模、锦华。孙汝聪、汝明。

［道光］《高明县志》卷十二《选举志·例贡·国朝》：朗锦人，光东长子，嘉庆七年例贡。《选举志·封典·国朝》：朗锦人。贡生，嘉庆十八年，以子模赠修职佐郎。卷十三《人物志·国朝》：字彦芳，贡生。性刚直，见义必为。凡积尝田、修祠墓、整桥路、济贫穷诸务，皆慨然以一身自任。尤留心读书，虽志焉未逮而义方有法。延名师训子弟，敬教劝学，无不备至。长子模、次子锦华，并以明经任广文。长孙汝聪，膺己卯恩贡，余多诸生。年逾八秩齐眉受封，人以为厚德之报云。

何模　字凖士，清高明朗锦人。嘉庆三年（1798）廪贡，任广东新安（今深圳）教谕、潮阳训导，寿66岁。父为哲，弟锦华，子汝聪、汝明。

［道光］《高明县志》卷十二《选举志·贡生·国朝》：朗锦人，为哲长子。嘉庆三年府学廪贡，任新安教谕，补任潮阳训导。《选举志·国朝文例职》：何汝明，朗锦人，模次子。嘉庆十五年，捐授府经历。《选举志·封

典·国朝》：何为哲，朗锦人，贡生。嘉庆十八年，以子模赠修职佐郎。卷十三《人物志·国朝》：字凖士。孝友温厚，好善乐施。尤励志经史，博闻强记。由廪贡任新安教谕，造就生徒，务敦实学。新安地濒大洋，宵小窃发。倭督宪命模承宣上意，到即谕其长老约束子弟，秋毫无扰于民，咸以长者目之。继任潮阳训导，训士如新。适同怀弟锦华亦来铎斯邑，人谓昆弟同寅，一时奇逢焉。督课四子：长汝聪，己卯恩贡。次职员，三、四诸生。此亦教泽厚德之所流欤？卒年六十有六。

［光绪］《高明县志》卷二《地理·冢墓》：难坟众善三墓，在朗锦村前挞鹿坪。三冢排葬，西向。嘉庆十年，朗锦乡官何模暨合乡为勒石墓前。

何汝聪　清高明朗锦人。嘉庆二十四年（1819）恩贡。祖为哲，父模，弟汝明。

［道光］《高明县志》卷十二《选举志·贡生·国朝》：模长子，嘉庆二十四年恩贡。卷首《纂修〈高明县志〉·分纂》：恩贡、序选教谕何汝聪。卷十三《人物志·国朝·何模传》：字凖士……督课四子：长汝聪，己卯恩贡。次职员，三、四诸生。此亦教泽厚德之所流欤？卒年六十有六。

何汝明　清高明朗锦人。嘉庆十年（1805）捐授府经历。祖为哲，父模，兄汝聪。

［道光］《高明县志》卷十二《选举志·国朝文例职》：朗锦人，模次子。嘉庆十五年，捐授府经历。

何毓龄　清南海人。嘉庆三年（1798）岁贡，任广东始兴训导。

［同治］《南海县志》卷九《拾遗订误·贡生》：戊午岁贡，始兴训导，嘉庆朝。

张业南　一字棠村，清南海人。嘉庆三年（1798）举人，次年进士，官户部郎中、思恩知府。祖柱臣，父偕。

［道光］《广东通志》卷八十一《选举表十九·举人四·国朝·嘉庆三年戊午·广州府》：南海人，进士。卷七十七《选举表十五·进士·国朝·嘉庆四年己未姚文田榜·广州府》：南海人。户部郎中、知府。

［道光］《南海县志》卷二十一《选举表二·国朝·进士·嘉庆朝》：户

部郎中，思恩知府……己未科。《国朝·封荫·嘉庆朝》：张柱臣，以孙业南貤赠朝议大夫、户部郎中。张偕，以子业南赠朝议大夫、户部郎中。

《西樵白云洞志》附《白云洞唱和诗册》：一字棠村，南海人。嘉庆己未进士，户部主事，历官广西桂林府知府。

张鸣谦（清嘉庆） 清顺德古楼人。嘉庆三年（1798）副贡。

［咸丰］《顺德县志》卷十一《副贡·国朝·嘉庆》：古楼人，戊午。

陈其昌 字启祥，清顺德容奇人。嘉庆三年（1798）武举。与同乡杨玉中、杨朝日、李良弼、李真吾、林士元筑台购炮，日夜巡防，洋匪不敢进犯。十三年，六人在奇山（俗称大沙浮）建容山书院。

［光绪］《广州府志》卷四十九《选举表十八·武科·国朝·嘉庆三年戊午科》：顺德人。

［咸丰］《顺德县志》卷十一《武举·清·嘉庆》：容奇人，戊午。卷二十七《列传七·国朝三》：容奇杨朝日，字泽苏，例贡生。杨玉中，字博悠，陈其昌，字启祥，俱武举。李良弼，字彝聪，李真吾，字□□，林士元，字泽修，俱监生。甲子洋匪初入内河，容奇居邑下游环海，六人者于得胜海旁筑台置炮，台外海壖复为土堤数百丈，昼夜巡防，贼不敢进。时承平久，苦无巨炮，闻夷舶有四千斤者可售，皆畏贼近不敢往。玉中诣令领文市归，贼闻遽遁。事定，建容山书院教乡士，他乡多附学者。容桂公约之设也，诸人实均其力焉。

梁承忠 （？—1802）清顺德甘竹人。以剿白莲教拔顺德协千总，调征台湾林爽文，后剿博罗会匪，受伤死。

［咸丰］《顺德县志》卷二十七《列传七·国朝三·杨龙韬传》：梁承忠，甘竹人，先世皆武弁。承忠随征川楚教匪，拔顺德协千总。调征台湾林爽文，有斩获功。七年剿博罗会匪，受伤死，荫恤如例。

罗元南 清顺德大良人。嘉庆三年（1798）岁贡，十五年赐举人，次年赐国子监学正衔。

［咸丰］《顺德县志》卷十一《岁贡·国朝·嘉庆》：大良人，戊午。《举

人·国朝·嘉庆》：大良人，以符例赐，辛未赐国子监学正衔……庚午科。

罗云（清嘉庆） 字为章，清高明城中人。嘉庆二年（1797）岁贡，任河源训导。道光三年（1823）参修《高明县志》。父见龙。

［道光］《高明县志》卷十二《选举志·贡生·国朝》：城中人，嘉庆二年岁贡。卷首《纂修〈高明县志〉·分纂》：岁贡、序选训导罗云。

［道光］《肇庆府志》卷十五《选举二·国朝·贡生·高明县学·嘉庆朝》：二年贡，河源训导。

［光绪］《高明县志》卷十二《选举表·封赠·国朝》：罗见龙，嘉庆间以子云赠修职佐郎。卷十三《列传二·人物·国朝》：字为章。天性笃厚，勤学不倦。以明经任河源训导，日以作育人材为事。适邑大饥，民心汹汹，云力劝邑侯权行开仓赈济，民情始定。士民仰其德泽，恭送牌幌颂曰："古学今学，经师人师。"

明懋伦 字辰昭，号敬甫，清南海九江人。嘉庆三年（1798）举人，5次会试不第，任山东昌乐知县告归。父裕如。

［道光］《南海县志》卷二十一《选举表二·国朝·举人·嘉庆朝》：广西苍梧籍，山东昌乐县知县，嘉庆戊午科。

《九江儒林乡志》卷十《选举略·国朝·举人·嘉庆三年戊午科》：字辰昭，苍梧籍，中式第四十二名，山东昌乐知县。《选举略·国朝·封荫》：明裕如，以子懋伦赠文林郎、山东昌乐县知县。卷十四《列传·清》：字臣昭，号敬甫，东方沙滘人。性明慧，举止安详。由苍梧籍诸生中嘉庆戊午乡榜。五上公车不第，截选山东昌乐县知县。昌乐地瘠，懋伦履任，值岁歉不胜赔累，遂告归。然平时每喜作令谓可以设施，谈之辄神往，及如愿以偿，竟为官累，其亦遭际使然欤？归后或居家，或侨寓梧，为时各半，皆以福惠乡闾为事，时为人排解，咸服其公。梧州考棚倾圮，尝为倡修，至今规模整严，士林称颂。卒年七十。

周作 清顺德桂洲人。嘉庆三年（1798）举人。子其柽。孙来复，二十四年举人。

［道光］《广东通志》卷八十一《选举表十九·举人四·国朝·嘉庆三年戊午·广州府》：顺德人。嘉庆二十四年己卯，周来复，顺德人。卷三百〇八《列传四十一·列女三·广州府三·顺德县·国朝》：周裕后妻林氏，年二十

而寡，事舅姑以孝闻，抚嗣子如己出，鞠育备至。子其柽，廪贡生。孙来复，举人。教子课孙，井井有法，乡人贤之。嘉庆二十年旌。

［咸丰］《顺德县志》卷十一《举人二·国朝·嘉庆》：桂洲人……戊午科……周来复，字心斋，桂洲人，作孙……己卯科。卷二十九《列传九·列女二·国朝》：林氏。以外家贫，置田五亩资祭。年九十三卒。

胡元书 清顺德桂洲人。嘉庆三年（1798）举人。

［道光］《广东通志》卷八十一《选举表十九·举人四·国朝·嘉庆三年戊午·广州府》：顺德人，监生。

［咸丰］《顺德县志》卷十一《举人二·国朝·嘉庆》：桂洲人……戊午科。

郭悦章 清南海人。嘉庆三年（1798）赐副贡。

［道光］《南海县志》卷二十一《选举表二·国朝·贡生荐辟·嘉庆朝》：钦赐副榜……戊午科。

黄玉书（清嘉庆） 字灵笈，号禹岩，清顺德龙山人。嘉庆三年（1798）副贡，十三年举人，道光十二年（1832）任广东连山直隶厅教谕。父伯毅。同学冯兆光。

［道光］《广东通志》卷八十一《选举表十九·举人四·国朝·嘉庆十三年戊辰·广州府》：顺德人。

［咸丰］《顺德县志》卷十一《副贡·国朝·嘉庆》：龙山人，戊午。《举人二·国朝·嘉庆》：字灵笈，龙山人，连山厅①教谕，伯毅子……戊辰万寿恩科。卷十八《艺文略二·集部二·别集二》：《禹宕诗稿》，国朝黄玉书撰。卷二十六《列传六·国朝二·黄伯毅传》：子玉书，字灵笈，号禹岩，嘉庆戊辰举人，绥瑶教谕。其弟子冯兆光，字辉宇，少与玉书同学，工诗，著有《晦岩诗稿》一卷。

［民国］《连山县志》卷五《清连山直隶厅职官表·教官·道光时》：十二年任教谕。

①连山厅：清嘉庆二十三年（1818）以连山县改置，治所在今广东连山县东北旧城。1912年复改为连山县。

萧露瀼 清顺德龙江人。嘉庆三年（1798）举人。子士鸿，二十四年举人，道光十三年（1833）洪灾时，虽卧病仍倡助赈恤。

［道光］《广东通志》卷八十一《选举表十九·举人四·国朝·嘉庆三年戊午·广州府》：顺德人。《嘉庆二十四年己卯·广州府》：萧士鸿，顺德人。

［咸丰］《顺德县志》卷十一《举人二·国朝·嘉庆》：龙江人，子士鸿，戊午科。萧士鸿，字逵羽，龙江人，露瀼子，己卯科。卷二十六《列传六·国朝二》：萧士鸿，字翔九……龙江人……父露瀼，嘉庆戊午乡荐，士鸿亦以己卯登贤书。及门多得科第，里人蔡锦泉得力尤深。性和而介，人莫敢干以私。道光癸巳潦涨岁饥，时卧病，犹眷眷倡助赈恤，赖以全活多人，其存心利济如此。

梁若珠 女，清顺德逢简人。工画蝴蝶。随父允岐居广州，番禺令彭人杰聘为继室。

［咸丰］《顺德县志》卷二十九《列传九·列女二·国朝》：逢简人，允岐女。幼工画蛱蝶，辄扑得其光怪者夹而干之，旦夕对摹，神致逼肖。稍长以虫介翎鸟得名，从父居省会，持金求者无虚日。番禺令彭人杰见其迹羡慕不置，媒聘为继箧，随出岭北去。

［道光］《南海县志》卷十九《职官表二·国朝·知县·嘉庆朝》：彭人杰，庐陵人，附监，三年任。

梁桐 清顺德北滘人。嘉庆三年（1798）举人。

［道光］《广东通志》卷八十一《选举表十九·举人四·国朝·嘉庆三年戊午·广州府》：顺德人。

［咸丰］《顺德县志》卷十一《举人二·国朝·嘉庆》：林头人，戊午科。

梁基 清南海人。嘉庆三年（1798）举人。

［道光］《广东通志》卷八十一《选举表十九·举人四·国朝·嘉庆三年戊午·广州府》：南海人。

曾廷举 字振川，清南海九江人。嘉庆三年（1798）赐副贡。父士兰，子干贞。

［道光］《南海县志》卷三十九《列传八·国朝·曾士兰传》：子廷举、

孙干贞并赐副榜。卷二十一《选举表二·国朝·贡生荐辟·嘉庆朝》：钦赐副榜，戊午科。

《九江儒林乡志》卷十《选举略·国朝·贡生·嘉庆三年戊午》：字振川，府学，赐副榜。

谢能宏 清高明对村人。嘉庆三年（1798）赐副榜。

［道光］《高明县志》卷十二《选举志·钦赐》：对村人，嘉庆三年戊午科钦赐副榜。

程肇基 清南海人。嘉庆三年（1798）岁贡。

［道光］《南海县志》卷二十一《选举表二·国朝·贡生荐辟·嘉庆朝》：岁贡，戊午科。

钟奇秀 清高明松塘乡人。嘉庆三年（1798）举人。

［道光］《广东通志》卷八十一《选举表十九·举人四·国朝·嘉庆三年戊午·又广西中式》：高明人，浔州籍。

［道光］《高明县志》卷十二《选举志·举人·国朝》：松塘乡人，嘉庆三年戊午举人，西榜。

颜铸 字溟南，清顺德容奇人。嘉庆三年（1798）举人，十八年任海南临高训导，二十一年任崖州学正。祖昌信，父魁。

［道光］《广东通志》卷八十一《选举表十九·举人四·国朝·嘉庆三年戊午·广州府》：顺德人。卷五十五《职官表四十六·国朝十三·临高县·教谕训导·嘉庆朝》：顾铸，顺德人。举人，十八年任，训导。《崖州·学正训导·嘉庆朝》：顺德人。举人，二十一年任……学正。

［咸丰］《顺德县志》卷十一《举人二·国朝·嘉庆》：字溟南，容奇人。雷州府教授……戊午科。卷十二《封赠（文阶）·国朝》：颜昌信，容奇人，以孙铸赠。颜魁，以子铸赠。俱雷州府……教授。

黎玖 清顺德马滘人。嘉庆三年（1798）举人。

［道光］《广东通志》卷八十一《举人四·国朝·嘉庆三年戊午·广州府》：顺德人。

［咸丰］《顺德县志》卷十一《举人二·国朝·嘉庆》：马滘人，戊午科。

梁蔼如 （1769—1840）字远文，号青崖，清顺德麦村人，乾隆年间随父迁居佛山松桂里。嘉庆十三年（1808）举人，十九年进士，授内阁中书。

［道光］《广东通志》卷八十一《选举表十九·举人四·国朝·嘉庆十三年戊辰·广州府》：顺德人，进士。卷七十七《选举表十五·进士·国朝·嘉庆十九年甲戌龙汝言榜·广州府》：顺德人，二甲，内阁中书。

［咸丰］《顺德县志》卷二十五《列传五·国朝一·梁翰传》：翰族弟蔼如，字远文，号青崖，生而澹静，亦与兄弟侨居佛山。性好读书，由嘉庆戊辰举人，会试不第，留京就内阁中书，甲戌成进士，即补阁缺。旋告假归，见南海庶常谢兰生、县令黎阶平，相与讲明心见性之学，运气调息无间。尝自言酒色财气四者不能累之，识者咸称其自道所得，非欺人语。著有《无怠懈斋集》。

［光绪］《广州府志》卷一百三十二《列传二十一·国朝·顺德·梁翰传》：字遇屏，麦村人……翰族弟蔼如，字远文，号青崖。嘉庆十三年戊辰举人，会试不第就内阁中书，十九年甲戌成进士……以寿终。

［民国］《佛山忠义乡志》卷九《氏族志·各姓祠堂》：梁青崖先生祠，在沙洛铺陈大塘，祀赠奉政大夫、内阁中书十四世祖蔼如公。光绪七年建，李文田题额曰“树滋堂”。卷十四《人物志四·文苑·清》：字青厓，本籍顺德。嘉庆戊辰以附生举于乡，甲戌成进士，授内阁中书，充文渊阁检阅兼方略馆①分校。例得议叙，僚友梁慎猷自言困苦，欲得议叙迁官，乃慨然让之，遂告归。居家数十年，事亲以孝。尝公车北上，已度岭闻母病即遄反。素不侈饮食，不饰服御，不治园圃，恍同寒士居斗室中。好静坐，时跏趺榻上如老僧入定。寡嗜欲，妻不能育劝纳妾，举一子即不入内室。子质弱，或以为言则曰：“吾兄有六子，吾子倘不成立，择兄子入继可也。”其天性澹泊类如此。至于利人济物之事，其心惟恐不周，其力惟恐不至也，尝谓范文正公义田最可法，惜无力行之，于是族党乡闾贫乏者给以粮米，不能婚嫁者助以资财，有来借贷者酌多寡应之。壬辰岁祲，首倡义赈，远近仿行，存活甚众，他如浚河流以通舟楫，修道路以便往来，若此者不可枚举。何处己则俭以约，而待人则丰且厚耶？此其立身行事当于古人求之，若今人则未易数觏也。平

①方略馆：清官署名。掌纂修平乱及对少数民族用兵的方略或纪略，并纂办朝廷交辑的其他书史，总裁由军机大臣兼充。

日好吟咏、善书画……诗学陶、韦，篆学《峄山碑》①，隶学《夏承碑》②，草书学右军，真书学鲁公，行书学坡公，画学一峰老人③，得其书画者寸缣尺素皆珍之。又善摄生，少疾病，卒之岁语人曰："孔圣七十二，予小子安能逾其期耶？"病数日而卒，殓时面如生。

李可端　（1769—1802）字凝修，号次云，清南海小塘狮山人，居佛山镇。乾隆五十三年（1788）举人，嘉庆元年（1796）进士。卒于京。祖福谦，父士震，兄芳，弟可琼、可蕃。

［道光］《广东通志》卷八十一《选举表十九·举人四·国朝·乾隆五十三年戊申·广州府》：南海人，进士。弟可琼、可蕃。卷七十七《选举表十五·进士·国朝·嘉庆元年丙辰赵文楷榜·广州府》：南海人，检讨。

［道光］《佛山忠义乡志》卷六《乡事志·编年》：嘉庆元年丙辰，李可端登进士。（住观音堂堡莲花地）卷九《文苑·清》：字凝修，号次云，性敏异过人。嘉庆丙辰进士，授翰林院检讨，与修国史。辛酉分校礼闱，旋即主试湖南，所得多知名士，邹侍御家爕④、杜少宰堮⑤、孔廉访昭虔⑥、倪观察琇⑦等皆出其门。壬戌卒于京邸。

［道光］《南海县志》卷二十一《选举表二·国朝·封荫·嘉庆朝》：李福谦，以孙可琼赠中议大夫、山东盐运使。李士震，以次子可端封文林郎、翰林院检讨，三子可琼赠中议大夫、山东盐运使。卷三十九《列传八·国朝·李可蕃传》：侨居佛山……兄可端……卒年三十四。

---

①《峄山碑》：秦始皇二十八年（前219）东巡时所刻，原石不存。

②《夏承碑》：东汉建宁三年（170）立，隶书，原碑久毁。

③一峰老人：元代画家黄公望（1269—1354），字子久，号一峰。

④邹家爕（1766—1811），字秀升，清江西饶州乐平人。嘉庆六年（1801）进士第三名，任礼部给事中卒。

⑤杜堮（1764—1859），字次厓，清山东滨州人。嘉庆六年（1801）进士，任内阁学士兼礼部、兵部和吏部侍郎，加太子太保衔，卒赠大学士，谥文端。著有《遂初草庐集》。

⑥孔昭虔（1775—1835），字元敬，清山东曲阜人。嘉庆六年（1801）进士，官至贵州布政使。著有《镜虹吟室诗室集》、杂剧《葬华》等。

⑦倪琇：字竹泉，清昆明人。嘉庆六年（1801）进士，二十四年官至福建兴泉永兵备道。著有《使车余草》。

［光绪］《广州府志》卷一百二十八《列传十七·国朝·南海·李可蕃传》：字衍修，丰华堡人，侨居佛山。

［民国］《佛山忠义乡志》卷十三《封赠·清》：李芳，以弟可端贻封儒林郎、翰林院检讨。

李可琼 （1769—1849）字佩修，号石泉，清南海小塘狮山人，居佛山镇。嘉庆三年（1798）举人，十年进士，历任殿阁纂修、校理，二十四年出任广西思恩府知府。道光八年（1828）兼按察使，后因母亡归。兄可端，弟可蕃，子应棠。

［道光］《广东通志》卷八十一《选举表十九·举人四·国朝·嘉庆三年戊午·广州府》：南海人，可端弟，可蕃兄，进士。卷七十七《选举表十五·进士·国朝·嘉庆十年乙丑彭浚榜·广州府》：南海人。二甲，编修，浙江宁绍台道。

［道光］《佛山忠义乡志》卷十二《金石志下·石·清》：《清浚佛山涌港记》，里人吴荣光撰，里人李可琼书，道光六年丙戌八月立石。

［道光］《南海县志》卷二十一《选举表二·国朝·进士·嘉庆朝》：编修，山东盐运使……乙丑科。

［同治］《南海县志》卷十三《列传》：字佩修，号石泉。丰华堡人，移居佛山。选庶吉士，戊辰散馆诗复《三字经》，阅卷大臣签出引见，时睿皇帝翻阅再四，深邀宸赏，命再留馆学习。己巳授职编修，由是读书中秘，历殿阁纂修、校理等官。庚午山东副考官、己卯会试同考官，所取士如相国杜受田、尚书孙瑞珍、总宪王玮庆、方伯邵甲名、给谏邵正笏皆负中朝重望。己卯放思恩府知府，思恩边徼瘴地，土汉杂居，水土恶劣，守令多寄寓宾州不到任。可琼曰：“朝廷设官以守土牧民也，弃其土，鄙其民，府城同虚设。曷若立一土偶于郡斋，不受官家一钱，并不饮民间一勺水也！”乃修城垣，葺衙署。奉母安居之时，城外虽有贸迁而未开设典库，贫民开耕假贷，富豪借以居奇，重利蠹民民滋困。会东商有欲开当押者，惧郡县索规，托人关说。可琼曰：“地方设当商以便民，非以利官也，规费何为？”缘此六属皆有当商，民称便，东商德之。可琼亦借东商为耳目，备悉土汉情形，弹压抚绥，宽猛互施，办事倍益为力。道光初，大吏以“治行卓著”密保，擢福建延邵道未赴，调浙江宁绍台道。所辖三府，舆域袤延，海山丛错，凡收关税、查奸宄、造战舰、督海防诸务冗烦，号难治。可琼莅任七年，察吏安民，恤商剔蠹，维风俗于已败，消祸乱于未然，纲维毕张，百废尽举。初抵任岁洊饥，知台

湾土地膏腴，粒米狼戾①，而谷舶出海，例禁綦严，恐其资盗粮也。乃请制府招商给票，俾从海外运至浙东告籴，既通，全活无数。浙省海关旧设监督，嗣后裁撤，委道监收，胥吏窟穴其间，日久滋弊。可琼乃下令革陋规、禁需索，又檄营弁勤缉逻、力操防，故海靖烽烟，途如枕席，百货流通。属慈溪埠商某捕私盐甚苛，背负肩挑，指为侵饷，缚以鸣官，民积忿突起相仇，商以“私枭结党拒捕”禀运司，司益张皇，详抚军请发兵剿捕。可琼曰：“盐策非吾事，而地方安危守土责也。倘因细故激大变，商之肉其足食乎？”亟请止兵，檄慈溪县缚为首数人讯而释之，事立解。所辖三府地多低洼，高敞之区百无一二，俗又惑青乌之说，富者泥于禁忌，筑室停棺，贫者无地立锥，置棺道左，雨淋日炙，暴露堪怜，以至上饱乌鸢，下饫蝼蚁。可琼见而伤之，檄所属克日瘗埋，无主者官为安葬，数月之内，入土不翅②万棺。又溺女之俗所至皆然，富室惧生女破家，寒门恐力难兼顾，生女多者止养一二，往往胎发未燥为河伯妻。可琼谓：“尊长杀无罪卑幼，律有明刑，率土皆朝廷赤子，父母能生之，父母不能妄杀之。况吝俯育之资，损天性之爱，伤风败俗，莫此为尤！”爰行各属严禁，并各查育婴堂有名无实者经费务使丰饶、规条再为整顿，全活婴孩甚多。所惜者浙东丁口滋生恒忧人满，而管内山蟠水束，可耕之地无几。可琼查得海中有洲曰南田，广邃幽深，土膏觅发，物产充盈，沿海居民樵采渔佃，已成村落。因言于制府，请设官抚治，仿照玉环厅例，异日移民移粟，可活无数饥寒，且天地自然之利，吾民弃而不取，或为盗贼所有，或为外夷所据，更为门庭忧。制府狃③于俗见，谓：“沧溟遥隔，控驭殊难，不若照旧封禁便。”可琼反复争之不能得，乃叹曰：“牧民者不为芸芸谋生计，但为一官虑后患耶？”其为地方远图如此。五年乙酉科浙江乡试入闱提调，八年兼署按察使。以大计卓荐擢山东盐运使司东省鹾，政久废弛，官此者但问己缺肥瘠，公饷优绌漠不关心。可琼莅任，力减供给，杜苞苴、剔奸私、核课税，渐有起色。厥后亏饷事发，牵染多人，可琼得超然事外。是年丁生母忧解任，而继母张年八十余，可琼亦六十余矣，依恋庭帏不复出。平生天性友爱，兄弟五人先后凋谢，家居策杖看山，手葬两世男女共九棺，俱就吉壤。尤情殷桑梓，如修黄鼎司良凿围，护六十三村庄俾无崩决。疏佛

---

①粒米狼戾（lì）：谷粒撒得满地都是，形容粮食充盈。狼戾，即“狼藉”，纵横散乱的样子。

②翅：通“啻”，但、只。

③狃（niǔ）：因袭、拘泥。

山沙腰河而三十余里积淤咸得宣通，商民胥赖。然素恶奔竞，不喜与达官往来，扬历①数十年，宦途非无交谊，然必为地方利害一谒吏庭，否则望门裹足，终日闭门静坐，不以尘务婴心②。鹤山陆钟亮戊午同年，精神仙补炼术，世所称朗溪先生者也，一日到访，以入山修道之说进。可琼婉辞谢之，谓人曰："吾儒自有长生法，全受全归③是也。道家澹嗜欲，寡思虑，亦可却病延年，至取坎填离④以求羽化则魔障也。"所论最为有识。临终自知时日，先时拜谢君亲别戚友，而后正衣冠而卒，年八十一。可琼久于外官，洞悉衙门利弊。同邑徐台英辛丑会试出杜受田门，临行问所以作令，杜曰："吾未履外任，非所谙。汝同乡石泉师老吏也，盍请教焉！"徐如言拜谒，可琼曰："闻子素负经济才，今铦刀发硎，区区割鸡，有何不足？然既询途老马，请献刍言。凡作令者，衙内一切批判文移，皆分付书吏幕宾，以己为门外汉，何弊不可为？间有聪察之官偶为点窜，他辈动辄辞馆以为挟持，甚则播为蜚语以摇撼之，真是恶习！吾有一法，凡请幕友先与之约曰：'衙门公事公文，公同商酌。幕宾起稿有不合，官自改之。即官自起稿，若不协于理、不中于法，委曲以行其私者，幕宾亦得争之。'如此有言在前，他辈无从置喙，异日一发一收权在我矣！"台英在湖南文书必经目润色，紧要者出自亲裁，能声大著，始知可琼所说皆阅历有得之言也。子应棠，池州府知府。

［民国］《佛山忠义乡志》卷八《祠祀二·群庙·字祖庙》：《重修敬字亭碑记》，莺冈敬字亭，向祀仓颉先师，兼祀文武二帝并魁斗星君……岁久圮。道光甲辰，余偕诸同志捐签修复……里人李可琼拜撰。卷十一《乡事志·编年》：道光……癸巳十三年……李可琼、梁启兴筑南顺通津石路。

叶蔼士　清高明云良人。嘉庆四年（1799）例贡。

［道光］《高明县志》卷十二《选举志·例贡·国朝》：云良人，嘉庆四年例贡。

---

①扬历：谓显扬贤者居官的治绩，后多指仕宦的经历。

②婴心：犹关心、挂心。

③全受全归：人的身体来自父母，应当终身洁身自爱，以没有受过污辱损害的身体，回到父母生我时那样。

④取坎填离：抽坎中阳，填离中阴。坎为水，离为火。炼丹家认为，人成胎儿后，形成火上水下的未济局面。通过练功，可使水上火下，坎离既济，达到心肾之气相交，就可以延年益寿。

刘树基 清高明瓮岗人。嘉庆四年（1799）捐布政司理问。

[道光]《高明县志》卷十二《选举志·国朝文例职》：瓮岗人，嘉庆四年捐授布政司理问。

刘辅 清高明世唐美人。嘉庆四年（1799）捐授卫千总。

[道光]《高明县志》卷十二《选举志·国朝武职例》：世唐美人，嘉庆四年捐授卫千总。

杜登元 清高明黄鹂堂人。嘉庆四年（1799）例贡。

[道光]《高明县志》卷十二《选举志·例贡·国朝》：黄鹂堂人，嘉庆四年例贡。

李镇邦 清顺德人。嘉庆四年（1799）任顺德协把总，七年代理千总，道光三年（1823）代理守备。

[咸丰]《顺德县志》卷九《职官二·把总·嘉庆》：县人，四年任……左营。《职官二·千总·嘉庆》：县人，七年署……左营。《职官二·守备·道光》：县人，三年署……左营。

罗跃龙 清高明范州人。嘉庆四年（1799）例贡。

[道光]《高明县志》卷十二《选举志·例贡·国朝》：范州人，嘉庆四年例贡。

施显扬 清顺德人。嘉庆四年（1799）任顺德协把总，七年任千总。

[咸丰]《顺德县志》卷九《职官二·把总·嘉庆》：县人，四年任……头司左哨……右营。《职官二·千总·嘉庆》：县人，七年任。左哨，右营。

徐更运 清南海人。嘉庆四年（1799）岁贡。

[道光]《南海县志》卷二十一《选举表二·国朝·贡生荐辟·嘉庆朝》：己未岁贡。

黄廷瑞 清高明平塘人。嘉庆四年（1799）捐授卫千总。

[道光]《高明县志》卷十二《选举志·国朝武职例》：平塘人，嘉庆四

年由武生捐授卫千总。

梁簧基 清高明陇村人。嘉庆四年（1799）例贡。

［道光］《高明县志》卷十二《选举志·例贡·国朝》：陇村人，嘉庆四年例贡。

谭其珗 清高明潭边人。嘉庆四年（1799）捐授把总。

［道光］《高明县志》卷十二《选举志·国朝武职例》：潭边人，嘉庆四年捐授把总。

马应麟 清顺德人。廪贡，嘉庆五年（1800）任广东仁化教谕。

［道光］《广东通志》卷四十七《职官表三十八·国朝五·仁化县·教谕训导·嘉庆朝》：顺德人。廪贡，五年任……教谕。

卢凤苞 字桐川，清顺德大晚人。嘉庆五年（1800）举人。身故后，诗友邱士超为刻印遗集。

［道光］《广东通志》卷八十一《选举表十九·举人四·国朝·嘉庆五年庚申·广州府》：顺德人。

［咸丰］《顺德县志》卷十一《举人二·国朝·嘉庆》：字桐川，大晚人，庚申特开恩科。卷二十七《列传七·国朝三·温汝能传》：邱士超，龙山诸生。与卢桐川、张磬池两孝廉交，刻其遗集。

叶继书 清顺德桂洲人。嘉庆五年（1800）举人。

［道光］《广东通志》卷八十一《选举表十九·举人四·国朝·嘉庆五年庚申·广州府》：顺德人。

［咸丰］《顺德县志》卷十一《举人二·国朝·嘉庆》：桂洲人，庚申特开恩科。

刘一经 字协权，清高明世唐美人。邑增生，屡试不遇。四子日章。

［道光］《高明县志》卷十三《人物志·国朝》：字协权。邑增生。天性谨厚，不尚浮华。童年入泮，读书好礼，虽屡试不遇而壮志依然。迨甲子榜

后旋里病甚，犹自抚其卷曰："穷达由命而经书不可不读也！"其勤勉若此。子五：长、次诸生。四子日章，应庚申岁荐。此读书好礼之遗泽欤。

刘日章 字象辉，号方升，清高明世唐美人。嘉庆五年（1800）岁贡，寿90岁。父一经。

[道光]《高明县志》卷十二《选举志·贡生·国朝》：世唐美人，嘉庆五年岁贡。卷十三《人物志·国朝》：刘一经，字协权……子五。长、次诸生。四子日章，应庚申岁荐。此读书好礼之遗泽欤。

[光绪]《高明县志》卷十三《列传三·耆寿·国朝》：字象辉，号方升，世唐美人，岁贡。年九十岁。

严为霖 清高明水边人。嘉庆五年（1800）恩贡。

[道光]《高明县志》卷十二《选举志·贡生·国朝》：水边人，嘉庆五年恩贡。

苏世勋 清三水石牛冈人。嘉庆五年（1800）举人，十五年为同考官。祖应文。

[嘉庆]《三水县志》卷九《选举·举人·清》：嘉庆五年庚申恩科陈昌期榜，石牛冈人，应文孙。中式三十名，署云南镇南州知州，迁丽江县知县，庚午同考试官。

苏用霖 清顺德碧江人。嘉庆五年（1800）恩贡。

[咸丰]《顺德县志》卷十一《恩贡·国朝·嘉庆》：碧江人，庚申。

苏琇 清南海人。嘉庆五年（1800）举人，二十二年任广东徐闻教谕。父敬学。

[道光]《广东通志》卷八十一《选举表十九·举人四·国朝·嘉庆五年庚申·广州府》：南海人。卷五十四《职官表四十五·国朝十二·徐闻县·教谕训导·嘉庆朝》：南海人。举人，二十二年任，训导。

[道光]《南海县志》卷二十一《选举表二·国朝·举人·嘉庆朝》：连平州学正……庚申科。《国朝·封荫·嘉庆朝》：苏敬学，以子琇貤封修职郎、徐闻教谕。

[同治]《南海县志》卷十九《列传·善行·招健升传》：劳潼以理学倡

于省垣，见后学鲜所推许，独与健升为忘年交，疾革时，向其高弟苏琇称道不置。

李向荣 清高明坟典人。嘉庆五年（1800）例贡。

［道光］《高明县志》卷十二《选举志·例贡·国朝》：坟典人，嘉庆五年例贡。

吴大安 字朝英，号泰阶，清南海九江人。嘉庆五年（1800）武举，道光十八年（1838）倡建社学。子乐荣。

［道光］《南海县志》卷二十二《选举表三·国朝·武举·嘉庆朝》：庚申科。

《九江儒林乡志》卷十《选举略·国朝·武举·嘉庆五年庚申科》：字朝英，号泰阶。县学，中式第三十三名。子乐荣，武举。卷四《建置略·书院社学》：梅圳社学，在北方梅圳社左。道光十八年戊戌，社内绅士吴大安等倡建。

何大川 清顺德桂洲人。嘉庆五年（1800）武举。

［咸丰］《顺德县志》卷十一《武举·国朝·嘉庆》：桂洲人，庚申恩科。

何赞廷 清南海佛山镇人。嘉庆五年（1800）岁贡，十年任广东开平训导。

［道光］《佛山忠义乡志》卷十《贡生·清》：岁贡。

［道光］《肇庆府志》卷十三《职官三·清·开平县·训导·嘉庆朝》：南海人。岁贡，十年任。

［道光］《南海县志》卷二十一《选举表二·国朝·贡生荐辟·嘉庆朝》：岁贡……庚申。

陆龙光 清三水清塘人。嘉庆五年（1800）武举。祖振邦，乾隆四十六年（1781）举乡保正，寿84岁。

［嘉庆］《三水县志》卷九《选举·武举·国朝·嘉庆五年庚申恩科》：清塘人。卷十一《人物传·潜德·陆振邦》：号如山，清塘人。例授登仕郎。性和厚，家庭雍睦，有平原兄弟风。子弟有笃于学者，贫则厚资之，不令废业，成就甚多。乾隆四十六年，院司牒行举乡保正，众联请于县以振充其选。

资性诚悫，无所偏倚，攻保悉当，宵小敛迹，乡闾赖安。年八十四以寿终。孙龙光，中嘉庆庚申恩科武举。

陈伯烜 清顺德容奇人。嘉庆五年（1800）举人。

［道光］《广东通志》卷八十一《选举表十九·举人四·国朝·嘉庆五年庚申·广州府》：顺德人。

［咸丰］《顺德县志》卷十一《举人二·国朝·嘉庆》：容奇人，庚申特开恩科。

陈兆栋 清高明高村人。嘉庆五年（1800）捐授卫千总。

［道光］《高明县志》卷十二《选举志·国朝武职例》：高村人，嘉庆五年由监生捐授卫千总。

陈瑶光 清南海人。嘉庆五年（1800）拔贡、举人。

［道光］《广东通志》卷八十一《选举表十九·举人四·国朝·嘉庆五年庚申·广州府》：南海人。

［道光］《南海县志》卷二十一《选举表二·国朝·贡生荐辟·嘉庆朝》：辛酉拔贡，庚申预考。

周连 清顺德桂洲人。嘉庆五年（1800）武举。

［咸丰］《顺德县志》卷十一《武举·国朝·嘉庆》：桂洲人，庚申恩科。

胡庭筠 清顺德桂洲人。嘉庆五年（1800）副贡。

［咸丰］《顺德县志》卷十一《副贡·国朝·嘉庆》：桂洲人，庚申。

胡殿昭 清顺德人。嘉庆五年（1800）任顺德协把总。

［咸丰］《顺德县志》卷九《职官二·把总·嘉庆》：县人，五年任……二司左哨……右营。

徐兆 清南海人。嘉庆五年（1800）举人，任南雄州学正。

［道光］《广东通志》卷八十一《选举表十九·举人四·国朝·嘉庆五年庚申·广州府》：南海人。

［同治］《南海县志》卷九《举人·清》：南雄州学正，嘉庆朝。

黄安怀　清顺德杏坛人，迁居广州。嘉庆五年（1800）举人。子钰，道光三十年（1850）岁贡。孙凤书。

［道光］《广东通志》卷八十一《选举表十九·举人四·国朝·嘉庆五年庚申·广州府》：南海人，知县。

［咸丰］《顺德县志》卷十一《举人二·国朝·嘉庆》：杏坛人，南海籍。知县，庚申特开恩科。

［同治］《南海县志》卷九《道光朝·贡生》：黄钰，安怀子，庚戌岁贡生。

［宣统］《南海县志》卷十九《列传·文学·黄凤书传》：黄凤书，号纬九，先世自顺德杏坛乡来迁，隶捕属。祖怀安①，举人，历任山东知县，所至有声。父钰，恩贡生，充学海堂学长。

黄宪臣　以字行，别字次皋，清南海丰宁堡人。嘉庆五年（1800）举人，十三年大挑，试用山西，署赵城、摄虞乡、补万泉知县。寿65岁。祖伟章，父位中。

［道光］《广东通志》卷八十一《选举表十九·举人四·国朝·嘉庆五年庚申·广州府》：南海人，知县。

［道光］《南海县志》卷二十一《选举表二·国朝·封荫·嘉庆朝》：黄伟章，以孙宪臣貤赠文林郎。黄位中，以子宪臣赠文林郎。卷三十九《列传八·国朝》：以字行，别字次皋，丰宁堡人。少孤贫，嗜学。嘉庆庚申领乡荐，戊辰谒挑，试用山西，权赵城，革供应。摄虞乡，有富室耻婿贫，欲易婚，诬讼婿无赖，赂媒妁毁婚贴。宪臣鞫得情，呼女至，立予婿冠服，在县堂行合卺礼。荣河、韩城民互争河滩淤田，令各私其民，据牍判曲直，积数十年不决，上官檄宪臣平谳。宪臣则躬履勘丈，凡七往返，力持其平，两县悦服罢讼。题补万泉，分校壬午乡闱，捐俸修文庙，设书院膏火，严季课，文风丕振。有营卒弟负民逋，民索之急，卒拘民至营从殴之。宪臣闻之，拘卒笞之，付营弁，梏其弟于县庭，慰遣民归。盐贾借缉私虐贫民，宪臣为檄治贾，贾走诉河东道某公。某公素重宪臣，卑书词求解，宪臣不可。某公卒以贾畀宪臣，论如法治。万泉七年，狱无死囚。征两税，榜期县门，民皆如期输将，无或后。县素患狼，由乡落蔓及城市。宪臣在县久，狼迹绝。既去，

---

①此处有误，应作安怀。

狼至如故。姚中丞祖同抚晋，每称宪臣为古循吏，接见必钦钦下访。宪臣益谦挹，人莫窥其际。万泉丁樊村民健讼梗化，士人善持官府长短，自宪臣莅任，凡有征输兴作大事，皆丁樊村士民为之倡。去县日，诸生耆老走送数十里。宪臣工诗，宗法老杜，著《澹虚阁诗集》，辑《灵石县志》。卒年六十五。

梅必振　清顺德龙山人。嘉庆五年（1800）岁贡。

［咸丰］《顺德县志》卷十一《岁贡·国朝·嘉庆》：龙山人，庚申。

符泽　清南海人。嘉庆五年（1800）恩贡。

［道光］《南海县志》卷二十一《选举表二·国朝·贡生荐辟·嘉庆朝》：恩贡，庚申。

云铨　清南海人。嘉庆五年（1800）举人。

［道光］《广东通志》卷八十一《选举表十九·举人四·国朝·嘉庆五年庚申附顺天中式》：南海人。监生，寓苏州，知县。

温汝述　清顺德龙山人。嘉庆五年（1800）举人，任山东登州府同知。兄汝适、汝遂。

［嘉庆］《龙山乡志》卷七《选举志·举人·国朝·嘉庆庚申》：内阁中书舍人。

［道光］《广东通志》卷八十一《选举表十九·举人四·国朝·嘉庆五年庚申·广州府》：顺德人，汝适弟。

［咸丰］《顺德县志》卷十一《举人二·国朝·嘉庆》：龙山人，同知登州府，汝适弟……庚申特开恩科。

谢启芳　清三水河南新村人。嘉庆五年（1800）岁贡，曾为乡饮宾。

［嘉庆］《三水县志》卷九《选举·岁贡·清》：河南新村人，（嘉庆）五年贡。卷十一《人物传·乡饮宾》：岁贡。

潘广彰　清三水禄步沙头人。嘉庆五年（1800）恩贡。

［嘉庆］《三水县志》卷九《选举·恩贡·清》：禄步沙头人，嘉庆五年贡。

潘士琳　清南海人。嘉庆五年（1800）举人。

［道光］《广东通志》卷八十一《选举表十九·举人四·国朝·嘉庆五年庚申·广州府》：南海人。

潘宜佳　字伯衎，清南海人。曾在西樵山学习，嘉庆五年（1800）举人。

［道光］《广东通志》卷八十一《选举表十九·举人四·国朝·嘉庆五年庚申·广州府》：南海人。

《西樵白云洞志》第二册《传略·潘孝廉宜佳》：字伯衎，南海人。嘉庆庚申举人，先后肄业龍嵸阁、三湖书院。

潘善长　清顺德冲鹤人。嘉庆五年（1800）举人。

［道光］《广东通志》卷八十一《选举表十九·举人四·国朝·嘉庆五年庚申·广州府》：顺德人。

［咸丰］《顺德县志》卷十一《举人二·国朝·嘉庆》：冲鹤人……庚申特开恩科。

黎炎　清顺德桃村人。嘉庆五年（1800）恩贡。

［咸丰］《顺德县志》卷十一《恩贡·国朝·嘉庆》：桃村人，庚申。

黎科鳌　清三水藤冈人。嘉庆五年（1800）举人，十九年任广东鹤山训导。父绍修。

［嘉庆］《三水县志》卷九《选举·举人·清·嘉庆五年庚申恩科陈昌期榜》：藤冈人。中式四十四名，署长宁县教谕，现任鹤山县训导。《封赠·清》：黎绍修，庠生，以子科鳌赠修职郎、鹤山县训导。

［道光］《广东通志》卷五十一《职官表四十二·国朝九·鹤山县·训导·嘉庆朝》：三水人。举人，十九年任。

李可蕃　（1771—1818）字衍修，号椒堂，清南海佛山镇人。乾隆六十年（1795）举人，嘉庆七年（1802）进士。二十一年升湖南粮道，两年后卒于官。父士震，兄可端、可琼。

［道光］《广东通志》卷八十一《选举表十九·举人四·国朝·乾隆六十

年乙卯·广州府》：南海人，可端、可琼弟，进士。卷七十七《选举表十五·进士·国朝·嘉庆七年壬戌吴廷琛榜·广州府》：南海人。编修、湖南督粮道。

［道光］《佛山忠义乡志》卷九《文苑·清》：字衔修，号椒堂，可端弟。壬戌进士，授翰林院编修，改山西道御史。升兵科掌印给事中，巡视北城，宵小敛迹。每有封事，退即焚草，故疏稿流传极少。粤东民食向赖粤西米接济，而米船过关，胥役勒索船户银规甚重，可蕃奏请饬禁勒石，乡人至今赖之。戊辰分校礼闱，戊辰、癸酉分校京兆闱，得人称盛，如陈大司、成官俊其最著者。寻外擢湖南粮道，卒于官。

［道光］《南海县志》卷三十九《列传八·国朝》：侨居佛山，父士震……可蕃……选庶常，授编修，戊辰分校礼闱，戊辰、癸酉顺天乡试并充同考，寻擢山西道御史……而兄可琼复以乙丑进士除编修。可蕃既居谏垣，自念兄弟三人并登清要，感激国恩，知无不言。有中书屈廷镇入朝，至乾清门外被匪狙剪貂裘表衣，可蕃立以闻。守门大臣德麟因是革贝子俸，着闭门思过者三年，权贵莫不悚惮。嘉庆十五年，粤东洋匪既投诚，多不受约束，往往偃蹇①为奸，可蕃奏曰："近者粤东外洋虽已肃清，而内河土匪时复窃发，皆由营汛弁兵懈于巡缉使然，并风闻新投诚洋匪经奉文安插之后，仍任意随处逗留，不回原插地方安业，且间有结连土匪在内河抢劫者。若不严加稽察，则日久玩生，散而复聚，不独骚扰内河，或复出洋为盗。查投诚之日，或令充伍，或令归籍，按名安插，有册可稽。请旨敕下该省督抚饬属严治土匪，使新投者知所警戒，安插之首民严加管束。榜谕城乡保甲，检按名册，稽其踪迹，有复为劫盗私逃出洋者加等惩治，其疏纵之地方文武员弁立予参劾，保甲人等不首报坐以徇庇毋赦。"奏入，上深以为然，降旨着军机大臣，并可蕃原折，驰递督抚臣，照所奏严办。十六年条陈粤东积弊四款……上得奏谕总督、将军、巡抚、都统诸臣曰："李可蕃籍隶粤东，其所奏皆有案据可凭，自系实在情形。松筠等务各认真查办，以期力除积弊，绥靖地方。"是时洋匪初平，民食未裕，吏胥弁兵辄以罗织、讹索、贩私图中饱，自可蕃奏行，其害顿减。十八年秋八月，逆匪林清②滋事辇毂下，既剿灭，上饬直省行甲保。可蕃以粤东西北界湖南、广西，山岭连属，林谷丛险，而拜会纠党剽掠时闻，恐驯致坚冰上廑圣忧。十九年春二月具奏……上览可蕃奏，震动累日，

①偃蹇（yǎnjiǎn）：骄横，盛气凌人。

②林清（1770—1813），清北京大兴人。嘉庆十一年（1806）入天理教，十八年起义进攻京城失败死。

谕两广总督蒋攸铦、广东巡抚董教增饬属穷治，督抚臣派监司督地方员弁搜办者数月。人谓两粤、楚南会匪不致蹈林清覆辙者，可蕃此奏之力居多。二十一年八月外补湖南粮道，甫视事即入闱提调，剔除夙弊，宽猛并济，士论翕然。在职余两载，坐艘催漕之日居多，而案无留牍，院司拟保荐，二十三年十月卒于官，年四十八。

邓士宪 （1771—1839）字临智，号鉴堂，清南海沙头镇大坑村人。乾隆五十四年（1789）举人，嘉庆四年（1799）考充左翼宗学教习，得授内阁中书。七年进士，选翰林院庶吉士，补兵部职方司主事、员外郎，升武选司郎中。二十一年以京察一等授云南临安府知府，逾三月平息叛乱。二十三年调贵州大定府知府，再调云南普洱知府，赏加道员衔。道光九年（1829）署粮储道，因奉养母亲告归，两广总督卢坤特聘为羊城、越华两书院主讲。十三年西江、北江决堤，与县内乡绅何文绮、区玉章等亲临险段救灾，十五年总纂《南海县志》。二十年督其子邓翔和黄亨（嘉圃）重修西樵三湖书院，适逢林则徐到广州禁烟，下榻越华书院，请题书院门额，林欣然答允，并为黄亨所辑《白云洞志》作序。曾祖天仁，祖魁义，父昌礼。

［道光］《广东通志》卷八十一《选举表十九·举人四·国朝·乾隆五十四年己酉·广州府》：南海人，进士。卷七十七《选举表十五·进士·国朝·清·嘉庆七年壬戌吴廷琛榜·广州府》：南海人。二甲，庶吉士、临安知府。

［道光］《南海县志》卷二十一《选举表二·国朝·进士·嘉庆朝》：庶吉士、临安知府、云南候补道……壬戌科。《国朝·封荫·嘉庆朝》：邓天仁，以曾孙士宪貤赠资政大夫、大定府知府。邓魁义，以孙士宪貤赠中书、庶吉士，累赠资政大夫、大定府知府。邓昌礼，以子士宪封中书、庶吉士、兵部员外郎，累赠资政大夫、大定府知府。

《西樵白云洞志》附《白云洞唱和诗册》：一字鉴堂，南海人。嘉庆壬戌翰林，官云南粮储道。

［同治］《南海县志》卷十三《列传》：字临智，号鉴堂，沙头堡人。乾隆五十四年己酉，以部试第一补弟子员，是秋登乡榜，年未弱冠也。嘉庆四年考充左翼宗学教习，得授内阁中书。壬戌会科成进士，选庶吉士。散馆归兵部学习，补职方司主事、员外郎，升武选司郎中。廿一年以京察一等授云

南临安府知府，到任即遇窝夷之变。先是，窝夷高罗衣①聚众劫掠，当道惮用兵，以招抚为名，多所宽宥，夷益肆。至是余党汪万顺，推罗衣兄子高老五为魁，谋攻城肆逆。士宪欲先发制人，牒大府请发兵掩捕。贼探报密知官兵将至，走匿无踪，兵撤回即肆焚，杀屯狗街号十万，距城四十里民震动。士宪派兵守险，亲督家丁民壮乘城巡警七昼夜。大兵至，夹击之，擒首逆要犯百余，贼始就抚，城获安。廿三年调贵州大定府知府，府即明代水西蛮，我朝改土归流②始郡县其地，俗悍民顽，为黔省最。士宪欲迪以雅化，变以华风，乃修饰学宫，遍加途塈③，振兴义学，捐廉延师以训子弟。郡人以累科不与宾兴归咎郡学风水，请迁其地，士宪曰："古制庙与学分，今时庙与学合。庙以示崇尚，学以便藏修，俾诸生以时释奠于先圣先师，生其景仰，典至巨也，岂如堪舆家言，筑佛氏浮屠为催官计哉？诸生行周孔之道，诵周孔之言，科名将自至。己无所挟持，但乞灵土壤，志士不为也。"道光元年恩科，果获解首一人、抡魁④二人，二年抡魁四人，会试有成进士者，郡人歌颂曰前此所未有也。郡有钱局开鼓铸，周年三十六卯，奸胥棍徒视为利薮。士宪欲停鼓铸而奉檄需钱配饷，乃限以一年铸两年之钱，使为日无多，不至迁延滋弊。后士宪调思南，署任者惑胥吏言再开鼓铸，至深山邃谷私铸朋兴。奸民罗二啸聚党徒，谋攻劫郡县，值士宪回本任饬兵役，立缚首从廿余名，人心始靖，然后知前停鼓铸非以矫廉，欲宁谧地方故也。士宪性本慈和，治狱尤慎。时有田小二者为堂兄误伤致命，捏称小二孩幼无知，手攀油榨自压身死，众供确凿。案将结矣，士宪谓油榨重物，非小童所能攀倒，且油榨仰压宜伤在面前，何伤在脑后枕骨？提干证⑤严讯之，始知田二以石掷小二，小二走，故伤在后也，冤遂雪，郡称神明焉。先后在任七年，赏加道衔。适与布政使吴荣光有儿女姻亲，例应回避，奏调云南开化府知府，未到任，调补普洱府知府。府界缅甸所属车里土司刁绳武，为叔刁太康逼走缅甸九龙江外，将启争。士宪时兼署迤南道，诫谕调和之，乃感服，边徼以宁。普洱有石膏、盐井，课

---

①高罗衣（？—1817），清云南临安宗哈猛（今元阳东南）人，哈尼族。因与土司矛盾加剧，嘉庆二十二年（1817）率众起义，自称"窝泥王"（哈尼王），转战于红河南岸一带。不久被清军镇压，起义失败。

②改土归流：始于明代中后期，指将原来统治少数民族的土司头目废除，改为朝廷中央政府派任流官。

③塈（jì）：抹涂屋顶，泛指涂饰墙壁。

④抡魁：科举考试的第一名，亦指中选第一名。

⑤干证：与讼案有关的证人。

额本重，大吏更欲增加。士宪言盐课有正饷又有陋规，官盐用本既昂故私枭愈炽，如欲加额，必自府道至佐杂将津贴陋规裁减，以纾商力，而后能点滴归公。且行之一府不可也，必并归一道各郡皆然，庶迤南一带井私可绝。大吏然之，岁课果增于旧，其以廉率属多类此也。八年，以边俸满撤回内地，赴部引见，奉旨回云南以道员用。九年署粮储道，因继母年近八十，已官中外廿八年，久疏定省，兄弟又多殂谢①，遂告养。回籍时，卢敏肃公坤督两粤，聘为羊城、越华两书院主讲，值修邑志为总纂。十三年西、北江涨堤堰缺，七月飓风大作，塌毁民房无算，士宪偕邑绅区玉章、何文绮等亲历灾区，劝捐赈恤，全活多人。是岁桑园围亦缺，请当道筹款兴修，人怀其德，崇祀于李村河神庙中。十九年卒，年六十九。士宪天性孝友，待继母如所生，处宗族乡闾有恩惠。曾倡建沙头义仓以备凶歉，又于西樵山麓架屋十余区，以庇族人之露居野处者。家本素封，官中外多年解组归，反破其产。生平以惇德懿行见重于时，雅不喜弄月吟风，与文士争无益之誉，间有所作，亦牵率应酬者居多。身后族人搜集缺残辑《慎诚堂集》四卷，非其本意云。

潘黎氏　（1771—1863后）清南海吉水乡人。嫁潘言芳为妻，长寿。

［同治］《南海县志》卷二十二《列传·列女》：潘言芳妻黎氏，吉水乡人。夙具妇德，以和处妯娌，以严训子孙。家本素封，性喜施予，周恤姻旧不闲。始终与妾程氏相处数十年，邻里不闻其诟谇语尤难者。咸丰甲寅红巾之乱，各据其乡，揣民户肥瘠遍行苛索，掳乡党旄倪②昂价勒赎。加以河道梗塞，粮运不通，民多饥馁，而富室畏盗骚扰，恒恶衣草食，伪诈贫难，即有赈发之心，不敢为赈发之事。氏慨然曰：“乌有见死不救，杀人命以保家资者乎？”命其子从省河陆续运米数百石给乡闾，全活不少。同治二年，氏年九十三，亲见七代五世同堂，子、孙、曾、玄共三十七人。督抚据呈奏请，奉旨赏给“七叶衍祥”匾并银缎等物，佥以为厚德之报，乡族荣之。

区翰华　清高明丙州人。嘉庆六年（1801）廪贡。

［道光］《高明县志》卷十二《选举志·贡生·国朝》：丙州人，嘉庆六

---

①殂谢：去世。

②旄倪（màoní）：老人和幼儿。旄：年老，八九十岁的年纪。倪：弱小，小孩。

年廪贡。

冯本泰 以字行，别字尧阶，清南海沙头堡人。嘉庆六年（1801）举人，十年进士。二十一年任湖北南漳县令，44岁告病，卒于汉口。

［道光］《广东通志》卷八十一《选举表十九·举人四·国朝·嘉庆六年辛酉·广州府》：南海人，进士。卷七十七《选举表十五·进士·国朝·嘉庆十年乙丑彭浚榜·广州府》：南海人，知县。

［道光］《南海县志》卷三十九《列传八·国朝·胡珽传》：后二十余年，冯本泰，以字行，别字尧阶，沙头堡人。少倜傥不羁，嘉庆辛酉举贡士，乙丑成进士。乡居需次，选保正，丰裁凛然，远近惮服。凡兴利除害，本泰决而行者辄有效。磨熨基为沙头、九江、大同犬牙区，奸宄于此狙掠无虚月。本泰倡三堡同志，吁抚军韩公崶即其地建营汛，剽掠衰息。丙子铨湖北南漳县令，时山东、直隶、河南八卦教匪初平，余党散窜州县，奉令严治。有富民被蜚语诬为教匪，前令摄系狱。本泰视事检牍疑焉，弋获造蜚语者，立雪其冤。府役奉公事至县，怙势偃蹇，本泰呼隶杖之。役奔诉郡守，本泰亦径谒守白故，守释然。本泰初未尝引谢，守语僚属曰："冯某真强项令也！"年四十四因疾告假，卒于汉口。

刘大光 清三水先觉院人。嘉庆六年（1801）武举。

［嘉庆］《三水县志》卷九《选举·武举·国朝·嘉庆六年辛酉科》：先觉院人，任督标千总。

关大昌 清顺德容奇人。嘉庆六年（1801）武举。祖文福，长寿96岁。

［咸丰］《顺德县志》卷十一《武举·国朝·嘉庆》：容奇人，辛酉。卷十五《耆寿·九十寿民·国朝》：关文福，容奇人。子绍飏，庠生。孙大昌，武举，启庠……年九十六。

严有翼 清高明唐肚人。嘉庆六年（1801）例贡。

［道光］《高明县志》卷十二《选举志·例贡·国朝》：唐肚人，嘉庆六年例贡。

苏子开　清顺德杏坛人。嘉庆六年（1801）举人，任茂名县教谕。

［道光］《广东通志》卷八十一《选举表十九·举人四·国朝·嘉庆六年辛酉·广州府》：顺德人，第五名，署茂名教谕。

［咸丰］《顺德县志》卷十一《举人二·国朝·嘉庆》：杏坛人，茂名县教谕，辛酉科。

苏友参　清三水蓬村人。嘉庆六年（1801）赐副贡，九年赐举人。

［嘉庆］《三水县志》卷九《选举·副榜贡·清》：蓬村人，嘉庆辛酉科，钦赐。《选举·举人·国朝·嘉庆九年甲子何惠群榜》：蓬村人，钦赐。

李大翎　清顺德大良人。嘉庆六年（1801）武举。

［咸丰］《顺德县志》卷十一《武举·国朝·嘉庆》：大良人，辛酉。

李文敷　清顺德沙头人。嘉庆六年（1801）副贡。

［咸丰］《顺德县志》卷十一《副贡·国朝·嘉庆》：沙头人，辛酉。

李怡颜　清南海人。嘉庆六年（1801）举人，道光元年（1821）任海南文昌县训导。

［道光］《广东通志》卷八十一《选举表十九·举人四·国朝·嘉庆六年辛酉·广州府》：南海人，教谕。卷五十五《职官表四十六·国朝十三·文昌县·教谕训导·道光朝》：南海人。举人，元年任，训导。

吴梯　字云川，一字秋航，清顺德黎村人。嘉庆六年（1801）广东乡试第一名。由大挑出仕，历山东蒙阴、潍县、禹城知县，胶州、济宁知州。父敏，兄绳显。

［道光］《广东通志》卷八十一《选举表十九·举人四·国朝·嘉庆六年辛酉·广州府》：解元，顺德人，山东蒙阴知县。

《西樵白云洞志》第二册《传略·吴刺史梯》：字云川，一字秋航，顺德人。嘉庆辛酉解元，历宰山东蒙阴、潍、禹城，迁胶州，转济宁。著有《岱云编》，尝寓居三湖书院、龍從阁。

［咸丰］《顺德县志》卷十一《举人二·国朝·嘉庆》：字秋航，黎村人。

第一名，知济宁州。绳显弟……辛酉科。

［光绪］《广州府志》卷一百三十三《列传二十二·国朝·顺德》：字云川。年七岁为制义有奇气，嘉庆辛酉领乡荐第一，元墨出人争传诵。九上春官皆报罢，以方略馆誊录议叙得知县。部选蒙阴，山东瘠邑也，闻者为之色沮，梯笑曰："我辈志不在温饱，甫得一官已计肥瘠耶？"遂之官。至则令乡举齿德士为公正，给戳记俾防盗。除夕漏下，忽有距城四十里某公正求见，以巨盗骤归告。梯投袂起，督捕役出，令公正为向导突驰盗所。盗方枕刀卧，仓皇就缚，搜获违禁器物甚伙。严讯坚不吐实，威以极刑，大作鼾声，盖邪教也。逮讯其妇，供夫原籍某县，多年作贼，比移查而犯庾死狱中，盖林清逆党云。县当孔道，额设驿马。每年旧马已瘠，新马未到，换用民马，官换一，民供十，于是民病，且换者率疲驽，不免误差，于是而官亦病，梯至即张示革除。他如谕民种茶种树、谕借谷、谕除粮催皆有实惠，邻邑蝗发独不入蒙境，民以为瑞。调潍县，县滨海，图利者议开港招商，谋定闻诸官。梯思潍与海通、时防贼扰，更开口子，奸民媒孽，后患不可胜言，拒不准，复条陈利害，立档永禁。邑多水患，相度形势，浚河修堤，患顿息。卸任之禹城，禹城岁漕六千余石，用漕车六百余辆，漕车外复创蓟车名目，添派五十余辆，百姓用困。梯甫下车即将蓟车名目裁革，与民鬻物悉按市价平给，至听讼鞫囚，尤不敢孟浪率断。某县尝有劫案，奉旨限缉，俄而赃贼并获，梯与审焉，未动刑贼已吐实。狱成，独不画诺，上官诘责，梯曰："赃少而不实，不成信谳，草率了结，恐膺重谴。"上官益怒，辩论间，河东果解到全获赃犯，乃喜曰："吴令真老吏也！"擢任胶州，年饥谷贵，梯劝捐杂粮二千余石，菽一、糁五、稷秫各二，搀和为半价分粜。复平粜仓谷万余石，谷已罄而谷价愈腾，时距麦秋尚远，州民嗷嗷待哺。适得灵山书院山长豆饼济饥策，即谕豆饼行截留三万片，片重五十余斤，共得一百六十万斤，足敷五万人一月食。于是城乡分厂出粜，派官经理。饥民争买，粮价顿平，所得饼值悉归诸商，故民弗饥而商力亦弗耗。梯去任后，胶州复饥，踵法行之，州民无馁者。郎中某巨富，卒无子，妻陈氏择族子为嗣。远族举人某私结郎中族叔，强以己子入继，氏讼于官。梯廉得实，断令立贤而亲者为嗣，又虑嗣子为某举人中伤也，严谕其族绅谓陈氏母子万一有意外，惟举人与族叔某是问，氏母子卒无恙。再擢济宁，济有李澍最富，上官欲弥补盐饷，牒州取充盐商。梯念逼勒充商，易致破家，牒留不发，自为稿申覆，力陈勒充之弊，恳奏请永禁。上官悟，据情转奏。李得免，以千金为寿，力却之，卸任再馈仍弗受。梯凡莅任与差役约：因犯罪重轻为赏钱多少，差票限日收缴，借票毒民则革役反坐。命盗案须诣勘者即以夫马自办批于呈尾，故下乡相验，民无供应之累。任某县时有犯远飏为邻省所获，其姓名、籍贯、案由一一不爽，既认邻

省大案正法，移东抚饬县销案。梯以道远，虑有贿嘱代认，案存未销，数月后果在本境缉获本犯。县有庄丁某得罪主人，变姓名逃匿邻县，其母以与庄主女奸杀儿没尸控官，其女欲自尽者数矣。梯莅任，院司勒限完结，屡访无确据。已而沉思庄主之女不到案则案不结，脱不实，到案后畏羞自尽，污名节且杀人非慎宪之道。因谕庄主悬千金赏购庄丁，不数日获之，诬控乃白。莅官多年声藉甚。在蒙阴时，江南侍郎秦瀛入都过境，语梯曰："吾在籍闻蒙阴人称子为青天，今识子之心矣。"在禹城，方伯朱桂桢荐于巡抚，巡抚方以浮言撤梯任，属朱瞯之至潍县，县民莫不嗟叹以官之去潍为恨，方伯愈信之，然位终不达也。枕经葄史，学问桀深，古文宗昌黎，诗祖少陵，江南盛子履选粤东诗，独推梯与黄玉衡、张维屏等为粤东七子。解组多年乃卒，年八十三。

[民国]《顺德县志》卷十七《列传二》：父敏……兄绳显……家居不仕。梯……自服官东省，五鼓辄起，挑灯阅案牍……梯凡莅任必与差役约：获死罪犯一名赏钱二百千文，获遣犯一名赏钱一百千文，余以递降……蠹役为之悚息。凡两造控案，立予判结，未尝一日留苦人证，有不能立决者期以再审，即予取保回家候质……梯长于吏治而枕经葄史，学问桀深……性强记，复下帷攻苦。每读书有得必札记，尝云："一日记五事，积之十年可得万余条，中下之资何至贻讥枵腹。"故生平札记动盈箱箧。癖爱书，遇有秘籍不惜以重资购，所藏无虑万卷。襄办邑团练总局，秉正不阿，不以恩怨为攻保，有当绳以法者，啖以多金，求为营脱，屹立不少动。与乡人处粥粥若无能，尝禁开壳塘、倡筑水闸，而遇事不以贤智先人，大异官山东时铮铮有声者。或疑其前后异辙，梯夷然不顾，亦不言其所以然也。年逾八十神明不衰，出入未尝乘舆，居常布衣棕鞋，日徜徉于沧洲园，手一卷课儿孙。暇则呼苍头莳花灌水，规余地种梅百本，号曰"梅城"，啸傲其中，吟咏自适。著有《岱云编续编》《归云编续编》《巾箱拾羽》《读杜姑妄》，锓板行世。

岑有龙　清顺德桂洲人。嘉庆六年（1801）武举。

[咸丰]《顺德县志》卷十一《武举·国朝·嘉庆》：桂洲人，辛酉。

何文英　号蕴溪，清高明石岐人。嘉庆六年（1801）拔贡生，道光三年（1823）参修《高明县志》。

[道光]《高明县志》卷十二《选举志·贡生·国朝》：清溪人，嘉庆六年拔贡。卷首《纂修〈高明县志〉·分纂》：拔贡、序选教谕何文英。

[光绪]《高明县志》卷十二《选举表·国朝·拔贡·嘉庆朝》：石奇人，

六年辛酉科拔贡。卷十三《列传二·人物·国朝》：号蕴溪。工楷法，善诗文。嘉庆辛酉拔贡，癸未修《县志》任分纂。性方正，喜义举，邑建文阁、乡筑堤窦皆董其成，百制军龄以“尚义急公”旌之。授徒毕世，循循善诱，士林宗之。

余经　清南海人。嘉庆六年（1801）岁贡。

［同治］《南海县志》卷九《拾遗订误·贡生》：辛酉岁贡，嘉庆朝。

余清　清南海人。嘉庆六年（1801）岁贡。

［同治］《南海县志》卷九《拾遗订误·贡生》：辛酉岁贡，嘉庆朝。

张寿清　原名谦，字六皆，清顺德龙江人。嘉庆六年（1801）举人，任海南文昌教谕。父士昌。

［道光］《广东通志》卷八十一《选举表十九·举人四·国朝·嘉庆六年辛酉·广州府》：张谦，顺德人，教谕。

《西樵白云洞志》第二册《传略·张孝廉士昌》：子谦，一字六皆，早登辛酉乡荐。

［咸丰］《顺德县志》卷十一《举人二·国朝·嘉庆》：原名谦，字六皆，龙江人。文昌县教谕，辛酉科。

陆时达　清南海人。嘉庆六年（1801）赐副榜，九年赐举人。

［道光］《南海县志》卷二十一《选举表二·国朝·贡生荐辟·嘉庆朝》：辛酉钦赐副榜。《国朝·举人·嘉庆朝》：钦赐举人……甲子科。

陈攀桂　清三水白坭人。嘉庆六年（1801）举人，二十二年大挑，候补教谕。二十五年任广东揭阳训导。曾祖殿辉卒，曾祖母陆氏24岁守节，乾隆七年（1742）旌表，寿至82岁。

［嘉庆］《三水县志》卷九《选举·举人·国朝·嘉庆六年辛酉吴梯榜》：白坭人，中式五十五名。丁丑大挑，候补教谕。卷十二《列女》：陆氏，金竹人，白坭乡陈殿辉妻。年二十四而夫故，时长子公祚年仅六岁，次子联祚方在襁褓。氏孀守抚孤，动循礼法，内外无间言。乾隆七年题请建坊旌表，卒年八十有二。次子联祚、孙应年俱国学生。曾孙攀桂，领嘉庆辛酉科乡荐，

登桂职员。玄孙汝谦，邑庠生。

[道光]《广东通志》卷五十《职官表四十一·国朝八·揭阳县·教谕训导·嘉庆朝》：三水人。二十五年任，训导。卷三百一十二《列传四十五·列女七·广州府七·三水县·国朝》：陈殿辉妻陆氏……乾隆五年旌。

郑芝蓁　名或作芝奉，清南海人。嘉庆六年（1801）拔贡，任广东遂溪教谕。

[道光]《南海县志》卷二十一《选举表二·国朝·贡生荐辟·嘉庆朝》：辛酉拔贡，庚申预考。

[光绪]《广州府志》卷五十三《选举表二十二·仕宦四·国朝·文职·南海》：郑芝奉，嘉庆辛酉拔贡，遂溪教谕。

周学诗　清南海人。嘉庆六年（1801）举人。

[道光]《广东通志》卷八十一《选举表十九·举人四·国朝·嘉庆六年辛酉·广州府》：南海人。

周声显　一字虚谷，清顺德龙江人。嘉庆六年（1801）副贡，曾在西樵山巃嵸阁学习。

《西樵白云洞志》第二册《传略·周明经声显》：一字虚谷，顺德人。嘉庆辛酉副贡，尝肄业巃嵸阁。

[咸丰]《顺德县志》卷十一《副贡·国朝·嘉庆》：龙江人，辛酉。

徐大襄　字台晖，清三水白坭庙冈人。嘉庆六年（1801）举人，署吴川县训导。二十二年大挑，候补教谕。二十五年任海南乐会、道光八年（1828）任广东四会训导，十八年任连州学正。

[嘉庆]《三水县志》卷九《选举·举人·国朝·嘉庆六年辛酉吴梯榜》：白坭庙冈人。中式四十五名，署吴川县训导。丁丑大挑，候补教谕。

[道光]《广东通志》卷五十五《职官表四十六·国朝十三·乐会县·教谕训导·嘉庆朝》：三水人。举人，二十五年任，训导。

[道光]《肇庆府志》卷十三《职官三·国朝·四会县·训导·道光朝》：三水人。举人，八年任。

[光绪]《广州府志》卷四十五《选举表十四·举人·国朝·嘉庆六年辛

西》：三水人。吴川训导，署乐会、昌化、四会、连州各教官，调儋州学正。边俸满，升邹县知县。卷一百三十六《列传二十五·县·国朝·三水》：字台晖，嘉庆十八年辛酉举人，选署各邑教职。在吴川时月课诸生，生中有林召棠①者，大襄决其必入翰苑，道光癸未，林果以第一人及第，人服其相士之精。授乐会教谕，调边移昌化。昌化文风朴陋，向无拔贡，学使白镕②按临，襄以陈登瀛荐，学使允之，昌化之有拔贡自此始也。后历儋州、四会，俸满应升，以母老请复任近教。丁艰服阕授连州学正，到任倡修学宫，以兴文教，学使戴熙为作记。不两载选山东邹县，襄挈眷赴任，留诸弟、家口于邹，身自赴京。当事者疑其年老，以原品休致。南旋日，邹邑绅民知其清白，筹费千余金助之，其清介感人如此。

［同治］《连州志》卷五《职官志·国朝·续学正》：广府举人，道光十八年任。

黄玉滨 字渭徵，清顺德大良人。嘉庆六年（1801）副贡，代理广东翁源教谕，不久卒。父正色，子圣之。

［咸丰］《顺德县志》卷十一《副贡·国朝·嘉庆》：大良人，辛酉。卷十八《艺文略二·集部二·别集二》：《恭寿堂诗钞》，国朝黄玉滨撰。卷二十七《列传七·国朝三》：字渭徵，大良人……以副榜贡。父廷俊，能医，尝已危疾，却其谢金。黄氏能文者皆宦达，独玉滨屡举不售，于是力为古文，博览群籍，与冯龙官交相砥砺而志趣不同。一署翁源教谕，旋卒……阮文达之修道光《通志》也，意重考证，发凡起例，下州县采访事迹，他县有近志者上之。当时顺德志未修已七十年，县令汇乡堡文献，延三人荟萃而条理之，三人乃别为义例分手，竭尽心力，合成一书曰《草志》，一载卒业，上诸省局，总纂者以未见原件置焉。令如例别采，而三人已散归矣。

［民国］《顺德县志》卷九《封荫表·封赠·文阶》：黄正色，大良人，以孙圣之赠。黄玉滨，副贡，以子圣之赠。俱湖南醴陵县……知县。

黄渐逵 清顺德龙山人。嘉庆六年（1801）举人。

---

①林召棠（1786—1872），字爱封，清吴阳（广东吴川）霞街村人。道光三年（1823）状元，十一年任陕甘正主考官，次年告假还乡，十三年受聘肇庆府端溪书院主讲。著有《心亭亭居诗存》《心亭亭居文存》。

②白镕（1769—1842），字小山，清北京通州人。嘉庆四年（1799）进士，广东提学，告老退休卒。

[嘉庆]《龙山乡志》卷七《选举志·举人·国朝·嘉庆庚申》：广西籍。

[咸丰]《顺德县志》卷十一《举人二·国朝·嘉庆》：龙山人。广西榜，拨回本籍。辛酉科。

曾彤光 清南海九江人。嘉庆六年（1801）武举。

[道光]《南海县志》卷二十二《选举表三·国朝·武举·嘉庆朝》：辛酉科。

《九江儒林乡志》卷十《选举略·国朝·武举·嘉庆六年辛酉科》：县学，中式第三十六名。

谢鸣皋 字鹤林，清高明城中人。嘉庆六年（1801）举人，道光元年（1821）任广东龙门教谕，三年赠其父锡畴官衔。60岁卒于官。

[道光]《广东通志》卷八十一《选举表十九·举人四·国朝·嘉庆六年辛酉·肇庆府》：高明人。卷四十六《职官表三十七·国朝四·龙门县教谕训导·道光朝》：高明人。举人，元年任，教谕。

[道光]《高明县志》卷十二《选举志·举人·国朝》：城中人，嘉庆六年辛酉举人，现任龙门教谕。《选举志·封典·国朝》：谢锡畴，城内人。监生，道光三年以子谢鸣皋赠修职郎。卷首《纂修〈高明县志〉·分纂》：举人、现任龙门县教谕谢鸣皋。

[光绪]《高明县志》卷十三《列传二·人物·国朝》：字鹤林。性严重，却纷华。读书过目，终身不忘，教生徒每登讲席不挟经书，持扇一柄，谈言娓娓，义蕴毕宣。及赋鹿鸣人，以远到期之，而屡上春闱不第，数限之也。生平多兴义举，建玉成会以惠乡中读书，建肇书室以便子侄应试。及为龙门学勤课士类，负经师人师之望焉。卒于官，寿周花甲。

谢锡锦 清高明城中人。嘉庆六年（1801）赐副榜举人。

[道光]《高明县志》卷十二《选举志·钦赐》：城中人，嘉庆六年辛酉科钦赐副榜。

程凌云 清高明城中人。嘉庆六年（1801）附贡。

[道光]《高明县志》卷十二《选举志·例贡·国朝》：城中人，嘉庆六年附贡。

程墨香　字黼元，号决夫，清高明城中人。嘉庆六年（1801）岁贡，八年任广州府训导，4年后卒于官。

［道光］《广东通志》卷四十五《职官表三十六·国朝三·广州府·教授训导·嘉庆朝》：高明县岁贡，八年任……训导。

［道光］《高明县志》卷十二《选举志·贡生·国朝》：城中人。嘉庆六年岁贡，任广州府学训导。卷十三《人物志·国朝》：字黼元，号决夫。温和易直，孝友性成。早失怙，日听诸兄约束。博览群书，弱冠以冠军进邑庠，旋食廪饩。嘉庆六年岁贡，任广州府学训导，廉洁处已，宽厚待士。督抚知香素谨慎，有封章奏疏必委命校对。公余之暇，日与诸生论课艺、砺廉隅，广士重之，以为无忝师儒之道焉。任四载卒于官，柩旋里日，诸绅士白衣冠送者载道，至今犹思慕云。

谭大燕　清高明城中人。嘉庆六年（1801）例贡。

［道光］《高明县志》卷十二《选举志·例贡·国朝》：城中人，嘉庆六年例贡。

谭维烈　号丕华，清高明城中人。嘉庆六年（1801）举人，道光三年（1823）参修《高明县志》。

［道光］《广东通志》卷八十一《选举表十九·举人四·国朝·嘉庆六年辛酉·肇庆府》：高明人。

［道光］《高明县志》卷十二《选举志·举人·国朝》：城中人，嘉庆六年辛酉举人。卷首《纂修〈高明县志〉·分纂》：举人、拣选知县谭维烈。

［光绪］《高明县志》卷十三《列传·人物二·国朝》：号丕华。嘉庆辛酉科以《易》举于乡。教授生徒，循循善诱，邑中士林多赖以成材。所得馆谷乐济困乏，滥与之财则辞。强劝之仕弗应，故两届挑期不就。尝曰："吾亲年老，知以志养，不知以禄养也。"众皆浊而独清如维烈者，人不以为迂即以为矫，乃芝兰空谷，不言自芳。当时蒋制军、张邑候以"贤良方正""训俗型方"二匾旌其宅，亦好德之根于秉彝①者也。

潘天祐　清南海人。嘉庆六年（1801）举人。

［道光］《广东通志》卷八十一《选举表十九·举人四·国朝·嘉庆六年

①秉彝：人心持守的常道。

辛酉·广州府》：南海人。

潘有源 清三水禄步沙头人。嘉庆六年（1801）拔贡。

［嘉庆］《三水县志》卷九《选举·拔贡·清》：禄步沙头人，嘉庆六年拔贡。

黎青选 清顺德昌教人。嘉庆六年（1801）举人。

［道光］《广东通志》卷八十一《选举表十九·举人四·国朝·嘉庆六年辛酉·广州府》：顺德人。

［咸丰］《顺德县志》卷十一《举人二·国朝·嘉庆》：昌教人，辛酉科。

姚大宁 （1772—1807）字允盛，清南海和顺大文教村人。7岁读私塾，20岁后弃儒习武。乾隆六十年（1795）武举，嘉庆四年（1799）武状元，奖头等侍卫服和黄金甲铠。随帝出古北口狩猎得病，还京后卒。

［道光］《南海县志》卷二十二《选举表三·国朝·武举·乾隆朝》：乙卯科。《国朝·武进士·嘉庆朝》：状元，头等侍卫，辛酉科。卷三十九《列传八·国朝》：字允盛，白石堡人。七龄就傅，喜读书。弱冠困童子试，乃弃儒学骑射，习长垛、马枪、翘关、负重之技，曲尽其妙。乾隆乙卯乡试登武榜，嘉庆四年己未试于兵部，成进士。御试便殿，破常格特予九矢，大宁发皆中的，赐一甲第一名，除头等侍卫服，御赐黄金甲铠省觐，乡里荣之。先是，丙辰落第，返宿山东店。诘旦，御者误驱百余里。日已暝，冻云障溪谷，寒风刺骨。惊顾间御潜逸，鞭弃路西，为西走状。大宁故东，行迹及之，御骇服。回车强半里复停骖，大宁连叱之，戒仆从列炬按剑累肩护行。火光中时见宵小狙行窥伺，以戒严不敢逞越，日晡始返原站。在都日，数周朋友急。有同官始兴人殁京邸，无亲属，大宁厚殓之，为筹资扶榇南归。人谓大宁负智略、倜傥好施予如是，建树未可量。十二年，扈从圣驾秋狩出古北口，撄疾还京遽卒。

劳文晃 （约1772—1868）清南海佛山镇人。乐为街坊排忧解难，95岁无疾而终。

［同治］《南海县志》卷二十一《列传·耆寿》：佛山人。甲寅之乱年将八十矣，平日于救灾恤邻、解纷排难知无不为，久为街坊敬信。及乱作，众

人诣其宅决去留。文晃默念："安守先庐有坊邻可仗，倘挈眷他迁，我能往盗亦能往，万一途中有不测，何堪设想？"乃告众曰："我祷于神，神告我矣。凡事消息盈虚，互为倚伏，守分循常，无祸即福。若载资而行，摩肩击毂，欲保汝家反赤汝族，似以安静为胜算也。"众如其言，得免流离之苦。厥后酬神悬"吉人是相"匾，为文晃言也。年九十五无疾而卒，美意延年，殆谓是矣。

区秉纬　清高明阮埇人。嘉庆七年（1802）廪贡。

［道光］《高明县志》卷十二《选举志·贡生·国朝》：阮埇人，嘉庆七年廪贡，分发训导。

邓江　清三水小塘冈人。嘉庆七年（1802）岁贡，曾为乡饮宾。

［嘉庆］《三水县志》卷九《选举·岁贡·清》：小塘冈人，（嘉庆）七年贡。卷十一《人物传·乡饮宾》：岁贡。

邓在文　字濬先，号赍园，清顺德龙江人。嘉庆七年（1802）岁贡。子世祥廪生、世恩十八年举人。

［道光］《广东通志》卷二百八十七《列传二十·广州二十》：字赍园，顺德人。岁贡生，少以孝友闻。大母年逾七旬，家贫岁歉，不给于供，减己膳以佐大母餐。事父母凡所需辄先意承之，晨昏定省无少懈。父病结诚吁天求以身代，父病旋瘥。后司铎归善，奖劝诸生以孝弟为先务，文艺次之，经师人师咸谓两无憾云。卒年七十有二。

［咸丰］《顺德县志》卷十一《岁贡·国朝·嘉庆》：龙江人。壬戌，署归善县训导。卷二十六《列传六·国朝二》：字濬先，号赍园……七岁戏于邻，喂以肉，归遗大母……弟早丧痛甚，预谓他日死必同茔兆……子世祥廪生、世恩举人。

冯肩　字步庄，一字心海，清顺德人。诸生。嘉庆七年（1802），与十八年举人温汝进等游南海西樵山白云洞。

《西樵白云洞志》第五册《艺文·增辑诗》：字步庄，一字心海，顺德诸生，著有《栖云山人诗草》。壬戌正月，携温杯湖汝进、梅环中璇枢，游白云洞有感。

杜九皋　清三水周村人。嘉庆七年（1802）岁贡。

［嘉庆］《三水县志》卷九《选举·岁贡·清》：周村人，（嘉庆）七年贡。

杜璧芳　清高明清泰人。嘉庆七年（1802）附贡。

［道光］《高明县志》卷十二《选举志·例贡·国朝》：清泰人，嘉庆七年附贡。

何芳临　清高明清溪人。嘉庆七年（1802）捐授州同。祖振祚，父棠。

［道光］《高明县志》卷十二《选举志·国朝文例职》：清溪人，嘉庆七年由附贡捐授州同，加二级奉直大夫。《选举志·援捐·封典》：何振祚，石歧人，郡廪，嘉庆七年以孙芳临貤赠儒林郎。何棠，石歧人，国学，嘉庆七年以子芳临赠奉直大夫。

何梦璋　清南海人。嘉庆七年（1802）岁贡。

［道光］《南海县志》卷二十一《选举表二·国朝·贡生荐辟·嘉庆朝》：壬戌岁贡。

谭帝元　清高明巨泉人。嘉庆七年（1802）捐授州同。

［道光］《高明县志》卷十二《选举志·国朝文例职》：巨泉人，嘉庆七年捐授州同。

叶汝琛　清高明鹿冈人。嘉庆八年（1803）例贡。

［道光］《高明县志》卷十二《选举志·例贡·国朝》：鹿冈人，嘉庆八年例贡。

刘有仁　清高明世唐美人。嘉庆八年（1803）例贡。

［道光］《高明县志》卷十二《选举志·例贡·国朝》：世唐美人，嘉庆八年例贡。

杨青云　清高明上独冈人。嘉庆八年（1803）例贡。

［道光］《高明县志》卷十二《选举志·例贡·国朝》：上独冈人，嘉庆

八年例贡。

梁殿祥 清顺德人。嘉庆八年（1803）任顺德协把总。

［咸丰］《顺德县志》卷九《职官二·把总·嘉庆》：县人，八年任……头司右哨……右营。

谭兆灯 字达才，清高明城中人。嘉庆八年（1803）附贡。道光三年（1823）参修县志，二十年赐举人副榜。寿91岁。

［道光］《高明县志》卷十二《选举志·例贡·国朝》：城中人，嘉庆八年附贡。卷首《纂修〈高明县志〉·采辑》：附贡谭兆灯。

［光绪］《高明县志》卷十二《选举表·钦赐》：城中人。由附贡，道光二十年庚子科赐副榜。卷十三《列传·耆寿·国朝》：字达才，青玉坊人。钦赐副贡，年九十一岁。

邱士超 字与凡、秀楠，清顺德龙山人。曾为嘉庆五年（1800）举人卢凤苞刻印遗集。阮元任两广总督时修《广东通志》，士超入通志馆不久卒。女掌珠。

［道光］《广东通志》卷一百九十四《艺文略六·子部·儒家》：《伦常模楷》一百六十六卷，国朝邱士超撰，存。谨案：士超，字与凡，顺德人，诸生。卷一百九十八《艺文略十·集部四·总集》：《唐人赋钞》六卷、《历朝诗钞》十二卷，国朝邱士超编，存。

《西樵白云洞志》第二册《传略·邱文学士超》：字秀楠……家富典籍，不喜交游，参稽博览，晤对古人，以为至乐。少年以文翰受知中翰马嵰山，常于士大夫前啧啧称道，谓："四六能运真气于排偶中，可以独当一面，而典籍之遗忘者足相资也。"嵰山去而与凡遂杜门不出"伦常模楷"，区吏部仁圃序语），尝掩关白云书室，题咏甚伙，又与张玉峰、谭硕卿、何百原、何蕒阶、陈芒村辈结云磵诗社。情耽著述，不事生产，以此致贫亦不自恤……著有《稽古质疑》《晚香圃吟稿》，少有《信芳馆集》，马嵰山采入《岭海游囊》中。又尝摭拾子史嘉言懿行为《伦常模楷》百六十卷，韩桂舲中丞序之，此著述之尤关于世道人心者。

［咸丰］《顺德县志》卷二十七《列传七·国朝三·温汝能传》：号与凡，龙山诸生。学问淹博，于古今治乱兴废，与夫制度典章，迄于声律杂艺，罔不畅通。为诗敏疾而淡于进取，与卢桐川、张磬池两孝廉交，刻其遗集。季父尝让千金产于仲父，仲父欲卖之，使士超得半值。士超曰："若是则前人业

虚矣。”乃捐半值与仲，业仍归焉。少游郁林，母长斋为资福，母死念之甚，自是月以半戒荤。内治素严，对家人俨若师友。家仅中人，以赡母族、恤姑子，好客推解，遂中落，绝口不言贫。取历朝诗赋汇刻一集，又辑其同时人诗，剞劂无虚日。著有……《晚香竹稿》《信芳馆四六集》。阮文达修《通志》征之，甫入局遽卒。

［民国］《顺德县志》卷十四《艺文略·集部·别集》：《信芳山馆骈文》一卷、《晚香圃吟稿》六卷、《菊花百咏》一卷、《诗赋合璧》一卷，并国朝邱士超撰。

张琳　字逸芳，一字玉峰，清顺德龙江人。嘉庆二十年（1815）短期代理广东德庆州、饶平、潮州训导。归与邱士超结诗社。

［道光］《肇庆府志》卷十三《职官三·清·德庆州·训导·嘉庆朝》：顺德人，廪贡，二十年署。

《西樵白云洞志》第二册《传略·张广文琳》：字逸芳，一字玉峰，顺德人。性嗜学，砥砺志节，少与俗谐。独好游览山水，否则杜门却扫，枕葃①典籍，或招良朋相与讨论，啸歌以为乐。尝于白云洞筑屏书轩，偕诸弟读书其中，题咏殆遍。以廪贡生就教职，历署德庆、饶平、潮州训导。归里后，复与谭硕卿、邱与凡、何百原、何蓂阶、陈苎村辈结云磵诗社，吟咏无虚日，俗间往来，虽亲知罕得见者。所著有《玉峰诗钞》。

［咸丰］《顺德县志》卷十三《仕宦·文职·国朝》：龙江人，署德庆州……训导。卷十八《艺文略二·集部二·别集二·国朝》：《玉峰诗钞》四卷，国朝张琳撰。

陈昌运　清南海人。阮元任两广总督时在世。在家辟园，遍种杂卉，常邀文人墨客宴饮唱酬。

［同治］《南海县志》卷十《艺文略·经部·四书类》：《秋花倡和集》，国朝陈昌运辑撰。谭莹序，陈子任斋，竭月工吟，嗜花成癖，地拓五亩，遍莳杂卉，尤耽晚菊。每当花时，爰征墨客，迭张文宴。征诸名士题词，文若干首，诗若干首，裒然成帙。

---

①枕葃（zuò）：犹枕藉，引申谓沉迷。葃，垫。

梁可成　字怀堂，清顺德麦村人，嘉庆初年随父国雄及兄玉成、蔼如迁佛山。道光十五年（1835）参与疏浚佛山水道，寿81岁。子应棠、应琨，孙元超、保泰。

［民国］《佛山忠义乡志》卷十三《选举志二·封赠·清》：梁可成，以子应棠赠资政大夫、员外郎，用都察院都事。卷十四《人物志六·义行·清》：字怀堂。昆弟三人：长玉成、次蔼如。可成居季，嘉庆初年由顺德麦村迁南海佛山。生平慎言语，寡交游，性若淡薄寡欢，而义所当为，力所能为，则事无不为。素为乡党所倚重，要未尝有施济色。道光间广州饥，因于故乡麦村赈米，又于佛山赈粥，所费不赀。甘竹滩水湍急，一遇水潦，淹毙多人，时悬赏拯救，复设救生船只以备不虞，行旅无患。佛山洪流沙壅，道光十五年，仲兄青厓中翰、李石泉都转奉祁中丞檄集款疏浚，可成与仲兄协同商办，尤资得力，计筹款二万七千余金，畚沙八万六千余井，商船往来，交通称便。若夫创痘局、兴义学、设尝田、修缆路皆利物济人之举，慷慨捐金，镇人尤颂德不衰。卒年八十有一，以子应棠封中宪大夫、晋资政大夫，孙元超赠通奉大夫，孙保泰赠振威将军。

何琛（清乾隆）　名一作深，清顺德人。黎简高足，遇得意之作署简名，观者难辨，《五百四峰草堂集》小像即其所绘。

［咸丰］《顺德县志》卷二十六《列传六·国朝二·黎简传》：简画名四达，所入丰而不讲积蓄，执贽学八法者恒却之。惟何琛始终函丈①，受画法至深，每伸绢涤笔，必侍其傍，故所得源流宗派，悉能分晰不紊，久之则专意摹仿，辄能乱真。又能旁及人物，不关指授而推求自悟，尝貌简于集首，神态奕奕如生。

黄玉绳　字汉徵，清顺德大良人，黄丹书侄。善画工书，20岁卒。弟玉霞，子允临，孙绵。

［咸丰］《顺德县志》卷二十七《列传七·国朝三》：字汉徵。诸生，质少慧。时世父丹书以书法雄海内，享重名，与黎简合帜词坛，并以余事作汉隶。丹书取径《华山碑》，简则从《熹平石经》入，各有宗尚，亦各立专门。玉绳甫成童即工挑拨，用笔适与简宗旨同。简偶过丹书城根书屋，见之，叹

---

①函丈：古代礼仪要求，老师讲席与学生坐席之间要留出一丈的空地，后作为对老师的尊称。

赏不已，语之曰："吾子天分绝优，从此深入，所进将不可限量。予从此不复作隶，让子出一头地矣。他日书樵夫墓志，非子其谁属哉？"及冠遽卒，丹书深惜之，简哭以诗甚哀。

［民国］《顺德县志》卷九《封荫表·封赠·文阶》：黄玉绳，大良人，以孙绵赠。黄允临，以子绵赠。俱户部江西司……主事。

黄玉霞　字晓徵，清顺德大良人。黄丹书侄，善画工书。妻梁氏，29岁守节，嘉庆二十年（1815）受旌。生父臣鸣，子允恂、乐之。

［咸丰］《顺德县志》卷十二《封赠（文阶）·国朝》：黄玉海，大良人，监生，以侄乐之赠。黄臣都，以侄乐之赠。俱吏部七品小京官……黄臣鸣，大良人，教谕，以出嗣孙乐之赠。黄玉霞，廪生，以子乐之赠。俱杭嘉湖……道。卷二十七《列传七·国朝三·黄玉绳传》：玉霞，字晓徵，亦工画，而书尤得家学。事生父臣鸣能尽孝，居丧几灭性，为弟偿逋负至鬻钗卖婢。子允询，举人。乐之，按察使。卷二十九《列传九·列女二·国朝》：梁氏，逢简鹤峰州梁植女，大良府学生黄玉霞妻，南雄训导臣鸣子妇也。幼读书明大义，敬事舅姑。二十九守节，抚三子二女，以母兼师。长允恂，戊寅举人。次乐之，今任福建按察使。孙统、经，并官编修。迪，县学生。选、维，俱副贡。叠受翟茀①，嘉庆二十年旌。

［民国］《顺德县志》卷九《封荫表·封赠·文阶》：黄玉霞，大良人，以曾孙建笎赠。黄乐之，浙江按察使，以孙建笎赠，有传。黄纶，以子建笎赠，江宁布政使。

傅其琛　字爱良，清南海大同堡人。为儿童启蒙老师。乡举为保正，与嘉庆十年（1805）进士冯本泰一样，任事不辞辛劳。

［道光］《南海县志》卷三十九《列传八·国朝·胡珽传》：并时李俨、陈汪，后二十余年冯本泰、傅其琛皆为乡党倚重，于当事最知名。俨字拜常，大同堡人……其琛，字爱良，与李俨同乡。警敏有守，乡人推为保正。匪盗窃发，躬率丁壮追摄，往往越境数十里不畏避。西潦决围，夜驾小舟与丁壮

①翟茀（dífú）：古代贵族妇女所乘的一种车子，车帘两边或车箱两旁以翟羽为饰。

同甘苦，巡逻彻晓弗倦。尝以事诉县，马县尹德滋榜申明亭云：“傅生秉正急公，本县素所深知。”后其琛凡有请辄报可。族子某跅弛落魄，遁罗浮为道士，其琛踪迹之，谕之归正。某悔悟，苦刻自立骤致富，奉四百金为其琛寿，其琛却弗纳。为童蒙师终身。

潘泰 字健明，清南海西樵百西村头村人。少年时，父薨去世，与四弟健良有赖长兄进照顾。嘉庆时扩建西樵民乐闸，因此敕授儒林郎、布政司理问，敕封修职郎、肇庆广宁县训导，貤封承德郎（正六品）、翰林院编修。夫人高氏敕封孺人。子以翎，道光十四年（1834）举人，后来成为堂侄斯濂的学业导师。

［宣统］《南海县志》卷八《江防略·江浦司》：光绪戊寅年，云津、百滘两堡重修民乐窦。潘府丞斯濂撰《民乐窦碑记》云：樵之壤东西滨海，水自西北来注于东，常泛滥溢为樵患。前人筑防御之，不数里隙其中为窦，树之门以时蓄泄。窦故于海通潮汐，樵地农田累千顷旱涝视其启闭，属诸潦之涨甚则安危系焉。何者？通内外而易溃其防也。民乐窦旧隶百滘、云津两堡，创始云自宋代。嘉庆朝，先叔祖焯堂①公增治之，不坏益坚，樵之人恃而无恐。去岁大路围以窦决，祸流及远。家翰墀太史为余言愿以为鉴，而嘱乡人无忽于厥窦。余急治书请诸家叔鹤洲诹于众，既皆韪焉，遂乃规恢前构。伐石烂然，绝流浚渠，筑壖固址，役弥半岁工始讫功。自余待罪于朝垂二十年，不获建一策、行一事为生民福，而利病所著与众同之，抑未敢阙然不以关于虑。况樵桑梓地，宗族乡党群萃而处焉，其险夷何可一日忘也，余得乡书而遂为之记，以志喜云。

---

①先叔祖焯堂：据《潘氏族谱》，祖名泰，字健明，号焯堂，祥斋公之子，敕授儒林郎、候选布政司理问，例授文林郎。配□氏（高氏），敕授太安人，生五子：以通、以翎、以敏、以哲、以观。以通，字介修，焯堂公之子，行一，国学生。以翎，字习修，号鹤洲，焯堂公之子，行二，道光九年入南海庠生，十四年甲午科乡试中式第二十名举人，拣选知县，甲辰科大挑二等，即选教谕，肇庆府广宁县训导。以敏，焯堂公之子，行三，职员。以哲，焯堂公之子，行四，国学生。以观，焯堂公之子，行五，贡生。斯潢，国学生（即斯埙，字兆宜，以翎公之长子）。斯汾，候选詹事府主簿（原名斯芬，字兆兰，介修公之次子）。斯治（字兆嘉，号舜人，以翎之次子，同治三年甲子科举人）。斯沧（即斯绍，字兆诒，国学生，敕授征仕郎，介修之三子）。斯璇（国学生，介修之四子）。

吕培　（约 1773—1820）字植之、荔帷，清顺德大良人。嘉庆十三年（1808）北游时，献诗画册给南巡的仁宗。二十四年举人，48 岁卒。兄翔。

［道光］《广东通志》卷三百三十一《杂录一·广州府》：粤东人士由粤西籍举乡试者，自康熙五年顺德莫瑛始，嗣是历科多有之，而尤多顺德人。近时吕培，字植之，以顺德人寄籍太平府，嘉庆己卯举于乡，年四十八遽卒。生平能诗，工篆隶书，尤精绘事。与其兄翔皆有名于时，甚为侍郎裴山钱公器重。戊辰，仁庙时巡，培时为诸生，尝献诗画册辇路，拜缎匹之赐，时人荣之。

［咸丰］《顺德县志》卷二十七《列传七·国朝三·吕翔传》：大良人……弟培……字荔帷，幼聪慧能读，工诗赋篆隶，尤精刻摹印章。闻桂林山水甲天下，慨然有远游志，沿牂牁而上，至太平遂寄籍，钱督学楷拔为学生，使从襄校。既久不得其志，乃北游期有所遇。恭值仁宗巡幸还跸天淀，遂以御制勤政殿箴语刻一印，复恭录御制咏物诗，各按次第画其后，装为册页进焉，蒙赏缎匹。南归登己卯贤书，下第卒。生平嗜酒，醉后作兰竹顷刻百纸，能曲尽风露情态，短枪密剑，秀从劲生。其他花草能与兄竞爽。

吴荣光　（1773—1843）字伯荣，号荷屋，榜名燎光，清南海佛山镇人。嘉庆三年（1798）举人，次年进士，改庶吉士，两年后授翰林院编修。道光时升湖南巡抚兼代理湖广总督，以原品退休。主编《佛山忠义乡志》，二十年主持佛山团练。此后三年，编印《筠清馆金石录》《筠清馆法帖》《金石款识类》《历代名人年谱》《帖镜》《石云山人诗集》《石云山人文集》等。父济运，弟弥光，子尚忠。

［道光］《广东通志》卷八十一《选举表十九·举人四·国朝·嘉庆三年戊午·广州府》：吴燎光，南海人，进士，改名荣光。卷七十七《选举表十五·进士·国朝·嘉庆四年己未姚文田榜·广州府》：吴燎光，南海人，改名荣光。二甲，编修、御史、福建盐法道、按察使。

［道光］《佛山忠义乡志》卷六《乡事志·编年》：嘉庆四年己未，吴荣光登进士。（住观音堂堡大树堂）

［道光］《南海县志》卷二十一《选举表二·国朝·进士·嘉庆朝》：榜名燎光，编修、湖南巡抚……己未科。

［同治］《南海县志》卷十三《列传》：字伯荣，号荷屋，佛山人。……由庶吉士授编修，历充武英殿协修纂修、本衙门撰文、功臣馆提调。以京察一等授江南道御史，充甲子顺天同考官、丁卯浙江副考官，以落职捐复，补授刑部员外郎、郎中。以军机章京俸满，放陕安兵备道，调补福建盐法道，经任陕西、浙江、湖北按察使，贵州、福建、湖南布政使，护理贵州巡抚，擢湖南巡抚兼署湖广总督。其居翰林也，大考翰詹列三等。睿皇帝幸翰林院，命仿柏梁体赋诗，寻进《周甲同文颂》蒙恩赏。以久居词曹保送御史，时掌院朱珪座主也，谓："随坊局内迁可阶清显，不宜安小就。"荣光谓："御史言官，上可肃百僚，下可达民隐。"遂保送其居柏台也。命视通州仓，奏言："河北官船朽烂，地方官不赔补，专拿民船协济，民困追呼，宜委大员查办。"巡视中城值荒，办平粜多设粥厂，挨次领签，无搀越等待、扣克浮开之弊。命视天津漕务，到即革陋规、却贿赂，并发偷卖偷买、投文验封等弊，役捕获巨蠹惩之，漕政以肃。其出秉文衡也，得陈传均等八十三人多名士。是时提学为吏侍潘世恩会试房师也，科岁优等洎新进得售四十余人，师生沆瀣同符，浙省以为佳话。其居刑部总办秋审也，频年随扈①热河、盛京，所有行在案件随讯随结，笞杖之罚剖判周详，以淑问②劳屡蒙绸缎、鹿马之赐。其时林清犯禁城一案情罪重大，派审至十人，绵延及五载。有以犯供牵连，名姓偶同、声音相近省误拿解到者先后九百余人，荣光始终其事，无辜拖累者省释甚多。嗣后频随大员出差审案，在陕分晰开棺见尸、凿棺取财罪名不同详告属吏，在闽则平反建阳令押毙连斗盛、捏报伊子毒父身死以雪沉冤。他如开藩③陈臬④清厘积案尤无数。盖荣光初入部时，阮元谓："刑为生死所关，官此者勿以为幸！"潘世恩谓："刑部愈精愈刻，刻则犯罪必多。"荣光服膺师训，又精研律意出以慈和，故所办无不允协如此。洎出任外台，于地方所宜力为整顿。于陕搜老林、逐盗匪，外修渠堰灌荒田，赈恤凶歉，救活数万人。于闽止械斗、拓举场、购遗书、修省志、修废堰、开洋田。于浙惩土棍、修火政、捐廉俸、赈灾黎。所至俱有利赖。惟黔省地当边徼，汉苗杂居，俗犷风浇，官此者难终日，荣光加意训导，设法扶绥。其地有橡树能育野蚕，蚕成作茧可资被服，前遵义府曾以此教民，故播地较他方为富。荣光捐廉为倡，买橡种延栽师遍布通省，逾年功成，民咸温暖，其实惠及人咸此类也。荣光

①随扈（hù）：跟随皇帝出巡。

②淑问：善于审问、判案。

③开藩：清代指到外省任高级官职。

④陈臬：张布刑法，借指任司法官职。

深知穷檐疾苦，居藩臬，所属凶荒皆核实请奏。及升楚南开府任专圻，益以宣德达情为务。湖南地势洼下，水潦洊臻，故于正耗①钱粮请蠲请缓，于芦地草课请豁、请减收，于溃缺水堤，或倒塌被烧房屋，或捐廉助修，或借支口粮，咸公给葺费，无不据实陈奏。盖其慈惠之诚下惬氓隐，宜乎每有迁除，咸卧辙攀辕，感泣不自已也。道光十二年，江华锦田瑶赵金陇纠众焚掠，荣光方驻永州谋堵剿，而提督海陵阿等轻进失事，上命湖督卢坤办贼，荣光回省备粮饷。适新提督罗思举至，侦知贼聚羊泉，四面蹙之，贼大败。然楚瑶平，粤瑶又动，上命卢坤督粤东，荣光兼署湖督办善后。奏请开拓锦田土城，改锦田司为江蓝理瑶同知，将永州府同知移驻于扬家铺，设永桂理瑶通判，以永州通判移驻，并移永州游击带兵驻防桂，咸听永郴道节制，奏入报可。时蛮夷震叠，封疆晏然，荣光久于其官，上下孚惬，故当兵燹凶歉后，城垣衙署、炮台邮置次第兴收。暇日招集文士，仿阮元抚浙开诂经精舍、督粤开学海堂故事置湘水校经堂，所造就如贺桂龄、郑敦谨、黄兆麟、丁叙忠皆一时之选。以岁终考学"臣有自占地步"语降四品京堂，到京引见，奉有"在湖南办事甚好，年力未衰"之谕再藩闽中。荣光感激天恩，备加振作。本经训以端学术，有《七闽经义》之编。禁邪教以靖巫风，有蝶母尼庵之访。至廓义仓、筹民食无不事先预防。然扬历中外数十年，已逼近古稀矣，二十年展觐，以年力就衰休致。迨抵籍，大吏以洋人滋扰与商办屯练，筑台树栅不少休。旋以脚疾就医桂林，将辑成生平所著书未竟而卒，年七十一。荣光家本素封，早登词馆，得与当代名公巨人上下议论，文章学术具有渊源。其骈俪词章之学得之德清蔡之定，训诂声音之学得之仪征阮元，金石考证之学得之大兴翁方纲，真草行隶之学得之诸城刘墉，若有守有为、图功立事又掌院南昌彭元瑞所激励裁成者也。素寡嗜好，凡声色玩好、宫室园林之美略不关心，而于法书名画、乐石吉金、冢书壁简视同性命。晚年家居，惟立宗祠、置祭产以惠宗族，筑"赐书楼"储古籍以训子孙，故一门之内甲第联翩，群从兄弟几于人人有集，不愧簪缨之族、诗礼之家矣。子尚忠，苏州府经历。尚志户部主事。卷十《艺文略》：《吾学录初编》二十四卷、《吴中丞奏疏》六卷、《贴镜》《吹篪诗略》，国朝吴荣光撰。《石云山人文集》五卷、《诗集》三卷，国朝吴荣光撰。

［光绪］《广州府志》卷一百二十八《列传十七·国朝·南海》：字荷屋，佛山人。父济运，邑廪生，就职教谕。性友爱，昆弟子姓百人同居无间言。荣光嘉庆戊午乡荐，己未成进士。改庶吉士，散馆授编修，充甲子科顺天乡

---

①正耗：明清在漕粮正税外向民户征收漕运损耗的一种附加税。

试同考官，十年转江南道御史，稽查通州仓，奏参地方官拿船病民，风采大著。丁卯充浙江副考官，巡视中城米贵，请仓米分厂赈济。十三年巡视天津漕务，旋以失察中仓革职。捐复员外郎，十七年补刑部员外郎，总办秋审，随扈木兰承审林清逆案，省释甚多。二十一年升安徽司郎中。二十三年授陕西陕安道，署按察使，申明开棺见尸、凿棺取财律意，饬属遵办，毋得牵混。道光元年调福建盐法道，倡建凤池书院，添置书籍千余卷以便讲习。署按察使，建阳令押毙殷户连斗，盛诬其子谋毒，为平反之，舆论欢然。旋补按察使。调浙江，兼署布政使，严拿抢火者，惩办火患以息。三年调湖北按察使，仍留署浙江布政使……十一年授湖南布政使，擢巡抚……十二年九月兼署两湖总督……十六年以岁终考学政有“自占地步”语降四品京堂，十七年授福建布政使……回籍时已六十八矣。辛丑夷乱偕官绅倡捐团练，逾年卒……著有《吾学录》《赐五福堂诗集》《筠清馆金石录》《金石款识类》。弟弥光……荣光子尚忠，湖北通判。尚志工部主事，咸丰十年忤户部尚书肃顺，文致其罪谪军台，十一年肃顺诛，召还补原官，未几卒。

[宣统]《南海县志》卷十一《艺文略·经部·易类》：《易证》，国朝吴荣光撰。《艺文略·经部·群经类》：《闽湘经义》，国朝吴荣光撰。《艺文略·史部·纪事本末类》：《平猺日记》，国朝吴荣光撰。《艺文略·史部·传记类》：《历代名人年谱》十卷附存疑及生卒年月无考一卷，国朝吴荣光撰。《艺文略·史部·地理属方志类》：《盛京随扈日记》，国朝吴荣光撰。《艺文略·史部·政书类》：《吾学录二编三编》，国朝吴荣光撰。《艺文略·子部·术数类》：《三元宅法》，国朝吴荣光撰。《艺文略·子部·艺术类》：《辛丑销夏录》，国朝吴荣光撰。

梁才信 （1773—1855）清南海澜石村人。早年务农习武，20岁被人打跛双脚，兄财广背到跌打医生潘日舒处求医，医好后随潘行走江湖，潘临终遗赠所有医书和秘传笔记。嘉庆十年（1805）在澜石设医馆，兄子兰长、桂长、腾长、芳长继承衣钵。

[同治]《南海县志》卷二十《列传·艺术》：澜石人。少负绝力，喜争斗，尝徒手与匪等搏胜之。匪怀恨，翌日挟利刃，俟之出不意斫刺交下，身被十余创将死，绅士责凶手医治。时有潘姓者善治跌打伤，尽技救之幸不死，遂与潘结为父子，受其学而益精之，为一时独步。腹破复合，骨折复续，虽极危险症，断曰可医，无不立见功效。有关姓者年少负重，偶蹉跌折其胫骨，痛极欲死，舁澜石就医。才信以手揣之曰：“骨碎矣，折可缚，碎不可缚也。”

乃饮以麻药，使不知痛痒，以银刀剖其肉，钳去骨之碎者，随用锯截其口而齐之。命人买一牂羊最大者，生截其脚骨，等其分寸大小而代续之，乃敷以药，逾月遂能行。才信戒之曰：“汝自后安行缓步，宁迂道远三里，勿跳沟求近一步！”如其言，至七十余乃卒。有少年偶迷乱自宫其势者求医治，才信见其不知痛楚，曰：“此失魂者也。”使人于耳边唤之，逾时大哭。才信曰：“可矣。”如法治之立愈。又一孝廉登梯下堕，以左手撑地，腕骨凸起，痛不堪。呼医视之，医曰：“易耳，敷以药痛即止！”而腕凸处不能平，手执持无力，阴雨时恒作酸楚。诣问故，曰：“迟矣，当以手撑拄时骨接续处已偏侧，医家未将骨夹正遽为止痛，今经时久，骨偏处已牢实不能复原位矣！”其精妙多类此。说者谓才信于此事有神悟，非守秘方者能及也。子某世其家学，兼通内科。

区玉章 原名玉麟，字报章，号仁圃，清南海西樵圣堂村人。嘉庆九年（1804）举人，十三年进士，为庶吉士，改吏部主事病归。道光十二年（1832）为粤秀书院山长，70多岁卒。祖遇明，父芝。

［道光］《广东通志》卷八十一《选举表十九·举人四·国朝·嘉庆九年甲子·广州府》：区玉麟，南海人，进士，后改名玉章。卷七十七《选举表十五·进士·国朝·嘉庆十三年戊辰吴信中榜·广州府》：区玉麟，南海人。二甲，庶吉士改吏部主事，更名玉章。

［同治］《南海县志》卷九《进士》：祖遇明、父芝俱赠中宪大夫，嘉庆朝。卷十三《列传》：原名玉麟，在部时随睿皇帝围，以堂官有同名者，御笔改玉章。字报章，号仁圃，上金瓯堡人……性恬退公方，遇事有执守，不肯阿曲徇人，因历忤上官，自念不能行其志，引疾归不复出。初浙人陈泰来、山左宋显章皆由癸酉拔贡拨部当差，候补七品官者也。吏部补官例专校本衙资俸，以日月多少为先后。其有派他衙门当差者著有劳绩，由他衙门奖叙，而本部以离衙之日为截俸之日，其日子照假期扣算。陈、宋皆当差多年，而宋曾拨光禄寺当差，故在部积俸校陈为浅。适有七品官缺出，宋欲得之，托其姻戚光禄卿卢荫溥为地。卢山东人，久官京师，声气通朝右者也。时吏侍初彭龄亦东人，允其请，寻使人致意玉章，玉章以例格之。初亦知例不可违，但微言讽玉章使通融办理。俄而初奉命出差，署事者贾兆春亦东人也，信卢言，谓两人皆当补，可任意左右，遂将司员先所呈补官稿改窜，先宋后陈。玉章袖稿，下缮新稿，将贾所改逐一分注签出。贾见之惶遽曰：“我五日京兆耳，未晓部例，公事宜公商量，我岂敢一人独任？”至是，贾亦知例之难违

矣。卢闻之大恨曰："诸堂官驽疴①耳，此小事竟为司员挟制耶？"遂自陈奏，谓"宋某曾拨光禄寺当差，彼此俱系办公。今文选司不将光禄寺当差日期照计，未免意存高下"等语。玉章乃偕同事呈说，谓："向来各员铨补，俱计本部资俸，若拨他处当差，其日期一律照计，例无明文。即如考试为抡才大典，部内候补七品官赴乡场，其日子亦从告假离衙日扣算，其他可知矣。"此说出，卢论遂绌，益大恨。逾年，卢累擢至吏部尚书，司员参谒，见玉章离席起揖，伪为谦恭，语含讥刺。同僚咋舌，劝玉章引避，玉章曰："吾知守官而已，遑恤其他？"供职如故，卢屡吹毛无所得。会玉章值日，代他司呈稿，卢不知也，多所斥驳。玉章曰："此某司稿，大人以为不合，传至面谕可耳。"卢曰："汝部中老成，他错汝岂不知？知而不言，他错即汝错矣。"玉章曰："部内各有分职，功罪俱无容诿，人错曰司员错，人功亦为司员功乎？且某司稿亦照公办事，不特司员不错，某司亦无错，大人以为错即错耳。"因历引成案以拄之，卢语塞，内顾惭下僚，心益恨。玉章退，默自计曰："吏部总百官，不平其心，专务修隙，岂可共事？"遂引疾去，卢不知也。及玉章值日期晏不至，卢怒曰："区司员偃蹇如此，渠不止目无上官，并目无朝廷矣。"呼吏欲即登白简，或对以："事或有因，何必仓卒？"不知已告假将一旬矣。时朱庄恪公桂桢同部，闻玉章去，叹曰："以微员与大吏抗，执法不屈，今世安有此人？"道光初，卢由吏书正揆席，欲纷更庶务示振作。时朱庄恪公由外吏晋仓场侍郎，卢以其负清望也，折节下商问所以整顿部务者，朱抗声曰："各部条例详明，但虑不得其人耳！人存即政举，何须整顿？"卢愕然不知其意，朱曰："所谓无容整顿者非虚言也，即如吏部条例最多，生弊端亦最易，然得一守法司员则苞苴不行、请谒路绝，何况大僚？乃为大僚者恶其不便已私必龉龁而去之，是治丝而棼②之也，尚何整顿？"卢乃为悔悟状曰："公以区司员事介介于心耶？此事我无成见，但公事不得不明辨耳。不料区司员是褊衷③人，悻悻而去，至污我声名。我见粤东人士劝他复出以表我心，何公亦不见谅也？"朱曰："鸿鹄举矣，青天廓然。不为稻粱，谁肯受人羁绊？"道光十二年，朱奉简命巡抚粤东，时玉章尚健在，即敦请为粤秀书院山长。书院之设，元时以优胜国遗老，后世以待林下贵人，与宋提举宫观等山长，非物故及告辞断不更易。朱抚军谓："此席为士林矜式，必得刚方正直之人。若但以文采

---

①驽疴（núkē）：指低下懦弱之才。

②治丝而棼：理丝不找头绪，就会越理越乱，比喻解决问题的方法不正确，使问题更加复杂。棼，纷乱。

③褊（biǎn）衷：褊狭的内心。褊，狭小、狭隘。

风流波荡，后生不如其已。”故前山长未辞，而聘书已别有所属。玉章深自淬厉，惟地方赈凶饥、筑堤堰、立社仓偶谒见官吏，余则缄口不发一言。粤省科举，监生难与其列，富家子弟多求山长托为门生亲故，先期以名字寄学政，学政以无关科名出入广额多取，山长亦稍有所裨，几成故事。玉章谓：“士人进身伊始，辄代为夤缘，非以养廉耻。”未考遗即问渡回乡，试毕乃返。朱公抚粤，颇搏击豪强，有富室某者为势豪凌虐，请因便发其事，愿谢以万金。玉章曰：“彼诚稔恶，然我受嘱发其事，是彼死于金，非死于法也。”卒却之。生平淡于荣利，家居廿余载，以倡建惠济仓，议叙加员外郎衔，年七十余卒。玉章喜泛览，通时务，不甚作诗，间有作亦情词并得，叠韵至四十余章滔滔不竭。虽鲜冠裳交际而知交道，故鸡豚之会饮啖不衰。素不谈佛法，然其自寿诗注云：“朱抚军解组，余饯于珠江。抚军忽曰：‘颇记前生事乎？我与公皆西蜀蓍颐山僧，故同部多年，今又聚会于此，倘前缘未尽，再有把袂期，未可知耳。’余壮岁服官于朝，而家事萧然，性情冰冷，岂蔬笋结习阅世未忘耶？”其自言如此。

［宣统］《南海县志》卷十一《艺文略·集部·别集》：《自踵轩剩草》，国朝区玉章撰。

区应运　清南海人。嘉庆九年（1804）举人。父怡斋。

［道光］《广东通志》卷八十一《选举表十九·举人四·国朝·嘉庆九年甲子·广州府》：南海人。

［同治］《南海县志》卷九《举人·清》：榆林知县，父怡斋赠如其官，嘉庆朝。

区家麟　清高明阮埇人。嘉庆九年（1804）岁贡。

［道光］《高明县志》卷十二《选举志·贡生·国朝》：阮埇人，嘉庆九年岁贡。

卢昌发　字兴始，号敬亭，清顺德龙山人。乐善好施。子邦杰，道光十四年（1834）举人。

［咸丰］《顺德县志》卷十二《封赠（文阶）·国朝》：卢昌发，龙山人，以子邦杰赠内阁侍读。卷二十七《列传七·国朝三》：字兴始，号敬亭……少贫，有干材，识大体，喜施予。壮事盐策，积而滋大，所入供甘旨，余以赡两兄。视诸孤侄如子，分以财，屡折阅仍厚周之。族戚贫无依者，按月赡给，皆定为规条，数十年无间。乡数患水，倡筑富安围，费不赀，里党安焉，而

昌发故无田屋其中也。会甲戌，乡人冯奉初第进士归，为昌发言寒士会试之难，劝首捐资生息，以资行李，昌发慨然愿出千金为乡人倡。时理乡事左燕天、温若瑊方与诸人谋之，久而未就，闻昌发意，人情翕然，数日间得银六七千两，遂合成敦雅堂公车经费，每会试人可百金，渐推及乡试并生童试卷金有差。姑苏故人弟业醝亏课，力资之为经营，使得返。尝送田资番禺九成书院膏火，会佃舍近其地者为盗劫，行数里遽以还，曰："此送田主人，取之败矣。"生平无他嗜好，谈经世事辄娓娓。中年既以行义著，而处之淡然无德色。谷入虽贱必粜，最恶居奇取益。遇事当为即身任之，每谓引嫌自好，于人无益，非夫也。子邦杰，举人，官中书加侍读衔。

［民国］《顺德县志》卷四《建置略三・堤筑》：富安围，在龙山堡。道光十五年，沙富东三铺卢豫堂等创筑。自清宁埠起至良佩社止，共长一千八百二十二丈。基面宽五尺，底一丈八尺五寸。内包桑基鱼塘，该税二千八百零二亩。

冯昌　清顺德龙山人。嘉庆九年（1804）举人。

［嘉庆］《龙山乡志》卷七《选举志・举人・国朝・嘉庆甲子》：广西籍。

伍康　字赞南，号天衢，清顺德古朗人。嘉庆九年（1804）举人，教书广西、广州，晚年得都察经历衔而卒。

［道光］《广东通志》卷八十一《选举表十九・举人四・国朝・嘉庆九年甲子・广州府》：顺德人。

［咸丰］《顺德县志》卷十一《举人二・国朝・嘉庆》：字天衢，古朗人，甲子科。卷二十七《列传七・国朝三》：字赞南，号天衢……为人诚朴，留心经术。初授学西粤，归而设帐会城，西士有负笈至者。晚得都察经历衔而卒。

刘国宁　清三水塘贝人。嘉庆九年（1804）赐副贡，十二年赐举人。原籍嘉应州（今梅县）。祖母杨氏，父鹏可。

［嘉庆］《三水县志》卷九《选举・副榜贡・清》：塘贝人。（嘉庆）甲子科，钦赐。《选举・举人・国朝・嘉庆十二年丁卯张翱榜》：塘贝人，钦赐。卷十二《列女》：杨氏，塘贝乡嘉庆丁卯科钦赐举人刘国宁之祖母也。原籍嘉应州，适国宁祖在颖。早年孀守，节孝两全，乾隆二十四年，嘉应州牧曾颜其闾曰"慈竹春晖"。后随子鹏可迁三水，俭积成家，子孙蕃衍，塘贝一乡无不钦其贤者。

关世运 字培元，号晚觉，清南海九江人。嘉庆九年（1804）赐副榜。

《九江儒林乡志》卷十《选举略·国朝·贡生·嘉庆九年甲子》：字培元，号晚觉，赐副榜。

关家麟 字聘之，号石樵，清南海九江人。嘉庆九年（1804）副贡，十三年举人。父远泰。

［道光］《广东通志》卷八十一《选举表十九·举人四·国朝·嘉庆十三年戊辰·广州府》：南海人。

［道光］《南海县志》卷二十一《选举表二·国朝·贡生荐辟·嘉庆朝》：副贡……甲子。《国朝·举人·嘉庆朝》：连山教谕……戊辰科。

［同治］《南海县志》卷九《举人·清》：父远泰，赠修职郎，嘉庆朝。

《九江儒林乡志》卷十《选举略·国朝·贡生·嘉庆九年甲子》：字聘之，号石樵。县学，副贡，戊辰举人。《选举略·国朝·举人·嘉庆十三年戊辰恩科》：中式第七十名，连山教谕。卷八《艺文略·集部·别集》：《铁砚山房文稿》《北游诗草》，国朝关家麟撰。

朱麟 字超林，号瑞田，清南海九江人。嘉庆九年（1804）武举。

［道光］《南海县志》卷二十二《选举表三·国朝·武举·嘉庆朝》：甲子科。

《九江儒林乡志》卷十《选举略·国朝·武举·嘉庆九年甲子科》：字超林，号瑞田。县学，中式第三十五名。广协右营候补千总，署磨熨基汛外委事。

麦渐昌 清顺德麦村人。嘉庆九年（1804）岁贡。

［咸丰］《顺德县志》卷十一《岁贡·国朝·嘉庆》：麦村人，甲子。

劳宽 清顺德小劳村人。嘉庆九年（1804）副贡。道光二十六年（1846）至二十八年倡筑蟠龙围。

［咸丰］《顺德县志》卷十一《副贡·国朝·嘉庆》：小劳村人，甲子，河源县教谕。卷五《建置略二·堤筑·紫泥属》：蟠龙围，在新良堡。围基环绕鹭洲、大罗、道教、小劳、高阳、新填、良村七乡，周五千九百丈有奇，乡

土外有田百五十九顷，凡七闸四窦……盖地大则蓄泄之口宜坚。乡教谕劳宽等，以道光二十六年丙午，请于官倡筑，越二年戊申告竣。

吴鹏昇 清顺德北水人。嘉庆九年（1804）岁贡。

［咸丰］《顺德县志》卷十一《岁贡·国朝·嘉庆》：北水人，甲子。

岑夐 清三水人。诸生，嘉庆九年（1804）与蒋业成等筑乌石塘堰。

［嘉庆］《三水县志》卷八《水利·堤窦》：乌石塘堰，在胥江西河堰内一带，低田苦潦无获。嘉庆九年，生员岑夐、职员蒋业成等论税筑建，以防秋潦，田乃有获。

何天锡 清南海人。嘉庆九年（1804）举人。

［道光］《广东通志》卷八十一《选举表十九·举人四·国朝·嘉庆九年甲子·广州府》：南海人。

何太青 字乐俞，又字藜阁，清顺德羊额人。嘉庆九年（1804）举人，十四年进士，任浙江德清、仁和县令，嘉兴海防同知。因父丧归家，任教维持生活，仍然赠凤山书院40亩田，在广州助建文澜书院。父璋玠。

［道光］《广东通志》卷八十一《选举表十九·举人四·国朝·嘉庆九年甲子·广州府》：顺德人，惠群从叔，进士。卷七十七《选举表十五·进士·国朝·嘉庆十四年己巳洪莹榜·广州府》：顺德人。庶吉士，改於潜、仁和知县，升同知。

［咸丰］《顺德县志》卷十《进士·国朝·嘉庆》：二甲，庶吉士。知於潜、仁和县，乍浦同知……己巳恩科。卷十二《封赠（文阶）·国朝》：何璋玠，以子太青封，加赠乍浦同知……庶吉士。卷二十七《列传七·国朝三》：字乐俞，又字藜阁，羊额人……成进士，改庶常，散馆出令於潜。事简行以勤慎，谳期一定不以他故易，田户虽小必亲勘，夫食必亲发，案无留牍。令浚西湖，董理劳瘁，期速而费省。寻调德清，有贫民数十越界售盐，营弁侦获于津，以大股私枭通揭请穷治。太青廉知肩负之各不相谋也，力争于上官得薄惩。再调仁和，事益剧而力益勤，巡抚深加倚重。廷寄至，有招办定始令出告藩臬者，以卓异荐擢嘉兴海防同知，承修驻防战舰。遘病愆操期，比

竣已先夺职，方请复，遽丁外艰，踉跄返。先是，其父毓峰素豪，迭商盐铁折阅，致累家遽落。太青方弱冠为诸生，拮据无以为养。妇叔梁使从其师之任游，供其脩食，得潜心向学。及居官得禄，反挥霍如其父，一时多资以为活者，而归囊故窘甚。主讲郡邑，稍余即以赠人，以锦沙田四十亩，助凤山书院膏火。县城北河曰新滘，为诸乡入县要津，乾隆中，城绅惑形家言议堵塞，诸乡合诉院司，勒石禁之矣，己巳，令以防洋匪内扰，则又堵焉。适太青自馆假归，买河口田通接河流，县乡不复龃龉，至今称便。会城西濠积淤，其径流皆远人贸迁市集也，常患火，太青偕省绅督浚，建书院曰"文澜"……晚居家型族，规范井然。癖嗜宋元翰迹，购藏至多，随手旋复散去。暇辄吟咏，一官一集。初与浙人顾元熙、族子何惠群同馆选，延顾主德清书院授其子经。未几顾来粤督学，其子以归试行止请，曰："士入学始进，何必借人口也?"卒不遣。著有《续李氏蒙求注》八卷，《潜川集》《余不集》《钱江集》《遵路吟》《海上吟》《孤云集》《将母集》各若干卷。

何如桂　清高明朗锦人。嘉庆九年（1804）捐授营千总。父为谋，子善美。

［道光］《高明县志》卷十二《选举志·国朝武职例》：朗锦人，为谋次子，嘉庆九年由武生捐授营千总。《选举志·职员·国朝》：何善美，朗锦人，如桂子，嘉庆十九年分发州判。

何声闻　清顺德三桂人。嘉庆九年（1804）赐举人。

［咸丰］《顺德县志》卷十一《举人二·国朝·嘉庆》：三桂人，以符例赐，甲子科。

何秩中　字次山，号雁峰，清顺德羊额人。嘉庆九年（1804）举人。子腾骧。

［道光］《广东通志》卷八十一《选举表十九·举人四·国朝·嘉庆九年甲子·广州府》：顺德人。

［咸丰］《顺德县志》卷二十七《列传七·国朝三·何太青传》：秩中，字次山，号雁峰，亦甲子乡举，从之任学而业进。乡居，有兄攘弟产，昏夜求左袒愿割田谢者。秩中笑谓："以田归汝弟且德汝不争，曷谢为?"其人愧服去。著有《古照堂诗文集》。

［民国］《顺德县志》卷十八《列传三·何腾骧传》：字渔洲，羊额人。父秩中。

何惠群 （？—约1839）字和先，又字介峰，清顺德羊额人。嘉庆九年（1804）举人第一名，十四年进士，任浙江新昌知县辞归，在广州讲学20年。道光时林则徐典试江西，惠群以房官交好，及林则徐任两广总督来粤，屡招仅一见，不久去世。祖谦泰，父向中。

［道光］《广东通志》卷八十一《选举表十九·举人四·国朝·嘉庆九年甲子·广州府》：解元，顺德人，进士。卷七十七《选举表十五·进士·国朝·嘉庆十四年己巳洪莹榜·广州府》：顺德人。二甲，庶吉士，改知县。

［咸丰］《顺德县志》卷二十七《列传七·国朝三·何太青传》：羊额人……惠群，字和先，又字介峰，太青族侄。高祖有年……祖谦泰……有廪生某积学能文者，居城东凤凰台侧，台在洲上，名胜地也，与谦泰恩谊弥洽。时子副贡向中方随侍，谦泰偶夜恍惚，见某直入内斋，惊顾间而惠群生。质绝慧，读书如夙习。弱冠前频梦至水月楼台处，久乃渐疏。从太青学，举甲子第一，与太青、秩中并出同榜梁之任门，又与太青同成进士。自庶常改新昌令，耻奔竞，性畏干谒，治事简脱，不尚催科，积至亏空。会丁生母艰，旋告养垂二十年，杜足不入公门，闻人过辄掩耳走。讲学会城，时髦多所成就，脩脯悉赒所亲。最嗜棋，远近推国手。福州林文忠公典试江西，惠群以房官交契，及来粤理海事，屡招仅一见，其年遽卒。惠群自乡举，师浦城陈寿祺，见闻由是赅洽，为诗不傍前人门径，著有《饮虹阁诗钞》四卷。

［光绪］《广州府志》卷八十一《前事略七·国朝》：道光十九年春正月，钦差大臣林则徐至广州查禁鸦片烟……二十年七月，诏以琦善为钦差大臣赴粤查办夷务，革林则徐、邓廷桢职，仍留粤……二十一年三月，林则徐以四品顶戴往浙江会办夷务。

何锦华 清高明朗锦人。嘉庆九年（1804）廪贡，十四年代理三水训导。父为哲，兄模。

［嘉庆］《三水县志》卷六《秩官表·国朝训导》：高明人，廪贡，（嘉庆）十四年署。

［道光］《高明县志》卷十二《选举志·贡生·国朝》：朗锦人，为哲次子。嘉庆九年廪贡，原任三水训导，补任潮阳、清远教谕。卷首《纂修〈高明县志〉·分纂》：廪贡，原任清远县教谕何锦华。

张成垣　清南海人。嘉庆九年（1804）岁贡。

［道光］《南海县志》卷二十一《选举表二·国朝·贡生荐辟·嘉庆朝》：岁贡……甲子。

张翰新　清南海人。嘉庆九年（1804）副贡。

［道光］《南海县志》卷二十一《选举表二·国朝·贡生荐辟·嘉庆朝》：副贡……甲子。

陆凤喈　清三水清塘人。嘉庆九年（1804）举人，二十二年大挑，候补教谕。道光元年（1821）任广东乐昌教谕。

［嘉庆］《三水县志》卷九《选举·举人·国朝·嘉庆九年甲子何惠群榜》：清塘人，中式三十三名。丁丑大挑，候补教谕。

［道光］《广东通志》卷四十七《职官表三十八·国朝五·乐昌县·教谕训导·道光朝》：三水人。举人，元年任，教谕。

陈光朝　清南海人。嘉庆九年（1804）举人。祖祖缨，父尔重。

［道光］《广东通志》卷八十一《选举表十九·举人四·国朝·嘉庆九年甲子·广州府》：南海人，河南直隶州同知。

［道光］《南海县志》卷二十一《选举表二·国朝·举人·嘉庆朝》：广西横州知州……甲子科。《国朝·封荫·嘉庆朝》：陈祖缨，以孙光朝貤赠儒林郎。陈尔重，以子光朝赠儒林郎。

罗福延　清顺德大良人。嘉庆九年（1804）武举。

［咸丰］《顺德县志》卷十一《武举·国朝·嘉庆》：大良人，甲子。

黄浩一　清南海佛山镇人。嘉庆九年（1804）举人，道光元年（1821）任广东封川训导。父和偶。

［道光］《广东通志》卷八十一《选举表十九·举人四·国朝·嘉庆九年甲子·广州府》：南海人。

［道光］《佛山忠义乡志》卷六《乡事志·编年》：嘉庆十五年庚午，禁强丐。举人黄浩一等禀巡抚韩，给示勒石竖于正埠马头。

［道光］《肇庆府志》卷十三《职官三·清·封川县·训导·道光朝》：

南海人。举人，元年任。

［道光］《南海县志》卷二十一《选举表二·国朝·封荫·嘉庆朝》：黄和偶，以子浩一貤赠修职郎、封川训导。

黄藜照 清顺德龙山人。嘉庆九年（1804）举人。

［嘉庆］《龙山乡志》卷七《选举志·举人·国朝·嘉庆甲子》：黄藜照。

萧全 清南海人。嘉庆九年（1804）举人。

［道光］《广东通志》卷八十一《选举表十九·举人四·国朝·嘉庆九年甲子·广州府》：南海人，监生。

梁之任 字章焕，又字揽茝，清顺德伦教人。五十岁后考中嘉庆九年（1804）举人。祖善长。

［道光］《广东通志》卷八十一《选举表十九·举人四·国朝·嘉庆九年甲子·广州府》：顺德人。

［咸丰］《顺德县志》卷二十六《列传六·国朝二·梁善长传》：伦教人……孙之任，字章焕，又字揽茝。幼读日尽百行，十岁尝作蝇头字匿书夹，塾师搜得之，则课他徒文及半矣，令卒篇辄佳，师大奇之。饩于学，试尝冠其曹，名大起，从游者数百人，惟族少叔礼觐者，受学最早，论诗宗旨亦最投契。五十后始举嘉庆甲子乡书，是科榜首何惠群，学于何太青，与同榜秩中，皆之任弟子，缙绅传为异事。鉴塘聚书逾万卷，翻览殆遍，能强记，故学有根柢。为文尚宋人，一时郡县碑版文字多出其手。性通脱，与人无城府，而县有大役会议，慷慨而谈，大绅无以夺，至今乡县犹道之。族仆将谋弁缺，之任曰："伍以功迁，今以贿，名分乖，官方玷矣。"诣当事止焉。

梁龙章 字云衢，清顺德桂洲人。嘉庆九年（1804）举人。兄思柔。

［道光］《广东通志》卷八十一《选举表十九·举人四·国朝·嘉庆九年甲子·广州府》：顺德人。

［咸丰］《顺德县志》卷十一《举人二·国朝·嘉庆》：字云衢，桂洲人……甲子科。梁思柔，字循陔，桂洲人，知新宁县，龙章兄……戊辰万寿恩科。卷十八《艺文略二·集部二·别集二》：《景隆堂诗草》，国朝梁龙章撰。

梁怀芳　清南海人。嘉庆九年（1804）举人。

［道光］《广东通志》卷八十一《选举表十九·举人四·国朝·嘉庆九年甲子·广州府》：南海人。

梁昭华　清三水冈头人。嘉庆九年（1804）赐副贡，十二年赐举人。

［嘉庆］《三水县志》卷九《选举·副榜贡·清》：冈头人，（嘉庆）甲子科，钦赐。《选举·举人·国朝·嘉庆十二年丁卯张翱榜》：冈头人，钦赐。

梁健翎　清南海人。嘉庆九年（1804）举人。弟健思。

［道光］《广东通志》卷八十一《选举表十九·举人四·国朝·嘉庆九年甲子·广州府》：南海人，健思兄。

温鸣韶　清顺德龙山人。嘉庆九年（1804）举人。

［嘉庆］《龙山乡志》卷七《选举志·举人·国朝·嘉庆甲子》：温鸣韶。

谢嘉猷　清南海人。嘉庆九年（1804）举人，任广东惠来训导。父元爵。

［道光］《广东通志》卷八十一《选举表十九·举人四·国朝·嘉庆九年甲子·广州府》：南海人。

［道光］《南海县志》卷二十一《选举表二·国朝·举人·嘉庆朝》：惠来训导……甲子科。《国朝·封荫·嘉庆朝》：谢元爵，以子嘉猷貤赠修职郎。

谭日炽　清顺德龙山人。嘉庆九年（1804）赐副贡，十二年赐举人。

［咸丰］《顺德县志》卷十一《副贡·国朝·嘉庆》：龙山人，甲子……以符例赐。《举人二·国朝·嘉庆》：龙山人，以符例赐……丁卯科。

潘灿昭　清顺德裕涌人。嘉庆九年（1804）武举。

［咸丰］《顺德县志》卷十一《武举·国朝·嘉庆》：裕涌人……甲子。

蔡超群　（约1774—?）字云骧，一字逊之，清顺德龙江人。乾隆五十九年（1794）随堂兄英士读书西樵山白云洞，同年补县学弟子员、中举，嘉庆六年（1801）进士。任河南柘城知县，不久因丧母回家不出。父智。

［道光］《广东通志》卷八十一《选举表十九·举人四·国朝·乾隆五十九年甲寅·广州府》：顺德人，进士。卷七十七《选举表十五·进士·国朝·嘉庆六年辛酉顾皋榜·广州府》：顺德人，知县。

《西樵白云洞志》第二册《传略·蔡明府超群》：字云骧，一字逊之，顺德人。少负文名，下笔立就。乾隆甲寅年甫弱冠，随从兄茂才英士读书白云洞龍嵸阁，是岁补邑弟子员，联捷乡试。嘉庆辛酉成进士，选河南滑县知县，转补柘城，未几丁内艰归，遂不复出。性疏脱不羁，陶情于酒，有兼人量。好吟咏，晚尤喜作草书，求者辄应。虽居官不久未及展用，胸中靡所蒂芥，唯自称"百日县令"，颜诸印章。其生平旷达大都类此。

［咸丰］《顺德县志》卷二十七《列传七·国朝三》：龙江人……性豪迈善饮，每醉则戏谑弥甚。尝设教会城，士多从之。

［民国］《顺德县志》卷九《封荫表·封赠·文阶》：蔡智，龙江人，以子超群封河南县……知县。

邱熹　（1774—1851）字浩川，清南海人。早年在澳门经商，嘉庆十年（1805），西方种牛痘方法首入澳门，率先接种。次年广州天花爆发，应募随英国医生学习种痘技术。十五年，十三行伍秉鉴等捐资创设内地第一个牛痘局，由熹等主持。二十二年编著《引痘略》，辑有《引痘秘书》《引痘题咏》二卷。子昶，继承父业。

［道光］《广东通志》卷三百三十一《杂录一·广州府》：广中近时有邱氏熹引痘方，其效甚捷，其法来自外洋。于婴儿臂上按穴挑损之，见膜而止，乃取牛痘浆傅之，不数日即出数颗。如期奏功，永不再出。于是以人传人，如火之传薪，无不应手而愈。

［道光］《南海县志》卷四十四《杂录二》：牛痘之方，英咭唎蕃商哆啉哎，于嘉庆十年携至粤东。其法刺牛膊上小痘，剔取浆水，点小儿两膊之白夹穴，痘即如期从穴出。嗣后以小儿痘浆如法递传，如期奏功，永不复出。时洋行商人郑崇谦绎刊《种痘奇书》一卷，募人习之。同时习者数人，梁辉、邱熹、张尧、谭国，而粤人未大信，其种遂失传。迨十五年，蕃商剌佛复由小吕宋载十小儿，传其种。至洋行商人伍敦元、潘有度、卢观恒合捐数千金，于洋行会馆属邱、谭二人传种之。寒暑之交，有不愿种者，反给以资，活婴

无算。阮《通志》谓其方出自邱氏，殆未究其原也。

[同治]《南海县志》卷十《艺文略·子部·医家类》：《引痘略》，国朝邱熺辑。《自序》：嘉庆十年四月，由小吕宋岛舟载婴儿，递传其种传以至澳门。予时操业在澳，闻其事不劳而效甚大也。适予未出天花，身试果验，洎行之家人戚友，亦无不验者。于是，洋行好善诸公以予悉此，属于会馆专司其事。历十数寒暑，凡问途接踵而至者，累百盈千，无有损失。嘉庆二十二年丁丑冬，南海邱熺浩川识。

叶梦龙　(1775—1832) 清南海人。父廷勋，喜收藏书画。

[同治]《南海县志》卷十《艺文略·子部·艺术类》：《风满楼书画录》一卷，国朝叶梦龙撰。

梁元　(1775—1856) 又名一峰、以贞，字纯勋，清三水龙池人。嘉庆十八年 (1813) 举人，道光元年 (1821) 举孝廉方正不就，九年修筑基围。荐擢知县，十六年起历任浙江瑞安、平阳、永嘉、缙云知县。妻李如蕙，子一鹏。

[嘉庆]《三水县志》卷九《选举·举人·国朝·嘉庆十八年癸酉洪遇春榜》：龙池人，中式第十名。

[光绪]《广州府志》卷一百三十六《列传二十五·县·国朝·三水》：龙池乡人。嘉庆十八年癸酉举人，道光元年举孝廉方正不就，挑选绥瑶厅教谕，充越华、羊城两书院监院。九年三水坡子角蚬塘围决，又大路围、良凿围等基皆坏。大吏亲临验看，命开九龙山取石，委之修筑。元自备资斧，竭力堵修，而水势汹涌，再筑再决，大吏诣堤致祭，三年始竣功，民庆更生。十三年三水大水，复委劝捐赈济，讫事毫不入私。以荐擢知县，十六年选河南卢氏县，引见改浙江端安县。历任缙云、永嘉、平阳、桐乡各县，所至屏绝规费，洗手奉公。浙江课税每银一两民纳钱一千，瑞安额银三万，在任三年，积欠垫银二万余两，谒上官请参处，民代为缴乃已。凡吏胥下乡签发饭食，并明谕地方，如有讹索，许指名禀追，追之不出官偿其费、差革其役。建学兴教，救灾助赈，所知必为，不惜囊橐。每当去任，属民皆香烛跪送。仕宦十余年一贫如洗，积欠至万余两，移粤监追，地方官以产绝告乃止。卒年八十二。子四人，一鹏，候补直隶州。殁于王事，赠道衔、世袭云骑尉，赐祭葬。

杜焜　字耀全，号文照，清高明大楠村人。嘉庆十年

（1805）例贡，十九年捐布政司理问并赠祖、父官衔。寿82岁。祖迥凡，父知性。

［道光］《高明县志》卷十二《选举志·例贡·国朝》：大楠村人，嘉庆十年例贡。《选举志·国朝文例职》：大楠村人，嘉庆十九年捐授布政司理问。《选举志·援捐·封典》：杜迥凡，大楠村人，嘉庆十九年以孙焜赠儒林郎。杜知性，大楠村人，嘉庆十九年以子焜赠儒林郎。卷十三《人物志·国朝》：字耀全，号文照。醇厚和平，少力学。因小试不遇就例贡生，由府经历转布政司理问，延赠父祖。生平与人无忤，自少至老，恪守卧碑，一字不入公门，而好义乐施、捐资赈贷尤为乡里所素重。邑侯余保纯议举焜充乡饮正宾，乏介副中止，然犹奖以一匾曰"醇厚型方"。继而邑侯全卜年任别，又赠以联曰："愧我未登循吏传，如翁真有古人风。"诚重之也。焜年逾五旬，尚同商瞿①艰嗣，识者每多怜悯，后连举四丈夫子，教训俱有成立。寿八十二而卒，醇厚之报殆不爽欤！

杨昌彭 字贞甫，清顺德玗滘人。英勇抵御海寇张保仔党羽，乡人举为乡宾。寿89岁。

［民国］《顺德县志》卷十七《列传二·何松年传》：字贞甫，玗滘人。海贼张保党郭婆带寇村，昌彭奋勇直前御之，首被创几裂犹裹创血战，贼遁。乡人德之，举乡宾。卒年八十九。

杨凌云 清高明上独冈人。嘉庆十年（1805）附贡，道光三年（1823）参修《高明县志》。

［道光］《高明县志》卷十二《选举志·例贡·国朝》：上独冈人，嘉庆十年附贡。卷首《纂修〈高明县志〉·采辑》：附贡杨凌云。

罗九有 清高明屏山人。嘉庆十年（1805）捐授布政司理问。

［道光］《高明县志》卷十二《选举志·国朝文例职》：屏山人，嘉庆十年捐授布政司理问。

---

①商瞿（前522—?），字子木，春秋末年鲁国人。孔子把《易经》传授给商瞿，瞿传给楚人子弘，传八代至杨向。《列传》云：商瞿年长无子，孔子曰："无忧，瞿年四十后当有五丈夫子。"已而果然。

黄光典　清高明瑶村人。嘉庆十年（1805）附贡。

［道光］《高明县志》卷十二《选举志·例贡·国朝》：瑶村人，嘉庆十年附贡。

程柏芳　清高明城中人。嘉庆十年（1805）例贡。父琛。

［道光］《高明县志》卷十二《选举志·例贡·国朝》：城中人，琛三子，嘉庆十年例贡。

谭有聪　清高明城中人。嘉庆十年（1805）例贡。

［道光］《高明县志》卷十二《选举志·例贡·国朝》：城中人，嘉庆十年例贡。

潘超群　清高明歌乐人。嘉庆十年（1805）例贡。

［道光］《高明县志》卷十二《选举志·例贡·国朝》：歌乐人，嘉庆十年例贡。

陈大年　字古椿，清南海叠滘堡人。同治元年（1862）赐举人，次年赐国子监司业。

［同治］《南海县志》卷九《同治朝·举人》：钦赐举人，壬戌并补行己未科。《同治朝·进士》：钦赐国子监司业，癸亥科。

［宣统］《南海县志》卷二十二《列传·耆寿》：字古椿，叠滘堡人。同治元年以耆年应岁试补郡学生，是年恩科钦赐举人，明年会试钦赐国子监司业。大年少耽经史，屡试不遇，设塾授徒，见义勇为。叠滘向有叠溪社学，为庞、黄、孔、卢、谭五族文会之地，而十四坊各族不与焉。大年曰："工居肆而事成，士乐群而学进。十四坊士族数倍于五族，独社学阙如，非所以作士气而昌文教也。"乃倡议创建培风社学，嗣是人文蔚起，乡人德之。社学公费绌不敷支，大年复与邻人集资开布市，岁获租数百金。兴办乡饮敬老弗衰，迄今岁拨羡余数百金以为学堂经费，皆大年力也。大年又尝独力倡建图甲会馆，使图内甲长聚会有所，以时纳正供，乡中无催科者。至筑茶亭以便行人，立义祠以妥游魂，皆尽心力为之。大年耿介不苟，乡人畏服，故举事易集。晚承恩赐优渥，人以为善果之报云。

张魁 清顺德道教人。同治九年（1870）赐举人，次年赐检讨。寿90岁。

[民国]《顺德县志》卷八《选举表一・举人・同治》：道教人。以符例赐，辛未赐检讨，庚午科。卷十二《耆寿表一・寿民・九十岁》：道教人，以符例赐翰林院检讨。

霍永清 （？—1809）字肇元，小名荣基，清南海魁岗澜石村人。嘉庆十四年（1809）首倡赈饥，抵御海盗张保仔进攻时战死。

[道光]《南海县志》卷三十九《列传八・国朝》：字肇元，小名荣基，魁岗堡人。国子生，家澜石。好读书，通大义，强有力，负志气。嘉庆中，大吏檄设保正，乡人荐永清应选。己巳饥，首倡赈济，多所存活。夏，海寇窜入内河。永清语乡人曰："澜石西接石湾，东通顺德登洲、陈村，贼瞬可至。且佛山，南海重镇，尤贼所垂涎。澜石障蔽其东南，澜石破则佛山危。小布虽顺邑乡落，与澜石夹水而居，可资为援。"遂定计拒守，请炮于官，县令饬巡司分兵五船助战。约小布为犄角扼贼，不使西突。八月二十四日，贼连巨艘数十，由陈村直抵澜石，焚军营，缘南岸而进，乡人凶惧。永清令丁壮护老弱走避，独仗铁杆，率数十人御于村前。战竟日，炮焰蔽空，轰碎贼艘，歼杀甚众。贼夺气却，逼小布，小布中变不复出。贼无后顾忧，明日或导之从村后掩入，而联艘以攻村前。永清腹背受敌，为飞炮中股，尚叱咤格斗，贼来益众。永清亟然炮，炮不发，众惊走，永清再中炮仆。贼刭其首，弃之而去，同死者梁亚近、陈亚昌、郭亚二、张广明、邓昭明。事闻，大吏遣僚属吊临，乡人庙祀之，抚军韩公崶书"御侮成仁"悬其堂，仲县尹振履榜曰"愍义祠"。卷五《舆地略一・前事沿革表・国朝・仁宗睿皇帝嘉庆十四年》：五月初八日，海寇张保掠九江，乡民拒之。相持一昼夜，贼众不敢入村，焚沙口海旁民铺而遁。七月初二日，海寇郭学显分船四掠，至大王滘绕水师营而去，初六日复至平洲及三山。八月二十五日，海寇张保攻澜石，霍永清等死之，焚民居四百余。

邓以钲 清三水清塘人。嘉庆十一年（1806）岁贡。兄以镛。

[嘉庆]《三水县志》卷九《选举・岁贡・清》：清塘人，以镛弟，（嘉庆）十一年贡。

邓祖兆　字祥昭，一字雪峰，清南海人。嘉庆十一年（1806）岁贡。

［道光］《南海县志》卷二十一《选举表二·国朝·贡生荐辟·嘉庆朝》：丙寅岁贡。

《西樵白云洞志》第五册《艺文·增辑诗》：字祥昭，一字雪峰，南海人，嘉庆丙寅岁贡。

甘天球　字良衢，清顺德甘村人。嘉庆十一年（1806）岁贡。十四年海盗张保仔劫掠，大良人陈寮采随官兵策应截击，天球组织乡人炮轰张保仔船队。

［咸丰］《顺德县志》卷十一《岁贡·国朝·嘉庆》：甘溪人，丙寅。卷十六《胜迹略·祠庙·附乡庙·马宁属》：大圣古庙，在甘村。嘉庆己巳八月，海贼张保劫掠至村，岁贡生甘天球等祷神防守，贼退，不伤一人。卷二十七《列传七·国朝三》：字良衢，甘村人……嘉庆甲子、乙丑以来海氛渐炽。己巳夏，张保、郑石氏闯入内河。寮采募乡勇二百人，随官兵策应，闻贼所在，辄亲督以往，奋力邀击，乡多赖之。事平，公以其功上制府。天球集乡人议捍御，与生员罗起潜画策团练，劝其族桂芳出资。芳故尚义者，尝贾经太和县河，救舟溺官眷十余口，倾其行囊，于是首捐数百。天球出请炮于官而约大都人协堵，措置粗定。八月十九日，贼舟舣村前，天球选壮士伏炮隘要伺之，轰毙十余贼。相持旬日，贼卒无可乘，乃以二十四日围羊额北海，为寮采败去。二十九日再攻玕滘，杀周维登，上岸焚劫。

刘士元　清高明世唐美人。嘉庆十一年（1806）附贡，道光三年（1823）参修《高明县志》。

［道光］《高明县志》卷十二《选举志·例贡·国朝》：世唐美人，嘉庆十一年附贡。卷首《纂修〈高明县志〉·校刊》：附贡刘士元。

严丕扬　清高明白鹳人。嘉庆十一年（1806）岁贡。道光三年（1823）参修《县志》，十七年赐举人。

［道光］《高明县志》卷十二《选举志·贡生·国朝》：白鹳人，嘉庆十一年岁贡。卷首《纂修〈高明县志〉·分纂》：岁贡、序选训导严丕扬。

［光绪］《高明县志》卷十二《选举表·国朝·岁贡·嘉庆朝》：白鹳人。十一年贡，文昌训导，署教谕。《选举表·钦赐》：白鹳人，文昌训导，道光

十七年丁酉赐举人。

黄日高 清顺德陈村人。嘉庆十一年（1806）岁贡。

［咸丰］《顺德县志》卷十一《岁贡·国朝·嘉庆》：陈村人，丙寅。

区秉哲 清高明阮埇人。嘉庆十二年（1807）捐授州同并赠祖、父官衔，道光三年（1823）参修《高明县志》。祖元士，父广修。

［道光］《高明县志》卷十二《选举志·国朝文例职》：阮埇人。嘉庆十二年，由附贡捐授州同，加二级奉直大夫。《选举志·援捐·封典》：区元士，阮埇人，监生，嘉庆十二年以孙秉哲貤赠奉直大夫。区广修，阮埇人，附贡，嘉庆十二年以子秉哲赠奉直大夫。卷首《纂修〈高明县志〉·编次》：附贡、奉直大夫区秉哲。

邓林 字行徵，号蔚堂，清顺德龙山人。嘉庆十二年（1807）举人，分发刑部直隶司员外郎。得知府衔，居家不赴选。寿69岁。子昂，孙华熙。

［道光］《广东通志》卷八十一《选举表十九·举人四·国朝·嘉庆十二年丁卯·广州府》：顺德人。

《西樵白云洞志》附《白云洞游览诗》：一字蔚堂，顺德举人。官刑部员外郎，候选知府。

［咸丰］《顺德县志》卷二十七《列传七·国朝三》：字行徵，号蔚堂，龙山人……少失恃，事继母孝。性聪颖，为文援笔立就。领嘉庆丁卯乡荐，典试何文安公凌汉深器重焉。戊寅礼闱荐而不售，文安袖其卷至寓慰藉之，乃援例分发刑部直隶司员外郎。与许青士乃济善，青士廉访莅粤，未尝有所私谒。后复援例得知府衔，以奉继母家居不赴选。母异居，而定省之礼，虽风雨疾痛至老不辍。以乡螺墟廛肆稠杂每戒火，独捐资凿泉以备之，题曰“种福”。又以海口埠向多水患，慨然贷金倡筑大成围，为众利赖。晚辟云林山馆以课子弟，卒年六十九。

［民国］《顺德县志》卷九《封荫表·封赠·文阶》：邓文莹，龙山人，增生，以曾孙华熙赠。邓林，举人，以孙华熙赠。邓昂，廪贡，以子华熙赠，贵州巡抚。

卢之安　清顺德龙山人。嘉庆十二年（1807）赐副贡，次年赐举人。

［咸丰］《顺德县志》卷十一《副贡·国朝·嘉庆》：龙山人。丁卯……以符例赐。《举人·国朝·嘉庆》：龙山人。以符例赐，戊辰万寿恩科。

卢丛光　清南海人。嘉庆十二年（1807）武举。

［道光］《南海县志》卷二十二《选举表三·国朝·武举·嘉庆朝》：丁卯科。

叶梦祺　清高明云良人。嘉庆十二年（1807）赐副榜，十五年赐举人。

［道光］《高明县志》卷十二《选举志·钦赐》：云良人。嘉庆十二年丁卯钦赐副榜，庚午钦赐举人。

刘文元　清顺德龙山人。嘉庆十二年（1807）赐副贡，次年赐举人。

［咸丰］《顺德县志》卷十一《副贡·国朝·嘉庆》：龙山人。丁卯……以符例赐。《举人·国朝·嘉庆》：龙山人……以符例赐，戊辰万寿恩科。

关凤阳　清顺德容奇人。嘉庆十二年（1807）武举。

［咸丰］《顺德县志》卷十一《武举·国朝·嘉庆》：容奇人，丁卯。

关凤鸣（清嘉庆）　字梧千，号岐山，清南海九江人。嘉庆十二年（1807）武举。

［道光］《南海县志》卷二十二《选举表三·国朝·武举·嘉庆朝》：丁卯科。

《九江儒林乡志》卷十《选举略·国朝·武举·嘉庆十三年丁卯科》：字梧千，号岐山。县学，中式第二十五名。

朱凤扬　字定南，号梧轩，清南海九江人。嘉庆十二年（1807）武举，道光四年（1824）建义仓。父瑛。

［道光］《南海县志》卷二十二《选举表三·国朝·武举·嘉庆朝》：丁卯科。

《九江儒林乡志》卷四《建置略·义仓社仓》：西方义仓，道光四年甲申，方内绅耆朱凤扬、张士魁等倡率捐银置产及发当生息，以儒林古庙为度支出纳之所。卷十《选举略·国朝·武举·嘉庆十三年丁卯科》：字定南，号梧轩。县学，中式第十三名。父瑛，武举。

宋龙光 清高明平山人。嘉庆十二年（1807）赐副榜举人。

[道光]《高明县志》卷十二《选举志·钦赐》：平山人，嘉庆十二年丁卯钦赐副榜。

苏连科 清顺德杏坛人。嘉庆十二年（1807）举人，道光二年（1822）任广东乳源训导。

[道光]《广东通志》卷八十一《选举表十九·举人四·国朝·嘉庆十二年丁卯·广州府》：顺德人。卷四十七《职官表三十八·国朝五·乳源县·教谕训导·道光朝》：广州人。举人，二年任，训导。

[咸丰]《顺德县志》卷十一《举人二·国朝·嘉庆》：杏坛人……丁卯科。

李桂芳 字兼有，号攀云，清高明松塘人。80多岁仍参加科举，嘉庆十二年（1807）赐副榜，十五年赐举人。兄芝芳。

[道光]《高明县志》卷十二《选举志·钦赐》：松塘人，芝芳弟。嘉庆十二年丁卯钦赐副榜，庚午钦赐举人。卷十三《人物志·国朝》：字兼有，号攀云。性敦孝友，尚廉介。与胞兄岁贡芝芳素称沉潜嗜学，进邑增生。尊师重道雅有古风。凡事关名教，必鼎力维持而取舍不苟，人恒引重之。年八秩有奇棘闱，酣战不懈，连钦赐副榜、举人，与兄俱得以经明行修著焉，子膺亦列诸生。

李清华 字漱六，原名殿芳，清顺德陈村人。嘉庆十二年（1807）举人，道光二年（1822）任罗定州训导。父高魁，子应田、应棠。

[道光]《广东通志》卷八十一《选举表十九·举人四·国朝·嘉庆十二年丁卯·广州府》：李殿芳，顺德人，改名清华，教谕高魁子。卷五十六《职官表四十七·国朝十四·罗定州·学正训导·道光朝》：顺德人。举人，二年任训导。

[咸丰]《顺德县志》卷十一《举人二·国朝·嘉庆》：字潄六，原名殿芳。罗定州训导，内阁中书。子应田、应棠……丁卯科。

[民国]《顺德县志》卷九《封荫表·封赠·文阶》：李高魁，陈村人，举人，以孙应田赠。李清华，内阁中书，以子应田赠……翰林院检讨。卷十三《胜迹略·坊表》："四代五科甲"，在龙津堡樟村。光绪间，两广总督张之洞为举人李高魁、李殿芳，进士李应田、举人李应棠、优贡李肇沅。

杨为桂 清高明城中人。嘉庆十二年（1807）举人。

[道光]《广东通志》卷八十一《选举表十九·举人四·国朝·嘉庆十二年丁卯·肇庆府》：高明人。

[道光]《高明县志》卷十二《选举志·举人·国朝》：城中人。嘉庆十二年丁卯举人，考选宗学教习。

杨连昭 清顺德容奇人。嘉庆十二年（1807）武举。

[咸丰]《顺德县志》卷十一《武举·国朝·嘉庆》：容奇人……丁卯。

吴时敏 原名时龙，字卧庐，清顺德桑麻人，住佛山镇。嘉庆十二年（1807）举人。

[道光]《广东通志》卷八十一《选举表十九·举人四·国朝·嘉庆十二年丁卯·广州府》：吴时龙，顺德人。《题名册》改"时敏"。

[道光]《佛山忠义乡志》卷十《举人·清》：嘉庆丁卯，原顺德人。

[咸丰]《顺德县志》卷十一《举人二·国朝·嘉庆》：字卧庐，原名时龙，桑麻人。翰林院典簿……丁卯科。卷十六《胜迹略·署宅·书院之属》：抱真书院、钓鱼台、名贤洞并在古粉，即明乡贤李子长祠，相传云谷老人及霍文敏维舟过访遗迹。梁蔼如《记略》：头门寝室共三层，左右巡廊、院子俱备有隙地，栽以松竹、花卉，择宗人贤者奉祀。每春秋佳日，邻近学者或携酒课文，或赏花赋诗，水木明瑟，风月清旷，洵胜境也。旧有钓鱼台、名贤洞，今遗迹半湮。乾隆间，黎二樵、苏膺瑞倡修未就。进士苏献琛、黄迪光，举人麦楞、吴时敏劝捐，以道光壬午落成。

吴维彰 字显庸，一字晦亭，清顺德黎村人。一生贫困而好学，曾与族侄吴梯在西樵山学习，50多岁中嘉庆十二年（1807）举人。

[道光]《广东通志》卷八十一《选举表十九·举人四·国朝·嘉庆十二年丁卯·广州府》：顺德人。

《西樵白云洞志》第二册《传略续补·吴孝廉维彰》：字显庸，一字晦亭，顺德人。自幼奇穷，脱略形骸，笃志励学，尝偕族侄秋航刺史肄业洞中。年五十余，登嘉庆丁卯乡荐。生平尤肆力于诗，所造深邃。著有《古人今我斋集》，没后，门人梁广文廷枏梓而行之。秋航刺史复镂板于山左，并叙其终身穷苦，而以其名为为造物之所忌，虽有慨乎其言，而其诗之可传亦概可见！

[咸丰]《顺德县志》卷二十六《列传六·国朝二·梁善长传》：孙之任……从游者数百人，惟族少叔礼觐者受学最早……礼觐……遂迎之任及同门吴维彰、任援之习静西樵……维彰，字显庸，又字晦亭，文正族子。与礼觐善，同爨，受之任学，道义交能终始。维彰禀异资，通十四经，时有神解。最工吟咏……三上公车，分道楚浙，选胜为诗。挑教谕，居恒故有用世志，至是郁郁不乐。届选以舌病卒，犹能书属礼觐子之在门者，校刊遗集，谓："胸中常有，今乐府可为诗史者百，未及成为恨。"书毕气亦绝。性至孝，鲜兄弟，馆谷所入丰甘旨，余周群从，不以治生。季父少资其学，终身事如父。注有《学庸讲说》一卷、《古人今我斋诗集》四卷。卷十七《艺文略一·经部·四书类》：《大学中庸说》，国朝吴维彰撰。案：维彰，字显庸，又字晦亭，黎村人，嘉庆丁卯举人。此其讲学容山书院时所著。

何正忠 清顺德马宁人。嘉庆十二年（1807）武举，二十五年武进士。

[咸丰]《顺德县志》卷十一《武举·国朝·嘉庆》：马宁人，新兴籍……丁卯。《武进士·国朝·嘉庆》：马宁人，守备。按：《采访册》云新兴籍。

何廷泽 字齐云，清顺德羊额人。嘉庆十二年（1807）举人。祖快亭，父蕴堂。

[道光]《广东通志》卷八十一《选举表十九·举人四·国朝·嘉庆十二年丁卯·广州府》：顺德人。

[咸丰]《顺德县志》卷十一《举人二·国朝·嘉庆》：字齐云，羊额人，丁卯科。卷十二《封荫表·封赠（文阶）·国朝》：何快亭，羊额人，以孙廷泽赠。何蕴堂，以子廷泽赠……知县。卷十八《艺文略二·集部二·别集二》：《金粟园遗稿》，国朝何廷泽撰。

何瑶　清南海人。嘉庆十二年（1807）赐副榜，十五年赐举人。

［道光］《南海县志》卷二十一《选举表二·国朝·贡生荐辟·嘉庆朝》：钦赐副榜……丁卯。《国朝·举人·嘉庆朝》：钦赐举人……庚午科。

陆参　清三水金竹人。嘉庆十二年（1807）赐副贡。

［嘉庆］《三水县志》卷九《选举·副榜贡·清》：金竹人。（嘉庆）丁卯科，钦赐。

陈时宪　清南海人。嘉庆十二年（1807）岁贡。

［道光］《南海县志》卷二十一《选举表二·国朝·贡生荐辟·嘉庆朝》：岁贡……丁卯。

陈锦文　清三水人。拔贡，嘉庆十二年（1807）任广东封川教谕。

［道光］《肇庆府志》卷十三《职官三·清·封川县·教谕·嘉庆朝》：三水人。拔贡，十二年任。

张尚志　清南海人。嘉庆十二年（1807）举人。

［道光］《广东通志》卷八十一《选举表十九·举人四·国朝·嘉庆十二年丁卯·广州府》：南海人。

林大儒　清高明禄堂人。嘉庆十二年（1807）捐授州同。

［道光］《高明县志》卷十二《选举志·国朝文例职》：禄堂人，嘉庆十二年捐授州同。

范琳　字维贡，清顺德裕涌人。嘉庆十二年（1807）举人，十四年抵御海盗张保仔。

［道光］《广东通志》卷八十一《选举表十九·举人四·国朝·嘉庆十二年丁卯·广州府》：顺德人，教谕。

［咸丰］《顺德县志》卷十一《举人二·国朝·嘉庆》：字维贡，裕涌人……丁卯科。卷二十七《列传七·国朝三》：嘉庆……己巳夏，张保、郑石氏闯入内河……时乡县以保御闻者……举人如……裕涌范琳。

范镳 清南海人。嘉庆十二年（1807）赐副榜，十五年赐举人。

［道光］《南海县志》卷二十一《选举表二·国朝·贡生荐辟·嘉庆朝》：钦赐副榜……丁卯。《国朝·举人·嘉庆朝》：钦赐举人……庚午科。

林惇中 清高明范州人。嘉庆十二年（1807）举人。

［道光］《高明县志》卷十二《选举志·举人·国朝》：范州人。嘉庆十二年丁卯举人，西榜。

罗丰 清南海人。嘉庆十二年（1807）赐副贡。

［道光］《南海县志》卷二十一《选举表二·国朝·贡生荐辟·嘉庆朝》：钦赐副榜……丁卯。

罗兴焉 清顺德大良人。嘉庆十二年（1807）武举，十四年武进士。

［咸丰］《顺德县志》卷十一《武举·国朝·嘉庆》：大良人……丁卯。《武进士·国朝·嘉庆》：蓝翎侍卫，己巳恩科。

胡绳璋 字默存，清顺德桂洲人。嘉庆十二年（1807）举人。

［道光］《广东通志》卷八十一《选举表十九·举人四·国朝·嘉庆十二年丁卯·广州府》：顺德人。

［咸丰］《顺德县志》卷二十七《列传七·国朝三》：字默存，桂洲人……举嘉庆丁卯，主试花杰、何凌汉皆古君子，并爱重之。生有至性，父殁，哀泣致毁，母病诚祷，危而获安，事寡嫂、服食倍于己。生平廉介自好，会试故事分祖祠行赀，族父有所账，假市都中物，缄百金以予，归并还焉。

黄元章 清南海人。嘉庆十二年（1807）举人，任广东曲江训导。父春华。

［道光］《广东通志》卷八十一《选举表十九·举人四·国朝·嘉庆十二年丁卯·广州府》：南海人。

［道光］《广东通志》卷四十七《职官表三十八·国朝五·曲江县·教谕

训导·道光朝》：南海人。举人，二年任，训导。

［道光］《南海县志》卷二十一《选举表二·国朝·封荫·嘉庆朝》：黄春华，以子元章貤赠修职郎。

黄珍士　清南海佛山镇人。嘉庆十二年（1807）副贡。

［道光］《佛山忠义乡志》卷十《贡生·清》：副贡。

［道光］《南海县志》卷二十一《选举表二·国朝·贡生荐辟·嘉庆朝》：副贡……丁卯。

梁文盛　清南海佛山镇人。嘉庆十二年（1807）举人。

［道光］《广东通志》卷八十一《选举表十九·举人四·国朝·嘉庆十二年丁卯·广州府》：南海人，第二名。

［道光］《佛山忠义乡志》卷十《举人·清》：嘉庆丁卯。

梁信魁　清顺德鹭洲人。嘉庆十二年（1807）赐副贡，十五年赐举人。

［咸丰］《顺德县志》卷十一《副贡·国朝·嘉庆》：鹭洲人，丁卯……以符例赐。《举人二·国朝·嘉庆》：鹭洲人，以符例赐，庚午科。

董思诚　清三水大□山人。嘉庆十二年（1807）举人。父翕中。

［嘉庆］《三水县志》卷九《选举·举人·国朝·嘉庆十二年丁卯张翺榜》：大□山人，翕中子，中式三十七名。卷十一《人物传·儒行·董翕中传》：字同和……子思诚，嘉庆丁卯科举人，怀道国学生。

曾潮　清高明泽河人。嘉庆十二年（1807）例贡。

［道光］《高明县志》卷十二《选举志·例贡·国朝》：泽河人，嘉庆十二年例贡。

谢建唐　清高明东亨人。嘉庆十二年（1807）例贡。长子辅之，次子翼之。

［道光］《高明县志》卷十二《选举志·例贡·国朝》：东亨人，嘉庆十二年例贡。

谭兰 清高明濠基人。嘉庆十二年（1807）例贡。

［道光］《高明县志》卷十二《选举志·例贡·国朝》：濠基人，嘉庆十二年例贡。

潘澍漳 清南海人。嘉庆十二年（1807）举人。

［道光］《广东通志》卷八十一《选举表十九·举人四·国朝·嘉庆十二年丁卯·广州府》：南海人。

潘澄江 清南海人。嘉庆十二年（1807）举人。

［道光］《广东通志》卷八十一《选举表十九·举人四·国朝·嘉庆十二年丁卯·广州府》：南海人。

黎焕然 清顺德昌教人。嘉庆十二年（1807）赐副贡。

［咸丰］《顺德县志》卷十一《副贡·国朝·嘉庆》：昌教人，丁卯……以符例赐。

龙元侃 号甓斋，清顺德大良人。嘉庆十四年（1809）抵御洋匪。十八年举人，二十年代理广东德庆州训导，后任兵部员外郎八年归。道光十一年（1831）、十三年赈饥。父廷槐，弟元任、元伟、元似。

［道光］《广东通志》卷八十一《选举表十九·举人四·国朝·嘉庆十八年癸酉·广州府》：顺德人，元任兄，中书。

［道光］《肇庆府志》卷十三《职官三·清·德庆州·训导·嘉庆朝》：顺德人。举人，二十年八月署。

［咸丰］《顺德县志》卷二十六《列传六·国朝二·龙廷槐传》：子元侃，号甓斋，少能体亲志，友爱兄弟。弱冠以廪资就贡选教职，权乳源教谕。继署德庆学，有积生田数十亩匿于佃，元侃丈实，以租为士子省试费，州人祀于宾兴馆。己巳洋匪之役，廷槐计定，使元侃与诸绅实力巡防。遍历濠汉，知岁久淤塞，倡浚焉。旋领癸酉乡举，援就员外郎，发兵部勤慎供职八载归。会修庙塔，劝捐不辞溽暑。辛卯、癸巳饥，捐洋银千、米百石为赈。生平虑事周密，见义勇为，大吏先后奖以额。

黄玉衡　（1777—1820）字仪徵，别字在庵，清顺德大良人。嘉庆六年（1801）拔贡，任七品小京官。十二年举人，十六年进士，官翰林院编修。二十四年为顺天同考，迁浙江道监察御史，病卒于归家舟中。祖正色，叔伯臣鸣、臣方，父丹书，弟玉衔。

［道光］《广东通志》卷八十一《选举表十九·举人四·国朝·嘉庆十二年丁卯附顺天中式》：顺德人，丹书子。户部七品小京官中式，登进士。卷七十七《选举表十五·进士·国朝·嘉庆十六年辛未蒋立镛榜·广州府》：顺德人。二甲十二名，编修、浙江道御史。

［咸丰］《顺德县志》卷二十六《列传六·国朝二·黄丹书传》：子玉衡，字仪徵，别字在庵。弱冠饩于学，嘉庆辛酉中拔萃科，是年以副榜贡，廷试用七品京官……成进士，馆选官编修。戊寅大考列二等，旋以京察一等记名以道府用，适保台官，己卯补浙江道御史。玉衡生质明敏而性至孝，丹书交游道广，觞客每至夜分，终夕随侍以为常。方会试丁外忧，书未至恍惚有所闻，遽请假不与试，得讣踊跃哀号，抵家不复能步。弟玉衔亦举京兆，友爱笃挚，病为医药，夜凡数起。丙子、己卯两为顺天同考，所得多知名士。广东督抚吏例轮季入供事，防不使出则设馆于外曰“外马”，以密书通出入。甫官言路，即剀切条陈其事，旨下查禁。己巳，洋匪突入内河，县城戒严，玉衡方家居，画策于县东江头嘴筑炮台防堵，贼知有备而去。玉衡少承家训，诗文皆尚正轨，书各体皆工。尤留心古今人物、域中形势，口讲指画，汩汩不绝。自台假归，病卒广信舟次。著有《安心竟斋诗》四卷、《馆课》二卷。

［民国］《顺德县志》卷十四《艺文略·子部·儒家》：《治家格言诗抄》，国朝黄玉衡撰。

何荣森　（1777—约1826）字燕卿，清顺德羊额人。摹黎简画可乱真。

［咸丰］《顺德县志》卷二十七《列传七·国朝三》：字燕卿，羊额人。少绝聪慧，工吟咏，精书法。弱冠补弟子员，旋食饩，屡荐不售，郁郁不自得。将逾岭事壮游，思从太学出，遂援例为国子生，未五十遽卒。荣森性雅淡，胸次潇洒，绝去尘俗，与人交谈，言微中辄解颐。质素弱，秋试时披短裘，瘦骨棱棱，双瞳灼然射人。生后黎简三十年，酷慕简为人并所为书画、诗格亦追摹之，每一幅出辄可乱真。偶为小景，喜作云林秋山，折带劲俊，见者咸谓神致逼肖。卒能前知，时馆佛山汾江，殓而后返。同族大任字莘庐，画笔苍秀，花草用白阳法，每与其族登洲争论前贤宗旨不相下。尝自恨与吕

翔同时后出遂为所掩，时翔兄弟居县城，求壁幛画于大良者，辄合以梁元翀、佘启祥为四，大任僻处村落不与故也。

龙元任 （1778—1837）字仰衡，号莘田，清顺德大良人。嘉庆十年（1805）筹建大良清晖园，次年任广东开平训导。十三年举人，二十二年进士。居北京20年，卒于官。父廷槐，兄元侃，弟元伟、元似，子朝杰。

［道光］《广东通志》卷八十一《选举表十九·举人四·国朝·嘉庆十三年戊辰·广州府》：顺德人，廷槐子，进士。卷七十七《选举表十五·进士·国朝·嘉庆二十二年丁丑吴其濬榜·广州府》：顺德人。二甲，编修、山西学政。

［道光］《肇庆府志》卷十三《职官三·清·开平县·训导·嘉庆朝》：顺德人。廪贡，十一年任。

［咸丰］《顺德县志》卷二十六《列传六·国朝二·龙廷槐传》：大良人……子元任，字仰衡，号莘田。少以廪贡援就教职，司训开平。戊辰乡举就中书，成丁丑进士改庶常。以编修督山西学，上犹询及廷槐状，褒奖至再。元任感激，兢兢以剔弊厘奸为务，差满擢右中允。丁外艰，服除还都，迁侍讲，转庶子。大考左迁中允，病未考。差命主河南试，还卒官。元任能文章，工声律，少善书画，摹仿元贤皆逼肖，著有《诗钞》一卷、《律诗赋》三卷。元伟，诸生，太常典簿，养亲不出，校刊廷槐遗书行之。元似，以刑部郎选平庆泾道。

［民国］《顺德县志》卷九《封荫表·封赠·文阶》：龙廷栋，大良人。以侄元任封……翰林院编修。卷十四《艺文略·集部·别集》：《春华集诗草》，国朝龙元任撰。

冯斯伟 （1778—1847）字振基，号小山，清南海丹灶梅庄人。嘉庆十八年（1813）举人，道光六年（1826）署直隶肃宁知县，补河南南乐知县。二十三年代理河北深州知州，病归卒于家。父成修，兄斯衡，孙椿，曾孙肇元。

［道光］《广东通志》卷八十一《选举表十九·举人四·国朝·嘉庆十八年癸酉·广州府》：南海人，成修子，斯衡弟。

［同治］《南海县志》卷十三《列传》：字振基，号小山，磻溪堡人。为成修少子，年十七补弟子员，自幼覃心性理，为明体达用之学。时兄弟间或登贤书，或以优行贡太学，惟斯伟久困诸生，然不介意也。丁艰服阕，闻钦

州冯敏昌以文学行谊著，亲往受业。敏昌奇其仪度，曰："名父当有名子，远大器也。"后以家中落授徒自给，教人以《养正要规》为法，不屑俗学。嘉庆癸酉科始登乡荐，嗣后屡上春官不售。自以生宦族耻干谒，家空乏取与綦严。以新安令敦请主讲凤冈书院，训迪三年，多所成就，寻以实录馆誊录期满议叙一等，以知县用。道光六年署直隶肃宁县知县，旋补南乐县知县。南乐近畿甸，值成皇帝谒陵，道出邑境。故事供帐费例派之民，适岁歉收，征不足者二千余金，不忍追呼，以廉俸垫，民德之。邑无书院，捐俸立学舍、设月课以励生童，无力赴试者资以旅费。邑久缺登科，此后乡荐者不绝，高应斗、张鹤龄其先发者也。水旱虔祷，雨晴立应，人咸异之，斯伟曰："吾岂有异术哉？此神自爱吾民耳。"闻者服其不伐。去任后，邑人祀于学舍以志去思焉。十二年直隶教匪事起，叠奉旨严捕，斯伟访得清河县匪首尹老须传其教者数万人，密告大吏率兵捕，并搜出黄袍等违禁物，论如法。迨各州续解到百廿余名，制府琦善欲悉置之法，斯伟疑多冤滥，力白其无知被诱可悯之状，制府感动为释其半。案完以卓异荐，委署深州知州，时道光癸巳，斯伟年六十八矣。念年老欲引退，梦其父谓之曰："礼，大夫七十致仕，汝盍归乎？"遂决志引疾返里，谓子孙曰："人无居官之乐，斯无去官之恋。吾今日如释重负耳。"居林下四年而卒，年七十二。直隶布政使陈继昌少所许可，于属吏中独奇斯伟，身后为撰墓表，称其"澹于进取而勇于任事，约于处己而丰于济人"，又"悃愊无华，毫无矫饰，真不愧学道爱人君子"，论者信其非过誉云。孙椿，福建顺昌县知县。曾孙肇元，同治壬戌举人。

区开运　清高明清溪人。嘉庆十三年（1808）赐副榜，十五年赐举人。

［道光］《高明县志》卷十二《选举志·钦赐》：清溪人，嘉庆十三年戊辰钦赐副榜，庚午钦赐举人。

冯奉初　字默斋，清顺德龙山人。嘉庆十三年（1808）举人，十九年进士。道光七年（1827）任广东潮州府教授，二十九年参修《顺德县志》。祖遂亭，生父榆圃，嗣父云山。

［道光］《广东通志》卷八十一《选举表十九·举人四·国朝·嘉庆十三年戊辰·广州府》：顺德人，进士。卷七十七《选举表十五·进士·国朝·嘉庆十九年甲戌龙汝言榜·广州府》：顺德人。

［咸丰］《顺德县志》卷十一《举人二·国朝·嘉庆》：字默斋，龙山人，戊辰万寿恩科。卷十《进士·国朝·嘉庆》：今任潮州府教授，甲戌科。卷十

五《耆寿·九十寿民·国朝》：冯遂亭，龙山人。醇厚为闾里矜式，以孙奉初贵赠文林郎、潮州府教授，年九十四。妻刘氏、吴氏并赠七品孺人。子榆圃，字英祁，以出嗣子奉初贵赠官同，年七十六。云山，字简祁，以子奉初贵赠官同，聘巫氏封七品孺人。卷二十九《列传九·列女二》：巫氏，龙山冯简祁聘妻，年二十，简祁卒于四川旅邸，氏闻讣奔丧。事姑孝谨，勤绩纺，训嗣子奉初以义方，书声与机声相间。与外家相睽不半里，然里人罕见其面。奉初领嘉庆戊辰乡荐，氏犹勤作，卒年六十七。道光年间旌，县令威昌匾其门。

［民国］《顺德县志》卷十四《艺文略·集部·别集》：《静成堂诗稿》，国朝冯奉初撰。卷十七《列传二》：进士，以知县用。道光丁亥，任潮州府教授二十余年，士论称之，殁后潮人祀于郡学。尝辑《潮州耆旧集》，凡潮郡前明一代人才网罗大略，发微阐幽，己酉与温承悌等同修县志。生平好考稽掌故，表章遗逸，作《陈恭尹传》，于独漉忠孝大节，尤抉发无遗。通籍时年尚少，以岭外举子赴京道远，每因措资支绌不与计偕。于乡中筹捐，设敦雅堂公款以助公车费，后推广及于生童。应考有卷金，进身有花红金，皆奉初倡之也。

卢植纲　清南海人。嘉庆十三年（1808）武举。

［道光］《南海县志》卷二十二《选举表三·国朝·武举·嘉庆朝》：戊辰科。

刘万程　（？—1836）字鹏翀，号星轺，清顺德龙山乡人。嘉庆十三年（1808）举人，二十五年进士，任两淮盐运使病逝。

［道光］《广东通志》卷八十一《选举表十九·举人四·国朝·嘉庆十三年戊辰·广州府》：顺德人，进士。卷七十七《选举表十五·进士·国朝·嘉庆二十五年庚辰陈继昌榜·广州府》：顺德人。二甲，庶吉士改主事。

［咸丰］《顺德县志》卷二十七《列传七·国朝三》：字鹏翀，号星轺，龙山人。赋性端谨，廉洁自持。少刻苦读书，博闻强记，为乡人推重。弱冠后教授里中，讲习讨论，寒暑不辍。所读七经四子书，皆有旁注，丹墨纵横，字小如蚁，几无空白余隙，而尤深于考据之学，于先儒注疏，曲引旁推，多所辨正。善隶书，神似西汉。嘉庆十三年戊辰领乡荐，二十五年登进士，选庶吉士。签分刑部主事，问囚决狱，听断严明，所案治虽猾吏莫能夺。道光九年，充办秋审，补安徽司主事，寻擢本司员外郎，迁河南道监察御史。巽孚厫向蓄扬州粳米，虽受潮湿，亦循例屯贮。万程奉命稽查南新仓，即奏请搭放以免蒸变，事无大小皆称职。潮州械斗顶凶之习，久为民害，每械斗，

有士棍、讼师为之主谋，有素习火器鸟枪手为之保护，两造互相格杀，死者辄至数十人。及迫而鸣官，又置正凶之殷富者不问，贿买顶凶，讼累株连，贫富皆罹其毒。万程奏请谕饬大吏严为惩办，累千余言，潮人至今德之。是年充顺天武乡试内监试官，向例场中卷，先于双好字号内选取，额未足方再选单好字号。是科八旗汉军、顺天等府已中者，有单好三十三卷，其未中者有双好三十四卷。万程于揭晓时查与定例不符，单衔具奏，有旨查议如例。万程自列谏垣以来不谒权要，遇事敢言，绝无隐饰，皆此类也。旋署长芦盐运使。先是，商疲课绌，每假调剂为名，夤缘弥补，积欠常至数十万。万程至，剔蠹厘奸，屏绝一应馈遗，商人咸畏惮，不满月而积逋以清。十六年调补两淮盐运使。淮盐本运行六省，而除例食本土盐外，其余或因场近而食贱，或因邻灌而透私，所真食淮盐者，不过江宁中十数府而已。而淮盐课额甲于天下，自嘉庆二年后，岁额至八百余万两，课愈多而亏欠愈重。道光五年至九年五次清查，积欠至五千七百五十余万两，而盐引每岁仅运其半，遂至垫欠挪移，百弊支绌。十二年奉旨裁盐政，归两淮总督管理。淮中正杂内外支款虽稍省节，而江广各岸私充引滞，转运仍艰，且胥吏奸商，每借规费为周旋，久难禁革，数十年来未有能振而起之者。万程甫下车即图整顿，裁浮费、拿枭私、杜粮船夹装、惩锅户侵占，所以纾商力、固商本者，靡不周详，故自冬及春，商人皆乐于输将。计库储已积至三百万两有奇，顾奏销届限，将以征收全完在库，定期奏报，而各商以岸课未回，万难依限完缴。且办事，商人有许姓病故，尉姓疲罢，诸务益多窒碍，万程日夜忧思，焦劳莫释，忽染痰病，旬日内饮食无时，言语恍惚。一夜闭户独寝，稍闻呻吟声，启户视之，竟以身殉矣。卒之日，同官来吊者入室，见木枕布衾外更无他物，莫不嗟叹。总督陶澍闻耗，自江宁驰至，抚棺而哭之甚哀。奏言万程清勤正派，办事甚力。吏部尚书朱再奏，亦称万程急功致瘁如陶督言。（按：万程少孤贫，母老病痛，无以为养，思弃而业贾，同族泰临爱之，岁助其薪水。乡荐不能备公车费，族人经远与泰临醵金四百资助之。留半付某商权子息，负欠无归，经远复出四百金赠焉。万程得致通显，两人力也。）

关景福　字锡祺，号吉圃，清南海九江人。嘉庆十三年（1808）岁贡。

《九江儒林乡志》卷十《选举略·国朝·贡生·嘉庆十三年戊辰》：字锡祺，号吉圃，开平学，岁贡。

朱程万　以字行，字南溟，清南海九江人。嘉庆十三年

(1808) 岁贡，在乡间教书。次年海盗张保入内河抢劫，与陈履恒等成功保卫家园。

[道光]《南海县志》卷二十一《选举表二·国朝·贡生荐辟·嘉庆朝》：岁贡……戊辰。

[同治]《南海县志》卷十四《列传》：字南溟，九江堡人。岁贡生，以经术教授于乡，闭户课徒，不涉公事。然乡间有急，挺身赴难，绝无推诿。嘉庆十四年夏，海寇张保闯入内河，登岸焚劫，郡县大震。程万偕举人陈履恒等倡，谋守御、选骁健、铸枪炮，借桑园大围作城垣，围外可泊舟处筑土台、枕巨炮对之。设备甫毕，贼大至，帮船五百余，被猖甚。程万偕众绅分督乡勇，拒于南方沙口，船欲泊岸，发炮轰之。鏖战数日，贼无懈可乘，挫锐去，由是九江数万户得以保全。贼退后，程万见邻邑村落经掳掠劫杀者闾里萧条，酸心楚瞩，以谓："有备无患，自古皆然，祸起于因循，功生于明作，不可不述其事俾后人知所警也。"作《己巳平寇》一篇，其辞曰："制府百公之总帅百粤也，粤中士庶鼓舞欢呼，以复见青天为幸。盖公前年抚粤，拯冤抑，黜贪竞，风采凛然。尤以安民弭盗为急，一时宵小遁迹，桴鼓不喧，有官清民乐之颂。会迁擢去，吏治渐驰，盗风渐炽，海洋巨寇日益猖獗，焚烧沿海地无休时，官兵束手，莫敢谁何，甚至勾通为乡道。番禺有地名新造离省垣数十里耳，寇掉臂①游行，如出入无人之境。当时大吏岂无伪为忧劳张挂告示、自称疾恶如仇保民若赤、誓不与贼共生者？然画饼指梅，本无实事，更有假神道愚黔首②如古之颂佛经退贼者，是视吾人不婴儿鸟兽若也，何怪粤民闻百公之至欣欣然有更生之望哉？广洋地分三路，惠、潮为东，广、肇为中，高、雷为西，大海环其外，三方海舶沓至咸萃于广。所谓番禺亦一都会也，自群寇陆梁，海道多梗。其初起也，谓是疥癣之疾不甚介意，无何船日多，党日众，摽劫搏噬③之势日张，贼氛遂不可制。维时著名者六大股：曰郭学显即郭婆带，曰张保即阿保仔，曰梁保即总兵保，曰麦有金即乌石二，余两股曰李尚青、吴知青，共六股，余小股难悉数焉。郭、张同事海寇郑一，郭本番禺蛋家子，全家为郑所掳胁使入党。郑死后，率众自为一股，领船百余号，众约万余人，旗色黑，曰黑旗帮。张保居郑一部下，事郑一侄安邦，安邦软懦不能驭众，恃张保左右之。保每劫掠，不前者手斩之，得财瓜分不私蓄，虏人不妄杀，赏罚仍请命于郑一妻石氏。或云张与石阳主仆、实夫妇

①掉臂：自在行游貌。

②黔首：战国时期和秦代对百姓的称呼，含义与当时的民、庶民同。

③搏噬：搏击吞噬，亦喻打击陷害或侵略吞并。

也，保领船二百余号，众二万余人，旗色红，曰红旗帮。梁保一股船差少，附于张保，旗色白，曰白旗帮。以上三股分据东、中两路，有急则互相救、互为首尾者也。西路则有吴知青、李尚青、麦有金（即乌石二），共三股。有金兄有贵即乌石大，与弟芝吉居雷州乌石乡，曾受安南伪封，阮氏灭始出海为盗。时海康诸生黄鹤者以事褫衣巾，投有金作谋主，为布伪檄、胁乡愚、敛财物，岁计得银不下十万两，而涠洲、硇洲①孤悬海外，遂据为巢穴，李尚青、吴知青又朋比以益其势。由是中、东、西三路俱扰，中外商民不安业者弥年矣。百制府至，周历海口，申明赏罚，谓：'盗所以抗我者在军火，所以藏身者在船舰，所以縻②党羽者在粮食资财，然此数者俱从内出者也。贼之逋薮在洋，贼之生计实在陆。'遂决策严海禁、绝接济，分遣干员赴海口讥③米艇禁物之出洋者，其要隘并戍以兵，贼难于得食，于是始困矣。制府又谓：'海洋登岸，路途生疏，胡敢纵恣？必有岸匪潜踪内地为之耳目、为之引导者。'乃准乡绅呈首搜捕。且是时米谷踊贵，每石二三两不等，奸商虽欲运米出洋，然用本既多，得利无几，恒裹足不肯前，贼于是益困。五月甲寅，张保率帮船数百闯入内河，历新会、顺德而至我乡之东南，方日向暮矣。盘旋江中，越旦卯刻，先劫九江对河之鹤山、杰洲等地方夺资，装人畜不可数计。巳刻回劫我乡江边之沙口，用火焚之，屡焚不焰。俄有广西谷艑自上流来者，乡人止之不信，驶至沙口为贼得。贼饱食气益张，窥觎桑园围里，必欲满载而去。然贼放炮，居人即以围护身无所损，从围内爇炮打贼船往往中，相持数日，丁壮谓贼不足畏，来者愈多，贼知难于得手遂起碇去，并大围直下。至顺德之甘竹乡焚烧墟场，财货尽为迁移，男女多被虏杀，停泊二日转新会、香山而去。时总兵许廷桂力战，于海口射杀梁保，灭白旗贼。炮伤郭学显父，贼党死伤颇众，许旋以失机陷阵死，可惜也。制府闻信亲，率提督水师赴救，睹沿途惨杀之状泣下数行，洎至海口，贼远扬无踪矣。夫以秉节不赀之躯涉风涛而冒矢石，真爱民如子者！惟内备未固而遽断接济以撄贼锋，不知困兽犹斗、铤鹿走险之义，诚千虑一失不能为公解耳。公惩前患，以谓：'各村庄贼至辄碎者，因平日恪遵功令，无军火守御之具耳。'乃下令许民间联防练丁、铸炮置械，贼平后缴官。然章程初下，尚未举行，八月，贼从蕉门闯入内河，居民再遭荼毒如五月时，惟东莞风俗勇悍以败贼闻。而顺德黄连乡为南顺下游门户，军火素具，其地又水陆交通，故顺邑之龙江、龙山、勒楼、

---

①硇（náo）洲：属广东湛江的岛屿。

②縻（mí）：牛缰绳，捆、拴。

③讥：查问、察问。

甘竹，内邑之九江、沙头、河清，鹤邑之古劳皆率勇赴援，相持月余，炮雷不绝于耳、火光不绝于目，仅而获免。其余鸡洲、乌洲、大洲、上直、下直、熹涌、紫泥、澜石等处被难之家奔告制府，登闻鼓至为击破。公愤气填膺，大集舟师追逐张保，四面兜截，困贼于赤沥角之大屿山。侦知其地水势内浅外深，艨艟①难入，檄令兵船堵塞海口，载芦草百十艘，实以焰硝硫磺，因风纵火，将聚而歼焉。贼大惧，乘昏黑死力冲突，溃围逸去。或曰时有统兵元戎素通贼，知贼入死地遣子劝止，贼留其子以为质，该将恐玉石俱焚，特开一面以逸贼，未知是否也。先是，郭学显一股有乞降意，因公锐意剿贼，恐无以取信不果。故当张保被困时，求救于学显不应，且乘其败纵击之，擒三百余人，夺大船十有六，赴归善之平海献捷乞降。公谓：'能杀贼卫民即吾人也。'亲往受之，收其众六千余人、船百十有三、铜铁炮五百、兵械五千六百，其党冯用发、郭就喜等船数十号、水手锋锐千余人，散处新安、阳江各处者亦降，黑旗帮遂灭，时嘉庆十四年十二月也。赤沥之困，张保已胆落，其后学显降、梁保杀声势益孤，且内河守备已固，怨毒已深，不敢再入，其假息须臾，徘徊海上，直釜中游魂耳。将来激励将弁、决胜万全在不难，灭此朝食。若东、中两路既定，吴、李等窜匿西徼一隅，向与诸剧寇坚脆异形、众寡异势，更何能为？吾见扫除可翘足待耳！"按：此文作于学显既降、张保被困之时。十五年二月，张保投诚，移师高廉，麦有金等悉破灭，人乃服程万有先见云。

《九江儒林乡志》卷十《选举略·国朝·贡生·嘉庆十三年戊辰》：以字行，号南溟。县学，岁贡。卷十四《列传·清》：以字行，号南溟，西方太平约人。体貌丰硕，风度凝然。补邑庠生，寻食廪饩，以经术教于乡。喜《春秋左氏传》，每当凉宵无寐，呼诸生坐月露中，与谈隐、桓以下事，谓古今御天下之变咸备于此。嘉庆戊辰充岁贡生。性廉谨，静穆自喜，不交户外事，然乡闾有急，挺身赴难，绝无诿諈……所为制艺根极理要，其鸿灏巨丽者直以古文为时文，与时凿枘。诗才潇洒，能藻畅襟灵，古文特工纪载……卒年六十四。卷八《艺文略·集部·别集》：《植兰庭遗稿》一卷，国朝朱程万撰。

朱瓛 清顺德仙涌人。嘉庆十三年（1808）恩贡。

［咸丰］《顺德县志》卷十一《恩贡·国朝·嘉庆》：仙涌人，戊辰。

阮茂兰 清高明蛇塘人。嘉庆十三年（1808）例贡。

①艨艟（méngchōng）：中国古代具有良好防护的进攻性快艇。

［道光］《高明县志》卷十二《选举志·例贡·国朝》：蛇塘人，嘉庆十三年例贡。

麦维新　清高明白石人。嘉庆十三年（1808）例贡。

［道光］《高明县志》卷十二《选举志·例贡·国朝》：白石人，嘉庆十三年例贡。

麦觐光　字士偕，清顺德龙眼人。嘉庆十三年（1808）举人，次年参加抵御海盗张保仔。

［道光］《广东通志》卷八十一《选举表十九·举人四·国朝·嘉庆十三年戊辰·广州府》：顺德人。

［咸丰］《顺德县志》卷十一《举人二·国朝·嘉庆》：字士偕，龙眼人。太常寺典簿……戊辰万寿恩科。卷二十七《列传七·国朝三》：嘉庆……己巳夏，张保、郑石氏闯入内河。时乡县以保御闻者……举人如龙眼麦觐光。

严澄川　字湛洲，清高明豸冈人。嘉庆十三年（1808）赐副榜，十五年赐举人。

［道光］《高明县志》卷十二《选举志·钦赐》：豸冈人。嘉庆十三年戊辰钦赐副榜，庚午钦赐举人。卷十三《人物志·国朝》：字湛洲。聪明颖悟。初应童子试，器重于督学吴鸿，补弟子员，屡试优等。生平孝友，与人无忤。所学博闻强记，至老不倦。屡战棘闱不遇，至嘉庆戊辰、庚午，由增生，与谢绍安、区开运、杜戭①连科钦赐贤书，颇慰皓首穷经之志云。

苏应亨　字云衢，清顺德碧江人。嘉庆十三年（1808）举人。

［道光］《广东通志》卷八十一《选举表十九·举人四·国朝·嘉庆十三年戊辰·广州府》：顺德人。

［咸丰］《顺德县志》卷十一《举人二·国朝·嘉庆》：字云衢，碧江人……戊辰万寿恩科。

---

①戭（yǎn）：用以刺击的长枪。

苏萌 清三水蓬村人。嘉庆十三年（1808）赐副贡，十五年赐举人。

［嘉庆］《三水县志》卷九《选举·副榜贡·清》：蓬村人。（嘉庆）戊辰科，钦赐。《选举·举人·国朝·嘉庆十五年庚午黄文海榜》：蓬村人，钦赐。卷十一《人物传·乡饮宾》：钦赐举人。

杜戩 字元开，清高明矮冈人。嘉庆十三年（1808）赐副榜，十五年赐举人。

［道光］《高明县志》卷十二《选举志·钦赐》：矮冈人，嘉庆十三年戊辰钦赐副榜，庚午钦赐举人。卷十三《人物志·国朝》：字元开，慈和易直，聪明好古，工书法。弱冠游庠，力学数十年。尝言讲学可以明理，写字足以养心，非有二也。课子训孙以诗书为无尚之好，年垂暮尤谆谆无倦态。戊辰恩科以耆儒钦赐副榜，庚午钦赐举人。子孙充郡邑诸生，人以为好读书之报云。

李尚元 清南海人。嘉庆十三年（1808）赐副贡。

［道光］《南海县志》卷二十一《选举表二·国朝·贡生荐辟·嘉庆朝》：钦赐副榜……戊辰。

李璋 清三水南村堂尾人。嘉庆十三年（1808）举人，十九年进士。祖芝卓，父秀万。

［嘉庆］《三水县志》卷九《选举·举人·国朝·嘉庆十三年戊辰恩科崔崇高榜》：南村堂尾人，中式六十名。《选举·进士·国朝·嘉庆十九年甲戌龙汝言榜》：任福建武平县知县。《选举·封赠·清》：李芝卓，以孙璋赠文林郎、福建武平县知县。李秀万，以子璋赠文林郎、福建武平县知县。

吴绳显 字文川（一说介川），清顺德黎村人。嘉庆十三年（1808）举人，二十四年进士，国子监学正。父敏，母郑氏，弟梯。

［道光］《广东通志》卷八十一《选举表十九·举人四·国朝·嘉庆十三年戊辰·又广西中式》：顺德人，梯兄，进士。卷七十七《选举表十五·进士·国朝·嘉庆二十四年己卯陈沆榜·广州府》：顺德人，广西籍，国子监学正。

［咸丰］《顺德县志》卷十一《举人二·国朝·嘉庆》：字文川，黎村人，广西迁江籍，见进士，梯兄……丁卯科。卷十《进士·国朝·嘉庆》：广西迁江籍，今用国子监学正，己卯恩科。卷十二《封赠（文阶）·国朝》：吴介川，黎村人，以弟梯赠蒙阴县……知县。卷二十七《列传七·国朝三·吴敏传》：吴敏，字杰上，号卓峰，黎村人……少警捷，鬻分田①得八十金，贸易迁江亿屡中②。习劳徒步，草履敝者千计，窃其履压舟过险滩率无恙。致巨万归，筑村田种鱼桑。虑父耄，数往观或致蹉跌③遽平之，父殁乃复旧，费不赀弗恤也。出所有与兄弟共之，历四世不析箸。亲族求无不应，负者不与校也。迁江令张九锜素称廉，解不及额，敏出二千余金为足之。张卒官，复亲送其榇返楚，费皆任焉。人士修邑志，具其事为立传。精太素脉④，为人医，先一二年预决生死辄应。子绳显，进士。梯举第一，官济宁牧。卷二十九《列传九·列女二·国朝》：郑氏，黎村吴乐德妻。于归时，姑久亡，翁商粤西，事两庶姑惟谨。子二：绳显，己卯科进士，学录。季子梯，辛酉乡试第一，积官济宁知州。氏年二十九，夫故，孀守二十余年，完节而逝。嘉庆二十二年旌，与小姑吴同坊，曰“双节”。

何俊　清高明白石人。嘉庆十三年（1808）例贡。

［道光］《高明县志》卷十二《选举志·例贡·国朝》：白石人，嘉庆十三年例贡。

陆沛英　字量中，清三水清塘人。嘉庆十三年（1808）举人，大挑二等，任陕西商州同知。

［嘉庆］《三水县志》卷九《选举·举人·国朝·嘉庆十三年戊辰恩科崔崇高榜》：清塘人，中式十七名。

［光绪］《广州府志》卷一百三十六《列传二十五·揭阳县·国朝·三水》：字量中。嘉庆十三年戊辰科举人，大挑二等，借补揭阳训导。丁艰服阕截取，授商州州同，署理商南县事。六载考满改教，再司铎揭阳。新进贫生有卖房屋具备贽者，却之。富室有用伪契图夺贫民地者，讯明罚钱二十贯给

---

①分田：贫者无田而取富人田耕种，共分其所收。

②亿中：谓料事能中。

③蹉（cuō）跌：失足跌倒。

④太素脉：通过人体脉搏变化来预言人的贵贱、吉凶、祸福的方术。

孤老院养口。富民耻之，进贿百贯求免罚，峻拒之，其廉明如此。

陈宗器　清顺德喜涌人。嘉庆十三年（1808）岁贡。

［咸丰］《顺德县志》卷十一《岁贡·国朝·嘉庆》：喜涌人，戊辰。

陈喜贵　清南海人。嘉庆十三年（1808）武举。

［道光］《南海县志》卷二十二《选举表三·国朝·武举·嘉庆朝》：戊辰科。

陈斯楫　字间钠，又字江舲，清顺德桂洲人。嘉庆十三年（1808）举人。父北隆，子言群，孙廷安。

［道光］《广东通志》卷八十一《选举表十九·举人四·国朝·嘉庆十三年戊辰·广州府》：顺德人。

［咸丰］《顺德县志》卷十二《封荫表·封赠（文阶）·国朝》：陈北隆，桂洲人，以子斯楫赠国子监主簿。卷二十六《列传六·国朝二》：字间钠，又字江舲，桂洲人。幼失恃，事继母禀而后行。亲疾奉汤饵，夜每祈祷，迄愈乃已。居丧骨立，抚孤侄如其子，出馆谷代偿逋负。饥辄倡赈于族，鳌无依者岁赒以粟。嘉庆戊辰举乡书，与同年生李玉堂皆北，李中道遘疾笃，同行悉附舟去，斯楫偕抵杭州医治而愈。李得第官闽，时为人垂涕道其事。

［民国］《顺德县志》卷九《封荫表·封赠·文阶》：陈言群，桂洲人，以子廷安封刑部郎中、子廷槐加封。陈善群，以侄廷安貤赠、廷槐加赠。陈菁群，以侄廷槐貤赠。陈泽年，以侄廷槐貤赠。陈钟俊，以侄廷槐貤赠。陈建猷，以弟廷槐貤封。陈琼欣，以弟廷槐貤封。陈燕猷，以弟廷槐貤封，内阁中书……陈斯楫，容奇人，以子言群赠光禄寺署正。

陈熙　清顺德容奇人。嘉庆十三年（1808）副贡。

［咸丰］《顺德县志》卷十一《副贡·国朝·嘉庆》：容奇人，戊辰恩科。

陈履恒　字以和，号心农，清南海九江人。嘉庆十三年（1808）恩贡，十六年组织建义仓，二十四年举人。曾祖应邵，祖叔骏，父在泮，子垚燊、信民。

［道光］《广东通志》卷八十一《选举表十九·举人四·国朝·嘉庆二十四年己卯·广州府》：南海人。

[道光]《南海县志》卷二十一《选举表二·国朝·贡生荐辟·嘉庆朝》：恩贡……戊辰。《国朝·举人·嘉庆朝》：子信民……己卯科。

[同治]《南海县志》卷十三《列传·陈信民传》：九江堡人。各堡鲜儒学世家，信民自高曾上下以读书为业者十余传，或外台扬历，或乡学蜚声，或布衣教授。至父履恒暮年始登榜，以敦学能文称，设帐省垣，负笈者几踏破门限，名门重望，闾里推之。

《九江儒林乡志》卷四《建置略·义仓社仓》：南方同济义仓，嘉庆十六年，绅士陈履恒等联建义会，以备灾荒，本方公赈，后续行加赈，屡经举行，岁久积有羡余，道光二十九年送入本方义仓权管，见存银若干，税业四亩一分二厘。卷十《选举略·国朝·贡生·嘉庆十四年己巳》：字以和，号心农。县学恩贡，己卯举人。《选举略·国朝·举人·嘉庆二十四年己卯科》：中式第三十八名，子信民，进士。卷十四《列传·清》：字以和，号心农，南方营前坊人，曾祖应部、祖叔骏、父在泮，皆诸生。履恒以青箱承世业，积学优文，声誉藉藉，每一篇出时流莫不叹服。然屡困场屋，久之始以明经登嘉庆己卯乡榜。公车不第，即家授徒，又尝设帐省垣，负笈者岁常百十人，诱掖如恐不及。留意桑梓，南方义仓积储素薄，每遇凶荒，俵赈接续綦难，履恒力为推广，联同志十人筹资，增设同济仓以备加赈，里中孤嫠自是有恃无恐。青云路岁苦潦浸，行旅嗟叹，履恒建议填筑砌石，以便往来，亦即以固堤岸，一举两利，闾里赖之。先是，海寇张保闯入内河，香山、新会近水乡村遍遭焚掠。履恒智烛几先，倡率乡人亟筹守御，事甫集，寇舶果连樯而至，知有备，遂逡巡不敢进，仅火沙口民铺而去。是役也，乡内数万户垂危获安保全甚大，论者谓即此足征其学问经济，顾未得百里略展其抱负为可惜耳。子垚燊，邑庠生。信民，进士，知县。卷八《艺文略·经部·四书类》：《四书蠡说》一卷，国朝陈履恒撰。《艺文略·史部·谱系类》：《颍川文献略》，国朝陈履恒撰。《艺文略·集部·别集》：《碧楼存稿》，国朝陈履恒撰。

郑允升　字耀东，号纯熙，清南海九江人。嘉庆十三年（1808）举人，初官归善教谕，迁雷州教授。祖可久，父雍槐，子谦，孙贞吉。

[道光]《广东通志》卷八十一《选举表十九·举人四·国朝·嘉庆十三年戊辰·广州府》：南海人，教谕。

[道光]《南海县志》卷二十一《选举表二·国朝·举人·嘉庆朝》：归善训导，戊辰科。

[同治]《南海县志》卷九《举人·清》：雷州府教授，嘉庆朝。

《九江儒林乡志》卷十《选举略·国朝·举人·嘉庆十三年戊辰恩科》：字耀东，号纯熙。县学，中式第五十九名。初官归善训导，迁雷州教授。《选举略·国朝·封荫》：郑可久，以孙允升貤赠文林郎，拣选知县。郑雍槐，以子允升封文林郎，拣选知县。卷十四《列传·清》：字耀东，号纯熙，东方双涌人。貌魁伟，双目炯炯，声如洪钟。由郡诸生中嘉庆戊辰乡榜，大挑二等，历署丰顺训导，部铨归善教谕，迁雷州府教授，截取知县。尝倡设大谷省渡，建谷埠、猪埠，为乡利赖，其在族中修坟庙、置学田皆捐资以导其先。司训丰顺，诸生有兄弟争讼者，允升谕以大义，感泣而罢。归善多械斗案，有李生、郑生被诬株连羁禁日久，允升官教谕时向督学力白其冤，二生得免。雷州府学祭器敝坏，学宫棂星门暨各处宫墙悉捐俸修置。诸生有捉刀唆讼、恃符武断者劝令改行力学，不悛者惩之，以故士多范于礼。归善令张大凯、惠州守恒山杨希铨煜恒咸称其端方正直，不愧多士仪型。书院课艺、岁科试卷俱授阅评定甲乙，称得人。俸满验看，旋里病卒。子谦，邑庠生。孙贞吉，郡增生。

林楷　清三水角里人。嘉庆十三年（1808）举人，二十二年大挑，候补教谕。

［嘉庆］《三水县志》卷九《选举·举人·国朝·嘉庆十三年戊辰恩科崔崇高榜》：角里人，中式四十名。丁丑大挑，候补教谕。

林缙光　字庆宗，清南海大江堡人。嘉庆十三年（1808）举人，授湖北黄安知县，署黄梅知县，为二十三、二十四年及道光元年（1821）湖北乡试同考官。父焕。

［道光］《南海县志》卷二十一《选举表二·国朝·举人·嘉庆朝》：顺天中式，黄安知县……戊辰科。《国朝·封荫·嘉庆朝》：林焕，以子缙光封文林郎。

［同治］《南海县志》卷十三《列传·林龙光传》：亦大江堡人，字庆宗。由廪生应嘉庆十二年丁卯科乡试，以荐卷挑取誊录，咨送内廷文颖馆①当差。寻中十三年戊辰顺天乡试举人，以誊录期满议叙，授湖北黄安县知县，署黄

①文颖馆：清代编纂《皇清文颖》之馆，书成即撤。康熙四十八年（1709）、雍正十二年（1734）、乾隆九年（1744）、嘉庆十一年（1806），四次编《皇清文颖》。

梅县知县。历充嘉庆戊寅、己卯、道光辛巳三科湖北乡试同考官，所识拔多知名士。知黄安时，民间相传有怪兽夜入人家攫小儿，夜分辄失儿所在，远近汹汹。缙光为文移城隍神责以安民除害，怪寂然，讹言亦息。岁旱，为文祷雨雨即降。《黄安县志》不修百二十余年，缙光曰："县志缺略，文献无征，居官者欲考地方利病、政治得失、民俗美恶，皆茫无借手，非细故也！"乃捐廉为倡，自发凡起例，招邑内文士俾分纂焉。时有啖以厚利求作佳传者，峻却之，其廉介如此。丁内艰卸事，邑人致奠日千计。服阕谒选，授北城兵马司副指挥，历中西南城副指挥，皆善于其职。迁平乐县知县，到任未久以诖误谪官，寻回籍，卒于家。

招寅亮　清南海人。嘉庆十三年（1808）举人，任广东兴宁训导。父建昌。

［道光］《广东通志》卷八十一《选举表十九·举人四·国朝·嘉庆十三年戊辰·广州府》：南海人。

［道光］《南海县志》卷二十一《选举表二·国朝·举人·嘉庆朝》：兴宁训导……戊辰科。《国朝·封荫·嘉庆朝》：招建昌，以子寅亮贻封修职郎。

［同治］《南海县志》卷九《举人·清》：潮阳教谕，嘉庆朝。

罗文炳　清高明屏山人。嘉庆十三年（1808）捐授千总。

［道光］《高明县志》卷十二《选举志·国朝武职例》：屏山人，嘉庆十三年捐授千总。

周文建　清顺德桂洲人。嘉庆十三年（1808）武举，十六年武进士。

［咸丰］《顺德县志》卷十一《武举·清·嘉庆》：桂洲人，戊辰恩科。《武进士·清·嘉庆》：驻省提塘，辛未。

周彦才　清顺德龙山人。在越南做生意，管理其铸钱局。嘉庆十三年（1808）英国船舰攻击越南，彦才居中游说平息。道光十九年（1839）还乡。

［咸丰］《顺德县志》卷二十一《列传一·文传·周杵熙传》：海防书局《采访册》，龙山周彦才，商于越南国。粤游民之出关采金沙者，常为行旅患，乃集资于货募壮卫行，推彦才领之。会争国事起，以壮助阮氏有功封以官，

使理铸钱局。先是，越南兵用鸟枪市诸英舶，必验其可用乃成价，积欠不赀。黠者或加药燃试遂炸，夷忿己物之不良也，辄弃之河干扬帆去，而后拾其遗铁自改造焉。夷知之不平，嘉庆十三年，大班者遇张保于洋，与约共图越南，明年募兵至则相与夹攻，保许之。既而郑石氏与保私而孕，将产矣，诸贼目恶其上蒸①渐形携贰。于是保亟求抚，踉跄先送石氏羊城为质，实避产期也。已而夷兵果以舶至，抵越南闻保已投诚，惧募费无所出，则驻舟索宿负。越南乃使彦才如夷舟调停其事，量减至若干万圆，夷舶遂返。道光十八九年，彦才老而归其乡，自述于人。

赵均　字平垣，清顺德碧江人。嘉庆十三年（1808）副贡。

［咸丰］《顺德县志》卷十一《副贡·国朝·嘉庆》：碧江人，有传，揭阳县教谕……戊辰恩科。卷二十七《列传七·国朝三》：字平垣……聪敏有干才，明数算，以开方法测量皆准。嘉庆戊辰膺副榜贡，历署罗定、饶平、丰顺、揭阳教官。学识才干，为总督阮文达公所知，会创学海堂，延入学长司校阅首选焉。初假西城文澜书院为公集所，既而迁粤秀山，均经其土木。贡院旧狭陋，为多士病，令改修扩如今制，广州考棚圮坏，亦董修之，皆工役繁重，瘁力任焉，一时为大吏倚重。著有《自鸣轩吟草》。

胡光藜　清顺德甘竹人。嘉庆十三年（1808）举人。

［道光］《广东通志》卷八十一《选举表十九·举人四·国朝·嘉庆十三年戊辰·广州府》：顺德人。

［咸丰］《顺德县志》卷十一《举人二·国朝·嘉庆》：甘竹人……戊辰万寿恩科。

黄迪光　字棐亭，清顺德吉祐人。嘉庆十三年（1808）举人，次年进士，二十五年任广东高州教授。道光十三年（1833）水灾，筹理广州赈济事务。子勉。

［道光］《广东通志》卷八十一《选举表十九·举人四·国朝·嘉庆十三年戊辰·广州府》：顺德人，进士。卷七十七《选举表十五·进士·国朝·嘉

①上蒸：泛指乱伦的性行为。张保是海盗领袖郑七的养子，郑七死后，他的老婆郑石氏和张保接管了郑七属下数百艘海盗船和上万海盗，并且结为夫妻，被视为乱伦。

庆十四年己巳洪莹榜·广州府》：顺德人。卷五十二《职官表四十三·国朝十·高州府·教授训导·嘉庆朝》：顺德人。进士，二十五年任，教授。

［咸丰］《顺德县志》卷二十七《列传七·国朝三》：字棐亭，吉祐人。少颖异，嘉庆戊辰举于乡，己巳成进士，请就教职。铨高州教授，督课文行并勖，自是士皆慕实学。上官延主讲高文书院，生徒踵接多成名。府城旧未设育婴堂，迪光申请大吏，率诸绅筹资创建。巡抚朱桂祯、方澄叙官，方闻其贤，调监粤秀院。粤秀为一省育才地，外郡贫士多入居。至即清厘积杂，上官每延访利病，迪光言无不诚。道光癸巳，西潦盛涨，浸淹村落，米值骤贵，附省近县皆以灾荒失食。会城设厂赈济，委理赈务，筹画给散，力任劳瘁者数月。时顺德乡自为赈，复捐俸为乡族倡。以吉祐数受水患，建议筑围八百余丈……子勉，诸生，性至孝。

黄逢亨　清南海佛山镇人。嘉庆十三年（1808）武举。

［道光］《佛山忠义乡志》卷十《武举·清》：嘉庆戊辰。

黄镛　清顺德甘竹人。嘉庆十三年（1808）赐副贡，十五年赐举人。

［咸丰］《顺德县志》卷十一《副贡·国朝·嘉庆》：甘竹人，戊辰恩科……以符例赐。《举人·国朝·嘉庆》：甘竹人。以符例赐，庚午科。

梅廷选　清顺德龙山人。嘉庆十三年（1808）赐副贡。

［咸丰］《顺德县志》卷十一《副贡·国朝·嘉庆》：龙山人。戊辰恩科……以符例赐。

梁龙光　清顺德鼎新人。嘉庆十三年（1808）武举。

［咸丰］《顺德县志》卷十一《武举·国朝·嘉庆》：鼎新人……戊辰恩科。

梁寿昌　字言启，清顺德黄连人。嘉庆十三年（1808）举人，次年与二十四年恩贡张圣昌抵御张保。父兆榜。

［道光］《广东通志》卷八十一《选举表十九·举人四·国朝·嘉庆十三年戊辰·广州府》：顺德人。

［咸丰］《顺德县志》卷二十六《列传六·国朝二·梁兆榜传》：黄连

人……子寿昌，字言启，嘉庆戊辰举人，以醇厚称。嘉庆己巳庚午间，洋匪张保扑岸。黄连故滨黄涌海号险要，与乡贡生张圣昌、监生何蓉洲请兵制府设勇防守。所近数十乡，咸相与约联络防范，谭义、刘康锬亦集勇筑台，为黄连犄角，龙山、勒楼复率勇来应。贼三至皆败，遂不敢窥其乡。迤西诸村堡及县城，皆有恃而安。寿昌故与龙廷槐年旧交密，素为长吏所信，予以竹板、木枷，使自治其乡之宵小。族他房以祖坟故几讼，寿昌一言立止，和如初。卷十一《恩贡·国朝·嘉庆》：张圣昌，黄连人，己卯。

梁思柔 字循陔，清顺德桂洲人。嘉庆十三年（1808）举人，任湖南新宁知县。弟龙章。

［道光］《广东通志》卷八十一《选举表十九·举人四·国朝·嘉庆十三年戊辰·广州府》：顺德人。

［咸丰］《顺德县志》卷十一《举人二·国朝·嘉庆》：字循陔，桂洲人。知新宁县，龙章兄……戊辰万寿恩科。

谢绍安 清高明侯巷人。嘉庆十三年（1808）赐副榜，十五年赐举人。

［道光］《高明县志》卷十二《选举志·钦赐》：侯巷人，嘉庆十三年戊辰钦赐副榜，庚午钦赐举人。

谢晋 清高明周田人。嘉庆十三年（1808）例贡。

［道光］《高明县志》卷十二《选举志·例贡·国朝》：周田人，嘉庆十三年例贡。

谢维玑 清南海人。嘉庆十三年（1808）举人。

［道光］《广东通志》卷八十一《选举表十九·举人四·国朝·嘉庆十三年戊辰·广州府》：南海人。

董朝桢 清三水大□山人。嘉庆十三年（1808）岁贡。

［嘉庆］《三水县志》卷九《选举·岁贡·清》：大□山人，（嘉庆）十三年贡。

谭忠汉 清高明巨泉人。嘉庆十三年（1808）捐授把总。

［道光］《高明县志》卷十二《选举志・国朝武职例》：巨泉人，嘉庆十三年捐授把总。

谭琦瑛 清高明巨泉人。嘉庆十三年（1808）捐授千总。

［道光］《高明县志》卷十二《选举志・国朝武职例》：巨泉人，嘉庆十三年由武生捐授千总。

潘大钧 清顺德石洲人。嘉庆十三年（1808）副贡，次年抵御海盗张保仔。父广，母陈氏。

［咸丰］《顺德县志》卷十一《副贡・国朝・嘉庆》：冲鹤人，有传。戊辰恩科。卷十五《耆寿・九十寿妇》：陈氏，冲鹤教谕潘广妻，子大钧，副贡……年九十二。卷十八《艺文略二・集部二・别集二・清》：《介锡堂诗集》，国朝潘大均撰。卷二十七《列传七・国朝三》：嘉庆……己巳夏，张保、郑石氏闯入内河……时乡县以保御闻者，副贡如……冲鹤潘大钧。

潘凤喈 清顺德冲鹤人。嘉庆十三年（1808）武举。

［咸丰］《顺德县志》卷十一《武举・国朝・嘉庆》：冲鹤人，戊辰恩科。

潘胜祥 清顺德冲鹤人。嘉庆十三年（1808）武举。

［咸丰］《顺德县志》卷十一《武举・国朝・嘉庆》：冲鹤人，戊辰恩科。

黎敏英 字广居，清高明良村人。嘉庆十三年（1808）岁贡。

［道光］《高明县志》卷十二《选举志・贡生・国朝》：良村人，嘉庆十三年岁贡。卷十三《人物志・国朝》：字广居。姿质颖悟，自幼好读书，稚年操觚便岸异。尝慨然曰："奋兴由己，有志竟成，前程岂限我哉？"及壮受知金学使，旋食饩，至膺选贡而稽古之志至老不衰。生平孝亲敬长，和平正直。友教生徒，随材造就，薰其德者多良善焉。

黎锡伍 清南海人。嘉庆十三年（1808）赐副榜，十五年赐举人。

［道光］《南海县志》卷二十一《选举表二・国朝・贡生荐辟・嘉庆朝》：钦赐副榜……戊辰。《国朝・举人・嘉庆朝》：钦赐举人……庚午科。

何文绮 （1779—1855）字宸书，号朴园，清南海九江人。嘉庆十五年（1810）举人，二十五年进士，授兵部职方司主事，请假归不复出。道光二十四年（1844）主讲粤秀书院，咸丰初与两广总督徐广缙论事不合去职。祖孔士，父建鼐。

［道光］《广东通志》卷八十一《选举表十九·举人四·国朝·嘉庆十五年庚午·广州府》：南海人，进士。卷七十七《选举表十五·进士·国朝·嘉庆二十五年庚辰陈继昌榜·广州府》：南海人，二甲。

［道光］《南海县志》卷二十一《选举表二·国朝·进士·嘉庆朝》：兵部主事……庚辰科。《国朝·封荫·嘉庆朝》：何孔士，以孙文绮貤赠奉直大夫。何建鼐，以子文绮赠奉政大夫。

《西樵白云洞志》附《白云洞唱和诗册》：（一字朴园……官兵部职方司主事，钦加员外郎衔）道光戊戌夏五，邓鉴堂观察与诸同志倡议建复西樵白云洞各院馆，雅兴形诸唱和。己亥仲春，巃嵸阁巍然落成，余工以次渐兴，书以志喜。

［同治］《南海县志》卷十三《列传》：字宸书，号朴园，镇涌堡燕桥乡人。授主事兵部职方司行走①，后以修筑桑园围出力加员外郎衔。性恬退，尤以友爱称，登第后告假归不复出，以授徒为业，脩脯所入，历年不翅巨万，悉归之伯兄，昆仲间怡怡然，终身如一日，晚年为子弟析产，俾犹子与亲子一律不少自私。笃于友谊，其同年故交或仕宦不前或家道中落、身后不自振者必量力佽助，多百金，少数十金，如徐序经、黄元章辈非可一二计也，而未尝有德色。顾交际虽殷，不肯轻为造请。居省垣廿余载，惟遇赈凶荒、修堤堰、捕盗贼等事关系小民疾苦慷慨直陈于官，否则望门裹足，若将浼②焉，未易得其一面，和而不同，素性然也。夙以制艺负盛名，乡荐后负笈相从者每年数十百人，自释褐归来，门徒弥众。其论文以清真雅正为尚，不屑以虚疏驳杂俯逐时趋，其教人则鞭策愧厉之意少，诱掖奖劝之意多，故才不才皆乐受范围，欣欣然志欲向上。道光朝吾粤赋鹿鸣、捷南宫者多何门弟子，门墙之隆，近时所未有也。廿四年，粤秀书院山长区玉章以目疾辞馆，时祁恭恪埙督两粤，杜绝请托，务求有物望者为多士师，与文绮素未得面，特致书请主讲，粤中衿缨得龙门为依归，争自濯磨，数年间人才蒸蒸日上。会咸丰初

---

①行走：清代称不设专官的机构或非专任的官职为行走。

②浼（měi）：污染。

徐广缙由抚军升总制，文绮同岁生也，因论事意见不合拂袖起，即日辞馆，不能片刻留。亲朋讥其过激，文绮曰："非也！君臣之义，合则留，不合则去，况宾主乎？且使地方大吏知林下尚有不恋栈豆①之人，不敢轻量天下士，宏益多矣！"其远见如此。四年红巾起，遍地皆贼，避乱居濠镜。逾年乱略定返乡，旋疾卒，年七十六。闻其乡人言，文绮处族党饶恩惠，慈爱得自天生。儿时就外傅见同学有饮泣者，问之因家贫父母未举火也，心恻然，归乞诸其母得钱数十与之。家世业农桑，有鱼陂可蓄鱼百十石。岁暮鱼贾移船就买，经衡量轻重载鱼去养舟中矣，因舟底破烂鱼走失。移时贾来纳价，文绮不受曰："汝未交价，鱼固我鱼也。我鱼自走，与汝无涉，肯取值乎？且船破非汝所能料，鱼走非汝所能禁也。"坚却之。徐大令台英曰："吾师服膺儒教，而处身涉世得力黄老为多，柱下三宝，一生受用不尽也。"平生不多著述，读书有得，随手记录，有《课余汇钞》《四书讲义》《周易从善录补注》共若干卷藏于家。卷十《艺文略·子部·儒家类》：《课余汇抄》，国朝何文绮撰。自序：余课业之暇，涉猎群书，见有似针砭予病者，瞿然而若有所觉也，辄以片纸记之。积之既久，零星杂遝，委于箧笥，翻检为难，乃稍比类而编次之。约其目曰存心，曰持身，曰应物，曰稽古。诸所编纂，多先哲粹言，凡摄心缮性，培养天和者，不治已病治未病，诚寿世之灵丹也。

［民国］《续修广东通志》卷九《人物志·广州一》：光绪十三年奉旨祀乡贤。

区有梅　清顺德西滘人。监生。嘉庆十四年（1809），海盗张保仔劫掠至村，组织乡人抵御。

［咸丰］《顺德县志》卷二十七《列传七·国朝三》：西滘人，监生。嘉庆甲子、乙丑以来海氛渐炽，己巳夏，张保、郑石氏闯入内河……九月六日分攻西滘。有梅与其族嗣国（字惟良）先树水栅以备贼，至即冒炮石率众迎击。贼稍却时忧粮乏，区有坤发窖粟饷众，复间道赴佛山采籴以济。十二日，贼再至，拒守三昼夜，贼仍失利去。有梅等计贼必并力来攻，乃求援于新良、鹭洲诸村。十七日，贼果添数十艘至，未遽扑岸，夜遣党潜抵栅窥虚实。有梅出壮士擒五人，明日戮而沉之江，贼乃夺气而去，乡遂安，因以三胜名其栅。先是，五月贼入自南路，初八日突至甘竹滩焚墟铺，里绅梁元铎率壮御却之，转掠南海、新会去。至是三路并入碇巨海，以开波船四处游奕。桂圃以兰石既败，惧而溃，碧江、黄涌、扶闾、三洪奇先后被焚掠，势益张。时

①恋栈豆：贪恋马厩里的豆料。比喻目光短浅，贪恋禄位、家室等眼前利益。

乡县以保御闻者，县东首设重防而外，城北则罗权时、陈兆龄，黄连则梁寿昌，容桂则胡鸣鸾、杨朝日，陈村则欧大来等，江尾则欧阳莲，碧江则苏步荣，龙潭则吴璧……举人如龙眼麦觐光、裕涌范琳、冲鹤潘起鹏，副贡如石洲冯泽培、冲鹤潘大钧，生员如喜涌陈彩，职监生如北水尤鹏翔、北滘周绍荣、黎村黄道纯、羊额何则先、伦教梁继权，各能率其子弟募勇设食，或布巨桩，或筑土台，以拒贼艘，贼故终以有备不得逞。而大洲鸡公石两台扼邑东北咽喉，使贼不能窥县城，倡者十有四人……十月贼既退，十二月复入窥鸡洲，乡绅杨振玉等督壮勇助官兵败之……逾年贼就抚。玕滘既被大掠，乡人杨道阜与莘村李文景，各以重资贷人，赎还所掳男女无算，扶闾妇稚未掳者匿丛薄间不得出。时勒楼以刘闰龙，先率乡人堵塞三槽海独安，计走勒楼可免，廖阿伯乃率其徒，乘夜甃小河通勒楼，使分舟而逃，廖奕俸复赎其族之被掳者，而葬死事骨骸。水藤贡生刘芳则出资恤桂圃避贼男女，两村故积讼，至是怨顿释。北水吴士科、裕涌李琼，亦各捐济寇荒，皆所称好义者。

龙廷梓　字乔峰，清顺德大良人。附贡生。子元僖、元俨。

［民国］《顺德县志》卷十八《列传三·龙元僖传》：父廷梓，字乔峰，附贡生，为善而不近名。道光甲辰桑园围决，林村、吉水各围修补力竭，廷梓橐五千金往助工，自署“处默堂”，叩其名不告，众奉“处默义士”牌位祀焉。宅近某巨公祠，其子孙陵夷①售与廷梓，既成价立定券矣，独一人抗阻。廷梓弗校，定金亦不追，并代订永不变卖之约，至今获存。其隐德多类此。任乡族事具大魄力，增购大良文社公产、送孝秀乡会试卷金、给鳏寡孤独恤银，皆其手定章程者也。以父兄均进士起家，督课儿孙苦学倍于寒畯，卒皆成材，擢科甲去。

冯应高　字仰山，清顺德大良人。嘉庆十四年（1809），在新会兵营抵御海寇。

［光绪］《广州府志》卷三十一《职官表十五·国朝·武职·都司守备·道光朝》：顺德人。行伍，元年任，新会左营守备。

［民国］《顺德县志》卷十七《列传二》：字仰山，大良人。嘉庆初由行伍补外委，调新会营。己巳，海盗张保肆劫乡间。应高分防水口，弁兵无几，乃集乡民戮力堵御，复劝民出财设闸水口，躬率弁兵训练乡勇、誓众申律。

---

①陵夷：指衰败，走下坡路。

战守粗备而贼大至，见兵已据险，遂不敢犯。是役也，以数乡未经战阵之民抗数万方张之虏，若非早为布置必膏贼刃矣。未几调守厓门水口，各乡士民赴省辕吁留，幸蒙俞允，乡人相庆。历任开平把总、江门千总，洊署左营中军守备，均认真守捕，军民称颂。在江门时，有蛋民为游棍构陷讼于县丞，丞不直之，复捕获于潮连，司官某拷掠备至，镇民汹汹皆欲上诉。应高廉得之，移书县宰，力白其诬，蛋民获昭雪。道光庚寅，升授湖南岳州守备不赴，遂致仕。卸任日，军民祖饯皆依依不忍别云。

冯泽培　清顺德石洲人。嘉庆十四年（1809）抵御海盗，二十四年副贡。

［咸丰］《顺德县志》卷十一《副贡·国朝·嘉庆》：大涌人，己卯。卷十六《胜迹略·坊表·表宅之属·都宁属》："孝友可风"，在石洲，巡抚韩崶为冯泽培。卷二十七《列传七·国朝三》：嘉庆……己巳夏，张保、郑石氏闯入内河……时乡县以保御闻者……副贡如石洲冯泽培。

严云会　字位夫，清顺德大良人。少补县学，善治眼病。嘉庆十四年（1809）抵御海盗。子凤诏，继承其医术。

［咸丰］《顺德县志》卷二十七《列传七·国朝三》：字位夫，大良人。少补县学。事亲知爱敬，母方髦，犹事女红，云会私出资易之，以博其欢。兄甫读千文而夭，自是戒子弟废千文。举族正，一言争立解。嘉庆己巳洋匪至，力为防御。投诚后余党安插，未几遂有拜会之事。良民无知多协从，云会辄劝自首，诣官保之。饥岁力劝捐，多存活。善治目疾，远近就医者众。有难治者许以重金，谢曰："予贫无力济人，敢因以为利哉?"卒为愈之。九十后病，思食鸽，夜忽有鸽集宿其屋檐，人谓医报。子凤诏，诸生，世其医术。

劳棋　一说名作栱，字需大，清南海佛山镇人。18岁眼盲。嘉庆十四年（1809）饥荒，写信给李可蕃希望开仓救灾。父潼，弟楫。

［同治］《南海县志》卷十九《列传·善行·彭杞材传》：劳棋，字需大，潼子也。束发受书，过目成诵，初学为时文，出语惊其长老。年十八因目眚遂成废疾，潼每得新书使少子朗诵，棋专心听之，遂于经史外，凡山经地志、阴阳卜筮之书无不究悉，而于立言、立德犹痛自策励，欲无忝前人。潼教子弟綦严，没后，棋述之以训诸弟，故诸弟皆规行矩步，无败检以辱名门者。

初潼以栱病盲，授以日者术使自养。栱得其术自庇即以其术诲人，有来问者与之言果报、言灾祥，因其趋利避害之心以诱之于善，略如汉严遵、明仝寅之所为。尝自谓："己废而无用矣，然不能见其功于当世，则思寄其用于文章。"平日所作如《请发仓平粜书》《疏涌策》《请停棺义庄议》《修石路引》，皆关心世务先倡其说，使有善心、大力者成之。尤留意人物，于前辈嘉言哲行及乡里细民有孝行节烈者搜括靡遗，以备修乡邑志者采择。晚好吟咏，于时事有所感触则见于诗，其性耽风雅如此。弟楫字涉大，谨厚敦朴有长者风，而性尤狷介，世俗所嗜好无足动其心者，虽屡试不遇澹如也。生平自矢不作无益之文、不读无用之书，惟于宋儒《近思录》《名臣言行录》及国朝陆稼书《年谱》、蔡闻之《二希堂集》、陆桴亭《思辨录》等书日加研究。潼既卒，以训蒙糊口，日将小学、《孝经》为儿童讲说以发其天性、厚其根基。尝谓友人鹤山吴应逵曰："《孝经》'顺天之道，因地之利'二句似与儿童不切，然早朝上学、日暮归家即童子天时也，日在书塾中不走游戏之场与赌博之地即童子地利也。"其善于开导多此类。楫家虽贫而内则谨身饬行、外思利物济人，与儒者立达之怀若合符契。人方谓劳氏理学渊源赖以益振，乃年三十以病卒，人尤惜之。卷二十五《杂录》：劳作栱，字需大，莪野孝廉长子。孝廉或反叩焉，则朗诵无讹舛。每属文口授，诸弟录以呈孝廉，孝廉喜。恒以卜筮为业，顾留心时事。己巳饥，作书千余言，欲以孝廉《救荒备览》呈百文敏请平粜，又欲致书李椒堂太史速言于当事，而文敏已发仓。乃取两书稿焚之，曰："毋令见此书者，谓功出自余也。"

吴蒂元　清顺德水藤人。嘉庆十四年（1809）恩贡，道光十九年（1839）赐副贡，次年赐国子监学正。

［道光］《肇庆府志》卷十五《选举二·国朝·贡生·肇庆府学·嘉庆朝》：高要人，十四年恩贡。

［咸丰］《顺德县志》卷十一《恩贡·国朝·嘉庆》：水藤人，高要籍，己巳。《副贡·国朝·道光》：水藤人，高要籍。己亥以符例赐，庚子赐国子监学正。

吴璧　字遂丰，号月湖，清顺德龙潭人。诸生，能诗。嘉庆十四年（1809）参加团练拒海盗。弟光槐。

［咸丰］《顺德县志》卷二十七《列传七·国朝三》：字遂丰，号月湖，龙潭人。诸生，能诗。精作双钩画，人物能尽其情态，花卉亦生动，而求者多属作士女。性孝友，尝举赈于其乡称善士，捐千金修祖祠，己巳团练拒洋

匪。既殁数十年，名流雅集，往往于酒阑灯影间追论之，不独重其画也。著有《月湖诗草》。同时画人之喜为堆青抹绿、知取法贵上者曰梁厥谋，字绳圃，南朗人。水墨山泉能力求气韵者曰吴光槐，字星桥，璧胞弟也，使充其学，皆可成家。

何松年 字藻轩，清顺德星槎人。以商务起家。嘉庆十四年（1809）率乡人抵御海盗，盗远遁不敢近。子莲溪。

［民国］《顺德县志》卷十七《列传二》：字藻轩，星槎人。性精敏，以商务起家。理乡族事，筑围建祠，赈荒修路，凡百善举为众人倡。嘉庆己巳，洋匪窜入内河将登岸，松年与族人大勋等率乡人旦夕堵御，匪远飏不敢近。子莲溪，字介修，见义勇为。咸丰甲寅乱耗已闻，适赴鹤峰书院集议，匪拥之去。中途逃脱，归即函商各营弁，约期齐集往捕，获匪十余人惩办。匪愈衔之，乱作，匪入屋搜索不获。贼平，只捆送著匪十余人置之法，胁从则恕之。贫乏则周之，人皆畏其威而服其量。

陈士恂 清顺德众涌人。嘉庆十四年（1809）恩贡。

［咸丰］《顺德县志》卷十一《恩贡·国朝·嘉庆》：众涌人，西宁籍，己巳。

陈正晖女 （？—1809）清南海魁冈堡江湄乡人。嘉庆十四年（1809）海贼张保抢劫村落时，因侍母病，未能逃走，被劫后骂贼而死，人称孝烈。父正晖。

［同治］《南海县志》卷二十二《列传·列女》：孝烈陈女者，魁冈堡江湄乡人，陈正晖女也。嘉庆十四年，海贼张保窜内河，攻围澜石等处。监生霍肇元督勇战死，贼遂恣掠各村。值女母病革，奄息床褥间不能起，麾女避寇，女曰："我去，母左右无人必死贼手。女在侧犹得以口舌相撑拄，或幸而免也。"坚不去。须臾贼至，女被掳械置船中。时贼掠得妇女皆捆缚待赎，蓬首垢面累累聚处，如群豕共一牢。女不堪其辱，痛骂贼求死，贼怒以利刃刳肠而杀之。霍时茂曰："此女人称为戆，然不知利害，不识生死，其戆正不可及也。"乡人建祠祀之，颜曰"孝烈"。道光廿七年蒙旌表焉。

欧大来 字许良，清顺德陈村人。嘉庆十四年（1809）抵御海寇张保仔，十八年举人。祖功焕，妻何氏。

［道光］《广东通志》卷八十一《选举表十九·举人四·国朝·嘉庆十八年癸酉·广州府》：顺德人。

［咸丰］《顺德县志》卷十一《举人二·国朝·嘉庆》：字许良，陈村人……癸酉科。卷二十五《列传五·国朝一·欧功焕传》：孙大来，癸酉举人。先是，嘉庆己巳洋匪之扰，与其族光谦、光谟，乡人黄河清辈督勇拒贼保护，独劳欧连魁、黄长余等九人死焉，贼旋退。后族有培者，就例为部郎，告养归，令使理其乡事，行保甲，缉盗匪，里人每举与大来并称。卷十四《节孝表二·道光朝汇案三》：何氏，举人欧大来妻……陈村。道光二十六年汇案，拆载四之三。

黄善书　清三水胥江人。嘉庆十四年（1809）恩贡。

［嘉庆］《三水县志》卷九《选举·恩贡·清》：胥江人，（嘉庆）十四年贡。

崔彤光　字宁章，清南海沙头堡人。嘉庆十四年（1809）捐千金防御海盗，十八年水灾捐赈。子树良，孙维亮。

［同治］《南海县志》卷十九《列传·善行》：字宁章，沙头堡人。以商贾起家，兄弟五六人，合家衣食皆一人手创。既有余积，又分资本教诸弟经营，各积数巨万金。沙头在本邑号富乡，而彤光家又为沙头最。彤光虽不读书，深明大义，知生财之法，又晓用财之方。尝言："世人皆欲生财，不知生者流通之谓，非壅塞之谓也。一人壅其有余，但借为娱心志、悦耳目、养口体之需，则必有千百人苦其不足，致有弃田宅、鬻子女、饿饥肤之虑。故财不贵多而善贾也，贵积而能散，又贵散而得其宜于其乡也。"嘉庆十四年洋贼内窜，兵、饷俱无，万目睽睽，彤光首捐千金为防御资而人心以固。十八年西潦决围，淹没田庐，哀鸿遍野，彤光首捐千金为振恤费而人庆更生。其于族也，既捐数百金倡为育才会、义仓会矣，又恐族大人繁，小惠未遍，自捐三千余金举本生息。其鳏寡孤独者月给银三钱，岁暮给棉衣一领，死无棺者给棺银二两，行之数十年如一日，其余岁有饥凶疾疠施米、鬻分药裹者又在外焉。其乡人无贵贱佥曰："以勤俭成家、以施予为志，又行其心所乐、无所为而为，吾乡自有富人以来，未有若此公者也。"顺德进士马福安为作家传，谓："以公厚德，不报于身，必报于子孙。"厥后，子树良，中道光辛巳举人。孙维亮，中己亥举人，候选知县。其言俱有验云。

曾利见　清高明泽河人。嘉庆十四年（1809）恩贡，道光三年（1823）参修《高明县志》。

［道光］《高明县志》卷十二《选举志·贡生·国朝》：泽河人，嘉庆十四年恩贡。卷首《纂修〈高明县志〉·分纂》：恩贡、序选教谕曾利见。

潘汝瑚 清南海人。嘉庆十四年（1809）岁贡。

［道光］《南海县志》卷二十一《选举表二·国朝·贡生荐辟·嘉庆朝》：己巳岁贡。

区秉鉴 清高明阮埇人。嘉庆十五年（1810）增贡。

［道光］《高明县志》卷十二《选举志·例贡·国朝》：阮埇人，嘉庆十五年增贡。

邓川 清顺德北海人。嘉庆十五年（1810）恩贡，任广西贵县教谕。

［咸丰］《顺德县志》卷十一《恩贡·国朝·嘉庆》：北海人，广西迁江籍。庚午，贵县教谕。

邓朝清 清三水南岸人。嘉庆十五年（1810）举人。

［嘉庆］《三水县志》卷九《选举·举人·清·嘉庆十五年庚午黄文海榜》：南岸人，中式五十六名。

冯徵熊 清南海人。嘉庆十五年（1810）举人。

［道光］《广东通志》卷八十一《选举表十九·举人四·国朝·嘉庆十五年庚午·广州府》：南海人。

［道光］《南海县志》卷二十一《选举表二·国朝·举人·嘉庆朝》：阳山训导……庚午科。

刘应魁 清高明大唐美人。嘉庆十五年（1810）捐授把总。

［道光］《高明县志》卷十二《选举志·国朝武职例》：大唐美人，嘉庆十五年捐授把总。

刘际盛（清嘉庆） 清高明罗稳人。嘉庆十五年（1810）廪贡，道光三年（1823）参修《高明县志》。父颐，弟际时。

［道光］《高明县志》卷十二《选举志·贡生·国朝》：罗稳人。嘉庆十五年廪贡，分发教谕，任惠州府学训导，补任曲江训导。卷首《纂修〈高明县志〉·分纂》：廪贡、原任惠州府训导刘际盛。

关斌元 字彝鼎，号西亭。清南海九江人。嘉庆十五年（1810）赐副榜，十八年赐举人。

［道光］《南海县志》卷二十一《选举表二·国朝·贡生荐辟·嘉庆朝》：钦赐副榜……庚午。《国朝·举人·嘉庆朝》：钦赐举人……癸酉科。

《九江儒林乡志》卷十《选举略·国朝·贡生·嘉庆十五年庚午》：字彝鼎，号西亭。县学，赐副榜，癸酉赐举人。卷十四《列传·清》：字彝鼎，号西亭，西方西山约人。早岁列胶庠，嘉庆庚午以年老赐副贡，癸酉赐举人。与弟时宝白首相友爱，贫而能廉，为人排难解纷，或酬以金，峻却之。讲学授徒，游其门者人以千计，有家贫而能力学者免其束脩，且助以薪水费。远近敬仰，咸称为西亭先生。卷八《艺文略·经部·易类》：《读易要略》，国朝关斌元撰。《艺文略·经部·春秋类》：《春秋纂要》，国朝关斌元撰。《艺文略·经部·四书类》：《四书讲义》，国朝关斌元撰。

关景熹 清高明新墪人。嘉庆十五年（1810）岁贡，道光三年（1823）参修《高明县志》。

［道光］《高明县志》卷十二《选举志·贡生·国朝》：新墪人，嘉庆十五年岁贡。卷首《纂修〈高明县志〉·分纂》：岁贡、序选训导关景熹。

吕凤鸣 清顺德容奇人。嘉庆十五年（1810）武举。

［咸丰］《顺德县志》卷十一《武举·国朝·嘉庆》：容奇人……庚午。

朱博 字赤堂，号霞城，清南海九江人。嘉庆十五年（1810）赐副贡。

［道光］《南海县志》卷二十一《选举表二·国朝·贡生荐辟·嘉庆朝》：钦赐副榜……庚午。

《九江儒林乡志》卷十《选举略·国朝·贡生·嘉庆十五年庚午》：字赤堂，号霞城。府学，赐副榜。

伍良 清南海人。嘉庆十五年（1810）副贡。

[道光]《南海县志》卷二十一《选举表二·国朝·贡生荐辟·嘉庆朝》：副贡……庚午。

麦时登 清南海人。嘉庆十五年（1810）岁贡。

[同治]《南海县志》卷九《拾遗订误·贡生》：广西籍，庚午岁贡，嘉庆朝。

杜芬芳 清高明大楠村人。嘉庆十五年（1810）捐授州同。

[道光]《高明县志》卷十二《选举志·国朝文例职》：大楠村人。嘉庆十五年，由附贡捐授州同。

李雄光 清南海人。嘉庆十五年（1810）举人。

[道光]《广东通志》卷八十一《选举表十九·举人四·国朝·嘉庆十五年庚午·广州府》：南海人。

杨一枝 （？—1822）字维纲，号月林，清高明城中人。嘉庆十五年（1810）廪贡，任广东河源教谕。

[道光]《高明县志》卷十二《选举志·贡生·国朝》：城中人，嘉庆十五年廪贡，任河源教谕，补委潮阳教谕。卷十三《人物志·国朝》：字维纲，号月林。素性沉潜，孝友醇厚。学以主静为宗，虽严寒剧暑，清斋兀坐，手不释卷，人号“书痴”。文章根柢经史，以冠军食饩，著有《滴翠山房课稿》，就正哲匠俱欣赏。棘院①十数战，获荐仍落孙山外。以明经任河源教谕，历三载，务端士习，尝勖诸生曰：“五伦之中有本业，六经以外无奇书。”继委揭阳教谕，旋梦二竖为厄，卒于道光壬午初秋。邑侯祝明府，念前宰源时，枝有同寅助化，旧谊俯恵，生刍一束，以拟如玉之德云。

杨一桂 清高明城中人。嘉庆十五年（1810）捐授县丞，道光三年（1823）参修《高明县志》。

[道光]《高明县志》卷十二《选举志·国朝文例职》：城中人，嘉庆十五年捐授县丞。卷首《纂修〈高明县志〉·校字》：候选县丞杨一桂。

---

①棘院：也称棘围，科举时代的考场，因用荆棘围起以防止作弊，故称。

杨谦 清顺德容奇人。嘉庆十五年（1810）赐副贡，十八年赐举人，二十二年任广东开建教谕。道光二年（1822）赐国子监学正衔。寿97岁。

［道光］《广东通志》卷五十一《职官表四十二·国朝九·开建县·教谕训导·嘉庆朝》：顺德人。举人，二十二年任，教谕。

［咸丰］《顺德县志》卷十一《副贡·国朝·嘉庆》：容奇人，庚午……以符例赐。《举人二·国朝·嘉庆》：容奇人，以符例赐，壬午赐国子监学正衔，癸酉科。卷十五《耆寿·九十寿民·国朝》：容奇举人，年九十七。妻岑九十四。子大观，武生，八十五。妻刘，八十四。

杨鲲 清南海人。嘉庆十五年（1810）举人。

［道光］《广东通志》卷八十一《选举表十九·举人四·国朝·嘉庆十五年庚午·广州府》：南海人。

吴大业 清三水琴沙人。嘉庆十五年（1810）岁贡。

［嘉庆］《三水县志》卷九《选举·岁贡·清》：琴沙人，（嘉庆）十五年贡。

岑捷龙 清顺德桂洲人。嘉庆十五年（1810）武举。

［咸丰］《顺德县志》卷十一《武举·国朝·嘉庆》：桂洲人。武部差官，庚午。

何大安（清嘉庆） 清顺德上地人。嘉庆十五年（1810）武举。

［咸丰］《顺德县志》卷十一《武举·清·嘉庆》：上地人，庚午。

何康带 清顺德羊额人。嘉庆十五年（1810）赐副贡，十八年赐举人。

［咸丰］《顺德县志》卷十一《副贡·国朝·嘉庆》：羊额人，庚午……以符例赐。《举人二·国朝·嘉庆》：羊额人……以符例赐……癸酉科。

苏献瑛 字配修，号爱石，清顺德桑麻人。嘉庆十五年（1810）举人。弟献琛。

［道光］《广东通志》卷八十一《选举表十九·举人四·国朝·嘉庆十五年庚午·广州府》：顺德人。

［咸丰］《顺德县志》卷十一《举人二·国朝·嘉庆》：苏献瑛，字爱石，桑麻人，献琛兄……庚午科。卷二十七《列传七·国朝三》：字配修，号爱石……子弟服其严正，一时禁绝赌博，每身率丁壮入贼薮，缚出无怨言，察其贫而初犯，则赒使改业。以亲老、弟官外，遂绝意会试。

余秉刚 字昌茂，清南海九江人。嘉庆十五年（1810）武举。

［道光］《南海县志》卷二十二《选举表三·国朝·武举·嘉庆朝》：庚午科。

［同治］《南海县志》卷十三《列传·陈信民传》：道光初，有武举余秉刚老而豪横，专引诱良家子弟博取抽头，坐是破家者不少。信民与同事曾铭勋、冯汝棠、明伦等招至乡校数其罪，历控大府奏革杖徒，秉刚竟丽罪以死。

《九江儒林乡志》卷十《选举略·国朝·武举·嘉庆十五年庚午科》：字昌茂，县学，中式第三十二名。

张士昌 字时周，一字毅斋，清顺德龙江人。嘉庆十五年（1810）赐副贡，十八年赐举人。在西樵山讲学，嘉庆朝举人蔡凤显、李朝相、蔡湘皆其学生。寿80多岁。子寿清，原名谦。

《西樵白云洞志》第二册《传略·张孝廉士昌》：字时周，一字毅斋，顺德人。少能文，与族人药房太史、玉洲孝廉俱受知于学使翁覃溪，后虽屡困场屋而好学不倦。敦尚名检，诱掖后进，数十年如一日。在白云洞巃嵸阁讲学有年，及门者多知名士。嘉庆庚午钦赐副贡，癸酉赐举人。寿八十余岁。子谦，一字六皆，早登辛酉乡荐。及门如蔡孝廉凤显、李孝廉朝相、蔡孝廉湘，皆当时受业洞中者。

［咸丰］《顺德县志》卷十一《副贡·国朝·嘉庆》：张士昌，龙江人，庚午……以符例赐。《举人二·国朝·嘉庆》：张士昌，龙江人，以符例赐……癸酉科。

张允升 清南海人。嘉庆十五年（1810）举人。

［道光］《广东通志》卷八十一《选举表十九·举人四·国朝·嘉庆十五年庚午·广州府》：南海人。

张思齐　清顺德龙江人。嘉庆十五年（1810）优贡生，任镶红旗教习。墨梅具文人气息，隶书有父锦芳之风。弟思植。

［咸丰］《顺德县志》卷十一《优贡·国朝·嘉庆》：龙江人，庚午。卷二十六《列传六·国朝二·张锦芳传》：子思齐，优贡生，能诗善书画，尤工墨梅，得尺幅者恒珍之。思植亦能文，道光壬午岁贡。

张嘉猷　字家善，清顺德龙山人。嘉庆十五年（1810）举人，36岁卒。父洛书亦早亡。

［道光］《广东通志》卷八十一《选举表十九·举人四·国朝·嘉庆十五年庚午·广州府》：顺德人。

［咸丰］《顺德县志》卷二十六《列传六·国朝二》：字家善，龙山人……父洛书，字道存，诸生，博学工诗，著有《洛书遗稿》。母亦能诗。嘉猷少孤，性敏好学，就傅后恒泣抱遗书不忍释。诗文高迈，尤工书法。性孤介，不妄交。家赤贫，嘉庆庚午以诸生领乡荐而困益甚。其祖尝辟山作室训，嘉猷下第归复居此，循墙得三十六步，即以颜之，卒年适如其数。著有《磐池诗草》五卷。

陆逢恩　清三水金竹人。嘉庆十五年（1810）赐副贡。

［嘉庆］《三水县志》卷九《选举·副榜贡·清》：金竹人，（嘉庆）庚午科，钦赐。

陈济霖　清顺德马齐人。嘉庆十五年（1810）赐副贡。

［咸丰］《顺德县志》卷十一《副贡·国朝·嘉庆》：马齐人，庚午……以符例赐。

陈垂声　清顺德大良人。嘉庆十五年（1810）赐副贡，十八年赐举人，道光二年（1822）赐国子监学正衔。寿92岁。妻关氏寿91岁。父乐修。母谈氏30岁守节，寿99岁。子和鸣。

［咸丰］《顺德县志》卷十五《耆寿·九十寿妇》：谈氏，大良陈乐修妻，年九十九，三十守节。子垂声，赐国子监学正，年九十二。妻关氏九十一。孙和鸣，岁贡。卷十一《副贡·国朝·嘉庆》：大良人，庚午……以符例赐。《举人·国朝·嘉庆》：大良人。以符例赐，壬午赐国子监学正衔……癸酉科。

陈庭扬　名或作廷扬，字简臣，清顺德容奇人。父光官，长兄传科，侄元楷。

［民国］《顺德县志》卷九《封荫表·封赠·文阶》：陈廷扬，容奇人，以侄元楷貤封。卷二十《列传五》：字简臣，容奇人。父光官，素敦行谊，自有传。庭扬年十七失怙，兄弟三人奉母命析产，各得田五十亩。长兄传科业儒，自理家政。庭扬与幼弟合产治生，善居积，业浸丰。幼弟豪华一掷千金，债台高筑，庭扬悉为清偿，弟感悟复归于正。年六十自建宅为菟裘计，特为弟建大宅于傍尤壮丽。分产各得田十四顷有奇，以膏腴与弟而自取硗瘠者。咸丰七年岁大饥，尽出积谷，视坊人之众寡酌予若干石平粜，乡人咸服其义。时桂洲胡殿平，字和远，弟殿宽，字绰远，亦以孝友著。初其父以贞轻财好施负债而殁，殿平兄弟曲体亲意，尽变遗产以偿同怀，七昆仲生计皆赖维持。嗣积产渐丰与诸弟均，无私蓄。从兄弟无后者为立嗣置尝，不稍歧视。余如建祠修路、恤寡矜孤，咸倾囊不吝焉。

庞艺林　改名霖，清南海佛山镇人。嘉庆十五年（1810）举人。

［道光］《广东通志》卷八十一《选举表十九·举人四·国朝·嘉庆十五年庚午·广州府》：南海人。

［道光］《南海县志》卷二十一《选举表二·国朝·举人·嘉庆朝》：改名霖，知县……庚午科。

［同治］《南海县志》卷九《举人·清》：庞霖，修文知县，嘉庆朝。

［民国］《佛山忠义乡志》卷十三《选举志二·仕宦·文职·清》：贵州修文县知县。

林梁　清南海佛山镇人。嘉庆十五年（1810）举人，任广东封川教谕、德庆州学正。同治九年（1870）庆祝中举六十年重宴鹿鸣，寿至96岁。父东山。

［道光］《广东通志》卷八十一《选举表十九·举人四·国朝·嘉庆十五年庚午·广州府》：南海人。

［道光］《佛山忠义乡志》卷十三《乡禁志（告示）》：文阁前北坦田照，案：据职员吴泰来、吴凤髦、举人林梁、冼沂等呈称，道光五年十一月初七日工典房承。

［道光］《南海县志》卷二十一《选举表二·国朝·举人·嘉庆朝》：封川教谕……庚午科。《国朝·封荫·嘉庆朝》：林东山，以子梁貤赠修职郎。

[同治]《南海县志》卷九《举人·清》：德庆州学正，嘉庆朝。

[民国]《佛山忠义乡志》卷十三《选举志二·仕宦·文职·清》：德庆州学正。卷十四《人物志七·耆寿·重宴鹿鸣》：同治庚午重宴鹿鸣，寿至九十六岁。

招佩璠 清南海人。嘉庆十五年（1810）武举。

[道光]《南海县志》卷二十二《选举表三·国朝·武举·嘉庆朝》：庚午科。

罗仲藩 改名仲衡，清南海人。嘉庆十五年（1810）举人，惠来县教谕。

[道光]《广东通志》卷八十一《选举表十九·举人四·国朝·嘉庆十五年庚午·广州府》：南海人。

[同治]《南海县志》卷九《举人·清》：改名仲衡，惠来教谕，嘉庆朝。卷十《艺文略·经部·四书类》：《圣经注辨》，国朝罗仲藩撰。

周全 清顺德旧寨人。嘉庆十五年（1810）副贡。

[咸丰]《顺德县志》卷十一《副贡·国朝·嘉庆》：旧寨人，庚午。

[光绪]《广州府志》卷五十三《选举表二十二·仕宦四·国朝·文职·顺德》：嘉庆庚午副贡，吴川教谕。

周如浈 名或作如桢、如贞，清顺德黎村人，住佛山镇。嘉庆十五年（1810）副贡。

[道光]《佛山忠义乡志》卷十《贡生·清》：即用教谕，副贡。

[道光]《南海县志》卷二十一《选举表二·国朝·贡生荐辟·嘉庆朝》：周如桢，副贡……庚午。

[民国]《顺德县志》卷八《选举表一·郭〈志〉补遗·五贡·国朝》：周如贞，黎村人，嘉庆庚午副贡。

莫鸿仪 清南海佛山镇人。嘉庆十五年（1810）举人。兄健翎。

[道光]《广东通志》卷八十一《选举表十九·举人四·国朝·嘉庆十五年庚午·广州府》：南海人，监生。

［道光］《南海县志》卷二十一《选举表二·国朝·举人·道光朝》：莫健翎，弟鸿仪，子以枋，乙酉科。

徐大安　清三水白坭庙冈人。嘉庆十五年（1810）武举。

［嘉庆］《三水县志》卷九《选举·武举·国朝·嘉庆十五年庚午科》：白坭庙冈人。前署肇庆中营把总，现任广东全省提塘。

［光绪］《广州府志》卷五十五《选举表二十四·仕宦六·国朝·武职·三水》：嘉庆十五年庚午武举，肇庆中营把总，广东驻省提塘，署驻京塘务。

黄文海　清南海里水人。嘉庆十五年（1810）举人第一名。道光十三四年，与吕陈谟赈饥。

［道光］《广东通志》卷八十一《选举表十九·举人四·国朝·嘉庆十五年庚午·广州府》：解元，南海人。

［同治］《南海县志》卷九《举人·清》：阳江教谕，嘉庆朝。卷十五《吕陈谟传》：道光十三四年连岁大饥，陈谟家居，首劝殷户义捐，开设平粜局，又偕黄孝廉文海禀请大宪发仓领赈，全活甚多。

黄兆明　清顺德人。嘉庆十五年（1810）任顺德协千总，二十一年任守备。

［咸丰］《顺德县志》卷九《职官二·千总·嘉庆》：十五年任……左营。《职官二·守备·嘉庆》：本县人。二十一年任，右营。

黄骏　清南海人。嘉庆十五年（1810）岁贡。

［道光］《南海县志》卷二十一《选举表二·国朝·贡生荐辟·嘉庆朝》：岁贡……庚午。

龚在德　清南海人。嘉庆十五年（1810）举人。

［道光］《广东通志》卷八十一《选举表十九·举人四·国朝·嘉庆十五年庚午·广州府》：南海人。

梁连茹（清嘉庆）　清顺德黄连人。嘉庆十五年（1810）赐举人。

［咸丰］《顺德县志》卷十一《举人二·国朝·嘉庆》：黄连人……以符

例赐，庚午科。

梁体仁　清高明鹅村人。嘉庆十五年（1810）例贡。

［道光］《高明县志》卷十二《选举志·例贡·国朝》：鹅村人，嘉庆十五年例贡。

梁希成　清顺德黄连人。嘉庆十五年（1810）赐举人。

［咸丰］《顺德县志》卷十一《举人二·国朝·嘉庆》：黄连人……以符例赐，庚午科。

梁祥　清三水人。嘉庆十五年（1810）任顺德协把总。

［咸丰］《顺德县志》卷九《职官二·把总·嘉庆》：三水人，十五年任……头司左哨……右营。《职官二·外委·国朝·嘉庆》：三水人……右哨，外委千总……右营。

游球　字序东，号夔玉，清南海西城冈人。嘉庆十五年（1810）副贡，二十四年举人，在广州教书。道光二十四年（1844）大挑二等，授龙川学教谕，擢惠州府教授。卒于官。祖诏斯，父德睿，子显廷，孙超元。

［道光］《广东通志》卷八十一《选举表十九·举人四·国朝·嘉庆二十四年己卯·广州府》：南海人。

［道光］《南海县志》卷二十一《选举表二·国朝·贡生荐辟·嘉庆朝》：副贡……庚午。《国朝·举人·嘉庆朝》：龙川教谕……已卯科。

［同治］《南海县志》卷九《举人·清》：惠州府教授。祖诏斯、父德睿，俱文林郎，嘉庆朝。卷十五《列传·官师》：字序东，号夔玉，西城冈人。幼聪慧，年十五背诵五经，略通义训，学使姚文田异之，补弟子员以为经学劝。道光廿四年甲辰大挑二等，授龙川学教谕，俸满擢惠州府教授。球性孝友，登第后历年在省垣授徒，成就人材甚众，而脩脯所入推之昆弟，己不私一钱。其在龙川也，值红巾之变，土贼陈亚田、邹亚兰等率党攻城。或谓球：“公为教官，职在迪训诸生，无地方责，如曾子居武城可也，胡困处危城中而不去?”球曰：“教官虽微，亦食俸禄、有责任者。对诸生则为师，于朝廷则为吏，敢先去为民望耶?”安处学斋，日与县令商城守事。危急时谓妻黄氏曰：

"我与若俱登大年，死亦非夭。脱①有不幸，一条绳、一碗药同登仙界矣，汝勿怖！"会贼攻五十余日力已惫，县令陈嘉礼、总兵叶逢清、熊天锡固守，外援又至，贼散走，城乃获全。事上闻，以军功加六品衔。其在惠州也，勤于其职，以送科返省顺道回乡省墓，值有病，家人劝居家调养，勿返惠城。球曰："是何言与？吾未告疾引退，有一日官食、一日禄即当尽一日职，官于此即死于此，吾分也，安能卧床上在儿女手中耶！"遂呼家人买舟载棺而去。平生精力过人，易箦前数日，犹与弟子及诸孙谈制义、诵《尚书》喃喃不绝。少从僧觉学琴，常拂拭以养情性。一夕琴挂于壁，无故自鸣者三，移时端坐而卒。著有《四书集解》《论文览要》若干卷藏于家。子显廷，登咸丰壬子会科入词林。孙超元，中同治甲子举人。

谢念曾　清南海人。嘉庆十五年（1810）举人。

［道光］《广东通志》卷八十一《选举表十九·举人四·国朝·嘉庆十五年庚午·广州府》：南海人，兰生侄，第八名。

谢景云　清南海人。嘉庆十五年（1810）副贡，十八年举人，官同知。

［道光］《广东通志》卷八十一《选举表十九·举人四·国朝·嘉庆十八年癸酉·广州府》：南海人。

［道光］《南海县志》卷二十一《选举表二·国朝·贡生荐辟·嘉庆朝》：副贡……庚午。《国朝·举人·嘉庆朝》：同知……癸酉科。

曾辉　清高明泽河人。嘉庆十五年（1810）例贡。

［道光］《高明县志》卷十二《选举志·例贡·国朝》：泽河人，嘉庆十五年例贡。

彭成文　清高明沙村人。嘉庆十五年（1810）例贡。

［道光］《高明县志》卷十二《选举志·例贡·国朝》：沙村人，嘉庆十五年例贡。

简嵩培　原名厥修，字永庵，清顺德龙江人。嘉庆十五年

---

①脱：假若。

(1810）举人，八赴礼闱不第。弟钧培。女贞女，女婿何应发。

［道光］《广东通志》卷八十一《选举表十九·举人四·国朝·嘉庆十五年庚午·广州府》：简厥修，顺德人，后改名嵩培。

［咸丰］《顺德县志》卷十一《举人二·国朝·嘉庆》：字永庵，原名厥修，龙江人。钧培兄……庚午科。卷二十六《列传六·国朝二》：早岁文誉大噪，嘉庆庚午举人，八赴礼闱不第而意常自如。倦游归里，乡人延理约务，凡事秉公不阿，力能扫除积弊。暇则以诗歌自娱，著有《得到梅花馆诗草》。同怀弟钧培。

［民国］《顺德县志》卷十四《艺文略·集部·别集·闺秀》：《嗣得到梅花馆诗钞》一卷，国朝简贞女撰。谨按：贞女，龙江人，举人简嵩培女，同乡何应发聘妻。嵩培有《得到梅花馆诗抄》，前已著录，此故云“嗣”也。

谭经邦　清高明城中人。嘉庆十五年（1810）捐授州同，道光三年（1823）参修《高明县志》。

［道光］《高明县志》卷十二《选举志·国朝文例职》：城中人，嘉庆十五年捐授州同。卷首《纂修〈高明县志〉·编次》：候选州同谭经邦。

谭钟贤　清高明巨塘人。嘉庆十五年（1810）例贡。

［道光］《高明县志》卷十二《选举志·例贡·国朝》：巨塘人，嘉庆十五年例贡。

蔡凤显　字瑞远，一字仪廷，或作仪亭，清顺德龙江人。早年在西樵山白云洞从学于张士昌，15岁为郡弟子员，次年成廪生。嘉庆十五年（1810）举人，大挑二等未赴选，51岁卒于家。父士超去世，母何氏27岁守节受旌。

［道光］《广东通志》卷八十一《选举表十九·举人四·国朝·嘉庆十五年庚午·广州府》：顺德人。

《西樵白云洞志》第二册《传略·蔡广文凤显》：字瑞远，一字仪廷，顺德人。幼聪慧能文，在白云洞寵崧阁从张毅斋孝廉游。年十六补郡弟子员，逾岁补廪。领嘉庆庚午乡荐，大挑二等，以教职用，未赴选，卒于家。生平好学敦行，取与不苟而性醇和，与人无竞，见者靡不钦爱。卒年五十有一，简孝廉梦岩作《伤逝篇》以哭之，有句云：“文章老更成，诗律工逾细。”仪廷之学，亦有定评矣。

［咸丰］《顺德县志》卷十一《举人二·国朝·嘉庆》：字仪亭，龙江人……庚午科。卷二十九《列传九·列女二·国朝》：何氏，龙江监生蔡士超妻。二十二于归，善事舅姑，克勤妇道。二十七守节，教育二子。次凤显，庚午举人。嘉庆十四年旌。

蔡燮　字佑卿，清顺德龙江人。嘉庆十五年（1810）举人。

［道光］《广东通志》卷八十一《选举表十九·举人四·国朝·嘉庆十五年庚午·广州府》：顺德人。

［咸丰］《顺德县志》卷十一《举人二·国朝·嘉庆》：字佑卿，龙江人，庚午科。

黎浩其　清南海人。嘉庆十五年（1810）任顺德训科。

［咸丰］《顺德县志》卷九《职官一·训科（医学）·国朝·嘉庆》：南海人，十五年充。

黎殿邦　清顺德桂洲人。嘉庆十五年（1810）武举。

［咸丰］《顺德县志》卷十一《武举·国朝·嘉庆》：桂洲人……庚午。

潘凤歧　清顺德冲鹤人。嘉庆十五年（1810）武举。

［咸丰］《顺德县志》卷十一《武举·国朝·嘉庆》：冲鹤人……庚午。

潘远明　清顺德龙眼人。嘉庆十五年（1810）赐举人。

［咸丰］《顺德县志》卷十一《举人二·国朝·嘉庆》：龙眼人……以符例赐，庚午科。

潘学源　清顺德裕涌人。嘉庆十五年（1810）赐副贡。

［咸丰］《顺德县志》卷十一《副贡·国朝·嘉庆》：裕涌人，庚午……以符例赐。

潘鸣歧（清嘉庆）　清高明独冈人。嘉庆十五年（1810）廪贡，十七年任广东海阳训导。二十四年赠父官衔。父裔敏。

［道光］《高明县志》卷十三《人物志·国朝·潘裔敏传》：字臣举……子鸣歧，聪明力学，采芹食饩，屡列优等，棘闱数战，荐焉不售。以廪贡特

授海阳训导，署教谕事，训迪有方，士风丕变。海阳素号富饶，歧廉洁自将、脩脯不计，士论韪之，皆敏之教所诒也。卷十二《选举志·贡生·国朝》：独冈人。嘉庆十五年廪贡，任海阳训导。

［道光］《广东通志》卷五十《职官表四十一·国朝八·海阳县·教谕训导·嘉庆朝》：高明人。十七年任……训导。

霍恒康　清南海人。嘉庆十五年（1810）举人。

［道光］《广东通志》卷八十一《选举表十九·举人四·国朝·嘉庆十五年庚午·广州府》：南海人，监生。

冼沂　（1780—1832）字荣宗，号雩门，清南海佛山镇人。嘉庆二十四年（1819）举人，道光十年（1830）平义仓之衅。子凤诏，孙宝桢、宝榦。

［道光］《广东通志》卷八十一《选举表十九·举人四·国朝·嘉庆二十四年己卯·广州府》：南海人。卷四十三《职官表三十四·国朝一·提督学政·嘉庆朝》：姚文田，浙江归安人，己未进士，六年以修撰任。茅元铭，江苏丹徒人，壬辰进士，九年任。

［道光］《佛山忠义乡志》卷十《举人·清》：嘉庆己卯。

［同治］《南海县志》卷十四《列传》：字雩门，佛山人。……自祖父以来，孝友传家，门庭雍睦。初年产业丰赡，后渐中落，然性耿介，取与不苟。登乡荐后恒寓省垣，以披阅时文及岐黄术自给，而于乡里故事素所留心，前修《佛山志》时，广集旁搜，悉更其手。加以力能任事，解纷排难尤觉挥霍自如。初，乡贤劳潼由魁冈堡徙佛山，虑镇内地大人稠素无蓄积，于绅富中多方筹款创立义仓，其度支管钥司于乡绅，粜籴发放掌于官吏，日久废弛，外间颇有违言。道光十年，某绅为仓总管，性刚愎与俗不和。匪徒刘添等因年饥遂布流言，谓仓谷为劣绅侵蚀殆尽，廒中只糠核耳，众大疑亦附和之，将修怨于乡绅并扰及各官衙署。沂时方赴省禀抚宪发仓开赈，忽家僮以急变告，且止使勿回，免与其祸。沂曰："我不归乱必作，是顾一身贻祸于众也。"即弛抵仓前，谓众人曰："谷有无亏短，请官查验，是非立见，如有亏短，惟冼沂是问。诸君亦宜戒饬子弟谨守仓门，倘盗贼乘机抢掠，诸君罪无可逭矣。"遂诣同知请验，同知曰："众怒难犯，官势岂能弹压？公非管仓人，何苦代人受过？"沂曰："事变若成，举人有死丧之忧，公祖亦有地方之责。惟将事之有无彻底根究，既释疑窦即塞乱源，安可将就了事？"同知韪之，乃偕往盘仓，仓发积粟累累，遂按向章连次赈毕，众大悦。当赈时，邑令潘尚楫

抵佛监督，赏沂才欲延之幕中襄办公务，辞不赴。后数载病卒于家，年五十三。子凤诏，同治甲子科举人。

［民国］《佛山忠义乡志》卷十四《人物志三·儒林·清》：字荣宗，号雩门。聪颖好学，弱冠补博士弟子员，文战辄冠其群。乾嘉间朴学昌明，沂长于三礼而宗旨以程朱为归，尝曰："孔孟之学，周子得其传以授程朱，我粤陈白沙、湛甘泉两先生为周子嫡派。房祖桂奇主政亲受业于甘泉子之门，渊源最近，大旨在'随处体认天理'，守此六字足已。"于是穷究学案，粹然一归于正，嘉庆己卯以一经领乡荐。方是时，阮文达督粤，设学海堂搜辑经解，闻其名聘司校理。以文达辑刻专取汉学，辄攻击程朱，非持平之道，托故却之，论者服其信道之笃。生平自重，不肯干涉地方事，而有关大局、力所能到亦恒自任。佛山义仓为备荒而设，道光十年岁饥，贫民请开赈，当事者议未决，不肖之徒乘机造谣，谓仓款被吞，所储糠核耳。附和者塞衢巷，声言拆毁巨室。时方从会城闻警归，只身诣仓，众方哗于仓门，见沂至愕然，谕之曰："仓故有谷，若等每月牙会（牙主互市之通称，本作"亙"，即"互"之俗字，后讹承作牙，见《唐韵正》。《旧唐书》'禄山为互市牙郎'，今有牙帖、牙保名目。粤俗初二、十六为牙期，商店民户均于是日设馔祀神谓之食牙，盖本诸此。或改"祃"字，祃为出征祀名，不能混用）眼同粜粜①，岂不知之？今与若约定某日请官莅仓盘验，倘是空仓，惟冼某是问。岁荒开赈自是一定道理，但查户碾米非咄嗟可办，鼓噪奚为者？"众曰："得公担任，吾等散矣。"于是大变立弭，赈务亦办，事载《南海县志》。乡人以此举与冼桂奇倡赈靖乱迨后先济美云。性澹荣利不苟取，乡举时年方强仕，一赴公车即不复出，自署其斋曰"通一书屋"，取三年通一艺之意。桂奇主政著有《广居堂稿》，详加注释刊行于世。道光戊子，吴荷屋中丞修佛山志，推为总纂，义例皆其手定。所读九经监本旁录诸家说细如蚊睫，惜卷帙弗全，其他著述亦多散佚，惟《广居堂稿注》可见一斑，《北行吟草》一卷刊存家集中……孙宝桢，廪生，教谕，候选太常博士，另传。宝榦，进士，官湖南沅陵知县。卷十五《艺文志二·集部·清》：《北行吟草》，冼沂撰。冼沂，字荣宗，一字雩门，号冠石。少力学，年二十五受知于姚秋农②学使，补弟子员。四十举于乡，两赴礼闱未售，因寄于医。时酣酒发而为诗率散去弗存，惟己卯《北行吟草》成帙……因勉其裒而付诸剞劂。氏房兄日藻序。

---

①籴粜（dítiào）：买卖粮食。

②姚秋农，即姚文田（1758—1827），字秋农，嘉庆六年（1801）至九年任广东学政。

方钰 字健行，清南海佛山镇人。道光六年（1826）督修佛山海口文昌阁，十年继冼沂之后再平义仓之衅。

［民国］《佛山忠义乡志》卷十四《人物志六·义行·清》：字健行，邑诸生。家贫以教读为生，成就人才甚众。佛山义仓向归绅管，道光十年饥，居民惑于浮言，谓仓谷被吞殆尽，将寻仇于搢绅之家。举人冼沂闻变诣仓解散，即日请官盘验开赈，大变立弭。事定后，乡绅以众口难防不欲沾手。适土人有为同知胥吏者献言于官，谓："绅民不和，不若尽归出入于官，可止众谤。"官允之，众人无所可否。钰诣吏室争之曰："仓旧章：度支掌于绅，稽查归于官，使互相查核，法至善也。今以民仓归官，虽有亏短挪移，不在参处之数，弊将益深。且管于绅官能察之，归于官谁察之者？况官吏来去无常，前者亏空，后任未必肯为垫抵也。汝佛山人，他日追原作俑，饥口嗷嗷皆集矢于汝，汝子孙能贴席眠乎？"吏愕然，再求官以仓归绅，官谓其反复无常不准，钰乃与众绅联禀语甚恳切，即批照呈施行。佥谓："义仓巅末，沂止乱于将萌，钰防弊于未发，皆于民食有赖。"镇人至今德之。卷八《祠祀志二·群庙·文昌庙》：《重修佛山海口文昌阁记》……里人吴荣光撰。道光六年丙戌四月，督修里人方钰等立石。

龙元份 字均如，清顺德大良人。工书画，寿81岁。父廷槐，兄元任，孙祝龄、肇墀、锡赉。

［民国］《顺德县志》卷二十《列传五》：字均如，大良人，邑诸生。祖应时，父廷槐，兄元任……元份性脱略，无豪贵气习，从诸兄习举业不售，放怀山水。好作书画，皆称妙品，自号南溪外史，其墨迹为世珍贵。年八十一卒，华盖山前飞盖园即其觞咏处也。孙祝龄，光绪壬午顺天副贡，己丑登本省贤书。肇墀，壬寅顺天副贡。锡赉，诸生。

关作霖 字苍松，清南海竹径乡人。少随船游欧美，学油画，嘉庆时在广州以绘画为业。

［宣统］《南海县志》卷二十一《列传·艺术》：字苍松，江浦司竹径乡人。少家贫，思托业以谋生，又不欲执艺居人下，因附海舶遍游欧美各国，喜其油相传神从而学习。学成而归，设肆羊城，为人写真栩栩欲活，见者无不诧叹。时在嘉庆中叶，此技初入中国，西人亦惊以为奇，得未曾有云。

叶汝璠　清高明鹿冈人。嘉庆十六年（1811）捐授州同，道光三年（1823）参修《高明县志》。

［道光］《高明县志》卷十二《选举志·国朝文例职》：鹿冈人，嘉庆十六年捐授州同。卷首《纂修〈高明县志〉·校刊》：候选州同叶汝璠。

叶鸿猷　清高明鹿冈人。嘉庆十六年（1811）例贡。

［道光］《高明县志》卷十二《选举志·例贡·国朝》：鹿冈人，嘉庆十六年例贡。

刘士琩　清高明世唐美人。嘉庆十六年（1811）捐授千总。

［道光］《高明县志》卷十二《选举志·国朝武职例》：世唐美人，嘉庆十六年由武生捐授千总。

何士馨　清高明官田人。嘉庆十六年（1811）捐授千总。

［道光］《高明县志》卷十二《选举志·国朝武职例》：官田人，嘉庆十六年由武生捐授千总。

林如绾　清高明范州人。嘉庆十六年（1811）岁贡。

［光绪］《高明县志》卷十二《选举表·国朝·岁贡·嘉庆朝》：范州人，广西籍，十六年贡。

程开纬　清高明城中人。嘉庆十六年（1811）捐授布政司经历。

［道光］《高明县志》卷十二《选举志·国朝文例职》：城中人，嘉庆十六年捐授布政司经历。

程开麒　清高明城中人。嘉庆十六年（1811）捐授千总。

［道光］《高明县志》卷十二《选举志·国朝武职例》：城中人，嘉庆十六年捐授千总。

漆连陞　清顺德人。嘉庆十六年（1811）任顺德协把总、千总。

［咸丰］《顺德县志》卷九《职官二·把总·嘉庆》：县人，十六年

任……二司左哨……右营。《职官二·千总·嘉庆》：县人，十六年任……右哨，右营。

蔡荃洲 清顺德龙江人。嘉庆十六年（1811）岁贡。

［咸丰］《顺德县志》卷十一《岁贡·国朝·嘉庆》：龙江人，辛未。

潘履泰 字聘光，清顺德桂洲人。嘉庆十六年（1811）赈饥。捕盗有功，二十年补海南琼州训导，调监广州粤秀书院，奉命回乡任十六沙缉捕。父天骥，应试久不中，援例授官。

［道光］《广东通志》卷五十五《职官表四十六·国朝十三·琼州府·教授训导·嘉庆朝》：顺德人。廪贡，二十年任，训导。

［咸丰］《顺德县志》卷二十七《列传七·国朝三》：字聘光，由廪贡以捕盗功补琼州训导，调监粤秀院，檄还理十六沙缉捕，义举能继父志。卷十三《仕宦·文职·国朝》：冲鹤人，琼州府……训导。

黎民戴 字莘农，清顺德人。诸生。嘉庆十六年（1811）与堂兄谦光一起，捐款修葺西樵山巃嵸阁，并在此结业。道光二十一年（1841），买梅数百棵植于白云洞中。嘉庆二十四年举人冼文焕携酒过访，并赠绝句四首。

《西樵白云洞志》附《白云洞游览诗》：黎谦光，一字六吉，顺德诸生。嘉庆辛未，偕从弟莘农，捐资修葺巃嵸阁。肄业……黎民戴，一字莘农，顺德人，候选县丞。尝偕从兄六吉，捐资重修巃嵸阁及云厂，并肄业其中。附《白云洞诗合编》：辛丑冬，余购梅数百本，遍植白云洞中。旋到巃嵸阁度岁，卿云冼孝廉携酒过访，并赠绝句四首，爰次原韵奉和……孤山处士甘遗世（余三试都门，再以额满见黜。原诗勉以进取，有负盛心）……李文照，黎贰尹莘农在巃嵸阁度岁，留题四绝，次韵奉和。犹记当年手一经（辛未，莘农肄业巃嵸阁）……何隆清，次冼卿云孝廉赠黎贰尹原韵并序。黎君莘农，风雅士也。溯余未弱冠时，偕友人巃嵸阁游，黎君肄业其中。对谈款洽，迄今历四十年，几不复记忆矣。幸名山重振，尤喜黎君购梅数百，遍植洞中，洵称韵事。

杨炯 清高明城中人。嘉庆十七年（1812）捐授州同。子子型。

[道光]《高明县志》卷十二《选举志·国朝文例职》：城中人，嘉庆十七年捐授州同。

何为章 清高明朗锦人。嘉庆十七年（1812）捐授州同并赠祖、父官衔。六年，次子如梅捐授县丞。二十年，三子如杰捐按察司知事。祖恃选，父光东。

[道光]《高明县志》卷十二《选举志·国朝文例职》：朗锦人，嘉庆十七年捐授州同。何如梅，朗锦人，为章次子，嘉庆六年捐授县丞。何如杰，朗锦人，为章三子，嘉庆二十年捐按察司知事。《选举志·援捐·封典》：何恃选，朗锦人，嘉庆十七年以孙为章赠儒林郎。何光东，朗锦人，国学，嘉庆十七年以子为章赠儒林郎。

何如梅 清高明朗锦人。嘉庆六年（1801）捐授县丞。父为章，弟如杰。

[道光]《高明县志》卷十二《选举志·国朝文例职》：朗锦人，为章次子，嘉庆六年捐授县丞。

何如杰 清高明朗锦人。嘉庆二十年（1815）捐按察司知事。父为章，兄如梅。

[道光]《高明县志》卷十二《选举志·国朝文例职》：朗锦人，为章三子，嘉庆二十年捐按察司知事。

陈毓芳 字节邦，清南海人。嘉庆十七年（1812）岁贡，曾在西樵山学习。

[道光]《南海县志》卷二十一《选举表二·国朝·贡生荐辟·嘉庆朝》：壬申岁贡。

《西樵白云洞志》第二册《传略·陈明经毓芳》：字节邦，南海人。嘉庆壬申岁贡。尝肄业洞中。

罗元音 清高明南岸人。嘉庆十七年（1812）岁贡，道光三年（1823）参修《高明县志》。

[道光]《高明县志》卷十二《选举志·贡生·国朝》：南岸人，嘉庆十七年岁贡。卷首《纂修〈高明县志〉·分纂》：岁贡、序选训导罗元音。

姚梦鲲 清顺德人。嘉庆十七年（1812）任顺德协把总，二十三年任千总。

[咸丰]《顺德县志》卷九《职官二·把总·嘉庆》：县人，十七年任。头司右哨……右营。《职官二·千总·嘉庆》：县人，二十三年任。右哨，右营。

[光绪]《广州府志》卷三十一《职官表十五·国朝·武职·都司守备·道光朝》：十年任，水师提标前营都司。顺德人。行伍，六年任，新会右营守备。姚梦鹍，顺德人。行伍，五年任，新宁城守备。

黎辉如 清高明布社人。嘉庆十七年（1812）捐授千总。

[道光]《高明县志》卷十二《选举志·国朝武职例》：布社人，嘉庆十七年捐授千总。

黄允恂 字逊之，清顺德大良人。嘉庆二十三年（1818）举人。父玉霞，母梁氏，弟乐之、济之，子选。

[道光]《广东通志》卷八十一《选举表十九·举人四·国朝·嘉庆二十三年戊寅·广州府》：黄允珣，顺德人。

[咸丰]《顺德县志》卷十一《举人二·国朝·嘉庆》：字逊之，大良人.选父……戊寅万寿恩科。卷二十九《列传九·列女二·国朝》：梁氏逢……大良府学生黄玉霞妻……二十九守节，抚三子二女……长允恂……次乐之。

[民国]《顺德县志》卷九《封荫表·封赠·文阶》：黄济之，大良人，以侄经赠山西按察使。黄允恂，大良，举人，以侄经赠.黄绪，以弟经赠.俱山西河东道。

黄乐之 （约1783—约1864）字爱庐，清顺德大良人。嘉庆十八年（1813）拔贡，道光二年（1822）举人，二十三年擢浙江道，三十年在江西吉南赣宁道平英德土贼赏戴花翎。咸丰元年（1851）擢福建按察使，调浙江按察使乞休。寿82岁。祖臣聪，父玉霞，子统、经，孙建笎、建节、建籍。

[道光]《广东通志》卷八十一《选举表十九·举人四·国朝·道光二年壬午附顺天中式》：顺德人。拔贡，吏部七品小京官。

[咸丰]《顺德县志》卷十一《拔贡·国朝·嘉庆》：大良人。癸酉，吏

部七品小京官。《举人二·国朝·道光》：字爱庐，大良人。顺天榜，现任浙江按察使司……壬午科。

［光绪］《广州府志》卷一百三十三《列传二十二·国朝·顺德》：号爱庐，大良人。嘉庆癸酉拔贡，以小京官签分吏部。举道光壬午乡试，补稽勋司主事，擢文选司员外郎。丁艰服阕，补江南道御史，署兵科给事中，擢工科给事中。乐之居言路，随事条陈，其最切要者有培养广东元气六款：一曰捕务勿废弛，二曰案件宜速完，三曰钱粮禁浮收，四曰义仓宜专设，五曰营兵宜训练，六曰榷税宜均平。累数千言，指陈宿弊，如烛照数计。所上封章多议行。授贵州遵义府知府，乐之到任，见辖县不知蚕桑但种青㭎养山蚕，蚕熟结茧又为乌雀啄害，乃刻《农宝要书》，立赏格申劝买棉子教之树艺，并制纺织器具分颁村庄，厥利甚广。山王坳私开银矿，亲往逐之。以巡抚贺长龄荐，癸卯擢浙江杭嘉湖道。辖缺有海塘工务最急，其营兵以备修筑，不习弓箭技击。乐之延师训练，悬赏操演，兵皆可用，总督刘韵珂巡阅至，大加赞赏。屏绝苞苴陋规，一无所受，总办洋务善后局，绅董送薪水亦不受，其清介如此。擢山东盐运司，调江西吉南赣宁道。三十年，广东英德土贼滋事，境连南赣，巡抚陈阡檄往巡防。时贼为粤兵所逼，将逾龙子岭入境，适都司遮克敦布领兵至，令驰赴龙子岭。岭有两路乃坑其一，并兵力于一路设伏以待。夜未晨贼大至，伏兵枪毙数贼，贼不得过。会粤兵至夹击，毙贼无算，捷上，赏戴花翎。咸丰元年擢福建按察使，调浙江按察使。时发贼据金陵，镇江、扬州失守，乐之督师守平望莺脰湖，江督怡良奏署浙江藩司，以时事多故恐误军务，遂以老乞休。卒年八十二。子五人，长统，字伯垂……三子经，号确泉。卷五十九《选举表二十八·封荫·国朝·顺德》：黄玉成，以侄乐之赠员外郎。黄臣聪，以孙乐之赠吏部考功司主事。黄玉鸾，以侄乐之赠吏部考功司主事。黄玉海，监生，以侄乐之赠吏部七品小京官。黄臣都，以侄乐之赠吏部七品小京官。黄臣鸣，教谕，以出嗣孙乐之赠杭嘉湖道。黄玉霞，廪生，以子乐之赠杭嘉湖道。

［民国］《顺德县志》卷十七《列传二》：父玉霞……乐之少承家学……二曰钱粮禁浮收，三曰义仓宜专设，四曰营兵宜训练，五曰盐务禁私侵……孙建笎……建节、建籍，诸生。卷十四《艺文略·集部·别集》：《枣香书屋诗钞》，国朝黄乐之撰。

马殿安　清顺德扬教人。嘉庆十八年（1813）武举。父万里，祖达逵。

［咸丰］《顺德县志》卷十一《武举·国朝·嘉庆》：扬教人，癸酉。卷

十五《耆寿·百岁以外寿妇·国朝》：莫氏，杨滘马达逵妻。子万里，庠生。孙殿安，武举。一堂五代，道光十四年旌，百有七岁。

［光绪］《广州府志》卷五十三《选举表二十二·仕宦四·国朝·武职·顺德》：嘉庆癸酉科武举，广东驻京塘务。

方应林 清南海人。嘉庆十八年（1813）岁贡。

［同治］《南海县志》卷九《拾遗订误·贡生》：癸酉岁贡，嘉庆朝。

区基绪 号穀贻，清高明棠美人。嘉庆十八年（1813）拔贡，道光三年（1823）参修《高明县志》。子鑑。

［道光］《高明县志》卷十二《选举志·贡生·国朝》：棠美人，嘉庆十八年拔贡。卷首《纂修〈高明县志〉·分纂》：拔贡、序选教谕区基绪。

［光绪］《高明县志》卷十三《列传·人物二·国朝》：号穀贻。少失怙，事母孝，事兄恭。嘉庆癸酉拔贡。性敏好学，博览群书，书法秀劲。尤精制艺，一艺出远近传诵。省望族慕其名，延为弟子师，出其门者多科甲。然数奇屡踬场屋，以拔萃终。子鑑，号镜秋，幼孤，事继母孝。

邓世恩 字益初，清顺德龙江人。嘉庆十八年（1813）举人。父在文。

［道光］《广东通志》卷八十一《选举表十九·举人四·国朝·嘉庆十八年癸酉·广州府》：顺德人。

［咸丰］《顺德县志》卷十一《举人二·国朝·嘉庆》：字益初，龙江人，癸酉科。

邓光岳 （？—1835）字跃池，清三水上灶人。嘉庆十八年（1813）举人，在广州教学为生。道光二年（1822）禀请阮元将三水河口的官府行台改建书院，十三年为三水申请救灾款，次年请修大路围。十五年大挑为知县派往山西，病卒于太原。祖公俊。

［嘉庆］《三水县志》卷九《选举·举人·国朝·嘉庆十八年癸酉洪遇春榜》：上灶人，中式六十名。卷十一《人物传·潜德·邓公俊传》：字才遇……嘉庆癸酉，长孙光岳，举于乡。

［光绪］《广州府志》卷一百三十六《列传二十五·县·国朝·三水》：

字跃池。嘉庆十八年癸酉科举人，乡荐后授徒于省，借馆谷养亲，家无担石恬如也。壬午年制府阮元阅兵过境，光岳谓："书院以育人材，河口旧有总督行台将就倾颓，可将此改建书院。"联禀上请制军报可，即名曰行台书院，纪实也。光岳又请将大洲、小洲、新洲诸沙拨归书院以充膏火，亦蒙允准，至今士林赖之。癸巳西潦大至，广府属田庐多淹没，大府令绅士区玉章、张叶南等设局捐赈。三邑当西北两江之冲，灾深而恩未及，光岳据实禀请，大府准发赈饥银三万余两。知县张某延光岳主行台书院讲席，商议分赈章程，民庆更生。是年七八月西北二江潦水复涨，比往年尤甚，三邑大路围正当其冲，崩则祸移南顺。光岳请总修基围，委员余葆淳通禀，大府给银三千累石镶土，大路围始固。其有益于乡闾多类此也。乙未大挑知县，签掣山西，六月由京赴太原，奉委武闱供事。偶感风寒，终于官邸。

龙南溟　字景襄，号云泉，清顺德人。嘉庆十八年（1813）举人，任广东东安（今云浮）教谕。

［道光］《广东通志》卷八十一《选举表十九·举人四·国朝·嘉庆十八年癸酉·广州府》：顺德人。

［咸丰］《顺德县志》卷二十七《列传七·国朝三》：字景襄，号云泉，嘉庆癸酉举人。家贫，少即授读，弟子多成名者。为人内明慧而外迂拙，乡里每目为痴，而为文深思朗彻，读书得解亦时出人意表，于是名大噪。选东安教谕，与人士接，咸乐其诚款，旋告养归。丁艰服阕，例署及期，夜渡出，晓抵会城访所知，及午返寓，寝甫未中而气绝。南溟性通脱，不问家人生产，俸脩所入，随手辄尽。父斯恩，亦夙儒敦古，处家庭不尚仪节，谈笑辄竟日。偶宴客于市，使迎父至，奉父精馔，父亦箸答之，而后及客。盖天性笃挚，相与以诚，动出自然，不自知也。卒先数日，方就局校志乘，偶得《金刚经》，穷日夜首尾阅之，自谓有所得。一日，遽问学子人何以仙，答以无病而终者近是，大为首肯。不十日，果无疾卒旅次，未尝闻其呻吟也。

卢昌彦　字蔼臣，清顺德龙山人。嘉庆十八年（1813）拔贡，道光二年（1822）广西举人第一名。

［道光］《广东通志》卷八十一《选举表十九·举人四·国朝·道光二年壬午·又广西中式》：顺德人，平乐籍，解元。

［咸丰］《顺德县志》卷十一《拔贡·国朝·嘉庆》：龙山人，广西籍，癸酉。《举人二·国朝·道光》：字蔼臣，龙山人。广西平乐籍，第一名，壬午科。

卢乘光 清顺德龙江人。嘉庆十八年（1813）副贡。

［咸丰］《顺德县志》卷十一《副贡·国朝·嘉庆》：龙江人，癸酉。

刘上焘 清高明泥教人。嘉庆十八年（1813）赐副榜举人。

［道光］《高明县志》卷十二《选举志·钦赐》：泥教人，嘉庆十八年癸酉钦赐副榜，西籍。

关廷光 字国良，清南海九江人。嘉庆十八年（1813）武举。

［道光］《南海县志》卷二十二《选举表三·国朝·武举·嘉庆朝》：癸酉科。

《九江儒林乡志》卷十《选举略·国朝·武举·嘉庆十八年癸酉科》：字国良，县学，中式第十一名。

关定扬 字业西，号云川。清南海九江人。嘉庆十八年（1813）武举。

［道光］《南海县志》卷二十二《选举表三·国朝·武举·嘉庆朝》：癸酉科。

《九江儒林乡志》卷十《选举略·国朝·武举·嘉庆十八年癸酉科》：字业西，号云川。县学，中式第四十六名。

关楫 字用庵，清南海人。嘉庆十八年（1813）举人。

［道光］《广东通志》卷八十一《选举表十九·举人四·国朝·嘉庆十八年癸酉·广州府》：南海人。

《西樵白云洞志》附《白云洞诗合编》：一字用庵，南海举人。

伍铨臣 清顺德古朗人。嘉庆十八年（1813）副贡。

［咸丰］《顺德县志》卷十一《副贡·国朝·嘉庆》：古朗人，癸酉。

麦镇星 清南海人。嘉庆十八年（1813）武举。

［道光］《南海县志》卷二十二《选举表三·国朝·武举·嘉庆朝》：癸酉科。

杜乔楷　清高明城中人。嘉庆十八年（1813）捐授州同。

［道光］《高明县志》卷十二《选举志·国朝文例职》：大楠村人。嘉庆十八年，由按察司知事捐授州同。

李宗简　字文川，清南海人。嘉庆十八年（1813）副贡生。父孟廉，子锡熊。

［道光］《南海县志》卷二十一《选举表二·国朝·贡生荐辟·嘉庆朝》：副贡……癸酉。

《西樵白云洞志》第二册《传略续补·李文学孟廉》：字莩舒，一字介亭，南海人，容门先生之长子也……长子宗简，一字文川。

［同治］《南海县志》卷二十《列传·艺术·李抡才传》：李宗简，字文川，嘉庆癸酉副贡生。工楷书，一时屏障之文多延请书写。尝以《孝经》为儿童常读之书而坊刻鲜佳本，乃仿《开成石经》字体刊于木版以流播之，尤有益于小学。性好道，晚年簪冠于西樵白云洞以终其身。卷九《道光朝·举人》：李锡熊，宗简子，癸卯科。

李谦光　清三水竹洲人。嘉庆十八年（1813）拔贡。

［嘉庆］《三水县志》卷九《选举·拔贡·清》：竹洲人，（嘉庆）十八年拔贡。

李腾蛟　清顺德人。嘉庆十八年（1813）赐副贡。

［咸丰］《顺德县志》卷十一《副贡·国朝·嘉庆》：癸酉……以符例赐。

李瑶　清南海人。嘉庆十八年（1813）岁贡。

［道光］《南海县志》卷二十一《选举表二·国朝·贡生荐辟·嘉庆朝》：岁贡……癸酉。

李鹰扬（清嘉庆）　清顺德鸡洲人。嘉庆十八年（1813）武举。

［咸丰］《顺德县志》卷十一《武举·国朝·嘉庆》：鸡洲人……癸酉。

何汝龙　清南海人。嘉庆十八年（1813）副贡，道光五年

（1825）举人。

［道光］《南海县志》卷二十一《选举表二·国朝·贡生荐辟·嘉庆朝》：副贡……癸酉。《国朝·举人·道光朝》：德庆州训导……乙酉科。

何应芬 清顺德人。嘉庆十八年（1813）赐副贡。

［咸丰］《顺德县志》卷十一《副贡·国朝·嘉庆》：癸酉……以符例赐。

何甡 字莘野，清顺德良教人。嘉庆十八年（1813）举人。

［道光］《广东通志》卷八十一《选举表十九·举人四·国朝·嘉庆十八年癸酉·广州府》：顺德人。

［咸丰］《顺德县志》卷十一《举人二·国朝·嘉庆》：字莘野，良教人……癸酉科。

陆士楷 字伟仁，一字端林，清三水阁美人。嘉庆十八年（1813）举人。

［嘉庆］《三水县志》卷九《选举·举人·国朝·嘉庆十八年癸酉洪遇春榜》：阁美人，中式四十四名。

《西樵白云洞志》第二册《传略·陆孝廉士楷》：字伟仁，一字端林，三水人。嘉庆癸酉举人。为诸生时，尝肄业巃嵷阁。

陆灼 清三水九水江人。嘉庆十八年（1813）举人。

［嘉庆］《三水县志》卷九《选举·举人·国朝·嘉庆十八年癸酉洪遇春榜》：九水江人，中式四十八名。

陆炳东 清南海人。嘉庆十八年（1813）举人。

［道光］《广东通志》卷八十一《选举表十九·举人四·国朝·嘉庆十八年癸酉·广州府》：南海人。

陆敬之 清三水金竹人。嘉庆十八年（1813）赐副贡。

［嘉庆］《三水县志》卷九《选举·副榜贡·清》：金竹人，（嘉庆）癸酉科，钦赐。

陈文钟 清顺德喜涌人。嘉庆十八年（1813）副贡，同治六年（1867）赐举人。

［咸丰］《顺德县志》卷十一《副贡·国朝·嘉庆》：喜涌人，癸酉。

［民国］《顺德县志》卷八《选举表一·举人·同治》：熹涌人，以符例赐，丁卯科。

陈圣演 清南海人。嘉庆十八年（1813）赐副贡。

［道光］《南海县志》卷二十一《选举表二·国朝·贡生荐辟·嘉庆朝》：钦赐副榜……癸酉。

陈鏊 清南海登俊堡人。嘉庆十八年（1813）拔贡，道光元年（1821）举人。父玘，子巽田。

［道光］《广东通志》卷八十一《选举表十九·举人四·国朝·道光元年辛巳恩科·广州府》：南海人。

［道光］《南海县志》卷二十一《选举表二·国朝·贡生荐辟·嘉庆朝》：拔贡……癸酉。卷三十九《列传八》：陈玘，字可宗，以好义闻于有司，登俊堡人……子鏊，癸酉拔贡，辛巳领乡荐。

［同治］《南海县志》卷九《举人·清》：潮阳教谕，道光朝。《咸丰朝·举人》：陈巽田，鏊子，辛亥科。

［光绪］《广州府志》卷四十五《选举表十四·举人·国朝·道光元年辛巳》：南海人，潮阳教谕。

陈藩 字作屏，清顺德人。附贡，嘉庆十八年（1813）修葺朧嵸阁。

《西樵白云洞志》第二册《传略·陈明经藩》：字作屏，顺德附贡生。尝肄业朧嵸阁，时阁寝久颓废。嘉庆辛未，黎文学六吉、贰尹莘农捐资修葺。癸酉，作屏重加润色。前有应潮湖，湖口堤基宽浅，瀑泉一注泻尽，尝加工培筑以蓄湖水。环湖多植花竹，洞中风景赖以一新。（六吉名谦光，顺德诸生。莘农名民戴，县丞，六吉从弟。）

林朝勇 清南海人。嘉庆十八年（1813）升海南儋州营游击。

［道光］《南海县志》卷二十二《选举表三·国朝·行伍·嘉庆朝》：军功升授儋州营游击，癸酉。

招寅清 清南海人。嘉庆十八年（1813）举人。

［道光］《广东通志》卷八十一《选举表十九·举人四·国朝·嘉庆十八年癸酉·广州府》：南海人。

罗家政 字蒲洲，清顺德大良人。嘉庆十八年（1813）举人，道光九年（1829）任广东高要教谕，二十九年因勷办夷务加五品衔。祖礼绵，父嵩，岳父李赖郁，弟家谦、家益，子惇衍、惇策。

［道光］《广东通志》卷八十一《选举表十九·举人四·国朝·嘉庆十八年癸酉·广州府》：顺德人。

［道光］《肇庆府志》卷十三《职官三·清·高要县·教谕训导·道光朝》：顺德人，举人。九年任，教谕。

［咸丰］《顺德县志》卷十一《举人二·国朝·嘉庆》：字蒲洲，大良人。今高州府教授，加五品衔。礼绵孙，惇衍父……癸酉科。卷十二《封赠（文阶）·国朝》：罗嵩，大良人，以子家政赠教谕、孙惇衍加赠。罗家益，以侄惇衍赠……通政使。

［民国］《顺德县志》卷十七《列传二·罗惇衍传》：父家政……充粤秀书院监院……时邑令郭汝诚以邑志不修已历百年，推家政出任。提倡统理局务、肩谋经费，志遂告成，文献之传至今赖之。卷九《封荫表·封赠·文阶》：举人，以子惇衍赠，有传。户部尚书。罗家谦，以侄惇衍赠户部右侍郎。罗家益，以侄惇衍赠通政司通政使。李赖郁，大良人，以外孙惇衍赠太仆寺卿。

周其芬 字桂山，清顺德龙山人。嘉庆十八年（1813）举人。

［道光］《广东通志》卷八十一《选举表十九·举人四·国朝·嘉庆十八年癸酉·广州府》：顺德人。

［咸丰］《顺德县志》卷十一《举人二·国朝·嘉庆》：字桂山，龙山人。分刑部员外郎……癸酉科。

赵允恭 字唐勋、蓂阶，清顺德碧江人。嘉庆十八年（1813）举人，父元谦。

［道光］《广东通志》卷八十一《选举表十九·举人四·国朝·嘉庆十八

年癸酉·广州府》：顺德人，字唐勋，元谦子。

［咸丰］《顺德县志》卷十一《举人二·国朝·嘉庆》：字蓂阶，碧江人……癸酉科。

胡远之 名一说达之，清顺德桂洲人。廪贡，嘉庆十八年（1813）任广东韶州府、次年任海南万州训导，迁浙江嘉善县丞，归后卒。

［道光］《广东通志》卷四十七《职官表三十八·国朝五·韶州府·教授训导·嘉庆朝》：顺德人，廪贡。十八年任……训导。卷五十五《职官表四十六·国朝十三·万州·学正训导·嘉庆朝》：胡达之，顺德人。廪贡，十九年任……训导。

［咸丰］《顺德县志》卷二十七《列传七·国朝三·胡鸣鸾传》：桂洲人……同族远之，以廪贡拔选教职，历韶、琼、万、平远四府、州、县训导，自请备资捕盗。洋匪既蔓延十六沙，几为盗薮。远之继理约务，获贼甚多，以功保举，迁嘉善丞，署县事，归卒。

黄龙文 字邦彦，号驤衢，清南海九江人。嘉庆十八年（1813）举人。

［道光］《广东通志》卷八十一《选举表十九·举人四·国朝·嘉庆十八年癸酉·广州府》：南海人。

《九江儒林乡志》卷八《艺文略·集部·别集》：《轩文集》，国朝黄龙文撰。卷十《选举略·国朝·举人·嘉庆十八年癸酉科》：字邦彦，号驤衢。县学，中式第十七名。

梁秀 字崇山，清顺德龙潭人。嘉庆十八年（1813）举人，任广东石城（今廉江）教谕。

［道光］《广东通志》卷八十一《选举表十九·举人四·国朝·嘉庆十八年癸酉·广州府》：顺德人。

［咸丰］《顺德县志》卷十一《举人二·国朝·嘉庆》：字崇山，龙潭人。石城县教谕……癸酉科。卷二十七《列传七·国朝三》：龙潭举人梁秀，同县胡蓉章病危都门，亲医药，经纪其丧而归之。母疮发背，反侧异常痛楚。秀穴床板，含药水日仰喷数十次，至废寝食。

温汝进　字履安，一字栖湖，清顺德龙山人。嘉庆十八年（1813）举人。兄汝适。

［道光］《广东通志》卷八十一《选举表十九·举人四·国朝·嘉庆十八年癸酉·广州府》：顺德人，汝适弟。

《西樵白云洞志》第五册《艺文·增辑诗》：字履安，一字栖湖，顺德人。嘉庆癸酉举人，著有《津寄斋诗钞》。

［咸丰］《顺德县志》卷十一《举人二·国朝·嘉庆》：字履安，龙山人，汝适弟……癸酉科。卷十八《艺文略二·集部二·别集二》：《津寄斋集》四卷，国朝温汝进撰……汝适弟……集汝适为之序。

温象贤　清顺德龙山人。嘉庆十八年（1813）举人。

［道光］《广东通志》卷八十一《选举表十九·举人四·国朝·嘉庆十八年癸酉·广州府》：顺德人。

［咸丰］《顺德县志》卷十一《举人二·国朝·嘉庆》：龙山人……癸酉科。

［民国］《顺德县志》卷十四《艺文略·经部·四书类》：《学庸简义》，国朝温象贤撰。《艺文略·集部·别集》：《肖斋文集》，国朝温象贤撰。《温氏族谱》。

游上腾　清顺德金陡人。嘉庆十八年（1813）举人。

［道光］《广东通志》卷八十一《选举表十九·举人四·国朝·嘉庆十八年癸酉·广州府》：顺德人。

［咸丰］《顺德县志》卷十一《举人二·国朝·嘉庆》：金陡人……癸酉科。

游森　清南海人。嘉庆十八年（1813）举人。

［道光］《广东通志》卷八十一《选举表十九·举人四·国朝·嘉庆十八年癸酉·广州府》：南海人。

谢昌遐　清南海人。嘉庆十八年（1813）副贡。

［道光］《南海县志》卷二十一《选举表二·国朝·贡生荐辟·嘉庆朝》：副贡……癸酉。

彭名川 清顺德容奇人。嘉庆十八年（1813）武举，二十二年武进士。

［咸丰］《顺德县志》卷十一《武举·国朝·嘉庆》：容奇人，癸酉。《武进士·国朝·嘉庆》：丁丑。

程煌 清高明城中人。嘉庆十八年（1813）捐授州同并赠祖、父官衔。祖际可，父国璠。

［道光］《高明县志》卷十二《选举志·国朝文例职》：城中人，嘉庆十八年捐授州同。《选举志·援捐·封典》：程际可，城中人，嘉庆十八年以孙煌赠儒林郎。程国璠，城中人，国学，嘉庆十八年以子煌赠儒林郎。

廖士琼 清南海人。嘉庆十八年（1813）举人。

［道光］《广东通志》卷八十一《选举表十九·举人四·国朝·嘉庆十八年癸酉·广州府》：南海人。

谭士芬 字湘兰，清顺德容奇人。嘉庆十八年（1813）举人，任广东廉州府教授。嗣父醴泉，生父慎斋。

［道光］《广东通志》卷八十一《选举表十九·举人四·国朝·嘉庆十八年癸酉·广州府》：顺德人，监生。

［咸丰］《顺德县志》卷十一《举人二·国朝·嘉庆》：字湘兰，容奇人。廉州府教授，癸酉科。卷十二《封赠（文阶）·国朝》：谭醴泉，容奇人，监生，以子士芬赠。谭慎斋，以出嗣子士芬赠。俱廉州府教授。

谭以瓒 清高明城中人。嘉庆十八年（1813）捐授千总。

［道光］《高明县志》卷十二《选举志·国朝武职例》：城中人，嘉庆十八年捐授千总。

蔡如蘅 名一作如衡，字湘生，清顺德龙江人。嘉庆十八年（1813）举人，二十四年进士，授检讨，不久卒于京。父伟光，弟如苹。

［道光］《广东通志》卷八十一《选举表十九·举人四·国朝·嘉庆十八年癸酉·广州府》：顺德人，伟光子，进士。卷七十七《选举表十五·进士·国朝·嘉庆二十四年己卯陈沆榜·广州府》：蔡如衡，顺德人，检讨。

《龙江志略》卷一《编年·清》：嘉庆二十四年己卯，蔡如蘅成进士。殿试第三甲，朝考入选，钦点翰林院庶吉士，散馆授职检讨。

［咸丰］《顺德县志》卷二十七《列传七·国朝三》：字湘生，龙江人……父伟光，字昭华，作令湖南，请改教职不准，旋告归。如蘅嘉庆己卯进士，选庶吉士，散馆第二，授检讨。与弟如苹同学友爱，官侍从文学，颇著声，未几卒于都门。如苹，字鹿野，少承家学，为韵语特工。比长涉猎唐宋诸家，性喜游瞩，往往凭眺长吟。

潘光岳 字仲瑛，号石间，清南海南庄河滘村人。原居河滘登云巷，祖父辈迁居佛山，住公正路登云里。嘉庆十八年（1813）举人，次年选为觉罗官学教习。二十二年进士，二十四年散馆后，任刑部主事十二年去世。在京捐建同乡会馆，道光五年（1825）落成。父锡，兄光裕，子汪澜，孙衍鋆、衍桐。

［道光］《广东通志》卷八十一《选举表十九·举人四·国朝·嘉庆十八年癸酉·广州府》：南海人，进士。卷七十七《选举表十五·进士·国朝·嘉庆二十二年丁丑吴其濬榜·广州府》：南海人，二甲，庶吉士改主事。

［道光］《佛山忠义乡志》卷六《乡事志·编年》：嘉庆二十二年丁丑，潘光岳登进士。（住福德堡高低巷。）卷九《文苑·清》：字仲瑛，号石间。敦厚和平，与人无忤。嘉庆癸酉举于乡，会试选内廷教习。丁丑成进士，改庶吉士，散馆授刑部山西司主事。生平为诗文若不经意而文成法立，有风水相遭之致，著有《揭云斋诗稿》未及梓，卒于京邸。子汪澜，道光乙酉顺天举人。

［道光］《南海县志》卷二十一《选举表二·国朝·封荫·嘉庆朝》：潘锡，以子光岳赠承德郎、刑部主事。

［同治］《南海县志》卷十三《列传》：鳌头堡人，祖父迁居佛山。由庠生中嘉庆癸酉科举人，甲戌会试挑取觉罗官学教习。丁丑科成进士，选翰林院庶吉士。己卯散馆以部员用，旋丁内艰。服阕回京供职，历刑部江西、湖广、山东司行走，每治狱以明慎为主，不轻画押。当主稿时有山西司行劫一案，细意研诘，得其情实，分别首从，然后定稿，以起意行劫及下手致死二人者拟斩，余拟军流，由是存活者百余人。呈稿时，堂官疑其故为开脱诘问之，光岳曰："律文行劫伤事主无首从皆斩，但此案情节似有不同。核其供词，各犯不皆积匪，所伤事主多黑夜奔走推跌致伤，非尽以金刃拒捕欲致人死地也，罪疑惟轻，似较为首者宜从末减。且公不闻求其生不可得，死者与我皆无憾乎？况求而有得乎？"时尚书韩葑心为折服，曰："治狱正当如是。"

寻以光岳立心仁恕欲荐为提牢厅，以坚辞不果。粤省各邑惟香山、顺德有会馆，南邑馆未建，广郡会馆隘不能容，别租寓斋又艰于旅费。光岳与同邑工部主事廖甡各捐金，倡建馆舍于米市胡同，道光乙酉落成，计偕入京者咸得其所。官部曹十二载，以疾卒于京邸，人惋惜之。光岳性忠厚和平，与人无忤，京官虽禄薄，而族党中有贫不能葬、长不能娶者必量为佽助。登第时，相识某谓："部曹所得俸仅足代耕，家口众多，宜别治生以长尺寸。"光岳以千百金付之。厥后，其人以折阅为辞，概从干没，亲友不平，甚劝讼之官，光岳曰："无以为也！古者服官于朝，不与细民争利，故公仪拔葵①，国人重其得体，臧孙织蒲②，夫子讥其不仁。吾受大复欲取小，乃向者一念之差，事后未尝不悔。今妄冀赢与反致耗损，是警吾过也。吾方德之，尚讼之邪？且彼若先存一图利之心以取求于我，讼亦何益，只伤和气耳。"其度量豁达多类此。子四人，长汪澜，官开平学训导。孙衍鋆，同治乙丑翰林。衍桐，戊辰翰林。

［民国］《佛山忠义乡志》卷九《氏族志·各姓祠堂》：潘翰林家庙，在潘涌铺登云里。道光二年建，祀翰林院编修潘光岳父松芳公，匾曰"凝紫堂"，香山鲍俊书。卷十一《乡事志·编年》：嘉庆丁丑二十二年……潘光岳登进士。（住福德铺。）卷十三《选举志二·封赠·清》：潘光裕，以弟光岳貤封承德郎、刑部江西司候补主事。卷十四《人物志二·循吏·清》：衍鋆，官至潼商道。衍桐，官至翰林院侍读学士。

杜达儒　清高明清泰人。嘉庆十九年（1814）捐授奉直大夫。父腾蛟，子既明。

［道光］《高明县志》卷十二《选举志·国朝文例职》：清泰人，嘉庆十九年捐授奉直大夫。《选举志·国朝武职例》：杜既明，清泰人，达儒子，嘉庆二十二年捐授把总。《选举志·援捐·封典》：杜腾蛟，清泰人，嘉庆十九年以子达儒赠奉直大夫。

---

①公仪拔葵：《汉书·董仲舒传》："故公仪子相鲁，之其家见织帛，怒而出其妻，食于舍而茹葵，愠而拔其葵，曰：'吾已食禄，又夺园夫红女利乎！'"公仪休，鲁国国相。葵即冬葵菜。拔掉自家栽培的冬葵，比喻做官的不与人民争利。

②臧孙织蒲：《左传·文公二年》："（臧文仲）妾织蒲，三不仁也。"臧文仲是臧哀伯的孙子，任鲁国大夫。蒲为蒲席。臧文仲家中织蒲席以营利，孔子认为违背了鲁国传统的重农抑商政策。

杨一模 清高明城中人。嘉庆十九年（1814）附贡。

［道光］《高明县志》卷十二《选举志·例贡·国朝》：城中人，嘉庆十九年附贡。

杨绪光 清高明城中人。嘉庆十九年（1814）捐授府知事。

［道光］《高明县志》卷十二《选举志·国朝文例职》：城中人，嘉庆十九年捐授府知事。

何汝扬 清高明朗锦人。嘉庆十九年（1814）附贡。父如栋，弟汝经。

［道光］《高明县志》卷十二《选举志·职员·清》：朗锦人，如栋长子。嘉庆十九年，由附贡分发福建县丞，署建阳、建安、崇安、宁化县丞。卷十三《人物志·国朝·何如栋传》：字桢士……长子汝扬，由附贡分发福建县丞，历任建阳、建安、崇安、宁化四属县丞俱有宦声。次诸生，三库使。义方之训信然。卷首《纂修〈高明县志〉·采辑》：附贡，原任建阳县丞何汝扬。

何善美 清高明朗锦人。嘉庆十九年（1814）分发州判。祖为谋，父如桂。

［道光］《高明县志》卷十二《选举志·国朝武职例》：何如桂，朗锦人，为谋次子，嘉庆九年由武生捐授营千总。《选举志·职员·国朝》：朗锦人，如桂子，嘉庆十九年分发州判。

张宗耀 清顺德黄连人。嘉庆十九年（1814）任顺德训术。

［咸丰］《顺德县志》卷九《职官一·训术（阴阳）·国朝·嘉庆》：黄连人，十九年充。

黄振熙 清南海人。嘉庆十九年（1814）岁贡。

［道光］《南海县志》卷二十一《选举表二·国朝·贡生荐辟·嘉庆朝》：甲戌岁贡。

崔之瑛 名或作之暎，清高明铁泽人。嘉庆十九年（1814）

岁贡。

［道光］《高明县志》卷十二《选举志·贡生·国朝》：铁册人，嘉庆十九年岁贡。

［道光］《肇庆府志》卷十五《选举二·国朝·贡生·高明县学·嘉庆朝》：崔之暎，十九年贡。

［光绪］《高明县志》卷十二《选举表·国朝·岁贡·嘉庆朝》：铁泽人，十九年贡。

梁瑞元　清三水邓坑人。嘉庆十九年（1814）岁贡。

［嘉庆］《三水县志》卷九《选举·岁贡·清》：邓坑人，（嘉庆）十九年贡。

霍飞腾　清顺德新填人。嘉庆十九年（1814）岁贡。

［咸丰］《顺德县志》卷十一《岁贡·国朝·嘉庆》：新填人，甲戌。

麦文焕　清高明版村人。嘉庆二十年（1815）捐授千总。

［道光］《高明县志》卷十二《选举志·国朝武职例》：版村人，嘉庆二十年捐授千总。

黄升之　字梯云，清顺德大良人。钦赐副贡。光绪元年（1875）入泮六十年后，重游县学。

［民国］《顺德县志》卷八《选举表一·五贡·光绪》：字梯云，大良人，以符例赐，乙亥重游泮水。卷十四《艺文略·集部·别集》：《梯云书屋诗钞》，国朝黄升之撰。谨按：升之，大良人，钦赐副贡。

廖翱　（1785—1836）字鹏卿，又字羽皋，清南海龙津堡（今属禅城南庄）人。嘉庆二十四年（1819）举人，道光六年（1826）进士，任山西定襄知县，52岁卒于太原。曾祖迪康，父壹庸。

［道光］《广东通志》卷八十一《选举表十九·举人四·国朝·嘉庆二十四年己卯·广州府》：解元，南海人。

［道光］《南海县志》卷二十一《选举表二·国朝·进士·道光朝》：定襄知县，丙戌科。《国朝·封荫·道光朝》：廖壹庸，以子翱赠文林郎。

[同治]《南海县志》卷十三《列传》：字鹏卿，又字羽皋，龙津堡人。曾祖迪康，以隐德闻于乡。翱少英俊，弱冠以文名。读书观大略，不屑屑章句，务期内有得于己，外有济于世。出宰山西定襄县，到任岁值大饥，米石万钱，市价尤腾踊不已，男女啼饥者塞县堂几不可出入。翱亟请发仓米平粜，又念发仓时不及且不遍，乃先捐米百余石为富民倡，由是县民络绎捐输，自百金至数十金不等。翱又先惩奸民之勒捐逼赈者以保富，故富室皆欣然乐从，更驰关市之禁以广招徕。于城厢市镇多设粥厂，使领米者无奔走挤拥、等候之虞。而或粥或米或钱，地方情形不同，各听其便。并多派绅富董事，不更胥吏之手，己亲至稽核其间。自壬辰九月至癸巳三月，树叶、菜甲渐生，可资接济乃止，救活饥民无算。初，翱之请平粜也，向例照时价减十之三，翱谓："米石多至钱七千，中人稍蒙其恩，下户安受其惠？曷若官粜减一二千之入，民粜少一二千之出乎？"遂抑低市价以报。大吏素恶翱倔强不附己，及是见他邑米价昂襄独否，疑冒赈肥己，委员按之，岌岌乎将得罪。百姓恐翱去如婴儿之失慈母也，走白于委员鸣其故，即商贾、米行亦具结所报时价属实，并无高下，事得寝。然翱本儒吏，簿书、期会不甚关心，于民事外，以正学术、振文风为务。初时绅士请建尊经阁，纂邑志，曰："未暇也，姑待之！"三年后政平讼理上下交孚，乃捐俸百金为倡，通县佥题为应，遂定基址，揆法度，堂宇广辟，轩窗开豁。更购《十三经》《廿一史》《通考》《通典》等充牣其中便诸生披览，其言曰："士人束发受书皆务求通，然通者非能作八比、博科名之谓，能洞然于学术盛衰、政治得失之谓也。所以使人通者经史是也，无经史以引之，虽面壁十年何由自悟？今人目无寸书，见不类字，如爰居之骇钟鼓，何暇与谈学术乎？"其言如此。邑志未能仓促成，先为序例一卷。大抵监邑志之滥，关乎襄邑者存之，否则弃之，其关于人心、风俗者详之，否则略之，惟求典核，不务闳博。其修书也，一如治民，殆性情如此。自办赈后，大吏闻其贤，拟以卓异保举调烦剧，翱谓："邑小易治，久于任，与民相信则教易行。忽迁他邑，非吾志也。"正月晋省辞保举，以暴疾卒于太原，年五十二。翱好陆王之学，但求有得于心，读书不拘传注，而饬身厉行却极谨严，不蹈姚江末流之弊。当其龁龁于上官也，乡试座主吴侍郎其濬①腾书当道绳其美、直其冤。当道悟，转遏抑为揄扬，翱色如平时，不加愠喜。其族弟甡官京师，恐其直情径行，不晓周旋人事，劝为书谢侍郎兼有问馈以

①吴其濬（1789—1847），字瀹斋，清河南固始县人。嘉庆二十二年（1817）状元，官至湖南、湖北、云南、贵州、福建、山西等省总督或巡抚。著有《植物名实图考》三十八卷。

答厚意。翱阅书毕，谓邑人李彪元曰："官场习气最易染人，吾与侍郎有师生谊，纵有问馈，岂曰包苴？然行之前时则可，行之今日则不可。如鹿侪言，侍郎为卖人情，我为买荐书矣，不两失乎？"鹿侪，甡别字也。身后囊橐萧然，借绅民赙助乃克返榇。行吊日，白衣祭奠者人多，署不能容，至拜哭于门外而去。众议欲祀于名宦祠，以格于例不果，遂祀于晋昌书院。卷十《艺文略·经部·经总》：《经翼》四卷，国朝廖翱撰。案：翱，宰山右定襄，公余之暇，䌷绎①经传有得札记之。平日喜阳明之学，学在师心。虽非标异宋儒，亦非拘泥传注，大抵自写心得而已。其门人裒而录之，为四卷。

［光绪］《广州府志》卷一百二十九《列传十八·国朝·南海》：字羽皋，龙津堡良圃人……谨案：翱以丙申正月十八日往省，二十一日至二十二日见抚军，二十三日病，是夕卒。

曾铭勋　（1785—1857）字建业，号云台，清南海九江人。道光五年（1825）举人，初官乐昌教谕，转阳江训导，截选广西宜山知县未赴。十三年督修李村基围。十八年至二十一年，两广总督祁𡎴委建大王滘东西两炮台，委疏石门上金山河道，及修建谷仓、贡院等，事竣，奏准加两级。

［道光］《南海县志》卷二十一《选举表二·国朝·举人·道光朝》：阳江训导，乙酉科。

《九江儒林乡志》卷十《选举略·国朝·举人·道光五年乙酉科》：字建业，号云台。县学，中式第五十七名。初官乐昌教谕，署开平教谕。调陵水教谕，转阳江训导，截铨广西宜山知县。卷十四《列传·清》：字建业，号云台，东方大河洲人。八岁入小学，师即以少年老成目之。笃于伦常，父母及厥弟有病，恒不食。由增广生中道光乙酉乡试，年四十一矣。大挑以教职用，历任开平、乐昌、陵水、阳江等学训导，截选广西宜山县知县未赴。素有材干，癸巳督修李村基围三百余丈，巩固持久，为时所称。制府祁𡎴廉其能，戊戌委建西湖街东西两谷仓，己亥委修贡院增广号舍及修学院考棚，庚子委建大王滘东西两炮台，辛丑委疏石门上金山河道，悉井井有法度。事竣，奏准加二级。年七十三卒于家。

明卢氏　（1786—1871）清南海九江人。夫明离照，子之

---

①䌷绎（chōuyì）：引出端绪，引申为阐述。

纲，孙缵道。

［同治］《南海县志》卷二十二《列传·列女》：明离照妻卢氏，九江堡人，明之纲母也。端庄静好，幼以贤淑称。及于归，以勤俭持家，以慈惠接物，蒸蒸孝养尤倍极艰辛。姑老病经时，辗转床箦，氏奉汤药、效抑搔、涤垢秽，累旬少贴席眠，形体为之憔悴。姑卒翁又病，其劳苦亦如之，见者谓亲生子女不能及也。道光中，离照司训连州，氏偕往，以纺织具自随，习于妇功，十余年如一日。性朴素，不嗜膏粱之味，不喜贲缋之衣，然勤而不苛、俭而不吝。乡里有鳏寡孤独废疾，生无以养、死无以葬待醵钱周恤者，他人但称家有无，氏所出必逾其量。故族中义举，董事持簿劝捐必曰："得六婆为倡首！"六婆者，以夫行六称之也。所尤难者，平日婉娩听从，未尝与人争论，待僮仆厮养亦无诃谴声，及临利害、遇事变，生死攸关则见理甚明、执意甚决，毅然有不可犯之色。咸丰甲寅，郡邑红巾起，九江地大物博，牙蘖丛生。贼酋汪济安者本老氏子，以资雄于乡，愚民趋之若鹜，党类既众，觊望非常，即贼所称汪主帅者也。初揭竿时，汪逆建议曰："成大事不顾小嫌，今日之举，非逐官吏、胁细民，事何以济？然乡绅者，官民相接之枢纽也。必择绅之有胆气者扑杀之以儆其余，则上下股栗，异日筹饷募兵势如破竹矣。"贼皆曰："然。"适逆麾下有黄亚美者，其兄为著匪黄亚湖，前为之纲捕得解官正法者也，因假贼令以复私仇，率悍党大索之纲不能得，即裒其母去，声称"不得其子即戮其母"。乡人咸愤恨，诸生冯炳新、老宿岑宗岳短衣跣足走贼营，攘臂与论情理，贼兀傲不恤。人咸为氏惧，氏色夷气温，安然如无事者坐。许久，贼以饼饵进，且慰之曰："妪无忧，汝子来，汝归去耳。"氏奋然作色，骂贼曰："上天下地，吾母子行事有不可对众者乎？有则任尔直言之，吾自羞死，不劳污尔刃。若尔辈无赖作贼，吾儿为乡绅，办贼其职也，岂屑与尔为仇者？且老妇年七十，死不为夭，尚何畏死？我畏死，我当早匿，不戴吾头来矣，尔能杀即杀，虚言恫吓何为？"怒掷茶盘于地琤然有声，贼咍愕。俄而，贼酋关巨至，詈其众曰："鼎铛有耳，汝无见，独无闻耶？去年事，微明氏母子，我等为鱼久矣，汝欲为鱼乎？速返之，何谬妄至此！"贼唯唯，复裒之去。先是，咸丰癸丑，西潦决桑园榆岸，水壮猛如坏山压云。抢救者拄以二丈长桩，桩屡拔，工人罢手曰："不可为矣。"绅民轰然散，之纲归家收拾衣物，氏责之曰："汝颇能任事，今何恇怯耶？我乡数万家以基塘为命脉，衣物可徙，基业可徙耶？我家有楼阁可避，他人尽有楼阁可避耶？弃衣食之源不智，恤一身之事不仁。且吾闻决处近山陵林麓，易取泥，今不足者资财耳、人力耳。财不足可假贷、可挪移，力不足，重赏之下必有勇夫。汝再往维持之，家事有老身主张，无劳汝也。"之纲多方筹策得二千余金，遂买桩杉、募泥船、加工食，并身立风雨中督责之，竭三昼夜力，堤复完，保

全甚大，关巨之言殆谓此也。嗣后，同治丁卯、戊辰等年通围大修，费巨万。咸丰庚申，土贼陈金刚率湖南花旗贼数万，从西省窜下，破贺县，破开建，围四会，刺得肇郡城有备而西江峡下虚无人，欲乘流走南顺地方。之纲集各堡绅士筹口粮、募水勇、雇拖罟扼要而守，费亦巨万。皆以身任之无所避，亦氏之言有以激励之也。苏河督廷魁闻而才之，会有旨召用，寓书之纲曰："汝我年家子也，盍随我行乎？方今时事孔艰，我会为近臣安敢不出？我为京朝官，汝适分发直隶，固可相助为理。即我外放，奏汝为随员未为不可也。吾非为汝迁官计，以君臣之义无所逃耳！"之纲以苏言告，氏曰："此事我思之烂熟矣，现今荐剡频登，群贤毕至，在朝廷，无汝，数百辈未必遽少人才，在老身，抚汝数十年，正欲承欢今日，且汝年未衰暮，报国有期，不妨俟之他日耳！"之纲遂不复出，氏之淡于荣利多此类也。素善养蚕，于宜忌去取之间，老蚕师自以为不及，晚年仍手自经理。同治十年三月微疾而卒，年八十六。亲友会葬者千余人，乡族贫人有太息泣下者，固钗裙中所罕见也。

《九江儒林乡志》卷十八《列传·列女》：明离照妻卢，进士之纲母也……先累封恭人，以孙缵道官兵部郎中貤赠淑人。

明离照　字博谋，号素雉，清南海九江人。道光元年（1821）举人，家居时乡人推为乡正。十五年大挑二等，十七年起任广东连州学正十多年病归，寿70岁。妻卢氏，子之纲，孙缵道。

［道光］《南海县志》卷二十一《选举二·国朝·举人·道光朝》：连州学正……辛巳科。

［同治］《连州志》卷五《职官志·国朝·续训导》：南海举人，道光十七年任。

［同治］《南海县志》卷十五《列传·官师》：字博谋，号素雉，九江堡人。由县学生中道光辛巳恩科举人，乙未大挑二等以教职用，授连州学训导。州僻处西边，文风不振，督学巡试恒悬牌申饬。离照甫到任，见学诸生逍遥废业，不务诗书，学舍则湫隘攲斜，不堪寓目，慨然曰："此非所以尊崇先圣先师，并不足为学士游息藏修地也。且学宫地多方正宽闳，何逼仄如是！"乃考志乘，剔碑碣，勤访故老，知故址为鹾商所侵，改作盐库，而文武员弁各得盐规恒置弗理。离照乃召诸生使援案据讼于官而复之，并自捐廉为倡，州绅富踊跃捐输，数月蒇事，堂皇伟丽，气象一新。州人皆负笈相从，风尚聿变，学使者戴文节熙撰碑文手书勒石记其事。诸生李夤缘为南韶连道掌书记，自谓观察使上客恫喝属邑，谓："莫我，何因勾通武弁雇巨筏载私盐数十万

斤，招剧盗为篙师预为拒捕格杀用，张旗架炮由省河驶至州？”时州牧德健吏也，不与角力，以计縻之，伪为敬上官客者，远出迎接，请开宴州堂。酒半，委官分遣水手缚船主、缴私盐，然后数李罪监押之。李知难脱，自言身是州诸生，请交学看守，潜使人以白金三百赂离照，求据例请于州。离照骂曰：“汝欲逃脱，遂以余赃污我耶？”坚不受。旋改押于州学正署中，李乃勾通门役，值夜雨，偕各弁之在押者齐走脱。州牧以学正某及武员游击某得贿故纵上禀，咸革斥，游击遣戍，而离照遂以料事之智、却贿之廉见称，州人敬服。先是，离照家居时乡人推为乡正。九江堡为吾邑最大村落，前明中叶仕宦科名几与佛山埒，入国朝渐衰。离照谓冯大令锡镛父碧峰曰：“我乡书院自乾隆间让为主簿署，今未重建，无以为课文息讼之区，非望也！”因与众绅协力倡捐，而鸠工庀材、营建度支诸务冯以身任之，期年落成，冯子锡镛以戊子登贤书，己丑成进士。自己丑迄己巳四十年间，成进士多至八人矣，过前明之盛。又九江向有鱼苗饷，贩家多逋负贻害乡人。离照令上江贩鱼苗者到书院纳饷，给票然后开船，故国课无亏、累不他及。九江人多山少，山中与土工勾通，知其无后或后人衰替，即挖坟弃骨盗卖得钱。离照指攻廿余人皆正法，盗风少息。其余设义仓义冢、修堤防等事，非可一二数也。闲居好著述，喜吟咏，有《易义考证》十一卷及《江城吟余草》四卷。居教职十余载，以引疾卒于家，年七十。子之纲，咸丰壬子进士。孙缵道，辛酉举人。

《九江儒林乡志》卷八《艺文略·经部·易类》：《易义考证》二卷，国朝明离照撰。《艺文略·集部·别集》：《含饴诗草》二卷，国朝明离照撰。卷十《选举略·国朝·举人·道光元年辛巳恩科》：字博谋，号素雉。县学，中式第七十六名。连州训导，子之纲，进士。孙缵道，举人。《选举略·国朝·封荫》：明协一，以孙之纲貤赠朝议大夫、直隶候选同知加一级。明离照，以子之纲赠朝议大夫、直隶候选同知加一级，以孙缵道貤赠中议大夫、兵部郎中加四级。卷十四《列传·清》：字博谋，号素雉，东方沙滘人。由县学生中道光辛巳恩科举人。计偕报罢，乡人仰其矩范，共推为祭酒……乡内山少人多，自宋迄今葬无隙壤，椎埋之辈窥其后人衰替，辄挖坟弃骨辗转盗卖。离照……复建义冢于槎山麓收瘗枯骸之无主者，自是幽冥获安……最爱惜人材，陈明府信民才且贤而寿不永，撤瑟之日离照往哭之甚哀。

岑升泰　字宗岳，号晓初，清南海九江沙滘人。早年应试不中，晚年专攻篆刻。咸丰四年（1854）明之纲的母亲被掠时，仗义赴贼营劝谕。

《九江儒林乡志》卷十六《列传·方伎》：字宗岳，号晓初，东方沙滘人。

赋性聪敏，十一岁能诵五经，卒厄于时命，屡试不遇。晚年工篆刻，寻究宋元以来印谱，繁简相参，布置不紊。凡玉五色、金三品、青田之石、饶建之瓷，以及象犀砗磲、琥珀水晶之属，无不奏刀中节，深合古法，并博通六书之源，不至以虫鱼科斗之文杂之大小篆，故得之者珍若拱璧。且笃于友谊，咸丰甲寅，会匪窃发，进士明之纲母为匪党黄阿美舁去，欲以复私仇，盖阿美之兄阿湖，本为著匪，前被之纲捕得正法者也。升泰闻之，与诸生冯炳新先后走贼营，攘臂与论情理，贼旋感悟，释之纲母还家。

陈清　字竹洲，号洁野，清南海人。与举人冼文焕等人一起，多次修建西樵山名胜。道光二十年（1840）修复三湖书院，二十五年拟建云泉仙馆，二十七年增建养云庐。弟韶，嘉庆二十三年（1818）举人。

《西樵白云洞志》附《白云洞诗合编》：（一字竹洲，南海人，候选巡政厅）道光庚子春，兴复三湖书院。仲秋落成，偕同志冼卿云、黄嘉圃、李文川、邓巢阁诸君集云舫……（一字竹洲，号洁野）道光乙巳麦秋①，静逸窝落成，洞中名胜次第修复。近与冼卿云孝廉、李文川明经、马愚谷上舍暨同志诸君，拟于小桃源建云泉仙馆，即事偶赋……重辟白云洞落成，偕同人枕流亭观梅……十九年前重辟洞，经营五载赖知音（道光十八年戊戌倡修，偕同人经理，始终五载）……道光丁未冬，增建养云庐，奉和李陶村茂才原韵……李欣荣（字子星，号陶村，道号发野，南海廪生）……新建养云庐，赠陈竹洲少尹……（洞中诸胜赖竹洲与诸君鼎力倡建）……陈韶，庚子九日，偕友人游白云洞，雅叙龍嵸阁……（修复洞中名胜，首其事者邓观察鉴堂、冼孝廉卿云、黄同年嘉圃、李明经文川、邓文学巢阁、伯兄竹洲）……陈华新（原名廷晃，一字蓉江）壬寅冬仲，随家伯竹洲登道遥台。

区兼善　清高明小陵人。嘉庆二十一年（1816）岁贡，道光三年（1823）参修《高明县志》。

[道光]《高明县志》卷十二《选举志·贡生·国朝》：小陵人，嘉庆二十一年府学岁贡。卷首《纂修〈高明县志〉·分纂》：岁贡、序选训导区兼善。

①麦秋：麦熟的季节，通指农历四五月。

冯赓飏 清南海人。嘉庆二十一年（1816）举人，次年进士，为庶吉士，任山东黄县知县。祖元，父昶。

［道光］《广东通志》卷八十一《选举表十九·举人四·国朝·嘉庆二十一年丙子·广州府》：南海人，进士。卷七十七《选举表十五·进士·国朝·嘉庆二十二年丁丑吴其濬榜·广州府》：番禺人，庶吉士改知县。

［道光］《南海县志》卷二十一《选举表二·国朝·封荫·嘉庆朝》：冯元，举人，以孙赓飏貤赠文林郎、黄县知县。冯昶，以子赓飏赠文林郎、庶吉士。

［宣统］《南海县志》卷十一《艺文略·集部·别集》：《拙园草》，国朝冯赓飏撰。

伍元芳 清南海人。嘉庆二十一年（1816）举人。

［道光］《广东通志》卷八十一《选举表十九·举人四·国朝·嘉庆二十一年丙子·广州府》：南海人。

刘璇玑 清三水河洲冈人。嘉庆二十一年（1816）岁贡。

［嘉庆］《三水县志》卷九《选举·岁贡·清》：河洲冈人，（嘉庆）二十一年贡。

关炳垣 一字樵东，清南海人。嘉庆二十一年（1816）举人，官茂名训导。

［道光］《广东通志》卷八十一《选举表十九·举人四·国朝·嘉庆二十一年丙子·广州府》：南海人。

［道光］《南海县志》卷二十一《选举表二·国朝·举人·嘉庆朝》：茂名训导……丙子科。

《西樵白云洞志》附《白云洞唱和诗册》：一字樵东，南海举人，官茂名训导。

麦颖 清南海人。嘉庆二十一年（1816）副贡，道光十年（1830）代理广东德庆州学正。

［道光］《肇庆府志》卷十三附《肇庆府志续编》《道光朝·德庆州·学正》：南海人，副贡，十年八月署。

［道光］《南海县志》卷二十一《选举表二·国朝·贡生荐辟·嘉庆朝》：

副贡……丙子。

［同治］《南海县志》卷九《贡生》：韶州府教授，嘉庆朝，副贡。

杜扶公　清高明矮冈人。嘉庆二十一年（1816）增贡。父澍京。

［道光］《高明县志》卷十二《选举志·例贡·国朝》：矮冈人，澍京子，嘉庆二十一年增贡。

杜植槐　清高明大楠村人。监生。嘉庆二十一年（1816），倡捐购石创建杨梅墟三合口桥。

［光绪］《高明县志》卷三《建置志·桥梁》：三合口桥，在杨梅墟下。高一丈，长十丈，城南以东出入通津。嘉庆二十一年，大楠村监生杜植槐等倡捐，购石创建。

李定扬　清顺德桂洲人。嘉庆二十一年（1816）武举。

［咸丰］《顺德县志》卷十一《武举·国朝·嘉庆》：桂洲人，丙子。

杨逢泰　清高明城中人。嘉庆二十一年（1816）捐授县丞。子尚忠，十九年例贡；尚信，道光元年（1821）例贡。孙元春。

［道光］《高明县志》卷十二《选举志·国朝文例职》：城中人，嘉庆二十一年捐授县丞。《选举志·例贡·国朝》：杨尚忠，城中人，逢泰长子，嘉庆十九年例贡。杨尚信，城中人，逢泰三子，道光元年例贡。

［光绪］《高明县志》卷十二《选举表·封赠·国朝》：杨尚忠，例贡，以子元春赠修职郎。

杨尚忠　清高明城中人。嘉庆十九年（1814）例贡。父逢泰，弟尚信，子元春。

［道光］《高明县志》卷十二《选举志·例贡·国朝》：城中人，逢泰长子，嘉庆十九年例贡。

［光绪］《高明县志》卷十二《选举表·仕宦·国朝·文职》：杨元春，城中人，廪贡。博罗、阳山教谕，韶州教授。《选举表·封赠·国朝》：杨尚忠，例贡，以子元春赠修职郎。

杨尚信　清高明城中人。道光元年（1821）例贡。父逢泰，兄尚忠。

［道光］《高明县志》卷十二《选举志·例贡·国朝》：城中人，逢泰三子，道光元年例贡。

张乐　清南海人。嘉庆二十一年（1816）举人。

［道光］《广东通志》卷八十一《举人四·选举表十九·举人四·国朝·嘉庆二十一年丙子·广州府》：南海人，第十名。

张乔年　字锡蕃，一字莲岳，清南海人。曾在西樵山学习，嘉庆二十一年（1816）举人，官茂名教谕。

［道光］《广东通志》卷八十一《选举表十九·举人四·国朝·嘉庆二十一年丙子·广州府》：南海人。

［道光］《南海县志》卷二十一《选举表二·国朝·举人·嘉庆朝》：茂名教谕，丙子科。

《西樵白云洞志》第二册《传略·张广文乔年》：字锡蕃，一字莲岳，南海人。嘉庆丙子举人，官茂名教谕。尝肄业韫玉山房、巃嵸阁。

吴徽光　清南海佛山镇人。嘉庆二十年（1815）以廪贡代理广东阳江训导，次年中举。

［道光］《广东通志》卷八十一《选举表十九·举人四·国朝·嘉庆二十一年丙子·广州府》：南海人，教谕。

［道光］《佛山忠义乡志》卷十《贡生·清》：中式，廪贡。《举人·清》：嘉庆丙子。

［道光］《肇庆府志》卷十三《职官三·清·阳江县·训导·嘉庆朝》：南海人，廪贡，二十年署任。

林椿　清南海人。嘉庆二十一年（1816）举人。

［道光］《广东通志》卷八十一《选举表十九·举人四·国朝·嘉庆二十一年丙子·广州府》：南海人，第二名。

欧钦　字盈科，清顺德陈村人。嘉庆二十一年（1816）举人。

［道光］《广东通志》卷八十一《选举表十九·举人四·国朝·嘉庆二十一年丙子·广州府》：顺德人。

［咸丰］《顺德县志》卷十一《举人二·国朝·嘉庆》：字盈科，陈村人，丙子科。

周堃 清顺德北滘人。嘉庆二十一年（1816）举人。

［道光］《广东通志》卷八十一《选举表十九·举人四·国朝·嘉庆二十一年丙子·广州府》：顺德人。

［咸丰］《顺德县志》卷十一《举人二·国朝·嘉庆》：北滘人……丙子科。

郭汝良 清南海人。嘉庆二十一年（1816）举人。

［道光］《广东通志》卷八十一《选举表十九·举人四·国朝·嘉庆二十一年丙子·广州府》：南海人。

黄崑 字聘修，一字崙山，清顺德陈村人。嘉庆二十一年（1816）举人，二十五年进士，任湖北应城、浙江浦江知县，卒于官。祖世达，父锡华，兄时。

［道光］《广东通志》卷八十一《选举表十九·举人四·国朝·嘉庆二十一年丙子·广州府》：顺德人，进士。卷七十七《选举表十五·进士·国朝·嘉庆二十五年庚辰陈继昌榜·广州府》：顺德人，知县。

［咸丰］《顺德县志》卷十二《封赠（文阶）·国朝》：黄世达，陈村人，以孙崑赠。黄锡华，以子崑赠应城。黄时，增贡生，以弟崑封。俱浦江县知县。卷二十七《列传七·国朝三》：字聘修，一字崙山，陈村人……嘉庆丙子举人，庚辰进士，初任应城。调浦江，至即修文昌阁举行宾兴，岁歉劝捐平粜。浦江山县，水陆商旅不至，输赋必以制钱。会银价贵多赔解，或劝谋于殷户稍加其耗，崑曰：“赔解止损官，议加则更数百年成法，害及百里，何忍行哉？”收钱如故，以亏额落职。邑人皆掩袂泣，思所以报，乃公祀于六侯祠，至崑而七，更额曰“七侯”。未几，竟卒于浦。

符炽南 清南海人。嘉庆二十一年（1816）举人。

［道光］《广东通志》卷八十一《选举表十九·举人四·国朝·嘉庆二十一年丙子·广州府》：南海人。

康士经 清高明凤阳人。嘉庆二十一年（1816）例贡。

[道光]《高明县志》卷十二《选举志·例贡·国朝》：凤阳人，嘉庆二十一年例贡。

梁作屏 清高明城中人。嘉庆二十一年（1816）岁贡。

[道光]《高明县志》卷十二《选举志·贡生·国朝》：城中人，嘉庆二十一年岁贡。

梁健思 清南海人。嘉庆二十一年（1816）副贡，二十四年举人。兄健翎。

[道光]《广东通志》卷八十一《选举表十九·举人四·国朝·嘉庆二十四年己卯·广州府》：南海人，健翎弟。

[道光]《南海县志》卷二十一《选举表二·国朝·贡生荐辟·嘉庆朝》：副贡……丙子。

温承悌 （？—1855）字秋瀛，清顺德龙山人。嘉庆二十一年（1816）举人，道光元年（1821）因父赐进士。官刑部主事，乞假归不复出。道光二十九年（1849）参与修纂《顺德县志》。父汝适，子子绍。

[道光]《广东通志》卷八十一《选举表十九·举人四·国朝·嘉庆二十一年丙子·广州府》：顺德人，监生，汝适子。

《西樵白云洞志》附《白云洞诗合编》：一字秋瀛，顺德人。丙戌翰林，官刑部主事，钦加员外郎衔。

[咸丰]《顺德县志》卷十一《举人二·国朝·嘉庆》：字秋瀛，龙山人。辛巳赐进士，汝适子……丙子科。

[民国]《顺德县志》卷十七《列传二》：号秋瀛……道光元年，以父卒加恩赐进士，一体殿试。丙戌选庶吉士，散馆改主事分刑部，乞假归遂不复出。是时成庙①方笃念师傅，凡旧臣子弟屡蒙向用。承悌无宦情，耽书史，于诸子百家外尤工诗，所著《泛香斋集》，矜炼名贵。番禺陈京卿澧称其诗境如清樾碧阴，隔断炎暍，微风过之，泠然有声，若使斫为栋梁，岂遂不胜其任？

---

①成庙：指道光，即爱新觉罗·旻宁（1782—1850），是清朝第八位皇帝，谥号成皇帝。

然留之乡关，使人望之蔚然隐秀，尤不易觏云。书法规仿兰亭，世争宝之，每日晨起，令诸子洗砚涤笔，临帖数十页，冬夏无间。己酉与修县志，始终其事。晚遘咸丰甲寅之乱，伏处里门，匪徒重其德望不敢犯，次年卒。子子绍。卷二十四《杂志》：温贺坡，乾隆甲辰进士，胪唱日，有同科进士杨护，江西人，精风鉴。或问之曰："今日状元为谁?"杨遍观诸新进士曰："无之。"时殿角有一人面壁假寐，杨以火烛之曰："在是矣。"须臾呼传第一状元茹棻，即面壁之人也，温大惊异，由是时与杨往还。一日叩以终身前程，杨曰："君文学侍从之臣也，当以四品归田。"公信之。后授职编修，丁艰回籍。值甲寅岁桑园围崩决，温劝邑中殷富竭力捐签，得资数万修筑完固，人咸德之。服阕回京，杨一见惊曰："君回籍曾作何阴德，何以骨格大变?"公曰："无之。"杨曰："忆之。"公以修围对，杨曰："是大善事，可以二品归田。"后果验。致仕后又言于督抚，借帑金八万发商生息以备岁修之用，至今赖之。后公之子秋瀛比部馆选后竟回籍不复出，人咸讶之，不知其在京师曾往谒杨，意将求杨相之而不敢言，杨喻其意徐曰："京师大不易居，不如居乡之为乐也。"后卒如其言。

谢腾蛟　清高明对村人。嘉庆二十一年（1816）捐授千总。

［道光］《高明县志》卷十二《选举志·国朝武职例》：对村人，嘉庆二十一年由武生捐授千总。

彭世楷　清南海人。嘉庆二十一年（1816）岁贡。

［道光］《南海县志》卷二十一《选举表二·国朝·贡生荐辟·嘉庆朝》：岁贡……丙子。

傅鹏翀　字翔光，一字培风，清南海大桐堡柏山乡人。嘉庆二十一年（1816）举人，道光六年（1826）大挑二等，任广东英德教谕十八年，升肇庆府教授六年遇红巾起义，不肯苟且周旋。78岁卒于官。

［道光］《广东通志》卷八十一《选举表十九·举人四·国朝·嘉庆二十一年丙子·广州府》：南海人。

［道光］《南海县志》卷二十一《选举表二·国朝·举人·嘉庆朝》：英德教谕……丙子科。

《西樵白云洞志》第二册《传略·傅张广文鹏翀》：字翔光，一字培风，南海人。嘉庆丙子举人，现官英德教谕，尝肄业洞中。

[同治]《南海县志》卷十五《列传·官师》：号培风，大桐堡柏山乡人。嘉庆丙子科举人，道光丙戌大挑二等，授英德学教谕。韶州俗多溺女，英德尤甚，由是女不足配男，滋多怨旷。间有寡居妇，竞以重价诱之，既伤骨肉之恩，更败贞廉之教。鹏翀到任，见之隐恻，谓训导香山郑廷松曰："校官虽不理民情，然明礼教，挽颓俗，其职也。此地无育婴堂，贫家无乳哺资，故生女不举。闻公家本素封、喜为善，公倡捐开其始，吾乐为之助其成。由是广劝邑内富绅，集狐腋作全裘，事必有济。"郑欣然允之，共捐得银二千余两，建堂于登云街，污俗渐革。在任十八载俸满，升肇庆府教授。在任六年，值红巾起，肇城最先陷，不数月，所属十三城几全陷。或谓鹏翀曰："红巾乌合志掳掠，非真略地攻城与官为难也。况校官与贼皆本土人，岂无乡亲情义？肯出与贼应酬，家财可保，各县失城官多类此矣。"鹏翀曰："吾力不能杀贼，敢从贼乎？"乃只身走城外僻地，暗访诸生入贼营者，某胁从某乐从密记之，事后保黜允当。性最俭，不妄费一钱，义所当为辄不吝。先是，其长子贷程氏银为商，本折阅无归，俄而两人俱死。后十余年，程氏弟赌荡倾家，搜兄遗券，率妻子到肇索逋。鹏翀收其券，以本还之，谓曰："世无生父为死子填债者，汝兄生，银不可得，况久死乎？吾今以银予汝，怜汝贫，非完旧欠也。汝得此可努力度活，毋负我心！"其忠厚如此。雅好法书石刻，曾得《开成石经》以校勘坊本字之不同者，手自装潢，日数纸以为清课，故晚年行书遒劲有骨格云。卒于官，年七十八。

廖甡　字鹿侪，清南海龙津堡人。嘉庆二十一年（1816）举人，次年进士。道光十八年（1838）授四川夔州府知府，咸丰初指挥抵御太平天国。年老托病辞官归家，寿82岁。祖盛庵，父鹤林，子庆谋。

[道光]《广东通志》卷八十一《选举表十九·举人四·国朝·嘉庆二十一年丙子·广州府》：南海人，进士。卷七十七《选举表十五·进士·国朝·嘉庆二十二年丁丑吴其濬榜·广州府》：南海人。

[道光]《南海县志》卷二十一《选举表二·国朝·进士·嘉庆朝》：工部主事……丁丑科。《国朝·封荫·嘉庆朝》：廖盛庵，以孙甡貤赠中宪大夫。廖鹤林，以子甡赠中宪大夫。

[同治]《南海县志》卷十三《列传》：字鹿侪，龙津堡人。少孤，勤苦力学，以舌耕养母，年廿五补弟子员。需次工部，授虞衡司主事，迁营缮司

员外郎、都水司郎中。逍遥画省①十余年，迹同大隐，而利人济物无刻去于心。自西人牛痘入中国，经种者痘症盛行不复再出，万一再出其毒亦甚微可不药而愈。然粤东遍行其法，外省尚未周知。甡托湖北布政使张岳崧，专弁寄牛痘种至都，复筹资为种痘人车马饭食费，借南海会馆作公所，届期京城内外大小孩毕集，挨次传种，其保全稚弱为多。粤省赴公车者广人十之七，郡会馆狭不能容，别租住房又艰旅费。甡与邑人布政使吴荣光先捐廉俸为倡，由是通邑绅富踊跃捐题，凑万余金，购大宅于米市胡同。嗣后，邑之赴试谒选及经商者客至如归，顿忘宦海征途之苦。又于东直门外购置义园，俾同乡旅榇有归游魂无馁。其桑梓情殷多类此。在工部宣力多年，以京察一等记名以道府用，道光十八年授四川夔州府知府。府扼长江咽喉，西北货物萃会，郡守司榷税，使应税者略为走漏、犯禁者稍驰防闲则所入自倍。甡到任正查办烟土之时，恪谨奉公，先后获烟土千百箱聚而焚之，以示严恶痛绝之意。二十年丁内艰归，服阕补河南汝宁府知府，寻奏署南汝光兵备道。汝为古蔡州地，人强悍习战争，匪徒捻子千百为众。加以俗鲜盖藏，乐岁斤米十钱，凶年流离转徙。甡创社仓法，己先捐廉为倡，民亦相率捐助，仅一载积米数十万石。复严缉捕，重购赏。有马万山者名捕也，以事系狱，廉得其冤并知其才可用，值母死纵归治丧，旋捐数百金为赎罪。马感激誓缚贼自效，年内获巨匪胡金堂、徐升、孙权、曹不住等近百人，贼匪为之敛迹。此地方无事时措置之大略也。咸丰二年，发逆由湖湘下窜，攻陷武昌汉阳。汝郡之信阳、罗山与汉郡之孝感毗连，甡闻警即驰赴信阳，调兵勇力扼武胜、平昌、平靖三关，逆知不能窜越，乃间道绕汝郡而北，甡寻奉檄督办钦差粮台。三年六月发逆在北失利，折而南，连陷西平、遂平、罗山、确山四属。时汝郡无兵，城复颓圮，人心摇动。甡饬官亲眷属不许离城，然后谕绅民，告以御贼只有战守法，无逃避法，连夜集丁壮修城垣，练军火，贼知有备不敢攻。时豫抚陆应穀与在籍绅士徐广缙亦统重兵驻汝办防剿，而四面皆贼，文报不通，沈丘、正阳久被围，危在旦夕，迭经派兵应援，皆畏贼数日不敢离郡城，豫抚拟退守汴梁，舍藩篱而卫心腹。适甡子庆谋以县丞需次武昌，城陷，单骑间关自楚走豫，一路打探贼情，以夜二鼓至汝郡，言："贼初得武汉，植基未固，不敢离巢远攻，所以北窜者，捻匪为之勾引耳。然贼虽多但乌合，故不攻坚而攻瑕，不取难而取易。为今计，援属县即以固郡城，全郡城即以卫省会，慎毋言退守，退则声势一失，不可为矣！"甡大喜，即令赴行台述贼势及

①画省：指尚书省。汉尚书省以胡粉涂壁，紫素界之，画古烈士像，故别称画省。

如何进剿情形，豫抚壮之，据其言入奏，即委甡会同直隶总镇经文岱督兵解沈丘围，阵斩首逆刘痴瘩。委庆谋带勇解正阳围，庆谋以贼多勇少，乃选精锐数百，乘昏夜衔枚疾走，偷薄贼营，贼大惊，弃营西走，沿途追杀，阵斩桐柏县戕官首逆王钺。钺混名飞天王，走壁飞檐，如履平地，贼中夸为万人敌者也。自两县逆匪荡平，罗山等城陆续收复，而各路捻子甚多，一时难尽扫。甡乃荐郑元善①于豫抚，言："其人得民心、识韬略，与其困守一隅，不若调军营当差，庶足展其骥足。"元善者，知正阳县时防剿最得力者也。四年正月，逆贼由金陵溯流而上，武汉已复者再陷。甡念寇自南来，逼切门户，郡境多平旷，只罗山县峰峦重叠、溪谷阻深，足以控遏戎马。乃偕元善至罗山，因山势叠石成墙，袤延数千丈，屹立如长城。发逆频侵轶皆拒退，而捻匪之讧于北者已破黄安，攻拔豫之光山、息县矣。甡乃派罗山屯长某复黄安，命庆谋带勇会同南阳镇邱联恩复光山，先约邱攻东门，庆谋攻西、北二门。邱始至失机，为贼所乘，败走信阳。报至，罗山震惧，几空城而出。甡急檄庆谋决死战，不许走，走即按军法。庆谋由西关进，与贼战城外，另分兵牵缀东、南、北三门以分贼力，自卯至酉血战竟日，发巨炮轰之。贼不支，夺门入，累日不出。侦知贼欲走武汉求救于发逆，乘其交未合，出重赏募死士，夜登陴大呼杀贼，贼崩溃开南门遁。适邱镇自南阳养锐而来，兵再振，合同追贼。庆谋绕出贼前，夹击于文殊寺，贼大败，擒首逆王党、梁山振等。光山平息，县贼宵逃，二城遂复。是役也，转危为安，非甡镇静有谋、知人善任不至此。体素强固，自亲履行间，遂觉困顿，又恐以衰年贻误，因荐元善自代，遂引疾归。值红巾变乱之余，加以洋人骚扰，宫室焚毁，册帙无存。方拟修黉宫，辑志乘，未就而卒，年八十二。甡与花县骆文忠公秉章素莫逆，又儿女姻亲，其南归也，道湖湘冀一晤。时骆移节西川经启行矣，遇于舟中。骆闻甡解组殊健羡，叹曰："余以不才谬当畺②，寄时方多难，白发忧边，欲随子生入梅关、优游井里，岂可得哉？若天悯其劳，事略就手，挂冠神武，息踵桑榆，此至愿也，未知能遂否？"甡曰："此关乎福命矣，吾禄位勋名多不如子，而福命则寸有所长。我欲学子不能，子欲学我，正恐不配耳！"怅然

---

①郑元善（1799—1878），字体仁，清河北邢台人。道光二十一年（1841）进士，咸丰十一年（1861）任河南巡抚。同治元年（1862）被弹劾，居家二十年。著有《官豫纪事》《依拙轩诗草》《各尽堂传家铭》。

②畺（jiāng）：界也，古同"疆"。畺指田块与生俱来就有分界，疆指战争造成的田地分界。

而别。论者谓甡入居郎署，出作遨头①，虽晚年时事孔棘，风鹤频惊，卒之履险为夷，身名俱泰，福命诚不可及云。卷二十六《杂录》：咸丰辛酉，观察廖鹿侪甡约粤中耆贤，重九日作九老会，于西园撰四六剞劂流播。盖殿撰林芾南召棠、仪部陈棠溪其锟、廉访黄爰庐乐之、观察潘小裴楷、刺史吴秋航梯、少府劳静庵光泰、教授罗仙根廷桂、陆磐石殿邦，与观察共九人，皆年逾七十者。嗣以国恤改明年燕集，乃旬月间仪部竟殂谢，不三两年诸君亦相继归道山②，迄今存者仅殿撰一人而已。

［光绪］《广州府志》卷一百二十九《列传十八·国朝·南海·廖甡传》：字鹿侪，龙津堡良圃人。嘉庆丙子举人，丁丑进士。需次工部，累迁都水司郎中。自西人牛痘至粤，经种者痘不再出。甡寄种至都，筹资为种痘人公费设局南海会馆，稚弱多保全，甡倡之也。京察授四川夔州知府，府扼长江咽喉，税课丰盈。甡到任时方查办烟土，恪谨奉公，先后获烟土千百箱聚而焚之，一无所利。丁内艰，起补河南汝宁府知府，署南汝光兵备道。汝为古蔡州地，人强悍习战争，俗鲜盖藏，凶岁则多转徙。甡创社仓法，捐廉为倡，一载积米数十万石。知捕役马万山能，设诚使之，先后捕孙权、曹不住等近百人，贼为敛迹。咸丰二年，发贼由湖湘下窜陷武昌汉阳。汝宁之信阳、罗山与汉阳之孝感毗连，甡闻警驰赴信阳，调丁勇扼武胜、平昌、平靖三关，贼不能越，乃间道绕汝宁而北。三年六月，贼在北失利，折而南，连陷西平、遂平、罗山、确山四县。时汝宁无兵，城复颓圮，人心摇动。甡饬官亲眷属不许离城，复谕绅民以守，连夜集丁壮修城垣、练军火，贼知有备不敢犯。嗣豫抚陆应穀与绅士徐广缙亦统重兵来汝，而四面皆贼，文报不通，沈邱、正阳久被围，援兵皆畏贼不敢离郡，豫抚拟退守汴梁。适甡子庆谋以县丞需次武昌，城陷，单骑走豫，一路侦探至汝，言：“贼初得武汉，植基未固，不敢离巢远攻，北窜之贼皆捻贼勾引。然多乌合，故弃坚攻瑕、舍难取易。为今之计，援属县即以固郡城，全郡城即以卫省会，一言退守，则声势一失，后不可为!”甡令赴行台述贼势，豫抚壮之，据其言入奏。甡会同直隶总兵经文岱督兵解沈邱围，阵斩首逆刘痂瘩。委庆谋带勇解正阳围，庆谋选精锐数百，乘夜衔枚疾走薄贼营，贼大惊弃营西走，沿途追杀，斩首逆王钺。自两县荡平，罗山等城陆续收复，而各路捻贼尚多，甡乃荐郑元善于豫抚。元善者，前知正阳县时防剿得力者也。四年正月，贼由金陵溯流上，武汉再陷。

---

①遨头：指太守。宋代成都民俗，自正月至四月浣花，太守出游，士女纵观，称太守为“遨头”。

②道山：指仙山，旧婉称老翁之死。

牲念寇逼门户，郡境多平旷，惟罗山县足以控遏。乃偕元善至罗山，因山势叠石成墙，袤延数千丈，屹立如长城。发贼频侵轶皆拒退，而捻贼之讧于北者已破黄安，拔豫之光山、息县。牲乃派罗山屯长某复黄安，命庆谋带勇会同南阳镇邱联恩复光山。邱始至，失机败走信阳，报至罗山震惧，居人汹汹欲弃城走，牲急檄庆谋进战。庆谋由光山西关进，与贼战城外，另分兵牵缀东、南、北三门以分贼力，自卯至酉血战竟日，发巨炮轰之。贼不支，入城不出。庆谋侦知捻贼欲走武汉与发贼合，重赏募死士，夜登陴大呼杀贼，贼崩溃开南门遁。适联恩自南阳养锐而来，合同追贼。庆谋绕出贼前，夹击于文殊寺，贼大败，擒首逆王党、梁山振等。光山平，息县贼宵逃，二城遂复。牲体素强固，自亲履行间，遂觉困顿，恐以衰年贻误，荐元善自代，引疾归。拟修黉宫，辑志乘，未就而卒，年八十二。

谭三才 清高明巨村人。嘉庆二十一年（1816）武举，道光三年（1823）参修《高明县志》。祖兰英。

［道光］《高明县志》卷十二《选举志·武举·国朝》：巨泉人，嘉庆二十一年丙子武举。卷十三《人物志·国朝·谭兰英传》：字馨甫……孙三才以嘉庆丙子科获售。卷首《纂修〈高明县志〉·分纂》：武举谭三才。

潘士瑛 清南海人。嘉庆二十一年（1816）举人，任广东新兴教谕。

［道光］《广东通志》卷八十一《选举表十九·举人四·国朝·嘉庆二十一年丙子·广州府》：南海人。

［道光］《南海县志》卷二十一《选举表二·国朝·举人·嘉庆朝》：新兴教谕……丙子科。

潘协和 字陶轩，清顺德桂洲人。嘉庆二十一年（1816）举人，任广东海丰县教谕。

［道光］《广东通志》卷八十一《选举表十九·举人四·国朝·嘉庆二十一年丙子·广州府》：顺德人。

［咸丰］《顺德县志》卷十一《举人二·国朝·嘉庆》：字陶轩，桂洲人。海丰县教谕，丙子科。

潘廷瑞 清南海人。嘉庆二十一年（1816）举人，任海南凌水教谕。祖国正，父祖奇。

［道光］《广东通志》卷八十一《选举表十九·举人四·国朝·嘉庆二十一年丙子·广州府》：南海人。

［道光］《南海县志》卷二十一《选举表二·国朝·举人·嘉庆朝》：凌水教谕……丙子科。

［同治］《南海县志》卷九《举人·清》：祖国正，父祖奇，俱赠修职郎，嘉庆朝。

霍晓光　清顺德马滘人。嘉庆二十一年（1816）岁贡。

［咸丰］《顺德县志》卷十一《岁贡·国朝·嘉庆》：马滘人，丙子。

邓重恩　清三水清塘人。嘉庆二十二年（1817）、道光十四年（1834）任顺德协把总。

［嘉庆］《三水县志》卷九《选举·武职·清》：清塘人，顺德协右营把总。

［咸丰］《顺德县志》卷九《职官二·把总·嘉庆》：三水人，二十二年任。二司左哨，右营。《职官二·把总·道光》：三水人，十四年任……左营。

吕钟嶽　清南海人。嘉庆二十二年（1817）岁贡。

［道光］《南海县志》卷二十一《选举表二·国朝·贡生荐辟·嘉庆朝》：丁丑岁贡。

杜既明　清高明清泰人。嘉庆二十二年（1817）捐授把总。祖腾蛟，父达儒。

［道光］《高明县志》卷十二《选举志·国朝武职例》：杜既明，清泰人，达儒子，嘉庆二十二年捐授把总。《选举志·援捐·封典》：杜腾蛟，清泰人，嘉庆十九年以子达儒貤赠奉直大夫。

罗起元　清顺德大良人。嘉庆二十二年（1817）岁贡。

［咸丰］《顺德县志》卷十一《岁贡·国朝·嘉庆》：大良人，丁丑。

胡连　清顺德人。嘉庆二十二年（1817）任顺德协把总。

［咸丰］《顺德县志》卷九《职官二·把总·嘉庆》：县人。二十二年任，

头司左哨……右营。

梁汝楫 清顺德莘村人。嘉庆二十二年（1817）岁贡。

［咸丰］《顺德县志》卷十一《岁贡·国朝·嘉庆》：莘村人，丁丑。

谢圣与 清高明对村人。嘉庆二十二年（1817）例贡。

［道光］《高明县志》卷十二《选举志·例贡·国朝》：对村人，嘉庆二十二年例贡。

梁九章 （1787—1842）字修明，号云裳，清顺德人，住佛山。蔼如侄，九图堂兄。嘉庆二十一年（1816）参加顺天乡试，选为国史馆誊录，参编《大清一统志·臣工列传》告成，议叙得四川布政司经历，升知州。辞归，在佛山西贤里建私家园林寒香馆。

［民国］《佛山忠义乡志》卷十三《选举志二·封赠·清》：以侄思问赠中宪大夫、礼部仪制司主事。卷十四《人物志四·文苑·清》：字修明，号云裳，本籍顺德。嘉庆丙子顺天乡试选国史馆誊录，《一统志·臣工列传》告成，议叙得四川布政司经历，洊擢知州。大吏奇其才，每畀重任艰巨辄胜，旋以亲老回籍不复出。笃亲属，族人赖以举火数十家。工画梅，人争购之，时论称其秀逸中见古劲，当与金冬心并驱争先。喜鉴藏古今法书名画，刻有《寒香馆帖》六卷。当时粤中鉴藏家，南海则有叶氏风满楼、吴氏筠清馆，及梁氏寒香馆而三。久居京师，与翁鸿胪方纲、郭编修尚先①、李太守威②诸公游，故搜罗多而精。迨其归也，筑寒香馆于汾水曲，古梅奇石环列左右。汾水为粤城上游要地，南北士大夫往来络绎，道过者多与之订缟纻交，而应酬赠答佳章隽句，又往往清丽缠绵。惜不自检拾，仅余《画梅赠吕隐岚》一绝云："与君同住梅花国，日写梅花数百枝。不及会稽童二树，三千三百十三诗。"晚岁精医，著有《医法精蕴》四卷，未梓，藏于家。卒年五十有六，诗人吴炳南哭以诗，中有句云："石多顽趣今无主，梅有花神亦哭君。"其风雅

---

①郭编修尚先：郭尚先（1785—1832），字兰石，清福建莆田人。嘉庆十四年（1809）进士，官至礼部右侍郎，工书善画。

②李太守威：李威，字畏五，清福建龙溪人。乾隆四十三年（1778）进士，官广州知府归。

盖可知矣。

［民国］《顺德县志》卷十《仕宦表·文职》：麦村人，四川布政司经历。卷十四《艺文略·子部·艺术》：《寒香馆法帖》六卷，国朝梁九章撰。

周维登女　（1788—1809）清顺德玕滘（今北滘镇广教）人。嘉庆十四年（1809），海盗张保仔劫掠至村，父维登奋战而死，氏闻讯以刀杀十余人，跳水而死。

［咸丰］《顺德县志》卷二十九《列传九·列女二·国朝》：周氏，玕滘维登女。维登素武勇善射，女习技击，所亲教也。玕滘滨海，洋匪张保再犯其乡，维登已七十，腰大羽箭掣挺当孔道。贼来辄饮羽，乃潜驶小舟旁薄之。维登转身梃击，梃折，持半段负墙大呼，炮忽自后洞墙出，维登死。贼分裂之，遂纵掠男妇千余人入舟。女闻即藏刃从空飞至，贼见其少艾，意觅父母者，刃旋跃出，猝毙二贼，贼愕顾间，又连毙十余人。跳水而死，年二十二。幼字林头梁氏子，梁为设位，哭之哀，时嘉庆十四年八月丁巳也，今祔父于乡祠。同乡杨梅青有殊色，保见欲纳之，女大骂，贼去其二齿，沉之河死。

邓福大　清三水邓坑人。嘉庆二十三年（1818）举人。祖父邓才万卒后，祖母游氏守节。

［嘉庆］《三水县志》卷九《选举·举人·国朝·嘉庆二十三年戊寅恩科林桂榜》：邓坑人，中式二十八名。卷十二《列女》：游氏，邓坑乡邓才万妻。孙福大，嘉庆戊寅恩科举人。

邓锡璋　清三水白坭滘尾人。嘉庆二十三年（1818）副贡。

［嘉庆］《三水县志》卷九《选举·副榜贡·清》：白坭滘尾人，（嘉庆）戊寅恩科。

叶英　清南海人。嘉庆二十三年（1818）举人。

［道光］《广东通志》卷八十一《选举表十九·举人四·国朝·嘉庆二十三年戊寅·广州府》：南海人。

叶绳安　字侣袁、干谋，清顺德龙江人。嘉庆二十三年（1818）举人，任户部山东司主事。道光十一年（1831）饥荒，写信让儿子捐赈。嗣父士梅，生父士湛。

［道光］《广东通志》卷八十一《选举表十九·举人四·国朝·嘉庆二十三年戊寅·广州府》：顺德人。

［咸丰］《顺德县志》卷十一《举人二·国朝·嘉庆》：字侣袁，龙江人。户部山东司主事……戊寅万寿恩科。卷十二《封赠（文阶）·国朝》：叶士梅，龙山人，以子绳安赠。叶士湛，以出嗣子绳安赠……知县。卷二十六《列传六·国朝二》：字干谋。嘉庆戊寅举人，官户部主事。为世父后，以孝称。道光辛卯、壬辰饥，驰书命子捐赈，延善牛痘者为乡儿引种。施棕材，置义冢，今尚踵行不怠。盖自其高祖廪生坚亭，积善五世矣。

庄鸿舒 清南海人。嘉庆二十三年（1818）岁贡，父清槐，子炳良。

［道光］《南海县志》卷二十一《选举表二·国朝·贡生荐辟·嘉庆朝》：岁贡，清槐子，戊寅。《国朝·举人·道光朝》：庄炳良，鸿舒子，英德教……壬辰科。

刘真 清三水刘边人。嘉庆二十三年（1818）副贡。

［嘉庆］《三水县志》卷九《选举·副榜贡·清》：刘边人，（嘉庆）戊寅恩科。

关彪 字冠臣，号三阶，清南海九江人。嘉庆二十三年（1818）武举，次年武进士，营用守备。

［道光］《南海县志》卷二十二《选举表三·国朝·武举·嘉庆朝》：戊寅科。《国朝·武进士·嘉庆朝》：己卯科。

《九江儒林乡志》卷十《选举略·国朝·武举·嘉庆二十三年戊寅恩科》：字冠臣，号三阶。县学，中式第三十一名，联捷武进士。《选举略·国朝·武进士·嘉庆二十四年己卯恩科》：中式第六名，殿试二甲，营用守备。

劳承宣 清顺德小劳村人。嘉庆二十三年（1818）副贡。

［咸丰］《顺德县志》卷十一《副贡·国朝·嘉庆》：小劳村人，戊寅恩科。

苏为仪 字石查、展鸿，清顺德福岸人。嘉庆二十三年（1818）举人。

［道光］《广东通志》卷八十一《选举表十九·举人四·国朝·嘉庆二十三年戊寅·广州府》：顺德人。

［咸丰］《顺德县志》卷十一《举人二·国朝·嘉庆》：字石查，福岸人，戊寅万寿恩科。卷十八《艺文略二·集部二·别集二》：《石查诗草》，国朝苏为仪撰。卷二十七《列传七·国朝三·何大勋传》：星槎人……遇灾害，与……乡人苏为仪协力赈恤……为仪，字展鸿，戊寅举人。时欧阳林材，三华人。罗永豪，沙浦人。皆以邻村交善，行义亦同。林材遇岁饥鬻妻者，濒别相持而泣，道见询知之，罄囊以赠。尝服贾粤西，岁制绵衣给丐者，平乐令刘歆擢以为可风，额以"尚德"。永豪家不丰而举善，能量其力，嫉恶严，尤善谈果报，或迂之，辄正容厉色自明。

杨学礼　清顺德容奇人。嘉庆二十三年（1818）武举。

［咸丰］《顺德县志》卷十一《武举·国朝·嘉庆》：容奇人……戊寅恩科。

杨遇宠　清高明村头人。嘉庆二十三年（1818）岁贡，道光三年（1823）参修《高明县志》。

［道光］《高明县志》卷十二《选举志·贡生·国朝》：村头人，嘉庆二十三年岁贡。卷首《纂修〈高明县志〉·分纂》：岁贡、序选训导杨遇宠。

吴咏　字庚楼，改名韶咏，清顺德桂洲人。嘉庆二十三年（1818）副贡，道光十一年（1831）举人。

［咸丰］《顺德县志》卷十一《副贡·国朝·嘉庆》：桂洲人……戊寅恩科。《举人二·国朝·道光》：字庚楼，改名韶咏，桂洲人……辛卯万历恩科。

岑梦青　清顺德葛岸人。嘉庆二十三年（1818）副贡。

［咸丰］《顺德县志》卷十一《副贡·国朝·嘉庆》：葛岸人，戊寅恩科。

邱梦旂　字仲鱼，清顺德龙山人。嘉庆二十三年（1818）举人，二十五年进士。嗣父锡驹，生父锡魁。

［道光］《广东通志》卷八十一《选举表十九·举人四·国朝·嘉庆二十三年戊寅·广州府》：顺德人，进士。卷七十七《选举表十五·进士·国朝·嘉庆二十五年庚辰陈继昌榜·广州府》：顺德人。

［咸丰］《顺德县志》卷十一《举人二·国朝·嘉庆》：邱梦（玙）〔旂〕，字仲鱼，龙山人……戊寅万寿恩科。卷十《进士·国朝·嘉庆》：知新城县，庚辰科。卷十二《封赠（文阶）·国朝》：邱锡驹，龙山人，以子梦旂赠。邱锡魁，以出嗣子梦旂赠。俱新城县知县。

陈大仟　清南海人。嘉庆二十三年（1818）举人。

［道光］《广东通志》卷八十一《选举表十九·举人四·国朝·嘉庆二十三年戊寅·广州府》：南海人。

陈召先　清三水白坭骊洲人。武生，援例授卫千总。嘉庆二十三年（1818）为修《三水县志》管局。

［嘉庆］《三水县志》卷九《选举·武生援例·清》：白坭骊洲人，卫千总。嘉庆戊寅修《志》管局。

陈钊镗　清南海人。嘉庆二十三年（1818）举人，官云南赵州知州。

［道光］《广东通志》卷八十一《选举表十九·举人四·国朝·嘉庆二十三年戊寅·广州府》：南海人。

［道光］《南海县志》卷二十一《选举表二·国朝·举人·嘉庆朝》：云南赵州知州，戊寅科。

陈逢泰　清南海九江人。嘉庆二十三年（1818）武举。

［道光］《南海县志》卷二十二《选举表三·国朝·武举·嘉庆朝》：戊寅科。

《九江儒林乡志》卷十《选举略·国朝·武举·嘉庆二十三年戊寅恩科》：中式第二十一名。

陈韶　字秉端，一字虞阶，清南海人。曾在西樵山学习。嘉庆二十三年（1818）举人，任海南文昌训导、昌化教谕。父介堂，兄清，子纯辉。

［道光］《广东通志》卷八十一《选举表十九·举人四·国朝·嘉庆二十三年戊寅·广州府》：南海人。

《西樵白云洞志》第二册《传略·陈广文韶》：字秉端，一字虞阶，南海人。嘉庆戊寅举人，官文昌训导，调昌化教谕。尝肄业韫玉山房。附《白云洞诗合编》：陈纯辉，一字骞云，号荣野，南海人。候选布政使司经历。虞阶子……冼卿云师、李文川明经、家伯竹洲偕同志诸君，倡建云泉仙馆于小桃源。余亦有志，幸附骥尾，喜而赋此。

［同治］《南海县志》卷九《举人·清》：文昌训导。父介堂，赠修职郎，嘉庆朝。

林桂　字保丹，清顺德黎村人。嘉庆二十三年（1818）举人第一名。

［道光］《广东通志》卷八十一《选举表十九·举人四·国朝·嘉庆二十三年戊寅·广州府》：顺德人。监生，解元。

［咸丰］《顺德县志》卷十一《举人二·国朝·嘉庆》：字保丹，黎村人。第一名……戊寅万寿恩科。卷十八《艺文略二·集部二·别集二》：《保丹遗诗》，国朝林桂撰。

罗晓风　清顺德大良人。嘉庆二十三年（1818）武举，道光九年（1829）任顺德营千总，十二年代理都司。

［咸丰］《顺德县志》卷十一《武举·国朝·嘉庆》：大良人……戊寅恩科。卷九《职官二·千总·道光》：县人。九年任……右哨，右营。《职官二·都司·道光》：县人。十二年署……左营。

周元英　清南海人。嘉庆二十三年（1818）举人。

［道光］《广东通志》卷八十一《选举表十九·举人四·国朝·嘉庆二十三年戊寅·广州府》：南海人。

胡太宁　改名太平，清顺德桂洲人。嘉庆二十三年（1818）武举，二十五年武进士。侍卫。

［咸丰］《顺德县志》卷十一《武举·国朝·嘉庆》：改名太平，桂洲人，戊寅恩科。《武进士·国朝·嘉庆》：胡太平，侍卫，庚辰。

胡定沛　清南海人。嘉庆二十三年（1818）举人。

［道光］《广东通志》卷八十一《选举表十九·举人四·国朝·嘉庆二十三年戊寅·广州府》：南海人。

胡泰江　清顺德桂洲人。嘉庆二十三年（1818）武举。

［咸丰］《顺德县志》卷十一《武举·国朝·嘉庆》：桂洲人……戊寅恩科。

莫元士　清高明村头人。嘉庆二十三年（1818）捐授县丞，道光三年（1823）参修《高明县志》。

［道光］《高明县志》卷十二《选举志·国朝文例职》：村头人，嘉庆二十三年捐授县丞。卷首《纂修〈高明县志〉·校刊》：候选县丞莫元士。

莫如璋　清顺德容奇人。嘉庆二十三年（1818）武举。

［咸丰］《顺德县志》卷十一《武举·国朝·嘉庆》：容奇人……戊寅恩科。

黄亨　清南海人。嘉庆二十三（1818）年副贡，道光十一年（1831）举人，官嘉应州学正。祖虞，父取善。

［道光］《南海县志》卷二十一《选举表二·国朝·贡生荐辟·嘉庆朝》：副贡……戊寅。《国朝·举人·道光朝》：虞孙……辛卯科。

［同治］《南海县志》卷九《举人·清》：嘉应州学正。父取善，赠修职郎，道光朝。卷十《艺文略》：《白云洞志》《仰高轩集》，国朝黄亨撰。

梁大昌　清南海人。嘉庆二十三年（1818）举人。

［道光］《广东通志》卷八十一《选举表十九·举人四·国朝·嘉庆二十三年戊寅·广州府》：南海人。

梁旦　改名葆庆，清高明铁泽人。嘉庆二十三年（1818）举人，道光三年（1823）进士，官礼部主事。

［光绪］《高明县志》卷十二《选举表·国朝·举人·嘉庆朝》：铁泽人，广西崇善籍。二十三年戊寅科，改名葆庆。《选举表·国朝·进士·道光朝》：梁葆庆，铁泽人，广西崇善籍。三年癸未科林召棠榜，礼部主事。

梁怀文　清南海人。嘉庆二十三年（1818）举人。

［道光］《广东通志》卷八十一《举人四·清·嘉庆二十三年戊寅·广州

府》：南海人。

梁拜飏　清南海人。嘉庆二十三年（1818）举人，官西宁教谕。

［道光］《广东通志》卷八十一《选举表十九·举人四·国朝·嘉庆二十三年戊寅·广州府》：南海人。

［同治］《南海县志》卷九《举人·清》：西宁教谕，嘉庆朝。

梁象雄　清顺德桂洲人。嘉庆二十三年（1818）武举。

［咸丰］《顺德县志》卷十一《武举·国朝·嘉庆》：桂洲人……戊寅恩科。

曾樑材　改名嵩樑，字芝生，清顺德龙山人。嘉庆二十三年（1818）副贡，道光五年（1825）举人。

［咸丰］《顺德县志》卷十一《副贡·国朝·嘉庆》：龙山人……戊寅恩科。《举人·国朝·道光》：字芝生，改名嵩樑，龙山人……乙酉科。

温泽明　字雪舫，清顺德龙山人。嘉庆二十三年（1818）举人，授广东广宁教谕，在任十八年，卒于任署。父钰。

［道光］《广东通志》卷八十一《选举表十九·举人四·国朝·嘉庆二十三年戊寅·广州府》：顺德人。

［咸丰］《顺德县志》卷十一《举人二·国朝·嘉庆》：字雪舫，龙山人。广宁县教谕……戊寅万寿恩科。卷十二《封赠（文阶）·国朝》：温钰，龙山人，以子泽明封侯选知县。

［民国］《顺德县志》卷十七《列传二》：嘉庆戊寅以第三人举于乡，赴宴日，族人拟醵金召优伶为庆，泽明请将所醵金建富溪涌水闸，地方遂无水患。选授广宁教谕，宁为肇郡瘠邑，泽明严董劝，训诸生以经世学。创尊经阁，拓明伦堂，建敷文书院，百废具修，皆捐俸为倡，邑中科名日盛。在任十八年，终于署，绳床布被，寒气袭人，诸生来吊多泣下者。著有《读我书斋诗集》。

游苍育　清南海半冈堡人。嘉庆二十三年（1818）举人。父际泰。

［道光］《广东通志》卷八十《选举表十九·举人四·国朝·嘉庆二十三年戊寅·广州府》：南海人。

谢广大 清高明城中人。嘉庆二十三年（1818）捐授把总。

［道光］《高明县志》卷十二《选举志·国朝武职例》：城中人，嘉庆二十三年捐授把总。

廖应麟 清高明布练人。嘉庆二十三年（1818）例贡，道光三年（1823）参修《高明县志》。

［道光］《高明县志》卷十二《选举志·例贡·国朝》：布练人，嘉庆二十三年例贡。卷首《纂修〈高明县志〉·校刊》：贡生廖应麟。

谭璨 清高明城中人。嘉庆二十三年（1818）捐授把总。

［道光］《高明县志》卷十二《选举志·国朝武职例》：城中人，嘉庆二十三年捐授把总。

蔡云腾 清顺德龙江人。嘉庆二十三年（1818）举人。

［道光］《广东通志》卷八十一《选举表十九·举人四·国朝·嘉庆二十三年戊寅·广州府》：顺德人。

［咸丰］《顺德县志》卷十一《举人二·国朝·嘉庆》：龙江人……戊寅万寿恩科。

蔡湘 字萃鸿，一字云笠，清顺德龙江人。曾在西樵山学习，嘉庆二十三年（1818）举人。

［道光］《广东通志》卷八十一《选举表十九·举人四·国朝·嘉庆二十三年戊寅·广州府》：顺德人。

《西樵白云洞志》第二册《传略·蔡孝廉湘》：字萃鸿，一字云笠，顺德人。嘉庆戊寅举人。尝肄业巃嵸阁。

［咸丰］《顺德县志》卷十一《举人二·国朝·嘉庆》：字云笠，龙江人……戊寅万寿恩科。

黎绍宗 清顺德槎涌人。嘉庆二十三年（1818）举人。

［道光］《广东通志》卷八十一《选举表十九·举人四·国朝·嘉庆二十

三年戊寅·广州府》：顺德人。

［咸丰］《顺德县志》卷十一《举人二·国朝·嘉庆》：槎涌人……戊寅万寿恩科。

戴挺生 字东厢，清南海大同堡村尾乡人。嘉庆二十三年（1818）举人，道光六年（1826）大挑二等，任广东海康（今雷州）训导七年卒。父尚宾。

［道光］《广东通志》卷八十一《选举表十九·举人四·国朝·嘉庆二十三年戊寅·广州府》：南海人。

［道光］《南海县志》卷二十一《选举表二·国朝·举人·嘉庆朝》：海康训导……戊寅科。

［同治］《南海县志》卷九《举人·清》：父尚宾，赠修职郎，嘉庆朝。卷十五《列传·官师》：字东厢，大同堡村尾乡人。嘉庆戊寅恩科举人，道光丙戌大挑二等，借补海康学训导。雷俗健讼，恒以讼破家。抵任后接见诸生，首以是为戒，谓："吾学中有有唆讼包讼、通书差弄刀笔者，此害群之马也，必斥革之。"俄有梁叙天者，广州人，贾于雷阳，托言贺生辰以百金为寿，讶其无因，峻拒之。续询其故，缘叙天侄信谗言，疑其干没质库银两，讼之县府及藩臬，案八年未结，所费不赀。叙天亦怒其无理，务争胜，欲学师暗为助也。挺生曰："校官不理民情，不理讼事，况骨肉构怨，为之解争可耳，忍佐斗乎？"乃呼其叔侄至署委曲开导，始晓之以情理，继怵以利害，两造果愧悔愿和释。挺生曰："衙门以讼事为发财径门开，汝欲和，官未必准汝和也。试为之。"果以起灭自由批驳。挺生笑曰："何如？汝欲不打，官府不可，得官府之不可打明矣！汝果悔，吾为汝一行耳。"乃谒见太守详述颠末，守大悟，为详藩臬而了结之。事后再以金谢，坚不受，曰："和讼受谢，与包讼受谢等耳，吾何以对诸生？"由是县人皆敬服。续有附城陈、李二巨族，因建神祠，狃于阴阳拘忌之说，缘争执而构讼，缘构讼而械斗，至互相截杀，虽翁婿不相容，守令员弁弹压不能止。雷守谓挺生曰："各族皆有诸生为表率，诸生素敬服老师。学官不理民事，然调和诸生固其职也。汝为排解，勿以出位辞。"挺生乃择诸生之明理者，分日召至，详为劝谕，且力破风水之说曰："尔等争风水欲求福也，今福未来祸先至矣。曷若仍旧不改，两无福、两无祸乎？"俾以其言归谕族众，然后亲到两族祖祠为之详细剖析，各折服愿和。乃请太守置酒郡庭，召陈、李绅耆欢燕酒罢，出具"永远和好不敢滋事"甘结，事遂息。雷守叹曰："办事需用得其人，此案早知非戴老师不能了也！"在任七年，卒于官，雷人祭奠者百余家，学官所仅见也。

佘启祥 （1789—?）字和初、春帆，清顺德大良人。嘉庆二十四年（1819）举人。弟启韶。

［道光］《广东通志》卷八十一《选举表十九·举人四·国朝·嘉庆二十四年己卯·广州府》：顺德人。

［咸丰］《顺德县志》卷十一《举人二·国朝·嘉庆》：字和初，大良人，启韶兄……己卯科。《举人二·国朝·道光》：佘启韶，字云帆，马冈人，住大良。启祥弟……壬辰科。卷二十七《列传七·国朝三》：字春帆。聪明能文章，天性简默而为文则驰骤纵横，无不如志。少即通六法，时吕翔方以画据岭海一席，居相去不二里，旦夕过从论画，极相投契。翔每作必以元四家名稿为根本，启祥往往自出己意，不甚绳尺前轨，而当其神到亦天然吻合。梁元翀尝谓，启祥画随取其一树一屋拆观之，迫真沈石田。启祥闻之，以为知己。中道光己卯举人。

张应秋 （1790—?）字清湖，清顺德龙江人。嘉庆二十三年（1818）举人，任湖南安仁知县，改广东德庆州学正，道光二十九年（1849）加内阁中书衔。父如芝擅画。

［道光］《广东通志》卷八十一《选举表十九·举人四·国朝·嘉庆二十三年戊寅·广州府》：顺德人，如芝子。

［咸丰］《顺德县志》卷十一《举人二·国朝·嘉庆》：字清湖，龙江人。知安仁县，改德庆州学正，加内阁中书衔。如芝子……戊寅万寿恩科。

吴弥光 （1789—1871）字章垣，清南海佛山镇人。道光十四年（1834）举人，即用詹事府主簿。居家奉亲。兄荣光。

［道光］《佛山忠义乡志》卷十《贡生·清》：即用詹事府主簿，附贡。

［道光］《南海县志》卷二十一《选举表二·国朝·举人·道光朝》：荣光弟……甲午科。

［同治］《南海县志》卷十九《列传·善行》：字章垣，佛山堡人。由邑庠生候选詹事府主簿，湖南巡抚荣光弟也。幼禀庭训，于书无不窥，年未弱冠有声庠序间，试辄高等。以荣光官台省、直枢庭，出则观察陕甘，由陈臬开藩以至开府楚南，不暇家食，弥光依恋晨夕，烝烝孝养，数十年如一日，不复以仕进为心，其孝友惇笃殆天性也。自荣光衔恤家居，以清俸所余，立家庙以妥先灵，设家塾以课子孙，颁月粮以赡亲族，以及给棺掩胳，养老恤孤诸义举，弥光为之厘定章程，稽查出纳，务赞助而完成之。平日待内外姻亲饶有恩惠，有称贷者推予无吝容，盖赒济贫乏、培植人才亦素性然也。尤

难者谦虚和蔼，未尝以贵势加人，观其规行矩步、玉色金声，一望知为笃行君子。生平不汲汲于科名，不营营于利禄，而未尝一日去书，晚年以经史自娱，时作为诗歌以自鸣闲适。所著有《芬陀罗馆诗文钞》六卷、《醒俗篇》一卷，又刊刻《胜朝遗事》初、二两编十余种藏于家。同治十年辛未，与同邑黄其表、马颂清等同举重游泮水故事，适其孙以是年入泮，祖孙先后同案，邑人以为佳话。是年以无疾而卒，年八十三。卷十《艺文略·史部·纪事类》:《胜朝遗事初编》六卷、《二编》八卷，国朝吴弥光辑，据《石云山人文集》。兄荣光序：家弟朴园以读书之暇，汇集辑自洪武至崇祯一代稗史，命曰《胜朝遗事》，分初、二、三编。如逊国北狩及红丸、挺击、移宫三大案，以至锦衣、复社诸事均有与正史互相发明者，因论明政之得失。

[宣统]《南海县志》卷十一《艺文略·史部·杂史事实类》:《胜朝遗事初编》三十二卷、《二编》十九卷，国朝吴弥光编，据光绪癸未刻本。案：前续《志》据《石云山人文集》,《初编》止六卷，《二编》止八卷，兹据光绪癸未年刻本。初编《洪武圣政记》一卷、《明初礼贤录》一卷、《天潢玉牒》一卷、《龙兴慈记》一卷、《翦胜野闻》一卷、《平汉录》一卷、《平吴录》一卷、《北平录》一卷、《平夏录》一卷、《平胡录》一卷、《靖难功臣录》一卷、《备遗录》一卷、《平安南交录》一卷、《北征录》一卷、《北征后录》一卷、《北征记》一卷、《宣炉注》一卷、《否泰录》一卷、《北狩事迹》一卷、《北使录》一卷、《天顺日录》一卷、《圣驾临雍》一卷、《武宗外纪》一卷、《大礼议辨》一卷、《谕对录》一卷、《倭变事略》一卷、《靖海纪略》一卷、《病榻遗言》一卷、《星变志》一卷、《钤山堂书画记》一卷、《碧血录》一卷、《甲申传信录》一卷，共三十二卷。二编《三朝圣谕录》一卷、《瀛涯胜览》一卷、《彭文宪笔记》一卷、《闲中古今录》一卷、《病逸漫记》一卷、《琅琊漫钞》一卷、《水东日记》一卷、《近峰记略》一卷、《留青日札》一卷、《今言类编》二卷、《锦衣志》一卷、《觚不觚录》一卷、《凤洲笔记》二卷、《奇闻类记》一卷、《幸存录》一卷、《复社纪事》一卷、《彤史拾遗记》一卷、《后鉴录》一卷，共十九卷。又案：前续《志》列入纪事本末类，今改列杂史类。《艺文略·史部·地理属方志类》:《罗浮纪游》，国朝吴弥光撰。

[民国]《佛山忠义乡志》卷十一《乡事志·编年》：道光……庚子二十年……建且住亭于通济桥之南。(吴弥光捐筑)

马福安　字圣敬，又字止斋，清顺德扬滘人。嘉庆二十四年（1819）举人，道光九年（1829）进士，任四川犍为、福建漳浦知县，擢安徽六安知州，未赴卒。

［道光］《广东通志》卷八十一《选举表十九·举人四·国朝·嘉庆二十四年己卯·广州府》：顺德人。

［咸丰］《顺德县志》卷十一《举人二·国朝·嘉庆》：字止斋，扬滘人……己卯科。卷十八《艺文略二·集部二·别集二》：《止斋文钞》二卷、《贞冬斋诗》二卷，并国朝马福安撰。卷二十七《列传七·国朝三》：字圣敬，又字止斋，羊滘人……道光己丑进士，选庶吉士，散馆授犍为令，丁内艰归。癸巳潦荒，先后捐八百金赈其乡。释服拣发福建，署顺昌。会盗劫长汀兵饷，捕之急反无踪。福安乃获大猾刘三妹者，使侦获十一人，案遂解。权诏安去，以十一人皆反供落职。既而上官知有王者，旋为请开复。署漳浦，俗尚械斗，邱、梁两大姓不相下，斗辄不可解。福安但挈役数人供使，令亲赴召而谕以利害，两造皆服遽散，受伤死者，当时断结，不扰及事外一人。其后查漳州禁物，道出诏安，民香烛迎送。巡抚疏举循良，擢知六安州，丁外艰服阕，未赴卒。福安文学皆有根抵，阮文达创学海堂，以经史诗赋课士，举八人者为学长，福安与焉。著有《止斋文集》《鉴古录》。

邓兆桐　字吉士，清三水金利三甲人。嘉庆二十四年（1819）举人。道光六年（1826）大挑一等，历署安塞、澄城、洛南等县，实授武功县。父纯。

［嘉庆］《三水县志》卷九《选举·举人·国朝·嘉庆二十四年己卯科廖翱榜》：金利三甲人。中式第十名，纯之子。

［光绪］《广州府志》卷一百三十六《列传二十五·县·国朝·三水》：字吉士。嘉庆二十四年己卯举人，大挑知县分发陕西，历署安塞、澄城、洛南县，实授武功。官澄时有张孝妇割臂愈翁病事，下车即详请旌表。有生员党塾为刁妇占据，历三任不能断，桐立判结之。任武功值大旱，徒步往太白山祷雨，山高峻，古语所谓“武功太白去天一握”者，桐冒险登之，即夕大雨。值年饥，详请赈济，民赖以安。在武功十一年，惠泽甚普，致仕日，民攀辕不忍去。

冯兰　字芳谷，清顺德大良人。嘉庆二十四年（1819）副贡，道光元年（1821）举人，任广西钦州学正。父如琼卒，母温氏守节受旌。子志昕。

［咸丰］《顺德县志》卷十一《副贡·国朝·嘉庆》：大良人。己卯，顺天榜。《举人二·国朝·道光》：字芳谷，大良人。今钦州学正……辛巳登极恩科。冯志昕，字朗压，大良人，顺天榜，兰子……甲午科。卷十四《节孝

表一·清嘉庆朝》：温氏，大良冯如琼妻。举人兰母，举人志昕祖母……二十五年旌。

卢鸿猷 字黻卿，清顺德大良人。嘉庆二十四年（1819）举人。

［道光］《广东通志》卷八十一《选举表十九·举人四·国朝·嘉庆二十四年己卯·广州府》：顺德人。

［咸丰］《顺德县志》卷十一《举人二·国朝·嘉庆》：字黻卿，大良人……己卯科。

刘以珄 清高明大唐美人。嘉庆二十四年（1819）附贡。父文组。

［道光］《高明县志》卷十二《选举志·例贡·国朝》：大唐美人，文组次子，嘉庆二十四年附贡。

刘策勋 清南海人。嘉庆二十四年（1819）优贡，任广东始兴教谕。

［道光］《南海县志》卷二十一《选举表二·国朝·贡生荐辟·嘉庆朝》：优贡，始兴教谕……己卯。

关景泰 清南海人。嘉庆二十四年（1819）举人。

［道光］《广东通志》卷八十一《选举表十九·举人四·国朝·嘉庆二十四年己卯·广州府》：南海人。

任元枢 清南海人。嘉庆二十四年（1819）岁贡。

［道光］《南海县志》卷二十一《选举表二·国朝·贡生荐辟·嘉庆朝》：岁贡……己卯。

严逢安 清顺德大良人。嘉庆二十四年（1819）武举。

［咸丰］《顺德县志》卷十一《武举·国朝·嘉庆》：大良人，己卯。

劳光泰 字静庵，清南海小塘人。嘉庆二十四年（1819）举人，次年进士，任湖北蒲圻、监利知县，蕲州、随州知州，武昌清军同知，以事落职，以军功开复原职，奉旨以同知直隶州用，称病归。

［道光］《广东通志》卷八十一《选举表十九·举人四·国朝·嘉庆二十四年己卯·广州府》：南海人，进士。卷七十七《选举表十五·进士·国朝·嘉庆二十五年庚辰陈继昌榜·广州府》：南海人。

［道光］《南海县志》卷二十一《选举表二·国朝·进士·嘉庆朝》：知县……庚辰科。

［同治］《南海县志》卷十三《列传》：字静庵，黄鼎司小唐人。嘉庆己卯科举人，庚辰会科成进士，归班候选。道光十三年癸巳，授湖北蒲圻县知县，以卓荐调补监利县。擢蕲州知州，寻署随州知州，武昌清军同知，以事落职。旋以军功开复原秩，再以带勇溃散被劾，遂解组归。为人果敢任事，性慷慨，喜功名，于水利、河防尤所深悉。其宰蒲圻也，县濒江大堤长三千六百余丈。莅事伊始，江盛涨，处处告灾。光泰率役抢护，仿靳辅治河法，旁开引河以杀其势，顶冲所在堤内筑月堤以防其崩，凡培厚增高、扶危定倾之方无不早预，堤缺复完。监司才之，修江夏、蒲圻、嘉鱼、咸宁四邑公基，檄之监督，以一人任其事，半载工蒇。其调监利也，值丁酉年江复涨，监利长堤岌岌危在旦夕，大府谓晓河务无光泰若也，特调署事。光泰曰："救兵如救火，治水亦然，早一刻即受一刻之益，此事岂可姑待？"檄下之日，购麻包数千抵工次，以包载沙沙不散，坚重如石，投决口水冲不动，横流立断。然后四出巡勘，有单弱渗漏者督夫役遍为培补，通堤屹立如长城，一律巩固。然后鸣驺到任，民惊骇，谓州县办事向来无此敏捷者。计楚地江、沱、潜、汉四水咸经县中，堤长各逾万丈，经营数月，化险为夷，光泰力也。其在蕲州也，适崇阳县钟人杰据城戕官，攻拔通城，凶锋直逼通山、平江诸邑，大府檄以州兵应援。光泰从间道进趋通城山后与贼遇，一战克之，城遂复。光泰曰："逆首在崇阳。"即督兵径进。或曰："兵惫矣，请少休！"光泰曰："孙子不言乎？兵闻拙速，未闻巧迟。况贼乌合无固志，知通城破必丧胆，因而摧之，所谓疾雷不及掩耳者也，尚何待焉？"即秣马宵行，檄居民多具火把为向导，声言大兵至。已而万炬烧空，夕光如昼，贼不知兵多少不敢出。光泰下令曰："所剿钟逆一人，余免罪，兵不得妄杀，杀逆降者有赏。"为书射城中，次日，贼党果缚钟人杰开城降，兵入城秋毫无犯，崇阳平。吴抚上其绩，奉旨以同知直隶州升用。其任随州及署武昌同知也，清积案三百余起，又督理荆州堤工，咸妥善。适议盐政，与当道不相中，遂劾罢。然是时发逆攻桂林不拔，从全、永直下，所至辄糜烂如入无人之境，已逼近武昌矣。抚军常大淳于属员中，谓光泰果敢知兵，俾守望山门外，水陆兵任布置，与城中为犄角。人心差固，而提军双福谓无城可凭兵易溃，悉撤入城中以自卫，光泰

争之不得。值通城告警，遂奉委与金太守援通城，至则贼已逃而蒲圻被陷，因督兵往蒲圻，而武昌之败信至矣。无何，贼弃武昌，官兵得收复。湖南巡抚骆秉章至，招集散亡，光泰诣省垣听进止①。当沦丧之余，军兴饷乏，光泰知盐船俱泊九江府湖汉，请催趱。定议每船一只变价半助军饷、半归商本，得银八十余万接济江忠源军，楚师复振。会贼分股犯黄州，湖督张亮基使光泰领水师截窜路，围而歼之。事闻，开复原秩。时钦差大臣向荣奏江南缺炮船，有旨命陕西拨银廿万两交湖督速办。督府商于光泰，对曰："拨饷到无期，缓不济事，请向鹾商捐输造船。截留云南铜廿万斤铸炮，事尤便。"督府允之，即命光泰与知府俞舜钦总其役，三月工毕，其迅速如此。既而贼由田家镇走，光泰自募广勇进剿，兵非素习，贼益多，遂溃。学使青麟疑其通贼劾奏之，加以重辟拟提问，督府吴文镕知其冤，力持之遂得免。然光泰是时亦颓老矣，遂引疾归。素好博览，尤嗜讲学，其宗法不专一家，而于白沙静养端倪、阳明知行并进皆所笃信，于蕺山②解诚意谓意为体、心为用之说更旁征博引，多所阐明，故任蒲圻、随州皆创立书院，与诸生讲求，孳孳不倦。晚年好训诂、声音之学，于钱大昕、段玉裁所著书日加披览。与旗籍生员樊封为老友，相遇则析疑发难，合则相视莫逆，否则互相搘拄③，颧发赤，拂袖而行不迎送，翌日又谈论如初。在省寄寓，应门以三尺之童，问存吊死，袖一刺徒步而行，见者以为村翁，不知其曾官牧令也。其通脱如此。卷十《艺文略》：《大学古本说故》《榕坡学论》《榕坡存稿》《三哦堂文集》，国朝劳光泰撰。《蒲圻县志》，国朝劳光泰辑。据《筠心堂集》。

李芳　名或为芳广，清南海人。嘉庆二十四年（1819）举人，道光十二年（1832）任广东阳江训导。

［道光］《广东通志》卷八十一《选举表十九·举人四·国朝·嘉庆二十四年己卯·广州府》：南海人。

［道光］《肇庆府志》卷十三附《肇庆府志续编》《道光朝·阳江县·训导》：李芳广，南海人。举人，十二年十月选任。

［道光］《南海县志》卷二十一《选举表二·国朝·举人·嘉庆朝》：阳江教谕……己卯科。

---

①进止：意旨、命令，此指圣旨。

②蕺山：指明末儒家学者刘宗周。因长期讲学于家乡浙江绍兴城北蕺山，学者习称为蕺山先生。

③搘拄（zhīzhǔ）：犹抵牾。

李宗迪 清顺德莘村人。嘉庆二十四年（1819），顺德知县王勋臣表彰其孝友。

［咸丰］《顺德县志》卷十六《胜迹略·坊表·表宅之属·紫泥属》："孝友之门"，在莘村。嘉庆己卯，知县王勋臣为赠奉直大夫李宗迪。卷二十七《列传七·国朝三》：性笃挚，家庭事人无间言，受表于令。

李调苍 清南海人。嘉庆二十四年（1819）恩贡。

［道光］《南海县志》卷二十一《选举表二·国朝·贡生荐辟·嘉庆朝》：恩贡……己卯。

李朝相 字佐尧，一字斗南，清顺德龙江人。曾在西樵山学习，嘉庆二十四年（1819）举人。

［道光］《广东通志》卷八十一《选举表十九·举人四·国朝·嘉庆二十四年己卯·广州府》：顺德人。

《西樵白云洞志》第二册《传略·李孝廉朝相》：字佐尧，一字斗南，顺德人。嘉庆己卯举人，尝肄业巃嵸阁。

［咸丰］《顺德县志》卷十一《举人二·国朝·嘉庆》：龙江人……己卯科。

杨子型 清高明城中人。嘉庆二十四年（1819）例贡。父炯。

［道光］《高明县志》卷十二《选举志·例贡·国朝》：城中人，炯子，嘉庆二十四年例贡。

何佩鱼 清南海人。嘉庆二十四年（1819）举人。

［道光］《广东通志》卷八十一《选举表十九·举人四·国朝·嘉庆二十四年己卯·广州府》：南海人。

陆沾荣 改名敦庸，清南海人。嘉庆二十四年（1819）举人，道光十五年（1835）进士。父恒康。

［道光］《广东通志》卷八十一《选举表十九·举人四·国朝·嘉庆二十四年己卯·广州府》：南海人。

［道光］《南海县志》卷二十一《选举表二·国朝·举人·嘉庆朝》：陆沾荣，恒康子……己卯科。《国朝·进士·道光朝》：陆敦庸，原名沾荣，乙未科。

陈文隆 清高明苏村人。嘉庆二十四年（1819）选举为官。

［道光］《高明县志》卷十二《选举志·国朝文例职》：苏村人，嘉庆二十四年，衍圣公以堪用人员选举巨野屯官。

陈兴礼 字敬山，清南海叠滘人，居佛山。嘉庆二十四年（1819）举人，任广东长乐（今五华）教谕。

［道光］《广东通志》卷八十一《选举表十九·举人四·国朝·嘉庆二十四年己卯·广州府》：南海人。

［道光］《南海县志》卷二十一《选举表二·国朝·举人·嘉庆朝》：兴宁教……己卯科。

［同治］《南海县志》卷十九《列传·善行·吴荣光传》：字敬山，叠滘堡人，居佛山。嘉庆己卯举人，以大挑二等选长乐教谕。校官清俸有限，惟仰食于门生脩脯，长乐又贫瘠地，赠馈无多，居此者不能终日，亟思他徙。兴礼性本恬淡，习而安之，而于取予尤介介不苟。川督骆文忠公秉章乡试同年生也，素悉其学行，益敬重之，会骆巡抚湖南，寓书敦请至抚署中，欲借之相助为理。时发贼扰于湖湘，红巾讧于交广，道途梗塞，游客多裹足不前。兴礼谓："故人千里相邀，安得就夷避险？"遂间道而往为之经理数年，及时事粗定而后返。其笃于友谊多此类也。生平工于八法，作小楷仿赵吴兴①，所写折叠静好娟娟，同人多自谓不及。晚年目眚，几于一物无所见，求欧罗巴医生治之，西医以药水涂其膜，膜皱起，寻用钤缓缓揭之，使膜与目离，随以银刀割之，如剥笋抽丝，毫无窒碍，眼光明亮如初。西医又因其年纪揣其目力，出新意制一水晶镜佩戴之，乃觉目光加于少壮，能为蝇头细书，其幸而得痊，真神助也。后以在籍办理团务，奉上谕赏给内阁中书衔，不数载卒于家。

陈廷珍 清南海人。嘉庆二十四年（1819）举人，茂名教谕。

---

①赵吴兴，即赵孟頫（1254—1322），字子昂，元吴兴（今浙江湖州）人。

［道光］《广东通志》卷八十一《选举表十九·举人四·国朝·嘉庆二十四年己卯·广州府》：南海人。

［道光］《南海县志》卷二十一《选举表二·国朝·举人·嘉庆朝》：教谕……己卯科。

［同治］《南海县志》卷九《举人·清》：茂名教谕，嘉庆朝。

陈体元　字仁荣，一字焕岩，清顺德龙潭人。嘉庆二十四年（1819），顺天乡试挑取誊录，国史馆议序从六品官。道光二十年（1840），与梁士英、吴传芳、吴涉川等倡修龙潭村围。

［咸丰］《顺德县志》卷五《建置略二·堤筑·江村属》：龙潭村围，以村名，在北水堡。自北水接马营围之西北界起，至本乡南安教之围界止，计长七百四十六丈有二尺。安教围又接南朗围界，闸在乡之东北海口，其海南北广八丈，为闸横一丈有四尺，高丈有九尺。道光二十年庚子，乡绅陈体元、梁士英、吴传芳、吴涉川等倡众成之。卷十七《艺文略·史部·地理类·山水之属》：《诸山游记》二卷，国朝陈体元撰。卷十八《艺文略二·集部二·别集二》：《五岳游草》一卷、《西城稼轩诗文集》四卷，并国朝陈体元撰。按：体元，字焕岩，龙潭人，理问。喜游览，壮居都门，出关至医无间，浮海达普陀，登罗浮、峨眉，遍至五岳，域中名山无不到。自刻游草，其游记、诗文，则子龙蟠所刻也。卷二十五《列传五·国朝一·黄兆珵传》：按顺德去会城百里，士方从师，贫者教读，其出就粤秀、越华、羊城诸书院肄业者绝少，县城凤山书院又兴废不常，于是有乡会之设。月有期，优有奖，所以造就人才，辅学校、书院所不逮，法良意美。自张其策为令，立瀛社以甲乙诸生，县乡咸资造就。外则吉祐开“鸿文会”，其后黄连诸乡有济社，羊额十三村有金声社，逢简有天闾社，古楼、大峄有文社，容、桂二乡亦以月会文王中丞祠。近日，龙潭陈体元又倡复其乡甲社之已废者，皆置田轮值而经其费，而巨族又时集子姓而课之曰“家社”。虽会社名目久经奉禁，不著其名而犹沿其事，故文风遍于境内，不甚参差也。

陈善庆　清顺德容奇人。嘉庆二十四年（1819）副贡。

［咸丰］《顺德县志》卷十一《副贡·国朝·嘉庆》：容奇人，己卯。

陈聪　清顺德马齐人。嘉庆二十四年（1819）岁贡。

［咸丰］《顺德县志》卷十一《岁贡·国朝·嘉庆》：马齐人，己卯。

冼文焕 字灵秀，一字卿云，清南海人。嘉庆二十四年（1819）举人。

［道光］《广东通志》卷八十一《选举表十九·举人四·国朝·嘉庆二十四年己卯·广州府》：南海人。

《西樵白云洞志》第二册《传略·冼孝廉文焕》：字灵秀，一字卿云，南海人。嘉庆己卯举人，尝肄业三湖书院。

罗燮元 清顺德大良人。嘉庆二十四年（1819）副贡。

［咸丰］《顺德县志》卷十一《副贡·国朝·嘉庆》：大良人，己卯。

周来复 字心斋，清顺德桂洲人。嘉庆二十四年（1819）举人。祖作，父其柽。

［道光］《广东通志》卷八十一《选举表十九·举人四·国朝·嘉庆二十四年己卯·广州府》：顺德人。卷三百〇八《列传四十一·列女三·广州府三·顺德县·国朝》：周裕后妻林氏，年二十而寡，事舅姑以孝闻，抚嗣子如己出，鞠育备至。子其柽，廪贡生。孙来复，举人。教子课孙，井井有法，乡人贤之。嘉庆二十年旌。

［咸丰］《顺德县志》卷十一《举人二·国朝·嘉庆》：字心斋，桂洲人，作孙……己卯科。

郭麐标 字为璋，一字帜城，清南海人。早年在西樵山学习，嘉庆二十四年（1819）举人，在广州教书为业。40 多岁卒。

［道光］《广东通志》卷八十一《选举表十九·举人四·国朝·嘉庆二十四年己卯·广州府》：南海人。

《西樵白云洞志》第二册《传略·郭孝廉麐标》：字为璋，一字帜城，南海人。少尝肄业白云洞，曾广文勉士为言：其少年笃学强记，日有所习，夜虽就寝犹暗绎之，或有遗忘辄举烛检看，往往彻晓不寐，其苦志若此。嘉庆己卯举于乡，讲学羊城，从游者甚众。年四十余卒。

莫纬光 清南海人。嘉庆二十四年（1819）武举。

［道光］《南海县志》卷二十二《选举表三·国朝·武举·嘉庆朝》：己卯科。

黄许经 清顺德甘竹人。嘉庆二十四年（1819）举人。

［道光］《广东通志》卷八十一《选举表十九·举人四·国朝·嘉庆二十四年己卯·广州府》：顺德人。

［咸丰］《顺德县志》卷十一《举人二·国朝·嘉庆》：甘竹人……己卯科。

萧士鸿 字逵羽、翔九，清顺德龙江人。嘉庆二十四年（1819）举人，道光十三年（1833）洪灾时，虽卧病仍助赈。父露瀼。

［道光］《广东通志》卷八十一《选举表十九·举人四·国朝·嘉庆二十四年己卯·广州府》：顺德人。

［咸丰］《顺德县志》卷十一《举人二·国朝·嘉庆》：字逵羽，龙江人。露瀼子……己卯科。卷二十六《列传六·国朝二》：字翔九……龙江人……父露瀼，嘉庆戊午乡荐，士鸿亦以己卯登贤书。及门多得科第，里人蔡锦泉得力尤深。性和而介，人莫敢干以私。道光癸巳潦涨岁饥，时卧病，犹眷眷倡助赈恤，赖以全活多人。其存心利济如此。

萧常青 字延祚，清顺德龙江人。嘉庆二十四年（1819）举人。

［咸丰］《顺德县志》卷十一《举人二·国朝·嘉庆》：字延祚，龙江人，广西平乐籍。武宣县训导……己卯科。

谢树芳 清南海人。嘉庆二十四年（1819）武举。

［道光］《南海县志》卷二十二《选举表三·国朝·武举·嘉庆朝》：己卯科。

程汝宽 清高明城中人。嘉庆二十四年（1819）捐授州同，道光三年（1823）参修《高明县志》。

［道光］《高明县志》卷十二《选举志·国朝文例职》：城中人，嘉庆二十四年捐授州同。卷首《纂修〈高明县志〉·校字》：候选州同程汝宽。

程贵时 清南海人。嘉庆二十四年（1819）举人。

［道光］《广东通志》卷八十一《选举表十九·举人四·国朝·嘉庆二十

四年己卯·广州府》：南海人。

程槐 清高明城中人。嘉庆二十四年（1819）廪贡，即用训导。

［道光］《高明县志》卷十二《选举志·贡生·国朝》：城中人，嘉庆二十四年廪贡。国子监肄业期满，即用训导。

程榛 清高明城中人。嘉庆二十四年（1819）廪贡，化州训导、揭阳教谕。道光三年（1823）参修《高明县志》。父开组。

［道光］《高明县志》卷十二《选举志·贡生·国朝》：城中人，嘉庆二十四年廪贡，现任化州学训导。《选举志·封典·国朝》：程开组，城中人，生员，道光三年以子榛貤赠修职佐郎。卷首《纂修〈高明县志〉·分纂》：廪贡、现任化州训导程榛。

［光绪］《高明县志》卷十二《选举表·仕宦·国朝·文职》：城中人，嘉庆二十四年廪贡，化州训导、揭阳教谕。

简钧培 字梦岩，原名厥良，清顺德龙江人。嘉庆二十四年（1819）举人。兄嵩培。

［道光］《广东通志》卷八十一《选举表十九·举人四·国朝·嘉庆二十四年己卯·广州府》：简厥良，顺德人，嵩培弟。

［咸丰］《顺德县志》卷十一《举人二·国朝·嘉庆》：字梦岩，原名厥良。龙江人，嵩培弟……己卯科。卷二十六《列传六·国朝二》：性洒落，不事拘方，少早励学，与兄齐名，当时推重者有二简之目。以古学冠军进邑庠，登己卯贤书。入都，与士大夫订文字交，以诗酒相往来，著有《觉不觉轩诗钞》。

谭宝乾 清高明城中人。嘉庆二十四年（1819）捐授县丞。

［道光］《高明县志》卷十二《选举志·国朝文例职》：城中人，嘉庆二十四年捐授县丞。

钟璧光 清南海人。嘉庆二十四年（1819）举人。

［道光］《广东通志》卷八十一《选举表十九·举人四·国朝·嘉庆二十

四年己卯·广州府》：南海人。

［道光］《南海县志》卷二十一《选举表二·国朝·举人·嘉庆朝》：云南知县，改教……己卯科。

潘湘白 字务滋，清顺德高赞人。嘉庆二十四年（1819）副贡。

［咸丰］《顺德县志》卷十一《副贡·国朝·嘉庆》：高赞人，己卯。

［民国］《顺德县志》卷十七《列传二》：字务滋……性嗜古，博通经史，开门授徒，提倡实学。著有《周易删要》二卷、《周易蠡测》一卷、《周易图说》一卷、《禹贡图说》一卷、《周礼撷要》三卷、《礼记撷要》四卷、《左串》二卷、《诸经图说》六卷、《史长谱》一卷、《隆替谱》一卷、《贤奸谱》一卷、《得失谱》四卷、《沿革谱》二卷、《兴亡谱》一卷、《灾祥谱》一卷、《轩轾①谱》二卷、《明史櫜》一卷、《有明记事》一卷、《天文占候》一卷、《疆域沿革》一卷、《万姓谱》六卷、《子史辑要补》二卷、《四书征史》八卷、《箧遗编待裁编》七集，共二十余卷待梓。

潘敬祖 清三水禄步沙头人。嘉庆二十四年（1819）举人。父有裕。

［嘉庆］《三水县志》卷九《选举·举人·清·嘉庆二十四年己卯科廖翱榜》：禄步沙头人，中式二十三名。有裕子。

颜叙适 清南海人。嘉庆二十四年（1819）举人。父平章。

［道光］《广东通志》卷八十一《选举表十九·举人四·国朝·嘉庆二十四年己酉·广州府》：南海人，平章子，第八名。

［道光］《南海县志》卷二十一《选举表二·国朝·举人·嘉庆朝》：乐会教谕，平章子……己卯科。

黎应南 （约1790—1835）字见山，号斗一，清顺德昌教人。客居苏州，嘉庆十五年（1810），师从当地数学家李锐。二十三年举人，选授浙江丽水知县。道光十二年（1832）调平阳

---

①轩轾（zhì）：车前高后低为“轩”，车前低后高为“轾”，喻指高低轻重。

知县，任满加六品衔。病卒于杭州。精研算学，创立“求勾股率捷法”。父诞登，弟讷，子无咎。

［道光］《广东通志》卷八十一《选举表十九·举人四·国朝·嘉庆二十三年戊寅附顺天中式》：顺德人，监生，诞登子。

［咸丰］《顺德县志》卷十一《举人二·国朝·嘉庆》：昌教人。顺天榜，讷兄，戊寅万寿恩科。

罗文俊　（1790—1850）字泰瞻，号罗村，清南海罗园村（今属禅城南庄）人。嘉庆二十一年（1816）副贡，二十四年举人。道光二年（1822）进士，廷试第三名探花及第，授翰林院编修。在史馆十年，十三年升左春坊左庶子，十九年授通政司副使、詹事府詹事，升内阁学士兼礼部侍郎，署工部侍郎，病归卒于家。祖之大，父泽佳。

［道光］《广东通志》卷八十一《选举表十九·举人四·国朝·嘉庆二十四年己卯·广州府》：南海人，探花。卷七十七《选举表十五·进士·国朝·道光二年壬午戴兰芬榜·广州府》：南海人。探花，翰林院编修。

［道光］《南海县志》卷二十一《选举表二·国朝·贡生荐辟·嘉庆朝》：副贡……丙子。《国朝·进士·道光朝》：探花，春坊庶子、陕甘学政，壬午科。《国朝·封荫·道光朝》：罗之大，以孙文俊贻赠儒林郎。罗泽佳，以子文俊赠儒林郎。

［同治］《南海县志》卷十三《列传》：字泰瞻，号罗村，绿潭堡人。少孤，有三兄皆早丧，母张氏自幼抚教之。性聪颖嗜学，弱岁试郡邑恒列前茅，遂以县试第一充弟子员……廷试日，阅卷大臣拟列第七，卷呈进，成皇帝亲拔为第三，以探花及第授翰林院编修。十二年以记名御史用，会癸巳大考翰詹高列一等，擢左春坊左庶子，补翰林侍讲学士，转侍读学士。己亥再以大考列优等赏缎匹，授通政司副使、詹事府詹事，升内阁学士兼礼部侍郎，署工部左侍郎、右侍郎，寻补授左侍郎兼署钱法堂①事务。奉旨派查东陵工程，冒寒得病，遂引疾归里。文俊自释褐后，回翔史馆已越十年，将由谏垣期外用。自以词赋受知，后入掌文柄，出乘轺车，差遣频仍，屡承宠渥。其在内曾充功臣馆纂修官，国史馆协修官、纂修官，咸安宫总裁、教习庶吉士，内

①钱法堂：清官署名，户、工二部皆置。各有铸钱局，属户部者为宝泉局，所铸钱供全国经费之用。

阁批本日讲起居注官，而且派分阅散馆卷者二、阅朝考卷者二、殿试读卷者二，举人复试、进士复试阅卷者各一，武会试总裁并磨勘弓石大臣者各一，武会试知贡举武殿试读卷、考汉教习阅卷者又各一。其在外曾充顺天乡试同考官、山东乡试正考官、顺天乡试副主考官，放山西学政，调陕甘学政、山东学政，差竣后不数年，又放浙江学政，在陕、浙两奉旨留任。其渥被委用如此。至若登试月卿①、洊为星使，屡奉旨查办事件则不能尽悉也。然文俊自以起家寒素，以文学侍从渥受恩施，必须甄拔得人，方不愧文章报国。在浙时，谓人曰："朝廷所恃以取人教士者，试官、学臣及郡邑博士而已，然试官凭文取录，为日无多，摸索已苦其难，养育更非其任。学博官卑俸薄，毁誉不关其口，黜陟不系其权，即诲尔谆谆，伊谁肯信？惟学臣科岁两试，巡历府州，士习文风得之目击，而瞽宗②释奠，又常与青衿髦士讲习讨论。官尊则令易行，情亲则言易入，养才之任，非责之学臣，将谁责哉？倘习故循常，苟且塞责，但望升迁，上负国恩，下孤民望，我不敢为也。况此邦宿称才薮，文章学术具有渊源，振发易为力哉！"乃绝请托、杜苞苴，所识拔多寒儒宿学、素有声名者，试后人皆悦服。又仪征相国阮元抚浙时，开诂经精舍于西湖，以古学造士，人才辈起，嗣后因循日久，渐就衰零。文俊决意兴复之，乃捐资修葺，廓其规模，增其奖赏，每课亲自校阅，取其尤者延誉之，一时争自濯磨，欣欣向上。去官后，两浙人士祀其主于舍中以配食阮相，示不忘也。其甲辰为顺天考官也，恒自叹曰："考官之职衡文止矣，然仅能衡文，虽朝登崔、蔡，莫选曹、刘，究何益于国？吾欲因外著之文以得中藏之美，择其文之独有见地、开径自行、不剽窃前人牙慧者录之，庶几英伟特立之彦或出其间乎？不敢望拔十得五也，十得一二，吾深慰矣！"其平日议论多类此。然是科得人最盛，先后廿余载为两湖总督、封一等肃毅伯、位协揆③者有李鸿章，礼部侍郎入直尚书房、负甘盘④硕望者有李鸿藻，历任河南、山西巡抚有李鹤年，任贵州巡抚有曾璧光，以翰林修撰擢国子监祭酒有章鋆，为布政使、按察使、转运使有郭祥瑞、靳方锜、孙观，为给事中有洪燕昌。他若为房考、

---

①月卿：朝廷的贵官。

②瞽宗：商代贵族子弟在大学学习礼乐，盲人乐师在学中祀其先祖，学校成为乐师的宗庙，故称瞽宗，后借指最高学府。

③协揆：清代对协办大学士的称呼，意谓协助百揆（指大学士）管理政务。

④甘盘：商朝名臣。相传武丁曾师从甘盘。武丁即位后，封甘盘为卿士，成为一代贤相。

为学使所甄陶，至掇巍科、登显仕、列清班①者更不可一二数也。文俊长身玉立、眉目疏通，而度量恢宏、谦而有容，尤为难及。其在陕还京也，适同人某编修视学湖南，与僚属互讦，文俊闻之，谓人曰："惟无瑕方可戳人，某公自问未知真无瑕否？夫己无瑕而容人上也，己果无瑕而责人次也。若目察渊鱼，返观不睹其睫，恐难免矣！"卒如所料，其立心宽恕如此。性畏惧，不处嫌疑间。时论谓阁部大僚不为子弟求科名者，仅征阮文达元、萧山汤文端金钊及文俊三人而已，文俊在部，始终不令子赴乡试，尤人情所难。在籍养疴，省垣宦途有过访者报以一刺，闭户不复诣人，亦士夫居林下者所少见也。道光三十年，以疾卒于家，年六十一。

［宣统］《南海县志》卷十一《艺文略·集部·别集》：《绿萝书屋遗集》四卷，国朝罗文俊撰。

朱尧勋　（1790—1852）原名士谦，字瑞占，号辰阶，清南海九江人。道光二十年（1840）举人，在家教学为生。

［同治］《南海县志》卷九《道光朝·举人》：庚子科。卷二十二《列传·列女》：朱成发妻张氏，九江堡人。孝廉尧勋尤敬重之，遇事咨而后行，事之如母。

《九江儒林乡志》卷八《艺文略·经部·易类》：《周易例》一卷，国朝朱尧勋撰。《艺文略·经部·四书类》：《孟子评》二卷，国朝朱尧勋撰。卷十《选举略·国朝·举人·道光二十年庚子恩科》：字瑞占，号辰阶。县学，中式第六十八名。卷十四《列传·清》：原名士谦，字瑞占，号辰阶，西方太平约人。形干短小而精神焰发，双眸炯炯灼人。幼禀大父炳元家学，为文批却道窾，能自运其才。家故贫，年十七即为童子师，茹苦力学，及补邑学生员，文誉日著，道光庚子领乡荐。仅一上公车，就乡教授，从学弟子日益多。天性夷旷，待交游有终始。数尝乏窘，外人不能窥有无，时或薪粟告尽，辄过所素好清谈诙嘲，盘桓竟日。室人交谪谓："不省忧。"但回首曰："汝忧之便得钱耶？"卒不变亦不怍也。自少迄老，未尝见其言色有若愁叹者。能饮酒，半酣时风趣横出，往往一座倾靡。卒年六十三。卷二十一《杂录下》：朱辰阶孝廉尧勋馆河清时，年二十五，方应童子试……后三载孝廉始补邑庠，又阅二十三年，至道光庚子遂中乡榜。

区基贞　清高明棠美人。嘉庆二十五年（1820）岁贡，序

---

①清班：清贵的官班，多指文学侍从一类臣子。

选训导。道光三年（1823）参修《高明县志》。

［道光］《高明县志》卷十二《选举志·贡生·国朝》：棠美人，嘉庆二十五年岁贡。卷首《纂修〈高明县志〉·分纂》：岁贡、序选训导区基贞。

杜以荣 清高明清泰人。嘉庆二十五年（1820）捐授同知。

［道光］《高明县志》卷十二《选举志·国朝文例职》：清泰人，嘉庆二十五年捐授州同。

杜光荣 清顺德龙涌人。嘉庆二十五年（1820），顺德知县王勋臣表彰其孝友。妻梁氏，子锦中。

［咸丰］《顺德县志》卷十六《胜迹略·坊表·表宅之属·紫泥属》："孝友可风"，在龙涌，知县……王勋臣为杜光荣。卷十五《耆寿·九十寿妇》：梁氏，龙涌乡饮宾杜光荣妻。子锦中，训导……年九十。卷十三《仕宦·文职·国朝》：杜锦中，龙涌人。署开平县……训导。卷九《职官一·知县·国朝·嘉庆》：王勋臣，河南人。二十五年署，举人。

邵文康 清南海人。嘉庆二十五年（1820）岁贡。

［道光］《南海县志》卷二十一《选举表二·国朝·贡生荐辟·嘉庆朝》：庚辰岁贡。

罗凤仪 清顺德大良人。嘉庆二十五年（1820）岁贡，任广东开平县训导。

［咸丰］《顺德县志》卷十一《岁贡·国朝·嘉庆》：大良人。庚辰，开平县训导。

莫子观 字会良，清高明村头人。教书40年，曾10余次参加科举考试不中，嘉庆二十五年（1820）岁贡，寿74岁。祖宪宣，乾隆十一年（1746）岁贡。

［道光］《高明县志》卷十二《选举志·贡生·国朝》：村头人，嘉庆二十五年岁贡。卷十三《人物志·国朝》：字会良。恬静笃实，乐易和平，言诺不欺。幼承其大父宪宣训，潜心力学，载籍淹通，尤深于《易》。经史外，一切家人生产不以萦怀。教授生徒垂四十年，悉心启迪，名士多出其门。棘院十余战不售，膺嘉庆庚辰岁贡。子四，充诸生者三。年七十四而卒，学者咸

哀慕焉。

黄其中　清高明平塘人。嘉庆二十五年（1820）捐授州同。

［道光］《高明县志》卷十二《选举志·国朝文例职》：平塘人，嘉庆二十五年捐授州同。

黄其贤　清高明平塘人。嘉庆二十五年（1820）捐授县丞。

［道光］《高明县志》卷十二《选举志·国朝文例职》：平塘人，嘉庆二十五年捐授县丞。

王引年　清顺德大良人。寿103岁，光绪四年（1878）建坊。子惠泉，夫妇均享寿90岁，宣统朝赐冠带。

［民国］《顺德县志》卷十二《耆寿表一·寿民·百岁以上》：大良人，百有三岁。光绪四年，巡抚裕宽奏请给帑建坊，赏“熙朝人瑞”额。子、媳四人，寿均八九十外。《九十以上》：王惠泉，大良人。宣统朝赐冠带，钦旌“熙朝人瑞”，引年子。妻马氏九十岁，重逢花烛。《耆寿表二·寿妇·九十以上》：吴氏，大良寿民王引年长媳……九十四岁。

李显锡　清顺德龙山人。寿115岁，光绪二十八年（1902）建牌坊。

［民国］《顺德县志》卷十二《耆寿表一·寿民·百岁以上》：龙山人。百一十五岁，光绪二十八年赐寿官，奉旨建坊。

陈贤奖　清顺德南面人。寿102岁，光绪十七年（1891）县令魏传熙请旌。

［民国］《顺德县志》卷十二《耆寿表一·寿民·百岁以上》：南面人。孝友纯笃，力倡善举。光绪十七年，邑令魏传熙请旌。百有二岁。

梁湘蘅　字前绪，一字楚卿，清嘉庆至道光间顺德林头人。工骈文，画草虫花蝶，意境新颖。好旅游，曾在广西太平，掇拾异石数十，肖形诡异。

［咸丰］《顺德县志》卷二十七《列传七·国朝三》：字前绪，一字楚卿，林头人。博闻强记，骈俪文能循正轨，才藻绝俗。间拟小品，点缀宋元人词

语，倍益妍丽。出新意画草虫花蝶，尤入神品。居平喜蓄异石，尝西至太平，从蛮花犵鸟中掇拾大小数十品，肖形诡异。扃秘重篋，虽知爱，不令数见。既又揣摩青乌家言，茧足历千里内山原，有所得，将著为书，未就竟卒，存者《艺兰书屋诗钞》三卷。

梁然光 字桂长，号达川，一字香籍，清南海澜石乡（今属禅城）人。财信嗣子，治跌打创伤有奇效。子兆康、兆熊、凤祥、兆栋、兆骅、兆骝、鸿图、鸿仪、道生。

［宣统］《南海县志》卷二十一《列传·艺术》：字桂长，号达川，一字香籍，魁冈堡澜石乡人。性善忍，孝友且慈。嗣父玉山以医名，尤精金瘍①、折瘍术，世所称财信先生者也。然光尽传其秘，益究心《灵》《素》及唐宋诸方书，治病若神。未明而兴，以待求者，尝言："人来求治，痛苦情迫。吾晏起使病者待吾，不若早起以待病者之为安也！"兄性挥霍，事之惟谨，肆事悉代服劳。兄卒感悟，勤俭自饬，家居笑语为欢，诸事皆从兄命，偶相离不快也。不治生产，独力于农，祭田数十亩，经画足备水旱，耕耨其中，饲豕种鱼，躬亲督课，以谓："粟米果蔬手植者味弥旨，食之亦弥安也！"俭朴不衣绮纨，而亲旧告急无不应，岁暮给贫者粟以为常。金钗围为魁冈、深村两堡保障，屈龙角地当西北两江冲要，堤身单薄，潦涨告警频闻，乡人抢救，疲于奔命。然光独捐巨资购石甃筑，绵亘数十丈，全围赖以巩固，人咸德之。至其医术之神，多有出人意表者。家鸡被鼠啮去一足，然光试斩鸭足续之以验药力，果走动如常……梧村陆樵妇极悍，生三子，一日偶因反目，妇迁怒其子，狂将三子用刀乱砍。幼子岁余，砍断数段立死。长子七岁，受十一伤。次子五岁，受十五伤，筋骨已断，医治获痊。药费二百余金，悯其贫，谢不受。孔边乡方某狂暴发，自割睾丸一颗吞咽，流血过度加以外感发热，痰涎上涌，谵语时作。然光先用药使呕出睾丸，后施药月余而愈。洋商某初由热痰盛涌，猝染寒疾，西医诊治益剧，且全体僵破转动不得，然光用药两帖病良已。此类难以遍举。卒年七十有七。子兆康，守备衔。兆熊，武庠生。凤祥，守备衔。凤祥，号蓝田，性恬静，不轻言笑，与人无争。事母尤孝，母病躬侍汤药，焚香吁天，愿以身代。年仅五十三而卒，病革时尤以母老不克终事为憾，其孝盖出天性云。兆栋，把总衔。兆骅，监生。兆骝，把总衔。鸿图，武庠生，千总衔。鸿仪、道生，俱监生。兆康、凤祥、兆栋暨孙秉枢、秉

①瘍（yì）：狂疾、传染病。

端均世其业。秉枢，同知衔。秉端，武庠生，由同知保举知府衔，充水陆提督军医，兼广州府属清乡缉捕总军医。

程杰　字绍阳，清南海大桐堡人。太学生。

［同治］《南海县志》卷十九《列传·善行·高凤池传》：字绍阳，大桐堡人。太学生，勤诵习，能文章。弱冠后应童试必列前茅，而不能入泮。强仕后以监生考科举必取录，入乡场又见遗。运数之奇通邑无两，然以义命自安澹如也。惟重交游，尚然诺，性情肫挚，绝于等伦。素与邑增生、赠高要学教谕鳌峰李公为友，李早卒，怜其亲老子幼无以自立也，偕府学生李联魁纠合同人，如同邑李元江、廖灼、顺德李翀汉、番禺陈日初等为义会，凑银五十两交当生息以资给之。后其子少年登科，以文学行谊有声乡邑间，恒谓人曰："此父执之赐也。昔柳子厚为父镇立墓碑，备刻镇友姓字于碑阴为先友记。余他日先君树墓前石碣，当仿其例以志德，不敢忘！"其高义动人如此。黄解元文海、何部曹文绮负师儒望，雅器重之。其殁也，何志其碣曰："得失不介于心，喜愠不见于色，涵养纯粹罕见其人。"世以为实录。

［咸丰］《顺德县志》卷十一《恩贡·国朝·道光》：李翀汉，莘村人。府学，乙未。

张士魁　（1791—1862）字纶章，号逊斋，清南海九江人。嘉庆十二年（1807）副贡，授徒糊口。60岁后任广东乐昌教谕，72岁卒于官。

［同治］《南海县志》卷九《拾遗订误·贡生》：龙门籍丁卯副贡，乐昌教谕，嘉庆朝。

《九江儒林乡志》卷十《选举略·国朝·贡生·嘉庆十二年丁卯》：字纶章，号逊斋。龙门籍副贡，乐昌教谕。卷十四《列传·清》：字纶章，号逊斋，西方大稔人。少聪颖，年十六由龙门籍补弟子员，逾年膺嘉庆丁卯科副贡。容仪俊伟，韶年发轫，人咸以大器期之，乃潦倒名场五十余年卒不遇。家贫，以授徒糊口，裁成后进，如冯进士锡镛、朱孝廉文彬尤卓著。生平沉默寡言，时事概不关涉，至谭道论文则神采栩栩，或不觉手舞足蹈。待人无贵贱少长，一本于诚。年逾六十，截铨乐昌教谕。近世以广文为冷署，徒拥虚名，专管学册钤印，诸生从无晤面者，然士子新进辄多索印金，至面赤舌敝而不已。士魁则厚薄各随其人，故咸得士心，而执贽列门墙者济济，束脩所余则以济戚属之贫者。年七十二卒于官，乐昌诸生醵金致奠，及移柩咸执绋送之舟次，橐无余蓄，乡中群弟子敛资以葬焉。

张云龙 （约1791—1820）字羽仪，号锦川，清南海九江人。嘉庆二十三年（1818）举人，次年会试不第归，卒于乡。父君锡，弟云瞻。

［道光］《广东通志》卷八十一《选举表十九·举人四·国朝·嘉庆二十三年戊寅·广州府》：南海人。

《九江儒林乡志》卷十《选举略·国朝·举人·嘉庆二十三年戊寅恩科》：字羽仪，号锦川。县学，乡试中式第四十七名。

［宣统］《南海县志》卷二十《列传·善行·张君锡传》：字智斋，九江堡人。以善人称乡里，治家严，男读女织必勤，服食器用惟约。好与文士游，勇于行义，同里岑某贫乏倚以全活，星士某子女婚嫁悉佽助之，里党有窘急多借其力。友人麦盛标从会城来访暴卒，君锡曰："生馆死殡，朋友之义也。"遂主其丧，岁时率儿曹墓祭数十年如一日。族人有被人盗卖祖坟者，代出资赎还之。尝建厅事，族子某恶其高压己屋毁之，众不平将殴族子，君锡禁不与较，后卒谢罪，人服其量。生平行事，长老或引以教子弟使奉为法焉。卒年八十有三。子云龙，字羽仪，孝友笃学，尝效陶侃运甓①以惜阴自励。登嘉庆戊寅恩榜，己卯礼闱报罢留京夏课②，庚辰下第归，旬余遽卒，年甫及壮。弟云瞻，字石梅，父君锡年七十一而云瞻生，君锡殁时，云瞻年方舞勺，哀毁已如成人。遇父母忌日，悲泣不能自已，至老不衰。喜济人急，戚友婚丧不能举者助之，族有负债不能偿者焚其券。潜心积学，经明行修，教人以"敦本崇实"为宗旨。尝谓弟子曰："四书六经，道尽在是。我学在是，道即在我。"其体认真切如此。著有《倚桐书屋诗钞》《知足知不足斋文集》。

区拔熙 （1791—?）名或作拔熹，号谷樵，清高明阮埇人。嘉庆十五年（1810）举人，二十四年进士，历四川双流知县、山东东昌知府等职。道光十四年（1834）在河南赈饥，卒于官。父灿如，子为樑。

［道光］《广东通志》卷八十一《选举表十九·举人四·国朝·嘉庆十五年庚午·肇庆府》：区拔熹，高明人，进士。卷七十七《选举表十五·进士·

---

①陶侃运甓（pì）：晋太尉陶侃，常早上把砖从屋子里搬出去，天黑了又搬回来，说是怕自己闲惯了。后来，人们用"运甓"表示励志勤力。甓，砖。

②夏课：谓举人会试落第后，寄居京师过夏，课读为文。

国朝·嘉庆二十四年己卯陈沆榜·肇庆府》：区拔熹，肇庆人，知县。

［道光］《高明县志》卷十二《选举志·举人·国朝》：阮埇人，灿如子，嘉庆十五年庚午举人。《选举志·进士·国朝》：阮埇人。嘉庆二十四年己卯恩科中式进士，庚辰科陈继昌榜进士。即用知县，现任四川双流知县。

［光绪］《高明县志》卷十二《选举表·国朝·进士·嘉庆朝》：灿如长子。二十四年己卯科会试中式，庚辰殿试陈继昌榜。知县，升山东东昌府知府。卷十三《列传·人物二·国朝》：号谷樵，灿如长子。性孝友，力学通经，弱冠登嘉庆庚午贤书，侍母疾不赴公车。寻成己卯进士，签分四川，禀父命以清、慎、勤自勖。初莅珙，兴书院，雪冤狱，数月大治。补双流，与民休息，嘉禾合穗。权彭，彭有清白河，宋赵抃所开。适争水构讼，拔熙溯源流、立条约，民以颂赵者颂之曰“清白重歌”。摄梁山力行保甲，萑苻顿清，详请“来子”“知德”从祀以励正学。寻调巴，政绩详请祀名宦册，川督鄂密保升河南信阳州牧。信阳古申国，为豫、楚门户，传车旁午，竭俸供亿，未尝派役于百姓。豫输纳用钱，钱贱银贵，时议加价免累，拔熙前后两任坚不行。历安阳、睢州、淅川皆如申，豫抚牛密保放济南遗缺府，未大用而卒。其初膺密荐而擢州牧也，特恩召见，都人荣之。所至本经术治民，刊《六言解劝孝歌》《区田编来子遗书》《汤文正集》，务以德化而捕盗极严。两省多立德政碑，每去任，送者数十里不绝。殁后，山左杜文正公谓顺德区孝廉作霖曰：“可惜此好官！”咸丰间，巴县绅民请祀名宦。道光甲午大饥，捐廉千两赈济。著有《见吾善者机轩诗文集》《麟经记珠》。次子为樑，以科世其家，曾任顺德教谕，现任潮阳教谕。

黎讷　原名应元，清顺德昌教人。嘉庆十五年（1810）举人，与南海人程士伟在苏州虎丘建广人客死者义冢。父诞登，乾隆三十六年（1771）举人。兄应南。

［道光］《广东通志》卷八十一《选举表十九·举人四·国朝·嘉庆十五年庚午附顺天中式》：黎应元，顺德人，诞登子。

［咸丰］《顺德县志》卷十一《举人二·国朝·嘉庆》：原名应元，昌教人。顺天榜……庚午科。

［同治］《南海县志》卷十三《列传·程士伟传》：初士伟之需次苏州也，见广人客死者旅榇累累寄宿寺，恻然悯之。商同乡人盐大使黎讷筹款，置义冢于虎丘尽瘗之，并置田以供祭扫。情殷桑梓，泽及枯骸，亦厚德之事云。

马时铨　字典衡，清顺德龙江人。道光元年（1821）副贡，五年举人。

［咸丰］《顺德县志》卷十一《副贡·国朝·道光》：龙江人，辛巳恩科。《举人·国朝·道光》：字典衡，龙江人……乙酉科。

区慕濂 号静斋，清高明阮埇人。道光元年（1821）举人，三年参修《高明县志》。

［道光］《广东通志》卷八十一《选举表十九·举人四·国朝·道光元年辛巳恩科·肇庆府》：高明人，解元。

［道光］《高明县志》卷十二《选举志·举人·国朝》：阮埇人，道光元年辛巳恩科解元。卷首《纂修〈高明县志〉·分纂》：解元、拣选知县区慕濂。

［光绪］《高明县志》卷十二《选举表·国朝·举人·道光朝》：阮埇人。解元，连山厅教谕。卷十三《列传·人物二·国朝》：号静斋。天才超迈，文体高骞，道光辛巳举贤书第一。大挑秉铎乐昌，兼权府学，以名元风轨访曲江遗规，诸生欣然得师。有暮夜袖金求庇者，慕濂厉声曰："师可贿耶？"严拒而宽覆之。素慷慨有当世志，祁制军谂知慕濂才，檄调差委，守职不赴。祁益重慕濂，列章保荐，奉旨以知县用。生平孝友，得馆谷分润穷乏。治乡严，有过必惩，虽亲不讳。捐俸修五世祖墓，作乡规以范俗人。及卒，苏河督廷魁志其墓。著有《敦雅堂诗钞》。

叶应龙 清顺德桂洲人。道光元年（1821）举人，会试病逝，同乡胡绳璋料理后事。

［道光］《广东通志》卷八十一《选举表十九·举人四·国朝·道光元年辛巳恩科·广州府》：顺德人。

［咸丰］《顺德县志》卷十一《举人二·国朝·道光》：桂洲人……辛巳登极恩科。卷十四《节孝表二·道光朝汇案四》：岑氏，举人叶应龙妻……桂洲，守节……道光二十六年汇案，拆载四之四。卷二十七《列传七·国朝三·胡绳璋传》：桂洲人……下第，留为乡人叶应龙医药，经其丧，归榇而后行。

叶侗 清顺德桂洲人。道光元年（1821）副贡。

［咸丰］《顺德县志》卷十一《副贡·国朝·道光》：桂洲人，辛巳恩科。

刘凤翔（清道光） 清高明世唐美人。道光元年（1821）岁贡，三年参修《高明县志》。

［道光］《高明县志》卷十二《选举志·贡生·国朝》：世棠美人，道光元年府学岁贡。卷首《纂修〈高明县志〉·分纂》：岁贡、序选训导刘凤翔。

［光绪］《高明县志》卷十二《选举表·国朝·岁贡·道光朝》：世唐美人，元年贡，由府学。

刘交泰 字德辉，清高明世唐美人。道光元年（1821）恩贡。父中，兄来泰。

［道光］《高明县志》卷十二《选举志·贡生·国朝》：世唐美人，道光元年廪贡，国子监肄业。卷十三《人物志·国朝》：字德辉，中三子。与仲兄来泰同庚，自幼聪颖，读书过目成诵，为文宗经祖史，年十一应童子试，默写十三经悉无舛误。姚学使深赞之，并采芹，时号"刘氏二驹"。岁丁卯，来泰受荐不售，越年病卒，交抚膺叹曰："素望联名听鹿宴，谁知无共着祖鞭。"及本省乡试艰于所遇，益奋雄飞之志，遂由廪贡肄业国子监。应顺天秋闱又憾名晦于时，愈愤发致疾难瘳。邑人孝廉杨小山、廪贡程庭三在京，为发讣音，闻者莫不叹息。

关正貔 清南海人。道光元年（1821）武举。

［道光］《南海县志》卷二十二《选举表三·国朝·武举·道光朝》：辛巳科。

关家驹 字晟岐，号昂若，清南海九江人。道光元年（1821）举人。

［道光］《广东通志》卷八十一《选举表十九·举人四·国朝·道光元年辛巳恩科·广州府》：南海人。

《九江儒林乡志》卷十《选举略·国朝·举人·道光元年辛巳恩科》：字晟岐，号昂若。县学，中式第八十四名。卷十四《列传·清》：字政岐，号昂若，北方新涌人。状貌魁伟，声亮而洪。由邑增生中道光辛巳乡榜，讲学授徒，以严立教。是时乡人士习为浇风，从师者率不务学，惟事嬉游，赌博酣酒对棋无虚日，督责之则纠党哄散，甚至反唇相稽，师亦隐忍不与校。家驹刻意整饬，有一新到执贽者素性荒诞，文房布列未定，偶不检，坠博具于地，轰轰有声，家驹乘其初至执师法，厉色痛加警责，其人俯首听命，举座肃然。自是遂悉守弟子礼，士习为之一变。墟市道途有樗蒱戏，见则以折扇挞之，投其具于水，莫敢有违言，乡人以是敬而惮之。

关朝邦 字会泰，清南海九江人。道光元年（1821）武举，三年武进士，营用守备。横行无赖，乡人惧怕，后被族人刺死。

［道光］《南海县志》卷二十二《选举表三·国朝·武举·道光朝》：辛巳科。《国朝·武进士·道光朝》：癸未科。

［同治］《南海县志》卷十四《列传·陈书传》：厥后有关朝邦者，亦九江人，癸未武进士。素无赖，凶悍过豺狼，专作横苦乡里，族内耆长见之咸惴惴。偶拂意，掷其冠于地而溺之。众不能堪，闭祠门，数十人拌死奋杖相撞击，折其鸡肋委顿而返。仍弗悛，一日乘醉欲杀其族兄礼，礼跪乞命。礼子松虎而冠者也，出其不意抽刃刺之，腹裂而死。人益重陈书，以为不可及云。

《九江儒林乡志》卷十《选举略·国朝·武举·道光元年辛巳恩科》：字会泰。府学，中式第九名，癸未武进士。《选举略·国朝·武进士·道光三年癸未科》：中式第三十九名，殿试二甲，营用守备。

任元梓 号次桐，清南海佛山镇人。道光元年（1821）举人。祖汝澜，生父允泰，嗣父允驹。子本书、本皋。

［道光］《广东通志》卷八十一《选举表十九·举人四·国朝·道光元年辛巳恩科·肇庆府》：鹤山人，第二名。

［道光］《佛山忠义乡志》卷十《举人·清》：道光辛巳，原鹤山人。

［民国］《佛山忠义乡志》卷十四《人物志四·文苑·清》：号次桐。本生父允泰，三岁入嗣胞伯允驹。先是，允驹抚同姓不宗之子为嗣，年已长矣，病亟谓其弟曰："吾爱元梓，不得为嗣目不瞑。"遂为允驹后。嘉庆丙子补鹤山县学，旋食廪饩。中道光辛巳恩科亚魁，选授新会县学教谕，未赴任而卒。家本富有，中式赴试礼闱，居京师二年归，家业为其兄荡尽，遂不求仕进，逋欠独任之，以教读脩脯偿债，终身无怨言，子侄有言及者辄呵之。同母妹所适非偶，赡养终其身。尝主讲鹤山龙腾书院，因材施教，文风丕变，邑人之进黉门登贤书者多出门下。生平言笑不苟而与人以和，训子孙以持品为先，文艺为次。性严正，妇孺见之皆改容。骆文忠秉章抚湘时函致京师同乡官，谓："次桐仙逝，佛山失一望人。"其推重如此。以曾孙超炼贵貤赠朝议大夫，年六十有五无疾而终。子六人。长本书，邑增生。次本皋，举人。《人物志六·义行·清·任汝澜传》：家佛山，为任氏始迁祖，孙元梓、元亨俱举人。

麦文传 清南海人。道光元年（1821）恩贡。

［道光］《南海县志》卷二十一《选举表二·国朝·贡生荐辟·道光朝》：辛巳恩贡。

李文照 （？—约1851）原名照，一字曙楼，清南海大同堡人。道光元年（1821）举人，三十年选为福建大田县知县，到任后县城被盗匪攻陷殉职。

［道光］《广东通志》卷八十一《选举表十九·举人四·国朝·道光元年辛巳恩科·广州府》：李照，南海人，第三名。

《西樵白云洞志》附《白云洞游览诗》：一字曙楼，南海举人。

［同治］《南海县志》卷十七《列传·节义》：元名照，大同堡人。由监生中道光辛巳恩科举人，喜吟咏，有经济才，尤善治盗。道光丙午丁未间，各乡贼匪充斥，大同为甚，佥举文照为保正。时宗室耆英督两广，志在清除土匪，文照献言制府谓："绅知盗贼孔窍而无其权，官有其权或不知盗贼孔窍。欲求成功，非官绅合办不可！"制府允之，乃委县丞海廷琛下乡缉捕，常与文照会商。文照用以盗治盗法密购引线，或诱贼行劫某处伏兵掩取之，或伪为商船载兵勇泊荒僻处所以诱贼来，故所捕辄得。计三年间获犯百余名，皆渠魁也，制府喜，给匾额奖励之。道光三十年以截流到班，赴京候选引见以知县用，寻选福建大田县知县。文照偕一子、一仆、一戚友赴任，然其时城外贼已啸聚，岌岌有攻城势矣。文照领篆，即欲为城守计，以在官日浅，筹策万难、兵饷俱绌，不得已亲巡各乡，督绅士举行屯练兼催集钱粮。贼侦知官既离城，城内空虚，乘机窜入，子战死，掳掠一空。报至，文照大惊，默计贼初得城，根柢未固，速则易攻，迟则难拔。即从乡招数百人分数路，昼则多为旌旗，夜则多持火炬，扬言大兵至。贼望见大惊，不知数多少即散走，遂将城收复，然城中枵然，一无所有矣。文照痛其子之亡，又恐贼有再来之虑，郁郁遂病。先是，文照所带戚属有与贼往来者，文照怒逐之。其人恨甚，走贼营为贼耳目，知文照病不能军也，以语贼，贼大举袭城，城遂溃。文照拊床骂贼，贼脔割之遂死。事闻，赏给世袭云骑尉，袭次完时，给与恩骑尉世袭罔替，并赏恤银壹百两。文照素以治盗著名，咸丰初风尘四起，得一县令，方欲用其所长，有所建树，而时势艰难，动多棘手，卒至与城俱亡，殉难而死。有才无命，可为太息矣！

李培元 清高明田村人。道光元年（1821）例贡，三年参修《高明县志》。

[道光]《高明县志》卷十二《选举志·例贡·国朝》：田村人，道光元年例贡。卷首《纂修〈高明县志〉·校刊》：贡生李培元。

杨龙 清高明城中人。道光元年（1821）恩贡，三年参修《高明县志》。

[道光]《高明县志》卷十二《选举志·贡生·国朝》：城中人，道光元年恩贡。卷首《纂修〈高明县志〉·分纂》：恩贡、序选教谕杨龙。

何如光 清南海人。道光元年（1821）武举，次年武进士。祖现有，父华孙。

[道光]《南海县志》卷二十二《选举表三·国朝·武举·道光朝》：辛巳科。《国朝·武进士·道光朝》：侍卫，壬午科。《国朝·封荫·道光朝》：何现有，以孙如光赠侍卫。何华孙，以子如光赠侍卫。

何思 清顺德羊额人。道光元年（1821）赐副贡。

[咸丰]《顺德县志》卷十一《副贡·国朝·道光》：羊额人，辛巳恩科符例赐。

何澧兰 字草生，清顺德勒竹人。道光元年（1821）举人。

[道光]《广东通志》卷八十一《选举表十九·举人四·国朝·道光元年辛巳恩科·广州府》：顺德人。

[咸丰]《顺德县志》卷十一《举人二·国朝·道光》：字草生，勒竹人……辛巳登极恩科。

佘启发 字献初，清顺德马冈人，住大良。道光元年（1821）举人。

[道光]《广东通志》卷八十一《选举表十九·举人四·国朝·道光元年辛巳恩科·广州府》：顺德人。

[咸丰]《顺德县志》卷十一《举人二·国朝·道光》：字献初，马冈人。住大良……辛巳登极恩科。

陆钟灵 清南海人。道光元年（1821）举人。

[道光]《广东通志》卷八十一《选举表十九·举人四·国朝·道光元年

辛巳恩科·广州府》：南海人。

陈云（清道光）　清南海人。道光元年（1821）举人。

［道光］《广东通志》卷八十一《选举表十九·举人四·国朝·道光元年辛巳恩科·广州府》：南海人。

陈元芳　字六尊，清顺德大良人。道光元年（1821）举人。

［道光］《广东通志》卷八十一《选举表十九·举人四·国朝·道光元年辛巳恩科·广州府》：顺德人。

［咸丰］《顺德县志》卷十一《举人二·国朝·道光》：字六尊，大良人……辛巳登极恩科。

陈同　字镇常，号小郑，清顺德龙江人。道光元年（1821）举人，六年进士。

［道光］《广东通志》卷八十一《选举表十九·举人四·国朝·道光元年辛巳恩科·广州府》：顺德人。

《龙江志略》卷一《编年·清》：道光六年丙戌，陈同成进士，殿试第二甲，钦点即用知县，分发直隶。

［咸丰］《顺德县志》卷二十六《列传六·国朝二》：字镇常，号小郑……性简傲，微有古狂士态而风神潇洒，天真活泼，胸中绝无畦町。所为诗文苦思冥索，得东野、玉川神髓，而豪阔则自出本色。著有《陈小郑稿》。

陈启颖　字逸村，又字起岩，清顺德龙山人。道光元年（1821）恩贡，官灌阳教谕。父位中。

［民国］《顺德县志》卷八《选举表一·郭〈志〉补遗·五贡·国朝》：字逸村，又字起岩，广西武宣籍。道光辛巳恩贡，灌阳教谕。龙山人。卷九《封荫表·封赠·文阶》：陈位中，龙山人，以子启颖赠灌阳县……训导。

陈荣（清道光）　字礽基，号兰阶，清南海人。道光元年（1821）举人。

［道光］《广东通志》卷八十一《选举表十九·举人四·国朝·道光元年辛巳恩科·广州府》：南海人。

［同治］《南海县志》卷十三《列传·陈显忠传》：字礽基，号兰阶……家无甔石①，授徒自给，口不言贫。其族居近白饭围，堤防屡崩，钱粮屡欠。荣设法清厘，嗣后国课早完，围亦巩固。尤善治盗，文武员弁下乡缉捕，经其指示，剧贼斯得。乡有富人性素吝，众怨所归，或诬为窝盗贼消赃，密图倾陷，绅耆亦乘机附和，冀有所裨，荣独讼于官而直之。尝言："乡绅断事宜论其理之是非，不宜问其人之贫富。一有成见，或违道干誉，或引身避嫌，丛脞百出矣。"其言在井闾间，佥以为不磨之论。

陈梦彪 清南海人。道光元年（1821）武举。

［道光］《南海县志》卷二十二《选举表三·国朝·武举·道光朝》：辛巳科。

陈琨 清顺德龙江人。道光元年（1821）副贡。

［咸丰］《顺德县志》卷十一《副贡·国朝·道光》：龙江人，辛巳恩科。

陈愈 清顺德龙江人。道光元年（1821）恩贡。

［咸丰］《顺德县志》卷十一《恩贡·国朝·道光》：龙江人，辛巳。

罗献廷 字信卿，清顺德大良人。道光元年（1821）举人，任海南儋州学正。

［道光］《广东通志》卷八十一《选举表十九·举人四·国朝·道光元年辛巳恩科·广州府》：顺德人。

［咸丰］《顺德县志》卷十一《举人二·国朝·道光》：字信卿，大良人。儋州学正……辛巳登极恩科。

胡龙安 清顺德桂洲人。道光元年（1821）武举第一名。

［咸丰］《顺德县志》卷十一《武举·国朝·道光》：桂洲人，第一名……辛巳恩科。

---

①家无甔（dān）石：当作"家无儋石"，形容家里没有存粮，比喻家境困难。甔，坛子一类的瓦器。

胡定海　清顺德桂洲人。道光元年（1821）武举。

［咸丰］《顺德县志》卷十一《武举·国朝·道光》：桂洲人……辛巳恩科。

胡定强　清顺德桂洲人。道光元年（1821）武举。

［咸丰］《顺德县志》卷十一《武举·国朝·道光》：桂洲人……辛巳恩科。

胡骍　字赤城，清顺德桂洲人。道光元年（1821）举人，咸丰五年（1855）任广东连山教官。

［道光］《广东通志》卷八十一《选举表十九·举人四·国朝·道光元年辛巳恩科·广州府》：顺德人。

［咸丰］《顺德县志》卷十一《举人二·国朝·道光》：字赤城，桂洲人。文昌县教谕，辛巳登极恩科。

［民国］《连山县志》卷五《清连山直隶厅职官表·教官·咸丰时》：五年任。

胡霖　清顺德桂洲人。道光元年（1821）武举。

［咸丰］《顺德县志》卷十一《武举·国朝·道光》：桂洲人，辛巳恩科。

唐吉士　字世桢，清顺德平步人。道光元年（1821）举人。

［道光］《广东通志》卷八十一《选举表十九·举人四·国朝·道光元年辛巳恩科·广州府》：顺德人。

［咸丰］《顺德县志》卷十一《举人二·国朝·道光》：字世桢，平步人……辛巳登极恩科。

莫应龙　（？—约1821）号蜚池，清高明村头人。道光元年（1821）举人，拣选知县。三年参修《高明县志》。父元德。

［道光］《广东通志》卷八十一《选举表十九·举人四·国朝·道光元年辛巳恩科·肇庆府》：高明人。

［道光］《高明县志》卷十二《选举志·举人·国朝》：村头人，道光元年辛巳恩科举人。卷十三《人物志·国朝·莫元德传》：字德华，又字懋功……子四，长应龙，现举辛巳孝廉，其义方之遗训欤？卷首《纂修〈高明

县志〉·分纂》：举人、拣选知县莫应龙。

[光绪]《高明县志》卷十三《列传·人物二·国朝》：号蜚池。性笃孝有老莱风，少趋鲤庭①，旋失怙。思奋发以成先志，下帷攻苦，尝寄东洲寺读书八年。道光辛巳领乡荐，两试礼部不售，归而菽水承欢，皋比造士，癸未与修《县志》。同谱苏君赓堂深服其为人也，戊子约共北上，辞以高堂垂暮、爱日难离，寻赍志而卒。

黄之冕 字朝房，一字樵房，清顺德龙山人。早年随叔父在西樵山读书，嘉庆四年（1799）结业，道光元年（1821）举人。

[道光]《广东通志》卷八十一《选举表十九·举人四·国朝·道光元年辛巳恩科·广州府》：顺德人。

《西樵白云洞志》第二册《传略·黄孝廉之冕》：一字樵房……少随从父悦桐肄业攻玉楼。附《白云洞游览诗》：邓时清（一字雨堂，顺德人。职内府中书，改主事）云广观梅……心肠铁石与君期（余与黄樵房寓居云广）……嘉庆己未冬月，偕邓雨堂住白云洞云广山房肄业。

[咸丰]《顺德县志》卷十一《举人二·国朝·道光》：字朝房，龙山人……辛巳登极恩科。

崔树良 清南海人。道光元年（1821）举人。父彤光，子维亮。

[道光]《广东通志》卷八十一《选举表十九·举人四·国朝·道光元年辛巳恩科·广州府》：南海人。

[同治]《南海县志》卷十九《列传·善行·崔彤光传》：字宁章，沙头堡人……子树良，中道光辛巳举人。孙维亮，中己亥举人，候选知县。

梁日烺 清南海人。道光元年（1821）恩贡。

[道光]《南海县志》卷二十一《选举表二·国朝·贡生荐辟·道光朝》：辛巳恩贡。

---

①趋鲤庭：谓到父亲处接受庭训。《论语·季氏》载：孔鲤趋而过庭，遇见其父孔子，孔子教训他要学诗、学礼。后以鲤庭谓子受父训之典。

梁步云　清顺德黄连人。道光元年（1821）任顺德道会。

［咸丰］《顺德县志》卷九《职官一·道会·国朝·道光》：黄连人，元年充。

梁策书　字静章，一字文笏，清南海人。曾经在西樵山拜师学习，道光元年（1821）举人。

［道光］《广东通志》卷八十一《选举表十九·举人四·国朝·道光元年辛巳恩科·广州府》：南海人，第四名。

《西樵白云洞志》第二册《传略·梁孝廉策书》：字静章，一字文笏……尝肄业韫玉山房。

程行昌　改名炳文，清南海人。道光元年（1821）举人。

［道光］《广东通志》卷八十一《选举表十九·举人四·国朝·道光元年辛巳恩科·广州府》：南海人。

［道光］《南海县志》卷二十一《选举表二·国朝·举人·道光朝》：程炳文，辛巳科。

［光绪］《广州府志》卷四十五《选举表十四·举人·国朝·道光元年辛巳》：南海人，改名炳文。

谭驷　清高明城中人。道光元年（1821）恩贡，序选教谕。三年参修《高明县志》，二十年乡试中副榜。子迪光。

［道光］《高明县志》卷十二《选举志·贡生·国朝》：城中人，道光元年恩贡。卷首《纂修〈高明县志〉·分纂》：恩贡、序选教谕谭驷。

［光绪］《高明县志》卷十二《选举表·国朝·恩贡·道光朝》：城中人，元年恩贡，二十年庚子科副榜。

谭瑀　字干年，号石甫，清南海沙头人。道光元年（1821）举人，任陕西鄜州州同。因母丧居家。十三年参与官民联合赈灾，十七年建沙头六乡义仓。因功授陕西略阳、吴堡知县，卒于官。祖惠恕，父廷楫，子沅。

［道光］《广东通志》卷八十一《选举表十九·举人四·国朝·道光元年辛巳恩科·广州府》：南海人。

［道光］《南海县志》卷二十一《选举表二·国朝·举人·道光朝》：陕

西鄜州州同……辛巳科。《国朝·封荫·道光朝》：谭惠恕，以孙瑀貤赠儒林郎、鄜州州同。谭廷楫，以子瑀赠儒林郎、鄜州州同。

《西樵白云洞志》附《白云洞唱和诗册》：一字石甫，南海举人，现官陕西略阳知县……谭沅（一字芝生，国学生，石甫子）。己亥秋月，省亲汉南。家大人见示白云洞诗，命作二律寄呈黄嘉圃师。

［同治］《南海县志》卷十三《列传》：字干年，号石甫，沙头堡人。以郡试第一补弟子员。道光元年辛巳恩科中式举人，以母老急禄养，援例出佐鄜州，寻以母丧归。时值闾里多盗，大吏委干员督兵下乡，命官绅合办，瑀赞助其间，多所捕获。道光十三年癸巳，西潦大涨决围，后加以飓风，交秋水未退，晚禾不能补莳，米价高昂。大吏劝捐平粜，主簿属五堡设总厂于沙头，檄瑀董其役，尽心经营，各乡俱沾实惠。服阕，以前后劳奖叙，授陕西略阳县知县。县古汉南地也，与川、肃毗连，民贫土瘠。俗停棺不葬，日久雨漏风穿，任为狐狸啖食。瑀抵任，檄里正检报，尅期掩埋无主者，官置义冢瘗之，不旬日葬者千余棺。事闻，太守嘉许，下其事为属邑法。瑀严于治盗，然性慈惠，有疑则宁纵无枉。邑有被杀者不知主名，役挟嫌诬李甲，内幕许姓者信役言，将以李定案。瑀详讯知其冤，将释之，许谓："逃犯不获，文武官皆挂吏议。"与游击某力持之。瑀曰："为人父母，岂以子息性命为保官计耶！"卒脱之，民大悦。县民有匡姓者狡狯人也，与许比，许挟之作奸。瑀廉得，惩以法，许大恨，造蜚语闻于上官。赖陕抚知其事逐许，调瑀署吴堡县。瑀至吴堡，亦以治略阳法治之为之。亲诣书院，详立学规，欲泽以诗书化其顽梗，事未就而卒，民惋惜之。卷十《艺文略·集部》：《安事一室诗草》四卷，国朝谭瑀撰。

［宣统］《南海县志》卷六《建置略·廨署·仓廒》：沙头六乡义仓，在沙头新市长乐街尾丝行之后。道光十七年，绅士谭瑀等建。卷十一《艺文略·史部·地理属志乘类》：《鄜州州志》《略阳县志》《吴堡县志》，国朝谭瑀撰。《艺文略·史部·政书类》：《荒政管窥》二卷，国朝谭瑀撰。《艺文略·子部·医家类》：《验方备考》二卷，国朝谭瑀撰。《艺文略·集部·别集》：《吴堡课士诗》，国朝谭瑀撰，据吴堡辛瀛波撰《谭石甫德政碑序》。

禤儒 清三水人。道光元年（1821）举人。

［道光］《广东通志》卷八十一《选举表十九·举人四·国朝·道光元年辛巳恩科·广州府》：三水人。

潘容森 清南海人。道光元年（1821）举人。

［道光］《广东通志》卷八十一《选举表十九·举人四·国朝·道光元年辛巳恩科·广州府》：南海人。

潘溶澜　清南海佛山镇人。道光元年（1821）举人。

［道光］《佛山忠义乡志》卷十《举人·清》：道光辛巳。

［民国］《佛山忠义乡志》卷十三《选举志一·举人·清》：道光辛巳，附生。

黎之纯　清顺德龙山人。道光元年（1821）恩贡。

［咸丰］《顺德县志》卷十一《恩贡·国朝·道光》：龙山人，辛巳。

马俊民　清顺德桑麻人。道光二年（1822）副贡。

［咸丰］《顺德县志》卷十一《副贡·国朝·道光》：桑麻人，壬午。

方翀亮　字懋仁，号荪壁，清南海伏隆堡人。肄业粤秀书院，道光二年（1822）举人，次年进士。不愿涉世，终饥饿而死，年仅45岁。

［道光］《广东通志》卷八十一《选举表十九·举人四·国朝·道光二年壬午·广州府》：南海人。

［道光］《南海县志》卷二十一《选举表二·国朝·进士·道光朝》：癸未科。

［同治］《南海县志》卷十三《列传》：字懋仁，号荪壁，伏隆堡人。喜读书，精研制义，高自期许。性方介，于取予尤严。当道光初，粤海富饶，士大夫多引体自尊，富室恒欲结交为光宠。有巨商欲与联婚者，以“齐大非偶”却之。商使客讽之曰：“公家四壁，公子虽专心诵读，不无内顾忧。今某公拥家资巨万，所不足非财也。若婚事成，随奁不下数千金。公不自为计，独不为子孙计乎？”翀亮骂曰：“吾何仇于汝，汝欲杀吾子耶？吾子清寒入骨，岂能享用多金者？若然危，杀之矣！汝速去，无以不祥之言溷我！”由是，远近名“憨方”，无敢以财利及其门者。翀亮日困，惟鹤山令吴毓钧仰其名，聘为义学主讲。翀亮喜其地僻可避喧也，欣然往，至则日与诸生谈道论文，不出户限一步。县令踵门请见，三至三辞之。令大惊，以为得罪于长者，使友请其故。翀亮曰：“我与令有宾主之谊，拜会何嫌？但会客宜衣冠，时酷暑，怕穿袜耳，非有他也！”其疏脱如此。然终以官场礼数为拘，甫一年即辞馆。归寓省垣，赁居粤秀山麓之龙王庙，闭户课子，闲则习射。终为催租所迫，

徙居府学宫，为人评阅时文，取其笔资自给。又不能谀言阿世，有不合礼法者即以笔横加批抹，甚则高声诟骂拉杂摧烧之，故笔金甚稀，至不足畜厮养。有得即付酒家从取食，计钱与食，准则不复求食。酒家知其馁也，遣佣保馈之食，翀亮骂曰："汝欲怜我耶？丈夫不受人怜悯，仲叔不以口腹累安邑，我肯以酒食累汝耶？汝持去，吾有钱予汝，再从汝取食未晚也！"嗣后，明知其饥，无敢恤之者。翀亮益困，或数日不食，或一日兼数日之食。无食则饥，饥不假贷，饥饱不恒则病，病不呼医。旁居者闻其绕壁行吟，伊吾不绝，越日寂然，启门视之则死矣。亲友醵钱买棺敛而归之，年四十五。翀亮死后，邑中士大夫聚会，有议论其人品者。或曰："荪壁清矣高矣，然清而近名，高而绝物，非中庸也！"或曰："荪壁少有狂名，登第狂益甚。凡可以伤人忤物、自取困穷者以一身兼之，岂其性然哉？疑丧心病狂，不得不然者耳！"座中有知其心迹者曰："诸君之论皆非也。荪壁性至孝，未第时肄业粤秀书院，日讲求八股博膏火、奖赏以奉其亲，有不足则典衣质钱，甚而喝雉呼卢①亦不自讳，己或藜藿不充，亲则甘旨无缺。洎领乡荐，仍依恋膝下不欲北行，其母促之始欣然就道。南宫获售即乞其同年、座主作为诗歌记序，遄征南返归为北堂欢，乃甫抵里门，母已不在矣，荪壁拊棺一恸，几于灭性，从此壹郁侘傺②，有不自聊赖之思。服既阕，亦曾出而就馆，及讲《论语》至"不远游"章，枨触③隐情，便放声大哭，因谓已不足为人师，遂誓不教馆。友人见其穷困，说之曰：'汝以名进士有高雅称，与世略为委蛇，便可不失温饱，胡自寻烦恼至是？'荪壁泫然曰：'汝知我者，亦为是言耶？吾本意求科名为菽水计耳，乃科名得，菽水无所用矣。吾不能以科名养亲，但借科名自养，是死其母以自生也，尚得比于人乎？'其隐衷殆如此！"闻者乃不敢言。徐台英曰："古言君相能造命，吾谓志士亦能造命。君相所造者富贵寿考之命，志士所造者贫贱死亡之命也。如方先生者，登甲第，能文章，上可现宰官身，下不失郡博士。即不然，设帐授徒，何难得一二百金稍引黔娄之寿？乃天欲贵之而必居于贱，天欲富之而必居于贫，天欲生之，而必居于死。其刚果决裂之性，造物者不能与争也，非造命而何？世人贪常嗜琐，玩所习见，怪所希闻，辄妄相嗤点耳。使生东汉时，采其轶事入独行传中，不翘然称巨擘哉！"论者以徐之论为允。

---

①喝雉呼卢：形容赌徒赌兴正酣时的样子，也指赌博。雉、卢，古时樗蒲骰子掷出的两种彩。

②侘傺（chàchì）：失意而神情恍惚的样子。

③枨触（chéngchù）：触犯、触动。

冯芝生 改名达璋，清顺德裕涌人。道光二年（1822）、二十三年两次副贡。

［咸丰］《顺德县志》卷十一《副贡·国朝·道光》：裕涌人，壬午，改名达璋，癸卯再中。

龙元儆 字芗湖，清顺德大良人。道光二年（1822）举人。父廷模，子景韶。

［道光］《广东通志》卷八十一《选举表十九·举人四·国朝·道光二年壬午·广州府》：顺德人。

［咸丰］《顺德县志》卷十一《举人二·国朝·道光》：字芗湖，大良人。内阁中书……壬午科。

［民国］《顺德县志》卷九《封荫表·封赠·文阶》：龙廷模，大良人，以子元儆赠……内阁中书……龙元儆，大良人，举人，以子景韶赠户部福建司……郎中。

卢在荣 清顺德羊额人。道光四年（1824）岁贡。祖应科，弟在华。

［咸丰］《顺德县志》卷十一《岁贡·国朝·道光》：羊额人，甲申。卷二十九《列传九·列女二·国朝》：周氏，羊额卢应科聘妻。年二十，卢死。奔丧，曲尽妇道，择叔子麟定入继，氏为教读。孙在荣，贡生。在华，举人。曾孙同伯，进士，官刑曹。孀守四十余年，人谓节孝所致。

卢在华 字居义，清顺德羊额人。道光二年（1822）举人。祖应科，兄在荣，子同伯。

［道光］《广东通志》卷八十一《选举表十九·举人四·国朝·道光二年壬午·广州府》：顺德人。

［咸丰］《顺德县志》卷十一《举人二·国朝·道光》：字居义，羊额人，子同伯……壬午科。《岁贡·国朝·道光》：卢在荣，羊额人，甲申。卷二十九《列传九·列女二·国朝》：周氏，羊额卢应科聘妻。年二十，卢死奔丧，曲尽妇道。择叔子麟定入继，氏为教读。孙在荣，贡生。在华，举人。曾孙同伯，进士，官刑曹。孀守四十余年，人谓节孝所致。

田陞 清顺德人。道光二年（1822）任顺德协把总。

［咸丰］《顺德县志》卷九《职官二·把总·道光》：县人，二年任……头司右哨……右营。

刘镇江 字泽光，号镜湖，清南海九江人。道光二年（1822）武举。

［道光］《南海县志》卷二十二《选举表三·国朝·武举·道光朝》：壬午科。

《九江儒林乡志》卷十《选举略·国朝·武举·道光二年壬午科》：字泽光，号镜湖。县学，中式第三十二名。广协左营候补千总营，署左营左哨二司把总，小北楼李村汛、河南员井汛、西关汛把总，题补右哨千总。卷十五《列传·清·刘鸿书传》：字应祺，号秋海，北方李涌人……从侄镇江颇有膂力，岁备资斧，令从师习骑射，自进邑庠、登乡举以至投营效力，始终成就，有逾己生。

李元江 字岷谷，清南海龙津堡人。道光二年（1822）优贡，教书为生。道光末归，58岁卒。

［道光］《南海县志》卷二十一《选举表二·国朝·贡生荐辟·道光朝》：优贡……壬午。

［同治］《南海县志》卷十五《列传·官师》：字岷谷，龙津堡人。家贫力学，母病终日侍侧，为之搔痒洗足。父母存，己无私积，兄弟三人始终无间。及析爨，以己田产分半与幼弟，曰："吾有馆谷，不专恃此也。"待人诚朴谦虚，虽僮仆无疾言遽色。独教训弟子师范甚严，每日登堂讲说，非疾病及有事他出不敢不听讲。积数日即将所解说经书，令弟子出堂用纸笔复述，其训诂经义有差谬必严饬之。作文亦出堂会课，不论工拙，要出心裁，不得恣行剽窃。弟子贽见后即以礼法相拘，出入必告必面，有无事私宿于外者必对众声其罪逐之。同堂三四十人，除读书外无敢高声谈笑者。每年负笈者众，馆狭不能容，或劝之廓其门墙，多收学徒，一年耕可得三年之食。元江曰："古人有言，朝廷俸禄、东家馆谷不可苟受。人数少，吾精神能照管之，不至荡检逾闲，受其束脩乃无愧。否则父兄之遣子弟从我者，未工于诗文，先坏了品行，我心安乎？"在学宫教授廿余年，年中人不加多，馆地亦不他徙，至晚年有气疾不能讲说乃止。书法二王，颇自矜慎，不轻为人书，偶应亲友所求，必书嘉言懿行以为讽戒。道光末年归，卒于家，年五十八。

李海徵 清顺德桂洲人。道光二年（1822）武举。

［咸丰］《顺德县志》卷十一《武举·国朝·道光》：桂洲人，壬午。

吴林光 字佩芳，一字叔壬，号香冷，清南海佛山镇人。道光二年（1822）举人，十三年进士。出宰江西，历署吉水、南康县事，授铅山知县九年告归，56岁卒。兄荣光，子乃煌。

［道光］《广东通志》卷八十一《选举表十九·举人四·国朝·道光二年壬午附顺天中式》：南海人。

［道光］《佛山忠义乡志》卷十《举人·清》：道光壬午，顺天榜。

［道光］《南海县志》卷二十一《选举表二·国朝·进士·道光朝》：知县……癸巳科。

［同治］《南海县志》卷十三《列传》：字佩芳，一字叔壬，号香冷，佛山人。出宰江西，历署吉水、南康县事，授铅山县知县，以卓异荐，钦加知州衔。甲午、乙未科两充乡试同考官，得人最著。历任皆有声。其署吉水也，县居南赣下流，地苦潦。乙未四月后淫雨不止，水骤涨，城不没者三版，居民登山，避不及者淹水中。林光乘舟阅视，拯救之，亟于城上设饭厂赈附近民，督家人乘小船下乡四出馈食，全活无算。其宰南康也，地当孔道，俗悍民顽号难治。林光抵任，见其俗刚强动斗杀，命案丛出，勘验无虚时，叹曰："士为民首，必先端士习始能挽颓风。"乃捐廉修旭升书院。暇则诣院与诸生讲学课文，并谕以敦孝弟、崇礼让，使归各道其乡，不逾年敝俗渐革。邑有胡毓陇者，盗魁也，所居险远界上犹、崇义间，负固聚徒，横行村落，历年以劫资财、掠妇女控者案盈尺。林光曰："是人不除，久滋蔓难复制！"即诣南安白太守，守拟檄兵协助，林光谓："捕盗宜迅速，调兵则日久，久则机泄，贼将远遁，兵入境只为民害耳，请以役先之！"乃星夜回署选壮役，持三日粮驰一昼夜，入乱山中捣贼巢，擒其妻子并贼党罗汝材。讯问知往上犹劫掠，计贼将返，伏役于隘以待，更火其居以诱之。贼望见火急回救，入隘口伏四起，火器齐发，贼大惊不能遁，擒胡毓陇并其党二十余人无脱者，太守兵未入境而罪人斯得矣。是役也，鸡犬不扰，稔恶顿除，故去任时遮道者将及万人，市廛为罢业三日。其授铅山县也，大吏方器重，欲留省差委，而铅山士民熟闻南康治绩，诣省敦请，遂檄赴任。林光到，察看情形谓："南康简僻，宜化椎鲁、息纷争、弥盗贼，铅山繁剧，宜勤审判、均徭役、育人材。"初到即修鹅湖书院，增膏火，定课程，聘耆儒余成教主讲，于月课及邑试童卷亲自校阅，择可进者裁成之。期年上下交孚，故下令如流水。道光廿一年洋人扰闽海，楚、皖军火解闽者假道县境，运脚不赀。林光但自捐办，不科

派于民，两年间心力交瘁。忽抚军檄下，有"闽省购兵粮十万石，由该县陆运至崇安交卸，即速备夫马"等语，一县骇愕。有劝照旧例调民夫者，林光不应，翌日有县长老数十人言："自军兴以来，飞挽之劳皆官自雇役，未尝扰民，此次军粮愿率子弟效劳，免为父母累。"林光谢之，命吏胥检旧案。胥呈案并出调民夫票数十张请用印，盖吏胥皆望承票差拘为索贿地，前长老亦此曹所主使也。林光当堂焚其票，即诣藩司请参处，言："自河口抵崇安陆程百五十里，非尽两日之力不可，民夫善恶不一，途中诸弊难预防。职无材，不敢担荷。"适抚军亦悟陆运维艰，改由水道，民免劳费，一县获安。然是时列郡多风尘之警，广信为闽、浙要道，城堞倾欹，有事恐难防守。麟太守檄所属七县与修，铅山分段最长，工费最巨，约计不下二万金。林光婉曲劝捐，不旬日而事集，又遴绅富中有为有守者董巡版筑、掌度支。工蒇仍余三千金，官民两不敢受，拨为会试宾兴费。厥后发逆起豫章，郡县十破其七，广信能自守者固修葺之功，即铅山赴公车日多，科名鼎盛，亦林光力也。顾自洋人生事以来，闽、浙盗渐肆，铅山与毗连河口镇去城三十里，五方错处，宵小易潜踪。道光廿四年，有典库被劫之案盗未获，因窒吏议，浙兰溪县寻捕盗七人，疑即犯河口案者，解归审讯，林光屡鞫无确据乃返之，曰："吾不能枉杀七人保一官也！"嗣后叙修城功，绅民愿免奖请以所出资为县官捐复，大吏嘉之，即委署吴城同知。适林光母温年逾八十，其次子以军功授上海县丞，服侍无人，即告养去。去日，绅民祖饯更盛于南康，缘先后在任九年，居官最久、德泽入民最深故也。归后逾年卒，年五十六。子乃煌，甲辰科举人。

［光绪］《广州府志》卷一百二十九《列传十八·国朝·南海》：字佩芳，佛山人，荣光弟也。

［宣统］《南海县志》卷十一《艺文略·集部·别集》：《饮兰露馆诗钞》，国朝吴林光撰。

［民国］《佛山忠义乡志》卷十四《人物志二·循吏·清》：性廉介，虽历官繁剧而两袖清风，归装磁器数事而已。

何仁镜　字小范，清顺德羊额人。道光二年（1822）举人。

［道光］《广东通志》卷八十一《选举表十九·举人四·国朝·道光二年壬午·广州府》：顺德人。

［咸丰］《顺德县志》卷十一《举人二·国朝·道光》：字小范，羊额人。罗定州学正……壬午科。

［民国］《顺德县志》卷十四《艺文略·经部·小学类》：《续李氏蒙求》，国朝何仁镜撰。《艺文略·集部·别集》：《洛如花廨诗》《笙磬同音》，并国朝何仁镜撰。

何祖珏 字双玉，清顺德赤花人。道光二年（1822）举人，咸丰五年（1855）倡建证善社。

［道光］《广东通志》卷八十一《选举表十九·举人四·国朝·道光二年壬午·广州府》：顺德人。

［咸丰］《顺德县志》卷十一《举人二·国朝·道光》：字双玉，赤花人……壬午科。

［民国］《顺德县志》卷二十四《杂志》：咸丰五年倡建证善社，落成后，日与乡人在社聚谈。时结社为朝廷所禁，仇家遂密禀县署，捏控祖珏拜会联盟。李邑侯润询之罗椒生、龙兰簃二公，椒生谓祖珏为金玉君子，断无此事，旋即函知祖珏到良面授一切。后李邑侯下乡访查，是日，祖珏在社讲太泉乡礼，环听者百数十人。李邑侯至，问宣讲宗旨，祖珏谓乱后人鲜知礼，讲此冀乡人知礼法耳。李邑侯大嘉许，控案遂销。后证善社每年延聘乡绅，在社讲太泉乡礼云。

张思植 清顺德龙江人。道光二年（1822）岁贡。父锦芳，兄思齐。

［咸丰］《顺德县志》卷二十六《列传六·国朝二·张锦芳传》：思植亦能文，道光壬午岁贡。

陈升 清南海人。道光二年（1822）岁贡。

［道光］《南海县志》卷二十一《选举表二·国朝·贡生荐辟·道光朝》：岁贡……壬午。

陈廷辅 清南海人。道光二年（1822）举人。父鸿章，子景昕。

［道光］《广东通志》卷八十一《选举表十九·举人四·国朝·道光二年壬午·广州府》：南海人，鸿章子。

［同治］《南海县志》卷九《同治朝·举人》：陈景昕，鸿章孙，廷辅子，壬戌并补行己未科。

冼苞 清南海人。道光二年（1822）举人。

［道光］《广东通志》卷八十一《选举表十九·举人四·国朝·道光二年

壬午·广州府》：南海人。

罗在思 字名先，号中麓，清顺德大良人。道光二年（1822）举人。父礼琮，兄传翰，子家颐。

［道光］《广东通志》卷八十一《选举表十九·举人四·国朝·道光二年壬午附顺天中式》：顺德人。

［咸丰］《顺德县志》卷十一《举人二·国朝·道光》：字中麓，大良人，顺天榜，光禄寺掌醢署正。子家颐……壬午科。卷二十六《列传六·国朝二·罗礼琮传》：子传翰，字林先，食饩。父析箸遗命以六百金补屋费，举以均诸弟。季弟死，厚养其所生母。有林某者舟覆求助，自言父亦宦西粤，遽厚济之，初未之识也。子家颖，援发湖北，获贼钟人杰党，迁府经历，代理钟祥令。在思，字名先，号中麓……官光禄署正，修本寺则例，督太平仓出纳无所染。在思少承家学，工吟咏，登临凭吊，一见于声诗，尤喜为骈体文，都下缙绅恒属草。先是，县人计偕者众，议购都门馆苦乏资。至是海北寺街有巨宅，在思贷资售之，而后徐议劝捐还款……家居值荒劝赈，建祠宇，又尝合资经子息为祠祭。秩满卒于官。著有《管蠡篇》《读画楼诗钞》《群芳谱》《医方杂钞》。子家颐，进士。

罗家兰 清高明棠窝人。道光二年（1822）例贡。

［道光］《高明县志》卷十二《选举志·例贡·国朝》：棠窝人，道光二年例贡。

胡步青 字梯云，清顺德桂洲人。道光二年（1822）举人。

［道光］《广东通志》卷八十一《选举表十九·举人四·国朝·道光二年壬午·广州府》：顺德人。

［咸丰］《顺德县志》卷十一《举人二·国朝·道光》：字梯云，桂洲人……壬午科。

夏值亨 名或作植亨，清高明霄边人。道光二年（1822）举人，次年修《高明县志》。

［道光］《广东通志》卷八十一《选举表十九·举人四·国朝·道光二年壬午·肇庆府》：高明人。

［道光］《高明县志》卷十二《选举志·举人·国朝》：霄边人，道光二年壬午举人。卷首《纂修〈高明县志〉·分纂》：举人、拣选知县夏值亨。

［道光］《肇庆府志》卷十五《选举二·国朝·举人·道光朝·二年壬午科》：夏植亨，高明人。

郭培　清顺德龙江人。道光二年（1822）举人。

［道光］《广东通志》卷八十一《选举表十九·举人四·国朝·道光二年壬午·广州府》：顺德人。

［咸丰］《顺德县志》卷十一《举人二·国朝·道光》：龙江人……壬午科。

郭懋勋　字宽仁，一字铭鼎，清南海人。曾在西樵山读书，道光二年（1822）举人。

［道光］《广东通志》卷八十一《选举表十九·举人四·国朝·道光二年壬午·广州府》：南海人。

《西樵白云洞志》第二册《传略·郭孝廉懋勋》：字宽仁，一字铭鼎，南海人。道光壬午举人。尝肄业洞中。

黄光宗　清南海人。道光二年（1822）举人。

［道光］《广东通志》卷八十一《选举表十九·举人四·国朝·道光二年壬午·广州府》：南海人。

康占魁　清高明凤阳人。道光二年（1822）捐授千总。

［道光］《高明县志》卷十二《选举志·国朝武职例》：凤阳人，道光二年捐授千总。

梁文斯　清高明尼教人。道光二年（1822）例贡。

［道光］《高明县志》卷十二《选举志·例贡·国朝》：尼教人，道光二年例贡。

梁作楼　清高明城中人。道光二年（1822）岁贡，次年参修县志。

［道光］《高明县志》卷十二《选举志·贡生·国朝》：城中人，道光二年岁贡。卷首《纂修〈高明县志〉·分纂》：岁贡、序选训导梁作楼。

梁宓（清道光） 清高明铁泽人。道光二年（1822）举人。

［光绪］《高明县志》卷十二《选举表·国朝·举人·道光朝》：铁泽人，崇善籍，二年壬午科。

梁逢泰（清道光） 字鲁岩，清顺德古朗人，住大良。道光二年（1822）举人，任海南定安县教谕。孙鹏，咸丰二年（1852）举人。

［道光］《广东通志》卷八十一《选举表十九·举人四·国朝道光二年壬午·广州府》：顺德人。

［咸丰］《顺德县志》卷十一《举人二·国朝·道光》：字鲁岩，古朗人，住大良。定安县教谕……壬午科。

梁谦光 清南海人。道光二年（1822）举人。

［道光］《广东通志》卷八十一《选举表十九·举人四·国朝·道光二年壬午·广州府》：南海人。

梁澄心 （？—1852）字泰园，清南海海舟堡人。道光二年（1822）举人，居广州以教书为业。十五年大挑二等，以教职用，授广东东安（今云浮）教谕，在任十九年，卒于官。

［道光］《广东通志》卷八十一《选举表十九·举人四·国朝·道光二年壬午·广州府》：南海人。

［道光］《南海县志》卷二十一《选举表二·国朝·举人·道光朝》：教谕……壬午科。

［同治］《南海县志》卷九《举人·清》：东安教谕，父楚伯赠修职郎，道光朝。卷十五《列传·官师》：字泰园，海舟堡人。道光二年壬午科乡试举人，乙未大挑二等，以教职用，旋授罗定州东安学教谕。东安僻处一隅，离省垣较远，士人为科举之学者无所师承，恒历三四十年不领一乡荐。澄心未挑以前，累岁在省垣教读。到任后，诸生踵门问学，黉舍皆满，则租及丛祠古庙、佛刹仙宫，或于学宫余地结庐近便请益。澄心亦循循引导，启迪有方，数年后文风大振，其所赏识萧、蔡各生咸校序翘楚，果连科腾达，相继登贤书。盖为其事必有其功，化之成由于久其任，居是官十九年矣，宜多士欣欣然以为得所依归也。赋性慈和，长于教人，短于正俗。家尝被盗，知盗主名置不问，人诘之，曰：“贼可得，贼物必不能缴，于我何益？且贼劫我抢其

财，我办贼取其命，我心安乎？且罪轻报重于我，不忍也！”其仁恕若此。咸丰二年壬子卒于官，素旐返乡，门生来奠者先后不绝，人以为盛德之感云。

曾显庸 字采臣，清顺德勒楼人。道光二年（1822）举人。

［道光］《广东通志》卷八十一《选举表十九·举人四·国朝·道光二年壬午·广州府》：顺德人，第二名。

［咸丰］《顺德县志》卷十一《举人二·国朝·道光》：字采臣，勒楼人……壬午科。

［光绪］《广州府志》卷四十五《选举表十四·举人·国朝·道光二年壬午》：顺德人，直隶知县。

谢辅之 清高明东亨人。道光二年（1822）例贡。父建唐，弟翼之。

［道光］《高明县志》卷十二《选举志·例贡·国朝》：东亨人，建唐长子，道光二年例贡。

彭廷干 清高明陇村人。道光二年（1822）例贡。

［道光］《高明县志》卷十二《选举志·例贡·国朝》：陇村人，道光二年例贡。

程大钿 清南海人。道光二年（1822）举人。

［道光］《广东通志》卷八十一《选举表十九·举人四·国朝·道光二年壬午·附顺天中式》：南海人。

谭以莹 清高明城中人。道光二年（1822）例贡。

［道光］《高明县志》卷十二《选举志·例贡·国朝》：城中人，道光二年例贡。

谭济川 清南海人。道光二年（1822）恩贡。

［道光］《南海县志》卷二十一《选举表二·国朝·贡生荐辟·道光朝》：恩贡……壬午。

潘垣书 字健先，清南海蟠溪堡人。道光二年（1822）举人，教学为生。

[道光]《广东通志》卷八十一《选举表十九·举人四·国朝·道光二年壬午·广州府》：南海人，第六名。

[同治]《南海县志》卷十九《列传·善行》：字健先，蟠溪堡人。家贫力学，砥砺廉隅。春闱不第，即以授徒讲学为事。慎交游，绝造请，为乡闾疾苦偶一见令长，非是则裹足不前。有友人因讼事牵连托为缓颊，许谢以千金。垣书曰："是何言哉？缙绅干预讼狱已属可耻，况为贿而行哉？此所谓士夫而有商贾之行也！"坚却之而亦不以语人，身没后友人见其萧然四壁始说及之，佥谓此事不止狷介可嘉，忠厚亦难及也。

黎海运 清高明布社人。道光二年（1822）例贡。

[道光]《高明县志》卷十二《选举志·例贡·国朝》：布社人，道光二年例贡。

黎超民 榜名著，字牧田，清顺德昌教人。道光二年（1822）举人。祖义戴，父辉垣，子思劭、思劝。

[道光]《广东通志》卷八十一《选举表十九·举人四·国朝·道光二年壬午·广州府》：黎著，顺德人。

[咸丰]《顺德县志》卷十一《举人二·国朝·道光》：字牧田，榜名著，昌教人……壬午科。

[民国]《顺德县志》卷九《封荫表·封赠·文阶》：黎辉垣，昌教人，以子超民赠知县，孙思劝加赠。黎超民，举人，以子思劭封工部主事，思劝加封内阁中书。黎义戴，昌教人，以孙超民赠拣选知县。卷十七《列传二》：道光壬午举人，乳源教谕。精通史学，论列往古理精事核，闻者惊为王伯厚、马贵与复出。初至京师，诸巨公多才之，座主寿阳祁公推毂尤力，尝以语祁竹轩尚书。及壬寅、癸卯间尚书督两粤，檄超民赴省处之外幕。时当英夷梗化后，百事纠纷，尚书虚心咨访，超民亦知无不言。然性峭岸不可以私干，有富民陷重罪赍万金求解，峻拒之。咸丰甲寅邑城陷，超民方卸乳源任家居，乃潜诣省垣，与邑绅密图恢复。乙卯又随李邑侯润反县治筹善后事，李倚之如左右手，以积劳卒……生平手不释卷，间染笔为山水，亦得董思翁笔意云。

孔继勋 （1792—1842）原名继光，字开文，号炽庭，清南海罗格乡（今属禅城南庄）人。嘉庆二十三年（1818）举人，道光六年（1826）大挑任广东化州学正。十三年进士，选庶吉士。散馆授编修，充上书房行走、国史馆协修官。十六年为殿试收卷官，次年顺天乡试同考官。十八年教习庶吉士，次年乞假南归。两年后鸦片战争爆发，在广州总局勷办军务，受风寒病故。祖毓泰，父传颜，弟继骧，子广镛、广陶。

［道光］《广东通志》卷八十一《选举表十九·举人四·国朝·嘉庆二十三年戊寅·广州府》：孔继光，南海人。

［道光］《南海县志》卷二十一《选举表二·国朝·举人·嘉庆朝》：原名继光……戊寅科。《国朝·进士·道光朝》：庶吉士……癸巳科。

［同治］《南海县志》卷十三《列传》：字开文，号炽庭，罗格围人。先是，至圣裔孙居粤东者，宋有处士承休居广城西采虹桥，元有贡士细祖始迁居罗格，至继勋六十九世矣。祖毓泰，以鹾务起家。父传颜，为名诸生，多蓄图书古籍，俾子孙服习其中。故继勋幼能属文，工书善射。弱冠以经古第一补弟子员，逾年试高等食廪饩，寻中嘉庆戊寅恩科举人。道光丙戌大挑二等，授化州学正。癸巳会科成进士，选庶吉士，散馆授职编修，旋充国史馆协修。丙申派殿试收卷官，丁酉顺天乡试同考官，戊戌教习庶吉士。会其弟继骧卒，见古有期丧去官者，乃告假南归。出都三日，奉有傔值上书房行走之命，同人代为惋惜，继勋闻之澹如也。庚子春拟赴京供职，值洋人滋事，督臣邓廷桢、林则徐，抚臣怡良、祁𡎴，将军宗室奕湘等，先后皆力留勷办军务。继勋悉心规画，刚柔并施，寓羁縻于覆冒中，惟以崇国体、固民心为根本。厥后祁𡎴为制府，知继勋有深谋远虑，于壬寅元夕屏驺从①，亲造其庐商善后策。继勋条十事，谓："兵衅不可再开，元气亟当陪护。设兵结不解，库空饷匮，必有加征派饷之忧。朘削②愈多，民气益以不振。"又言："榷算烦苛，非以富国，仓卒召募，必无胜兵，当今之世，安得有赵充国③其人者，先图上方略优其时日，俾得广屯田、务积蓄，誓以殄灭为期乎？"相与唏嘘泣下。盖继勋初入翰林时，为曹文正振镛所赏识，后潘世恩、穆彰阿当国，咸器重之。成皇帝闻其名，屡召见于勤政殿、乾清宫，天语周详，下垂清问。继勋自以文学侍从受特达之知，当如古人所谓"尔身在外，尔心罔不在王室者"，其忧国如家、频年劳瘁不敢辞殆为此也。是年二月以积劳病故，祁𡎴专

①驺（zōu）从：贵族官僚出门时所带的骑马的侍从。驺，古代养马的人（兼管驾车）。

②朘削（juānxuē）：剥削、盘剥。

③赵充国（前137—前52），字翁孙，西汉陇西上邽（今甘肃天水西南）人。能骑善射，骁勇多谋，其屯田备边措施影响深远。

折以词臣殁于王事奏，奉旨赏其子广镛副贡生、内阁侍读衔，内阁中书遇缺即选，殆异数也。初继勋兄弟与戚罗文俊同研席，一夕飓风作，雨倾盆，闻门外剥啄声甚急，众趋出。启户寂无人，而坐卧处俱覆压矣，其父谓："此中若有鬼神呵护，汝三人必有登巍科、膺显仕者！"由是督课益严，后文俊以鼎甲位卿贰，继勋亦有声词林间，其言皆验。子广镛，甲辰科举人。广陶，刑部郎中。卷十《艺文略》：《北游日记》《岳雪楼诗集》《云泉题唱》，国朝孔继勋撰。

［宣统］《南海县志》卷十一《艺文略·集部·别集》：《馆课诗赋钞》，国朝孔继勋撰。

符霁光 字慕周，清南海九江太平乡人。继室李氏，妾张氏，无子。侄孙伯庸。

［宣统］《南海县志》卷二十三《列传·列女》：符霁光继室李氏，太平乡人。性严正，治家肃然，妯娌臧获咸敬惮之……妾张氏，性寡默好洁，不轻出门阈，和易，未尝疾言厉色。霁光无子，张氏抚侄如己出，俭于自奉，积资建符湛楚祠以绵宗祀，尤巾帼所难也。卷二十《列传·善行》：字慕周，江浦司太平乡人。性狷洁，田园茔兆绘图剖析，乡闾得其碎简侵竞顿息。痛世俗迎神苛敛之弊，著论诋之……其言足晓愚民、挽弊俗。通医学，多识嘉言懿行，著有《家训》一卷、《经验良方》一卷，侄孙伯庸增订为六卷，付梓行世。同族有日臣者，慈惠有容。尝有盗窃其园果，日臣适从市归瞥见之，盗隐树杪不敢下，日臣佯为不见，曰："吾遗物在某店须往取。"盗得从容去。人问故，曰："失果事小，失足伤人事大。"其仁厚多类此，后其孙伟元以鹾务起家成巨富。又有相楚者慷慨好义，凡赙丧葬助婚嫁无或靳，尝捐筑乡外石路数百丈，举宗感其恩，岁时展墓致敬焉。

符李氏 （1793—1854）清南海九江太平乡人。符霁光继室，咸丰四年协助团勇拒红巾贼死。

［宣统］《南海县志》卷二十三《列传·列女》：符霁光继室李氏，太平乡人。性严正，治家肃然，妯娌臧获咸敬惮之。咸丰四年红巾率众攻太平，李氏垒石协团勇拒贼。鏖战数时势不支，李氏犹掷石以击贼，中贼弹，骂贼不绝口而殁，年六十二。乡人义之，祀之于太平乡义勇祠。妾张氏，性寡默好洁，不轻出门阈，和易，未尝疾言厉色。霁光无子，张氏抚侄如己出，俭于自奉，积资建符湛楚祠以绵宗祀，尤巾帼所难也。

曾钊 （1793—1854）字敏修，一字勉士，清南海九江人。道光五年（1825）拔贡，官合浦教谕，迁钦州学正，升保知县，加知州衔。藏书数万卷，两广总督阮元聘至家中教授其子，后开办学海堂以钊为学长。鸦片战争期间，祁𡊮总督两广军务，筑石坝、建炮台、泊兵船、屯壮勇都交钊办理。祁卒，继任者认为浮支过大被削职，以耕读为业，卒于家。子中立。

[道光]《南海县志》卷二十一《选举表二·国朝·贡生荐辟·道光朝》：拔贡……乙酉。《西樵白云洞志》第三册《艺文·文》：字敏修，一字勉士，南海人。道光乙酉拔贡生，现官合浦教谕。著有《虞氏易义笺》《毛郑诗异同辨》《周官小学》《广东金石录》《面城楼文存》等书。

[同治]《南海县志》卷十《艺文略》：《周易虞氏义笺》七卷、《毛诗经文定本小序》一卷、《周礼注疏小笺》（初名《周礼注疏疑》）五卷、《论语述解》一卷、《校增字林》一卷、《二十一部古韵》二卷、《面城楼集》十卷，国朝曾钊撰。《虞书命羲和章解》一卷、《杨议郎著书》一卷、《异物志》一卷、《交州记》二卷、《始兴记》一卷、《读书杂记》五卷，据《岭南遗书》。《汉晋名誉考》一卷，据《学海堂集》。卷十八《列传·文学》：九江堡西方人。官合浦学教谕，调钦州学正。笃学好古，少与同邑举人刘天惠等肄业城西习经史，每日有功课，读一书必将其讹字脱文校勘精审，而后博览传注，详细无遗。喜藏书，分四大部陆续搜罗其秘本，或雇人影写，或怀饼就钞，必翻阅再三得其涯略。尤嗜古籍，其宋刻元印、元刻明印分辨精详。性不善诗而购宋椠《李太白集》售直至白金四十两，谓其古色古香、殊堪宝贵也，其癖好如此。家筑面城楼，竭半生之力，储积数万卷，价值三千余金，插架之多遂为郡邑最。吾乡经学自前明方、霍诸公喜谈名理，虽宗尚各异，所讲论者要不出身心性命、天人理气之间，而经典中巨旨宏纲，反视为土苴①，不甚措意。我朝取士之法沿自前明，士子束发受书，只知以《论》《孟》《学》《庸》为根柢，而六艺浩博，止抄撮什一以供应试之需。自康熙至乾隆时，元和惠士奇、大兴翁方纲先后视学粤东，以学问词章为诱掖，而后青衿髦士始知全读五经。厥后冯耒庐经、劳莪野潼为经学大师授徒最盛，而渊源出自冯潜斋成修，大约以义理为指归，但求阐发宋儒之说而止。故道光中，番禺林伯桐、鹤山吴应逵皆劳门都讲，经术湛深，而恪守师傅终不出宋人窠臼。惟钊研求古训、穿穴群书，文字则考之《说文》《玉篇》，训诂则稽之《方言》

①土苴：渣滓、糟粕，比喻微贱的东西，犹土芥。

《尔雅》，虽经传简奥，隐晦难通，而因文得义，因义得音，触类引伸，皆能以经解经，确有依据，非如郢书燕说①、缘饰傅会②而失其真。故吾乡谈经术者代不乏人，而以汉学为倡断自钊始。道光初，仪征阮元总制岭南时，震泽任兆麟居督署，偶于书坊见钊所注吕忱《字林》，以告元，元惊异，礼聘入授公子经。后开学海堂以古学造士，虑己移节后人士失所师承，特命钊为学长以资奖劝，以其浸淫于经籍者深也。然钊志在穷经，未免坚于信古，凡水利农田、阵图兵法，下至奇门壬遁，纪于载籍，谓可见于施行，遂以经济自许。屈于末僚，无所建白，恒思趁机会以立功名。值道光中，洋人为烧烟事奋起作难，请给烟价、开码头、减税务不得，则以轮船、巨炮焚掠海疆。疆吏多文臣不能抗拒，故自林则徐后，琦善、伊里布诸臣皆以得罪去。朝议以高平祁𡎴曾抚粤有声，由刑部尚书督办两广军务。祁与钊有师生谊，谓其人贞固干事，能荷巨艰，一切安内攘外之谋，悉资襄赞。然祁督本阔达大度，一策之善，立予施行，即谬算狂言，亦不忍面加呵斥。故粤东功利之士，皆欲投身幕府，以启仕宦之径。或言某处宜筑石坝、某处宜建炮台、某海口宜泊师船、某地宜屯壮勇，一时度支出入以数十巨万计。及祁督卒于官，程中丞抚粤，谓诸费浮冒已极，而钊为督抚向用之人，因甲辰计典以不谨落职。然诸人献策非钊代为条陈，诸客见用于制军不尽钊为援引，前后开销又不总于钊一人之手，事竣私橐不名一钱，固世所共知也。生平于穷经外，留意古文词，序事善于裁減，议论必有根据。虽于科举之学不甚讲求，而以宏奖士类为己任，遇少年好学者恒延誉不去口，因其资性所近而诱掖之。迩来乡曲之士知八比外尚有文章，试律外尚有词赋，四书外尚有经史，不以一隅自限者，钊之力居多云。罢官后以耕读为业，咸丰四年卒于家。

《九江儒林乡志》卷十《选举略·国朝·贡生·道光五年乙酉》：字敏修，号勉士。县学，拔贡。初官合浦教谕，迁钦州学正，保升知县，赏加知州衔。卷十四《列传·清》：字敏修，号勉士，西方谭边人。道光乙酉拔贡生，官合浦学教谕，调钦州学正……子中立，字权之，号伯常，邑学生。禀承家学，能古文。咸丰甲寅会匪扰乱，坊人推办团练，酬以白金固辞不得，乃悉粜谷以赈灾民。乡内修《志》，聘充分纂，未成书而卒。

潘楷 （1793—1862）字法卿，号小裴，清顺德冲鹤人。

---

①郢书燕说：指解释文章时曲解了原意，比喻牵强附会。

②缘饰：镶边的饰品，修饰、掩饰。傅会：同“附会”。指把不相干的事拉在一起，生拉硬扯。

嘉庆二十三年（1818）举人，道光九年（1829）进士。居家守丧时倡办团练抵抗洋人，回京补主事，擢贵州按察使。咸丰九年入觐，以足疾休致归，主讲凤山书院。弟恂。

［道光］《广东通志》卷八十一《选举表十九·举人四·国朝·嘉庆二十三年戊寅·广州府》：顺德人。

［咸丰］《顺德县志》卷十一《举人二·国朝·嘉庆》：字法卿，冲鹤人……戊寅万寿恩科。卷十《进士·国朝·道光》：刑部主事，今任迤东道……己丑科。

［光绪］《广州府志》卷一百三十三《列传二十二·国朝·顺德》：号小裴，冲鹤人。弱冠以案元①进庠。嘉庆戊寅举人，己丑进士，签分刑部派总办，有能声。丁艰回籍，值洋氛不靖，倡举团练，乡里赖之。服阕回京补主事，升员外郎充坐办②减等处③。升郎中，适宗室缘事发审，惇亲王力维宗法，意在严惩，楷按例议罚。王不悦，楷曰："法如是足矣。"其持正若此。京察一等，擢云南迤东道。道地杂汉回，互控积案，虽丝棼盘错，咸研究端绪，务得实情。以荐召见，回任候升，捐输军饷，赏戴花翎。咸丰三年秋，会合省东军，平东川马二花、张士林二寇。四年春粤西贼至击败之，七月加按察使衔。五年秋寻甸、东川回匪披猖，带兵惩办。岁杪抵省，适广西州弥勒县匪陷城，六年正月驰剿，杀贼三百余人，余皆窜散。擢贵州按察使，未行而临安府厂练与回人互斗事起，汉杀回男妇千计，回复围省城烧民居数万户，又大理府城被陷，军书旁午。上游倚楷为臂助，特奏留办军务，遂署滇藩。时省城被围久，六月，总督恒春雉经④死，巡抚桑春荣病谢事，新任吴制军远阻曲靖不得至。兵饷交责于藩司，库储既空，粮道又绝，米八斤值银三两。楷捐米万斤，并借捐项，汇项以济急。带亲军百人昼夜驻大东门城楼，与士卒同食杂粮，家人怜之，偶炊米进，投箸而起，故危城卒以保全。及回氛稍戢，饷绝兵哗，自抚至县搜刮殆遍，惟藩署相戒勿犯，谓此久驻东门与我辈共甘苦者也。九年春入觐，以足疾休致归，主讲凤山书院。辛酉遘疾，逾年卒，年六十九。弟恂，字讷如，廪贡，生性端谨，乡人咸重之，举孝廉方正，以军功加光禄寺署正衔，亦年六十九卒。

---

①案元：科举考试县、府试及院试的第一名。

②坐办：清制，非常设机构中负责日常事务的称坐办，略次于总办和会办。

③减等处：刑部机构名。凡遇赦免，即汇总各省及在京现审案件，依据恩诏条款，逐案提出准予减免或不准减免的意见，送核定具奏。

④雉经：指自缢。雉，通"絼"。絼：zhèn，古同"纼"。

[民国]《顺德县志》卷十七《列传二》：著有《别鹤墅文集》《驯鹤墅诗钞》。

骆秉章 （1793—1867）原名俊，后以字行，字吁门。广东花县人，祖父辈迁来佛山，住东华里。嘉庆二十四年（1819）举人，道光十二年（1832）进士，三十年（1850）由贵州布政使升湖南巡抚。咸丰二年（1852），军兴固守长沙，次年大力支持曾国藩办团练和编练湘军，镇压湘南天地会起义，接纳左宗棠等人入幕，协助镇压贵州苗民起义。1860年入四川督办军务，次年升四川总督。同治二年（1863）在大渡河围剿、诱杀石达开，1865年派兵镇压太平军余部梁成富于甘肃阶州（今武都）。逝于成都官署，赠太子太傅，谥文忠。祖楚行，父玥元。

[道光]《佛山忠义乡志》卷十《举人·清》：骆炳章，嘉庆己卯，原名俊，原花县人。

[光绪]《广州府志》卷四十一《选举表十·进士·国朝·道光十二年壬辰恩科吴钟骏榜》：花县人，原名俊，庶吉士。

[民国]《花县志》卷九《人物志·列传·清》：原名俊，后以字行，一字吁门，华岭村人。嘉庆己卯举人，道光壬辰进士，改庶吉士，散馆受职编修。十八年转江南道监察御史，二十年兼掌四川道稽查户部银库。库政弊端百出，捐项事每百金加四两久拨充公，后再增四两平入稽查官，而库丁之弊遂不可究诘。秉章拒不受，当收纳时坐堂上躬自阅兑，库丁大窘。二十三年擢奉天府府丞，银库事发，褫职罚赔，门生戚友知其冤，争以资完缴，诏以庶子用。时同罚者皆用主事，秉章独得宫僚，召见复蒙温语："汝是年查库办得好，清正不阿，可任大事也！"旋授湖北按察使，擢贵州布政使，湘督奏留湖北署布政使。三十年文宗践祚，擢湖南巡抚。时洪秀全反广西，公在湖南十年，与曾、左诸公克复名城、荡除寇氛，其丰功伟绩著于国史者不可胜纪，十一年授川督。同治元年擒石达开，晋太子太保衔。三年江宁克复，赏一等轻车都尉世职。六年五月遂有协办大学士之命，十一月十七日卒。谕曰："协办大学士、四川总督骆秉章忠诚亮直、清正勤明，由翰林洊擢卿阶。以介廉持躬仰蒙宣宗成皇帝特达之知，先后命赴山东、河南等省查办事件，旋简授①

---

①简授：铨叙授职，即审查官吏的资历和劳绩，确定其升降级别与职位后授予官职。

臬司，擢任封疆，在湖南十年，练兵训士，甄别人材，东南巨寇赖以殄灭。复荷文宗显皇帝知遇，特加头品顶带以示宠眷，嗣命督办四川军务。朕御极以来，即擢授四川总督，统军入蜀，赏罚严明，所向克捷，滇粤各匪悉数歼除，并越境攻克甘肃、贵州各州县。因石逆被擒，川省肃清，论功行赏晋加太子太保衔。旋以江宁克复、东南扫荡，念其昔在湖南任内识拔将帅，克振军威，忠荩咸孚，勋劳素著，复赏戴双眼花翎，赏加一等轻车都尉世职。本年夏间，简任①纶扉老成硕望，方冀克享遐龄，长资倚畀。昨因旧疾复发，赏假调理，遽闻溘逝，披览遗章，良深震悼！骆秉章着追赠太子太傅衔，即照大学士例赐恤，任内一切处分悉予开复，应得恤典该衙门察例具奏并加恩予谥。入祀京师贤良祠，并于湖南、四川两省建立专祠，其生平政绩事实着宣付史馆。伊子骆天保着赏给郎中，服阕后分部行走。骆天诒赏给举人、服阕后准其一体会试。伊孙骆懋湘、骆懋勤、骆懋仁、骆懋勋均着交部带领引见。伊侄孙候补县丞骆肇铨着以知县分发省分即补。其灵柩回籍，并着沿途地方官妥为照料，用副笃念荩臣至意。钦此！”寻赐祭葬，谥文忠。秉章外朴内明，能鉴别真才以得其死力。王鑫微时请募兵三千越援湖北，既资以饷，会吴文镕中蜚语遂止不行，秉章信任无疑，卒收其用。湘阴举人左宗棠负才不可一世，公罗置幕府，襄赞尤多。凡所识拔，多起自营弁布衣，及提军四出，当时即倚办贼，名臣良将布满天下，其机实秉章发之。

［民国］《佛山忠义乡志》卷十一《乡事志·编年》：道光……丙申十六年，骆秉章登进士。（原籍花县，住福德铺）卷十三《选举志二·封赠·清》：骆国裕，以曾孙秉章赠如其官。骆显珍，以玄孙秉章貤赠协办大学士、四川总督。骆玥元，以子秉章晋赠如其官。骆楚行，以孙秉章赠如其官。卷十四《人物志一·名臣·清》：道光……十三年散馆授职编修。十八年十月记名以御史用，十一月补江南道监察御史。十九年五月稽查北新仓，六月掌江南道监察御史。二十年三月充会试同考官，八月充顺天乡试同考官，十月稽查银库。二十一年补工科给事中，二十二年二月迁鸿胪寺少卿，五月擢奉天府府丞兼学政。二十三年因查库时失察库吏亏短，部议革职，仍罚赔库款，旋以限内全数完缴，特旨以庶子用。二十四年七月补詹事府左庶子，充日讲起居注官，十月以山东肥城县知县长喆失察，胥役诈赃及差役之子朦混报捐，秉章奉命偕赓福驰往查办，寻查明参奏褫长喆职。二十五年丁母忧，二十七年服阕。二十八年五月奉命偕福济驰赴河南查办事件，七月补右庶子，八月查明禹州知州李嘉礼、柘城县知县罗景鄂、固始县知县严圻、前任固始县知县

①简任：经过遴选而任用官员。

张庭瑜、安阳县知县朱显曾等赃私不法各情，奏请治如律，并将挑浚贾鲁河工程情形据实密陈。旋遵旨由河南驰赴江苏，查明知府周沐润、知县秋家丞等七员被参各款请分别治罪。谕曰："封疆大吏于属员贤否原应随时察看，若必待钦差始将劣员惩办，安用此大吏为耶？该督等均着交部议处。骆秉章不将该上司随案附参亦属疏忽，着严行申饬。"时东南洋面不靖，苦累商民，疏言："洋面辽阔，宜饬海疆督抚提镇督饬水师，严密侦探，更添配兵船互相堵截，不得稍分畛域。"诏如所请。十月擢翰林院侍讲学士，途次接奉谕旨折回山东，查办告病运司韦德成控案。十二月擢湖北按察使。二十九年闰四月迁贵州布政使，七月调云南布政使。三十年三月擢湖南巡抚，十月以常德、岳州水军及辰州等八协营①驻守地方收成歉薄，兵丁买食维艰请借给一月饷银，允之。咸丰元年二月，奏言："上年武陵等处水患，堤垸冲溃，该处系积歉之区，业民力难全修，请于司库留备项下借银发交各县，按照被淹田亩核实修办，分年征还。"又奏："湖南所运荆州五帮漕粮上年被灾缓征，帮丁无力办运，又无他款可筹，请援案借银三万九千余两以纾丁力。"均如所请行。时粤逆滋事，命湖广总督程矞采②往湖南，偕秉章及提督余万清督办湖南防务，寻会同奏言："粤匪北窜象州，若与贺县贼匪纠合，必由修仁、荔浦等处经过。凡湖南边界相通之处，均酌派官兵严密防堵，如可相机进援，即由提督余万清驰往剿办，不分畛域。"疏入报闻。十一月访获衡阳、清泉会匪左家发等六十余犯伏法，十二月查明沅江县金盆洲等处官荒草地十二万七千余亩涸复难期，奏请免租。二年正月，粤逆围攻桂林，湖南大小要隘五十余处均系紧要，秉章会商程矞采，将前派赴粤之兵截留分布，另调沅州、澧州、永顺营兵速赴永州听候调遣。三月，粤匪由兴安、灌阳窜攻全州，永州与全州毗连，水路尤为迅捷。秉章饬总兵孙照带兵驰赴零陵之黄沙河，将湾泊各船撤归楚岸，一面将湖北续到官兵择要分布。四月全州失守，逆匪由小路偷越，窜抵零陵之水土桥，烧毁柳公庙一带民房，复窜奔双排地方，五月窜入湖南陷道州。上以秉章未能先事预防，并以余万清系秉章奏请留楚之员，万清防守不力皆

---

①协营：协、营各建制都是由营来组成的。由于营制疏密、提镇兵力的区别，故一标、一协所辖营数多寡也不同，一般设两到五营，各营名目均以前、后、左、右、中五字命名，专营之下又有分营。

②程矞采（1783—1857），初名新胜，字霱初、晴峰，清江西新建大塘人。嘉庆十六年（1811）进士。道光三十年（1850）官至湖广总督，次年因赴湖南防堵太平天国不力被革职留任。太平军攻下武汉，其长子程福培阵亡，以病告假未获批准弃印出走，被劾充军新疆。咸丰七年获释，回家途中去世。

秉章保举不实，下部议处，寻部议降三级留任。时长沙城多倾塌，秉章以省城为通省保障，急宜择要兴修，率属倡捐经费，请先借司库银二万两支垫，允之。寻以贼扰楚境，命秉章劝谕绅民，仿照嘉庆年间筑堡事宜自相保卫。秉章疏言："筑堡之法与团练相为表里，贼匪无从搜括，民居亦免流离，洵属法良意美。惟工程既大，需用浩繁，且兴筑须在事前，未可临渴掘井。惟有督饬地方，认真试办，俟有端倪，即据实陈奏。"旋奉旨来京，另候简用，时调任巡抚张亮基尚未抵任，逆匪由道州叠陷江华、嘉禾、桂阳各州县，秉章以"有地方之责，下部议革职"，命加恩改为革职留任。八月，郴州踞匪陷安仁、攸县，由醴陵猝逼长沙，踞南门外妙高峰上俯瞰城中。秉章督兵登陴，开放枪炮，相持两时之久，并于城楼上用大炮轰击。贼势稍却，复向大西门、小西门、鳌山庙等处潜行分驻。秉章饬各镇将分带兵勇缒城协剿，歼毙无数，贼仍相持不退。九月谕曰："自广西军兴以来，将及两载，朕念民生涂炭，宵旰焦劳，无时或释。程矞采总制两湖，特命前往湖南督办防堵。如果布置得宜，何至任贼窜越，竟由道州、郴州一带直扑省城。程矞采着即革职，仍留办粮台事务。骆秉章有文武地方之责，不能预为防范，咎亦难辞，惟念长沙城内守御正当吃紧之时，着俟剿办贼匪完竣后再降谕旨。"旋命暂留湖南办理长沙防剿事宜，事竣再行奏明请旨。时逆众麕聚南门外金鸡桥、浏阳门外之教场，昼夜环攻。广西提督向荣、绥靖镇总兵和春、云南楚雄协副将张国樑先后赴援。秉章以贼匪负固居高，剿既难于成围，焚又不能遍及，我出则伏匿，我归则又攻城，必须步步为营，先规地势。商令和春扎营于白沙井作以防为剿之计，三旬之中叠次获胜。向荣、张国樑由排头口分两路进攻，炮船继进，逆贼纷纷败窜，遂将妙高峰、西湖桥贼垒及望楼哨棚一律平毁。十月长沙围解，上以粤匪窜入楚境叠陷城池，秉章本有应得处分，此次防守功过尚足相抵，加恩免议，仍命遵旨来京。十一月贼窜宁乡，由归义驿攻陷岳州，以秉章未能预防部议降三级。十二月贼扰及湖北，适秉章卸湖南巡抚任北上，上命留于湖北帮同办理防守事宜，未至而武昌失守，命暂署湖北巡抚，即于荆州、襄阳二府酌量何处紧要暂行驻扎，办理地方事宜。三年正月，官军收复武昌，上命秉章兼程驰赴湖北省城办理善后各事。寻奏言："武昌自康熙年间裁兵之变迄今百数十年，休养生息，民物滋丰。粤逆扰及楚疆，所有省垣一切抚恤事宜，如修城、制炮、募兵、招商、戢匪、协拨驿站、掩埋被害官民、收养流亡子女，事事均关紧要，应次第举办，务期措置悉协舆情，而于国计仍无窒碍。"疏入，谕曰："所筹各事宜均属周妥，着照所拟办理。所需经费务当核实动用，俾穷黎得沾实惠，地方日就乂安。"复以前任湖北藩司唐树义熟悉湖北情形，奏请调赴武昌以备咨询，允之。三月，命赴江南徐州总办粮台事务，未行，旋奉旨署湖南巡抚。时粤匪陷武昌，湖北云扰，江西、广东、广西、贵州等省土匪蜂起，均于湖南接壤。在籍侍郎曾国藩奉命筹办团练，号曰“湘军”，秉章赞成其事。又延湘阴举人左宗棠襄理戎幕，广罗英俊之士练勇助剿，军威渐振。五月，江西上游鹅行山土匪滋扰桂东，秉章檄县丞王鑫①等带兵前往攻剿平之。六月，逆船窜至江西南昌城外，遵旨派镇筸等营兵八百名驰往援剿。七月，奏请饬广东督抚雇拖罟②、快蟹③、红单④等船，即派南澳镇游击黄开广等管带，驶赴金陵剿贼，可期得力，诏如所请行。八月实授湖南巡抚，时广西兴安、恭城土匪扰及衡州，饬道员徐嘉瑞督兵会同各处民团并力剿除。广东乐昌土匪同时扰兴宁，饬县丞王鑫督兵击退之。十一月常宁匪徒吴玉等聚众滋事，派知府张荣组、文生曾国葆带勇围剿，拿获首犯，毁其老巢。永兴亦有土匪，复派直隶州罗泽南分起剿捕，首要各犯多被斩擒。时粤匪又据湖北黄州，攻破田镇，直逼武昌，秉章以北南两省唇齿相依，檄江忠浚援鄂。旋因逆船上驶窜陷岳州，扰及湘阴并至靖江，檄知州王鑫由陆路、曾国葆由水路截击，凶焰顿挫，贼由洞庭下窜，遂复岳州。旋派贵东道胡林翼统带黔勇，分路追剿，直过界口，歼悍匪二百余名。四年正月，贼匪再陷湖北省城，旋以大股陷华容及岳州，水陆并进，图犯长沙。官军前营失利，王鑫督中营继进，鏖战数时，势亦不支，水师炮船亦折回长沙，共图守御。贼遂进攻长沙之靖港、湘阴之漳树港等处，并分股窜及宁乡、湘潭、道州各州县。秉章奏言：“贼势全注湖南，知衡、永、郴、桂一带民气尚强，其地毗连。两粤向为会匪卵育之区，希图略取各州县，翦枝叶以固心腹，一如困鄂之策。查南省与北省交界之处既已千里萧条，若省南不及早肃清，奸民从而响应，不但省城势成孤注，难以久存，即界连湖南之江西、贵州各省，亦必浸受其祸。且贼据上游，与江南三城之贼声息相通，皖鄂之沦

---

①王鑫（1825—1857），字璞山，清湖南湘乡人。诸生，从罗泽南学。咸丰二年（1852）以治团练授县丞，擢同知直隶州。与天地会作战，以功累升至以道员即选。进屯岳州，迭克崇阳、通城、通山、蒲圻四县，加按察使衔，以湖北道员记名。病死军中。著有《练勇刍言》《阵法新编》。

②拖罟（gǔ）：清末闽、广水师大舰。罟，网的总称。

③快蟹：船两侧有成排的桨橹，外形活似蜈蚣和螃蟹，船体通常漆成红黑两色，元明时叫“蜈蚣船”，清称“快蟹”，出没于珠江口外贸的黄金水道，抢掠过往船只财物。

④红单：广东商人造船需禀报海关给予红单以备稽查，故名“红单船”。体大坚实，行驶快速，每艘可安炮二三十门，广东官员雇募用于海防，太平天国时期调至长江流域镇压起义。

胥可虑，三城之克复难期，所忧不仅东南数省已也。湖南西接巫黔，东连豫章，南跨岭峤，北控江湖，其形势原可有为。自古东南有事，必资上游，尝与曾国藩筹商，各省分防糜饷多而兵力薄，不如数省合防糜饷少而兵力厚。广东、贵州现尚安谧，应饬两省督抚迅派兵勇二三千名，贵州由镇远而至，广东由郴州而至，救援邻省亦即自固藩篱。然统驭非人，精卒亦归无用。查广东知府吴均恩威素著，贵州同知韩超善战知兵，均堪膺带勇之选，应檄调来楚差遣。"从之。四月，会同礼部侍郎曾国藩精练水陆各军更番击贼，分派副将塔齐布等攻湘潭，训导江忠淑、都司李辅朝各统楚勇先后继进，知府褚汝航管带水师驶往会合，千总杨载福、生员彭玉麟所统战船四路轰击，遂收复湘潭县城。五月，贼陷华容、龙阳，复陷常德府，分派将弁往剿。六月，派知府罗泽南统带水师，会同塔齐布陆军攻复岳州府城，时江路已通，重湖无阻，而城陵矶下游犹有伏匪。七月，饬塔齐布督兵进击，贼势大溃遂抵高桥。闰七月，曾国藩请将胡林翼带赴湖北，秉章奏言："岳州新复，必有重兵防守方为计出万全。湖南官兵之曾经战阵者均已调赴湖北，若胡林翼复行随征，岳郡实无可依恃。"谕曰："岳州一郡为湖南门户、川黔藩篱，逆匪屡次窥伺，防范宜严，且该处驻有重兵，则曾国藩统师东下可无后顾之虞。着骆秉章即饬胡林翼仍驻岳州，无庸随征湖北。"先是，衡阳、清泉两县斋匪、会匪甚多，保甲催科，弱者赔累甚苦，强者勾结为奸。曾国藩奏请更正，仍责成差役，上命秉章查明具奏。寻以"保甲催科年清年款，行之已有成效。责成差役，人地生疏，查催不易。差少则地广难图，差多则众益滋扰，是杜弊适以滋弊，便民反以扰民，请仍循其旧。"上韪之。八月，广东、广西各匪徒同时由灌阳犯道州，派王鑫驰援击退之。五年二月，广东连州贼匪复分扰临武、蓝山等处，派知府江忠濬、李辅朝等分路击败之，克复桂阳州城。时粤逆踞湖北通城，分踞通山，复陷黄梅，分扰武汉。总督杨霈剿贼失利，退守汉口，复遁德安，三月秉章疏参之。四月武昌复陷，巡抚陶恩培死之，秉章以李孟群管带水师不能得力，奏请以副将杨载福代之，与知府彭玉麟各督水师援鄂。时胡林翼署湖北巡抚，督陆师在金口堵剿，杨霈虑难固守，奏请令胡林翼设法渡江，上扼汉川以固荆襄。上命秉章悉心筹画，因奏言："总督杨霈始终坚执者'防贼北窜'四字，以北窜之患更重于南可借以为词耳。防贼北窜自不能不归重荆襄，荆襄者，南方可由之以进窥陕豫，北方可由之以俯瞰江楚，自汉魏六朝以迄宋元皆以荆襄为重镇。若以现在形势言之，江西、湖南虽被贼扰，形势犹完，湖北、安徽皆有重兵，胜负尚未可知。设使湖北水陆两军移驻汉川，长江千里尽委之贼，其将置东南于不问乎？此未解者一也。移驻汉川只能御贼上窜襄阳，其于荆州并无轻重，逆贼水陆并进，荆州门户何存？此未解者二也。胡林翼陆军既驻汉川，水军无所依附，势非退守监利即移泊岳州，为湖南门户计尚未为失，然武汉各府岂能度外置之？水军既去武汉，武汉之克复难期，此未解者三也。若谓贼众兵单，不思广济失利之初，贼之前队千余，总督麾下兵勇万余，乃退守黄州，未一日即退汉川，由此而德安而随州，今退至枣阳矣。是北窜者贼也，引贼北窜者谁乎？此未解者四也。夫以形势言之，荆州据江水上游，襄阳据汉水上游，而武汉为锁钥，是襄阳者中原之门户，而武汉又荆襄之门户也。扼贼北窜必固荆襄，欲保荆襄必守武汉，此一定之局。倘徒知北窜为重，何以舍武汉而先顾荆襄？胡林翼若不能克复汉阳，又焉能绕道进扼汉川？况武汉、黄州均未收复，胡林翼纵能绕至汉川，亦以孤军而驻于四面皆贼之地，又何能为荆襄门户计乎？此未解者五也。臣因胡林翼一军甚单，现饬守备谌琼林、候补臬司魁联抽拨兵勇赴鄂助剿，杨霈所奏应无庸议。”疏入，奉朱谕：“所筹尚妥，惟议杨霈失机各条实属妄谈居多。该督固为退缩有负朕恩，尚不至如汝所言。”七月，派道员江忠济督兵击退巴陵县方山洞贼匪。八月，广西股匪窜踞东安，派知府王鑫会同江西知府刘长佑攻克之。十月，奏请通饬湖南有漕州县裁汰漕规①，以纾民困，得旨：“览奏均悉。汝久任封疆，所陈皆历练有据之论，非以耳为目者比。”六年正月，贵州铜仁苗匪由镇筸窜入麻阳，派道员翟诰统兵击退之，并收复晃州、松桃两厅。二月，江西逆匪陷萍乡，檄刘长佑及知州萧启江击败之，复萍乡城。四月，刘长佑等攻克泸溪，又败贼于凤凰山，旋克复袁州府、分宜县。捷闻，谕曰：“骆秉章自前年筹办抬炮，接济曾国藩等大军，复派兵援剿贵州、江西等省，克复铜仁、松桃、萍乡、万载，并剿办广东连州、广西灌阳、湖北通城等处贼匪，均能不分畛域，极力图维。又派兵越境克复江西袁州、分宜两城，攻夺贵州铜仁要隘二处，实为尽心调度，荩绩堪嘉，着加恩赏戴花翎。”十一月，派翟诰进剿铜仁贼匪，破其堡城，生擒伪将军董浩然等，铜仁府境肃清，上嘉其办理妥速。十二月以任满奏请陛见，命俟湖南防剿事竣再行请旨。七年五月，道员王鑫等驰援江西吉安，阵斩贼首胡寿阶②，临江之贼潜约新淦之贼分路来援，道员刘长佑督兵击败之，知府张运兰又追败之。十二月攻克临江府城，又派道员蒋益澧、江忠浚等援广西，克复兴安，直抵平乐。八年正月京察届期，谕曰：“湖南巡抚骆秉章筹画军务能任贤才，悉臻安谧，着赏加头品顶戴。”九月奏保在籍兵部郎中左宗棠连年筹办炮船、选将练勇均能悉心谋画，得旨左宗棠着赏加四品卿衔。十

①漕规：明清朝廷通过漕运调配皇粮，地方官员借助漕粮的征收和运输之机，私订规矩，盘剥百姓，称为“漕规”。

②胡寿阶：清广西人，太平天国将领。

一月，贵州镇远、广西思恩苗教各匪四出滋扰，派按察使翟诰、道员韩超等出奇兵破之，毁其晃州峀垲山老巢。九年七月，粤逆石达开攻扑宝庆府城，檄湖北荆宜施道李续宜①、花翎知府刘嶽昭等分路截击，斩馘甚众，贼遂大溃。十二月，秉章以湖南自江忠源、罗泽南、塔齐布等先后募勇训练，百战粤、黔、江、鄂之间，其部曲之效命疆场者，请于长沙建祠致祀，其瞿腾龙、丁绍良等或于邻疆击贼捐躯，或在本省力战殒命，请别建表忠祠，并建求忠书院，令阵亡各员子弟入院读书，允之。十年六月命驰赴四川督办军务，七月授四川总督，奏调广西候补道朱孙诒、候补道孙坦、知府冯卓怀随营差委，并请留广东盐运使裕麟于湖南办理筹饷事宜，均得旨允行。时滇匪蓝朝鼎攻绵州众十余万，秉章督师由顺庆取道潼川，派总兵胡中和击贼于杨老店，知州曾传理攻十贤关，连破贼营十余座，解绵州围。复跟踪追击，连毁贼垒七十余座，歼贼四万余人。九月，奏参四川布政使祥奎性情贪鄙、副将张定川狡狯刁诈，诏褫其职。十月，分遣官军追剿蓝逆于罗江之略坪场等处败之，余匪窜陷丹陵，会合眉州李永和一股联营百余里，复派胡中和等分攻之。同治元年正月克丹陵城，蓝逆歼焉。捷闻，谕曰："四川总督骆秉章，前在湖南巡抚任内剿办贼匪不分畛域，其所荐举人才尤能有裨实用。自升任川督，办丹陵股匪及整顿地方均能妥速，着赏加太子少保衔。"时逆首周跰跰由滇境窜入岳池、合州，分陷新宁，派道员张由庚、曾传理等击败之，收复各城。李永和犹盘踞青神，檄总兵蒋玉龙、副将唐友耕激励各军分路痛剿，复派总兵萧庆高、胡中和、何胜必沿途兜击，将首从各逆悉数斩擒。余匪图窜陕西，派总兵周达武等追击之，擒斩逆匪周绍勇及伪统领吴崇礼等一百六十八名，解散四千余名，川南北一律肃清。捷闻，谕曰："滇逆窜扰川省已经四载，骆秉章督办甫及一年即能次第剿除，洵属调度有方，着交部从优议叙。"先是，粤逆石达开由广西、贵州窜入川境直扑涪州，至是围攻綦江，窜踞长宁，分扰珙、高等县，闰八月复由永宁窜合州，叠经官军击败。二年正月，石逆被剿穷蹙，率众纡道黔、滇渡金沙江，冀由宁远突犯川西。秉章派兵严扼大渡河，四月复派副将唐友耕、参将杨应刚等围之于天金，生擒石逆，余党围杀净尽。秉章奏入，谕曰："伪翼王石达开由广西倡乱窜扰湖南、湖北、江西，占踞金陵，复犯浙江、广东、福建等省，纷扰滇黔，注意川疆，志在必逞，其破城戕官，荼毒生灵，久为覆载所不容。此次川省将士人人用命，将积年

---

①李续宜：清湖南湘乡人。咸丰初以文童从李续宾镇压太平军，转战江西、湖北、安徽，官至安徽巡抚。

巨憝①一鼓成擒，全股殄灭，实足伸天讨而快人心。骆秉章运筹决策，调度有方，深堪嘉尚，着赏加太子太保衔。”五月，滇匪经官军击败后，由陕西宁羌回川东，秉章饬总兵周达武追剿平之，逆首郭幅溃等伏诛。六月以川省需才孔亟，请调湖南候补道冯昆、前广东按察使赵长龄赴川差委，从之。时捐纳指省②之员多指其流寓之省，有碍官常，秉章奏请禁止，略言：“流寓是邦，虽为客民，已在部民之列。一旦混入寮采，与地方官相抗，或所捐职分较大，动以势分相凌。使之临民，平时同居里巷之人易生藐玩③，而其亲戚故旧夤缘请托，情面尤难破除。且寓居既久，锁细皆知，借故搜求，挟嫌罗织，在所不免。请令指捐之员呈明所指省分并非向来流寓，方准分发”。又奏：“各省获盗人员仍照向例送部引见，不得由督抚指定官阶保奏。”均下部议行。三年正月京察届期，谕曰：“四川总督骆秉章连年督办军务，叠平巨股，全蜀渐次肃清，于邻省军务及地方整顿各事宜，均能实力妥筹，精勤罔懈，着交部从优议叙。”六月金陵克复，粤逆荡平，谕曰：“四川总督骆秉章前在湖南巡抚任内荐贤使能、创办团练、克复城池，其于楚师饷项悉心筹画，不遗余力。及擢任四川总督后，督饬官军歼灭石逆，洵属老成持重、懋著公忠，加恩赏一等轻车都尉世职，并赏戴双眼花翎。”九月檄官军援甘肃汉南，围攻阶州之贼拔其城，斩擒首逆，余贼悉平。十一月檄官军助剿贵州号匪，越境克复仁怀县城。四年三月奏患目疾假期已满，因边境吃紧仍力疾视事，奉谕：“览奏具见矢志公忠，以国事为己任，仍赶紧调治就痊以慰廑系④。”十一月，奏川军赴援汉南死事弁兵，请于阶州建立专祠以慰忠魂，允之。五年以目疾增剧，叠请开缺⑤回籍调理，谕曰：“骆秉章自简任川督以来，于吏治军务办理甚为妥协。现在邻境贼氛未靖，筹饷筹兵均关紧要，未便遽如所请。着毋庸开缺，赏假四月安心调理。”六年正月复届京察，上以秉章老成硕望，宣力弥勤，交部优叙。三月奏请销假接篆任事，得旨：“览奏欣慰。川省邻氛未靖，该督当妥为筹画，力顾边防，以副委任。”五月命以四川总督协办大学士。十二月卒……按：秉章祖国祐，自花县迁佛山，至文忠而始显。

---

①憝（duì）：怨恨、奸恶，此指恶人。

②捐纳指省：清代实行捐纳制，士民捐资取得官员资格后，再出一笔费用，指定到自己希望的省份去候补，叫“指省”。

③藐玩：轻视玩忽。

④廑（qín）：同“勤”。系：挂念、思念。

⑤开缺：旧时官吏因故不能留任，免除其职务，准备另外选人充任。

周寅清　（约1793—1875）原名以清，号秩卿，清顺德旧寨人。道光十五年（1835）举人，二十四年进士，签掣山东，历任城武、高密、临淄、昌乐知县。同治二年（1863）再任学海堂学长，参加纂修《广州府志》。祖廷珠，父昌。

［咸丰］《顺德县志》卷十一《举人二·国朝·道光》：字秩卿，旧寨人。顺天榜……乙未恩科。卷十《进士·国朝·道光》：今知城武县……甲辰科。

［光绪］《广州府志》卷一百三十三《列传二十二·国朝·顺德》：原名以清，号秩卿，旧寨乡人。父廷珠，庠生。寅清少好学，年十六游庠，应学海堂课屡列前茅，借膏火以养母。屡试不售乃入都，中式道光乙未北闱举人，甲辰成进士。签掣山东，历任宁海州城武、高密、临淄、昌乐等县。时各县多水灾，惟临、武呈大府得缓征。将去任，士民留之者万计，大府许以不逾时反，士民始释。所在以倡率文教为务，月课士，捐廉厚其膏火，寒畯赖之。丁母忧去官，逋负山积，戚友解囊相助始能旋里。主讲凤山书院，充学海堂学长。分纂《广州府志》，仅就绪而卒。所著有《典三剩稿》《耀廊经义》《月课文存》藏于家。

［民国］《顺德县志》卷九《封荫表·封赠·文阶》：周廷珠，旧寨人，副贡，以孙寅清赠。周昌，以子寅清赠。俱山东昌乐县知县。周少薇，旧寨人，以侄寅清赠山东城武县……知县。

梅梦雄　（1792—?）字觉楼，清顺德龙山人。道光二十六年（1846）乡试第一，咸丰四年（1854）后主持约事。父璇枢，子友容、友颜。

［咸丰］《顺德县志》卷十一《举人二·国朝·道光》：字觉楼，龙山人。第一名……丙子科。

［光绪］《广州府志》卷四十六《选举表十五·举人·国朝·道光二十六年丙午》：顺德人，解元。

［民国］《顺德县志》卷八《举人·光绪》：梅友容，榜名友鸿，字超南，龙山人，梦雄子，弟友颜同榜。卷十四《艺文略·集部·别集》：《海族百咏》一卷，国朝梅璇枢撰，《迩言》。谨按：璇枢有《艾蒳香诗稿》《一瓣香斋诗钞》两集，已录前《志》，此从冯氏《迩言》搜出者。卷十七《列传二·梅璇枢传》：号环中，龙山人。梅氏自万祉、挺佖、本深、士仁，累世皆以德业、政绩载美邑志。璇枢，本深曾孙也。幼孤，随母舅温侍郎汝适读书柳塘

别墅，学有根柢。学使戴衢亨①按试得璇枢卷，有“乐非音亡而器亡”之论，亟赏之，拔置郡庠第一。顾性耽吟咏，不乐习举业，所为诗格老义新，汝适称之，谓可语唐贤三昧，七古尤胜。屡踬棘闱，晚益贫困而胸怀洒落，不屑屑于家人生产。著有《艾蒳香斋诗抄》《海族百咏》。子梦雄，号觉楼……自幼潜心力学，受知于学使顾元熙，屡荐不售，领解时年已五十三矣。设教会城，又主讲香山之翠微、凤池暨邑之桂洲、桂山各书院，成就人材甚众。咸丰甲寅之乱，梦雄家居如恒，贼不敢犯。乱平主持约事，奉宪究治贼党，不忍株连，多所昭雪，然和而能决，尝惩奸尼里而兰最为乡人称道。所为诗浅易晓畅，雅近香山，尤工骈体文，著有《劬书轩诗抄赋抄》。孙友鸿、友颜，同膺光绪癸巳乡荐。

邓汝临 名或作汝霖，清高明孔堂人。道光三年（1823）参修《高明县志》，十年岁贡。

［道光］《高明县志》卷首《纂修〈高明县志〉·采辑》：廪生邓汝临。

［道光］《肇庆府志》卷十五《选举二·国朝·肇庆府志续编·道光朝·贡生·高明县学》：邓汝霖，十二年贡。

［光绪］《高明县志》卷十二《选举表·国朝·岁贡·道光朝》：孔堂人，十年贡。

严昭模 清高明豸冈人。道光三年（1823）参修《高明县志》，十八年岁贡。

［道光］《高明县志》卷首《纂修〈高明县志〉·采辑》：廪生严昭模。

［光绪］《高明县志》卷十二《选举表·国朝·岁贡·道光朝》：豸冈人，十八年贡。

李而乔 号梓山，清高明城中人。道光三年（1823）参修《高明县志》，咸丰元年（1851）岁贡。祖奇峰，父良材。

［道光］《高明县志》卷首《纂修〈高明县志〉·编次》：生员李而乔。

［光绪］《高明县志》卷十二《选举表·国朝·岁贡·咸丰朝》：城中人。

---

①戴衢亨（1755—1811），字荷之，清江西大庾（今大余）人。乾隆四十三年（1778）状元，授翰林院修撰，任军机大臣、体仁阁大学士，卒赠太子太师，谥文端。著有《震无咎斋诗稿》。

元年贡，海阳训导，光禄寺典簿衔。《选举表·封赠·国朝》：李奇峰，佾生①，以孙而乔赠征仕郎。李良材，以子而乔赠征仕郎。卷十三《列传·人物二·国朝》：号梓山。生平以静养性、以勤绩学，经术湛深，尝为名宿推许。以明经司铎揭阳，训士有方，师箴无忝，手著《四书五经讲义》待刊。客匪之乱，凡亲族流离失所者曾分鹤俸②周给云。

吴子徽 号琴舫，清高明铁冈人。道光三年（1823）参修《高明县志》，十二年举人。大挑二等，授广东新安（今深圳）教谕，升韶州府教授。

［道光］《高明县志》卷首《纂修〈高明县志〉·校字》：廪生吴子徽。

［光绪］《高明县志》卷十二《选举表·国朝·举人·道光朝》：铁冈人。十二年壬辰科，新安教谕。卷十三《列传·人物二·国朝》：号琴舫。性慷慨，能断大事。家贫力学，登壬辰贤书。大挑二等，授新安教谕，升韶州府教授。新安虽苦瘠，然丁戊之交，乡人避难往依者数十家，无不量力存恤，其尚义如此。复城之役，实与刘、冯诸君定议于学署，且倡捐义会，赖以成功，邑人德之。

陈佐邦 清三水人。道光三年（1823）代理顺德协守备。

［咸丰］《顺德县志》卷九《职官二·守备·道光》：三水人，三年署……左营。

罗大经 清高明禾草堂人。道光三年（1823）参修《高明县志》，二十六年赐副贡。

［道光］《高明县志》卷首《纂修〈高明县志〉·编次》：生员罗大经。

［光绪］《高明县志》卷十二《选举表·钦赐》：禾草堂人。附贡，道光二十六年丙午赐副榜。

胡汝开 字瀹泉，清顺德桂洲人。道光三年（1823）捐资为云南府经历，历官四川汶川、德阳、华阳知县，直隶州知州。

---

①佾生：清代朝廷及文庙举行庆祀活动时充任乐舞的童生，文的执羽箭，武的执干戚，合乐作舞。

②鹤俸：指鹤料，唐代称幕府的官俸，后亦泛指官俸。

晚年归故里，倡筑桂洲堡堤围。祖朝忠。

［民国］《顺德县志》卷十八《列传三》：字瀹泉，桂洲人。祖朝忠，字伟臣，承先业沙田百余顷，嗣以派充盐商，缺资数十万。朝忠持家四十年，善经营，递年田亩复增，析分同祖兄弟九人各数十顷，前后如是者三。汝开席丰厚，于道光季年纳资为云南府经历，以军功保知县，指分①四川。补汶川，调德阳，再调华阳，两膺卓荐。擢直隶州知州，历署金堂、仁寿、富顺、巴县、金堂。有胡家泉，居民因争水利，构讼十余年，汝开诣勘，为之规渠闸，设管泉案以结，今易名胡瀹泉，志实也。官华阳时，成都剧盗李彪犯案在逃，成都以盗悍欲抚之。汝开募干捕密授方略，直抵贼巢擒置之法。事闻，朝旨以不分畛域捕获邻盗功迁其秩。岁饥，县属刘家场有富贾囤积垄断，汝开侦知勒令尽粜之，米价顿平。总督王庆云嘉其才，称“能吏”不置。莅富顺甫三月，值滇匪蓝、李二逆窜蜀，陷庆符、筠连、珙县，直扑叙州。汝开缮守具、联民团入保，于城西玛瑙山筑炮垒控扼全城。贼由间道拥至，百计环攻不下，抵瑕②设奇，一战解围。又以自流井饷源所系久为贼踞，亲率部勇三千当前敌，苦战累月擒逆首李玉斋，贼始弃垒遁，遂将厂地规复。蹑追余贼，及之眉州，复会眉防夹击之，俘斩千余，眉围立解，叙功赏花翎。去任后，县民建坊纪其守城劳绩。以忧归，倡筑桂洲堡围以御水患，乡人德之。

徐良琛　清南海人。道光三年（1823）咏水仙诗为人欣赏。弟良瑛。

［同治］《南海县志》卷二十五《杂录》：道光癸未，西园吟社第二集《题水仙花》：徐茂才良琛诗擅场，有云：“天风约鬓愁无语，湘水湔裙冻有棱。我正含情拥瑶瑟，曲终人远唤难应。”窃谓古今咏水仙诗当以此为第一。著有《搴芙蓉馆集》，未刻。子七人，俱夭折。

黄文龙　清高明横村人。道光三年（1823）例贡。

［道光］《高明县志》卷十二《选举志·例贡·国朝》：横村人，道光三年例贡。

谢有申　号保斋，清高明周田人。增贡，官新会训导。道

①指分：捐纳候补官，自请分发到某省某衙门。

②抵瑕：指摘缺点。

光三年（1823）参修《高明县志》，十四年与谭锡畴、谢杰等创建文元书院。父辉。

［道光］《高明县志》卷首《纂修〈高明县志〉·编次》：生员谢有申。

［光绪］《高明县志》卷十二《选举表·仕宦·国朝·文职》：周田人，道光间增贡，新会训导。《选举表·封赠·清》：谢辉，廪贡，以子有申赠修职郎，以孙应垣赠文林郎。卷十三《列传·人物二·国朝》：号保斋。选新会训导。性和平，有大度。少读父书，敦孝友。叔遗孤仅周岁，抚育成立，家产同均。见义勇为，助宾兴，培祖尝，倡建文元书舍并置祀产，时学田、庙田多干没，设法赎回。矜孤恤贫，多沾其惠。道光癸未与修《县志》。卷七《学校志·社学书院》：文元书院，在周田村后左边，午兼丁向。（道光十四年，谢有申、谭锡畴、谢杰等积储创建。）

谢翼之　清高明东亨人。道光三年（1823）例贡。父建唐，兄辅之。

［道光］《高明县志》卷十二《选举志·例贡·国朝》：东亨人，建唐次子，道光三年例贡。

潘雄超　清顺德人。道光三年（1823）任顺德协把总。

［咸丰］《顺德县志》卷九《职官二·把总·道光》：县人。三年任……左营。

杨敏　清高明城中人。道光四年（1824）岁贡。官翁源训导。

［道光］《肇庆府志》卷十五《选举二·国朝·贡生·高明县学·道光朝》：四年贡。

［光绪］《高明县志》卷十二《选举表·国朝·岁贡·道光朝》：城中人，四年贡，翁源训导。

吴光槐　字星桥，清顺德龙潭人。廪贡，道光四年（1824）代理肇庆府训导。兄璧。

［道光］《肇庆府志》卷十三《职官三·清·肇庆府·教授训导·道光朝》：顺德人。廪贡，四年署，训导。

［咸丰］《顺德县志》卷二十七《列传七·国朝三·吴碧传》：水墨山泉

能力求气韵者曰吴光槐，字星桥，璧胞弟也。

陈和鸣　清顺德大良人。道光四年（1824）岁贡。祖乐修，父垂声，

［咸丰］《顺德县志》卷十五《耆寿·九十寿妇》：谈氏，大良陈乐修妻，年九十九，三十守节。子垂声，赐国子监学正，年九十二，妻关氏九十一。孙和鸣，岁贡。卷十一《岁贡·国朝·道光》：大良人，甲申。

陈济时　清顺德龙山人。道光四年（1824）岁贡。

［咸丰］《顺德县志》卷十一《岁贡·国朝·道光》：龙山人，贵州籍，甲申。

程鸣鸿　清高明城中人。道光四年（1824）捐授县丞。

［道光］《高明县志》卷十二《选举志·国朝文例职》：城中人，道光四年捐授县丞。

潘佐尧　清南海人。道光四年（1824）岁贡，八年举人。

［道光］《南海县志》卷二十一《选举表二·国朝·贡生荐辟·道光朝》：甲申岁贡。《国朝·举人·道光朝》：戊子科。

谢念功　（1794—1834）清南海麻奢人。道光二年（1822）举人，十二年任学海堂长。大挑二等，选教谕，未任卒。父兰生。

［道光］《广东通志》卷八十一《选举表十九·举人四·国朝·道光二年壬午·广州府》：南海人，兰生子。

［宣统］《南海县志》卷十一《艺文略·集部·别集》：《梦草草堂诗草》，国朝谢念功撰，据《楚庭耆旧集》。

朱士琦　（1794—1855）字赞虔，号畹亭，清南海九江人。与弟次琦同中道光十九年（1839）举人。父成发，母张氏，子衢尊。

［同治］《南海县志》卷十四《列传》：字赞虔，号畹亭，九江堡人。由廪生中道光己亥科乡试举人，性倜傥，博学多通，留意经济，于江防水利尤

所熟悉。尝就馆新会，出入蕉、厓两门，水道、潦甸皆经目验。道光九年西潦涨猛，沿江桑园等围同溃决。十月，群议筹集款埤厚增高，士琦曰：“此急则治标之说，非本计也。水患洊至，因海口之纡且隘，不因堤岸之薄且卑。近海豪民，昔筑坝以护既成之沙，今筑坝以聚未成之沙，昔开河以灌田，今填海以为陆。吾邑之害，岂有艾哉？”乃谂广、肇两府同志奏记大府，大指谓：“西潦之发，消长有期。其来也，由一二尺至一二丈。然下流不壅，五日后必消。若下流壅之，前涨未去，后涨又来。若东北两江同涨，必有决围之患，而官民交受其困矣。不知者疑堤防单弱，不能捍湍猛之江。然计乾隆甲寅至今卅余年矣，中间屡次兴修，高厚定增于曩日。然堤既增高，水亦继长，此非来水之数添于前，实出海之门减于旧也。查西江自峡下顺流，至新会北街口猴子山，南出外海，西出江门。猴子山脚十年前水深六丈有奇，今冬月水涸深仅丈余，十年以后岂堪设想？总缘沙田多筑石坝，水遭壅遏，流缓而泥淤故也。江流入海支流凡六：一曰思贤滘水，过三水县西南，会北来诸水，至省河直注虎门入于海。一曰甘竹滩水，界顺德黄连板沙尾，南注于海。一曰仰船冈水，过福岸马宁香山之海洲，沿河有石坝二三十度，长各十余丈，沙田所圈筑也。其曾步口第一埒口中间海沥有石坝，长七八十丈，东为小榄，河面将淤矣，西曹步尚通舟耳。一曰白藤头海口，直注古镇，夹岸石坝十余度，江水将失故道矣。一曰河塘、潮连①，潮连居南，河塘居北，中一河，合古镇仰船冈诸水。下有石坝二度截流横筑，长各二十丈，水为石激，湍急不得骤泄，舟人过此，非风力与乘潮不能上矣。一曰猴子山，水由寨尾墟过外海嘴，径注古镇、香山界。古镇沙尾连百顷沙、大鳌沙至竹洲头，自外海嘴至竹洲头约四五十里，西界外海，傍径东成沙、雷霆庙、鸦洲山，夹河有大石坝十余度，西江汪洋澎湃之势，至此竟同弩末矣！百顷沙左曰广福沙，广福沙左曰芙蓉沙，三沙排列，各有大港为界，而沙之左右石坝攒筑，或百丈，或数十丈，或筑至中流，居然与海若、天吴争地。三十年后，海将成沟壑亦扬尘，而广、肇两郡宅土芒芒，人烟浩浩，牂牁西来，不知徙向何处也。由广福沙下注神湾，东西有承田坝，稍下为灯笼洲，东入澳门，又东出三灶外无居民，已达大洋矣。西入内河泥湾门，往者内洋大船从此入睦洲墟，由睦洲墟入江门，今皆阻浅不可行。凡此皆西江入海要区，亟宜严切疏通者也。”又附进西江达海图，历绘水势委曲状。书上，大吏咨嗟动色，主者奉行不力，事竟无成。初，士琦作此书以示友人，友人曰：“子言信美矣，然无益也。人情见利不见害、见己不见人、见目前不见日后，谁肯通筹大局调剂其间者？

---

①潮连：西江下游的一个小岛，属江门。

异日官家有急，言利者登高而呼，沙棍、奸民攘臂褰裳以随其后，石坝不止不拆也，必奖励而增益之。曾南丰①记越州鉴湖图，已事之可证者也。”士琦曰：“然，但当存此议论耳。”士琦屡赴公车不第，咸丰甲寅红巾乱，闭户不出，逾年卒于家。子衢尊，庚午举人。卷十《艺文略》：《怡怡堂文存》一卷、《怡怡堂集》十二卷，国朝朱士琦撰。

［光绪］《广州府志》卷四十六《选举表十五·举人·国朝·道光十九年己亥》：南海人，与弟次琦同榜。

《九江儒林乡志》卷八《艺文略·史部·江防类》：《西江达海图》一卷，国朝朱士琦撰。卷十四《列传·清》：字赞虔，号畹亭，西方太平约人。幼倜傥，母张谯责苛峻，乃束脩向学。及冠，节目疏阔，脱略细谨，英迈知名，游庠食饩，以及道光已亥领乡荐，俱列第三，七上公车不第，卒赍志以殁。里居殷忧桑梓，沉虑有远识，嘉庆末，尝著《南顺十一堡御盗方略》。十一堡者上控西樵余村，下汔②黄连、勒流、龙江诸境，大指谓：“我十一堡地扼长江，界连数县，为五方之辐辏，居百粤之下游，外患内奸易生由蘖方。今四方清晏，谓宜合为一团驱使，使形势联宇县③如一室，杜灾变于未萌。”其书于团中保甲、操防、声援、扼塞、铸造、抽分、储偫诸法纤悉具备，当时与人言多不省，后会匪变起，诸乡堡以无备为所乘，辄残毁，盖三十年而其言皆验……生平健于为文，尤研究声诗。持己甚介，居京师，以能医数为巨公所宾接，未尝干以私。尝为张明府继邹馆客，及张令南海，以迹涉嫌疑，一见亟还。邑富人某牵命案，揣士琦能解，介梁孝廉植生持数百金为寿，卒不应。其节概不苟多此类。卒年六十二。

谭楷　（1794—1872）字穀山，清顺德龙山人。道光十七年（1837）副贡。寿78岁。

［咸丰］《顺德县志》卷十一《副贡·国朝·道光》：龙山人，丁酉。

［民国］《顺德县志》卷十八《列传三》：字穀山，龙山人。幼力学，好讲求经世之务，总督祁𡎴闻其名，礼延入署询以时事。中道光丁酉副榜，时乡中多盗，楷与冯奉初等创立一六图局，且撰《乡守要略》一编，藩司李璋煜读而韪之，刊布郡邑以为法。尝谓：“团练以卫乡里，与其树威，孰若布德？”每官军到，止勿入村搜捕，必先劝谕村民缚渠以献，故无焚掠之惨。乡北隅

①曾南丰，即北宋散文家曾巩，江西南丰人，世称“南丰先生”。

②汔：接近。

③宇县：犹天下。

素苦水患，楷居沙富西五铺，东连龙江，北错沙头，向无围堤，遂与龙江蔡熊光倡筑合德围。自龙江南薰门起，至彭澳东社，迄龙山二埠、一埠止，计长二千余丈，费三万余金，楷首筹巨款不少吝。又尝倡捐修北辅围，浚漱玉泉，族内设种福会以周孤寡。尤好汲引后进，所居修忍山斋，藏书万卷，集文士课艺其中，奖掖备至，故士论归之。所为诗得力于杜、苏二家，画工山水，亦善医术，尝欲著《东西医论》以传世，盖心力过人，故艺事精娴如此。著有《揽芳园诗抄》，其《周易摘疑》三卷、《周易大传释辨》一卷尤精核。同治壬申卒，年七十八。

黄志超　（1795—1833）清南海人。嘉庆二十四年（1819）举人，道光十二年（1832）任誊录。因丧亲归，次年卒于家。

［道光］《广东通志》卷八十一《选举表十九·举人四·国朝·嘉庆二十四年己卯·广州府》：南海人。

［同治］《南海县志》卷十《艺文略·集部》：《存夜气庵诗集》，国朝黄志超撰。劳光泰序：君少敏颖，好奇书，在唐以前虽小说九流家读殆遍。所作文特雄古，类韩柳，诗亦宗韩，甚工。家贫，尝从族叔祖次皋游山西，观晋祠，乐焉忘归者六年，学益邃。会试屡荐不售，壬辰取誊录，以忧归。逾年癸巳卒于家，年三十九。著《存夜气庵诗集》二卷、《阴符经注》一卷。

冯翔　（1795—1858）字翼廷，清南海沙丸堡人。道光十九年（1839）岁贡。

［同治］《南海县志》卷十九《列传·善行》：字翼廷，沙丸堡人。道光己亥岁贡生，居乡恂恂然，办事雅有执持，惟以排难解纷、抑强扶弱为己任。揣度时势，又能灼见于先。离翔所居三里许山谷中向有客民蟠踞，恃其犷悍，凌辱乡人。翔曰："非我族类，其心必异。彼初到，人寡已逞强梁，他日人多岂能制驭！"遂与乡人协力驱之，当时或疑其已甚。洎咸丰八年后客匪之乱，广、肇两郡属邑多被伤残，翔之言乃验。咸丰甲寅，红巾起佛山，翔与社内各乡绅士议防守，倡为团练之说，而事未成。适有数贼红巾抹头过村外者，众莫之敢撄，翔命子弟擒得溺之江中。因谓乡众曰："我不沉贼，贼谓我为怯，必攻我。我沉贼，贼以我为仇，亦必攻我。今日如骑虎背难中下，非认真团练、联为一心不可矣！"由是合十乡绅士为一小团，再合五十三乡绅士为一大团，力遏北路官窑之贼。时贼大营驻佛山镇及佛市镇二处以窥省垣，河道梗塞，肇府要、明等县为小负贩者多由沙丸堡济渡至省城，其余挈家避乱者百什为群，络绎于道。翔曰："吾乡向为僻壤，今为通衢，宜认真巡逻！"

遂于津隘关道设勇稽查，昼夜不绝，一以诘奸细，一以护行人，故出其途者如行衽席间，无不感德。是年冬十二月，贼先攻十乡营，翔率众御之。族人冯燕宗谓其仆隆安曰："公老人，犹奋勇，我辈安敢不尽力！"仆曰："吾拌死卫主人耳！"遂战。乡男无几，贼来益多，燕宗、隆安陷阵死，翔借乡人遮卫得脱。五年，贼渐溃，翔仍日在局筹口粮、练壮丁、缉逃匪，数年不懈。以积劳成疾，戊午八月卒于家，年六十四。佥谓乡先生之捍卫桑梓者，无以过焉。性喜咏歌，有《艺香草堂诗集》藏于家。

黄昭融 字理堂，清南海小唐乡人。县学生，以办全省团防有功，奖叙六品顶戴。

［宣统］《南海县志》卷二十《列传·善行》：字理堂，小唐乡人，县学生。道光间，尝与曾学博钊同办全省团防有功，大府奖叙六品顶戴，赏额曰"功崇秩耀"。昭融所学，自儒书外，旁通星经地志。咸丰七年，英夷攻省垣急，总督叶名琛日事神仙，无意防守，昭融预决城破必在十一月，已而果然。尝登粤秀山览形势，太息曰："吾粤以虎门为门户，今虎门不守，此城其华夷杂处乎？"又言："夷人之志不仅在粤，将来据南北之津，通西北之险，中握长江，南北俱可危也！"未几，卒如其言。昭融胸怀洒落而性行纯笃，生平缮祖祠、修族谱、保尝产、设乡防、置试馆、恤孤寡、振死丧，事有益于乡族者皆竭力为之。工文词，著有《听春楼诗文稿》一卷、《天文易简》一卷、《地理说约》一卷。卒年七十有七。

马有章 字尧基，清顺德杨滘人。道光五年（1825）武举。祖苏台，父卡石。

［咸丰］《顺德县志》卷十一《武举·国朝·道光》：扬滘人，福建福州城守、副将……乙酉。卷十五《耆寿·九十寿妇》：黄氏，杨滘马苏台妾。孙有章，武举……年九十一。卷二十六《列传六·国朝二·罗礼璋传附》：字尧基，杨滘人。父卡石，伤其兄弟早逝，自为生圹合焉。有章，举道光乙酉武榜，官邵武参将，调提标中军，旋护军门。闻乡饥，出万金以赈。迁副将，补福州城守，所至爱兵如子，勤操演，公赏罚。尝施药救活诸营时疫，台湾班兵死未内渡者积数千，设义冢收瘗之。性孝友，以亲老遽归养。父殁，棺甫盖，呕血卒。

马颂清 清南海人。道光五年（1825）举人。

［道光］《南海县志》卷二十一《选举表二·国朝·举人·道光朝》：乙

酉科。

区尧熙 号松生，清高明人。道光五年（1825）拔贡，24岁任广东长乐（今五华）教谕，调海南万州学正，卒于官。父灿如，长兄拔熙。

［道光］《肇庆府志》卷十五《选举二·国朝·贡生·高明县学·道光朝》：五年拔贡。

［光绪］《高明县志》卷十二《选举表·国朝·拔贡·道光朝》：灿如六子，崖州学正，五年乙酉科拔贡。卷十三《列传·人物二·国朝》：号松生，灿如次子。夙慧早成，为童子时已具成人规模。由道光乙酉拔贡，朝考以教职用，任长乐教谕，调万州学正，皆能其官。其任长乐也，才二十四岁，邑人自来登仕版者，以尧熙齿为最少。奈木铎再膺而殁，士林惜之。

冯士楷 清南海人。道光五年（1825）举人，绥瑶厅学正。父之达。

［道光］《南海县志》卷二十一《选举表二·国朝·举人·道光朝》：乙酉科。

［同治］《南海县志》卷九《举人·清》：绥瑶厅学正。父之达，赠修职郎，道光朝。

刘天惠 清南海人。道光五年（1825）举人。

［道光］《南海县志》卷二十一《选举表二·国朝·举人·道光朝》：乙酉科。

任元亨 字应会，别字宰村，清南海佛山镇人。道光五年（1825）举人，27岁卒。父允泰，兄元梓。妻区氏，寿93岁。

［道光］《佛山忠义乡志》卷十《举人·清》：道光乙酉，原鹤山人。

［民国］《佛山忠义乡志》卷十四《人物志四·文苑·清》：字应会，别字宰村。父允泰。幼负宿慧，美丰仪，身长鹤立。九岁入塾，十一岁赴童试，背默《五经》，取录佾生，时有“神童”之目。髫龄即与骆文忠公秉章为道义交，中道光乙酉科举人。礼闱报罢，与兄元梓互相师友，遍览群籍，诸子百家及道经释典无一不涉猎而会其通。日阅书卷逾尺，但见其手披目注，寝食俱废，而书中旨趣辄能融会于中，久而不忘。尝与兄过书肆，见有邵康节先

生术数钞本，坐阅数时。日旰，兄促之行，欲购，价不合，去。兄乃路问曰："弟酷爱此书，何也?"对曰："若得窥全豹，则千百年后事可了然于心目中矣!"兄曰："能如是乎?"及灯时，兄以黄烟少许盖以茶盅，指而谓曰："弟既识邵子之径，知否此中为何物?"乃仰首瞪目久之，出门往来于草地上十余次，返而言曰："但知为黄软物，不能定其名也。若得此书熟习之，则十世可知，不专让能于先贤颛孙师也。"其颖悟入神如此。翌日再过书肆，书贾曰："昨先生行后，即有老人踵肆，谓'此书纵归任某亦属无用'，即购书而去矣。"遂嗒然而返，始叹世间尚有畸异之人存也。自以书法薄弱，难取及第，日盘腿离腕，集写大卷一扣。又以妻不得节母心，数年不归内寝，勤愤交集，致遘足疾而终，年二十有七。《人物志七·耆寿·女寿表》：任元亨妻区氏，九十三岁。

刘锡龄 清南海人。道光五年（1825）举人。

［道光］《南海县志》卷二十一《选举表二·国朝·举人·道光朝》：翁源训，崖州学……乙酉科。

严命新 清高明豸冈人。道光五年（1825）赐副贡。

［光绪］《高明县志》卷十二《选举表·钦赐》：豸冈人。道光五年乙酉科赐副榜。

李芬（清道光） 清顺德容奇人。道光五年（1825）副贡。

［咸丰］《顺德县志》卷十一《副贡·国朝·道光》：容奇人，乙酉。

吴珣 清南海人。道光五年（1825）副贡。

［道光］《南海县志》卷二十一《选举表二·国朝·贡生荐辟·道光朝》：副贡……乙酉。

何子彬 字美钟，一字绮堂，清南海人。道光五年（1825）举人，官开建、海丰教谕。父赞任。

［道光］《南海县志》卷二十一《选举表二·国朝·举人·道光朝》：开建教……乙酉科。

《西樵白云洞志》附《白云洞游览诗》：字美钟，一字绮堂。南海乙酉举人，官开建县训导，著有《时还读我书轩诗钞》。

［同治］《南海县志》卷九《举人·清》：海丰教谕。父赞任，赠修职郎，道光朝。卷九《选举表》：何子彬，海丰教谕。卷十九《列传·善行·李昌曜传》：海舟人。道光年间，举人曾铭勋、何子彬、冯日初、明伦等修围，前后资其赞画。

何继光 字述庵，改名维林，清顺德三桂人。道光五年（1825）举人，官曲江县教谕。兄熙光，弟缙光。

［咸丰］《顺德县志》卷十一《举人二·国朝·道光》：字述庵，改名维林，三桂人。顺天榜，曲江县教谕，乙酉科……何熙光，字桂生，改名维岳，三桂人，顺天榜，继光、缙光兄，甲午科。

张邦佐 字惺门，清顺德龙江人。道光五年（1825）副贡，任四川会理知县、天全州知州。父青选，兄邦保，弟邦佺。

［咸丰］《顺德县志》卷十一《副贡·国朝·道光》：龙江人，顺天榜。乙酉，署会理、天全州知州。卷二十七《列传七·国朝三·张青选传》：号云巢。子邦保，同知。邦佐，知县。邦佺，进士，馆选出令怀远。

陈上龄 清顺德龙山人。道光五年（1825）副贡。

［咸丰］《顺德县志》卷十一《副贡·国朝·道光》：龙山人，乙酉。

林子卿 清南海人。道光五年（1825）拔贡，任广东大埔教谕。

［道光］《南海县志》卷二十一《选举表二·国朝·贡生荐辟·道光朝》：拔贡，大埔教谕……乙酉。

欧阳柱 清三水人。道光五年（1825）举人，九年进士。

［光绪］《广州府志》卷四十五《选举表十四·举人·国朝·道光五年乙酉》：三水人，进士。卷四十一《选举表十·进士·国朝·道光九年己丑李振钧榜》：三水人。

罗太阶 清顺德大良人。道光五年（1825）副贡。

［咸丰］《顺德县志》卷十一《副贡·国朝·道光》：大良人，乙酉。

罗廷桂 清南海人。道光五年（1825）举人，十九年任高明训导，咸丰六年（1856）升广东肇庆府教授。祖秉光，父朝正。

[道光]《南海县志》卷二十一《选举表二·国朝·举人·道光朝》：高明训导……乙酉科。

[同治]《南海县志》卷九《举人·清》：肇庆府教授。祖秉光、父朝正，俱赠如其官，道光朝。

[光绪]《高明县志》卷五《职官表·国朝·训导·道光朝》：南海人。举人，十九年任，咸丰六年升本府教授。

罗鸣驹 清顺德杏坛人。道光五年（1825）举人。

[咸丰]《顺德县志》卷十一《举人二·国朝·道光》：杏坛人……乙酉科。卷十八《艺文略二·集部二·别集二》：《震堂杂咏》，国朝罗鸣驹撰。

周廷珠 清顺德旧寨人。道光五年（1825）赐副贡。

[咸丰]《顺德县志》卷十一《副贡·国朝·道光》：旧寨人，乙酉……以符例赐。

施国材 清顺德人。道光五年（1825）任顺德协把总。

[咸丰]《顺德县志》卷九《职官二·外委·道光》：县人。右哨，外委千总……右营。《职官二·把总·道光》：县人。五年任……头司左哨……右营。

赵修 清顺德碧江人。道光五年（1825）参与修清英纤路。

[咸丰]《顺德县志》卷二十七《列传七·国朝三》：碧江人。董筑村西路数百丈，达昆岗，不辞劳勩。道光乙酉，大吏募修清英纤路，修与焉。

胡召南 清顺德甘竹人。道光五年（1825）赐副贡。

[咸丰]《顺德县志》卷十一《副贡·国朝·道光》：甘竹人，乙酉……以符例赐。

胡泉 清南海佛山镇人。道光五年（1825）举人。

[道光]《佛山忠义乡志》卷十《举人·清》：道光乙酉，原鹤山人。

胡勇扬 清顺德桂洲人。道光五年（1825）武举。

［咸丰］《顺德县志》卷十一《武举·国朝·道光》：桂洲人……乙酉。

胡海平 字安波，清顺德桂洲人。道光五年（1825）举人，任河北南河知县、江苏安东知县、高邮知州。

［咸丰］《顺德县志》卷十一《举人二·国朝·道光》：字安波，桂洲人。今分发南河知县……乙酉科。

［光绪］《广州府志》卷四十五《选举表十四·举人·国朝·道光五年乙酉》：顺德人，安东知县、高邮知州。

胡殿庚 清顺德桂洲人。道光五年（1825）武举，十二年武进士。

［咸丰］《顺德县志》卷十一《武举·国朝·道光》：桂洲人，乙酉。《武进士·国朝·道光》：壬辰恩科。

姚芳 清南海人。道光五年（1825）举人。

［道光］《南海县志》卷二十一《选举表二·国朝·举人·道光朝》：乙酉科。

莫健翎 清南海佛山镇人。道光五年（1825）举人。弟鸿仪，子以枋。

［道光］《佛山忠义乡志》卷十《举人·清》：道光乙酉。

［道光］《南海县志》卷二十一《选举表二·国朝·举人·道光朝》：弟鸿仪，子以枋……乙酉科。

郭球 改名鸣球，字凤笙，清顺德龙江人。道光五年（1825）举人。

［咸丰］《顺德县志》卷十一《举人二·国朝·道光》：改名鸣球，字凤笙，龙江人。广西横州籍……乙酉科。

黄玉衔 字星房，清顺德大良人。道光五年（1825）举人，任海南琼山县教谕。父丹书。

[咸丰]《顺德县志》卷十一《举人二·国朝·道光》：字星房，大良人。琼山县教谕，丹书子，乙酉科。

梁大霖 清三水人。道光五年（1825）举人。

[光绪]《广州府志》卷四十五《选举表十四·举人·国朝·道光五年乙酉》：三水人。

梁植生 清南海人。道光五年（1825）举人。

[道光]《南海县志》卷二十一《选举表二·国朝·举人·道光朝》：乙酉科。

梁麟英 清三水冈头人，居佛山镇。拔贡，道光五年（1825）举人。

[道光]《佛山忠义乡志》卷十《贡生·清》：中式，拔贡。《举人·清》：道光乙酉，原三水人。

[民国]《三水县志艺文略稿》：《所不能斋诗草》初集一卷、续集一卷，清梁麟英撰。《十二石斋诗话》五曰：三水家铁珊广文麟英，诗颇具气格。按：麟英，冈头人，道光五年举人。

傅元谦 改名祥麟，清南海佛山镇人。道光五年（1825）举人。官湖南桑植、辰溪知县。

[道光]《佛山忠义乡志》卷十《举人·清》：道光乙酉。

[道光]《南海县志》卷二十一《选举表二·国朝·举人·道光朝》：知县……乙酉科。

[同治]《南海县志》卷九《举人·清》：改名祥麟，桑植知县，道光朝。

[民国]《佛山忠义乡志》卷十三《选举志二·仕宦·文职·清》：湖南辰溪县知县。

廖铭勋 清南海人。道光五年（1825）武举。

[道光]《南海县志》卷二十二《选举表三·国朝·武举·道光朝》：乙酉科。

谭嘉会　清高明城中人。道光五年（1825）举人。

［道光］《肇庆府志》卷十五《选举二·国朝·举人·道光朝·五年乙酉科》：高明人。

［光绪］《高明县志》卷十二《选举表·国朝·举人·道光朝》：城中人，五年乙酉科。

潘汪澜　清南海佛山镇人。道光五年（1825）举人，开平训导。父光岳。

［道光］《佛山忠义乡志》卷九《文苑·清·潘光岳传》：子汪澜，道光乙酉顺天举人。

［同治］《南海县志》卷九《举人·清》：开平训导，道光朝。

［民国］《佛山忠义乡志》卷十四《人物志二·循吏·清·潘光岳传》：子四人，长汪澜，道光乙酉举人，官开平学训导。

潘俊良　清三水人。道光五年（1825）举人。

［光绪］《广州府志》卷四十五《选举表十四·举人·国朝·道光五年乙酉》：三水人。

潘逢锴　清顺德冲鹤人。道光五年（1825）武举，十二年武进士，花翎侍卫。

［咸丰］《顺德县志》卷十一《武举·国朝·道光》：冲鹤人……乙酉。《武进士·国朝·道光》：花翎侍卫……壬辰恩科。

黎毓璋　清高明罗俊人。道光五年（1825）拔贡，任山西长子知县。

［光绪］《高明县志》卷十二《选举表·国朝·拔贡·道光朝》：罗俊人，广西籍，山西长子知县，五年乙酉科拔贡。

戴联珠　字畅蕃，号达亭。原籍南海九江，后迁佛山福贤里（桑园）。父迪功，子其芬，孙鸿慈。

［宣统］《南海县志》卷二十《列传·善行》：字畅蕃，号达亭。先世居大同堡，十二世有讳迪功者始迁佛山，遂为佛山人。生而倜傥，有至性，以

孝闻，父母殁，躃踊悲号，哀感行路。少家贫，弃读而贾，性敏悟，亿则屡中①，所至获利，同业者争重聘之，渐致小有，合资营运，家以饶裕。而俭朴自适，衣食才温饱。无所求，独至义举，则佽助不吝。每当岁暮，日裹钱数千，付小奚②自随，散给道中饿者。与人交严重，不苟颦笑，恒面斥人过，人亮其直，弗愠也。治家尤整肃，入室謦咳无闻，一丝一粟，必爱惜检拾。伯兄早卒，其妻守志，厚遇之，终其身如一日。季弟幼孤，饮食教诲，迄于成立。年四十无子，劝令置妾，强而后可，果以侧室得嗣。有族人失业，假以资使复之。视兄弟之子犹子，诱掖奖劝，底于成人。自以家贫失学，训子益笃，敬礼名师，脩脯丰洁。晚年手执一卷，孜孜不倦，屏绝嗜好，精神至老弗衰。卒之日，凡有识者，罔不悼叹，春秋六十有四。子二，以孙鸿慈贵，赠光禄大夫、尚书协办大学士，人以为积善之报云。子其芬，字徽猷，号乾生。

［民国］《佛山忠义乡志》卷十四《人物志七·孝友·清》：字达亭。先世居大同堡，十二世有讳迪功者始迁佛山，再传至联珠。《隐逸·清》：戴迪功，南海大同堡绿涌乡人。

吴尚熹　（1796—?）字禄卿，号小荷，清南海佛山镇人。吴荣光女，嫁叶应祺。

［宣统］《南海县志》卷二十六《杂录》：吴中丞荷屋之女小荷，自号“南海女士”。幼随父宦游，长适叶观察云谷之子应祺，官山西蒲州府同知，自署小印云“随父从夫宦游十万里”。善画并工诗词，其《自题小照词》有云：“此身原不让男儿，天生错。”豪荡之气足以陵轹③一切，巾帼中豪杰也。

［民国］《佛山忠义乡志》卷十四《人物志十·列女传·才媛》：字禄卿，号小荷……其外家曰“叶氏风满楼”，多藏古人名迹。于归后，纵观吴、叶二家收藏，画学日进。荷屋宦游所至，挈之以行，画法得之指授为多。生平喜吟咏，其警句多采入梁氏《十二石斋诗话》、临桂倪鸿《桐阴清话》。卷十八《杂志·文余》：荷屋中丞女，工诗词，有《写韵楼诗稿》行世。其《舟发长沙和季父朴园》一联云：“碧浪撼来鸥梦醒，白云遮断雁行飞。”颇有情韵。《旅夜闻笛》云：“折柳记曾歌渭水，落梅何处认江城。”《不寐寄怀故园诸姊妹》云：“嫩寒已透芙蓉帐，轻暖难抛翡翠衾。”两联亦佳。

---

①亿则屡中：料事总是能与实际相符。亿通“臆”。

②小奚：指小男仆。

③陵轹（lì）：欺压、凌驾。

梁廷枏　（1796—1861）字章冉，清顺德伦教人。幼陪父礼觐养病，入西樵。勤于著述。道光十四年（1834）副榜贡生，越华书院设海防书局，应聘总纂《广东海防汇览》40卷，十八年聘修《粤海关志》30卷，次年修成。二十年出任广东澄海县训导加内阁中书衔。巡抚怡良召回，任越华书院监理兼学海堂长，后两广总督徐广缙聘其协办团练。咸丰元年（1851），朝廷授与内阁中书加侍读衔。晚年隐居家乡，修《顺德县志》。祖崇，父礼，孙用弧。

［咸丰］《顺德县志》卷十一《副贡·国朝·道光》：字章冉，伦教人。甲午，澄海县训导，加内阁中书衔。卷十二《封赠（文阶）·国朝》：梁礼，伦教人，以子廷枏赠州判，加赠。梁卓亭，伦教人，以侄廷枏赠内阁中书……梁崇，伦教人，以孙廷枏赠直隶州州判。

［民国］《顺德县志》卷十八《列传三》：澄海县教谕。学问渊博，于书无所不读。大吏耳其名，咸礼聘，历充越华、越秀书院监院，学海堂学长，广东海防书局总纂……粤海关志局总纂。历修《广东海防汇览》《粤海关志》《顺德县志》，著有《南汉书》十八卷、《南汉考异》十八卷、《南汉文字》四卷、《南汉丛录》二卷、《南越五主传》二卷、《南越丛录》二卷、《耶稣难入中土说》一卷、《兰仑偶说》四卷、《合省国说》三卷、《粤东贡国说》六卷、《论语古解》十卷、《东坡事汇》二十二卷、《金石称例》四卷、《续金石称例》一卷、《书余》一卷、《藤花亭书画跋》五卷、《惠济仓建置略》一卷、《经办祀典》一卷、《藤花亭散体文》十卷、《藤花亭骈体文》四卷、《藤花亭诗集》四卷、《藤花亭曲谱》五卷、《江南春词补传》一卷，梓行于世。孙用弧。

冯昭祖　清南海人。道光六年（1826）岁贡。

［道光］《南海县志》卷二十一《选举表二·国朝·贡生荐辟·道光朝》：丙戌岁贡。

陈赋清　清高明苏村人。道光六年（1826）岁贡。

［道光］《肇庆府志》卷十五《选举二·国朝·贡生·高明县学·道光朝》：六年贡。

［光绪］《高明县志》卷十二《选举表·国朝·岁贡·道光朝》：苏村人，

六年贡。

黄觐光 清顺德龙山人。道光六年（1826）岁贡。

［咸丰］《顺德县志》卷十一《岁贡·国朝·道光》：龙山人，丙戌。

崔令仪 一字恺如，清南海沙头堡人。诸生，崔槐同族兼学生。道光六年（1826），拜访番禺举人崔弼。

《西樵白云洞志》附《白云洞唱和诗册》：（一字恺如，南海诸生）闻黄嘉圃、邓巢阁有修建西樵白云洞书舍之举，书寄兼呈邓鉴堂先生。附《白云洞游览诗》：己亥仲秋，与谭次卿、邓巢阁、张云楣、冯寅谷小住龍嵸阁。越日，始访小云泉。（泉向未辟治。乾隆丁酉间，李氏始颜其洞口曰“小桃源”）

［宣统］《南海县志》卷十一《艺文略·子部·儒家类》：《良田集录》一卷，国朝崔令仪撰。据《采访册》。自序曰：世之所谓善诒谋者曰良田若干亩，余半生潦倒，衣食计拙，不能为子孙谋尺寸土。因述古今明训切于居家行己者，集为一卷，窃附鄙说，名之曰“良田”，是亦拙者之诒谋也。愿我子孙视为高原，勤其耕耨，弗怠弗谖，则其庶乎！《艺文略·集部·别集》：《自笑轩诗集》一卷，国朝崔令仪撰。《艺文略·史部·谱系类》：《崔永思堂谱》二十卷，国朝崔泗荣撰。番禺崔弼序曰：……居南海之沙头堡者，一为烟管房，一为山南房……沙头在西樵之东，崔氏两房萃处者近万人……迨本朝……中书舍人荫亭槐以嘉庆己巳进士，为顺天乡试同考官，得士如额，殁于王事……当阮制军莅粤之初，增修《广东通志》，弼以韭材，厕纂修之列。而山南房茂才光朝翁与弼相得，慨然以为省志既成，家乘缺如……是我辈之忧也，萃族搜辑，将告镂板矣，而秉笔者溘然……今文学令仪、上舍德仁皆中书及门士，亦光朝翁及门士也，起而为褚少孙之补《史记》……谱事克成也。丙戌之冬，令仪与典吏辉国、举人树良过余于三株树旧屯田道署中，缕述前事。

梁耀昌 清南海人。道光六年（1826）任新会守备。

［光绪］《广州府志》卷三十一《职官表十五·国朝·武职·都司守备·道光朝》：南海人。行伍，六年任，新会左营守备。

谭璐 （1797—1856）字春年，号药臣，清南海沙头堡人。道光十四年（1834）举人，会试不第，留京，考取景山官学教习，期满选授广东澄海教谕。咸丰六年（1856）兼府训导，送考生到省城，便道归里。60岁病卒。兄瑀。

［道光］《南海县志》卷二十一《选举表二·国朝·举人·道光朝》：瑀弟，澄海教……甲午科。

［同治］《南海县志》卷十五《列传·官师》：字春年，号药臣，沙头堡人。由国学生中道光十四年乡试举人，会试留京，考取景山官学教习，期满选授潮州府澄海学教谕。抵任后，立课程，厚奖赏，为诸生劝。有好讼者，罚锾以葺学宫。潮俗多械斗，澄尤甚，府道欲剿外沙王姓，以警其余。时土豪王顺兴者，恐祸及己，自结铜山洋贼，声言刻日攻城。城中官民仓皇失措，道府札县募勇三千防堵。璐密启道府，谓："顺兴急为脱身计耳，无悖逆心，遣心腹说之投诚，可不劳兵而定。"如其策，全城安堵。事后，忌者诬以得贿故纵，督抚行查，道府白其诬，事乃寝。咸丰四年，红巾之变，先围潮府城，澄海渐有殃及之势。惠潮道曹履泰知璐有胆气，又虑澄令老难独任，即札璐襄办城守事。璐乃助令劝捐输、起团练，守备完而贼至，即部署兵民分垛而守，日夜不时巡察之。计城围六十日，攻城廿八次，无日不在行间。民见老师，奋勇愈感，激战必捷，捷则欢声雷动，贼气沮遂退。当其督战也，见兵勇炮及贼而不中，私揣曰："此远近方向未准也。"用炮规测其度分，细算之良久乃发，毙百余人，贼崩溃，城赖以全。事平，叙功上府，璐曰："语有之，同舟遇风，胡越可相救，如左右手，况同城官耶？吾救死耳，非邀功也。"让功同人，而己不与，澄人高之。六年，兼府训导，送考到省垣，便道返里。以疾卒，年六十。

区光藻　（1797—1867）字渔南，清南海小唐人。道光二十年（1840）举人。咸丰三年（1853）大挑二等，八年授高明训导。同治元年（1862），梁绍献推荐主持家乡劝捐贡米。四年进言续修《县志》，六年卒于家，年72岁。

［同治］《南海县志》卷十五《列传·官师》：字渔南，黄鼎司小唐乡人。由廪生中道光二十年庚子科乡试举人，癸丑大挑二等，授肇庆府高明县训导。高明蕞尔邑，地本贫瘠，居教职者脩脯所入无多。自咸丰八年土客互斗，土弱客强，力不能敌，遂至焚村落、占田产，几若草薙而禽狝之。土民之死于兵戈、饥馑、疾疫、流亡者，十去其五。士人幸而走脱，亦糊口他方，虽学使按临，不敢即归本籍。由是学官所入愈稀薄，俸不足畜厮养，选此职者多托故不赴。光藻性素恬淡，携小孙到任，俾操井臼，安之若命，无厌薄心。居四五年，不求迁调。会同治元年各邑派捐京米，吾邑开局于明伦堂，梁绍

献谓光藻清廉，若委在局中，必分派均平，度支有节。因言之大吏，特委驻局劝捐。数年来，出纳厘然，内外无间。时省垣经红匪蹂躏，重以洋人驿骚，学舍既被伤残，志乘亦遭焚毁。邑绅汝宁府知府廖甡、随州知州劳光泰，倡议将志乘重刊，并纂修续志，方议设法集资，事未就先后身故，遂不果。同治四年，光藻进言于绍献曰："吾闻昔阅章实斋《文史通义》，谓郡邑志乘隔三四十年便当续修一次，若迟之又久，或百余年，或八九十年，故老沦亡，书缺有间，谁能口传其事者？不特邑中先辈嘉言哲行、义夫烈妇、文人学士之卓有可传者，当时昭昭，过后泯泯也。即通邑大治大乱，而后时局之变迁，风俗之隆替，非及时纪之，后人有欲探讨而无从者。况我邑十年间迭遭兵燹，册籍无存，其事迹应纪者，较承平时且多十倍乎？前廖、劳两公率先倡首，非好事也，吾子岂无意乎？"绍献曰："然。"乃招集邑内众绅，明之纲等，复董前议，志局遂定。其始实由光藻发之，平日留意文献，多此类也。以公事留省多年，谓已弗克当官，便不应受禄，决意引疾归。同治六年卒于家，年七十二。

［光绪］《高明县志》卷五《职官表·国朝·训导·咸丰朝》：南海人。举人，八年任。

严显　（1797—1867）字时甫，清顺德黎村人。嘉庆二十一年（1816）举人，觉罗官学教习。道光二十九年（1849）修《顺德县志》。

［咸丰］《顺德县志》卷十一《举人二·国朝·嘉庆》：字时甫，黎村人。今觉罗官学教习，丙子科。

［民国］《顺德县志》卷十七《列传二》：性聪颖，负绝人姿，读书过目不忘，工书善画，文名籍甚。嘉庆丙子举于乡，年才弱冠，考取觉罗官学教习。再上春官不第，遂绝意进取，寄情诗画，精通内典。道光己酉，郭令汝诚聘修邑志。尝与黄琴山观察、倪秋槎大令等相唱和，黄、倪皆以诗雄岭南者。显诗才秀丽，平生最爱查初白，而所作乃与渔洋为近。画山水得三王神趣，梅兰水仙则直逼宋元。然每自顾惜，不轻下笔，以故人得其寸缣尺楮，珍若拱璧。生平意致放达萧散，仿佛魏晋间人。能安贫，不问家人生产，不以礼法拘人。善诙谐，征神语怪，亹亹不倦，市井俗务、委巷琐事悉取为挥麈之助，喧呶杂沓，顾而乐之，人争辐辏焉。显又负人伦鉴，同里周冕、周钧鳌均为赏识。卷十四《艺文略·集部·别集》：《小沧浪馆诗集》，国朝严显撰。

朱廷贵 清顺德人。道光七年（1827）任水师提标前营都司，十六年任新会营参将。

［光绪］《广州府志》卷三十一《职官表十五·国朝·武职·都司守备·道光朝》：七年任，水师提标前营都司。《职官表十五·国朝·武职·副将参将游击·道光朝》：顺德人。行伍，十六年任，新会营参将。

朱学杨 清顺德古粉人。道光七年（1827）修永安围。

［咸丰］《顺德县志》卷五《建置略二·堤筑·马宁属》：永安围，在古粉堡。接安滘至罗水，计长三百七十二丈，高同乐耕围，闸二。筑不知年。道光七年丁亥，乡绅朱学杨、梁敬元等修，如今制。

张仁 字静山，清三水张边人。父永成，嘉庆二年（1797）任广东潮州城守营都司，调四川剿白莲教起义，次年在达州旂山之役中战死。仁承父恩为云骑尉，嘉庆十三年（1808）代理佛山都司。道光七年（1827）代理顺德协副将事。祖子龙。

［嘉庆］《三水县志》卷九《选举·封赠·清》：张子龙，以孙仁赠武翼都尉①。《选举·恩荫·清》：张仁，以父永成荫云骑尉，署三水都司。获贼有功，升三江协都司。又升英清营游击，赏戴花翎。授雷州营参将，署顺德协副将。

［道光］《佛山忠义乡志》卷三《官署·分防都司》：广东三水人，世袭，嘉庆十三年署任。

［咸丰］《顺德县志》卷二十一《列传一·武传》：字静山，三水之张边人（按《通志》作番禺人，今从《三水县志》永成传）。父永成，嘉庆二年，以潮州城守营都司，率粤兵赴两湖，屡胜。调赴四川剿教匪，又多得胜仗，加游击衔巴图鲁名号。三年随征达州，战于旂山，死焉。事闻，予世袭。仁以云骑尉起家，迁雷州营参将。道光七年署顺德协副将事，亲督两营。备弁以下，驾巡舟沿河缉捕，获盗无算。时李沄、王勋臣先后为令，意气皆与投契，民事有不便者，辄言之，令亦深信其为人，言无不应。仁多豢盗线，厚给以资购赏，曾不食言，故人乐为用。每以深宵人静，忽起燃烛炬，传集兵弁，鼓棹而前。初不知所向，及贼所而后分路围搜，往往全数弋获，无得脱

---

①武翼都尉：清武散官名，从三品。光禄司卿、盐运使司盐运使、协领、游击等从三品官，授文职为中议大夫，武职为武翼都尉。

者。虽穷壤歧汉，盗踪最密之地，皆访获焉。仁识见既精明，历事谙练，而辛勤自励，则实始终无懈，其天性然也。优礼文士，喜谈艺，能吟咏，以余事作画楚楚有致。尝招县名士吕翔、梁元翀、严伦诸人集署堂，为诗画之会，酒酣犹恂恂如儒者，盖少未袭宦时，从师学为文词，摩挲久而愈熟。当时所赋韵语，人多传诵为美谈云。

[光绪]《广州府志》卷三十一《职官表十五·国朝·武职·副将参将游击·嘉庆朝》：三水人，云骑尉，二十二年任，道光五年复任，新会营参将。番禺人，世袭，十七年任。县志作三水人。案：二十一年，以右翼镇改为清远营游击，驻扎清远。

罗凤章　清顺德人。道光七年（1827）代理顺德协守备。

[咸丰]《顺德县志》卷九《职官二·守备·道光》：县人。七年署……左营。

梁叶祥　清南海人。道光七年（1827）岁贡。子作楫。

[道光]《南海县志》卷二十一《选举表二·国朝·贡生荐辟·道光朝》：丁亥岁贡。

[同治]《南海县志》卷九《举人·清》：梁作楫，父叶祥，赠修职郎，道光朝。

孔传薪　清南海人。道光八年（1828）举人。

[道光]《南海县志》卷二十一《选举表二·国朝·举人·道光朝》：戊子科。

卢同伯　字七桥，清顺德羊额人。道光八年（1828）举人，十三年进士，卒于京。著有《饮露巢诗草》。父在华。

[咸丰]《顺德县志》卷十一《举人二·国朝·道光》：卢在华，字居义，羊额人。子同伯……壬午科……卢同伯，字七桥，羊额人。见进士，在华子……戊子科。卷十《进士·国朝·道光》：二甲，刑部主事，癸巳科。卷十八《艺文略二·集部二·别集二》：《饮露巢诗草》，国朝卢同伯撰。

[民国]《顺德县志》卷十七《列传二·黎超民传》：当在都时，同邑卢主事同伯将死无子，以遗榇及孀妻为托，超民卒归之。

刘安泰 清高明泥教人。道光八年（1828）举人。

［光绪］《高明县志》卷十二《选举表·国朝·举人·道光朝》：泥教人，广西平乐籍，八年戊子科。

朱永龄 清南海人。道光八年（1828）武举。

［道光］《南海县志》卷二十二《选举表三·国朝·武举·道光朝》：戊子科。

李邦倬 清南海人。道光八年（1828）副贡，十四年举人，官合浦教谕。

［道光］《南海县志》卷二十一《选举表二·国朝·贡生荐辟·道光朝》：副贡……戊子。《国朝·举人·道光朝》：甲午科。

［同治］《南海县志》卷九《举人·清》：合浦教谕，道光朝。

李应棠（清道光） 字萼楼，清南海佛山镇人。寿74岁。父可琼，弟应材，应材子宗岱。

［民国］《佛山忠义乡志》卷十四《人物志六·宦迹·清》：字萼楼，可琼子。道光甲子赴京兆试，考取誊录，投部供职。积资洊补户部四川司员外郎，兼云南、四川司行走，充则例各馆差，均无诒误，保知府前先铨用，赏戴花翎，寻简放安徽池州府知府。时发逆踞皖，郡城陷，道梗不能赴任。同治初，湘军克安庆府，城复，乃间关就道。洎到则兵燹之后，满目荒凉，招集流亡，修葺颓败，日不暇给，躬自规画无倦容，士民咸德之。累功保升道员加盐运使衔，奏署安徽分巡道、安庐滁和道，所至有声。以年迈乞休，卒于家，年七十有四。弟应材……应材子宗岱。

李定猷 清顺德容奇人。道光八年（1828）武举。

［咸丰］《顺德县志》卷十一《武举·国朝·道光》：容奇人，戊子。

李谦扬 清南海人。道光八年（1828）举人。

［道光］《南海县志》卷二十一《选举表二·国朝·举人·道光朝》：戊子科。

杨大经 号佐九，清高明城中人。道光八年（1828）武举，拣选卫守备。弟大光。

［道光］《肇庆府志》卷十五《选举二·国朝·武举·道光朝》：高明人，戊子榜。

［光绪］《高明县志》卷十二《选举表·国朝·武举》：城中人，道光八年戊子科，拣选卫守备。《选举表·仕宦·国朝·文职》：杨大光，朗第人，大经弟。道光间附贡，归善训导。卷十三《列传·人物二·国朝》：号佐九。道光戊子武举。性超迈，留心世务，见义勇为。筹复学中租田，创设附城宾兴，葺祠宇以妥神明，联堡约以靖乡里，凡推已益人之事，靡不慨然自任焉。

杨汝镗 字理宜，清顺德桂洲人。道光八年（1828）举人。

［咸丰］《顺德县志》卷十一《举人二·国朝·道光》：字理宜，桂洲人。顺天榜……戊子科。

何栋 字卿云，清末顺德东马宁人。道光前期（约1828）进县学。孙家铭。

［民国］《顺德县志》卷十七《列传二·何邵传》：同族栋，字卿云。工诗，广东学政白镕以古学取进邑庠。食不兼味，刻苦自励。治家严整，子弟皆循循矩矱。筑山阁，购藏古籍数千卷，焚香默诵，不慕荣利。理乡族事，禁绝樗博①，惰游畏避。孙家铭，光绪甲午顺天副贡，癸卯本省举人。

张邦佺 字尧仙，清顺德龙江人。道光八年（1828）副贡，十一年举人，十三年进士，钦点翰林院庶吉士，知宁远县。父青选，兄邦佐。

《龙江志略》卷一《编年·清》：道光十三年癸巳，张邦佺成进士。殿试第二甲，钦点翰林院庶吉士。

［咸丰］《顺德县志》卷十一《副贡·国朝·道光》：龙江人，顺天榜，戊子。《举人·国朝·道光》：字尧仙，龙江人。顺天榜……青选子……辛卯万历恩科。卷十《进士·国朝·道光》：二甲，庶吉士，知宁远县……癸巳科。

---

①樗（chū）博，即樗蒲，出现于汉末的一种棋类游戏，从外国传入，用于掷采的投子最初是用樗木制成。

张承增　清南海人。道光八年（1828）举人。

［道光］《南海县志》卷二十一《选举表二・国朝・举人・道光朝》：戊子科。

张鸣谦（清道光）　清南海人。道光八年（1828）举人，任广东遂溪教谕。

［道光］《南海县志》卷二十一《选举表二・国朝・举人・道光朝》：遂溪教谕，戊子科。

陈廷献　清南海人。道光八年（1828）武举。弟坚。

［道光］《南海县志》卷二十二《选举表三・国朝・武举・道光朝》：戊子科。

［同治］《南海县志》卷九《武科选举》：陈坚，廷献弟，己亥科，道光朝。

陈德铨　清三水人。道光八年（1828）举人。

［光绪］《广州府志》卷四十五《选举表十四・举人・国朝・道光八年戊子》：三水人。

明润荣　字谦尊，清南海九江人。道光八年（1828）赐副贡。

［道光］《南海县志》卷二十一《选举表二・国朝・贡生荐辟・道光朝》：钦赐副榜……戊子。

《九江儒林乡志》卷十《选举略・国朝・贡生・道光八年戊子》：字谦尊。县学，赐副榜。

赵允显　清南海人。道光八年（1828）岁贡。

［道光］《南海县志》卷二十一《选举表二・国朝・贡生荐辟・道光朝》：岁贡……戊子。

胡元淳　清顺德桂洲人。道光八年（1828）举人。

［咸丰］《顺德县志》卷十一《举人二・国朝・道光》：桂洲人……戊子科。

胡其琛（清道光） 清顺德甘竹人，住佛山镇。道光八年（1828）副贡。

［道光］《佛山忠义乡志》卷十《贡生·清》：副贡。

［咸丰］《顺德县志》卷十一《副贡·国朝·道光》：甘竹人，戊子。

胡宣恩 清顺德桂洲人。道光八年（1828）武举第一名。

［咸丰］《顺德县志》卷十一《武举·国朝·道光》：桂洲人，第一名……戊子。

胡德球 清顺德桂洲人。道光八年（1828）武举。

［咸丰］《顺德县志》卷十一《武举·国朝·道光》：桂洲人……戊子。

胡簪朋 清顺德桂洲人。道光八年（1828）武举，十六年武进士，侍卫、儋州营守备。

［咸丰］《顺德县志》卷十一《武举·国朝·道光》：桂洲人，戊子。《武进士·国朝·道光》：侍卫，儋州营守备，丙申恩科。卷二十九《列传九·列女二》：胡氏，伦教郑永宜妻。氏兄无子，以侄嗣，游荡倾产。氏闻叹曰："吾兄鬼馁矣！"约父老告官，令归宗，出己奁资，资其生计，别立侍卫簪朋为兄后。杨氏，永宜从弟龙官聘妻。龙官死，闻讣奔丧，以从侄之屏继，捐田十余亩供祖祀。

黄度 字式如，清顺德陈村人。道光八年（1828）举人。

［咸丰］《顺德县志》卷十一《举人二·国朝·道光》：字式如，陈村人……戊子科。

黄焕 字季登，号翥云，清南海紫洞（今属禅城南庄）人。道光八年（1828）副贡，二十年举人，工书画，授徒为生。

［道光］《南海县志》卷二十一《选举表二·国朝·贡生荐辟·道光朝》：副贡……戊子。

［同治］《南海县志》卷二十《列传·艺术》：字季登，号翥云，江浦司紫洞人。由道光戊子副贡生，中庚子科举人。工书画，不学而能。书则行草隶篆、古文奇字，画则花鸟虫鱼、山水竹石，随意挥成，皆有天趣。尤精院

体书，流丽端庄，木天诸公自愧不及。惟家道歉薄，早岁授徒，无名画法书以开其门径，无恬笔伦纸以发其光辉。性又懒散，不能终日据案濡头墨沉中，其能兼有众长、不能独标精诣者，殆由此也。好茶嗜酒，喜与释子往来，虽一食清斋，必饫良酝。大抵见酒必饮，每饮必醉，醉则泼墨淋漓，缣素之属，插架堆床，顷刻挥洒殆尽。掷笔酒渴，则呼童煮茶，每饮如鲸吸百川，非卢仝七碗①遂能盈其量也。进士徐台英最推服之，谓："今世假名士多，真名士少，若胸无宿物、口无鄙言、势利之见不存于中、恩怨之色不见于外，如翥云者，真名士也已。"又谓："人生一技成名，亦关命运。若翥云早捷南宫，置身东观，以笔墨为供奉，官所见既博，所造益深，方之古人虽不敢知，至近日书画家，使肩随其间，当无愧色也！"后以主讲连山，感瘴疠而卒。

黄瀛士　清南海人。道光八年（1828）岁贡。

［道光］《南海县志》卷二十一《选举表二·国朝·贡生荐辟·道光朝》：岁贡……戊子。

梁上清　清南海人。道光八年（1828）副贡。

［道光］《南海县志》卷二十一《选举表二·国朝·贡生荐辟·道光朝》：副贡……戊子。

梁万选　清三水人。道光八年（1828）举人。

［光绪］《广州府志》卷四十五《选举表十四·举人·国朝·道光八年戊子》：三水人。

梁国英　清顺德逢简人。道光八年（1828）武举。

［咸丰］《顺德县志》卷十一《武举·国朝·道光》：逢简人……戊子。

梁鸾光　清三水人。道光八年（1828）举人。

［光绪］《广州府志》卷四十五《选举表十四·举人·国朝·道光八年戊

①卢仝七碗：唐卢仝《走笔谢孟谏议寄新茶》诗："一碗喉吻润，两碗破孤闷，三碗搜枯肠，唯有文字五千卷。四碗发轻汗，平生不平事，尽向毛孔散。五碗肌骨清，六碗通仙灵。七碗吃不得也，唯觉两腋习习清风生。"言饮茶不须七碗即"通仙灵"，极赞茶之妙用。

子》：三水人。

梁梅 号子春，清顺德大墩人。道光八年（1828）优贡，51 岁卒。

［咸丰］《顺德县志》卷十一《优贡·国朝·道光》：大墩人，戊子。

［光绪］《广州府志》卷一百三十三《列传二十二·国朝·顺德》：号子春，道光戊子优贡。少有至行，每得异书，母氏鬻钗珥购之。及母卒，哀恸几绝。年三十尚困童试，布政使南城曾燠试粤秀书院课，见所作赋数篇，大惊赏，招入署中校文，由是所作骈体具有矩矱。又为延誉于程学使国仁，补邑庠。总督阮元开学海堂，见梅所作《咏莲须阁黄牡丹诗事歌》，结句云“可怜宾主皆奇节，独愧当年校艺人”，读之击节。既贡成均，学使翁心存携入征途，相与酬唱。及报罢，则下津沽，道汶泗，出大江，溯汉口，遍经衡岳、梧溪、桂林诸名胜，橐笔留题。抵里后，以游草呈山长陈鸿墀、钱仪吉，咸击赏焉。鸿墀次韩愈《送区宏南诗》赠之，盖深许之也。家藏有汉瓦晋砖宋画及宋元明善本书籍，初拓碑帖数十事，朝夕摩挲，至忘寝食，其笃嗜如此。然不善治生，晚年家渐窘，而癖古愈甚，又喜施予，虽断炊不顾也。卒年五十有一，著有寒木斋诗二卷、文二卷。

［民国］《顺德县志》卷十七《列传二·何邵传》：大墩乡人。既贡成均，学使翁心存携与偕行，沿途酬唱。

程浴德 清高明城中人。道光八年（1828）岁贡。

［道光］《肇庆府志》卷十五《选举二·国朝·贡生·高明县学·道光朝》：八年岁贡。

［光绪］《高明县志》卷十二《选举表·国朝·岁贡·道光朝》：城中人，八年贡。

廖鸿猷 清顺德勒楼人。道光八年（1828）岁贡。

［咸丰］《顺德县志》卷十一《岁贡·国朝·道光》：勒楼人，戊子。

刘乾净 清顺德陈村人。能用符治惊风、颠、疮。

［光绪］《广州府志》卷一百三十九《列传二十八·方技·国朝》：顺德陈村人。其人一无所有，钱到手辄尽，群号曰“干净”，遂以为名。少好赌，尝随人往梧州，以赌为居停所逐。又遇风雪，遂冻死于寺僧门首，寺僧救之。醒则不依，谓：“平生好赌，死便了事，救我何为？”僧曰：“岂有见死不救

者？汝之好赌，想亦为贫，我有一术足以自活，但不能多取钱耳。”引之归，授以治惊风、治颠、移疮三法，皆用符箓，盖祝由科①云。归施其术，名则渐起。碧江梁氏子患惊风死矣，有言刘乾净之神者，亟延至，则小儿已在地下。视之曰：“尚可医。”乃命取香案，置水一碗，当天炷香，口喃喃有词，身边取符焚在碗内。乃携小儿起，以水灌其口，随灌即揉其身。久之小儿啼矣，其母急来抱，拒之曰：“此儿神魂未定，抱不得也。”乃携小儿于肩出门去，过庙则拜，过社则拜，碧江乡颇大，归时日已暮矣。其母苦求抱，不得辞，则曰：“好视之，我在此睡，有事须相唤也。”至夜半，子复死，乃大惊呼，刘驰至曰：“我说云何，知有此耳！”复视其子曰：“幸尚可医。”乃命具香案如初，置水焚符亦如初。小儿复活，乃又提之出门，梁氏以提笼送之，其拜庙拜社复如初，归时则天已亮。其母不敢复抱，于是与小儿同卧起者三昼夜，乃还其母而去。谢之，仅受钱三百，自后来借，皆以此为准，云是其师所属也。其治颠治疮亦用符，皆有验。生一子极拙，遂失传。死时，梁氏为之殓殡焉。

潘绍经　字汉石，清顺德冲鹤人。工汉隶，粤督阮元聘入府署。晚年画《骑牛读书图》，苏六朋为补景。

［民国］《顺德县志》卷二十《列传五》：字汉石，冲鹤人。工汉隶，取径熹平石经，苍健雄古。所用笔，范铜为管，凝重有势，而能驱使如意，峭拔中姿态横生。尝书粤城小马站河阳书室匾额，粤督阮元过而见之，下舆谛视，低徊不能去，延入节署。名大起，缙绅大吏倒屣相迎，得尺缣寸楮，珍逾拱璧，咸谓名副其实。晚年颇拓落，自题《骑牛读书图》七律四章，以抒激昂慷慨之气。图为罗浮僧德坤写照，苏六朋补景，一时名流多有题跋，今藏其族人某家。

苏六朋　（1798—1862）号枕琴，清顺德勒流南水村人。善画。父奕舒，子腾蛟、少琴，孙逢圣。

［光绪］《广州府志》卷一百三十九《列传二十八·方技·国朝》：号枕琴，顺德水南乡人。父奕舒，善医，年九十余卒。六朋善画，山水人物、花鸟草虫无不入妙。尤善画盲公，只三两笔而神采欲活，其人物至纸高八九尺，

---

①祝由科：古代医术的一种流派，即祝说病由，不需用针灸或药来治病，是巫术治疗法。

则尤为生动。其侍妾及三子一女均能肖笔，佥云书画一家也。所著《吕祖仙迹》百二十页，又有《雅俗求真》《云裳画记》藏诸家。

［民国］《顺德县志》卷二十《列传五》：南水乡人……孙逢圣。

蔡锦泉 （1798—1864）字文渊，别字春帆，清顺德龙江人。道光五年（1825）拔贡，十一年举人第一名，次年进士，授编修。十四年顺天乡试考官，十六年任湖南督学，被劾落职，复内阁中书。回粤主讲端溪书院。父时阶。

《龙江志略》卷一《编年·清》：道光十二年壬辰，蔡锦泉成进士。殿试第二甲，朝考入选，钦点翰林院庶吉士。

［咸丰］《顺德县志》卷十二《封荫表·封赠（文阶）·国朝》：蔡时阶，龙江人，以子锦泉赠编修。卷二十七《列传七·国朝三》：字文渊，别字春帆……幼即聪悟。父时阶，督课严，成童即补弟子员食饩，试辄优。南海庶常谢兰生有人伦鉴，迭主会城书院讲席，亟赏其文，妻以女。闻见日扩，名遂起，伯父应阶方侨省次，供其读书费。膺道光乙酉拔萃，领辛卯贤书第一，逾年成进士，散馆以第二名授编修。甲午，同考顺天乡试，每派撰文，寻入直上书房，伴惠邸读，悉心诱导，迭承褒奖。丙申，提学湖南，思剔除诸弊，时当丁酉拔选期，得人称盛，有请托者，立形白简。秩满，随以事被劾落职，查覆者为湖督林文忠公。及锦泉丁内艰归，文忠以海事至，言及其文学，辄为握腕。夷事起，助军储，复内阁中书。旋遭生母丧，南还，遂决计不出，主讲端溪，人士称之。锦泉事母孝，扬历所至，必迎养不离，祷母病涕泣，请减己算……出必奉母画像，遇新必荐，制中每忽忽如有所失。初春寒甚，饭朋辈，谈竟日无惰容。客去，暴卒。卒后，家寒素如诸生时。生平好吟咏能画，所至名胜必图焉。著有《听桐山馆诗集》。

［民国］《续修广东通志》卷九《人物志·广州一》：性韵高浑，才猷卓越，中年蹭蹬①，遽尔殂谢，士论惜之。尤工诗，南海伍崇曜辑《楚庭耆旧诗》，采其遗集。锦泉又尝题京师陶然亭联句云："客至且陶然，四面凉风吹酒醒；人生行乐耳，百年几日得身闲。"其胸次夷旷，可以想见矣。

冯锡镛 （1798—1867）字鸣虞，号侣笙，清南海九江人。道光八年（1828）举人，次年进士。十二年任浙江太平知县，

①蹭蹬（cèngdèng）：险阻难行，困顿失意，倒霉。

十九年为乡试考官。调补黄岩县知县，遇父卒，回乡不复出。祖燕谋，父云蒸，子炽宗、栻宗、景略。

［道光］《南海县志》卷二十一《选举表二·国朝·举人·道光朝》：戊子科。《国朝·进士·道光朝》：太平知县，己丑科。

［同治］《南海县志》卷九《咸丰朝·封荫》：冯云蒸，以孙景略贻赠朝议大夫；冯锡镛，以子景略封朝议大夫。卷十《艺文略·集部》：《倚松阁诗钞》十五卷，国朝冯锡镛撰。卷十三《列传》：字鸣虞，号侣笙，九江堡人。浙江太平县知县，初到任，值秋成歉薄，欲振发官仓，格于甲令，乃集绅富捐资，减价平粜，全活多人。朱子提举浙江时，开通太平水利，后渐湮塞，宣泄失时，旱潦洊至。锡镛锐意修复，访寻鹭屿闸、金清闸故址，增堤岸，设斗门，塞者通，壅者决，溉田二千顷有奇，地无遗利。县境带海依山，前明由科第起家、以风节震动一时者不少，入我朝二百载，登甲乙榜者仅得五人。锡镛曰："此文教不修之过也。"乃设鹤鸣书院，增膏火，添月课，课卷亲自改削，面为指授，甲午科登第多人，冯聪等皆受业弟子也。计自履任后，邑中当兴之事，知无不为，若浇风颓俗、蠹役奸民积为地方患者，则决意驱除，毅然不摇于众口。初，城西妖巫托言降神，敛钱赛会，囊橐充溢，分润吏胥，前令欲派差拘，下无应者。锡镛侦知孔窍，微服步往，缚归惩治之，巫风渐革。赌博中有花会者，其风由粤而闽，由闽而浙，法立三十六古人，名为母，中抽其一为子，包裹高悬，使博徒忆度，中者偿钱二十余倍，挟注来者不论多少。欲买会者不须赴局，虽深山老衲、绣闼姬人，足不出户庭，可以骤获百金，亦可倾家荡产，较之喝雉、摊钱，弊不啻什百。锡镛深恨之，曰："此盗贼不操戈矛者也！"先悬示恺切晓谕，继乃访知为首若干人，易装驰捕，尽法惩之，赌风渐息。县多假命案，病死亦云斗死，诬其富者，不曰佐殴，则曰督凶，豫为讹索地。不予，则牵连到官，俾蝎吏虎差磨牙共饱。前令亦知其屈，以衙役仗此津贴，虽省释良善，未尝大创奸徒。锡镛申明诬告反坐之法，重惩一二，以警其余，俗渐变。实政及民多此类也。顾淡于荣进，虽以名进士屈宰百里，不望超迁。方欲久处海疆，与民休息，而忽奉有采办滇铜之檄。滇去浙万里，梯登绳度，险百蚕丛，巧宦多先为规避，锡镛概然就道，铜不缺额，役不愆期①。于客途上观民俗诡异，览山川俊雄，撰为歌诗，以纪行迹，《于滇集》所为作也。差竣回任，然当是时，西人之患作矣。两浙久处升平，官民不见兵燹，倏闻炮声震荡，睹海舶嵯峨，员弁苍黄，骑猪鼠窜，沿海城堞，靴踢即摧。及裕谦由苏抚往浙视师，谓："粤人习洋

①愆期：延误日期。

务、识边情，胆气当比他方为壮。”檄到军营差遣，派管火药局、粮台支应局、定海善后工程局，措置裕如，有条不紊。事平，列上荐，赏加知州衔，调补黄岩县知县。牒甫下，适以丁外艰归。归数年，红巾乱作。乱定后，与明进士之纲、关孝廉仲旸等筹御盗策，谓：“九江为南邑大乡，以人数计之，不下古时侨置小邑，而没丝毫经费，卒有警，将奈何？前车可重鉴也。”乃于义捐、罚锾外，益以丝斤经纪、鱼苗杂入、酤屠之税、圩市之租，岁入数千两。平时屯丁百人，分四方巡逻，有事则千人粮仗，指顾可成，乡曲有恃以无恐。平生寡嗜欲，身无玩好，室少姬妾，惟于建祖祠、置尝产、修堤防以备潦、建社学以兴文等事，必以身任之。所尤难者，才逾强仕之年，即为悬车之岁，安居乡曲，绝迹不到会城。与近日士夫名为大隐，仍慕要津，乘马从徒，奔驰造请，年登大耋，知复何求，较短絜长①，区以别矣。同治六年感微疾而卒，年七十。子三人：炽宗，邑庠生。栻宗，乙丑进士，刑部主事。景略，庚申进士，礼部郎中。

《九江儒林乡志》卷十《选举略·国朝·举人·道光八年戊子科》：字鸣虞，号侣笙。县学，中式第五十三名，联捷进士。《选举略·国朝·进士·道光九年己丑科》：赐同进士出身。即用知县，补浙江太平知县，充己亥科同考试官。调黄岩知县，赏加知州衔，在籍议叙，以同知选用。子栻宗、景略皆进士。《选举略·国朝·封荫》：冯燕谋，以孙锡镛貤赠文林郎、浙江太平县知县，以孙学培貤赠奉政大夫、同知衔、安徽含山县知县。冯云蒸，以子锡镛封文林郎、浙江太平县知县，以孙景略貤赠中宪大夫、礼部郎中加二级。卷十四《列传·清》：字鸣虞，号侣笙，北方铁滘人。少颖异，淹通精举业。学使朱阶吉院试叹为俊才，置第一，发落日，当众击节赏其文。道光戊子领乡荐，己丑联捷进士，引见以知县即用，补浙江太平县。甫莅任，岁歉，议发仓赈，格于例，不得请，乃集绅富捐资，减价平粜，全活至万人。朱子提举浙江时，开通太平水利，后渐湮塞，宣泄失时，旱涝洊至。锡镛锐意修复，访寻鹭屿闸、金清闸故址，增堤岸，设斗门，塞者通，壅者决，溉田二千顷有奇，地无遗利，于时政平讼理，民乐其业。明年癸巳，岁乃大和，天雨，豆麦有生两穗、三四穗者，人以为惠政所致……会父丧遂归，归后不复出，时往来西樵七十二峰，觞咏优游，不问外事……咸丰甲寅，会匪窃发，支党延蔓，九江亦仓卒变起，啸聚数千人。锡镛时避乱省垣，乃与进士明之纲等集资募勇，分别收捕，闾里晏然……锡镛貌凝重，瞋盼有威，性嫉恶严然，既改即待如故。见人善，称誉不释口，及己有善，未尝自言，人服其量。两

①较短絜（xié）长：谓比较高低。絜，量物体的周围长度，泛指衡量。

子皆仕，而督之益严，尝诫曰："古人有言，再实之木，其根必伤，惟德足以服人，惟俭足以持久，尔曹念之！"自奉甚约，萧然若寒素，室无媵侍，居无玩好，惟嗜学，未尝废书。衡文有特识，当分校浙闱，赏魏生士龙卷，力荐不中，魏卒以甲辰抡元。晚推艺林耆宿，远近执业就正者，每月不绝，以得经品题为幸焉……著有《倚松阁诗钞》十五卷。

冯关氏　(1799—1867) 清南海九江人。冯锡镛妻。咸丰四年 (1854)，红巾起义者欲胁迫其夫入伙，关氏机智周旋，其夫赖以保全。子炽宗、栻宗、景略。

《九江儒林乡志》卷十八《列传·列女》：冯锡镛妻关，新涌人，祀名宦关教授必登玄孙女。性恭俭慈惠而有则，尝随锡镛宦滇越，称内助贤。逮事舅云蒸，尽妇道，迨云蒸病革，锡镛时奉差定海军营，例不得告归。先遣关回侍，云蒸闻之喜曰："媳事我孝，今见媳，吾虽死，吾目瞑矣！"及卒，关尽哀，经理内事，井井有度，族党重之。咸丰甲寅，会匪乱作，贼酋李英、关巨以锡镛负乡望，屡率其党求面，谋所以举事而服众者，锡镛俱匿不见。关谓之曰："贼来不已，势必大索，徒匿非策也。不如避之他乡，贼来我自当之！"锡镛乃率子避于小榄何姓戚家。越二日，贼果汹汹至，大索不得，拔刃怵关，问所在。关正色曰："吾夫曾忝禄仕，岂肯与汝辈谋？即在家，必不汝见，况今实远避。不信，任再索，何事叱吓？叱吓，我岂汝惧哉！"是时，关侃侃而谈，无怯容，贼卒莫可如何也。关随以其间，亦避于小榄。未几，小榄会匪又乱，贼首李英，榄人也，与其党伪军师朱姓者还里啸聚。锡镛得悉欲行，以舟楫断绝，未决，关曰："榄人已知君寓此，贼朱姓者故以诧异名，素行险谲，必不能恝然于君。此地非乐土也，君其速行！"锡镛乃复率子微服徒步之省城。去之翌日，朱贼果至，坐索，势张甚，恫喝何姓家。先是，何姓劝关他避，关曰："毋庸避，恐为汝累！"遂挺身出见朱贼曰："吾夫闻汝辈来，昨行矣。汝奚为者？刀锯鼎镬我自甘之，无惊我戚家！"贼无奈，强何姓来乡，诡称关猝得暴病垂死，待锡镛父子还殓，并使其党监之，不许改词。锡镛弟闻而信，亟遣人赴省报，而关已探得其计，亦密以重金雇急足至省，告以实情。及锡镛得家信将发，而急足至，遂免于难，人以是服其智。锡镛课子严，经书必使熟读，下塾每令成卷背诵，关亦督之不少宽，曰："无或书不熟，致汝父怒也！"初累封宜人，嗣以子栻宗、景略登第服官，覃恩封恭人，仍萧然荆布如寒家。同治六年卒，年六十九，殓时鼻垂玉柱盈寸。

吴乐荣　(1799—?) 字志扬，号毅轩，清南海九江人。嘉庆二十一年（1816）武举。父大安。

［道光］《南海县志》卷二十二《选举表三·国朝·武举·嘉庆朝》：吴大安，庚申科。《国朝·武举·嘉庆朝》：丙子科。

《九江儒林乡志》卷十《选举略·国朝·武举·嘉庆二十一年丙子科》：字志扬，号毅轩。县学，中式第三十一名。父大安，武举。卷十四《列传·清》：字志扬，号艺轩，北方梅圳人。父大安，武举。乐荣习武技，继其业，年十八举于乡。性端谨，开赌包讼等弊一尘不染。授徒自给，武童或有可造之艺而窘于资者，乐荣不受束脩，并给饔以成就之。咸丰甲寅，乡间会匪变起，诫服内子侄无许一名入会。匪党檄乐荣缴社内防御炮械，乐荣忿甚，手持长刃骂曰："炮械为防御计，不能交尔作贼。吾头可断，炮械不可取！"匪党畏散。家居数月，杜门不出，会匪亦不敢触犯。逾年，官兵收复九江，乡绅设局办匪数千名，乐荣足迹并未到局滥保人，其耿介如此。

邱掌珠　（1799—1844）女，字匊月，清顺德龙山人。父士超。

［咸丰］《顺德县志》卷十八《艺文略二·集部二·别集二·闺秀》：《绿窗庭课》，国朝邱掌珠撰……掌珠，字匊月，士超女。

黎冯氏　（1799—1865）清顺德昌教人。夫黎鹤龄，在子兆棠6岁时卒，守寡育子成才。同治三年（1864），在江西南安府遇太平军攻城，与兆棠及民众一同拒贼，贼平，奉旨赏给二品封典。

［光绪］《广州府志》卷一百四十七《列女·顺德·国朝》：封二品太夫人冯氏，黎兆棠之母也。生兆棠六岁而夫卒，提携教读有年。未几，兆棠举于乡，成进士签分礼部主事。同治二年，奉旨发往江西，以知府用，始克迎养。同治三年，兆棠摄南安府事，时南安贼大至，民惩咸丰八年陷城之难，相率奔窜。兆棠欲奉冯氏出而自为城守，则谕曰："城痹民涣，以身守不如以家守，吾义不可去也。"兆棠遂同官绅立誓死守。八月初十日，贼至，则储火药于署，为自焚计。闻捷，则出饔珥犒士。援至，贼平，临元镇总兵江忠朝、江西巡抚沈葆桢据事入告……赏给二品封典并赐"教忠励俗"匾……时冯氏已六十六矣。未几，兆棠调办粮台，摄藩司篆，而冯氏遂卒，年六十七。生平好义乐施，此其大节，故其他不赘焉。

［民国］《顺德县志》卷九《封荫表·封赠·文阶》：黎歧绍，昌教人，以曾孙兆棠赠。黎歧广，以出嗣曾孙兆棠赠。黎应钟，以孙兆棠赠。黎应祥，

以侄孙兆棠赠。黎鹤龄，以子兆棠赠。俱津海关道。

马荣安　清顺德人。道光九年（1829）、十年任顺德协把总。

［咸丰］《顺德县志》卷九《职官二·把总·道光》：县人，九年任……左营……县人，十年任……二司右哨，右营。

李程氏　清南海沙头堡石江乡人。道光九年（1829）典当助赈，十八年请官府派兵止斗。寿99岁。父程德裕，夫李耀明，子显庸、昭庸。

［宣统］《南海县志》卷二十三《列传·列女》：李耀明妻程氏，沙头堡石江乡程德裕之女也。归耀明，克循妇道。性好施，道光九年，岁饥议赈，程典钗服以助之。十八年，乡与邻斗，程投局，请兵护卫，斗乃息。粤督刘坤一①奏请旌表“贞寿”，春秋九十九无疾而终。子显庸、昭庸，建祖祠，置尝业，孝友克家，能继先志，乡人至今称之。

吴景濂　清顺德水藤人。道光九年（1829）岁贡。

［咸丰］《顺德县志》卷十一《岁贡·国朝·道光》：水藤人，香山籍，己丑。

陈孙氏　清南海大榄堡人。嫁陈明兆为妻，未满30守寡。经营遗产，乐善好施，道光九年（1829）及十三、十四年水灾，皆主动捐赈。子锜，继承遗志，咸丰四年（1854）抵抗红巾起义时，不惜破产，养族中丁壮，为屯勇守御。

［同治］《南海县志》卷二十二《列传·列女》：陈明兆妻孙氏，大榄堡人。年未三十而寡，事老姑，抚幼子。以孝闻，而远识宏模，更冠绝侪辈。先世遗产甚丰，内鲜伯叔周亲，同族娄劣之徒共凌藉之，希图染指。氏广为

①刘坤一（1830—1902），字岘庄，清湖南新宁人。廪生。咸丰五年（1855）参加湘军，与太平军作战。累擢直隶州知州、广西布政使、江西巡抚、两广总督、两江总督。光绪二十七年（1901）与张之洞上疏请求变法。有《刘坤一集》。

包容，不与计较，而俯拾仰取，付托得人，十年间富益巨万。尝谓："盈虚消息，天道之常，积而不施，为祸滋大。"每年施棺椁、赈贫乏，恒费数百金。道光九年水灾，氏雇小艇拯淹溺，存活多人。其住房坍塌、露宿野处者，按口给以蔬菜米柴。水退止，其鳏寡孤独、衰老疲癃者，多赈数月，获稻止。十三、十四年，涨潦荐臻①，赈恤皆如是。时广府余太守亲下乡，劝捐修堤岸，并选殷富为董事，氏子监生锜与焉。氏言子幼不更事，恐误要工，自愿捐银二千两助修筑费。守大喜，褒奖之，为世俗劝。其深明大义多此类也。性慈和，训子则甚严肃，使日与儒士游处。其乡里有登贤书、艰于计偕者，必厚馈之，或百两、五十两不等。氏没后，子锜克承亲志，红巾之乱，倾家破产，尽养族中丁壮为屯勇，以资守御。乡人有所糊口，不为贼诱，故事后得免刑诛，佥曰此孙氏之遗荫也。其有德于人如此。

梁有材　清南海人。道光九年（1829）岁贡。

［道光］《南海县志》卷二十一《选举表二·国朝·贡生荐辟·道光朝》：己丑岁贡。

许超　清南海人。道光十年（1830）任高明城守。

［光绪］《高明县志》卷九《兵防志·武职》：国朝城守官一员（或千总或把总）：南海人，武举，道光十年任。

陈玉符　清顺德龙山人。道光十年（1830）岁贡。

［咸丰］《顺德县志》卷十一《岁贡·国朝·道光》：龙山人，庚寅。

胡调德　字道卿，一字稌香，清南海九江人。诸生，教书为生。道光十年（1830）参修县志。

［同治］《南海县志》卷十《艺文略》：《春秋三传菁华》三十五卷，《龙涌脞编》四卷、《鱼苗经》一卷、《尺木斋文集》（谭莹序：道光庚寅，纂修邑乘，共事者谢里甫、邓鉴堂两先生，梁云门教授，曾勉士、熊笛江两广文，胡稻香茂才，暨余。时余年最少），国朝胡调德撰。

《九江儒林乡志》卷四《建置略·义仓社仓》：北方龙涌社义仓，在龙涌社学右。道光五年乙酉，社内绅士胡调德等建，藏谷备赈。卷十五《列传·

---

①荐臻：接连地来到、一再遇到。臻：通"臻"。

清》：字道卿，一字稌香，北方龙涌人。家故业农，至调德独好读书，朝夕奋励，不以贫病困苦少懈。弱冠补邑诸生，教学养亲，垂二十余年。不与外事，惟日致力于汉儒训诂之学，根据经传，不为虚词穿凿，往往发前人所未发。尤嗜史汉及唐宋八家文，与同里曾钊、嘉应吴兰修、汉军徐荣、番禺张维屏等二十余人，同结希古堂课。而辨析疑异，独心折钊，钊或有所指摘，即欣然窜改，其虚心集益多类此。仪征阮文达公元督粤，政暇开学海堂造士，课以经解诗古文词。或谓粤中好古之士不多得，恐难成课，阮不听。及课题出，钊遂邀调德等同作。卷成，阮督喜甚，手加评赏，间以调德所作示嘉兴钱仪吉、武林严杰，皆大称奇，谓其文中有真气，又能于淡处传神云，由是调德文日有名。时谢庶常兰生、邓观察士宪、刘编修彬华主讲越华、粤秀、羊城各书院，凡应酬诸作多假调德手，谓非调德文不能如腹中所欲言，其为前辈推重如此。调德为人直谅诚悫，见义勇为，虽闭户课读，而情笃梓里，所有地方利病，莫不日往来胸中。自恨困于诸生，无可建白，恒欲托诸文字，以发其蕴抱。吾邑居西北江下流，近因香山、新会入海要区，沿河横筑石坝，聚沙成田，隘塞水道，每当夏秋潦发，停蓄不消，迷漫泛溢，所属堤围频遭溃决。调德目击情形，不能已已，会学海堂课以《牂牁江考》命题，遂溯源及流历，陈其壅塞之患，冀当路垂念而革除之。迨受聘分纂邑乘，复师古人河渠沟洫诸书之例，参考载籍，验以见闻，创编《江防略》，俾知有受害之处，必有防害之方，而后之留心行水者，得先事为备。至若修水闸以时蓄泄，立社学以迪颛蒙①，建义仓以备荒歉，倡事首功，其意皆不可没也。卒年六十。

梁应棠　字树南，清南海佛山镇人。好医道，晚年尤精。寿76岁。弟应琨。

［民国］《佛山忠义乡志》卷十四《人物志六·义行·清》：字树南。世籍顺德，随祖徙佛山，遂家焉。生而聪颖，强记博闻。性豪侠，有高士风，或劝之仕，澹然曰："仕途险阻，不若耕读之乐也。"生平好行其德，乡中善举知无不为。道光间，岁大饥，哀鸿遍野，乃恻然捐巨款，设粥厂累月，难民就食以万计，地方赖安。因与诸绅整顿义仓，多储谷石为备荒计，至今赖之。悯痘疹之危，中医不得其道，采西法，创设赠种洋痘，试种辄效，风行镇内，实造端于此。道光丙辰，英夷犯广州，奉大府檄，倡义捐，制枱枪，解省备用。夷兵适退，咸丰甲寅，红匪陈开据佛山，应棠避地省垣。当道札

①颛（zhuān）蒙：愚昧。

委募勇平乱，派道员沈棣辉督师，以乡勇当前敌。应棠首捐万金充饷，军务遂济。贼平，委办善后，肃清余孽，四乡皆倚为声援。累功由都察院都事保员外郎，加知府衔赏戴花翎。好医道，晚年尤精，梓有黄元御《伤寒悬解》《素灵微蕴》两书行世。卒年七十有六。梁应琨，字春圃，应棠弟……道光二十一年英夷寇粤，琦善接办海防，檄应琨招匠铸炮。

梁应琨 字春圃，清南海佛山镇人。道光二十一年(1841)，两广总督林则徐令其在佛山招匠铸炮。咸丰四年(1854)，募乡勇镇压红巾起义。同治十一年（1872），主持浚河。兄应棠，子元超。

［宣统］《南海县志》卷二十《列传·善行》：字春圃，佛山人。候选布政司经历。道光二十一年，英夷寇粤，总督林公则徐檄应琨招匠铸炮，提督马有章拟援案核奖，应琨以夷务未平，辞不受。咸丰四年六月，红巾匪首陈开据佛山。先是，应琨募乡勇，令武举孔继尧管带，会官军，不战而溃，乡勇遂散。至是，大府檄应琨招复乡勇，乃与乡绅王福康、李应棠等集资募千人，仍令继尧统带。十一月，贼烧七十贰街，灰烬弥望，应琨谓宜乘势进兵，遂会诸军，以佛勇当前敌，践瓦砾而入，陈开遁，遂复佛山。同治十一年，佛山行商拟浚河刷沙，应琨曰："君等知沙之当清，亦知沙之所由积乎？官河故宽十丈二尺，居民占筑日广，河流如线，终岁刷沙，不敌一日之积，沙何由清？银河、木盘口两河既塞，消沙无路，百年后将有逆行之患，今欲计久远，非行清丈、开故河不可。"同人共推任事，遂先行清丈，令沿河铺户各拆去三四丈，以己铺为倡，千余家同日截卸，浃旬而毕。银河、木盘口在佛山下游，为陈、佛出入要津，嘉庆间，乡人塞以御盗，久之成田。应琨亲历其地，集乡人痛陈通塞利害，皆感动，乃牒请大府如议行，月余而两河皆通，自是陈村、顺德、新会各路舟楫往来如织矣。其《清丈官河议》"夹岸筑堤种树，利交通，保河身"，规画甚远，会为蜚语所中，不果行。子孙多登仕籍。

［民国］《佛山忠义乡志》卷二《水利志·外河》：同光间，镇绅梁应琨、李应材设立清河局。大府檄令规复官河故道，会同委员量明丈尺，按段竖石，次第兴工，遂开复平洲双树夹银河及三山木盘口两河。旋因捐款不继，拆铺尾之举亦停，而当日兴工程序碑记、界石尚存。卷十三《选举志二·封赠·清》：以子元超赠资政大夫、户部郎中。卷十四《人物志六·义行·清》：字春圃，应棠弟……道光二十一年英夷寇粤，琦善接办海防，檄应琨招匠铸炮。

马龙驹 清顺德扬教人。道光十一年（1831）武举。

［咸丰］《顺德县志》卷十一《武举·国朝·道光》：扬教人……辛卯恩科。

马濲 清顺德扬滘人。道光十一年（1831）赐副贡。

［咸丰］《顺德县志》卷十一《副贡·国朝·道光》：扬滘人，辛卯恩科……以符例赐。

邓谦光 清三水人。道光十一年（1831）举人，次年进士。

［光绪］《广州府志》卷四十五《选举表十四·举人·国朝·道光十一年辛卯》：三水人，进士。卷四十一《选举表十·进士·国朝·道光十二年壬辰恩科吴钟骏榜》：三水人，刑部主事。

冯汝棠 字时蒸，号爱之，清南海九江人。道光十一年（1831）举人。十九年，与明伦抗洪救灾。咸丰四年（1854），以团练抵抗红巾起义，奖叙教谕。寿88岁。子锡纶，孙肇鼎，曾孙敬禹。

［道光］《南海县志》卷二十一《选举表二·国朝·举人·道光朝》：顺天中式……辛卯科。

《九江儒林乡志》卷十《选举略·国朝·举人·道光十一年辛卯恩科顺天乡试》：字时蒸，号爱之。监生，中式第七十七名。尽先选用教谕，加内阁中书衔。子锡纶，进士。

［宣统］《南海县志》卷十五《列传》：少精举业，而屡困童试……公车不第，遂绝意进取。主乡局，以整饬风俗自任。禁绝蒱博，赌徒不敢逞。严缉发掘坟墓，盗卖者送官置诸法，而凶匪始衰。九江旧俗，女子不乐返夫家，强迎之则自尽以图陷，多有因致破家者。汝棠悬为厉禁，有犯者许夫家藁葬之，母家无得过问，由是俗渐革。境内有桑塘无稻田，仰籴于外，汝棠虑岁歉而艰食也，令各族姓集款，创设沙口谷埠，自是仓储充溢，至今赖之。十九年潦涨，乡所属围堤坍拆百余丈，守者皆散，汝棠与明广文伦冒风雨督救四昼夜得不溃。咸丰四年，红巾乱，以团练平贼功，奖叙教谕尽先选用，并加内阁中书衔。生平不妄交，与朱征君次琦相友善，征君称其杜门却扫，缄默养真，家拥素封，而自甘淡泊。观此其为人梗概可知矣。卒年八十八。子锡纶，进士，广西知府。孙肇鼎，福建县丞。曾孙敬禹，郡优附生。

冯光亨 字丕扬，清南海九江人。道光十一年（1831）赐副贡。

［道光］《南海县志》卷二十一《选举表二·国朝·贡生荐辟·道光朝》：钦赐副榜……辛卯。

《九江儒林乡志》卷十《选举略·国朝·贡生·道光十一年辛卯》：字丕扬，府学，赐副榜。

卢纶中 字迴之，清顺德大晚人。道光十一年（1831）举人，二十四年请示县府集资兴筑大晚村围。

［咸丰］《顺德县志》卷十一《举人二·国朝·道光》：字迴之，大晚人……辛卯万历恩科。卷五《建置略二·堤筑·江村属》：大晚村围，以村名，在羊额堡。地颇低洼，受西潦之患，近年益剧。道光二十四年甲辰冬，乡举人卢纶中、卢瑛、卢穗、卢溶、卢福著等请于县，集资兴筑，明年四月迄工。围南北距河，西达勒楼之南堡围，东抵众涌、江村，东北属上涌、谭义，周三千六百丈有奇。闸大小凡九。

叶应泰 清南海人。道光十一年（1831）举人。

［道光］《南海县志》卷二十一《选举表二·国朝·举人·道光朝》：顺天中式……辛卯科。

吕陈谟 字明乾，号石渠，清南海里水大冲乡人。道光十一年（1831）举人，二十四年大挑二等，授广东大埔教谕。子廷焯，孙绍端。

［道光］《南海县志》卷二十一《选举表二·国朝·举人·道光朝》：辛卯科。

［同治］《南海县志》卷十五《列传·官师》：字明乾，号石渠，沙丸堡人。道光辛卯登贤书，甲辰大挑二等，授潮州大埔学教谕。潮郡属邑多近海，素称饶富，独大埔僻处山隅，地硗确①，故教缺尤苦贫，居此者速求迁调。陈谟素耐冷澹，心焉安之，日以读书训士为务。故事文童赴考先试于县庭，令长或进自他途，不识文卷劣优，多请校官代阅。而校官禄薄，欲有染指，不能不轩轾其间。陈谟古朴性成，不识苞苴为何物，但凭文取录，列前茅者多

---

①硗（qīao）确：土地坚硬瘠薄。

翘楚焉，一时衡鉴之称噪于邑内，以此也。先是，道光十三四年连岁大饥，陈谟家居，首劝殷户义捐，开设平粜局，又偕黄孝廉文海禀请大宪发仓领赈，全活甚多。咸丰四年，红巾扰乱，焚劫乡村，特偕梁孝廉晋瑛率乡民举行团练，与贼血战数次，先后斩获数十人，贼不敢犯，桑梓赖安。性孝友，丁内艰时年逾六十，哀毁骨立依然，孺子慕焉。祖若父隐居力田，年皆九十以上，陈谟年亦七十有七，伟干修髯，言语安详，举止端重，见者望而知为君子也。子廷焯，同治元年壬戌举人。孙绍端，六年丁卯举人。

朱澄湘 改名庭森，号普存，清南海九江人。道光十一年（1831）副贡。

［道光］《南海县志》卷二十一《选举表二·国朝·贡生荐辟·道光朝》：副贡……辛卯。

《九江儒林乡志》卷十《选举略·国朝·贡生·道光十一年辛卯》：朱庭森，原名澄湘，号普存。府学，副贡，就职州判，以教谕分发试用。

严诞登 清高明唐肚人。道光十一年（1831）举人。

［道光］《肇庆府志》卷十五《选举二·国朝·肇庆府志续编·举人·道光朝·十一年辛卯恩科》：高明人。

［光绪］《高明县志》卷十二《选举表·国朝·举人·道光朝》：唐肚人，十一年辛卯科。

李彪元 改名恺俦（名或作恺畴），清南海人。道光十一年（1831）举人，同治五年（1866）任高明训导。

［道光］《南海县志》卷二十一《选举表二·国朝·举人·道光朝》：辛卯科。

［同治］《南海县志》卷九《举人·清》：改名恺俦，高要教谕，道光朝。

［光绪］《高明县志》卷五《职官表·国朝·训导·同治朝》：李恺畴，南海人，举人，五年任。

杨占春 清顺德容奇人。道光十一年（1831）武举。

［咸丰］《顺德县志》卷十一《武举·国朝·道光》：容奇人……辛卯恩科。

杨定元 清顺德容奇人。道光十一年（1831）武举。

［咸丰］《顺德县志》卷十一《武举·国朝·道光》：容奇人，辛卯恩科。

何孔垣 字鲁瞻，清顺德羊额人。道光十一年（1831）举人。子步曾（改名寿增）、云选（改名寿堃）。

［咸丰］《顺德县志》卷十一《举人二·国朝·道光》：字鲁瞻，羊额人。子步曾、云选……辛卯万历恩科。

［民国］《顺德县志》卷三《建置略二·团局公约》：羊额六乡均安局，附设伦教公约内。咸丰五年，堡绅何孔垣等创办。卷九《封荫表·封赠·文阶》：羊额人。举人，以子寿增封广西武宣县……知县。

何淞湘 清南海人。道光十一年（1831）举人。

［道光］《南海县志》卷二十一《选举表二·国朝·举人·道光朝》：辛卯科。

余宗光 字杰堂，清南海九江人。道光十一年（1831）武举。

［道光］《南海县志》卷二十二《选举表三·国朝·武举·道光朝》：辛卯科。

《九江儒林乡志》卷十《选举略·国朝·武举·道光十一年辛卯恩科》：字杰堂，县学，中式第十四名。

张兆清 清顺德龙江人。道光十年（1830）岁贡。

［咸丰］《顺德县志》卷十一《岁贡·国朝·道光》：龙江人，辛卯。

陈勤胜 字拙圃，清顺德容奇人。道光十一年（1831）举人。

［咸丰］《顺德县志》卷十一《举人二·国朝·道光》：字拙圃，容奇人……辛卯万历恩科。卷十五《耆寿·九十寿妇》：梁氏，容奇陈能嗣妻，守节。孙勤胜，举人……年九十一。

罗传球 字鸣庵，清顺德大良人。道光十一年（1831）举人，次年进士，授翰林院编修。二十六年分校顺天乡试，数年后卒于官。祖诗志，父礼祥。

［咸丰］《顺德县志》卷十二《封赠（文阶）·国朝》：罗诗志，大良人，以孙传球赠。罗礼祥，以子传球封。罗礼稜，以侄传球赠……编修。卷十一《举人二·国朝·道光》：字鸣庵，大良人……辛卯万历恩科。卷十《进士·国朝·道光》：二甲，编修……壬辰恩科。卷二十七《列传七·国朝三》：少有内慧，所为骈文诗律，不借师资而高卑悉合，最工书，求者无虚日。与锦泉同举、同甲第进士、同官编修，而传球性恬退，归养后，逍遥于文酒间者，殆十年所。丁外艰，服阕还都，丙午分校顺天乡试。从容馆阁，绝嗜好，寡酬应，不数年，随卒于官。传球父礼祥，以医济人，家庭颇得其乐，南返依依爱日，若将终身。与人交不设城府，客集谐谈，辄悄坐不语，即生平至习者，无以罄其蕴焉。

罗家颐　字小麓，清顺德大良人。道光十一年（1831）举人，二十四年进士，用知县。祖礼琮，父在思，子惇德。

［咸丰］《顺德县志》卷十一《举人二·国朝·道光》：字小麓，大良人……在思子……辛卯万历恩科。卷十《进士·国朝·道光》：按：以丁未科殿试，用知县。甲辰科。

［民国］《顺德县志》卷九《封荫表·封赠·文阶》：大良人，进士，以子惇德赠广西迁江县……知县。

周廷光　清南海人。道光十一年（1831）副贡，十五年举人。

［道光］《南海县志》卷二十一《选举表二·国朝·贡生荐辟·道光朝》：副贡……辛卯。《国朝·举人·道光朝》：乙未科。

［同治］《南海县志》卷九《举人·清》：广顺州知州，道光朝。

钱维章　清三水人。道光十一年（1831）举人。

［光绪］《广州府志》卷四十五《选举表十四·举人·国朝·道光十一年辛卯》：三水人。

黄子香　清顺德众涌人，迁居大良。道光十一年（1831）武举。

［咸丰］《顺德县志》卷十一《武举·国朝·道光》：众涌人。迁大

良……辛卯恩科。

黄仁 字次桥，清顺德龙山人。道光十一年（1831）举人。父聘良。

［咸丰］《顺德县志》卷十二《封赠（文阶）·国朝》：黄聘良，龙山人。以子仁封……候选知县。卷二十六《列传六·国朝二》：字次桥，龙山人。举辛卯，善《易》，多聚书。捐父及已产值八千金普赡宗族，别以七十余亩为三世义田，乡县咸推盛德。

［民国］《顺德县志》卷十四《艺文略·经部》：《周易藏用》《周易启蒙遗义》，国朝黄仁撰。

黄济邦 清顺德容奇人。道光十一年（1831）武举。

［咸丰］《顺德县志》卷十一《武举·国朝·道光》：容奇人……辛卯恩科。

黄溥 字韩城，清顺德龙山人。道光十一年（1831）举人，官广东和平教谕。

《西樵白云洞志》附《白云洞游览诗》：一字韩城，顺德举人。

［咸丰］《顺德县志》卷十一《举人二·国朝·道光》：字韩城，龙山人……辛卯万历恩科。

［光绪］《广州府志》卷四十五《选举表十四·举人·国朝·道光十一年辛卯》：顺德人，和平教谕。

［民国］《顺德县志》卷十七《列传二·温泽明传》：同乡黄溥……官和平教谕，值贼寇境，溥与知县登城守御，贼退，不言功。襟怀洒落，尤工书法。

黄朝光 字朝贞，号星垣，清南海九江人。道光十一年（1831）武举，官广西提塘。

［道光］《南海县志》卷二十二《选举表三·国朝·武举·道光朝》：辛卯科。

《九江儒林乡志》卷十《选举略·国朝·武举·道光十一年辛卯恩科》：字朝贞，号星垣。县学，中式第四十九名。广西提塘。

梁光钊 字聪远，清三水人。道光十一年（1831）举人，任湖北远安知县，署宣恩、来凤知县，补郑县知县。因太平天国起义，被派捐军饷，无力承担，请改教职归，卒于广东澄海教谕任。

［光绪］《广州府志》卷四十五《选举表十四·举人·国朝·道光十一年辛卯》：三水人。卷一百三十六《列传二十五·国朝·三水》：字聪远。少颖悟，力学能文。道光十一年辛卯举于乡，谒选知县，签掣湖北。初任远安，倡建沮江书院，循声藉藉。丁母忧回籍，服阕，历署宣恩、来凤。寻补郑县，淫雨败稼，斋宿，诣城隍庙祷晴。夜梦神告曰："地将有水灾，亟宜迁避。"乃集绅耆议，于附城土山上多搭蓬寮，为避水计。俄顷水至，促民迁避，不终日，涨至数丈，衙署民房多被冲塌，人民赖以保全。遭发贼之乱，大宪派捐军饷。供亿浩繁，贫无以应，遂乞改教，得澄海教谕归，卒于官。

梁卓英 号爱莲，清高明泥教人。道光十一年（1831）举人，次年进士，任云南盐提举，病归。弟异英。

［光绪］《高明县志》卷十二《选举表·国朝·举人·道光朝》：十一年辛卯科。《选举表·国朝·进士·道光朝》：泥教人，广西平乐籍。十二年壬辰科吴钟骏榜，吏部主事。《选举表·仕宦·国朝·文职》：梁异英，泥教人，广西平乐籍廪贡，咸丰间柳州府训导。卷十三《列传·人物二·国朝》：号爱莲。初寄籍平乐，辛卯举于乡，壬辰联捷进士，题归本籍。观政铨部补文选司，改云南盐提举，寻引疾还。诗文自娱，不预公事。邑中每有大议，未尝不与闻，而退让不居，内行醇笃。母杜守节建坊，承颜望色，艾年犹孺慕，居丧骨立。少与弟异英文字相切劘，时称"二梁"，异卒，抚孤侄恩义兼至。著有《耐轩诗文集》《集句诗》。子三：培元游宦于闽，荫元平乐殉难待恤，拱辰邑附贡。《列传三·耆寿·国朝》：邓思舜，字虞芳，号文招，孔堂人……与邑中梁爱莲唱和最多，惜离乱后稿皆散失。卒年九十一岁。

程国瑞 清高明城中人。道光十一年（1831）举人。

［道光］《肇庆府志》卷十五《选举二·国朝·肇庆府志续编·举人·道光朝·十一年辛卯恩科》：高明人。

［光绪］《高明县志》卷十二《选举表·国朝·举人·道光朝》：城中人，十一年辛卯科。

曾干贞 以字行，号篔园，清南海人。道光十一年（1831）

赐副贡。

［道光］《南海县志》卷二十一《选举表二·国朝·贡生荐辟·道光朝》：钦赐副榜……辛卯。

《九江儒林乡志》卷四《建置略·义仓社仓》：南方四里义仓，嘉庆二十五年戊寅，赵涌绅士曾干贞等建。卷十《选举略·国朝·贡生·道光十一年辛卯》：以字行，号筤园。县学，赐副榜。卷十四《列传·清》：以字行，号筤园，南方赵涌人，以年老诸生应道光辛卯乡试，赐副贡。风貌愿朴，和以处人，人亦不忍相欺。凡修庙置尝，恤嫠哺孤，必拮据经营，不遗余力。南方开复青云路，赵涌创建义仓以及修筑南头围堤岸，悉赖其策画，里人至今德之。

温维城 字洁平，清顺德龙山人。父昌虞，子瀫廷。孙肃，光绪二十八年（1902）举人，次年进士。

［民国］《顺德县志》卷九《封荫表·封赠·文阶》：龙山人，以子瀫廷赠户部主事，孙肃赠翰林院编修、加赠。温瀫廷，进士，以子肃赠翰林院编修、加赠。俱湖北道御史。卷十四《艺文略·子部·天文算法》：《历数切求》二卷，国朝温维城撰。谨按：维城字洁平，龙山人。卷二十《列传五·温瀫廷传》：祖昌虞、父维城均精算术。

蔡诏 字紫山，清顺德龙江人。道光十一年（1831）举人，任广东饶平训导。

［咸丰］《顺德县志》卷十一《举人二·国朝·道光》：字紫山，龙江人。饶平县训导……辛卯万历恩科。

潘梦兰 清顺德冲鹤人。道光十一年（1831）武举。

［咸丰］《顺德县志》卷十一《武举·国朝·道光》：冲鹤人……辛卯恩科。

郑礼本 （1802—1819）清顺德槎涌人。随父润宽经商韶州，父卒舟中，哀恸亦卒，仅18岁。

［咸丰］《顺德县志》卷二十五《列传五·国朝一》：槎涌人。父润宽，贾韶州，轟伴中饱千金，或劝理于官，曰："吾失所与亦不智。"厚遣之。子四，惟礼本从。嘉庆己卯，父卒舟次，哀恸屡绝，舟人哺以粥，不食。既殡，哭不绝声，病中喋喋，皆慰其父语也。凡六日夜而卒，年十八，葬父侧。

招敬常　(1802—1857) 原名镜蓉，一字心台，清南海溶洲堡（今属禅城南庄）人。道光十五年（1835）举人，十八年进士，授陕西兴平知县，后任京都北城兵马司正指挥。保荐以同知升用，分发广西，补庆远同知，署柳州知府。加知府衔署平乐府事，补思恩府知府。剿贼督战，56岁卒于军中。子成材、成鸿。

［道光］《南海县志》卷二十一《选举表二·国朝·举人·道光朝》：招镜蓉，乙未科。

《西樵白云洞志》附《白云洞诗合编》：一字心台，南海人。道光戊戌进士，官陕西兴平县知县。

［同治］《南海县志》卷十四《列传》：原名镜蓉，溶洲堡人。授陕西兴平知县，到任即葺学舍，增膏火，核土粮，除官价，并拿获邻犯，名大起。丁外艰，服阕赴京，授北城兵马司正指挥。是缺专司相验，稍出入辄获遣，甲科视为畏途，不屑就。敬常曰："吾知随在尽职，不能为己择官。"即赴任。故事坊官托言生辰，科敛铺店，敬常恶其失体，首革之。有民人傅大被胡八、王五、赵庆打死，获犯送部，尸格未填捆缚痕，遭部诘。敬常曰："谋殴入缓决，捆打威逼入情实，出入相悬，安可苟？"亲提讯，始知三人殴一人，殴后怕其来追，乃缚之，非缚而后打也，遂入缓决。俄有关外人王得亮醉酒堕地，碰铁盆边流血身死，子王六禀官请验。敬常驰至相验，谓："伤口入深有力，必非自碰。"然妻王梁氏，子王成、王六，女董王氏众口一词，余无邻右可证。谕令棺敛勿钉，俟覆讯，乃禀御史，委五城坊官，并奏派刑部司员挟仵人再三细验，终无实据，只得押家人在部研鞫，仍不得疑窦。案将以碰伤结矣，而敬常以无碰伤实证为词，且初讯时梁氏母子垂首无一言，惟女董王氏口如悬河似宿构，又目睛闪烁有惊惧状，无悲哀容，其间必有不实不尽。案停未断者久，司员提犯再诘，问："王六妻何在？"曰："未娶。""王成妻何在？"曰："已死。""坟墓何在？"各犯俱支吾不能对。严刑讯，始吐实曰成妻未死，居兄张某家。捕张至，始知王六犯盗，女王氏犯奸，得亮骂妻失教训，女从旁与角口，得亮益忿欲逐之，女拾地上破柄锹击之中右额，即死。梁氏谓夫死，家中无外人见证，故遣其媳归家托言死以灭口，因捏情报官者也。乃论如法。刑部尚书李振祜谓人曰："此案非坊官善疑，司员虽淑问如皋陶，无从看出破绽，不几造一沉命法①哉？"保荐以同知升用分发广西。然是时艇

①沉命法：汉武帝实行沉命法，规定太守以下大小官吏对辖区内的农民起义不能及时发觉镇压者处死。

匪、股匪、教匪四处蠢动，敬常虽乍离辇毂，效力外台，而积苦兵间自兹始矣。到省，大吏倚仗之，派谳局①，充房考，勘河工，日无宁轨。廿九年，湖南逆匪李沅发窜西境，据龙胜州界之平邓，抚军檄署龙胜通判，命偕义宁协玛隆阿合剿。玛先进入，伏军败没，后至者惊欲引退，敬常曰："贼得志气张甚，我退，贼乘之，无孑遗矣！"依山结营，移时贼来挑战，兵屹不动，贼不测虚实，乃去。敬常曰："贼求战不得，其退非畏我，欲间道截我耳！"乘夜拔营回龙胜。贼计绌，转走沙宜，欲袭怀远。县告急，乃分兵守牙寨、思泷，备抄后，自以精兵迎击，连胜之。三十年，昭、贺间叶天娘树旗，由梧州抵桂林，勾通土客匪到处屯结，东饷协济者道府江，几被劫。臬司劳崇光知敬常材，调署昭平。时官兵未至，贺勇追贼，败于天门山，亡文武数员，县属砂子街日告急。敬常曰："吾非亲行，无以坚众志！"率亲丁数十赴砂子。贼知兵单，夜来扑，幸附近乡屯救至，仅得免，乃移屯大平寨。洎大兵云集，扎营未坚，贼来突之，兵尽溃，独敬常所统豫设备排火器，自环得不败。然是时已行坚壁清野法，乡人战不足、守有余，贼出掠无门，日饥困，遂他窜。官兵尾追至贺县大湾，前阻瑶山，进退无路，料贼必翻山至砂子，飞檄黄羌、樟木林各处兜截，皆大胜，生擒叶天娘首从二百余名，贼焰以息。是役也，虽民屯之功，然非敬常熟形势、知贼情，不能一网打尽如此。咸丰元年，东匪曾亚涓由广宁至怀集，屯洽水墟，大吏忧之，调敬常署贺县。至则连败贼于白鸠口、天堂岭，贼走都江，据山险。命陈守备驻大凝防堵，自入山搜贼。贼惊散，由川洞渡河走大凝。兵尾追与防兵夹击之，贼大败，走罗家山，为乡屯截杀，擒数百人。亚涓不能支，折回广东，旋授首，贺县获安。奉旨赏戴花翎，纪大功一次。补庆远同知，署柳州知府，仍留办县事。发逆攻省垣不下，遂陷全州，走湖南，江华、道州皆残破。贺地与连接，益戒严，兵勇往来者络绎不绝。敬常办夫船军械甚迅速，散勇需索剽掠者，率劲兵驱之，故不乏军兴，县境得以无扰。无何，县民钟乃康起旗江华，思归家自据乡土，率众由连山至，突来攻城，城不下，由永庆墟走姑婆山，兵败粮单，复回江华，为楚兵堵截，因折回县之瓮山，兵围而蹙之。贼又败走鹅公界，再走榕木墟，兵追及，擒钟乃康，余党数千人杀殆尽。奏入，加知府衔，署平乐府事。昭、贺宁谧，惟修仁、荔浦土匪勾永福、象州贼骆四、黄标等来往行劫。接篆后，率兵勇屯修仁之石墙，贼万众屯墙外九排、七排等处。敬常派瑶勇踞左岭，全勇踞右岭，别选精锐为策应。贼分三股来扑，兵乘始至，锐力摧之，斩伪先锋二、首级百。贼怒，明日倾巢出，炮雨发。敬常谕军士无动，

①谳局：古代审理案件的机关。

贼至石墙脚，然后麾兵冲出，余兵张两翼包之，贼崩溃，斩数百级。贼惧，退走桐木墟不敢出。旋调桂林府知府，府为通省首领，上官供帐、僚采应酬、辞讼委判，日不暇给。敬常本非所乐，然既受事，不得已，安插流民，整顿屯练，上通下济，两月内积劳成疾。以亲老乞养，上官力留之，敬常以时事维艰，又耻规避，遂不果，而尽瘁军中亦由此矣。是年四月，东省有红巾之变，不数旬蔓两省。漓江上下千里，平郡居中，群盗十余股据为窝，民屯为所胁，官民敛钱赂贼冀苟安。抚军劳崇光谓敬常治平郡著威信，遣莅旧疆，俾设法解散。敬常欲请兵督剿，然省垣已四面告警，兵饷俱屈，乃孑身到任，见贼好语慰之。后察得贼分股多，互疑贰，潜使人间之，随查屯局，汰老弱。密侦探有恭城贼数千突至，众商于府廷，拟赂贼，敬常曰："吾为国守土，不能杀贼，敢剥民养贼耶？贼至，吾自御之！"众咋舌曰："惟公命！"乃挑选练丁数百，诱以赏、迫以刑、激以义，出城数十里，遇贼。贼素易平乐人，谓来迎我，非拒我也。行渐近，出不意突扑之，贼惊散，追斩数十人竿之而返，满城欢呼。寓郡贼恐土人卖己，怀不自安，渐散去。而敬常曰："贼未惩创，无悔祸心，难恃也！"十一月补思恩府知府，仍留任。六年，湖南贼至江华富麦营，都司黄金亮与贼合陷恭城。亲率平乐协兵击之，兵少贼多，城不拔，相持两月，贼粮尽，亦渐困。兵攻南门，贼向北门遁，城遂复。敬常谓："贼走永明，道非遥，必有转回势。"故驻龙虎关压其冲，贼果以万人攻关，兵不敌，弃关守昭平，城复陷。探得楚、粤贼不和，楚恃众，粤恃强，日械斗，使人说粤贼曰："汝投诚，可赎罪、可立功兼可报怨。"贼首卢日新以二千人降，挑五百为功勇，率之攻恭城，城立拔，黄金亮走灌阳。然弁兵与降贼不相能，诡言降人不可信，且平郡素瘠，杂饷不足额，降人虽有功，饷不给，将瓦解。适浔州发逆以大股攻梧、柳，敬常叹曰："平柳为省门户，柳州若失，平乐之势已孤。一方有变，贼趁虚入，此城危矣！"七年，诣省请帑，为修城募勇计，上官无以应。俄而柳州陷，永安一带土匪响应，黄金亮逼兴安，修仁、荔浦匪闻风起，自陷其城。敬常方赴属镇抚，而平郡二塘匪又起，驰回弹压。贼据柳州者分股到桂林，一路焚劫。省无兵可发，郡又无款可筹，欲招瑶勇守城，瑶人与屯丁不相入，恐生变。况贼未至先调兵，恐贼既来饷已竭，只得暂饬兵屯分股防守。五月，贼在林桂六塘，数日而至砂子，众数千人。乃派员弁带兵出城，随檄瑶勇进城协守。未至，即添募潮勇数百分住城垛。不料员弁遇贼即溃散，故贼至城下而人不知。急命众绅登城，绅已散去，屯丁亦匿不出。敬常怒，自上南门督战，亲发炮击贼。贼转攻北门，敬常驰赴北门，当危急时，有悍贼数十人由城东罗汉岭架梯而上，潮勇溃，营兵亦溃。敬常下城巷战，力竭，为贼拥去闭室中，谓："此好官，不可害！"至夜半，家人用法救出，匿民家，民以小船送往四冲瑶屯。即传瑶及附近绅民，谓：

“贼初据城，守御未设，进兵收复，宜速不宜迟！”连日开仗，进逼至郡城对河，威声大振。然失城后忧忿交迫，病已沉重，犹亲自督战。一日，忽闻扒船败仗，水勇奔回，大喝：“札营！”登时晕绝，俄顷而卒，年五十六。敬常少从鹤山名宿吴应逵游，诗文早负时誉。居官诚朴耿介，有循吏风。仕途于荐主结师生，官中外屡膺保奏，有以拜门讽者，曰：“属吏与门生等耳，何亲疏焉！”其初膺官也，座主穆相国曰：“汝往陕西甚好，吾有门生在彼，以同门故照应不难。”敬常曰：“门生初出书房，不谙吏治，倘大宪常加训饬，已大幸矣，不敢奢望也！”其自重类此。子成材，辛酉举人。成鸿，丁卯举人。

[光绪]《广州府志》卷一百二十九《列传十八·国朝·南海》：原名镜蓉，字心台，溶洲堡人……谨案：咸丰七年贼破梧州，是年广东赴援为提督昆寿军，亦败回。八年昆寿再入西江，梧城始复，非柳州也。漓江一水自桂林经平乐至梧州，故为门户。柳州远在右江，与桂林绝远矣，而《南海志》误梧州为柳州，遂不可通，为正之于此。

康家炜　（？—约1861）字道修，清南海丹灶人。年逾40岁尚为一介布衣，道光二十一年（1841）进士徐台英宰耒阳，延之幕内，参加耆龄攻打蓝山土匪时染病亡。

[同治]《南海县志》卷十七《列传·节义》：字道修，丹桂堡人。素困童试，年逾四十未青其衿。然善交游，重然诺，吏治尤所留心。同邑进士徐台英宰耒阳，延之幕内，以兄事之，善政多所赞助。咸丰八年，英德贼梁柱等乘红巾之乱据蓝山，四出焚劫，官军无过问者。宗室耆龄由豫章移抚粤东，驻节韶州，决志剿洗。闻家炜名，札委带勇，与各员弁分道长驱，扫巢捣穴，十年逋寇一律肃清。然居穷山中，感受岚瘴，凯旋后以积劳病故。奉旨照军营立功病故例议恤。数奇不偶，论者惜之。

冯廷蓉　清南海人。道光十二年（1832）举人。

[道光]《南海县志》卷二十一《选举表二·国朝·举人·道光朝》：壬辰科。

冯椿　字轩初，号诵芬，清南海丹灶梅庄人。道光十二年（1832）举人，挑取誊录。议叙知县，历任福建顺昌、将乐等县知县，加同知衔。代理福州府平潭海防同知、泉州马巷通判，咸丰三年（1853）因母丧归，不复出，寿67岁。祖斯伟。子葆廉，同治元年（1862）举人。

［宣统］《南海县志》卷十五《列传》：字轩初，号诵芬，江浦司梅庄乡人。曾祖成修，祖斯伟，前志有传。幼随祖父直隶任所，应道光壬辰顺天乡试，挑取誊录，历充内廷三馆校录，议叙知县。历任福建顺昌、将乐等县知县，署理南平县知县，加同知衔。拿获洋盗，案内保升直隶州知州，加运同衔。署理福州府平潭海防同知、泉州马巷通判，倡造战船，案内奖叙随带加三级。咸丰三年，以母忧归，不复出。官顺昌时，有民人张殿魁，夤夜挟刃强奸李金山妻任氏一案。椿微服访察案情，李任氏本非良妇，殿魁亦强奸未成，罪名出入悬殊。禀达上官，被驳诘，不为动，卒照棍徒问罪，人服其明决。归里后，值红巾乱起，海疆多事，继以西师，筹饷练兵，大吏仰屋而叹。椿素为当道仰重，檄委设局劝捐，邑人踊跃输将，集捐至二十万金。是时设厂抽厘，以供军实，商贾苦之。椿为陈状于大吏，大吏疑为阻扰，动以利害，不少屈。其后厘捐虽不废，而琐碎苛扰之弊略得裁减，椿有力焉。性孝友，教养弟侄成立，衣食居处无少缺。居官俸入均之同室无所私，与人交诚笃有终始。有将乐部民王德仁以巡检来粤，殁于需次，为殡葬之，旋为其子纳粟得官，继殁于粤，又殡葬之，其眷属且倚赖焉。晚年，设药肆于会垣，施济贫病，岁以为常。卒年六十七。子葆廉，举人，临高县训导。

左兆祥　字雪堂，清顺德龙山人。道光十二年（1832）举人。

［咸丰］《顺德县志》卷十一《举人二·国朝·道光》：字雪堂，龙山人……壬辰科。

庄炳良　清南海人。道光十二年（1832）举人。祖清槐，父鸿舒。

［道光］《南海县志》卷二十一《选举表二·国朝·贡生荐辟·嘉庆朝》：庄鸿舒，岁贡，清槐子……戊寅。《国朝·举人·道光朝》：庄炳良，鸿舒子，英德教……壬辰科。

关信中　字蓉石，清顺德容奇人。道光十二年（1832）举人。

［咸丰］《顺德县志》卷十一《举人二·国朝·道光》：字蓉石，容奇人。番禺籍，……壬辰科。

劳镇 清顺德小劳村人。道光十二年（1832）举人。

［咸丰］《顺德县志》卷十一《举人二·国朝·道光》：小劳村人……壬辰科。

李申培 清顺德桂洲人。道光十二年（1832）武举，十五年武进士。

［咸丰］《顺德县志》卷十一《武举·国朝·道光》：桂洲人……壬辰。《武进士·国朝·道光》：乙未。

李伟勋 清南海人。道光十二年（1832）举人。

［道光］《南海县志》卷二十一《选举表二·国朝·举人·道光朝》：壬辰科。

李应材 字仲培，清南海佛山镇人。父可琼，从兄应棠，子宗岱。

［民国］《佛山忠义乡志》卷十四《人物志六·宦迹·清·李应棠传》：弟应材，字仲培，壬辰顺天乡试誊录，候选詹事府主簿，与应棠齐名。性恬澹，不就仕，悃愊无华，乡里称为“长者”，以寿终。应材子宗岱，官至山东登莱青道，署山东布政使。

李佩文 一字藻庭，清南海人。道光十二年（1832）举人，十九年暮春，游览西樵山白云洞赋诗。

［道光］《南海县志》卷二十一《选举表二·国朝·举人·道光朝》：壬辰科。

《西樵白云洞志》附《白云洞游览诗》：一字藻庭，南海举人……己亥暮春，再游白云洞。

杨龙韬 （？—1832）字行矩，号凌云，清顺德容奇人。授千总，代理守备，道光壬辰（1832）平连州瑶乱，阵亡。弟圣昌，子兆荣，孙逢升。

［咸丰］《顺德县志》卷二十七《列传七·国朝三》：字行矩，号凌云，容奇人。尚义有胆略，援例千总。勤差操，补肇庆协左营右哨。历署广州协左右营，护理前山营守备。道光壬辰，连州八排瑶不靖，调往进剿，奋力向

攻，力竭阵亡。给云骑尉世职，袭次完给恩骑尉罔替，祀昭忠，并祀广州昭忠祠。子兆荣袭，以病退，孙逢升袭。先是，龙韬处兄弟极友爱，连州之役，濒行，语弟圣昌曰："丈夫志在立功，此去誓以身殉，得还见汝幸矣！"执手挥涕而别，至是果捐其躯。

杨鸣佩 名或作鸣珮，清高明城中人。道光十二年（1832）岁贡。

［道光］《肇庆府志》卷十五《选举二·国朝·续编·道光朝·贡生·高明县学》：杨鸣珮，十二年贡。

［光绪］《高明县志》卷十二《选举表·国朝·岁贡·道光朝》：城中人，十二年贡。

何达海 清南海人。道光十二年（1832）武举。

［道光］《南海县志》卷二十二《选举表三·国朝·武举·道光朝》：壬辰科。

何勤墉 清顺德潭村人。道光十二年（1832）副贡。

［咸丰］《顺德县志》卷十一《副贡·国朝·道光》：潭村人，壬辰。

陈日新 一字晓村，清南海人。道光十二年（1832）副贡，官德庆州学正。子维桢。

［道光］《南海县志》卷二十一《选举表二·国朝·贡生荐辟·道光朝》：副贡……壬辰。

《西樵白云洞志》附《白云洞唱和诗册》：（一字晓村，南海副贡，超委训导）闻邓鉴堂观察倡修西樵白云洞，书此志喜，因和原韵。

［同治］《南海县志》卷九《贡生》：德庆州学正，道光朝，副贡。

陈凤仪 清南海人。道光十二年（1832）举人。

［道光］《南海县志》卷二十一《选举表二·国朝·举人·道光朝》：壬辰科。

陈静深 字渊泉，清顺德容奇人。道光十二年（1832）副贡，二十年举人。

［咸丰］《顺德县志》卷十一《副贡·国朝·道光》：容奇人，壬辰。《举人·国朝·道光》：字渊泉，容奇人……庚子恩科。

佘启韶 （1789—？）字云帆，清顺德大良人。道光十二年（1832）举人。兄启祥。

［咸丰］《顺德县志》卷十一《举人二·国朝·道光》：字云帆，马冈人。住大良，启祥弟……壬辰科。

欧阳冠 清三水人。道光十二年（1832）举人。

［光绪］《广州府志》卷四十五《选举表十四·举人·国朝·道光十二年壬辰》：三水人。

罗三俊 清南海人。道光十二年（1832）举人。

［道光］《南海县志》卷二十一《选举表二·国朝·举人·道光朝》：壬辰科。

罗文 清高明大幕人。道光十二年（1832）赐副贡。

［光绪］《高明县志》卷十二《选举表·钦赐》：大幕人，道光十二年壬辰科赐副榜。

罗廷英 清顺德大良人。道光十二年（1832）赐副贡。

［咸丰］《顺德县志》卷十一《副贡·国朝·道光》：大良人，壬辰……以符例赐。

罗遇良 字琬卿，清顺德大良人。道光十二年（1832）举人，二十四年大挑二等，官澄迈县训导。子家勤、家劭、家劝、家勖、家励，孙惇嵩、惇晸、惇景、溯熙、惇矗。

［咸丰］《顺德县志》卷十一《举人二·国朝·道光》：字琬卿，大良人。澄迈县教谕……壬辰科。

［光绪］《广州府志》卷四十五《选举表十四·举人·国朝·道光十二年壬辰》：顺德人，澄迈教谕。子家勤、家劭、家劝，孙惇嵩。

［民国］《顺德县志》卷十七《列传二》：生而歧嶷，有至性。少贫，厨烟常断，母怜其稚，贷米为炊，遇良辄托故弗食，食亦少许留以奉亲。八岁

能背诵经书、粗通文字，父令改业，遇良泣，旋命入塾，劬学过人。恒借友人书，日录数十纸，并为校雠，故人亦乐借之……甲辰大挑二等，试事甫竣，心忽痛，瞿然曰："吾亲其迨不安乎？"兼程南归，父果病，侍疾，目不交睫，衣不解带者累月，里人称罗孝子。父以寿终，服阕补澄迈训导。澄邑僻在海屿，士风陋，韵学尤不讲求，遇良口讲手画，成就独多。学以朴诚为宗，与人谈古今孝友事，口如悬河，听者忘倦，多为感格。子家勤……家劭……家劝……家勖……家励……孙惇蒿……惇聂……惇景……澎熙……惇矗。卷九《封荫表·封赠·文阶》：大良人，举人，以子家劭赠……翰林院编修。

胡逢榜 （？—1854）字蕊园，清顺德桂洲人。道光十二年（1832）举人，任广东广宁教谕，遇贼被杀。

［咸丰］《顺德县志》卷十一《举人二·国朝·道光》：字蕊园，桂洲人。广宁县教谕……壬辰科。

［光绪］《广州府志》卷四十五《选举表十四·举人·国朝·道光十二年壬辰》：顺德人，兴宁教谕。

［民国］《顺德县志》卷八《选举表一·郭〈志〉成后选举表中人得第在咸丰壬子前出仕升阶在癸丑后者补载如左·举人》：广宁教谕，咸丰四年在任，遇贼殉节。敕祀昭忠祠，袭云骑尉世职。

胡景仁 清顺德桂洲人。道光十二年（1832）岁贡。

［咸丰］《顺德县志》卷十一《岁贡·国朝·道光》：桂洲人，壬辰。

胡蓉镜 字衡山，清顺德桂洲人。道光十二年（1832）举人，任海南定安县教谕。

［咸丰］《顺德县志》卷十一《举人二·国朝·道光》：字衡山，桂洲人。顺天榜，定安县教谕，壬辰科。

高永思 字九峰，清顺德马滘人。道光十二年（1832）举人。

［咸丰］《顺德县志》卷十一《举人二·国朝·道光》：字九峰，马滘人……壬辰科。

高佐廷 清顺德莘村人。道光十二年（1832）副贡，任广东封川县教谕、浙江天台知县。

［咸丰］《顺德县志》卷十一《副贡·国朝·道光》：莘村人，壬辰，今封川县教谕。

［光绪］《广州府志》卷五十三《选举表二十二·仕宦四·国朝·文职·顺德》：道光壬辰副贡，封川教谕，浙江天台知县。

高焕章 清南海人。道光十二年（1832）举人。

［道光］《南海县志》卷二十一《选举表二·国朝·举人·道光朝》：壬辰科。

袁莑冈 字小峄，清顺德横岸人。道光十二年（1832）举人，任广东兴宁教谕。父庆云。

［咸丰］《顺德县志》卷十一《举人二·国朝·道光》：字小峄，横岸人。兴宁教谕……壬辰科。

［民国］《顺德县志》卷九《封荫表·封赠·文阶"》：袁庆云，横岸人。以子莑冈赠兴宁县……教谕。

徐台英 （？—1864）字明钊，号佩韦，清南海登云堡河村人。道光十二年（1832）举人，二十一年进士，以知县用，签分湖南，补华容县，因事落职。骆秉章巡抚湖南时为平反，复原官。同治元年（1862）起用，分发浙江，闽浙总督左宗棠嘉其诚朴，以同知衔署台州府知府，未赴任卒。子澄溥。

［道光］《南海县志》卷二十一《选举表二·国朝·举人·道光朝》：进士……壬辰科。

［同治］《南海县志》卷九《道光朝·进士》：耒阳知县、保举同知，辛丑科。卷十四《列传》：字明钊，号佩韦，登云堡河村人。道光十二年壬辰恩科举人，辛丑会科成进士，以即用知县发湖南，旋补岳州府华容县知县。县内田亩有垸圻田、山田之分，山田苦旱，垸圻苦潦。然滨湖之地，旱少潦多，每年请缓请蠲，多为垸圻而设。但华容陋习，各田俱无底册，混名区田，以千字编号，一区之中，是垸是圻漫无可考。遇小水缺堤，应征者请缓、应缓者请蠲，纷纷影射，而户房柜书因缘为奸，疲顽者应征而缓，愚懦者应缓而征。自道光十一二年后，带征银欠十六万两，漕米欠万余石，官与民交受其累。且田既无底册，银、米实数官不能知。到奏销期，由书差先行代垫，官

给空头串票与之，其花户姓名、粮石多少，任书差自行填上，差曰某欠粮宜拘官不得不拘，某宜押官不得不押，书差垫出一万是否收回一万，官不问也，太阿倒持①，为日已久。至漕米一项，书差外又有保户。保户者，包纳者也。官恐收漕期迫，一时难于凑泊②，得保户包纳且阴德之，其挟制小民，浮收十倍于官，官不问也。台英稔知其弊，到任后将县内田详列底册，如某垸田若干粮、若干花户，姓名曰某、住某村，分晰详注并立碑，垸土使册不能私改。由是某垸缺堤、某垸被淹，应征、应缓可亲自踏勘，民间无容影射。并伸明粮随业转之例，使买卖即时过割，胥吏无从飞洒③，无需代垫，亦无从倍征。逮收漕之期，通县分设四局，俾升合④小户就近输纳。向来漕米一石保户收钱五千者，赴局纳止收四千，小民校前少出一千，官校前多得六百，官民俱便，保户之弊尽除。华容一县之地，垸田最多，专恃堤防为命脉，向来修堤之费均派堤内之田，至公至当。日久弊生，有挪垸田作圻田，冀免出堤费者；有卖田不卖税，不免因税派费者；有卖尽有粮之田，独耕无粮之田，虽有田不出堤费者。于是有隐亩之弊、有抗费之弊。一人抗则相率为抗，其为值事催堤费者，大抵抗费之人，而缙绅巨族之抗费，他不过而问也，专向愚弱小户告讦追呼。堤费不充则筑不固，遇小水必溃，溃而无力兴修，势必借帑，洎有借无归，定必逃亡，从此国课、堤工二者皆积重难返。况一垸溃，他垸亦影射为溃，造为山脚湖汊之名，以幸豁免，其源皆由未清丈立册故。台英一切丈量后，使堤内之田均堤内之费，其太低洼者许其轻费、不许其匿亩，其人户俱绝者归之同姓宗祠，使管其业、承其费，其强宗巨族抗法者罪之，此法行而后堤易固、逋负易征、讼狱易息。盖台英平日讲求经济，是时年方强仕，果敢有为，故能以一年之间，除华容百年积弊，如摘颔须、如拾地芥，如是其爽且速也。嗣是口舌之碑上彻乎鼎铛之耳，行保荐矣。适耒阳有阳大鹏敛费攻城一案，缘耒阳钱粮之弊与华容同，皆柜书里差包收包解，官喜代垫易办，奏销差禀抗粮，官为追押，里差所入十倍于官。厚利既归，深谋密布，于近城殷户酌量轻收，劣监刁生诱以薄饵，专向良善僻远之家利上起利，扣折多方，鬻宅卖田，完粮不足，而里差捐官置产，富甲乡间。大鹏等因民

---

①太阿（ē）倒持：倒拿着剑，把剑柄给别人。比喻把大权交给别人，自己反受其害。太阿，宝剑名。

②凑泊：原来是佛教禅术用语，意为生硬的结合在一起，此指凑合、拼凑。

③飞洒：特指明清地主勾结官府，将田地赋税化整为零，分洒到其他农户的田地上，以逃避赋税的手段。

④升、合（gě）：均为古代量粮食器具，相对较小，借指少许米粮。

之忿，遂以抄杀里差、逼挟官府、减轻钱粮、为民除害等词为蛊惑之具，故贫者攘臂相从、富人相率助费，酿成大乱，实此之由。及事既平，檄台英办理善后。时各官之意，谓用里差不便于民，革里差不便于官，且里差既革，奏销无人代垫，空粮无人赔补，即花户姓名、住址，官皆茫然，催征从何下手？不若阳革其名以悦民，阴用其实以利官为妙。台英曰："此朝四暮三之术耳，岂有为民父母不为民除害，反自为计者？且里差虽革，收粮之私籍可追也。里差纵紊其籍以误官，柜书专管推收过割之事，于花户之住址必熟悉也。责此两种人，不患无借手矣。"遂毅然将里差革去，耒阳人谓，百年含冤今乃得见天日，无不欢呼鼓舞者。然里差既革，收粮未有定章。抚军陆费瑔偕衡守高人鉴亲诣耒阳，命乡绅举约总、约总举甲长以代里差，且谕之曰："甲长不殷实责约总，约总不殷实责乡绅。"盖欲举殷富之人为包收包解地也，且谕台英照此办理，不必多生枝节。台英闻而愕然，私计曰："果如此，甲长与里差包收包解同，代垫浮收同，同实浪异名①。不特无以除小民之害，亦无以服里差之心。且天下无受其害不取其利者，甲长、约总既肯代垫，必倍得浮收而后可。他辈既有厚利，要求乡绅保举，必分其利于乡绅而后可。是昔之害民一里差，今变为三里差也。且约总新充，不知花户住址，必请里差为先导，其后必有里差改名复充者，流弊何可胜数！"乃上书布政使万贡珍详为剖晰，万亦深以为然，而抚军之命不敢不依，只得通融办理。因招集乡绅于县署问之曰："抚军命汝等举甲长、约总，已举齐否？"曰："未也。""何稽延如是？"曰："无人肯充。"台英曰："我知之矣！甲长等怕不知花户、住址乎？畏长途跋涉乎？尔等不敢轻举，怕甲长包收包解，流弊必如里差，尔等为所累乎？"皆曰"然"。台英曰："吾有一法，欲以人统地，并户于村，如某村有户若干，某几人同某户田若干、粮若干，田在某处、人居某村，分村立册，以各村粮数合一乡粮数，以四乡粮数合一县大数。各村应纳之粮就近投柜，钱粮一入，串票即出，官与民交，胥吏无与。甲长、约总只就近催收，无从前包解包收之害。此可行否？"各绅起拜曰："此某等祷祀而求者也。父台有此美意，某等愿分乡立册，敢惮劳乎？"台英曰："有隐匿从何查核？"曰："清册既成，交粮书磨对，有遗漏补入可耳。"曰："虚粮作何赔垫？"曰："县内虚粮无几，若有之，我等愿按亩匀摊，不肯贻累父母官也。"于是各绅欢欣而去，数月间清册成，钱粮大定，即通牒大府，言所设甲长等征收甚为得力，耒人言"徐公办此案，不止为我辈竭尽心力，即调停大宪亦费苦心"云。至

---

①同实浪异名：指同一事物。韩愈《初南食贻元十八协律》："蛤即是虾蟆，同实浪异名。"

敛费攻城事，民间挟仇报复，告讦纷纷。衡守谓："此等为富不仁，非屠戮不足惩后。"台英曰："民不助费死于贼，助费死于官。此说行，耒之富民无孑遗矣！"乃言于大府曰："助费攻城事诚有之，然不必问也。古有赦胁从以安反侧者，兹非安反侧，恤愚懦耳。愚者谓所助无多，可取偿于日后，懦者谓贼凶可畏，不助恐取祸于目前。此小人常态，岂有反心？职愿以一家十余口，保耒民不敢生事也！"遂贴告示："凡助费攻城一切不问，不准以此相告讦。"一县获安。然台英自抵任以来，多与上官龃龉，常引赵充国言谓："大官治事，非常之见必不肯从。善用法者宜得法外意，但用其名去其实可耳。"故郡守尤衔之。先是，衡守志在催科，前耒令趋承意旨，不无过当，听里差指使，日事鞭笞，因激出攻城之祸。令遭严议革职，而任内有漕规二千余两应归高守者，高惧为前令所挟持，不敢受亦不曾辞，贮耒库中。台英办善后，曰："此无碍公项耳，以公济公，有何不可？"未经禀明辄用去，高大恨。会台英以丁艰去任，高遂挑后任，不肯交代，以亏空杂项上禀，乃革职。阅数年，骆文忠公秉章抚湖南，素知台英清介，必非私自挪移，又时事日艰，需材孔亟，安可令有用之人投闲置散？为之设法补苴①，首尾清楚，奏请开复原官，将委任之，而台英以授徒自食，决意不出矣。同治元年五月，奉旨与署山西襄陵县知县朱次琦同起用，台英深为感激，谓："一介微员蒙九重简召②，知前此蹭蹬，乃人厄我，非天穷我也。吾何惜此老命，不拌弃之以报国乎！"二年正月，携一子一仆冒铎镝至京。引见后分发浙江，交抚臣左宗棠差遣。时杭城未复，左抚行营住严州，谒见毕，左抚深加赏识，欲委带兵复省垣。台英曰："治民职所素谙，治兵未加阅历。蒙公垂青，岂敢规避？但恐误军机耳！"左益嘉其诚朴，乃以同知衔署台州府知府，将赴任矣，感疾遽卒。左抚深加悼惜。逾年，总督闽浙，请以台英与闽臬桂超万历任治绩宣付史馆，立循吏传，俾资观感，得旨允行。佥谓台英有为有守，自负甚高，然湮郁于生前，褒嘉于死后，有才无命，论者所累唏也。少时从何文绮游，以经义负盛名，为院中都讲，而论事之文尤博辨纵横，笔舌互用，深得眉山家法。在官数载，批判、申详、禀启出自亲裁，暇则至书院，与诸生讲学谈文，娓娓不倦。罢官后，湖南人士有不远千里负笈相随者。平日于经济尤所研求，留意于农田水利，在京师购得徐光启《农政全书》一部，择其可行者，手自节录。尝云："靖乱夷凶之事，仆病未能。若得千百里地而司牧之，使披荆棘、集流亡，返疮痍为殷富，如贾逵、邓艾、张全义诸人，吾所庶几也！"其自许如

①补苴：补缀、缝补，引申为弥补缺陷。

②简召：谓征辟任用。

此。咸丰四年之乱，自乡来省，欲进策于当途，中道为贼所虏，监制甚密，乃择贼酋之稍明大义者说以利害，贼感泣，阴脱之。厥后贼溃散，各乡清内匪，多所株连，台英但缚为首者解官，其余富民之赂贼自免，贫民之服役于贼以求口实者一概不问，尤有德于乡。身后，众祀其主于登云社学，以配何端恪公维柏云。子六人，澄溥，辛酉科举人。卷十《艺文略·集部》：《铅刀集》三卷，国朝徐台英撰。

梁绍训　字墨畦，清南海澜石（今属禅城）人。道光十二年（1832）举人，官琼州府教授。父廷标。

［道光］《南海县志》卷二十一《选举表二·国朝·举人·道光朝》：廷标子，曲江教……壬辰科。

［同治］《南海县志》卷九《举人·清》：梁绍训，琼州府教授，道光朝。

［宣统］《南海县志》卷十五《列传》：字墨畦，澜石乡人。父廷标……

绍训……大挑选曲江教谕，病其士人谫陋，训诲诸生若塾师之训童子，诸生有僦近学署受学者，由是文风寖盛。韶郡地瘠，民鲜盖藏，备灾无具。绍训白于观察，倡办义仓，筹捐得白金万有六千两，储粟壹百万石有奇。未几红巾贼犯韶城，围攻经月，以有备引去。旋举大股来犯，势益悍，沿城大掠，火光烛霄，喊声闻数十里。调集诸勇纷然从寇，人心汹汹，城濒于危。时有千总张开平任侠负胆气，绍训乃诣开平，晓以大义，开平感激涕零，出奇兵袭贼，围始解。城内有地名罗家塘，兵燹后骸积暴露，绍训讽革生陈自崇掩埋而申复之。事平，叙功称最，加光禄寺署正衔。三次秩满，擢琼州府学教授，以年老不赴。历权乐昌、乳源县学教谕，委办厘务、团练饷需，皆以公正闻。幼饫家学，娴熟经文，年七十犹略能默诵。其门人侍御梁绍献年十二默写《仪礼》、七经正文，不舛点画，盖得其家法云。著有《四书管见》五卷藏于家。

潘渐逵　清南海人。道光十二年（1832）举人。

［道光］《南海县志》卷二十一《选举表二·国朝·举人·道光朝》：壬辰科。

黎芳　字泽芳，号信园，清南海黎村人。道光十二年（1832）庠生，屡荐不售。咸丰年间参与倡办乡团，对抗红巾军。寿72岁。子如式、佐衡。孙承鎏，光绪十四年（1888）举人。

［宣统］《南海县志》卷二十《列传·善行》：字泽芳，号信园，江浦司黎村乡人。弱冠试于有司，文名藉甚。道光十二年，学使李棠阶以第三人录

进县庠。困于场屋，屡荐不售。咸丰四年，红巾煽乱，同人局绅康懿修倡办团练，虑乡邻无应者。芳知其谋，即与其兄泽充、泽棠亟筹守备应之。时贼所在麇聚，盖厂为营，胁从者众，势张甚。芳约束乡人，谕以利害，激以忠义，众相与感奋，誓不从贼，每出拒敌，斩获甚多。有戚某饶于财，潜谋入会以自保，芳星夜驰造其室，喻止之曰："君以贼为能有成耶？不成祸且族。夫祸福无常，惟智者能转祸以为福。君欲入会以保家，譬犹养虎以自卫，必无幸矣！"戚大感悟，贼平后得免于会党株连，乃叹其识不可及也。族人某充团勇死于贼，遗子女二人皆幼，贫无所依。芳约有力之家，资其衣食，时自出馆谷周之，十余年如一日。性简易，不事外饰，而疾恶特严。乡人有习为不义者，必切责之，甚则惩以鞭朴，虽童稚三五嬉游，望其来，亦敛避不遑也。每言："士子立身当从节俭始，不节俭则滥用而苟求，将不知有廉耻事矣。"平生所作诗文，兵燹后散亡殆尽，其咏鱼饼诗传诵人口，有"世俗由来嫌骨鲠，故教追琢合人情"之句，言婉而多风也。寝疾，自知不起，延医诊治，服药一贴即却去，曰："医师能医病，不能医命也！"病中犹时举《五经要义》训示儿孙。及易箦，忽瞪目言曰："我去矣！"遂殂，年七十有二。子如式，邑廪生。佐衡，郡增生。孙承鎏，光绪十四年戊子科举人。

霍光汉　清南海人。道光十二年（1832）副贡。

［道光］《南海县志》卷二十一《选举表二·国朝·贡生荐辟·道光朝》：副贡……壬辰。

康国熺　（1803—1861）字懿修，号种之，清南海丹灶银塘乡人。国学生。红巾起义时，训练乡勇抵抗起义军。参加耆龄攻打广东韶关蓝山土匪时，染病而亡。兄弟慎修、国器、逊修，子达材、达节、达腾、达让、达用。

［同治］《南海县志》卷十七《列传·节义》：字懿修，号种之，丹桂堡人。国学生。红巾之起，各堡贼俱推巨匪为元帅，袭据书院、社学、乡约、营署为巢穴，丹桂等堡为土匪罗诩、张光所据，已向各殷户索诈，开营结阵矣。国熺密约各家父老，部勒子弟不许入贼营，豫为屯练地步。而贼势浩大，人心惊怯，乃遣辩士说贼曰："汝曹自称保护乡里，向各家索口粮，各家不问真假，随家厚薄以银米助汝，乡情可云厚矣。汝得钱即去，有外寇至，我等率子弟拒之，纵不能拒，亦与汝无涉，不至人骂汝勾外贼以残本乡也。若不去，汝兄弟日往来穿插，能保不扰害乡民乎？且汝资财有限，坐食立尽，能不再掳掠乎？先经助汝，旋为汝掠，是以怨报德也，谁能心服乎？且汝聚众

结营，能保官兵不来围捕乎？官若下札各乡，命为向导，以夹攻汝，乡人能不从乎？如不从，是数堡随汝作贼也，他日官严办贼党，乡人不将为汝累乎？谁肯包庇汝，不顾身家妻子者乎？语云，好马不吃村边禾。汝不去，是专吃村边禾也。官兵来，各家子弟为脱身计，必有愤激攘臂、甘心于汝者，勿谓我辈无乡里情也。”贼大惊，即移营去。故红巾倡乱，始终与贼鏖战，贼不敢入境树旗者惟大沥四堡，甫为贼据，即用计退贼。举行屯练为各堡先倡者，惟丹桂、伏隆等堡，而布置张弛，则国熺之力为多。国熺待勇严，能与之同甘苦，故别堡雇其勇往攻贼寨，到处有功。时西、北两江隔绝，三水、高要、高明三县小民，为负贩往佛山者，至是改路从丹桂等堡至省垣，如从枕席上行，风尘无警，三县民尤德之。各公局措置有不平不公，其父老恒越县请国熺调处，经其判断者咸心服，故虽以一布衣，而威望甚尊，统驭甚远。惟性卞急，不容人过，又好以抑强扶弱为心，凡世间自以为老师宿儒、清班显秩，实依阿澳涊、唯利是图者，必面折之。其作奸犯科，乡人不齿，后居奇致富，纳粟得官、坦坦施施炫耀闾里者，必持清议摈之。由是重之者多，衔之者亦不少。咸丰八年，粤中三大绅奉旨办洋务，设立丝经抽，所入以助饷，而疑各公局或有偷漏也，遣私人稽查。其人无札票为据，挑剔殊苛，国熺疑其伪，误缚之。忌者谮于大绅，谓其跋扈抗法，宜置重辟。大绅怒，移督抚，下之狱。时邑人洎三县长老，驾大筏到辕门代称冤者千百人，徐大令台英又将其事颠末及其人性情条分缕析，腾书于许侍卿其光，许以达当途，狱遂解。国熺惩往难，不复作被发缨冠①事矣。十年，红贼陈金刚、侯臣戴等偕湖南股匪东窜，众号十万、马千匹，据开建攻四会，高要属之莲塘、水坑皆残破，意欲据四会以攻肇城，取肇城以窥省会。时官止有兵船守北江、西江，隘口虚无人，势危甚。邑绅明之纲等与沿江各堡筹口粮、固门户，然仓促无可募之勇，又难得带勇之人。乃请国熺募勇五百，另雇拖船水勇，俾一律督带。国熺曰：“士为知己用，吾攘臂下车耳！”于西江险处水陆结营，防御甚密。会副将卓兴等破贼，贼回窜，邑以无虞。是年，耆龄由江西转抚粤东，驻韶州，志灭蓝山贼。闻国熺名，札军前差遣。时贼梁柱、陈才分两股据此近十年矣，林密山深，官兵无过问者。及抚军有志灭贼，将弁或主剿、或主抚，其说不一。国熺谓：“欲剿不妨以抚驰其备，欲抚不妨以剿慑其心，二者相为用耳！”于是带兵勇，出贼不意，穷一日逾高山，俯瞰贼营，阻其粮道，贼惊奔溃，各路兵勇或收降、或截杀，蓝山平。方议叙功，而国熺深入不毛，染瘴疠死矣。同治六年，照军营立功病故赐恤。年五十九。

---

①被发缨冠：来不及将头发束好、帽带系上，形容急于去救助别人。

佛山人物志

清代卷 下

佛山市图书馆 编

岳麓書社·长沙

廖熊光 （约1803—1862）字伟耀，号南村，清南海九江人。道光二十二年（1842）在松冈设绛授徒，咸丰元年（1851）考中举人，时已年近五旬。七年竭资赈饥。父庭芳，子安荣。

［同治］《南海县志》卷九《咸丰朝·举人》：辛亥科。

《九江儒林乡志》卷八《艺文略·集部·别集》：《亨帚堂集》，国朝廖熊光撰。张品桢序：……吾乡廖南村先生尝从先大人游，其时品桢尚在襁褓。比长，闻先生文名藉甚。其与先生角逐文场者，多掇巍科、入词馆，而先生犹困一衿。岁壬寅，先生设绛松冈，时品桢授蒙糊口馆，适相近……至咸丰辛亥恩榜特开，始首中房选，而年已近五旬矣……先生性本恬淡，又目击时事之非，恒寄情吟咏，以自摅其胸臆。卷十《选举略·国朝·举人·咸丰元年辛亥恩科》：字伟耀，号南村。县学，中式第六名。卷十四《列传·清》：字伟耀，号南村，南方南村社人。父庭芳，号荫甫，重义轻财。尝服贾清远之天塘，天塘叠嶂危峰，羊肠一线，多颠蹶患。因慨然与同志四人捐重资，沿径砌以石，并买田以备修治费，行旅至今称便。道光癸巳、甲午，乡被水灾，饥馑频仍，庭芳饭饥槥殣，不遗余力。乞人黄某病卧古庙，日携篮遗以粥，及死，市棺亲临殓瘗，遐迩啧啧称笃行君子。熊光少耽读，早著文名，受知于郡守乌尔恭，额以批首，补博士弟子员。授徒里中，借束脩为从师费。梁教授序镛、谢太史兰生皆负通儒望，熊光遂执贽问业于其门，故学有根柢，为文脱稿即惊其曹偶。咸丰辛亥恩科，中第六名举人。比落第南归，以著书课子为乐，不复与计吏偕。生平姁姁细谨，用财较锱黍，行事有尺幅。性静退不争物先，与人交不为翕翕热，然桑梓利害亦引义弗让。九江向无谷埠，仰籴维艰。熊光与众绅建议，于沙口筑场列肆，积谷通商，以便民食。南方内围庳薄，倡设千益会，得数千金，大加培筑，足资捍潦，里人赖之。丁巳岁饥，竭资倡赈以苏饿者，不自以为德。遭乱，为恶少所窘，事定置不校，人服其长厚。俭衣觳食，而瞻恤寡妹，甥忘其孤。女兄无子，赒之尤至，病革犹分以余财，且呼长子安荣至榻前嘱曰："日后源源接济，勿使失所也！"与同里朱征君次琦交最密，征君尝语人曰："曩予筮仕山右，乙卯假还，过廖君里第。廖君谓曰：'子为令声绩既著，行见知上下。万一得所借手，一吐胸中奇伟，亦可壮也。胡速归？'由斯以观，廖君之志事盖可知也。"熊光刻苦力学，年近五十犹日钞古文，手不停披。卒年六十。子安荣，诸生。

冼文清 （1803—1868）号贯亭，清南海佛山镇人。好读书，慷慨有大志，应童子试不售，乃弃儒经商。道光、咸丰间行商天津，为岭南会馆馆长。20年后归，卒于家。长子汝䜣卒，其妻潘氏守节。次子森。孙鹏举，曾孙彬。

［民国］《佛山忠义乡志》卷十四《人物志八·货殖·清》：号贯亭。好读书，慷慨有大志，应童子试不售，乃弃儒而商。道、咸间航海游天津，与鸡林大贾①相结交，所至引重。方是时，天津新辟商埠，粤商业最盛，旧有岭南会馆，及是益拓大之，推文清为馆长，部署井井，甚得商人欢。咸丰三年，发逆伪将李开芳窜直隶，将扰津，诸商惶恐谋归，文清曰："贼不足虑也，公等且无走，如必欲去者，我当为公守。"或问其故，曰："天津滨海，有险可扼，贼方北图，不得逞乃窜津耳，是败余也。三辅重地，大兵不日至，奚虑为?"人窃议其迂，而不能不服其义，乃悉以栈货委之，避地他适，亦有留者。未几，僧王督军至，贼败窜，歼之于冯官屯，别股贼亦灭于山东之高唐州。商肆复业，视诸栈货，封识宛然，纤毫无所失，于是益服其智，义声自此满津郡。性挥霍，善谈剧，海内仕商皆乐与之游。在津二十年，不名一钱，及归，箱笼数十，启视之皆书籍名画也。生平博涉书史，讨论古今，动中肯綮，诗文有豪迈气，亦颇肖其为人。同治戊辰卒于家，年六十六岁。子森，咸丰辛酉顺天举人，官澄迈训导。孙鹏举、曾孙彬，俱邑庠生。《人物志十·列女传·节孝》：冼汝䜣妻潘氏，性端淑。恩爱甚笃，夫故，扼吭欲绝，姑霍责之曰："汝有一子一女，汝死，欲累老身耶?而翁远客津郡（即冼文清，《货殖》有传），阿叔随侍。家事赖汝主办，岂可枉死?"潘感动，勉尽大事，儿女婚嫁毕，以寿终。邑采访局汇请旌表，入祀节孝祠。

龙殿彪 清顺德人。道光十三年（1833）代理顺德协把总。

［咸丰］《顺德县志》卷九《职官二·外委·道光》：县人……左营……外委千总。《职官二·把总·道光》：县人。十三年署……左营。

朱荣业 字经茂，清南海九江人。道光十三年（1833）大水灾，以赁直钱百缗散给灾民。晚年耕作自给，80岁无疾而终。

《九江儒林乡志》卷十七《列传·耆寿》：字经茂。浑然朴醇，以忠利及物。本不知书，而古训所戒未尝或蹈。亦无余财，而心力可到未尝恝遗。少单贫，佣于市，必察其无欺隐者乃受直，不则多金弗愿也。在古劳布肆司事数十年，市价称平。获伪金沉于渊，曰"毋贻误后人"。拾遗物榜于衢，曰

①鸡林贾：古代对新罗（今朝鲜）商人的称呼，借指传播文学作品的人。

“今庋存某所”。道光癸巳大水，赍赁直钱百缗还家，循河清大堤下，悯露处者颠连，随手散给。抵舍，腰缠遂空。年既笃老，肆主劳某欲赡养终其身，固不许曰：“小人食力，朱经茂岂以口腹累他人哉?”力谢而返，耕作自给，冬月衣不掩骭，得薯芋辄以分比邻，无窘惫可怜色。年八十，无疾而终。

麦时泰　字和元，清顺德吉祐人。道光十三年（1833）水灾，次年与黄迪光倡捐续修马营围，与麦耀祥等主持竣工，北水尤光球、汝淮、如金积极捐款。同时，古朗伍如川、光辉周遇隆、勒楼叶凤祥等均赈济。

［咸丰］《顺德县志》卷二十七《列传七·国朝三·黄迪光传》：以吉祐数受水患，建议筑围八百余丈，役作而迪光病，遂举版筑事付同乡麦时泰、麦耀祥。二人者亦竭尽心力，卒完其役，乡里并赖焉……时泰，字和元，自处俭约，而济急无吝色，生平每施贫丧材木，负债不能还，则焚其券。耀祥，字月池，善事母，尝为其友伍某续娶，使得子延嗣。卒，与迪光并祀乡塾登云阁。自癸巳以来，地稍低洼者，辄围其村居，或因防及田壤。北水旧有围曰“马营”，工役巨重，尤光球、汝淮、如金既捐金首倡，又为捐赈。古朗伍如川，于水至受饥，捐千金籴运会城，归赈其乡，亲为经理不懈。光辉周遇隆，贷金赈米四百石，里人追念其出千金成赛凤桥事，并感戴之。勒楼叶凤祥，亦捐三百金助赈，受令额奖。逢简梁昭南于嘉庆丙寅、槎涌黎廷孚于丙丁岁饥，亦各劝其乡举赈，多存活。龙江李务修、潜修，捐田十五亩，以租备赈族。卷五《建置略二·堤筑·江村属》：龙潭村马营围，在北水堡。自光华村前至吉祐村前，长千六百七十三丈，高八尺，底宽二丈，面八尺，见陈《志》，而不著创筑之年。道光十四年甲午，乡进士黄迪光、麦时泰等倡捐续前围，而筑之如今制。自古朗伍嘉元围尾起，至北水乡界止，计长八百八十丈，高一丈，底宽三丈，面宽一丈。建闸二：曰西汇津，曰东西锁钥。以时蓄泄，费银三千余两。自后北水、龙潭接连于围东兴筑，内疏沟洫，遍滋灌溉，互为捍卫。

杨其臧　清高明城中人。道光十三年（1833）岁贡。

［光绪］《高明县志》卷十二《选举表·国朝·岁贡·道光朝》：城中人，十三年贡。

胡培桄　字棉谷，清南海九江人。县学生。性孝友，道光十三年（1833）水灾，妹家贫，冒险乘舟，送柴米接济。与关翀霄倡设义仓，教书自给，晚年推为乡正。子凝吉。

［宣统］《南海县志》卷十七《列传·孝义》：字棉谷，九江堡人，县学生。性孝友，弱冠失怙，有弟五人皆幼，抚育成人。女弟所适贫，常周恤之。道光十三年，桑园围缺，念女弟贫，买薪米亲乘舟送至其家。或以流急止之，培杭曰："我不往，妹必饿毙，我往未必溺毙也，且骨肉之爱，何敢以险辞哉？"毅然往，女弟赖以活。母体羸弱，常市药饵滋培，亲煮以进。病时，恒竟夕侍榻侧以待使令。母促归寝，则佯诺迁坐隐处，母见其吸烟火光，复促之，则反背吸烟，不使见。母患目疾，常舐以舌，冀复明，其天性笃挚多类此。与关茂才翀霄倡设约内义仓，遇荒散赈，贫户赖之。里居授徒自给，乡内搢绅多出其门。晚年推为乡正，遇事果决，不避权要，务持其平，乡人翕服。子凝吉，举人。

胡联第 字亮先，清顺德桂洲人。捐资任兵部郎中，不久归。道光十三年（1833）赈灾。堂弟联冠过继给叔父，以遗产资助刚刚外出为官的兄长联琼、联璋。

［咸丰］《顺德县志》卷二十七《列传七·国朝三》：字亮先，桂洲人……家故殷富，入资为兵部郎，未几告归。家居罕履公庭，向与卢敏肃同官都门，敏肃来总制，招之不赴。性乐施。道光癸巳西潦为灾，首捐千金倡恤，始终其事，全活者众。贫族有资以度岁者，遇丧不能殓必资助之。与天𬮱皆有额定，虽厚薄不同，而数十年不懈则一也。其从弟联冠，字兰田，为季父后，遗产丰。时两兄琼、璋方以筮仕绌度支，联冠割田三百亩供璋，俾守以传代，复分五百亩租入五年，备琼居都费，故兄弟友爱无间。卷十三《仕宦·文职·国朝》：胡联第，桂洲人，兵部车驾司……郎中……胡联璋，桂洲人，四川永宁道。

郭天锡 字锦元，清南海西樵大同人。少弃学，从木工学徒，商于江西，置船贩运。为人仁孝勤俭，道光十三年（1833）水灾，族人以家族祭产大发于天锡，取资以继衣食，遂却其产而偿其值。子汝舟。

［宣统］《南海县志》卷二十《列传·善行》：字锦元，大同堡朝山乡人。为人仁孝勤俭，有隐德。家贫，入学三载即出谋生，得钱辄归奉母。初从木工学攻木工，师无子，其妇夜奔天锡乞种，峻拒之，诘朝即托故去。旋佣于药肆，则恶其售伪误人，复舍去。商于西江，与雷某为伙，置船贩运，往来佛镇、苍梧间，致小有。雷以债多索急，欲罢业取资以偿。天锡曰："子舍此

别无凭借，是待毙也。不如暂避去，我徐代子偿耳。”于是权所入给其家，余以偿债。数年债清而雷死，母老妻少，二子一女俱幼，事畜皆天锡代任之，且为之置田庐、谋婚嫁，雷母死，并为之营丧葬。十余年间，取无不给，人以为难，其笃于友谊如此。待服亲兄弟尤厚，堂叔广成贫老无子，赖养以终。道光十三年，潦涨围决，房众百余艰于谋食，愿以房祖祭产大塘归天锡，取银分用。既立券矣，天锡焚其券如价给之，仍以其塘为祭产，众感其义，至今颂焉。当其商贩西江时，有黄姓孤客附货船返粤，中途病死无所归。天锡出资殓之，载其柩归葬于大同竹园冈，岁致祭焉。因广购其旁地，俾贫者皆得附葬，乡人德之。子汝舟。

梁绍阶　清南海金瓯堡人。与父世祥皆行善积德，道光十三年（1833），捐米300石赈饥。

［同治］《南海县志》卷十九《列传·善行·梁世祥传》：梁世祥父子，金瓯堡人，皆乐善好施。由田心至西樵大路，捐三百金倡筑之，行旅不苦泥淖。子绍阶，克继父志，道光癸巳饥馑，捐米三百石振恤之，闾里共庆更生。遗德在人，至今父老称道不置云。

黄焕寅　字茂东，清顺德林头人，迁居中山。子玉书，光绪元年（1875）举人。玉筵，同治元年（1862）举人。玉堂。孙敏孚、灼勋、文孚。

［民国］《顺德县志》卷十八《列传三》：字茂东，林头乡人，迁居香山县城。有隐德，生平无疾言遽色，待物仁慈，惟训子则绝无宽假。以子玉书、玉筵、玉堂贵，仕宦科名，一门鼎盛。玉堂馆选时，故交黎翔踵贺，焕寅谓之曰：“子知我，今日当为予吊，不当为予贺。古云‘好花须看半开时’，今花已盛开，培植恐不易也！”常戒诸子切勿为州县官，恐谳狱稍疏即误民命，其矜慎如此。子玉筵……玉书……玉瑚……玉堂……孙敏孚……灼勋……文孚。

李泉　清南海简村堡人。候选直隶州同知。性慷慨，好谈经济，熟悉水利。道光十三、四年，与当局谋修复桑园围。

［同治］《南海县志》卷十九《列传·善行》：简村堡人，候选直隶州同知。性慷慨，好谈经济，于水利尤熟悉。道光十三、四年，桑园围屡决，识者谓因外海筑石坝以积沙，沙田日多，海口日窄，故内海水日高，欲通水利、除水害，非拆坝不可。先是，九年围决，朱孝廉士琦既作奏记陈于两院二司，

及是时，泉又随何兵部文绮、邓观察士宪口讲指画，条陈于制府前。厥后事虽不成，人皆称其智勇。家本丰腴，素称任侠。由简村至官山墟路崎岖泥淖，泉自捐资修治，务坦平之，并填以石。亲友贫乏待举火者数十家，垂暮空乏难支持，仍不悔也。

陈信民　（？—1837）原名亨时，字任甫，号梅坪，清南海九江人。道光十三年（1833）逢水灾劝赈。次年中举，十六年成进士，湖南即用知县、主簿。十七年再次水灾，捐督修补堤围，年底病卒于家。父履恒，兄尧燊。

［道光］《南海县志》卷二十一《选举表二·国朝·举人·道光朝》：履恒子……甲午科。

［同治］《南海县志》卷十三《列传》：原名亨时，以字行，字任甫，号梅坪，九江堡人。道光丙申进士，湖南即用知县、主簿。生有异姿。少时，祖授以唐诗，皆上口。稍长，诗材文笔，秀劲天成，乡老宿关大令仕昂、明监丞秉璋皆激赏。顾性勤奋，谦谦不自足，与兄尧燊相友爱、相砥砺，故所诣益深，文苑诗坛雄视侪辈，然素志所存，不在乎此也。性任狭，乐施予。道光癸巳，大围决，七月多飓风，房屋寄水府，多倾颓，米踊贵。信民时为诸生，驾小舟巡行村庄，劝有力者出资助振，不足发南方义仓，不足发通乡同济仓。旬日间，舌弊唇焦，不自悔、不告劳，存活无算，然心仍歉然，谓："救荒无善策，与其救于后，不若备于先。南方泽国，旱少潦多，能常修治基围，或可免饥馑。"会道光丁酉水又大至，兼淫雨连月，内河水亦涨，大围内子围水将刮面过，几决者数矣。信民以寒士倡捐多金，鸠工庀材，并手沾足涂，亲自监督，濒危复安。其有德于乡类此，至亲友间恤孤嫠、振乏绝又其余也。生平和厚，接物未尝忤人，若义所当为，毅而能断。先是，九江武科最多，赌风大炽，道光初，有武举余秉刚，老而豪横，专引诱良家子弟博取抽头，坐是破家者不少。众忿恨，但畏其势，莫敢为倡。信民曰："刚则吐，柔则茹，其谁肯服？"乃与同事曾铭勋、冯汝棠、明伦等招至乡校，数其罪，历控大府，奏革杖徒，嗣后乡人惴惴，赌博衰息至今。九江人多山少，鱼鳞砌葬，尚苦不足，奸民结党，以开棺摸金、毁坟盗卖为事。信民曰："掩骼埋胔，王政所先。吾不能使未埋者悉有庇身，忍令已埋者频遭挖掘乎？"廉其为首，重惩之，风略革。陈本大族，钱粮恒多拖欠。信民谓："古人不仕，家居必督子弟先完国课，曰此即草野、君臣之分。吾食禄于朝，能置身事外邪？"遂设法清厘，族内亦免鞭扑追呼之苦。时其意欲将堡内应兴革事宜毕见施为，乃一行作吏，不料丁酉腊月遽抱病，病遽卒。卒后三日身犹暖，乡人相传进

士公还魂矣，不远十数里走户外问音耗，相排竞进，首戢戢如鼋，既闻人殓，则咨嗟太息有泣者。连州训导明离照曰：“吾衔恤后，老泪不滴若干年矣，今为梅坪恸也！”合浦教谕曾钊曰：“君以壮年能任事，倘得百里以试其才，将以施于乡者出而施于国，乃迄不得遂，此九江之不幸，要不止九江之不幸也！”其为前辈所爱惜如此。

《九江儒林乡志》卷十《选举略·国朝·举人·道光十四年甲午科》：字任甫，号梅坪，县学，中式第二十九名，丙申进士。《选举略·国朝·进士·道光十六年丙申恩科》：赐同进士出身，即用知县，分发湖南未赴。父履恒，举人。卷十四《列传·清》：以字行，别字任甫，号梅坪，南方营前坊人。虽族人不少贷，墟中米店市侩，多私造细斗粜米，信民曰：“此利己损人事也。”即令将米斗俱持到书院，较合给发，以昭公平，其有德于乡类如此。

区钟秀 清高明巷口人。道光十四年（1834）赐副贡。

［光绪］《高明县志》卷十二《选举表·钦赐》：巷口人，道光十四年甲午赐副榜。

甘棠 清南海佛山镇人。道光十四年（1834）举人。

［道光］《南海县志》卷二十一《选举表二·国朝·举人·道光朝》：甲午科。

［民国］《佛山忠义乡志》卷十三《选举志一·举人·清》：道光甲午，附生。

龙景劭 字石琴，清顺德大良人。道光十四年（1834）举人。祖廷槐。

［咸丰］《顺德县志》卷十一《举人二·国朝·道光》：字石琴，大良人，廷槐孙……甲午科。

卢邦杰 字伯才，清顺德龙山人。道光十四年（1834）举人。父昌发。

［咸丰］《顺德县志》卷十一《举人二·国朝·道光》：字伯才，龙山人。内阁中书加侍读衔……甲午科。卷十二《封荫表·封赠（文阶）·国朝》：卢昌发，龙山人，以子邦杰赠内阁侍读。

卢志清 清南海人。道光十四年（1834）举人。

［道光］《南海县志》卷二十一《选举表二·国朝·举人·道光朝》：甲午科。

叶露瀼 字仙茎，清顺德桂洲人。道光十四年（1834）举人。

［咸丰］《顺德县志》卷十一《举人二·国朝·道光》：字仙茎，桂洲人……甲午科。

冯日初 一字寅谷，清南海人。道光十四年（1834）副贡，次年举人。祖汝楫。

［道光］《南海县志》卷二十一《选举表二·国朝·贡生荐辟·道光朝》：汝楫孙，副贡……甲午科。《国朝·举人·道光朝》：乙未科。

《西樵白云洞志》附《白云洞游览诗》：一字寅谷，南海举人。

［同治］《南海县志》卷十《艺文略·集部》：《诗迹小钞》八卷，国朝冯日初撰。卷十九《列传·善行·李昌曜传》：李应扬，海舟人。乾隆六十年（1795）乙卯科武举。留意堤工。道光年间，举人曾铭勋、何子彬、冯日初、明伦等修围，前后资其赞画。

冯志昕 字朗厓，清顺德大良人。道光十四年（1834）举人。祖如琼，祖母温氏，父兰。

［咸丰］《顺德县志》卷十一《举人二·国朝·道光》：字朗厓，大良人，顺天榜，兰子……甲午科。卷十四《节孝表一·清嘉庆朝》：温氏，大良冯如琼妻。举人兰母，举人志昕祖母……二十五年旌。

刘廷干 清顺德谭义人。道光十四年（1834）赐副贡。

［咸丰］《顺德县志》卷十一《副贡·国朝·道光》：谭义人，甲午……以符例赐。

刘希颜 清顺德古粉人。道光十四年（1834），与刘贤等倡筑乐耕围。

［咸丰］《顺德县志》卷五《建置略二·堤筑·马宁属》：乐耕围，在古粉堡之安教村。自西沙脊接光华围起，至罗水小利围止，计长二千五百八十

丈有奇。底宽二丈五尺，面宽一丈，其古粉、霍村房舍亦在其内。闸凡五，在古粉者二。道光十四年，乡绅刘希颜、刘贤等倡筑。

刘宜秩　字绥卿，清顺德龙江人。道光十四年（1834）举人。

［咸丰］《顺德县志》卷十一《举人二·国朝·道光》：字绥卿，龙江人……甲午科。

刘崧　字云乔，清顺德藤涌人。道光十四年（1834）举人。

［咸丰］《顺德县志》卷十一《举人二·国朝·道光》：字云乔，藤涌人……甲午科。

刘鸿书　字应祺，号秋海，清南海九江人。邑廪生，52岁卒。子瑶蕃。逢辰，同治三年（1864）举人。孙仕潼。

《九江儒林乡志》卷十五《列传·清》：字应祺，号秋海，北方李涌人。邑廪生，绩学敦行。性孝友，事父母先意承志，色有不豫，即长跪以请，兄弟之间怡怡如也。有异母妹，其一殁后，女未及龀，鸿书怜之，迎归抚育，及出阁，予以厚奁。其一早寡，贫无所倚，月给以薪水，迨数十年，其二子成立乃已……塾师刘联炳墓为无赖子所发，倡率同人追究，并完葺其坟。修建先代四世祠、十一世祠，所费不赀，皆独任无难色。尤好施予，道光癸巳大水，米价翔贵，日督子侄辈挐舟四出，赈里中贫者，乡邻或以捐赈告，必竭己力佽助焉。盖由孝友天性以推行之，非世之故为豪举者比也。治家严肃有法度，而于地方风俗更加意整饬，里社子弟有不肖者，不敢见其面，群儿嬉戏道左，遥望见其来，奔避恐后。嗣以外艰，哀毁逾节，鸡骨支床，咯血不止，卒年五十二。子瑶蕃，附贡生。逢辰、孙仕潼，并举人。

关凤元　清顺德容奇人。道光十四年（1834）武举。

［咸丰］《顺德县志》卷十一《武举·国朝·道光》：容奇人，甲午。

朱燕钜　字小楼，清顺德仙涌人。道光十四年（1834）举人，任广东德庆州学正。

［咸丰］《顺德县志》卷十一《举人二·国朝·道光》：字小楼，仙涌人。德庆州学正……甲午科。

苏应庚　字西垣，清顺德黎村人。道光十四年（1834）副贡，咸丰六年（1856）举人。

［咸丰］《顺德县志》卷十一《副贡·国朝·道光》：黎村人，甲午。

［光绪］《广州府志》卷四十六《选举表十五·举人·国朝·咸丰六年丙辰补行五年乙卯科》：顺德人。

［民国］《顺德县志》卷八《选举表一·举人·咸丰》：字西垣，里居缺……丙辰补行乙卯科。

杜福安　清顺德龙涌人。道光十四年（1834）武举。

［咸丰］《顺德县志》卷十一《武举·国朝·道光》：龙涌人……甲午。

李春培　清南海人。道光十四年（1834）举人，官知县。

［道光］《南海县志》卷二十一《选举表二·国朝·举人·道光朝》：知县……甲午科。

杨澄芳　清南海佛山镇人。道光十四年（1834）举人，官乐会教谕。

［道光］《南海县志》卷二十一《选举表二·国朝·举人·道光朝》：甲午科。

［民国］《佛山忠义乡志》卷九《氏族志·氏系》：杨氏，系出弘农，明末由大沙迁佛山文会里，清有训导清涯、举人澄芳、知事逢春、训导荣照、县丞鼎新、守备遂安。卷十三《选举志一·举人·清》：道光甲午，监生。《选举志二·仕宦·文职·清》：乐会教谕。

吴铦锋　字砺亭，清顺德桑麻人。道光十四年（1834）举人。

［咸丰］《顺德县志》卷十一《举人二·国朝·道光》：字砺亭，桑麻人……甲午科。

何大璋　字达卿，清顺德大良人。道光十四年（1834）举人，挑选知县，历署汶上、邹平、城武县事，补平原县令，以军功保升直隶州知州。咸丰五年（1855），随太常龙元僖返顺德镇压天地会，九年会办团练局务。寿83岁。父嵩晋，孙焕恩。

［咸丰］《顺德县志》卷十一《举人二·国朝·道光》：字达卿，羊额人。知县……甲午科。

［光绪］《广州府志》卷四十五《选举表十四·举人·国朝·道光十四年甲午》：顺德人，平原知县。

［民国］《顺德县志》卷九《封荫表·封赠·文阶》：何嵩晋，大良人，以子大璋赠山东平原县……知县。卷十八《列传三》：十九世祖乡贤道澜公，明隆庆间由羊额迁县治，遂为大良人。大璋天性纯懿，少读书即期实用。道光甲午乡荐，挑选知县分发山左，历署汶上、邹平、城武县事，勤慎廉明，案无留牍。咸丰军兴，奉大吏檄回粤购材木修战舰，蒇事补平原令。乙卯，随龙太常元僖返里，收复邑城，设总局办团练。戊午，罗侍郎惇衍复与元僖奉特旨办广东团练，以大璋才奏留焉。是时诸务草创，筹饷募兵，造船购械，日不暇给。大璋与在局诸人悉心筹划，沈默寡言，虑事多中，众皆叹为莫及。新青云文社成立，凑合巨款，所以谋合邑公益者，大璋与有力焉。事母至孝，归里后不欲再出。及勷办团务保升直隶州，辄以迁秩而亲不及见为憾。比老犹常梦侍母旁，匑匑①作端肃状，其孺慕之诚如此。寿八十三卒，孙焕恩，光绪癸卯举人。

何祐成　清顺德羊额人。道光十四年（1834）岁贡。

［咸丰］《顺德县志》卷十一《岁贡·国朝·道光》：羊额人，甲午。

何腾骧　字渔洲，清顺德羊额人。著有《渔洲易测》。父秩中，嘉庆九年（1804）举人。

［民国］《顺德县志》卷十八《列传三》：字渔洲，羊额人。父秩中……腾骧少承家学，博洽群经，于星历地理学靡不晓畅，尤精易理。屡困童试，闭门讲《易》垂四十年，著有《渔洲易测》五十卷。

张耀昌　字凤石，清顺德喜涌人。道光十四年（1834）举人。

［咸丰］《顺德县志》卷十一《举人二·国朝·道光》：字凤石，喜涌人……甲午科。

---

①匑（gōng）：同“匔”，义同“鞠躬”“尊敬”。

陈铸颜 字又愚，清顺德大良人。道光十四年（1834）举人。祖祐圣，祖母罗氏。

［咸丰］《顺德县志》卷二十九《列传九·列女二·国朝》：罗氏，大良陈祐圣妻。二十九守节，家贫纺绩自给，犹减膳济人。九十一寿称觞，适孙铸颜乡举。筵启，忽有十数丐妇拦入曰："吾等尝受一饭恩，今来叩祝也。"又三年卒。道光十五年旌。卷十一《举人二·国朝·道光》：字又愚，大良人……甲午科。

罗成光 清顺德人。道光十四年（1834）任顺德协把总，十六年千总，二十六年都司。

［咸丰］《顺德县志》卷九《职官二·外委·道光》：县人……二司右哨，右营。《职官二·把总·道光》：县人。十四年任……头司右哨……右营。《职官二·千总·道光》：县人。十六年任……左营。《职官二·都司·道光》：县人。二十六年任……左营。

［光绪］《广州府志》卷三十一《职官表十五·国朝·武职·都司守备·道光朝》：本县人。二十六年任，顺德协左营都司。顺德人。行伍，二十五年任，新会左营守备。

罗定邦 清南海九江人。道光十四年（1834）武举。

［道光］《南海县志》卷二十二《选举表三·国朝·武举·道光朝》：甲午科。

《九江儒林乡志》卷十《选举略·国朝·武举·道光十四年甲午科》：中式第十四名。

胡廷镛 字闲笙，清顺德豸浦人。道光十四年（1834）举人。

［咸丰］《顺德县志》卷十一《举人二·国朝·道光》：字闲笙，豸浦人……甲午科。

［光绪］《广州府志》卷四十五《选举表十四·举人·国朝·道光十四年甲午》：顺德人，知县。

胡俊民 字选楼，清顺德桂洲人。道光十四年（1834）

举人。

［咸丰］《顺德县志》卷十一《举人二·国朝·道光》：字选楼，桂洲人……甲午科。

［光绪］《广州府志》卷四十五《选举表十四·举人·国朝·道光十四年甲午》：顺德人，教谕。

胡超龙　字云谷，清顺德甘竹人。道光十四年（1834）举人，次年进士，官刑部主事。

［咸丰］《顺德县志》卷十一《举人二·国朝·道光》：字云谷，甘竹人。广西籍拨回……甲午科。卷十《进士·国朝·道光》：由广西马平改复本籍，今用刑部主事，乙未科。

高炳麟　清顺德大良人。道光十四年（1834）副贡。

［咸丰］《顺德县志》卷十一《副贡·国朝·道光》：大良人，甲午。

唐鳌　清南海佛山镇人。道光十四年（1834）举人。

［道光］《南海县志》卷二十一《选举表二·国朝·举人·道光朝》：甲午科。

［民国］《佛山忠义乡志》卷十三《选举志一·举人·清》：道光甲午，附生。

莫廷蕃　清南海人。道光十四年（1834）举人，二十五年进士，任江西南丰知县。祖紫亭，父选斋。

［道光］《南海县志》卷二十一《选举表二·国朝·举人·道光朝》：进士……甲午科。

［同治］《南海县志》卷九《道光朝·进士》：南丰知县，乙巳科。《道光朝·封荫》：莫紫亭，以孙廷蕃赠文林郎。莫选斋，以子廷蕃赠文林郎。

黄显章　字健斋，清顺德陈村人。道光十四年（1834）副贡，二十三年举人。

［咸丰］《顺德县志》卷十一《副贡·国朝·道光》：陈村人，甲午。《举人·国朝·道光》：字健斋，陈村人……癸卯科。

梁作楫　清南海人。道光十四年（1834）举人。父叶祥。

［道光］《南海县志》卷二十一《选举表二·国朝·举人·道光朝》：叶祥子，吴川教……甲午科。

梁启文　清南海人。道光十四年（1834）举人，十八年进士，官刑部主事。

［道光］《南海县志》卷二十一《选举表二·国朝·举人·道光朝》：进士……甲午科。

［同治］《南海县志》卷九《道光朝·进士》：刑部主事，戊戌科。

曾作林　号昆圃，清高明泽河人。道光十四年（1834）赈饥。父浩，子邦彦、鑑铨，孙锡清。

［光绪］《高明县志》卷十三《列传·人物二·国朝》：号昆圃，泽河人。性颖悟，好读书。笃孝友，乐施与。建家祠以妥先考，积产业而均庶弟，乡有不能丧葬婚嫁者，咸赖以成礼。道光甲午，岁大饥，贫乏者多借存活。邑城修庙宇，设宾兴，悉乐助以成美举。长子邦彦，任普宁教谕。次子鑑铨，任东莞训导。孙锡清，任琼州府训导。作林由监生累膺封赠。卷十二《选举表·仕宦·国朝·文职》：曾邦彦，泽河人，咸丰间廪贡，普宁教谕。《选举表·封赠·国朝》：曾浩，例贡，以孙鑑铨赠征仕郎。曾作林，以长子邦彦赠修职郎，以次子鑑铨赠征仕郎。

谢应镛　清南海人。道光十四年（1834）举人。

［道光］《南海县志》卷二十一《选举表二·国朝·举人·道光朝》：甲午科。

廖纪伦　清顺德桂洲人。道光十四年（1834）岁贡。

［咸丰］《顺德县志》卷十一《岁贡·国朝·道光》：桂洲人，甲午。

廖燃藜　清顺德勒楼人。道光十四年（1834）副贡。

［咸丰］《顺德县志》卷十一《副贡·国朝·道光》：勒楼人，甲午。

潘以翎　字习修，号鹤洲，清南海西樵百西村头村人。道光十四年（1834）举人，历任广宁、曲江县教谕。退归，前后五六次督修桑园围。寿84岁。子斯濆、斯治、斯津。

[道光]《南海县志》卷二十一《选举表二·国朝·举人·道光朝》：甲午科。

[同治]《南海县志》卷九《举人·清》：广宁教谕，道光朝。

[宣统]《南海县志》卷十五《列传》：字习修，号鹤洲，百滘堡黎村乡人。孝友性成，饬躬忠厚勤俭，处人胸无城府。少笃学，久游何朴园先生之门，研精经术，文特沉实。道光十四年甲午，以邑庠生领乡荐，历任肇庆府广宁县、韶州府曲江县教谕，所至整饬士风，训诸生读书守法。新进生初谒见，寒士则却其贽，士林颂焉。县属民生利病，有司咨以兴革所宜，必竭力为之商助。遇灾赈恤，施予不少吝，地方赖之。既退归，耕读自娱，督课子弟惟谨，门内肃然，群从列庠序、登贤书多出其所成就。暇辄巡视田作，不以严寒盛暑废也。乡居数十年，笃厚亲邻，排难解纷，人皆翕服。性乐易，虽樵夫牧竖，每述古人故事以相劝勉，听者忘倦，妇孺亦昵近之。而其专心致力，尤在桑园围岁修一事。岁修始末事详围志，该围款因咸丰甲寅军兴提用，围废不修者殆逾十载。以翎从子斯濂官侍御，因致书具列其事，属令入告，奉旨谕大吏照案拨还岁修，乃得照旧发商生息。嗣是，与围绅明之纲等呈请岁修息银，前后五六次身任督修，不辞劳瘁，堤以完固。自道光甲辰以后，围不冲缺者几七十年，多赖其力。卒年八十有四。子三人：斯濆，军功，六品顶戴。斯治，举人，内阁中书。斯津，太学生。

潘延龄　清南海人。道光十四年（1834）赐副贡。

[道光]《南海县志》卷二十一《选举表二·国朝·贡生荐辟·道光朝》：钦赐副榜，甲午科。

颜炳文　清南海人。道光十四年（1834）武举。

[道光]《南海县志》卷二十二《选举表三·国朝·武举·道光朝》：甲午科。

薛兆科　字莲峰，清顺德龙江人。道光十四年（1834）举人，官阳春县教谕。祖耀祖。

[咸丰]《顺德县志》卷十一《举人二·国朝·道光》：字莲峰，龙江人。阳春县教谕……甲午科。

梁九华　（1804—1863）字灯山，清顺德人，住佛山。梁玉成第三子，以贡生官大理寺评事，晋主事。祖国雄，父玉成，仲兄九仪，弟九图，子思溥，孙冠澄。

[民国]《佛山忠义乡志》卷十三《选举志二·封赠·清》：梁九华，以子思溥赠广西容县知县，孙冠澄赠如其官。卷十四《人物志六·义行·清》：字灯山，顺德麦村乡人。祖国雄，父玉成，皆有传。九华生而聪敏，弱冠善属文，叔父蔼如极器重之，尝对客曰："此吾家千里驹也。"乡闱屡荐不售，由明经援例就大理寺评事，晋主事。澹于仕宦，未及赴京师，既丁外艰，益讲求实践之学。生母病，向天祈祷，羹药亲尝。仲兄耕云早逝，为理家事如己事。诸侄有不遵教者，垂涕导之，侄亦敬之如父。治家严肃，玩好之物必禁。教子弟治生，曰贸易，曰买田，外此有可生财者戒勿道，尝训子弟曰："义所当为日用万金不为过，义不当为虽丝粟不应耗也。"故平日自奉甚廉，而待人甚厚，宗族姻党贫者为之增月粮，助丧费，病赠药，死赠棺，凡济人利物之事，汲汲焉为之弗遑，数十年如一日也。精堪舆，营坟建祠不借手他人，皆经理周密，同族坟墓无嗣者为买地迁葬，又广置义冢，俾贫者得就葬，皆立石志之。甘竹滩湍急，覆舟易而拯溺难，九华倡捐数百金，置产生息，勒碑悬赏，于是春夏拯溺以数十计。新会银瓶嘴路滨海，夏潦淹没岸路，九华出资为培土筑石，断处接以桥，行者获利济。属有疾，时西江水暴涨，米价骤贵，族中议赈，虑秋收再歉，赈项弗给，乃戚然曰："族饥予忍坐视耶？赈项既难，予先捐粟，赈或不继，余以身任可也。"是秋大熟，族人得鼓腹以庆秋成者，九华之力也，然亦竟以劳悴致疾卒。生平喜书画，尝得宋拓十三行，颇快意，有贵人挟重资求购，以其非知书者不与观。晚年又好石，辟群星草堂，以奇石环列左右，与其弟九图日相品题，盖九图亦以"十二石"名其斋，凡客过本镇有石癖者，均称道二梁奇石也。

[民国]《顺德县志》卷九《封荫表·封赠·文阶》：麦村人，以孙冠澄赠福建兴化府……知府。

谢广曾　（约1804—1894后）清高明东亨人。长寿，光绪二十年（1894）尚在，91岁。

[光绪]《高明县志》卷十三《列传三·耆寿·清》：东亨人。现存，年九十一岁。

何泽荣　（1805—1904）字毓廷，清南海金紫堡陈边乡人。百岁时表彰。

[宣统]《南海县志》卷二十《列传·善行》：字毓廷，金紫堡陈边乡人。

性朴诚，见义勇为。良凿围当西北两江之冲，光绪十年潦涨几决，泽荣捐巨金为倡，督工、集款一任其难，督宪张之洞以“董劝宣劳”匾额表之。十二年，泽荣以筲箕启围据良凿围上游，复捐巨金助其修筑，抚宪倪文蔚以“恩流桑梓”匾额表之。尝于村前筑石路数百丈，于村后绕筑围墙，并储款为常年巡防经费，共用数千金，皆身任之。又倡建银冈墟，树本善堂，填筑自小榄至银冈墟达黄边村之石路，其善举卓卓如此。光绪三十年，寿届百龄，恩赏缎匹、建坊银两，乡里荣之，谓天之报施善人良不爽也。

马兆寅　清顺德扬教人。道光十五年（1835）举人。

［咸丰］《顺德县志》卷十一《举人二·国朝·道光》：扬教人，顺天榜……乙未恩科。

马逢清　清顺德扬教人。道光十五年（1835）武举。

［咸丰］《顺德县志》卷十一《武举·国朝·道光》：扬教人……乙未恩科。

王作权　清南海人。道光十五年（1835）举人。

［道光］《南海县志》卷二十一《选举表二·国朝·举人·道光朝》：乙未科。

区钟玉　号辉山，清高明官当人。道光十五年（1835）岁贡，候选州判。子孟麟，孙士骏。

［光绪］《高明县志》卷十二《选举表·国朝·岁贡·道光朝》：官当人，十五年贡。卷十三《列传·人物二·国朝》：号辉山。敦孝弟，好义举，世以读书为业。作文自道性情，言行相副。由恩贡候选州判。子孟麟，号尧薮，生平无他嗜，惟嗜书及小楷，耄而不倦。驰骋文场六十年，入彀者屡矣，卒不售，以明经终。孙士骏，廪贡，权顺德学。

邓伯庸　清南海人。道光十五年（1835）副贡。

［道光］《南海县志》卷二十一《选举表二·国朝·贡生荐辟·道光朝》：乙未副贡。

冯光亮　号耕南，清高明冈头人。道光十五年（1835）举人，大挑二等，历和平、大埔、东莞教谕。咸丰四年（1854），红巾军攻陷东莞城，督率十三乡团收复，以军功加六品衔，以知县在任候选。子应濂，廪贡，任广东揭阳教谕。

［光绪］《高明县志》卷十二《选举表·国朝·举人·道光朝》：冈头人，东莞教谕，十五年乙未科。卷十三《列传·人物二·国朝》：号耕南。乙未举于乡，大挑二等，历任和平、大埔、东莞学。甲寅莞城失守，督率十三乡团勇复城，叙功加六品衔，以知县在任候选。莞人建重贤社祀亮以报之。子应濂，号小畊，由廪贡选博罗学，未赴任丁艰。复选揭阳，任十有九年而卒，宦囊萧然，可想见其生平焉。

冯国楠　改名庆良，清南海人。道光十五年（1835）举人，官汀州府知州。

［道光］《南海县志》卷二十一《选举表二·国朝·举人·道光朝》：乙未科。

［同治］《南海县志》卷九《举人·清》：改名庆良，汀州府知府，道光朝。

冯荣观　清顺德大良人。道光十五年（1835）武举。

［咸丰］《顺德县志》卷十一《武举·国朝·道光》：大良人，乙未恩科。

冯树勋　清南海人。道光十五年（1835）举人，官南汇知县，以军功保举同知、运同两升衔。曾祖焕锡，祖凤翔，父汉京。

［道光］《南海县志》卷二十一《选举表二·国朝·举人·道光朝》：乙未科。

［同治］《南海县志》卷九《举人·清》：南汇知县，军功保举同知、运同两升衔，随带加四级。曾祖焕锡，祖凤翔，父汉京。

甘锡蕃　字晋康，清南海鼎安堡人。道光十五年（1835）恩贡，中年后为乡正10余年。寿72岁。

［同治］《南海县志》卷九《道光朝·贡生》：恩贡，乙未科。卷十九《列传·善行》：字晋康，鼎安堡人。岁贡生。居家孝义，处世公平。少侍祖父于绥江，出入扶持，疾奉汤药，能代父供子职。中年后，乡人重其品望，

公推举为乡正者十余年。乡有两巨族因祖墓界相连，彼此纷争，千余人汹汹将成械斗。二族老请赴山场公断，折以情理，事立解。同围有西海乡，人多田少。围被决无力修筑，年来被浸，粮税多逋。锡蕃到县递呈借修费，秋成偿之，官私咸利。邻村有因开渠不睦，构讼多年，乃越境诉于锡蕃，邻邑顺德县百教乡，有数姓因开宝门，相斗成讼，累年不休，其绅士越县请调处于锡蕃，二者俱以情理谕之，寻复和好。咸丰五年，红匪平后，邑令李鳌偕黄鼎司朱用孚到乡，传见锡蕃，委以清匪保良之任。时痰疾作，不能语，不得已使乡老分任之，厥后办理不协，乡人多违言。疾小愈，挺身出，秉公分别罪名轻重，小民多借保全者，其天性慈和多类此。平生精于制义，于《学》《庸》《周易》尤所深究。嘉庆末年，学使顾元熙以举业名海内，试邑诸生，拔置第一，遂饩于庠。卒时年七十二。

叶荣芝　清顺德龙山人。道光十五年（1835）岁贡。

［咸丰］《顺德县志》卷十一《岁贡·国朝·道光》：龙山人，乙未。

叶瓒　清南海人。道光十五年（1835）举人。

［道光］《南海县志》卷二十一《选举表二·国朝·举人·道光朝》：乙未科。

刘建勋　清三水人。道光十五年（1835）武举。

［光绪］《广州府志》卷四十九《选举表十八·武科·举人·国朝·道光十五年乙未恩科》：三水人。

关鹏飞　清顺德容奇人。道光十五年（1835）武举，二十四年代理顺德协把总。

［咸丰］《顺德县志》卷十一《武举·国朝·道光》：容奇人，乙未恩科。卷九《职官二·把总·道光》：县人。二十四年署……左营。

连钟阳　字介眉，清顺德沙富人。道光十五年（1835）举人，官海阳教谕。

［咸丰］《顺德县志》卷十一《举人二·国朝·道光》：字介眉，沙富人……乙未恩科。

［光绪］《广州府志》卷四十五《选举表十四·举人·国朝·道光十五年

乙未》：顺德人，海阳教谕。

麦衡 清顺德麦村人。道光十五年（1835）恩贡，二十九年副贡。

［咸丰］《顺德县志》卷十一《恩贡·国朝·道光》：麦村人，乙未。《副贡·国朝·道光》：麦村人，己酉。

严而让 清高明豸冈人。道光十五年（1835）举人。

［光绪］《高明县志》卷十二《选举表·国朝·举人·道光朝》：豸冈人，十五年乙未科。

严梦扬 清高明白鹳人。道光十五年（1835）恩贡。

［光绪］《高明县志》卷十二《选举表·国朝·恩贡·道光朝》：白鹳人，十五年恩贡。

劳人瑞 清南海人。道光十五年（1835）举人，官兴宁教谕。

［道光］《南海县志》卷二十一《选举表二·国朝·举人·道光朝》：乙未科。

［同治］《南海县志》卷九《举人·清》：兴宁教谕，道光朝。

李允青 清三水人。道光十五年（1835）举人。

［光绪］《广州府志》卷四十五《选举表十四·举人·国朝·道光十五年乙未》：三水人。

李冲 清顺德容奇人。道光十五年（1835）武举。

［咸丰］《顺德县志》卷十一《武举·国朝·道光》：容奇人……乙未恩科。

余秩庸 清南海人。道光十五年（1835）举人。

［道光］《南海县志》卷二十一《选举表二·国朝·举人·道光朝》：乙未科。

陈钊　清南海人。道光十五年（1835）举人。

［道光］《南海县志》卷二十一《选举表二·国朝·举人·道光朝》：乙未科。

陈苹　字鹿笙，清顺德容奇人。道光十五年（1835）举人。

［咸丰］《顺德县志》卷十一《举人二·国朝·道光》：字鹿笙，容奇人……乙未恩科。

陈国泰　清南海人。道光十五年（1835）岁贡。

［同治］《南海县志》卷九《道光朝·贡生》：岁贡，乙未科。

陈树仪　清南海佛山镇人。道光十五年（1835）举人，乳源教谕。

［道光］《南海县志》卷二十一《选举表二·国朝·举人·道光朝》：乙未科。

［同治］《南海县志》卷九《举人·清》：乳源教谕，道光朝。

［民国］《佛山忠义乡志》卷十三《选举志一·举人·清》：道光乙未，附生。

明伦　字佩良，号次卿，清南海九江人。道光十五年（1835）举人，大挑二等，授河源教谕。二十四年主修桑园围。49岁卒。

［道光］《南海县志》卷二十一《选举表二·国朝·举人·道光朝》：乙未科。

《九江儒林乡志》卷十《选举略·国朝·举人·道光十五年乙未恩科》：字佩良，号次卿。县学，中式第三十四名，河源教谕。卷十四《列传·清》：字佩良，号次卿，东方沙滘人。自以质鲁，闭门苦读，寒暑不少辍，遂得补县学附生。道光乙未中乡榜，五上公车不第，大挑二等，铨授河源教谕。甲辰桑园围决，伦与孝廉冯奉初等请于官，拨帑金数万两兴修，并董理其事，堤岸屹然，督制府匾旌之。是时，盗风日炽，兵差剿捕，多株连善良，伦力为剖别，乡人无冤，咸颂其德。卒年四十九。

罗兆蓉　清南海人。道光十五年（1835）副贡。

［道光］《南海县志》卷二十一《选举表二·国朝·贡生荐辟·道光朝》：乙未副贡。

罗炳坤 清南海人。道光十五年（1835）副贡。

［道光］《南海县志》卷二十一《选举表二·国朝·贡生荐辟·道光朝》：乙未副贡。

胡其琛（清道光） 清顺德桂洲人。道光十五年（1835）武举。

［咸丰］《顺德县志》卷十一《武举·国朝·道光》：桂洲人，乙未恩科。

梁声扬 清三水人。道光十五年（1835）举人。

［光绪］《广州府志》卷四十五《选举表十四·举人·国朝·道光十五年乙未》：三水人。

梁翚 清三水人。道光十五年（1835）举人。

［光绪］《广州府志》卷四十五《选举表十四·举人·国朝·道光十五年乙未》：三水人。

蔡镜泉 字菱洲，清顺德龙江人。与弟鑑泉同中道光十五年（1835）举人，官刑部主事。

［咸丰］《顺德县志》卷十一《举人二·国朝·道光》：字菱洲，龙江人。顺天榜，刑部主事。鑑泉兄，乙未恩科。

蔡鑑泉 字炯堂，清顺德龙江人。道光十五年（1835）举人，任甘肃甘州府通判、浙江台州府知府。兄镜泉。

［咸丰］《顺德县志》卷十一《举人二·国朝·道光》：字炯堂，龙江人。顺天榜，现任甘州府通判。镜泉弟……乙未恩科。

［光绪］《广州府志》卷四十五《选举表十四·举人·国朝·道光十五年乙未附顺天中式》：顺德人，甘州府通判、台州府知府，镜泉弟。

潘芳 清南海人。道光十五年（1835）副贡。

［道光］《南海县志》卷二十一《选举表二·国朝·贡生荐辟·道光朝》：

乙未副贡。

潘夔生 清南海人。道光十五年（1835）举人。

［道光］《南海县志》卷二十一《选举表二·国朝·举人·道光朝》：乙未科。

黎元干 字搜岩，清顺德赤花人。道光十五年（1835）举人。父廷玉。

［咸丰］《顺德县志》卷十一《举人二·国朝·道光》：字搜岩，赤花人……乙未恩科。

［民国］《顺德县志》卷九《封荫表·封赠·文阶》：黎廷玉，赤花人。以子元干、孙天纬赠……拣选知县。

黎国琛 字丹崖，以字行，号棠村，清南海九江人。道光十五年（1835）举人，大挑二等以教职用，部选仁化训导，迁连山教谕，同治五年（1866）任广东连山直隶厅教谕，卒于肇庆府教授任。父景垣，子璿。

［道光］《南海县志》卷二十一《选举表二·国朝·举人·道光朝》：乙未科。

［同治］《南海县志》卷九《举人·清》：肇庆府教授。父景垣，赠修职郎，道光朝。

《九江儒林乡志》卷十《选举略·国朝·举人·道光十五年乙未恩科》：以字行，号棠村。府学，中式第四十五名。初官仁化训导，兼署曲江训导，递迁连山教谕、肇庆教授。子璿，举人。《选举略·国朝·封荫》：黎景垣，以子国琛赠修职郎、仁化学训导。卷十四《列传·清》：字丹崖，号棠村，南方棠村社人。精神内敛，驯心向学。道光乙未由郡庠领乡荐，大挑二等以教职用，需次于家。阖乡倡建谷埠，以备岁歉，与诸同人董厥役。咸丰癸丑，凤山围决，亲督抢救，冒风雨指挥，围中人咸德之。部选仁化训导，调补连山厅教谕，两缺俱瘠陋，人多不乐就职，国琛独怡然任之。以积俸擢肇庆府教授，卒于官。生平质性蠲洁，心气和平，视富贵淡如也。尝曰："凡人读书，必先练定一副穷具，方能立实脚跟。倘意外妄想，品一坏，则万事瓦裂。"故时以俭朴自励。每值燕会，酒食无过量，居恒度支有节，行止有常。抚弟妹三人，友爱备至，待交游虽贫贱皆接以礼。干事能以静制动，处境能以屯为亨。同里明进士之纲称其办事有毅力，朱征君次琦称其为信天翁，象州郑比部献甫称其口不言钱，皆道其实也。究心医术，居官十余年，上官同僚沉疴，多赖以起，督学殷寿彭以“不愧三世医”称之。子璿，举人，大挑教职，尝聘纂《乡志》，披览无几遽卒。卷八《艺文略·集部·别集》：《蠹余文稿》二卷、《蠹余诗稿》二卷，国朝黎国琛撰。《艺文略·集部·总集类》：《古文批评》一卷，国朝黎国琛撰。

［民国］《连山县志》卷五《清连山直隶厅职官表·教官·同治时》：广州南海举人，五年任。

黎澄江 清顺德人。道光十五年（1835）代理顺德协把总。

［咸丰］《顺德县志》卷九《职官二·外委·嘉庆》：县人……左营……外委千总。《职官二·把总·道光》：县人。十五年署……左营。

林宜烜 字睿圃，清高明范州人。道光十六年（1836）岁贡，咸丰四年（1854），以倡办团练、保卫乡土授六品衔。寿87岁。子植棠、植棻。

［光绪］《高明县志》卷十二《选举表·国朝·岁贡·道光朝》：范州人，广西桂平籍，十六年贡。卷十三《列传·人物二·国朝》：字睿圃，寄籍桂平。少端谨，孝友性成。年十九，冠童子军，旋食饩，岁科试屡冠其曹，道光丙申贡太学。生平著述多辨道语，旁及帖括诗歌，为世传诵。课徒训子，悉先器识、后文艺，尝辑同学谱，首列立志、端品、勤业、敦谊四条，以故造就人材登科甲、列庠序者二百余人。咸丰甲寅、乙卯间，贼焰汹甚，宜烜与同志倡团卫里，六堡赖安。当事论功，欲官之，宜烜固辞，只受六品衔。享寿八十有七。子二，长植棠，道光己酉拔贡，任山西五台县。次植棻，候选县丞。宜烜以子官膺封诰。

明炳麟 字迪简，号云椒，清南海九江人。道光十六年（1836）贡生，工诗书画。

《九江儒林乡志》卷十《选举略·国朝·贡生·道光十六年丙申》：字迪简，号云椒。县学，岁贡。卷十四《列传·清》：字迪简，号云椒，东方沙滘人。性和雅，与物无忤，举业文体华丽，尤工诗。旋游庠食饩，试辄高等，名噪一时，值社会拈韵，每冠其侪偶。道光丙申岁贡生，生平酷爱书画，所藏董文敏、陈白沙、唐伯虎真迹，咸典衣购之。精隶书，有汉人笔意，画法晚年多规仿黎二樵简。应酬无虚日，纸绢本堆积几案咸满，殁后每幅价值数金。常玩石乳小山三盆，旁置一英石峰，皆嵌奇玲珑，珍若拱璧，故名所著诗草曰《三山一石草堂》。

夏学成 清高明石嘴人。道光十六年（1836）岁贡。

［光绪］《高明县志》卷十二《选举表·国朝·岁贡·道光朝》：石嘴人，十六年贡。

梁兆鹍 清顺德龙江人。道光十六年（1836）岁贡，同治元年（1862）赐举人。

［咸丰］《顺德县志》卷十一《岁贡·国朝·道光》：龙江人，丙申。

［民国］《顺德县志》卷八《选举表一·举人·同治》：龙江人，以符例赐，壬戌恩科并补行己未恩科。

梁如 （？—1857）字蔼华，清高明孔堂人。父文光早逝，母区氏守节。14岁以替人抄书养母，由广西苍梧县吏考满，得从九品职。咸丰七年（1857），太平军围梧城，随官兵率团拒守百日，城陷，骂贼死。祀苍梧昭宗祠。子嵘椿、嵘琛，孙廷栋、廷材、廷枚、廷枢。

［光绪］《高明县志》卷十二《选举表·封赠·国朝》：梁文光，光绪初以孙嵘椿赠奉政大夫，山东范县知县。梁如，光绪元年以孙廷栋赠奉直大夫、翰林院庶吉士，七年以子嵘椿赠奉政大夫、范县知县，晋赠中宪大夫。梁菁华，光绪十二年以侄嵘椿赠奉政大夫、掖县知县。梁著华，光绪十四年以侄嵘椿赠奉政大夫、掖县知县。卷十三《列传·人物二·国朝》：字蔼华，孔堂人。少孤，母区氏苦节抚育。如年十四，即佣书供母，先意承顺。稍长，习吏事，寄居广西苍梧县。由县吏满考，得从九品职。生平为人排难解纷，劝人息讼，好行善事，至老不倦。咸丰七年，贼围梧城，时城中乏粮，劝捐粮米，竭尽心力。随同官兵率团拒守百日，粮尽城陷，骂贼不屈死，祀梧昭忠祠，事载《苍梧志·忠义传》。子嵘椿、孙廷栋，同治甲戌科同榜成进士。子嵘琛，庠生。孙廷材，选用从九品。廷枚，廪生，候选县丞。廷枢，廪生，由河工以知县分发湖南。其余孙、曾林立，游庠食饩者不乏人，以子若孙官累膺诰赠。《列传四·列女》：梁文光妻区氏，孔堂人。年十八岁适夫，生三子。二十九岁夫故守节，奉姑教子，备极辛勤。卒年七十一。

梁绍献 （1806—1866）原名献廷，字国乐，号槐轩，清南海澜石（今属禅城）人。13 岁能背诵十三经，道光十二年（1832）举人，二十一年进士，选庶吉士，散馆授职编修，充国史馆协修纂修官，三十年补授江南道监察御史。咸丰二年（1852）告假回籍，六年教学佛山，同治三年（1864），广州府聘为羊城书院主讲。主纂续修《南海县志》。祖瓒，父旺，兄绍斌。

［同治］《南海县志》卷九《道光朝·进士》：原名献廷，改今名。翰林御史，辛丑科。《道光朝·封荫》：梁瓒，以孙绍献貤赠奉政大夫。梁旺，以子绍献赠奉政大夫。梁绍斌，以弟绍献貤封奉直大夫。卷十四《列传》：原名献廷，字国乐，号槐轩，五斗司澜石乡人。幼负异资，父英文聘严师督之，年十三能倍诵十三经。以幼童应县府考，广守程含章深为激赏。道光六年充博士弟子，九年饩于庠，十二年中壬辰科举人。廿年考取内阁中书，旋登进士第，选庶吉士。散馆授职编修，累充国史馆协修、纂修官，丁未会试同考官。三十年补授江南道监察御史，派查甲米，派监试内帘。时各省军兴，饷糈告乏，粤东匪徒充斥，劫掠频闻。绍宪推寻事源，先后共上四疏。其一核关税，谓："近日度支纷繁，司农仰屋。与其借绅董劝捐以填巨款，不若杜关津积弊以实漏卮。查上年英国洋酋在福州照会，称各国出口进口货物多系走私，中国官知而故纵，独英商照例输纳，不减分毫，于他国大有所裨，英国不无亏损等语，此各国串通走漏之明证。而道光三十年上海查出英商走漏茶叶，经将洋船扣留，该商始肯照罚，此英国走漏之明证。夫经查出者既有此数，未查出者不知几何。至粤东走私更叠见层出，如通事蔡棠一案，应纳税五千余，诡称在上海已经输纳，是谓将无作有。蔡禧一案又报少漏多。至奸徒何周一案经海关，家人捉获，供出伙党府差高先、县差周用等多人，至今未经查究。又查白糖等项，向来出口不下六千万斤，今买不及三之一，洋参绸缎进口之货，近来税册亦属寥寥。以粤省推之，各省必同此弊，内外扶同，不知伊于胡底①矣。相应请旨，令各省督臣榷使认真整顿，务使点滴归公，则关税可裕矣。"其二禁械斗，谓："广东劫夺之惨，生于匪徒，匪徒党与之多由于械斗。臣闻儋州因风水械斗，至伤害员弁、围困州城，知恶习不悛，祸乱所由起也。查此风各省均有，而闽之漳泉、粤之潮嘉为甚，推其故虽由民情悍戾，亦官吏贪忍有以致之。夫朝廷设官，欲其平讼息民耳，今乡民词讼

---

①伊于胡底：对一些不好的现象表示感慨，意思是究竟要到什么时候为止，意同不堪设想。

积至数年不为断结，小民无所告诉，聚党交争，亦固其所，官又不为弹压，以解其棼。及寻仇不已，杀死累累，一纳赂于官，顶凶者代受刑诛，真凶者仍逃法外。由是怨气郁结，既有不爱生命之意，更有疾视长上之心，万一桴鼓频鸣，此辈有不弄兵潢池者乎？为人牧者奈何睹此乱机，不急思所以弭之也？臣以为息斗之道无他，诚以通之、恩以怀之、威以克之而已。诚者孚上下之情者也，地方官巡历乡闾问疾苦，父老子弟如家人骨肉，相见以天焉慈祥恻怛之忱，足消其桀骜不驯之气，则诚已通之矣。由是剔奸胥、除讼棍、挫土豪，害于民者无不去。筹积贮、立乡规、设义学，利于民者无不兴。俾群黎百姓知睦姻任恤之足恃，好勇斗狠之不可为，有不感恩而革面者乎？若夫顽梗之族、犷悍之村，诚不能格，恩不能施，不妨剿洗一二以警其余。传曰：‘蝮蛇螫手，猛士断臂。所弃者少，所全者多也。何械斗之不可弭哉！”其三饬吏治，谓：“吏治日污，民生日困，望民讼而讼者愈少，讳言盗而盗者愈多。推求其故，由地方官改盗为窃，规避处分，意欲舍重就轻，苟免参劾。不知民犯斩绞之罪，仅得流徒之刑，亦复有何顾忌？无怪日讳盗而盗益滋也。至借盗销案之谋，尤为狡诈，一起盗案则牵数案之盗以充之，一犯到案则累前后数案而入之。或授意胥吏诱供，或差役逼吓，在犯人均之一死，多认与少认于罪无加，不若多受几案以免鞭笞。官吏欣然得计，不知官可免参处，贼亦可免查拿矣。尤可异者，被劫不报案，可借口为不知，一报案而委员勘验，动索夫马。欲满其所欲，则劫后无余财，不给其所求，又不据实具禀。无怪被劫之家苦上加苦、吞声忍气，不肯报官也，而官正乐其不报，以为少报一案，免受一案之累，乌知官少一案之累，民间多无数劫案之累乎？臣闻广州一带，贼持军械、架炮船，沿河抢掠，佛镇距省四十里，客人买卖来往日凡数回，今乃视为畏途，裹足不进。近地如此，远地可知。请旨下督抚认真查办，早散贼党，如地方官仍前讳盗、借盗及勒索夫马等事，立予严参，庶属吏知儆、盗风可息矣。”咸丰二年上“端治本”疏，其略曰：“窃惟天下事成于忧勤，败于逸豫，从古帝王未有不谨小慎微，以懋厥德者也。臣恭阅邸抄，本月廿三日皇上驻跸圆明园。国家自创建斯园以来，释服后万几余暇，仰观俯察，寓对时育物之心。尝读世宗皇帝园记有曰：‘不图自安，不求自逸，扩鸿基于孔固，绥福庆于将来。’高宗皇帝后记曰：‘帝王临朝市政之暇，必有游旷观览之地，然得其宜适以养情而陶性，失其宜适以玩物而丧志，宫室服御、玩好奇技之念切，则亲贤纳谏、勤政爱民之念疏矣。’圣谟洋洋，先忧后乐，此我朝之心法，即我朝之治法也。皇上圣敬日跻，励精图治，中外共见，而且覃思典学，研究性理，上年特命翰林院缮写《朱子全书》恭呈御览，正心诚意，取则前贤，臣不胜钦服。然圣不自圣者，德心所以克广也，慎之又慎者，单心所以缉熙①也。方今丰北漫口未能合龙，桂林解围贼氛未殄，外省聚众戕官之案蠢动时闻，民生日艰，财用日匮。又时逾孟夏，麦陇荒收，亢旱为灾，甘澍未降。臣愿皇上居宫室之安，则益思兵燹遗民奔走死亡之惨。处苑囿之乐，则益廑水灾黎庶阻饥沉溺之忧。常以此矢心即常以此敷治，如是而不足以拯时艰、迓祥和者未之有也！”凡所建白皆切于时事如此。绍献以时事孔艰，方思有所建树，而母陈年八十余，久居日下，恒欲南还，遂于二年九月告假回籍。时邑令胡湘仰其学行，聘主西湖书院讲席。四年，红巾乱作，于省垣剿匪屯防、劝捐倡赈，为大吏赞襄，不辞劳瘁。六年，诸务略定，乃辞省馆，设教于佛山，学徒负笈相从，岁以百计。同治三年，广州府聘主羊城讲席。借历年脩脯毕婚嫁，因谓其子曰：“《孝经》以守宗庙为卿大夫之孝礼，谓君子将营宫室，宗庙为先，此古礼也。我朝令典品官皆有家庙，五品庙二三间，中室祀四亲，祧主藏夹室，此今制也。吾家惟有族祠而无家庙，夫既受禄于朝，恩及先世矣，而犹庶人祭于寝可乎？”乃倾所有，建翰林家庙，其根据古谊多此类也。后以同治五年卒，年六十一。绍献性温厚恬淡，居京师闭户自守，不至权贵之门。静则生明，论文别有衡鉴。为会试同考得两卷，一喜其风骨峻异，一爱其文采葩流，力荐不售。及榜后来见，一则湖南江忠源，一则浙江章鋆也，益奖励之。后江以雷再浩案练乡勇破贼，以知兵称。及发逆起粤西，率乡勇逐贼，转战数省，复名城，歼巨寇，以义兵为天下倡。官由知县至巡抚，殉难庐州，谥忠烈。章亦于壬子科成进士，以廷试第一人官修撰，故世谓绍献能以文知人。

［宣统］《南海县志》卷十一《艺文略·史部·地理属志乘类》：《续南海县志》二十六卷，国朝梁绍献等修。

张启明 （1807—1861）改名启民，字诏书，号公甫，清南海山南堡西桠村人。道光十一年（1831）举人，选授南雄州学正。贫而守礼。

［道光］《南海县志》卷二十一《选举表二·国朝·举人·道光朝》：辛卯科。

［同治］《南海县志》卷十九《列传·善行》：原名启明，字诏书，号公甫，山南堡西桠村人。年未弱冠补弟子员，道光十一年辛卯恩科领乡荐，选授南雄州学正。性朴直少文，讲学以立诚为宗，自律甚严，处人甚恕，于出

---

①缉熙：指光明，又引申为光辉。

入取予之间，尤介介不苟。粤俗崇尚八比，聚徒讲肆，以标榜相高，必宏度包荒，始克为广大教主。启民论文必依理法，接物务竣防闲，学人多畏其拘牵，恒望而却步，即欲以评论时艺自给，而执贽请教者亦甚寥寥。惟同邑工部郎中廖甡出守淮西，延至署中，为儿子教授。番禺梁京兆同新视学楚南，聘入学幕襄校阅。事竣，于脩脯外竟不名一钱。迨从都下垂翅归，几无以黔其突①。会其乡人多贾于粤西，仰其清廉，延为北流县广州会馆街正。北流者，水陆要冲，西省小都会也。时道光末，股匪横行，日垂涎思劫掠。县令阮方筹款项办围防，得启民左右其间，上下情通，故兵费裕如，守御弥固。及咸丰初发逆昌炽，凡股匪、艇匪、土客匪悉附之，攻城邑，据墟场，道路不通，商民兼困，北流遂不能支，市廛多被焚毁。启民无所得食，避地东还。然其时东省红巾亦起，官军守省垣，力不能及远，村落益骚然。启民老屋数椽，咸经毁拆，乃寄居他所，以米饭供亲，己与家人啖饘粥，如是者将一年，幸不死。友人知其馁，馈以米石，启民曰："吾瓶甑未尽罄，无劳费心。然既挑来，且放下可耳。"旬日后，典妻媳环钗，以价偿之，其不轻受人惠如此。咸丰五年，红巾溃散，大吏谕乡绅开屯局、清内匪，其壮丁日食、绅董脩金皆支各乡公费。启民谓："我乡多贫户，公费何从出？"日在公局理事，不饮乡人一勺水。乡人不自安，公捐银二百两酬之，坚不受，曰："吾为乡绅，理乡事其职也，何用此为？"论者谓吾邑办善后以来，任其劳而却其谢者，启民一人而已。平日读书，脱略辞华，精究义理，处事以古礼为断，毅然有所执持。粤自红匪内讧，洋人外侵，四五年间，士夫废业，启民家居，仗其子训蒙以度日。俄而其子死，或言其葬父地非吉壤，劝迁之。启民曰："礼有之，葬者藏也，又曰易墓非古，夫子亦言古不修墓。修治且不可，况迁徙乎？若因子孙吉凶震动先人体魄，此地师惑人之术，非儒者所敢出也。"后其母亦以为言，不得已，起其棺权厝②之。无何，其母又死。启民深自痛悔，曰："古人贵慎终，谓谨慎于前，不至更改于后耳。吾守道不坚，至人生大事进退失据，吾尚得比于人耶？"因郁抑无俚，常鲜生趣。然素以介节自矢，虽衣食不给，不假贷于人，因而致病。辛酉九月，其友冯伟之遇于途，诧曰："公甫何憔悴至此？"曰："吾染一奇症，耳鼻有脓流出，医家莫知其故。寂坐无聊，故寻书摊看旧书以消闷耳。"逾月，而启民卒，年五十六。身后遗下三世四棺，生者有露处之忧，死者无瘗埋之地。于是顺德龙太常元僖、郎中元俨兄弟与有年谊，又雅重其为人，先捐银百二十两为之倡，诸友陆续凑成之，得

①黔其突：烟囱因炊爨而熏黑。黔：黑色。突：烟囱。

②权厝（cuò）：临时置棺待葬。

银三百余两，而后养生丧死皆无憾云。

陈佐光 （约1807—1865）字枫垣，清南海伏隆堡人。道光十四年（1834）武举，会试后拣选三等，以卫千总用，授吴川营把总，由千总署电白、阳江守备，以战绩由龙门协副将署阳江总镇。卒于官。

［道光］《南海县志》卷二十二《选举表三·国朝·武举·道光朝》：甲午科。

［同治］《南海县志》卷十四《列传》：字枫垣，伏隆堡人。道光甲午科武举，会试后拣选三等，以卫千总用。自以生长海滨，谙熟水道，请隶外洋水师效力。三年期满，先后获巨匪百余人，授吴川营把总。再以击盗海洋，迭获船炮，由千总署电白、阳江等守备。会其时西事将起，海寇乘机窃发，势益披猖。佐光冒涉风涛，攻贼于放鸡洋、南澎洋、大筋头等处，屡告捷，并夺回被虏男女数百名，督抚才之，由硇洲营都司进护阳江游击。先是，佐光所到地方，缉捕奋勇，而在阳江最久，战绩最多，及是再来，益惬民望。然是时土客构衅，恩、开等十余县客匪始借口报复，继焚杀村庄，肇属各县扫地无余，独阳江尚为富实，遂纠党数万，由阳春窜至县境，那笃、那龙、东平等村蹂躏殆尽。富民络绎挟资货走城中，贼眈眈注视。绅民议以重兵守城，不欲护藩篱而舍心腹。佐光谓：“以守为攻，不若以攻为守。我方攻贼，贼何暇攻我？此以攻为守也。”遂掩贼不备，败之，江城赖以无虞。制府劳崇光保举堪以总兵用，遂由龙门协副将署阳江总镇。时发贼陈金刚十余万陷信宜，客匪与勾通，袭据县属之程村、织篢等地，声势甚张。佐光协同文武，剿抚互用，卒就肃清。署镇五年，以劳卒于官，年五十九。发纼①之日，沿途路祭者如云，其功德在人如此。

李鸣韶 （约1807—约1876）改名徵霨，字孟夔，号阮庵，清南海九江人。道光九年（1829）县试第一入学，十一年乡试副贡第一，次年举人，二十四年任广东高要教谕。同治初截取知县不赴，续修《南海县志》，列传多出其手。光绪初与修《广州府志》。病卒，好友朱次琦嘱其弟徵雯编印遗稿。

［道光］《南海县志》卷二十一《选举表二·国朝·贡生荐辟·道光朝》：

---

①纼（zhèn）：牵引灵车的大绳子。

副贡……辛卯。《选举表二·国朝·举人·道光朝》：壬辰科。

［光绪］《广州府志》卷四十五《选举表十四·举人·国朝·道光十二年壬辰》：南海人，改名徵霨，高要教谕。卷一百二十九《列传十八·国朝·南海》：李徵霨，原名鸣韶，字孟夔，九江堡人。少沉默好学，道光壬辰举人。甲辰大挑二等，补高要县学教谕，加内阁中书衔。是岁桑园围决，与众绅实力堵筑。同治初，本邑进士、湖南知县徐台英奉特旨起用，时徵霨亦截取知县，台英邀与俱出。徵霨性澹泊，不乐仕进，乃为时事十策授台英备采择，台英深韪之。充学海堂学长，并续修《南海县志》《广州府志》，未脱稿病卒，年七十。

［宣统］《南海县志》卷十五《列传·李徵霨传》：原名鸣韶，字孟夔，号阮庵，大同堡人。家贫少孤，依母课读。稍长，游朱孝廉尧勋门。尧勋器之，怜其贫，免其脩膳费。性聪颖，劬于学，早岁文名藉甚，所为诗古文词人争诵之，推为学海堂学长。道光九年以县试第一补博士弟子员，十一年乡试举副贡第一，逾年壬辰登贤书。大挑选授高要县训导，兼署德庆州学正。有诬徵霨婪索闻于上官者，上官召诸生询之，某生曰："否！生不幸妻亡，求赙于师，师赙我金若干。复请益，师戏答曰：'若进庠，吾未尝多取于若也。若今渎渎奚为？'听者不察，误以訾师之不廉耳！"上官颔而置之。截取知县到班，以母老不谒选，隐居乡里。主大同局事，整饬乡规，较合秤、斗，商人不敢售其奸……邑人梁绍献等重修邑志，未就而绍献没，徵霨踵而成之，所为列传多出其手。光绪初年，复与修《广州志》。先是，有沙田界于南、顺，争久不决，徵霨力为调处，卒归我邑，学宫岁入增千余金，赖其力为多。徵霨生平不喜见要人，青毡外别无长物，解组后益醰①精四部，穷年兀兀，老而弥勤。有所感触发，为诗歌顷刻立就，问字之车踵相接也。年七十二卒于家。与朱次琦交最笃，易箦之夕，次琦亲往视之，嘱其弟徵雯搜集遗稿，编辑付梓焉。卷十一《艺文略·集部·别集》：《李氏遗稿》四卷，国朝李徵霨撰。

康赞修　（1807—1877）名以乾，以字行，号述之，清南海丹灶人。道光二十六年（1846）举人，咸丰四年（1854）任广西合浦县教谕。同治三年（1864）升知县改教授，五年（1866）参编《南海县志》，次年补连州训导。长子达初

①醰（tán）：酒味醇厚。

(1831—1868)死，接长孙有为至连州。十二年兼羊城书院监院，光绪三年(1877)溺水亡。父健昌。

[同治]《连州志》卷五《职官志·国朝·续训导》：南海举人，同治六年任。

[同治]《南海县志》卷九《道光朝·举人》：钦州学正，丙午科。《道光朝·封荫》：康健昌，以子赞修赠修职郎。

[光绪]《广州府志》卷四十六《选举表十五·举人·国朝·道光二十六年丙午》：南海人，连州学正。

[宣统]《南海县志》卷十五《列传》：以字行，名以乾，号述之，丹桂堡人……咸丰四年选合浦县教谕，调钦州学正，历主龙门、海门东坡书院讲席。诲人以器识为先，文风丕振，人怀其教泽，设禄位祀之。当任钦州学正时，灵山陷于贼，钦州戒严，日夜佐州牧谋画防守。旋署灵山县训导，捧檄筹饷，备历险阻，暑雨驰驱年余，不遑休息。赞修素得士心，为人信服，商富咸乐输将，得饷十余万，军赖以济。贼平，赏加六品衔。同治七年改补连州训导，兼南轩书院山长。旋奉调回省，帮办缉捕事，又奉委管理羊城书院监院。其办缉捕善达民隐，事有疑难，上官多以其言为决。续修邑志，赞修总理局务，筹画妥协。光绪二年，修筑波子角基围，赞修请领官帑，兼竭力劝捐，得以蒇事，其见义勇为类如此。居家以孝友闻，事伯兄如事父，袒怀接物，绝口不谈人短，见者矜躁俱消。尝谓："省事当作百'忍'字，释争不外一'和'字。"作字必端楷，虽匆忙，未尝草书，至老不改。谕子弟，书每亹亹数百言，多引古人嘉言善行以相勖勉。光绪三年四月，回连州送考，猝遭大水，城不没者三板，雇舟避之。水退后泊河干，舟为坏墙所压，奔避不及，溺于水。其子达迁因水退，先回学署扫除，闻耗奔救起，气已绝矣，时年七十有一。州人士钦其品学，祀之于功德祠。督抚两院宪为入奏请恤，加教谕衔，荫一子入监读书。远近闻讣，莫不惋叹，吊祭盈门，有扶杖来哭祭者，同邑朱进士次琦题曰"一生谨慎"。徐进士台英尝谓人曰"吾与康氏交得两赵焉，如夏日可畏者种之，如冬日可爱者述之"云，种之者名国熺，侠烈士也。

潘继李　(1807—?)字文彬，一字绪卿，清南海河清乡人。早年师从曾钊，道光四年(1824)与朱次琦、陈澧等为学海堂专课生，二十五年郡试第一补弟子员。同治七年(1868)贡太学，潘斯濂督学山东，聘为襄校。

[同治]《南海县志》卷九《同治朝·贡生》：府学岁贡，戊辰。

［宣统］《南海县志》卷十九《列传·文学》：字文彬，一字绪卿，河清乡人。幼聪颖，劬于学。家鲜藏书，每就旧书肆搜求，购得一卷，日夜循诵不辍。邑人曾钊主西湖书院讲席，继李执贽受业，遂得闻汉儒治经家法，治诗宗《毛》、郑，旁及《三礼》。道光四年，粤督阮元开学海堂，专课生十人，继李暨邑人朱次琦，番禺陈澧、金锡龄与焉。二十五年，以郡试第一补弟子员，咸丰元年食饩于庠。同治七年以明经贡太学，适邑人潘斯濂督学山东，聘继李襄校。山左固人文旧邦，碑刻林立，继李所得脩脯尽购以归，其好古如此。晚年居乡，乡有安平义仓，咸、同之间屡发平粜，仓谷久虚。继李首倡捐输，乡人踊跃倾助，仓储遂复。生平取与，介介不苟，乡人争讼，为判是非，莫不悦服。间有贿以求助者，必严词以却，故人多畏而爱之。著有《求是斋集》八卷、《诗地理续考》二卷、《聂氏三礼图辨证》一卷、《山左游草》一卷藏于家。

朱次琦　（1807—1882）字浩虔，号子襄、稚圭，清南海九江下西太平约人。5 岁入塾，7 岁能诗。13 岁曾钊携同谒见两广总督阮元，应命作《黄木湾观海》诗。18 岁广州羊城书院肄业，22 岁成秀才，26 岁进广州越华书院深造。道光十九年（1839）举人，二十七年进士，即用知县，分发山西。咸丰二年（1852）代理襄陵县令 190 天，五年引疾南归。在籍奉旨召用，未赴，赏给五品卿衔。1858 年，在家乡九江礼山下讲学垂 20 余年，除汉学、宋学间的门户之见，归宗于孔子，力求融会贯通。父成发，兄士琦，子之绂。

［同治］《南海县志》卷九《道光朝·举人》：士琦弟，进士，兄弟同榜，己亥科。《道光朝·进士》：襄陵知县，丁未科。

《九江儒林乡志》卷十《选举略·国朝·举人·道光十九年己亥科》：字浩虔，号子襄。县学，中式第三十八名，丁未进士。《选举略·国朝·进士·道光二十七年丁未科》：赐同进士出身，即用知县，署山西襄陵知县。在籍奉旨召用，未赴，赏给五品卿衔。兄士琦，举人。卷十四《列传·清》：字浩虔，一字子襄，号稚圭，西方太平约人。生而俊异，方五岁，冬夜，其母持火笼温被，借次琦寝，次琦遽曰："此时穷人无绵被者众，可悯也。"母尝问所愿，曰："愿天下人众咸爱儿尔。"及长，厉志圣贤经世之学，于书无弗读，尤沉潜于经史掌故。英襟伟识，嘐嘐①自好，粤督阮文达、粤抚朱庄恪咸加器异，补县学生，肄业越华书院。其时陈修撰继昌主讲席，叩其所学，曰："天下士也。"由是课辄第一，累七第一。及继昌还朝，解所携"屏翰嘉勋"玉章赠别，曰："此先文恭任江督时世庙赐物也，非子不称佩此。"道光己亥恩科，与兄士琦同举于乡，丁未成进士，引见以知县用，分发山西。追赴官，不挈家而行，抵晋城僦居寺舍。晋中修学好古之士争从之游，尊为后朱夫子。需次五年，屡在谳局问案，院司称能，委以艰巨。初，外蒙古札萨克部有幕南地，授晋北边甿代耕。耕者众数万，岁久不输租，两有违言，克期械斗。边甿先期乘夜邀击，伤毙蒙古数百人，蒙古叠控于朝且言将用兵幕南。诏责行省迅治，抚军兆那苏图议剿边甿，边甿扬声拒捕，兵向用矣。江宁潘忠毅，次琦乡试座师也，时降调晋臬。次琦遂夜见之，问曰："闻剿北边耕甿，信乎？"潘曰："然。"次琦曰："此激乱也。方今南方糜烂于盗，又使北方杌陧②于兵，兵衅一启，乱机斯应，是天下无完壤也。不如遣一能吏亲谕边甿，剖晰利害，俾献罪魁，执以说于蒙古。此一使之任耳！"潘以白抚军，抚军顿悟，而难其人，潘曰："言者即其人也。"抚军以次琦奏请，代莅其事。次琦乃行至幕南，让其耆老，得罪魁十三人，遂绝大幕，抵其部。蒙古大会诸王，咸以罪人少，意未释。次琦援刑律折之，又因俗陈义，具宣天子德意，诸王意动。诸王中法福善者尝居京邸，雅慕次琦，于是因法王以谕诸王，杀十三人而衅解。诸王皆喜，赆裘二百袭，谢弗受。使还，大为兆抚军所器重，寻委署汾州孝义县。未接篆，值襄陵县缺出，谚所称"金襄陵"者也。兆抚军谓潘忠毅曰："委朱令往何如？"潘微笑曰："在朱令，孝义、襄陵一也。"抚军亦笑曰："固知朱令处脂膏不润，第地方好心较安耳。"遂委署襄陵。次琦孑身履任，以儒为治，煦民如子女，民亦爱之如所生。在任百九十日，多异绩，名噪一时。系囚赵三不棱，剧盗也，覸③护县薛经历卸篆，挈两命犯逸去。薛忧懑，须次琦至，以相属。次琦谢病三日不至，使盗党弗戒，而阴出重资，购知其所欲适，亟假郡捕前半夕疾驰百二十里，至曲沃郭南酒家掩执之。比县人迎新尹，次琦已絷原盗人矣，远近以为神。河东岁患狼，俗愚言神物不可击，击且寻报复。次琦愤惋，募猎户捕之，得者予钱万，犹弗获，乃亲檄西山神祠，约十日驱狼尽，否则仆神、潴其庙。时秋严气寒，风日萧萧，天忽大霁雾旬日，人得迹狼所出没，攒火枪击之，半月得狼百有七，患

---

①嘐嘐（xiāoxiāo）：志大言大的样子。

②杌陧（wùniè）：动荡不安。

③覸（jiàn）：通"瞯"，窥视。

遂绝。县旱祷雨，雨立注，它郡邑雨雹伤稼，县境独不犯，大有年。横汾霜降后舆梁①成，潦复大至，势将漂没，次琦出禜②之，应时衰落。平阳总兵某，骄横不受巡抚节制，挟军兴势扰驿站，诸县帖帖受虐。次琦独持法裁之，气出其上，曰："令将与辨于阙下，愿舍一官谢百姓。"总兵愧屈，他日在郡旅见，反揖之曰："明府利害。"次琦正容曰："某何敢，特不知利害耳！"关氏错居河东郡邑，解州世袭翰林博士关某，数以讼胁族人财，越境来诉。次琦弊狱壮缪侯庙，抗声祝神，以侯之义烈动之，而数其败官忝世之罪。观者数千人，群相唾骂，某愧欲死，搏颡自詈，讼遂罢，由是邑无亲属讼者。杀人囚刘长辐淹狱③久，次琦至，乃引伏④，将出死，流涕谓观者曰："死自吾分，恨爷来迟，吾致陷此也！"襄陵与临汾受平水下流，岁资其灌溉，豪右行霸或垄断居奇，非有买水券，水不得下。无地者擅水之利，而有地者反无水，坐是争水聚斗者百千人，大狱数起。咸丰元年，复控于京，诏归行省，次琦至，廉狱事，狱成既抵罪，多所贳⑤释，保全数万家。于是次琦喟然曰："蠢兹蚩蚩，利饵之于前，而刑纠之于后，虽曰不罔，民谁欺哉！"乃钩稽故牍，厘治强谲，定以地随粮、以水随地之制。又会临汾令履亩，两邑田若税相直，定平水四十分，县各分其半。遂筹资变行县中水利，设四纲维持之。曰水则，县水二十，分八支渠分灌，视壤广狭为差。曰用人，渠有渠长，司水之禁令，沟头治浇灌，堰长守陡门，皆听于渠长，违约者，渠长督沟头行罚。曰行水，昼夜有程，通闭有节，传牌有部次，淘河有式，动碾有候。曰陡门，筑门管渠，楗⑥以石毋弗平，插以版毋弗密，锲以印记、稽以守词毋弗毖且壹。复言于兆抚军曰："县成水田，民捐民修，愿奏请毋照东南水田升科。"抚军命为奏稿奏上，奉旨允行。绩既成，实得膏田三万四百亩有奇，自是争斗祸息，河渠利兴，民始知相生相养之乐，去而镂碑颂之。驭吏役，筹赡其用，无得受赇，吏役皆驯。重门洞开，民有击鼓投状者即出坐堂皇，吏役竟或后至。告不揭期，状无成式，口诉亦与判。暇则出行县，驺从不设，老仆控骞卫，一吏橐笔札，一役负糗糒⑦自随。所至拊循姁姁，老稚昵近如家人。有遮诉者，索木几坐道，与决判牍，以某甲唤某乙，无或不至，诘慰曲直，能引伏

①舆梁：桥梁。

②禜（yǒng）：古代一种祈求神灵消除灾祸的祭祀。

③淹狱：久拖不办的案件。

④引伏：认罪、服罪。

⑤贳（shì）：宽纵、赦免。

⑥楗：堵塞决水口所下的竹木草石。

⑦糗糒（qiǔbèi）：干粮。

则已，恒终日不笞一人，曰：“细故无伤夙好也。”其它颁《读书日程》以劝学，创保甲新令以督奸，减钱粮耗羡以宽民，革生员贽金以体士，追社仓粟二万石以备灾，禁火葬、罪同姓之昏以正俗，更不可枚举。县号晋腴壤，前宰告帮称寿，率辇千百金，次琦一切禁绝。淡薄质素，寖已化俗，优人①百戏至徙之他邑。比受代去，阖县吁大府乞留，既不得，万众皇皇如失慈母，出署之夕，空县扳留，遮马首不能前，里妇村媖亦绷小孩匍匐跪道，不远而至，丐次琦摩儿顶曰：“爷试抚之，好育养也！”次琦既去，邑人祀之邓伯道祠，又筑朱使君祠，尸祝至今。晋人郭学士景僖目为山西贤令，程明道后一人，贾太仆克慎谓：“良吏出晋阳者有于青天，朱使君来，若相还也。”次琦受事虽浅，而宜民之效、遗爱之深至于如此。方任襄陵时，实咸丰二年，七月南方盗起，其冬寇东下，历破武昌、安庆，据金陵，北至扬州。氛虽远，次琦恤然忧之，谓宜绸缪全晋，联络关陇，为保障一方计。大略：“以雍冀为天地积高之府，势据建瓴与为合从，则我免腹背之敌，关陇得唇齿之依。况晋中富实甲海内，内而马牧、金铁、硝磺、刍粟之产，饶资于军实，外而蒙古、察哈尔之兵，踊跃于征需。长安称陆海豪户亚晋中，而河西之武力、关外之防秋②，皆足备缓急也。一旦有警，甘督出商汉，陕抚据潼关，与吾为犄角，吾抚军则率北镇劲旅，扼河为固，踞茅津、太阳之间，仍命廉使率南镇控太行，以防河朔。其余若辽州之十八盘、平定之井陉口，五台之黑山、龙泉等关，可丸泥封③也。北边幸无事，将军引绥远旗兵入镇会垣，与藩侯居守，副都统移驻大同，以锁钥北门。我师之出，平蒲为正，泽潞为奇，正扼其吭奇④拊其背⑤，以守则固，以征则强。是以汉南有贼，甘督为主，秦晋赴之。河北有贼，我师为主，关陇赴之。豫中有贼，我与甘军之赴陕抚者亦如是。坚瑕一气，折冲千里，此常山蛇⑥势也。于以鞭笞楚蜀，控引河洛，援中原以屏蔽京师，盖桓文之勋也！”其条目又有止征调、请便宜、严赏戮、作忠义、右军

①优人：古代以乐舞、戏谑为业的艺人。

②古代西北各游牧部落，往往趁秋高马肥时南侵。届时边军特加警卫，调兵防守，称为“防秋”。

③丸泥封：形容地势险要，只要少量兵力就可以把守。丸泥：一粒泥丸，比喻少。

④古代作战以对阵交锋为正，设伏掩袭等为奇。吭，喉咙。

⑤拊其背：轻拍其肩背。

⑥常山蛇：古代传说中的一种蛇，能首尾互相救应，后因以喻首尾相顾的阵势。

谋、选锋锐、讲拊循、禁科派、保殷富、息流移诸政，乃为三难、五易、十可守、八可征之策，洋洋万言。三年二月代还，乃自奏记，抚军哈芬不省，遂引疾，而召襄陵荐绅谕之曰：“吾南归矣，抑心所谓危敢以告。粤贼据金陵、寇淮阳，今虽去晋远，而晋号富实，而骡马硝磺所出，贼必甘心焉？吾谋不用，其入晋无可御者，襄陵当孔道，亦必不免。然贼势流而不止，易者取，难者去。窃为县策，尽徙城外店舍，而逐汾河舟楫，不从则焚之，使贼至无可渡，渡亦城坚不可拔，野清不得掠，此可免也！”县荐绅谨受教。无何，扬州贼入晋境，径陷一府数县，喋血千里。独襄陵守次琦遗策，贼抵平阳，渡汾不得，郡破而县特完，人益叹次琦知几之神焉。抵家后，足不履城市，士大夫咸想望丰采。同治元年，奉旨召用，以病不起，先后大吏寓书请见，俱不就。西洋人有介贡生某求见者，次琦曰：“礼，大夫之问不出境，无私交。”峻却不纳。惟日与宗党、乡人、学者相见，严训子弟束脩守法，兴修祖祠，积谷备荒，治堤筑笕，靡弗竭力。讲学于乡之忠良山麓，学者自远而至，醉义忘归。其讲学大旨无分汉宋，以修行读书为务，旦晚登堂讲论，必条举经史掌故、性理词章，抉发其精要，令学者日有启发。学者闻其言，初怖若河汉，久乃益信服之，愿依之终身。次琦既殁，犹有留山堂不去者。光绪六年，边海绸缪防守，督抚延请襄办海防，遣同知陈嵩寿赍书劝驾，次琦以病不往。七年，督抚以次琦与番禺陈孝廉澧耆年硕德，奏请赏加京衔，以风励一世。奉上谕：“张树声裕宽奏，敬举笃行绅士，请量予褒异等语。据称广东在籍绅士、前署山西襄陵县知县朱次琦，讲明正学，身体力行，比闾族党，薰德善良等因。钦此。”次琦遂蒙加恩赏，给五品卿衔。报至，次琦欿然曰：“国恩厚矣，病躯偃蹇，何以为报？”乃竟于其冬病卒，年七十五。次琦方颐广颡少须眉，嶷嶷然气醇以方。终日危坐无倦容，即之可畏，至性天植。宅继母忧，庐于乡之正觉寺，哀毁一如所生，三年不饮酒食肉。居内兄弟问学，自相师友。先人有薄产，让于两兄一弟，有故不足，更自典质称贷推与之。笃于交游，当患难死生恤焉，若疾痛之在肤，事不可则面颊发赤，气浩辞直，虽亲昵无少假。辞受取予之交，介然有执，粤大吏聘为学海堂学长，辞不就，仍虚位待之凡二十余年，终不受其脩脯。亲故婚丧庆事皆从厚，值空匮，或典衣应之。及卒，家无余财，惟存书数万卷，门弟子醵金以殓。卒之日，自督抚司道下迄县令武吏，皆遣使奠醊①，郡邑士夫、门生故旧赴吊累月，弗绝于途。生平著述等身，及病革，尽燔其稿，仅存族中修刊之书《朱氏传芳集》五卷、《朱氏家谱》十二卷。《家谱》搜采宗派出其弟宗琦手，爰让善于弟，

---

①醊（zhuì）：酒洒于地表示祭奠。

题弟名，实皆次琦撰述。深于诗古文词，不轻为人作，人亦无敢滥干之。殁后，其门人于灰烬之余捃摭，都为四卷，名曰《焚余集》。

［宣统］《南海县志》卷十四《列传》：父成发……计偕入都，大学士穆彰阿欲见之，谢弗见……二十九年赴官……比受代，阖县吁大府乞留，格于例不行，万姓旁皇，如失慈母，颂爱述德，投文字、伞盖之属，累累坌积，虽慰遣不能止……父老持觞榼伏饯，顶跖相抵……渡汾桥桥折，郡邑弟子襕衫博带，数十人掖舆而过，次琦逊谢，终弗舍，县距郡三十里，两昼夜乃得达……次琦爰集襄陵荐绅谕之曰："……窃为县策，燔汾河之舟，毁沿河之室，贼至既不得渡又无所掠，必引去，此城可完也！"乃筹金数十万，合以水利捐余，凡所燔毁，先估其值，贼退复之，给印文以行事。三年二月代还，乃自奏记哈抚军，如所以告何者加迫切焉。哈抚军曰："子之策谓之先事豫防也可，谓之未事张皇也亦可！"卒不用，次琦遂引疾。无何，扬州贼由凤、亳趣豫，跨河扑怀庆，八月折而西入晋境，径陷垣曲、绛县、曲沃，进屠平阳府，又残洪洞、潞城、黎城以出，喋血千里，蹂躏及畿辅，天子以辇毂为忧。何知府阖门遇害，哈抚军闻难先逃，革职遣戍，而襄陵守次琦遗策，其城特完。次琦在官，常扃金二百，虽急不用，曰："吾强项，苟不合，得以束装！"卒如其言。归及赣州，犹典裘度岭……其论学持汉、宋之平，而要归于讲求实用，修身之实则曰敦行孝弟、崇尚名节、检摄威仪、变化气质，读书之实则曰经学、史学、掌故之学、词章之学、性理之学……次琦虽退居，系心君国，每值时事艰难，感慨激发。咸丰七年，洋人犯顺，次琦忧愤成疾，项下暴起数疬。文宗晏驾热河，次琦闻之恸甚，自在籍叠遭国恤，白袍要绖，为位哭临，素食终制，前后如一。光绪六年，俄人有衅……或问曰："果用兵何如?"次琦曰："不幸有事，吾当力疾而起，亲阅海疆，参画防守，以此老病之身为国效命耳！"生平尝诵言："天于亿兆愚民之中独赋一二人以材慧，明明以苦乐寄之矣，苟徒自为计，非天意也。"又曰："吉凶与民同患，圣者出之安，贤者体之勉，出则举其事，处则尽其心。"味其言，即其志量可知也……终日危坐无倦容，与人接蔼如也，至性天植。当少时，父患腹疾，医药罔效，转益殆，与仲兄祷于神，愿以己年续亲寿，数日渐瘥……兄弟之丧期不燕会，戚戚如有失……门人顺德简朝亮搜其诗古文词，编辑为十卷，题曰《九江朱先生集》，属其弟子刊行之。子之绂，早世。

何翀　（1807—1883）字丹山，号烟桥老人，清南海九江烟桥人。12 岁入塾，9 个月后赴广州学画纱灯。有画师善画美人，人称苏美人，收其为徒。在广州河南蒙圣里开画室“竹清石寿斋”。咸丰初，广州将军奕湘邀与谈艺，联为异姓兄弟。晚年隐居西樵碧云画楼，摹景写生。

［宣统］《南海县志》卷二十一《列传·艺术》：字丹山，号烟桥老人，镇涌堡烟桥乡人。家贫，年十二始入塾读书，九阅月即辞家，至会城学画纱灯。性灵敏，承师指授，自有妙悟。时画师有善画美人称“苏美人”者过，见其落笔飞动，立视久之，因赞其笔法超妙，惜以所学屈其才，属令从学。转告其师，师许之，苏美人授以笔法，尽得其妙。他所学花卉、翎毛取法恽正叔，山水、人物取法新罗山人。翎毛尤为擅绝，所写柳燕自饶活趣，竹树鹩哥尤工，每一小帧可值数金，质库亦受质焉。尝以大金榜纸画《百鸟一凤凰图》，百鸟各具意态，无一相类者，其自称：“不难于绘画而难于命意，次结构布局，而点缀又次之。”此画非数月工夫不就，有欲以重金购之者，不肯售，闻送藏家祠中云。咸丰初，宗室奕湘以公爵任粤东将军，以善画牡丹名于时。在署中见悬翀所画牡丹，赞赏不置，委属员邀翀进署，属写花卉，相见大悦，遂联为异姓兄弟。何进士文绮，学者称朴园先生，其族叔行也，时掌教越秀书院，为当道所重。奕将军以翀故进谒，执子弟礼，亲昵如家人。翀性耿介，尝随奕将军出巡边，有托言事得直者，将军以为此事可得重谢，无容出而觅食也，从而劳之。翀曰：“既有礼物为谢，何敢复受私贿玷公爷清德?”将军以其廉洁，益重之，至令挈眷入署同居。及将军回京，力邀翀同行，情辞并挚，翀婉辞之，遂赠以千金，挥涕而别。回京后，频年寄书致候，殷殷邀翀携儿进京。光绪庚寅，将军殁，仍有讣文至，时翀亦年逾古稀矣。

王福康　字尧衢，清南海西樵良沙海乡人，后迁佛山。道光十七年（1837）拔贡、举人，捐郎中，与骆秉章友善。咸丰四年（1854）红巾起义，奉命办黄鼎、佛山一带团练，地方赖安。事平，奏保选用道，加按察使衔，赏戴花翎。光绪十年（1884），法人犯顺德，两广总督张之洞奏委襄办团练，奖加二品顶戴。

［同治］《南海县志》卷九《道光朝·贡生》：拔贡，丁酉科。《道光朝·举人》：丁酉科。

［宣统］《南海县志》卷十五《列传》：号尧衢，黄鼎司良沙海乡人。道光二十七年丁酉，以廪膳生拔贡登贤书，纳粟为郎中。在京供职，与骆文忠秉章友善，喜谈兵。咸丰四年，会匪起佛山，福康适假旋，大吏知其才，委办黄鼎、佛山一带团练，地方赖安。事平，奏保选用道，加按察使衔赏带花翎。光绪十年，法人犯顺，粤督张文襄之洞奏委襄办团练，奖加二品顶戴、

三代一品封典。性喜施济，潮州患疫，尝赠药丸，存活甚众，潮人德之。

［民国］《佛山忠义乡志》卷十四《人物志六·义行·清》：字尧衢……后迁佛山。

尤惠贤　一说名惠元，清顺德北水人。道光十七年（1837）副贡，光禄寺署正。祖淮东，祖母梁氏。

［咸丰］《顺德县志》卷十一《副贡·国朝·道光》：北水人，丁酉。卷十五《耆寿·九十寿妇》：梁氏，北水尤淮东妻。孙惠贤，副贡。仲槐，邑庠……年九十二。

［光绪］《广州府志》卷五十三《选举表二十二·仕宦四·国朝·文职·顺德》：尤惠元，道光丁酉副贡，光禄寺署正。

区鑑　号镜秋，清高明棠美人。道光十七年（1837）岁贡，咸丰三年（1853）任广东新会教谕，次年红巾军围城，与县令陈协力防守，叙功加六品衔。父基绪。

［光绪］《广州府志》卷二十八《职官表十二·国朝·新会县教谕训导·咸丰朝》：高明人。拔贡，三年任，教谕。

［光绪］《高明县志》卷十三《列传·人物二·国朝》：区基绪，号榖贻……子鑑，号镜秋，幼孤，事继母孝。道光丁酉拔贡，先后二纪，子绍父裘，闾里荣之。任阳山、崖州、新会等学教谕。甲寅新会被围，与县令陈协力防守，叙功加六品衔。为人温厚和平，仗义轻财，人谓有父风云。

区鑑仁　清南海西樵松塘村人。道光十七年（1837）岁贡。

［同治］《南海县志》卷九《道光朝·贡生》：岁贡，丁酉科。

邓尧河　清三水人。道光十七年（1837）举人。

［光绪］《广州府志》卷四十六《选举表十五·举人·国朝·道光十七年丁酉》：三水人。

邓思舜　字虞芳，号文招，清高明孔堂人。道光十七年（1837）、二十九年两科乡试不第，自是绝意进取，由邑增生就贡。工诗文，与邑中梁卓英唱和最多。寿91岁。

［光绪］《高明县志》卷十三《列传三·耆寿·国朝》：字虞芳，号文招，

孔堂人。品端学粹，工诗文，屡荐不售。道光丁酉、己酉两科乡试，文为主司击节，几入彀矣，卒以额满见遗。自是绝意进取，由邑增生就贡，惟以吟咏自适。与邑中梁爱莲唱和最多，惜离乱后稿皆散失。卒年九十一岁。

邓超 清南海人。道光十七年（1837）武举。

［同治］《南海县志》卷九《武科选举》：丁酉科，道光朝。

叶世谦 清南海人。道光十七年（1837）举人，任广东封川教谕。

［同治］《南海县志》卷九《道光朝·举人》：封川教谕，丁酉科。

叶恩照 清南海人。道光十七年（1837）举人。

［同治］《南海县志》卷九《道光朝·举人》：丁酉科。

刘家驹 清南海人。道光十七年（1837）举人。

［同治］《南海县志》卷九《道光朝·举人》：丁酉科。

李仲良 清南海人。道光十七年（1837）拔贡，任江苏镇江府知府。祖绍纲，父体仁，八年岁贡。子长华，咸丰九年（1859）赐举人，任工部郎中。

［同治］《南海县志》卷九《道光朝·贡生》：由从化学拔贡，镇江府知府，丁酉科。《道光朝·封荫》：李绍纲，以孙仲良覃恩晋赠资政大夫、夔州府知府加五级。李体仁，以子仲良覃恩晋封资政大夫、夔州府知府加五级。按：体仁，亦从化学庚寅岁贡。

李能定 号碧舲，清南海叠滘人。道光十七年（1837）举人。

［光绪］《广州府志》卷四十六《选举表十五·举人·国朝·道光十七年丁酉》：番禺人。

［民国］《佛山忠义乡志》卷十四《人物志九·流寓·清》：号碧舲，叠滘人。道光丁酉科乡荐，主讲汾江书院，甚得士心。卜筑于文昌沙，临海为园，红栏碧窗，别饶幽胜。工书画，著有《花南轩笔记》。尝作《十丑图》，各有题词，情状如绘，人多传诵。临终自题一绝云："我本前生是火蛇，无端

误降落人家。如今斯诏归天去，夜夜清宵伴月华。”风趣可想。

李锡光 字和偕，清顺德鸡洲人。道光十七年（1837）举人。

［咸丰］《顺德县志》卷十一《举人二·国朝·道光》：字和偕，鸡洲人，丁酉科。

吴昭良 字善庵，清顺德大良人。道光十七年（1837）举人，大挑二等，任广东英德训导，光绪九年（1883）选广东海丰教谕。子炳荧，孙楚材。

［咸丰］《顺德县志》卷十一《举人二·国朝·道光》：字善庵，大良人……丁酉科。

［光绪］《广州府志》卷四十六《选举表十五·举人·国朝·道光十七年丁酉》：顺德人，惠州府教授。

［民国］《顺德县志》卷十八《列传三》：大挑二等，任英德县训导。有明经万瑞明号一笑子者，杂取儒道书别为语录上之，昭良勖以正义，折服而去。朔望进诸生于明伦堂，宣讲圣谕，陶卓亭明府耳其名，邀校试卷，遂与南海李学博祥荣题碧落之游，结柳堂之社。英德会英书院久废，某令复之，延主讲席，昭良刊冯梅溪遗书训士，文风日上。送考赴郡，走谒吴太守昌寿，谈道忘倦，商量机务，遂以成吴守韶阳楚豫剿匪之功。光绪九年，选海丰教谕，兼主捷胜敦仁书院讲。其地滨大洋，文风不振，昭良导以经史，人才日盛，诸生恭奉长生牌位于院中。溯咸、同间，昭良曾任邑局、沙局、顺城局、青云文社诸务，引年归后，邑人仍延请勷办，均清白自守，始终如一。所著《格物说》三篇，南海朱征君次琦称其：“定古经之正诠，屏群言之底滞，使程朱确诂复明。《天壤》中篇历剖王阳明心学之误，条辨如稼书桴亭而出以名通，证明如清澜北海而去其矫激，尤所谓阐道树教，县日月而不刊者。”其为大儒所推重如此，与《周易端倪》《易学先天》《理数纂要》《月岩诗抄》并梓行于世。子炳荧，孙楚材，均诸生。

何缙光 字芷生，改名维杰，清顺德三桂人。道光十七年（1837）举人。兄熙光、继光。

［咸丰］《顺德县志》卷十一《举人二·国朝·道光》：字芷生，改名维杰，三桂人。顺天榜，熙光、继光弟……丁酉科。

张贻桂 清顺德龙江人。道光十七年（1837）举人。

［咸丰］《顺德县志》卷十一《举人二·国朝·道光》：龙江人……丁酉科。

张清徽 清南海人。道光十七年（1837）拔贡，十九年举人。

［同治］《南海县志》卷九《道光朝·贡生》：由府学拔贡，丁酉科。《道光朝·举人》：己亥科。

陈士清 字练如，清顺德大良人。道光十七年（1837）举人。

［咸丰］《顺德县志》卷十一《举人二·国朝·道光》：字练如，大良人……丁酉科。

陈子元 清南海人。道光十七年（1837）举人。

［同治］《南海县志》卷九《道光朝·举人》：丁酉科。

陈文瑞 号云史，清南海西樵简村人，居佛山镇。道光十七年（1837）拔贡、举人。咸丰四年（1854），红巾煽乱，在乡举办团练，合力防堵，乡闾赖安。子善溥。

［同治］《南海县志》卷九《道光朝·贡生》：由府学拔贡，丁酉科。《道光朝·举人》：丁酉科。

［宣统］《南海县志》卷十五《列传·黄敬袪传》：陈文瑞，号云史，简村堡人。少年力学，善属文，工书法。道光二十七年，由拔贡领乡荐。咸丰甲寅，红巾煽乱，在堡内举办乡团，联同邻局合力防堵，乡闾赖安。曾与黄敬袪同在省垣育贤坊武庙设馆授徒，执贽门下者，彼此各百余人，从游之众，一时称盛。晚年，长将军善①聘主八旗书院讲席，裁成后进，殷殷至老不倦。著有《中庸全旨》。子善溥，邑庠生。

［民国］《佛山忠义乡志》卷十三《选举志一·举人·清》：道光丁酉，附生。

---

①长善：字乐初，清满洲旗人，官至广州将军。

陈天枢　字瑞华，号鹤峰，清南海黎涌乡（今属禅城）人。道光十七年（1837）副贡，十九年举人。56岁卒。

［同治］《南海县志》卷九《道光朝·贡生》：副贡，丁酉科。《道光朝·举人》：己亥科。卷十九《列传·善行》：字瑞华，号鹤峰，魁冈堡黎涌乡人。性孝友，抚弟侄有恩，而刚果有执持，能不避嫌怨。其从昆弟有日殴其母者，禁之不可，怒曰："五刑之属三千，罪莫大于不孝。古者因枭食母而獍食父，五月必斩其而竿之，以绝逆种也。且阮籍有言：'禽兽知有母不知有父。'不孝于父者禽兽也，不孝于母者不禽兽若也？据今法当凌迟处死，潴其宫、毁其祖祠以为大戒，以其为通俗害也，是人非先除之不可！"乃聚族老议定，使人白其母，缚而沉于江。其明决如此。甲寅红巾乱，黎涌地近佛山，结乡屯自守。迨贼营溃散，零匪仍在，军营、地方窥伺，天枢导官兵剿除之。或劝其叙功请奖，曰："吾卫桑梓耳，岂以乡闾灾难为仕宦之门哉！"厥后办清匪事，秉公而行，不受财贿，不恤怨谤，乡人咸敬服之。卒年五十六。

陈金锡　字贡南，清顺德桂洲人，住大良。道光十七年（1837）举人。任崖州学士。

［咸丰］《顺德县志》卷十一《举人二·国朝·道光》：字贡南，桂洲人，住大良，丁酉科。

［民国］《顺德县志》卷八《选举表一·郭〈志〉成后选举表中人得第在咸丰壬子前出仕升阶在癸丑后者补载如左·举人》：崖州学正。

陈荣（清道光）　清南海人。道光十七年（1837）副贡。

［同治］《南海县志》卷九《道光朝·贡生》：副贡，丁酉科。

陈淦　字丽生，清顺德大良人。道光十七年（1837）举人。

［咸丰］《顺德县志》卷十一《举人二·国朝·道光》：字丽生，大良人……丁酉科。

陈维新　（？—1870）名或作惟新，字经甫，清南海丹灶大仙冈人。道光十七年（1837）举人。

［同治］《南海县志》卷九《道光朝·举人》：陈惟新，丁酉科。卷十四《列传》：字经甫，道光丁酉科举人。好学工书，于取予尤不苟。甲辰、乙巳间，礼闱报罢，过夏京师，适同乡罗工侍文俊奉命视学浙江，敦请襄校文艺。

维新勤于其职，终日据案披阅，脩脯外不名一钱，学使清声大著。泊罗引疾去官，维新亦南返。时广州盗贼充斥，已酿成乱，执各村堡俱设公约、社学，豫备经费，请绅士为党正，以解争讼、缉盗匪、卫乡闾。然大抵以本处绅耆管束本处子弟，使他乡人居此席，则呼应不灵，惟顺德沙窖乡越县聘维新为局正，而子弟咸循其教，令无乖忤者。盖维新所居名大仙冈，族姓强横，素以劫掠苦邻里，故谚有“生怕大仙冈，死怕阎罗王”之谣。嗣后其族有老儒陈燕文者，视利若浼，嫉恶如仇，见不肖子侄，必严诲谕之，危言不少假借。维新继之，攻匪保良无不公当，众情悦服，污俗顿除，沙窖人钦服之，殆为此也。先是，维新在督学幕中，有湖南举人郭嵩焘者与同事，敬维新品学，结为知交。后廿余年，郭巡抚粤东，知粤东大病由上下情意不通，而欲通上下之情，必得公正乡绅为上下相接枢纽。于是奏设团练总局，请维新为主持，而维新深自敛抑，必其事关于地方废兴、切于斯民疾苦乃据实闻于上官，否则缄默不言，以避谤议。同治五年，米价翔贵，各村庄俱办赈恤。省垣自兵燹后，派军需捐京米，富民抽剥已多，使之捐资济贫，似乎难再。维新曰：“一府两县差役多以奸富起家，即开设白夹票一门，拥有巨万者可屈指数也。苟拘此等人到局，赦其罪，责以罚锾，当无不乐从者，何难筹款之有?”如其言，得万余金，多所存活，其善于处事并有济于人多此类也。后数年，郭抚他迁，新抚蒋公益澧到任，时局中同事有不协民望、民间播为谣言者，新抚有所闻，欲彻底根究。维新平素畏慎，惧为同人所污，乃力辞局务，寄居于城外之河南。闭门谢客，惟借得九成宫旧拓本据案临摹，尝曰：“若临得百本，吾书当有进益矣!”同治九年，感疾遽卒，邑人惋惜之。

欧阳炳　字彪如，清顺德三华人。道光十七年（1837）举人。父莲。

［咸丰］《顺德县志》卷十五《耆寿·九十寿民·国朝》：欧阳丕瑞……孙莲，举人，八十一。妻李九十。其子炳举人。卷十一《举人二·国朝·道光》：字彪如，三华人，莲子……丁酉科。

易文运　清南海佛山镇人。道光十七年（1837）举人。

［民国］《佛山忠义乡志》卷十三《选举志一·举人·清》：道光丁酉，附生。

罗超翱　清南海人。道光十七年（1837）副贡。

［同治］《南海县志》卷九《道光朝·贡生》：副贡，丁酉科。

周棠芬 字隐琴，清顺德黎村人。著有《味闲诗钞》。子钧鳌，同治六年（1867）举人。

［民国］《顺德县志》卷十四《艺文略·集部·别集》：《味闲诗钞》，国朝周棠芬撰。谨按：棠芬，字隐琴，黎村人，钧鳌父。

胡梅修 字梦村，清顺德桂洲人。道光十七年（1837）举人。

［咸丰］《顺德县志》卷十一《举人二·国朝·道光》：字梦村，桂洲人……丁酉科。

胡毅 清顺德豸浦人。道光十七年（1837）岁贡。

［咸丰］《顺德县志》卷十一《岁贡·国朝·道光》：豸浦人，封川籍，丁酉。

袁秉彝 榜名永彝，字秉初，清顺德横岸人。道光十七年（1837）举人，咸丰五年（1855）办团练事务。

［咸丰］《顺德县志》卷十一《举人二·国朝·道光》：袁永彝，字秉初，改名秉彝，横岸人……丁酉科。

［民国］《顺德县志》卷十八《列传三·赖子猷传》：咸丰三年回籍，次年土寇陷县城，又次年收复，邑设团练总局……子猷与罗家勤、罗家劭、林泽芳、何大璋、麦奋扬、黎超民、吴梯、潘恂、冯冠贤、吴昭良、罗惇鹏、杨康、龙骧、陈松、袁秉彝、黎炽远、何锷等，先后奉院宪委会办局务……诸人者在局劝捐办团，均称得力。

莫以楠 字鹿宾，清末南海佛山镇人。弟以枋。子洳铗，光绪二十年（1894）举人。

［民国］《佛山忠义乡志》卷十三《选举志二·封赠·清》：以子洳铗赠工部主事。卷十四《人物志六·义行·清·莫以枋传》：兄以楠，字鹿宾，官鸿胪寺序班，为诸生时有文名，同办局务，案无留牍。

莫以枋 字文舆，清南海佛山镇人。道光十七年（1837）举人，二十年进士，用主事，签分刑部。平红巾之乱，叙功保升郎中加道衔。祖应昌，乾隆三十六年（1771）举人，始迁佛山。父健翎，兄以楠。

［同治］《南海县志》卷九《道光朝·举人》：健翎子，进士，丁酉科。《道光朝·进士》：吏部主事，庚子科。

［民国］《佛山忠义乡志》卷十一《乡事志·编年》：道光……庚子二十年，莫以枋登进士。（住观音堂铺）卷十三《选举志二·封赠·清》：莫健翎，以子以枋赠中宪大夫、刑部郎中。卷十四《人物志六·义行·清》：字文舆，原籍新会。祖应昌，乾隆辛卯举人，授四川夹江县知县，历官筠连、洪雅、犍为、峨嵋知县，解组后迁佛山，占籍南海。父健翎，孝廉，以诗鸣。以枋夙承家学，弱冠有声庠序。道光丁酉举于乡，闱墨传诵一时。庚子会试中式、廷对入选，以第七人赐进士出身，用主事，签分刑部。公余与都中名士游，文誉驰于日下。假旋后，值红巾之乱，避地省垣，与在籍知府李应棠、王福康、梁应棠、应琨诸绅集资募勇，收复佛山。上官嘉其能，委办善后，设团防局，以十六分局附，总揽厥成，乡中大事悉赖以办，叙功保升郎中加道衔。生平清介自持，舆论翕服，卒年五十有九。兄以楠，字鹿宾，官鸿胪寺序班，为诸生时有文名，同办局务，案无留牍。诸昆仲以槺、以桢、以楣分就京外各职。以楠子洳铁进士，同祖以下科名相继，貂蝉盈座，为佛山望族，善化李星沅榜其间曰“祖孙、父子、兄弟、叔侄科甲”，乡里荣之。

徐雄斌　清南海人。道光十七年（1837）武举。

［同治］《南海县志》卷九《武科选举》：丁酉科，道光朝。

黄子玑　字在珊，清顺德甘竹人。道光十七年（1837）拔贡，二十四年举人。父昂。

［咸丰］《顺德县志》卷十一《拔贡·国朝·道光》：甘竹人，丁酉。《举人二·国朝·道光》：字在珊，甘竹人，昂子……甲辰恩科。

梁子卿　清顺德林头人。道光十七年（1837）优贡。

［咸丰］《顺德县志》卷十一《优贡·国朝·道光》：林头人，丁酉。

［民国］《顺德县志》卷八《选举表一·郭〈志〉成后选举表中人得第在咸丰壬子前出仕升阶在癸丑后者补载如左·五贡》：广宁县教谕。

梁子鹏　字翰池，清顺德林头人。道光十七年（1837）副贡，二十六年举人，官化州学正。

［咸丰］《顺德县志》卷十一《副贡·国朝·道光》：林头人，丁酉。《举人·国朝·道光》：字翰池，林头人……丙子科。

［光绪］《广州府志》卷四十六《选举表十五·举人·国朝·道光二十六年丙午》：顺德人。

［民国］《顺德县志》卷八《选举表一·郭〈志〉成后选举表中人得第在咸丰壬子前出仕升阶在癸丑后者补载如左·举人》：化州学正。

程师俭 清南海人。道光十七年（1837）举人。父鸿渐，弟师道。

［同治］《南海县志》卷九《道光朝·举人》：鸿渐子，丁酉科。程师道，师俭弟，甲辰科。

崔藻球 号翰甫，清南海沙头北乡人。道光十七年（1837）举人，咸丰初因捐赈授同知衔，寿 83 岁。子方尉，孙殿枢、应煌。

［同治］《南海县志》卷九《道光朝·举人》：丁酉科。

［宣统］《南海县志》卷十五《列传》：号翰甫，沙头北乡人。性谨厚，慎交寡言，处素封无纨绔气。以县学生领乡荐，两赴礼闱，荐不售，遂淡志科名。席先业，积资屡巨万，不为子孙营商贾业，皆使修述儒学。治家事无巨细，具有节度，自冠昏下至米盐靡杂，皆按籍可稽，无或盈绌。其居处日用行习，数十年如一日，不随俗为转移，终身未尝建华屋、置良田。不信释道，不听妇言，不使巫觋至门。命儿辈分理家事，量材委任，必预为申诫，纤微无少忽。咸丰初，慨捐巨资助饷，复以岁歉，屡赈贫乏，得旨赏戴花翎、授同知衔。子十八，女十二，并长育无夭殇。子方尉，孙殿枢、应煌补郡邑弟子员，皆庭训也。藻球自中年后，凡朝夕所饮食者，有顷必吐其滓，而神明湛定，至老不衰，卒年八十有三，内外孙、曾二百余人。

简云高 清顺德连村人。道光十七年（1837）任顺德训科。

［咸丰］《顺德县志》卷九《职官一·训科（医学）·国朝·道光》：连村人，十七年充。

蔡膺 字少颜，清顺德龙江人。道光十七年（1837）举人。

［咸丰］《顺德县志》卷十一《举人二·国朝·道光》：字少颜，龙江人……丁酉科。

钟澄修　以字行，号碧海，清南海九江人。道光十七年（1837）举人，官新兴教谕。十九年在家乡创建文明书院。

［同治］《南海县志》卷九《道光朝·举人》：新兴教谕，丁酉科。

《九江儒林乡志》卷四《建置略·书院社学》：文明书院，在南方松山麓。道光十九年己亥，绅士钟澄修等创建。卷十《选举略·国朝·举人·道光十七年丁酉科》：以字行，号碧海。县学，中式第六十九名。新兴教谕。

杨卫邦　清三水人。道光十八年（1838）任顺德协左营把总，二十五年代理守备，二十七年代理千总。咸丰九年（1859）任顺德协右营都司，十一年任顺德协左营都司。

［咸丰］《顺德县志》卷九《职官二·把总·道光》：三水人。十八年任……左营。《职官二·守备·道光》：三水人。二十五年署……左营。《职官二·千总·道光》：三水人，二十七年署……左营。

［光绪］《广州府志》卷三十一《职官表十五·国朝·武职·都司守备·道光朝》：三水人。行伍，三十年任，前山营水师都司佥事。《职官表十五·国朝·武职·都司守备·咸丰朝》：三水人。行伍，四年任，水师前营都司。三水人。行伍，十一年任，顺德协左营都司。三水人。行伍，九年任，顺德协右营都司。三水人。行伍，四年任，新会右营守备。

陈其和　清顺德大良人。道光十八年（1838）任顺德训术。

［咸丰］《顺德县志》卷九《职官一·训术（阴阳）·国朝·道光》：大良人，十八年充。

梁亮元　清顺德龙山人。道光十八年（1838）岁贡。

［咸丰］《顺德县志》卷十一《岁贡·国朝·道光》：龙山人，戊戌。

潘为霖　清南海人。道光十八年（1838）岁贡。

［同治］《南海县志》卷九《道光朝·贡生》：戊戌岁贡。

何立经　（1809—1879）号纶阁，清南海沙头人。吏员出身，道光二十一年（1841）因筹办军需赏七品顶戴。咸丰六年（1856）任山东长清县丞。十一年调赴僧格林沁粮台，先后署定陶、单县知县。同治七年（1868）任山东定陶县知县。光绪元年（1875）因疾告归。五年后卒。

［宣统］《南海县志》卷十六《列传》：号纶阁，沙头堡人。幼好学，家贫，弃儒读律，补抚署吏员。道光二十一年由吏员筹办军需，赏给七品顶戴，三十年随营助剿英德土匪。咸丰元年奏奖巡检遇缺即补，三年因高廉军功免选本班，以县丞不论双单月选缺即选。四年选授山东长清县丞，未赴，适红巾乱，六年始奉凭赴任。七年夏间，飞蝗入境，立经躬率百姓驱扑，疲劳三昼夜，蝗飞去，是秋大熟。九月，长山县岁荒，饥民蠢动，调署长山县丞，抚恤助赈，民心贴服。八年八月，复回本任，政声卓著。十一年，奉调赴钦差大臣科尔沁亲王僧格林沁粮台，委办车马处事务，僧王甚倚重之，十月调署定陶县知县。同治元年，复调回粮台当差，八月调署单县知县。二年三月，复调办车马处事务。时豫省稔匪渠魁张乐形受洪秀全伪封，扰楚、豫、江、皖，僧王大小数百战，屡挫贼锋。乐形走雉河，其党擒乐形父子诣军门降。立经以是案出力，奉上谕着留山东以知县用。立经久在僧王帐中，凡献替皆俯纳，独谏王不宜轻身陷阵，竟不听，四年王遂及曹州之难。六年六月，补授曹州府定陶县知县，七年三月抵任，案无留牍，爱民若子。在任三年，仅惩积匪数人，平去三千七百余硝盐池，惟监禁包揽首犯，未尝杀一民。十年调署登州府栖霞县，钦加同知衔。光绪元年，以足疾告归，归五年卒，年七十有二。定陶民思立经遗爱，以其姓何，因于署前遍植荷花以比甘棠云。

龙元僖　（1809—1884）字兰簃，清顺德大良人。道光十二年（1832）举人第二名，十五年进士，散馆授编修。历侍讲学士、国子监祭酒、太常寺卿，贵州、山西主考官。二十四年任山西学政。咸丰二年（1852）任会试同考官、武会试副总裁，次年病休。五年回乡办团练，八年与罗惇衍、苏廷魁在大良成立广东团练总局抗英。同治元年（1862）创办大良义仓。光绪十年（1884），法越事起，奉特旨偕李文田筹办广州团防，下月无疾而终。祖应时，父廷梓，子景恢、景恒、景恺。

［咸丰］《顺德县志》卷十一《举人二·国朝·道光》：字兰簃，大良人……应时孙……壬辰科。卷十《进士·国朝·道光》：二甲，编修。今任太常寺卿……乙未科。

［民国］《顺德县志》卷十八《列传三》：父廷梓，字乔峰，附贡生，为善而不近名……元僖中道光壬辰亚元，乙未成进士，改庶吉士，散馆授编修。大考一等升侍讲学士，转国子监祭酒、太常寺卿。癸卯贵州乡试正考官，甲辰山西乡试正考官，提督山西学政。咸丰壬子会试同考官、教习庶吉士、武会试副总裁，督办团练加二品衔赏戴花翎。元僖始以文学致通显，勋绩未有表见，自癸丑回籍后地方多故，艰巨遂集于一身矣。当甲寅土匪之陷顺城也，官绅逃匿，县事无人主持，元僖在省，即联合诸绅谋规复。乙卯三月，官军收复县城，元僖先奉两院咨请其办顺德团练，以经费难筹，即在省局认捐银一十万两以为之倡，及返里开局，众情踊跃，集有巨款，借以筑台募勇、购船置械、肃清匪党。又为各乡谋集经费、选择士绅，由县札办，乡局分理捕务，邑局总其成，而县署供张若官薪幕脩、役食船价、勇饷囚粮，复统筹兼顾，权应其急。时诸务草创，日不暇给，元僖神识默运，措置裕如，迨团务渐竣，默计教养之事尤善后要图也。东海沙田多邑人产业，向归容桂公约派船护耕获，甲寅乱后勇船散失，元僖提归邑局兼理，业佃赖安。青云文社者，合邑扶植人文之机关也，公款无多，未由发展，元僖以邑局稍有赢余，尽购田产，撙节经营积十数年，得充防台经费及嘉惠士林之用。适罗文恪惇衍奉讳回家，诸务公同裁决，益臻妥协……咸丰戊午奉特旨，偕罗惇衍、苏廷魁办理广东夷务……逮惇衍入京，元僖历办捐输，念本邑民力凋敝，凡议免、议减、议缓，苟可向大府吁恳者，靡不竭力斡旋，此则邑人阴借其庇而不知者也。至如填仓谷、疏河道、筹护城防虞经费、禁各乡采壳筑围，一切兴利除害，均地方美举，晚年创设大良义仓，尤为心力交瘁。光绪甲申，法越事起，复奉特旨，偕李文田筹办广州团防，病不克赴，旋卒，年七十五。元僖任事，策划精详，其宗旨务在脚踏实地，期可经久，尝谓："凡事不妨以不肖待后人。"故刻刻皆预防流弊。用人因材器使，开诚布公，人咸乐为尽力。又能约束子弟，杜绝请托，精神志虑，纤微毕到，自员弁士绅、差役兵勇，皆有所惮而不敢为非。故其时县属气象一新，开数十年太平之局，佥谓微夫人之力不及此。子景恢，道光己酉举人，刑部山东司郎中。景恒，邑廪生。景恺，同治癸酉举人。

区炳奎 改名宅裕，清南海西樵松塘村人。道光十九年（1839）举人，官知县。二十四年，与朱次琦同车赴河北临城。子谔良同治十年（1871）进士。

［同治］《南海县志》卷九《道光朝·举人》：改名宅裕，知县，己亥科。

《九江儒林乡志》卷二十一《杂录下》：道光癸巳六月，朱子襄赴试广州，渡白鹅潭，暴风破樯，舟震撼将覆，人皆惶怖，不知所为。子襄方持杯茗漱齿，容色自若，点滴无坠身者，友人关若珏每以雅量推之。又甲辰举进士不第出都，与区孝廉炳奎同载次临城驿，阴雨冱寒①，覆车者三四，最后人马俱陷泥淖中，宵阑夜黑，重以饥踣，舆夫挟骡不起，乃号啕痛哭。子襄徐理衣立路壖，笑语区曰："吾二人有见用时，便须放着胆子作好官去。脱有黜谪，恼闷不过尔尔。此一夕固试剑厓、炼金石也。"

邓肇良 字淦泉，清顺德水藤人。道光十九年（1839）举人。

［咸丰］《顺德县志》卷十一《举人二·国朝·道光》：字淦泉，水藤人……己亥科。

卢朝安 清南海人。道光十九年（1839）武举。

［同治］《南海县志》卷九《武科选举》：己亥科，道光朝。

叶树棠 清高明云良人。道光十九年（1839）乡试副榜。

［光绪］《高明县志》卷十二《选举表·国朝·副榜·道光朝》：云良人，十九年己亥科副榜。

左恒聪 字兼山，清顺德龙山人。道光十九年（1839）举人。

［咸丰］《顺德县志》卷十一《举人二·国朝·道光》：字兼山，龙山人……己亥科。

刘廷鑑 清南海人。道光十九年（1839）举人，二十七年进士，任陕西榆林知府。子卿材。

［同治］《南海县志》卷九《道光朝·举人》：进士，己亥科。《道光朝·进士》：榆林府知府，丁未科。《咸丰朝·举人》：刘卿材，廷鑑子，顺天中式，己未科。

①冱（hù）寒：闭寒，谓不得见日、极为寒冷。冱，闭、塞。

刘省修 字在田，清顺德龙山人。道光十九年（1839）举人。

［咸丰］《顺德县志》卷十一《举人二·国朝·道光》：字在田，龙山人，陵水籍……己亥科。

关兆熊 字梦楼，清顺德容奇人。道光十九年（1839）武举，二十五年武进士，以守备用。祖士桐，父凤扬，弟镇安。

［咸丰］《顺德县志》卷十一《武举·国朝·道光》：容奇人，己亥科。《武进士·国朝·道光》：乙巳。卷十五《耆寿·九十寿妇》：陈氏，容奇监生关士桐妻。子凤杨、鹏飞俱武举，孙兆熊武进士。年九十三。

［民国］《顺德县志》卷十八《列传三》：字梦楼，容器人。武举凤扬子，性孝友。少习骑射，由武生举道光己亥乡试，乙巳成进士，以守备用。咸丰甲寅之变，兆熊亲督水师，会同协戎卫佐邦①克复邑城，粤督叶名琛奏保，以水师中军守备先用。弟镇安，甲寅之役以守备殉节开平，奉旨赐恤，入祀昭忠祠，世袭云骑尉职。

朱文彬 字翰光，号梧生，清南海九江人。道光十九年（1839）举人。子品端。

［同治］《南海县志》卷九《道光朝·举人》：广西籍，己亥科。

《九江儒林乡志》卷十《选举略·国朝·举人·道光十九年己亥科广西乡试中式》：字翰光，号梧生。苍梧籍，中式第十三名。卷十四《列传·清》：字翰光，号梧生，西方太平约人。聪慧质直，工制举业，未冠充广西苍梧县廪生，道光己亥中乡榜。善相士，冯比部栻宗年方幼，崭然见头角，文彬决其必发，欲以女妻之，后事不谐，长以为憾，比部亦时深知己之感。方文彬之未登贤书也，丁酉与叔父琢圃文学赴乡闱。届场期，叔父疾革，文彬亲侍汤药无稍离，及卒，又躬自扶榇旋里。人谓："三年一大比，胡不委之他人，力图进取？"文彬曰："士以伦纪为重，科名身外物耳。"其大节不亏如此。迨应己亥乡试，论者决其必售，揭晓果然，人以为善报。性俭约，然弟侄中有能敦品嗜学者，则出资以成就之。办乡事多年，决不阿私，所亲友朋有失，

---

①卫佐邦（1808—1877），字楫臣，清东莞人。拔补水师外委，随关天培防剿，林则徐奏请千总，咸丰时镇压红巾军，换赏花翎官服。同治五年（1866）官至阳江总兵，八年署广陆提督，因病回乡去世。

必尽言规谏，故其卒也，冯司马锡镛哭之恸，谓人曰："梧生死，我此后无从闻过矣。"咸丰甲寅，会匪扰乱。乙卯，武弁苏海率水师到乡剿捕，文彬倡同诸绅冒矢石谒迎，为分别良莠，遂不至玉石俱焚，乡人德之。子品端，庠生。

劳策 字蕴初，清顺德小劳村人。道光十九年（1839）举人。

［咸丰］《顺德县志》卷十一《举人二·国朝·道光》：字蕴初，小劳村人……己亥科。

杜宅南 清南海人。道光十九年（1839）副贡。

［同治］《南海县志》卷九《道光朝·贡生》：副贡，己亥科。

杨康 字乂东，清顺德大良人。道光十九年（1839）举人，咸丰五年（1855）协办团练，六年任高明训导，以韶州府教授引年归。光绪二十三年（1897）重与鹿鸣宴。寿89岁。

［咸丰］《顺德县志》卷十一《举人二·国朝·道光》：字乂东。大良人……己亥科。

［光绪］《广州府志》卷四十六《选举表十五·举人·国朝·道光十九年己亥》：顺德人，琼州、韶州教授。

［光绪］《高明县志》卷五《职官表·国朝·训导·咸丰朝》：顺德人。举人，六年任。

［民国］《顺德县志》卷十八《列传三》：仪表修伟，声若洪钟。道光己亥举人，时大良各地未设团局，康与潘鸣球、严逢安等创立东关保良攻匪会。咸丰乙卯，复邑城勷办团练，复偕里人创立东关公局，前后办理邑局、沙局、东局多年，深孚众望。由大挑知县改教职，历任高凉、端江、琼南，所至盛生徒并得贤东道主。暇日相与携酒登陟，纵览江山洞壑、蛮花犵鸟，殊音异状，毕寓于诗，故其诗汪洋沆演，莫可端倪。后以韶州府教授引年归，光绪丁酉重赐鹿鸣宴，赏四品衔，开县来与此者，逢简梁昕、伦教梁泽至康三人而已。卒年八十九，著有《淡香吟馆诗抄》四卷。

吴宝杰 清南海人。道光十九年（1839）举人。

［同治］《南海县志》卷九《道光朝·举人》：己亥科。

［光绪］《广州府志》卷四十六《选举表十五·举人·国朝·道光十九年

己亥》：番禺人。

岑义方　字连浦，清顺德桂洲人。道光十九年（1839）举人。

［咸丰］《顺德县志》卷十一《举人二·国朝·道光》：字连浦，桂洲人……己亥科。

何大安（清道光）　清顺德马宁人。道光十九年（1839）武举。

［咸丰］《顺德县志》卷十一《武举·国朝·道光》：马宁人，新兴籍。署三江协千总……己亥科。

何杰元　清顺德三桂人。道光十九年（1839）举人。

［咸丰］《顺德县志》卷十一《举人二·国朝·道光》：三桂人……己亥科。

何鼎彝　清南海人。道光十九年（1839）举人，任陕西周至知县。

［同治］《南海县志》卷九《道光朝·举人》：盩厔知县，己亥科。

张锜　字韬甫，清顺德龙江人。道光十九年（1839）举人。

［咸丰］《顺德县志》卷十一《举人二·国朝·道光》：字韬甫，龙江人……己亥科。

［光绪］《广州府志》卷四十六《选举表十五·举人·国朝·道光十九年己亥》：张琦，顺德人。

陈定邦（清道光）　清顺德南面人。道光十九年（1839）武举。

［咸丰］《顺德县志》卷十一《武举·国朝·道光》：南面人，己亥科。

陈瑶筠　清南海人。道光十九年（1839）举人。

［同治］《南海县志》卷九《道光朝·举人》：己亥科。

冼佐邦 一字星曹，清南海罗格（今属禅城南庄）人。道光十九年（1839）举人。弟倬邦，道光辛丑进士，官工部都水司主事。

［同治］《南海县志》卷九《道光朝·举人》：倬邦兄，己亥科。

［民国］《佛山忠义乡志》卷十四《人物志五·忠义·清》：邑罗格乡人……咸丰甲寅红巾贼起，佐邦捐资募勇，自成一军，号南顺营。省城解围，进兵收复佛山。事平，以所部归分府谢效庄管带，善后事皆倚以办，乡人至今德之。佐邦以名孝廉设教会垣，日与诸生讲求经世之学，为当道所倚重。营中人才亦盛，出膺民社，多著政声，武弁有至提镇者。文中子汾河讲学，将相多出其门，以佐邦方之，虽显晦不同，其揆一也。

林翥 清顺德光华人。道光十九年（1839）岁贡。

［咸丰］《顺德县志》卷十一《岁贡·国朝·道光》：光华人，己亥。

明之纲 字禹书，号立峰，清南海九江人。道光十九年（1839）举人，咸丰二年（1852）进士，分发直隶以知县用，未到任，归不出。咸丰三年（1853）洪水，桑园围崩塌，露立风雨中三昼夜，指挥抢险复完。6次参与督修加固围堤，自道光二十四年（1844）起四十多年不决口。太平天国事起，与进士冯锡镛等集资募勇办团练。在籍议叙以同知选用。寿74岁。祖协一，父离照，母卢氏，子缵道、缵遂。

［同治］《南海县志》卷九《道光朝·举人》：离照子，广西籍，进士，己亥科。《咸丰朝·进士》：广西籍，直隶知县，壬子科。《咸丰朝·封荫》：明协一，以孙之纲貤赠朝议大夫。明离照，以孙缵道晋赠中议大夫。

《九江儒林乡志》卷四《建置略·义仓社仓》：东方震亨书院义仓，同治二年癸亥，阖方绅士明之纲等建，见存基塘三口，该税十一亩余。卷十《选举略·国朝·举人·道光十九年己亥科广西乡试中式》：字禹书，号立峰。苍梧籍，中式第五名，咸丰壬子进士。《选举略·国朝·进士·咸丰二年壬子恩科》：赐同进士出身，即用知县，分发直隶未赴，在籍议叙以同知选用。父离照，子缵道，皆举人。卷十四《列传·清》：字禹书，号立峰，东方沙滘人。训导，离照子也，性伉爽，状貌魁梧岸然，在侪类中若鸡群之立鹤。道光己亥中式广西乡试第五名，咸丰壬子称进士，即用知县，分发直隶，未赴任。丁外艰，以母卢年老，遂绝意仕进，时造福于乡间。癸丑西潦，决桑园围榆岸，波涛汹涌，势如坏云压山。抢救者拄以丈二长桩，桩屡拔，工人罢手曰："不可为矣。"绅民轰然散。之纲多方筹策，露立风雨中督责之，竭三昼夜力，堤复完固，数十里居民业户借以保全。后屡与围绅呈请桑园围岁修官帑息银，前后六次修筑坚稳。自道光甲辰起，桑园围不被水决已四十年，溯北宋筑堤以来保固最久，赖之纲之力为多。甲寅，九江会匪变起，啸聚数千人，贼党建议谓："宜得绅士之有胆气者为我用，否则扑杀之，则乡人股栗，可以得逞。"适贼麾下黄阿美者，其兄为著匪黄阿湖，前被之纲捕得正法者也，因假贼令以快私仇，率悍党汹汹至之纲家。之纲闻之勃然曰："大丈夫即为玉碎，无为瓦全。"欲挺身出与抗，母卢止之曰："毋然，汝留其身以有待也！"之纲遂逾垣走，得脱于难，冯比部栻宗尝作跳墙歌纪之。之纲得脱后，微服步行，避之广州城。是时，制府檄各乡设局团练，乃与进士冯锡镛等集资募勇，回乡剿捕，以次肃清。既复筹善后策，措置常资，屯丁巡逻，廿余年来乡曲有恃以无恐。委员岁到乡催征粮差，倚势日开场诱赌，乡人每因此而破家，众绅忿恨莫敢发。之纲乃密致书县署，悬示严禁，至今书差抵境相戒毋敢犯。喜鼓励人才，院试、乡试诸生童皆添设卷资，孝廉计偕添设赆金，至京秩之宦于都者为设旅费，士子、搢绅咸有所借，其泽被于乡类如此。顾之纲具兼人勇微独一乡，其力更及于通县。尝舟过罗格围，客指海心沙告曰："此沙南、顺两邑人争讼抛荒，历百余年矣，君何不商量设法拨作学宫祀典乎？"之纲韪其言，毅然身任，商于邑绅，独函致大良局条陈事宜，遂得拨归本邑。由是召佃承垦，入其租银，南海学宫祀事以及西湖书院膏火始有永远经费。邑《志》久未续修，而旧《志》板又毁于兵燹，之纲与众绅倡办筹画脯糒①、刻资，事遂集，裒然成书。文武学新进学官勒索册金，习以为常，爰与梁侍御绍献等按县属每丁科银三分，得银一万六千余两发商生息，永作岁科试新进册金费，士林颂德。陈邑侯善圻游西樵，以三湖书院未有山长，移舟至九江与之纲熟商。之纲劝拨闲款银六千两存各质库，岁取其息以为束脩奖赏，议成，南海遂多一造士之地。人谓虽陈令之贤，亦由之纲之善为导也，其泽被于县又如此。丁巳洋人入会城，院司移驻佛山，集诸绅筹军饷，罗尚书文恪、黄廉访乐之咸在座，议按各州县钱粮匀派。鹤山令沈梁应派银二万两，沈咆哮不服，指斥罗、黄，即院司亦不免。之纲见其无礼，大怒，出位叱之，沈窜走。院司执之纲手笑曰："不必生气，当即撤参。"闻者以为快，而各州县因是无敢梗议者。庚申，巨盗陈金刚率湖南花旗贼数万，将由四会乘流东下。之纲约各堡绅士为堵御计，三日内筹饷银万余两，募水陆勇数千名，雇

---

①脯糒（fǔbèi）：干肉和干粮。

战船三十余艘，费亦巨万，皆力任其劳。阅两月，四会围解，此又事之及于省会与夫邻县邻乡者也。之纲自得第后，虽未尝一日居官，然自粤中大吏以迄士大夫，咸知其有干济才可为世用，而之纲终以侍母不欲远离……生平刚而能决，虽遇艰巨，无稍游移，以故事咸就办。度支事亦善于筹算，尝创建震亨书院、重建儒林书院，工巨用繁，皆身为经理。我朝九江未有《志》，之纲曰："此我辈责也。"爰与朱征君次琦等倡修，为置束脩、聘采访分纂，次第举行，乃竟未睹其成而卒，年七十四。方会匪之既平也，督抚嘉其能，议以优保。督署阍人黄某向索白金千两始具奏，之纲怒，峻却之，后议叙以同知选用。子缵道，举人，福建知府。缵遂，附贡生。

冯炳新 字颖标，号亮甫，清南海九江人。廪生，早年与明之纲为友，应试终身不中。咸丰四年（1854），会匪变起，明母被劫，仗义赴贼营解救，获释。寿64岁。

《九江儒林乡志》卷十五《列传·清》：字颖标，号亮甫，北方铁滘人。体素羸善病，学不少辍，锐意科名，虽抱病尤戒涂就试。然数奇不遇，逾壮岁始补邑学诸生，又迟久始食廪饩，秋闱屡荐不售。部郎区玉章、何文绮先后主讲粤秀书院，最承识拔，暇即邀与讲学论文。何山长尝语人曰："吾邑人士制艺根柢宏深，华实并茂如冯亮甫而不中隽，真文章憎命矣。"其为前辈倾倒如此。晚年设教于铁溪，从游者屦交户外，门弟子得其绪余，纷纷游胶庠、掇科甲，而炳新仍勖以道义，相期于远大。至性天植，壮岁事母如孺子慕，长兄或拂意加以呵叱，唯唯听命。接物和厚，终身无遽色疾言，无不可对人之事。人有求必委曲以应，未尝面折人过，诚意感孚，至有畏其知而改行自新者。尤有异者，平居粥粥若无能，及其赴时艰、急友难，义之所在则毅然以身先之。少与明进士之纲友善，咸丰甲寅，会匪变起，匪党舁之纲母去，声称不得其子即戮其母。炳新闻之，短衣跣足，冒雨走贼所，时老儒岑升泰亦继至，炳新乃愤然谓贼曰："而辈何狂妄悖谬一至于此也？"贼瞪视者久之，曰："若欲为明太君解乎？"曰："然，去年夏潦溃榆岸堤，水势猛，既塞复坏，工人罢手。太君激励立峰多方筹画，督救三昼夜堤复完。乡人方共德立峰而归美贤母，而辈此举，乡人莫不切齿，其如众怒难犯何？"立峰，之纲号也。会贼酋关巨至，韪炳新言，乃立舁母回，事遂解。炳新兼工骈文及古今体诗，社会之作往往夺标，虽老矣，兴复不浅。卒年六十四。

易维玑 字重三，号洛甫，清南海沙丸堡人。道光十九年（1839）举人。咸丰四年（1854），率乡民抵御红巾军，乱后隐居花县中涧山，数年后卒。

[同治]《南海县志》卷十九《列传·善行》：字重三，号洛甫，沙丸堡人。道光己亥举人。性廉介，以品学自重。邻右有土豪欲开白夹票厂以牟利者，先遣其子受业，实借送脩脯以行苞苴，廉得其故，婉却之。有误毙窃盗者，讼师借人命株连为讹索地，力为排解，卒脱之，谢以金，坚不受。以此为闾里推服，凡捐输、团练、营建，维玑为首，众无不乐从。咸丰四年，红巾大伙据官窑。知其必来攻，乃联毗连十一乡为怀仁局，谓乡人曰："贼乌合，岂真知兵？不过以虚声吓人耳。我能御贼，贼必溃!"因率乡民拒于村外，炮毙黄旗贼目一名，并夺其器械，贼果走。然其时梗塞河道，粮运不通，食将绝，人惶恐。维玑令境内人家有屯积者，除计家口多少留为口食外，定公平价发行户碾米平粜，隐匿者充公。民不苦饥，心益固。五年，贼渐平，各堡开局清内匪。维玑推各乡公正绅士，指名解办，无枉无纵，咸德之。然事前虽任勤劳，事后不求奖叙。佥谓其办团练也，靡费资财甚少，保全人命甚多，宜乎口碑载道云。乱后隐于花县中涧山，又数年卒。

周汝良 清顺德人。道光十九年（1839）武举。

[咸丰]《顺德县志》卷十一《武举·国朝·道光》：己亥科。

周瑞鸣 清顺德大洲人。道光十九年（1839）任顺德训术。

[咸丰]《顺德县志》卷九《职官一·训术（阴阳）·国朝·道光》：大洲人，十九年充。

袁诞勋 字纪石，清顺德横岸人。道光十九年（1839）举人。

[咸丰]《顺德县志》卷十一《举人二·国朝·道光》：字纪石，横岸人……己亥科。

徐清（清道光） 字雨帆，清顺德容奇人。道光十九年（1839）举人。

[咸丰]《顺德县志》卷十一《举人二·国朝·道光》：字雨帆，容奇人……己亥科。

梁济川（清道光） 字湘屏，清顺德黄连人。道光十九年

（1839）举人。

［咸丰］《顺德县志》卷十一《举人二·国朝·道光》：字湘屏，黄连人……己亥科。

梅绵飏　字兴歧，清南海九江人。道光十九年（1839）赐副贡。父克和。

《九江儒林乡志》卷十《选举略·国朝·贡生·乾隆五十一年丙午》：梅克和，字衷谋，号竹居。县学，岁贡。子绵飏，赐副榜。《选举略·国朝·贡生·道光十九年己亥》：字兴歧。县学，赐副榜。父克和，岁贡。卷十四《列传·国朝·梅克和传》：字衷谋，号竹居，东方大谷人……卒年七十五。子绵飏，赐副贡生。

崔维亮　清南海沙头堡人。道光十九年（1839）举人，任陕西河西知县。祖彤光，父树良。

［同治］《南海县志》卷九《道光朝·举人》：河西知县，己亥科。

［光绪］《广州府志》卷四十六《选举表十五·举人·国朝·道光十九年己亥》：南海人，云南知县。

廖松　清南海人。道光十九年（1839）举人，任福建永安训导。

［同治］《南海县志》卷九《道光朝·举人》：永安训导，己亥科。

［宣统］《南海县志》卷十一《艺文略·集部·别集》：《睫巢吟草》，国朝廖松撰。

廖亮祖　字伯雪，清顺德勒流人。道光十九年（1839）举人，教书30余年。母叶病卒，妹盼云殉死受旌，子起宗。

［咸丰］《顺德县志》卷十一《举人二·国朝·道光》：字伯雪，勒楼人……己亥科。卷二十九《列传九·列女二·国朝》：廖盼云，勒楼卓然第五女，孝廉亮祖胞妹也。生母叶病卒，女死殉焉。道光二十一年旌。

［民国］《顺德县志》卷十八《列传三》：生平孝友。父殁，负债累累，亮祖舌耕为业，力任筹还。与弟析产，乃以父遗产数十亩及贵重玩器归之，己所得者书籍字画而已。设帐三十余年，游其门者岁数百人，文章经其指授，悉有法度，邑宰张琮以“人范经师”匾表其庐。乡中巨族将成械斗，亮祖力

为开导，祸立解。屋后古榕数株，鹤常栖止以千百计，亮祖殁时，鹤皆不飞不鸣，联群而去，亦奇事也。著有《东岸草堂诗文钞》二卷行世，《东岸草堂随笔》待梓。子起宗，郡庠生。

蔡植 字蓉卿，清顺德龙江人。道光十九年（1839）举人。

［咸丰］《顺德县志》卷十一《举人二·国朝·道光》：字蓉卿，龙江人。广西籍，己亥科。

潘其菼 清南海人。道光十九年（1839）副贡，二十三年举人。

［同治］《南海县志》卷九《道光朝·贡生》：副贡，己亥科。《道光朝·举人》：癸卯科。

霍峙南 字小山，清顺德良滘人。道光十九年（1839）举人，二十一年倡筑永丰围。

［咸丰］《顺德县志》卷十一《举人二·国朝·道光》：字小山，良滘人……己亥科。卷五《建置略二·堤筑·都宁属》：永丰围，在葛岸堡。南接葛岸围，北接埗尾围，计长千百有余丈，闸凡三……道光二十一年辛丑，良滘乡绅霍峙南、霍峻南、何廉等，马滘霍景洵、霍德元等倡筑。

霍脩士 清南海人。道光十九年（1839）副贡。

［同治］《南海县志》卷九《道光朝·贡生》：副贡，己亥科。

何大恬 清顺德沙边人。百岁老人，宣统三年（1911）尚健在。

［民国］《顺德县志》卷十二《耆寿表一·寿民·百岁以上》：沙边人，宣统辛亥尚存，百岁。

梁九昌 字作明，一字炽山，清南海佛山人。玉成四子，九华弟，九图兄。20 岁卒，妻舒氏，守节 30 年，至 51 岁卒。子思淇，孙锡福。

［民国］《佛山忠义乡志》卷十三《选举志二·封赠·清》：以孙锡福赠荣禄大夫、广西试用道。卷十四《人物志四·文苑·清》：字作明，一字炽

山，顺德人。少入塾，弱不胜衣，性慧，目十行下而刻苦过人，蒙师责群儿惰，独戒其勤也，数年通群经。为诗古文词生新独造，仲父青厓中翰每叹曰："是子也才，唯英华过露，质弱思深，可忧耳。"数年果病瘵，犹研探子史至夜分不辍，年二十竟死，遗孤仅二龄。死日方作《西塞山怀古》诗，欷歔击节自赏，病忽笃，泣数行下曰："修短数也，王右军云'齐彭殇为妄作'，达哉言乎！然老父老母在，予先陨，不可为子，目不瞑矣！"九昌兄弟六，己居四，父玉成以其慧且勤钟爱之。及病，其父藏书于箧下，扃锁不使观，九昌谓："典籍娱情可养病。"固请，父重违其意强许之，复发箧咿唔，而孰知其竟以是死也！死后诗文多散失，顺德吴花溪孝廉与其弟福草比部录其诗若干首入《岭表诗传》，江都符南樵孝廉录若干首入《正雅集》，从兄小厓常典录若干首入其所说诗，九昌之得不死殆在是耶！《人物志十·列女传·节孝》：梁九昌妻舒氏，年十八归梁，二十一而夫殁。时翁姑在堂，遗孩在抱，氏哀恸几不欲生，妯娌劝慰，乃节哀治家政。家虽富，粗衣粝食，而族戚困乏及乡里善举，输助无所靳。卒时年五十有一。子思淇，由游击加二级，赠节妇夫人。翰林何继俨为撰墓表。

丁芳 清南海人。道光二十年（1840）举人，咸丰七年（1857）与学生刘炳藜倡捐赈饥。

［同治］《南海县志》卷九《道光朝·举人》：庚子科。

［宣统］《南海县志》卷十五《列传·刘炳藜传》：咸丰丁巳大饥，与其师举人丁芳倡捐赈济。

马信道 字闲庵，清顺德马村人。子德熙，同治九年（1870）举人。寿89岁。

［民国］《佛山忠义乡志》卷十四《人物志四·文苑·清》：字闲庵，顺德马村乡人也。兄弟五人，序居中，少孤家贫，年甫七龄，育于邻乡胡氏。胡母过严，善事之无间言，服劳奉养，如事所生，胡氏丧，如考妣服终。马族闻其贤，延之归宗，迎养生母，寻回两兄两弟，聚首一堂。其时设帐于邻村西滘乡，远方来游者众，遂移塾于佛山，因税居佛山之医灵铺司马坊。自幼笃学，弱冠设教，喜诱掖后进，训迪有方，严而不恶，闲谈必举嘉言善行示诸生及子侄。中年不第，即弃举业。嗜经史，虽严寒盛暑，手不释卷，家贫无书，常贷书于藏书家。原书稍有残缺，必修补完固，然后珍复，藏书家不以借观为嫌，故虽贫无书，而于经传史策借资博览，皆由珍护贷书所致。执事与人必本忠敬，而不敢自负宏博稍涉轻率。晚尤好道而不失于正，服金

丹导引，能却寒暑。年逾八十，时届隆冬，不衣棉裘，子虽有奉，在笥而已。常语人曰：“金丹之道乃心田内丹，非方士所炼铅汞之法，惟寡欲培元，咽津运气，内注丹田，乃为得之。若误信方士邪术，妄求延年，失之远矣。”自号曰“觉各阁”，著有《金丹撮要》《延年要诀》。尝辑史传历代各姓图谱，列其行状，著为某姓、某姓名人传各若干卷，使各姓子孙数典不至忘祖。其辑马姓名人传也，名曰《马氏绳武集》，凡八卷。又辑历代忠臣义士，别为有守、有为者各四卷，辑历代乱臣贼子，别为乱、为盗各二卷，共十二卷，名曰《忠逆鉴》。又著有《求福指南》《多福集》《淑女幼学编》《闺门戒法敬戒合编》《戒溺集说》《保赤三要》《达生遂生》《福幼合编》《救饥举略》诸书，皆述前人成说，参以赞词，使人知感，非敢云作也。版藏佛山十七间光华堂、大地街连元阁、绒线街天禄阁、省城天平街五云楼，今皆闭歇，书版散佚，其印刷成帙者，又经乙卯水灾，半遭湮没，殊为可惜。佛山当西北两江之冲，频年潦涨，溺毙时闻，创造《西水桥式》，绘图派阅，使之仿造，往来称便，救溺无算，至今赖焉。又与镇绅何铁桥先生，倡建仓沮字祖庙于佛山莺岗之左旁，延师宣讲。善书，撰《神谶》四十首，集唐人截句，指事类情如自己出，为骚坛别派，又游艺之余，神道设教之微旨也。一生善与人同，至老不倦。享寿八十有九，无病而终，学者称“闲庵先生”。子德熙，举人。

区玉珩　字蕴山，清顺德登洲人。道光二十年（1840）岁贡，二十九年举人。

［咸丰］《顺德县志》卷十一《岁贡·国朝·道光》：登洲人，庚子。《举人·国朝·道光》：字蕴山，登洲人……己酉科。

孔继尧　字穗田，清南海佛山镇人。道光二十年（1840）武举。咸丰四年（1854）红巾之乱，佛山办团，举为统带，因功赏戴花翎加副将衔。

［同治］《南海县志》卷九《武科选举》：庚子科，道光朝。

［民国］《佛山忠义乡志》卷十三《选举志一·武举·清》：道光庚子，武庠。《选举志二·仕宦·武职·清》：副将衔补用参将。卷十四《人物志六·武略·清》：字穗田。本邑小榄乡人，世居佛山。由武举人投效军营，屡著战绩，历保至参将。咸丰甲寅，红匪陈开之乱，镇绅募勇办团，举为统带。时陈逆肆毒，焚掠数千家，沈观察棣辉由省督队来佛，会同痛剿，贼穷窜，遂克复。嗣与都司黄曜吉办理善后，深资得力，阖镇肃清，大府论功奏奖，赏戴花翎加副将衔。继尧虽为营将，然性颇儒雅，绝无赳赳气，喜与贤士大

夫游。每以平日未能读书引为憾事，延名师训其子不少懈，后子广皋补县学附生。

冯汝棻 （？—1879）字腾蒸，号孝则，清南海九江人。道光二十年（1840）举人，任湖南临湘、衡阳、湘潭等县知县，擢郴州直隶州知州，赏加知府衔。曾祖父昭长，祖绍熙，父耀谋，兄霞蒸。

［同治］《南海县志》卷九《道光朝·举人》：顺天中式，郴州知府，庚子科。《道光朝·封荫》：冯绍熙，以孙汝棠覃恩貤赠文林郎，以孙汝棻晋赠朝议大夫。冯耀谋，以子汝棻诰赠朝议大夫。

《九江儒林乡志》卷十《选举略·国朝·举人·道光二十年庚子恩科顺天乡试中式》：字腾蒸，号孝则。监生，中式第一百五十名。初官湖南临湘知县，转衡阳知县，调湘潭知县，擢郴州直隶州知州，赏加知府衔，赏戴蓝翎。《选举略·国朝·封荫》：冯绍熙，以孙汝棻貤赠朝议大夫知府衔、湖南郴州直隶州知州，晋赠资政大夫。冯耀谋，以子汝棻赠朝议大夫知府衔、湖南郴州直隶州知州，晋赠资政大夫。冯霞蒸，以弟汝棻貤赠文林郎、拣选知县。卷十四《列传·清》：字腾蒸，号孝则，北方铁滘人。道光庚子举京兆试。性豪喜向上，亟思用世，时虽重甲科，不能待，援例选授湖南临湘县知县，调衡阳县知县，兼理清泉县事。以御贼守城功，尽先升用直隶州知州。调补湘潭县，复因剿贼有功，赏加知府衔，赏戴蓝翎。补郴州直隶州知州，甄别降通判，遂归。同治十二年，广西布政使文格荐于巡抚刘长佑，奏留差遣。任事称职，奏准免补本班以知州用，光绪五年卒于差次。汝棻初令临湘，有救荒安插之劳，调任衡阳有缮城保障之力，而消乱未萌，杀敌致果，武功尤懋著焉。衡阳斋匪左家法，结老万山剧贼朱九涛、张添佐，即伪号太平王、平地王者也，潜布逆党，克期于咸丰元年八月夜纵火举事夺城。汝棻知之，预伏兵城厢以俟，迨火发，故提兵出城救火。贼遂蜂拥而入，伏兵四起，汝棻从后击之。生擒左家法等百余人，阵毙无算，起获伪印、旗帜、器械数千，老万山贼遂不敢窥伺。及发逆洪秀全逼衡州，汝棻死守孤城，防御严密，贼知不可下，绕道窜湖北去。骆文忠时为巡抚，重其才，五年以衡阳匪党分布红乐庙、渣江、金兰市一带，聚马纠人，势甚猖獗，檄汝棻会同营弁督兵勇，驰往剿办。战于妙山峰，轰击毙贼数十名，生擒六名，乘胜追至沙林塘兴福寺，毙贼百数十名，生擒四名，夺获黄旗二面。营弁等追贼至金珠市，枪毙执旗贼目，夺获太平龙凤旗，杀贼百余。是日四战皆捷，兵勇受伤仅止数名。汝棻勇不顾身，临事短衣草履，身先士卒，故营弁兵勇踊跃用命。匪党经此痛剿后，即各分途鼠窜，不敢抗拒。初，汝棻任衡阳时，帑项支绌，转运维艰，乃自捐银二万九千余两垫办军需。事后，督抚欲奏闻，汝棻固辞曰：“毁家纾难，臣之分也，是区区者安敢仰邀奖叙!”事遂寝，而公论久而难没。迨光绪二年，巡抚王文韶莅楚，遂查案奖励，得给二品封典。卷十六《列传·方伎·冯昭长传》：号怀湖，北方铁滘人。朴厚，习儒业，既乃究心形家言，择兆于隔江罾山之巅暨莲花山之麓，为先人窀穸，又于石塘闸内众水交会处筑室十余椽居之。垂老属其子曰：“余家仅中人产，幸成此阴阳二宅遗子孙，以我法论，后嗣当有兴者。然惠迪从逆，地理同符天道，惟课子孙读书为善，庶几致祥有基。倘谓富贵可冀，恣行不义，或甘自废弃，即吉地亦不能为福也。汝曹勉之!”后人遵守遗训，至其孙渐以服贾起家，及曾孙汝棠、汝棻均登贤书。玄孙锡镛、学培、锡纶，来孙①栻宗、景略，均先后成进士，炽宗，县学生员，并有以国学生相继登仕版者。青乌之说固非尽无据矣。

左作常　清顺德龙山人。道光二十年（1840）副贡。

［咸丰］《顺德县志》卷十一《副贡·国朝·道光》：龙山人，庚子恩科。

叶镜清（清道光）　清南海人。道光二十年（1840）副贡。

［同治］《南海县志》卷九《道光朝·贡生》：副贡，庚子科。

庄鸿渐　清南海人。道光二十年（1840）岁贡。

［同治］《南海县志》卷九《道光朝·贡生》：岁贡，庚子科。

刘冠英　字保泰，清高明世唐美人。道光二十年（1840）岁贡。子子忠。

［光绪］《高明县志》卷十二《选举表·国朝·岁贡·道光朝》：世唐美人，二十年贡。卷十三《列传·人物二·国朝》：字保泰。道光庚子岁贡。质性温厚和平，设帐授徒，教学不厌。中年后杜门谢客，书卷自娱。生平不苟于取，作事皆本心性。后嗣书香不绝，食饩游庠者济济焉。

麦天祚　清高明吉田人。道光二十年（1840）武举。

---

①来孙：子之子为孙，孙之子为曾孙，曾孙之子为玄孙，玄孙之子为来孙，来孙之子为晜孙，晜孙之子为仍孙，仍孙之子为云孙，云孙之子为耳孙。

［光绪］《高明县志》卷十二《选举表·国朝·武举》：吉田人，道光二十年庚子科。

芦芝瑚 清三水人。道光二十年（1840）举人。

［光绪］《广州府志》卷四十六《选举表十五·举人·国朝·道光二十年庚子》：三水人。

李大瀛 清顺德鹿门人。道光二十年（1840）副贡。祖麟徵。

［咸丰］《顺德县志》卷十一《副贡·国朝·道光》：鹿门人，庚子恩科。

［光绪］《广州府志》卷一百三十三《列传二十二·国朝·顺德·李麟徵传》：号闻洲，鹿门人……孙大瀛，道光庚子副贡。

李炳元 清南海人。道光二十年（1840）副贡。

［同治］《南海县志》卷九《道光朝·贡生》：副贡，庚子科。

杨希颜 字渔樵，清顺德桂洲人。道光二十年（1840）举人。

［咸丰］《顺德县志》卷十一《举人二·国朝·道光》：字渔樵，桂洲人……庚子恩科。

吴其清 清高明铁冈人。道光二十年（1840）乡试副榜，任广西贺县训导。

［光绪］《高明县志》卷十二《选举表·国朝·副榜·道光朝》：铁冈人，广西宜山籍。二十年庚子科副榜，贺县训导。

何家煇 清南海人。道光二十年（1840）举人。

［同治］《南海县志》卷九《道光朝·举人》：庚子科。

余朝宪 清南海人。道光二十年（1840）举人。

［同治］《南海县志》卷九《道光朝·举人》：庚子科。

张升扬 清顺德龙江人。道光二十年（1840）武举。

［咸丰］《顺德县志》卷十一《武举·国朝·道光》：龙江人，庚子恩科。

张其典 清高明仙村人。道光二十年（1840）举人，任新会教谕，加内阁中书衔，升廉州府教授。光绪二十年（1894）参修《高明县志》。祖锦华，父怀礼。

［光绪］《高明县志》卷十二《选举表·国朝·举人·道光朝》：仙村人，新会教谕，升廉州教授，内阁中书衔。二十年庚子科。《选举表·封赠·国朝》：张锦华，监生，以孙其典赠征仕郎，晋赠文林郎。张怀礼，以子其典赠征仕郎，晋赠文林郎。卷十三《列传·人物二·国朝·张锦华传》：号秋圃……孙其典，道光庚子举人，任新会教谕，加内阁中书衔，升廉州府教授。玄孙茂勋，邑庠。以孙其典官膺敕赠。卷首《后叙》：……后以属梁君廷栋重加厘订，张君其典、谢君震共图厥成，爰述始末而为之序。光绪二十年孟夏，花翎同知衔、高明知县蔡逢恩谨序。

陈元楷 （？—1867）字玉姗，清顺德容奇人。道光二十年（1840）举人，三十年进士，改庶吉士。丧母归，在广州教书。咸丰四年（1854）天地会土寇占领顺德，在省与同乡劝捐百万募勇，随官军收复县城。六年授浙江天台县知县，改捐郎中分吏部考功司。同治元年（1862）补军机章京，次年补郎中，升用御史。六年丧父归，卒。祖光官，外祖吴昌硕，父传科，岳父关逢年，叔廷（本传作庭）扬、廷康。

［咸丰］《顺德县志》卷十一《举人二·国朝·道光》：字玉珊，容奇人……庚子恩科。卷十《进士·国朝·道光》：今庶吉士……庚戌科。

［光绪］《广州府志》卷四十六《选举表十五·举人·国朝·道光二十年庚子》：顺德人，进士，御史。

［民国］《顺德县志》卷九《封荫表·封赠·文阶》：陈廷扬，容奇人，以侄元楷貤封。陈廷康，以侄元楷貤封。吴昌硕，容奇人，以外孙陈元楷貤封，有传。关逢年，容奇人，以婿陈元楷貤封，记名御史。卷十八《列传三》：祖光官，字凤台，天性孝友……父传科，字桂苑……元楷少自刻苦，负文誉……词赋雅正，为卓海帆、贾筠圃两相国所赏识。丁内艰归，授徒粤城。咸丰四年，土寇窃发，顺德城陷，元楷在省与邑绅劝捐百万，散财募勇，随官军克复县城。六年服阕入都，散馆授浙江天台县，改捐郎中分吏部考功司。

同治元年补军机章京，二年补验封司郎中，记名御史宝泉局监督。江宁克复，以前在军机叙劳，得旨俟补御史，后以升缺升用。六年郎中俸满，截取繁缺①知府，以丁外艰归，遽卒。元楷平居和易宁静，温温若无能，及在吏部有交议事，铨衡轩轾，咸得其平。其在军机处，值军书旁午，起草纷繁，呵冻②立书，精神焕发，同僚乃大推服。

陈廷芳 清南海人。道光二十年（1840）举人。

［同治］《南海县志》卷九《道光朝·举人》：庚子科。

陈宾选 清南海人。道光二十年（1840）举人。

［同治］《南海县志》卷九《道光朝·举人》：庚子科。

陈维桢 清南海人。道光二十年（1840）举人。父日新。

［同治］《南海县志》卷九《道光朝·举人》：日新子，庚子科。

郑时凝 字鼎山，清顺德大良人。道光二十年（1840）举人。

［咸丰］《顺德县志》卷十一《举人二·国朝·道光》：字鼎山，大良人……庚子恩科。

林子芳 清南海人。道光二十年（1840）举人。

［同治］《南海县志》卷九《道光朝·举人》：庚子科。

欧阳泉 字春溥，清南海大沥堡人。道光二十年（1840）举人。咸丰四年（1854）与麦佩金办团练局，八年抵御洋人，因功选上海知县。夫妻长寿。

［同治］《南海县志》卷九《道光朝·举人》：知县，庚子科。

［宣统］《南海县志》卷十八《列传·忠义》：字春溥，麦佩金字双南，

---

①繁缺：指政务繁忙的官职。旧时，外任官员的繁缺，其辖区广，收入丰，实为肥缺。

②呵冻：谓嘘气使砚中凝结的墨汁融解。

皆大历堡人。道光朝孝廉也，两人同负乡望，素相善。咸丰四年六月，红巾贼酋陈开起据佛山，窥省城。泉与佩金合四堡立团练局，筹备军械、糗粮，集乡兵，除内匪，严密侦逻，使南北两路贼音耗不得通。时北贼甘先、李文茂据省城大北门外，连营至官窑等处，七月壬戌，率众万人来攻。两人统乡兵逆与战，追至根竹桥，大败之，毙其魁，斩馘百余人。甲子，贼由丰冈谢边乡渡水来攻，破之，获炮械无算。闰七月戊辰朔，南贼陈开率众万人环攻四堡，陷仇边乡，分掠水头、圩镇头、永丰等处。两人传令乡兵，四面响应，贼稍却，乘势追逐，逾河十余里，阵斩三百人，溺者千计。其别犯雷边者复皆败之，戊寅援大圃、石步等乡。十月丙午击贼硝厂海口，毙贼千人，获船四艘、馘百人，自是乡兵与官军合。十一月壬戌，破贼何禄于石桥头，毁其巢。癸亥剿谢边贼巢，平之，甲申遂至佛山，败贼于莺冈，贼皆遁去。十二月戊申，移兵破新全蚬子冈贼巢，壬子破贼于蟹地庄，丁巳援邓冈，戊午援大冲，己未援金蕉，皆捷。五年正月戊辰进营黎屋冈，庚午破官窑贼巢，贼地悉定。计数月大小一百七十余战，战辄有功，于是大历四堡之名震于遐迩矣。八年夷人构衅，罗侍郎惇衍、龙太常元僖、苏给谏廷魁奉旨督办团练，驻军江村，延两人襄赞军务，嗣和议成，遂撤兵归。以团练功保奏，并赏戴蓝翎以知县用……泉谒选至上海，道梗而返，遂不复求仕……泉夫妻年逾八旬，重逢花烛，孙、曾四代同堂。

欧阳麒　清三水人。道光二十年（1840）举人。

［光绪］《广州府志》卷四十六《选举表十五·举人·国朝·道光二十年庚子》：三水人。

容文明　清南海佛山镇人。道光二十年（1840）举人，二十五年进士，官刑部主事。祖翰邦，父帅波。

［同治］《南海县志》卷九《道光朝·举人》：进士，庚子科。《道光朝·进士》：刑部主事，乙巳科。《道光朝·封荫》：容翰邦，以孙文明赠承德郎。容帅波，以子文明赠承德郎。

［民国］《佛山忠义乡志》卷九《氏族志·氏系》：容氏，系出燉煌，由新会迁居佛山简园，有进士文明。

高锡明　清南海人。道光二十年（1840）举人。

［同治］《南海县志》卷九《道光朝·举人》：广西籍，庚子科。

梁汝弼　字直卿，清三水人。道光二十年（1840）举人，二十五年进士。代理湖南嘉禾县知县，补广东韶州府教授，抵任数月，卒。

［光绪］《广州府志》卷四十六《选举表十五·举人·国朝·道光二十年庚子》：三水人，进士。卷四十一《选举表十·进士·国朝·道光二十五年乙巳萧锦忠榜》：三水人，知县。卷一百三十六《列传二十五·国朝·三水》：字直卿，少孤力学。道光二十年庚子举人，二十五年乙巳进士。摄湖南嘉禾县知县，故事官下乡，役吏辄以百随，民苦供亿。汝弼下车，首行裁减，以免骚扰。俗多以命案株连，刁悍者借为渔利，坐系充斥，汝弼清积狱，分别省释，民咸赖之。城内书院久废，捐廉拨款，聘名师教授，文风渐兴。邻境蓝山县斋匪攻城，以先筹防得不陷。寻以本任兼护桂阳州篆，办理裕如。逾年补授新田，以母老改教职，旋丁艰归。主行台书院讲席，书院原设城外，咸丰初为红贼毁拆，汝弼议建复，扩城内之凤冈古院旧址而兴之。县城向无考院，又集众绅筹资创建，自后人才蔚起焉。服阕选廉州府教授，以足疾请开缺。疾痊转补韶州府教授，抵任数月，卒于官。

梁槐　字仙泉，清顺德林头人。道光二十年（1840）举人。官龙川教谕。

［咸丰］《顺德县志》卷十一《举人二·国朝·道光》：字仙泉，林头人。顺天榜，庚子恩科。

［民国］《顺德县志》卷八《选举表一·郭〈志〉成后选举表中人得第在咸丰壬子前出仕升阶在癸丑后者补载如左·举人》：龙川县教谕。

梅占魁　清顺德龙山人。道光二十年（1840）武举。

［咸丰］《顺德县志》卷十一《武举·国朝·道光》：龙山人……庚子恩科。

曾镛　清顺德大罗人。道光二十年（1840）举人。

［咸丰］《顺德县志》卷十一《举人二·国朝·道光》：大罗人……庚子恩科。

傅正常　字维五，清南海人。道光二十年（1840）举人，官英德训导。

《西樵白云洞志》附《白云洞诗合编》：（一字维五，南海举人）庚子九月初一，夜宿白云洞。即景二绝，呈卿云师。

［同治］《南海县志》卷九《道光朝·举人》：英德训导，庚子科。

谭文藻 清高明濠基人。道光二十年（1840）举人。

［光绪］《高明县志》卷十二《选举表·国朝·举人·道光朝》：濠基人，二十年庚子科。

潘士芬 字芸阁，清顺德西村人。道光二十年（1840）举人。

［咸丰］《顺德县志》卷十一《举人二·国朝·道光》：字芸阁，西村人……庚子恩科。

潘世祥 清南海人。道光二十年（1840）举人，官兵部主事、湖北同知。

［同治］《南海县志》卷九《道光朝·举人》：庚子科。

［光绪］《广州府志》卷四十六《选举表十五·举人·国朝·道光二十年庚子》：南海人，兵部主事、湖北同知。

黎炽远 字静庐，清顺德龙山人。道光二十年（1840）优贡，二十三年举人。咸丰寇乱，避地九江乡，为部署团勇饷薪，后入邑局举办团练。

［咸丰］《顺德县志》卷十一《优贡·国朝·道光》：龙山人，庚子。《举人二·国朝·道光》：字静庐，龙山人……癸卯科。

［民国］《顺德县志》卷十八《列传三·陈松传》：与松同时奉委入邑局办团者，又有黎炽远、何锷。炽远……道光庚子优贡，癸卯举人。咸丰寇乱，避地九江，乡人拟募勇接应官军，以乏款往谋之，炽远为部署饷薪，事赖以集。入邑局后，缉解内匪，防剿外贼，均著成效。

霍高彪 清三水人。道光二十年（1840）任顺德左营把总，二十五年任千总，咸丰三年（1853）任守备，五年任都司。

［咸丰］《顺德县志》卷九《职官二·把总·道光》：三水人，二十年任……左营。《职官二·千总·道光》：三水人，二十五年任……左营。

［光绪］《广州府志》卷三十一《职官表十五·国朝·武职·都司守备·咸丰朝》：三水人，行伍，五年任，顺德协右营都司。三水人，三年任，顺德协左营守备。三水人，行伍，三年任，八年实任，新会左营守备。卷五十五《选举表二十四·仕宦·国朝·武职·三水》：进士，咸丰四年署顺德协右营都司，六年授新会营守备。

霍湝　字芙溪，清南海溶洲堡上园（今属禅城南庄）人，迁居佛山镇。道光二十年（1840）举人，3次上京会试落选。咸丰四年（1854），以襄办团练御寇有功，赏六品顶戴。寿67岁。父琼基，子昭扬、伟南。

［同治］《南海县志》卷九《道光朝·举人》：庚子科。

［民国］《佛山忠义乡志》卷十四《人物志七·孝友·清》：字芙溪，溶洲堡上园人。少负文名，倜傥有奇气。父琼基，家素贫而好行方便，尤酷爱读书，常恨本族文献式微，不克与邻族相辉映，深以为耻。嘉庆年间，由上园迁居佛山栅下之走马灯，以佣工岁入供其子读书之费。湝亦善体亲心，发奋励学，弱冠即补弟子员，道光二十年庚子举于乡，三上公车不第。咸丰甲寅之乱，以勷办团练有功，总督叶名琛赏给六品顶戴。所办善后事宜，搜捕会党，分别重轻，多所超释。尝语人曰："方贼焰炽盛，不免玉石俱焚，今大难既平，即当培养元气。若恃身握事权，滥施威福，甚或乘机报怨，则死者虽无憾于法，而有憾于我者实多矣，非所以召太和也。"其为遗黎造福，蔼然仁者之言。乱后家居，淡于仕进，惟日以娱亲课子为乐。兄弟四人，友爱弥笃，亲殁所分田宅，悉以分让诸弟。四弟渔早世，弟妇胡氏虑孀孤，无以赡养，下堂求去，湝涕泣慰留，誓从优恤，胡氏亦遂感激，守节以终。亲故间贫窭无靠者，辄慷慨指囷，不稍吝惜。其有文字优长，沦落不偶者，尤破格相视，虽多年寄食不以为嫌，其性情之肫挚、度量之宽洪如此。晚年好谈文艺，每遇场后，镇中人士多以闱作就质，得其许可，即为捷报先声。同治丁卯、庚午两科，决何增祐、增庆、刘枢及枢子婿马德熙必售，皆验。所著《杂诗》有"弟兄继轨谈何易，翁婿联魁事亦奇"之句，时以为美谈。卒年六十七。子昭扬，邑庠生。伟南，壬午科举人。

蔡锡麟　（1810—1889）字瑞亭，清顺德龙江人，迁佛山，承父业经商。咸丰四年（1854）助军需数万，同治五年（1866）修筑三水大路围，捐万金。父若调，子宗瀛、宗濂、维杰，孙光弼。

［民国］《佛山忠义乡志》卷九《氏族志·氏系》：蔡氏，系出济阳，清初由龙江迁佛山鹤园正街。有郎中宗瀛、维杰，福建延建邵道光弼、县丞桑尧，现官有推事燮垣。卷十三《选举志二·封赠·清》：蔡锡基，以侄宗瀛赠户部郎中……蔡海年，以曾孙锡麟赠奉政大夫、候选同知。蔡和圃，以曾孙维杰晋赠荣禄大夫、刑部郎中。蔡锡麟，以子宗瀛封资政大夫，孙光弼赠荣禄大夫……蔡宗濂，以子光镛赠奉政大夫……蔡济羹，以曾孙光弼赠荣禄大夫。蔡锡辉，以孙光弼赠如其官。蔡宗瀛，以子光弼赠如其官。卷十四《人物志六·义行·清》：字瑞亭，原籍顺德县龙江乡人。先世自康熙朝迁居佛山，又籍南海。其父若调年八十始生锡麟，仅三岁丁嫡母忧，四岁丁父忧。年在舞勺已无期功伯叔、兄弟、侄辈，茕茕独立。性敦厚，事生母致孝，待人谦恭。幼承父业，服贾营生。咸丰甲寅，红巾匪乱，钱财损失，大伤元气，加以连年报效军需，至再至三，捐款以数万计，嗣是无志复作商业。以勤俭持家，而笃好行善，见义勇为，自行捐资迁建房祖祠，倡置族内义仓，拨产建设家塾。凡戚族有冠婚丧葬求助者无弗与，有负债不能偿者焚其券，鳏寡孤独颠连无告者，月给升斗以赡养之。同治五年修筑三水大路围，官绅筹款孔亟，慨捐万金。己卯，锡麟年已八十，自念生平居积稍有盈资，应先厚培祖尝，然后作子孙计。先提拨银壹万两分十四股送出，始祖二股，二三四五六七八世祖各一股，义仓四股，家塾一股。又念佛山未有祖祠，另储专款，叮咛致嘱将来觅地建祠，余款留作善事，其急公好义，常以之勖子孙。是年冬，微疾而卒。子六人。宗瀛，户部郎中，加六级封资政大夫。维杰，附贡生，三品衔刑部郎中，加四级赠荣禄大夫。孙十四人，光弼，举人，福建延建邵道，加二级赠荣禄大夫。曾孙二十余人，多贵显。光绪庚子福建水灾，光弼承遗属为锡麟报效闽赈一千两，闽浙总督许汇案奏奖，奉旨建坊赏给“乐善好施”字样，至今后人仍守遗训，力行不倦。

杜殿元　（1811—1854）字锡茂，清南海沙丸堡甘蕉乡人。屡踬童试，以太学生赴乡试，屡荐不售。咸丰四年（1854），因抵御红巾军战死。

［同治］《南海县志》卷十七《列传·节义》：字锡茂，沙丸堡甘蕉乡人。性豪迈，有胆略。屡踬童试，援例以太学生赴乡场，频荐不售。咸丰四年红巾起，大吏谕各乡团练自守，殿元即部勒村农为抗贼计。无何，贼来犯，亲执戈扬盾为壮勇先。因众寡不敌，贼四面裹之，身受重伤仆地。贼欲执之，骂不绝口，移时毙，年四十五。贼平后，乡人建殉难义勇祠，特首祀之。

朱宗琦 （约1811—约1882）字相虔，号宜城。清南海九江人。久考不中，40岁后不复试于有司。自咸丰九年（1859）起，历11年编就《家谱》。应聘修《九江乡志》，未及蒇事而卒，年73岁。父成发，伯兄士琦，叔兄次琦。

《九江儒林乡志》卷八《艺文略·史部·谱系类》：《朱氏家谱》十二卷，国朝朱宗琦撰。《艺文略·集部·总集》：《朱氏传芳集》八卷，国朝朱次琦、朱宗琦同辑。卷十四《列传·清·朱士琦传》：……季弟宗琦，字相虔，号宜城。以经学入郡庠充增广生，乡闱三荐不售，遂不复试于有司。能博涉群书，每举一典、持一议，必备极搜罗而后出之，故无稍遗漏。咸丰甲寅，会匪扰乱。明年，武弁苏海督水师至乡讨贼，宗琦偕诸绅躬冒锋镝，诣兵船区别良莠，官兵遂不至妄杀，乡闾赖安。任公干不避劳怨，始终如一，受聘分纂《乡志》，各类多出其手，惜未竟其业而卒，年七十三。

［宣统］《南海县志》卷十九《列传·文学》：父成发，伯兄士琦，前志并有传。叔兄次琦……宗琦生而颖敏，才识胆量过人，声如洪钟。以经学取进邑庠补增生，然困于科举，屡荐不售，四十后乃喟然曰："穷达命也！"遂淡然不复求举，而于乡里善事，皆竭力任之，不避艰险。道光二十四年，西潦骤涨，桑园围将溃，宗琦赴救。值缺口开，宗琦素矫健便捷，一跃即攀登树上，回视所乘舟已覆矣。凡其身所督修桑园围者数次，修子围者又数次，与夫族中祖祠坟茔、乡中社庙桥路，几于无役不从。又建探花桥、潭汇桥两水闸，乡人尤利赖焉。咸丰四年红巾乱，五年官兵至境剿捕，乡绅集儒林书院迎之。时官、贼方相拒未决，而贼酋关巨率其党十余人至，宗琦厉色叱之曰："尔尚以尔巢穴为可据耶？尔不速倒忠良山之大旗，我立斩尔首！"关巨即低首听命，其生平胆量多类此。乱平后，次琦归自山西，谓宗琦曰："先王谱学之设，实与宗法相维而表里乎国史。吾家旧有族谱不修已久，吾将创为序例，以授吾弟经理之！"宗琦承命，乃置局于己未之春，断限于辛酉之腊，刊易再三，编摩况瘁，历十一寒暑而书成，名曰《九江朱氏家谱》。其为谱有七，曰宗支，曰恩荣，曰祠宇，曰坟茔，曰艺文，曰家传，曰杂录。又都其先世所著作，及他人所题赠者，为《传芳集》内外五卷，其序例创自次琦，而书则成于宗琦也。后乡人复聘修《九江乡志》，仅一年，未及蒇事而卒，年七十有二。著有《闲闲桑者诗集》一卷、《唱随诗集》二卷。

黎如玮 （1811—1882后）字方流，清顺德昌教人。道光二十三年（1843）举人。父华松。

［咸丰］《顺德县志》卷十一《举人二·国朝·道光》：字方流，昌教

人……癸卯科。

［民国］《顺德县志》卷九《封荫表·封赠·文阶》：黎著元，昌教人，以孙如玮赠。黎连元，以出嗣孙如玮赠。黎华松，以子如玮赠，孙昌禧加赠……内阁中书。

康国器　（1811—1884）初名以泰，字交修，号友之，清南海丹灶银塘苏村人。少孤贫，充督署小吏。道光末年奏保为江西赣县桂源司巡检，募兵镇压太平天国起义。咸丰、同治间，转战江西、浙江、福建和广东，从太平军手中夺回饶州、樟树、临江、汤溪、余杭、杭州、龙岩和嘉应（今梅县）等十余城，历官府经、县丞、饶州南城县知县、蓝山知府、福建延建邵道道员、福建按察使、广西布政使、广西护理巡抚。伤足而跛，军中号康拐子，能以少击众，悍贼皆畏之。同治十一年（1872）回京另候简用，因病不复出。曾祖元猷，祖辉，父敏昌，子熊飞。

［同治］《南海县志》卷九《文职仕宦》：广西布政使，先于延建邵道任内，特旨赏给三代二品通奉大夫封典。曾祖元猷，祖辉，父敏昌。

［宣统］《南海县志》卷十六《列传》：字交修，号友之，伏隆堡银塘乡人。祖辉……国器少孤贫，为督署吏，道光末年奏保赣县桂源司巡检。咸丰三年发逆陷泰和、万安，踞良口、乌兜以窥赣。国器曰："我官虽卑，义不可逃。"毁家募勇御贼，贼不敢犯。道员周玉衡闻其勇，檄攻乌兜。贼夜来袭，国器选健士百人潜焚其巢，而提二百人走小径要击破之。进攻良口，国器度贼乌合，而士气新胜，乘势突之。两岸尸山积，天大雨赣河涨，尸随流飘下南昌，贼惊怖解围去。又从玉衡克万安，擢府经①、县丞。荐卓异，委署大湖司，调乐安招携司。上书巡抚陈启迈言大计，启迈异之，命随赣守耆龄防饶。时官军未有水师，国器创造扒船三十余艘，讲求水战法。五年委防童子渡，都昌贼万人来犯，挟章田渡团绅请兵，以诱我师济章田河。诡指宿村北而贼先伏村南，夜半有呼贼至者三。国器起，束伍分伏，使水师截其上流，贼反入我伏中，贼乱自杀。追奔四十余里，水师亦击翻贼艘十余，进屯章田渡。贼窜回都昌，犯响水滩，饶城陷，耆龄檄国器回饶，分水陆攻之。国器料贼

①府经：知府的属官，主管出纳文书事。

轻我水师新募，必不设备，乃卷兵薄城下，焚其营，别令壮士傅堞①登，遂克饶州。得旨赏蓝翎，署南城县知县。当是时，石达开寇江西，陷瑞、抚、吉、林四府，武汉复陷，豫章大震。统帅曾国藩议以樟树镇西近瑞、临，东接抚、建，为赣江之关键、省城之咽喉，定先攻樟树、次围临江之策，命彭玉麟、刘子淳扼之，国器隶刘军。我军至，遮克敦布所统彰武军，国器旧部也，列队欢迎，贼凭垒观。出不意攻之，立拔石垒，遂克樟树，以同知补用。七年，随子淳围临江。国器以大河远城，自小河入则纡二十里，度地得故河至城仅三里许，议开之以断贼沙湖之援，且水师能迫城也。工甫兴，贼五阻，五败之。一日贼骤至，国器伏高堤不动，迫及十余丈，猝起，督战败之。浚河及三尺余，天大雨冲激，骤深八九尺，水军遂迫城。时江、岭隔绝，国器子熊飞蹑草屩走二千里寻国器，国器委以兵截击援贼，于仁和墟破之。围临江一年，大小数十捷，遂克临江，得旨赏换花翎。八年，移攻抚州。时杨辅清、石达开拥众十余万，陷建郡，踞蒲城，攻建平，犯广丰，陷铅山，踞清沙湾，

梗河道，大帅檄国器剿之。贼数万，方解鞍食，猝扑之，贼轻我师少，虽败不却。国器舣船近岸以诱之，而设伏林中，贼来夺船，炮忽雨下。熊飞率伏夹击，歼贼数百，虏其辎重，遂复铅山。贼又陷安仁，国藩移师进逼，国器请会剿，遂克安仁，调防吉安。粤之剧贼梁柱、练四虎踞英阳之蓝山，峰峦窈窱，数百里峭壁，屡攻不克。耆龄抚粤，调国器剿之。国器引兵入粤，追石达开于乐昌，进攻蓝山，提兵出贼后。谍知贼目辱于酋，诱为内应，擒贼首周裕，降其党万人。蓝山平，擢知府，并加道衔。同治元年随耆龄援浙，时全浙皆陷，惟衢郡尚完，乃从衢郡间道兰背源进师，与布政使蒋益澧合围汤溪。作堑攻之，贼迭出，均败。金华、绍兴贼来援，号十余万，皆剽悍旅，我军更进叠退。国器佯却，张两甄②以待，三日战三捷，遂克汤溪。时左宗棠克游龙，命国器督军截杀，贼无脱者，金、绍贼闻风溃，浙东遂清，以道员补用。宗棠擢闽浙总督，国器隶焉。贼退据浙西，分守杭州、富阳、余杭。国器曰："杭州贼之老巢，余杭贼之犄角，嘉湖贼之援路。不折其角、绝其援，杭州不可得也。"遂趋余杭，察宝塔山形势，贼已垒守，夜令壮士运石筑垒，据以攻贼。相逼十余丈，枪弹及，左右士多仆，国器屹坐不动，遂拔之。城贼来援，再败之，贼不敢出，遂会楚军克余杭，杭州随克。加按察使衔，署延建邵道，奏委统上游军务。请于巡抚徐宗干曰："贼据抚、建，属县毗错闽疆，若窜入光泽，即可东走崇浦，而闽、浙受祸矣。诚以重兵驻之，以顾

①傅堞：凭借城堞，迫近城墙。

②两甄：两翼，两侧的部队。甄：古代军阵的圆形阵列。

崇安、邵武，次守建宁以应泰宁、归化，添部三千，居中调度，分部堵守，大举出关，攻其不意，则可制其死命。夫顾江即以保闽，犹唇齿也。若画疆自守，贼分道阑入，其奚以御？请迅趋建邵会同出关，用收以剿为防之效。”宗干不能用。既而新城、泸溪贼合势逼关，去光泽二十里，大震动。国器曰：“由泸、新入腹地二百余里，贼远至，粮馈不易，途鲜民居，掠无所得。若婴城固守，乘其敝而击之，可以得志。”因令浚濠缮城，迭换号衣、多树旗帜为疑兵，亲度形势，分扼山阴，贼知有备，果宵遁。是时汪海洋拥众四五万窜新城，国器间道袭之，擒其伪天安王吴汉。七月，补延建邵道。遣熊飞督勇士夜梯城入，守陴者皆睡，及惊起，大军尽入新城矣。贼走南丰，陷铅山，阑入云际，国器驰至，贼遁去杉关。国器驰防汀，败贼于瑞金。贼回窜陷武平，汪逆进踞河田、濯田，李世贤陷漳州永定、龙岩南靖，闽大震。宗棠率大军来援，国器请曰：“贼在江西，则闽防以建、邵为急。贼趋粤则以汀、漳、龙、兴、泉为急。鲍超、席宝田二军方驻瑞金，贼必不犯汀。若缓攻武平，保永定、永春、安溪、同安完善之区，俟援军大集，合江、闽、粤三省剿之，分路逼围，贼必蹙。龙岩为上下游咽喉，可四面奔突，我先取之以断其首尾，然后分击南靖、漳州。贼既四分，我得建瓴之势，若龙、漳得手，则武、永在我掌握，不啻几肉釜鱼矣。拟请总兵关镇国防汀以防内犯，而我军直取龙岩。”宗棠然之，国器赴龙岩，贼及洋夷万余来犯，熊飞深沟高垒，俟怠，纵兵击却之。贼三至三克，遂薄城下。汪逆率贼二万余直扑我军，前伤后踵，越尸而前。我军火弹已尽，国器张疑兵于雁石口，令多树旗帜。贼恐截归路，遂走。夜来袭营，觉之，不敢入，遂破贼于漳平，夜焚其巢。贼溃，窜永福，窜白沙。汪逆踞南阳，宗棠以问国器，国器曰：“汪逆至狡悍，南阳不除，龙岩终为所牵，而南靖亦不能攻。若南阳破、龙岩复，则贼势孤，必遁白沙，破之易矣。”宗棠然之。国器计汪逆若入龙岩，攻益难，及其未至先设伏，阳为扑城以诱之。贼倾巢出，遇伏惊溃，城贼出援，我军突之，遂克龙岩，拔难民二千余，遂破小池，古田孔甫垒尽毁。贼窜南靖，又败之；窜白沙，击于小湖坑，追奔二十余里。贼走永定，筑垒百余，其地通大埔、嘉应、漳州，绵百余里。国器进军抚溪，遣将驻龙潭为声援，使熊飞掩贼于东安，别遣将张旗于小路，连破贼于岩前、于陈东坑、于西磜山，夜掩击于堵树坪，尽歼之。已而大股贼至，连蹂其八营，二十余垒皆下。熊飞从山后掩贼，几获汪逆，尾追至大埔，擒斩获械数千，拔难民三千余。时南靖亦克，贼向漳溪遁，阻于粤师，穷不得逞，猛扑我营。游击陈观光怒驰陷贼，贼阵动，熊飞乘之，贼披靡由间道窜。王镇开琳各营为所陷，开琳告急，国器夜驰湖雷，立毁其桥。谍知汪逆欲窥龙岩，即飞请副帅刘某驻军武溪防之。汪逆率伪佑王、伪玉王、伪烈王七万人七路来扑，国器分七路迎之，而分军上杭以防抄。贼旗林立，将士有怖色，国器自凭山对之。罗山背三路贼先下，国器、林本击其首，熊应烈截其腰，熊飞越山旁出力冲之。荡决数十，贼溃，追及山半，贼反斗，结阵山巅，令马队冲之，遂夺山水口。贼匿半山丛树间，国器令火其林，贼突下冲，我军不动。贼益猛，前却后继，又绕山来抄。冯南斌斩目一，遂拥上夺，山石如雨下。国器怒挥藤牌前驱，以抬枪两翼上击，贼犹冲战。山上旗右指，贼趋右，我军亦趋右。国器审贼势，分兵伏于左，山左贼果骤发，我军突击，贼殊死战。熊飞选抬枪手掩之，贼多投崖死，伪佑王退据前滩。汪逆誓死战，翌日率贼十余万，背板负草，欲筑垒困师，拥龙旗黄盖于狮龙岭，集亲卫万余人布阁坑笔架山。将士色沮，国器曰："贼负众而骄，精锐悉聚狮龙岭。若先挫之，则余党胆破，可不击败也。我坚壁示弱，俟怠而击，乃大乘之，必获济。"白衣贼数千先压我营，红衣、黄衣万人继之。国器令扼河桥，至午贼倦，以抬枪排堵合击，贼不支，军士锐进，遂夺狮龙岭。先是，派冯南斌往阁坑包抄，贼伏坑内，我军觉而焚之，尽歼焉。惟笔架山贼尚冲突不已，吴光亮掩出笔架山后，贼惊溃。官军四面攻逼，汪逆遁，拔难民二千余。勒兵追抵剑滩，尽收其军资，又从间道要击，遂解永定围。是役，以军数千歼贼众十余万，加布政使衔。李世贤拥众数万至塔下，将济，见我军至，背水结阵。熊飞出旁岸小滩拊其背，贼骚动，大军压之，桥折，溺贼七千余，生擒千余。并力击山上下贼，又斩五千余，哭声动山谷，国器曰："愿降者坐！"贼皆伏，降二万余，军器山积。虏其伪妃、贵将，全党皆尽，李世贤仅以身免。伪王朱义德降，汪逆取散卒走据上杭。国器移师永安，贼走松源，国器持八日粮驰松源。当是时，侍逆李世贤、伪利王朱兴隆、伪稽王吴玉堂、伪倍王谭升、伪天将李慕忠与汪逆相倚，欲窜江左，鲍军叛勇由鄂、湘窜粤，亦与汪逆合，粤军保字营又陷于贼，镇平随陷，焰复张，连营亘四十里，蔓延松口一带。国器军高思，别营程官为犄角，胡瞎子以三万人结阵待，国器密令降贼内扰，胡瞎子伤腿堕马逸。国器遣朱义德入贼中，令侦汪逆，出焚营为应，汪逆觉，尽杀之，纠党万余，扬声攻程官。国器曰："贼再扑程官，必先张虚声者，欲缀我而袭高思也。我坚壁程官，而偃旗鼓于高思，破之必矣！"戒程官按甲不战，而伏精卒于高思之隘。汪逆分党猛扑程官，而自率黄十四、汪大力二万众袭高思。国器令阳却，入深伏发，歼其猛将伪宗王汪大力，伪凤王黄十四伤右腿坠涧。汪逆痛哭督阵，熊飞突之，士纵横血战，枪击汪逆，中其左腕，贼大乱，歼近万人。仍分三路进攻，胡瞎子凭九曲山顶，列洋枪马队冲我。熊飞逆战，左右夹击之，越濠入垒，垂破矣，遇雨收队。胡瞎子伪降，阳许之，夜督军衔枚薄之，歼贼千余、残其垒，贼惊怖遁。长驱逼镇平，克之，拔难民千余，汪逆遁。勒兵穷追至竹竿澳，贼方设伏林间，觉之，令吴光亮引奇兵遮其后，林本旁掩之，熊飞自率所部伏山前，贼伏破。乘势疾卷，掀贼卡、馆二十余，败之茅楼坪，又败之于大柘、于枫叶坑，疾追至偷牛洞。自复镇平，连日霖雨，士饥冻穷追，饥民就食者数万，分饷赈之，我军至是亦疲矣。提督高连升、鲍超至，曰："贼已敝矣，及其力尽扫之，东南肃清，在此一役，不可纵也！若以追兵已惫，令我楚军在前、粤军在后，当无所失。"从之。与连升合追贼，买黄坡罗浮司土匪，诱我行十余里，峻岭前耸，涧谷险仄，林菁丛郁，单径纡盘，马不容足。熊飞曰："路无马矢，草木不乱，惧有伏焉，不可进也。"既而高军在前，我军接应。贼穴土冈设伏，上覆青草，我军过之不觉。贼八千突起控我背，军乱，国器从子达本力战阵亡。熊飞以后队作前锋，与吴光亮冲围出，于是高军死者数千，我亦亡精卒数百，伤者甚多。军还，国器欲致法，连升力引过而止。国器自将兵以来，未尝挫败，士凭百胜之气，勇锐好战，以留营为耻。自此次谋败，士颇丧气，又病疫，国器乃汰弱兵、休病卒，集新军而训抚之。贼北走龙南，退窜和平，遂陷嘉应。国器疾驰罗冈，请于宗棠曰："贼志在江楚，力不得逞，折还嘉应，已成困兽矣，今造桥据南岸，若为窥丰顺者，欲惑我南顾，乘虚兔脱也。夫丰顺万山重叠，民贫瘠，贼无利焉，非蹙之无路，必不窜也。惟镇平屏障全闽，宜重防之，已遣将扼丙村，则潮郡门户固矣。嘉应地势宽广，诚以闽师逼其东，粤师逼其西，连营稍前，合成长围，然后作长濠以困之，别布罗遮之师，阻其冲突，得三万兵、三月饷可聚而歼也！"宗棠然之，调鲍军驻武平、上杭攻其北，高连升及总镇刘某及我军攻其西，副帅刘典出大埔、永安攻其东，宗棠及提督黄少春、布政使王德榜出饶平攻东南。国器先进军乌坭坪，言于宗棠曰："嘉应水道上通永安，下达潮州，天雨河涨，浮桥必决，然后以炮击之，则贼南北不通矣。"宗棠然之。贼窥高军，国器要击于樟山坳，败之。贼又犯塔子坳，汪逆中炮死，贼推伪偕王谭启元代。我军进象村，又进洋门岌，鲍军败贼于平城铺，连破之，尾击至城，长围亦合，遂克嘉应。贼遁，我军穷追至丰顺之白水寨大田，四面罗遮，毙贼千余，虏洪逆婿伪金王钟英、伪怀王周祉福、伪倍王谭标、伪朝将黄松等，受降万余，赏三代二品封典。国器治军十年，仅杀数卒，降人负兵器出入帐下，推诚酣卧，咸惊服。所荐拔如吴光亮、何雄光、麦龙韬、冯南斌、赖长皆有勇略，古捷芳尤骁健，败李世贤于塔下。及擒洪逆婿，部将欲张以邀赏，国器曰："吾愿地方安谧，安敢贪功？"汪逆海洋忍耐善战，闻康拐子军辄惊避。先是，国器弹压盐枭，炮穿足遂跛，故呼"康拐子"云。三年，还延建邵道，城内外积棺数千，国器期三月尽瘗埋其无归者千余棺。六年八月，擢福建按察使，令凡有羁押皆录以上，有所省释辄牌示，差胥无所容其弊。督厘积案二万余起，屏除门包①，厨传萧寂，宣风肃然。大吏岁拨津贴三千金，至终任皆存库，廉声著闻。八年四月，擢广西布政使，广西自军兴创厘金，久而滋弊，国器定为三合票，一存局、一存卡、一给商，弊顿革。梧关前征二十万，至是三十余万，因买谷以实仓，制书院以教士。兴安斗河通湖南，遭乱废圮，国器筑闸七十二，以时潴泄。桂城逾河为东洲，渡者如蚁，腾波绝险，国器令铁绾小舟为浮桥，民赖以济。九年护理巡抚，永安贼何先体踞掠十年，无敢议剿，国器选将讨平之。知府徐延旭张贼冒功，国器劾罢之。署司某亏库银千余两，国器执留其船，不畏强御，谗毁腾作。十年十月回京，另候简用，遂病不复出。其巡检太湖方洊饥赈粥，全活数千。驻军金华，民扶老携幼迎，附众二万，悉赈抚安集。凡克平城镇赈活数万，嘉应松口民呼康青天，为立生祠以祀。当平闽粤还乡，无一亩土、无一廛屋，尽以薪俸营祠墓、买祭田、设义学、恤孤寡，其告归也，置义仓、修社学。南海、三水大路围当牂牁江要冲，洊岁决堤，国器鸠工督作，躬缮糇粮，冒暑连月忘倦。光绪十年，法衅方亟，奉命筹饷，国器捧读感涕。未几，疾笃弥留，再三诵杨继盛诗曰："浩气还太虚，丹心照千古。生平未报恩，留作忠魂补。"遂卒，年七十有四。始俄夷有衅，咸患之，国器独谓："越南孱弱，法人垂涎，宜及李扬才之役图之。"寄书左宗棠曰："贼陆芝平、杨大等数万分踞宣光、太原，宜移师平之，屯田戍守。"又曰："八旗不出习战，是坐生疲软也。考试不变枪炮，是习非所用也。诚宜变之而令备弁、世袭人员一体与试，则士气兴、人材出矣。"其言不尽为世用，然思患预防、揆时救弊，久而益叹其见之远。及卒，奉旨赐恤，事迹宣付史馆。十五年又赐祭葬，遣官谕祭一坛。子熊飞，浙江补用道，强勇巴图鲁。

麦瀛祥 （1811—1907）字梓卿，清南海吉水乡人。38岁补弟子员，在乡间教书。光绪二十九年（1903）93岁赐举人，次年赴礼部考试，不第，赐翰林院检讨。寿97岁。

［宣统］《南海县志》卷二十二《列传・耆寿》：字梓卿，简村堡吉水乡人。少年力学，聪敏过人。弱冠应童试，屡列前茅，久不遇，年三十八以郡学第一补弟子员。家居授徒，殷殷以裁成后进为务，门下寒士赖以栽培，而掇巍科、登显宦者不乏人。性至孝，少失恃，事庶母恒得欢心。兄弟友爱，抚犹子如己出。生平以舌耕糊口，布衣蔬食，俭约自持。尝手著家规，以

---

①门包：指贿赂守门人的财物。

"读书明理、勤俭谋生"八字为后人勖。乡族中凡修祠建路，及创设义仓、嘉惠士林、周恤贫乏各善举，无不乐为。晚年家居，日以经史自娱。年八十四重逢花烛，孙、曾二十余人。九十三岁，癸卯科钦赐举人。明年赴礼部试，三场完竣，房官得其文，大加叹赏，以为文笔疏古，非老手不办，然卒不售。归后奉到部文，钦赐翰林院检讨。年九十有七，无病而终。

梁澄海 清顺德高赞人。道光二十一年（1841）重修长乐围，二十七年倡筑凌化围。

［民国］《顺德县志》卷四《建置略三·堤筑》：长乐围……在高赞乡之南。住户约千余，桑基三十六顷有奇，有水闸六……嘉庆二十三年戊寅，梁姓蠡①田筑。道光二十一年辛丑，梁澄海、奋中等重修。凌化围……在高赞蒲海之南。基塘二十七顷有奇，基底阔九丈，面阔三丈，共长一千零二十六丈，闸凡四。道光二十七年丁未，族正梁澄海、伦灿等倡筑。

陈吴氏 （约1812—约1856）清南海佛山镇人。19岁嫁陈慎之，伺候瞎婆母24年。咸丰四年（1854）红巾起义后家道中落，不改其行，45岁卒。父达权，子正祥、正裕，孙樾。

［民国］《佛山忠义乡志》卷九《氏族志·氏系》：陈氏，系出颍川，原籍福建。祖光先，宋平章军国事，景定间迁南海简村。清乾隆间迁佛山，现官有部长锦涛、知事樾。卷十四《人物志十·列女传·贤淑·清》：陈吴氏，顺德人。父达权，贾于佛山，因家焉，妇年十九归南海陈慎之。陈为西樵望族，侨居本镇三友巷五世百年矣。慎之之母黄年老目瞽，饮食起居吴实躬之，历二纪弗懈。咸丰甲寅六月，陈开倡乱，蹂躏全镇，居民走避，慎之以母故不能远徙。至十一月官兵追剿，匪知不敌，谋遁，举火纵焚汾水富民诸铺，光烈横燎，数日不熄，哭声震天地。火将及，吴曰："不能不行矣。"乃负黄携先人木主出，贼不敢犯。乱后家道中替，吴躬苦为致甘旨，孝养之礼不因境而易。黄七十八病将革，强起握吴手遍抚之，泣而言曰："吾家遭乱而颓，惟若搘拄之，苦若矣。今与若别，若有德能感天，天辅吾之子孙，后当复振所以报若也。"而吴固不以遭乱家替为戚，以姑遭难不死于煨刃、得终天年为幸。卒以忧劳劬惫，年不得永，仅四十有五而死，戚党哀之，谓天不佑善人。吴死后越三十一年，其长子正祥，江南赈捐案内得奖道衔加级请封，黄、吴

①蠡（lí）：金属，剥、裂。

皆赠二品夫人。次子正裕，六品文职。孙樾，官佛冈，四会知事，一门腾达，封诰迭膺，黄之言验矣。欧阳永叔所谓善无不报、迟速有时者欤！卷十三《选举志一·民国后中等以上各学毕业表》：陈樾，广东陆军武备毕业。

黄统 （1812—1856）字伯垂，清顺德大良人。道光十一年（1831）举人，三十年进士，选庶常，散馆授编修，奉差贵州学正。父乐之，弟经。

［咸丰］《顺德县志》卷十一《举人二·国朝·道光》：字伯垂，大良人，顺天榜……乐之子，辛卯万历恩科。卷十《进士·国朝·道光》：传胪①，今编修，奉差贵州学政……庚戌科。

［光绪］《广州府志》卷一百三十三《列传二十二·国朝·顺德·黄乐之传》：号爱庐……子五人，长统，字伯垂，道光辛卯顺天举人，庚戌二甲一名进士，选庶常。散馆授编修，充国史馆武英殿协修、功臣馆纂修。咸丰改元，发贼炽，承诏上书论兵事，条陈皆切时务。章入甫浃旬，即有贵州学政之命，故事庶常新留馆例不与考，盖特恩也。统曾随父任遵义，稔知黔省文风不振，甫下车即汇选古今文诗赋刊刷，随棚分给。甲寅冬，按临遵义毕，路次新城，土贼突至，仓卒受石伤。恐误试事，奏请开缺，枉道往山西河东道署调治，时弟经任河东道也。乙卯病痊回京，丙辰以疾卒，年四十五。卷五十九《选举表二十八·封荫·国朝·顺德》：黄允权，以侄统赠庶吉士。

［民国］《顺德县志》卷九《封荫表·封赠·文阶》：黄允惇，大良人，以侄统赠……翰林院编修。卷十四《艺文略·子部·医家》：《医方易解新编》，国朝黄统撰。《艺文略·集部·别集》：《思免愆斋诗稿》《赋稿》《古今文诗赋录》，并国朝黄统撰。

龙元俨 （1812—1875）字望如，清顺德大良人。道光十一年（1831）举人，二十七年（1847）进士，以知县用，改捐户部郎中。祖应时，父廷梓，兄元僖，子景欢（改名赞宸）、赞新。

［咸丰］《顺德县志》卷十二《封赠（文阶）·国朝》：龙廷梓，附贡生，以子元禧封，元俨加封户部郎中……编修。卷十一《举人二·国朝·道光》：字望如，大良人……应时孙，元僖弟……辛卯万历恩科。卷十《进士·国

①传胪：明代称科举第二、三甲第一名为传胪，至清则专称二甲第一名。

朝·道光》：知县，今任户部郎中，丁未科。

［光绪］《广州府志》卷四十五《选举表十四·举人·国朝·道光十一年辛卯》：顺德人。进士，子景欢、赞新。

［民国］《顺德县志》卷十八《列传三》：以知县用，改捐郎中，户部河南司行走。不乐仕进，优游里第。好吟咏，诗格高浑苍老，五古尤胜。南海李学博祥荣称其学杜似杜，学苏似苏，纯以神运，良由天事，独优非偶然也。子赞宸……亦能诗，有父风，办沙局事久，人多翕服。

尹文徵 清顺德龙江人。道光二十二年（1842）岁贡。

［咸丰］《顺德县志》卷十一《岁贡·国朝·道光》：龙江人，壬寅。

谭荣琛 清高明大唐冈人。道光二十二年（1842）岁贡。

［光绪］《高明县志》卷十二《选举表·国朝·岁贡·道光朝》：大唐冈人，二十二年贡。

区俊（清道光） 字惠波，清南海佛山镇人。道光二十三年（1843）副贡，二十九年举人，任福建将乐知县。父研经，百岁尚在。

［同治］《南海县志》卷九《道光朝·贡生》：副贡，癸卯科。《道光朝·举人》：将乐知县，己酉科。《道光朝·封荫》：区汝科，以子俊赠如其官。

［宣统］《南海县志》卷二十二《列传·耆寿·区研经传》：黄鼎司大富乡人。性沉默，寡嗜欲，尝言："卫生之道无他，不轻服药而已。予生平疾病未尝服药，静卧一二日愈矣。"年界百龄，奉旨建坊如例。子俊，字惠波，以孝廉授福建长乐县知县，有政声。

［民国］《佛山忠义乡志》卷十三《选举志二·封赠·清》：区研经，以子俊封福建将乐县知县。卷十四《人物志七·耆寿·清·区研经传》：大富堡人，迁佛山……年虽老，能任事。大富围为佛山保障，研经两次督修，不遗余力，镇人称之。

邓瑶 清南海人。道光二十三年（1843）举人，任广东电白教谕。

［同治］《南海县志》卷九《道光朝·举人》：电白教谕，癸卯科。

卢福普　清顺德大晚人。道光二十三年（1843）议叙得副贡。

［咸丰］《顺德县志》卷十一《副贡·国朝·道光》：大晚人，癸卯，议叙。

叶炳华　清南海佛山镇人。道光二十三年（1843）举人，三十年进士，用庶常，授编修、邵武府知府。同治十三年（1874）捐修佛山得所亭。祖兰台，生父景山，嗣父如松。

［同治］《南海县志》卷九《道光朝·举人》：进士，癸卯科。《道光朝·进士》：编修、邵武府知府，庚戌科。《咸丰朝·封荫》：叶兰台，以孙炳华赠如其官。叶如松，以嗣子炳华赠如其官。叶景山，以子炳华赠如其官。

［民国］《佛山忠义乡志》卷十一《乡事志·编年》：道光……庚戌三十年，叶炳华登进士。（住石路铺）……同治……甲戌十三年……增修得所亭。（叶炳华、潘衍桐等捐置）卷十三《选举志一·进士·清》：道光庚戌。用庶常，授编修。癸卯举人，附生。

刘时修　字怡魁，号香轮，清南海三江司刘边乡人。道光二十三年（1843）举人。咸丰三年（1853）大挑一等，以知县用，以直隶州知州升用。十一年代理杞县知县，时捻军围城，以守城功赏带花翎。署商丘县事，积劳成疾，58岁卒于官。

［同治］《南海县志》卷十四《列传》：字怡魁，号香轮，三江司刘边乡人。道光癸卯由廪生中式乡试举人，咸丰癸丑大挑一等，以知县用，分发东河，旋归河南补用。到省后，随陈州军营管理文案，剖判精审，当道才之，保奏补缺。后以直隶州知州升用，历署通许、新乡等县，事必躬亲，案无留牍。咸丰十一年调署杞县，县即古雍丘，为兵争要地。且是时捻匪猖獗，蔓延数省，贼欲据杞以逼省垣，马步贼围城者十余万，军民惴恐。时修安闲静镇，一面登埤授甲，一面力请援兵，仍不时选死士缒城掩击，屡有斩获，贼稍慑。然杀不数百，增已数千，势险甚。时修亲冒锋镝，誓与城俱碎。一日攻围最急，忽见城外马喧尘起，知僧王救兵至，欢声雷动。即开城夹击，大败之，斩贼万余人，贼退保归德之金娄寨，围遂解。是役也，僧王兵约七万余人、马数万，刍茭米麦咄嗟立办，不乏军兴。以守城功保奏，赏带花翎。寻委署商丘县事，县近贼老巢，蹂躏之余，疮痍未复。加以大兵不时过境，供亿维艰，同官望而裹足。时修曰："此公事也。让险就夷，吾所不屑。"遂

抵任，劝农省役，阻差吏之讹索，惩团练之陷人。故事因公往来车马取之编户，朱票一下，官差咸得沾濡，民苦莫诉。时修与民约，将所供实数钤以小印章，验章备办，事后具数缴查，宿弊顿革。民脱汤火，登衽席，向堂下谢恩者千余人。然数年来尽瘁兵间，精力竭矣，以劳疾卒于官，年五十八。时修工于制艺，清真雅正，门下士经其指授，如李应鸿、潘斯濂、梁葆训等咸捷高科。性喜博涉，星命堪舆之学无不通，论事后得失，豫先谈言微中。尤敦朴素，虽官居被服如儒者。家多寿考，祖及父年过九十，独时修年仅中寿，故仕宦不能高迁，勋绩不能远及，知成亏有定数云。

关儒章　清顺德喜涌人。道光二十三年（1843）赐副贡。

［咸丰］《顺德县志》卷十一《副贡·国朝·道光》：喜涌人，癸卯……以符例赐。

老重光　清顺德人。道光二十三年（1843）代理顺德协把总。

［咸丰］《顺德县志》卷九《职官二·外委·道光》：县人……左哨……外委千总。《职官二·把总·道光》：县人。二十三年署……左营。

朱畹兰　字梦九，清顺德龙江人。道光二十三年（1843）举人。

［咸丰］《顺德县志》卷十一《举人二·国朝·道光》：字梦九，龙江人……癸卯科。

李云驱　名或作云驹，清南海人。道光二十三年（1843）举人，任海南文昌训导。父绍晋。

［同治］《南海县志》卷九《道光朝·举人》：文昌训导，癸卯科。《道光朝·封荫》：李绍晋，以子云驱赠修职郎。

［光绪］《广州府志》卷四十六《选举表十五·举人·国朝·道光二十三年癸卯》：李云驹，南海人，文昌训导。

李应田　字砚卿（或作研卿），清顺德陈村人。道光二十三年（1843）举人，咸丰二年（1852）进士，选庶吉士，散馆授编修，加侍读衔。八年丧母，留办军务，奖叙以道员用。40 岁卒于官。父清华，弟应棠。

［咸丰］《顺德县志》卷十一《举人二·国朝·道光》：字砚卿，陈村人……清华子、应棠兄……癸卯科。卷十《进士·国朝·咸丰》：今官检讨，壬子科。

［光绪］《广州府志》卷一百三十三《列传二十二·国朝·顺德》：字研卿，陈村人，宋忠简公昴英之裔也。父清华，举人，内阁中书。应田，道光癸卯举人，咸丰壬子进士，选庶吉士，散馆授编修。丁巳分发东河学习，以堵御功加侍读衔。次年丁母艰，奏留办军务，奖叙以道员用。卒于杭州差次，年四十。

［民国］《顺德县志》卷八《选举表一·郭〈志〉成后选举表中人得第在咸丰壬子前出仕升阶在癸丑后者补载如左·进士》：侍读衔，以河道补用。

李锡熊　清南海人。道光二十三年（1843）举人。祖孟廉，父宗简。

《西樵白云洞志》第二册《传略续补·李文学孟廉》：字蕚舒，一字介亭，南海人，容门先生之长子也……长子宗简，一字文川。

［同治］《南海县志》卷九《道光朝·举人》：李锡熊，宗简子，癸卯科。

杨炳然　字在峰，清顺德桂洲人。道光二十三年（1843）举人。

［咸丰］《顺德县志》卷十一《举人二·国朝·道光》：字在峰，桂洲人……癸卯科。

吴尚懋　清南海佛山镇人。道光二十三年（1843）副贡，官吴川教谕。父弥光。

［同治］《南海县志》卷九《道光朝·贡生》：弥光子，副贡。吴川教谕，癸卯科。

［宣统］《南海县志》卷十一《艺文略·集部·别集》：《闲思修慧室诗钞》，国朝吴尚懋撰。

岑灼文　清南海人。道光二十三年（1843）举人。

［同治］《南海县志》卷九《道光朝·举人》：癸卯科。

何元棠　字南墅，清顺德羊额人。道光二十三年（1843）举人。

［咸丰］《顺德县志》卷十一《举人二·国朝·道光》：字南墅，羊额人……癸卯科。

何春澜　清南海人。道光二十三年（1843）举人，任广东信宜训导。弟春沂。

［同治］《南海县志》卷九《道光朝·举人》：信宜训导，癸卯科。

何祐　字秋生，清顺德羊额人。道光二十三年（1843）举人。

［咸丰］《顺德县志》卷十一《举人二·国朝·道光》：字秋生，羊额人……癸卯科。

何培兰　清南海人。道光二十三年（1843）举人。

［同治］《南海县志》卷九《道光朝·举人》：癸卯科。

何宝森　原名森，字玉生，清顺德羊额人。道光二十三年（1843）举人，官江苏知府。祖益堂，父进。

［咸丰］《顺德县志》卷十一《举人二·国朝·道光》：何森，字玉生，羊额人，改名宝森，广西苍梧籍，癸卯科。卷十二《封赠（文阶）·国朝》：何益堂，羊额人，以孙宝森赠。何进，监生，以子宝森封。俱拣选知县。

［民国］《顺德县志》卷八《选举表一·郭〈志〉成后选举表中人得第在咸丰壬子前出仕升阶在癸丑后者补载如左·举人》：江苏知府。

何耀垣（清道光）　清南海人。道光二十三年（1843）副贡。

［同治］《南海县志》卷九《道光朝·贡生》：副贡，癸卯科。

陆家骏　清南海人。道光二十三年（1843）举人。

［同治］《南海县志》卷九《道光朝·举人》：癸卯科。

陈松 字鹤桥，又号樗木散人，清顺德马齐人。道光二十三年（1843）举人。咸丰年天地会起，在乡办团练。罗惇衍等回乡督办广东团练，聘为襄赞，加内阁中书衔。同治七年（1868）在乡创建敦和书局。弟植。

［咸丰］《顺德县志》卷十一《举人二·国朝·道光》：字鹤桥，马齐人……癸卯科。

［民国］《顺德县志》卷二《建置略一·书院社学》：敦和书院，在马齐乡太平、巨镇两坊间。同治七年，乡绅陈松等创建。卷十四《艺文略·经部·小学类》：《韵脚正字》一卷，国朝陈松撰。卷十八《列传三》：字鹤乔，又号樗木散人，所居曰苍野书室，故晚更号苍野，马齐人。道光癸卯登贤书，居乡倡筑永安、怀新两围以御水潦。咸丰甲寅之变，会办团练，巩卫城乡，不辞劳瘁。又值罗惇衍、龙元僖、苏廷魁奉诏督办广东团练，延为襄赞，叙劳加内阁中书衔。继办护沙局，沙所资以整顿。同治间创建敦和书院，每岁冬设文会课后学。性风雅，善琴笛，好吟咏，书法宗虞、褚，别成一格。往来城乡三十年，贤士大夫乐与之交。著有《苍野书室遗稿》五卷、《诗韵正字》一卷。弟植，同治壬戌举人。

胡大霖 清顺德桂洲人。道光二十三年（1843）武举。

［咸丰］《顺德县志》卷十一《武举·国朝·道光》：桂洲人，癸卯。

郭杰 清南海人。道光二十三年（1843）岁贡。

［同治］《南海县志》卷九《道光朝·贡生》：岁贡，癸卯科。

夏蕖生 清南海人。道光二十三年（1843）举人。

［同治］《南海县志》卷九《道光朝·举人》：癸卯科。

黄虎拜 清南海人。道光二十三年（1843）举人。

［同治］《南海县志》卷九《道光朝·举人》：癸卯科。

梁子英 清南海人。道光二十三年（1843）举人。

［同治］《南海县志》卷九《道光朝·举人》：癸卯科。

梁元芳 字杏樵，清顺德乌洲人。道光二十三年（1843）

举人。官安定训导。

［咸丰］《顺德县志》卷十一《举人二·国朝·道光》：字杏樵，乌洲人……癸卯科。

［光绪］《广州府志》卷四十六《选举表十五·举人·国朝·道光二十三年癸卯》：顺德人，教谕。

梁巨成　清三水人。道光二十三年（1843）举人。

［光绪］《广州府志》卷四十六《选举表十五·举人·国朝·道光二十三年癸卯》：三水人。

梁沛功　清南海人。道光二十三年（1843）举人，任广西陆川知县。

［同治］《南海县志》卷九《道光朝·举人》：陆川知县，癸卯科。

谢泰阶　清南海人。道光二十三年（1843）武举。

［同治］《南海县志》卷九《武科选举》：癸卯科，道光朝。

赖子猷　字雪舟，清顺德龙山人。道光二十三年（1843）举人，三十年进士。咸丰三年（1853）回籍，五年在龙元僖手下办团练局。曾与父捐修龙山近九江“保康围”。祖达荣，生父河润，嗣父富润。

［咸丰］《顺德县志》卷十二《封赠（文阶）·国朝》：赖达荣，龙山人，以孙子猷赠。赖富润，以子子猷赠。赖河润，以出嗣子子猷封……内阁中书。卷十一《举人二·国朝·道光》：字雪舟，龙山人……癸卯科。卷十《进士·国朝·道光》：今用内阁中书，庚戌科。

［民国］《顺德县志》卷十八《列传三》：咸丰三年回籍，次年土寇陷县城，又次年收复。邑设团练总局，龙元僖督办局务，子猷……先后奉院宪委会办局务。子猷志愿最大，尝拟集重资募丁壮数千，加意训练，俾自成一军，如北方有警，则率以勤王，并在天津、上海分设银行接济薪粮，号召四方义旅为国家宣力，闻者壮之。时乡内亦遭匪乱，子猷主约事，颇尚严切，法纪肃然，奸宄震慑。乡旧有土围绵亘千余丈，地枕九江，日久失修，水每为患。子猷与父倡捐修筑，增卑培薄，名保康围，至今赖之。

廖震　字芸芳，号禹臣，清南海南庄贺丰乡人。经商，乐于施与。子廷相。

［宣统］《南海县志》卷二十《列传·善行》：字芸芳，号禹臣，江浦司贺丰乡人。自幼读书以聪颖闻，事父母孝谨，能先意承志。十余岁，以家贫乏养，即舍业服贾。熟精算术，常于纷纭酬酢中，耳听目视，口讲手算，无或错者，人皆服其能，而诚悫笃实，莫不闻名而心许。数年间，用是致富，所以就养父母者无微不至，遂营寝宇、蓄书籍，为闭门侍奉诵读计。未几，丁父艰，哀毁逾礼，而货殖亦遭折阅，家道中落，加以生齿日繁，遂不复如所愿，而暇日未尝不手一编，好观乙部书，恒举以训子。母李氏春秋高，震不敢远离，夜必数起省视。母有手足疾，岁凡三四发，震以少年豪饮，亦时患足痛。震每痛时，母在家恍若有觉，母疾发时，震在外亦未尝不觉也，其母子间感应有如此。性好施与，赒恤亲友，惟欲是给，虽典质不吝，族人之贫者，为之谋生计、立室家，绝无德色，其他饮食教诲，俾至成人者比比也。有友某岁暮贫困求援，时值严寒，震脱狐裘与之，其笃于亲谊大率类此。番禺陈澧讲学羊城，震遣其子廷相从之游，勖以笃志力学，无负师门，其后廷相道德文章卓然成立，皆本于庭训也。廷相举于乡时，震勉之曰："科名以人重，无以一第自矜。"及入词林，犹谆谆以"顾名思义、实事求是"为训，时人服其贻谋之善云。

禤文翚　清三水人。道光二十三年（1843）举人，官教谕。

［光绪］《广州府志》卷四十六《选举表十五·举人·国朝·道光二十三年癸卯》：三水人，教谕。

潘炳贤　清顺德江村人。道光二十三年（1843）倡筑三益围。

［民国］《顺德县志》卷四《建置略三·堤筑》：三益围，在江村堡塘利北。约计长五百丈有奇，高八尺，底宽二丈六尺，面宽七尺。创筑者里人潘炳贤、梁浩添、杜正恒、林祺安、周配舒等，时道光二十三年也。

黎起　清顺德昌教人。道光二十三年（1843）副贡。

［咸丰］《顺德县志》卷十一《副贡·国朝·道光》：昌教人，癸卯。

黎佩珍 清南海人。道光二十三年（1843）副贡。

［同治］《南海县志》卷九《道光朝·贡生》：副贡，癸卯科。

苏长春 （1814—1849）字仁山，清顺德杏坛人。工绘事，曾住佛山梁九图十二石斋数年，绘《十二石斋图》。

［民国］《佛山忠义乡志》卷十四《人物志九·流寓·清》：字仁山，顺德人。工绘事，擅钩勒法，不假渲染，以笔之轻重为阴阳，所作山水人物迥异恒蹊①，飘飘有出尘之致。道咸间，主于梁福草比部家最久，为绘《十二石斋图》，纸仅数寸，而亭堂轩槛、几案鼎彝、树木花竹靡弗悉备。十二石如小指头，其岩壑峰峦状皆逼肖，堪称妙绝，每语人曰："生平作画逾千，以此图为最得意云。"书法则篆、隶、真、行俱古雅可喜。其性极戆，与之言则言，否则终日观书，不发一语。尝据案作画，忽巨雷起于其侧，轰然穿牖而出，电光满室，人咸震惊，竟挥洒自如，不动声色，若无闻见者。事后问之，则谓余方布置山水，未及留意也，亦可谓奇人矣。

黄经 （1814—1860）字郝存，号确泉，清顺德大良人。道光十四年（1834）举人第一名，二十四年进士，咸丰四年（1854）任河东道，十年升山西按察使，卒于任。外公何缵，父乐之，兄统。

［咸丰］《顺德县志》卷十一《举人二·国朝·道光》：字郝存，大良人，第一名……乐之子，统弟……甲午科。卷十《进士·国朝·道光》：今官编修……甲辰科。卷十二《封赠（文阶）·国朝》：何缵，羊额人，庠生，以外孙黄经赠编修。

［光绪］《广州府志》卷一百三十三《列传二十二·国朝·顺德·黄乐之传》：三子经，号确泉。举道光甲午乡试第一，甲辰成进士，改庶吉士，散馆授编修，充国史馆协修、纂修。主试云南，所得多翘楚士，差竣补江南道御史，转掌福建道。前后疏凡十九上，其切要者如散胁从以孤贼党、清江路以收金陵、厉严断以肃纪纲、节财流以裕国用，皆有关国计，而荐前辅臣汤金钊、督臣林则徐一疏，尤为当务之急……疏入报闻。甲寅后，京师戒严，助理巡防，擢任河东道。经至任，事无巨细必亲裁，鹾务顿起，复治郡内教养之事，百废俱兴。属吏有才者，上名大府，拮据则解囊济之，皆感激乐为用。

①恒蹊：传统、俗套。

俸满当迁，大吏奏请留任。经悉心筹画，著《河东鹾务录》一卷、《盐池记》一卷，凡大纲细目、变通补救之法悉具。擢山西按察使，临行以前诸商所送陈设、万金，封识纳于库作为羡余。佥谓此可取为道途费，经曰："不可！吾攫归私囊，所裨几何？异日地方有急，公帑不名一钱，后人从何措办？"其深识远见多此类也。晋省时，送者亘数十里，士夫作为歌咏以颂去思。庚申三月抵任，清理各案，体素羸瘠，道途感触风霜，一病遂卒，年四十七。经与同邑罗惇衍好讲心学，而立身有本末，与援儒入墨者不同。身后，抚臣黄樽吉、学臣黄钰奏请入祀河东名宦，报可，而里民有私祀于家者，拟以袭、黄、召、杜可无愧云。

［民国］《顺德县志》卷十七《列传二·黄乐之传》：三子经，号郝存。

罗惇衍　（1814—1874）字兆蕃，号椒生，清顺德大良人。道光十四年（1834）举人，次年进士，授编修。咸丰三年（1853）任刑部侍郎兼署吏部侍郎。七年，英法联军攻陷广州时，丁父忧在籍，与龙元僖、苏廷魁奉旨出任团练大臣，八年三月，在顺德大良开办广东团练总局，六月督团勇七千人环攻被英法侵占之广州，战后仍回京供职。同治元年（1862）升至户部尚书、工部尚书兼武英殿总裁。四年，捻军击毙僧格林沁，保举李鸿章、左宗棠承担"戡乱"重任。父家政，子桀、棻、棨、椝。

［咸丰］《顺德县志》卷十一《举人二·国朝·道光》：字椒生，大良人……家政子……甲午科。卷十《进士·国朝·道光》：二甲，编修，今任刑部左侍郎，兼署吏部右侍郎……乙未科。卷十二《袭荫（文阶）·国朝》：罗宗桀，惇衍子，荫七品京官。

［光绪］《广州府志》卷四十五《选举表十四·举人·国朝·道光十四年甲午》：顺德人。进士，户部尚书，赐谥文恪。曾祖礼绵，父家政。卷一百三十三《列传二十二·国朝·顺德》：字兆蕃，号椒生。始祖纲，宋绍兴间由南雄州珠玑巷迁居南海太艮村，后改隶顺德，遂为顺德县人。曾祖礼来，本生曾祖礼绵，乾隆五十九年甲寅举人，吴川县教谕。祖嵩，顺德协左营外委，嘉庆间出征四川达州，御贼白岩山阵亡。父家政，嘉庆十八年癸酉举人，五品衔高州府教授。皆赠光禄大夫。母李氏有身得瑞征，及生，红光满室，甫周岁，歧嶷异常儿。十一岁学为文，长老惊其宿慧，年十六补弟子员。道光十四年甲午举于乡，明年乙未成进士，改庶吉士。十六年散馆授编修。十七年命视学四川，旋以年轻恐未能周悉老到，仍留京供职。二十年充

四川乡试副考官，历充国史馆协修、纂修、文渊阁校理、教习庶吉士、本衙门撰文。二十三年御试一等，擢侍讲充日讲起居注官，七月充山东乡试正考官转侍读。二十四年擢侍讲学士，充咸安宫总裁。二十五年充恩科会试同考官，五月擢通政使司副使，九月擢太仆寺卿。二十六年督学安徽，以白鹿洞规课士，士多化之。二十九年九月升通政使，次年正月宣宗上宾，惇衍不茹荤酒者累月。文宗践祚，疏陈法祖训以端本善俗……另片奏请谕部院大臣各举所知以备京卿及讲读之任，并请敕内外诸臣指陈天下利病无所忌讳，得旨嘉奖。咸丰元年充福建乡试正考官，冬十一月疏请崇俭禁奢以省物力……报可。二年充会试知贡举，八月署吏部右侍郎，充武乡试正考官。十一月以日食疏请严饬廷臣实力修省……又疏请将本年冬至庆贺之处停止，均报可，擢都察院左副都御史。三年正月稽查左翼宗学，二月擢刑部左侍郎仍兼署吏部右侍郎。先是，户部因军需烦重，令京城铺户报捐一月房租为权宜周转计。惇衍疏言，户部所云在房主恒产取租一月，原无大损，但其中须分别房主有孤儿寡妇专借数间房屋租钱养赡者，今一律征收，所益无几，而茕独无告之人或无以糊口，则所损实多，非所以示体恤也，即各铺户生理有业甚贱、租甚微者，若概行交纳，于经费终无大补，请饬下户部分析收免，妥为限制。疏入报闻，未几复奏请停罢。四月疏言……自丰北决口，濒河一带悉成泽国，江苏之丰沛、铜山、砀山、邳、宿迁，山东之鱼台、济宁、金乡、嘉祥、滕峄被灾最重，尸骸遍野，递相枕藉，请由东南两河总督督率所属地方官择地殓埋，其流离转徙未填沟壑者，量为抚恤资送，报可。自贼氛大炽，江宁失陷，贼复北窜，京师为根本重地，守御之法尤宜早备，乃疏陈四事……累数千言，上是之，即命办理巡防事务……十一月调补户部左侍郎兼管三库事务，仍兼署吏部右侍郎，往通州清查通济库款。十二月充实录馆副总裁。五年四月，巡防事竣，赐宴勤政殿，特赏如意福字，故事京官非一品及内廷行走无颁给福字者，惇衍以侍郎得之，异数也……九月丁父忧回籍。八年服阕，适广州有洋人入城之事，诏偕太常卿龙元僖、给事中苏廷魁督办乡团，驻花县。改授团练大臣，所陈疏皆秘密，外无知者。十一年七月，穆宗登极，奉两宫皇太后垂帘听政，擢授都察院左都御史，诏入都。元年七月抵京，擢户部尚书……充顺天乡试副考官……十月赐紫禁城内骑马……十二月充经筵讲官。二年三月署都察院左都御史……二年正月疏请整饬仓储……秋再充顺天乡试副考官。四年管理户部三库事务，署翰林院掌院学士①，闰

①掌院学士：明清时正式官制之一，品位为从二品，是储备人才机构翰林院之主官。

月偕协办大学士瑞常按事陕西。五年五月疏言……今自军兴以来……流品稍杂矣……请下直省督抚于府、州、县择其循声最著者送部引见，俾收观感兴起之功，报可。六年八月署工部尚书，再署翰林院掌院学士。七年正月充武英殿总裁……八年五月丁母忧回籍。十三年四月遘疾，口授遗疏遂卒，年六十一，是日，见红云满空如诞时。大吏以遗疏入，谕……照尚书例赐恤……赐祭葬，谥文恪。惇衍笃志理学，与倭仁、曾国藩、吴廷栋等互相砥砺，所得日深。自以身为大臣，日以荐贤为务……所保奏如林则徐、周天爵、骆秉章、曾国藩、倭仁、郑敦谨、袁甲三、吴廷栋、姚莹，仕粤者如吴昌寿、李福泰、昆寿，皆重其人，屡形章奏。至往陕查巡抚刘蓉、布政使林寿图被参各款，秉公奏覆，二人事卒白，其爱才念切、务求保全如此。所取士如李瀚章、黄钰、孙家鼐、张兆栋、严树森、周寿昌、吴赞诚等皆显于时，论者服其藻鉴。著述存者《濂洛关闽六先生传》一卷、《本朝崇祀三先生传》一卷、《集义篇》三十卷、《百法百戒庸言》一卷、《孔子集语》十四卷、《感应篇引经笺注》一卷、《奏稿》二卷，而所最用意者咏史七律一千六百余首，临终犹手注之，今皆藏于家。子四人：榘三品荫生，棻辛酉举人，棨、槩俱诸生。

［民国］《续修广东通志》卷九《人物志·广州一》：道光二十三年二月补侍讲，署日讲起居注官。二十四年七月补侍讲学士。二十五年五月补通政司副使，九月授太仆寺卿。二十九年十一月授通政司通政使。咸丰二年八月署吏部右侍郎，十一月补都察院左副都御史。二年正月派稽查左翼宗学，二月调刑部左侍郎，十一月调户部左侍郎仍兼署吏部右侍郎，十二月充实录馆副总裁。同治元年补都察院右都御史，七月补户部尚书，十月赏紫禁城骑马，十二月充经筵讲官。二年三月仍兼署都察院右都御史。四年三月管理三库事务，四月署翰林院掌院学士。六年八月兼署工部尚书。七年正月充武英殿总裁，五月署翰林院掌院学士。十三年四月在户部尚书任卒于官，遗疏以崇节俭、纳谏诤、正人心、作士气为词，饰终之典甚厚，谥文恪。惇衍自读书以来，研精理学，通籍以后嘉谟入告，注重于用贤知人，而去奢崇俭、奖廉惩贪、法祖勤民、慎刑恤狱，尤一生指归所在。四川总督骆秉章、湖北巡抚严树森清廉卓著，皆惇衍所奏保，视学安徽，两广总督李瀚章出其门下，号称

得人。生平大节以查办端华①、肃顺②一案最为严厉，国家安危，在此一举，洵不愧社稷之臣。咸丰之乱，回籍办团保、卫梓桑，乡人至今德之。著有《奏疏》三卷、《集义轩咏史诗钞》六十卷，门下士李瀚章序而刊之，又辑有《濂洛关闽五子传》一卷。

[民国]《顺德县志》卷十七《列传二·黄乐之传》：同治……二年三月署都察院左都御史……两次奉讳回籍，与太常龙元僖办理邑局、沙局、文社事，和衷共济，诸臻妥善。著述存者……后皆付梓……孙豫澂、豫潆、豫溎……豫淞。

冼斌　（1814—1877）原名倬邦，号云樵，清南海罗格（今属禅城南庄）人。道光十七年（1837）举人，二十一年进士，任工部都水司主事、员外郎、郎中。咸丰元年（1851）补军机章京，四年丁内外艰回籍，值红巾倡乱，与兄佐邦毁家办团，率南顺勇随同官军收复佛山。十一年转湖广道监察御史，八月为山西学政。同治二年（1863）奉旨稽查北新仓，拒收陋规款盈万。三年掌京畿道，次年授安徽庐州府知府，随安徽巡抚筹办营务七年，奉旨加道衔并获赏戴花翎。九年称病归乡，主讲三湖书院。不趋权贵，待人和气。无一日离开笔砚，作诗书画有独到之处，善学高其佩以指头画花。祖南元，父静涛，兄佐邦。

[同治]《南海县志》卷九《道光朝·举人》：冼倬邦，进士，丁酉科。《道光朝·进士》：冼倬邦，改名斌，凤颖道、山西学政，辛丑科。《道光朝·封荫》：冼南元，以孙斌赠中宪大夫。冼静涛，以子斌封中宪大夫。

[宣统]《南海县志》卷十四《列传》：原名倬邦，号云樵，罗格乡人。由郡增广生中道光十七年丁酉科举人，辛丑成进士。以主事用，签分工部都水司，洊升员外郎、郎中。咸丰元年补军机章京，洪、杨煽乱，军书旁午，櫜笔儤直，勤劳厥职。四年，叠丁内外艰，值红巾倡乱佛山，与兄举人佐邦

---

①端华，满洲镶蓝旗人，爱新觉罗氏。咸丰驾崩前任命端华、肃顺等八人为赞襄政务王大臣总摄朝政。辛酉政变后，端华赐自尽，其弟肃顺被斩首菜市口。

②肃顺（1816—1861），字雨亭。深为咸丰帝信用，与其兄郑亲王端华及怡亲王载垣相互倚重，烜赫一时。护咸丰帝梓宫回京，行至密云被捕斩首。

毁家办团，率南顺勇千余随同官军收复佛山，独力捐给饷械者九阅月。十年七月，英、法犯顺逼近都城，文宗显皇帝巡狩热河，与故尚书何璟约同死难，璟赠诗有"妻孥甘守死，忠义许平生"之句。十月赴热河换班，十一年转补湖广道监察御史，八月简放①山西学政。同治元年四月按试蒲州府，捻逆②突窜河东，督同知府李士贤扼河守御，首捐廉俸为绅民倡，激励严防，贼不得逞。校士公明，得人称盛。故大学士英桂方抚晋，欲与结异姓昆仲，婉辞之，及年终密考，谓办事敏捷、性情高傲。二年六月遂奉旨回京，旋命稽北新仓，有陋规款盈万，严却之。三年掌京畿道，历署江南道，掌福建道御史、吏科给事中、礼科掌印给事中。编修蔡寿祺劾恭亲王奕䜣十大款，有旨集议，与故粤督谭钟麟联衔议上，以前在军机章京行走时随恭王办事，复自具疏详陈当日亲见恭王办事情形。四年授安徽庐州府知府，时江南军务大定，惟东西捻出没淮、徐间，署凤颍六泗兵备道，随皖抚乔松年、英翰筹办营务七年，军务一律肃清，奉旨加道衔，赏戴花翎。守庐郡，首谒包孝肃祠，葺完之，勤政爱民，正色率属。九年引疾归里，主讲三湖书院，提倡风雅，肄业者几及千人。光绪三年卒，年六十有四。斌扬历中外，风骨峻拔，不趋权贵，而接待僚宷③蔼然可亲，尝言："居官当以清、慎、勤、和四者兼而行之。"出寿阳祁寯藻门下，而满洲宝鋆、山右乔松年、湘乡曾国藩、同里罗文俊、花县骆秉章、香山何璟、高要苏廷魁皆与订金石交。自少至老，未尝一日离笔砚，诗书画别开町畦，有独到处，手临篆隶真草碑帖三十卷。著《养云庐遗草》四卷、《谏草焚余》二卷藏于家。

吴祖昌　（1814—1875）字鄂秀，号绳甫，清南海西隆堡人。其父才略在广西经商，寄籍桂平县。道光十九年（1839）举人，二十一年进士，咸丰三年（1853）补兵部主事，五年补山西道监察御史，十一年授江西抚州府知府。同治五年（1866）调补南昌府知府，护理江西督粮道。九年母丧去官，卒于家。祖捷升，父才略，子邦祥、邦祺。

［同治］《南海县志》卷九《道光朝·举人》：广西籍，进士，己亥科。

①简放：清代谓经铨叙，派任道府以上外官。

②捻逆：指捻军。清朝的一支农民起义队伍，活动在安徽北部和河南一带，曾与太平军配合作战。1866 年分为东、西两支，最后被清军消灭。

③僚宷：同僚，同朝或同官署做官的人。

《道光朝·进士》：广西籍，南昌府知府，辛丑科。《道光朝·封荫》：吴夫元，以曾孙祖昌貤赠资政大夫。吴捷升，以孙祖昌晋诰赠资政大夫。吴才略，以子祖昌诰赠资政大夫。

［宣统］《南海县志》卷十四《列传》：字鄂秀，号绳甫，西隆堡释褐乡人。先世商于粤西，寄籍浔州府桂平县，故又为桂平人……以主事用，签分兵部，咸丰三年补武选司主事，历升员外郎、郎中。五年补山西道监察御史，署兵科给事中，六年转掌四川道监察御史，署工科掌印给事中。八年俸满截取，记名以繁缺知府用，十一年授江西抚州府知府，同治五年调补南昌府知府，护理江西督粮道。凡为管理马馆监督者二，为武会试提调官者二，武会试监试官者二，会试磨勘官者一，翻译录科内监试者一，管理街道衙门者二，巡视西城者一，稽查甲米储济仓及七省漕粮者三，莫不鞠鞠如畏，奉职维勤。其居谏垣也，知无不言，参劾不避权贵，有骢马御史①之风。时值国家多难，海口绎骚，祖昌感愤时事，慷慨敷陈，如筹军务则有《屯田边省以省征调》之疏，剿捻匪则有《请责成牛鉴、袁甲三并严治赴援迁延不进员弁》之疏，及疏陈收复江南方略，并江西吉安股匪窜扰情形，具详国史方略馆。此外，筹国计则议疏通大钱流行外省上钞法十四条，请采办杂粮以济京仓、劝谕畿辅富民捐输粟米、八旗减成折放甲米、酌增粟米搭放等疏，皆当时要务。至统筹广西全省剿匪事宜、论广西东南各府团练应归并两广总督合办等疏累数千言，形势、得失了如指掌。又请于未复各郡借邻近考棚按试，查核广西捐输、增广学额中额，并请以殉难学使沈炳垣逾格施恩，于历年殉难绅民、妇女设局采访各颁旌恤等疏。其参劾官邪，于两广则劾总督某玩视海疆，于广西则劾藩司某縻饷殃民、臬司某防守不严纵贼窜扰，于山西则劾知县王心田、陈曜图剥民肥己纵贼殃民等疏。每奏上，辄荷嘉纳，迨出守抚州，召见垂询，尤有览前时章奏皆谨饬有用之谕，盖其忠义才识早已简在帝心矣。其守抚州也，莅任时疮痍满目，民情浮动，祖昌劳来安集，以次拊循。又修治城垣、积储仓谷、购置军械、募集兵勇，无不先事预筹，以备不虞。贼首李世贤、汪海洋以十数万人薄城，猛力围攻，祖昌帅众登陴，坚守七阅月，贼不得逞，民赖安堵。先是，寇至时，民间多被掳胁，寇退，狡黠之徒辄陷良善，或唆妇女控官，借以图利，民甚苦之。祖昌廉得其情，严斥奸民，而诬控之风寖息。府属之崇仁县有黄花宗者，甫六岁即失怙恃，家业饶足，其聘妻之父代理家政，而族人利其财，屡相争讼，又有豪强主持其间，县不能决其曲直，

---

①骢马御史：东汉御史桓典，秉公执法，出门常骑一匹青白色的马，人称骢马御史。

讼之府。祖昌察其皆非正人，将不利于孺子，判令其邑校官代为收租，籍其数报府存案，俟花宗成立后举以还之，由是垂涎者计穷而去。抚郡有溺女风，祖昌恻然伤之，稽旧牍知前临川令设有育婴遗产，日久无知者，尽追复之，不足捐廉倡之，并劝商民设法筹捐，立育婴局，全活甚众。郡城旧有六邑书院，经兵燹废，祖昌竭力筹复，以各废寺田产拨给书院，立讲堂，时集生童励以学行，士风为之一变。巡抚沈葆桢以江西治行第一疏保于朝，命交军机处存记候旨录用，至是又上祖昌力保危城功，得旨加道衔并赏戴花翎。调补南昌府知府，寻护理督粮道，巡抚刘坤一保荐江西循吏，首以祖昌名入告。两次大计保荐卓异，以道员回任候升。咸丰九年以母忧去官，起复，养疴不出。光绪元年卒于里第，春秋六十有二。十六年，江西巡抚德馨疏陈祖昌政绩，请旨宣付史馆列入循吏传，奉旨依议。祖昌生平于学无不窥其大要，以躬行实践为主，其居官实事求是，无赫赫名，而所至民爱，所去民思。性复廉介，尝自言曰："吾来去分明，官豫章十年，惟饮西江一杯水耳！"僚属贤者密为推荐，有骤膺大邑而不知荐剡出自何人者，若县令沈镕经、崔国榜并以需次蒙保荐补官，贤声卓著，号为知人。所著有《三树堂文集诗集》及《奏议》藏于家。子二人：长邦祥，咸丰八年在滇省殉回逆难。次邦祺，江苏候选道。

柯有榛 （1812—？）清南海人。工画，精镌印。

［同治］《南海县志》卷十《艺文略·子部·艺术类》：《里木山房印谱》四卷，国朝柯有榛撰。

潘鑑渼 （约1814—？）原名桐芳，号琴生，清南海丹灶西城冈人。道光二十四年（1844），年逾30补县学生，屡试不售。咸丰四年（1854）与康国熺倡办乡团对抗红巾军，以训导选用，不愿就职，仍讲学授徒。著《周易辑略》，历13载乃成。曾受聘八旗官学教习5年，因老辞归。弟棣荣。

《西樵白云洞志》附《白云洞诗合编》：潘桐芳（一字琴生，南海人，著有《灌根书屋诗草》），与从兄雨南游白云洞，夜宿云广……潘桐芳，再游白云洞，至若谷遇雨，小憩云舫。潘鑑渼（原名桐芳，南海诸生，）癸卯秋日，偕友携琴沁心亭小酌。

［宣统］《南海县志》卷十九《列传·文学》：号琴生，西城乡人。少好学，工文词，尤邃于《易》。年逾三十始补县学生，屡试高等，卒不售。咸丰四年，红巾乱作，与康国熺联合三十二乡，开同人局倡办乡团，筹饷练兵，

机宜悉协，贼闻风远避，邻近赖安。旋以克复嘉应州城汇奏，准以训导选用。鑑滐不愿就职，仍讲学授徒，守其旧业泊如也。驻防满洲协领承联慕其学行，聘充八旗官学教习五年，多所成就，文风丕变。以老辞归，日与其弟辈燕居一室，笑语为欢，老而弥笃。著有《周易辑略》十卷行世。卷十一《艺文略·经部·易类》：《周易辑略》八卷，国朝潘鑑滐撰，据刊行本。自序云……年二十四先严见弃，家贫授徒自给。道光甲辰始受知于督学李文园先生，得补弟子员……咸丰丙辰馆于良溪何氏……课徒闲暇每读《易》，以求寡过，因会集群书……随文疏释……同治甲子始成上下二经……蒇事丁卯十月，历十三载乃成。《艺文略·集部·别集》：《养翮山房诗稿》二卷，国朝潘鑑滐撰。

王如锴　一说名和锴，字铁桥。清顺德容奇人。道光二十四年（1844）举人。

［咸丰］《顺德县志》卷十一《举人二·国朝·道光》：字铁桥，容奇人……甲辰恩科。

［光绪］《广州府志》卷四十六《选举表十五·举人·国朝·道光二十四年甲辰》：王和锴，顺德人。

区作衡　榜名士杰，字穆臣，清顺德水藤人。道光二十四年（1844）与兄作霖同中举。子应麟。

［咸丰］《顺德县志》卷十一《举人二·国朝·道光》：区士杰，字穆臣，水藤人……甲辰恩科。

［光绪］《广州府志》卷四十六《选举表十五·举人·国朝·道光二十四年甲辰》：区士杰，顺德人，与兄作霖同榜。

［民国］《顺德县志》卷九《封荫表·封赠·文阶》：水藤人，以子应麟赠宗室官学教习。

邓翔（清道光）　一字巢阁，清南海沙头镇大坑村人。道光二十四年（1844）岁贡，咸丰元年（1851）举人。父士宪。

《西樵白云洞志》附《白云洞唱和诗册》：一字巢阁，南海学生。

［同治］《南海县志》卷九《道光朝·贡生》：岁贡，甲辰科。《咸丰朝·举人》：辛亥科。卷十《艺文略》：《诗经释参》四卷、《知不足斋诗集》十卷，国朝邓翔撰。

［宣统］《南海县志》卷十一《艺文略·经部·易类》：《易义引参》，国

朝邓翔撰。《艺文略·史部·谱系类》：《邓敦叙堂家谱》，国朝邓翔撰。《艺文略·集部·别集》：《青灯集》二卷、《知不足斋诗集》二卷，国朝邓翔撰。

何世文 字章仁，号省兰，清南海西樵南村人。国学生，耽吟咏，与张维屏、曾钊等唱酬，在广西多诗作。顺德梁兆凤嘉庆八年（1803）曾见其抄本，后重刻其集，邓翔为序。

《西樵白云洞志》附《白云洞唱和诗册》：一字省兰，南海国学生，著有《安所遇轩侨西稿》……怀白云洞，作寄冼卿云、黄嘉圃两孝廉。

[宣统]《南海县志》卷十九《列传·文学》：字章仁，号省兰，镇涌堡南村人。性耽吟咏、笃友谊，所至交其士大夫，相与唱和，与同邑曾钊、何文绮、番禺张维屏、顺德温承悌、香山黄培芳为至契，咸赏其诗。尝游粤西，理鹾务，历览山川，留题殆遍，人有急难，拯救如不及。著有《安所遇轩集》《西游草》《纪游草》《侨西稿》《省兰草》《省兰续草》若干卷行世，经兵燹板毁，顺德梁兆凤重为付梓。族孙行有文远者号选楼，博学强记，精算术，乡族有大工役，必属为职志。研精经史，于前人论说讹谬多所辨证。作诗盈箧，而蠹蚀散佚殆尽，著有《量田蒙求录》一卷、《有此园屋文稿》三卷、《历朝年祚汇考》一卷、《金陵年祚考》一卷、《三辽考略》一卷、《有此园屋杂著》一卷。年八十有四。卷十一《艺文略·集部·别集》：《何省兰草》二卷……《安所遇轩西游草》三卷，国朝何世文撰，据刊行本。梁兆凤序略云：癸亥秋，余偶于书肆得阅《安所遇轩西游诗册》抄本……集中张心葵司马题词有云："卅年客路诗千首，两粤云山笔一枝。"……邓翔序略曰……余中年后好诗……尔时何子省兰叠刻所作罗江诗……阅十余年，孔郎中少唐乃为余选辑十集锓板，而省兰又将刻其《西游草》……余诗既属省兰为之序，省兰诗又属为之序，诚不敢作互相标榜语。

卢廷杰 清顺德众涌人。道光二十四年（1844）倡议修复安乐围。

[咸丰]《顺德县志》卷五《建置略二·堤筑·江村属》：安乐围，在江村堡之众涌村。国初已有水患，乡人黄梦暄仗义倡筑，为一乡保障。岁久渐颓坏。道光二十四年甲辰，乡绅卢廷杰等倡议修复。计周二千八百六十丈，高一丈，底宽三丈，面宽一丈。闸凡七。

刘荣光　原名橧（一说原名榤），字秩常，号龙田，清南海九江人。道光二十四年（1844）赈饥，咸丰二年（1852）恩贡。子树南、泽南。

《九江儒林乡志》卷十《选举略·国朝·贡生·咸丰二年壬子》：原名橧，字秩常，号龙田。苍梧籍，恩贡。子泽南，恩贡。卷十四《列传·清》：原名榤，字秩常，号龙田，东方奇山人。苍梧籍廪生，咸丰壬子恩贡。居恒手不释卷，性纯朴，不省人世有机诈事。每早起，潜心讽诵先正格言，设功过簿，凡周旋晋接、一言一动，悉札记之，至夜自加考察，虽处暗室，未尝少懈。尤好行阴德，刊印善书医录，遍传远迩。临财一介不苟，而施予恒逾其量。乡邻称贷，或不能偿，辄焚其券，见人急难，每倾囊以济之。家有女兄，本生母所出也，夫贫甚，不善治生，屡助资本或归乌有。荣光一无所悔，赡恤如初。及夫妻继殁，复为具棺殡葬，教养其二子以至长成。道光甲辰岁饥，倡率族内殷富醵资赈米，且经画所余以为久远计，族人沾被其泽者数十年。卒年六十一。子树南，增生。泽南，恩贡生。

关辉　清高明犀头人。道光二十四年（1844）岁贡。

［光绪］《高明县志》卷十二《选举表·国朝·岁贡·道光朝》：犀头人，二十四年贡。

关仲玚　原名肇基，号砚农，清南海九江人。道光二十四年（1844）举人，咸丰三年（1853）在家乡主持修堤围，接着参与团练事务。任广西信宜训导，63岁卒于任。

［同治］《南海县志》卷九《道光朝·举人》：关肇基，改名仲玚，信宜训导，甲辰科。卷十三《列传·冯锡镛传》：归数年，红巾乱作。乱定后，与明进士之纲、关孝廉仲玚等筹御盗策。

［光绪］《广州府志》卷四十六《选举表十五·举人·国朝·道光二十四年甲辰》：关肇基，南海人，改名仲阳。

《九江儒林乡志》卷十《选举略·清·举人·道光二十四年甲辰恩科》：原名肇基，号砚农。监生，中式第五十二名，信宜训导。卷十四《列传·清》：原名肇基，号砚农，西方吉水里人。道光甲辰恩科，由监生中式举人，选授信宜学。信宜累岁饥馑，仲玚捐俸倡赈，全活甚多。学舍久不修，前任每视为传舍，一听其上雨旁风，飘摇不恤。仲玚周览，慨然曰："师儒讲学之所，颓坏若此，其奚以造士！"乃相度形势，不借官帑捐输，捐己资鸠工庀材，讲堂斋舍以次完缮。于是立教条、勤月课，选诸生之秀良者，萃处其中，朝夕指授，如父兄之训子弟。一时文风丕变，士庆得师，相与希风前古、结社会文。仲玚益乐为作育，手与骘评，寒暑弗辍，旋以疾卒于官，年六十三。仲玚性行恬素，操守廉洁，居乡中练局十数年，脩脯之外一尘不涴，家计弗给晏如也。时留意乡闾利病，咸丰癸丑，榆岸基、南头围均被潦决。仲玚悯之，水落后即请拨帑，亲赴基所，悉心筹画，寝食不离，工次两阅月，堤复完，高厚倍于昔。工书法，神明变化，不名一家，为世宝贵。卒之日，信宜诸生泫然流涕曰："师殁，吾侪失所依归矣。"及归葬，诸生白衣冠送至河干乃返，某挽诗有"归舟剩有诸生泪，江水添潮送到门"之句，盖实录也。

麦奋扬　字翰园，清顺德勒楼人。道光二十四年（1844）举人。官户部员外郎。咸丰五年（1855）办团练。祖汇贵，父逢泰。

［咸丰］《顺德县志》卷十一《举人二·国朝·道光》：字翰园，勒楼人。顺天榜，甲辰恩科。卷十二《封赠（文阶）·国朝》：麦汇贵，勒楼人，以孙奋扬赠。麦逢泰，以子奋扬赠……内阁中书。

［光绪］《广州府志》卷四十六《选举表十五·举人·国朝·道光二十四年甲辰附顺天中式》：顺德人，户部员外郎。

［民国］《顺德县志》卷十八《列传三·赖子猷传》：咸丰三年回籍，次年土寇陷县城，又次年收复。邑设团练总局……麦奋扬……在局劝捐办团均称得力。

杜攀龙　字飞蟾，清高明矮冈人。道光二十四年（1844）举人，咸丰九年（1859）参与倡办团练。

［光绪］《高明县志》卷十二《选举表·国朝·举人·道光朝》：矮冈人，二十四年甲辰科。卷十三《列传·人物二·国朝》：字飞蟾。弱冠游庠食饩，登贤书。为人廉节自持，性真坦率。咸丰九年，倡议恢复井里，与同事诸君筹资练勇，忍辱负重，刚正不阿，愿遂功成，一尘不染。身后葬费俱无，局绅公赠赙仪，诔曰"其人如玉"。

吴乃煌　字麟功，号阁臣，清南海佛山镇人。道光二十四年（1844）举人，大挑二等，授肇庆府开建县教谕，改封川县教谕。咸丰四年（1854）红巾起义时倡办团练保甲，以军功叙六品赏戴蓝翎。寿66岁。父林光。

［同治］《南海县志》卷九《道光朝·举人》：林光子，开建教谕，甲辰科。

［民国］《佛山忠义乡志》卷十四《人物志六·宦迹·清》：字麟功，号阁臣，任江西铅山县知县林光子也。狷介有父风，状貌魁梧英侠，尤喜谈兵，遇不平事辄直折之，不避豪贵，人亦敬服。其祖籍新会，固小族，与强族李氏邻，会以细故起衅，将成械斗。父老廉得其情，贻书促返，强族闻乃煌至，即弃械求和，至今数十年无交哄之祸者，皆其力也。由诸生领道光甲辰乡荐，才名藉甚。咸丰甲寅红匪乱，募勇协官军平之，倡办团练保甲，境内获安，军功叙六品赏戴蓝翎。寻以大挑二等，授肇庆府开建县儒学教谕，历官封川县教谕，皆以整士习、振文教为急务。时满洲瑞麟督粤，闻其能，扎委带俸回籍办理团防总局事务，一持以正，不受请托，人无间言，俸满保升知县。以病卒于家，年六十有六。著有《四书逐字醒义》行世，《彼汾书屋诗文集》待梓。

吴开中　清南海人。道光二十四年（1844）赐副贡。

［同治］《南海县志》卷九《道光朝·贡生》：钦赐副贡，甲辰科。

吴芸　字芝田，清顺德桂洲人。道光二十四年（1844）举人。

［咸丰］《顺德县志》卷十一《举人二·国朝·道光》：字芝田，桂洲人……甲辰恩科。

何子权　字巽卿，清南海叠滘人。道光二十四年（1844）举人，咸丰四年（1854），与乡绅举办团防抵御红巾军。伯父沛如。

［同治］《南海县志》卷九《道光朝·举人》：甲辰科。

［宣统］《南海县志》卷十五《列传·陈作猷传》：叠滘堡人……咸丰四年，会匪起，与乡绅何子权、庞荣、孔广心等举办团防，同率乡勇御贼……何子权，字巽卿，道光二十四年甲辰举人。少擅文名，尤工书法。其伯父沛如，爱才重士，特捐义田，以饷后学，建书院以鬯文风。子权仰承先志，复增订学规，士林感激。生平乐善不倦，广送善书，以牖愚顽。有从侄少孤，抚养教诲，依以成立，人称为厚德君子。

何钟英　清南海佛山镇人。道光二十四年（1844）举人，咸丰七年（1857）任广东连州学正。父维屏。

［同治］《连州志》卷五《职官志·国朝·续学正》：南海举人，咸丰七年任。

［同治］《南海县志》卷九《道光朝·举人》：韶州府教授，甲辰科。《道光朝·封荫》：何维屏，以子钟英封修职郎。

［民国］《佛山忠义乡志》卷十三《选举志一·举人·清》：道光甲辰，附生。《选举志二·封赠·清》：何维屏，以子钟英封连州学正。

何莲青　清南海人。道光二十四年（1844）举人。

［同治］《南海县志》卷九《道光朝·举人》：三水学，甲辰科。

何群英　清顺德水藤人。经商澳门，道光二十四年（1844）水灾，运洋米归济族人。

［咸丰］《顺德县志》卷二十七《列传七·国朝三》：何群英，水藤人……尤能人所难。道光甲辰，淫雨为灾，饥如癸巳。群英家不中资，慨然独任，时贾于澳门，自运洋米八百石归，贷族党，不借他助。又有恤他境荒者，裕涌李焜以乾隆壬寅、戊申、乙卯三赈永安，邑宰题额以赠。其同村李赞、古朗梁锡并以嘉庆己巳助赈于苍梧，县令同旌焉。盖皆贾于其地也。

陈有孚　清南海人。道光二十四年（1844）举人。官知县。

［同治］《南海县志》卷九《道光朝·举人》：知县，甲辰科。

陈秉常　清高明苏村人。道光二十四年（1844）举人。

［光绪］《高明县志》卷十二《选举表·国朝·举人·道光朝》：苏村人，二十四年甲辰科。

陈琪树　清顺德葛岸人。道光二十四年（1844），与陈龙驹等倡筑永安围。

［咸丰］《顺德县志》卷五《建置略二·堤筑·都宁属》：永安围，在葛岸堡之沙滘村外……道光二十四年甲辰，乡绅陈琪树、陈龙驹等倡筑，为堡内之沙滘、新隆、教德、马滘及南海之上奇、河滘六乡防西潦者。

陈鹿昭 清三水人。道光二十四年（1844）举人。

［光绪］《广州府志》卷四十六《选举表十五·举人·国朝·道光二十四年甲辰》：三水人。

林泽芳 字芝园，清顺德光华人。道光二十四年（1844）举人，次年进士，授内阁中书。二十九年与修县志，子式蕃，该年举人。咸丰五年（1855）会办团练。父义，母黄氏百岁，兄植芳。

［道光］《肇庆府志》卷十三附《肇庆府志续编》《道光朝·阳江县·训导》：林植芳，顺德人，廪贡，十二年三月署。

［咸丰］《顺德县志》卷十二《封赠（文阶）·国朝》：林义，光华人，以子泽芳赠。林植芳，廪贡生，以弟泽芳赠……内阁中书。卷十五《耆寿·百岁寿妇·国朝》：黄氏，光华奉直大夫林义妻。教谕植芳、进士泽芳母，举人式蕃祖母。四世同堂，奉旌建坊……百岁。卷十《进士·国朝·道光》：今用内阁中书，乙巳恩科。卷十一《举人二·国朝·道光》：字芝园，光华人……甲辰恩科……林式蕃，字缵南，光华人……己酉科。

［民国］《顺德县志》卷十八《列传三·赖子猷传》：咸丰三年回籍，次年土寇陷县城，又次年收复。邑设团练总局，子猷与……林泽芳……奉院宪委会办局务……己酉，郭令汝诚聘修邑志。

欧阳桢 清南海人。道光二十四年（1844）副贡，任广西钦州学正。祖步云，父星次。

［同治］《南海县志》卷九《道光朝·贡生》：副贡，钦州学正，甲辰科。《道光朝·封荫》：欧阳步云，以孙桢赠征仕郎。欧阳星次，以子桢赠征仕郎。

欧阳镛 清顺德仓门人。道光二十四年（1844）武举第一名。

［咸丰］《顺德县志》卷十一《武举·国朝·道光》：仓门人，第一名，甲辰恩科。

招桢 清南海人。道光二十四年（1844）举人。

［同治］《南海县志》卷九《道光朝·举人》：甲辰科。

罗源　号星海，清高明城中人。道光二十四年（1844）乡试副榜，咸丰九年（1859）参与倡办团练。

［光绪］《高明县志》卷十二《选举表·国朝·副榜·道光朝》：城中人，二十四年甲辰科副榜。卷十三《列传·人物二·国朝》：号星海。赋性质朴，嗜学老而弥笃，虽颠沛流离，未尝一日释卷，于家人生产及纷华世故漠如也。施邑侯绍文读其文敬服之，求作寿言寿其母，且遣子弟从之学，曰："汝曹善师之，此高明一人也。"其见重于名巨公若此。屡荐棘闱，仅博副车，人咸惋焉。著作羽翼经传，《易》理尤为邃深，家藏《学庸日讲》《周易日讲》《纲鉴批点》待刊。

罗熊光（清道光）　号镜人，清南海罗园乡（今属禅城南庄）人。道光二十四年（1844）举人。咸丰四年（1854）红巾起义，以乡团往援广西、佛山，因功以知县用，九年补宗学教习。光绪六年（1880）授山东昌邑知县，十一年抵任，6年后被中伤罢职。

［同治］《南海县志》卷九《道光朝·举人》：甲辰科。

［宣统］《南海县志》卷十五《列传》：号镜人，罗园乡人……咸丰四年红巾乱，以乡团从谢同知往援广西，所向克捷，复援佛山有功，奏奖以知县用。僧亲王慕其人，以礼招之，辞不赴。九年补左翼宗学教习。光绪六年谒选，授山东昌邑县知县，十一年抵任。时海氛不靖，日夜操防，境赖安谧。鞫狱务得其平，堂颜"矜慎"二字以自勖。倡修文庙以端风教，筹赡书院膏火以励生童。在任六年，廉洁自持，不喜世俗酬应，为蜚语中伤遂罢去。十七年，奉檄抽收泺口厘卡①，抉剔弊端，商旅称便。生平笃于亲故，抚伯兄遗孤，周给无少缺，官俸虽薄，而诸姊娣姒皆遍及焉。著有《防海刍言》一卷。

［民国］《佛山忠义乡志》卷十三《选举志一·举人·清》：道光甲辰，附生。

唐德峻　清南海人。道光二十四年（1844）举人，任上海金山知县。

［同治］《南海县志》卷九《道光朝·举人》：金山知县，甲辰科。

---

①厘卡：清末民初，各地在通商要道或市镇设卡，征收具有通过税或货物税性质的厘金或厘捐。

徐清（清道光）　清南海人。道光二十四年（1844）举人。

［同治］《南海县志》卷九《道光朝·举人》：甲辰科。

黄选　清顺德大良人。道光二十四年（1844）副贡，咸丰二年（1852）举人。父允恂。

［咸丰］《顺德县志》卷十一《举人二·国朝·嘉庆》：黄允恂，字逊之，大良人，选父……戊寅万寿恩科。《副贡·国朝·道光》：大良人，甲辰恩科。《举人二·国朝·咸丰》：大良人，壬子科。

［光绪］《广州府志》卷四十六《选举表十五·举人·国朝·咸丰二年壬子》：顺德人，玉衡子。

黄寅襄　字雨耕，清顺德甘竹人，住三水胥江。道光二十四年（1844）举人，官潮州教谕。

［咸丰］《顺德县志》卷十一《举人二·国朝·道光》：甘竹人，三水籍……甲辰恩科。

［民国］《三水县志艺文略稿》：《琴学》一卷，清黄寅襄。《删余诗草》一卷，清黄寅襄。按：寅襄，湛深儒术，著有易学诸书，而诗文不多见，此卷其晚年删存者欤？《读易易知》四卷，清黄寅襄撰。按：寅襄，字雨耕，胥江人。官潮州儒学。《玩易四道》二卷，清黄寅襄撰。

黄敬祐　原名镜湖，号秋虆，清南海大沥平地人。道光二十四年（1844）举人。父槐。子嘉端、嘉礼并成进士。

［同治］《南海县志》卷九《道光朝·举人》：黄镜湖，改名敬祐，甲辰科。《同治朝·封荫》：黄槐，以孙嘉端貤赠奉直大夫。

［宣统］《南海县志》卷十五《列传》：号秋虆，神安司平地堡人……少负文名，兼工书画，淡于仕进。授徒省垣，门下多知名士，与人接蔼如也。子嘉端、嘉礼并成进士。

崔茂龄　清南海人。道光二十四年（1844）举人。

［同治］《南海县志》卷九《道光朝·举人》：甲辰科。

梁化鹍　一说名化鲲，字南溟，清顺德桂洲人。道光二十四年（1844）岁贡，二十九年举人。

[咸丰]《顺德县志》卷十一《岁贡·国朝·道光》：桂洲人，甲辰。《举人二·国朝·道光》：字南溟，桂洲人……己酉科。

[光绪]《广州府志》卷四十六《选举表十五·举人·国朝·道光二十九年己酉》：梁化鲲，顺德人。

梁光缙 字庸谦，清顺德逢简人。道光二十四年（1844）恩贡，二十九年赐举人。

[咸丰]《顺德县志》卷十一《恩贡·国朝·道光》：逢简人，甲辰。《举人二·国朝·道光》：字庸谦，逢简人。以符例赐，己酉科。

梁信徵 字铁生，清顺德林头人。道光二十四年（1844）举人。

[咸丰]《顺德县志》卷十一《举人二·清·道光》：字铁生，林头人……甲辰恩科。

梁媞玉 女，字莹楣，清顺德伦教人。侍奉祖母不嫁，父廷枏为《守贞说》勉之。祖母死以身殉，道光二十四年（1844）受旌。其姊媛玉，字贞卿，先媞玉而卒。姊妹皆善诗文。

[咸丰]《顺德县志》卷二十九《列传九·列女二·国朝》：伦教廷枏次女。从父读，辄通群籍。祖母陈年老，谓两孙女可侍养，令其父外出从师。媞玉请曰："盍留女于家侍终身乎？"即延集戚族，告以意。其父为《守贞说》勉之，字曰"莹楣"。及祖母病，数月衣不解带，随父母侍奉汤药。迨祖母故，哭之恸，誓以身殉，呕血盈斗。将死，请素服殓葬祖母坟侧，曰："儿之守贞，为奉祖母也。"道光二十四年旌，加恩给坊价，同请者皆未之给也。与姊媛玉皆善诗文，著有《同怀剩稿》。媛玉，字贞卿，许字黎村举人林桂子。未嫁，先媞玉卒。

梁鹏（清道光） 清三水人。道光二十四年（1844）举人。

[光绪]《广州府志》卷四十六《选举表十五·举人·国朝·道光二十四年甲辰》：三水人。

程鸿渐 清南海人。道光二十五年（1845）恩贡。子师俭、师道。

[同治]《南海县志》卷九《道光朝·举人》：程师俭，鸿渐子，丁酉科。程师道，师俭弟，甲辰科。《道光朝·贡生》：乙巳恩贡。

程师道 一说名斯道，清南海人。道光二十四年（1844）举人。父鸿渐，兄师俭。

[同治]《南海县志》卷九《道光朝·举人》：师俭弟，甲辰科。

[光绪]《广州府志》卷四十六《选举表十五·举人·国朝·道光二十四年甲辰》：南海人。

程梦良 字湘南，清顺德旧寨人。道光二十四年（1844）举人。

[同治]《南海县志》卷九《道光朝·举人》：甲辰科。

[咸丰]《顺德县志》卷十一《举人二·国朝·道光》：字湘南，旧寨人……甲辰恩科。

谭炳章 清南海人。道光二十四年（1844）武举。

[同治]《南海县志》卷九《武科选举》：甲辰科，道光朝。

颜葆濂 清南海人。道光二十四年（1844）举人，官山西汾西知县。

[同治]《南海县志》卷九《道光朝·举人》：顺天中式，汾西知县，甲辰科。

[光绪]《广州府志》卷四十六《选举表十五·举人·国朝·道光二十四年甲辰附顺天中式》：顾葆濂，南海人，汾西知县。

禤文怀 清三水人。道光二十四年（1844）举人。

[光绪]《广州府志》卷四十六《选举表十五·举人·国朝·道光二十四年甲辰》：三水人。

何瑞熊 清顺德霞石人。道光二十五年（1845）捐田为族内义学费。

[咸丰]《顺德县志》卷十三《仕宦·文职·国朝》：霞石人，太常寺

博士。

［民国］《顺德县志》卷二十《列传五》：郎中，蓝翎。道光二十五年，捐田三十亩为族内义学费。

何嗣权 字华春，号秋圃，清南海镇涌堡南村人。寿77岁。子炳堃，光绪元年（1875）举人。

［宣统］《南海县志》卷二十《列传·善行》：字华春，号秋圃，镇涌堡南村人。少知检局①，佣于药肆，东主有妾居肆后房，偶被挑，即避嫌辞去。及壮，与人合资营药肆于东莞，岁获厚利，后以同伙违约谢归，未几而药肆败。嗣权虽身处阛阓，而性好儒书，暇辄手一编。尤嗜《易》，究心象数，揲蓍求卦，时有验。光绪元年乙亥恩科，子炳堃以诸生与试。将放榜，嗣权预至省寓候，榜发果获售。炳堃自言闱艺不洽意，得中实出望外，嗣权曰："我知汝本科必售，故来，前科癸酉榜前遽归，逆知汝必报罢也。"请其故，曰："决之于《易》耳。"因举两科所占爻象正变所以决得失者晓之。因述少年拒奔妇事，以训炳堃曰："凡事当无愧于心，始可以对神明。向使少时失足，即负疚终身，尚望有今日乎？"性宽和能忍，处同气之亲遭横逆，人所不堪，未尝与校，人服其量。卒年七十有七。卷二十三《列传·列女》：何嗣权妻刘氏，镇涌堡石龙村人，庠生是冠女，举人炳堃母也。性恭俭慈惠，少随母陈至外家，私怪其骄侈，使婢扇之，必却去，曰："吾自有手，无需人也。"既归何，事舅姑唯谨。舅喜饮，每视膳，必遣之乃去。善体姑意，处小姑未尝失欢。人有急，施与不吝。居平，尝言："人须惜福，享用不可太过。"邻有娶富家女，随奁甚盛，或向刘夸羡，答曰："汝勿羡也，须享之终身乃为己物耳。"后此妇竟以奢败，人服其识。畜婢如女，常先婢起躬理厨事，炳堃每挞婢辄不乐，喻止以义，或至泣下。红巾乱，炳堃被虏勒赎，事平，有请代捕贼者，刘辞之曰："贼为恶，法所当诛。第以吾儿故，无为也。"其有容又如此。

罗厚隆 字海筹，清南海云津堡云滘乡人。子启基、启高、启流、葆熙、葆和，皆高寿。

［宣统］《南海县志》卷二十二《列传·耆寿》：字海筹，云津堡云滘乡人。性纯朴，弱冠失怙，事母以孝闻。家贫，躬耕食力，勤俭自持，所获岁

---

①检局：拘束，约束。

有余蓄。中年，家小康，赒困乏、助善举无少吝，族人有贷金贰百不能偿者，焚其券，生平慷慨多类此。咸丰四年，红巾乱起，所居地迩贼营，众议迁避。厚隆谓："与其转徙而流离，孰若协力而防守。我族四面环水，贼来岂能飞渡？我既有备，以逸待劳，贼未可得志也。"众韪其言而止。未几贼至，厚隆率众御之，贼败走，不敢再犯。五年，寇氛未靖，道途梗塞，粮运不通，谷米腾贵。厚隆罄所藏粟分济贫乏，族人德之，至今追思不置。卒年八十有七。子五人：启基、启高、启流、葆熙、葆和，皆年登耄耋，一门耆寿，党里盛传。葆熙，光绪二年丙子科举人，大挑一等，官湖北知县。

林彭年　（1815—1867后）原名殿芳，字朝珊，清南海上林村人。咸丰二年（1852）举人，四年红巾军起时，居大良任教，回乡组织团练。时花县被祸最惨，督乡勇五百名助官军清剿，长驱直入，红巾军远走。十年进士，殿试榜眼。授翰林院编修，历富新仓监督官、山东监察御史。同治六年（1867），奏请敕令左宗棠招募成军，抵御西北回民起义。外放贵州镇远知府，卒于任。祖兆璠。

［同治］《南海县志》卷九《咸丰朝·进士》：兆璠孙。榜眼，授编修。镇远府知府，庚申科。卷十四《列传》：原名殿芳，字朝珊，江浦司上林村人。咸丰壬子科举人，庚申成进士，廷试以第二人及第，授职翰林院编修官。历国史馆、武英殿实录馆协修官、纂修官、提调官、富新仓监督官、山东监察御史官，累迁贵州镇远府知府。天性朴诚敦厚，内希濂洛关闽之绪，外欲拓以开物成务之才，至于富贵温饱非其志也。乡荐后，发贼起于粤西，从永安州窜出攻桂林、陷全州，直下湖南、湖北，杀长吏、拔名城，至窃据金陵，分股北扰河朔，天下震动。彭年蒿目时艰，曾上书王茂荫侍郎，其略曰："治有治本，乱有乱源。不究治本欲求治而不能，不究乱源欲弥乱而不可。今日之乱源何在？令长之贪酷者是已，试以粤西言之。粤西之未乱也，官吏之宦于其省者，睹其箐深林密，视同天牢地狱之不可居，观其俗朴民顽，视同鸟兽蛮夷之不足惜。然既宦于其地，无可逃脱，遂以迁擢为缓图，以取盈为急务，彼此则效，无非欲肥囊橐而长子孙，其辣手忍心必有不堪言者。然州县而上有知府、道员，道之上有三司，三司之上有两院，彼其人皆有察吏安民之责，岂于属员之贤否漫无分别哉？无奈不学俱欲之物浸灌滋润入于骨髓者已深，互相徇庇，上下交征，末员恃大吏为狐城，大吏借属员为外府，小民疾首痛心，已非朝夕。一旦有风尘之警，奸民起乘之，游民附之，愚民、贫民之无所得食因逼胁而乐从之，而大乱之局成矣！然贪鄙之夫多夜郎自大，

其始易视斯民，谓不难灭此朝食也，及滋蔓愈众，扑灭愈难，遂张皇其事，告急于大吏。大吏并无措置，但发号令、行文书，一则曰调兵、再则曰筹饷而已。洎夫所调者皆有名无实之兵，所筹者皆绝无仅有之饷。自知进退失据，剿抚两穷，不得已以盗贼遗君父，夫封疆重臣至以盗贼遗君父，天下事尚可言哉？愚历观古今治乱之故，大抵弭盗于造谋之始，散以一二良吏而有余，剿贼于众著之时，取以数万雄师而不足。今为救时之策者，曰捡慈惠以系民心，曰择计臣以司出纳，曰选名将以振国威，此三者皆至言也。而愚谓必以廉介为根柢者何？盖为牧令者，平日不以自私自利剥民膏，而后能以去食去兵坚民信。典度支者，必能轻货财、外荣宠，气节不挫于权豪而后能薰社鼠、逐城狐，正赋不侵于中饱。若夫备公侯腹心、干城①之选，似乎尚韬略、贵权谋，小廉曲谨不必问矣。然古来蝼弁债帅，能立功者何人哉？语曰：‘军无财兵不来，军无饷士不往。’为将者不能舍一己易生之财，而欲博万众难捐之命不可得也，由是以思，将必用廉介之人决矣。夫仁慈、智慧、果敢而又济以廉能，此古人所谓人杰也，非可以程文取之，资格求之、凭掣签之筒而拔之者也。非大臣公忠为国，不避嫌、不避怨，物色于卖浆屠狗之间，赏识于俘虏蛮夷之末，人材岂能脱颖而自出哉？近日仕风与古先异，当其索居间处，自谓优游以栖乐国，胜于鞅掌而赴危途。及夫委贽从王，又谓冒险而立奇功，不若安居而无大过，委曲懦选如自性生。故边疆无任事之人，台院鲜敢言之士，君臣上下不相系维，如萍浮于江湖中，泛泛然而偶相值也，则时局之变，愚不测其所终也。”其书首尾数千言，欲黜贪懦、荐贤才以激发朝官，故剀切如此。逾年甲寅，粤东红巾又起，数月间蔓延广、惠、潮、韶四府。彭年时侨居顺德县城，故乡危被贼逼，父老促归团练，乃以兵法部勒子弟，仅戮通贼一二人，井里肃然，贼亦远遁。时广属惟花县被祸最惨，其乡绅宋执谦、谢家兰等联呈大吏，请札彭年督乡勇五百名助剿。彭年谓剿贼当攻其不备，出其不意，即率队长驱直进，果焚其营，散其党，贼亦远飏。然是时红巾初溃，各乡局搜余匪、办善后，其事如麻，值西夷又扰省垣，各官逃匿。彭年知事不可为，乃闭门养母，日侍汤药，不出者数年。洎庚申及第，越两年，今上御极，诏求直言。彭年观各省形势及盗贼出没之区，谓：“粤匪炽于南，捻匪讧于北，而能为河朔利害者，捻匪为甚，能为京畿利害者，山东捻匪为尤。因请直隶与山左毗连之处，设险扼要，练兵选将，择重地而防守之，使贼坐困山东，不能阑出京师一步。而后派公忠大臣，于其迫胁者招降之，以疑其党，其悍贼屯聚之地，合力攻剿，以挫其锋，此固京邑以壮皇威之策也。安

---

①干城：盾牌和城墙，比喻捍卫国家的将士。

徽捻匪之猖狂，苗逆为首，苗逆以皖省为巢穴，若经挫折，势必窜出河南，多方裹胁、多方掳掠以集其力而振其威。河南若不能自固，则事不可问矣。请敕河南自守疆圉，冒死以捍卫之，使贼无利可图，则株守一隅，其势易弱，此守河南即以办皖捻之策也。至于山右、陕西两行省，在今日为腹地，民不知兵，而在胜国逼近九边、士马精强之地也。所喜邻于荒徼，与江淮捻匪声气不通，或不遭其蹂躏，然其地富商巨贾所居，以殷实闻，则贼之垂涎久矣。语曰：'无恃其不来，恃吾有以待之。'请敕督抚挑选精锐束伍而训练之，如古之雄边子弟陈兵而谁何，贼将裹足而不前矣，此固山、陕两省之策也。臣为大河以北计者如此。若以江南形势而论，则镇江为进兵门户，扬州为南北咽喉，长江，为收复根本。果能镇江、扬州步步逼紧，克复坚城，渐次收回长江，以为恢复江南之本。由是湖北力据上游，可以长驱蹙贼。安徽既为我有，可以阻截援兵，金陵大局不立有喜色乎？然浙江一隅，介居数省之中，贼恃为分窜地也，故必严兵以复嘉兴，贼乃无窥杭州之径，固守杭郡，苏、常乃有克复之资。而且浙省无虞，闽、越、豫章藩篱亦固矣。臣为江南计者又如此。若夫刚柔迭用，奇正兼施，以兵止兵，用贼攻贼，水随地以制流，兵因地以制胜，此专阃者之事，非臣等所敢知也。抑臣闻小民之乐于背叛者，其故有二：一由于贼，一由于官。官之贪婪残酷者，鱼肉闾阎以激变，朝官多能言之，臣无庸赘矣。至贼所到之地，无论名都大邑、墟场市镇，必据妇孺、焚室庐，使百姓无眷属之可依、无椽埴①之可托，逆之则死，从之则生，有不听命低头者乎？既从之后，妇女使之司织补、典舂磨，少者使之担粮糗、挑军装，壮夫使之荷戈殳②、习战斗。一与官兵遇，则驱难民为先锋，悍贼为后殿，官军幸而得胜，则红旗报捷，以为歼贼多名，不知所杀即吾民也，年来杀贼愈多、贼不加少，实由于此。及官兵战胜疲倦，老贼乃起而乘之，始以弱弭我之强，继以强挫我之弱，宜官军之不振也。臣愿临阵之顷，于高地张受降旗，贼投械走旗下者，兵不得杀，杀者罪无赦。庶民知有生机，叛乱之心息矣。至于致治之故，在于得亲民之官以系民心、养元气，然此等官非可以选法得也。臣谓天子择宰臣，宰臣择六官，六官择外台各大吏，大吏留意择令长，诸官得人则同其功，失人则共其罚。致治之本，无有先乎此者矣。"同治三年，金陵收复，江南渐就肃清，而西北逆回日渐昌炽。彭年揣测贼情，于丙寅十一月上封奏，大略谓："自回人倡乱，关、陇郡县残破无余。

---

①无椽埴（chuánzhí）：指没有固定资产。椽，古代房屋间数的代称。埴，黏土。

②殳（shū）：古代的一种武器，用竹木做成，有棱无刃。

近又勾结新疆同时蠢动，蓬蒿满目，氓庶流离，甚至惟正之供①无从输纳，此非地方之小故也。夫关中地居上游，形胜甲天下，西达甘凉，南通滇蜀，东连晋豫，乃西路咽喉，非他处所可比。故古者西邮有事，必宿重兵于此，以为策应之师，今乃饷绌兵单，毫无措置，万一逆回鲸吞豕突，将焉御之？夫守要区者必资利器，用利器必仗精兵，养精兵必储厚糈。故欲得民力必先固民心、制民产、卫民财，使地之险足以庇其身，财之饶足以苏其命，而后守可固也。臣请敕下抚臣，剀切晓谕斯民，小堡并大堡、小寨并大寨，无事散居村落，俾易于谋生，有事则入保寨城，俾易于固守。以坚壁清野之法，为杀敌致果之资，贼之窥伺我者，既无财之可掠，又无食之可谋，有不抱头鼠窜者乎？夫王公设险守国，城垣之外环以深池，防其挖地道、藏地雷也。自承平日久，城郭坍塌，壕堑平填，故贼匪薄城，攻无不破，惟三原县之东里堡及石泉、汉阴、平利等城，因官绅预先毁撤附城民房，贼来无可庇身，欲开地道则人人共见，故力攻而城不拔，此成效之可据者也。然民情不知远虑，但顾目前，贼去又纷纷搭盖，请敕抚臣严行禁止，免为患于将来，则幸甚矣！抑臣更有请者，常社诸仓无地不有，地方官吏或因公而至挪移，或变卖以图中饱，有名无实，所在皆然。请力为勾稽，缺乏者责令买补，以足兵食而备凶饥。又关中查出叛产绝业，久经荒芜，前抚臣刘蓉奏办营田，系为利入公家起见，该抚交卸后，地方官或变卖征税，但求简便，恐未能点滴归公也。请敕诸臣认真清理，庶军需日有起色耳。”十二月，因捻匪蔓延再上封章，其意谓：“古今贼势有二：曰流曰守，守则死，流则生。守则合于一处，其势弱，流则分为数支，其势强。今之捻匪飘忽无定，类于明季之流寇。周流愈广，逼胁愈多，吾分兵以蹑之，则力不足，合兵以剿之，则击于东者遁于西，此古今之黠贼也。臣闻徐、宿、曹、豫皆匪出没之区，官军但知剿之，故迄无成功者。以此，臣谓以堵为要着，以剿为正着。有险之地择险而扼之，无险之地设险而守之。或三面互相犄角，或四隅设立镇兵，或三县合为一屯，或一县分结数寨，以要截往路，此臣所谓堵也。且闻捻匪之强专在马队，请调索伦精骑冲其锋，以吾之马队蹑其后，此臣所谓剿也。守土之臣专用堵，统兵之将专用剿，互相策应，使贼无觅食之所，并无驻足之地，而伎俩穷矣。再者，捻匪大股已入陕西，余股尚留东豫，盖欲牵制我，以大股注力攻关中也。又山右与陕仅隔一河，官民久不见兵革，是以堡寨倾颓，守御废弛，至问以火器，亦茫然不识，此可为寒心者也。请敕李鸿章拨精兵入关，以固根本，庶逆回不能与捻匪勾连，即以固新疆大局也。更敕下山西巡抚修堡寨、

①惟正之供：指正税，古代法定百姓交纳的赋税。

募民壮、习火攻，以防患未来，此曲突徙薪①之意也。”同治六年正月又上封奏，谓“陕省垣被围，势甚危急，而督臣左宗棠至今未见入关，守御单薄，万一陕回与西回联为一气，益复恣横，不止于陕西大局有碍，并西北大局有关。请敕左宗棠无论行抵何处，若招募成军，即可率赴新任，如招兵尚须时日，可先驰入关内，以固人心而作士气。又闻悍贼所恃仅马队数千，可否多为炮车以破之，则以我长制彼所短，贼亦易败”云。彭年由词馆入谏垣，仅数日间先后屡上封事，皆为朝廷夷凶靖乱计，不为苟且塞责之谈，其志趣然也。家居内行纯备，待宗族饶有恩。祖宗遗下田亩租入约银千两，彭年谓：“此种田名曰祭田，势必春秋享祀，多具酒醴、牲牢以餍饫②孙子，司出纳者又浮销滥报，必尽费所入而无益于人。如名曰公产，子孙贫富不一，偶有缓急必按口均分，使祠堂无一钱之积而后止。二者均非策也！今以百两为每年祭祀之需，以百两为延师教子弟之费，而以八百两赈恤子孙之贫者。其分给多寡，又以鳏寡孤独、废疾老寿为差，虽有凶年，子孙不至饿殍矣！”其善措置如此。红巾乱定，林村六乡父老函商鼎建书院，彭年曰：“书院之设省垣最多，此乃为考试生童侨寓之场，牙蠹、状师聚会构讼之所耳。乡间书院虽不至是，亦不过用以教学课文，若有争讼，则绅耆于此排难解纷耳，亦非大有益也！不若厚其馆谷，请品学俱优者主席，使讲明经义、诲以礼法，不必拘以八比之文，而又多请数年，则后生得所矜式，士习既端，风俗亦易厚矣！”其居京邸，每有家书训子弟，必谆谆以读《孝经》及朱子《小学近思录》为辞。其祭犹子启镛文尤真挚悲哀，令人酸鼻。放贵州知府，方欣然思有所建树，竟一病而卒，邑人痛惜之。

梁九图　（1816—1880）字福草。原籍顺德麦村，居佛山镇。10岁能诗，精书法。例贡。在佛山松桂里建“十二石斋”，富荣街建“汾江草庐”。祖国雄，父玉成，岳父杨大猷。子僧宝、禹甸。

［民国］《佛山忠义乡志》卷十三《选举志二·封赠·清》：梁九图，以子僧宝封鸿胪少卿、都唐封荣禄大夫。卷十四《人物志四·文苑·清》：字福草，本籍顺德。生有夙慧，十岁能诗，曾题《粤台饯别图和祁相国寯藻韵》，极加赏异，目为神童，诗名遂噪。长益耽咏，博学工文，性雅淡，不乐仕进，

---

①曲突徙薪：把烟囱改建成弯的，把灶旁的柴草搬走，比喻事先采取措施，才能防止灾祸。

②餍饫（yànyù）：形容食品极丰盛。

惟喜山水，凡丘壑名胜，探幽陟险，随地留题。游衡岳归，得石十二，罗列斋前，错杂朱栏绿竹间，仿佛巫峰烟鬟缥缈，远近名士巨公、方外闺秀题咏殆遍，因自号“十二石山人”。复辟汾江草庐为觞咏地，树石花鸟、池馆桥亭，别饶幽致，时与张维屏、黄培芳、吴炳南、岑澂诸公诗酒唱酬，提倡风雅，人又称为“汾江先生”。自少而老，日手一编，吟咏撰述不辍。看花品石外，或作书画，得寸缣尺素者，珍若拱璧。诗则推重艺林，江都符孝廉葆森刻入《国朝正雅集》。生平爱才，以奖引后进为己任，人有片长辄称道之，出其门下多掇巍科佩金紫。李侍郎文田以廷对第三供奉南斋，其尤著也。戴枢相鸿慈少时从其门人伍孝廉兰成游，一见文字，决为远到，妻以兄之孙。其特识多类此。故闻先生之风者，莫不争自濯磨，冀得一登龙门为幸。最乐行善，如削仰船①冈乱石、设佛山育婴堂、筑通济桥石路、建高秧地茶亭诸义举，靡不竭力筹资，董成厥事，此所谓修其天爵者欤？著作甚富，有《十二石斋诗集》《诗话丛录》《紫藤馆文钞杂录》《汾江随笔》《草庐唱和诗》《岭南琐记》《石圃闲谈》《佛山志余》《笠亭诗拾》《韵桥杂志》《纪风七绝》《岭表诗传》《风鉴证古》《摘句图》等书流播海内，大者有关于文献，次亦有裨于见闻，都人士望若山斗，洛阳纸贵，良有以也。子僧宝成进士，入礼曹兼枢密转御史，擢鸿胪寺少卿迁内阁侍读学士。禹甸以战功授花翎广东水师游击，宏谏兵部武选司主事，都唐花翎盐运使衔选用道、刑部江苏司员外郎。诸子既贵，逢国大庆必加宠锡，初封资政大夫，晋封振威将军、荣禄大夫，随封赏戴花翎。卒年六十有五，学者称“福草先生”。《人物志十·列女传·贤淑》：梁九图妻杨氏，本镇人布政使司理问杨大猷女。杨固贵族，梁亦世家。及归梁，躬行节俭，为诸妇倡，奢丽之习为之一变，翁姑咸钟爱之。九图故名士，自以为鲍宣之得少君不是过也。御下宽而教子则甚严，天甫黎明，促令入塾，非及更深，未许休息，每勖之曰：“人先立品，次读群书，讲求实学，始克成才。若只工词章，余无长技，纵登高科、膺显秩，亦徒负虚荣，无裨世用也，尔曹勉旃②！”子奉其教，砥砺廉隅，敦崇风节。长僧宝成进士、跻九卿，次禹甸以战功授营将，次宏谏为部郎，次都唐擢监司。兄弟联翩，文通武达，扬中历外，声誉隆然，莫非庭训有以致此。迨宦成归里，令设义学、置义田，教养宗族，可谓能见其大好行其德，足以风励薄俗，型

---

①仰船：地名。西江自南海入，东别出为甘竹滩水，与板沙海合，过仰船冈，别出为仰船海，至新会入海。

②勉旃（zhān）：努力，多于劝勉时用之。旃，文言助词，之、焉二字的合音字。

式来兹者矣，昔之女宗，殆其人欤？屡遇覃恩诰封夫人，叠晋一品夫人，卒年八十有一。

［民国］《顺德县志》卷十七《列传二》：麦村人。父玉成，字恕堂，兄弟三人随父国雄由顺德迁居佛山，弃儒就鹾，商业大起，析产时尽与兄弟均。察族之贫者按口给粟，婚嫁死亡皆有佽助。捐资筑麦村外放牛蓢石路，行者称便。道光辛卯岁大祲，玉成由族而乡而镇，捐粟分赈逾千石，众赖存活。购义地瘗佛镇、吉祐露骸千数百具。素精岐黄术，辑经验医方二十余卷曰《良方类钞》，命子九图梓以疗世。及卒，有人率子弟哭于墓甚哀，则尝窃于其家予以金而改行者也，其隐德多类此。季父，进士蔼如……可成，字怀堂，亦以行义著。

孔广镛　（1816—1891？）字厚昌，清南海南庄罗格村（今属禅城南庄）人。道光二十一年（1841）因父功赏副贡，二十四年举人。咸丰七年（1857）捐郎中，十年三月、十二月分别以知府、道员选用。著有《十二砚斋铭》，与弟广陶编《岳雪楼书画录》。曾祖毓泰，祖传颜，父继勋。

［同治］《南海县志》卷九《道光朝·举人》：继勋子，甲辰科。《道光朝·封荫》：孔毓泰，以孙继勋貤赠庶吉士，以曾孙广镛晋赠荣禄大夫、布政使衔即选道。孔传颜，邑庠生，以子继勋敕赠庶吉士，以孙广镛晋赠荣禄大夫、布政使衔即选道。卷十三《列传·孔继勋传》：罗格围人。以积劳病故，奉旨赏其子广镛副贡生、内阁侍读衔，内阁中书遇缺即选，殆异数也。

刘炳藜　（1816—1900）字召卿，一字青幌，清南海三江司厚村人。咸丰四年（1854）办团练，七年赈饥。同治元年（1862）举人，上《平黎策》给冯子材，被采纳。父辅治，子凤锵。

［同治］《南海县志》卷九《同治朝·举人》：壬戌并补行己未科。

［宣统］《南海县志》卷十五《列传二》：字召卿，一字青幌，三江司厚村人。父辅治，乐善好施，以孝闻。道光癸巳、甲午间，水灾大饥，辅治赈济，活人甚众。又尝捐建祖祠、办团练，乡族赖之。炳藜中同治元年举人，选琼州定安训导，加太常博士衔。赋性孝友，笃交谊，生死如一。咸丰甲寅之乱，创彰善局，约黄常达、谢秀文等办团，率子侄华芳、容芳，会同管带东莞勇陈光，为官兵先导，贼乃散……最恶赌，尝曰：“赌为盗源，弥盗当先

禁赌。”赌匪诱以重金，弗顾也。性廉洁，办局务时，有钟姓索债者欲向其族人取偿，馈金乞直之，炳藜力却弗受。好施与，凡掩骼、育婴各义举，必竭力为之。历署开建、鹤山教职，在定安训导任，尝修文庙，乙酉水灾，捐资以赈。时黎匪蠢动，陷琼之新兴市，劫雷鸣市。或劝炳藜避地，炳藜惟日与县令筹防守，贼卒不能犯。上提督冯子材①《平黎策》十款，子材纳之。壬辰解任归，修祖祠、立烝尝，自奉甚廉，而义举未尝或吝。好经史，兼及星卜书。年逾八十恒手一编，犹作小楷。著有《春秋至闰考》一卷、《日至求故》一卷、《宗虞易学》一卷、《原道》一卷、《运世说》一卷、《紫微花屋诗集》一卷。光绪二十六年卒，年八十有五。子凤锵，邑庠生。

马子骥　清顺德扬教人。道光二十六年（1846）武举。

［咸丰］《顺德县志》卷十一《武举·国朝·道光》：扬教人，丙午。

马熙韶　字夔史，清顺德大良人。道光二十六年（1846）举人。

［咸丰］《顺德县志》卷十一《举人二·国朝·道光》：字夔史，大良人……丙子科。

［光绪］《广州府志》卷四十六《选举表十五·举人·国朝·道光二十六年丙午》：顺德人。

区继芬　清顺德西滘人。道光二十六年（1846）岁贡。

［咸丰］《顺德县志》卷十一《岁贡·国朝·道光》：西滘人，府学，丙午。

邓淇青　字竹溪，清顺德龙山人。道光二十六年（1846）举人。

［咸丰］《顺德县志》卷十一《举人二·国朝·道光》：字竹溪，龙山人。广西籍，丙子科。

---

①冯子材（1818—1903），字南干，清广西钦州人。中法战争时，出任广西关外军务帮办，率部在镇南关（今友谊关）、谅山英勇杀敌，大败法军。甲午战争期间奉调驻守镇江，官终贵州提督，卒于军旅。

冯冠贤　字次厓，清顺德大良人。道光二十六年（1846）举人，咸丰五年（1855）劝捐办团练抵抗红巾军。

［咸丰］《顺德县志》卷十一《举人二·国朝·道光》：字次厓，大良人……丙子科。

［光绪］《广州府志》卷四十六《选举表十五·举人·国朝·道光二十六年丙午》：顺德人。

［民国］《顺德县志》卷十八《列传三·赖子猷传》：咸丰三年回籍，次年土寇陷县城，又次年收复。邑设团练总局……冯冠贤……在局劝捐办团均称得力。

冯湘　字衡南，清南海西樵人。道光二十六年（1846）举人，拣选知县，不就，改京职，得国子监学录。咸丰四年（1854）创办团练，抵抗红巾军。子巽权、朝钧。

［同治］《南海县志》卷九《道光朝·举人》：丙午科。

［宣统］《南海县志》卷十五《列传》：字衡南，磻溪堡人。性质直好义，与人言，讷然若不出诸口。道光丙午举人，拣选知县，到班不就，改京职，得国子监学录衔。咸丰四年红巾乱作，湘创办磻溪局，与同人局联络筹堵，贼不敢犯。晚教授省垣，受业恒百数十人，多掇巍科、登显仕以去。子巽权、朝钧皆县学生。

龙景裕　字问樵，清顺德大良人。道光二十六年（1846）举人，官阳山县教谕。祖廷槐，父元偕，子锡镛。

［咸丰］《顺德县志》卷十一《举人二·国朝·道光》：字问樵，大良人，廷槐孙……丙子科。

［光绪］《广州府志》卷四十六《选举表十五·举人·国朝·道光二十六年丙午》：顺德人，祖廷槐。

［民国］《顺德县志》卷八《选举表一·郭〈志〉成后选举表中人得第在咸丰壬子前出仕升阶在癸丑后者补载如左·举人》：阳山县教谕。《举人·光绪》：龙锡镛，字谏韶，大良人，景裕子……乙酉科。卷九《封荫表·封赠·文阶》：龙元偕，大良人，附生，以子景裕赠阳山县……训导。

叶沃（清道光）　清顺德桂洲人。道光二十六年（1846）岁贡。

［咸丰］《顺德县志》卷十一《岁贡·国朝·道光》：桂洲人，丙午。

关鸿 清南海人。道光二十六年（1846）举人。

［同治］《南海县志》卷九《道光朝·举人》：丙午科。

朱辉溥 清顺德古粉人。道光二十六年（1846）倡筑兴利围。

［咸丰］《顺德县志》卷五《建置略二·堤筑·马宁属》：兴利围，在古粉堡。自马齐北起，至桑麻围止，计长七百六十有八丈，底宽六丈，面宽一丈。闸一。道光二十六年丙午，乡绅朱辉溥、朱和寿等倡筑。

麦乔嵩 清南海人。道光二十六年（1846），与兄弟寿嵩同科举人，任海南乐昌训导。

［同治］《南海县志》卷九《道光朝·举人》：乐昌训导，兄弟同榜，丙午科。麦寿嵩，丙午科。

麦佩金 字双南，清南海大沥人。道光二十六年（1846）举人。咸丰四年（1854）与欧阳泉办团练局，抗击红巾军，八年二人又参加抵御洋人侵扰，因功选授安徽婺源知县，加五品衔，升用同知。寿76岁。子宝常。

［同治］《南海县志》卷九《道光朝·举人》：婺源知县，丙午科。

［宣统］《南海县志》卷十八《列传·忠义》：字双南，大历堡人……选授安徽婺源县知县，以道梗不得达，乞假归……以同治元年襄赞梧州军务，钦加五品衔。五年，巡抚蒋益澧以佩金名列保，奉旨升用同知。以子贵，封朝议大夫，卒年七十有六……子宝常，吏部主事。

李文灿（清道光） 清南海人。道光二十六年（1846）副贡，咸丰二年（1852）举人第一名。

［同治］《南海县志》卷九《道光朝·贡生》：副贡，丙午科。《咸丰朝·举人》：解元，壬子科。

李芬（清道光） 清南海人。道光二十六年（1846）武举。

［同治］《南海县志》卷九《武科选举》：丙午科，道光朝。

李濂　清南海人。道光二十六年（1846）举人。

［同治］《南海县志》卷九《道光朝·举人》：丙午科。

杨兆元　清顺德石涌人。道光二十六年（1846），与杨英安等倡筑和甡围。

［咸丰］《顺德县志》卷五《建置略二·堤筑·江村属》：和甡围，在石涌堡之安利村。上接石龙冈之生生围，环安利村前，计长千四百二十丈，高七尺，底宽三丈，面宽八尺。闸凡二，六窦。道光二十六年戊申，乡绅杨兆元、杨英安等倡筑。

杨钧　清高明城中人。道光二十六年（1846）岁贡。

［光绪］《高明县志》卷十二《选举表·国朝·岁贡·道光朝》：城中人，二十六年贡。

吴铨光　清顺德人。道光二十六年（1846）任新会守备。

［光绪］《广州府志》卷三十一《职官表十五·国朝·武职·都司守备·道光朝》：顺德人，行伍。二十六年任，新会左营守备。

何云选　改名寿堃，字咏裳，清顺德羊额人。道光二十六年（1846）、二十九年两次副贡，同治三年（1864）举人。父孔垣，兄步曾（改名寿增）。

［咸丰］《顺德县志》卷十一《副贡·国朝·道光》：羊额人，丙午、己酉两科。

［光绪］《广州府志》卷四十六《选举表十五·举人·国朝·同治三年甲子》：顺德人，改名寿堃。父孔垣。

［民国］《顺德县志》卷八《选举表一·举人·同治》：何寿堃，原名云选，字咏裳，羊额人，孔垣子，寿增弟……甲子科。

何作朋　字咏楼，清顺德马宁人。道光二十六年（1846）举人。

［咸丰］《顺德县志》卷十一《举人二·国朝·道光》：字咏楼，马宁人……丙子科。

［光绪］《广州府志》卷四十六《选举表十五·举人·国朝·道光二十六年丙午》：顺德人。

何焕然 字朴川，清顺德桂圃人。道光二十六年（1846）举人。

［咸丰］《顺德县志》卷十一《举人二·国朝·道光》：字朴川，桂圃人……丙子科。

［光绪］《广州府志》卷四十六《选举表十五·举人·国朝·道光二十六年丙午》：顺德人。

张汝梅 字铁花，清顺德龙江人。道光二十六年（1846）举人。

［咸丰］《顺德县志》卷十一《举人二·国朝·道光》：字铁花，龙江人……丙子科。

［光绪］《广州府志》卷四十六《选举表十五·举人·国朝·道光二十六年丙午》：顺德人。

张恂 清顺德龙山人。道光二十六年（1846）副贡。

［咸丰］《顺德县志》卷十一《副贡·国朝·道光》：龙山人，广西籍，丙午。

陆瑞 字礼田，清顺德古朗人。道光二十六年（1846）举人。

［咸丰］《顺德县志》卷十一《举人二·国朝·道光》：字礼田，古朗人……丙子科。

［光绪］《广州府志》卷四十六《选举表十五·举人·国朝·道光二十六年丙午》：顺德人。

陈鉴泉 清南海人。道光二十六年（1846）举人。

［同治］《南海县志》卷九《道光朝·举人》：丙午科。

易见心 （？—1854）字复庵，清南海沙丸堡人。道光二十六年（1846）副贡，援例授广西玉林州判，代理奉议州知州。

因功补知县，加五品顶戴，代理镇安通判，咸丰四年（1854）会剿土上林股匪，遇大风覆舟而死。

[同治]《南海县志》卷十七《列传·节义》：字复庵，沙丸堡人。道光丙午科副榜贡生，援例就职州判。分发广西，授郁林州州判，署奉议州知州。州属左江镇安府，而州治枕右江思恩府界，沿江自土上林至百色，商旅云集，为盗贼所觊觎必右江一带无虞，州境乃克宁谧，非可闭户自守也。初下委时，同人代为危惧，见心曰："不值盘根错节，何由别利器乎？"奉檄往，日召斯民而申儆之，结以仁恩，束以法律，故能得人死力，所向有功。视事不多时，即率练勇破贼于土田州，又带勇协同右江镇兵，破贼于土果化州，遂以知兵显。土贼谢锡祥混名长脚四，劫掠数州县，闻见心威名，有归顺意。见心知之，亲至其巢，示以威信，遂降之。无何，贼潘大率匪党二千到处蹂躏，直逼上林。见心谓锡祥曰："汝是归化人，虽无二心，人不见信。欲其见信，非杀贼立功不可。今努力随我剿潘大，升官得赏在此时矣！"谢欣然从之，遂破贼于上林，贼崩溃。又有土贼数千，屯归顺州饱掠养锐，谓地辽远，兵勇不能到也。见心闻之，出其不意，风驰雨骤，突至掩击之，贼散走。会以公事诣镇安谒太守，贼探知镇安无备，率数千人围困之。时兵食两绌，人惊惶，几于束手待毙。太守握手问策，见心曰："既无斧柯良工，坐视势迫矣！非职亲往调度不可也！"乃募死士数十人突围出，奔奉议，飞调屯勇五百名星夜驰至镇安，与贼战城外，贼败绩，围遂解。大吏奏其先后劳绩，奉旨即补知县，加五品顶戴，赏戴蓝翎，委署镇安通判。州士民乞留，大吏嘉之，命仍理州事。咸丰四年甲寅正月，会剿土上林股匪，率勇至旧周虚鲫鱼滩，倏遇横风，舟覆溺死。州绅民联呈抚院，谓署州治行早著循良，从军殁于王事，请具奏请恤。奉旨照殉难例减等，赏给祭葬银两，赠銮仪经历衔，荫一子入监读书，期满铨选。其遗爱尚在，人不能忘如此。

罗子森　字益国，一字卤樵，清南海绿潭堡紫洞（今属禅城南庄）人。道光二十六年（1846）举人。咸丰红巾起义，在家创乡团抵御。大挑分浙江，代理东阳、武义、青田县事，任瑞安知县 7 年。同治九年（1870）为浙江乡试同考官，不久保荐升用，代理玉环同知，调补嘉兴县。考核卓异赴京，归途卒于上海，63 岁。

[同治]《南海县志》卷九《道光朝·举人》：知县，丙午科。

[宣统]《南海县志》卷十五《列传》：字益国，一字卤樵，绿潭堡紫洞乡人。俭朴好施，尤笃内行……红匪肇事，子森创乡团、集捐款，劳怨不辞。

以大挑知县分发浙江，历署东阳、武义、青田县事。时浙乱甫平，民困流离，子森招集流亡，民以苏息。宰东阳，垦荒千顷，宰青田，擒匪首，余党解散，上官善之，奏补瑞安县缺。瑞为温州属县，滨海，称盗薮，民复好讼。子森任事七载，行保甲，勤听断，广书院，立善堂，通水利，教养兼施，民俗渐变。庚午充浙江乡试同考官，旋奏保以同知升用，加运同衔，署玉环同知，调补嘉兴县。嘉故剧邑，钱漕为浙西冠，子森为更订新章。后以大计卓异引见，回卒于上海，年六十三。

罗家勤　（？—1891）字石渠，清顺德大良人。道光二十六年（1846）举人，三十年进士，官刑部主事。咸丰四年（1854）回粤，主讲羊城书院。晚年归里，主讲凤山书院。父遇良，弟家劭、家劝，子惇鬲、惇晸。

［咸丰］《顺德县志》卷十一《举人二·国朝·道光》：字石渠，大良人……遇良子，家劭兄……丙子科。卷十《进士·国朝·道光》：今用刑部主事……庚戌科。

［光绪］《广州府志》卷四十六《选举表十五·举人·国朝》：道光二十六年丙午：顺德人，进士。父遇良，弟家劭、家劝，子惇鬲。

［民国］《顺德县志》卷十七《列传二·罗遇良传》：子家勤，咸丰甲寅之乱，适告假归里，凡收复县城暨善后诸策划，与有力焉。主羊城书院讲十余年，府属才俊多出其门下。晚年归里，主讲凤山书院，数年卒。卷八《选举表一·举人·同治》：罗惇鬲，字雪舫，大良人。遇良孙，家勤子……癸酉科。《五贡·光绪》：罗惇晸，字浚甫，大良人。丙子优贡，即用知县，开平县训导。家勤子。

罗梦元　清顺德人。道光二十六年（1846）代理顺德协把总。

［咸丰］《顺德县志》卷九《职官二·把总·道光》：县人，二十六年署……左营。

容象楷　清南海人。道光二十六年（1846）岁贡。

［同治］《南海县志》卷九《道光朝·贡生》：岁贡，丙午科。

萧月怀　清顺德龙江人。道光二十六年（1846）岁贡。

［咸丰］《顺德县志》卷十一《岁贡·国朝·道光》：龙江人，平乐籍，丙午。

崔晋良　清南海沙头堡人。著有《樵东西楼吟稿》。父裕光。子舜球，光绪二年（1876）举人，次年进士。

［宣统］《南海县志》卷十《选举表·封荫·光绪朝》：崔裕光，以孙舜球赠翰林院编修。崔晋良，以子舜球赠翰林院编修。卷十一《艺文略·集部·别集》：《樵东西楼吟稿》一卷，国朝崔晋良撰。

梁庚　字祝冈，清顺德逢简人。道光二十六年（1846）举人。

［咸丰］《顺德县志》卷十一《举人二·国朝·道光》：字祝冈，逢简人……丙子科。

［光绪］《广州府志》卷四十六《选举表十五·举人·国朝·道光二十六年丙午》：顺德人。

梁荧　字星阁，清顺德桂洲人。道光二十六年（1846）举人。

［咸丰］《顺德县志》卷十一《举人二·国朝·道光》：字星阁，桂洲人……丙子科。

［光绪］《广州府志》卷四十六《选举表十五·举人·国朝·道光二十六年丙午》：顺德人。

梁葆训　原名寅，号芷卿，清南海恩洲堡人。道光二十六年（1846）举人。咸丰四年（1854）捐产办乡团，抵制红巾军，七年募勇抗击英军，英人悬金购其首，且焚其庐舍。同治三年（1864）授职阳江训导，留办省团，论功以知县选用，不赴。藏书数万卷。父清飏。

［同治］《南海县志》卷九《道光朝·举人》：梁寅，改名葆训，阳江训导，丙午科。《道光朝·封荫》：梁清飏，以子葆训赠文林郎。

［宣统］《南海县志》卷十五《列传》：原名寅，号芷卿，恩洲堡人……咸丰四年，红匪蜂起，大吏委办乡团，饷需奇绌。葆训与诸父谋，捐公产万金济军食，号召石井、怀清、同风、恩洲四社丁壮千人，悉力防堵，为省垣

屏蔽。七年，英吉利构衅，盘踞省城，钦差罗侍郎惇衍、龙太常元僖、苏河督廷魁督办省团。葆训募士勇为北路统带，选精壮五百名，驻北门外高岗，运兵筹饷，身自任之。虏侦知恨甚，和议成，犹悬巨金购之，不得逞，焚其庐而去。川督骆秉章督师入蜀，郡王僧格林沁统兵出关，争欲罗致幕下，葆训均以亲老辞。同治三年，授阳江厅训导，大吏留办省团，列事迹奏请奖叙，赏加内阁中书衔。再荐卓异著，以知县选用，葆训以亲老不赴选。明年辞局务，又明年辞训导。竭生平蓄积藏书数万卷，日手一编以终其身。

梁景韶　清南海人。道光二十六年（1846）举人，任山东宁阳知县。父广运。

［同治］《南海县志》卷九《道光朝·举人》：宁阳知县，丙午科。《道光朝·封荫》：梁广运，以子景韶赠文林郎。

曾文齐　清南海人。道光二十六年（1846）副贡。

［同治］《南海县志》卷九《道光朝·贡生》：副贡，丙午科。

程选　字萧楼，清顺德旧寨人。道光二十六年（1846）副贡，在乡教学40余年。咸丰五年（1855），办理团练，创建炮台。光绪元年（1875）建风雨茶亭。寿85岁。

［咸丰］《顺德县志》卷十一《副贡·国朝·道光》：大良人，丙午。

［民国］《顺德县志》卷十八《列传三》：字萧楼，旧寨人。道光丙午副贡。设帐四十余年，游其门者逾千数。咸丰五年，办理小湾堡团练，在旧寨乡北约创建石角炮台，又在南涌乡前创建安靖炮台。光绪元年，与族弟约之在旧寨风门径顶建风雨茶亭，隶额其上，日则施茶，夜则设戍，行旅便之。卒年八十五。卷二《建置略一·善堂义冢》：风雨茶亭，在旧寨乡太平山腰。光绪元年乡绅程选等创建，并在山下东西岸各建风雨亭，以利行人。

廖衡平　清南海人。道光二十六年（1846）副贡。

［同治］《南海县志》卷九《道光朝·贡生》：副贡，丙午科。

谭深　清高明濠基人。道光二十六年（1846）恩贡。

［光绪］《高明县志》卷十二《选举表·国朝·恩贡·道光朝》：濠基人，二十六年恩贡。

蔡凤华　字筼庵，清顺德龙江人。道光二十六年（1846）举人。

［咸丰］《顺德县志》卷十一《举人二·国朝·道光》：字筼庵，龙江人……丙子科。卷二十六《列传六·国朝二·萧士鸿传》：门弟子蔡凤华，少有文誉，道光丙午举于乡。生平有毅力，遇事慷慨直任，创建族仓，首捐多资以为倡。时值盗匪充斥，凡可以保护乡闾者，无不悉心筹画。死之日，乡人咸惋惜焉。

［光绪］《广州府志》卷四十六《选举表十五·举人·国朝·道光二十六年丙午》：顺德人。

钟篪　字虞廷，清顺德马宁人。道光二十六年（1846）举人。

［咸丰］《顺德县志》卷十一《举人二·国朝·道光》：字虞廷，马宁人……丙子科。

［光绪］《广州府志》卷四十六《选举表十五·举人·国朝·道光二十六年丙午》：顺德人。

潘绍拯　字和玉，清南海魁冈堡里水（今属禅城）人。太学生。道光二十六年（1846）筑堤抗洪。

［同治］《南海县志》卷十九《列传·善行》：字和玉，魁冈堡里水人。太学生。性笃实温良，而爱护梓桑，力能任事。从佛山通济桥外，沿途所经左华远、教塘头、潘村等十一乡，有田五十余顷，向无堤岸。西潦卒至，田禾被淹，农民苦饥，国课逋欠。欲谋捍御，非筑堤障不可，然为地既广，工费滋多，又其田分属深村、张槎等四堡，人情不一，筹费万难。前劳作栱早创议兴筑，日久无应者。绍拯谓此事断不可已，乃集四堡绅士会议，身自劝捐，舌敝唇焦，得银万余两。然后鸠工庀材，沿堤董役，不惮烦劳。逾年丙午堤成，凡一千六百余丈，袤延牢固，民庆更生。而绍拯曰："此创始之事，未及善后之事也。夫千金之堤，溃于蚁穴，风水冲击，势必坍卸。每岁补苴罅漏、培厚增高，所费不赀，于何取给？必派之田亩，缓不济事，又琐碎难收，非长策也。"爰于通济桥外设立瓜菜市，收其市入以济堤工，无事扰民而民获其利。又佛山通胜街有路通潘村、澜石等处，为顺德、鹤山、新会三县来往冲要，经数百载未修，攲侧低洼，雨则泥泞没踝，行旅苦之。绍拯与冯维阳协力修治，砥平矢直，行者歌坦坦焉，其有益于地方如此。

潘棣荣 字文珊，清南海丹灶人。与同邑李长荣、何淡如唱酬，寿80岁。兄鑑滦，子慈和、志和。

[宣统]《南海县志》卷二十《列传·善行》：字文珊。少孤，事母孝，事兄鑑滦以敬爱称于时。慈善嗜学，常手不释卷。喜吟咏，时与同邑李子黼长荣、何淡如又雄唱酬甚密。践履笃实，自云平昔措行，皆从根柢上做起。见义勇为，捐巨资改建房祖祠、别立亲睦祠祀无嗣者、增置祭产赡恤孤寡、建筑石路皆力任不少吝。年八十而卒，子慈和、志和，皆举人。

王昌华 （？—1854）清顺德人。道光二十七年（1847）任顺德协把总，殉难。

[咸丰]《顺德县志》卷九《职官二·外委·嘉庆》：县人……左营……外委千总。《职官二·把总·道光》：县人，二十七年任，左营。

[民国]《顺德县志》卷七《职官表二·武职·千把总·咸丰》：县人，自道光末年至咸丰四年任千把总。城陷殉难，崇祀郡、邑昭忠祠。

陈维表 字端卿，清南海佛山镇人。办佛山团防总局数十年，光绪八年（1882）调停械斗，十一年水灾抢险，朝廷赏光禄寺署正衔加四品顶戴，寿73岁。子尚贤。

[民国]《佛山忠义乡志》卷十四《人物志六·义行·清》：字端卿，世居佛山金鱼塘。好读书，屡试不售。果于任事，乡里有危急，力任拯救。大吏知其能，委办团防总局，乡人多倚之。在局数十年，更事不可胜纪。光绪壬午，丁、陈争埗械斗，伤及弹压官弁，调停得宜，卒排大难。乙酉水决石角等围，亲导官吏督乡夫，冒险抢救，幸免成灾。此其荦荦大者。同里高巷高家祠子孙式微，积欠粮务，为吏胥所逼，将鬻祠以偿。维表悯之，慨倡义捐，代清逋累，祠祀得以保全。又妥筹善后，禀官立案，勒石祠首"永禁变卖"，以为镇内各祠诫，行路为之感动。先是，佛山八图祖祠为阖堡纳粮公所，日久疲玩，一甲积欠，波累全图。约同志行联图之法，先清旧欠，又凑义会置业生息，以资补助，八图八十甲免受追呼之苦，至今赖之，及是推及高家祠，其利溥已。性警敏，善谈剧，文人墨客多与之游。好书画，收藏亦富。以团练功由光禄寺署正赏加四品顶戴，年七十三卒于家。诸子或商或儒，能世厥业。次尚贤，举人，早卒。诸孙服勤学部，分就各校聘任，多知名者。

周自涤　清顺德北滘人。道光二十七年（1847）岁贡。

［咸丰］《顺德县志》卷十一《岁贡·国朝·道光》：北滘人，丁未。

蔡谟　清顺德龙江人。道光二十七年（1847）岁贡。

［咸丰］《顺德县志》卷十一《岁贡·国朝·道光》：龙江人，梧州籍，丁未。

梁绍祺　清南海人。道光二十七年（1847）岁贡。

［同治］《南海县志》卷九《道光朝·贡生》：丁未岁贡。

谢鸿逵　（约1817—1866）号渐磐，清高明东亨人。监生，做幕僚。同治二年（1863）授任江西南安同知，与代理知府顺德黎兆棠抵御流寇，升知府。三年后卒官，刚50岁。

［光绪］《高明县志》卷十二《选举表·仕宦·国朝·文职》：东亨人。咸丰间江西南安同知，升知府。卷十三《列传·人物二·国朝》：号渐磐。由监生佐张忠武①幕，积功授南安郡丞。谒选入都，值畿辅捻匪未靖，罗文恪保奏留办，特恩召见，亦异数也。寻赴任南安，适上江遗孽围城，鸿逵奉太守黎公，协力与绅民固守，危城复安，叙功以知府升用。年甫知命，未竟其才卒，天下惜之。

［光绪］《南安府志》卷八《秩官·国朝·同知·同治二年》：广东高明。后秀，以军功授任。办事实心，长于听断，兼娴武略。勇敢有为，保升知府。同治五年卒于官。

潘斯湖　（1817—1868）字湘南，清南海西樵百西村头村人。道光二十六年（1846）副贡，咸丰元年（1851）举人，以筹饷议叙任礼部员外郎，凡十四年，辞官回乡。桑园围频年松塌，请当道发公帑1万两，由原来业产自修改为公修。同治六年（1867）年，以全围破坏，联络搢绅请当局拨款，先后给息银3

①张忠武（1823—1860），原名张嘉祥，字殿臣，清广东高要人。曾在广西贵县参加天地会起事，后被招降，易名国梁。参与镇压太平军，围困天京，收复醴陵、益阳、湘阴、武昌皆赖其力。死于战事，追谥忠武。

万两，桑园围各堡坏基一律培筑完固。乡民以其祖父潘进及斯湖配祀河神庙。母陈氏，妻林氏。

［同治］《南海县志》卷九《道光朝·贡生》：副贡，丙午科。《咸丰朝·举人》：辛亥科。

［宣统］《南海县志》卷二十《列传·善行》：字湘南，百滘堡黎村人。咸丰元年举人，以筹饷议叙员外郎。三年，桑园围频有松塌，斯湖曰："岁修官款自我祖争复之，是吾责也。"援案请当道发帑一万两。故事各基段估值后，由绅商转给业户自修，多有浮冒，斯湖改为公修，弊遂革。既又胪陈岁修始末，致书从弟斯濂列折入告，奉旨照原案发还，岁修款得复发商生息，斯湖之力也。同治六年，以全围破坏，联绅呈请大吏拨款，先后给息银三万两。分极险、次险，石工、泥工，各堡坏基一律培筑完固，围内人士以其祖进及斯湖，配祀河神庙，以为报云。

陈湘 （约1818—约1843）字兰樵，清南海草场堡人。道光十七年（1837）举人。因家计艰难，抑郁成疾而卒，年仅26岁。

［同治］《南海县志》卷十六《列传·孝义》：字兰樵，草场堡人。少负异姿，读古书日至寸，不屑屑章句。每有作，取古人文读数过，下笔辄神似，诗歌尤俊迈。成童后，补博士弟子。甫弱冠，登道光丁酉贤书，人皆以大器期之。然湘虽以文学著声，内行尤为惇备。家贫乏，上有祖母老父，下有妻子，俯仰取给，惟恃舌耕，而年少望轻，从游者少，湘又狷介，脩脯外不名一钱。间或家计艰难，老亲郁郁寡欢，已若无以自处。加以祖母高年善怒，老父无事闲居，非湘调停其间，便啧啧多故。湘不能强自排解，未免为忧所伤。自馆归，欲以维持法商于友人，又似口不忍言，欲吐旋茹，因此遂病。病革，对鹤山举人吕洪，专以祖母、老父事为托，他无所言，遂卒，年二十六。湘之死，朋侪惋惜之。同邑张学博启民少所许可，闻湘死不怿累日，谓人曰："自古文人多不护细行①，若异材天植、介节霜高如斯人者，吾见亦罕！乃天既生之又夭折之，何造物之不仁也？"其为时贤爱重如此。卷十《艺文略·集部》：《兰樵遗集》，国朝陈湘撰。卷二十六《杂录下》：陈兰樵湘，少举于乡而夭，妻产遗腹子十日亦殁。翁贫，俾就乳于邻村某媪，媪隔膜视之。有符媪不平，某媪辄反唇。翁往视孙羸甚，抚而长吁，符请任之，翁乃

---

①不护细行：指不注意小节。

抱孙授焉。然无乳，哺以粥饭，竟无恙，渐长成，殆天佑之也。翁殁，符无子，育作义男，今往来于两家如双祧①焉。

叶彝光　（1818—1873）原名观光，字亦宾，清广东鹤山人，迁佛山。咸丰元年（1851）举人，九试礼部不售。同治八年（1869）授湖南龙山县知县，十年到任，十二年病归，卒于长沙旅舍。父文高。

［民国］《佛山忠义乡志》卷九《氏族志·氏系》：叶氏，系出南阳，清由鹤山迁佛山宝善坊，清有举人观光、训导觐光。卷十四《人物志六·宦迹·清》：字亦宾，鹤山县人。父文高，充县学生，早卒，母冯氏鞠育备至。彝光生而岐嶷，幼读书有大志。性尤孝友，失怙后，痛其父赍志以没，而又念其母之苦节，思显扬以慰之，遂求学益奋。日暮自塾中归，与仲弟觐光夜读，一灯荧荧然，书声与其母机声相和答，夜分始辍。闻者曰："叶氏有子矣！"寻迁佛山。初名观光，未弱冠补县学生，旋食廪饩，援例贡明经就教谕选，授潮州府大埔县教谕。咸丰元年举于乡，考充咸安宫官学教习，岁满课最以知县用，不甘小就，乃不赴选。逮九试礼部不售，年逾强仕矣，乃更今名谒选。同治八年，授湖南龙山县知县，摄桂阳县事，十年到龙山本任，皆称职。所至以振兴文教为先，官桂阳，葺复考场，都人颂之。逮官龙山，书院膏廪视昔加厚，且亲临讲席训迪诸生，入其境，弦诵之声不绝，彬彬然有邹鲁风，可谓知治本矣。彝光固儒吏，而为地方办事，强干过人，前后馘凶渠、芟蠹役、禁粮吏揽纳，人莫敢侮，儒者固不可测也。十二年引疾归，卒于长沙旅舍，年五十有六。服官未久，不克尽所学，论者惜之。

区作霖　（1818—1889）字云甫，清顺德水藤人。道光二十四年（1844）与弟作衡（榜名士杰）同中举，居家教书。咸丰五年（1855）保荐知县，八年随钦差罗惇衍办理夷务，升同知衔。同治七年（1868）选分甘肃宁远县，改江西余干县，后调补上饶，十一年丁忧回乡。光绪十年（1884）委办团防，晚年倡筑玉带围。祖文耀，父大扬，子应奎、应嵩、应庚。

［咸丰］《顺德县志》卷十一《举人二·国朝·道光》：字云甫，水藤人，

---

①双祧（tiāo）：一子兼承两家香火、宗庙。祧，古代称远祖的庙。

士杰兄……区士杰，字穆臣，水藤人……甲辰恩科。卷十五《耆寿·九十寿妇》：吴氏，水藤区宏佳妻，存。孙作霖、作衡举人……年九十一。

［光绪］《广州府志》卷四十六《选举表十五·举人·国朝·道光二十四年甲辰》：顺德人，余干知县，士杰兄。区士杰，顺德人，与兄作霖同榜。

［民国］《顺德县志》卷九《封荫表·封赠·文阶》：区仰轩，水藤人，以曾孙作霖赠。区文耀，以孙作霖赠。区大扬，以子作霖赠。俱江西上饶县。区作霖，举人，以子应嵩封。区应奎，以弟应嵩赠。俱湖南城步县……知县。卷十八《列传三》：幼劬学，文名藉甚，道光甲辰与弟作衡同举于乡。家居授读，培植甚众。咸丰乙卯以复县城功保知县，戊午复随钦差罗惇衍等办理夷务，保加同知升衔。同治戊辰选甘肃宁远县，亲老告近，改江西余干县。甫莅任，清厘积案百数十起。鄱阳湖民吴、张两大姓争捕鱼酿斗，历任不能决。作霖亲下乡，剀切开导，断张得湖田、吴得鱼利，两造悦服，案遂结。大吏器之，调补上饶。上饶大邑，额规数千金，作霖却不受，吏胥严惮，无敢骫法者。他如惩痞棍、清盗贼、联保甲、储积谷、捐堤工、举宾兴、修志书，善政亟行，一如余干。壬申冬丁嫡母忧去官，士民跪送者塞途，刊有《南屏舆颂录》志去思。服阕当之官，以生母年耄，终养不复出。越十二年甲申，海疆再警，大吏委办团防，事竣奏奖四品顶戴。又越五年己丑卒，年七十二。作霖性孝友，居乡赈穷乏、恤孤寡、息争讼，见义勇为。倡筑玉带围长四千余丈，并建大石闸四座、小闸数座，自是一乡无水患。又修浚古涌、筹建家塾，工程巨万皆身任之。子应嵩，字祝三，光绪癸未进士，任湖南城步县，卓著政声。檄调武冈州，适丁外艰去官，后亦以母老终养不复出。应庚，乙酉举人，广西补用知县。

冼凤诏 （？—1867）号宣卿，清南海佛山镇人。幼丧双亲，父执方钰资助就学，以第一名补郡学生。咸丰四年（1854），红巾军首领陈开据佛山，冼佐邦建立南顺乡勇营，凤诏赞襄戎幕。办团练时为当道倚重，兼言夷务，著《平戎策》五道。年底收复佛山，以军功叙训导，同治三年（1864）中举。妻何氏，子宝桢、宝榦。

［宣统］《南海县志》卷十八《列传·忠义》：号宣卿，佛山堡人。父沂，举人，前志有传。凤诏幼失怙恃，父执方茂才钰资之就学。稍长，从冼孝廉佐邦游，佣书自给，发愤攻苦不少衰，以府考第一补郡学生。咸丰四年夏六月，红巾贼首陈开据佛山，其党分扑省城。冼佐邦募勇剿贼，立南顺营，凤诏赞戎幕，羽檄纷驰，咄嗟立办。九月贼势稍衰，佐邦欲解兵，凤诏曰：“佛

山据省上游，扼西江之冲。老巢不破，不惟会垣可虑，粤西运道中梗，军务、商情两有关系。宜急收佛山，凤诏愿率乡人为前道。”佐邦壮之，遂移营文昌沙与大历四堡，夹河而军，十一月二十二日凌晨先济，诸路军同时并进。开逆遁，佛山告平，佐邦即以善后事属之。时沙口以北、平政桥以南余匪尚数百股，凤诏集土著各族籍其子弟为乡团，结营于佛山之正月流芳祠。团成，贼径自沙口来犯，分府谢某檄率乡团协剿，每战辄捷。鸭沙之役斩获尤多，贼气大沮。佛山向设二十四铺，为黄萧养犯境时防堵旧法。凤诏建议匀其地置团局十六所，于是境内联为一气，奸宄削迹。贼遁后，凤诏以汾水铺户焚毁数千家，协同官军以次除道，按界至画街段，置栅以守，居民得还故墟。逾年，北路肃清，罢归，口不言功，所置十六局如旧，今隶团防总局皆其遗策也。性耿介，不阿权贵，贫无所求。当办团时，为当途倚重，悉心筹画，昕宵靡暇，而一家数口日团麦糠充食，泊如也。尝仿杜牧《罪言》著《平戎策》五道，兼言夷务，时人以为切中。以军功叙训导，同治三年甲子举于乡。著述散佚，惟《平戎策》著于时。子宝桢，以廪贡生选教谕。宝榦，光绪九年癸未进士，官湖南沅陵县知县。

［民国］《佛山忠义乡志》卷十四《人物志五·忠义·清》：字宣卿。《人物志十·列女传·贤淑》：冼凤诏妻何氏，同邑何士超女也。自幼端重，父奇贵之，问婿于佛山何铁桥先生。先生曰：“若欲得儒门，无逾于冼某者矣。”遂缔婚焉。及归，家徒壁立，安之若素。夫姊早寡，养于家，有痼疾，供奉如礼。语夫曰：“先代虽无余积，今厅屋完好，亦中人产也。计当以正屋租赁与人，我与大姑住旁厅，亦足自给。君第努力上进，勿以家计为念。”凤诏感焉。一日提瓮出汲，见一人卧井旁，奄奄垂毙，审视之即木贩某。时方晨，邻右未起，急负出巷口号救，视其流涎有烟膏，亲擂豆浆灌救之，逾时复苏。木贩某者向在街首营生，逋负多，先数日逃去，及是欲归死，铺门被业主钉锁。值巷门辟，遂乘间入，意本不善，然初惟拯其垂绝，不遑问其他也，邻里以此重其义。未几，复有同居黄姓妻妾角口一事，其夫右妾掉臂去，夜半黄妇吞烟死，闻喧嚷声，排闼径入，抚其心尚暖，以救某木贩法救之，久之闻咯咯声，比明呕吐而苏，其夫归感激不尽，旋徙去。生平急人之难多类此。凤诏文名冠一时，顾性耿介不谐俗，馆谷不岁获，何以针黹佐衣食，儿女亦遂抚育。同治甲子，凤诏举于乡，逾三年卒。婚嫁之后，继以大丧，家益窘，摒当诸务，不改常度。服阕，长子宝桢、次宝榦先后进郡邑庠，宝榦旋捷乡试，家计稍给，而何氏老矣。光绪癸未宝榦成进士，改湖南授祁阳县，迎养至署，尝曰：“我等素食贫，当知贫民之苦。”宝榦受教惟谨，后以垫解事为讼徒所持，上官不察，竟撤省。何已归里，语人曰：“我家代有积德，案且

解，但累重要多做几年官耳。”时张文襄①督两湖，剖晰案由，与湘抚合词入告，卒得白。宝榦寻权永兴，复迎至署，逾年调授平江，以道远，自郴旋里，谓宝榦曰：“做官大不易，俟债累清即去，毋贻我念。”壬寅，宝榦自沅陵告养归，尚健存。颈旁有瘢痕数处，大如钱，尝指谓诸媳妇曰：“余中年患颈疬，诸医束手，所以不死，生平曾救二命耳。”盖指木贩某及黄妇事也。终年九十有一。以子宝榦贵晋封夫人，两遇覃恩赏给棉帛库绢，孙、曾绕膝，遂颐养者数十年，国恩家庆，乡里以为光荣。卷十五《艺文志一·史部·谱录类·清》：《鹤园冼氏家谱》……宣统庚戌冼宝榦三续修。自序曰……戊申奉慈讳，闭门读礼，始从事编辑，区其门类，都为七谱。

伍仲赞　字襄卿，清顺德勒流人。专致力于经史、舆地、词章、算学，名噪一时，与南海朱次琦、邹伯奇、番禺陈澧为文章道义交。寿83岁。子学藻。

［民国］《顺德县志》卷十八《列传三》：字襄卿，勒楼人。性聪颖，每阅书数过辄能记诵。弗事举子业，专致力于经史、舆地、词章、算学，名噪一时，与南海朱征君次琦、邹征君伯奇、番禺陈征君澧为文章道义交。当道争宾礼之，赞闭户著书而已，邑侯张琮三谒不面，以“海邦朴学”额表其庐。晚年以著作付之一炬，谓此皆糟粕云。卒年八十三。子学藻，字用蕴，廪贡生。

杨枝秀　清高明村头人。道光二十八年（1848）岁贡。

［光绪］《高明县志》卷十二《选举表·国朝·岁贡·道光朝》：村头人，二十八年贡。

罗家瑾　清顺德大良人。道光二十八年（1848）岁贡。

［咸丰］《顺德县志》卷十一《岁贡·国朝·道光》：大良人，戊申。

黄鹤群　清顺德杏坛人。道光二十八年（1848）创筑、同治十一年（1872）修筑杏坛基围时，皆参与其中。

［民国］《顺德县志》卷四《建置略三·堤筑》：杏坛基围，以村名，在

---

①张文襄，即张之洞，字孝达，谥文襄，清河北南皮人。光绪十年（1884）至十五年任两广总督。

龙渚堡，长一千一百五十余丈。道光二十八年，创筑人苏恩广、苏景夫、苏荣广、罗广亮、苏仰修、黄鹤群。同治十一年，修筑人苏锡广、苏瑞光、罗怡恩、苏相瑶、黄鹤群。光绪年修筑人苏鹿鸣、苏俊荣。

程翔万　清南海人。道光二十八年（1848）岁贡。

［同治］《南海县志》卷九《道光朝·贡生》：府学戊申岁贡。

王廷光　清高明苏村人。道光二十九年（1849）赐副贡。

［光绪］《高明县志》卷十二《选举表·钦赐》：苏村人，道光二十九年己酉科赐副榜。

邓勋　清三水人。道光二十九年（1849）代理顺德左营守备。

［咸丰］《顺德县志》卷九《职官二·守备·道光》：三水人。二十九年署，左营。

左守倬　字浦田，清顺德龙山人。道光二十九年（1849）举人。

［咸丰］《顺德县志》卷十一《举人二·国朝·道光》：字浦田，龙山人……己酉科。

龙普照　清顺德大良人。道光二十九年（1849）举人。

［咸丰］《顺德县志》卷十一《举人二·国朝·道光》：大良人，己酉科。

龙骧　改名葆诚，字跃衢，清顺德大良人。道光二十九年（1849）拔贡，咸丰元年（1851）举人。五年至光绪十年（1884）随族叔元僖办理团防局事，晚年撰写回忆录《凤城识小录》。光绪三十一年（1905）重游泮水。寿82岁。

［咸丰］《顺德县志》卷十一《拔贡·国朝·道光》：大良人，己酉。《举人二·国朝·咸丰》：字跃衢，大良人，辛亥恩科。

［民国］《顺德县志》卷十八《列传三》：龙葆诚，原名骧，字跃衢，大良人。道光己酉拔贡，咸丰辛亥举人。精思强记，性谨慎。咸、同间，随族叔元僖勷理各局事务，其时防夷防匪、办捐办团，日不暇给，元僖总其大纲，

葆诚条其细目，镇定周详，三十年如一日。逮元僖捐馆，葆诚亦闭门谢事矣，辄忆经过大事，纤悉靡遗，爰为纂辑，题曰《凤城识小录》，翔实可据。光绪乙巳重游泮水，朱学使祖谋赠以“懋学颐龄”匾额。卒年八十二。卷十四《艺文略·史部·传记类事实之属》：《凤城识小录》二卷附《似园零拾》一卷，国朝龙葆諴撰，龙景恺补辑。自序曰：溯随族叔父兰簃太常公，勷理诸局及文社事，自乙卯迄甲申，刚三十年矣。事皆创始，并无成轨，赖公筹画精详，足垂久远。尝语余曰：“凡事不妨以不肖待后人，纵预立良规，犹虑其不能守，倘稍涉大意，当下已恐贻误，遑论来兹！故处事必以防流弊为先。”此其毕生制事之定盘针也。开局后，罗文恪公回籍两次，凡乡邑及省局事均与公和衷共济、悉心商榷，是以诸臻妥善。公癸丑告假归省，余附行，知余性尚拘谨，或堪造就，而阅历究浅。设局以来，凡事公握其大纲，仗局友赖舍人子猷等，条其细目，辄命余追陪学习，冀稍谙时务。余善忘，每事必撮记大略，期便顾问，历年既久，寸缣片纸充牣巾箱。今老矣，深恐猝伤朝露，散失无存，爰逐一纂辑。间有纪载未及或记忆不清者，托陈君舜卿、熙华、舜臣，弟景恺查核明确，分类挨年，都为一篇，题曰《凤城识小录》，庶二公事迹不致湮没，而凡建置之沿革、条约之昭垂，他年修邑乘者，尚有可考证云尔。同事诸君子皆一时翘楚，其中嘉言懿行，凡即小可见大，即偏可悟全，与夫事之稍涉风趣者，追忆所及，不拘年代先后、事情大小，信笔撮录得四十余则，题曰《似园零拾》，缀附篇末，用资参证。溯尔时办捐办团、防夷防贼，且百废具举，创建乡邑，规模几于日不暇给，而公余燕处，犹复有闲情韵事足资多识，枨触前尘，仍是太平景象也。乙酉后，余老病耽闲，乡邑事概不与闻，无从纂入。

龙景恢　改名怡，清顺德大良人。道光二十九年（1849）举人。官户部山东司郎中。父元僖，弟景恺。

［咸丰］《顺德县志》卷十一《举人二·国朝·道光》：大良人，元僖子……己酉科。

［光绪］《广州府志》卷四十六《选举表十五·举人·国朝·道光二十九年己酉》：顺德人，改名怡。元僖子，景恺兄。

［民国］《顺德县志》卷九《封荫表·封赠·文阶》：龙元僖，大良人，太常寺正卿，以子景恢封，有传；龙元傅，附生，以侄景恢赠，俱刑部山东司……郎中。卷八《选举表一·郭〈志〉成后选举表中人得第在咸丰壬子前出仕升阶在癸丑后者补载如左·举人》：户部山东司郎中。

卢斐　清顺德龙山人。道光二十九年（1849）举人。

［咸丰］《顺德县志》卷十一《举人二·国朝·道光》：龙山人，己酉科。

任本皋　字小韦，又号慕琴，清南海佛山镇人。道光二十九年（1849）拔贡，咸丰元年（1851）举人。五年以剿匪出力，以教谕尽先选用，补花县教谕。同治九年（1870）任广东连州学正。祖允驹，父应垣，子荫昌、蕖昌。孙超治，宣统元年（1909）拔贡。超炼，光绪三十二年（1906）优贡。

［同治］《连州志》卷五《职官志·国朝·续学正》：鹤山举人，同治九年任。

［民国］《佛山忠义乡志》卷首《职名表》：倡修绅董，任荫昌。卷九《氏族志·氏系》：任氏，系出乐安，清初由鹤山江宰迁佛山乐安里、锦庆里。有教谕应垣、学正本皋、训导缙良、知县超炼、吏部录事超治，现官有税务处帮办荣杕。卷十三《选举志二·封赠·清》：任允驹，以孙本皋赠连州学正。任本皋，以孙超炼赠朝议大夫、四川峨眉县知县。任荫昌，以子超炼封如其官。卷十四《人物志六·宦迹·清》：字小韦，又号慕琴，应垣次子。幼颖悟，多病而力学，工词赋。未冠补弟子员，以廪膳生充道光己酉拔贡，朝考一等以教谕注册。咸丰元年辛亥恩科乡试中式，五年以剿匪出力，大吏奏保以教谕尽先选用，旋补花县教谕。父忧起复补连州直隶州学正，遵黔捐例报捐内阁中书升衔。泊于名利，节操懔然而与物无忤。早岁文名籍甚，岁科试五首，选而不饩，有劝以出资助贡者，婉谢之，谓功名有定，无事强为也，迨戴熙侍郎再督粤学，始食饩焉。乡举后以不欲远离父母，一赴礼闱，即家居课读，以脩脯养亲。甲寅红匪扰乱佛山，当道以绅耆之请，委办佛山善后，勉任局事，例以知县奏保，辞改教职。布政司周起滨重其品学，聘教其子，绝口不预公事。知县某为藩署仆役所中伤，几不免，辇金求解。峻却之，嗣知其冤，卒为剖白，而不令之知，某县亦不知有人为之解铃也。大吏咸推重之，地方事多咨焉。咸丰中，鹤山土客不和，初则县绅会衔请剿，继而以绅控绅，谓受客民重贿，欲阻兵而养祸者，大吏以其为鹤山人，问方略焉，曰：“请剿者谓客民狡然思逞也，今不必论应剿与否，使果行贿而期阻兵，是明明畏剿，恐假以乱民之名也，剿之无乃不可乎？”并详言土客积不相能之故，兵遂寝，客民亦怗焉。湘省旱灾，流民麕至，粤吏拟觅地盖棚以栖留之，本皋言于周曰：“饥民宜散不宜聚，盍委员迎于边境给资使归，补莳杂粮以待春耕，不然流离异地，明春又荒矣。”从之，饥民皆颂德。平生以训迪后进为己任，官教谕观风衡文，不惮详为评阅。先后充粤秀、应元两书院监院，严束

书役不得与诸生为难，士论翕然。同治八年，修复佛山书院，聘任掌教以正学训诸生，门下士多掇巍科。居家孝友笃敬，以遗产让侄辈，薪俸所入，悉以归之，恒饰言有余，以博亲欢。邻绅某尝挑其族，借端斗讼，婉道族人勿与之较，欲面邻绅而责之，避不面。迨绅族有被诬入狱者，力保不释，为昭雪之，绅愧谢。平生俭以持躬，非义之财，一介不取。卒年六十有三，例授文林郎，敕授征仕郎，以孙贵赠朝义大夫。子三，荫昌，国学生，四品封职。蕖昌，候选训导，优廪生。孙超治，己酉拔贡，官推事。超炼，丙午优贡，官知县，以诗书世其家。

劳暻　清南海人。道光二十九年（1849）副贡。

［同治］《南海县志》卷九《道光朝·贡生》：顺天副贡，己酉科。

杜济霖　清南海人。道光二十九年（1849）举人。

［同治］《南海县志》卷九《道光朝·举人》：己酉科。

李廷翰　清三水人。道光二十九年（1849）举人。

［光绪］《广州府志》卷四十六《选举表十五·举人·国朝·道光二十九年己酉》：三水人。

李应棠（清道光）　字召卿，清顺德陈村人。道光二十九年（1849）举人，官文昌县教谕。父清华，兄应田。

［咸丰］《顺德县志》卷十一《举人二·国朝·道光》：字召卿，陈村人，清华子、应田弟……己酉科。

［光绪］《广州府志》卷四十六《选举表十五·举人·国朝·道光二十九年己酉》：顺德人，文昌教谕。父清华，兄应田。

李联芳（清道光）　清南海人。道光二十九年（1849）举人，任广东和平教谕。

［同治］《南海县志》卷九《道光朝·举人》：和平教谕，己酉科。

杨怀治　清高明苏村人。道光二十九年（1849）拔贡。

［光绪］《高明县志》卷十二《选举表·国朝·拔贡·道光朝》：苏村人，三水教谕，二十九年己酉科拔贡。

吴炳南　字花溪、星侪，清顺德光华人。道光二十九年（1849）举人，截选知县。工诗及骈散文。为佛山梁园常客。

［咸丰］《顺德县志》卷十一《举人二·国朝·道光》：字星侪，光华人……己酉科。

［民国］《佛山忠义乡志》卷十四《人物志九·流寓·清》：字花溪，顺德籍。道光己酉举人，截选知县。工诗及骈散文，书法仿苏东坡，颇得其神骨，又善六壬、星占。曾与友登白云山，望城中隐隐有怪云起，袖推一数惊曰："翌日城中当有大灾！"次日，学院前以演剧遭回禄焚毙千余人，术亦奇矣。诗则诸体皆妙，当时文士执业于门，受诗法者甚众。著有《十悔斋诗集》，又与梁九图同辑明清两代《岭表诗传》，梓行于世。

何步阶　清顺德星槎人。道光二十九年（1849）武举。

［咸丰］《顺德县志》卷十一《武举·国朝·道光》：星槎人……己酉科。

何冠梧　号凤霄，清高明石奇人。道光二十九年（1849）举人，大挑一等，历任文县、礼县、安定知县，加知府衔。父死归家，授徒自给16年，寿75岁。祖荣祖，父世英。

［光绪］《高明县志》卷十二《选举表·国朝·举人·道光朝》：石奇人，广西苍梧籍。二十九年己酉科，甘肃文县知县。《选举表·封赠·国朝》：何荣祖，以孙冠梧赠朝议大夫。何世英，以子冠梧赠朝议大夫。何世明，以侄冠梧赠朝议大夫。卷十三《列传·人物二·国朝》：号凤霄。寄籍苍梧，少孤，奉母以孝闻。己酉登贤书，大挑一等，历任文县、礼县、安定。值回匪滋扰，粮食几绝，其始至也，官厨仅米二斗、豆百余斤。商战守，抚流亡，民赖以安。寻办糈台，杜冒滥，节度支。杨宫保器之，以"端详谨慎、悃愊无华"保荐，加知府衔。旋丁艰，遂家居十六年，以授徒自给，教育士类多所裁成。寿七十五，著有《竹醉山房吟草》。

何泰安　清顺德良村人。道光二十九年（1849）武举。

［咸丰］《顺德县志》卷十一《武举·国朝·道光》：良村人，己酉科。

陈书（清道光）　字心农，清顺德龙江人。道光二十九年（1849）举人。

［咸丰］《顺德县志》卷十一《举人二·国朝·道光》：字心农，龙江人……己酉科。

陈作猷　字伯襄，清南海叠滘人。道光二十九年（1849）举人。咸丰四年（1854）抵御红巾军，几乎遇难，蒙奏奖以内阁中书衔尽先即用教谕，随选广东曲江县教谕。子松颐。

［同治］《南海县志》卷九《道光朝·举人》：己酉科。

［宣统］《南海县志》卷十五《列传》：字伯襄，叠滘堡人。性廉介，取与不苟……咸丰四年，会匪起……率乡勇御贼，几及于难。后卒协力痛剿，捕获解办净尽，阖堡赖安。大吏耳其名，谕令募勇堵御清远一带。旋蒙奏奖，以内阁中书衔尽先即用教谕，随选曲江县教谕。在乡主局政十余年，谢绝薪水，办事公正，人皆翕服。家庭训导有方，同怀弟佐昌、佐才、燮元等励学成名，皆其诱掖奖劝之力也，子松颐，庠生。

林植棠　清高明苏村人。道光二十九年（1849）拔贡，官山西五台知县。参修光绪二十年（1894）《高明县志》。祖恺中，父宜烜。

［光绪］《高明县志》卷十二《选举表·国朝·拔贡·道光朝》：宜烜子，广西桂平籍，山西五台知县，二十九年己酉科拔贡。《选举表·封赠·国朝》：林恺中，以孙植棠赠奉政大夫。林宜烜，以子植棠封奉政大夫。卷首《叙》：……礼邑绅林君植棠、区君为樑、刘君子忠等筮吉季春开局修辑，本诸旧籍，参诸郡志，繁者芟之，阙者补之，凡三阅月而书成……光绪十五年岁次己丑孟秋月，署高明县事果州邹兆麟撰序。《纂修衔名·分纂》：拔贡、同知衔、前任山西五台县知县林植棠。

欧阳锴　清三水雄旗人。道光二十九年（1849）举人。咸丰间，贼占三水，锴参与解围。同治间任东台县知县。同治四年（1865）修族谱，七年刊行其《师竹山房文集》。

［光绪］《广州府志》卷四十六《选举表十五·举人·国朝·道光二十九年己酉》：三水人。

［民国］《三水县志艺文略稿》：《欧阳氏通谱》十三卷，清欧阳锴撰，据《师竹山房文集》卷二。自序曰：同治四年夏，某谨与宗人续修。《雄旗欧阳族规记》，清欧阳锴撰，据《师竹山房文集》卷一。《师竹山房文集》二卷，

清欧阳锴，道光二十九年进庠，刊行本。何绍基序曰：双南贤友乃余道光己酉秋使粤时所得士也，近出宰东台，政声洋溢。昨谒余于金陵旅邸，以其所著《师竹山房文集》请正。同治戊辰二月既望，道州何绍基。

招成材　清南海溶洲堡（今属禅城南庄）人。道光二十九年（1849）拔贡，咸丰十一年（1861）并补行八年举人。父敬常。弟成鸿，同治六年（1867）举人。

［同治］《南海县志》卷九《道光朝·贡生》：敬常子，拔贡，己酉科。《咸丰朝·举人》：敬常子，辛酉并补行戊午科。卷十四《列传·招敬常传》：溶洲堡人。子成材，辛酉举人，成鸿，丁卯举人。

罗家劭　字亦农（或作峄农），清顺德大良人。道光二十九年（1849）举人，同治四年（1865）进士，改庶吉士，散馆授编修，九年充顺天乡试同考官，不久卒于京。父遇良，兄家勤，子惇曧。

［咸丰］《顺德县志》卷十一《举人二·国朝·道光》：字亦农，大良人。遇良子，家勤弟……己酉科。

［光绪］《广州府志》卷四十一《选举表十·进士·国朝·同治四年乙丑崇绮榜》：顺德人，庶吉士。

［民国］《顺德县志》卷十七《列传二·罗遇良传》：家劭，字峄农……咸丰乙卯同办团练，旋任南雄州学正。同治乙丑进士，改庶吉士，散馆授编修。庚午充顺天乡试同考官，未几卒于京。卷九《封荫表·封赠·文阶》：大良人，编修，以子惇曧赠邮传部司……郎中。

周佩珩　清南海人。道光二十九年（1849）岁贡。

［同治］《南海县志》卷九《道光朝·贡生》：岁贡，己酉科。

周冠英　字梅峰，清顺德北滘人。道光二十九年（1849）举人，官刑部主事。

［咸丰］《顺德县志》卷十一《举人二·国朝·道光》：字梅峰，北滘人。顺天榜……己酉科。

［光绪］《广州府志》卷四十六《选举表十五·举人·国朝·道光二十九年己酉附顺天中式》：顺德人，工部主事。

［民国］《顺德县志》卷八《选举表一·郭〈志〉成后选举表中人得第在咸丰壬子前出仕升阶在癸丑后者补载如左·举人》：刑部主事。

胡锡章　字良规，清顺德桂洲人。道光二十九年（1849）举人。

［咸丰］《顺德县志》卷十一《举人二·国朝·道光》：字良规，桂洲人……己酉科。

高子沅　原名子淳，清南海人。道光二十九年（1849）副贡，咸丰六年（1856）举人。

［同治］《南海县志》卷九《道光朝·贡生》：高子淳，改名子沅，副贡，己酉科。《咸丰朝·举人》：丙辰补乙卯科。

唐兆驹　清三水人。道光二十九年（1849）举人。

［光绪］《广州府志》卷四十六《选举表十五·举人·国朝·道光二十九年己酉》：三水人。

黄以宏　字子谦，清南海夏滘人。道光二十九年（1849）举人。

［同治］《南海县志》卷九《道光朝·举人》：己酉科。

［宣统］《南海县志》卷十九《列传·文学》：字子谦，夏教堡人。治经，通汉儒之学，以解经补县学生。道光二十九年己酉科，以经艺用汉注获隽。咸丰壬子会试留京，独居萧寺，有隐于燕市之意。尝撰诗中篇名解三首，其上篇云：诗中篇名异同，皆作者所自定，非编诗者所定也，所以《白华》两见《小雅》，《杕杜》《黄鸟》《谷风》《甫田》一见《国风》，一见《小雅》。又如诗中均言《明明》而小序称大小不同，诗中均言《叔于田》而小序称太叔又有别，诸如此类，错杂互出。宋儒谓《小宛》《小弁》《小明》，言小以别于《大雅》，其说非也。且即其说而详辨之，其不可信者有五：作诗者不一人，故《大雅》有“明明在下”，《小雅》有“明明上天”，词同意异，若谓恐篇名相同，而加大小于明上以别之，则作者何不删改“明明”二字，而别为篇名乎？其不可信者一也。《诗》篇名有《小宛》《小弁》《小明》，又有《大明》，初不闻有大宛、大弁，因大明与小明相同，遂并强小宛、小弁以迁就其词，其不可信者二也。彼知宛、弁为《大雅》所无，而又云其在《大雅》

者，必是孔子删之，故无闻耳，又何据而知《大雅》之有宛、弁，且何据而知孔子删之，其不可信者三也。“明”字可兼大小之训，故小明、大明于义皆通，若“宛”字毛训小，“弁”字毛训乐，皆不训为大，加“大”字于“弁”上，为大弁义犹可通，若加“大”字于“宛”上为大宛，则义不可通矣，其不可信者四也。如以小宛、小弁、小明为《小雅》之小，大明为《大雅》之大，不连下宛、弁为说，则《秦风》有小戎，岂亦《小雅》诗乎？《小雅》有《大田》，《王风》有《大车》，岂亦《大雅》诗乎？其不可信者五也。是则宋儒谓言小以别于《大雅》之说，乃穿凿附会、漫无考据者也。其中篇云：诗中篇名异同，皆作者所自定，有据乎？曰据《春秋传》云，庄姜美而无子，卫人为之赋《硕人》，是作诗时篇名已定。故孟子引诗多本其篇名，如云“《云汉之诗》曰”，又云“《凯风》亲之过小者也，《小弁》亲之过大者也”，皆举其篇名。《春秋传》言晋侯赋《嘉乐》，国景子相齐侯赋《蓼萧》，子展相郑伯赋《缁衣》，又赋《将仲子兮》。诸如此类，不可枚举，亦皆举其篇名。是必以篇名为作者所自定，故引其篇名而篇中之义统其中。诗中名篇之例不一，《关雎》《葛覃》之义取首章为名也，《韩奕》之类则取一章之义为名也，《维天之命》《昊天有成命》则取章中一句为名也。他如绵绵瓜瓞即绵绵葛藟①之义，乃一以绵为名、一以葛藟为名，绵蛮黄鸟即交交黄鸟之义，乃一以绵蛮为名、一以黄鸟为名，要皆作诗者所自定矣。小序则本其自名而名之，下但发明作诗之义，不易其篇名，诚不失古人之真也。小序传自汉初，其后序或出后儒增益，至首序则作诗时已有之，由来旧矣。观《白华》《杕杜》《黄鸟》《谷风》《甫田》各二，篇名同而篇名之解不同，可见宋儒不信小序，故以《小宛》《小弁》《小明》为后人所记别，何以白华有二独不别耶？小雅中有《杕杜》《黄鸟》《谷风》《甫田》，又不别于国风耶？其下篇云：诗中篇名既非记别，而《小雅》《小宛》《小弁》《小明》言小，《郑风》两《叔于田》，小序称大叔于田以别之又何也？考《小宛》序云大夫刺幽王也，笺亦当为刺厉王。《小弁》序云刺幽王也，毛、郑于小字俱无词。孔疏引伸其旨，以为鸣鸠、鷽斯②皆小鸟，幽王才智卑小，似鸣鸠之不能高飞，鷽斯小鸟而甚

---

①藟（lěi）：《广雅·释草》释为藤，是一种枝形似葛的蔓生植物。

②鷽斯（yùsī）：乌鸦的一种，体形较小，腹下白，喜群飞齐鸣，《诗经》中用以比喻贪利小人。

乐，叹宜臼①之不如，此“小”字之义所由起，非谓言小以别于《大雅》也。《小明》序云：大夫悔事于乱世也。笺云：名篇曰《小明》者，言幽王日小其明，损其政事以致于乱，非谓言小以别于《大雅》也。《郑风·叔于田》有二小序，一云《大叔于田》，盖分别上下二篇之名。上篇序云《叔于田》，刺庄公田也，叔处于京缮甲治兵以出于田，国人说而归之。下篇序云《大叔于田》，刺庄公也，叔多材而好勇、不义而得众也。由是观之，《叔于田》二篇文义相近，或同为此人所作，故加“大”字以别之。《小雅正义》云：《十月之交》四篇文体相类，是一人之作，故得自相比较为之立名也，是其义矣。至《小雅·小明》《大雅·大明》，一作于文王之世，一作于幽王之世，既与《叔于田》之作于一人者，不可执彼以例此也。一美文王之诗，一刺幽王之诗，又与《叔于田》之同刺庄公者有别，更不可执彼以例此也。诗篇之名有同异，其义实由于此。若夫《谷风》一为刺夫妇失道，一为刺幽王。《甫田》一为刺襄公，一为刺幽王。《杕杜》一为刺时，一为劳还役。《黄鸟》一为哀三良，一为刺宣王。《白华》一为孝子之洁白，一为周人刺幽后。是篇名虽同，而篇中之义则编诗因其名而存之，而其义自见，又无庸过为区别矣。考证精当，持论名通，说《诗》者或有取焉。

黄懋熺　清南海人。道光二十九年（1849）举人。

［同治］《南海县志》卷九《道光朝·举人》：己酉科。

崔廷翰　清南海人。道光二十九年（1849）举人。

［同治］《南海县志》卷九《道光朝·举人》：顺天中式，己酉科。

崔赟　原名继芬，字霁南，清南海沙头堡人。道光二十九年（1849）举人。咸丰四年（1854），红巾起，自领乡勇攻沙头，因轻敌失败，潜逃。同治四年（1865）会试不第，捐官同知，卒于广西思恩县知县任。

［同治］《南海县志》卷九《道光朝·举人》：崔继芬，顺天中式，改名赟，广西思恩县知县，己酉科。卷十四《列传》：字霁南，沙头堡人。以国子

---

①宜臼，即周平王（？—前720），姓姬名宜臼，中国东周第一代王，周幽王的儿子，公元前770—前720年在位。宜臼即位的同时，诸侯虢公翰拥立幽王的另一个儿子余臣为天子，出现了两周并列的局面。

生应京兆试，中道光己酉举人。性桀黠，喜功名，素无乡曲誉。咸丰四年红巾起，因赟曾充堡正，捕土匪，匪相率焚其庐。赟走省垣，与江浦司属之百滘等堡联局，筹数万金为练兵费。部署未定，乡民困于贼，催进兵。赟自领勇数百攻沙头，焚贼营，拔贼帜，贼匿不出，余党伪降，愿讨贼赎罪。赟以为成功在漏刻也，不知贼先期合南、顺、鹤山共廿四堡联盟，约互相救援。贼帅老朝安知赟兵少无助，诱降贼为内应，飞书请外贼来救。越三日，贼至数千人，幸贼乌合，而所带勇皆精锐，知陷死地，决死战。战方酣，降匪在后弃白旗、立赤帜为倒戈之势，勇大惊，立崩溃，死者十余人，赟潜遁。贼垂涎沙头久，借口沙头先反叛，非重创无以示惩，遂焚市肆村庄、掠货材衣物，几于扫地无余。内贼又暗为指引，使掳绅富而去，故乡人咸怨之。然赟之失在视贼太轻、求效太速，又结远邻而舍近援，遂一败至此，然非其初心所及料也。乙丑会试不第，乃援例纳粟，以州同知需次粤西。时西省内地肃清，边地恒有匪徒出没。适思恩县缺，大吏难其选，以首领荐，遂委赟。赟抵任，岁大旱，祷雨，雨沛。有为仇杀一家五命者，犯久未得，赟捕治如法。州县科岁试，批首多贿进，令长以办棚费为辞，上官知而不问，赟拔真才无所利。县有应纳兵米，久无着，亲巡乡曲，按受害浅深为出米多少，合邑设五屯局，以邑内兵米养邑内壮丁，己无所染，民大悦，其得人心类此。会贵州苗匪李二率党数千，欲窜县治，继又欲据县属温平地方，两次为守兵击退，乃改由东江走德胜，将窥郡县城。赟曰："德胜，庆远咽喉也。贼据此，消息断矣！"乃将调到兵勇拨其大半守德胜，贼知有备，折回思恩。赟命韦崇德守城，守备郭玉华凭河结垒相犄角。贼扑城，韦崇德被伤，乘垛兵多损耗，势危急。乃命学官助守，自领兵趋郭营助战，杀贼百余，贼乃退。然贼知兵少无助，分党列山上叫喊助声威，再率悍党扑城。幸百长冯占魁斩其先锋，郭玉华用炮轰死李二，贼大骇即奔溃，城获安，郭外村庄免蹂躏，民尤德之。值署事期满，民诣大府乞留，准再署。然赟以初仕居严邑，身在行间，精力竭矣。病即请代，代未至卒。赟平日不能持廉，居官却无所润，佥谓其能晚盖①云。

梁元英　清南海人。道光二十九年（1849）武举。

［同治］《南海县志》卷九《武科选举》：己酉科，道光朝。

梁定荣　号伯田，南海佛山镇人。好读书，壮岁苦于家计，

---

①晚盖：谓以后善掩前恶。

改就商业，所办义塾、医院、善堂诸公益事甚众。祖灌远，父镇华，子国照、炎卿。孙赉奎。留学美国，归国授农科进士，任北京大学农科试验场场长、农林部次长。

［民国］《佛山忠义乡志》卷十三《选举志二·封赠·清》：梁灌远，以孙定容赠奉政大夫……梁炎卿，以子赉奎封通议大夫。卷十四《人物志八·货殖·清》：号伯田，本堡百十八图九甲梁镇华之仲子也。性真挚，好读书。壮岁苦于家计，改就商业，益习通世变。时互市大开，外人麕至，惟我国狃于故步，风气犹塞，定荣独周历各口，提倡工商矿业，欧人啧啧异之。粤濒岭海，去京师绝远，士子之来游日下，与商贾之懋迁北上者，皆取道韶州，出赣省涉江逾淮，渡黄河以抵燕赵，道途绵亘，数月不达，行旅病之。定荣乃鸠资创立广德泰轮船公司，置海舶由粤直走天津，一时行海者蚁附焉。尝诏子孙曰："读书在明理识世务，无论士商均当勖学，亦借为道德之基。科学乃新知之钥，愿尔曹不忘国学，兼采新知。"又尝言："国以人而积，人人自致其力，乃可以兴国。今中外交通，商战日剧，我国人若不高瞻远瞩，争自濯磨，则民贫而国亦敝矣。"子名国照，服贾天津。孙赉奎，宣统间游美归，廷试授职编修，入民国历任农林部参事、农林次长，人咸谓世德之报。父镇华，轻财好施，定荣承先志，所办义塾、医院、善堂诸公益事甚众。不殚述。论曰……在津扩充岭南会馆，与馆长冼文清先后维持，诸帮……得以联合，粤商遂为各省重……厥子炎卿总理怡和洋行，信孚中外。

游显廷　号蓉裳，清南海丹灶西城冈人。道光二十九年（1849）举人，咸丰二年（1852）进士，选庶吉士。乞假归，授徒为业，多英俊之士，戴鸿慈、廖廷相、刘廷镜皆翘楚。四年，与陈维新、康赞修办团练，抵抗红巾军。七年，协助罗惇衍、龙元僖、苏廷魁办团练。十一年，应聘惠州任书院山长。同治二年（1863），归主西湖书院讲席。三水大堤冲决，请官拨惠济义仓款修复。65岁卒于家。祖德睿，父球，子超元。

［同治］《南海县志》卷九《道光朝·举人》：球子，进士，己酉科。《咸丰朝·进士》：庶吉士，壬子科。《咸丰朝·封荫》：游德睿，以孙显廷赠庶吉士。游球，以子显廷封庶吉士。《同治朝·举人》：游超元，球孙，显廷子，刑部员外郎，甲子科。

［宣统］《南海县志》卷十四《列传》：号蓉裳，江浦司西城乡人。惠州府教授球之季子。自少刻苦力学，喜为沉郁顿挫之文……自以家贫亲老，不

乐仕进，乞假归，遂不复出。授徒供养，受业恒数百人，多英俊之士，同邑戴协撰鸿慈、廖编修廷相、刘大令廷镜、归善邓鸿胪承修，其翘楚也。咸丰四年，红巾乱，与陈维新、康赞修团练防堵，里闬赖安。七年，罗侍郎惇衍、龙太常元僖、苏河督廷魁，以钦差大臣在籍督办团练，延显廷襄办。十一年，归善县令江肇兴聘为观澜书院山长，时父球犹任教授，显廷以得近侍庭闱，欣然就之。同治二年归，主西湖书院讲席，筹充经费以资膏火，拨南顺沙租以为公车费，合邑中氏族筹金二万余，以为岁科考新进生册金，皆其注意经画者也。所居滨海，恃堤为命，三水县属大路围为上游险要，同治初元被水冲决，请于官，拨惠济义仓款六千金修复，自是巩固无水患。脩脯所入，均之同产，戚族贫者赡之，其年老无依月馈薪、米以为恒。年六十有五卒于家。子三人：普荫，举人，刑部福建司主事，出守福建，署兴化、邵武知府。次锡祺，浙江候补县丞。次普华，国学生。

游嶽生　清顺德大良人。道光二十九年（1849）副贡。

［咸丰］《顺德县志》卷十一《副贡·国朝·道光》：大良人，己酉。

谢星阶　清南海人。道光二十九年（1849）武举。

［同治］《南海县志》卷九《武科选举》：己酉科，道光朝。

谭文士　字仙瀛，清顺德大良人。道光二十九年（1849）举人。

［咸丰］《顺德县志》卷十一《举人二·国朝·道光》：字仙瀛，大良人……己酉科。

谭炳勋　清高明泥教人。道光二十九年（1849）拔贡，与弟洛勋同中咸丰六年（1856）举人，官江西弋阳、广丰知县。

［光绪］《高明县志》卷十二《选举表·国朝·拔贡·道光朝》：广西籍，二十九年己酉科拔贡。《选举表·国朝·举人·咸丰朝》：泥教人，广西宾州籍，江西贵溪知县。六年补乙卯科。

谭洛勋　清高明泥教人。与兄炳勋同中咸丰六年（1856）举人。官弋阳、广丰知县。

［光绪］《高明县志》卷十二《选举表·国朝·举人·咸丰朝》：炳勋弟，

江西弋阳、广丰知县。六年补乙卯科。

熊次夔 清南海人。道光二十九年（1849）举人。官弋阳，广丰知县。

［同治］《南海县志》卷九《道光朝·举人》：己酉科。

杨渐盘 清顺德容奇人。道光三十年（1850）恩贡。

［咸丰］《顺德县志》卷十一《恩贡·国朝·道光》：容奇人，庚戌。

何菁华 清顺德羊额人。道光三十年（1850）岁贡。

［咸丰］《顺德县志》卷十一《岁贡·国朝·道光》：羊额人，庚戌，未咨部。

冼恩球 字友忠，清南海佛山镇人。20岁往越南经商，注重信义，富甲一国。道光三十年（1850），捐建佛山冼氏宗祠。越南王授以海关监督，税收骤长。70岁诞辰，越南王及三品以上官吏亲到冼宅祝寿，粤、滇两省亦派大员往贺。72岁告休，侄耀南承袭海关监督，78岁卒于越南旅第。子耀光，孙焜辉。

［民国］《佛山忠义乡志》卷九《氏族志·各姓祠堂》：冼氏宗祠，在东头铺塘边坊，祀一世始迁祖处士发祥公。建自宋代，匾曰诒燕堂。明隆庆，八世孙效重建。清道光丁未，十六世孙成禄、日暖等督修，三十年十七世孙恩球、光绪九年十八世孙荣锡先后重修。光绪十七年，十九世孙乃起又重修，二十世孙瑛有《记》。《记》曰……逮国朝道光……丁未，先高祖朝议斯立公与太叔祖日暖公等依形家言，易西向为南向，从新建复。道光三十年，叔祖恩球公经商南越，捆载而归，以犹未大观也，乃捐建左右夹室，轮奂巍焉，亦肯构功矣。迨岁久就倾，先大父中宪载光公，于光绪九年垫款重修，未几剥蚀，寝室将圮。光绪十七年，家大夫肯堂述祖志而复修之，经始于是岁麦月，告成于腊月。卷十四《人物志八·货殖·清》：字友忠，本堡人。性纯朴不苟言笑，读书明大义，弗屑屑于章句。弱冠经商越南，信义为邦人重，不数年坐致巨富。乡族往依之，提挈备至，受其惠成小康者，殆车载斗量矣。越南王重其才且以富埒全国，授海关监督，赋课有条，岁榷骤长，颁赐珍物无算。每奏对，赐坐国戚上，称翁而不名。七十寿，越王亲幸第宅称觞，命三品以上官吏同往，知遇甚隆。粤、滇制府亦派大员致贺，制屏褒美，粤且

委属僚中鼎甲出身者，文武一人往越，为然寿烛，为华侨旷古未有之荣典。尤长外交而效忠祖国，凡交涉事有关系者，莫不迁就，官民皆倚重焉。年七十二告休，诏以侄耀南承袭是职。寿七十八卒于旅第，中外为之哀悼，越王赐祭葬视一品官有加。子耀光，候选同知，赠恩球奉政大夫。孙焜辉，法国大学毕业，博士，现官越南十三省通事。

翁锦如 清顺德羊额人。道光三十年（1850）恩贡。

［咸丰］《顺德县志》卷十一《恩贡·国朝·道光》：羊额人，府学，庚戌。

游凤时 清顺德大良人。道光三十年（1850）岁贡。

［咸丰］《顺德县志》卷十一《岁贡·国朝·道光》：大良人，庚戌。

黄钰 清顺德杏坛人。道光三十年（1850）岁贡，充学海堂学长。父安怀，子凤书。

［同治］《南海县志》卷九《道光朝·贡生》：安怀子，庚戌岁贡生。

［宣统］《南海县志》卷十九《列传·文学·黄凤书传》：黄凤书，号纬九，先世自顺德杏坛乡来迁，隶捕属。祖怀安①举人，历任山东知县，所至有声。父钰，恩贡生，充学海堂学长。

邹伯奇 （1819—1869）字一鹗，又字特夫，清南海黄岐泌冲人。自幼喜爱科学实验和音韵研究，精于天文历算。曾考究春秋经传中的历算及古今音韵，著有《春秋经传日月考》和《古韵谐声谱》，并通过实地考察和请教各省土人，绘制出清代《皇舆全图》，推演西方旧作地球正背两面全图之法，撰成《绘测备要》4卷。广东巡抚郭嵩焘邀请到广州地图绘制局工作，特荐到同文馆教书。曾国藩在上海开设机器局制造枪炮、轮船，并在局旁建书院，聘请他出任数学教授。皆婉辞。所撰《格术补》继承发展明代沈括《梦溪笔谈》中阐述的“格术”（研究光线通过焦点形成倒像原理的一种方法），遵循反射镜、凸透镜

①怀安：应作安怀。

和透镜组等成像的规律，于道光二十四年（1844）研制出中国第一部摄影之器，撰成《摄影之器记》一书，阐明光学原理、暗箱制作、感光版制造以及拍摄冲洗方法，成为我国第一部摄影专著。自制“七政仪”证明地球和各大行星绕太阳运行，以辟“天动地静说”，并著有《甲寅恒星表》《赤道星图》《黄道星图》等富有开拓意义的天文专著，以《磬求重心术》《求重心说》《乘方捷术》《对数尺记》等数学专著和论文名噪一时，后人将其部分遗著整理成《邹征君遗书》刊行。

[同治]《南海县志》卷九《荐辟》：同治丙寅、戊辰两次特旨俱不就，旋卒。卷十八《列传・文学》：字一鹗，又字特夫，神安司泌冲堡人。邑诸生，聪敏绝人。数岁入塾，于《朱子集注》能略通大义，稍长，于诸经义疏无不研究。会戴文节公熙督学试，广属文童，问音韵源流，伯奇所对独详赡，洒洒千言，遂拔进邑庠。嗣后闭户覃思，于声音、文字、度数之源无不洞达，而尤精于天文历算，能萃会中西之说而贯通之，为吾粤向来名儒所未有。尝自言：“汉儒之弊在泥古，宋儒之弊在师心。学者说经不宜有所左右，必远征近取，求之实事而是、返之心内而安乃可耳。”其宗旨如此。尝作《春秋经传日月考》，谓：“昔人考春秋朔闰多矣，类以经传日月求之，未能精确。今以时宪术①上推二百四十二年之朔闰及食限，然后以经传所书质其合否，乃知有经误、传误及术误之分。”又论《尚书》克殷年月，谓：“郑玄据《乾凿度》②以入戊午部四十二年克殷，下至春秋凡三百四十八年。刘歆三统术以为积四百年，近人钱塘李锐多主其说。今以时宪术上推且以岁星③验之，始知郑玄之是、刘歆之非。”其解孟子“由周而来七百有余岁”句，谓：“阎百诗《孟子

---

①时宪术，即时宪历。明末徐光启等以西洋新法编制而成，清顺治元年（1644）由德国传教士汤若望上呈，睿亲王多尔衮定名“时宪”予以颁行。废除把全年分成二十四份据以确定节气的平气，正式采用以太阳在黄道上位置为标准的定气，通常叫夏历或农历。

②《乾凿度》：西汉末纬书《易纬》中的一篇，是纬书中保存完好、哲学思想较为丰富的作品。“乾”为天，“度”是路，《乾凿度》有开辟通向天上道路的意思。

③岁星：中国古代很早就认识到木星约12年运行一周天。人们把周天分为12分，称为12次，木星每年行经一次，就用木星所在星次来纪年。因此，木星被称为岁星。

生卒年月考据大事记》及《通鉴纲目》，以“孟子致为臣而归”在周赧王元年丁未，逆数至武王有天下岁在己卯，当得八百有九年。今考《纲目》年数本之刘歆，然共和以上周初年数史迁已不能纪，可考者鲁世家耳，此为刘歆历谱所据。然将歆历与《史记》比对，歆于炀公、献公等年分多所增加，共衍五十二年。若减其所加年数，则歆所谓八百有九年者实七百五十七年耳。”尝读《禹贡·锥指》，见胡渭言“五服①不及五岭，岭南非虞舜声迹所及”，又谓“要荒②之外尚有余地”，伯奇心非之，乃论其略云：“孟子言三代授田五十亩当周百亩，以积求边则王制九州方三千里，只当夏二千一百二十一里余，是仅过侯服之外六十里而已，其外尚有绥、要、荒三服。以数计之，则《禹贡》五千已是北穷朔漠，南逾岭海，乌得谓岭南非虞舜巡方所及哉？且要荒之内蛮穹流蔡包在其间，名为四裔③，安得谓此外尚有中国余地哉？”其考证精确多类此。又尝作《古韵谐声谱》，以为古今音之不同，由方音之有流变。方音之变，《诗》《易》已有之，则同声同部止可施于作字之始，而不可以律方音。隋唐作韵书，不能分古本音与方音，而浑然为之。后之考古音者，亦第以韵书为定，于古人有韵之文，见有不谐，遂以为古通某、古协某，或以为古人韵缓不烦改字，不知韵书非尽古本音也。故非谐声无以定古之本音，非方音无以尽诗之取韵。又作《双声叠韵谱》，以推明古音古义。尝谓：“向来注经者于算学不尽精通，故解三礼制度多所疏失。”因作《深衣考》，以订江永之谬，作《戈戟考》，以指程瑶田之疏，以《文选·景福殿赋》“阳马承阿”证古宫室阿栋之制。以体积论㮚氏为量，以重心论悬磬之形，皆绘图立说，援引详明。又尝谓群经注疏于算术未能简要，甄鸾《五经算术》既多疏略，王伯厚《六经·天文篇》博引注家言亦无辨证，因即经义中有关于天文、算术或先儒所未发，或阐发而未明者，随时录出之，成《学计一得》二卷。此皆其精思创获，有裨于经学之大概也。至若推步④、图绘之术，向鲜师承，儒者以其事委之畴人，不复介意，且历算必善测量，测量必资仪器，而制器精巧与西人所称重学、光学、化学相连，伯奇独深明其理。同治丁卯，尝在邑学宫谈艺，有友人侈谈灾祥者，谓道光己亥焚烟之日，太白经天，此后干戈不绝，以为兵兆先见。伯奇笑曰：“星变若关灾祥，必无行度可稽，只可验

---

①五服：古代王畿外围以五百里为一区划，由近及远分为侯服、甸服、绥服、要服、荒服，合称五服。

②要荒：要指要服，荒指荒服，古称王畿外极远之地，亦泛指远方之国。

③四裔，即四方边远之地。

④推步：推算天象历法。古人谓日月转运于天，犹如人之行步，可推算而知。

于将来，不能定于先事矣。吾语子，明年七月太白又经天矣。”即手绘图示之，逾年验之，果然。然伯奇尝谓：“绘地难于算天，天文可坐而推求，地理必须亲历。近人不知古法，故疏舛异常。”因考求地理沿革，为《历代地图》以补史书地志之缺。又手摹《皇舆全图》，自序曰：“地图以天度画方，至当不易。然地球经纬度相交皆成正角，而世传舆图至边地竟成斜方形，既非数理，又失地势，其蔽在以纬度为直线也。昔尝为小总图，依浑盖仪用半度切线以显迹象，然州县不备，且内密外疏，容与实数不符，故复为此。其格纬度无盈缩而经度渐狭，相视皆为半径与余弦之比例，横九幅，纵十一幅，合之则成地球滂沱四颓之形。欲使以图绘圆，其图乃肖也。”又变西人之旧，作地球正背两面全图，其序曰：“地形浑圆，上应天度，经纬皆为圆线，作图者绘浑于平，须用法调剂，方不大失形似。然视法有三，皆为画图之用。其一在圆外视圆法，用正弦则经圈为椭圆、纬圈为直线，其形中广而旁狭，作简平仪用之。其一在圆心视圆法，用正切则经圈为直线、纬圈为弧线，中曲而旁杀，其形内密而外疏，作日晷用之。斯二者线无定式，量算繁难，且经纬相交，不成正角。又其边际或太促而褊浅，或太展而狭长，以画地球，既昧方邪之本形，复失修广之实数，所不取也。其一在圆周视圆法，用半切线，经纬圈皆为平圆，虽亦内密外疏，而各能自相比例，西人以此作浑盖仪，最为理精法密。今本之为地球，图分正背两面。正面以京师为中，其背面之中即为京师对冲之处，尊本朝也。旁为廿四向，审中土与各国彼此之势，定准望也。经纬俱以十度为一格，设分率也。”因推演其法，著《测量备要》四卷。于天象则有《甲寅恒星表》《赤道星图》《黄道星图》各一卷，于算法则有《乘方捷术》一卷，足见其学之精遂也。生平寡所耆好，执业甚笃，静极生明，多有神解。或问：“《大戴礼·说明堂》有二九四七五三六一八等句，何故?”伯奇曰：“此当有九室之图，四隅室外复接四室。图中记数之字横书而左行，及图亡字存，转写者纵书而右行，故错乱如此耳。且图有赤白点以记户牖，故曰赤缀户也、白缀牖也，此非有图之证邪?”又尝谓：“墨子书乃西学之祖。墨子兼爱，西人称天父，凡人皆天所生之子，如兄弟然。墨子书旁行，西人书亦旁行。墨子设械守城，西人善制器。墨子尊天明鬼，西人敬天主、礼耶稣。西人妙技无过用镜映相，而墨子已有其法。”其创解多类此。同治甲子，郭嵩焘抚粤，以伯奇专精数学，特荐于朝，请置之同文馆，以资讨论。有旨命督抚咨送，而伯奇澹于利禄，坚以疾辞。后曾国藩总督两江，于上海开机器局，制造枪炮、轮船，并欲于局旁设书院，请伯奇以数学教授生徒，属前任督学刘熙载致书达意，而伯奇家居养母，不肯就也。同治八年五月，无疾而卒，年五十一。绝学失传，士林皆为惋惜云。

［宣统］《南海县志》卷十一《艺文略·子部·算术类》：《补小尔雅释度

量衡》一卷，《格术补》一卷，《对数尺记》一卷，国朝邹伯奇撰。

廖翔　（1820—1882）字能英，号雨帆，清南海龙津堡（今属禅城南庄）人。咸丰十一年（1861）举人，大挑知县。同治十二年（1873）代理广西马平知县，不久，父丧回乡。光绪三年（1877）服阕还桂林，适岁歉命往赈，旋办南宁、三江口办理厘务。四年十月补广西陆川县知县，八年以积劳病卒。

［宣统］《南海县志》卷十五《列传》：字能英，号雨帆，龙津堡人。孝友嗜学，由县学生中咸丰十一年辛酉科举人。大挑以知县用，分发广西加同知衔，同治十二年署马平县事。马平当冲要，翔廉以自持，亦廉以奉上。提督兵勇往往扰民，尝严惩之。马平惯抗粮，翔恺切开导，粮悉征如额。旋丁父忧，而马平抗粮至烦兵调，巡抚涂宗瀛、提督冯子才言曰："廖令勤政爱民，使其在任必不至此。"光绪三年，服阕还桂林，适岁歉命往赈，旋办南宁、三江口厘务。四年十月补陆川县知县，陆川民好讼，翔为厘积案，俗遂变。八年以积劳病卒，春秋六十有四。

何又雄　（1820—1898）号淡如，南海深村堡（今禅城区澜石镇湾华）人。同治元年（1862）举人。官高要教谕。

［同治］《南海县志》卷九《同治朝·举人》：壬戌并补行己未科。

［宣统］《南海县志》卷十五《列传·冯湘传》：何又雄，号淡如，深村堡人。同治元年举人，大挑二等，选高要教谕。又雄博览能文，尤工骈俪，诙谐善谑，往往以文言道俗情，援笔立就。授徒省中，从游甚众。间涉绘事，自饶风致。晚任教职，数年寻卒。卷十一《艺文略·集部·别集》：《绿柯集》，国朝何又雄撰。

劳仰之　清南海人。约道光时在世。30岁学作诗，著有《入梦纪诗集》。

［同治］《南海县志》卷十一《艺文略·集部》：《入梦纪诗集》，国朝劳仰之撰。自序：余年三十始学为诗，数十年来仅得三百余篇，不拘先后，分为四卷，名曰《入梦纪》。诚以梦中语，自知之，自言之，不敢以问世也。惟自纪性情、自存篇什，其中浅深离合，是诗耶？是梦耶？否耶？初不暇计矣。

杨麟高　字东伯、石人，清道光间顺德桂洲里村人。岁贡生，好诗词，著有《假堂诗集》。子砺山、勉斋。

［道光］《广东通志》卷一百九十七《艺文略九·集部三》：《假堂诗集》，国朝杨麟高撰，存。《粤东诗海》，麟高，字东伯，顺德人，岁贡生。

［民国］《顺德县志》卷十七《列传二》：字石人，桂洲里村人。少聪敏，文词诗赋宏丽渊深，出其余力，旁及历象、医卜、游艺之学。尝与里贤结诗酒交，诗思敏捷，顷刻千言，四座为惊。暇则竹杖芒鞋，徜徉山水间，视功名富贵泊如也。性孝而慷慨，赡族人、恤贫姊、抚孤甥，力行不怠。生平撰著多散佚。其哲嗣砺山、勉斋亦豪于诗文，时人以比眉山三苏。

岑守彝 以字行，名兆惠，清南海下金瓯堡人。不信巫觋，以孝事亲，寿 64 岁。子箕垣。孙挺生，光绪十四年（1888）举人。

［宣统］《南海县志》卷二十《列传·善行》：以字行，名兆惠，下金瓯堡人。生有至性，少读书即以圣贤自任，谓："科举利钝有时，非沉溺举业中，遂能取高魁上第也。且使余竭终岁之力，以求其不可知，孰若竭力以求其可知。孟子言求在我、求在外，余岂能无求？然终不欲以求外者易吾求我之心耳。"年四十未青一衿，不复应试，惟设教于其乡，乡人咸尊重之。教童子必以孝经、小学为根本，故从其游者，晓然于孝弟忠信，乡族化焉。同治初，江边乡有余姓女子及笄未嫁，忽辟谷不食，日饮清水数碗，如是者数月。一日告其母曰："儿苦热思浴，母暂往邻家，然幸勿远行也。"母颔之，遂闭门浴，浴竟更新衣，坐而化。母归撬门入，见盘足坐床上，双眸已合，面色如生。乡人惊异以为仙去，葬后，或传其能为人治病，至谓诚心以求则屈者能伸、暗者能言。举国若狂，哄动乡邑，至使旁近郡县男女大小，风餐露宿、跋山涉水而至者，日以千数，其家利其香火资，又从而和之，至相与醵金立庙。守彝禁其族人不使往，并著论榜通衢，以喻乡人，后年余几酿事端，卒呈官示禁乃止。守彝父早卒，母治家严，且年高善怒。守彝年逾五十，遇母怒辄跪下，必俟怒解乃敢起。有世父某寓粤西，老尚未肯归，守彝迎归，事之如父。世父自有子，然常就养于守彝，其性情笃挚可思也。守彝丧葬不用巫觋，尝戒其子孙："毋摇于俗论，勿惑于妇人，我丧亲时已不用，我死万不可用。"至今其子孙能守之，乡人亦有数家为所化者。母寿至八十余乃卒，是时守彝已六十三矣，犹哀毁疏食，年余，未终丧而卒。子箕垣，能守其学，孙挺生，光绪十四年戊子科举人。

岑清泰 名澂，字铁泉，清南海下金瓯堡人。工诗文，屡试不第，以布衣终，有《篁筹山人集》行世。

《西樵白云洞志》第五册《艺文·增辑诗》：名澂，别字铁君，南海人，著有《铁泉稿》。附《白云洞唱和诗册》：（一字铁泉，南海人，著有《铁泉诗钞》）奉和邓鉴堂观察、黄嘉圃孝廉、邓巢阁茂才倡修白云洞唱和之作。

［同治］《南海县志》卷十八《列传·文学·倪济远传》：岑清泰，下金瓯堡人。能吟咏，嗜古文，屡试不第。中年后遨游岭右，为人襄办牢盆①。来往征途，览其山川之峻雄与其俗尚之诡异，皆以五七言纪之，而频年做客，弹铗②依人，旅况劳愁，亦时见于意言之表。比顺德黎明经简，可谓得其一体，盖其得江山之助者同也。身后其友人梁九图刊所作，为《篁筹山人集》以传之。其族有岑宗远者，字澹云，隐于医，以诗鸣，著有《蝉吟小草》。卷十《艺文略·集部》：《同门诗钞》四卷，国朝倪济远、张燮、岑清泰、余观懋四人诗选汇刻。

［民国］《佛山忠义乡志》卷十四《人物志九·流寓·清》：岑澂，原名清泰，字铁泉，本邑人。工诗文，道光间寓佛山，与梁九图论诗最投契。所作古近体皆佳，沉郁顿挫，耐人讽咏，散文亦妙。贫老竟以布衣终，殆所谓穷而后工者欤？咸丰甲寅之变，避地还乡，以诗稿嘱九图曰："余交游不少，然慷慨重友朋者，莫君若也，能为传此否乎？"遂诺之。乱平，刻其诗数卷曰《篁筹山人诗集》。《人物志十·列女传·才媛》：陈姬，字闰娘，梁九图妾。性明慧，工画兰，盖香东、墨西③俦也。陈开之变，九图仓皇走避，未及挈姬，时岑澂以诗集属勘定，已许为梓行，稿片丛残，置一箧，命姬藏庋。贼入室，意为重物胁取之，姬坚持弗与曰："此固不可奉壮士。"贼愈疑，提刃击背，仆而夺之，启视见故纸拉杂，曰："痴儿，是岂一钱值耶？"掷而去，岑澂诗幸告存。姬因击伤且受惊恐，遂致吐血，逾月而亡，年仅二十。乱稍定，岑澂亦卒，九图亟为镌其诗。番禺画师居巢谓："姬画兰，秀逸得管夫人神韵，而哀其力护岑集，竟以陨生。"铭其墓曰："铁泉之诗其传也无疑，姬之存之也生死以之。呜呼，安得爱才者如陈姬！"后以嫡子僧宝贵赠恭人。

吴墨农　清南海人。精医术，设医馆于佛山，诸医以其品学高，不敢与较。与侍郎李文田、太常龙元僖相友善。

［民国］《佛山忠义乡志》卷十四《人物志八·艺术·清》：南海人。素

---

①牢盆：煮盐用的工具，借指盐政或盐业。

②弹铗：谓处境窘困而又欲有所干求。

③香东、墨西：明末清初岭南文化名人屈大均的两位妾。

业儒，兼通岐黄。李文田侍郎赐及第初归，遘时疾，墨农重其人，急往治之，病立已。文田亦知医，谈次合，两人契益深。咸丰庚申之变，龙元僖太常告假南旋，郁郁致疾，久不起，耳其名，延之至。诊视毕曰："此肝病也，前医投以补剂误矣。"如法拟方，寻愈，遂留其家经年。龙氏富藏书，医学尤备，因得肆其浏览，凡名家著述及其医案，靡不融会贯通，业益精。以求医者众，辞去，设馆于佛山。其法以审证为主，对证用药，味数不多，又皆通行品，服者辄效，咸乐其便。药肆腾议，谓："吴先生药不值一钱，非国手所为。"墨农曰："药在对证，奚取多且贵为？今服吾药者皆效，他且勿管，吾岂能为若辈利用哉！"性爱才，知名寒士辄却诊金，急则亲至其家，舍车而徒无所吝。而于同术中之自高声价、借以侔利者恒鄙之，诸医以其品学高，不敢与较。文田每来佛，必诣其寓畅谈，一日携手出门，天将雨，预备一伞，文田执以从，墨农不可。文田曰："使汝执伞，人将谓汝谄，且谓我以贵骄其故人矣。"墨农不能夺，亦听之。在佛十余年，活人不可胜纪。生平少所许可，问业虽众，术亦不传。惟李文田批注张长沙、吴鞠通两家书，间引其说，可见一斑云。

何佩璠　字焕廷，号璞函，清南海镇涌堡南村乡人。以治疗天花闻名，精算学。寿84岁。赐九品职衔。

[宣统]《南海县志》卷二十一《列传·艺术》：字焕廷，号璞函，镇涌堡南村乡人。世有隐德，祖、父并以医名于时。佩璠性聪慧，传其家学，而治痘科尤造神诣。每当天花流行，远近争延治，随证判其顺逆生死，百不爽一。未尝以家富故索厚报，贫者或转以药费助之。至豪势家，礼貌稍衰，或少拂其意，径拂衣去，虽啖以重金弗顾也。通九章算术，凡割方、割圆、勾股诸法，过目辄了了，持筹握算，动与古合，不差黍秒。乡族有大工役，经其规画，虽老工匠莫能违也。居平不事吟咏，而得句每惊其侪，偶闲谈名理，往往使宿儒咋舌，有欲谈乡园文献者，率造庐请益，厌其所欲而去，其博闻强记，不学而能类如此。恩赐九品职衔，春秋八十有四。

何秀棣　字岳缘，清南海西樵人。科举不第，客居广州，与陈璞友善。道光年间，隐居西樵山玉岩下，行医济世。

[宣统]《南海县志》卷十一《艺文略·集部·别集》：《庾园诗草》二卷，国朝何秀棣撰，据《尺冈草堂集》。陈璞序曰：西樵之东北玉峰、珠峰，两崖回抱，中有深谷曰玉岩，瀑泉注焉，而巨石蔽其外，但闻水声潺湲，大者如钟磬，细者如琴筑，其瀑不得而见也。披蒙茸缘巉岩、攀跻巨石而上，

然后睹跳珠溅雪，状若垂练，界于绝壁，其幽隐如是，故其名不著而知者鲜。沿其麓又东北有山村，村之背有园，林木蔚茂，曰庾园，则吾故人何岳缘居之。岳缘为人简默静穆，器量深邃，能文工诗，不求仕进，亦不自表襮，遇富贵人辄引避，其志趣一若是岩之窕窱阒寂，作为诗歌，风发韵流，又若是岩之泉铮铮琮琮，能涤人尘虑。余与岳缘交数十年，少日尝来羊城，署其寓曰“尘隙草堂”，所与接杯酒相唱和，类多憔悴专一之士，其逐声气者不与焉。既而归庾园，不复出，二三知好时寄以诗而已。余游西樵，过庾园，信宿开轩，面玉岩诸峰，烟翠满几席。岳缘日哦其间，成《庾园诗》二卷。余返羊城语同人，皆叹曰：“樵山清淑幽秀，若斯人为称也！”今岳缘逝矣，令子二人皆能读父书，以其诗付梓，乞序于余。余忝旧好，不能无言也，乃书余所稔于岳缘者以序之。

何容光　字铁桥，清南海九江烟桥乡人。在佛山教书，人称铁桥先生。出其门者多所成就，其中侍郎李文田最著名。寿87岁。子汝兰（改名增祜）、汝桂（改名增庆）。

［民国］《佛山忠义乡志》卷三《建置志·内政·团局》：光绪甲申，法图越南，粤边戒严，大府檄行募勇，以世爵骆天保主办、大令梁思溥副之，局绅何增庆、戴鸿宪、梁世澂、陈维表、冼宝桢、莫煜华先后协同办事。卷十三《选举志二·封赠·清》：以子增祜、增庆叠封文林郎。卷十四《人物志四·文苑·清》：字铁桥，县属烟桥乡人。禀质聪颖，举步端凝，少时已为乡里重。父其佳乡居训蒙，与族叔乡贤何朴园先生相友爱，命往受业，毕生学行实基于此。早岁能文，十五应童子试，辄列前茅，数奇不售，中年后即不复应考。初在乡授徒，后设帐于佛山居义里，遂家焉。其教不恶而严，循循善诱，喜奖掖，贫士出其门者多所成就，李文田侍郎其最著者也。文田禀夙慧，一见器之，招入塾授读经年。文田父卒，欲改业，容光谓之曰：“以子才器，必能早致青云。贫者士之常，奈何因贫辍学?”遂资之膏火。文田益发愤，后以殿试第三人赐及第。容光六十寿，文田上寿言，结段叙述教育之恩，见者为之感动。略曰：“众宾咸造，须制序于子安。四座勿喧，听歌言于鲍照。曩者以杨修早岁解对家禽，元逊少时能谈鹦鹉。夫子字德林以公辅，试长吉以高轩。期诸阿士之文章，与以吾家之书籍。乘车戴笠结先子以神交，龙驹凤雏勖鄙人以国器。既而桥元斗酒倏忽前尘，任昉遗孤凄凉寒帔。夫子怅怀云树，珍重绨袍。不脱双凤之衣，许近三鳣之席。布衣芒屩容范缜以从游，采玉探珠进邴原而受学。习叔孙通之礼遂尔升堂，通夏侯胜之经终惭拾芥。雪深三尺尚忆谈心，月印万川时思见指。此则赋诗见志，长言不禁于永

歌。授简当筵，倖色无烦于揣称者矣。”感恩知己，情见乎词。子增祜、增庆先后举孝廉，有文名，皆出自家教，自制门联云“庭长科名草，门开及第花”，一时传为佳话。与布衣马闲庵创建字祖庙，在桂香宫设宣讲堂，皆有关文化。为文轨则先正《四书》《五经》疑义，每有心得辄书示诸生，得其说者珍若鸿秘，诲人不倦，数十年如一日。卒年七十有八，学者称“铁桥先生”。

陈然藜 字晓阁，晚年自号曰“自得”，清顺德容奇人。应童子试补弟子员，参加乡试20余次不中。父丧终制后，以著书自娱。光绪二十七年（1901）重游县学。寿82岁，学生黄培芳为撰行述。

［民国］《顺德县志》卷十九《列传四》：字晓阁，容奇人。性至孝。自就傅读经，夜深始寐，成童应试，以背诵五经补弟子员，自是益加励学。志在圣贤，常取先正格言悬之座右，身体力行。家贫课徒，一时英俊争致羔雁，馆谷尽归献父，不敢有丝毫私蓄。三岁失恃，母外家李氏舅母寡居，月馈钱米无缺，赖以存活。历事后母三人，皆敬谨肫笃，得其欢以慰父志。异母弟八人，悉待举火，处境颇难，然藜怡然安之。尝谓读书不为名，为善不求报，然逢大比必赴，计入棘闱者二十余度，追为亲屈也。年六十一丁外艰，哀毁骨立，三年未尝见齿。平居淡泊无嗜好，故体质虽弱，真气常充，耄耋不扶筇①，毕生无疾病。与人言累累如贯珠，终日不倦，人亦乐听，不厌其烦。先是，容奇堡正一席攻讦颇多，众举然藜承乏，士论翕然，咸谓有文范遗风。光绪辛丑重游泮水，年八十二无病而终，及门黄孝廉培芳为撰行述，有曰事亲如曾闵，讲学如程朱，非虚美也。然藜自父丧终制后，日以著书自娱，经史淹通，尤邃于《易》。著有《四书精义》《大易揲②蓍》《求卦讲义》。晚年自号曰“自得”，人皆称为自得先生。

陈献周 以字行，清南海九江人。以符咒治金创，独著神效，身后其术失传。寿70余岁。

［同治］《南海县志》卷二十《列传·艺术》：九江人，年七十余。朴讷诚笃，不类方技中人。以符咒治金创，独著神效，所言尤有理致。有李氏老妇因娶妇应酬，精神疲乏，失足倒地，颈枕着瓦盆边，痛甚不能言，点滴不

---

①筇（qióng）：一种竹，实心，节高，宜作拐杖。

②揲（shé）：古代数蓍草以占卜吉凶。

能入口，奄奄待尽。延献周往治，问曰："曾用药石否?"家人曰："无之。"曰："如是易矣!"人询其故，对曰："药者人道，符者神道，神人不能杂糅，专则易见功耳。然妇老矣，命该终，符亦不能救。然精诚所感，必略见微验，或别以他病死耳。"即书符化水中，饮以水，以符灰傅之，数日间能言语饮食，病若失，后偶感风寒而死。又有李氏女，嫁多年，不乐居夫家，夫留之，以刀自割其颈，喉已伤，幸未断，医皆袖手。献周曰可治，特祷神书符，以灰水傅饮如故，经月全愈，并无痂瘢痕。同治元年，九江东方建震亨书院，绅士督工匠立基址。工人操三十斤木槌打巨桩，为高下式。木工在旁，忽以手掩木末曰"止"，而槌已自上而下矣，遂将五指打碎，血肉淋漓，登时晕绝于地。献周适至，口念咒，遣人取符水饮之，并以符纸灰傅手，少顷即能起执丈尺毕其事。红匪乱后，兵差壮勇捕贼，因格斗受重伤，献周以符咒治之，起死回生者不可一二数。或问曰："公向能劾治鬼物，今概言不能，何也?"献周曰："魑魅岂能死人?大抵如兵差讹索、盗贼抢窃耳!然鬼即有应讨之罪，我职非治鬼之人，尸祝代庖，岂非越畔?且天道好还，物极则返，长房覆辙，深可惧也!"或曰："以符章治病者多，公独应手辄效，此复何故?"曰："此易知耳。禁咒之术，不能不役鬼神。然志在救人，体天地好生之心，彼虽劳不怨。世人以一己专其利，使鬼物任其劳，祸不旋踵，何效之有?"其言切当多类此。献周中年客西粤，往来瑶、壮间，逢异人授以术，且戒之曰："吾术宁不传于后，不可授非其人。万一借此术以行恫喝攫资财，甚至诱苍黔、图叛逆，追源祸始，必有任其咎者。斯翁惨杀，归罪兰陵，吁，可鉴也!"献周守其诫，身后遂失传云。

《九江儒林乡志》卷十六《列传·方伎》：以字行，东方大谷人……。

欧旦良　以字行，号四百三十二峰樵者，清顺德陈村人。幼擅六法，工花卉树石，人以米芾目之。

［民国］《顺德县志》卷二十《列传五》：以字行，号四百三十二峰樵者，陈村人。幼擅六法，尝以巨金贽马冈佘启祥之门，启祥见其画，诧曰："吾无以益子，但归，肆力为之可也。"由是业益进。工花卉树石，超挺拔俗。尤善画木棉，铁干丹花，煊赫如火，每一纸出，人兼金购之。晚爱蓄石，寸峦尺岫，罗几案皆满，见者谓其颠米复生云。

胡联芳　以字行，清顺德豸浦人。

［咸丰］《顺德县志》卷二十七《列传七·国朝三》：以字行，豸浦人，著有《南塘剩草》。有识量。大宗祭田为人侵，质诸官而直庭，揖所讼者谢

之，捐园洲基石道费数百。著有《南塘剩草》。

黄敬礼　字勿庵、谧庵。清南海佛山镇人。名医。子岳云。

［同治］《南海县志》卷二十《列传·艺术》：字勿庵，佛山人。少业儒，曾应京兆试不第，归隐于医。胆大而心细，穷幽洞微，如入肺腑而听其言语也。有富室子年少患缩阳，医家谓房事过劳、命门火弱，皆用峻补之剂，不效。敬礼视之曰："误矣，宜泻火而补火，此却行，冀及前人之踵者也。且汝曹谓此物果何物乎？此物非肉非骨，乃通身筋络之总也。筋之性得水大而软、得火小而缩，夫人知之矣。若果火弱应痿而不举，今能举而缩，此可想矣。"为开滋水制火等药，数服而愈。有明孝廉者，初患水泻困卧不起，医家谓数下亡阳以参救之，然病愈甚。敬礼手披其帐问："曾服参乎？"曰："然。"嘱曰："先解其参，既医药乃可医病。"人问其故，曰："此易知耳。吾开帐即觉热气扑人，且病者四体虽冷而手摇扇，又呼茶水，非内热乎？始之水泻，所谓挟热下痢者耳。"乃用清热之剂，病果愈。尤善治"杂气"症，谓："山林瘴气从口鼻入，入至心则舌黑。粤东此症最多，俗人不知，动呼为夹色，枉死多矣。"其言最切实可信云。

［民国］《佛山忠义乡志》卷十四《人物志八·艺术·清》：字谧庵……不立医案，得其说者转相传述，存活不少。子岳云，字在田，能世厥业，同治甲子副贡，文行有声于时。

梁邦俊　字小厓，清顺德麦村人，祖居佛山。嘉庆十九年（1814）进士，官太常寺典薄。著有《小厓诗说》二卷、《焚香省过斋诗稿》。妻黎氏因守节，同治三年（1864）旌。

［民国］《佛山忠义乡志》卷十三《选举志二·仕宦·文职·清》：太常寺典簿。卷十五《艺文志二·集部·清》：《无怠懈斋诗集》一卷，梁蔼如著，凌扬澡序。序曰："青厓先生既殁之逾年，其嗣君小厓出先生平昔所为诗以示余，俾订定之，且属为序……先生少无宦情，修洁自好，徒以父兄督课从制举业，嘉庆甲戌成进士，选内阁中书，即予告回籍。顾不返凤城，仍侨居佛山，一亩之宫，药栏花坞，曲折幽翳，入其室插架万轴，甲乙秩如。先生肆志浏览，手不释卷，暇则吮墨濡毫，作书作画……琳宫梵刹，皆得沾丐①绪余

①沾丐：通沾溉，比喻使人受益。

焉。间寓羊城，亦惟掩户著书，雅不肯通刺铃下①，时偕名僧高士搜奇剔隐、解后山水以为乐，其或尊官贵人侦知之，思欲通殷勤、索书画，则辄以行遁闻矣……用并书以谂小厓，使知先人造诣之精无非天趣……道光壬寅夏五月，八十三老人番禺凌扬藻序。”……《小厓说诗》二卷，梁邦俊著。序曰：“梁君福草所撰《十二石斋诗话》已不胫而走矣，今又刻其哲昆②《小厓说诗》，问序于余。小厓癖耽韵语，著书未竟，遽返蓉城③，故所说止此。此编卷帙虽无多，然余披览数过，叹其留心事理，意不专在于诗……道光戊申重阳后九日，珠海老渔张维屏序。”

［民国］《顺德县志》卷十四《艺文略·集部·别集》：《焚香省过斋诗稿》，国朝梁邦俊撰。谨按，邦俊，字小厓，麦村人，太常寺典簿。卷十一《节孝表一·同治朝》：黎氏，梁邦俊妻……三年旌。

曾乔　清顺德龙山人。家贫为人佣工，性耽吟咏。道光时，参加龙山文士重阳登高赋诗。

［民国］《顺德县志》卷二十四《杂志》：龙山有曾乔者，道光时人。家贫为人赁舂，而性耽吟咏。重九日，龙山文士例集金峰登高赋诗。曾草笠而至，面目黧黑，状类舆夫，人皆薄之。是日诗题为《明皇幸蜀图》，曾一挥而就。众匿笑之，以为必鄙俚可博笑，争观之皆大惊异。其诗曰：“万里仓皇拥六师，剑门西幸驻龙旗。临危未解罗衣谶，受谏空悲海燕诗。鸟道千回人影寂，羊肠九折马蹄迟。可怜几度淋铃曲，南内无人月上时。”

傅时泰　清南海西樵大同人。医术好，药到病解。

［同治］《南海县志》卷二十《列传·艺术》：大桐人。少业儒，童试屡绌，因其族多以医显，遂学医。性静生明，多有妙会。有老孝廉年近古稀抱危症，医家谓风烛之年不堪削伐，以补元气为先，然服参附等剂全不见效，病益重。时泰曰：“法宜下而补之，何益也?”乃解内热而泄之，逾月遂愈。人问其故，曰：“平日调养，当问其人强弱，有病则不然，有极衰弱人不得不泄者。若执成见，误人多矣。”有患小便赤且痛者，凡车前、桑白类经啖尽，竟不愈，诣问其方，曰：“不用开方，但取好玉桂开水饮之，日一钱，五日愈

①铃下：汉代官署侍从小吏，三国、晋为门吏代称。以在铃阁之下，有警则掣铃以呼名。此为对将帅、太守之敬称，因不敢直指其人，言将由左右以达。
②哲昆：对他人之兄的敬称。
③蓉城：又称芙蓉城，芙蓉城为古代传说中仙鬼的居处，此隐指死。

矣。”如其言，立效。人询其故，曰：“天下事和同易于转移，相激反生祸患，故以凉解热者，必以热为引，如以兵捕盗，必以盗为线眼，亦此意也。”所言具有名理。惟性懒散，得钱足自食，诱以重资不往。间有往者，行至半途，遇友人以佳茗、名香供奉之且与闲谈，即依恋不去。故世谓其医术居中，医品居上云。

赖学海 字虚舟，清道光时顺德龙山人。以诗闻名，著有《虚舟诗草》。

［民国］《顺德县志》卷十八《列传三·区其伟传》：龙山人……同里赖学海，字虚舟。好读书，不治举业，惟致力于诗。与番禺冯询善，时询以诗，名闻海内，学海客其署中，唱酬极多。居乡朴拙，不事标榜，不知者以为村氓野老也。著有《虚舟诗草》，其友邱诰桐梓以行。

管镇乾 字金墀，原籍广东大埔县，入籍佛山。清道光、咸丰年间，由军医效力，历保守备，报捐道员加二品衔。后设馆佛山，以医为业，施医赠药，多所全活。年72卒，官府奏请朝廷建坊，崇祀忠义祠。

［宣统］《南海县志》卷二十一《列传·艺术》：字金墀，原籍大埔县人，寄居佛山，因占籍焉。道咸间，由军医效力，历保守备，报捐道员加二品衔，后设馆佛山，施医赠药，遂不复出。其存心济物，有能人之所难者。光绪元年四月，五斗司属飓风塌屋，人多伤毙。四年三月，城西大风，旋继以火，死伤尤惨。十一年四月，佛山火药局被焚，附近房屋倾跌，压伤无数。镇乾皆赍药赴救，多所全活，辄费巨资，当事酬以多金，并却不受。卒年七十有二，大吏以义士奏奖，请旨建坊，崇祀忠义祠，由地方官春秋致祭，食报亦云厚矣。

蔡恺 字乐樵，清顺德龙江人。蔡锦泉族侄。工诗善书画，酷好西樵山水，游咏不辍，有《眺松阁诗钞》行世。

［民国］《顺德县志》卷二十《列传五》：字乐樵，龙江人。性高旷，三试童军，即弃帖括业，专事吟咏。工诗善书画，画宗董、米，书法二王。尤好泼墨山水，至老不倦，所造益精。搜藏名迹颇富，自成一家，间作翎毛花卉，亦靡不工肖。酷好西樵山水，游咏不辍，游辄有画，画辄有诗。诗雅淡，约近千篇，甲寅兵燹多散失，存者仅有《眺松阁诗抄》一卷行世。

蔡如璋 号赤南，清顺德龙江人。工书画。子启湞，孙兆丹。

［民国］《顺德县志》卷二十《列传五·蔡恺传》：同族如璋，号赤南，亦工书画。书宗董文敏，画法梅道人，与恺同时，各自成家，并为世重。如璋子启湞，号梅香，亦善画。孙兆丹，号月槎，备诸家笔法。而画家所最推服者尤在石绿，谓黎二樵后所罕见云。

黎铨 字宗衡，清顺德桃村人。倡捐修路。

［咸丰］《顺德县志》卷二十七《列传七·国朝三》：字宗衡，桃村人。轻财重施，不自以为德。乡有通衢，泥泞为行道苦，铨倡捐三百金，甃以石。

仇炳宸 清南海佛山镇人。咸丰元年（1851）举人，官临高教谕。

［同治］《南海县志》卷九《咸丰朝·举人》：临高教谕，辛亥科。

［民国］《佛山忠义乡志》卷十三《选举志一·举人·清》：咸丰辛亥，附生。

卢殿传 字紫廷，清顺德龙山人。咸丰元年（1851）武举。

［光绪］《广州府志》卷四十九《选举表十八·武科·举人·国朝·咸丰元年辛亥恩科》：广府人。

［民国］《顺德县志》卷八《选举表二·郭〈志〉补遗·武举》：字紫廷，龙山人，咸丰辛亥恩科。

刘若琨 改名凤彤，清南海人。咸丰元年（1851）举人。

［同治］《南海县志》卷九《咸丰朝·举人》：改名凤彤，辛亥科。

关士玚 字树扬，号璞轩，清南海九江人。咸丰元年（1851）举人。

［同治］《南海县志》卷九《咸丰朝·举人》：辛亥科。

《九江儒林乡志》卷十《选举略·国朝·举人·咸丰元年辛亥恩科》：字树扬，号璞轩。县学，中式第十名。

关简 清南海人。咸丰元年（1851）举人。

［同治］《南海县志》卷九《咸丰朝·举人》：辛亥科。

伍云藻 清南海人。咸丰元年（1851）举人。官内阁中书。

［同治］《南海县志》卷九《咸丰朝·举人》：内阁中书，辛亥科。

伍兰徵 字霞川，清顺德大良人。咸丰元年（1851）举人，历官权云南中甸县丞、保宁知县，奏保同知，代理姚州同知。著有《宦滇纪略》。

［咸丰］《顺德县志》卷十一《举人二·国朝·咸丰》：水藤人……辛亥恩科。

［民国］《顺德县志》卷十八《列传三》：字霞川，大良人。咸丰辛亥举人，出宰滇南，所至有声。权中甸丞时，土匪引川匪为乱，兰徵守要隘、搜奸细，径捣石峒，聚而歼旃。令宝宁，不动声色，计擒贼伪先锋王金，大吏称其能，奏保同知。摄姚州篆，浚蜻蛉河，不请官帑，不勒民捐，设认地分修、见丁出力法，大工以成，灌良田数百顷，州粮足额。莲花寺僧性觉以其徒静一与邻妇周氏通，往责之，被妇辱且裂其衣，势凶甚，性觉走匿竹鸡山。同寺僧以逆徒杀师灭尸具控，静一、周氏到案供认和奸，不认有杀师事。兰徵遣役计诱性觉出，诬控以白，其他判决疑狱，多所平反。著有《宦滇纪略》。

辛协图 清顺德北滘人。咸丰元年（1851）举人。

［咸丰］《顺德县志》卷十一《举人二·国朝·咸丰》：北滘人，顺天榜……辛亥恩科。

苏文震 清顺德碧江人。咸丰元年（1851）副贡。

［咸丰］《顺德县志》卷十一《副贡·国朝·咸丰》：碧江人，辛亥。

李士昂 名或作仕昂，字容彰，清顺德鹿门人。咸丰元年（1851）赐副贡。寿83岁。兄仕倌。

［咸丰］《顺德县志》卷十一《副贡·国朝·咸丰》：鹿门人，辛亥以符例赐。

［光绪］《广州府志》卷一百三十三《列传二十二·国朝·顺德·李仕倌传》：原名廷官，号白山，鹿门人……弟仕昂，字容彰，邑诸生，亦享高寿。

咸丰元年恩赐副榜，卒年八十三。

李天垣　字跃衢，清顺德容奇人。咸丰元年（1851）副贡，同治十二年（1873）举人。

［咸丰］《顺德县志》卷十一《副贡·国朝·咸丰》：容奇人，辛亥。

［光绪］《广州府志》卷四十六《选举表十五·举人·国朝·同治十二年癸酉附顺天中式》：顺德人。

［民国］《顺德县志》卷八《选举表一·举人·同治》：字跃衢，容奇人。顺天榜……癸酉科。

李珠光　清顺德龙山人。咸丰元年（1851）举人。

［咸丰］《顺德县志》卷十一《举人二·国朝·咸丰》：龙山人……辛亥恩科。

吴超　清顺德光华人。咸丰元年（1851）举人。

［咸丰］《顺德县志》卷十一《举人二·国朝·咸丰》：光华人……辛亥恩科。

何文杓　一说姓李。清南海人。咸丰元年（1851）举人，官南雄训导。

［同治］《南海县志》卷九《咸丰朝·举人》：南雄训导，辛亥科。

［光绪］《广州府志》卷四十六《选举表十五·举人·国朝·咸丰元年辛亥》：李文杓，南海人，南雄训导。

何步曾　改名寿增，字省庵，清顺德羊额人。咸丰元年（1851）举人，同治四年（1865）进士，任广西武宣知县。父孔垣，弟云选（改名寿堃）。

［咸丰］《顺德县志》卷十一《举人·国朝·咸丰》：字省庵，羊额人，孔垣子……辛亥恩科。

［光绪］《广州府志》卷四十六《选举表十五·举人·国朝》：咸丰元年辛亥，顺德人，改名寿增，进士，武宣知县，父孔垣。卷四十一《选举表十·进士·国朝·同治四年乙丑崇绮榜》：何寿增，顺德人，知县。

何继俨 字桂苑，清顺德上直人。咸丰元年（1851）举人，同治二年（1863）进士，庶吉士。

［咸丰］《顺德县志》卷十一《举人二·国朝·咸丰》：字桂苑，上直人……辛亥恩科。

［光绪］《广州府志》卷四十一《选举表十·进士·国朝·同治二年癸亥翁曾源榜》：顺德人，庶吉士。

何朝安 清顺德上地人。咸丰元年（1851）武举。

［咸丰］《顺德县志》卷十一《武举·国朝·咸丰》：上地人，辛亥恩科。

陆芳培 清南海人。咸丰元年（1851）举人。

［同治］《南海县志》卷九《咸丰朝·举人》：辛亥科。

陆翰池 清三水人。咸丰元年（1851）举人。

［光绪］《广州府志》卷四十六《选举表十五·举人·国朝·咸丰元年辛亥》：三水人。

陈岩 清南海人。咸丰元年（1851）举人。

［同治］《南海县志》卷九《咸丰朝·举人》：辛亥科。

［宣统］《南海县志》卷十一《艺文略·子部·儒家类》：《朱子丧礼集证》，国朝陈岩撰。

陈梦熊 清南海人。咸丰元年（1851）武举。

［同治］《南海县志》卷九《武科选举》：辛亥科，咸丰朝。

陈巽田 清南海登俊堡人。咸丰元年（1851）举人。祖玘，父鳌。

［道光］《南海县志》卷三十九《列传八·国朝·陈玘传》：字可宗，以好义闻于有司……登俊堡人……子鳌，癸酉拔贡，辛巳领乡荐。

［同治］《南海县志》卷九《咸丰朝·举人》：鳌子，辛亥科。

欧阳安 清顺德仓门人。咸丰元年（1851）武举。

［咸丰］《顺德县志》卷十一《武举·国朝·咸丰》：仓门人，辛亥恩科。

罗榘 字伯循，清顺德大良人。咸丰元年（1851）三品荫生。光绪十三年（1887），与龙赞宸等倡办同志善社，次年与族祖罗家勤等重修太平、神步两塔。父惇衍，弟菜、棨、槼。

[民国]《顺德县志》卷二《建置略一·善堂义冢》：同志善社，在城南新路湛公祠。光绪十三年，乡绅龙赞宸、罗榘等倡办。卷三《建置略二·庙祠》：光绪十四年，重修太平、神步两塔，文昌阁、观音殿亦以次兴修。罗家勤《碑记》略曰：太平、神步两塔，前明倪邑侯建。道光辛卯，邑人重修，距今几六十年，日就颓坏，文昌阁、观音殿亦几坍塌。区君作霖、潘君玉璿、龙君赞宸、龙君景恺与余季弟家劝、族侄孙榘倡议兴修，来请于余……经始于戊子二月朔日，落成于七月十四日。卷十七《列传二·罗惇衍传》：子四人。榘字伯循，咸丰元年恩赏三品荫生，淡于仕进，办乡族事力谋公益。

周宗文 （？—1857）清南海骆村堡勘头乡人。由吏员需次粤西，捕盗有功，保举知县。咸丰元年（1851），任安徽英山县知县，代理六安州知州。七年，太平军攻城，兵败阵亡。

[同治]《南海县志》卷十七《列传·节义》：骆村堡勘头乡人。由吏员需次粤西，以前后捕盗功，西抚劳崇光保举以知县用。咸丰元年，奉旨实授安徽英山县知县，赏带蓝翎。时皖省为南北要冲，乘发贼蹂躏后，土匪据以为巢，捧檄者多裹足。宗文胆勇，星驰赴任，抚臣李孟群才之，委署六安州知州。七年，发贼攻陷安庆后，再陷庐州，妖氛所至，列城粉碎。抚臣提兵御贼，檄宗文管理粮台，兵败，与抚臣李孟群同陷阵死。

周梦蓤 字湘渔，清顺德桂洲里村人。咸丰元年（1851）举人。子莱英。

[咸丰]《顺德县志》卷十一《举人二·国朝·咸丰》：桂洲人……辛亥恩科。

[民国]《顺德县志》卷十七《列传二·杨麟高传》：桂洲里村人……同里周梦蓤，字湘渔，少承家学，工文词……著有《古智囊》《周氏易谱》《环球志略》《梅雪庐诗抄》，而于堪舆、医卜、星相、兵书及三教典籍，亦罔不详加诠释，多所发明。子莱英，邑庠生，世继其业。

莫晋良 清南海人。咸丰元年（1851）举人。

［同治］《南海县志》卷九《咸丰朝·举人》：辛亥科。

黄铨 字简卿，清顺德容奇人。咸丰元年（1851）举人。

［咸丰］《顺德县志》卷十一《举人二·国朝·咸丰》：字简卿，容奇人……辛亥恩科。

梁作宪 清高明城中人。咸丰元年（1851）赐副贡。

［光绪］《高明县志》卷十二《选举表·钦赐》：城中人，咸丰元年辛亥科赐副榜。

梁耀 清顺德光辉人。咸丰元年（1851）举人。

［咸丰］《顺德县志》卷十一《举人二·国朝·咸丰》：光辉人……辛亥恩科。

曹为霖 号雨村，清南海曹边福田里人。咸丰元年（1851）举人，四年以团练御贼功，保知县尽先选用。因母丧绝意进取。早年执教于广州，晚退居乡里，应聘主讲佛山书院。寿82岁。

［同治］《南海县志》卷九《咸丰朝·举人》：辛亥科。

［宣统］《南海县志》卷十五《列传》：号雨村，曹边乡人。咸丰元年辛亥恩科，与从弟作霖同领乡荐。四年以团练御贼功，同保知县尽先选用。为霖初上公车，适丁内艰，即绝意进取，尝语人曰："吾一戴远游冠，遽抱终天之根，敢复出而图君哉？"授徒省垣，岁常数十百人，晚退居乡里，应聘主佛山书院讲席，甫一年即辞去。性严介不苟，虽亲昵不能干以私。有因事请托许酬以千金者，却之曰："余家虽贫，不愿污非义之馈，请勿复言。"客愧而去。著有《木笔花馆诗钞》四卷、《易学史镜》四卷，卒年八十有二。

曹作霖 号芝庭，清南海曹边福田里人。咸丰元年（1851）举人，四年办团练，倡筑秉正基围。寿72岁。堂兄为霖。

［同治］《南海县志》卷九《咸丰朝·举人》：辛亥科。

［宣统］《南海县志》卷十五《列传·曹为霖传》：曹边乡人……从弟作霖，号芝庭，性和易，与人相接，可爱而亲，独至辨是非，严取予，无少假借。尝主四堡局政，邻堡有两乡缠讼，县宪谕局查覆者，必持正禀覆，虽交好求偏袒不可得，人服其公。乡与佛山邻，每患西潦淹没田禾，作霖倡筑秉

正基围千余丈，然后农田始免水患，至今赖之。五代同堂，卒年七十二。

程达夫　清顺德光华人。咸丰元年（1851）举人。

［咸丰］《顺德县志》卷十一《举人二·国朝·咸丰》：光华人，顺天榜，辛亥恩科。

赖孟瑜　清顺德龙山人。咸丰元年（1851）举人。父瀛，弟德琉、炳琦。

［咸丰］《顺德县志》卷十一《举人二·国朝·咸丰》：龙山人，辛亥恩科。

［光绪］《广州府志》卷一百三十三《列传二十二·国朝·顺德》：赖瀛，别字榴海，龙山人……子孟瑜，咸丰辛亥举人。德琉，诸生。炳琦，同治癸酉举人。孙孝通，诸生。

［民国］《顺德县志》卷八《选举表一·举人·同治》：赖炳琦，字亦韩，龙山人，孟瑜弟……癸酉科。卷十四《艺文略·集部·别集》：《且朴轩诗集》三卷，国朝赖孟瑜撰。

廖金铿　清顺德龙山人。咸丰元年（1851）举人。

［咸丰］《顺德县志》卷十一《举人二·国朝·咸丰》：龙山人……辛亥恩科。

黎思劝　清顺德昌教人。咸丰元年（1851）举人。祖辉垣，父超民。

［咸丰］《顺德县志》卷十一《举人二·国朝·咸丰》：昌教人，顺天榜……辛亥恩科。

［民国］《顺德县志》卷九《封荫表·封赠·文阶》：黎辉垣，昌教人，以子超民赠知县，孙思劝加赠。黎超民，举人，以子思劭封工部主事，思劝加封……内阁中书。

潘玉璿　字东湖，清顺德大良人。咸丰元年（1851）举人，同治元年（1862）任浙江嵊县知县，同治七年署平湖知县，八年任金华知县，十年兼浦江知县，十三年调补乌程。寿79岁。子兆杭。

[咸丰]《顺德县志》卷十一《举人二·国朝·咸丰》：字东湖，冲鹤人，住大良……辛亥恩科。

[民国]《顺德县志》卷十八《列传三》：大良人。咸丰辛亥登贤书，教谕临高。捐升知县，分发浙江。同治初元，大难甫平，民生凋敝。玉璿初署嵊县，禀撤城内捐局，商力少纾。清理积案，昭雪疑狱，颂声以起。补金华县，金华在万山中，值苦旱。玉璿祷雨南山，越岭逾涧，步行数十里，父老谓百余年不见官，兹为创举矣，既而甘霖立霈，时比之郑宏随车雨。甲戌调补乌程，乌程剧邑也，钱漕甲一省。乱后土旷人稀，土客争垦，辄酿巨案，历任颟顸弗能理。玉璿莅事，即抚恤乡民，擒获首犯，编点客保、客董，以资约束。数年间田莱辟、税额增、谷价平，元气渐复。邑中向无公车费，玉璿倡议捐助，计偕者德之。庚午、癸酉、丙子、己卯四充内廉同考，得士最盛。以卓荐候升，旋致仕。卒年七十九，子兆杭，庠生。

潘杰　字衣云，清顺德冲鹤人。咸丰元年（1851）举人。父起鹏。

[咸丰]《顺德县志》卷十一《举人·国朝·咸丰》：字衣云，冲鹤人，起鹏子……辛亥恩科。

潘恂　字讷如，清顺德冲鹤人。咸丰元年（1851）举孝廉方正，以军功加光禄寺署正衔。寿69岁。兄楷。

[道光]《广东通志》卷八十一《选举表十九·举人四·国朝·嘉庆二十三年戊寅·广州府》：潘楷，顺德人。

[咸丰]《顺德县志》卷十一《岁贡·国朝·咸丰》：冲鹤人，壬子。卷十《荐举·国朝·咸丰》：字讷如，冲鹤人，元年辛亥举孝廉方正。

[光绪]《广州府志》卷一百三十三《列传二十二·国朝·顺德·潘楷传》：号小裴，冲鹤人……弟恂，字讷如，廪贡，生性端谨，乡人咸重之，举孝廉方正。以军功加光禄寺署正衔，亦年六十九卒。

[民国]《顺德县志》卷十七《列传二·潘楷传》：弟恂……咸丰五年元年举孝廉方正，复城会办团练，奏奖光禄寺署正衔……著有《岭南明三忠配享宋三忠议》《丧礼发蒙》《平夷刍言》《破空说》《养心辨》《四书管见》《驯鹤别墅文稿》《守拙轩诗钞》。

区敬修　号礼堂，清高明勤学人。咸丰二年（1852）岁贡，光绪元年（1875）赐举人，选广东遂溪训导，不赴。寿89岁。

祖当仁，乾隆五十五年（1790）岁贡，嘉庆十八年（1813）赐举人。父公简，早逝。

［光绪］《高明县志》卷十二《选举表·国朝·岁贡·咸丰朝》：勤学人，二年贡。《选举表·钦赐》：勤学人，当仁孙。由岁贡遂溪训导，光绪元年乙亥科赐举人。卷十三《列传·人物二·国朝》：号礼堂。当仁孙，公简子。简能文，早逝，从祖任乐会，遂承其砚。为人俭朴，无妄言，无厉色，蔼如也，众敬其度。由岁贡应乙亥乡试，钦赐举人，寻选遂溪训导，辞不赴。八十九卒，称人瑞云。

卢汝丕　清顺德大晚人。咸丰二年（1852）岁贡。

［咸丰］《顺德县志》卷十一《岁贡·国朝·咸丰》：大晚人。府学，壬子。

卢维球　字惠屏，号夔石，清南海沙涌乡人。道光十五年（1835）补县学生，咸丰二年（1852）优贡，廷试以训导用。同治六年（1867）参修县志，办沙头团练局二十余年。寿74岁。

［同治］《南海县志》卷九《咸丰朝·贡生》：优贡，壬子科。卷十《艺文略·史部·志乘类》：《桑园围总志》十四卷，国朝卢维球撰。

［宣统］《南海县志》卷十九《列传·文学》：字惠屏，号夔石，沙涌乡人。幼聪颖，读书过目不忘，弱冠力学，负时誉。道光乙未以邑试第一补县学生，咸丰壬子以优行贡成均，廷试以训导用。同治四年，顺德马应楷筑杨滘坝，有碍水道，桑园围实受其害，维球联围绅呈准毁拆，阖围赖焉。丁卯重修邑志，维球总理局务。办沙头团练局二十余年，息争排难，乡人重之。性俭朴，取与必严。戚党中有年老无告者，维球家虽贫，抚养必力任之。著有《爱萱草堂集》二卷、《忠孝神诰》一卷。年七十有四。

刘魁甲　清南海人。咸丰二年（1852）举人。

［同治］《南海县志》卷九《咸丰朝·举人》：壬子科。

李忭俦　名或作抃俦，改名广绥，清南海人。咸丰二年（1852）举人。官饶平教谕。

［同治］《南海县志》卷九《咸丰朝·举人》：改名广绥，壬子科。

［光绪］《广州府志》卷四十六《选举表十五·举人·国朝·咸丰二年壬

子》：李抃侍，南海人，改名广绥。

何龙章　清顺德羊额人。咸丰二年（1852）举人，官韶州府训导。

［咸丰］《顺德县志》卷十一《举人二·国朝·咸丰》：羊额人……壬子科。

［民国］《顺德县志》卷八《选举表一·郭〈志〉成后选举表中人得第在咸丰壬子前出仕升阶在癸丑后者补载如左·举人》：韶州府训导。

何官元　清顺德羊额人。咸丰二年（1852）武举。

［咸丰］《顺德县志》卷十一《武举·国朝·咸丰》：羊额人，壬子科。

何锷　字权修、词垣，清顺德星槎人。咸丰二年（1852）举人，任广东茂名教谕，卒于任。

［咸丰］《顺德县志》卷十一《举人二·国朝·咸丰》：字权修，星槎人……壬子科。

［民国］《顺德县志》卷十八《列传三·陈松传》：与松同时奉委入邑局办团者，又有黎炽远、何锷……锷字词垣，星槎人。少从潘湘白明经游，讲求实学。家贫无力购书，辄与友人借钞，积成数簏，其刻苦如此……在邑局以勤慎称，擅青乌术（尝谓邑局门对佩冈蟹拳，名顶胸煞。三十年后，地运向前推移，恰到山前，居此者辄相龃龉，后其言颇验），后选授茂名教谕，卒于任。

张守和　清顺德龙江人。咸丰二年（1852）举人。

［咸丰］《顺德县志》卷十一《举人二·国朝·咸丰》：龙江人……壬子科。

陆平章　字云台，清顺德水藤人。咸丰二年（1852）武举。

［光绪］《广州府志》卷四十九《选举表十八·武科·举人·国朝·咸丰二年壬子科》：顺德人。

［民国］《顺德县志》卷八《选举表二·郭〈志〉补遗·武举》：字云台，水藤人，咸丰壬子科。

林常芳　清南海人。咸丰二年（1852）武举。

［同治］《南海县志》卷九《武科选举》：壬子科，咸丰朝。

罗廷琮　清顺德大良人。咸丰二年（1852）赐副贡。

［咸丰］《顺德县志》卷十一《副贡·国朝·咸丰》：大良人，壬子以符例赐。

罗淦泉　清南海人。咸丰二年（1852）举人。

［同治］《南海县志》卷九《咸丰朝·举人》：壬子科。

胡道清　清顺德桂洲人。咸丰二年（1852）任顺德训科。

［咸丰］《顺德县志》卷九《职官一·训科（医学）·咸丰》：桂洲人，二年充。

胡德流　清南海人。咸丰二年（1852）武举。

［同治］《南海县志》卷九《武科选举》：壬子科，咸丰朝。

顾文炜　清顺德容奇人。咸丰二年（1852）举人。祖恂。

［咸丰］《顺德县志》卷十一《举人二·国朝·咸丰》：恂孙，容奇人……壬子科。

徐元阶　清三水人。咸丰二年（1852）武举。

［光绪］《广州府志》卷四十九《选举表十八·武科·举人·国朝·咸丰二年壬子科》：三水人。

黄维　清顺德大良人。咸丰二年（1852）副贡，十一年举人，官教谕。

［咸丰］《顺德县志》卷十一《副贡·国朝·咸丰》：大良人，壬子，顺天榜。

［光绪］《广州府志》卷四十六《选举表十五·举人·国朝·咸丰十一年辛酉并补行戊午科》：顺德人，教谕。

梅应科（清咸丰）　清顺德龙山人。咸丰二年（1852）举人，任广东石城（今廉江）教谕。

［咸丰］《顺德县志》卷十一《举人二·国朝·咸丰》：龙山人……壬子科。

［民国］《顺德县志》卷八《选举表一·郭〈志〉成后选举表中人得第在咸丰壬子前出仕升阶在癸丑后者补载如左·举人》：石城县教谕。

梁汝芬　清顺德林头人。咸丰二年（1852）举人。

［咸丰］《顺德县志》卷十一《举人二·国朝·咸丰》：林头人……壬子科。

梁雄才　清南海人。咸丰二年（1852）举人。

［同治］《南海县志》卷九《咸丰朝·举人》：壬子科。

梁鹏（清咸丰）　清顺德大良人。咸丰二年（1852）举人，官新兴教谕。祖逢泰。

［咸丰］《顺德县志》卷十一《举人二·国朝·咸丰》：大良人，逢泰孙……壬子科。

［民国］《顺德县志》卷八《选举表一·郭〈志〉成后选举表中人得第在咸丰壬子前出仕升阶在癸丑后者补载如左·举人》：新兴县教谕。

彭凤仪　清顺德容奇人。咸丰二年（1852）武举。

［咸丰］《顺德县志》卷十一《武举·国朝·咸丰》：容奇人……壬子科。

赖焯南　清顺德龙山人。咸丰二年（1852）举人。

［咸丰］《顺德县志》卷十一《举人二·国朝·咸丰》：龙山人，顺天榜，壬子科。

谭廷超　清南海人。咸丰二年（1852）武举。

［同治］《南海县志》卷九《武科选举》：壬子科，咸丰朝。

潘念祖　号茹芗，清顺德冲鹤人。咸丰二年（1852）副贡。天地会起时，入县团练局、广东团练局协理事务。任广东新兴县教谕18年，升韶州府教授，未上任，卒于新兴。子玉藻，附贡生。

［咸丰］《顺德县志》卷十一《副贡·国朝·咸丰》：冲鹤人，壬子。

［民国］《顺德县志》卷十九《列传四》：号茹芗，冲鹤人。年十二应武童试，邑侯张公以其貌儒雅，勉之读书，遂改业，咸丰壬子乡试登副榜。甲寅乱后，奉县札召集乡团办理善后，闾里安堵，复延入邑团练局、广东团练局赞襄方略，动中机宜。选授新兴教谕，倡修文庙，设乐善堂，重建节孝祠，规复养济院，修筑文昌桥，亦学官之能振作者。在任十八年，擢韶州府教授，未行，卒于新兴官廨。子玉藻，附贡生。

潘鸣球　字韶石，清顺德大良人。咸丰二年（1852）恩贡，讲学广州文澜书院，因母丧，悲伤而亡。弟鸣珂，子鸿藻。

［咸丰］《顺德县志》卷十一《恩贡·国朝·咸丰》：冲鹤人，住大良，壬子。

［民国］《顺德县志》卷十九《列传四》：字韶石，大良人……幼承庭训，读书孜孜不倦，博学能文，每试辄冠其曹，名大噪。书法取径赵松雪，参以王右军之圆劲，与罗传球、黄允球齐名，时有“凤城三球”之目。讲学省垣文澜书院，从游者岁百余人，才俊多出门下。生平事母至孝，母丧七日，哀毁逾节，一恸而亡。所著《寸草山房诗钞》四卷、《赋钞》一卷、《砚珧堂文稿》二卷、《易经寡过录》二卷，门人刘谱、吕鉴煌等梓而行之。弟鸣珂、子鸿藻，均庠生。

潘鸿光　清南海人。咸丰二年（1852）武举。

［同治］《南海县志》卷九《武科选举》：壬子科，咸丰朝。

龙迪猷　（1822—?）字哲如，清顺德大良人。咸丰十一年（1861）举人。

［光绪］《广州府志》卷四十六《选举表十五·举人·国朝·咸丰十一年辛酉并补行戊午科》：顺德人。

［民国］《顺德县志》卷八《选举表一·举人·咸丰》：字哲如，大良人……辛酉科并补行戊午科。

陈开　（1822—1861）清鹤山维墩人。10 多岁到佛山做工，加入天地会为首领。1854 年 7 月在佛山起义，蓄发易服，头裹红巾，称“红巾军”。后与李文茂汇集会众十数万，分三路围攻广州10个月，占领周围各县，被推为盟主。1855年5月，英、美、法军接济清军，围剿起义军。红巾军转入广西，9月克浔州（今桂平）改称秀京，建“大成国”。1861年8月浔州失陷，被俘牺牲。

[民国]《佛山忠义乡志》卷十一《乡事志·编年》：咸丰……甲寅四年夏六月红巾贼起，匪首陈开踞佛山。十一月官军讨平之，陈开遁。陈开者，三水箍桶匠，素无赖。道光季年，奸人立三合会联盟惑众，洪秀全因之作乱。其在粤者，陈开为首，党徒以佛山为多，勾结兵役，有司弗能治。洪逆踞金陵，老贼多死，来粤号召，陈开遂以是年六月十一日起事。在石湾大雾冈用人祭旗，直入佛山，以红巾为号，汛勇团丁应之。分府谢效庄、巡检张金鉴方往省请兵，千总黄曜吉带印赴北江剿贼。新任都司未至，陈开遂踞分府署为大营，分扼水陆各隘。别股贼扑会垣，陈开为之策应，日出队攻大沥为夹击之计。大沥守御固，贼至辄败，逆目何六固佼佼者，以早出暮归非策，率队驻石桥梁，高筑炮垒，昼夜轰击，大沥危甚，团绅欧阳铨、麦佩金亲诣省请发巨炮毁其垒，始败退。是时两江道梗，镇内商业皆歇，仍联团自卫，紧闭栅门，瓦上搭天桥以济。贼粮尽，其党和尚能勒各商助饷为坊众所囚，与之盟而释之，遂放火箭焚烧，四十九街瓦砾弥望，十一月初三事也。会垣解围，官军进规佛山，镇绅亦募团备战。陈开不能守，率众往广西，官军遂于十一月十二日收复佛山，余匪悉平……陈开既走广西，扰乱数年，咸丰辛酉官军擒杀之，传首佛山胜门头示众。何六走郴州，图与发逆合，湘军斩之于阵，和尚能亦为其党所杀，余无漏网者。

潘斯濂 （1823—1881）字兆端，号莲舫，清南海西樵百西村头村人。道光二十四年（1844）举人，二十七年进士，三十年授编修。请假归家，遇红巾起义，捐资、募勇办团练，赏花翎五品衔。同治二年（1863）还京，次年任实录馆协修官。七年升户部给事中，次年迁光禄寺少卿，九年督学山东，十一年四月充会试磨勘官、殿试弥封官。光绪元年（1875）典试四川，次年典浙江试。三年升顺天府府丞，六年充考试奉天汉教习阅卷大臣，回京途中病卒。祖进，父以翥，子誉徵、誉韶、誉华、誉恩。

[同治]《南海县志》卷九《道光朝·举人》：进士，甲辰科。《道光朝·

进士》：翰林、光禄寺少卿、山东学政，丁未科。《道光朝·封荫》：潘进，以孙斯濂赠如其官。潘以翥，以子斯濂赠如其官。

［光绪］《广州府志》卷四十六《选举表十五·举人·国朝·道光二十四年甲辰》：南海人，进士，子誉徵。

［宣统］《南海县志》卷十四《列传》：字兆端，号莲舫，百滘堡黎村乡人。生而颖悟，道光己亥年十九，以词赋受知学使戴熙，补弟子员……成进士选庶吉士，庚戌散馆授职编修，充武英殿协修官、国史馆纂修官，旋以养母请假归。属红巾贼起，奉母避省垣，大吏谕办团练，斯濂捐五千金为倡，郡县应之。又出资募勇五百，肃清乡界，叙功得旨赏花翎、五品衔。同治二年癸亥还京，甲子充实录馆协修官，转补江南道御史，充顺天武乡试监视官。尝疏言："粤东寇盗充斥，劫掠四闻，甚者据城戕官，酿成大变，势将不可遏。请饬疆吏严檄地方文武认真捕治，庶无后患。"又以本籍桑园围跨南、顺两邑，粮命所关至巨，而水灾荐至，百年不获少安。前总督阮元奏拨帑银八万两发商取息，助民岁修，工竣题销作该围专款。中更寇乱，大吏备充兵饷，本息荡然无存，疏请饬督抚迅速筹还，照向章办理以济要工，皆得旨允行。寻转京畿道御史，丁卯春京察一等当外用，援亲老例辞，再转掌京畿道御史。京畿道向例代堂办事，斯濂晨趋院治文书，事罔不治，其秋充顺天乡试同考官。戊辰擢户部给事中，会京师戒严，派办东城团防，己巳迁光禄寺少卿。庚午奉督学山东之命，履任恺切谕诸生，使皆读书奉法，进无侥幸，居无武断。每扃试①终日坐堂皇校阅，严束丁役，风规凛然。居平服膺道州尚书何凌汉语："场中多一查弊之人，即多一作弊之人。"故务挈其要领，不尚烦苛。院试榜发，例由学官册报始复试。不肖者索诸生馈金，视轻重为差等，否则稽留至旰，学使闵其俸薄，率优容之。初试济南，两学官索金未遂，延不报，侦之则方纵饮为乐，遇诸生多无状。斯濂怒，立予解任，当道为请，不许，自余惕息，夙弊一空，既诸生希学使旨，辄傲睨学官。选拔至，茌平有径请提调官送考者，学官恚甚，睨生至则目眦尽裂，进止失其常。斯濂抑生，令别坐堂隅试之，幕友询故，斯濂曰："前者学官贪虐，法所必惩。若今率行藐视，苟不大为之防，非所以重师儒、兴教化也。"闻者肃然。差竣回京复命，召对之际，温语垂询，寻命膝行而前，握视手掌，谕以："读书人体常不足，当自爱。"斯濂感恩遇，常述之为后人勖。甲戌四月，充会试磨勘官、殿试弥封官。光绪元年乙亥，偕温宗翰典试四川。星轺初税，讹言入于制府，云使者与两生通关节。某督心识之，方拆卷据座耽耽遍览，卷无两生名，乃释然。

①扃试：指科举考试时，考生各闭一室应答试题。

丙子四月复充会试磨勘官、殿试弥封官，六月奉旨典浙江试，以王先谦为副。拜命遄发，途间约傔从甚严，舟至维扬，有以缓行请者，斯濂语王勿听，奸无所售。丁丑擢顺天府府丞，职司校士，公余辄览古碑名画以自适，晏如也。己卯五月奉派稽察右翼宗学，八月调奉天府府丞兼学政，留办闱差，旋充顺天文武乡试提调官、武乡试校射大臣。差竣当之官，家人以沈阳严寒、体弱恐不任请引退，斯濂以新衔使命未可告劳，遂治装东行。始辽人在京师者，度斯濂且至辽，先执贽修弟子礼，斯濂婉却之。既出关逾日，一儒冠者谒驿门以币，将愿随使者，行无道路忧，斯濂使阍者峻辞焉，久之引去。辽士素不畏法，应郡县试辄凌辱官长，以酒食游戏横市中。市人讼之，官为谕止，则声言官右商人、摧士类，汹汹闹考，岁或再三。斯濂至，商诸将军府尹，缚为首者论如律，士风乃变。庚辰四月充考试奉天汉教习阅卷大臣，其秋试事将竣，斯濂语其子言：“母老，当告归。”乃试锦州。还途中感寒痰喘发，病剧知不起，自言：“受国厚恩，不克报称，谕诸儿当努力以终我未竟之志。”语毕，端坐移时逝，年六十有一。斯濂秉性孝友，内外无间言。与人交胸怀坦白，尤急人之急不少吝，在京中施衣给药无虚岁。生平不喜闻人过，子弟有言辄呵之。坐一室端重寡言笑，对客辄娓娓不倦，忘形尽欢，人以是称为长者。然实外和内，介重气节，不为利疚威惕，自少至老无稍渝。粤中困兵燹，仍岁旱涝，重以科派，凋敝益甚。前粤抚李福泰惮于筹饷，听细说欲抽行坐厘，以诹斯濂。斯濂曰：“公官粤久，疾苦素所悉。方今昭回元气，深望于公，必如言，不敢以对。”总督英翰到粤，造斯濂商亩捐，斯濂对如李言，事皆寝。巡抚张兆栋、总督张树声皆以通家谊岁时启问，询求粤东治道，斯濂尽所见告之，然未尝干以私。斯濂尝言：“士之生世，穷通者命，显晦者时，惟不以祸福之说萦于心，然后试诸夷险之途而无所夺。”斯濂之改御史也，实由忌者挤之，斯濂以得少发其胸中所欲言，虽蹭蹬不介于怀也。奉天之行，或为斯濂忧，求可以一言规避者，斯濂言：“择官而仕非忠也，苟蒙简任，虽甚险远安足辞？予年六十，素不习奔竞，今岂以晚岁改节？”或乃叹服去，论者重之。子誉徵，同治癸酉举人，户部郎中。誉韶，附生，报捐中书。誉华，丙午岁贡，考职部铨州判。誉恩，江西试用知县。

刘瑶 字佩瑞，清高明世唐美人。咸丰三年（1853）恩贡。

［光绪］《高明县志》卷十二《选举表·国朝·恩贡·咸丰朝》：世唐美人，三年恩贡。卷十三《列传·人物二·国朝》：字佩瑞。咸丰癸丑恩贡。诗书过目不忘，质性磊落不羁。客匪乱，谋复疆土，以尝田百余亩助饷。贼招匪助逆，瑶喻其归正，匪冒兵入海，瑶歼其巨魁。贼无救援，不数月而城复，瑶与有力焉。卷十五《前事志·国朝》：（咸丰）十一年辛酉冬十二月中旬，

古劳局绅截杀李天参募匪。（匪首李天参在外招集潮、惠、嘉等匪数千、船数十号，假官兵旗帜，分两队，一由三洲海口入，一由金洲海口入，欲援城贼之危。古劳局绅刘瑶侦知，亲督勇数百名截船杀贼，斩获数百名，贼船退散。城贼失援，匪无固志矣）

麦启科　字穗年，号连云，清三水人。贡生。著《姑苏台行》记载咸丰三年（1853）事。

［民国］《三水县志艺文略稿》：《潜修堂吟草》，清麦启科撰。《柳堂师友诗录》曰：启科，字穗年，号连云，三水贡生。平生游踪半历内地，屡涉外洋，放眼拓胸，其诗遂得江山之助。《姑苏台行》一篇述咸丰癸丑时事，笔意苍凉，尤称巨制。

老鹤年　字为谦，清南海九江人。年轻时师从朱次琦，以时事多故，绝意进意，年未40即隐居腾溪，杜门不出，著有《帝王世纪汇考》。弟龙年。

《九江儒林乡志》卷八《艺文略·史部·总编类》：《帝王世纪汇考》六卷，国朝老鹤年撰。《艺文略·史部·谱系类》：《老氏家谱》，国朝老鹤年撰。

［宣统］《南海县志》卷二十《列传·善行·老龙年传》：兄鹤年，字为谦，朴素不类富家子。弱冠游朱先生之门，先生甚器重之，时以诗相投赠。以时事多故，绝意进取，年未四十，即隐居腾溪，杜门不出。著有《帝王世纪汇考》六卷。

老龙年　字益谦，清南海九江人。咸丰三年（1853）出资筑修桑园围。兄鹤年。子良书、孙毓华，并举人。

［宣统］《南海县志》卷二十《列传·善行》：字益谦，九江堡人。少事母，晨昏侍奉必躬，不以婢仆代。喜施济，有器量。亲故以冠婚丧葬求助者，无弗与。鳏寡孤独、颠连无告者，月给斗石以赡养之。龙年尝设布行，被司事卢某亏空万余金遁去，资罄而返，惧案发自投于龙年，愿输其产十余亩以相抵。龙年曰："汝有老亲，今尽倾所积使汝菽水不供，予弗忍。"却还之，卢感激叩头至流血。咸丰三年堡属桑园围坍塌，须购桩杉、蒲包抢救，仓猝款莫办。龙年慨然身任其值，围乃危而复安，其重义轻财如此。子良书、孙毓华，并举人。兄鹤年。

何泰鹏 （？—1853）字拔岩，清顺德良村人。以武生入伍，历外委、把总、权新会营千总、护理都司，督兵捕贼，遇伏身死。

［咸丰］《顺德县志》卷二十一《列传一·武传》：字拔岩，县之良村人。沉毅知书，以武生入伍。哨巡获盗，拔外委，稍迁协右营把总。随剿广宁、四会盗，权新会营千总。高州会匪凌十八等负固，聚罗定之罗镜墟，督抚分驻剿办，泰鹏伤重而功多。兵撤，擢本营右哨千总，令护提标前营都司，驻东莞铁冈。界连广、惠，贼沿河肆劫东路行旅，督兵往捕。乘胜追入司马乡，遇伏，文员王治溥等困不得出，泰鹏驰救，同被戕死，咸丰三年九月也。事闻，下部优恤，调潮州镇会广守平之。泰鹏勤训练、明操守，所至兵与民安。舆梓入城，人士相率撰文以祭，多唏嘘泣下者。

陈岳廷 清顺德马齐人。咸丰三年（1853），倡捐修筑马齐乡石路。

［民国］《顺德县志》卷三《建置略二·桥梁（石路附）》：马齐乡石路，咸丰三年，里人陈岳廷等倡捐修筑。

林宜煌 清高明范州人。咸丰三年（1853）恩贡。

［光绪］《高明县志》卷十二《选举表·国朝·恩贡·咸丰朝》：范州人，桂平籍，三年恩贡。

梁庆棠 （？—1853）清南海西樵碧霞乡人。以督修炮台功议叙县丞，分发湖北，赴监利县丞任。咸丰三年（1853），太平军攻陷县城，殉难。祖昌圣，父梦鋑。

［同治］《南海县志》卷十七《列传·节义》：碧霞乡人。祖昌圣，由进士作令江南，升直隶晋州知府。父梦鋑，就南邑幕。庆棠当洋人滋事时，以督修炮台功议叙县丞，分发湖北，赴监利县丞任。咸丰三年，发贼由粤西道全州，下衡、永，陷岳州，将抵湖北界。时县令先期下乡招募民屯为防御计，委庆棠暂为城内留守，乃令出未返，贼已蜂拥围城。庆棠激励民兵，誓死不去，屡挫贼锋。而仓卒登陴，兵饷俱绌，数日城破，巷战被执，不屈死，子某亦随父死。事闻，赏恤云骑尉，遂以犹子为嗣俾承袭焉。

梁融 （1824—1886）字鸿材，号荔浦，又字祝明，清南海九江显冈乡人。咸丰十一年（1861）举人。同治十年（1871）进士，以知县分发四川即用，以母丧归，主西湖书院讲席，服阕。回川代理东乡县知县，为丁葆祯赏识。请求改任教职，回家协理惠济义仓。光绪六年（1880）督修桑园围，补广东高州府教授，仍兼仓务。64岁卒于家。

［同治］《南海县志》卷九《咸丰朝·举人》：进士，辛酉并补行戊午科。《同治朝·进士》：知县，辛未科。

［宣统］《南海县志》卷十四《列传》：字鸿材，号荔浦，又字祝明，大同堡显冈乡人。少攻苦力学，咸丰十一年领乡荐……以知县分发四川即用，需次成都未半年，旋丁内艰归。县主杜凤治聘主西湖书院讲席，服阕回川署东乡县知县。到任清理积案，平反庶狱。值邑灾，捐廉赈恤，无失所者。一年报政，上官贤之。融自以体质素弱不任繁剧，又虑于民事有不明，故更号祝明，旋请改就教职。川督丁葆祯重其品，语僚属曰：“如梁令者忠厚诚信，不愧为慈惠之师，何可使去？”然融去志已决，不可复留，遂归田里。粤藩檄委协理惠济义仓，光绪六年补高州府教授，仍协理仓务。先是，咸丰元年西潦盛涨，堡内白饭围决。又近与沙头堡温村围接壤，彼基低薄，水泛过基，水由大同倒灌金瓯以上九堡。时值早禾将熟，农民大恐。融跣足短衣，亲督乡人抢救，又慨然自任桩杉物件，贷款至数千金。昼夜施工，堤复完固，是岁无歉，乡人德之。寻更倡议傍温村围加筑十堡新基，与白饭围相接，水患遂绝。光绪六年，督修桑园围，筹画备至，工巨堤固，融有力焉。融家不中资，自居朴陋，而捐修宗祠至千余金，其用材知义多类此。融需次成都时，乐邑文童县试幸列首选，虑文不佳为学使所摈。知融与学使有同年谊，乞为关说，以三百金执贽为弟子，融拒弗纳。其取与不苟如此。未通籍时，主大同局事三年，排难解纷，敦本善俗，乡无赌场，族无匪类，人皆服其公正。十二年卒于里第，春秋六十有四。易箦时，犹以“受得亏，吃得苦，周恤亲邻”戒其子孙云。

赖瀛　别字榴海，清顺德龙山人。咸丰三年（1853）号召捐谷备粜，寿70岁。子孟瑜、德琉、炳琦，孙孝通。

［光绪］《广州府志》卷一百三十三《列传二十二·国朝·顺德》：别字榴海，龙山人。父经家素丰，授以读，少即力学工文，遭父丧哀毁骨立。叔为父所爱，分家产之半与之，旧称贷不能还者，悉焚其券，乡里推长者。咸丰癸丑贼起，乃令族中有田者各捐谷存祖祠备平粜，甲寅土贼发，族人得食无随贼者。遭母丧，不以年高废礼，哀毁如丧父时。未几卒，年七十。所著

有《色香俱古之室诗钞》七卷、《试贴》二卷、《养拙簃文集》二卷藏于家。子孟瑜，咸丰辛亥举人。德琉，诸生。炳琦，同治癸酉举人。孙孝通，诸生。

谭迪光 清高明人。咸丰三年（1853）补元年恩贡。父驷。

［光绪］《高明县志》卷十二《选举表·国朝·恩贡·咸丰朝》：驷子，三年补元年恩贡。

王纬 字光彦，号念莪，清末南海佛山镇人。咸丰四年（1854），随道光十九年（1839）举人冼佐邦抵抗红巾军，因功由中书科中书加授五品衔，议叙光禄寺署正。堂兄福康，子凝祚、凝祉、凝礼。

［宣统］《南海县志》卷十《选举表·举人·光绪朝》：王凝祉，顺天中式……丙子科。

［民国］《佛山忠义乡志》卷十四《人物志七·隐逸·清》：字光彦，号念莪，福康从弟。弱冠能文，志高尚，薄举业，而秉性仁厚，勇于为义。咸丰甲寅，佛山匪乱，助巨饷随丈人冼星曹孝廉以南顺营克复佛山。事平不复出，家居习静，勤修六行，人无间言。子十二，长凝祚官州判，次凝祉官部曹，先后膺乡荐，季凝礼补博士弟子员，余均克家。初以平匪功，由中书科中书加授五品衔，议叙光禄寺署正，后遇覃恩封如其次子之官。卒年六十八。卷十三《选举志一·举人·清》：王凝祚，光绪己卯，附生。《选举志二·封赠·清》：王纬，以子凝祉赠刑部主事。《选举志二·仕宦·文职·清》：王凝祚，江西补用通判。

尤光彦 （？—1854）字星舫，清顺德北水人。咸丰四年（1854）与弟光骥捐资招募乡勇，抵御起义军，在陈村阵亡，妻潘氏殉死。同治九年（1870）朝廷旌赐云骑尉世职。生前建漱芳园以娱亲，死后弟光龙隐于此，改名虬松园。

［民国］《顺德县志》卷十八《列传三·左梦衡传》：同时请旌者有北水尤光彦，字星舫，同知职衔。甲寅之役，与弟光骥捐资募勇，御贼力战。光彦在陈村阵亡，奉旨赐云骑尉世职，恩骑尉罔替，崇祀忠孝祠。卷十一《节孝表一·咸丰朝》：潘氏，尤光彦妻。殉夫……十年旌。卷十三《胜迹略·署宅·园林之属》：漱芳园、榕园在北水乡。先是，尤光彦建漱芳园以娱亲，按察使李沄颜曰“松溪别墅”。已见郭《志》。自咸丰甲寅之乱，光彦阵亡后，

其五弟光龙遂隐于此，更名曰“虬松园”，一时文人墨客群相唱和，刻有《虬松园诗集》。其三弟光骥复建园于虬松园之隔溪，颜曰“榕园”，今皆圮。

仇玉阶 号石生，清南海梯云堡（今大沥）人。咸丰四年（1854）参与办团练，对抗红巾军，同治六年（1867）举人。

［同治］《南海县志》卷九《同治朝·举人》：丁卯科。

［宣统］《南海县志》卷十五《列传》：号石生，梯云堡人。同治六年举人。性至孝，侍亲疾，衣不解带者屡月，居丧悉循礼节，宗族化之。与人处必至敬，人号“多礼公”。朋友有过，直谏无隐，乡邻争讼必力为排解，而谢绝馈赠，一介不苟，人服其廉。咸丰甲寅，会匪起，与欧阳泉、麦佩金等倡办乡团，率练勇与贼数十战，克复佛山，保障会城，玉阶与有力焉。乱平，制府奏保即用训导。

仇鸾飞 （？—1854）清南海梯云堡仇边乡人。捐官得千总。咸丰四年（1854）红巾军犯仇边，与其兄国安同陷阵死，朝廷赏其子锡蕃云骑尉世职。

［宣统］《南海县志》卷十八《列传·忠义》：梯云堡仇边乡人。性倜傥，娴武艺，屡试不售，以监生捐职千总。咸丰四年，红巾贼起，与其兄武生蓝翎千总国安，毁家募勇拒贼，协同四堡办团，前后杀贼无算。闰七月初一日，贼犯仇边，鸾飞督勇奋力堵御，阵斩数十人。既而贼来益众，四面环攻，救援莫至，力不支，兄弟同陷阵死。事平，四堡建忠义祠崇祀，死事者位次以鸾飞居首焉。子锡蕃奉旨赏给云骑尉世职，袭次完时给与恩骑尉，世袭罔替，准食全俸。并赐葬祭银两，崇祀昭忠祠。

孔广心 字六梅，清南海叠滘人。国学生，40岁后绝意进取，以裁成后进为己任。咸丰四年（1854）红巾之乱，亲赴沈道棣辉行营，禀准办团，抵御红巾军，乱平，奏奖六品顶戴。寿77岁。

［宣统］《南海县志》卷十五《列传·陈作猷传》：叠滘堡人……孔广心，字六梅，国学生。少笃学，年四十即绝意进取，以裁成后进为己任。咸丰红

巾之乱，亲赴沈道棣辉①行营，禀准办团。独具胆识，办事认真，乱平，大吏汇案保举，奏奖六品顶戴。主办局务三十余载，洁己奉公，不避劳怨，乡人德之。卒年七十有七。陈树勋，字策廷，亦同堡人。官湖南府经历。明大义，尝分己产赡服亲，创筑东基三眼窦以备潦，人颂德焉。

陈树勋　字策廷，清南海叠滘人，官湖南府经历。

［宣统］《南海县志》卷十五《列传·陈作猷传》：叠滘堡人……陈树勋，字策廷，亦同堡人。官湖南府经历。明大义，尝分己产赡服亲，创筑东基三眼窦以备潦，人颂德焉。

孔毓兰　字淡然，清南海孔村人。以子传肇、孙继猷官职晋赠资政大夫。57岁卒。

［民国］《佛山忠义乡志》卷十四《人物志六·义行·清》：字淡然，邑属孔村人。性好善，事母以孝闻。咸丰甲寅，红巾倡乱，盗贼蜂起，有邻匪十数人白昼登门吓勒财物，毓兰恐母受惊，出阻之。贼怒执之去，禁别坊，将索巨资且苦焉，中有一贼谓其伙曰："我辈图利耳，孔某是个好人，何必苦之?"遂不敢加害，卒以百金赎出。事平，上官委绅设局清乡，捕获多名，此贼亦在内。其家属求解救，毓兰廉得其情，白之局绅，且曰："世乱愚民无知，为饥寒所迫，误入会党，所在多有，今大乱既平，宜一切从宽，以培元气。"当事者感其诚，立将此人交保，其同伙亦缘是被释，皆诣毓兰谢，矢终身不复作冯妇。自此保存甚众，乡人至今德之。生平乐善不倦，谓诸子曰："吾人无论居家、出门，凡地方有事当出力佽助，勿作自了汉。"诸子受教唯谨。卒年五十七岁。光绪初迁佛山，子传肇，府同知。孙继猷，道衔，咨议局议员。晋赠毓兰资政大夫。

冯元亮　清顺德人。道光时任外委千总，咸丰四年（1854）任顺德左营守备，次年任都司。

［咸丰］《顺德县志》卷九《职官二·外委·道光》：县人，左哨……外委千总。

［光绪］《广州府志》卷三十一《职官表十五·国朝·武职·都司守备·

---

①沈棣辉（？—1856），清浙江归安人。道光中，捐资为广东通判。咸丰四年（1854）代理广东盐运使，后擢按察使。

咸丰朝》：顺德人。五年任，顺德协左营都司。顺德人。行伍，四年任，顺德协左营守备。

冯培光　字啸岩，清顺德龙山人。诸生。咸丰四年（1854），广东天地会起义后，著地方纪实书《龙山甲寅纪变录》。

［民国］《顺德县志》卷十四《艺文略·史部·传记类事实之属》：《龙山甲寅纪变录》，国朝冯培光撰。谨按：培光，字啸岩，龙山人，诸生。《艺文略·集部·别集》：《倚鱼山阁诗集》，国朝冯培光撰。

卢渭泉　字源正，清南海西隆堡南房乡人。咸丰四年（1854）办团练，六年赈饥。光绪十年（1884）中法战争，再办本堡团练。母夏氏，寿93岁。子宗瓒、宗璜，孙集祥。

［宣统］《南海县志》卷二十《列传·善行》：字源正，西隆堡南房乡人。母夏氏年近百龄，五世同堂。咸丰四年，渭泉倡办本堡团练，督队进攻木围，被贼要击，奋力破围，歼贼无算，贼由是不敢犯西隆。六年大饥，各禁米出境。渭泉禀奉大宪给运粮旗，捐资购米入境平粜。光绪十年，法寇边，再办本堡团练，土匪不敢窃发。俭朴好施，族贫者岁有给，亲故不能自存者月有给，捐资修道路，施茶药，建风雨亭，为乡里仰重，常赖一言解纷。治家严，尤恶鸦片，子孙数十人无敢吸食者。子宗瓒，附生。宗璜，举人。孙集祥，附生。卷二十三《列传·列女》：卢德明妻夏氏，西隆堡大郊乡夏建荣之女。幼事父母，恒纺绩佐甘旨，以孝闻。年十七归卢，事翁姑、事夫尽妇道，乡党无间言。好施与，亲族有贫乏者，时周之略无吝色。年四十一德明殁，治家训子，独身任之。咸丰四年红匪乱，光绪十年法寇边，氏两捐资，命子源正举办本堡团练，境赖以安。年九十有三，五世同堂，亲见七代，恩赏匾额、缎匹、银两。源正妻朱氏，姑病则卧其侧以候起居，亲进汤药饮食，五十余年不倦。训子妇曰："家以和而兴，能忍而后能和。"其见理贯彻如此。戚属贫者岁有周恤，临殁，尚戒诸子妇无稍吝云。卷十《选举表·举人·光绪朝》：卢宗璜……甲午科。

［民国］《佛山忠义乡志》卷十三《选举志一·举人·清》：卢宗璜，光绪甲午，附生。

左梦衡　（？—1854）字宅中，又字洛桥，清顺德龙山人。

咸丰四年（1854），倡招乡勇，抵御红巾军，被擒遇害。

［民国］《顺德县志》卷十八《列传三》：字宅中，又字洛桥，龙山人。咸丰四年土匪滋扰，倡招乡勇图灭贼。贼觉且瞰其富，十月十三日，在排涌埠截归贼营，百计逼勒，梦衡大骂不屈，遂遇害。同治九年，两广总督瑞麟奏请旌恤顺德县阵亡乡勇及殉难绅民，案内梦衡以布政司理问衔，照四品官以下阵亡例给云骑尉世职，袭次完时并给恩骑尉罔替。

左弼俞　字心园，清顺德龙山人。咸丰四年（1854）岁贡，官开建县教谕。父天诏。

［民国］《顺德县志》卷八《选举表一·五贡·咸丰》：字心园，龙山人。阳山籍，甲寅岁贡，开建县教谕。卷九《封荫表·封赠·文阶》：左天诏，龙山人，以子弼俞赠开建县教谕。

刘福成　字钜传，清南海镇涌堡石龙乡人。咸丰四年（1854）红巾之乱，其酋以富贵诱之，婉言拒绝。寿86岁。

［宣统］《南海县志》卷二十二《列传·耆寿》：字钜传，镇涌堡石龙乡人。家贫，入塾仅年余，即为人佣保，以诚实见重。及长，为致书邮，所入悉以奉母，无缺甘旨。母卒，茹蔬餐粝，席地而寝，哀毁尽礼，人以为难。弟妹五人皆抚育成立，课读婚嫁、营宅医药之费虽巨不吝。次弟年老病废，月周银米以为常，有甘旨必分食之，曰："吾独食，虽食不下咽也。"其孝友盖天性然。生平拯溺者三、拒奔者五，不与人言，妻子问其姓氏终不答，曰："忍令若人蒙耻耶？"咸丰甲寅红巾乱，道路梗塞，歇业家居困甚。贼诱之曰："观汝膂力绝人，又通技击术，随我去，富贵可期也，何自苦为？"福成以母老弟幼谢之，识力过人有足多者，所谓乡里善人非耶？子夏曰："虽曰未学，吾必谓之学矣。"行年八十有六，仍康健如常，是岁无病而卒。

关佑　字星衡，号弼卿，清南海九江人。咸丰四年（1854）岁贡。

《九江儒林乡志》卷十《选举略·国朝·贡生·咸丰四年甲寅》：字星衡，号弼卿。县学，岁贡。谨按：粤中贡例旧多逾期，关佑于同治二年出贡，而贡额实属咸丰四年。

吕廷焯　字载昭，号赞臣，清南海里水大冲乡人。咸丰四年（1854），组织团练抵御红巾军。同治元年（1862）举人，在广州教学。66岁回乡，管理惠济义仓。寿73岁。父陈谟，道光十一年（1831）举人。子绍端、绍枏。

［同治］《南海县志》卷九《同治朝·举人》：陈谟子，壬戌并补行己未科。

［宣统］《南海县志》卷十五《列传》：字载昭，号赞臣，大冲乡人。先世业农，父陈谟始登贤书。廷焯生而颖悟，年十四即通贯群经、研精诸史。年二十四补县学弟子员，科岁试辄冠其曹。然屡蹶棘闱，至同治元年始举恩榜。家贫，未弱冠即以舌耕糊口。乡举后设帐会垣，受业者岁常数百人，馆舍为满，乃税馆旁耳舍住宿。廷焯讲学以立身制行为本，以通经致用为归。咸、同之间，学子溺于帖括，挟兔园册子剽窃，时调以为能，不复知有经史义理之学。廷焯尝语其门人曰："学者读书，非研穷载籍无以明义理，非涵茹今古无以广见闻。古人枕经葄史将为用世之具，非仅为场屋文计也。即以场屋文论，苟非熔经铸史、佩实涵华，又何能于黄茅白苇中独树一帜哉？"由是门人多肆力经史，其掇巍科、登显仕以去者，类多朴学之士。廷焯秉性慈和，与物无忤，而耿介自持，不苟取与，平居退然若不胜衣，事关桑梓利病，则毅然为之，无所瞻顾。咸丰四年，红巾贼起，四方俶扰。廷焯练集乡团联防捍御，贼屡窥伺，辄挫其锋，卒不得逞，乡党免难，廷焯之力为多。其居乡也，正风俗，饬伦纪，敦姻睦，息纷争，布衣蔬食终其身，而置祖尝、给婚丧、赡孤寡则未尝少吝，人服其化，乡人无构讼者。年六十六，撤帐闲居，优游里巷，管惠济义仓。又数年而卒，年七十有三。子二人：绍端、绍枏。以绍端贵封翰林院编修。

伍藜照　字义蕃，清顺德古朗人。咸丰四年（1854），贼持刀协迫加入天地会，峻拒之。寿70岁。

［民国］《顺德县志》卷二十《列传五》：字义蕃，古朗乡人。家贫至孝，少居父丧哀毁骨立。母病瘫痪，日侍汤药，衣不解带、目不交睫者七八年，母卒不起，悲痛如丧父时。咸丰甲寅之乱，贼露刃胁之入会，藜照峻拒之。尝作劝孝戒斗歌教乡人，愚顽感化。年七十卒。

麦献廷　号少彭，清南海大沥奇槎乡人。训蒙谋生。咸丰四年（1854），举办乡团抵御红巾军，奖叙文职六品军功。四弟衍昌、五弟寿昌。

［宣统］《南海县志》卷十七《列传·孝义》：号少彭，奇槎乡人。生有

至性，八岁丧母，哀毁如成人。少沉默，不好嬉戏，出就外傅与伯兄同塾，苦嗜学。伯兄旷业而嬉，辄婉诫之，父或挞伯兄罚不得食，亦涕泣不食。父叹曰："此儿天性厚，能爱其兄必能爱其弟，诸庶子当有赖也。"父殁家贫，训蒙以奉庶母，甘旨无缺，人称其孝。庶母寻病殁，遗四弟。有同母姊二人，其子皆贫而无依。献廷授徒异乡，必挈四弟及二甥偕行，饮食教诲，竭尽心力，家中或日不举火。或讥其多养冗人，不顾家室，献廷曰："吾少丧母，事父之日少。四弟父所钟爱，二姊母所怜恤，吾惟以教弟教甥稍尽子职耳。"咸丰四年，举办乡团，与欧、麦两孝廉相犄角，筹饷购械，事必躬亲。初募勇，少应者，首命二弟应募以为之倡。四弟衍昌、五弟寿昌年少骁勇，战必先登，连杀剧贼，未半月被创而殁。事平，当道清乡间有株连，分别良歹，为之平反，全活甚众。献廷善制艺，惊其侪偶，试辄不利，因绝意进取，而肆力于儒先性理之书。终日兀坐，研精覃思，至老不辍，其论学谓："功夫先从静字下手，最要是魄力，不因循，不姑宽。"尝仿宋人语录，分伦纪、学问、持身、涉世四大端，逐日笔记，自摅心得，辑为《家训》。以团练功，奖叙文职六品军功。

李志苍 字玉阶，清南海李边乡人。经商致富，捐巡检司。咸丰四年（1854）红巾之乱，其妹被掳索赎赎，百计出妹于难。妻唐氏贤。子应鸿，同治六年（1867）举人，次年进士。

［宣统］《南海县志》卷十七《列传·孝义》：字玉阶，李边乡人。母守节安贫，志苍以贾起家，纳粟为巡检司。言不忍欺，利不苟就，咫尺循矩矱，曰："此吾母教也。"性喜文，嗜书画，终日课儿，不使问生计，人问之则泫然曰："是向者吾母所以教吾，而吾奉之以教吾子也。"咸丰甲寅，志苍妹适杨氏者，被红匪掳索赎赎。志苍曰："是吾同产，忍视其戕辱以遗吾母恨耶？"百计出妹于难。子应鸿，同治戊辰进士，江西南城县、陕西榆林县知县。卷二十三《列传·列女》：李志苍妻唐氏，帅边乡人。姑梁氏守节安贫，绩纺自给。氏善承姑志，昼夜操作无少辍，戚里皆庆梁得贤妇，以为节孝勤慈之报。性好施，家虽贫，度其人有始终者，必多方周恤之。咸丰甲寅，红匪难作，志苍妹适杨氏者被掳索赎赎，氏佐志苍百计出妹于难。子应鸿，以进士官江西建昌、新喻、南城县知县，氏谆谆以民事相勖，无一语及家，其识大义如此。

李阿柏 （？—1854）清南海大桐堡敦根乡人。红巾军围敦根，逃难时为救父朋远被害。

［同治］《南海县志》卷十六《列传·孝义》：大桐堡敦根乡人。咸丰四年十一月，红巾贼围劫敦根，分四路人到处放火，枪雷弹雨洒野蔽空，居人奔散殆尽。阿柏父朋远年七十余，病疝气蹒跚不能行，乃负以趋。行里许力竭，贼将至，恐不两存，因匿父于破庙中神座下。仍虑贼搜庙杀其父也，己伪为怀金而逃，惫甚，憩庙门外者，贼至搜其身，故不许，徒手与贼格。贼从刺之，立死，搜其身无所有，入庙四顾亦无所有，笑曰："愚哉！此人腰无一钱，何自寻死也。"遂去。后队贼至，见庙外有死人，谓庙经被劫亦不顾，其父遂免。故乡人呼为愚孝，而论者谓舍身救父，其愚不可及云。

岑昌铨　字渔璜，清顺德桂洲人。屡考未荐，教学30年。咸丰四年（1854），与道光二十年（1840）举人杨希颜办团练，因功赏翰林院待诏衔。

［民国］《顺德县志》卷十九《列传四》：字渔璜，桂洲里村人。少孤贫，事母孝。好读书，言动不苟。甫成童能文章、通经史，弱冠以郡试第一进庠。屡荐不售，设教垂三十年，生徒仰之如泰斗。咸丰甲寅之乱，与里人杨希颜捍卫桑梓，里闾赖安，以办团功赏翰林院待诏衔。著有《周易大义》二卷、《磻溪家训》一卷。

何应志　字光远，清顺德良教人。在高州水东坪经商，咸丰四年（1854）捐米万石济众，同治三年（1864）运米至高州救饥。寿76岁。父维仁，弟应念，子成杰、成熙。

［光绪］《广州府志》卷一百三十三《列传二十二·国朝·顺德》：字光远，良教乡人，明云南布政使淡后也。父维仁，贸易高州水东墟，应志往助之，敦谊重诺，父业大起。弟五人，父遗命多分应志财，应志丝粟皆与弟均，无所私，故弟亦事之如父。生平好义，姻戚赖以起家者数十人，待以举火者数百家。雷州饥，运米至赤坎平粜，为武弁所阻。事闻于县，斥武弁，州人德之。咸丰四年土贼起，应志曰："此皆饥驱耳。"捐米万石，乡人无从贼者。六年米贵复倡赈，全活无算。同治三年高州饥，运米至水东平粜，高人颂之如雷州。水东会馆落成，乃名其堂曰"光远"，示不忘也。卒年七十六。子成杰、成熙，皆诸生。

何应念　字敬堂，清顺德良教人。少时跟随父维仁、兄应志在广东高州水东经商，咸丰时，太平军兴起，助保甲、部署团勇以守御，以功奖叙游击，赏戴蓝翎。同治时被收入湘军，参加镇压贵州苗民起义，受派回粤购洋枪，论功赏换花翎。事后仍回水东务商，晚年创设葛堡书院。寿75岁。子成浩。

［民国］《顺德县志》卷十八《列传三・何应志传》：良教乡人……弟应念，字敬堂。少读书明大义，及长，随父及兄贸易。时水东多盗，应念联保甲助守望，部署井井，人心大定。先后创张十五，走李快蹂、陈金缸逆党刘超，亲冒矢石，鼓励士气，摧其机牙①使不得逞。用是三存水东，屏蔽高州，晏然无他虞，以功奖叙游击，赏戴蓝翎。东安席宝田②统湘军援黔，以应念知兵，招致之，属回粤购火器。寻率所部洋枪队，克复天柱县江口豊及清江厅城，荡平北岸苗寨无算。论功以游击留广东尽先补用，赏换花翎。顾以积劳久，疾作，遂归，仍旅水东理故业，布衣幅巾，与父老相过从，见者不知为故将军也。咸同间，岁屡不登，偕其兄购米回乡分赈，高、雷两郡大祲，赈贷亦如之。光绪十六年，山东、直隶先后被水灾，倡捐巨款寄赈，并购药品以疗疠疫。晚年倡建葛堡书院，嘉惠寒畯。乡中何、霍、冼、祝四姓比邻居，每以小嫌械斗，构讼无已时，应念集资建良教乡约，息争导和，乡里遂相亲睦。卒年七十五。子成浩，戊子科举人，官福建汀漳龙道。

何廷熙　（？—1854）字乐泉，清顺德良村人。屡试不售，改为吏。倡建蟠龙围、良村大闸。红巾军攻陷大良，胁迫入党，仰药自尽。子奎光。

［民国］《顺德县志》卷二十《列传五》：字乐泉，良村人。少业儒，善书工诗，屡试不售，改而为吏。生平热心公益、见义勇为，倡建蟠龙围、良村大闸，规模宏伟，为邑中有名巨制，兴筑时常偕同事七人周巡监督，无间晨夕。大工告成，居民永免水患，乡人至今祀之。咸丰甲寅，土匪陷邑城，官吏皆逃。贼胁之入党，廷熙仰药自尽。邑令李润设坛致祭，舆论称其忠烈。同筑蟠龙围者霍云良亦良村人，首捐数千金。大闸将成，值理张某与石工讼。欠款逾万，云良复任筹还，事乃寝。子奎光，庠生。

---

①机牙：弩上发箭的含矢处和钩弦制动的机件，比喻要害、关键。

②席宝田（1829—1889），字研芗，清湖南东安人。咸丰十年（1860），奉湖南巡抚骆秉章命，募千人赴郴州、桂阳等地阻击广东天地会起义军。同治六年（1867）招募湘军万人，赴贵州镇压苗民起义。

何扬先　（？—1854）清南海大通堡人。因向官府举报红巾密谋起事，被害。

［同治］《南海县志》卷十七《列传·节义》：大通堡人。好学能文，小试屡绌，而嫉恶如仇，常有锄暴安良之志。其师何文绮戒之曰：“思不当出位，汝非衿老，日与小人作难，明哲者不为也。”曰：“蒙非敢好事也，但涓涓不绝将成江河，不早除祸根，恐滋蔓无及！”咸丰二三年乱机已伏，扬先急欲弭之，遂将匪党指名禀告，促官潜为办理。官不知慎密，反开列匪名，分札各乡捆送。匪刺得某人告发，大恨，其贼酋有混名草鞋高者尤切齿，四年七月将起事，即先捉获，杀而沉于江。逾数日，尸浮出，模糊不辨。妾认其身所佩钥匙，以夜棺敛草葬于沙边，盖恐贼之发其墓也。粤俗谓人死十余日魂必返家中，奠酒食于灵床以俟之，谓之回煞。其日，妾果梦扬先昂然归，冠服甚伟，略举箸，随抚其子而去。古谓聪明正直者死则为神，理或然矣。

何云卿　（？—1854）号纪之，清高明朗锦人。增生，与兄云会捐训导，任广东新会训导，咸丰四年（1854）抗击红巾军阵亡。同治十一年（1872），奉旨给云骑尉世职。子曰鲸，孙鉴衡。

［光绪］《高明县志》卷十三《列传·人物二·国朝》：号纪之。权奇倜傥，性敦孝弟，乐善好施，奖掖后进。弱冠补邑增生，屡荐不售，与兄云会捐训导，选任新会训导。咸丰四年，红逆据城，分队掳掠，民不聊生。云卿与更楼堡各绅团练义勇攻破红逆，地方颇靖。又与太平堡及附城绅士谒知县张作彦，谋复城，殊值客匪勾引红逆劫掠泽河。云卿奉谕率勇护救，力战阵亡。总督瑞麟于同治壬申汇奏，奉旨给云骑尉世职。子曰鲸、孙鉴衡世袭督标效力。卷十二《选举表·仕宦·国朝·文职》：何云会，朗锦人，咸丰间增贡，清远教谕。何云卿，朗锦人，咸丰间增贡，新会教谕。《选举表·封赠·国朝》：何云岳，监生，以子曰鲸封武德骑尉。《选举表·荫袭·国朝》：何曰鲸，以父云卿袭云骑尉，督标中营效力，候补守备。

张伟业　清南海大范乡人。咸丰四年（1854）大范乡首创团练，捐输饷军，光绪元年（1875）赐九品衔。寿85岁。父锦石。

［宣统］《南海县志》卷二十《列传·善行》：大范乡人。父锦石，前志列耆寿表。伟业性勤俭，家小康而俭啬甚，人多笑之。咸丰四年，红巾乱起，

大范首倡团练，伟业捐粟饷军，且宣言于众曰："家有粟，输出则为军饷，坐拥则为敌粮。与其拥粟而待亡，孰若出粟以求活？"于是罄其仓粟无少吝，众感其言，踊跃捐输，军资以足，卒能御贼保全乡闾，论者谓伟业与有力焉。乱后，昆弟贫者议鬻高祖祭田瓜分之，伟业力持不可。贫者说其父，锦石为所惑，将听之，贫者醵招售主，已成价矣，伟业谏其父曰："吾父为一家之尊、一乡之长，吾父不允，谁敢卖尝田者？吾父在若辈犹如此，吾父不在祠宇且莫保矣，伟业宁死不愿见此也。"遂自缢，解救获苏，锦石乃集乡局止之，而尝田获全。光绪元年恩赐九品衔，卒年八十有五。

陈汝 （？—1858）号湘帆，清南海大沥人。咸丰四年(1854) 红巾之乱，率领丁壮守御乡土。事平，捐府经历。八年，代理广西上林县事，红巾军攻陷县城，被掳遇害。朝廷赏云骑尉世职。

［宣统］《南海县志》卷十八《列传·忠义》：号湘帆，大历堡九潭乡人。咸丰四年，红巾乱，汝率丁壮守御，一乡赖之。事平后，援例捐府经历，分发广西，八年委署上林县事。时贼氛甚恶，上林陷，前任某已殉难，汝督勇绕出贼后为恢复计。贼大队来犯，血战数日，卒以众寡不敌为贼所掳，百计诱降，汝骂贼不屈，遂遇害。事闻，赏给云骑尉世职，袭次完时给予恩骑尉世袭罔替。

陈骏（清咸丰） 字美全，号次云，清三水西村人。咸丰四年（1854），以诸生团练出力，加军功六品衔。同治六年(1867)、九年两次乡试不中。

［民国］《三水县志艺文略稿》：《一笑草》二卷，清陈骏。按：骏，字美全，号次云，西村人。咸丰甲寅以诸生团练出力，加军功六品衔。同治丁卯、庚午两科乡试荐卷，怀才不遇，著有诗文二卷。

陈镇屏 字静山，清南海丹灶大仙冈人。以家贫，弃儒为吏，咸丰四年（1854），顺德沙教乡请为党正。

［同治］《南海县志》卷十九《列传·善行》：字静山，大仙冈人。幼以端重孝友称，及长，以家贫弃儒为吏，然于笔墨小费外，无所苛索，专以排难解纷、息事宁人为务。尝言："世俗因口角意气微嫌，辄曼衍株连兴大狱，非有奇冤难解也。而讼师猾吏从而怂恿之、把持之以为取货之门，致讼者欲

和息不可得，真可痛恨！吾为吏不好佐讼，好解讼耳。语云：公门路上好修行。此吾生平所自信者。”然求取虽廉，施予不吝，族内有不能完娶、不能举丧者必助成之，愚民汹汹愤争，得其言立解。以此长者之名播于远近，顺德沙教乡至越县请为党正。时红巾蜂起，乡愚蚁聚将揭竿，镇屏以危言恐之，遂溃散。贼阻河道，粮运不通，米昂贵，镇屏亲往游说盗首，运遂通。晚年家居，于建祠庙、修桥梁外，谓：“上西樵地方日受水患，因蚬壳围低薄频仍崩决之故。”躬自经理，决计兴修，一律牢固。其乡人士佥谓：“马少游有言：‘生斯世，乘下泽车①，骑款段②马，为郡县吏，乡里称善人，足矣。’若静山翁者，称为善士洵无愧焉!”后以犹子维汉贵，貤赠资政大夫，以为厚德之报。

庞度　号星群，清南海张槎人。年 40 补弟子员。咸丰四年（1854）红巾起，当道委办乡团，事平，叙训导，官至广西梧州府同知。77 岁病卒于桂林。

［宣统］《南海县志》卷十九《列传・文学》：号星群，张槎堡张槎乡人。聪颖兼人，耐贫力学，所撰古今体诗、骈散文，老宿辄为叹服，年四十始补弟子员。性廉正勇敢，习为经世学，精神卓荦，与言当世利害事，竟旦夕不倦。咸丰四年，红巾贼起，当道委办乡团，与官军协堵佛山诸要隘，称得力。随委缉邻乡巨匪，次第捕获，无少漏网。事平，叙训导，援例加府同知签分广西，至省，委署西林。县地处极边，土匪窃发，以离省穹远不及闻，捐廉募勇，卒堵平之，上宪廉悉其事，叹赏不已。秩满晋省，诸要差悉以属之，继署平乐分府、梧州府同知，均有政声。时方向用，遽以疾殁于桂林，年七十有七，同寅惜之。时桂林知府秦君焕以翰林外简，两浙名士也，交契至深，爱其才而悲其遇，以联句挽之曰：“赋质非百里才，循吏本经生，古艳文章尊作手。问年近八旬寿，耆儒膺薄宦，凄凉身世太酸心。”盖纪实也。著有《馆赋精选注》行于世，其《绮葱楼稿》《边地栽花录》《星群家教》诸书存于家。

冼荣锡　字详厚，清南海佛山镇人。咸丰四年（1854），红巾军据佛山，徙家避地，以筹饷功奏补守备，不出。祖成禄，

①下泽车：一种适宜在沼泽地上行驶的短毂轻便车。

②款段：指马行迟缓貌，喻指普通的生活或悔悟之情。

父奇珍。妻张氏寿95岁，子贞鹏、乃起。

［民国］《佛山忠义乡志》卷十四《人物志六·义行·清》：字详厚。性任侠，尤笃于伦理。自高祖以下七世同居，事大父尤谨。咸丰甲寅，红巾据佛山，荣锡挈家避地，其酋耳荣锡名，愿拜为帅，荣锡引义拒之，卒让道去。乱后家中落，荣锡辛勤营业，期功亲属三十余口俱赖以济。尤能急人之难。广西提督陈朝纲微时，曾仰给于荣锡，及提兵粤西，以荣锡有筹饷功奏补守备，屡书促荣锡出，卒不起。晚辟园林，日与群从叙天伦乐事，年六十四以寿终。子贞鹏主簿、乃起同知。孙、曾多贵显。累赠中宪大夫，人以为义行之报云。《人物志十·列女传·贤淑·清》：冼荣锡妻张氏，性和淑。归荣锡时七世同居，氏以冢妇持家政，上事太翁斯立、孀姑太梁以孝闻，下抚娣侄，内外亲无间言。荣锡喜任侠，食客常满，氏尝典当钗珥助夫饷客，人以为有陶母风。会红巾乱，徙家避地，荣锡每日必百里负米养亲，馂余先饭娣侄，别以藜藿食诸子。凡制衣履亦先人而后己，惟至公无私，故同堂七世上下睦焉。生平崇俭约，尝戒孙、曾以物力艰难，必宜爱惜，年九十余犹躬井臼，衣大布之衣。乐施与，凡九族中有鳏寡孤独废疾者，以时恤之无吝色。年九十五卒，以子孙贵晋封恭人。《节孝·清》：冼奇珍妻霍氏，年十八守节，遗孤荣锵甫周岁，抚之成立。翁成禄六世同居，期功以下皆惟翁是赖。姑早卒，以氏和顺明大体，委以家政，内外整肃，亲疏上下无间言，戚里以是称孝。以次孙乃起贵封宜人，年八十四。光绪元年旌表节孝，祀节孝祠。

招成熙 （？—1854）清南海土炉堡人。国学生。咸丰四年（1854），预先察觉红巾起义，建议乡人联合防御，事泄遇害。

［同治］《南海县志》卷十七《列传·节义》：土炉堡人，国学生。慷慨有担任，能先事预防。咸丰甲寅七月，红匪猖獗，成熙于六月前早已料及，即建议招集邻近七乡守望相助，以御外侮。并访境内无赖之附逆者，欲先置之法以绝内应，而机事不密，七月初二日贼起旗倡乱，即执而杀之以威众。贼平后，乡人祀于乡约，不敢忘徙薪曲突之功焉。

欧阳溟 字鲲池，清顺德三华人。诸生。咸丰四年（1854），与欧阳信等设立均安墟。九年，请知县李润捐资修筑江尾堡梅园石路。

［民国］《顺德县志》卷二十《列传五》：字鲲池，三华人，诸生。诸子百家浏览殆遍，工诗赋，著有《海鹤巢集》。尝请李邑侯润捐廉，倡建石路于

三华村口。卷三《建置略二·桥梁（石路附)》：江尾堡梅园石路，在三华村口，长百余丈。咸丰九年，里人欧阳溟请于李邑侯润倡筑。《墟市》：均安墟，在仓门、三华交界处。咸丰四年，两乡绅士欧阳信、欧阳溟等，联合沙头、矶头、桥头、良村、天壶外村、星槎等乡同设。卷十四《艺文略·集部·别集》：《味园诗草》《海鹤巢诗草》《宋史乐府》，并国朝欧阳溟撰。

罗福安　字亦圃，清顺德大良人。行伍出身，咸丰四年（1854）代理水师营守备，次年任顺德协左营守备，在任六载，迁都司。同治四年（1865）调福建泉州、浙江南田，镇压农民起义。八年代理香山协副将，54岁卒于任。曾祖诗鹤，祖礼琮，父传翰。子锦铃（名或作锦玲)。

［咸丰］《顺德县志》卷九《职官二·外委·道光》：县人……左营……外委千总。

［光绪］《广州府志》卷三十一《职官表十五·国朝·武职·都司守备·咸丰朝》：顺德人，行伍，五年任，九年再任，顺德协左营守备。顺德人，八年任，水师后营中军驻麻涌守备。

［民国］《顺德县志》卷九《封荫表·封赠·武阶》：罗诗鹤，大良人，以曾孙福安赠。罗礼琮，举人，以孙福安赠。罗传翰，以子福安赠。俱香山协……副将。卷十八《列传三》：字亦圃，大良人。行伍出身，咸丰四年署水师提标后营守备。时顺城已陷，香、新濒危，统带红单拖船驰救新会，夺获贼船八十余号，追击至芙蓉沙。沙在香、新交界，旋以拖船二十五号当贼船千艘，鏖战半日，无不一以当百，贼中炮纷纷坠水，遂溃，香城获安。明年，破陈头、克新造、收禅山、复顺城，所向披靡。改署顺德协左营守备，在任六载，汇案保奏赏戴花翎，补守备，迁都司。同治四年，调赴福建泉州、福清及浙江南田击贼，贼平，加副将衔转参将。八年署香山协副将，剿平大淋、横琴客匪，救出被掳男、妇数百人。卒于任，年五十四。子锦玲，顺德协右营守备。卷七《秩官表二·武职·守备·光绪》：罗锦铃，县人……右营。

周振光　（？—1854）清南海骆村堡墈头乡人。代理西炮台外委，咸丰四年（1854），带兵往增城剿匪，阵亡。同族周宗文。

［同治］《南海县志》卷十七《列传·节义·周宗文传》：骆村堡墈头乡人。其族有周振光者，以武生投营效力，署西炮台外委。咸丰四年，札委带兵往增城剿捕，身为前锋，杀匪十余人，力竭阵亡。以殉难，赏银八十两。

胡铭勋 字实之，清南海九江河清乡人。县学生，教书为生。早年遇红巾之乱，有朋友拉他加入，与之绝交。子仕规。

[宣统]《南海县志》卷十七《列传·孝义·胡培桃传》：字实之，河清乡人。亦县学生，事行亦相类。弱冠即为蒙师，友爱五弟，教养成立。尝言："人能忍饥寒、甘淡泊，然后能自立。"生平不妄受人恩，处困厄不过富人食。少时，当红巾乱，有狎友附贼籍，来相诱，责以义，绝之。晚年主局政，值岁饥，劝捐赈，多所全活。筹款为救荒备，附质库生息，设章程以杜诸弊，乡人赖之。严禁赌博，有借辞筹资办团练者，铭勋曰："团练，所以防盗也。赌为盗之源，设赌以防盗，适以招盗，团练何为？且盗所劫者，富家耳，赌则贫富皆劫矣。盗非旦旦劫也，赌则无时不劫矣。"峻拒之。教授于乡，成就颇众。子仕规，庠生。

翁开树 （？—1854）清顺德连村乡人。盲人，替人舂米养活老父，饥荒时入山割草贩卖以自给，饿死龙跃山中，父闻，自缢死。县令林灼三偕邑绅为建"翁孝子祠"。

[光绪]《广州府志》卷一百三十三《列传二十二·国朝·顺德》：翁树，连村人。少失明，长有膂力。母先殁，父老病，不自存，时或绝食。树彷徨无计，默念弹词、推命之术皆瞽者所能，而家贫无从得师，且习之必一二年始成。老父嗷嗷不能待，乃怅怅赴村市，求为庑下舂，情辞哀切，主人怜而许之。其舂乃过于有目人，由是日得佣钱以养。有时食于主人家，必先市酒肉归，然后往食。粤地赁舂多以日计，每歇一日，则炊米进父，而别于他所假薯芋自食，归告曰："儿食某处饱矣。"盖减己之食，恐父知而不安也。如是十余年，父赖瞽子温饱以终。咸丰四年，贼起，岁饥，树无所得食，入山刈草贩以自给，竟饿死龙跃山中。

[民国]《顺德县志》卷二十《列传五》：父闻报哭曰："吾命休矣。"亦缢死。里人怜而并葬之，邑令林灼三偕邑绅筹款为建一祠，颜曰"翁孝子祠"……谨按，《府志》孝子名树，无开字，亦无其父缢死事，今从《识小录》。

黄彬 清顺德人。咸丰四年（1854）任顺德左营守备。

[光绪]《广州府志》卷三十一《职官表十五·国朝·武职·都司守备·咸丰朝》：顺德人，勇目，军功。四年任，顺德协左营守备。

梁迪生　字吉骈，清顺德马冈人，经商佛山。咸丰四年(1854)，红巾军据佛山，人皆逃避，迪生携二百金走瓦上，见一老妇号哭求救，弃金负妇急走，而免于难。58岁卒。父羽琨，弟璧生，子念棠、汝棻。

[民国]《佛山忠义乡志》。卷九《氏族志·氏系》：梁氏，系出安定，清由顺德迁佛山，有举人澄海教谕念棠、民政部主事元任、知县汝棻。卷十三《选举志二·封赠·清》：梁羽琨，以孙念棠赠澄海教谕、汝棻赠广西试用知县……梁迪生，以子念棠赠澄海教谕、汝棻赠广西知县。卷十四《人物志六·义行·清》：字吉骈，顺德人。少孤贫，佣力供母，稍长，经商佛山。与弟璧生同理银业，信义为商场重。咸丰甲寅，红巾据佛山，勒商店助饷，不遂，分头放火，汾水一带烈焰冲天。各坊为防贼计，严扃栅门绝来往，多登屋逃避。迪生携二百金走瓦上，至公正市，见层楼高耸，一老妇坐其下，不能逾越，号哭求救。迪生以怀金，重弃金，负妇揉升而过，遂免于难。或问之，曰："昔人有言，救人一命，胜造七级浮屠，当时止知救命而已，他不暇及也。"生平急人之难多类此。初理银业，中间缘附股伙开支号，为同事所亏欠，毁家以偿，尚有疑其匿款自肥者，弗与辨，惟日督诸子努力读书，曰："平生不作亏心事，天道有知，吾后必昌。"未几，复理商业，家道亦振。友兄弟，重师儒，见义必为，与同里梁薇庭倡设恻隐堂，善愿尤大。卒年五十有八。子念棠，举人，官澄海教谕，调补昌化。汝棻，优廪生，广西试用知县，赠迪生如其官。《人物志七·耆寿·女寿表》：梁羽琨妻高氏，九十岁。

梁敬斋　清三水人，入籍顺德容奇。世居大良，为县吏。咸丰四年（1854）之乱，保存粮册。寿90岁。

[民国]《顺德县志》卷十二《耆寿表一·寿民·九十岁》：原籍三水，入容奇籍。世居大良，为县吏。甲寅之乱，保存粮册，邑人称之。

彭大业　（？—1854）清顺德人。红巾之乱，与母刘氏、妻康氏、弟妇邓氏被威逼自尽，同治九年（1870）旌。

[民国]《顺德县志》卷十一《节孝表一·同治朝·殉难妇女》：刘氏，殉难，彭大业母。以下殉难妇女：康氏，彭大业妻，邓氏，彭大业弟妇，俱咸丰四年六月二十二日被贼威逼自尽……九年旌。

谭甡　字湘生，清顺德龙山人。附贡，援例捐教职，历任永安、高明、澄海县训导，乳源县教谕，德庆州学正。咸丰四年（1854）买谷平粜，存活甚众。子瑗勋。同族谭楷。

［光绪］《高明县志》卷五《职官表·国朝·训导·同治朝》：顺德人，附贡，元年任。

［民国］《顺德县志》卷十八《列传三·谭楷传》：龙山人……同族甡，字湘生。弱冠以县案第一进庠，乡闱屡荐不售。援例捐教职，曾任永安、高明、澄海县训导，乳源县教谕，德庆州学正。在德庆任内，诸生有以粮役肆扰，至聚众抗官，官弗察，欲尽以法绳之，甡力为疏解，事得释。咸丰甲寅之乱，水陆运绝，甡居乡设法买谷平粜，存活甚众。子瑗勋，同治甲子副贡。

谭演忠　（？—1854）字云泉，清高明人。咸丰年间，红巾军据肇庆府城，演忠与高要义士谭敏修蒙列宪给印牌，招勇收复，为红巾军所获，遂一同遇害。

［光绪］《高明县志》卷十三《列传·人物二·国朝》：字云泉。邑增生，才器阔达。咸丰年间，盗风四起，各乡不法子弟间随纠党，乃联合要、明六堡为擒埋法子弟，择其尤者除之。明城复后，逆党仍踞肇城。演忠与高要义士谭敏修偕禀列宪，蒙给印牌，招勇收复。时要邑侯黄军于北，肇郡伯张军于南，中隔羚峡①，声气不通。演忠偕敏修潜渡后沥，欲约南北军克期进攻，被伏路贼搜出印牌，遂同遇害。今入祀六堡安平书院。

蔡文纲　（？—1854）清南海恩洲堡人。捐府同知，迭经代理宜昌府、荆州府同知。咸丰四年（1854）年六月，太平军陷武昌，力战死。

［同治］《南海县志》卷十七《列传·节义》：恩洲堡人。由贡生捐光禄寺署正。家本殷富，乐施予，喜功名。道光中，粤省多故，文纲在籍办理水灾赈济，捐资创建义仓，一皆身任其劳，无所推诿。嗣因洋人滋事，为内河守御计，捐资招募炮手，以助水师。先后奉旨予纪录、赏带蓝翎，而文纲谓京职清闲，不足以展经济，改捐府同知，签掣湖北。到省后，迭经署宜昌府同知、荆州府同知，办理优裕。咸丰三年委署监利县知县，期满卸任，返省当差，时长发贼已由粤西窜湖南，攻长沙、陷岳州。湖北戒严，日筹堵御，大吏因檄文纲带勇乘城，分段防守。数月间，旦暮巡逻，无稍休懈。四年六

①羚峡：肇庆羚羊峡。

月，贼大队环攻城，城破，力战死。七年，奉旨予云骑尉世职，袭次完时，予恩骑尉罔替。

黎何氏　（？—1854）清顺德人。咸丰四年（1854）年六月，红巾军逼其子从逆，氏骂贼自尽。同治九年（1870）旌。

［民国］《顺德县志》卷十一《节孝表一·同治朝·殉难妇女》：何氏，黎镜元母。咸丰四年六月二十五日，贼逼其子从逆。氏骂贼自尽，子亦守分不从……九年旌。

霍承恩　（？—1854）字珊洲，清南海佛山镇人。由附贡官广东德庆州训导，红巾起义时，积极守御，不久卒于任。

［民国］《佛山忠义乡志》卷十四《人物志六·宦迹·清》：字珊洲。由附贡官德庆州训导，任内勤宣教化，士林爱戴。曾捐廉重修尊经阁，由是科名叠起，文风丕振。咸丰甲寅，红匪扰乱，与同城官协力守御，州城以完，地方咸德之。寻卒于任。

马应楷　字式如，清顺德扬滘人。咸丰五年（1855）优贡。同治四年（1865），组织乡人筑杨滘坝以积沙成田，但阻碍了水道通畅，被上游南海居民投诉于巡抚郭嵩焘，顺德知县奉命将其监押，由桑园围募工撤坝。

［民国］《顺德县志》卷八《选举表一·五贡·咸丰》：字式如，扬滘人，乙卯优贡。

［同治］《南海县志》卷十四《列传·陈维新传》：顺德有杨窖乡者，滨河而居，其地为北江出海津口，一经浅窄，弊不可言。乃贡生马应楷多方谋利，科敛通族得万余金，买石于九龙山，投之河中，壅遏湍流，欲积沙成田，以为口分世业。由是上流十余围呼号求救于大吏，然官不知形势，未免缓视之也，维新乃绘图注说，条陈利害于郭中丞。中丞檄顺德令，将马应楷监押，命桑园各围募工起石，即以卖石所得价变抵起石工钱，祸根乃拔。

刘枢　字星榆，清顺德藤涌人。咸丰五年（1855）岁贡，同治九年（1870）举人。马德熙岳父。

［光绪］《广州府志》卷四十六《选举表十五·举人·国朝·同治九年庚午》：顺德人。

[民国]《顺德县志》卷八《选举表一·五贡·咸丰》：字星榆，藤涌人，乙卯岁贡。《举人·同治》：藤涌人，见副贡，内阁中书……庚午科。

[民国]《佛山忠义乡志》卷十三《选举志一·举人·清》：同治庚午，附生。

刘遇安 （？—1855）清南海骆村堡蔡边乡人。少年无赖，咸丰五年（1855），红巾军攻蔡边，奋勇抵抗，中炮溺水死。

[同治]《南海县志》卷十七《列传·节义》：骆村堡蔡边乡人。年少无赖，不娶妻室，不治生产，好闲游，健饮啖，乡人以“大食懒”呼之。红巾起，诱胁百端，忍饿不赴。及开屯练局，呼为屯长，欣然从之。诸贼以陈金刚、朱子仪为最强，分据三水、清远地，村庄不附逆者，引贼攻之。咸丰五年，二贼合攻蔡边，村人汹惧。遇安益振发，尝谓人曰：“我无子无妻，身后葬先人茔、兆主入义勇祠足矣！”是日与贼战，当其前锋，中炮溺水死。翌日，尸浮出，面如生，其佩带之铅子药袋整齐如故也。乡人义之，与周方灼等并入义祀祠。

麦福元 （？—1855）字本仑，清南海金紫堡人。勇敢善战，以抵御红巾军之功，得记名外委。咸丰五年（1855），奉两广总督委派，往清远堵剿红巾军，慷慨赴阵死。

[同治]《南海县志》卷十七《列传·节义》：字本崙，金紫堡人。性勇敢，能任事。红巾之乱，以屯练乡勇捍卫闾阎，得记名外委。咸丰五年，佛山贼溃败，伪帅陈开、李文茂、和尚能等委弃巢穴，率各乡贼目西走肇庆。寻以官军入峡，肇城难守，先后陆续窜据梧、浔，而北江直上南、韶一路，三水之陈金刚、清远之朱子仪，其鸱张如故也。福元奉粤督委往清远堵剿，初到，即乘锐气开仗，奋勇先登，连胜三阵，赏加六品顶戴。贼大怒，翌日倾巢出。福元欲乘胜溃之，扫其窟穴，不料贼分两队，以一队当其前，潜以一队包其后。战酣伏起，腹背受敌，壮勇惊慌，轰然四散。福元身为殿后，随战随退，贼四面裹之，慷慨赴阵死。其卒也，清远官绅咸来祭奠，嘉其血烈，有泣下者。

李见钟 （？—1855）清南海先登堡太平乡人。咸丰五年（1855）正月，红巾军攻陷太平乡，与弟见炳为救父被杀。

[同治]《南海县志》卷十六《列传·孝义》：李见钟兄弟（弟名见炳），先登堡太平乡人。咸丰五年正月，红巾贼帅石蕴纠党数千，攻陷太平乡，烟

焰冲天，伤残满地，居民扶老携幼，四出逃窜。见钟兄弟掖父狼狈奔亡，至隆里地方，望见四面皆贼，无道可走。适道旁有死尸横卧，因共卧其中，伪为死以绐贼，贼过不疑。最后一贼信手以茅刺之，中其父，父痛而呼，贼转回再刺。见钟兄弟挺而起，以身蔽父，以手揽茅，抵死不脱。父乘间走免，见钟兄弟死之，故乡人称为死孝。

李捷元 清顺德人。例贡，咸丰五年（1855）代理广东连州学正。

［同治］《连州志》卷五《职官志·国朝·续学正》：南海廪贡，咸丰五年署任。

吴达文 清顺德黄麻涌人。咸丰五年（1855）捐资兴筑三丫路。

［民国］《顺德县志》卷三《建置略二·桥梁（石路附）》：三丫路，在黄麻涌，左达谭义，右达上涌。咸丰五年，里人吴达文捐资兴筑，计石六百丈有奇。光绪八年，吴朝珍、孔逸泉修之。

张瑞 （？—1855）字祥本，清南海大沥人。咸丰五年（1855），率团练随官军与红巾军作战死。

［同治］《南海县志》卷十七《列传·节义》：字祥本，大沥堡大范乡人。以军功赏给六品顶戴。贼之起也，先结各堡无赖为爪牙。佛镇一开营，匪党即三五成群，驱巡司，逐泛弁，袭据衙署及社学，扬言各乡党皆已归附，以恫喝地方官，官慑于虚声，兵噤不敢出。又扬言官不能卫民，民宜谋自卫，我虽不攻人，怕人来攻我。由是筑土台、树围栅、守津隘、置军械、筹口粮，渐且诱人入会以胁制之。大局既成，官绅皆束手无策矣，此贼之秘密藏也。大沥四堡密迩佛山，初亦有内匪与贼勾通，率先立栅结闸，言为自守计者。有乡人知其谋，因酒醉而泄之，谓人曰："此即贼也。"栅既成，贼帅来起旗矣。众怒执匪杀之，余奔溃，众绅乃挺起而谋防御，此四堡团练之始。然贼势浩大，逼在肘腋，人心惶惶，尚无固志。赖瑞为团长，负胆勇，有才略，又深识兵机。与贼对垒，胜败利钝皆决于几先，如烛照数计而龟卜，诸壮勇得所倚仗，益踊跃争先。及战胜凯回，有赏赐让之部下，军在危险之际，率

先以身抵其锋，故千百人联为一心，大小数十战未尝挫衄①。咸丰四年七月十五日，贼攻大范，瑞率新练之勇，力遏于村外，一战摧之。九月廿四日贼攻大圃堡，瑞督勇救之，执旗先驱，贼炮伤其面。医愈后，谓壮勇曰："命不该死，炮子避人，虽伤无碍，汝等可无怯矣！"此后临阵气益壮，贼惮之，望其旗帜辄退避。其随官军攻破石桥头及佛山炮台等处，争险夺隘，称首功焉，生擒贼及取其头级耳记，不可胜数。五年三月初三日，贼攻官窑甚急，瑞督勇随官军往援，战于南门谭村。阵杀贼旗首一名，夺获大旗一面，贼气夺大奔。瑞乘胜穷追，欲殄灭之，深入贼地，伏四起，自辰至午，血战移时，身被数创，犹振臂大呼，手刃数贼而死。贼平后，乡人思其捍御功，与千总仇国安、把总仇鸾飞等，入祀四堡忠义祠。

罗为龙 清高明城中人。咸丰五年（1855）岁贡。

［光绪］《高明县志》卷十二《选举表·国朝·岁贡·咸丰朝》：城中人，五年补四年贡。

罗彤缙 字六吉，清顺德大良人。咸丰五年（1855），随龙元僖办团练及城乡约务等，从公30年，与龙葆诚共事久。同治三年（1864）举人。子邦翊。

［光绪］《广州府志》卷四十六《选举表十五·举人·国朝·同治三年甲子广西中式》：顺德人，广西籍。

［民国］《顺德县志》卷十八《列传三》：字六吉，大良人。由广西籍举同治甲子科乡试，任事振奋有为。自乙卯复城后，随龙元僖办团练，擒逆匪海盗以数百计，截获大小贼艘以百数十计。又奉办仓捐、沙捐、饷捐、溢坦升科暨城乡约务，积任劳怨，媒孽丛生。同治壬申，节相瑞麟②查办会匪，案内几罹架陷，幸彤缙先办解会首有案，事得白。光绪甲申，海氛不靖，以元僖荐、奉大府委，偕龙葆诚总办顺属团防。适元僖猝逝，谗言孔多，督宪张之洞颇惑之，委道府诣查款目，卒皆清白。旋奉批奖顺德县办团得法，通饬各州县照章办理，又奉旨允准保奖，疑谤始息，遂辞去沙约任务。彤缙从公三十年，与葆诚共事久，其出处正相同云。子邦翊，由广西籍中光绪癸巳举人。

①挫衄（cuònǜ）：挫折、失败。

②瑞麟：清满洲正黄旗人，叶赫那拉氏。历两广总督，官至大学士，死后追赠太保。

周谦厚　（？—1855）清南海大榄堡人。任屯练长。咸丰五年（1855）二月，红巾军围攻大榄，与乡人刘爱国督壮勇与战，皆死之。

［同治］《南海县志》卷十七《列传·节义》：大榄堡人。与刘爱国同为屯练长。咸丰四年红巾倡乱，以佛山为大营，匪党分据各乡，咸听佛山号令。五年二月，匪率悍党数百人攻围大榄，谦厚督壮勇吴怡光、吴辉宇、朱胜君与战，皆死之。刘爱国被获，胁之降，不屈死。

胡焬桂　清顺德桂洲人。咸丰五年（1855）岁贡。

［民国］《顺德县志》卷八《选举表一·五贡·咸丰》：桂洲人，乙卯岁贡。

梁以蕃　清顺德伦教人。咸丰五年（1855）岁贡。

［民国］《顺德县志》卷八《选举表一·五贡·咸丰》：伦教人，乙卯岁贡。

梁如廷　（？—1855）清南海先登堡人。任屯练长。咸丰五年（1855）正月，红巾军围攻先登堡，与乡人李健林等奋战陷阵死。

［同治］《南海县志》卷十七《列传·节义》：先登堡人。六品军功顶戴。红匪之兴，声势浩大。先登堡当南、三两邑交界，又逼近西江，恐不能自守，遂于九月举行屯练，公推如廷与职员李健林总管局务兼为屯防长。时贼酋石蕴垂涎大冈墟富实，屡欲长驱直犯，如廷等督丁壮扼其前，贼不得逞，益大怒。五年正月，贼纠悍党数千人，连日攻陷堡内太平、稔冈、新河、横冈等村庄，所到焚杀。如廷等督勇鏖战，而勇少贼多，重重围困，如廷与健林俱身受重伤，知力不能敌，俱奋臂陷阵死。是役也，阵亡壮勇梁昆扬、李义晖、梁进蕃等五十四名，而人民、妇女被戕者在外。事后，经御史潘斯濂具奏，奉旨分别赐恤，并入祀该堡所建义勇祠。

谭子中　字允佳，清顺德甘竹人。咸丰五年（1855）与弟子恭同榜举人，同治二年（1863）进士，官湖南江华知县。祖麟章，父廷庸。

［光绪］《广州府志》卷四十六《选举表十五·举人·国朝·咸丰六年丙

辰补行五年乙卯科广西中式》：顺德人。

［民国］《顺德县志》卷八《选举表一·举人·咸丰》：字允佳，甘竹人，广西籍。见进士。谭子恭，字平波，甘竹人。广西籍，左州学正，兄子中同榜……丙辰补行乙卯科。《进士·同治》：知湖南江华县，癸亥恩科。卷九《封荫表·封赠·文阶》：谭麟章，甘竹人，以孙子中赠内阁中书；谭廷庸，甘竹人，以子子中赠湖南江华县知县。

谭子恭 字平波，清顺德甘竹人。咸丰五年（1855）与兄子中同榜举人，同治二年（1863）进士，官左州学正。

［光绪］《广州府志》卷四十六《选举表十五·举人·国朝·咸丰六年丙辰补行五年乙卯科广西中式》：顺德人。

［民国］《顺德县志》卷八《选举表一·举人·咸丰》：字平波，甘竹人。广西籍，左州学正，兄子中同榜……丙辰补行乙卯科。

潘驹 清南海云津堡人。投军，升大沥泛把总。红巾起义时，受伤阵亡。

［同治］《南海县志》卷十七《列传·节义》：云津堡人。由新生泛外委，转松冈泛外委，升大沥泛把总。时红贼起佛山，各乡贼营俱听其号令，欲直攻省垣，惟大沥四堡率先拒贼，以固会城樊篱。驹以百夫长日督勇，与贼苦战，受伤阵亡，事后赏恤如例。

潘璧光 字云溪，清南海云津堡云滘乡人。咸丰五年（1855）、同治初，设粥厂赈饥。光绪四年（1878），竭力赈济灾民，封荣禄大夫。寿94岁。弟赞清，子汝杰。

［宣统］《南海县志》卷二十《列传·善行》：字云溪，云津堡云滘乡人。性纯笃，事父母以孝闻。兄弟八人，璧光次居六，与其季弟赞清最相友爱，乐善称竞爽。咸丰五年，粤大饥，璧光捐资倡赈，设厂长寿寺，煮粥以食饿者，躬莅其事，风雨不辍，赞清实左右之。同治初，两遭风灾，以长寿寺不足以及远，增设华林寺、观音桥两粥厂以赈，存活尤多，时爱育堂犹未设也。光绪戊寅，大风塌民舍，继以频患大水决围堤，广肇诸县人多失所，璧光竭力振恤，庆更生焉。其在宗党置义产、建家塾，子弟有贫而力学者，资其膏火，成就颇众。有穷民无告者，计口廪之，族人多待以举火。诰封荣禄大夫，卒年九十有四。子五人，汝杰，官安徽安庐滁和道。孙十二人，曾孙十人。

潘赞清 字镜波，清南海云津堡云滘乡人。在乡倡建祖祠，兴筑石路。咸丰五年（1855）赈饥，参与广州爱育善堂各种赈灾事务，全活生民以数十万计，光绪二十一年（1895）赏三品衔。寿86岁。兄璧光，子葆铭、保康、定祥、葆性、葆昌，孙应时、应昇。

［宣统］《南海县志》卷二十《列传·善行·潘璧光传》：云津堡云滘乡人……弟赞清……字镜波，有至性。母病亲侍汤药，寝食俱废。母殁，庐墓负土，形神劳瘁，行路感叹。与兄璧光游处无间，燕集必偕。在乡倡建祖祠，兴筑石路。痛白鸽票为害愚俗，请官出示泐石严禁。其在爱育堂遇有灾祲筹赈，大吏咸倚仗之。如石角围之冲决、省垣之风灾、火药局之轰变、华阳火船之焚毁、掩骼施浆事，皆引为己任。又值燕、齐、晋、皖、吴、闽、豫、蜀、黔、桂等省相继告灾，均筹垫巨款，慷慨解囊金，以为同人倡。光绪二十一年，总督谭宗麟、巡抚马丕瑶奏陈，赞清全活生民以数十万计，请赏给三品卿衔，奉旨允可。年八十有六乃卒。子七人，葆铭，举人。保康、定祥，副贡。葆性、葆昌，县学生。孙十四人，应时、应昇，庠生。

黎卓林 清高明城中人。咸丰五年（1855）恩贡。

［光绪］《高明县志》卷十二《选举表·国朝·恩贡·咸丰朝》：城中人，原居陀程，五年恩贡。

戴其芬 （1825—1881）字徽猷，号乾生，原籍南海九江，后迁佛山福贤里（桑园）。捐官光禄寺署正。祖迪功，父联珠，子鸿宪、鸿慈、鸿惠，孙曾谦。

［宣统］《南海县志》卷二十《列传·善行·戴联珠传》：子其芬，字徽猷，号乾生。生而岐嶷，幼读书便通大义，稍长，从岑孝廉灼文、杨太史荣绪游。为古文词先以华丽胜，既而气象一变，以积理为主。师曰：“汝文大佳，恐战不利耳。”卒如其言，然终不肯稍自贬抑，以中有司尺度，既屡报罢，纳粟为光禄寺署正。闭门奉亲，研精经典，旁及天文地舆、医药卜筮，靡不贯究，盖不求人知而人亦无知之者。咸丰甲寅，红巾肇祸，全粤震动，贼首陈开以佛山形势利便，出不意陷之，据守二百余日，进窥省垣。佛山居民流离荡析，仓卒不知所以应变。其芬乃倡义愤，使富者效粟、贫者效力，由是众志大巩，地方赖之。生平言行严正，见之者咸肃然。每聆其言论，皆以道德自勉而勉人，人有争执，得其劝解，莫不释然。教子义方，又集亲朋

子弟延师课读，先与师商定教法，须讲明义理，为立身之本，次及文艺，日有常功，以故门中同学，不止拾获青紫，且多端谨之士。光绪七年八月，以微疾终，年五十有七。子三人：长鸿宪、季鸿惠，皆举人。次鸿慈，由翰林官至尚书协办大学士，赠以光禄大夫。孙曾谦，举人。

［民国］《佛山忠义乡志》卷十四《人物志四·文苑·清》：生平著述多散佚，后人辑其遗稿，刻有《紫藤书屋诗钞》，清丽冠时。

潘斯治 （约1825—?）清南海西樵百西村头村人。同治三年（1864）举人。父以翎。

［同治］《南海县志》卷九《同治朝·举人》：以翎子，甲子科。

马源清 （1825—1886）字甘泉，清顺德大良人。咸丰二年（1852）举人，授嘉应州学正。光绪十二年（1886）以卓荐升知县，遽卒于任。子应霖。

［咸丰］《顺德县志》卷十一《举人二·国朝·咸丰》：大良人……壬子科。

［民国］《顺德县志》卷十九《列传四》：字甘泉，大良人。咸丰壬子举人，授嘉应州学正。莅官之日，诣明伦堂，聚诸生定课程，口讲指画，训迪弗衰，人文蔚起。尝捐廉购桑秧数十万株，教妇孺植桑饲蚕法。嘉民德之，行谊载州志，并为建遗爱祠，春秋飨祀不替。光绪丙戌以卓荐升知县，遽卒于任，年六十二。子应霖，郡庠生。

潘斯湛 （1826—1868）清南海西樵百西村头村人。道光二十九年（1849）举人。兄斯濂。

［同治］《南海县志》卷九《道光朝·举人》：斯濂弟，己酉科。

邓华熙 （1826—1916）字筱赤，清顺德龙山乡人。咸丰元年（1851）举人，三年参与顺德团练事务，荐为刑部员外郎，十年升郎中。光绪二年（1876）任监察御史，四年任云南大理府知府，十二年任迤南道道台，次年任按察使。二十二年任安徽巡抚，二十九年辞归。宣统三年（1911）与梁鼎芬主持咨议局会议，宣布广东独立。祖林，子善麟。

［咸丰］《顺德县志》卷十一《举人二·国朝·咸丰》：龙山人。林

孙……辛亥恩科。

［民国］《顺德县志》卷二十四《杂志》：邓中丞筱赤，光绪戊申重逢乡举，赏太子少保衔，粤省三品以上重宴鹿鸣者，为前此所未有，士论荣之。中丞名华熙，龙山人。咸丰辛亥举人，筹饷议叙，以员外郎分刑部补用，同治改元升补山西司郎中。光绪二年转江南道御史，出守云南洊升迤南道。历官藩臬，开府皖黔，一署漕运总督，一兼署安徽学政，卒谥和简。至其生平事业，咸丰庚申英法联军入京，文宗热河秋狝，派恭亲王为留京办事大臣。设巡防处，公奉派充办事员，上《和外治内》条陈数千言，为恭邸激赏。及入谏垣，先后陈请永免广西运东米厘，请饬疆臣整顿捕务，博访咸丰时本省殉难绅民，请表扬以励忠贞，均得旨俞允。光绪戊寅初至云南，值大乱甫平，诸凡整顿，尤以察民情、培士类为先务，除夫马科派之累，捐廉建复敷文书院，文风丕振。时愚民多误入哥会者，公于此等案情但问匪不匪、不问会不会，保全甚伙。在滇臬任内，以州县积案不结，严定功过章程，凡监狱污秽，且任胥役克扣囚粮者罪之，沾益州牧禀办处决盗犯九人，公以其供词可疑，为平反之。苏省本财赋之区，公绾藩条①，值连年被水，开浚吴淞河及徐六泾、浏河以便宣泄，又浚苏州城内河道，舟楫通行，居民称便。崇明邑城临海，日就坍塌，商请制府筹款创筑，海岸借资捍御，利赖至今。乙未中东议和，苏州开作商埠，主权所在，策画周密。时公在署漕督任内，有变法图强之奏。丙申简授皖抚，举办清赋，都下皖绅均以搜括为疑，公严饬所属不任操切，只查中饱，计全省获三十余万金而民未增累。戊戌皖地旱荒，奏请开办赈捐，然缓难济急，担任由藩库及绅商垫借应用，民困遂苏。公余之暇，就署内箭道，轮调驻省各军校阅技艺，营务大有起色。又创建求是学堂、武备学堂，皖省兴学自此始。涡阳土匪肇乱，啸聚逾万，警电至省，立派省军渡淮，截其南下，飞饬各军合力追击，防其北窜，一战而首要成擒。调抚古黔，黔地兵单饷缺，且营制散漫，公议化散为整，改为东、西、中三路，以东西两军防边、中军为策应，军政以肃。庚子拳匪之乱，各国联军入京，辛丑和议成，派解赔款。公不欲加捐病民，议减各衙门津贴为挹注，黔人德之。结教案数十起，晓教士以信义，地方不受摊赔之累。在黔数年，外筹边防，内勤民政，心力交瘁，遂移病归。此其历官政绩之大略也。著有《奏议》六卷、《纳楹书屋偶存》二卷。以卒于辛亥后，不为立传，谨据行状而识其梗概于此，俾后之修志者有考焉。卷九《封荫表·荫袭·文职》：邓善麟，龙山人，附生。贵州巡抚华熙子……二品荫生。

---

①藩条：汉代州刺史以六条考察州郡官吏，后因以指刺史之职。

马永璋 字琼圃，清南海丰冈堡人。咸丰六年（1856）举人，十年进士，授工部主事，病卒于京。祖朝觐，父于骧。

[同治]《南海县志》卷九《咸丰朝·举人》：进士，丙辰补乙卯科。《咸丰朝·进士》：工部主事，庚申科。《咸丰朝·封荫》：马朝觐，以孙永璋赠如其官。马于骧，以子永璋赠如其官。卷十六《列传·孝义》：字琼圃，金利司丰冈堡人。咸丰庚申恩科进士，刑部山东清吏司主事。家贫力学，少以孝友称，恒依恋庭帏，不敢远出。丙辰领乡荐，亲友促之，始计偕北上。礼闱报罢，欲遄程南返，会其父邮书止之，谓年少宜努力功名，可留京邸简练揣摩，不必以晨昏为念。乃闭户读书，志在必得，逾二年，果获售。榜后请假归，拟授徒养亲，以娱色笑，如是者多年，而亲心不乐，谓扬名显亲，斯为孝子，否则日具三牲之奉，于吾何有？不得已，乃挈一仆，航海至京供职，旦夕从公，遂至劳疾，同官以南人体弱，不惯朔土风寒，劝回乡就疗。永璋慨然曰：“吾因疾而归，归而疾愈，是重生命而轻父命也，归而疾不愈，是违亲命且贻亲忧也。且修短有数，古人云：伤寒不汗，七日死矣，岂必京师能死人哉！”卒不去，仍以平安启报以慰亲心。病略瘥，适派定陵差事，途中往返，触受霜露，病发益深，遂卒。永璋少年登第，而谦冲谨恪，不汲汲于荣利，人方以大器相推许，而竟夭折，公论惜之。

区作孚 字信卿，清顺德水藤人。咸丰六年（1856）副贡。

[民国]《顺德县志》卷八《选举表一·五贡·咸丰》：字信卿，水藤人。内阁中书……丙辰补行乙卯科副贡。卷九《封荫表·封赠·文阶》：区大廷，水藤人，以侄作孚赠内阁中书，加赠协办侍读。

邓锡龄 清高明潭塱人。咸丰六年（1856）岁贡。

[光绪]《高明县志》卷十二《选举表·国朝·岁贡·咸丰朝》：潭塱人，六年贡，由府学。

龙泉 字莲航，清三水人。咸丰六年（1856）举人，在佛山镇教书定居。同治二年（1863）进士，四年殿试，任江西会昌、吉水知县。不久丧父归，主讲三水行台书院10年，后在广州教书。寿69岁。父文邑。

[光绪]《广州府志》卷四十六《选举表十五·举人·国朝·咸丰六年丙

辰补行五年乙卯科》：三水人，进士。卷四十一《选举表十·进士·国朝·同治二年癸亥翁曾源榜》：三水人，知县。

［民国］《佛山忠义乡志》卷十一《乡事志·编年》：癸亥同治二年……龙泉登进士。（原籍三水，住耆老铺）卷十四《人物志六·宦迹·清》：字莲航，本籍三水。父文邑，附贡生，候选训导。泉家贫好学，弱冠补弟子员。咸丰乙卯举于乡，来禅授徒，遂居焉。同治癸亥恩科成进士，乙丑补殿试，以即用知县分发江西。旋补授会昌县知县，调署吉水县知县，加同知衔。历任有政声，遗爱在民，祀会昌县棠荫祠。寻丁外艰归，遂绝意宦途，主讲三水行台书院十年，引掖后进，如恐不逮，自是文风丕变，登科甲者相继不绝。后设帐羊城，游其门者多知名士。生平持己严、待人宽，办地方事则公而勇。所为诗文，若不经意而文成法立，传诵一时，所著诗文稿未及梓。卒年六十有九。

［民国］《三水县志艺文略稿》：《肄城舆颂》一卷，清龙泉撰，刊行本。自序曰：邓梅仙明府，余官豫章时同僚也。光绪戊寅权篆我邑，时余主讲行台书院，昔同寅、今父母相得无间。按：邓梅仙，名炳春，湖南人，光绪四年戊寅权三水县事，壬午调增城。邑人士为诗文送行，龙泉莲舫为辑而梓之。

刘凤洲　号仙屿，清高明世唐美人。咸丰六年（1856）岁贡，十一年设局剿匪，勤于任事。

［光绪］《高明县志》卷十二《选举表·国朝·岁贡·咸丰朝》：世唐美人，六年贡。卷十三《列传·人物二·国朝》：号仙屿。咸丰丙辰岁贡。勤学善诱，不为利回威慑。辛酉设局剿客匪，与谢应垣、罗文锦、冯树杰等悉心筹画，卒复乡井。凤洲始终任事不倦，人服其持重云。若谢筹粮饷，罗、冯赞机宜、运炮械，皆著成绩。

刘霈翂　字冕群，清顺德龙江人。咸丰六年（1856）举人。

［光绪］《广州府志》卷四十六《选举表十五·举人·国朝·咸丰六年丙辰补行五年乙卯科》：顺德人。

［民国］《顺德县志》卷八《选举表一·举人·咸丰》：字冕群，龙江人……丙辰补行乙卯科。

朱鹤龄　字冠秋，号云巢，清南海九江人。为诸生30年，咸丰六年（1856）举人。子树棻。

［同治］《南海县志》卷九《咸丰朝·举人》：丙辰补乙卯科。

《九江儒林乡志》卷十《选举略·国朝·举人·咸丰六年补行乙卯科》：字冠秋，号云巢。府学，中式第七十八名。卷十四《列传·清》：字冠秋，号云巢，东方腾滘人。工制艺，充郡增广生，淹横舍三十年。以咸丰丙辰补行乙卯科，领乡荐。与人交有始终，友人岑纪虞文学身故，家口嗷嗷，饔飧莫给，鹤龄倡积子母钱，恤嫠哺孤，十余年靡倦。桑园围潦决凤朝里，闻报奔赴督救，寝食俱废，露立风雨泥泞中殆两昼夜，堤复完。咸丰甲寅，会匪四起，贼酋陈开倡乱佛山，六月九江变起，势猖甚。鹤龄约同人潜诣会垣，作剿捕计，至水藤为匪所获，困于佛山贼营二十余日，贼多方肆虐逼，令入伙。时肇庆府知府亦被虏，贼杀知府以惧鹤龄，鹤龄屹不为动，乘间卒遁回里，其峻节如此。子树棻，附贡生。

伍如璋　字望坡，清顺德古朗人。咸丰六年（1856）举人。

［光绪］《广州府志》卷四十六《选举表十五·举人·国朝·咸丰六年丙辰补行五年乙卯科》：顺德人。

［民国］《顺德县志》卷八《选举表一·举人·咸丰》：字望坡，古朗人……丙辰补行乙卯科。

麦燧檀　清高明版村人。咸丰六年（1856）赐副贡。

［光绪］《高明县志》卷十二《选举表·钦赐》：版村人，咸丰六年乙卯科赐副榜。

严而泰　清高明白鹳人。咸丰六年（1856）举人。

［光绪］《高明县志》卷十二《选举表·国朝·举人·咸丰朝》：白鹳人，六年补乙卯科。

李仕良　号辅廷，清南海西樵人。咸丰六年（1856）举人，同治四年（1865）进士，授户部主政、浙江清吏司主稿，六年会试收掌官。丧父回籍不出，辛亥革命后卒于家，寿87岁。祖明韶，父声广。

［同治］《南海县志》卷九《咸丰朝·举人》：广西籍，进士，丙辰补乙卯科。《同治朝·进士》：广西籍，主事，乙丑科。《同治朝·封荫》：李明韶，以孙仕良赠如其官。李声广，以子仕良封如其官。

［民国］《佛山忠义乡志》卷十四《人物志九·流寓·清》：号辅廷，本

邑西樵田心乡人。咸丰丙辰补行辛亥广西乡试中式第二名，同治己丑进士，授户部主政，浙江清吏司主稿，充丁卯会试收掌官①。咸丰中，设帐佛山更楼脚霍祠，一时问业者极众。性恬淡，立身施教，以忠孝为本。管部大学士某相甚器重之，拟题奏补缺，会丁外艰。服阕，以母老不复出。及辛亥国变，北望流涕，闻者动容。年八十七卒。著有《狷夏堂集》诗四卷、文二卷，《群经解义》十卷。

李献能　清顺德鸡洲人。咸丰六年（1856）举人，官归善县教谕。

［光绪］《广州府志》卷四十六《选举表十五·举人·国朝·咸丰六年丙辰补行五年乙卯科》：顺德人，归善教谕。

［民国］《顺德县志》卷八《选举表一·举人·咸丰》：鸡洲人，归善县教谕……丙辰补行乙卯科。

吴乃材　字叙功，号栯轩，清南海佛山镇人。咸丰六年（1856）举人，47岁卒于官。

［同治］《南海县志》卷九《咸丰朝·举人》：普宁训导，丙辰补乙卯科。

［民国］《佛山忠义乡志》卷十四《人物志六·宦迹·清》：字叙功，号栯轩，乃煌初从弟也。少聪颖，过目成诵，童试辄冠其侪，咸丰辛亥县考冠军，寻补弟子员第一名。领补行乙卯科乡荐，大挑二等，授惠来县儒学教谕。署普宁县教谕，却馈贽，勤督课，每以培植后进为己任，凡士之贫而有志力学者恒资助之。宁俗搢绅丧礼最重封棺，例请士大夫一人亲临，而优给其舆马费。乃材历岁所得尤多，积至数百金，乃于斋傍拓地设阅书所，尽出其金购书以饷学子，至野夫牧竖，以及侠客商胥之属，有就见者必诱进之。窃谓古者秀民皆聚于庠序学校，而周公复设司谏之官巡问观察，以辨甿庶之能而可任国事者。故汉治之隆，孝弟力田与贤良方正相次，岂可以甿庶而外之？良以天下无不可以学、可以不学之人，特问其诱掖何如耳！其造就人才恒多类此。在惠来任内值岁饥，邑令集乡绅同僚谋所以赈之。乡绅固多吝者，素知乃材起寒畯，私料不能慨助巨款，故餂②之，签曰："吴君为邑中仰望，所蠲助则吾侪视焉。"乃材遂注籍二百金，诸绅相顾骇愕，不得已次第注籍。乃

①收掌官：明清科举考试时负责收纳掌管试卷的官员，分内收掌和外收掌。

②餂（tiǎn）：用甜言蜜语诱取、探取。

材即趣邮至家，将薄田三十亩披其半，索值三之一，众争购之。数日，金至归令，诸绅郁邑①尽出金，成巨赈，存活甚众，惠人至今德之。尝以襄办团防有功，议叙军功六品，赏戴蓝翎。辑有《名臣奏对录》，病中犹手不停挥，未竟业，卒于官，年四十有七。归榇日，送者数百人，为前此所未有。

何大瑠　字璃屏，清顺德大良人。咸丰六年（1856）举人，官甘肃崇信知县，不久卒于任。父崧辅，堂兄大璋。

［光绪］《广州府志》卷四十六《选举表十五·举人·国朝·咸丰六年丙辰补行五年乙卯科》：顺德人，崇信知县。

［民国］《顺德县志》卷八《选举表一·举人·咸丰》：字璃屏，大良人。署甘肃崇信县……丙辰补行乙卯科。卷九《封荫表·封赠·文阶》：何崧辅，大良人，以子大瑠赠甘肃崇信县……知县。卷十八《列传三·何大璋传》：从弟大瑠……宰崇信县以干练称，甘督左宗棠甚器之，未几卒于任。

何廷彬　清高明麦塱人。咸丰六年（1856）副榜举人。

［光绪］《高明县志》卷十二《选举表·国朝·副榜·咸丰朝》：麦塱人，六年补乙卯科副榜。

何金铭　原名菖，字芝岩，清顺德龙山人。咸丰六年（1856）副贡。

［民国］《顺德县志》卷八《选举表一·五贡·咸丰》：原名菖，字芝岩，龙山人。广西籍，丙辰补行乙卯科副贡。

何彬　清顺德人。咸丰六年（1856）举人。

［光绪］《广州府志》卷四十六《选举表十五·举人·国朝·咸丰六年丙辰补行五年乙卯科广西中式》：顺德人。

何聘珍　字琮生，清南海大沥堡雅瑶乡人。咸丰三年（1853）补县学生，次年与堂兄秀春、应春组团练对抗红巾军，六年举人，九年进士，授内阁中书，以亲老告归，在羊城设馆

---

①郁邑：愁闷不安的样子。邑一作悒。

授徒。43岁卒。父晓垣。

［同治］《南海县志》卷九《咸丰朝·举人》：进士，丙辰补乙卯科。《咸丰朝·进士》：内阁中书，己未科。《咸丰朝·封荫》：何晓垣，以子聘珍封征仕郎。

［宣统］《南海县志》卷十八《列传·忠义》：字琮生，大历堡雅瑶乡人。咸丰三年补县学生，越年而红匪肆逆，聘珍与其从兄秀春、应春，激励乡民筹备战守。选壮丁编分五旗，部以军法，遂为大历四堡九十六乡团练之倡。是时佛山贼首陈开分党踞大历汛署，遣贼数十人集雅瑶，筑水闸以拒官兵，为进战退守之计。聘珍等率乡勇悉擒歼之，九十六乡以团练杀贼自是役始。自是，贼不敢再犯，大历汛之匪旋亦遁去，而九十六乡之勇名声遂震一时。雅瑶附城最近，恃为城西保障，故省中官吏富户恒助军资焉。聘珍前后赴援各乡，大小数十战所向皆捷，其斩获最多者莫如水头墟一役。是役也，贼由佛山进窥大历，取道梯云堡各乡直捣中坚。是时官军、乡勇并集，官军先进，贼锋正锐，几不能当。雅瑶练勇至，相持数刻，败之，逐北至水头墟，杀贼无算，各乡赖以保全。随又攻破石桥头贼巢，遂成破竹之势，而佛山老巢卒底于平。应春复协同官军剿办官窑，转战至清远县属地面。中英构衅之始，又奉大吏调遣，率勇驻守城西。红夷事平，大吏以剿办佛山股匪案，奏保聘珍以附生保训导、应春以廪生保训导、秀春以训导保教谕，均赏蓝翎。秀春旋选授河源县教谕，递升肇庆府教授。聘珍咸丰六年举人，九年成进士，授内阁中书，以亲老告养，设教省垣，及门甚众。在籍十二年，历办乡局，严正不阿，虽亲昵无少徇庇，以故群小屏息，闾里肃然。殁年仅四十三。

张上庚　清南海佛山镇人。咸丰六年（1856）举人。

［同治］《南海县志》卷九《咸丰朝·举人》：丙辰补乙卯科。

［民国］《佛山忠义乡志》卷十三《选举志一·举人·清》：咸丰丙辰，附生。

陈炽基　清南海人。咸丰六年（1856）举人。

［同治］《南海县志》卷九《咸丰朝·举人》：丙辰补乙卯科。

陈培镛　字辉占（或作煇占），号晓柯，清南海九江人。咸丰六年（1856）副贡，同治三年（1864）在家赈饥。任广东河源教谕不久，以试回省，病卒于家。

《九江儒林乡志》卷十《选举略·国朝·贡生·咸丰六年补行乙卯科》：

字辉占，号晓柯。县学，副贡。卷十四《列传·清》：字煇占，号晓珂，东方大谷人。家贫力学，由咸丰丙辰副贡选河源学教谕，到任未几，以试回省，病卒于家。为人外恢豁，中实苦刻，浑浑不见圭角。尤笃于孝友，母洪患疮历半载，侍医药无稍倦。爱恤寡妹，育其子女至终身。甲子岁歉，发社仓粟赈饥，多所全活。督族人完国课，劝谕备至，至今贫户无逋粮者。乃甫就教职遽殁，士类惜之。

庞荣 字少桓，清南海叠滘人。咸丰四年（1854）办团抵御红巾军。六年举人。

［同治］《南海县志》卷九《咸丰朝·举人》：丙辰补乙卯科。

［宣统］《南海县志》卷十五《列传·陈作猷传》：叠滘堡人……庞荣，字少桓，咸丰六年丙辰举人。为诸生时，与同堡陈作猷、何子权、孔广心等办团御贼。夏滘、蠕冈两邻堡为匪窜伏，亦率勇往援，事平，不求奖叙。乡族有争者就决无不服，人问故，则曰："先平己心，人心自平。"咸以为至言。生平好为警世语，有联云："禽言处处唤婆苛，剧怜姑恶难为妇。蝉噪声声鸣䞈误，可知儿败每因娘。"乡里传诵之。领乡荐，以祖母、双亲年老，一赴公车遂绝志仕途。

林庆祺 清南海人。咸丰六年（1856）举人。

［同治］《南海县志》卷九《咸丰朝·举人》：丙辰补乙卯科。

郭延禧 清南海人。咸丰六年（1856）举人，官开平训导。父瑀荣。

［同治］《南海县志》卷九《咸丰朝·举人》：开平训导，丙辰补乙卯科。《咸丰朝·封荫》：郭瑀荣，以子延禧赠征仕郎。

黄怡 清南海人。咸丰六年（1856）举人，官罗定州学正。

［同治］《南海县志》卷九《咸丰朝·举人》：罗定州学正，丙辰补乙卯科。

梁汝藩 清顺德人。咸丰六年（1856）举人。

［光绪］《广州府志》卷四十六《选举表十五·举人·国朝·咸丰六年丙辰补行五年乙卯科广西中式》：顺德人。

梁嵘椿　号茂生，清高明孔堂人。咸丰六年（1856）举人，在广西梧州教书。同治十三年（1874），在学生家长捐资相助下赴京应试，与长子廷栋同时成进士，任山东范县知县，调补掖县，历署清平、观城县事。退休归。父如，岳父杨澄源，弟嵘琛、振昇、嵘纲。子廷栋、廷材、廷枚、廷枢、廷榥。

［光绪］《高明县志》卷十二《选举表·国朝·举人·咸丰朝》：孔堂人，广西苍梧籍，六年补乙卯科。《选举表·国朝·进士·同治朝》：孔堂人，广西苍梧籍。山东范县、掖县知县。十三年甲戌科陆润庠榜。《选举表·封赠·国朝》：梁嵘椿，光绪元年以子廷栋封奉直大夫、翰林院庶吉士，五年封中宪大夫、工部主事。梁嵘琛，光绪二年以侄廷栋赠奉直大夫、翰林庶吉士。梁振昇，光绪五年以侄廷栋赠奉政大夫、工部主事。梁嵘纲，光绪七年以侄廷栋赠奉政大夫、工部主事。杨澄源，苏村人，光绪十年以外孙梁廷栋赠奉直大夫。卷十三《列传·人物二·国朝》：号茂生，孔堂人，寄籍苍梧。积学能文，有声庠序。咸丰乙卯举于乡，同治甲戌成进士。任山东范县知县，调补掖县，历署清平、观城县事。居官清勤自矢，慈祥恺悌，事无巨细必躬亲，阅案牍恒至夜分，悉心定谳，以是讼狱悉得其平，所至皆有惠政。尝训子侄曰："做官当仁慈清廉，为百姓培命脉，为儿孙留地步。"盖其禀性然也。居家克尽孝友。胞弟三人皆弱壮逝世，各遗子女。家本寒素，借砚田所入为之抚养教训，及长悉为婚嫁。今其犹子廷材、廷枚、廷枢、廷榥均各有所成就，诸弟妇借以心慰，一门雍睦，乡里称焉。《列传四·列女》：梁振昇妻吴氏年二十七岁守节，生员梁嵘琛妻戴氏年二十五岁守节，俱孔堂人。随宦山东，光绪十四年，山东同乡官公呈山东巡抚张曜具奏，奉准旌表。

董巨猷　清三水人。咸丰六年（1856）举人。

［光绪］《广州府志》卷四十六《选举表十五·举人·国朝·咸丰六年丙辰补行五年乙卯科》：三水人。

谭廷槐　清高明城中人。咸丰六年（1856）赐副贡，官训导。

［光绪］《高明县志》卷十二《选举表·钦赐》：城中人，廪贡，训导，咸丰六年乙卯科赐副榜。

谭维铎　字扬徽，号木卿，清南海沙头堡沙涌乡人。咸丰六年（1856）举人，光绪二年（1876）进士，以知县即用，署四川芦山县事。改教授回广东。居家主持乡局。寿72岁。兄维钰。

［同治］《南海县志》卷九《咸丰朝·举人》：广西籍，丙辰补辛亥科。

［宣统］《南海县志》卷十《选举表·进士·光绪朝》：广西籍，庐山县知县……癸未科。卷十四《列传》：字扬徽，号木卿，沙头堡沙涌乡人。少承长兄维钰训，弱冠能文工书法。维钰寄籍广西苍梧，维铎留寓在梧，与兄先后进庠，闭户读书，寒暑无间。咸丰六年丙辰举人，光绪二年丙子进士，以知县即用。出宰四川，署芦山县事。县故好讼，有寓居公堂旁屋累月构讼者，维铎廉得其情，劝民息讼，解任日，士民咸有去思。嗣以事忤上官，改官教授回籍，绅士游智开悯其贫馈之赆，同僚亦赆之乃成行。维铎性廉洁，笃孝友，长兄维钰司铎梧州，与沈督学炳垣同时死节，维铎哭之恸，有“鹧鸪啼血旧苍山”之句。主办乡局，排解竭诚，一介不取，咸敬仰之。著有《南村杂咏》藏于家，卒年七十有二。

禤鉴光 清三水人。咸丰六年（1856）举人。

［光绪］《广州府志》卷四十六《选举表十五·举人·国朝·咸丰六年丙辰补行五年乙卯科》：三水人。

黎映榴 名或作映瑠，字丹林，清顺德龙潭人。咸丰六年（1856）举人。

［光绪］《广州府志》卷四十六《选举表十五·举人·国朝·咸丰六年丙辰补行五年乙卯科广西中式》：黎映瑠，顺德人。

［民国］《顺德县志》卷八《选举表一·举人·咸丰》：字丹林，龙潭人。广西籍……丙辰补行乙卯科。

杨守恕 字春坪，先世自顺德马宁乡迁南海，遂为南海捕属人。祖荣殿，子继芬、裕芬、松芬，孙履瑞。

［宣统］《南海县志》卷十七《列传·孝义》：字春坪，先世自顺德马宁乡迁南海，遂为南海捕属人。幼聪颖，年十二能书径尺大字，宿老惊异。习算，一夕尽通归除。自少励学，诵法宋儒，言行必谨。常自注记，未明而起，洒扫必亲，数十年如一日。教学者必先束身修行，讲业之暇，手不释卷，或作书画自娱，得者珍如拱璧。性孝友，免母丧逾数年犹饮泣。爱母弟老而弥

挚，诸弟有过，感以和爱，曰怡怡固圣训也。遭祖母丧期不应考，时知府吴某阅书院课卷，赏识守恕文，录置第一者八，将以岁试拔作批首，搜其卷弗获，访知其故，益以是贤之，后卒以县试第一进庠。子继芬，邑增生。裕芬，解元，进士，学部主事。松芬，举人。孙履瑞，邑附生。

何雄光 字亮臣，清南海镇涌人。咸丰七年（1857）从军，十一年保奖把总。同治四年（1865）随同康国器进剿镇平县太平军。七年以游击用并赏加参将衔。光绪元年（1875）赏加总兵衔，五年赴部引见，八年代理肇庆府参将。任满委带海珠缉捕，56岁卒于任。

［宣统］《南海县志》卷十六《列传》：字亮臣，镇涌堡南村乡人。咸丰七年八月以武童投营，随黄参将护解军装赴安徽，八年随同攻剿发逆，解河南固始县城围得奖外委。十年随同古捷方剿办广东北江逆匪，十一年以剿平英德属积匪老巢保奖把总。同治元年阖军赴浙救援，二年正月克复汤溪、兰溪县城，及截杀龙游县窜匪，并追剿金华府义乌、诸暨等县败匪，奉上谕着以都司用，并赏戴花翎。三年，发匪伪康王、伪侍王大股窜闽，随同全军赴闽防守，闽境肃清，汇案奏奖。四年，随同统领布政使衔、福建延建邵道康国器进剿嘉应州镇平县股匪，汪逆全股荡平。六年发归广东水师提标中营候补，七年奉上谕着以游击用并赏加参将衔。八年正月告假措资募勇，自备军装赴滇投效，四月行抵兴义县城，奉札留兴义协同剿办军务。时苗逆攻围普安厅城甚急，雄光即统兴义府全军赴援，连日大获胜仗，立解城围，乘胜收复普安县城，继克复安南县城。是年十月奉札回粤募勇、筹办军火，十年正月押运军火到黔。奉委带仁字右营进剿苗逆，生擒伪将军杨衣也，招降伪元帅麦春荣，斩取李、杨两伪元帅首级，都匀府所至荡平。复攻克麻哈州城，廓清州属韭寨，雄光均首先出力。十年九月奉上谕着以参将用并加副将衔，嗣以克复安南等城，灭平牛角坡、香炉山各处巢穴，择尤保奖。十二年九月，奉上谕着以副将用，并赏给育勇巴图鲁名号，贵州全省肃清，择尤保奖。光绪元年正月奉上谕，着赏加总兵衔，并给三代二品封典。二年奉委署理崖协副将，五年六月赴部引见，是年十月丁生母忧。八年奉委署理督标前营参将，旋调署肇庆府参将，任满委带海珠缉捕，卒于任，年五十六。

林寅 清顺德人。增贡，咸丰七年（1857）任广东澄海教谕。

［光绪］《广州府志》卷五十三《选举表二十二·仕宦四·国朝·文职·

顺德》：增贡，咸丰七年澄海教谕。

谢应垣 清高明周田人。增贡，任广东河源教谕，咸丰十一年（1861）设局剿客匪。父有申，弟应麟、应清。

［光绪］《高明县志》卷十二《选举表·仕宦·国朝·文职》：有申子，咸丰间增贡，河源教谕，太常寺博士衔。《选举表·封赠·国朝》：谢有申，以子应垣赠文林郎。谢有庸，以嗣子应鹏赠修职郎，以侄应垣赠文林郎。卷十三《列传·人物二·国朝·刘凤洲传》：……辛酉设局剿客匪，与谢应垣、罗文锦、冯树杰等悉心筹画，卒复乡井……若谢筹粮饷，罗、冯赞机宜、运炮械，皆著成绩。

区河清 字涧东，清南海佛山镇人。中年到香港经营铜铁致富，乐于助人。光绪八年（1882）举人霍伟南、二十四年进士吴功溥倡建赵公庙，苦无地基，慨以自置广铺两间，用“区寸心堂”名义捐出。病卒，其子倬勋如其所愿。祖佐平，父从进。

［民国］《佛山忠义乡志》卷首《职名表》：倡修绅董区倬勋。卷十三《选举志二·封赠·清》：区从进，以孙倬勋赠通奉大夫。区佐平，以曾孙倬勋赠通奉大夫。区河清，以子倬勋赠通奉大夫。卷十四《人物志六·义行·清》：字涧东。少贫寒而性孝友，以衣食故甘操劳事，日夜不稍懈。既壮，聘梁敬茂次女为室，梁素以贤淑闻，既归区氏，侍家姑、和妯娌、相夫子、操井臼，皆井然有条，邻里益贤之。河清投袂起曰：“吾可无内顾忧矣！”值香港开埠，未有火轮，乃携薄资，乘帆船循珠江南下，巨浪拍天，风餐露宿，数日始抵香港。既至，以囊资逐时利，经营铜铁，生理有一日千里之势。如是二十年，少有余资，惟日访贫乏老者安之，少年失学者教之，邻里受惠者不可以数计。间有死无棺殓、无葬地，病无医药，与夫欲娶无资、欲学无力者，皆竭力助之，日费百金不吝也。会乡绅霍伟南、吴功溥等，倡建赵公庙于平政桥，苦无地基，慨以自置广铺二间，用“区寸心堂”名义捐出，盖示存心为善之意。时香港商业日兴，昼夜经营，积劳成病，庙基未奠，竟不起。临终握其子倬勋手曰：“善无大小，人之欲善，谁不如我？吴太史建赵公庙之议，我已许之。又栅下聚福里至嘉贤里一带，路尽泥泞，行旅苦之，当倡建石路。惟勿以此骄人，只题无名氏足矣。汝其继吾志，以为后世法，我当九泉含笑矣。”言毕而逝，噩耗飞传，四邻皆哭，一时有“天祸栅溪，夺我善人”之语。倬勋敬守遗训，庙以落成，里人题金额于其门曰“仗义轻财”，倬

勋曰："善乃人所应为，先严此举非欲自矜以沽薄誉，聊以补过耳。谬承过奖，先君子有灵，当感且愧也。"邻里见其谦益敬之。呜呼，可以风矣！

杨大年　字琦珍，清顺德桂洲人。咸丰间，与弟大猷经商于香山港口。

［民国］《顺德县志》卷二十《列传五》：字琦珍。弟大猷，字招珍，桂洲人，兄弟同商于香山港口。咸丰间，贼匪披猖，大年倡筹巨款，禀设船舰巡防，贼不敢犯，地方赖安。港口为积谷之区，值岁大饥，有瞒禀遏籴者，群情汹汹，几酿巨变。大猷出任调停，四乡得免缺食，人铭其德。

吴福元　字介铭，清顺德甘竹人。光绪十九年（1893）广州广济医院创立，任总理。父遇亨，弟昌元，子尹全、寿全、震全、栮全。

［民国］《顺德县志》卷二十《列传五·梁述尧传》：字介铭，甘竹人。父遇亨，好施与，福元能承其志。任粤城广济医院总理，又与同邑左京卿宗蕃等组织总商会，办理慈善各事。弟昌元，字晴溪，亦与钟觐平等创建爱育善堂，广济医院成立，亦与有力焉。福元子尹全，举人。寿全，廪贡，补用知府，历充德、法、美使署参赞。震全、栮全，均诸生。

［宣统］《南海县志》卷六《建置略·廨署·善堂》：广济医院，在新城油栏门外迎祥街东约。光绪癸巳年，由七十二行商及各善董等倡建。

陈维汉　（？—1888）字星河，清南海丹灶大仙冈人。早年在闽、沪间贩卖茶叶。咸丰八年（1858），太平天国翼王石达开陷福建名城数十，与兄翀汉以私财募勇，转战千里，以次收复。累功以道员用，历官邵武府同知、知府、兴泉永道。翀汉亦叙功以知府发浙江补用。光绪元年，福建巡抚丁日昌委办通商。十年（1884）任福建督抚何璟卫队长，十四年病卒于家。子大宽、大照、述优、大能。

［宣统］《南海县志》卷十六《列传》：字星河，大仙冈人。弱冠弃儒业贾，鬻茶于闽、沪间。咸丰八年，发逆石达开由江右窜闽，连陷邵武、建宁、汀洲各郡。时维汉与兄翀汉同客福州，上书大府，请以私财募勇杀贼，大府许之。始克顺昌，转斗千里，贼所陷名城数十，以次收复。贼平，累功奏奖以道员用，加按察使衔赏戴花翎，给三代一品封典，历官邵武府同知、邵武

府知府、兴泉永道，翀汉亦叙功以知府发浙江补用。闽事甫定，庆抚端奉命援浙，檄维汉从，委以浙臬。固以病辞，庆大不怿，或问其故，曰："帅汰而骄，吾惧其败也。"寻果如所言。维汉既忤于庆，谢病家居者十年。光绪初元，闽抚丁日昌委办通商，维汉遇事按约力争，罔不慑服。丁伟其才，密折奏保送部引见，疏中有"深谙洋情，精知虚实，举凡交涉事件，措置咸宜"等语。折甫上，维汉适以母丧归里，遂不果行，旋叙前劳赏加二品顶戴。九年，法越事起，维汉适朝京师，道出津沽，上救越策于李相，不用。明年归闽，闽督何璟使统卫队。值法日事亟，敌舰拦入闽海，当轴以和战未定，莫敢先发。维汉请于何，以偏师出驻泉州，遮敌归路，坚壁清野，禁奸人之接济，敌可不战而溃。何韪其议，然格于督师张佩纶龂龂①不敢行，已而马江师熸②，何、张始悔不用前策。时闽人忿甚，会英领事诣督署，遂环集辕门昌言截杀。维汉以法难未已，恐生他变，重朝廷南顾忧，因率部勇力任保护，理喻势遏，穷日夜之力，始得卫英领事出险。而闽绅有嗛③维汉者，诬以纵勇激变入告，坐是削职。十三年，台湾初改行省，台抚刘铭传谂维汉才且知其枉，调赴台北，行将大用，乃抵台未匝月④，遽染瘴致疾，返里就医，逾年卒于家。子四：大宽，中书科中书。大照，顺天举人，河南补用知县，随使美国钦加五品衔。述优，附生。大能，候选县丞。

罗佐廷 字宬留，清顺德罗水人。业儒，兼习医术，妻伯父陈松为道光二十三年（1843）举人，以一书赠之，因执其术以医人。

［民国］《顺德县志》卷二十《列传五》：字宬留，罗水人。业儒，兼习医术。尝从妻伯父陈孝廉松游，松名其斋曰"活人"，以一书赠之，因执其术以医人。手著医书甚伙，曰《活人医案》，曰《咳嗽集成》，曰《业医要言》四卷，曰《伤寒分证》三卷，曰《温病证治》三卷，曰《伤寒论真解》九卷，曰《运气图旨》一卷，共分七本，统名曰《活人七种》，识者谓可与陈修园并驾云。

---

①龂龂（jìnxiè）：切齿盛怒貌。

②熸（jiān）：战败。

③嗛（xián）：怀恨。

④匝月：满一个月。

黄大年　字兆祥，清南海佛山镇人。经营黄祥华药油。寿67岁。子元韬、雄韬、国韬、宪韬、金韬。

［民国］《佛山忠义乡志》卷十四《人物志六·义行·清》：字兆祥，明殿公之九传孙也。幼孤贫无兄弟，奉母唯谨，孝行闻于里党。长业商，以勤俭起家。乐施予，凡贫而病者，每切于救援，倡设万善堂，活人尤众。咸丰间，岁洊饥，集地方绅商散赈。先于族人之贫乏者，解囊以赡给之，曰："无使分贫民之食。"其亲亲仁民之观念，已可概见。修治祠宇、经营尝业不遗余力，族户有产尽粮存者，另筹饷款，代为完纳，岁以为常，于是吏不追呼，得安生业，乡内八图用其法，联图纳粮，至今赖之。卒年六十有七。子五人：长元韬，次雄韬、国韬、宪韬、金韬，或仕或商，各率厥职。至今五代，孙、曾济济，已达七十余人，而黄祥华药油营业遍及华洋各埠，其收效宏远，正未有艾，咸谓天之报施善人不爽云。

左祖田　字雨南，清末顺德龙山人。商于柳州，以山西赈捐钦旌"乐善好施"。

［民国］《顺德县志》卷二十《列传五·梁述尧传》：字雨南，龙山人。商于粤西柳州，归与族人谋设述善堂，置赡族田，以山西赈捐钦旌"乐善好施"。

伍培鋆　字宜康，清末顺德古朗人。创办本乡同善堂，多善举。

［民国］《顺德县志》卷二十《列传五·梁述尧传》：字宜康，古朗人。创办本乡同善堂，此外乡族善举知无不为。

关文阶　清末顺德黄连人。倡建本乡寿仁善堂。

［民国］《顺德县志》卷二十《列传五·梁述尧传》：黄连人。倡建本乡寿仁善堂，集资置业，至今赖之。

梁述尧　字燕生，清末顺德逢简人。同治十年（1871），与钟觐平等12人，在广州创建爱育善堂。子骝藻、銮藻、骥藻。

［民国］《顺德县志》卷二十《列传五》：字燕生，逢简人。见义勇为，同治间与钟觐平等十二人，在粤城创建爱育善堂赠医药，遇有偏灾，立往赈济，为善获报，人称颂焉。子銮藻，以翰林出守福州。骝藻，以孝廉出宰北

流。骥藻，亦孝廉，有名于时。卷九《封荫表·封赠·文阶》：逢简人，以子銮藻封……翰林院编修。

［宣统］《南海县志》卷六《建置略·廨署·善堂》：爱育善堂，在城西十七甫。同治十年，邑中绅富钟觐平、陈次壬等倡建。

谭曦光 字葵生，清末顺德甘竹人。光绪时在广州创方便医院。

［民国］《顺德县志》卷二十《列传五·梁述尧传》：字葵生，甘竹人。在粤城创办方便医院，复初宣讲社、米票会、棉衣会，人蒙实惠。

［宣统］《南海县志》卷六《建置略·廨署·善堂》：方便医院在城北高冈，光绪年建，专为贫而无归者病有所医、殁有所葬。

钟觐平 字辅廷，清南海大沥堡隆福乡人。家贫，至广西贩卖桂皮起家，富至巨万。同治十年（1872）在广州创立爱育善堂。卒年80余。子羲年、文藻、其英，孙宝珩、庆銮、锡玢、锡璜、兰芬、维嶽。

［宣统］《南海县志》卷二十《列传·善行》：字辅廷，大沥堡隆福乡人。其先五世单传，家赤贫，无读书应试者。至觐平贾粤西，以贩桂皮起家，富至巨万，与合伙者恒获利，故人多乐附之。居身俭约，常服布素，房舍朴陋，无改其初。治家严，妇女无珠翠之饰。和平善处物，为人解纷，多乐听从。番禺某乡潘、钟两姓械斗，久不解，觐平与潘赞清同往劝谕，立解散罢斗。性慈喜施，见义必为。先是，粤中未有善堂，同治十年，觐平与同志十二人首倡创设。初假城西洋行会馆为公所，方拟择地建堂，适潘商以盐课负欠籍没，时首事陈次壬与钟运司谦钧有旧，因联呈承领潘商房屋改建为堂，名曰“爱育”。凡救灾患、赠医药、设义学诸善举，章程悉仿上海普育堂，而施棺则增设焉。论者谓斯堂之建，觐平为首功，而相与有成者，多赖次壬之力，若潘璧光与其弟赞清亦同首事，而资为臂助者也。觐平卒年八十余。生四子，羲年、文藻、其英并领乡荐。孙六人，锡玢、葆珩、庆銮、兰芬俱举人。锡璜，翰林院编修。维嶽，县学生。曾孙二十余人。

梁清 （1827—1880）原名桂清，字香林，清南海西樵仁厚乡人。早年师从康有为祖父康赞修，同治元年（1862）举人，十年大挑得知县职。光绪二年（1876），代理江西德兴知县一年，旋委贵溪厘卡差。五年十二月回省销差，病卒于南昌。父炳中出外谋生，嫡母麦氏勤劳纺织，家得小康后慈善待人。弟滟，侄绍熙。

［同治］《南海县志》卷九《同治朝·举人》：壬戌并补行己未科。卷二十二《列传·列女》：梁炳中妻麦氏，麦村人。于归时夫谋生于外，家赤贫，氏勤纺绩以供孝养。中年后家小康，氏念向日艰难，勤于施予，年逾六十仍朴素自安，勤于操作。邻里问之，氏曰："吾业此自食，数十年性情习惯，若饱食安坐，转觉无聊。且使儿子辈知衣食皆辛苦所得，未为无补也。"性慈善不妒，抚庶子如己出，邻舍经年不闻诟骂声，寿至八十乃卒。子清，壬戌举人。孙绍熙，邑庠生。

［宣统］《南海县志》卷十五《列传》：原名桂清，字香林，海舟堡仁厚乡人。性肫挚，事嫡母、诸母无间言，友爱弟滟，自少至老如一日也。嫡母有女长于清，适余早卒，遗二子，清抚之如所生。长甥将及冠，病瘵，携至家为营医药，竟不起，深以为憾。未几，次甥复病瘵，清曰："我母止一女，不幸殁而遗二甥。长者既夭，少者今又同病。如不能保，何以见吾母于地下乎？"于是远访名医，躬亲礼致，调治获痊，人以为诚感所致。爱犹子绍熙逾于己子，甫四岁即授以前贤诗歌、箴铭，随时诱掖，使熟服成诵，出入必偕，以致成立，不知者以为其亲子也。其笃于伦纪类如此。少游康学博赞修之门，喜读宋儒书，屡困童试。同治元年以监生领乡荐，十年以大挑知县分发江西。光绪元年十二月委署德兴县事，甫下车即兴修书院，以课士为先务，谓化悍俗必自端士习始也。接篆三日，张、余两姓以积怨械斗，死者数十人。当是时，调勇弹压、悬红缉凶，办理阅四月案始结，而赔累实不赀矣。署事一年卸任，旋委贵溪厘卡差，上司知其受累，将以调剂之也，清处脂膏而不润，仅得比较如额而已。五年十二月回省销差，得疾，遂殁于南昌旅次，年五十有五。清有治事才，先是同治初年，县创设岁科考文武册金、开局续修县志，均与襄事，具见条理而归，邹伯奇丧一事，尤足征能应变焉。伯奇以暴疾殁于志局，时局中同事诸人暨来吊者陈京卿澧、陈大令璞、樊明经封相与议曰："以学宫殓丧亵而不敢为也，而冷尸不入屋，世俗所拘忌也，若殓于道路，则心所不忍也。"踌躇未决，清独进曰："不如以肩舆载归其家，托言病重直舁进堂，然后正言其死，计宜可行。"众然之，议遂定，清徒步送至其家，发丧而回。伯奇卒得成丧备礼者，清之谋也，陈澧等以为无于礼者之礼，庶几情礼不失云。

崔佐 （1827—1880）字翼勤，号槐阶，清南海沙头堡沙涌乡人。同治元年（1862）并补行咸丰九年（1859）举人，十年进士，代理山西沁水县、崞县知县，兼理五台县事，补沁源未赴任，乞假归养。光绪初年，迫于上司严旨，诱捕所谓白莲教“军师”贾国良，贾因而冤死，致招不肯“弃一官而保民命”之讥。

［同治］《南海县志》卷九《同治朝·举人》：壬戌并补行己未科。《同治朝·进士》：知县，辛未科。

［宣统］《南海县志》卷十四《列传》：字翼勤，号槐阶，沙头堡沙涌乡人。由县学生中同治元年恩榜，十年成进士，以知县分发山西，加同知衔，充癸酉科山西乡试誊录官。历署山西沁水县、崞县，兼理五台县事，寻补沁源，未赴任，乞假归养。佐之莅崞也，下车日即揭示邑中，有贿进者责毋贷，在崞三年，卒无敢以苞苴进者。崞俗重财轻命，遇有仇怨，往往令妇女自尽，诬陷仇家借以讹索。佐讯得其情，责令死者亲属自为收敛，无使滋累，数月后刁风渐革。清理旧案每日登讯，结至十余案或五六案，一年而旧案清过半矣。值岁饥案愈多，每自午堂讯，恒至夜分乃退，尝谓“公则生明，慎则鲜失”云。丁丑、戊寅晋大荒，崞县略有收获，而民多饥色、饿殍。上官令各县发仓赈济，而仓谷有限，不克供饥民半月之粮，佐乃劝各乡富户自赈其乡。近城诸乡无富户，佐乃捐廉分布粥厂，使饥民就食，亲自监视。时复时症盛行，佐乃遵古方施送时症丸散，人多赖以全活。其有死不能葬者，则捐廉葬之，数月间费钱一千八百余贯，崞民乃得免于暴露。崞县西北与朔州邻，为雁平道管辖地。戊寅二月，朔州民有白莲教熊六谋反，诱聚饥民三千余人，私立伪号，设伪官，劫掠村乡财物妇女。朔州牧行知邻县防堵，佐即设备，召募得二百余人分队教练，守御西北境上，贼不敢犯。三月，巡抚曾国荃发兵进剿，贼遂溃。而外镇各武弁详上官，谓有伪军师贾国良率党千余，逃回崞县之神山村，上官责佐往捕。佐知贾国良向来安分教读，而武弁合词攻揭，无以置辨，遂不覆禀。无何，飞檄一日数至，责令起兵剿神山村。佐不忍以无稽之语害村中无罪之民，仍不禀复。上官复飞檄叠来，谓若不起兵往剿神山村、拿获贾国良，定先褫职。幕友曰：“事急矣，即请兵往剿，亦非我之过也！”佐不得已，令弁带兵往捕，不获，遂执贾国良之父母妻子，并其族中举人贾守中回署讯问。据供贾国良向在外乡教读，无从贼事，于是押良妻子而释其父母及贾守中，谕以：“得贾国良到案则一村安然无事，贾国良亦未必至死。勒限三日带贾国良投案，否则我不能保一官，汝不能保一村。”贾守中慨然应允。翌日，贾国良自行投案，供称素以教读为业，并无从白莲教谋反之事。佐心欲救之而无如何，不得已将贾国良解往雁平道，卒以重刑招认戮之，

士民皆叹其冤。佐以光绪五年请假养亲旋里，主局务，严赌禁，阖境肃然。六年卒，年五十有五。著有《葫芦诗集》。

黎兆棠 （1827—1894）号召民，清顺德昌教乡人。咸丰二年（1852）举人，次年进士，十一年考取总理各国衙门事务章京，任议制司主事。同治元年（1862）调江西，次年代理南安知府，四年升道员，八年、十三年两度代理台湾道台，历天津海关道台、直隶按察使、布政使、福建船政大臣、光禄寺卿，晚年居家。子国康、国廉。

［光绪］《广州府志》卷四十六《选举表十五・举人・国朝・咸丰二年壬子》：顺德人，进士。卷四十一《选举表十・进士・国朝・咸丰三年癸丑孙如谦榜》：顺德人，礼部主事。

［光绪］《南安府志》卷八《秩官・国朝・知府・同治二年》：广东顺德，进士。由拣发府署任，升道去。

［民国］《顺德县志》卷十八《列传三》：号召民，昌教人。幼孤，母冯训育备至，篝灯课读，恒中夜不辍。咸丰壬子举人，癸丑联捷进士，因病假归。丙辰补应殿试，以主事签分礼部，以前收复邑城功奏保直隶州。十一年二月，考取总理各国事务衙门章京，时总署初设，与各国往来文移无定。兆棠遇事筹咨，不卑不亢，见知恭邸，十二月补仪制司主事。同治元年二月，选授甘肃阶州直隶州知州，总署王大臣奏留。旋保升知府，江抚沈葆桢专折奏调，年三十七始获迎养焉。到省后，委办饶州赈务，择绅耆分任编查，发给银米，事终，吏无所私，民以获济。沈知兆棠可大任，明年春，檄摄南安府事。到任，闻贼由广东回窜南安郡，民惩前次陷城之难，相率奔窜，城下户不满百，且援军未集，守御尤单。兆棠欲奉母出险而身自守城，母泣，谕以义不可去，当与城共存亡，兆棠涕泣遵命，誓同官绅死守……援至贼平，并收复水城一带。四年七月，奉旨免补知府，以道员留江遇缺即补，赏戴花翎。时已卸南安府事，在赣总办霆军粮台。莅事数日，适霆军分调各省，中途粮缺叛，回南安索饷三十万，沿途抢掠，还趋赣州，全省震动。时存饷只三千金，势危甚，兆棠匹马出城，躬亲抚谕，事获寝。前江抚刘坤一特加器重，十一月奏署江藩。时军务方殷，而藩司总理各局事尤繁剧，每日披阅公牍恒至夜深，至筹拨军粮、添募营勇，刘抚悉委之。兆棠感受知遇，黾勉从公，以积劳故，年方四十而须发皆白。五年三月，母病终江省，五月奉柩回籍守制。六年掌教羊城书院，因江西肃清案内出力，奉旨赏加按察使衔。七年服阕，闽省督抚奏调赴闽，委办通商事务，结洋案十数起。八年七月署台

湾道篆，革除积习，先择僚属之贪酷者撤之，复随时申饬，吏治一清。台郡人士甫得一衿，即以包揽讼词、鱼肉乡闾为得计，兆棠刻卧碑文及朱子小学颁发各学，并创建玉山书院，购图书使诸生诵读。其俗强悍，好讼好斗，有数十家村落插居强宗腋下，夜间被其铲削净尽，名曰“扎厝”。兆棠思痛惩之，闻有土豪吴光英、副将林文明及革弁戴捷春等借党横行，焚占淫掠，无恶不作，因密遣干吏执而诛之，一时绅民欢声雷动，全台南北数千里始获安居。台地物产丰富，夷人垂涎已久，自安平用兵而后，尤为蔑视官府，内地奸民复多煽诱。兆棠抵任后，借后垅私脑一案大加整顿。时法人邀同厦门领事来台力争，笔舌交战，抗议数月，卒使法人折服。来春，法人忽调拨兵船到台，欲恐吓华官以为掣肘地，兆棠屹然不动，据理申辩，法兵不敢登岸，去。后法商或酗酒犯官，或恃势走私，兆棠辄遣吏痛惩之，领事不敢与较，法人在台知有中国法律者，实自兆棠官台始。副将萧瑞芳者，即法乱肇端之苏阿成也，煽法将巴夏礼，先攻粤城，继攻天津，直犯京师，已则投效军营，保升副将，两署台湾安平协，又复煽法酋炮攻安平，逼江协戕以死。内拥厚资以夤缘为奸，外借夷势以挟制当道，遂遍地腥膻，人人痛愤。兆棠密禀省宪，请旨明正典刑，三十余年之元恶大憝，一旦伏诛，士民无不称快。至关伦纪风化事，尤必剀切开导，刊为条教，遍榜通衢，使绅民遵守，犹恐未能详备，复辑《礼俗辨正》一书教之。统计在台三年，防内奸，御外侮，心劳形瘁，因得不寐之症。时诸子随侍，每以静养珍摄请，兆棠责之曰：“吾受国恩深，际此时事多艰，正当图报，汝曹何知焉？”十年四月，因与制府要人不合，奉檄交卸，领咨回江，乞假旋里。十三年，日本借台南生番事，调兵入琅琊，意存窥伺。政府奏委沈葆桢办理，葆桢以兆棠官台多年，情形熟悉，奏调赴台委办营务。至即密陈方略，大旨谓日人此次犯台，孤军深入，无救无援，兵家之忌，且不先踞后山，止从琅琊进兵，已落下着，加以彼军死病接踵，粮米运至又多朽腐，若我持之愈力，则彼受累愈深，就抚愈易。今惟在京则持之以理，不可稍事姑宽，在台则临之以威，不可轻于言战，与其纾以时日，不可苟且目前，与其多费军需，不可稍失国体，台湾为七省屏藩，此事实中外关键。沈深以为然，其后日本窘急求和，均不出所料。军务甫竣，又以旧病复发请假。值津海关道乏人，爵相李鸿章奏请以兆棠补授，遂于光绪元年赴任。津市向以洋货为大宗，积久弊滋，以致市廛萧索。兆棠体恤商艰，于甘露寺内另立公所，减征厘税，改用三连单，令商人互结存堂，到关验单，立予放行免留滞。又西帮茶贩向限六阅月缴照，为期迫促，商旅苦之。兆棠详禀督宪，改令西商运茶由招商局船进口，领照与否，悉听自便。时俄、德两国洋商以完纳税银银色补水法码参差，寻隙取闹，并邀彼国领事到津争辨，兆棠历引条约折之，卒不得逞而去。十月，因前办台湾军务出力，奉旨赏加布政使衔。是月，霸州等八州县河决，被灾者数百村，首先捐银四千两，置办棉衣米麦，派人分给，存活甚众。三年山西灾荒，李鸿章札委办赈。晋省山路崎岖，运费甚巨，井陉一路亘古不通粮运，兆棠创议招商试办，因以节省运费多购粮米，后官商输运皆从此路而出，人咸称便。时通武境内凤河漫溢，东西被淹十余里，为患已及十年，屡修屡决，灾情甚重。兆棠拨款助工，遴饬干员勘丈明白，崩者筑之，淤者浚之，河始顺轨南流，两岸均获丰收，民蒙乐利。十二月奉旨补授直隶按察使，陛见后回津，又调署直隶藩司，旋因病发，均未赴任，恳请开缺调理。五年十月奉上谕给三品卿衔督办福建船政，抵任时工费支绌，朝夕筹画，逐一整顿。且向知水师学堂为船政命脉，因奏请福建开设水师学堂，为海军储育人才，并详拟章程四十款，至今遵而行之。八年七月，奉旨补授光禄寺卿，嗣因旧病增剧，连章乞假回籍就医。阅一岁，法人犯马江，焚烧船厂，复蒙特旨召见。闻命拟力疾北上，适钦差彭玉麟督办广东海防，有旨着咨商在籍办团。兆棠晋省会议，正拟开办而和款已成，遂从此家居不出矣。兆棠度量宽宏，与人无忤，天性纯孝。常念母在日恒以施济为怀，故无论仕宦居家，凡慈善事业无不捐巨资赞助。在津时寄捐数万金分赡三族，有不克自养者均给簿月资之，亲党待举火者数十家。乡居日，事关农田水利，无不力任其责。三十六乡以马营围为屏障，频年坍塌，对岸沙涌、大涌口两乡淤坦日积，更筑两石坝以激水逼围，众乡苦之。兆棠达其事于总督刘坤一，檄官弁履勘得实，石坝乃拆，复捐款千金择要培修之，为序纪其事。本乡之水借邻乡光辉宣泄，道光二十六年，光辉筑闸闭塞下流，两乡缠讼多年不决，昌教受水患者三十余年。兆棠出为调和，并捐款数千补交光辉拆闸修堤，两乡遂永敦和好。新会陈白沙先生钓台被毁，力陈于各大宪捐款重修，撰碑记以彰懿行。其生平自奉俭约，饮食衣服不异寒素，无事手不释卷。光绪癸巳十二月十一日无疾而逝，寿六十有七。子国康，己丑恩科举人。国廉，癸巳恩科举人，福建补用道，署兴泉永道。

邓清安　（约 1827—约 1903）字月川，清南海里水丰冈堡人。40 岁成县学生，同治六年（1867），广东巡抚蒋益澧严禁赌博，清安约束乡人，概行禁绝。以教书自给。寿 77 岁。

［宣统］《南海县志》卷十九《列传・文学》：字月川，丰冈堡人。年及强仕始补县学生，时巡抚蒋益澧①严禁赌博，清安约束乡人，概行禁绝。后赌

①蒋益澧（1833—1875），清湖南湘乡人。同治五年（1866）任广东巡抚。

徒纳规于弁绅而禁驰，清安严拒赌规，课徒自给，虽饔飧不继晏如也。年七十七卒，著有《历代灾祥录》《纪年考》《古俗字体》《姓氏谱》藏于家。

梁有成 （约 1828—1878）字夔谱，清顺德黄连人，居香山县城。同治三年（1864）举人，主讲潮州韩山书院讲 4 年，50 岁后病卒。妻刘慧娟，子棨熙、步云。

[光绪]《广州府志》卷四十六《选举表十五·举人·国朝·同治三年甲子》：顺德人。

[民国]《顺德县志》卷二十《列传五》：字夔谱，黄连乡人，从父寄居香山县城。少能文，年十八进庠，二十补廪。同治甲子举于乡，开门授徒，以培植人才为己任。主韩山书院讲四年，文风大振，积劳过度，一病不起。潮人思之，奉祀于院中，配享韩文公。子棨熙，同治癸酉举人，光绪癸未进士，授湖南平江县。步云，廪生。卷二十一《列传六·列女》：孝廉梁有成妻刘恭人，生而至孝……于归后伉俪甚笃。有成卒，恭人擗踊惨怛，誓以身殉，取瓷枕碎首，鲜血淋漓，子妇环跪苦劝，始息，因是丧明。生平四德兼备，工诗赋，著有《昙花阁诗抄》《治家恒言》付梓。以卒于辛亥后，不立传。卷十四《艺文略·集部·闺秀》：《昙花阁诗抄》初、二、三集，国朝刘慧娟撰。梁煦南序曰"……煦年十七从学家夔谱师于城南李氏园，窃闻师母刘太恭人工诗词善赋，数于同人中聆其著作，颂椒赋茗，穆如清风，虽班昭博学、左芬逸才不是过。然同人又啧啧称其孝舅姑和妯娌，教子严而爱，持家井井肃若……师视朋友如性命，奖励诱掖本于至情……科名虽略晚，不数载长郎旋捷于乡，仲子继亦游泮……于戊寅冬忽捐馆舍……披览全集，首卷为《庭训》，模楷孙、曾。末卷为《余生恨草》，急雨凄风，肝肠寸断，其情之一往而深者，几不知涕泪竟是何物也……太恭人庭闱顺遂，适当五十不致毁之年，何必悲……"谨按，慧娟，香山人。卷十二《耆寿表二·寿妇·九十以上》：刘氏，黄连举人梁有成妻，九十一岁。

吴宝森 （约 1828—约 1913）字莱洲，原籍三水，迁佛山。子功溥，光绪十五年（1889）举人，二十四年进士，任四川汶川知县。入民国任湖南宜章县知事，一年后父丧回家，60 岁卒于家。

[民国]《佛山忠义乡志》卷十四《人物志四·文苑·清》：字莱洲。原籍三水，八代茂才，至宝森进番禺县庠后迁佛山。学尚根柢，不废帖括，故其为文合时尚而有经史气，社会课作传诵一时，人或得其一艺，几同青钱万

选，而为已辄北则命也。设馆授徒，量资禀及学程高下以为教，与胡文定三舍法合。子功溥、侄孙朝亮先后掇科第，亦得力于家训。性嗜书，暇则历坊肆浏览书册，或得未完之本，必百计搜罗补足乃已，故所藏多善本而价值廉。积数十年，缃橱连屋，四部略备。编成目录两册，鋟本沿革亦有考究。佛地多赏鉴家，如吴氏筠清馆、李氏三十六窗楼、梁氏寒香馆，金石法帖名闻海内，而目录之学断推宝森足树一帜矣。家居笃于伦理，事寡嫂，抚遗孤，族党称友爱。以诸生终，年八十有六。子功溥，戊戌进士，选翰林院庶吉士，改官四川汶川县知县，封宝森如其官。

招雨田　(1828—1923）以字行，清南海澜石（今属禅城）人。家贫，14岁往香港谋生，积资与人合伙开创祥和号，后商号多达百余家，分布国内及海外，以香港广茂泰为总机关。倡建东华医院及香港大学，捐助家乡南海中学。以捐赈福建水灾，宣统年间得授五品同知衔。民国四年（1915）获颁四等嘉禾章。寿终于香港，享年95。

［民国］《佛山忠义乡志》卷十四《人物志八·货殖·清》：以字行。邑属石头乡人，商于佛山，遂家焉。少贫贱，十四岁趁内地桅船来香港，为人受佣，值甚微，然劳苦勤俭，主者器之，助以资本，积佣值并主者资助，仅得百十金，遂合伙开创祥和号，是为经商发轫之始。嗣以苦心经营，逐渐推广，创立商号，海内外凡百数十家，港埠之广茂泰其最著者，掌握一隅，目营四海，人皆奇之。支店既多，以香港广茂泰为总机关，身任督理兼祥和号务，垂八十年，铺规整肃，日行之事及外埠往来信件，必日日清结。危坐无倦容，数十年如一日，其精力过人，有足称者，且亿则屡中，商业之盛实基于此。稍有盈余，亟从事于社会公益事，如赈灾、修基、重建祖祠、创办乡校，靡役不从。又倡建东华医院，举任首总理。三次倡建香港大学，捐助巨款。南海中校前后捐助不赀。乙卯水灾筹赈动用二万余金。其余善举，莫不以身先之。事父母孝，常以终鲜兄弟为忧，壮年薄有积蓄，即为父立妾，如得子许以己财产之半与之。数十年来，待庶母如所生。庶母故，虽年高执子礼如仪，易箦时犹谆谆以早营庶母窀穸为嘱，盖天性纯孝，未尝一日去诸怀也。有同伙因急需，愿以股份让之，毅然出资以济其急，受其股约，代为保存，迨营业日益发达，慨然将原日之股约反之，所有利益如数补与，同伙子孙至今咸颂德焉。亲友中赖其提拔，积资自一二万以至十数万者大不乏人。生平以孝弟忠信、礼义廉耻为主旨，读书虽不多，事事合于古训。故其训诫儿辈，谓世风凉薄，上下交征以利，须知财能聚必能散，散我之有余，济人

之不足，斯之谓仁心，斯之谓善行。又曰："家计渐大，人丁渐繁，宜设立良善家规，使人人遵循于轨道，毋争而让，毋奢而俭，毋薄而厚，毋酷而宽，毋骄泰而欿然若不足。家有田宜耕，商有店宜理，架有书宜读，世方多故，勿与外事。《易》曰：'君子以俭德避难，不可荣以禄。'汝曹谨志之。"诸子服膺弗敢忘。专意经商，于荣名一途向来澹泊，然以赈捐福建水灾，宣统朝得奖五品同知衔，以热心公益故名闻于朝。民国四年大总统给以四等嘉禾章，七年奖给褒状并给"好行其德"匾额，八年内务部呈准奖给紫绿绶银质褒章，以为政府表扬社会慈善一种政策，姑存之弗敢矜也。梅含理督港时，以其在港数十年德望素孚、子孙蕃衍，港商无有出其右者，特请其偕子孙曾辈进署宴饮，并拍照片传寄英京以留纪念，值生辰，馈赠玉如意以寿之。以癸亥夏历六月考终港第，春秋九十有五，积闰百龄。同堂五代，子五，男女孙二十八人，男女曾孙二十八人，玄孙一人。福德并懋，世莫隆比，其斯为人瑞欤！

黄廷彪　（1829—1893）号絅堂，又号豹伯，清顺德赤花人。少随父到越南经商。洪秀全广西起义，投族叔镇山所隶军营，克复浔、梧，升副将。道光二年（1822）代理佛山都司，同治三年（1864）、五年两次任顺德协副将，历广东虎门游击、海门参将，高阳罗水陆总镇，督办广东海防军务。任高州11年，创办绿营义学。弟廷耀、廷显、廷琛，子泽森。

［道光］《佛山忠义乡志》卷三《官署·分防都司》：广东南海人，世袭，道光二年署任。

［光绪］《广州府志》卷三十一《职官表十五·国朝·武职·副将参将游击·同治朝》：顺德人，行伍。三年任，五年复任，顺德协副将。顺德人，元年任，水师提标右营游击。

［民国］《顺德县志》卷十九《列传四》：号絅堂，又号豹伯，赤花乡人。少随父经商，航海至越南。时海盗充斥，货船遭劫夺，廷彪遇贼必力战。广西贼起，连陷浔、梧。广东陆路提督昆宫保寿奉命征剿，族叔黄镇山统领隶其部下，选择将材，廷彪遂投效军营。身当前敌，克复浔、梧两郡，积功擢升副将，赏给侃勇巴图鲁，赏戴花翎。两署顺德协副将，历官虎门游击、海门参将，蒋中丞益澧委办广东全省水师营务处。会剿广海曹冲客匪，歼厥渠魁，解散协从客民万余，分置各府、州、县给官地使开垦，由是客匪之患息。同治九年擢琼州总镇，改授阳江总镇，历署高、雷、廉、罗、南、韶、连各镇。后阳江合并高州，又改授高阳罗水陆总镇。奏派督办广东海防军务，迭次防俄、防法、防日，皆与其役，大吏倚若长城。署顺德协时，粮差往韦涌

催粮，骚扰不堪，群情忿怒，殴毙粮差数名。县令某张大其词，诬以造反，详请省吏派兵剿办。大宪仓皇檄廷彪回省诘之，廷彪从容对曰："韦涌一隅之地，焉敢反？但责令缉拿凶首，一哨弁足矣。"大宪纳其言，遂得保全。任高州镇前后十一年，创办绿营义学，教各营子弟成材甚众，有考取拔贡者。又以营地拓试院文场，绅民爱戴，悬匾镇署大堂，文曰"将有儒风"。卸任时，合郡绅耆撰序文颂功德，沿途祖饯，由郡城至水东百余里不绝。光绪十九年疾终里第，年六十四。宣统初元，诏将战功事迹宣付国史馆立传。弟廷耀，官大鹏协副将，廷显，分省补用知县，廷琛，官新安守备，升用游击，皆曾随营立功。子泽森，二品荫生，乙酉顺天举人，安徽通判。

区孟邻 清高明官当人。咸丰八年（1858）岁贡。

［光绪］《高明县志》卷十二《选举表·国朝·岁贡·咸丰朝》：官当人，八年贡。

林南昭 清顺德人。咸丰八年（1858）岁贡，即选训导。

［光绪］《广州府志》卷五十三《选举表二十二·仕宦四·国朝·文职·顺德》：咸丰戊午岁贡，即选训导。

欧卓棻 字理生，清顺德陈村人。附贡，咸丰八年（1858）任广东澄海教谕。光绪二十七年（1901）赐副贡，官归善县教谕。寿91岁。

［光绪］《广州府志》卷五十三《选举表二十二·仕宦四·国朝·文职·顺德》：附贡，咸丰八年归善学教谕。

［民国］《顺德县志》卷八《选举表一·五贡·光绪》：字理生，陈村人。归善教谕，内阁中书。以符例赐……辛丑补行庚子恩正并科副贡。卷十二《耆寿表一·寿民·九十以上》：陈村人。副贡，归善县教喻……九十一岁。

梁元超 字竹虚，清南海佛山镇人。咸丰八年（1858）入都应京兆试，榜后任户部郎中，改知府至湖南办理军饷，同治十年（1871）任岳州知府。62岁卒于家。父应琨，子兆松、寿祺。

［民国］《佛山忠义乡志》卷十三《选举志二·封赠·清》：梁应琨，以子元超赠资政大夫、户部郎中。卷十四《人物志六·宦迹·清》：字竹虚，籍

南海。少聪颖，经史淹通。咸丰八年入都应京兆试，榜后就职郎中，签分户部山西司兼湖广司行走，奏办军需局事务。旋改知府官湖南，奏办援黔捐输，接济军饷，攻克德明颇洞贼巢，解余庆县城围，由劳绩汇保加道衔，以繁缺知府补用。时沅州谷食腾贵，军饷乏绝，大吏叠派干员办理，仍未得当，委赴常州采办谷米，转运沅州。劝令巨商承销，其价值低昂、斗量大小，一一为之订定，旬日间销米数十万石，军民既受其益，藩帑亦无所损。沅州突遇时疫，传染伤毙，十室九空，解囊制药，赠送军吏平民，保全数万。旋总办长善城团，策画机宜，动合时势。岁辛未任岳州知府事，任内百废具兴。巴陵地滨重湖，旧有常平仓久为湖水倾塌，因旧址筹建义仓，复捐金储谷备荒，手撰碑文，以垂久远。岳郡考棚咸丰初坏于兵燹，每遇风雨，士众愁叹，时郡绅钟云卿都转莅两广盐运司任，函商筹款重建，计费一万二千余缗，落成后手撰碑记凡数千言。又于郡中书院拨款津贴膏火，招诸生入院肄业，重加奖劝，复捐廉俸设义塾于巴陵、平江两县，聘师主讲，一郡文风由此大振。其自撰《岳阳留别诗》有“砚田分润到寒儒”之句，郡人深沐德教，有“士安夏屋，民乐春台”之颂。郡有昆弟构讼，数十年不决，一经提讯，发其血性，喻以至言，即日和释，观者如堵，尽皆感服。莅任以来，狱无冤民，案无留牍，阖郡士庶常留去后之思。甫卸篆，即乞假归省，寻赋遂初，盖前之皇皇求仕，为娱亲计也。在郡所校士，举于乡者多人，进士张汝士其门下也。时撰有《吕仙亭》二律、《登岳阳楼》四律、《岳阳留别》四律，公余唱和，洵称风雅。回籍后杜门课子。长子兆松，光绪丁亥考补博士弟子员。次寿祺，光绪乙酉科顺天乡荐。稍偿素愿。晚耽吟咏，所著《嗣噫吟》初二集，辑《竹林诗略》六卷，均手自编定。又刻有汉戚伯著《隶帖》，著有《十三经解字》十三卷、《家塾小补》十卷、《字学得寸》四卷。尤好金石，需次长沙时，搜罗汉砖甚伙，用压归舟。年六十有二卒于家。

梁元辅　字月潭，清南海佛山镇人。咸丰八年（1858），入都应京兆试，留京就职刑部主事，旋政同知官广西，任广西麦岭、龙州同知。66岁卒于家。兄履泰，子兆献、兆祯。

［民国］《佛山忠义乡志》卷十三《选举志二·封赠·清》：梁履泰，以弟元辅貤封朝议大夫。卷十四《人物志六·宦迹·清》：字月潭，籍南海。少能文，咸丰八年应京兆试，留京就职主事，签分刑部安徽司兼山东司行走，管理督催所事务。旋改同知官广西，由军需局保案加运同衔，山西赈捐奖花翎，龙州土匪肃清加三品衔。初任麦岭同知，寻调龙州同知，兼左路防军营务处，时土匪周承帮盘踞逐卜，率兵剿办，不匝月而平。厅属每值春暮，士

女联袂赴墟唱和，不媒而合，名为“歌墟”，淫风流行，恬不知耻。土人相传有“歌墟畅旺，则五谷丰登”之谣，抵任后出示严禁，革除敝俗，是年岁亦丰稔，人言顿息，以俚语撰成《戒劝歌》十首，刊发各乡，感化者众。督办平乐厘金兼权县篆，由粤购办桑株，雇工教民栽种，成效大著，平乐之有蚕桑基于此也。署柳州融县时，适值大比之年，邑中寒士率多无力赴举，为之筹备宾兴费，复捐廉送给川资，士林德之。柳州长安闹厘罢市兼旬，奉饬驰往调停，片言解纷，商民感激。该县民情刁健，动与有司抗拒，在任年余，劝戒并行，始终无一上控案。清介闻于大府，历委梧州下关厘金、柳州厘金、梧州西税等差，均以长收纪功。其在籍也，清葬佛山义庄无主古柩，创设顺德甘竹滩救生船只，赠医天花，刊送白喉瘟验方，慈善事知无不行，行无不力。年六十有六卒于家。著有《学治纂要》六卷、《字学订讹》八卷、《石室絮闻》四卷、《榕城纪事》二卷。长子兆献……历任繁缺。次子兆祯，广西补用知县。

梁壮时　号惺堂，一字辰亮，清末南海澜石乡（今属禅城）人。善风角、堪舆、占卜诸艺，咸丰时预先告知亲友避乱。子宝瑛、宝常。

［宣统］《南海县志》卷二十一《列传·艺术》：号惺堂，一字辰亮，澜石乡人。幼读书颖悟绝伦，父使习贾，非其好也，恒窃览六壬诸方伎书，恨无师承。后游韶州遇江西客，随归，师事之，数年学成乃归。客白姓，自号一白师云。咸丰初，红巾贼将起，遍告亲友为避乱计，尽室潜寄亲串家，遁迹陈村、石龙诸市。贼谓其有奇术，索之急，卒窜避羊城，道出佛山，同舟十一人尽被贼掠，壮时坚卧独免，贼若弗见也者，众皆异焉。旅居羊城，托业于卜，叩事者踵相接，多奇验。有洋商蔡某避乱，箧缄珍宝值巨万，寄于某亲戚家，后竟亡去，以诘戚，戚诋为诬。卜之则曰：“繇词有‘城隍司察’语，牒诸神当有迹。”蔡牒城隍神，未几，戚暴得疾，若被祟者，惧，遣仆请卜，且以情告，求为禳解。壮时曰：“此病非禳可解，惟有还其物斯可解耳。”仆言：“久付质库，无资可赎。且恐事泄召祸，奈何？”壮时愿为居间，使泯其隙，仆归告其主，许如教。便邀蔡至，具言其状，讽之曰：“愿君无以资财乖姻好，但使归君质券，勿复穷治可乎？”蔡诺之，戒以中变不祥，蔡复矢之。既约定去，壮时即报蔡氏戚，令遣亲信解事者至，教以密封质券，候月朔伺蔡家起祀神，乘间从门投入，使若鬼物致然者，如所诫以行事，遂已。城西有玉肆贾，失一箧，内贮银券数以万计，求卜。壮时言：“物淹水中，缄縢如故，归索诸肆可得也。”如言遍索不得，复请卜，沉思久之，诘曰：“门

外得无有注水器乎?”贾曰:“然，门前有巨瓮蓄水以备灾者，未搜及也。”壮时曰:“物在是矣，惟不诘窃者主名，乃无后祸。”贾归碎瓮，果得箧，幸水不侵濡，券尚无损。贾廉得某窃为，忆壮时言置不问，其操术奇验而每出以排解类如此。壮时兼通青囊术，尝购一旧圹，徙先茔，劚地六七尺，得土如瓜形，剖视中有蟾蜍跳跃。卜葬期用夜半，以鼓吹导红衣妇人经冢前为应，及期，果有娶妇缘事而夜深谒庙者过焉。黄埔梁尧堦以重资购得姚氏地，将殁，属必以葬，议者斥不可用，邀壮时往视取决。壮时登望，激赏之曰:“此地葬后十年，当有以他途出身官至一品者。”议遂定。尧堦仲子诚由美国毕业生任古巴领事，旋授内阁学士，充美、日、秘出使大臣，其言竟验。盖壮时于风角、堪舆诸艺术具得师法，而于《易》深究互变错综、飞伏纳甲之说，则京式之学为近。子宝瑛，能世其业。宝常，举人。

冯炽宗 字谷孙，清南海九江人。好学，早逝，著有《凌虚阁诗草》。父锡镛，母关氏，弟栻宗、景略。

[同治]《南海县志》卷九《同治朝·封荫》:冯炽宗，以弟栻宗貤赠内阁中书、征仕郎。

《九江儒林乡志》卷八《艺文略·集部·别集》:《凌虚阁诗草》，国朝冯炽宗撰。全庆①序:道光己酉，余东粤差竣，旋都后，与侣笙同年别廿一载矣。今秋，其季子、余门人贵溪袖其兄谷孙诗一册来请曰:“兄不幸早世，仅得诗若干首，今欲授梓，附家君《倚松阁诗钞》之末以存其遗，敬乞一言光之。”余阅而喟然曰:呜呼，天何夺谷孙之速也!谷孙为余前视学所取士，少恂恂好学，家庭孝友，心窃器焉。夫以侣笙之庭训如此，谷孙两弟越生、贵溪皆连掇甲科又如此，天而假谷孙以年，何患不取青紫如拾芥者!且谷孙性固喜诗，平日以习举子业，不暇多作，倘得从容，定将著作等身，登古人之堂而抉其髓，又何仅以此区区者流布人间哉!然以诗论，各有慧解，不蹈流俗，知其得于家学者深。吉光片羽，少而足珍，谷孙为不没矣。爰书而归之。

伍栻 字培石，清顺德古朗人。咸丰九年(1859)举人，官乐会县教谕。

---

①全庆(?—1882)，叶赫那拉氏，字小汀，清满洲正白旗人，尚书那清安子。道光九年(1829)进士，选庶吉士，授编修，累迁侍讲。大考二等，擢侍读学士。历少詹事、詹事、大理寺卿。以误班镌级。

［光绪］《广州府志》卷四十六《选举表十五·举人·国朝·咸丰六年丙辰补行五年乙卯科附顺天己未中式》：顺德人。

［民国］《顺德县志》卷八《选举表一·举人·咸丰》：字培石，古朗人。乐会县教谕，顺天己未恩科。

刘卿材 清南海人。咸丰九年（1859）举人。父廷鉴。

［同治］《南海县志》卷九《咸丰朝·举人》：廷鉴子，顺天中式，己未科。

李长华 清南海人。咸丰九年（1859）赐举人，任工部郎中。父仲良。

［同治］《南海县志》卷九《咸丰朝·举人》：仲良子，钦赐举人，工部郎中，己未科。

吴昌元 字晴溪，清顺德甘竹人。与钟觐平等创建爱育善堂。父遇亨，兄福元。子日彰、信全、兆全、义全。

［民国］《顺德县志》卷二十《列传五·梁述尧传》：吴福元，字介铭，甘竹人。父遇亨，好施与，福元能承其志……弟昌元，字晴溪，亦与钟觐平等创建爱育善堂，广济医院成立亦与有力焉……昌元子日彰副贡，信全、兆全、义全均诸生。

胡鸣冈 清顺德桂洲人。咸丰九年（1859）举人，光禄寺署正。

［光绪］《广州府志》卷四十六《选举表十五·举人·国朝·咸丰六年丙辰补行五年乙卯科附顺天己未中式》：顺德人。

［民国］《顺德县志》卷八《选举表一·举人·咸丰》：桂洲人，光禄寺署正……顺天己未恩科。

胡葆廉 名或作保廉，原名来清，清顺德桂洲人。咸丰九年（1859）举人，光禄寺署正。弟来仪。

［光绪］《广州府志》卷四十六《选举表十五·举人·国朝·咸丰六年丙辰补行五年乙卯科附顺天己未中式》：胡来清，顺德人，改名保廉。

［民国］《顺德县志》卷八《选举表一·举人·咸丰》：原名来清，桂洲

人，光禄寺署正，来仪兄……顺天己未恩科。

黄威 清顺德人。咸丰九年（1859）任水师游击，十年任水师参将。

［光绪］《广州府志》卷三十一《职官表十五·国朝·武职·副将参将游击·咸丰朝》：顺德人，十年任，水师提标中营参将。顺德人，九年任，水师提标后营游击。

黄殿中 字慎堂，清末三水胥江人。在佛山开黄慎堂售药，寿77岁。父积昌，子恩湛、恩永、恩铭、恩荣。

［民国］《佛山忠义乡志》卷十四《人物志八·艺术·清》：字慎堂，原籍三水。父积昌，有善行，精医，设肆佛山，每暑天煎药茗饮路人。及殿中，业益精，所制丸药收效虽速，而皆合乎卫生，存活甚众。乃设分肆于省、港、津、沪，中外皆知有黄慎堂名。性任侠，常学技击于潘某。潘死，为之丧葬，赡其妻子，岁以为常。崇儒重道，恒以重币聘名宿教子。长恩湛，季恩永、恩铭，皆以案元进学。次恩荣，举人，刑部主事，民政部医官，多得于庭训。著有《医案》及《治验书》数卷藏于家，卒年七十七，以恩荣贵封中宪大夫。恩铭精金石篆刻，有《藤花庵印谱》，早卒。

梁镇铿 字丽田，清末南海恩洲堡人。以武功起家，善捕盗，得旨以守备用。子志文。

［宣统］《南海县志》卷十七《列传·孝义》：字丽田，恩洲堡人。以武功起家，而笃雅若文士。善捕盗，身获盗以千余计。盗劫南澳轮船，镇铿擒其魁，上游奏闻于朝，得旨以守备用。镇铿自佐戎幕，襄办西关团练，督修炮台，办积匪清乡，历汛防官窑、西营、缆路尾本缺皆两任，凡粤中大工役、大剿捕，盖无不与其劳也。初署官窑日报劫，辖境僻远，眠食皆废。既侦盗踪，遇诸河，追战竟日，擒十三人，毙十五人，夺盗赃两船，散诸民赏恤费钱数十万，自是终任无劫案。继调西营，望愈著，无案不破，威声远闻矣。镇铿少贫苦，母病艰医药，独割股以疗，其至性如此。笃于故旧，始终无间，故人孙念儒、黄德标有遗孤，并抚之至成立。人有托，无宿诺。然廉介无所苟，尝监中流砥柱炮台工，购木既成价，店东将贿之，镇铿辞曰："富者输财以助饷，吾不能输而又中饱可乎？"尝获张广、冼中二匪，有为关说以求脱者，镇铿却之曰："纵盗殃民，吾不为也。"子志文，甲午进士，吏部主事。

程芳祖　（？—1860）清南海大同堡横基乡人。咸丰九年（1859）补授荆溪县张渚司巡检，十年二月殉职。子廷安。

［同治］《南海县志》卷十七《列传·节义·李文照传》：大同堡横基乡人。以尽先从九品分发江苏，曾署元和县县丞。咸丰九年，补授荆溪县张渚司巡检。十年二月，发逆攻陷广德州，将至荆溪，县属巡司皆入城守，移时城陷。芳祖率兵勇巷战，众寡不敌，身受重伤。自知必死，走回寓邸，冠服坐堂以待，贼至杀之。先是，妻金氏闻城破投井死，子廷安从死，仆三人、婢二人同遇害。以阖家殉难，无人禀报，以不知下落、无从访查，故恤典不及，论者伤之。

邓乃昌　清高明平唐人。咸丰十年（1860）岁贡。

［光绪］《高明县志》卷十二《选举表·国朝·岁贡·咸丰朝》：平唐人，十年贡。

冯注熊　清顺德龙江人。咸丰十年（1860）岁贡。

［民国］《顺德县志》卷八《选举表一·五贡·咸丰》：龙江人，庚申岁贡。

欧安世　字磐石，清顺德陈村人。咸丰十年（1860）岁贡。

［光绪］《广州府志》卷五十三《选举表二十二·仕宦四·国朝·文职·顺德》：咸丰己未岁贡，候选训导。

［民国］《顺德县志》卷八《选举表一·五贡·咸丰》：字磐石，陈村人，庚申岁贡。

黄添元（清咸丰）　清南海人。咸丰十年（1860）任水布后营中军，驻麻涌守备，同治七年（1868）任水师都司。

［光绪］《广州府志》卷三十一《职官表十五·国朝·武职·都司守备·咸丰朝》：南海人，勇目，十一年任，水师前营都司。南海人，十年任，水师后营中军驻麻涌守备。《职官表十五·国朝·武职·都司守备·同治朝》：南海人，勇目，七年任，水师提标前营都司。

吴日升　（1831—1885）字晓帆，清南海大沥镇大圃兴贤村人。咸丰三年（1853）秀才，次年倡办团练抗击红巾军，赏六品顶戴蓝翎。同治十二年（1873）举人，光绪三年（1877）进士，授职检讨。因母年老乞假归乡，设学授徒。

［同治］《南海县志》卷九《同治朝·举人》：癸酉科。

［光绪］《广州府志》卷四十六《选举表十五·举人·国朝·同治十二年癸酉》：南海人，训导。

［宣统］《南海县志》卷十四《列传》：字晓帆，大圃堡兴贤乡人。少聪颖，举止谨严。家贫，刻苦自励。咸丰三年补郡学生，越年甲寅，贼匪陈开起佛山，刘显据官窑。日升倡办团练，请于大吏运巨炮，壅水为营，因林设伏，贼不能犯。复协同官军，南平佛镇，北靖官窑及芦包、炭步、肇庆等处，各贼咸望风奔窜。总督叶名琛以劳绩奏闻，得旨嘉奖，赏六品顶戴蓝翎，训导补用。同治十二年癸酉举人，光绪三年进士，选庶吉士，授检讨。以母老假归，授徒自给。自奉极约，易箦时，亲捡箧中所余馆谷千金，为始祖烝尝，人服其义。

温黻廷 （1831—1889）号藻裳，清顺德龙山人。同治六年（1867）举人，次年进士，授户部主事。以母老归，在家授徒，并主乡事20余年。祖昌虞，父维城，子联瑞、联瑢、肃。

［光绪］《广州府志》卷四十六《选举表十五·举人·国朝·同治六年丁卯》：顺德人，进士。卷四十一《选举表十·进士·国朝·同治七年戊辰洪钧榜》：顺德人，主事。

［民国］《顺德县志》卷九《封荫表·封赠·文阶》：温维城，龙山人，以子黻廷赠户部主事，孙肃赠翰林院编修，加赠。温黻廷，进士，以子肃赠翰林院编修，加赠。俱湖北道御史。卷二十《列传五》：号藻裳，龙山人。祖昌虞、父维城均精算术……黻廷自幼苦学，文名噪甚……授户部主事年方壮，顾以母老乞退，课徒省垣，来学者众。家贫，二亲丧葬、诸弟妹婚嫁皆仰给脩脯，未尝有非份取。同治间，乡中元气初复，黻廷主乡事务节用，二十年中仓田会款增入数倍。又为小陈涌义仓集义会至万余金，筹款修五世祖祠，兴复鳌峰义学。其四十排革去陋规一事，至今口碑颂之。旧俗县差下乡催征，需索繁苛，不堪其扰。黻廷以书抵邑令林灼三，谋革除之，林令以事关正供，必民清欠而后差催可免，事欲两全，道须各尽。乃集众筹的款，先按卯完粮后收之各户，吏民两便，且积有余款以补歉时正供，今四十排有积余堂是也。黻廷既绝意仕进，罕与当道往还，同年吴县吴宝恕、闽县叶大焯先后来粤督学，未尝以私谒。广州知府萧韶亦同年至交，拟聘主羊城书院讲，婉谢之，惟闭门课子，颜其堂曰“畬经”以见志。生平器度渊宏，同乡孝廉某以细故

肆意诋諆，巇廷略不置辩而诬亦白，人服其量。光绪己丑卒，年五十八。子联瑞、联瑢，俱诸生。肃，光绪壬寅顺天举人，癸卯进士，翰林院编修改官御史。

冼森　（1831—1890）字心如，清南海佛山镇人。咸丰十一年（1861）举人，光绪十三年（1887）授海南澄迈训导，任3年卒。父文清，子鹏举。

［光绪］《广州府志》卷四十六《选举表十五·举人·国朝·咸丰十一年辛酉并补行戊午科附顺天辛酉中式》：南海人。

［民国］《佛山忠义乡志》卷十三《选举志一·举人·清》：咸丰辛酉，顺天附监。卷十四《人物志六·宦迹·清》：字心如，文清次子。少随侍天津，受业于许九霞先生，学成归里，一试童子军即得隽，咸丰辛酉捷京兆试。文清素轻财，归后，资产甚薄，或劝其治生，曰："此许鲁斋①之说也。读书人何知治生？自食其力是已。"乡居课徒自赡，不事干谒，人亦不敢干以私。光绪庚寅大挑二等，以教谕注选，丁亥授琼州澄迈县训导。捧檄之任时，学政按临，将到琼，前任官不肯交印，白之府且曰："前官不交印，为册金耳，刓②印不予，宪纲安在？如为册金计，即概归前任亦无所吝。"府先已受托，有意磋磨，知不可，乃归寓。试毕接篆，邑人士鄙前官之为人，册金亦少，森名益重。在任三年，日与诸生谈文课字，成就者众。事涉县牍，绝不代人关说，素性然也。庚寅卒于官，年六十。子鹏举，邑诸生，廉静自守，亦绰有父风。

王乃棠　清三水胥江人。咸丰十一年（1861）举人，考取内阁中书。工词章。子福祺。

［光绪］《广州府志》卷四十六《选举表十五·举人·国朝·咸丰十一年辛酉并补行戊午科》：三水人，考取内阁中书。

［民国］《三水县志艺文略稿》：《日下拾余》三卷，清王福祺。按：福祺，字诏禄，胥江人。父乃棠，以孝廉官咸安宫教习，福祺随侍京华。工词

---

①许鲁斋：原名许衡（1209—1281），字仲平，元河南沁阳人。王阳明《传习录》："许鲁斋谓儒者以治生为先之说，亦误人。"

②刓（wán）：通"玩"，抚摸。《史记·郦生陆贾列传》："（项羽）为人刻印，刓而不能授。"谓项羽摩挲侯印不忍授人，后以"刓印"谓吝于爵赏。

章，作《山海关赋》见称于时，而遗稿散佚。所存惟《日下拾余》三卷，前二卷多述晚清京中琐事，后一卷则与人论文、论诗、论书之作也。

区士安 字静舆，清顺德水藤人，迁佛山。咸丰十一年（1861）举人。会试报罢，援列捐知县，指省四川，署酉阳州州判、南充县知县。工书善画。祖如淮，父彧，兄士冕。

［光绪］《广州府志》卷四十六《选举表十五·举人·国朝·咸丰十一年辛酉并补行戊午科》：顺德人，四川酉阳、分州。

［民国］《佛山忠义乡志》卷十三《选举志一·举人·清》：咸丰辛酉，附生。卷十四《人物志六·宦迹·清》：字静舆。其先顺德人，迁佛山，遂注籍南海。崇尚风雅，兼有肆应才。咸丰辛酉举于乡，会试报罢，援例捐知县，指省四川，委署酉阳州州判。地当孔道，轺车络绎不绝，士安迎来送往，宾至如归，由是名誉日起。寻署南充县知县，均通盐井，民利以兴。工书善画，尤精赏鉴，收藏亦富，公余之暇，宾僚燕集，时出以供展玩，见者刮目。居乡时偶失一名画，涕泣不食，其癖如此。间作近体诗亦清俊，虽在朱轮绣盖之中，时有山月江风之想。米家书画合订同舟，亦宦场中之凤毛麟角也。兄士冕，字晓村，军功保知县，亦能画。兄子贺祜，字少苏，诸生，受画法于罗岸先、何丹山，能得二家之长。类及之以备续《画征录》张本。

［民国］《顺德县志》卷八《选举表一·举人·咸丰》：字静舆，水藤人。四川酉阳、分州，知南充县辛酉科并补行戊午科。卷九《封荫表·封赠·文阶》：区如淮，水藤人，以孙士安赠。区彧，以子士安赠，俱四川南充县知县。

区为樑 清高明人。咸丰十一年（1861）举人，官顺德、潮阳教谕。光绪十五年（1889）参修《高明县志》。父拔熙。

［光绪］《高明县志》卷十二《选举表·国朝·举人·咸丰朝》：拔熙次子，顺德、潮阳教谕，十一年辛酉科。卷首《后叙》：光绪十五年冬，余奉檄回任高明，与前任邹君星石会晤，语及邑中志书……今春邀集林君植棠、区君为樑、刘君子忠开局纂修尚未竣事……后以属梁君廷栋重加厘订，张君其典、谢君震共图厥成，爰述始末而为之序。光绪二十年孟夏，花翎同知衔高明县知县蔡逢恩谨序。

区荣奎 号紫垣，清高明官当人。咸丰十一年（1861）举人，大挑二等，授广东龙门教谕。

［光绪］《高明县志》卷十二《选举表·国朝·举人·咸丰朝》：官当人，龙门教谕，十一年辛酉科。卷十三《列传·人物二·国朝》：号紫垣。敏而好学，弱冠食饩，有声庠序。辛酉举于乡，大挑二等，授龙门教谕。和易近人，娴礼仪，解纷难，授徒则宽严并济，循循然有师道焉。

邓佩兰 字澧帆，清顺德龙山人。咸丰十一年（1861）副贡。弟佩芳。

［民国］《顺德县志》卷八《选举表一·五贡·咸丰》：字澧帆，龙山人，佩芳兄……辛酉科并补行戊午科副贡。

邓荣 字花农，清顺德龙山人。咸丰十一年（1861）举人。

［民国］《顺德县志》卷八《选举表一·举人·咸丰》：字花农，龙山人……辛酉科并补行戊午科。

邓显仁 清三水人。咸丰十一年（1861）举人。

［光绪］《广州府志》卷四十六《选举表十五·举人·国朝·咸丰十一年辛酉并补行戊午科》：三水人。

邓淇襄 字拣廷，清顺德龙山人。咸丰十一年（1861）举人。

［光绪］《广州府志》卷四十六《选举表十五·举人·国朝·同治三年甲子附顺天中式》：邓其襄，顺德人。

［民国］《顺德县志》卷八《选举表一·举人·咸丰》：字拣廷，龙山人，广西籍。府志“淇”作“其”，又列在同治甲子科顺天榜，误……广西辛酉补行壬子己未科。

邓翰屏 字半樵，清顺德龙江人。咸丰十一年（1861）举人，同治四年（1865）进士，安徽即用知县。

［光绪］《广州府志》卷四十六《选举表十五·举人·国朝·咸丰十一年辛酉并补行戊午科》：顺德人。卷四十一《选举表十·进士·国朝·同治四年乙丑崇绮榜》：顺德人，知县。

［民国］《顺德县志》卷八《选举表一·举人·光绪》：字半樵，龙江人……辛酉科并补行戊午科。《进士·同治》：安徽即用知县……乙丑科。

龙景韶 字薰琴，清顺德大良人。咸丰十一年（1861）举人。祖廷模，父元僘。

［民国］《顺德县志》卷八《选举表一·举人·咸丰》：字薰琴，大良人，恩赏举人、户部郎中元僘子……辛酉科并补行戊午科。卷九《封荫表·封赠·文阶》：龙廷模，大良人，以子元僘赠……内阁中书。龙元僘，大良人，举人，以子景韶赠户部福建司……郎中。

龙增焘 原名景琳，字瑶舫，清顺德大良人。咸丰十一年（1861）举人，官仁化县教谕。祖廷槐。

［光绪］《广州府志》卷四十六《选举表十五·举人·国朝·咸丰十一年辛酉并补行戊午科》：龙景琳，顺德人。

［民国］《顺德县志》卷八《选举表一·举人·咸丰》：原名景琳，字瑶舫，大良人。仁化县教谕，廷槐孙……辛酉科并补行戊午科。

卢彤光 字少苏，清顺德龙山人。咸丰十一年（1861）举人，官化州学正。父祺。

［光绪］《广州府志》卷四十六《选举表十五·举人·国朝·咸丰十一年辛酉并补行戊午科》：顺德人。

［民国］《顺德县志》卷八《选举表一·举人·咸丰》：字少苏，龙山人。化州学正……辛酉科并补行戊午科。卷九《封荫表·封赠·文阶》：卢祺，龙山人，以子彤光赠化州学正。

叶崧 字仙梯，清顺德桂洲人。咸丰十一年（1861）举人。

［光绪］《广州府志》卷四十六《选举表十五·举人·国朝·咸丰十一年辛酉并补行戊午科》：顺德人。

［民国］《顺德县志》卷八《选举表一·举人·咸丰》：字仙梯，桂洲人……辛酉科并补行戊午科。

冯栻宗 字衍蕃，号越生，清南海九江人。咸丰十一年（1861）举人，同治四年（1865）进士，签分刑部主事，总办秋审。奉旨派吉林理刑，赏加四品衔。光绪六年（1880），自京护其弟灵榇归，不复出，应聘主讲于西湖书院。曾厘订明黎春曦所撰《九江乡志》5 卷，成《九江儒林乡志》21 卷。又倡修《桑园围志》，书成为之序。卒年 70。父锡镛，叔锡铨、锡锟，弟景略。

［同治］《南海县志》卷九《咸丰朝·举人》：锡镛子，景略兄，辛酉并补行戊午科。

《九江儒林乡志》卷十《选举略·国朝·举人·咸丰十一年辛酉科并补行戊午科》：字衍蕃，号越生。县学，中式第四十六名。同治乙丑进士。《选举略·国朝·进士·同治四年乙丑科》：赐进士出身。先以举人官内阁中书，充方略馆分校。登第引见，以主事用，签分刑部充贵州司主稿总办秋审，兼管司务厅督催所事。奉旨派吉林理刑，赏加四品衔。父锡镛、弟景略皆进士。《选举略·清·封荫》：冯锡铨，以兄子栻宗貤赠中宪大夫、刑部主事加四级。冯锡锟，以兄子栻宗貤赠中宪大夫、刑部主事加四级。

［宣统］《南海县志》卷十四《列传》：字越生……分刑部贵州司，旋假归，连丁内外艰，服阕还京，奉公惟谨……光绪六年，弟景略感疾卒于京邸，栻宗适由吉林旋都，因护其椋归，遂不复出。昔人有期功去官者，栻宗之笃于亲而淡于荣利，盖犹近古也。返里后，邑人聘主西湖书院讲席，诱掖后进，出于至诚。博览书史，好为诗古文词。操履谨严，从不干预外事，惟与诸生谭论，娓娓无倦容，垂暮之年尚手不释卷。《九江乡志》创于明黎春曦，成书五卷。栻宗增简汰繁，悉心厘订，为纲十，为目四十二，首系以图，都为二十一卷。光绪九年书成，而为之序，有曰："乡俗本醇，今或失之杂。乡俗本朴，今或趋于华。愿乡人士敦厉名行，矜式里闾，使天下后世重其人并重其地。"其撰志之用心，可以见矣。既又倡修《桑园围志》，书成复序行之。年逾七十卒。著有诗集二卷藏于家。卷十一《艺文略·集部·别集》：《海目庐诗草》六卷，国朝冯栻宗撰。

冯锡纶　字仲虞，号次琼，清南海九江人。咸丰十一年（1861）举人，同治七年（1868）进士，以知县归部选用，援例改官员外郎，签分户部江西司行走。旋改官知府，分发广西试用。病卒于官。祖善谋，父汝棠，兄锡珍。

［同治］《南海县志》卷九《咸丰朝·举人》：汝棠子，辛酉并补行戊午科。《同治朝·进士》：户部员外郎，戊辰科。《同治朝·封荫》：冯善谋，以子汝棠覃恩敕赠文林郎，以孙锡纶晋赠中宪大夫、户部员外郎加三级。冯汝棠，以子锡纶覃恩诰封中宪大夫、户部员外郎加三级。冯锡珍，以弟锡纶覃恩貤赠中宪大夫、户部员外郎加三级。

《九江儒林乡志》卷十《选举略·国朝·举人·咸丰十一年辛酉科并补行戊午科》：字仲虞，号次琼。监生，中式第四十二名，同治戊辰进士。《选举略·国朝·进士·同治七年戊辰科》：赐同进士出身，以知县归部铨选，改官户部江西司员外郎，复改官广西候补知府。父汝棠，举人。卷十四《列传·清》：字仲虞，号次琼，北方铁滘人。由监生登咸丰辛酉并补行戊午科乡榜，同治戊辰成进士，以知县归部选用，援例改官员外郎，签分户部，派江西司行走。旋又改官知府，分发广西试用。委管解甘饷银八万两，两赴湖北，差竣，委办浔州正卡厘务，以功委谳局提调，感疾卒于差次。生平醇谨，年逾弱冠掇科第，温饱从不以富贵骄人，虽居官，恂恂若儒者，处事精细，时论方以大用期之。及卒，乡人闻讣莫不惋惜。

刘丹飏　清南海人。生员。咸丰十一年（1861）倡建阜安围。

［同治］《南海县志》卷七《江防略补·基围》：阜安围，在梯云、扶南两堡界。咸丰十一年辛酉，生员刘丹飏、乡老邝有仪等按田税起科为工料费，并买田筑堤，鸠工兴筑。

关荣章　字邦业，号璧如，清南海九江人。咸丰十一年（1861）武举，任提塘。与张世光、陈观涛等倡建社仓、桑园围五约子围。祖观光，父仕扬。

［同治］《南海县志》卷九《武科选举》：辛酉并补行乙卯戊午科，提塘，祖观光、父仕扬俱赠武德佐骑尉，咸丰朝。

《九江儒林乡志》卷十《选举略·国朝·武举·咸丰十一年辛酉科并补行乙卯戊午两科》：字邦业，号璧如。县学，中式第一百六十八名。兵部差官。《选举略·国朝·封荫》：关观光，以孙荣章貤赠武德佐骑尉。关仕扬，以子荣章赠武德佐骑尉。卷四《建置略·义仓社仓》：北方翘南约新社仓，会咸丰十一年辛酉，约内绅士黎攀桂、张世光、陈观涛、关荣章、关增寿等倡建，见存银七百两。《建置略·堤围·本堡子围》：五约围，在西北方，捍卫五约……咸丰十一年辛酉，进士朱次琦、贡生张世光、陈观涛、朱宗琦、武举关荣章等倡议，合五约为一围，建石闸……同治元年工竣，同治六年复将基段增修，前后费银二千三百余两。董其事者，里老张良万也。

伦五常　字孟宸，清南海苏濲乡（今禅城区南庄镇苏滘）人。咸丰十一年（1861）举人，捐纳为工部郎中，任京官20多年，历鸿胪寺少卿、内阁侍读学士。出任云南昭通知府，以道员升用，加二品衔。卒于任。父孔昭。

[同治]《南海县志》卷九《咸丰朝·举人》：工部郎中，辛酉并补行戊午科。

[宣统]《南海县志》卷十五《列传》：字孟宸，鳌头堡苏滘乡人。父孔昭，当咸丰四年红巾乱，捐资赈饥，乡人赖以全活，无为匪者。五常中咸丰十一年辛酉科举人，纳粟为郎中签分工部，补营缮司郎中，充虞衡司制造库料佐所主稿。俸满截取，记名以繁缺知府用。官京秩二十余年，凡襄办典礼者三、总办典礼者一、督修孝陵大碑楼总办者一，修玉牒、赍玉牒者一。总办火药局沟渠河道，督修京师护城河、紫禁城内河，办理外城团防、直隶团防，管理五城街道衙门事务，则例馆纂修叙勋，由道衔晋三品戴孔雀翎，随带加六级纪录四次，四保送鸿胪寺少卿，三保送内阁侍读学士，两察上考。出为昭通府知府，以前在部恭办大婚典礼庆成保奖，在任以道员升用，俟得道员后加二品衔。抵任后，首捐俸修城垣，未期年，值土匪揭竿，环攻省城，五常亲督士卒巡防，卒以城固，贼不得逞。遇岁祲，五常躬历各乡，拊循备至，并捐廉赈恤，奔走劳瘁，触瘴疠，返署而卒。家人请于善后局领恤款，始克归葬。

苏冕 字藻旒，又字五楼，清顺德桑麻乡人。咸丰十一年（1861）举人，同治七年（1868）进士，选庶吉士。回乡教书，48岁卒。子源灏。

[光绪]《广州府志》卷四十六《选举表十五·举人·国朝·咸丰十一年辛酉并补行戊午科》：顺德人，进士，子源灏。卷四十一《选举表十·进士·国朝·同治七年戊辰洪钧榜》：顺德人，庶吉士。

[民国]《顺德县志》卷十九《列传四》：字藻旒，又字五楼，桑麻乡人。咸丰辛亥以第一人入泮，膺辛酉乡荐。同治戊辰成进士，选庶吉士，馆试亦列第一，以母吕在堂，假归侍奉。授徒供菽水，贤士多从之游，不复出，卒年四十八。冕生有异禀，童时已崭然露头角。族兄献琛以进士致仕家居，见其文，许为大器，冕益自励，遂至有成。为诸生时，寇贼蜂起，县城戒严，冕首联乡办团以为声援，贼不得逞。为学以诚笃为主，疾恶如仇，恶赌尤甚，然和易近人，故乡鄙畏而爱之，著有《绿阴书屋诗草》。同时与冕齐名者，麦村有麦仰欢，字怡闱，博学能文，词赋得六朝神韵。少应县试，与冕及李文田相颉颃，均为郭令汝诚赏拔。未几，文田登鼎甲，冕亦入词馆，仰欢以诸生老，士论惜之。

严其琛 字勉农，清顺德黎村人。咸丰十一年（1861）拔贡，光绪元年（1875）举人。官石城训导。

［光绪］《石城县志》卷五《职官・文职》页二十五载：严其琛，顺德拔贡、举人，光绪五年三月任训导，十一、十七年复任。

［民国］《顺德县志》卷八《选举表一・五贡・咸丰》：字勉农，黎村人，见举人，辛酉科拔贡。《举人・光绪》：黎村人……乙亥恩科。

李锡爵 字恺良，号虚谷，清南海九江人。咸丰十一年（1861）举人。

［光绪］《广州府志》卷四十六《选举表十五・举人・国朝・咸丰十一年辛酉并补行戊午科广西中式》：南海人，广西学。

《九江儒林乡志》卷十《选举略・国朝・举人・咸丰十一年辛酉补行壬子科并己未恩科广西乡试》：字恺良，号虚谷。藤县监生，中式第八十八名。

杨伟勋 清顺德容奇人。咸丰十一年（1861）赐副贡。

［民国］《顺德县志》卷八《选举表一・五贡・咸丰》：容奇人，以符例赐，辛酉科并补行戊午科副贡。

吴桂芬 清高明铁冈人。咸丰十一年（1861）拔贡，任广西郁林州判，署兴业知县。

［光绪］《高明县志》卷十二《选举表・国朝・拔贡・咸丰朝》：铁冈人。广西郁林州判，署兴业知县。十一年辛酉科拔贡。

吴象流 字溪琴，清顺德大良人。咸丰十一年（1861）拔贡，光绪五年（1879）举人。

［民国］《顺德县志》卷八《选举表一・五贡・咸丰》：字溪琴，大良人……辛酉科拔贡。《举人・光绪》：大良人……己卯科。

何赍高 清顺德三桂人。咸丰十一年（1861）举人，同治元年（1862）进士，即用知县。

［光绪］《广州府志》卷四十六《选举表十五・举人・国朝・咸丰十一年辛酉并补行戊午科》：顺德人，进士。卷四十一《选举表十・进士・国朝・同

治元年壬戌徐郙榜》：顺德人，知县。

［民国］《顺德县志》卷八《选举表一·举人·咸丰》：三桂人……辛酉科并补行戊午科。《进士·同治》：即用知县……壬戌科。

何景云 字星台，清顺德水藤人。咸丰十一年（1861）举人。

［光绪］《广州府志》卷四十六《选举表十五·举人·国朝·咸丰十一年辛酉并补行戊午科》：顺德人。

［民国］《顺德县志》卷八《举人·咸丰》：字星台，水藤人，辛酉科并补行戊午科。

陆宗瓒 字锡九，清顺德龙江人。咸丰十一年（1861）副贡，同治三年（1864）举人。

［光绪］《广州府志》卷四十六《选举表十五·举人·国朝·同治三年甲子》：顺德人。

［民国］《顺德县志》卷八《选举表一·五贡·咸丰》：字锡九，龙江人……辛酉科并补行戊午科副贡。

陈士圣 字学峰，清顺德马齐人。精于测绘。咸丰十一年（1861），县局以县志各图粗率不精，其道里广袤、沙岸迴隔之度，不得其详，请士圣及其子礼亨、介亨、永亨再次测绘。父子4人用西洋测量方法，每乡坚持标尺，以小幅拼合大幅，历时3年，图中每方格均作广地，纵横百丈，番禺陈澧认为是当时之绝学。寿81岁。

［民国］《顺德县志》卷二十《列传五》：字学峰，马齐人，精测绘。咸丰辛酉，邑局以县志各图仅具形式，其道里广袤、沙岸迴隔之度，不得其详，延士圣及其子礼亨、介亨、永亨再事测量。士圣每至一乡，即以最高处竖杆作标，略知大概，别令人于某处竖竿，遥相印证。每二百丈绘一小幅，每幅细绘津途广狭，及与某处联接水口道途。一乡绘毕，择旷地合各小幅成一大幅，其川陆联接，墨线无不一一相衔。少有不符，即竖杆再绘，务求吻合不差毫发乃已。经历三载，全图始成，图高一丈二尺、广一丈，每一方格纵广地各百丈，又为中图、小图，丈尺以次而杀。番禺陈京卿澧谓士圣得前人之秘，可称绝学。又尝纂修族谱，于祖祠两庑绘二十四孝图为后人法。寿八十

一卒。

陈以仁 清高明坪冈人。咸丰十一年（1861）恩贡。

［光绪］《高明县志》卷十二《选举表·国朝·恩贡·咸丰朝》：坪冈人，府学。十一年恩贡。

陈汝霖 字廷金，又字赉臣，清南海丹灶人。20多岁时父以敬去世，孝养祖母送终。咸丰十一年（1861）举人，同治元年（1862）进士，次年代理江西长宁知县，因劳绩加同知衔，赏戴花翎。调丰城知县，后辞归奉养母亲，执教于西湖书院。

［同治］《南海县志》卷九《咸丰朝·举人》：辛酉并补行戊午科。《同治朝·进士》：丰城知县，壬戌科。

［宣统］《南海县志》卷十四《列传》：字廷金，又字赉臣，江浦司大仙冈人。父以敬，早失怙，事母以孝闻。少为蒙师，后弃儒业，充县吏礼书，革除买卷交卷积弊，遇士有礼，人感其厚意，咸乐颂之。寝疾，自知不起，扶跪床上泣谢其母曰："儿不孝，今病至此，不能终事吾母，儿罪大矣。"顾命汝霖曰："孝事祖母以承吾志。"遂殁。时汝霖甫弱冠，能守遗训，苫块中问视必诚，未终丧丁祖母忧，哀毁如礼。少读书羊城，尝拒绝奔妇，其严正夙成如此。咸丰十一年辛酉以监生登贤书，明年成进士，即用知县，签掣山东，以母老请近改江西。同治二年委署长宁县，县小而瘠，有劝勿就以待他缺者，汝霖曰："地瘠则入薄，可以养廉。邑小则事简，易于藏拙。但使吾母得衙以居、得禄以养，复何求乎？"抵任，事无大小必求有济于民，尤加意课士。县有石溪书院，废于兵燹，筹复之，时集生童躬亲讲授，如师之训徒，由是邑中人士争共奋励，文风日起。时江南、江西方用兵，大府檄办兵米数千石，汝霖虑大兵过境骚扰，即备米如数给发，民得安堵无惊。叙绩钦加同知衔，赏戴花翎。调署丰城，值潦涨，汝霖巡阅堤防，以地当南昌、新建、丰城三县之冲，势最险，非坚筑高厚，溃决可立待。即捐廉千两为倡，集绅民筹资，刻日兴筑，堤得无恙。其临事勇决多类此。考试阖属文童，有涂姓童卷已为幕客黜落，汝霖搜遗得之，拔置第一，复试文理荒谬，遂摈不录。涂因播流言，煽动数百人喧闹考棚。汝霖坐堂皇，出试卷畀众同阅，见其诸卷评骘语，皆折服退散。或谓此刁风宜予薄惩，汝霖曰："姑存其体面使知自愧，斯知自爱矣。"任丰城两载，水旱交至，所以为民谋赈贷、资补助者亏累至巨万，卸事回署长宁，长宁绅民服其义，愿为筹垫，大宪察其廉，许之。假归省母，还补长宁，至是凡三到任矣。居二年，以母老乞养归，旋主西湖

书院讲席，训课勤恳，士论翕服。先在长宁任时，邑有孝廉曾行崧慕其学行，执贽请业，后成进士，以知县分发来粤，时进谒质疑，偶值汝霖卧病，至亲为调药，其相感之深如此。殁前一月，尝约其姻亲李应鸿同谒九江朱先生而受业焉，疾作不果，寻病终，然则其生平志事可知已矣。

陈观涛　清南海九江人。与关荣章等倡建社仓、桑园围五约子围。

《九江儒林乡志》卷四《建置略·义仓社仓》：北方翘南约新社仓，会咸丰十一年辛酉，约内绅士黎攀桂、张世光、陈观涛、关荣章、关增寿等倡建，见存银七百两。《建置略·堤围·本堡子围》：五约围，在西北方，捍卫五约……咸丰十一年辛酉，进士朱次琦，贡生张世光、陈观涛、朱宗琦，武举关荣章等倡议，合五约为一围，建石闸……同治元年工竣，同治六年复将基段增修，前后费银二千三百余两。董其事者，里老张良万也。卷八《艺文略·集部·别集》：《环溪书舍诗钞》一卷，国朝陈观涛撰。

陈斯濂　字小宋，清顺德龙山人。咸丰十一年（1861）举人。

［光绪］《广州府志》卷四十六《选举表十五·举人·国朝·咸丰十一年辛酉并补行戊午科》：顺德人。

［民国］《顺德县志》卷八《选举表一·举人·咸丰》：字小宋，龙山人……辛酉科并补行戊午科。

欧立本　清顺德陈村人。咸丰十一年（1861）恩贡。

［民国］《顺德县志》卷八《选举表一·五贡·咸丰》：陈村人，辛酉恩贡。

明缵道　字志俞，号用舟，清南海九江人。咸丰十一年（1861）举人，先官内阁中书，改官兵部郎中，复改官福建候补知府。祖离照，父之纲，嗣父卓书。

［同治］《南海县志》卷九《咸丰朝·举人》：之纲子，广西籍。兵部郎中，辛酉并补行戊午科。《咸丰朝·封荫》：明之纲，以子缵道诰封中议大夫。明卓书，以嗣子缵道诰赠中议大夫。

《九江儒林乡志》卷十《选举略·国朝·举人·咸丰十一年辛酉补行壬子

科并己未恩科广西乡试》：字志俞，号用舟。苍梧监生，中式第七十三名。先官内阁中书，改官兵部武选司郎中，复改官福建候补知府。祖离照，举人。父之纲，进士。

罗惇鹏　字樾生，清顺德大良人。咸丰十一年（1861）副贡，湖北补用知府。

［民国］《顺德县志》卷八《选举表一·五贡·咸丰》：字樾生，大良人。湖北补用知府……辛酉科并补行戊午科副贡。卷十八《列传三·赖子猷传》：咸丰三年邑设团练总局……罗惇鹏……在局劝捐办团称得力。

罗惇策　字简生，清顺德大良人。咸丰十一年（1861）拔贡，刑部七品京官。兄惇衍。

［民国］《顺德县志》卷八《选举表一·五贡·咸丰》：字简生，大良人，刑部七品小京官。家政子，惇衍弟……辛酉科拔贡。

周翰藻　清顺德桂洲人。咸丰十一年（1861）举人。

［光绪］《广州府志》卷四十六《选举表十五·举人·国朝·咸丰十一年辛酉并补行戊午科附顺天辛酉中式》：顺德人。

［民国］《顺德县志》卷八《选举表一·举人·咸丰》：桂洲人……顺天辛酉科。

胡之辉　清顺德桂洲人。咸丰十一年（1861）举人，官河源县教谕。

［光绪］《广州府志》卷四十六《选举表十五·举人·国朝·咸丰十一年辛酉并补行戊午科》：顺德人。

［民国］《顺德县志》卷八《选举表一·举人·咸丰》：桂洲人，河源县教谕……辛酉科并补行戊午科。

徐澄溥　清南海人。咸丰十一年（1861）举人。父台英。

［同治］《南海县志》卷九《咸丰朝·举人》：台英子，辛酉并补行戊午科。

［宣统］《南海县志》卷二十一《列传·艺术·梁然光传》：进士徐台英子澄溥，酒醉发狂，自将外肾割去，神魂离舍，几于无所措手。然光先令其

家人大声叫呼以复其魂，然后如法敷治，竟愈。

黄万年 清顺德容奇人。咸丰十一年（1861）武举。

［民国］《顺德县志》卷八《选举表一·武举·咸丰》：容奇人，辛酉科并补行乙卯戊午科。

黄庆莱 榜名鼎元，字梅缘，清顺德龙山人。咸丰十一年（1861）举人，历署新宁、新化、临湘等县知县，以清慎称。父仁，道光十一年（1831）举人。

［光绪］《广州府志》卷四十六《选举表十五·举人·国朝·咸丰十一年辛酉并补行戊午科附顺天辛酉中式》：黄鼎元，顺德人。

［民国］《顺德县志》卷八《选举表一·举人·咸丰》：原名鼎元，字梅缘，龙山人。知湖南临湘县，仁子，有传。顺天辛酉科。卷十九《列传四》：榜名鼎元，号梅缘……有应变才。冈贝匪徒黄荣翀纠党横行，称廿一友。庆莱设计置酒邀之，饮席间率官军擒之。廿一友仅脱其二，余悉就缚，乡人快之。出宰湖南，历署新宁、新化、临湘等县，以清慎称。

黄展朋 清顺德容奇人。咸丰十一年并补行五年（1855）、八年武举。

［民国］《顺德县志》卷八《选举表一·武举·咸丰》：容奇人……辛酉科并补行乙卯戊午科。

黄桂镳 字月池，清顺德龙潭人。咸丰十一年（1861）举人，同治四年（1865）进士，官户部主事。

［光绪］《广州府志》卷四十六《选举表十五·举人·国朝·咸丰十一年辛酉并补行戊午科》：顺德人，进士。卷四十一《选举表十·进士·国朝·同治四年乙丑崇绮榜》：顺德人，主事。

［民国］《顺德县志》卷八《选举表一·举人·咸丰》：字月池，龙潭人……辛酉科并补行戊午科。《进士·同治》：户部主事……乙丑科。

黄钟岳 字冠峰，清三水胥江人。咸丰十一年（1861）举人，任广东封川县教谕。弟钟峻。

［光绪］《广州府志》卷四十六《选举表十五·举人·国朝·咸丰十一年

辛酉并补行戊午科》：三水人。

［民国］《三水县志艺文略稿》：《历年记事》一卷，清黄钟峻。按：钟峻，字云坡，胥江人，与兄钟岳齐名。钟岳从朱九江先生游，举孝廉，以理学称。钟峻中副榜，官英德县学教谕。年六十余作《历年记事》自述生平，颇似蒋士铨《清容居士行年录》。《苜余唱和录》一卷，清黄钟岳撰。按：钟岳，字冠峰，胥江人。咸丰十一年举人，官封川县教谕，以理学称。间为诗，与知县钟德瑞、典史尉燮相唱和，是篇即其在官时所辑存者也。

萧开荣 清顺德龙江人。咸丰十一年（1861）举人，同治元年（1862）进士。

［民国］《顺德县志》卷八《选举表一·举人·咸丰》：龙江人，广西籍……广西辛酉补行壬子己未科。《进士·同治》：湖北即用知县，壬戌科。

梁士衡 字磻溪，清顺德龙山人。咸丰十一年（1861）举人。

［民国］《顺德县志》卷八《选举表一·举人·咸丰》：字磻溪，龙山人。广西籍，广西辛酉补行壬子己未科。卷四《建置略三·堤筑》：乐成围，在龙山堡。道光十九年，官田、沙富、旺村、冈头、冈贝五埠合筑。自海口大成围尾起，至沙富本围尾止，长七百二十三丈五尺。又自冈贝黄氏二世祠后起，至海口大成、乐成围分界止，长四百一十八丈七尺，合共长一千一百四十二丈二尺。基面宽七尺，底约二丈，内包桑基鱼塘，该税二千一百三十余亩。光绪七年，龙江堡绅士薛聪等，于该堡炮台脚及三叉海官涌合建水闸，两度拦截河道。经龙山围绅举人梁士衡等，协同桑园围十三堡绅士通禀，上宪派员将三叉海水闸先行拆毁，其炮台脚之闸后亦自行拆去，乡中水道照旧通流。

梁为桢 清高明铁泽人。咸丰十一年（1861）恩贡。

［光绪］《高明县志》卷十二《选举表·国朝·恩贡·咸丰朝》：铁泽人，十一年恩贡。

梁炳南 字勉琴，清顺德高赞人。咸丰十一年（1861）倡筑永丰围。同治三年（1864）举人，十年考取宗室官学汉教习，期满分授广东罗定州学正，因母老留乡授徒，后赴罗定任，兼主罗阳书院讲。弟耀南，子捧恩。

［光绪］《广州府志》卷四十六《选举表十五·举人·国朝·同治三年甲子》：顺德人。

［民国］《顺德县志》卷四《建置略三·堤筑》：永丰围，在高赞乡之北。居民约二千余户……基塘三十余顷。围底阔九丈余，面阔三丈余。东与上地等七乡围基连，南与本乡长乐围连，共长一千二百零二丈。闸凡三……直通大海。围外有石坝四……共长四百七十丈，滨临大海，水势冲激，历年修补，所费不赀，俱由梁族筹款。咸丰十一年，族绅梁炳南、耀南等兴筑。卷二十《列传五》：字勉琴，高赞人。少贫苦，好读书。同治甲子举人，辛未考取宗室官学汉教习，期满授罗定州学正。以母老不遽行，朝夕侍奉，虽白发如孺子慕。幼时，母约以梳栉置筲中，理发则奉筲以进，比老筲弗易。母殁，见筲辄泫然也。授徒四十余年，谆谆以敦品励行为先，贫者不计脩脯。乡频患水，倡筑永丰围，乏款。是年馆龙山，东主周第元慨借万金不取息，围成至今，蒙其利。后赴罗定任，兼主罗阳书院讲，捐廉俸倡置学田。州人士重建菁莪书院，设长生牌位祀之……弟耀南。卷八《选举表一·五贡·光绪》：梁捧恩，字文山，高赞人，炳南子……丙午岁贡。

谭士猷　清高明潭边人。咸丰十一年（1861）赐副贡。

［光绪］《高明县志》卷十二《选举表·钦赐》：潭边人，由附生，咸丰十一年辛酉科赐副榜。

谭晋龄　清高明东寨人。咸丰十一年（1861）岁贡。

［光绪］《高明县志》卷十二《选举表·国朝·岁贡·咸丰朝》：东寨人，广西籍，十一年贡。

廖森　字浣香，清顺德扶闾人。咸丰十一年（1861）举人，同治元年（1862）倡筑和合围。

［光绪］《广州府志》卷四十六《选举表十五·举人·国朝·咸丰十一年辛酉并补行戊午科》：顺德人。

［民国］《顺德县志》卷四《建置略三·堤筑》：和合围，在黄连堡扶闾乡。计长一千六百丈有奇，底宽三丈，面宽五尺。同治元年，乡绅廖森等倡筑，费银二万余元。近以界黄连之新桥小涌屡被冲塌，合商堵塞，堤以坚固。卷十四《艺文略·集部·别集》：《灯味轩遗稿》二卷，国朝廖森撰。谨按：森字浣香，扶闾人，咸丰辛酉举人。

蔡光海　字日南，清顺德龙江人。咸丰十一年（1861）举人。

［光绪］《广州府志》卷四十六《选举表十五·举人·国朝·咸丰十一年辛酉并补行戊午科》：顺德人。

［民国］《顺德县志》卷八《选举表一·举人·咸丰》：字日南，龙江人……辛酉科并补行戊午科。

蔡焘　清顺德龙江人。咸丰十一年（1861）副贡，同治元年（1862）举人，官封川县教谕。

［光绪］《广州府志》卷四十六《选举表十五·举人·国朝·同治元年壬戌并补行咸丰己未科》：顺德人。

［民国］《顺德县志》卷八《选举表一·五贡·咸丰》：龙江人……辛酉科并补行戊午科副贡。《举人·同治》：龙江人，封川县教谕……壬戌恩科并补行己未恩科。

黎荣光　清高明扶丽人。咸丰十一年（1861）拔贡。

［光绪］《高明县志》卷十二《选举表·国朝·拔贡·咸丰朝》：扶丽人，苍梧籍，十一年辛酉科拔贡。

黎攀桂　清南海九江人。与陈观涛、关荣章等倡建社仓。

《九江儒林乡志》卷四《建置略·义仓社仓》：北方翘南约新社仓，会咸丰十一年辛酉，约内绅士黎攀桂、张世光、陈观涛、关荣章、关增寿等倡建，见存银七百两。卷八《艺文略·史部·风土杂记类》：《绵绵堂纪事》一卷，国朝黎攀桂撰。

区日升　（？—1870）字受田，清南海大沥人。20岁以府经历投贵州军营，同治九年（1870）以击盗贼阵亡。

［宣统］《南海县志》卷十八《列传·忠义》：字受田，大历堡簕边乡人。弱冠以府经历投效贵州兴义府龙广营，隶叶正邦麾下。同治初，贵省盗贼蜂起，倚山险为巢穴。日升锐意欲平之，谋勇为正邦所倚重，运筹帷幄，出奇制胜，多赖其力。同治九年，以击贼深入为所困，阵亡。奏闻，奉旨加赠銮仪卫经历，赏给云骑尉世职，袭次完时给予恩骑尉世袭罔替。

关展基　（？—1865）清顺德容奇人。任云南嵩明知州，同治四年（1865）阵亡，加赠道衔。

［民国］《顺德县志》卷十《仕宦表·文职》：容奇人，知云南嵩明州。同治四年阵亡，加赠道衔，给云骑尉世职。

朱美瑶　女，字伯姬，清南海九江人。朱次琦女。能诗，工山水，书法秀逸。许配同乡张瀚湞子琣山，未婚而琣山殁，守贞数十年。

［宣统］《南海县志》卷二十三《列传·列女》：张琣山妻朱氏，名美瑶，字伯姬，九江先生次琦女也。翁瀚湞寄籍广西贺县补弟子员，夙尚气谊，红巾乱，有亲友数人在广西古城鹾馆遇难，瀚湞以道途梗塞，权厝之，阅六七年卒为归其骨。与次琦同里，素相善，故次琦以伯姬字其子琣山，未嫁而琣山卒。伯姬请于父母，矢志奔丧，父母鉴其诚许之。既至，视含殓，朝夕哭。事舅姑惟谨，没身如一日，除归省外，足迹未尝出户，虽亲串不得见其面。工书画诗赋，然不轻为人作，人有得其楮翰者，莫不拱璧视之。同乡女子受业者甚众，随所质问，皆指陈无隐。子杏邻，画法亦逼近元人，尤工写真，盖伯姬教也。

苏广熙　（？—约1866）字杰良，清南海先登堡人。红巾起义时赈饥，接着以从九品投身福建按察使康国器军营效力，被派到嘉应州筹备军粮，被俘不屈死。

［同治］《南海县志》卷十七《列传·节义》：字杰良，先登堡人。好善乐施，尤讲经世之学。咸丰四年红匪乱，米腾贵，倡捐振粥，全活多人。寻以从九品，投闽臬康国器军营效力。时发贼聚闽省，当事知其必窜东粤，即委广熙往嘉应州备办粮石，为剿贼用，乃抵州。未几，贼猝至，城破被执，不屈死。事闻，奉旨照九品阵亡例，赏云骑尉世职。

杨谭氏　女，清顺德龙山乡人。夫杨祥元在香港九龙关经商，随居。19岁夫亡，所居房被毁，将幼子文忠寄养亲戚家，到香港英国医生维剌氏家为佣5年，学会英语及接生术。后随维剌夫妇遍游英法，归香港携子东渡横滨。文忠长大任神户英国轮船公司经理，早夭。孙寿彭稍长继父职。以医术救治横滨儿童，寿86岁。

［民国］《顺德县志》卷二十一《列传六·列女》：谭氏，龙山乡人。夫杨祥元，商于香港九龙关。年十九而孀，子文忠幼，家贫，抚孤惟资十指。九龙既为英国租借，近海民房被毁，氏居与焉。乃将文忠寄某戚家，已则往香港为佣，主人维剌氏，英人也，业医。其妻怜氏苦节，教以英语，授以医学及接生术，凡五年。维剌夫妻归国，氏与俱，因得遍游英、法，学识增长。数年再归香港，携文忠东渡横滨。文忠亦通英文，逾冠，任神户英国轮船公司经理，不幸早夭，遗孙三皆幼。次为寿彭，寿彭稍长继父职，举家赖以温饱。氏谙医学，横滨儿童有疾，无问贫富，所诊视多应手愈。贫者必为施与，或为病者向医院求免费，华侨实利赖之，年八十犹扶杖访寒问病。居恒以国家贫弱为忧，盖氏于中英、中法、中日之役，皆目击其事，常语后辈，谓国家非根本改革无以救亡，洵巾帼中之特出者。寿八十六卒。

吴景星　字子楷，清南海石湾乡人。与同治六年（1867）举人梁金韬一起办团防盗，与进士陈如岳联手禁赌。

［宣统］《南海县志》卷二十《列传·善行》：字子楷，石湾乡人。附贡生。性不羁，轻财利，处事明决，不避嫌怨。族人有嗜赌不受母责反殴其母者，景星曰："为子日事赌博，不顾父母之养，罪已无可逭。至殴其母，国法当凌迟处死。然治以国法累及宗族，不若以族法治之，使族人知所警戒！"遂白其母，命子弟缚沈诸江。石湾当水陆要冲，盗匪出没，劫掠频仍，景星与梁孝廉金韬等筹款设局办团，通禀大宪自设扒船，募勇防守，而盗风寝息。景星尝谓人曰："赌为盗源，乡中赌风极盛，不禁赌，虽日言治盗终未清其源也，自恨力薄无能为耳！"后与陈太史如岳协谋，禀请大宪尽禁石湾摊馆。未几，竟以海防经费，禁遂驰。然吴族有地为赌徒所欲设场者，景星谓："在此开赌，列传善行，子弟以为渊薮矣。"固拒之，终其生莫敢违焉，以是子弟无为匪者。

张兰清　字俊卿，女，随父母入粤，占籍南海。嫁余方中，余屡试不售，后以妻名应考，始得功名。24岁夫卒，寡居五十余年，以教授学童抚育两个女儿，同治年间旌表节孝。

［宣统］《南海县志》卷二十三《列传·列女》：余方中妻张氏，名兰清，字俊卿。其先某省人，父宦游来粤，沦落不偶，既殁，贫不能归。兰清依母留粤，比长适余，伉俪甚笃，昼夜同案读，每勖方中以笃志励学，勉图上进，而方中顾数奇，屡试不售，卒以兰清名应考，始得青其衿。生二女无子，旋即物故，张氏时年二十四。家綦贫，迎母就养，抚育两孩，教授里闾，资脯

脩以事畜。恒以礼义自防，不苟出入，就聘只在三五里内，远者不赴也。性情和易而持躬端谨，孀守五十余年，戚党妯娌咸爱重之。母殁后，葬祭尽礼。长女生一女，与婿俱早殁。次女嫁数岁而寡，抚外孙女，既适人，亦数岁而寡。自幼至老，所历皆坎坷，天将磨练以成其节耶？抑何三世而同出一辙也！张氏工吟咏，著有《诗草》一卷。卒年七十余，同治年间旌表节孝。

罗建勋 字敬士，清南海紫洞乡（今属禅城南庄）人。四岁丧父，经商，寿87岁。子传瑞，光绪十五年（1889）进士。

［宣统］《南海县志》卷十七《列传·孝义》：字敬士，紫洞乡人。生四岁而孤，家无担石，母麦茹痛抚之。建勋少长已如成人，日出拾薪，躬任操作，所以代母劳、解母忧者，必竭其力。及长贾于外，每归省必携甘旨供母，欣然承欢，退而潸然陨涕，痛父之不及养也。值忌日终日于邑，临祭必泪下。训子弟，述及父母事，恒呜咽流涕。岁时省墓，虽道远暴风雷雨必躬谒，八十余年如一日。与弟友爱，老而弥笃，家无遗产，建勋手自经营，致少有，悉与弟共之。弟亦恭厥兄，每见命之坐乃坐，兄弟白首相对，终日怡怡。性鲠直而喜施与，至罄所有而不悔。好考求古今故事，及古人之嘉言懿行，如《训俗遗规》《广东新语》《历代名臣言行录》等书至老翻阅不释手。资禀强健，年登大耋，终日危坐无倦容。惟患足疾，岁恒三四发，疾已则健步如少年。子传瑞，己丑进士，兵部主事。甲午中日事起，时传瑞方供职都门，建勋寄谕勖以从王大义，不令家人知也。《传》所谓“教以义方”，建勋有焉。卒年八十有七。

康达本 （？—约1866）清南海人。投军有功，报任都司。旋以福建太平军撤退广东，带兵追剿，至罗浮地面，力战阵亡。

［同治］《南海县志》卷十七《列传·节义》：以勇目带队，累前后军功，拟以都司拔补，赏带花翎。旋以闽省发逆窜粤，带兵追剿，至罗浮地面，力战阵亡。奉上谕，照所保官议恤。

康德修 （？—约1866）清南海丹灶人。投身福建军营，咸丰八年（1858）收复江西安仁县城，同治三年（1864）收复浙江余杭县城。太平天国失败后，起义军从南京出逃，攻陷福建龙岩州，德修收复州城有功，奉命带勇截剿上杭县逃兵，力战阵亡。朝廷以守备例赐恤。

[同治]《南海县志》卷十七《列传·节义》：丹桂堡人。投闽军营，充勇目。咸丰八年，带勇克复江西安仁县城，生擒逆匪多名，以外委尽先拔补。同治三年调援剿浙江，带勇克复余杭县城，以把总归广东拔补，赏带蓝翎。时金陵破，发逆窜福建，攻陷龙岩州。德修以收复州城功，方拟保奏，寻调带勇截剿上杭县逃匪，追至所辖白沙地面，力战阵亡。奉上谕，照守备例赐恤。

梁遇春 （？—1874）字小山，清南海佛山镇人。捐纳千总，投效福建帮带福建庆字营师船。回省代理香山协左营千总，调碣石镇左营守备，缉捕海盗遇难。子寿甲。

[民国]《佛山忠义乡志》卷十四《人物志五·忠义·清》：字小山，本籍顺德。由捐纳千总分发本省，投效福建帮带福建庆字营师船，赴浙江温州缉捕，攻毁北麂盗垒出力。保守备仍发回原省，拨水师提标中营效力。上官器其才，委署香山协左营千总，题补香山协左营守备，寻调碣石镇左营守备，皆称职。时海疆多盗，委带澄清轮船巡洋缉捕，泊澳门洋。一日，侦得贼踪所在，鼓轮急进，飓风暴发，骇浪翻天，部下军士皆苦请登岸。遇春曰："尔辈未知国家定制耳。凡水师军官有沉毁船只，与陆上失陷城池等，倘有不测，罪干大辟。吾宁死水中，决不蹈国法为子孙羞。且风急，返亦不能泊岸。今去贼不远，乘其不备正在此时。退而生不如进而死，汝曹能从我固善，否则各自逃生，毋溷乃公事。"士卒感奋，仍破浪前进，未几风愈烈，撼至九洋，遂触礁船没，全船军士百余皆及于难，惟部下外委千总郭胜善泅得免，故备知情节，时同治十三年八月十三日事也。事闻，得旨赐恤加赠一级，赐祭葬，赏云骑尉世职，恤典稠叠，虽死犹生矣！卷十三《选举志二·袭荫·清》：梁寿甲，梁遇春之子，世袭云骑尉，两代后恩骑尉罔替。

[民国]《顺德县志》卷十九《列传四》：麦村人，迁居佛山。

廖庆谋 字文辉，号云台，清南海良宝乡（今属禅城南庄）人。同治间与太平军及捻军战，官河南汝阳知县。79岁卒于家。父甡，弟全。

[光绪]《广州府志》卷一百二十九《列传十八·国朝·南海·廖甡传》：龙津堡良圃人……咸丰三年六月，贼在北失利，折而南，连陷西平、遂平、罗山、确山四县。时汝宁无兵，城复颓圮，人心摇动。甡饬官亲眷属不许离城，复谕绅民以守，连夜集丁壮修城垣、练军火，贼知有备不敢犯。嗣豫抚陆应穀与绅士徐广缙亦统重兵来汝，而四面皆贼，文报不通，沈邱、正阳久

被围，援兵皆畏贼，不敢离郡，豫抚拟退守汴梁。适甡子庆谋以县丞需次武昌，城陷，单骑走豫，一路侦探至汝，言："贼初得武汉，植基未固，不敢离巢远攻，北窜之贼皆捻贼勾引，然多乌合，故弃坚攻瑕，舍难取易。为今之计，援属县即以固郡城，全郡城即以卫省会，一言退守则声势一失，后不可为！"甡令赴行台述贼势，豫抚壮之，据其言入奏。甡会同直隶总兵经文岱督兵解沈邱围，阵斩首逆刘痂瘩。委庆谋带勇解正阳围，庆谋选精锐数百，乘夜衔枚疾走薄贼营，贼大惊，弃营西走，沿途追杀，斩首逆王钺。自两县荡平，罗山等城陆续收复，而各路捻贼尚多，甡乃荐郑元善于豫抚。元善者，前知正阳县时防剿得力者也。四年正月，贼由金陵溯流上，武汉再陷。甡念寇逼门户，郡境多平旷，惟罗山县足以控遏。乃偕元善至罗山，因山势叠石成墙，袤延数千丈，屹立如长城。发贼频侵轶，皆拒退，而捻贼之讧于北者已破黄安，拔豫之光山、息县。甡乃派罗山屯长某复黄安，命庆谋带勇会同南阳镇邱联恩复光山。邱始至，失机败走信阳，报至罗山，震惧，居人汹汹欲弃城走，甡急檄庆谋进战。庆谋由光山西关进，与贼战城外，另分兵牵缀东、南、北三门以分贼力，自卯至酉血战竟日，发巨炮轰之。贼不支，入城不出。庆谋侦知捻贼欲走武汉与发贼合，重赏募死士，夜登陴大呼杀贼，贼崩溃，开南门遁。适联恩自南阳养锐而来，合同追贼。庆谋绕出贼前，夹击于文殊寺，贼大败，擒首逆王党、梁山振等。光山、平息县贼宵逃，二城遂复。

［宣统］《南海县志》卷十六《列传》：字文辉，号云台，龙津堡良宝乡人……髫龄读书，目十行下。随任夔州，赁僧舍下帷攻苦。留心经世之学，习申、韩术，晨夕骑射打靶，技击绝人，能举三百斤石臼。由报捐县丞，补湖北公安利川县丞。咸丰元年，拿获信阳州确山县盗徐万林等，奉旨以应升之缺升用并加二级，旋报捐知县留湖北候补。三年发逆陷武昌，部议候补人员降二级调用，奉旨革职，复降捐县丞，由军功历保至道员用，赏换花翎。同治元年，擒斩洪宁捻匪刘中路，御史吕序程、河南巡抚严树森以妄戮无辜参奏，有旨革职永不叙用。钦差大臣胜保①、河南巡抚郑元善叠胪战功保奏，奉旨着注销"永不叙用"字样，留胜保营差遣。时汝郡绅民赴汴，逮呈抚院，为庆谋辨冤者百数十起，未几父丧归。先是，发逆陷武昌，庆谋由楚走豫，值发、捻交通围正阳城。豫抚拟退守汴梁，庆谋……解正阳围。八月奉调至

①胜保（？—1863），字克斋，清满洲镶白旗人。道光二十年（1840）举人，咸丰三年（1853）任江北大营帮办军务大臣，截击太平军北伐。支持慈禧、恭亲王政变立功。后赴陕西镇压回民起义，被责令自杀。

固始、息县剿办李士林，先后擒获捻首胡玉虎、徐世笃等。九月发匪复窜武汉，奉委在罗山九里、大胜两关防堵，捐筑土城数百丈，修筑石门，设立关隘，发逆不得窜越。四年九月，罗山撤防，奉委剿办汝、光两属捻匪，擒斩首伙千余、教匪数十名。五年正月奉调至陈州防堵，旋以发逆复窜武汉，再调至罗山两隘防堵。四月光州捻匪李兆受、王党戕官围城，攻陷光山、平息二县……七年捻匪围攻固始，奉檄援剿，攻克方家集南岸贼巢。八年捻首萧旷破鹿邑、亳州，戕官据城以叛，檄庆谋赴剿擒斩之，又剿平西芦教匪。十一年美、英、法夷犯京师，大吏派庆谋带兵入卫，和议成，回豫督办南、汝、光团练。刘中路者汝捻渠魁，党羽逾万，投诚后常怀反侧。汝有陈绅与通，约期举事。汝宁知府祁之铨闻耗不能制，专弁邀庆谋到汝会商。凭线人围陈绅宅，搜夹墙中得刘。之铨以刘党众，解省恐有变，因就地正法。陈绅以刘在其家捕得，大惧，出资遍贿当道求解，此吕序程、严树森诬参之所由来也。树森前官湖北知县，有案查办庆谋，为楚督文巡捕剖白之，事得寝。及抚豫，颇忌庆谋，知其隐事，亟思去之。罗山有吕牛娃子者，为楚、豫间积恶大憝，庆谋在汝时擒磔之，牛娃子为吕序程服叔，故恶之如此。自奉旨革职，庆谋即拟归。川督骆秉章招往蜀办军务，辞不往。僧格林沁督师山左、胜保督师陕甘，均飞章奏调之，豫抚郑元善以需才奏留兼为开复，庆谋辞僧、郑而赴胜营。吕序程再折诬参，胜复疏办，奉旨免查办。庆谋在营与士卒同甘苦，遇伤夷亲视医药，然纪律最严，犯掳掠者斩以徇，师行秋毫无犯。遇军饷乏或连日不得力，村氓争造麦饭为饷，有亲送至左右者。历署罗山、正阳县，光州直隶州事，题补荥阳县知县，特授汝阳县知县。在任不用幕友，案牍亲自批发。派亲信下乡侦探，锄奸摘隐，明察若神。下乡围捕不带书差，自募亲军，盗贼丧胆，其吏才如此。返里后绝意仕进，不谒当道。粤抚郭嵩焘、广州知府冯端本，皆与庆谋有旧。郭属以广属捕务，力辞不就。冯欲见之，卒不得见。左宗棠督师陕甘，邀庆谋偕行，以母老辞。许应鑅任江西吉南赣宁道，以洋药税疲甚，邀至署商榷。庆谋以至戚不获辞，为建策：在各属设旱卡二十余处，私枭不得绕越，岁增课数万。以赣郡宜蚕业言于许，设蚕业局。许擢苏臬、浙藩，邀庆谋襄办公事。公余与德清俞樾唱和，结白莲诗社，遍游太湖、木渎、西湖、灵隐、钱塘、山阴诸胜。山东水旱，捐棉衣千件助赈，传旨嘉奖。未几卒于家，年七十九。著有《宦游随笔》《思补斋诗存》。弟全。

廖庆全　字清辉，号月台，清南海龙津堡良宝乡（今属禅城南庄）人。父甡，任河南汝南太守，全随任，学于徐台英。

同治间，父兄与太平军及捻军作战，投笔起军旅，以县丞、知县归部选用，并加同知衔。父八旬告休回乡，随侍不复出。兄庆谋。

［宣统］《南海县志》卷十六《列传·廖庆谋传》：龙津堡良宝乡人……弟全，字清辉，号月台。牲守汝南，全随侍任所，从学于同邑徐大令台英。聪颖过人，熟于诸史，工书法。时发、捻披猖，南北道梗，不得试于有司。全不屑意科第，投笔起军旅。先是，张曜权固始，发逆合捻首大股围县城。豫抚知事亟檄郑某带勇助张防堵，郑时在汝南办团，邀全同往，全请命于父，与郑偕。是时寇氛甚恶，亲戚故旧咸危其行，全以郑与父兄交谊厚，义不可却，卒偕郑往。固始前后三次被围，贼不得逞，全与有劳，事平奏保赏戴蓝翎。既而兄庆谋奉胜保檄，赴皖助剿，全偕行谒胜，面陈平发、捻策，胜奇赏之，留参军事，后擒陈逆玉成，率用其计，奏保以县丞归部选用。旋偕郑赴归德府陈州办防剿事宜，逮救平奏保免补县丞，以知县归部选用，并加同知衔。又以捻逆据柘城等州县，经扑省城，复据中尉，历著战绩，奏保赏换花翎。全为人恂恂儒雅，遇事变明敏果决，中兴将佐方倚重之。旋以老父八旬告休，随侍归里不复出。著有《皖豫从戎日记》藏于家。

潘大纪 字饬之，清咸丰、同治时南海人。好施与，善鼓琴，擅青乌术。子良弼。

［宣统］《南海县志》卷十一《艺文略·续编·子部》：《喉科大全订正》二卷，《南北喉症辨异》一卷，国朝潘大纪撰。《续编·集部》：《静观室诗存》一卷，国朝潘良弼撰。卷二十一《列传·艺术》：字饬之，河清堡人。少读书，矜厉名节。好施与，喜宾客，以是耗其家资，遂坐窘。值岁饥食粥，亲友来哺者尚盈室。友没，以妻子相托，虽窘犹践诺。善鼓琴，时奏一曲以自陶写，处逆境如故也。擅青乌术，而不轻为人择地，为择者必得吉壤。著有《松筠堂琴谱》四卷、《葬经衍释》二卷、《白云名墓述略》二卷。子良弼，号达卿，工诗赋，亦能琴，喜堪舆，尤精医，多隐德，施茶施药数十年不辍。著有《静观室诗存》一卷、《喉科大全订正》二卷、《南北喉症辨异》一卷。

梁耀枢 （1832—1888）号斗南，晚号叔简，清顺德光华人。初与兄耀藜、弟耀宸随南海朱次琦读书，同治元年（1862）举人，十年（1871）进士状元。授翰林院修撰，入值南书房，掌修国史。任顺天乡试同考官、湖北正主考官、湖北学政提督、会试磨勘官、北京南书房日讲起居注官、左右中允、翰林院侍讲和侍读、翰林院侍讲学士、侍读学士、会试同考官、山东学政提督、詹事府少詹事、正詹事。弹劾广东学政叶大焯科场舞弊案，名动一时。中法战争中，大力保举冯子材、方曜等有将才，后果报“谅山大捷”。张之洞督粤时，西江、北江泛滥，朝臣缄默，上奏张隐瞒灾情，要求赈灾恤民。病逝于山东官邸。兄耀藜，弟耀衮。子世经、世纮、世纶。

[光绪]《广州府志》卷四十六《选举表十五·举人·国朝·同治元年壬戌并补行咸丰己未科》：顺德人，进士。卷四十一《选举表十·进士·国朝·同治十年辛未梁耀枢榜》：南海人，状元，修撰。

[民国]《顺德县志》卷二十《列传五》：号斗南，晚号叔简，光华人。生时空中如闻音乐，室有异香，比长，气体岸异，眉目长秀。弱冠失怙恃，伯兄介眉为谋教育，砥行力学，领同治壬戌科乡荐。辛未登进士第，殿试一甲第一名，遂魁多士，授修撰，国朝岭南自番禺庄有恭、高州林召棠大魁后，至是鼎足而三。癸酉充顺天乡试同考官，光绪元年乙亥充湖北正主考，丙子提督湖北学政，每岁科试发落分给《四礼翼》一部，谆谕诸生以立身型俗。庚辰会试派充磨勘官，并分教习庶吉士。壬午三月入直南书房，充日讲起居注官。旋授左右中允，曝值宫廷，多所献益。前后未尝一请沐浴，屡承两宫温谕慰勉。癸未升翰林院侍讲，甲申转侍读左右庶子。时法越交争，内奰①中国，廷臣交章陈战略、诋和议，耀枢数上封章，悉符机要，折皆留中。曾力保冯子材、方曜两军门及鲁抚张曜有将材，后果报谅山大捷②，咸服其知人。乙酉补翰林院侍讲学士、侍读学士，丙戌二月随扈东陵，旋充会试同考官、提督山东学政，丁亥在任补授詹事府少詹事。戊子八月升正詹事，谢折上，并言学政任满，乞假省墓，交卸学篆。以积劳遘疾，十一月朔卒于山东行辕，年五十六……南皮张之洞之督粤也，西北江水泛滥，害遍乡城。耀枢奏广东水灾甚重，恳严饬疆臣妥筹抚恤，以拯民生，中有“疆臣不言，臣诚不忍缄默”等语，恺切恳挚，恻然仁者之言。孝钦皇太后尝谓南书房翰林曰：“梁耀

①奰（bì）：压迫。

②谅山大捷：光绪十一年（1885）三月，在中法战争中，年近七旬的老将冯子材帮办广西军务，领导清军在广西镇南关大败法国侵略者，取得重大胜利。史称“谅山大捷”。

枢金玉君子也。”都人士群推为“梁金玉”。生平笃孝友，侍亲疾盥漱无间，秽涸躬亲，事长兄介眉如父。与四兄耀藜、六弟耀宸同侍朱九江先生门下，恒举其教条“崇尚名节，变化气质”互相砥砺。耀藜，同治甲子举人。耀宸，光绪乙亥举人。子世经、世纮，皆诸生。世纶，丁酉优贡。

李宗岱　（1832—?）字山农，清南海佛山镇人。道光二十九年（1849）副贡，官山东补用道，代理山东盐运使、布政使。年60余卒。祖可琼，伯应棠，父应材。

［同治］《南海县志》卷九《道光朝·贡生》：可琼孙，副贡。补用道，山东布政使。己酉科。

［宣统］《南海县志》卷十五《列传》：字山农，佛山堡人。可琼孙，应材子也。由县学生中道光二十九年己酉科副贡，官山东补用道，历署山东盐运使、布政使。宏才伟略，超越等伦，慷慨有大志，其回籍办粮台、在山东开矿，均集款巨万，敷布裕如。矿务创始，百事困难，未能遽见成效，宗岱亦坐是销磨岁月，不竟其才，然踵其事者日见起色，先河之功殆不可没。宗岱性情真挚，爱才如命，汲引后进，皇皇如不及。轻财仗义，倜傥不群，有古侠士风，年六十余卒。

［民国］《佛山忠义乡志》卷十四《人物志六·宦迹·清·李应堂传》：弟应材，字仲培，壬辰顺天乡试誊录，候选詹事府主簿，与应棠齐名。性恬澹不就仕，悃愊无华，乡里称为“长者”，以寿终。应材子宗岱，官至山东登莱青道，署山东布政使。

孔广陶　（1832—1890）字怀民，清南海罗格村（今属禅城南庄）人。监生，任刑部福建司郎中。继承父继勋遗产，在广州有“三十三万卷书堂”。喜刻名籍，以《岳雪楼鉴真法帖》和《北堂书抄》最闻名。次子昭鋆，光绪十五年（1889）举人。岳雪楼藏书未散出时，先取宋、元精良刻本，建南国别业名“烟浒楼”藏之。家业破败，郁郁而终，烟浒楼易主。

［宣统］《南海县志》卷十一《艺文略·子部·艺术类》：《岳雪楼书画录》五卷《续录》一卷，国朝孔广陶撰。

区仕开　清高明阮埇人。同治元年（1862）恩贡。

［光绪］《高明县志》卷十二《选举表·国朝·恩贡·同治朝》：阮埇人，

元年恩贡。

区汝球 字鸣石，清顺德大良人。同治元年（1862）举人。

［光绪］《广州府志》卷四十六《选举表十五·举人·国朝·同治元年壬戌并补行咸丰己未科》：顺德人。

［民国］《顺德县志》卷八《选举表一·举人·同治》：字鸣石，大良人……壬戌恩科并补行己未恩科。

区济彰 清高明伦涌人。同治元年（1862）举人。

［光绪］《高明县志》卷十二《选举表·国朝·举人·同治朝》：伦埇人，广西容县籍，元年壬戌科。

邓云襄 （？—1865）号蓉裳，清顺德龙山人。邑庠生，同治元年（1862）报捐知府，分发广西代理泗城府事。城已被农民起义军廖万服占领。四年元月擒获廖万服。六月卒，加太仆卿衔。父凌。

［光绪］《广州府志》卷一百三十三《列传二十二·国朝·顺德》：号蓉裳，龙山人。邑庠生，同治元年报捐知府，分发广西委署泗城府事。时府城先已失守，云襄驻那地、五隘等处，招募民勇，图复城，而贼首廖万服、杨通潮故与勇目张三通气，张三密麾之，使遁去。云襄到任，知贼大队萃于西林，命其子树荣往剿，十月与贼战于八桃，大胜之，贼分窜渌林、那安、底孟。四年正月，云襄亲自进剿，分兵守平西、渭邦以固县治，并守八渡以杜援贼，然后五路扎营。遇贼于平郎山，败之，乘胜破渌林、那安，贼奔底孟。三月援贼至，为八渡之勇截击，剿除殆尽。云襄乃令总目马有德伪为小贩，入贼营以作内应，约举火为号。夜贼营火起，我军直入，各营皆踊跃争先。贼大败，廖、杨仅以身免，走云南土富司之那良。云襄连夜拔营前进，先牒广南府土富州会兵助剿，督兵入境，与贼遇，又败之，阵斩大旗手陈必大。四月，贼首杨通潮亲率大队来扑，力战擒之。初七日各营齐进，遂生擒廖万服，余党股栗乞降，西林平。云襄已得病，求离任，不许，六月遂卒。巡抚张凯嵩上其功，奉旨加太仆寺卿衔，祀昭忠祠，荫一子知县。

［民国］《顺德县志》卷九《封荫表·封赠·文阶》：邓凌，龙山人，以子云襄赠泗城府知府。

冯学培 字赞虞，号愈愚，清南海九江人。同治元年（1862）举人，二年进士，即用知县，补安徽含山知县，加同知衔。祖燕谋，父惠蒸。

［同治］《南海县志》卷九《同治朝·举人》：广西籍，进士，壬戌并补行己未科。《同治朝·进士》：广西籍，含山知县，癸亥科。《同治朝·封荫》：冯燕谋，以孙学培貤赠同知衔奉政大夫。冯惠蒸，以子学培赠同知衔奉政大夫。

《九江儒林乡志》卷十《选举略·国朝·举人·同治元年壬戌恩科并补行戊午科广西乡试》：字赞虞，号愈愚。马平籍，中式第六十名。联捷进士。《选举略·国朝·进士·同治二年癸亥恩科》：赐同进士出身，即用知县，补安徽含山知县，加同知衔。

冯福兼 字福谦，号鼎臣，清南海九江人。同治元年（1862）副贡。

［同治］《南海县志》卷九《同治朝·贡生》：副贡，壬戌科。

《九江儒林乡志》卷十《选举略·国朝·贡生·同治元年壬戌》：字福谦，号鼎臣。县学，副贡。

冯葆廉 原名肇元，字冠镛，号伯容，清南海丹灶梅庄人。同治元年（1862）举人，授海南临高县训导。妻为劳光泰孙女，子子愈、思、愿。

［同治］《南海县志》卷九《同治朝·举人》：冯肇元，改名葆廉，壬戌并补行己未科。

［宣统］《南海县志》卷十五《列传》：原名肇元，字冠镛，号伯容，蟠溪堡人。高祖成修祀乡贤，事具国史儒林传。本生曾祖斯伟直隶深州知州，有循声，事载前志。葆廉幼端敏，十岁读成修《养正要规》，能领略大旨，稍长读汉儒书，通大义。好《毛诗》，手录数过，有疑义，反复发明，成《梅庄读诗记》若干卷。究心理学，大要以诚为本。凡经史格言札记盈尺，趋庭片语及与先辈答问皆记之，终身无间。搜求先人遗书，若《潜斋年谱》《略见集》《文基文式》皆锓诸板，又辑伯曾祖钦邻所撰书为《趋庭补补》。善楷法，初师松雪，能得其神，中年学香光，出入平原。所藏碑帖数千种，又访求出土新拓金石文字，为跋尾若干卷。好为诗，与沈阳樊封、同邑刘凤彤相唱和。同治中，邑人修县志，推为采访，搜遗订逸凡数百事，咸服其淹博。中同治元年举人，拣选知县，改教职，授临高县学训导。座主郭祥瑞任粤中司道，

招入幕，事皆取决。葆廉引嫌，不谈公事，惟关桑梓利病，则毅然言之。自咸丰军兴，商捐浩繁，吏胥因缘为奸，葆廉白诸郭，剔其弊，商困以苏。番禺市桥文社有沙田为豪猾侵夺构讼，为复其业，有罗某被诬，将丽诸法，为辨其冤。生平笃师友之谊，于先哲后裔加意敬礼。房师李振杰贫不能自存，生馆之，死殡之，厚赡其孤，又为纳粟得官。业师徐心香困乏，馈赠加厚，其殁也，集资殡葬，并为其子营生业。河南吕某，新吾先生后也，就亲至粤，乡音断绝二十年，为展转通问，卒使完聚。嘉兴钱仪吉之子某孑身来粤，葆廉馆之，钱以资得官，由典史至通守，皆葆廉所助。于宗党亲友贫者月有常馈，病必亲视，死必吊哭，幼稚失学、昏嫁愆期，无不玉成之，待举火者日恒数十家，典衣缩食不吝也。他若祠宇、祖尝、建善堂，立恤嫠会、方便所，修桥路，贫者赈之，病者药之，凡属善举，莫不力为。尝集款置产，仿颜鲁公放生池法行之。撰《生生录》二卷，谓家人曰："粤俗饮食奢侈，恣其口腹，昏嫁斗靡豕用数十头，非特伤财，亦复违制，余辑是书，亦国奢示俭之意也。"性耿介，粤抚蒋益澧闻其名欲见之，不肯往，及蒋罢官，始通款曲。其复市桥沙田也，乡人酬以金，辞不受。其卒也，友朋戚党行哭失声，终身奉祀者，则兰陵许县尉述善也。阳湖冯光勋以郭林宗称黄叔度数语移赠之，邑人谭宗浚推为黄叔度一流人物，远近无异词，盖实录云。子愈、思，并县学附生。愿，丁酉举人。卷二十三《列传·列女》：冯葆廉妻劳氏，黄鼎司小唐乡人，武昌清军同知光泰之孙女也。性和婉，舅姑先后得疮疾，左右侍奉，艰苦备至，有人所难能者。待诸姑妯娌有容，虽受辱不校，能以自反化人，三党皆称之。训迪诸子，每以无坠前业相勖。自葆廉殁，凡所以支持生计、整饬内外者，皆身任之而各得其理。呜呼，可不谓贤乎？

冯智荣　字知白，清顺德龙山人。同治元年（1862）并补行咸丰九年（1859）举人。

［光绪］《广州府志》卷四十六《选举表十五·举人·国朝·同治元年壬戌并补行咸丰己未科》：顺德人。

［民国］《顺德县志》卷八《选举表一·举人·同治》：字知白，龙山人……壬戌恩科并补行己未恩科。

左永思　字紫石，清顺德龙山人。同治元年（1862）举人。

［光绪］《广州府志》卷四十六《选举表十五·举人·国朝·同治元年壬戌并补行咸丰己未科》：顺德人。

［民国］《顺德县志》卷八《选举表一·举人·同治》：字紫石，龙山

人……壬戌恩科并补行己未恩科。

龙景曾　字镜帆，清顺德大良人。同治元年（1862）举人，官知县。父元偁，兄弟景惇（名或作景恬）。

［光绪］《广州府志》卷四十六《选举表十五・举人・国朝・同治元年壬戌并补行咸丰己未科》：龙景恬，顺德人。

［民国］《顺德县志》卷八《选举表一・举人・同治》：字镜帆，大良人。知江苏嘉定县……壬戌恩科并补行己未恩科。卷九《封荫表・封赠・文阶》：龙元偁，大良人，以子景曾赠知县，景惇加赠台湾知府。

卢同馨　清顺德羊额人。同治元年（1862）举人。兄同伯。

［光绪］《广州府志》卷四十六《选举表十五・举人・国朝・同治元年壬戌并补行咸丰己未科》：顺德人，兄同伯。

［民国］《顺德县志》卷八《选举表一・举人・同治》：羊额人……壬戌恩科并补行己未恩科。

卢经　清南海人。同治元年（1862）举人。

［同治］《南海县志》卷九《同治朝・举人》：广西籍，壬戌并补行己未科。

叶令扶　字贞涯，清顺德桂洲人。同治元年（1862）举人，官曲江教谕。

［光绪］《广州府志》卷四十六《选举表十五・举人・国朝・同治元年壬戌并补行咸丰己未科》：顺德人。

［民国］《顺德县志》卷八《选举表一・举人・同治》：字贞涯，桂洲人。曲江教谕……壬戌恩科并补行己未恩科。

刘晋　清高明世唐美人。同治元年（1862）岁贡。

［光绪］《高明县志》卷十二《选举表・国朝・岁贡・同治朝》：世唐美人，府学，元年贡。

刘鹏威　清南海人。同治元年（1862）武举。

［同治］《南海县志》卷九《武科选举》：壬戌恩并补行己未科，同治朝。

刘麒聪　清三水人。同治元年（1862）举人。

［光绪］《广州府志》卷四十六《选举表十五·举人·国朝·同治元年壬戌并补行咸丰己未科》：三水人。

关兆熙　以字行，号侣父，清南海九江人，官高要训导。同治元年（1862）举人，光绪九年（1883）倡建九江西成书院。

［同治］《南海县志》卷九《同治朝·举人》：高要训导，壬戌并补行己未科。

《九江儒林乡志》卷十《选举略·国朝·举人·同治元年壬戌恩科并补行己未恩科》：以字行，号侣父。县学，中式第一百二十一名。高要训导，加光禄寺典簿衔。卷四《建置略·书院社学》：西成书院，在西方万寿约。光绪九年癸未，绅士关兆熙等倡建。

关瑞溶　清南海人。同治元年（1862）岁贡。

［同治］《南海县志》卷九《同治朝·贡生》：岁贡，壬戌科。

麦士韬　字六台，清顺德马齐人。同治元年（1862）举人，官广宁训导。光绪三年（1877）倡建"翁孝子祠"。

［光绪］《广州府志》卷四十六《选举表十五·举人·国朝·同治元年壬戌并补行咸丰己未科》：顺德人。

［民国］《顺德县志》卷八《选举表一·举人·同治》：字六台，马齐人。广宁训导……壬戌恩科并补行己未恩科。卷三《建置略二·庙祠》：翁孝子祠，在连村乡。光绪三年，知县林灼三暨邑绅陈松、麦士韬等倡建。

苏廷鉴　原名佩文，字镜南，清南海茅冈乡人。同治元年（1862）举人，任江西德兴知县6年，代理瑞昌知县半年，年老辞归。

［同治］《南海县志》卷九《同治朝·举人》：苏佩文，改名廷鉴，壬戌并补行己未科。

［宣统］《南海县志》卷十五《列传》：原名佩文，字镜南，先登堡茅冈乡人。性朴实寡言，留心经世学……大挑知县，分发江西，旋补德兴县缺。县民故好讼，廷鉴抵任，案到即讯断，其远年不结者清厘之，胥吏舞弊者斥

逐之，讼风以息。岁大旱，廷鉴祷龙神二日，复为文祭之，雨立降。岁甲申，浮梁县北乡雨甚蛟发，山水陡涨数丈，庐舍、人口冲塌漂没者以数千计。景德镇当山坳冲衢，沿河千百铺夜不及避，尽没于水，尸蔽江而下，其逃免者嗷嗷十数万口。大吏委廷鉴往赈，即率护勇带钱米星夜渡彭蠡湖，设粥厂数处，派绅商经理，时漏五下矣。翌晓，载钱米入乡，分三等散给，廷鉴徒步入村庄，男妇哭声载道，惨不忍闻，乃续请拨款给赈，淹毙者另给资埋之。如是者月余，水气郁蒸，随役皆病，廷鉴竟月巡视散赈，自忘其劳。戊申，楚散勇由闽入江西，经铅山、弋阳、德兴各县，沿途卖伪布以骗财。其布大如掌，盖小印，字模糊不可辨，以“保身家、便出入”之说惑人，邑中无赖代为布散，愚民惑之。廷鉴密查捕获数名，面告饶州知府，谓不宜妄杀。既而府幕竟以谋逆飞告，大吏派营带队汹汹而来，阖邑惊恐异常。廷鉴止之曰：“一二恶辣代卖伪布，只图骗财，何言造反？吾官可参可革，民不可扰害。”立悬重赏，派差获匪首二名，又出示：“邑有被惑者限三日缴布，即不问，否则杀无赦。”是日，在城隍庙中缴布数十张，悉投诸火，令反侧子自安，遂以无事。在德兴任六载，兴学校，修文庙，禁械斗，劝农桑。卸任日，绅民千里来送者数百人，为立德政去思碑。及署瑞昌县，修城垣以备守御，禁鸦片烟、赌博以除民害。县故借书院为办公所，廷鉴捐廉重建之，其他课士养民一如治德兴。在任半载，调省差委，绅民禀留，格于例不行，去之日遮道攀辕，途为之塞，未几以老辞归。著有《四书讲义》《五经讲义》《禹贡考》《鸿雪笔记》《阙里圣迹图说》《阴阳二宅辑要》《深柳堂稿》。

杜炳如　清顺德容奇人。同治元年（1862）副贡。妻吴氏寿91岁。

［民国］《顺德县志》卷八《选举表一·五贡·同治》：容奇人……壬戌科并补行己未科副贡。卷十二《耆寿表二·寿妇·九十以上》：吴氏，容奇副贡杜炳如妻，九十一岁。

李良弼　清南海人。同治元年（1862）举人。

［同治］《南海县志》卷九《同治朝·举人》：壬戌并补行己未科。

李鸿楷　字法南，清顺德大良人。同治元年（1862）举人，大挑知县，题补云南邱北县，以卓异升授缅宁通判。光绪十一年（1885）至二十年，连续四次为云南乡试同考官。卒于官。子炳埙。

[光绪]《广州府志》卷四十六《选举表十五·举人·国朝·同治元年壬戌并补行咸丰己未科》：顺德人。

[民国]《顺德县志》卷十八《列传三·伍兰徵传》：大良人……同里继宦滇者有李鸿楷，字法南。同治壬戌举人，与梁殿撰耀枢同年，书法亦同工。八上春官不第，签分云南，大挑知县，题补邱北县，以卓异升授缅宁通判，乙酉、戊子、辛卯、甲午均充云南乡试同考官。鸿楷负清望，性介而和。赴滇时，鬻产以充资斧，在官十余年宦囊如洗，卒于云南省次，归榇日士民多泣下者。惜其后嗣式微，政绩无能纪述，然邑人识与不识，皆许为循吏也。著有《剩墨吟草》一卷，皆在滇于役之作。卷八《选举表一·五贡·光绪》：李炳埙，字葆根，大良人，鸿楷子……乙酉科副贡。

杨卓垣 清南海人。同治元年（1862）举人。

[同治]《南海县志》卷九《同治朝·举人》：壬戌并补行己未科。

杨明倡 清顺德桂洲人。同治元年（1862）举人。

[光绪]《广州府志》卷四十六《选举表十五·举人·国朝·同治元年壬戌并补行咸丰己未科》：顺德人。

[民国]《顺德县志》卷八《选举表一·举人·同治》：桂洲人……壬戌恩科并补行己未恩科。

杨琼 清南海人。同治元年（1862）副贡。

[同治]《南海县志》卷九《同治朝·贡生》：副贡，壬戌科。

吴全美 字碧山，清顺德龙头堡人。咸丰时，集本地红单船转战长江，攻太平军有功。同治初（1862）授福建水师提督，光绪初（1875）授广东水师提督，驻虎门。寿70岁。

[民国]《顺德县志》卷十九《列传四》：字碧山，龙头堡人。少贫，勇忠成性。咸丰军兴，纠集本地红单船以水师从戎，隶彭宫保玉麟麾下。转战长江，迭歼巨寇，功能卓著，同治初授福建水师提督，赏迅勇巴图鲁。时国库支绌，欠给军饷甚巨，全美吁请当道代奏，不愿得饷，乞加原籍顺德县学额，得旨俞允，邑人德之。光绪初，海疆事棘，大府保奏授广东水师提督，驻虎门三年，借资屏障，功在桑梓。全美事母至孝，生平谦抑，居赤花乡，与父老时相过从，话桑麻事，自忘为专阃大员也。卒年七十。卷三《建置略二·庙祠》：忠义祠，在陈村对海聚龙沙。同治三年，里人提督吴全美、总兵

黄廷彪等捐建，祀咸丰时水师阵亡官兵百余人。

吴家珍 字伯齐，清顺德龙潭人。同治元年（1862）举人，官山东夏津知县。

[光绪]《广州府志》卷四十六《选举表十五·举人·国朝·同治元年壬戌并补行咸丰己未科》：顺德人。

[民国]《顺德县志》卷十八《列传三》：字伯齐，龙潭人。膺同治壬戌乡荐，任山东夏津。县土性咸卤，汲者辄运自城南数里外，得水殊艰。家珍至后某日，城内突出一泉，闻者惊异。家珍捐廉筑道凿井，井成，隆冬不竭，四旁水皆苦，此井独甘。民喜称曰“吴公泉”，勒石志异，推为政通人和之应云。

岑凤鸣 字星显，号翥卿，清南海九江人。同治元年（1862）举人，大挑教职。

[同治]《南海县志》卷九《同治朝·举人》：壬戌并补行己未科。

《九江儒林乡志》卷十《选举略·清·举人·同治元年壬戌恩科并补行己未恩科》：字星显，号翥卿。县学，中式第一百三十七名，大挑教职。

[民国]《顺德县志》卷八《选举表一·举人·同治》：桂洲人，戴《府志》作南海人……壬戌恩科并补行己未恩科。

岑芳兰 字节堂，清顺德葛岸人。同治元年（1862）举人。光绪间改建葛堡书院。

[光绪]《广州府志》卷四十六《选举表十五·举人·国朝·同治元年壬戌并补行咸丰己未科》：顺德人。

[民国]《顺德县志》卷八《选举表一·举人·同治》：字节堂，葛岸人……壬戌恩科并补行己未恩科。

何文卓 字立卿，清南海九江南村乡人。20岁教书养亲，40岁后中同治元年（1862）举人，9年后大挑始赴公车。在家与潘以翎共同致力桑园围事务，晚年推举管理册金事务，10余年以终，年70余。三子耀基，庠生。

[同治]《南海县志》卷九《同治朝·举人》：壬戌并补行己未科。

[光绪]《广州府志》卷四十六《选举表十五·举人·国朝·同治元年壬

戌并补行咸丰己未科》：南海人，“卓”一作“灼”。

［宣统］《南海县志》卷十五《列传·潘以翎传》：与以翎同时共事而尽心围务者有何文卓，字立卿，镇涌堡南村乡人。家贫，未弱冠即以课徒养亲。廉介有守，人不敢干以私。同治元年壬戌以廪生领乡荐，年已逾强仕矣，家有老母，不忍远离，越三科至大挑始赴公车。每修围襄事，力任其劳，与以翎称并肩焉。晚年，邑人推举管理册金事务，十余年以终，年七十余。三子耀基，庠生。

何广源　清南海人。同治元年（1862）举人。

［同治］《南海县志》卷九《同治朝·举人》：壬戌并补行己未科。

何云光　字价珊，清顺德水藤人。同治元年（1862）副贡，九年举人。

［光绪］《广州府志》卷四十六《选举表十五·举人·国朝·同治九年庚午》：顺德人。

［民国］《顺德县志》卷八《选举表一·五贡·同治》：字价珊，水藤人……壬戌科并补行己未科副贡。《举人·同治》：水藤人……庚午科。

何应驹　字云逵，清顺德大洲人。咸丰五年（1855）倡建本乡书院，同治元年（1862）举人。

［光绪］《广州府志》卷四十六《选举表十五·举人·国朝·同治元年壬戌并补行咸丰己未科》：顺德人。

［民国］《顺德县志》卷二《建置略一·书院社学》：钟山书院，在大洲乡……咸丰五年，乡绅周果、何应驹等倡建。卷八《选举表一·举人·同治》：字云逵，大洲人……壬戌恩科并补行己未恩科。

何其温　清顺德马宁人。同治元年（1862）举人。

［光绪］《广州府志》卷四十六《选举表十五·举人·国朝·同治元年壬戌并补行咸丰己未科》：顺德人。

［民国］《顺德县志》卷八《选举表一·举人·同治》：马宁人……壬戌恩科并补行己未恩科。

何绍中　字湘帆，清顺德大洲人。同治元年（1862）副贡。

［民国］《顺德县志》卷八《选举表一·五贡·同治》：字湘帆，大洲人……壬戌科并补行己未科副贡。

何熙龄 清顺德潭村人。同治元年（1862）举人。

［光绪］《广州府志》卷四十六《选举表十五·举人·国朝·同治元年壬戌并补行咸丰己未科》：顺德人。

［民国］《顺德县志》卷八《选举表一·举人·同治》：潭村人……壬戌恩科并补行己未恩科。

余泽涵 清顺德甘竹人。同治元年（1862）举人。

［光绪］《广州府志》卷四十六《选举表十五·举人·国朝·同治元年壬戌并补行咸丰己未科》：顺德人。

［民国］《顺德县志》卷八《选举表一·举人·同治》：甘竹人……壬戌恩科并补行己未恩科。

张百康 名或作伯康，字磐石，清顺德龙山人。同治元年（1862）举人，官海丰县教谕。

［光绪］《广州府志》卷四十六《选举表十五·举人·国朝·同治元年壬戌并补行咸丰己未科》：张伯康，顺德人。

［民国］《顺德县志》卷八《选举表一·举人·同治》：字磐石，龙山人。海丰县教谕……壬戌恩科并补行己未恩科。

张常吉 字磊士，清顺德黄连人。同治元年（1862）举人，官海康县教谕。

［光绪］《广州府志》卷四十六《选举表十五·举人·国朝·同治元年壬戌并补行咸丰己未科》：顺德人。

［民国］《顺德县志》卷八《选举表一·举人·同治》：字磊士，黄连人。海康县教谕，壬戌恩科并补行己未恩科。

陈廷槐 清顺德桂洲人。同治元年（1862）副贡，任广东丰顺县教谕。

［光绪］《广州府志》卷五十三《选举表二十二·仕宦四·国朝·文职·顺德》：同治壬戌副贡，琼州教谕。按：琼州无教谕，恐误。

[民国]《顺德县志》卷八《选举表一·五贡·同治》：桂洲人，丰顺县教谕，壬戌科并补行己未科副贡。

陈枏 字厚珊，清顺德马齐人。同治元年（1862）举人，官肇庆府教授。

[光绪]《广州府志》卷四十六《选举表十五·举人·国朝·同治元年壬戌并补行咸丰己未科》：顺德人。

[民国]《顺德县志》卷八《选举表一·举人·同治》：字厚珊，马齐人。肇庆府教授……壬戌恩科并补行己未恩科。

陈国彦 清南海人。同治元年（1862）举人。

[同治]《南海县志》卷九《同治朝·举人》：壬戌并补行己未科。

陈森（清同治） 号梓林，清高明苏村人。弟泉，同治元年（1862）举人。

[光绪]《高明县志》卷十三《列传·人物二·国朝》：号梓林。能文章，有师范，设帐西樵数十年，科甲士多出其门。弟泉，号蒙山，赖兄训登乡荐，而森竟以诸生老。然乡里啧啧，至今犹称其信义云。

陈泉 号蒙山，清高明苏村人。同治元年（1862）举人。兄森，在南海西樵山教书数十年。

[光绪]《高明县志》卷十二《选举表·国朝·举人·同治朝》：苏村人，元年壬戌科。卷十三《列传·人物二·国朝·陈森传》：弟泉，号蒙山，赖兄训登乡荐。

陈泰琨 （？—约1880）号琳川，清南海九江人。19岁在上海经商，同治元年（1862）随洋将戈登办洋枪队，攻克昆山、苏州、宜荆、溧阳等县。七年捐金购买弹药，募勇到滇。十二年代理顺宁知府，带兵收复被占18年的顺宁城，赏给巴图鲁名号，次年调署开化知府。光绪二年丧母，遇顺宁府杨椿寿等倡乱，奉命带兵剿平。三年（1877）十月回籍守孝，服阕奉旨发回云南照例用，请假修墓，瘴病复发，逾年卒。

[宣统]《南海县志》卷十六《列传》：号琳川，金瓯堡儒林乡人。性孝友，负夙慧。年十九商于沪，家以饶。同治初元，发匪披猖，随洋将戈登帮办洋枪队，协带常胜军攻克昆山、苏州、宜荆、溧阳等县。由同知职衔，蒙前江督李鸿章奏保花翎。七年捐金巨万，购办洋枪子药助军。上官闻于朝，得旨嘉奖，派运军火，前赴云南军营听候差遣，旋备资募勇到滇。十一年七月，奉前滇抚岑毓英檄，调所部进剿迤南馆驿老巢。九月攻克馆驿，擒获逆首马汶功、纳小五解办。奏保，得旨以知府留滇尽先补用，并赏加道衔。十月委统领广字各营粤勇，进剿迤西一带回逆，拿获伪大司衡杨荣等，以劳绩奏闻。复奉札统所部克复蒙化厅属，会剿大小围硬贼巢。十二年二月委署顺宁府事。时顺宁城陷贼十八年矣，员缺久悬，以泰琨勇往，特派委之。泰琨统领粤勇进剿，半月而府城克复，拿获首逆伪大司征马得仲解办，府属云州等处亦次第克复。奏保奉旨着补缺，后以道员尽先补用，并加盐运使司衔。复因官军移剿腾越，泰琨督催顺、云粮兵接助有功，奏保奉旨赏给花尚阿巴图鲁名号，吾粤以文员赏清文巴图鲁名号者，蔡锦清后惟泰琨，亦异数也。旋因缅国叛臣波三海，勾串永昌府属之小猛统逃逆伪大将军马小二，在缅属之麻栗坝筑城倡乱，蔓扰永昌、顺宁边地。泰琨咨商缅王，统勇会办，剿抚并用，斩擒甚伙，平其土城，移师查办耿马宣抚司属土豪罕恩正次，及猛猛土司属罕恩伦，皆遵平定。十三年三月调署开化府事，甫抵任，顺宁之耿马土司所属猛董等处，为外人罕恩高勾串野人占据八城，滋扰顺宁边地。奉檄统领所部粤勇即回顺宁府任驰剿，耿马一带该属乱党闻风远窜，所失皆复。时当军资匮乏，悉将历年薪俸捐垫巨万，尤为人所难能。光绪元年遇覃恩得一品封典，二年丁母忧请回籍守制。适顺宁府属逆首杨椿寿等倡乱，戕后任官，蔓扰地方，群情震动。以泰琨两任斯缺，各老巢皆赖平定，复札留统领武定营练军前往援剿，次第荡平，三年十月销差，回籍终制。泰琨历任苦瘠，定乱救荒，政声卓然。服阕入都引见，奉旨发回云南照例用。请假修墓，瘴病复发，逾年遂卒。

陈骏（清同治） 字雪舫，清顺德龙江人。同治元年（1862）举人。

[光绪]《广州府志》卷四十六《选举表十五·举人·国朝·同治元年壬戌并补行咸丰己未科》：顺德人。

[民国]《顺德县志》卷八《选举表一·举人·同治》：字雪舫，龙江人……壬戌恩科并补行己未恩科。

陈植 字嘉农，清顺德马齐人。同治元年（1862）举人。兄松。

［光绪］《广州府志》卷四十六《选举表十五·举人·国朝·同治元年壬戌并补行咸丰己未科》：顺德人。

［民国］《顺德县志》卷八《选举表一·举人·同治》：字嘉农，马齐人，松弟……壬戌恩科并补行己未恩科。卷二十一《列传六·列女》：何氏，马齐举人陈植妾也。大妇黎遗幼子女六，氏诞一子。

陈景昕 清南海人。同治元年（1862）举人。祖鸿章，父廷辅。

［同治］《南海县志》卷九《同治朝·举人》：鸿章孙，廷辅子，壬戌并补行己未科。

陈福培 清南海人。同治元年（1862）副贡，三年举人。

［同治］《南海县志》卷九《同治朝·贡生》：副贡，壬戌科。《同治朝·举人》：甲子科。

陈增莹 清顺德容奇人。同治元年（1862）岁贡，官河南镇平县训导。父禹谟。

［民国］《顺德县志》卷八《选举表一·五贡·同治》：容奇人，壬戌岁贡，镇平县训导。卷九《封荫表·封赠》：陈禹谟，容奇人，以子增莹赠镇平县……训导。

陈德润 字广胖，清南海佛山镇人。寿88岁。子其祥、贞祥。

［民国］《佛山忠义乡志》卷十四《人物志六·义行·清》：字广胖，亦金鱼塘人。少贫，客西粤，以勤俭致富，归里后薄置房产。偶出催租，见寓客妇子嗷嗷待哺，怜其窘乏，反赠以银米，性好施与多类此。晚年家居，尝独力捐建远祖祠，曰："吾赖祖荫得有今日，报本追远分也。"子其祥，字星海，亦能继志。里有乡仕祠者，数姓人士公建，祀若祖之曾膺仕宦者，年久失修，各姓绌于资，遂任倾圮。兴源恒以为忧，临终属其子跃墀捐款重修，祠遂落成，乡人为勒碑纪其事。《礼》曰："尊祖故敬宗，敬宗故收族。"德润父子三代济美有足多焉。《人物志七·孝友·清》：陈贞祥，以字行，陈德润

子也。以国学候选布政司经历加二级。性至孝，奉养曲尽其道……父获康健，寿至八十八岁。

招成章 清南海人。同治元年（1862）举人。

［同治］《南海县志》卷九《同治朝·举人》：壬戌并补行己未科。

欧阳棻 清南海人。同治元年（1862）举人。

［同治］《南海县志》卷九《同治朝·举人》：壬戌并补行己未科。

罗天培（清同治） 字文珊，清顺德容奇人。同治元年（1862）举人。

［光绪］《广州府志》卷四十六《选举表十五·举人·国朝·同治元年壬戌并补行咸丰己未科》：顺德人。

［民国］《顺德县志》卷八《选举表一·举人·同治》：字文珊，容奇人……壬戌恩科并补行己未恩科。

罗凤廷 清顺德大良人。同治元年（1862）并补行咸丰九年（1859）武举。

［民国］《顺德县志》卷八《选举表一·武举·同治》：大良人……壬戌恩科并补行己未恩科。

罗应铿 清南海人。同治元年（1862）举人。官海丰教谕。

［同治］《南海县志》卷九《同治朝·举人》：壬戌并补行己未科。

罗铭钊 清顺德江尾人。同治元年（1862）举人。

［民国］《顺德县志》卷八《选举表一·举人·同治》：江尾人，戴《府志》无……壬戌恩科并补行己未恩科。

周云阶 清顺德北滘人。同治元年（1862）武举。

［民国］《顺德县志》卷八《选举表一·武举·同治》：北滘人，壬戌恩科并补行己未恩科。

周兆璋 名或作兆章，号云瑑，清顺德龙山人。同治元年

（1862）举人，光绪二年（1876）进士，授甘肃知县，总督左宗棠委办军营事务。八年为甘肃乡试同考官，出关移驻新疆哈密总办营务。后代理肃州同知、平远知县，补两当知县。十四年以年老改选广东廉州府教授，未赴任归。子廷干、廷宣、廷蔼。

［光绪］《广州府志》卷四十六《选举表十五·举人·国朝·同治元年壬戌并补行咸丰己未科》：周兆章，顺德人。

［民国］《顺德县志》卷二十《列传五》：号云瑑，龙山人。孝友谦和，学问淹博。咸丰庚申以县案元进庠，吴令赞诚所赏拔也。旋领同治壬戌乡荐，光绪丙子成进士，以知县分发甘肃。时赞诚已开府福建，拟调闽差，遣谢不赴，谓："甘省地瘠民贫，人所规避，吾以寒士入仕途，瘠苦何害，且易报最。"盖不欲炫才躁进也。时甘省回乱未平，兆璋至谒，总督左宗棠一见器之，委办营务处及粮台。光绪八年，以克复新疆南八城功奏准补缺，后以直隶州用，赏戴花翎。是年充甘肃乡试同考官，所拔皆名下士。会回酋白彦虎勾结俄夷，入据伊犁，复随节督师出关，移驻哈密总办营务。迨俄夷就范凯旋，历权肃州同知及平远县事，寻补两当。俗有"两当不可当"之谚，苦缺也，以连年兵燹，满地疮痍。兆璋抵任，省徭役，免供给，民德之，立碑纪绩。光绪十四年以年老乞改教职，选廉州府教授未就。归粤授徒城乡，先后从游者数百人，门下掇巍科、登膴仕者不少。先是，乡内四十排粮户议革除差费，兆璋时需次甘垣，闻其事，寓书主事温畿廷、荫生左启等请于官，首先署名……尝筑金湖里石路，建亭于穗亨口，集资共成善举。尤好讲医学，驻哈密时军士多患白喉病，立方治之，存活甚众。居乡辄为人治病，济世之心一如在官时。所著《陇游杂志》《边声酬唱集》《鱼雁录》《吾犹人语》《医门守约》《同症辨异》《喉症指南》《四书臆见》《枕善居赋草》等书。卒年七十。子廷干，光绪癸巳举人，癸卯进士，翰林院检讨。廷宣、廷蔼，诸生。

周冕 字湘荃，清顺德黎村人。同治元年（1862）举人。子图瑞。

［光绪］《广州府志》卷四十六《选举表十五·举人·国朝·同治元年壬戌并补行咸丰己未科》：顺德人。

［民国］《顺德县志》卷十四《艺文略·子部·儒家》：《读书管见》二卷，国朝周冕撰。卷十七《列传二·严显传》：黎村人。同里周冕、周钧鏊均为赏识。冕字湘荃，同治壬戌举人，性冲淡，不慕荣利，颇类于显。好观显作画，善山水花卉，惟不苟作，故世不多觏。大挑教谕，迄未赴选。子图瑞，诸生。

胡萼培　清顺德桂洲人。同治元年（1862）岁贡。

［民国］《顺德县志》卷八《选举表一·五贡·同治》：桂洲人，壬戌岁贡。

郭乃心　清南海人。同治元年（1862）举人，七年进士，官吏部主事。子弁鎏。

［同治］《南海县志》卷九《同治朝·举人》：进士，壬戌并补行己未科。《同治朝·进士》：吏部主事，戊辰科。

黄玉筵　字佀宾，清顺德林头人，居中山石岐。同治元年（1862）举人，以大挑知县分发河工，改就教职补广东恩平训导，终年69岁。兄玉书，弟玉堂。子敏孚，光绪二十四年（1898）进士。

［光绪］《广州府志》卷四十六《选举表十五·举人·国朝·同治元年壬戌并补行咸丰己未科》：顺德人，知县，玉堂兄。

［民国］《顺德县志》卷八《选举表一·举人·同治》：字佀宾，林头人，迁居香山。恩平、英德训导。兄玉书、弟玉堂，子敏孚……壬戌恩科并补行己未恩科。《举人·光绪》：黄玉书，林头人，迁居香山，弟玉筵、玉堂……乙亥恩科。卷十八《列传三·黄焕寅传》：子玉筵，字佀宾，同治壬戌举人。时粤吏以军兴颇事征敛，江门常关①苛罚没收商货，致罢市，玉筵适游江门，为密达省宪惩关吏，事乃息。以大挑知县分发河工，改就教职补恩平训导。恩平士习素坏，学使按临，弱族赴试入选，强者每掳以索赎，玉筵思矫其弊。是岁有方生被掳，玉筵护送入试，有诬以受贿者，不为动，方生赖以进庠。向例教官苛索新进印金，玉筵悉令量力致送。文庙从祀先贤，位次多紊，与邑绅厘正之。在任三年，士风丕变。闻父病笃归，侍衣不解带，居丧哀毁逾礼。未几，复丁内艰，再选英德训导，不赴，曰：“吾前为禄养计耳。”尝辑先正格言训子弟，求书者率录以应之，何制军璟尝称之曰：“孝友诚笃，古君子也！”卒年六十九。玉书，光绪乙亥举人。玉瑚，庠生。玉堂，同治癸酉举人，甲戌成进士，授编修，督学山右，加侍讲衔。孙敏孚，光绪戊子举人，

①常关：亦称钞关，始建于明代，处于水陆交通要道或商品集散地，以征收通过税。

戊戌进士，直隶知县。灼勋、文孚，均庠生。

黄显进　清南海人。同治元年（1862）武举。

［同治］《南海县志》卷九《武科选举》：壬戌恩并补行己未科，同治朝。

崔友成　号贯堂，清南海西樵人。同治元年（1862）举人，大挑选广西灵山县训导。

［同治］《南海县志》卷九《同治朝·举人》：壬戌并补行己未科。

［宣统］《南海县志》卷十五《列传》：号贯堂，沙头堡人。同治元年由监生领乡荐，大挑二等，选灵山县训导。生平廉俭自持，尝言："俭所以养廉，不俭则穷，穷则滥。观于贪劣之徒，可为借鉴。"故家中不用婢媪，服食皆有节度，人多以"板"病之，其守正不阿如此。在灵山课诸生，讲授一如课徒。又为邑人兴修水利，邑人德之，祀其禄位于明伦堂。告养回籍，修筑温村围，全堤巩固。复于白鹤亭一带基长四百余丈，砌筑横石以固基身而利行。客围向无公款，因创建基局，倡联义会积资，以备岁修。主局政以禁赌为先务，为有势力者所梗，卒呈官革究，赌患乃除。当时独任劳怨，虽同事有不尽满意者，事定始翕然信服。素恶左道，至易箦时，犹属家人不许僧尼入室云。

梁元藻　清南海人。同治元年（1862）武举。

［同治］《南海县志》卷九《武科选举》：壬戌恩并补行己未科，同治朝。

梁介如　清南海人。同治元年（1862）恩贡。

［同治］《南海县志》卷九《同治朝·贡生》：恩贡，壬戌科。

梁汝俭　清南海人。同治元年（1862）举人，兄汝勤，弟汝谦。

［同治］《南海县志》卷九《同治朝·举人》：汝勤弟，汝谦兄，壬戌并补行己未科。梁汝谦，汝勤、汝俭弟，庚午科。

梁冠芳　清顺德鹭洲人。同治元年（1862）举人。

［光绪］《广州府志》卷四十六《选举表十五·举人·国朝·同治元年壬戌并补行咸丰己未科》：顺德人。

［民国］《顺德县志》卷八《选举表一·举人·同治》：鹭洲人……壬戌恩科并补行己未恩科。

梁健修 清南海人。同治元年（1862）举人。

［同治］《南海县志》卷九《同治朝·举人》：壬戌并补行己未科。

梁鋆 清南海人。同治元年（1862）举人。

［同治］《南海县志》卷九《同治朝·举人》：壬戌并补行己未科。

梁德显 清高明陈等人。同治元年（1862）广西举人第一名。

［光绪］《高明县志》卷十二《选举表·国朝·举人·同治朝》：陈等人，广西宜化籍。解元，元年壬戌科。

彭士阶 字兰生，清顺德容奇人。同治元年（1862）举人。

［光绪］《广州府志》卷四十六《选举表十五·举人·国朝·同治元年壬戌并补行咸丰己未科》：顺德人。

［民国］《顺德县志》卷八《选举表一·举人·同治》：字兰生，容奇人，壬戌恩科并补行己未恩科。

程元豫 清高明城中人。同治元年（1862）岁贡。

［光绪］《高明县志》卷十二《选举表·国朝·岁贡·同治朝》：城中人，元年贡。

谭时珍 清南海人。同治元年（1862）举人。官开建教谕。

［同治］《南海县志》卷九《同治朝·举人》：壬戌并补行己未科。

薛逢泰 清顺德龙江人。同治元年（1862）副贡。

［民国］《顺德县志》卷八《选举表一·五贡·同治》：龙江人，壬戌科并补行己未科副贡。

欧纶谋 清顺德陈村人。同治二年（1863）恩贡。

［民国］《顺德县志》卷八《选举表一·五贡·同治》：陈村人，癸亥

恩贡。

黄添元（清同治） 清南海人。行伍，同治二年（1863）、四年任顺德协都司，九年任广州左营都司。

［光绪］《广州府志》卷三十一《职官表十五·国朝·武职·都司守备·同治朝》：九年任，广州协左营都司。南海人，四年任，顺德协左营都司。南海人，行伍，二年任，顺德协右营都司。

梅许柏 字桐山，清顺德龙山人。同治二年（1863）恩贡。

［民国］《顺德县志》卷八《选举表一·五贡·同治》：字桐山，龙山人，癸亥恩贡。

谭梅恩 字冠修，清顺德龙山人。同治二年（1863）恩贡。

［民国］《顺德县志》卷八《选举表一·五贡·同治》：字冠修，龙山人，癸亥恩贡。

温子绍 （1833—1907）字飏园，清顺德龙山人。同治十二年（1873）广州军装机器局成立，两广总督瑞麟委任为总办，研制出第一号蚊子船，光绪十一年（1885）被张之洞革职。李瀚章继任，次年又命总理机器局，后辞职归里。父承悌，子其球。

［民国］《顺德县志》卷十七《列传二·温承悌传》：龙山人。子子绍，字飏园，幼即留意艺学，于泰西机器制造之事悉心考究。时风气初开，凡修船购械一倚外人。大吏闻子绍名，初委试轮船，旋命总办军装机器局。尝仿外洋蚊子船①式，改用木壳，安置后膛洋炮，费二万余两，不妄开销公款，两广总督张树声奏奖三代从一品封典。时子绍已援例捐道员，指分江苏，未到省。北洋大臣李鸿章奏遣赴吉林，于三姓地方设厂，筹造小轮船，如粤东仿造蚊子船式，旋因广东督抚奏留，不果赴。光绪十一年，粤督张之洞因筹征越饷，摭他事落其职，勒缴巨款。张去任，合肥李瀚章继督两粤，委子绍总

---

①蚊子船：一种船身小、安有巨炮、能击穿铁甲的浅水炮船，为近海防御型炮舰，因船身极小故称。

理制造局，复于黄埔创设无烟药厂，未成而李罢，并以款绌裁厂。子绍谢事乡居，倡建联济善堂，兴筑水闸，所营皆地方公益事。光绪丁未卒，年七十四。

梁思溥　（约1833—？）字敦大，号洛舫，清顺德麦村乡人。报捐教谕，光绪十六年（1890）代理广西容县县令，始倡广西蚕丝业。60岁辞官归乡。曾祖国雄，子冠澄。

［民国］《佛山忠义乡志》卷十四《人物志二·循吏·清》：字敦大，号洛舫。顺德麦村乡人，曾祖国雄商于佛山，家焉。思溥幼岐嶷，体貌魁伟，气度宏肃。年十七补郡庠生，数荐不第，以廪贡生报捐教谕，递因闽、浙劳绩荐擢知县，分发广西。光绪庚寅年，委署梧州府容县知县，甫下车，即遍历邑四境，谓其地虽贫瘠，较他县平衍宜蚕桑。乃召乡绅老农，谕以丝业为中国大利，举家乡顺德县之所以富沃者，在专业农桑，以诱导邑人。邑人大说，于是画分县之中边，一面规地为陂塘，以潴畜水利，一面委员回东粤，聘请老于蚕业者十余辈，分布诸乡，教以饲蚕栽桑诸法。思溥旦夕巡视，足无停趾，廉俸薄不足于聘资，不惜负债鬻产以足之，而必要民业之有成。在任甫一年，茧市机坊次第告成立。适中丞马丕瑶①调抚他省，思溥亦以上司掣肘多端，交卸县事，遄回粤东，时年届六十稍就衰矣。先是，马中丞之巡抚粤西也，颇留心民瘼，悯其地硗民惰，思有以膏泽而劳来之。西江地势一泻千里，其积淤尽萃于珠江而南，为东粤沙田利，然自是而东，粤西潦之患，亦日亟日深。两省兼权计，惟于西省遍地浚塘刮泥种桑，由桂而柳而邕，随流蓄淤，上流得宣泄之所而利兴，下流减冲决之势而害除，此《易》象损益之义也。然兹事体大，寻常俗吏不足以知此，其智力脆薄者，尤不敢举动轻妄，以累考成，惟思溥一意赞助中丞，马公遂决意行之，于是有蚕桑局之设。凡所规划悉出其手，在局凡四年，桂民附省者知所趋慕。马中丞欲拓其利于浔、梧，故委署容县，不意大吏易人，思溥相继去任。善作者不必善成，岂不可慨哉？然自此桂人咸知蚕业之利，成绩叠著，则思溥教民之力也。回籍后，癸巳乡榜，其长子冠澄，登贤书第一，稍慰壮志，无复作出山之想。然花晨月夕，杯酒论文，每喜谈科举时代事，尝太息谓："为诸生时，以课艺见赏于省藩司周公起滨，许为经世，勖之曰：'科举误人，大丈夫当有所割弃，

---

①马丕瑶（1831—1895），字玉山，清河南安阳县人。同治元年（1862）进士，光绪十五年（1889）任广西巡抚，十八年因继母病故离任守制。二十年授广东巡抚，卒于任，诰授光禄大夫、威武将军。

留精神日子办天下事。’然吾家占籍佛山后，蔼如公以科甲显。当时叔伯昆仲蝉联高第，苟不由此途进者，虽显贵每惭出身。故吾年五十奔走闽浙直豫，为文武宾佐，而每逢宾兴年，辄复恧颜为矮屋中人者，盖有为为之也。由今思之，西省之蚕桑事不终，吾愧马公之知遇，吾尤愧周公之诚言。”云云。其抱负盖可知矣……梧州官报一则（民国十年□月）：长洲为一长形之小屿，距梧埠约数里许，原日居民种竹为业，生计甚苦。清末，桂抚马丕瑶为之提倡蚕桑，购种置机，发给居民领用。该洲居民务之最力，故成效日著，后由长洲上至平南沿岸农家，踵而效之。现计广西每年产丝值二百余万，梧关课税以此为收入大宗云。

[民国]《顺德县志》卷十九《列传四》：字洛舫。

李文田 （1834—1895）字若农，一字仲约，清顺德均安上村人。幼随在佛山作染布工匠的父亲生活，就学于南海名师何铁桥。14 岁父逝，梁九图招来家中，与儿子僧宝共读，得以浏览梁藏书中的大批名臣奏议、策论。县试第一，县令郭汝诚让住进县衙读书。咸丰六年（1856）举人，九年进士，殿试一甲第三名（探花）。历任翰林院编修、学政、翰林院侍读学士、国史馆纂修、内阁学士、礼部右侍郎、工部右侍郎等职，入值南书房，为官勤勉，敢于直谏。同治十三年（1874）乞归，奉养母亲，在家乡 11 年，主管惠济义仓，主讲凤山、应元两书院，主持修筑清远石角围、三水大路围水利工程，又促成修建三水莘田围，人称“探花围”。中法战争期间，保荐老将冯子才收复镇南关，进复谅山，敌兵退，和议成。光绪十一年（1885）回京复职，二十一年逝于北京官邸。祖伟行，父吉和，弟文冏。

[光绪]《广州府志》卷四十六《选举表十五·举人·国朝·咸丰六年丙辰补行五年乙卯科》：顺德人，进士。卷四十一《选举表十·进士·国朝·咸丰九年己未孙家鼐榜》：顺德人，探花，编修，弟文冏。

[民国]《佛山忠义乡志》卷十一《乡事志·编年》：咸丰……己未九年……李文田登进士。（顺德籍，住祖庙铺，后迁省城）卷十三《选举志二·封赠·清》：李伟行，以孙文田赠光禄大夫、礼部右侍郎……李吉和，以子文田赠如其官。卷十四《人物志一·名臣·清》：字若农，一字仲约。籍顺德，父吉和，懋迁佛山，居田心里之良巷。夙禀异质，受业于同里何铁桥先生，读书辄十行下。年十四丧父，家计中落，生母徐悉索十指佐晨夕，悯念劬劳，

欲弃读营生，铁桥谓之曰：“子天才英绝，必能早致青云。贫者士之常，奈何以暂困辍学？”遂资之膏火，勉令卒业。比部梁九图素号人伦风鉴，一见器之，招至家与其子僧宝同学，后同登进士。九图藏书极富，因得肆力于四库，凡名臣奏议、国计得失、民生利弊，靡不悉心研究，毕生学业亦基于此。年十八应县试，邑令郭汝诚赏其文，拔置第一进县庠，逾年食廪举优行。咸丰六年补行乙卯乡试中式，己未会试联捷进士，殿试一甲第三名，授职编修，散馆后假旋。同治三年回京供职，时两宫太后垂帘听政，爱其才，命在南书房行走。丙寅大考翰詹二等第六名，以中允升用。丁卯京察一等，记名道府仍内用，迭转翰林院侍讲，是年充四川乡试副考官。九年庚午充浙江乡试副考官，出闱提督江西学政，任内累迁至侍读学士皆留差，十三年差竣，复命仍入直南书房。穆宗既亲政，拟修复圆明园，备太后燕息，命下，中外错愕。文田以外夷内患敉平未久、库藏空虚隐忧方大，拜疏谏止，留中不发，而情词剀切，上意为之感动，恭亲王奕䜣因乘间进言，未几有“圆明园功程浩大，物力艰难着即停止”之谕，文田一疏之力也。重念朝廷从善如转圜，不欲以一己直声过归君上，削稿不存，《书》曰：“尔有嘉谋嘉猷，则入告尔后于内，尔乃顺之于外曰‘此谋此猷惟我后之德’。”文田有焉。是年八月，以亲老告养归里，卜筑于会垣西关，晨夕娱亲，而朝章邸报关系时局恒惄于怀，身在江湖，心存魏阙，诚眷眷也。主讲应元书院前后八年，诱掖后进如恐不逮，一经品题，无不胜达而去。光绪八年丁内艰，服阕以十一年八月复入京供职，再直南书房，除詹事府少詹事。十五年戊子典试江南，十六年己丑典试浙江，名下士多获售，时号得人。十七年升内阁学士，兼礼部侍郎衔，是年冬擢礼部右侍郎。十八年辛卯督学顺天，差竣回京仍直南书房。二十一年乙未充会试副总裁，撤棘后回部供职。是时倭夷犯顺，边事日亟，念四方多故，非得贤亲大臣树勋绩、负重望者执持国柄，不足以建威厌难，八月二十七日于是有奏“请起用恭忠亲王”之疏，南斋同寅张百熙、吴士梅、陆润庠皆请同衔名，略曰：“倭患之贻误于前日者，不足言也，此际前矛失利，藩篱全溃，疆臣无囊底之智，当轴穷发纵之方，上无以酬浩荡之施，外无以塞台谏之劾，推原其故，毋亦当国者处疏远之地，而怀疑畏之罪也。夫同一李鸿章，何以前时所向有功，今日一筹莫展？同一倭国，何以往时犯台湾而不利，今日战高丽而无前？外朝诸臣皆病政府非才，不知以今日事势，揆之固然，其无足怪也。夫以礼亲王世铎之才思平庸，其不足以驱驾李鸿章亦明矣。领袖如此，余人之退听者可知。政府之执政权者如此，总署之禀承政府者又可知。一旦事会艰危，计维仰禀宸谟，规避担荷，救过不暇，何论立功？此次军务遂至仰烦宸廑，添派大臣会议。夫既增派，则政府安用？政府尚不足恃，会议又安有权？无惑乎其无功也。疆臣视政府为避趋，政府又听疆臣为进退，两相推诿，即互相贻误，究其用意，避处分焉而已。一归宸断，庶隐然自立于无过之地，纵有降谪，为罪亦轻，此其为计甚工，而不知国家已阴受其病也，然而势使之然也。夫事势至今日，无人不知恭亲王之当弃瑕录用矣，然而政府不敢言，前日不言而今言，是自求祸也，外廷不敢言，以为言之未必用，且罪在不测也。夫时事至艰危，而犹避不测之罪，是国家养士终无食报之日也，养士又安用哉？夫恭亲王之过失，自在皇太后、皇上洞鉴之中，臣等亦无劳多渎矣。特念咸丰末年时事之难有逾今日，计其才具在当日实收指臂之助。揆以当日之成效，责以今日之时艰，或冀一番振作。若虑不堪任使，再有负乘，则以皇太后之圣明，臣知其不敢再负圣恩自速官谤。臣愚以为，今日者允宜开张圣听，豁除瑕类，庶收其识途之效，以赎其往日之愆，如得请于皇太后，则国家之福实式凭之。《语》曰：'君子不施其亲。'又曰：'故旧无大故则不弃。'其于今日事理若合符节。《诗》曰：'发言盈庭，谁敢执其咎？'今枢廷无执咎之人，而筑室有道谋之患，岂发言盈庭，无一人能决是非，足以启圣心而赞庙谟者？臣实耻之！臣实痛之！计皇太后、皇上圣虑崇深，未必不曾纡宸眷，但早收一日之用，或早成一日之功，宇内生灵免于涂炭，其有系于亿万年丕基之远者，实非浅鲜。若迟久后用，无论挽回匪易，一经败坏，方议拯救，纵使及事，所伤实多。"疏且上，虑天威不测，愿独任其咎，折末有"臣文田主稿"语，同直固不许，乃删之。书进称旨，由是廷僚交章奏请者踵相接。九月初一日，恭亲王遂以管理海军大臣督办军务节制前敌诸将帅，逾月复入军机，受事之始，增粮台、申军律、易号令，诛溃将之闻风而靡者。当是时，国势一振，无何，朝廷不忍斗两国之民，纡尊议款，兵事旋解。王晚节委蛇，虽再领枢府，不复如前日发舒，因此人望未厌。而建大猷以攟时局，俾四夷不致有秦无人之叹，则文田发之。八月兼署工部右侍郎，兼管钱法堂事务，剔除中饱，查察弊端，部务肃然。十月皇太后六旬万寿，薄海胪欢，承办庆典诸大臣未免铺张其事。又奏"讹言可虑，吁请暂停点景"，略曰："伏闻近日倭人行踪诡秘，津沽内外不少汉奸，日来都城多有面生可疑之人，以瞻仰点景为名，形状凶恶，行踪靡定。民情惊骇，竟有置盛典而不观，反思向乡村遁逃为避患计者。连日洋人纷纷出京，各处教堂种种聚谈不一。若点景依然热闹，止系稍移地段，万一偶然小警，匪徒乘机窃发，臣等备员差使，纵有意外不足可惜，而变生肘腋，恐非六班及周庐直宿诸大臣，一时所能猝救。应如何防患未然之处，用敢吁请。圣明深维事理，况皇太后膺天钟庆，福冠古今，转盼七旬万寿，近在十年，且期颐亿龄非可数计，将来红旗报捷，随时举行，何时非万寿之时？何日非祝厘之日？此时安危所系，实在呼吸之间，必区区于一半月之内汲汲铺张。诸臣所见诚为未广，臣等忝同僇直，既有闻见，不敢不具折密陈。"奏上不报，而未经铺陈点缀者，因而节省不少。二十一年乙未三月，充会试副总裁官，四月马关和议成，赔款二万万，时有欲税诸民间者，为《税民偿倭之非计》奏曰："偿款一局为谋国之主脑，谋国得失系天朝之盛衰。光绪二十一年五月二十六日奉谕旨：'户部奏偿款太巨、请饬通盘筹画一折。际此时事艰难，国用匮乏，中外臣工各宜合力同心，共图匡济。着户部咨行大学士、六部九卿暨直省将军、督抚各抒所见，如有可兴之利、可裁之费，能集巨款以应急需者，即行详晰陈奏，用备朝廷采择。钦此。'臣以迂拙之才，居疏远之地，凡时局之更变，皆事后而方知。况今日当轴之任，不尽素餐仰屋之筹，亦负时望，原当钳口结舌，坐候转机，亦何必预虑沦胥，妄增矇议？顾就愚见所及，动辄寒心，以古今未有之亡征，行童竖皆知之拙计，圣明采菲，下及群僚，《洪范》所谓谋及卿士，谋及庶人，今之谓矣。夫中国千万之富，殆无其人，有之，李鸿章而已。百万者每省仅三数人，十万者仅数百人，此就濒海言之而已。潮汐不及之地，上户不过五万，中户一二万号巨富矣。尽富户而查抄之，百万者抄二百家而后可，十万者抄二千家而后可，此剜肉医疮之计也，不可行者一也。颇闻孙毓汶采赫德之论，谓中国有四万万人，人赋一两可得四万万两。臣谨考之：康熙间，圣祖令天下举报户口丰歉之数，然止得大概，有因贫讳匿者，有铺张鸣盛者，四万万乃悬揣之辞。逮咸丰年间，盖大减矣，且又南多北少。南人多住南洋各岛觅食，近且迁流各国，断难遍税，即税亦外国抽收之法耳。中国州县大较千五百余，其一县至三五十万人者，大率都会聚萃之地，非县县如此。外国人少能以机器致富，故人可岁赋数十圆至三五圆不等。又所抽商贾辐辏、寸金寸土之民，每人岁入自万千至数百圆不等，名为税人，实则商贾捐资养兵自卫，与中国市镇办团保甲等。今中国无议院之合谋，无廓充之口岸，无护商之实政，但知抽人税而已。贫极则难剥，怨甚则变生，此缘木求鱼之计也，不可行者二也。自捐纳保举法行，州县官十九皆捐班、军功，其性皆虎狼蛇蝎，民无所遁，大率以入教为护符，村乡富户半皆教民，甚至有教生、教民之目。沿海富户则并不入教，每被州县讹索，亦能假洋人文书自卫，必欲尽法抽收，则旬日之内皆异言左衽，此为丛驱雀之计也，不可行者三也。夫中土非无人税，但沿前明一条鞭法，寓丁于地，故曰地丁耳。宋行青苗免役钱，致靖康之祸，明增辽饷、练饷，而闯、献一乱，明社遂屋。今岂有可抽之人税？其可抽者大率中土之良民，虽杀不入教、虽死不犯法、虽冤不叛上者也，则安忍舍无数骫法之民而专虐之哉？若谓舍此无可抽，则饮鸩止渴之计也，不可行者四也。且今日取诸民者，殆无孔不搜、无术不尽矣，又复名不正言不顺，曰以事倭寇又复不患贫、不患寡曰二万万。夫百姓纳官者一，而耗于纳者，由一二倍至十倍不等，如漕米多至七八倍、地丁多至三四倍，其大较也。今取之民者二万万，则民之奉上者四万万，民无二万万之出息，而有四万万之追呼，业已一穷于生齿之繁、再穷于利权之失、三穷于机器之夺，今又四穷于兵饷之赔，既不知恤又从而虐之，臣不知患之所终极也！此投身饲虎之计也，不可行者五也。明社之屋，亡于内乱，不亡于外侮，似闻李鸿章之论，谓民不能乱，乱则淮军剿之，今乱民投倭者，闻其败淮军矣，未闻淮军败乱民也，万数千之乱民假倭人旗帜，足败淮军，安见淮军能止乱哉！孟子有言：'盖亦反其本矣。'方今虽极屯剥，然天无绝人之路，转机所在，当轴诸臣亟宜知所变计。顾皆默默不敢改图，殆误于连衡之计耳。夫就今日大势而论，俄拊蒙古之背，壤地相接，我果远交近攻，则连英倭以拒俄，何莫非策？奈我成积弱，倭乃新仇，乃李鸿章欲结一助倭攻我之英，而恕一欲我合从之俄。此如韩魏连燕、中山以攻秦，秦近攻而燕不能救也，况又竭韩魏之物力以事中山，而忘虎狼秦之在肘腋也，不亦愚哉？李鸿章虑中国不连衡于英，故置淮军于败地，穷中国以赔款，意谓俯首帖耳，惟英倭是听，于是英倭得以中国二万万巨款以战俄人。如此则中国一穷于英倭，再弱于强俄，一举而残吾地矣。不知李鸿章身家性命安在，而暇助英倭哉？此诚所谓老悖不念子孙者也，若之何皇太后、皇上不熟察之也。《语》曰：'苟无民，何有君？'今若竭百姓之余喘，而取二万万之款，以饵倭而结英，此李鸿章、孙毓汶之丧心昧良，胆大敢为，至百姓相率变教民、投外国，禀他人之号令而不知亲上死长，此孙毓汶、李鸿章所不能禁也。然则今日在乎收人心而已，收人心然后能图存，图存然后能立国、能御侮、能筹款，然后论赔款，否则款既无所出，赔亦无已时。计旬日之间，言利之臣必纷纷继进，然必务财用之小人止能灾害并至，决无补于万一。自来如汉桑宏羊、唐刘晏，元之阿合马、卢世荣、桑哥，皆以取百姓之财不得其死。上下五千年，纵横七万里，未闻取民二万万之策，倭人而索我此数，彼亦自绝于天。臣不知翁同龢、李鸿藻众望具瞻，何以随声附和，绝无救正，何不面折廷诤，涕泣以争？岂此事既行，犹可立国，抑谓处无可挽回之日，吁嗟袖手而莫救也！此臣所为泪尽继血而莫可解者也。臣亦知孙毓汶、李鸿章既误以二万万许人，驷马之追，原非二三大臣所敢以为己任。然三空四尽之后，不谋防守则极危，再谋防守又何法？隐忧方大，流弊无穷。臣愚以为孙吴复生，只有竭二万万为守国之谋，断无索二万万为饵敌之策。儒生见地迂拘，体国大臣或有奇计。"又奏："风闻北洋有裁撤防兵之议，意欲专用淮人，臣益增疑。揣方今辽南未还，又增倭队，彼方添灶，我遽归师。即谓饷糈艰难量加裁减，亦当视强弱为取舍，岂宜以楚皖为去留？疆臣专汰自用，各军啧有烦言，事体安危，判于呼吸。以兵家古事言之，明季剿饷、练饷倾天下力以豢辽兵，其后偾事者自李如松以至耿、孔皆辽将也。宋季经制钱、总制钱①倾天下力以豢荆湖兵，其后误国者吕文焕、夏贵皆荆湖将也。兵柄忌一家，骄军难独任，湘淮并峙，朝廷不宜有所偏重，致灰海内忠愤之气，以启奸雄轻侮之心。愿皇上与亲贤大臣密议力持，天下幸甚!”疏既上，亲故知之者咸为之危，曰：“处此国家多难之秋，为一己功名计而不进言，吾不为也。”由是频蒙召对，有所陈奏，外人不得而知也。同治末年，曾疏劾相国瑞麟贪婪。是年八月，奏前广东布政使游智开廉介，恳恩起用，即召任桂藩。其时风传有谓将召文田入秉枢轴者，知时不可为，频欲归耕垅亩，而迹近趋避，迟迟不敢请，日夕焦忧，须发俱白，揽镜自照曰：“吾容貌改易，今岁不罢官则必死。”九月二十九日命管理户部三库事务，十月初天气严冷，连日查察三库，遂感寒疾，喘病大作。殁之前三日，侍郎汪鸣銮，长麟被黜，旨称：“上召对，信口妄言，迹近离间。”见邸钞，咨嗟太息，不复语，不饮药，然梦中谆谆呓语，皆朝廷天下事也。十月二十日戌刻病终官舍，年六十有二。遗疏上，得旨加恩着照侍郎例赐恤，伊子李渊硕俟服阕后，以员外郎分部学习行走。谕赐祭葬，赐祭一坛，中外荣之。自服官以来，典试之多，一时罕有。乙未会试总裁差次，最后得一卷以额满见遗，其批有“还君明珠双泪垂，恨不相逢未嫁时”之语，生平爱才如命多类此，以故士之出其门下者，无不争自濯磨、崇尚风节，国家遂收养士之报。历充武英殿国史实录、宝训会典各馆要差两次，教习庶吉士、乡会复试、朝殿散馆及考试各途阅卷大臣靡役不从。光绪甲午皇太后万寿，赏戴孔雀翎、荫一子入监读书，是年冬授经筵讲官、领阁事恩眷有加。自以遭际圣明，直言不讳，感恩图报，勤于任事。早则入直南书房，自供奉以来无间寒暑，绝少请假，日中则到两部视事，如司马温公躬亲庶务，不舍昼夜，神疲体惫，不自知苦。为政务持大体，不尚更张，当乙未春进士康有为签分工曹，到部旬日献万言策，倡行新政，呈请堂官代奏，文田以国家自有祖制，不宜纷更，格不为上。逮戊戌秋恭忠亲王薨，薨后十余日，康乃以前书呈请总理衙门代奏，朝政因之一改，而时变遂日亟矣。又甲午冬，钦派团防大臣守卫京师，与都御史数人共事，咸云械少兵单，难言战守，文田独慷慨言：“臣子守卫社稷，义不逃难，万一倭兵侵及畿辅，在直庐则南海子桥边即吾殉节之所，退直则自甘饮刃而已。”与福山、王懿荣同直南斋，常指其地而屡言之。及后懿荣接任团防大臣，庚子之变殉于井中，亦犹行文田

①宋宣和四年（1122），经制使陈遘创经制钱，辗转取积于细微之间以助军费。绍兴五年（1135），孟庾提领总制司又创总制钱，其名色更为细微。经、总制钱一部分属增税，一部分属移用某些财政专款。

之志也。在籍时讲求水利，光绪三年，修筑清远石角围一百十余丈，为北江保障，五年三月又筑三水大路围缺口，增卑培厚，至今四十年无水患。光绪十年甲申，法人据越南，夺我谅山，关外军节节退败，朝命兵部尚书彭玉麟来粤视师，与总督张之洞合词奏请，派充襄办军务粮饷，遂建议："两广唇齿相依，今敌兵逼桂，桂失粤亦危，当以全力援桂。请起用在籍提督冯子材，召集钦、廉旧部，就近赴援。刘永福既收为我用，宜济以饷械牵制敌人。"皆如议行，冯军遂复镇南关，进复谅山，敌兵退，和议成，粤防亦撤。方彭玉麟驻师虎门，设守周密，又以鱼珠为二重门户，请添筑炮台、横海竖栈，以备不虞，即日兴役。彭玉麟去后，复筑陈头沙路炮垒，补其未备，从此重金袭汤，粤防益固矣。盖经世之学裕于平日，治兵行水特其一端。及官京朝，掌文衡、理部务，弗克大展其用，论者为天下惜，不知侍从勋高，上格君非，下纾民隐，尽以人事君之道，为保世滋大之谋，式遏乱萌，扶植正气，其有造于国家者甚大，又不在区区设措间也。乃以宫廷多故、君臣遇合，隐忍难言，蹇蹇匪躬，死而后已，悲夫！退食之暇，从事著述，编摩《十三经》，眉批旁注溢缃帙。其论史以地理为要，口外地名翻译互异，取辽、金、元三史及元人诗文集、杂记杂录有关西北地理者，博采兼收，订其舛讹。著有《元秘史注》《元圣武亲政录校注》《元史地名考》《塞北路程考》《和林金石录》《西游杂著》《中法之役》，又辑有《安南地理》一书，与《塞北路程》各种，皆为备边而设，非徒资考据、供游历已也。诸子百家浏览殆遍，医学宗张长沙，继善吴鞠通，堪舆有《撼龙经注》。又注有《双溪醉隐集笺》《四库提要进书表注》皆能沾溉词林，注区适子《三字经》，亦较蜀本王注为精。所为诗古文词上追汉魏，稿本散佚，见之他家刻本，鳞爪一见而已。书法融会诸帖，自成一家，坊间得其寸楮，辄获善价。工丹青，内廷供奉之外，不轻为人作，金石书画鉴别亦精。光绪中，颁赏章皇帝《劝善要言》一部，因名其楼曰《赐书楼》。所收书籍宋、元、明刻为多，尤以子集二部为富，其余难得之书缮钞备览，凡《四库》所未收而有关考据者，莫不藏焉。碑版则以秦泰山石刻、汉华岳庙碑断本、吴天发神谶为世罕有，亦极文囿之巨观矣。盖其英敏强毅得天者厚，又仕不废学，居稽并骛，用能兼综群艺，卓然为海内词宗。《提要》论列人文，各体兼长，推洪亮吉。求其文章、事业两有表见，更何人乎？卒后二十年，前湖北按察使梁鼎芬请于朝，予谥文诚。粤人奉祀于岭学祠，祠祀唐张九龄以下，皆当代理学名臣，如文田者庶几无愧云。

［民国］《顺德县志》卷十九《列传四》：江尾上村人……年十八应县考，邑令郭汝诚拔置第一，招入署课其子……咸丰……九年己未成进士……明年充武英殿纂修，十一年辛酉假回葬亲。同治甲子八月入直南书房，十月仍充武英殿纂修，署日讲起居注官。丙寅……编辑文宗《圣训》《实录》告成，加

五品衔。丁卯……充四川乡试副考官，旋补汉日讲起居注官。戊辰升詹事府右春坊右赞善，明年转左，旋升翰林院侍讲。庚午……升左庶子、翰林院侍讲学士、侍读学士。甲戌……历充国史馆协修、纂修、会典馆总纂，疏劾节相瑞麟贪劣状。时拟修圆明园……而七月十九日有"圆明园工程浩大，物力艰难着即停止"之谕，次日恭忠亲王因是获谴降郡王，翌日仍复亲王爵……甲申法越事起，奉旨偕龙太常元僖督办团防，文田主持局务，规画悉中……在籍十年，主管惠济义仓，屯积备荒，仓储皆满……甲午……倭夷犯顺，扰我藩服，平壤一战，不复能军。文田念边事日亟，非得贤亲大臣树勋绩、负重望者执持国柄，不足以建威销萌①，于是有奏请起用恭忠亲王之疏……乙未……四月马关和议成，割台湾，弃旅顺，复赔款二万万……性廉洁，于义不合，一介不取。处世刚方，不轻假人以辞色，而爱才若渴，一善之长皆诱掖善导……素工书法，所临唐碑无不逼肖。廉俸所入，事畜外不置产业，尽以购求秘籍法帖……文田少贫，族兄毓林资以就学，及贵而毓林殁，其子声楠尚幼，尽力裁成，卒进庠。

陈启沅　（1834—1903）字芷馨，清南海西樵简村人。少时曾两次参与童子试未中，随兄育鱼、种桑、养蚕为业。咸丰四年（1854）赴南洋经商，考求汽机之学，同治十一年（1872）回乡，在简村开办我国第一家机械缫丝厂继昌隆。光绪七年蚕茧歉收，部分织造行业待料停工。有人鼓动"捣毁缫丝机器以夺回生计"，冲进厂房砸毁机器。南海县知县勒令厂方"永不复开"，年底将缫丝厂迁到澳门。九年（1883）回简村复办利厚生、利贞缫丝厂，在广州开办昌栈丝庄。

［宣统］《南海县志》卷二十一《列传·艺术》：字芷馨，简村堡简村乡人。少孤贫笃学，凡诸子百家、星学舆地诸书，靡不涉猎，犹邃于易理。性复颖悟，目光绝伦，深夜处暗室中能辨五色。尝以一麻子写百余字，一折扇写《字汇》全部，均楷法遒劲、行气整齐。工绘事，尤善作蛱蝶，飞跃传神，以显微镜窥之，则蝶之两须乃两绝句缀成，其裙翅皆韵语也。自刻小章，径仅二分，中容百余字，见者咸以多才之士许之，方之古之离娄②，殆不是过也。而启沅浑穆谨厚，若不知己有此特质者，盖其立志高远，自以为雕虫小

---

①建威销萌：建立权威，消除隐患于萌芽状态。

②离娄：相传是黄帝时一个视力特别好的人。

技难能可贵，亦不过手足之烈，不足以餉馈人群也。尝游香江，与白人登太平山巅，眺鲤鱼门外，遥指往来船舶，若何桅竿，若何帆式，白人窥以远镜尚不清晰，及船舶驶近，始知不爽。白人乃大惊，谓中国多奇士，伦敦报界播为美谈，华人之能以才力倾动白人者，自启沅之目光始焉。咸丰年间，洪、杨发难，中国乱离，启沅慨然曰："四方多故，内讧外侮相逼而来，天下非十数年不能大定，民生凋敝，宁忍坐视？然运筹帷幄、决胜疆场，既非所长，亦非吾志，惟天既生我于中国，睹此干戈扰攘，战争未息，岂可跼蹐乡闾，以流离转徙了此余生乎？"于是决计远游，冀有所得以还哺祖国。岁甲寅至南洋，遍游各埠，考求汽机之学。壬申岁返粤，在简村乡创设缫丝厂，名曰继昌隆，容女工六七百人。出丝精美，行销于欧美两洲，价值之高倍于从前，遂获厚利。先是，乡间缫丝循用旧法，闻启沅提议创用汽机，咸非笑之，及工厂已成，果著成效，机房中人又联群挟制，鼓动风潮，谓此风一开，则工人失业，生计立穷。无知之民相率附和，几欲将丝厂毁拆，经当道劝谕，其事乃寝。启沅知汽机之利实足兴起蚕业，勉力提倡后人必有德我者，当风潮最剧时，亲友危之，宗族议之，亦绝不为动，其魄力之雄毅有如此者。然以事招众忌，乃改创缫丝小机，以便小资本家经营，功用则与大机无异，而小机之利尤普。卒之风气日开，南、顺各属群相仿效。今则全省缫丝均用机器，多至百数家，妇女之佣是营生者十数万人，而前途之发达犹未可量。华货之流行于外洋者，只茶、丝两宗，而尤以丝为大利，土丝出口现已达四千余万，挽回利权、培植国脉，实启沅提倡之力。时人称之为实业大家，而不知其立志高远、魄力雄毅，几经艰难险阻而后得成厥功也。向使启沅恃其目力，狃于小技，则一名一物使人爱之而不能使人学之，介葛识牛鸣，处宗知鸡语，虽天生特质，亦只资世俗谈柄而已，曷能利国福民，创此莫大之伟业乎？有韶州许炳芳者，与龙、马两姓争采锑矿，构讼莫解，粤督陶模聘启沅查勘。启沅为陈曲直，两造俯首，案遂结。陶奇其才，委办锑矿，得大利。士大夫耳启沅名，多与纳交，有劝之入仕者，启沅曰："我岭海农夫也，仕非所愿，亦行吾素志而已。"尤喜施予，办善举解囊资助，略无吝色，有关于振兴实业、地方公益者，靡不极意提倡，力任其难。简村、先登两堡吉水窦为明代方献夫创建，历久圮坏，启沅倡议重修，捐助巨金，督饬工役，始终其事。羊城崇正善堂、官山普济善堂均捐金甚巨，其乐善济众之怀，盖与目力同受天赋者也。卒年六十有九。著有《桑蚕谱》一卷、《理气溯源》七卷、《周易理数会通》八卷、《陈启沅算学》十三卷，均行于世。

[民国]《顺德县志》卷二十四《杂志》：近人用机器缫丝，创于南海县

简村堡陈启沅。名曰“丝偈”，以其用机器也。又名“鬼緪”①，以其与洋人交易也。丝比手緪者更细滑光洁，售价亦昂三之一。每厂大者女工六七百位，小者亦二三百位，每日每工得丝三四两不等。肇于同治壬申，期年而获大利，三四年间吾邑继起者百数十家，但洋庄丝获利而土丝之利遂失。辛巳岁，蚕桑歉收，土丝愈寡，市上无丝可买。机工停业，归咎丝偈之罔利，群起为难，因有毁拆丝偈之举。幸官兵弹压解散，旋即复业。计每丝偈以五百位为率，每年发出女工银约二万六七千元，贫家妇女均蒙其利云。

李才干 （1834—1913）字子桢，清南海佛山镇人。少时精于技击，青年时得金山寺僧智明跌打医术真传，设医馆于佛山平政桥沙涌，善治筋伤骨断、枪炮弹伤、火烫刀伤，救人无数。晚年叠遇灾赈，援例报捐同知，加捐道衔。寿80岁。子广海，孙家铿。

[民国]《佛山忠义乡志》卷十四《人物志八·艺术·清》：字子桢，栅下茶基人。少有膂力，善技击。年二十一红匪乱作，骁勇少年大半从贼。才干为尚书李忠定公支裔，具有远识，避居城西之石门，苦力操作。金山寺僧智明嘉其诚朴，以跌打医术授之。乱后归里，设馆于平政桥沙涌坊，学有真传，名遂大著，然始终尚义轻利，不屑以小术居奇。遇两姓互殴致伤，势将械斗，往往乘其求医，出任调和，不至酿成斗祸，厥功最伟。凡乡绅素有资望者，延请立至，除药费外概不受谢，贫者或反有以助之，以故执业数十年，曾无蓄积。自颜其堂曰“平恕堂”，诚有见夫医者居心，惟平恕方足以尽本职。尝有富家孩子，因小婢不慎跌伤，急求医治，女主人恚婢甚，毒挞不休，呼号之声达于户外。才干闻而怜之，敷药既毕，临行谓其主人曰：“汝子之伤，依我治法，可保无虞，惟汝婢过出无心，只可薄惩不宜过虐。入告夫人慎勿再尔，否则吾不再来，恐汝子殆矣。”主人谢焉。其通德类情如此，洵所谓仁术者。晚年叠遇灾赈，援例报捐同知，加捐道衔、赏戴花翎。寿八十乃终，子广海、孙家铿，均能继业。

马裕 字卓然，清顺德扬滘人。同治三年（1864）举人。

[光绪]《广州府志》卷四十六《选举表十五·举人·国朝·同治三年甲子》：顺德人。

---

①緪（gēng）：古同“緪”、絙，粗绳子，拧紧。

［民国］《顺德县志》卷八《选举表一·举人·同治》：字卓然，扬滘人……甲子科。

邓其镳　原名骐（或作琪），字子骏，清顺德龙山人。同治三年（1864）举人。

［光绪］《广州府志》卷四十六《选举表十五·举人·国朝·同治三年甲子附顺天中式》：邓琪，顺德人，改名其镳。

［民国］《顺德县志》卷八《选举表一·举人·同治》：原名骐，字子骏，龙山人。顺天榜……甲子科。卷十四《艺文略·集部·别集》：《补蠹山人诗存》，国朝邓其镳撰。谨按：其镳，字子俊，龙山人，同治甲子举人。

龙赞宸　原名景欢，字笙陔，清顺德大良人。同治三年（1864）举人。父元俨，弟赞新。

［光绪］《广州府志》卷四十五《选举表十四·举人·国朝·道光十一年辛卯》：龙元俨，顺德人，进士，子景欢、赞新。卷四十六《选举表十五·举人·国朝·同治三年甲子》：龙景欢，顺德人。《选举表十五·举人·国朝·同治六年丁卯》：龙赞新，顺德人，元俨子，景欢弟。

［民国］《顺德县志》卷十八《列传三·龙元俨传》：子赞宸……亦能诗，有父风，办沙局事久，人多翕服。卷八《选举表一·举人·同治》：原名景欢，字笙陔，大良人。元俨子、赞新兄……甲子科。

冯文溥　清南海佛山镇人。同治三年（1864）举人。

［光绪］《广州府志》卷四十六《选举表十五·举人·国朝·同治三年甲子》：顺德人。

［民国］《佛山忠义乡志》卷十三《选举志一·举人·清》：同治甲子，附生。卷十七《乡禁志·清》：佛山清庄四衙告示……现据绅士骆天保、冼森、何增祜、冯文溥、戴鸿宪、何增庆、戴鸿惠……呈称，窃以佛山比户星罗，庶商咸集，或有遽成委蜕①，弗能即觅眠牛②，所以前人立有庄次，俾停棺柩，即如新园、竹院、城门头、绿阴深处……暂为权厝之谋矣……爰集同人，共襄善举，醵金鼓舞……诚恐庄主勒索……葬工偷闲……乞准会衔出示，

①委蜕：死亡的婉词。

②眠牛：指葬地。

庶使幽魂得妥……据此，查清理棺庄，掩埋遗榇，泽及枯骨，造福非浅……光绪十四年十一月日示。(义山在石湾凤凰冈)

冯炜　字镜堂，清南海大富乡（今属禅城张槎）人。父文昭无辜被捕，炜求救无门，请求以身代父，并拘留之。不久，县令以贪渎罪撤职，新县令继至，上书陈诉，父子俱释归。因此发愤，同治三年（1864）中举。寿80岁。

[同治]《南海县志》卷九《同治朝·举人》：甲子科。

[宣统]《南海县志》卷十七《列传·忠义》：字镜堂，大富乡人。父文昭，居乡授徒，以谨敕见称，乡人惮而爱之。咸丰初，红巾贼起，当道谕各乡绅耆严搜匪党，而胥吏不善承上意，辄以绅耆庇匪为词，借端拘系，乡间不胜其扰。时大富方患盗，索捕甚急。一日吏至，乡人交匿。炜就馆于外，或劝其父宜亟避，毋为吏所苦，弗听，吏竟逮之而去，至县庭，令遽坐以“纵匪”之罪。因抗辩曰：“身居儒素，毫无权力，平日方受匪党之毒而不能自救，何纵之为？况朝廷以卫民而置吏，民被盗恃吏以无恐，乃诿其责于民，一不得盗，危法随之，是民不死于盗亦将死于吏也，民何以堪？”令怒其言，直下之狱。炜闻父被逮，痛不欲生，立驰归，而乞援于权贵之门，无与应者。乃仰天而叹曰：“嗟乎！身者父母之遗体也。父有祸患而不能救，何以为子？何以为人？苟能出父于狱，敢自爱其身乎？”遂赴县署呼诉，请代父系狱，号泣之声彻于衢路。令大为感动，然恶其父倔强，弗许，并拘留之，炜遂下狱。与父朝夕相处，反以为乐。在狱中，父子讲学不辍，闻者叹异。未几，令以贪渎败，后令继至。炜上书陈诉，事得直，父子俱释归，闾里贤之。炜自伤读书不显，由是发愤攻苦，同治三年甲子，由县学生举于乡。父母以高年得封，炜亦八十而卒。

冯敏胜　清南海人。同治三年（1864）举人。

[同治]《南海县志》卷九《同治朝·举人》：甲子科。

刘文照　清南海人。同治三年（1864）举人。

[同治]《南海县志》卷九《同治朝·举人》：甲子科。

刘逢辰　字翰光，号星谷，清南海九江人。同治三年（1864）举人。父鸿书，侄仕潼。

[同治]《南海县志》卷九《同治朝·举人》：广西籍，甲子科。

《九江儒林乡志》卷十《选举略·国朝·举人·同治三年甲子科并补行辛酉科广西乡试》：字翰光，号星谷。浔州籍，中式第六十六名。卷十五《列传·清·刘鸿书传》：字应祺，号秋海……子瑶蕃，附贡生。逢辰、孙仕潼，并举人。

伍廷超 字悭如，清顺德古朗人。同治三年（1864）举人。

[光绪]《广州府志》卷四十六《选举表十五·举人·国朝·同治三年甲子》：顺德人。

[民国]《顺德县志》卷八《选举表一·举人·同治》：字悭如，古朗人……甲子科。

汤龙章 清南海佛山镇人。同治三年（1864）举人。署乐陵知县。

[同治]《南海县志》卷九《同治朝·举人》：甲子科。

[民国]《佛山忠义乡志》卷十三《选举志一·举人·清》：同治甲子，监生。《选举志二·仕宦·文职·清》：署山东乐陵县知县。

麦林秋 清南海人。同治三年（1864）武举。

[同治]《南海县志》卷九《武科选举》：甲子科，同治朝。

严天锡 字百朋，清顺德黎村人。同治三年（1864）举人。

[光绪]《广州府志》卷四十六《选举表十五·举人·国朝·同治三年甲子》：顺德人。

[民国]《顺德县志》卷八《选举表一·举人·同治》：字百朋，黎村人……甲子科。

苏翰芬 字栋臣，清顺德乌洲人。同治三年（1864）举人。

[光绪]《广州府志》卷四十六《选举表十五·举人·国朝·同治三年甲子》：顺德人。

[民国]《顺德县志》卷八《选举表一·举人·同治》：字栋臣，乌洲人……甲子科。

李汝明 清三水人。同治三年（1864）举人。

［光绪］《广州府志》卷四十六《选举表十五·举人·国朝·同治三年甲子》：三水人。

李昌世 清南海人。同治三年（1864）举人。

［同治］《南海县志》卷九《同治朝·举人》：广西籍，甲子科。

［光绪］《广州府志》卷四十六《选举表十五·举人·国朝·同治三年甲子广西中式》：南海人，广西学。

李昌明 清顺德逢简人。同治三年（1864）举人，官海阳县教谕。

［光绪］《广州府志》卷四十六《选举表十五·举人·国朝·同治三年甲子附顺天中式》：顺德人。

［民国］《顺德县志》卷八《选举表一·举人·同治》：逢简人，顺天榜。海阳县教谕……甲子科。

李藉庸 清南海人。同治三年（1864）副贡。

［同治］《南海县志》卷九《同治朝·贡生》：副贡，甲子科。

李曜蓉 清广东新会人，迁南海佛山镇。同治三年（1864）举人，光绪六年（1880）建家祠祀父纫兰。母区氏，寿93岁。兄杰臣、杰良。

［民国］《佛山忠义乡志》卷首《职名表·倡修绅董》：李曜蓉。卷九《氏族志·氏系》：李氏，系出陇西，清由新会河塘迁佛山桂园，有举人曜蓉。《氏族志·各姓祠堂》：李氏家庙，在岳庙铺桂园。光绪庚辰建，祀迁祖中宪大夫纫兰公。《李家桂园书塾赋》：新会李袖云兄昆仲，为赠翁建祠于佛山镇之弼头，奉其尊堂卢太恭人、区太恭人，居之旁筑书室，以课子弟焉。庚辰、辛巳，余与其昆仲杰卿、二兄銮坡、三兄季兰、五兄靖侯世兄数往还，喜其子弟率循、文章翘秀，知父兄师长陶成之有自也。十九年前，忝洽交游之谊（壬戌叨与凤墀同年，銮翁昆仲得附年谊），二三更后犹闻诵读之声。重以伯叔陶成、师生交勉，罗先生则素号通才（罗淡云），梁学究则周知令典（梁芝山），赫赫谭公（谭荩臣）循循诱善。神仙修到广储福地于嫏嬛，翁婿倾谈更有文家之衣钵（銮翁哲嗣璧侯，梁颂纬翁之婿）。何又雄稿，命男笙华书。光

绪七年岁次辛巳季冬十二月中浣①立春前三日。弟卢廷镛拜注。卷十三《选举志一·举人·清》：同治甲子，附生。《选举志二·仕宦·文职·清》：刑部福建司郎中。《选举志二·封赠·清》：李纫兰，以子曜蓉赠中宪大夫。李杰臣，以弟曜蓉封中宪大夫。李杰良，以弟曜蓉封中宪大夫。卷十四《人物志七·耆寿·女寿表》：李纫兰妻区氏，九十三岁。

杨文田 清高明城中人。同治三年（1864）岁贡。

［光绪］《高明县志》卷十二《选举表·国朝·岁贡·同治朝》：城中人，三年贡。

杨齐修 字雪樵，清顺德容奇人。同治三年（1864）举人，总理衙门汉教习。父志文。

［光绪］《广州府志》卷四十六《选举表十五·举人·国朝·同治三年甲子》：顺德人。

［民国］《顺德县志》卷八《选举表一·举人·同治》：字雪樵，容奇人。总理衙门汉教习……甲子科。卷九《封荫表·封赠·文阶》：杨志文，容奇人，以子齐修赠……拣选知县。

杨作砺 清顺德桂洲人。同治三年（1864）举人。

［光绪］《广州府志》卷四十六《选举表十五·举人·国朝·同治三年甲子》：顺德人。

［民国］《顺德县志》卷八《选举表一·举人·同治》：桂洲人……甲子科。

吴子兰 清顺德甘源人。同治三年（1864）举人。

［光绪］《广州府志》卷四十六《选举表十五·举人·国朝·同治三年甲子》：顺德人。

［民国］《顺德县志》卷八《选举表一·举人·同治》：甘源人……甲子科。

何春沂 清南海人。同治三年（1864）举人。兄春澜。

---

①中浣：指每月中旬，以古时官吏每月中旬休沐。

［同治］《南海县志》卷九《道光朝·举人》：春澜弟，甲子科。

陆树棠　清三水人。同治三年（1864）举人。

［光绪］《广州府志》卷四十六《选举表十五·举人·国朝·同治三年甲子》：三水人。

陈士棻　清南海人。同治三年（1864）举人。

［同治］《南海县志》卷九《同治朝·举人》：甲子科。

陈成坤　清顺德马齐人。同治三年（1864）举人，景山官学教习。祖引韬，父士麟。

［光绪］《广州府志》卷四十六《选举表十五·举人·国朝·同治三年甲子》：顺德人。

［民国］《顺德县志》卷八《选举表一·举人·同治》：马齐人，景山官学教习……甲子科。卷九《封荫表·封赠》：陈引韬，马齐人，以孙成坤赠。陈士麟，以子成坤赠……拣选知县。

陈国士　原名敬中，号洛南，清南海九江人。同治三年（1864）举人，光绪二年（1876）进士，以知县即用，请求改教职，选广东惠州府教授。闻兄礼士死于旅途，因恸成疾而卒，年47。父兰生。

［宣统］《南海县志》卷十《选举表·封荫·光绪朝》：陈兰生，以子国士赠惠州府教授。卷十七《列传·孝义》：原名敬中，号雒南，云津堡儒林乡人。少孤，事母至孝，母病，尝刲股以进，寻愈。兄弟六人，国士最幼，一门友爱，怡怡如也。处宗族恩义甚笃，族人有贷祖尝金贫不能偿者，例当献产以抵，国士白于兄礼士，请代偿之。夙负文名，工书法。屡困童试，同治三年以监生举于乡，光绪二年成进士，廷试对策挂误置三甲，以知县即用。国士雅不欲为折狱吏，改就教职，寻选惠州府教授。先是，有诸生任某好揽词讼，横于乡，结书役为党羽，人无如何。闻国士来，联呈攻讦者相属于道。国士诱之至，执送郡守，廉鞫得实，论如法，郡人快之。惠俗，妇送夫殡逾里门，辄为人强夺，有武生某夺三人矣，国士详革之，俗渐革。月课外，恒集诸生谆谆教诲，士林翕服，儒风丕振焉。闻兄礼士旅殁，一恸成疾遂不起，年四十有七。

陈敬中 清南海人。同治三年（1864）举人。

［同治］《南海县志》卷九《同治朝·举人》：甲子科。

庞钰 清南海人。同治三年（1864）岁贡。

［同治］《南海县志》卷九《同治朝·贡生》：府学岁贡，甲子科。

林远宏 清南海人。同治三年（1864）武举。

［同治］《南海县志》卷九《武科选举》：甲子科，同治朝。

欧阳璿 字华堂，清顺德仓门人。同治三年（1864）武举，七年武进士，授花翎侍卫。

［民国］《顺德县志》卷八《选举表一·武举·同治》：字华堂，仓门人，见进士，甲子科。卷十九《列传四》：身躯雄伟，能兼数人食。同治戊辰武进士，授花翎侍卫。性淳朴，虽武人，恂恂有儒者风。好学书，取汉魏唐宋名人碑帖终日临摹，得其神似。卒后一月，擢福建参将，论者惜之。

罗晋廷 清顺德人。同治三年（1864）任顺德左营守备。

［光绪］《广州府志》卷三十一《职官表十五·国朝·武职·都司守备·同治朝》：顺德人，军功。三年任，顺德协左营守备。

罗配章 字书云，清顺德大良人。同治三年（1864）举人，光绪二年（1876）进士，官浙江奉化、富阳知县。

［光绪］《广州府志》卷四十六《选举表十五·举人·国朝·同治三年甲子》：罗沛章，顺德人。

［民国］《顺德县志》卷八《选举表一·举人·同治》：字书云，大良人。见进士。按："配"，戴《府志》作"沛"，误……甲子科。《进士·光绪》：知浙江富阳县……丙子恩科。

罗熊光（清同治） 清顺德大良人。同治三年（1864）岁贡。

［民国］《顺德县志》卷八《选举表一·五贡·同治》：大良人，甲子岁贡。

胡来仪　清顺德桂洲人。同治三年（1864）举人第一名。兄葆廉。

［光绪］《广州府志》卷四十六《选举表十五·举人·国朝·同治三年甲子》：顺德人，解元。

［民国］《顺德县志》卷八《选举表一·举人·同治》：桂洲人，解元，葆廉弟……甲子科。

钟羲年　原名羲诒，清南海大沥堡隆福乡人。同治三年（1864）举人。父觐平，弟文藻、其英。

［同治］《南海县志》卷九《同治朝·举人》：钟羲诒，改名羲年，甲子科。

黄岳云　字在田，清南海人。同治三年（1864）副贡。父敬礼。

［同治］《南海县志》卷九《同治朝·贡生》：副贡，甲子科。

［民国］《佛山忠义乡志》卷十四《人物志八·艺术·清·黄敬礼传》：子岳云，字在田，能世厥业，同治甲子副贡，文行有声于时。

黄嘉端　清南海大沥平地人。同治三年（1864）举人、十年进士。官刑部主事。父敬祐，弟嘉礼。

［同治］《南海县志》卷九《同治朝·举人》：进士，敬祐子，甲子科。《同治朝·进士》：刑部主事，辛未科。

梁明辉　清南海人。同治三年（1864）举人。

［同治］《南海县志》卷九《同治朝·举人》：甲子科。

梁威　清南海人。同治三年（1864）武举。

［同治］《南海县志》卷九《武科选举》：甲子科，同治朝。

梁思雅　清顺德麦村籍，居南海佛山镇。同治三年（1864）举人。

［光绪］《广州府志》卷四十六《选举表十五·举人·国朝·同治三年甲子》：顺德人。

［民国］《佛山忠义乡志》卷九《氏族志·氏系》：梁氏，系出安定。元季，太祖铭嶽自南雄始迁顺德福岸，明中叶迁本邑麦村。嘉庆初，十三世祖国雄迁佛山松桂里，分居西贤里、陈大塘、怀康里、太平街等处。有中书蔼如，鸿胪寺少卿僧宝，游击禹甸，知县思溥，主事宏諫，守备世袭云骑尉遇春，盐运使衔选用道都唐，知府元超、冠澄，同知元辅，知县世英、兆献，都司保泰，举人思雅、尔爍、寿祺、钟浚。卷十三《选举志一·举人·清》：同治甲子，附生。

梁晋瑛　号芸阁，清南海三江司大涌人。同治三年（1864）举人，教书谋生。父春畦，子掞魁、士芬。

［同治］《南海县志》卷九《同治朝·举人》：甲子科。

［宣统］《南海县志》卷十五《列传》：号芸阁，三江司大涌乡人。父春畦，业贾而雅爱儒术，礼重文学，持家严肃，有士大夫风。晋瑛生而颖悟，善属文，尤究心古学。补弟子员，久困场屋，同治三年始登贤书。家贫授徒，诲人以砺行为先，游其门者类能修名自立。晚年讲学郡庠，岁逾百人，脩脯所入悉献其父。抚弟妹挚爱逾恒，戚友有贫乏者佽助不吝。没之日家无余蓄，惟藏书数百卷而已。子掞魁，郡学生员。士芬，岁贡。

梁烈光　清南海人。同治三年（1864）武举。

［同治］《南海县志》卷九《武科选举》：甲子科，同治朝。

梁耀藜　清顺德光华人。同治三年（1864）举人。弟耀枢、耀衮、耀宸。

［光绪］《广州府志》卷四十六《选举表十五·举人·国朝·同治三年甲子》：顺德人。

［民国］《顺德县志》卷二十《列传五·梁耀枢传》：与四兄耀藜、六弟耀宸同侍朱九江先生门下，恒举其教条“崇尚名节，变化气质”互相砥砺。耀藜，同治甲子举人。耀宸，光绪乙亥举人。卷八《选举表一·举人·光绪》：梁耀衮，光华人。耀藜、耀枢弟……乙亥恩科。

曾邦彦　清高明泽河人。咸丰间廪贡，普宁教谕。祖浩，父作林，弟鉴铨。

［光绪］《高明县志》卷十三《列传·人物二·国朝·曾作林传》：……

长子邦彦，任普宁教谕。次子鉴铨，任东莞训导。孙锡清，任琼州府训导。作林由监生累膺封赠。卷十二《选举表·仕宦·国朝·文职》：曾邦彦，泽河人，咸丰间廪贡，普宁教谕。曾鉴铨，邦彦弟，咸丰间增贡，永安教谕、东莞训导，光禄寺典簿衔。曾锡清，鉴铨子，同治间增贡，琼州府训导。《选举表·封赠·国朝》：曾作林，监生，以长子邦彦赠修职郎，以次子鉴铨赠征仕郎。卷十五《前事志·国朝》：（咸丰）四年甲寅冬十一月初间，客匪攻破泽河村。（先因红逆据更楼，八月新联更楼堡，上至板村、茅村，下至周田、大坪，共数十村为一堡，诸村闻警，各率勇赴援，聚守泽河。不意客匪大至，土勇大溃，绅士何云卿、曾邦彦、黄俊权、刘慎修遇害，杀掠一空，尸骸枕藉。）

游超元　清南海丹灶西城冈人。同治三年（1864）举人，官刑部员外郎。祖球，父显廷。

［同治］《南海县志》卷九《同治朝·举人》：球孙，显廷子。刑部员外郎，甲子科。

游履常　清南海人。同治三年（1864）举人。

［同治］《南海县志》卷九《同治朝·举人》：甲子科。

谢夑尧　清南海人。同治三年（1864）副贡。

［同治］《南海县志》卷九《同治朝·贡生》：副贡，甲子科。

蔡林芳　清南海人。同治三年（1864）武举。

［同治］《南海县志》卷九《武科选举》：甲子科，同治朝。

谭瑗勋　字小蘧，清顺德龙山人。同治三年（1864）副贡。父甡。

［民国］《顺德县志》卷十八《列传三·谭楷传》：同族甡，字湘生……子瑗勋，同治甲子副贡。卷八《选举表一·五贡·同治》：字小蘧，龙山人，甲子副贡。

潘文澧　清南海人。同治三年（1864）举人。参与修纂《南海县志》。

［同治］《南海县志》卷九《同治朝·举人》：甲子科。

潘鹏飞 清三水人。同治三年（1864）武举，十年武进士。

［光绪］《广州府志》卷四十九《选举表十八·武科·举人·国朝·同治三年甲子科》：三水人。卷四十七《选举表十六·武科·进士·国朝·同治十年辛未科》：三水人。

黎得安 清三水人。同治三年（1864）武举。

［光绪］《广州府志》卷四十九《选举表十八·武科·举人·国朝·同治三年甲子科》：三水人。

黎璿 字琦元，号少棠，清南海九江人。同治三年（1864）举人，大挑教职。父国琛。

［同治］《南海县志》卷九《同治朝·举人》：国琛子，甲子科。

《九江儒林乡志》卷八《艺文略·史部·谱系类》：《黎氏家谱》四卷，国朝黎璿撰。卷十《选举略·国朝·举人·同治三年甲子科》：字琦元，号少棠。县学，中式第六十九名，大挑教职。父国琛，举人。

［宣统］《南海县志》卷十一《艺文略·史部·地理属志乘类》：《九江儒林乡志》二十一卷，国朝冯栻宗、黎璿等修。

冯景略 （1835—1880）原名应奎，字荫蕃，号贵溪，清南海九江下北铁滘人。咸丰八年（1858）举人，十年进士，即用知县，改官礼部郎中。卒于京。父锡镛、兄栻宗皆进士。

［同治］《南海县志》卷九《咸丰朝·举人》：冯应奎，锡镛子，栻宗弟，改名景略。顺天中式，戊午科。《咸丰朝·进士》：礼部郎中，庚申科。

《九江儒林乡志》卷十《选举略·国朝·举人·咸丰八年戊午科顺天乡试》：原名应奎，号贵溪。监生，中式第一百八十二名，庚申进士。《选举略·国朝·进士·咸丰十年庚申恩科》：赐同进士出身，即用知县，分发直隶。改官礼部仪制司郎中，充精膳司掌印，兼管铸印局司务厅事。父锡镛、兄栻宗皆进士。《选举略·国朝·封荫》：冯锡镛，以子景略封朝议大夫、礼部郎中、加一级晋赠中宪大夫，以子栻宗封奉政大夫、刑部主事、加二级晋赠中宪大夫。卷十四《列传·清》：字荫蕃，号贵溪，北方铁滘人，进士锡镛季子也。咸丰戊午应京兆试登贤书，庚申恩科成进士。原名应奎，慕荇秦清河侯之英风，殿试改今名。引见以知县即用，分发直隶，其时年逾弱冠，父锡镛命援例改官郎中，签分礼部学习。旋假归，以亲老不忍远离，杜门读书奉二人，色笑依依如孺子慕。逾数年，接丁内外艰，服阕还京供职，按例应补选缺。时选缺某郎中将以截取铨外，景略序应补，而学习期尚余十日未满，学习未满即有缺例不得补。某郎中乃使人告曰："我今方窘，若假我三百金，则我且请假，俟若学习期满然后赴选。我得金而若得官，不两利乎？"景略毅然曰："某君诚念我！但我方壮岁，从此循分守职，不患不补官，官岂可以贿得哉！"卒不顾。某郎中随以铨外开，缺应补无人，遂咨吏部别选。同官或迂之，仍无少悔意。长安时局，气习浮靡，往往出一美缺，开一优差，势要门庭，营求如市。或先期厚致馈遗，辗转达情，以冀得当。而执政之简擢迁除，为此辈捷足所得者，亦十居八九。景略束身自爱，事上官，公谒外不通一刺，彼儇巧之士、习于奔竞寅缘者，且非笑而远之。平居寡交游，少许可，时与兄刑部郎栻宗互相友爱，并互相淬厉，奉公廉谨。历充本部议制司主稿、精膳司掌印、铸印局掌印、司务厅掌印，均稳练详明，恪尽厥职。尝恭办大丧几筵典礼，每夜五鼓或冒大风雪踽踽入直。迨礼毕，同事率以攀援得优叙，而景略不及，并不言劳。冯侍郎誉骥奉命监修昭陵工，派充随员，他员于此差每借工项得沾润，景略独无所染指，讫工不名一钱。光绪六年，感疾卒于京邸，年四十六。适栻宗由吉林理刑旋都，因护其榇归。景略神气轩举，自少倜傥有志操，专心于史学，上下数千年治乱成败得失本末，靡不探讨会通，得其要领，故所作制义亦涵茹史事居多。酒酣耳热，喜谭天下大计，尝蒿目时艰，慨然曰："陈同甫有言：'欲运天下于掌上者不能震动，则天下固运不转。'又有言：'一日之苟安，数百年之大患。'此皆济时达变之论，今委曲弥缝，故为镇静，而但图苟且于目前，不知目前已不可苟且也。"其持议激切多类此。归善邓侍御承修铮铮敢言，与之莫逆，每上白简，必邀商榷而后行。及卒，侍御哭之恸，语人曰："失我益友矣！"入都以来，数数吊生送死，此一副痛泪，只为贵溪下耳。初，景略乡举后寓邑馆过夏，淫雨夜读，忽有群鼠窸窣斗于门，呵斥不止，遂起逐之。甫离席而墙倒压，坐处几案碎焉，闻者嗟异。咸期以远到，乃天夺之年，未展其用，士论惜之。

陈次壬　（约 1835—约 1881）字荫田，清南海云津堡王绕乡人。援例兵部员外郎。咸丰十一年（1861）在湖北汉阳入广南行，为外国商人经理茶盐买卖。同治十年（1871），与钟觐平等在广州首创建立善堂。光绪五年（1879）三水决堤，李文田主持修筑，次壬劝捐兴役，始终其事，而堤复完。47 岁卒。父南屏。

［宣统］《南海县志》卷二十《列传·善行》：字荫田，云津堡王续乡人。父南屏，以慈善闻。次壬性倜傥，喜吟咏，工书法。甫及冠，值红巾乱，联络邻堡举乡团卫闾里，试于有司，不遇辄弃去。咸丰十一年游汉阳，有潘某荐入广南行，为某国大贾董理业茶盐各务，岁获利巨万，大为行东倚重。时初开商埠，厘税尚无定章，当道访知次壬深谙商务，随事垂询，次壬委曲条陈，多见采纳，公私便之。岁饥，饥民赴汉阳就食以万计，次壬倡捐散赈，全活甚多。汉上为九省通衢，带汉襟江后枕湖，无屏障，当道虑有警不可以守也，拟就湖堤建筑长垣，拨营驻守。而濒湖地数百丈，皆广南行所购业，次壬白行东尽献诸官，让不取值。鄂督官文嘉其义，欲荐诸朝授以官，以亲老辞。尝自咏云："不儒不贾休多问，长揖军门大布衣。"其耿介多类此。在汉十余年，葺宾馆，修湖道，归旅榇，还流寓，置水龙及救生船，皆力任其事。尤笃于友谊，少交同邑谢朝徵，后为纳粟入官仕楚，既资之娶，复迎其母就养，时给其家。朝徵有兄殁于粤，身为营葬，复携其孤至汉营业。其他仕商相友善而赖其力者，难悉数也，士夫多与之游。钟运使谦钧官汉阳时，与次壬交莫逆，及来莅粤，运欲以临全埠属办。次壬曰："此利薮，人所争趋，果若是，吾与子声名裂矣。"固辞之。粤地向无善堂，次壬首与钟觐平协谋创办，初假洋行会馆，而堂基未有地也。适潘氏以逋盐饷，家被籍没，次壬谋于谦钧，请以其宅改建为堂，谦钧喜从其请，并捐廉俸提倡。次壬仿上海普育堂章程，名其堂曰"爱育"，迄今善堂林立，实滥觞于此。光绪五年，三水大路围决，下流多成灾区。李侍郎文田筹议修筑，次壬相与劝捐兴役，始终其事，而堤复完，嗣是遂无水患。在乡与潘赞清倡筑石路十余里。好藏书，建万卷楼，读书楼中，常至夜分。游迹所至，辄留题咏，交游复多赠答，存稿逾千，自选其百题曰《百尺楼百首诗钞》。援例兵部员外郎，卒年四十有七。

陈序球　（1835—1890）原名卓明，字天如，清南海儒林乡人。同治元年（1862）举人，十年进士，授编修。父麟祥。

［同治］《南海县志》卷九《同治朝·举人》：陈卓明，改名序球，壬戌并补行己未科。《同治朝·进士》：编修，辛未科。《同治朝·封荫》：陈麟祥，以子序球封编修。

［宣统］《南海县志》卷十四《列传》：字天如，云津堡儒林乡人。同治元年壬戌举人，十年辛未进士，入翰林，授编修，旋乞假省亲。光绪七年正月，龙江堡绅士薛聪等创筑桑园围。炮台脚三义海两水闸有碍水道，五月，

序球偕十三堡绅士呈请大吏派员督拆。六月，委同知席宝书会同顺德县冯泰松履勘。是月，龙江生员萧佐清等仍抗留炮台脚闸基，序球请押拆，言于大吏者再。八年正月，萧佐清具结遵拆，捍灾御患，序球与有力焉。是年回京供职，寻充国史馆协修官，派充顺天乡试同考官，乙酉派充顺天乡试磨勘官。以丁父忧归，邑人聘主西湖书院讲，既而讲学会垣。每以课徒之暇，与二三朋旧为文酒之会，未尝私谒。当道倡议重修桑园围志，属举人何如铨任编纂。序球与如铨称莫逆，如铨殁，言及之辄流涕，其笃于生死交情如此。性真朴，澹于荣利，家计不给晏如也。以光绪十六年卒，年五十有六。

潘仕钊　（1835—1895）字国英，号翰墀，清南海云滘乡人。家贫，塾师麦瀛祥免其学费，学友高子沅许配妹妹为妻。咸丰九年（1859）诸生，同治元年（1862）举人，十年进士，历任功臣馆、国史馆协修及纂修等职。光绪六年（1880）任会试磨勘官，升任河南道员不足1年，被劾归里，61岁卒于家。长子寿华。

［同治］《南海县志》卷九《同治朝·举人》：进士，壬戌并补行己未科。《同治朝·进士》：庶吉士，辛未科。

［宣统］《南海县志》卷十四《列传》：字国英，号翰墀，江浦司云滘乡人。先世业农，有隐德。家酷贫，仕钊幼嗜学，乏贽从师。时麦检讨瀛祥授徒里中，朝夕隐塾门外窃听，辄能领略大意。麦器之，不受脩脯，授之读。稍长丁父艰，生计益窘，生母冯以析薪度活。仕钊时辍学为人刈稻、曝谷场圃，挟一卷自随。夜无灯，爇香照读，稍倦，奋身起，少顷读如故。数年学大进，麦令从高孝廉子沅游，高字以妹，读益勤。咸丰九年补弟子员，旋食廪饩。同治元年举于乡，十年成进士，选庶常，散馆授检讨。历充功臣馆、国史馆协修、纂修、总纂官，庚辰科充会试磨勘官。京察一等，记名以道府用，授河南开归陈许道，未一年，被劾罢归。仕钊在翰林时，会王师有事越南，粤防饷需奇绌，上疏请驰禁围姓①以裕国饷。总督张之洞、巡抚倪文蔚议可覆奏，围姓承商盖自此始，人有遗议焉。迨观察河南，勤求治河之法，尝与河臣言："自明潘季驯倡以堤束水刷沙之议，靳文襄、齐勤恪、陈恪勤辈皆守其法。但今之筑堤纯用沙土，护堤率用秸扫。沙土入水必移，秸扫淹水必腐，均非持久计，莫如开山筑路，以取济源、巩县之石，又参用栗恭勤用砖

①围姓：清代利用科举考生姓氏而进行的一种赌博。

之法，令沿河民窑终岁烧造，随地取给，以每年所拨岁修银六十万两，分段责成，按年递筑。堤身实以灰土，堤根护以砖石，不出十年，河必大治。”又言：“郑州湍急而工薄，必为患，凡事之可已者虽丝毫当为国家惜之，必不可已者虽巨万不当为国家吝之。”河臣韪其言，其后郑州果决，縻帑千余万，人以是服其智，而仕钊已解组归矣。光绪十年值太后七旬万寿，入都随班祝嘏①，奉旨照原官降一级赏四品服。二十一年疾终里第，春秋六十有一。子六人，长子寿华，举人。

康熊飞 （1836—1869）字少岳，清南海丹灶银塘苏村人。咸丰七年（1857）投身军营，与父国器率军转战赣、粤、浙、闽，积功至浙江候补道，赏给强勇巴图鲁名号。同治六年（1867）十月，军务完成，在浙江等候任职时，巡抚马新贻委办塘工。八年病卒。嗣父健昌。

［同治］《南海县志》卷九《文职仕宦》：国器子，候选道，嗣父健昌赠如其官。卷十四《列传》：字少岳，江浦司苏村人，广西布政使国器子也。少读书但观大略，甫应童试不售，辄弃去。咸丰四年，红巾乱，粤东、江右亦为发贼蹂躏。时国器方为赣州巡检，以知兵称，大吏委督兵，复临江府。熊飞家居，连年不得父音耗，慨然曰：“安有老亲积苦兵间，人子反逍遥里巷者?”乃徒步出庾岭，直走临江军营。至则日与健儿游，讲求火攻、水战各兵法。诸队长有轻其年少者，约分帅舟师袭贼，故逗留不进，以试其胆。熊飞果出贼不意，以孤军扑贼营，贼尽惊溃，众乃推服。而熊飞谓：“江右兵勇不知纪律，胜则争先，败则鸟散，断不可恃!”乃将所部日加训练，尝谓：“谚言慈不掌兵，《书》言“威克厥爱”。当出入生死之地，岂结之以恩、赂之以财，遂能得其身命者？欲使兵不畏贼而畏帅，必使进则尚有生机、退则悉趋死路而后可。”故其治兵以严为主，在军中尝骑马巡行各营，见队长李、梁二人抢掠民间妇女，即责以大义，示以军法。李不服，出恶声，熊飞怒于马上拔刀斫其首，首落地有声。梁股栗叩首乞命，诸队长代为哀求乃已，嗣后营政肃然矣。巡抚耆龄尤赏异之，谓曰：“国家多事，汝年少知兵，前程未可量也!”七年初，抵江右，即委统济胜军复临江府城，由文童以从九品即用。八年委带水师左营，克复饶州安仁县城，乘胜扫平河口镇、青山湾、蔡家埠各贼垒，皆以所部为先登功最。由从九品免补本班，以县丞遇缺即选，并赏带

---

①祝嘏（gǔ）：祝贺寿辰，多用于皇室贵族等。

蓝翎。十年，江右渐就肃清，而土匪游民及散遣兵勇沿河劫掠商船，为行旅苦。大吏委熊飞帅水师自临江而下，至吉府之泰和、吉水、万安等县，上下数百里，旦夕梭巡，见贼即扑灭，居民恃以无恐，而吉郡尤称颂不衰。十一年，耆龄移节抚粤，抵韶州，闻连州毗连之阳山、蓝山等县，有地名螃脚黑严架秤者，界连英、清，久为土贼陈才、梁柱、练四虎所据，始则胁民供口粮，继则逼民入伙党。山深林密，官兵莫敢谁何。耆抚谓："北江为往来孔道，此贼不除，粤东岂有息肩日？"即驻节韶州为灭贼计，札调熊飞父子到营差遣。然熊飞察看贼情，建三策："一曰直逼贼巢。贼所以久逋天诛者，以险隘可守也。官兵又堕其计，兵少恐应援不周，深入又虞陷伏难出，往往将近贼巢即拔营而退。他日再行进兵，而前所经由悉为贼据矣，屡举无功，实缘于此。兹欲捣巢扫穴，必将山中途径详为图绘以示将官，而分数道直进，所得贼垒可守者分兵守之，不必守者焚毁之，步步为营，务造极穷幽，俯瞰贼巢，阻其粮运，贼必不战自屈。二曰离间贼党。贼之腹心爪牙所以不肯效顺者，以官威未振故也。今决计灭贼，贼必人人自危，被胁者思乘势自新，党恶者欲立功自赎。如能开其生机、诱以重赏，土崩瓦解之势旦夕可俟。三曰倡民团。贼未溃散之时，欲团练自守不可得，今官兵所到，收复一处即一处可以兴团，以前日供贼之资为今日办团之费，则不患无财，以前者胁于贼之人为今日拒贼之用，则不患无兵。且大军未撤，得民团以助声威，大军既撤，仗民团以为固守，此长治久安术也！"用其策，贼果汹惧，侯陈带、陈润等率先归顺，惟练四虎阳乞降以冀缓兵。熊飞亲至贼营，晓以大义，贼狐疑未决，乃遣贼党诱之离营约降，伏兵缚之，蓝山平。序功由县丞免补本班，以知县遇缺即选并赏加同知衔。盖历载逋逃，三月荡扫，熊飞之力居多也。同治元年，粤抚耆龄奉命办理援浙军务。时江南发逆猖炽，杭城失陷后，湖州、金华所属各城皆派伪王统重兵固守，耆龄即调熊飞父子统昭武军援浙。熊飞谓："金华为杭州门户，汤溪又金华门户，汤溪一日不拔，即杭州一日难收。"乃穷极兵力，昼夜环攻，无不躬冒矢石，苦战者八十余天。其时，贼中伪侍王、梯王、戴王等又引兵来援，熊飞内击坚城，外抗巨敌，卒皆披靡而去，汤溪乃下，救出陷贼妇女千余人。连日截杀龙游窜出之匪，捉生五千余人，龙游亦下。是月也，楚军、浙军分攻金华所属郡县者，无不同时克复，盖汤溪既拔，破竹势成，余皆迎刃而解故也。耆抚以功保奏，由知县免补本班，以同知尽先选用，赏带花翎。然是时余杭据匪尚坚守未下，大吏委熊飞帅得胜兵往攻，途中望贼营火光烛天，慨然赋诗，有"不入杭城誓不休"之句。然自汤溪各城崩溃后，贼已胆落，熊飞又乘屡胜之锐以逼之，故未匝月而余杭复，杭州亦复。三年，浙督左宗棠保奏，由同知免补本班，以知府留浙江补用。计熊飞自从军以来转战数省，其斗无不胜、攻无不摧多类此。顾是时浙贼虽溃散，而诸渠魁如李世贤、汪海洋辈，尚拥廿余万众窜江右，思由建昌府阑入闽疆。浙督左宗棠知之，檄熊飞父子统五军，倍道穷追，以制其后，遂拔新城县。至雁石，直逼贼垒，分头迎击，大小数十战。四年正月，克复龙岩州城，而沿途所经抚溪、金丰、苦竹各要隘为贼据者，扫除殆尽，遂由知府赏加道衔，再奉上谕赏给强勇巴图鲁名号。然汪逆既失龙岩，复陷永定，密为然灰①计，熊飞统兵进驻湖雷以防回窜。适楚兵数千为贼所败，贼复振。汪逆悉众分十余路，迭来挑战，几于应接不暇。国器挥各营拒敌，酣战两时，贼抵死撑拒，愈来愈众。熊飞曰："事急矣，非身为军先、示以必死不可！"即亲佩火器，挑各营精锐得数百骑，风驰电掣，冲突贼阵，复挥诸营抬枪、扇枪毕发，并手操喷筒助之，贼少却。血战两日，贼渐不支，始退走，诸营亦疲倦不穷追。忽闻李逆率大队由漳州来，欲为贼援，值连日大雨河水涨，发贼争渡，喧哗不整，熊飞俟其半济、首尾不相接驰击之。自辰至酉斩贼五千余人，获降者八千余人，剃发散遣归籍者万余人，其甫及岸为骑挤之于河淹死者不知凡几，汀洲一股几尽灭，李逆仅以身免。而汪逆所统别股，当湖雷苦战后，乘虚犯副帅刘典营，势危甚。国器留一军守湖雷，命熊飞悉所部驰救，至即接战败之，生擒伪天将丁太阳，围遂解，闽省肃清。由知府擢道员，仍留浙江补用。时诸贼中汪逆最强，不得志于闽，则欲取偿于粤，拥众十余万陷镇平，于城外择要地筑垒坚守。熊飞旋奉调入粤，分攻石古排贼垒，与粤军之驻三宝墟者约合力夹击，粤军畏贼凶悍，屡爽约。熊飞以孤军八千人逐贼，追至高思地方，与贼胡瞎子等血战两日，贼来愈众。其时军初越境，结营未固，贼四面环攻，诸营不能相救。熊飞乃留一军守后营，偃旗息鼓以诱贼，而引各营上山迎敌。贼料后营全出，乘虚来袭，后营以有备将贼击退。熊飞料贼必上山，预于山腰挖开堑坑，并遣人烧断贼归路。汪逆果来督战，亲斩退后红衣贼二名。逮扑至坑边，熊飞始挥抬枪军接仗。战方酣，突遣一军横冲而出，断贼为两段，坠崖死者数千人。汪逆被枪伤右臂，乃麾贼退，而各营分击贼垒者同时攻破，乃滚营而进，直抵城边。汪逆知势不可支，已率死党开西门遁，遂将镇平收复。但汪逆虽弃镇平，实欲袭据他城以自固，又虑官军尾追，于城外河旁伏悍贼据桥堵拒。熊飞驰至，击毙骑马执黄令旗贼目四人、断后悍贼数十人，贼披靡争抢过桥。各营一齐逼上，阵斩贼千余，挤落水死者三千余，拔出难民数千，夺获马数百。而贼前队已分三路向平远，各军亦分路追蹑。熊飞追至竹子澳，贼方设伏，图陷官兵，山树丛杂间时露旗帜。熊飞饬龚长春佯人，伏诱之，自率所部伏山前，命吴光亮由间道截其

①然灰：谓死灰复燃。

后，林本从山坑击其旁。布置甫定，龚长春鼓噪而进，贼号炮发，喊声四起。忽熊飞从山前杀出，林本、吴光亮等从后面及左右抄来，贼伏遂破，夺路狂窜，沿途贼馆廿余处一律扫除。而汪逆一股向东石侵犯者，为江右军所击，大败折回，适与康军相值，熊飞当头迎剿，毙贼甚多。贼见官军四面拦截，欲走无门，料嘉应州大兵稀，守御必驰，遂从连平州翻山而过，突陷州城，而黄波土匪霆营叛勇又附益之，众遂十余万，势益张。左督恐贼之由江粤窜出，为湖南边患也，谓聚于一城可一网打尽，即厚集三省兵力，并咨调鲍提督拥众而来为合围计。由是五六日间诸营分兵挑战，贼亦悉力支撑，犹不时扑官军营盘，以示整暇，旬日后屡挑不出。熊飞探知汪逆因伤身死，与诸将议直逼城垣，咸犹豫未决。一日，有贼三千余逃出，遽称汪逆身死，诸帅争权，粮食既穷，溃散在即等语。俄而伪朝将投高提军营，所言亦符合。熊飞一面张旗受降，一面直攻贼垒，而贼仍闭户不出。忽夜间传贼弃城走，下令残病在前、精锐在后，盖以殿后贼攻郑绍忠营，欲牵制免尾追也。官军知其遁逃，分路追剿，沿途倒毙无算、斩刈无算。贼且战且走，至潮界饥疲已极，道路已穷，几无门可入矣。熊飞与诸将议谓："釜里游魂，断难再聚，盍遣弁招降，免多所残杀。"并谕愿归某营听自择，由是相率归顺。熊飞所部获伪王四人，伪王宗四人，伪天将、朝将十余人，受降万余人，俱给资散归本籍，嘉应平发贼之局乃结。同知六年十月，以军务完竣需次于浙江，浙抚马新贻一见才之，委办塘工，诸弊多厘剔。八年赴部引见，六月回杭州因病遽卒，年三十四。熊飞少年英果，执法严峻，在军中有嗜杀声，有时故示慈惠，多所宽贷。先后在汤溪、兰溪、余杭、嘉应等处复城，后恒捐资掩骸埋胔、赈粥饭以活饥人，所保全不少，嘉应松口至立生祠祀之，其遗爱在人又如此。

邓和英　清顺德龙山人。同治五年（1866）倡筑安定围。

［民国］《顺德县志》卷四《建置略三·堤筑》：安定围，在龙山堡排涌埠。同治五年丙寅，邓和英等倡修。东自沙洲闸界起，西至四埠文庙后止，共长四百二十八丈。基面宽五尺五寸，底约一丈八尺。内包桑基鱼塘，该税六百三十八亩。

何子高　清顺德星槎人。同治五年（1866）岁贡，著有《梅阁诗集》。

［民国］《顺德县志》卷十四《艺文略·集部·别集》：《梅阁诗集》，国朝何子高撰。谨按：子高，星槎人，同治丙寅岁贡。

何谦光 清顺德黄连人。同治五年（1866）筑忠义围。

［民国］《顺德县志》卷四《建置略三·堤筑》：忠义围，在黄连堡黄连乡。计长三千二百丈有奇，底宽五丈，面广五尺。同治五年，乡绅何谦光等创筑。

杨佐宸 清高明禾仓人。同治五年（1866）岁贡。

［光绪］《高明县志》卷十二《选举表·国朝·岁贡·同治朝》：禾仓人，五年贡。

潘衍鋆 （1837—1882）原名汝楠，字任卿，清南海河滘村（今属禅城南庄）人。咸丰十一年（1861）与弟衍桐一同中举，同治四年（1865）进士，选庶吉士，授翰林院编修。光绪元年（1875）任顺天同考，次年为湖南主考官，简放陕西潼商道，到任不久卒。曾祖松芳，祖光岳，父泗澜。子元杰、元耀。

［同治］《南海县志》卷九《咸丰朝·举人》：潘汝楠，光岳孙，改名衍鋆，进士，辛酉并补行戊午科。《同治朝·进士》：编修，乙丑科。《同治朝·封荫》：潘泗澜，以子衍鋆封编修。

［宣统］《南海县志》卷十四《列传》：字任卿，鳌头堡荷澈乡人……衍鋆少承家学，颖悟能文，年十九以第一人补弟子员。咸丰十一年与弟衍桐同举于乡，同治四年乙丑成进士，选庶吉士，授职翰林院编修。屡掌文衡，旋授陕西潼商道，甫到任而卒，士论惜之。

［民国］《佛山忠义乡志》卷十四《人物志四·文苑·清》：曾祖松芳始迁佛山，祖光岳嘉庆丁丑翰林，有传。父泗澜，子二，衍鋆居长。与弟衍桐，皆禀夙慧，兼承家学，一时有“双丁”“二陆”之目。弱冠以县案第一人进邑庠，咸丰辛酉与弟衍桐同举于乡，闱墨传诵一时……戊辰散馆授编修，是年衍桐亦登进士入馆选。寻丁内艰，服阕回京供职，乙亥充顺天乡试同考官，丙子简放湖南正考官，所拔多知名士，时号得人。己卯京察一等记名，以道府用，纂修《穆宗本纪》告成，特旨专以道员用，晋二品顶戴赏一品封典，皆异数也。壬午京察记名如前，寻简放陕西潼商道，引见之日，垂询备至，衍鋆奏对称旨。道治潼关扼三省之冲，为西安门户，诘奸防暴均关紧要，陕抚冯誉骥与之有旧，邮书敦促。衍鋆既承恩眷，又以抚军倚畀之重，即日戒

途①。诸子以其久病新瘥，宜稍事休养，又衍桐学士方典试黔中，撤棘后兼程北上，会晤不远，乘间进言，冀缓其行。衍鋆以王事为重，不欲逗留，遂冒雪长征，沿途感冒风寒，旧疾复发，比接篆勾当甫毕，而病已不支矣。以是年十二月十九卒于官，距到任仅十七日，年四十有五。报闻，京朝官同深悼叹。平日于书无所不读，少时长于词章，及供京职，益留心掌故，编纂《实录》诸书，尤为精核，故奖叙较诸臣为独优。咸同以来，夷务日棘，衍鋆方在词林，即留心经世，谓宜开设蔀②学特科。及衍桐官司业，即用其说，具折陈请，得旨允行。其它著论亦以救时为主，及得所借手，竟弗克展厥用，天乎！在籍时主讲韩山书院，出其家训以示诸生，曰："用功有一定课程，每日要有片时习静，澄思定虑，使此心无牵挂，涵育既久，神知大开，百病都却。"又言："精神之用勿太过，心思之用勿太工。范身处世，于'礼'字、'恕'字吃紧，斯可矣。"又言："修德为善是积福，养身惜神是葆福，拓其胸襟、和其天倪③，是所以扩福之境、邕福之基也。汝曹其勉之！"所言皆儒先名理，近人惟曾文正能行之。虽著述无多，得此格言亦足不朽矣。子元杰，邑廪生，中书科中书。次元耀，郡廪生。

梁思淇　字次留，清南海佛山人。祖蔼如，父九昌，堂弟僧宝，子锡福，孙念劬。

［民国］《佛山忠义乡志》卷十三《选举志二·封赠·清》：以弟僧宝貤封资政大夫、鸿胪寺少卿。卷十四《人物志六·义行·清》：字次留，僧宝从兄也。幼失怙，母舒氏劬劳抚育。初就傅时，从祖蔼如方以内阁中书退居里闬，子弟相率请业，独爱之。又怜其少而孤也，导而弗强，毫墨矩矱，弗学辄能。既竟群经，敦悦古义，恒虑过行以忝所生，尝从母命，一诣学使试，即杜门养志。自其先叶博施周急，力行弗弛，思淇弥承厥志，割甘舍腴，以助不足。以移家佛山久，而顺德麦村旧族丁繁，贫乏者众，乃捐万金为赡族会，立程规俾寒有衣、饥有食，疾病死亡皆无缺憾，乡人赖焉。子锡福、孙念劬能守曩矩，至今弗坠。《人物志十·列女传·节孝》：梁九昌妻舒氏，年十八归梁，二十一而夫殁。时翁姑在堂，遗孩在抱，氏哀恸几不欲生，妯娌劝慰，乃节哀，治家政。家虽富粗衣粝食，而族戚困乏及乡里善举，输助无

---

①戒途：出发，准备上路。

②蔀：古代历法计算单位。古代治历，十九年置七闰月谓之章，四章（七十六年）谓之蔀。

③天倪：自然的分际，多指自然之道。

所靳。卒时年五十有一。子思淇，由游击加二级，赠节妇夫人。翰林何继俨为撰墓表。

梁僧宝　（1837—1899）原名思问，字伯乞，九图长子，清南海佛山镇人。咸丰八年（1858）举人，次年进士，历礼部主事、员外郎、御史、鸿胪寺少卿、内阁侍读学士。同治七年（1868）由礼部员外郎入直，官鸿胪寺少卿。光绪二年（1876）因疾告归，闭门著述。弟禹甸、宏谏。

［光绪］《广州府志》卷四十六《选举表十五·举人·国朝·咸丰六年丙辰补行五年乙卯科附顺天戊午中式》：梁思问，顺德人，改名僧宝，进士。卷四十一《选举表十·进士·国朝·咸丰九年己未孙家鼐榜》：梁思问，顺德人，改名僧宝。

［民国］《佛山忠义乡志》卷十一《乡事志·编年》：咸丰……己未九年……梁僧宝登进士。（原名思问，顺德籍，住潘涌铺）卷十四《人物志一·名臣·清》：字伯乞。本籍顺德。幼龄聪敏，淹通经史，父九图授以《易》义，研究专精。咸丰戊午由附贡领顺天乡荐，主司原拟第八进呈，钦定第三，谓其以《易》诂题特擢南元①云。己未联捷进，士年才弱冠，授礼部主事，晋员外郎、掌印郎中兼军机处行走。值同治初枢廷事繁，军书旁午，常有夜深疆臣急递之奏，传宣拟谕立发，咄嗟便办，皆能称旨，故两次京察一等，例本外简，均着内用。丁卯奉命分校北闱，时称得士，多捷南宫，如京卿方汝绍、郎中兼军机李方豫，皆夙有文名者。戊辰派会试提调官，关防严密，场内肃然。嗣派殿试弥封官，纂修《学政全书》及《科场条例》，编辑精审，见者叹服。寻转江南道御史，改补江西道兼署河南道事。命查京师富新仓，向有馈遗，概却不受，稽察详慎，诸弊廓清。恭修《文宗实录》告成，着以应升之缺开列在前，并赐筵宴、文绮，旋擢鸿胪寺少卿。捻逆荡平，上念军机昕夕从公，著有劳绩，以内阁侍读学士候补。纂修《平定粤捻两匪方略》书成，着补学士后遇缺升用。壬申奉命襄办大婚典礼，巨细诸务，条理秩如，悉当上意，十月礼成，赏随带加三级。独上疏称："两宫宵旰倦勤，皇上春秋鼎盛，恳请亲裁大政，以慰臣民之望。"奉太后懿旨着于明年正月举行。时当垂帘，举朝恐失后欢，莫敢言此，辄谓其戆直抗陈，幸蒙俞允，实未知两宫

①南元：清顺天乡试各省人均可参加，惟第一名解元例属直隶省，第二名则必属南方人，故称南元。

虚怀从谏，成见毫无，癸酉正月归政后即撤帘，是诚非浅识者所能窥测矣。上自冲龄践祚，历十余年，凡郊坛大典皆命亲王恭代行礼，又疏请亲祀圜丘①，奉谕允许，着各该衙门敬谨预备。癸酉甲戌，奉命磨勘乡会试卷，士子文多疵谬，斥革举人二名，顺天考官大学士全庆等以此镌级②，各省被斥革罚停科者多人，典试同考各官夺职降调者甚众。群嗾御史周声澍、郭从矩，交章论之，或谓吹毛求疵，或谓有意挑剔，志在中伤，龂龂③弗已。上不为动，命取所勘试卷复阅，皆按磨勘定例，据实签注，未尝出入，召枢臣问曰："朕派磨勘试卷，原令其搜剔疵类也，今御史等所奏究是何意？岂不与朕初心刺谬④耶？若相习回护，不直抹出，则磨勘之设，岂不成为具文⑤耶？"言时有愠色，拟予处分，枢臣无以对，只谓国家优待言官，章奏偶误，向不谴责，力请宽免。上意回，乃弗问，因有"梁僧宝此次磨勘无不是处，该御史等所奏，均着无庸议。嗣后各考官务当振刷精神，秉公校阅，毋得草率，用副朕旁求俊乂之至意"等谕。随上疏称"该御史等未识例文，冒渎天听"，奏入，适太后再临朝，召见乾清宫，谓其磨勘认真，奖慰有加，遂面奏："近年科场积弊太深，亟宜整顿，免屈真才。今臣指出各卷瑕疵，致令考官降罚，故御史哓哓代辩，觍缕上陈，不知定例綦严，取中试卷有应议者，考试官固有处分，磨勘试卷有不实者，磨勘官亦处分相等。若隐讳徇私，颟顸了事，负朝廷选拔人才之本旨，而自蹈愆尤，臣虽至愚，曷敢出此？且应试士子大省逾万、小省数千，中额原属无多，何至取文理未通之卷，滥竽充数，又乌足以服士子之心？在考官亦当难以自解。拟请饬礼部将《科场条例》颁发，各科道及考官等详为浏览，庶了然于胸中，勿循前之覆辙。"太后可其奏，事始寝，良由久官礼曹，深悉科举掌故，用能仰邀圣眷，如此其隆。是时穆宗崩，未有储贰，太后传及德宗，俟生皇子以承统绪。廷臣有请立铁券者、勒碑太庙者，特命王大臣、大学士、六部九卿会议，聚讼纷纭，莫得要领。僧宝曰："券与碑可移易，不若请旨宣示天下，他日膺大宝之君，即是毅皇帝之子，臣庶皆知，尤为尽善。"尚书翁同龢、潘祖荫等谓所议最当，另折会同复奏，太后嘉纳之。光绪乙亥再派磨勘试卷，凡应议者批注详明，较诸从前愈加缜密，虽鲁鱼亥豕，亦剔抉靡遗，于是直声益著。人皆称其切实磨勘，一志孤行，

---

①圜丘：皇帝举行冬至祭天大典的场所，又称祭天坛。

②镌（juān）级：降低官阶，降职。

③龂龂（yín）：争辩貌。龂，同"龈"。

④刺谬：冲突、违背。

⑤具文：空文，徒具形式而不起实际作用的规章制度。

始终不懈，即昔日毁之者，咸为咋舌，不敢复置一词焉。当台谏时，每有封事，辄焚其草，故疏稿罕传。其明发内阁之折，如请亲政郊天、整顿科场以及乞休诸疏，皆有贾长沙①心抱，为时传诵。缘前十年初行酒税，土匪闹捐，毁劫绅富，波及其家，稿竟全失，末由备录，论者惜之。综其平日廉直峻峭，正色立朝，言论侃侃，不阿权贵，同僚莫不惮其丰采也。丙子因疾乞休，忆其疏内有云“忝荷三朝之知，滥厕九卿之列，虽粗谙旧典而未达时趋，圣恩屡示优容，臣心益增感愧”等语，则其熟习典章可以想见。得请归里，杜门著作，概弗与人通刺。巡抚裕宽聘掌书院，固辞不就。总督张之洞因地方要事，令按察使阎希范来佛就商，竟以疾辞，闭门不纳。或问其故，则谓：“职官告病，例不见客，今吾未愈，恐贻识者讥，且不欲闻时事而已。”著有《古易义》《尚书泾渭录》《毛诗可歌》《三礼问对》《经籍纂诂订讹》《通鉴辑览年表》《字书》《三要会》《说文条系隶正》《近光录》《容安室笔记》《余事草》等书，已梓者有《切韵求蒙》《四声韵谱》《古术今测》《春秋日官诘》四种。年六十有三卒于家。按：僧宝为梁九图比部之子，李文田侍郎亦受业于九图，故一时有二难之目。卷十五《艺文志一·经部·小学类》：《切韵求蒙》一卷，梁僧宝撰……光绪三年孟秋，寒白退士自序。《四声韵谱》十六卷，梁僧宝撰。《序》二……先大父年弱冠捷南宫，官礼曹，历台谏，掌枢密，跻九卿……甫强仕即决然舍去，不与外事，杜门著述，成书二十余种……先子隐于商，自仲父既殂，旋亦弃养，才以髫龄迭遭大故……戊午仲秋，检视遗版，半遭蠹蚀，爰亟补刊……时在初刊后阅四十二年，岁次庚申小春，孙才孙补刊校竟，敬跋数语并识岁月焉。《子部·天文算术》：《春秋日官诘》四卷、《古术今测》八卷，梁僧宝撰……王寿慈序曰：《古术今测》八卷，前鸿胪少卿梁僧宝姑夫所撰……寿慈……戊戌恭修《会典》，桂省服官，秋初返里，而姑夫已弃世矣……乃与其少子式略检出其生平著述，一一翻阅……命梓刊焉，以公同好。

［民国］《顺德县志》卷十九《列传四》：麦村人，居佛镇。

张荫桓　（1837—1900）字樵野，原籍广东新会，生于佛山镇，改籍南海。同治三年（1864）捐得山东知县职，巡抚阎敬铭、丁宝祯招到幕中，掌文书公牍。七年保荐道员，分赴湖

①贾谊（前200—前168），西汉洛阳人。23岁被贬为长沙王太傅，故称贾长沙。

北，在总督李瀚章幕中总办营务。十三年调回山东为登莱青道员，拒英国请辟烟台租界之议。后历山东盐运使、芜湖关道员、安徽按察使。光绪十一年（1885）为总理衙门大臣、太常寺少卿、直隶道员，充出使美、日、秘三国大臣，升通政司副使，转太仆寺卿，后升大理寺卿、都察院副都御史、户部右侍郎转左侍郎。二十年为全权大臣出使日本，二十三年出使英国，翌年主办铁路总矿务局。戊戌变法，与康有为来往甚密，失败后被革职充军新疆。义和团事起，被诬通俄，论斩戍所，和议签订后，有旨昭雪，开复原官。早年粗识字，中年力学，骈散文及诗卓然成家，画亦超逸。

［宣统］《南海县志》卷十六《列传》：字樵野，佛山人。性豪俊有胆略，倜傥多奇气。博涉书史，能文章，少应童试不遇，年仅弱冠即弃科举。同治三年报捐知县赴山东，东抚阎敬铭、丁宝祯先后器异，招致幕中掌书记，公牍章奏多出其手。荫桓天才飚发，每草一疏，俄顷立就，遂以文字达上官。尝奉檄出关，戎马驰驱，才能益著，每遇疑难事，应机立断，迭膺楙①赏。七年由知县叠保至道员分省湖北，八年三月十六引见，十月由山东赴湖北，总督李瀚章招入幕，总办营务处七年。十三年十一月二十日，丁宝祯奏调回东，以识力过人专折保荐，旋署登莱青道。荫桓本文人，通时事，智谋越等伦。时外人换约，荫桓外顾邦交，内保国体，措置裕如，直督李鸿章由是奇之。旋署山东盐运使，光绪六年放芜湖关道。是年二月十九日李鸿章、恭堂交章密荐，宝祯复以“才大心细、治事精密”特保之，旋署安徽按察使。光绪十一年内召，皇太后召问安徽荒田，荫桓奏对称旨，派总理衙门大臣，赏三品卿衔，旋补太常寺少卿。荫桓不由科目起家，洊跻京秩，言官有议之者，旋出总理衙门，寻放直隶大名道。旋调京以四品京堂候补，派充出使美、日、秘大臣。美禁华工进境，荫桓不能争，竟与订约，华民恨之。差内补太常寺少卿，升通政司副使，转太仆寺卿。十六年差竣覆命，以所著《三洲日记》进呈，蒙奉旨留览，召见后复命充总理衙门大臣。十七年九月升大理寺卿，十二月升都察院副都御史兼署礼部右侍郎。十八年五月升户部右侍郎，六月转户部左侍郎仍兼署礼部。二十年十一月赏尚书衔，授为全权大臣出使日本，二十一年二月十八日回京本任。二十三年二月出使英国，赏紫禁城骑马。荫桓才望上结主知，既跻卿贰，且厕清班，异数殊荣，盖少伦比。戊戌之变，

①楙（máo）：同“茂”，草木茂盛。

荫桓以努力新政，叠膺路矿要差，疑谤迭乘，几不免。某公为乞恩者再，乃得落职戍新疆，抚某素知荫桓，厚遇之。庚子之变，重为流言陷，遂不免，时光绪二十六年六月二十六日也。事隔旬日，而恩赦之诏乃至，中外惜之，旋有旨昭雪，开复原官。著有《铁画楼诗文稿》六卷、《三洲日记》八卷。

［民国］《续修广东通志》卷九《人物志·广州一》：同治二年报捐知县赴山东，时巡抚阎敬铭、布政使丁宝桢并器异之……尝檄办湘军济安营，克复淄川白莲池。五年指分湖北，六年宝桢擢巡抚，奏派赴东三省召募。七年剿直枭守黄河，既而克饶州清全稔……宝桢奏调回东，委办贾庄河工，以识力过人专折保荐，二年署登莱青道……五年东抚周恒祺委办营务处，七年署盐运使。先是，文格任东抚，时有献议者请改戴村坝以顺溜势，将兴大役，虚掷金钱，荫桓不可，议遂寝。所办贾庄河工，工巨而费省，宝桢尤奇之。又以淄川维县煤铁并饶，言于周恒祺，请与北洋合办，恒祺从之。五年冬，中俄衅起，沿海戒严，檄荫桓赴登州烟台巡视，部署严备，民赖以安。任登莱道时，英使威妥玛以滇约为言，索立租界，哄于译署，北洋大臣驰书诘问，戒勿坚执，荫桓屹不动，卒以力争寝其事。烟台向有义冢，为闽浙旅葬地，英人欲图之，旅民诉诸荫桓。荫桓与之驳诘，卒反地，旅民至今德之。潍矿久为外人垂涎，邑人陈介福购机开办，驰马践婴孩，一乡哗噪，外人亦欲乘间攫利。荫桓召陈至，切责之，仓猝定变，荫桓之力也。美教士莫约翰在泺阳书院旁购地建教堂，士民大哄，莫诣周恒祺出券请验，荫桓阅卷署嘉庆年号无官印，语之曰："此未税之契，不得管业。"莫谋之译署，荫桓坚持，莫竟无如何。六年放安徽宁池太广道，兼权芜湖。芜关设自前明成化时，积弊甚重，荫桓尽蠲烦苛，税入骤增。是年二月十九日，李鸿章、恭镗、左宗棠、周恒祺交章密荐，宝祯复以"才大心细、治事精密"特保之。十年署按察使。十一年内召……抵美日，关吏黑贾索阅国书，荫桓拒之。洛士丙冷一案，美工党焚杀教民二百余人，索偿久不得。直荫桓与美廷题议允偿墨银十四万七千有奇，外国之偿款于我实自此始。是美方虐待华侨，荫议革彼苛例，乃众论纷纭，垂成竟辍，论者惜之。而荫桓亦引以为恨也……庚子之变，荫桓上疏请剿拳匪，重为流言陷，遂不免，绝笔有云："驰驱中外卅年余，壮志犹存谏猎书。今日京中成大变，敢将忍死待须臾。"时光绪二十六年六月二十六日也。事隔旬日，而恩赦之诏乃至，中外惜之。其后由外国公使沥陈冤抑，旋有旨昭雪、开复原官。荫桓尚德尊贤、轻财仗义，生平慕乡先达袁崇焕之为人，出使英国所入公费数千金，悉以为重修京师袁督师墓之用，为屋三楹，并撰有碑记。著有《三洲日记》八卷、《英轺日记》二卷、《铁画楼诗文集》六卷、《荷戈集》二卷。

［民国］《佛山忠义乡志》卷十四《人物志六·宦迹·清》：其先自鹤山

迁佛山，家世豪富，至荫桓资产耗尽，自负其才不介意……同治初至上海，措资捐知县，指省山东。

［民国］《广东通志稿》卷一百〇二《清列传》：字樵野，广东南海人，性通脱。纳资由县尉为知县，铨山东，数从事河工。巡抚阎敬铭、布政使丁宝桢先后器异之，数荐至道员。光绪二年权登莱青道，时英国请辟烟台租界，议倡马头捐以敛厚资，荫桓持不可。又义冢一区为人盗售，有司已钤契矣，复与力争，卒返其地。七年授安徽徽宁池太广道……会久淫雨，江流衍溢州邑，吁出俸钱振之。明年迁按察使，征还赏二品京堂，命直总理各国事务衙门。同列非门荫即甲科，无起下吏者，比莅事，人皆轻之，乃益交名士，时为酬恐。所制沉博绝丽，翰詹中鲜其媲，众始惊之。十年除太常寺少卿。荫桓精敏，号知外务，骤跻巍官务揽权，为同列所忌。给事中孔宪摭其致苏松大道邵友濂私函为泄朝旨，劾之，诏出总署，又以语连同官并罢周家楣等，朝列益衔之。左迁直隶大顺广道，十一年命充出使美、日、秘三国大臣，逾岁赴美。舟抵金山，税司黑假索观国书，荫桓谓非关吏所得，预峻拒之，电诘美外部，黑假踧踖惭谢。至伊士顿，地近洛士丙冷，华民箪食相迎。初，华民之佣其地也，为美工燔杀，数至二百余人，前使郑藻如索偿所毁财产，久不得，至是皆待命荫桓。荫桓既达美都，即与其外部办验，凡偿墨西哥银十四万七千有奇，金山华民故好械，闻尝为文风谕之。未几，美设苛例，欲禁遏华工，荫桓曰："与其系命它族，毋宁靳勿与通也。"于是倡自禁华工议，继乃循众，请不果行……又与日争论小吕宋设官事，卒如所议……十三年奏设古巴学堂，并筹建金山学堂、医院。后三年还国，仍直总署。时奕劻领译署，大臣中惟荫桓差谙外交，接宾议事多以属之，俄使尝笑言私谓："贵署仅君一人耳。"历迁户部左侍郎。二十年中日议和，命偕邵友濂为全权大臣东渡，日人弗纳。次年复命与日使林董赓议商约，荫桓力争优待利益、征收税则二事，成通商行船二十九款。二十三年奉使贺英上，以其熟知外情，命就彼国兼议加税，坚拒免厘。荫桓历英、美、法、德、俄而还，条具见闻，累疏以陈，大旨谓宜屏外援、筹固圉、为箴膏、起废策。二十四年京师设矿务铁路总局，被命主其事，数言修内政以戢民志，治团练以裕兵力，敕并依行。先是，变法议起，主其事者康有为，与往还甚密。有为固其乡人，因翁同龢荐，久简帝心，荫桓知之，遂纳诸幕中，日与筹变法。德宗立意雄新，孝钦久疑忌，宵小内竖从而构之，嫌怨日深。荫桓于召见私有所陈，兼进新学书籍。戊戌四月，同龢被放，荫桓诣之，告以与军机司见上，以胡孚宸奏折示之，言得赠二百五十万与翁平分，上谕以竭力当差。又言是日军机见东朝，极严责，以为当办军机大臣，廖恒力求始罢，更传有命英年收张某者，已而无事。及有为入对，谓大臣中惟荫桓及李端棻二人能任事，且晋户部尚书，

人谓其尝劝帝异章服、更正朔。旧党咸疾首，文悌受许应骙旨暴其通有为状，帝置不问。政变，有为获谴，遂褫荫桓职。徐桐进曰："不杀荫桓，是举为无名。"俄使属荣禄解于后，适孝钦方联俄，乃谪戍新疆。越二年，拳乱作，用事者矫诏戮异己，荫桓论斩戍所，二十七年复故官。论者谓光绪朝部院大臣多负物望，其兼直总署者时方重交涉，权比枢廷，荫桓谙外交，有建白，一时理乱实隐系之。子仲宅，民国后为强有力者钩毙之，父子皆不善终。荫桓丰颐广额，言论抗爽，遇人亦和平宽厚，而心计甚工，文章雅饬，才足副之，与当时名流盛昱、王懿荣诸人往还。在朝资用豪侈，饮馔丰美，又好收藏书画。李鸿藻以旧辅再出，亦惟其言是从。翁同龢表面无间，心亦不洽，或曰有为进用，外传同龢所保，实荫桓密荐之也。德宗亲信臣以荫桓为首，荫桓与太后不两立，有为偏信荫桓言，故致败。

王庆霖　清南海人。同治六年（1867）举人。

[同治]《南海县志》卷九《同治朝·举人》：丁卯科。

王凝祜　清南海佛山镇人。同治六年（1867）举人。

[民国]《佛山忠义乡志》卷十三《选举志二·举人·清》：同治丁卯，附生。

区金策　清南海人。同治六年（1867）举人。

[同治]《南海县志》卷九《同治朝·举人》：丁卯科。

区鸣珂　号鹤皋，清高明人。贡太学，游幕青、豫。同治六年（1867），协修河南汤阴县城有功，奖主簿，历任广西佐贰，代理归顺州知州。父灿如，长兄拔熙。

[光绪]《高明县志》卷十三《列传·人物二·国朝》：号鹤皋，灿如九子。性冲雅，生平无疾言遽色。由邑增生贡太学，遂幕游青、豫，当道器重。同治丁卯，以协修汤阴城功得奖主簿。历任广西佐贰，代理归顺州牧，所莅任以清谨闻。尝奉委查南宁府书院田租，各佃醵巨金求护，峻却之。秩虽微末，清标远矣。

区谔良　字海峰，清南海西樵松塘村人。同治六年（1867）举人，十年进士，选庶吉士，改授工部主事。光绪二年

(1876)，随外交大臣陈兰彬出使美国、日本、秘鲁，曾任驻美出洋肄业局总办。差满叙劳绩，补主事，升至郎中。九年与康有为创办妇女不裹足会。二十一年截取知府，分发江西补用，卒于官。父炳奎（改名宅裕），道光十九年（1839）举人。

［同治］《南海县志》卷九《同治朝·举人》：宅裕子，顺天中式，进士，卯科。《同治朝·进士》：庶吉士，工部主事。辛未科。

［光绪］《广州府志》卷四十一《选举表十·进士·国朝·同治十年辛未梁耀枢榜》：南海人，庶吉士。

［宣统］《南海县志》卷十四《列传》：字海峰，区村人。散馆以主事用，签分工部。光绪二年，出使美、日、秘国大臣陈兰彬奏派为随员①，差满叙劳绩，旋补主事，叠升至郎中。乙未截取知府，分发江西补用。谔良赋性高澹，沉默寡言，交友诚笃，有直谅风。到省数年，大吏屡派税政差使，未几，以病卒于官。

邓祥中　清三水人。同治六年（1867）赐举人，次年赐检讨。

［光绪］《广州府志》卷四十六《选举表十五·举人·国朝·同治六年丁卯钦赐举人》：三水人，戊辰赐检讨。

龙赞新　字习之，清顺德大良人。同治六年（1867）举人，官江苏知县。父元僖，兄赞宸。

［光绪］《广州府志》卷四十五《选举表十四·举人·国朝·道光十一年辛卯》：龙元僖，顺德人，进士，子景欢、赞新。卷四十六《选举表十五·举人·国朝·同治六年丁卯》：龙赞新，顺德人，元僖子，景欢弟。

［民国］《顺德县志》卷八《选举表一·举人·同治》：字习之，大良人。江苏知县，元僖子、赞宸弟……丁卯科。

---

①光绪元年（1875）四月十二日李鸿章《请派区谔良帮办留美幼童肄业各事片》："幼童驻洋事宜亦关紧要，自应遴派妥员速往接办，以昭慎重。查有工部候补主事区谔良，籍隶广东，由翰林院庶吉士改授部曹，年力正壮，志趣坚卓，洋务亦颇讲求，堪以委令出洋，会同原派委员容闳常驻美国……将来如有成效，再由臣等从优酌保，以示鼓励。"

叶衍荣　字咏南，清顺德龙江人。同治六年（1867）举人。官阳春训导。

［光绪］《广州府志》卷四十六《选举表十五·举人·国朝·同治六年丁卯》：顺德人。

［民国］《顺德县志》卷八《选举表一·举人·同治》：字咏南，龙江人……丁卯科。

冯汝修　清高明冈头人。同治六年（1867）举人，官湖南清泉知县。

［光绪］《高明县志》卷十二《选举表·国朝·举人·同治朝》：冈头人，广西永安籍，湖南清泉知县。六年丁卯科。

冯卓英　字越俦，清顺德龙山人。同治六年（1867）举人，署甘肃陇西、徽县知县。父梦熊。

［光绪］《广州府志》卷四十六《选举表十五·举人·国朝·同治六年丁卯附顺天中式》：顺德人，顺天籍。

［民国］《顺德县志》卷八《选举表一·举人·同治》：字越俦，龙山人。顺天榜，署甘肃陇西、徽县知县……丁卯科。卷九《封荫表·封赠·文阶》：冯梦熊，龙山人，以子卓英赠陇西县……知县。

伍兰成　字季誉，清顺德水藤人，寄居大良。同治六年（1867）举人，官普宁县教谕。

［光绪］《广州府志》卷四十六《选举表十五·举人·国朝·同治六年丁卯》：顺德人。

［民国］《顺德县志》卷八《选举表一·举人·同治》：字季誉，水藤人，寄居大良。普宁县教谕……丁卯科。

麦其琛　清顺德麦村人。同治六年（1867）武举。

［民国］《顺德县志》卷八《选举表一·武举·同治》：麦村人……丁卯科。

李可材　清南海人。同治六年（1867）举人。

［同治］《南海县志》卷九《同治朝·举人》：丁卯科。

李应鸿　字翥云，清南海李边乡人。同治六年（1867）举人，次年进士，授职即用知县，代理江西建昌、新喻、南城及陕西安康县令，补授榆林知县，因足疾告归，卒。深思好学，实干有为。父志苍，子宗颢。

［同治］《南海县志》卷九《同治朝·举人》：进士，丁卯科。《同治朝·进士》：知县，戊辰科。

［宣统］《南海县志》卷十四《列传》：字翥云，李边乡人。幼敦敏，年十八补博士弟子员。同治六年丁卯举人，逾年成进士，以知县即用签分陕西，因亲老告近，改掣江西，署建昌县知县。甫下车即捐廉修书院以教士，数亲临诱掖如塾师然。城垣久坍塌，复倡捐兴修以资守御。豫章蚕桑岁止一登，为购吾粤桑种数万株，教民树艺，其利五倍。父忧归，设帐省垣，脩脯奉母，有终养之志。以母命复之江西，署新喻县知县。民好以小忿相斗讼，应鸿开诚劝谕惩儆，嚣竞之风寖以衰息。迁宰南城，县多奸商贩售私钱，士绅虑官钱不给，骤变妨民，应鸿曰："设局转运以备取求，价与市同以利民用，必无害也。"遂出谕严禁，弊果革。有童子昆弟两人，岁晚自他归里，中途遇害，狱悬不决。应鸿推勘案卷，两童均项有二伤，一左深右浅，一右深左浅，浅穴大、深穴小。廉两童归时曾愒①茶居，有窃其囊钱不遂者，因拘鞠之。视其手，两大指与食指皆血蚀肤落，量其长短、大小与尸伤吻合，知为手钤杀也，案律抵罪，人服其神。母忧归，仍设帐省垣。服阕请咨赴陕，旋署安康县知县。武举刘正富聚党肆恶淫妇女，闾阎侧目。应鸿廉得其情，选役百余名潜蹑其踪，擒之诣府请治，府惧不敢发。应鸿曰："吾终不惜此官以除民害。"连夜严讯杖毙之，民大称快。补授榆林县，民多健讼，始至，案牍盈庭，未及期月，化行讼息。岁大旱，徒步百里祷雨，雨立降，年谷用登。未几，足疾假回省，将告归，以负债累累不果行，旋卒，门生戚旧寄资偿负，始克归。生平读书详审大义，著有《读史随笔》一卷、《读律拟草》二卷、《政言》四卷、《虚谷子》一卷、《四书讲义》三十四卷、《毓兰馆诗文集》二卷。

李锡培　清南海官山附近人。同治六年（1867）举人。光绪十一年（1885）督修桑园围，二十年与陈启沅主持维修西樵吉水窦。父意荣。

---

①愒（qì）：古同"憩"，休息。

［同治］《南海县志》卷九《同治朝·举人》：丁卯科。

［宣统］《南海县志》卷八《江防略·江浦司》：光绪十一年乙酉，桑园围设局领帑修基，李锡培主其事。是年水潦盛涨，大栅围屡次告警，因合十四围通力合作……因患基多，工难遍及，拟于官山圩外马头冈河面拦筑石闸，潦至则闭，潦退则开，闸以内基均可减工省费。计亦良得，然桑园围以是为出水要津，建闸则水消不畅，晚禾赶莳不及，永无收获……李锡培以居址最近，首先呈县阻止……而张琯生、潘誉徵联名通禀大宪……十四围乘委员未到，先行兴工落石塞海……桑园围……群情汹汹不能收拾，此役遂罢。委员复禀归咎于桑园围恃强压邻，李锡培先行斥革功名，张琯生、潘誉徵亦听候查明办理。当未出奏时，桑园围愿赔银二千两，求为销案，免革功名……而李锡培甘于受谴，劝勿置议。围众又议以愿赔之二千金送与李锡培为捐复之资，更附祀河神庙以酬劳勚。迨事越五载，张制军……亲赴马头冈勘视一周，复游白云洞登高四望，乃知桑园全围水道由马头冈河面宣泄，宜乎围绅不愿筑闸也。旋即饬属撤案，并为李锡培开复功名云……光绪甲午年，简村、先登两堡重修吉水窦。李广文锡培撰《吉水窦碑记》云：凡围基必有窦，基捍外潦，窦泄内水，二者相需，弗治必为田庐患。桑园围诸窦以吉水窦为最大亦最古，自前明方文襄相国创修垂三百余年，渐以颓坏。每潦至闸闭，窦内四旁如泉斯涌，盖冲击日久，石为溜穿，浸淫滋深，土复内陷，力不足以障之也。我朝嘉、道以来，间有修补，率皆补苴罅漏，图救目前，至欲改弦更张，则以工巨费繁畏难而中止。光绪壬辰岁，阖围领帑修基，予偕陈君启沅董其役。顾念斯窦不治，基虽固，庸足恃乎？陈君智力过人，勇于任事，首倡善举，合力大修，冀一劳永逸。爰集简村、先登两堡公议，佥谓事宜亟行，过此恐非所料，相举设法筹款。先由简村堡廿七户内岁均渡租截留一半，次则科及田亩，不足则益以劝捐。附近殷户闻义解推不色吝，先登堡亦协力佽助，不数月而事集焉。推麦、陈、梁等为督理，集夫购料，克日而兴，经始于甲午秋，九越月而功告成。基址仍旧而规模略加高厚，换白石于外，用红石于内，更仿西法，以洋泥搀灰与沙，抟击石后使涓滴不入。共费五千金有奇，无虚縻，无粉饰，坚致牢实，屹若金城。是役也，陈君启沅实终始其事，然非借佥同之谋、众擎之力，亦曷克臻此美善哉！工甫就，予适返翁源训导任，同人具其事，属为之记。卷十《选举表·封荫·光绪朝》：李意荣，以子锡培赠翁源训导。

杨名广　清顺德人。同治六年（1867）任水师参将。

［光绪］《广州府志》卷三十一《职官表十五·国朝·武职·副将参将游击·同治朝》：顺德人。六年任，水师提标中营参将。

杨名泰　清顺德玗滘人。同治六年（1867）武举。

［民国］《顺德县志》卷八《选举表一·武举·同治》：玗滘人……丁卯科。

杨祚长　清顺德桂洲人。同治六年（1867）赐副贡，九年赐举人，次年赐检讨。

［光绪］《广州府志》卷四十六《选举表十五·举人·国朝·同治九年庚午钦赐举人》：顺德人。

［民国］《顺德县志》卷八《选举表一·五贡·同治》：桂洲人……以符例赐，丁卯科副贡。《举人·同治》：以符例赐，辛未赐检讨……庚午科。

连敦銮　字菶冈，清顺德沙滘人。同治六年（1867）举人。

［光绪］《广州府志》卷四十六《选举表十五·举人·国朝·同治六年丁卯》：顺德人。

［民国］《顺德县志》卷八《选举表一·举人·同治》：字菶冈，沙滘人……丁卯科。

吴研山　清高明铁冈人。同治六年（1867）赐举人。

［光绪］《高明县志》卷十二《选举表·钦赐》：铁冈人。由附生，同治六年丁卯科赐举人。

吴翘龄　名或作侨龄，清顺德人。同治六年（1867）赐副贡，九年赐举人，次年赐检讨。

［光绪］《广州府志》卷四十六《选举表十五·举人·国朝·同治九年庚午钦赐举人》：吴侨龄，顺德人。

［民国］《顺德县志》卷八《选举表一·五贡·同治》：以符例赐……丁卯科副贡。《举人·同治》：以符例赐，辛未赐检讨……庚午科。

何元采　字芝野，清顺德羊额人。同治六年（1867）副贡。

［民国］《顺德县志》卷八《选举表一·五贡·同治》：字芝野，羊额人……丁卯科副贡。

何汝兰　改名增祜，字晴珊，同治六年（1867）举人，十三年会试挑取誊录，57岁卒。父容光（字铁桥），弟汝桂。

［同治］《南海县志》卷九《同治朝·举人》：丁卯科。

［民国］《佛山忠义乡志》卷十四《人物志四·文苑·清》：何增祜，原名汝兰，字晴珊，铁桥子。弱冠进庠，旋食廪。同治丁卯举人，甲戌会试挑取誊录，即不再赴公车。为文清真雅正，亦利场屋。书法筋节得力于唐苏灵芝《铁杖碑》，其轻秀得力于唐钟绍京《灵飞经》及明董其昌，人争宝贵之。卒年五十七岁。

何如锴　清南海九江镇涌石龙乡人。同治六年（1867）举人。兄如铨。

［光绪］《广州府志》卷四十六《选举表十五·举人·国朝·同治六年丁卯》：南海人。

［宣统］《南海县志》卷十九《列传·文学·何如铨传》：何如铨，号嗣农，镇涌堡石龙乡人……季弟如锴，同治六年丁卯科举人，先卒。

何容德　字寿田，清顺德羊额人。同治六年（1867）武举，光绪十七年（1891）任高明县城守。

［光绪］《高明县志》卷九《兵防志·武职》：国朝城守官一员（或千总或把总），顺德人。武举，光绪十七年任。

［民国］《顺德县志》卷八《选举表一·武举·同治》：字寿田，羊额人。高明县城守，丁卯科。

何遂贞　字恪臣，清顺德羊额人。同治六年（1867）举人。

［光绪］《广州府志》卷四十六《选举表十五·举人·国朝·同治六年丁卯》：顺德人。

［民国］《顺德县志》卷二十《列传五》：字恪臣，羊额人。少奇慧，读书过目不忘，握笔为文，顷刻立就。同治丁卯举于乡，墨艺人争传诵，李学士文田见之曰："奇气勃发，才子之文也。"遂贞意致疏散，不修边幅，慕唐伯虎、徐青藤之为人。工诗，以新炼为宗，雅近山谷，骈文能为齐梁人语。羊额何氏称望族，道、咸以来才俊辈出，若小范学博仁镜、省庵大令寿增、鹿朋大令泽群、行吾比部其敬、咏裳孝廉寿堃、南台孝廉寿恺，皆负文誉、掇巍科，后先辉映，而天才放逸以遂贞为最云。

张乔芬 清南海人。同治六年（1867）举人，次年进士，官刑部主事。

［同治］《南海县志》卷九《同治朝·举人》：进士，丁卯科。《同治朝·进士》：刑部主事，戊辰科。

张连元 清南海人。同治六年（1867）武举。

［同治］《南海县志》卷九《武科选举》：丁卯科，同治朝。

张泳 清南海人。同治六年（1867）举人。

［同治］《南海县志》卷九《同治朝·举人》：丁卯科。

张炳垣 清顺德龙江人。同治六年（1867）举人。

［光绪］《广州府志》卷四十六《选举表十五·举人·国朝·同治六年丁卯》：顺德人。

［民国］《顺德县志》卷八《选举表一·举人·同治》：龙江人……丁卯科。

陈振庸 清南海人。同治六年（1867）举人。

［同治］《南海县志》卷九《同治朝·举人》：丁卯科。

林凤翔（清同治） 清南海人。同治六年（1867）举人。

［同治］《南海县志》卷九《同治朝·举人》：丁卯科。

林汝桓 清三水人。同治六年（1867）举人。

［光绪］《广州府志》卷四十六《选举表十五·举人·国朝·同治六年丁卯》：三水人。

招成鸿 字仲逵，清南海溶洲（今属禅城南庄）人。同治六年（1867）举人，官海南文昌县训导。父敬常，子毓桂。

［同治］《南海县志》卷九《同治朝·举人》：敬常子，丁卯科。

［宣统］《南海县志》卷十五《列传》：字仲逵，溶洲堡溶洲乡人。父敬

常，广西平乐府知府，前志有传。成鸿性沉毅，覃精①典籍，事母以孝闻。同治六年丁卯，由廪生中第五名举人，坚忍任事，能人所难。溶洲居南围上游，地最高，横亘南北如堤。初筑围时以水淹不及，故围北招氏祠前濒海百余丈，独缺不筑。围东与罗格围相接，而中隔村心滘一道，实不相连，潦起则从滘灌入，村前各街口下闸为障，涨盛则泛滥倒入，下游围内田庐均受淹浸，因是议筑。东村人以田底起基，费巨难成，拟毁溶洲房屋，以村心高地为基址，庐舍多圈出基外，聚众抢筑，乡人震恐。成鸿与各堡绅士会商，拟于村心滘南北两头建水闸，北界海旁筑新基百余丈，众称善。惟海旁基段正当招氏祠前，族人多不欲，成鸿权以利害、喻以大义，皆服从。南围田业，溶洲占五之一，东村占五之四。东村人不愿科派筑费，成鸿先从溶洲田亩起科得银数百两，商请爱育善堂助银四百两，县主张琮申请大吏拨助银贰千余两，并倡集千益会得银五千两，共费银捌千余两，而基闸告成。嗣是围内田庐悉免水患，而东村迄不缴费，成鸿谕乡人勿与校，以其闸为溶洲基闸，拨公产十余亩及新基余地租息，以备递年修费，其忍而有济如此。约束子弟有法，终成鸿世，族人未尝酿事。乡邻有斗，得成鸿一二语立解，讼者两造相持，官吏多访成鸿判决。先是，咸丰四年红巾乱起，举办乡团，闾里赖安。光绪九年法夷启衅，土匪煽动，成鸿联集绅士禀办七堡团练总局，公举正绅任事，用遏乱萌。十六年，提督方耀奉命清乡，设保安总局关通上下，首举成鸿驻办。成鸿明慎，居心无纵无枉，未几方卒局撤，寻以大挑二等选授文昌县训导，旋兼理乐会县训导，复充文溪书院山长。二十年，粤藩成允调成鸿带缺返省，复办保安局，逾年送考回，未进局，卒。著有《四书讲义》二卷、《萼华斋纂闻》二卷、《读子漫录》二卷、《萼华斋课言》二卷、《理气汇纂》正续二卷、《医方杂纂》一卷、《堪舆偶记》一卷。子毓桂，庠生。

罗声奏　字萍川，清顺德大良人。同治六年（1867）举人。

［光绪］《广州府志》卷四十六《选举表十五·举人·国朝·同治六年丁卯》：顺德人。

［民国］《顺德县志》卷八《选举表一·举人·同治》：字萍川，大良人……丁卯科。

罗家劝　清顺德大良人。同治六年（1867）举人，官内阁

---

①覃（qín）精：潜心，深入钻研。

中书、广西南宁府同知。父遇良，兄弟家勤、家劭、家勗、家励。

［光绪］《广州府志》卷四十六《选举表十五·举人·国朝·同治六年丁卯》：顺德人，内阁中书。遇良子，家勤、家劭弟。

［民国］《顺德县志》卷八《选举表一·举人·同治》：大良人。内阁中书，广西南宁府同知。遇良子，家勤、家劭弟……丁卯科。卷十七《列传二·罗遇良传》：家劝……由中书官至广西庆远同知；家勗、家励，诸生。孙惇鬲，癸酉举人。惇晸，光绪丙子优贡，开平训导。惇景，附贡生，福建补用盐大使。淛熙，乙酉拔贡。惇曧，庚子优贡，癸卯顺天副贡，邮传部郎中。

罗惇悦　字梦臣，清顺德大良人。同治六年（1867）举人。

［光绪］《广州府志》卷四十六《选举表十五·举人·国朝·同治六年丁卯》：顺德人。

［民国］《顺德县志》卷八《选举表一·举人·同治》：字梦臣，大良人……丁卯科。

周果　字佛缘，清顺德大洲人。咸丰五年（1855）与何应驹倡建本乡书院。同治六年（1867）举人，任宗室官学教习。

［光绪］《广州府志》卷四十六《选举表十五·举人·国朝·同治六年丁卯》：顺德人。

［民国］《顺德县志》卷二《建置略一·书院社学》：钟山书院，在大洲乡……咸丰五年，乡绅周果、何应驹等倡建。卷八《选举表一·举人·同治》：字佛缘，大洲人。宗室官学教习，丁卯科。

周钧鳌　原名庆麟，字咏风，清顺德黎村人。同治六年（1867）举人，广西补用知府。父棠芬。

［光绪］《广州府志》卷四十六《选举表十五·举人·国朝·同治六年丁卯》：周庆麟，顺德人。

［民国］《顺德县志》卷八《选举表一·举人·同治》：原名庆麟，字咏风，黎村人。广西补用知府……丁卯科。卷十四《艺文略·史部·史评类》：《读史管见》，国朝周钧鳌撰。卷十七《列传二·严显传》：同里周冕、周钧鳌均为赏识……钧鳌，榜名庆麟，字咏风，工诗古文词，才藻富丽……著有《希古轩文集》《希古轩骈体文钞》《熙朝乐府》《不懈斋诗钞》《仿梦玉阁词钞》。

钟文藻 清南海大沥堡隆福乡人。同治六年（1867）举人，官户部郎中。父觐平，兄羲年，弟其英。

［同治］《南海县志》卷九《同治朝·举人》：户部郎中，丁卯科。

唐虞世 清南海人。同治六年（1867）举人。

［同治］《南海县志》卷九《同治朝·举人》：丁卯科。

莫允中 字法唐，清顺德容奇人。同治六年（1867）举人。

［光绪］《广州府志》卷四十六《选举表十五·举人·国朝·同治六年丁卯》：顺德人。

［民国］《顺德县志》卷八《选举表一·举人·同治》：字法唐，容奇人……丁卯科。

黄大猷 清南海人。同治六年（1867）武举。

［同治］《南海县志》卷九《武科选举》：丁卯科，同治朝。

黄中璧 清高明伦涌人。同治六年（1867）举人，任广西全州学正。

［光绪］《高明县志》卷十二《选举表·国朝·举人·同治朝》：伦埇人，广西平乐籍，全州学正。六年丁卯科。

黄孔芬 清顺德甘竹人。同治六年（1867）举人。官海阳训导。

［光绪］《广州府志》卷四十六《选举表十五·举人·国朝·同治六年丁卯》：顺德人。

［民国］《顺德县志》卷八《选举表一·举人·同治》：甘竹人……丁卯科。

黄启巂 字左溪，清顺德甘竹人。同治六年（1867）举人。

［光绪］《广州府志》卷四十六《选举表十五·举人·国朝·同治六年丁卯附顺天中式》：顺德人，顺天籍。

［民国］《顺德县志》卷八《选举表一·举人·同治》：字左溪，甘竹人。

顺天榜……丁卯科。

黄其棻 字巽谦，号俭臣，清南海九江人。同治六年（1867）举人。大挑教职。

［同治］《南海县志》卷九《同治朝·举人》：广西籍，丁卯科。

《九江儒林乡志》卷十《选举略·国朝·举人·同治六年丁卯科广西乡试》：字巽谦，号俭臣。梧州籍，中式第二十九名，大挑教职。

黄贤彪 清顺德人。同治六年（1867）任顺德协副将、水师参将。

［光绪］《广州府志》卷三十一《职官表十五·国朝·武职·副将参将游击·同治朝》：顺德人，行伍，六年任，顺德协副将。顺德人，六年任，水师提标中营参将。

黄葆熙 字敬常，清顺德甘竹人。同治六年（1867）副贡。

［民国］《顺德县志》卷八《选举表一·五贡·同治》：字敬常，甘竹人。顺天榜……丁卯科副贡。

梁玉森 清末南海人。同治六年（1867）岁贡。

［同治］《南海县志》卷九《同治朝·贡生》：府学岁贡，丁卯科。

梁世澂 字薇庭，清南海佛山镇人。同治六年（1867）在京应试，官候选通判。十二年刊印医书。光绪十九年（1893）集资重修基围，二十二年勘丈祖庙并绘图刊存。寿82岁。父应琨，子钟璐、钟浚。

［民国］《佛山忠义乡志》卷七《慈善志·仓储·佛山义仓》：同光以后日久弊生，侵蚀仓款，时有所闻，良由司理之权重，监督之责轻，以致铺业五间竟被一仓丁罗英瞒匿吞没，经镇绅梁世澂查究追回。复于光绪二十五年周历各业，按址勘明，绘图注说，以便日后稽查，不至再有遗失。卷八《祠祀志一·官祀·敕封灵应祠》：光绪二十二年，里人梁世澂按趾绘图注说，刊本存大魁堂。卷十三《封赠·清》：以子钟浚封直隶同知。卷十四《人物志·义行·清》：字薇庭，应琨子。性恬淡，隐居不仕，而于桑梓善举知无不为。在顺德麦村祖籍设有恤产会，周恤族中贫寒产妇，给以米粮、酒醋、丸药、

炭薪及婴孩衣服等项，存活甚众。悯天花流行之害人惨也，刊送《痘疹玉髓金镜录》指示迷津，借资挽救。父应琨于同治间创设恻隐堂，掩瘗路上暴露婴骸，行之已久，成效大著。嗣因骸多款绌，几难撑拄，继承先志，劝捐续办，维持不坠。光绪癸巳，集资重修石角、永丰、维则、栅下等埠基围二千余丈，力任艰巨，不避劳怨，卒底于成，围内居民至今犹利赖之。复清浚旗带水淤积，开复栅下文阁水道，使阖镇全河内外沟通，其尤尽瘁镇事者。寻复灵应祠所置西滘、登洲、敦厚各乡田亩七丘，查回义仓散失铺业五间，勘丈灵应祠暨义仓、田心书院、南泉观音庙各处公产，绘图贴说，逐一标志，备极精详，杜绝奸佃盗卖侵占之弊，保全甚大。先是，义仓司事某干没巨款，人见其月有数目张贴，亦不留意。世澂默计出入，谓欠款过存款不啻倍蓰①，调簿核算，尽发其覆，乃与镇绅联名禀究，由县详请革职，监追咨部在案……事后公定经管章程，至今遵守。生平与人无忤，工丹青，借以自娱。刊有《石角围修基征信录》《灵应祠田铺图说》《义仓产业图说》《田心书院产业图说》各一本，《南泉观音庙产业图说契券》一本。官候选通判，年八十有二卒于家。长子钟璐，福建盐大使。次钟浚，举人，直隶补用同知，加级晋封通奉大夫。子婿许炳权貤封荣禄大夫。卷十五《艺文志一・子部・医家》：《痘疹玉髓金镜录》，信丹翁仲仁著，梁世澂校刊并序。序曰：丁卯秋，予应京兆试，从厂肆中得翁仲仁先生所著《痘疹玉髓金镜录》……顾粤中向无刊本，亟付剞劂，以广厥传……同治十有二年岁次癸酉长至日，南海梁世澂序于汾江孟晋斋。

梁金韬 号巨川，清南海石湾石梁村（今属禅城）人。曾受业于朱次琦，与其侄衢尊为友。同治六年（1867）举人。子鸣皋、鸣治同中光绪二十九年（1903）举人。

［同治］《南海县志》卷九《同治朝・举人》：丁卯科。

［宣统］《南海县志》卷十九《列传・文学》：号巨川，石湾乡人。性聪慧，诵读百常童。幼失怙恃，诸父抚以成立。同治六年丁卯以郡庠生领乡荐，五上公车不第，意豁如也。居家笃恩义，友于兄，事必禀命。姊早寡在室，事之如母，率其妻事之如姑焉。居乡严禁赌，饵之不为动，风少戢。乡濒水，每患盗，联呈当道拨扒船巡缉，部署乡人，严密防守，盗踪几绝。笃志嗜学，于书无弗读，所为诗古文词沉博渊雅。久游九江朱先生之门，学日加进，问

---

①蓰（xǐ）：五倍。

业求文字者踵相接。顺德谭大令子中宰临武时，尝驰介奉书币延教其子，其为时推重如此。著有《爱古堂文集》五卷、《诗集》十四卷、《北征日记》一卷、《梁氏家言》三卷、《梁氏清芬集》一卷。卷十一《艺文略·史部·政书类》：《古今钱录》一卷，国朝梁金韬撰。

梁侃 清南海人。同治六年（1867）举人。

［同治］《南海县志》卷九《同治朝·举人》：丁卯科。

梁效成 清南海人。同治六年（1867）副贡，光绪十一年（1885）举人。

［同治］《南海县志》卷九《同治朝·贡生》：副贡，丁卯科。

［宣统］《南海县志》卷十《选举表·举人·光绪朝》：顺天中式……乙酉科。

梁梦龙 清顺德人。同治六年（1867）举人。

［光绪］《广州府志》卷四十六《选举表十五·举人·国朝·同治六年丁卯附顺天中式》：顺德人，高要籍。

［民国］《顺德县志》卷八《选举表一·举人·同治》：高要籍，顺天榜……丁卯科。

梁骝藻 字仲伟，清末顺德逢简人。同治六年（1867）举人，官广西北流知县。父述尧，弟銮藻、骥藻。

［民国］《顺德县志》卷二十《列传五·梁述尧传》：子銮藻，以翰林出守福州。骝藻，以孝廉出宰北流。骥藻，亦孝廉有名于时。卷八《选举表一·举人·同治》：字仲伟，逢简人，顺天榜，知广西北流县，銮藻、骥藻兄……丁卯科。

梁藻勋 清顺德西华人。同治六年（1867）修筑西华乡外东路。

［民国］《顺德县志》卷三《建置略二·桥梁（石路附）》：西华乡外东路，里人梁守正修筑，日久倾圮。同治六年，里人梁藻勋重修……西路亦同时重修。

植青云　清三水人。同治六年（1867）举人。

［光绪］《广州府志》卷四十六《选举表十五·举人·国朝·同治六年丁卯》：三水人。

程倬汉　清南海人。同治六年（1867）举人。

［同治］《南海县志》卷九《同治朝·举人》：丁卯科。

谭次玮　清顺德甘竹人。同治六年（1867）举人。

［光绪］《广州府志》卷四十六《选举表十五·举人·国朝·同治六年丁卯》：顺德人。

［民国］《顺德县志》卷八《选举表一·举人·同治》：甘竹人……丁卯科。

潘天章　清末南海人。同治六年（1867）副贡。

［同治］《南海县志》卷九《同治朝·贡生》：副贡，丁卯科。

潘佐樑　原名锡苹，字鹿樵，清顺德大良人。同治六年（1867）举人，任四川长宁县教谕。父文光。

［光绪］《广州府志》卷四十六《选举表十五·举人·国朝·同治六年丁卯》：潘锡苹，顺德人。

［民国］《顺德县志》卷八《选举表一·举人·同治》：原名锡苹，字鹿樵，大良人。长宁县教谕……丁卯科。卷九《封荫表·封赠·文阶》：潘文光，大良人，以子佐樑赠长宁县……教谕。

潘珍堂　清南海九江人。同治六年（1867），增置龙涌社学后座堂阁。

《九江儒林乡志》卷四《建置略·书院社学》：龙涌社学，在北方龙涌市。道光五年乙酉，社内绅耆创建，有宣讲课文公产七亩七分零。十一年辛卯呈县立案。同治六年丁卯，绅士潘珍堂等增置后座堂阁，公产倍旧焉。

潘焕培　清顺德桂洲人。同治六年（1867）举人。

［光绪］《广州府志》卷四十六《选举表十五·举人·国朝·同治六年丁卯》：顺德人。

［民国］《顺德县志》卷八《选举表一・举人・同治》：桂洲人……丁卯科。

黎天纬　字星五，清顺德赤花乡人。同治六年（1867）举人。光绪十年（1884）中法开战，广东各县再次大办团局，出任第三区团务。倡筑西淋书院，开海西诗社。父省躬，子衍森。

［光绪］《广州府志》卷四十六《选举表十五・举人・国朝・同治六年丁卯》：顺德人。

［民国］《顺德县志》卷二十《列传五》：字星五，赤花乡人。父省躬，字花洲，品行高洁，耽吟咏，自号蕴朴居士，著有《蕴朴诗钞》。尝作诗云："欲与梅为友，常忧不称渠。从今断火食，饮水读仙书。"其生平可想。天纬尚名节，不苟取……计偕入都，谒同邑津海关道黎兆棠。兆棠素器重之，出资为捐盐大使职，荐谒直督李鸿章，鸿章语黎曰："天纬能自树立人也。"黎屡劝出仕，天纬以母老不欲远离，不果出。光绪甲申法越之役，合邑奉大宪谕办团，委任第三区团务，规画得宜。复与诸同志倡筑西淋书院，工程伟大，力任其难。又广集名流，开海西诗社，以继二樵山人后，其风雅尤足多云。子衍森，邑庠生。

黎荣翰　原名莹，字璧侯（或作笔侯），清顺德昌教乡人。同治六年（1867）举人，光绪二年（1876）进士，授翰林院编修，历充国史馆协修、六年会试磨勘官、教习庶吉士。十七年督学陕西，任满归乡，58岁卒。曾祖元佩，祖裔华，父盛光。

［光绪］《广州府志》卷四十六《选举表十五・举人・国朝・同治六年丁卯》：黎莹，顺德人。

［民国］《顺德县志》卷八《选举表一・举人・同治》：原名莹，字璧侯，昌教人……丁卯科。卷九《封赠・文阶》：黎元佩，昌教人，以曾孙荣翰赠。黎炳章，以出嗣曾孙荣翰赠。黎裔华，以孙荣翰封。黎廷昭，以出嗣孙荣翰赠。黎盛光，以子荣翰封，翰林院编修。卷二十《列传五》：一字笔侯，昌教乡人。生而敏颖，状貌魁梧，族叔父兆棠京卿谓其父盛光曰："此吾家千里驹也。"勉以读书。年十六补博士弟子员，同治丁卯举人，光绪丙子进士，授翰林院编修，历充国史馆协修、庚辰会试磨勘官、教习庶吉士。初，荣翰乡荐后，仍游同邑廖孝廉亮祖门，精研经史，讲求有用之学。廖与朱九江先生为莫逆交，因得书牍往还，时相问难，其学有心得，悉基于此。及入词垣诗社，游宴多知名士，京师有"孔北海"之称。辛卯督学陕西，甄拔真才，黜华崇

实，学风丕变。所至手拓汉唐以来古碑数千本，搜罗名迹颇多。学院日久倾圮，捐廉修焉。任满复命返里，时李爵相鸿章督粤，荣翰以年谊每入谒，相与谈粤中利病，多所赞襄。李以粤省厘金积弊，官吏蠹饱，遂有商包之举。以荣翰为保绅，遇事条陈，李颇嘉纳。嗣总商岑某身故，中途停止，商局存款数万金悉缴归库，不以丝毫私诸己。澳商以李筹饷亟贿荣翰巨金，托承广东全省海防经费。荣翰以事非政体且贻害桑梓，力拒之，其狷介类如此。卒年五十有八，著有《陕西行辕杂记》《都门寄咏随笔》若干卷。

霍寿荣 清南海人。同治六年（1867）举人。

［同治］《南海县志》卷九《同治朝·举人》：丁卯科。

蔡宗瀛 （1838—1891）字侣方，清南海佛山镇人。咸丰八年（1858）捐郎中，光绪十三年（1887）授海南澄迈训导，任3年卒于官。祖济羹，父锡麟，弟宗濂，子光弼，孙燊尧。

［宣统］《南海县志》卷十《选举表·封荫·光绪朝》：蔡济羹，以曾孙光弼福建候补道一品封典赠荣禄大夫。蔡锡辉，以孙光弼福建候补道一品封典赠荣禄大夫。蔡宗瀛，以子光弼福建候补道一品封典赠荣禄大夫。

［民国］《佛山忠义乡志》卷十四《人物志六·宦迹·清》：字侣方。先世于康熙朝由龙江迁佛山，遂籍南海。锡麟之五子也，幼聪颖，性孝友。咸丰八年戊午，纳粟捐郎中，赴都供职，签分户部江西司行走。学习三年期满，奏留候补，兼四川司、贵州司主稿，派充惠陵差官，议叙随带加一级玉牒馆，奖叙遇缺即补。供职二十二年未曾请假，历当要差，皆谨敕奉公，为上官所器重。早应补缺，乃自辞于堂官，志切科举，不愿补官，讵十试棘闱，被中三次，竟不获售，甲子科挑取誊录。生平方廉洁己，忠厚待人，于同乡同寅京外各友，凡有所托，靡不实心实力，无负委任。有同部李某奉差，将之滇，以其妻子见托，李遂行，病卒于途，宗瀛为请于堂官，援例奏给恤典，得荫其子。李固家贫，又为其劝签发知单，先题捐，为之倡得巨款，以赡李之家属。同乡或有困守京官，或欲归无盘川者，概资助之，都中恤嫠局、保婴会、施粥厂、施棉袄、修暖厂，凡诸善捐，不可枚举。光绪己卯，父锡麟年已八十，乞假归省。是年丁外艰，哀毁致疾，患肝痛咳血，不复出，抱病两载卒，年五十四。子二人，光弼，领光绪丁酉乡荐，福建候补道署福建延建邵道，兼统领福安水军。孙燊尧，直隶候补县丞。

麦宝常 （1838—1905）字慎先，号蕴硕，清南海大沥人。

同治元年（1862）举人，十三年进士，任吏部主事 6 年辞归。光绪十年（1884）彭玉麟督师广东，上防海七策。办广东团练，张之洞督粤，奏请加四品顶戴。父佩金，道光二十六年（1846）举人。子应琳。

［同治］《南海县志》卷九《同治朝·举人》：佩金子，进士，壬戌并补行己未科。《同治朝·进士》：吏部主事，甲戌科。

［宣统］《南海县志》卷十四《列传》：字慎先，号蕴硕，大历堡大范乡人。父佩金，安徽婺源县知县，自有传。宝常性聪颖，过目成诵。同治元年以县学增生领乡荐，十三年成进士，签分吏部文选司主事。供职六年，遇事敏决，凡文移奏报，援笔立就，洞中机宜。全相国庆甚器重之，会议设欧西各国领事，将以宝常报奏。宝常固辞，乞假归养，遂不复出，家居二十五年卒，年六十有八。光绪十年，法夷窥粤，彭宫保玉麟奉命督师，仰宝常才，造庐咨方略。宝常上防海七策，洋洋五千余言，凡理财、练兵及查汉奸、封港澳诸规画，靡不周密，当道嘉纳。奏闻，委办全省团练。宝常集乡兵、缮器械为战守计，无何，和议成，遂引退。南皮张相国督粤，以宝常筹备有方，奏请奖加四品顶戴。中东之役，海疆戒严，抚军马公丕瑶奏设省团总局，延宝常主局务，建团练之策，识者韪之。未几，闻款议就绪，忧愤成疾，自是退居奉母，不复与闻外事矣。方在局时，当事以库款支绌，议加抽经费，宝常言于抚军谓："粤省抽捐朘削已极，无可复加，今日急务莫若汰营勇之冒滥，薄冗员之薪水，裁节縻费，即可足用以便民，无容搜括为也。"抚军纳焉，议遂止。其留心地方利病，如倡设报案局，免县役需索，至今称便。方、郑两军门办清乡时，宝常总保安局事，除暴安良，实相表里焉。四堡教案，当道责赔，宝常谒太守谓："民教一体，教士损失责赔于民，民有损失责赔于谁乎？"太守语塞，事竟寝。尝主讲三湖，教诲孜孜，以敦品为本，执贽门墙，于斯为盛。子应琳，邑庠生。

李联陞　清顺德人。同治七年（1868）任水师游击。

［光绪］《广州府志》卷三十一《职官表十五·国朝·武职·副将参将游击·同治朝》：顺德人。七年任，水师提标右营游击。

李登瀛　字仙洲，清顺德大良人。同治七年（1868）岁贡。

［民国］《顺德县志》卷八《选举表一·五贡·同治》：字仙洲，大良人，戊辰岁贡。

黄增胜 清顺德人。同治七年（1868）任顺德协都司。

［光绪］《广州府志》卷三十一《职官表十五·国朝·武职·都司守备·同治朝》：本邑人，行伍。七年任，顺德协左营都司。

陈荣（清同治） 清高明崇步人。同治七年（1868）岁贡。

［光绪］《高明县志》卷十二《选举表·国朝·岁贡·同治朝》：崇步人，七年贡。

梁俊 （？—1878）字仰忠，号瞻淇，清南海草场堡冈尾乡人。早年在广西玉林经商，倡办团练，击贼屡胜，为北流解围，奉旨以知县留广西补用。同治七年（1868）代理武宣县事，十二年以知府补用，代理西隆州事。后随左江道黄达才办理浔州善后事，光绪四年（1878）病卒于浔州。子焯垣，扶柩归里，次年卒。

［宣统］《南海县志》卷十六《列传》：字仰忠，号瞻淇，草场堡冈美乡人。少习儒业，不得志，乃游于郁林沙塘墟，弃儒而贾。时土匪蠢动，俊倡办团练，击贼屡胜。北流围急，州牧邹心畬召俊驰救，围乃解，杀贼无算。上官迭保，奉旨以知县留广西补用，赏戴蓝翎。同治七年赏戴花翎，既而委署武宣县事，弥盗安民，境内大治。同治十二年，奉旨以知府补用，旋委署西隆州事。西隆与黔毗连，贼由黔窜入。俊率兵堵御，擒首散从，州境肃清。捷闻，上游奇其才，复委俊随左江道黄达才，帮办浔州善后事，渐次敉平。积劳致病，光绪四年四月，卒于浔州营次，达才痛俊之死，竟一恸而绝。子焯垣，扶柩归里，哀毁成疾，逾年卒。

高腾云 （？—1884）清顺德石洲人。任平海营参将，光绪十年，法国人攻福州，在战舰阵亡。

［民国］《顺德县志》卷十《仕宦表·武职》：石洲人，平海营参将。光绪十年，法人攻福州，在战舰阵亡。赐恤，荫三代云骑尉。

刘顺昌 清南海人。同治八年（1869）任水师参将。

［光绪］《广州府志》卷三十一《职官表十五·国朝·武职·副将参将游击·同治朝》：南海人。军功，八年任，清远营游击。

黎原超　（？—1885）号小韩，又号碧山，清顺德昌教人。屡试不第，同治八年（1869）在京谒选，到江西任县丞。母郭氏丧，服阕代理江西兴安知县，卒于任。祖明戴，父辉墀。

［民国］《顺德县志》卷九《封荫表·封赠·文阶》：黎明戴，昌教人，以孙原超赠。黎辉墀，以子原超赠。俱江西兴安县……知县。卷十四《艺文略·集部·别集》：《侣樊草堂诗钞》六卷、《小韩杂著》一卷，国朝黎原超撰。卷十九《列传四》：号小韩，又号碧山，昌教人。少失怙，母郭督课严，弱冠即通经史，工诗文。为诸生，屡试不第，家亦中落，援例以县丞需次江西。时赣郡有寇警，原超随同霆字营娄总兵剿捕出力，保奏以知县留省遇缺即补，历充各局厂要差。光绪二年丁内艰回籍，修族法，清逋负，族人称之。服阕回赣署兴安县篆，政声卓著。十一年四月卒于赣寓，身后萧条，得僚友佽助始能归榇。族人追念其德，乃于祖祠右厢与从兄超民设主并祀焉。原超生平廉洁有干才，任事不避劳怨。好吟咏，同治己巳谒选在都，与番禺曹秉濬兄弟联兰雪诗社，文名藉甚。回赣后，复与许应鏁、许炳杰、冯永年等结南园寄社，暇时辄相唱和，所咏白芍药诗，一时传诵。卷二十一《列传六·列女》：郭氏，昌教黎辉墀妾。性勤俭，明大义，尤善持家，嫡庶无闲言。夫殁，苦志守节。好施与，人有缓急辄资助之，三族党待举火者数十家。教子原超成立，有声庠序，后署江西兴安县。氏年八十二卒。

梁禹甸（清咸丰同治）　（1840—1884）字仲超，清佛山人，九图次子。工诗词，咸丰时，投笔从戎20多年，剿灭江南太平天国，扫荡沿海海盗，以水师游击参加中法战争，积劳成疾卒。曾用5日缉回被海盗在大东沙截去之意大利商船及人质7名，意大利国王赠以刻划皇冠及国王名字的黄金时表。禹甸死后20余年，日本占据大东沙，我国持金表及原案部文作证大东沙为中华领土，日人交还。

［民国］《佛山忠义乡志》卷十四《人物志六·武略·清》：字仲超。本籍顺德，京卿僧宝母弟。少英爽有勇略，束发受书，一目十行，为文援笔立就，作诗雅有唐音。性本好武，父九图使习举业，从事帖括，非乐为也。值咸丰间盗贼蜂起，投笔从戎，扑灭开平、德庆逆匪，赏五品顶带把总。同治时，六门洋外及高澜等处海盗横行，兵不能制。大府命往剿办，擒渠斩馘，夺贼船械无算，洋面以平。保以水师都司升用转战广西，克复浔州府城，保奏赏戴蓝翎。事竣东返，适曹涌客匪负嵎踞险，屡败官军，随巡抚蒋益澧前

往征剿。山深林密，人尽趦趄，独率先登捣其巢穴，贼众遂降。蒋抚军嘉其骁勇，凯旋奏补阳江镇标都司。在任六年，未尝失案，两次军政荐举卓异，送部引见，奉旨加一级回任候升。嗣有巨憝老猪受①、大鹅幅②聚党甚伙，掳掠焚劫，出没海洋，大为香山、顺德、新会等县之患。御史黄槐森奏请饬拿，每名悬万金赏，数年未获。总制瑞麟特购外国大兵轮，委令督队搜捕，两匪就擒，我粤管领兵轮实自其始。平日疏财，优待士卒，与同甘苦，所发赏款二万金，一介不取，尽给部下，故得其死力，所向有功。寻因意国商船驶至大东沙，被海盗劫全船掳去，意领事乞大府严追人赃，制军又饬往缉。仅阅五日，在平海地方将原船捕获，意人七名无恙，货物丝毫未损。意官感激，馈彼国珍物十余事、白金六千为酬，概行返璧，谓此是应办之事，峻词却之。意官以其廉介奏报，意王特制黄金时表，以青金镂王之冕与名，嵌于表上，备文令其公使递交外务部大臣，请旨赍粤以报焉。随又移师安南，剿平亚婆角大股洋盗，海屿获安，蛮王钦感，大府以功奏请优奖，寻得旨赏换花翎，擢水师游击。制军与水陆提督论粤将才，皆以其谋勇兼优，用兵神速、船械精利，实为杰出，合词入告，称其堪膺专阃。时金陵已克复，云贵余孽未平，而军实告匮，报效饷械，寻即肃清，总督岑毓英奏奖，赏给一品封典，授振威将军。迨光绪初中法之役，随大司马彭玉麟督办粤防，正值隆冬，军情紧急，填海筑垒，制械练兵，昼夜不息，枕戈待旦，决与死战。法人知我有备，不敢窥粤，转而寇闽，地方得免兵革之灾，安堵无恐，商民额手称庆，佥云："微设防严密之力，不及此。"讵意是役积劳过甚，竟以疾卒，彭督师为之辍食悲悼，涕泗沾襟，谓"海疆多事，遽坏长城"云。殁后二十余年，日人忽据大东沙，伐木建屋，称彼前所开辟，总督张人骏与之交涉，理论半载，无法争回。其母弟都唐观察持意王所赠之表，以前事告张督，检出原案部文作证，指实为中华疆域，日人始俯首无词，归我大东沙之地，此非独廉介可风，且有功于国土，尤不可没者矣。其初领水师征剿高澜，漫成一绝曰："天容海色本澄清，妙句前人写太平。但祝乘风凌万里，妖氛长扫息刀兵。"渊源家学，句极雅驯，有揽辔澄清之概，洵儒将也。人才难得，天不假年，仅四十有四，莫不惜之。

［民国］《顺德县志》卷十九《列传四》：工诗词。

马学海 清顺德大良人。同治九年（1870）赐副贡。

---

①老猪受：当时海洋大盗。

②大鹅幅：当时海洋大盗。

［民国］《顺德县志》卷八《选举表一·五贡·同治》：大良人，以符例赐，庚午科副贡。

马德熙　字达三，清顺德马村人，居佛山镇。同治九年（1870）举人，十三年联合官商建佛山育婴堂。光绪六年（1880）大挑二等，选广东饶平学官。56岁卒。父信道，岳父刘枢。

［光绪］《广州府志》卷四十六《选举表十五·举人·国朝·同治九年庚午》：顺德人。

［民国］《佛山忠义乡志》卷七《慈善志·育婴》：育婴堂，始自省城。乾嘉年间，佛山只有拾婴会，由义仓兼管，每遇婴孩抛弃，拾抱送往省堂收育。嗣以道途跋涉，诸多不宜，至同治十三年，镇绅马德熙等联合官商集款，倡议在大基头登云桥外购地建筑，佛山于是乎有育婴堂。光宣之际，灾害频仍，人民生计日蹙，送婴到堂者日多，以致经费入不敷出。民国改元后，年捐停歇，益复难支，赖有慈善家简照南、叶兰泉等体天地好生，知育婴为不可废，相与慨捐巨款鼎力维持。复由南洋兄弟烟草公司及简母潘太君捐建洋式婴舍以为之倡，自庚申迄辛酉堂成，房舍焕然，年捐亦遂有继，非复如往日之拮据矣。《慈善志·石路》：彩阳堂石路，在医灵铺，自万寿坊起至彩阳堂铺青石桥止，长百余丈。光绪二年丙子岁，冼乃起倡修……《记》曰，光绪丙子冬，仲子公车报罢，自都返里。里人以医灵、彩阳铺石路告成，乞予为文以纪……里人马德熙撰。卷十四《人物志六·义行·清》：字达三。父信道，有传。性颖悟，自幼能文，读书强记，如《书》之《禹贡》、《礼记》之《王制》、《春秋左氏》之年月日，辑录成编，随时背诵，一字不差。中年尤精算学。少从刘枢孝廉游，喜其聪颖，妻以女。弱冠补弟子员，同治庚午与翁刘枢同榜。光绪庚辰大挑二等，选补饶平县儒学。尝读父所著遗书，至《戒溺集说》《保赤三要》《达生遂生福幼合编》，慨然有继志述事之感。与同年友何增庆，倡建育婴堂，于佛山大基头石路之旁，递年救活婴孩不可胜记，至今赖焉。果于任事，不附权贵，不避嫌怨。时司佛山义仓数者，为某巨绅之戚，亏空巨款，司田心书院数者，亦被某绅子所累，亏空不赀。镇绅知其奸，惟历年多进支烦杂，无从清查，众皆束手。举德熙稽核，从容调查，核计清楚，指摘无遗。司数折服，自愿解职，破产减偿，均无怨言。又书院尝业年久难稽，多遗失，悉心调查，按址清丈，追复原物，尝款赖以充裕。镇绅咸服其明，为破常例，连年举充值理，事关公务，亦不辞。喜为人谋，亦不妨于谋道，尝手执一卷，与人论事，事白而卷亦卒读，此其特质也。著有

《易经类联》二卷、《续江氏典林》八卷，编四书五经《字类》凡二十六卷，未及卒业而终，乙卯水灾，与父遗书同遭湮没。易箦之日，犹口授儿辈编辑《左传字类》，其解经不穷如此。卒年五十有六。

［民国］《顺德县志》卷八《选举表一·举人·同治》：马村人……庚午科。

王延年　清南海佛山镇人。同治九年（1870）举人。父启文。子寿慈，光绪十九年（1893）举人，二十五年赴广西镇安府知府任遇母丧。

［同治］《南海县志》卷九《同治朝·举人》：顺天中式，庚午科。

［民国］《佛山忠义乡志》卷首《职名表·倡修绅董》：王寿慈。卷十三《选举志一·举人·清》：同治庚午，顺天附贡。《选举志二·封赠·清》：王启文，以孙寿慈赠广西镇安府知府……王延年，以子寿慈赠广西镇安府知府。

卢景汉　字虹桥，清顺德南畔人，居大良。同治九年（1870）举人。

［光绪］《广州府志》卷四十六《选举表十五·举人·国朝·同治九年庚午》：顺德人。

［民国］《顺德县志》卷八《选举表一·举人·同治》：字虹桥，南畔人，居大良……庚午科。

叶镜清（清同治）　字心泉，清顺德龙山人。同治九年（1870）举人。

［光绪］《广州府志》卷四十六《选举表十五·举人·国朝·同治九年庚午》：顺德人。

［民国］《顺德县志》卷八《选举表一·举人·同治》：字心泉，龙山人……庚午科。

刘廷镜　（1840—1901）字梅荪，清南海丹灶镇沙水村人。同治九年（1870）举人，十三年进士，授翰林院庶吉士，任江苏如皋、甘泉知县。辞官后，任教于西樵三湖书院。子金铎、国珍、文炳、文蔚。

［同治］《南海县志》卷九《同治朝·举人》：进士，庚午科。《同治朝·

进士》：庶吉士，甲戌科。

［宣统］《南海县志》卷十四《列传》：字梅荪，登云堡沙水乡人……散馆以知县用，选江苏如皋县知县。抵省，在江宁发审局治狱，旋履任，以事忤上官，调省复办发审事，能平反。充己卯江南乡试同考官，复派武闱受卷官，为上游识拔，复如皋任。皋民好讼，廷镜随到随审，随审随结，民免拖累。皋俗多借尸图诈案，岁验十余起，抉其奸，重惩之。更有传呈恶习，不分曲直，得贿即签差，民间多以是破家者，廷镜屏除之，非要证真犯，不准传押。芦课为如皋岁入一大宗，县属芦滩岁有升塌，历任多以清丈为渔利计。廷镜实事求是，书吏、丈手工食概捐廉给之，吏无所肥，民蒙其惠。江督刘坤一以"讲求吏治、办事实心"荐卓异，壬午调江南乡试同考官，旋调甘泉。去任之日，士民颂刘青天者逾十里，于县署建去思碑以志遗爱。甘泉为扬州附郭首邑，廷镜任之以勤。值夏潦盛涨，黄河合淮，高邮堰一带迭遭险。扬处下游势岌岌，廷镜尽法堵御，庆安澜焉。甘泉本通衢，供亿繁，廷镜酬应支绌，遂告去。湘乡曾国荃任江督，知廷镜以直去官，复令署六合县事。六合乱后，元气未复，休养抚字，事无大小，必躬亲之。传讯各案，虚心研鞫，未尝以盛怒刑人。夜则取日中讯办各事，再三推勘，无疑始行批结，故历任无以失出失入挂吏议者。每遇命盗案，不论风晨雨夕，轻骑减从，立刻驰验，自办舟车费，毋许需索。冬防，微服率役巡四境，常至漏三四下，百姓以安。嗣以积劳告病归，杜门谢客，日课儿孙，以朱子格言为训。自奉极约，待人和易，与田夫野老课雨问晴，移晷无倦容。癸巳主三湖讲席，院址建于樵山白云洞，堂舍荒芜，廷镜倡议重葺之。又办合邑保安局，保良讦匪，复与簭行二十四乡绅耆，倡办联防普安局以卫里闾。光绪二十七年正月病卒，春秋六十有二。子金铎，附贡生，主事职衔。国珍，副贡生，格致科进士，翰林院编修。文炳、文蔚，俱国学生。文蔚，肄业虎门陆军学堂。

朱湘　字秩生，清顺德龙山人。同治九年（1870）举人。

［同治］《南海县志》卷九《同治朝·举人》：庚午科。

［民国］《顺德县志》卷八《选举表一·举人·同治》：字秩生，龙山人。南海籍……庚午科。

麦兆年　清南海人。同治九年（1870）武举。

［同治］《南海县志》卷九《武科选举》：庚午科，同治朝。

李文冏　字属南，清顺德江尾人。同治九年（1870）举人。

兄文田。

[光绪]《广州府志》卷四十六《选举表十五·举人·国朝·同治九年庚午附顺天中式》：顺德人。

[民国]《顺德县志》卷八《选举表一·举人·同治》：字属南，江尾人，文田弟。顺天榜……庚午科。

李联岳 字东藩，清顺德大良人。同治九年（1870）岁贡。

[民国]《顺德县志》卷八《选举表一·五贡·同治》：字东藩，大良人……庚午岁贡。

连廷钰 字贡球，清顺德沙浦人。同治九年（1870）举人。

[光绪]《广州府志》卷四十六《选举表十五·举人·国朝·同治九年庚午》：顺德人。

[民国]《顺德县志》卷八《选举表一·举人·同治》：字贡球，沙浦人……庚午科。

吴濬 号海帆，清高明铁冈人。同治九年（1870）优贡。

[光绪]《高明县志》卷十二《选举表·国朝·优贡·同治朝》：铁冈人，九年庚午科优贡。卷十三《列传·人物二·国朝》：号海帆。力学工制艺，文名籍甚，连三案一等第一。庚午考选优贡，邑人优贡自濬始。性孝友，抚孤侄如己出。临财廉，交友信。清和书院久圮，竭力倡修，洵文品兼优矣。

何元英 字佩金，清顺德水藤人。同治九年（1870）举人。父康平，子守谦。

[光绪]《广州府志》卷四十六《选举表十五·举人·国朝·同治九年庚午》：顺德人。

[民国]《顺德县志》卷八《选举表一·举人·同治》：字佩金，水藤人……庚午科。卷九《封荫表·封赠·文阶》：何康平，水藤人，以孙守谦赠。何元英，举人，以子守谦赠。俱奉天安东县……知县。

何汝桂 改名增庆，字次珊，同治九年（1870）举人，光绪六年（1880）大挑二等，任广东丰顺训导，58岁卒。父容光（字铁桥），兄汝兰。

［同治］《南海县志》卷九《同治朝·举人》：汝兰弟，庚午科。

［民国］《佛山忠义乡志》卷十四《人物志四·文苑·清》：何增庆，原名汝桂，字次珊，铁桥次子。亦有文名，由附生中同治庚午举人。工书法，在欧、王之间，馆阁诸公咸相引重。庚辰大挑二等，授丰顺经制训导，日与诸生谈文订字，文化顿开。假旋感疾，卒年五十八岁，时论惜之。

何如铨　号嗣农，清南海九江镇涌石龙乡人。同治九年（1870）岁贡，光绪元年（1875）举人，任广州学海堂、菊坡精舍学长。冯栻宗倡议重修《桑园围志》，如铨任编纂，光绪十五年（1889）告成。50多岁卒。弟如错。

［同治］《南海县志》卷九《同治朝·贡生》：岁贡，庚午科。

［宣统］《南海县志》卷十九《列传·文学》：号嗣农，镇涌堡石龙乡人。由岁贡生中光绪元年乙亥恩科举人。性诚朴笃挚，友兄弟，无私财，举家婚娶，身自任之，馆谷岁入逾千金或不足，时称贷焉。博洽能文，尤工骈俪。讲学省垣，及门甚众，充学海堂、菊坡精舍学长。邑桑园围当西北两江之冲，恒虞潦涨溃决。自道光甲辰以后历五十余年，遇险抢救复完者以十数计，皆借岁修力也。邑人冯栻宗以围志作非一手，文不一律，众论歉焉，遂倡议重修，以如铨学问淹贯，属任编纂。如铨悉心厘订，自奏议、江源迄艺文、杂录，汇分十有六卷，大略仿杨氏鑅《海塘揽要》，仍取旧编癸巳志、甲辰志诸门增易之，详略得宜，典而能核，后之留心江防者，其亦有取于是尔。季弟如错，同治六年丁卯科举人，先卒，如铨拟联挽之，有“诸孤有我不单寒”之句，此亦可以见恩谊之笃云。卒年五十余，诗文稿多散佚。

何其敬　字衡吾，清顺德羊额人。同治九年（1870）举人，十三年进士，官刑部主事。祖祖安，嗣父凤猷，生父凤图，兄其伟。

［光绪］《广州府志》卷四十六《选举表十五·举人·国朝·同治九年庚午》：顺德人，进士，刑部主事。卷四十一《选举表十·进士·国朝·同治十三年甲戌陆润庠榜》：顺德人，刑部主事。

［民国］《顺德县志》卷八《选举表一·举人·同治》：字衡吾，羊额人……庚午科。卷九《封荫表·封赠·文阶》：何祖安，羊额人，以孙其敬赠。何象贤，以侄其敬赠。何凤猷，以子其敬赠。何凤图，以出嗣子其敬赠。何其伟，以弟其敬封。俱刑部……主事。

何炳南 字岳青，清顺德黄连人。同治九年（1870）举人。

［光绪］《广州府志》卷四十六《选举表十五·举人·国朝·同治九年庚午》：顺德人。

［民国］《顺德县志》卷八《选举表一·举人·同治》：字岳青，黄连人……庚午科。

何泰交 清南海人。同治九年（1870）举人。官大埔教谕。

［同治］《南海县志》卷九《同治朝·举人》：庚午科。

何敬驹 清南海人。同治九年（1870）武举。

［同治］《南海县志》卷九《武科选举》：庚午科，同治朝。

何暄龄 清南海人。同治九年（1870）举人。

［同治］《南海县志》卷九《同治朝·举人》：庚午科。

张念曾 清顺德龙江人。同治九年（1870）举人。

［光绪］《广州府志》卷四十六《选举表十五·举人·国朝·同治九年庚午》：顺德人。

［民国］《顺德县志》卷八《选举表一·举人·同治》：龙江人……庚午科。

张琯生 字锡祥，号翥云，清南海先登堡新罗乡人。同治九年（1870）举人，光绪九年（1883）进士，官户部主事。子燮垣。

［同治］《南海县志》卷九《同治朝·举人》：庚午科。

［宣统］《南海县志》卷十四《列传》：字锡祥，号翥云，先登堡新罗乡人。生十四岁而孤，家贫苦学。年二十一，督学胡瑞澜院试拔第一，补弟子员……光绪九年癸未进士，户部河南司主事。历充帮主稿、监印、收发差，小心谨慎，为上游所重。性孝友，廉静寡欲，不汲汲于名利，与人交温厚和平。乡族有义举，姻党有告乏，解与无吝容。邑有宦游徂谢者，为理身后事必力。遇有益乡邻之事，不惮挺身任之，桑园围因水道互控，其一事也，他若建祖祠、修书院、联义会，莫不竭心力以图之。好读书，未尝一日释卷，过目者数十年不忘。通籍二十年，贫寒犹昔。子二人，燮垣，举人。

张瑞禧　清南海人。同治九年（1870）举人。

[同治]《南海县志》卷九《同治朝·举人》：庚午科。

陈为燠　字馆裴，清顺德桂洲里村人。自幼敦品励学，好古文词，周寅清主讲顺德凤山书院时，荐入广州学海堂充专课生。同治九年（1870）举人，光绪六年（1880）进士，即用知县，改教职，补琼州府教授。父盛光。

[光绪]《广州府志》卷四十六《选举表十五·举人·国朝·同治九年庚午》：顺德人。

[民国]《顺德县志》卷八《选举表一·进士·光绪》：即用知县，改琼州府教授……庚辰科。卷十四《艺文略·集部·别集》：《馆裴遗文》一卷，国朝陈为燠撰。卷二十《列传五》：字馆裴，桂洲里村人。少即敦品励学，年甫十二，为文咄嗟立办。不屑屑攻举业，喜为古文词，奥博渊茂。尤富记忆力，能全诵《事类赋》不遗一字。周进士寅清主讲凤山书院，察其文行，大为激赏，荐入学海堂充专课生，益肆力经史。堂中人才荟萃，为燠文屡冠其曹，学长陈澧以大器期之。举同治庚午乡试，光绪庚辰成进士，总裁翁同龢称为老宿。旋以知县用，改就教职。旋丁父忧，居丧一遵古礼。服阕补琼州府教授，抵任即留心文教，进诸生于庭，训迪有如塾课，不苛索新进印金。同僚孙训导以墨被控，恽学使令刘太守澈查，太守转以属为燠。孙惧，贿属洗刷，为燠峻拒之，孙卒挂议褫职，上宪称其公正。回籍后设集义社，及创筑船泊水埗，乡邻利赖。姊与叔母均少孀，为燠养于家，侍奉维谨。自通籍及悬车，屋不加润，产不加丰，其清操可想见云。

陈凤俦　名一说凤翔，字星次，清顺德龙山人。同治九年（1870）举人。

[光绪]《广州府志》卷四十六《选举表十五·举人·国朝·同治九年庚午广西中式》：陈凤翔，顺德人，广西籍。

[民国]《顺德县志》卷八《选举表一·举人·同治》：字星次，龙山人，广西籍。戴《府志》作凤翔……庚午科。

陈成芳　清南海人。同治九年（1870）举人。

[同治]《南海县志》卷九《同治朝·举人》：庚午科。

陈维崧 清顺德人。同治九年（1870）举人。

［光绪］《广州府志》卷四十六《选举表十五·举人·国朝·同治九年庚午附顺天中式》：顺德人。

陈瀚 字梅坪，清南海魁岗堡人。同治九年（1870）举人，拣选知县。在广州授徒为业，为学海堂学长。主讲佛山书院，光绪十六年（1890）撰《修佛山城门头外石路桥梁记》。56岁卒。

［同治］《南海县志》卷九《同治朝·举人》：庚午科。

［宣统］《南海县志》卷十九《列传·文学》：字梅坪，魁岗堡人。少孤贫，性孝友聪慧。五岁能默诵唐诗百余首，及入塾，闻读《毛诗》者耳听而熟。年十六为童子师以养母，补县学生，益肆力于古。熟精选理，恣情经史，丹铅未尝去手，为文古藻渊懿。中同治九年庚午科举人，一上公车，以母老不欲远行，遂绝意仕进。授徒省垣，严规约，宏奖引，及门常百数十人。好蓄图书，偶得善本，不惜重价。为学海堂学长，锐精覃思，人咸敬服。主佛山书院讲席，问字者学舍不能容，日以经史提倡，士皆汲汲于古义。设七堡团局于莲峰书院，盗风以息，著《古今治盗得失论》一篇，切中时弊。瀚操履廉正，士有贫乏则赈恤恐后，其学覃精许郑①，不入艰晦繁琐窠臼，论史尤具卓识。年五十六卒，著有《崇古堂集》《桑乾河考》《河流考》《毛诗经传文刊误》等篇。

［民国］《佛山忠义乡志》卷十六《金石志二·乡土碑记》：《修佛山城门头外石路桥梁记》……拣选知县陈瀚撰文，主事衔谭彪书丹，光绪十有六年五月戊寅勒石。

冼祖燮 清南海人。同治九年（1870）举人。

［同治］《南海县志》卷九《同治朝·举人》：庚午科。

林庆曾 清顺德光华人。同治九年（1870）举人。

［光绪］《广州府志》卷四十六《选举表十五·举人·国朝·同治九年庚午》：顺德人。

［民国］《顺德县志》卷八《选举表一·举人·同治》：光华人……庚

---

①许郑：东汉经学家许慎、郑玄的并称。

午科。

林莹　清顺德昌教人。同治九年（1870）武举，十三年武进士。

［民国］《顺德县志》卷八《武举·同治》：昌教人，庚午科。《武进士·同治》：昌教人，甲戌科。

罗邦卓　清顺德大良人。同治九年（1870）举人。

［光绪］《广州府志》卷四十六《选举表十五·举人·国朝·同治九年庚午广西中式》：顺德人，广西籍。

［民国］《顺德县志》卷八《选举表一·举人·同治》：大良人，广西籍……庚午科。

罗佩琼　字云卿，清顺德大良人。同治九年（1870）副贡。

［民国］《顺德县志》卷八《选举表一·五贡·同治》：字云卿，大良人……庚午科副贡。

罗家言　字与琴，清顺德大良人。同治九年（1870）举人，官训导、太常寺博士。

［光绪］《广州府志》卷四十六《选举表十五·举人·国朝·同治九年庚午》：顺德人，训导，太常寺博士。

［民国］《顺德县志》卷八《举人·同治》：字与琴，大良人庚午科。

周元兰　字蕙舫，清顺德大洲人。同治九年（1870）举人，官平远县教谕。

［光绪］《广州府志》卷四十六《选举表十五·举人·国朝·同治九年庚午》：顺德人。

［民国］《顺德县志》卷八《选举表一·举人·同治》：字蕙舫，大洲人。平远县教谕……庚午科。

周延厘　一说名延禧，字晓崖，清顺德龙山人。同治九年（1870）举人，官内阁协办侍读。父纯忠。

［光绪］《广州府志》卷四十六《选举表十五·举人·国朝·同治九年庚

午附顺天中式》：周延禧，顺德人。

［民国］《顺德县志》卷八《选举表一·举人·同治》：字晓崖，龙山人。顺天榜，内阁协办侍读……庚午科。卷九《封荫表·封赠·文阶》：周纯忠，龙山人，以子延厘封……内阁中书。卷十四《艺文略·集部·别集》：《春明寓斋诗稿》，国朝周延厘撰。

周植槐　字荫堂，清顺德大洲人。同治九年（1870）举人，官景山官学教习。弟朝槐。

［光绪］《广州府志》卷四十六《选举表十五·举人·国朝·同治九年庚午》：顺德人。

［民国］《顺德县志》卷八《选举表一·举人·同治》：字荫堂，大洲人，景山官学教习，朝槐兄……庚午科。

赵宗祁　清顺德碧江人。同治九年（1870）举人。

［光绪］《广州府志》卷四十六《选举表十五·举人·国朝·同治九年庚午附顺天中式》：顺德人。

［民国］《顺德县志》卷八《选举表一·举人·同治》：碧江人，顺天榜……庚午科。

胡传琳　名或作传林，清顺德桂洲人。同治九年（1870）举人。

［光绪］《广州府志》卷四十六《选举表十五·举人·国朝·同治九年庚午附顺天中式》：胡传林，顺德人。

［民国］《顺德县志》卷八《选举表一·举人·同治》：桂洲人，顺天榜，庚午科。

胡奎光　清顺德桂洲人。同治九年（1870）岁贡。

［民国］《顺德县志》卷八《五贡·同治》：桂洲人，庚午岁贡。

胡和贤　清顺德桂洲人。同治九年（1870）武举。祖其昌。祖母严氏，咸丰四年（1854）乱后赈饥，寿97岁。

［民国］《顺德县志》卷八《选举表一·武举·同治》：桂洲人……庚午科。卷十二《耆寿表二·寿妇·九十以上》：严氏，桂洲胡其昌妻。性慈孝，

咸丰四年乱后岁饥，氏尽出积谷以赈。以孙武举和贤贵封恭人。九十七岁。

郭汝材 字桂生，清南海西樵人。同治九年（1870）举人，光绪二年（1876）进士，官主事。

[同治]《南海县志》卷九《同治朝·举人》：庚午科。

[宣统]《南海县志》卷十《选举表·进士·光绪朝》：主事……丙子科。卷十四《列传》：字桂生，大同堡人。同治庚午举人，光绪二年进士。家承先业，以丰厚闻，而恂恂畏谨，饮食衣服一如儒素，见者爱敬，不知为富家子，交游窘乏，推解不吝。好学工词章，每为文稿凡数易，不肯示人，见会试闱艺刊有其文，欿然不自安，其敛抑如此。

康瑰 一说名环，字仑树，清顺德龙山人。同治九年（1870）举人。

[光绪]《广州府志》卷四十六《选举表十五·举人·国朝·同治九年庚午》：顺德人。

[民国]《顺德县志》卷八《选举表一·举人·同治》：康环，字仑树，龙山人……庚午科。

谈子灿 清顺德大良人。同治九年（1870）赐举人。

[光绪]《广州府志》卷四十六《选举表十五·举人·国朝·同治九年庚午钦赐举人》：顺德人。

[民国]《顺德县志》卷八《选举表一·举人·同治》：大良人，以符例赐……庚午科。

钱登元 清三水人。同治九年（1870）武举。

[光绪]《广州府志》卷四十九《选举表十八·武科·举人·国朝·同治九年庚午科》：三水人。

黄汝劭 清顺德甘竹人。同治九年（1870）举人。

[光绪]《广州府志》卷四十六《选举表十五·举人·国朝·同治九年庚午附顺天中式》：顺德人，顺天籍。

[民国]《顺德县志》卷八《选举表一·举人·同治》：甘竹人，顺天榜……庚午科。

黄应奎 字云岩，清顺德龙山人。同治九年（1870）副贡。

［民国］《顺德县志》卷八《选举表一·五贡·同治》：字云岩，龙山人。顺天榜……庚午科副贡。

梁兰徵 清南海人。同治九年（1870）举人。

［同治］《南海县志》卷九《同治朝·举人》：庚午科。

梁定江 清南海人。同治九年（1870）武举。

［同治］《南海县志》卷九《武科选举》：庚午科，同治朝。

梁耀南 字协琴，清顺德高赞人。同治九年（1870）优贡，钦取知县，改教职，任英德训导。晚年回乡，寿83岁。兄炳南，子载恩。

［民国］《顺德县志》卷二十《列传五·梁炳南传》：弟耀南，字协琴。同治庚午优贡，钦取知县，改教职。亦以亲老不赴选，讲学邑城，教人长善救失，肫然出于肺腑。居家型俗，规范井然，尝与兄炳南倡筑永丰围。亲殁，出任英德训导，晚归里，卒年八十三。卷八《选举表一·举人·光绪》：梁载恩，字仲池，高赞人，耀南子……丁酉科。

温鸿 字萼棠，清顺德龙山人。同治九年（1870）举人。岳父胡汝开，妻胡婉华。

［光绪］《广州府志》卷四十六《选举表十五·举人·国朝·同治九年庚午》：顺德人。

［民国］《顺德县志》卷八《选举表一·举人·同治》：字萼裳，龙山人。刑部山东司郎中……庚午科。卷十四《艺文略·集部·别集·闺秀》：婉华，桂洲人，四川华阳知县胡汝开女，龙山举人温鸿妻。

胡婉华 女，字萼棠，清顺德桂洲人。著有《庆余楼吟草》。父汝开，夫温鸿。

［民国］《顺德县志》卷十四《艺文略·集部·别集·闺秀》：《庆余楼吟草》一卷，国朝胡婉华撰。谨按：婉华，桂洲人，四川华阳知县胡汝开女，龙山举人温鸿妻。

谭廷芳　清高明濠基人。同治九年（1870）岁贡，光绪十七年（1891）赐举人，参修县志。

［光绪］《高明县志》卷十二《选举表·国朝·岁贡·同治朝》：濠基人，九年贡。《选举表·钦赐》：濠基人，由岁贡，光绪十七年辛卯科赐举人。卷首《纂修衔名·分纂》：钦赐举人、岁贡谭廷坊。卷三《建置志·社仓》：社仓，在城内南街，西向，一连穿柱三间，积贮各都士民捐谷贰千一百八十七石三斗，以便春借秋还……乾隆十九年，知县雷衍畴奉宪檄创建……咸丰四年、七年，兵燹迭经、仓屋全圮，地为民占，改造铺肆。光绪十五年六月，署知县邹兆鳞考《志》追复，谕令贡生谭廷坊将铺捐出，改建仓廒两间，意在积谷……

谭赞韬　清南海人。同治九年（1870）武举。

［同治］《南海县志》卷九《武科选举》：庚午科，同治朝。

蔡开甲　清顺德龙江人。同治九年（1870）举人。

［光绪］《广州府志》卷四十六《选举表十五·举人·国朝·同治十二年癸酉广西中式》：顺德人。

［民国］《顺德县志》卷八《选举表一·举人·同治》：龙江人，广西籍。戴《府志》列在癸酉科……庚午科。

黎士钊　清南海人。同治九年（1870）举人。

［同治］《南海县志》卷九《同治朝·举人》：庚午科。

黎文煇　清南海人。同治九年（1870）举人。

［同治］《南海县志》卷九《同治朝·举人》：庚午科。

黎纪瑞　字殿华，号少韩，清南海九江人。同治九年（1870）岁贡。

《九江儒林乡志》卷十《选举略·清·贡生·同治九年庚午》：字殿华，号少韩。县学，岁贡。

何云鹤　清高明朗锦人。同治十年（1871）岁贡。

［光绪］《高明县志》卷十二《选举表·国朝·岁贡·同治朝》：朗锦人，

十年贡，由府学。

罗惇谦 字墕生，清顺德大良人。同治十年（1871）岁贡。

［民国］《顺德县志》卷八《选举表一·五贡·同治》：字墕生，大良人……辛未岁贡。

梁汝谦 清南海人。同治九年（1870）举人。兄汝勤、汝俭。

［同治］《南海县志》卷九《同治朝·举人》：汝勤、汝俭弟，庚午科。

程度 清顺德大良人。同治十年（1871）岁贡。

［民国］《顺德县志》卷八《选举表一·五贡·同治》：大良人，辛未岁贡。

谭昌龄 清高明大唐冈人。同治十年（1871）恩贡。

［光绪］《高明县志》卷十二《选举表·国朝·恩贡·同治朝》：大唐冈人，十年恩贡。

黄玉堂 （1841—1913）字仙裴（一作仙陪），清顺德林头人，迁居中山石岐。同治十二年（1873）举人，次年进士，选庶吉士，散馆授编修，任湖南平江知县。光绪五年（1879）任山西学政，十一年、二十年两任顺天同考官。迁侍读学士、山西提学使。父焕寅，兄玉书、玉筵。

［光绪］《广州府志》卷四十六《选举表十五·举人·国朝·同治十二年癸酉》：顺德人，玉筵弟。卷四十一《选举表十·进士·国朝·同治十三年甲戌陆润庠榜》：顺德人，庶吉士。

［民国］《顺德县志》卷八《选举表一·举人·同治》：字仙裴，林头人，见进士，迁居石岐，玉书、玉筵弟……癸酉科。《进士·同治》：二甲编修，加侍读衔……甲戌科。卷十四《艺文略·集部·别集》：《莲瑞轩诗钞》二卷《痴梦斋词钞》一卷，并国朝黄玉堂撰。谨按：玉堂字仙陪，林头人，侨居石岐，侍读衔翰林院编修。

梁保泰 （1841—1900）字香林（一作春林），清南海佛山镇人。咸丰末投笔从戎，同治十年（1871）任顺德协都司。光绪二十三年（1897）任游击，任内病卒。

［光绪］《广州府志》卷三十一《职官表十五·国朝·武职·都司守备·同治朝》：本县人，行伍。十年任，顺德协左营都司。

［民国］《佛山忠义乡志》卷十四《人物志六·武略·清》：字香林，籍南海。咸丰末年，投笔从戎，由千总归本省拔补，署顺德协右营把总，代理右营千总，升用守备。时粤匪啸聚，拜会联盟，保泰带兵剿捕，直至东江一带，节节追击，逆党远窜出境。大府嘉其能，奏请以都司尽先补用，赏戴蓝翎。同治八年署顺德协中军都司，光绪七年补顺德协右营都司，调署中军都司，代理顺德协副将。顺德著名巨盗麦亚正等纠党抢劫，掳勒打单①，大为地方之害，悬赏至万金，购缉不获。保泰办理南三顺三县水陆揖捕，密派线勇侦知匪踪所在，弋获解办，元恶悉除，绅民欣颂。广属械斗风炽，东莞县之咸西、凹头、锦厦、霄边各乡，斗案迭出，保泰带兵弹压，先声夺人，斗者慑服，相率解散。累功保游击尽先补用，赏换花翎，廿三年署水师提标右营游击，旋补左营游击。粤地附省南、番、顺、东、香、新各县，地广人稠，盗风日盛，何军门驻营江浦，举办清乡，保泰统带靖勇左营，按乡严办，贼巢悉破，合境以安。在任汇案请奖，以参将补用，加副将衔，粤督咨保将才，保泰与有名焉。廿六年在左营游击任内以病出缺，时年六十。生平仗义疏财，惟好文学，所藏书籍甚富，书法十七帖尤所擅长，碑帖、字画、骨董②搜罗富有，时人谓有儒将风。

［民国］《顺德县志》卷十六《列传一·职官·武职》：字春林，麦村人，迁籍南海……二十六年在游击任内病卒，年六十。

潘衍桐　（1841—1899）原名汝桐，字菶廷，号峄琴，清南海河滘村（今属禅城南庄）人。咸丰十一年（1861）拔贡，复与兄衍鋆同中举，同治七年（1868）进士，十年授编修，十二年放陕甘副考官。光绪元年（1875）充国史馆纂修，四年母丧归乡，七年入京，十年补国子监司业。十四年任浙江学政，二十三年在广州创办《岭学报》，任主编。祖光岳，父泗澜，子元萃、元敉、元长、元谅。

---

①打单：方言，恐吓勒索。

②骨董：古董、古玩的旧称。

［同治］《南海县志》卷九《咸丰朝·贡生》：潘汝桐，拔贡，辛酉科。《咸丰朝·举人》：潘汝桐，光岳孙，改名衍桐。进士，兄弟同榜，辛酉并补行戊午科。《同治朝·进士》：编修，戊辰科。

［宣统］《南海县志》卷十四《列传·潘衍鋆传》：鳌头堡荷瀫乡人……弟衍桐……字菶廷，号峄琴。年十三应童子试补佾生，逾年补博士弟子员食廪饩。以辛酉拔贡，旋领乡荐，同治七年戊辰成进士入翰林，旋丁本生父忧。辛未散馆授编修，癸酉简放陕甘副考官。光绪元年乙亥，大考翰詹赐文绮，记名遇缺题奏，是年典试江右，事竣充国史馆纂修。四年丁母忧回籍，粤督刘坤一延主越华书院讲。七年服阕入都，恭修穆宗毅皇帝本纪告成，奉上谕，遇有应升之缺尽先升用，并加五品衔。八年壬午典试黔中，旋充本衙门撰文。十年补国子监司业，值法人构衅，衍桐感伤时事，疏陈大计，请开艺学、宏登进、严门禁、练士兵，诸奏皆中时病，“开艺学”一疏尤具先识，格于部议，不果行。十一年乙酉典浙江试差，旋由中允升太子洗马，充日讲起居注官、文渊阁校理。十四年戊子以庶子拜浙江督学之命，补翰林院侍讲学士转侍读学士。衍桐以浙江为文人渊薮，留心实学，其有覃精著述奖借之。尤以表章文献为己任，如修方正学、全谢山祠宇，抄天乙阁、文渊阁遗书，皆次第举行。两浙自兵燹后，诗人多湮没，衍桐于使院西园构“缉雅堂”。时德清俞樾致仕在籍，番禺梁鼎芬流寓焦山，衍桐延致衙斋，相与商榷。召集门弟子数十人，搜扬①潜佚，辑《两浙輶轩续录》五百卷，又拟采两浙金石文字，粗具崖略②，会差竣未成。十五年，以恭办大婚典礼赏加四品衔，以捐廉助赈赏戴花翎。辛卯冬任满，蒙恩赏假两月省墓。逾年，目疾陡发，遂奏请开缺，杜门养疴。衍桐笃念同气，廉俸所入与伯兄衍鋆共之。衍鋆终潼商行馆，时犹子元耀尚在怀抱，衍桐茹痛，乞假扶柩南归，自伤茕独，号曰“踽庵”。衍桐迭掌文衡，提倡风雅，在浙尤勤，浙人祀之西湖朱子祠，所著各书刊布浙江书局，盖志遗爱也。著有《朱子论语集注训诂考》三卷、《尔雅正郭》二卷、《缉雅堂诗话》三卷、《拙余堂诗文集》四卷。光绪二十五年卒于家，年五十有九。子六人，元萃，附生，割股疗母先卒。元枚，廪贡，法部参事。元长，安徽知县。元谅，通判。卷十一《艺文略·经部·四书类》：《四书朱子注训诂考》二卷，国朝潘衍桐撰。

［民国］《佛山忠义乡志》卷十三《选举志二·封赠·清》：潘泳澜，以侄衍鋆、衍桐貤封资政大夫。潘泗澜，以子衍鋆、衍桐晋赠潼商道、翰林院

①搜扬：访求举拔。

②崖略：大概、轮廓。

侍读学士。潘沅澜，以子衍桐晋赠资政大夫。卷十四《人物志四·文苑·清》：癸酉简放陕西副考官。

罗棻　（约1842—?）字古香，清顺德大良人。咸丰十一年（1861）举人。主讲凤山书院。父惇衍。兄椝，弟棨、檠，子豫淞。

［光绪］《广州府志》卷四十六《选举表十五·举人·国朝·咸丰十一年辛酉并补行戊午科》：顺德人，惇衍子。

［民国］《顺德县志》卷十七《列传二·罗惇衍传》：棻，字古香，弱冠膺咸丰辛酉乡荐，性和易，与人交不设城府。主讲凤山书院，奖掖后进，不受贽节门礼，倪中丞文蔚奖以匾额曰“绛帐风清”。

陈如岳　（1842—1914）字峻峰，清南海大富堡莲塘乡（今属禅城张槎）人。少时学于朱次琦门下，同治十二年（1873）举人，光绪九年（1883）进士，任翰林编修、贵州乡试主考官，后辞归。病逝于佛山，著有诗集，擅书法，批注校订《西厢记》《桃花扇》《三国演义》《水浒》等。

［同治］《南海县志》卷九《同治朝·举人》：癸酉科。

［宣统］《南海县志》卷十《选举表·进士·光绪朝》：编修……癸未科。

梁鸿翥　（1842—?）字翰臣，号羽逵，又号与夔。清三水冈头人。光绪八年（1882）举人，次年进士，授翰林院庶吉士。十二三年入川任盐源、巫山、大宁知县，1909年回乡隐居。

［民国］《三水县志艺文略稿》：《入蜀纪程》一卷，清梁鸿翥，钞存本。按：鸿翥，字翰臣，号羽逵，又号与夔，冈头人。光绪癸未翰林，改知县，历任四川盐源、巫山、大宁等县。吾邑之得翰林自鸿翥始，为官有政声，儒林、循吏二者兼之。其入蜀分二次，初次在丙戌、丁亥间，只携一弟一侄一仆，江船栈道行万里，是书盖作于其时也。《绿榕轩诗草》一卷，清梁鸿翥撰，钞存本。按：鸿翥，初字羽逵，后更字与夔。此诗草古近体六十八首，系三十岁未第前所作。

卢满殿　字康民，清顺德羊额人。营丝业。兄鉴仁，弟满郡，子德荫、植林。

［民国］《顺德县志》卷二十《列传五》：字康民，羊额人。生平仗信义。营丝业，发明水结功用，纺之为纱，织之为布，挽回绝大利权。兄鉴仁，诸生，终年舌耕颇苦，满殿出资为购基田二十余亩。闽人程某游幕台湾，全台陷后，飘泊粤城，满殿慨赠以白金三百两作舟车费。光绪癸卯，程某子树德、满殿子德荫均领乡荐，互电驰贺，一时传为佳话。弟满郡，字鉴衡，性友爱，凡兴土木必为两兄并建新居。尤富爱群思想，以游民多非地方福，与兄满殿在河南创一出口席庄，并在东莞连滩等处分设支店，以工厂安插失业贫民，族内无赖少年为之绝迹。子植林，诸生。

冼耀南 幼名伯忍，字礼厚，号敬之，清末南海佛山镇人。18岁赴越南行贾，荫袭伯父冼恩球越南海关监督，成巨富。61岁返国，黑旗首领刘永福以兵护送至国境。以筹赈功叙府同知归部铨用。寿81岁。

［民国］《佛山忠义乡志》卷十四《人物志八·货殖·清》：幼名伯忍，字礼厚，号敬之。体貌魁梧，性刚直。少孤须理生计，遂弃儒就贾。弱冠赴越南，依其世父恩球习商业。河内海关监督例以富者补授，无分外国人，且得承袭。越南王以恩球富埒一国，诏补是职，时年已耄，有子汝炳尚幼，不克负重，乃将海关监督奏请以耀南荫。王可其议，遂并滇、粤诸帮商业悉委之。孚以信义，榷税顿增，商业亦利市三倍，由是顿成巨富。恩球病亟，遗命汝炳财产均分，辞弗受，曰："吾之财产即伯父所赐，敢求多乎？"待汝炳加厚。素具侠气，中国人有急难奔越南及华侨落魄者，莫不拯济之，或助以资，或假以事，食客日百余人，均加殊礼，远近莫不闻名，凡滇、粤外交官吏与越南豪俊，结识殆遍。初有何远芳者，南海勇士也，因犯杀人罪走越南，依之为活。久而暴行又作，遣之去，遂由河内走保胜，招聚丁壮占领其地。未几，越蛮白瑶欲夺之，商民惊惶无措，保胜商业以耀南为最巨，请其策画。耀南曰："微公等言，吾亦当往。"或以何远芳性暴戾，前被遣去，今得志必报复，为之危，耀南曰："远芳虽暴，我不行即误一方也！"遂径抵保胜。远芳闻其至，先遣将校逆于道，比至，喜曰："予望公久矣，今公来，围可解也。御敌不难，只消足下运筹，事无不济。"乃为筹饷械，就地募丁壮二百，伐木建栅，节节为防，立远芳为团练长。有侠士吕品，党徒盈千，亦称雄越南，与耀南友善，函约援助以成犄角。布置甫毕，白瑶即至，后知有备，乃言与嘉应州人有仇，特欲假道耳。索犒赏五百金，约不犯商场，立与之，即

遁去。后黑旗吴忠部将刘义①，以何远芳据保胜淫威大肆，思袭击之，先邀耀南至曰："先生信义素著，凭公传语商民，暂避锋镝，事平如有损失，愿负赔偿。"耀南要其誓，乃再奔保胜，密告戒备，刘果袭击，远芳逃死，遂代领其众。前后二役，微耀南力，保胜为墟矣。年六十一，倦游归里，刘义遣兵护送，抵中国境而止。后刘义内向②，更名永福，贵至碣石总兵，贻书召耀南曰："在越南惟识公一人，及回广州亦惟识公一人。"其见重若此。性恬淡，不通贵游，未尝一至官署。家居修祠宇、恤亲族、赈灾黎，代合族偿积欠之虚粮，慷慨用财，受惠者众，任侠之性然也。优游林下垂二十年，寿八十有一，子孙世厥业，至今不替。耀南官越南监督，职制与中国略同，及归，以筹赈功叙府同知归部铨用。富贵寿考一时无两，中外以为光荣。

梁宏谏 字叔度，清末佛山人。同治初官兵部主事，光绪中期辞官。书法仿苏东坡体，所书佛山《栅下天后庙碑》，人多摹拓，盛行于时。父九图，兄僧宝、禹甸。

［民国］《佛山忠义乡志》卷十四《人物志四·文苑·清》：字叔度，本籍顺德，比部九图之子。同治初，以主事签分兵部武选司行走。少承家学，素工法书，喜仿东坡，得其神韵。需次京邸，与鲁琪光太史齐名。宦情极淡，自题楹柱云："羲之俗书趁姿媚，陶君宦兴本萧疏。"其落落襟怀，可以想见。光绪中乞假归里，只事挥毫，虽暑雨祁寒弗辍也。值中法衅起，彭大司马玉麟奉命督办防务，因具疏谓："近年中外偶然龃龉，动启兵端，我华洋面寥阔，亟应严密设防，庶几或可言战。今北洋兵舰无多，南洋尤为稀少，一旦有事，分布不敷。若非从速多备铁甲战船，恐未能抵御强敌，拟请旨饬令各省筹款每购一艘，以资防守。"彭深韪之，持以入告，奉谕着各省督抚妥筹办理，奈皆畏葸苟安，竟以艰于筹款为词，请从缓办，事遂中止。向使略识外情，稍知远虑，通力合作，办成多数舰队，则甲午中日之役，何至挫衄如是

---

①刘永福（1837—1917），原名建业，字渊亭，俗名刘二，时人尊称为刘义，生于广东钦州（今属广西）。咸丰七年（1857）参加天地会，同治三年（1864）率部参加吴亚忠为首的天地会起义，以七星黑旗为所部旗帜，故名黑旗军。遭清军围攻，移驻滇越边境保胜。十二年法军进犯河内，应越南政府邀请大败法军。中法战争爆发，率部英勇作战，受清政府收编。光绪十二年（1886）任广东南澳镇总兵，二十年帮办台湾军务，二十八年署广东碣石镇总兵，1911年为广东民团总长，旋辞职归籍。

②内向：指归服朝廷。

哉？此诚可为太息者矣！自此一奏，知各疆吏因循泄沓，未足与言，顾念大局，虽抱隐忧，然亦不复谈及时事，惟在园中艺兰种竹，临池涤砚而已。其所作书以《栅下天后庙碑》为最，文字古茂，人多摹拓，盛行于时焉。

吴之骅　字心存，号伯骝，清南海九江人。同治十一年（1872）岁贡。

《九江儒林乡志》卷十《选举略·国朝·贡生·同治十一年壬申》：字心存，号伯骝。马平籍，岁贡。

谢应麟　清高明周田人。咸丰间任肇庆协水师把总、同治间保升千总。父有申，兄应垣，弟应清。

［光绪］《高明县志》卷十二《选举表·仕宦·国朝·武职》：周田人，有申三子。咸丰间任肇庆协水师把总，署富湾汛。同治间保升千总。

谢应清　清高明周田人。同治十一年（1872）岁贡，序选训导参修［光绪］《高明县志》。父有申，兄应垣、应麟。

［光绪］《高明县志》卷十二《选举表·国朝·岁贡·同治朝》：有申四子，十一年贡。卷首《纂修衔名·编次》：岁贡、序选训导谢应清。

孔昭仁　清南海人。同治十二年（1873）举人。

［同治］《南海县志》卷九《同治朝·举人》：癸酉科。

区应麟　字凤侪，清顺德水藤人。同治十二年（1873）拔贡，光绪八年（1882）举人，任宗室官学教习。父作衡。

［民国］《顺德县志》卷九《封荫表·封赠·文阶》：区作衡，水藤人，以子应麟赠宗室官学教习。卷八《选举表一·五贡·同治》：字凤侪，水藤人，见举人，癸酉科拔贡。《举人·光绪》：水藤人，见拔贡，宗室官学教习……壬午科。

邓其华　清三水人。同治十二年（1873）举人。

［光绪］《广州府志》卷四十六《选举表十五·举人·国朝·同治十二年癸酉》：三水人。

龙景恺　字舜臣，清顺德大良人。同治十二年（1873）举人，官内阁中书。光绪三十二年（1906）任顺德县高等小学堂校长。父元僖，兄景恢。

［民国］《顺德县志》卷八《选举表一·举人·同治》：字舜臣，大良人。内阁中书。元僖子，景恢弟……癸酉科。卷二《建置略一·学堂》：顺德县高等小学堂，在城内凤山书院。光绪三十二年开办，邑绅龙景恺、梁联芳、何国澧、李彝坤相继为校长。

卢朴　号作周，原新会籍，清末南海佛山镇人。究心堪舆学，著有《元运发微》等。寿66岁。子熙、尧。

［民国］《佛山忠义乡志》卷十三《选举志二·封赠·清》：卢朴，以子熙封拣选知县。卷十四《人物志八·艺术·清》：号作周。原新会籍，厥父商佛镇，遂家焉。生而颖异，于书无所不读，未弱冠走南雄，凭吊其所谓珠玑巷者。及长遍游大江南北，历嵩衡彭蠡之间，栖迟鄂赣者屡年，访各地名山大川诸胜，与其名士大夫多所唱和。而尤究心于堪舆学，阅历既广，得有异传，复证之杨、曾遗书，乃豁然贯通。尝谓："术数之学发源《周易》，至宋儒康节而始昌，康节之微言参之杨、曾而悉合。"故所撰诸书皆上溯《周易》、远绍康节，贯穿群籍，触类旁通，能发前人所未发。晚更游南洋吧啰各埠，欲考求树艺开矿之学以利民生，惜未果而没，其志愿足嘉矣。尤好急人难，光绪戊戌岁大祲，倡办平粜，亲往粤西购米，接济存活甚众，其乡人至今德之。生平著有《易象一得图说》一卷、《地理丛谈》一卷、《疑撼集解补义》二卷、《青囊天玉图说》五卷、《蒋章辨正直解评注》四卷、《江汉鸿雪杂录》一卷、《箧中遗著》一卷，次第行世，卓然自成一家。卒年六十六。长子熙，经魁，拣选知县。次尧，拔贡，广东高等审判厅民一庭庭长，清封文林郎。卷十五《艺文志一·子部·堪舆家》：《元运发微》一卷，卢朴著……序曰……君之哲嗣伯寅、仲辰二生，皆余于癸卯、庚戌典试时所取士，文章法律有声于时。余既稔习二生，因籍悉君之生平……中华民国四年岁在乙卯孟夏，长白达寿谨序。

叶沛森　一说名沛林，清南海人。同治十二年（1873）举人。

［同治］《南海县志》卷九《同治朝·举人》：癸酉科。

［光绪］《广州府志》卷四十六《选举表十五·举人·国朝·同治十二年癸酉》：叶沛林，南海人。

冯绍裘　字潜圃，原籍鹤山，先世迁南海佛山镇。寿84岁。祖敏光，寿94岁，为戴鸿慈外祖父，光绪元年（1875）赴乡饮。子熙猷、询猷，孙慜、戆。

［民国］《佛山忠义乡志》卷十三《选举志二·封赠·清》：以子熙猷封福建盐大使。卷十四《人物志六·义行·清》：字潜圃，原籍鹤山，自其先世迁佛山，占籍南海。治铁冶，有锅炉数座。咸丰甲寅之乱，举家迁避，绍裘居守。贼知其谨愿，挟赴营，掌出纳，不屈被羁，留月余，始以资赎脱。家业荡尽，仅存铁镬数百，雇匠堵于户内。会匠家白花社与铸炉近，串匪乘夜劫夺去。其年官兵克复佛山，邻里知劫贼姓名，咸欲举发。绍裘曰："得失定也，吾不忍以资财博人生命。"群贼遂得免究，后感其义，皆改行从善。赋性淡泊，毕生足迹未尝一履省会。善居积，遇有商业不振，恒贷以资，偿否无所吝，亦绝口不言。四代同堂，享寿八十四岁，殁之日，人始有述其往事者。子熙猷举人，封文林郎。次子询猷以候选同知晋封奉直大夫。孙慜、戆癸卯科考同案进邑庠，即熙猷乡举之岁，一门笃庆，人以为福德所招云。《人物志七·耆寿·清·冯敏光传》：九十四岁，协办大学士戴鸿慈之外祖也。五子皆寿逾古稀，光绪元年与子庆祺、汝霖偕赴乡饮，同堂介寿，洵人生难得之遇。孙子端、子鈐，邑庠生。曾孙熙猷，举人。元孙慜、憨，俱庠生。

冯树煌　字尹东，清顺德大良人。同治十二年（1873）举人。

［光绪］《广州府志》卷四十六《选举表十五·举人·国朝·同治十二年癸酉》：顺德人。

［民国］《顺德县志》卷八《选举表一·举人·同治》：字尹东，大良人，癸酉科。

关载光　清高明塘窝人。同治十二年（1873）拔贡。

［光绪］《高明县志》卷十二《选举表·国朝·拔贡·同治朝》：塘窝人，十二年癸酉科拔贡。

关钟衡　清高明新墩人。同治十二年（1873）拔贡，官浙江直隶州州判。

［光绪］《高明县志》卷十二《选举表·国朝·拔贡·同治朝》：新墩人，

广西平乐籍，浙江直隶州州判。十二年癸酉科拔贡。

吕则裕　字铭盘，清顺德容奇人。同治十二年（1873）举人。

［光绪］《广州府志》卷四十六《选举表十五·举人·国朝·同治十二年癸酉》：顺德人。

［民国］《顺德县志》卷八《选举表一·举人·同治》：字铭盘，容奇人……癸酉科。

麦以炘　清南海人。同治十二年（1873）举人。

［同治］《南海县志》卷九《同治朝·举人》：癸酉科。

麦穗歧　清顺德麦村人。同治十二年（1873）武举。

［民国］《顺德县志》卷八《选举表一·武举·同治》：麦村人……癸酉科。

苏发祥　清顺德人。附贡，同治十二年（1873）任高明训导。

［光绪］《高明县志》卷五《职官表·国朝·训导·同治朝》：顺德附贡，十二年任。

苏廷光　清三水人。同治十二年（1873）武举。

［光绪］《广州府志》卷四十九《选举表十八·武科·举人·国朝·同治十二年癸酉科》：三水人。

苏源灏　清顺德桑麻乡人。同治十二年（1873）举人。父冕。

［光绪］《广州府志》卷四十六《选举表十五·举人·国朝·同治十二年癸酉附顺天中式》：顺德人，父冕。

苏殿标　名一作彪，清顺德桑麻人。同治十二年（1873）武举。

［民国］《顺德县志》卷八《选举表一·武举·同治》：桑麻人，一作

彪……癸酉科。

李文治 清南海人。同治十二年（1873）举人。

［同治］《南海县志》卷九《同治朝·举人》：癸酉科。

李汝拔 清三水人。同治十二年（1873）举人。

［光绪］《广州府志》卷四十六《选举表十五·举人·国朝·同治十二年癸酉》：三水人。

李鹰扬（清同治） 字显斋，清顺德鸡洲人。同治十二年（1873）武举。

［民国］《顺德县志》卷八《选举表一·武举·同治》：字显斋，鸡洲人……癸酉科。

杨宝琛 榜名琳，清高明人。同治十二年（1873）举人。

［光绪］《高明县志》卷十二《选举表·国朝·举人·同治朝》：榜名琳，十二年癸酉科。

杨凝淞 原名凝钟，字蕤生，清顺德容奇人。同治十二年（1873）举人，次年进士，官吏部主事。祖成中，父祚益。

［光绪］《广州府志》卷四十六《选举表十五·举人·国朝·同治十二年癸酉》：杨凝钟，顺德人，进士，吏部主事。卷四十一《选举表十·进士·国朝·同治十三年甲戌陆润庠榜》：杨凝钟，顺德人，吏部主事。

［民国］《顺德县志》卷八《选举表一·举人·同治》：原名凝钟，字蕤生，容奇人……癸酉科。卷九《封荫表·封赠·文阶》：杨成中，容奇人，以孙凝淞赠；杨祚益，以子凝淞赠，俱吏部考功司……主事。

连勉恒 字槐卿，清顺德沙浦人。同治十二年（1873）举人。

［光绪］《广州府志》卷四十六《选举表十五·举人·国朝·同治十二年癸酉》：顺德人。

［民国］《顺德县志》卷八《选举表一·举人·同治》：字槐卿，沙浦人……癸酉科。

吴彤光 字阶臣，清顺德黄麻涌人。同治十二年（1873）武举，任兵部差官。

［民国］《顺德县志》卷八《选举表一·武举·同治》：字阶臣，黄麻涌人。兵部差官……癸酉科。

何泽群 字鹿朋，清顺德羊额人。同治十二年（1873）举人，官陕西府谷县知县。父心镜。

［光绪］《广州府志》卷四十六《选举表十五·举人·国朝·同治十二年癸酉》：顺德人。

［民国］《顺德县志》卷八《选举表一·举人·同治》：字鹿朋，羊额人。知陕西府谷县……癸酉科。卷九《封荫表·封赠·文阶》：何心镜，羊额人，以子泽群赠陕西府谷县……知县。

何家饶 字厚农，清顺德东马宁人。同治十二年（1873）武举，光绪二年（1876）武进士，后以营守备还乡。好读理性之书，以陈白沙子弟自居。管理乡族事数十年。子藻翔。

［民国］《顺德县志》卷二十《列传五》：字厚农，东马宁乡人。少孤，祖母冯抚育成立。同治癸酉举武科，丙子成进士，营用守备。归谒祖，伏地对冯木主恸哭，袍袂尽湿，曰："恨阿妈不及见也！"冯勤俭善治家，佃户岁纳谷自舂磨食，有余辄鬻置田，咸同后多变基塘，获利较丰。冯殁数十年未尝加佃户租，老佃农来见辄曰："吾批耕时，封翁犹在襁褓中也。"家饶常谕诸儿曰："置产时地价贱，利息已优。吾衣食粗足，何忍再刻削农人？"光绪中叶，丝价飞涨数倍，乃招佃户至，咸情愿量加一二亦不肯易佃，曰："此辈一家衣食所出也。"以守备归抚标，不乐仕进，好读性理书，手不释卷。理乡族事数十年，未尝受舆马费。倡建四世瑄祖祠，盖陈白沙弟子也。创本乡三十户联卫公所，皆无一凭借，只手措办，积资至数万，筑本村新庙前海坦，莳桑为通乡义仓田以备凶荒，乡人服其公义。族中无赖子弟游惰者，辄召其父兄至密室责问，荐往营汛充勇及惠州盐埠充缉捕，人多改行，甘为贼者死无怨。及卒出殡，乡人路祭者二千余人皆泣下。子藻翔，光绪壬午顺天举人，壬辰进士，外务部员外郎。

何崇光 字寿南，清顺德大良人。同治十二年（1873）举人，次年进士，选庶吉士，授编修，任户科给事中。祖焕灿，父太英，兄崇濬。

［光绪］《广州府志》卷四十六《选举表十五·举人·国朝·同治十二年癸酉附顺天中式》：顺德人，进士。卷四十一《选举表十·进士·国朝·同治十三年甲戌陆润庠榜》：顺德人，庶吉士。

［民国］《顺德县志》卷八《选举表一·举人·同治》：字寿南，大良人。见进士，顺天榜……癸酉科。《进士·同治》：二甲编修，户科给事中，甲戌科。卷九《封荫表·封赠·文阶》：何焕灿，羊额人，以孙崇光赠翰林院编修，加赠。何太英，以子崇光封编修，加封。俱山东道御史……何崇濬，羊额人，以弟崇光封……翰林院编修。

何锡畴 清南海人。同治十二年（1873）举人。

［同治］《南海县志》卷九《同治朝·举人》：顺天中式，癸酉科。

张世基 清顺德龙江人。同治十二年（1873）武举。

［民国］《顺德县志》卷八《选举表一·武举·同治》：龙江人，广西籍，癸酉科。

张汝璧 名一说汝兆，清顺德道教人。同治十二年（1873）举人，内阁中书，历任广西梧州、泗城、思恩府知府。

［光绪］《广州府志》卷四十六《选举表十五·举人·国朝·同治十二年癸酉附顺天中式》：张汝兆，顺德人。

［民国］《顺德县志》卷八《选举表一·举人·同治》：道教人，顺天榜。内阁中书，历任广西梧州、泗城、思恩府知府。戴《府志》作汝兆……癸酉科。

张守恩 清顺德龙江人。同治十二年（1873）举人。

［光绪］《广州府志》卷四十六《选举表十五·举人·国朝·同治十二年癸酉附顺天中式》：顺德人。

［民国］《顺德县志》卷八《选举表一·举人·同治》：龙江人，顺天榜……癸酉科。

张怀谦 字牧亭，清顺德黄连人。同治十二年（1873）

举人。

［光绪］《广州府志》卷四十六《选举表十五·举人·国朝·同治十二年癸酉》：顺德人。

［民国］《顺德县志》卷八《选举表一·举人·同治》：字牧亭，黄连人……癸酉科。

张铭　字笛淇，清顺德龙山人。同治十二年（1873）举人，官长乐县训导。

［光绪］《广州府志》卷四十六《选举表十五·举人·国朝·同治十二年癸酉》：顺德人。

［民国］《顺德县志》卷八《选举表一·举人·同治》：字笛淇，龙山人。长乐县训导……癸酉科。

张思澄　字古愚，清顺德龙山人。与兄铭同治十二年（1873）同榜举人，官山东德州知州。祖逢年，父典中，兄铭。

［光绪］《广州府志》卷四十六《选举表十五·举人·国朝·同治十二年癸酉》：顺德人。

［民国］《顺德县志》卷八《选举表一·举人·同治》：字古愚，龙山人。山东德州知州，兄铭同榜……癸酉科。卷九《封荫表·封赠·文阶》：张逢年，龙山人，以孙思澄赠。张典中，以子思澄赠。俱山东德州知州。

张曜藻　名一说耀藻，清顺德道教人。同治十二年（1873）举人。

［光绪］《广州府志》卷四十六《选举表十五·举人·国朝·同治十二年癸酉》：张耀藻，顺德人。

［民国］《顺德县志》卷八《选举表一·举人·同治》：道教人……癸酉科。

陆师彦　清南海人。同治十二年（1873）举人。

［同治］《南海县志》卷九《同治朝·举人》：癸酉科。

陈龙韬　字俊业，号弼臣，清南海九江人。同治十二年（1873）武举。

《九江儒林乡志》卷十《选举略·国朝·武举·同治十二年癸酉科》：字俊业，号弼臣。县学，中式第十三名。卷二十一《杂录下》：光绪七年十二月，盗劫翘南社关某家，失赃几至千金。邻里鸣锣叫喊，武举陈龙韬督公局练勇巡逻至，与社内屯丁伏炮为犄角势，乘贼去奋力轰击，大败之。

陈兆璘 清南海人。同治十二年（1873）举人。

［同治］《南海县志》卷九《同治朝·举人》：顺天中式，癸酉科。

陈廷士 名一作庭士，清南海人。同治十二年（1873）举人。

［同治］《南海县志》卷九《同治朝·举人》：癸酉科。

［光绪］《广州府志》卷四十六《选举表十五·举人·国朝·同治十二年癸酉》：陈庭士，南海人。

陈其灼 字式南，号则甫，清南海九江人。同治十二年（1873）举人，大挑教职。

［同治］《南海县志》卷九《同治朝·举人》：顺天中式，癸酉科。

《九江儒林乡志》卷十《选举略·国朝·举人·同治十二年癸酉科顺天乡试》：字式南，号则甫。监生，中式第二百九十六名，大挑教职。

陈国彬 清南海人。同治十二年（1873）举人。

［同治］《南海县志》卷九《同治朝·举人》：癸酉科。

陈鸣谦 清三水人。同治十二年（1873）举人。

［光绪］《广州府志》卷四十六《选举表十五·举人·国朝·同治十二年癸酉》：三水人。

陈棉芳 清南海人。同治十二年（1873）举人。

［同治］《南海县志》卷九《同治朝·举人》：癸酉科。

冼兆平 清南海人。同治十二年（1873）举人。

［同治］《南海县志》卷九《同治朝·举人》：癸酉科。

罗家沄 字濂舫，清顺德大良人。同治十二年（1873）举人。

[民国]《顺德县志》卷八《选举表一·举人·同治》：字濂舫，大良人。福建补用同知……癸酉科。

罗惇曧 字雪舫，清顺德大良人。同治十二年（1873）举人。祖遇良，父家勤。

[光绪]《广州府志》卷四十六《选举表十五·举人·国朝·同治十二年癸酉》：顺德人，家勤子。

[民国]《顺德县志》卷八《选举表一·举人·同治》：字雪舫，大良人。遇良孙，家勤子……癸酉科。

赵沃文 清顺德碧江人。同治十二年（1873）副贡。

[民国]《顺德县志》卷八《选举表一·五贡·同治》：碧江人，顺天榜……癸酉科副贡。

胡广心 清顺德桂洲人。同治十二年（1873）举人，任广东石城（今廉江）教谕。

[光绪]《广州府志》卷四十六《选举表十五·举人·国朝·同治十二年癸酉》：顺德人。

[民国]《顺德县志》卷八《选举表一·举人·同治》：桂洲人，石城县教谕……癸酉科。

胡廷琛 名一说廷宗、廷琮，清顺德东村人。同治十二年（1873）举人。

[光绪]《广州府志》卷四十六《选举表十五·举人·国朝·同治十二年癸酉附顺天中式》：胡廷宗，顺德人。

[民国]《顺德县志》卷八《选举表一·举人·同治》：东村人，顺天榜，戴《府志》作廷琮……癸酉科。

胡葆濂 清顺德龙山人。同治十二年（1873）建桂洲围。

[民国]《顺德县志》卷四《建置略三·堤筑》：桂洲围，在桂洲堡。同治十二年，里村外村两乡绅士胡葆濂等公共建筑，工费约十余万两。设水闸

六……又设小闸三……光绪十六年，又由围内开浚新涌，增建水闸，名曰文德闸，直通大海。长三百七十余丈，深一丈，面阔五丈。工资由众捐助，闸地涌底由外村胡姓始祖世德堂购送。

郭觐光 清三水人。同治十二年（1873）举人。

［光绪］《广州府志》卷四十六《选举表十五·举人·国朝·同治十二年癸酉》：三水人。

黄兰绶 清顺德龙江人。同治十二年（1873）副贡。

［民国］《顺德县志》卷八《选举表一·五贡·同治》：龙江人，癸酉岁贡。

黄金钺 字佑伯、又村，清顺德陈村人，住佛山镇。同治十二年（1873）举人，光绪九年（1883）进士，任江苏宿迁知县。弟金策。

［光绪］《广州府志》卷四十六《选举表十五·举人·国朝·同治十二年癸酉》：顺德人。

［民国］《佛山忠义乡志》卷九《氏族志·氏系》：黄氏，系出江夏，康熙间由陈村迁佛山石巷，有江苏宿迁县知县金钺。卷十一《乡事志·编年》：光绪……癸未九年……黄金钺登进士。（顺德籍，住福德铺）卷十四《人物志六·宦迹·清》：字佑伯。少聪颖，十五应童子试屡拔前茅，文名藉甚。同治癸亥补顺德学，癸酉登贤书。光绪癸未捷南宫，以知县即用签分江苏。乙酉充江南乡试同考官，又充江南武乡试内帘官。丁亥补授宿迁县，地当要冲，盗贼如毛。履新未久，为蜚语所中去任。是时许藩振祎素有文字交，知其屈，即委办大胜关厘捐。大胜关者，江南四大厘捐之一也，前之谋是差者，钻营备至，金钺晏然得之，同僚多羡焉。厘捐向例设比较以定功过，连办两年，溢前人报额逾四万余金，上游嘉奖。光绪辛卯、癸巳、甲午，历充江南乡试同考官，所得多知名士。丁酉权篆泰兴县，到任后首以振文风为己任。泰邑旧有书院只课八股，金钺嫌其简陋，为之宽筹膏火，月增钱四十余千，拓开月课，分经、史、掌故、性理、词章、时务六门命题，自此人知实学，彬彬有邹鲁风矣。有祁贵者，积年地痞也，历任官访查不获，乃设法擒之，枷游城市，舆论翕然，后递解回籍，地方遂除一害。又有缉私盐勇者，都司某所管带也，素与武举某、武生某朋比为奸，瞯某家有藏镪，诬以匿私盐罪，入室搜括财物，村民与之格拒，伤重殒命。翌日鸣之县，诣场相验，乡人千余绕

场而立，为该民诉冤。金钺曰：“尔等能具结环保乎？”众曰：“能。”于是令众具结毕，执勇回署。都司夜以贿求缓颊，拒之曰：“吾必正办，决不枉法。”讯实，以事详省咨部。得旨褫去都司、武举人、武生三人职，杀盐勇二人抵罪，民心为之大快。解组日，乡民致送牌伞者相属于道，皇皇然如失慈母，其为政得民如此。性俭约，虽居官未尝华服，奔竞征逐官场恶习一扫而空，故作宦多年未跻显秩，时论归之。

［民国］《顺德县志》卷八《选举表一·举人·同治》：字又村，陈村人……癸酉科。

黄金策 字云庐，清顺德陈村人，住佛山镇。光绪六年（1880），法国侵扰越南，奉命督造抬炮，凡四月造成数百具。会敌兵运粮至，定边军统领王德榜率抬炮队间道击之，法军败绩，旋收复谅山，法人请和罢兵。叙功以知县留广西补用，归乡援例助赈，奖同知衔。72岁卒于家。兄金钺，子棣华。

［民国］《佛山忠义乡志》卷九《氏族志·氏系》：黄氏，系出江夏，康熙间由陈村迁佛山石巷，有……广西候补县金策。卷十四《人物志六·武略·清》：字云庐，进士黄金钺弟。性倜傥，与同学友朱述之结为金兰交。述之设有朱炳昌药肆，金策四出贩运，足迹遍粤东西，至湖南，因得结交其豪俊，布政使王德榜方在籍，一见器之，收为门下士。光绪六年，法人扰安南，粤西震动。朝命王德榜统恪靖定边军防边，委金策协同朱述之回粤督造抬炮，乃于通济桥外设厂鼓铸，躬自指挥，弗辞劳瘁。凡四阅月，造成数百具，转运至镇南关，亲赴大营交纳，军中得此利器，为之一振。是时，法兵自谅山进攻，冯子材以正兵当其前，竟日未克。会敌兵运粮至，王德榜率抬炮队，出间道横击之，获其粮食，敌遂溃。我军乘胜复谅山，法人请和，乃罢兵。论者以越南之役得力于楚军，而备楚军之利用，则惟吾粤抬炮是赖，今之言制器者兢尚新式，而未知我之长技之足以临时制胜也。金策先以别案保府经，及是叙功免补本班，以知县留广西补用。金策不欲仕，遂旋里，援例助赈，奖同知衔并赏戴花翎。其先世由陈村迁佛山，族事有不能解决者，咸邀之归，举为族正，兼充局董，措置得宜，建祠培尝，诸善并举，乡族咸德之。经营商业，重义轻财，素性然也。其在佛山创立务滋善堂，成绩尤著。年七十二卒于家。子棣华，庠生。

崔雄飞 清南海人。同治十二年（1873）举人。

［同治］《南海县志》卷九《同治朝·举人》：广西籍，解元，癸酉科。

康维翰 清顺德龙江人。同治十二年（1873）举人。

[民国]《顺德县志》卷八《选举表一·举人·同治》：龙江人，顺天榜……癸酉科。

梁沛英 号卓峰，清南海盐步人。同治十二年（1873）举人，大挑一等，补授襄阳府光化县知县。光绪二十年（1894）为湖北乡试读卷官，二十四年因赈饥赏带花翎，加四品衔。二十七年转运粮米，奖候补直隶知州，积劳成疾，65岁卒于湖北。

[同治]《南海县志》卷九《同治朝·举人》：癸酉科。

[宣统]《南海县志》卷十五《列传》：号卓峰，盐步堡人……大挑一等，以知县签分湖北，补授襄阳府光化县，加同知衔。历充戊子、己丑、辛卯三科湖北乡试同考官，甲午科湖北乡试读卷官。戊戌湖北饥，以办赈出力，奉旨赏带花翎，加四品衔。辛丑，以转运粮米出力，奉当道奏奖，在任以直隶州知州候补。沛英两莅光化，设育婴堂，开养济院，筑张公路，修欧公祠，政声卓著。寻以积劳成疾请假，卒于湖北旅次，年六十五。

梁绍夔 字瑞生，清顺德逢简人。同治十二年（1873）副贡。

[民国]《顺德县志》卷八《选举表一·五贡·同治》：字瑞生，逢简人。顺天榜，癸酉科副贡。

梁粲熙 字少穆，清顺德黄连人。同治十二年（1873）举人，光绪九年（1883）进士，知湖南平江县。父有成，母刘慧娟。

[光绪]《广州府志》卷四十六《选举表十五·举人·国朝·同治十二年癸酉》：顺德人。

[民国]《顺德县志》卷八《选举表一·举人·同治》：字少穆，黄连人，见进士，有成子……癸酉科。《进士·光绪》：知湖南平江县……癸未科。

谢应昌 清高明城中人。同治十二年（1873）赐副榜举人。

[光绪]《高明县志》卷十二《选举表·钦赐》：城中人，由附生，同治十二年癸酉科赐副榜。

彭桐辉 一说名同皆，清顺德容奇人。同治十二年（1873）举人。

［光绪］《广州府志》卷四十六《选举表十五·举人·国朝·同治十二年癸酉附顺天中式》：彭同皆，顺德人。

［民国］《顺德县志》卷八《选举表一·举人·同治》：容奇人，顺天榜……癸酉科。

程钧 清顺德大良人。同治十二年（1873）副贡。

［民国］《顺德县志》卷八《选举表一·五贡·同治》：大良人，顺天榜……癸酉科副贡。

赖炳琦 字亦韩，清顺德龙山人。同治十二年（1873）举人。父瀛，兄孟瑜、德琉。

［咸丰］《顺德县志》卷十一《举人二·国朝·咸丰》：赖孟瑜，龙山人……辛亥恩科。

［光绪］《广州府志》卷一百三十三《列传二十二·国朝·顺德》：赖瀛，别字榴海，龙山人……子孟瑜，咸丰辛亥举人。德琉，诸生。炳琦，同治癸酉举人。孙孝通，诸生。

［民国］《顺德县志》卷八《选举表一·举人·同治》：字亦韩，龙山人，孟瑜弟……癸酉科。

赖鹤年 清高明人。同治十二年（1873）拔贡，光绪元年（1875）举人，十八年进士，选翰林院庶吉士，授编修。

［光绪］《高明县志》卷十二《选举表·国朝·拔贡·同治朝》：桂平籍，十二年癸酉科拔贡。《选举表·国朝·举人·光绪朝》：元年乙卯科。《国朝·进士·光绪朝》：□冈人，广西桂平籍，十八年壬辰科刘福姚榜。翰林院庶吉士，授编修。

蔡舒韩 字侣篪，清顺德龙江人。同治十二年（1873）举人。

［光绪］《广州府志》卷四十六《选举表十五·举人·国朝·同治十二年癸酉》：顺德人。

［民国］《顺德县志》卷八《选举表一·举人·同治》：字侣篪，龙江人……癸酉科。

蔡揆忠 原名元亨，字贞石，清顺德龙江人。同治十二年（1873）举人，光绪六年（1880）进士，官刑部主事。祖亮辉，父佐邦，兄赓唐。

［光绪］《广州府志》卷四十六《选举表十五·举人·国朝·同治十二年癸酉广西中式》：蔡元亨，顺德人。

［民国］《顺德县志》卷八《选举表一·举人·同治》：原名元亨，字贞石，龙江人。广西籍……癸酉科。《进士·光绪》：刑部主事，庚辰科。卷九《封荫表·封赠·文阶》：蔡亮辉，龙江人，以孙揆忠貤赠。蔡佐邦，以子揆忠封。蔡赓唐，以弟揆忠貤封。蔡培瑊，以侄孙揆忠貤赠。俱刑部司……主事。

钟燊 清三水人。同治十二年（1873）举人。

［光绪］《广州府志》卷四十六《选举表十五·举人·国朝·同治十二年癸酉》：三水人。

潘其珵 字珩石，清顺德大良人。同治十二年（1873）举人、候选训导。

［光绪］《广州府志》卷四十六《选举表十五·举人·国朝·同治十二年癸酉》：顺德人，候选训导。

［民国］《顺德县志》卷八《选举表一·举人·同治》：字珩石，大良人……癸酉科。

潘临 清顺德冲鹤人。同治十二年（1873）赐举人。

［民国］《顺德县志》卷八《举人·同治》：冲鹤人，以符例赐，癸酉科。

薛麟章 字玉渠，清顺德龙江人。同治十二年（1873）举人。父序卿。

［光绪］《广州府志》卷四十六《选举表十五·举人·国朝·同治十二年癸酉》：顺德人。

［民国］《顺德县志》卷八《选举表一·举人·同治》：字玉渠，龙江

人……癸酉科。卷九《封荫表·封赠·文阶》：薛序卿，龙江人，以子麟章封……拣选知县。

冯应澜 清高明冈头人。同治十三年（1874）岁贡。

［光绪］《高明县志》卷十二《选举表·国朝·岁贡·同治朝》：冈头人，十三年贡。

冯沅兰 （1843—1884）榜名培英，字栽云，一字蕙裳，清顺德古楼人。咸丰十一年（1861）举人、誊录，教书为业。

［光绪］《广州府志》卷四十六《选举表十五·举人·国朝·咸丰十一年辛酉并补行戊午科》：冯培英，顺德人，改名沅兰，誊录。

［民国］《顺德县志》卷二十《列传五》：榜名培英，字栽云，一字蕙裳，古楼人。少孤，祖训极严。沅兰聪慧，读书过目成诵。年十七进庠，次年补廪饩，又次年中咸丰辛酉举人。嗣是益奋于学，出入经史百子，不欲以一第自足。顾屡踬礼闱，仅挑誊录，考取国子监学录。中年志稍沮丧，退而教授邑城，生徒极盛。评骘文艺，指摘瑕类，必畅言其所以然，悉厌人意。年四十二卒。沅兰天资既高，学力尤富，诗赋骈文靡不精工，援笔立就。尝代人应经古试，一日能成七卷，皆别出机杼，条理精密，远近叹为异才。然不自顾惜，阅书校艺往往连夕不寐，卒以积劳致疾，殒其天年。

廖廷相 （1843—1897）字子亮，一字泽群，清南海南庄贺丰乡人。同治九年（1870）举人，光绪二年（1876）进士，授翰林院庶吉士、编修，充国史馆协修。假归后不复出，历广东水陆师学堂总办、惠济义仓总理、南海保安局总理。任金山书院、羊城书院、应元书院、广雅书院山长，为学海堂和菊坡精舍学长十余年。粤督张之洞开广雅书局刊群籍，廷相总司校雠。会典馆修舆图，粤督李瀚章请廷相主理其事。父震。

［光绪］《广州府志》卷四十六《选举表十五·举人·国朝·同治九年庚午》：南海人。

［宣统］《南海县志》卷十一《艺文略·史部·地理属郡县类》：《广东舆地图说条例》，国朝廖廷相撰。卷十九《列传·文学》：字子亮，一字泽群，贺丰乡人。由县学生中同治九年庚午科举人，光绪二年成进士，改翰林院庶吉士，授编修，充国史馆协修。假归丁艰不复出，为水陆师学堂总办、惠济

义仓总理、南海保安局总理，金山、羊城、应元、广雅书院山长，又为学海堂、菊坡精舍学长，凡十余年，英俊之士多出其门。在金山、羊城兼课经史，继主广雅，定学规十条。粤督张之洞开广雅书局刊群籍，廷相总司校雠。会典馆修舆图，饬直省重绘，粤督李瀚章请廷相主其事。为序例三千余言，图成以进，沿革山川了如指掌。廷相少嗜学，从番禺陈澧游，肄业学海堂，专课经学，尤长于音韵，陈澧著《切韵考》，称其通音韵之学……于群经中精研《三礼》，谓其最切于日用，以礼文繁重，宜以简略出之，因著《三礼表》一书。又以粤东水道纷错，乃著其源流，析其派别，著《粤东水道分合表》二卷。居京师时，撰《顺天人物志》六卷。又拟自唐虞以迄胜朝，凡中外交涉者纂为一书，如征伐盟聘、纳降议款、互市侍子、贡献赐予之类，分门编类，已为条例而未成书。廷相性谨默，学术专精，行复纯实。居继母丧，不戒于火，廷相与其弟及家人仓卒舁榇以行。授徒里中，诱掖后进，蔼然可亲。于师门情谊弥笃，钦州黄某卒于京师，贫无子，廷相殡殓归其葬。生平取与必严，自俸修外罕有滥受者，亦近世士大夫之淡于荣利者也。以光绪二十三年十月卒，年五十有五，士林哀之。著有《经说》《韵学》《诸史札记》《金石考略》《文集》若干卷，其余杂著皆未成。卷二十《列传·善行·廖震传》：番禺陈澧讲学羊城，震遣其子廷相从之游，勖以笃志力学，无负师门，其后廷相道德文章卓然成立，皆本于庭训也。廷相举于乡时，震勉之曰："科名以人重，无以一第自矜。"及入词林，犹谆谆以"顾名思义、实事求是"为训，时人服其贻谋之善云。

朱作求 （1843—1900）字述之，清南海朱李乡人。16岁继承父业，在佛山镇黄伞大街设朱炳昌药丸店。光绪十年（1884）为广西军与法兰西战于谅山，在佛山村尾监造抬枪，奖叙工竣以道库大使分发广西候补。祖天海，父德山，兄简廷，子炯廉，侄云甫、心台，侄孙锡辉。

［民国］《佛山忠义乡志》卷十三《选举志二·封赠·清》：朱天海，以曾孙祖彝貤赠通奉大夫。朱简廷，以孙锡辉貤赠昭武都尉。朱德山，以孙祖彝赠通奉大夫。朱心台，以本生子锡辉赠昭武都尉。朱云甫，以子锡辉赠昭武都尉。卷十四《人物志七·孝友·清》：字述之，南海朱李乡人。父德山业丸药于阳江及本镇黄伞大街，设朱炳昌药丸店，临终嘱以阳江店属长子简廷，而以佛山店属作求，亡何，阳江店失利，简廷且死于客次。作求亲赴阳江扶榇归葬，奉寡嫂与母同居，供给一如其母，抚两侄如子，衣食、教诲、婚娶悉以一身肩其责。侄云甫早逝，作求赡给其妇无少缺。次侄心台亦中年卒，

遗妻及子二女一，为之营居室，给赡养，抚孤儿令与己子同学。侄孙锡辉长，又为之营娶，岁给家费若子妇然。光绪庚子秋，作求病革，遗命拨给侄锡辉等万七千金、田二十亩，另给嫂冯氏、侄妇邓氏各七百金以为体己。初，德山卒，作求年十六即出理店务，操纵有方，遂以致富。事母孝，凡可以博其欢心者靡不备，因纳粟得奖花翎同知衔，盖以诰封其母云。光绪甲申，广西布政使王德榜督带恪靖定边军与法兰西战于谅山，委作求在佛山村尾监造抬枪，工竣奖叙以道库大使分发广西候补。作求淡于仕进，卒不赴，日以营业、课子为事，地方公益及亲友空乏者，有所请求靡不应。卒年五十有八。子炯廉，附贡生，余均纳粟得官，封赠如例。

卢庆云　（1843—1902）号杏樵，清顺德龙山人。早年从学南海朱九江，光绪五年（1879）举人，次年联捷进士，历福建侯官、晋江、浦城知县。十年法军攻打马江，办理兵差、巡防、保甲不遗余力。十七年迁龙岩知州，后保升知府，加三品衔。得罪权贵，落罪回乡。归后约同学出资，建朱九江祠堂。父观显。

［民国］《顺德县志》卷九《封荫表·封赠·文阶》：卢观显，龙山人，以子庆云赠古田县……知县。卷二十《列传五》：号杏樵，龙山人。寄籍顺天大兴县，光绪己卯举人，庚辰进士。以知县即用签分福建，授屏南县，前后署侯官、晋江、浦城均有政声。光绪甲申，法人犯马江，民心惊惶。庆云为谳局委员，倡言城存家存，词气慷慨，大府壮之，委署侯官。即日挈眷晋署视事，办理兵差、巡防、保甲不遗余力，民心乃定。时钱法久坏，奸商垄断，民受其害，庆云剔弊厘奸，力与更始，民情翕服。浦城因惩办哥匪后加抽盐捐，至酿戕官巨案，庆云到任，严惩凶首，省释孤儿张生及无辜良民百数十人。闽督杨昌濬以其办理得宜，保升直隶州。又修复宋儒真德秀祠，禁民侵占祠地，浦人称之。辛卯迁牧龙岩，倡建蚕桑局。整顿书院规条，却武童取列案首例贽五百金，拨充书院膏火。教养兼营，锐意吏治，复以劝捐案保升知府，加三品衔。忽丁内艰，解任去，州民勒石志去思。摄古田数月，士民爱戴，古田诸生送行诗有“千里奉亲忠并孝，五更课士父兼师”之句，盖纪实也。性豪迈，好以气陵人。再任侯官时，署臬司龙锡庆饬首县每日缴呈案件归司办理，庆云以其侵官，不遵办，龙派差役到县提案，驱逐其差，遂交控于大府。闽督卞宝第右庆云，然卒以解任。在籍时，乡人筑堤，官绅集议，庆云语忤郡守。后守升闽藩，庆云适起复回省，遂摭他事劾之，竟落职归。少从学南海朱九江，归后约同门出资建朱先生祠堂，风义见称一时。光绪壬

寅卒，年六十。

叶纫兰　（1843—1905）原名梦镇，字小茗，清南海人。光绪二年（1876）举人。父廷瑛，道光十九年（1839）举人。大挑知县，署浙江宁海知县。

［宣统］《南海县志》卷十五《列传》：原名梦镇，字小茗，廷瑛子也。少孤贫，尝为商家佣，借人书手抄百余卷读之。肄业学海堂，中光绪二年丙子科举人，大挑知县，分发浙江，寻署宁海县事。宁俗好讼，纫兰恒切戒之，讼者多感愧。县有盗踞山为巢，尝率党数百下山大掠。纫兰领兵往攻，枪弹落身旁不为动，擒斩甚众，遂毁其巢，盗乃窜散。县秋旱，纫兰草履率农民冒烈日步行六十余里祈雨，获雨乃止。性廉介且纯实，接篆之前日，祷于城隍，以不受民财为誓。有讼者托某绅赂纫兰金，纫兰曰："若直而虑予不明耶？抑若曲而赂予直之耶？"厉声斥某，某退，即鞫其案，则献金人乃直者，纫兰直之，叹曰："讼本直犹欲赂人以金，曲者更可知矣！"宁狱芜秽生疫，纫兰葺治之，时予囚衣履，日加饭钱百。故去官日，囚亦送德政牌伞，百姓张灯采以示爱，咸曰："去此君子官可惜！"其卸任返杭也，中流遭风，缆忽断，危坐言曰："昔吴隐之治吾粤尝遭飓风，自言为官只受沉香木，掷江中而风息。今吾宰宁，沉香木亦未一受，夫何惧！"语罢舟始安。纫兰少育于庶母李，及长事之过所生，值父母忌恒戚戚。公余读书如诸生时，著有《读史管见》二卷、《广东文献袖珍》二卷、《中日战事始末记》二卷、《听讼须知》一卷、《家礼撮要》一卷、《冕海楼诗草》四卷。光绪乙巳卒于杭州，年六十三。

张殿雄　（约1843—？）字銮坡，清顺德龙山人。参加征剿江南太平军，同治二年（1863）进围金陵，以功绩授广东潮州府黄冈协将，后移镇罗定县。光绪十一年（1885）任参将。

［民国］《顺德县志》卷十九《列传四》：字銮坡，龙山人。弱冠从征江南。同治二年，随大军克复九洑洲，进围金陵，以功授潮州黄冈协副将。履任后，整顿营伍，壁垒一新。黄冈俗好械斗，殿雄善为排解，争立息。又捐廉设缉捕治土匪，居民赖安。旋移镇罗定。光绪十一年，两广总督张之洞奏劾殿雄委带轮船，勇不足额，以参将降补。初官黄冈时，苏杭失陷，人心皇皇，饷源无着。大府开办长江厘务，令殿雄简派兵船护送商旅，饷赖以集。性好文事，著有《銮坡诗集》。去黄冈日赋诗留别，一时和者颇众，有《黄冈留别唱酬诗》一卷。

冼宝桢　（1844—1907）字香周，清南海佛山镇人。父凤诏，同治三年（1864）举人，以训导注选，改教谕，加内阁中书衔，晋太常博士。弟宝榦。

［民国］《佛山忠义乡志》卷十四《人物志六·义行·清》：字香周，凤诏长子。自幼聪颖，过目成诵，尝到书院观呈堂文五篇，归即默写，只字不遗。博极群书，尤留心经世学，以经古受知于何地山学政，拨补郡学博士弟子员，未几食廪。仲弟宝榦宰祁阳，约之至，代撰禀牍，老吏无以过。两试京兆，日与名流相往还。徐荫轩相国，宝榦座主也，器其才，欲罗致幕府，会乡人屡牍促归，遂辞去，而积劳乡事自此始。佛山八图祖祠①通堡输粮地也，明制以堡统图，以图统甲，岁推里长一人，输粮京师，得与朝觐有授官者，顺治以来图甲如故，而里长无权，不肖官吏复有甲绝图补之说，遇轮值之年，举族不嫁娶，土著坐是离散。宝桢痛焉，既自京师归，乃建联图纳粮之议，先从本图办起，以次及于各图，经营十年始就绪。又集资置产，岁租积至数百金，公费有着，自此年清年款，吏不追呼，民安耕凿，八图八十甲得复游于光天化日中矣。是役也，宝桢主厥议，亦赖群策并力，用克有济，然微宝桢，事且久而终莫竟其绪，至今乡人犹德之，班史有言“有志者事竟成”，盖益信云。先在团局办事，及游湖南，同事虚席以待，至是复入局，诸所经画，如浚旗带水、建学堂、提倡春秋吟社，皆有明效，乡人以此重之，同事亦相引重，文牍皆出其手。凡可以保卫桑梓，必尽其心力所能到，而以较整顿图甲成就反小者，彼则专任，此则分勦，难易之理同，而操纵之权异也。于书无所不读，下笔千言如夙构，寓言戏墨传诵一时。喜谈时务，声如洪钟，人以比陈惊座②。顾久困场屋，以训导注选，改前先教谕，加内阁中书升衔，晋太常博士。岁丁未感疾卒，年六十有四。前一日犹力疾治文书，同事见其字画歪斜，心疑之，往视则凶问在途矣，远近诧叹有泣下者，里甲为之袒免，团局亦制联志哀文曰：“廿载记勤劳昔当团务棼如，杜断房谋③总在事前维大局。百凡资擘画今值新猷焕布，萧为曹守④能承公后更何人?”呜

①八图祖祠：又名赞翼堂，佛山古建筑群，位于祖庙附近营前街。

②陈惊座：典出《汉书·游侠传·陈遵》，借指名震于时的名士。

③杜断房谋：指唐太宗时，名相房玄龄多谋、杜如晦善断，两人同心济谋，传为美谈。

④萧为曹守：汉代萧何创立了规章制度，死后，曹参做宰相仍照着实行，比喻按照前任的成规办事。

呼！宝桢真不死已！

霍景熙 （1844—1907）字奕扬，号博云，清南海石湾人。咸丰时捐官府经历，以军功升知县，迁同知直隶州，补广西宜山知县，因病归，卒于家。

［宣统］《南海县志》卷十六《列传》：字奕扬，号博云，大江堡石湾乡人。少读书有大志，会红巾寇起，随父游居大岸，虽仓皇迁徙，未尝废读。家贫为营禄养，遂入督院盐房习吏事，制府瑞麟见而异之，尝谓曰："某谙练无习气，司吏中铮铮者。但有此才，不入仕途为可惜耳。"景熙自是感奋，入粟①得府经，官粤西。委办军需、报销两局文案，厘定章程，严剔积弊，上游深倚畀之。于援剿越南、防堵黔苗各案保升知县，嗣以越南军务平定及历办土匪案内保奏，迁同知直隶州。景熙迭被知遇，亟思图报，廉洁奉公，数十年如一日。檄署宜山县事，清理积案，省释罪囚凡百十起，每阅公牍，彻夜不寝，以勤能称。寻署太平府左州，兼摄学正。州城隳废，污莱不薙，虎豹盗贼交接于境中。下车之始，又值旱魃为虐，景熙斋沐为文，祷于城隍，及期大雨，合境沾足，岁获大稔，虎豹害绝，州人异之。既筹善后策，清查户口，行十家联保法，盗风以戢。规复州城，首捐廉俸，民不扰而城以完。城四围外层植茅竹，为御盗防虎计，内层植桐树，借桐子利为捕盗养士费，一举而数善备。州人追念遗爱，比之召伯甘棠云。旋补宜山县，因需引见，未赴任，抱病归。光绪三十三年卒，春秋六十有四。著有《养晦斋吟稿》《东归日记》藏于家。

朱衢尊 （1845—1873）原名之绳，字直贻，号木君，清南海九江西方太平约人。11岁时父士琦丧，侍叔父次琦，讲学忠良山麓。同治九年（1870）举人。伺候母病1年，母去世后亦因病去世，29岁。

［同治］《南海县志》卷九《同治朝·举人》：士琦子，庚午科。

《九江儒林乡志》卷十《选举略·国朝·举人·同治九年庚午科》：字直贻，号木君。县学，中式第七十九名。父士琦，举人。卷十四《列传·清》：字直贻，号木君，西方太平约人，孝廉士琦子也。生有至行，年十一遭父丧，哭踊若成人。少长，侍季父次琦，讲学忠良山麓。季父负师儒重望，四方知

---

①入粟：谓纳粟于官府买官。

名士来问业者岁恒百数十人。衢尊朝夕习闻绪论，警励奋发，锐然有志于古人。读书有毅力，穿穴经史，钩稽掌故。每朋侪问难，论议证据古今，同门壮佼者咸自谓不及。由郡庠生领同治庚午乡荐，赴礼闱下第，亟援例请封其生母及庶母。友人金韬曰："君齿未壮，腾达有日，何遽为？"衢尊曰："母老矣，一品赠于身后，不如末秩之逮亲存也！"无何，生母梁、庶母张连婴疾病，沉绵床第几一载。衢尊躬侍汤药，衣不解带，睡不交睫，积劳致疾，深自忍秘，不以戚母。及生母、庶母相继殁，衢尊哀毁柴立，居丧一遵古礼，啜糜饭疏，过百日盐豉未下。叔父辈诊知其惫，援《礼经》"有疾则饮酒食肉"之训以谕之，衢尊唯唯，而疏食如故。慎选葬地，日行山谷间，冒犯暑热，至是病益剧。自知不可为，屡趣家人治具祀先。衢尊强摄衰绖起，搏颡中堂，谓家人曰："吾事毕矣。"遂卒，年二十九。衢尊疏眉广颡，仪貌魁伟，与人处通而有执。院试覆考日，同案生某与连席，密以多金乞代作，拒不纳。公车历香港、上海、天津，同乡大贾贸迁其地者或饯行馈赆，衢尊悉谢不受不获，已受之必厚其报云。

[宣统]《南海县志》卷十七《列传·孝义》：原名之绳……友人梁金韬曰："君齿未壮，腾达有日，何遽为？"

马石麟　字玉书，清顺德扬滘人。光绪元年（1875）武举。弟定邦、应霖。

[民国]《顺德县志》卷八《选举表一·武举·光绪》：字玉书，扬滘人，定邦、应霖兄……乙亥恩科。

王瑞骥　清南海人。光绪元年（1875）举人。

[宣统]《南海县志》卷十《选举表·举人·光绪朝》：乙亥科。

区兆书　字拱垣，清顺德登洲人。光绪元年（1875）举人，宗室官学教习。

[民国]《顺德县志》卷八《选举表一·举人·光绪》：字拱垣，登洲人。宗室官学教习……乙亥恩科。

区应嵩　字祝三，清顺德水藤人。光绪元年（1875）举人、九年进士，任湖南城步县知县，檄调武冈州。父作霖，兄应奎，弟应庚。

［民国］《顺德县志》卷九《封荫表·封赠·文阶》：区作霖，举人，以子应嵩封。区应奎，以弟应嵩赠。俱湖南城步县……知县。卷十八《列传三·区作霖传》：幼劬学，文名藉甚，道光甲辰与弟作衡同举于乡……子应嵩，字祝三，光绪癸未进士，任湖南城步县，卓著政声。檄调武冈州，适丁外艰去官，后亦以母老终养，不复出。应庚，乙酉举人，广西补用知县。卷八《选举表一·举人·光绪》：区应嵩，字祝三，水藤人，顺天榜，见进士，作霖子，应庚兄……乙亥恩科。

区钟骥　清高明铁冈人。光绪元年（1875）副贡，官山东文登知县。

［光绪］《高明县志》卷十二《选举表·国朝·副榜·光绪朝》：铁冈人，广西临桂籍。元年乙亥科副榜，举孝廉方正，山东文登知县。

邓佩芳　字午桥，清顺德龙山人。光绪元年（1875）举人，官内阁中书。祖文照，嗣父朝显，生父朝镇，弟佩蘅、佩菘。

［民国］《顺德县志》卷八《选举表一·举人·光绪》：字午桥，龙山人，内阁中书，佩蘅、佩菘兄……乙亥恩科。卷九《封荫表·封赠·文阶》：邓文照，龙山人，以孙佩芳赠。邓朝显，以子佩芳赠。邓朝镇，副贡，以出嗣子佩芳封，以子佩蘅赠阳山教谕，佩菘赠两浙下砂场大使……内阁中书。卷三《建置略二·团局公约》：龙山五埠联防局（大小陈涌、苏埠、沙洲、排涌），在小陈涌温氏花园。光绪年，堡绅左宗蕃、邓佩芳、周拱辰等倡办，后裁。

邓佩蘅　字芷卿，清顺德龙山人。光绪元年（1875）举人，官阳山县教谕。父朝镇，兄佩芳，弟佩菘。

［民国］《顺德县志》卷八《选举表一·举人·光绪》：字芷卿，龙山人。阳山县教谕，兄佩芳同榜，弟佩菘……乙亥恩科。

邝廷鋆　清南海人。光绪元年（1875）举人。

［宣统］《南海县志》卷十《选举表·举人·光绪朝》：乙亥科。

冯永图　字品笙，清顺德古楼人，居大良。光绪元年（1875）举人，十八年进士，湖北即用知县，改雷州府教授。父洪禧。

［民国］《顺德县志》卷八《选举表一·举人·光绪》：字品笙，古楼人，居大良……乙亥恩科。《进士·光绪》：湖北即用知县，改雷州府教授……壬辰科。卷九《封荫表·封赠·文阶》：冯洪禧，大邑人，以子永图赠雷州府教授。

冯达材　清南海人。光绪元年（1875）举人。

［宣统］《南海县志》卷十《选举表·举人·光绪朝》：乙亥科。

叶朝孝　清南海人。光绪元年（1875）举人。

［宣统］《南海县志》卷十《选举表·举人·光绪朝》：乙亥科。

刘仕潼　字作周，号晴湘，清南海九江人。光绪元年（1875）举人，十一年与冯栻宗等建议设九江义仓。祖鸿书。

《九江儒林乡志》卷十《选举略·国朝·举人·光绪元年乙亥恩科》：字作周，号晴湘。县学，中式第七十三名。卷四《建置略·义仓社仓》：阖乡儒林书院义仓经费，光绪十一年，绅士冯栻宗、关兆熙、刘仕潼、曾兆荣、老良书、刘寿康等建议，以同治十年开设乐成会，所得盈余银二千六百两全数拨充，发乡内押铺递年生息，以备岁荒赈饥之用。

刘兆麟　清南海人。光绪元年（1875）武举。

［宣统］《南海县志》卷十《选举表·武科选举·武举·光绪朝》：乙亥科。

刘承藜　清南海人。与父谱同中光绪元年（1875）举人，官阳江训导。

［宣统］《南海县志》卷十《选举表·举人·光绪朝》：谱子，父子同榜，阳江训导……刘谱，乙亥科。

吕炳焘　清南海佛山镇人。光绪元年（1875）举人。

［民国］《佛山忠义乡志》卷九《氏族志·氏系》：吕氏，系出河东，清初由鹤山大冈头乡迁佛山西园里。有举人炳焘，现官有分发广东县知事灿铭。卷十三《选举志一·举人·清》：光绪乙亥，附生。

吕颖岩 清顺德龙眼人。光绪元年（1875）举人。

［民国］《顺德县志》卷八《选举表一・举人・光绪》：龙眼人，顺天榜，乙亥恩科。

朱焯 清顺德古粉人。光绪元年（1875）举人。

［民国］《顺德县志》卷八《选举表一・举人・光绪》：古粉人……乙亥恩科。

伍葆琛 字献南，清顺德古朗人。光绪元年（1875）举人。

［民国］《顺德县志》卷八《选举表一・举人・光绪》：字献南，古朗人……乙亥恩科。

阮国器 字宠和，号蔼如，原籍新会，著籍佛山。光绪初捐资倡设广州广济医院，三十二、三十三年及宣统二年（1910）赈饥。父朝龙。子廷芳，光绪二十年（1894）举人。孙其沅。

［宣统］《南海县志》卷二十《列传・善行》：字宠和，号蔼如。原籍新会，寄居佛山，因著籍，遂为佛山人。父朝龙，慷慨有勇略，擅治金创。咸丰四年，红贼犯新会，守兵伤者治活以万计，邑令旌以“生华佗”匾并酬以金，朝龙受匾反金，论者义之。生子九人，国器其长子也。国器纯笃有大志，甫成童即赴欧洲服贾，旋以母殁奔丧反里，哀毁庐墓，宗族称孝。善体父意，事庶母如母，友爱诸弟，析产分润如不及。喜施济，光绪初，尝捐巨资倡设粤垣广济医院，佛山、江门各善堂亦多赖其力。丙午、丁未及宣统庚戌，粤中水旱迭见，米价腾贵，国器屡办平粜，存活无算。凡诸善举皆力任之，其生平轻财尚义多类此。子六人，廷芳，领光绪二十年乡荐。孙其沅，寄籍广西苍梧县，以优贡应宣统庚戌朝考，授七品小京官。

麦登庸 字伯黻，清顺德勒楼人。光绪元年（1875）副贡。

［民国］《顺德县志》卷八《选举表一・五贡・光绪》：字伯黻，勒楼人。顺天榜……乙亥恩科副贡。

苏如讷 清顺德碧江人。光绪元年（1875）恩贡。

［民国］《顺德县志》卷八《选举表一・五贡・光绪》：碧江人，乙亥恩贡。

吴世泰　清南海佛山镇人。同治十年（1871）入学，光绪元年（1875）举人，官南雄州学正。祖弥光，兄福照。

［宣统］《南海县志》卷十《选举表·举人·光绪朝》：南雄州学正……乙亥科。

［民国］《佛山忠义乡志》卷十三《选举志二·封赠·清》：吴福照，以弟世泰貤封文林郎、南雄州学正。卷十四《人物志七·耆寿·重游泮水》：吴弥光，同治十年辛未重游泮水，孙世泰亦以是年游泮。

何成熙　字仲缉，清顺德良教人。光绪元年（1875）副贡。父应志。

［光绪］《广州府志》卷一百三十三《列传二十二·国朝·顺德·何应志传》：字光远，良教乡人，明云南布政使淡后也……子成杰、成熙，皆诸生。

［民国］《顺德县志》卷十八《列传三·何应志传》：子成杰，四会县儒学训导。成熙，光绪乙亥副贡。卷八《选举表一·五贡·光绪》：字仲缉，良滘人……乙亥恩科副贡。

何亨　清南海人。光绪元年（1875）举人。

［宣统］《南海县志》卷十《选举表·举人·光绪朝》：乙亥科。

何序镛　字琴舫，清顺德大洲人。光绪元年（1875）举人。

［民国］《顺德县志》卷八《选举表一·举人·光绪》：字琴舫，大洲人……乙亥恩科。

何寿恺　字南台，清顺德羊额人。光绪元年（1875）举人，官和平县教谕。

［民国］《顺德县志》卷八《选举表一·举人·光绪》：字南台，羊额人。和平县教谕……乙亥恩科。

何炳堃　清南海镇涌堡南村人，光绪元年（1875）举人。父嗣权，母刘氏。

［宣统］《南海县志》卷十《选举表·举人·光绪朝》：乙亥科。卷二十《列传·善行·何嗣权传》：光绪元年乙亥恩科，子炳堃，以诸生与试。卷二

十三《列传·列女》：何嗣权妻刘氏，镇涌堡石龙村人，庠生是冠女、举人炳堃母也。性恭俭慈惠，少随母陈至外家，私怪其骄侈，使婢扇之，必却去，曰："吾自有手，无需人也。"既归何，事舅姑唯谨。舅喜饮，每视膳，必遣之乃去。善体姑意，处小姑未尝失欢。人有急，施与不吝。居平，尝言："人须惜福，享用不可太过。"邻有娶富家女，随奁甚盛，或向刘夸羡，答曰："汝勿羡也，须享之终身乃为己物耳。"后此妇竟以奢败，人服其识。畜婢如女，常先婢起躬理厨事，炳堃每挞婢，辄不乐，喻止以义，或至泣下。红巾乱，炳堃被虏勒赎，事平，有请代捕贼者，刘辞之曰："贼为恶，法所当诛。第以吾儿故，无为也。"其有容又如此。

何缙良 字次樊，清顺德龙山人。光绪元年（1875）举人。

［民国］《顺德县志》卷八《选举表一·举人·光绪》：字次樊，龙山人……乙亥恩科。

张兆藻 字可鑅，号琼选，清南海九江人。光绪元年（1875）举人。

《九江儒林乡志》卷十《选举略·国朝·举人·光绪元年乙亥恩科》：字可鑅，号琼选。顺天学，改南海学，中式第三十四名。

张绍贤 清顺德龙江人。光绪元年（1875）武举。

［民国］《顺德县志》卷八《选举表一·武举·光绪》：龙江人，广西籍，乙亥恩科。

陆拱昭 清南海人。光绪元年（1875）举人。

［宣统］《南海县志》卷十《选举表·举人·光绪朝》：顺天中式……乙亥科。

陈植棨 清南海人。光绪元年（1875）举人。弟植恕。

［宣统］《南海县志》卷十《选举表·举人·光绪朝》：植恕兄……乙亥科。

罗葆熙 清南海云津堡云滘乡人。光绪元年（1875）副贡，二年举人，大挑一等，官湖北知县。与父厚隆及兄弟皆高寿。

［宣统］《南海县志》卷十《选举表·贡生·光绪朝》：副贡……乙亥科。《举人·光绪朝》：湖北知县……丙子科。卷二十二《列传·耆寿·罗厚隆传》：子五人，启基、启高、启流、葆熙、葆和，皆年登耄耋，一门耆寿，党里盛传。葆熙，光绪二年丙子科举人，大挑一等，官湖北知县。

徐家铭 清南海人。光绪元年（1875）恩贡。

［宣统］《南海县志》卷十《选举表·贡生·光绪朝》：恩贡，乙亥科。

高华藻 清顺德马滘人。光绪元年（1875）举人。

［民国］《顺德县志》卷八《选举表一·举人·光绪》：马滘人……乙亥恩科。

莫燮乾 字巽权，号禹航，清南海沙头堡人。早年家居教学，光绪元年（1875）举人，在乡局任事。六年进士，分安徽代理旌德知县，补望江知县。有事回乡，病卒于家，寿76岁。祖郁文，父耀昌，兄燮理。

［宣统］《南海县志》卷十《选举表·举人·光绪朝》：广西籍……乙亥科。《进士·光绪朝》：广西籍，望江县知县，有传，庚辰科。《封荫·光绪朝》：莫郁文，以孙燮乾赠奉政大夫。莫耀昌，以子燮乾赠奉政大夫。卷十四《列传》：字巽权，号禹航，沙头堡人，寄籍广西浔州府平南县。幼力学，与兄燮理互相砥砺，以孝友、文学闻于时。授徒里中，门下多知名者。光绪元年乙亥举人，任乡局严禁赌，堡内肃然。六年庚辰成进士，以知县用，分发安徽委办转饷。已而丁艰，服阕还省，充江南乡试同考官，有诗云："生平辛苦亲尝处，敢任鱼珠混目来。"署旌德县事，邑治经发匪蹂躏，满目萧条，民鲜土著。燮乾招徕辟垦，添种二麦，务农劝桑，手定保甲以分良莠，地方之元气渐复。寻补望江县，以德化民，少命盗案，狱无滞囚，案无留牍。邑有雷阳书院，乏经费，燮乾为筹膏伙，躬亲课士，人文丕变，光绪十五年己丑会试报捷者六人，开国以来，于斯为盛。尝浚河灌田、筑围避潦，皆捐廉倡首，实惠及民。县输粮向有补库平、短钱价等弊，岁入白金数千以助公费，邑人苦之。燮乾慨然曰："吾家素淡薄，吾忍以是困吾民？"其豁免而改诸，邑人感激，有以禄位祀于神庙者，上官闻其事，亦嘉叹焉。解任日，士民如失慈父母，焚香满市，阻道攀辕，越数时不能去。旋以事返里，病卒，春秋七十有六。论曰：燮乾以暮年登第，出为县令，视其人类三家村学究，粥粥若无能者，及观其居官实政，卓有可见，固悃愊吏也。至其革输粮之弊，而

岁捐数千金之人，亦可谓见利思义矣。夫弊政多起于墨吏，而承其后者每习为成规，甚者或变本而加厉。间有明知其弊，忍而不能舍者，则以计较利害之私误之也。夑乾自甘淡薄而不忍困其民，非见之定而守之固，何以臻此？所谓儒者之治，异夫俗吏之所为，不其信乎！

胡龙韬　清顺德桂洲人。光绪元年（1875）武举、抚标千总。

［民国］《顺德县志》卷八《选举表一·武举·光绪》：桂洲人，抚标千总，乙亥恩科。

黄玉书（清光绪）　清顺德林头人，迁居香山。光绪元年（1875）举人。父焕寅，弟玉筵、玉堂。

［民国］《顺德县志》卷八《选举表一·举人·光绪》：林头人，迁居香山，弟玉筵、玉堂……乙亥恩科。卷十八《列传三·黄焕寅传》：玉书，光绪乙亥举人。

黄培芳　字谦山，清顺德容奇人。光绪元年（1875）举人，陵水县教谕。父远祥。

［民国］《顺德县志》卷八《选举表一·举人·光绪》：字谦山，容奇人。陵水县教谕……乙亥恩科。卷九《封荫表·封赠·文阶》：黄远祥，容奇人，以子培芳赠兴宁县训导。

黄掞棻　清南海人。光绪元年（1875）举人。

［宣统］《南海县志》卷十《选举表·举人·光绪朝》：乙亥科。

崔其佐　清南海人。光绪元年（1875）举人。

［宣统］《南海县志》卷十《选举表·举人·光绪朝》：顺天中式……乙亥科。

崔钊　清南海人。光绪元年（1875）举人，官内阁中书。

［宣统］《南海县志》卷十《选举表·举人·光绪朝》：内阁中书……乙亥科。

梁乔岳 字祝年，清顺德水藤人。光绪元年（1875）举人。

［民国］《顺德县志》卷八《选举表一·举人·光绪》：字祝年，水藤人……乙亥恩科。

梁觐光（清光绪） 清南海人。光绪元年（1875）举人，官临高县训导。

［宣统］《南海县志》卷十《选举表·举人·光绪朝》：临高训导……乙亥科。

梁镇芳 清顺德乌洲人。光绪元年（1875）武举。

［民国］《顺德县志》卷八《选举表一·武举·光绪》：乌洲人……乙亥恩科。

梁耀宸 清顺德光华人。初与兄耀藜、耀枢随南海朱次琦读书，光绪元年（1875）举人。

［民国］《顺德县志》卷二十《列传五·梁耀枢传》：耀宸，光绪乙亥举人。

梁耀衮 清顺德光华人。光绪元年（1875）举人。兄耀藜、耀枢、耀宸。

［民国］《顺德县志》卷八《选举表一·举人·光绪》：光华人，耀藜、耀枢弟……乙亥恩科。

游士钊 字镜堂，清顺德大良人。光绪元年（1875）恩贡。

［民国］《顺德县志》卷八《选举表一·五贡·光绪》：字镜堂，大良人……乙亥恩贡。

谢森 清高明对村人。光绪元年（1875）恩贡，参修县志。

［光绪］《高明县志》卷十二《选举表·国朝·恩贡·光绪朝》：对村人，元年恩贡。卷首《纂修衔名·采访》：恩贡谢森。

彭德元 清南海人。光绪元年（1875）武举。

［宣统］《南海县志》卷十《选举表·武科选举·武举·光绪朝》：乙

亥科。

程以俊 清南海人。光绪元年（1875）武举，三年武进士。

［宣统］《南海县志》卷十《选举表·武科选举·武举·光绪朝》：乙亥科。《武科选举·进士·光绪朝》：丁丑科。

蔡廷兰 清南海人。光绪元年（1875）举人。

［宣统］《南海县志》卷十《选举表·举人·光绪朝》：顺天中式……乙亥科。

潘灿光 清南海人。光绪元年（1875）副贡。

［宣统］《南海县志》卷十《选举表·贡生·光绪朝》：副贡……乙亥科。

潘斯澈 清南海人。光绪元年（1875）举人。

［宣统］《南海县志》卷十《选举表·举人·光绪朝》：乙亥科。

吕绍端 （1846—1878）字彤阶，号冕士，清南海里水大冲乡人。同治六年（1867）举人，十年进士，选翰林院庶吉士，授编修。因盛夏兼程回乡探父病，途中受热，抵家，卒。妻李氏绝食而殉。祖陈谟，父廷焯，子调元。

［光绪］《广州府志》卷四十六《选举表十五·举人·国朝·同治六年丁卯》：南海人，进士。陈谟孙，廷焯子。卷四十一《选举表十·进士·国朝·同治十年辛未梁耀枢榜》：南海人，庶吉士。

［宣统］《南海县志》卷十五《列传·吕廷焯传》：大冲乡人……子绍端，字彤阶，号冕士。幼侍廷焯讲席，读书数过便记诵不遗。年十一能文章，每有会作辄惊耆宿。年十九补博士弟子员，二十一中同治六年丁卯科举人，辛未成进士，改翰林院庶吉士，散馆授编修，充国史馆协修、功臣馆纂修。光绪三年充会试同考试官，所得皆知名士，樊增祥、支恒荣其最显者也。绍端性纯孝，入翰林后请假归省，即拟长侍庭闱，惟迫于严命始赴京供职，临别依依谓所亲曰："吾终不欲以禄养违色笑也。"光绪四年，廷焯得不寐症，绍端接家书知父病，即乞假南归。时当盛暑，绍端赋体素弱，亲好多劝俟秋凉始作归计，不听，冒暑登程，遂感疾，船中乏医药，病益增剧。抵家时已不能言，惟目灼灼注视其父，垂泪而没，年仅三十有三，士林哀之。配李氏当

绍端弥留时，誓以身殉，勺水不入口，后七日而殁，尤属一门贞孝云。子调元，县学附生。

潘誉徵　（1846—1908）字弼廷，号次典，清南海西樵百西村头村人。同治十二年（1873）举人，捐户部郎中。生父斯濂，子伯樑。

［同治］《南海县志》卷九《同治朝·举人》：斯濂子，顺天中式，癸酉科。

［宣统］《南海县志》卷十五《列传》：字弼廷，号次典，百滘堡黎村乡人。本生父斯濂，香祖嗣子也。少聪颖，年十七补邑学弟子员。受业于九江朱先生，发愤劬学，文行多所成就。同治十二年癸酉举顺天乡试，纳粟为部郎签分户部，久之，以供职闲曹不乐，遂挈眷归。光绪七年，斯濂督学奉天，没于任，闻讣奔丧，扶柩归葬，遂杜门不出。家居不干预外事，而事关桑梓利害则引义直前。光绪十一年，大栅围创筑江浦海口马头冈水闸，壅塞桑园围东基一带，河道无从宣泄，农田受病，群情汹汹。誉徵携张农部琯生条具疾苦，诉诸当道，反被斥驳，终不为屈。十五年大水为灾，复具呈控，制府张文襄公亲临勘验，审知水势所趋，碍难筑闸，立翻前案，而水害乃除。二十年，倭人不靖，海疆戒严，大吏延请誉徵办理全省团练，誉徵统筹全局，悉协机宜。大吏以筹饷欲抽亩捐，誉徵谓："岁仍饥馑，重以科派，恐不可行。"事遂寝。香山、顺德各属濒海沙田为盗渊薮，肆行掳劫，农人病之。誉徵请诸大吏拨兵剿办，并联合业户创安平沙所联防局，编练水陆团勇，力筹自卫，先后擒获渠魁，交地方官惩办，贼氛由是少戢。性孝友，主持家政垂三十载，内外无间言。与人交胸怀坦白，对客终日娓娓不倦。丁未邑人倡修县志，推举誉徵任总纂。戊申采访甫集，誉徵遽没。子三人，伯樑，邑庠生，法政毕业，奏奖副贡。

马定邦　字辅臣，清顺德扬滘人。光绪二年（1876）武举，次年武进士，官潮州府守备。兄石麟、应霖。

［民国］《顺德县志》卷八《选举表一·武举·光绪》：字辅臣，扬滘人，见进士。石麟、应霖弟，丙子科。《武进士·光绪》：潮州府守备……丁丑科。

王文沃　号弼臣，南海黄鼎司良沙海（今金沙下安王家村）人。光绪末年，围决高田里，联合士绅，呈请当道拨帑，并佐以义捐为之筑复。举乡饮大宾。至80岁，夫妻结婚60周年，官方颜其闾曰“双星曼福”。子广龄。

[宣统]《南海县志》卷二十二《列传·耆寿》：号弼臣，黄鼎司良沙海人。生平制行不苟，与人交恂恂若无能，而桑梓利害必身任之。光绪末年，围决高田里，比年不修，屡被水患。文沃联合士绅，呈请大吏拨帑，复求助于救灾公所自治研究社，佐以义捐，得万余金，为之筑复。人免昏垫，咸嘉其义，举乡饮大宾。年八十花烛重逢，大吏颜其闾曰“双星曼福”，又赠以联云：“琪树瑶林承欢共效斑衣舞，木公金母周甲重开合卺筵。”乡里荣之。子五人，以次子广龄贵诰封朝议大夫。

王钰泉　清南海佛山镇人。光绪二年（1876）副贡，官教谕。

[宣统]《南海县志》卷十《选举表·贡生·光绪朝》：副贡……丙子科。

[民国]《佛山忠义乡志》卷九《氏族志·氏系》：王氏，系出太原，明初由良沙海迁佛山莲花地。明有知县绍芳。清有知县达廷，道员福康，郎中福报，知府福成，署正纬，教谕钰泉，游击启文，举人延年、凝祚、凝祜、凝祉，训导凝祁，员外铭勋，把总启炽，训导启湘，通判寿彭，知府寿慈，县丞学芬，主事恭硕，同知颂清，通判贤佐。卷十三《选举志一·贡生·清》：副贡。

王凝祚　清末南海佛山镇人。光绪五年（1879）举人，江西补用通判。父纬，弟凝祉、凝礼。

[民国]《佛山忠义乡志》卷十四《人物志七·隐逸·清·王纬传》：子十二：长凝祚，官州判。次凝祉，官部曹，先后膺乡荐。季凝礼，补博士弟子员，余均克家。卷十三《选举志一·举人·清》：光绪己卯，附生。《选举志二·仕宦·文职·清》：江西补用通判。

王凝祉　清末南海佛山镇人。光绪二年（1876）举人，官刑部主事。父纬，兄凝祚，弟凝礼。

[宣统]《南海县志》卷十《选举表·举人·光绪朝》：顺天中式……丙子科。

[民国]《佛山忠义乡志》卷十四《人物志七·隐逸·清·王纬传》：子十二：长凝祚，官州判。次凝祉，官部曹，先后膺乡荐。季凝礼，补博士弟子员

子员，余均克家。卷十三《选举志二·封赠·清》：王纬，以子凝祉赠刑部主事。

区艺 清南海人。光绪二年（1876）举人。

［宣统］《南海县志》卷十《选举表·举人·光绪朝》：丙子科。

区湛森 字鹏霄，清南海西樵松塘村人。光绪二年（1876）举人，次年成进士，官内阁中书，升补侍读，京察一等，议叙得三品衔。58岁病卒于京。

［宣统］《南海县志》卷十四《列传》：字鹏霄，上金瓯堡区村人。光绪二年丙子举人，逾年成进士，以内阁中书用，旋补中书。充国史馆校对、本衙门撰文，管诰敕房事务。叠署侍读，升补侍读，京察一等，玉牒馆议叙得三品衔。湛森好学能文，工骈俪。赋性纯笃，乐善不倦。京师得胜门外有义冢两区，叠叠白骨，湛森见之恻然，乃集资掩覆，缭以垣墙，遂免暴露。官京师时寓宅不戒于火，湛森须尽焚，得免于难。年五十八，以疾卒于京师。

尤其杰 字伯海，清顺德北水人。光绪二年（1876）副贡，授四会县教谕。

［民国］《顺德县志》卷十九《列传四》：字伯海，北水人。光绪丙子副贡，授四会县教谕。值西潦暴发，不一时水涨丈余，邑城几没。万民呼救，哭声震天，文武官吏奔走惊惶，相顾无策。其杰慨捐资招工数百，日夜亲临督救，并市米填塞，救活全城。事定，绅民额手称庆，县令详请保奖，其杰力阻之曰："我尽我道，保奖何为？"只报灾请赈，卒不言功。

方菁莪 清南海人。光绪二年（1876）举人，官崖州学正。祖遂中，父介齐。

［宣统］《南海县志》卷十《选举表·举人·光绪朝》：崖州学正……丙子科。《封荫·光绪朝》：方遂中，以孙菁莪貤赠崖州学正。方介齐，以子菁莪封崖州学正。

邓佩菘 字蒲洲，清顺德龙山人。光绪二年（1876）举人，官两浙下砂场大使。兄佩芳、佩蘅。

［民国］《顺德县志》卷八《选举表一·举人·光绪》：字蒲洲，龙山人。

两浙下砂场大使。佩芳、佩蘅弟……丙子科。

邝达荣　清南海人。光绪二年（1876）举人。

［宣统］《南海县志》卷十《选举表·举人·光绪朝》：顺天中式……丙子科。

邝兆彤（清光绪）　原名经，清南海人。光绪二年（1876）副贡。

［宣统］《南海县志》卷十《选举表·贡生·光绪朝》：原名经，副贡……丙子科。

冯应骢　字舜侯，清顺德龙山人。光绪二年（1876）副贡。

［民国］《顺德县志》卷八《选举表一·五贡·光绪》：字舜侯，龙山人……丙子科副贡。

冯镜泉　字江心，清顺德古楼人。光绪二年（1876）举人，补湖南兴宁知县。十八年进士。

［民国］《顺德县志》卷八《选举表一·举人·光绪》：字江心，古楼人……丙子科。《进士·光绪》：补湖南兴宁县，未赴任……壬辰科。

龙彭寿　字朋三，清顺德大良人。光绪二年（1876）举人，大挑签分湖北知县。

［民国］《顺德县志》卷八《选举表一·举人·光绪》：字朋三，大良人。大挑签分湖北知县……丙子科。

叶启芳　清南海人。光绪二年（1876）举人，官博罗县训导。

［宣统］《南海县志》卷十《选举表·举人·光绪朝》：博罗训导……丙子科。

刘庆骐　清顺德沙滘人。光绪二年（1876）举人，二十一年进士，官内阁中书。

［民国］《顺德县志》卷八《选举表一·举人·光绪》：沙滘人……丙子科。《进士·光绪》：内阁中书……乙未科。

刘沂森　字廷龙，号彦诚，清南海九江人。光绪二年（1876）副贡。

《九江儒林乡志》卷十《选举略·国朝·贡生·光绪二年丙子》：字廷龙，号彦诚。监生，顺天副贡。

麦鸿　清南海人。光绪二年（1876）举人。

［宣统］《南海县志》卷十《选举表·举人·光绪朝》：丙子科。

老寿彭　清顺德北海人。光绪二年（1876）举人。

［民国］《顺德县志》卷八《选举表一·举人·光绪》：北海人……丙子科。

李湛英　清顺德桂洲人。光绪二年（1876）举人。

［民国］《顺德县志》卷八《选举表一·举人·光绪》：桂洲人，顺天榜……丙子科。

李联芳（清光绪）　清顺德麦村人。光绪二年（1876）武举。

［民国］《顺德县志》卷八《选举表一·武举·光绪》：麦村人……丙子科。

杨启焯　清南海人。光绪二年（1876）举人。

［宣统］《南海县志》卷十《选举表·举人·光绪朝》：丙子科。

杨其松　清南海人。光绪二年（1876）举人，官高要教谕。

［宣统］《南海县志》卷十《选举表·举人·光绪朝》：高要教谕，丙子科。

连镜清　清顺德沙富人。光绪二年（1876）副贡。

［民国］《顺德县志》卷八《选举表一·五贡·光绪》：沙富人……丙子科副贡。

吴龙光　字拜朝，清顺德大良人。光绪二年（1876）举人，官遂溪县教谕。

［民国］《顺德县志》卷八《选举表一·举人·光绪》：字拜朝，大良人。遂溪县教谕……丙子科。

吴仕清（清光绪）　清南海人。光绪二年（1876）副贡。

［宣统］《南海县志》卷十《选举表·贡生·光绪朝》：顺天副贡……丙子科。

吴应阶　字达廷，清顺德水藤人。光绪二年（1876）举人。

［民国］《顺德县志》卷八《选举表一·举人·光绪》：字达廷，水藤人……丙子科。

吴藻　字洁才，清顺德容奇人。光绪二年（1876）副贡。

［民国］《顺德县志》卷八《选举表一·五贡·光绪》：字洁才，容奇人。顺天榜……丙子科副贡。

岑筠垣　清南海人。光绪二年（1876）举人。

［宣统］《南海县志》卷十《选举表·举人·光绪朝》：丙子科。

［民国］《顺德县志》卷八《选举表一·举人·光绪》：桂洲人……丙子科。

何永年　字秉渊，清顺德黎村人。光绪二年（1876）赐副贡，十一年赐举人，次年赐检讨。

［民国］《顺德县志》卷八《选举表一·五贡·光绪》：字秉渊，黎村人。见举人，以符例赐……丙子科副贡。《举人·光绪》：以符例赐，丙戌赐检讨……乙酉科。

何寿鸿　清南海人。光绪二年（1876）举人。

［宣统］《南海县志》卷十《选举表·举人·光绪朝》：顺天中式……丙子科。

何祖培 字梅伯，清顺德羊额人。光绪二年（1876）举人。

［民国］《顺德县志》卷八《选举表一·举人·光绪》：字梅伯，羊额人。顺天榜……丙子科。

何梦骐 清顺德良村人。光绪二年（1876）副贡。

［民国］《顺德县志》卷八《选举表一·五贡·光绪》：良村人……丙子科副贡。

何耀垣（清光绪） 字星曹，清顺德水藤人。光绪二年（1876）举人。

［民国］《顺德县志》卷八《选举表一·举人·光绪》：字星曹，水藤人……丙子科。

陈士佳 清南海人。光绪二年（1876）举人。

［宣统］《南海县志》卷十《选举表·举人·光绪朝》：丙子科。

陈序琛 清南海人。光绪二年（1876）副贡。

［宣统］《南海县志》卷十《选举表·贡生·光绪朝》：顺天副贡……丙子科。

陈尚贤（清光绪） 清南海佛山镇人。光绪二年（1876）举人，早卒。父维表。

［宣统］《南海县志》卷十《选举表·举人·光绪朝》：丙子科。

［民国］《佛山忠义乡志》卷十四《人物志六·义行·清·陈维表传》：字端卿，世居佛山金鱼塘……诸子或商或儒，能世厥业。次尚贤，举人，早卒。

陈沛霖 清南海人。光绪二年（1876）武举，次年武进士。

［宣统］《南海县志》卷十《选举表·武科选举·武举·光绪朝》：丙子科。《武科选举·进士·光绪朝》：丁丑科。

陈寿铭 字梅岩，清顺德大良人。光绪二年（1876）举人。

［民国］《顺德县志》卷八《选举表一·举人·光绪》：字梅岩，大良人……丙子科。

陈冠朝 清南海人。光绪二年（1876）举人。

［宣统］《南海县志》卷十《选举表·举人·光绪朝》：顺天中式，灵山县训导……丙子科。

陈象仁 字淡缘，清顺德容奇人。光绪二年（1876）举人，次年进士，未殿试。弟朝栋。

［民国］《顺德县志》卷八《选举表一·举人·光绪》：字淡缘，容奇人，见进士，朝栋兄……丙子科。《进士·光绪》：未殿试，丁丑科。

庞修 清南海人。光绪二年（1876）举人。

［宣统］《南海县志》卷十《选举表·举人·光绪朝》：丙子科。

林元谦 清南海人。光绪二年（1876）举人。

［宣统］《南海县志》卷十《选举表·举人·光绪朝》：丙子科。

林宜鹍 清高明范州人。同治十二年（1873）拔贡，光绪二年（1876）举人，官高要教谕。

［光绪］《高明县志》卷十二《选举表·国朝·拔贡·同治朝》：桂平籍，十二年癸酉科拔贡。《选举表·国朝·举人·光绪朝》：范州人，广西桂平籍，二年丙子科。

［宣统］《南海县志》卷十《选举表·举人·光绪朝》：高要教谕，丙子科。

招彝明 清南海人。光绪二年（1876）举人。

［宣统］《南海县志》卷十《选举表·举人·光绪朝》：丙子科。

罗光泰 清南海人。光绪二年（1876）举人。

［宣统］《南海县志》卷十《选举表·举人·光绪朝》：丙子科。

罗惇晸 字浚甫，清顺德大良人。光绪二年（1876）优贡，即用知县、开平县训导。父家勤。

［民国］《顺德县志》卷八《选举表一·五贡·光绪》：字浚甫，大良人。丙子优贡，即用知县，开平县训导。家勤子。

罗熙尧　清南海人。光绪二年（1876）举人。

［宣统］《南海县志》卷十《选举表·举人·光绪朝》：丙子科。

周业恩　清顺德藤涌人。光绪二年（1876）赐副贡。

［民国］《顺德县志》卷八《五贡·光绪》：藤涌人，以符例赐，丙子科副贡。

周佩贤　字月湖，清顺德黎村人。光绪二年（1876）举人，官信宜县训导。

［民国］《顺德县志》卷八《选举表一·举人·光绪》：字月湖，黎村人。信宜县训导……丙子科。

周炳麟　清南海人。光绪二年（1876）举人。

［宣统］《南海县志》卷十《选举表·举人·光绪朝》：顺天中式……丙子科。

胡思焯　清顺德桂洲人。光绪二年（1876）武举，次年武进士，任营用守备。

［民国］《顺德县志》卷八《选举表一·武举·光绪》：桂洲人。见进士，丙子科。《武进士·光绪》：营用守备，丁丑科。

钟其英　清南海大沥堡隆福乡人。光绪二年（1876）举人。父觐平，兄羲年、文藻。

［宣统］《南海县志》卷十《选举表·举人·光绪朝》：丙子科。

钟应勋　清南海人。光绪二年（1876）举人，任广东大埔教谕。

［宣统］《南海县志》卷十《选举表·举人·光绪朝》：顺天中式，大埔县教谕，丙子科。

黄应尧 清顺德白藤人。光绪二年（1876）举人。

［民国］《顺德县志》卷八《选举表一·举人·光绪》：白藤人，顺天榜……丙子科。

黄剑光 清南海人。光绪二年（1876）武举。

［宣统］《南海县志》卷十《选举表·武科选举·武举·光绪朝》：丙子科。

黄景伊 字聘农，清顺德甘竹人。光绪二年（1876）举人，任度支部①主事。父谦光，子凤藻。

［民国］《顺德县志》卷八《选举表一·举人·光绪》：字聘农，甘竹人，子凤藻……丙子科。卷九《封荫表·封赠·文阶》：黄谦光，甘竹人，以孙凤藻赠。黄景伊，以子凤藻封。黄景仁，以侄凤藻封。俱度支部主事。

黄綵 字藻香，清顺德大良人。光绪二年（1876）举人。

［民国］《顺德县志》卷八《选举表一·举人·光绪》：字藻香，大良人……丙子科。

黄锡衔 字镜缘，清顺德容奇人。光绪二年（1876）举人。

［民国］《顺德县志》卷八《选举表一·举人·光绪》：字镜缘，容奇人。顺天榜……丙子科。

黄璥 清南海人。光绪二年（1876）赐副贡。

［宣统］《南海县志》卷十《选举表·贡生·光绪朝》：钦赐副贡……丙子科。

崔舜球 原名周球，字夔典，清南海沙头堡人。光绪二年

---

①度支部：官署名，清代掌管财政事务的机构。光绪三十二年（1906），改组部院各衙门，户部更名为度支部，列衔于户部之上，原掌管的民政事划归民政部。主管官为度支大臣，下设承政、参议二厅及田赋、漕仓、税课、莞榷、通阜、库藏、廉俸、军饷、制用、会计等十司与金银库。

(1876) 举人，次年进士，授编修，37 岁卒于京邸。祖裕光，父晋良。

［宣统］《南海县志》卷十《选举表·封荫·光绪朝》：崔裕光，以孙舜球赠翰林院编修。崔晋良，以子舜球赠翰林院编修。卷十四《列传》：原名周球，字夔典，沙头堡人。生甫六月而孤，性敏慧，耽读异常童，事母及兄曲承其欢。试邑郡列前茅弗售，纳资供职户曹。光绪二年丙子顺天举人，逾年成进士，选庶吉士，散馆授编修，充武英殿协修、东陵陪祀官、国史馆协修。舜球襟度汪夷，人无荣悴，新故交接如一。轻财爱客，京华文宴无虚日，与同馆番禺姚礼泰、张鼎华、梁鼎芬，顺德黎荣翰交莫逆，琴歌酒赋，照映一时。时法人构衅越南，朝廷命将往援，滇桂之役望风先溃，北圻各镇遂为敌有，台湾基隆屿失守，疆臣奏报只呼奈何，舜球慨然赋诗，有“书生不解事，愿借鲁阳戈”之句。诗才秀朗，工八法，所居多蓄书史图画，寝馈其中，闻䉟①竹笋味美，因自署“䉟庵”。卒于京邸，年仅三十有七，时论惜之。著有《懒云山馆诗草》一卷、《谒陵纪程》一卷、《都门杂记》一卷，藏于家。论曰：舜球任达自喜，跌荡风流，而重义轻财，笃于友谊，有非流俗所能及者。尝记其为友偿债一事：某翁积一生所蓄，得白金五百两，属伊子付某药肆权子钱②。初不知其负债已积重也，不数月即倒闭，于后历两载仅得收回二百两，余三百两虽立券而偿还无期。某翁自以数十年所积只有此数，一旦掷之虚牝③，徒存废纸，不胜愤郁，时以咎责其子。一日书至，复以为言，其子启读讫，不觉泪下。舜球适在座，问故，遂述其事以告。舜球慨然曰：“子无，然吾力能办三百金，作为某肆偿还，以慰乃翁。”友固辞，舜球请益力，友卒感其义，从所请。后数年如数还之，某肆所立券，其友亦竟焚去不复问。此事为外人所不及知者，附识之亦足以风世也。

康逊修　清顺德龙江人。光绪二年（1876）举人。

［民国］《顺德县志》卷八《选举表一·举人·光绪》：龙江人……丙子科。

梁永年　清顺德马冈人。光绪二年（1876）副贡。

---

①䉟（huò）：孔窍大，泛指大。

②子钱：贷给他人取息之钱。

③虚牝：空谷，白白地浪费。

［民国］《顺德县志》卷八《选举表一·五贡·光绪》：马冈人，顺天榜……丙子科副贡。

梁佐贤 清南海人。光绪二年（1876）举人。任内阁中书。父启康。

［宣统］《南海县志》卷十《选举表·举人·光绪朝》：启康子，内阁中书……丙子科。

梁秉衡 字关石，清顺德莘村人。光绪二年（1876）赐举人。

［民国］《顺德县志》卷八《选举表一·举人·光绪》：字关石，莘村人。以符例赐，丙子科。

梁崧 清南海人。光绪二年（1876）武举。

［宣统］《南海县志》卷十《选举表·武科选举·武举·光绪朝》：丙子科。

梁增韫 清南海人。光绪二年（1876）举人，任德庆州学正。

［宣统］《南海县志》卷十《选举表·举人·光绪朝》：德庆学正……丙子科。

曾兆荣 字贯明，号鹤琴，清南海九江人。光绪二年（1876）举人。

《九江儒林乡志》卷十《选举略·国朝·举人·光绪二年丙子科顺天乡试》：字贯明，号鹤琴。监生，中式第二百二十三名。

谢震 清高明周田人。光绪二年（1876）岁贡，序选训导。十三年建复周田文元书院，二十年参修光绪《高明县志》。

［光绪］《高明县志》卷十二《选举表·国朝·岁贡·光绪朝》：周田人，二年贡。卷七《学校志·社学书院》：文元书院，在周田村后左边，午兼丁向。（……后被客匪焚毁，光绪十三年，经谢震、谢世昌等建复）卷首《后叙》：……后张君其典、谢君震共图厥成，爰述始末而为之序。光绪二十年孟

夏花翎同知衔高明县知县蔡逢恩谨序。《纂修衔名·分纂》：岁贡、序选训导谢震。

彭光湛 字若泉，号少阶，清南海西樵人。光绪二年（1876）举人，六年挑取国史馆誊录。十五年进士，以知县用分发福建，历署仙游、连城县事，补南靖县知县。58岁病卒。

［宣统］《南海县志》卷十四《列传》：字若泉，号少阶。光绪二年丙子举人，六年会试挑取国史馆誊录，十五年己丑成进士，以知县用分发福建。大吏委办萧厝、管头厘税，严禁丁役浮收。历署仙游、连城县事，旋补南靖县知县，廉洁爱民，力除积弊。有争讼者委曲解谕，每听讼为之恻然。任仙游，甫下车，见城垣残缺，曰："此守土责也！"鸠工修治，百堵厘然。值亢旱，祷雨雨立注。仙俗强悍好斗，光湛至，劝民息讼，积案有冤狱立白之。因患足疾，遂去官归，士民攀留，道为之塞。光湛待人，一出于至诚，周急无吝色。临终戒其子勿作佛事，卒年五十有八。

赖孝通 字达卿（一说字达馨），清顺德龙山人。光绪二年（1876）举人。祖瀛。

［光绪］《广州府志》卷一百三十三《列传二十二·国朝·顺德》：赖瀛，别字榴海，龙山人……子孟瑜，咸丰辛亥举人。德琉，诸生。炳琦，同治癸酉举人。孙孝通，诸生。

［民国］《顺德县志》卷八《选举表一·举人·光绪》：字达馨，龙山人……丙子科。卷十四《艺文略·集部·别集》：《陶园诗集》二卷，国朝赖孝通撰。谨按：孝通，字达卿，龙山人，光绪丙子举人。

谭崇颐 字卜周，清顺德甘竹人。光绪二年（1876）举人。

［民国］《顺德县志》卷八《举人·光绪》：字卜周，甘竹人。顺天榜，丙子科。

蔡荣 字小荀，清顺德龙江人。光绪二年（1876）举人。

［民国］《顺德县志》卷八《选举表一·举人·光绪》：字小荀，龙江人……丙子科。

蔡熊光 字柳渠，清顺德龙江人。光绪二年（1876）举人。

[民国]《顺德县志》卷八《选举表一·举人·光绪》：字柳渠，龙江人……丙子科。

潘三才 清南海人。光绪二年（1876）举人。

[宣统]《南海县志》卷十《选举表·举人·光绪朝》：丙子科。

潘彦鹏 字云程，清顺德大良人。光绪二年（1876）举人，教书30余年。子宝琦、宝琛。

[民国]《顺德县志》卷二十《列传五》：字云程，大良人。年二十进郡庠，光绪丙子登贤书。留心经史之学，于《易》理、韵学尤精。设教三十余年，游其门者多知名士。解经每创获新义，拟著《古韵汇纂》《易经征史》，草创义例，书未成而卒，士林惜之。子宝琦，庠生。宝琛，岁贡。

潘葆康 清南海人。光绪二年（1876）副贡。

[宣统]《南海县志》卷十《选举表·贡生·光绪朝》：副贡……丙子科。

潘树铭 清末南海人。光绪二年（1876）副贡。

[宣统]《南海县志》卷十《选举表·贡生·光绪朝》：副贡……丙子科。

霍俊彦 清南海人。光绪二年（1876）岁贡。

[宣统]《南海县志》卷十《选举表·贡生·光绪朝》：岁贡，丙子科。

黎兆瀛 清高明扶丽人。光绪二年（1876）举人。

[光绪]《高明县志》卷十二《选举表·国朝·举人·光绪朝》：扶丽人，广西北流籍，二年丙子科。

黎冠芳 字芝圃，清顺德槎涌人。光绪二年（1876）举人。妻何月爱。

[民国]《顺德县志》卷八《选举表一·举人·光绪》：字芝圃，槎涌人。顺天榜……丙子科。卷二十一《列传六·列女》：何月爱，高村乡人，槎涌孝廉黎冠芳妻。性至孝，年十四，母病且殆，何夜祷于天，潜割左臂肉欲以进母……母疾寻愈，延寿二十余年。

戴鸿宪 字仁龢，清南海佛山镇人。光绪二年（1876）举人，拣选知县。寿66岁。父其芬，弟鸿慈、鸿惠。子曾谦、曾诚。

［宣统］《南海县志》卷十《选举表·举人·光绪朝》：鸿慈、鸿惠兄……丙子科。《封荫·光绪朝》：以弟鸿慈貤封荣禄大夫。

［民国］《佛山忠义乡志》卷十四《人物志六·义行·清》：字仁龢，协办大学士、法部尚书鸿慈之兄。幼嗜学，为文辄冠其曹。年二十二补博士弟子员，迭困场屋，弟鸿慈、鸿惠均先领乡荐，鸿宪益自励。光绪丙子，弟鸿慈入翰林，鸿宪以官生中式第五十七名举人，公车北上得拣选知县。旋丁外艰，服阕屡试礼部不得售，家居被举为佛山团防保甲总局主任，廉明公正，商民咸服。光绪甲申，以办团得力，由两广总督汇案奏保，不论双单月以知县遇缺尽先选用，并加五品衔赏戴花翎。弟鸿慈迭掌文衡，洊升清要，鸿宪依旧谨饬，不改儒素，待人接物蔼然可亲，不知者无从悉其为贵介也。恬淡自处，非公事未尝以一刺谒长吏，行商乡局聘任主席者十余处，历三十年，正供脩脯外丝毫不苟取。改革后，蛰居不复出，卒年六十有六，家况萧条，几同寒士，闻者咸悼惜之……子六人，次曾谦，举人，光禄寺署正赏戴花翎，四曾诚二品荫生，邮传部主事加员外郎衔。

梁廷栋 （1847—?）清高明孔堂人。同治十二年（1873）拔贡、举人，十三年与父嵘椿同时成进士，选翰林院庶吉士，花翎道衔、候选郎中、工部主事。光绪二十年（1894）参订《高明县志》。堂弟廷枢。

［光绪］《高明县志》卷十二《选举表·国朝·拔贡·同治朝》：苍梧籍，十二年癸酉科拔贡。《选举表·国朝·举人·同治朝》：十二年癸酉科。《选举志·国朝·进士·同治朝》：嵘椿子，翰林院庶吉士，改工部主事。十三年甲戌科陆润庠榜。《选举表·仕宦·国朝·文职》：梁廷枢，孔堂人，广西苍梧籍廪贡，现官湖南知县。卷首《后叙》：……后以属梁君廷栋重加厘订……光绪二十年孟夏花翎同知高明县知县蔡逢恩谨序。《纂修衔名·参订》：花翎道衔、候选郎中、工部主事、前翰林院庶吉士梁廷栋。

李秋坪 清顺德龙山人。光绪三年（1877）倡筑合安围。

［民国］《顺德县志》卷四《建置略三·堤筑》：合安围，在龙山堡莲塘李家庄。光绪三年丁丑，李秋坪等创筑。自首至尾共长三百余丈，基面宽约二三尺，底约二三丈。内包烟户桑基鱼塘，该税一百亩。

冯应荣 清高明冈头人。光绪四年（1878）恩贡。

［光绪］《高明县志》卷十二《选举表·国朝·恩贡·光绪朝》：冈头人，四年恩贡。

左庆嗣 字兰生，清顺德龙山人。光绪四年（1878）岁贡。

［民国］《顺德县志》卷八《选举表一·五贡·光绪》：字兰生，龙山人。南海籍，戊寅岁贡。

伍学藻 字用蕴，清顺德勒流人。光绪四年（1878）岁贡。早年在广州学海堂学习，晚年任学海堂学长。寿74岁。父仲赞。

［民国］《顺德县志》卷八《选举表一·五贡·光绪》：字用蕴，勒楼人……戊寅岁贡。卷十四《艺文略·集部·别集》：《十二芙蓉池馆遗稿》，国朝伍学藻撰。谨按：学藻著述颇多，惜为西潦漂没。兹从《学海堂集》及前辈诗集中搜罗，仅得诗文四十七首。卷十八《列传三·伍仲赞传》：子学藻，字用蕴，廪贡生，肄业学海堂，时学长陈澧深爱之。象州郑征君小谷①主讲越华，见卷辄置首，游扬于当道，欲延揽之，学藻弗就也。晚充学海堂学长，课士如课子弟，一时名士多出其门。所遗书画人争宝之，著有《十二芙蓉池馆吟草》。卒年七十四。

张明训 清南海九江人。光绪四年（1878）倡建社仓。

《九江儒林乡志》卷四《建置略·义仓社仓》：西方大稔约社仓，光绪四年，里绅张明训、陈汉良等倡建，存实仓储本银壹千零五拾七两。

潘声元 字复卿，清顺德冲鹤人。光绪四年（1878）岁贡。

［民国］《顺德县志》卷八《选举表一·五贡·光绪》：字复卿，冲鹤

---

①郑献甫（1801—1872），原名存纻，字献甫，清广西象州县人。25岁中举，35岁进士，任刑部主事14个月辞归。咸丰八年（1858）到任顺德凤山书院，被誉为“两粤宗师”。著有《四书翼注论文》12卷、《愚一录》12卷、《补学轩文集》6卷、《续刻补学轩文集》6卷、《补学轩文集外编》4卷，诗集《鸦吟集》《鹤唳集》《鸡尾集》《鸥闲集》《幽女集》等24卷，纂修《象州志》。

人……戊寅岁贡。

黎献　清高明扶丽人。光绪四年（1878）岁贡。

［光绪］《高明县志》卷十二《选举表·国朝·岁贡·光绪朝》：扶丽人，四年贡。

杜文焊　号樾池，清南海隔沙乡人。光绪四年（1878）乡堤坝决，捐款助工。

［宣统］《南海县志》卷二十《列传·善行》：号樾池，隔沙乡人。县学生，家居常揭古人嘉言善行以自勖。事亲孝，母多病畏药，先尝以进，愉色婉词慰解之。性尤好义，光绪戊寅己卯间苗地围决，田遭沙压成荒，议起科修复无应者。文焊无升斗之税，慨然捐数百金为倡，工赖以成。当兴筑时，邻乡有匪徒假取桩为名，斩伐前村树，乡人止之，不服。文焊适至巡工，匪徒围殴之以泄忿，乡人大哗，将报复。文焊劝止哗，不已，乃跪而哀请，且谕以利害，众始散。工竣，乡人有以新筑堤碍其祖坟者诉于文焊，且出怨言。文焊晓以情势实非得已，乡人未释，阴耸其姊朝夕哭于门。文焊不与校，移居佛山避之。乡人遇事必就商，文焊不忍坐视，时为区处，械斗之事欲起旋息者，多赖其力。子弟有贫而慧者，栽培以成就之。

关蔚煌　（1848—1916后）清南海吉利（今属禅城南庄）人。光绪二年（1876）举人，官广东大埔县教谕。祖隆衍，父泰基，子应麟、庆麟、庚麟。

［宣统］《南海县志》卷十《选举表·举人·光绪朝》：大埔教谕……丙子科。《封荫·光绪朝》：关隆衍，以孙蔚煌貤赠大埔教谕。关泰基，以子蔚煌赠大埔教谕，孙应麟赠法部主事、庆麟赠度支部主事、赓麟赠邮传部郎中。关蔚煌，以子应麟封法部主事、庆麟封度支部主事、赓麟封邮传部郎中。

苏若瑚　（1849—1917）名或作若湖，字器甫，清顺德乌洲人。光绪二年（1876）举人，3次入京应试不第，末次留京任咸安宫教习10余年，中年南归，讲学终其生。李文田弟子，精研碑帖金石及西北史地，手稿在晚年毁于洪水，现存《宫教集》仅为部分遗篇。工擘窠大字，画善荔枝。子宝盉。

［民国］《顺德县志》卷八《选举表一·举人·光绪》：苏若湖，字器甫，

乌洲人，子宝盉……丙子科。卷十四《艺文略·子部·艺术》：《书学答问》，国朝苏若瑚撰。

冼宝榦 （1849—1925）字雪耕，清南海佛山镇人。同治十二年（1873）举人，光绪九年（1883）进士，历任湖南祁阳、永兴、平江、沅陵知县。民国十年（1921）至十三年总纂《佛山忠义乡志》20卷。兄宝桢，子迺璁、迺玲。

［同治］《南海县志》卷九《同治朝·举人》：癸酉科。

［宣统］《南海县志》卷十《选举表·光绪朝·进士》：祁阳知县……癸未科。

［民国］《佛山忠义乡志》卷十一《乡事志·编年》：光绪……癸未九年，冼宝榦登进士。（住鹤园铺）卷十九《旧志序例汇编》：字雪耕，广州南海人。赋性孝友，少孤家贫，就塾于伯兄宝桢，劬于学。年十九与兄授徒奉母，甘旨无缺。二十五馆于同邑戴氏家，文名噪起。同治癸酉举于乡，癸未成进士。以知县用，告近改湖南，历任祁阳、永兴、平江、沅陵，充乙酉、戊子、丁酉科湖南乡试同考官。所至兴利除弊，铮铮有声，而尤以宰平江为最。下车伊始，祷告城隍神，以廉洁自矢。筹款捐廉，修仓购书，辟灰滩，平钱法，整顿育婴，禁革私酤。若水利，若种植，若保甲，措置皆有条理。平江向多会匪，豪猾恶绅为之袒庇，前后有司怵于势，不敢理，宝榦廉其实置诸法。亟立团规与保甲相辅而行，酌定团规十五条。其法规定地段，实力联团，设立团总以相统摄，饬各团定家规、立族长，以辅团总，联络一气。终其任，各豪猾闻风避匿，会匪解散，地方赖安。办理教案向多棘手，县内有英国教士因奸案被控，恃势蔑视县官，出牧师辩护，诬以绅民闹教，案悬未结。宝榦莅任，守正不阿，搜获实证，卒平反之，牧师惊服以为神。宝榦纯谨明大体，大吏信用尤笃。故于祁阳革绅黄维哲挟嫌诬告浮收钱粮一案及垫解事，先后讯明陈奏，卒得白。佛山素称巨镇，曰义仓，曰团练，曰学校，曰志书，历延士绅襄理。宣统己酉清查仓款，某氏亏空巨万，宝榦不避劳怨，清查备抵，曾见奏案，此后仓弊一清，盖宝榦之力也。所修佛山一志，虽编纂多才，而宝榦搜罗遗佚、准古酌今，积历数年如一日，二者皆能人所难。性素俭朴，官禄所余，于佛山建各房祖祠、通一书屋，分给侄辈养赡费。纂修《岭南冼氏宗谱》、续修《鹤园冼氏家谱》、联合八图早完赋税，荦荦诸大端，莫不从根本上讲求，经营尽善。年五十遽告终养，归里后杜门罕出，读书奉母，阅八载而母卒，年九十一，哀毁尽礼。其为人嫉恶如仇，然不立崖岸，蔼然可亲，论事惟求其是，不立异，亦不苟同。事有关系于桑梓利弊者，询谋佥同，

故人无间言。诗文无不多见，惟游衡岳，登祝融绝顶，作《衡岳》一赋，脍炙人口。衡山首回雁、尾岳麓，中以祝融为主，赋中形势贯澈，造语雄奇，岂只穷极幽险，且可补志乘之未备，洵巨制也。并工制艺文，根柢理窟，胎息隆万，不屑屑规橅时流，故游其门者多知名之士。著有《说文部首音义表》一卷、《皇舆图咏》一卷、《读礼》四种、《服制释义》一种、《易学体例》《图说》若干卷均待梓。国变后，有故宫禾黍之痛，时与二三隐君子，相对欷歔太息，而危行言孙，绝口不及时事。里人有延誉聘襄省政者婉拒之，其抱道自重，故能进退裕如，不为利禄所困。综其生平，固乏声色货利之好，尤不讲养生延年之术，而年迈古稀，神气清峻，遇事无倦容。卒年七十有七，官知府。子二人：迺璁、迺玲。

卢乃潼　（1849—1927）字梓川，清顺德勒流大晚乡人。光绪十一年（1885）举人，历广州菊坡精舍、学海堂、广雅书院教习。清末任省咨议局副议长，1922 年续修《顺德县志》任总纂。弟宝彝。

［民国］《顺德县志》卷八《选举表一・举人・光绪》：字梓川，大晚人。广东咨议局副议长……乙酉科。卷首《续修〈顺德县志〉职名・总纂》：内部员外郎、举人卢乃潼。

马应霖　清顺德扬滘人。光绪五年（1879）武举。兄石麟，弟定邦。

［民国］《顺德县志》卷八《选举表一・武举・光绪》：扬滘人。石麟弟，定邦兄……己卯科。

区震　字静轩，清南海大富乡（今属禅城张槎）人，住佛山镇。光绪五年（1879）举人，十二年进士，任刑部主事。八国联军进攻北京，事平，叙劳得四品衔，不久卒于京师。

［宣统］《南海县志》卷十四《列传》：字静轩，大富堡大富乡人。幼颖异，读书目数行下。光绪五年己卯顺天举人，十二年丙戌进士，以刑部主事用。尝语人曰："刑至削肌肤、伤骨髓，至惨痛也。一有出入，罚不当，罪矣。"故曲意矜全，多所平反。凡与人谋，必自度能否而后应，应则未尝食言。中年得哮喘疾，每发惫甚，然遇公事务竭心力，未尝以病废。性刚直，不能容物，以明察自喜，纤毫无假借，人虽怨，弗恤也。值庚子之乱，抢攘

拮据，几不免。事定，长官叙其劳加四品衔，未几卒。

［民国］《佛山忠义乡志》卷十一《乡事志·编年》：光绪……丙戌十二年，区震登进士。（大富堡人，住耆老铺）

冯纯章 字仲冕，清顺德北海人。光绪五年（1879）举人。

［民国］《顺德县志》卷八《选举表一·举人·光绪》：字仲冕，北海人……己卯科。

左公海 字仲廉，清顺德吉祐人。光绪五年（1879）举人，官湖南知县。父永仁，母黄氏长寿91岁。

［民国］《顺德县志》卷八《选举表一·举人·光绪》：字仲廉，吉祐人。顺天榜，湖南知县……己卯科。卷十二《耆寿表二·寿妇·九十以上》：黄氏，吉祐左永仁妻，子公海举人……九十一岁。

龙泽鋆 字吉浦，清顺德大良人。光绪五年（1879）副贡。娶黎兆棠女春熙，子裕光。

［民国］《顺德县志》卷八《选举表一·五贡·光绪》：字吉浦，大良人……己卯科副贡。卷十四《艺文略·集部·别集·闺秀》：《静香阁诗存》，国朝黎春熙撰。谨按：春熙，昌教黎光禄兆棠女，大良副贡龙泽鋆妻。

龙怡坪 榜名恩铭，清顺德大良人。光绪五年（1879）举人。官开建县教谕、广东咨议局议员。父配模。

［民国］《顺德县志》卷八《选举表一·举人·光绪》：榜名恩铭，大良人。开建教谕、广东咨议局议员……己卯科。卷九《封荫表·封赠·文阶》：龙配模，大良人，以子怡坪封开建县……教谕。

刘同书 号云函，清南海石步乡人。光绪五年（1879）举人，大挑二等得教谕。弟病卒，痛哭月余亦卒。父槐芳，经商。

［宣统］《南海县志》卷十七《列传·孝义》：号云函，石步乡人，父槐芳，业商致富，而雅爱儒术。同书生而聪慧有至性，年及壮始补郡学弟子员。光绪五年己卯以第七人举于乡，大挑二等得教谕，不乐就，援例以候补道分发福建，并赏戴花翎。未赴，适因弟病留视医药。无何弟卒，竟以痛哭成疾，月余亦卒。既弥留，尤以不克终养继母为憾，谕子侄以孙代养。并遗命后嗣

恪守家规，不得析分财产，葬必与弟同穴，以尽手足未尽之情。哽咽而殁，遂合葬焉，题墓门曰“埙篪①遗韵”。同书慷慨好施予，能急人之急，每遇岁荒，辄购米分给贫乏，乡邻待举火者恒数十家。

刘家骢 字镜台，清顺德桂洲人。光绪五年（1879）武举。

［民国］《顺德县志》卷八《选举表一·武举·光绪》：字镜台，谈义人……己卯科。

吕文富 字季饶，清顺德容奇人。光绪五年（1879）举人。

［民国］《顺德县志》卷八《选举表一·举人·光绪》：字季饶，容奇人……己卯科。

麦龙彪 字达朝，清顺德勒楼人。光绪五年（1879）武举。

［民国］《顺德县志》卷八《选举表一·武举·光绪》：字达朝，勒楼人，己卯科。

麦拔恺 清南海人。光绪五年（1879）举人。

［宣统］《南海县志》卷十《选举表·举人·光绪朝》：己卯科。

老良书 字敬之，号瓶守，清南海九江人。光绪五年（1879）举人。父龙年。

《九江儒林乡志》卷十《选举略·国朝·举人·光绪五年己卯科》：字敬之，号瓶守。县学，中式第三名。卷四《建置略·义仓社仓》：阖乡儒林书院义仓经费，光绪十一年，绅士冯栻宗、关兆熙、刘仕潼、曾兆荣、老良书、刘寿康等建议，以同治十年开设乐成会，所得盈余银二千六百两全数拨充，发乡内押铺递年生息，以备岁荒赈饥之用。

［宣统］《南海县志》卷二十《列传·善行·老龙年传》：子良书、孙毓华，并举人。

①埙篪（xūnchí）：古代乐器，二者合奏时声音相应和。因常以“埙篪”比喻兄弟亲密和睦。

李廷章　号伯采，清末顺德龙江人。宣统元年（1909）拔贡。子宸赞。

［民国］《顺德县志》卷二十《列传五》：号伯采，龙江人。尝拾路上遗金二次访还原主。子宸赞，由广西籍选宣统己酉拔贡。

李兆元　清南海人。光绪五年（1879）举人，任和平县训导。父显扬。

［宣统］《南海县志》《选举表·举人·光绪朝》：和平训导……己卯科。《封荫·光绪朝》：李显扬，以子兆元封和平训导。

杨乔勋　清顺德鸡洲人。光绪五年（1879）举人。

［民国］《顺德县志》卷八《选举表一·举人·光绪》：鸡洲人……己卯科。

杨廷鋆　字莘侯，清顺德玕滘人。光绪五年（1879）举人。

［民国］《顺德县志》卷八《选举表一·举人·光绪》：字莘侯，玕滘人。顺天榜……己卯科。

杨增辉　清顺德容奇人。光绪五年（1879）副贡，直隶州州判。祖应榜，父祥光。

［民国］《顺德县志》卷八《选举表一·五贡·光绪》：容奇人，顺天榜……己卯科副贡。卷九《封荫表·封赠·文阶》：杨应榜，容奇人，以孙增辉赠。杨祥光，以子增辉赠……直隶州州判。

吴由仪　字笙谱，清顺德容奇人。光绪五年（1879）副贡。

［民国］《顺德县志》卷八《选举表一·五贡·光绪》：字笙谱，容奇人……己卯科副贡。

吴自求　字菱村，清顺德旧寨人。光绪五年（1879）举人。

［民国］《顺德县志》卷八《选举表一·举人·光绪》：字菱村，旧寨人……己卯科。

何成浚　字颖幼，清顺德良教人。光绪五年（1879）举人，官兵部车驾司郎中。

[民国]《顺德县志》卷八《选举表一·举人·光绪》：字颖幼，良教人。顺天榜，兵部车驾司郎中……己卯科。

何金滔 字槐庭，清顺德马宁人。光绪五年（1879）举人。

[民国]《顺德县志》卷八《选举表一·举人·光绪》：字槐庭，马宁人……己卯科。

何家熊 字尹东，清顺德羊额人。光绪五年（1879）岁贡。

[民国]《顺德县志》卷八《选举表一·五贡·光绪》：字尹东，羊额人……己卯岁贡。

何家聪 清顺德马宁人。光绪五年（1879）武举。

[民国]《顺德县志》卷八《选举表一·武举·光绪》：马宁人……己卯科。

何颂尧 清南海人。光绪五年（1879）举人，官山西知县。

[宣统]《南海县志》卷十《选举表·举人·光绪朝》：山西知县……己卯科。

陈士康 清南海人。光绪五年（1879）举人。

[宣统]《南海县志》卷十《选举表·举人·光绪朝》：己卯科。

陈壬胜 字林川，清顺德容奇人。光绪五年（1879）举人，拣选知县。父源荣。

[民国]《顺德县志》卷八《选举表一·举人·光绪》：字林川，容奇人……己卯科。卷九《封荫表·封赠·文阶》：陈源荣，容奇人，以子壬胜赠拣选知县。

陈邦荣 清南海人。光绪五年（1879）岁贡。

[宣统]《南海县志》卷十《选举表·贡生·光绪朝·己卯科》：岁贡。

陈尧 清南海人。光绪五年（1879）举人。

［宣统］《南海县志》卷十《选举表·举人·光绪朝》：己卯科。

陈兆元　清南海人。光绪五年（1879）举人，乐会教谕、四川知县。

［宣统］《南海县志》卷十《选举表·举人·光绪朝》：顺天中式，乐会教谕、四川知县……己卯科。

陈希珍　清南海人。光绪五年（1879）岁贡。

［宣统］《南海县志》卷十《选举表·贡生·光绪朝·己卯科》：副贡。

陈觉潮　字语舟，清顺德龙山人。光绪五年（1879）岁贡。

［民国］《顺德县志》卷八《选举表一·五贡·光绪》：字语舟，龙山人，己卯岁贡。

陈俊康　清南海人。光绪五年（1879）举人，代理广西恩州府知府。

［宣统］《南海县志》卷十《选举表·举人·光绪朝》：顺天中式，署恩州府知府……己卯科。

陈桂瀛　清南海人。光绪五年（1879）举人。

［宣统］《南海县志》卷十《选举表·举人·光绪朝》：顺天中式……己卯科。

陈植恕　清南海人。光绪五年（1879）举人，任高明训导。兄植椝，子灿冕。

［宣统］《南海县志》卷十《选举表·举人·光绪朝》：陈植椝，植恕兄，乙亥科。陈植恕，高明训导，己卯科。

陈善性　字德泉，清末南海佛山镇人。寿91岁。子丽南、振先、衍棻。

［民国］《佛山忠义乡志》卷十四《人物志八·货殖·清》：字德泉，原籍新会。幼孤贫为人牧牛，一日从牛背坠地，前蹄方向胸际踏下，正惊惶间，牛忽向后反奔，倒卧地上，遂得无恙。稍长来佛，受佣于某金铺。初，铺中

雇一工师制造乳金，工值颇昂，其人常于密室背人为之，莫由得其秘法。请于铺东，谓能窃得其法，乃取小瓷碟十个，分别盛水银一钱、二钱以次递至十钱，与一定分量之金叶相揉合，视其碟与工师所制之乳金色最相近，即以此碟之水分量为准。既试得若干钱数，再试若干分数，法亦如之，如是卒验得制造最佳乳金之法，人皆叹服。昔英国大儒裴肯①氏开实业之先河，泰西科学始蒸蒸日上，今之论者，咸以裴肯为新学之鼻祖，此事盖其类欤？佛山薄荷油生意以叶万全为大，知其能，聘任司理。支店在省，其货来自江西，某年少到，各家抢先购卖，本店独未买得，货将告罄。赣商探知实情，益居奇，与之商购迄未就绪，省店来函催取，日数起，善性谓："此事操之愈急，愈难成议。"得信皆一笑置之。一日，命店伙取油罐十数洗净，店伙愕然曰："已购得油乎？"曰："然。"洗毕，又令满注清水，店伙不知何为，亦不应，强之乃可，又命将瓶加封标记，预备寄省，则皆哗然，曰："且好为之，瓶中之水将变薄荷油也。"店伙相视而笑，卒照为之。又命将瓶悉置内院勿动，布置毕，乃密造发货单，令所知各店盖戳，纳之袖中，往见赣商，寒暄毕，故谈他事，后从容商借寄油藤篓若干个。赣商见来时情景，心已生疑，至是不复能忍，佯笑问曰："已买得薄荷油乎？"笑而不言，诘之再三，始从袖中出发货单曰："不瞒君，只购得此些须耳。"赣商陡然变色，亦不复多言，随即兴辞回店。甫坐下，赣商接踵至，直入内院，则见铜罐纵横排列。赣商亦老练，潜以足踢之，则皆沉重充实，始变色曰："我等多年交易，何以不向我买？"曰："子不云货已售罄乎？"赣商曰："我实有油若干，贵号今尚要否？"曰："前因尊处自言无货，不得不向同行竭力张罗，今所购已差可敷用，无需再买矣。"赣商曰："无论如何必须向我购若干，宁价钱稍廉耳。"彼此磋议，卒由赣商廉价出售。交易既竟，谓店伙曰："可将瓶启封，永远变薄荷油矣。"于是众皆服，获利亦倍蓰。其后自赴江西办货，赣商遂无所用其操纵。奉景教，于西学多所研究，尤精医术，设药肆，自制墨笏丸，转销流中外。又以我国如欲自强，必须讲求西艺，次子振先学成，即命游学美洲，毕业归，考试获上选，授翰林院编修，民国初为农林总长，国家遂收其用。长子丽南，习牙科兼理店事。季子衍棻，充羊城光华医院暨医学专门学校教员，皆称职。营业之暇，浏览文史，著有《辨惑琐言》，大旨归于黜邪崇正，不信巫蛊之说。尝谓泥木工匠曰："闻汝辈能作木人纸马祸人，此我所不畏。我所畏者在大木削小、整砖作碎，工作苦窳，时间虚掷，此等蛊术尔曹勿为也。"年九十尚视

①裴肯，即弗朗西斯·培根（1561—1626），英国哲学家、科学家、文学家，有《随笔》《新工具》等。

明健步，是岁项城总统赐寿，中外庆祝，躬自应酬，礼仪卒度。逾年考终。

陈献廷 字贡臣，清顺德熹涌人。光绪五年（1879）举人。

［民国］《顺德县志》卷八《选举表一·举人·光绪》：字贡臣，熹涌人……己卯科。

冼应钟 清顺德碧江人。光绪五年（1879）举人。

［民国］《顺德县志》卷八《选举表一·举人·光绪》：碧江人，顺天榜……己卯科。

冼瑞祺 清顺德大罗村人。光绪五年（1879）举人。

［民国］《顺德县志》卷八《选举表一·举人·光绪》：大罗村人……己卯科。

林宝善 清南海人。光绪五年（1879）副贡。

［宣统］《南海县志》卷十《选举表·贡生·光绪朝·己卯科》：副贡。

欧阳琛 清顺德仓门人。光绪五年（1879）举人。父欢。

［民国］《顺德县志》卷八《选举表一·举人·光绪》：仓门人……己卯科。卷二十《列传五·欧阳滇传》：欧阳欢，仓门人。捐资建筑广州白云山廉泉坑石路，袤延十里，碑记至今尚存。子琛，光绪己卯举人。

欧阳蕙 清顺德仓门人。光绪五年（1879）举人，任曲江县训导。父锡熙。

［民国］《顺德县志》卷八《选举表一·举人·光绪》：仓门人，曲江县训导……己卯科。卷九《封荫表·封赠·文阶》：欧阳锡熙，仓门人，以子蕙赠曲江县……训导。

欧瑞麒 字耀生，清顺德陈村人。光绪五年（1879）武举，十二年武进士，官营用守备。

［民国］《顺德县志》卷八《选举表一·武举·光绪》：字耀生，陈村人……己卯科。《武进士·光绪》：营用守备，丙戌科。

欧镛 字颐川，清顺德陈村人。光绪五年（1879）举人，二十四年进士，任兵部主事，员外郎衔。祖明照，父桂芳。

［民国］《顺德县志》卷八《选举表一·举人·光绪》：字颐川，陈村人……己卯科。《进士·光绪》：兵部主事，员外郎衔……戊戌科。卷九《封荫表·封赠·文阶》：欧明照，陈村人，以孙镛赠。欧桂芳，以子镛赠。俱刑部职方司……主事。

罗云（清光绪） 字献南，清顺德大良人。光绪五年（1879）举人，子誉彤。

［民国］《顺德县志》卷八《选举表一·举人·光绪》：字献南，大良人……己卯科。

罗殿元 清南海人。光绪五年（1879）举人。

［宣统］《南海县志》卷十《选举表·举人·光绪朝》：顺天中式……己卯科。

周国琛 字献南，清顺德大洲人。光绪五年（1879）举人，次年进士，官广西怀远县知县。曾祖英华，祖家爱，父汝良。

［民国］《顺德县志》卷八《选举表一·举人·同治》：字献南，大洲人……己卯科。《进士·光绪》：知广西怀远县……庚辰科。卷九《封荫表·封赠·文阶》：周英华，大洲人，以曾孙国琛赠。周家爱，以孙国琛赠。周汝良，以子国琛赠。俱广西怀远县……知县。

胡兆禧 清顺德桂洲人。光绪五年（1879）举人。

［民国］《顺德县志》卷八《选举表一·举人·光绪》：桂洲人，顺天榜……己卯科。

莫汝桢 清南海人。光绪五年（1879）举人。

［宣统］《南海县志》卷十《选举表·举人·光绪朝》：广西籍……己卯科。

郭文修 清南海人。光绪五年（1879）举人。官丰顺训导。

［宣统］《南海县志》卷十《选举表·举人·光绪朝》：丰顺训导……己

卯科。

郭弁鎏　清南海人。光绪五年（1879）举人。父乃心。

［宣统］《南海县志》卷十《选举表·举人·光绪朝》：乃心子……己卯科。

黄宝森　清南海人。光绪五年（1879）岁贡。

［宣统］《南海县志》卷十《选举表·贡生·光绪朝·己卯科》：岁贡。

黄琚琳　名一作元琚，清顺德吉祐人。光绪五年（1879）举人，拣选知县。父卓芬。

［民国］《顺德县志》卷八《选举表一·举人·光绪》：吉祐人，一作元琚……己卯科。卷九《封荫表·封赠·文阶》：黄卓芬，吉祐人，以子元琚赠……拣选知县。

崔玉成　清南海人。光绪五年（1879）举人。

［宣统］《南海县志》卷十《选举表·举人·光绪朝》：广西籍，己卯科。

崔鎏　清南海人。光绪五年（1879）举人，任南雄州学正。兄甡，二十九年（1903）举人。

［宣统］《南海县志》卷十《选举表·举人·光绪朝》：顺天中式，南雄州学正……己卯科……崔甡，鎏兄，内阁中书……癸卯科。

梁芝荣　原名鹗，清南海人。光绪五年（1879）举人，十六年进士，官主事。

［宣统］《南海县志》卷十《选举表·举人·光绪朝》：梁鹗，改名芝荣……己卯科。《进士·光绪朝》：主事……庚寅科。

梁起凤　字京石，清顺德龙潭人。光绪五年（1879）赐副贡，八年赐举人，次年赐检讨。

［民国］《顺德县志》卷八《选举表一·五贡·光绪》：字京石，龙潭人。见举人，以符例赐，己卯科副贡。《举人·光绪》：以符例赐，癸未赐检讨，壬午科。

梁銮藻　字铃院，清末顺德逢简人。光绪五年（1879）举人，十五年进士，官检讨、福州府知府。父述尧，兄骝藻，弟骥藻。

［民国］《顺德县志》卷八《选举表一·举人·光绪》：字铃院，逢简人，见进士，骝藻弟，骥藻兄……己卯科。《进士·光绪》：检讨，福州府知府……己丑科。

游玉屏　清南海人。光绪五年（1879）举人。

［宣统］《南海县志》卷十《选举表·举人·光绪朝》：己卯科。

谭彤晖　清南海大富乡（今属禅城张槎）人。光绪五年（1879）举人，大挑知县。父聪彦。

［宣统］《南海县志》卷十《选举表·举人·光绪朝》：己卯科。卷二十《列传·善行·谭聪彦传》：号达宸，大富乡人……子彤辉，光绪二年举人，大挑知县。孙颐年，邑庠生。

蔡廷蕙　改名念谟，清南海人。光绪五年（1879）举人。

［宣统］《南海县志》卷十《选举表·举人·光绪朝》：改名念谟，顺天中式……己卯科。

潘汝鎏　清南海人。光绪五年（1879）举人。

［宣统］《南海县志》卷十《选举表·举人·光绪朝》：己卯科。

潘延恩　清南海人。光绪五年（1879）岁贡。

［宣统］《南海县志》卷十《选举表·贡生·光绪朝·己卯科》：顺天副贡。

潘国霖　清南海人。光绪五年（1879）举人。

［宣统］《南海县志》卷十《选举表·举人·光绪朝》：己卯科。

潘葆铭　清南海云津堡云滘乡人。光绪五年（1879）举人。

父赞清。

［宣统］《南海县志》卷十《选举表·举人·光绪朝》：己卯科。

潘蔼吉 字伯凤，清顺德冲鹤人。光绪五年（1879）举人。

［民国］《顺德县志》卷八《选举表一·举人·光绪》：字伯凤，冲鹤人……己卯科。

区灼 清高明官当人。光绪六年（1880）岁贡。

［光绪］《高明县志》卷十二《选举表·国朝·岁贡·光绪朝》：官当人，六年贡。

吴恭藻 清顺德黄连人。光绪六年（1880）倡筑同德围。

［民国］《顺德县志》卷四《建置略三·堤筑》：同德围，在黄连堡之黄麻、江村堡之上涌。西界谈义，南界江村，东界仕版，北界黄连。属黄麻者计长一千七百丈有奇，底宽五丈、面宽五尺、高八尺，大闸凡三、小闸一。属上涌者计长一千九百丈有奇，底面宽同上，大小闸凡五。光绪六年，乡绅吴恭藻、吴鹏起、吴建勋、孔继平等倡筑，分筹合办，越六月告竣，各需银二万二千余元。

陈治华 清南海人。举人，光绪六年（1880）任高明训导。

［光绪］《高明县志》卷五《职官表·国朝·训导·光绪朝》：南海人，举人，六年任。

郭汝舟 字庄甫，清南海西樵大同人。屡困场屋，勇于任事，光绪六年（1880）协理桑园围大修。以附贡生援例加州判衔。寿78岁。父天锡，子祖荫。

［宣统］《南海县志》卷二十《列传·善行·郭天锡传》：大同堡朝山乡人……子汝舟，字庄甫，好学有志节，勇于任事。充县学生，屡困棘闱，而门下多掇巍科者。光绪六年庚辰，桑园围大修，众举汝舟相与协理。嗣是，十堡横档基、白饭围、新陂闸、郭村闸先后倡修，厥力尤多。粤自赌博弛禁，由是承饷开赌者莫可防制。汝舟深痛其害，纠集同志，吁请大吏循例缴饷，照旧申禁。广属多盗，何军门大举清乡，汝舟时主局，与之协力，盗风遂戢。金瓯堡及南顺六堡皆延办局务，其为人信服如此。他若敬宗睦族，修祠治路，

垦荒平粜，禁吸烟演戏，息争讼械斗，立自治规约，订俭婚简章，并能切中时弊。至其筹设学堂充校长，谆谆以敦品励学相训勉，于养正之功亦良不小。汝舟赋性刚方，而胸无芥蒂，故疾恶虽严，而人少怨之者，且持身廉介，人不敢干以私。以附贡生援例加州判衔，年七十有八。尝辑《论语小学类编》行世，晚年复著《寡过轩易义》《古学存稿》《闲道集》诸篇待梓。子祖荫，邑庠生。

黄凤书　号纬九，清顺德杏坛人，在广州开私塾。寿85岁。祖安怀，举人，历任山东知县。父钰，道光三十年（1850）岁贡。子绍华、绍勤、绍骖。

［宣统］《南海县志》卷十九《列传·文学》：号纬九，先世自顺德杏坛乡来迁，隶捕属。祖怀安①，举人，历任山东知县，所至有声。父钰，恩贡生，充学海堂学长。凤书敏悟嗜学，通群经，善属文，而偃蹇困童试，纳监录科，屡荐不售。授徒城西垂五十年，孜孜不倦，及门心悦诚服，往往童蒙就学，至成材然后去。会城学塾如林，主讲席者类皆科甲名公，凤书以布衣颉颃其间，而弟子盈门，每掇青衿、登黄榜较群塾为胜。其教人善解说，以穷经为根柢，以立身为归宿，故从之游者多明经，修行循循有规矩。家虽贫，恒以馆谷济人之急，尤喜为人解纷释讼，里党赖之。卒年八十有五，著有《五经正义》二十卷。子绍华、绍勤、绍骖，皆入学有声庠序。绍勤，以岁贡授职州判。

朱配祺　以字行，号灵初，清南海九江人。光绪七年（1881）岁贡。

《九江儒林乡志》卷十《选举略·国朝·贡生·光绪七年辛巳》：以字行，号灵初。县学，岁贡。

刘泽南　字弼祖，号次棠，清南海九江人。光绪七年（1881）恩贡，次年副贡。父荣光，兄树南。

《九江儒林乡志》卷十《选举略·国朝·贡生·光绪七年辛巳》：字弼祖，号次棠。县学，恩贡。父荣光，恩贡。卷十四《列传·清·刘荣光传》：……子树南，增生。泽南，恩贡生。

①怀安：此处有误，应作安怀。

［宣统］《南海县志》卷十《选举表·贡生·光绪朝·壬午科》：副贡。

杨逢源 清高明村头人。光绪七年（1881）恩贡，参修《高明县志》。

［光绪］《高明县志》卷十二《选举表·国朝·恩贡·光绪朝》：村头人，七年恩贡。卷首《纂修衔名·采访》：恩贡杨逢源。

霍祥珍 字瑞南，清南海佛山镇人。光绪七年（1881）倡建万善堂。

［民国］《佛山忠义乡志》卷七《慈善志·善堂》：万善堂，创于光绪七年，镇人霍祥珍、梁业显等倡设一厘银会，延请讲生，宣讲圣谕及各善书。初在汾水铺永兴街，后迁长兴街，并设赠医施药，办法渐广，捐款亦渐多。光绪十一年，赵离照堂捐送大基头登云桥外白地一段，税约六亩余。阖镇商民再集巨资增建医院一所，以便来往客商猝然患病者，得以入院留医。卷十四《人物志六·义行·清》：字瑞南，性好行善，见义勇为。于地方公益无不竭力勷助，倡建镇内万善堂、万善医院，及募资修筑石路、倡建乐善茶亭，又广刊《阴骘》诸书以劝世，《百孝图说》二本、《太上感应篇图说》八本、《闺训图说》二本、《文帝阴骘文图说》二本、《惜字桂宫梯》四本，皆其所刊刻也，当时号为“善人”。

程友琦 （1851—1908）字洛儒，清末南海西樵民乐伊洛村人。肄业学海堂，光绪八年（1882）举人，二十年（1894）进士，选庶吉士，授编修，补山东道监察御史。次年为武会试受卷官，二十六年、二十七年顺天乡试磨勘官。父祖训。

［宣统］《南海县志》卷十四《列传》：字洛儒，云津堡儒林乡人。少笃实励学，光绪八年壬午举人，二十年甲午进士，选庶吉士，授编修，充国史馆协修、编书处协修。乙未武会试受卷官，庚子、辛丑、癸卯顺天乡试磨勘官。记名御史，旋补山东道监察御史。廉介不苟，宦京十年，清苦自励，与人交皆推诚相与。尤笃于内行，乡里义举，力任其难。桑园围吉赞窦废坏，友琦倡议修复。儒林、藻美、云滘三乡，多以织机为生计，而游惰赌徒每流为盗。友琦以赌为盗原，倡议严禁，自是人知守业，盗风渐衰，皆友琦维持之力也。光绪三十四年病假归里，旋卒于家，年五十有八。卷十《选举表·封荫·光绪朝》：程祖训，以子友琦赠山东道监察御史。

简朝亮　(1852—1933)字季纪，又字竹居，清末民初顺德简岸人。光绪十七年(1891)保举训导。同治十三年(1874)从师广东名儒朱次琦，致力经史，著书讲学。清末不应礼学馆顾问官之聘，民国婉拒国史馆纂修之职。80岁仍逐篇为毕沅《续资治通鉴》作史论，在广州病逝。著有《尚书集注述疏》35卷、《论语集注补正述疏》10卷、《孝经集注述疏》1卷、《礼记子思子言郑注补正》4卷、《读书堂集》13卷、《读书草堂明诗》等。

[民国]《顺德县志》卷八《选举表一·荐举》：字竹居，简岸人，廪生。光绪十七年，学使樊恭煦奏保训导。三十三年，尚书溥良奏保，聘充礼学馆顾问官。

周廷干　(1852—1936后)字恪叔，清末民初顺德龙山人。光绪十九年(1893)举人，二十九年进士，官翰林院检讨。1922年续修《顺德县志》总董局务。曾祖法文，祖永良。父兆璋，同治元年(1862)举人。

[民国]《顺德县志》卷八《选举表一·举人·光绪》：字恪叔，龙山人，见进士，兆璋子，癸巳恩科。《进士·光绪》：检讨……癸卯科。卷九《封赠》：周法文，龙山人，以孙兆璋赠。周永良，以子兆璋赠。俱甘肃两当县知县。周兆璋，龙山人，进士，以子廷干赠翰林院检讨。卷首《续修〈顺德县志〉职名·总董局务》：翰林院检讨周廷干。

区邦光　清末高明官当人。光绪八年(1882)岁贡，代理广东吴川教谕。

[光绪]《高明县志》卷十二《选举表·国朝·岁贡·光绪朝》：官当人，八年贡，署吴川县教谕。

冯光晋　清末南海人。光绪八年(1882)岁贡。

[宣统]《南海县志》卷十《选举表·贡生·光绪朝·壬午科》：岁贡。

冯其阶　清末顺德马冈人。光绪八年(1882)武举。

[民国]《顺德县志》卷八《选举表一·武举·光绪》：马冈人，壬午科。

冯瑞兰 字介眉，清末顺德马冈人。光绪八年（1882）举人。

［民国］《顺德县志》卷八《选举表一·举人·光绪》：字介眉，马冈人……壬午科。

龙祝龄 字佩荃，清末顺德大良人。光绪八年（1882）副贡，十五年举人，官内阁中书。父景咸，弟肇墀。

［民国］《顺德县志》卷八《选举表一·五贡·光绪》：字佩荃，大良人……壬午科副贡……龙肇墀，字季许，大良人，祝龄弟……壬寅补行庚子辛丑恩正并科顺天副贡。《举人·光绪》：大良人……己丑恩科。卷九《封荫表·封赠·文阶》：龙景咸，大良人，以子祝龄赠……内阁中书。

江文淮 清末南海人。光绪八年（1882）副贡。

［宣统］《南海县志》卷十《选举表·贡生·光绪朝·壬午科》：副贡。

江鋆华 清末南海人。光绪八年（1882）举人。

［宣统］《南海县志》卷十《选举表·举人·光绪朝》：顺天中式……壬午科。

刘凤翔（清光绪） 清末南海人。光绪八年（1882）武举，二十年武进士，花翎侍卫、海口营参将。

［宣统］《南海县志》卷十《选举表·武科选举·武举·光绪朝》：壬午。《武科选举·进士·光绪朝》：甲午，花翎侍卫，海口营参将。

关三俊 清末南海人。光绪八年（1882）武举。

［宣统］《南海县志》卷十《选举表·武科选举·武举·光绪朝》：壬午。

老之璇 字聘堂，号璞存，清末南海九江人。光绪八年（1882）举人。

《九江儒林乡志》卷十《选举略·国朝·举人·光绪五年己卯科》：字聘堂，号璞存。县学，中式第十三名。

老耀彤 清末南海人。光绪八年（1882）举人。

［宣统］《南海县志》卷十《选举表·举人·光绪朝》：壬午科。

麦劭祥 字霭宸，清末顺德吉祐人。光绪八年（1882）举人，拣选知县。父基辉，侄孟华。

［民国］《顺德县志》卷八《选举表一·举人·光绪》：字霭宸，吉祐人……壬午科。卷九《封荫表·封赠·文阶》：麦基辉，吉祐人，以子劭祥、孙孟华赠……拣选知县。

严以诰 清末南海人。光绪八年（1882）举人。

［宣统］《南海县志》卷十《选举表·举人·光绪朝》：壬午科。

李耆龄 字洛甫，清末顺德大门人。早年从南海朱次琦游，光绪八年（1882）举人。在大良教书，与冯沅兰友善。

［民国］《顺德县志》卷二十《列传五·冯沅兰传》：同堡李耆龄，字洛甫，大门人。母马性严厉，耆龄委曲承欢，人称其孝。弱冠从南海朱九江游，品端学粹，兼擅词章。中光绪壬午举人，设教凤城，与冯沅兰友善，皆一时名孝廉也。

杨寿年 清末顺德桂洲人。光绪八年（1882）举人。

［民国］《顺德县志》卷八《选举表一·举人·光绪》：桂洲人，顺天榜……壬午科。

吴仕清（清光绪） 清末南海人。光绪八年（1882）举人。

［宣统］《南海县志》卷十《选举表·举人·光绪朝》：顺天中式……壬午科。

岑彬 清顺德桂洲人。光绪八年（1882）赐副贡。

［民国］《顺德县志》卷八《选举表一·五贡·光绪》：桂洲人，以符例赐……壬午科副贡。

何守谦 字竹铭，清顺德水藤人。光绪八年（1882）举人，十二年进士，官盖平县知县。祖康平，父元英。

［民国］《顺德县志》卷八《选举表一·举人·光绪》：字竹铭，水藤人，见进士，元英子，壬午科。《进士·光绪》：知奉天盖平县……丙戌科。卷九《封荫表·封赠·文阶》：何康平，水藤人，以孙守谦赠。何元英，举人，以子守谦赠。俱奉天安东县……知县。

何坤元 字仲简，清末顺德水藤人。光绪八年（1882）举人。

［民国］《顺德县志》卷八《选举表一·举人·光绪》：字仲简，水藤人……壬午科。

何湜衔 字载侯，清末顺德众涌人。光绪八年（1882）举人。

［民国］《顺德县志》卷八《选举表一·举人·光绪》：字载侯，众涌人……壬午科。

何槐勋 清末南海人。光绪八年（1882）举人。

［宣统］《南海县志》卷十《选举表·举人·光绪朝》：壬午科。

何熙尧 字玉珊，清末顺德水藤人。光绪八年（1882）副贡。

［民国］《顺德县志》卷八《选举表一·五贡·光绪》：字玉珊，水藤人……壬午科副贡。

佘莹 榜名彬瑚，字均亭，清末顺德马冈人。光绪八年（1882）举人，大挑知县。

［民国］《顺德县志》卷八《选举表一·举人·光绪》：榜名彬瑚，字均亭，马冈人。大挑知县……壬午科。

张士毅 清末南海人。光绪八年（1882）举人，任湖南临武县知县。

［宣统］《南海县志》卷十《选举表·举人·光绪朝》：顺天中式，湖南临武县知县……壬午科。

张超元 字辅臣，清末顺德龙江人。光绪八年（1882）武举，十二年武进士，任顺德协中衡守备。兄佐元。

［民国］《顺德县志》卷八《选举表一·武举·光绪》：字辅臣，龙江人……壬午科……张佐元，字怀川，龙江人，超元兄……戊子科。《武进士·光绪》：顺德协中衡守备……丙戌科。卷七《职官表二·武职·守备·光绪》：字辅臣，武进士，龙江人……左营。

陈力 清末南海人。光绪八年（1882）举人。

［宣统］《南海县志》卷十《选举表·举人·光绪朝》：顺天中式，壬午科。

陈大照 清末南海人。光绪八年（1882）举人。

［宣统］《南海县志》卷十《选举表·举人·光绪朝》：顺天中式……壬午科。

陈文蔚 字冕南，清末顺德沙滘人。光绪八年（1882）举人，广西试用知县。十八年创建联安社学。

［民国］《顺德县志》卷八《选举表一·举人·光绪》：字冕南，沙滘人。广西试用知县……壬午科。卷二《建置略一·书院社学》：联安社学，在葛岸堡乐从墟。光绪十八年，平、葛两堡绅士陈文蔚、刘云藻等创建。平步堡六乡社学，在荷村乡西，旧为六乡文会之所。光绪十六年，堡绅刘云藻等拓建，并祀明乡贤孙蕡于内。

陈鸣玉 字朴儒，清末顺德容奇人。光绪八年（1882）举人，官阳江厅学正。父广元。

［民国］《顺德县志》卷八《选举表一·举人·光绪》：字朴儒，容奇人。阳江直隶厅学正……壬午科。卷九《封荫表·封赠·文阶》：陈广元，容奇人，以子鸣玉赠阳江厅……学正。

陈朝栋 字善卿，清顺德容奇人。光绪八年（1882）举人。兄象仁。

［民国］《顺德县志》卷八《选举表一·举人·光绪》：字善卿，容奇人，顺天榜，象仁弟……壬午科。

陈湛淦 清末南海人。光绪八年（1882）岁贡。

［宣统］《南海县志》卷十《选举表·贡生·光绪朝·壬午科》：岁贡。

陈福谦 清末顺德沙滘人。光绪八年（1882）举人。

［民国］《顺德县志》卷八《选举表一·举人·光绪》：沙滘人，广西籍……壬午科。

林凤章 清末南海人。光绪八年（1882）举人。

［宣统］《南海县志》卷十《选举表·举人·光绪朝》：壬午科。

林凤翔（清光绪） 改名凤韶，清末南海人。光绪八年（1882）举人。

［宣统］《南海县志》卷十《选举表·举人·光绪朝》：改名凤韶，顺天中式……壬午科。

欧阳兰 字庭生，清末顺德仓门人。光绪八年（1882）副贡。

［民国］《顺德县志》卷八《选举表一·五贡·光绪》：字庭生，仓门人……壬午科副贡。

欧阳鼐 字剑南，清末顺德仓门人。光绪八年（1882）举人，三十年进士，任工部主事。咸丰五年（1855）与欧阳炳、胡廷镛等商议设立江尾五堡联防公约，至光绪三十二年（1906），鼐订立五堡联防章程。祖敬球，父信。

［民国］《顺德县志》卷八《选举表一·举人·光绪》：字剑南，仓门人……壬午科。《进士·光绪》：工部主事，甲辰科。卷九《封荫表·封赠·文阶》：欧阳敬球，仓门人，以孙鼐赠。欧阳信，以子鼐赠。欧阳桓，以侄鼐赠。欧阳煇，以侄鼐赠。俱工部司……主事。卷三《建置略二·团局公约》：江尾五堡联防公约，权设上村乡鹤峰书院。咸丰五年，由堡绅欧阳炳、欧阳信、胡廷镛等会议办法（各乡选丁壮，大乡五六十人，次三四十人，又次一二十人。指定防地，一乡有警，各乡堵截）。光绪十年，县属筹办团防，练勇多寡不等，江尾例募七十名，由公款按额给饷，此为九区办团之始。至光绪

三十二年，贼氛益炽，堡绅欧阳鼐订立五堡联防章程……各堡切实奉行，地方赖安。陈邑侯申辅善之，拟颁各区仿效焉。卷十二《耆寿表二·寿妇·九十以上》：陈氏，仓门欧阳敬球妻。孙鼐，进士，吏部主事……九十一岁。卷二十一《列传六·列女》：罗氏，仓门欧阳仕秉聘妻。少失恃，后母虐待之，顺受不较。尝读书，通书札。仕秉卒，父母欲为别婚，女知之，日夜啼泣，私遣人语夫家愿奔丧。翁家贫，不欲增食指累，谢焉，女大哭，期必死。伯翁进士鼐，闻而义之，亟驰函往召，至则雉经矣。于枕畔得一函、金约指一枚，属送往夫家为后人纪念。闻者均称其节烈。

欧逢源　清末顺德陈村人。光绪八年（1882）武举。

［民国］《顺德县志》卷八《选举表一·武举·光绪》：陈村人……壬午科。

罗任哲　清末南海人。光绪八年（1882）举人。

［宣统］《南海县志》卷十《选举表·举人·光绪朝》：顺天中式……壬午科。

罗寿崇　字润葵，清末顺德大良人。光绪八年（1882）武举，次年武进士，任营用守备。弟寿祥。

［民国］《顺德县志》卷八《选举表一·武举·光绪》：字润葵，大良人……壬午科……罗寿祥，字日亭，大良人，寿崇弟，戊子科。《武进士·光绪》：营用守备，癸未科。卷七《职官表二·武职·都司·光绪》：字润葵，武进士，县人。《守备·光绪》：左营……右营。

罗葆祺　清末南海人。光绪八年（1882）举人，官湖南平江知县，署靖州知州。祖恒仁，父干隆，弟葆彝。

［宣统］《南海县志》卷十《选举表·举人·光绪朝》：湖南平江县知县，署靖州知州……壬午科……罗葆彝，葆祺弟……癸卯科。《封荫·光绪朝》：罗恒仁，以孙葆祺知府衔湖南靖州知州覃恩准加五级赠资政大夫。罗干隆，以子葆祺知府衔湖南靖州知州覃恩准加五级赠资政大夫。

周拱辰　字紫樵，清末顺德龙山人。光绪八年（1882）举人。

［民国］《顺德县志》卷八《选举表一·举人·光绪》：字紫樵，龙山人……壬午科。

周联芬 字兰史，清末顺德大洲人。光绪八年（1882）副贡。

［民国］《顺德县志》卷八《选举表一·五贡·光绪》：字兰史，大洲人……壬午科副贡。

胡文经 清末顺德桂洲人。光绪八年（1882）岁贡。

［民国］《顺德县志》卷八《选举表一·五贡·光绪》：桂洲人，壬午岁贡。

胡应熙 清末顺德东村人。光绪八年（1882）举人。

［民国］《顺德县志》卷八《选举表一·举人·光绪》：东村人，顺天榜……壬午科。

胡寿荣 清末顺德桂洲人。光绪八年（1882）副贡，镶红旗官学汉教习。

［民国］《顺德县志》卷八《选举表一·五贡·光绪》：桂洲人，镶红旗官学汉教习……壬午科副贡。

胡毓均 清末顺德桂洲人。光绪八年（1882）副贡。

［民国］《顺德县志》卷八《选举表一·五贡·光绪》：桂洲人……壬午科副贡。

胡慧融 清末顺德桂洲人。光绪八年（1882）举人，二十年进士，即用知县，改廉州府教授。

［民国］《顺德县志》卷八《选举表一·举人·光绪》：桂洲人……壬午科。《进士·光绪》：即用知县，改廉州府教授，甲午恩科。

唐风俭 清末南海人。光绪八年（1882）举人。

［宣统］《南海县志》卷十《选举表·举人·光绪朝》：顺天中式……壬午科。

莫煜华 清末南海人。光绪八年（1882）副贡。

［宣统］《南海县志》卷十《选举表·贡生·光绪朝·壬午科》：副贡。

黄国章 清末南海人。光绪八年（1882）举人。

［宣统］《南海县志》卷十《选举表·举人·光绪朝》：顺天中式……壬午科。

黄福桂 清末南海人。光绪八年（1882）举人，官直隶知县。

［宣统］《南海县志》卷十《选举表·举人·光绪朝》：顺天中式，直隶知县……壬午科。

崔诰成 清末南海人。光绪八年（1882）举人。

［宣统］《南海县志》卷十《选举表·举人·光绪朝》：壬午科。

梁式良 字药洲，清顺德林头人。光绪八年（1882）赐副贡。

［民国］《顺德县志》卷八《选举表一·五贡·光绪》：字药洲，林头人。以符例赐，壬午科副贡。

梁启康 清南海人。光绪八年（1882）举人。子佐贤。

［宣统］《南海县志》卷十《选举表·举人·光绪朝》：梁佐贤，启康子，内阁中书……丙子科……梁启康，重游泮水……壬午科。

梁钟华 清末南海人。光绪八年（1882）举人。

［宣统］《南海县志》卷十《选举表·举人·光绪朝》：壬午科。

梁莘 （？—1895）原名葆诰，号莘农，清南海金利司浮山乡人。光绪八年（1882）举人，次年进士，任户部主事，病卒于京师。

［宣统］《南海县志》卷十四《列传》：原名葆诰，号莘农，金利司浮山

乡人。生而颖悟，年十二遍诵五经，长益泛览诸子百家，善古文词。光绪八年壬午顺天举人，逾年成进士，以主事签分户部，加员外郎衔。甲午，中东事起，感愤成疾，逾年卒于京师，萧条旅榇，同邑程友琦、番禺周汝钧为经纪，归其丧。初，莘父起家商贾，性豁达，尤笃友于，商业皆委之其侄。父殁，侄欺莘少孤，干没之，家以中落。莘长，询其事，侄不承而峻词厉色反谩骂之，旁观俱抱不平。莘怡然曰："此汝一时之误，异日当自悔谢。"人服其有容。莘赋性潇洒，与人无崖岸，推诚待物，人不忍欺。慷慨好施予，拯人之穷，虽家无宿舂不吝也。尝卧病，有族侄求助药资，莘曰："余囊中钱治余病则不足，治汝病则有余。"遂罄囊畀之。乙未岁北河决，民吸浊水，积成霍乱，多死，莘为治痧药药之，全活以千计。浮山乡之北大朗、岑村之交曰白泥窝，有小河桥久圮，人涉每患溺，为集资筑复，后无溺者。高塘十八社有墟，岁入万余金，主其事者没入私橐，不可数计。莘曰："以地方之财办地方之事，经理得宜，可备缓急。"因集众清算厘定之，岁溢余款，至今办清乡、兴学堂皆利赖之，其有益于桑梓如此。

梁腾芳　清末南海人。光绪八年（1882）副贡。

［宣统］《南海县志》卷十《选举表·贡生·光绪朝·壬午科》：顺天副贡，壬午科。

曾树槐　字廷干，号植三，清末南海九江人。光绪八年（1882）岁贡。

《九江儒林乡志》卷十《国朝·选举略·贡生·光绪八年壬子》：字廷干，号植三。府学，岁贡。

谭资鉴　字藻川，清末顺德龙山人。光绪八年（1882）举人。

［民国］《顺德县志》卷八《选举表一·举人·光绪》：字藻川，龙山人……壬午科。

熊炳堃　字昆生，清末南海佛山镇人。光绪八年（1882）考职一等以主簿用，舅潘衍桐十四年任浙江学政时随行。辛亥革命时在家，寿65岁。

［民国］《佛山忠义乡志》卷十四《人物志七·隐逸·清》：字昆生。大

同朝山乡人，先世迁佛山。性坦易，好读书，倜傥有大志。母舅任卿观察峄琴①学士器之，使其子从学焉。以其屡踬童子军，劝往京师就学国子监，分崇志堂肄业，七试弗售，遂不复应试。光绪壬午考职取一等，以主簿用，署国子监典籍，报捐县丞。先后入彭宫保②营、浙江水师营充文案，又充浙江海运督漕官，迭保知县赏戴蓝翎，非其志也。旅京十年，诸先达多见爱重，那相国琴轩③欲招之入幕，辞不就。尝为邓铁香④给谏缮密折，或问之，曰："铁香直臣也，得为直臣效力，其荣多矣，岂甘为权门役乎？"其孤介多类此。与同乡张延秋、梁节庵、康长素⑤相友善，谈文论道，昕夕无间。性嗜饮，酒酣耳热，议论风生，大有旁若无人之慨，虽贵官在座弗恤也。峄琴学士视学浙江，挈之行，勷校试卷，崇尚朴学，榜发多知名士，学士辑有《两浙𬨎轩续录》五百卷，亦与厥役。公暇泛舟西湖，娱情诗酒，梁节庵赠以诗，有"湖船昔日同呼酒，米市闲居旧读书"之句。生性好游，不惮跋涉，北西山，南普陀，两浙诸名胜游迹殆遍。及学士任满回京，炳堃以母老亦辞归，不复出。辛亥国变，北望涕零，发为诗歌，慷慨激昂，唾壶欲碎，可以知其所蕴矣。年六十五卒于家。

潘慈和　清末南海人。光绪八年（1882）举人。父棣荣，弟志和。

［宣统］《南海县志》卷二十《列传·善行·潘棣荣传》：字文珊。少孤，事母孝……子慈和、志和皆举人。卷十《选举表·举人·光绪朝》：壬午科。

霍伟南　号小芙，清末南海溶洲堡上园乡（今属禅城南庄）人，住佛山镇。光绪八年（1882）举人，5次上京会试落选。1921年参编《佛山忠义乡志》，未竟而卒，寿74岁。父湝，道

---

①潘衍桐（1841—1899），字菶廷，号峄琴，南海人。同治进士，任浙江督学。在广州创办《岭学报》。

②彭宫保，即彭玉麟，追赐太子太保衔，故称。

③那桐（1856—1925），字琴轩，叶赫那拉氏。光绪举人，官至总理各国事务衙门大臣、军机大臣。

④邓承修（1841—1891），字铁香，广东惠阳人。咸丰举人，官至鸿胪寺正卿。

⑤张鼎华，字延秋，番禺人，光绪进士，翰林院编修。梁鼎芬，号节庵。康有为（1858—1927），号长素。

光二十年（1840）举人。

［宣统］《南海县志》卷十《选举表·举人·光绪朝》：壬午科。

［民国］《佛山忠义乡志》卷十四《人物志四·文苑·清》：号小芙，溶洲堡上园乡人，居佛山广德里。湝子，少禀庭训，天资聪颖，博学能文，尤长于诗。弱冠，受知于胡瑞澜学使，补博士弟子员，旋食廪……五上公车不第，始绝意仕进，毅然以文化为己任。勷办莲峰七堡局，止斗息讼，遇事排解，乡闾翕服。异母弟某身故产尽，遗孤不能自给。伟南谓弟妇曰："若子犹吾子也，善视之，而家衣食唯我取。"躬自教育二十年，侄亦成立，世承孝友，其家法也。生平重气谊，每有所触，辄寄之吟咏。辛亥国变，时局撄心，辄增凄怆，与镇中文士结社联吟，投赠往还无虚日，兴到彻夜吟哦。儿辈微谏，则曰："吾本多愁多病之人，惟诗可以药愁，亦可以疗病，吾固乐此不疲也。"辛酉修《佛山乡志》任分纂，搜寻遗佚，均有依据，夙有咯血病，及是益剧，病亟犹以修志未竟为恨。卒年七十有四。呜呼，如伟南者，可谓文献备于一身矣！所居名双柳堂，晚号柳园逸叟，又号衲麓散人，著有《晚蝉吟诗草》皆手自编注，诗社诸子传诵殆遍，人以比王渔洋《菁华录》云。

霍崇范　字荫棠，清末顺德弼教人。光绪八年（1882）举人，大挑知县。

［民国］《顺德县志》卷八《选举表一·举人·光绪》：字荫棠，弼教人。大挑知县……壬午科。

戴鸿慈　（1853—1910）字光孺，号少怀，晚号毅庵，生于南海佛山镇福贤里（桑园）。同治十二年（1873）拔贡、举人第一名，光绪二年（1876）进士，选翰林院庶吉士，散馆授编修，五年督学山东。奔父丧，值中法战争，在佛山倡办团练。十一年督学云南，十九年充顺天乡试同考官，翌年大考一等提拔为庶子，迁翰林院侍讲学士。二十三年督学福建，二十五年迁少詹事，翌年迁内阁学士兼礼部侍郎衔。八国联军陷北京，以修祖墓回佛山暂避。二十八年转户部右侍郎，兼管钱法堂事务。三十一年，清廷派镇国公载泽、户部右侍郎戴鸿慈、兵部侍郎徐世昌、湖南巡抚端方和商部右丞绍英等五大臣出洋考察政治，经8个月历15国，写出《出使九国日记》12卷，编成《列国政要》133卷及《欧美政治要义》18章进呈。宣统元年

（1909）为专使俄国大臣，归后奏请拓边垦荒，振兴林业。次年正月逝世，赏加太子少保，谥文诚。祖联珠，父其芬，子曾谔。

［同治］《南海县志》卷九《同治朝·贡生》：拔贡，癸酉科。《同治朝·举人》：解元，癸酉科。

［民国］《佛山忠义乡志》卷十一《乡事志·编年》：同治……癸酉十二年，戴鸿慈领乡荐第一。（住福德铺）卷十四《人物志一·名臣·清》：字光孺，号少怀，晚号毅庵。先世自大同堡迁佛山，遂为佛山乡人，祖联珠、父其芬，以善行著，并有传。鸿慈美丰容，志量宏达，和蔼可亲，望而知为伟器。幼聪颖，年十五补县学生，旋由廪生选同治十二年拔贡、领乡举皆第一。光绪二年进士，选翰林院庶吉士，明年散馆授编修。五年督学山东，寻丁父忧。法越事起，海疆戒严，在籍倡办团练。十年冬起复，十一年督学云南，十七年充云南正考官，十九年充顺天乡试同考官。二十年大考翰詹列一等擢庶子，充日讲起居注官，方略成书特奖以应升之缺开列在前，并赏加四品衔。是年，朝鲜东学党之乱，日本借端与我开衅，平壤一役，我军受巨创。鸿慈奏言："行军之道，以一事权、济饷运为先，平壤之挫，佥谓事权不专、饷运不继所致。北洋大臣李鸿章以直隶总督统师，于一切应敌机宜是其专责，应请饬李鸿章进扎山海关，就近调度。并调李秉衡帮办直隶总督事宜，刻日抽带精勇数营，驰赴天津驻扎，办理军需。一面催魏光焘迅速起程直抵奉天，会同宋庆诸军进剿，前敌后路各得其人，庶可维大局而图进取。"又奏："此次援韩失利，实由李鸿章调遣乖方、迁延贻误，而不逞之徒各腾异议，有谓朝鲜本中国赘疣、不早弃之，以贻此患者；有谓倭人本意欲与我共治朝鲜，乃我先开兵端以致失和者；有谓倭人意仅图韩，可划鸭绿江为界而即无事者；有谓倾中国之兵不能御倭，不如忍辱求和徐图后举者。种种妄言，无非为李鸿章解脱。近乃闻有款议将成之说，佥谓数大臣私谋密议，为隐忍偷安之策，窃恐款议遽定，则亏国体而重后患，将来有噬脐莫及①者，请历排前说，披沥陈之。夫谓朝鲜为中国赘疣者，不知中国大势者也。朝鲜为吉奉屏蔽，吉奉为京师根本，苟一举足，全局动摇，故我太宗文皇帝力征经营，列圣相承，胥廑怙冒②，以怀远为保邦之策，虑至深也。光绪初年，朝鲜苦倭逼甚矣，朝

①噬脐莫及：像咬自己肚脐似的，够不着，比喻后悔也来不及。

②怙冒：谓勤勉治国之大功。

廷命李鸿章以绥靖东藩。李鸿章任用非人，信一马建忠①，而有十年、十一年撤兵之事；信一俄使韦孛，而有本年五月迁延不救之事；信一卫汝贵②，而有本年八月平壤不守之事。一误再误，以致今日，皆外视朝鲜之意有以启之，推原祸本为赘疣之说者，我祖宗神灵之所必殛也。至于兵衅之开，倭实背约。仁川之战，我船渡送援军，未先犯倭也，而倭乃击沉我高升船矣。牙山之战，我军往平韩乱，未先犯倭也，而倭自汉城来蹙我矣。大东沟之战，我船渡送铭军，未先犯倭也，而倭自仁川来乘我矣。及平壤之战，我军先到月余，未敢越平壤一步，因循畏葸，坐致围攻，乃议者犹归咎于朝议主战之故。夫所谓主战者，必其势可以不战而决意用兵，然后谓之主战，若敌人节节见逼，迫我以不得不应，何主战之有？必如议者之意，必束手待毙而后为不开兵端乎？则谓衅自我开者妄也！我军已退渡鸭绿江，尽失奉天门户，九连城距朝鲜义州才数十里，中间江面宽者才三四里，蹇裳可渡。且鸭绿江长亘千余里，一无险要可守，我如沿江设防，虽五六万众不敷分布，不惟无此兵力，亦断无此兵法。今日之势，平安为奉天门户，咸镜为吉林门户，保奉天而防鸭绿，如勿防也，必以平安为障蔽，而后凤凰门可守。保吉林而防图们，亦如勿防也，必以咸镜为锁钥，而后宁古塔可安。我皇上如勿弃吉奉两省，断无不规复朝鲜之理，规复朝鲜，断无不克日进兵渡江之理。比闻叶志超电奏遵旨全军内渡，是因大军新挫，仓皇退避，既已大误于前，若不及时进占，则敌人益得休息，兵力全锐拒我。日来倭兵不动，当必于平安、咸镜之地分据险要、建筑炮台，彼备一修，则将来我军进攻愈难得力。刻下前敌诸军，兵力不为单薄，宜谕令及时进剿以赴戎机。夫平壤之败，败于卫汝贵之十六营望风先逃，非以兵单致衄，即以为将图大举，稍待后援，亦宜步步为营，为得寸得尺之计，如不督令进战，恐诸军误会。日前退渡之谕旨谓已无意朝鲜，将帅灰复仇之心，士卒阻敢死之气，军不理战，敌起乘之，祸败尚忍言哉！且三军之战，胜在士气，士气之鼓舞在上心。法越之役，我军进攻得手，遽因李鸿章之请，率定和约，将士闻之，无不愤懑，然犹以战胜在后，许和在先，

---

①马建忠（1845—1900），别名干，学名马斯才，字眉叔，清江苏丹徒（今镇江）人。太平军进军江南时，随家徙居上海。甲午战争时，建议创设翻译书院，并充洋文教习，培养兼通汉文、洋文人才，翻译各国人文、自然科学书籍。著有《适可斋纪言纪行》《文通》（通称《马氏文通》）十卷。

②卫汝贵（1836—1895），清安徽合肥人。初入淮军，随刘铭传镇压捻军，后升总兵。光绪二十年（1894）甲午中日战争时，李鸿章命率骑兵、步兵六千余人，进驻朝鲜平壤。九月，日军攻平壤，卫率军逃窜，平壤陷落。后与叶志超弃地狂奔逃至沈阳。次年，被押解至京处死。

捷报未通，以至于误会。若万里征兵，不为战用，则事机坐失，更非昔比，窃恐天下人心妄测上意，从此无出力效死之将，从此无欣然赴召之兵。疆臣之心知朝廷必不一战也，而备御勿修。眈视之邦知中国之必不一战也，而觊觎竞起。皇上独不为中国万年计乎？夫人心所系、宗社之安危视之，是宜及今可用之锋，早定自强之计，否则人心涣散，后患方长。敌焰日张，我疆日蹙，并目前所据者而亦不可恃矣，则谓划江自守者妄也。至于不战遂和之害，益觉不可胜言，倭人雄据全韩，朝发夕至，得我兵费，则益充其战守之资，散我师徒，则益肆其进攻之计。不多为之备，则辽沈燕齐在在有可蹈之隙，若概设重镇，则军火粮饷骎骎①有自敝之虞。至于无端之迫胁、非理之要求，从之则其欲无厌，不从则顿失前好，此尤历来议款之明鉴，则谓忍辱求和者，尤万世之罪人、天下臣民之公敌也。若赔款之说，尤属势所必争，即以法越前事而论，法之国势数倍于倭，而越南一役不闻有兵费之说。今且倾国帑、借洋债以筹战备矣，而一切委置无用之处，更筹巨款以饷雠仇。试问一款之后，可保倭十年不犯中国乎？即有他国居间，而事后谁能相保？《天津专约》甫七年耳，及今而有兵取韩京之事，夷情反覆，已有明征。后之视今，犹今视昔，竭生民之膏血，以求旦夕之安，而安终不可恃。既和之后，仍须办防，悉索既空，费从何出？适足以示瑕而速寇耳！且倭人素称狡诈，设如彼一面进兵，而姑言和以懈我军心，缓我守备，岂不重为所绐，以贻笑万国？此尤不可不长虑却顾者也。若夫筹战，机宜约有四端：一曰作勇敢。夫兵以气胜，坐而待敌，锋锐必销，故善守者或雕剿以慑敌心，或分枝以牵敌势。平壤之败，我惟呆守，彼则活攻，步步进逼，我军几无驻足之处，一战而溃，职此之由。近九连城驻守之军不敢逾鸭绿江一步，侦候不远，哨探不行，似此情形，恐蹈平壤覆辙。应请电饬诸军，相机度势，防剿兼施，无得株守以致坐困。一曰筹进取。东征之军奉调而至者，数且十万有余矣，据此一隅，虽多奚益？宜分作数枝，责奉吉诸军以规咸镜，责淮豫诸军以复平安，责海军以略仁川，责南洋出兵舰以袭釜山，水陆并进，此正化呆兵为活兵之法。且倭人专尚虚声，我即乘其虚而捣之，亦足以牵制敌兵、张我形势也。一曰侦洋情。窃观法越前事，军情利弊不独在廷，建议即外而封疆守吏、出洋公使，以微员末秩，莫不各效见闻，集益既多，运筹自易。唯急于议和一节，徇李鸿章之意，贻讥万国为大失着。而事前则军火有资，事后则兵费罢议，未尝不资群策之功。今之敌情军势，惟北洋一人之口是凭，惟津海关道数行之报是据，模糊脱略，考辨无从，而疆臣轺使钳箍口结舌，无敢出一语，以仰赞

①骎骎（qīn）：疾也。

庙谟者。以此筹战，战固不能。以此筹和，亦断断知其和之无策。是宜严饬枢译诸臣，于洋务军情用心考求，无胶成见。一面电谕各省督抚、出使大臣等，随时探访，各效忠谋，群策并进，庶以绝壅闭而资赞助。一曰严督责。偾军之叶志超奉旨查办矣，而外间覆奏尚在迁延。督运之周馥奉旨东行矣，而后路粮台未闻奏设。以及谕查军火则核实无期，命购船炮则垂成辄变，似此心存玩忽，军务安有转机？应请谕戒内外大臣，一切特旨指挥，务须实力奉行，如有稽迟，即加谴责。至于荼毒韩民、首先溃退之卫汝贵，应请再申严谕，立正典刑，以慰韩人之心，而作三军之气。”疏入，不报。寻以东事日亟，金州、凤凰城、大连湾、岫岩州、复州等处相继沦陷，有旨命户部左侍郎张荫桓、湖南巡抚邵友濂使日本议和。鸿慈奏言：“能战然后能和，为古今之笃论，现在倭焰方张，要求狂悖，其阴怀叵测者在拥挟朝鲜独立，其显肆逼索者则在割地赔款两端。以土地言之，微特奉天根本重地在所必争，即沿海各省要区，皆我列祖积功累劳艰难戡定，百姓食毛践土①，久隶版图，岂有一旦与人之理？此宜拒绝者也。至兵费一说，虽外夷所经见，然庚申之役烽燧内侵，补还烟费多不过八百万两，若过索巨款帑藏之岁入几何？以有限之金钱填无穷之溪壑，质关质地诸约由此而兴，日后练兵置械之资更将安出？此宜详审者也。若夫多方之要胁，无理之诛求，狼子野心非能逆料，倘使臣识力不定，堕彼术中，从之则贻害安穷，不从则转圜乏术，凡此皆未和之先，所宜长虑却顾者也。定约之后，例须息兵，而倭性狡诈，或胁我以撤防先退而反复靡常，或借口于偿款未完，衅端又起。况未经惩创，本有轻我之心，遂其诛求，益逞无厌之欲。且法则觊觎开化矣，英则窥伺腾越矣，俄则蠢动珲春矣，以倭蕞尔小邦，尚不敢校，将援利益均沾之例，群起为难，试问主和诸臣果何以善其后乎？万里征兵不为一战，遣散之卒即为伏戎，内外交讧，噬脐何及？此既和之后所宜长虑却顾者也。”又奏：“兵事以一将权为先，将权以兼地方为要。刘坤一既特简为钦差大臣，节制关外内，各军自当殚竭血诚，力肩艰巨。但思内则督办军务大臣、外则北洋大臣皆有节制全军之权，直隶总督、奉天将军亦均节制一路。刘坤一参伍其间，无地方粮饷之权，兵事虽有节制之名，而疆吏未易和衷，客军多非素习，仰承俯注，左绌右支，贤者无以尽其才，不贤借以卸其责，守土者以统帅有人相诿，主兵者以疆臣掣肘为虞。前刘坤一奏恳收回成命，盖亦知此中难处，未敢轻言节制也。朝廷既倚刘坤一办事，即为全局利害所关，似当深察事宜，善为措置，俾得尽

---

①食毛践土：原意是吃的食物和居住的土地都是国君所有，封建官吏用以表示感戴君主的恩德。毛：指地面所生之谷物。践：踩。

其筹策而责其成功。拟请饬令李鸿章专管直隶总督，以刘坤一兼署北洋大臣。或令裕禄专管盛京将军，以刘坤一兼署奉天总督，如此兼有地方之责，一切调兵转饷尤易指挥。再，湖北巡抚吴大澂现统营数过多，该抚臣未历戎行，才望较浅，若拔归刘坤一统带，以吴大澂为参赞，应更得力。否则，就中先拨湘军三十营，即为钦差大臣专辖之兵，便可及时布置。大抵今日用兵之要，奉直两省兵事饷事流通一气，又复节制分明，核功罪为进退，察事势为变通，审形胜为控握，勿以款议瞻顾，驰战备而误戎机，目前为御倭之谋，即异日为保疆之策。”疏入奉旨留览。是年十二月，倭兵窜扰山东，陷荣城县，明年正月陷威海卫、据刘公岛，覆我北洋海军，京畿震动。鸿慈奏言：“倭夷蓄志凶狡，其奉省、山东等处当是牵掣之师，而攻台扰南亦只恫喝之计，必将专往直境，乘虚而入。查直隶沿海兵力本非甚厚，北塘至乐亭数百里皆关紧要，现调回聂军协防，加以游击之师，尚觉有备无患。惟沧州岐口一路仅有梅东益马步三营，未免太单，曾闻倭人在此量水，其择瑕而蹈实在意中。设由此登岸，绕而北趋津通，诸军隔绝而不能救，不过五日可抵京师。专恃南苑一军当其前敌，沧州离海北百二十里，控运河水陆之冲，一为敌侵，运道梗塞，关系甚重。自沧而进，则固安当其隘，畿南屏蔽惟恃固安。应请饬下督办军务王大臣酌量缓急远近，于关外魏光焘、吴凤柱、徐邦道各营中速调回两军分驻沧、固。或于关内先行抽调一军驻扎岐口，即以南苑一军移防固安，与驻守武清之军相为犄角，闻警策应。俟关外各营赶到再行匀拨，仍催调南省得力勇营，兼程北上，以为后劲，庶布置稍密，不至为敌所乘。”又奏：“自威海既失，津沽之屏蔽尽撤。李鸿章节节偾事，以奉旨拿问败坏海军之丁汝昌，始终袒护，称其得力，又谓作雾洋人非丁汝昌①不能驾驭。现闻倭陷威海，丁汝昌不发一炮，所谓得力者何在？丁汝昌驾定远战舰潜逃，作雾之法并未施演，所称驾驭洋人者又何在？李鸿章极力为丁汝昌回护，不恤抗违诏旨，以遂其私，而丁汝昌全置李鸿章于不顾，李鸿章尚有何说以自解乎？窃惟李鸿章贻误大局之罪，已贷无可贷，朝廷曲全李鸿章之意，亦加无可加，倘复任其缓兵养寇，坐误军机，李鸿章一人不足惜，如畿疆何？如天下何？

①丁汝昌（1836—1895），原名先达，字禹廷，清安徽庐江县人。光绪五年（1879），被李鸿章调北洋海防差用。第二年，率北洋水师官兵200余人赴英国，接带“超勇”和“扬威”巡洋舰回国。十四年出任北洋海军提督。在威海卫之战中，指挥北洋舰队抗击日军围攻，但未得到上级命令，无奈港内待援，致北洋海军陷入绝境，服毒自尽以谢国人。作雾：兴起云雾，比喻神道鬼怪法力高强。

伏愿明发谕旨，特予严惩，并责成将丁汝昌速行拿解，以肃军令而儆效尤。若国家追念前劳，犹欲保全终始，亦应早解事权，俾接替得人，危局尚可稍救。”寻有旨，命李鸿章赴日本议和，以王文韶为北洋大臣、直隶总督。是年四月和议成，鸿慈条奏陈善后十二策：一审敌情以固邦交，二增陪都以资拱卫，三设军屯以实边储，四筑铁路以省漕运，五开煤铁以收利权，六税烟酒以佐度支，七行抽练以简军实，八广铸造以精器械，九简使材以备折冲①，十重牧令以资治理，十一召对群僚以励交修，十二变通考试以求实用。七月迁翰林院侍讲学士。先是，广东巡抚马丕瑶锐意禁赌，并查办豪绅控案甚厉，奸人衔之，谋去丕瑶。鸿慈因言：“广东大吏禁赌认真，致滋群谤，浮言摇惑，恐为所挠，请饬疆臣坚持定见，以清治源而收成效。”又：“以匪徒潜谋不轨，香港保安轮船截获匪械一案，事变已形，因请饬疆臣严缉首恶，以弭乱萌。并移会水师提臣郑绍忠于省城外添扎安勇，附近各乡、佛山等处一律举办团练，以资镇压。”又奏：“近闻匪党暗运军火，欲由澳门径袭粤垣。现粤省裁撤安勇，多招楚军。闻楚军人地生疏，缉捕本难得力，且兵无纪律，民有怨言，又与土勇积不相能，一有缓急，恐不可恃。请饬疆臣勿存成见，先事预防。”均有旨下广东督抚臣妥慎筹办。十月充咸安宫总裁。二十三年督学福建，以报效昭信股票赏戴花翎。二十五年迁少詹事。二十六年迁内阁学士兼礼部侍郎衔，是年冬学政报满，乞假回籍修墓，寻擢刑部左侍郎。明年假满，赴西安行在，上《敬陈治本疏》条举八事：一矢忧危以习俭勤，二审号令以维国柄，三容直言以伸士气，四节财用以恤民穷，五改捐例以清治道，六设考课以育人材，七存科目以系士心，八平民教以弭祸患。又奏请建两都、分六镇，谓：“宜建西京于长安，建南京于江陵，择近支亲贤分驻其地，裁西安、荆州两将军，即建邸于军署，无事则辑人民、完城郭以固屏藩，有事则扼险要、备巡幸以资缓急。俟芦汉铁路告成，分一支由河南入陕西，一支由武昌达江陵，而居中控驭之处，则以襄阳为重。应改现时提督行台为湖广总督移驻之所，提督还驻谷城，使上通关陇，下接湖湘，借壮声援，互为犄角，无封建之名而隐收其利，则邦本可安矣。夫唐因藩镇而乱，终亦赖藩镇而存。宋撤藩镇而安，究以废藩镇而弱。今我国家固重任疆臣矣，然救时之策似宜稍为变更。拟请画盛京、吉林、黑龙江为一镇，改盛京将军为三省总督、经略大臣，仍驻奉天。直隶、山东、山西、河南为一镇，改直隶总督为四省总督、北洋经略大臣，驻扎天津。藩司兼护巡抚仍驻保定。江苏、安徽、江西、浙江、福建为一镇，改两江总督为五省总督、南洋经略大臣，仍驻江宁，闽

①折冲：使敌方的战车折返，引申为交涉、谈判。

浙总督为福建巡抚驻福州。广东、广西、云南、贵州为一镇，裁云贵总督，改两广总督为四省总督、经略大臣，仍驻广州。湖南、湖北、四川为一镇，改湖广总督为三省总督、经略大臣，移驻襄阳，四川总督改为四川巡抚。甘肃、陕西、新疆为一镇，改陕甘总督为三省总督，仍驻兰州，甘肃藩司兼护巡抚。以上六镇，简忠实勤干知兵大臣任之，专责以治兵，不纷以吏事，务令久于其任，畀以重权，巡抚以下均归节制并许辟置幕僚。其沿海榆关、登州、崇明、定海、澎湖、厦门、南澳、虎门、琼州等处地方提镇，听该大臣自择才能奏请委任以为之辅，既无督抚同城阻挠推诿之虑，又无统兵客将孤悬零寄之嫌。绥靖军民，缮完守备，每省练兵二万，一镇即有数万精兵，声气联络，首尾照应，得藩镇之意而无其害，则邦基可固矣。”疏入奉旨留览。是年冬随扈还京。二十八年转户部右侍郎，兼管钱法堂事务，充考试试差阅卷大臣、考试汉御史阅卷大臣、江南乡试正考官。先是，庚子之役，与各国议和赔款至四百五十兆，并以保护传教载入条约。至是各省教案益剧，鸿慈奏言：“国家惩毖后患，无非欲民教相安，而教案之考成既严，教民之气焰愈盛，去冬以来，闹教之案层见迭出，惩办愈厉，怨毒愈深，民智未开，往往有铤而走险之事。应请援乾隆八年成案，复设宣谕化导使，即以各省学政兼充，道府以下凡有关于宣谕化导者听其节制。并请敕下外务部，将外国来华传教原始、通商以来所办教案，及此次议和保教赔款条约、皇上谕旨、臣下奏章、外国照会勒为一书，颁发各省刊布。使臣按临所至，试事既毕，传集绅士、商民反复开导，务使穷乡僻壤戴发含齿之伦憬然领悟，而朝廷忧勤惕厉、万不得已之苦衷亦可昭然若揭于天下。又开民智者莫切于报纸，近年我国报馆之设所在多有，然海隅租界放言高论，往往鼓吹邪说，淆乱人心，欲遏乱萌，非朝廷自设报务不可。拟请在翰林院创立报局，择编检中学术纯正、议论畅达、通知时事者为主笔，选辑各报，芟其烦杂，新法美政有必录，盗贼水旱有必书，并自抒所见，著为论说，一以宣上德、抒下情为宗旨。应请饬下政务处，会同翰林院妥定章程，以立中国报律之准，各省官报亦应遵章踵设，庶言论有所范围、观听无虞淆乱。”疏入，格①部议②不行。二十九年充庶吉士散馆阅卷大臣、考试试差阅卷大臣、殿试读卷大臣、朝考阅卷大臣、考试经济特科阅卷大臣、覆核朝审大臣，三十年充会试副考官、覆核朝审大臣。时朝廷锐意求治，设会议政务处，遇有旨交议事件，令三品京堂以上与议。鸿慈奏言：“方今事机孔亟，百端待理，非集思广益无以宏济艰难。惟是

①格：阻碍、隔阂。

②部议：旧时指中央各部内的决定。

候促则事不达，谋寡则虑不周，莫若因会议之制变通而推广之。拟请自后内政外交凡有建革之大、疑难之端，由政务处摘录事由，标明要领，片行阁部九卿、翰林科道定期会议。速者三五日，迟者十日，尤繁重者十五日，各抒所见，别纸录陈，并令传知，属官咸得论列呈堂代递。届期由政务处大臣开诚布公，周咨前席，务使词无不尽，理得所安，然后舍短从长详实覆奏。循是行之有四利焉：一曰收群策。谋于猝不若谋于豫，询于独不若询于同，惟宽予以时日之期，隐予以讲求之助，则有智而迟者，以潜研而自出，谋野则获者经采纳而愈宏，利一也。一曰励人才。习于冗散休戚若不相关，引与参谋智能皆思自效，人人有欲摅之建白，即人人有勇赴之事功，是于询考之中，默寓激扬之用，利二也。一曰折敌谋。东西各国首重民情，百官者国民之标准也，师其合群之意，以为抵制之方，彼非理之侵，既可挟众志以抗拒，不情之请亦可援公论以磋商，利三也。一曰息群谤。自来局外之身，恒不谅局中之苦，捕风捉影，谣诼①繁兴，皆缘本末未明、传闻多误，以故游谈成于市虎，积忌甚于杯弓，讹言莫惩，岂国之福？势难禁止，利在疏通，门户洞开，翕訿②自息，斯操觚者无所施其横议，秉钧者不致败于流言，利四也。”疏入，下政务院议行。三十一年，有旨命五大臣分赴东西洋各国考求政治，鸿慈与焉。将发，有奸人怀炸药登车狙击，同行被创，众悚惧。鸿慈从容诣宫门取进止，两宫慰谕至泣下。时谣言蜂起，闻者危之，鸿慈谓人臣以身许国，义无反顾，卒行。凡八阅月历十五邦，以明年六月归国，裒其所得，著《出使九国日记》十二卷，成《列国政要》一百三十三卷，另纂录《欧美政治要义》十八章进呈。因奏言：“各国大势情形虽间有不同，治理大略相类。观其政体，美为合众而专重民权，德本联邦而实为君主，奥、匈同盟仍各用其制度，法、义同族不免偏于集权。唯英人循秩序而不好激进，故其宪法出于自然之发达，行之百年而无弊。反乎此者，有宪法不连合之国如瑞典、挪威则分离矣，有宪法不完全之国如土耳其、埃及则衰弱矣，有宪法不平允之国，如俄罗斯则扰乱无已时矣。种因既殊，结果亦异，故有虽改革而适以召乱者，此政体之不同至今其国力之不同也。则有政略，若俄、法同盟，英、日同盟，德、奥、义同盟，既互相倚助以求国势之稳固。德、法摩洛哥之会议，英、俄东亚之协商，其对于中国者，德、美海军之扩张，美、法屯军之增额，又各审利害以为商业之竞争。盖列强对峙之中，无有一国孤立可以图存者，势使然也。况人民生殖日繁，智识日开，内力亦愈以膨胀。故各国政策，或因

①谣诼（zhuó）：造谣毁谤。

②翕訿（xīzī）：小人相互勾结，朋比为奸。

殖民而造西伯利亚之铁路，或因商务而开巴拿马之运河，或因国富而投资本于世界，均有深意存焉。此政略之不同也。又有民气，俄民志伟大而少秩序，其国失之无教。法民好美术而流晏逸，其国失之过奢。德民性倔强而尚勇武，其国失之太骄。美民喜自由而多放任，其国失之复杂。义民尚功利而近贪诈，其国失之困贫。惟英人富于自营之精神，有独立自治不羁之气象，人格之高、风俗之厚为各国之所不及。此民气之所不同也。臣等观于各国之大势既如此，又参综比较，穷其得失之源，实不外君臣一心，上下相维，然后可收举国一致之益。否则，名实相悬，有可以断其无效，约有三端：一曰无开诚之心者国必危。西班牙苛待殖民，致有斐律宾、古巴之败。英鉴于美民反抗，而于澳洲、坎拿大两域予人民以自治之权，致有今日之强盛，开诚故也。俄灭波兰，而用严法以禁其语言，今揭竿而起要求权利者，即波兰人也。又于兴学练兵，皆以专利为目的，今满洲之役不战先溃，莫斯科、圣彼得堡之暴动，即出于军人与学生也。防之愈密，而祸即伏于所防之中，患更发于所防之外，不开诚故也。二曰无虑远之识者国必弱。俄以交通之不便而用中央集权，故其地方之自治日以不整。美以疆域之大而用地方分权，故其中央与地方之机关同时进步。治大国与治小国固不侔也。德以日耳曼法系趋于地方分权，虽为君主之国，而人民有参与政治之资格。法以罗马法系趋于中央集权，虽为民主之国，而政务操之官吏之手，人民反无自治之能力。两相比较，法弱于德有由来矣。三曰无同化之力者国必扰。以美共和政体重视人民权利，虽人种繁杂而同化力甚强，故上下相安于无事。土耳其一国之中分十数种族，语言宗教各不相同，又无统一之机关，致有今日之衰弱。俄则种族尤为纷杂，不下数百，语言亦分四十余种，其政府又多歧视之意见，致有今日之纷乱。奥、匈两国虽同戴一君主，而两族之形貌、俗尚、言语、情性迥殊，故时起争端，将来恐不免分离之患。盖法制不一，畛域不化，显然标其名为两种族之国，未有能享平和、臻富强者矣。此考察各国所得之实在情形也。窃维学问以相摩而益善，国势以相竞而益强。中国地处亚东，又为数千年文化之古国，不免挟尊己卑人之见，未尝取世界列国之变迁而比较之。甲午以前，南北洋海陆各军制造各厂同时而兴，声势一振，例之各省，差占优胜矣，然未尝取列国之情状而比较之也。故比较对于内则满盈自阻之心日长，比较对于外则争存进取之志益坚，然则谋国者亦善用其比较而已。”又奏：“臣等旷观世界大势，深察中国近情，非定国是无以安大计。国是之要约有六事：一曰举国臣民立于同等法制之下，以破除一切畛域，二曰国事采决于公论，三曰集中外所长，以谋国家与人民之安全发达，四曰明官府之体制，五曰定中央与地方之权限，六曰公布国用及诸政务。以上六事拟请明降谕旨，宣示天下，以定国是，约于十五年或二十年颁布宪法，召集国会，实行一切立宪制度。”

又奏："实行立宪既请明定期限，则届期必至茫无所措。然欲廓清积弊，明定责成，必先从官制入手。拟请参酌中外统筹大局，改定全国官制，为立宪之预备。"均奉俞旨采纳，至是立宪政体乃确定而不疑，而宪政之措施亦始有条理之可循，而无冥行擿埴①之患矣。先是，鸿慈奉使在途已擢礼部尚书，使还充厘订官制大臣、玉牒馆副总裁，转法部尚书，充参预政务大臣，赏紫禁城内骑马，充经筵讲官。时法部初改，并寓创于因端绪纷赜，又与大理院权限轇轕，往复论辩，苦难分晰，鸿慈悉心规画，首以申明权责为入手办法，凡司法官吏之进退、刑罚判决之执行、厅局辖地之区分、司法警察之调度，悉隶法部，其直省刑事稿件由各省分达部院，经大理院覆判后咨部核定，若有情罪未符，仍咨回由大理院自行驳正。盖以法部为司法行政之总枢，大理院综核审判之专职，各有主持而事权乃不至淆乱。其次厘定职掌，刑部向设十七司，至是改并八司：曰审录、曰制勘、曰编置、曰宥恤、曰举叙、曰典狱、曰都事、曰会计。八司之上设承政、参议两厅，厅设参事各二员以资襄理，京外各级审判厅次第举办。又采英美改良监狱之制，于京师筹办模范监狱，先后奏奉俞旨允行。三十三年充举贡考职阅卷大臣。明年四月疾作赏假调理，逾月未瘳，乞解职，温旨慰留。十月两宫升遐，力疾销假视事。宣统元年赏一等第三宝星，充报聘俄国专使大臣，礼成返国奏言："此次奉使道经东三省地方，目击日、俄二国之经营拓地殖民，实有狡焉。思启之虑，非急筹抵制无以固边圉，非振兴实业无以图富强。东省财力竭蹶，工商稀少，惟有因其已然之迹而扩其自然之利。切要之图厥有二端：一曰垦植。查三省垦务业已次第辟，由各属官荒推及蒙旗均经先后开放。顾垦务至今迄无起色者，则以放荒者只计荒价之多寡，而不问垦植之兴衰，揽荒者只知垄断以居奇，而不恤领户之艰窘，垦务堕坏职此之由。欲图整理，宜取泰西小农地、大农地之法变通而并行之。曷言小农地？就本地蒙民编列户籍，按口授地，贷其籽种，给其资粮，宽其赋税，免其徭役，无追呼之扰而有耕凿之安，变榛莽之区而为沃饶之壤，数年之间成效可睹，此变通小农地之说也。曷言大农地？直省大资本家鸠集股本，组织移民开垦公司，划给大段生荒，徙民往垦，官任保护，明示十年之后始议升科。其运载移民之轮船、火车特别免价，或酌给半价，有能纠集大公司办有成效者，破格奏奖。如是则移民日众，垦地日多，较之曩时巨户揽荒，只图转售牟利，转售无人，终成芜旷，其利害得失相去悬绝，此变通大农地之说也。由前之说足以裕蒙，由后之说足以实边。边地

①冥行擿埴（tīzhí）：夜间摸黑走路，如同盲人拿着手杖点地而行，比喻研求学问不识门径，暗中探索。埴，地。

多一人之移植，即多一人之捍御，将来垦务既盛，可仿屯田之法寓兵于农，移民即以集兵，力田即以供饷，是又操其券也。一曰森林。山虞①林衡②载在《周礼》，林麓之政古昔所重。近日东西各国林业皆设专官，诚以材木之用利至溥也。臣此次赴俄，自入西伯利亚路线以后，森林绵亘数千里，弥望无际，其中以桦木、松柏为多。俄车伐薪以代煤，轨道两旁积薪如墉，备沿途接济之用，此外若垫路、若造车及一切停车之驿场、侨民之庐舍，皆就地取材，用之不竭。而我满洲里以内之境，林木顿疏，以原隰之广、幅员之长，而令濯濯童山繁植无望，凡有制造，转资洋木，利源外溢，所失尤多。诚宜及时振兴林业，设森林局，遴选贤员认真督理。其入手办法，应先周历履勘，察其地利，辨其土宜。其不宜于谷麦者，即划为筹办森林区域，并绘图贴说，咨会各直省督抚，明定奖格，劝谕绅商兴办林业公司。凡一切保护之责、经营之方，皆严立规则，以资遵守，循此办理，可为边境辟一大利源，十年以后，材木不可胜用矣。凡此两端，若果办理得人，实事求是，立疆圉富强之本，即以杜邻邦窥伺之谋。国计边防，所关非细，将来财力稍裕，兴学以迪蒙智，开矿以辟利源、广铁路以利交通，筹兵屯以资捍卫，又当权其缓急后先之序，以为措施之准耳。”得旨，下东三省总督农工商部、邮传部筹议施行。是年八月以尚书在军机大臣上行走，十一月擢协办大学士、赏穿带膝貂褂。二年正月卒，年五十有八。遗疏入，谕曰：“协办大学士、尚书戴鸿慈，忠清亮达，学识闳通，由翰林院迭掌文衡，洊陟③清要，擢任正卿，均能恪尽厥职。考察政治，尤能抉择精微，有裨宪政。朕御极后优加倚畀，俾参机务，晋协纶扉，夙夜靖共④，深资擘画。前因偶患微疴，赏假调理，方冀医治就痊，长承恩眷。遽闻溘逝，轸惜殊深。着赏给陀罗经被，派贝勒溥伦带领侍卫十员，即日前往奠醊。加恩赏加太子少保衔，照大学士例赐恤，入祀贤良祠，赏银二千两治丧，由广储司⑤给发。任内一切处分，悉予开复，应得恤典，该衙门查例具奏。灵柩回籍时，沿途地方官妥为照料。伊子一品荫生戴曾谓着以郎中补用，用示笃念荩臣至意。”寻诏赐祭葬，谥文诚。

尤彬林　字镜扶，清末顺德龙江人。光绪十年（1884）

①山虞：掌管山林政令的监督机关。

②林衡：掌巡林麓之禁令的官员，受命于山虞。

③洊陟：荐举提升。

④靖共：亦作“靖恭”，恭谨地奉守，借指职位、职守。

⑤广储司：清内务府所属掌出纳的机构，下设银、皮、瓷、缎、衣、茶六库。

岁贡。

［民国］《顺德县志》卷八《选举表一·五贡·光绪》：字镜扶，龙江人。高要籍，甲申岁贡。

杜椿林 清末高明清泰人。光绪十年（1884）岁贡，参修［光绪］《高明县志》。

［光绪］《高明县志》卷十二《国朝·选举表·国朝·岁贡·光绪朝》：清泰人，十年贡。卷首《纂修衔名·采访》：岁贡杜椿林。

何钧陶 清末顺德霞石人。光绪十年（1884）岁贡。

［民国］《顺德县志》卷八《选举表一·五贡·光绪》：霞石人……甲申岁贡。

张云瞻 字石梅，清南海九江人。光绪十年（1884）岁贡。父君锡，兄云龙。

《九江儒林乡志》卷十《国朝·选举略·清·贡生》：光绪十年甲申岁贡。

［宣统］《南海县志》卷二十《列传·善行·张君锡传》：张君锡，字智斋，九江堡人……子云龙，字羽仪，孝友笃学，尝效陶侃运甓以惜阴自励……弟云瞻，字石梅，父君锡年七十一，而云瞻生。君锡殁时，云瞻年方舞勺，哀毁已如成人。遇父母忌日，悲泣不能自已，至老不衰。喜济人急，戚友婚丧不能举者助之，族有负债不能偿者焚其券。潜心积学，经明行修，教人以“敦本崇实”为宗旨。尝谓弟子曰：“四书六经，道尽在是。我学在是，道即在我。”其体认真切如此。著有《倚桐书屋诗钞》《知足知不足斋文集》。卷十《选举表·贡生·光绪朝·乙酉科》：岁贡，乙酉科。

骆天保 清末广东花县人，家南海佛山镇，官郎中。光绪十年（1884）主办佛山团练。父秉章，弟天诒，子楙勤。

［民国］《佛山忠义乡志》卷七《慈善志·义山》：光绪十四年，绅士骆天保等禀请清庄，分葬义山共一百五十二穴。卷九《氏族志·氏系》：骆氏，系出内黄，乾隆间由花县迁佛山。有协办大学士、总督秉章，郎中天保，主事天诒，知府懋勋，主事懋勤、懋湘、毓枢。卷十一《乡事志·编年》：光绪……甲申十年，法、越构衅，广州戒严，省宪委镇绅骆天保募勇备调，梁思溥等副之，事平撤防。卷十三《选举志二·袭荫·清》：骆秉章长子，世袭

一等轻车都尉、恩赏郎中。骆天诒，骆秉章次子，一品荫生，恩赏举人一体会试。骆楙湘，骆秉章长孙，承袭轻车都尉，恩赏刑部主事。骆楙勤，骆秉章之孙，恩赏刑部主事。骆楙勋，骆秉章之孙，恩赏广西梧州府知府。骆毓枢，骆秉章曾孙，承袭轻车都尉。卷十四《人物志七·孝友·清》：骆楙勤，字勉吾，协办大学士秉章孙，袭爵天保子也。

黎晋贤 号翌廷，清末南海西樵百西黎村乡人。福建船政学堂出身。光绪五年（1879），福建船政大臣黎召棠选派到德国，监造北洋海军舰只，入鱼雷厂学习制造鱼雷炮。十年中法战争爆发，李鸿章电饬回国，创办旅顺鱼雷营，任总管，历补直隶大沽协营尽先游击，加副将衔。因疾告归，卒，38 岁。

［宣统］《南海县志》卷二十一《列传·艺术》：号翌廷，黎村乡人。殉难威海黎晋荦，其再从昆弟也。晋贤由船政学生出身，充当福星兵船管轮。光绪五年，福建船政大臣黎召棠，以晋贤才性刚明、状貌魁伟，选派往德国，监造北洋海军定远、镇远等铁舰，又派入德国鱼雷厂学习制造鱼雷炮，前后留德六年。甲申岁中法衅起，李爵相电饬回华，创办旅顺鱼雷营。委任旅顺鱼雷营总管，统理各鱼雷船，配置大沽口各炮机，及旅顺东西南北四岸炮台机器事务。历补直隶大沽协营尽先游击，加副将衔。好读书，通西文，公余之暇，手不释卷。著有《鱼雷图说》上下二卷，由李爵相题签刊印，饬派鱼雷厂各兵轮暨海军学堂学生学习。积劳病怔忡，告假归，卒年三十有八。

黎晋荦 （？—1895）号卓然，清末南海西樵百西黎村人。同治初福建水师学堂毕业，任兵船管轮。不久，李鸿章派任威远兵船正管轮、北洋左翼精练营守备。中日甲午战争威海之役殉国，赏给三代云骑尉世职。祖泽充，父介轩。

［宣统］《南海县志》卷十八《列传·忠义》：号卓然，江浦司黎村乡人。祖泽充，业儒。父介轩，颖悟绝人，读书一目十数行皆下。晋荦自其少时从学祖、父，已留心艺事，同治初年，发、稔①就平，疆臣沈葆桢奏设福建水师学堂，札行东省挑取聪颖子弟入堂肄业，为振兴海军计。晋荦与其选，毕业后派充扬武兵船管轮。历充南洋飞霆、策电炮船正管轮，奉公勤慎，措置合宜，为上游器重，旋蒙北洋大臣李鸿章调派威远兵船正管轮、北洋左翼精练

①发、稔：指太平天国和捻军起义。“稔”当为“捻”。

营守备。中东事起，同事多有托故潜逃者，晋荦独致书亲友，慷慨激昂，义愤填胸，溢于言表。威海之役在船上督战，为流弹所中，遂以身殉。事闻，奉旨赏银贰百两治丧，由地方官给领，赏给三代云骑尉世职，袭次完时给予恩骑尉世袭罔替。

黎星桥　（？—1895）原名汉，清末南海西樵黎村人。福建水师学堂学生，派往北洋水师保千总。光绪十五年（1889）代理都司，十八年署缺期满补授都司，以游击升用，充超勇快船总管，与日军战于大东沟，阵亡。与晋荦同族。

［宣统］《南海县志》卷十八《列传·忠义·黎晋荦传》：江浦司黎村乡人……星桥，原名汉，与晋荦同族。由福建水师学堂学生派往北洋水师效力，历保水师千总。光绪十五年升署北洋左翼右营都司，十八年署缺期满补授都司，赏戴蓝翎以游击升用，充超勇快船总管。二十一年八月十八日，在大东沟与倭兵接仗阵亡。事闻，奉旨赏给云骑尉世职，袭次完时给予恩骑尉世袭罔替。

区天骥　（约1854—约1901）号慈波，清末南海西樵西乡人。光绪十五年（1889）举人，次年进士，任刑部主事。

［宣统］《南海县志》卷十《选举表·进士·光绪朝》：主事……庚寅科。卷十四《列传》：号慈波，上金瓯堡区村人。光绪十五年举人，逾年成进士，签分刑部主事。孝友而好施与，母老多病，天骥侍汤药未尝去侧，处兄弟意和洽，母欢乐之至，属孙辈法焉。家贫，应金山华侨聘，为三邑会馆主席。时三邑人与四邑人相仇，久不解，互有伤毙。天骥至，调和两间，仇怨始释，相好如初。先是，主席每假四邑讼事，浮消公款饱私囊，遂积债负无以偿。天骥令商家轮司出纳，以杜干没，筹垫欠款则借创建新馆劝捐，自助一月薪水为倡，由是众乐捐输，集金数万，新馆既成，而债负亦清。戊戌，粤地告饥，诸善堂电致金山求赈，天骥劝集巨款汇省平粜，全活甚多。是年以母忧归，服阕后旋卒，年四十有七。

马銮光　字翰坡，清顺德扬滘人。光绪十一年（1885）举人。

［民国］《顺德县志》卷八《选举表一·举人·光绪》：字翰坡，扬滘人。顺天榜……乙酉科。

区应庚　字澄西，清顺德水藤人。光绪十一年（1885）举人，广西补用知县。1922年续修《顺德县志》时参与采访。父作霖，兄应嵩。

［民国］《顺德县志》卷十八《列传三·区作霖传》：幼劬学，文名藉甚，道光甲辰与弟作衡同举于乡……子应嵩，光绪癸未进士，任湖南城步县，卓著政声，檄调武冈州，适丁外艰去官，后亦以母老终养，不复出。应庚，乙酉举人，广西补用知县。卷八《选举表一·举人·光绪》：字澄西，水藤人，广西知县，作霖子，应嵩弟……乙酉科。卷首《续修〈顺德县志〉职名·五区采访》：广西试用知县、举人区应庚。

区渐逵　清末南海人。光绪十一年（1885）举人第一名，官广西怀远知县。

［宣统］《南海县志》卷十《选举表·举人·光绪朝》：解元，广西知县……乙酉科。

方国球　清末南海人。光绪十一年（1885）举人。

［宣统］《南海县志》卷十《选举表·举人·光绪朝》：乙酉科。

左宗蕃　字筱竹，清末顺德龙山人。光绪十一年（1885）举人，官工部郎中，候补四品京堂。三十二年顺德县成立劝学所，任所长。父忠，养父守智，子庆欣。

［民国］《顺德县志》卷八《选举表一·举人·光绪》：字筱竹，龙山人，广西籍。工部郎中，头品顶戴，候补四品京堂，乙酉科。左庆欣，字欢若，龙山人，广西籍，宗蕃子，甲午科。卷九《封荫表·封赠·文阶》：左忠，龙山人，以出嗣子宗蕃赠。左守智，以子宗蕃赠。俱工部……郎中。卷二《建置略一·学堂》：顺德县劝学所，在城内凤山书院。光绪三十一年，奉广东全省学务处通饬开办学务公所，次年奉学部通饬改为劝学所，邑绅左宗蕃、李彝坤相继为所长。

龙桂芬　字注东，清末顺德大良人。光绪十一年（1885）举人。

［民国］《顺德县志》卷八《选举表一·举人·光绪》：字注东，大良人……乙酉科。

龙锡镛 字谏韶，清顺德大良人。光绪十一年（1885）举人。祖元偕，父景裕。

［民国］《顺德县志》卷八《选举表一·举人·光绪》：龙锡镛，字谏韶，大良人，景裕子……乙酉科。卷九《封荫表·封赠·文阶》：龙元偕，大良人，附生，以子景裕赠阳山县……训导。

冯维钵 清末南海人。光绪十一年（1885）举人。

［宣统］《南海县志》卷十《选举表·举人·光绪朝》：乙酉科。

刘家烜 清末南海人。光绪十一年（1885）举人。

［宣统］《南海县志》卷十《选举表·举人·光绪朝》：乙酉科。

关步蟾 改名夒基，清末高明犀头人。光绪十一年（1885）乡试副榜，二十年举人。

［光绪］《高明县志》卷十二《国朝·副榜·光绪朝》：犀头人，乙酉科副榜，改名夒基。《国朝·举人·光绪朝》：关夒基，犀头人，二十年甲午科。

关胜铭 清末南海人。光绪十一年（1885）举人。

［宣统］《南海县志》卷十《选举表·举人·光绪朝》：顺天中式……乙酉科。

关瑞铭 清末南海人。光绪十一年（1885）副贡。

［宣统］《南海县志》卷十《选举表·贡生·光绪朝·乙酉科》：顺天副贡，乙酉科。

吕翰华 原名兰芬，字云卿，清末顺德容奇人。光绪十一年（1885）拔贡。

［民国］《顺德县志》卷八《选举表一·五贡·光绪》：原名兰芬，字云卿，容奇人……乙酉科拔贡。

严炳垣 字紫瞻，清末顺德桂洲人。光绪十一年（1885）

举人。

［民国］《顺德县志》卷八《选举表一·举人·光绪》：字紫瞻，桂洲人……乙酉科。

李时中 清末南海人。光绪十一年（1885）举人。

［宣统］《南海县志》卷十《选举表·举人·光绪朝》：乙酉科。

李刚 清末南海人。光绪十一年（1885）举人。

［宣统］《南海县志》卷十《选举表·举人·光绪朝》：广西籍，乙酉科。

李炳埙 字葆根，清顺德大良人。光绪十一年（1885）副贡。父鸿楷。

［民国］《顺德县志》卷八《选举表一·五贡·光绪》：字葆根，大良人，鸿楷子……乙酉科副贡。

李逢琛 字萍川，清末顺德大良人。光绪十一年（1885）举人。著有《露头花馆诗钞》。

［民国］《顺德县志》卷八《选举表一·举人·光绪》：字萍川，大良人……乙酉科。卷十四《艺文略·集部·别集》：《露头花馆诗钞》，国朝李逢琛撰。

李彝坤 （？—1930）字次甫，清末顺德大良人。光绪十一年（1885）举人，二十四年进士，选翰林院庶吉士，任广西贵县知县。1922年续修《顺德县志》总董局务。

［民国］《顺德县志》卷八《选举表一·举人·光绪》：字次甫，大良人……乙酉科。《进士·光绪》：戊戌补殿试，庶吉士，知广西贵县……乙未科。卷首《续修〈顺德县志〉职名·总董局务》：广西贵县知县、前翰林院庶吉士李彝坤。

杨仁荣 字涉川，清末顺德容奇人。光绪十一年（1885）赐副贡，十九年赐举人，次年赐检讨。父爵。

［民国］《顺德县志》卷八《选举表一·五贡·光绪》：字涉川，容奇人。见举人，以符例赐……乙酉科副贡。《举人·光绪》：以符例赐，甲午赐检讨，

癸巳恩科。卷九《封荫表·封赠·文阶》：杨爵，容奇人，以子仁荣赠……翰林院检讨。

吴子才 清末高明铁冈人。光绪十一年（1885）拔贡，十五年举人，任宜山训导。

［光绪］《高明县志》卷十二《国朝·拔贡·光绪朝》：铁冈人，宜山训导。十一年乙酉科拔贡。《国朝·举人·光绪朝》：铁冈人，广西宜山籍，十五年己丑科。

吴庚辛 原名腾骧，字跃衢，清末顺德桂洲人。光绪十一年（1885）举人，官广西桂平梧道。曾祖大铨，祖位南，父明尚。

［民国］《顺德县志》卷八《选举表一·举人·光绪》：原名腾骧，字跃衢，桂洲人。顺天榜，广西桂平梧道……乙酉科。卷九《封荫表·封赠·文阶》：吴大铨，桂洲人，以曾孙庚辛赠；吴位南，以孙庚辛赠。吴明尚，以子庚辛赠，俱广西盐法道。

吴诵芬 清末南海人。光绪十一年（1885）举人。

［宣统］《南海县志》卷十《选举表·举人·光绪朝》：乙酉科。

吴辉楞 清末南海人。光绪十一年（1885）拔贡。

［宣统］《南海县志》卷十《选举表·贡生·光绪朝·乙酉科》：广西籍拔贡，乙酉科。

岑次黯 清末顺德桂洲人。光绪十一年（1885）举人。

［民国］《顺德县志》卷八《选举表一·举人·光绪》：桂洲人，顺天榜……乙酉科。

何大球 字子璇，清末顺德乌洲人。光绪十一年（1885）副贡。

［民国］《顺德县志》卷八《选举表一·五贡·光绪》：字子璇，乌洲人。顺天榜……乙酉科副贡。

何达聪　字璋南，清末顺德黄连人。光绪十一年（1885）举人，次年进士，即用知县，改雷州府教授。

［民国］《顺德县志》卷八《选举表一·举人·同治》：字璋南，黄连人……乙酉科。《进士·光绪》：即用知县，改雷州府教授，丙戌科。

何寅清　清末南海人。光绪十一年（1885）举人。

［宣统］《南海县志》卷十《选举表·举人·光绪朝》：顺天中式……乙酉科。

佘棠熙　字爱树，清末顺德马冈人。光绪十一年（1885）举人。

［民国］《顺德县志》卷八《选举表一·举人·光绪》：字爱树，马冈人……乙酉科。

余赞年　字鼎三，清末南海西樵儒溪江边村人。光绪十一年（1885）举人，次年进士，选庶士，授编修。45岁卒于京城。

［宣统］《南海县志》卷十四《列传》：字鼎三，金瓯堡儒村乡人。光绪十一年乙酉举人，逾年成进士，选庶吉士，授编修、国史馆协修，充顺天乡试同考官。赞年性至孝，母何目疾失明三年，群医束手。赞年乞假侍疾，足不履公门，晨夕为母舐眼，不一月母目顿愈。友爱诸弟，分析遗产不较腴瘠。官山石路直达数十乡，日久倾卸，赞年力任倡修，不辞劳悴。亲旧嫁娶丧葬不能举办者，必尽力资助，仗义轻财，胸无城府。著有《四书撮要讲义》《诗经摘要》《易经摘要》《诗文集》若干，均散佚无存。殁于京师，年四十有五，身后萧然有足悲者。

张阶平　清末南海人。光绪十一年（1885）举人。

［宣统］《南海县志》卷十《选举表·举人·光绪朝》：乙酉科。

张荣燊　字伯辉，清末顺德容奇人。光绪十一年（1885）举人。

［民国］《顺德县志》卷八《选举表一·举人·光绪》：字伯辉，容奇人……乙酉科。

陈元英 清末顺德鸡洲人。光绪十一年（1885）武举。

［民国］《顺德县志》卷八《选举表一·武举·光绪》：鸡洲人……乙酉科。

陈廷显 清末顺德桂洲人。光绪十一年（1885）副贡。

［民国］《顺德县志》卷八《选举表一·五贡·光绪》：桂洲人，顺天榜……乙酉科副贡。

陈倬年 清末顺德容奇人。光绪十一年（1885）赐举人。

［民国］《顺德县志》卷八《选举表一·举人·光绪》：容奇人，以符例赐。顺天籍……乙酉科。

陈泰阶（清光绪） 清末南海人。光绪十一年（1885）副贡。

［宣统］《南海县志》卷十《选举表·贡生·光绪朝·乙酉科》：副贡，乙酉科。

陈梦日 清末三水西村人。光绪十一年（1885）举人。

［民国］《三水县志艺文略稿》：《西村陈氏谱》，清陈梦日撰，钞存本。《罗经正义》二卷，清陈梦日，钞存本。黄荣康跋曰：……中光绪乙酉科举人，上春官不第，退益读书。兼精青乌之学，凡黄帝《宅经》、郭璞《葬书》及撼龙、疑龙、催官、玉尺诸术，四库子部所著录者，莫不宣究而不肯轻用。

陈惠饶 清末南海人。光绪十一年（1885）副贡。

［宣统］《南海县志》卷十《选举表·贡生·光绪朝·乙酉科》：副贡。

林殿光 字琴谱，清末顺德文海人。光绪十一年（1885）赐副贡，十七年赐举人，次年赐检讨。二十年与冯贤唐等倡筑联丰围。

［民国］《顺德县志》卷八《选举表一·五贡·光绪》：字琴谱，文海人。见举人，以符例赐……乙酉科副贡。《举人·光绪》：以符例赐，壬辰赐检讨，辛卯科。卷四《建置略三·堤筑》：联丰围，在甘溪堡。光绪二十年，文海、石洲、泷洲、大涌、里水、罗坑联合兴筑，亦名六乡围。水闸四，文海二，石

洲一，大涌、罗坑、泷洲、里水四乡共一。林殿光、冯贤唐、冯学海、云茂伦、仇文煊、阮博泉等倡筑。

招翰昭　清末南海人。光绪十一年（1885）举人，十五年进士，任荔浦融县知县。父清华。

［宣统］《南海县志》卷十《选举表·举人·光绪朝》：顺天中式……乙酉科。《进士·光绪朝》：荔浦知县，己丑科。《封荫·光绪朝》：招清华，以子翰昭赠荔浦知县。

易学周　清末南海人。光绪十一年（1885）副贡。

［宣统］《南海县志》卷十《选举表·贡生·光绪朝·乙酉科》：副贡。

罗凤华　字筱豪，清末顺德大良人。光绪十一年（1885）举人，十五年进士，任礼部主事。父惇然。

［民国］《顺德县志》卷八《选举表一·举人·光绪》：字筱豪，大良人……乙酉科。《进士·光绪》：礼部主事，己丑科。卷九《封荫表·封赠·文阶》：罗惇然，大良人，以子凤华封礼部仪制司……主事。

罗贞元　清末南海人。光绪十一年（1885）举人。

［宣统］《南海县志》卷十《选举表·举人·光绪朝》：顺天中式……乙酉科。

罗传瑞　字西林，清末南海紫洞乡（今属禅城南庄）人。早年师从朱次琦，光绪十一年（1885）举人，十五年进士，授兵部主事。甲午中日战争时，上书李鸿藻、廖寿恒，二十四年下诏兴学，致书戴鸿慈，主张折衷中西。后辞官归里，主讲佛山北江书院。49岁卒。

［宣统］《南海县志》卷十四《列传》：字西林，紫洞乡人。性至孝，每见母颜色不怿，则震恐思过。父年老病足，岁恒三四发，转侧需人，传瑞扶持侍奉，或逾月不交睫。居母丧，哀毁动邻里，三载不履寝门。光绪十一年举人，十五年成进士，以主事用分兵部。慨然有用世志，甲午中日事起，条具事机，上之高阳李鸿藻、嘉定廖寿恒。戊戌，诏书兴学，复条列兴学事宜致同邑戴协揆鸿慈，又条缀时事之要者五事，拟上之当轴，而未果。五事者

一曰酌改疆舆、二曰分镇练兵、三曰变革官制、四曰整理财政、五曰审定学章，凡阅邸报有关时局者，必标识而详论之。论改革官制之要曰："自宋以后，监制之官多，治事之官少，防弊之政多，兴利之政少。泰西自道路、树植、器物，咸设专官，不失为民本意，而议院之设犹以任人不任法之思。"论理财之要曰："泰西烟酒之税至重，民用日需，慨从免税，其岁计由议院平准，轻重视国缓急为衡，出入维均，库无藏镪，君不以国自私，民亦视国事如己事，此宜采行者也。"论练兵之要曰："自宋中叶养兵渐繁，兵益不得其用，尹师鲁、石曼卿之流慨然思籍民为兵，魏公创义勇、荆公设保甲皆祖其说。温公谓于民有世世之害、于国无丝毫之利，国朝顾栋高、王昶遂著论，以为不宜袭寓兵于农之迂谈以误国，三代兵民合一之制几若不可复行。然吾观西国近日尽民为兵，普以此蹶，法更迭仿效，盖仿佛《小司徒》① 田胥竭作徒役羡余之法，马贵与所谓教练多则人皆习于兵革调发，少则人不疲于征战，此古者制胜之道也。夫西国养兵至厚，而宋之义勇、保甲，乃糗粮、器械一令自备，既取其赋，复役之兵，是重困吾民也。《语》曰：'非常之原，黎民所惧。'今日铁轨贯于陪都，轮舟行于内地，可谓非常之变矣。乘非常之变，图非常之功，籍民为兵，参以限年番上之制，而厚其廪糈，精其训练，复古兴今，于是乎在。抑西国兵皆入学，乃得层累为将，练将之法盖视古为详。若乃舍武臣读书之谊，袭师彼长技之谈，船局毁于马江，海军降于辽海，是故教练、学生习洋统将，西人啧啧以谀我者也。况欲以文法起役，以胥吏追兵，慕三代卒乘之制，希泰西民兵之强，恐议未及行，天下已骚然矣。"论振兴礼俗之要曰："乾隆中叶以后，士用私意，逐逐于音声丛碎之学，孅点宋儒，变而加厉，以守礼驯谨为无用，以嗜利奔竞为无伤，言诐②俗漓，礼坏慝作。自五口通商，方言异服杂沓往还，痛乎风俗之移，以礼防民，乌可忽也。"论修改刑律之要曰："西律创于罗马，宋神宗熙宁九年，英始定减死罪律例，重罪止于缢死，余惟徒禁服役，谳狱不用刑讯，惟凭证人，列国效之。日本初用唐律，今从西制。俄持法至峻，近亦行陪审之法。其科条甚简而议狱綦详，陪审之制盖亦刑与？众弃遗，意未可以彼法而少之也。"其持论通达多类此。著有《中外大略》四十八卷、《小湖山堂诗文集》四卷，所辑行者《范文正公政府奏议》三卷、《李忠定公奏议》十五卷、《张江陵书牍》十二卷、《时务粹精六种》四卷。少从九江朱先生讲学，后主讲佛山北江书院，多

---

①《周礼·地官·小司徒》："凡起徒役，毋过家一人，以其余为羡。唯田与追胥竭作。"

②诐（bì）：偏颇、邪僻。

本师说，以“沟合汉宋，贯通中外，折衷至当”为宗旨，学者闻风而起。卒年四十九。

罗宗鎏 清末顺德大良人。光绪十一年（1885）副贡。

［民国］《顺德县志》卷八《选举表一·五贡·光绪》：大良人，顺天榜……乙酉科副贡。

罗淜熙 字晓璘，清顺德大良人。光绪十一年（1885）拔贡。祖遇良。兄弟惇曧、惇曧、惇景、惇曧。

［民国］《顺德县志》卷八《选举表一·五贡·光绪》：字晓璘，大良人，遇良孙……乙酉科拔贡。卷十七《列传二·罗遇良传》：孙惇曧，癸酉举人。惇曧，光绪丙子优贡，开平训导。惇景，附贡生，福建补用盐大使。淜熙，乙酉拔贡。惇曧，庚子优贡，癸卯顺天副贡，邮传部郎中。

周树棠 清末南海人。光绪十一年（1885）拔贡。

［宣统］《南海县志》卷十《选举表·贡生·光绪朝·乙酉科》：拔贡，乙酉科。

周朝槐 字宸臣，清末顺德大洲人。光绪十一年（1885）举人，十五年进士，任吏部主事，1922年续修《顺德县志》时为总纂。曾祖英华，祖耀廷，父尚文，兄植槐，弟培槐。

［民国］《顺德县志》卷八《选举表一·举人·光绪》：字宸臣，大洲人，见进士，植槐弟、培槐兄……乙酉科。《进士·光绪》：吏部主事……己丑科。卷九《封荫表·封赠·文阶》：周英华，大洲人，以曾孙朝槐赠。周耀廷，以孙朝槐赠。周尚文，以子朝槐赠。周联伟，以侄朝槐赠。周攀桂，以侄朝槐赠。俱吏部文选司……主事。卷首《续修〈顺德县志〉职名·总纂》：吏部文选司主事、进士周朝槐。

周濬 改名景勋，清末南海人。光绪十一年（1885）举人，任广东雷州府教授。

［宣统］《南海县志》卷十《选举表·举人·光绪朝》：改名景勋，雷州教授……乙酉科。

赵昶　清末顺德碧江人。光绪十一年（1885）举人。

［民国］《顺德县志》卷八《选举表一·举人·光绪》：碧江人，顺天榜……乙酉科。

胡其章　清末南海人。光绪十一年（1885）举人。

［宣统］《南海县志》卷十《选举表·举人·光绪朝》：乙酉科。

高厚慈　清末南海佛山镇人。光绪十一年（1885）武举，二十年武进士，三十年任广州协左营都司。三十二年、宣统元年（1909）任广州协右营都司，驻扎佛山。

［宣统］《南海县志》卷十《选举表·武科选举·武举·光绪朝》：乙酉科。《武科选举·进士·光绪朝》：甲午。《武职仕宦》：广州协左营都司。卷九《武职衔名·广州协左营都司（驻扎广州新城）》：光绪三十年任。《武职衔名·广州协左营右哨千总（驻扎西关汛）》：光绪三十三年任。《武职衔名·广州协右营都司（驻扎佛山大湾汛）》：光绪三十二年任，宣统元年复任。

［民国］《佛山忠义乡志》卷十三《选举志一·武进士》：光绪甲午，用守备。癸巳举人，武庠生。

郭怡　清末南海人。光绪十一年（1885）岁贡。

［宣统］《南海县志》卷十《选举表·贡生·光绪朝·乙酉科》：岁贡。

莫斯齐　清末南海人。光绪十一年（1885）举人。

［宣统］《南海县志》卷十《选举表·举人·光绪朝》：广西籍……乙酉科。

黄永康　清末高明伦埇人。光绪十一年（1885）拔贡，十九年举人。

［光绪］《高明县志》卷十二《国朝·拔贡·光绪朝》：伦埇人，十一年乙酉科拔贡。《国朝·举人·光绪朝》：伦埇人，十九年癸巳科。

黄廷熙　清末南海人。光绪十一年（1885）岁贡，十四年赐举人，与孙乘骥同科。

［宣统］《南海县志》卷十《选举表·贡生·光绪朝》：岁贡，乙酉科。

《举人·光绪朝·乙酉科》：乘骥祖，祖孙同科……钦赐举人……戊子科。

黄泽森　清顺德赤花人。光绪十一年（1885）举人，任安徽通判。父廷彪。

［民国］《顺德县志》卷十九《列传四·黄廷彪传》：子泽森，二品荫生，乙酉顺天举人，安徽通判。

黄耀斌　清末南海人。光绪十一年（1885）武举。

［宣统］《南海县志》卷十《选举表·武科选举·武举·光绪朝》：乙酉科。

龚其藻　清末南海人。光绪十一年（1885）举人，次年进士，官高州府教授。

［宣统］《南海县志》卷十《选举表·举人·光绪朝》：乙酉科。《进士·光绪朝》：高州府教授，丙戌科。

崔敦成　清末南海人。光绪十一年（1885）举人。

［宣统］《南海县志》卷十《选举表·举人·光绪朝》：乙酉科。

梁汝霖　清末顺德林头人。光绪十一年（1885）赐举人，次年赐检讨。

［民国］《顺德县志》卷八《选举表一·举人·光绪》：林头人，以符例赐，丙戌赐检讨……乙酉科。

梁刚中　字伯赤，清末顺德水口人。光绪十一年（1885）副贡，在乡办理新良局务。李鸿章任粤督开放赌博，刚中持向无开设处不得承饷开设，画出新良十四乡不准承商，乡人称快。

［民国］《顺德县志》卷二十《列传五·何国澄传》：字伯赤，水口乡人。光绪乙酉顺天副贡。粤督李鸿章之弛赌禁也，刚中办理新良十四乡局务，力持向无开设处不得承饷开设，利诱威逼不为动，卒画出新良十四乡不准承商，乡人称快。

梁寿祺 清南海佛山镇人。光绪十一年（1885）举人，江苏补用盐大使。父元超，兄兆松。

［宣统］《南海县志》卷十《选举表·“举人·光绪朝》：顺天中式……乙酉科。

［民国］《佛山忠义乡志》卷十三《选举志二·仕宦·文职·清》：江苏补用盐大使。卷十四《人物志六·宦迹·清·梁元超传》：梁元超，字竹虚，籍南海……长子兆松，光绪丁亥考补博士弟子员。次寿祺，光绪乙酉科顺天乡荐，稍偿素愿。

梁逢吉 清末顺德吉祐人。光绪十一年（1885）赐副贡。

［民国］《顺德县志》卷八《选举表一·五贡·光绪》：吉祐人，以符例赐，乙酉科副贡。

梁湛泉 清末南海人。光绪十一年（1885）举人。

［宣统］《南海县志》卷十《选举表·举人·光绪朝》：顺天中式……乙酉科。

蔡宗濂 字荐馨，清南海佛山镇人。寿67岁。父锡麟，子光镛、光铎。

［民国］《佛山忠义乡志》卷十四《人物志六·义行·清》：字荐馨，锡麟第六子。性至孝，好行善有父风，每年冬腊月，以小铜钱穿成每串三四十文，沿途分给老幼乞丐及废疾者，或派米票，施棺施药，数十年力行不倦。光绪乙酉（1885）独自捐资，修筑埇头彭边之小石路十余里，直通嫩茶乡，众人往来必经之捷路，至今颂之。光绪庚子福建水灾，报效赈捐银壹千两，闽浙总督许汇案奏奖，奉旨建坊赏给“乐善好施”字样。卒年六十七，子二，光镛、光铎均蓝翎候选同知，赠通奉大夫。

廖廷珍 清末南海人。光绪十一年（1885）举人。

［宣统］《南海县志》卷十《选举表·举人·光绪朝》：乙酉科。

谭裕宽 清末顺德甘竹人。光绪十一年（1885）拔贡。

［民国］《顺德县志》卷八《选举表一·五贡·光绪》：甘竹人，广西籍，乙酉科拔贡。

谭鹗英 字蓼洲，清末顺德龙山人。光绪十一年（1885）举人。

［民国］《顺德县志》卷八《选举表一·举人·光绪》：字蓼洲，龙山人……乙酉科。

蔡柏居 清末南海人。光绪十一年（1885）武举。

［宣统］《南海县志》卷十《选举表·武科选举·武举·光绪朝》：乙酉科。

潘志和 清末南海人。光绪十一年（1885）举人。父棣荣，兄慈和。

［宣统］《南海县志》卷二十《列传·善行·潘棣荣传》：字文珊。少孤，事母孝……子慈和、志和皆举人。卷十《选举表·举人·光绪朝》：乙酉科。

潘裕兴 清末顺德冲鹤人。光绪十一年（1885）武举。

［民国］《顺德县志》卷八《选举表一·武举·光绪》：冲鹤人，乙酉科。

黎元熙 改名彤誉，清末南海人。光绪十一年（1885）举人。

［宣统］《南海县志》卷十《选举表·举人·光绪朝》：改名彤誉……乙酉科。

黎宗葆 字崇汝，清末顺德昌教人。光绪十一年（1885）举人，拣选知县。祖超伦，父思源。

［民国］《顺德县志》卷八《选举表一·举人·光绪》：字崇汝，昌教人。顺天榜……乙酉科。卷九《封荫表·封赠·文阶》：黎超伦，昌教人，以孙宗葆赠。黎思源，以子宗葆赠。俱拣选知县。

区浩泉 清末高明阮埇人。光绪十二年（1886）岁贡。

［光绪］《高明县志》卷十二《国朝·岁贡·光绪朝》：阮埇人，十二年贡。

麦储英　清末顺德上寮人。光绪十二年（1886）岁贡。

［民国］《顺德县志》卷八《选举表一·五贡·光绪》：上寮人，丙戌岁贡。

利鹏飞　字黼廷，号富立，清末南海里水冈头乡人。学于学海堂，后讲学羊城。张之洞光绪十三年（1887）创建广雅书院，鹏飞仿照该书院课程模式教学，学生容易融会贯通。38岁病卒。

［宣统］《南海县志》卷十九《列传·文学》：字黼廷，号富立，金利司麻奢堡冈头乡人也。少倜傥，饮博游宴必先其曹。及师事邑中陈梅坪先生，乃性质尽变，笃嗜词章经史之学，尤长于《三礼》。初补学海堂专课生，寻为名诸生，为学使张文达公识拔，补廪饩。讲学于省会，四方学者多从之游。其课程略仿粤督张文襄公课广雅书院例，以经史理文次第分期程业①，不规规于贴括之学，然弟子赴试多上第。是时学校法制尚未萌芽，鹏飞旦晚登讲堂，必手讲义一篇，批郤导窍②，指示读书途径，及门问学者未几三月，于学问源流率已了了。比为时事所激刺，恐学者如往昔承平老死章句下，谓："今日读书与其所以为用者皆当不同于前，此后当以读史之眼识读经，六经遗制多与西政合，《周礼》可为例证。"见士风颓敝，则畅论东汉党锢独行，诸贤哲示学者矜式，故生平重气节，喜任侠。邑中有某士为豪恶构陷，尝竭力为斡旋，狱虽不解，而某士得免刀斧。馆谷岁及千金，常不名一钱，易箦后，一领青衿犹在质库中，则以赒给馆外一老妪者也。平居视师友如性命，遇朔望必设位叩拜梅坪先生，弟子亦生死依之，门下士有寒苦者，必辞脩脯而劝力学焉。学使试诸生以"迅雷风烈必变"命题，鹏飞文有"阴阳于人如父使子，非理相加惟当顺受"数语，张公亟赏之，决其为笃挚之士。是岁选优行拟以鹏飞准贡，俄鹏飞报丁外艰。张公愕然叹失一士，于是特荐鹏飞于廷，奉旨以训导归部铨选，而鹏飞不知也。向有咯血疾，自父丧后哀毁逾甚，疾益深，然犹返学舍据苫席，为弟子点窜课艺，及病重，由弟子扶视还家。家距省会数十里，弟子则备舟楫，日易数人侍左右，后复同经纪其丧。卒时年三十有八，无子，立仲弟之子为嗣。著有《猎古书轩诗文集》。又尝慨然于俗末礼失，欲

①程业：考查学业。

②批郤导窍：或作"批隙导窾"，谓在骨节空隙处运刀，牛体自然迎刃而分解。比喻处理事情善于从关键处入手，因而顺利解决。

萃古今礼说而汇通之，名曰《三礼阐微》，书成未半而卒。

戴鸿惠　（1856—1921）字叆天，清末南海佛山镇人。光绪元年（1875）举人。兄鸿宪、鸿慈。

［宣统］《南海县志》卷十《选举表·举人·光绪朝》：鸿宪、鸿慈弟……乙亥科。

［民国］《佛山忠义乡志》卷十四《人物志六·义行·清》：字叆天。幼聪颖，年十七应童子试即得售，年二十中乙亥恩科举人。丙子计偕入都，仲兄鸿慈方供职清华，因留京数月与馆阁诸公游，备探天禄，归益勤攻苦。是年，长兄鸿宪以官卷举于乡，一时有“三凤”之誉。鸿慈以名翰林大考擢第五洊跻卿相，前后提学山东、云南、福建，奖拔人才跻显要者甚众。寓书风之仕，则曰：“青云吾自致，不愿以他途进也。”乃七上公车，荐而不售，命矣夫！有别业在西关，所往来皆知名士。性严峻，不事干谒，大吏顾益引重，遇大事辄倚以办。佛山粤海分关挂销号，税则所无，又例外苛罚，商民衔恨久矣，岁壬辰，阖镇罢市，势将毁关。大府急檄广协会县前往解散，嘱之曰：“民怨深矣，非得正绅相助不可。戴某在籍，宜往求之。”至则诣问计，鸿惠曰：“苛例不除，何计之有?”县协允代请，曰：“非得明文不可。”遂急禀监督如议行，乃集众宣布。众曰：“官无信奈何!”鸿惠愿以身家性命保无他，众遂散，翌日开市。既而监督出示，苛例除否无只字道及。愤甚，谒大府痛陈利害，且请即动弹章毋代人受过，大府感动，示意监督，始将苛例革除，勒石厂口，商民庆更生。又有某以办学为名，窥某庵爽垲可作校，改挂校匾，收其器用作校具。尼众狼狈出庵，群庵惧波及，相率诉诸搢绅之门，优婆塞、优婆姨①满衢巷。鸿惠适在家，谕之曰：“汝等且去，吾自有处置。”作书投巡司，巡司为陈徽文，素爱民，得书躬率弓兵撤其匾，令诸尼回庵。某及其徒亦匿散，借学扰民之风为之少戢。戊戌政变以后，国是日非，鸿慈以法部尚书协办大学士首定大计，奏请立宪多互商焉。其时京师立咨政院、各省立咨议局以达民隐，凡教育、兵警、慈善诸建设相继而起，粤中大吏以其资望隆重，诸局所均聘充主任。初任南海劝学所长，其时学制初定，风气未开，而借学渔利者大不乏人，争地争款之案日必数起，均能处理尽善，众论翕然。省会及各乡小学年余而成立者过百。又筹办南海师范简易科于西湖书院，为南海师范人才之嚆矢。师范毕业乃筹建南海中学堂，皆有成绩。光绪季年倡修邑志，宣统三年书成，一邑文献赖以不坠。其时兼任佛山议会董事会总董、

①优婆塞、优婆姨：梵文音译，即男女居士。

省咨议局议员，凡可以宣德通情者，慨然引为己任，其他建设如佛山工艺局、红十字会亦次第举行。盖皆本立宪之精神，将以其行之一乡一邑者，树一省之模范，时论壮之，遽遭国变，未竟其志。未几民军入境，挈眷属避地濠镜，不闻时事者三年，洎归，则山川依旧，民物全非矣。频年损失，“饘于是，粥于是，以糊予口”，时国体虽变，官阀如故，以平日交游声气，不难立致膴仕，弗屑也。民国五年，除南海县文庙奉祀官，鸿惠曰：“此宋代祠官制也，周、张大儒且为之，其敢辞？”遂就职。六年，南海第一师范讲习所成立于佛山，聘任所长，三届毕业，成材甚众。佛山团局为一镇自治机关，受任局长，措置裕如。庚申倡修《佛山乡志》总理局务，经营逾年，心力交瘁，未及告成而卒，年六十有六，时论惜之。平日于书无所不读，每有撰述取之左右逢其源，人以为天授。工古、近体，濠镜多暇，寄之吟咏，有杜公变雅之遗音，其余随手应附，无不工绝。长于楹联，一题数十首皆有新意。其他散文甚多，又自号慨天氏，所著论说切中时弊，人多传诵。稿皆散失，独存濠镜诸杂作，自题曰《闷勿闷庐吟草》刊行于世。

杨裕芬　（1857—1914）字家珍，清末南海人。光绪七年（1881）学海堂专课肄业生，十四年广东举人第一名。十八年，张之洞聘任于两湖书院经学分校。二十年进士，任户部主事。后南归，主持明达、凤山、端溪各书院，复选为学海堂、菊坡精舍学长。三十三年入京掌度支部丞参厅秘书，后张之洞奏调学部审定图书。宣统三年（1911）请归，终于家。著有《逊志堂经说文集》等。曾祖荣殿，父守恕，嗣父守和，兄弟继芬、松芬。

[宣统]《南海县志》卷十《选举表·举人·光绪朝》：解元……戊子科。《进士·光绪朝》：主事……甲午科。《封荫·光绪朝》：杨荣殿，以曾孙裕芬学部主事，覃恩准加八级，赠资政大夫。杨润亭，以出嗣曾孙裕芬学部主事，覃恩准加八级，赠资政大夫。杨圣希，以嗣孙裕芬学部主事，覃恩准加八级，赠资政大夫。杨敬止，以出嗣孙裕芬学部主事，覃恩准加八级，赠资政大夫。杨守和，以嗣子裕芬学部主事，覃恩准加八级，赠资政大夫。杨守恕，以出嗣子裕芬学部主事，覃恩准加八级，赠资政大夫。

梁敦彦　（1857—1924）字朝璋，清末顺德勒流龙眼乡人。祖振邦曾在香港西环行医，父文瑞在南洋做过生意。少时会英语，考入香港中央书院就读。同治十二年（1873），作为首批留美幼童入美国康州哈特佛郡中学，考进耶鲁大学学法律。光绪七年（1881）夏被召回国肄业，分发福建船政学堂任英文教习，后在天津北洋电报学堂教习。十年应两广总督张之洞聘，任两广、湖广督署文案，从知州、知府升为候补道，复转外交部。历汉阳、天津海关道台，兼天津北洋大学堂督办。三十三年委为驻美公使，7月改外务部右侍郎，宣统元年（1909）升尚书。辛亥革命后，任袁世凯内阁外务部大臣。1914年5月任徐世昌内阁交通总长，次年3月辞职。1917年7月参与张勋复辟，溥仪任命为外务部尚书、议政大臣。复辟失败，匿北京东交民巷，北京政府明令通缉，次年免缉，寓居天津至病逝。著有《广东省铁路合同成案要览续编》。

［民国］《顺德县志》卷十《仕宦表・文职》：龙眼人，外务部尚书。

康有为 （1858—1927）原名祖诒，字广厦，号长素、更生，清末南海西樵银塘乡人。早年师从朱次琦，重经世致用之学，后倾向改良思想。光绪十四年（1888）入京应试，上书提出变成法、通下情、慎左右三建议，未上达。1890年在广州设万木草堂，聚徒讲学，弟子有梁启超、陈千秋、徐勤等。三十一年赴京会试，时甲午战败，即将签订《马关条约》，联络18省会试举人1300人上万言书，要求拒约、迁都、变法，史称“公车上书”，未能上达。中进士，授工部主事，未就职。1898年1月呈递《应诏统筹全局折》，主张大誓群臣以定国是，设对策以征贤才，开制度局而定宪法。4月与梁启超在北京组织保国会，号召救国图强。6月光绪帝颁“国是诏”，被任命为总理衙门章京，策划变法事宜。变法失败后逃亡日本，1899年在美洲、南洋、日本设立保皇会，宣传君主立宪，反对孙中山领导的资产阶级民主革命。1913年回国主编《不忍》杂志，宣扬尊孔复辟。1917年参与张勋复辟帝制。病逝于青岛，著有《新学伪经考》《孔子改制考》《大同书》等。

［宣统］《南海县志》卷十《选举表・举人・光绪朝》：康祖诒……癸巳

科。《进士·光绪朝》：原名祖诒，主事，乙未科。

马理中　清末顺德桂洲人。光绪十四年（1888）举人。

［民国］《顺德县志》卷八《选举表一·举人·光绪》：桂洲人……戊子科。

区普銮　清末南海西樵松塘村人。光绪十四年（1888）举人。

［宣统］《南海县志》卷十《选举表·举人·光绪朝》：顺天中式……戊子科。

尤俊材　字棣楼，清末顺德北水人。光绪十四年（1888）举人。

［民国］《顺德县志》卷八《选举表一·举人·光绪》：字棣楼，北水人。顺天榜……戊子科。

冯兆鹏　清末南海人。光绪十四年（1888）举人。

［宣统］《南海县志》卷十《选举表·举人·光绪朝》：顺天中式……戊子科。

冯鼎新　清末南海人。光绪十四年（1888）举人。

［宣统］《南海县志》卷十《选举表·举人·光绪朝》：顺天中式……戊子科。

刘子忠　清高明世唐美人。光绪十四年（1888）岁贡，次年参修《高明县志》。父冠英。

［光绪］《高明县志》卷十二《国朝·岁贡·光绪朝》：冠英次子，十四年贡。卷首《叙》：……邑绅林君植棠、区君为樑、刘君子忠等筮吉季春开局修辑……凡三阅月而书成……光绪十五年岁次己丑孟秋月，署高明县事果州邹兆麟撰序。《纂修衔名·分纂》：岁贡、序选训导刘子忠。

刘宗文　清末南海人。光绪十四年（1888）副贡。

［宣统］《南海县志》卷十《选举表·贡生·光绪朝·戊子科》：副贡。

刘泰阶 清末南海人。光绪十四年（1888）举人。

［宣统］《南海县志》卷十《选举表·举人·光绪朝》：戊子科。

关继宗 清末南海人。光绪十四年（1888）武举。

［宣统］《南海县志》卷十《选举表·武科选举·武举·光绪朝》：戊子科。

刘锡桐 字逸濂，清末顺德龙山人。光绪十四年（1888）举人。

［民国］《顺德县志》卷八《选举表一·举人·光绪》：字逸濂，龙山人。大兴籍……戊子科。

关铎 字蘅湘，清末顺德容奇人。光绪十四年（1888）赐举人，次年赐检讨。

［民国］《顺德县志》卷八《选举表一·举人·光绪》：字蘅湘，容奇人。以符例赐，己丑赐检讨……戊子科。

朱文格 清末南海人。光绪十四年（1888）举人。

［宣统］《南海县志》卷十《选举表·举人·光绪朝》：戊子科。

朱鉴尧 清末顺德仙涌人。光绪十四年（1888）举人，二十年建阜康围。

［民国］《顺德县志》卷八《选举表一·举人·光绪》：仙涌人……戊子科。卷四《建置略三·堤筑》：阜康围，在甘溪堡。光绪二十年，仙涌举人朱鉴尧等联合庄头、西淋建筑，名阜康围。闸凡三，每乡涌口各一。基塘田约四十余顷，禾田居多。西淋头一带之田尚称肥沃，然每亩年租亦只值银四两左右。其西淋主帅庙一带以及上下高松之田约六七顷尤为苦瘠，虽种杂粮亦不能生植，每年租项至不敷纳粮云。

伍文琯 字凤轩，清末顺德大良人。光绪十四年（1888）举人，十六年进士，选庶吉士，任四川仪陇知县。子宗珏。

［民国］《顺德县志》卷八《选举表一·举人·光绪》：字凤轩，大良

人……戊子科。《进士·光绪》：壬辰补朝考，庶吉士，知四川仪陇县……庚寅恩科。《学堂奖励（附）·举人》：（谨按：科举停后，学堂取士奏定章程，仍照旧日进士、举人、五贡、生员等名分别给奖。兹据《采访册》所开本邑得奖举贡各毕业生列）伍宗珏，原名学澧，字恩浓，大良人。附生，东洋学堂毕业。文琯子。

麦春培 字钟生，清末顺德吉祐人。光绪十四年（1888）举人。

［民国］《顺德县志》卷八《选举表一·举人·光绪》：字钟生，吉祐人。高要籍……戊子科。

苏启元 字乔荫，清末顺德桂洲人。光绪十四年（1888）副贡。

［民国］《顺德县志》卷八《选举表一·五贡·光绪》：字乔荫，桂洲人。顺天榜……戊子科副贡。

苏逢圣 字琴孙，清末顺德勒流南水人。光绪十四年（1888）举人，倡筑南水乡万安围。祖六朋，父子鸿。

［民国］《顺德县志》卷八《选举表一·举人·光绪》：字琴孙，南水人……戊子科。卷二十《列传五·苏六朋传》：孙逢圣，字琴荪。性倜傥，不事生产，不攻举业。好读异书，嗜酒工诗，汪学使鸣銮称其天才放逸……著有《俟园诗钞》二卷、《者香书屋遗诗》一卷。卷四《建置略三·堤筑》：南水乡万安围，在江村堡。长一千八百丈有奇，高六尺，面宽四尺，底宽一丈二尺。光绪间，乡绅举人苏逢圣等倡筑。

劳炽增 榜名锦章，字昼堂，清末顺德小劳村人。光绪十四年（1888）举人，官澄迈县训导。1922年续修《顺德县志》任分纂。父式渚，子国荣。

［民国］《顺德县志》卷八《选举表一·举人·光绪》：榜名锦章，字昼堂，小劳村人。澄迈县教谕……戊子科。《学堂奖励（附）·举人》：劳国荣，字仿刘，小劳村人，炽增子……两广高等学堂毕业。卷九《封荫表·封赠·文阶》：劳式渚，大罗村人，以子炽增赠澄迈县……训导。卷首《续修〈顺德县志〉职名·分纂》：澄迈县训导、举人劳炽增。

李文星　清末顺德马冈人。光绪十四年（1888）赐举人，次年赐检讨。

［民国］《顺德县志》卷八《选举表一·举人·光绪》：马冈人，以符例赐，己丑赐检讨，戊子科。

李庆朝　字端甫，清顺德大良沙头人。光绪十四年（1888）举人，湖北试用直州同。1922 年续修《顺德县志》参与采访。父士佳，母罗氏。

［民国］《顺德县志》卷二十一《列传六·列女》：罗氏，大良李士佳妻。二十七岁而寡，与姑两代孀守。甲寅之乱，挈三子间关逃难他乡。乱平返里，姑媳两人教子读书成名。洪附生，庆朝光绪戊子举于乡，孙夏声廪生。光绪三年奉旨旌表节孝，姑媳卒年均八十二。卷八《选举表一·举人·光绪》：字端甫，沙头人……戊子科。卷首《续修〈顺德县志〉职名·一区采访》：湖北试用直州同，举人李庆朝。

李秉文　清末南海人。光绪十四年（1888）岁贡。

［宣统］《南海县志》卷十《选举表·贡生·光绪朝·戊子科》：岁贡，戊子科。

李瀚鋆　清末高明城中人。光绪十四年（1888）举人，十六年进士，官江苏知县。

［光绪］《高明县志》卷十二《国朝·举人·光绪朝》：城中人，顺天中式，十四年戊子科。《国朝·进士·光绪朝》：城中人，十六年庚寅科吴鲁榜，江苏知县。

杨际昌　字性庵，清末顺德桂洲人。光绪十四年（1888）赐举人，次年赐检讨。

［民国］《顺德县志》卷八《选举表一·举人·光绪》：字性庵，桂洲人，顺天籍。以符例赐，己丑赐检讨……戊子科。

杨学华　清末南海人。光绪十四年（1888）赐举人。

［宣统］《南海县志》卷十《选举表·举人·光绪朝》：钦赐举人……戊

子科。

杨燡桐 字伯赤，清末顺德桂洲人。光绪十四年（1888）举人。

［民国］《顺德县志》卷八《选举表一·举人·光绪》：字伯赤，桂洲人……戊子科。

吴廷献 清末南海人。光绪十四年（1888）举人。

［宣统］《南海县志》卷十《选举表·举人·光绪朝》：戊子科。

岑挺生 清南海下金瓯堡人。光绪十四年（1888）举人。祖守彝。

［宣统］《南海县志》卷二《列传·善行·岑守彝传》：孙挺生，光绪十四年戊子科举人。

何文发 清末南海人。光绪十四年（1888）举人。

［宣统］《南海县志》卷十《选举表·举人·光绪朝》：戊子科。

何成浩 字璧流，清顺德良教人。光绪十四年（1888）举人，官福建汀漳龙道。伯应志，父应念。

［民国］《顺德县志》卷十八《列传三·何应志传》：弟应念，字敬堂……子成浩，戊子科举人，官福建汀漳龙道。卷八《选举表一·举人·光绪》：字璧流，良教人。顺天榜，福建汀漳龙道……戊子科。

何启龄 清末南海人。光绪十四年（1888）举人。

［宣统］《南海县志》卷十《选举表·举人·光绪朝》：戊子科。

何启翰 字墨农，清末顺德佩冈人。光绪十四年（1888）副贡。

［民国］《顺德县志》卷八《选举表一·五贡·光绪》：字墨农，佩冈人……戊子科副贡。

何勰群 字二雅，清末顺德羊额人。光绪十四年（1888）赐副贡。

［民国］《顺德县志》卷八《选举表一·五贡·光绪》：字二雅，羊额人。以符例赐，戊子科副贡。

张佐元 字怀川，清末顺德龙江人。光绪十四年（1888）武举。弟超元。

［民国］《顺德县志》卷八《选举表一·武举·光绪》：字怀川，龙江人，超元兄……戊子科。

陈元鼎 清末南海人。光绪十四年（1888）举人。

［宣统］《南海县志》卷十《选举表·举人·光绪朝》：戊子科。

陈官韶 字慈云，清末顺德大良人。光绪十四年（1888）举人，官陕西白河知县。十八年倡办顺德城内义社，1922 年续修《顺德县志》时协理局务。

［民国］《顺德县志》卷八《选举表一·举人·光绪》：字慈云，大良人。知陕西白河县……戊子科。卷二《建置略一·善堂义冢》：城内义社，附设城内公约。光绪十八年，约绅陈官韶、黄建藉等倡设，办理保产施棺、给鳏寡孤独银诸善举。卷首《续修〈顺德县志〉职名·协理局务》：陕西白河县知县、举人陈官韶。

陈慕沆 清末南海人。光绪十四年（1888）举人，官恩隆教谕。

［宣统］《南海县志》卷十《选举表·举人·光绪朝》：广西籍，恩隆教谕，戊子科。

陈燮元 清南海叠滘人。光绪十四年（1888）举人。兄作猷。

［同治］《南海县志》卷十《举人·光绪朝》：戊子科。

欧阳盛 字森农，清末顺德仓门人。光绪十四年（1888）

举人。

［民国］《顺德县志》卷八《选举表一·举人·光绪》：字森农，仓门人……戊子科。

欧朝信 清末顺德陈村人。光绪十四年（1888）武举。

［民国］《顺德县志》卷八《选举表一·武举·光绪》：陈村人……戊子科。

罗启光 清末南海人。光绪十四年（1888）副贡。

［宣统］《南海县志》卷十《选举表·贡生·光绪朝·戊子科》：副贡。

罗启璜 清末高明范州人。光绪十四年（1888）举人。

［光绪］《高明县志》卷十二《国朝·选举表·国朝·举人·光绪朝》：范州人，广西浔州籍，十四年戊子科。

罗寿祥 字日亭，清末顺德大良人。光绪十四年（1888）武举。兄寿崇。

［民国］《顺德县志》卷八《选举表一·武举·光绪》：字日亭，大良人，寿崇弟，戊子科。

罗崇龄 清末南海罗园（今属禅城南庄）人。光绪十四年（1888年）举人，任四川永州知县、四川武备学堂总办。祖文俊。

［宣统］《南海县志》卷十《选举表·举人·光绪朝》：文俊孙，顺天中式，四川候补道……戊子科。

胡玉芬 字少棠，清末顺德龙山人。光绪十四年（1888）举人。

［民国］《顺德县志》卷八《选举表一·举人·光绪》：字少棠，龙山人。番禺籍……戊子科。

郭庆钧 清末南海人。光绪十四年（1888）举人。

［宣统］《南海县志》卷十《选举表·举人·光绪朝》：戊子科。

郭金汤　字锡田，清末顺德龙江人。光绪十四年（1888）举人。

［民国］《顺德县志》卷八《选举表一·举人·光绪》：字锡田，龙江人……戊子科。

黄敏孚　字颖才，清末顺德林头人，迁居中山石岐。光绪十四年（1888）举人，二十四年进士，直隶即用知县。宣统三年（1911）开办顺德县中学堂任监督，1922 年续修《顺德县志》总董局务。父玉筵，同治元年（1862）举人。

［民国］《顺德县志》卷八《选举表一·举人·光绪》：字颖才，林头人，迁居石岐，见进士，玉筵子……戊子科。《进士·光绪》：直隶即用知县，戊戌科。卷二《建置略一·学堂》：顺德县中学堂，在城内学宫。宣统三年正月开办，邑绅黄敏孚为监督。卷首《续修〈顺德县志〉职名·总董局务》：直隶即用知县、进士黄敏孚。

黄嘉礼　清南海大沥平地人。光绪十四年（1888）举人，任知县。十六年进士。父敬祐，兄嘉端。

［宣统］《南海县志》卷十《选举表·举人·光绪朝》：戊子科。《进士·光绪朝》：知县……庚寅科。

崔登瀛　清末南海人。光绪十四年（1888）举人，二十一年进士，记名御史。

［宣统］《南海县志》卷十《选举表·举人·光绪朝》：顺天中式……戊子科。《进士·光绪朝》：记名御史……乙未科。

梁在璿　字次扬，清末顺德水藤人。光绪十四年（1888）副贡。

［民国］《顺德县志》卷八《选举表一·五贡·光绪》：字次扬，水藤人……戊子科副贡。

梁宝常 清末南海澜石乡（今属禅城）人。光绪十四年（1888）举人。父壮时，兄宝瑛。

［宣统］《南海县志》卷十《选举表·举人·光绪朝》：戊子科。卷二十一《列传·艺术·梁壮时传》：澜石乡人……子宝瑛，能世其业。宝常，举人。

梁绍熙 清末南海人。光绪十四年（1888）举人。伯父清（1827—1880）。

［宣统］《南海县志》卷十《选举表·举人·光绪朝》：戊子科。

梁骏明 清末顺德庄头人。光绪十四年（1888），与叶显柏等重修庄头同济桥、太平桥。

［民国］《顺德县志》卷三《建置略二·桥梁》：同济桥，在庄头乡冯田社前，建自前明，工程伟大，为甘溪堡冠，光绪十四年，里人梁骏明、叶显柏等重修。太平桥，在庄头乡太平市，建自前明，光绪十四年，里人梁骏明、叶显柏等重修。

梁殿联 清末顺德高赞人。光绪十四年（1888）武举。

［民国］《顺德县志》卷八《选举表一·武举·光绪》：高赞人……戊子科。

梁骥藻 字叔伦，清末顺德逢简人。光绪十四年（1888）举人。父述尧，兄銮藻、骝藻。

［民国］《顺德县志》卷二十《列传五·梁述尧传》：子銮藻，以翰林出守福州。骝藻，以孝廉出宰北流。骥藻，亦孝廉有名于时。卷八《选举表一·举人·光绪》：字叔伦，逢简人，銮藻、骝藻弟，戊子科。

曾纪亮 清末顺德大罗村人。光绪十四年（1888）举人。

［民国］《顺德县志》卷八《选举表一·举人·光绪》：大罗村人，顺天榜……戊子科。

谢聘珍 清末南海人。光绪十四年（1888）举人。

［宣统］《南海县志》卷十《选举表·举人·光绪朝》：戊子科。

彭彤深　清末南海人。光绪十四年（1888）举人。

［宣统］《南海县志》卷十《选举表·举人·光绪朝》：戊子科。

廖凤章　清末南海人。光绪十四年（1888）举人，二十年进士，官四川知县。

［宣统］《南海县志》卷十《选举表·举人·光绪朝》：戊子科。《进士·光绪朝》：四川知县，甲午科。

熊瀛士　清末南海人。光绪十四年（1888）副贡、知县。

［宣统］《南海县志》卷十《选举表·贡生·光绪朝·戊子科》：副贡，知县，戊子科。

潘应钊　清末南海人。光绪十四年（1888）举人，任连州学正。兄应铿。

［宣统］《南海县志》卷十《选举表·举人·光绪朝》：连州学正……戊子科……潘应铿，应钊兄……甲午科。

潘廷诰　清末南海人。光绪十四年（1888）举人、知县。

［宣统］《南海县志》卷十《选举表·举人·光绪朝》：知县……戊子科。

潘寿华　原名铎，清南海云滘乡人。光绪十四年（1888）举人。父仕钊。

［宣统］《南海县志》卷十四《列传·潘仕钊传》：字国英，号翰墀，江浦司云滘乡人……子六人，长子寿华，举人。卷十《选举表·举人·光绪朝》：潘铎，仕钊子，改名寿华……戊子科。

何国澄　字清伯，清末顺德永滕沙边乡人。光绪十五年（1889）举人，授内阁中书。次年进士。二十七八年，有人年出三千金欲在乡开赌，国澄严厉拒绝。父鸾芬，弟国澧。

［民国］《顺德县志》卷二十《列传五》：字清伯，水藤沙边乡人。父鸾芬，字次芗，性忠厚。业丝时，有店伴因饮博盗货逾千金，荐主怒执送之官，

鸾芬反为情求释，归且讳之。国澄幼即沉潜嗜学，光绪己丑膺乡荐，庚寅联捷进士，授内阁中书。淡于仕进，假旋后不复出。办理乡族事，禁赌博，息争讼，浚水道，倡善堂，治桥梁，广村落，修族法，见义勇为，不遗余力。辛丑壬寅间，粤地遍承赌饷，有欲岁致三千金在其乡开赌者，国澄峻拒之。自为塾师山长，束脩皆呈二老，卒之日囊无一钱。弟国澧，戊子举人，乙未进士，翰林院编修，二品衔记名丞参。

何国澧　（1859—1937）字兰恺，清末顺德水藤人。光绪十四年（1888）举人，二十一年进士，任国史馆撰修、武英殿协修。曾在顺德凤山书院掌教，民国后居乡不出，著有《易义阐微》《古镜妄言》《澎海老人诗文集》等。曾祖玉廷，祖文明，父鸾芬，兄国澄。

［民国］《顺德县志》卷八《选举表一·举人·光绪》：字兰恺，水藤人，见进士，国澄弟……戊子科。《进士·光绪》：编修，记名丞参，乙未科。卷九《封荫表·封赠·文阶》：何玉廷，水藤人，以曾孙国澄赠内阁中书，国澧加赠。何文明，以孙国澄赠内阁中书，国澧加赠。何鸾芬，以子国澄赠内阁中书，国澧加赠。何龙骧，以侄国澄赠。何凤藻，以侄国澄赠。何润，以侄国澄赠……翰林院编修。

黄恩荣　（1859—1943）字干南，清末三水胥江人。光绪十七年（1891）举人，二十一年赴京会试，参加公车上书，授法部主事，宣统时兼民政部医官。辛亥革命后，归广州，开药行，抗日战争时回三水。祖积昌。父殿中，在佛山开黄慎堂售药。兄恩湛、恩永、恩铭。

［民国］《佛山忠义乡志》卷十三《选举志一·举人·清》：光绪辛卯，附生。卷十四《人物志八·艺术·清·黄殿中传》：字慎堂，原籍三水。父积昌有善行，精医，设肆佛山，每暑天煎药茗饮路人。及殿中业益精，所制丸药收效虽速，而皆合乎卫生，存活甚众。乃设分肆于省、港、津、沪，中外皆知有黄慎堂名……以重币聘名宿教子，长恩湛，季恩永、恩铭……次恩荣，举人，刑部主事，民政部医官，多得力于庭训。

［民国］《三水县志艺文略稿》：《洄溪医案唐人法》，今人黄恩荣，梓行本。自序曰：……癸酉七月叙于佗城西之干庐。《徐灵胎外科》，今人黄恩荣，钞存本。《唐千金类方》二十七卷，今人黄恩荣，印行本。自序曰：……光绪

三十四年正月元日。番禺汪兆镛序曰：干南先生……辛亥后南归，隐市卖药。壬申三月。南海黎元望后序曰：干南先生文名藉甚，幼承祖若父家学，研精探秘于古今医籍，无所不读。服官京师多年，部务之暇，存活甚众。五十后乞假归养……仍孜孜于学，提倡中医，搜罗学问深通之士，为教科编辑之预备，先后襄办广东医学实习馆、医药实学馆。

区天瑞 字秩琴，清末顺德大良人。光绪十五年（1889）举人，云南补用州判。

［民国］《顺德县志》卷八《选举表一·举人·光绪》：字秩琴，大良人。云南补用州判……己丑恩科。

区尧卿 清末高明官当人。光绪十五年（1889）恩贡。

［光绪］《高明县志》卷十二《国朝·恩贡·光绪朝》：官当人，十五年恩贡。

区卓良 字薇珊，清末顺德水藤人。光绪十五年（1889）举人。

［民国］《顺德县志》卷八《选举表一·举人·光绪》：字薇珊，水藤人……己丑恩科。

尤鉴古 字惠民，清末顺德北水人。光绪十五年（1889）举人。

［民国］《顺德县志》卷八《选举表一·举人·光绪》：字惠民，北水人……己丑恩科。

孔昭鋆 清南海罗格村（今属禅城南庄）人。光绪十五年（1889）举人。祖继勋，父广镛。

［宣统］《南海县志》卷十《选举表·举人·光绪朝》：继勋孙，广镛子……己丑科。

冯锡瓌 清末高明冈头人。光绪十五年（1889）举人，二十年进士，任内阁中书。

［光绪］《高明县志》卷十二《国朝·举人·光绪朝》：十五年己丑科。

《国朝·进士·光绪朝》：冈头人，广西岑溪籍。二十年甲午科张謇榜，内阁中书。

苏自元 字公器，清末顺德西村人。光绪十五年（1889）举人，兄兆元。

［民国］《顺德县志》卷八《选举表一·举人·光绪》：字公器，西村人，兆元弟……己丑恩科。

李金铼 号楚生，清南海大同堡人。光绪元年（1875）以第一名补弟子员，五年率众昼夜堵塞新庆围。十五年举人。子蔚如。

［宣统］《南海县志》卷十五《列传》：号楚生，大同堡人。幼聪慧，早著诗名，学使章鋆试广州拔置第一，补弟子员。光绪十五年，中顺天乡试举人。金铼磊落能任事，其乡先达梁融、陈鉴泉甚器重之。乡人有建淫祠借以惑众敛财者，金铼立令毁拆，乡愚皆为之危，卒无他，闻者壮之。乡族人口数千，户鲜盖藏，金铼为设义仓以备水旱。诸凡善举，乐任其劳，捐金亦复不吝。光绪五年，新庆围陷十数丈，金铼闻警，冒雨驰救，率众穷昼夜堵塞，堤赖以完，桑梓德之。大吏举办清乡，提督何长清两遣使币聘，不就。子蔚如，邑庠生。

李登贤 字子骏，清末顺德大门人。光绪十五年（1889）举人。

［民国］《顺德县志》卷八《选举表一·举人·光绪》：字子骏，大门人……己丑恩科。

李瑞朝 字鸿仪，清末顺德容奇人。光绪十五年（1889）赐举人，次年赐检讨。

［民国］《顺德县志》卷八《选举表一·举人·光绪》：字鸿仪，容奇人。以符例赐，庚寅赐检讨……己丑恩科。

连洪清 字小樵，清末顺德大良人。光绪十五年（1889）武举。

［民国］《顺德县志》卷八《选举表一·武举·光绪》：字小樵，大良

人……己丑恩科。

吴日彰　字云五，清末顺德甘竹人。光绪十五年（1889）副贡。祖遇亨，伯福元，父昌元。

［民国］《顺德县志》卷二十《列传五·梁述尧传附》：吴福元，字介铭，甘竹人。父遇亨，好施与，福元能承其志……弟昌元，字晴溪，亦与钟觐平等创建爱育善堂，广济医院成立亦与有力焉……昌元子日彰，副贡。卷八《选举表一·五贡·光绪》：字云五，甘竹人。顺天榜，己丑恩科副贡。

吴功溥　字伯庸，光绪十五年（1889）举人，选翰林院庶吉士，改官四川汶川县知县。民国改建，任湖南宜章知事。寿60岁。父宝森。

［民国］《佛山忠义乡志》卷十四《人物志四·文苑·清·吴宝森传》：字莱洲。原籍三水，八代茂才，至宝森进番禺县庠，后迁佛山……子功溥，戊戌进士，选翰林院庶吉士，改官四川汶川县知县，封宝森如其官。《人物志六·宦迹·清》：字伯庸，宝森子。性颖悟，童年文名藉甚，未弱冠应童子试，冠其军。光绪己丑举于乡，戊戌成进士，入词林，旋因新政废科举，乃留学京师进士馆，优等毕业，例以编修用。功溥以施行善政，使百姓得蒙其福为己任，请外用，旋选授四川汶川县知县。在任年余，立学劝农，凡可以兴利除弊无不尽心筹画，手撰公牍汇成巨册，其成绩均有可稽。宣统元年丁内艰去任，服阕后民国改建，任湖南宜章县知事如其治汶川时，逾年复丁外艰，乃杜门不出。生平孝友成性，与诸弟处怡怡如也，虽登仕版仍是书生本色。性旷达，不事家人生产，尝训诸子曰："古人云：'贤而多财则损其志，愚而多财则益其过。'汝辈但习诗书、考技艺，盖诗书所以明理，技艺所以博升斗，是亦足矣，奚必多遗财产，以速厚亡之累?"人以为至言。年六十卒于家。卷十一《乡事志·编年》：光绪……戊戌二十四年……吴功溥登进士。（番禺籍，住栅下铺）

何庆墀　清末顺德上地人。光绪十五年（1889）武举。

［民国］《顺德县志》卷八《选举表一·武举·光绪》：上地人，己丑恩科。

何宝煌　字佩舫，清末顺德良教人。光绪十五年（1889）

举人。

[民国]《顺德县志》卷八《选举表一·举人·光绪》：字佩舫，良教人。顺天榜……己丑恩科。

何振清 清末南海人。光绪十五年（1889）举人，二十九年进士，官主事。

[宣统]《南海县志》卷十《选举表·举人·光绪朝》：广西籍……己丑科。《进士·光绪朝》：广西籍，主事……癸卯科。

余得偁 清末南海人。光绪十五年（1889）举人。

[宣统]《南海县志》卷十《选举表·举人·光绪朝》：己丑科。

张思泽 字绣裳，清末顺德龙山人。光绪十五年（1889）举人。

[民国]《顺德县志》卷八《选举表一·举人·光绪》：字绣裳，龙山人。顺天榜……己丑恩科。

张慎远 清末南海人。光绪十五年（1889）副贡。

[宣统]《南海县志》卷十《选举表·贡生·光绪朝》：副贡。

张铭恕 清末南海人。光绪十五年（1889）恩贡。

[宣统]《南海县志》卷十《选举表·贡生·光绪朝·己丑科》：恩贡。

陈文海 清末顺德禄洲人。光绪十五年（1889）举人。

[民国]《顺德县志》卷八《选举表一·举人·光绪》：禄洲人……己丑恩科。

陈其芬 清末顺德容奇人。光绪十五年（1889）恩贡。

[民国]《顺德县志》卷八《选举表一·五贡·光绪》：容奇人，己丑恩贡。

陈服章 清末南海人。光绪十五年（1889）举人。

［宣统］《南海县志》卷十《选举表·举人·光绪朝》：己丑科。

陈祥麟　字濂川，清末顺德容奇人。光绪十五年（1889）赐举人，次年赐检讨。

［民国］《顺德县志》卷八《选举表一·举人·光绪》：字濂川，容奇人。以符例赐，庚寅赐检讨。己丑恩科。

庞桑　清末南海人。光绪十五年（1889）赐副贡。

［宣统］《南海县志》卷十《选举表·贡生·光绪朝·己丑科》：钦赐副贡。

［民国］《佛山忠义乡志》卷十四《人物志十·列女传·节孝》：冼肇伦妻庞氏，南海钦赐副进士庞燊孙女。幼承家学，通书史，好读《列女传》，能观其会通。十八归冼氏，执子妇礼甚恭。未几，祖姑病，翁载光亦病亟，将易箦，举室仓皇。氏于夜静焚香，为文祷天，愿续翁寿，遂割股合药，翁尝之立愈。未几，祖姑卒，丧葬事毕，翁亦卒，计延算六月，得尽子职，人以为孝感动天云。肇伦因两遭大丧，哀毁过度，旋卒，所生子女各一，亦相继沦逝。氏年甫二十一，欲殉者再，为家人所阻，乃终身缟素，事姑以孝闻。某世家重其才，欲延为女教授，氏却之曰："未亡人无越阃礼。"其操节之坚如此。年五十二卒，前三日沐浴更衣，自焚所供佛像，召诸侄谓之曰："予梦佛谓命当终，但所贵乎人者，孝弟忠信而已，汝曹当识之。且予已自理身后，慎勿使仵作易吾衣以污清洁。"群以为戏言。至日，盛饰就寝，无病而终。立侄某为祀，貤封宜人。宣统元年礼部白其事于朝，旌表节孝，拨款建坊，崇祀节孝祠。

招涵　字杞生，清南海横沙乡（今属广州）人，迁佛山镇。光绪十五年（1889）举人，二十四年大挑授教谕，数年后卒。著有《韵学》若干卷。

［宣统］《南海县志》卷十五《列传》：字杞生，金利司横沙乡人。祖某善贾致巨富，父兄弟六人，分财人八万金，遭咸丰甲寅红巾乱，家中落，涵犹及见其盛也。而生性朴诚，少无纨绔气，稍长，修学好古，肄业学海堂，文行为侪辈所推服。家贫，课徒以供养，脯脩所入，悉供甘旨奉，身不名一钱。先人遗有大宅，有劝以鬻得数千金，可借以图活计者，答曰："以子孙鬻先人遗产，吾不忍为也。"年四十居父丧，结庐枕块，动循礼节，哀感里闾。事母依依若孺子，虽性所不喜，曲体母意，务得其欢。母病数月，寝处母所，

亲视汤药，卧起扶持，昼夜不去侧，或劝以妇代，弗舍也。母殁，尽礼如丧父，其孝有足多者。生平究心《说文》，精训诂，以解经补弟子员。光绪十五年己丑领乡荐，母犹在。揭晓之日，出郭游山寺，僧示以榜录，见己名不为动。经宿，其家遣急足催之返，仍徜徉蒲涧、廉泉间，信宿乃归，其胸怀洒脱多类此。戊戌大挑以教谕用，后数年卒，著有《韵学》若干卷。

[民国]《佛山忠义乡志》卷十四《人物志七·孝友·清》：迁佛山，甲寅红巾乱家中落。

罗庆荣　字季跃，清末顺德大良人。光绪十五年（1889）举人，官内阁中书。1922年续修《顺德县志》参与采访。祖润胜，祖母马氏寿93岁。父家宽，兄庆檠、庆燊、庆渠。

[民国]《顺德县志》卷八《选举表一·举人·光绪》：字季跃，大良人。顺天榜，内阁中书……己丑恩科。卷九《封荫表·封赠·文阶》：罗润胜，大良人，以孙庆荣赠。罗家宽，以子庆荣赠。罗庆檠，以弟庆荣貤赠。罗庆燊，以弟庆荣貤赠。罗庆渠，以弟庆荣貤赠……内阁中书。卷十二《耆寿表二·寿妇·九十以上》：马氏，大良罗润胜妻，孙庆荣，举人……九十三岁。卷首《续修〈顺德县志〉职名·一区采访》：内阁中书、举人罗庆荣。

周国璪　字冕南，清末顺德大洲人。光绪十五年（1889）副贡。

[民国]《顺德县志》卷八《选举表一·五贡·光绪》：字冕南，大洲人……己丑恩科副贡。

周颂声　字莲舫，清末顺德大洲人，居南海佛山镇。光绪十五年（1889）举人第一名，十八年进士，选庶吉士，任武缘县知县，权宾州知州、那马通判，调补宁明州知州，升思恩府知府。兄敬钊、璧泉。嗣子显宗。

[民国]《佛山忠义乡志》卷十一《乡事志·编年》：光绪……己丑十五年，周颂声领乡荐第一。（顺德籍，住岳庙铺）卷十三《选举志一·进士·清》：光绪壬辰。用庶常，改知县。己丑解元，附生。卷十四《人物志六·宦迹·清》：字莲舫。性沉毅有胆略，自视欿然，不露圭角。稚年失怙，依两兄力作为活，而嗜学，转以贫故而益笃。光绪丁亥补县弟子员，己丑领乡荐第一，壬辰成进士，选翰林院庶吉士，散馆改知县，授广西融县，未至，改武

缘县，治事尚实，而以渐推行。在任五年，汰胥役、革漏规、修城隍、实仓廪、建医舍、讲求种植，诸政具举，而尤以振兴文教为己任。月朔诣书院讲解经说，又购书数千卷以饷学子，士风为之丕振。庚子间，桂境会匪起事，邑武举周治国纠党应之，一夕数惊。颂声捐廉募勇为守，以计擒治国，并捕诛余党数百人，不旬日，大变立定。迨受代，大府谕代者以一依周令为治。民留不获，为建亭以志去思。计武缘任内，兼权宾州知州、那马通判、思恩府知府，惟思恩摄篆稍久，所入概以恤故守遗孤，人以此益多其义。后由武缘县徙补宣化县，是时盗氛正剧，蹂躏县属殆遍，筹团治盗，日无暇晷，亦能以其时间刷新文化，一如治武缘时。勤于督捕，往往身在行间，与士卒同甘苦，濒死者累矣。尤危者莫如白山一役，贼众数百扼险盘踞，颂声率百人攻之，自卯至午不下。贼忽由间道绕出官军后，凭山夹击，弹如雨下，卫兵数人翼之突围出。白山与武缘旧治接境，各团闻警赴援，贼稍却，翌晨悉锐再攻，殊死战，始覆其巢。是役也，以少击众，竟日攻坚，驯至形见势绌，腹背受敌，犹能相维相系，转败为功，固赖旧泽在民，人思图报，亦缘平日善于拊揗，士乐为用，有以致之，非幸也。叙功以卓异荐升，旋兼署南宁盐捕府同知，并调补宁明州知州。时桂省匪焰蔓延，屡抚屡叛，当轴务从姑息，颂声抗论再三，不报，遂告养归。日与两兄杯酒为欢，不复与闻世事，逾年丁内艰。越三年卒，年四十有九。无子，以宗人子显宗为嗣。

[民国]《顺德县志》卷八《选举表一·举人·光绪》：字莲舫，大洲人。解元……己丑恩科。《进士·光绪》：庶吉士，广西思恩府知府，壬辰科。卷九《封荫表·封赠·文阶》：周敬钊，大洲人，以弟颂声封翰林院庶吉士，加封。周璧泉，以弟颂声封。俱广西思恩府……知府。

赵从端　清末南海佛山镇人。光绪十五年（1889）举人。

[宣统]《南海县志》卷十《选举表·举人·光绪朝》：己丑科。

[民国]《佛山忠义乡志》卷九《氏族志·氏系》：赵氏，系出天水。明有宣抚使德厚，清有举人从端。

胡又安　清末南海人。光绪十五年（1889）举人。

[宣统]《南海县志》卷十《选举表·举人·光绪朝》：己丑科。

钟宝珩　清南海大沥堡隆福乡人。光绪十五年（1889）举人。祖觐平。弟庆銮、锡玢、锡璜、兰芬。

[宣统]《南海县志》卷十《选举表·举人·光绪朝》：顺天中式……己

丑科。

谈道隆 原名泉，清末南海佛山镇人，原籍广东新会。光绪十五年（1889）举人，三十年进士，官礼部主事。

［民国］《佛山忠义乡志》卷首《职名表·倡修绅董》：谈道隆。卷五《教育志一·论曰》：京师税务学堂颁有《讲义》一道，吾乡谈瀛客道隆主政所著。全文载《佛山商报》，洋洋数千言，于教育原理至为详尽。卷十一《乡事志·编年》：光绪……甲辰三十年，在河南举行会试，谈道隆登进士。（原名泉，新会籍，住石路铺）卷十三《选举志一·进士·清》：光绪甲辰，用主事。己丑举人，附生。《选举志二·仕宦·文职·清》：礼部祠祭司主事。卷十五《艺文志一·经部·经义类》：《佛山书院课艺》，陈瀚选本……按：陈梅坪先生以名孝廉主讲佛山书院，仿阮文达学海堂校士法，提倡朴学。及门多所成就，其名者周颂声、谈泉、陈煜庠、任文灿、梁启超、梁士诒，皆先后掇巍科各有表见。

徐锦堂 清末南海人。光绪十五年（1889）武举。

［宣统］《南海县志》卷十《选举表·武科选举·武举·光绪朝》：己丑科。

黄心龄 清末南海人。光绪十五年（1889）举人，任知县。

［宣统］《南海县志》卷十《选举表·举人·光绪朝》：知县……己丑科。

黄增荣 原名作荣，字云孙，清末南海平洲涌口乡人。18岁成为县学生员，后师从朱次琦。光绪十五年（1889）中举，次年进士，代理江西万年县知县，因母丧回乡。居家10多年，寿68岁。

［宣统］《南海县志》卷十四《列传》：原名作荣，字云孙，夏滘堡涌口乡人。性聪敏，成童即通五经，能诗赋。年十八以古学补弟子员，旋食饩，岁科试每列前茅。游九江朱先生门，学益进，而词赋尤为朱先生所推许。顾困于场屋历十余科，至光绪十五年始中己丑恩榜，逾年成进士，以知县用签分四川，亲老告近改省江西。两充京差，一充乡试弥封官，署抚州府分府、万年县知县，廉介自饬，去后见思。在万年任丁内艰归里，居十余年卒，年六十有八。增荣简略于事，而任事有能人所难。先是，族内有长生会，因本

息无归，会众滋闹，群情汹汹，将毁拆祖祠以泄忿，父老子弟皆匿避。增荣独出排解，力任抵偿，众始散。增荣遂集众，责亏空挪借者，缴出数千金，均派会众，事乃已。堡内往省之路必经五义口以达盐步，分两支，各长数百丈，皆田塍，遇雨泥泞难行。众议砌石，工巨费繁，议作旋止。增荣力任筹捐，集白金七千余两，筑三年而迄工，又建码头一座，费白金六百余两，人皆便之。其临事勇决如此。

萧炜基　字寅廷，清末顺德龙江人。光绪十五年（1889）举人，山东补用知县。

［民国］《顺德县志》卷八《选举表一·举人·光绪》：字寅廷，龙江人。山东补用知县……己丑恩科。

崔廷赞　清末南海人。光绪十五年（1889）举人。父悦亭，母吴氏，弟沛霖。

［宣统］《南海县志》卷十《选举表·举人·光绪朝》：己丑科。卷二十三《列传·列女》：崔悦亭继室吴氏，性端静，寡言笑，雅好文翰。年十七归悦亭，抚前室子女六人，恩义兼至，事姑尤谨，戚党称之。所生子女各二，而悦亭殁时，红巾乱作，奉姑携子女避难羊城。半途遇贼，掠至贼营，贼目诘责之，吴侃侃与辩，乃释去。贼平回里，养姑教子，悉遵礼度。姑年逾八旬，偶以微疾终，吴自疚奉侍无状，哀毁不欲生。居恒悒悒，自奉俭朴，而赒恤穷乏无吝色。持家严整，缝纫之暇，辄莳花竹，夜则手一编朗诵以自娱，或与妯娌讲古人忠孝节烈事，声泪俱下，听者皆唏嘘感泣。光绪元年，子廷赞、沛霖同进邑庠。十五年廷赞领乡荐，贺者咸喜，吴愔愔①如平时，无几微矜容，人服其度。梁太史鼎芬列其节孝事状，闻于朝，得旨旌表如例。享寿七十一，敕封孺人，诰封宜人。

梁尔煤　字瀹侯，清末顺德麦村人，居佛山。光绪十五年（1889）举人。

［民国］《佛山忠义乡志》卷首《职名表·倡修绅董》：倡修绅董，梁尔煤。卷十三《选举志一·举人·清》：光绪己丑，附生。卷十四《人物志四·文苑·清》：字瀹侯，京卿僧宝再从侄。性沉毅，能文章，弱冠进庠，己丑领

---

①愔愔：和悦安舒貌。

乡荐。受业于九江朱子襄先生之门，九江之学以知能并进为主，修身之实四：曰惇行孝弟、崇尚名节、变化气质、检摄威仪。读书之实五：曰经学、史学、掌故之学、性理之学、辞章之学。尔煠笃信谨守，其治经日诵二百言，数年而群经辩，以此法授人，通经者众。是时体尚应制八股、八韵、八法，举业家日事揣摩，虽工此非其志也。光绪之季，废科举改学堂，学子失其所恃，尔煠曰："学古入官，此其基已。"岑总制檄到佛山，于是首先建议改佛山书院为学堂，众韪焉，不数月成立。时广属学潮风涌，构讼经年，独吾乡学不日成之，费用巨万，人无怨言，投考之日，争以与选为荣，远近称道……又以一乡之大必先分立族学，方能普及，乃自其族始建五全学堂，依学部编制手定教科书，即以九江修身四事为首。其读经日限一二百字，史则撮要记事，自余各艺亦斟酌中外而贯通之，皆本朱氏师法。又设教育会，聚塾师而讲习焉，私塾亦不至解散。平日留心经世，乡中大事时有建白。工诗文，稿帙散佚，惟《学说》检本、《清沙策议》刊本存。

［民国］《顺德县志》卷八《选举表一·举人·光绪》：字瀹侯，麦村人，迁居佛山……已丑恩科。

梁启谟　清末南海人。光绪十五年（1889）举人。

［宣统］《南海县志》卷十《选举表·举人·光绪朝》：己丑科。

梁志文　清末南海恩洲堡人。光绪十五年（1889）举人，二十年进士，官吏部主事。光绪末主办《安雅报》，与《羊城日报》《七十二行商报》同为善院和绅商行业喉舌。父镇铿，武将，任守备。

［宣统］《南海县志》卷十《选举表·举人·光绪朝》：己丑科。《进士·光绪朝》：主事……甲午科。卷十七《列传·孝义·梁镇铿传》：恩洲堡人……以武功起家，而笃雅若文士……子志文，甲午进士，吏部主事。

梁炳章　字岳生，清末顺德林头人。光绪十五年（1889）举人。

［民国］《顺德县志》卷八《选举表一·举人·光绪》：字岳生，林头人。顺天榜……己丑恩科。

梁铨韬　清末南海人。光绪十五年（1889）副贡。

［宣统］《南海县志》卷十《选举表·贡生·光绪朝·己丑科》：副贡，己丑科。

梁联芳　字桂山，清末顺德乌洲人。光绪十五年（1889）举人，次年进士，内阁中书，盐运使衔，广西补用知府。1922年续修《顺德县志》任分纂。曾祖如修，祖国彦，父耀培。

［民国］《顺德县志》卷八《选举表一·举人·光绪》：字桂山，乌洲人。见进士，顺天榜……己丑恩科。《进士·光绪》：内阁中书，盐运使衔，广西补用知府……庚寅恩科。卷九《封荫表·封赠·文阶》：梁如修，乌洲人，以曾孙联芳貤赠内阁中书，加赠广西补用知府。梁国彦，以孙联芳赠。梁耀培，以子联芳赠。梁耀翎，以侄联芳赠。俱广西知府。卷首《续修〈顺德县志〉职名·分纂》：内阁中书、进士梁联芳。

梁楷　清末南海人。光绪十五年（1889）举人，二十四年进士，任主事。

［宣统］《南海县志》卷十《选举表·举人·光绪朝》：顺天籍……己丑科。《进士·光绪朝》：主事……戊戌科。

温弼廷　字璧球，清末顺德龙山人。光绪十五年（1889）武举。

［民国］《顺德县志》卷八《选举表一·武举·光绪》：字璧球，龙山……人己丑恩科。

蔡鸿韬　清末顺德龙山人。光绪十五年（1889）武举。

［民国］《顺德县志》卷八《选举表一·武举·光绪》：龙江人……己丑恩科。

潘本燊　清末南海人。光绪十五年（1889）举人。

［宣统］《南海县志》卷十《选举表·举人·光绪朝》：己丑科。

潘葆良　字心恒，清末顺德大邑人。光绪十五年（1889）举人，次年进士，官内阁中书。

［民国］《顺德县志》卷八《选举表一·举人·光绪》：字心恒，大邑

人……己丑恩科。《进士·光绪》：内阁中书……庚寅恩科。

黎国康　字君乐，清末顺德昌教人。光绪十五年（1889）举人。父兆棠，弟国廉。

［民国］《顺德县志》卷八《选举表一·举人·光绪》：字君乐，昌教人。兆棠子，国廉兄……己丑恩科。

霍翰章　清末南海人。光绪十五年（1889）举人。

［宣统］《南海县志》卷十《选举表·举人·光绪朝》：顺天中式……己丑科。

马桂丹　字芗根，清末顺德扬滘人。光绪十六年（1890）岁贡。

［民国］《顺德县志》卷八《选举表一·五贡·光绪》：字芗根，扬滘人……庚寅岁贡。

龙肇墀　字季许，清末顺德大良人。光绪十六年（1890）与龙建章之父龙光等建立来苏院作为外乡人留医之所，二十六年与龙葆诚、罗槼、黄普生等捐资在大良倡办保婴堂。二十八年副贡，福建补用知府。1922年续修《顺德县志》时协理局务。兄祝龄。

［民国］《顺德县志》卷八《选举表一·五贡·光绪》：字季许，大良人，祝龄弟……壬寅补行庚子、辛丑恩正并科顺天副贡。《举人·光绪》：龙祝龄，大良人……己丑恩科。卷二《建置略·善堂义冢》：保婴堂，在县城南门外笔街。光绪二十六年，绅商龙葆□、罗槼、龙肇墀、黄普生等捐资倡办，延请医生、乳妇，收养婴儿。来苏院，在城南莘村坊金榜山麓。光绪十六年，乡绅龙光、龙肇墀等劝捐倡建（得银一千三百余元），以为外乡人患病留医之所。卷首《续修〈顺德县志〉职名·协理局务》：福建补用知府、副贡龙肇墀。

刘秉文　清末高明人。光绪十六年（1890）恩贡，编纂［光绪］《高明县志》时任校对。

［光绪］《高明县志》卷十二《国朝·恩贡·光绪朝》：十六年恩贡。卷

首《纂修衔名·校对》：恩贡刘秉文。

何瑞清 清末高明人。光绪十六年（1890）岁贡。

［光绪］《高明县志》卷十二《国朝·岁贡·光绪朝》：十六年贡。

张鹳 字剑翎，清末顺德龙山人。光绪十六年（1890）岁贡。

［民国］《顺德县志》卷八《选举表一·五贡·光绪》：字剑翎，龙山人，庚寅岁贡。卷十四《艺文略·集部·别集》：《挹翠山房诗稿》，国朝张鹳撰。谨按：鹳字剑翎，龙山人，廪贡生。

郑启棻 字芸湘，清末顺德林头人。光绪十六年（1890）岁贡。

［民国］《顺德县志》卷八《选举表一·五贡·光绪》：字芸湘，林头人……庚寅岁贡。

罗名标 清末高明崇祯人。光绪十六年（1890）任高明城守官。

［光绪］《高明县志》卷九《兵防志·武职》：国朝城守官一员（或千总或把总），本邑城中人，武生，光绪十六年任。

黄秉衡 清末高明伦埇人。光绪十六年（1890）岁贡，参与光绪《高明县志》采访。

［光绪］《高明县志》卷十二《国朝·岁贡·光绪朝》：伦埇人，十六年岁贡。卷首《纂修衔名·采访》：廪贡黄秉衡。

麦锡良 （1860—1935）字其弼，清末高明版村人。光绪二十一年（1895）举人，二十三年进士，历江西乐安、安远、上饶、金溪、石城知县。民国后定居广州，寿74岁。

［光绪］《高明县志》卷十二《国朝·举人·光绪朝》：元年乙亥科。《国朝·进士·光绪朝》：版村人，三年丁丑科王仁堪榜，江西安远知县。

李翘芬　（1861—1900）字拔茹，清末顺德简岸人。光绪八年（1882）举人，二十年进士，散馆授翰林编修，请假回籍。二十五年主讲顺德凤山书院，卒于该书院。祖昭南，父籍琴。

［民国］《顺德县志》卷八《选举表一·举人·光绪》：字拔如，简岸人……壬午科。《进士·光绪》：二甲编修……甲午恩科。卷二十《列传五》：字拔茹，简岸人。年十四失恃，祖母辛抚育成人。祖昭南、父籍琴，皆精堪舆术，不欲以方技鸣于世，督翘芬读书。翘芬勤奋，虽舟车不释卷。好读《春秋繁露》，为公羊学。综览百家，兼工词赋楷法。光绪壬午年二十一举孝廉，甲午捷南宫、入翰林。翘芬念祖母未及见，每读李令伯《陈情表》辄泣下。时其父方营建祖祠，有函金贺新太史者，悉以捐助。父殁，工未峻，翘芬体先志，卒成之。嗣后闭门读《礼》，从不受人请托奔走衙署。服阕赴京，散馆授编修，请假回籍。己亥主讲凤山书院，学者仰为泰斗，人才极一时之盛。冬竟卒于院，年三十九。

邓本逵　（1861—1936）原名本仪，字用甫，顺德龙山人。邓华熙长子。清末任浙江绍宁台道，力主禁烟，曾以白话文发禁烟告示，使妇孺皆懂。武昌起义后，和平移交政权，百姓夹道欢送，咸称“贤良太守”。民国后曾任职于广东航运局，退休后以诗书自娱，在广州西关祖居病逝。

［民国］《顺德县志》卷十《仕宦表·文职》：龙山人，浙江绍宁台道。

苏宝盉　（1861—1938）字幼宰，顺德伦教人。光绪三十二年（1906）贡生，官礼部主事。1922年续修《顺德县志》任分纂。父若瑚，子文擢。

［民国］《顺德县志》卷八《选举表一·五贡·光绪》：字幼宰，乌洲人。丙午优贡，礼部主客司主事。若瑚子。卷九《封荫表·封赠·文阶》：苏若瑚，乌洲人，举人，以子宝盉封礼部主客司……主事。卷首《续修〈顺德县志〉职名·分纂》：礼部主事、优贡苏宝盉。

邓若兰　清末南海人。光绪十七年（1891）副贡，任鹤山县训导。

［宣统］《南海县志》卷十《选举表·贡生·光绪朝·辛卯科》：顺天副贡，鹤山训导，辛卯科。

邓家鹏 清末南海人。光绪十七年（1891）副贡。

［宣统］《南海县志》卷十《选举表·贡生·光绪朝·辛卯科》：副贡，辛卯科。

邓福申 字叔芸，清末顺德水藤人。光绪十七年（1891）举人。

［民国］《顺德县志》卷八《选举表一·举人·光绪》：字叔芸，水藤人。顺天榜……辛卯科。

卢炳新 清末南海人。光绪十七年（1891）恩贡。

［宣统］《南海县志》卷十《选举表·贡生·光绪朝·辛卯科》：恩贡。

朱祝年 清末南海人。光绪十七年（1891）举人。

［宣统］《南海县志》卷十《选举表·举人·光绪朝》：顺天中式……辛卯科。

严政臣 清末顺德桂洲人。光绪十七年（1891）举人。

［民国］《顺德县志》卷八《选举表一·举人·光绪》：桂洲人……辛卯科。

劳宝胜 清末南海人。光绪十七年（1891）副贡。

［宣统］《南海县志》卷十《选举表·贡生·光绪朝》：副贡，辛卯科。

苏兆元 字玉衡，清末顺德西村人。光绪十七年（1891）举人。弟自元。

［民国］《顺德县志》卷八《选举表一·举人·光绪》：字玉衡，西村人，自元兄……辛卯科。

杜召棠 改名甄，清末南海人。光绪十七年（1891）举人。

［宣统］《南海县志》卷十《选举表·举人·光绪朝》：改名甄……辛卯科。

李天宝　清末南海人。光绪十七年（1891）武举。

［宣统］《南海县志》卷十《选举表·武科选举·武举·光绪朝》：辛卯科。

李甲元　清末顺德大门人。光绪十七年（1891）武举。

［民国］《顺德县志》卷八《选举表一·武举·光绪》：大门人，辛卯科。

李庆莱　清末南海人。光绪十七年（1891）举人，二十九年进士，授编修。

［宣统］《南海县志》卷十《选举表·举人·光绪朝》：顺天中式……辛卯科。《进士·光绪朝》：编修……癸卯科。

何阶元　字叔瑶，清末顺德水藤人。光绪十七年（1891）举人。

［民国］《顺德县志》卷八《选举表一·举人·光绪》：字叔瑶，水藤人……辛卯科。

余守约　清末顺德甘竹人。光绪十七年（1891）举人。

［民国］《顺德县志》卷八《选举表一·举人·光绪》：甘竹人……辛卯科。

陈凤昌　清末南海人。光绪十七年（1891）恩贡，代理海南会同教谕。

［宣统］《南海县志》卷十《选举表·贡生·光绪朝·辛卯科》：恩贡，署会同教谕。

陈邦颜　清末南海人。光绪十七年（1891）举人。

［宣统］《南海县志》卷十《选举表·举人·光绪朝》：辛卯科。

陈宝璇　字玉渠，清末顺德龙山人。与侄森同榜，弟拜恩十九年举人。

［民国］《顺德县志》卷八《选举表一·举人·光绪》：字玉渠，龙山人，

甘肃籍拨回本省，侄森，同榜……辛卯科。

陈炳煌 清末南海人。光绪十七年（1891）岁贡。

［宣统］《南海县志》卷十《选举表·贡生·光绪朝·辛卯科》：岁贡。

陈泰阶（清光绪） 清末南海人。光绪十七年（1891）举人，任江西知县。

［宣统］《南海县志》卷十《选举表·举人·光绪朝》：江西知县……辛卯科。

陈森（清光绪） 字纯伯，清末顺德龙山人。光绪十七年（1891）举人。叔宝璇。

［民国］《顺德县志》卷八《选举表一·举人·光绪》：字纯伯，龙山人，甘肃籍拨回本省，叔宝璇，同榜……辛卯科。

林谦 清末高明人。光绪十七年（1891）赐副榜举人，编纂《高明县志》任采访。

［光绪］《高明县志》卷十二《选举表·钦赐》：光绪十七年辛卯科赐副榜。卷首《纂修衔名·采访》：钦赐副榜林谦。

林瀚源 清末南海人。光绪十七年（1891）举人。

［宣统］《南海县志》卷十《选举表·举人·光绪朝》：辛卯科。

罗占魁 清末南海人。光绪十七年（1891）武举。

［宣统］《南海县志》卷十《选举表·武科选举·武举·光绪朝》：辛卯科。

罗惇培 字植庭，清末顺德大良人。光绪十七年（1891）举人。

［民国］《顺德县志》卷八《选举表一·举人·光绪》：字植庭，大良人……辛卯科。

罗琳 字藻馨，清末顺德大良人。光绪十七年（1891）举人，官安徽知县。

［民国］《顺德县志》卷八《选举表一·举人·光绪》：字藻馨，大良人。顺天榜，安徽知县……辛卯科。

谈亮 字鸣虞，清末顺德龙涌人。20岁在广州光孝寺授徒，光绪十七年（1891）举人，46岁卒。

［民国］《顺德县志》卷二十《列传五》：字鸣虞，龙涌人。父兄业农，亮独向学。弱冠后授徒粤城光孝寺，脩脯所入尽购经书，丹黄迨遍。性温厚，古道照人，贤俊多乐与交，互相切劘，学大进。广州府萧韶振拔单寒，光绪甲申府案拔置第二，以谈姓榜花，惧围姓赌商计尼之也。为言于叶学使大焯，比试卷果涂污，幸萧守先容①卒获售，中辛卯科举人。亮经学颇有师法，许书②致力尤深，学海堂长如陶孝廉福祥、林主事国赓、杨主事裕芬诸名宿均刮目相待。年四十六卒。

梁纶 清末南海人。光绪十七年（1891）举人。

［宣统］《南海县志》卷十《选举表·举人·光绪朝》：辛卯科。

梁展荣 字润畲，清末顺德水藤人。光绪十七年（1891）举人。

［民国］《顺德县志》卷八《选举表一·举人·光绪》：字润畲，水藤人。顺天榜……辛卯科。

梁鸿灏 字泽谱，清末顺德江村人。光绪十七年（1891）举人。

［民国］《顺德县志》卷八《选举表一·举人·光绪》：字泽谱，江村人……辛卯科。

---

①先容：本谓先加修饰，后引申为事先为人介绍、推荐或关说。

②许书：东汉许慎《说文解字》为我国最早的文字学专著，后人对《说文解字》进行考订、注释，通称许学。

游毓璜　清末南海人。光绪十七年（1891）武举。

［宣统］《南海县志》卷十《选举表·武科选举·武举·光绪朝》：辛卯科。

谢锡泰　清末南海人。光绪十七年（1891）武举。

［宣统］《南海县志》卷十《选举表·武科选举·武举·光绪朝》：辛卯科。

蔡敏骧　清末南海人。光绪十七年（1891）举人。

［宣统］《南海县志》卷十《选举表·举人·光绪朝》：辛卯科。

黄绍宪　（1862—1897）字季度，清末南海人。光绪十四年（1888）副贡，十七年举人。工诗画，与梁鼎芬、康有为交情最深。收藏唐、宋、元、明写经，以铜鼓为最，故名其居曰“三十六铜鼓斋”。

［宣统］《南海县志》卷十《选举表·贡生·光绪朝·戊子科》：副贡。《举人·光绪朝》：顺天中式……辛卯科。卷十一《艺文略·集部·别集》：《在山草堂文集》六卷、《诗集》十二卷，国朝黄绍宪撰。

尤济潼　清末顺德北水人。光绪十八年（1892）岁贡。

［民国］《顺德县志》卷八《选举表一·五贡·光绪》：北水人，壬辰岁贡。

李健庵　清末顺德江村人。光绪十八年（1892）筑联安围。

［民国］《顺德县志》卷四《建置略三·堤筑》：联安围，在江村堡江村乡，东连南水，南接众涌。计长四百丈有奇，高八尺，底宽二丈，面宽六尺。闸凡三。光绪十八年，里人李健庵、李香荃、康雪樵、康伯鲲等募捐筹办，约费银九千余元。

谭献仁　清末高明人。光绪十八年（1892）岁贡。

［光绪］《高明县志》卷十二《选举表·国朝·岁贡·光绪朝》：十八年贡。

陈其祥 字星海，清南海佛山镇人。光绪十八年（1892），与冼乃起重修佛山乡仕祠。父德润88岁，兄弟贞祥。

［民国］《佛山忠义乡志》卷九《氏族志·祠堂》：《重修佛山乡仕祠记》……吾里有乡仕祠，建始明代，祀先献致仕李公舜孺等十三人，我祖昆华公、陈星海朝议之祖玉京公与焉……迄今历年数百栋，宇将倾，星海朝议有志建复，会疾笃，不果，易箦时，召其子体乾推官及家大夫，乃起而属之曰："……吾儿不谙营缮，汝其赞襄之。祖尝薄可取资吾家，吾当瞑目九原。"朝议为家大夫父执，遂与推官同受遗命，握手而诀……经始于光绪壬辰麦月，落成于癸巳元月。

陈贞祥 以字行，清南海佛山镇人。以国学候选布政司经历加二级。父德润，兄弟其祥。

［民国］《佛山忠义乡志》卷十四《人物志七·孝友·清》：以字行，陈德润子也。以国学候选布政司经历加二级。性至孝，奉养曲尽其道。父以少壮经商粤西，积劳成疾，返里后喘促之患频作，时而增剧。贞祥奉侍恳切，研究其致疾之由，于进馔中参以药饵，调剂无形。父获康健，寿至八十八岁。贞祥弱冠念父创业艰难，乃摒挡家务，身任勤劳，渐而恢拓业产，皆公诸兄弟，不以分毫自私，且友爱备至，由是得亲欢心。平生俭朴自奉，惟亲故有困乏者，则慷慨周恤之无少吝，素性然也。

陈其晖 字东生，德润族子，清南海佛山镇人。修族谱，倡建祀祠。以广东水灾赈捐出力，奖叙布政司经历。族兄弟其祥、贞祥。

［民国］《佛山忠义乡志》卷十四《人物志六·义行·清》：字东生，德润族子。幼聪颖，弱不好弄，天性纯笃，以孝友闻。父殁，恪遵遗训，家政一如父在时，抚诸弟友爱尤笃，休戚关怀。自奉俭朴，而能济人之急，亲属中有正事告贷者，必应所求。光绪朝应岁科童子试，招覆三次，皆以额满列遗珠，士论惜之，淡如也。后以广东水灾赈捐出力，奖叙布政司经历。设帐课徒，循循善诱，和蔼可亲，故愿从游者日益众。交友诚信，与物无疾言忤色。有以事请托者必竭心力，财政经手以廉正自矢，人无间言。修辑族谱，宗派秩序昭明，倡建义祀祠，使旁支得所凭依，俱当义务，族论翕然。为文挥笔立就，工书法，篆、隶、真、草靡不通晓，以故索书者络绎不绝。五十六岁得一子，欣然自慰曰："此可以继先人血食，复何憾？"年六十而终。

冼乃起　清末佛山人。候选同知，光绪二十年（1894）迁建冼公祠。祖奇安，父荣锡，子瑛。

［民国］《佛山忠义乡志》卷九《氏族志・各姓祠堂》：台衡冼公祠……光绪二十年十九世孙乃起迁建，匾曰“惇五堂”，乃起公命四男瑛撰《记》。《记》曰：“乃起既修流芳、乡仕二祠之明年，岁在甲午……经始于是岁桂月，告成于葭月……冼中宪祠，在栅下铺豆腐巷。祀十八世祖赠中宪大夫载光公，并追祀三代，匾曰‘恕行堂’。宣统元年，男乃起鼎建。”卷十三《选举志二・封赠・清》：冼奇安，以孙乃起赠候选同知。冼荣锡，以子乃起封候选同知。冼乃起，以子瑛晋封都司。卷十四《人物志十・列女传・贤淑》：冼乃起妻梁氏，系出名家，性柔顺，知书娴《内则》，好读《列女传》，得其会通。乃起出治乡事，教育子女之责惟氏独任。每儿生四岁，即以竹筹书字佩其身，教以字义，使嬉游而不忘学。夜分篝灯织纺，令群儿旁列教之读，严于师保，寒暑靡间，暇则令其习劳。故所生诸子有早岁能文兼通武艺者，皆出母教也。以其娴于典礼，内外亲有吉凶莫不招致用备顾问。善以经义决疑，时七世同堂，尊卑亲属有疑问均能立决，助姑太张理家政，内外井然。及析爨，乃起迎祖母及父母以养，氏先意承志，宗族称孝。辟淫祀，非其鬼不祭，每谈论必引古圣贤忠孝大节，以勉人力行。好成人之美，戚党有急难，及宗族婚嫁，虽多不靳，有丈夫志云。年五十四卒，以子瑛贵赠恭人。

王寿慈　清南海佛山镇人。光绪十九年（1893）举人，署广西镇安府知府。祖启文，父延年。

［宣统］《南海县志》卷十《选举表・举人・光绪朝》：顺天中式，广西知府……癸巳科。

［民国］《佛山忠义乡志》卷首《职名表・倡修绅董》：王寿慈。卷十三《选举志二・仕宦・文职・清》：署广西镇安府知府。《选举志二・封赠・清》：王启文，以孙寿慈赠广西镇安府知府。王延年，以子寿慈赠广西镇安府知府。卷十五《艺文志一・子部・天文算术》：王寿慈序曰：《古术今测》八卷，前鸿胪少卿梁僧宝姑夫所撰……寿慈幽居少晤，独学无能，自弱冠后始得就正，凡有所质，亦相说以解。尝谓寿慈曰：“学人宜务其大者远者，沾沾于文辞之间，末也。”退而益加奋勉，庶得旨归。迨癸巳得举贤书，薇垣①效职，及戊

①薇垣：唐开元年间改中书省为紫微省，因省中植紫薇花，又称紫薇省，简称薇垣。明清以薇垣称相当于中书省的中枢机构或布政司。

戊恭修《会典》、桂省服官……季秋失恃，遂读礼家园。

文英华 清末南海佛山镇人。光绪十九年（1893）举人。

［民国］《佛山忠义乡志》卷九《氏族志·氏系》：文氏，系出庐陵，宋文信国公之后。由鹤山迁佛山，有举人英华。卷十三《选举志一·举人·清》：光绪癸巳，监生。

邓倬骞 清末南海人。光绪十九年（1893）副贡。

［宣统］《南海县志》卷十《选举表·贡生·光绪朝·癸巳科》：副贡。

冯绍斌 字文骞，清末顺德古楼人。光绪十九年（1893）举人，次年进士，官福建归化县知县。

［民国］《顺德县志》卷八《选举表一·举人·光绪》：字文骞，古楼人……癸巳恩科。《进士·光绪》：知福建归化县……甲午恩科。

冯盛世 字心台，清末顺德裕涌人。光绪十九年（1893）举人。

［民国］《顺德县志》卷八《选举表一·举人·光绪》：字心台，裕涌人。广西籍……癸巳恩科。

刘耀棠 字蔚南，清末顺德谈义人。光绪十九年（1893）举人。

［民国］《顺德县志》卷八《选举表一·举人·光绪》：字蔚南，谈义人……癸巳恩科。

关廷基 清末南海人。光绪十九年（1893）举人。

［宣统］《南海县志》卷十《选举表·举人·光绪朝》：癸巳科。

关伯麟 清末三水胥江人。光绪十九年（1893）举人，寿87岁。

［民国］《三水县志艺文略稿》：《沙溪关氏族谱》二卷，今人关伯麟撰，钞藏本。按：伯麟，胥江沙墩村人。光绪十九年顺天举人，卒年八十有七岁。

关恩培　清末南海人。光绪十九年（1893）举人。

［宣统］《南海县志》卷十《选举表·举人·光绪朝》：顺天中式……癸巳科。

沈维松　清末南海人。光绪十九年（1893）举人。

［宣统］《南海县志》卷十《选举表·举人·光绪朝》：癸巳科。

老毓华　清末南海人。光绪十九年（1893）举人。

［宣统］《南海县志》卷十《选举表·举人·光绪朝》：顺天中式……癸巳科。

严进修　字伯时，清末顺德黎村人。光绪十九年（1893）岁贡。

［民国］《顺德县志》卷八《选举表一·五贡·光绪》：字伯时，黎村人，癸巳岁贡。

苏荣干　字藻裳，清末顺德碧江人。光绪十九年（1893）举人。

［民国］《顺德县志》卷八《选举表一·举人·光绪》：字藻裳，碧江人……癸巳恩科。

李景鎏　字弼侬，清末顺德逢简人。光绪十九年（1893）举人。

［民国］《顺德县志》卷八《选举表一·举人·光绪》：字弼侬，逢简人……癸巳恩科。

李群英　清末南海人。光绪十九年（1893）举人。

［宣统］《南海县志》卷十《选举表·举人·光绪朝》：癸巳科。

岑仲良　清末顺德葛岸人。光绪十九年（1893）举人。

［民国］《顺德县志》卷八《选举表一·举人·光绪》：葛岸人，顺天榜……癸巳恩科。

岑应元 字宝臣，清末顺德葛岸人。光绪十九年（1893）武举，任兵部差官，以都司补用。

［民国］《顺德县志》卷八《选举表一·武举·光绪》：字宝臣，葛岸人。兵部差官，以都司补用。癸巳恩科。

何凤翔 清末高明石奇人。光绪十九年（1893）举人。

［光绪］《高明县志》卷十二《选举表·国朝·举人·光绪朝》：石奇人，广西容县籍，十九年癸巳科。

何良康 字乂民，清末顺德大洲人。光绪十九年（1893）举人，官内阁中书。

［民国］《顺德县志》卷八《选举表一·举人·光绪》：字乂民，大洲人。内阁中书……癸巳恩科。

何钟嶽 字云裳，清末顺德羊额人。光绪十九年（1893）举人，任广西昭平知县。

［民国］《顺德县志》卷八《选举表一·举人·光绪》：字云裳，羊额人。顺天榜，知广西昭平县……癸巳恩科。

何家本 字端文，清末顺德马宁人。光绪十九年（1893）举人。

［民国］《顺德县志》卷八《选举表一·光绪》：字端文，马宁人。顺天榜……癸巳恩科。

何熚 清末南海人。光绪十九年（1893）副贡。

［宣统］《南海县志》卷十《选举表·贡生·光绪朝·癸巳科》：副贡，癸巳科。

佘琨 清末顺德马冈人。光绪十九年（1893）赐举人，次年赐检讨。

［民国］《顺德县志》卷八《选举表一·举人·光绪》：字□□，马冈人。以符例赐，甲午赐检讨……癸巳恩科。

张桂国 字心台，清末顺德龙江人。光绪十九年（1893）举人。

［民国］《顺德县志》卷八《选举表一·举人·光绪》：字心台，龙江人……癸巳恩科。

张恩涛 清末南海人。光绪十九年（1893）举人。

［宣统］《南海县志》卷十《选举表·举人·光绪朝》：顺天中式……癸巳科。

陈廷选 清末南海佛山镇人。光绪十九年（1893）举人。

［民国］《佛山忠义乡志》卷十三《选举志一·举人·清》：光绪癸巳，顺天附生。

陈拜恩 字季藩，清末顺德龙山人。光绪十九年（1893）举人。兄宝璇，侄森。

［民国］《顺德县志》卷八《选举表一·举人·光绪》：字季藩，龙山人，顺天榜。兄宝璇，侄森……癸巳恩科。

欧家廉 （？—1925）字介持，清末顺德陈村人。光绪十九年（1893）举人，次年进士，授翰林院编修，湖南道监察御史。1922年续修《顺德县志》任总纂。曾祖五峰，祖庭桂，父鸿钧，兄兆宁。

［民国］《顺德县志》卷八《选举表一·举人·光绪》：字介持，陈村人……癸巳恩科。《进士·光绪》：二甲编修，湖南道监察御史……甲午恩科。卷九《封荫表·封赠·文阶》：欧五峰，陈村人，以曾孙家廉赠翰林院编修，加赠。欧庭桂，以孙家廉赠翰林院编修，加赠。欧鸿钧，以子家廉封翰林院编修。俱湖南道……监察御史……欧兆宁，陈村人，以弟家廉貤赠……翰林院编修。卷十二《耆寿表一·寿民·九十岁》：欧庭桂，陈村人。子鸿钧，八十岁。以孙家廉赠翰林院编修、湖南道监察御史。卷首《续修〈顺德县志〉职名·总纂》：翰林院编修、湖南道监察御史欧家廉。

罗邦翊 字仰宸，清顺德大良人。光绪十九年（1893）举人，拣选知县。1922年续修《顺德县志》时参与采访。父彤缙。

［民国］《顺德县志》卷十八《列传三·罗彤缙传》：彤缙从公三十年，与葆諴共事久，其出处正相同云。子邦翊，由广西籍中光绪癸巳举人。卷八《选举表一·举人·光绪》：字仰宸，大良人。广西籍，彤缙子……癸巳恩科。卷首《续修〈顺德县志〉职名·一区采访》：拣选知县、举人罗邦翊。

周子元　清末南海人。光绪十九年（1893）举人。

［宣统］《南海县志》卷十《选举表·举人·光绪朝》：癸巳科。

胡凝吉　清南海九江人。光绪十九年（1893）举人。父培桄。

［宣统］《南海县志》卷十《选举表·举人·光绪朝》：癸巳科。

钟庆銮　清南海大沥堡隆福乡人。与弟锡玢同为光绪十九年（1893）举人。祖觐平，兄宝珩，弟锡玢、锡璜、兰芬。

［宣统］《南海县志》卷十《选举表·举人·光绪朝》：癸巳科。

钟锡玢　清南海大沥堡隆福乡人。与兄庆銮同为光绪十九年（1893）举人。祖觐平，兄宝珩、庆銮，弟锡璜、兰芬。

［宣统］《南海县志》卷十《选举表·举人·光绪朝》：癸巳科。

高枚　清末南海人。光绪十九年（1893）岁贡，任海南临高教谕。

［宣统］《南海县志》卷十《选举表·贡生·光绪朝·癸巳科》：岁贡。《又案·贡生》：临高教谕。

黄立权　字夔拊，清末顺德甘竹人。光绪十九年（1893）举人，官江西巡警道。曾祖秀石，祖启泰，父慕湘。

［民国］《顺德县志》卷八《选举表一·举人·光绪》：字夔拊，甘竹人。顺天榜，江西巡警道……癸巳恩科。卷九《封荫表·封赠·文阶》：黄秀石，甘竹人，以曾孙立权赠。黄启泰，以孙立权赠。黄慕湘，以子立权封。俱江西巡警道。

黄建笎 字花农，清末顺德大良人。以捐纳出仕，光绪十九年（1893）代理天津海关道台，二十四年补江苏苏松太道，未赴。二十六年督办山东德州粮台，升江宁布政使。三十一年以足疾退休，57岁卒。祖乐之，孙景德。

［民国］《顺德县志》卷十七《列传二·黄乐之传》：大良人……孙建笎，字花农。由直隶通判，办天津招商局轮船事务，会办电政事，以劳绩保道员。光绪癸巳、甲午三署津海关道，李鸿章督直办新政，倚如左右手。戊戌补江苏苏松太道，未赴，调天津津海关道。庚子拳匪祸起，关储数十万密运某使署，间关达行在，遂有督办德州粮台之命。旋奉召入都办善后，又赴沪办理各国商约。擢湖南按察使，平反冤狱，倡办警察，上游倚重。癸卯命祭南岳、炎帝舜陵，故事陵差有陋规逾万，建笎一无所取。辛丑升江宁布政使，甲辰调山东未赴，仍留原任。乙巳以足疾乞休，卒年五十七。著有《电学新编》《寄榆庵书画稿》行世。卷九《封荫表·荫袭·文职》：黄景德，大良人，江宁布政使建笎孙，二品荫生。

梅友容 榜名友鸿，字超南，清顺德龙山人。与弟友颜光绪十九年（1893）同中举，拣选知县。祖璇枢，父梦雄，弟友颜。

［民国］《顺德县志》卷八《选举表一·举人·光绪》：榜名友鸿，字超南，龙山人，梦雄子，弟友颜同榜……癸巳恩科。卷首《续修〈顺德县志〉职名·协理局务》：拣选知县、举人梅友容。

梅友颜 字叔颀，清顺德龙山人。与兄友容光绪十九年（1893）同中举。祖璇枢，父梦雄。

［民国］《顺德县志》卷八《选举表一·举人·光绪》：字叔颀，龙山人，梦雄子，兄友容同榜……癸巳恩科。

龚其蓁 清末南海人。光绪十九年（1893）举人。

［宣统］《南海县志》卷十《选举表·举人·光绪朝》：癸巳科。

崔尔铭 改名式铧，清末南海人。光绪十九年（1893）举人。

［宣统］《南海县志》卷十《选举表·举人·光绪朝》：顺天中式，改名

式铧，癸巳科。

梁兆献 清南海佛山镇人。光绪十九年（1893）举人，安徽补用知县。父元辅，弟兆祯。

［宣统］《南海县志》卷十《选举表·举人·光绪朝》：癸巳科。

［民国］《佛山忠义乡志》卷十三《选举志二·仕宦·文职·清》：安徽补用知县。卷十四《人物志六·宦迹·清·梁元辅传》：字月潭，籍南海。……长子兆献……历任繁缺。次子兆祯，广西补用知县。

梁禹甸（清光绪） 字秩初，清末顺德平步人。光绪十九年（1893）举人，广西试用知县。

［民国］《顺德县志》卷八《选举表一·举人·光绪》：字秩初，平步人。广西试用知县……癸巳恩科。

梁冠澄 字允恭，清南海佛山镇人。光绪十九年（1893）举人第一名，历任福建兴化知府、高等审判厅丞。

［民国］《佛山忠义乡志》卷十一《乡事志·编年》：光绪……癸巳十九年，梁冠澄领乡荐第一。（顺德籍，住沙洛铺）卷十三《选举志二·仕宦·文职·清》：福建兴化知府，高等审判厅丞。

［民国］《顺德县志》卷八《选举表一·举人·光绪》：字允恭，麦村人，迁居佛山。解元，知福州府……癸巳恩科。

梁浩明 清末南海人。光绪十九年（1893）举人。

［宣统］《南海县志》卷十《选举表·举人·光绪朝》：癸巳科。

廖云藻 清末顺德水藤人。光绪十九年（1893）举人。

［民国］《顺德县志》卷八《选举表一·举人·光绪》：水藤人，顺天榜……癸巳恩科。

蔡佩瑶 清末南海人。光绪十九年（1893）举人。

［宣统］《南海县志》卷十《选举表·举人·光绪朝》：癸巳科。

黎士贤 清末南海人。光绪十九年（1893）副贡。

［宣统］《南海县志》卷十《选举表·贡生·光绪朝·癸巳科》：副贡。

黎士镠　清末南海人。光绪十九年（1893）举人。

［宣统］《南海县志》卷十《选举表·举人·光绪朝》：癸巳科。

吴尚态　（1864—1912）改名尚廉，字玠叔，清末南海佛山镇人。光绪十五年（1889）举人，次年进士。回籍主办团练，二十五年回京任刑部主事，擢大理院推事。办京师法律学堂5年，期满以异常劳绩以道员用。父灿光，兄尚亿、尚庆。

［宣统］《南海县志》卷十《选举表·举人·光绪朝》：己丑科。《进士·光绪朝》：主事，改名尚廉……庚寅科。

［民国］《佛山忠义乡志》卷首《职名表·倡修绅董》：吴尚廉。卷十一《乡事志·编年》：光绪……庚寅十六年，吴尚廉登进士。（住观音堂铺）卷十三《选举志二·封赠·清》：吴盈光，以侄尚廉貤封中宪大夫、刑部贵州司主事。吴灿光，以子尚廉赠通议大夫。吴尚亿，以弟尚廉貤封中宪大夫。吴尚庆，以弟尚廉貤赠中宪大夫。卷十四《人物志六·宦迹·清》：吴尚廉，初名尚态，字玠叔。少好学，严重有清操，弱冠补弟子员。光绪己丑举于乡，翌岁成进士，授刑部主事。以母老不欲远仕，回籍主办团练，事皆就理。日从公，归侍母辄谈乡闾轶事以博母欢，家庭融泄，不知人间有富贵事。母以身受国恩，且年当强仕，宜图报称，趣之曰："予身尚健，终养有期，毋恋恋也。"已而己亥入都，充江苏、贵州司主稿。有司嘉其勤能，擢大理院第二庭推事，历详谳处分核、推事厅总核，多所平反。会隆裕皇太后陵工需人，或劝以谋一陵差为外宦捷径计，廉谢之曰："得失命也，宦海浮沉，听之而已。"其生平恬退悉皆类此。其办京师法律学堂，当法典革新时代，务以中外同原不辱国、不殃民为主旨，兴办五年，造就不少。期满以异常劳绩列保，得旨以道员即用，而其宦情仍磊如也。兼通谶纬之学，时从侄荃选供职内阁，寻以县令分发广西，濒行日谓之曰："予正思解组，汝今问津，非其时矣。《诗泛历枢》载：'卯酉为革政，午亥为革命。辰在天门，司候帝王兴替得失。'（《诗泛历枢》四语见《汉书·郎顗传》）天人感应，其理不爽。忆光绪丁酉岁，京师三环套日，卒召戊戌之变。今岁辛亥，太白经天，来日大难当不远矣，何役役为？"未几，武汉发难，辇毂骚然，国变后即拂衣南归，杜门不出，人服其知几。逾年卒于家，年四十有九。著有《丏广吟草》《夷希室文集》。

吴荃选 清末南海佛山镇人。光绪十五年（1889）举人，官内阁中书、广西补用知县。参修［民国］《佛山忠义乡志》。父尚时。

［宣统］《南海县志》卷十《选举表·举人·光绪朝》：己丑科。《封荫·光绪朝》：吴尚时，以子荃选封内阁中书。

［民国］《佛山忠义乡志》卷首《职名表·评议》：吴荃选。卷九《氏族志·各姓祠堂》：吴氏家庙，在社亭铺朝市街，吴尚时为其父赠中议大夫绥光公所建。卷十三《选举志一·举人·清》：光绪己丑，附生。《选举志二·仕宦·文职·清》：内阁中书，广西补用知县。卷十五《艺文志一·史部·谱录类·清》：《吴氏族谱》……清荃选重纂，共九卷……谱序一："……庚子之夏，季父玠叔自都假还，与余有修谱之议，嗣假满入都，匆匆未遑多及……今春，江南吴殿撰鲁、香江吴理卿拟在港修《十八省吴氏族谱》，请各房钞存邮寄，汇刻成书。余感其谊，为检阅旧谱……伪误者订正之，舛错者厘定之，简略残阙者附益之。复调查各房房谱，舍异取同，斟酌而损益之。至于列祖之嘉声伟绩、轶事芳踪，不惮钩稽载籍，考证近闻，详著于谱……凡十阅月而成。光绪三十有一年，岁在乙巳嘉平之月，百十四世裔孙南海吴荃选谨序。"谱序二："余既归京师，以谱牒付从侄文鹿，越乙巳十一月纂次讫，告成于余……自煦寰祖奠居佛山，此为著籍南海之始，及兹又十三叶矣，皆以诗书仕宦世其家，中丞公荷屋胞伯其最显也……光绪丙午之春百十三世裔孙尚廉，识于都门寓斋。"卷十六《金石志一·家藏彝器》：大树堂吴氏彝器……皆吴荷屋中丞藏器，载《筠清馆金石录》，并载邑志。今藏其侄孙荃选家，各器尺寸、形式，均经荃选分别绘图注说。《金石志二·乡土碑记》：南海吴氏赐书楼记，石在吴荃选重建赐书楼西壁。《金石三》：汉未央宫瓦研文①，吴氏筠清馆所藏，今藏其侄孙荃选家，有图并记，冼宝榦有赞。记曰："先伯祖荷屋公《年谱》载有《筠清馆金石文》。金文一类《金石录》已梓行，石文一类除《辛丑销夏录》将碑碣梓行外尚余多种，今搜集遗迹，将瓦当文检出集为一册。原八十七页，兹择其不蛀损者得二十四页，此瓦当文为伯祖自藏之器拓出，及从同时鉴藏诸公藏器拓得者……今汇为一册，不特先人数十年搜罗好古之心不致散佚，而楷法推原篆隶，使后之学者得以竟委穷源，上究六书之旨，未始非书学之一助尔……吴荃选识。"……赞曰："吴氏《金石录》风行海内，瓦当二十余事，乃家藏遗器未及著录者。厥侄孙文鹿内翰世守勿替，辄复详稽出处，铭之金版，嘉惠弥远矣。"（冼宝榦）

---

①瓦研文，即瓦当文，瓦当上所刻文字。

麦秩严 （1864—1941）字敬舆，清末南海丹灶镇海口麦村人。光绪十七年（1891）副贡，二十年举人，二十四年进士。二十九年经刑部考试，任刑部主事、大理院审判官、督察院京畿道南城监察御史。三十二年四月，与董康、王守恂受命赴日调查刑政、裁判、监狱。宣统元年（1909）奏请设立京师模范监狱，次年开工任监督。入民国，任平政院评事与肃政厅肃政史。祖智彦，父健仁。

［宣统］《南海县志》卷十《选举表·贡生·光绪朝·辛卯科》：副贡。《举人·光绪朝》：甲午科。《进士·光绪朝》：主事，福建道监察御史……戊戌科。《封荫·光绪朝》：麦智彦，以孙秩严赠福建道监察御史。麦健仁，以子秩严赠福建道监察御史。

江孔殷 （1864—1952）字韶选、少泉，佛山张槎人。幼年丧父，康有为在广州创办“万木草堂”，收为学生。光绪九年（1883）举人，十一年赴京会试参加“公车上书”。三十年进士，选庶吉士，授编修。三十三年任广东道台，慈禧太后赏兰花120盆，在广州河南同德里建“江太史第”，别称“江兰斋”。宣统三年（1911），“三二九”广州起义失败，烈士遗骸将被官府葬在专埋死刑犯的“臭岗”。同盟会员潘达微欲觅善地安葬，因善堂诸董事惧受株连，遂向世交江孔殷求助，江即电告诸善董得葬于黄花岗。武昌起义爆发，在潘达微、邓慕韩影响下，进言两广总督张鸣岐，劝其电请清廷特赦革命党人汪精卫（时囚于北京）、陈景华（时在香港）并调粤差遣，以便与革命党联络缓其进攻。力促张鸣岐和水师提督李准，宣布广东独立，与各省一道迫使清帝退位。1913年“二次革命”前夕，怂恿陈炯明投靠袁世凯未果。捐江苏候补道，1930年辞职返穗，创办江兰斋农场和蜂场，培育出罗岗甜橙、黑叶荔枝和黄金蜂等优良品种，并投资修建南岗至罗岗圩的轻便铁路。1938年广州沦陷，举家逃难香港，汪精卫延请回广州当“维持会长”，遭拒绝。任英美烟草公司买办，病逝于广州。

[宣统]《南海县志》卷十《选举表·举人·光绪朝》：癸巳科。《进士·光绪朝》：编修……甲辰科。

马云鸿 字倬人，清末顺德扬滘人。光绪二十年（1894）举人。

[民国]《顺德县志》卷八《选举表一·举人·光绪》：字倬人，扬滘人……甲午科。

区应埙 字友篪，清末顺德水藤人。光绪二十年（1894）岁贡。

[民国]《顺德县志》卷八《选举表一·五贡·光绪》：字友篪，水藤人，甲午岁贡。

孔广田 清末南海人。光绪二十年（1894）副贡。

[宣统]《南海县志》卷十《选举表·贡生·光绪朝·甲午科》：副贡。

左庆欣 字欢若，清末顺德龙山人。光绪二十年（1894）举人。父宗蕃。

[民国]《顺德县志》卷八《选举表一·举人·光绪》：字欢若，龙山人，广西籍，宗蕃子……甲午科。

卢懋勋 字宪曾，清末顺德大晚人。光绪二十年（1894）赐副贡。

[民国]《顺德县志》卷八《选举表一·五贡·光绪》：字宪曾，大晚人。以符例赐，甲午科副贡。

叶大垣 清末南海人。光绪二十年（1894）举人。

[宣统]《南海县志》卷十《选举表·举人·光绪朝》：甲午科。

叶衍藩 字星垣，清末顺德龙江人。光绪二十年（1894）举人。

[民国]《顺德县志》卷八《选举表一·举人·光绪》：字星垣，龙江

人……甲午科。

冯龙光　字悦廷，清末顺德大良人。光绪二十年（1894）武举。

［民国］《顺德县志》卷八《选举表一·武举·光绪》：字悦廷，大良人……甲午科。

冯熺　清末南海人。光绪二十年（1894）举人。

［宣统］《南海县志》卷十《选举表·举人·光绪朝》：甲午科。

刘国珍　清南海丹灶镇沙水村人。光绪二十年（1894）副贡，宣统二年（1910）格致科进士，翰林院编修。父廷镜，弟文炳、文蔚。

［宣统］《南海县志》卷十四《列传·刘廷镜传》：字梅荪，登云堡沙水乡人……子金铎，附贡生，主事职衔。国珍，副贡生，格致科进士，翰林院编修。文炳、文蔚，俱国学生。文蔚肄业虎门陆军学堂。卷十《贡生·光绪朝》：顺天副贡，甲午科。《学堂奖励》：（谨案：光绪二十九年诏，京师大学堂、直省高等中等各学堂暨游学外国毕业，分别奖进士、举人、五贡并授职。其姓名虽具载官报而籍贯难稽，今悉本《采访册》著录，采访不及者暂从阙焉）刘国珍，格致科进士，翰林院编修。

刘彦芬　字伯玮，清末顺德逢简人。光绪二十年（1894）举人。

［民国］《顺德县志》卷八《选举表一·举人·光绪》：字伯玮，逢简人……甲午科。

朱瑄　清末南海人。光绪二十年（1894）举人。

［宣统］《南海县志》卷十《选举表·举人·光绪朝》：甲午科。

劳伯华　清末南海佛山镇人。光绪二十年（1894）举人。

［宣统］《南海县志》卷十《选举表·举人·光绪朝》：甲午科。

［民国］《佛山忠义乡志》卷十三《选举志一·举人·清》：光绪甲午，附生。

苏作矩 清末顺德大良人。光绪二十年（1894）举人。

［民国］《顺德县志》卷八《选举表一·举人·光绪》：大良人……甲午科。

李保极 清末南海佛山镇人。光绪二十年（1894）举人。

［民国］《佛山忠义乡志》卷十三《选举志一·举人·清》：光绪甲午，附生。

李锡康 清末南海人。光绪二十年（1894）举人。

［宣统］《南海县志》卷十《选举表·举人·光绪朝》：甲午科。

吴台东 清末南海人。光绪二十年（1894）举人。

［宣统］《南海县志》卷十《选举表·举人·光绪朝》：甲午科。

何家铭 字报琼，清末顺德东马宁人。光绪二十年（1894）副贡，二十九年举人。祖父栋，道光前期（约1828）进县学。

［民国］《顺德县志》卷八《选举表一·五贡·光绪》：字报琼，东马宁人。顺天榜……甲午科副贡。《举人·光绪》：癸卯科。卷十七《列传二·何邵传》：同族栋，字卿云。工诗，广东学政白镕以古学取进邑庠。食不兼味，刻苦自励。治家严整，子弟皆循循矩矱。筑山阁，购藏古籍数千卷，焚香默诵，不慕荣利。理乡族事，禁绝樗博，惰游畏避。孙家铭，光绪甲午顺天副贡，癸卯本省举人。

何源毓 清末顺德羊额人。光绪二十年（1894）举人。

［民国］《顺德县志》卷八《选举表一·举人·光绪》：羊额人，广西籍……甲午科。

张曰耀 字星若，清末顺德龙江人。光绪二十年（1894）举人。

［民国］《顺德县志》卷八《举人·光绪》：字星若，龙江人。广西籍，甲午科。

张廷弼 清末南海人。光绪二十年（1894）举人。

［宣统］《南海县志》卷十《选举表·举人·光绪朝》：甲午科。

张绍勤 清末南海佛山镇人。光绪二十年（1894）举人。

［宣统］《南海县志》卷十《选举表·举人·光绪朝》：甲午科。

［民国］《佛山忠义乡志》卷十三《选举志一·举人·清》：光绪甲午，附生。

张思燊 原名文炳，字叔留，清末顺德龙山人。光绪二十年（1894）举人。

［民国］《顺德县志》卷八《选举表一·举人·光绪》：原名文炳，字叔留，龙山人。大兴籍，拨回本省……甲午科。

张燮垣 清南海先登堡新罗乡人。光绪二十年（1894）举人。父琯生。

［宣统］《南海县志》卷十四《列传·张琯生传》：字锡祥，号蔼云，先登堡新罗乡人……子二人，燮垣，举人。卷十《举人·光绪朝》：顺天中式，甲午科。

陆颂清 清末南海佛山镇人。光绪二十年（1894）举人。

［宣统］《南海县志》卷十《选举表·举人·光绪朝》：顺天中式……甲午科。

［民国］《佛山忠义乡志》卷九《氏族志·氏系》：陆氏，系出河南，道光初年由鹤山古劳都隔荫乡迁佛山，清有举人颂清。

陈宝鋆 清末南海人。光绪二十年（1894）举人。

［宣统］《南海县志》卷十《选举表·举人·光绪朝》：甲午科。

陈炽垣 清末南海人。光绪二十年（1894）岁贡。

［宣统］《南海县志》卷十《选举表·贡生·光绪朝·甲午科》：岁贡，甲午科。

陈秉彝 清末南海人。光绪二十年（1894）举人。

［宣统］《南海县志》卷十《选举表·光绪朝》：甲午科。

陈敬彭 清末南海人。光绪二十年（1894）举人。

［宣统］《南海县志》卷十《选举表·举人·光绪朝》：顺天中式……甲午科。

陈藻鉴 清末南海人。光绪二十年（1894）举人。

［宣统］《南海县志》卷十《选举表·举人·光绪朝》：顺天中式，甲午科。

欧占元 字式之，清末顺德陈村人。光绪二十年（1894）武举，任兵部差官。

［民国］《顺德县志》卷八《选举表一·武举·光绪》：字式之，陈村人。兵部差官，甲午科。

招宝莲 字笛楼，清末南海大富堡人。光绪二十年（1894）乡试第六名副贡。住佛山，授徒为业。工书善画。十八年《芦蟹册页》款曰："壬辰冬月拟高且园法，以为子平五兄大人雅属。"二十五年《设色山水扇面》款曰："溪云乍起，日沉阁山，云骤来，风满楼。已亥夏六月画于倚华林馆寄衡石二兄大人雅属。"《人物册页》："此公为老不尊也，隆满嘴胡须，却仍手持绰板唱只解心，所谓临老入花丛也，笛楼写意。"

［宣统］《南海县志》卷十《选举表·贡生·光绪朝·甲午科》：副贡。卷二十一《列传·艺术》：字笛楼，大富堡人，副贡生。工书善画。督学徐琪按临，所至多取录美少年，迎合者至饰如妇女，宝莲绘《羊城取士图》以献，意含讥讽，琪喻其意而无如何也。晚年诗酒自娱，有名士风。

［民国］《佛山忠义乡志》卷十四《人物志七·隐逸·清》：字笛楼。大富堡人，授徒佛山因家焉……善吹笛，故号笛楼。会乡邻有斗，长老排解不能，得宝莲独倚高楼，横吹铁笛，月白风清，声振林薄，远近倾听，戾气为之顿消。昔越石吹笳而胡骑解散，其致一也。生平诗酒自娱，琴书之外别无他好，乡人咸敬之。以副贡终。

招嘉哲 清末南海人。光绪二十年（1894）举人。

［宣统］《南海县志》卷十《选举表·举人·光绪朝》：甲午科。

罗之章　清末高明城中人。光绪二十年（1894）举人。

［光绪］《高明县志》卷十二《选举表·国朝·举人·光绪朝》：城中人，二十年甲午科。

罗树勋　清末高明城中人。光绪二十年（1894）岁贡。

［光绪］《高明县志》卷十二《选举表·国朝·岁贡·光绪朝》：城中人，二十年贡。

罗桓熊　清末南海人。光绪二十年（1894）举人，官内阁中书。

［宣统］《南海县志》卷十《选举表·举人·光绪朝》：内阁中书……甲午科。

赵文翰　清末顺德碧江人。光绪二十年（1894）举人。

［民国］《顺德县志》卷八《选举表一·举人·光绪》：碧江人，顺天榜……甲午科。

郭而勉　清末南海人。光绪二十年（1894）举人。

［宣统］《南海县志》卷十《选举表·举人·光绪朝》：顺天中式……甲午科。

莫泇铁　清末南海佛山镇人。光绪二十年（1894）举人，二十四年进士，任工部主事。父以楠，叔以枋。

［宣统］《南海县志》卷十《选举表·举人·光绪朝》：甲午科。《进士·光绪朝》：主事……戊戌科。

［民国］《佛山忠义乡志》卷七《慈善志·仓储·佛山义仓》：沿及宣统元年，司事张铿华亏空巨款，镇绅冼宝榦、莫泇铁等禀请列宪奏革，监追查抄，备抵所缴银业赔偿不及三份之一。用是惩前毖后，重新改订经管章程，分为六大纲、三十四条目，大要在慎选司事、明定总理、值理权限，以钱谷出进数目，阖镇周知为主……具禀，佛山大魁堂义仓董事冼宝榦、莫泇铁、戴鸿宪、梁世澂、戴鸿惠、何颐、梁尔煤、冯熙猷、梁念棠、梁兆桢、林树熙、

卢葆森、冼鹏举、任超治、何舜门，二十四铺绅耆人等，为仓储短绌，善后宜筹，谨拟订章程，请核示立案，以图经久事……宣统元年七月。卷十一《乡事志·编年》：光绪……戊戌二十四年，莫迦铁登进士。（住观音堂铺）卷十三《选举志一·进士·清》：光绪戊戌，用主事。甲午举人，附生。《选举志二·仕宦·文职·清》：工部营缮司主事。《选举志二·封赠·清》：莫以楠，以子迦铁赠工部主事。

徐兆鹏 清末南海人。光绪二十年（1894）武举。

［宣统］《南海县志》卷十《选举表·武举·光绪朝》：甲午科。

黄汝刚 清末南海人。光绪二十年（1894）举人。

［宣统］《南海县志》卷十《选举表·举人·光绪朝》：甲午科。

黄侨生 清末南海人。光绪二十年（1894）优贡。

［宣统］《南海县志》卷十《选举表·贡生·光绪朝》：优贡，甲午科。

黄国良（清光绪） 清末南海人。光绪二十年（1894）武举。

［宣统］《南海县志》卷十《选举表·武举·光绪朝》：甲午科。

黄锡麟 清末南海人。光绪二十年（1894）举人，二十四年进士，官知县。

［宣统］《南海县志》卷十《选举表·举人·光绪朝》：甲午科。《进士·光绪朝》：知县……戊戌科。

黄颖 改名荣鼐，清末南海人。光绪二十年（1894）举人。

［宣统］《南海县志》卷十《选举表·举人·光绪朝》：改名荣鼐，甲午科。

龚景韶 清末南海人。光绪二十年（1894）举人。

［宣统］《南海县志》卷十《选举表·举人·光绪朝》：顺天中式……甲午科。

符仕龙　清末南海人。光绪二十年（1894）举人。

［宣统］《南海县志》卷十《选举表·举人·光绪朝》：甲午科。

梁元任　字觉民，清末顺德马冈人。光绪二十年（1894）举人，三十三年考职一等，任民政部主事。1922年续修《顺德县志》分纂。祖仁，父彬荣。

［民国］《顺德县志》卷八《选举表一·举人·光绪》：字觉民，马冈人。光绪丁未考职一等，民政部主事。……甲午科。卷九《封荫表·封赠·文阶》：梁仁，马冈人，以孙元任赠。梁彬荣，附生，以子元任赠。俱民政部司……主事。卷十四《艺文略·集部·别集》：《味山诗草》一卷附《述录》一卷，国朝梁仁撰。谨按：仁，字味山，马冈人。卷首《续修〈顺德县志〉职名·分纂》：民政部主事、举人梁元任。

梁永思　字砚田，清末顺德桂洲人。光绪二十年（1894）副贡。

［民国］《顺德县志》卷八《选举表一·五贡·光绪》：字砚田，桂洲人……甲午科副贡。

梁庆年　清末南海人。光绪二十年（1894）举人。

［宣统］《南海县志》卷十《选举表·举人·光绪朝》：甲午科。

梁念棠　字伯憩，清顺德马冈人，光绪二十年（1894）举人，官澄海教谕。祖羽琨，父迪生，弟汝棻。

［民国］《佛山忠义乡志》卷首《职名表·纂修兼督刊》：梁念棠。卷九《氏族志·氏系》：梁氏，系出安定，清由顺德迁佛山，有举人澄海教谕念棠、民政部主事元任、知县汝棻。卷十三《选举志二·封赠·清》：梁羽琨，以孙念棠赠澄海教谕、汝棻赠广西试用知县……梁迪生，以子念棠赠澄海教谕、汝棻赠广西知县。《选举志一·举人·清》：光绪甲午，顺天监生。《选举志二·仕宦·文职·清》：澄海教谕。卷十四《人物志六·义行·清·梁迪生传》：子念棠，举人，官澄海教谕，调补昌化。汝棻，优廪生，广西试用知县，赠迪生如其官。

［民国］《顺德县志》卷八《选举表一·举人·光绪》：字伯憩，马冈人。顺天榜，澄海县教谕……甲午科。

梁泮　清末南海人。光绪二十年（1894）举人。

［宣统］《南海县志》卷十《选举表·举人·光绪朝》：顺天中式……甲午科。

梁荫贻　字季伟，清末顺德乌洲人。光绪二十年（1894）举人。父南桥，兄锡祥。

［民国］《顺德县志》卷八《选举表一·举人·光绪》：字季伟，乌洲人，顺天榜，锡祥弟……甲午科。卷九《封荫表·封赠·文阶》：梁南桥，乌洲人，以子锡祥赠知县，荫贻加赠民政部……主事。

梁钟璐　清南海佛山镇人。福建升用知县、福建盐大使。父世澂，弟钟浚。

［民国］《佛山忠义乡志》卷十三《选举志二·仕宦·文职·清》：福建升用知县。卷十四《人物志六·义行·清·梁世澂传》：长子钟璐，福建盐大使。

梁钟浚　名或作钟俊，清南海佛山镇人。光绪二十年（1894）举人。父世澂，兄钟璐。

［宣统］《南海县志》卷十《选举表·举人·光绪朝》：梁钟俊，顺天中式……甲午科。

［民国］《佛山忠义乡志》卷十三《选举志一·举人·清》：光绪甲午，顺天监生。《选举志二·仕宦·文职·清》：直隶补用同知。卷十四《人物志六·义行·清·梁世澂传》：次钟浚，举人，直隶补用同知，加级晋封通奉大夫。

梁锡祥　字鸾伯，清末顺德乌洲人。光绪二十年（1894）举人第一名，江西试用知县。1922年续修《顺德县志》参与采访。父南桥，弟荫贻。

［民国］《顺德县志》卷八《选举表一·举人·光绪》：字鸾伯，乌洲人，解元，荫贻兄……甲午科。卷九《封荫表·封赠·文阶》：梁南桥，乌洲人，以子锡祥赠知县，荫贻加赠民政部……主事。卷首《续修〈顺德县志〉职名·二区采访》：江西试用知县、举人梁锡祥。

曾广华　字仲衮，清末顺德大罗村人。光绪二十年（1894）举人。兄广瀛。

［民国］《顺德县志》卷八《选举表一·举人·光绪》：曾广瀛，字饶典，大罗村人。丁未考职一等，签分湖南知县，署兴宁县事。广华兄……癸卯科。《举人·光绪》：字仲衮，大罗村人……甲午科。

赖逢清　字兰沼，清末顺德龙山人。光绪二十年（1894）举人。

［民国］《顺德县志》卷八《选举表一·举人·光绪》：字兰沼，龙山人。广西籍……甲午科。

谭聪彦　号达宸，清南海大富乡（今属禅城张槎）人。光绪二十年（1894）广州鼠疫时，设厂聘医，购地埋尸，寿68岁。子彤辉，孙颐年。

［宣统］《南海县志》卷二十《列传·善行》：号达宸，大富乡人。诚笃好善，事母孝，先意承志，至老不衰，年六十有八，先母卒，弥留时长呼"阿奶"，闻者酸鼻。生平嗜义若嗜欲，能不顾其身以济人。光绪二十年甲午，羊城鼠疫流行蔓延，远近人触其气病辄死，日以百数计，医者束手。聪彦戚然伤之，闻有李成者尝起死人于路，即谋之同志，聘成赠医，捐金为倡，众响应，遂就旷地支篷为厂，用器毕备，竟日而办。越日开局，求医者皆应手愈，始数十人，继逾百人。越三日，成偕两徒至，来者麇集如剧场，三人相与诊治，并惫不可支，汤液竭数巨瓮，而来者复接踵不绝，成惧，与其徒逾垣遁。由是益延惠州医者，亦偕两徒至，犹不给。复延花县医者数人，又得女医两人，并将厂增拓至容数百人。危者别厂处之，毙者购地埋之，活者万余。时沴气蒸腾，同人有染疫遽仆地不起者，人多畏避。聪彦终日巡视，重者辄令先诊，惟频饮李成药自卫，卒事竟无恙。子彤辉，光绪二年举人，大挑知县。孙颐年，邑庠生。

潘应铿　清末南海人。光绪二十年（1894）举人。弟应钊。

［宣统］《南海县志》卷十《选举表·举人·光绪朝》：应钊兄……甲午科。

潘炎熊 清末南海人。光绪二十年（1894）举人。

［宣统］《南海县志》卷十《选举表·举人·光绪朝》：甲午科。

潘家桂 清末南海人。光绪二十年（1894）举人。

［宣统］《南海县志》卷十《选举表·举人·光绪朝》：甲午科。

潘景鎏 字赐坡，清末顺德冲鹤人。光绪二十年（1894）副贡。

［民国］《顺德县志》卷八《选举表一·五贡·光绪》：字赐坡，冲鹤人……甲午科副贡。

潘耀焜 清末南海佛山镇人。光绪二十年（1894）举人。

［宣统］《南海县志》卷十《选举表·举人·光绪朝》：甲午科。

［民国］《佛山忠义乡志》卷十三《选举志一·举人·清》：光绪甲午，附生。

黎民献 清末南海人。光绪二十年（1894）岁贡。

［宣统］《南海县志》卷十《选举表·贡生·光绪朝·甲午科》：岁贡。

霍彰 清末南海人。光绪二十年（1894）赐副贡。

［宣统］《南海县志》卷十《选举表·贡生·光绪朝·甲午科》：钦赐副贡。

何藻翔 （1865—1930）字翙高，清末顺德杏坛马宁乡人。光绪八年（1882）举人，十八年进士，官兵部主事，升外务部员外郎。甲午之战惨败，与礼部主事罗凤华（顺德大良人）上疏弹劾兵部尚书孙毓汶。著有《邹崖集》，所编《岭南诗存》以精审见称于世。父家饶，光绪二年（1876）武进士。子鸿暻。

［民国］《顺德县志》卷八《选举表一·举人·光绪》：字翙高，马宁人，顺天榜，家饶子……壬午科。《进士·光绪》：兵部主事，升外务部员外郎，壬辰科。《学堂奖励（附）·举人》：何鸿暻，马宁人。京师译学馆毕业，农工商部主事。藻翔子。卷首《续修〈顺德县志〉职名·总纂》：外务部员外郎、进士何藻翔。

麦鸿钧　（1866—1918）字志昭，号惠农，清末三水沙头人。光绪三十年（1904）进士，选庶吉士，改法部参事。又考录经济特科。1905年奉朝谕赴日本、美国考察，旋任驻纽约州领事。辛亥革命后罢官归国，隐居上海。

［民国］《三水县志艺文略稿》：《惠庐遗集》四卷，清麦鸿钧撰。按：鸿钧，字志昭，号惠农，沙头人。光绪三十年进士，选庶吉士，未散馆改法部参事。遗集其女夫某拟刊之辽宁，民国二十年辽宁陷，集恐散失矣。

张元钰　（1866—1920）字式如，清末顺德龙江人。光绪十一年（1885）举人，公车上书列名。入四川新都监税，辛亥革命罢官。病殁，家无余资，宝光寺僧为之营葬。书法似朱熹，尹仲赐刊其《片香集》行世。

［民国］《顺德县志》卷八《选举表一·举人·光绪》：龙江人，顺天榜……乙酉科。

冯品荃　字藻南，清末顺德龙山人。光绪二十二年（1896）岁贡。

［民国］《顺德县志》卷八《选举表一·五贡·光绪》：字藻南，龙山人，丙申岁贡。

朱之绂　（1867—1890）字来卿，小名三同，清末南海九江人。父次琦。

［宣统］《南海县志》卷十七《列传·孝义》：字来卿，次琦子也。小名三同，生与父同庚，与世父士琦同月日，故名。幼警敏而善病，不能力学。年十五宅父忧，悲泣如成人，读礼之余，披览故籍，过目辄能记。自是始志于学，而严于择师，惟博访其父生平遗说为门人所录存者，钞读而熟服之。研精声音、训诂之学，触类旁通，虽名宿无以远过。善书法，篆、隶、楷、草无弗工。家故多藏碑版，摹仿能得其神似，素称善书者不能及也。宗人委办沙田换照、新承沙坦事，辞谢弗获，事成，酬以百金，再三辞，卒不受。年二十有二，母黄宜人以微疾终，昼夜恸哭，水浆不入于口。既葬，乃于居室后隙地构庐以居，置苫块寝处其中，设素案悬父及黄宜人像，朝夕哭临，每哭常终朝。时天气新热，汗透绵袄，泪若涌泉，旬日遂咯血，恐为生母忧，

禁家人勿言。日食粗粝，佐以白汤而已。既卒哭，从生母劝，始稍食蔬菜，日犹呜咽，每遇朔望及佳节，辄放声大哭不能禁也。九月望日，哭极哀，后二日呕血两日乃止，家人延医调治，劝食肉，数日即复蔬食，劝之不食，曰："疾止，当复故也。"明年九月，顺德梁孝廉耀宸卒，其仲姊夫也。齐衰①往，哭之哀，还家，复呕血，而疾益深矣。然矜严自持，未尝示人以困惫状。黄宜人大祥设祭，拜跪犹如常人，逾月，遂不起，时光绪十六年四月初八日也，年仅二十有四，无子。夫明德之后有达人，以之绂资性纯笃，才器宏达，动必以礼，谓非得天独厚者欤？使假以永年，必为继世象贤矣，不幸哀毁以殁，岂不大可惜哉！

龙凤镳 （1867—1909）字伯鸾，清末顺德大良人。监生，安徽补用同知。为清晖园龙氏族人，家富藏书，曾精心整理元朝学者王大渊著作《知服斋丛书》。表哥梁鼎芬有《寄题龙伯鸾复园》诗，顺德市博物馆藏其1898年《楷书四屏》。

[民国]《顺德县志》卷十四《艺文略·子部·杂家》：《知服斋丛书》，国朝龙凤镳辑。谨按：凤镳，字伯鸾，大良人，安徽补用同知。

区大典 字慎辉，号徽五，晚号遗史氏，清末南海县西樵松塘村人。光绪二十三年（1897）举人，二十九年进士，选翰林院庶吉士，编修，诰授中宪大夫。民国后移居香港，任香港大学堂经学总教习、尊经学校校长等。1927年，香港大学中文系聘为专任讲师。古文出入韩愈、欧阳修，史学研究兵事地理，经学博宗北宋周敦颐和程颐，不拘于一家学说。纯粹精微，诲人不倦，先后兼掌教数十校，著有《孟子通义》《老子注》《大学中文经学课本》等。晚年潜心《易》学，撰《易经讲义》未竟而卒，年72岁。

[宣统]《南海县志》卷十《选举表·举人·光绪朝》：丁酉科。《进士·光绪朝》：编修……癸卯科。

区恭迈 字燕天，清末顺德水藤人。光绪二十三年（1897）

---

①齐衰（zīcuī）：亦作"齐缞"，丧服。

岁贡。

［民国］《顺德县志》卷八《选举表一·五贡·光绪》：字燕天，水藤人，丁酉岁贡。

区颂 清末南海人。光绪二十三年（1897）举人。

［宣统］《南海县志》卷十《选举表·举人·光绪朝》：丁酉科。

邓杰恒 字冠南，清末顺德水藤人。光绪二十三年（1897）副贡。

［民国］《顺德县志》卷八《选举表一·五贡·光绪》：字冠南，水藤人……丁酉科副贡。

邓宝麒 清末南海人。光绪二十三年（1897）举人。

［宣统］《南海县志》卷十《选举表·举人·光绪朝》：丁酉科。

邝兆彤（清光绪） 清末南海人。光绪二十三年（1897）与子芝祥同榜举人。

［宣统］《南海县志》卷十《选举表·举人·光绪朝》：邝兆彤。邝芝祥，兆彤子，父子同榜……丁酉科。

龙祝莱 字仲礼，清末顺德大良人。光绪二十三年（1897）举人。

［民国］《顺德县志》卷八《选举表一·举人·光绪》：字仲礼，大良人。顺天榜……丁酉科。

卢宝彝 字卫星，清顺德勒流大晚乡人。光绪二十三年（1897）拔贡，二十七年副贡。兄乃潼。

［民国］《顺德县志》卷八《选举表一·五贡·光绪》：字卫星，大晚人。丁酉拔贡，辛丑副贡。乃潼弟。

江清华 清末南海人。光绪二十三年（1897）举人。

［宣统］《南海县志》卷十《选举表·举人·光绪朝》：丁酉科。

刘尚文　清末南海人。光绪二十三年（1897）举人。

［宣统］《南海县志》卷十《选举表·举人·光绪朝》：丁酉科。

刘藻芬　字荨亭，清末顺德谈义人。光绪二十三年（1897）举人。

［民国］《顺德县志》卷八《选举表一·举人·光绪》：字荨亭，谈义人……丁酉科。

关鸿钧　清末南海人。光绪二十三年（1897）武举。

［宣统］《南海县志》卷十《选举表·武科选举·武举·光绪朝》：丁酉科。

辛耀光　字伯衡，清末顺德北滘人。光绪二十三年（1897）举人，官内阁中书、江苏试用道。

［民国］《顺德县志》卷八《选举表一·举人·光绪》：字伯衡，北滘人，顺天榜。内阁中书，江苏试用道……丁酉科。

麦国章　清末顺德吉祐人。光绪二十三年（1897）副贡，1922年续修《顺德县志》参与采访。

［民国］《顺德县志》卷八《选举表一·五贡·光绪》：吉祐人，顺天榜……丁酉科副贡。卷首《续修〈顺德县志〉职名·八区采访》：副贡麦国章。

麦嘉颖　清末南海人。光绪二十三年（1897）举人。

［宣统］《南海县志》卷十《选举表·举人·光绪朝》：丁酉科。

劳植楠　清末南海人。光绪二十三年（1897）优贡。

［宣统］《南海县志》卷十《选举表·贡生·光绪朝·丁酉科》：优贡。

苏传衔　字冰叔，清末顺德碧江人。光绪二十三年（1897）举人。

［民国］《顺德县志》卷八《选举表一·举人·光绪》：字冰叔，碧江人。

顺天榜……丁酉科。

杨荣照 字伯誉，清末南海佛山镇人。光绪二十三年（1897）岁贡，官训导。寿66岁。父永健，子鼎新。

［宣统］《南海县志》卷十《选举表·贡生·光绪朝·丁酉科》：岁贡。

［民国］《佛山忠义乡志》卷九《氏族志·氏系》：杨氏，系出弘农，明末由大沙迁佛山文会里，清有训导清涯、举人澄芳、知事逢春、训导荣照、县丞鼎新、守备遂安。卷十三《选举志二·封赠·清》：杨荣照，以子鼎新封奉直大夫。《选举志二·仕宦·文职·清》：杨鼎新，云南试用县丞。卷十四《人物志四·文苑·清》：字伯誉，岁贡生。其先世饶于财，父永健，好行其德，军兴勒富户助饷，欺其良懦，几至破产。又值红巾之乱，转徙流离，器用财贿失耗殆尽，惟书籍数十橱独完，谓荣照曰："昔人有言：'积书以遗子孙，子孙未必能读。'是在汝矣！"荣照益发愤，从九江朱子襄先生游，前后六年，学问益进。弱冠进庠，食廪饩者二十年，始贡于廷。性恬澹不就铨，日与诸名士诗酒为欢。工书法，出入王、赵，参以南宫，祠庙榜题多其手笔。三杯称圣，生趣盎然，卒中酒病而殁，年六十有六。著有《四书述闻》六卷、《字学启蒙》一卷、《命理精蕴》一卷藏于家。卷首《职名表》：缮书杨鼎新。

吴鸾 字赞臣，清末顺德大良人。光绪二十三年（1897）举人。

［民国］《顺德县志》卷八《选举表一·举人·光绪》：字赞臣，大良人……丁酉科。

吴椿龄 字伯齐，清末顺德黎村人。光绪二十三年（1897）举人。

［民国］《顺德县志》卷八《选举表一·举人·光绪》：字伯齐，黎村人……丁酉科。

何乾生 字惕存，清末顺德羊额人。光绪二十三年（1897）举人，官云南盐大使。

［民国］《顺德县志》卷八《选举表一·举人·光绪》：字惕存，羊额人。云南盐大使……丁酉科。

何颐 清末南海佛山镇人。光绪二十三年（1897）举人。

［宣统］《南海县志》卷十《选举表·举人·光绪朝》：丁酉科。

［民国］《佛山忠义乡志》卷九《氏族志·氏系》：何氏，系出庐江。明有同知瑶、知县予芳、教授子高，清有进士肇宗、知县龙春、举人颐。

何耀燊 字智亭，清末顺德水藤人。光绪二十三年（1897）举人。

［民国］《顺德县志》卷八《选举表一·举人·光绪》：字智亭，水藤人。顺天榜，丁酉科。

邵廷槐 清末南海人。光绪二十三年（1897）武举。

［宣统］《南海县志》卷十《选举表·武科选举·武举·光绪朝》：丁酉科。

陈灿冕 清南海人。光绪二十三年（1897）举人。伯植槼，父植恕。

［宣统］《南海县志》卷十《选举表·举人·光绪朝》：植恕子……丁酉科。

陈祥和 字晓芸，清末顺德教德人。光绪二十三年（1897）举人，官广西迁江县知县。1922年续修《顺德县志》参与采访。

［民国］《顺德县志》卷八《选举表一·举人·光绪》：字晓芸，教德人。知广西迁江县……丁酉科。卷首《续修〈顺德县志〉职名·五区采访》：广西迁江县知县、举人陈祥和。

张云翼 字印若，清末顺德龙江人。光绪二十三年（1897）举人，二十九年进士，山西即用知县。1922年成立续修《顺德县志》局，协理局务。

［民国］《顺德县志》卷八《选举表一·举人·光绪》：字印若，龙江人……丁酉科。《进士·光绪》：山西即用知县……癸卯科。卷首《续修〈顺德县志〉职名·协理局务》：山西即用知县、进士张云翼。

张尔铣 清末南海人。光绪二十三年（1897）赐副贡。

［宣统］《南海县志》卷十《选举表·贡生·光绪朝·丁酉科》：钦赐副贡。

张孟璥 清末南海人。光绪二十三年（1897）优贡，官兴宁教谕。

［宣统］《南海县志》卷十《选举表·贡生·光绪朝·丁酉科》：优贡，兴宁教谕。

郑桂声 清末南海人。光绪二十三年（1897）武举。

［宣统］《南海县志》卷十《选举表·武科选举·武举·光绪朝》：丁酉科。

林兆烜 清末南海人。光绪二十三年（1897）举人。

［宣统］《南海县志》卷十《选举表·举人·光绪朝》：丁酉科。

林耀增 清末南海人。光绪二十三年（1897）举人，次年进士，官主事。

［宣统］《南海县志》卷十《选举表·举人·光绪朝》：丁酉科。《进士·光绪朝》：主事……戊戌科。

罗长龄 清末顺德大良人。光绪二十三年（1897）武举。

［民国］《顺德县志》卷八《选举表一·武举·光绪》：大良人……丁酉科。

罗凤标 字雪怀，清末顺德大良人。光绪二十三年（1897）副贡。

［民国］《顺德县志》卷八《选举表一·五贡·光绪》：字雪怀，大良人……丁酉科副贡。

罗豫淞 字少香，清顺德大良人。光绪二十三年（1897）副贡，福建候补道。祖惇衍，父荼，伯椝，叔桀、槩。

［民国］《顺德县志》卷十七《列传二·罗惇衍传》：孙豫澂、豫潆、豫淮，均庠生。豫淞，光绪丁酉副贡，福建候补道。卷八《选举表一·五贡·

光绪》：字少香，大良人。福建补用道。惇衍孙，棻子……丁酉科副贡。

黄玉诏　清末顺德沙头人。光绪二十三年（1897）举人。

［民国］《顺德县志》卷八《选举表一·举人·光绪》：沙头人……丁酉科。

黄协吉　清末顺德吉祐人。光绪二十三年（1897）副贡。

［民国］《顺德县志》卷八《选举表一·五贡·光绪》：吉祐人。顺天榜，丁酉科副贡。

黄绍贤　清末南海平地乡（今属大沥）人。光绪二十三年（1897）举人，官法部郎中。父明亮，母罗氏。

［宣统］《南海县志》卷十《选举表·举人·光绪朝》：顺天中式，法部郎中……丁酉科。卷二十三《列传·列女》：黄罗氏，平地乡游击衔明亮侧室，举人绍贤生母也。慈祥有识，不类凡妇，事大妇体会入微，抚诸子逾于所出，宗党贫者婚丧资助不少吝。每遇风灾水患，辄捐巨款助赈，谓多出一金即多救一人，早赈一日即多救无算。光绪二十八年，报捐千金以助兴学，蒙赏给“急公好义”字样建坊。以出嗣子绍贤贵，貤赠一品夫人。

崔肇琳　清末南海人。光绪二十三年（1897）拔贡、举人，次年进士，选庶吉士，改陕西华阴知县。

［宣统］《南海县志》卷十《选举表·贡生·光绪朝·丁酉科》：广西籍拔贡。《举人·光绪朝》：广西籍……丁酉科。《进士·光绪朝》：广西籍，庶吉士，改华阴知县，戊戌科。

梁世纶　字温甫，清顺德光华人。光绪二十三年（1897）优贡。父耀枢，兄弟世经、世纮。

［民国］《顺德县志》卷二十《列传五·梁耀枢传》：子世经、世纮，皆诸生。世纶，丁酉优贡。卷八《选举表一·五贡·光绪》：字温甫，光华人，丁酉优贡，耀枢子。

梁庆镛　字雁汀，清末顺德水藤人。光绪二十三年（1897）举人，官浙江桐庐县知县。祖皆仰，父廷襄。

［民国］《顺德县志》卷八《选举表一·举人·光绪》：字雁汀，水藤人。知浙江桐庐县……丁酉科。卷九《封荫表·封赠·文阶》：梁皆仰，水藤人，以孙庆镛赠。梁廷襄，以子庆镛赠。俱浙江桐庐县……知县。

梁载恩 字仲池，清顺德高赞人。光绪二十三年（1897）举人。父耀南。

［民国］《顺德县志》卷八《选举表一·举人·光绪》：字仲池，高赞人，耀南子……丁酉科。

游炳堃 清末南海人。光绪二十三年（1897）举人。

［宣统］《南海县志》卷十《选举表·举人·光绪朝》：顺天中式……丁酉科。

蔡用僖 字搴冈，清末顺德龙江人。光绪二十三年（1897）副贡。

［民国］《顺德县志》卷八《选举表一·五贡·光绪》：字搴冈，龙江人……丁酉科副贡。

蔡光弼 清南海佛山镇人。光绪二十三年（1897）举人，顺天中式，福建候补道。曾祖济羹，祖锡辉，父宗瀛。

［宣统］《南海县志》卷十《选举表·举人·光绪朝》：顺天中式，福建候补道……丁酉科。《封荫·光绪朝》：蔡济羹，以曾孙光弼福建候补道一品封典赠荣禄大夫。蔡锡辉，以孙光弼福建候补道一品封典赠荣禄大夫。蔡宗瀛，以子光弼福建候补道一品封典赠荣禄大夫。

［民国］《佛山忠义乡志》卷首《职名表·评议》：蔡光弼。卷十四《人物志六·宦迹·清·蔡宗瀛传》：子二人，光弼，领光绪丁酉乡荐，福建候补道署福建延建邵道，兼统领福安水军。孙燊尧，直隶候补县丞。

黎昌禧 字子周，清顺德昌教人。光绪二十三年（1897）举人。父如玮。

［民国］《顺德县志》卷八《选举表一·举人·光绪》：字子周，昌教人，如玮子……丁酉科。

黎祺 字寿南，清末顺德昌教人。光绪二十三年（1897）武举。

［民国］《顺德县志》卷八《选举表一·武举·光绪》：字寿南，昌教人，丁酉科。谨按：武科至是停止。

黎斯谦 字撝仲，清末顺德西岸人。光绪二十三年（1897）举人，任广西知县。宣统二年（1910）考职一等。祖在能，嗣父昭荣，生父铨荣。

［民国］《顺德县志》卷八《选举表一·举人·光绪》：字撝仲，西岸人。宣统庚戌考职一等，签分广西知县……丁酉科。卷九《封荫表·封赠·文阶》：黎在能，西岸人，以孙斯谦赠。黎沛能，以出嗣孙斯谦赠。黎昭荣，以子斯谦赠。黎铨荣，以出嗣子斯谦赠。俱江西试用知县。

戴曾谦 清南海佛山镇人。光绪二十三年（1897）举人。官直隶知县。祖其芬，父鸿宪，叔鸿慈、鸿惠。

［宣统］《南海县志》卷十《选举表·举人·光绪朝》：鸿宪子，直隶知县……丁酉科。

冯愿 （1868—1943）字侗若，南海人。少时充学海堂及菊坡精舍专经生。光绪二十三年（1897）举人，后以内阁中书回籍。任两广学务处官书编纂，嗣改任图书科科长、广东修志局分纂，兼办广东图书馆筹备事宜。民国任中山大学教授，广州大学兼广东省军事政治学校教授。病逝于广东曲江。著有《猥斋丛钞》《独抱·经说》《篆楷书异文考》《孝经实践录》等。

［宣统］《南海县志》卷十《选举表·举人·光绪朝》：丁酉科。

关文彬 （1868—1966）字均笙，南海人。光绪二十三年（1897）举人，二十九年进士，签分兵部主事，入进士馆肄业。经过考试，任商部主事、员外郎，兼公司注册局总核、商务司主稿。民国成立后，任北洋政府工商部佥事科长。1914年改农商部佥事科长，1922年农商部参事，旋调商标局会办，1924年任参事、司长。1928年政府南迁，去职，1930年任南京政府铁道部秘书，1937年南京沦陷，辗转至北京家居。1947年任河北省通志馆文牍主任一年。1952年为中央文史馆馆员。著有《学海堂读书札记》8卷、《说文释例》6卷。

［宣统］《南海县志》卷十《选举表·举人·光绪朝》：丁酉科。《进士·光绪朝》：主事……癸卯科。

梁鸣皋　（1868—?）清末南海石湾石梁村（今属禅城）人。光绪二十九年（1903），与弟鸣治（1879—1943）一同中举。父金韬。

［宣统］《南海县志》卷十《选举表·举人·光绪朝》：金韬子……癸卯科。

伍长芬　字惕若，清末顺德勒流人。6次乡试不中，以增贡生助饷奖训导。光绪二十四（1898）至二十六年及宣统二年（1910）赈饥。寿70岁。子颂圻，1922年续修《顺德县志》，任分纂兼编辑。

［民国］《顺德县志》卷二十《列传五》：字惕若，勒楼人。性聪颖，好读书。以增贡生助饷奖训导，乡试六荐不售，遂绝意进取。居乡族兴利除害，必首倡而力任之。以祭产歉薄，因地利建水埠，设桑市、鱼市、茧市、瓜菜市，订立成规，招徕商贾，由是资用饶裕。乡中赌商承饷以陋规进，峻拒不纳。南保围当甘滩东下之冲，频年西潦，迭濒于危，长芬提倡修补，躬任厥役，围基以固。光绪戊戌、庚子、甲辰岁饥，举办族中平粜，众赖存活。宣统庚戌又饥，族中分给子弟耕食资公款未办，长芬先自捐出后乃筹还，屡举不倦。卒年七十。子颂圻，邑庠生，教忠学堂毕业奏奖拔贡，以直隶州州判签分广西补用。卷九《封荫表·封赠·文阶》：勒楼人，训导，以子颂圻封广西直州判。伍少涤，以弟颂圻貤封直隶州州判。卷首《续修〈顺德县志〉职名·分纂兼编辑》：广西直州判、奏奖拔贡伍颂圻。

邓家让　（1870—1936）又名滔任，字友先，号恭叔，清末民初三水白坭中灶村人。父为富商，人称邓百万，在乡中建有邓裕安堂。晚清孝廉，年青时，与兄家仁在广州加入时敏学会，参与变法维新。东渡日本留学，受业梁启超门下。戊戌政变失败，因参与保皇，避走南洋。光绪二十七年（1901），在北婆罗洲沙涝越诗旺埠，租赁土地8000多亩，组建广东农业公司，成为第一个到马来西亚投资开发的三水人。翌年，回广州设立工人招募处，从四会、清远、三水等地招募华工500多人，前往开垦种植胡椒。辟建码头名曰广东港，以运销产品。锐意经营，盛誉日起。第一次世界大战爆发，交通受阻，胡椒跌价，公司破产。无偿将土地、作物、设施分给工人，携眷归国。1917—1919年，接替其兄家仁，担任时敏中学校长之职。后曾任广东省政府秘书。病逝于广州。

［宣统］《南海县志》卷六《建置略·学校·学堂·捕属》：时敏中学堂，在西关多宝大街。光绪二十四年，邓家让等公建。

简照南 （1871—1923）原名耀登（一作东），字肇章，号照南，清末民初南海黎涌人。13岁丧父，停学做工。17岁到香港，在叔父铭石的瓷器店工作。后创立顺泰轮船公司，航线远达欧美。光绪三十一年（1905）在香港集资创办南洋烟草公司，被外商挤压歇业。宣统元年（1909），与弟简玉阶复创南洋兄弟烟草公司，得国人、华侨支持，迅猛发展。1915年在上海开分厂，供不应求。1919年改为股份有限公司，分公司遍布国内各地，远达南洋群岛，成为实业巨子。凡遇大灾情，必多所捐赠。病逝于上海。父汉达，弟玉阶。

［民国］《佛山忠义乡志》卷五《教育志一·义学》：南洋竹嘴厂义学，在栅下果栏街。民国十年，南洋兄弟烟草公司简照南、玉阶、英甫兄弟创办。司理吴仲文，教员袁心恪。学生百余人，不收学费。卷六《实业志·工业·私立各工厂》：南洋兄弟烟草公司竹嘴厂，在栅下天后庙，创办者吴仲文、简照南、简玉阶、简英甫。民国五年冬开办，专用机器制造纸卷烟所用竹嘴。初名永华兴，成立年余，资本折阅殆尽，旋归公司专办，始改今名。公司暨董厥事者竭力维持，卒能规复旧观，且递年发展。九年新建斯厂，地宽十亩，工人多至七百余，并附设织造厂其中。继又增建南苑一所于厂后，池亭林石咸备，以为游息之所。附近妇女以工作得所并蒙其利，不独兴土货、挽利权已也。祥利织造厂，附设于栅下南洋烟草公司竹嘴厂内。民国十年，简照南妻潘杏浓创办，专织纱缎布匹，有女工二百余人。卷十四《人物志八·货

殖·清》：以字行，南海藜涌乡人。父汉达，有隐德，子五，照南居长，性敦敏，甫就塾即异于常童。年十三，父故，诸弟俱幼，迫于生事，孑身赴东瀛，依其叔铭石贩瓷业。久之谓叔父曰："商场争利当务其远者，今海禁大开，区区贩运，未足制胜，请自树一帜与角逐。"叔壮之，助以资。初办口岸货税，因得其出进之数。继改营航业，创顺泰轮船公司，置巨舶往来日本、暹罗、安南，远及欧美各大埠，由是周知寰球风气与所以致富强之术。以烟草一项每岁输入内地，恒攫我千万金钱而去，及此不图，漏卮曷已。研究逾年，得其窾要，遂舍航业，于光绪乙巳在香港发起集资，创办南洋烟草公司。期年以资绌折阅殆尽，而迈往之气不少沮。既自罄所积，叔铭石复以大力助之，再接再厉，改为南洋兄弟烟草公司。与仲弟玉阶悉心规划，叔弟英甫则赴南洋开拓支店，而己总其成。中间阢陧万状，卒莫能撼，自是植基孔固，国人土物是爱，获利日丰。复别设制造厂于沪上，诸分公司且星罗棋布于各行省及南洋群岛矣。又以为私之一家，其利不普，爰不惜以已成之局公诸国人，增订章程，招人投资，共享其利，依照有限公司条例，注册移设总公司于沪上，规模益远。业既扩张，财用亦大，声气所及，与各国大资本家相抗衡。国家恒倚为缓急，每举一事，捐输动以巨万计。其荦荦大者，如历年在粤振济风灾、水灾，救济粮食，及捐振直、鲁、豫、晋、湘、鄂、秦、陇、苏、浙、滇、黔等省各偏灾，捐助复旦大学、南开大学、武昌大学、暨南中学校、市北公学，资送欧美留学。其他创设族学、女学、孤儿教育院、贫民教养院、残废收养院，与乎修谱、建祠、资助各社团者，尤不可枚举。迭奉大总统褒题扁额，赏给二等大绶嘉禾章、二等宝光嘉禾章，晋给一等大绶嘉禾章，清赐御书匾额。每膺荣典，辄自欿然曰："佛言布施有三，财施为下，又因以获名，毋乃滋愧乎？"盖好善根于天性，而素耽禅悦，深得慈悲之旨，有若视为当然者。在沪辟南园，延谛公、印公两高僧说法，环听者日数百人，传为盛会。由是参透佛理，虽当百务倥偬，而心神澄淡，靡不措置裕如，非谈虚语玄者比，其志愿宏大，识力坚定，晚近间诚不易觏也。生平敦崇孝友，五弟本遗腹子，十三而殇，恐伤母氏心，安慰备至，海外珍物馈问不绝，务得其欢心而后已。母亦以服贾大义相劝勉，家庭之间融融泄泄如此。及母卒，哀问驰至，颜毁骨立，壹是如礼。远适异国，得复见汉官威仪，凡我华侨无不感动。又以公司成立得力于叔父铭石，所以酬报之者甚厚。季弟鉴川中年病歿海隅，抚遗孤有加无已。尝训诸子谓："物力艰难，丝缕当惜。至于周急拯危及善举待兴，又须知皆吾分内事，不当吝也。"又曰："金钱者多取为厉，须能聚能散，自社会取之，当为社会用之。"诸子奉教唯谨。积年劳悴，体渐弱，癸亥九月病终沪寓，年五十有三，讣闻，中外同声悼叹。弥留之际，问其弟玉阶何言，玉阶曰："万缘皆空耳。"应声曰："我来本空，去也何言？"

遂不语。呜呼，可不谓畸人哉！照南有别业在佛山，商务亦盛。诸善举知无不为……为镇人所重。

孔继藩 清末南海人。光绪二十六年（1900）岁贡。

［宣统］《南海县志》卷十《选举表·贡生·光绪朝》：岁贡……庚子科。

冯怀清 清末南海人。光绪二十六年（1900）岁贡。

［宣统］《南海县志》卷十《选举表·贡生·光绪朝》：岁贡……庚子科。

阮培根 清末南海人。光绪二十六年（1900）赐副贡。

［宣统］《南海县志》卷十《选举表·贡生·光绪朝》：钦赐副贡……庚子科。

阮福禧 清末南海人。光绪二十六年（1900）岁贡。

［宣统］《南海县志》卷十《选举表·贡生·光绪朝》：岁贡……庚子科。

何枕石 清末顺德仕版人。光绪二十六年（1900）母病数月，夫妻日夜伺候。后弃家，入罗浮山而死。

［民国］《顺德县志》卷二十《列传五》：仕版人。少以孝闻，妻麦克承其志。光绪庚子母曹病数月，枕石日夜手煎汤药进。母卒，痛不欲生，水浆不入口七日。及出殡，属妻守孝于家，而自庐墓于大良锦屏山三年，茹素终身，日夜号泣，里人称为廿五孝。后弃妻子，入罗浮山而死。

陈邦杰 清末南海人。光绪二十六年（1900）恩贡，次年举人。

［宣统］《南海县志》卷十《选举表·贡生·光绪朝》：恩贡……。《举人·光绪朝》：庚子辛丑并科。

梁铭恩 清末南海人。光绪二十六年（1900）恩贡。

［宣统］《南海县志》卷十《选举表·贡生·光绪朝》：副贡……庚子科。

梁鸣球 清末南海人。光绪二十六年（1900）恩贡。

［宣统］《南海县志》卷十《选举表·贡生·光绪朝》：副贡……庚子科。

谢锡璜 清末南海人。光绪二十六年（1900）副贡。

［宣统］《南海县志》卷十《选举表·贡生·光绪朝》：顺天副贡……庚子科。

谭杞 清末南海人。光绪二十六年（1900）赐副贡。

［宣统］《南海县志》卷十《选举表·贡生·光绪朝》：钦赐副贡……庚子科。卷十一《艺文略·集部·别集》：《近市集》一卷，《赋闲集》一卷，国朝谭杞撰。

黄家骏 （1871—1900）字邦民，清末南海大沥小桥乡人。光绪二十三年（1897）拔贡、举人，次年进士，以刑部主事用。1900年庚子之变，仓皇奔避归，病卒，仅30岁。

［宣统］《南海县志》卷十四《列传》：字邦民，平地堡小桥乡人。光绪二十三年丁酉拔贡、举人，逾年成进士，以刑部主事用。在京值庚子之变，仓皇奔避归。抵里，值所居火，以手移篋，误触其胸，吐衄旋卒，年仅三十。

黎湛枝 （1871—?）字露苑，南海县三江司金紫堡（今狮山镇狮岭黎边村）人。9岁能文，16岁以全县第一名考取秀才。光绪二十七年（1901）举人。二十九年进士，殿试二甲第一名，授翰林院编修。宣统元年（1909）加太子少保，为帝师，四月为出使俄国参赞。1912年赐礼部尚书一品衔，溥仪退位。后与赖际熙、岑光樾、桂坫、区大原、区大典、陈伯陶、朱汝珍、商衍鎏等广东前清翰林退隐香港，结社品诗论画。

［宣统］《南海县志》卷十《选举表·举人·光绪朝》：庚子辛丑并科。《进士·光绪朝》：传胪、编修……癸卯科。

区大原 字裕辉，清末南海县西樵松塘村人。光绪二十七年（1901）举人，二十九年进士，选庶吉士，散馆授检讨。外放福建候补道，为旅京南海公学学监，宣统年间派日本早稻田大学修习法律。民国为广东省省长公署高级顾问，1914年任广东省公立法政专门学校（国立中山大学前身之一）校长。1927

年移居香港，任香港大学、汉文中学、岭岛中学、学海书楼中文教习，1933 年兼香港孔教学院副院长。其间与江孔殷、桂坫、谈道隆、朱汝珍、温肃、赖际熙等组织正声诗社。1941 年日本侵占香港，返回家乡授徒。将所存经史碑帖医学等线装古书约 3000 册，交香港大学冯平山图书馆保管，1961 年其后人从香港运回广州，捐赠给广东省文史馆。兄大球，二十九年举人。

［宣统］《南海县志》卷十《选举表·举人·光绪朝》：庚子辛丑并科。《举人·光绪朝》：区大球，大原兄……癸卯科。《进士·光绪朝》：编修……癸卯科。

区诰 清末南海人。光绪二十七年（1901）举人，伯父若瑶、父赞森，同为二十九年举人。

［宣统］《南海县志》卷十《选举表·举人·光绪朝》：赞森子，顺天中式……庚子辛丑并科。《举人·光绪朝》：区若瑶，赞森弟，兄弟同榜……区赞森，若瑶兄……癸卯科。

卢奭 清末南海人。与弟朝勋同中光绪二十七年（1901）举人。

［宣统］《南海县志》卷十《选举表·举人·光绪朝》：卢朝勋，改名翱，奭弟，兄弟同榜……卢奭，朝勋兄……庚子辛丑并科。

卢朝勋 改名翱，清末南海人。光绪二十七年（1901）举人。兄奭。

［宣统］《南海县志》卷十《选举表·举人·光绪朝》：改名翱，奭弟，兄弟同榜……庚子辛丑并科。

帅廷英 清末南海人。光绪二十七年（1901）举人。

［宣统］《南海县志》卷十《选举表·举人·光绪朝》：广西籍，庚子辛丑并科。

叶士洪 清末南海人。光绪二十七年（1901）举人。

［宣统］《南海县志》卷十《选举表·举人·光绪朝》：庚子辛丑并科。

刘政枢　清末南海人。光绪二十七年（1901）举人。

［宣统］《南海县志》卷十《选举表·举人·光绪朝》：庚子辛丑并科。

关汝楘　清末南海人。光绪二十七年（1901）举人。

［宣统］《南海县志》卷十《选举表·举人·光绪朝》：顺天中式……庚子辛丑并科。

关蕲　字麟许，清末顺德黎村人。光绪二十七年（1901）举人。

［民国］《顺德县志》卷八《选举表一·举人·光绪》：字麟许，黎村人……辛丑补行庚子恩正并科。

朱世畴　清末南海人。光绪二十七年（1901）举人。

［宣统］《南海县志》卷十《选举表·举人·光绪朝》：庚子辛丑并科。

朱维瀚　清末南海人。光绪二十七年（1901）举人。

［宣统］《南海县志》卷十《选举表·举人·光绪朝》：庚子辛丑并科。

劳为章　清末南海人。光绪二十七年（1901）举人。

［宣统］《南海县志》卷十《选举表·举人·光绪朝》：庚子辛丑并科。

苏永康　清末顺德碧江人。光绪二十七年（1901）举人，拣选知县。父棫农，弟崇泽。

［民国］《顺德县志》卷八《选举表一·举人·光绪》：碧江人……辛丑补行庚子恩正并科。卷九《封荫表·封赠·文阶》：苏棫农，碧江人，以子永康、崇泽叠封拣选知县。

苏德孚　清末顺德碧江人。光绪二十七年（1901）举人。

［民国］《顺德县志》卷八《选举表一·举人·光绪》：碧江人……辛丑补行庚子恩正并科。

李宝瀚　清末南海人。光绪二十七年（1901）举人。

［宣统］《南海县志》卷十《选举表·举人·光绪朝》：庚子辛丑并科。

杨树芳 字云生，清末顺德容奇人。光绪二十七年（1901）举人，云南补用知县。三十三年考职一等。1922年续修《顺德县志》参与采访。祖宜炬，父植祥。兄腾芳，三十年岁贡。

［民国］《顺德县志》卷八《选举表一·举人·光绪》：字云生，容奇人。光绪丁未考职一等，签分云南知县……辛丑补行庚子恩正并科。《五贡·光绪》：杨腾芳，容奇人，树芳兄……甲辰岁贡。卷九《封荫表·封赠·文阶》：杨宜炬，容奇人，以孙树芳赠云南试用知县。杨植祥，以子腾芳赠训导，树芳加赠云南知县。卷首《续修〈顺德县志〉职名·十区采访》：云南补用知县、举人杨树芳。

杨鼎元 字吉三，清末顺德桂洲人。光绪二十七年（1901）举人，官内阁中书。

［民国］《顺德县志》卷八《选举表一·举人·光绪》：字吉三，桂洲人。内阁中书……辛丑补行庚子恩正并科。

连作霖 字雨朝，清末顺德大良人。光绪二十七年（1901）举人，拣选知县。参与1922年续修《顺德县志》。祖元泰。

［民国］《顺德县志》卷八《选举表一·举人·光绪》：字雨朝，大良人……辛丑补行庚子恩正并科。卷十一《节孝表一·光绪朝》：梁氏，大良连元泰妾。二十五守节，奉旨建坊给“彤管流芳”额。嫡孙作霖举人……二十五年旌。卷首《续修〈顺德县志〉职名·支应》：拣选知县、举人连作霖。

连燊 字莘农，清末顺德大良人。光绪二十七年（1901）举人。

［民国］《顺德县志》卷八《选举表一·举人·光绪》：字莘农，大良人……辛丑补行庚子恩正并科。

吴尹全 字聘三，清顺德甘竹人。光绪二十七年（1901）举人。祖遇亨，父福元，兄弟寿全、震全、椾全。

［民国］《顺德县志》卷二十《列传五·梁述尧传》：吴福元，字介铭，甘竹人。父遇亨，好施与，福元能承其志。任粤城广济医院总理，又与同邑

左京卿宗蕃等组织总商会，办理慈善各事……福元子尹全，举人。寿全，廪贡，补用知府，历充德、法、美使署参赞。震全、枬全，均诸生。《举人·光绪》：字聘三，甘竹人，辛丑补行庚子恩正并科。

陈应椿 清末南海人。光绪二十七年（1901）举人。

［宣统］《南海县志》卷十《选举表·举人·光绪朝》：顺天中式……庚子辛丑并科。

陈宗虞 清末顺德沙滘人。光绪二十七年（1901）岁贡。

［民国］《顺德县志》卷八《选举表一·五贡·光绪》：沙滘人，广西籍，辛丑补行庚子恩正并科副贡。

陈秉枢 清末南海佛山镇人。光绪二十七年（1901）举人，拣选知县。父怀璋、叔际尧，经商。

［宣统］《南海县志》卷十《选举表·举人·光绪朝》：庚子辛丑并科。

［民国］《佛山忠义乡志》卷十三《选举志一·举人·清》：光绪辛丑，附生。《选举志二·仕宦·文职·清》：拣选县知县。卷十四《人物志七·孝友·清·陈际尧传》：字穗生，原籍新会。其先世名运昂者，幼失怙恃，流落潮连，富户潘敬庵怜之，收养为子，视如所生。子维嘉，亦勤谨无过，潘氏甚钟爱之，维嘉子淡如善营业，始援例归宗。淡如，际尧父也，际尧天姿忠厚，强毅过人，淡如经商佛山，深资其力。咸丰甲寅之乱，货资耗失殆尽，赖平日信义素孚，乱定后收集余烬，商业复振，淡如以继志有人，稍遂休息。际尧兄弟四，伯仲两兄早故，叔兄怀璋远适美洲，以折阅故负债不能归，多年无耗，其父恒愍于怀。际尧以不得兄弟聚首，无以解亲忧，乃托乡人之商于是埠者，辗转物色，得其所在，备资迎归。淡如喜曰："吾父子离散多年，不图今日复得完聚，此天之厚待我家，我后人可不勉图树立哉！"逾年父卒，兄弟得终大事，人以为孝友之报。怀璋归时已逾立年，乃为之娶妻，又以两兄去世，门祚单微，为兄纳妾，连举数子，己亦庆多男，分承两房，宗祧赖以不坠。是时商务益发达，始在禅地建房屋与兄同居，所开永隆烟业行及田产租息皆与兄共之，遇事禀命而行。怀璋素明达，仰成而已，至其笃念故旧，尤有古人风。先是，股友同办南雄烟叶，友死，其子不善经理，亏空巨万，为之代筹填抵，令回原状。又有股友伙开别号倒闭，牵累本行，出为担任，许以递年溢利分偿，仍照支本息，借赡家计，两股友俱坐享赢利，至今不替。《论语》曰："《书》云'孝乎惟孝，友于兄弟。'"《孟子》曰："朋友有信。"

而信乎朋友必自顺亲始，笃践如际尧岂易得哉！宣统间，佛山设商务分会，推任董事，官商士庶交相引重，德盛礼恭，自视欿然。治家严整，计画深远，既奠居佛地，遂占籍南海县佛山堡百十九图十甲陈妙才户，重建八图祠，置松荫园，维持粮务，咸与有力，其他善举多类此。以归宗后，当以曾祖运昂为迁祖，择地古洛涌边建专祠，又以潘氏夫妇世受抚育之恩，另建一龛，春秋以时展祀，皆合乎典礼。兄怀璋故后，子秉枢服阕中式光绪辛丑乡试，喜曰："兄子成名，吾愿慰矣。"卒年八十有六，诸子皆成立，分任法官学部各职，其业商者亦谨守成法，世德弗衰。

陈政宣 清末南海人。光绪二十七年（1901）举人，官知县。

［宣统］《南海县志》卷十《选举表·举人·光绪朝》：知县……庚子辛丑并科。

陈煜庠 清末南海佛山镇人，原籍广东花县。光绪二十七年（1901）举人，三十年进士，即用知县。祖永开，父兆琪。

［民国］《佛山忠义乡志》卷首《职名表·倡修绅董》：陈煜庠。卷九《氏族志·氏系》：陈氏，系出颍川，先居南海麻奢，移家花县狮岭。后迁佛山，已历四世，现有进士知县煜庠。卷十一《乡事志·编年》：光绪……甲辰三十年，在河南举行会试……陈煜庠登进士。（花县籍，住黄伞铺）卷十三《选举志一·进士·清》：光绪甲辰，用知县。辛丑举人，附生。《选举志二·仕宦·文职·清》：河南即用知县。《选举志二·封赠·清》：陈永开，以孙煜庠晋赠朝议大夫。陈兆琪，以子煜庠晋封朝议大夫。卷十四《人物志十·列女传·节孝》：陈玨书妻曾氏，赠武功将军曾冠严之次女也。少沉默，喜读书。年二十一归陈，陈病殁时氏年未三十。抚育子女，家徒四壁，恒训诸子曰："汝兄弟患不能自立耳，饥寒何害？"及诸子以次成立，出经商江左江右，氏于濒行时必以勤俭诚信相诫勉。辛未、庚午迭遭盗劫，告者指名请按捕。氏以失物难璧，置不究，乃迁避佛山。长子兆瑜，以通政司经历加级锡五品封典。三子兆琪，以同知加级晋四品封典。长孙煜庠，成壬寅恩科进士，分发河南知县，家稍裕，氏服御一如窘时，享寿八十四岁。

陈增炯 清末南海人。光绪二十七年（1901）举人。

［宣统］《南海县志》卷十《选举表·举人·光绪朝》：庚子辛丑并科。

郑景骞 清末南海人。光绪二十七年（1901）举人。

［宣统］《南海县志》卷十《选举表·举人·光绪朝》：庚子辛丑并科。

郑瀚 清末顺德伦教人。光绪二十七年（1901）岁贡。

［民国］《顺德县志》卷八《选举表一·五贡·光绪》：伦教人……辛丑岁贡。

周寿年 清末南海人。光绪二十七年（1901）举人。

［宣统］《南海县志》卷十《选举表·举人·光绪朝》：庚子辛丑并科。

周培槐 字栽田，清末顺德大洲人。光绪二十七年（1901）岁贡。兄植槐、朝槐。

［民国］《顺德县志》卷八《选举表一·五贡·光绪》：字栽田，大洲人。植槐、朝槐弟，辛丑岁贡。

周鹗芬 清末顺德北滘人。光绪二十七年（1901）举人。

［民国］《顺德县志》卷八《选举表一·举人·光绪》：北滘人……辛丑补行庚子恩正并科。

胡树培 清末顺德桂洲人。光绪二十七年（1901）举人。父澄熙死，母陈氏24岁守节，学使徐琪奖以额曰“冰雪春晖”。

［民国］《顺德县志》卷八《选举表一·举人·光绪》：桂洲人……辛丑补行庚子恩正并科。卷二十一《列传六·列女》：陈氏，桂洲胡澄熙妻，举人胡树培母也。年二十四而寡，抚育孤儿，操持家政，勤俭慈惠，人无间言，庭闱课读，训秉义方。光绪甲午，徐学使琪奖以额曰“冰雪春晖”。

高会仁 清末南海人。光绪二十七年（1901）举人。

［宣统］《南海县志》卷十《选举表·举人·光绪朝》：庚子、辛丑并科。

高康民 清末顺德马滘人。光绪二十七年（1901）举人。

［民国］《顺德县志》卷八《选举表一·举人·光绪》：马滘人……辛丑补行庚子恩正并科。

高檍　清末南海人。光绪二十七年（1901）举人，三十二年主持修筑高田里决堤。

［宣统］《南海县志》卷十《选举表·举人·光绪朝》：庚子辛丑并科。卷八《江防略·黄鼎司》：鼎安围，光绪三十二年丙午，土名高田里，基崩决，举人高檍领官款叁千两，拟圈筑丰积围以包决口，乡人阻之。旋拟于鼎安围之西圈筑大堤，与肚窝、射洲、丰积等围新旧决口并包在内，众议允协，忽复翻异。时塘口人黄庭辉谋于高檍，力主前议，卒以告成，计新堤长壹千壹百八十丈。洎戊申新堤决，黄庭辉告于救灾公所，请拨款修筑，异议者谓其地沙松土浮，修筑无济。幸得救灾公所拨款七千贰百两助修复，并修石窦贰座，费银万余。己酉春涨，又以石窦古坟洞穿，再获助费壹千四百两修筑始固。

徐泽培　清末南海人。光绪二十七年（1901）举人。

［宣统］《南海县志》卷十《选举表·举人·光绪朝》：顺天中式……庚子、辛丑并科。

黄藻香　清末南海人。光绪二十七年（1901）举人。

［宣统］《南海县志》卷十《选举表·举人·光绪朝》：庚子、辛丑并科。

梁荣祥　字蔼桐，清末顺德绀村人。光绪二十七年（1901）举人，宣统二年（1910）考职一等，签分四川知县。1922年续修《顺德县志》参与采访。父绍槐，母罗氏寿95岁。侄成章，二十九年副贡。

［民国］《顺德县志》卷八《选举表一·举人·光绪》：字蔼桐，绀村人。宣统庚戌考职一等，签分四川知县。辛丑补行庚子恩正并科。《五贡·光绪》：梁成章，字炳文，绀村人，癸卯副贡。卷九《封荫表·封赠·文阶》：梁绍槐，绀村人，以子荣祥封四川试用知县。卷十二《耆寿表二·寿妇·九十以上》：罗氏，绀村梁绍槐妻。子荣祥，举人。孙成章，副贡……九十五岁。卷首《续修〈顺德县志〉职名·四区采访》：四川补用知县、举人梁荣祥。

梅厚仁　清末南海人。光绪二十七年（1901）举人。

［宣统］《南海县志》卷十《选举表·举人·光绪朝》：顺天中式……庚子、辛丑并科。

崔时周 清末南海人。光绪二十七年（1901）举人。

［宣统］《南海县志》卷十《选举表·举人·光绪朝》：顺天中式……庚子、辛丑并科。

温重怡 字梓琴，清末顺德桂洲人。光绪二十七年（1901）举人，宣统二年（1910）考职补用盐大使，参与1922年续修《顺德县志》。父锡生。

［民国］《顺德县志》卷八《选举表一·举人·光绪》：字梓琴，龙山人。宣统庚戌考职补用盐大使……辛丑补行庚子恩正并科。卷二十四《杂志》：温锡生，孝廉重怡之父也，精六壬。其胞兄宜生尝患病，以折字卜其吉凶。拈得“兄”字，惊曰：“兄字内加十字为鬼字，殆不起矣！”又拈“弟”字，复惊曰：“愈凶，弟字形为八为吊，其十日八日之内乎？”后其兄果于第十日卒。又其甥女周阿翠与孝廉同岁生，六七岁时每同嬉戏，忽一日诧曰：“勿与此小孀妇同戏也。”其妹詈之，答曰：“此女非死寡，乃生寡耳。”及长适同乡邓氏，夫妻反目，终身不与同衿，则生寡之言亦验矣。卷首《续修〈顺德县志〉职名·分纂兼编辑》：分省补用盐大使、举人温重怡。《续修《顺德县志》职名·七区采访》：分省补用盐大使、举人温重怡。

曾家荫 清末南海人。光绪二十七年（1901）举人。

［宣统］《南海县志》卷十《选举表·举人·光绪朝》：庚子辛丑并科。

谢寿康 清末南海人。光绪二十七年（1901）举人，官福建知县。

［宣统］《南海县志》卷十《选举表·举人·光绪朝》：福建知县……庚子、辛丑并科。

谭达英 清末南海人。光绪二十七年（1901）举人。

［宣统］《南海县志》卷十《选举表·举人·光绪朝》：顺天中式……庚子、辛丑并科。

潘耀华 清末南海人。光绪二十七年（1901）举人。见

［宣统］《南海县志》卷十《选举表·举人·光绪朝》：庚子、辛丑并科。

罗惇曧 （1873—1924）字掞东，清末顺德大良人。光绪二十六年（1900）优贡，二十九年顺天乡试中副榜，任邮传部郎中，三十一年保荐经济特科。父家劭。

［民国］《顺德县志》卷八《选举表一·五贡·光绪》：庚子优贡，癸卯顺天副贡，邮传部郎中……辛丑补行庚子恩正并科副贡。《荐举》：字掞东，大良人。光绪庚子优贡，癸卯顺天副贡。三十一年，尚书张百熙保荐经济特科。家劭子。

龙建章 （1872—1925）字伯扬，清末顺德大良人。光绪十九年（1893）举人，三十年进士，任户部主事、邮传部参议。1922年续修《顺德县志》，总董局务。曾祖景澜，祖锡康，父光。

［民国］《顺德县志》卷八《选举表一·举人·光绪》：字伯扬，大良人……癸巳恩科。《进士·光绪》：户部主事，邮传部参议……甲辰科。卷九《封荫表·封赠·文阶》：龙景澜，大良人，以曾孙建章赠。龙锡康，以孙建章赠。龙光，附生，以子建章赠。龙抟，以侄建章封。邮传部参议。卷首《续修〈顺德县志〉职名·总董局务》：邮传部参议，进士龙建章。

黎国廉 （1872—?）字季裴，顺德杏坛昌教乡人。光绪十九年（1893）举人，官至福建兴泉永道道员。父兆棠，兄国康。

［民国］《顺德县志》卷八《选举表一·举人·光绪》：字季裴，昌教人，署福建兴泉永道。兆棠子，国康弟……癸巳恩科。

龙耀衢 字颂裴，清末顺德大良人。光绪二十八年（1902）副贡。

［民国］《顺德县志》卷八《选举表一·五贡·光绪》：字颂裴，大良人，壬寅补行庚子、辛丑恩正并科顺天副贡。

卢毅 原名爵勋，字艺亭，清末顺德众涌人。光绪二十八年（1902）举人，拣选知县。祖伟屏。

［民国］《顺德县志》卷八《选举表一·举人·光绪》：原名爵勋，字艺亭，众涌人……顺天壬寅补行庚子、辛丑恩正并科。卷九《封荫表·封赠·

文阶》：卢伟屏，众涌人，以孙毅赠拣选知县。

麦植荣 清末顺德麦村人。光绪二十八年（1902）举人。

［民国］《顺德县志》卷八《选举表一·举人·光绪》：麦村人，顺天壬寅补行庚子辛丑恩正并科。

吴庆宗 字植荫，清末顺德容奇人。光绪二十八年（1902）举人，拣选知县。祖以庸，父日宣。

［民国］《顺德县志》卷八《选举表一·举人·光绪》：字植荫，容奇人……顺天壬寅补行庚子、辛丑恩正并科。卷九《封荫表·封赠·文阶》：吴以庸，容奇人，以孙庆宗赠。吴日宣，以子庆宗赠……俱拣选知县。

吴堃 清末顺德黎村人。光绪二十八年（1902），捐银为族内贫民赈饥3个月，三十年置义田，赡族。

［民国］《顺德县志》卷二十《列传五》：黎村人。光绪二十八年岁饥，捐银千两倡办平粜，族内贫民每口日给米一升凡三月。三十年，又捐银五千两置义田赡族，敬老尊贤、养生送死各有定例。

何丙照 字恺侪，清末顺德羊额人。光绪二十八年（1902）举人。

［民国］《顺德县志》卷八《选举表一·举人·光绪》：字恺侪，羊额人……顺天壬寅补行庚子、辛丑恩正并科。

张思濬 字镜寰，清末顺德龙山人。光绪二十八年（1902）岁贡。

［民国］《顺德县志》卷八《选举表一·五贡·光绪》：字镜寰，龙山人，壬寅岁贡。

罗誉彤 字泽侯，清顺德大良人。光绪二十八年（1902）举人。父云。

［民国］《顺德县志》卷八《选举表一·举人·光绪》：字泽侯，大良人，云子……顺天壬寅补行庚子、辛丑恩正并科。

温肃 字毅夫，清顺德龙山人。光绪二十八年（1902）举人、次年进士，翰林院编修，改官御史。祖维城，父黻廷，兄弟联瑞、联瑢。

［民国］《顺德县志》卷九《封荫表·封赠·文阶》：温维城，龙山人，以子黻廷赠户部主事，孙肃赠翰林院编修，加赠。温黻廷，进士，以子肃赠翰林院编修，加赠。俱湖北道御史。卷二十《列传五·温黻廷传》：子联瑞、联瑢，俱诸生。肃，光绪壬寅顺天举人，癸卯进士，翰林院编修，改官御史。卷八《选举表一·举人·光绪》：字毅夫，龙山人，见进士，黻廷子……顺天壬寅补行庚子、辛丑恩正并科。《进士·光绪》：编修，湖北道监察御史，癸卯科。

廖贡樟 字侣梧，清末顺德勒楼人。光绪二十八年（1902）举人。

［民国］《顺德县志》卷八《选举表一·举人·光绪》：字侣梧，勒楼人……顺天壬寅补行庚子、辛丑恩正并科。

龙应奎 （1873—1929后）字少璧，清顺德大良人。光绪二十三年（1897）举人，官内阁中书。1922年续修《顺德县志》分纂。祖旋镔，父天锡。

［民国］《顺德县志》卷八《选举表一·举人·光绪》：字少璧，大良人。内阁中书……丁酉科。卷九《封荫表·封赠·文阶》：龙旋镔，大良人，以孙应奎赠。龙天锡，以子应奎赠……内阁中书。卷首《续修〈顺德县志〉职名·分纂兼编辑》：内阁中书、举人龙应奎。

王颂清 清末南海人。光绪二十九年（1903）举人。

［宣统］《南海县志》卷十《选举表·举人·光绪朝》：癸卯科。

冯树芬 清末南海人。光绪二十九年（1903）举人。

［宣统］《南海县志》卷十《选举表·举人·光绪朝》：癸卯科。

冯登贤 字翰卿，清末顺德龙山人。光绪二十九年（1903）举人，宣统二年（1910）考职一等，任陆军部军计司主事。

［民国］《顺德县志》卷八《选举表一·举人·光绪》：字翰卿，龙山人，

顺天榜。宣统庚戌考职一等，陆军部军计司主事……癸卯科。

冯熙猷　原籍鹤山，先世迁南海佛山镇。光绪二十九年（1903）举人，官福建盐大使。参修《佛山忠义乡志》。曾祖敏光94岁，为戴鸿慈外祖父，光绪元年（1875）与赴乡饮。父绍裘，寿84岁。

［民国］《佛山忠义乡志》卷首《职名表·纂修》：冯熙猷。卷九《氏族志·氏系》：冯氏，系出始平，乾隆间由鹤山迁佛山，有举人熙猷。卷十三《选举志一·举人·清》：光绪癸卯，附生。《选举志二·仕宦·文职·清》：福建盐大使。卷十九：《续修佛山忠义乡志》后序……民国十五年丙寅春纂修冯熙猷谨序。

龙荣瀚　字雪帷，清末顺德大良人。光绪二十九年（1903）举人。

［民国］《顺德县志》卷八《选举表一·举人·光绪》：字雪帷，大良人。顺天榜……癸卯科。

卢柱生　清末南海人。光绪二十九年（1903）举人。

［宣统］《南海县志》卷十《选举表·举人·光绪朝》：癸卯科。《学堂奖励》：法政举人。

卢熙　清末南海佛山镇人。光绪二十九年（1903）举人，拣选知县、省会议员。倡修《佛山忠义乡志》。父朴，弟尧。

［民国］《佛山忠义乡志》卷十三《选举志一·举人·清》：光绪癸卯，附生。《选举志二·仕宦·文职·清》：拣选知县，省会议员。《选举志二·封赠·清》：卢朴，以子熙封拣选知县。卷首《职名表》：倡修绅董卢熙。卷十四《人物志八·艺术·清·卢朴传》：倡修绅董卢熙。卷十四《艺术·清》：卢朴，号作周。原新会籍，厥父商佛，镇遂家焉……长子熙，经魁，拣选知县。次尧，拔贡，广东高等审判厅民一庭庭长，清封文林郎。

卢德荫　字节存，清顺德羊额人。光绪二十九年（1903）举人。父满殿。

［民国］《顺德县志》卷二十《列传五·卢满殿传》：光绪癸卯，程某子

树德、满殿子德荫均领乡荐，互电驰贺，一时传为佳话。卷八《选举表一·举人·光绪》：字节存，羊额人。顺天榜……癸卯科。

叶兆棉　清末顺德龙江人。光绪二十九年（1903）任规复顺德团练局会办，三十二年办龙江商务分会。

［民国］《顺德县志》卷三《建置略二·团局公约（商会附）》：龙江商务分会，光绪三十二年，里人叶兆棉、蔡篪等禀办，假彩霞路萧公祠为会所。卷二十三《前事略·国朝》：德宗景皇帝光绪……二十九年癸卯，邑人以盗贼猖獗，在明伦堂集议规复顺德团练局。公推邑绅左宗蕃为总办，陈文蔚、梁荣祥、龙肇墀、刘鲲海、叶兆棉、伍学勤等为会办。经费由人民负担，按税亩每亩每年抽银一毫，随粮带收定例。总办由邑人公举，不由官委。该局附设护沙公约。

关文辉　清末南海人。光绪二十九年（1903）举人。

［宣统］《南海县志》卷十《选举表·举人·光绪朝》：广西籍……癸卯科。

伍文祥　字少云，清末顺德水藤人。光绪二十九年（1903）举人。

［民国］《顺德县志》卷八《选举表一·举人·光绪》：字少云，水藤人，迁居大良……癸卯科。

严柱　字小植，清末顺德黎村人。光绪二十九年（1903）举人。

［民国］《顺德县志》卷八《选举表一·举人·光绪》：字小植，黎村人……癸卯科。

苏崇泽　清末顺德碧江人。光绪二十九年（1903）举人，拣选知县。父棫农，兄弟永康。

［民国］《顺德县志》卷八《选举表一·举人·光绪》：碧江人……癸卯科。卷九《封赠·文阶》：苏棫农，碧江人，以子永康、崇泽叠封拣选知县。

杨松芬　清末南海人。光绪二十九年（1903）举人。

[宣统]《南海县志》卷十《选举表·举人·光绪朝》：癸卯科。

吴朝亮　清末南海佛山镇人。光绪二十九年（1903）举人。

[民国]《佛山忠义乡志》卷十三《选举志一·举人·清》：光绪癸卯，附生。卷十四《人物志四·文苑·吴宝森传》：原籍三水，八代茂才，至宝森进番禺县庠后迁佛山……子功溥、侄孙朝亮先后掇科第，亦得力于家训。

岑文杰　字倬人，清末顺德葛岸人。光绪二十九年（1903）举人。

[民国]《顺德县志》卷八《选举表一·举人·光绪》：字倬人，葛岸人……癸卯科。

何应祥　字少云，清末顺德羊额人。光绪二十九年（1903）举人。

[民国]《顺德县志》卷八《举人·光绪》：字少云，羊额人，癸卯科。

何焕恩　字筱简，清末顺德大良人。光绪二十九年（1903）举人，分省补用盐大使。1922年续修《顺德县志》协理局务。祖大璋，父勤侃，母方氏。

[民国]《顺德县志》卷八《选举表一·举人·光绪》：字筱简，大良人，大璋孙……癸卯科。卷十一《节孝表一·光绪朝》：方氏，大良何勤侃妻，子焕恩，举人，三十年旌。卷首《续修〈顺德县志〉职名·协理局务》：分省补用盐大使、举人何焕恩。

陈启钊　清末南海人。光绪二十九年（1903）举人。

[宣统]《南海县志》卷十《选举表·举人·光绪朝》：癸卯科。

陈星榆　清末南海人。光绪二十九年（1903）副贡。

[宣统]《南海县志》卷十《选举表·贡生·光绪朝》：副贡，癸卯科。

陈遂贤　清末顺德沙滘人，候选道。少往南洋经营矿业起家，光绪二十九年（1903）钦旌“乐善好施”。

［民国］《顺德县志》卷二十《列传五·梁述尧传》：沙滘人，候选道。少往南洋矿业起家，凡创建书院善堂、修筑桥路、施赠棺药各善举莫不乐与题捐。光绪二十九年，钦旌“乐善好施”。

张振德 （？—1908）字心田，清末南海里水宏冈乡人。光绪二十九年（1903），客居广西柳州中渡墟，捐资倡办义团。次年柳州兵变，两广总督岑春煊悬赏缉拿首犯陆河法。振德血战十余次，生擒陆河法，朝廷特旨赏知府衔。三十三年管带广西梧州巡防营，次年统带广西邕康营。驭下严峻，三十四年在营为其部下所害。奉旨建祠赐恤。

［宣统］《南海县志》卷十八《列传·忠义》：字心田，金利司宏冈乡人。光绪二十九年西贼披猖，振德时客柳州中渡墟，捐资倡起义团，亲自督练防堵，贼不敢犯中渡。三十年五月初十日，柳州兵变城陷，逆首陆河法据城，掳劫焚掠，官民荼毒。十五日，贼走柳州之四十八洞，盘据自固，官兵战不利。两广总督岑春煊督师亲剿，悬格①购缉陆河法，赏万金并予高官。振德奋不顾身，血战十余次，生擒之。俘至，岑大喜赏如格。振德弗受，愿备军需。岑乃驰电奏闻，特旨赏知府衔并戴孔雀翎。三十三年管带广西梧州巡防营，兼统梧州三江缉捕。三十四年统带广西邕康营，又统领广西巡防营，兼办浔梧善后局，迭著功绩。然驭下严峻，三十四年在营为其下所戕。奏闻，奉旨建祠，赐恤如例。

罗葆彝 清末南海人。光绪二十九年（1903）举人。兄葆祺。

［宣统］《南海县志》卷十《选举表·举人·光绪朝》：葆祺弟……癸卯科。

周兰孙 原名丰霖，字喜亭，清末顺德黎村人。光绪二十九年（1903）赐举人，次年赐检讨。

［民国］《顺德县志》卷八《选举表一·举人·光绪》：原名丰霖，字喜亭，黎村人。以符例赐，甲辰赐检讨，癸卯科。

---

①悬格：公布标准、规章。

胡靖 字默远，清末顺德桂洲人。光绪二十九年（1903）举人。

［民国］《顺德县志》卷八《选举表一·举人·光绪》：字默远，桂洲人……癸卯科。

胡鋆蔆 字缀苑，清末顺德桂洲人。光绪二十九年（1903）举人，宣统二年（1910）考职一等，签分湖南知县。1922年续修《顺德县志》参与采访。

［民国］《顺德县志》卷八《选举表一·举人·光绪》：字缀苑，桂洲人。宣统庚戌考职一等，签分湖南知县……癸卯科。卷首《续修〈顺德县志〉职名·十区采访》：湖南补用知县、举人胡鋆蔆。

钟兰芬 清南海大沥堡隆福乡人。光绪二十九年（1903）举人。祖觐平，兄宝珩、庆銮、锡玢、锡璜。

［宣统］《南海县志》卷十《选举表·举人·光绪朝》：顺天中式……癸卯科。

郭博文 清末南海佛山镇人。光绪二十九年（1903）举人。

［宣统］《南海县志》卷十《选举表·举人·光绪朝》：顺天中式……癸卯科。

［民国］《佛山忠义乡志》卷十三《选举志一·举人·清》：光绪癸卯，顺天监生。

黄凤藻 字建三，清顺德甘竹人。光绪二十九年（1903）举人，三十三年考职一等，任民政部主事，1922年续修《顺德县志》参与采访。祖谦光，父景伊。

［民国］《顺德县志》卷八《选举表一·举人·光绪》：字建三，甘竹人，顺天榜。丁未考职一等，民政部主事。景伊子……癸卯科。卷九《封荫表·封赠·文阶》：黄谦光，甘竹人，以孙凤藻赠。黄景伊，以子凤藻封。黄景仁，以侄凤藻封。俱度支部主事。卷首《续修〈顺德县志〉职名·七区采访》：民政部主事、举人黄凤藻。

黄文开 清末南海人。光绪二十九年（1903）举人。

［宣统］《南海县志》卷十《选举表·举人·光绪朝》：顺天中式……癸卯科。

黄有恭　清末南海人。光绪二十九年（1903）举人。

［宣统］《南海县志》卷十《选举表·举人·光绪朝》：癸卯科。

黄廷佐　清末南海人。光绪二十九年（1903）岁贡。

［宣统］《南海县志》卷十《选举表·贡生·光绪朝》：岁贡……癸卯科。

黄祖诒　清末顺德甘竹人。光绪二十九年（1903）举人。

［民国］《顺德县志》卷八《选举表一·举人·光绪》：甘竹人，顺天榜……癸卯科。

黄彭寿　字济朝，清末顺德大良人。光绪二十九年（1903）赐举人，次年赐检讨。

［民国］《顺德县志》卷八《选举表一·举人·光绪》：字济朝，大良人。以符例赐，甲辰赐检讨……癸卯科。

傅崇光　清末南海人。光绪二十九年（1903）举人。

［宣统］《南海县志》卷十《选举表·举人·光绪朝》：顺天中式……癸卯科。

曾广瀛　字饶典，清末顺德大罗村人。光绪二十九年（1903）举人，三十一年参加广东派赴日本考察学务，三十三年考职一等，签分湖南知县，署兴宁县事。1922年成立续修《顺德县志》局，协理局务。祖铭，父纪浚，弟广华。

［民国］《顺德县志》卷八《选举表一·举人·光绪》：字饶典，大罗村人。丁未考职一等，签分湖南知县，署兴宁县事。广华兄……癸卯科。卷九《封荫表·封赠·文阶》：曾铭，大罗村人，以孙广瀛赠。曾纪浚，以子广瀛赠。俱湖南兴宁县……知县。卷二十三《前事略·国朝》：德宗景皇帝光绪……三十一年……粤督岑春萱选派广东士绅四十人往东洋考察学务，邑绅曾广瀛、罗宝焜、龙锡赉、龙诒孙、胡翼垣、张溶与焉。卷首《续修〈顺德县志〉职名·协理局务》：湖南补用知县署兴宁县事、举人曾广瀛。

潘寿南 清末南海人。光绪二十九年（1903）举人。

［宣统］《南海县志》卷十《选举表·举人·光绪朝》：顺天中式……癸卯科。

潘宝楠 清末南海人。光绪二十九年（1903）举人。

［宣统］《南海县志》卷十《选举表·光绪朝》：癸卯科。

杨宪阶 清末顺德容奇人。光绪三十年（1904）岁贡。

［民国］《顺德县志》卷八《选举表一·五贡·光绪》：容奇人，甲辰岁贡。

麦孟华 （1874—1915）字孺博，顺德吉祐乡人。早年就读广州学海堂。光绪十七年（1891）师从康有为，为长兴里十大弟子之一，长于诗词。十九年举人，二十一年赴京会试，协助康有为组织“公车上书”，创办《万国公报》任撰述。二十三年与梁启超、汪康年等在上海创办不缠足会，为《时务报》撰文，主张“尊君权、抑民权”，希望光绪帝掌握实权。次年与梁启超等，领先联合两广、云南、山陕、浙江等省举人上书，反对租让旅大给俄国，并参加保国会。戊戌政变后，流亡日本，协助梁启超创办《清议报》，一度主持该报笔政，代理大同学校校长。1902 年任《新民丛报》撰述，1907 年任政闻社常务员，1913 年担任《不忍》杂志的编辑工作。1915 年撰文怒斥袁世凯称帝，旋在上海病故。诗词风格绵丽沉郁，政论文颇得康、梁神髓。著有《蜕庵诗词》。父楙祥。

［民国］《顺德县志》卷八《选举表一·举人·光绪》：字孺博，吉祐人……癸巳恩科。卷九《封荫表·封赠·文阶》：麦楙祥，以子孟华赠……拣选知县。卷十四《艺文略·集部·别集》：《粤两生集》，国朝麦孟华撰。谨按……此集与南海潘博合刻者。

梁用弧 （1874—1920 后）字次侯，顺德伦教人。光绪十九年（1893）举人，二十一年进士，选庶吉士，改户部主事，邮传部郎中。祖廷枏，父郁芳。

［民国］《顺德县志》卷八《选举表一·举人·光绪》：字次侯，伦教人……癸巳恩科。《进士·光绪》：庶吉士，邮传部郎中……乙未科。卷九《封荫表·封赠·文阶》：梁郁芳，伦教人，以子用弧赠庶吉士，加赠邮传部司郎中。卷十八《列传三·梁廷枏传》：孙用弧……由庶常改户部主事，邮传部郎中。

罗惇㬊　（1873—1954）字照岩，顺德大良人。早年与堂兄罗瘿公从康有为受业，后京师译学馆肄业。清末历任邮传部郎中、礼制官第一类编纂。民国任教育部、财政部、司法部参事，国民政府内政部秘书等职。后长期在北京艺专和北京大学文学院讲授书法，1949 年后为中央文史馆馆员。好诗文，擅书法，能画。民国初年在财政部泉币司供职，铸有袁世凯头像的银币“壹圆”二字即出其手笔。著有《三山簃诗存》《三山簃学诗浅说》《书法论略》《晚晦堂帖见》《羯蒙老人随笔》。

［民国］《顺德县志》卷十《仕宦表·文职》：大良人，吉林补……用通判。

阮志仁　清末顺德黄连人。光绪时与刘露生、萧本生等倡筑和安围。

［民国］《顺德县志》卷四《建置略三·堤筑》：和安围，在黄连堡，谭义、周易、龙村三乡合筑。计长二千丈有奇，底宽四丈，面宽五尺，高八尺。光绪间乡绅阮志仁、刘露生、萧本生等合筹建筑。水闸凡七，常年经费按亩抽捐。

何灼猷　（？—1911）字子猷，清末顺德容奇人。光绪时上书条陈边事，初任广西粮捕厅，历官白色同知，兼护右江镇篆。归里后以课子弟读书为事。

［民国］《顺德县志》卷二十《列传五》：字子猷，容奇人。弱冠博通经

史，尤好《公羊》学，屡试不售。以同知听鼓粤西，上书条陈边事，苏宫保元春①、张抚军鸣岐②器之。初任广西粮捕厅，历官百色同知，兼护右江镇篆，凡地方利病、民生疾苦、禁烟治盗，一切兴革要政莫不次第推行。尤慨然以兴学育才为己任，佐张抚军倡立广西全省学务处，复创设泗邑中学校于鹅城，捐廉重修西隆学宫，维持百色小学校，成绩卓然。其谳秋审也，洞察盘冤，平反疑狱。去官之日，百姓攀辕泣别。归里后亲老家贫，绝口不言阿堵物，日以课子弟读书为事。辛亥九月卒于家。

孔昭炎　清末南海人。光绪三十二年（1906）岁贡。

［宣统］《南海县志》卷十《选举表·贡生·光绪朝》：岁贡……丙午科。

冯学海　字福平，清顺德大涌人。光绪三十二年（1906）岁贡。

［民国］《顺德县志》卷八《选举表一·五贡·光绪》：字福平，大涌人……丙午岁贡。

叶沃（清光绪）　清顺德桂洲人。光绪三十二年（1906）岁贡。

［民国］《顺德县志》卷八《选举表一·五贡·光绪》：桂洲人，丙午岁贡。

李兆基　（？—1919）原籍新会，光绪初移居南海佛山镇文明里。早年以卖凉茶为生，所制普济茶可医腹泻头疼，建李众胜堂，专门制售保济丸。光绪三十二年（1906），捐资设立义学。

---

①苏元春（1844—1907），字子熙。同治二年（1863）投效湘军，官至提督。中法战争助冯子材御法军，留镇广西。晚年因治军渐弛戍新疆，病逝于迪化（今乌鲁木齐）。

②张鸣岐（1875—1945），字坚白、健伯，清山东无棣人。光绪二十年（1894）举人，任两广学务、广西巡抚。1910年代理两广总督兼广州将军，镇压黄花岗起义。1916年赞助袁世凯称帝，袁垮台，逃往天津。七·七事变后公开投日，日本投降后病死天津。

［民国］《佛山忠义乡志》卷五《教育志一·义学》：信文训蒙义学，在祖庙铺祖庙大街。光绪三十二年，众胜堂主人李兆基捐资设立，学生概不收费。校长梁伯熙，职员三人，教员三人。学科依照小学定章，学生两班各四十余人，用单级编制，历年毕业者六十余人。卷六《实业志·工业》：李众胜堂，保济丸，祖庙大街。卷七《慈善志·义山》：民国六年，李众胜堂李兆基捐资清庄。卷十一《乡事志·编年》：民国……丁巳六年，清葬城门头大庄遗椋……李众胜捐资，禀官给示办理，另捐置义山二处。

张冠勋 清顺德龙山人。光绪三十二年（1906）广西合浦籍，岁贡。

［民国］《顺德县志》卷八《选举表一·五贡·光绪》：龙山人。合浦籍，丙午岁贡。

欧斯举 清末顺德赤花人。光绪三十二年（1906）与吴家桢等倡办陈赤商务分会。

［民国］《顺德县志》卷三《建置略二·团局公约（商会附）》：陈赤商务分会，附设赤花广爱善堂。光绪三十二年，里人欧斯举、吴家桢等倡办。

罗藻清 清末南海人。光绪三十二年（1906）优贡，授黑龙江知县。

［宣统］《南海县志》卷十《选举表·贡生·光绪朝》：广州府学优贡，黑龙江知县……丙午科。

周天爵 字士伯，清顺德黎村人。光绪三十二年（1906）优贡。祖平林，寿102岁，光绪六年（1880）建坊。

［民国］《顺德县志》卷八《选举表一·五贡·光绪》：字士伯，黎村人，丙午优贡。卷十二《耆寿表一·寿民·百岁以上》：周平林，黎村人。百有二岁，光绪六年给帑建坊。孙天爵，优贡。

黄绍勤 清末南海人。光绪三十二年（1906）岁贡。

［宣统］《南海县志》卷十《选举表·贡生·光绪朝》：岁贡……丙午科。

梁士芬 清南海三江司大涌人。光绪三十二年（1906）、三十三年连续两次岁贡。祖春畦，父晋瑛，兄弟掞魁。

[宣统]《南海县志》卷十五《列传·梁晋瑛传》：号芸阁，三江司大涌乡人。父春畦，业贾而雅爱儒术，礼重文学，持家严肃有士大夫风……子掞魁，郡学生员。士芬，岁贡。卷十《选举表·贡生·光绪朝》：岁贡……丙午科……岁贡，丁未科。

梁捧恩 字文山，清顺德高赞人。光绪三十二年（1906）岁贡。父炳南。

[民国]《顺德县志》卷八《选举表一·五贡·光绪》：字文山，高赞人，炳南子……丙午岁贡。

潘金銮 清末顺德桂洲人。光绪三十二年（1906），捐助顺德高等小学堂银1000两，两广总督岑春萱奉旨建“急公兴学”坊。

[民国]《顺德县志》卷十三《胜迹略·坊表》：急公兴学，在桂洲里村。光绪三十二年，职员潘金銮捐助顺德高等小学堂经费银一千两，两广总督岑春萱奏准，奉旨建立。

岑光樾 （1876—1960）字敏重，顺德桂洲里村人。光绪二十七年（1901）举人，三十年进士，翰林院编修。曾祖昶东，祖逢年，叔祖逢斗，父雯。

[民国]《顺德县志》卷八《选举表一·举人·光绪》：字敏重，桂洲人……辛丑补行庚子恩正并科。《进士·光绪》：编修……甲辰科。卷九《封荫表·封赠·文阶》：岑昶东，桂洲人，以曾孙光樾赠。岑逢年，以孙光樾赠。岑逢斗，以侄孙光樾赠。岑雯，以子光樾赠……翰林院编修。

钟锡璜 （1876—1945）清南海大沥堡隆福乡人。光绪十七年（1891）举人，二十一年进士，编修。祖觐平，兄宝珩、庆銮、锡玢，弟兰芬。

[宣统]《南海县志》卷十《选举表·举人·光绪朝》：顺天中式……辛卯科。《进士·光绪朝》：编修……乙未科。

梁宓（清宣统） （1876—1962）南海人。法政举人，授职内阁中书。

[宣统]《南海县志》卷十《选举表·学堂奖励》：法政举人，内阁中书。

陈振先 字铎士，清末南海佛山镇人。宣统元年（1909）进士。美国农林学堂毕业，授翰林院编修，民国初为农林总长。父善性，寿91岁。

[民国]《佛山忠义乡志》卷首《职名表·倡修绅董》：陈振先。卷十一《乡事志·编年》：己酉宣统元年……陈振先登进士。（原籍新会，住沙洛铺）卷十三《选举志一·进士·清》：光绪己酉，美国农林学堂毕业，考授编修。《选举志二·仕宦·文职·民国》：翰林院编修、农林部总长。《选举志二·封赠·清》：陈国基，以子振先封中宪大夫。卷十四《人物志八·货殖·清·陈善性传》：字德泉，原籍新会……次子振先学成，即命游学美洲，毕业归，考试获上选，授翰林院编修，民国初为农林总长，国家遂收其用。

马贞榆 字季立，清末民初顺德桂洲人。光绪三十三年（1907）聘为礼学馆顾问官。

[民国]《顺德县志》卷八《选举表一·荐举》：字季立，桂洲人，廪生。光绪三十三年，尚书溥良奏保，聘充礼学馆顾问官。

卢修 清末南海人。光绪三十三年（1907）岁贡。

[宣统]《南海县志》卷十《选举表·贡生·光绪朝》：岁贡……丁未科。

陈腾蛟 清末南海人。光绪三十三年（1907）恩贡。

[宣统]《南海县志》卷十《选举表·贡生·光绪朝》：恩贡……丁未科。

谢彤熙 清末南海人。光绪三十三年（1907）岁贡。

[宣统]《南海县志》卷十《选举表·贡生·光绪朝》：岁贡……丁未科。

程友谦 清末南海人。光绪三十三年（1907）岁贡。

[宣统]《南海县志》卷十《选举表·贡生·光绪朝》：岁贡……丁未科。

黎藻鎏 清末南海人。光绪三十三年（1907）岁贡。

[宣统]《南海县志》卷十《选举表·贡生·光绪朝》：岁贡……丁未科。

阮钧伯 字文琴，清顺德谭义人。光绪三十四年（1908）岁贡。

［民国］《顺德县志》卷八《选举表一·五贡·光绪》：字文琴，谈义人……戊申岁贡。

温霁 字晴初，清顺德龙山人。光绪三十四年（1908）岁贡。

［民国］《顺德县志》卷八《选举表一·五贡·光绪》：字晴初，龙山人……戊申岁贡。

彭颂鎏 清顺德石硝（今属南海）人。光绪三十四年（1908）岁贡。

［民国］《顺德县志》卷八《选举表一·五贡·光绪》：石硝人……戊申岁贡。

赖孝迫 字卫朋，清顺德龙山人。光绪三十四年（1908）岁贡，咨议局议员。

［民国］《顺德县志》卷八《选举表一·五贡·光绪》：字卫朋，龙山人。咨议局议员……戊申岁贡。

谭增蔚 字仲荫，清顺德大良人。光绪三十四年（1908）岁贡。

［民国］《顺德县志》卷八《选举表一·五贡·光绪》：字仲荫，大良人，戊申岁贡。

潘宝琛 字扆南，清顺德大良人。光绪三十四年（1908）岁贡。父彦鹏，兄弟宝琦。

［民国］《顺德县志》卷二十《列传五·潘彦鹏传》：子宝琦，庠生。宝琛，岁贡。卷八《选举表一·五贡·光绪》：字扆南，大良人，彦鹏子，戊申岁贡。

邓方 （1878—1898）字秋门，清顺德水藤人。

［民国］《顺德县志》卷十四《艺文略·集部·别集》：《小雅楼诗集》八卷，国朝邓方撰。谨按：方，字秋门，水藤人。

梁赉奎 （1879—1931）字惠吾，南海佛山镇人。留学美国，归国授农科进士、编修。任北京大学农科试验场场长、农林部次长。祖定荣，父炎卿。

［民国］《佛山忠义乡志》卷首《职名表·倡修绅董》：梁赉奎。卷十一《乡事志·编年》：宣统……辛亥三年，梁赉奎登进士。（住石路铺）卷十三《选举志一·进士·清》：宣统辛亥，美国农林学校毕业，考授编修。《选举志二·仕宦·文职·民国》：翰林院编修、农林部次长。

梁鸣治 （1879—1943）南海石湾石梁村（今属禅城）人。光绪二十九年（1903）举人。

［宣统］《南海县志》卷十《选举表·举人·光绪朝》：癸卯科。

黎庆恩 （1879—1959）字泽闿，顺德昌教人。宣统元年（1909）拔贡，次年考职一等，签分山东即用知县，不就。武备学堂毕业，又赴日本学习法律。创办广东官立法政学堂，后继任校长。1924 年倡议改法政学堂为省立法科大学，仍任校长。1925 年与陈树人、黎葛民等人组织“清游会”，定期观摩会员书画作品。工书法，喜吟咏，著有《拙存堂诗》。祖杰荣，父伯棠。

［民国］《顺德县志》卷八《选举表一·五贡·宣统》：字泽闿，昌教人，己酉拔贡。庚戌考职一等，签分山东知县。卷九《封荫表·封赠·文阶》：黎杰荣，昌教人，以孙庆恩赠。黎伯棠，以子庆恩赠。俱山东试用知县。

冯芙昌 清末顺德弼教人。宣统元年（1909）优贡。

［民国］《顺德县志》卷八《选举表一·五贡·宣统》：弼教人……己酉优贡。

卢维嶽 清末南海人。宣统元年（1909）优贡，官知县。

[宣统]《南海县志》卷十《选举表·贡生·宣统朝》：优贡，知县……己酉科。

江百祥 字兆臣，清末顺德人。光绪时至宣统元年（1909）任顺德营守备。

[民国]《顺德县志》卷七《职官表二·武职·守备·光绪》：字兆臣，县人，右营。《守备·宣统》：元年任。

刘锡忠 清末南海人。宣统元年（1909）拔贡。

[宣统]《南海县志》卷十《选举表·贡生·宣统朝》：拔贡……己酉科。

任元熙 清末南海人。宣统元年（1909）拔贡。

[宣统]《南海县志》卷十《选举表·贡生·宣统朝》：拔贡……己酉科。

劳国材 清末顺德人。光绪时任顺德营守备，宣统元年（1909）任都司。

[民国]《顺德县志》卷七《职官表二·武职·守备·光绪》：左营。《都司·光绪》：县人。《都司·宣统》：元年任。

李曰明 字伯经，清末顺德龙江人。宣统元年（1909）拔贡。

[民国]《顺德县志》卷八《选举表一·五贡·宣统》：字伯经，龙江人。广西籍……己酉拔贡。

李宸赞 字简卿，清末顺德龙江人。宣统元年（1909）拔贡。父廷章。

[民国]《顺德县志》卷八《选举表一·五贡·宣统》：字简卿，龙江人。广西籍……己酉拔贡。卷二十《列传五·李廷章传》：子宸赞，由广西籍选宣统己酉拔贡。

李耀曦 清末南海人。宣统元年（1909）恩贡。

[宣统]《南海县志》卷十《选举表·贡生·宣统朝》：恩贡……己酉科。

何宝琦 清末南海人。宣统元年（1909）优贡。

［宣统］《南海县志》卷十《选举表·贡生·宣统朝》：优贡……己酉科。

何源庆 字耕心，清末顺德羊额人。宣统元年（1909）拔贡。

［民国］《顺德县志》卷八《选举表一·五贡·宣统》：字耕心，羊额人。广西籍，己酉拔贡。

张赐康 字穀民，清末顺德龙江人。宣统元年（1909）优贡。

［民国］《顺德县志》卷八《选举表一·五贡·宣统》：字穀民，龙江人，己酉优贡。

余肇湘 清末南海人。宣统元年（1909）优贡。

［宣统］《南海县志》卷十《选举表·贡生·宣统朝》：优贡……己酉科。

周钧濂 清末顺德黎村人。宣统元年（1909）拔贡。

［民国］《顺德县志》卷八《选举表一·五贡·宣统》：黎村人……己酉拔贡。

黄凤龢 字楚琴，清末顺德甘竹人。宣统元年（1909）优贡。

［民国］《顺德县志》卷八《选举表一·五贡·宣统》：字楚琴，甘竹人……己酉优贡。

潘景文 清末顺德人。宣统元年（1909）倡办顺德商会。

［民国］《顺德县志》卷三《建置略二·团局公约（商会附）》：顺德商会，附设城南新路黄兰圃祠。宣统元年，邑人潘景文等倡办。

黎溥 清末顺德大罗村人。宣统元年（1909）优贡，次年考职一等，签分江西知县。

［民国］《顺德县志》卷八《选举表一·五贡·宣统》：大罗村人，己酉

优贡。庚戌考职一等，签分江西知县。

黎豫章 字宝书，清末顺德龙山人。宣统元年（1909）拔贡，次年考职一等，签分江西知县。

［民国］《顺德县志》卷八《选举表一·五贡·宣统》：字宝书，龙山人。己酉拔贡。庚戌考职一等，签分江西知县。

卢公辅 （1880—约1836）南海佛山镇人。日本广岛高等理科学校毕业，宣统二年（1910）考授进士。

［民国］《佛山忠义乡志》卷首《职名表·纂修》：卢公辅。卷九《氏族志·氏系》：卢氏，系出范阳，光绪间由西隆堡南房乡迁佛山，有举人宗璜、进士公辅。卷十一《乡事志·编年》：宣统……庚戌二年，卢公辅登进士。（西隆堡人，住沙洛铺）卷十三《选举志一·进士·清》：宣统庚戌，日本文部直辖高师毕业，考授进士。

关赓麟 （1880—1962）字颖人，南海南庄吉利村人。光绪二十七年（1901）举人，赴日本入宏文学院师范速成科，毕业回国入京师大学堂仕学馆习法政，三十年赐进士，任兵部主事、员外郎、郎中。三十二年任邮传部主事，三十四年任铁道管理局局长。宣统三年（1911）任京汉铁道局局长代理，民国元年（1912）任局长。1916 年任北洋政府财政部秘书，次年任交通部路政司司长，1918 年任运输总局局长，次年任参事。1920 年任川粤汉铁路督办、大总统府编书处编纂。1922 年 6 月任交通大学校长。1927 年，再任交通部参事、汉粤川铁路督办。1928 年，国民政府迁南京，任国民政府铁道部参事，兼交通史编纂委员会委员长。不久改任业务司司长兼联运处处长、平汉铁路局局长。回铁道部再任参事、顾问等职，并常驻北平主持北平铁路学校（今北京交通大学）校务，以永久董事兼校长负责筹款，不支薪俸。抗战期间，致力于民族铁路运输业，支持抗日。抗战胜利后，因侍奉有病老母，在北京赋闲，研究词学，诗书唱和。1956 年为中央文史研究馆馆员。工诗词，著有《瀛谭》《借山楼集》《东游考察学校记》《京汉铁路之现在及将来》

《中国铁路史讲义》等，编有《稊园诗集》（丛书）多种。子肇邺（1929—）。

［宣统］《南海县志》卷十《选举表·举人·光绪朝》：庚子、辛丑并科。《光绪朝·进士》：主事，邮传部郎中……甲辰科。

孔昭晟 （1880—约1969）字幼和，号自明，南海南庄罗格（今属禅城）人，孔广陶幼子。光绪二十六年（1900）副贡，三十三年加入同盟会，宣统元年（1909）任广东盐业公会驻京代表。1913年候补国会众议院议员，1917年补缺为众议院议员，是南海籍唯一议员，1917年建立拥护孙中山的“新新俱乐部”。1919年任孙中山驱桂（桂系军阀）善后协会干事，同年为孙特使，往滇、川与唐继尧、杨庶堪会商驱桂事宜。1923年曹锟贿选，愤然离京返粤，后受孙中山委派回京为遥应。后国会解散，回乡不问世事。解放后仍居广州，为广东文史馆撰写史料。

［宣统］《南海县志》卷十《选举表·贡生·光绪朝》：副贡……庚子科。

罗润灿 号恕斋，清南海佛山镇人。精技击及医术，性任侠，有贫病求诊必赠以药，所制药丸以“宝蜡膏”最著名。寿90岁。子端意。

［民国］《佛山忠义乡志》卷十四《人物志八·艺术·清》：号恕斋。性任侠，精医娴技击，里有贫病求诊必赠以药，年施数百金为恒。与同里侠士冼载光友善，闻不平必两相秘密代报，每多大快人心事，虽受祸者亦不知侠义何来，里中豪恶一时为之敛迹。所制丸药以“宝蜡膏”为最畅行，中外莫不知有罗恕斋之名。卒年九十。子端意，号履阶，亦能以医世其家。

骆楙勤 字勉吾，清末广东花县人，家南海佛山镇。48岁病卒。祖秉章，父天保。

［民国］《佛山忠义乡志》卷九《氏族志·氏系》：骆氏，系出内黄，乾隆间由花县迁佛山。有协办大学士、总督秉章，郎中天保，主事天诒，知府懋勋，主事懋勤、懋湘、毓枢。卷十三《选举志二·袭荫·清》：骆秉章之孙，恩赏刑部主事。卷十四《人物志七·孝友·清》：字勉吾，协办大学士秉章孙、袭爵天保子也。以荫生用主事。嫡母廖氏幼受鞠育，廖病笃，奉侍汤

药目不交睫者十余日，夜则焚香露祷，请以身代，廖病寻愈。体素弱，忽患风痹遂不起，叹曰："余应死之人也，一旦溘先朝露①，恐重诒②亲痛耳。"廖卒，哀毁骨立，逾年亦卒，年四十有八。祖为忠臣，孙为孝子，骆氏之清风远矣。

徐叶英　女，清南海人。工诗词。子兆熊。

［宣统］《南海县志》卷十一《艺文略·集部·别集·闺媛》：《徐叶英诗集》三卷，国朝徐叶英撰。卷二十六《杂录》：闺秀徐叶英，邑人也，能诗。山阴何絅文客粤中，委禽焉，何母复为聘同邑胡氏女，两未之知。居粤十年，生二子偕归，胡本豪家，闻之欲绝婚。母利其富，竟逐叶英，并逐二子，幼者以悸死。寄栖尼庵，后偕子兆熊借星卜返粤。遗诗三卷，多可嘉者，一时词人皆作歌述其事。徐《闻雁诗》云："何处飞来弦上声，人间天上共凄清。莫争先后为宾主，宁识炎凉有弟兄（自注云：弟梦山间关来访）。万里翱翔双翼健，一江摇落早寒生。十年去国怀乡客，此夕楼头梦易惊。"《煮菊》云："寒闺久病无良药，借洗秋心一字愁。"《感怀》云："少陵犹说文憎命，何况诗词属女儿。"

谭思铎　号少曹，清后期顺德甘竹里海人。工书画。寿84岁。

［民国］《顺德县志》卷二十《列传五》：号少曹，甘竹里海人。国学生。性颖敏，好读书，不求闻达。工篆隶，擅丹青，钩金青绿，工致绝伦，故摹山范水皆得巨观，绘有《京师圆明园手卷》《桂林岩洞图》《西湖图》。又能以一粒谷写七言诗二句，一粒米写五"寿"字。尝以乳金写《万寿加官图》一幅、《麻姑晋爵图》一幅，远视无奇，近察之始知其须发衣纹，全身皆用小寿字砌成，玲珑清晰，妙极自然。复能以指头作书画，与用笔无殊。卒年八十四。

吴采南　（1886—1952）顺德庄溪乡人，世居佛山。继承父志，清末民初，在佛山石路头设馆行医，著有《儿科实验汇方》。曾与佛山多名中医组织"灵兰医学研究社"，以培养人才

①朝露：早上的露水，比喻存在时间短促，引申为少年而死。
②诒：遗留。

和促进中医发展。

［民国］《佛山忠义乡志》卷五《教育志一·民立各小学》：节芳学校，在丰宁铺衙旁大街。购就旧分府署划出改建，兼办高等小学、国民学校。民国八年，镇人傅瓒莹奉其母节妇李氏命，捐资设立，所有购地、建筑开办费、常年费概由傅氏一家任之，学生一律免收学费。总理吴镜泉，董事戴鸿惠、温干卿等，校长陈祖禧，又职员三人、教员六人。学生有高小、国民各一班，共八十余人，此外尚有义学十一间，分设各铺，统以"节芳"名校……《傅氏节芳学校记》……经画一切委之其戚吴君镜泉，吴君与其子采南素娴学务，用能措置裕如。岁在辛酉，第一次毕业，采南继父志董厥事，相约参观……中华民国十年岁次辛酉，冼宝榦撰。

潘敬 （1887—?）南海佛山镇人。宣统三年（1911）考授进士，任教育部主事。

［民国］《佛山忠义乡志》卷十一《乡事志·编年》：宣统……辛亥三年……潘敬登进士。（百滘堡人，住栅下铺）卷十三《选举志一·进士·清》：游学法国大学毕业，考授进士，教育部主事。《选举志二·仕宦·文职·清》：中书科中书。

伍宗珏 原名学澧，字恩浓，清末顺德大良人。父文琯，光绪十四年（1888）举人，十六年进士。

［民国］《顺德县志》卷八《选举表一·学堂奖励（附）·举人》：原名学澧，字恩浓，大良人。附生，东洋学堂毕业。文琯子。

梁锡鸿 （1889—1984）原名英才，字育之，世居三水西南镇。父炽甫乃清末秀才，在西南镇开信孚银铺。自幼聪敏，稍长入广州时敏学堂，以优异成绩毕业。清宣统二年（1910），自费留学日本明治大学，获法律学士。1913 年归国，与叶咏林等创办广东法政专门学校，任教务长。1925 年，任广州国民大学教授，兼广东警官学校讲师。1928 年，在广州开设私人律师事务所，不办离婚、兄弟争产、不合义理之案，时称"三不律师"。1930 年代，被聘为广州律师协会顾问。抗日战争爆发，回三水县组织战地救护训练班，自任负责人。抗战胜利后，返广州复执律师业，并兼国民大学教授。1946 年，广东省遴选为三水县临时参议会议长。建国后，任广东文史馆副馆长、省佛教协会名誉顾问。病逝于广州。子佩璐，任美国洛杉矶柏克德西方电力公司总工程师，1987 年获全美十大杰出工程师奖。

［民国］《三水县志艺文略稿》：《无我斋杂俎》二卷，今人梁锡鸿撰，印行本。黄荣康序曰：始吾闻诸乡人，吾三水有道德律师梁育之先生……先生尝游东瀛得法学士，归就广州法学院国民大学法科讲席，手编《中国法制考》一书，于古今中外法律考证详核。间又为《丛谈》、为《庸言》、为《寸铁语》三种成万余言，皆操觚之余。时丙子夏六月。《中国法制考》四卷，今人梁锡鸿撰，印行本。谢祖贤序曰：……生少尝肄业时敏学堂，时当逊清光绪二十九年，余适讲学是间……既而渡东瀛习法律，迄民国三年卒所业，而归任就广州法政专门学校教务长……是书之成，即其课徒时所编，而匪直为课徒用也已。余复讲学是校，又与生同为广东国民大学教授，国民大学者，前时敏学堂故址也。

邓剑刚　（1896—1962）字建光，三水芦苞蔡边村人，在广州长大。父星池收藏古今名人书画甚丰，及长与画家王竹虚、高剑父、高奇峰、潘至中游。共创“岭南画社”，出版《岭南名画集》。曾任广州兴华中学国画教师，国画会《画风》杂志聘为编辑。抗战时避难至广西苍梧县，创办儿童教养院。1948 年迁居香港，自号金刚居士。1958 年举办个人画展，参加香港《华侨日报》举办的筹赈难童书画义展会。弟邦杰。

［民国］《三水县志艺文略稿》：《画话》二卷，今人邓剑刚撰。《静坐余笔》，今人邓剑刚撰，钞存本。胡少翰序曰：……民国二十五年九月一日，顺德胡少翰。《国画概论》，今人邓邦杰撰，钞存本。台山赵浩气序曰：……吾友三水邓君邦杰者，俱其兄剑刚皆为画人。二十五年十一月。

傅秉常　（1896—1965）原名耿棠，南海九江大同人。幼年到香港，先后就读于育才书院和圣士提反男校。民国元年（1912）考进刚成立的香港大学，四年后以一级荣誉毕业。初在圣士提反男校任教，后得到当时广州军政府外交及财政部长伍廷芳的赏识，1918 年加入军政府工作，先后由总务厅印铸科长，升至广东海南岛琼海关监督。1922 年任粤海关监督。1923 年孙中山委为广东特派交涉员，1927年任南京国民政府财政部关务署长兼外交部顾问，一度任外交部政务次长。1928年10月任首届立法院立法委员，兼立法院外交委员会委员长及立法起草委员会召集委员，系《中华民国宪法草案》主要撰稿人。1929年2月，任驻比利时公使。1931年1月，获香港大学名誉法学博士学位。1932年1月，任外交部政务次长。1933年起，回任立法院委员兼外交委员会委员长及民法委员会召集委员。1935年11月，当选为国民党第五届中央执行委员。1941年7月，再度任外交部政务次长，8月派为当年高等考试初试典试委员长。1942年1月，任驻苏联大使，凡7年，其间曾代表中国政府与英、美、苏外长签署《关于普遍安全的宣言》及出席巴黎和平会议。1949年3月任外交部长，未到职。4月离苏返国后，取道香港，定居法国。1957年5月，自巴黎去台北，旋任台湾当局国策顾问和国民党中央评议委员。1958年6月任“司法院副院长”，7月兼“公务员惩戒委员会”委员长。病逝于台北。曾编《最新六法全书》，著有《1949年日记》和《柏道八号住宅存稿》。

［民国］《佛山忠义乡志》卷首《职名表·倡修绅董》：傅秉常。《义务劝捐》：傅翼鹏。卷五《教育志一·民立各小学》：节芳学校，在丰宁铺衙旁大街……《傅氏节芳学校记》……傅母李太夫人青年守节，有姑在堂，家贫，以女红佐甘旨，戚族称孝。子二：长翼鹏、次霭林……以翼鹏工会计，令赴港习商务。霭林仍业儒，授徒为生，且试且读。翼鹏以信义为商场重，甫展发而霭林卒矣。母泫然进翼鹏而谓之曰：“乃弟聪俊，本欲其读书成名以慰我志，不幸中折，遗孤秉常及而子，均当教之读书，俾成大器。”……翼鹏……乃令其子金成及侄就业港立各学，因得备悉学制与诸学科分合同异之故，既毕业，太夫人喜谓翼鹏曰：“君子耻独为善，佛山学堂虽多，而统系不相属，讫未完备。余节衣缩食，稍有蓄积，今付汝办学，其悉心为之。”……翼鹏乃相校地，备价领得衙旁街官产，改建校舍，设高等小学，以初等小学附。先是，太夫人守节，合例得旨建坊，晋一品封典，及学堂落成，即以“节芳”名校……又设义学十一所，为高小之预备……翼鹏父子在港经商，侄秉常由大学出身，今任琼海关监督，不能常川驻佛，经画一切委之其戚吴君镜泉……中华民国十年岁次辛酉，冼宝榦撰。卷九《氏族志·氏系》：傅氏，系出清河，清由上杭县迁佛山隔塘大街。有举人元谦，现官海关监督秉常，总办秉坤。

陆丹林　（1896—1972）三水人。1911 年黄花岗起义前加入同盟会，短暂从政。后到上海，加入诗人团体“南社”，从事报刊编辑，先后主编文史和书画刊物。曾任上海中国艺专、重庆国立艺专教授，《蜜蜂画刊》《国画月刊》编辑。父圃材。

［民国］《三水县志艺文略稿》：《碧江柳岸钓月图咏》二卷，今人陆丹林，刊行本。按：陆丹林，三水人，寓居于顺德碧江者。

后 记

重塑千年典籍生命，传承与弘扬中华优秀传统文化乃当今国之大计。乡邦文献，蕴藏一地文化之根脉，亦为地方城市发展之本源。

佛山肇迹于晋，得名于唐，明清时期发展成为商贾云集、经济繁荣的天下名镇。经济的繁荣促成人文的鼎盛。芸芸百姓生活其间，百代遗风，在册在典，化民成俗，足资考证，是为佛山历史文化最为关键之部分。

本着立足馆藏，深挖地方历史文化资源，传承与弘扬佛山优秀传统文化，服务读者，促进佛山高质量城市文化建设的职责，2018 年佛山市图书馆启动了《佛山人物志》这一佛山地方文献整理研究与开发利用项目。与以往“名人”研究的思维定式不同，本项目通过对出版于 1949 年以前的广东历代方志进行查阅，辑录其中所载与佛山现辖五区历史人物相关的所有资料，不以人物作为、名气大小定取舍。我们按一定的方式对辑录出来的资料进行组织整理，使分散于各种方志之中的人物资料得以集中，形成有史以来最全面的佛山历史人物资料汇辑，从而为读者提供方便易得、原始可靠的一手资料。

前期出版的《佛山人物志·战国至明代卷》和此次出版的《佛山人物志·清代卷》均为项目成果。其中战国至明代卷汇辑了上迄战国高固，下至明末马观鹏，共 2759 位佛山历史人物的资料；《佛山人物志·清代卷》共汇辑 5887 位清代佛山历史人物资料。两项成果参考了广东历代方志60余种，内容浩繁，资料丰富。

整个项目从启动至今，历时五年，成果能够付梓，离不开佛山市文化广电旅游体育局的大力支持以及项目所有参与人员的共同努力。原佛山科学技术学院图书馆罗春华老师不辞辛劳为本书文稿资料的收集与整理工作提供了大量帮助，佛山科学技术学院文学院文际平老师协助提供相关资料。广东省立中山图书馆倪俊明副馆长作为审稿专家对文稿提出了许多指导性修改意见。岳麓书社作为本书的出版机构，为文稿的编辑出版费心费力。在此特表谢忱。

书海茫无涯，皓首亦难穷。此次佛山历史人物资料的整理，内容繁多，资料复杂，限于水平和时间，如有错讹挂漏之处，敬祈方家不吝批评指正，在此亦感激不尽。

佛山市图书馆

2023年12月

《佛山人物志》序

佛山作为历史文化名城，岭南文化的发源地，气标两广，大聚八方，通济天下，享誉中外。它既是武术之乡，又为粤剧之源，还称陶艺之都。曾发掘区位优势，成就冶铸、纺织、成药之业；借助三江便利，骈集百货，流通海外，成为明清商贸之首。历史上，佛山不仅与汉口镇、朱仙镇、景德镇并称“四大名镇”，而且与广州合称“省佛”，更有甚者，康熙年间，它与北京、苏州、汉口同列“天下四大聚”。改革开放以来，佛山得风气之先，再次迸发出勃勃生机，开拓创新，趁势精进，陶瓷、家电、电子、机械、塑料、纺织、建材等实体经济集群发展，在激烈的市场竞争中脱颖而出。不仅规模宏大，自成体系，而且品质上乘，特色鲜明，闻名遐迩，风靡世界。2019 年以来佛山进入 GDP 超万亿俱乐部，稳居广东经济第三城，且有发展越来越强劲快速的趋势。

按照古代观念，佛山地处岭表，偏于一隅，远离朝廷；以现代眼光来看，它既非特区，又非省会，缺少政策优势，不是政治中心。一个地理历史并不占强的城市，为何能异军突起、异彩纷呈，而且活力四射、潜能无穷、繁华永驻呢？

一个重要的原因是，明清以来岭南文化后来居上，独领风骚，成为近古文化过渡到现代文化，中华文明融入世界文明的先导，而岭南文化的形成发展又与佛山有着直接联系。佛山有一批最早的具备现代思想的文化先驱。作为启蒙者，黄衷、邱熺、梁廷枏、康有为等率先将目光投向世界，不仅接触到西方的地理文化、现代科技，而且关注到欧美的社会演进和思想嬗变。佛山士人不仅成为清末戊戌维新的主流，而且引领后来的中国先进知识分子向西方寻求真理，传播民主思想，探索救国富民之道。

如果进一步推本溯源，明清以来的佛山学者为古代儒学的演变、现代学术的发展开辟了道路，打下了基础。明代西樵的四大书院，使西樵山成为远近闻名的“理学名山”。湛若水、霍韬、方献夫论学于前，朱次琦、康有为等施教于后，主张德才兼备，提倡学以致用。他们阐释理学，更多地强调立德做人，经世济人，求真务实。例如，在“万般皆下品，唯有读书高”，全民都将科举作为升官进爵之机时，湛若水要求学子“慎勿以举业、德业为二段事干，涵养吾德业，则发挥于文章，句句是事实”，在他看来，完善自我，修已达人，竭尽才能，实事求是，有益于社会，才是读书人的根本之道。这既与当时的世俗观念划清了界线，又赋予传统儒学新的内涵，它更多地推崇“德业”，强调知行合一，摒弃空谈，最后臻于“句句是事实”。朱次琦以“四行”“五学”授徒，涉及国计民生，涵盖政治、经济、军事、水利、文物制度等。康有为更清晰地指出，“所以致富强者在致精工学，专意工学校之教”，进而提出工业兴国，物质救国。他具备现代专业学科的认知，主张“认专门之学以就专科之师”，同时将求真务实的传统与专门学习联系起来，指明学术的根本途径在于躬行实践，“学农必从事于田野，学工必从事于作场，学商必入于市肆，学矿必入于矿山，学律则讲于审判之所，学医则讲于医病之室”。只要细加考察就可发现，明清岭南学者逐渐形成的共识包括：向善是道德的追求，求真是前行的方向，务实是具体的行为，利民是最后的归宿。它从根本上扭转了传统儒学“修身、齐家、治国、平天下”，向举业的世俗化沉沦，改变了读书做官的传统认知和价值取向，提出了“德业”的方向，扩大了文化的功用，拓展了知识的范围，开阔了士人的视野，丰富了学子的才能，从而向世人展示出比读书做官更宽阔的前景。同时，将知行合一、学以致用的儒学思想变得清晰具体，切实可行。

随着时代发展，岭南文化的先进认知在佛山深入人心，被一代又一代的佛山人所接受；而一代又一代的传承，又使崇文务实、敢为人先成为一种文化积淀，内化为一种主体的自觉。从这个意义上来说，岭南文化的先进性为其策源地佛山的经济繁荣奠定了思想基础，而佛山人的积极拼搏、奋力开拓、坚持不懈、勤勉耕耘则是岭南文化先进性的具体体现。这种先进而独特的文化精神，激发了人的主体能动性和创造能力，促进了各司其业、各显其才、各展其长的社会文明，形成了物尽其宜、川尽其用、地尽其利的良性循环。事实证明，西樵山文化被誉为“珠江文明的灯塔”绝非浪得其名。

正是有鉴于此，佛山各级领导、文化学者在探讨文化渊源及其影响之时，特别重视展现当地历史人物的主体精神和主观能动性。佛山炎黄文化研究会、佛山市政协文教体卫委员会率先编辑出版了《佛山历史人物录》（花城出版社 2004 年），对百余位历史名人、各界代表加以推介；其后，佛山市地方志编纂委员会编辑出版《佛山人物志》（方志出版社 2011 年），方继浩等选编出版《佛山历史人物录》（广东人民出版社 2016 年），反映佛山名人的生平事迹和历史贡献，记录佛山藏龙卧虎、人杰地灵的种种佳话。

在此基础上，今天佛山市图书馆另辟蹊径，立足馆藏，重新整理编纂的《佛山人物志》（下文简称本书）问世。与既有的《佛山人物志》《佛山历史人物录》相比，本书更广泛地考察人的因素，从人才的角度，展示佛山的历史悠久，英才辈出；以更为丰富详实的地方史料，客观具体地反映历史人物的生平事迹及其对当地经济、政治、文化的深远影响。其有别于既有著作的价值主要体现在以下三个方面：

第一，搜集的范围更广，收录的人物更多，反映的事迹更加可观。从附录的材料看，编者参阅、采集的文献多达 60 余种，上起战国，下至清末，入选者近 9000 人。史料包括人物的姓氏字号、生活朝代、活动领域、主要事迹以及典籍依据。凡是对当地政治、经济、文化、教育献出一己之力，对开启民智、移风易俗提出一孔之见，在当时当地留下一言一行，即便在历史典籍中一灯如豆者，都在囊括之中。不限于大佬名流，不拘于祖居原籍，不计其地位高低，不论其思想倾向，凡是在佛山居住生活、雁过留声、人过留名、记诸典籍者，尽量收揽无遗。

例如，五代邓逵，字达唐，原籍不详，为后周太常博士，赵宋代周，他“耻事二姓”，“弃官隐于龙江”，兄弟三人与当地百姓亲密无间，重礼兴教，翕然向学，深得乡人敬重，当地河涌也因之改名为“邓公涌”。这种记载不仅生动体现了顺德百姓见贤思齐的美好品质，而且从一个侧面反映了岭南文化海纳百川的特征，表现出当时当地的价值取向和纯朴的感情。时至今日，佛山依然如此，向外来建设者张开双臂，地不分南北，人无问东西，如泰山不让土壤，河海不择细流，求贤若渴，广纳人才，不能不说风度有自，风气使然。

再如，佛山人冼靖，字靖安，既无官职，亦无功名，危难之际却挺身而出。明代正统年间，当黄萧养起兵占据广州、进攻佛山时，他随父亲冼灏通“率乡子弟为兵”，在“无甲兵之援、险塞之限”的情况下，列栅为城，凿沟为堑，坚守到黄萧养兵败，保全佛山免受战乱，佛山因此被钦赐“忠义乡”之名。事平之后，“贼既就擒，官司檄剿各村从贼者”，冼靖却“请释迫胁，活者无算”。这些记载充分反映其人既敢于担当，又宽厚善良的品质。更加细致也更为感人的记载还有，“有盗潜入其室期夜行窃，靖呼盗出。盗惧，因取案头笔札悉报其党姓名，得三十余人。靖对盗焚之，与钱一贯曰：‘余安责若？第愿若改行，毋终于盗耳。’盗涕泣叩头去。”这更展示了冼靖的博大胸怀和与人为善的态度。这些从普通百姓身上表现出来的美好品质，正好反映了当时的世俗民风。

还有，元末顺德陈村的区思本，只是一介书生，“幼失怙恃”，终身布衣，只因重孝悌、通诗书、性高洁，以“事继母孝”“能为诗古文词”“独隐于耕”等寥寥数语记于方志，虽其人无惊世之举，无显赫之功，寂寂无名，如烛光萤火，却享有清誉，编者也加以辑录，垂之后世，流芳乡野。

凡此种种，都说明此书爬梳之细，采集之广。相比之下，2011年版《佛山人物志》分人物传、人物录、人物简介、人物表，若仅从目录看，类别不免粗放，入选也只有600多人；2004年版《佛山历史人物录》主要着眼于名人，重点评述100余名流的生平事迹；2016年版的《佛山历史人物录》在人物选择上依然沿袭前书的思路，只是加以新的、更加明确的类别。因此新编的《佛山人物志》更加全面，与已有的佛山历史人物相关著作前后相应、互为补充、相得益彰。

第二，有功于当世，有利于未来，更便于后人的研究。与2011年方志出版社本《佛山人物志》和《佛山历史人物录》另一个不同之处在于，本书直接呈现原始资料，既有古籍整理性质，又有资料汇编的特点。它以时间为线索，以人物为焦点，胪陈既有典籍，排列相关本事，注释典故语词，做了不少基础性的工作，这是颇有意义的。

同一人物，不同方志的记载往往会有一些出入，甚至前后抵牾。例如：

> 刘镇　字叔安，南宋南海人。嘉泰二年（1202）进士。因过失，谪居福建三山三十年，真德秀镇闽，进言朝廷，始获自由。弟镕、铎。

其下，有嘉靖《广东通志》卷十一《宋·进士》、卷五十八《列传十五·人物五》的相关史料加以补充。同时列举了不同的说法，嘉靖《广东通志》记载其人是南宋嘉泰二年（1202）进士，而《广东通志初稿》卷十九《进士科·宋·广州府》却记载，其人嘉定二年（1209）中进士。嘉定二年与嘉泰二年虽然只有一字之差，时间上却相差7年。孰对孰错，需要考订。这里，编者采信的是嘉泰二年，而不是嘉定二年。理由虽然没有明说，但它列出了万历《南海县志》卷十一《人物列传二》、崇祯《南海县志》卷九《人物列传》、道光《南海县志》卷三十四《列传三·宋·刘镇》等数种方志作对比。细心读者不难发现，崇祯本记载的进士科时间为“嘉泰三年”，显然时间上更为接近，因此嘉定二年可信度较低。编者将不同文献一一列出，互相对比，异同一目了然。这样，一个人物词条不仅集中了尽可能多的资料，而且提出了问题，引起进一步探讨的兴趣。提醒后来的研究者，要彻底解决问题，还要去查阅更多更细的史料，例如宋史的科举卷、宋代进士名录等专门书籍。

即便没有出入、没有异议的人物，多提供一些原始资料，也是有利于深化认知的。例如，本书依据《广州府志》《广东通志》等方志，制定词条：

> 何淡　（约1427—约1500）字中美，明顺德乐从葛岸人。正统十二年（1447）举人，天顺元年（1457）进士。为官30年，五十多岁辞官归。父道宏，从弟经。

其下，罗列了《广州志》卷三十八、三十九、四十的相关科考信息，嘉靖《广东通志》卷六十一《列传十八·人物八》的出仕记载，再辅以万历《顺德县志》卷九、康熙十三年《顺德县志》卷七、咸丰《顺德县志》卷二十二等多种佐证材料。这样，何淡的科考过程、仕宦经历、高洁品德、对乡人的影响都得到非常清晰具体的展示。不仅为相关研究提供了资料，节省了从头翻查的工夫，而且还为后人提供了指引，便于更加深入地考察。

由此可见，本书的编辑出版有更多的资料价值，更深远的学术意义。

第三，客观实录，不作主观品评，更加多元化，自有发散性。

毫无疑问，2011年方志出版社本《佛山人物志》和《佛山历史人物录》的编写主要是为了推介佛山，说好佛山故事，带有宣传的性质。而本书不从当代视角去解读历史，引导读者，只是胪陈史料，从而避免刻意的美化、现代意义的评说，造成先入为主的印象，更具客观性。

例如，对明代的黄萧养、清代红巾军的陈开，2011年方志出版社本《佛山人物志》和《佛山历史人物录》都有现代眼光的评判，而本书只陈史料，不加评述。请看：

> 黄萧养　(1410—1450) 原名懋松，明南海县罗村人。年少家穷，萧家收养，改名萧养。被官府关押，率同囚十九人冲出牢门，打开广州城东门到顺德冲鹤堡，正统十四年 (1449) 在横江二龙山 (今顺德勒流龙眼村) 祭旗起兵。攻广州城，消灭前来镇压的都指挥使王清，自立为“顺民天王”，改元“东阳”，建都大良。朝廷命都督同知董兴为左副总兵，调广西、江西和南京的驻军驰赴广东会剿。同时派左佥都御史杨信民巡抚广东，分化瓦解，黄军人心动摇。景泰元年 (1450)，杨暴病身亡，黄军迎击董兴于大洲头菠萝庙、白蚬壳一带，黄中箭死。

在此词条下面，编者胪陈的史料有：《粤大记》、崇祯《南海县志》卷二《政事志 · 事纪》、咸丰《顺德县志》卷三十一等，纠错勘误，补充说明。

这样处理的好处是，不直接臧否人物，不带政治色彩，不作道德评判，不溢美，不隐恶，让读者直接阅读史料，了解事件的前因后果、人物的所作所为。词条中还舍弃了方志中原有的“貌甚陋”“一目眇”之类的描述，更显不偏不倚，冷静公允，更多超脱与客观，更能启发多元的价值思考。同时这样做也更尊重历史，避免了断章取义，避免了同一事件、人物品评上的自相矛盾，一方面肯定暴动领袖，另一方面又赞扬戡乱民众。

总而言之，本书是继 2011 年方志出版社本《佛山人物志》和《佛山历史人物录》后的鸿篇巨制，规模大、搜罗广、体系新，极具资料价值和学术价值。它的问世，必将激发广大读者特别是地方文化研究者的强烈兴趣，深化佛山历史人物的研究。

李克和于广州从化温泉

(作者简介：原佛山科学技术学院文学与艺术学院院长、广东省广府文化研究基地主任，教授。)

编辑说明

1. 本书集录了广东历代地方志中所见的佛山有姓名有时间点的人物，地域包含现在佛山所辖五区，即南海①、顺德②、高明③、三水④、禅城⑤。时间起于战国时唯一有记载的南海高固，止于明代末年的马观鹏。以原始文献为主，标明出处。

2. 所录人物按生卒年、科举考试年或其他在原文中出现的时间排列，时间相同的按姓氏笔画排列。如果某人在地方志中有记录

①南海：秦始皇三十三年（前214），置南海郡。隋开皇九年（589）废郡，十年（590）以番禺县地置南海县，属广州总管府，南海县政区建置自此始。唐武德四年（621），废南海郡置广州，南海为其属县。五代南汉乾亨元年（917），析南海县地为常康、咸宁二县。北宋开宝五年（972），复置南海县。名称沿用至今。

②顺德：秦属南海郡番禺县，隋属番禺县分出的南海县，五代南汉时属南海县分出的咸宁县，宋初重新并入南海县。明景泰三年（1452），划南海的东涌、马宁、鼎安、西淋四都和新会的白藤一堡置县，取“顺天明德”之意命名。明清由广州府管辖，民国时属粤海道管理，废道后直属省，中华人民共和国成立后属佛山。

③高明：汉元鼎六年（前111），朝廷置兵今高明明城青玉岗，因地势高爽，故称“高明寨”。秦属南海郡，汉至西晋为苍梧郡高要县地。明成化十一年（1475），分高要苍步、清泰等24都另置高明县，以高明寨得名，县治在明城。明清属肇庆府，1963年起属佛山。

④三水：秦属南海郡，西汉至东晋属番禺、四会县。明嘉靖五年（1526），分割南海县34图、高要县17图设置新县，因西、北、绥江在境内汇流定名。1949年，佛山市人民政府成立，受佛山市管辖。

⑤禅城：晋代称季华乡，唐贞观二年（628）称佛山。北宋时工商业发达，与湖北的汉口镇、江西的景德镇和河南的朱仙镇并称中国的“四大名镇”。明景泰三年（1452），敕封为“忠义乡”。民国时，曾先后设佛山镇、佛山市、佛山镇。1949年，佛山市人民政府成立。2002年，设立佛山市禅城区。

却没有时间点，斟酌时间予以编排。有生卒年的人物，生年同卒年不同者，先卒者排在前。对只有时间点的人物，设该时间是其人生中点，统一定为30岁，与有生卒年的人一起排列。少量人物在地方志原文中有可供推算年龄的词语，如弱冠统一作21岁计算，强仕计作40岁，如此推出的生卒年一般都加了“约”字，仅供参考。

3. 原文照录时基本按各方志编纂时间先后排列。遵循时代越久远资料越珍贵的理念，先出的地方志全录，年代靠后的只录独有的内容，省略部分用“……”表示。收录格式为：姓名（生卒年），姓名别的写法、字号，所属朝代、地域。能揭示其生平的时间节点、主要经历和与人物相关的亲缘关系。所引资料著录格式为：年号、地方志名、卷次、篇次、地方志原文。对地方志原文加以断句标点，希望有助于通读。每个人的资料繁简不同，有则录，无则省。生僻字词酌加注解，一般仅出注一次。原文中帝王年号，在解释文字中用括号标注公元纪年。

4. 凡同姓名者，按时间先后，在姓名后括注朝代年号加以区分。

5. 人物互相之间有亲缘关系（如祖孙、父子、兄弟），如果各自的资料都比较零碎，一般集中到年辈较早、资料较多的人物名下，以利于了解他们的背景，不再按各自的时间分别排列。个别人物的传记分录在其亲属名下，既保存了原始材料，又帮助理解该亲属的背景。

6. 地方志原文中的漫漶缺字用“□”代替，缺多少字即用相应数量的“□”来代替。对于缺字不详的情况，在注释中予以说明。

目　录

战国

汉

晋

南北朝

唐

五代十国

宋

元

明

战国

高固　战国越（今南海）人。楚灭越，楚威王看中其才能，任命为楚相。威王的老师铎椒节选《左传》有关成败的内容，由固呈上，楚国文教日兴。

［嘉靖］《广东通志》卷五十四《列传十一·人物一》：南海人。周显王时，楚子熊商灭越，而臣服之，是为楚威王。固以才能归楚，为威王相。时鲁君子左丘明因孔子史记，具论其语，成《左氏春秋》。铎椒为威王傅，为王不能尽观《春秋》，采取成败，卒四十章，为《铎氏微》，由固进之大都。楚君至庄王最贤，致霸诸侯，能讨罪逆以服人心，《春秋》进之，子孙复能继述。以故文教日兴，五羊衔谷萃于楚庭。南海人为画图，以表著固功，故后世郡守犹绘诸厅事。广州称五羊城者，由是得名也。（论曰……董仲舒曰：楚庄不予专杀而讨以其霸也，然略其蛮夷，埒诸桓文则进而中国之矣，此铎氏所为《微》也。高固以此引君，俾之向道，而文教日兴，岂非贤哉？……吾独以为，奋武不过可以革面，而揆①文则可以革心，楚国所以长久者，高氏启沃之功也。）

［万历］《南海县志》卷十《人物列传一》：氏微②，由固进之。以故文教日兴，五羊衔谷萃于楚庭③，南海人为画图以表著固功。

［崇祯］《南海县志》卷九《人物列传·周》：周显王时，楚子熊商灭越，兼有南服④，是为楚威王。固以才能归楚，为威王相。时铎椒为威王傅，以王不能尽观《春秋》，采取成败，凡四十章，为《铎氏微》，由固进之。

［乾隆］《南海县志》卷三《编年志·纪事·周》：显王三十五年丁亥，越伐楚，楚子熊商大败之。越遂散处江南海上，是为百粤。（先是，楚子熊渠伐越，越人服之，遂建楚庭，即郡城也。至是灭越，南海高固为楚相，有五羊衔谷穗于楚庭。）

---

①揆（kuí）：揣度。

②原本漫漶，前缺。

③楚庭：楚国在南越设立的管理机构的办公场所，位于今广州越秀山下。

④南服：古代将王畿以外地区分为五服，称南方为“南服”。

［道光］《广东通志》卷二百六十八《列传一·广州一·周·高固》：谨案，《百越先贤志》云，高固，齐高傒之族。考宋邓名世《古今姓氏辩证》高氏出自姜姓，齐太公六世孙文公赤生公子高。其孙傒为齐上卿，与管仲合诸侯有功。威公命傒以王父字为氏，食采①于卢，谥曰敬仲，世为上卿。敬仲生庄子虎，虎生项子，项子生宣子固，固生厚……《太平御览》引裴渊《广州记》云：昔高固楚相，五羊衔谷茎于楚庭，于是图其像。广州楚分野②，故因图其瑞焉……后人因此附会固为南海人，实无确据也。

汉

吕嘉　（？—前111）汉越（今南海）人。越族人首领。赵佗建立南越国，任国相，辅佐三代南越王。第三代王赵婴齐在中原娶邯郸人摎氏为王妃，摎氏子赵兴继位，主张归顺朝廷。汉武帝元鼎六年（前111），嘉杀掉赵兴、汉室使臣和太后，立越族王妃生的婴齐长子赵建德为王，被汉军击败擒杀。

［嘉靖］《广东通志》卷三《事纪一》：元鼎四年，（汉世宗孝武皇帝）遣安国少季及谏大夫终军等谕南越入朝……元鼎五年夏四月，遣韩千秋、摎乐伐南越。南越相吕嘉遂反，屯兵石门御之。（《汉书》：相吕嘉年长矣，相三王，宗族官贵为长吏七十余人，男尽尚王女，女尽嫁王子弟宗室……粤人信之，多为耳目者，得众心愈于王。王之上书，数谏止王，王不听。有畔心，数称病不见汉使者。）嘉杀汉使者及其王兴、王太后摎氏……嘉立高昌侯建德为王，以兵击千秋等灭之……（汉武帝）秋遣伏波将军③路博德、楼船将军④杨仆等击南越。元鼎六年冬十月，路博德、杨仆帅师入番禺，灭南越，获其

①食采：享用封邑的租赋，意指将某地作为封地分封给某人。

②分野：古人把天上的星宿分别指配于地上的州国。古代占星术认为，地上各周郡邦国和天上一定的区域相对应，在该天区发生的天象预兆着各对应地方的吉凶。

③伏波将军：西汉武帝置，为统兵武官名号，以路博德为之。东汉迄隋，皆为将军名号。

④楼船将军：汉代将军名号之一，后泛指水军将领。

王建德、相吕嘉。

[万历]《顺德县志》卷十《杂志·讹谬》：举人黄朝宾考古迹三事。一伏波桥，城南二里。桥西南五里，有乡名石涌，越相吕嘉故乡也。吕嘉闻汉兵分道南下，遂于其地筑石瓮、金斗二城。楼船攻败，越人纵火烧城，城中皆降伏波。建德夜与其属数百人亡入海，以船西去。伏波又问降者，贵人以知吕嘉所之，遣人追之至此，编桥度兵获嘉，后桥遂以伏波名。越人呼瓮为石涌，故地名石涌云，今多吕姓……今按：石涌未见为嘉故乡。南越水国，路博德伐越，将水军，故号伏波，盖取制服波臣之义。桥名想亦出此，未必由伏波渡兵也。

招猛 东汉南海人。安帝元初中，官大鸿胪卿。

[嘉靖]《广东通志》卷五十四《列传十一·人物一》：南海人。举茂才①，为郎。元初中，官至大鸿胪卿，掌诸侯及四方归义蛮夷，与郡国上计，而诸王入朝，拜诸侯嗣子礼仪，皆属焉。猛善于其职，动无违礼。四夷重译②若高句丽、马韩、玄菟、南夷诸国初附及就封入觐者，凡至容台③肄仪行事。猛举制诏视之，悉惬其情云。

[万历]《南海县志》卷十《人物列传一·汉》：举茂才，为郎。元初中，官至大鸿胪卿，掌诸侯及四方归义蛮夷与郡国上计，仪皆属焉。猛善于其职，动无违礼。四彝重译若高句丽、马韩、玄菟、南夷诸国初附及就封入觐者，凡至容台肄仪行事，猛举制诏视之，众情悉惬云。

[崇祯]《南海县志》卷九《人物列传·汉》：掌诸侯及四方归义蛮彝与郡国上计……四彝重译若高句丽、马韩、元菟、南彝诸国初附及就封入觐者。

[康熙]《南海县志》卷十二《人物传·循吏·汉》：众情悉慊④。

[道光]《广东通志》卷二百六十八《列传一·广州一·汉·招猛》：《姓氏辩证》注，招猛，晋步招之后，以名为氏，《番禺志》云，汉有大鸿胪招猛而已。此传疑后人拟造，约略《后书百官志》大鸿胪本注文，支离杂凑，参错以后世语，其伪托无疑。其称元初中高句丽、马韩诸国初附，尤为不考。

---

①茂才：汉朝，由各州推举的民间人材称为“秀才”。东汉时为避汉光武帝刘秀之讳，改名茂才、茂材。

②重（chóng）译：辗转翻译，形容遥远。

③容台：行礼之台。

④慊（qiè）：通“惬”，快心、满意。

按：元初为安帝改元，是时乌桓、鲜卑、南单于俱叛，先零①蛮越交侵，非即叙顺轨之时。且自武帝时元菟久已为郡，岂至元初始云内附？此纰谬之甚者矣。

疏源 字元流，东汉南海人。任尚书郎，廉洁。得罪权贵，遭贬回家。

［嘉靖］《广东通志》卷五十四《列传十一·人物一》：字元流，南海人。出给郡役，为户曹佐。源性廉洁，家贫，饷晏不至，同第人饷先至，呼之共食，源未尝听，由是知名。后为尚书郎，习练故事，为九卿所重。故人有诣源，欲通苞苴②者，源绝口不答，临别便与诀曰："子以言污我，从此与君绝矣。"居尝拱手端坐，人望之俨然。儤直③遇隆寒，拥败絮，震掉战栗，吏献裘，坚却之。从司徒上书言事，忤权贵得罪，废于家而卒。

晋

王范 晋南海人。三国吴帝孙皓时代闭门读书，吴末天纪三年（279）追随广州刺史徐旗逃难五年。晋平吴后，刺史熊睦推荐任广州大中正。太康八年（287）著成《交广春秋》一卷，为广东地方志创始之作。

［嘉靖］《广东通志》卷五十四《列传十一·人物一》：南海人也。好读书，有鉴识，州闾推重之。吴孙皓时闭户不出，或问其由，对曰："见弹缴而弗避，非灵禽也。处乱世而求闻达，非知士也。"人以为名言。郭马乱广州，逐刺史徐旗。范从旗避难，朝夕不离侧者五年。既归，以琴书自娱，未尝妄交，有司贤其行荐辟之，皆辞。晋平吴后，遵行九品官人之法④，每州置大小中正，俱以本土人为之。刺史熊睦荐州人，德充才盛无逾范者，举秀才，乃

①先零（lián）：古代西北部落，为羌人的一支。

②苞苴（bāojū）：包装鱼肉等用的草袋，借指馈赠的礼物。

③儤（bào）直：指官吏在官府连日值宿。

④九品官人之法：三国魏黄初元年（220），吏部尚书陈群制定，包括对现职官员和官吏的候补人员进行品评。

以范为广州大中正，选举人才，第其高下，皆惬舆论。时秘书丞河内司马彪号博学，尝著《九州春秋》，盛行于时。范阅之，见其略于岭服，纪录弗称，乃搜罗百粤典故为书，名曰《交广二州春秋》。太康八年表上之，订述该核，众见之称服，自是名动京师。范为人卓荦①不群，未尝事流俗事，笃学至老不废。交广素缺修载，自范始创为之。(论曰：王范《交广春秋》事赡词工，昔称之而今不传。呜呼，识时之通，事上之忠，秉心之公，亦足以芳耀于无穷矣!)

[万历]《南海县志》卷三《政事志·事纪》：延熹十一年夏，吴广州督将郭马等反，杀南海太守刘略，吴遣将军领广州牧滕修讨之。

[崇祯]《南海县志》卷九《人物列传》：刺史熊睦荐州人，德充才盛无逾范者，乃以范为广州大中正，选人才，第高下，皆惬舆论。时秘书丞河内司马彪号博学，尝著《九州春秋》盛行于时。范阅之，见其略于岭服，纪录弗称，乃搜罗百粤典故为书，名曰《交广春秋》。

[道光]《南海县志》卷五《舆地略一·前事沿革表》：吴归命侯天纪三年夏，广州督将郭马等反，杀广州督虞授。秋八月，杀南海太守刘略，逐广州刺史徐旗。遣镇南将军滕修领广州牧，讨之。晋武帝太康二年冬，滕修大破郭马，广州平。

黄恭　字义仲，晋南海人。咸康年间广州刺史邓岱录为记室参军。州举孝廉，任佐著作郎，后为广州大中正。补充王范的《交广春秋》，著《交广二州记》。

[嘉靖]《广东通志》卷五十四《列传十一·人物一》：字义仲，南海人。少性恬漠，履尚清洁。刺史邓岱觌②面察言，即器重之，录为记室参军。草檄声罪，山越詟服。比转封山令，居夷③剖事甚有治材，然非其好也。州察孝廉，举为佐著作郎，父忧去职。比服阕不起，教授生徒，发明圣籍，乡里推重。征辟不就，乃补广州大中正。于是搜缉王氏《交广春秋》，补其遗漏，以君亲伦理为重。其论合浦之士有尹牙者，为郡主簿，受知太守，问其愁悴，答以重仇未报，即变姓易名为执之，天子奇其才，因赦不问。此事邦君之大义也，评者比诸刺客则谬矣。丁茂孝感，人谓之虚，然则通于神明者非邪?朱厓令女与母争死不辱，反为鄙论所非，皆违至道，不应经义，其他研核皆

①卓荦（luò）：卓越、突出。

②觌（dí）：相见。

③居夷：亦作“居彝”，居住在东方九夷之地，后泛指居住在少数民族地区。

此类也。后复广为《十三州记》，首释郡县弘指，世传其书。族子整为平越司马，博洽工文词，有《集》十卷。

［道光］《南海县志》卷二十六《艺文略二·集》：《平越司马黄整集》十卷，晋黄整撰，据《隋书·经籍志》。案《隋志》：《平越司马黄整集》十卷，录一卷，亡。《唐志》：《黄整集》十卷。

冼劲　（？—404）晋南海人。任广州参军。元兴三年（404）冬，卢循围攻广州，冼劲率扬威兵出战，城破遇害。

［嘉靖］《广东通志》卷五十四《列传十一·人物一》：南海人。家本武帅，世为部曲。至劲读书，尚节操，为广州中兵参军。元兴三年冬十月，海寇卢循①攻围广州。劲帅扬威兵五百人出战，城陷，为循所执，神气自若。循欲释而用之，劲叱曰："贼奴乃欲凌国士邪？"遂遇害。刺史吴隐之上其事，义熙中，追赠始兴太守、曲江县侯，谥忠义。

［崇祯］《南海县志》卷九《冼劲传》：为广州中兵参军。

南北朝

区金　字南贵，南北朝时齐番禺（今南海）人。宋孝建末，客居广东揭阳，升明中随萧赜兴师征讨。483年，萧赜为南齐武帝，女入宫封美人。升职至广西尹州刺史，子颖，为云南宁州刺史。孙伯虎，任新州刺史。

［嘉靖］《广东通志》卷五十四《列传十一·人物一》：字南贵，南海人。宋孝建末客揭阳，会齐武帝在潜，起义师往征豫章贼。金为首领，从大将往平之。至金陵，事齐高帝。及受禅，用金为右武卫校尉。后以女为美人，累擢至尹州刺史，子颖亦以恩授宁州刺史。颖子伯虎知勇，积有军功，益折节

---

①卢循（？—411），今河北涿州人。东晋元兴元年（402），孙恩败亡，其妹夫卢循统其余众，任永嘉太守。

读书，官至新州刺史，抚绥民僚，政德人和。陈宝应①连留异为乱，伯虎从都督章昭达讨之。三世刺史，亦岭海盛事也。（《陈书》伯虎作白兽，盖唐人修书，避李虎讳。）卷六十三《列传二十·列女》：美人区氏者，南海良家子也。宋升明中，父金以义士从大将邓惠真，袭豫章贼帅有功，入金陵事齐高帝，为右武卫校尉。会选良家子，区氏以美姿仪为美人，性婉顺，事高帝，始终宠遇不衰。而金亦荣显，官至尹州刺史。

[万历]《肇庆府志》卷十七《名宦传一·陈》：区伯虎，南海人。祖金，父颖，皆刺史。

覃元先 （479—551）南北朝时梁番禺（今南海）人。齐末募兵保卫乡里，占据番禺，广州刺史李坚劝说归梁。拜东宁州（今广西罗城县）刺史，加封云麾将军，讨伐侯景时卒于军中。

[嘉靖]《广东通志》卷五十四《列传十一·人物一》：南海人也，初名无名。勇力善骑射。齐末反者四起，元先召募民兵，为乡邦卫，据有番禺。梁高祖兴王日，庆州刺史李坚遣人说下之使归梁。任孝恭代坚为书曰："昔陆贾皇华，定交知于南越；长卿披绣，通夷险于夜郎。故传美于往书，流芳于篆素。足下南方盛族，岭表豪门，籍誉既深，流芳已旧。但道旷风云，论平生而莫即；江山间阻，衔杯酌以何因？空想神魂，徒劳梦寐。仆世禀威仪，门勤钟鼎，提干海岳，推毂数千。建我不才，资兼文武，鸿私②弗替，应兹阃外③，麾盖④所临，实宜慈造。足下刺举一隅，同奉家国，进止之宜，实俟高算。"得书即诣阙降，高祖召见谓曰："公当立勋业，书彝常，奈何无名乎？"元先遂改名。拜东宁州刺史，在任累著战伐功，加云麾将军。侯景⑤反，元先与宾化侯萧云讨之，擒斩贼将，所向无前。会元先卒于师，云遂遁归南海。

---

①陈宝应（？—564），南北朝时福建侯官（今福州）人。从548年的侯景之乱开始，割据闽中15年。天嘉四年（563），朝廷派章昭达讨伐俘虏之，押送建康（今南京）斩首。

②鸿私：犹鸿恩。

③阃外：指京城以外，亦指外任将吏驻守管辖的地域。

④麾（huī）盖：将帅用的旌旗伞盖。

⑤侯景（503—552），字万景，北魏怀朔镇（今内蒙古固阳南）鲜卑化羯人。擅长骑射，建立功勋。梁武帝太清元年（547）投降梁朝，驻守寿阳，次年起兵进攻南梁。551年自立为皇帝，次年失败被杀。

［康熙］《南海县志》卷十二《人物传·武功·汉》：“公当立勋业，书旂常，奈何无名乎？”

唐

区信　（665—？）字常卿。唐朝进士，任岭南节度使，移居顺德龙江。长子绍儒，其子寿。寿子文微，字景祥，生子册、弘。

［乾隆］《顺德县志》卷十六《杂志》：在唐则有……区信，字常卿，开元间为江西采访处置使，卜居龙江。

［咸丰］《顺德县志》卷二十二《列传二·唐·区册》：按……据《平阳家乘》……云自信家南海，四传生册。

邓信夫　唐南海人。开元十年（722）进士，任左补阙。

［万历］《广东通志》卷二十《广州府·选举·进士·唐·南海》：开元十年，左补阙。

韦善道　字守约，唐南海人。天宝五年（746），岭南经略节度使张九章委为书记。后为湖南零陵知县、湖南郴州太守。子注，隐居，号韦隐；滂，会昌二年（842）进士。

［嘉靖］《广东通志》卷五十五《列传十二·人物二》：字守约，南海人，代为郡著姓。善道博学能诗，而不好章句，俗儒多非之。少作县吏，节度使张九章与语，奇之，乃免其役，俾佐书记。益究坟籍，遂通《三礼》①，掌帅府威仪。为零陵令，岁旱，民有流移为盗者，开仓赈之，境内遂安。迁郴州太守，有讼鹅者，问其所饲，甲云稻谷，乙云糠饭，叱而留之。明日视遗矢有芒壳，召甲归之，人服其明。兄弟讼田，召终鲜者给之，讼者感悟，更为辑睦。有八子，长注，遁迹不仕，辟园凿池朝台之阳。曾、玄累叶不应辟举。号韦隐居家。第七子滂，登进士第，上章归养，善道没后乃出仕，官至象州

---

①三礼：指《周礼》《仪礼》《礼记》。

刺史。

苏妙 字观妙，祖籍雍州武功（今陕西武功苏坊村），祖瑰、伯颋。父乂迁居南海。唐大历中，任福建泉州刺史。

［嘉靖］《广东通志》卷五十五《列传十二·人物二》：字观妙，南海人。其先家本雍州武功，父乂为京兆少尹，始徙广州。妙幼奇颖，读书通大义，累官至泉州刺史，有惠政。行春门楼有白雀来巢，见妙出，每飞集车盖上，泉民歌颂之。先是，乂以父瑰、兄颋世承台衮，每怀盛满，出居服岭，荒遁终身。名其二子：长曰复，“取万物并作，吾观其复”也；少曰妙，取“常无欲以观其妙”也。妙兄弟皆好道，奉事老子，而儒行亦修云。五世孙绍之，最知名。

区册 （765—846）唐南海龙江（今属顺德）人。贞元进士，授岭南监察御史，十九年（803）冬，从顺德西滘坐船拜访贬为广东阳山令的韩愈。元和四年受推举至南京，开成元年（836）告老还乡。弟弘，元和进士，任江苏扬州刺史、淮南道观察使。曾跟随韩愈五年，愈有《送区弘南归》诗。

［嘉靖］《广东通志》卷五十五《列传十二·人物二》：南海人也。系出区冶子之后，著于长沙以南，为名族。册为人喜读书循理，谨持雅饬①，惟恐戾于典则，人乐从之游。家徒四壁立，缥缃②盈其间，挟卷呻吟无少倦。时下笔为辞章，千百言衮衮不休，自郡守以下皆重其文采。贞元十九年，监察御史韩愈以言宫市，极论天下根本，为幸臣所谗，贬阳山令。愈，大儒也，以道自任，世方之孟轲。册以道丧学绝，无所依归，遂冒险往阳山师愈。愈亟加称许，及册归省其亲，为文送之，其见重于愈者如此。二十一年，愈征为江陵法曹，累官吏部侍郎，文章为一代巨工，册因是知名。时又有区弘者亦游愈门，愈有《送弘南归诗》，张籍亦有诗送弘，盖与愈周旋颇久。愈迁法曹时，弘送至荆门，及愈入为博士，弘亦随之。丹阳洪兴祖谓弘即册，然其始末不类，或其族人也。（韩愈《送区册序》：“有区生者，誓言相好，自南海

---

①雅饬（chì）：谓言行合礼制。

②缥缃（piǎoxiāng）：缥为淡青色，缃为浅黄色，古时常用淡青、浅黄色的丝帛作书囊、书衣，因以指代书卷。

挐①舟而来。升自宾僧，仪观甚伟，坐与之语，文义卓然。庄周云：'逃空虚者，闻人足音跫②然而喜矣。'况如斯人者，岂易得哉！入吾室，闻诗书礼义之说，欣然而喜，若有志于其间也。与之翳嘉林，坐石矶，投竿而渔，陶然以乐，若能遗外声利，而不厌乎贫贱也。岁之初吉③，归拜其亲，酒壶既倾，序以识别。"）

［咸丰］《顺德县志》卷二十二《列传二·唐·区册》：据《平阳家乘》，册偕仲氏宏师昌黎，则兄弟两人明甚。

卢宗回　字望渊，唐南海人。元和十年（815）进士，官至集贤校理，告假归后卒。

［嘉靖］《广东通志》卷五十五《列传十二·人物二》：字望渊，南海人。少时读书，日夜忘寝食。同舍生见其所作，嫉之，假以他事殴宗回。宗回逊谢，恬不与校，由是为乡党所重。举元和十年进士，官终集贤校理。久之，闻父有疾，浩然乞予告归，卒。宗回尝寓长安，有《题慈恩寺塔》诗。时人传诵，爱之，为刻以榜，至今存焉。（宗回诗："东来晓日上翔鸾，西转苍龙拂露盘。渭水冷光摇藻井，玉峰晴色坠栏干。九重天阙参差见，百二山河表里观。暂辍去蓬悲不定，一凭金界望长安。"沈括《笔谈》亦载此。《诗品汇》改"东来"为"东方"，"栏干"为"朱栏"，非是。）

［万历］《南海县志》卷十《人物列传一·唐》：字望渊。善学不倦，同舍生见其所作，嫉之，□□□事殴宗回。宗回逊谢，恬不与校，由是为乡□□□□□□□□□□□官终□贤校理。久之，闻□□□□□□□□□□□。宗回尝寓长安，有《题慈□□□》诗。时人玩诵，爱之，刻榜以传。

李文孺　字文质（一作元质），唐南海人。孔戣聘任记室，遇韩愈谪潮州刺史，时为元和十四年（819）。后在湖南为节度使判官，罢归。

［嘉靖］《广东通志》卷五十五《列传十二·人物二》：字元质，南海人。少善书札，渐摛文藻④，以词翰知名，仕为番禺从事。元和中，应湖南征辟，

①挐（rú）：古通"桡"，船桨。

②跫（qióng）：脚步声。

③初吉：阴历初一日。

④摛（chī）：舒展、散布。摛文藻：施展文才。

道乐昌，游泐溪石室，众推作记，挥毫立成，情景毕萃，见者骇服。转观察推官①，罹忧东还。帅府孔戣甚重之，延为记室，每事周咨。会韩愈谪潮州②刺史，请于戣加优礼。戣从之，月给送使钱，愈逊谢不受，时论两称其贤。后在湖南，以侍御史充节度判官。江陵有兄弟甲科者，召宴，固辞。帅谯③其傲，幕客不能终篇，文孺为足之，曰："韡韡棣华④，异有怀而靡及。皤皤瓠叶，同式饮以庶几。"诮其非奉使也。其人惶恐谢过，成礼而去。帅大悦，厚币谢之。性刚方严重，竟以举刺忤帅，罢归。家徒壁立，惟玩图读书而已。曾孙休亦好学，有祖风致。

[万历]《南海县志》卷十《人物列传一・唐》：字文质。少以词翰知名，为番禺从事。元和中应湖南征辟，道乐昌，游泐溪石室，众推作记，挥毫立成，情景毕萃，见者咸服。转观察推官，罹忧东还。帅府孔戣甚重之，延为记室，每事周咨。会韩愈谪潮州刺史，文孺以愈名儒，州小俸薄，宜加优礼。□□□□给钱五十千，愈逊谢不受，时论两称其□□□□□□□□□□□□度□官，刚方严重，不□□□□□□□□□□□□□□壁立，惟玩图书□□□□休亦博雅，有祖风致。

[崇祯]《南海县志》卷九《李文孺传》：刚方严重，不少阿徇，竟以举刺忤帅罢归。家徒壁立，惟玩图书而已。

卢眉娘　（约 792—？）女，唐南海人。永贞初年贡入朝，年方十四。元和中，度为道士放归，赠号逍遥。

[万历]《南海县志》卷十三《外志・仙释・唐》：生而眉绿，人呼为眉娘。顺宗朝，南海贡之京师，称北祖帝师之裔。幼慧悟，能于尺绢上绣《法华经》，字如粟。又能以丝一缕作飞仙盖五重，中有十洲三岛、天人玉女、台殿龙凤之象。每日饭胡麻二三合，顺宗叹异之，召入宫内，谓之"神姑"。至元和中，宪宗嘉其聪慧，赐金凤环束其腕。久之，度为女道士，放归南海，仍赐号曰"逍遥大师"。后数年，不食尸解，香气满室。将葬举棺轻，及彻其盖，惟存旧履而已，其后有见眉娘乘紫云于海上。

---

①推官：官名。唐朝始置，节度使、观察使、团练使、防御使、采访处置使下皆设一员，位次于判官，掌书记，掌推勾狱讼之事。

②潮州：位于韩江中下游，是广东沿海港口，东与福建交界。隋开皇十年（590）升立州，因地临南海，取潮水往复之意，首命名"潮州"。

③谯（qiáo）：通"诮"，责怪、责备。

④韡韡（wěi）：光明美丽的样子。棣（dì）：即棣棠，落叶灌木，花黄色。

［道光］《南海县志》卷四十二《列传十一·仙释·卢眉娘》：年十四，眉如线且长，故有是名。本北祖帝师之裔，自大定中流落岭表。后汉卢景裕、景祚、景宣、景融兄弟四人皆为皇王之师，因号帝师。

苏绍之 唐南海人。苏妙五世孙。宝历二年（826）乡贡。

［万历］《广东通志》卷二十《广州府·选举·乡贡·唐·南海》：宝历二年。

［康熙］《南海县志》卷十二《人物传·循吏·唐·苏妙传》：字观妙，其先本雍州武功人。父乂为京兆少尹，徙南海。妙幼奇颖，读书通大义。累官至泉州刺史，有惠政。行春门楼有白雀来巢，见妙出，每飞集车盖上，泉民歌颂之。先是，乂以父瑰、兄颋，世承台衮，每怀盛满。名其二子：长曰复，取“万物并作，观其复”也；少曰妙，取“常无欲以观其妙”也。妙兄弟皆好道，奉事老子，而儒行亦修。五世孙绍之最知名。

［道光］《南海县志》卷二十《乡贡荐辟·唐敬宗朝》：宝历二年乡贡。

韦滂 唐南海人。会昌二年（842）进士，官至广西象州刺史。父善道。

［嘉靖］《广东通志》卷五十五《列传十二·人物二·韦善道传》：第七子滂，登进士第，上章归养，善道没后，乃出仕，官至象州刺史。

［万历］《广东通志》卷二十《广州府·选举·进士·唐·南海》：会昌二年，象州刺史。

张询 名或作恂，字正言，唐南海人。咸通二年（861）乡贡，流寓长安。中和元年至五年（885），随唐僖宗逃到四川，为僧人梦休作早、午、晚三景壁画。

［嘉靖］《广东通志》卷五十五《列传十二·人物二》：字正言，南海人。家贫力学，工于诗。性行孤洁，不下书帷，而百尔藻艺，莫不玄悟超绝。举进士不第，后流寓长安，以画自适，善貌吴中山水。中和年，随车驾至蜀中，人重询名，争诣求之。尝为昭觉寺僧梦休作早、午、晚三景于壁间，谓之三时山，僖宗驾幸兹寺，见之，叹赏弥日。以是与梦休交善，值唐乱，遂依托焉。王建据蜀称帝，其太子简王，欲迁画于东宫，为壁泥通枋，移损不全，乃寝。

［万历］《广东通志》卷二十《广州府·选举·乡贡·唐·南海》：咸通中。

[道光]《南海县志》卷二十《乡贡荐辟·唐懿宗朝》：张恂，咸通二年乡贡。卷四十二《列传十一·方技·张询》：乡荐下第，久住帝京，精于小笔。中和年随驾到蜀，与昭觉寺梦休长老故交，遂依托焉。忽一日，长老请于本寺大慈堂后留少笔踪，画一堵早景、一堵午景、一堵晚景，谓之三时山，盖貌吴中山水颇甚工。画毕之日，遇僖宗驾幸兹寺，尽日叹赏。又善画枯松怪石及雪峰危栈，俱极工，山水卷轴盛行于世。

杨环 唐南海人。咸通二年（861）进士，官弘文馆校书郎，归隐罗浮。

[嘉靖]《广东通志》卷五十五《列传十二·人物二》：南海人。力学工诗，隐居罗浮。咸通末，登进士第。初任省时，梦登高台耘草，得玉麟。及除弘文馆校书郎，人贺曰："子居是职，所谓麟台芸阁也。"始悟所梦。拜官后，时事日非，即拂衣归隐。至德令周繇与环友善，极称许之。又有黄隐居者，家于朝台，往来罗浮，与环莫逆，日以琴樽自娱，时人称曰"南滨三隐"。

[万历]《广东通志》卷二十《广州府·选举·进士·唐·南海》：咸通二年，校书郎。

邓承勋 唐南海人。乾符五年（878）进士。黄巢起义后，官拜江州（今江西九江）刺史，辞归。

[嘉靖]《广东通志》卷五十五《列传十二·人物二》：南海人，绩学，应荐上京，师从宰相刘瞻制诰。久之，登乾符五年进士，筮仕①为处州司马。待选家居时，节度副使柳玭甚礼重之，录其家范以教子孙。会黄巢破广州，执节度使李迢，索玭甚急，承勋潜以小舟济玭告难长安。后巢贼平，承勋拜江州刺史，谢病归。

[万历]《南海县志》卷十《人物列传一·唐》：绩学，应荐上京，从宰相刘瞻制诰。登乾符五年进士，为处州司马。待选家居，节度使柳玭甚礼重之。

①筮仕：指初出做官。

五代十国

简文会 （约907—958）南汉咸宁魁岗堡（今禅城澜石黎涌村）人。乾亨四年（920）中进士第一名，为佛山历史上第一位状元，累官至尚书右丞。光天二年（943），刘晟杀兄夺位为中宗。因谏，被贬为祯州（今广东惠州）刺史，卒。

[嘉靖]《广东通志》卷五十五《列传十二·人物二》：南海人。幼颖攻书，善于诗律，为人耿直无私。南汉高祖刘龑开进士科，擢第一人及第，累官尚书右丞。逮事中宗刘晟，谏其暴酷，晟怒，谪祯州刺史，尽心民事，卒于官。所居乡号魁岗堡，其居有"简状元井"云。（据文会裔孙存忠口语修。按：存忠年一百四岁，犹能谈文会历官建议，事颇详悉。又云，同乡迂冈伦公文叙为儒士时，浚井得砖，铭曰"简状元井"。与予旧闻吻合，故录之。）

[万历]《广东通志》卷二十《广州府·选举·进士·南汉·南海》：乾亨二年，状元及第，尚书右丞。

[乾隆]《南海县志》卷三《编年志·纪事·梁》：末帝正明六年庚辰春正月，刘岩始立学校、设选举，以南海人简文会为状元。

[道光]《广东通志》卷六十六《选举表四·进士一·南汉·乾亨二年》：南海人，状元。尚书右丞，谪祯州①刺史。黄《志》误作乾和二年进士。

邓逵 字达唐，五代时人。后周显德二年（955）任太常博士，入宋隐居顺德龙江。弟礼、仪。

[乾隆]《顺德县志》卷十六《杂志》：字达唐，周显德二年太常博士。入宋耻事二姓，与二弟礼、仪隐居龙江。

《龙江志略》卷一《编年·宋·南海县》：建隆元年庚申，周太常博士邓逵弃官隐居于龙江。逵，周显德二年进士……南汉大宝八年乙丑（即宋乾德三年），又徙冈头坑。

---

①祯州：五代南汉乾亨元年（917），改循州为祯州。宋天禧四年（1020），避太子赵祯讳，改为惠州。

[民国]《顺德县志》卷八《选举表一·郭〈志〉补遗·进士·宋》："南汉大宝八年徙居"冈头坑，至今"邓公涌"之名犹存。龙江人，据《龙江乡志》。

宋

成禹昌 北宋南海人。咸平元年（998）进士。

《广州志》卷三十八《进士·宋·咸平戊戌科》：成禹昌。

[嘉靖]《广东通志》卷十一《宋·进士·咸平元年》：广州南海人。

周克明 （954—1017）字昭文，北宋南海人。开宝中（968—976）授司天六壬。景德二年（1005）召试中书，赐同进士出身。次年拜太子洗马、殿中丞，参修两朝国史。大中祥符九年（1016）降为洗马，次年病卒。

[嘉靖]《广东通志》卷五十五《列传十二·人物二》：字昭文，南海人。曾祖德扶，唐司农卿。祖杰，开成中进士，解褐获嘉尉，历弘文馆校书郎。中和中，僖宗在蜀，杰上书言治乱万余言，擢水部①员外郎，三迁司农少卿。杰精于历算，尝以《大衍历》数有差，因敷衍其法，著《极衍》二十四篇，以究天地之数。时天下方乱，杰以天文占之，惟岭南可以避地，乃遣其弟鼎求为封州录事参军。杰天复中亦弃官携家南适岭表。刘隐素闻其名，每令占候天文灾变。杰自以年老，尝策名②中朝，耻以星历事僭伪，乃谢病不出。龚袭位，强起之，令知司天监事。因问国祚修短，杰以《易》筮之，得《比》之《复》，曰："卦有二土，土数生五，成于十。二五相比，以岁言之，当五百五十。"龚大喜，赏赉③甚厚。龚以梁贞明三年僭号，至开宝四年国灭，止五十五年，盖杰举成数以避害尔。大有中，迁太常少卿。卒年九十余。杰生茂元，亦世其学，事龚至司天少监，归宋授监丞而卒，即克明之父也。克明

①水部：中央机构之一的工部的下属机构。工部掌山泽、屯田、工匠、诸司公廨纸笔墨之事，其属有工部、屯田、虞部、水部等。

②策名："策名委质"之省，指因仕宦而献身于朝廷之事。

③赏赉（lài）：赏赐。

精于数术，凡律历、天官、五行、谶纬及三式、风云、龟筮之书，靡不究其指要。开宝中，授司天六壬，改台主簿，转监丞，五迁春官正。克明颇修辞藻，喜藏书。景德初，尝献所著文十篇，召试中书，赐同进士出身。三年，有大星出氐西，众莫能辨，或言国皇妖星，为兵凶之兆。克明时使岭表，及还，亟请对言："臣按《天文录》《荆州占》，其星名曰周伯。其色黄，其光煌煌然，所见之国大昌，是德星也。臣在途闻中外之人颇惑其事，愿许文武称庆，以安天下心！"上嘉之，即从其请。拜太子洗马、殿中丞，皆兼翰林天文，又权判监事。属修两朝国史，其天文律历事，命克明参之。大中祥符九年，坐本监择日差互，例降为洗马。天禧元年夏，火犯灵台。克明语所亲曰："去岁太白犯灵台，掌历者悉被降谴，上天垂象，深可畏也。今荧惑又犯之，吾其不起乎！"八月，疽①发背疾，年六十四。克明久居司天之职，颇勤慎，凡奏对必据经尽言。及卒，上颇悼惜，遣内侍谕其婿直龙图阁冯元，令主丧事，赐赙甚厚。初，诸僭国皆有纂录，独岭南阙焉，惟胡宾王、胡元兴二家纂述，皆不之备。克明访耆旧，采碑志，孳孳②著撰，裁十数卷，书未成而卒。

[道光]《广东通志》卷六十六《选举表四·进士一·宋·景德二年乙巳》：南海人，杰孙。《宋史》云：景德初，献所著文，召试中书，赐同进士出身，殿中丞，降洗马。黄《志》作二年进士，《南海志》云咸平，郝《志》作咸平三年，恐误。

[道光]《南海县志》卷二十《进士·宋真宗朝》：景德二年殿中丞。按：郝《通志》作咸平三年。考《宋史》，景德初，克明献所著文，召试中书，赐同进士出身，则郝《通志》误也，今从黄《通志》。

陈昭遇　北宋南海人。开宝元年（968）到汴京（今河南开封），任翰林医官、温水主簿、光禄寺丞。开宝六年（973），奉命修订《开宝新详定本草》刊行。太平兴国三年（978），奉太宗赵光义之命编修《太平圣惠方》一百卷。

[万历]《南海县志》卷十三《外志·方技·宋》：南海人。世为名医，昭遇尤著。开宝初至京师，为所知者荐，授翰林医官，遂留家开封。初为医官，领温水主簿，后加光禄寺丞，赐金紫。初，太宗在藩邸，暇日多留意医

---

①疽（jū）：局部皮肤下发生的疮肿。

②孳孳：勤勉，孳通"孜"。

术，藏名方千余首，皆有验。及即位，诏翰林医官院各具家传验方以献，又万余首。命昭遇与王怀隐等参对编类，成一百卷。御制序，名曰《太平圣惠方》，镂板颁行天下。又尝被召与医官刘翰、道士马志等详定《唐本草》，既成书，新旧药凡九百八十三种，并目录二十一卷上之。昭遇于医术无所不究，著述皆精博可传。往来公卿，视病对证多奇验，性又谦慎，以此被眷宠不衰。

霍启光　北宋顺德马滘人。咸平四年（1001）进士。

［康熙二十六年］《顺德县志》卷五《选举志・宋朝》：良教乡人，咸平辛丑进士，历官襄阳知府。

［乾隆］《顺德县志》卷十《进士・宋朝・咸平辛丑》：马滘乡人，历官襄阳知府。

冯元　（975—1037）字道宗，北宋南海人。大中祥符元年（1008）进士，授江苏江阴县尉。自荐通五经，经考核任国子监讲书，调大理寺评事，升崇文院检讨兼国子监直讲。迁太子中允，直龙图阁预内朝。天禧初，迁太常丞兼判礼部、吏部南曹，四年（1020）升左正言兼太子右谕德。仁宗即位，改任户部员外郎、直学士兼侍讲。次年参与修三朝正史，天圣八年（1030）成书，为翰林学士、史馆修撰、给事中。明道元年（1032）监修仁宗生母李宸妃墓，后因渗水被判失职，革职到河阳当地方官。复任礼部侍郎，兼翰林侍讲学士。卒封户部尚书，谥章靖。父邴，子谌。

《广州志》卷三十八《进士・宋・大中祥符戊申科》：南海，第一甲。

［嘉靖］《广东通志》卷五十六《列传十三・人物三》：字道宗，南海人。高祖禧，唐末自始平来官广州，以术数仕刘氏，传三世至父邴，皆食其禄。广南①平，邴入朝为保章正。元幼嗜学，从孙奭授《五经》大义，又友崔颐正。逮冠，疆立博览，为词章沉郁有思。出入服褒衣②，习矩步，如大宾③祭，乡人化其谨，至以俚语谚之。不妄交游，惟乐安孙质、吴陆参、谯夏侯

①广南：泛指广东地区，宋时置广南东路，因而得名。

②褒衣：指衣襟宽大的儒士服。

③大宾：古乡饮礼，推举年高德劭者为大宾。

主相友善，群居讲学，或达旦不寝，号“四友”。大中祥符元年第进士，授江阴尉。秩满，会有诏流内①，铨取明经者补学官，元自荐通《五经》。时谏议大夫谢泌领铨事，笑曰：“古治一经，或至皓首，子尚少，能尽通邪?”对曰：“达者一以贯之可矣。”谢奇其对，因问疑义，辨析无滞，即日闻上，授国子监②直讲，由是名震京师。久之，迁大理评事，擢崇文院③检讨兼国子监直讲。王旦闻其名，尝令说《论语》《老子》，群子弟侍听，以其淹粹亮恪，深加礼重，因荐之。八年，真宗试进士殿中，召元讲《易》。元进说曰：“地天为泰，以天地之气交也。君道至尊，臣道至卑，惟上下相与，则可以辅相天地，财成万化，要之一诚之感而已。”帝悦，赐五品服，稍亲近之。禁中建龙图阁庋藏④秘册，置学士、待制等员，妙选誉望。时用兵部郎中李虚己、兵部员外郎李行简待制，以元入仕资浅，乃迁太子中允、直龙图阁，诏预内朝，直龙图阁预内朝自此始。数召入，与查道暨虚己、行简讲《易》于宣和门北阁，尽上下经，帝称元“诵说通而不泥，言外自有余趣，非专门一经士也”。俄改三品服。天禧元年，以谏议大夫假节⑤使契丹，还迁太常丞，兼判礼院、吏部南曹。皇子为寿春郡王，将讲经资善堂。帝欲得耆硕使之劝学，王旦又荐元，帝以年差少不用，更用崔遵度。四年，遵度卒，即擢左正言兼太子右谕德⑥代其任，它职如故。数献歌颂，两宫褒礼赐予甚渥。仁宗即位，改户部员外郎，为直学士兼侍讲，与孙奭以经术并进讲论，自是仁宗益向学。师生同升，人两荣之。俄兼会灵观副使，知通进银台司兼门下封驳事，天圣元年，判登闻检院，明年同判国子监。故事，国子监多宿儒典领，后颇用公卿子弟，任均管库。及奭、元并命，士议悦服。三年改礼部郎中，五年，同知贡举，

---

①流内：隋以后，称一品至九品为流内，未入九品者称流外。

②国子监：隋以后的中央官学。

③崇文院：宋代贮藏图书的官署。

④庋（guǐ）藏：置放，收藏。

⑤假节：假以符节。古代使臣出行，持节为符信。

⑥谕德：官名，唐朝开始设置，秩正四品下，掌对皇太子教谕道德。

进龙图阁学士，预修《三朝正史》，十一月燎祭①南郊为卤簿②使。七年，为翰林学士③，凡三禁职，皆天下选，而元兼有，士林休之。又判尚书都省三班院④，改吏部郎中。八年，以国书成进谏议大夫，充史馆修撰，九年，判吏部流内铨兼群牧使。明道元年十月享宗庙，又为卤簿使，迁给事中。明年耕籍田⑤，使任如庙礼。前此，宸妃李氏之当葬也，命元监护其事。帝亲政，追册宸妃为庄懿皇后，改葬永定陵。既发圹而流泉沮洳，言者⑥以监护不职，十月，解翰林学士及侍讲，出知河阳，辞谢见上，但顿首引咎而已。会太学⑦官属叩丞相府，上书乞留。元固愿行，到部以清静称，不作条教。王曾为上言："元东朝旧臣，不宜以细故弃外。"上悟，即日驰诏。景祐二年二月至自河阳，改礼部侍郎兼翰林侍讲学士，知审官院复判太常礼院、国子监。献《金华五箴》，上纳其戒，赐书褒答。四月类修乐书，俄复为南郊卤簿使，管祥源观事。明年七月，书成，赐名《景祐广乐记》，特迁户部侍郎，赏劳也。四年春，足疾气愕，属其友李淑、宋祁为铭志。四月卒，年六十三。赐赙钱三十万、绢百匹，赠本部尚书，谥章靖。元性简厚，不治声名，非庆吊未尝过谒二府，终日无戏言惰色。尝受诏入主戎客于都亭馆，由慎恪以得之。执亲丧，自括发⑧至祥练⑨，皆按礼变服，不为世俗斋荐。遇祭日，与门生对坐，诵说《孝经》而已。昼治官事，夜还读书，亵御⑩亦简其面，故能多识古今台阁品

①燎祭：古代祭祀仪式之一，把玉帛、牺牲放在柴堆上，焚烧祭天。

②卤簿：帝王驾出时扈从的仪仗队。

③翰林学士：官名。学士始设于南北朝，唐初常以名儒学士起草诏令而无名号。唐玄宗开元二十六年（738），由翰林供奉改名，选任有文学才能的朝臣置于学士院，入直内廷，以备随时宣召撰拟文字，因参与机要被称为内相，唐后期往往由此升任宰相。北宋为专职，此后地位渐低。至明清，拜相者一般为翰林学士。

④班院：北宋前期特有的人事管理机构，其职事继承于宣徽院。

⑤耕籍田：春耕之前，皇帝亲执耒耜在籍田上三推一拨，以示对农业的重视，寓劝农之意。

⑥言者：指谏官。

⑦太学：古代的大学，名始于西周，汉代始设于京师，魏晋至明清设太学或国子学，均为传授儒家经典的最高学府。

⑧括发：束发，指服丧。

⑨祥：原指父母丧后满一周年之祭。练：本指父母丧后第十一月，改素服为练服之祭。祥练：指丧期或丧服。

⑩亵（xiè）御：近侍。

式之事，有所咨访，咸能记之，尤精《易》。初，七岁，方读《易》，母夜梦异人，以绀①莲华与元吞之，且曰："善读此，后必贵显。"元且老，率三日一诵《易》。初善音者，取上党黍纵累为尺②，因裁十二律以献，遂改大乐钟石以合其私。后有建言其非者，上遣中人就舍问之，元即摘班固《律历志》《唐令》两说付。中人因对："古者横黍度寸，今以纵乱横，其法非是。"明日召见迩英阁，上谓曰："向考正大乐，患其寝高而急，今也下而缓，二者不得其中，失在律。乡言是矣。"因出横黍新尺示群臣，此纵尺差二寸一分而弱，以较衡、斗皆不雠。微元言，莫能正其谬也。尝预注《真宗集》，同修《卤簿记》，校《后汉志》《孟子》及《律义疏》。又明扬雄"方部学"，欲为诸"首"作章句，并分撰《国朝会要》，皆未成书。家人捃其遗文得数百篇、诗百余章，宋祁称其清致平粹，类其为人，今不传。无子，以兄之子谌为后，荫授卫尉寺丞。孙二人，将作监主簿。

[崇祯]《南海县志》卷四《封赠·宋·冯邴》：冯邴，以子元赠翰林学正③。《恩荫·宋》：冯谌，以父元荫卫尉寺丞。

[康熙]《南海县志》卷五《选举志·封赠·宋·冯邴》：冯邴，以子元赠翰林学士。

[道光]《广东通志》卷二百六十九《列传二·广州二·宋·冯元》：谨案，明《统志》云：元三世事岭南为日官，随刘鋹归宋，遂家开封。黄佐谓元墓当在其地，《南海志》称元葬广州何村，俟考。此旧《南海志》之讹也，今考康熙、乾隆《南海志》，何村之墓乃元父冯邴，而元实留葬开封云，戴璟《通志》辩之详矣。《番禺志》又有一冯元，字大本，师事香山黄佐，明嘉靖丁酉乡荐，辛丑进士。

[道光]《南海县志》卷二十五《艺文略一·史》：《冯氏家谱》二卷，宋冯元撰。卷二十六《艺文略二·集》：《冯章靖公集》二十卷，宋冯元撰。

林云 北宋南海人。天圣二年（1024）乡贡，任江西雩都（今于都）尉。

[嘉靖]《广东通志》卷十一《宋·乡贡·天圣二年》：广州南海人，雩都尉。

---

①绀（gàn）：红青，微带红的黑色。

②尺（chě）：中国古代乐谱的记音符号，相当于简谱的"2"。

③学正：基层官员编制之一，配置于国子监、官学中的老师或行政人员。

王隽 北宋南海人。庆历二年（1042）进士。

《广州志》卷三十八《进士·宋·庆历壬午科》：王隽。

［嘉靖］《广东通志》卷十一《宋·进士·庆历三年》：广州南海人，第三甲。

《广东通志初稿》卷十九《进士科·宋·广州府》：庆历二年。

［道光］《广东通志》卷六十六《选举表四·进士一·宋·庆历二年壬午》：南海人，三甲。郭《志》、郝《志》二年进士，黄《志》作三年。

邓诰 北宋南海人。皇祐元年（1049）进士。

《广州志》卷三十八《进士·宋·皇祐辛卯科》：皇祐三年。

［嘉靖］《广东通志》卷十一《宋·进士·皇祐二年》：广州南海人，第五甲。

《广东通志初稿》卷十九《进士科·宋·广州府》：皇祐三年。

［万历］《广东通志》卷二十《广州府·选举·进士·宋·南海》：皇祐元年。

［道光］《广东通志》卷六十六《选举表四·进士一·宋·皇祐元年己丑》：南海人，五甲。见郭《志》、郝《志》，惟黄《志》作二年进士。

严讽 北宋高明高田村人。皇祐时特奏名进士，受荐辟，授朝请郎，任广东韶州知州。

［万历］《肇庆府志》卷五《选举表一·宋·特科·年缺》：高要①人，知韶州。

［康熙八年］《高明县志》卷四《宋·特科》：太平人，知韶州。

［道光］《高明县志》卷十二《荐辟诸科·宋》：高田人，由宋皇祐特科进士膺荐辟，官授朝请郎，知韶州事。《通志》云其先本庄姓，按《通鉴》，汉庄助因避明帝讳始改严。

［道光］《肇庆府志》卷十四《宋·附载·乡贡》：《高要志》宋特奏科，知韶州，《高明志》入荐辟诸科。传云梁顺孙子，赐姓“严”，累官朝请郎，弟穆，孙挺臣。一云严讽穆子，一云讽子穆，其先本梁姓。特奏名。

①高要：位于广东中部偏西。建县于汉元鼎六年（前111），因羚羊峡有居高扼要之势而取名。韶州：地处广东省北部。隋开皇九年（589）设韶州府，因州北名胜韶石山得名。

成讳　（约1023—1086）北宋南海胥江（今三水芦苞）人。皇祐四年（1052），狄青征剿广西侬智高，经广东四会。讳徒步到四会拜谒，任参军，因功累官至广东安抚使。

［康熙十二年］《三水县志》卷十二《人物传·武略》：胥江人。少学剑术，美丰仪，善词赋，为乡之豪雄。宋庆历间，侬贼猖獗，所至同恶响应，岭海骚动。时狄青①仗节钺②西讨，而余靖、孙沔参佐。兵住鸭捕水口，讳曰："时不可失也。"徒步往谒，以策干青等。及语古今成败，指关塞虚实，历历可听，因与定计，称为"成郎"而不名，奏补帐下参军。抵邕州，逾昆仑关，所向必克。智高既平，上赏功，累官至广东安抚使。值亲老且病，解印家居，以忠孝训儿曹，诚敬睦党族，卒谥忠烈。里闬③怀其贤，庙于胥江之湄，岁时致祭，颇福乡土。迨元运衰，左丞东莞何真④舟次乌石冈，欲胁民附己。日暮，但见人布满山泽，声振天地，中有黄袍白马者，目如电光。左丞知其为神，竟不敢犯，乃引兵去，民免涂炭，乃神力也。卷十四《外志·杂志》：飓风止寇。按《南海庙志》，宋侬智高之叛，欲据广州，次于三水。飓风大作数日，智高弗克追，以故广州守臣得为之备，谓为海神效灵云。

［乾隆］《南海县志》卷三《编年志·纪事·宋》：皇祐四年壬辰夏五月，侬智高⑤围广州。（转运使王罕以惠州兵至，解围。以余靖经制广南盗贼，以狄青为宣徽南院使讨侬智高。次年春正月，以广南用兵罢上元灯宴。及狄青大败侬智高于昆仑关，追至邕州，广南平。）

刘富　北宋南海人。至和元年（1054）乡贡，熙宁元年（1068）捐建郡学。

［嘉靖］《广东通志》卷十一《宋·乡贡·至和元年》：广州南海人，将

---

①狄青（1008—1057），字汉臣，宋山西汾州西河人。仁宗宝元元年（1038）为延州指挥使，皇佑五年（1053）夜袭昆仑关。升枢密副使，追赠中书令。

②节钺：符节与斧钺，古代授与官员或将帅，作为加重权力的标志。

③里闬（hàn）：指里门，代指乡里。闬：里巷的门。

④何真（1321—1388），字邦佐，元末东莞人。至正元年（1341）任河源县务副使，弃官归家，组织地方武装统辖岭南。明洪武元年归降明朝，官至湖广布政使，二十年（1387）封为东莞伯。

⑤侬智高：宋代广源州少数民族首领，曾任广源知州。后反叛，建南天国，为宋将狄青击袭，败走而死。

作监主簿。

《粤大记》卷二十五《献征类·岩泉隐德·宋》：南海人。仕试将作监主簿，拂衣归隐。熙宁元年，知广州张田徙郡学于国庆寺之东，未及营造而田卒。富纳资献材，戮力以自效，殿堂廊序次第将完，转运使陈安道以为卑狭而止之。继田任者程师孟、蒋之奇发官资庀成之。富复以负郭之田，总其直与费为钱五十万资于学。怀化将军辛押陀罗者，蕃酋也，闻风兴起，亦捐资以完斋宇，且售田以增之，复置别舍，以来蕃俗子弟之愿学者。黉①舍之成，廪食之备，富之功居多。

［万历］《广东通志》卷二十《广州府·选举·乡贡·宋·南海》：至和二年，主簿。

［万历］《南海县志》卷十《人物列传一·宋》：仕试将作监主簿。熙宁元年，知广州张田徙郡学于国庆寺东，未及营而卒。富纳资献材，戮力自效，转运使陈安道以为卑狭而止之，继田任者程师孟、蒋之奇发官资庀成之。富复以负郭之田，总其直与费为钱五十万资于学。怀化将军辛押陀罗者，蕃酋也，闻风兴起，亦捐资相助，且售田增之，复置别舍以来蕃俗子弟之愿学者。黉舍之成、廪食之备，富之功居多。

李英（北宋天圣）　（？—1075）字子厚，北宋高要布社都坑头村（今属高明合水镇边坑村）人。天圣中同学究出身，历任广西象州司理参军、钦州推官。神宗熙宁时，钦州被交趾（今属越南）人围攻，被杀，追赠比部郎中。

［嘉靖］《广东通志》卷十一《宋·特奏名·熙宁九年》：端州人。卷五十六《列传十三·人物三》：字子厚，高要人。天圣中同学究出身②，初任象州司理参军，转博罗簿。用辟荐，历横州、白州、钦州推官，所至以廉能称。熙宁中，钦州守臣寡谋启衅，交人出其不意，攻城陷之。英以死守，一家歼于虏刃者十有三人。神宗闻而悼之，赠比部郎中，诏录其季子忠为班行，从弟表为三班。忠乃招魂，葬之于禄村，建祠祀之，号比部庙。今祀于乡贤。

［万历］《肇庆府志》卷二十《人物传·宋》：（程乡令侯晋升《比部庙记》……用举改横州推官，丁母忧，授白州推官。二年，府帅沈待制、礼使张司勋辟充钦州推官。又诏下端州录其近亲。表，从弟也，以其尝从公覆没，

---

①黉（hóng）：古代学校。

②同学究出身：宋代学究科考试及格而等第次于学究出身者。

由是得为三班……其先守端州①，前因家高要横石村……忠招公与夫人南思陈氏之魂，葬于禄村，即其故宅基构祠堂……落成于元祐七年九月望日……表子江叔居官廉勤，以晋升尝为高要令，托以记。）

［康熙八年］《高明县志》卷十三《人物传·宋》：（按，《一统志》《郡志》书：英，高要人，庙食高要。时高明未分县，地属高要故也。今本县布社都坑头村见有英宅遗址，英，实高明人。）

［道光］《广东通志》卷二百九十六《列传二十九·肇庆一·宋·李英》：（明《〔一〕统志》云侬寇之难。）

［道光］《高要县志》卷二十《列传·宋·李英传》：《宋史·神宗纪》，熙宁八年十二月，交趾陷钦、廉、白三州，盖即此事。侯晋升元祐间令高要，为其家撰《记》，自足征信。明《〔一〕统志》谓死侬寇之难，误也。横石村、禄村皆今高要境。

［光绪］《高明县志》卷十二《宋·特奏名》：坑头人，钦州推官。

陈益　北宋南海人。熙宁三年（1070）进士。

《广州志》卷三十八《进士·宋·熙宁庚戌科》：陈益。

［嘉靖］《广东通志》卷十一《宋·进士·熙宁三年》：广州南海人，第五甲。

吴邈　北宋南海人。熙宁九年（1076）进士。

《广州志》卷三十八《进士·宋·熙宁丙辰科》：吴邈。

［嘉靖］《广东通志》卷十一《宋·进士·熙宁九年》：广州南海人，第五甲。

邓球　北宋南海人。元丰二年（1079）进士。

《广州志》卷三十八《进士·宋·元丰己未科》：邓球。

［嘉靖］《广东通志》卷十一《宋·进士·元丰二年》：广州南海人，第四甲。

梁顺孙　字景枢，北宋高要（今高明杨和镇豸岗）人。元

---

①端州：位于广东省中部偏西。隋开皇九年（589）置端州，宋徽宗重和元年（1118）升为肇庆府。

丰二年（1079），以生员送京师朝考，获将士郎头衔，任广东阳江县尉、广州左司理，兴宁、新会县令，广西桂州观察判官。宣和时，监理邕州、横山、田州、宁毕等峒金矿，不久卒于官。

［嘉靖］《广东通志》卷十一《宋·乡贡·元丰二年》：高要人。

《广东通志初稿》卷十三《宦迹下·肇庆府·宋》：字景枢，高要人。两贡辟雍①赐廷对，将士郎出身。历阳江尉、广州左司理，兴宁、新会令，桂州观察判官，监邕州、横山、田州、谨乃、宁毕等峒金坑。旧制输金监官多有所需，峒丁苦之，叛服不常，屡为朝廷患。先时侬寇陆梁，虏掠平民入峒，凡数十年无一人得还者。梁至，抚诸峒以恩信，输金而扰，诸酋长听服。梁遂以身请归其人，从之如市，人怀其德者有"梁父母"之称。未几，死于任所，丧发之日，民护送者数百里。事闻于朝，朝廷嘉之，官其子严讽。

［万历］《肇庆府志》卷二十《人物传·宋·梁顺孙传》：将仕郎出身……顺孙抚诸峒以恩信，不较其金，惟其便，诸酋长听服。顺孙遂以身请归其尾，民从而归者如市，州人德之。有"梁父母"之称。未几，卒于官，丧发之日，民送者数百里。状闻朝廷，嘉之，官其子严讽。（顺孙姓梁，后姓严，盖赐姓也。稽《家谱》云：讽补荫时，上阅顺孙状有"号令严明"之语，遂赐姓"严"，信有可据。辛酉《志》，按旧《志》本传"官其子"以下云：严讽累官朝请郎，知韶州。穆，讽之弟也，累赠中奉大夫。世居高要峒原村，迁居范山豸冈，子孙累代仕宦。考《书山注》云："乡人严穆肄业其上，子讽以特奏知韶州，孙挺臣以正奏通判廉州。"与此矛盾。但正统、成化二《志》俱同，并存之备考。）

［万历］《广东通志》卷四十八《肇庆府·选举·乡贡·宋·高要》：元丰二年。

［崇祯］《肇庆府志》卷四《宋·阳江县·尉》：高要人，绍兴年任。

［康熙八年］《高明县志》卷十三《人物传·宋》：宣和间监邕州、横山、田州、谨乃、宁毕等峒金坑。（按：高田严《家谱》云：讽由特科列在郡《志》，其先本姓庄，后改严，载之氏族，可考也。宋英宗时避辽夏兵火，卜于古端之西云，盖乡都骑都书山下洞源居焉。子穆，孙挺臣。）

［乾隆］《肇庆府志》卷十八《宋·进士》：广西土州②知州，州人称为"良父母"。后奉赐姓严，入广西名宦，子严讽、严谏俱成进士。

---

①辟雍：西周天子为教育贵族子弟设立的大学。

②土州：明清对世袭土官所管州之统称，广西、云南等省设有，与州平级。

区杰　北宋南海甘溪（今属顺德）人。元丰四年（1081）乡举，五年五甲进士，任官学承旨退休。

《广州志》卷三十八《进士·宋·元丰壬戌科》：区杰。

［嘉靖］《广东通志》卷十一《宋·进士·元丰五年》：广州南海人，第五甲。

［康熙十三年］《顺德县志》卷五《宋朝·乡举·元丰辛酉》：甘溪人，进士，官太常博士，历学士承旨致仕，见《广州通志》。《宋朝·进士·元丰壬戌》：区杰。

［康熙二十六年］《顺德县志》卷五《选举志·宋朝》：甘溪人，元丰壬戌进士，历官学士承旨。

陈显　北宋南海人。元丰八年（1085）进士。

［雍正］《广东通志》卷三十一《宋·进士·元丰八年乙丑焦韬榜》：南海人，户部尚书。

［道光］《广东通志》卷六十七《选举表五·进士二宋二·进士存疑》：南海人，元丰八年进士，户部尚书。见郝《志》，余无考。

林修　北宋南海人。曾造慧静寺千佛塔（今广州六榕寺塔），元祐初（1086）调任陕西宝鸡县主簿。孙师仲、逊、远。

［嘉靖］《广东通志》卷五十六《列传十三·人物三》：南海人。轻财好施，造静慧寺千佛塔者其人也。元祐初调官京师，授凤翔府宝鸡县主簿。时司马温公《书仪》及《居家杂仪》未刊行，修手录以归，守为家法。修之孙曰师仲、曰逊、曰远，皆好学循礼。山谷黄庭坚谪居涪州，师仲往谒之，山谷勉其教子读书，一帖曰："质夫儿已十七岁，正是与择师友时。人家有宾客动辄费数千，乃不能捐二百千奉其师友，不可谓善计者也。"后其家慕山谷之言创义斋，延贤师以教子弟及诸生，隆兴初，有由此登第者。质夫，师仲字也。逊、远居母丧一遵礼制，侍郎胡铨作《素冠说》以贻之……伯曰逊，字复之，仲曰远，字思之，今林氏家藏《教子帖》及《素冠说》尚存。

［万历］《南海县志》卷十《人物列传一·宋》：□□□□□□□□□□□□□录司马温公《家范》。守□□□□□□□□□□□，皆好学循礼。创义斋教□□□诸生，有登第者。远居母丧，一遵礼制，胡铨作《素冠说》贻之。今净慧寺千佛塔，修所建云。

［崇祯］《南海县志》卷九《人物列传》：元祐初，授宝鸡主簿，手录司马温公《家范》，守为家法。其孙曰师仲、曰远皆好学循礼。创义斋教子弟及

诸生，有登第者。

［乾隆］《南海县志》卷八《宋乡贡·治平》：主簿。

［道光］《广东通志》卷六十六《选举表四·乡贡·宋·元祐三年戊辰》：南海人，宝鸡主簿，见黄《志》。考郭《志》《南海志》作治平间乡贡，恐误。

黄洞　字明达，北宋南海人。治平四年（1067）乡贡，举进士不中。元祐元年（1086），与广州知府蒋之奇唱酬交往。绍圣元年（1094），苏轼贬惠州，到南海时与之吟游。博学能文，著有《南金稿》。

［嘉靖］《广东通志》卷五十六《列传十三·人物三》：字明达，南海人。性度玄旷，博学能文，自经史百家以至浮屠、老子之书，罔不究心焉。举进士于乡，数奇①，竟不得隽②南省。元祐初，蒋之奇知广州，初下车，即闻洞名，遂与之相往还，谈今古，罄底里，终日由由然不相舍也。时或出笔札互倡酬，之奇自以为不及。（洞好谈神仙变幻之术，尝言有蓬莱女仙降于洞家者再时，之奇即为作传，以颜鲁公自拟，而以蔡经谑之。）会妖人构乱，洞为之奇画计，先事平之，之奇最其才能。绍圣改元，苏轼以宁远军节度副使安置惠州，时往来南海，洞又与轼游焉。尝同轼登鉴空阁，轼赋诗有曰“黄子寒无衣，对月句愈警”者，即谓洞也。元符三年十一月，轼被命北还，洞与吴复古、何崇道、李公弼、林子中，颖堂通三长老，自番禺追饯至清远峡，同游广庆寺而后返。洞为诗瑰奇，时出新意，为人所传诵，然志大才疏，竟不及显庸云。

［万历］《广东通志》卷二十《广州府·选举·乡贡·宋·南海》：治平四年。

［万历］《南海县志》卷十《人物列传一·宋》：字明达。博学能文，识鉴尤卓。举于乡，数奇。元祐初蒋之奇知广州，闻洞名，与之游，以古道相期。时或出诗赋佐交，奇逊不及。会妖人构乱，洞为奇画计，先事平之。绍圣改元，苏轼以宁远军节度使安置惠州，往来南海，洞又与游焉。尝同轼登鉴空阁题咏，轼亟称之。比轼北还，洞与吴复古、何崇道、李公弼、林子中追饯至清远峡而后返。洞为人瑰奇磊落，为名人重，然志大才疏，故不究

①数奇：命数不好。

②隽（juàn）：科举时代喻称考中。

于用。

［道光］《南海县志》卷三十三《列传二·宋·黄洞》：按，妖人构乱，谓岑探也，事在元祐元年十一月，明年正月获之。

霍晦 字明甫，北宋南海人。元祐初入太学，五年（1090）举八行，授广东海丰县尉。

《广州志》卷三十七《选举一·宋·八行》：南海。

［嘉靖］《广东通志》卷五十六《列传十三·人物三》：字明甫，南海人。笃志向学，故与马子才游。子才者，镇南节度推官鄱阳马存也。晦之为文也，渊隽奇古，不与俗合。或劝易其习，乃质诸存，存以序送之，盖推许之也。其略曰："予读《书》至《盘庚》三篇、周公之诰，如在宗庙武库之中观古器，茫然不之识。如登太行之崎岖、剑阁之道、羊肠九折之险，一步一止而九叹息也。如夷狄蛮貊①，穷荒万里之人，听华人之音，累数十译仅，乃通。当时之人号曰告令，于一日之间，何自而知之也？当时之学士大夫借曰知之可也，田夫野叟、闾巷之徒何自而知之？切意三代之民，家家业儒，人人有士君子之识，所谓道德仁义之意、性命之说、典诰之语，一闻见而尽识之。非上之人，好为聱牙倔强以惊拂之也，盖其所习者素晓也。南海霍公好古文，日夜习诵。其下笔极有力，语梗而气劲，读之有不能成句者，以是连不得志于有司，同进之士时或疑怪。颇自悔，欲为新丽软熟之习以易业，而见谋于予。予曰：'子必勉之！三代之文章，民之所知也，后之学者有所不知也。当时以为常言相告语，后世之注释者不能竟也，是后世之学者不如三代之民也。非子之耻，学者之耻也。子必勉之！'"初，皇祐间，新会龙山之水色变而为紫者旬日，人皆以为瑞。晦独持论以谓："清者水之真体也，变而为紫，非正色也，其必水之怪乎？水，阴物也，阴之类为小人、为夷狄、为盗贼奸宄。今水失其常性，吾恐其关于国家者大也，因记其事。"其特立独见此类也。后蔡京、童贯辈当国，有金人之变，江南盗贼蜂起，皆如言。元哲初入大学，时诏举八行②，人以晦之修己，教于家者无间言，遂以应命，官终海丰③县尉。时东莞王知亦有学行，同预是科。广之士以八行著者，晦暨知二人而已，乡评咸谓无愧色云。知未及仕而卒。

［道光］《南海县志》卷二十《乡贡荐辟·宋哲宗朝》：元祐五年举八行，

---

①蛮貊（mánmò）：古代称南方和北方落后部族，亦泛指四方落后部族。

②八行：指八种品行，即孝、悌、睦、姻、任、恤、忠、和。

③海丰：位于广东省东南部。

海丰县尉。按《广州人物传》云“未及仕而卒”，则阮《通志》云“海丰县尉”，殆未至官也。卷三十三《列传·宋·霍畤》：按，《宋史·徽宗纪》《东都事略》《九朝编年》皆云大观元年立八行举士科，考《宋史·选举志》，虽不言何年，而属于崇宁以后。又刘歧学、易集士补之墓志铭云：崇宁初被乡荐，试礼部不中，归处庠序①，益自励，会诏举八行。据此二文，则立八行科不在元祐，而在大观审矣。此传称“元祐初入太学，时诏举八行”，殆考之未详也……姑仍之以俟考。卷二十六《艺文略二·集》：《霍畤集》一卷，宋霍畤撰。

邓与之　北宋三水白坭人，迁居清塘。元祐五年（1090）举人，任宣议大夫。

［康熙四十九年］《三水县志》卷三《乡举·宋》：清塘人，元祐五年，官宣议大夫。

［嘉庆］《三水县志》卷九《举人·宋·元祐五年庚午科》：白坭人，官宣议大夫，迁居清塘。

张致远　一作姓麦，北宋南海人。元符三年（1100）进士。

《广州志》卷三十八《进士·宋·元符庚辰科》：张致远。

［嘉靖］《广东通志》卷十一《宋·进士·元符三年》：麦致远，广州南海人，第四甲。

梁竑　北宋南海人。元符三年（1100）举人。

［嘉靖］《广东通志》卷十一《宋·乡贡·元符三年》：广州南海人，端州文学。

［崇祯］《南海县志》卷四《乡贡·宋·元符》：端州文学。

马鹏　北宋南海人。崇宁二年（1103）进士。

《广州志》卷三十八《进士·宋·崇宁丙戌科》：马鹏。

［嘉靖］《广东通志》卷十一《宋·进士·崇宁二年》：广州南海人，第四甲。

---

①庠（xiáng）序：古代的地方学校。

王公旦 北宋南海人。崇宁二年（1103）进士。

《广州志》卷三十八《进士·宋·崇宁癸未科》：主公旦。

［嘉靖］《广东通志》卷十一《宋·进士·崇宁二年》：广州南海人，第四甲。

胡晋臣 北宋三水乐塘人。政和二年（1112）进士。

［康熙四十九年］《三水县志》卷三《进士·宋》：乐塘人，政和壬辰科。历官鄜阳经略①制置，兼知枢密院副使。辅高宗南渡，金人惮之。

邓俊明 北宋南海人。政和五年（1115）进士。

《广州志》卷三十八《进士·宋·政和乙未科》：邓俊明。

［嘉靖］《广东通志》卷十一《宋·进士·政和五年》：广州南海人，第五甲。

王震 北宋南海人。重和元年（1118）进士。

《广州志》卷三十八《进士·宋·政和丙申科》：王震。

［嘉靖］《广东通志》卷十一《宋·进士·重和元年》：广州南海人，第二甲。

［道光］《广东通志》卷六十六《选举表四·进士一·宋·重和元年戊戌》：南海人。黄《志》二甲，郭《志》作政和八年进士，误。

［道光］《南海县志》卷二十《进士·宋徽宗朝》：重和元年。按郭《通志》作政和八年，考九朝编年，政和八年十一月朔改元重和，郭《通志》盖从未改之称耳，非有异也。

严挺臣 北宋高明罗塘人。宣和三年（1121）进士。

［嘉靖］《广东通志》卷十一《宋·进士·宣和三年》：端州高要人，通判广州。

［万历］《肇庆府志》卷五《宋·进士·宣和三年》：高要人，廉州通判，《通志》作广州。

［崇祯］《肇庆府志》卷六《宋·进士·宣和三年》：高要人，廉州通判，

---

①经略：明清两代有重要军事任务时特设经略，掌管一路或数路军政事务，职位高于总督。

累官光禄大夫。

［康熙八年］《高明县志》卷四《宋·进士·宣和三年》：罗塘人，廉州通判，官至光禄大夫。

［道光］《高明县志》卷十二《宋·进士》：罗塘都高田人，宣和三年进士。廉州通判，仕至光禄大夫。

周绍稷　北宋南海人。宣和六年（1124）特赐进士。

［嘉靖］《广东通志》卷十一《宋·特奏名·宣和六年》：广州南海人。

区端　宋顺德陈村人。建炎时荐举。

［咸丰］《顺德县志》卷十《荐举·宋·建炎》：陈村人，官提举。卷二十二《列传二·唐·区册》：据《平阳家乘》……裔孙宋末志刚居登州，志柔西滘，志和石壁，志平陈村，皆端子，当时实南海人。

何师远　南宋南海人。建炎二年（1128）进士。

《广州志》卷三十八《进士·宋·建炎戊申科》：何师远。

［嘉靖］《广东通志》卷十一《宋·进士·建炎二年》：广州南海人，第四甲。

洪贵　字天富，南宋顺德龙山人。建炎四年（1130）进士。

［乾隆］《顺德县志》卷十六《杂志》：字天富，建炎四年庚戌进士，历官提督学校，龙山人。

黄勋　字有功，南宋南海人。绍兴二年（1132）进士，官终朝散大夫，退休后卒。

［嘉靖］《广东通志》卷十一《宋·进士科·绍兴三年》：广州南海人，第四甲。朝散大夫，知新州。卷五十七《列传十四·人物四》：字有功，南海人也。幼有至性，事父母得其欢心。母没，家贫无以为葬，或议火之而窆①其骨。勋哭曰："吾母何罪，而罹焚烙之酷乎！"乃为人佣书②，得钱以葬。乡党异之，咸啧啧曰："黄氏有子如此，必不久食贫矣！"绍兴二年登进士第，

---

①窆（biǎn）：下葬。

②佣书：受人雇佣抄书。

郡守李陵素重勋，为之新其第宅，名所居巷曰“擢甲”。始授永福丞，适县令久病废事，勋为辨决狱囚，涤滞除弊。民贫不能具税赋者，勋为代还积逋八千三百余缗①。民欢呼，称为再生父。以监司荐铨授修职郎，寻进秩右朝奉郎，知新昌县。有富民子讼析资不平，召其族长谕使直之，而讼以息，人以为得体。郭外五里许，昏夜有杀人者遗所剚刃，验之则皆豕膏也。值旱，遍祷于境内神祇，多使人售豕，集屠者使宰牲。其中一人刃独新，一鞫②即伏，人以为神。久之，进朝散郎，知雷州。尝筑郡城，甫成其半，以贤能迁去，雷人德之。改知新州。视事首禁火葬，违命者以杀逆论，婾俗③为改。又课民耕犊，使上其数于官，自是一郡无敢私杀牛者。学田④不足，缺膳羞，乃以俸资增置之。政暇，即与诸生讲解，士子乐从之，而青衿⑤日盛，当时号循吏云。终朝散大夫，致仕卒。勋为人博洽而有深沉之思，最明经义，凡圣贤格言，皆躬自抄录，字如蝇头。少时读书患无以为灯费，乃广取乌桕子或柚子仁榨为油，人多效之。借人书，每于楮⑥断、蟫⑦缺处留意补缉，故家士流乐假之观。以此积学，名著于时。尝曰：“好义当如求官，除欲当如除病。”世以为名言。从弟熙，后一科进士登第，摄新兴令，为韶州推官，胡寅极称之。

谭惟寅 字子钦，南宋高要明城仓步（今属高明明城镇细周村）人。绍兴二年（1132）举人，次年进士。淳熙时任广西静江、容州的副职，十三年（1186）任广西盐铁提举。卒于江西提刑观察使任。父朝端，子奋龙。

[嘉靖]《广东通志》卷十一《宋·进士科·绍兴三年》：端州高要人，江西提刑。卷五十七《列传十四·人物四》：字子钦，高要人。绍兴二年登进士第，读书一览，终身不忘。常夜入衢州祥符寺阅古碑，就僧假烛不至，遂

---

①缗（mín）：古代穿铜钱用的绳子，后借为钱的计量单位。一缗为一串铜钱，一般每串一千文。

②鞫（jū）：审问犯人。

③婾俗：浇薄的人情风俗。婾（tōu）：通“偷”，苟且，只顾眼前，不作长远计。

④学田：指书院和州县官办学校所用的田地。

⑤青衿：古代学生穿的衣服，衣领青色，因以称读书人。

⑥楮（chǔ）：同“楮”，落叶乔木，树皮是制造桑皮纸和宣纸的原料，古时亦作纸的代称。

⑦蟫（yín）：一种昆虫，常在衣服和书里，吃上面的浆糊和胶质物。

以手摸之，归即录所记，黎明对本，不遗一字。应博学宏词科，用参政龚茂良荐，除太学博士。出倅①静江容州，提举广西盐铁事。寻迁广东提刑，改江西提刑，卒于官。端州人祠于乡贤，有《蜕斋讲学》《大学义》《中庸义》行于世。

《广东通志初稿》卷十九《进士科・宋・肇庆府》：高要人，绍兴二年。

［万历］《肇庆府志》卷二十《人物传・宋・谭惟寅传》：淳熙十三年，提举广西盐铁事……所著有《四书本旨》《蜕斋讲学》《大学》《中庸》行于世。

［崇祯］《肇庆府志》卷九《地理志・高明》：进士、提刑谭惟寅墓，在阮涌一图新村。

［康熙八年］《高明县志》卷四《宋・乡贡・绍兴二年壬子》：字子钦，仓步人，癸丑进士。《貤封》：谭朝端，伯仓子，以子惟寅赠嘉议大夫、江西提刑。卷五《地理志・山》：庆林山，在城北百余步，与朋峰相接。顶圆，高五十余丈，覆一里。宋儒谭惟寅建书院于其上。卷十三《人物传・宋》：学本关洛正宗，讲道于庆林书院……以理学名儒祀郡县乡贤祠、容州名宦祠，赐葬粤台之阳②，世荫祀生。

［道光］《广东通志》卷六十六《选举表四・进士一・宋・绍兴三年癸丑》：高要人，今隶罗定③。由二年乡贡登第，江西提刑。卷二百九十六《列传二十九・肇庆一・宋・谭惟寅》：提举广西盐铁事。戴《志》：建思贤堂，祀元次山等五贤。仿其行事，又于堂之东西，作延老、乐山二轩以见志。

［道光］《高明县志》卷十二《监生・宋》：谭奋龙，城中人，以父惟寅荫监，任增城尉。

邱密　南宋南海人。绍兴三年（1133）进士。

《广州志》卷三十八《进士・宋・绍兴癸丑科》：邱密。

［嘉靖］《广东通志》卷十一《宋・进士・绍兴三年》：广州南海人，第四甲。

［道光］《南海县志》卷二十《进士・宋高宗朝》：绍兴三年，按：郭《通志》作二年。

---

①倅（cuì）：任副职。

②粤台之阳：遗址在高明明城区南中乡内，其峰与鹿峒山遥遥相对。

③罗定：位于广东省西部。明万历五年（1577）征罗旁平瑶乱，升泷水县为直隶州名罗定，民国元年改县。

罗宝珍 南宋绍兴四年（1134）与父务光从广东南雄迁南海太艮村（今顺德大良）落籍。在福建武夷山学得导引术。

［康熙十三年］《顺德县志》卷九《人物传三·仙释》：罗务光子者，名宝珍，大良人。生有异质，恬淡脱略世网，尤精理数之学。既长，有室且生子矣，遂弃家修炼于紫霄圃。一日忽失所在，人以为仙。今大良北门罗氏子姓昌阜，盖其后也。据《行状》收入，其墓在金榜山，即行状所载，与杜氏合葬者也，说者谓子孙葬其杖履云。

［乾隆］《顺德县志》卷十四《人物列传·仙释·罗务光》：忽失所在，计其年已一百五十。城北门罗氏，子姓昌阜，科甲蝉联，是其后裔也。

［咸丰］《顺德县志》卷十八《艺文略二·别集上·方外》：《务光子诗》，宋罗宝珍撰。卷三十《列传十·方外》：忽出游武夷，异人授以导引之术。归而弃家，修炼于元真观之紫霄圃，作诗有"吾今识破生死"语。后失所在，计其年已百五十又六矣。自斫一琴名"震北雷"，宋末游闽，居一寺，谓寺僧曰："遗此琴，他日还我孙。"僧以为戏言，留为空门宝。越二百年，二十代孙黼，以明弘治间历守兴化、泉州。其子偶过废寺见琴，问之，僧述其故，遂取以归。（《五山志林》）按：陈《志》不言留琴事。《采访册》云裔孙宦闽，入废寺见古铜器漫漶，守者谓仙人务光子遗属"子孙自广来可与之"。今罗氏仙阁尚陈其器，与《志林》异，天尺作《志林》时岂不知祖阁陈器耶？

黄熙 南宋南海人。绍兴五年（1135）进士，代理广东新兴知县，任广东韶州推官。堂兄勋。

《广州志》卷三十八《进士·宋·绍兴乙卯科》：黄熙。

［嘉靖］《广东通志》卷十一《宋·进士·绍兴五年》：广州南海人，第四甲，韶州推官。

［万历］《肇庆府志》卷三《秩官表一·宋·新兴县令》：权绍兴任。

［崇祯］《南海县志》卷九《人物列传·黄勋传》：从弟熙亦登第，历韶州推官，胡寅甚重其才。

王日华 南宋南海人。绍兴九年（1139）进士。

《广州志》卷三十八《进士·宋·绍兴己未科》：黄日华。

［嘉靖］《广东通志》卷十一《宋·进士·绍兴九年》：广州南海人，第四甲。

《粤大记》卷四《科第·宋进士科·绍兴八年状元黄公度榜》：南海县人。

梁自强　宋南海龙池（今属三水）人。绍兴十二年（1142）举人。其祖或父梁稳，淳熙二年（1175）进士。

[嘉靖]《广东通志》卷十一《宋·乡贡·绍兴十二年》：广州南海人。

[康熙四十九年]《三水县志》卷三《乡举·宋》：龙池人，稳之孙。淳祐乡贡，历官临桂令。《进士·宋》：梁稳，龙池人，淳熙乙未科，历官朝议大夫。

[道光]《广东通志》卷六十六《选举表四·进士一·宋·淳熙二年乙未》：梁稳，三水人，朝议大夫，自强父。

李康臣　宋南海人。绍兴十四年（1144）举人，次年进士，任浙江昌化知军、朝散郎。

《广州志》卷三十八《进士·宋·绍兴乙丑科》：南海，知昌化军。

[嘉靖]《广东通志》卷十一《宋·进士·绍兴十五年》：广州南海人，第四甲，知昌化军。卷五十七《列传十四·人物四·黄勋》：又有同邑李康臣者，好学嗜古，名闻州里。绍兴十四年领乡荐，明年登进士第。尝知昌化军，官至朝散郎。

吴南金　字道遗，号节斋，南宋顺德龙江人。高宗朝进士，任国子监助教。父详，绍兴七年（1137）隐居龙江。弟南老，乾道五年（1169）知广州军州事。女贞女。

[万历]《顺德县志》卷九《选举志第八·进士乡举》：龙江人，宋进士，国子监助教，吴贞女之父，龙山人。

[乾隆]《顺德县志》卷十六《杂志》：字道遗，高宗朝进士，为国子监助教。吴贞女之父，龙山人。

《龙江志略》卷一《编年·南宋·南海县》：高宗绍兴四年甲寅，以侍读学士吴详提举广东常平，七年丁巳隐居龙江。《冠裳·宋》：吴详，号慎轩，徽宗朝进士，为翰林侍读学士，高宗绍兴四年左迁岭南，提举常平。吴南金，字道遗，号节斋，详长子，贞女之父。高宗朝进士，官至国子监助教。乡人号曰室隐，寿八十。吴南老，字孔仁，号闲叟，详次子。孝宗朝进士，乾道五年知广州军州①事，历广南东路经略安抚使。

---

①军州：宋十八路下设府、州、军、监。军州连用，多为战略要地。

［民国］《顺德县志》卷八《选举表一·郭〈志〉补遗·进士·宋》：吴氏父子祖孙皆通籍朝廷，为龙江吴氏之始祖。龙江人，据《龙江县志》。

张谦光 南宋初三水胥江乡人。绍兴间乡试南省第一。金人入侵，称病归里，六十三岁卒。

［康熙十二年］《三水县志》卷十二《人物传·儒行》：胥江人。母妊时彩云集庭除，俄而生光，奇伟特甚，喜曰："兴吾清河门者必此儿也。"年将十岁，能诵《孝经》，作诗警句。及冠躬履纯诚，潜心洙泗理学，精究渊微，凡兵刑律历、数术方技、异教外书靡不通究。宋绍兴间，魁南省第一人。时金人入寇，宰相黄潜善、汪伯彦用事，窃弄威福，异己者不诛则窜，知光负气节，遣人啖以高爵。光曰："枉己徇人，非吾志也。"既而叹曰："渐不可长，祸且及天下矣！"或告之汪、黄，度其必入廷对，日中害之，公即上章引疾归，杜门谢客，以书史自娱。未几，太学生陈东、欧阳澈疏谏二臣怀奸误国之罪，果为所杀。众莫不服光之先见，明哲保身焉。卒年六十有三，所著《濯缨丛稿》七卷、《春秋传注》十卷，与夫缙绅士赠遗诗文，皆毁于兵燹，而其行实载世孙《澹圃集》中，墓在龙陂山麓。

［康熙四十九年］《三水县志》卷三《乡举·宋》：胥江人，绍兴间南省第一，旧称省元①。

薛达 字成章，一说字咸辛，号泽田，南宋顺德龙江人。高宗朝举人第一名。

［乾隆］《顺德县志》卷十六《杂志》：字咸辛，宋高宗发解，龙江人。

《龙江志略》卷一《冠裳·唐》：薛启，字继禹，号东源，唐末为广州博士。《冠裳·宋》：薛达，字成章，号泽田。启八世孙，高宗朝解元。

区志平 南宋顺德陈村人。绍兴二十四年（1154）进士。

［乾隆］《顺德县志》卷十《进士·宋朝·绍兴甲戌》：陈村人，右文殿修撰，赠通议大夫。

陈康延 字元举，南宋南海（一作番禺）人。绍兴三十年

---

①省元：宋代称礼部试进士第一名，礼部属尚书省，故名。元以后称分省考试中式的第一名。

（1160）进士。淳熙间进京待提拔，因不忍加重两广百姓负担，拒盐官之职。升广东梅州知州、朝散大夫。子洪彦，孙棫。

《广州志》卷三十八《进士·宋·绍兴庚辰科》：番禺。

［嘉靖］《广东通志》卷十一《宋·进士·绍兴三十年》：广州番禺人，第二甲，朝奉大夫，知梅州。卷五十七《列传十四·人物四》：字元举，番禺人。力学自奋，绍兴庚辰登进士第。初调镡津勾警，再调龙川录事。三任学官，两历邑令。淳熙间，适康延改秩入京，朝廷议催二广盐。丞相梁克家与康延厚，召赴都堂，俾之分司苍梧，以任是责，事成处以监司。康延力辞曰："二广民力竭矣，催之则民重困。宁居卑官，决不敢以害民之事而图厚禄。"克家以其志不可夺，愈器重之，议亦寝，遂有知梅州之除。到郡访民利病，谓境内常有赣商之扰，于是严保伍之法，不得与赣商私贩。复于江、广往来之冲立寨，募土兵与戍兵杂居，置隅总，为之乡导，俟有缓急，并力夹攻。又立山寨以邀其归，贼不敢犯，民赖以安。家居不务华饰，龚茂良帅广日造其庐，怪所居湫隘，劝康延新之。笑曰："吾耐此耳，处之裕如也。"仅有田五十亩以卒岁，其清白如此。官至朝散大夫。泽延长子洪彦，端溪令。孙棫领乡荐，为府学正。

［万历］《南海县志》卷十一《人物列传二》：字元举……其后裔衣冠至今不替，应天府尹锡、工部尚书绍儒为最显云。

［道光］《广东通志》卷二百六十九《列传二·广州二·宋·陈康延》：番禺人（郭《志》、金《志》、郝《志》俱作南海人，南海、番禺二《志》并载）。谨案：康延孙棫，与番禺明天顺进士陈稶为广西布政者不同。

苏之奇　字文雄，号峨峰，南宋顺德碧江人。隆兴元年（1163）与兄之才（迁居番禺钟村，番禺籍）同登进士，授宣义郎。任福建提点刑狱、江南东西路宣抚使，辞官归里。父世矩，兄之才；子光祖，淳熙十四年（1187）进士。

［乾隆］《顺德县志》卷十《进士·宋朝·隆庆癸未》：碧江人，朝奉大夫，历参议军事。《封赠·光禄寺监事·宋朝》：苏世矩，以子之奇贵赠。

［道光］《广东通志》卷六十六《选举表四·进士一·宋·隆兴元年癸未》：顺德人，朝奉大夫、参议军事，《顺德志》，隆兴误隆庆。

［咸丰］《顺德县志》卷二十二《列传·宋·苏之奇》：字文雄，号峨峰。碧江人。幼即敏慧，稍壮，学博文赡，领乡荐。与兄之才同举。隆兴元年，癸未榜进士，授宣义郎，选监丞，历著作郎、左正言、右司谏。迁起居舍人，知制诰。疏陈当世大务，极言剀切，宁宗改容倾听。晋朝奉大夫、礼部郎中，

转朝散大夫、直秘阁，提举江南西路常平茶盐公事。擢充秘阁修撰，改集英殿。知池州未行，除御营使司参赞军务，辟川陕宣抚处置使司参议。丁内艰服阕，起福建路提点刑狱。原情定谳①，多所平反，即鞠②实犹反复研究，无冤抑③始告囚以罪所应得，咸叩颡④伏辜无怨。寻改江南东西路宣抚使，知镇江府。郡大猾强占民田，前后有司怵于势，抑置弗理。之奇廉其恶，即置诸重典，于是强梁敛戢⑤。朝贵庇其籍中亲党者腾谤倾蔑，竟责授单州防团推官。弗辨，事旋白，即令参理兴化军务。台使于行部徇纵重囚，之奇抗争，竟按其罪。太守重其守，自是政事咸取决，境内大治。差监绍兴钱法盐场，先是，盐禁急切，私贩益多，商算重而课额反绌。之奇至，弛禁薄征，奸无所利，积弊顿革，课入转增。改宣教郎，知同安县，未几召为屯田郎中。史弥远方柄用，遂引年归，诏以朝章大夫主华州云台观。杜门读书，客至诗酒无倦，谈及时事辄扼腕太息，以不能报国雪耻为恨。子光祖，淳熙丁未进士，历秘书省校郎。

［民国］《顺德县志》卷八《选举表一·郭〈志〉补遗·进士·宋》：苏之才，碧江人，之奇兄，宋隆兴癸未科进士。

黄执矩 字才用，南宋高明人。跟胡寅、张栻学习理学，任广东封川县尉、新兴县丞。

［嘉靖］《广东通志》卷五十七《列传十四·人物四》：字才用，高要人。质朴有古风，早厌科举之文，慕濂洛之学。常从胡寅、张栻游，讲明正道，参订《中庸》《大学》之义，以训后进。在南轩门，尝问："喜怒哀乐之未发谓之中？"答曰："凡涉于思，皆已发也，未发之中，岂容安排量度？伊川与吕与叔论《中庸》最宜详味。"如问："致堂质诸鬼神而无疑，鬼神如何可质？"答曰："知鬼神之情状则可见，有质之之理。"又问："国家兴亡，何以见乎蓍龟，动乎四体⑥？"答曰："通天下一气，故如此。如石勒耳鸣，皆成

---

①谳（yàn）：审判定罪。

②鞫（jū）：通"鞠"，审讯或审查。

③冤抑：冤屈、冤枉。

④叩颡（sǎng）：磕头。

⑤敛戢（jí）：收敛，止息兵戈。

⑥见乎蓍龟、动乎四体：出自孔子《中庸》，是说通过蓍龟预测和行动表现可以看到兴衰的征兆。

笙箫声，隋炀帝晚年夜常恐惧不得眠之类。”初调封川①尉，转新兴丞。以俸资嫁侄女，乡人称其义焉。今祀于乡贤祠。

［康熙八年］《高明县志》卷十三《人物传·宋》：祀于郡乡贤祠。

简克己 南宋南海人。少时拜张栻为师，归不出，崔与之拜见时执弟子礼。

［嘉靖］《广东通志》卷五十七《列传十四·人物四》：南海人也。少习举业，已而厌之，叹曰：“言行未寡尤悔，遽投牒事干禄，岂古人意哉？”远游湖湘，师事南轩张栻者数年，讲性理之学，以真知实践为事功，胸中群疑涣如也，栻亦称其精确有守。既得其传，退归杜门，不妄与人交，所知询之则曰：“吾方治吾身心，药未暇也，而敢骛外乎哉！”书南轩之言为座右铭，曰：“人之性，仁义礼智四德具焉。其爱之体则仁也，是乃天地生物之心，而其所由生者也，故仁为四德之长。人惟己私蔽之，以失其性之理，是以为仁莫要乎克己。己私既克，爱之理无所蔽，则与天地万物血脉贯通，而其用亦无不周矣，盖顾名思义之意也。”乡邑以其耆宿且有德也，皆敬礼焉。崔与之②自倅邕洎被召，往来谒见皆执弟子礼北面再拜，克己受之。廖德明帅广日往见之，时延至郡斋讲论旧学，每谛听必拱立，其为名流所重如此。性喜启迪后进，或时坐门塾，里巷子弟肄业过其门者，必呼之前，历问所业，举《语》《孟》要语，为之讲解。有通习者，抚而劝奖之；不通者，辄加警诲，其勤过于父师，士无长少，咸呼简先生云。卒寿八十余。

陈去华 南宋南海人。陆九渊弟子，早亡。

［嘉靖］《广东通志》卷五十七《列传十四·人物四·简克己传》：又广中一学者陈去华，尝游象山陆九渊之门。九渊问“吾与点也”一段，去华屡以为理会未得。使之据所见，去华乃曰：“据某所见，三子只是事上着到，曾点却在这里着到。”九渊喜之，去华自是益有醒悟。别后谓人曰：“去华方是一学者，在待归后，率南方之士师北方之学。”盖广中蒙敬夫之教，故以象山为北方，敬夫谓南轩也。九渊后又谓严松曰：“广中陈去华，省发伟特③，惜乎此人亡矣。”去华盖早死云。

［万历］《南海县志》卷十一《隐逸·宋》：少有志行，恬于仕进，从陆

---

①封川：古称广信，即今广东封开县南部加广西梧州。

②崔与之（1158—1239），字正子、正之，南宋广东增城人。

③省发：领会。省发伟特：聪慧过人。

九渊游，称其警敏。尝询“孔子与点”之意，去华屡以为理会未得。令据所见言之，曰：“据去华所见，三子都是事上着到，曾点却在这里着到。”九渊喜，自是益有醒悟。辞归，未几卒，九渊深惜之。

陈规（南宋淳熙）　南宋三水白坭人。淳熙二年（1175）进士，任大理寺评事。

[康熙四十九年]《三水县志》卷三《进士·宋》：白坭人，淳熙乙未科，历官大理寺评事。

林昂　南宋南海人。淳熙二年（1175）进士。

《广州志》卷三十八《进士·宋·淳熙乙未科》：林昂。

[嘉靖]《广东通志》卷十一《宋·进士·淳熙二年》：广州南海人，第五甲。

莫秀发　南宋高明步州人。淳熙二年（1175）进士。

[嘉靖]《广东通志》卷十一《宋·进士·淳熙二年》：端州高要人。

[道光]《广东通志》卷六十六《选举表四·进士一·宋·淳熙二年乙未》：高要人，今高明。

[道光]《高明县志》卷十二《进士·宋》：步州人，淳熙二年乙未进士。

陈献臣　南宋南海人。淳熙五年（1178）进士。

《广州志》卷三十八《进士·宋·淳熙戊戌科》：陈献臣。

[嘉靖]《广东通志》卷十一《宋·进士·淳熙五年》：广州南海人，第四甲。

温若春　南宋顺德龙山人。淳熙十三年（1186）举人，嘉定十三年（1220）廷对特奏第一，赐同进士出身，任四川潼川、广东英德学官。绍定二年（1229）任太学正、秘书省正字、校书郎，次年为秘书郎，不久退休，八十多岁卒。

《广州志》卷三十八《进士·宋·嘉定庚辰科》：特奏名第一，番禺。

[嘉靖]《广东通志》卷五十八《列传十五·人物五》：番禺人。少力学能文，事亲以孝闻。淳熙十三年领乡荐，累计偕不第凡三十五年，而志益坚。嘉定十三年廷对，特奏名第一人，赐同进士出身。两调潼川、英德学官，作

成人士，悉有模范。宝庆间，除枢密院架阁①。绍定二年春，除大学正。文誉烨烨，动荐绅间。夏召试馆职，除秘书省正字，秋除校书郎。早与崔与之游，与之素重其学行，思所荐达之。绍定三年冬，奏对间，一日上问曰："卿乡里有何人才?"与之奏曰："吴纯臣有监司之才，温若春宜清要之任。"于是除若春秘书郎，若春博洽古今，同列推服。无何，与之帅维扬，握手道生平曰："人之功名，全晚节为难。"若春喟然感之，遂力请挂冠，得旨朝奉郎致仕。家居节俭，手种香芸以遗子孙，寿八十余卒。淳祐甲辰，广帅方大琮立四先生祠，祠古成之、李昴英、郭阊暨若春也，祭之日常于春秋释奠②后。……(论曰：友之有裨于人，岂不谅哉?温若春清修吉士也，年近悬车，犹縻禄秩③，一闻崔清献公言，即浩然而归，言者之能责善，听言者之能从善，皆可法也。吁！后世饕餮辈陆沉富贵中，得一官若沾肝鬲不可脱，视此能无愧耶！)

[康熙]《广州府志》卷三十九《人物志十·儒林列传·宋》：裔孙旧闻，嘉靖中为学正，以志节称。

[康熙十三年]《顺德县志》卷五《宋朝·乡举·淳熙十三年》：龙山人，进士，廷对第一名。《宋朝·进士·嘉定己巳》：温若春。

[嘉庆]《龙山乡志》卷二《乡事志·坟墓》：秘书温若春墓，在铁炉冈，旧有敕碑，今圮。卷七《选举志·特科·宋·淳熙丙午》：见进士。卷八《德业》：番禺籍，乡之螺墟人也。

[咸丰]《顺德县志》卷二十二《列传二·宋·温若春》：龙山人。(《广州人物传》作番禺人，阮《通志》因之，盖旧籍也。)少与杨汪中师事崔与之。

麦怯思　南宋顺德马宁人。淳熙十四年（1187）进士。

[康熙十三年]《顺德县志》卷五《宋朝·进士·淳熙十三年》：云南节度判。

[康熙二十六年]《顺德县志》卷五《选举志·宋朝》：麦村人，淳熙十三年进士，云南节度判官。

[乾隆]《顺德县志》卷十《进士·宋朝·淳熙丁未》：马宁人，云南节

---

①架阁：指架阁库或其官员，宋架阁库是各级国家机关设置的保管现行档案的专职机构。

②释奠：古代在学校设置酒食以奠祭先圣先师的一种典礼。

③縻：牛缰线，拴。禄秩：官吏食禄的品级。

度判官。

严铤　（1171—1250）南宋高明高田村人。举明经。

［万历］《肇庆府志》卷五《选举表一·宋·科目失考》：高要人，宣义郎，《县志》作明经。

［康熙八年］《高明县志》卷四《宋·明经》：太平人。

［道光］《高明县志》卷十二《荐辟诸科·宋》：高田人。举明经，宣议郎。照《通志》补入。

周正（南宋庆元）　南宋南海人。庆元二年（1196）特赐进士。

［嘉靖］《广东通志》卷十一《宋·特奏名·庆元二年》：广州南海人，知赣县。

李仕修　字建业，南宋顺德逢简人。庆元五年（1199）进士，任福建肃政廉访司佥事，升浙江参政。嘉定末退休，迁逢简安家。

［万历］《顺德县志》卷一《地理志第一·桥梁·逢简》：曰巨济、曰明远、曰五石。宋李仕修，南雄人，官浙参政。寓居逢简时无子，建此后生子五。

［乾隆］《顺德县志》卷十《荐辟·宋朝》：逢简人任参政。卷十三《人物列传·行谊》：仕宋浙省参政，奉母太夫人岑氏，择居逢简家寓之。妻余氏，韶州余襄公孙也。未嗣时，捐资建石桥凡五，以济往来，行旅赖之，后生五子以为报。按《李氏轶事》，有人赠仕修诗云："簇簇楼台临水月，雍雍和气蔼家春。"因构明远桥边亭，书以为联，以示子孙。今湮泯矣，而亭基尚岿然也。其子孙多率祖训，同族无相讼者，岂非诒谋者远乎？

［咸丰］《顺德县志》卷二十二《列传二·宋·李仕修》：字建业……庆元己未进士，历福建肃政廉访司佥事，擢浙江行省参政。平易近民，每有论列①，辄蒙采择。以嘉定末致仕，奉母岑来迁……教家以敦睦节俭……子孙皆率祖训，无私讼者。按：阮《通志》是科进士无仕修而别列荐举，张《府志》列明经，今据《家谱》。

①论列：指言官上书检举弹劾。

刘镇　字叔安，南宋南海人。嘉泰二年（1202）进士。因过失，谪居福建三山三十年，真德秀镇闽，进言朝廷，始获自由。弟镕、铎。

［嘉靖］《广东通志》卷十一《宋·进士》：刘镇。卷五十八《列传十五·人物五》：字叔安，南海人。兄弟三人俱有文名，事亲宗党称其孝。嘉泰二年登进士第，性恬淡，不事干娇，乡士大夫皆贤之。以诖误①谪居三山三十年，为诗词益工，真德秀帅闽日言于朝，得自便。自号随如，学者称为随如先生。仲弟镕字叔冶，尤工于书，庆元五年登进士第，尝知钦州，官至朝奉大夫。季弟铎字叔文，绍熙四年登进士第。初兄弟自为师友，及相继而显，邦人荣之，赠以诗曰："三子皆黄甲，一门无白丁。"有司名其所居坊曰"丛桂里"、曰"贤巷"以旌之。镇尤长于诗，明白清润，为时所推。尝与崔与之交游，及与之薨，搢绅多吊以诗，镇有曰："终始无玷缺，出处最光明。"人指以为实录，其造语典实此类也。有文集行于世。

《广东通志初稿》卷十九《进士科·宋·广州府》：嘉定二年。

［万历］《南海县志》卷十一《人物列传二》：字叔安。性恬淡，有孝行，兄弟三人俱以文名。嘉泰二年登进士，以诖误谪居三山三十年，诗益工。真德秀为请，得释归。仲弟镕尤工于书，登庆元进士，知钦州，历朝奉大夫。季弟铎登淳熙进士。初□□□为师友，及相继显，邦人荣之，有司旌其坊□□□□□□□□□□□□□秀朝清□为时所重②。

［崇祯］《南海县志》卷九《人物列传》：嘉泰三年登进士……有《随如集》行于世。

［道光］《南海县志》卷三十四《列传三·宋·刘镇》：有《随如百咏》，刊于三山。卷二十六《艺文略二·集》：《随如集》十卷，《诗余》二卷，宋刘镇撰。

刘铎　字叔文，南宋南海人。绍熙四年（1193）进士，任朝奉郎。兄镇，弟镕。

《广州志》卷三十八《进士·宋·绍熙癸丑科》：南海。

［嘉靖］《广东通志》卷十一《宋·进士·绍熙四年》：广州南海人，第

---

①诖（guà）误：官吏因过失受谴责或失官。

②原本漫漶，后缺。

三甲，朝奉郎。

《粤大记》卷四《科第·宋进士科·绍熙四年状元陈亮榜》：南海县人，镇之弟，朝奉郎。

刘镕 字叔冶，南宋南海人。庆元五年（1199）进士，任朝奉大夫、广西钦州通判。兄镇、铎。

《广州志》卷三十八《进士·宋·庆元己未科》：南海，钦州通判。

［嘉靖］《广东通志》卷十一《宋·进士·庆元五年》：铎之弟，第四甲。朝奉大夫，通判钦州。

吴英 南宋南海人。嘉泰四年（1204）应募剿海盗，授承信郎。开禧二年（1206），金兵南犯，调守湖北汉川江防。嘉定十年（1217），授平江府驻御前都副统制，历升武翼郎、御前驻军都统制、武经郎、武节郎、武德郎等。宝庆元年（1225），转武议大夫衔，拜团练使，累功转左武大夫防御使。年老归，八十四岁卒，封南海县开国男，赠节度使。子宗道、宗达、宗遇。

［嘉靖］《广东通志》卷五十八《列传十五·人物五》：南海人。生而资干魁梧，有谋略。嘉泰四年，海寇窃发，有司募人捕之。英往应命，乃设伏要害处，出其不意，擒获无算，特授承信郎。开禧二年有边警，调发守把汉川，防拓江面。虏陡至，英请于主将，自往侦之。英服渔人衣，操小舟往来洲渚间，虏不疑也。游骑觉之，手刃一人而还，因得其虚实，由是益知名。嘉定十年，除平江府驻札御前都副统制。十三年，转武翼郎，升御前诸军都统制。十五年转武经郎，十六年转武节郎，又明年转武德郎。淮上却敌，多建奇绩。宝庆改元，上赐御笔奖之，有曰："昨因两淮屡警，尔吴英能统率舟师，措置捍御，功冠行列，特转两官，赐金带以荣尔躬。尔尚益懋乃绩，予则汝嘉。"于是转武议大夫，拜团练使。英捧诏感奋，淮口之役，躬冒矢石为众队先，乘风急纵火，焚虏舟五百余艘，虏大奔，斩首千余级。寻战于北神镇，又纵火烧断横江铁锁，虏引去。及虏围盐城，亲率舟师登岸死战，连获大捷，累功转左武大夫防御使。卒于家，年八十四，特封南海县开国男，赠官至节度使。英为人智勇，然在人前默默如无能者。爱养士卒，不吝醲①赏，或官无所给，即以己资代之，故能得其死力，所向有功。平居有驰骋伊吾之

①醲（nóng）：通"浓"，浓重。

志，每闻和议成，辄眠食不安者累日，其忠愤可尚也。子三人，长宗道知宾州，官至武功大夫。次宗达武功大夫，知循州。次宗遇累官修武郎。

梁伯揆 （？—1246）字宗盛，南宋顺德桂林人。嘉泰四年（1204）省试第一名，嘉定十年（1217）进士，历符玺郎、奉议大夫，称病归隐广州禺山。父仲钦，孙义孙。

［万历］《顺德县志》卷八《人物志第七之二》：梁伯揆者，桂林人也。宋乡试第一，登进士，至奉议大夫、尚宝司卿。成化《志》称其廉明仁恕，虽非谏官，屡上封事，常见纳。淳祐丙午卒，墓在番禺葛麻冈。李承箕曰：伯揆墓与子孙犹存，所上封事及得解之年，岂无家乘可考耶？《志》首伯揆而疑如此，他何怪哉？（嘉靖《志》辨宋有符宝郎，无尚宝司卿，尚宝司卿成化《志》之文也。）

［康熙］《广州府志》卷三十三《人物志·五·介直列传·宋》：字宗盛……廉而不矫，明而不察，仁恕阜物。虽职非言路而屡疏国政，尝以言直见纳，有声于时，缙绅以为仪表……墓在番禺县葛林冈，前翰林学士金城、黄谏追志其墓。

［康熙十三年］《顺德县志》卷五《宋朝·乡举·嘉泰甲子》：桂林人，解元，进士，见人物传。《宋朝·进士·嘉定丁丑》：梁伯揆。

［乾隆］《顺德县志》卷十二《宦迹》：退隐禺山，辟异端，彰圣学，有功名教……学者称为端懿先生……祀乡贤。

［乾隆］《广州府志》卷三十三《名臣二·顺德·宋》：孙义孙，字永和，少明敏，而性行严谨，卓然有志于学。至元甲申成进士，擢詹事府丞，廉慎自持，大振风纪。天性孝友，伯仲与居怡怡如也，与祖端懿公并祀乡贤，为理学名臣，人谓其有得于家学渊源云。

［道光］《广东通志》卷六十七《选举表五·进士二·宋·嘉定十年丁丑》：番禺人，嘉泰四年省元，历奉议大夫，乡谥端懿，见《番禺志》、《顺德志》、郝《志》，明海瑞志墓。

［咸丰］《顺德县志》卷二十二《列传二·宋·梁伯揆》：父仲钦，博极群书，尤邃性理。伯揆少厚重，苦志力学……史弥远矫诏废立，遽引疾归。退隐禺山，筑书院讲授（《广州贞烈传》：院在会城城隍庙西，今为武帝庙）……卒祀院中，葬番禺葛林冈真西山，志墓称曰“纯儒”……海忠介尝读于院，因表之，今祀府县乡贤祠。孙义孙……少入郡庠，元至元间以《春秋》经领乡荐。

何纶（南宋绍熙） 南宋顺德马宁人。绍熙岁贡。

［咸丰］《顺德县志》卷十一《岁贡·宋·绍熙》：马宁人，将仕郎。

郑汉章 南宋南海伦教（今属顺德）人。庆元间任江西万安主簿。

［嘉靖］《广东通志》卷五十七《列传十四·人物四》：南海人。宋庆元间为万安主簿，解官归家羊城。一日游蒲涧①，得遗金二百余两，翌日往候之，亡金者果至，举而还之，其人为择地葬其父。至今子孙繁衍，人以为阴德之报云。

［万历］《顺德县志》卷八《人物志第七之二》：郑汉章者，伦教人也。宋庆元间为万安主簿，尝游蒲涧，得遗金二百两，翼日往候亡者，举而还之。其人为相地葬父，至今子孙蕃衍，人以为阴德云。

［万历］《南海县志》卷十一《人物列传二》：轻财重义，见称于时。宋庆元间为万安簿，尝游蒲涧得遗金，翌日往候亡者，还之。其人善相地，因为汉章葬父。至今子孙繁衍，科第不绝，天顺中乡科翼为瑞金令、嘉靖中进士昊为柳州守、举人用渊为松江府判，皆有廉声。

［康熙十三年］《顺德县志》卷九《人物传三·行谊》：伦教人，宋庆元间仕万安县簿，尝游蒲间拾遗金二百余两，翊日往伺之，亡金者果至，汉章核实悉还之。其人感激莫报，以善堪舆，为汉章卜地景泰山骑龙穴，葬其父以昌后云。至今子孙蕃衍，冠裳②不绝，有分居桂林者，人以为阴德之报。

何景秀 南宋顺德马宁人。开禧三年（1207）岁贡。

［咸丰］《顺德县志》卷十一《岁贡·宋·开禧》：马宁人，丁卯。

黄德华 字敬堂，南宋顺德龙山人。嘉定三年（1210）举人第一名。

［民国］《顺德县志》卷八《选举表一·郭〈志〉补遗·举人·宋》：字敬堂，南海籍，宋嘉定三年庚午科中式第一名。旧《志》列表末，不知其代。龙山人，据《龙山乡志》。

---

①蒲涧：在广州白云山麓。

②冠裳：指官吏的全套礼服或穿着官服，代指官宦士绅、官职，亦指文明、礼仪制度。

罗复兴　南宋南海人。嘉定七年（1214）进士。

［雍正］《广东通志》卷三十一《宋·进士·嘉定七年甲戌袁甫榜》：南海人，廉访副使。

［道光］《广东通志》卷六十七《选举表五·进士二·宋·进士存疑》：南海人，嘉定七年进士，廉访副使。见郝《志》，余无考。

徐如龟　南宋南海人。嘉定七年（1214）进士。

《广州志》卷三十八《进士·宋·嘉定甲戌科》：徐如龟。

［嘉靖］《广东通志》卷十一《宋·进士·嘉定七年》：广州南海人，第五甲。

梁芳誉　南宋顺德桂林人。嘉定时以明经荐举。

［康熙十三年］《顺德县志》卷五《宋朝·荐举·嘉定》：桂林人，仕至翰林检讨。

［康熙二十六年］《顺德县志》卷六《荐举·宋朝·嘉定》：桂林人，举明经，翰林检讨。

吴邦杰　字国藩，一说字维藩，号玉琴子，又号东溟钓侣，南宋顺德龙江人。宁宗朝进士。出嗣伯父南金，兄邦俊。

［万历］《顺德县志》卷九《选举志第八·进士乡举》：宋进士，户部员外郎，南金弟子。

［乾隆］《顺德县志》卷十六《杂志》：字维藩，宁宗朝为宣教郎，龙山人。

《龙江志略》卷一《冠裳·宋》：字国藩，号玉琴子，又号东溟钓侣。南老次子，出嗣南金。宁宗朝进士，为户部员外郎。吴邦俊，字国才，号东山，南老长子。理宗朝进士，为左宣教郎。

陈齐一　字思至，南宋顺德龙山人。宁宗朝进士。

［乾隆］《顺德县志》卷十六《杂志》：字思至，宁宗二年进士，官至浙西观察使，明御史珷之始祖，龙山人。

李应奎　字梦祥，号瑞斋，南宋顺德龙江人。嘉定十二年

（1219）进士。子麟老。

［康熙十三年］《顺德县志》卷五《宋朝·乡举·嘉定》：龙江人，官翰林院学士。

［乾隆］《顺德县志》卷十《进士·宋朝·嘉定己卯》：龙江人，官翰林院学士。卷十六《杂志》：字梦祥，孝宗朝为翰林学士，明参政聪之始祖，龙江人。

《龙江志略》卷一《冠裳·宋》：号瑞斋。孝宗朝进士，官校书员外郎，历翰林院学士。原新会牛厄村人，宝庆间迁龙，居龙江。李麟老，字天爵，应奎子，理宗朝以恩荫为督议。

杨汪中 字季子，南宋顺德容奇人。嘉定十二年（1219）举人，次年进士，任广西静江民曹、广东肇庆推官、江西庐陵知县、广东归善知县、奉议郎。

［嘉靖］《广东通志》卷五十八《列传十五·人物五》：字季子，番禺人。幼孤，笃志好学。广帅杨长孺见其文敬之，言于郡博士，请为州学录。嘉定己卯领乡荐，明年登进士第。调静江民曹，桂帅以琼莞机宜辟之。及过海，既平王君佐之叛，又弭陈用成之变，风裁凛然。端平乙未，改肇庆府①推官，家居需次。摧锋戍卒干纪，昼薄城下，居民大恐，汪中有缒城谕贼功。及崔与之判乡郡，因摄帅幕，密赞平贼之谋。改佐广右经幕，市马横山，措置得宜，邕蛮帖服。居无何，铨部最之，遂知庐陵县。为政多所建白，其劝籴以应边饷，区处有方，邑民无怨。既而改知归善县，事业不竟，人多惜之。官至奉议郎。

［乾隆］《顺德县志》卷十《进士·宋朝·嘉定己卯》：番禺籍，容奇人。

［道光］《广东通志》卷六十七《选举表五·进士二·宋·嘉定十三年庚辰》：番禺人，己卯乡荐登第，知归善县，奉议郎。又见《顺德志》，误作己卯进士。

萧圆 字元规，南宋顺德人。嘉定十二年（1219）进士。

［康熙十三年］《顺德县志》卷五《宋朝·进士·嘉定丁丑》：龙江人，历官司经局太子洗马。

《龙江志略》卷一《舆地·祠墓》：宋洗马萧圆墓在佛堂。《编年·南

---

①肇庆府：北靠广西，南临南海，宋重和元年（1118）升端州置。

宋·南海县》：高宗绍兴十一年辛酉，太子洗马萧圆迁龙江。时秦桧杀岳少保，圆赋诗吊之，桧怒，遂褫职。《冠裳·宋》：字元规，徽宗朝进士。

赵崇垓 南宋南海人。嘉定十六年（1223）进士。

《广州志》卷三十八《进士·宋·嘉定癸未科》：赵崇垓。

［嘉靖］《广东通志》卷十一《宋·进士·嘉定十六年》：广州南海人，第四甲。

伦次陆 南宋南海人。宝庆二年（1226）进士。

《广州志》卷三十八《进士·宋·宝庆丙戌科》：伦次陆。

［嘉靖］《广东通志》卷十一《宋·进士·宝庆二年》：广州南海人，第五甲。

张机 南宋南海熹涌（今属顺德）人。宝庆二年（1226）岁贡。子翱泰、翔泰、仕能，孙镇孙。

［咸丰］《顺德县志》卷十一《岁贡·宋·宝庆》：熹涌人，训导，丙戌。卷二十二《列传二·宋·张镇孙传》：曾祖元贵。《张氏族谱》载其远系云：元贵生机及权，机子三，曰翱泰，曰翔泰，曰仕能，镇孙为翔泰子。卷十二《封赠（文阶）·宋》：张南仲，熹涌人，以子镇孙封朝散大夫。

［道光］《南海县志》卷二十五《艺文略一·经》：《诗易疏解》，宋张翔泰撰，据《张氏族谱》。卷二十六《艺文略二·集》：《张翔泰诗文集》，宋张翔泰撰，据《张氏族谱》。

钟显孙 南宋南海龙江（今属顺德）人。宝庆二年（1226）进士，官翰林院侍读学士。子起龙。

《龙江志略》卷一《冠裳·宋》：钟永，高宗朝为福建莆田主簿，建炎四年迁居羊城。钟卫孙，永之玄孙，宁宗朝进士，官至吏、礼二部尚书。钟显孙，卫孙从弟，理宗朝进士，官翰林院侍读学士。

［民国］《顺德县志》卷八《选举表一·郭〈志〉补遗·进士·宋》：宋理宗朝宝庆二年丙戌进士，官翰林院侍读学士，卫孙从弟。龙江人，据《龙江乡志》。

麦梦协 一说名涉，南宋高明版村人。进士，宝庆间任礼部侍郎。

［万历］《肇庆府志》卷五《选举表一·宋·进士·科次失考》：国子祭酒、礼部侍郎……高要人。卷八《地理志·高明》：宋礼部侍郎麦梦协墓，在新会界。

［崇祯］《肇庆府志》卷九《地理志二·高明县》：宋礼部侍郎麦梦协墓，在新会界。

［康熙八年］《高明县志》卷四《宋·进士》：麦涉，文储人，礼部侍郎。

［道光］《高明县志》卷十二《进士·宋》：版村人，礼部侍郎，旧《志》作“麦涉”。考《通志》《郡志》载文储山下有种学堂，宝庆间礼部侍郎麦梦协读书之所，并无涉名。《通志》作人材，今仍旧《志》。卷二《地理·冢墓》：宋礼部侍郎麦梦协墓，旧新会界，今属鹤山①。卷三《建置志·古迹》：种学堂，在文储山下，宋宝庆间乡人麦梦协读书之所。梦协名涉。

何逮 南宋高明唐际人。宝庆四年（1228）进士。

［崇祯］《肇庆府志》卷六《宋·人才》：高要人，任交州都巡（简）〔检〕使②。旧《志》无，照《族谱》。

［康熙八年］《高明县志》卷四《宋·人材》：交州都巡检使。

［雍正］《广东通志》卷三十一《宋·进士》：宝庆四年戊子，高要人。翰林修撰，升交州都巡检使。

［道光］《高明县志》卷十二《进士·宋》：唐际人，宝庆戊子进士。翰林修撰，升交州都巡检使。旧《志》入人材科，今考《通志》改正。

［光绪］《高明县志》卷二《地理·冢墓》：宋交州都巡检使何逮墓，在波泔村鹿洞山麓，名仙掌。

彭好古 字信之，南宋顺德龙江人。绍定元年（1228）贡生。子士元。

---

①鹤山：位于广东珠江三角洲腹地，东与南海、顺德隔江相望。清雍正十年（1732）建县，因市内有山形似仙鹤而得名。新中国成立后曾与高明县合称高鹤县，1981年恢复鹤山县建制。1993年改设市。

②交州：东汉时设置，辖境相当今广东、广西的大部和越南北部，至唐代则限于今越南河内一带。都巡检使：官名。宋于沿边、沿江、沿海置巡检司，掌训练甲兵、巡逻州邑，后受所在县令节制。

［康熙二十六年］《顺德县志》卷五《选举志·宋朝》：龙江人，绍定戊子贡举，朝奉大夫。

《龙江志略》卷一《舆地·祠墓》：宋朝奉大夫彭好古墓在大臂。《冠裳·宋》：字信之，宁宗朝为朝奉大夫，以子士元贵赠翰林院学士。彭士元，字世卿，好古之子，宁宗朝进士，为翰林院学士。

黎巽 字南阳，南宋顺德大罗村人。绍定元年（1228）举人第一名。子宏，进士，官制置使，在大罗村建书院，番禺李昂英题匾。孙子春，中举亦第一名，任广西横州学正。

［咸丰］《顺德县志》卷十六《胜迹略·署宅·书院之属·紫泥属》：义斋书院，在大罗村。宋咸淳间，江西进士、官制置使黎宏，号淳翁，卜居大罗创建，招集四方贤士。时李忠简在焉，题之曰“义斋书院”。岁久圮，孙孝廉来王、来享修，今存。

［民国］《顺德县志》卷八《选举表一·郭〈志〉补遗·举人·宋》：字南阳，大罗村人，宋绍定戊子解元，子宏。黎子春，大罗村人，宋解元，广西横州学正，宏长子。

吴仁孙 一说名仁杰，南宋南海人。绍定二年（1229）进士。

《广州志》卷三十八《进士·宋·绍定己丑科》：吴仁孙。

［嘉靖］《广东通志》卷十一《宋·进士·绍定二年》：广州南海人，第四甲。

《广东通志初稿》卷十九《进士科·宋·广州府》：吴仁杰，绍定二年。

洪监 字明之，南宋顺德龙江人。绍定二年（1229）进士。

［乾隆］《顺德县志》卷十六《杂志》：字明之，理宗绍定二年进士，官至山东提刑副使，龙江人。

危梦亨 南宋南海人。绍定五年（1232）进士。

《广州志》卷三十八《进士·宋·绍定壬辰科》：危梦亨。

［嘉靖］《广东通志》卷十一《宋·进士·绍定五年》：广州南海人，第五甲。

赵与鉤 南宋南海人。绍定五年（1232）进士。

《广州志》卷三十八《进士·宋·绍定壬辰科》：赵与鉤。

［嘉靖］《广东通志》卷十一《宋·进士·绍定五年》：广州南海人，第二甲。

余亨 南宋南海人。端平二年（1235）进士。

《广州志》卷三十八《进士·宋·端平乙未科》：余亨。

［嘉靖］《广东通志》卷十一《宋·进士·端平二年》：广州南海人，第五甲。

张廷黻 字中粹，号北山，南宋顺德龙江人。端平二年（1235）进士。父秉忠，子元才。

［乾隆］《顺德县志》卷十六《杂志》：张秉忠，字荩臣。哲宗朝进士，为左宣教郎。明进士景献之祖，龙江人。

《龙江志略》卷一《舆地·祠墓》：宋助教张廷黻墓在凤冈。《编年·南宋·南海县》：理宗端平二年乙未，张廷黻成进士。《冠裳·宋》：张秉忠，字荩臣，号恪斋。绍兴甲寅进士，历仕三朝，官至水部员外郎，直徽猷阁左宣教郎。张廷黻，字中粹，号北山，秉忠子，为国子监助教。张元才，字学古，号泉石主人，廷黻子，理宗朝贡元。

［民国］《顺德县志》卷八《选举表一·郭〈志〉补遗·举人·宋》：张秉忠，绍兴癸丑科。龙江人，据《龙江乡志》。《选举表一·郭〈志〉补遗·进士·宋》：张秉忠……《张氏家乘》作“绍兴癸未”。

张逢午 南宋南海人。端平二年（1235）进士。

《广州志》卷三十八《进士·宋·端平乙未科》：张逢午。

［嘉靖］《广东通志》卷十一《宋·进士·端平二年》：广州南海人，第四甲。

陈嘉言 南宋南海人。端平二年（1235）举人。

［嘉靖］《广东通志》卷十一《宋·乡贡·端平二年》：广州南海人。

［道光］《南海县志》卷二十《乡贡荐辟·宋理宗朝》：端平二年乡贡。

杨遂 南宋南海人。端平二年（1235）进士。

《广州志》卷三十八《进士·宋·端平乙未科》：杨遂。

［嘉靖］《广东通志》卷十一《宋·进士·端平二年》：广州南海人，第五甲。

罗思修　南宋南海人。端平二年（1235）进士。

［雍正］《广东通志》卷三十一《宋·进士·端平二年乙未吴叔吉榜》：南海人，大理评事。

赵与鑼　南宋南海人。端平二年（1235）进士。兄与鉤。

《广州志》卷三十八《进士·宋·端平乙未科》：赵与鑼。

［嘉靖］《广东通志》卷十一《宋·进士·端平二年》：与鉤之弟，第五甲。

［康熙］《广州府志》卷二十七《选举志上·进士·宋·南海》：端平二年。

陈大猷（南宋嘉熙）　字允升，南宋顺德龙山人。嘉熙二年（1238）进士。

［乾隆］《顺德县志》卷十六《杂志》：字允升，理宗戊戌进士，官至迁禄制干，龙山人。

罗子翼　南宋南海人。嘉熙二年（1238）举人。

［嘉靖］《广东通志》卷十一《宋·乡贡·嘉熙二年》：学諭，广州南海人。

封南誉　南宋南海人。嘉熙二年（1238）进士。

《广州志》卷三十八《进士·宋·嘉熙戊戌科》：封南誉。

［嘉靖］《广东通志》卷十一《宋·进士·嘉熙二年》：广州南海人，第四甲。

赵汝夫　南宋南海人。嘉熙二年（1238）进士。

《广州志》卷三十八《进士·宋·嘉熙戊戌科》：赵汝夫。

［嘉靖］《广东通志》卷十一《宋·进士·嘉熙二年》：广州南海人，第四甲。

张世龙　一说名世隆，字普济，南宋顺德龙江人。嘉熙四年（1240）举人，宝祐四年（1256）进士。

[康熙二十六年]《顺德县志》卷五《选举志·宋朝》：龙江人，宝祐进士，博士。

[乾隆]《顺德县志》卷十《进士·宋朝·宝祐丙辰》：龙江人，博士。卷十六《杂志》：字普济，宁宗朝为五经博士，龙江人。

《龙江志略》卷一《舆地·祠墓》：宋博士张世龙墓在屏风嶂。《冠裳·宋》：张世隆（一作龙），字普济，号云程。宁宗朝进士，为翰林院五经博士。原南雄保昌人，始居龙江。

[民国]《顺德县志》卷八《选举表一·郭〈志〉补遗·举人·宋》：宋嘉熙庚子科，旧《志》云"不知乡举之年"。龙江人，据《龙江乡志》。

游俊卿　南宋顺德金陡人。按《游氏族谱》，嘉熙四年（1240）举人，淳祐元年（1241）进士。子隐堂。

[康熙十三年]《顺德县志》卷五《宋朝·进士·咸淳》：游俊卿。卷九《人物传三·仙释》：游隐堂，宋进士游俊卿第三子。

[康熙二十六年]《顺德县志》卷五《选举志·宋朝》：金斗人。

[康熙]《广东通志》卷十五《选举上·广州府·进士·宋·南海》：嘉定二年。

[乾隆]《顺德县志》卷十《举人·宋朝》：金陡人，解元。

[道光]《广东通志》卷六十七《选举表五·进士二·宋·乡贡年次无考》：南海人，今顺德。《顺德志》云解元，郝《志》作嘉定二年进士，恐误。

[咸丰]《顺德县志》卷十《举人·宋·咸淳》：金陡人，见进士，庚午科。《进士·宋·嘉定》：己巳科。按：旧《志》缺，阮《通志》归乡贡、无年次，今从郝《通志》。

陈龙起　名或作起龙，南宋南海人。淳祐元年（1241）进士。

《广州志》卷三十八《进士·宋·淳祐辛丑科》：南海。

[嘉靖]《广东通志》卷十一《宋·进士·淳祐元年》：广州南海人，第五甲。

[崇祯]《南海县志》卷四《进士·宋·淳祐》：陈起龙。

蔡得元　南宋南海人。淳祐元年（1241）举人。

［嘉靖］《广东通志》卷十一《宋·乡贡·淳祐元年》：广州南海人。

甘野　南宋顺德仙涌人。淳祐三年（1243）举人第一名。

［咸丰］《顺德县志》卷十六《胜迹略·坊表·表宅之属·都宁属》：孝思堂，在仙涌，明尚书陈绍儒，为宋淳祐癸卯科解元甘野祖祠题。

周鼒　南宋南海人。淳祐四年（1244）进士。

《广州志》卷三十八《进士·宋·淳祐甲辰科》：周鼒。

［嘉靖］《广东通志》卷十一《宋·进士·淳祐四年》：广州南海人，第五甲。

钟烈孙　名或作列孙，南宋南海人。淳祐四年（1244）举人。

［嘉靖］《广东通志》卷十一《宋·乡贡·淳祐四年》：广州南海人。

［道光］《广东通志》卷六十七《乡贡·宋·淳祐四年甲辰》：钟列孙，南海人。

廖庆　南宋南海人。淳祐四年（1244）进士。

《广州志》卷三十八《进士·宋·淳祐甲辰科》：廖庆。

［嘉靖］《广东通志》卷十一《宋·进士·淳祐四年》：广州南海人，第四甲。

岑太初　南宋顺德桂洲人。淳祐间举荐。

［乾隆］《顺德县志》卷十《荐辟·宋朝》：桂洲人，淳祐通判。

梁崧忠　南宋顺德碧江人。淳祐间岁贡。

［康熙十三年］《顺德县志》卷五《宋朝·乡举·嘉泰甲子》：碧江人，仕至利州都统、枢密副使。

［乾隆］《顺德县志》卷十《贡生·宋朝·淳祐乡贡》：碧江人，枢密副使。

［道光］《广东通志》卷六十七《乡贡·宋·淳祐》：顺德人，枢密副使。《顺德志》云淳祐乡贡，又同入荐辟，恐误。

［咸丰］《顺德县志》卷十一《岁贡·宋·淳祐》：碧江人，枢密院副使。

彭希元 字齐圣，南宋顺德龙江人。淳祐六年（1246）岁贡。从兄士元。

［康熙二十六年］《顺德县志》卷五《选举志·宋朝》：龙江人，淳祐丙午贡元，国子监博士。

［乾隆］《顺德县志》卷十《贡生·宋朝·淳祐乡贡》：龙江人，国子监博士。《荐辟·宋朝》：龙江人，淳祐丙午贡元，国子监博士。

《龙江志略》卷一《冠裳·宋》：字齐圣，士元从弟。理宗朝贡元，为国子监博士。

［咸丰］《顺德县志》卷十一《岁贡·宋·淳祐》：龙江人，国子监博士。

冯梦吉 名或作梦京，南宋南海人。淳祐七年（1247）举人。

［嘉靖］《广东通志》卷十一《宋·乡贡·淳祐七年》：冯梦京，广州南海人。

［道光］《南海县志》卷二十《乡贡荐辟·宋理宗朝》：淳祐七年乡贡，黄《通志》作梦京。

张翔龙 南宋南海人。淳祐七年（1247）进士。

《广州志》卷三十八《进士·宋·淳祐丁未科》：张翔龙。

［嘉靖］《广东通志》卷十一《宋·进士·淳祐七年》：广州南海人，第四甲。

杨光大 名或作光穴，南宋南海人。淳祐七年（1247）进士。

《广州志》卷三十八《进士·宋·淳祐丁未科》：杨光大。

［嘉靖］《广东通志》卷十一《宋·进士·淳祐七年》：杨光穴，广州南海人，第四甲。

戴汉宗 名或作宗汉、宗漠，南宋南海人。淳祐七年（1247）进士。

《广州志》卷三十八《进士·宋·淳祐丁未科》：戴汉宗。

［嘉靖］《广东通志》卷十一《宋·进士·淳祐七年》：广州南海人。

《广东通志初稿》卷十九《进士科·宋·广州府》：戴宗汉，淳祐七年。

［崇祯］《南海县志》卷四《进士·宋·淳祐》：戴宗漠。

区仕衡 （1217—1277）字邦铨，南宋顺德陈村人。绍定六年（1233）随父在史局读书。淳祐间岁贡入太学，德祐二年（1276）陈《恢复策》不见用。归乡设九峰书院讲学。子子美、子复。孙国辅。

［乾隆］《顺德县志》卷十三《文苑》：字邦铨，陈村人，助教泰亨之子。生而颖异，强记博闻。以先世多在史局，得纵观中秘书。应淳祐乡贡，入太学为上舍生。生平慷慨有智略，以天下为己任，尝上书论贾似道误国，不报。德祐二年，端宗幸闽、广，衡陈《恢复策》亦不见用。归，讲学九峰书院，从游甚众，称为九峰先生。诗文典雅，孙蕡辈谓其有嘉祐风，有《九峰集》《理学简言》行世。

［道光］《南海县志》卷二十五《艺文略一·子》：《理学简言》一卷，宋区仕衡撰，据黄《通志》。卷二十六《艺文略二·集》：《九峰先生集》三卷，宋区仕衡撰。

［咸丰］《顺德县志》卷二十二《列传二·宋·区仕衡》：字邦诠，陈村人。先世自韶来迁……绍定末，随泰亨在史局读未见书，有经世志。尝过钱塘，谓："两河日望王师，宜移跸①淮、汝、襄、汉以图恢复，今酣嬉湖山非计。"淳祐间应举入太学，疏陈丞相郑清之、史嵩之，枢密李鸣复误国状，既又与诸生合疏论贾似道构陷正人，矫诏行公田关子于民不便，语极激切，不报，乃画郭林宗象为赞寄意。时元兵已迫，遁归乡里，辟九峰书院，从学二百余人，筑长林馆居之。德祐二年，上丞相陈宜中书曰："景定以来，北兵自大理至广，刘帅逆战于道，捷音上驰。吾广州郡乡兵操练待战岭外，无不思保障城池者。德祐初，鄂州始破，帅臣开府督战。自孙虎臣丁家洲败，驾走海上，谁为策耶？然皋亭遁避，闻江淮兵尚有一万，诸路民兵尚有二十万，正军尚有十七万。温州非用武地，势不得不航海。福州非驻足地，势不得不入广。上初即位，丞相首登台席，文右揆、张少保、陆枢府、苏殿帅义闻壮猷，非江左夷吾可骖车乘。况黄摧锋、赵制使兵有纪律，所向无前，吴、李、

①跸（bì）：帝王出行时清道、禁止行人来往，泛指帝王出行的车驾。移跸：犹移驾。

朱、毛四将军分道而出，楼船飞集海上。丞相贾勇决战，先护六飞据广为行在。一军为前锋，四军为左右翼。两军为游兵。一军向浙，一军向闽，皆由海往；一军由湞江向岭，一军由湘、漓备楚蜀。北兵虽强悍，远来野战，行无宿粮，驱无休息，绝海风涛非大漠之熟途，粘天帆舵非铁马之长技。咸食湿蒸，半多呕泄。春夏渐迫，不能耐暑。吾之水军蜑子①惯习鲸波，足以敌之海上。万一散而惰，归诸港口哨舟，且守且战，彼久必溃，我得养锐。勤王之兵四集，事尚可为，惟丞相决策而已。"仕衡家故饶，岁有租八万石，出资厚集乡兵八百自守其乡。又为书纠合诸乡，乡推一人为长，使隶待制张镇孙、都统凌震为郡邑声援。既而诸将失利，会仕衡病，不食曰："得为宋室完人，幸矣！"以景炎元年死。著有《理学简言》一卷、《九峰集》三卷……子子美，贡元，善诗，著有《长林馆集》二卷。子复，武迁丞。复子国辅，元江西肃政廉访司副使。

冯雁成 南宋南海人。淳祐十年（1250）举人。

［崇祯］《南海县志》卷四《乡贡·宋·淳祐》：十二名。

［康熙］《南海县志》卷五《选举志·宋乡贡·淳祐》：学录。

［道光］《南海县志》卷二十《乡贡荐辟·宋理宗朝》：淳祐十年乡贡，学录。

郑奎英 南宋南海人。淳祐十年（1250）进士。

《广州志》卷三十八《进士·宋·淳祐庚戌科》：南海。

［嘉靖］《广东通志》卷十一《宋·进士·淳祐十年》：广州南海人，第一甲。从政郎，知海丰县。

［雍正］《广东通志》卷三十一《宋·进士·淳祐十年庚戌方逢辰榜》：南海人，从政郎。

赵时鏦 南宋南海人。淳祐十年（1250）进士。

《广州志》卷三十八《进士·宋·淳祐庚戌科》：赵时鏦。

［嘉靖］《广东通志》卷十一《宋·进士·淳祐十年》：广州南海人，第三甲。

［道光］《广东通志》卷六十七《选举表五·进士二·宋·淳祐十年庚

---

①蜑（dàn）子：终生生活在海上的人。

戌》：南海人，今香山，宋宗室、邑令怿夫子。

［道光］《南海县志》卷二十《进士·宋理宗朝》：淳祐十年。按祝淮《香山志》云香山黄梁都人，黄、郭二《通志》及《香山县志》并作南海人。考邓光荐《浮虚山记》云寓公承节郎番阳赵君时鏦，记作于景炎二年，距淳祐十年已二十年，而犹称寓公，则举进士非香山籍审矣。盖赵避乱寓香山，子孙家焉，故作志者援以入志，其始实非香山人也。

李心月　南宋南海人。宝祐元年（1253）进士。

《广州志》卷三十八《进士·宋·宝祐癸丑科》：李心月。

［嘉靖］《广东通志》卷十一《宋·进士·宝祐元年》：广州南海人，第五甲。

郑得助　名或作时助，南宋南海人。宝祐元年（1253）进士。子咸淳七年（1271）进士。

《广州志》卷三十八《进士·宋·宝祐癸丑科》：郑起鸿。

［嘉靖］《广东通志》卷十一《宋·进士·宝祐元年》：广州南海人，第二甲。

《广东通志初稿》卷十九《进士科·宋·广州府》：郑时助，宝祐元年。

郑福元　南宋南海人。宝祐元年（1253）进士。

《广州志》卷三十八《进士·宋·宝祐癸丑科》：郑福元。

［嘉靖］《广东通志》卷十一《宋·进士·宝祐元年》：广州南海人，第五甲。

蔡奎　南宋南海人。宝祐元年（1253）举人。

［嘉靖］《广东通志》卷十一《宋·乡贡·宝祐元年》：广州南海人。

［乾隆］《南海县志》卷八《宋乡贡·嘉熙》：叶奎。

［道光］《南海县志》卷二十《乡贡荐辟·宋理宗朝》：宝祐元年乡贡。魏《志》作叶奎嘉熙乡贡，误。

冯斗祥　字南俊，南宋南海人。宝祐四年（1256）进士。

《广州志》卷三十八《进士·宋·宝祐丙辰科》：冯斗祥。

［嘉靖］《广东通志》卷十一《宋·进士·宝祐四年》：广州南海人，第

五甲。

[道光]《南海县志》卷二十《进士·宋理宗朝》:《登科录》云，字南俊，居江村坊……宝祐四年。

赵时铫　名或作时洮，字洪叟。南宋南海人。宝祐四年（1256）进士。

《广州志》卷三十八《进士·宋·宝祐丙辰科》:赵时洮。

[嘉靖]《广东通志》卷十一《宋·进士·宝祐四年》:广州南海人，第四甲。

《广东通志初稿》卷十九《进士科·宋·广州府》:赵时洮，宝祐四年。

[道光]《南海县志》卷二十《进士·宋理宗朝》:宝祐四年。按:是年登科录无赵时铫，有赵时洮，字洪叟，四甲二百二人，本贯玉牒。考《锦绣万花谷前集》，时字为秦王下九世支派，故称玉牒。《宋朝事实》载玉牒疏属①外居者，随所在诸官置学立法，教养量试。据此则时洮盖以玉牒外居南海，故贯仍玉牒而为南海人也。各志“洮”皆作“铫”，以字，洪叟论之，则作“洮”近是。但各志相仍，不敢辄改，姑附辨证于此。

萧良　南宋顺德碧江人。宝祐四年（1256）进士。

[乾隆]《顺德县志》卷十《进士·宋朝·宝祐丙辰》:碧江人。

曾仕倬　名或作士倬，南宋南海人。宝祐四年（1256）进士。

《广州志》卷三十八《进士·宋·宝祐丙辰科》:南海，知县。

[嘉靖]《广东通志》卷十一《宋·进士·宝祐四年》:广州南海人，第五甲。

[万历]《广东通志》卷二十《广州府·选举·进士·宋·南海》:曾士倬，宝祐四年。

[雍正]《广东通志》卷三十一《宋·进士·宝祐四年丙辰文天祥榜》:曾士伟，南海人。

[道光]《南海县志》卷二十《进士·宋理宗朝》:曾士倬，宝祐四年。郭《志》、魏《志》、黄《通志》皆作仕倬，惟郭、郝二《通志》作士倬，与

---

①疏属:远宗、旁系亲属。

《登科录》合，今从之。

苏刘义　南宋南海龙头（今属顺德）人。恩贡，宝祐六年（1258）授右迪功郎，任江苏常熟主簿。恭宗德祐元年（1275）起兵勤王，升至殿前指挥。祥兴二年（1279），新会崖山决战，子苏会孙牺牲，十七岁。更名苏由义，回乡隐居。

［嘉靖］《广东通志》卷五十三《列传十·流寓下》：荆湖人。景定初，从吕文德鄂州战有功，转十官。四年，复以守鄂功，为吉州刺史。刘义虽出吕氏，乃心在王室，有推德功。景炎新造，拜检校少保，某军节度使，殿前指挥司司马，兼诸路经制镇抚大使。刘义多智略，遇张世杰用事，不知后变专守法，刘义志不得展。丁丑七月，罢诸使免兼殿司。帝在井澳，元刘深来袭，陈宜中如占城，刘义不以为是，擢舟追之，不及而返。夜泊湾头，俄有天火飞集刘义舟，延烧众舟几尽。祥兴嗣统，进开府仪同三司，殿前指挥使。崖山兵败后，与张世杰同断缆奔海洋，世杰死，刘义与其子俱得脱。文天祥谓刘义："刚躁不可近，然能服义，始终不失大节。"史称，刘义为其下所杀，尝考其家乘，载履历颇详，曰"刘义字执之，家本南海之龙头堡。性豪华多才，宋季慨然，以宋社安危为己事。宝祐六年，由上舍出身，授右迪功郎、常熟主簿，再迁靖江府灵川丞。德祐改元，诏天下勤王。刘义起兵，自灵川入卫。其逃归也，变名为由义"云。然其邑里资阶，与史不同，姑存之。

［万历］《顺德县志》卷六《流寓志第六》：苏刘义者，荆湖人也……崖山兵败，与张世杰断维奔海，世杰死，刘义与其子俱脱……史称刘义为其下所杀，而其家乘则曰："刘义字执之，家本南海之龙头堡。性豪华多才，宋季，慨然以社稷为任。宝祐六年，由上舍授右迪功郎、常熟主簿，迁靖江府灵川丞。德祐改元，诏天下勤王。刘义起兵，自灵川入卫。其逃归也，变名为由义云。"邑里、阶资与史不同，岂刘义败后逃隐龙头、子孙遂居龙头？其为丞簿在宝祐至景定，而从文德未可知也。《广州志》列于流寓，从之。

［康熙十三年］《顺德县志》卷二《建置志·述闻》：都宁寨，在县北二十五里。宋祥兴帝赴海，丞相张世杰为风覆舟。苏由义自厓逃归，觅得赵氏后，更名旦，号召海邦，集众千余人图恢复，都于由义所居之西山。逾月旦卒，由义殓葬于山北，又于山西立三忠庙，以祀文天祥、陆秀夫、张世杰三人。土人呼其地曰都宁，言赵王所都，求安宁也。

［乾隆］《顺德县志》卷十六《杂志》：举人黄朝宾考古迹三事……一都宁寨，县北四十里。祥兴帝赴海，由义夺港出，得赵氏后，更名旦。集众千余人图恢复，都于由义所居之西山。逾月旦卒，由义葬于山北。土人呼其地

曰都宁，言赵王所都永安宁也……苏刘义脱身逃，假息龙头，何从求立宋后？无据。倘欲复宋，恶不从马南宝乎？都宁之说未免附会。

何然孟 字启节，又字仲勋，南宋顺德龙山人。宝祐六年（1258）举人。

［民国］《顺德县志》卷八《选举表一·郭〈志〉补遗·举人·宋》：字启节，又字仲勋。宋宝祐六年戊午科，官浙西干帅。龙山人，据《龙山乡志》。

李梦英 南宋南海人。景定三年（1262）进士。

《广州志》卷三十八《进士·宋·景定壬戌科》：李梦英。

［嘉靖］《广东通志》卷十一《宋·进士·景定三年》：广州南海人，第三甲。

林元中 南宋南海人。景定三年（1262）进士。

《广州志》卷三十八《进士·宋·景定壬戌科》：林元中。

［嘉靖］《广东通志》卷十一《宋·进士·景定三年》：广州南海人，第五甲。

曾南宝 南宋南海小里涌（今属顺德）人。景定三年（1262）进士。

《广州志》卷三十八《进士·宋·景定壬戌科》：曾南宝。

［嘉靖］《广东通志》卷十一《宋·进士·景定三年》：广州南海人，第四甲。

［乾隆］《顺德县志》卷十《进士·宋朝·景定壬戌》：小里涌人。

［民国］《顺德县志》卷十三《胜迹略·署宅·里居之属》：锦里南庄，在小里涌之阳。宋景定壬戌进士曾南宝，于里前建闸为屏障，因以名焉。

邓伯瑜 原名敬祖，以字行，南宋顺德龙江人。景定五年（1264）举人第一名。父梦槐，字士会。妹六娘。

［康熙十三年］《顺德县志》卷九《人物传三·列女》：邓六娘，宋宝庆上舍邓梦槐之女，景定解元邓伯瑜之妹。

《龙江志略》卷一《舆地·祠墓》：宋解元邓伯瑜墓在槎涌冈，宋贞女孝邓六娘墓在伯瑜墓下。《冠裳·宋》：邓梦槐，字士会，宁宗朝为上舍。邓伯瑜，原名敬祖，以字行，梦槐子。理宗景定解元，为国子监左丞。

［民国］《顺德县志》卷八《选举表一·郭〈志〉补遗·举人·宋》：邓梦槐，字士会，宋宁宗朝解元，官上舍。邓伯瑜，宋景定甲子科解元。龙江人，据《龙江乡志》。

罗铸夫　号义隐，南宋顺德大良人。景定五年（1264）举人第一名，入元隐居授徒。子文凤。

《粤大记》卷二十二《献征类·行谊芳标·宋》：顺德人。生有异质，日诵数万言。宋景定中，以明经试省，举第一人。是时，广盗钟明亮起寇南海，铸夫告诸父老共为捍御计，乡里赖之。胡元代有天下，公不忍仕，遂隐居教授。又作祠堂，为蒸尝、伏腊以祀宣义公。长老曰“公忠孝人也”，众议谥曰“义隐”。其次子文凤，仕宋为都巡检，后辞去。广置田庄三百顷，岁入拟封君①，长老相传曰“无官宁罗”，盖指公也。公尝慕汉樊重之为人，好行义让，不啬施舍，盖庶几先正所谓君子之富焉。

［康熙十三年］《顺德县志》卷五《宋朝·乡举》：大良人，解元。

［道光］《广东通志》卷六十七《选举表五·进士二乡贡·宋·淳祐》：南海人，今顺德。《南海志》云淳祐间乡贡，《顺德志》云景定解元。

［道光］《南海县志》卷二十《乡贡荐辟·宋哲宗朝》：景定五年乡贡。阮《通志》云今顺德人，《顺德志》云景定解元。按汪藻回《秋试举人启》云“解元才华俊发”，林駉《源流至论》云“王复欲往请怀州解”，欧阳永叔曰“王尚恭作解元矣”，然则解元之称宋有之，或据《明史》云“乡试第一为解元”为名称之始，非也。

［咸丰］《顺德县志》卷十《举人·宋·景定》：大良人，以明经应甲子科乡试第一，有传。按：姚《志》在咸淳后，无年次，阮《通志》从南海旧《志》在淳祐末，并误，今据《罗氏族谱》。卷二十二《列传二·宋·罗铸夫》：号义隐。先是，远祖有纲者为铸夫五世祖，宋宣和初，随父环令固，始家焉。移南雄珠玑里，南渡避乱。再迁南海之太艮，即今县城也，遂为邑城南罗氏鼻祖。阅三世至铸夫……子文凤，娶宋宗室女。

区适子　（1234—1321）字正叔，南宋末南海鮀洲堡（今

---

①封君：泛指拥有爵位和封地的人。

顺德陈村登洲村）人。博学洽闻，宋亡后闭门隐居。与居陈村镇的族叔区士衡过从密，得知道京城的启蒙教育，见识教材《启蒙初诵》，作《三字经》启蒙童子。父玙，从父翊龙。

［嘉靖］《广东通志》卷五十八《列传十五·人物五》：区适，字正叔，南海人。幼爽迈能文辞，于经史皆通大义。及长，重厚寡言笑，以博学多闻称。里人慕之，多造门求讲解，从之游者数百人。所居地旧名鮀洲，而适号登洲，乡闾①称为登洲先生，因更其地为登洲乡。适父玙，字良玉，仕宋为德庆②参军，居官廉介有声。从父翊龙，官至朝散郎，世食宋禄。适以宦家子抱道不仕，或劝之觅官，适曰："吾南人操南音，又安能与达鲁花赤③相俯仰邪？"时元制汉人、南人不得为正印官，所谓达鲁花赤者，则其蒙古种类也，语言不相通，至有因之成隙者，故适及之。家素饶于财，尝遇岁大饥，出粟四千余石为粥以饲贫民，乡里皆感其德。优游里闬，嘉遁终身。元末兵革俶扰，群盗过其墓相戒曰："勿犯！此吾施粥主人也。"有诗文若干卷，京口刘与子序之曰："翁德人也，予始以文士目之，不亦浅欤！"又曰："扶胥之南，越台之下，宁复有斯人哉！"故老相传今训蒙《三字经》，适所撰也，文殊驯雅，童子多习诵之，与周兴嗣《千文》并行云。

［万历］《顺德县志》卷七《人物志第七之一》：区适子者，字正叔，登洲人也。父玙仕宋为德庆参军，廉介有声。适子幼俊爽，能文辞，经史皆通大旨。及长，重厚寡言笑，以博学洽闻称，学者多从之游。所居乡名鮀洲，而适子自号登洲，于是人更名其乡登洲，以适子故也。适子抱道不仕，或问之，曰："吾南人操南音，安能与达鲁花赤俯仰耶？"元法南人不得长治，郡县皆蒙古、色目人制之，谓之达鲁花赤，故云。刘与子序适子文曰："君德人也，予以文士目之，浅矣！扶胥之南，粤台之下，宁复有斯人哉？"故老传今《三字经》适子所撰也，童蒙多诵之。子鲁卿，元末出粟四百石作粥以食饥者，后饥民相率为盗，戒毋犯鲁卿墓，曰："此作粥主人也。"《广州志》遂以作粥为适子，误。卷十《杂志第九·怪诞》：二帅堂在平步，宋末神卟最灵。区适子袖蕉叶试之，题曰："袖里笼来一叶青，知君无意问前程。可怜昨夜三更雨，失却窗前数点声。"

---

①乡闾：古以二十五家为闾，一万二千五百家为乡，因以"乡闾"泛指民众聚居之处。

②德庆：位于广东省中部偏西。宋绍兴元年（1131）升康州为府，以德而致庆为名。明洪武九年（1376）改府为州。

③达鲁花赤：蒙古设置最为普遍的官职，此指蒙古当官者。

张镇孙 （1235—1278）字鼎卿，原籍南海熹涌（今顺德伦教熹涌村），住南海通泰里（今广州人民南路）。咸淳七年（1271）会试第一，为宋代广东唯一状元，他家所在的广州通泰里也改名状元坊。历官秘书省正字、校书郎、江西婺州通判。德祐元年（1275），元兵侵入，奉父母潜返广东。宋端宗逃亡至粤，诏封镇孙龙图阁待制、广东制置使兼经略安抚使，主持军务。景炎二年（1277），率宋军光复广州。十一月，元兵攻城，城陷被俘，北囚途中死于大庾岭。

《广州志》卷四《纪事下·宋·端宗裕文皇帝·景炎元年·冬·十二月辛酉》：以张镇孙为广东经略使兼知广州。《景炎二年·夏·四月》：帝舟次于官富场，广东经略使张镇孙复广州。《景炎三年·春·二月》：元人退走，以张镇孙归，帝舟还广州。卷三十八《选举二进士·宋·咸淳辛未科》：番禺。

[嘉靖]《广东通志》卷十一《宋·进士·咸淳七年》：广州南海人，第一甲第一人，广东经略安抚使。

[万历]《南海县志》卷三《政事志·事纪》：宋度宗咸淳五年五月乙酉，赐南海张镇孙状元及第。端宗景炎二年冬十月，经略使张镇孙及元塔出、吕师夔战于海珠寺，镇孙败绩，元人复陷广州。三年二月，元人退师，以张镇孙归，镇孙死于大庾岭。卷十一《人物列传》：字鼎卿。少攻苦读书，以博学强记闻。咸淳辛未举进士，廷对第一。先是，童谣曰："河南人见面，广州状元见。"有司因构"见面亭"以俟之。李昴英未达时读书海珠，以大魁自期。尝与同志数人结龙头会，有梦弯长弓射江、江为竭者，昴英占之曰："应是谶者，其张氏子乎？"至是果为状元，其年大江忽竭，往来相望，人始悟"见面"之说。其所对制策，有曰："帝王之治天下，自积一念之仁始，帝王之仁天下，自积一念之敬始。夫主一之谓敬，无适之谓一。今也恐惧于旱潦炎寒之警，固知敬矣，悦怿于瑞芝之观，何所积之未纯耶？斋庄于圭璧荐享之时，固知敬矣，转移于霞光迎导之际，何所积之有间耶？"时度宗留意禨祥，所言观瑞芝、迎霞光实事也，皆□□□□。旧制，状元宣拜后，中官催索谢恩诗，宫□□□□□□□□□□□□□是日运毫如飞，人谓①迁校书郎。寻判婺州。□□□□。德祐初，元兵至，镇孙遂奉二亲归广，台章劾之，诏罢镇孙职。端宗航海幸闽、广间，广州海上溃军奉镇孙为帅。镇孙与都统凌震结集行伍，

---

①原本漫漶，后缺。

分东西二路，暂图恢复。景炎元年十二月，帝舟次惠之甲子门，诏以镇孙为龙图阁待制、广东制置使兼经略安抚使，委以军事。将校卢震拥众暴横，镇孙数其罪戮之，由是将士用命，兵威稍震。元帅吕师夔、张荣实已入广州，闻镇孙至，以军饷不继退走，命其将梁雄飞守之。二年四月，帝舟次广之官富场，镇孙复广州，雄飞等走韶州。有诏褒赏，亲知多启贺，镇孙有忧色，皆不答。十一月，元酋右丞塔出会师夔合攻广州，镇孙欲为守御计而力不支，城陷。师夔执镇孙北归，死于大庾，文天祥作诗悼□□□□微者纪海上事书“镇孙死节”，董师谦亦云①。

［崇祯］《南海县志》卷九《人物列传》：咸淳辛未举进士……所对制策皆人所难言。旧制，状元宣拜后，中官催索谢恩诗，宫女倚机以俟。镇孙素不工诗，是日运毫如飞。授秘书监正字，选校书郎，寻判婺州，迎养父母……文天祥作诗悼之，时陈仲微者纪海上事书书“镇孙死节”，董师谦亦云“镇孙死难”，惜无有暴白之者。

［乾隆］《顺德县志》卷十二《忠义》：熹涌人……董师谦亦云“镇孙死难”，而史臣以“降”书，毋亦恶其为元生得而偷生不即死，董狐责盾之义乎？然何以处信国，苛矣！

［道光］《南海县志》卷二十五《艺文略一》：《四书析义》……《名臣言行录》，宋张镇孙撰，据《张氏族谱》。《张状元家谱》五卷，宋张镇孙撰，据黄《通志》。卷二十六《艺文略二·集》：《见面亭集》十六卷，宋张镇孙撰，据《张氏族谱》。

黄俊　（？—1276）宋末南海人。德祐二年（1276），元兵攻广州，任摧锋军将抵抗，战败被俘死。

《广州志》卷四《纪事下·端宗裕文皇帝·景炎元年·夏·五月》：知广州徐直谅遣使降元，元人来徇广州，摧锋将黄俊等拒之，战于石门，败绩。《六月丙子》：元人陷广州，摧锋将黄俊死之。

［嘉靖］《广东通志》卷五十八《列传十五·人物五》：南海人。沉重有谋，宋末为摧锋军将。性刚毅，不能随时俯仰，见上官指画兵事，语缅连不少休。每所主持坚不肯回，或沮之而卒如所言，由是知名。每自诧曰：“铁骨稜稜，吾岂凡子邪！会当为国家作罴虎臣耳。”德祐二年，元兵陷临安，广东经略使徐直谅遣人赴隆兴纳款②，元酋阿里海牙、吕师夔亦来徇广州。未几，

①原本漫漶，后缺。

②纳款：诚恳收留，此指投降。

益王即位，直谅乃遣权提刑、郡人李性道，领摧锋军及水军，往拒元所遣将黄世雄等。摧锋军俊与陈寔为之将，水军则谢贤为将，兵号二万。后察寔、贤无忠愤心，会晤间每曰：“奇男子当斩虏取侯王，勿蹑虏作儿女怜，韩世忠、岳武穆，吾等侪①也。”至石门，遥望虏骑拥山塞川，性道大恐。俊进曰：“俊观虏众部伍未整，分兵为两翼，登途绕其后击之，可以得志。”性道不从，舣②舟岸浒不战。既而虏结阵成列，鼓躁而前，俊奋身大呼，率众迎敌力战，寔等退缩不为之援，遂败绩奔还，直谅闻之宵遁。元黄世雄等遂陷广州，授性道、寔、贤官，俊拒不受。寔、贤等共杀俊，俊慢骂死之……（广人）怜俊忠，共厚葬之。

麦雷奋　南宋南海马宁（今属顺德）人。咸淳元年（1265）进士。

《广州志》卷三十八《进士·宋·咸淳乙丑科》：南海，南恩州司户参军、阳江尉。

［嘉靖］《广东通志》卷十一《宋·进士·咸淳元年》：广州南海人，第五甲，阳江尉。

［万历］《顺德县志》卷九《选举志第八·进士乡举》：《通志》南海人，咸淳五年进士。前后邑志皆言归田，建鼎斋书院于龙头山，乃不列于科第。

［康熙十三年］《顺德县志》卷五《宋朝·进士·咸淳二年》：马宁人，仕至司户参军。卷二《建置志·书院》：曰鼎斋，在马宁堡。宋麦雷奋咸淳中登进士，任南恩州司户参军兼阳江尉。得请归田，遂建今院于龙头山。

吴桂发　南宋南海人。咸淳元年（1265）进士。

《广州志》卷三十八《进士·宋·咸淳乙丑科》：吴桂发。

［嘉靖］《广东通志》卷十一《宋·进士·咸淳元年》：广州南海人，第二甲。

何蒙孙　南宋顺德黄连人。咸淳元年（1265）进士。

［万历］《顺德县志》卷九《选举志第八·进士乡举》：黄连人，宋登进士，因名桥为连鳌。

---

①等侪（chái）：同类、同辈。

②舣（yǐ）：使船靠岸。

[康熙二十六年]《顺德县志》卷五《选举志·宋朝》：黄连人，咸淳进士。

[乾隆]《顺德县志》卷十《进士·宋朝·咸淳乙丑》：黄连人。

佘安裕　南宋顺德马冈人。咸淳元年（1265）进士。

[康熙十三年]《顺德县志》卷五《宋朝·进士·咸淳》：廷对进士第二人，官至翰林院学士，兼经筵讲院二十年，谥文正。

[康熙二十六年]《顺德县志》卷五《选举志·宋朝》：马冈人，咸淳进士，翰林院学士，谥文正。

赵必钧　南宋南海人。咸淳元年（1265）进士。

《广州志》卷三十八《进士·宋·咸淳乙丑科》：赵必钧。

[嘉靖]《广东通志》卷十一《宋·进士·咸淳元年》：广州南海人，第五甲。

赵若冈　南宋南海人。咸淳元年（1265）进士。

《广州志》卷三十八《进士·宋·咸淳乙丑科》：南海。

[嘉靖]《广东通志》卷十一《宋·进士·咸淳元年》：广州南海人，第三甲。

赵熼夫　南宋南海人。咸淳元年（1265）进士。

《广州志》卷三十八《进士·宋·咸淳乙丑科》：赵熼夫。

[嘉靖]《广东通志》卷十一《宋·进士·咸淳元年》：广州南海人，第三甲。

梁龙应　南宋三水龙池人。咸淳元年（1265）进士。父自强。

[嘉靖]《广东通志》卷十一《宋·进士·咸淳元年》：梁龙庆，肇庆高要人，钦州司法。

[康熙四十九年]《三水县志》卷三《进士·宋》：龙池人，自强子。咸熙乙丑科，官钦州司法，历赐吏部侍郎。

吴琏（南宋咸淳）　字宗器，南宋江苏丹阳人。咸淳二年

（1266）进士。娶皇家宗室女，死后葬顺德水藤。

［乾隆］《顺德县志》卷十六《杂志》：宋度宗咸淳二年进士吴琏，字宗器，原籍丹阳人。初为政和令，有善政，升潘州司户参军，因家于南海县水藤乡厦街。其旧祠犹存，子孙亦有科第。宋潘州即今高州①。未立县时，水藤乡属南海，故吴琏不见于原《志》云。卷十三《人物列传二·行谊·吴景旸传》：宋参军琏之裔。琏室赵宗女，没葬镇涌历紫山，子孙遂居于水藤焉。

［咸丰］《顺德县志》卷十《进士·宋·咸淳》：字宗器，水藤人。潘州司户参军，丙寅科。按：由丹阳来迁。

杨镇 原名公杰，南宋高要罗格村（今属高明）人。咸淳二年（1266）赐名镇，十年父朝俊退休，他随父回籍。

［万历］《肇庆府志》卷五《选举表一·宋·进士·科次失考》：杨椿，元丰间知南恩州。杨朴，椿子，通政参议。杨朝俊，朴孙，翰林待诏。俱高要人。卷八《地理志二·高明县》：驸马都尉杨镇墓，在官径交椅山。

［康熙八年］《高明县志》卷四《宋·进士》：杨椿，杨梅人，南恩州知州。杨朴，杨梅人，通政司参议。杨朝俊，杨梅人，翰林院待诏。《职员》：杨公杰，杨梅人，宋咸宁驸马都尉，赐名镇。

［康熙二十九年］《高明县志》卷十五《艺文一》：《宋赐驸马都尉杨镇荣归养亲敕命》。皇帝敕曰：尔驸马都尉杨镇……尔父原任翰林院待诏杨朝俊大耋②致仕……赐尔镇夫妇荣归奉孝养亲。淳熙十五年九月十一日。

［道光］《高明县志》卷十二《宋·进士》：杨椿，古柳人，南恩州知州。杨朴，古柳人，椿子，通政司参议。杨朝俊，罗格人，翰林院待诏。上三人《通志》作人材，今仍旧《志》。《职员·宋》：旧《志》载罗格人，宋咸淳驸马都尉。原名公杰，赐名镇，事载《通鉴纲目》。卷十五《艺文志·诏诰》：《宋驸马都尉杨镇锡名诰命》。制曰：……驸马都尉杨公杰，今赐名镇……咸淳二年五月初十日。《宋赐驸马都尉杨镇荣归养亲敕命》，咸淳十年十一月。

梁之光 南宋顺德平步人。咸淳二年（1266）进士。

［康熙十三年］《顺德县志》卷五《宋朝·进士·咸淳二年》：平步人，

---

①高州：位于粤西南部，南朝梁大同元年（535）置。

②大耋（dié）：古八十岁曰耋，一说指七十岁，故以“大耋”指老年人，或指高龄。

河南中书省左丞。

[乾隆]《顺德县志》卷十《进士·宋朝·咸淳》：平步人，翰林院学士。

梁道光 南宋三水西南人。咸淳三年（1267）举人第一名。

[康熙十二年]《三水县志》卷十二《人物传·隐逸》：西南人。中咸淳丁卯榜首。性喜恬淡，不以富贵为意。后因元朝人统中国，遂筑室于书院坑，绝迹城市，屏谢人事，惟日以读书自娱。今书院基址犹存。

[康熙四十九年]《三水县志》卷三《乡举·宋》：西南街人，咸淳丁卯科解元。

[嘉庆]《三水县志》卷十一《人物传·隐逸·梁道光》：或劝使出仕，叹曰："君子以藏宝自完，吾惟俟时，何相迫耶？"遂筑室于书院坑。

梁士荣 名或作仕荣，南宋三水龙池人。咸淳三年（1267）举人，父自强、子元嗣均为举人。

[康熙四十九年]《三水县志》卷三《乡举·宋》：梁仕荣，自强子。《乡举·元》：梁元嗣，仕荣子，历官南昌府宣教。

[嘉庆]《三水县志》卷九《举人·宋·咸淳三年丁卯科》：自强子。《举人·元》：梁元嗣，仕荣子，历官南昌府宣教。

[道光]《广东通志》卷六十七《选举表五·进士二·宋·乡贡年次无考》：梁仕荣、梁善应，皆三水人，自强子，见《三水志》。《元·乡贡年次无考》：梁元嗣，南昌府宣教……三水乡举，见《三水志》。

梁善应 南宋三水龙池人。咸淳三年（1267）举人，父自强、子履孙均为举人。孙君载。

[康熙四十九年]《三水县志》卷三《乡举·宋》：自强子。《乡举·元》：梁履孙，善应子，官广西怀集①丞。《荐辟·元》：梁君载，履孙子，举人材，官安化簿。

[嘉庆]《三水县志》卷九《举人·宋·咸淳三年丁卯科》：自强子。《举人·元》：梁履孙，善应子，官广西怀集县丞。《荐辟·元》：梁君载，龙池人，履孙子。举人材，官安化主簿。

---

①怀集：位于肇庆北部，南朝宋元嘉十三年（436）始建县。自明洪武九年属广西，至1952年划入广东。

[道光]《广东通志》卷六十三《选举表一·制举·元·至正》：梁君载，三水人，履孙子。举人材，安化簿。

邓文炳 南宋三水周村人。咸淳四年（1268）进士。

[康熙四十九年]《三水县志》卷三《进士·宋》：周村人，咸淳戊辰科赐同陈文龙榜，历官大理寺。

[嘉庆]《三水县志》卷九《进士·宋·咸淳四年戊辰陈文龙榜》：周村人，历官大理寺。（查《通志》，宋会科惟载梁龙应一人，余俱失载。今照县旧《志》登入，其乡科无考。）

杨震 南宋南海人。咸淳四年（1268）进士。

《广州志》卷三十八《进士·宋·咸淳戊辰科》：杨震。

[嘉靖]《广东通志》卷十一《宋·进士·咸淳四年》：广州南海人，第四甲。

周文纲 南宋三水文山人。咸淳四年（1268）进士。

[嘉庆]《三水县志》卷九《进士·宋·咸淳四年戊辰陈文龙榜》：文山人，历官宣议大夫。

[道光]《广东通志》卷六十七《选举表五进士二·宋·咸淳四年戊辰》：三水人。《三水志》：宣议大夫。

赵必燧 名或作必鐩，南宋南海人。咸淳四年（1268）进士。

《广州志》卷三十八《进士·宋·咸淳戊辰科》：赵必燧。

[嘉靖]《广东通志》卷十一《宋·进士·咸淳四年》：广州南海人，第四甲。

[崇祯]《南海县志》卷四《进士·宋·咸淳》：赵必鐩。

梁瑞应 南宋三水龙池人。咸淳四年（1268）进士。兄龙应。

[康熙四十九年]《三水县志》卷三《进士·宋》：龙应弟，咸淳戊辰科，历官翰林学士。《荐辟·元》：梁龙显，瑞应孙，蓝田武关巡简。

[嘉庆]《三水县志》卷九《进士·宋·咸淳四年戊辰陈文龙榜》：龙应

弟，历官翰林学士。

吴文淑 字粹益，南宋顺德龙江人。度宗朝举人第一名、进士。祖邦俊。父起潜。

［乾隆］《顺德县志》卷十六《杂志》：在元则有吴文淑，字粹益，官至提领，龙江人。

《龙江志略》卷一《冠裳·宋》：吴起潜，又名通甫。字侯可，号雪�，又号松�逸友。邦俊子，理宗朝贡元。吴文淑，字粹益，号遁轩，起潜子，度宗朝由科目为都督兵马府幕提领。

［民国］《顺德县志》卷八《选举表一·郭〈志〉补遗·举人·宋》：宋度宗朝解元。龙江人，据《龙江乡志》。

尤天瑞 南宋顺德北水人。咸淳六年（1270）举人。

［万历］《顺德县志》卷九《选举志第八·进士乡举》：北水人，解元。

［咸丰］《顺德县志》卷十《举人·宋·咸淳》：北水人，庚午科。

王元中 名一作元甲，南宋南海人。咸淳七年（1271）进士。父汝谐。

《广州志》卷三十八《进士·宋·咸淳辛未科》：王元中。

［嘉靖］《广东通志》卷十一《宋·进士·咸淳七年》：王元甲，广州南海人，第五甲。

［道光］《广东通志》卷六十七《选举表五·进士二·宋·咸淳七年辛未》：王元甲，南海人，汝谐子，五甲，阳江簿尉。又见《番禺志》。

丘梦炎 南宋南海人。咸淳七年（1271）进士。

《广州志》卷三十八《进士·宋·咸淳辛未科》：南海。

［嘉靖］《广东通志》卷十一《宋·进士·咸淳七年》：广州南海人，第三甲。

刘獬 南宋南海人。咸淳七年（1271）进士。

《广州志》卷三十八《进士·宋·咸淳辛未科》：刘獬。

［嘉靖］《广东通志》卷十一《宋·进士·咸淳七年》：广州南海人，第二甲。

郑庚元 南宋顺德伦教人。咸淳七年（1271）进士。父汉章，弟庚道。

［民国］《顺德县志》卷八《选举表一・郭〈志〉补遗・进士・宋》：伦教人，咸淳辛未进士。刑部郎中，领广南西道经略招讨使。卷十四《艺文略・经部・孝经类》：《孝经正解》，宋郑庚道与兄庚元同撰，《郑氏易谱序》。

元

林时举 元南海石硝人。咸淳七年（1271）进士，入元，任江西行省参知政事。

《广东通志初稿》卷十九《进士科・宋・广州府》：顺德人，江西行省参知政事，咸淳七年。

［万历］《顺德县志》卷九《选举志第八・进士乡举》：石硝人。咸淳庚午省元，第进士，江西行省参政。

［万历］《广东通志》卷二十《广州府・选举・乡贡・元・南海》：皇祐中。

［康熙十三年］《顺德县志》卷五《宋朝・进士・咸淳》：林时举。《宋朝・乡举・咸淳》：林时举。

［道光］《广东通志》卷六十七《选举表五进士二・宋・咸淳七年辛未》：顺德人，江西行省参知政事，见《顺德志》。案此元时官制，考郭《志》作元时乡贡。

［道光］《南海县志》卷二十《乡贡荐辟・元成宗朝》：皇庆年，郭、魏《志》误作皇祐。《顺德志》又作宋进士、江西行省参知政事，亦误。案江西设行省元制，非宋制也，今从黄《通志》。

［咸丰］《顺德县志》卷十《进士・宋・咸淳》：按，郭《志》作宋皇祐乡贡，与旧《志》同。叶《志》云咸淳辛未进士，江西行省参知政事。阮《通志》以入元皇庆乡贡，云行省参知为元官，误，不知咸淳得第，入仕于元。叶《志》原不误也，惟郭《志》不可从耳。辛未科。

姚铉 名或作铉，南宋南海人。咸淳七年（1271）进士。

《广州志》卷三十八《进士・宋・咸淳辛未科》：姚铉，南海。

[嘉靖]《广东通志》卷十一《宋·进士·咸淳七年》：广州南海人，第二甲。

《广东通志初稿》卷十九《进士科·宋·广州府》：姚铉，南海人，咸淳七年。

麦秀奇 元高明人。至元十年（1273）进士。

[万历]《肇庆府志》卷五《选举表一·元·进士》：高要人。

[康熙八年]《高明县志》卷四《元·进士》：科次失考。

[康熙十二年]《肇庆府志》卷十四《元·进士》：高要人，癸酉科。

[雍正]《广东通志》卷三十一《元·进士》：至元中高要人。

[光绪]《高明县志》卷十二《元·进士》：至元癸酉科。《通志》作至元进士，旧府《志》作癸酉科，不书朝代。案：元有两至元，一为世祖年号，一为顺帝年号。顺帝至元无癸酉，此云至元癸酉科，当是世祖十年矣。考《元史选举志》，世祖时未行科举，何得有进士？疑是元统元年癸酉科，然不敢臆断，姑仍旧《志》书之，而著其疑于此。

冯昶 南宋顺德黄连人。咸淳十年（1274）进士。

[万历]《顺德县志》卷九《选举志第八·进士乡举》：黄连人，进士，礼部尚书。

[万历]《广东通志》卷二十《广州府·选举·进士·宋·南海》：咸淳十年。

[雍正]《广东通志》卷三十一《宋·进士·咸淳七年辛未张镇孙榜》：南海人。

[道光]《广东通志》卷六十七《进士·宋·咸淳十年甲戌》：南海人，今顺德。黄《志》无，郝《志》《顺德志》作七年进士。

何成子 名一作子成，南宋南海人。咸淳十年（1274）进士。

《广州志》卷三十八《进士·宋·咸淳甲戌科》：何子成。

[嘉靖]《广东通志》卷十一《宋·进士·咸淳十年》：广州南海人，第五甲。

[康熙]《广州府志》卷二十七《选举志上·进士·宋·南海》：咸淳七年。

梁起　（1245—1304）字起莘，号定山，宋河南汴梁人。咸淳三年（1267）中举，官武经大夫。宋末南下，后与同乡马南宝举兵抗元失败，由南雄迁入南海杏坛镇逢简村（今属顺德）隐居，屡征不就。长子祐。

［万历］《顺德县志》卷十《杂志第九·讹谬》：成化《志·人物》，梁起，字起莘，逢简人，宋以武功同知宾州路总管。嘉靖《志》其先汴人，宋官岭南招讨使，后隐南海之逢简村。元初强起讨贼，授宾州同知。余固疑其始迁之祖非邑人也，考史，宋亡崖山①，江南兢传帝在占城，元主诏追帝。宋遗民推工部侍郎马南宝为帅，副以制置使黎德、招讨使梁起莘以迎驾。起兵众至二十万，为王守信所败。起莘降元，德与南宝死之。岂降元后居逢简乎？

［乾隆］《广州府志》卷四十《武功·顺德·宋》：登咸淳三年乡荐，累官武经大夫。奉敕镇粤，拜中顺大夫、岭南招讨使，有古良将风。时适同官者忤起，起遂解兵柄，隐于民间。己卯，元将张宏范分道南侵追逼，宋帝竟殒崖山。起念世食宋禄，义不俱生，且江南竞传帝在占城，元诏追帝，起至是纠率义兵，约赴元帅马南宝麾下。会宋遗民推南宝为帅，起为副，及制置使黎德以迎驾。起兵聚众至二十万，力战势绌，为王守信所败，遂隐焉。

［咸丰］《顺德县志》卷二十二《列传二·宋·梁起》：号定山，汴梁人，迁逢简。少聪敏，有才略……奉敕镇粤，兼团练闽、楚兵马……为王守信所败，遂易名隐焉。甲申，元诏大赦，凡有忠于所事者八年罪犯悉置不问，起始匿南海之逢简村。又诏求宋遗民，起故与谢枋得有旧，当事者荐枋得征之力，起亦被荐不就。与枋得书，略曰："迩者闻元人征足下甚急，不佞亦与荐剡。足下将为田横客②、豫让哭，抑将有蹈海之逃乎？一死生，齐顺逆，足下筹之熟矣。"又曰："舍生取义，千古纲常，今与足下特未知死所耳。"谢竟以不食死，起亦卒不往。后边海群盗蜂起，聚众数万剿掠居民。里人黎耕叟方为南海簿，以起才略，白阃帅迫求之，而闾里父老亦以门庭之寇乞起往讨。贼平，授广西宾州路同知总管事，起叹曰："天不祚宋，我反以官爵自污，何以见吾君于地下乎？"疏力辞不受……自是浪迹江湖，无复人间事，卒年六十。以长子祐官追赠广东宣慰司都元帅，爵安定郡伯，勋上骑都尉……（张《府志》、陈《志》、何经撰传）按……据《梁氏家谱》（天启年修）。起卒大德八年，子祐以至正八年始官都元帅。又据何经撰传，起以长子祐得赠都元

---

①崖山：即厓山，又名厓门山，在广东新会县南大海中。

②田横客：田横（？—前202）的部属，喻指尽忠效死以报知遇之恩的义士。

帅，爵安定郡伯。

黄朱 南宋三水黄山人。德祐间举人。

［康熙四十九年］《三水县志》卷三《乡举·宋》：黄山人，德祐乡贡，历官长沙府通判。

黄鹫 南宋三水黄山人。德祐间举人。

［康熙四十九年］《三水县志》卷三《乡举·宋》：黄山人，德祐乡贡，官开建知县。

甘以智 南宋末顺德甘村人。抗元死节。父祐，子思古。

［咸丰］《顺德县志》卷十三《仕宦表·文职·宋》：甘祐，甘村人，南雄参军。卷二十二《列传二·宋·邓剡》：甘以智，甘村人。进士，祐子，与子思古同死事。

吴济刚 （？—1279）号素翁，南宋末顺德赤花人。在广东崖山死节。

［咸丰］《顺德县志》卷二十二《列传二·宋·张镇孙传》：吴济刚，赤花人。官□□□，运粮至崖山亦死节。卷十六《胜迹略·坟墓·紫泥属》：宋承事郎吴济刚，号素翁。墓在赤花周涌。按吴氏谱：宋太傅张世杰奉帝昺移驻厓山，时兵尚二十余万，资粮取办于广右诸郡大家。济刚少负忠节，见播迁①乏食，遂率同郡豪杰督饷以进。授承事郎，曰："国家养士，正为今日。夫君父有难而臣不就死，非忠也；父母有疾而子不求医，非孝也。一朝受爵，如血战死事何？"世杰固授之，不得已遂拜命。祥兴二年，张宏范四分其军袭厓山……帝与世杰同溺水死，济刚及于难。

何道祐 宋末顺德黄连人。抗元死。

［咸丰］《顺德县志》卷二十二《列传二·宋·何道祐》：黄连人。益王立于福州，元兵入广南海俶扰。道祐捐资助饷，募勇备船、粟与敌战，死之。事闻，封南海显宁侯。

①播迁：迁徙流离。

何子达 号柏堂，宋末元初顺德葛岸人。隐遁山林，举明经不应，一百零一岁。

[嘉靖]《广东通志》卷五十八《列传十五·人物五·区适传》：同邑有何子达者，尚志读书。宋末隐遁山林间，号柏堂。元初，以明经举，嚣然不出。年百有一岁卒。

[万历]《顺德县志》卷八《人物志第七之二》：何子达者，葛岸人也，自号柏堂老人。尚志读书，宋末以明经荐不起，百有一岁卒。

[咸丰]《顺德县志》卷十《荐举·宋·淳熙》：葛岸人，淳熙中举明经。

刘青 元高要龙津坊（今属高明）人。以父荫官福建汀州都监，死于任，赠武翼郎，子椿年承袭。至治元年（1321），敕葬良村，孙贞卿安家。

[嘉靖]《广东通志》卷五十八《列传十五》：其先亳州人，建炎初高宗南渡，寓信州，迁端州龙津坊，遂家焉。父经以武功官至武经大夫，著绩荫青，授汀州都监，以忠没于王事，赠武翼郎。子椿年以荫授广东市舶①监库，转德庆都监，迁高要令，调阳江，升新州同知卒。

[万历]《肇庆府志》卷八《地理志二·高明县》：元都监刘青墓，在良村都萼塘山。

[康熙八年]《高明县志》卷十三《人物传·元》：寓信安……至治元年，敕葬青墓于良村都岳塘山，椿年子贞卿因是家焉。

[道光]《高明县志》卷十二《职员·元》：大唐美人，以父经荫汀州都监，赠武翼郎。刘椿年，大唐美人，青子，荫官新州知州。

谭子奇 字昭德，元高明城中人。至元十三年（1276）乡贡。

[万历]《肇庆府志》卷五《选举表一·元·乡贡》：高要人。

[康熙八年]《高明县志》卷十二《元·乡贡·至元丙子》：字昭德，仓步人。

[道光]《高明县志》卷四《乡贡·元》：城中人，至元丙子贡举，任广州路经历。

①市舶：指进行海上贸易的境外船只，明朝专指停泊在近海的外国商船。

陈心隐　元至元间顺德熹涌人。早年读书白云山，习道术。弟耕隐。

［咸丰］《顺德县志》卷十六《胜迹略·祠庙》：棣萼古庙，在熹涌。元至元间，有陈心隐者道行深醇，殁后，祷有灵验。明正统己未遂建，与弟耕隐并祀。按：古榕明代正统时物，今尚存。卷三十《列传十·方外·陈心隐》：熹涌人，元至元间人。少有道骨，厌俗烦嚣，与其友读书于会城北白云山。遇疯者投以素书①，旦夕习之，遂传其道，能役鬼神，精敕勒术②。稍为人知，遽隐去，不知其终。尝树榕于其始祖祠后，骑墙下根数百年，垂荫数亩而墙不改。先是，子姓奉祀于祠，远近以水旱疾疫祷者不绝，门几虚设。乃别建一祠于祖祠之左，与其弟耕隐并祀，曰棣萼古庙，香火视彼处神庙，求者辄应，至今称之曰"陈大法司"。

梁义孙　字永和，宋、元之交南海桂林（今属顺德）人。至元二十一年（1284）进士。祖伯揆。

［乾隆］《顺德县志》卷十《荐辟·宋朝》：桂林人，举八行，任詹丞。卷十二《宦迹》：字永和，桂林人。自少明敏而行严谨，厌浮靡而尚质实，卓然有志于学，考选入郡庠。至元以《春秋》经领乡荐，甲申成进士。擢詹事府丞，廉慎自持，大振风纪。且天性孝友，伯仲与居，怡怡如也。大父端懿公，崇祀郡邑乡贤，为理学名臣，人谓其有得于家学渊源云。

［道光］《广东通志》卷六十三《选举表一·宋·存疑二人》：郝《志》：南海人，举八行，詹事府丞。见《南海志》，又《顺德志·荐辟》。考今《番禺志》亦载，云至元甲申进士。

［道光］《南海县志》卷二十《乡贡荐辟·宋·度宗朝》：举人，行詹丞。按《番禺志》云至元甲申进士，阮《通志》云詹事府丞。考《宋史·职官志》，太子詹事二人，以他官兼，不言有丞。《元史·百官志》有詹事丞。义孙称詹事府丞，则从番禺入元代为确。但元称詹事院，不称府，阮《通志》未知何据？郭、魏《志》列宋代，今仍之，故附于末，而著所疑如此。

［咸丰］《顺德县志》卷十《荐举·元·至元》：桂林人，举八行，詹事府丞，有传。至元甲申科进士。按：阮《通志》存疑，今从《番禺志》。

①素书：泛指一般道书。

②敕勒术：驱鬼术。道士画符咒制鬼，必书"敕令"二字以约勒鬼神，故称。

钟起龙 号见庵，字在田，元南海龙江（今属顺德）人。至元二十三年（1286）进士。父显孙，子士宏。

《龙江志略》卷一《舆地·祠墓》：宋主簿钟永墓在平松园。《编年·元·南海县》：世祖至元廿三年丙戌，钟起龙成进士。《冠裳·元》：字在田，号见庵，显孙子。世祖朝进士，官左给事中。

［咸丰］《顺德县志》卷三十二《杂志》：《广州志》，龙起井在会城中，宋宝庆间学士钟显孙居此。初诞时有龙起于井中，故名。按：显孙，龙江人，主簿钟永元孙，由进士官翰林侍读学士。从兄卫孙，吏、礼二部尚书……起龙子士宏，仁宗朝为翰林文学、国史院编修。兄弟祖孙皆居清要，其应龙之祥也固宜矣。

何君佐 （1259—1279）南宋末顺德马宁人。抗元死节。

［咸丰］《顺德县志》卷二十二《列传二·宋·邓剡》：马宁人，学谕莱叟子。从陆秀夫败，赴海死。

周伟 字伯达，元顺德龙江人。为广东循州知州。子璹。

［康熙十三年］《顺德县志》卷七《人物传一·德业》：字伯达，龙江人。仕元，知循州兼劝农事，后授靖江路总管治中。子璹泷水①县尹，父子存心恤物有令望。

左家彦 字万元，又字淡叟，元顺德龙山人。大德四年（1300）解元。

［民国］《顺德县志》卷八《选举表一·郭〈志〉补遗·举人·元》：字万元，又字淡叟，元大德四年庚子科中式第一名。龙山人，据《龙山乡志》。

梁希学（元大德） 元顺德碧江人。大德五年（1301）进士。

［康熙十三年］《顺德县志》卷五《元朝·进士·大德辛丑》：碧江人，联捷进士，浙江台州府。

李宽仁 元高明城中人。大德间岁贡。

---

①泷水：位于广东西部。隋开皇十八年（598），改平原为泷水县。

[康熙八年]《高明县志》卷四《元明·恩岁贡》：元大德岁贡，任保昌教授①。

[道光]《高明县志》卷十二《元贡生》：城中人，大德间岁贡，任保昌教谕。

梁兼善　元南海石硝人。大德间举明经。

《广州志》卷三十七《元·明经》：顺德，潮州教授。

[万历]《顺德县志》卷九《选举志第八·明经》：石硝人，潮州学教授。

[康熙十三年]《顺德县志》卷五《元朝·荐举》：石硝人，至元初以明经荐，授潮州路学教授。

[乾隆]《顺德县志》卷十《荐辟·元朝》：石硝人，大德中举明经，任潮州府教授。

萧丁举　字国望，元顺德龙江人。大德间举明经。祖圆元。

[康熙十三年]《顺德县志》卷五《元朝·荐举》：龙江人，南海学贡。

[康熙二十六年]《顺德县志》卷六《荐举·元朝·大德》：龙江人，举明经。

[乾隆]《顺德县志》卷十《荐辟·元朝》：龙江人，大德中举明经。

《龙江志略》卷一《冠裳·元》：字国望，圆元孙。成宗朝贡元，大德中荐举。

梁祐　（1279—1350）字海峤、祐之，元顺德逢简人。至大四年（1311）授忠武校尉。父起，弟祯。

[康熙二十六年]《顺德县志》卷六《选举志·武功·元朝》：起子，广东宣慰司副元帅。

[咸丰]《顺德县志》卷十三《仕宦表·武职·元》：字海峤，逢简人，起子。至大辛亥授忠武校尉，历判庆远府、广西两江道副使、宣慰司佥都元帅，迁广东副都元帅。卷二十二《列传二·宋·梁起》：长子祐……字祐之。勇毅通经史，少师事枋得。仕元，以讨寇功判庆远。历广西佥帅，平服蛮酋，以都帅致仕。

---

①保昌：古县名。北宋天圣初避仁宗讳，改浈昌县置。清嘉庆十一年（1806），省入南雄州。教授：学官名。宋代置，传授学业、掌管学校课试，位居提督学事司之下。元代诸路散府及中州学校设，明清的府学亦置。

李琮 元高明清泰人。延祐元年（1314）乡贡。

［万历］《肇庆府志》卷五《选举表一·元·科目失考》：开建主簿，高要人。

［康熙八年］《高明县志》卷四《元·乡贡·延祐甲寅》：清泰人，任开建主簿。

梁桢 名或作祯，字申之，元顺德逢简人。延祐元年（1314）举人。

［咸丰］《顺德县志》卷十《举人·元·延祐》：梁祯，字申之，逢简人。封州判，祀名宦。甲寅科。卷十二《袭荫（文职）·元》：起子。以荫叙①游太学，授惠州博罗尉。

麦明远 元南海顺德麦村人。延祐二年（1315）进士。

［康熙十三年］《顺德县志》卷五《元朝·乡举·延祐丙辰》：麦村人，秘书。

［康熙二十六年］《顺德县志》卷五《选举志·元朝》：麦村人，延祐进士，秘书院学士。

［乾隆］《顺德县志》卷十《进士·元朝·延祐乙卯》：麦村人，秘书院学士。

林万三 元南海古朗（今属顺德）人。延祐二年（1315）进士。

［康熙十三年］《顺德县志》卷五《元朝·进士·延祐丙辰》：古朗人，授朝散大夫。

［康熙］《广东通志》卷十五《选举上·广州府·进士·元·南海》：延祐乙卯，朝散大夫。

萧天祐 字元修，元顺德龙江人。延祐六年（1319）进士。祖显宗，父子渊。

---

①荫叙：按先辈功业大小，给予不同等级的荫封。

［康熙十三年］《顺德县志》卷五《元朝·进士·大德》：龙江人。解元，进士。官兵部郎中，升四川行省参政。卷六《封赠·元朝》：萧显宗，龙江人，以孙天佑贵，赠亚中大夫、四川行省参政。萧子渊，以子天佑贵，封亚中大夫、四川行省参政。

《龙江志略》卷一《舆地·祠墓》：元参知政事萧天祐墓在平松园。《编年·元·南海县》：仁宗延祐六年己未，萧天祐成进士。《冠裳·元》：字元修，圆元孙。仁宗朝解元、进士，授兵部郎中，升四川行省参知政事，进阶亚中大夫。

［民国］《顺德县志》卷十三《胜迹略·坟墓》：元参知政事萧天祐墓在铺毡地，在龙江乡。

钟士宏　字孟通，元顺德龙江人。仁宗朝进士。父起龙。

［乾隆］《顺德县志》卷十六《杂志》：在元则有钟士宏，字孟通，仕仁宗为翰林文学，历朝列大夫、同知制诰，龙江人。

《龙江志略》卷一《冠裳·元》：起龙子。仁宗朝为应奉翰林文学，历钞列大夫同知制诰兼国院编修。

潘梦鼎　元南海人。泰定三年（1326）举人第一名。

［道光］《南海县志》卷二十《乡贡荐辟·元泰定帝朝》：泰定三年解元。

梁佑娘　（1299—1343）女，元顺德伦教人。抚养侄子，不嫁。祖昭平，父鉴殷。

［咸丰］《顺德县志》卷二十八《列女·元》：伦教人。祖昭平，宋度宗大理寺正卿。父鉴殷，宋末解元，上《勤王策》，文信国为诗赠之。佑娘生元大德己亥，抚幼侄不字，以奁田五十亩备祀费。年四十五而死，南海进士邹可张碑记其事。

谭寅德　元高明城中人。举经明行修。

［康熙八年］《高明县志》卷四《元·经明行修》：仓步人，今属城中，任广州路通判。

陆忠　元三水人。至正元年（1341），带领乡人筑镇南堤。

［康熙十二年］《三水县志》卷十《水利志·堤窦·县治之南》：镇南堤，

城南五里，在上塘等乡。高一丈六尺，周六千八百四十丈。上、中、下田四十八顷余，稍苦旱，水出平田围。元至正元年，圩长陆忠筑。

［嘉庆］《三水县志》卷八《水利·堤窦》：大路围，旧《志》载镇南、平田二堤，今改为大路围。

梁仁隐 字明义，号岩隐，元顺德逢简人。至正初（1341）授广西靖江路（今桂林）司狱。父祐，子伯谦、子谦。

［康熙二十六年］《顺德县志》卷六《武功·元朝》：祐子，同佥福建行枢密院事。

［咸丰］《顺德县志》卷十三《仕宦表·文职·元》：字明义，号岩隐。祐子。至正初荐人才，授靖江路司狱，历国子监助教，佥福建行枢密院事。

区思本 字道立，元末顺德陈村人。至正间隐居，八十七岁。子祖华。

［咸丰］《顺德县志》卷二十二《列传二·元·区思本》：字道立，陈村人。幼失怙恃①，事继母孝，父母讳日，痛哭如初丧。刻志诵读，通诗书，从吴莱游，能为诗古文词。元方贱儒术，遂绝意不应辟举。至正乱起，所在争雄。思本独隐于耕，自号遗安，著传见志，终年八十七。子祖华。

关德秀 元高明井溢人。至正间岁贡。

《广东通志初稿》卷十九《明经·明》：教授。

［万历］《肇庆府志》卷五《选举表一·国朝·明经》：洪武年。本府教授……高要人。

［万历］《广东通志》卷四十八《肇庆府·选举·荐辟诸科·明·高要》：举明经，府教授。

［康熙八年］《高明县志》卷四《元明·恩岁贡》：元至正丁丑岁贡，任肇庆教授。

［道光］《广东通志》卷六十七《元·贡生存疑》：高明人。见《高明志》，云至正间岁贡生、肇庆府教授，疑即高要人，明明经关德秀。

［道光］《高明县志》卷十二《元贡生》：井溢人，至正间岁贡，任肇庆府教授。

---

①怙恃（hùshì）：依仗，父母的代称。

陈渭叟 元末顺德登洲人。至正间举人。

《广东通志初稿》卷十九《举人·元·广州府》：广州路同知。

［万历］《顺德县志》卷九《选举志第八·进士乡举》：登洲人，广州路同知，其科不详。

［乾隆］《顺德县志》卷十《贡生·元朝》：登洲人，广西路同知。《荐辟·元朝》：登洲人，广西路同知。

［咸丰］《顺德县志》卷十《举人·元·至正》：登州人，广西路同知。（按：旧《志》作贡生，又列荐辟，误。）

张民清 元高明仙村人。至正间岁贡。

［光绪］《高明县志》卷十二《元·岁贡》：仙村人，至正间贡。龙门①训导，升江西抚州府通判。旧《志》无，据《采访册》。

梁曾甫 元末南海碧江泮浦（今属顺德）人。至正间（1341—1368）任番禺沙湾巡检，被杀。

［嘉靖］《广东通志》卷五十八《列传十五·人物五》：梁曾甫者，南海人，智勇绝人。元至正间举江西省，授番禺沙湾巡检。寻遭寇起，乡人诣藩臬②举曾甫有可倚之才。曾甫得檄，乃据形胜立排栅，流逋四归。于是发所蓄以给之，不足，则以己田称贷于同乡富室黎仲达辈，取谷以继之。寇至则并力御寇，寇退则各事生业，乡人赖以安。贼使人说曾甫降，曾甫怒斩之。贼率众攻，曾甫遂遇害。乡人立庙祀之，谓之忠义祠。

［万历］《顺德县志》卷七《人物志第七之一》：梁曾甫者，泮浦人也。

陈古道 元末高明人。至正十二年（1352），与邓源远等筑下南岸围。

［光绪］《高明县志》卷十《水利志·堤岸》：下南岸围，即古之柏树堤也，在治东北五十余里。元至正十二年，经陈古道、邓源远等合高要、高明二邑乡民筑。高一丈三尺余，周围一千余丈，捍田一百余顷。后面皆山，前

①龙门：今属惠州，位于广东省中部、增江上游，明弘治九年（1496）设县，原是增城县的上龙门地区，故名。

②藩臬（fānniè）：藩司和臬司，布政使和按察使的并称。

枕大河，购石以成金洲大窦，得泄通围之水，又有犁埇、盘龙二塱窦分流。

陈祖德　元顺德平步人。至正十二年（1352）进士。

［康熙二十六年］《顺德县志》卷五《选举志·元朝》：平步人，至正壬辰进士，广东行省左丞。

邓佛德　字慈航，元末明初南海龙山（今属顺德）人。少与孙蕡同学，至正十三年（1353）与关敏等办乡团练，洪武元年（1368）归附廖永忠。

［崇祯］《南海县志》卷九《人物列传》：字慈航，龙山人。少与孙蕡同学，淹贯经史，籍甚才名，而尤善谈理数，居恒以当世自命，多磊落之概。元至正间诏官不就，隐西樵山，垒石为庐，有黄衣道者日与往来，居人异之。中原兵起，岭外骚动，东莞何真首倡义保障，德与语大悦。至正十三年，龙潭卢善实、三山邵宗愚各据乡土，自称元帅，将掠黄连、龙山等堡。德与黄连关敏同倡义障守，贼数犯不能害。洪武元年，上命征南将军廖永忠取广。德测演数象知真命有属，致书何真归附，比忠至，率众从之，献策擒善实余党。苏世禄负固，德复与关敏、张仲贤搜捕，斩百余人，一时军声大震。敏被贼杀，德负数十创，奋身死战，获世禄斩之，龙潭悉定。忠嘉德谋勇，命署龙潭巡简，佐胡通镇守。寻加定远将军①，卒于官。德奋身百创，擒斩贼渠，保全一方而名位不大显，论者概焉。

邵宗愚　（？—1368）元末南海凤鸣三山人。至正十三年（1353）聚众起兵，二十三年攻广州，杀江南行侍御史八撒剌不花，朝廷无奈封为江西、福建行省参政。东莞何真围城，邵退三山。二十六年再夺广州，次年何回兵，邵再返易守难攻的三山。明洪武元年（1368），征南将军廖永忠攻破三山寨，擒至广州杀害。

《广州志》卷四《纪事下·元至正二十二年》：邵宗愚据广州，东莞人何

---

①定远将军：官名。南朝梁沿置。唐为武散官，正五品上。金定远大将军从四品中，元升从三品。明从三品初授怀远将军，升授定远将军。有平定边远之意。

真攻走之。《元至正二十五》：秋七月，慧星见，宗愚围广州，冬十月陷之。《洪武元年·夏四月》：乙卯，永忠及元将邵宗愚战于广州，大破斩之，广州平。（初，元伪参政邵宗愚闻王师入广州，遣其党罗元祥诣军门降，本以觇①军势，而实无降意。永忠谓之曰："欲降则来，无虚言以相款也。"宗愚迁延累日，竟不至。永忠知其诈，乃下令往攻之。夜二鼓，发兵直抵其寨，诘且破之。宗愚据三山寨，兄弟俱残暴嗜杀，近境颇被其虐。尝再陷广州，大肆侵掠，广州民尤嫉之。及面缚入城，民往观之，争唾其面，遂与其徒皆弃市。）

［万历］《南海县志》卷三《政事志·事纪》：元至正十三年，南海民邵宗愚、卢实善兵起，自称元帅。（旧志宗愚三山人，实善龙潭人。）

［乾隆］《南海县志》卷三《编年志·纪事·元》：惠帝至正十三年癸巳，南海三山民邵宗愚自称元帅。二十二年壬寅冬十月，邵宗愚陷广州，杀八撒剌不花，守将何深死之。江西行省左丞何真复广州，邵宗愚走三山。（南海邵宗愚陷广州，据城纵火，杀掠居民……二十五年，宗愚复围广州……二十七年，何真又复之，宗愚走三山。）

梁伯谦　字野泉，元末明初顺德逢简人。至正十四年（1354）举人，洪武二年（1369）荐任四海都巡不就。父仁隐，子世廉。

［康熙二十六年］《顺德县志》卷五《选举志·元朝》：逢简人，至正甲午乡贡。

［咸丰］《顺德县志》卷十《举人·元·至正》：字野泉，逢简人。广西太平路同知、德庆路总管府，甲午科。（按……旧《志》作贡生，又列荐辟，误。）卷十八《艺文略二·集部一·别集一》：《野泉集》，元梁伯谦撰，《粤东诗海》。按：伯谦为元行枢密院仁隐长子，慷慨仗义，善诗，精课命。至正甲午以礼经领乡荐，会试乙榜，官至德庆路总管府，所至有异政。元亡，与弟惠州路总管子谦弃官隐。明洪武二年以四海都巡荐不就，谪居陕之庄浪渠象山屯户，途中艰苦，吟咏自适。四年改戍本卫，子世廉请代役得归。未几复戍而卒，世廉哀毁，亦没于陕。

区源清　元末高明阮埇人。至正十七年（1357）建本乡象

---

①觇（chān）：暗中察看。

珠庙。

［万历］《肇庆府志》卷八《地理志二·高明县》：有堤……石奇，即秀丽堤，县东四十里。元至正间，清溪、罗格、阮埇乡民区敬之、区源清等筑。

［康熙八年］《高明县志》卷十五《外志·寺观》：象珠庙，在阮埇乡。元至正十七年，乡人、巡尉区源清等建，在村边隔水墩。后魏学道毁拆，迁建于村西圩堤上。

梁子谦 字雪泉，元末明初顺德逢简人。至正十七年（1357）举人。元亡，与兄伯谦弃官隐。父仁隐。

［康熙二十六年］《顺德县志》卷六《武功·元朝》：仁隐子，同知惠州路总管。

［咸丰］《顺德县志》卷十《举人·元·至正》：逢简人，惠州路总管，丁酉科。卷十三《仕宦表·文职·元》：字雪泉，仁隐子。同知惠州路总管府。陈《志》作总兵，误。按：子谦忠武校尉为武阶，盖承仁隐枢密荫也。

邓宝宝 字中行，元末顺德龙江人。任都元帅府都事。祖伯瑜，父履元。

［康熙十三年］《顺德县志》卷九《人物传三·行谊》：龙江人，重义轻财。元末潦①涨岁饥，宝竭资市粟以周，乡人多赖存活。

《龙江志略》卷一《冠裳·元》：邓宝儿，字中立，伯瑜孙，为忠翊校尉同知，历升通议大夫、盐都转运使。邓宝宝，字中行，伯瑜孙，为都元帅府都事。

［咸丰］《顺德县志》卷十二《封赠·武阶·元》：邓履元，龙江人，以子宝封忠翊校尉、南恩州同知。

明

关敏 （？—1368）元末明初南海勒流黄连（今属顺德）

---

①潦（lǎo）：指雨水大或路上的流水、积水。

人。洪武元年（1368），朱元璋派廖永忠驻兵广州，同张仲贤、邓佛德归顺。领导地方武装先后剿灭海盗数百人，授官巡检。苏世禄攻陷黄连，敏力战死，追封为兵马指挥。

［嘉靖］《广东通志》卷五十九《列传十六·人物六》：南海之黄连人。初，南海贼冯简等作乱，行劫龙潭。洪武元年，征南将军平章廖永忠既取广东，下令抚民弭盗。敏倡义集众，缉捕贼百余人以献，永忠遂以敏权巡检。贼衔之，乃聚众复围其乡，敏力不能支，遂为贼所屠。后贼平，永忠以其事闻。上以敏存日未授官，而能仗义讨贼，殁于王事，特赠敦武校尉、兵马指挥司副指挥，表其乡曰“忠义”，令有司立祠，岁时祭焉。

［万历］《顺德县志》卷七《人物志第七之一》：关敏者黄连人也。至正末，豪民各据其乡，敏亦筑城聚众，然有约束，不同于乱，县赖之。洪武元年，征南将军廖永忠下广州，敏以城降，民皆释兵归田亩。独龙潭负固，敏乃导禽苏世禄百余人，永忠署敏巡检。后世禄党攻杀敏及其妻子二十余人，永忠愍之，表其乡曰“忠义”。以闻，赠兵马司副指挥，令有司立庙，岁时致祭。

张仲贤　（？—1381）元末明初南海黄连（今属顺德）人。洪武初（1368）与关敏一起对海盗作战，十四年讨伐东莞曹真死。

［嘉靖］《广东通志》卷五十九《列传十六·人物六》：南海人。少刚果，涉猎书史，见义勇为。洪武初，同关敏破龙潭余贼，敏死，仲贤力战获免。洪武十四年，东莞湛菜贼曹真聚众构逆，朝廷派南雄侯赵庸总兵往讨，命仲贤率民兵先为乡导。仲贤驾舟设机先进，夺其港口，摧贼前锋。由是，官军战舰乘潮继至，贼众大溃。庸爱其勇壮，复遣仲贤率众援东莞。舟经海口，贼惮其骁勇，悉众攻之。力战，暮死之，贼为仲贤杀伤者亦数百人。贼既平后，庸嘉叹其忠不已，洎藩阃①皆遣祭，以慰其死。

［崇祯］《南海县志》卷九《人物列传》：东莞贼曹真聚众构逆，朝遣南雄侯赵庸讨之，命仲贤率民兵潜夺港口，摧贼前锋，官军乘潮继至，贼大溃。庸爱其勇，复遣率众援东莞。舟经海口，贼悉来攻，力不支，遂死于战。

［乾隆］《广州府志》卷三十七《忠烈·顺德·明》：与关敏同乡……今祀于忠臣祠。

---

①藩阃（fānkǔn）：犹藩垣，指藩镇等藩卫国土的封疆大吏。

张智 字智卿，元末明初顺德都粘人。元末起兵，明初率三山寨三万人马归顺廖永忠，任总兵、虎贲左卫镇抚。

［万历］《顺德县志》卷七《人物志第七之一·区禹民传》：张智者，都粘人也。洪武初亦率众降，授虎贲卫镇抚。

［康熙二十六年］《顺德县志》卷六《武功·明朝》：都粘人，虎贲卫镇抚。

［乾隆］《顺德县志》卷十三《武勋》：性忠耿，仗义轻财。元末有司征辟不仕，迨四方蜂拥，土豪各据为乱，遂奋然起义团兵卫守羊城，保障生民。洪武初，征南将军廖永忠驻节广州，智率三山寨部众三万余归附。廖永忠嘉其忠诚，以总兵委任。累立奇功，诣阙，明祖谓智识时俊杰，钦除虎贲左卫镇抚。

欧禹民 姓原作区，元末明初南海陈村（今属顺德）人。元末率侄太原、太吉、太忠立寨保乡。明初，廖永忠至广东，其副将军朱祖亮被围，他为明军带路。朝廷授福建汀州知府，改浙江仁风镇巡检，他不任而归。曾祖仕衡。

［嘉靖］《广东通志》卷五十九《列传十六·人物六》：区禹民者，南海之龙津人。性刚直，为乡人信服。元季土豪相聚为乱，禹民偕其族子忠吉、体原，率众立寨保障，乡人赖之。洪武，廖永忠师下广州，禹民等首请归附，永忠令保障如初。副将军参政朱亮祖陷于山南贼，忠走告永忠调军，令忠等为向导，破之，亮祖围解。事平，禹民等人朝，诏以禹民知汀州府，以资高辞，更授仁风镇巡检。吉授彰德卫百户，忠与体不仕而还。

［康熙］《广州府志》卷四十《人物志十一·武功列传·明》：顺德之龙津人。曾祖仕衡，宋太学生，尝上书论贾似道误国，不报，后陈恢复亦不见用……告身以“区”为“欧”，遂因之。

［乾隆］《广州府志》卷四十《武功·番禺·明》：忠授中都留守司都事，吉授彰德卫百户，功加世袭，体原不仕。诏以“区”为“欧”，因之。

［咸丰］《顺德县志》卷二十二《列传二·明·欧禹民》：太原以亲老不就职辞，授太吉中都留守司都事，太忠彰德卫百户……相传当时召对①，帝呼其姓如“区别”之“区”，禹民陈之，帝遂援笔为加“欠”其旁。四人并祀

①召对：君主召见臣下，令其回答有关政事、经义等方面的问题。

忠孝。吉子载让袭于弟，宣德中从征交趾。孙敬袭，征武定有功。

高彬 字文质，元末明初南海人。元末追随何真，入明迁金陵（今南京）经商，曾跟孙蕡学作诗。父瑛。

［嘉靖］《广东通志》卷五十九《列传十六·人物六·简祖英传附》：又有高彬者，字文质，南海人。何真部曲也，仕元至万户，佩金虎符。入国朝乃走江湖为巨贾，征为武职，固辞。久之，把笔学为诗，有奇语，孙蕡称之。晚年，日坐一小楼读《易》，不知其身之老也，号蟾溪云。

刘万石 元末明初南海官窑人。洪武初（1368），捐资组织筑圩防御水患，三年后完成。

［万历］《南海县志》卷十一《隐逸·明》：唐僖宗朝①为广州偏□□复迁于官窑村，遂世居官窑。万石生而有才，能粗涉经史，居家力行孝友。丁元季乱，常有保障乡邦之志，乡人竞归之。及洪武改元，行省汪公檄县推举义民筑圩以防水患。于是万石首应藩檄，仍捐己资三百两集众鸠工②。自金紫以至麻奢、白石，为堡者十九，地方百里悉设圩岸，凡三年而告成，军民田庐得免淹没，皆万石力也。汪旌其能，锡以章服，仍为锦联以侈之曰："海基已筑千年固，禾谷存留万石收。"语虽俚，亦足见当时嘉尚之意。其裔蕃衍，迄今有以文学著者。

［崇祯］《南海县志》卷十一《隐逸·明》：始祖逢时自浙徙广，唐僖宗朝为广州偏帅，后复迁于官窑村。

李真祐 字緎（棫）之，明初南海江尾（今属顺德）人。洪武初（1368）任命为吏，回避。

［嘉靖］《广东通志》卷五十九《列传十六·人物六》：字緎之，南海江尾人。自少力学，老而不倦。洪武初，有司辟为吏，避居古冈为人佣，人不之知也。久之，主人翁异其行，延为塾师，作为文章丰迤弘博。永乐间，左布政王公亮将荐之，会公亮卒，遂不果，未几，真祐亦卒。自号扶摇子，所著《家式》尚存。

［万历］《顺德县志》卷八《人物志第七之二》：李真祐者，江尾人也。

---

①原本漫漶，前缺。

②鸠工：聚集工匠。

少力学，老而不倦。洪武初，有司辟椽①，避居古冈为人佣保，人不之知也。久之，主人翁异之，延为子师，其文丰迤弘博。永乐间，左布政使黄公亮将荐之，会公亮卒，不果。所著家令尚存。

[康熙十三年]《顺德县志》卷九《人物传三·隐逸》：字秫之。

[道光]《南海县志》卷三十五《列传四·明·李真佑传》：有陈添佐异其行，延为塾师，订《家式百条》及《三省》《九思》《十戒》训其家。

吴帝锡　元末明初顺德陈村人。洪武初（1368）给冠带。父周溪。

[咸丰]《顺德县志》卷十五《耆寿表·冠带·明》：陈村人，父周溪。读书承家学，洪武改元，纪以诗，给冠带。布政欲辟其二子，以诗辞。元政不便民者，请官除之。卷十六《胜迹略·坊表·表宅之属·都宁属》：齿德皆尊。在陈村，明初布政使陆为冠带儒官吴帝锡。

陈子修　元末明初高明人。洪武初（1368）举明经。

[万历]《肇庆府志》卷四《秩官表二·国朝·肇庆府·训导》：明经，高要人，洪武初任。卷五《选举表一·国朝·明经》：本府训导，高要人。

[康熙八年]《高明县志》卷四《明·明经》：洪武初，任肇庆府训导。

陈德昭　元末明初三水白坭人。洪武初（1368）举孝廉，授职湖北夷陵（今宜昌）州判。

《广东通志初稿》卷十九《孝廉·明》：通判，高要人。

[万历]《肇庆府志》卷五《选举表一·国朝·孝廉》：高要人，夷陵州判官，《通志》缺。

[康熙四十九年]《三水县志》卷三《荐辟·明朝》：白坭人，洪武初年举孝廉，授州判。

罗永祥　字吉迪，元末明初南海太艮（今顺德大良）人。洪武初（1368）任千户，升武德将军，与父子仁一起阵亡。

[康熙十三年]《顺德县志》卷八《人物传二·忠义》：字吉迪。弱冠精

---

①椽（yuàn）：原为佐助的意思，后为副官佐或官署属员的通称。

通武艺，备晓时宜。明高皇开国，占籍①金吾前卫后所。累立战功，升金吾卫副千户。寻迁山海卫正千户，进阶武德将军。从征白沟河阵亡，其父子仁愤祥殁，鼓勇立功，亦尽节。父子义殉国事，兵部纪录，议例世爵，旧建有“忠义堂”表之。

程仲义 元末明初高明城中人。洪武初（1368）受举。

［万历］《肇庆府志》卷五《选举表一·国朝·人材》：高要人，巡检。

［康熙八年］《高明县志》卷四《明·人材》：洪武初授交趾巡检。

［道光］《高明县志》卷十二《荐辟诸科·明》：城中人，举人材，洪武初授交州巡检。

谭克忠 字常子，元末明初高明城中人。洪武初（1368）举明经，八年两次被荐进京，均辞不授官。十六年，太守推荐执教于郡学。

《广东通志初稿》卷十九《明经·明》：训导。

［万历］《肇庆府志》卷四《秩官表二·国朝·肇庆府·训导》：明经，高要人，洪武初任。

［康熙八年］《高明县志》卷十三《人物传·明》：字常子。自少警敏，博通经史。明洪武八年有梁伯英荐，两至阙下皆固辞，赐宴及绵絮遣还。十六年，郡守王全以明经辟，训郡校十余稔。学宗朱程，时名士若余存谅登进士，陈臬以文学著，皆出其门。

［道光］《高明县志》卷十二《荐辟诸科·明》：城中人，举明经，洪武初任肇庆府训导。

王佐 （1337—?）字彦举，山西河东人，元末入籍南海。与孙蕡、赵介、李德、黄哲等结诗社于广州南园，为何真掌书记。降明，洪武六年（1373）征为给事中，两年后辞官归。

［嘉靖］《广东通志》卷五十九《列传十六·人物六》：字彦举，家世本河东。元末侍父宦南雄，经乱不能返，因奉母寓广州。改物②后，占籍南海。时孙蕡与佐结诗社于南园，开“抗风轩”以延一时名士。佐才思雄浑，体裁

---

①占籍：上报户口，入籍定居。

②改物：改变前朝的文物制度，多指改正朔，易服色，后因以指改朝换代。

甚工，蕡深重之。构辞敏捷，王不如孙；句意沉著，孙不如王。会何真开署求士，与蕡首被礼聘。真敬二人者，使掌书记，军旅事多见咨询。李质者，德庆豪帅也，据有肇庆。佐恐其有异志，与蕡往说之，得其欢心，质遂通好。然质尤号好文义，衣冠之士多往依之，其尤知名者则有江右伯颜子中、茶陵刘三吾、建安张智。归言于真，使招致之。由此士凡以一艺名者，真皆馆谷之。洪武六年，用部使者荐拜给事中，论思①补阙恒称上意。学士宋濂尝拜赐黄马，上为歌，命诸词臣和之。佐斯须而就，清新富赡如宿构者，有“臣骑黄马当赤心”之句。上览之而喜，赐钞一锭。上游幸，或遇会心处，多命之赋诗。三吾尝同咏署中桂，惊其才高语妙，以为名世之作，其为名流所重如此。佐性不乐枢要，居官二载即乞骸骨。上怜其诚，特俞②所请，陛辞③日，赐钞五十千以为道路费，士林羡之。时天威严重，臣僚自陈者多被谴斥，盖十人而九。佐以恭慎得归，故当时以为难云。佐天性孝弟，父没时，有廖元正者为料理丧事，殡诸南雄之五里山，终身事元正如父。既贵后，元正之子犯法，言于有司，以己资赎其罪，哀慕终身。形于著述，集多散逸，评者比之高适、岑参。

［道光］《南海县志》卷二十五《艺文略一・史》：《经籍目略》，明王佐撰，据《粤大记》。卷二十六《艺文略二・集》：《瀛洲草》，《听雨轩集》二卷，《鸡肋集》，明王佐撰，据黄《通志》。

孙蕡　（1338—1394）字仲衍，明初南海平步堡（今属顺德）人。元末为江西行中书省首席长官何真幕僚，入明在郡学任教。与王佐、赵介、李德、黄哲等在广州南园抗风轩结诗社，人称“南园五先生”。洪武三年（1370）举人，受胡惟庸案牵连下狱，十一年罢官还乡。十五年为苏州经历，二十二年因事谪戍辽东。二十六年朱元璋治凉国公蓝玉党，因尝为蓝玉题画被牵连处死。

［嘉靖］《广东通志》卷五十九《列传十六・人物六》：字仲衍，南海之平步人。性敏迈，资表秀伟。于书无所不读，为诗文多不属稿，开卷伸纸，

---

①论思：议论、思考，特指皇帝与学士、臣子讨论学问。

②俞：允许。

③陛辞：指朝官离开朝廷前，上殿辞别皇帝。

立笔而就，初若不甚经意，而气象雄浑，兴喻深致，骎骎①乎魏晋之风。自少负节概，不妄交，耕夫贩妇望而目之曰“孙先生”。元季避乱山泽间。东莞何真保有南海，洪武改元，征南将军廖永忠至，真求蕡作书请归附，曲尽诚款。永忠不戮一人而南海帖然者，蕡之力也。永忠寻征蕡典郡教。三年庚戌，始诏天下设科取士，蕡举于乡，至京师授工部织染局使，寻出主虹县簿。时经兵燹，十室九空，加意劳来，民还其业。甫一载，被选入为翰林典籍，学士宋濂、乐韶凤，承旨詹同亟称之。日侍上左右，奏对敏便而容观飘逸，濂辈皆自以为莫及。八年，预修《洪武正韵》，九年，以奉常之节监祀于西川。居翰林三载，力求补外，为平原簿。无何以事逮系，有旨输左校，板筑萧垣。望都门②讴吟为粤声，督工者以闻，召至上前，陈所作诗，皆忠爱语，特命释之。十一年，罢归田里，放迹云林中，益肆力于问学，所见益深，有轻死生齐物我之意。尝和陶潜《归去来辞》以写其情，其一曰《怀灵茎》，志不忘君也。十五年，被召拜苏州府经历。苏为东吴剧郡，素号难治，蕡赞画有方，政用太和。二十二年，以事谪戍辽东，怡然就道，酌酒赋诗，无异平日。时都帅梅思祖节镇三韩，素闻蕡名，迎置家塾，是年竟以党祸见杀。人皆劝其以疏自明，蕡不答，歌一诗，长啸以就刑，天下冤之，年五十有六。门人黎贞时亦在戍，奉柩葬于安山之阳。蕡平生撰述甚富，既没，诸书多零落弗存。番禺赵绚称其究极天人性命之理、濂洛关闽之学，为岭表儒宗。官虽不甚显，而所至有声，出处穷达夷险一致云。

《广东通志初稿》卷十四《文苑·明》：顺德人。

［万历］《顺德县志》卷七《人物志第七之一》：孙蕡者，平步人也……蕡所著有《通鉴前编纲目》《孝经集善》《理学训蒙》《西庵集》《和陶集》《集古律诗》，其《孝经集善》濂所序也。蕡没，诸书散逸，惟黎贞所编诗文行于世。

［崇祯］《南海县志》卷九《人物列传》：九年，以奉尝之节监祀西川。居翰林三载，力求补外，为平原簿。无何逮系，输左较筑萧垣，望都门讴吟为粤声，督者以闻。

郑毅 字德弘，明初南海人。洪武三年（1370）举人。

《广州志》卷三十九《选举三·举人·国朝·洪武庚戌科》：郑毅。

［万历］《南海县志》卷十《人物列传一》：字德弘，洪武庚戌举于乡，

---

①骎骎（qīn）：马跑得很快的样子，形容盛大。

②都门：都中里门，借指京都。

释褐监察御史，尝按八闽，以清直称。才思敏赡，所为诗挥毫立就，一时言能诗者，必曰郑御史。

梁忠政 明初三水龙池人。洪武三年（1370）举人。

［万历］《广东通志》卷二十《广州府·选举·乡举·国朝·三水》：洪武。

［康熙四十九年］《三水县志》卷三《乡举·明朝·洪武□□科》：瑞应曾孙，以高要中式，知南昌县事。

［道光］《肇庆府志》卷十四《明·举人·洪武朝·三年庚戌科附载》：高要人，今隶三水。三年科，南昌知县。《通志》列庚戌、辛亥、壬子三科，存疑。

黄楚金 明初南海人。洪武三年（1370）举人。

［嘉靖］《广东通志》卷十二《明·举人·洪武三年庚戌》：黄楚金。

［道光］《广东通志》卷七十《举人一·明·洪武三年庚戌·广州府》：黄《志》云南海人，《广州人物赵介传》云别驾，余无考，《南海志》亦失载。

彭通 字万里，明初南海人。洪武四年（1371）举人，拜给事中。九年转监察御史，后升山西布政使参政，退休回家。

［嘉靖］《广东通志》卷十二《明·举人·洪武四年辛亥》：广州南海人，参政。有传。卷五十九《列传十六·人物六》：字万里，南海人。早失怙恃，励志读书，工为诗。隐居教授，从之游者常数百人。洪武四年，由儒士举铨部。以名入见，上亲阅之，拜给事中。参劾封驳，严公有威，同列皆以为胜己。时上方向文学，多擢近侍置左右俾应制①焉。通诗思敏给②，上称之。尝赐赞善大夫宋濂以《醉学士歌》，通预庚和③之列。九年三月，与方徵等十六人偕转监察御史。尝奉命巡京郡，荐达贤能，攻击贪暴，有能声。用事者遣人赍金帛赂之，通辞不可，其人强之受，通欲以上闻乃已。久之，升山西布政司参政，通单车赴任，能以公恕涤积弊。河东运司官匿羡余不以实闻，廉

①应制：应诏，特指应皇帝之命写作诗文，称应诏所作。

②敏给：犹敏捷。

③庚和（gēnghé）：续用他人原韵或题意唱和。

得其情，遂置于法，朝廷赐宝镪①旌之。有吴印者官至陕西方面，本五台寺僧也，以材辩受上知，尝谮杀②按察佥事张丁，其家人横肆，诸藩、臬事之唯谨。偶以事干通，通直其罪且斥辱之，条其事以闻，上不之罪也。寻引年致仕，卒于家。通为人恭谨，外柔而中实刚直，为政若不事缴察③者，然所举刺动无遗失，故能以功名终。

［万历］《广东通志》卷二十《广州府·选举·乡举·国朝·南海》：洪武庚戌。

释昙谡　明初南海人。早年涉猎经史，到杭州径山寺出家。在普陀山、峨眉山，因亲见观音、普贤菩萨现身，各燃二指供奉。洪武三年（1370），居广州光孝寺。

［万历］《南海县志》卷十三《外志·仙释·明》：南海人。幼聪敏，涉猎经史。长束书，游名山以广观览。至杭游径山寺，因参元叟和尚，始悟觉宗，遂祝发为僧，遍历大方。诣普陀岩睹观音现相，然二指以答灵贶。登峨眉山拜，普贤现身，复然二指。洪武三年，居光孝寺，因号六指僧。

邓伯凯　号迂叟，明初顺德龙江人。洪武四年（1371）举明经。

《广东通志初稿》卷十九《明经·明》：教授，顺德人。

［万历］《顺德县志》卷九《选举志第八·明经》：龙江人，洪武十三年，太平教授。

［康熙十三年］《顺德县志》卷五《明朝·荐举·永乐》：龙江人，以明经荐。任番禺学训导，升太平府学教授。

［万历］《广东通志》卷六十四《制举·明永乐》：顺德人，举明经，太平府教授。郭《志》、郝《志》作邓伯觊，恐误。

《龙江志略》卷一《舆地·祠墓》：明教授邓伯凯墓在平松园。《冠裳·明》：号迂叟。洪武四年以经明行修④荐，授番禺训导，升广西太平府教授致仕。

［民国］《顺德县志》卷十三《胜迹略·署宅·亭轩之属》：清樾亭、沧

---

①镪（qiǎng）：钱串，引申为成串的钱，后多指银子或银锭。

②谮杀：谓进谗言杀害。谮（zèn）：无中生有地说人坏话。

③缴察：巡察。缴：通徼（jiào），巡查。

④经明行修：明初官员铨选考试科目之一。经明即明经，指通晓经学的要旨。

浪水阁，并在龙江乡，明征君邓伯凯建。卷十四《艺文略·集部·别集》：《清越吟稿》，明邓伯凯撰。

岑中可　名或作可中，明初顺德葛岸人。洪武间，廖永忠为立坊，永乐时举明经，至京城卒。

《广东通志初稿》卷十九《经明行修·明》：顺德人。

［万历］《顺德县志》卷九《选举志第八·经明行修》：洪武间有岑中可，葛岸人，赴召道卒。

［康熙十三年］《顺德县志》卷五《明朝·荐举·永乐》：葛岸人，诸史百家，靡不究览。洪武间以经明行修荐，至京而卒。

［咸丰］《顺德县志》卷五《建置略二·桥梁》：隶葛岸者……曰南阳。在沙滘村，为明征士岑可中建。

［民国］《顺德县志》卷十三《胜迹略·坊表》：熙朝①特聘，在沙滘乡，明洪武间，征南大将军廖永忠为征士，授太常寺丞岑中可。

黄原善　明初南海人。洪武四年（1371）举人。

《广州志》卷三十九《举人·国朝·洪武庚戌科》：黄原善。

［嘉靖］《广东通志》卷十二《明·举人·洪武四年辛亥》：觅原善。

《广东通志初稿》卷十九《举人·明·洪武三年庚戌》：南海。

［万历］《南海县志》卷三《政事志·事纪》：国朝洪武三年秋八月始选士。（南海得孙蕡、郑毅、黄原善、彭通四人。）

［康熙］《广东通志》卷十五《选举上·广州府·举人·明·南海》：洪武庚戌，御史。

蔡希仁　名一作晞仁，明初南海西淋深村乡（今属禅城）人。洪武四年（1371）举人第一名。

［嘉靖］《广东通志》卷十二《明·举人·洪武四年辛亥》：潮州海阳人，解元，知县。

《广东通志初稿》卷十九《举人·明·洪武二年己酉》：蔡晞仁，海阳人。

［道光］《广东通志》卷七十《举人一·明·洪武四年辛亥·潮州府》：解元，海阳人，府谷知县，又见《南海志》作蔡晞仁。戴《志》、郭《志》

---

①熙朝：兴盛的朝代。

作洪武二年，误，二年实无科。

［道光］《南海县志》卷二十《举人·明洪武朝》：解元。黄《通志》云海阳人，按《采访册》则西淋都深村乡人，盖海阳籍也。戴《通志》作洪武二年，误，二年实无科。辛亥科。

何从善　明初南海佛山镇人。洪武五年（1372）举人，后举文学。

［嘉靖］《广东通志》卷十二《明·举人·洪武五年壬子》：主簿。

［万历］《肇庆府志》卷五《选举表一·国朝·文学》：洪武五年举人，武宣主簿，高要人。《选举表一·国朝·举人·洪武五年壬子》：文学……府学，高要人。

［乾隆］《佛山忠义乡志》卷四《乡举·明·洪武壬子》：恒州州判。

［民国］《佛山忠义乡志》卷十三《选举志·科目·举人·明》：洪武壬子，附生。

杨以智　元末明初高明城中人。洪武五年（1372）举人，任广东新兴教谕。后举孝廉，官至浙江嘉兴府同知。

［嘉靖］《广东通志》卷十二《明·举人·洪武四年辛亥》：肇庆高要人，府同知。

［万历］《肇庆府志》卷五《选举表一·国朝·孝廉》：高要人，洪武五年举人，新兴教谕、嘉兴府同知。《选举表一·国朝·举人·洪武五年壬子》：孝廉，府学，高要人。

［康熙八年］《高明县志》卷四《明·孝廉》：杨梅人，浙江嘉兴府同知。卷十三《人物传·明》：洪武壬子以孝廉举，仕至嘉兴府同知。

［康熙二十九年］《高明县志》卷二《地理·冢墓》：同知杨以智墓，在杨梅都麦塘山。

［乾隆］《肇庆府志》卷八《新兴县·明·儒学教谕》：高要人，洪武五年任。

［道光］《高明县志》卷十二《荐辟诸科·明》：城中人，举孝廉，洪武间仕至浙江嘉兴府同知。

赵仲修　明初南海佛山镇人。洪武五年（1372）复建北帝庙。

［乾隆］《佛山忠义乡志》卷三《乡事志·纪略》：明洪武五年壬子，乡

人赵仲修复建北帝庙。后为灵应祠，又曰祖庙。

唐奎　字景文，明初南海平步（今属顺德）人。洪武五年（1372）举人，任广东增城教谕，遇起义被杀。子豫，孙璧。

［嘉靖］《广东通志》卷十二《明·举人·洪武四年辛亥》：有传。卷五十九《列传十六·人物六·唐豫传》：字用之，南海平步人。父奎，字景文，洪武初乡贡，授增城县学教谕。博洽群书，乡人号为“唐书柜”。湛菜民作乱，往谕以义不从，被执，骂贼而死。豫生而颖悟，少从翰林典籍孙蕡游，作诗文有古人风度。性刚介无谄曲，交友克尽义。尤笃于孝，作“蓼莪①亭”以寓孝思，主事刘履以“古孝子不能过”称之。隐居授徒，自号乐滄，与周祖生、周祖念、刘子羽、何淮、刘子高友，号“平步六逸”，皆德行尊严，衣冠严肃，为世所钦。尝相与定乡约，乡人信守行之，盖因乡间所易晓者而裁制之，使简易可循也，乡人信而行之。有子璧，璧号主一，文行酷类其父。母区氏目瞽不能自食，璧晨夕执匙餰养之。后遇神医，目遂明，人以为孝感。一时公卿皆重璧，欲荐之，璧以母老无他兄弟辞焉。参议陈贽待以宾礼，且赠以诗，有“百鸟群中孤凤凰”之喻。及贽改太常少卿去，执手泣别不能舍，谓曰：“卿吾三益也，其忍一日违卿耶！”璧动循礼法，当暑未尝去衣冠。为文端严，远近尊师之。每训诱子弟，必使端立正坐、出入规矩，然后授以句读。或尤其迂阔，曰：“文艺末事尔，苟不收其放心，其何以为受教之地耶？”正统己巳之乱，避寇佛山，为其乡人画策，贼不能入。

［万历］《顺德县志》卷九《举人·洪武四年》：平步〔人〕，增城教谕，嘉靖《志》举经明行修。

［万历］《广东通志》卷二十《广州府·选举·乡举·国朝·顺德》：洪武壬子，教谕。

［康熙二十六年］《顺德县志》卷六《荐举·明朝·洪武》：平步人，举明经，增城教谕。

［道光］《南海县志》卷二十《举人·明洪武朝》：案，郭、郝二《通志》及郭、魏二《志》皆无其人，黄《通志》辛亥科虽有之，实不著其为南海，不知阮《通志》何据，故附于末以俟考。卷二十六《艺文略二·集》：《龟峰集》五卷，明唐奎撰，据黄《通志》。

［咸丰］《顺德县志》卷十《举人·明·洪武》：字豫文，平步人，增城

---

①蓼莪（lù’é）：《诗经》的一篇，以“蓼蓼者莪”起兴，抒发不能终养父母之痛。蓼，长又大的样子。莪，莪蒿草。

教谕，壬子科。按：黄《通志》作辛亥，今从郭、郝二《志》并叶《志》。卷二十八《列女·明》：梁氏，藤涌唐奎篷室①。随夫增城教谕任，值湛莱民寇乱，夫骂贼死。氏曰："夫死忠，子死孝，吾亦死夫，身不可辱。"与三子并缢死。四子豫，以游学不及于难，建蓼莪亭以寓孝思。

程国 元末南海大桐堡人。元至正间，邵宗愚部下到村打劫。他力大无比，仅十岁出头，独自挑牛一头、酒一大缸出村犒劳，吓得邵党马上离开。

［道光］《南海县志》卷四十三《杂录一》：大桐堡人。幼得异人术，力绝大。元至正间，邵宗愚之党窃据广州，肆虐里间，人皆恐。一日，贼拥众至村外，国仅十龄余，肩挑牛一头、酒一巨缸，独往犒贼。且诉曰："村人恃其强武，欺我弱小，使我独肩牛、酒来犒。"贼惧而去。村人以其有捍患功，立庙祀之。里门外巨石二，相传国从他境挟归者。石方广二尺余，厚二尺。

黎和 （1343—1416）字伯英，自号云谷，明初南海人。永乐八年（1410）举茂才，至京乞归。子仁安（韶）、义安、礼安、智安。

［万历］《广东通志》卷二十五《人物七·隐逸·黎和传》：字伯英，南海人。少警悟能文，美风仪，事亲以孝谨闻，与孙蕡、唐豫友善。元季避地槎溪，岁凶，竭力以给供养，虽当乱离，手不释卷，亲没庐墓三年。皇朝混一，流徙复业，始还夏溪，辟莱芜耕凿，吟笑自如。尝揭八行为家训，乡人化之，有王烈风。捐资建永安桥二，以通利涉②。永乐庚寅辟茂才至京，以老疾乞归。逍遥岩壑，以乐余年，一时名士多从之游，所谓姱修③之士也。

［宣统］《南海县志》卷十二《金石略·黎云谷墓志铭》：韶，云谷翁长子也……绊于戎伍……先生讳和，字伯英……家夏溪……永乐庚寅，郡有相知者以茂才举，赴京时春秋六十有八矣，辞以老疾，蒙恩赐归……自号云谷，云取其闲，谷取其宽也……先生生于元至正癸未，殁于永乐丙申，寿七十四。娶周氏生四男，长曰仁安，即韶也，次义安，次礼安早世，次智安，女一。再娶黄氏生二女……孙六人：纯、纲、纬、经、纮、绚。

---

①篷（zào）室：旧时称妾。

②利涉：指舟楫。

③姱（kuā）：美好。姱修：谓品德高尚美好。

邓则良 明初三水清塘人。洪武十年（1377）举人材，十四年举孝廉。

《广东通志初稿》卷十九《人材·明》：御史，高要人。

［万历］《肇庆府志》卷五《选举表一·国朝·人材》：河泊，擢陕西道监察御史……高要人。

［康熙四十九年］《三水县志》卷三《荐辟·明朝》：清塘人，洪武十四年荐举，授御史。

［道光］《广东通志》卷六十四《制举·明洪武》：三水人，十年举人材，陕西御史，并见《高要志》。

邓秉常 明初三水清塘人。洪武十四年（1381）举孝廉。

［嘉庆］《三水县志》卷九《荐辟·明》：清塘人，洪武十四年举孝廉。

马翼之 明初顺德马宁人。洪武间荐举贤良方正。

《广州志》卷三十七《选举一·国朝·贤良正》：顺德，山西御史。

［万历］《顺德县志》卷九《选举志第八·贤良方正》：马宁人，山西道监察御史。

邓时中 明初三水南岸人。洪武间荐辟。

［嘉庆］《三水县志》卷九《荐辟·明》：南岸人。洪武间授户部主事，被谗去职。永乐间奉旨封番，复回原职。

田逢元 元末明初顺德平步人。洪武间以明经受荐。

［康熙二十六年］《顺德县志》卷六《荐举·明朝·洪武》：平步人，举明经，潮州教授。

何澄 明初高明陀柳人。洪武间岁贡。

［万历］《肇庆府志》卷六《选举表二·国朝岁贡·洪武·高要县学》：弋阳知县。

［康熙八年］《高明县志》卷四《元明·恩岁贡》：高要县学贡，任弋阳县知县。

［道光］《高明县志》卷十二《贡生·明》：陀柳人，洪武间岁贡，任弋

阳知县。

[光绪]《高明县志》卷十二《明·贡生·洪武朝》：陀柳人，岁贡。任弋阳知县，升给事中。

林仲庚 号楚翁，别号锦渔，字仲庚，明初顺德赤花人。洪武间，在家建湛碧轩。

[咸丰]《顺德县志》卷十六《胜迹略·署宅·亭轩之属》：湛碧轩，在赤花锦溪上，明洪武间林仲庚（字仲庚，号楚翁，别号锦渔）建，同时多题咏者。卷十八《艺文略二·集部一·别集一》：《湛碧轩诗集》，明林仲庚撰。

黄昊 明初顺德桂林人。洪武间荐举孝弟力田。

[康熙二十六年]《顺德县志》卷六《荐举·明朝·洪武》：桂林人，举孝弟力田，翰林典籍。

谭克明 明初高明城中人。洪武间岁贡。

[康熙八年]《高明县志》卷四《元明·恩岁贡》：仓步人，今属城中，洪武岁贡。

区敏 明初南海人。洪武十七年（1384）举人。

《广州志》卷三十九《举人·国朝·洪武甲子科》：学正，南海人。

朱华庆 字正宣，明初南海龙江（今属顺德）人。洪武十七年（1384）举人，次年进士。父明显。

《广州志》卷三十九《举人·国朝·洪武甲子科》：南海人。卷三十八《进士·国朝·洪武乙丑科》：刑部主事，南海。

[万历]《顺德县志》卷九《大明进士·洪武十八年》：龙江，刑部主事。

《龙江志略》卷一《舆地·祠墓》：元主簿朱明显墓在平松园。明主事朱华庆墓在平松园。《编年·明》：洪武十八年乙未，朱华庆成进士。《冠裳·元》：朱明显，原湖广卢溪人，为东莞县主簿，卜居龙江。《冠裳·明》：字正宣，明显子。

劳士宽 名一作仕宽，明初南海人。洪武十七年（1384）举人，次年进士。

《广州志》卷三十九《举人·国朝·洪武甲子科》：劳仕宽，南海人。卷三十八《进士·国朝·洪武乙丑科》：劳仕宽，刑部主事，南海。

[崇祯]《南海县志》卷四《进士·明·洪武乙丑》：主事。

[道光]《广东通志》卷六十八《进士·明·洪武十八年乙丑丁显榜·广州府》：南海人，二甲，主事。

张观　明初南海人。洪武十七年（1384）举人，次年进士。

《广州志》卷三十九《举人·国朝·洪武甲子科》：刑部主事，南海人。

[嘉靖]《广东通志》卷十二《明·进士·洪武十八年乙丑》：主事。

彭秉德　明初南海人。洪武十七年（1384）举人。

《广州志》卷三十九《举人·国朝·洪武甲子科》：南平教谕，南海人。

谭彦芳　明初高明大唐冈人。洪武十七年（1384）举人，次年进士。父日辛。

[嘉靖]《广东通志》卷十二《明·举人·洪武十七年甲子》：谭彦芳。《明·进士·洪武十八年乙丑》：御史。

《广东通志初稿》卷十九《进士科·明·洪武十八年乙丑》：高要人，御史。

[万历]《肇庆府志》卷五《选举表一·国朝·举人·洪武十七年甲子》：进士，府学，高要人。《选举表一·国朝·进士·洪武十八年乙丑丁显榜》：浙江道御史。

[康熙八年]《高明县志》卷四《明·举人·洪武十七年甲子》：大唐冈人，乙丑进士。《貤封》：谭日辛，以子彦芳赠浙江道御史。

陈守中　（？—1398）明初南海平洲人。洪武十八年（1385）举孝弟力田，任安徽宿州仓副使、旌德县典吏卒。孙昇，景泰四年（1453）举人。

[康熙]《广州府志》卷三十二《人物志四·德行列传·明》：南海之平洲人。其先祖齐一由金陵徙广州之龙山，数世由龙山徙居平洲。母赵氏梦斗入怀生中，甫五岁动如成人，及就外傅，颖悟过于诸子。性孝友，身自耕作，为父母卒岁计，稍暇读古人书，殆无虚日。父母少有不安，即对案不食，辄以身祷曰："祸在不肖，无及二亲。"间有外出，与父母期，期至必返，恐贻

父母忧。事其从兄如事严君，风闻于闾里。洪武十八年，诏举孝弟力田，布政徐士谦察中贤行，与王昊二人应举。守中弟行中、允中俱以孝弟称，至是令允中为草，代己诣省以辞，不听，归使者致币。父仕良、母赵氏并命治装，且戒之曰："圣天子不知汝不肖，优礼破格，物色草莽，须履冰奉法，吾二人始获贴席。否则上负国恩，下孤所学，非吾子也。甘毳①朝夕有二弟在，可无虑者，速行矣。"中恋恋庭帏②，不忍遽去，如是旬日，征车在门，催中益急。中度不可，泣辞，谓二弟曰："汝兄家世凉薄，气韵萧疏，惟力田以供子职，敢祈拔擢？不意今上发殊诏，谬为乡里所推。果何因而至，何自而闻？昔者曾参事亲义不违一宿，乃今跋涉四千余里，白云在天，瞻望弗及，如膝下何？且家大人春秋高，汝等幸喜事，务得欢其心，吾死且不恨尔。不宜辍学，以自振拔，光显父母，无效汝兄徒窃虚名，滥竽升斗，是所望于若曹也。"至京，殊授凤阳府南宿州际留仓副使。无何丁内艰，哀毁过礼，几于灭性，乡人义之。服阕赴京，补授神策仓副使。量入为出，无所侵耗，仓有余积，上官称其长者如南宿时。转升宁国府旌德县典吏，令素闻公名，虚怀礼下，与闻政事。三十一年戊寅，竟以病卒。后有孙昇者，景泰癸酉举于乡。

刘有福 字应壬，明初顺德龙江人。布衣，到南京献策，洪武十九年（1386）任甘肃华亭县教谕。

《龙江志略》卷一《编年·明》：洪武十九年丙寅，以刘有福为华亭教谕，有福以布衣献策金陵擢此职。《冠裳·明》：字应壬。洪武中以布衣献策金陵擢用，丙寅为华亭县教谕。

廖谨 字慎初，明初顺德葛岸人。洪武十九年（1386），岁贡举明经。永乐时，学士解缙南下时遇见，赞为名儒。

[嘉靖]《广东通志》卷六十《列传十七·人物七》：字慎初，以字行，南海之葛岸人（今顺德县）。恬静力学，凡经史百家之书，靡不淹贯。不妄交游，以"澹交"名其斋。永乐中，学士解缙出为交趾参议，尝遇谨。与之上下其论，若茧丝炙毂③出，出不穷，缙不能有加也。题西樵读书处，有曰：

---

①甘毳：同"甘脆"，味美的食品。

②庭帏：父母所属内室，借指父母。

③炙毂：本作"炙毂过"，比喻言语流畅风趣。"过"为"輠"的假借字。輠，古时车上盛贮油膏的器具，烘热后流油，润滑车轴。

“反身循理，惩忿窒欲。敬之敬之，如金如玉。稷契皋陶①，何书可读?”盖深期之，识与不识，皆谓“廖五经”云。以明经举为四会②训导，后转桂林、南安二郡。性朴实，不能谀上官，人或以俚语笑之为“古必”，谓“泥古不通”也，乃作《古必解》以自嘲。久之，升通山县学教谕，满考当迁，遂乞休，得致仕卒。其教人以执礼为先，群从③兄弟尝受学者，终身莫敢与雁行④立。兄子恂从谨宦游，入通山邑学，中湖广乡试。宣德癸丑登进士，至通显事谨犹执服役，人以是高之。有集，陈琏序之以传，今不传。

［万历］《顺德县志》卷九《选举志第八·明经》：葛岸人，洪武间，南安教授。

［万历］《南海县志》卷十《人物列传一》：字慎初。积学多闻，称“廖五经”……寻迁南安教授致仕。家居迪礼，群从兄弟尝受学者，终身莫敢雁行。族子恂登进士，历官通显，事谨犹自为役，人以是高之。

［崇祯］《南海县志》卷九《人物列传》：愿朴不能事上，或以“古必”目之，谓泥古不通变也。谨作《古必解》。

［乾隆］《顺德县志》卷十《荐辟·明朝》：葛岸人，永乐时举明经，任南安府教授，有传。

［道光］《南海县志》卷二十《贡生荐辟·明永乐朝》：按，《明史·选举志》荐举之目，曰聪明正直，曰贤良方正，曰孝弟力田，曰儒士，曰孝廉，曰秀才，曰人才，曰耆民。太祖又尝谕礼部，经明行修、练达时务之士征至京师，年六十以上、七十以下置翰林以备顾问，四十以上、六十以下者于六部及布政两司用之。据此，则当时荐举实无明经之目。疑谨本岁贡，后人文其名曰明经耳。然旧《志》列荐辟中，姑仍之，而附辨于此。卷三十五《列传四·明·廖谨》：沙头堡人。卷二十六《艺文略二·集》：《澹交集》二卷，明廖谨撰，据黄《通志》。

［咸丰］《顺德县志》卷十《荐举·明·永乐》：葛岸人，永乐时举明经，南安府教授有《传》。

刘彦　明初南海人。洪武二十年（1387）举人。

《广州志》卷三十九《举人·国朝·洪武丁卯科》：含山教谕，南海。

---

①皋陶（gāoyáo）：中国神话中公正的法官，与尧、舜、禹同为“上古四圣”。

②四会：位于广东中部，因境内西江、北江、绥江、龙江会流得名。秦始置。

③群从：指堂兄弟及侄子辈。

④雁行：原指排列飞行的雁的行列，此处指平起平坐。

汤安 明初南海人。洪武二十年（1387）举人。

《广州志》卷三十九《举人·国朝·洪武丁卯科》：前军都督经历，南海。

李盛 明初南海人。洪武二十年（1387）举人。

《广州志》卷三十九《举人·国朝·洪武丁卯科》：御史，南海。

宗子名 一说姓宋，明初南海人。洪武二十年（1387）举人。

《广州志》卷三十九《举人·国朝·洪武丁卯科》：南海。

[康熙]《广东通志》卷十五《选举上·广州府·举人·明·南海》：宋子名，洪武丁卯。

梁泰安 明初南海佛山镇人。洪武二十年（1387）举人。

《广州志》卷三十九《举人·国朝·洪武丁卯科》：河池教谕，番禺。

[乾隆]《佛山忠义乡志》卷四《乡举·明·洪武丁卯》：广西河池县教谕。

[民国]《佛山忠义乡志》卷十三《选举志·科目·举人·明》：洪武丁卯，附生。

黄惟德 乳名阿妹，明初南海甘竹（今属顺德）人。洪武二十年（1387）入宫为女官，任司宝，掌印玺、符节。历永乐、洪熙朝，至宣德七年（1432）告老还乡，侄女之子梁储后来入阁，所知朝廷掌故受益于她。

[嘉靖]《广东通志》卷六十三《列传二十·列女》：女官黄惟德，南海人，洪武二十年选入宫，命为司宝。初名阿妹，永乐初赐今名，信任益隆。宣德七年乞骸南归，皇太后作图及为诗赐之："皇明列圣御寰宇，伟烈宏谟冠千古。重惟仁化本家邦，内庭百职需贤良。咨尔惟德女中士，自少从容知礼义。一从应召入皇宫，夙夜孜孜勤乃事。昔时黑发今如霜，岁月悠悠老将至。九重圣主天地仁，欲使万物同阳春。体兹德意赐归去，乃心感激情忻忻。岭海迢迢千万里，潞河官棹春风里。赐衣宫锦生光辉，亲戚相迎人总喜。喜尔富贵归故乡，我心念尔恒不忘。彩笔题诗意难尽，目极天南去雁翔。"其侄女即大学士梁储之母也，亦累赠至一品夫人。

[崇祯]《南海县志》卷十一《列女·女官黄惟德》：宣德七年乞骸归南

海，皇太后命图及为诗赐之。

[咸丰]《顺德县志》卷二十八《列传八·列女·明》：黄氏名惟德，甘竹人。幼读书通文词，未许聘。初，明太祖吴元年置内职六局，隶以所司。尚服局领司四，首曰司宝，掌宝玺符节①，职綦②重。洪武初始定品秩，慎选其人。二十年，惟德以荐召入，令充司宝，咸称职守，二十七年铸印给之。永乐改元，诸司渐移于宦官，存者惟尚宝四司③不隶局。惟德以谙练典掌裕如，宫闱每倚重之。历洪熙、宣德，递事四朝，弥加勤慎，岁得禄赡其家。先是，宣宗将择配，彭城伯夫人籍永城，言主簿孙忠女贤，召入育于诚孝后。及婚，台官奏后星值鲁分野，时济宁胡荣女楼居，红白气绕户，选为妃，以孙嫔之。孙阴子宫人子，宠甚。宣德二年冬，胡后表请让位，三年三月，孙遂得册立为后。惟德侍后左右，每多启沃，后善待之，恩遇始终不替。明例，宫官④服劳至五六载得归婚嫁，年高者许还乡族，愿留者听。至是，七年三月，惟德以年老援例请，许之。后亲画《皇都赠别图》，诗题其端赐焉，至今黄氏尚世守之……惟德有侄女嫁石硝之梁，即大学士储母也。初归储方幼稚，惟德奇之，亲为教迪。其后储自筮仕迄入阁，所知朝廷掌故，闻于母族为多。储亦怜其无子，以弟亿子之。惟德既耄，每追念家世式微，以祠祀属，亿咸体其意而行。

曾观惠　明初南海人。洪武二十年（1387）举人。

《广州志》卷三十九《举人·国朝·洪武丁卯科》：工部主事、湖广佥事，南海。

程仲信　明初高明城中人。洪武二十一年（1388）岁贡。

[万历]《肇庆府志》卷六《明岁贡·洪武·府学》：程仲信。

[康熙八年]《高明县志》卷四《元明·恩岁贡》：上仓人，洪武二十一年岁贡。

[道光]《高明县志》卷十二《贡生·明》：城中人，洪武二十一年府学岁贡。

---

①符节：古代朝廷传达命令、征调兵将以及各项事务的一种凭证。用时双方各执一半，合之以验真假。

②綦（qí）：极、很。

③尚宝四司：明女官尚服局司宝司、司衣司、司饰司、司仗司的合称。

④宫官：宫中女官。

关可达 原名达，以字行，明初南海九江人。洪武二十八年（1395），参与陈博民修筑桑园围。八十八岁。子度、宪，孙铭，正统三年（1438）举人。

《南海九江乡志》卷四《潜德列传》：公生元季，以积德称于时，推为乡判，享寿八十八。孙铭，孝廉，学博；裔孙储封，同知；名教，孝廉，同知；淳等三十八人，并庠生。《关宪传》：字康裕。俊伟聪敏，博览经史。刚而明，方而正，孝友敦厚，党里物望①归之。子铭，孝廉，学博。《关□传》：字康宗。聪颖朴厚，与弟康裕皆以笃行相尚时称，引古昔格言善行以训子若孙。举丈夫子六，孙枝奕叶②以科举、文学代著。

《九江儒林乡志》卷十三《列传·明》：原名达，以字行。性质朴，好义急公，闾里推为一乡之长，故号乡长。洪武间，陈博民增筑桑园围，可达与其役。卒年八十有八，遗命卜兆游鱼山麓，坟后辟为义地，以葬乡内之贫而无归者，一时称厚德。孙铭，举人，教谕；裔孙名教，举人，同知。《关度传》：字康宗，号网川，聪颖朴厚，与弟宪皆以笃行相问时，称引古昔格言善行。《关宪传》：教子铭以科名起家，为一乡文运先声。

岑平看 （？—1419）原名平汉，号云庵，明初南海九江人。与陈博民友善，洪武二十八年（1395）参与修筑桑园围。正统五年（1440），子越锐以他的名义出谷千石助赈，朝廷旌为义民。

[崇祯]《南海县志》卷十一《隐逸·明》：号云庵，世居九江。正统间，尝出谷数千石助赈。有司奏闻朝廷，敕赐冠带奖谕，劳以羊酒，旌为义民，敕书犹存，建旌义坊。其后蕃衍称为右族云。（原名平汉，御敕下看。）

《南海九江乡志》卷二《事纪》：正统五年，诏旌义民岑平汉。

《九江儒林乡志》卷十三《列传·明》：岑平汉，（《府志》作岑平，《县志》作平看，皆误。）号云菴，负气任侠，与陈博民友善。洪武二十八年，博民上书，塞倒流港，免西潦患，平汉实与有力。又独捐资别筑鸭舌围，与桑园围子母相顾，群庆安澜。尝为有司强起为广东布政司掾，继迁兵部职方司掾，皆以明习法律称。及正统五年，平汉既殁，其子越锐出谷千石助赈，仍

---

①物望：人望、众望。

②孙枝：树的子干生出的嫩枝，比喻孙男。奕叶：累世、代代。

以平汉名列上，敕赐羊酒奖谕，旌为义，另免差徭三年。《岑越锐传》：字景元，号纯菴，平汉长子也……正统五年……平汉殁已二十二载。

温以德　号东湖，明初顺德北水人。一百零三岁，妻梁氏九十八岁。

［咸丰］《顺德县志》卷十五《耆寿表·百岁以外寿民·明》：号东湖，北水人。淳朴重乡里。景泰六年卒。见五代，给绢帛，授文林郎。妻梁氏九十八。

陈博民　（1358—1435）字克济，号东山，明初南海九江人。西江下游河道淤积，九江附近河堤未完善，夏季江水便从下东村与顺德甘竹交界的倒流港逆灌而入。他到南京上书请求修治，太祖朱元璋命省、县治理。洪武二十九年（1396）秋至三十年夏，带领围内乡民修筑堤围，绵延数十里的零散堤段连成一体。子谏、能、秉、濂、正、观、和。

《南海九江乡志》卷四《潜德列传》：字克济，号东山，慷慨有才。因本乡倒流港通大海，屡苦水患。公度其深广工程，于洪武二十八年，伏阙上书议塞，得旨下有司，属公董其役。海濑湍激，沉璧难施。公取大船数艘，实以石沉于港口，水势渐杀，十八堡田户共运土填筑。乘工役，上自丰滘、下至狐狸，绕龙江、三水周数十里，各筑高五尺，半载工竣。十八堡士民建祠崇祀，颜曰“谷食”，古冈黎贞为记。裔孙梦兰，陈白沙先生高弟；灿然、之瑚并庠生。

［嘉庆］《龙山乡志》卷十三《杂志》：桑园围，九江陈博文所筑堤也……洪武二十八年，陈君博文悯水患不除，民苦已甚，慨然奔走万里诣阙条奏，明高皇帝深嘉纳之，于是命董其役。博文为之相度①高下，疏通支流，经营尽瘁，逾年而堤乃成。盖万世利也。博文一布衣耳，而乃急于民事……后之人思粒食安居之由，莫不曰此陈氏子赐也。爰相率鸠材建祠以祀焉。

《九江儒林乡志》卷六《古迹略·冢墓二》：陈义士博民墓，在镇山。墓志铭同里关上进撰，博民墓志作“博文”。公讳博文……父德华，祖建端，曾祖择□，即南雄珠玑迁来之鼻祖也。公在元季明初间，生平慷慨有大志。念西江倾注，盛夏潦涨时，乡及邻堡之濒江者岁受水患，因堤防未善，潦至则

①相度：考虑分析、观察估量，提出解决办法或建议。

澎湃激啮故也。公相度形势，审视要害，思筑而固之，为永久计。又念大工大役，非闻于朝不可，乃走金陵，上书阙下。明高皇曰："捍水灾，惠政也，叩玉阶，义举也。"嘉而俞之，爰敕有司鸠工，而指挥董率，惟公是任。经始于洪武丙子秋，以丁丑夏峻事。自甘竹滩上至天河横冈，绵亘数十里，堤之狭者广之，卑者崇之，薄者厚之，脆者坚之……高皇褒劳，以"乃功"榜其堂……公生于顺帝戊戌年十二月十一日辰时，卒于宣德十年八月初九午时，享寿七十有八。元配孺人①梁氏，次配封氏、暨氏、萧氏、朱氏、何氏。子男七人，长谏、次能、三秉、四濂、五正、六观、七和。女一，其所适即吾族支祖善吾公也。四代孙梦兰，字廷吉，贤而文，从白沙先生游，推陈门游酢，书法尤得江门三昧。卷十三《列传·明》：桑园围自宋尚书左仆射何执中、广南路安抚使张栋先后建筑，始有东西堤。西堤由先登堡循江而下，至本乡倒流港。是时入海水道宽畅，江潦随发随消，水势至此渐平，不足为患。迨元至明，下流香山、新会等处，淤积沙坦，圈筑围田，夏潦盛涨，阻塞难消，旁溢泛滥，往往从倒流港逆灌而入，于是坏庐墓禾稼，日以益甚，远近诸堡之在围内者，均受其害。洪武二十八年，朝廷遣使修天下水利。博民遂度港口深广工程，走京师，伏阙陈便宜，高皇帝嘉之曰："下民昏垫，汝能任其责时乃功。"

卢赟　明初南海人。洪武二十三年（1390）举人第一名。

《广州志》卷三十九《举人·国朝·洪武庚午科》：永淳教谕，南海。

［崇祯］《南海县志》卷四《乡举·明·洪武庚午》：解元，教谕。

［道光］《广东通志》卷七十《举人一·明·洪武二十三年庚午·广州府》：南海人，永淳教谕。旧《南海志》云解元，郝《志》、今《番禺志》以癸酉之苏义达为解元，俟考。

刘溢　明初南海人。洪武二十三年（1390）举人。

《广州志》卷三十九《举人·国朝·洪武庚午科》：刘溢。

辛颖　明初南海人。洪武二十三年（1390）举人。

《广州志》卷三十九《举人·国朝·洪武庚午科》：兴业教谕，南海。

---

①孺人：古代称大夫的妻子，明清为七品官的母亲或妻子的封号。

黄恭义　明初南海人。洪武二十三年（1390）举人。

《广州志》卷三十九《举人·国朝·洪武庚午科》：怀集教谕，南海。

黄德辛　名一作应辛，明初南海人。洪武二十三年（1390）举人。

《广州志》卷三十九《举人·国朝·洪武庚午科》：黄应辛，延平教谕，南海。

［崇祯］《南海县志》卷四《乡举·明·洪武庚午》：一作应辛，教谕。

严本悌　（1363—1449）明顺德大良人。黄萧养起义时，与四子一起被杀。

［乾隆］《顺德县志》卷十六《杂志》：明光禄少卿陈公堂，万历间为严本悌追撰墓志，谓本悌生元至正癸卯。圣祖龙飞淮甸，与内兄东莞伯何真投授金吾卫参云骑尉，既而购业香山之潭洲。正统末，黄萧养作乱，公奋纠义勇，结寨御贼，有为贼间者执公以降。公大骂，与长子庶、三子贵、四子敦、五子璘同遇害。一门死节者十二人，惟次子仲逃获免。考东莞伯之降在洪武元年戊申，是时本悌方六龄耳，则谓其投授金吾卫未必不误。至寇盗窃发，川谷流人之血，遇害固所应有，死节未必其然。

［咸丰］《顺德县志》卷二十三《列传三·明·龙宣和传》：大良人，祖敏……黄寇时，敏同乡严本悌，老而募勇守御，被执骂不屈，与四子庶、贵、敦、璘同遇害，一家死者十二人，惟次子仲免，惨与敏同。又同时何英（按：何英，一作英聚），大墩人，陷贼死。伍璞，古朗人，亦死于贼。游祖，大良人，与妻同骂贼死。

梁玙　明初南海人。洪武二十五年（1392）岁贡。

［崇祯］《南海县志》卷四《贡·明》：训导。

［道光］《南海县志》卷二十《贡生荐辟·明洪武朝》：壬申岁贡，香山训导。按旧《志》不著年代，以《采访册》补之。

薛廷礼　号徵君，明初顺德龙江人。洪武二十五年（1392）举明经。

［康熙二十六年］《顺德县志》卷六《荐举·明朝·洪武》：龙江人，举明经。

《龙江志略》卷一《冠裳·明》：号徵君，洪武廿五年以明经荐，不就。

苏义达　明初南海人。洪武二十六年（1393）举人。

《广州志》卷三十九《举人·国朝·洪武癸酉科》：藤县训导，南海。

［雍正］《广东通志》卷三十三《举人·明·洪武二十三年庚午乡试榜》：南海人，解元。

［道光］《广东通志》卷七十《举人一·明·洪武二十六年癸酉·广州府》：南海人，藤县训导。郝《志》、今《番禺志》作庚午解元，恐误。

李滋　明初南海人。洪武二十六年（1393）举人。

《广州志》卷三十九《举人·国朝·洪武癸酉科》：贺县教授，南海。

［嘉靖］《广东通志》卷十二《明·举人·洪武二十六年癸酉》：教谕。

费友德　明初南海人。洪武二十六年（1393）举人。

《广州志》卷三十九《举人·国朝·洪武癸酉科》：大庾、平江、英德训导，南海。

梁济平　明初南海龙头（今属顺德）人。洪武二十六年（1393）举人第一名。

《广州志》卷三十九《举人·国朝·洪武癸酉科》：解元，福州教授，南海。

［万历］《顺德县志》卷九《举人·洪武二十六年》：龙头，解元，福州教授。

［康熙十三年］《顺德县志》卷二《建置志·坊表》：曰解元，在龙头堡，布政吴廷举为梁济平建。

［道光］《广东通志》卷一百九十五《艺文略七·集部一》：《淡轩集》，明梁济平撰，未见。《广东诗粹》：济平，顺德人，洪武癸酉乡试第一。

黄敏　明初南海人。洪武二十六年（1393）举人。

《广州志》卷三十九《举人·国朝·洪武癸酉科》：南海。

［万历］《广东通志》卷二十《广州府·选举·乡举·国朝·南海》：洪武癸酉。

谭胜受 明初南海人。洪武二十六年（1393）举人。

《广州志》卷三十九《举人·国朝·洪武癸酉科》：御史、浙江佥事，南海。

唐豫 字用之，明初顺德平步人。少从学于孙蕡，与何淮等为“平步六逸”，授徒为业。子璧。

［万历］《顺德县志》卷八《人物志第七之二》：唐豫者，平步人也，字用之。父奎，洪武初以经明行修荐，授增城学教谕，博览群书，乡人号“唐书匭”。湛菜寇至，被执不屈死。豫生而颖悟，少从翰林典籍孙蕡游，作诗文有古人风。性刚介无谄曲，痛父非命，作蓼莪亭。与周祖生、周祖念、刘子羽、何淮、刘子高友，号“平步六逸”，皆德行醇谨，衣冠严伟，为人所钦。尝相与定乡约，乡人信行之。秋成后先输公赋一。补尺籍①，必遣少壮当行之人二。冠礼遵文公币无过腆三。昏先夕燕其子坐之南面，曰渐老燕②，非礼也，如礼醮③之四。父在子立，违者叱之五。丧无饮客，远者为具蔬食，朔望会哭勿留六。祭以四时，忌日哭尽哀，不饮酒食肉，居宿于外如礼七。礼尚施报，冠昏丧葬其大者，邻里亲戚朋友往来佐之八。子弟教以孝弟，睦于亲族乡党，读书学文，毋令侈其衣冠，博奕饮酒，以为父母戮九。乡为甲，几其出入，几其所事，其有奇邪，闻于有司十。豫子璧亦有文行。母瞽不能自食，璧晨夕饲之。后母遇医复明，人谓孝感。一时公卿皆重璧，参议陈赟待以宾礼。及改大常，执手别曰：“卿吾三益也！”璧动循礼，暑未尝去衣冠。训诱子弟端立正坐，出入规矩，然后授以句读。或见以为迂阔，曰：“文艺末事，不收放心，何以受教？”其敦行如此。

［道光］《南海县志》卷二十六《艺文略·集》：《乐澹集》五卷，明唐豫撰，据黄《通志》。

区祖华 明初顺德陈村人。洪武初带领乡民自治，与孔伯平为诗友。父思本。

---

①尺籍：军籍。

②渐老燕：古代结婚礼仪之一。招亲当晚，男方父母为儿子设“渐老宴”，儿坐在尊位。燕：古同“宴”。

③醮（jiào）：古代冠、婚礼所行的一种简单仪式，尊者对卑者酌酒，卑者接受敬酒后饮尽，不需回敬。

［咸丰］《顺德县志》卷二十二《列传二·元·区思本》：陈村人……子祖华，幼有至性，力田养亲。洪武初，民尚未获安集，祖华辟土筑室居迁者，为乡约以完税，率闾里。与同邑孔伯平、古冈邓林为诗友，著有《南野亭集》一卷。尝就其祖仕衡故居为大宗祠，定祀礼。有司欲以孝弟力田举之，以事亲辞。

孔伯平 明初南海人。洪武二十九年（1396）举人。子谧，天顺三年（1459）举人。

《广州志》卷三十九《举人·国朝·洪武丙子科》：上林县丞，南海。《举人·国朝·天顺己卯科》：孔谧，南海。

［道光］《广东通志》卷七十《举人一·明·洪武二十九年丙子·广州府》：南海人，上林县丞，《番禺志》云小龙人。卷七十一《举人二·明·天顺三年己卯·广州府》：孔谧，番禺人，南海学，伯平子。

刘彧 明初南海人。洪武二十九年（1396）举人，任山东济宁判官。

《广州志》卷三十九《举人·国朝·洪武丙子科》：济宁判官，南海。

何彦政 明初南海人。洪武二十九年（1396）举人，任湖南零陵教谕。

《广州志》卷三十九《举人·国朝·洪武丙子科》：零陵教谕，南海。

周鲁生 明初南海人。洪武二十九年（1396）举人。

《广州志》卷三十九《举人·国朝·洪武丙子科》：云南教授，南海。

赵腾 明初顺德龙头人。洪武二十九年（1396）举人。

《广州志》卷三十九《举人·国朝·洪武丙子科》：溆浦教授，南海。

［嘉靖］《广东通志》卷十二《明·举人·洪武二十九年丙子》：东莞人，教授。

［万历］《顺德县志》卷九《举人·洪武二十九年》：龙头，德化教谕。

梁性之 明初南海人。洪武二十九年（1396）举人。

《广州志》卷三十九《举人·国朝·洪武丙子科》：武进教谕，南海。

刘文昌 明南海人。建文元年（1399）举人。

《广州志》卷三十九《举人·国朝·洪武己卯科》：赣县训导，南海。

李晟 字孟昭，明南海龙津（今属顺德）人。建文元年（1399）举人，永乐元年（1403）为户科给事中，十年升都给事。出任广西南宁知府六年，擢河南左参政退休归。

《广州志》卷三十九《举人·国朝·洪武己卯科》：任都给事中。以廉能擢知南宁府，不鄙夷其民。专尚德教，历如千载，梗化者悉归供赋税。升河南布政司参政，所至有声。致仕家居，尤笃孝友。南海。

［嘉靖］《广东通志》卷六十《列传十七·人物七》：字孟昭，南海人。器宇凝重，举止不凡，儿时，见者知其必贵。少失怙，入邑学，博通经史，有文名，且能承颜事母。革除己卯乡贡进士，靖难①初，为户科给事中，常侍左右，言事称旨。永乐癸未春三月，上御奉天门，选近臣有才识者使广东，抚绥河源山泽间流亡之徒。上顾晟曰："汝其往哉！"当陛辞，有旨许过家省母，赐道里费楮币以行，人皆荣之，复命加慰劳焉。己丑春正月，上御奉天门，晟方奏事，上谓吏部曰："吏员中多有才干者，然亦能害人。可令给事中保举，若非其人，则平日交结可知，其并罪之。"晟受命而出，乃奏保郎中万子雅、办事官前御史傅衡。诏试二人以事然后任职，由是益为上所知。元夕赐百官观灯，应制赋诗，为人称赏，与同官陈山辈皆驰声于时。壬辰进都给事中，以廉能举保，擢知广西南宁府。不鄙夷其民，专尚德教，历六载，梗化者悉归供赋税。以绩最擢河南布政司参政，所至有声。致仕家居，尤笃孝友，乡邦论纯厚君子，必曰李大参云。

［康熙十三年］《顺德县志》卷八《人物传二·忠义》：龙津人。国学生，慷慨任事。正统间，巨贼黄萧养逆乱，诬累功服②兄弟，逮系京师，田产尽没入官。晟挺身入告，并得昭雪，还其田里，本分之外毫不染指。念母遗腹生身，抚育孤苦，屡以实行质之当事，益得表章。孝亲睦族，乡中推为祭酒。

---

①靖难：平定祸乱。建文元年七月，燕王朱棣自北平起兵造反，自称"靖难"。四年六月十三（1402 年 7 月 13 日）攻下帝都应天（今江苏南京），建文帝失踪，朱棣登上帝位，为明成祖。

②功服：古代丧服名，大功、小功的统称。因斩衰、齐衰用粗麻布，功服用熟麻布，故名。此指五服内兄弟。

［道光］《广东通志》卷七十《举人一·明·建文元年己卯·广州府》：番禺人，南海学，河南参政。

［道光］《南海县志》卷二十《举人·明建文朝》：都给事，参政……按《广西志·职官表》晟进士，而各志进士无之，未知其审，故附于此俟考。己卯科。

梁添佐 明南海人。建文元年（1399）举人。

《广州志》卷三十九《举人·国朝·洪武己卯科》：永康知县，南海。

［雍正］《广东通志》卷三十三《举人·明·建文元年己卯乡试榜》：南海人，知县。

黄璹 明南海人。建文元年（1399）举人。

《广州志》卷三十九《举人·国朝·洪武己卯科》：大理评事，南海。

［雍正］《广东通志》卷三十三《举人·明·建文元年己卯乡试榜》：南海人，评事。

曾慧 明南海人。建文元年（1399）举人。

《广州志》卷三十九《举人·国朝·洪武己卯科》：泌州同知，南海。

［雍正］《广东通志》卷三十三《举人·明·建文元年己卯乡试榜》：南海人，同知。

李宁 明南海人。建文四年（1402）举人，永乐二年（1404）进士。

《广州志》卷三十九《举人·国朝·永乐癸未科》：南海。卷三十八《进士·明·永乐甲申科》：南海，参议。

［嘉靖］《广东通志》卷十二《明·举人·永乐元年壬午》：进士。

［雍正］《广东通志》卷三十三《举人·明·建文四年壬午乡试榜》：南海人，登进士。

［道光］《广东通志》卷七十《举人一·明·永乐元年癸未·广州府》：南海人，进士。

李仲芳 明南海人。建文四年（1402）举人，永乐二年（1404）进士。

《广州志》卷三十八《进士·国朝·永乐甲申科》：南海。

［嘉靖］《广东通志》卷十二《明·举人·永乐元年壬午》：应天中式见进士。《明·进士·永乐二年甲申》。

［崇祯］《南海县志》卷四《乡举·明·永乐癸未》：应天中式。

［雍正］《广东通志》卷三十三《举人·明·建文四年壬午乡试榜》：南海人，进士，顺天榜。

［道光］《广东通志》卷七十《举人一·明·永乐元年癸未·附应天中式五人》：南海人，进士。戴《志》失载，郝《志》、《南海志》列壬午。

［道光］《南海县志》卷二十《进士·明永乐朝》：福建巡按、监察御史，据《福建志》参修，甲申科。

黄彝　明南海人。建文四年（1402）举人。

《广州志》卷三十九《举人·国朝·永乐癸未科》：南海。

［嘉靖］《广东通志》卷十二《明·举人·永乐元年壬午》：黄彝。

［雍正］《广东通志》卷三十三《举人·明·建文四年壬午乡试榜》：南海人。

刘士传　名或作仕传，字习之，明南海人。永乐元年（1403）举儒士。

《广州志》卷三十七《选举一·国朝·儒士》：刘仕传，永乐初，陕西参议，南海。

［嘉靖］《广东通志》卷六十《列传十七·人物七》：字习之，南海人。明经绩文，不求闻达。永乐元年，有司以儒士应诏，不得已举至京师。授兵科给事中，屡言边事，文庙嘉之。升陕西布政司左参议，巡行固原，建议备狄，或以为迂。转授福建邵武府知府，公勤廉慎，兴学劝士，多所造就，他政绩亦多，郡人德之。

［道光］《广东通志》卷六十四《制举·明·永乐》：南海人，元年举儒士，邵武知府。

岑子原　明南海人。永乐元年（1403）任浙江钱清北坝官，廉介好学。

［万历］《南海县志》卷十《人物列传一》：永乐初为钱清北坝官，廉介勤敏，役夫馈酒肉者悉却之。敝袍疏食，处之怡然，政暇必兀坐读书。人谓子原不卑其官而清操独立，使位高而贪者闻之，可愧死矣。

萧九成　字子韶，明高明岑水人。永乐元年（1403）举人，次年进士。

［嘉靖］《广东通志》卷十二《明·举人·永乐元年壬午》：见进士。《明·进士·永乐二年甲申》：萧九成。

《广东通志初稿》卷十九《进士科·明·永乐二年甲申》：肇庆。

［万历］《肇庆府志》卷五《明·举人·永乐元年癸未》：字子韶，进士，府学，高要人。

［康熙八年］《高明县志》卷四《明·进士·永乐二年甲申曾棨榜》：清泰人。

［雍正］《广东通志》卷三十三《举人·明·永乐元年癸未乡试榜》：高明人，登进士。

［道光］《高明县志》卷十二《进士·明》：岑水人，永乐二年甲申登曾棨榜进士。

邓之相　（？—1405）明顺德水藤人。任广西驻防提督，实授广东电白参将。永乐三年，督兵阵亡，妻弈氏及子女同时死难。

［民国］《顺德县志》卷十《仕宦表·郭〈志〉补遗·武职·宋》：水藤人。明广西驻防提督，实授电白参将。永乐三年督兵拒贼阵亡，妻弈氏及子女同时殉难。

冯裔　明南海人。永乐三年（1405）举人。

《广州志》卷三十九《举人·国朝·永乐乙酉科》：浙江都事，南海。

江志达　明南海人。永乐三年（1405）举人。

《广州志》卷三十九《举人·国朝·永乐乙酉科》：南海。

刘子嵒　明南海人。永乐三年（1405）举人。

《广州志》卷三十九《举人·国朝·永乐乙酉科》：南海。

严端　明南海人。永乐三年（1405）举人。

《广州志》卷三十九《举人·国朝·永乐乙酉科》：南海。

杜缙　明南海人。永乐三年（1405）举人，洪熙元年（1425）时迁江西德安知县。

《广州志》卷三十九《举人・国朝・永乐乙酉科》：宣化同知，南海。

［崇祯］《南海县志》卷九《人物列传・杜晋传》：登永乐乙酉科。洪熙间，以湖广参议左迁德安知县。持己廉而不矫，处事直而攸当，士民咸爱戴之。

李弘道　名或作宏道，明南海人。永乐三年（1405）举人。

［崇祯］《南海县志》卷四《乡举・明・永乐乙酉》：李弘道。

［道光］《广东通志》卷七十《举人一・明・永乐三年乙酉・广州府》：李宏道，南海人，交趾庆县知县。戴《志》、黄《志》、郭《志》俱作曲江人，疑曲江籍。

何淮　字用之，明顺德平步人。永乐三年（1405）举人，与唐豫等为“平步六逸”。

《广州志》卷三十九《举人・国朝・永乐乙酉科》：富川教谕，南海。

《广东通志初稿》卷十四《唐豫传》：字用之，顺德人。生而颖悟，少从翰林典籍孙蕡游，作诗文有古人风度。性刚介无谄，交友克尽义。尤笃于孝，作蓼莪亭以寓孝思。隐居授徒，自号乐澹，与周祖生、周祖念、刘子羽、何淮、刘子高友，号“平步六逸”，皆德行尊严，为世所钦。尝相与定乡约，乡人信守行之。

［万历］《顺德县志》卷九《举人・永乐三年》：马宁，富川教谕。

［雍正］《广东通志》卷三十三《举人・明・洪武二十九年丙子乡试榜》：顺德人，教谕。《举人・明・永乐三年乙酉乡试榜》：南海人，教谕。

［道光］《广东通志》卷七十《举人一・明・永乐三年乙酉・存疑十八人》：富川教谕。郭《志》一作南海人，见《南海志》。戴《志》、黄《志》一作顺德人，亦见《顺德志》。《顺德志》又入洪武丙子科，恐误，俟再考。

［咸丰］《顺德县志》卷十六《胜迹略・寺观・都宁属》：化乐寺，在平步。宋嘉熙四年，乡民周挺建。明天顺间，何淮、刘永平重建。卷二十二《列传二・明・唐豫传》：交友以义，与周祖生、祖念、刘子羽、子高、何淮游，整衣冠，敦行谊。

邹昺　明南海人。永乐三年（1405）举人。

《广州志》卷三十九《举人·国朝·永乐乙酉科》：洛容教谕，南海。

林宗儒　明南海人。永乐三年（1405）举人。

《广州志》卷三十九《举人·国朝·永乐乙酉科》：南海。

杨显　明南海人。永乐三年（1405）举人。

《广州志》卷三十九《举人·国朝·永乐乙酉科》：南海。

招用　明南海人。永乐三年（1405）举人。

《广州志》卷三十九《举人·国朝·永乐乙酉科》：南海。

梁拱辰　名或作拱宸，明南海人。永乐三年（1405）举人。

《广州志》卷三十九《举人·国朝·永乐乙酉科》：融县教谕，南海。

［康熙］《南海县志》卷五《选举志·明乡举·永乐乙酉》：梁拱宸，教谕。

邓德达　元末明初高明人。元至正间，与乡民黄泽等集众创筑大沙堤，为堤长。明永乐四年（1406）完成，十七年砌石窦以替换木窦。宣德九年（1434），因年老，由他人丈量分基。

［万历］《肇庆府志》卷八《地理志二·高明县》：有堤……大沙，县东十里。旧《志》元至正间，罗塘、田心、清泰、杨梅、上仓五都乡人黄泽、邓德达等筑。

［康熙八年］《高明县志》卷十一《水利·圩岸·大沙堤》：治东十里，形如悬胆……旧《志》元至正间，乡民黄泽等各乡集众创筑。按本堤故老相传旧《堤录》，明永乐三年乡民李福受奏筑……永乐四年，奉工部福字二百九十号勘合，本府委吏李有亮、堤长邓德达起倩文储、禄栏等都，兼同本堤人户见丁筑塞完成……十七年，堤长邓德达照田起谷，买石砌石窦一穴换原木窦。宣德九年，邓德达年老，乡民李卯住县告差老人丈量十村田亩，中则、下则编税均工筑基，各村分派基额，分作四甲，递年各自补筑。是筑堤始于永乐三年，丈量分基则自宣德九年也。

梁广　（1376—1449后）字南园，明南海佛山镇人。正统十四年（1449）黄萧养军围攻佛山时，与乡长冼灏通及其他二十位乡绅坚守半年，黄军兵败广州，佛山之围亦解。景泰三年（1452），二十二老入祀祖庙流芳祠，广列其首。

《粤大记》卷三《事纪类·黄萧养乱广》：外史氏棨曰，予闻之，萧养帅众急攻佛山，欲劫其铁器助兵具也。乃见有红面将军督卒战守，而贼徒被伤者甚众，胆寒股栗，撤众而退。

［乾隆］《佛山忠义乡志》卷八《义行·明》：字南园。赋性严厉，处事公平，乡里信服。明正统己巳，广年七十有四，时黄萧养反狱为大盗，逼民从逆，四方骚然。广倡大义，与同志者二十一人，率子弟出资财、制器械拒之。时贼已至，守御未备，乃使其子、柏堂等数十辈诱说百端，令贼返兵还，广遂连夜撤屋为栅，浚田为堑。越数日，贼复至，遂与之战，杀其伪千户彭文俊等三人。贼益怒，聚八百余艘攻围佛山，势甚猖獗。广等用飞枪大铳①摧破贼阵，斩获甚众。各乡人民来避难者日以万计，卒成保障之功。事闻，褒赏广等义士，以旌异之。今灵应祠右有流芳祠，崇祀二十二老，以广为首云。

梁懋善　字柏庭，明南海佛山镇人。正统十四年（1449）黄萧养军围攻佛山时，率领乡民抗击。在佛山二十二老中名列第二。

［乾隆］《佛山忠义乡志》卷八《义行·明》：字柏庭。兄弟四人，善最幼，恭于诸兄，雍睦无间言，气骨挺异，慷慨英特，迄老不衰。黄萧养寇乱时，善年已七十余矣，与众义士戮力同心，设策御贼，竟获全胜。事闻，赐众义士冠带，后祀于流芳祠。忠义流芳祠祀二十二老：梁懋善，黄磡人。

方徵　明南海人。永乐六年（1408）举人。

《广州志》卷三十九《举人·国朝·永乐戊子科》：南海。

区敬　名一作敏，字慎之，明南海陈村（今属顺德）人。永乐三年（1405）或六年举人。

《广州志》卷三十九《举人·国朝·永乐戊子科》：立石知县，南海。

［万历］《顺德县志》卷九《举人·永乐三年》：龙津，交趾立石知县。据嘉靖《志》，成化《志》缺，府《志》六年中式。

［崇祯］《南海县志》卷四《乡举·明·永乐戊子》：一作敏。

---

①铳（chòng）：古代用火药发射弹丸的一种火器。

［康熙］《广州府志》卷三十八《人物志九·清高列传·明》：欧敬，字慎之，顺德人。性清慎孝友，少博学能文。永乐戊子举于乡，授安南交州立石县知县，廉明近民，民不敢欺。著有《水堂诗文集》，世传诵之。妻黄氏复通经史，有孝行，哭姑丧明，三年复开。今其后彬彬多文雅之士焉。

刘汭　明南海人。永乐六年（1408）举人。

《广州志》卷三十九《举人·国朝·永乐戊子科》：古雷县丞，南海。

苏润民　明南海人。永乐六年（1408）举人。

《广州志》卷三十九《举人·国朝·永乐戊子科》：交趾知县，南海。

李彦颖　明南海人。永乐六年（1408）举人。

《广州志》卷三十九《举人·国朝·永乐戊子科》：辰州同知，南海。

陈谔　明南海人。永乐六年（1408）举人。

《广州志》卷三十九《举人·国朝·永乐戊子科》：南海。

陈翼　明南海人。永乐六年（1408）举人。

《广州志》卷三十九《举人·国朝·永乐戊子科》：南海。

郑祥　明南海人。永乐六年（1408）举人。

《广州志》卷三十九《举人·国朝·永乐戊子科》：南海。

林超　明南海人。永乐六年（1408）举人第一名，十三年进士。

《广州志》卷三十九《举人·国朝·永乐戊子科》：解元，南海。卷三十八《进士·明·永乐乙未科》：知府。

《广东通志初稿》卷十九《进士科·明·永乐十三年乙未陈循榜》：知府，番禺人。

［道光］《广东通志》卷六十八《进士·明·永乐十三年乙未陈循榜·广州府》：南海人，二甲，知府。《题名碑》作番禺人，《番禺志》有会榜，无乡榜。

郭应奎 明南海人。永乐六年（1408）举人。

《广州志》卷三十九《举人·国朝·永乐戊子科》：南海。

萧友麒 明南海人。永乐六年（1408）举人。

《广州志》卷三十九《举人·国朝·永乐戊子科》：南海。

彭瑛 明南海人。永乐六年（1408）举人。

《广州志》卷三十九《举人·国朝·永乐戊子科》：南海。

何大哥 明顺德登洲人。永乐七年（1409），与弟义哥率众到官府抗止填海。弟义哥。

［康熙十三年］《顺德县志》卷十三《人物传三·行谊》：登洲人。永乐己丑，邻都病流潦之患诉于官，檄下筑塞黄脊冈海。与弟义哥毅然起谋，会众诉于官曰："若塞此海，是以吾乡为壑，其害可胜言哉!"由是官司是之，前议遂寝，邻乡得免壅水之害，何之力也。孙珙亦好义有祖风，如赈饥修桥、息争救急，乡人至今怀其德。由府庠生应例冠带，邑令礼而宾之。读书好吟咏，多所纂著，藏于家。尝拟题邑中八景诗，人颇传诵。

［咸丰］《顺德县志》卷二十二《列传二·明·何大哥》：邻都黄鼎患潦浸，请于官许筑塞王借（旧《志》作黄瘠，今从《南海志》。）冈海。以杜北注，势莫可止……率众诣官诉曰："此要道也，塞之是以吾地为壑。"……邑庄步以下免壅水患。

杨伯俊 明高明城中人。永乐七年（1409）岁贡。父以智。

［万历］《肇庆府志》卷六《选举表二·国朝岁贡·永乐·府学》：断事司吏目。

［康熙八年］《高明县志》卷四《元明·恩岁贡》：杨梅人，明岁贡。

［道光］《高明县志》卷十二《贡生·明》：城中人，以智子，永乐七年府学岁贡。

马铭 明南海人。永乐九年（1411）举人，十三年进士。

《广州志》卷三十九《举人·国朝·永乐辛卯科》：南海。卷三十八《进士·国朝·永乐乙未科》：南海，户部主事。

陈子童 明南海人。永乐九年（1411）举人，二十二年进士。

《广州志》卷三十八《进士·国朝·永乐甲辰科》：教谕。

［嘉靖］《广东通志》卷十二《明·进士·永乐二十二年甲辰》：广州南海人，教谕。

［万历］《广东通志》卷二十《广州府·选举·乡举·国朝·南海》：永乐辛卯举人，永乐甲辰进士，教谕。

［道光］《广东通志》卷七十《举人一·明·永乐九年辛卯·附应天中式一人》：南海人，黄《志》误入癸卯。

陈顺怀 明南海人。永乐九年（1411）举人。

《广州志》卷三十九《举人·国朝·永乐辛卯科》：南海。

杨伯润 明高明罗格人。永乐九年（1411）岁贡。其女嫁高明城中人谭邳英。父以仁。

［万历］《肇庆府志》卷六《选举表二·国朝岁贡·永乐·府学》：怀远知县。

［万历］《广东通志》卷四十八《肇庆府·选举·岁贡·国朝·高要》：怀集知县。

［康熙八年］《高明县志》卷四《元明·恩岁贡》：杨梅人，永乐岁贡，任广西桂县知县。《貤封·明》：杨以仁，以子伯闰赠广西桂县知县。

［康熙二十九年］《高明县志》卷十四《列女》：杨氏，县尹杨伯润女，适在城谭邳英。英少孤，弟幼。值明正统己巳之变，氏痛叔陷，虑夫茕孑恋己而罹于难，祸延先世，遂自饮药而卒。后夫赖以存活，寿八十有九，宗祀获延，人皆义之。

［道光］《高明县志》卷十二《贡生·明》：罗格人，永乐九年府学岁贡，前《志》载县学，任广西临桂知县。《封典·明》：杨以仁，以子伯润赠临桂知县。

易纯 明南海人。永乐九年（1411）举人。

《广州志》卷三十九《举人·国朝·永乐辛卯科》：南海。

姚恺 明南海人。永乐九年（1411）举人。父均政。

《广州志》卷三十九《举人·国朝·永乐辛卯科》：胡州通判，南海。卷四十《封赠·明·知县》：姚均政，南海，以子慥贵赠。

［道光］《广东通志》卷七十《举人一·明·永乐九年辛卯·广州府》：南海人，湖州通判。

莫若善　明南海人。永乐九年（1411）举人。

《广州志》卷三十九《举人·国朝·永乐辛卯科》：阳朔知县，南海。

［道光］《南海县志》卷二十《举人·明永乐朝》：阳朔知县，辛卯科。按《广西志·职官表》：莫若善，监生。考《明史·选举志》云，举人入监始于永乐中，会试下第，辄令翰林院录其优者俾入学，以俟后科。然则若善殆以举人入监，故《广西志》称其为监生。

梁昇　明南海人。永乐九年（1411）举人，在广西任知县。

《广州志》卷三十九《举人·国朝·永乐辛卯科》：任桂知县，南海。

梁轸　号端溪，明高要新生乡（今属三水白坭上梁村）人。永乐二年（1404）被选送文渊阁参与修书，九年回乡考上举人。会试不第，入国子监读书。宣德三年（1428），出任山西道监察御史。正统十年（1445），劾奏湖北藩台越级用礼乐，反被诬告回籍。父进。

［嘉靖］《广东通志》卷六十《列传十七·人物七》：高要人（今三水县），少卓立有经济志。永乐辛卯领乡荐，授福建道监察御史，肃清风纪，务持大体。后改行在山西道，初巡直隶，所至激烈。有指挥抵法，浼乡宦苏都事，馈以金砚一方、夜明珠五颗，叱却不受。出按湖广，清臬司①匿贼赃，劾武臣不法事，为人所严惮。后为忌者所中，谪云南典史，谢事家居，卒，始终刚介云。

［万历］《肇庆府志》卷五《选举表一·国朝·举人·永乐六年戊子》：府学，高要人。卷二十《人物传·国朝·梁轸传》：请乡人苏都事馈金砚一、夜明珠五，叱之……谢事家居，布衣蔬食，始终刚介，盖古之遗直者。

［康熙十二年］《三水县志》卷十二《人物传·忠侃》：号端溪，新生乡

---

①臬司：宋各路提点刑狱司、元代肃政廉访使司与明清各省提刑按察使司的简称，主管一省司法。

人。少卓立有经济志，兼精行、楷书，为时推重，充肇庆府庠。永乐二年选送文渊阁与修书籍，九年回籍领乡荐。会试不第，请入大学肄业。十二年奉使浙江回京，连丁外内艰，十七年起复。宣德三年，繇国子监除行在山西道监察御史，历巡浙直、陕西等处。正统间又巡江西、湖广、四川、云南等处。正统十年，劾奏楚藩僭用礼乐，忤旨回籍。当其按山西时，有指挥陈抵法，托同乡苏都事馈金砚一方、明珠五颗求末减，轸叱却之。按湖广时，清法司匿贼赃，毫无假贷。按云南时，有旧都阃①当籍没家资百万，一内使欲为之地。轸固争曰："有一于此，是欺罔也。"内使愧服。其刚直类如此，故谪籍之行，咸谓以忌见构云。都院王鳌疏荐有"凛八道之风霜，正一朝之纲纪"等语，轸固辞不出。家居无担石储，布衣蔬食，不异寒士。尝手书"孝弟忠信勤俭"六字刊布乡闾，成、弘间犹有存者，谓之"御史书"。生平以贞白自励，遂别号曰"贞白"。万历元年崇祀本学乡贤。卷一《事纪》：明嘉靖十五年丙申，新生水口奏准筑堤开双窦。（宣德间，侍御梁轸议奏立闸捍御，未果。）

［康熙四十九年］《三水县志》卷三《乡举·明朝·永乐辛卯科》：新生人，以高要中式，历官八道巡按御史，祀乡贤。《明封赠》：梁进，新生人，以子轸贵赠文林郎、山西道御史。

［道光］《肇庆府志》卷十四《明·举人·永乐朝》：六年戊子科附载。高要人，今隶三水。山西道御史，巡按直隶。九年辛卯科附载，见旧《府志》，不注县名。

强敏　明南海人。永乐九年（1411）举人。

《广州志》卷三十九《举人·国朝·永乐辛卯科》：御史，南海。

谭宗智　明高明仓步人。永乐九年（1411）举人。

［嘉靖］《广东通志》卷十二《明·举人·永乐九年辛卯》：知县。

《广东通志初稿》卷十九《举人·明·永乐九年辛卯》：肇庆。

［万历］《肇庆府志》卷五《选举表一·国朝·举人·永乐六年戊子》：丽水知县……府学，高要人。

［康熙八年］《高明县志》卷四《明·举人·永乐九年辛卯》：仓步人，住郡城，任浙江丽水县知县。

---

①都阃（kǔn）：指统兵在外的将帅。

黄左氏　（1384—1485）女，明顺德龙山人。寿一百零二岁。

［康熙十三年］《顺德县志》卷九《人物传三·百岁志》：左氏，龙山黄卿妻。生洪武十七年甲子，卒成化二十一年乙巳，寿一百有三岁。

［乾隆］《顺德县志》卷十四《寿妇》：寿一百零二岁。中年夫故，矢志柏舟，仰事俯育，孝慈兼尽。

张瓒　明南海人。永乐十二年（1414）举人。

［宣统］《南海县志》卷十《拾遗订误·举人》：甲午，礼部郎中，永乐朝。

陈诚　明南海人。永乐十二年（1414）举人。

《广州志》卷三十九《举人·国朝·永乐甲午科》：南海。

郑举政　名一作政举，明初顺德桂林人。永乐十二年（1414）举人。

《广州志》卷三十九《举人·国朝·永乐甲午科》：教谕，善画，番禺。

［万历］《顺德县志》卷九《举人·永乐十二年》：桂林，龙岩教谕。

［雍正］《广东通志》卷三十三《举人·明·永乐三年乙酉乡试榜》：顺德人，教谕。《举人·明·永乐十二年甲午乡试榜》：番禺人，教授。

林观　明南海人。永乐十二年（1414）举人。

《广州志》卷三十九《举人·国朝·永乐甲午科》：南海。

周必都　明南海人。永乐十二年（1414）举人。

《广州志》卷三十九《举人·国朝·永乐甲午科》：临江经历，南海。

贺臻　明南海人。永乐十二年（1414）举人。

《广州志》卷三十九《举人·国朝·永乐甲午科》：南海。

彭森　字伯森，明南海人。永乐十二年（1414）举人第一名，次年进士。父仲良。

《广州志》卷三十九《举人·国朝·永乐甲午科》：解元，南海。卷三十八《进士·国朝·永乐乙未科》：南海，御史、参政。卷四十《封赠·国朝·佥事》：彭仲良，南海，以子森贵赠。

［嘉靖］《广东通志》卷六十《列传十七·人物七》：字伯森，南海人。少孤贫，以俊材被选为郡诸生。所服襕衫①被缺，以纸纫而补之。有司见而悯焉，为给灯油、伙食使力学。森以是得肆力于书，援笔辄万言，皆中规矱②。永乐甲午乡举第一，明年登进士，授山西道监察御史，升福建参政。始未第时，聘同里女，盖卑贱人也。及得解，其家以窭辞，亲戚复以女貌陋止之。森不可，竟成婚，恩爱甚笃，生子皆贤而有文，有举于乡者……森有文艺，独居官无闻焉。论其夫妇大伦③，则今之庭式也。

［崇祯］《南海县志》卷九《人物列传》：有司悯之……皆中矩矱。永乐甲午乡试第一，明年登进士，授山西道御史，出为福建参政。未第时，聘同里贫家女。及发解，其家以窭辞。

程勉　明南海人。永乐十二年（1414）举人。

《广州志》卷三十九《举人·国朝·永乐甲午科》：任江西理问，廉介勤慎，决狱无私，曲直判然。声闻于朝，擢监察御史。后丁内艰，哀毁逾制，竟以病卒。南海。

［嘉靖］《广东通志》卷六十一《列传十八·人物八·钟顺传》：程勉者，仕江西理问，廉介勤慎，决狱无私。擢监察御史，按江西，有能名。后丁内艰，哀毁而卒。

［万历］《南海县志》卷十《人物列传一》：举永乐甲午科，任江西布政司理问，廉介勤慎，决狱无私，曲直判如流水。绩闻于朝，擢监察御史。以内艰归，哀毁骨立，病作竟卒。同时汤性方与勉并举，历任陕西副使，以刚毅果敢知名。

黄友信　号翠竹，明顺德龙山人。永乐间为吏，征战甘肃立功，迁河南监察御史、工部员外郎。

《广州志》卷四十《选举四·吏材》：顺德人。永乐中，以功拜监察御史、工部员外郎。

---

①襕（lán）衫：一种裳下摆接一横襕的男人长衫，明清时为秀才、举人公服。
②规矱（yuē）：规矩、法度。
③大伦：指封建社会的基本伦理道德。

［嘉靖］《广东通志》卷六十《列传十七·人物七》：顺德人。永乐间为理问所吏，读儒书，考满赴部冠带。从征甘肃，自募骁勇，屡立战功，士庶感戴。绩闻于上，超迁河南道监察御史，转工部员外郎。

［万历］《顺德县志》卷八《人物志第七之二》：黄友信者，龙山人也。永乐间为理问所吏，两考赴部。从征甘肃，自募壮士，立战功。擢河南道监察御史，转工部员外郎。

［嘉庆］《龙山乡志》卷八《人物志·武功》：沙富村头人也，号翠竹……历河南按察使司佥事。

苏恒　明南海人。永乐十五年（1417）举人。父以礼。

《广州志》卷三十九《举人·国朝·永乐丁酉科》：御史，南海。

［崇祯］《南海县志》卷四《封赠·明》：苏以礼，以子恒赠御史。

余友坚　明南海人。永乐十五年（1417）举人。

《广州志》卷三十九《举人·国朝·永乐丁酉科》：南海。

陈超　字阆苑，明南海九江人。永乐十五年（1417）选贡。父南庄。

《九江儒林乡志》卷十《选举略·明·贡生·永乐十五年丁酉》：字阆苑。府学选贡，初官燕山右卫经历，迁浙江布政司都事。《封荫》：陈南庄，以子超赠征仕郎、浙江布政司都事。

冼昭　明高明黄村人。永乐十五年（1417）举人。

［万历］《肇庆府志》卷五《选举表一·国朝·举人·永乐十五年丁酉》：高要人。

［康熙八年］《高明县志》卷四《明·举人·永乐十五年丁酉》：黄村人。

周宗润　名或作宗闰，明南海桂林（今属顺德）人。永乐十五年（1417）举人。父祖震。

《广州志》卷三十九《举人·国朝·永乐丁酉科》：南海。

［万历］《顺德县志》卷九《举人·永乐十五年》：周宗闰，桂林，和阳卫经历。《封赠·卫经历》：周祖震，宗闰父，赠。

［康熙十三年］《顺德县志》卷五《明朝·乡举·永乐丁酉》：周宗闰，

北滘人，和阳卫经历。

[道光]《南海县志》卷二十《举人·明永乐朝》：和阳卫经历，丁酉科。

梁志　明南海人。永乐十五年（1417）举人。

《广州志》卷三十九《举人·国朝·永乐丁酉科》：南海。

梁聪　明南海人。永乐十五年（1417）举人，任广西全州州判。

《广州志》卷三十九《举人·国朝·永乐丁酉科》：全州判，南海。

萧清　明南海人。永乐十五年（1417）举人。

《广州志》卷三十九《举人·国朝·永乐丁酉科》：御史，南海。

朱辉　明南海人。永乐十八年（1420）举人，次年进士。

《广州志》卷三十九《举人·国朝·永乐庚子科》：南海。卷三十八《进士·国朝·永乐辛丑科》：番禺。

刘谔　明南海人。永乐十八年（1420）举人。

《广州志》卷三十九《举人·国朝·永乐庚子科》：南海。

劳谆　明南海人。永乐十八年（1420）举人。

《广州志》卷三十九《举人·国朝·永乐庚子科》：南海。

李芳　明南海人。永乐十八年（1420）举人。子景达。

《广州志》卷三十九《举人·国朝·永乐庚子科》：云南知州，南海。

[道光]《广东通志》卷七十一《举人二·明·景泰四年癸酉·广州府》：李景达，南海人，字宗赐，芳子，乳源①知县。

①乳源：位于广东省西北部。南宋乾道三年（1167）置，因县北丰岗岭溶洞产钟乳，穴中有源泉流而得名。

连琼　明顺德沙浦人。永乐十八年（1420）举人。

［嘉靖］《广东通志》卷十二《明·举人·永乐十八年庚子》：连琼。

《广东通志初稿》卷十九《举人·明·永乐十八年庚子》：番禺。

［万历］《顺德县志》卷九《举人·永乐十八年》：石涌。

［咸丰］《顺德县志》卷十《举人·明·永乐》：沙浦人，庚子科。按：《番禺志》作陈姓，误。

陈敬（明永乐）　明南海人。永乐十八年（1420）举人。

《广州志》卷三十九《举人·国朝·永乐庚子科》：南海。

陈瓒　明南海人。永乐十八年（1420）举人。

《广州志》卷三十九《举人·国朝·永乐庚子科》：南海。

［崇祯］《南海县志》卷四《乡举·明·永乐庚子》：陈瓒。

罗缙　明南海人。永乐十八年（1420）举人。

《广州志》卷三十九《举人·国朝·永乐庚子科》：博白①训导，南海。

［嘉靖］《广东通志》卷十二《明·举人·永乐十八年庚子》：经魁，训导。

黄永　明南海人。永乐十八年（1420）举人。

《广州志》卷三十九《举人·国朝·永乐庚子科》：光禄署丞，南海。

曾节　明南海甘溪（今属顺德）人。永乐十八年（1420）举人第一名。

《广州志》卷三十九《举人·国朝·永乐庚子科》：解元，南海。

［嘉靖］《广东通志》卷十二《明·举人·永乐十八年庚子》：广州番禺人，解元，训导。

［万历］《顺德县志》卷九《举人·永乐十八年》：甘溪，解元，建宁训导。

---

①博白：位于广西东南部。唐武德四年（621），新置博白等五县，因博白江（今小白江）而名。

［康熙十三年］《顺德县志》卷二《建置志·书院》：曰锦云，在登州堡，里人何宗顺、何宗和建。明永乐间解元曾节司教事，学者从游甚众。

区贤（明永乐）　字德夫，明南海甘溪（今属顺德）人。永乐二十一年（1423）举人第一名，宣德五年（1430）二甲进士，任南京户部主事九年卒。父宗受。

《广州志》卷三十九《举人·国朝·永乐癸卯科》：解元，南海。卷三十八《进士·国朝·宣德庚戌科》：南海，户部主事。

［万历］《顺德县志》卷九《大明进士·宣德五年》：甘溪，户部主事。

［康熙十三年］《顺德县志》卷六《明朝·封赠》：区宗受，西滘人，以子贤贵赠户部主事。卷七《人物传一·德业》：字德夫，西滘人。中永乐癸卯解元，登宣德庚戌进士，授南京户部主事。历官九载，卒于任，比卒而正郎之命始下。居官清介，严于取予。位列度支①，家仍故素，身后不能庇其子孙，都人士咸仰慕之。崇祯间，其任孙龙祯，以参政俸钱置祭田，构祠以祀之。

［道光］《广东通志》卷六十八《进士·明·宣德五年庚戌林震榜·广州府》：南海人，二甲，主事。

朱彦璋　明南海人。永乐二十一年（1423）举人。

《广州志》卷三十九《举人·国朝·永乐癸卯科》：府学。

［道光］《南海县志》卷二十《举人·明永乐朝》：癸卯科。按：郭《通志》无此人，黄《通志》有之。《文行集》载是科中式百四十九人，黄《通志》则百五十人，殆即溢此人欤？然不可考，姑仍之，而附辨于此。

何汉（明永乐）　名或为藻，明南海人。永乐二十一年（1423）举人。

《广州志》卷三十九《举人·国朝·永乐癸卯科》：兖州教授，南海。

［万历］《广东通志》卷二十《广州府·选举·乡举·国朝·南海》：何藻，永乐癸卯，兖州教授。

---

①度支：官署名，魏、晋始置，掌管全国的财政收支。隋改为民部，唐避太宗李世民讳，改为户部。

麦奇 明高明小峒人。永乐二十一年（1423）举人。

［嘉靖］《广东通志》卷十二《明·举人·永乐二十一年癸卯》：知县。

《广东通志初稿》卷十九《举人·明·永乐二十一年癸卯》：高要。

［万历］《肇庆府志》卷五《选举表一·国朝·举人·永乐廿一年癸卯》：程县知县，府学，高要人。

［康熙八年］《高明县志》卷四《明·举人·永乐二十一年癸卯》：小峒人，任程县知县。

［乾隆］《肇庆府志》卷十八《明·举人·永乐癸卯》：高要人，后属高明。程乡①知县。

张能 明顺德黄连人。永乐二十一年（1423）举人。

《广州志》卷三十九《举人·国朝·永乐癸卯科》：南海。

［康熙二十六年］《顺德县志》卷五《选举志·明朝》：黄连人，永乐癸卯举人。

陈志受 明南海人。永乐二十一年（1423）举人。

《广州志》卷三十九《举人·国朝·永乐癸卯科》：南海。

［崇祯］《南海县志》卷四《乡举·明·永乐癸卯》：教授。

易善 明南海人。永乐二十一年（1423）举人。

《广州志》卷三十九《举人·国朝·永乐癸卯科》：任给事中，升湖广岳州府知府，政尚宽简。决讼明察，凡案牍一目洞然，吏不敢欺，称为神明。升湖广布政使，景泰五年援例致政。南海。

［万历］《南海县志》卷十《人物列传一》：以乡荐历官给事中，出知岳州府，政尚宽厚。决讼明察，凡案牍一目洞然，吏不敢欺，称为神明。历湖广布政使，景泰中引年，卒于家。

黄友奎 明南海人。永乐二十一年（1423）举人。

《广州志》卷三十九《举人·国朝·永乐癸卯科》：南海。

①程乡：在今广东梅州。南朝齐置，为纪念当地名士程旻而命名。北宋时，改名为梅州，隶属潮州。

黄鸾 名一作銮，字志鸣，明顺德陈村人。永乐二十一年（1423）举人。弟佐。

《广州志》卷三十九《举人·国朝·永乐癸卯科》：南海。

［万历］《顺德县志》卷五《举人·永乐二十一年》：龙津，慈利训导。

［康熙二十六年］《顺德县志》卷五《选举志·明朝》：龙津人，慈溪训导。

［乾隆］《广州府志》卷三十五《循吏二·顺德·明》：学崇体要，不务章句。平居无戏言，虽盛暑必衣冠危坐……授湖广慈利县教谕，常进诸生分训理学经济，有安定风，一时问业者多名宿。著有《巢翠楼集》行世。

［道光］《广东通志》卷七十《举人一·明·永乐二十一年癸卯·广州府》：黄銮，南海人，今隶顺德，慈溪训导，銮一作鸾。

［咸丰］《顺德县志》卷二十二《列传二·明·黄佐传》：陈村人。兄鸾，字志鸣……官慈利训导（张《府志》作教谕，今从《访册》），诸生无登科者，当左迁遽归……鸾曾孙朝聘……弟朝宾。

蔡寿 明南海人。永乐二十一年（1423）举人。

《广州志》卷三十九《举人·国朝·永乐癸卯科》：四川布政，南海。

［嘉靖］《广东通志》卷十二《明·举人·永乐二十一年癸卯》：布政。

［万历］《广东通志》卷二十《广州府·选举·乡举·国朝·南海》：四川布政。

颜宗 （1393—1459）字学渊，明南海人。永乐二十一年（1423）举人。景泰二年（1451）升兵部车驾司主事，三年后转员外郎。奔母丧归，卒于途。父瑜。

《广州志》卷三十九《举人·国朝·永乐癸卯科》：兵部主事，南海。卷四十《封赠·国朝·知县》：颜瑜，南海，以子宗贵赠。

［嘉靖］《广东通志》卷六十《列传十七·人物七》：字学渊，南海人。永乐癸卯举于乡，仕福建邵武知县。为政平易恺悌①，以救荒悯旱为先。奉诏增置义仓，劝殷民及措置积粟二十余万石储之。岁遭歉，计口给赈，民无阻饥。尝大旱，斋沐徒行百里祷于神，雨大注，岁遂稔。民有吴姓者垂死，一子名铁牛尚幼，托所交育之。一日铁牛为人所杀，闻于官，邑贰执所育者抵

①恺悌（kǎitì）：和乐平易。

罪，其人称冤。宗疑之，积诚告城隍，梦有人诉曰："杀牛者，驴也。"明旦召耆老讯之，果有亲属幼唤丘驴者，亟捕得之，一讯具服，人称为神明。沙尤寇邓茂七作乱，上命率师讨之。渠魁既复，余党据险弗复当道，委宗招抚。宗率耆老数辈直诣贼所，贼众皆泣谢听命，散为良民，所活五七万余人。景泰辛未，九年满考，无公私过，获貤恩①父母，升兵部车驾司主事，三载转署员外郎。奔母丧归，卒于途。宗善画山水，为世所重。

胡济 字孟时，明南海人。洪熙元年（1425）以贤良荐举，授广西布政司检校。正统三年（1438），任广西理定知县，调平南，卒于官。

《广州志》卷三十七《选举一·国朝·贤良正》：南海。（字孟时，学行优长。洪熙初元，广西道监察御史胡启先以贤良举，授广西布政司检校。正统三年，广西按察司佥事王凯以济廉介学优，荐广西理定县知县，招来流民。复调平南，县界大藤峡，民杂瑶、壮，不时侵掠，移窜者多。济筑城卫之，民始奠居。正统九年，总兵镇远侯征剿大藤峡贼，连平南之大同、明化二里民。济力为民辨，蒙活者二千余口。民怀其德，至今不忘。疾终于官。）

［嘉靖］《广东通志》卷六十《列传十七·人物七》：字孟时，南海人，以学行优长知名。洪熙初元，广西道监察御史胡启先以贤良举，授广西布政司检校。正统三年，广西按察司佥事王凯以济廉介学优，荐广西理定县知县，招来流民。复调平南，县界大藤峡，民杂瑶壮，不时侵掠，移窜者多。济筑城卫之，民始奠居。正统九年，广西总兵官韩观征剿大藤峡贼，连平南之大同、明化二里，民多就俘者。济力为民辨，蒙活者二千余人。民怀其德，称其循良廉介，至今不忘。以疾卒于官。

［崇祯］《南海县志》卷九《人物列传》：广西佥事王凯以济廉介学优，荐知理定县，招来流民。复调平南，县界征大藤峡，民杂瑶、壮，不时侵掠，移窜者多。济筑城卫之，民始奠居。

王子伦 名纲，以字行，明南海人。宣德初（1426）荐为湖南攸县丞，正统间卒于巡按云南时。

《广州志》卷三十七《选举一·国朝·贤良正》：南海。

［嘉靖］《广东通志》卷六十《列传十七·人物七》：名纲，以字行，南

①貤（yí）恩：指朝廷对外戚和命官的亲属尊长移授封爵名号的恩典。

海人。博学积文，有名于时。宣德初，监察御史何善荐授长沙之攸县丞，惠政及民，民爱之。时草寇萧彦真剽掠，子伦与百户张本捕之。抵衡山遇寇，与战失利，中有引矢向子伦者，众呼曰："王父母君子人，勿伤!"遂得免。既而通政陈琏复以"有守有为"荐知江阴县，廉名益著。仅初考①，都御史陈智闻其有学识且操守廉介，复疏奏举之。有旨来征，邑民黄惇素等千余人遮道愿留不可，乃脱其靴悬于谯门以示不忘。至京授河南道监察御史，烨然以直声著。历官始终不携妻子。正统间巡按云南，遂以疾卒。吏部尚书魏骥手表其墓，称为"廉能吏，贤法司"云。二子载、贯。载能文章，隐居不仕。贯有诗名，由乡贡任南平知县，卒。载子观光亦举人，能诗。而子伦所著有《彝斋集》。

［道光］《南海县志》卷三十五《列传四·明·王子伦》：按：黄《通志》、魏《志》选举皆云，子伦与胡济皆举贤良科，贯、观光父子同举景泰庚午科。

关誉　明南海人。宣德元年（1426）举人。

《广州志》卷三十九《举人·国朝·宣德丙午科》：闽府长史、田州知府，南海。

邹淮　明南海人。宣德元年（1426）举人。

《广州志》卷三十九《举人·国朝·宣德丙午科》：南海。

梁瑾　明顺德龙头人。宣德元年（1426）举人。

《广州志》卷三十九《举人·国朝·宣德丙午科》：府学，柳城知县。

［嘉靖］《广东通志》卷十二《明·举人·宣德元年丙午》：番禺人，知县。

［万历］《顺德县志》卷九《举人·宣德元年》：龙头，前军都督府都事。

［咸丰］《顺德县志》卷十《举人·明·宣德》：龙头人，前军都督府都事，丙午科。按：黄《通志》引明《番禺志》作番禺人，知县，今从郭、郝二《通志》、叶《志》。

---

①初考：明代在职官员考核制度，到任3年考核为初考，6年为再考，9年为通考，考而决定职官升降调。

梁惠　明三水龙池人。宣德初（1426）荐举。

［康熙四十九年］《三水县志》卷三《荐辟·明朝》：龙池人，宣德初荐举，任通州卫经历，敕授征仕郎。

萧亮　明南海人。宣德元年（1426）举人。

［嘉靖］《广东通志》卷十二《明·举人·宣德元年丙午》：训导。

《广东通志初稿》卷十九《举人·明·宣德元年丙午》：南海。

［万历］《广东通志》卷二十《广州府·选举·乡举·国朝·南海》：宣德丙午，杭州训导。

钟惠　明南海人。宣德元年（1426）举人，任福建龙岩教谕。

《广州志》卷三十九《举人·国朝·宣德丙午科》：龙岩教谕，南海。

关徽　明高明井溢人。宣德四年（1429）举人。

［嘉靖］《广东通志》卷十二《明·举人·宣德四年己酉》：肇庆高要人。

［万历］《肇庆府志》卷五《选举表一·国朝·举人·宣德四年己酉》：府学，高要人。

［康熙八年］《高明县志》卷四《明·举人·宣德四年己酉》：清溪人。

［道光］《高明县志》卷十二《举人·明》：井溢人，宣德四年己酉举人。

冼嘉　明南海人。宣德四年（1429）举人。

《广州志》卷三十九《举人·国朝·宣德己酉科》：南海。

冼灏通　字亨甫，明南海佛山镇人。宣德四年（1429）率众集财，买祖庙前地凿池植莲。正统十四年（1449），黄萧养军围攻佛山时为乡长，组织乡民抗击。

［乾隆］《佛山忠义乡志》卷三《乡事志·坊表》："振家德泽""弈世恩荣"（在祖庙铺冼祠内），为冼灏通建。卷八《武功·明》：字亨甫。正统己巳黄贼萧养作乱，声言攻略佛山。官司访灏通有异才，命为乡长，捍御事听便宜行。灏通乃纠合同志凡二十二人，率乡子弟为兵，列栅为城，凿沟为堑，置铺舍，利器械。已而贼果至，辄开门挑战，战辄胜，斩首二千余级。贼既平，布政揭稽上其功，特赐佛山为忠义乡，祖庙为灵应祠，旌赏灏通等义士

有差，后合祀于流芳祠。卷九《列女·明》：谭氏，义士冼灏通妻。黄萧养寇乱，通父子并力捍御。有吴萧者怀二千金自大良来奔，众疑为贼党，将执杀之。氏语子靖曰："彼既同贼，安携多金？可白而救之。"萧因以得免，随以金乞寄，氏语靖令其自埋。后贼平，萧掘地取金，封识宛然。萧大喜，以一半谢，氏却不受。又戚里妇女避贼来奔者，氏辄罄贮给之，咸赖存活焉。卷十《艺文志·疏记》：《重建祖庙记》逸士唐璧（邑人）：宣德四年己酉，士民梁文缮……复与冼灏通率众财，买庙前民地百余步，凿池植莲，号曰灌花池。《世济忠义记》（布政使）卢梦阳（邑人）：正统十四年……佛山之父老若梁广、梁懋善、霍伯仓、梁厚积、霍佛儿、伦逸森、梁浚浩、冼灏通、梁存庆、何寿凯、冼胜禄、梁敬亲、梁裔坚、伦逸安、谭履祯、梁裔诚、梁颛、梁彝頫、冼光、何文鉴、霍宗礼、陈靖者二十二人度贼且至，首倡大义……嘉靖三十二年山东淮徐皆大祲，岭南尤甚……剽掠之衅启矣……时则主事冼子桂奇……亲往谕之……解其党而去……佛山及张槎之父老多冼子之功，合词于行部，欲与二十二人者并入祀典祀之，冼子闻而力止之……冼灏通者，冼主事君之高大父也，世以忠义相济。

唐璧 字主一。明顺德平步人。宣德四年（1429），为佛山镇撰《重建祖庙碑记》。正统十四年（1449）黄萧养起兵时，避难佛山，帮助策划抵御。景泰间，在家乡设青云馆教书。

《广东通志初稿》卷十四《人物·卓行·明》：字主一。母区氏目瞽不能自食，璧晨夕执匙箸养之。后遇神医，目遂明，人以为孝感。一时公卿皆重璧，欲荐之，璧以母老无他兄弟辞焉。参议陈赀待以宾礼。及赀改太常少卿去，执手泣别不能舍，谓曰："君吾三益也，其忍一日违君耶？"璧动循礼法，远近尊师之。每训诱子弟，必使端立正坐，出入规矩，然后授以句读。正统己巳之乱，避寇佛山，为其乡人画策，贼不能入。

[康熙十三年]《顺德县志》卷二《建置志·书院》：青云馆，在平步堡化乐寺。乡儒唐豫创未就而卒，明景泰间改元，乡老何淮等成之。举豫子璧为师，远方士子至者甚众。

[道光]《佛山忠义乡志》卷十二《金石志上·石·明》：《重建祖庙碑记》，宣德四年己酉邑人唐璧撰。

[道光]《南海县志》卷二十六《艺文略·集》：《和唐诗鼓吹集》十卷、《咏史诗》一卷、《和千家诗》一卷，明唐璧撰。

[宣统]《南海县志》卷十一《艺文略·集部·别集》：《主一集》，明唐璧撰。

岑文凯　明顺德葛岸人。与唐璧为友。兄文亮在成化二年（1466）参与建顺德县学奎文阁。

[康熙十三年]《顺德县志》卷九《人物传三·隐逸》：葛岸人，征士中可之孙。夙侍父善德庭训①，与兄文亮肆力于学，涉猎书史。工吟咏，古风、近体皆可讽诵，及与所善唐璧更相劘切②，其子侄泰枸辈并以诗闻乡曲间，一时风流文采之盛，称世家焉。

[咸丰]《顺德县志》卷二十《金石略二·石·顺德县学新建奎文阁记（成化二年)》：复简生员黎璇、何昭、林政，耆民岑文亮、冠带义总吴霄董其事。卷十六《胜迹略·署宅·亭轩之属》：松亭，在沙滘乡，明逸士岑文亮、文凯隐居课子处。其后人万、用宾清风直节，归隐处犹称“松林拥翠”，盖取后凋义也。

刘鉴　字伯先，明顺德平步人。拜师于唐璧，与岑文凯齐名。

[康熙十三年]《顺德县志》卷九《人物传三·隐逸》：字伯先，平步人。性沉静，涉猎经史，动循礼节。古今治乱，人物臧否，历历胸中，为诗文有理致。尝受业唐璧之门，称高第云。

梁文缙　明南海佛山镇人。宣德四年（1429）重修祖庙倡捐，正统元年（1436）与霍佛儿捐地凿庙前灌花池。

[乾隆]《佛山忠义乡志》卷三《乡事志·纪略》：明宣德四年己酉重修北帝庙，梁文缙倡捐，有记，正统元年丙辰，凿北帝庙前灌花池。梁文缙、霍佛儿捐地一百二十步，并植梧桐、波罗二树于池旁。卷十《艺文志·疏记》：《庆真堂重修记》，宣德四年己酉，乡之善士梁文缙出为主缘，化财重建……毕年成之……正统元年丙辰岁，主缘梁文缙等各出己财，买到庙前民地一丘，以步计之一百二十有五，凿为灌花之池，植以波罗、梧桐二木于余土之上，其地税粮则有梁文缙、霍佛儿分承在户以输纳之。

霍百四　字伯仓，号隔塘，明南海佛山镇人。正统十四年（1449）黄萧养军围攻佛山时，与从弟佛儿、从侄宗礼抵抗。

---

①庭训：父亲对儿子的教育，泛指家教。

②劘（mó）切：切磋。

[民国]《佛山忠义乡志》卷十四《人物志·忠义·明》：字伯仓，号隔塘。器宇魁梧，膂力超绝，尤笃伦纪。父殁，让产与弱弟伯球、伯厚，宗族式之。会正统已巳黄萧养寇佛山，百四与从弟佛儿、从侄宗礼谋曰："贼至矣，庐墓斯在，安可膜视耶？"乃慷慨誓众，得乡义士二十二人，共同捐资缮兵，撤屋为栅，浚田为涌，与贼战，杀其伪千户彭文俊等。贼宵遁，佛山赖安。左布政揭稽上其事，封忠义官，年八十余卒，祀流芳祠。乡人重其义，号所居霍畔坊曰"隔塘"，由是地以人传，不减郑公通德云。霍佛儿，字松庄，百四从弟也。少武勇，能文章，貌瑰伟。慷慨好施，每为长歌戒富人，谓"多藏必厚亡，勿以阿堵累子孙"，乡人多化之。家素封①，尝舍地筑灵应祠前灌花池，及施田十余亩作祖庙祀典。黄萧养乱，合镇惊恐，佛儿号于众曰："事至此，不但外援已绝，而征发科派且不及。予愿毁家以纾乡难，诸君能从我杀贼乎？"于是群众欢跃誓死相从，遂与二十二义士亲冒矢石杀贼而返。事平，有司上其功，封忠义官，佛儿视若淡然，每以不歼尽渠魁为国效命、为乡雪怨为憾，其忠义之性生有自来矣。及殁崇祀流芳祠，至今馨香不绝云。

黄琏　明南海人。宣德四年（1429）举人。

《广州志》卷三十九《举人·国朝·宣德己酉科》：端安教授，府庠中式。

何珍　名一作真，字嵩山，明高明人。宣德间，肇庆太守王莹旌表。

[崇祯]《肇庆府志》卷二十二《人物传·明》：字嵩山，高要人。至性天植，三岁失怙恃。喜读书，垂髫称博洽焉。以父母不见为恨，遂绝意功名。每食必恸，终身衣缟，食不兼味，学者称为"一味孝子"，因以为号。宣德中，郡守王罄以状请，乃旌其门曰"孝子之门"。

[康熙]《广东通志》卷十七《孝义·肇庆府·明》：何真，高明人。

刘垣　名一作洹，明南海人。宣德七年（1432）举人。

《广州志》卷三十九《举人·国朝·宣德壬子科》：刘洹，衢州通判，番禺。

[崇祯]《南海县志》卷四《乡举·明·宣德壬子》：通判。

---

①素封：无官爵封邑而富比封君的人。

［道光］《广东通志》卷七十一《举人二·明·宣德七年壬子·广州府》：南海人，浙江衢州通判，垣一作洹。又见《番禺志》。

张俊　明南海人。宣德七年（1432）举人，任山东兖州通判。

《广州志》卷三十九《举人·国朝·宣德壬子科》：兖州通判，南海。

欧信　明南海人。宣德七年（1432）举人。

《广州志》卷三十九《举人·国朝·宣德壬子科》：连州，同知。

［崇祯］《南海县志》卷四《乡举·明·宣德壬子》：州同。

［道光］《广东通志》卷七十一《举人二·明·宣德七年壬子·广州府》：南海人，州同。又见《连州志》，南康同知。

谢成　明南海人。宣德七年（1432）举人。

《广州志》卷三十九《举人·国朝·宣德壬子科》：梧州通判，南海。

廖恂　明南海葛岸（今属顺德）人。宣德七年（1432）中举，次年进士。父育初。

《广州志》卷三十九《举人·国朝·宣德壬子科》：南海。卷三十八《进士·国朝·宣德癸丑科》：南海，佥事。

［嘉靖］《广东通志》卷十二《明·举人·宣德七年壬子》：湖广中式，进士。

［万历］《顺德县志》卷九《大明进士·宣德八年》：葛岸，佥事。卷七《廖谨传》：葛岸人也，字慎初。恬静力学，涉猎经史。永乐中，学士解缙出为交趾参议，过谨与语，重之，题其西樵书舍曰“反身循理，惩忿窒欲。敬之敬之，如金如玉。稷契皋陶，何书可读”，盖期之也，人称“廖五经”云。举明经，为四会训导，转通山教谕。愿朴不能谄事上官，或以“古必”目之。“古必”，俚语谓泥古不通变，乃作《古必解》。久之，迁南安府教授，致仕。其教人以礼为先，群从兄弟尝受学者，终身莫敢雁行。族子恂登进士，通显矣，事谨犹自为役，人以是高之。

［道光］《南海县志》卷二十《封荫·明宣德朝》：廖育初，以子恂赠奉直大夫。

［咸丰］《顺德县志》卷十《进士·明·宣德》：湖广通山籍，广西佥事，有传，癸丑科。

钟顺 字必华（一作伯华），号半帆，明南海龙江（今属顺德）人。宣德七年（1432）举人，景泰间任湖北沔阳知县，任广西太平知府时卒。子学、禧。

《广州志》卷三十九《举人·国朝·宣德壬子科》：宣德七年乡荐，知沔阳州，有善政。泽及邻邑监利，其民为立生祠于沧浪之上。后升太平知府，终于官。南海。

［嘉靖］《广东通志》卷六十一《列传十八·人物八》：字必华，南海人。乡贡进士，景泰中知沔阳州。江西凶人周礼、洪能起大狱，为患荆沔，顺以计召视奏疏，叱其不恭，即杖杀之。监利县民越境而讼者，凡百有七十人，受理听断，咸得其情。监利民大悦，为立生祠于沧浪之上，昭其清也。后终广西太平知府。政暇，能为声诗①，人多传诵。

［万历］《顺德县志》卷七《人物志第七之一》：钟顺者，龙江人也，字伯华。以举人知沔阳州。江西凶人周礼、洪能起大狱，为患荆、沔，顺给视草，杖杀之。监利县民越境而诉者百七十人，听断咸得其情。监利民大悦，立生祠于沧浪之上。后终广西太平知府。为声诗，人多传诵。长子学工画，陈献章有题其春草诗。季子禧与李承箕善，其卒也，承箕挽焉，献章倚而和之。

［康熙十三年］《顺德县志》卷七《人物传一·德业》：秩满，升广西太平府知府，欲劾武职不法，遭鸩而卒。

［乾隆］《广州府志》卷三十四《循吏一·南海·明》：景泰中知沔阳州。

《龙江志略》卷一《冠裳·明》：字必华，号半帆。宣德壬子举人，授广西宾州知州，丁忧，补湖广沔阳州知州……祀沔阳名宦及广州府学乡贤祠。

［道光］《佛山忠义乡志》卷十二《金石志上·石·明》：《祖庙灵应祠碑记》，广西宾州知州南海钟顺书丹，景泰二年六月立。

［道光］《南海县志》卷二十六《艺文略二·集》：《和鸣盛集》六卷，明钟顺撰。

［民国］《顺德县志》卷十四《艺文略·集部·别集》：《半帆集》，明钟顺撰。

韦清 明南海人。宣德十年（1435）举人。

---

①声诗：指乐歌。

《广州志》卷三十九《举人·国朝·宣德乙卯科》：清流知县，南海人。

冯彦英 明南海人。宣德十年（1435）举人。

《广州志》卷三十九《举人·国朝·宣德乙卯科》：瑞州教授，南海人。

刘璨 明南海人。宣德十年（1435）举人。

《广州志》卷三十九《举人·国朝·宣德乙卯科》：都司都事，南海人。

[崇祯]《南海县志》卷四《乡举·明·宣德乙卯》：教谕。

伦昇 明南海人。宣德十年（1435）举人。

《广州志》卷三十九《举人·国朝·宣德乙卯科》：教谕。

[崇祯]《南海县志》卷四《乡举·明·宣德乙卯》：都司断事。

[雍正]《广东通志》卷三十三《举人·明·宣德十年乙卯乡试榜》：南海人，都事。

曾恕 字道传，号钥谷，明南海九江人。宣德十年（1435）贡举。

《南海九江乡志》卷三《选举·贡·宣德乙卯年岁贡》：字道传，号钥谷。繇番禺学习《易经》。

黄佐 明顺德陈村人。正统岁贡，任广西容县令。兄鸾，永乐二十一年（1423）举人。

[乾隆]《顺德县志》卷十《贡生·明朝·正统岁贡》：龙津人，容县知县。

[乾隆]《广州府志》卷三十五《循吏二·顺德·明·黄鸾》：弟佐以岁荐授容县令，剔奸裁费，兴学校，禁陋俗，与容更始。任九载惟带一家僮自随，门无私谒，将迁擢，乞休归。士民感戴，祀名宦。

[咸丰]《顺德县志》卷二十二《列传二·明·黄佐》：陈村人。兄鸾，字志鸣。

张秉壬 明顺德龙山人。正统末年（1450）保障乡里。妻卢氏，子善昭、德昭。

[嘉庆]《龙山乡志》卷二《乡事志·坊表》：贞民，在沙富圣堂坊，为

义士张秉壬建。正统庚午，群小煽乱。秉壬率乡勇立堡拒贼，有保障功。监司贤之，额其里曰“贞民”，今圮。卷十《艺文志·序》:《张讷庵诗叙》尹直，广之顺德龙山乡……张氏居之。有曰秉壬寿夫甫者，张氏之彦也。寿夫世以资名，读书尚礼乐善……性简默恬静，闲居不妄发一言。尝扁其藏修之所曰“讷庵”，亦谨言也。缙绅大夫嘉美之，咸形于赋咏，汇次成帙。属子善昭，举乡进士来京，征余作序诸首。《书讷庵诗后小序》尹直：余曩为张处士序《讷庵诗》，时其子善昭已领乡荐，会试春闱，处士方无恙也。迨逾二纪……善昭擢为司务。……不半载，善昭出佥蜀臬，处士可谓报矣。虽不逮禄奉养，其必有含笑于地下乎?《张雪崖诗叙》戴豪：兵部司务张彦充甫，以其弟彦修，别号雪崖，求诸士大夫之诗联为巨卷，间以示余，俾为序……彦修名德昭，德昭少习举子业，试弗售，顷以助边①例授冠带云。《荣寿诗叙》李仁杰：兵部司务张君彦充，以公事奉使广东，得便道抵顺邑，觐母卢氏夫人。卷十一《艺文志·杂文》:《明正德戊辰恩进阶朝列大夫四川按察司佥事卧云张公彦充墓表》张昪：原南海人，讳善昭……年二十七，天顺壬午以《易》领乡试。三举进士未第……寻丁外艰……弘治戊午，公以亲不逮养，屡乞归，章屡上，始诏复前职，到任加奉政大夫、修政庶尹，今上改元，加朝列大夫。张之先家曲江，曲江唐相九龄之裔。至宋，有讳子颐者，以事迁广城高第街，复徙居南海龙山乡……曾祖讳桂丛，祖讳细如，以资雄于乡。父讳秉壬……母卢氏……丁内艰服阕，改临江。

甘凤　明南海甘溪（今属顺德）人。正统三年（1438）举人。

《广州志》卷三十九《举人·国朝·正统戊午科》：广南知府，南海。

［万历］《顺德县志》卷九《举人·正统三年》：甘溪，广南知府。

［道光］《南海县志》卷三十五《列传四·明·甘凤》：正统间任剑川知州，政务威严而待士甚厚。

［咸丰］《顺德县志》卷二十四《列传四·明·区龙正》：西滘人……同堡甘凤，正统戊午举人。牧剑州，政务威严而待士甚厚。权广南知府。

关铭（明正统）　号晋斋，别号听松，字省己，明南海九江人。正统三年（1438）举人，次年会试中副榜，十二年为浙

①助边：捐献财物以资助边防费用。

江乡试考官，景泰七年（1456）为江西乡试考官。退休回家讲学，何经、何淡、梁昉都是他的学生。子淳，曾孙允开、端建，玄孙维信、觉先、魁先、显先、兆龙。

《广州志》卷三十九《举人·国朝·正统戊午科》：南海。

《南海九江乡志》卷三《选举·乡举·正统三年戊午科》：字省己，号晋斋，别号听松。由儒士习《易经》，中式第十七名，己未副榜。初授广西富川县学训导，丁内艰，服阕，补山东聊城县学训导，升湖广善化县教谕，历聘浙江、广西分考。子淳，曾孙允升、端建，玄孙维信、觉先、魁先、显先、兆龙，并庠生。卷四《先达列传》：公有孝行，领乡书，登乙榜，肄业太学。丁艰回籍，襄葬庐墓，闻松声深风树之感，改号“听松”。三任学博，两典文衡，得士章倬诸公，科名赫奕。致仕讲学，一时名宦若何都宪经、何大参淡、梁侍御昉、万郡丞张皆出门下。

《九江儒林乡志》卷十《选举略·明·举人·正统三年戊午科》：字省己，号晋斋，儒士中式第十七名，己未乙榜，初官广西富川训导，转山东（椰）〔聊〕城训导，丁卯聘浙江分考，迁湖广善化教谕。丙子聘江西分考。卷十二《列传·明》：未老解官归，十余年乃卒。

林琦 明南海人。正统三年（1438）举人，成化七年（1471）任广西梧州知府。父槚。

《广州志》卷三十九《举人·国朝·正统戊午科》：刑部员外、梧州知府，南海。卷四十《封赠·国朝·推官》：林槚，南海，以子琦贵赠。

［万历］《南海县志》卷十《人物列传一》：登正统戊午科，成化七年任梧州知府。兴学□□□志施政前后各有条理，上便而下爱之。

［崇祯］《南海县志》卷九《人物列传》：兴学校，纂郡志，施政前后各有条理。

［道光］《南海县志》卷二十《举人·明正统朝》：梧州知府，戊午科。据《广西志》，林琦进士，而各志进士及太学《题名碑》并无之，未知其审，附著于末以俟考。

欧阳明 明南海人。正统三年（1438）中举。

［嘉靖］《广东通志》卷十二《明·举人·正统三年戊午》：南海人，应天中式。

顾昊 名或作旻，明南海人。正统三年（1438）举人，任福建邵武同知。

《广州志》卷三十九《举人·国朝·正统戊午科》：顾旻，邵武同知，南海。

［嘉靖］《广东通志》卷十二《明·举人·正统三年戊午》：顾昊，广州南海人，同知。

戴琏 字汝器，明南海人。正统三年（1438）举人，次年考进士中乙榜，任广西罗城训导两年卒。子缙，孙岸科、梦瑞。

《广州志》卷三十九《举人·国朝·正统戊午科》：罗城训导，南海。

《粤大记》卷二十二《献征类行谊芳标·明》：字汝器，南海人。夙禀颖悟，为郡庠弟子员，一时名公咸以远大期之。素有诗名，所同游者如关誉□旻涂辙辈，皆蜚声吟坛。寻领正统戊午乡荐，登己未乙榜。授罗城训导，仅二载卒，时称清节先生。子缙，工部尚书，诸孙岸科、梦瑞辈，咸彬彬有绳武之志。

［万历］《广东通志》卷二十《封赠·国朝·南海》：以子缙赠监察御史。

［道光］《南海县志》卷二十六《艺文略二·集》：《靖节集》，明戴琏撰，据《广东诗粹》。

梁厚积 字雅淡，明南海佛山镇人。正统十四年（1449）抗击黄萧养军，寿九十二岁。

［乾隆］《佛山忠义乡志》卷九《耆寿·明》：字雅淡。性和厚，望之蔼然，及临义奋发，即一往莫御。正统己巳，黄贼寇佛山，厚积与诸义士率众力拒，贼引去，乡土以宁。卒年九十二，今祀于流芳祠。

黄萧养 （1410—1450）原名懋松，明南海县罗村人。年少家穷，萧家收养，改名萧养。被官府关押，率同囚十九人冲出牢门，打开广州城东门到顺德冲鹤堡，正统十四年（1449）在横江二龙山（今顺德勒流龙眼村）祭旗起兵。攻广州城，消灭前来镇压的都指挥使王清，自立为“顺民天王”，改元“东阳”，建都大良。朝廷命都督同知董兴为左副总兵，调广西、江西和南京的驻军驰赴广东会剿。同时派左佥都御史杨信民巡抚广东，分化瓦解，黄军人心动摇。景泰元年（1450），杨暴病身亡，黄军迎击董兴于大洲头菠萝庙、白蚬壳一带，黄中箭死。

《粤大记》卷三《事纪类·黄萧养乱广》：黄萧养者，南海冲鹤堡人。貌甚陋，颇饶智术，一目眇。先是，坐强贼系郡狱。逾年，所卧竹床皮忽青色，渐生竹叶。同禁者一江西商人谓曰："此祥瑞也。"因诱以不轨。密授人使藏利斧饭桶中，遂破其肘镣。凡十九人俱越狱，惟商人遂逸去，不知所在。时官隶狱卒追之，挥斧而行，人莫敢近。其党先舟以待，遂入海去，正统十三年九月也。寻啸聚，不逞之徒应之者如响，旬月至万余人。明年八月攻围郡城，官军出御辄败，城中饥死者甚众。又为云梯、吕公车冲城，城几破。遂设开伪官，招诱愚氓，渐至十万余人。都指挥王清（清字一宁，慷慨多勇略，尝出塞累立奇功。至是失利被执，骂贼不屈而死。）自高州引兵赴援，至广州，舟胶浅水。适贼诈一小艇载柴及鱼盐者，奔迸若避贼状。官军问萧养所在，言未脱口，贼伏兵出柴中，遂执清，军尽歼焉。城中大恐，三司官登城望之，刃如蝟发，相顾涕泣而已。事闻，时适土木之变①，未暇。景泰元年春，诏都督董兴充总兵，都指挥同知姚麟副之，兵部侍郎孟鉴、佥都御史②杨信民赞理军务往讨。时萧养乘胜之余，志气益横，遂僭称东阳王，改授伪官者百余人，据五羊驿为行宫，四出剽掠。信民先为广东参议，有惠政，素孚于民，及是巡抚广东，至广州，民争归之。上敕信民曰："比因寇贼攻围城池，劫掠乡村，人财已竭。敕尔会同侍郎孟鉴及广东都司，调拨所属卫所官军及附近有司起取民兵，并催取广西调来官军，同心协力，剿灭前徒。近又命都指挥同知姚麟前来，与尔一同提督。今闻广东都司缺官，尔可会同本官，于本处所推选的当③廉干、公勤骁勇指挥二员，就令署管司事，差人星驰具奏定夺。尔等尤须昼夜用心，运谋设策。奖励士卒，敢勇当选。殄灭贼徒，以靖地方。官军如有临阵退缩及失误军机者，即依军法斩首示众，然后奏闻。如敕奉行。"信民发粟赈济，民益喜，贼党闻之渐懈。兴等进兵，时天文生④马轼随行。至江西，入夜闻鸡鸣，兴曰："此何祥也？"轼对曰："鸡不以时鸣，由赏罚不明，愿公严军令。"及至清远峡，有白鱼入舟中，轼曰："武王伐纣有此征应，此逆贼授首之兆也。"时萧养聚船于河之南千余艘，势甚锐。诸将欲请兵，轼曰："兵贵神速，若请兵则缓不及事，以所征两广、江西狼兵

---

①土木之变：即土木堡之变，指明英宗被瓦剌军所俘的事件。

②佥都御史：官名，明都察院置，分左、右，正四品，位次于正三品之左、右副都御史。

③的当（dídàng）：的确、确实。

④天文生：古代观测天象、推算时日的官吏，旧指占卜吉凶、选择日子、勘察风水的人。

取胜犹拉朽耳。”兴从之。三月五日夜，有大星坠于河南，比旦占之，告兴曰：“四旬内破贼必矣！”四月十一日，兴统兵次于大州头，与贼遇，督战，遂大破之。时信民使人赍榜谕贼使降，萧养曰：“杨大人我父母也，当徐思之。”已而获巨鱼来献，信民受之，立斫数十片颁于有司，贼出而叹曰：“势不佳矣！”贼党遂溃，留者不满千人。已而信民中毒卒，鉴益招徕。兴领兵击贼，又破之。萧养中流矢而卧，遂为官军所擒，械京伏诛，广州遂平。诏以鉴代信民巡抚广东，分南海地置顺德县，仍割大良等堡以益之。

［崇祯］《南海县志》卷二《政事志·事纪》：景泰元年，分东涌、马宁等都置顺德县。以贼黄萧养起自南海冲鹤堡，因拆其地，并割东涌、马宁、鼎安、西淋四都，大良等三十七堡益之，立顺德县。

［咸丰］《顺德县志》卷三十一《前事略》：逆贼黄萧养者，潘村小民也。家贫佣工，一目（陈《志》：“貌甚陋，眇一目”，异。）赤，有胆略。因强争田土、殴死人命收本府监，遇赦得释。凶恶不悛①，恣行海面为盗，官军复捉收断事司监，问拟海洋强盗罪。正统十四年己巳（按：己巳为正统十四年，陈《志》作十三年九月，误。）……三月初八夜，在狱打开监门，重囚俱从（陈《志》云十九人）。隶卒追之，挥斧行，莫敢近。冲入军器局，夺取军器衣甲枪刀。到司衙、府衙撞门不得入，都司即率兵跟赶。贼撞开东门，夺得民船，其党亦舣②舟以待，遂出海行劫。官军追捕，复起各乡民夫船二十只及潭村屯军张百户船三只海面截捕，五月十三日在赤岗海口战败，杀张百户。由是贼益肆志，回潘村海口造船，愚民闻风惶惧，群盗从之者至万余人。廿三日，有指挥船七只前往陡峒，被群盗抢，合同萧养连日行劫，来往海上，共船约一百五十余。六月攻桂洲、逢简，七月攻大良，八月攻马齐，各村无拒敌者。龙江萧碧等十二人设壮防拒，八月十九日，贼船二十到龙江新开涌口，身穿红衣，头缠红帕，销金“勇”字为号，乡民彭二仔内应，潜引散贼入村，烧毁房屋二十余间，是夜腰斩二仔，贼见事露退去。碧等议资外援，与北村、沙头、龙山、九江、大同等堡会同策应，各筑烽墩，日烟夜火为号。廿五日，贼船二十余只复来龙江，与交锋，斩贼首数颗，杀伤无数，贼委靡奔遁。廿七日，贼船约五百余只自韦涌一路放火，连烧至广州城外，火烧三日。立更铺③，包围过城……九月初六日，有安乡伯自广西来，无谋轻进，至

①悛（quān）：悔改。

②舣（yǐ）：使船靠岸。

③更铺：明代，城中各坊随居民多少设有更铺或火铺，乡村根据远近大小设有更铺或警铺。

白鹅潭被贼打夺，死于戙船澳……越数日，贼差伪天下大总兵都元帅邓都统领船七百余只，攻北村、吉利、藤涌等处，在龙江对海水藤村前操练，令伪称驾前指挥使周征向村叫喊归服。次日，泊船擂鼓喧天，炮声震地，为碧等所破，大颓贼阵，斩首数十级，死伤百余人，获船十三只，旗鼓器物甚多，复出兵救应沙头等村。十月初十日，萧养亲统大船三号及贼舟共二千一百余只攻九江。九江初设七镇，奸民关仲庸内应引贼占其五，是夜众将仲庸碎尸。碧等复率勇往救，应战退贼船，杀伪称驾前指挥谭明等首级七颗，获神机大炮两口，各五百余斤。朝廷……命信民为巡抚，分军船为三哨，布散海面。贼闻大军至，亦分为两哨：一使伪都统曾贤统之，从东海波罗庙①而来，至东埧与南京总兵和布政使葛稽，都指挥胡英、姚麟、张通等船对敌。萧养自统大哨从西海白蚬壳进白鹅潭，与都督董兴、参将并各府狼兵船对敌……大军三鼓而进，大颓贼阵，获贼船五只，斩首无数。萧养中流矢，生擒之，时景泰元年四月十七日也。首贼既获，徒党奔散。大军追至贼巢，烧毁营寨，有贼将黄大牙复走大良立寨。廿一日往征大良，有从东海而入破其北面，有从碧鉴而入破其水栅，不数日而贼人就获，斩首如陵。五月初五日移军逢简，破其营寨。初八日破水藤、马村、小榄等处营寨，仅及一月而草寇荡平，海宇奠安。

叶祯　（1411—1459）字梦吉，明高明小峒人。宣德十年（1435）中举，任广西浔州、庆远府同知。天顺三年（1459），起义军攻庆远，祯率兵力战死，四十九岁卒。

［嘉靖］《广东通志》卷六十《列传十七·人物七》：字梦吉，高要人（今高明县）。少有大志，刚明不阿，居父丧庐墓。由宣德乙卯乡举，历浔州府同知，调庆远府。在任廉介，导民以义，民乐为用。天顺三年，贼首韦公同虏民入山。祯亲领兵与贼敌，被虏者获脱。贼见无援兵，从后袭之，祯侄公荣等力战而死。既而贼复攻，围鸡刺等寨，报至，都指挥黄钺与知府黄振方酣饮，祯请于钺请救，钺弗顾。祯曰："民急矣，我为父母，不一援之，忍乎？"即督东兰、那地目兵及民壮凡三百人往援之。抵柳青铺遇贼，遂与其子官庆等奋战，援兵不至，身被数枪，犹刃一人，与子俱死。是夜，雷电风雨大作，雪深尺许。贼大惊异而遁，寨赖以全，凡民得全活者千余人。都御史叶盛闻于朝，赠祯朝列大夫、广西布政司右参议。宜民立祠以祀之，扁曰

①波罗庙：即南海神庙，是古代祭海的场所，坐落在广州黄埔区庙头村。

"忠义"，有《嘉忠录》。

[万历]《肇庆府志》卷二十《人物传·国朝·叶祯》：少有大志，忠孝天植……历浔州、凤阳、庆远府同知，居官廉介，毅然以民事自任。天顺三年，贼寇庆远，围旗山。祯督兵赴之，贼不战而溃，略者获免。贼知我无援，潜蹑其后，祯反旆力战，子公荣死焉。后两日，贼合众攻鸡刺等寨……抵柳青铺，遇贼力战，彼众我寡，贼密识祯，攒戈刺之，祯尤手刃一酋，与从子官庆、民兵璩用和等三百人皆死……提督都御史叶盛闻于朝，制曰："苏缄击智高于邕管，偕子孙以捐驱。马暨挫海牙于静江，胥将士而殒命。祯之节奚让古人……"卷八《地理志二·高明县》：国朝赠广西参议叶祯墓，在小峒大朗山……（三百人皆死之，岁乙卯二月二十八日也……幼补郡庠弟子，以毛氏《诗》领宣德乙卯乡荐。连试礼部，得校官辄辞不就。卒业太学者久之，解褐得浔州府同知。丁母彭氏忧，起复改庆远府。专职抚民，所至取古良牧守之政，宜于今者行之……性劲特，外若简旷而中实确然有守。周人之急惟恐不及，妻子不免饥寒不恤也……自幼至长，耽嗜文籍，雅好吟咏……父隐翁三世皆不仕，配谢氏有贤行。子二，长即公荣，次汝华，今为郡庠生。呜呼！君死时春秋仅四十九耳，官止一郡佐，凡历三郡未满一考。）

[康熙八年]《高明县志》卷四《明·举人·宣德卯》：小峒人，广西庆远府同知，赠参议。

[康熙二十九年]《高明县志》卷十三《人物·明》：督东兰、河池目兵及民兵三百人往援。卷十五《艺文一》：明赠朝列大夫、广西右参议叶□诰命……天顺六年十二月十九日。

[道光]《高明县志》卷十六《艺文志》：《赠广西参议叶君神道碑铭》（邱濬，翰林学士，琼山人），……时己卯二月二十八日……君别号确斋。丁母彭氏忧，起复改凤阳府……曾祖荣、祖子茂、父隐翁三世皆不仕……

刘元始　字乾庵，明顺德龙江人。正统五年（1440）举明经。

《龙江志略》卷一《冠裳·明》：字乾庵。正统五年以明经荐，授徽州府同知不赴。天顺间复以明经荐，为歙县教谕。

岑越锐　字景元，号钝庵，明南海九江人。正统五年（1440），以父平汉的名义出谷千石助赈。黄萧养起兵时，又出谷给抵御者。

《南海九江乡志》卷四《潜德列传》：字景元，号钝庵。素好义，有气节。

年十四，大兵征交趾，公以粮长奉檄解马料赴军前。正统五年，奉旨劝分赈，时父平汉已没二十二载。公与诸弟议出谷一千石，以父名列上有司。朝廷特赐敕谕，劳以羊酒，建坊旌义，免差徭三年。续巨贼黄萧养围乡，复出谷一千一百石给散守御。郡守聂公素知公才略，请为乡导往番、东二县海上搜剿。贼平，守欲上其功，力辞。成化间，复以出谷授承事郎七品散官。父号云庵，亦负气任侠，与陈博民友善，塞倒流海皆与有力。

周瑜 明南海人。正统六年（1441）举人，十年进士。

《广州志》卷三十九《举人·国朝·正统辛酉科》：南海。卷三十八《进士·明·正统乙丑科》：南海，御史。

赵智奴 号草洲，明顺德人。正统六年（1441）出谷赈饥，受到褒奖。孙善鸣。

［康熙］《广州府志》卷三十七《人物志八·节义列传》：号草洲，顺德人也。赋性慈惠，幼而知学。九岁失怙，两弟犹襁褓，产业归于豪门。长能树立，理复旧业，岁积增置，家道日盛。葬未葬之丧，修已颓之墓，冠婚丧祭，一遵古礼，亲仁就道，迎师训子，务求忠厚。事母极其孝，友弟过于爱，遇子姓有过即面责之，亲里有贫皆赒助之，仲弟有遗孤则教育之，季弟无嗣则继续之。凡官府之役，自郡县至京畿必亲往理而遗逸于弟弘。建流光聚琼之堂，以为祀先墓祭之所，置尝设祭，丰洁致孝。服食淡然，不事侈靡，事之有关于伦纪者莫不勇为。正统辛酉，岁当荒旱，朝廷命置预备能出谷二千斤输于官所，有司奏闻，玺书褒奖，旌为义民，遂建旌表亭于流光祠前，以奉纶音、昭天宠。及其终也，寿跻耄耋，文庄、邱浚与诸名贤共相哀挽。嫡孙善鸣登弘治辛酉举人，官至曲靖军民府知府。玄孙崇信登嘉靖乙未进士，官至副使。六世孙恂如登万历己未进士，官至佥事。七世孙良霍历举孝友，国学监生。八世孙鸣玉登顺治辛丑进士，现任南漳知县；德，康熙丙午举人、拣选知县。至若庠序食饩者，后先代不乏人，其厚德之食报有如此。

梁运规 明南海人。正统六年（1441）举人，任广西上林教谕。

《广州志》卷三十九《举人·国朝·正统辛酉科》：上林教谕，南海。

梁高 明南海人。正统六年（1441）举人。

《广州志》卷三十九《举人·国朝·正统辛酉科》：知县，南海。

黄谦　明顺德石涌人。正统六年（1441）举人。

《广州志》卷三十九《举人·国朝·正统辛酉科》：开化知县，番禺。

［万历］《顺德县志》卷九《举人·正统六年》：石涌，开化知县。

卢祖惠　明顺德羊额人。正统间恩贡。

［乾隆］《顺德县志》卷十《贡生·明朝·正统恩贡》：羊额人，长寿县知县。

欧琏　明顺德陈村人。正统间岁贡。

《广州志》卷四十《岁贡·南海县学》：兴国知县。

［万历］《顺德县志》卷九《选举志第八·岁贡》：梁荣，伦教，楚长史。区琏，龙津，兴安知县。皆正统。嘉靖《志》云二人未立县先南海学贡，余不能悉考。

［康熙十三年］《顺德县志》卷五《明朝·岁贡·正统》：龙津人，任广西兴安县知县。

［咸丰］《顺德县志》卷十一《岁贡·明·正统》：陈村人，知兴安县。

梁荣　明南海伦教（今属顺德）人。正统间恩贡。父道，次女于天顺间配王子为妻。

《广州志》卷四十《岁贡·广州府学》：南海，云南通判，升楚州府长史。

［万历］《顺德县志》卷九《选举志第八·岁贡》：伦教，楚长史。正统。嘉靖《志》云……未立县先南海学贡。

［康熙十三年］《顺德县志》卷五《明朝·岁贡·正统》：伦教人，授云南府通判，升楚府①右长史，次女册为王妃。

［康熙二十六年］《顺德县志》卷六《封赠·明朝·长史》：梁道，以子荣贵赠。

［咸丰］《顺德县志》卷十一《恩贡·明·正统》：次女天顺间册配荥阳荣禧王子。按：姚《志》作楚王妃，误。卷二十四《列传四·明·梁崇廷》：景泰中，族有荣者以贡官云南府通判。迁楚府长史，王奏请以荣女配其世子，

①楚府：明洪武三年，朱元璋封其庶六子朱桢为楚昭王，十四年（1381）就藩武昌府。

自是联姻帝室，代有声华。

吴让　（1413—1460）字克让，明南海人。正统十二年（1447）举人，景泰五年（1454）进士，任广西临桂知县，天顺三年（1459）升庆远知府，四十八岁卒于官。子肇魁，成化七年（1471）举人。

《广州志》卷三十九《举人·国朝·正统丁卯科》：经魁，南海。成化辛卯科。吴肇魁，经历，南海。卷三十八《进士·明·景泰甲戌科》：南海。

［嘉靖］《广东通志》卷六十一《列传十八·人物八》：字克让，南海人。景泰中进士，授广西临桂知县，以清慎知名。巡抚都御史叶盛奖异之，曰："使有司皆如让之公廉，则生民何至失所哉！"天顺己卯，升庆远府知府，知县未及三年升知府，前此未有也。庆远处在极边①，所辖三州皆土官，各馈白金三百两为贽仪，悉却不受。南丹知州莫必善倍前数以恳之，让口占四句遗之曰："贪泉爽酌吾何敢，莫夜怀金岂不知。寄语丹州贤太守，元封回赠莫相疑。"居一年卒，年四十八，人皆惜之。

［崇祯］《南海县志》卷九《人物列传》：土官乃知有法纪，地方以安。居一年卒，年仅四十有八，人咸惜之。

［道光］《广东通志》卷七十二《举人三·明·成化七年辛卯·广州府》：吴肇魁，南海人，让子，知县。戴《志》、黄《志》作绍魁。

万璋　明南海人。正统九年（1444）举人。

《广州志》卷三十九《举人·国朝·正统甲子科》：武昌同知，南海。

冯冕　明南海人。正统九年（1444）举人。

《广州志》卷三十九《举人·国朝·正统甲子科》：广西按察经历，南海。

邝溟　明南海人。正统九年（1444）举人。

《广州志》卷三十九《举人·国朝·正统甲子科》：恭城教谕，南海。

苏庆科　明南海人。正统九年（1444）举人。

---

①极边：遥远的边境。

《广州志》卷三十九《举人·国朝·正统甲子科》：御史、佥事，南海。

［道光］《南海县志》卷二十《举人·明正统朝》：广西按察佥事，据《广西志》参修，甲子科。

李文举 字献臣，号勉斋，明顺德龙江人。正统九年（1444）举人，次年进士乙榜。

《广州志》卷三十九《举人·国朝·正统甲子科》：南海。

［万历］《顺德县志》卷九《举人·正统九年》：龙江，浮梁知县。

［康熙十三年］《顺德县志》卷二《建置志·坊表》：曰文魁，在龙江堡，为举人李文举修建。

《龙江志略》卷一《冠裳·明》：字献臣，号勉斋。正统甲子举于乡，乙丑会试乙榜进士。授古田教谕，迁浮梁致仕。

［咸丰］《顺德县志》卷十《举人·明·正统》：龙江人，见乙榜进士，丁卯科。

曾麟 明南海人。正统九年（1444）举人。

《广州志》卷三十九《举人·国朝·正统甲子科》：通判，南海。

林良 （约1416—1480）字以善，明南海大沥人。喜绘画，供职于工部营缮所，冠衔锦衣卫镇抚，从事宫庭画的绘制。把南宋院体山水画的写意技法引入花鸟画中，为第一位在宫廷奉职的广东画家，所存约一百幅作品。父勉。

［万历］《南海县志》卷十三《外志·方技·明》：字以善，扶南堡人。少聪警，以资为藩司①奏差。能作翎毛，有巧思，人始未之奇也。布政使陈金假人名画，良从旁疵谪商评，金怒，欲挞之。良自陈其能，金试使□写，惊以为神，自此腾誉缙绅间□□复绘□□曲尽其妙□□黄筌边景昭然枯荣□态、飞动□势颇自心得，遂成一家。始，主事颜宗善山水，知府何寅善人物，良每敩②之。独畏宗，曰："颜老天趣，不可及也。"后拜工部营缮所丞，得直仁智殿，改锦衣卫镇抚。良善谑咏，都御史何经号敏捷，日与剧饮唱和，或顷刻百篇，良由此名益显。一时画工之雄，马远、刘鉴以松，钟雪舫以春草，

①藩司：明清布政使的别称，主管一省民政与财务的官员。

②敩（xiào）：学、效法，后作"学"。

陈瑞以驴，后有何浩亦以松著，终不及良名之盛云。

［崇祯］《南海县志》卷四《封赠·明》：林勉，以子良赠忠显校尉。卷十三《外志·外技·明》：良自陈其能，金试使临写，惊以为神，自此腾誉缙绅间矣。时复绘花草，曲尽其妙。虽祖黄筌、边景昭，然枯荣之态、飞动之势颇自心得，遂成一家。

关秉彝　明高明井溢人。正统十二年（1447）岁贡。

［万历］《肇庆府志》卷六《选举表二·国朝岁贡·正统·府学》：古田知县。

［万历］《广东通志》卷四十八《肇庆府·选举·岁贡·国朝·高要》：古田知县。

［康熙八年］《高明县志》卷四《元明·恩岁贡》：清溪人，正统丁卯岁贡，任福建古田县知县。

［康熙二十九年］《高明县志》卷十二《贡生·明》：清溪人，正统十二年府学岁贡，任福建古田知县。

［乾隆］《肇庆府志》卷十八《明·岁贡》：关彝，古田知县。《高要通志》作德庆人。府学，正统间贡。

［道光］《高明县志》卷十二《贡生·明》：井溢人，正统十二年府学岁贡，任福建古田知县。

何楚英　字邦佐，明南海人。正统十二年（1447）中举，在京城太学读书卒业，任陕西道监察御史。天顺初上书直抒己见，因弹劾宦官曹吉祥被下锦衣狱，谪广西贵县主簿。成化初（1465）剿贼，升浔州府同知、柳州府知府，升广西参政两年后去官。寿八十二岁。

《广州志》卷三十九《举人·国朝·正统丁卯科》：御史、知府，南海。

［嘉靖］《广东通志》卷六十一《列传十八·人物八》：字邦佐，南海人。正统丁卯举于乡，卒业太学，拜陕西道监察御史。天顺初天变，诏求直言，上书条陈四事：一曰课农桑，二曰禁游惰，三曰正伦理，四曰明礼制。又尝劾逆臣吉祥擅作威福，会大祀督光禄寺，厨人窃密事发，正之以罪。吉祥缘此中伤之，下锦衣狱拿问，枷号三月，降广西贵县主簿。成化初，巡抚都御史韩雍用楚英剿贼，获文清等，以功升浔州府同知，仍掌贵县事。又以运粮草积有年劳，升柳州府知府。城旧土垒，至即易以巨石，倚以为安。丁内艰，起复补太平。郡学久废，捐俸新之，以弭盗安民得上考。满任升广西布政司

参政，越二年去官。抵家与朋故相娱，卒年八十有二。

黄安定　字伯静，号友梅，明南海九江人。孝义能文。妻曾氏，子重。

《南海九江乡志》卷三《封赠》：字伯静，号友梅，以子重累赠南京太常寺少卿。曾氏，以子重累赠恭人。郭氏，以夫重累封恭人。卷四《封赠列传》：公幼于书史过目成诵，能为制举义而不屑其业，时咏东坡《满庭芳》词自况。每与农圃谈树艺方款密无倦，敦本抑末，寓情乎化道齐民者，时人莫识也。事亲隆孝致异感，先世饶积，悉委诸弟，修桥梁不靳浩费，乡人纷争辄就解。日与从昆督学篪友爱唱和，以行谊文艺训子孙，一时圭璋联耀，公之教泽居多。

彭景忠　明南海人。正统十二年（1447）举人。

《广州志》卷三十九《举人·国朝·正统丁卯科》：知州，南海。

陈财　（？—1448）字秉思，号莲溪，明南海大富堡莲塘乡（今属禅城）人。正统十三年（1448），黄萧养起兵时死难。

［道光］《南海县志》卷三十五《列传四·明·关玉门》：字秉思，号莲溪，大富堡莲塘乡人。先于十三年，亦死黄萧养攻之难。

邓珩　明顺德水藤人。正统十四年（1449）黄萧养起兵时，背负母亲逃难时被起义黄兵杀。

［康熙十三年］《顺德县志》卷八《人物传二·孝友》：水藤人。正统己巳，贼至其乡焚荡民居。其父遇害，兄弟奔散。珩负母麦氏避难，过乌柏涌，遗刃伤足不能行，贼杀之。数日面目如生，两目下有泪痕，见者异之云。

龙敏　（？—1449）字松岩，明顺德大良人。正统十四年（1449）黄萧养起兵时，不肯归顺而全家被害，仅存幼子澈，由亲戚养大。澈长子宣和，弘治五年（1492）举人；孙尧达，嘉靖二十八年（1549）举人。

［乾隆］《顺德县志》卷十二《忠义》：字松岩，大良人。正统间，遭黄萧养入境，胁敏归顺。敏抗义不屈，偕长子渊、次子源阖门八口尽节而死，止存幼子澈，外戚何氏抱而育之。澈生三子，长宣和，弘治壬子举人，任福

建晋江令。孙尧达，嘉靖己酉举人，任福建永定令。人谓忠义之报，邑人区大参表其闾。

关祺秫 明顺德熹涌人。正统十四年（1449）黄萧养起兵时，与兄弟祺祖、祺和携带母亲逃难到赤花村定居。成化十年（1474）在阳江经商时，持刀与抢劫者对抗。

［康熙十三年］《顺德县志》卷八《人物传二·孝友》：关祺秫、关祺和，熹涌人，早孤。正统己巳，与兄祺祖携母避兵于赤花村，遂家焉。贼既平，家用不给，二人竭力经商。每事必禀于兄而行，斗秤无二，一钱尺帛不入于私室，同居共爨①以养其母。尚书张泰嘉其兄弟敦睦，为赋《鹡鸰歌》赠之。成化甲午，祺秫商于阳江。有邻贼驱掠男妇几三百人，欲夺商船以济。祺秫有膂力②胆气，率众商持刃逐贼。贼奔散，被掠人口俱获免。外亲因嗜酒丧业，祺秫兄弟哀其困，为之赎而归之，其行义为乡里所称云。

［咸丰］《顺德县志》卷二十三《列传三·明·关祺秫》：至孙启东，尤守同居训。

关福记 （？—1449）明南海九江人。正统十四年（1449），带领乡人抵抗黄萧养军，兵败遇害。孙仰旒。

《南海九江乡志》卷四《文学列传》：公负才有大节，补邑庠。巨寇黄萧养余党掠乡，公倡众布寨堵御。群力未集，被贼冲入，缚公见养。养知为青衿，加礼推为谋主。公谕以朝廷威德，词色不少屈。贼刃挟之，公厉声骂贼而死。孙仰旒等科贡接武③，皆公泽也。

［同治］《南海县志》卷十七《列传·节义·简宗茂》：黄贼之乱，率乡人拒守，兵、贼势不敌，督战遇害……当时虽赠恤不及，乡人至今称述之。

《九江儒林乡志》卷十三《列传·明》：正统己巳……乡人至今壮之。孙仰旒，举人。曾孙大度，贡生。玄孙钟秀，庠生；钟喜，举人。

关穗 明南海吉利堡（今属禅城南庄）人。正统十四年

---

①爨（cuàn）：烧火做饭，亦指灶。

②膂（lǚ）：肾脏外面发白、发青的薄膜，膜越厚越青，人的腰力也就越大。膂力：民间泛指体力。

③接武：武即足迹，前后足迹相连接，借喻为继法前人。

(1449)抵御黄萧养兵。

[道光]《南海县志》卷三十五《列传四·明·十二义士》:十二义士者,关穗、关秀远、关彝叟、关虚斋、关静乐、陆大宁俱吉利堡人,罗永聚、关许实俱鳌头堡人,又吴淡庵、吴静庵、关口、吴尚宽,凡十二人。正统间黄萧养之乱,水藤、大良、冲鹤等处多从贼,义士等捐资率众拒御,数与贼战,由是吉利、鳌头各乡咸得安堵,乡人建祠报德。后提学魏公复修祠宇,为文祭之。

伍善 明顺德古朗人。正统十四年(1449)黄萧养起兵时,极力保存母亲。

[乾隆]《顺德县志》卷十六《杂志》:黄贼作乱时,有伍善者侍母病,贼至,乞存母命。贼舍母掳善,置深箐大河间牧牛。给食,藏其半曝之。伐竹,通其节以纳干糇①,置河中。望空祷曰:"身可还,母犹存。竹则浮,否则沉!"拊之,遂济而归,母尚无恙。其竹至今存。

[咸丰]《顺德县志》卷二十三《列传三·明·伍善》:古朗人。

麦成(明正统) 明顺德麦村人。正统十四年(1449)黄萧养起兵时,自愿顶替被捉的兄长被杀。

[乾隆]《顺德县志》卷十六《杂志》:又有麦成者,兄清庵被贼执,自赴贼所,愿以身代,贼释其兄,成竟遇害。此采于其家乘而孝弟足称者也,第以旧《志》未载,附于此以传疑云。

[咸丰]《顺德县志》卷二十三《列传三·明·麦成》:麦村人。有兄清庵为贼执。

何少鸿 号东翥,明南海大江人。正统十四年(1449)抵抗黄萧养,兵败遇害。

[同治]《南海县志》卷十七《列传·节义·简宗茂传》:号东翥,黄鼎司②大江乡人。明正统间,黄萧养侵掠海口。少鸿偕弟督乡人筑栅布寨,力战拒贼,以卫桑梓,出奇奋击多胜。贼来益众,乡人小却。少鸿兄弟冲锋力战,

---

①糇(hóu):干粮。

②黄鼎司:罗村街道旧称。明洪武初南海县建立黄鼎司,衙门就设在西隆堡宁埠村(即罗村街道寨边村)内。

其长兄充总甲，救援不及，竟遇害焉。

何权　明顺德羊额人。正统十四年（1449），在龙江田野，保护一孕妇生产孪生子女。

［咸丰］《顺德县志》卷十五《耆寿表·冠带·明》：羊额人，明寿官①。黄寇乱，避龙江，行与邓某偕。田有妇孪生者，共护之，以女名禾娘、子名何邓，志德。

何卓　（？—1449）明南海云津堡大沙村人。正统十四年（1449）还击黄萧养，中箭死。

［乾隆］《广州府志》卷三十七《忠烈·南海·明》：有神勇。黄萧养之乱，焚劫至大沙，卓率众邀击之。贼矢猬集，卓搏矢反射，皆应弦倒。贼侦知卓好畜悬哨鸽，伪遁去，使善射匿丛薄②中，鸣镝拟哨。卓方倾听，遂中镞堕河死。村人建祠祀之，曰何相庙。

［道光］《南海县志》卷三十五《列传四·明·向卓》：云津堡大沙村人……正统间黄萧养之乱。

冼光（明正统）　字仲孚，号东潭，明南海佛山镇人。正统十四年（1449）黄萧养军围攻佛山时，与宗人冼胜禄等抵抗，为佛山二十二义士之一。

［民国］《佛山忠义乡志》卷十四《人物志·忠义·明》：字仲孚，号东潭。其先吴川人，居佛山数世，至光读书尚气节。正统间海贼黄萧养寇佛山，光与宗人冼灏通、冼胜禄暨诸义士画策堵御，凿涌筑栅，一夕而毕。贼至势张甚，乡人不习战，颇惶顾。光曰："贼易与耳，保为诸君破之。"乃开栅门出战，斩其伪千总彭文俊，贼气夺。自是每战必捷，乡兵无后顾者。未几黄萧养就诛于省垣，佛山围亦解。布政使揭稽上其功，欲官之。光谓诸义士曰："保境杀贼，吾民分内事也，奚以官为？"乃皆不受官爵，赐冠带终其身。所居东林为佛山八景之一，筑场圃其中，耕读之暇，集乡人校击射为娱乐，故能得众力，成捍御功。后与诸义士合祀于忠义流芳祠，有道像一轴，

①寿官：寿星的一种别称，官方授予。明朝出现，奖励"德行著闻，为乡里所敬服者"，只有官帽官服，没有爵位。

②丛薄（báo）：茂密的草丛。

戎装俨若，尚想见褒、鄂二公爽飒酣战时也。冼胜禄，字鸿猷。正统间黄萧养作乱围省城，别股攻佛山。胜禄与乡人梁广等结团堵御，推冼灏通为乡长。宗人冼光鉴信义能得众，约与共事，且以筹饷为己任，于是万众一心，乡人恃以无恐。坚守六阅月，杀贼数千，胜禄赞画之力居多。贼平，布政使揭稽上其功，封忠义官。胜禄天资忠厚，见义勇为，性恬澹，不务荣利，与高士陈南溟相友善。及其卒也，南溟翁为制文表其墓，后与诸义士合祀于忠义流芳祠。据《乡志》《房谱》增修。按：冼光，别本作"冼光鉴"，因其祀位与何文鉴相次，疑为连文误书，调查族谱无"鉴"字，亦应照《祠碑》。

梁实 字裔诚，号�轩，明南海佛山镇人。正统十四年(1449）黄萧养军围攻佛山时抵抗，为佛山二十二义士之一。

[民国]《佛山忠义乡志》卷十四《人物志·忠义·明》：字裔诚，号筠轩。少嗜学，博览群书，至老手不释卷。尝建一小楼于石亭社左，日咏吟其中，壁联云："明月清风从笑傲，金兰玉树任栽培。"黄寇至，倡义拒敌，贼退保障乡闾。备二十二义士之列，崇祀忠义流芳祠。

梁祖顺 （？—约1487）字迟庵，明顺德石硝（今属南海）人。父直清，母周氏。妻黄氏，子储、亿等。

[嘉靖]《广东通志》卷十二《明·封赠》：梁楚材，广州顺德人，以曾孙储贵赠少师、大学士。梁直清，以孙储贵赠少师、大学士。梁祖顺，以子储贵赠少师、大学士。卷六十二《列传十九·人物九·梁储传》：字叔厚，顺德人。生有异质，自幼颖异不凡。笃于孝友，父祖顺奇之。弱冠博学能文，成化戊戌试礼闱第一人，廷对第四人。入翰林为庶吉士①，授编修，寻兼司经局校书，侍孝庙东宫讲读，多所启沃。丁未充会试同考官，寻丁内外艰。服阕，纂修《实录》成，进司经局洗马。壬子主考顺天乡试，丙辰侍武宗东宫讲读。戊午主试应天，是岁冬，册封安南国王，充正使。礼成亟返，馈遗无所顾，持大体，不与陪臣倡和。还，以考满进翰林院学士。辛酉主试顺天，壬戌奉诏教庶吉士。与修《大明会典》成，升少詹事兼学士，迁吏部右侍郎，奉命充正使，册封鲁藩。正德改元，迁左侍郎，未几，进本部尚书

①庶吉士：官名，亦称庶常。明洪武初年，选进士于六部诸司及翰林院之下观政，翰林院之下者称庶吉士。

兼学士，专管诰敕。纂修《孝宗实录》，命为副总裁，戊辰主会试。逆瑾弄权，恶其不附己，指摘《会典》纰缪，降本部右侍郎。《实录》成，复尚书，兼职如故。瑾犹憾储不已，欲中以危祸而无由，传旨改南京吏部，实厄其进也。瑾败，庚午召复，官兼文渊阁大学士，参预密勿。既至，进武英殿大学士，加少保兼太子太保。时兵部尚书彭泽讨贼有功反得罪，储力辨其诬，权奸并恶之。储曰："有功不录而复加罪，非社稷之福也。苟得白，遑恤其他。"后泽止免官，时论韪之。壬申冬，四方盗平，加恩宰辅进少傅兼太子太傅①、谨身殿大学士，辞，恩荫至再三乃受。甲戌再主会试，凡六司文衡②。考六载满，加少师，兼太子太师、华盖殿大学士。时大学士杨廷和③守制不出，储力荐起，既至，逊廷和居己上，士论多之。戊寅夏，奉安孝贞皇太后梓宫于茂陵，损益礼仪可为后法。武宗欲幸宣府，廷和暨同官蒋冕皆在告，乃与大学士毛纪哭谏于左顺门，不能止，既而，纪亦在告，储独廷争累日不得命。陕西亲藩有请良田为牧地者，内批如其请，适储独当制，草报书曰："此高皇帝所以防衅孽、全宗室者，王欲之，朕何爱焉。王其益谨侯度，罔俾孽牙其间，则朕亦何滥恩之有！"书进辄报罢。近幸江彬用事，欲请立所厚江西远藩为储贰。府部大臣会议于内阁，储正色曰："皇上春秋鼎盛，建储未宜轻言。万一有他，吾辈伏锧④矣！"众皆悚然，其议遂寝。己卯以一品满九载，进阶光禄大夫、左柱国⑤加特进，兼支大学士俸，仍赐宴礼部，给诰命。江西兵变，上亲征，储偕大学士杨廷和力请遣将，不听，上遂自称威武大将军，廷和乃称病在告。上欲以幸臣朱泰为威武副将军，储方宴客，命使临门，召储草敕，既见上，不肯奉命，上按剑强之至再，惟免冠叩头哭泣，上掷剑于地，不怿而罢。储出仍宴客尽欢，客问之，一无所言，俄廷和告痊，储与大学士蒋冕扈从。将行，欲取行玺，廷和不可，颇有遗言，储即止。与冕中途七请回銮，不听。上欲于南都旧坛大祀天地，连疏谓南北配位不同，

---

①太子太傅：官名。古代负责辅教太子的"东宫三师"之一，汉代曾以太子太傅和少傅任教于太子。

②文衡：指科举制度下的主考官。

③杨廷和（1458—1529），字介夫，明四川新都人。成化十四年（1478）进士，正德七年（1512）任首辅。赠太保，谥文忠。著有《杨文忠公三录》《石斋集》《杨廷和奏议》。

④锧（zhì）：砧。伏锧：古代有腰斩的死刑，施刑时罪犯裸身俯伏砧上，故称。亦泛指被处死。

⑤左柱国：明文勋官名，正一品，是极品勋爵。

典章不可紊，且天子主鬯废北而南，神必不歆，乃弗果郊。驻跸南都日久，有游吴适楚之念，畿内郡县供亿①繁难。储自执章奏，跪泣行宫西阶中，合资传论者再回，坚弗起，自未至酉，得旨乃起，于是北归。时里河丁夫数十万俟于次，饥饿疫病死者枕籍，储令有司遣散之，民得苏息，不及于乱。在途三疏自劾求退，不报。抵京未几，与群公受遗诏，定策迎今上入继大统，与尚书毛澄等往迓于兴邸。廷和忌储，阴使其党论之，既而屡疏乞骸骨，情恳切，上留之至再，乃可其奏。命有司月给米六石，岁拨舆皂八名，遣官护送乘传还乡，盖异数也。降敕褒之，有曰："张九龄之忠荩而不究其用②，崔与之之风概而不久于朝，以卿视之，可谓兼美。"既归，上疏称谢。与亲旧诗酒徜徉，所居萧然如韦布③士，不事家产以遗子孙。初号厚斋，乡人咸以厚翁称之，乃更号郁洲。上念其定策扈迎之功未录，荫子世袭锦衣卫指挥，上疏辞免，乃进其子中书舍人钧甫尚宝司丞……储敦重慎默，平生和气谦德，雅量大度，不矜功，不伐善，坚忍不言人过失，轻财周急，不可殚述。人无贤愚，被容接者辄治具款饮，莫不感悦。立朝四十余年，议论每持忠厚，若不出口，且不为矫亢，故群邪用事，从容其间，若履坦途。蒋冕方在庶寮，则延誉宫府，力拔为辅。御史西安张琏论列诋毁，人不能堪，而储引慝④往谢，注意荐扬，竟至大用，琏终身感之。卒年七十有七。时杨一清在内阁亲承圣谕，命撰敕召用，而讣音至矣。上闻嗟悼，辍视朝一日，谕祭九坛，赠太师，谥文康。

[万历]《顺德县志》卷九《封赠·编修》：储父，封。

[咸丰]《顺德县志》卷二十三《列传三·明》：先本宋丞相克家之后，由南雄珠玑巷来迁。县之始立也，治华盖、金榜二山之间，峦脉秀发，越一年而储生。父祖顺，字迟庵，诚直尚然诺。黄萧养之乱，集壮防卫其乡，人以是德之。储生有异质，两辅隆起，脑后有骨若贯珠，肩痣大于掌，见者咸奇其状。幼即颖悟，母之姑黄惟德通文翰，洪武中召为女官，历事宣德孙后告归，爱而教之。弱冠博通书史。性笃孝友，祖母周有兄老，患骨疾，人莫敢近，尝拥汤使为濯足，竟事无难色。周抚之曰："尔骨相异，吾以子房望汝矣……"成化……二十三年丙午，兼司经局校书……明年充会试同考，榜发

---

①供亿：按需要供应。亿：估量。

②张九龄（678—740），字子寿，唐韶州曲江（今广东韶关）人。武后景龙初进士，官至同平章事。荩（jìn）：通"进"，进用，后引申为忠诚。

③韦布：韦带布衣，古时指未仕或隐居在野者的服装，代指在野之士。

④引慝（tè）：承认罪过。

丁母黄艰，继而祖顺亦卒，居家守制……弟亿。卷二十八《列传八·列女》：周氏，石硝梁直清妻，储祖母。年二十四丧夫，矢志抚孤子祖顺，苦节严厉。抚诸孙，谓第四者必大梁门，即储也。既贵，赠氏淑人。

梁濬浩　明南海佛山镇人。正统十四年（1449）中秋，黄萧养军围攻佛山时，让少年扮演秋景麻痹围城者。为二十二老之一，祀于祖庙流芳祠。

［民国］《佛山忠义乡志》卷十四《人物志·忠义·明》：澳口人。当黄萧养聚众围佛山时，值中秋，使谍者数十辈间行①以诇内地。浚浩察知之，乃令诸少年演扮秋景故事以示暇豫。又制大炮发声如雷，俾贼闻知，贼果疑惧不敢窥。贼平后，与诸义士咸得锡冠带，崇祀流芳祠。佛山秋景实由此始。

梁敬亲　字奉孝，明南海佛山镇人。正统十四年（1449）抗击黄萧养军。

［乾隆］《佛山忠义乡志》卷八《武功·明》：字奉孝。貌魁梧，有勇略。当海寇黄萧养乱，敬与诸义士树栅拒之，谋定而后战，扼吭捣虚，所向必克。贼不能支，宵遁去。后奉敕赐冠带，祀于流芳祠。

梁彝頫　字用昂，号莲溪，明南海佛山镇人。正统十四年（1449）黄萧养军围攻佛山时抵抗，为佛山二十二义士之一。子灌。

［民国］《佛山忠义乡志》卷十四《人物志·忠义·清》：字用昂，号莲溪。性沉毅，多智略，喜读书，家居自训其子。雅爱莲，凡亭台池沼皆以莲名，尝慕濂溪周子爱莲，故号曰“莲溪”，今石阁莲塘是其遗迹也。运筹画策以御黄寇，敕封忠义。隐居高尚，乐志林泉，崇祀流芳祠。子灌，恩贡、教谕。按：梁彝頫《族谱》作鼎頫，应照祠碑作彝。

简宗茂　（？—1449）明南海绿潭堡人。正统十四年（1449），带领乡人抵抗黄萧养兵，外出买粮被捉遇害。

---

①间（jiàn）行：偷偷地走、从小路走。

［同治］《南海县志》卷十七《列传·节义》：绿潭堡人。好读书，尚气节。明正统间，黄萧养作乱，攻围省垣，其党分劫四乡，民遭涂炭。宗茂首倡大义，率励乡众，筑堡自固，昼夜防守，贼环攻不能破。后因堡内泉水不足，贼侦知围益力。宗茂乃于山下远处张网伪为捕鱼状，贼遥望以为有湖水可取汲也，围遂解。既而粮食又竭，乃改服亲出告籴，为贼所得，胁以利刃，痛骂不屈死。论者谓紫洞以西幸不遭蹂躏者，宗茂拒贼先扼其咽喉也。死后四邻哀悼，俱作为诗文吊挽焉。

霍宗礼 字礼翘，明南海佛山镇人。正统十四年（1449）黄萧养军围攻佛山时抵抗，为佛山二十二义士之一。

［民国］《佛山忠义乡志》卷十四《人物志·忠义·明》：字礼翘。幼颖悟，读书尚气节。少孤，事母以孝闻。母病，尝吁天以身代，母丧三年，不御酒肉，哀毁骨立，其笃于彝伦者多类此。初攻举业，以为文高古未合时宜弗售，遂改读《阴符》，揣摩朝夕。一日燕会间，闻黄萧养率众攻佛，宗礼投箸而起，约诸义士及乡众誓于灵应祠以谋拒贼。当牵牲告庙，羊忽蹢躅①不前，宗礼疾呼曰“中必有怀二心者”，察之果得二人，遂枭以示众。人皆服其智，自是士气百倍。宗礼赞襄帷幄，收平贼功，与诸义士同封忠义官，崇祀流芳祠。宗礼与百四、佛儿为叔侄行，忠义萃于一门，可谓邦家光、闾里荣矣。

薛文昭 字东淋，明顺德龙江人。正统十四年（1449）黄萧养起兵时组织抗击，迁居大良。

［康熙］《广州府志》卷三十八《人物志九·清高列传·明》：字东淋，龙江堡人。性忠厚诚信，不欺鳏寡，素为乡里所信服。里中豪侠相聚戏舞斗弈者，望见昭来辄潜匿避之，咸谓：“吾乡有薛公，善有所劝，恶有所惮。”莫不敬而重焉。值正统十四年黄寇作孽，所经过杀掠污辱子女，焚毁屋宇，往往散逃。昭乃奋然曰：“贼势猖獗如此，正当竭力捍难之时，岂可束手无策，与众死锋镝下哉？”乃集本乡父老，酌以丁田出钱买办牛酒，设立水栅、水门于东海口。寇至则鸣鼓集众以拒之，寇退则椎牛酾酒召众以劳之，他乡避难来归者即开水门纳之，一方皆赖以保全，淋之力也。次年景泰元年黄贼

---

①蹢躅（zhízhú）：徘徊不进的样子。

平，耆民里老建言，谓本处去县窎远①，易以致乱，必立县方可治，乃于景泰三年设县治于大良，名曰顺德。弘治元年，恩赐寿官冠带，遂迁居于大良，至今宗支蕃衍、科甲弦诵不辍云。

［康熙十三年］《顺德县志》卷八《人物传二・忠义》：生平大节克敦，忠厚诚信，不事殊节，不畏强御，不欺鳏寡，鲠直出乎天性，动履协乎人心……计丁田出谷买办牛酒为犒劳备御之计……乡党父老语子弟曰：吾乡向曾寇乱，当时保全无恙者皆昭之力，功德若此，后世必有显贵云。萧碧、张彧、萧瑞、康妙观、李德彰、蔡祖能、邓靡、尹澄、周林德、黄直、陈妙观、张能，俱龙江人。正统十四年己巳，潘村黄萧养作乱，犯城劫乡，四方归附者众。惟此数人德望著于乡间，倡义与贼对敌。通鱼塘为水城，设烟墩为号召。约法二章：不许报复私仇，不许乘乱奸人妻女，齐心御贼，众志成城。时碧之父界讷、端之父诚善、靡之父云轩住近海旁，皆身先御贼，犯乡三次俱不得人。景泰元年，贼已就擒，有司上其事于朝，奉旨奖励，封其村为“忠义乡”。观之子麟时在庠序，亦同众戮力守御，后登进士，历官御史、藩、臬，治政有声。

《龙江志略》卷一《编年・明》：正统十四年己巳六月十五日，龙江耆民萧碧等倡义起兵保护乡里。碧等见贼渐逼，遂同康妙观、李德彰集众谕以祸福，同心守御，立十镇，添举有德望人张彧、萧端、邓靡、蔡祖能、尹澄、周林德、黄直、陈妙等充为甲长……廿一日，黄贼复江攻龙江，败之。贼船二十余号，萧碧等选丁壮与贼交锋。贼循东岸，乡众循西岸，战终日，烧其船，杀伤无数，贼乃退……十一月，李德彰等救九江，大败之……景泰元年庚午，冬十月，特旨封龙江为忠义乡，赐萧碧等冠带。

［咸丰］《顺德县志》卷二十三《列传三・明・薛文昭》：德彰最善医术，不责人报……黄萧养倡乱……桂洲、逢简、大良、马齐诸乡听其蹂躏，莫敢拒者……德彰用靡策，偕碧先诣军门请旗榜②归，与祖能等悉力擘画防堵……于是严号令，明赏罚，要隘所在，复设墩台，约北村、沙头、龙山、九江、大同举烟火为号，以备外援。分五旗十队辖其众退缩及内应者杀……德彰、妙观复以余力救邻堡，斩其伪将，俘获甚多……十二人者，与文昭并祀忠孝祠。

王贯　字宗一，明南海人。景泰元年（1450）举人，成化间任福建南平知县。父子伦，兄载，子观光。

---

①窎（diào）远：指（距离）遥远。

②旗榜：指标有名号的旗子与榜文。

《广州志》卷三十九《举人·国朝·景泰庚午科》：知县，番禺。

［嘉靖］《广东通志》卷十二《明·举人·景泰元年庚午》：经魁，知县。

［万历］《广东通志》卷二十《广州府·选举·乡举·国朝·南海》：景泰庚午，南平知县。

［万历］《南海县志》卷十《人物列传一·王子伦传》：名纲，以字行。宣德初，御史何善荐授攸县丞，政惠及民，民爱之。时草寇萧彦贞剽掠，子伦与百户张本捕之。抵衡山遇寇，与战失利。中有引矢向子伦者，众呼曰："毋伤仁贤父母！"遂得免。通政陈琏以"才节"荐知江阴，廉名益著。居六年内召，邑民遮道，解鞋悬谯门以示不忘。授河南道监察御史，有直声。历官不携妻子，正统间巡按云南卒。所著有《彝斋集》。二子载、贯。载能文章，隐居不仕。贯有诗名，由乡贡任南平知县。孙观光亦举于乡。

［道光］《南海县志》卷三十五《列传四·明·王贯》：景泰庚午举人，成化间知南平县，政务德化。有争讼者反复开谕，使自感息。贫民逋租，更为规措以偿。《王子伦传》：贯，字宗一，有诗名。贯子观光，举于乡，亦能诗。

冯逊　明南海人。景泰元年（1450）举人。

《广州志》卷三十九《举人·国朝·景泰庚午科》：番禺。

［万历］《广东通志》卷二十《广州府·选举·乡举·国朝·南海》：景泰庚午。

冯遵　字宗辙，明南海里水下沙涌村人。景泰元年（1450）举人，天顺四年（1460）进士。父旻，婿梁储、李祥，子济。

《广州志》卷三十九《举人·国朝·景泰庚午科》：庚辰进士，番禺。卷三十八《进士·国朝·天顺庚辰科》：南海，吏部员外，至参政。

［嘉靖］《广东通志》卷六十一《列传十八·人物八》：字宗辙，南海人。天顺庚辰进士，筮仕吏部主事，清谨有名。晋员外郎，当铨绩时法不私，为当路所畏。久之擢福建右参政，时官吏部者多得京堂，遵补外怡然不色愠。及莅任，益尽心所职，民皆怀其惠，后致仕卒。遵善鉴别，识大学士梁储、参政李祥于未显时，皆其婿也。子济，弘治戊午乡荐，授湖广永州同知，以廉能称，卒于官。

［崇祯］《南海县志》卷四《封赠·明》：冯旻，以子遵赠吏部员外。卷九《人物列传》：清谨著闻。进员外郎，持法不私，为当路所惮。久之，擢福建右参政。时铨部多内转，遵补外怡然，益尽乃职，民怀其惠，后致仕卒。

［宣统］《南海县志》卷二十六《杂录》：沙丸堡冯姓天官里有晚浴池，广数丈，积水数尺。梁文康公储幼时读书是乡，尝浴于此。餐后浴毕，其师冯遵以“晚浴池塘，摇动满天星斗”令储属对，储对云：“早登台阁，挽回三代乾坤。”师大惊异，知其非凡器，尝指储谓人曰：“此子志趣高超，气宇不群，非池中物也。”后果为明正德相。此池尝产小虾，其白如银，与他处所产迥异，亦一奇也。

杜淳　明南海人。景泰元年（1450）举人。

《广州志》卷三十九《举人·国朝·景泰庚午科》：知县，番禺。

［万历］《广东通志》卷二十《广州府·选举·乡举·国朝·南海》：景泰庚午，揭阳知县。

李文鉴　明顺德大良人。景泰元年（1450）举人。

《广州志》卷三十九《举人·国朝·景泰庚午科》：学正、知县，顺德。

［万历］《顺德县志》卷九《举人·景泰元年》：大良，靖州学正。

张戟　明顺德熹涌人。景泰元年（1450）举人，天顺元年（1457）进士。

《广州志》卷三十九《举人·国朝·景泰庚午科》：番禺。卷三十八《进士·明·天顺丁丑科》：行人，南海。

［嘉靖］《广东通志》卷十二《明·进士·天顺元年丁丑》：行人，员外郎。

［道光］《广东通志》卷七十一《举人二·明·景泰元年庚午·广州府》：顺德人，南海籍，进士。

［咸丰］《顺德县志》卷十《举人·明·景泰》：熹涌人，南海籍，见进士，庚午科。

陈绮　明顺德葛岸人。景泰元年（1450）举人。父永安。

《广州志》卷三十九《举人·国朝·景泰庚午科》：知县，顺德。

［万历］《顺德县志》卷九《举人·景泰元年》：葛岸，岑溪知县。《封赠·知县》：陈永安，绮父，赠。

［康熙十三年］《顺德县志》卷二《建置志·坊表》：曰鹗荐，在葛岸堡，为举人陈绮建。

郑京 明顺德大良人。景泰元年（1450）举人。

《广州志》卷三十九《举人·国朝·景泰庚午科》：同知，顺德。

［万历］《顺德县志》卷九《举人·景泰元年》：大良，南阳府同知。

林弁 明南海人。景泰元年（1450）举人。

《广州志》卷三十九《举人·国朝·景泰庚午科》：同知，番禺。

［万历］《广东通志》卷二十《广州府·选举·乡举·国朝·南海》：景泰庚午，琼州同知。

罗琛 明南海人。景泰元年（1450）举人第一名。

《广州志》卷三十九《举人·国朝·景泰庚午科》：解元，推官，番禺。

［万历］《广东通志》卷二十《广州府·选举·乡举·国朝·南海》：景泰庚午，平乐推官。

［道光］《广东通志》卷七十一《举人二·明·景泰元年庚午·广州府》：解元，南海人，平乐推官。《番禺志》云蓼涌人，“琛”作“森”。

费澜 明南海人。景泰元年（1450）举人。

［嘉靖］《广东通志》卷十二《明·举人·景泰元年庚午》：费澜。

［万历］《广东通志》卷二十《广州府·选举·乡举·国朝·南海》：景泰庚午。

梁凤 字文祥，明顺德逢简人。景泰元年（1450）举人。

［嘉靖］《广东通志》卷十二《明·举人·景泰元年庚午》：梁凤。

《广东通志初稿》卷二十《举人·明·景泰元年庚午》：顺德。

［万历］《顺德县志》卷九《举人·景泰元年》：逢简。

［康熙十三年］《顺德县志》卷二《建置志·坊表》：曰文明，在逢简堡，为举人梁凤建。

［道光］《广东通志》卷七十一《举人二·明·景泰元年庚午·广州府》：顺德人，字文祥。

萧凤（明景泰） 明南海人。景泰元年（1450）举人。

《广州志》卷三十九《举人·国朝·景泰庚午科》：御史，番禺。

［道光］《广东通志》卷七十一《选举表九·举人二·明·景泰元年庚

午·广州府》：南海人。

廖文愈 字澄江，明顺德勒楼人。景泰初（1450），黄萧养起兵失败后，赈济民众，掩埋尸骨，官府刻石表彰。

［乾隆］《顺德县志》卷十三《行谊》：字澄江，勒楼人。以齿德重于乡，乡人举为耆老。景泰初黄寇肆虐，官军虽已削平，而死骸载道，疫气流行，民嗟垫隘，加以饥馑。都御史杨信民行捐赈，仍示有能招复业、又收殡被戮者授冠带。文愈领命出粟济，活流民六千余口，所在掩葬骸骨一万七千余殖，邑令详请镌石南海。其掩葬遗迹尚存，每岁犹修墓祀。其后子孙日蕃，文人蔚起。崇正丁丑，裔孙负暄成进士，人以为文愈阴德之报云。

戴光 字文耀，明南海人。景泰元年（1450）举人。

《广州志》卷三十九《举人·国朝·景泰庚午科》：通判，番禺。

［万历］《广东通志》卷二十《广州府·选举·乡举·国朝·南海》：雷州通判，景泰庚午。

［道光］《广东通志》卷七十一《举人二·明·景泰元年庚午·广州府》：南海人，字文耀，通判。

罗忠 字廷直，明顺德大良人。景泰三年（1452）上书建议设顺德县，成化元年（1465）授承事郎。

［康熙十三年］《顺德县志》卷七《人物传一·德业》：字廷直，秉性刚方。景泰三年黄萧养乱平，率侄观、骥、定等上书侍郎揭稽，拆南海、新会县地建顺德县，治于大良堡。捐地建衙宇，筑城池，与署县事周亶同开邑有功，载在县《兴造碑》及郡邑《志》。成化元年，大藤峡贼扰两广，忠不避艰险，以粟三百斛运济军需，纪绩敕授正七品承事郎。累征不就，隐居乐善。尝捐腴田五十亩祀先代祖，邑宰钱学士溥作《祚光堂记》表其事。自忠始立顺德，今贤才代著，甲于他属，忠与有力焉。后周令祀名宦，忠亦议立乡贤，惜其裔孙不振，遂寝。

［咸丰］《顺德县志》卷二十三《列传二·明·罗忠》：大良人……有智略。景泰初黄贼平，念贼起边隅，去南海治远难遥制，遂与显庸、显韶相度形势，谓大良地环五山，山原如翼，河流若带，宜于此设县。时侍郎揭稽方

以节钺①镇粤，乃相与具书，偕其乡人郑韶等九十人诣军门条上。略曰："忠等闻失大小之节者不可与言智，昧远近之利者不可与言谋。故善智者图见于大，善谋者定计于远。见大故能察微而知著，计远故能用乱以成功。忠等伏见迩者黄贼之变，起自亡命，擅帝号，攻城邑，溃走王师，祸可谓烈矣。当此时，黄贼嘄呼②而数境之民风靡应援，譬诸禽兽一个负矢、百群俱奔，非其习有懻③悍之积性、有乐死恶生之逆也，而负不义之名以犯诛戮者，何也？今夫素之质白，染之涅则黑，失其体也。金之性沉，托之于舟上则浮，势有所支也。民之从乱犹素之染涅也，得所恃则治犹之金之托舟也。然近年诸司讳言实祸，治慕空名，抚字无恩，防御不肃。故逞欲迁求者兆争攘之端也，姑息牧寇者丰祸乱之道也，任情骫法④者贾苛刻之怨也。是以上无固结之仁，下怀离溃之志，外无城郭之备，内怵逼胁之势。汉人有言：穿窬不禁乃致强盗，强盗不断乃致攻盗，盖成于渐也。此忠等所谓著微之机而治乱之候者也，然欲树长画而伐祸本则莫若置县。昔周公建洛邑，本殷顽而思治。齐桓城楚丘，缘卫难以为功。故政惠而不费，民劳而不怨。何则？以其图见于大而能定计于远也。今大良其地远于南海，然西有排榜之峙，东有迎晖之环。前拥华盖，后镇拱北。山原如翼，河流若带。此泽国之形胜也。因其地而置县，域以封疆，防以城池，治以官师，联以户口，齐以科教，如此虽复有黄贼之变，无能为矣，其树长画、伐祸本之道计无易此。乃议者或曰兵荒之费无所出，残伤之民不可役，是习琐琐之细，非可与论于大道也。夫扁鹊治病以刀刺骨，虽有小痛而长利在身。君子振乱，用民为役，虽负时怨而久福在国。故甚病之体以忍痛为利，暂劳之民以永逸为福。故曰：前事者后之鉴，惜小者大之费，惟执事图之……"著有《沧州集》。

罗显庸 明顺德大良人。景泰三年（1452），与罗忠、弟显韶等上书，建议设县于大良。

［乾隆］《顺德县志》卷十三《行谊》：大良人。读书负奇气，以文章经济自任。正统时大良隶南海，去城辽远，小丑窃发。庸相度形势，谓其地西有排榜之峙，东有朝晖之环。前拥华盖，后镇拱北。山原如翼，河流若带。是可邑而治也。景泰三年，黄贼既歼，庸与弟韶等合倡建城之议，上书揭侍

---

①节钺（yuè）：符节和斧钺，古代授予将帅，作为加重权力的标志。

②嘄（jiào）：古同"叫"。

③懻（jì）：强力。

④骫（wěi）：骨端弯曲，引申为枉曲、弯曲。骫法：枉法。

郎，奉旨允奏，分县顺德。庸力襄筑城浚池，复日具数十人□以□流亡□□□□□缓急，未□以不足辞也。□道咸高其义，□□造谒，庸于饮射读法外一无所干。惟□径著书，训子侄以经学，约归□忠孝。其孙孙衡、昌宪、盛炫、盛炳，皆能以德业孝友□□世其家。

[乾隆]《广州府志》卷四十一《义行·顺德·明》：复日具数十人馔以待流亡之旋集，间有缓急，未尝以不足辞，迄今子孙皆能以德业、孝友、文章世其家。

[咸丰]《顺德县志》卷二十三《列传三·明·罗显庸》：立县之议，规画形胜多出于其手。大工既集……日具数十人食以待流亡……当道高其义，尝造庐谒。公事外毫无所干，惟扫径著书，以忠孝、经术训其子弟……弟显韶。

罗显韶　字九成，明顺德大良人。景泰三年（1452）上书建议设县。兄显庸，子子房。

[康熙十三年]《顺德县志》卷七《人物传一·德业·罗子房传》：字宗杰，大良人。父显韶简重而足智略，当正统己巳，乡有黄贼之变，显韶避兵端州。明年贼平，适侍郎揭稽以节钺来镇吾广，显韶乃入广，与乡耆罗忠等十数人诣军门，献书侍郎以设县请。侍郎嘉纳，竟奏行，故今大良之有县治，韶等力也。

[咸丰]《顺德县志》卷二十三《列传三·明·罗显庸传》：弟显韶，字九成……景泰初，有司治贼余党，乡民陈琛等坐诬将戮。显韶曰："耘盗本以安民，乃用诬而枉诛戮，何哉?"诣官力诤得释。妻家先没于贼，乡豪争籍其产，欲分与之。显韶曰："乘人哀而利取，吾不为也。"不受。初，令周亶有创造功，居官称廉平，及卒官，贫不能归。显韶首捐十金为赙，乡人继之，丧始还，人称"东涧义士"。子子房，字宗杰……尚书吴廷举方治县……积有疑狱，因乞鞫①不已，廷举不能决，曰："安得宗杰一言决之耶……"祀乡贤。孙衡字元中，性孝友，为诸生，五十弃去。知县吴宠宾礼之，称其德性温雅、学行醇谨，至著为录言表其实，督学张希举采舆论题门。

马襄　字服良，明南海人。景泰四年（1453）举人，任广

①乞鞫：秦汉时期的一种再审诉讼制度，当事人不服判决，可以在法定时间内请求复审。

西柳州同知、浔州知府。

《广州志》卷三十九《举人·国朝·景泰癸酉科》：同知、知府，南海。

［万历］《肇庆府志》卷四《秩官表二·国朝·肇庆府·同知》：南海举人，天顺年任，以能称。

［崇祯］《南海县志》卷四《封赠·明》：马驯，以子襄赠同知。卷九《人物列传》：字服良。颖悟过人，沉潜博学，领景泰癸酉乡荐。天顺间，粤地多垒，选人却步不肯前，铨部间抡粤人而授之。襄试天官高等，遂授肇庆郡同。甫至，创营堡，简军实，境赖以安。事平，以避嫌请，得改柳州郡贰。值粤右瑶变，不异粤左民喦①。大兵扫瑶，巢毗近民，他境延戮不少，襄则良慝②区别，使冒功者不得滥一无辜，存活甚众。考功课绩，升浔州知府，敦尚大体，尤练吏治。蠲③不急之务，弭嚣讼④之风，解苛涤烦，与民休息，饮水茹蘖⑤，率属身先，举郡就理。行实详于少师梁文康所撰墓表。

邓诚　字则明，号荔整，明南海九江人。景泰四年（1453）举人。

《广州志》卷三十九《举人·国朝·景泰癸酉科》：南海。

《南海九江乡志》卷三《选举·乡举·景泰四年癸酉科》：字则明，号荔整。由儒士习《诗经》，中式第五十五名。授福建侯官县学训导，以体大不便鞍马致仕。

冯远　明南海人。景泰四年（1453）举人。

《广州志》卷三十九《举人·国朝·景泰癸酉科》：南海。

邝华　名一作英，明顺德云步人。景泰四年（1453）举人。侄郊。

《广州志》卷三十九《举人·国朝·景泰癸酉科》：南海。

［万历］《顺德县志》卷九《举人·景泰四年》：邝英：云步，赣州推官。

---

①民喦（yán）：谓民情险恶。

②慝（tè）：奸邪、邪恶。

③蠲（juān）：除去、免除。

④嚣讼：犹聚讼。

⑤茹蘖：指生活清苦，为人清白。

［道光］《广东通志》卷七十一《举人二·明·景泰四年癸酉·广州府》：南海人，郊叔，赣州推官。又见《顺德志》，郝《志》误重见。

［咸丰］《顺德县志》卷十《举人·明·景泰》：云步人，赣州府推官，郊叔。按：阮《志》作南海人，南海旧《志》亦载之，盖以界初开县而误也，今据叶《志》……癸酉科。卷二十《金石略二·石·顺德县学乡贡题名之碑·景泰癸酉科》：邝英，云步堡人，番禺县学生，《礼》，任推官。

李景达 字宗赐，明南海人。景泰四年（1453）举人。父芳。

《广州志》卷三十九《举人·国朝·景泰癸酉科》：知县，南海。

［道光］《广东通志》卷七十一《举人二·明·景泰四年癸酉·广州府》：南海人，字宗赐，芳子，乳源知县。

陆志宣 明三水镇南人。景泰四年（1453）举人。

［嘉靖］《广东通志》卷十二《明·举人·景泰四年癸酉》：训导。

《广东通志初稿》卷二十《举人·明·景泰四年癸酉》：高要。

［万历］《肇庆府志》卷五《选举表一·国朝·举人·景泰四年癸酉》：罗城训导，高要人。

［万历］《广东通志》卷二十《广州府·选举·乡举·国朝·三水》：景泰癸酉。卷四十八《肇庆府·选举·举人·国朝·高要》：景泰癸酉，罗城训导。

［康熙四十九年］《三水县志》卷三《乡举·明朝·景泰癸酉科》：镇南人，以高要中式，广西罗城训导。

陈昇 明南海人。景泰四年（1453）举人。

《广州志》卷三十九《举人·国朝·景泰癸酉科》：南海。

林廷辉 明南海人。景泰四年（1453）举人。

《广州志》卷三十九《举人·国朝·景泰癸酉科》：知县，南海。

［万历］《广东通志》卷二十《广州府·选举·乡举·国朝·南海》：知府，景泰癸酉。

［康熙］《南海县志》卷五《选举志明乡举·景泰癸酉》：林延辉，知府。

［道光］《南海县志》卷二十《举人·明景泰朝》：知府，癸酉科。黄、郭、郝三《通志》并作廷辉，郭、魏二《志》作延辉，误，今不从。

唐盛 字士隆，明南海人。景泰四年（1453）举人，天顺八年（1464）进士。

《广州志》卷三十九《举人·国朝·景泰癸酉科》：南海。卷三十八《进士·明·天顺甲申科》：南海，南京给事。

[万历]《广东通志》卷二十《广州府·选举·进士·国朝·南海》：天顺甲申，参政。

[万历]《南海县志》卷十《人物列传一》：字士隆。天顺甲申进士，初授南京礼科给事中，以忧去，起补户科。出为广西参议，莅政宽仁，百姓德之。受知右都御史朱英，使之监军抚治瑶、壮，俘贼首韦公眷等，复安集三峒瑶三千余人。久之□□人贺道经三峒，瑶民咸以再生父母呼之，赠①。

[崇祯]《南海县志》卷九《人物列传》：久之奉表入贺，道经三峒，瑶民咸以再生父母呼之，赠以笋蕨，拥舟不忍舍。寻致仕卒。

[道光]《广东通志》卷六十八《进士·明·天顺七年癸未彭教榜·广州府》：（《贡举考》云：是科贡院失火，焚死九十余人，俱赐进士。改试期于八月，而以甲申三月廷试。）南海人，二甲，参政。

梁和 字天礼，明顺德桂林人。景泰四年（1453）举人。

《广州志》卷三十九《举人·国朝·景泰癸酉科》：断事，顺德。

[万历]《顺德县志》卷九《举人·景泰四年》：桂林，赣州通判。

[道光]《广东通志》卷七十一《举人二·明·景泰四年癸酉·广州府》：顺德人，字文礼，赣州通判。

[咸丰]《顺德县志》卷十《举人·明·景泰》：字天礼，桂林人，赣州府通判，癸酉科。卷二十《金石略二·石·顺德县学乡贡题名之碑·景泰癸酉科》：桂林堡人，府学生，《诗》，任知县。

梁焕（明景泰） 字尧广，明顺德逢简人。景泰四年（1453）举人。子应鳌。

《广州志》卷三十九《举人·国朝·景泰癸酉科》：顺德。

[万历]《顺德县志》卷九《举人·景泰四年》：逢简，七品散官②。

---

①原本漫漶，后缺一行。

②散官：又名阶官，即只有官阶实无职事的官。

［道光］《广东通志》卷七十一《举人二·明·景泰四年癸酉·广州府》：顺德人，字尧广，七品散官。

［咸丰］《顺德县志》卷十《举人·明·景泰》：字尧广，逢简人，七品散官。应鳌父，载祖……癸酉科。卷二十《金石略二·石·顺德县学乡贡题名之碑·景泰癸酉科》：逢简堡人，府学生，《书》。

梁熉　改名昕，字克明，又字霁轩，明顺德逢简人。景泰四年（1453）与兄焕同时中举，任海南琼山知县、湖北荆门州同知。寿九十岁。

《广州志》卷三十九《举人·国朝·景泰癸酉科》：推官，顺德。

［万历］《顺德县志》卷九《举人·景泰四年》：逢简，改名昕，荆门州同知。

［咸丰］《顺德县志》卷二十二《列传二·明·梁昕》：榜明熉，字克明，又字霁轩，逢简人。世与白沙陈文恭交善。父民安筑云萝园，《白沙集》所称云萝处士者也。养性林泉，吟咏自适，中年卒，文恭挽以诗。昕景泰癸酉与兄焕同领乡荐，出知琼山县，会儋州黎作乱，讨平之。丁母忧服阕，补河南涉县，升湖广荆门州同知，署沔阳州。救荒补弊，所至皆有政绩。弘治间引年归，文恭赠以诗。著述称宏富，时偕弟晫往来江门，投遗甚契。居林下二十余年，重赐鹿鸣宴，九十而卒……卷二十《金石略二·石·顺德县学乡贡题名之碑·景泰癸酉科》：梁昕，逢简堡人、何维柏撰梁应鳌《墓志》，府学生，《诗》，任知县。

梁璿　明南海人。景泰四年（1453）举人。

《广州志》卷三十九《举人·国朝·景泰癸酉科》：南海。

康麟　字文瑞，号介轩，明顺德龙江人。景泰四年（1453）举人，次年进士，授御史。天顺五年（1461）出任福建佥事，辞归。父妙观，婿苏葵。

《广州志》卷三十九《举人·国朝·景泰癸酉科》：经魁，顺德。卷三十八《进士·国朝·景泰甲戌科》：御史，升福建佥事，顺德。

［万历］《顺德县志》卷八《人物志第七之二》：康麟者，龙江人也。进

士，授御史。佥事福建，廉介无私，豪强屏迹。刚直见忤，人皆惜之，陈献章①尝为赋《介轩》。卷九《封赠·御史》：康妙观，麟父，封。

《粤大记》卷二十四《献征类·词华黼藻冶·明》：字文瑞，号介轩，顺德龙江人。景泰甲戌进士，授监察御史，巡按八闽。贞肃②百度，发奸擿伏如神。骢马所至，伸冤理枉，崇正纠邪，一时想望风采，称真御史。性善吟咏，究心推敲。巡历之暇，博采百家，选唐诸诗，照韵分类，依扬谦、高拣等所选《唐音》，取五七言、律、绝，分始音、正音、遗响，而足之以青莲、工部、昌黎三大家，以一东、二冬等三十韵类而成书，名曰《雅音会编》，凡十有二卷，总诗三千八百余首。其间四炼、五法、七德、六义、傍犯、假对、双声、叠韵，与夫正法、偏格、句法、句眼之类一览而备，诚诗学之关键也。所著有《世教录》。

［康熙十三年］《顺德县志》卷二《建置志·坊表》：曰鼎魁，御史余宣为进士康麟修建。卷七《人物传一·德业》：中式景泰癸酉乡荐，连登甲戌二甲进士。授御史，执法锄奸，权贵敛迹，两奉使命，有霹雳声。辛巳升福建按察司佥事，奉敕提督屯田，肃法厘奸，锄强黜墨，核伍稽粒，先后垦屯田七百三十余顷，增粒二万五千八百六十余石。政成报绩，玺书褒美，进阶中宪大夫。时有陈、程、李、常四指挥犯法，麟廉得奸状，馈以金砚不纳，竟置之法。又有久系冤狱，麟审脱之，寿以百金却之。闽中赵琺怀才不售，麟观风首拔，领乡荐第一，连登甲第，有知人之誉。九载政成奏最，致仕归里，与陈白沙作忘年之友。有《宦游纪行》《归吟》等草行世，婿苏葵方伯③校定，又手校《唐诗雅音会编》等集。郡邑崇祀乡贤。

［乾隆］《广州府志》卷三十五《循吏二·明》：授御史，按关中……出为福建佥事。

《龙江志略》卷一《舆地·祠墓》：明封忠义、赠御史康妙观墓在镇冈。

［咸丰］《顺德县志》卷二十《金石略二·石·顺德县学乡贡题名之碑·

---

①陈献章（1428—1500），字公甫，明广东新会白沙村人。20岁中举，正统十三年（1448）副榜进士。景泰二年（1451）会试落第后，拜江西吴与弼为师半年，十年足不出户，终于悟道。成化二年复游太学，十九年（1483）授翰林检讨，乞终养归。广东唯一从祀孔庙的明代硕儒，著作后被汇编为《白沙子全集》。

②贞肃：端方威重。

③方伯：殷周时代指一方诸侯之长，后泛称地方长官，明清时用作对布政使的尊称。

景泰癸酉科》：龙江堡人，府学生。《书》，甲戌进士。御史，升佥事。

黄浩　字浩然，明南海人。景泰四年（1453）举人，成化五年（1469）任广东德庆同知。

《广州志》卷三十九《举人·国朝·景泰癸酉科》：同知，南海。

［万历］《肇庆府志》卷四《德庆州·同知》：南海人，成化年任。卷十八《名宦传二·国朝·黄浩》：字浩然，南海人，成化间德庆州同知。时盗贼、饥馑相仍，浩设法赈济，转饷不缺，民赖以安。

［乾隆］《肇庆府志》卷九《德庆州·明·同知》：南海举人，成化五年。

［道光］《广东通志》卷七十一《举人二·明·景泰四年癸酉·广州府》：南海人，字浩年，德庆同知。

萧埙　字孟韶，明南海人。景泰四年（1453）举人。父亮。

《广州志》卷三十九《举人·国朝·景泰癸酉科》：治中，南海。

［万历］《南海县志》卷十《人物列传一》：字孟韶。景泰癸酉乡荐，筮仕四川合州知州。筑长堤以捍江水，灌溉平畴，民获其利。廉能大著，擢应天府治中。

［道光］《广东通志》卷七十一《举人二·明·景泰四年癸酉·广州府》：南海人，字孟韶，亮子，应天府治中。

［道光］《南海县志》卷三十五《列传四·明·萧埙》：成化间知合州。州西南濒涪江，数苦水患，埙于上流筑长堤……擢应天府治中，授奉议大夫，祀合州名宦。

潘纯　一说名纪，明南海人。景泰四年（1453）举人。

《广州志》卷三十九《举人·国朝·景泰癸酉科》：南海。

［雍正］《广东通志》卷三十三《举人·明·景泰四年癸酉乡试榜》：潘纪，南海人。

潘显　明南海人。景泰四年（1453）举人。

《广州志》卷三十九《举人·国朝·景泰癸酉科》：知县，南海。

《广东通志初稿》卷二十《举人·明·景泰四年癸酉》：南海。

潘洪　字克宽，明南海人。景泰四年（1453）举人，天顺元年（1457）进士。

《广州志》卷三十九《举人·国朝·景泰癸酉科》：南海。卷三十八《进士·国朝·天顺丁丑科》：东平知州，南海。

［嘉靖］《广东通志》卷十二《明·进士·天顺元年丁丑》：广州南海人，参议。

［万历］《广东通志》卷二十《广州府·选举·进士·国朝·番禺》：天顺丁丑，参议。

［道光］《广东通志》卷七十一《举人二·明·景泰四年癸酉·广州府》：南海人，字克宽，进士，又见《番禺志》。卷六十八《进士·明·天顺元年丁丑黎淳榜·广州府》：南海人，广州右卫籍，参议。

冼靖　字靖安，明南海佛山镇人。正统十四年（1449）抵抗黄萧养军围攻。父灏通，弟易，子政，孙涤。

［乾隆］《佛山忠义乡志》卷八《义行·明》：字靖安，义士灏通次子。貌魁梧，髯垂过腹。黄贼之乱，通秉义保障，靖之宣力居多。贼既就擒，官司檄剿各村从贼者，靖请释迫胁，活者无算。有盗潜入其室期夜行窃，靖呼盗出。盗惧，因取案头笔札悉报其党姓名，得三十余人。靖对盗焚之，与钱一贯曰："余安责若第？愿若改行，毋终于盗耳。"盗涕泣叩头去。卒年七十。子政以贡任湖广武昌训导。卷九《貤封·明》：冼政，字平之。所居屋后有乔木数株，鹤多巢其上，故称鹤园冼氏，政因别字招鹤。以学行为湛甘泉所重，相友善。由诸生贡于廷，授湖广武昌县训。学额有湖，教官例征其鱼，岁入不赀，政悉以归公。修脯贽节，一切峻却，以俸赢周诸生之贫者，不责其偿。俄迁六安州学正，即以病辞归，年七十卒。长子涤领弘治甲子乡荐，历任宁国府通判，赠政如其官。卷三《乡事志·坊表》：家传诗礼，世沐恩荣（在潘涌铺冼祠内），为冼政、冼涤建。

［民国］《佛山忠义乡志》卷十四《人物志·忠义·明》：《忠义官冼灏通家传》（冼桂奇撰，载《鹤园冼氏家谱》），月松公者，鹤侣公长子也，讳灏通……佛山商务以锅业为最，各省巨商闻公信谊，咸投其家。公命诸弟侄经理其事惟谨，商客人人得以充其货，毋后期也，乃人人又益喜，辄厚谢之。公以故家饶于财，所得辄分诸弟侄无吝色……乡人居稠密与穗城埒，田园虽厚值弗能广也。公顾有近宅园池五十亩、田二百余亩，又立为祭田、赡学田，皆乡未之有也。正统己巳，黄贼萧养作乱……时先声将攻佛山……公乃祷子祖庙而率其弟毅通、彦通、彦四、彦平，子昱、靖、易极力备御，为乡人倡。

冼易 （1424—1449）字易之，号刚庵，明南海佛山镇人。正统十四年（1449）抵抗黄萧养军围攻，战亡。兄靖。

［乾隆］《佛山忠义乡志》卷九《列女·明》：陈氏冼易妻，年十六归易，凡十年而易卒。抚二幼子成立，以素食终其身。孙世茂之妻陈氏亦早寡守节，人谓本氏教云。

［民国］《佛山忠义乡志》卷十四《人物志·忠义·明》：冼易，字易之，号刚庵，灏通季子。黄萧养之乱，随父兄后奋不顾身。时贼命伪侯李某对阵通语，意欲谕降，易即拔剑击杀之。归乃吐血不止而卒，年二十六岁。妻陈氏以孀节著。

杨楚 （1424—1459）字秀夫，明高明人。受业于叶祯。天顺三年（1459）战广西劫匪死。

［康熙八年］《高明县志》卷十三《人物传·明》：少有才负气，受业于叶祯之门。正统十四年海贼黄萧养作乱，楚曰："吾乡不使遭此也。"拉邻伍杜福叙等盟，相与保障之。至天顺三年，景顺乡民潘四仔作耗，亦率众据之，居民乃安之。西贼数千人流劫莲塘等都，时梁致育年九十致仕，亦在掳中，楚闻之曰："梁先生人望也。"遂往救之。率众赴战，以不敌而死，人高其义，时年三十六。郡县为文以祭，白其事于藩、臬，欲奏旌而止，郡有司举附于乡贤祠，今改高明立祠以祀。

［道光］《高明县志》卷十三《人物传·明》：字秀夫。少负才气，受业叶贞号确斋先生之门，得闻《春秋》义，常恶乱贼……天顺三年……确斋守庆远，讨西贼遭陷，楚闻讣大恸，即枕戈时切为师复仇……楚闻掳致育之贼即陷确斋之贼，遂挺身赴战务歼渠魁，追至横石，毙于锋镝，时年三十六。邑郡藩、臬高其义，白于朝，旌义士，遣行人曹隆谕祭。初祀府乡贤祠，嘉靖二年，以曾孙生员秩具呈郡守曾直、学道魏校，题准回县立祠，至今永编祀典。卷十六《艺文志》：《杨义士祠记》魏校。杨君名楚者，系出忠襄世裔，质刚毅磊落有奇气，受业叶祯先生之门十有余载……当己巳岁，感于草寇肆害……于是学剑术，通兵略……杨君曰"贼在莲塘，仇不远矣。"即挺身赴战，斩贼过百，男女被掳获还者甚多……追至横石径，乃得韦父雄而诛之，既而伏莽四起，杨君竟陷焉。

黄员通 字仕达，明南海人。景泰间任江苏昆山主簿。

［道光］《南海县志》卷三十五《列传四·明·黄员通》：字仕达。景泰间为昆山主簿，能识政体，司征税公而有法，邑人称之。

冯伟 明南海人。景泰七年（1456）举人。子理。

《广州志》卷三十九《举人·国朝·景泰丙子科》：司务、知府，南海。

［道光］《广东通志》卷七十二《举人三·明·弘治十一年戊午·广州府》：冯理，南海人，字玠卿，伟子。

冯遇 明南海人。景泰七年（1456）举人。

《广州志》卷三十九《举人·国朝·景泰丙子科》：教谕，南海。

［崇祯］《南海县志》卷四《乡举·明·景泰丙子》：博士。

叶敏 字汝行，明南海人。景泰七年（1456）举人，天顺元年（1457）进士。父武昌。

《广州志》卷三十九《举人·国朝·景泰丙子科》：南海。卷三十八《进士·国朝·天顺丁丑科》：户部主事，南海。

［崇祯］《南海县志》卷四《封赠·明》：叶武昌，以子敏封主事。

［道光］《广东通志》卷七十一《举人二·明·景泰七年丙子·广州府》：南海人，字汝行，进士。

关河 明南海人。景泰七年（1456）举人。

《广州志》卷三十九《举人·国朝·景泰丙子科》：南海。

伦善 字国宝，明顺德石硝（今属南海）人。景泰七年（1456）举人，成化十一年（1475）进士。弟启、喜。

《广州志》卷三十九《举人·国朝·景泰丙子科》：南海。卷三十八《进士·国朝·成化乙未科》：顺德，知县。

［嘉靖］《广东通志》卷六十一《列传十八·人物八·梁昉传》：字景熙，顺德人……博学强记，景泰丙子解元，丁丑第进士，年甫弱冠。授萧山知县，礼贤兴学。疏言致仕尚书魏骥年近期颐①，请赐存问，从之。升云南道监察御史，擢浙江佥事，监试得状元谢迁为举首。平生冰蘖②自持，执法不阿，卒于

---

①期颐：一百岁。

②冰蘖：比喻寒苦而有操守。

官，无一钱尺帛以遗子孙。同乡伦善，字国宝，乙未进士。令龙溪，有学有守，民爱之。

［万历］《顺德县志》卷九《进士·成化十一年》：石硝，龙溪知县。

［道光］《广东通志》卷七十一《举人二·明·景泰七年丙子·广州府》：顺德人，进士。弟启，弟喜。卷六十八《进士·明·成化十一年乙未谢迁榜·广州府》：顺德人，金华府同知。

［咸丰］《顺德县志》卷二十《金石略二·石·顺德县学乡贡题名之碑·景泰丙子科》：石硝堡人，府学生，《诗》，乙未进士，任知县。

陈佐　明南海人。景泰七年（1456）举人，任江西抚州教授。

［崇祯］《南海县志》卷四《乡举·明·景泰丙子》：陈佐。

［道光］《广东通志》卷七十一《举人二·明·景泰七年丙子·广州府》：《南海志》，又见《潮州志》《海阳志》，抚州教授。戴《志》、黄《志》、郭《志》、明《题名录》皆作海阳人。实止一陈佐，郝《志》两载，非是。

陈珍　明南海人。景泰七年（1456）举人，天顺元年（1457）进士。

《广州志》卷三十九《举人·国朝·景泰丙子科》：主事，南海。卷三十八《进士·国朝·天顺丁丑科》：陈珍。

陈理　明南海人。景泰七年（1456）举人。

《广州志》卷三十九《举人·国朝·景泰丙子科》：南海。

［嘉靖］《广东通志》卷十二《明·举人·景泰七年丙子》：同知。

周郁　号梅溪。字文盛，明南海九江人。景泰七年（1456）举人。父鉴光。

《广州志》卷三十九《举人·国朝·景泰丙子科》：南海。

［嘉靖］《广东通志》卷十二《明·举人·景泰七年丙子》：大理丞。

《南海九江乡志》卷三《选举·乡举·景泰七年丙子科》：字文盛，号梅溪。由府学习《诗经》，中式第六名。《文会录》任大理寺评事，或云未仕卒。

［道光］《广东通志》卷七十一《举人二·明·景泰七年丙子·广州府》：南海人，字世重，大理丞。

《九江儒林乡志》卷十《选举略·明·封荫》：周鉴光，以子郁赠文林郎、大理寺评事。

梁耕　明南海佛山镇人。景泰七年（1456）举人。

《广州志》卷三十九《举人·国朝·景泰丙子科》：经魁，训导，南海。

［乾隆］《佛山忠义乡志》卷六《乡俗志·氏族》：梁氏，明有主事焯，推官震，知县元祯，举人教谕泰安、耕。国朝有举人裔照、举人教谕叶千、现举人知县瑞正、举人调元。

［民国］《佛山忠义乡志》卷十三《选举志·科目·举人·明》：景泰丙子，附生。

黄玶　名或作坪，明南海人。景泰七年（1456）举人。

《广州志》卷三十九《举人·国朝·景泰丙子科》：知府、参政，南海。

《广东通志初稿》卷二十《举人·明·景泰七年丙子》：黄坪，参政，南海。

黄瓘　明南海人。景泰七年（1456）举人。

《广州志》卷三十九《举人·国朝·景泰丙子科》：通判，南海。

［雍正］《广东通志》卷三十三《举人·明·景泰七年丙子乡试榜》：南海人，通判。

游佐　字汝弼，明南海人。景泰七年（1456）举人，成化二年（1466）进士。

《广州志》卷三十九《举人·国朝·景泰丙子科》：南海。卷三十八《进士·国朝·成化丙戌科》：南海，刑部主事、知府。

［道光］《广东通志》卷七十一《举人二·明·景泰七年丙子·广州府》：南海人，字汝弼，进士。

彭复　明南海人。景泰七年（1456）举人。

《广州志》卷三十九《举人·国朝·景泰丙子科》：同知，南海。

熊孟芳　榜姓杨，字景春，明南海人。景泰七年（1456）举人，天顺元年（1457）进士。弟季芳。

《广州志》卷三十九《举人·国朝·景泰丙子科》：杨孟芳，丁丑进士，复姓熊，南海。卷三十八《进士·国朝·天顺丁丑科》：杨孟芳，南海，主事，复姓熊。

《粤大记》卷五《科第·皇明进士科·天顺元年丁丑科黎淳榜》：杨孟芳，番禺县人，弟季芳，主事。

［万历］《广东通志》卷二十《广州府·选举·进士·国朝·南海》：杨孟芳，天顺丁丑，户部主事。

［道光］《广东通志》卷二百七十六《列传九·广州九·熊季芳传》：兄孟芳，字景春，天顺元年丁丑进士，官户部主事。

颜旷　名一作昉，明南海人。景泰七年（1456）举人。

《广州志》卷三十九《举人·国朝·景泰丙子科》：南海。

［嘉靖］《广东通志》卷十二《明·举人·景泰七年丙子》：知府。

［万历］《广东通志》卷二十《广州府·选举·乡举·国朝·南海》：颜昉，景泰丙子。

霍谌　字信道，明南海人。景泰七年（1456）举人。

《广州志》卷三十九《举人·国朝·景泰丙子科》：同知，南海。

［道光］《广东通志》卷七十一《举人二·明·景泰七年丙子·广州府》：南海人，字信道，同知，郝《志》“霍”误作“藿”。

李嗣　（1426—1494）字克承，明南海人。正统十二年（1447）举人，景泰五年（1454）进士，任浙江金华知府，成化七年（1471）迁浙江参政，孝宗初转户部左侍郎，兼都察院左佥都御史，督查两淮盐法，染病回家。祖定远，父朴，子辰。

《广州志》卷三十九《举人·国朝·正统丁卯科》：南海。卷三十八《进士·明·景泰甲戌科》：南海。卷四十《封赠·国朝·户部侍郎》：李定远，南海，以孙嗣贵赠。李朴，以子嗣贵赠。《恩荫·鸿胪寺鸣赞》：李辰，户部侍郎嗣子。

［嘉靖］《广东通志》卷六十一《列传十八·人物八》：字克承，南海人。性端谨，质干魁梧。年十三，有司罗为邑庠生，气盖时辈，识者知其伟器。景泰甲戌进士，授南京户部主事。尝催督南畿、江西积欠输赋，不劳而集，乃奏增大臣一员专董其事，遂为例。晋署郎中事，时五城兵马司妄奏，房钞都税司侵克公课，蠹政戾民，参提两正其罪，士民快之。尚书张凤推重之，

曰："公辅才也。"欲荐代己，会凤卒，遂不果。寻实授郎中，出知金华府。下车之始，适行乡饮酒礼。有司设主席，殽核视宾十倍，遽命撤之，由是吏民知风指，终嗣任不敢干以私。奏立正学书院，祀先儒王、何、金、许四贤，重修吕东莱、张南轩、朱考亭，会讲丽泽书院，俾郡人知所向慕。治地僻远，民苦赋役，奏请割三郡近地，设汤溪县，隶本府，以便之。治行为江浙诸郡之冠，壬辰入觐，与黄州守并课优等。迁浙江右参政，寻转左。修筑长堤以御绍兴、宁波海涨，二郡民永赖其利，又上军政数十事，皆行之。晋福建右布政使。漳州有狂生得幻术，醉后能人役草木，邑吏上变。藩、臬议举兵，嗣曰："讨之是激其反尔。"单车往其家，命缚以归，一省贴然。寻转左布政使。辛丑入觐，道经金华，民争迓之，攀辕涕泣不忍舍，刻石路左以昭功德。癸卯遭内艰，适苏、松多事，夺情①起为都察院左副都御史，巡抚其地。首陈事宜，降敕嘉奖，所至百废具兴。居无何召还，授户部右侍郎，丁未廷试预读卷。寻转左侍郎，会本户有言两淮盐法不举、亏损边储②事者，奉玺书督视，兼都察院左佥都御史以行。悉心群务，遂感疾，即上章乞归，得旨乘传还第，俟瘳起用。弘治甲寅卒，年六十有九。居官三十余年，田园无所营增，没之日，衣箧中惟白金十两而已。

陈骐　（1426—1506后）字梦祥，明南海人。早年行医，二十七岁始为县学学生。四年后中景泰七年（1456）举人，天顺元年（1457）进士，任大理寺评事、左寺副，出为江西佥事、云南副使，落职闲居，八十多岁卒。子翁年，孙万。

《广州志》卷三十九《举人·国朝·景泰丙子科》：副使，南海。卷三十八《进士·国朝·天顺丁丑科》：南海。

[嘉靖]《广东通志》卷六十一《列传十八·人物八》：字梦祥，南海人。少喜技艺，工画能医，有司罗为医生，使视重囚。入狱中，秽不能忍，耻之，乃学举子业，为邑庠生，时年二十七矣。三十一举于乡，连登进士。拜大理寺评事，晋左寺副，修撰罗伦，以刚许之。升江西佥事，发奸擿伏，有能名。

---

①夺情：谓官员丧期未满，应诏出任官职。

②边储：指边防用的储备粮食物资。

分巡①岭北，民病瘴，以药活之者至八百余人。勘虚粮②，明经界，均徭役，民不敢欺。有病死而归以被踢杀告者，骐视而折之曰："伤必有血荫，今肋骨形弯内黑外，彼能自内踢耶?"煮皂角水洗之，黑色尽去，狱遂决，人服其明。巡九江以南，大毁学宫文昌祠，凡清出虚粮十八万三千余石，储赎罪谷备赈济至二十一万六千石有奇。以各道罚罪银市材倩工，修理学校祭器，及正圣贤像服之不如制者七十八，所毁淫祠九十七区，百姓以"陈打鬼"呼之。升云南副使，时镇守太监钱能家人不法，每为骐所制中伤之，遂讦奏落职。家居，年八十余卒。骐性劲厉自许，晚年论名理，与张诩论不协，著《鸢鱼辩》《原学》诸篇，盖亦自有所得云。

［万历］《南海县志》卷十《人物列传一》：出为江西佥事，修撰罗伦为序送之，称其刚介。

［道光］《广东通志》卷七十一《举人二·明·景泰七年丙子·广州府》：南海人，进士。子翁年，孙万。

［道光］《南海县志》卷二十六《艺文略二·集》：《益庵集》二十卷，明陈骐撰，据黄《通志》。

何淡　（约1427—约1500）字中美，明顺德乐从葛岸人。正统十二年（1447）举人，天顺元年（1457）进士。为官30年，五十多岁辞官归。父道宏，从弟经。

《广州志》卷三十九《举人·国朝·正统丁卯科》：顺德。卷三十八《进士·明·天顺丁丑科》：顺德。卷四十《封赠·国朝·知州》：何道宏，顺德，以子淡贵赠。

［嘉靖］《广东通志》卷六十一《列传十八·人物八》：字中美，顺德人。天顺丁丑进士，除知山东滨州。适蝗旱，淡至，以劝相耕农为首务。定粮役、料物③以贫富为差，书为由帖预给之，听以粟麦布绢通融折纳。其病民者一切罢之，及期，不待督而输赋集。暇取《吕氏乡约》《教民榜》，每乡慎选老人，亲为演说大义，使训其间里，按季查考。民以恶闻则召其乡老，泣谓之曰："吾不能化若，与若不能化乡，其罪一也，然吾则罪首也。民苟三犯，吾当自

---

①分巡：唐朝皇帝派官吏分道出巡，称分巡某某道。明在按察司之下设按察分司，按察使之下设按察副使、按察佥事等职，分察府、州、县。清巡道也叫分巡道，代表巡抚分巡其地。

②虚粮：指古代按田亩负担的赋税中所包括的虚额面积计征摊派。

③料物：谓物资、食物、用物等。

劾求退，于若何如?”各惭谢而去，讼为之稀。例得皂隶、马夫折薪钱①悉移应公务，乃新学宫，修礼器，延聘师儒，聚民之秀者日夕教之。初士习鄙悍，解额荒甚，自是科第焕赫，甲于他州。舆论称其廉明仁恕，政务毕举，民安其业，所定徭役，后守宗以为法。会丁内艰去，士庶万余人争哭而留之，怜其清苦，乃醵②钱二十万，相与谋曰：“我公素廉不受人，逾境其受乎?”付乡老余良胜，舆至临清致赆③，淡正色却之。良胜负还，散于众，不匿一钱，盖化于淡也。后貌淡像，祀诸龚遂祠。服阕，人为工部虞衡员外郎。升湖广汉阳知府，教民力农，为筑陂堰④使时灌溉。江右布商群来诱民，取倍息，因之兴讼相仇杀，痛绳之，民始有宁居。尤重学校，所教髦士多取甲科，前此未有也。升贵州左参政，时生、熟苗相攻，郡县骚然。抚巡集议用兵，请淡招之。会朝命下，如淡言，抚巡即檄淡往。淡单骑深入，谕以威德，遂释甲返故土。寻以亲老乞归得允，时年才五十余，与从弟副都御史经、内弟参政李聪同时致仕，人讶以为难。淡居官三十年，俸禄恒以助公费，家产无所增，贫至不举火，自处晏如也，暇惟课仆种园蔬以自娱。知县吴廷举称为吴隐之流亚，分俸赒之。张诩赠之以诗，谓其“清夺粤江水”云。卒年七十五。

［万历］《顺德县志》卷九《举人·正统十二年》：葛岸，进士。《进士·天顺元年》：参政。《封赠·知州》：何道弘，淡父，封。

［康熙十三年］《顺德县志》卷七《人物传一·德业》：州古渤海，难治，蝗旱久，且多无名之征……都御史贾疋巡抚至滨，疏其绩，请书姓名于御屏，有旨旌异，给与诰命……升工部虞衡司员外郎，首严内府奸利之禁，请托不行。升湖广汉阳知府……节浮费以给民牛、种……历官九载，未尝一介取于民，民歌之曰：“何太守，筑汉陂。饥得食，寒得衣。”

［咸丰］《顺德县志》卷二十二《列传二·明·何淡》：都御史贾疋……谓堪备两京堂官之缺，请记名量加迁擢为世励⑤……祀乡贤。

戴缙　（1427—1510）字子容，号云巢，明南海人。景泰

---

①折薪钱：即折支俸禄，是将外国的贡物折算成俸禄，发放给官吏。明初至中期，外国进贡的大量胡椒、苏木等堆积如山，政府将这些库存折支俸钞。

②醵（jù）：泛指凑钱、集资。

③赆（jìn）：临别时赠送给远行人的路费、礼物。

④陂堰（bēiyàn）：蓄水池。

⑤世励：激励世风。

四年（1453）举人，成化二年（1466）进士，次年任南京湖广道监察御史。谄媚太监汪直，十三年特升尚宝少卿，十九年升南京工部尚书。汪直失势后，罢职归田二十八载。父琏，弟纮、纨，子昊官。

《广州志》卷三十九《举人·国朝·景泰癸酉科》：南海。卷三十八《进士·国朝·成化丙戌科》：南海，官至尚书。卷四十《封赠·国朝·监察御史》：戴琏，番禺，以子缙贵赠。

［万历］《广东通志》卷二十《广州府·选举·进士·国朝·南海》：成化丙戌，工部尚书。

［道光］《广东通志》卷七十一《举人二·明·景泰四年癸酉·广州府》：南海人，字子容，琏子。卷六十八《进士·明·成化二年丙戌罗伦榜·广州府》：南海人，二甲，工部尚书。卷一百九十五《艺文略七·集部一》：《云巢稿》，明戴缙撰，未见。《广东诗粹》，缙，字子容，南海人，成化丙戌进士，累官工部尚书。

［道光］《南海县志》卷三十五《列传四·明·戴缙》：号云巢，琏长子。景泰癸酉乡荐，与弟纮、纨同会试都中，人称三凤，邱濬为《三凤歌》赠之。纮登乙榜，缙归潜心《易》学，寻登成化丙戌进士，授南京湖广道监察御史。巡永平、河间、苏、松、常、镇、贵州等处，除奸剔蠹。执虐民之豪，蠲柴夫之钱，势宦私贩置之于法。九载政成，陈弭灾保治六事：曰亲大臣、严考察、谨兵备、禁倚势、重风宪、恤畿民，皆见施行。转尚宝司少卿。升右佥都御史，奉命使朔北。再升右副都御史，巡抚江南，正己执法。寻擢北京都察院右都御史，谳狱平恕。发太仓粟四十万石赈京师，民立碑纪事。晋南京工部尚书。缙平生喜为诗，著有《云巢诗稿》及《疏草》诸文集。年八十四卒。子昊官，应天通判。

关玉门　（1428—1449）明南海沙头堡人。正统十四年（1449）抵抗黄萧养死。

［道光］《南海县志》卷三十五《列传四·明·关玉门》：沙头堡人。正统十四年，大盗黄萧养攻龙江，玉门率众御贼，断臂坠水死。尸逆流而归，面色如生，时年二十二。后设像祔①于宗祠，景泰元年官为旌表。

---

①祔（fù）：原指古代帝王在宗庙内将后死者神位附于先祖旁而祭祀，亦泛指配享、附祭。

谭何氏　（约1429—约1518）明高明下仓步人。十七岁嫁谭世禄，正统十四年（1449）黄萧养起兵时夫被害。寿九十岁。子宗琦。

［万历］《肇庆府志》卷二十《列女传·国朝》：何氏，高明谭世禄妻。世禄死于寇，惟一子宗琦在襁褓。姑悯其少，劝之改适，何泣曰："姑寡而无子，妇寡而有子。舍子而嫁，谁其养姑？"竟不渝节，寿九十卒。

［康熙八年］《高明县志》卷十四《列女传》：何氏，年十七嫁下仓步都民谭世禄，越一年生子谭宗锜，二年，正统己巳夫死于寇。姑李氏悯其年少，宁死不他适，日惟纺绩以教子，孝敬其姑。

区世荣　（约1429—约1521）号兰坡，明顺德鹭洲人。正统十四年（1449）黄萧养起兵时，替族人母子保管财物，赎身安家。

［康熙十三年］《顺德县志》卷八《人物传二·孝友》：鹭洲人也。黄贼萧养之乱，叔母何抱儿琏出走，世荣与相失，生死未可知也。贼平，世荣行求至流溪洞，见妇人负儿出汲，惊而前曰："非叔母耶？"相与泣，遂赎以归。初何出走，簪珥付世荣藏屏处，至悉还之，并分同祖之产。后琏成立，谓其子曰："我不佣，兰坡翁之德也！"兰坡，世荣号。其赎琏时年仅二十，后至九十三卒，子孙皆贤。

［咸丰］《顺德县志》卷二十三《列传三·明·区世荣》：世荣躬自行求，偶经从化留溪洞，遇妇负儿汲者，近之即何母子，盖佣食他县矣。

何经（明正统）　字宗易，明顺德葛岸人。正统十二年（1447）举人，景泰五年（1454）进士，成化初（1465）任工部郎中，升贵州左参政、右副都御史，成化二十三年退休归。祖戴安，父道彧，从兄淡。

《广州志》卷三十九《举人·国朝·正统丁卯科》：南海。卷三十八《进士·国朝·景泰甲戌科》：郎中、参政、都御史，南海。卷四十《封赠·国朝·副都御史》：何戴安，顺德，以孙经贵赠。何道彧，以子经贵赠。

［万历］《顺德县志》卷七《人物志第七之一》：何淡者，传葛岸人也，字中美。以进士知滨州，滨州古渤海，素难治，且多无名之征。淡劝相耕农，定信役赋，法以贫富为差，预给帖，令得以粟麦绢布折纳，病民者一切罢之，

不待督责，及期而集。遵《教民榜》，杂以《吕氏乡约》为条教，择行谊老人化导之，民间月朔则以名闻。有不善者，召老人，泣谓之曰：“幸得备位为州表率，不能宣明教化，令民远罪，与长老受其耻。然吾为守，罪则魁矣，至再当自劾退。”各惭谢，传相责让，讼为之简。故事有马夫、皂隶折薪钱，移应公务，新学宫，修礼器，延聘师儒，聚民之秀者日夕教之。初士习鄙悍，阖州无一人应书①，至是，斌斌②甲他州矣。都御史贾疋疏淡异等，请京堂官缺以次用之，赐诰命。会忧去，士庶万人遮哭，怜其贫，醵钱二十万，使乡老余良胜赆于临清，曰：“君不受赠，远道或念我哉？”淡正色却之。后貌淡龚遂祠，至今奉尝。服除迁工部员外郎、汉阳知府。府多鱼，小民争利，亲藩圉夺其中，上书罢之。教民力农，筑陂堰使时灌溉，民歌之曰：“何太守，筑汉陂。饥得食，寒得衣。”尤重学校，所教士多高第，前未有也。参政贵州，时生、熟苗相攻，郡县骚然。两台议兵之，淡请抚，命下如淡，则檄淡往。淡单骑入，谕以威德，遂醳兵。寻以亲老乞归养，年才五十余，从弟副都御史经、内弟参政李聪同时致仕，人以为盛。淡官三十年一介不取，子弟欲役舆皂③，则呵之曰：“女亦官邪？”奉钱常佐公事，家产无所增置。吴廷举称为吴隐之流亚，张诩谓其“清夺粤江水”云。经居官虽无可纪，能谐于俗。里中歌，经亦歌，与相应和，至今谓之都宪歌。尝浴江中，舟过而胶，不知其为经也，曰“父为我推”，遂推之。族子亮，以孝友闻。

［咸丰］《顺德县志》卷二十二《列传二·明·何淡传》：经，字宗易……成化初为工部郎中。荆襄盗起，经从尚书白昂征之，亲冒矢石，获贼首刘千斤，追捕渠党石和尚于西蜀。尝劾罢侍郎霍宣。逾年擢贵州左参政，土官金铎不法，奏执之。升云南布政，土官昂贵谋为不轨，平之。转贵州左布政，时两广大军征荔浦诸蛮，经独当一面，且攻且守，诸峒悉平。迁右副都御史，抚治郧阳，民有“此老如何不早来”之谣，寻致仕归。生平好为声诗，著有《平南集》《南迁稿》《京行百咏》和《两广观风集》，历三藩督抚皆有稿，成卷帙。

陈观　字思贤，明南海沙贝人。拜师孔伯平，与戴缙结社，天顺五年（1461）任广州通判的黄谏赞赏。寿八十六岁。子珙，

---

①应书：古时下级官府回复上级的公文。

②斌斌：同“彬彬”，文质兼备的样子。

③舆皂：古代分人为十等，其中皂为第五等，舆为第六等。合称泛指身分低贱的人，多指仆役。

孙锡。

[嘉靖]《广东通志》卷六十二《列传十九·人物九·陈锡传》：字祐卿，南海人，宋朝散大夫康延之后。祖观字思贤，布衣，博学敦行。从孔伯平游，不求闻达。工于诗，学士黄谏拟诸姚鹄、岑参，有《沧江集》行于世。

[万历]《南海县志》卷十一《隐逸·明》：字思贤。四岁而孤，稍长即向学，诸子百家，日强记数千言。从孔伯平游，伯平服其颖悟。性好古先贤言行，居恒称之。筑亭江滨，日游憩其上，髦士多从之游。尤长于诗，幽雅逼唐。四时招偶进艇沙水间，出瓦缶蔬食，赋诗论学，眺远怀古，休休如也。学士黄谏见其诗叹曰："唐岑、姚其人乎？"生平无疾言厉色，诲子弟必以忠孝。年八十六卒，有集传于世。孙锡应天府尹，曾孙绍儒顺天府尹，历南京工部尚书。

[崇祯]《南海县志》卷四《封赠·明》：陈珙，训导，以子锡赠主事，以孙绍儒赠太常寺卿。

[康熙]《广州府志》卷三十八《人物志九·清高列传·明》：……从孔百平游……平居制古巾服，诵古言行……与邝筠巢、戴云巢辈结社，为莫逆好。

[道光]《南海县志》卷三十五《列传四·明·陈观》：沙贝乡人。卷二十六《艺文略二·集》：《留余集》，明陈珙撰。

[宣统]《南海县志》卷五《古迹略·冢墓》：明选举孝友、赠户部山西清吏司郎中陈观墓，在泌冲堡双蛱蝶冈。

戴纮 字子仪，号桂轩，明南海人。景泰七年（1456）举人，天顺八年（1464）会试乙榜。兄弟缙、纨。

《广州志》卷三十九《举人·国朝·景泰丙子科》：同知，南海。

[嘉靖]《广东通志》卷十二《明·举人·景泰七年丙子》：戴絖，翰林检讨。

[道光]《广东通志》卷七十一《举人二·明·景泰七年丙子·广州府》：南海人，字子仪，纨兄，翰林检讨。黄《志》纮作絖，《南海志》作紘，郝《志》作紞，皆误。

[道光]《南海县志》卷三十五《列传四·明·戴缙传》：弟纮，字子仪，

号桂轩。景泰丙子乡荐。天顺甲申乙榜，授化州①知州。毁淫祠，投石人于江以祛民惑。诖误改官柳州府教授，人颂其德，祟祀名宦。丁艰服阕，历任太平、庐州府学教授，升翰林院检讨。著有《桂轩集》。

马骢（明天顺） 名一作聪，明顺德水藤人。天顺三年（1459）举人。

《广州志》卷三十九《举人·国朝·天顺己卯科》：顺德。卷三十八《进士·国朝·成化壬辰科》：顺德，知府。

［万历］《顺德县志》卷九《进士·成化八年》：水藤，知府。

［咸丰］《顺德县志》卷二十《金石略二·石·顺德县学乡贡题名之碑·天顺己卯科》：水藤堡人，儒士，《礼记》，进士，任知县、主事。

邝文 字载道，明南海大沥大镇乡人。天顺三年（1459）举人，成化二年（1466）进士，二十三年十二月任福建漳州知府，后卒于官。父宏，弟才。

《广州志》卷三十九《举人·国朝·天顺己卯科》：御史，南海。卷三十八《进士·国朝·成化丙戌科》：南海，御史、知府。

［嘉靖］《广东通志》卷六十一《列传十八·人物八》：字载道，南海人。父宏善诗，与陈献章赓和，淡于势利。二子皆入官，其贫如旧，献章以三代遗老称之。文丙戌进士，历监察御史。奉命通州查盘，奏劾外戚掊克。谪黄岩令，挫豪猾，完逋负，禁溺女，捕剧盗。以最擢淮安府同知，丁内艰，补大名府。成化二十三年十二月知漳州府。居官廉明刚果，吏胥无所用其奸。民有通番船②行劫掠者，令行禁止，为政未究而卒，民思之。弟才亦同知严州。族人郊南京工部郎中，以清操闻。族孙约壬戌进士，历龙泉、金溪二县令。以廉能擢监察御史，巡按应天及贵州，所至有声。擢河南按察副使，劳于民事卒。

［道光］《广东通志》卷六十八《进士·明·成化二年丙戌罗伦榜·广州府》：南海人，二甲第六名，知府。

---

①化州：位于广东省西南部，与广西毗邻。唐贞观九年（635），南石州更名辩州。北宋太平兴国五年（980），因州治西南三里石龙岗有石龙胜迹，龙能变化，辩州改名化州。

②番船：旧称来华贸易的外国商船。

［道光］《南海县志》卷三十五《列传四·明·邝文》：大镇乡人。

邝乔　明南海人。天顺三年（1459）举人。

《广州志》卷三十九《举人·国朝·天顺己卯科》：南海。

冯浩　明南海人。天顺三年（1459）举人。父暹。

《广州志》卷三十九《举人·国朝·天顺己卯科》：南海。

［嘉靖］《广东通志》卷十二《明·举人·天顺三年己卯》：长史。

［崇祯］《南海县志》卷四《封赠·明》：冯暹，以子浩封长史。

刘志诚　明南海人。天顺三年（1459）举人。

《广州志》卷三十九《举人·国朝·天顺己卯科》：南海。

［嘉靖］《广东通志》卷十二《明·举人·天顺三年己卯》：同知。

刘琮　（？—1463）明顺德龙江人。天顺三年（1459）中举，七年在京会试，以考场火灾死，赐进士。挚友张善昭（1436—1515）找到他的骸骨，带回家安葬。

《广州志》卷三十九《举人·国朝·天顺己卯科》：南海。

《广东通志初稿》卷二十《举人·明·天顺三年己卯》：南海。

［万历］《顺德县志》卷九《举人·天顺三年》：龙江。

［道光］《广东通志》卷七十一《举人二·明·天顺三年己卯·存疑三人》：顺德龙江人。见《顺德志》：癸未会试死于火，挚友张善昭得其遗骸归葬之，见善昭传。考黄《志》、明《题名录》有南海刘琛，无顺德刘琮。郭《志》、郝《志》有顺德刘琮，无南海刘琛，或即一人也，俟考。案：景泰癸酉另有番禺刘琮。

［咸丰］《顺德县志》卷十《进士·明·天顺》：癸未科，以场屋灾死，赐进士。卷二十《金石略二·石·顺德县学乡贡题名之碑·天顺己卯科》：龙江堡人，南海学生，《诗》。

刘琛（明天顺）　明南海人。天顺三年（1459）举人。

［嘉靖］《广东通志》卷十二《明·举人·天顺三年己卯》：刘琛。

［道光］《广东通志》卷七十一《举人二·明·天顺三年己卯·广州府》：南海人，戴《志》作刘琮。

何昌（明天顺）　字克昌，明顺德黄连人。天顺三年（1459）举人，为浙江丽水、宣平县令，退休归。七十岁卒。孙宏、鳌、翾。

《广州志》卷三十九《举人·国朝·天顺己卯科》：知县，顺德。

[嘉靖]《广东通志》卷六十二《列传十九·人物九》：字克昌，顺德人。家于黄连，为巨族。少力学明经，成化甲午举于乡。初知丽水县，有善政，以内艰去任，老稚遮道泣送。服满改宣平，为政宽厚，化民以德，有古循吏风。孙宏、鳌、翾最知名。宏字道充，举正德丁卯乡试。甲戌任通州学正，秉持礼法，恪恭祀事，属无所苟。待诸生严而有恩，于礼馈有无、厚薄不计。试诸生辄私具馔，业成者进之，荒而嬉者即所厚弗贷鞭责，士用感励。尝有当道按临，责其礼节挫抑之，宏不屈。提学御史林有孚以行检绳师儒，鲜当其意者，独重宏，及闻以忧去，惜不获见之。宏在官五年，革弊甚多，其法至今可守，遂转六合①县令，亦有声。后为南京御史，首疏铨曹②弊事有声。终德安知府，逾年致仕。鳌字子鱼，正德戊辰进士，令庆元，有政声。召为御史，有建白多见用，如逐佛郎机③夷人出境，有功于岭海。出按湖广，持大体，革吏弊，以廉明闻。擢松江知府，善均粮役。嘉靖庚寅，进山东副使，备戎徐州。州故有驿馆，夫役为民厉阶，久患苦之，莫有革者。鳌为议罢其役，岁省民财殆以万计，徐人以此归德焉。后擢浙江左布政，俄进湖广布政使，卒于途。翾嘉靖己丑进士，兵部主事。

[万历]《顺德县志》卷七《人物志第七之一》：何昌者，黄连人也，字克昌。国初法峻，人莫肯为郡县学生。有与其父怨者，则籍其兄为县学生，豪长者为请不能免。昌奋曰："朝廷建学育才，能者登庸贵矣，何免为?"遂代兄为南海县学生。南海分立顺德，为顺德县学生。举乡试，知丽水县，甫三月以内艰去，服除补宣平。宣平故丽水分也，道出丽水，丽水之民争迎焉。其为政宽厚无扰，邑方草创，乃修学宫、置祭器、缮公署、树坊表，庶务俱兴，役之以义，民亦为尽力。邑有剧盗毒痡，闽、浙诸郡县兵不能制，昌设方略禽之。淫雨水溢漂民居，先赈后闻，请减岁银一千余两。九载致仕卒。孙宏、鳌、翾。

《粤大记》卷十九《献征类·清直高踪·明》：筮仕知浙之丽水，邻邑有

---

①六合：南京北大门，古称棠邑。隋开皇四年（584），因境内有定山，定山有六峰环河，改名六合。

②铨曹：主管选拔官员的部门。

③佛郎机：明人对葡萄牙和西班牙的称谓。

剧寇郑亚八者流劫为害，密捕擒之，一郡获安。其政以扶善诘奸、洁己济民为要义，义所当为，殚厥心力。未几以丁忧归，民不忍舍服阕补任宣平。尽心民事，务使各得其所，有讼事难决者务求其平，抚、按褒奖有“不求人知”之语。入觐考绩居最，乃力求休致以归。与大参李公聪相友善，时同称“见一先生”，邑令吴廷举甚敬重之。年七十卒。后宣平人潘湘来为清军御史，立遗爱坊以表之。子宏、鳌读书登科，能继其志云。

[万历]《广东通志》卷二十四《郡县志十一·广州府·人物二》：请减坑课办额岁银一千余两，民戴其惠。

何济　明顺德水藤人。天顺三年（1459）举人，成化二年（1466）进士。

《广州志》卷三十九《举人·国朝·天顺己卯科》：顺德。卷三十八《进士·国朝·成化丙戌科》：顺德。

[万历]《顺德县志》卷九《进士·成化二年》：水藤，主事。

[咸丰]《顺德县志》卷十《进士·明·成化》：主事，按：郝《志》作经历，丙戌科。卷二十《金石略二·石·顺德县学乡贡题名之碑·天顺己卯科》：水藤堡人，儒士，《书》，丙戌进士。

余镛　明顺德逢简人。天顺三年（1459）举人。

《广州志》卷三十九《举人·国朝·天顺己卯科》：佥事，改通判，顺德。

[万历]《顺德县志》卷九《举人·天顺三年》：逢简，工部司务。

[万历]《广东通志》卷二十《广州府·选举·乡举·国朝·顺德》：员外，天顺己卯。

[康熙十三年]《顺德县志》卷二《建置志·坊表》：曰春官，在逢简堡，为礼部司务余镛建。

[咸丰]《顺德县志》卷二十《金石略二·石·顺德县学乡贡题名之碑·天顺己卯科》：逢简堡人，府学生，《书》，任司务。

张缙　明顺德龙江人。天顺三年（1459）举人。

《广州志》卷三十九《举人·国朝·天顺己卯科》：知县，顺德。

[万历]《顺德县志》卷九《举人·天顺三年》：龙江，汤溪知县。

[康熙十三年]《顺德县志》卷五《明朝·乡举·天顺己卯》：龙江人，阳溪县知县。

[咸丰]《顺德县志》卷十《举人·明·天顺》：龙江人，知阳溪、分水

县，己卯科。卷二十《金石略二·石·顺德县学乡贡题名之碑·天顺己卯科》：龙江堡人，府学生，《诗》，任知县。

陆宣 字汝为，号万松，明三水清塘人。天顺三年（1459）举人，两次会试均中乙榜，任广东保昌代理训导、江苏江阴训导。考试获知县资格，乞任家乡附近教职，授广西贺县、安徽灵璧教谕，弘治七年（1494）辞归。子衍。

《广州志》卷三十九《举人·国朝·成化乙酉科》：旧高要，今属三水。

［嘉靖］《广东通志》卷六十一《列传十八·人物八》：字汝为，三水人。天顺己卯领乡荐，授直隶江阴教谕。秩满当迁，诣铨部坚辞有司，非己所长，乃改灵璧教谕。与江浦庄昶往来，最为所重。壬子主考江西，力荐儒士罗钦顺卷为首解，果连科及第，时咸服其知人。友人番禺崔廷圭时按江西，有富僧犯奸，赂求脱罪，辄叱却之，其廉介类此。有集藏于家。

［康熙十二年］《三水县志》卷十二《人物传·儒行》：字汝为，号万松。天分甚高，好古力行。天顺己卯以《书经》举乡贡，明年上礼部，中乙榜南归。成化丙戌复中乙榜，拜保昌儒学，署训导事。寻丁内艰，起补直隶江阴训导。考绩上吏部居最，得陟县令，陈情乞附近教职以便禄养，授广西贺县教谕。寻丁外艰，起补直隶灵璧教谕。凡三历任，卒，皆以古道淑人①。在江阴，巡抚牟俸委赈饥。行至永陵，劝粟拯待哺之急义。官曹厚赂求免，发其赂于有司，后所至活人甚众。故人崔廷珪按治南畿，有奸僧馈金数百求嘱免罪，叱之弗顾。在灵璧，弘治戊申承委中都，总裁纂修《实录》。壬子应聘江西分试，得罗钦顺卷力荐第一，明年钦顺及第，时服其知人。往来定山，元旨相契，与白沙先生同时订道，虽间有异同而渊源自合。独历辨其徒之误学不仕，以其非善学白沙者也，皆通论也。甲寅乞归，清塘灵芝呈瑞，二十余年诗书自娱。尤乐佳山水，遇适意处，辄品题之，其言皆湛涵道德。屏迹不入城市，郡礼致乡宾，屡辞不赴。建家庙以报先，图族谱以裕后，捐资以葬无告，迁窦以弭水灾，凡力能义举者勇为之。其不为者，疾不问巫，丧不礼佛，亲迎不用俗乐。教子弟以身心之学，一时曰亨、曰聪、曰千里、曰万里、曰中行皆举乡贡，曰衍、曰百里、曰制、曰继芳皆膺岁荐，人谓家学所致。灵璧士夫张尧辅等举祀名宦，万历元年祀三水乡贤。《人物传·隐逸》：陆衍，

①淑人：善良的人。此处“淑”作动词用，即以善教人之意。

清塘人，宣之子。性敏博学，为高要庠生。遇学道张考录优等，应补廪饩①。时衍友刘溥家贫母老，考居其次，衍以廪让之。督学署申状曰："此生立志远大，笃于友道，虽古人以柳易播②亦不过此。"寻复补廪。应贡即归养亲，浩然自适。卷十《水利志·堤窦·县治之南》：溪陵堤，城南四十里，在清塘等乡。高一丈二尺，周二千七百五十六丈。上、中、下田八十三顷四十余亩，有滘湾、新圳二窦，田洼苦潦。其窦元至正元年建，弘治辛酉陆宣改迁。

［康熙四十九年］《三水县志》卷三《乡举·明朝·天顺己卯科》：清塘人，以高要中式，直隶灵璧教谕。祀乡贤。

［乾隆］《肇庆府志》卷十八《明·举人·天顺壬午》：陆宣。

陈遵　字从周，号耕隐，明三水白坭人。七十岁时，端州郡守延请天顺三年（1459）举人陆宣为正宾，宣以让遵。死时，宣写诗吊唁。

［康熙十二年］《三水县志》卷十二《人物传·隐逸》：字从周，号耕隐，白坭人。年七十岁，端郡守延请乡绅陆宣正宾，宣以推让遵，因为像赞曰："太丘之裔，葛天之民。为乡善士，为郡嘉宾。山林耆硕，无忝③深衣幅巾。"及卒，宣挽以诗云："江风吹雨湿寒云，讣到山居不忍闻。乐善自宜久生世，彼苍何不少留君！片时枕上邯郸梦，五十年前云水身。屈指布衣韦带④士，如君今有几何人？"

陈敬（明天顺）　明南海人。天顺三年（1459）举人。

《广州志》卷三十九《举人·国朝·天顺己卯科》：南海。

庞瑽　字廷佩，明南海人。天顺三年（1459）举人，任浙江分水知县。孙尚龙。

《广州志》卷三十九《举人·国朝·天顺己卯科》：南海。

［嘉靖］《广东通志》卷十二《明·举人·天顺三年己卯》：知县。

---

①廪饩（lǐnxì）：指科举时代由公家发给在学生员的膳食津贴。

②以柳易播：唐刘禹锡贬播州（今贵州遵义），柳宗元贬柳州。因禹有亲在堂，宗元请以柳易播，改贬连州。

③无忝：不玷辱、不羞愧。

④布衣韦带：布衣即布制的衣，韦带是无饰皮带，比喻贫士之服。

［崇祯］《南海县志》卷九《人物列传》：字廷佩。天顺己卯举于乡，初知分水县，再知福清县。有智略，治尚精明。以邑人好讼，严厉于法，人不敢轻犯，吏胥束手。又能崇儒重道，广学宫，置祭器，即公署吏廨无不竭力新饰，时称能吏。性尤廉介，休官后有故人来令南海，怜其贫周之，不受。后福清人祀于名宦。孙尚龙，以乡荐历仕长史。

郑能　明南海人。天顺三年（1459）举人。

《广州志》卷三十九《举人·国朝·天顺己卯科》：南海。

［嘉靖］《广东通志》卷十二《明·举人·天顺三年己卯》：通判。

郑球　明顺德桂林人。天顺三年（1459）中举。

《广州志》卷三十九《举人·国朝·天顺己卯科》：顺德。

［万历］《顺德县志》卷九《举人·天顺三年》：桂林。

［咸丰］《顺德县志》卷二十《金石略二·石·顺德县学乡贡题名之碑·天顺己卯科》：桂林堡人，《诗》。

郑翼　明顺德桂林人。天顺三年（1459）举人，任江西瑞金知县，退休归，七十二岁。子应新、应文。

《广州志》卷三十九《举人·国朝·天顺己卯科》：知县，顺德。

［万历］《顺德县志》卷九《举人·天顺三年》：桂林，瑞金知县。

［康熙］《广州府志》卷三十二《人物志四·德行列传·明》：郑应新，字孟元，顺德人。父翼登天顺己卯乡荐，为瑞金令，以廉介称，归居一室萧然。应新事之唯谨，朝夕亲供菽水，教授生徒以供滫瀡①。翼年六十遭奇疾，应新偕仲弟宣平令应文焚香祝天愿以身代。比药石弗效，医言得臂肉可痊，应新慨然曰："吾欲生吾父，何爱于一臂哉？"寻自割左臂肉和药以进，父疾顿愈，延寿一纪，盖一念精诚所感格然也。

［康熙］《南海县志》卷十二《人物传·循吏·明·郑应文传》：字叔章，宋郑汉章之后，性孝友。年十八始学举业，登弘治乙卯榜。初任浙江庆元令，会矿盗起，官兵畏却。应文率乡兵列阵逼之，其党遂散，境内晏然。丁艰去，服阕补宣平凡五载，以廉直不能事上，复移广西之罗城。罗故盗薮，应文一

①滫瀡（xiǔsuǐ）：古时调和食物的一种方法，用植物淀粉拌和食物，使柔软滑爽。此指柔滑爽口的食物。

以治浙者治之，宽严有法，民赖安业。应文去甫两月，盗贼四出，破邑屠城，署县者死之，乃知应文有牧帅之才。生平留心理学，与伦文叙、湛若水为莫逆交。父翼病笃，与兄应新吁天求代。新死，遗孤用渊，应文抚同己子，教育无间。应文卒后，有子用夏，以岁荐为邑宰。用渊，孙佐、伦俱相继登科。

杨枰　明南海人。天顺三年（1459）举人。

《广州志》卷三十九《举人·国朝·天顺己卯科》：南海。

［嘉靖］《广东通志》卷十二《明·举人·天顺三年己卯》：同知。

罗文会　明顺德葛岸人。天顺三年（1459）举人。

《广州志》卷三十九《举人·国朝·天顺己卯科》：知州，顺德。

［万历］《顺德县志》卷九《举人·天顺三年》：葛岸，横州知县。

［万历］《广东通志》卷二十《广州府·选举·乡举·国朝·顺德》：知县，天顺己卯。

［咸丰］《顺德县志》卷二十《金石略二·石·顺德县学乡贡题名之碑·天顺己卯科》：葛岸堡人，《礼记》，任知州。

唐琳　明南海人。天顺三年（1459）举人。

《广州志》卷三十九《举人·国朝·天顺己卯科》：文昌教谕，南海。

梁甫　明南海人。天顺三年（1459）举人。

《广州志》卷三十九《举人·国朝·天顺己卯科》：知府，南海。

［嘉靖］《广东通志》卷十二《明·举人·天顺三年己卯》：广州南海人，同知。

黄文秀　明南海人。天顺三年（1459）举人。

《广州志》卷三十九《举人·国朝·天顺己卯科》：知府，南海。

［道光］《南海县志》卷二十《举人·明天顺朝》：己卯科。按《广西通志》，浔州知府。

薛夔　（？—1463）字舜卿，明顺德龙江人。天顺三年（1459）举人，七年赴京会试，考场火灾死，特赐进士。

《广州志》卷三十九《举人·国朝·天顺己卯科》：顺德。

［万历］《顺德县志》卷九《举人·天顺三年》：龙江。

《龙江志略》卷一《编年·明》：天顺七年癸未礼闱火，举人刘琮、薛夔死焉，特赐进士。

［民国］《顺德县志》卷八《选举表一·郭〈志〉补遗·举人·明》：由县学中天顺朝己卯科第五十名。龙江人，据《龙江乡志》。《选举表一·郭〈志〉补遗·进士·明》：字舜卿，天顺七年癸未科特赐进士。

袁亚长　明南海麻奢堡（今里水）人。天顺四年（1460）母辛氏被掳，四十年后访知母在，接回侍养。曾孙裔万历元年（1573）举人。

［万历］《南海县志》卷十一《隐逸·明》：有母辛氏，天顺庚辰，粤西流贼劫麻奢堡，辛被掳去四十余年。袁访知母在，接回侍养。制府刘公为豁其役，旌其孝。曾孙裔，举万历癸酉科。

黄篪　（约1431—约1518）字仲龢，号南溪，明南海九江人。正统十二年（1447）举人，天顺元年（1457）进士。成化元年（1465）任广西督学，不久辞官。寿八十八岁。父绶，子奉、泰、粤。

《广州志》卷三十九《举人·国朝·正统丁卯科》：南海。卷三十八《进士·国朝·天顺丁丑科》：评事、广西佥事，南海。

《南海九江乡志》卷三《乡举·正统十二年丁卯科》：中式第四十八名。《选举·进士·天顺元年丁丑科》：字仲龢，号南溪。由南海学习《诗经》，赐同进士出身。初授大理寺评事，升工科给事中，升广西按察司佥事、提督学政①。寿八十六。子奉，恩贡，教谕；泰，举人，知县；粤，举人。卷四《先达列传》：公登进士，历官廷评、给谏、督学，告致侍养，时年三十六。抚按屡举境内人才皆辞，卒年八十六。

［道光］《南海县志》卷二十五《艺文略一·史》：《黄仲龢谏草》，明黄篪撰，据《府志》。卷二十六《艺文略二·集》：《黄仲龢吟草》，明黄篪撰，据《粤大记》。

《九江儒林乡志》卷十《选举略·明·封荫》：黄绶，以子篪封文林郎、

---

①学政：朝廷委派到各省主持院试，并督察各地学官的官员，由翰林院或进士出身的京官担任。

大理寺左评事。卷十二《列传·明》：颀身玉立，致趣潇洒。未弱冠由县学正统丁卯乡荐……成化初元，擢广西提学佥事。悉心校艺，不轻易摒弃，虽其俗近榛狉而循循诱进，每因其资质高下而成就之。旋以终养告归，移寓番禺河南村，有司建坊于官渡头以旌其闾。寿八十八，逍遥林下殆五十余年。

梁颛 （1432—?）字裔明，明南海佛山镇人。正统十四年（1449）黄萧养军围攻佛山时，率领乡民抗击，入祀流芳祠。子标，孙仕魁。

［乾隆］《佛山忠义乡志》卷八《武功·明》：字裔明。禀性鲠直，状貌雄伟，膂力过人。年十八值黄寇乱，率乡中义士悉力备御。及战，持丈二红刃刺贼先锋，大呼陷阵，众从之，贼遂溃。事闻于朝，崇祀流芳祠。子标、孙仕魁俱庠生。

刘鼎 明南海人。天顺六年（1462）举人。

《广州志》卷三十九《举人·国朝·天顺壬午科》：南海。

吕诚 字允通，号静庵，明南海沙丸堡人。天顺六年（1462）举人。

《广州志》卷三十九《举人·国朝·天顺壬午科》：训导，南海。

［道光］《南海县志》卷四十二《列传·方技》：字允通，号静庵，沙丸堡人。天顺壬午乡荐，韶州司训。善写竹，有名于时。

伦诚 明南海人。天顺六年（1462）举人。

《广州志》卷三十九《举人·国朝·天顺壬午科》：教谕，顺德。

［嘉靖］《广东通志》卷十二《明·举人·天顺六年壬午》：知县。

［万历］《广东通志》卷二十《广州府·选举·乡举·国朝·南海》：知县，天顺壬午。

［康熙十三年］《顺德县志》卷五《明朝·乡举·天顺壬午》：南海人，仕至五河县知县。

［咸丰］《顺德县志》卷二十《金石略二·石·顺德县学乡贡题名之碑·天顺壬午科》：南海县思州人，《易》，任知县。

麦谨 名一作瑾，明顺德马宁人。天顺六年（1462）举人。

子祈庆，孙文任。

《广州志》卷三十九《举人·国朝·天顺壬午科》：知县，顺德。

［嘉靖］《广东通志》卷十二《明·举人·天顺六年壬午》：麦瑾，知县。

《广东通志初稿》卷二十《举人·明·天顺六年壬午》：麦瑾，南海。

［万历］《顺德县志》卷九《举人·天顺六年》：石涌，经魁，罗源知县。

［康熙十三年］《顺德县志》卷十《明朝·乡举·天顺壬午》：马宁人，经魁，罗源县知县。

［咸丰］《顺德县志》卷十《举人·明·天顺》：马宁人，知罗源县。按：黄、戴二《志》作瑾，误。祈庆父，文任祖。壬午科。卷二十《金石略二·石·顺德县学乡贡题名之碑·天顺壬午科》：石硝堡人，《礼记》魁。

苏人杰　明南海人。天顺六年（1462）举人。

《广州志》卷三十九《举人·国朝·天顺壬午科》：南海。

［嘉靖］《广东通志》卷十二《明·举人·天顺六年壬午》：知县。

李聪　字士达，明顺德龙江人。天顺六年（1462）举人，成化二年（1466）进士，任广西参政，五十三岁辞归。寿八十四岁。父德彰，弟慧。

《广州志》卷三十九《举人·国朝·天顺壬午科》：顺德。卷三十八《进士·国朝·成化丙戌科》：顺德，广西参政。卷四十《封赠·国朝·监察御史》：李德彰，顺德，以子聪贵赠。

［嘉靖］《广东通志》卷六十一《列传十八·人物八》：字士达，顺德人。父德彰，好学不倦，谦厚自持，善医，每以药济人，不责其报。正统己巳之乱，为众所推，保障乡土，遂据险立栅，风餐露宿，极力捍御。贼攻北村，率众援之，皆殊死战，斩获无算，民赖保全，竟不言功。聪为人旷达乐易，不立崖岸，家庭雍睦。成化丙戌进士，授南京江西道监察御史。成化间孝宗龙潜，聪率先疏请立储贰，以定大本，上意遂决。既册立，赐以彩段。寻升嘉兴府知府，未几丁内艰。改饶州府，恤刑节用，劝农兴学。湖水为患，筑堤捍民，至今称为“李公堤”。凡遇雨旸①失节，为民祈祷，无不感应。民居被焚，躬行救护，须臾返风灭火。有虎入城伤人，祷于神曰：“知府若有虐政害民，宜为虎所伤，否则神当亟除虎害。”祷毕，立擒虎而杀之，人以为异。

---

①雨旸：谓雨天和晴天。

升广西参政，未几即上疏乞休，时年五十二，知县吴廷举扁其额曰“见一”。卒年八十有四。

[万历]《顺德县志》卷七《人物志第七之一》：李聪者，龙江人也，字士达。父德彰善医，以药济人不责报。正统己巳之乱，为众所推，据险御贼。贼攻北村，率众援之，皆殊死战，境内得全，德彰有力焉。聪登进士，授南京江西道监察御史。成化十一年，上既以张敏计得见皇子，聪遂同文武大臣请正位东宫。其冬十一月，皇太子立，赐彩币①。举嘉兴知府，补饶州，劝农兴学。湖水为患，筑堤捍之，至今称“李公堤”。雨旸失节，祷无不应。拜火而火灭，檄虎而虎禽，其验应如此。饶府官校横索民间，聪戒事白太守，自是无横者矣。未五十乞休，士民千余人遮都御史闵珪留之。都御史脱帽示聪：“余衰老如此尚窃位，君奈何遽弃民哉？”未几参政广西，居二年竟致仕。家居三十年不履城市，虽耋，出不坐乘，暑不张盖。水旱必祷于社，或征科急，具以质言，未尝一日释于民也。

[康熙十三年]《顺德县志》卷七《人物传一·德业》：子姓蕃衍。朝阳邑廪生，事亲至孝，乡邦称为孝子，又为外家举久年不葬之丧。朝晋尤好义，尝捐金创先祠，赈饥恤丧，并以孝义振其家声。

[咸丰]《顺德县志》卷二十三《列传三·明·李聪》：祀乡贤。著有《北山归叟集》。弟慧。卷二十《金石略二·石·顺德县学乡贡题名之碑·天顺壬午科》：龙江堡人。《易》，进士。御史，升知府。

何璧光 明顺德龙江人。天顺六年（1462）举人。

《广州志》卷三十九《举人·国朝·天顺壬午科》：同知，顺德。

[万历]《顺德县志》卷九《举人·天顺六年》：龙江，漳州同知。

《龙江志略》卷一《舆地·祠墓》：明朝列大夫何璧光墓在佛堂。

[咸丰]《顺德县志》卷二十《金石略二·石·顺德县学乡贡题名之碑·天顺壬午科》：龙山堡人，《礼记》。任通判，升同知。

陆亨 明三水清塘人。天顺六年（1462）举人。兄宣。

[嘉靖]《广东通志》卷十二《明·举人·天顺六年壬午》：陆亨。

《广东通志初稿》卷二十《举人·明·天顺六年壬午》：高要。

[万历]《广东通志》卷二十《广州府·选举·乡举·国朝·三水》：陆

---

①彩币：指赏赐的财帛。

享，天顺壬午，宣弟。

［康熙四十九年］《三水县志》卷三《乡举·明朝·天顺壬午科》：宣之弟，以高要中式。

［道光］《肇庆府志》卷十四《明·举人·天顺朝·六年壬午科附载》：高要人，今隶三水。

邵智　（？—1490）字廷鉴，明南海桂华堡人。天顺六年（1462）举人，成化二年（1466）进士，官广西按察司佥事辞归。祖祖德、父康惠早死，祖母莫氏于景泰四年（1453）、母梁氏于成化十年（1474）受旌表。

《广州志》卷三十九《举人·国朝·天顺壬午科》：顺德。卷三十八《进士·国朝·成化丙戌科》：顺德，御史。

［万历］《广东通志》卷二十《广州府·选举·乡举·国朝·南海》：举人，天顺壬午。《广州府·选举·进士·国朝·南海》：成化丙戌，御史。

［万历］《南海县志》卷十《人物列传一》：字廷鉴。温厚朴实，平生无戏言。年长始学，举成化丙戌进士，授监察御史。出按福建，尝劾一监司，遗金砚祈免，智竟却之。后佥宪广西，所劾者适□□其地即上疏乞归。都御史屠镛怜其贫，给以①。

［康熙］《广州府志》卷三十三《人物志·介直列传·明》：尝劾一方面，遗一金砚求解，智竟却之。后佥事广西，向所劾者方为巡抚，即上疏告归。都御史屠镛怜其贫，给以护送蕃舶批文欲其厚获，智复却还不受。弘治三年卒。

［道光］《南海县志》卷三十五《列传四·明》：弹劾不避权贵，人莫敢干以私，风采凛然。出按福建，益持风力，墨吏②望风解绶去。尝劾一监司……后转广西按察司佥事，所劾者适巡抚其地，智即上疏乞归。都御史屠镛怜其贫，给以贡舶公移资之，固辞不受。家居三径萧然，吟咏不辍，当路闻其名，多造庐请谒，皆凿坏③避之。

［咸丰］《顺德县志》卷二十《金石略二·石·顺德县学乡贡题名之碑·天顺壬午科》：南海县桂华堡人，《书》，御史，升佥事。

①原本漫漶，后缺。

②墨吏：贪官污吏。

③凿坏（záopī）：亦作“凿坯”，谓隐居不仕。

唐祯 明南海人。天顺六年（1462）举人。

《广州志》卷三十九《举人·国朝·天顺壬午科》：任章州训导，援一子侍养例告归，人称之。南海。

梁经 字用常，明南海佛山镇人。天顺六年（1462）举人，未仕卒。父宗鳞，字永叔，正统十四年（1449）黄萧养起义失败后掩埋道路尸骨。

《广州志》卷三十九《举人·国朝·天顺壬午科》：顺德。

［万历］《广东通志》卷二十《广州府·选举·乡举·国朝·南海》：天顺壬午。

［乾隆］《佛山忠义乡志》卷八《文苑·明》：字用常。生而敏异，以诸生食饩。有女巫以烧香惑众，经白邑令逐之，籍其器皿改铸泽宫祭器。及贡入太学，有同舍生暴卒，经亲视含殓，护其丧以归。俄领天顺壬午乡荐。尝与陈白沙论主敬之学，往来辩难，白沙亟为首肯。两广总督韩襄毅征剿瑶寇，咨经以兵略，寇卒平。仝郡丞黎暹修《顺德县志》，核而详，有良史之目。未仕卒。卷九《隐逸·明》：梁宗鳞，字永叔。喜读书，不求闻达。精医术，活人甚众。时遭黄萧养乱后，道路白骨如莽，鳞集好义之士捐金募工，沿途掩拾，乡人至今颂之。耽吟咏，一时名士多与之游。隐于乡之东溪，因自号东溪，邱文庄为作《东溪记》，所著有《东溪诗集》。子经，领天顺壬午乡荐。卷十《艺文志·记》：《东溪记》（大学士文庄）邱浚（琼山人），东溪之子经以乡进士来京师，介其友林宗敬过予，求记其所谓东溪。

［咸丰］《顺德县志》卷二十《金石略二·石·顺德县学乡贡题名之碑·天顺壬午科》：南海县佛山堡人，《礼记》。

龚卓 明顺德桂林人。天顺六年（1462）举人，任江苏泰兴知县。

《广州志》卷三十九《举人·国朝·天顺壬午科》：龚〔卓〕，泰兴令，顺德。

［嘉靖］《广东通志》卷十二《明·举人·天顺六年壬午》：知县。

［万历］《顺德县志》卷九《举人·天顺六年》：桂林，泰兴知县。

［咸丰］《顺德县志》卷二十《金石略二·石·顺德县学乡贡题名之碑·天顺壬午科》：桂林堡人，《易》。

钟晟 复姓陈，字美宣，明南海黄竹岐北村人。生父陈则恭早丧，养父钟定为番禺人。天顺六年（1462）举人第一名，成化二年（1466）进士，授翰林院庶吉士，任户部主事、郎中，卒于云南临安知府。

《广州志》卷三十九《举人·国朝·天顺壬午科》：解元，后复姓陈，番禺。卷三十八《进士·国朝·成化丙戌科》：番禺，复姓陈。

［嘉靖］《广东通志》卷十二《明·进士·成化二年丙戌》：广州番禺人，知府。

《广东通志初稿》卷十二《宦绩·广州府·明》：陈晟，字美宣，番禺人。成化丙戌进士，改翰林院。历官至云南临安知府，剖断如流，夷僰①慑服。省冗费，黔国公不说，索岁馈，晟执其使囚之，恳请乃免，自是无敢干以私者。卒于任，百姓、夷酋争护其丧归。晟为人最笃伦理，陈献章亟称之。

［乾隆］《广州府志》卷三十八《孝行·番禺·明》：陈晟，字美孙，本南海人。少孤贫，同郡钟定者育为子，遂冒其姓举天顺壬午解首……初授官，疏即请归宗。归而事定，孝敬弥至，未尝敢言。后定知之，晟衣冠请杖，虽至流血，终不敢起。拜户部主事，历郎中……妻黄氏，钟族义女，登第时尚未配，富室欲妻之不许。比黄卒，作诗哀之……晟著述颇富，然其集与行迹多不传。

［道光］《南海县志》卷三十五《列传四·明》：陈晟，黄竹歧堡北村乡人……将授官，抗疏言："臣本南海县人陈元项裔孙则恭之子，定虽教育，恩逾所生，然天性之亲不敢违也。况五丧未举已二十年，苟授一官，义当致身，终无葬日。不孝之罪上通于天，将焉用之！请复本姓归宗。"词甚哀恻，上可其奏……后定知之大诟，定亦感悟，相与如初。妻黄死，有句云："怪杀夭桃胜人世，落花犹得再逢春。"闻者堕泪。晟博学，敏于文词，诗尤工，论古今最有鉴识，读书一过目终身不忘云，陈献章谓为诗人之冠。晟死，后无闻者，故家集与行迹多不传焉。

廖璋　明顺德北水堡人。天顺六年（1462）举人。

《广州志》卷三十九《举人·国朝·天顺壬午科》：顺德。

［万历］《顺德县志》卷九《举人·天顺六年》：北水，建平知县。

［咸丰］《顺德县志》卷二十《金石略二·石·顺德县学乡贡题名之碑·天顺壬午科》：北水堡人，府学生，《易》。

---

①僰（bó）：中国古代称西南地区的一少数民族。

黎诚　明南海人。天顺六年（1462）举人。

《广州志》卷三十九《举人·国朝·天顺壬午科》：南海。

黎询　名或作绚，明顺德逢简人。天顺六年（1462）举人，任江西宜黄县教谕。

［万历］《顺德县志》卷九《举人·天顺六年》：黎绚，逢简，宜黄教谕。

《广东通志初稿》卷二十《举人·明·天顺六年壬午》：黎绚，顺德。

［道光］《广东通志》卷七十一《举人二·明·天顺六年壬午·存疑四人》：顺德人，宜黄教谕。见郝《志》、郭《志》、《顺德志》，而黄《志》、明《题名录》不书，戴《志》又作黎绚，俟考。

［咸丰］《顺德县志》卷十《举人·明·天顺》：逢简人，宜黄县教谕，壬午科。按：阮《志》以《题名录》无故存疑，戴《志》作珣。卷二十《金石略二·石·顺德县学乡贡题名之碑·天顺壬午科》：逢简堡人，广任宪司吏，《诗》魁。

戴纨　明南海人。天顺六年（1462）举人，任安徽池州推官。兄缙、纮，子尋。

《广州志》卷三十九《举人·国朝·天顺壬午科》：南海儒士。

［嘉靖］《广东通志》卷十二《明·举人·天顺六年壬午》：推官。

［道光］《广东通志》卷七十一《举人二·明·天顺六年壬午·广州府》：南海人，池州推官。

［道光］《南海县志》卷三十五《列传四·明·戴缙传》：景泰癸酉乡荐，与弟纮、纨同会试都中，人称三凤，邱濬为《三凤歌》赠之。纨子尋。

张泰　（1434—1510）字叔亨，明顺德甘溪（今陈村）人。景泰四年（1453）中举，成化二年（1466）进士，授福建沙县知县。入朝为御史，谏万贵妃干政，贬为京畿提学，因亲丧回乡十多年。弘治五年（1492）任云南巡按使，升南京太仆少卿、大理寺少卿、副都御史。正德二年（1507）为工部右侍郎，次年改南京都察院右都御史，以南京户部尚书退休归卒。祖子真，父英。

《广州志》卷三十九《举人·国朝·景泰癸酉科》：顺德。卷三十八《进士·国朝·成化丙戌科》：顺德。卷四十《封赠·国朝·太仆少卿》：张英，顺德，以子泰贵赠。

［嘉靖］《广东通志》卷六十一《列传十八·人物八》：字叔亨，顺德人。成化丙戌进士，知沙县。为人端谨乐易，政尚宽平，而公庭亦无留事，民爱戴之。尝修饬学校，重建先贤祠，修建县治，事集而民不扰。公暇辄戾学躬励诸生学业，刻罗豫章、陈了斋遗书，以诏学者，邑士用劝。时县经兵燹、荒疫，泰至，百废具举。甫三载，以贤能征授浙江道试御史，巡视通州仓，革包揽之弊。言及宫闱与政，上怒，杖责之，几死。提督京畿学政，公明为众推服。丁忧养病十有余年，弘治壬子复起。出按云南，奏开解额五名，绳赃吏之尤无良者。先是，象马思揲执木邦①宣慰司罕乞法因禁，四十年未有以处之。泰于是会议，檄各汉、土官兵临其境，以公移谕之。思揲感悔，遂送罕乞法复其故业，械其首祸者三十余人请罪。积患一朝顿释，远近称其能。既复命，特劾中贵杨、戴二人及戚里坏法者。上怒甚，既而霁威，罚俸半年。寻升南京太仆少卿，又改大理寺。蓟州皇庄与牧马草场争地界日久，累勘不明，奉命会武臣清理。泰密访得永乐中开设图本按之，权贵始服。升副都御史，总督南京粮储，遂疏专委任、清兑支、均俸粮、委监收、广储积、修常平、清军数、总部运、限稽派、重查粮、稽住俸、省守支十二事，俱允行。正德丁卯，迁工部侍郎，公出纳，杜请托，改南京都察院右副都御史。时逆瑾虐焰熏灼，所求不副，奇祸立至。泰当奉表入贺，惟以土葛布遗瑾。瑾知清苦，然犹憾之。会吏部以南京户部尚书员缺，疏泰姓名以请。内批②升户部尚书，着致仕。家居三月卒，朝廷遣官赐祭葬。泰谦和孝友，兄顺庶出，母欲薄分其产，泰泣谏均分，从之。夫妻相待如宾，每见必揖。至诚接物，未尝言人过失。唤僮仆不至，声色不加于前。盖其所养有素云。

［万历］《顺德县志》卷七《人物志第七之一》：张泰者，甘溪人也，字叔亨。举进士，知沙县。为人刚正而谦柔，政尚宽平，公庭亦无留事。时经兵燹、荒札，泰至，百废具兴。尝饬学官，建先贤祠，新县治，民不知其役也。公暇辄戾学躬励诸生，梓罗仲素、陈莹中遗书，教诏之士，翕然于声利之外矣。三岁以贤能征，民为立祠。试浙江道御史，巡仓通州，宿弊清。谏宫闱与政，上怒，杖之几死。提督学校京畿，忧归，十余年不起。起按云南，请开解额，其取赃吏皆应条。尝荐董玘神童不称旨，罢为会稽学生。祸辄至，

①木邦：土司名。元至元二十六年（1289）置路，辖今缅甸掸邦东北部地区。明洪武十五年（1382）改为府，永乐二年（1404）改为军民宣慰使司，万历三十四年（1606）其地入缅甸。

②内批：从宫内传出来的皇帝圣旨。

泰入贺惟以二葛遗瑾。瑾知其清，然心不能无憾。会迁南京户部尚书，遂令致仕，盖内旨也。家居三月卒。泰孝友，兄顺庶子，母欲薄分，泰泣谏竟均之。夫妻如宾，未尝言人过，声色不加于僮仆。生平剡廉，官至六卿，尤然先人之产，子孙未免饥寒矣。

［康熙十三年］《顺德县志》卷七《人物传一·德业》：景泰壬申始设县治，泰首中乡试……四载以贤能征……荐董玘神童，后玘及第，人服其知人……时刘瑾虐焰熏灼，所求不嗛①，祸立至。

［咸丰］《顺德县志》卷二十《金石略二·明封燕山左卫经历张公墓表》：古冈陈献章撰并书。公印子真，字伯大，家南海之西滘村……少力田……晚岁既家裕，又以其子官征仕郎封燕山左卫经历……自奉俭约如力田时……公以农业起家，故自号曰“稼”，隐示有初也。生于洪武己酉，卒天顺辛巳……考曰可达……妣梁也。妻何氏，子男五，长曰英者，征仕郎也，属于余以表公墓者。征仕郎所出，丙戌……进士泰也，今以宰沙县政最征用，征府县有御史之拜。成化十三年丁酉夏四月，孙男顾、顺、泰、爱、惠、义、敬、让立石。按：……石在西滘村，陈《志》泰传称：泰，甘溪人，西滘今隶甘溪堡，《志》盖举其堡言之。卷二十二《列传二·明·张泰》：祖子真务农，号稼轩，以子英封燕山左卫经历……时万贵妃恃宠而妒，御幸有身者，辄药堕之，孝宗淑妃亦暴薨可疑。而佞幸钱能、覃勤辈方结妃欢，假贡献科敛民财，戕害善良，弄兵构祸，外廷侧目。泰与同官极谏，廷杖几毙……巡按云南……土司木邦所辖中，有孟密土舍思揲者，侵据木邦土地，又囚木邦宣慰使罕乞法于孟乃寨。争杀累年，守臣抚谕之，骄蹇不服。泰与巡抚张诰率诸宣抚积粮开道，示必用兵，思揲惧，始罢兵听罕乞法还（诸《志》作象马思揲，误）。盖木邦被祸四十年，困孟乃寨三年，一旦听抚兵释，泰参画其间，实著劳绩（姚《志》：“思揲执罕乞法囚之四十年，前后使者不能主断。泰乃征兵临其境，以檄谕思揲。揲感悔，出罕乞法，复械首祸者三十人请罪，事得已。”陈《志》袭其文，其层折与《明史》多不符，不知何据？然云南数十土司各争雄长，木邦地大人众，非经战败，安能骤获而囚之？其云四十年使者不能断，泰征兵临境，檄谕感悔，似于当时情事多不合。盖有明中叶，已不如开国之四讫声教，徼外诸夷，虽禀朝命而大率屡谕屡背。思揲据木邦地二十七处，方有席卷并吞之志，固非一檄所能止。且泰以御史出巡其地，兵权尚主于守土，和衷会议则有之，如果自挈一军则必奉命而后可，而《本纪》无之。至云兵临其境，如指所据之木邦，则何堪再加蹂躏，如指孟密本境，则思揲时

---

①嗛（qiàn）：满足。

先驻木邦矣。万历之为高丽征倭，固因其数世内属，实则地逼辽东，事非得已，而举朝犹以“竭中国，事夷狄”为言。思揲既未犯边，不过蛮触相争，万无轻易用兵理，故再三晓谕，动以虚声，但有转机，即无伤国体。《明史》所云集兵示必讨，较诸前《志》“征兵以临”语自属实在情形，史亦无“械三十人”事。）……刘瑾擅政，一时权贵争赂遗。泰素清谨，以奏表至京之便，馈瑾土葛二（姚《志》：改南京都察院右副都御史。按：正德初已迁副宪，《志》误，此从《明史》。又《志》云：瑾熏灼，所求不歉，奇祸辄至，泰入贺惟以二葛。按：泰正德二年出官南都在登极后，瑾窃政无入贺理，当从《明史》）。瑾憾之，十月会当序迁，取中旨①，令以南京户部尚书致仕……归仅三月，以三年七月卒。（《明史》：其年十月令致仕，明年七月卒。姚《志》：“致仕，家居三月卒。”……则以三年五月抵里也。）卷二十《金石略二·石·顺德县学乡贡题名之碑·景泰癸酉科》：甘溪堡人，《易》，丙戌进士。任知县，升御史。

陈珷　（1434—?）字德章，号敬斋，明南海龙山堡北华村（今顺德龙江华西村）人。天顺三年（1459）举人，成化五年（1469）进士。因抵制太监汪直，被诬谪戍北京居庸，释放回乡。父纪，子应科。

《广州志》卷三十九《举人·国朝·天顺己卯科》：顺德。卷三十八《进士·国朝·成化己丑科》：顺德，御史。

［万历］《顺德县志》卷八《人物志第七之二》：陈珷者，龙山人也。进士，选庶吉士，出为监察御史。时宦官汪直管西厂，诇察京师，横恣罗织。商辂、项忠疏罢之矣，御史戴缙上言汪直功德不宜罢，复用事。未几，缙迁都御史。珷与同官郭和上疏曰：“汪直奸邪小人，窃弄威权，缔结朋党，紊乱朝政，擅起边功。皇上顷罢西厂，人心大快。今复令直提督，其势益张。天下但知汪直而不知皇上，请将直正典刑，以为奸邪之戒。”上优容之。巡按云南，讨巨贼，赈饥民，抚叛夷，归侵地。有王射者借汪直，诈称使者至滇，珷械归于京师。而镇守太监钱能，汪直党也，其事珷未尝不侧行踧踖，然珷气盛弗为礼。会能掠取镇内宝石子女，及纳夷贿，许以土地印信，诸不法，

①中旨：皇帝自宫廷发出亲笔命令，或诏令不正常通过中书门下，直接交付有关机构执行，称为中旨。

瑊遂劾能与直朋邪相倚，害民启衅。直等齮龁①其间，逮瑊论治，适戍居庸。子应科上书讼，及科道论救，乃放还田里。瑊为人刚，不能容人。戴缙本同里子，以附直猎大位，瑊终身不忍见也。尝出见缙树坊，故瞠目仰视："奈何擿涂②污我？"欲挞圬人③，于是两家大哄，臬司不能居解。坊不克树，缙请于朝乃克树云。是时，瑊直声闻天下，当途甚重之。瑊亦莼裘在念，有所关说④，其言辄效，后有以曲辞者，瑊曰："傥直，恶赂我乎？"邑人至今以为口实。又常夺人田，布政刘士奇微时田亦在夺中，告瑊，瑊曰："乡大夫夺田自其故。高第以归，子勉之矣！"及士奇登第，遂归之，以此少于邑人不传也。

[乾隆]《顺德县志》卷十《封赠·监察御史·明朝》：陈纪，以子瑊贵赠。

[嘉庆]《龙山乡志》卷八《德业》：陈瑊者，乡之北华人也。

[咸丰]《顺德县志》卷十《举人·明·天顺》：龙山人，见进士，曾孙嗣光、嗣舜，己卯科。《进士·明·成化》：陈瑊，二甲，庶吉士。御史，巡按云南，有《传》。己丑科。按：郝《志》作瑊。卷二十三《列传三·明·陈瑊》：字德章，号敬斋，龙山人。尝从琼山邱濬游，综博群书，弱冠有声庠序……选庶吉士，纂修《宋元通鉴》。授江西道监察御史，旋补河南道，巡视北城……缙得骤迁都御史，有以美官饵之曰："盍从我？旦夕可大用矣！"瑊厉声曰："汝为之耶？吾宁贫贱，誓不汝从！"遂与郭和上疏……上召见，嘉瑊忠直，顾左右侍臣而目之曰："此铁殿柱也。"己亥巡按云南……先是，大理、洱海、楚雄等处十八寨聚众为乱，标伪号，署伪官，连年流劫乡村，有司不能缉遏。瑊与都指挥范宗、参议金礼出奇设伏，悉讨平之。比岁不登，令发所贮赃罚钱谷，合大户出粟以赈饥民，存活甚众。土司木邦与孟密争据土地，互相仇杀，远近骚然，瑊遣指挥孙鉴赍榜招之，翕然归顺。尝宥死刑者十三人，当临刑时每罢宴饮声乐，流涕久之。父老相率家绘其像，以寓遗思焉。太监钱能……掠取夷人金银宝石、象马人口（《续通鉴》：遣郭景交通于厓孟密，诸土官纳其金宝。诸志言掠取镇内金宝，误。），瑊按其不法……被逮论，谪戍居庸。时薪米不继，设教于都阃之别室，讲《太极图说》，阐周、邵奥旨，一时乡之俊秀，咸执贽受业，北方学者多瑊所造就也。或劝以意外取息

---

①齮龁（yǐhé）：侧齿咬噬，引申为毁伤、龃龉、倾轧。

②擿涂：当为擿埴索涂之省。擿埴（zhìzhí）为敲地，索为探求，涂为道路，指盲人用杖点地探求道路。

③圬（wū）人：泥瓦匠人。

④关说：代人陈说，从中给人说好话。

为岁月计，珷曰："如使予欲富，不至此境矣。"闻者皆叹服。长子应科性亦刚强，笃于伦纪，先后赴阙击鼓，抗疏称冤，被杖于午门几死……珷归家后清贫自守，足迹未尝一至市城，而孤忠亮节著于天下，当途甚重之。卷二十《金石略二·石·顺德县学乡贡题名之碑·天顺己卯科》：龙山堡人，《礼记》，进士，任御史。

马振 字文举，明南海人。成化元年（1465）举人。

《广州志》卷三十九《举人·国朝·成化乙酉科》：南海。

［道光］《广东通志》卷七十二《举人三·明·成化元年乙酉·广州府》：南海人，字文举。

方权 字用中，以字行，别号亭秋，明南海丹灶孔边村人。成化初，韩雍镇压广西大藤峡瑶、壮起义，赋诗百篇歌颂。子遂死后，教育孙贵夫、茂夫、献夫。寿八十岁。

《广州志》卷四十《封赠·国朝·礼部尚书》：方用中，南海，以孙献夫贵赠。方遂，学正，以子献夫贵赠。

《粤大记》卷二十三《献征类·文学经论·明》：字用中，以字行，别号亭秋。出福建金紫光禄大夫宗元公之裔，来居南海占籍焉。公生而聪慧，日记万言。既长，貌状魁梧，声如洪钟。肆力稽古，自六经、子史百家以及天文、地理、医卜、伎艺靡不研究。尝借人《宋史》，二日还之，已尽识其大义，其强记博学，时侪辈咸逊避弗及。尝曰："禄仕无所用之。"绝意仕进而图所以不朽者。声闻日起，从游者日众，横经①质疑者日数十人，公以次条答，各因其质而造之。古今礼文度数沿革，世所难知者，公独考证详明。时人以其博洽，因号曰"方书柜"云。公闻之，笑曰："吾之书岂徒藏诸柜乎！将寄之子孙以用于天下，康济斯世。"其志盖如此。后子遂举乡荐，为全州学正。孙献夫举进士，历吏部尚书、武英殿大学士，赠公如其官，果符公所志焉。公性狷介，淡泊无营，至周人之急即解衣脱骖不吝。居家有礼，终日衣冠危坐。早起谒祖祠毕，即据案吾伊②，夜诵必漏下二十刻始休。与士语，劝以清勤砥砺。与乡人语，劝以孝友节俭。里有讼者闻公之风，辄愧而止。年八十而卒。所著述多散佚，唯《亭秋集》十卷行于世。

---

①横经：横陈经籍，指受业或读书。

②吾伊：咿唔，读书声。

［万历］《南海县志》卷十一《隐逸·明》：字用中，以字行。颖悟善记，经史百家无不成□□□□□□□□□□□□□□□□□□□□□□□□□□□□□□一遗者授以大统，历阅数□□□背之，由是名闻当道，儿童妇女皆呼为“方书柜”云。最工于诗，平淡典雅，为人所称，督府韩雍平藤峡，用中诵其功辄赋律诗百篇。尤精于集句，一时文士皆以为不及。为人朴茂无伪，重义乐善，人无不爱敬之者。年逾八十卒，祀乡贤，有集藏于家。子遂，以乡荐为州学正。孙贵夫州同知，茂夫举于乡，献夫少保、大学士。

［崇祯］《南海县志》卷四《封赠·明》：方艺宏，以曾孙献夫赠少保，兼太子太保①、吏部尚书、武英殿大学士。卷十一《隐逸·明》：经史百家无不成诵者。尝避雨人家，见架上书翻阅不辍。主人曰：“公岂能记之乎？”令背诵，无一遗者，授以《大统历》，阅数过亦能背之。由是名闻当道，儿童妇女皆呼为“方书柜”云。

［康熙］《广州府志》卷三十九《人物志十·儒林列传·明》：其先自莆田来家丹灶。

邓任 字胜之，明南海南岸（今属三水）人。成化元年（1465）举人。隐居，陈献章造访缔交，七十九岁卒，白沙为作墓志。

《广州志》卷三十九《举人·国朝·成化乙酉科》：番禺。

［万历］《广东通志》卷二十《广州府·选举·乡举·国朝·三水》：成化乙酉。

［康熙十二年］《三水县志》卷十二《人物传·儒行》：字胜之，南岸人。登成化乙酉贤书，屏迹公门，攻苦下帷。孝友礼让之风，繇身而家，内外咸孚。尝度庾关②，题张曲江公祠有“怪杀祠前多砺石，恨无磨断笑中刀”之句，寓意深远，过者莫不啧啧慨慕云。再上春官③不遇，遂淡宦情，卜筑麒麟石间为终隐计。陈白沙先生特高其品，造访缔交，相与讲论道学，如《白沙集》中所载《诹问》《阴阳》诸书，皆其晤订时语也。送别白沙有诗云：“买段南山学种麻，肯将根蒂向人夸。秋风偶逐龙门客，拽转船头便到家。”盖以论志也。及白沙应召北上，送行诗云：“幸际圣朝无事日，一封须慰倚门亲。”

---

①太子太保：与太子太师、太子太傅均负责教习太子，一般作为一种荣誉性的官衔加给重臣、近臣。

②庾关：即大庾岭。

③春官：礼部。礼部主持会试，故上春官指举人进京参加会试。

盖白沙去就心事，任已先得矣。寿七十九卒，白沙赴焉，另拜其墓而为之志。

邓宗闰　名或作宗润，明顺德水藤人。成化元年（1465）举人，任江西弋阳知县。

《广州志》卷三十九《举人·国朝·成化乙酉科》：德安令，顺德。

［万历］《顺德县志》卷九《举人·成化元年》：水藤，弋阳知县。

［咸丰］《顺德县志》卷二十《金石略二·石·顺德县学乡贡题名之碑·成化乙酉科》：邓宗润，水藤堡人，儒士，《礼记》。

邝郊　字子野，明南海人。成化元年（1465）举人。叔华，弟颐。

《广州志》卷三十九《举人·国朝·成化乙酉科》：郎中，南海。

［崇祯］《南海县志》卷九《人物列传》：字子野……除北京礼部司务，升南京工部员外、郎中。郊以清操著，特疏劝上不宜宝异物，凡花木禽兽一切拒绝，上嘉纳之。继疏罢设西厂，纠劾宦官，直节凛然，一时推重。郊家传清白，其叔华，弟颐，侄立方、镇方、梦琰、彭龄、尧龄，相继登科甲者五十余人，至今科第不绝。族曾孙曰广，丁丑进士，司李襄阳竟殉难，忠烈尤著云。

邝昂　明南海人。成化元年（1465）举人，任浙江严州推官。

《广州志》卷三十九《举人·国朝·成化乙酉科》：府庠，推官。

《广东通志初稿》卷二十《举人·明·成化元年乙酉》：顺德。

［万历］《广东通志》卷二十《广州府·选举·乡举·国朝·南海》：成化乙酉，推官。

［道光］《广东通志》卷七十二《举人三·明·成化元年乙酉·肇庆府》：原新会人，今隶开平①，严州府推官。又见《南海志》。惟《开平志》误入戊子，戴《志》、黄《志》又作顺德人，俟考。郝《志》作郑昂，郭《志》以邝属南海、郑属新会，皆误。

---

①开平：位于广东中南部。明万历元年（1573），在恩平东北置开平屯。崇祯十六年（1643），广东巡抚沈犹龙题请建县，户部复文批准，因清兵入关搁置。南明永历三年（1649）建县，因县治在开平屯而得名。

邝鼎　字器之、仲容，明南海人。成化元年（1465）举人，次年考进士，中乙榜，入太学。子岑山，孙梦吉。

《广州志》卷三十九《举人·国朝·成化乙酉科》：顺德。

［万历］《顺德县志》卷九《举人·成化元年》：南海。

《粤大记》卷二十五《献征类·岩泉隐德·明》：字器之，南海人。幼有志，每读书，寒暑不辍。成化乙酉科中式乡试，丙戌中乙榜。不屑小就，入太学肄业。每试居优等，声称籍甚，闻于京师。时大宗伯①白公、学士尹公、太常卿李公、闽进士五美孙公皆乐与交，遣其子受《易》于门。卒业国学二十余年，为诗文洒然有自得之趣。及卒，孙五美哭之诗有"羲易廿年谈夜雨，禹门几度负春雷"之句。族有大岑沙祭田一区，被宪使陈某所占，历诉当道而直之，至今族人祀之于祠。两广都御史韩雍为建坊于乡，以旌其贤。

［咸丰］《顺德县志》卷十《举人·明·成化》：字仲容。子岑山，孙梦吉。以南海人寄县籍，乙酉科。

邝德　字维新，明南海人。成化元年（1465）举人。

《广州志》卷三十九《举人·国朝·成化乙酉科》：南海。

［道光］《广东通志》卷七十二《举人三·明·成化元年乙酉·广州府》：南海人，字维新。

冯麒　字德良，明南海人。成化元年（1465）举人。

《广州志》卷三十九《举人·国朝·成化乙酉科》：教谕，顺德。

［万历］《顺德县志》卷九《举人·成化元年》：南海，教谕。

［道光］《广东通志》卷七十二《举人三·明·成化元年乙酉·广州府》：顺德人，南海籍。字德良，骐一作麒。

白纶　字理之，明南海人。成化元年（1465）举人。

《广州志》卷三十九《举人·国朝·成化乙酉科》：知县，南海。

［道光］《广东通志》卷七十二《举人三·明·成化元年乙酉·广州府》：南海人，字理之，知县。

---

①大宗伯：礼部尚书的别称。

吕韶　明南海人。成化元年（1465）举人。

《广州志》卷三十九《举人·国朝·成化乙酉科》：南海。

麦秀　字景实，明南海人。成化元年（1465）举人。

《广州志》卷三十九《举人·国朝·成化乙酉科》：麦芳，南海。

［嘉靖］《广东通志》卷十二《明·举人·成化元年乙酉》：运判。

［万历］《广东通志》卷二十《广州府·选举·乡举·国朝·南海》：成化乙酉，任福建都运判。

［道光］《广东通志》卷七十二《举人三·明·成化元年乙酉·广州府》：南海人，字景实，福建运判，戴《志》误作麦芳。

何文英　字邦彦，明顺德新良堡人。成化元年（1465）举人，十七年进士，任浙江湖州府同知。父谅。

《广州志》卷三十九《举人·国朝·成化乙酉科》：辛丑进士，番禺。卷三十八《进士·国朝·成化辛丑科》：顺德，同知。卷四十《封赠·国朝·同知》：何谅，南海，以子文英贵赠。

［万历］《顺德县志》卷九《进士·成化十七年》：新良，湖州府同知。

［万历］《广东通志》卷二十《广州府·选举·进士·国朝·顺德》：成化辛丑，知府。

［道光］《广东通志》卷七十二《举人三·明·成化元年乙酉·广州府》：顺德人，字邦彦，进士。

［咸丰］《顺德县志》卷二十《金石略二·石·顺德县学乡贡题名之碑·成化乙酉科》：新良堡人，府学生，《诗》，辛丑进士。

何泽　明顺德龙头人。成化元年（1465）举人。

《广州志》卷三十九《举人·国朝·成化乙酉科》：贺县尹，顺德。

［万历］《顺德县志》卷九《举人·成化元年》：龙头，江山知县。

［咸丰］《顺德县志》卷二十《金石略二·石·顺德县学乡贡题名之碑·成化乙酉科》：龙头堡人，《诗》。

陆聪　明三水清塘人。成化元年（1465）举人。

《广州志》卷三十九《举人·国朝·成化乙酉科》：教谕。旧高要，今属三水。

[万历]《肇庆府志》卷五《选举一·国朝·举人·成化元年乙酉》：吴川①教谕，高要人。

[康熙四十九年]《三水县志》卷三《乡举·明朝·成化乙酉科》：清塘人，以高要中式，吴川县教谕。

陈忠 明南海人。成化元年（1465）举人。

《广州志》卷三十九《举人·国朝·成化乙酉科》：南海。

[崇祯]《南海县志》卷四《乡举·明·成化乙酉》：训导。

周正（明成化） 明南海人。成化元年（1465）举人。

《广州志》卷三十九《举人·国朝·成化乙酉科》：通判，南海。

[嘉靖]《广东通志》卷十二《明·举人·成化元年乙酉》：南海人，通判。

梁方 字惟义，明南海人。成化元年（1465）举人，八年进士，为官四十年回乡。寿九十五岁。父璝。

《广州志》卷三十九《举人·国朝·成化乙酉科》：顺德。卷三十八《进士·国朝·成化壬辰科》：顺德，布政。

[嘉靖]《广东通志》卷十二《明·举人·成化元年乙酉》：顺德人，进士。

[万历]《南海县志》卷十《人物列传一》：字惟义。登成化壬辰进士，累官云南布政使。为人刚介廉明，敢于任事，俸入之外毫不苟取。性尚雅朴，好坐竹几。入觐便道归，携六几以行。部使□□其亢直，欲中之无从，乃以此为谤端，方亦乞□□□□□□□□□□□不负朝廷，独刑法稍峻□□□□□□□□□□足糊口。年九十五卒。

[崇祯]《南海县志》卷四《封赠·明》：梁璝，以子方封员外。卷九《人物列传》：领成化乙酉乡书，登壬辰进士，授工部主事。时汪珰②肆焰，显荣者多由附以进。方直节不阿，迁延郎署十余载。珰伏诛，始得转湖广参藩，历福建粮储、云南布政使，所至刚介廉明……部使者恶其亢直……方亦

①吴川：位于广东西南。隋开皇九年（589）由平定县改名，因东郊有吴家地纳三川之水。

②珰：中国汉代武职宦官帽子的装饰品，后借指宦官。

乞休。尝自叹曰："吾持身莅政，不负朝廷，独刑法稍峻耳。"历仕四十年，所置产仅足糊口。

[道光]《广东通志》卷六十八《进士·明·成化八年壬辰吴宽榜·广州府》：南海人，二甲，云南右布政。

梁任 明顺德石硝（今属南海）人。成化元年（1465）中举。弟储、亿。

《广州志》卷三十九《举人·国朝·成化乙酉科》：南海。

[万历]《广东通志》卷二十《广州府·选举·乡举·国朝·顺德》：成化乙酉，储之兄。

[崇祯]《南海县志》卷四《乡举·明·成化乙酉》：顺德人，由本学。

[道光]《广东通志》卷七十二《举人三·明·成化元年乙酉·广州府》：顺德人，南海学。大学士储兄，弟亿。

黎珏 明顺德水藤人。成化元年（1465）岁贡。

[咸丰]《顺德县志》卷十一《岁贡·明·成化》：水藤人，乙酉。

黎暹 字景昇，明顺德鹭洲人。成化元年（1465）举人，授浙江金华府同知罢归，嘉靖三十六年（1557）参加修成化《顺德县志》。

《广州志》卷三十九《举人·国朝·成化乙酉科》：字景昇，博学宏词。善杂文，有《草庭集》藏于家。顺德。

[嘉靖]《广东通志》卷六十一《列传十八·人物八》：字景升，顺德人。颖博能文，日与论议，授以楷法，间商时出新意。成化乙酉领乡荐，卒业胄监①，尝为祭酒丘濬②所称。授金华府同知，当道有述作必出暹手。罢归，构罗江书院，吟啸其中。凡贺庆赠祷、颂德勒功、哀诔铭表，人多求之，一时荐绅亦皆推逊，以为莫及，有好事者争载酒肴以供其欢。间有求志生圹者，以腴田百亩为寿，志成竟返其券。垂老命工像其貌于书院，又自志其墓，其

---

①胄监：即国子监。

②丘濬（1421—1495），字仲深，明海南琼山人。景泰五年（1454）进士，官至户部尚书兼武英殿大学士。著有《琼台会集》《本草格式》《大学衍义补》《丘文庄集》《世史正纲》三十三卷等。

旷达如此。有《草庭稿》藏于家。

［万历］《顺德县志》卷八《人物志第七之二》：黎暹者，鹭洲人也。颖博能文，领乡荐，卒业胄监，为祭酒丘濬所称。同知金华府，当途有作必出于暹。尝见某碑不文，礲易之，遂为狭中者所憾。归构罗江书院，吟啸其中，垂老貌像书院，自为墓志，其旷达如此。嘉靖丁巳《志》草传暹《文苑》第其所为，邑《志》芜秽谫劣不足观，曰少作也。

［康熙十三年］《顺德县志》卷七《人物传一·德业》：补邑弟子员，邑令钱公溥大奇其文，尝为祭酒丘公濬所称，每以倡兴古文冀之……有《草庭稿》数十卷，邑《志》修自暹始。

［咸丰］《顺德县志》卷二十三《列传三·明·黎暹》：授金华府同知……偶仆一碑为人怨，即罢归……嘉靖丁巳尝撰邑《志》，荐绅皆以为莫及。卷二十《金石略二·石·顺德县学乡贡题名之碑·成化乙酉科》：鹭洲堡人，《易》，任同知。

［民国］《顺德县志》卷十《仕宦表·郭〈志〉补遗·文职·明》：黎冕，大罗村人，明弘治国子监祭酒、广西横州知州。按：冕，黎暹胞弟。黎世光，冕子，明嘉靖山东（茌）〔茌〕平县驲丞①。黎世元，冕子，明福建按察司照磨。

邓秉良　（1435—1525）字庭翠，明顺德龙山人。寿九十一岁。

［嘉庆］《龙山乡志》卷九《耆寿》：字庭翠。生宣德十年，终嘉靖四年，寿九十一。

梁昉　（约 1436—?）字景熙，明顺德石硝（今属南海）人。景泰七年（1456）举人第一名，天顺元年（1457）进士，卒于官。父文涧。

《广州志》卷三十九《举人·国朝·景泰丙子科》：解元，南海。卷三十八《进士·国朝·天顺丁丑科》：御史，南海。

［万历］《顺德县志》卷九《进士·天顺元年》：石硝，佥事。《封赠·御史》：梁文涧，昉父，封。卷十《杂志·人品》：梁佥宪昉，弱冠第进士，令

---

①驲（rì）：指古代驿站专用的车，后亦指驿马。驲丞：即驿丞，掌管驿站中车马迎送之事，不入品。

萧山，为御史。明敏善法律，遇狱囚辄捶杀之。惟妾一子，夜见数囚婴①金铁木校②，相谓曰："且侮弄渠孩儿何如?"子倏不见，明日得诸民家。又数日，昉无疾，忽见数囚前扼其喉，大叫数声暴卒。

《粤大记》卷十九《献征类·清直高踪·明》：字景熙，顺德人，博学强记。景泰丙子解元，丁丑第进士，年甫弱冠。授萧山知县，礼贤兴学。疏言致仕尚书魏骥年近期颐，请赐存问，从之。升云南道监察御史，擢浙江佥事。监试，得状元谢迁为举首。平生冰蘖自持，执法不阿，卒于官，无一钱尺帛以遗子孙。

[万历]《广东通志》卷二十《广州府·选举·进士·国朝·顺德》：天顺丁丑，江西佥事。

[咸丰]《顺德县志》卷二十《金石略二·石·顺德县学乡贡题名之碑·景泰丙子科》：石硝堡人，府学生，《易》，丁丑进士，解元。

张善昭　(1436—1515) 字彦充，别号卧云，明顺德龙山人。天顺六年 (1462) 举人，任兵部司务、四川按察司佥事、安徽凤阳通判。父秉壬，妻廖氏，子鉶、镰，孙潒、泾。

《广州志》卷三十九《举人·国朝·天顺壬午科》：佥事，南海。

[万历]《顺德县志》卷七《人物志第七之一》：张善昭者，龙山人也，字彦光。以举人试吏部高等，得兵部司务③，大司马余子俊甚才之。尝言选法，台官以其越俎不悦。部领官恒三考叙迁，善昭声籍甚，未及九载，超拜四川按察司佥事。治屯田，台官劾之，左迁凤阳通判，转临江。尺籍魏安生等八十四人，皆练子宁肺腑，所谓奸恶者也。善昭上封事曰："子宁忠贯古今，太宗谓'子宁在，朕当用之'，昭皇帝亦谓方孝孺等忠臣。既忠之矣，何肺腑外属，尚以奸恶配、百年不宥哉？乞复其家。"朝野壮之，寻致仕。初善昭计偕，天顺癸未南宫火，挚友刘生琮死焉。善昭旁皇数日，于煨烬中得遗骸归瘗。卒业成均，同舍赵兰生窘且疫，妻躬薪水，戒门为绝，善昭频视之。生垂绝，叩枕谢曰："蝼蚁何足累君？君自爱。"比再往，生已卧地，善昭抚其心尚温也，曰："是谓泥丸宫气行周而堨圻④鼓触弗泄者，法当生。"举而

①婴：系到颈上，戴。

②校（jiào)：古代刑具，为枷械的统称。

③司务：官名。明代六部都设有司务，掌出纳文书及衙署内部杂务。

④圻（yín)：古同"垠"，边际。

卧之床，斞①以汤水，越数日愈。明年举进士，德善昭若父终其身，其敦义如此。周厚本支及其乡人，居旁无甚冻者饿者，无裸葬者。环数里忿而争者不之公之善昭，冤不能自言于公者之善昭，亦各少厌而返。都御史刘大夏，世所称贤大夫也，镇粤独单车访善昭，信宿乃去。孙濲最知名。

［崇祯］《南海县志》卷四《乡举·明·天顺壬午》：佥事。顺德人，由本学。

［康熙十三年］《顺德县志》卷七《人物传一·德业》：善昭尝自作传，传成而卒。

［嘉庆］《龙山乡志》卷十一《艺文志·杂文》：《明正德戊辰恩进阶朝列大夫四川按察司佥事卧云张公彦充墓表》，原南海人，讳善昭，字彦充，别号卧云……年甫十六，补南海邑庠弟子员……丁外艰，哀毁逾礼，服阕入选天官，乡喜之考居首选，遂奏名除授兵部司务。领敕命升登仕佐郎，每为大司马余公子俊推重，谓公“不茹柔，不吐刚，世难其才”，荷命出外省郡……事竣复命，遂擢四川按察司佥事……奏议选法，以是左迁通判凤阳、临江二郡……丁内艰，服阕改临江，修饬城隍，政平讼理，民殊德之……退居山林，翛②然自守，足迹未尝轻入城府，郡邑累召乡饮，多不赴，席官岭表者时存问之。若大司马刘公东山总督两广，必常造公，相与周旋水石间数日而后去。立小宗祠，习文公家礼于中，造就登仕籍者武相接也……捐馆③时正德乙亥年八月十六日也，公生于正统丙辰年正月二十六日，距此八十历春秋焉。娶宜人廖氏……前公十二年卒……子男二，长即鏅……次鏮。女四，长适监生李乔，次适罗谏，次适罗孙德，次适冯太守之子璘。孙男长濲……次泾尚幼。孙女二，长适李朝旦，次适黄世禄。

［咸丰］《顺德县志》卷二十三《列传三·明·张善昭》：尚书余子俊甚才之。(姚《志》本传但云以举人试吏部，不著其科。《明史》附其孙濲传，更不著年代。按《明史稿》七卿年表，余子俊以成化十三年七月召为兵部尚书，十七年正月忧去。二十一年五月复任，十月改左都御史④。二十三年五月召还原官，弘治二年二月卒官。自成化十三年至弘治三年，首尾十三年中，子俊凡三任兵部。善昭官部首领不知其年，然自天顺六年乡举至子俊初召，中间已越十三年。善昭由举人就吏部试，以高等得官，初授司务，当在子俊

①斞（tiǎo）：方言，调。

②翛（xiāo）：无拘无束、自由自在。

③捐馆：死的委婉说法，“捐”指放弃，“馆”指官邸。

④都察院是专门行使监督职权的机构，明代都察院长官设有左都御史、右都御史，均为正二品。

成化十三年初次任兵部后矣。）尝条陈选法，台官恶其越俎言事，而善昭故声华籍甚，求所以中之不可得。选例官部首领者，历三考乃得叙迁，善昭未满九载超擢按察司佥事，不常有也。以治屯田事终为台官所揭，左迁凤阳通判，寻改判临江。先是，练子宁事建文帝为吏部侍郎，特见信用。燕王即位，被缚至，语不逊，磔死，族其家，姻戚俱逮戍边。戍籍临江者，尚有魏安生等八十四人，皆当时所谓子宁肺腑奸恶者也。（《明史》滦传：戍临江者八十余人，无魏安生名，今从叶《志》。）至是，善昭见而怜之，慨然上封事曰："夫既忠之矣，何外亲末属尚以奸恶赐配……"（《明史稿》作"肺腑外属"，姚《志》作"忠贯古今"，此传闻之讹。今从《明史》。）疏虽不行，中外闻皆壮之，寻致仕归。

李孔修　（1436—1526）字子长，自号抱真子，明顺德大良（一说杏坛）人。陈献章门生，工书画。晚年隐居杏坛罗水村和南海西樵，无疾而终，霍韬葬之西樵云路村。

［万历］《顺德县志》卷七《人物志第七之一》：李孔修者，大良人也，字子长，自号抱真子。侨居广州之高第街，混迹阛阓①，人不识也。张诩识之，则荐孔修及云谷老人于其师陈献章。献章曰："陈留市隐，不遇陈无已、黄庭坚，市佣耳。云谷老人、李孔修非廷实，安知五郡二士？云谷老，不得见。孔修少年如廷实，非俯首当世人也。往来之便，庶接其论，以信廷实知人善取友。"廷实，诩字。于是孔修往师献章，献章亟称之，名由此益贤。孔修尝输粮于县，县令异其容止，问姓名不答，第拱手。令叱之曰："何物小民，乃拱手耶？"再拱手，令怒笞之五，竟无言而出。有庶母，父没改适，诬孔修夺其产。县鞫之，孔修操笔置对曰："母言是。"县疑焉，得其情，乃大礼敬孔修，由此人皆骇孔修矣。敝庐薄产，蔬食不继，未尝一颦其眉。诗字不履前人，自为户牖。或观山水归而图之，见者争爱而酬之金，曰"子长画"。平居管宁帽、朱子深衣，入夜不违。二十年不入城阙，惟攻《周易》，城中儿童妇女皆称曰子长先生，间出庐户，则远近圜视②以为奇物云。吴廷举由县令历藩、臬，在粤最久，与孔修为布衣交。两人高风在尘埃之表，粤人常道之，此两人亦相成也。孔修卒，无子，宪使李中、少参王崇教经纪其丧。尚书霍韬葬之西樵山，西樵人祭社以孔修配。孔修贫，其性不啬，世人不慧

①阛阓（huánhuì）：阛指环绕市区的墙，阓指市区的门。

②圜（huán）视：互相顾看，向四周看。

之事多附之孔修，然其人可观矣。霍韬志其墓曰："白沙抗节振世之志，惟子长、张诩、谢佑不失。"或问："子长废人，有诸?"陈庸曰："子长诚废，则颜子诚愚。"庸与子长同师，故相信如此。君子以为知言，因为之铭。

李瑜 字伯温，明顺德鼎新人。陈献章门生。子静，岁贡，官江苏上元训导。

[康熙十三年]《顺德县志》卷九《人物传三·隐逸》：字伯温，鼎新堡人。年二十进邑庠，补廪。从陈白沙先生讲学江门，每事悉循白沙教语。笃志有为，改过不吝，虽淡泊自甘，而志在济人，浑忘损己。白沙时推重之，特以吴康斋所书雪竹作赞以赠之，表其高尚。与湛甘泉先生相友善，同处白云洞上游庄凡十年，穷达各行其志，力学至老不休。年八十有二而卒，甘泉先生临墓致祭，有挽诗传藏于家，大司农张公泰、少司成周公贤宣各有表，铭刻于石。

[咸丰]《顺德县志》卷二十三《列传三·明·梁文冠》：瑜，字伯温，与文冠同乡……偕文冠从学白沙，与其弟俱，诸弟子未之或先也（姚《志》不云有弟同学，此从《文冠墓志》）……子静，岁荐，官上元训导。

陆之 明三水清塘人。陈献章学生。兄宣。

[康熙十二年]《三水县志》卷十二《人物传·儒行》：清塘人，陆宣之弟。澄心理学，不逐名利。尝应弟子员试，已入选，督学欲易之名为"宣之"，曰："君子已孤不更名①。"遂辞不愿充。归从陈白沙先生学，多所领悟，一时高之。卷十四《外志·杂志》：白沙前知，清塘陆之，从游白沙先生门下。一日早见之，曰："汝有喜色。"对曰："家报某妇昨举一子。"先生欣然援笔，命曰阳和，字蔼然。连命五名，曰阳开、阳升、阳泰、阳生。阳开以次各字之，独阳生不字。后之果举五子，四子成立，阳生甫冠早逝。盖先生精河洛数学，前知类此，但不常语耳。详《陈子言行录》。

陈冕 明三水白坭人。陈献章学生。

[康熙十二年]《三水县志》卷十二《人物传·儒行》：白坭人。少补端州弟子员，雅负气节，敦尚诗书。从白沙先生讲身心之学，动遵礼教而修明

---

①君子已孤不更名：名为父所起，父已死，若更名，似遗弃其父。出自《礼记·曲礼》。孤指幼年丧父。

其义。白沙甚器重之，及冕卒，为诗亲吊祭焉。

［道光］《广东通志》卷二百七十四《列传七·广州七》：为之铭其墓曰："伯道有子，刘蕡登科。责报于天，所得几何？迈迈子文，蹈此高坟。我铭为子，显于千春。"

范奎 明三水胥江人。陈献章学生。

［康熙十二年］《三水县志》卷十二《人物传·孝义》：胥江人。游心性命，超然俗外。常从陈白沙游，笃孝行。居丧动遵古礼，既葬庐墓侧，哀慕终身。

梁杰 明顺德西华人。成化三年（1467）赐冠带，寿九十二岁。

［咸丰］《顺德县志》卷十五《耆寿表·九十寿民·明》：西华人。聪明善虑事，工诗文。知县钱溥礼重之，赠以诗曰："铜狄摩挲九十春，乌纱白发倍精神。须知此乐非吾赐，圣主推恩及远人。"成化丁亥赐冠带，年九十二。

马驺 明顺德龙江人。成化四年（1468）中举，五年、八年两次会试乙榜，任江西庐陵知县。

《广东通志初稿》卷二十《举人·明·成化四年戊子》：顺德。

［万历］《顺德县志》卷九《举人·成化四年》：龙江，海康①教谕。

［咸丰］《顺德县志》卷十《举人·明·成化》：见乙榜进士。按：阮《志》凡从西籍中式者附载榜末，此在榜内。戊子科。《明通榜·明·成化》：龙江人，广西籍，知庐陵县。乙丑科，又壬辰科。

邝才 字时用，明南海大沥大镇乡人。成化四年（1468）举人。兄文。

《广州志》卷三十九《举人·国朝·成化戊子科》：同知，南海。

［道光］《广东通志》卷七十二《举人三·明·成化四年戊子·广州府》：南海人，字时用，同知。

---

①海康：地处广东省雷州半岛上，东西两面临海。汉元鼎六年（前111），置徐闻县。为求"海疆安宁"，隋分治更名海康县。唐雷州治、宋雷州军治、元雷州路治、明清雷州府治，均设于此。

[道光]《南海县志》卷三十五《列传四·明·邝文传》：大镇乡人。弟才，字时用，成化戊子乡荐。任严州同知，廉介公明，清军伍，定徭役，尝刻《严子陵钓台诗》行世。

邝颐 字惟贞，号遗轩，明南海扶南堡（今属大沥）人。成化四年（1468）举人，八年进士。兄郊。

《广州志》卷三十九《举人·国朝·成化戊子科》：顺德。

[嘉靖]《广东通志》卷十二《明·进士·成化八年壬辰》：广州南海人，同知。

[万历]《顺德县志》卷九《进士·成化八年》：南海，南宁同知。

[康熙]《南海县志》卷十二《人物传·循吏·明·邝洪照传》：扶南堡人，高祖邝颐，成化进士。

[道光]《广东通志》卷七十二《举人三·明·成化四年戊子·广州府》：顺德人，南海籍，郊弟，进士。

[道光]《南海县志》卷三十五《列传四·明》：字惟贞，号遗轩……知河间府宁津县，继知丰宁，凡十二年，升广西南宁府同知，居官勤慎廉惠。宰宁津时，重修学宫、谯楼①。以忧去，百姓泣送，馈之金不受，惟拱手谢而已。祀宁津名宦祠。

[咸丰]《顺德县志》卷二十《金石略二·石·顺德县学乡贡题名之碑·成化戊子科》：邝顾，壬辰进士，任知县，升主事。

冯端 明顺德黄连人。成化四年（1468）举人。

《广州志》卷三十九《举人·国朝·成化戊子科》：龙溪训导，顺德。

[万历]《顺德县志》卷九《举人·成化四年》：黄连，龙溪训导。

冯逾 字宗礼，明南海人。成化四年（1468）举人。父晁。

《广州志》卷三十九《举人·国朝·成化戊子科》：提举，南海。卷四十《封赠·国朝·市舶提举》：冯晁，南海，以子逾贵赠。

[嘉靖]《广东通志》卷十二《明·举人·成化四年戊子》：同知。

[道光]《广东通志》卷七十二《举人三·明·成化四年戊子·广州府》：南海人，字宗礼。提举，历同知。

---

①谯（qiáo）楼：古代城门上用以瞭望的高楼。

［道光］《南海县志》卷二十《举人·明成化朝》：漳州知府，据《福建志》参修，戊子科。

刘势 明顺德谭义人。成化四年（1468）副贡。

［咸丰］《顺德县志》卷十一《副贡·明·成化》：谭义人，戊子。

刘觉 名一作宽，字希尹，明高明大唐美人。成化四年（1468）举人，次年副榜进士，未任卒。

［嘉靖］《广东通志》卷十二《明·举人·成化四年戊子》：刘觉。

《广东通志初稿》卷二十《举人·明·成化四年戊子》：肇庆。

［万历］《肇庆府志》卷五《选举表一·国朝·举人·成化四年戊子》：刘宽，府学，高要人。

［康熙八年］《高明县志》卷四《明·举人·成化四年戊子》：上仓人。卷十三《人物传·明》：字希尹。敦笃清致，乡人德之。登科后，赍志而殁。

［道光］《广东通志》卷七十二《举人三·明·成化四年戊子·肇庆府》：刘宽，高要人，后属高明，己丑明经进士，黄《志》、明《题名录》、《高明志》作刘觉。

［道光］《高明县志》卷十二《明·举人》：大唐美人，成化四年戊子举人，己丑明通进士。

何本忠 字行恕，明南海人。成化四年（1468）举人。孙其厚。

《广州志》卷三十九《举人·国朝·成化戊子科》：南海。

［道光］《广东通志》卷七十二《举人三·明·成化四年戊子·广州府》：南海人，字行恕，孙其厚。

何珖 名一作光，明顺德桂圃人。成化四年（1468）举人，十一年进士，任浙江桐庐知县、御史、广西梧州知府、参政。父华。

《广州志》卷三十九《举人·国朝·成化戊子科》：何光，顺德。卷四十《封赠·国朝·知府》：何华，顺德，以子珖贵赠。

［嘉靖］《广东通志》卷十二《明·进士·成化十一年乙未》：顺德人，参政。

[万历]《顺德县志》卷九《进士·成化十一年》：平步，参政。

[崇祯]《南海县志》卷十《人物志》：弘治间，以乡科为梧州知府，平易近民，从容应事，辞色不厉，人亦不忍欺之。

[康熙]《南海县志》卷十二《人物传·循吏·明》：弘治间，以乡科为梧州知府。

[道光]《广东通志》卷七十二《举人三·明·成化四年戊子·广州府》：顺德人，南海学，进士。《顺德志》珧一作光。卷二百七十六《列传九·广州九·何珧》：顺德人。成化戊子乡荐，乙未进士。知桐庐县，立三限催科之期，禁吏卒下乡之扰。剖决如流，悉中理法，吏不敢奸，百姓安堵。阅四载，以才行超卓，擢监察御史。（《浙江通志》）谨案：《顺德志》云官参政，又《南海志》云为梧州知府，平易近人，民不忍欺，但载乡科戊子，不书会科，何也？

[道光]《南海县志》卷二十《进士·明成化朝》：梧州知府，乙未科。按：黄、郭二《通志》皆载入顺德，《题名碑录》云顺德军籍，郭、魏二《志》进士阙载，乡举有之，盖南海人而顺德籍也。阮《通志》谓顺德人，南海学，恐误。

[咸丰]《顺德县志》卷十《进士·明·成化》：广西参政，有传。按：《南海志》作南人顺籍，误。乙未科。卷二十三《列传三·明·何珧》：桂圃人……以才擢御史，出知梧州，积官至参政。

何朝宗　名一作潮宗，明南海人。成化四年（1468）举人。子文翰。

《广州志》卷三十九《举人·国朝·成化戊子科》：何潮宗，知县，南海。

[嘉靖]《广东通志》卷十二《明·举人·成化四年戊子》：知县。

[康熙]《南海县志》卷五《选举志·明乡举·成化戊子》：知县。

[道光]《广东通志》卷七十二《举人三·明·成化四年戊子·广州府》：南海人，知县，子文翰。

陆千里　明三水清塘人。与弟万里同中成化四年（1468）举人。

[嘉靖]《广东通志》卷十二《明·举人·成化四年戊子》：陆千里。

《广东通志初稿》卷二十《举人·明·成化四年戊子》：高要。

[万历]《广东通志》卷二十《广州府·选举·乡举·国朝·三水》：成化戊子。卷四十八《肇庆府·选举·举人·国朝·高要》：成化戊子。

［康熙四十九年］《三水县志》卷三《乡举·明朝·成化戊子科》：清塘人，以高要中式。

［道光］《广东通志》卷七十二《举人三·明·成化四年戊子·广州府》：三水人，原高要籍，与弟万里同科。

陆万里 明三水清塘人。成化四年（1468）举人。兄千里。

［嘉靖］《广东通志》卷十二《明·举人·成化四年戊子》：陆万里。

《广东通志初稿》卷二十《举人·明·成化四年戊子》：高要。

［万历］《广东通志》卷二十《广州府·选举·乡举·国朝·三水》：成化戊子，千里弟。卷四十八《肇庆府·选举·举人·国朝·高要》：成化戊子。

［康熙四十九年］《三水县志》卷三《乡举·明朝·成化戊子科》：千里弟，以高要中式。

陈密 字存义，明南海人。成化四年（1468）举人，次年进士。

《广州志》卷三十九《举人·国朝·成化戊子科》：南海。卷三十八《进士·国朝·成化己丑科》：南海，郎中。

［道光］《广东通志》卷七十二《举人三·明·成化四年戊子·广州府》：南海人，字存义，进士。

［道光］《南海县志》卷二十四《古迹略二·坊表》：兄弟进士坊凡三。一在贞烈坊，为伦以谅、以训、以诜。一在忠贤坊，为陈麟、陈密。一在南濠街，为熊季芳、熊孟芳立。

杨休 字士美，明高明村头人。成化四年（1468）举人，任广西永康知县不久卒。子泮翔，弟傅。

［嘉靖］《广东通志》卷十二《明·举人·成化四年戊子》：肇庆高要人。

［万历］《肇庆府志》卷五《选举表一·国朝·举人·成化四年戊子》：永康知县……府学，高要人。

［康熙八年］《高明县志》卷四《明·举人·成化四年戊子》：上仓人，广西永康县知县。卷十三《人物传·明》：字士美。宿学励行，既登科而望益隆。授广西永康县尹，未几而卒。

［道光］《高明县志》卷十二《举人·明》：村头人，成化四年戊子举人，任广西永康县知县。《贡生·明》：杨泮翔，村头人，休子。成化二十一年岁

贡，任福建福州府通判。杨傅，村头人，休弟。弘治六年岁贡，任直隶黟县知县。

杨瓘 明南海人。成化四年（1468）举人。

《广州志》卷三十九《举人·国朝·成化戊子科》：教谕，南海。

［嘉靖］《广东通志》卷十二《明·举人·成化四年戊子》：教谕。

［崇祯］《南海县志》卷四《乡举·明·成化戊子》：博士。

罗瑋 字宗玉，明南海人。成化四年（1468）举人。

《广州志》卷三十九《举人·国朝·成化戊子科》：知县，南海。

［道光］《广东通志》卷七十二《举人三·明·成化四年戊子·广州府》：南海人，字宗玉，知县。

周禋 字时礼，明南海大沥人。成化四年（1468）举人。婚后一年多卒，妻邹氏抚养子泰长大，后其孙文兴、文明、鹤年皆中举。

《广州志》卷三十九《举人·国朝·成化戊子科》：南海。

［万历］《南海县志》卷十一《列女》：邹氏，周禋妻，生子泰。孙文兴、文明、鹤年皆领乡荐，督学樊仿为旌其门。

［道光］《广东通志》卷七十二《举人三·明·成化四年戊子·广州府》：南海人，字时礼，孙文兴。

［道光］《南海县志》卷四十一《列传十·列女·明》：邹氏，大历堡月窟乡人……六十三载，人无间言……玄孙甡亦领崇正己卯贤书，德教所遗也。

谈经 字致用，明南海人。成化四年（1468）举人。父循。

《广州志》卷三十九《举人·国朝·成化戊子科》：同知，南海。

［崇祯］《南海县志》卷四《封赠·明》：谈循，以子经赠通判。

［道光］《广东通志》卷七十二《举人三·明·成化四年戊子·广州府》：南海人，字致用，同知。

顾行 字叔敏，明南海人。成化四年（1468）举人。

《广州志》卷三十九《举人·国朝·成化戊子科》：顺德。

《广东通志初稿》卷二十《举人·明·成化四年戊子》：顺德。

[万历]《顺德县志》卷九《举人·成化四年》：南海。

[万历]《广东通志》卷二十《广州府·选举·乡举·国朝·南海》：成化戊子，训导。

[道光]《广东通志》卷七十二《举人三·明·成化四年戊子·广州府》：顺德人，南海籍，字叔敏，训导。

梁建中 明顺德甘溪人，居佛山。成化四年（1468）中举。

《广州志》卷三十九《举人·国朝·成化戊子科》：经魁，番禺。

[万历]《顺德县志》卷九《举人·成化四年》：甘溪，经魁。

萧玙 名或作屿，明顺德龙江人。成化四年（1468）举人。

《广州志》卷三十九《举人·国朝·成化戊子科》：知县，顺德。

[万历]《顺德县志》卷九《举人·成化四年》：萧屿，龙江，定陶知县。

[咸丰]《顺德县志》卷十《举人·明·成化》：龙江人，知定陶县。按：郝《志》作玙，误。戊子科。

彭昌 明南海人。成化四年（1468）举人。

《广州志》卷三十九《举人·国朝·成化戊子科》：义宁教谕，南海。

詹孟和 字本中，明南海人。成化四年（1468）举人。

《广州志》卷三十九《举人·国朝·成化戊子科》：知县，南海。

[道光]《广东通志》卷七十二《举人三·明·成化四年戊子·广州府》：南海人，字本中，知县。

廖垣 明南海人。成化四年（1468）举人。

《广州志》卷三十九《举人·国朝·成化戊子科》：无锡训导，顺德。

[万历]《顺德县志》卷九《举人·成化四年》：南海，无锡训导。

谭南昌 字邦献，明高明人。跟从叶贞学习，成化四年（1468）岁贡。寿九十岁。侄邨英，娶杨伯润女，寿至八十九岁。

[万历]《肇庆府志》卷六《选举表二·国朝岁贡·成化·府学》：字邦献，长乐县丞。

［康熙八年］《高明县志》卷四《元明・恩岁贡》：城中人，成化四年岁贡。任福建长乐县县丞，署县事。卷十三《人物传・明》：字邦献，穷经博学，游叶祯先生之门，以忠义相许。由岁贡授长乐左尹，异政昭彰，为潘南山先生所重，与诸大夫荐入名宦。致政后，请邑尹唐简建学明伦。昌在太学受知于祭酒吴节，学成之日，昌亲往安成请叙勒碑，其用心名教如此。年九十，有《青玉轩集》传于世。

［道光］《高明县志》卷二《地理・冢墓》：明县丞谭南昌墓，在官径啸天狮山。

［道光］《肇庆府志》卷十八《人物・明》：字邦宪。

［光绪］《高明县志》卷十三《列传三・耆寿・明》：谭郖英，城中人，年九十岁。

钟粤　字南秀、华国，明南海扶南堡（今属大沥）人。成化四年（1468）举人，十三年任广西宣化（今邕宁）知县归。弟元，成化十九年举人，弘治十二年（1499）任同知。弟元。

《广州志》卷三十九《举人・国朝・成化戊子科》：知县，南海。成化癸卯科，钟元，同知，南海。

［崇祯］《南海县志》卷四《乡举・明・成化癸卯》：钟元，同知。

［道光］《广东通志》卷七十二《举人三・明・成化四年戊子・广州府》：南海人，字南秀，知县。《成化十九年癸卯》：钟元，南海人，字南殷，同知。

［同治］《南海县志》卷十三《列传》：字华国，扶南堡人。成化四年戊子科举乡荐，己丑试南宫下第归，即家居养亲不复出。有劝再赴都门者，曰："椎牛而悲，岂若鸡豚而乐，吾不以彼易此也。"杜门十年。成化丁酉，选广西南宁府宣化县知县。县为西省优缺，粤到任以饬学校、劝农桑为务，不拘拘于度支出纳之间，故处脂膏不能自润。性俭约，饭疏饮水，作令长无异贫生。秩满解组归，去官如释重负，民不能忘，立石颂德。钟元，字葆一，粤弟也。性端重，盛夏必正衣冠，在途如居堂室。因性之所近，自号一山。十岁攻诗文，弱冠应提学试即列首选。成化癸卯科中乡试举人，仍闭户读书，越十七年己未选授同知。孑身赴任，琴书外无所有，人不知其长官也。政以清静为主，寻常交际亦峻却之，解任归，负郭之田不登一顷。梁储仰其学行，谓二钟高尚，其屈作风尘吏，如以函牛鼎①烹伏雌云。

①函牛鼎：谓能容纳一头牛的大鼎。

潘禧　明南海人。成化四年（1468）举人。

《广州志》卷三十九《举人·国朝·成化戊子科》：南海。

[崇祯]《南海县志》卷四《乡举·明·成化戊子》：通判。

[道光]《广东通志》卷七十二《举人三·明·成化四年戊子·广州府》：南海人，镇安通判。

钟学　字雪舫，明顺德龙江人。陈献章为其《春草图》题诗，广东省博物馆藏其成化六年（1470）《寿萱图》。父顺，宣德七年（1432）举人；弟禧。

[康熙二十六年]《顺德县志》卷七《人物志·德业·钟顺》：长子学，工画，陈献章有题其《春草》诗。季子禧与李承箕善，其卒也，承箕挽焉，献章倚而和之。

钟禧　明顺德龙江人。成化间被荐举。弘治二年（1489）任顺德知县的吴廷举，聘陈献章学生李承箕修县志，禧与承箕友好。父顺，宣德七年（1432）举人，兄学。其女许配龙江指挥佥事程富。

《广州志》卷三十七《选举一·国朝·怀材抱德》：顺德，平江伯馆宾①。

[万历]《顺德县志》卷九《选举志第八·怀材抱德》：成化间有钟禧，龙江人，平江伯馆宾。

[康熙十三年]《顺德县志》卷五《明朝·荐举·成化》：龙江人。天顺成化间，当道交章以经明行修、文武兼备荐，值丧病中止。后以怀才抱德荐，授平江伯馆宾卒。

[咸丰]《顺德县志》卷二十二《列传二·明·钟顺》：禧亦好学。嘉鱼李承箕来粤从文恭游，居楚云台，就县令吴廷举聘修县志。禧与友善，及卒，承箕为诗哭之，文恭亦有和章。

冯时　明高明黎坑人。成化六年（1470）岁贡。

[万历]《肇庆府志》卷六《选举表二·国朝岁贡·成化·府学》：宣慰司经历。

---

①馆宾：指塾师或幕宾。

［康熙八年］《高明县志》卷四《元明·恩岁贡》：崇步人，成化六年岁贡，任云南宣慰司经历。

［道光］《高明县志》卷十二《贡生·明》：黎坑人，成化六年府学岁贡，任云南宣慰司经历。

方遂　（？—约1485）字允成，明南海丹灶人。成化七年（1471）举人，十四年会试乙榜，任广西全州学正八年卒。子贵夫、茂夫、献夫。

《广州志》卷三十九《举人·国朝·成化辛卯科》：学正，南海。

［万历］《广东通志》卷二十四《郡县志十一·广州府·人物二·方献夫传》：字叔贤，南海人，其先宗元自莆田来宦，遂留家焉。祖用中，博学笃行，长于诗词，督府韩雍平大藤峡，赋诗颂之辄成百咏，时相传诵。父遂，以乡荐署全州学正，卒，遗腹生献夫。

［崇祯］《南海县志》卷四《封赠·明》：全州学正，以子献夫历赠少保，兼太子太保、吏部尚书、武英殿大学士。

［康熙］《南海县志》卷十二《人物传·循吏·明》：字允成。以《易经》领成化辛卯乡荐，戊戌乙榜，授广西全州学正。严条约，修教事。日集诸生于堂，讲解经义，亹亹①弗倦，士有贫弗能学者资助引翼②，赖以成材者甚多。全人旧不知《易》，传《易》自遂始，全之人至今思之。性恺悌，平生无疾言暴色，恬静寡欲，不苟取予，禄虽薄，晏如也。在官八载，卒于任，门士奔走涕泣如丧厥考，祀全州名宦。后以季子献夫贵，累赠大学士，祀乡贤。长子贵科历任通判，次子茂夫、孙苹俱乡荐。

区廷瓒　明南海人。成化七年（1471）举人。

《广州志》卷三十九《举人·国朝·成化辛卯科》：南海。

［嘉靖］《广东通志》卷十二《明·举人·成化七年辛卯》：教谕。

邓应仁　字子荣，明南海人。成化七年（1471）乡试第一名，十七年进士，任福建浦城知县。弘治二年（1489）督战浙江处州贼，迁南京礼部主事、户部郎中。弘治末（1505）为福

①亹（wěi）亹：本义缓慢流动、无止无休，形容孜孜不倦。

②引翼：引导扶持。

建南安太守。父缘。

《广州志》卷三十九《举人·国朝·成化辛卯科》：解元，南海。卷四十《封赠·国朝·员外郎》：邓缘，南海，以子应仁贵赠。

［嘉靖］《广东通志》卷十二《明·进士·成化十七年辛丑》：广州南海人，知府。卷六十一《列传十八·人物八》：字子荣，南海人。少耽经籍，入邑学有文名。成化辛卯领首荐，辛丑登进士。授浦城知县，为政恺悌，不事表襮。弘治二年，处州贼窃发，远近骚动。应仁躬督拒战，贼遂遁去，邑赖安堵。寻升南京礼部主事，民终感之，历户部郎中。弘治末出守南安，廉静寡欲，政尚平恕。在任数年，惟携一家僮自随，燕处①陶然，门无私谒。既去，民大失望，至有肖像祀其家者。

邝安　字敦仁，明南海人。成化七年（1471）举人。

《广州志》卷三十九《举人·国朝·成化辛卯科》：经历，府庠，南海。

《广东通志初稿》卷二十《举人·明·成化七年辛卯》：广州府庠。

［道光］《广东通志》卷七十二《举人三·明·成化七年辛卯·广州府》：南海人，字敦仁，经历，建百岁坊。

冯沛　明南海人。成化七年（1471）举人。

《广州志》卷三十九《举人·国朝·成化辛卯科》：南海。

冯治　字时雍，明南海人。成化七年（1471）举人，屡考进士仅中乙榜，授江西浮梁教谕。子楷，孙炫。

《广州志》卷三十九《举人·国朝·成化辛卯科》：府庠。

［万历］《广东通志》卷二十《广州府·选举·乡举·国朝·南海》：成化辛卯。

［万历］《南海县志》卷十一《人物列传二》：字时雍。登成化辛卯乡试，慷慨多大节。少与大学士梁储游，抵掌谈笑，共以天下为己任。屡困南宫，以乙榜授训浮梁，所教士先气节而后文艺，一时名彦②辈出。生平不治家人产，暇日躬农圃自□□中也。尝构亭荔树下，著书立言多发古人疑□□□□□□□□□□□三□王氏非□其阴德□□□□□□□□□□最严。子楷，由贡授

①燕处：退朝而处，闲居。

②彦（yàn）：有才学的人、贤士。

奉新□□□炫，登嘉靖戊戌进士，知婺源县，甫及期声称大著，台使者列荐第一。世庙南巡，竟以劳瘁卒于任，属纩之日，囊匣萧然，子孙至不能自给。邑人思其德，祠祀之。煦，为儒官，赠御史。

［崇祯］《南海县志》卷十《人物志》：暇日躬农圃自食，淡如也。尝构亭荔树下，著书立言多发古人疑义，缙绅士翕然宗之。尝谓："三槐王氏非独其阴德茂也，亦义方①使然。"故庭训最严。子楷，由贡授奉新训导；孙炫，登嘉靖戊戌进士。

丘秉中 姓一作邱，字希尧，明南海人。成化七年（1471）举人，十一年任福建福宁州学正。

《广州志》卷三十九《举人·国朝·成化辛卯科》：南海。

［万历］《南海县志》卷十《人物列传一》：成化十一年②任福宁州学□□□□□□□□□□□□□□勤督课业，一时人才丕变。尝纂《州志》四卷，以行于时。

［崇祯］《南海县志》卷九《人物列传》：字希尧。以乡荐，成化十一年任福宁州学正。时新建州学，秉中严立条教，勤督课业。

［康熙］《南海县志》卷十二《人物传·文学·明》：尝纂《州志》四卷，时称典核。

［雍正］《广东通志》卷三十三《举人·明·成化七年辛卯乡试榜》：邱秉中，南海人。

［道光］《南海县志》卷二十五《艺文略一·史》：《福宁州志》四卷，明邱秉中撰，据魏《志》。

伦启 明顺德石硝（今属南海）人。成化七年（1471）举人，任广西容县知县。

《广州志》卷三十九《举人·国朝·成化辛卯科》：顺德。

［万历］《顺德县志》卷九《举人·成化七年》：石硝，容县知县。

［万历］《广东通志》卷二十《广州府·选举·乡举·国朝·番禺》：成化辛卯。《乡举·国朝·顺德》：成化辛卯，知县。

［道光］《广东通志》卷七十二《举人三·明·成化七年辛卯·广州府》：

---

①义方：指行事应遵守的规矩法度，后多指教子的正道。

②原本漫漶，前缺九字，疑为"丘秉中字希尧以乡荐"。

顺德人，番禺儒士，知容县。

严泰 明高明罗塘人。成化七年（1471）岁贡，任广西宾州判官。子毅，正德四年（1509）岁贡；敭，嘉靖元年（1522）恩贡。

［万历］《肇庆府志》卷六《选举表二·国朝岁贡·成化·府学》：宾州判官。

［康熙八年］《高明县志》卷四《元明·恩岁贡》：罗塘人，成化七年岁贡，由府学，任广西□□□官。

李瓛 字廷信，明南海人。成化七年（1471）举人。

《广州志》卷三十九《举人·国朝·成化辛卯科》：知县，南海。

［道光］《广东通志》卷七十二《举人三·明·成化七年辛卯·广州府》：南海人，字廷信，知县。

吴元 明南海人。成化七年（1471）举人，弘治元年（1488）任海南琼州府学教授卒。

《广州志》卷三十九《举人·国朝·成化辛卯科》：教授府庠。

［嘉靖］《广东通志》卷十二《明·举人·成化七年辛卯》：教授。

［万历］《南海县志》卷十一《人物列传二》：弘治初，任琼州府学教授，行笃学优，几历三考①。日升堂讲授，熏德造就良多。比卒，生徒泣送海门，目舟不见而返。

吴岳申 明南海人。成化七年（1471）举人。

《广州志》卷三十九《举人·国朝·成化辛卯科》：南海。

何纶（明成化） 明顺德葛岸人。成化七年（1471）举人。父道本。

《广州志》卷三十九《举人·国朝·成化辛卯科》：蕲州知州，顺德。

［万历］《顺德县志》卷九《举人·成化七年》：葛岸，福建运同。

---

①三考：古代官吏考绩之制，指经三次考核决定升降赏罚。

[崇祯]《南海县志》卷四《乡举·明·成化辛卯》：运同，由顺德学。

[康熙十三年]《顺德县志》卷五《明朝·乡举·成化辛卯》：葛岸人，任福建运司同知致仕。

[乾隆]《顺德县志》卷十《举人·明朝·成化辛卯》：葛岸人，盐运司同知。

[咸丰]《顺德县志》卷十二《封赠（文阶）·明》：何道本，葛岸人，以子纶赠福建盐运同知。

何津 字通济，明南海人。成化七年（1471）举人。

《广州志》卷三十九《举人·国朝·成化辛卯科》：经魁，南海。

[道光]《广东通志》卷七十二《举人三·明·成化七年辛卯·广州府》：南海人，字通济，经魁。

何璨 字汝辉，明顺德桂圃人。成化七年（1471）举人，为浙江分水县令。

《广州志》卷三十九《举人·国朝·成化辛卯科》：分水知县，顺德。

[万历]《顺德县志》卷八《人物志第七之二》：何灿者，平步人也。以举人知分水县，廉而爱人。六载忧去，士民感之，祀于名宦。

[康熙十三年]《顺德县志》卷七《人物传一·德业》：字汝辉……惠以爱人，廉以律己。六年以丧去任，寻卒。

[咸丰]《顺德县志》卷十《举人·明·成化》：桂圃人，知分水县，有《传》，辛卯科。按：郝《志》作灿，误。

林贵 字良贵，明南海人。成化七年（1471）举人，次年进士。

《广州志》卷三十九《举人·国朝·成化辛卯科》：府庠。

[嘉靖]《广东通志》卷十二《明·进士·成化八年壬辰》：知县。

《广东通志初稿》卷十九《进士·明·成化八年壬辰吴宽榜》：知县，南海。

[万历]《广东通志》卷二十《广州府·选举·乡举·国朝·番禺》：成化辛卯。

[万历]《南海县志》卷十《人物列传一》：字良贵。举成化壬辰进士，初知进贤县。持身清慎，敦尚礼教，有长者风。以忧去，起补馆陶。捐俸修

学，诸士多从之游。急治水，缓征科，蠲马解①，以苏民困。抚院②盛昶③始疑其迂，后察其政绩，更敬礼之。以荐被征，未行卒。贵在两邑，并有去后思。

［道光］《南海县志》卷二十《进士·明成化朝》：知县。按《广西志》：林贵，成化朝太平知府，则官不止知县也。然魏《志·循吏传》不载其官太平知府，未知其审，姑著于此。乙未科。

梁鱼　字克龙，明顺德龙头人。成化七年（1471）举人，任广西平乐、宾州县令辞归，寿八十二岁。

《广州志》卷三十九《举人·国朝·成化辛卯科》：知州，顺德。

［万历］《顺德县志》卷八《人物志第七之二》：梁鱼者，龙头人也。举人，知平乐县。平乐县小役烦，鱼至，比籍均役，草田之赋蠲之，尤善抚瑶、壮，治甚有声。迁宾州知州，思恩土官岑濬为逆，奉檄往谕。濬进兼金④，鱼不受也。后为部使者所斥，遂拂衣归，使者愧谢，留之不可，宾民思之。

［康熙十三年］《顺德县志》卷七《人物传一·德业》：字克龙……比籍均差抽分⑤，助费其田荒者，姑贷其租用息疲民……秩满转宾州知州，不替初心，民甚德之……后与部使议事不合，为其斥责，旦日引疾告休，飘然而归……卒年八十二。

梁晓　明顺德石硝（今属南海）人。成化七年（1471）举人。

《广州志》卷三十九《举人·国朝·成化辛卯科》：教谕，府庠。

［万历］《顺德县志》卷九《举人·成化七年》：石硝，信丰教谕。

黄用　明顺德龙山人。成化七年（1471）举人。

《广州志》卷三十九《举人·国朝·成化辛卯科》：顺德。

［万历］《顺德县志》卷九《举人·成化七年》：龙山，吉安推官。

---

①马解：指骑马表演各种技艺。

②抚院：明制，各省巡抚例兼都察院右副都御史或右佥都御史衔，故称。清沿袭。

③盛昶：字允高，明苏州府吴江县人。景泰二年进士，授监察御史，曾巡抚广东。

④兼金：价值倍于常金的好金子（古代金银铜通言金），亦泛指多量的金银钱帛。

⑤抽分：唐代及以后封建政府对国内外商贾征收的实物商税。

曹玺　字国宝，明南海人。成化七年（1471）举人。

《广州志》卷三十九《举人·国朝·成化辛卯科》：州同，府庠。

［万历］《广东通志》卷二十《广州府·选举·乡举·国朝·南海》：成化辛卯，同知。

［道光］《广东通志》卷七十二《举人三·明·成化七年辛卯·广州府》：南海人，字国宝，同知。

蒲钢　名一作纲，字南金，明南海人。成化七年（1471）举人，十四年进士。父永坚；子澈，弘治八年（1495）举人。

《广州志》卷三十九《举人·明·成化辛卯科》：经魁，南海。卷三十八《进士·国朝·成化戊戌科》：太仆寺丞，南海。卷四十《封赠·国朝·太仆寺寺丞》：蒲永坚，南海，以子纲贵赠。

［崇祯］《南海县志》卷四《进士·明·成化戊戌》：大理寺丞。

［道光］《广东通志》卷七十二《举人三·明·成化七年辛卯·广州府》：南海人，字南金，经魁，进士。子澈。

熊季芳　榜姓杨，明南海（一作番禺）人。成化七年（1471）举人，二十年进士，寿九十六岁。兄仲芳、孟芳。

《广州志》卷三十九《举人·国朝·成化辛卯科》：杨季芳，复姓熊，经魁，番禺。卷三十八《进士·国朝·成化甲辰科》：杨季芳，复姓熊，同知，番禺。

［嘉靖］《广东通志》卷六十二《列传十九·人物九》：南海人。甲辰进士，授直隶池州府东流县知县。秉政刚方，为政简易，抑强振弱，吏惮民怀。招抚流移，复业者一百四十二户，出俸赎还饥民子女者十有七人，邑人德之。擢九江府同知甫期月，丁外艰。服阕，终养老母于家，卒年九十有六。兄孟芳天顺丁丑进士，户部主事。仲芳子一源礼部郎中，一渼弘治己未进士，累官副都御史、大理寺卿。

［万历］《广东通志》卷二十《广州府·选举·乡举·国朝·南海》：杨季芳，成化辛卯，经魁，进士，复姓熊。

［道光］《南海县志》卷三十五《列传四·明》：榜姓杨。授池州府东流令，单骑之官，廉豪强者置之法……

颜冀　明南海人。成化七年（1471）举人。

《广州志》卷三十九《举人·国朝·成化辛卯科》：推官，府庠。

［万历］《广东通志》卷二十《广州府·选举·乡举·国朝·南海》：成化辛卯，推官。

［道光］《南海县志》卷二十《举人·明成化朝》：太平推官，据《广西志》参修，辛卯科。

霍扆　明顺德乐从葛岸人。成化七年（1471）举人，任广西宣化（今邕宁）知县。父存义。

《广州志》卷三十九《举人·国朝·成化辛卯科》：宣化知县，顺德。

［万历］《顺德县志》卷九《举人·成化七年》：葛岸，宣化知县。

［道光］《广东通志》卷七十二《举人三·明·成化七年辛卯·广州府》：顺德人，宣城知县，一作宣化县。

［咸丰］《顺德县志》卷十二《封赠（文阶）·明》：霍存义，良教人，以子扆①赠知县。

张纪　（1439—1484）字克振，号清所，明顺德龙江人。天顺三年（1459）举人，次年会试中乙榜。父能，子谏、诜。

《广州志》卷三十九《举人·国朝·天顺己卯科》：通判，顺德。

［万历］《顺德县志》卷九《举人·天顺三年》：龙江，安庆通判。

［康熙十三年］《顺德县志》卷七《人物传一·德业》：字克振，号清所，龙江人。少聪敏，当道士大夫目为神童。年十三补郡庠，本省方伯朱公英召见，大异之，欲以子妻之，纪父张能婉以百姓家齐大非偶②，坚辞。年二十一以《诗经》中式天顺己卯科乡试第三十一名，春官列乙榜，就太学攻诗文，友天下士。五试南宫，授直隶安庆府判。庆属六邑，粮长多敛于民以自富，受其饵者亦可盈橐。纪悉厥弊，因摈③其金而肆其罪于市，由是奸徒屏迹。不逾月而新旧之粮告完，遂见知于三原抚台王公恕，及当道参加考奖。时王公廉明耿介，京师号为“王铁头”，寮属鲜有当其意者，独与纪相得甚欢。方欲

①扆（yǐ）：古代宫殿内门和窗之间的地方，或庙堂户牖之间绣有斧形的屏风。

②齐大非偶：指辞婚者表示自己门第或势位卑微，不敢高攀。春秋时期，强大的齐国国君想把女儿嫁给郑国的公子忽，公子忽婉言谢绝了，并以“齐大非偶”回答旁人的质疑。

③摈（bìn）：排斥。

荐剡风励，而纪以内忧回籍。纪在任三年，民爱之如父母，敬之如神明。迨抵家，行李萧然。居丧哀痛尽礼，年四十有六而卒。长子谏，食饩本邑；季子诜，由乡荐司教闽之南靖，能世其德。

［道光］《广东通志》卷七十一《举人二·明·天顺三年己卯·广州府》：顺德人，字克振。庚辰乙榜，安庆府判。

［咸丰］《顺德县志》卷二十三《列传三·明·张纪》：父能，正统防卫黄寇。

陈慕慈 （1439—1517）字华卿，明顺德鼎新人。父文焕，夫梁文冠，子景复、景行、景孚、景熙、景伦。

［咸丰］《顺德县志》卷二十《金石略二·石·明梁孺人陈氏墓志铭》：孺人陈氏，讳慕慈，父文焕，顺德梁隐君文冠配也。隐君……尝于外祖李翁所得性理诸书读之，有得于心，孺人归即置家事不问，闻白沙陈先生倡道古冈，往师之，每入笏山习静讲学，父兄咸谓其迂愚。孺人独知其所存，居尝无怨，外课童仆以耕，内亲井臼，具水菽以养，舅姑安之，不知其子之远游也……里正举其次子景行充生员，隐君贫，孺人斥去簪珥以为束脩费。五子昏娶甫毕，听隐君蓄妾，子女抚之如己出……正德辛未隐君终，孺人哭泣岁余，得喘嗽疾。于丁丑正月四日卒去，所生正统己未，得年七十有九。子七人，景复、景行、景孚、景熙、景伦孺人出，景与、景望及女宜则何氏出也。景行奇才逸气，超绝岭南，举于乡，为崇明知县，改晋江，奔丧归……景复先孺人卒，景孚学成而隐……东湖吴廷举①献臣撰。

梁文冠 （1441—1511）字华卿，明顺德鼎新人。从陈献章游，献章聘为孙辈的教师。子景行、景孚。

《粤大记》卷十四《献征类·理学正传·梁景行传》：顺德鼎新人。其父文冠，最先从陈献章游，因率二子景行、景孚学焉。文冠馆于白沙，习道论于碧玉楼，献章乃名文冠藏修之所曰“见玉”，谓碧玉也。

［康熙十三年］《顺德县志》卷九《人物传三》：字华卿。从陈献章游，数年不返，日见意趣，诗学日进。

［咸丰］《顺德县志》卷二十《金石略二·石·明梁古谷先生墓志铭》：石翁陈子之学……先生首与李伯温兄弟往从之。每退入山谷静坐，暇则考览

---

①吴廷举（1463—1528），号东湖，任顺德知县。

坟籍。十年而学成，翁馆先生于家，俾训其诸孙。翁晚年居碧玉楼，尝与先生极论名理，知其大有得也……与嘉鱼李世卿、吴献臣相厚善，诗札之遗不虚岁，李世卿者，李承箕也……吴献臣者，参政吴廷举也……先生弱体多病，年十二，母犹负之。一日在襁中，直其足将及地……稍长好读书，母常灭灯令休，且戒勿宿火，先生姑从之，后复之舅家与侪辈读焉。父殁葬始用灰隔，丧尚哀素，不用浮屠，始用质明举祭事。伯兄文刚性刚峭，以顺事之得不忤。性好诗，应口而成，不苦锻削，翁尝有诗赠之曰："得雨花畦润，随风鸣韵长。公来诗不少，排日两三章。"不嗜酒，尝有武人强引一杯酌之，病两月而瘥。先生名文冠……先世汴人，宋南渡徙椎州，宋末徙南海光华乡……先生少号鹤山，晚居古谷……录所为诗千余篇楱之，更号古谷老人。生于正统辛酉，卒于正德辛未九月一日，年七十有一……妻陈氏之子五人曰景复、景行、景孚、景熙、景伦，侧室之子二人曰景与、景望，女一人曰宜，孙三人肇、阜、凖……崔铣仲凫撰文。卷二十三《列传三·明·梁文冠》：幼攻儒业……读性理诸书颇有会悟。闻陈文恭倡道江门，首与乡人李瑜兄弟从之游……先是，文冠甫娶，即委家计于其妇陈，使代承养，自是终岁留白沙不时返……与同学嘉鱼李承箕、东湖吴廷举最称投契，廷举为县八年，每访文冠于所居天壶书屋，问学外无私言。文冠……居平好吟咏，不事雕饰，率口而成。尝手录余篇藏之，题曰《鹤山集》。

严缨　（1441—?）字宗冕，明高明罗塘人。正统十四年（1449）父母遇害。成化二十一年（1485）岁贡，任广西融县教谕、石城（南京）王府教授辞归。子逢、逾。

[万历]《肇庆府志》卷六《选举表二·国朝岁贡·成化·府学》：高明人。卷二十《人物传·国朝·严缨》：字宗冕，高明人。性孝友，正统己巳，父母胥亡于寇，缨甫九龄，号泣中野，招魂以葬，哀慕终身。比长，移居郡城，能自力学。以岁贡授融县训导，正己率士，毅然以师道自任。迁石城王府教授，致仕归。敦行古礼，子侄肃然，以勤俭为训，有《遗教录》。长子逢，字时鉴，举弘治辛酉乡试，署龙阳训导，讲业程课，科第以兴，未竟用而卒。次子逾，字时镇，举弘治戊午，知河池州，未几以母老弃归，所著有《有定集》。

[康熙八年]《高明县志》卷四《元明·恩岁贡》：罗塘人，成化二十一年岁贡，任广西融县教谕。

吴琏（明成化）　（1442—约 1528）字美中，明南海里水河村人。成化十年（1474）举人，二十年进士，任安徽含山、江西进贤知县。五十三岁归，寿八十余岁。子允祯、允禄、允裕。

《广州志》卷三十九《举人·国朝·成化甲午科》：南海。卷三十八《进士·国朝·成化甲辰科》：知县，封员外，加四品服。允祯之父，南海。卷四十《封赠·国朝·员外郎》：南海，进士，知县，以子允祯贵封。

［嘉靖］《广东通志》卷六十二《列传十九·人物九》：字美中，南海人。甲辰进士，授直隶含山知县，廉洁专务，以德化民。值年荒，多方赈救，作粥糜以饷流移，前后所活盈万。政暇，授生徒以《周易》。逾年，以忧去任，士民如失慈母，至今称贤牧必曰吴公。起复知进贤县，以守正不合，引疾归。后以子贵，封南京户部署员外郎，加正四品服。卒年八十余。子允祯，壬戌进士，官至参政；允禄，癸未进士，官至按察使；允裕，举于乡，判宁波府。父子兄弟以学业显，士林荣之。

［崇祯］《南海县志》卷十二《艺文志·书目》：《周易四书订疑》，吴琏撰；《冼岩录》《竹庐集》，俱吴琏撰。

［道光］《南海县志》卷二十五《艺文略一·子部·儒家类》：《冼炭录》一卷，明吴琏撰，据黄《通志》。

［宣统］《南海县志》卷十一《艺文略·经部·四书类》：《四书订疑》，明吴琏撰，据《经义考》。

张维　字克举，号久斋，明顺德龙江人。成化七年（1471）举人，任浙江金华府推官。兄纪。

《广州志》卷三十九《举人·国朝·成化辛卯科》：金华推官，顺德。

［嘉靖］《广东通志》卷十二《明·举人·成化七年辛卯》：知县。

［万历］《顺德县志》卷九《举人·成化七年》：龙江，金华推官。

［康熙十三年］《顺德县志》卷七《人物传一·德业》：字克举，号久斋，龙江人，纪胞弟。年二十始发奋读书，由邑庠以《诗经》中式成化辛巳第二十二名，授浙江金华府司理。每慕兄为人，居官廉慎，见知于浙之御史吴公一贯，旌异有“持身既谨，谳狱又勤”之语，六载给由复任厥职。有微疾乞归，百姓扳辕载道，竟莫能留。抵家惟耽诗酒，笑卧烟霞，足迹不履城市，郡邑节举乡宾，屡辞不就。寿八十二而卒，乡里痛悼之。

左志隆　明三水人。成化十年（1474）举人。

［嘉靖］《广东通志》卷十二《明·举人·天顺三年己卯》：肇庆高要人，

训导。

［万历］《肇庆府志》卷五《选举表一·国朝·举人·天顺三年己卯》：府学，高要人，宁乡训导。

［万历］《广东通志》卷二十《广州府·选举·乡举·国朝·三水》：成化甲午。卷四十八《肇庆府·选举·举人·国朝·高要》：天顺己卯，宁乡训导。

［康熙四十九年］《三水县志》卷三《乡举·明朝·成化甲午科》：左志条，三水人，以高要中式，宁乡训导。

［道光］《广东通志》卷七十一《举人二·明·天顺三年己卯·广州府》：三水人，原高要籍。宁乡训导，赣州教谕。《三水志》误作左志条，入成化甲午。郝《志》误，亦误重入成化甲午。

冯俊　明高明杨梅人。成化十年（1474）举人。

［嘉靖］《广东通志》卷十二《明·举人·成化十年甲午》：冯俊。

《广东通志初稿》卷二十《举人·明·成化十年甲午》：四会。

［万历］《肇庆府志》卷五《选举表一·国朝·举人·成化十年甲午》：府学，高要人。

［康熙八年］《高明县志》卷四《明·举人·成化十年甲午》：杨梅人。

伦喜　明顺德石硝（今属南海）人。成化十年（1474）举人。

《广州志》卷三十九《举人·国朝·成化甲午科》：顺德。

［嘉靖］《广东通志》卷十二《明·举人·成化十年甲午》：伦善，顺德人，进士。

［万历］《顺德县志》卷九《举人·成化十年》：石硝，纪善。

［康熙十三年］《顺德县志》卷五《明朝·乡举·成化甲午》：石硝人，龙溪知县，升辽府纪善。

［咸丰］《顺德县志》卷十《举人·明·成化》：石硝人，辽府纪善。按：黄《志》作伦善，误。

李祥　明南海人。成化十年（1474）举人，十四年进士。父茂华。

《广州志》卷三十九《举人·国朝·成化甲午科》：南海。卷三十八《进士·国朝·成化戊戌科》：布政，南海。卷四十《封赠·国朝·郎中》：李茂华，顺德，以子祥贵赠。

[万历]《广东通志》卷二十《广州府·选举·进士·国朝·南海》：成化戊戌，左布政使。

[崇祯]《南海县志》卷十《人物志》：先是，有李祥者，成化戊戌进士，亦历官贵州左布政，雅有清操，一介不苟取，为白沙先生门人高第，与廷振前后并称二方伯云。

[康熙]《南海县志》卷十二《人物传·循吏·明·冯遵传》：识大学士梁储、布政李祥于未显，皆其婿也。子济，弘治戊午乡荐。

[道光]《广东通志》卷六十八《进士·明·成化十四年戊戌曾彦榜·广州府》：南海人，二甲，贵州左布政使。

何会 字廷礼，明顺德黄连人。成化十年（1474）举人，任安徽池州通判。

《广州志》卷三十九《举人·国朝·成化甲午科》：顺德。

[万历]《顺德县志》卷九《举人·成化十年》：黄连，池州通判。

[康熙十三年]《顺德县志》卷五《明朝·乡举·成化甲午》：黄连人，初授临川县学教谕，升国子监典籍，见重于大司成林公，升直隶池州通判，以恺悌称，致仕归里。

[道光]《广东通志》卷七十二《举人三·明·成化十年甲午·广州府》：顺德人，字廷礼，池州通判。

何球 明顺德桂圃人。成化十年（1474）举人。子汴，孙右之。

《广州志》卷三十九《举人·国朝·成化甲午科》：通判，顺德。

[嘉靖]《广东通志》卷十二《明·举人·成化十年甲午》：运判。

[万历]《顺德县志》卷九《举人·成化十年》：平步，两淮运判。

[道光]《广东通志》卷七十二《举人三·明·成化十年甲午·广州府》：顺德人，两淮运判。子汴，孙右之。

[咸丰]《顺德县志》卷十《举人·明·成化》：桂圃人，两淮运判。

张冠 明南海人。成化十年（1474）举人。

《广州志》卷三十九《举人·国朝·成化甲午科》：南海。

陆轼 明三水镇南人。成化十年（1474）举人。

［嘉靖］《广东通志》卷十二《明·举人·成化十年甲午》：肇庆高要人。

［万历］《肇庆府志》卷五《选举表一·国朝·举人·成化十年甲午》：府学，高要人。

［万历］《广东通志》卷二十《广州府·选举·乡举·国朝·三水》：成化甲午。卷四十八《肇庆府·选举·举人·国朝·高要》：成化甲午。

［康熙四十九年］《三水县志》卷三《乡举·明朝·成化甲午科》：镇南人，以高要中式。

陈庸　字秉常，明南海人。成化十年（1474）举人。五十岁后始为官，任湖北荆门州同知五日归。八十六岁卒。子中，孙捷。

《广州志》卷三十九《举人·国朝·成化甲午科》：经魁，南海。

［嘉靖］《广东通志》卷十二《明·举人·成化十年甲午》：经魁，州判。

［万历］《南海县志》卷十一《人物列传二》：□□□□□□□□□□□成化甲午闻江门之学□□事之，献章深服其德量。与张诩、李孔修为莫逆交，诩初见献章，庸为绍介。或询诩为人，献章曰："余知庸，庸知诩，何问焉？"庸潜心理奥，多所自得，其学以主静为本。罗伦、庄昶望重一时，少许可，遇庸辄叹赏。年逾五十，亲友强之仕，释褐补荆门州同知。莅任五日，不能随时俯仰，拂衣归。足不履城郭，督学王弘欲与相见，竟谢不往。友人谢祐卒，贫无以葬，罄囊助之。病革沐浴更衣，设献章像焚香再拜而逝，年八十六。所著有《东峰语录》。其徒多以科第显，伦文叙最著。

［崇祯］《南海县志》卷十《人物志》：字秉常。力行好古，举成化甲午。闻江门之学，往师事之，献章深服其德量。

［道光］《广东通志》卷七十二《举人三·明·成化十年甲午·广州府》：南海人，第五名。荆门州同知。子中、孙捷。卷二百七十四《列传七·广州七》：其从侄有孤者，庸视为子。门人伦伯畴未显时，求地以葬其祖，庸无难色。西南有驿官贷金而卒，其子谓金主曰："若得东峰一言，即唯命是偿。"金主告其故，庸曰亲券在彼，其子唯唯不拒。其处己接物，慈让诚确者类此（岑九思撰传）。孙棐。

冼政　字平之，明南海佛山镇人。任湖北武昌训导。父靖；子涤，弘治十七年（1504）举人。

［乾隆］《佛山忠义乡志》卷九《貤封·明》：字平之。所居屋后有乔木数株，鹤多巢其上，故称鹤园冼氏，政因别字招鹤。以学行为湛甘泉所重，

相友善。由诸生贡于廷，授湖广武昌县训。学额有湖，教官例征其鱼，岁入不赀，政悉以归公。修脯贽节一切峻却，以俸赢周诸生之贫者，不责其偿。俄迁六安州学正，即以病辞归，年七十卒。长子涤，领弘治甲子乡荐，历任宁国府通判，赠政如其官。卷三《乡事志·坊表》："家传诗礼""世沐恩荣"（在潘涌铺冼祠内），为冼政、冼涤建。

欧昌 姓一作区，字世昌，明顺德陈村人。成化十年（1474）举人，弘治六年（1493）任广西怀集知县。

《广州志》卷三十九《举人·国朝·成化甲午科》：区昌，知县，顺德。

［万历］《顺德县志》卷九《举人·成化十年》：区昌，龙津，怀集知县。

［康熙十三年］《顺德县志》卷二《建置志·坊表》：曰萃贤，在龙津堡，为知县区昌建。

［乾隆］《顺德县志》卷十二《宦迹》：字世昌，陈村人。性好学，博极群书，以邑学生举成化甲午贤书。弘治癸丑授广西怀集令，慈祥廉谨，始纂邑乘。善词赋，有《抚瑶》《劝农》诸歌。修城池，更文庙，建明伦堂，于时废坠毕举。吏畏其明，民怀其德，治行称第一，祀名宦。

梁宽 字克载，明南海人。成化十年（1474）举人。

《广州志》卷三十九《举人·国朝·成化甲午科》：南海。

［道光］《广东通志》卷七十二《举人三·明·成化十年甲午·广州府》：南海人，字克载。

梁辉 明南海人。成化十年（1474）举人。

《广州志》卷三十九《举人·国朝·成化甲午科》：经魁，南海。

《广东通志初稿》卷二十《举人·明·成化十年甲午》：经魁，南海。

［万历］《广东通志》卷二十《广州府·选举·乡举·国朝·南海》：成化甲午，经历。

梁辉大 明南海佛山镇人。成化十年（1474）举人。

［乾隆］《佛山忠义乡志》卷四《乡举·明·成化甲午》：经魁，经历。

［民国］《佛山忠义乡志》卷十三《选举志·科目·举人·明》：成化甲午，附生。

黄鉴 字子明，明南海人。成化十年（1474）举人，二十年进士。子溥，嘉靖四年（1525）举人。父旻，子溥。

《广州志》卷三十九《举人·明·成化甲午科》：南海。卷三十八《进士·国朝·成化甲辰科》：知府，南海。卷四十《封赠·国朝·员外郎》：黄旻，南海，以子鉴贵赠。

[道光]《广东通志》卷七十二《举人三·明·成化十年甲午·广州府》：南海人，字子明，进士，子溥。卷六十八《进士·明·成化二十年甲辰李雯榜·广州府》：南海人，二甲，知府。

[道光]《南海县志》卷二十《进士·明成化朝》：梧州知府，据《广西志》参修，甲辰科。

黎鼎 字汝重，明南海夏教堡人。成化十年（1474）举人，次年进士，任行人司行人、南京监察御史，迁广西布政司佥事、左参议。父纮。

《广州志》卷三十九《举人·国朝·成化甲午科》：南海。卷三十八《进士·国朝·成化乙未科》：南海，参议。

[崇祯]《南海县志》卷四《封赠·明》：黎纮，以子鼎封御史。

[道光]《广东通志》卷七十二《举人三·明·成化十年甲午·广州府》：南海人，字汝重，进士。

[道光]《南海县志》卷二十《进士·明成化朝》：广西布政左参议，乙未科。卷三十五《列传四·明·黎鼎》：字汝重，夏教堡人。成化甲午乡荐，乙未进士，历官行人司、南京广西道监察御史。弘治二年，迁广西按察司佥事，尝平大藤峡巨寇。又太平府有盗警，木棉村民万计多从盗，当事欲尽屠之。鼎执不可，诛首恶数人，余悉招抚，民立庙祀焉。后升广西布政左参议，以老病归。有《公余集》藏于家。

傅容 （1444—1507 后）明顺德黄连人。黄萧养起兵时，入宫为太监，天顺元年（1457）入司礼监司笔札，成化四年（1468）升御奉出纳章奏。弘治元年（1488）擢司礼监太监。父道达。

[咸丰]《顺德县志》卷二十《金石略二·石》：《傅氏先茔之记》，弘治四年岁次辛亥腊月良旦，司礼监太监孝男傅容……立石。《谕祭司礼太监傅容父母碑》：维正德二年岁次丁卯四月甲戌朔，越九日壬午，皇帝遣广东布政使

司左参政翁健之，谕祭于司礼监太监傅容父母曰："惟尔善积厥躬，庆延于子。子以简拔供事内庭，劳勤不替于初终，委用兼隆于内外。推原所自，宜示恤恩，特超常典，遣官谕祭。尔灵不昧，尚克承之。"卷三十《列传十·宦官附·傅容》：黄连人。父道达，醇厚称长者。景泰初，容七岁，遭黄寇祸。母何死乱兵中，兄弟五人相继沦没，惟容存，流离无依。至十三岁入侍内庭，送内书堂。天顺元年，以能书选使司司礼监笔札。成化戊子，擢御奉出纳章奏，转印绶监丞。孝宗既册为皇太子，宪宗拣内臣之端谨通经术者令侍左右，授纪事奉御，寻升典玺局丞，进局郎。孝宗登极，擢司礼监太监。容性仁厚，居禁密，兢兢谨毖，扶持善类。思及家难，遣义子傅通等南归封表先茔，桥于茔前曰"广孝"，便子姓展视谒。及卒，邱文庄濬表其墓。

陈纲　明三水白坭人。成化时，应官榜，擒贼首。

［康熙十二年］《三水县志》卷十二《人物传·武略》：白坭人。性宕逸，有方略。成化间，白上贼首谭二率千余党流劫，远近多受荼毒，官兵御之失利。当事者以为忧，榜招能擒贼者重赏。刚出应命归，以厚赂诱贼，谭贼悦甚。久之，乃筑馆于黎洲，邀谭为寿。信之，偕徒百人至。纲大设延宴，贼乐而酣饮至醉，遂率族里生擒以献，余党悉平。

陈宾　明顺德平步人。成化时举荐，官国子监学录。

［康熙二十六年］《顺德县志》卷六《荐举·明朝·成化》：平步人，国子监学录。

邓善　字国宝，明南海人。成化十三年（1477）举人。

《广州志》卷三十九《举人·国朝·成化丁酉科》：南海。

［道光］《广东通志》卷七十二《举人三·明·成化十三年丁酉·广州府》：南海人，字国宝。

冯贤　明南海人。成化十三年（1477）举人。

《广州志》卷三十九《举人·国朝·成化丁酉科》：南海。

［崇祯］《南海县志》卷四《乡举·明·成化丁酉》：推官。

［道光］《南海县志》卷二十《举人·明成化朝》：漳州推官，据《福建志》参修，丁酉科。

卢铭　字德新，明南海人。成化十三年（1477）中举。

《广州志》卷三十九《举人·国朝·成化丁酉科》：顺德。

［万历］《顺德县志》卷九《举人·成化十三年》：南海。

［道光］《广东通志》卷七十二《举人三·明·成化十三年丁酉·广州府》：顺德人，南海籍，字德新。

苏政 明顺德龙头人。任福建建宁教官。弟葵、仲，子应旻，孙履中。

［嘉靖］《广东通志》卷十六《舆地志四·宫室·广州府》：光大堂，在顺德龙头堡，都给事苏应旻建，祀赠户科给事中苏政。

［万历］《顺德县志》卷九《封赠·给事中》：苏政，应旻父，赠。《举人·万历元年》：苏履中，龙头，应旻子。

［咸丰］《顺德县志》卷二十三《列传三·明·苏葵传》：兄政……弟仲……族孙履中，万历癸酉举人，多才学，重信义，乡人称之。

苏葵 字伯诚，明顺德龙头堡人。成化十三年（1477）举人，二十三年进士。弘治九年（1496）为江西提学佥事，视学白鹿洞书院。改督四川学政，迁福建布政使卒。父子戁，兄政，弟仲。

《广州志》卷三十九《举人·国朝·成化丁酉科》：顺德。卷三十八《进士·国朝·成化丁未科》：顺德，布政。卷四十《封赠·国朝·翰林院编修》：苏子戁，顺德，以子葵贵赠。

［万历］《顺德县志》卷九《进士·成化二十三年》：龙头，布政。卷七《人物志第七之一》：苏葵者，龙头人也，字伯诚。进士，入翰林为庶吉士，授编修。弘治丙辰，次当同考会试，柄臣属其私人，葵坚却之，遂谢试事。被谗，出为江西佥事，提督学政公明，士子服焉。镇守太监董让作威，缙绅夺气，葵守正不能诡媚。让诬奏葵，遣法司盛洪等临治南昌。洪欲刑葵，诸生数百排闼入拥葵而去，事竟得白。增修白鹿书院，置学田。改四川，装不能具，其兄助之乃行。四川士爱之如江西，至福建右布政使卒。正德辛未，江西提学副使李梦阳请入白鹿洞先贤祠，曰：“公昔省方视学，衿佩作气，抗折权贵，威武不屈。兹洞之兴，公实有力，德祀功祀，二者公并有之。”

［康熙十三年］《顺德县志》卷二《建置志·坊表》：曰柏台敷教，在龙头堡，为提学苏葵建。卷七《人物传一·德业》：所著有《吹剑集》。

李儒 明南海人。成化十三年（1477）举人。

《广州志》卷三十九《举人·国朝·成化丁酉科》：教谕，府学。

[万历]《广东通志》卷二十《广州府·选举·乡举·国朝·南海》：成化丁酉，教谕。

何文缙　字德章，明南海人。成化十三年（1477）举人，次年进士。父英。

《广州志》卷三十九《举人·国朝·成化丁酉科》：南海。卷三十八《进士·国朝·成化戊戌科》：知府，南海。卷四十《封赠·国朝·员外郎》：何英，南海，以子文缙贵赠。

[道光]《广东通志》卷七十二《举人三·明·成化十三年丁酉·广州府》：南海人，字德章，进士。

[道光]《南海县志》卷二十《进士·明成化朝》：梧州知府，据《广西志》参修……戊戌科。

何昌（明成化）　字世隆，明南海人。成化十三年（1477）举人。

《广州志》卷三十九《举人·国朝·成化丁酉科》：通判，南海。

[嘉靖]《广东通志》卷十二《明·举人·成化十三年丁酉》：知县，有传。

[道光]《广东通志》卷七十二《举人三·明·成化十三年丁酉·广州府》：南海人，字世隆，通判。

何璋　字汝献（或汝显），明顺德桂圃人。成化十三年（1477）举人。孙继之。

《广州志》卷三十九《举人·国朝·成化丁酉科》：知州、长史，番禺。

[万历]《顺德县志》卷九《举人·成化十三年》：平步，靖江府长史。

[道光]《广东通志》卷七十二《举人三·明·成化十三年丁酉·广州府》：顺德人，南海籍，字汝献，靖江府长史，南海《志》、番禺《志》有。

[咸丰]《顺德县志》卷十《举人·明·成化》：字汝显，桂圃人。靖江府长史，知横州、沔阳州。有《传》。庚子科。按：阮《志》作南海籍，黄、郭、郝三《志》并作番禺人，有长史、无知州，并误，今从《广西通志》。卷二十三《列传三·明·何继之传》：祖璋，成化丁酉由南海籍乡荐，知横州，有惠政，复流亡数百家。牧沔阳，刘瑾索贿不遂，矫诏逮狱，州民千余诣阙乞留。复任未几乞休，祀横名宦。

陈顺　明南海人。成化十三年（1477）举人。

《广州志》卷三十九《举人·国朝·成化丁酉科》：南海。

林元吉　字伯善，明南海人。成化十三年（1477）举人。

《广州志》卷三十九《举人·国朝·成化丁酉科》：知县，南海。

［道光］《广东通志》卷七十二《举人三·明·成化十三年丁酉·广州府》：南海人，字伯善，知县。

［道光］《南海县志》卷二十《举人·明成化朝》：兴业知县，据《广西志》参修，丁酉科。

周凤　字廷瑞，明顺德沙头人。成化十三年（1477）举人，弘治六年（1493）谒选，授镇江府通判。母丧归，服阕补福建建宁通判。升云南大理同知，卒于赴任途中。孙兴。

《广州志》卷三十九《举人·国朝·成化丁酉科》：经魁，同知，顺德。

［万历］《顺德县志》卷五《举人·成化十三年》：南海，经魁，临安府同知。

［康熙］《广州府志》卷三十九《人物志十·儒林列传·明》：字廷瑞，南海人。性敏颖，淹博群籍，为当时名公卿所推许。以《易经》魁成化丁酉乡榜，上春官不遇，入太学。四方学者闻风至，咸师事之，陈绶、钟华、冼文渊、崔立、陆杰、颜翀、傅俊、叶逢阳等先后登科，皆出凤门。弘治癸丑谒选，授镇江府判。勤于政事，廉以律己，宽以御民，听讼如流，恒以一言折服。监司称其神明，委以催科，不亟而集。会丁内艰归，服阕补建宁，善政一如镇江，民风士习因而丕变。及奏最，阖郡扳辕。升大理同知，便道归省。欲图终养，弥旬不赴。其父速之使行，乃就道，抵常德，以病卒。凤生平交善，如庄昶、陈献章、伦文叙、张诩辈皆一时理学名儒，所著有《桐坡净稿》行世。孙兴，中万历乡试，历官汤溪知县。

［康熙十三年］《顺德县志》卷二《建置志·坊表》：曰乡俊，在县治西，为举人周凤等建。嘉靖二十六年，知县金蕃改曰“盛世文英”，今圮，另建。

［道光］《广东通志》卷七十二《举人三·明·成化十三年丁酉·广州府》：顺德人，南海籍，字廷瑞，第三名，临安同知。

袁祯　字休徵，明南海人。成化十三年（1477）举人。

《广州志》卷三十九《举人·国朝·成化丁酉科》：通判，南海。

［道光］《广东通志》卷七十二《举人三·明·成化十三年丁酉·广州府》：南海人，字休徵，通判。

梁应科 字景高，明顺德逢简人。成化十三年（1477）举人，任广西柳州通判。父焕，叔昕。

《广州志》卷三十九《举人·国朝·成化丁酉科》：通判，南海。

［万历］《顺德县志》卷九《举人·成化十三年》：逢简，柳州通判。

［道光］《广东通志》卷七十二《举人三·明·成化十三年丁酉·广州府》：顺德人，字景高，通判，见《南海志》。

［咸丰］《顺德县志》卷二十二《列传二·明·梁昕传》：逢简人……景泰癸酉与兄焕同领乡荐……焕子应科，成化丁酉举人，判柳州府。

梁稷 字舜臣，明顺德新良人。成化十三年（1477）举人。

《广州志》卷三十九《举人·国朝·成化丁酉科》：学正，顺德。

［万历］《顺德县志》卷九《举人·成化十三年》：新良，吉安教授。

［道光］《广东通志》卷七十二《举人三·明·成化十三年丁酉·广州府》：顺德人，字舜臣，吉安教授。

黄泰 字伯亨，明南海九江人。成化十三年（1477）举人。父篪，兄奉，弟粤。

《广州志》卷三十九《举人·明·成化丁酉科》：篪之子，理问，南海。

《南海九江乡志》卷三《选举·进士·天顺元年丁丑科》：黄篪……泰，举人，知县。《选举·乡举·成化十三年丁酉科》：字伯亨，由南海学习《诗经》，中式第四十九名。初授江西宜黄知县，改四川按察司经历，转山东布政司理问。进士，提学篪第三子。

曾宽 明顺德新良人。成化十三年（1477）举人。

《广州志》卷三十九《举人·国朝·成化丁酉科》：顺德。

［万历］《顺德县志》卷九《举人·成化十三年》：新良，儋州学正。

谢荣 明南海人。成化十三年（1477）举人。

《广州志》卷三十九《举人·国朝·成化丁酉科》：府学。

［万历］《广东通志》卷二十《广州府·选举·乡举·国朝·南海》：成

化丁酉。

钟钢 明南海人。成化十三年（1477）举人。

《广州志》卷三十九《举人·国朝·成化丁酉科》：南海。

廖贯 字子唯，明南海人。成化十三年（1477）举人。

《广州志》卷三十九《举人·国朝·成化丁酉科》：知县，顺德。

［万历］《顺德县志》卷九《举人·成化十三年》：南海，北流知县。

［道光］《广东通志》卷七十二《举人三·明·成化十三年丁酉·广州府》：顺德人，南海籍。字子唯，知县。

潘绍 字克述，明南海人。成化十三年（1477）举人。

《广州志》卷三十九《举人·国朝·成化丁酉科》：府学。

［万历］《广东通志》卷二十《广州府·选举·乡举·国朝·南海》：成化丁酉。

［崇祯］《南海县志》卷四《乡举·明·成化丁酉》：训导。

［道光］《广东通志》卷七十二《举人三·明·成化十三年丁酉·广州府》：南海人，字克述。训导，一作典史。戴《志》误作潘铭。

戴昊 字元伯，明南海人。成化十三年（1477）举人。父缙。

《广州志》卷三十九《举人·国朝·成化丁酉科》：缙之子，通判，府学。

［万历］《广东通志》卷二十《广州府·选举·乡举·国朝·南海》：成化丁酉，通判。

［道光］《广东通志》卷七十二《举人三·明·成化十三年丁酉·广州府》：南海人，字元伯，通判。

马淳 （约1450—约1519）字德厚，明顺德鸡洲人。成化十九年（1483）举人，任福建上杭知县。

《广州志》卷三十九《举人·国朝·成化癸卯科》：知县，顺德。

［万历］《顺德县志》卷九《举人·成化十九年》：黎村，上杭知县。

［道光］《广东通志》卷七十二《举人三·明·成化十九年癸卯·广州府》：顺德人，字德厚，上杭知县。

李春芳 （？—约1504）字载阳，明三水胥江人，居广州。成化十三年（1477），以增生入选新建的从化学弟子员，考举人不中。死时，子义壮十四岁。

［康熙十二年］《三水县志》卷十二《人物传·潜德》：字载阳，胥江人。因家会城，后遂隶番禺。幼秀朗不群，稍长知学，即能日记千言，六经子史罔不窥探。成化十三年新设从化①学，学宪会选有文行者往充博士弟子②，芳以增生入选。五载乡闱不第，闭户谢客，日以著述为事。一日与友人论渊明盖闻道者也，其人不谓然。芳曰："陶诗云：'志彼不舍，安此日富？'又曰：'千里虽遥，孰敢不至？'倘非有得，不知所志何事而所至何所也。"闻者以为知言。家素贫，二亲之丧，躬执畚锸③为坟，八阅月而后事竣。山西有巨商余胤者，以千金寄芳而归，至潞州物故。芳屡书召其子恩，逾十年而后至，至则尽以还之，封识如故，人以为难。以子义壮贵，赠奉直大夫、礼部员外郎。

［康熙］《广州府志》卷三十四《人物志六·经济列传·明·李义壮传》：父春芳精钤遁，常从征朱崖，占知贼夜袭，营主将不听，春芳死焉。

邓圹 一说名旷，明三水清塘人。成化十六年（1480）举人。

［嘉靖］《广东通志》卷十二《明·举人·成化十六年庚子》：邝旷。

《广东通志初稿》卷二十《举人·明·成化十六年庚子》：高要。

［万历］《肇庆府志》卷五《选举表一·国朝·举人·成化十六年庚子》：邓旷，高要人，儒士。

［万历］《广东通志》卷二十《广州府·选举·乡举·国朝·三水》：成化庚子。卷四十八《广州府·选举·进士·国朝·高要》：邓旷，儒士。

［康熙四十九年］《三水县志》卷三《乡举·明朝·成化庚子科》：清塘人，以高要儒士中式。

［道光］《广东通志》卷七十二《举人三·明·成化十六年庚子·广州府》：邓旷，三水人，原高要籍。《三水志》"旷"作"圹"；黄《志》作

---

①从化：位于广州东北面。

②博士弟子：即汉博士教授的学生，明清用作生员的别称。

③畚（běn）：盛土器。锸（chā）：起土器。合指挖运泥土的用具，借指土建之事。

"邝""旷"；郝《志》是科作邓圹，以邓旷人甲午。皆误。

邝文锦 明南海人。成化十六年（1480）举人。子用礼正德十四年（1519）举人。

《广州志》卷三十九《举人·国朝·成化庚子科》：教谕，南海。《举人·国朝·成化己卯科》：邝用礼，文锦之子，府学。

刘济 字子舟，明南海人。成化十六年（1480）举人。

《广州志》卷三十九《举人·国朝·成化庚子科》：训导，南海。

［道光］《广东通志》卷七十二《举人三·明·成化十六年庚子·广州府》：南海人，字子舟，训导。

［道光］《南海县志》卷二十《举人·明成化朝》：苏州府训导，据《采访册》参修，庚子科。

李麟 明顺德甘竹人。成化十六年（1480）举人。

《广州志》卷三十九《举人·国朝·成化庚子科》：知县，顺德。

［万历］《顺德县志》卷九《举人·成化十六年》：甘竹，新宁知县。

［康熙十三年］《顺德县志》卷五《明朝·乡举·成化庚子》：甘竹人，武冈州新兴县知县。

张球 字宗韶，明顺德熹涌人。成化十六年（1480）举人。

《广州志》卷三十九《举人·国朝·成化庚子科》：知县，南海。

［道光］《广东通志》卷七十二《举人三·明·成化十六年庚子·广州府》：南海人，字宗韶，知县。

［咸丰］《顺德县志》卷十《举人·明·成化》：熹涌人，南海籍，庚子科。

陈纬 明顺德葛岸人。成化十六年（1480）举人。

《广州志》卷三十九《举人·国朝·成化庚子科》：经魁，顺德。

［万历］《顺德县志》卷九《举人·成化十六年》：葛岸，经魁，梧州推官。

陈道（明景泰） （？—1496）字安理，明顺德大良人。

景泰元年（1450）入宫为太监，成化十六年（1480）任福建镇守太监，十七年卒。

［康熙］《广州府志》卷三十三《人物志五·介直列传·明》：中官陈道，顺德人。景泰庚午入侍掖庭，攻业内书堂，肆力艺学，尤工楷法，先达咸器重其材。任事勤能，擢御用监太监，动以古忠直自期待，宪庙日加隆遇，寻奉敕出镇八闽。闽地边海，番舶丛委①，彝性黠悍，有司不可治。道至大举振刷②，诸彝译致二千金尝之，竟置之法，彝始畏服。抽盘③毫无染指，彝益戴其德，为建柔远生祠于其国，以志慕云。在镇凡十有七年，多所展措，如捍海堤，建桥梁，饰学宫，修战舰，恤孤独，缮盖藏，新城垣，兴学育才，次第举行之。时值汀、漳流贼作乱，道躬冒矢石，斩敌奏凯，蒙玺书，旌劳锡，以殊服录其嗣子珪、瑢世袭，其功尤足多也。道性俭朴，无中贵气习，所居一室，左右图书，淡然若生儒，尝自号水月道人以见志。无何卒于闽，人士痛悼之。讣闻京师，上为悯念，许归榇邑之张冈山，遣官赐祭葬焉。

［康熙十三年］《顺德县志》卷九《人物传三·中官》：大良人。

［咸丰］《顺德县志》卷二十《金石略二·石·明镇守福建御用监太监陈公神道碑（弘治十三年）》：弘治九年九月廿有六日己巳，公卒于福建之福州。公讳道，字安理。曾祖讳思敬，祖讳宗亮，父讳胤良，俱不仕。成化戊子，由长随进奉御，丙申升御用监右监丞，丁酉转左，己亥升左少监署监事。庚子岁，会福建镇守缺员……遂进阶本监太监，受符节领镇事福建。卷三十《列传十·宦官附·陈道》：抽分盘验，一存公恕……少傅刘健为作神道碑，称能不冒进嗜利，盖深许之也。

陈绶　字学之，明顺德大良人。成化十六年（1480）与弟英同时中举，弘治三年（1490）进士，任户部主事、工部郎中。父瑾；子道潜，正德十四年（1519）举人。

《广州志》卷三十九《举人·国朝·成化庚子科》：顺德。卷三十八《进士·国朝·弘治庚戌科》：顺德，郎中。卷四十《封赠·国朝·郎中》：陈瑾，顺德，以子绶贵赠。

［万历］《顺德县志》卷八《人物志第七之二》：陈绶者，大良人也。进

---

①丛委：繁多、堆积。

②振刷：犹整肃。

③抽盘：一种税收稽查。

士，主事户部，监通州仓勤敏，榷苏州商税，持大体不苛细。为关通小舟曰："能出入，听之矣。"郎中工部，营□沂府，奄童杀役人，罪之。图日阴晴，以故无浮食者，羡十四万。孔庙灾复，推绶往，会忧去，寻卒。生平豪举，好吟咏。

［康熙十三年］《顺德县志》卷七《人物传一·德业》：字学之……榷商税于苏州，丝毫不染。后迁工部郎中，督修沂府。中贵所私者恃势殴杀役夫，绶捕之抵罪。经画周悉，匠作牙行①不能售其奸，省浮费十余万。事竣，山东巡抚荐修孔庙，命既下，丁内艰，行李萧然。绶性豪宕诙谐，善吟咏。卒于家，有《退庵集》。

［道光］《广东通志》卷七十二《举人三·明·成化十六年庚子·广州府》：顺德人，字学之，进士。弟英，子道潜。郝《志》误作东莞人。卷六十八《进士·明·弘治三年庚戌钱福榜·广州府》：顺德人，二甲，郎中，洪武乙丑另有番禺陈绶。

［咸丰］《顺德县志》卷二十三《列传三·明·陈绶》：祀乡贤。

陈英　字积之，明顺德大良人。成化十六年（1480）与兄绶同时中举。

《广州志》卷三十九《举人·国朝·成化庚子科》：通判，顺德。

［万历］《顺德县志》卷九《举人·成化十六年》：大良，福州通判。

［道光］《广东通志》卷七十二《举人三·明·成化十六年庚子·广州府》：顺德人，字积之，福州通判，与兄绶同科，郝《志》误作东莞人。

林楚　明顺德石硝（今属南海）人。成化十六年（1480）举人。

《广州志》卷三十九《举人·国朝·成化庚子科》：推官，顺德。

［万历］《顺德县志》卷九《举人·成化十六年》：石硝，南康推官。

罗子房　字宗杰，明顺德大良人。成化十六年（1480）举人，弘治八年（1495）谒选，任广西永福县令，退休。

《广州志》卷三十九《举人·国朝·成化庚子科》：知县，顺德。

---

①牙行：旧时为买卖双方介绍交易，并从中收取佣金的商业机构，相当于现代的经纪人，唐代就已出现。

[万历]《顺德县志》卷八《人物志第七之二》：罗子房者，大良人也。乡荐后，非公事不至县门，人以为傲。知广西永福县，民贫又苦盗贼，子房招徕抚字，民乃安堵。有杀人者，感二乌遂知主名，部使者闻而旌之。秩满致仕卒。卷九《举人·成化十六年》：大良，永福知县。

《粤大记》卷二十五《献征类·岩泉隐德·明》：字宗杰，顺德人，成化庚子领乡荐。会试后游太学归。以母老，乃筑"卧愚亭"以奉母为乐。时白沙陈检讨、江浦庄行人皆与子房友善，为赋"卧愚"。陈白沙诗："何处水边堪此亭，偶从诗卷挹芳馨。小眠亭上真何意，大梦人间肯未醒。难以智愚分巧拙，尽教描画付丹青。老夫伏枕庐山下，头白于今未与名。"定山庄昶诗："白沙诗在卧愚亭，万古高人万古馨。何处有亭长合在？人间此梦直该醒。酩然白酒三杯尽，只么西山数点青。春到尧夫真意思，无名公本是无名。"大良李孔修亦与子房为友。而尚书吴廷举治县时，尝咨问民间利病，子房棘棘言之。有得理于言者，请赋百金为寿，子房大咤曰："何得污我！"弘治中知永福县，民贫瘠又苦盗，至则均田薄赋，招流亡，严保甲，民乃安堵。县有大猾张月麒，纵其子杀徐氏二子，亡不得。夕有二乌绕廨哀鸣，子房怪之，从走卒微行①，廉得其状，捕月麒及其子正法。监司重之，奏治行为广西第一。后以疾乞致仕，父老涕泣遮道留之不得。归之日，囊无十金之贮，及卒，其子粥廉为丧葬具。夫以宗杰之才且廉而信，不满其德，语曰："高树寡阴，独木不林。"其是之谓与！

[康熙十三年]《顺德县志》卷七《人物传一·德业》：字宗杰，大良人。父显韶……子房生有异质，自少以孝廉称举于乡，明年试不第，遂游太学，归而会母谭年老且病，子房曰不敢以仕遗吾母，乃筑卧愚亭，以将母为乐。母卒，子房执丧如礼。时古冈陈献章、江浦庄昶皆名士也，与子房友善，咸为赋卧愚。而尚书吴廷举廉倨人也，治县闻子房贤，数诣，访以理道，闻有疑狱，就子房决之，其见敬重如此。

赵克宽　明顺德桂林人。成化十六年（1480）举人。

《广州志》卷三十九《举人·国朝·成化庚子科》：顺德。

[万历]《顺德县志》卷九《举人·成化十六年》：桂林，重庆通判。

梁纲　字世用，明顺德石硝（今属南海）人。成化十六年

---

①微行：隐蔽侦查。旧时谓帝王或有权势者隐匿身分，易服出行或私访。

（1480）举人，任安徽太平府同知。

《广州志》卷三十九《举人·国朝·成化庚子科》：同知，府庠。

［嘉靖］《广东通志》卷十二《明·举人·成化十六年庚子》：广州南海人，同知。

［万历］《顺德县志》卷九《举人·成化十六年》：石硝，太平同知。

［道光］《广东通志》卷七十二《举人三·明·成化十六年庚子·广州府》：顺德人，字世用，太平府同知，又见明《番禺志》。

梁顺 明顺德桂林人。成化十六年（1480）武举。

［咸丰］《顺德县志》卷十一《武举·明·成化》：桂林人，庚子。

梁曙 明顺德石硝（今属南海）人。成化十六年（1480）举人。父旺。

《广州志》卷三十九《举人·国朝·成化庚子科》：顺德。

［万历］《顺德县志》卷九《举人·成化十六年》：石硝，怀集知县。

［康熙十三年］《顺德县志》卷五《明朝·乡举·成化庚子》：石硝人，太常典籍，升怀集知县。

［咸丰］《顺德县志》卷十二《封赠（文阶）·明》：梁旺，石硝人，以子曙赠太常寺卿。

黄通 明三水黄山人。成化十六年（1480）选贡，在广西任同知。

［康熙四十九年］《三水县志》卷三《贡途·选贡》：黄山人，成化十六年选，官广西同知。

廖贤 字士希，明南海人。成化十六年（1480）举人，任江西吉安训导。

《广州志》卷三十九《举人·国朝·成化庚子科》：字士希，有学行。尝典文衡，号称得人。府庠。

《广东通志初稿》卷二十《举人·明·成化十六年庚子》：南海。

［崇祯］《南海县志》卷四《乡举·明·成化庚子》：知县。

［道光］《广东通志》卷七十二《举人三·明·成化十六年庚子·广州府》：南海人，字士希。吉安训导，一作知县。

蔡铉　明南海人。成化十六年（1480）举人。

《广州志》卷三十九《举人·国朝·成化庚子科》：南海。

［崇祯］《南海县志》卷四《乡举·明·成化庚子》：学正。

黎亿　字汝贤，明顺德鹭洲人。成化十六年（1480）举人，任湖北监利知县。

《广州志》卷三十九《举人·国朝·成化庚子科》：知县，顺德。

［万历］《顺德县志》卷九《举人·成化十六年》：鹭洲，监利知县。

［道光］《广东通志》卷七十二《举人三·明·成化十六年庚子·广州府》：顺德人，字汝贤，监利知县。郝《志》误作东莞人，且误姓梁。

黎民纪　字国元，明顺德龙山人。成化十六年（1480）举人。

《广州志》卷三十九《举人·国朝·成化庚子科》：顺德。

［万历］《顺德县志》卷九《举人·成化十六年》：黎文纪，龙山。

［道光］《广东通志》卷七十二《举人三·明·成化十六年庚子·广州府》：顺德人，字国元。郝《志》误作东莞人，且误作黎文纪。

［民国］《顺德县志》卷十四《艺文略·集部·别集》：《京兆文集》，明黎民纪撰，《黎氏族谱》。

何经（明成化）　明高明罗塘人。成化十七年（1481）岁贡。

［万历］《肇庆府志》卷六《选举表二·国朝岁贡·成化·高明县学》：柳城训导。

［康熙八年］《高明县志》卷四《元明·恩岁贡》：罗塘人，成化十七年岁贡，任广西柳城县训导。

邓廷瓒　明三水清塘人。成化十八年（1482）岁贡。

［嘉庆］《三水县志》卷九《岁贡·明》：清塘人，成化十八年贡，授福建龙岩县教谕。

严肃　明高明高田人。成化十八年（1482）岁贡。

［万历］《肇庆府志》卷六《选举表二·国朝岁贡·成化·府学》：高

明人。

［康熙八年］《高明县志》卷四《元明·恩岁贡》：太平人，成化十八年岁贡。

［康熙二十九年］《高明县志》卷十二《贡生·明》：高田人，成化十八年府学岁贡。

邹仁　一说姓都，明南海人。成化十八年（1482）任顺德训术。

［万历］《顺德县志》卷五《官师志·阴阳学训术》：南海，成化。

［康熙十三年］《顺德县志》卷四《官师志·训术训科》：南海人，成化十八年任训术①。

［咸丰］《顺德县志》卷九《训术（阴阳）·成化》：都仁，南海人，十八年充。

梁储　（1453—1527）字叔厚，又字藏用，号厚斋，晚号郁洲，明顺德县石硝（今属南海）人。成化十年（1474）中举，十四年会试第一。成化、弘治两朝，先后奉两代太子（孝宗、武宗）读书。正德初升吏部尚书，不肯阿附太监刘瑾，降职调南京。刘瑾被杀后回北京，进武英殿大学士，加少保兼太子太保。十年（1515），台阁首辅杨廷和奔丧，梁代其任。世宗即位，自求退休，归后五年病逝，追赠太师，谥文康。在朝四十多年，服务四个皇帝，从文学侍臣到参与政务，持正忠厚。曾祖楚材，祖直清，父祖顺。

［嘉靖］《广州志》卷三十九《举人·国朝·成化甲午科》：南海。卷三十八《进士·国朝·成化戊戌科》：顺德，会元，历官少师兼华盖殿大学士。卷四十《封赠·国朝·少师》：梁楚材，顺德，以曾孙储贵赠。梁直清，以孙储贵赠。梁祖顺，以子储贵赠。

［万历］《顺德县志》卷九《进士·成化十四年》：石硝，会元，大学士。卷七《人物志第七之一》：梁储者石硝人也，字叔厚。生有异质，两辅骨隆起

①训术：元明两代注重阴阳学研究，在地方设立学校，学习天文与术数。明代，地方设立阴阳学官。府级称正术，州级称典术，县级称训术。

捷鬓，脑后有骨如贯珠，识者知其非凡人也。弱冠博学能文，试礼闱第一，入翰林为庶吉士，授编修、司经局校书。侍孝宗东宫讲读，寻侍讲，纂修《实录》成，进洗马。又侍武宗讲读。封安南国王，馈遗无所受。持大体，不与陪臣倡和，迁翰林院学士。与修《大明会典》，进少詹事兼学士，吏部右侍郎转左，未几进尚书，管诰敕。逆瑾专，恶不附己，降右侍郎，《孝宗实录》成，复尚书兼官如故。又改南京吏部，瑾败，召还，兼文渊阁大学士，参密勿，进武英殿大学士，加少保兼太子太保。都御史彭泽讨流贼有功，以土鲁番事本兵①欲置之死，后止免官，储有力焉。四方盗平，进少傅兼太子太傅、谨身殿大学士。时大学士杨廷和服除，储力荐起，既至逊居上，士论多之。六载加少师兼太子太师、华盖殿大学士。奉孝贞皇太后于茂陵，损益礼仪，皆为后法。秦王请塞上沃地，嬖臣朱宁、江彬受赂为请，上许之。廷和当草制，念与地恐贻患，不与。上怒不测，则与大学士蒋冕皆引疾。于是上大怒，促草制急。储草上曰："高皇帝令此地不以封，非有爱也，地广饶产善马，士卒雕悍，易生骄心，奸萌纵臾②，不利社稷。王受地，毋俷③德，毋聚奸人，毋多畜士马，谋不轨，震挠我边疆，危我社稷。"上览之大骇，曰："不意可虞若是，其勿与。"储善谏皆此类也。上幸宣府，与大学士毛纪哭谏于左顺门。上自称威武大将军而以彬副，召储草敕，手剑睨曰："不草，齿此。"于是储免冠解衣伏地，流涕请死，死不敢奉诏。上不能强，掷剑起。已，彬请立藩王世子为储，大臣议于内阁，储正色曰："皇上春秋鼎盛，何遽及此？万一有他，吾辈伏质矣！"众竦然，议遂寝。进光禄大夫、左柱国，加特进。宁反书闻，上亲征，偕廷和请遣将不听，遂与冕行。取行玺，廷和不可，颇有违言，储即止。七请回銮不听，上欲于南都郊，上章南北配位不同，乃不果。久驻南都，郡县苦供亿，又将幸吴楚矣。储跪泣行宫，自未至酉，于是驾旋。时里河丁夫数十万久次④，饥疫死者枕籍，遣归得息肩⑤，不为乱，储之力也。求退者三，不报。未几与诸大臣迎世宗入继大统，廷和忌储，阴使其党论之，遂乞骸骨。上曰："张九龄忠荩，崔与之风概，卿兼之矣。"命有司给月米、舆隶乘传归，使者护行，盖异数也。以定策功，荫子世锦衣卫指挥，辞，乃进其子中书舍人钧甫丞尚宝。储素有文，六典文衡，一教庶吉士，名

---

①本兵：兵部尚书的别名。

②纵臾（yú）：亦作"纵踊"，即怂恿、鼓动别人做坏事。

③俷（fèi）：背弃、败坏。

④久次：谓久居官役。

⑤息肩：免除劳役，停留休息。

士多出其门。平生雅量，不言人过，不矜其功，谤亦不辩。或劾储党宸濠假卫兵第，曰："余致仕去已矣，勿问卫兵为也。"久之乃知廷和当制，而宸濠遗京朝官记籍，储独无。御史王溱请典刑储，给事中田赋请没储资，可减天下田租之半，皆不较。大理丞缺，资宜御史李铎，铨曹以尝诋储不敢，储卒用之。年七十七卒，上嗟悼，辍朝一日，赠太师，谥文康。孙孜。孜字思伯，少孤，事母孝。兄弟分产，田庐取其庳下①者。弱冠充博士弟子，叹曰："安能屈首经生与造物竞耶?"即弃去，与梁有誉、黎民表②、欧大任辈为古诗文，尤好书画。以荫补中书舍人、客部主事，其所游知交皆天下有名之士也。徐中行、王世贞谓其诗近中唐，画逼元宋，楷书入精，远得文徵仲结法。为人纯雅恭谨，故人乐与之交。曾孙绍裘能诗，亦奇士。

[咸丰]《顺德县志》卷二十三《列传三·明·梁储》：又字藏用，号厚斋，晚号郁洲……幼即颖悟……弱冠博通书史……赴江门受业文恭之门。成化十年甲午举于乡，十四年戊戌会试第一，以二甲一名选庶吉士，授编修。二十三年丙午兼司经局校书，侍孝宗东宫讲读，多所启沃。明年充会试同考，榜发，丁母黄艰，继而祖顺亦卒，居家守制。弘治四年辛亥服阕，以旧恩进侍讲。与修《宪宗实录》成，改司经局洗马。(阮《志》据黄《志》：修《实录》在四年前，《明史》无丁忧、修实录事，《广州乡贤传》不著年月。今各从之。）五年壬子主考顺天乡试，九年丙辰侍武宗于东宫。十一年戊午典试应天，首唐寅。学士程敏政总裁会试，储饮其家，以寅属令草三事，皆叹赏。其冬封安南国王黎晖，充正使兼翰林侍讲行。(黄《志》兼翰林侍讲在主考应天及充使前，《明史》不载，《行状》但云充正使兼侍讲行。按：服阕已进侍讲，改洗马则临使所兼。以《志》为正，误在兼官在使前耳。）安南道水逸而陆险，浮海则官属仆从，往往为奸商售私薮，储与其副给谏王缜轻装并辔，历艰险出龙州，入其国宣布威德。故事，馈遗使臣，仪物从厚，悉却不受。又持大体，不肯与其陪臣倡和。礼成，还复命，以九载考最，迁翰林学士(《明史》："封安南，却其馈。久之，擢翰林学士。"惟叶《志》"还，进翰林学士"，《乡贤传》因之。今从《行状》。《状》称"庚申复命京师"，去戊午，出使首尾已三年，行似迟缓。然其冬遣使，当以己未行，则往返适逾年而已)。十四年辛酉再主顺天乡试，明年教习庶吉士，又明年三月预修《会典》成，进少詹事，仍兼学士如故。寻迁吏部右侍郎，充册封鲁藩正使。丙寅，

---

①庳（bì）下：低下、低矮。

②黎民表（1515—1581），字惟敬，明广东从化人。嘉靖十三年（1534）举人，官至河南布政参议。

正德改元，纂《孝宗实录》，为副总裁，冬转左侍郎。二年丁卯进本部尚书，专典诰敕，掌詹事府事，仍兼翰林学士（《乡贤传》：“正德初进尚书兼学士，充《孝宗实录》副总裁。”无转左事，阮《志》因之。《行状》《实录》总裁在正德初改元时，转左在元年冬，进尚书在二年，今从之）。三年戊辰，主会试。宦官刘瑾窃柄，势张甚，朝臣异己者辄以计辱逐之。储素不附瑾，乃摘《会典》小疵以为坏祖宗制，书杂以新例，由是坐降本部右侍郎（《明史》降右侍郎不言何部，《行状》云贬吏部左侍郎，今从杨一清撰《神道碑》）。《孝宗实录》成，复尚书，兼职如故。瑾憾不释，欲中以祸无间。四年己巳冬，遂调掌南京吏部事（阮《志》：瑾欲中以危祸，传旨改调，九月调南京吏部，时与《状》异。《明史》复尚书，寻加太子少保，调南京吏部无年月，而宫衔在调南前。今据《神道碑》《行状》），尽停所兼职，加太子少保。五年庚午秋，瑾伏诛，以吏部尚书召，兼文渊阁大学士入参机务。至京，进武英殿大学士，加少保并太子太保。会兵部尚书彭泽讨西贼有功，土鲁番复据哈密，犯肃州，坐前以金币赎城印，为兵部劾论死。同县张濴方主主客事，督会同馆①，请储为之地。储许之，言于廷曰：“不录功而加罪，非社稷福。”力争之，乃止免泽官。七年壬申冬，流寇平，加恩宰辅，屡加少傅兼太子太傅、谨身殿大学士。荫锦衣卫世袭，改尚宝丞，又改中书舍人，先后力辞不允，乃请以国子生改荫，进建极殿。九年甲戌，再主会试。十年乙亥，杨廷和去，储为首辅。时方建乾清、坤宁宫，又营太素殿、天鹅房、船坞诸大役，偕靳贵、杨一清切谏。丙子春，以国本未定，请择宗室贤者居京师备储贰选，不报。秋，考满，进少师兼太子太师、华盖殿大学士。（《行状》：“召复官，兼文渊阁大学士，寻进武英殿，至则加少保兼太子太保。壬申冬加恩宰辅，进少傅兼太子太傅、谨身殿大学士。丙子秋考满，加少师兼太子太师、华盖殿大学士。”《神道碑》：“召复官，兼文渊阁大学士，至进武英殿，加少保，寻进少傅、谨身殿大学士。考满加少师，进华盖殿。”其云进武英殿、加少保并在至京后，与《状》异。《明史》本传但云：“瑾诛，以吏部尚书兼文渊阁大学士，屡加少傅、太子太傅，进建极。廷和去，储为首辅，进少师、太子太师、华盖殿大学士。”无加少傅及谨身殿二事。然《汇典》明云加少保在初召时，与《状》《碑》两合。《明史》加少傅在进建极前而无年月，又不及少保，盖统叙从略之词。《明鉴会编》与《汇典》合，今参补。又按《史稿·职官志》：“大学士止中极、建极、武英、文华四殿，文渊、东阁二阁。”注云：“中极旧名华盖，建极旧名谨身。太祖十五年置华盖、武英、文渊、东阁诸大

①会同馆：元、明、清接待藩属贡使的机构。

学士，又置文华殿大学士。世宗改华盖为中极、谨身为建极，阁衔因之。”是中极、建极并改自世宗，储于武宗时进谨身、华盖宜矣。故同时杨一清作《神道碑》不言进建极，而《明史》《史稿》本传并有之，似皆失考。）当首揆时，乌斯藏贡使言藏有活佛能前知，帝命中官刘允乘传往迎。储言：“西番之教邪妄不经，祖宗因天下初定，借以化导镇抚，非崇奉之也。后累朝列圣因其来朝而赏赉之，未尝命使远涉其地。今忽遣近侍往送幡幢，朝野莫不骇愕。而允奏乞盐引①至数万、马船百艘，又许其便宜处置钱物，势必携带私盐，骚扰邮传，为官民患。今蜀中大盗初平，疮痍未起，在官已无余积，必至苦敛，军民铤而走险，盗起复发。况自天全六番②出境，涉数万之程，历数岁之久，道途无邮置，人马安从？供顿脱，中途遇寇，何以御之？亏体纳侮，无一可者。所赍敕书，臣等不敢奉诏。”礼部尚书毛纪与给事御史并切谏，皆不纳。（按《明史稿·毛纪传》云：“纪上言：‘自京至藏三万余里，数月乃至，无有邮驿、资费取办。四川流贼甫平，蛮寇复起，恐生意外。’疏再上，内阁梁储、靳贵、杨一清皆极谏，不报。”而《乌斯藏传》则独引储疏，而云纪与给事御史并切谏。是命使之事，阁臣、科道皆有谏章，而云“所赍敕书，不敢奉诏”者独储疏为然，正与后之不草大将军敕同一骨鲠。疑其事者，特未尝参互考订耳。）先是，杨一清以前秋致仕，代者蒋冕。至是十二年丁丑夏，靳贵亦罢，以毛纪代之。帝好微行，尝出西安门经宿返。储谏曰：“天子出入，必备法驾、传警跸③以防意外，今驾出不知环卫何人，万一车驾惊蹶，何以备之？望戒非时之游，乞究导引之罪。”不报。是春，从近侍言，召百官至左顺门，明告以“郊祀毕，幸南海子观猎”，储率廷臣谏，不纳。八月，微服从数十骑幸昌平。次日外廷始知，乃偕冕、纪追至沙河不及，连疏请回銮。越十有三日巡居庸，御史闭关拒命乃还。储以帝盘游无度，中外危惧，力申建储之请，皆不报。顷复驰出居庸，幸宣府，更命谷大用守关，毋擅出京。朝官旋抵大同，遇北寇犯阳和，掠应州，亲督诸军与战五日，几殆。储等忧惧，疏请回銮，章十余上，竟不为动。岁暮驻宣府，诸臣赴行在请还，关禁严，不得出而返。当是时，帝失德弥甚，群小江彬辈荧惑乱政，人情汹汹。储惧不克胜任，计廷和服阕，屡请召还。及冬，遣行人即其家起之，至则让

①盐引：古代官府在商人缴纳盐价和税款后，发给商人用以支领和运销食盐的凭证。

②天全六番：包括今四川天全、汉源、泸定县等地。

③警跸：古代帝王出入时，于所经路途侍卫警戒，清道止行，出为警，入为跸。

而处其下（《明史·武宗本纪》：“十二年八月甲辰如昌平，乙巳储等追及沙河，己酉至居庸，丙辰至自昌平，辛未出居庸，幸宣府。九月，自称总督军务威武大将军总兵官。十月甲辰，小壬子掠应州。辛亥寇去，驻大同。十一月召廷和。戊子还宣府，群臣赴行在，不得出关而还其郊。”后猎南海子在十三四年，两见，月日具晰。而储本《传》则云：“八月幸昌平，其出居庸，幸宣府在九月后。”《纪》《传》矛盾。《行状》《神道碑》并云廷和复相，在储考满进华盖殿后，并误）。凤阳守备中官邱德，及镇守延绥、宁夏、大同、宣府诸中官皆乞更敕书兼理民事，帝允其请，储等极言不可，又不听。十三年戊寅夏，奉孝贞后葬茂陵，浮费多所裁节而礼仪无失。七月，帝从彬言，将遍历塞上，复由宣府驻大同，次偏头关，托言关塞多警，自称总督军务威武大将军总兵官朱寿，以彬为副将军，谕内阁草敕。阁臣不可，帝复召百官左顺门谕之。时廷和、冕在告，储、纪泣谏，众亦泣，帝意不可回。已而纪亦引疾，储独对廷争者屡日。九卿科道咸在，忽召储面趣①具草，对曰：“他可将顺，此制断不可草。”帝大怒，挺剑起曰：“不草，齿此剑！”储免冠伏地泣曰：“臣逆命有罪愿死，陛下他日犹怜臣。若遽草制则责以臣名君，罪不可赦，不敢奉命矣。”良久，帝掷剑去，卒自称焉。彬请调边军入京，而以京军补边，储又固执不可。九月，复敕吏部：威武大将军朱寿亲统六师，肃清边境，特封镇国公，岁支禄米五千石。储、纪上言：“公虽贵，人臣耳。陛下承祖宗业，为天下主，奈何谬加贬损？既封国公，将授诰券追封三代，祖宗在天之灵，亦肯如陛下贬损否？况铁券必有免死之文，陛下寿福无疆，何甘自菲薄，蒙此不祥？名既不正，言自不顺。臣等断不敢阿意苟从，取他日戮身亡家之祸也。”不报。遂直抵延绥，储等复连数十疏，悉置不省。秦王请关中间田为牧地，彬及钱宁、张忠辈为之左右。诸臣谏止其事，帝排群议许之，命阁臣草制。廷和、冕又引疾，帝怒甚。储念与则遗祸无穷，不与则上意已决，度势不复可争，乃上制草曰：“太祖高皇帝著令兹土不畀②藩封，非吝也。念其土既饶，藩封得之，多蓄士马，富而且骄，奸人诱为不轨，不利宗社。王今得其地，宜益谨，毋收聚奸人，毋多蓄士马，毋听狂人谋不轨，震及边方，危我社稷，是时虽欲保全亲，亲不可得矣。”草上，帝骇曰：“若是其可虞耶！不如勿与。”事遂寝。己卯，帝欲南巡两畿、山东，将祀神祈福，以自加太师，谕礼部具仪，仍称威武大将军。诸臣诤者多予杖下狱，储、冕亦以为言，会伏阙谏者日益众，乃止。六月，宁王宸濠谋反，南昌、九江皆

---

①趣（cù）：古同“促”，催促。

②畀：给与。

陷。帝自将讨之，副以幸臣朱泰（按黄《志》，齿剑事在是年南征时，《明史·武宗纪》《储传》皆不载，《明鉴会编》事在十三年戊寅将北征时，语甚详备，与《昭代纪略》所载同，《碑》《状》不言其事。《明史·廷和传》：帝亲征宸濠，廷和当草大将军南征敕谕，谢弗肯。帝心恚①，会推南京吏部尚书刘春理东阁，诰敕以廷和私其乡人，切责之。廷和乞罢，储请与俱罢，不许。廷和引疾，帝遂传旨行之。则是当时无草敕之人，储亦无伏地泣诤之事，而廷和之不肯草大将军敕正与储同。特事有后先，牵合而一之，遂成聚讼至今耳）。以草敕责廷和，不肯，则假他事切责之。廷和请去，储乞与俱罢，不许。于是令廷和居守，储与冕同扈从。会王守仁已复南昌，旋擒濠于樵舍。车驾至涿州闻捷，储疏请旋跸凡七上，不允。行抵扬州，帝议至南京旧坛行郊礼。储、冕相与私计，既郊，恐回銮无期日，乃以配位难易极陈不可。三上始得请，然犹未即发。储以九载满，进阶光禄，加特进，食大学士俸，赐宴礼部。帝闻宸濠将械至，召问处置之宜，储等请如宣宗征高煦，既得罪人即班师故事。庚辰春，郊期改卜②，淮扬诸府大饥，适随军夜惊扰，改次牛首，边境又告急。储等乞还乘舆，手疏复八九上，帝殊无还意。是秋，有物碧色若豕首坠帝前，又进御妇人室中若悬人首，帝见而心动。群小尚欲劝帝泛浙江，浮江汉，储益惧，跪泣行宫西阶上，自午迄酉，中使传谕再三，不退。取疏入，有旨出令起，曰："未奉俞命，不敢起。"帝不得已许之，叩头出。是时，沿途数千里皆备供张③，役人数十万昼夜候望水次。有司不给，值冻馁疫疠，咨怨之声载道，储辄令抚按散遣之。或谓方许北还而散夫役非便，储曰："前茅④有恒戒，蒇事⑤有恒程，此有司之过耳。"夫既散，民得少息，不聚而为乱者，储力也。俘至受之，驾遂发。冬抵德州，自劾求罢，及都再请，皆不听，因以修墓为词。帝温旨勉留，遣使为其妻治葬，葺先茔予祭，不令去。辛巳三月帝崩，廷和援祖训，以兴献王长子为帝，从弟伦序正当立，储力赞成之，乃以遗诏奉迎。例以内阁一人与中贵勋戚偕礼官往，廷和欲留冕自助，虑储老或惮行，佯惜其惫，阻之。储奋曰："事孰大于此者，敢以老辞？"遂与定国公徐光祚、驸马都尉翟元等如安陆奉迎。既即位，给事中张九叙等劾储结纳权奸，持禄固宠，储三疏求去益力。加左柱国（黄《志》：十四

---

①恚（huì）：怨恨、愤怒。

②改卜：谓重新占卜，另行选择。

③供张：同"供帐"，陈设供宴会用的帷帐、用具、饮食等物。

④前茅：即先头部队。古代行军时，前哨遇敌举茅以通知后军。

⑤蒇（chǎn）事：谓事情办理完成。

年己卯，以一品满九载，进阶光禄大夫、左柱国加特进。阮《志》既引之，又于十六年储罢后云加左柱国，重见误。按《明史·宰辅表》，十四年无迁擢，其加左柱国在十六年五月致仕后，今从之)，命赐敕驰传，遣行人护行，岁给廪食六石、舆隶八名，官季子钧甫中书舍人。随降敕褒美，有“张九龄之忠荩而不究其用，崔与之之风概而不久于朝，以卿视之，可谓兼美”语，抵家疏谢。始市宅城中，与亲故文酒倘徉，所居萧然如韦布濠。每赠朝贵，记籍独无储名，其节俭廉介、不苟取予如此。弟亿自广西参议致仕归，同杖策遨游山水间，欢然弥日。乙亥，帝念定策扈迎功未录，荫子世袭锦衣卫指挥。驰疏辞免，乃进钧甫尚宝司丞。丁亥三月卒，年七十有七，祀乡贤。先时帝念储深，命杨一清撰敕召用，而讣适至。帝嗟悼，辍朝一日，谕祭九坛。储立朝四十余年，议论每持忠厚，无贤不肖皆称长者。纪在庶寮，引入辅政。及南巡，储欲载天子行宝①以行，纪不可，且有烦言，储未尝一见颜色。纪私服其量，每为人道之。给事田赋者，储门人也，尝请没储资，可减天下田租之半。(《昭代纪略》：公门人既奏，刘瑾因是矫诏抄其家，公在南京闻报不动。然则田之劾，非储去后也。)御史张琏、王溱、李铎并先后诬劾之，皆不校，已而察琏可用，荐之，擢铎为大理丞。将陈乞骸骨，有劾其党濠复护卫者，储不辨曰：“予惟致仕去而已。”久之，而知其年日当制者，非储也。既卒，子钧甫奏请谥。吏部侍郎桂萼等言储立身辅政有干公议，录上两京言官弹章为证。帝念先朝旧臣，特赠太师，谥文康。著有《郁州遗稿》，子次掜所编，孙孜从内阁录奏疏补入，厘为十卷。

王瑄　字廷璧，明南海人。成化十九年（1483）举人。

《广州志》卷三十九《举人·国朝·成化癸卯科》：知县，南海。

［道光］《广东通志》卷七十二《举人三·明·成化十九年癸卯·广州府》：南海人，字廷璧，知县。

韦珖　字德焕，明顺德鹭洲人。成化十九年（1483）举人，任广西宣化（今邕宁）知县。

《广州志》卷三十九《举人·国朝·成化癸卯科》：知县，顺德。

［万历］《顺德县志》卷九《举人·成化十九年》：鹭洲，宣化知县。

［道光］《广东通志》卷七十二《举人三·明·成化十九年癸卯·广州

---

①行宝：皇帝印玺之一，用于答复王公以下的文书。

府》：顺德人，字德焕，宣化知县。

关朝典 名一作朝兴，明顺德黄连人。成化十九年（1483）举人。

《广州志》卷三十九《举人·国朝·成化癸卯科》：关潮兴，知县，顺德。

［万历］《顺德县志》卷九《举人·成化十九年》：黄连，永兴知县。

伦彝 字宗常，明南海人。成化十九年（1483）举人。子诏，正德八年（1513）举人；谏，嘉靖四年（1525）举人。

《广州志》卷三十九《举人·明·成化癸卯科》：知县，南海。

［道光］《广东通志》卷七十二《举人三·明·成化十九年癸卯·广州府》：南海人，字宗常，知县。

［道光］《南海县志》卷二十《举人·明成化朝》：德化知县，据《福建志》参修，癸卯科。

何玱 字汝和，明顺德桂圃人。成化十九年（1483）举人，次年考进士中乙榜，任广西全州学政、湖北荆门知州。

《广州志》卷三十九《举人·国朝·成化癸卯科》：知州，南海。

［嘉靖］《广东通志》卷十二《明·举人·成化十九年癸卯》：知州。

《广东通志初稿》卷二十《举人·明·成化十九年癸卯》：顺德。

［万历］《顺德县志》卷九《举人·成化十九年》：平步，荆门州知州。

［道光］《广东通志》卷七十二《举人三·明·成化十九年癸卯·广州府》：顺德人，字汝和，荆门州知州。

［咸丰］《顺德县志》卷十《明通榜·明·成化》：平步人，知荆门州，有《传》，甲辰科。卷二十三《列传二·明·何玱》：桂圃人……成化癸卯乡荐，登乙未明通榜。除全州学政，克端师范。终荆门知州。

陈祯 名一作桢、贞，字子麟，明顺德葛岸人。成化十九年（1483）举人。

《广州志》卷三十九《举人·国朝·成化癸卯科》：教谕，顺德。

［嘉靖］《广东通志》卷十二《明·举人·成化十九年癸卯》：教谕。

《广东通志初稿》卷二十《举人·明·成化十九年癸卯》：顺德。

[万历]《顺德县志》卷九《举人·成化十九年》：陈桢，葛岸，马平①教谕。

[道光]《广东通志》卷七十二《举人三·明·成化十九年癸卯·广州府》：顺德人，字子麟，马平教谕。

[咸丰]《顺德县志》卷十《举人·明·成化》：陈贞，字子麟，葛岸人，马平县教谕，癸卯科。按：名从示，以避改。

陈希文　字载道，明南海人。成化十九年（1483）举人，任天津武清知县、太仆寺丞。正德五年（1510），往山西大同买马，遇刘六、刘七之乱，在河北定州、真定组织民众防守，退却。十一年任湖南常德知府，三年后解官归。六十五岁卒。父鼎。

《广州志》卷三十九《举人·国朝·成化癸卯科》：陈希，知县、太仆寺丞、知府，南海。卷四十《封赠·国朝·太仆寺寺丞》：陈鼎，南海，以子希文贵赠。

[嘉靖]《广东通志》卷六十二《列传十九·人物九》：字载道，南海人，体貌丰硕，类北产。成化癸卯举于乡，弘治乙丑令武清县．去京师百里，北枕官道，中通运河，政弊民疲，俗又顽悍。希文至，视篆②七日，即执勋旧家贩私盐及开肆于河西务者数人治之，凡利于民者次第举行，期年而邑治。邑旧无城池，尝苦响马贼，每议筑，病工费浩繁。希文移书于勋戚，有田在邑者计田出资工，足以他费，遂告成。部使者交荐之，拜太仆寺丞。庚午领常盈库银二万两，往大同买马给散军士兼查盘，得欺匿银两三万以闻。归途遇刘六、刘七、齐彦明之乱，行至定州，城中惊骇，士夫耆老拥入行台问计，即登城号召，发公廪以给贫民守城者，有无赖子阴与贼通，擒缚以徇，民乃坚志固守。贼环攻三日，知有备乃去。至真定，贼已抵追，守官闭城门，遣人察识希文乃启钥。希文按辔徐行，驱民先入乃入，民多得安堵，咸诣希文叩首以谢。寻奏查真定等府，寄库养马余地银干没者治如律，有旨从之。丙子擢湖广常德知府，修理河渠，兴振学校。居三年，述职如京师，解官归。卒年六十五。

[康熙]《广州府志》卷三十四《人物志六·经济列传·明》：……试春

---

①马平：现属柳州。

②视篆：掌印视事。官印例用篆文，故称。

官不第。弘治辛酉春，兵剿蚌湖石马村，主将不缉。上书总督都御史刘大夏，获免者六十有八人，及遣官招抚，多从其策……执勋旧家之贩私盐者二十四人置于法，中贵家奴于河西务开店铺，又执其稔恶者九人几毙杖下，由是强豪悚慑……计田出资，且撤淫祠寺观木石砖瓦以足之。初白其事于上司，皆笑其狂，及告工成，咸讶其神……凡干没者，治如律，有旨从之。兵部移文两京，太仆寺官皆当如希文行事，且荐于朝。丙子升湖广常德知府，修理河渠，兴振学校，每遇旱涝，祈祷辄应，民甚爱之。

陈绎 字思之，明南海人。成化十九年（1483）举人。

《广州志》卷三十九《举人·国朝·成化癸卯科》：训导、提举、盐运副使，府庠。

［嘉靖］《广东通志》卷十二《明·举人·成化十九年癸卯》：运使。

［万历］《广东通志》卷二十《广州府·选举·乡举·国朝·南海》：成化癸卯，运副。

［道光］《广东通志》卷七十二《举人三·明·成化十九年癸卯·广州府》：番禺人，字思之，福建盐运使，一作盐副。又见《南海志》。

［道光］《南海县志》卷二十《举人·明成化朝》：福建运使，癸卯科。按：郭《通志》作运副，考《福建志》运使、运副并无其人，未知其审。阮《通志》称盐运使亦误，当时官名都转运盐使、司运使，不名盐运使也。

陈准（明成化） 明顺德龙山人。成化十九年（1483）举人。

《广州志》卷三十九《举人·国朝·成化癸卯科》：顺德。

［万历］《顺德县志》卷九《举人·成化十九年》：龙江，龙岩教谕。

［乾隆］《顺德县志》卷十《举人·明朝·成化癸卯》：龙山人，龙岩县教谕，升衡府审理。

陈翘 字子羽，明南海人。成化十九年（1483）举人。

《广州志》卷三十九《举人·国朝·成化癸卯科》：通判，府庠。

［万历］《广东通志》卷二十《广州府·选举·乡举·国朝·南海》：成化癸卯，通判。

［道光］《广东通志》卷七十二《举人三·明·成化十九年癸卯·广州府》：南海人，字子羽，通判。

林珍 字子儒，明南海人。成化十九年（1483）举人。

《广州志》卷三十九《举人·国朝·成化癸卯科》：知县，府庠。

［嘉靖］《广东通志》卷十二《明·举人·成化十九年癸卯》：广州南海人，知县。

［万历］《广东通志》卷二十《广州府·选举·乡举·国朝·南海》：成化癸卯，知府。

［道光］《广东通志》卷七十二《举人三·明·成化十九年癸卯·广州府》：番禺人，字子儒，知县，又见《南海志》。

林鹤 明高明塘华人。成化十九年（1483）岁贡。

［万历］《肇庆府志》卷六《选举表二·国朝岁贡·成化·高明县学》：漳州推官。

［康熙八年］《高明县志》卷四《元明·恩岁贡》：塘华人，成化十九年岁贡，任福建福州府推官。

梁桐 明顺德桂林人。成化十九年（1483）武举。

［咸丰］《顺德县志》卷十一《武举·明·成化》：桂林人，癸卯。

蒋隆 字时雍，明南海人。成化十九年（1483）举人。

《广州志》卷三十九《举人·国朝·成化癸卯科》：知县，南海。

［道光］《广东通志》卷七十二《举人三·明·成化十九年癸卯·广州府》：南海人，字时雍，知县。

［道光］《南海县志》卷二十《举人·明成化朝》：苍梧知县，据《广西志》参修，癸卯科。

潘汉 明南海人。成化十九年（1483）贡举。

［道光］《南海县志》卷二十《贡生荐辟·明成化朝》：癸卯科。

潘相 明南海人。成化十九年（1483）举人。

《广州志》卷三十九《举人·国朝·成化癸卯科》：南海。

陈准（明成化） 明顺德北水人。太监，成化二十年（1484）管理东厂。

［万历］《顺德县志》卷九《人物志第七之一》：陈准者北水人也。景泰间进为内侍，给役掖庭，不好用事。曩年①设厂东华门外，命太监守之，至汪直、尚铭恃宠恣意，紊乱纪纲，百僚丧气，而铭黩货②尤甚。成化甲辰，铭败去，赦不诛，以准为太监代铭。准下令曰："大逆告我，非此则有司事也。"由是中外安之。准为人平恕清俭，时有欲入人罪籍其家者，令准按，准逡巡③屡日，整衣冠闭门自杀。

［康熙十三年］《顺德县志》卷九《人物传三·中官》：成化末，宦者尚铭坐东厂，以恃宠黩货败，陈准继之。准为人平恕简靖，令刺事官校曰："反逆妖言则缉，余有司存，非汝辈事也。"坐东厂数月，都城内外安之。时有欲入人罪并籍没其家者，令准按之，准逡巡屡日，权竖以为失职，百计媒孽。准自知不免，一夕，整衣冠闭门自杀。

杨泮翔 明高明村头人。成化二十一年（1485）岁贡，任福建福州通判。父休。

［万历］《肇庆府志》卷六《选举表二·国朝岁贡·成化·高明县学》：福州通判。

［康熙八年］《高明县志》卷四《元明·恩岁贡》：上仓人，成化二十一年岁贡，任福建福州府通判。

［道光］《高明县志》卷十二《贡生·明》：村头人，休子。成化二十一年岁贡，任福建福州府通判。

黄著 （1455—1532）字子诚，明顺德龙江人。弘治二年（1489）举人，十八年进士，历福建安溪、江苏泰兴知县，户部山西司主事、云南司员外郎、江西司郎中，归七十八岁卒。父俊，子启让、在衮、在裘。

《广州志》卷三十九《举人·国朝·弘治己酉科》：主事，顺德。卷三十八《进士·国朝·弘治乙丑科》：郎中，顺德。卷四十《封赠·国朝·主事》：黄俊，顺德，以子著贵赠。

［嘉靖］《广东通志》卷六十二《列传十九·人物九》：字子诚，顺德人。

---

①曩（nǎng）：以往、从前。曩年：往年。

②黩货：贪污纳贿。

③逡（qūn）巡：因为有所顾虑而徘徊不前或退却。

乙丑进士，正德元年知安溪县，立心正大，为政宽平。铨部以才堪治繁，改直隶泰兴知县。升户部主事，扈从南征督饷有功，进本部郎中，以足疾归卒。

［万历］《顺德县志》卷九《进士·弘治十八年》：龙江，郎中。

《粤大记》卷十九《献征类·清直高踪·明》：嘉靖七年，覃恩进阶四品，京堂服色。十一年卒，年七十有八。

［康熙十三年］《顺德县志》卷七《人物传一·德业》：少颖悟嗜学，精通三礼……俗喜讼，著授以《孝经》诸书，民风一变，漳寇至，不忍犯境。以才堪治剧，改泰兴县，时逆瑾用事，檄取童男三百以充阉宦，著执不应。民有负伤者至庭诬指仇家，言讫而仆，著知其伪，因廉得真犯，人以为神明……优游泉石十九年，以寿终。

［乾隆］《广州府志》卷三十五《循吏二·明》：调泰兴，兴学校，缮城池，表忠烈。武宗亲征，充前道督饷使者，赐斗牛服。

《龙江志略》卷一《编年·明》：正德十四年己卯秋八月，帝自将征宸濠，以户部郎中黄著为前导督饷使者，赐一品斗牛服。

［咸丰］《顺德县志》卷二十三《列传三·明·黄著》：宋文节裔也……调泰兴……尝赏识名士田荆、张璁于未达……擢户部山西司主事，管仓通州，转饷宣府，榷赋浔阳，迭见清操。转云南司员外郎，武宗亲征宸濠，著率部僚跪谏，阙下不听。旋督饷由燕、潞趋金陵，区画有条……驻跸久，有旨郊于南京，著语大学士梁储、蒋冕曰："南畿而郊，回銮无期矣。"咸称善，促著代草上之，帝感悟回跸……祀乡贤。著精小戴《礼》，碧江苏瑶师事焉……子启让……子在衮、在裘世其学。

［民国］《顺德县志》卷十四《艺文略·集部·别集》：《狂客集》，明黄著撰。

薛当时　明顺德龙江人。诸生，与张诩问答学理。三十二岁卒。

［万历］《顺德县志》卷八《人物志第七之二》：薛当时者，龙江人也。七岁能诗，长补邑弟子，为古人之学。尝与张诩论心曰："心为气主，主于静则静，未始不动。主于动则动，未始不静。动静互为终始而一于敬。"诩称善。佥事徐弦辑《名臣琬琰录》，属草①当时，酬金不受，人以是称之。卒年三十二。

［康熙十三年］《顺德县志》卷九《人物传三·隐逸》：性颖悟，七岁能

①属（zhǔ）草：委托起草文稿。

诗，益肆力于学，以古人自期待，为诗文日益深邃。充邑庠生，以家在广城且亲老告，改郡庠。力贫养亲，一味之甘必奉而后食，提学宋端仪以异才称之……张诩属修《厓山志》，甫脱稿，丁母忧，哀毁成疾，卒年三十二。徐弦出金买腊茶坑地，偕其母葬之。当时勤于著述，天乃啬其年，使不得表见于世，以幽仄终焉，良可悲矣！

［咸丰］《顺德县志》卷二十三《列传三·明·薛当时》：著有《甕天集》《雨窗杂稿》。

邓德纯　名或作德淳，字宗文，明顺德水藤人。成化二十二年（1486）举人，任广西南宁府通判。

《广州志》卷三十九《举人·国朝·成化丙午科》：通判，顺德。

［万历］《顺德县志》卷九《举人·成化二十二年》：水藤，南宁通判。

［道光］《广东通志》卷七十二《举人三·明·成化二十二年丙午·广州府》：邓德淳，顺德人，字宗文，南宁通判，戴《志》、黄《志》、郭《志》“淳”作“纯”。

邝澄　字子濬，明南海人。成化二十二年（1486）举人。孙元辅，嘉靖二十八年（1549）举人。

《广州志》卷三十九《举人·国朝·成化丙午科》：司务，南海。

［道光］《广东通志》卷七十二《举人三·明·成化二十二年丙午·广州府》：南海人，字子濬，司务，孙元辅。

卢鉴　字德昭，明南海人。成化二十二年（1486）举人。

《广州志》卷三十九《举人·国朝·成化丙午科》：知县，顺德。

［万历］《顺德县志》卷九《举人·成化二十二年》：南海，苍梧知县。

［康熙十三年］《顺德县志》卷五《明朝·乡举·成化丙午》：南海人，苍梧知县，改北流县。

［道光］《广东通志》卷七十二《举人三·明·成化二十二年丙午·广州府》：顺德人，南海籍，字德昭，苍梧知县。

［咸丰］《顺德县志》卷十《举人·明·成化》：字德昭，知苍梧县，丙午科。按：以南海人寄县籍，又按《广西志》，知北流县。

李琪　明南海人。成化二十二年（1486）举人。

《广州志》卷三十九《举人·国朝·成化丙午科》：南海。

何葵 明顺德石硝（今属南海）人。成化二十二年（1486）举人。

《广州志》卷三十九《举人·国朝·成化丙午科》：学正，府庠中式。

《广东通志初稿》卷二十《举人·明·成化二十二年丙午》：广州。

［万历］《顺德县志》卷九《举人·成化二十二年》：石硝，许州学正。

张羽 字克翔，明顺德熹涌人。成化二十二年（1486）举人。

《广州志》卷三十九《举人·国朝·成化丙午科》：知县，顺德。

［万历］《顺德县志》卷九《举人·成化二十二年》：黎村，广通知县。

［乾隆］《顺德县志》卷十《举人·明朝·成化丙午》：熹涌人，广通县知县。

［咸丰］《顺德县志》卷二十四《列传四·明·张羽》：字克翔……令广通，调昆明，治事严明，吏不能欺。设义学课士，隽才辈出。岁饥捐俸以赈，令胡友信题其祠。

张献 明南海人。成化二十二年（1486）举人。

《广州志》卷三十九《举人·国朝·成化丙午科》：南海。

陆中行 明三水清塘人。成化二十二年（1486）举人。

［嘉靖］《广东通志》卷十二《明·举人·成化二十二年丙午》：陆中行。

《广东通志初稿》卷二十《举人·明·成化二十二年丙午》：高要。

［万历］《肇庆府志》卷五《选举表一·国朝·举人·成化二十二年丙午》：子□经魁，府学，高要人。

［万历］《广东通志》卷二十《广州府·选举·乡举·国朝·三水》：成化丙午。

［康熙四十九年］《三水县志》卷三《乡举·明朝·成化丙午科》：清塘人，以高要中式，经魁。

陈光 字元美，号稚斋，明南海九江人，居顺德龙山。成化二十二年（1486）举人，任广西浔州、江苏南京教授，升江西泰和知县。孙兴国。

《广州志》卷三十九《举人·国朝·成化丙午科》：训导，南海。

［万历］《顺德县志》卷九《举人·成化二十二年》：龙江，泰和训导。

《南海九江乡志》卷三《选举·乡举·成化二十二年丙午科》：字元美，号稚斋。由儒士习《诗经》，中式第四十五名。初授浔州教授，有军功，升应天教授。升泰和知县，有生祠。随母居顺德龙山。孙兴国，监生。

［康熙十三年］《顺德县志》卷五《明朝·乡举·成化丙午》：龙山人，泰和县学训导。

《九江儒林乡志》卷十二《列传·明》：少孤，励学……当未遇时，生父见背，艰难转徙。

陈昌期（明成化） 明南海人。成化二十二年（1486）举人。

《广州志》卷三十九《举人·国朝·成化丙午科》：知县，南海。

［嘉靖］《广东通志》卷十二《明·举人·成化二十二年丙午》：顺德人，知县。

［万历］《顺德县志》卷九《举人·成化二十二年》：南海，灌阳知县。

陈秉德 原名中，字汝时，号继田，别号半峰，明南海九江人。成化二十二年（1486）选贡，任广西上林教谕，不久，土匪攻破县城，夫妻同死。

《南海九江乡志》卷三《选举·贡·成化二十二年丙午选贡》：原名中，字汝时，号继田，别号半峰。由南海县学习《诗经》，廷试授广西上林县学教谕，山贼陷城，与妻薛氏同死难。著《上林诗集》行世。裔孙兆可选贡，镃宇、锡铭、时摅、受晛、国最并庠生。卷四《贡元列传》：公司训上林。将到任，道遇一翁渔于泽畔，形容憔悴而举止殊异。询公所往，因止公宿，曰："上林山寇披猖，非可入之地。吾故上林堂教，已弃而渔于此，愿公毋往。"公曰："仕不避难，臣之节也。"竟赴任。未几寇至，公与妻薛氏俱死难。

陈鉴 明顺德大良人。成化二十二年（1486）举人。

《广州志》卷三十九《举人·国朝·成化丙午科》：顺德。

［万历］《顺德县志》卷九《举人·成化二十二年》：大良。

耿浩 字德充，明南海人。成化二十二年（1486）举人。

《广州志》卷三十九《举人·国朝·成化丙午科》：教谕，府庠中式。

《广东通志初稿》卷二十《举人·明·成化二十二年丙午》：广州。

［万历］《广东通志》卷二十《广州府·选举·乡举·国朝·南海》：成化丙午，教谕。

［道光］《广东通志》卷七十二《举人三·明·成化二十二年丙午·广州府》：南海人，字德充，教谕。

［道光］《南海县志》卷二十《举人·明成化朝》：龙溪教谕，据《福建志》参修，丙午科。

梁壮 明南海人。成化二十二年（1486）举人。

《广州志》卷三十九《举人·国朝·成化丙午科》：南海。

梁廷正 字用衡，明南海人。成化二十二年（1486）举人。

《广州志》卷三十九《举人·国朝·成化丙午科》：署正，南海。

［嘉靖］《广东通志》卷十二《明·举人·成化二十二年丙午》：署丞。

［道光］《广东通志》卷七十二《举人三·明·成化二十二年丙午·广州府》：南海人，字用衡。署丞，一作署正。

梁辰 字应枢，明南海人。成化二十二年（1486）举人，弘治六年（1493）进士。任江西布政使时，被宁王囚于狱。

《广州志》卷三十九《举人·国朝·成化丙午科》：府庠中式。卷三十八《进士·国朝·弘治癸丑科》：南海，布政。

［万历］《广东通志》卷二十《广州府·选举·进士·国朝·南海》：弘治癸丑，江西布政使。

［道光］《广东通志》卷七十二《举人三·明·成化二十二年丙午·广州府》：南海人，字应枢，进士。卷六十八《进士·明·弘治六年癸丑毛澄榜·广州府》：南海人，二甲。江西左布政使，宁王囚于狱。

梁瓘 字德美，明顺德平步人。成化二十二年（1486）举人。

《广州志》卷三十九《举人·国朝·成化丙午科》：知县，顺德。

［万历］《顺德县志》卷九《举人·成化二十二年》：平步，漳浦知县。

［道光］《广东通志》卷七十二《举人三·明·成化二十二年丙午·广州府》：顺德人，字德美，漳浦知县。

黄京 明南海人。成化二十二年（1486）任顺德训科。

［康熙十三年］《顺德县志》卷四《官师志·训术训科》：南海人，成化二十二年任训科①。

黄魁 明顺德北水人。成化二十二年（1486）举人。

《广州志》卷三十九《举人·国朝·成化丙午科》：顺德。

［万历］《顺德县志》卷五《举人·成化二十二年》：北水。

曾思孔 名一作师孔，字宗道，明顺德鹭洲人。成化二十二年（1486）举人。

《广州志》卷三十九《举人·国朝·成化丙午科》：曾师孔，教谕，顺德。

［万历］《顺德县志》卷九《举人·成化二十二年》：鹭洲，兴化通判。

［道光］《广东通志》卷七十二《举人三·明·成化二十二年丙午·广州府》：顺德人，字宗道，兴化通判。

［咸丰］《顺德县志》卷十《举人·明·成化》：字宗道，小蒡村人。知寿阳县，通判兴化府。丙午科。

萧岑 明顺德龙江人。成化二十二年（1486）举人。

《广州志》卷三十九《举人·国朝·成化丙午科》：知州，顺德。

［万历］《顺德县志》卷九《举人·成化二十二年》：龙江，横州知府。

颜文锐 明南海人。成化二十二年（1486）举人。

《广州志》卷三十九《举人·国朝·成化丙午科》：教谕，南海。

黎俊 字民望，明南海人。成化二十二年（1486）举人。

《广州志》卷三十九《举人·国朝·成化丙午科》：南海。

［道光］《广东通志》卷七十二《举人三·明·成化二十二年丙午·广州府》：南海人，字民望。

---

①训科：明代府、州、县各设一专司医学的官员。

黎谏 字克敬，明南海人。成化二十二年（1486）举人。

《广州志》卷三十九《举人·国朝·成化丙午科》：教谕，南海。

［道光］《广东通志》卷七十二《举人三·明·成化二十二年丙午·广州府》：南海人，字克敬，教谕。

霍华 （？—1517）明南海魁岗石头乡（今属禅城）人。父厚一，子韬、任、杰。

《广州志》卷四十《封赠·国朝·詹事府詹事兼翰林院学士》：霍厚一，南海，以孙韬贵赠。霍华，以子韬贵赠。

［嘉靖］《广东通志》卷十二《明·封赠》：霍厚一，南海人，以孙韬贵赠吏部侍郎。霍华，以子韬贵赠吏部侍郎。

［万历］《广东通志》卷二十《广州府·选举·封赠·国朝·南海》：霍厚一，以孙韬赠詹事兼翰林学士，累赠太子少保、礼部尚书。霍华，以子韬赠詹事兼翰林学士，累赠太子少保、礼部尚书。

夏凤 明高明太平人。成化二十三年（1487）岁贡。

［万历］《肇庆府志》卷六《选举表二·国朝岁贡·成化·高明县学》：博白知县。

［康熙八年］《高明县志》卷四《元明·恩岁贡》：太平人，成化二十三年岁贡，广西博白县知县。

黄盛 （1457—1556）字质甫，明顺德龙江人。寿百岁。

［康熙十三年］《顺德县志》卷九《百岁志》：字质甫，龙江人，左侍郎黄儒炳七世祖。生天顺丁丑年二月二十二日，卒于嘉靖丙辰年正月十三日，享寿一百岁。

邓炳 字子光（或字子几），明顺德平步人。弘治二年（1489）举人，正德三年（1508）进士。父志。

《广州志》卷三十九《举人·国朝·弘治己酉科》：顺德。卷三十八《进士·国朝·正德戊辰科》：副使，顺德。卷四十《封赠·国朝·主事》：邓志，顺德，以子炳贵赠。

［嘉靖］《广东通志》卷六十二《列传十九·人物九》：字子几，顺德人。正德戊辰进士，授南京刑部主事，历广西副使兵备。以文学称于时，为人和

易简静，家无赢积。郡守邹守愚乡饮，请炳为大宾，固辞，守愚躬往，其为时所重如此。年八十六卒。

［万历］《顺德县志》卷八《人物志第七之二》：邓炳者，平步人也，字子光。进士，主事南京户部，副使广西按察司。尝撰邑志。为人和易简静，虽至监司，家无蓄积。乡饮不赴，郡守邹守愚亲迎之，其为时所重如此。

［道光］《广东通志》卷六十九《进士·明·正德三年戊辰吕楠榜·广州府》：顺德人，二甲，广西按察副使。

龙炯　字文明，明顺德大良人。弘治二年（1489）举人。

《广州志》卷三十九《举人·国朝·弘治己酉科》：学正，顺德。

［万历］《顺德县志》卷九《举人·弘治二年》：大良，泰安州学正。

［康熙十三年］《顺德县志》卷五《明朝·乡举·弘治己酉》：大良人，万州学正，改泰安州。

［道光］《广东通志》卷七十二《举人三·明·弘治二年己酉·广州府》：顺德人，字文明，泰安州学正。

李纲　字汝立，明顺德北水人。父宗早亡，为遗腹子，母萧氏寿九十三岁。弘治二年（1489）举人。子学曾、学颜。

《广州志》卷三十九《举人·国朝·弘治己酉科》：府庠中式。

［崇祯］《南海县志》卷十一《人物列传三·列女·萧氏》：御史具题表扬，孙学曾、学颜俱领乡荐。

［康熙十三年］《顺德县志》卷九《人物传三·百岁志》：萧氏，北水人。适夫生员李宗，于归三月宗故，遗腹生一子名纲，登弘治壬子乡荐，萧氏一生艰苦，享年九十三岁。

［道光］《广东通志》卷七十二《举人三·明·弘治二年己酉·广州府》：番禺人，字汝立，通判。

［民国］《顺德县志》卷八《选举表一·郭〈志〉补遗·举人·明》：北水人，明弘治己酉科。按：纲，省、府《志》均作番禺人，故旧《志》失载。考隆庆丁卯有李学颜，庚午有李学曾，省、府《志》均注顺德人，祖纲，郭《志》亦称纲孙，而学曾明注番籍。然则纲亦顺人番籍，省、府《志》遂误为番禺人耳。

李慧　字士敏，明顺德龙江人。弘治二年（1489）举人。父德彰，兄聪。

《广州志》卷三十九《举人·国朝·弘治己酉科》：训导，顺德。

［万历］《顺德县志》卷九《举人·弘治二年》：龙江，潜山教谕。

［道光］《广东通志》卷七十二《举人三·明·弘治二年己酉·广州府》：顺德人，字士敏，潜山教谕。

［咸丰］《顺德县志》卷二十三《列传三·明·李聪传》：父德彰以御黄寇有功乡里……弟慧弘治乙酉举人，义乌教谕。

岑文瑞　字子奇，明顺德桂洲人。弘治二年（1489）举人。

《广州志》卷三十九《举人·国朝·弘治己酉科》：顺德。

［万历］《顺德县志》卷九《举人·弘治二年》：桂洲。

［道光］《广东通志》卷七十二《举人三·明·弘治二年己酉·广州府》：顺德人，字子奇。

陈钊　字以和，明南海人。弘治二年（1489）举人。子治，字本道，正德八年（1513）举人。父子皆任教谕。

《广州志》卷三十九《举人·国朝·弘治己酉科》：教谕、南海。《举人·国朝·癸酉科》：陈治，钊之子，府学。

［嘉靖］《广东通志》卷十二《明·举人·正德八年癸酉》：陈治。

［万历］《广东通志》卷二十《广州府·选举·乡举·国朝·南海》：弘治己酉，教谕。

［崇祯］《南海县志》卷四《乡举·明·正德癸酉》：陈治，教谕。

［道光］《广东通志》卷七十二《举人三·明·弘治二年己酉·广州府》：南海人，字以和，教谕。卷七十三《举人四·明·正德八年癸酉·广州府》：陈治，南海人，字本道，教谕，父钊。

欧元广　姓一作区，字士弘，明顺德陈村人。梁储表兄弟、同学，弘治二年（1489）举人第一名，病卒于家。

《广州志》卷三十九《举人·国朝·弘治己酉科》：区元广，解元，顺德。

［万历］《顺德县志》卷九《举人·弘治二年》：区元广，龙津，解元。

［康熙］《广州府志》卷三十九《人物志十·儒林列传·明》：字士弘，顺德龙津人。博学能文，年十六补邑弟子员，举弘治己酉乡试第一。主司录

其文以献，台阁莫不称善，四方传以为式。少师梁储与广为中表①，同事砚席，自以为弗逮也。比游成均，大司成谢铎雅重其才，太学生翕然宗之。己未复上春官，卷拔置第七，会唐寅事，台省劾奏试官陈敏政，凡所取士悉置不录，元广与焉。朝野咸为扼腕，冢宰②屠滽③尤加爱惜，欲引为司厅弗屑也。于时伦文叙与广乡试同籍，会广报罢，伦首唱南宫。广才非有所逊，而数奇不偶……归益肆力下帷，远近问业，趾错户限，东启先生之学大噪南国矣。白沙陈献章欲……邀广……竟弗之就。杜门讲授，皆根极理要，不为性命虚谈，出其门者多实学之士。以病卒于家，所著诗文多散佚，授梓传世者仅十之一云。

［乾隆］《顺德县志》卷十《举人·明朝·弘治己酉》：陈村人，解元。

［道光］《广东通志》卷七十二《举人三·明·弘治二年己酉·广州府》：区元广，解元，顺德人，字士弘。“区”一作“欧”。

罗列　字天爵，明南海紫南尚塘（今属禅城南庄）人。弘治二年（1489）举人，次年进士，官至福建参政。父广成。

《广州志》卷三十九《举人·国朝·弘治己酉科》：府庠中式。卷三十八《进士·国朝·弘治庚戌科》：南海，参政。卷四十《封赠·国朝·监察御史》：罗广成，南海，以子列贵赠。

［万历］《南海县志》卷十一《人物列传二》：□□□□□□□□□□□□□□□□宅心博厚□□□□慎律令，精书算，立条约，尚宽简。置惠民药局，给药疗疾，若恫瘝④乃身，人不忍欺。三年政成，征拜监察御史，擢守漳州，终福建参政。

［崇祯］《南海县志》卷十《人物志》：字天爵。弘治庚戌进士，铨知蒲圻。宅心博厚，发政慈祥。

姜文星　字拱辰，明南海人。弘治二年（1489）举人。

《广州志》卷三十九《举人·国朝·弘治己酉科》：教谕，南海。

①中表：古代称父之姐妹所生子女为外兄弟姐妹，母之姐妹所生子女为内兄弟姐妹。外为表，内为中，合而称之“中表”。

②冢宰：周代官名，亦称太宰，后称吏部尚书。

③屠滽（1440—1512），字朝宗，号丹山，明浙江鄞县人。成化二年（1466）进士，官至吏部尚书兼左都御史。

④恫瘝（tōngguān）：病痛、疾苦。

［道光］《广东通志》卷七十二《举人三·明·弘治二年己酉·广州府》：南海人，字拱辰，教谕。

［道光］《南海县志》卷二十《举人·明弘治朝》：间清教谕，据《福建志》参修，己酉科。

梁应鳌　字景魁，明顺德逢简人。弘治二年（1489）举人，次年考进士中乙榜。父焕，叔昕，兄弟应科、国宝。

《广州志》卷三十九《举人·国朝·弘治己酉科》：州同，南海。

［万历］《顺德县志》卷九《举人·弘治二年》：逢简，桂阳州同知。

［道光］《广东通志》卷七十二《举人三·明·弘治二年己酉·广州府》：顺德人，字景魁，桂阳州同知，父焕，见《南海志》。

［咸丰］《顺德县志》卷十《明通榜·明·弘治》：逢简人，有《传》，庚戌科。卷二十二《列传二·明·梁昕传》：景泰癸酉，与兄焕同领乡荐……焕子……应鳌与弟国宝同举于弘治己酉。应鳌官桂阳同知，清介有政声，岁羡①悉公于籍，虎患，祝神，二日虎自毙，救火拜而返风，代贫者输赋。

梁国宝　字廷玺，明顺德黄连人。弘治二年（1489）举人，次年进士乙榜，任江苏金坛县令。父允。

《广州志》卷三十九《举人·国朝·弘治己酉科》：知县，顺德。

［万历］《顺德县志》卷九《举人·弘治二年》：黄连，金坛知县。

［乾隆］《顺德县志》卷十《举人·明朝·弘治己酉》：黄连人，金坛县知县，升工部主事。

［道光］《广东通志》卷七十二《举人三·明·弘治二年己酉·广州府》：顺德人，字廷玺，工部主事。

［咸丰］《顺德县志》卷十《明通榜·明·弘治》：逢简人，有传，庚戌科。卷十二《封赠（文阶）·明》：梁允，黄连人，以子国宝赠大理寺评事。

梁奎　字文灿，明顺德大良人。弘治二年（1489）举人，任江西袁州通判，抗击土匪被杀。

《广州志》卷三十九《举人·国朝·弘治己酉科》：通判，顺德。

［万历］《广东通志》卷二十五《人物五·忠烈·梁奎传》：字文灿，顺

①岁羡：一年的积余。

德人。以弘治己酉乡荐判袁州府，桃源贼薄城，奎出御逐贼，堕马被执，死之。诏进秩，录其二子，祀于崇义祠。

[万历]《顺德县志》卷八《人物志第七之二》：梁奎者，大良人也，字文灿。以乡荐通判袁州，桃源贼攻城，死之，诏进秩，录其子。嘉靖间，德兴吴宠来知县，详奎死事，白使者祀乡贤，后督学张希举立崇义祠祀之。

[康熙十三年]《顺德县志》卷八《人物传二·忠义》：弱冠补诸生，从陈白沙先生游，沉毅醇谨，白沙甚雅重之。居家以孝友闻，赵督学匾其堂曰"爱日"。领乡荐，通判袁州，阖郡称其廉平，中丞、部使者交移檄劳之。值桃源洞贼数十万薄城，城中武将悉皆怯伏。奎独拔剑斫案，曰："誓不与此贼俱生。"遂上马帅众出战，大败之，俘馘①甚众。益转战深入，矢竭援绝，堕马不屈，遂遇害。贼亦以此大创遁去，不敢复向袁州。郡人谓微公以死拒之，则城几不保矣，当路上其事。

[乾隆]《顺德县志》卷十二《人物列传·忠义》：特旨晋秩②二级，祀名宦祠，荫子世衡八品官。其后，御史姚涞采知县吴宠议，以忠义表其门。

梁钠　字克容，明顺德都粘人。弘治二年（1489）举人。

《广州志》卷三十九《举人·国朝·弘治己酉科》：知县，顺德。

[万历]《顺德县志》卷九《举人·弘治二年》：都粘，长乐知县。

[道光]《广东通志》卷七十二《举人三·明·弘治二年己酉·广州府》：顺德人，字克容，长乐知县。

梁景行　字宗烈，明顺德鼎新人。母陈慕慈，父文冠。弘治二年（1489）举人，任江苏崇明县令、镇江同知。弟景孚，字宗正。

《广州志》卷三十九《举人·国朝·弘治己酉科》：知县、同知、长史，顺德。

[万历]《广东通志》卷二十四《郡县志十一·广州府·人物二》：字宗烈，顺德人。少从陈献章游，弘治二年乡荐，知崇明县属岁饥，请粟赈之，活者数万人。邑多盗，海上桴鼓③昼鸣。得新盗释不治，受记迹捕，宿盗尽

---

①馘（guó）：与敌国交战时取得的敌人首级。

②晋秩：进升官职或等级。

③桴鼓：指警鼓，用于报警告急。

擒。妇女惑于巫，祠宿求嗣，因为奸，景行收按诛之，遂毁祠为社学。故事，令有获银，尽移以给诸生膏火。荆南进木，道出崇明，司木者檄徭过多。景行争言，崇明敝邑弗能任，省五六万。又请减马粮之半，诸杂供尽革之。改晋江，未赴以忧归，服除不起。先是，吴廷举知顺德，遇景行国士，既为卿贰，则荐景行京朝官及郡太守，两疏不报。后都御史张鼎荐景行可侍从风宪，而廷举时巡抚应天，以郡丞荐之，乃除镇江府同知。至则上“验圣学、察党与、广分封、严内侍、蠲逋负、比什五”六事于朝，皆报闻。相国杨廷和假子杀人论死，杨一清时寓镇江，为请降一等之罪，不听，迁寿府长史归，盖廷和意也。所著有《壶山集》十卷。

［万历］《顺德县志》卷七《人物志第七之一》：梁景行者，鼎新人也，字宗烈。其父文冠最先从陈献章游，因率二子景行、景孚学焉。文冠馆于白沙，习道论于碧玉楼，献章乃名文冠藏修之所曰“见玉”，谓碧玉也。景行既见献章闻“勿忘勿助”之旨，与计偕肄业成均，于司空李东阳所题《百鸟图》一坐称善。知崇明属岁饥，请太仓赈之，活者数万。邑多盗，海上桴鼓昼鸣。执新盗赦不治，受记厉使用命迹捕，宿盗尽禽。妇女惑于巫，祠宿求嗣，因为奸，廉得收按诛之，遂毁祠为社学。故事，令有获银，移给诸生膏火。濒海田东拆西长，令长承拆，民两便也。朝廷采木荆南，道崇明，司木檄徭一百有奇，人过更①一百二十两。景行争言，崇明敝邑弗能任，省五六万。又请减马粮之半，诸杂供尽革之。大抵节用爱人，其夙昔如此矣。改晋江，未赴丁内艰，服除不起。先是，吴廷举知顺德，遇景行国士，至都御使、侍郎南工部则荐景行京朝官及郡太守，两疏不报。巡抚应天，乃以郡丞荐之，而两广巡抚张鼎亦荐可侍从风宪，诏有司劝驾，竟从廷举后疏得镇江府同知，至则求息民之政。相国杨廷和假子杀人论死，杨一清时寓镇江，为请一等之罪，不听。又上六事于朝：验圣学、察党与、广分封、严内侍、蠲逋负、比十五。报闻，迁寿府长史归。景行孝，文冠甚爱之。异母弟无别，怡怡如也。有司欲为治第，固辞。湛若水见白沙，景行为之绍介。若水曰：“白沙不作，功名声利往往而是。宗烈超然世外，未老而死，岂天不欲白沙之绪延哉？”景孚聘，献章助谷三十斛。

［康熙］《广州府志》卷二十九《人物志一·理学列传·明》：景行既见献章，益潜心于正学，其发为举业文字理致，弘治二年中乡试第六名……白沙尝题清壶山书屋曰：“齑粥朝朝长白寺，衣冠夜夜百源山。三年枕席何曾

---

①过更：古代徭役制度的一种规定，应服役的人出钱入官，由官府雇人代为服役。

设，一纸家书亦不看。”盖以范希文、邵尧夫、孙明复、胡安定四公期之也。

[道光]《广东通志》卷二百七十四《列传七·广州七·梁文冠传》：白沙尝题其天壶书屋曰：“打土编茅费几钱，白云深夜一灯悬。知君不是壶山主，只借壶山过两年。”……景行之品可知已……景孚，字宗正，白沙有《和景孚游山诗》。

[咸丰]《顺德县志》卷二十三《列传三·明·梁文冠》：景行，字宗烈，里正举充弟子员，母陈脱簪珥为束修费……才气超越一时，随文恭偕计北上……景行性孝，待母弟三、异母弟二皆笃尽友于……卒祀乡贤。景孚……亦能诗，喜游览，师弟每相唱和极欢，学成而隐。

詹义　字质直。明南海人。弘治二年（1489）举人。

《广州志》卷三十九《举人·国朝·弘治己酉科》：南海。

[道光]《广东通志》卷七十二《举人三·明·弘治二年己酉·广州府》：南海人，字质直。

谭宗懿　字德良，明高明城中人。弘治二年（1489）以岁贡入国子监，告省亲假回乡。父南昌；子维弼，嘉靖二年（1523）岁贡。

[康熙八年]《高明县志》卷四《元明·恩岁贡》：城中人，南昌子。弘治二年岁贡，入国学。卷十三《人物传·明》：字德良。潜心古籍，犹长诗赋。以岁贡入虎闱，列上舍，告省归。尝于锦岩胜会与程骥、程辂、熊兆平同声赠答，所著《品云集》。子维弼通方博物，敬业乐群，出湛甘泉夫子之门，圣学渊源有自。应嘉靖二年岁贡，授湖广德安府孝感县二尹。值上崇大孝，梓宫南附，弼奉公勤职，夙夜罔懈，蒙敕旌赏“三世明经”，不失为名儒后。

区瑞　明顺德西滘人。庠生，授江西德兴典史。修万年县城时，抗匪被杀。

[万历]《广东通志》卷二十五《人物五·忠烈·区瑞传》：顺德人。初为诸生，负节使气，学官衔之，言于□学黜为吏。后为德兴典史，捕桃源贼有功。已奉□□万年，贼突至被获，欲降之，瑞指其腹曰：“此中皆□□文章，岂从贼耶？”遂被害。事闻亦录其子，与奎并□。

[康熙十三年]《顺德县志》卷二《建置志·表宅》：曰“忠义第”，在西滘村。嘉靖二十一年，御史姚虞为区瑞立。卷八《人物传二·忠义》：西滘人

也。少有才名，补庠生。负气节，数持论不能曲意谀人。诸学官衔之，而行履无缺，则密于班簿中注瑞不到。督学使者阅班簿，遂罢为吏。交游咸劝其弃去，瑞曰："司马迁非忍辱者，意有所欲为耳。"遂就吏，历授德兴典史。督征桃源洞贼，前后获首虏以千计。寻承檄修城万年县，版畚①方具，贼乘间突至栅下。瑞且城且战，相持数十日，力竭栅陷，遂为拥去，欲降之，瑞指其腹曰："此皆节义文章，岂从汝鼠辈乎？"遂死之，至死骂不空口。事奏闻，荫子区健古田典史，语在《德兴县志》。御史姚涞厚赙之，仍以"忠义"表其门，后入祀邑崇义祠。

李顺　字蔼侯，明高明人。弟殷篮。

［康熙八年］《高明县志》卷十三《人物传·明》：字蔼侯。事亲至孝，兄弟向无分爨。弟殷篮，事崇仁，劝其隐处。奉养不敢少离膝下，内外无间言。亲殁别居孝舍，三年中一切靡丽燕乐绝情不与，且轻财好施，正气服人。年九十四。冠带终身，时称笃厚君子，有司咸旌异之。

谭超　字逸才，明高明人。为生员三十多年，寿九十七岁。

［康熙八年］《高明县志》卷十三《人物传·明》：字逸才。和易罕言，外如其中。遇人不设城府，口未尝极人过失。所读书甚力，庭训有方，其子及孙多游胶序。三十余年淹滞弟子员，遂例授冠带，优游林石间，绝意进取。正直无私，亲族凡有争讼，超为之解纷，党里咸敬服之，享年九十有七。曾孙良泰，登顺治辛卯贤书。

沈濂　（1460—1510）字德清，明南海龙津堡（今属禅城南庄）人。成化十九年（1483）举人，弘治十七年（1504）任安徽望江县知县，后升浙江湖州府、福建延平府通判。

《广州志》卷三十九《举人·国朝·成化癸卯科》：南海。

《广东通志初稿》卷二十《举人·明·成化十九年癸卯》：顺德。

［万历］《广东通志》卷二十《广州府·选举·乡举·国朝·南海》：成化癸卯，通判。

［乾隆］《顺德县志》卷十《举人·明朝·成化癸卯》：南海籍顺德人，

---

①版：指城墙建筑过程中使用的相同形状和尺寸的两块木板。畚（běn）：古代用草绳编成的盛器，后编竹为之，即畚箕。

延平府通判。

［道光］《广东通志》卷七十二《举人三·明·成化十九年癸卯·广州府》：顺德人，南海籍，字德清，延平府通判。

［同治］《南海县志》卷十三《列传》：字德清，龙津堡人。由儒士中成化十九年癸卯科乡试举人，弘治十七年，除安庆府望江县知县。邑有荒田，十无一收，赋役为累。深悯之，详①大府请蠲除②，不可，乃亲往辩论，再三为民请命，卒除之。擢湖州府通判，湖富饶郡也，钱粮甲通省，缙绅巨室率多逋匿。官初至必设宴相待，随投其嗜好，以金银玩好为苞苴。一入其彀③中，异日欲以法相惩，碍于颜面，又惧以阴事为所持，类多忍隐，而追呼鞭扑，专害穷民。濂抵任，绝通谒，却赂馈，贵势悚息④。未几，改授福建延平府通判，湖民挽留不得，画像以祀。正德庚午，贡龙衣京师，由闽抵浙，遘疾而卒，年五十一。濂性孝友，无私材，自少至老，兄弟同居。参政邹虞扁其堂曰“雍睦”，殆纪实也。

胡澧　（约1460—1533）字伯钟，明南海乐平古灶村（今属三水）人。成化十六年（1480）举人，弘治六年（1493）进士。正德五年（1510）任工部员外郎，升郎中、四川叙州知府。调四川松州、潘州地区副使，创制带火药的神机箭。弃官闲居，到西樵山游览时，养病山中的霍韬邀他试神机箭。嘉靖十二年，霍韬出任吏部侍郎，举荐澧并进呈其箭。世宗准备授澧佥都御史，澧已病故。父山。

《广州志》卷三十八《进士·国朝·弘治癸丑科》：南海，兵备副使。

［嘉靖］《广东通志》卷十二《明·举人·成化十六年庚子》：南海人，附籍英德，进士。《明·进士·弘治六年癸丑》：副使。

《广东通志初稿》卷二十《举人·明·成化十六年庚子》：进士，韶州。

［万历］《广东通志》卷二十《广州府·选举·进士·国朝·三水》：弘治癸丑，四川副使。

［万历］《南海县志》卷十一《人物列传二》：字伯钟，强力有干。弘治

---

①详：旧时的一种公文，下级官员对上级的报告。

②蠲（juān）除：废除、免除。

③彀（gǔ）：车轮中心，有洞可以插轴，借指车轮或车。入彀：使中圈套。

④悚（sǒng）息：谓因惶惧而屏息。

癸丑进士，授刑部主事，迁员外，以病免。正德庚午起为工部员外，迁郎中。督治济宁河道有功，迁知叙州，转四川松潘副使。先是，番夷作逆，官军不能克。澧至，制神机火箭讨之，遂焚其营帐、积聚，一日而五寨俱平。番人震惧纳款，督府胡世宁疏其功。以忤柄臣，弃官归，都御史吴廷举疏荐不起。霍韬山居，素闻澧名，因试澧箭，惊以其神，与论理学，益见称赏。亡何，韬起吏部侍郎，值大同兵变，韬荐澧并进澧箭。诏征赴京，令兵部传其技，拟授佥都御史，开府①西北。命未下□□□，人咸惜之。

[康熙十二年]《三水县志》卷十二《人物传·贤良》：字伯钟，三江人……尝游西樵山，时霍韬以詹事山居，素闻澧名倒履迎之。值大同兵变，杀都御史张文锦。韬荐澧……命未下而澧卒。澧有才不究于用，世咸惜之。祀郡城、英德两学乡贤。

[康熙四十九年]《三水县志》卷三《明封赠》：胡山，三江人，以子澧贵，赠承德郎、刑部主事。

[道光]《广东通志》卷六十八《进士·明·弘治六年癸丑毛澄榜·韶州府》：南海人，今隶三水，英德籍。二甲，四川副使。

冯澄 明南海人。弘治四年（1491）岁贡。

[道光]《南海县志》卷二十《贡生荐辟·明弘治朝》：辛亥岁贡，宜章教谕。

何穆 字克敬，号敬庵，明顺德黎村人。景泰元年（1450）入宫为太监，历侍景、英、宪、孝四宗，任至司礼太监。弘治四年（1491）让其弟镇在家乡建宗庙，正德二年（1507）养病时，皇帝敕加恩典。

[咸丰]《顺德县志》卷十六《胜迹略·坊表·表宅之属·紫泥属》："表良""忠孝流芳"，并在黎村。何穆，字克敬，号敬庵，以景泰元年选内侍，历三朝至司礼太监。弘治四年，建家庙于顺天，而使其弟镇建于乡，赐此二额。徐溥题堂曰"孝思"，程敏政、溥并为撰碑。今尚存庙。卷三十《列传十·宦官附·何穆》：黎村人。景泰庚午入侍，送内书堂学琴习字。历侍景、英、宪、孝四宗，诏内府乘马。奉旨祭孔子，赐以吴道子所绘圣像，暨玉带、蟒服、宝纱。及穆自建宗庙，又赐以土田以备祭费，而出内用黑油描金椅十

①开府：建公府，自选僚属。

二，使归祭而迎主，当时宠异如此。其庙就近建于宛平之香山乡者曰“表良”，弘治四年，使其弟锦衣卫指挥归建于黎村乡故里，曰“忠孝流芳”，皆赐额也。祠碑为程敏政、徐溥笔，横者今尚存。复于乡祠右建白石桥以通东西岸，上置四石如帽，俗呼“戴帽桥”。正德二年，敕曰：“司礼监何穆逮事累朝，典司密务而乃恬于势利，引病归休一十余年，清慎谦冲，久而弥笃，且加恩典，用眷老成。其所置宛平县香山乡地土，预为坟域，自先帝朝已赐祠额。其地共税一十二顷六十亩六分，该征粮草可悉蠲免。”盖恩遇始终不替也。

林鸿　字时举，明高明塘华人。弘治四年（1491）岁贡。

［万历］《肇庆府志》卷六《选举表二·国朝岁贡·弘治·高明县学》：浙江断事。

［康熙八年］《高明县志》卷四《元明·恩岁贡》：塘华人，弘治四年岁贡，任浙江都司断事。卷十三《人物传·明》：字时举。敦厚和平，言行不苟。任浙江都司断事，秩满还家，遂不肯复选，是亦恬静之流亚也。

程璧　明高明城中人。弘治四年（1491）岁贡。

［万历］《肇庆府志》卷六《选举表二·国朝岁贡·弘治·府学》：高明人。

［康熙八年］《高明县志》卷四《元明·恩岁贡》：下仓人，弘治四年府学岁贡。

［道光］《高明县志》卷十二《贡生·明》：城中人，弘治四年府学岁贡。

邝山　字元静，明南海人。弘治五年（1492）举人。

《广州志》卷三十九《举人·国朝·弘治壬子科》：府学。

［万历］《广东通志》卷二十《广州府·选举·乡举·国朝·南海》：弘治壬子。

［道光］《广东通志》卷七十二《举人三·明·弘治五年壬子·广州府》：南海人，字元静。

龙宣和　明顺德大良人。弘治五年（1492）举人，任福建晋江、湖南湘乡县令，福建连江、江西上饶教谕。父澈。

《广州志》卷三十九《举人·国朝·弘治壬子科》：知县改教谕，顺德。

［万历］《顺德县志》卷九《举人·弘治五年》：大良，晋江知县。

［康熙十三年］《顺德县志》卷七《人物传一·德业》：号五江，大良人。少聪慧，年十三补弟子员，十八廪饩。弘治壬子乡荐，筮仕为晋江令。在任岁饥，捐俸赈济，存活甚众。清介刚直，不容于时，谪连江教谕，丁艰起，复补上饶。升湘乡知县，治政有声。宣和祖敏，正统年间遭贼黄萧养乱，胁敏归顺，敏抗义不屈，阖门八口尽节而死，止存两岁幼子名澈，外戚何氏抱而育之。澈生三子，长宣和。孙尧达中嘉靖己酉榜，为福建永定令。人以为忠义之报云。

［道光］《广东通志》卷七十二《举人三·明·弘治五年壬子·广州府》：顺德人，敏子，字宗韶。晋江知县，改教谕。

叶中聚 明顺德平步人。弘治五年（1492）举人，任福建沙县知县。

《广州志》卷三十九《举人·国朝·弘治壬子科》：知县，顺德。

［万历］《顺德县志》卷九《举人·弘治五年》：平步，沙县知县。

伍常 字秉彝，明顺德葛岸人。弘治五年（1492）举人。

《广州志》卷三十九《举人·国朝·弘治壬子科》：通判，顺德。

［万历］《顺德县志》卷九《举人·弘治五年》：葛岸，南昌通判。

［道光］《广东通志》卷七十二《举人三·明·弘治五年壬子·广州府》：顺德人，字秉彝，南昌府通判。

苏范 字景贤，明顺德碧江人。弘治五年（1492）举人，卒于安徽宣城知县任。从父葵。

《广州志》卷三十九《举人·国朝·弘治壬子科》：训导、通判，顺德。

［嘉靖］《广东通志》卷十二《明·举人·弘治五年壬子》：顺德人，知县。

［康熙十三年］《顺德县志》卷七《人物传一·德业》：字景贤……孝友兼至，内行①修饬。初授广西博白教谕，博白久无科第，范至，多方诲诱，以激励多士，乙卯果膺荐一人。寻以忧去，补江浦，又改浮梁。升宣城县尹守……嫉其持正不阿，中以他事，范不为变，民深德之。

［咸丰］《顺德县志》卷二十三《列传三·明·苏葵传》：从子范……亦

①内行：平日家居的操行。

祀乡贤。

李扬　字天直，明顺德甘竹人。弘治五年（1492）举人。

《广州志》卷三十九《举人·国朝·弘治壬子科》：推官，顺德。

［万历］《顺德县志》卷九《举人·弘治五年》：甘竹，南康推官。

［道光］《广东通志》卷七十二《举人三·明·弘治五年壬子·广州府》：顺德人，字天直，南康府推官。

李朝赞　明顺德龙江人。弘治五年（1492）举人。

《广州志》卷三十九《举人·国朝·弘治壬子科》：教谕，顺德。

［万历］《顺德县志》卷九《举人·弘治五年》：龙江，萧山知县。

张诏　字天泽，明顺德龙江人。弘治五年（1492）举人，任广西玉林知州。

《广州志》卷三十九《举人·国朝·弘治壬子科》：知州，顺德。

［万历］《顺德县志》卷九《举人·弘治五年》：龙江，郁林知州。

［道光］《广东通志》卷七十二《举人三·明·弘治五年壬子·广州府》：顺德人，字天泽，郁林知州。

陈庄　明顺德古朗人。弘治五年（1492）举人。父越。

《广州志》卷三十九《举人·国朝·弘治壬子科》：顺德。

［万历］《顺德县志》卷九《举人·弘治五年》：北水，古田知县。

［乾隆］《顺德县志》卷十《举人·明朝·弘治壬子》：古朗人，古田县知县，升主事。《封赠·知县·明朝》：陈越，以子庄贵赠。

［咸丰］《顺德县志》卷二十三《列传三·明·冼光传》：陈庄，古朗人，光同乡榜。父使耕佣皆不听，使读勤甚。

陈贵　明顺德平步人。弘治五年（1492）举人，任浙江嘉兴知县。父智。

［万历］《顺德县志》卷九《举人·弘治五年》：平步，嘉兴教授。

［乾隆］《顺德县志》卷十《封赠·知县·明朝》：陈智，以子贵贵赠。

［道光］《广东通志》卷七十二《举人三·明·弘治五年壬子存疑》：见今《顺德志》、郝《志》，嘉兴知县，余《志》无考。

冼光（明弘治） 字汝实，号罗江，明顺德鹭洲（今属乐从）人。弘治五年（1492）举人，九年进士，历江西安仁（今余安）知县、御史，正德时弹劾刘瑾、江彬，辞归十八年。嘉靖七年（1528）复出，任南京通政司参议、南工部右侍郎、南太常卿归。父安，子尧相。

《广州志》卷三十九《举人·国朝·弘治壬子科》：御史，顺德。卷三十八《进士·国朝·弘治丙辰科》：顺德，御史。卷四十《封赠·国朝·监察御史》：冼安，顺德，以子光贵赠。

［嘉靖］《广东通志》卷十二《明·进士·弘治九年丙辰》：顺德人，侍郎。

［万历］《顺德县志》卷九《进士·弘治九年》：鹭洲，侍郎。《恩荫》：冼尧相，光子，应天通判。

《粤大记》卷十七《献征类·部院风猷明》：字汝实，顺德人。自幼颖异，天性孝友。领弘治壬子乡荐，丙辰登进士，授安仁知县。廉而能爱，明而能断。有诬狱久不决，公一讯释之，时为之谣曰："民无冤讼，有冼灯笼。讼无滞屈，有冼三日。"其明断若此。持己严约，一介不染。日进诸生于庭，训以忠君报国之义，大学士桂萼兄弟皆出其门。二院交章荐之，值丁外艰，起补泰兴，甫四月，召授监察御史。按视南直①、徽、宁诸郡，所至问民疾苦，摧强抑势，一时贪吏望风解绶，辨临江商狱之冤，世尤称之。居台中七年，独立敢言，风裁懋著。孝宗朝，上毁佛疏，武宗朝论逆瑾擅权，及上止辇疏，劾江彬诱驾之罪，中外震危之，公不为动也。寻以母老乞终养，梁文康公赠诗有"半生忠孝真兼足，浮世功名尽让先"之句，居家孝养，绝意仕进。嘉靖戊子，以荐起，任南京通政司参议，寻转太仆寺少卿，圉政修举。历升南京工部侍郎，遇太庙灾，自陈改南太常卿致仕，杜门结社，卒赐谕祭。公刚大之气、廉靖之守，为时仪表，入祀乡贤，士论重之。其子尧相荫光禄典簿，覃恩锡命有"敏勤廉慎"等语，足征其贤云。

［万历］《南海县志》卷十一《人物列传二》：□□□□□□□□□□□□□□□□□□□□□□□□□□□□□□□举弘治丙辰进士，授江西安仁

①南直：南直隶的省称。明成祖迁都北京后，以旧时江南省所辖各府直隶南京，约包括今江苏、安徽两省。

知县，洁己爱民，善辩疑狱。窭①人子诬陷重辟②，岁久不白，光一讯立释之。百姓为之语曰：“民无冤讼，有冼灯笼。讼无滞屈，有冼三日。”言其明且断也。水灾民饥，光发赈，不俟请命，存活甚众。县有引盐，前官率利其羡，光借以输公，遂为成例。时进诸生讲学，勉以忠孝大义，如大学士桂萼兄弟皆感教而兴者。丁父艰去，补令泰兴，召为陕西道御史。出按应天，奖廉察墨，风裁大著。临江民某商于徽，以诬系狱，几瘐死，光廉其冤，为谳出，他郡平反多类此。居台七载，疏毁佛像，疏刘瑾专权，疏江彬诱驾巡幸，侃侃凡千万言，中外为光危，光不色动，疏亦留中。光遂乞归养母，杜门十八年。嘉靖戊子，以荐起南京通参，历太仆太常，晋工部右侍郎，□□□有声。遇太庙灾，援例自陈，为时宰所忌，竟□□。卒后，上遣官谕祭。子尧相荫京府别驾，孙应芳、宪祖俱举于乡。

［崇祯］《南海县志》卷四《恩荫·明》：冼尧宾，工部侍郎光子，荫国子生。冼尧相，工部侍郎光子，荫历应天府通判。卷十《人物列传》：字汝实。祖始自鹤园徙居顺德之鹭洲村。光生而长身玉立，读书八行俱下。举弘治丙辰进士，授江西安仁知县……历太仆、太常，晋工部右侍郎，所至皆有声。遇太庙灾，援例自陈，为时宰所忌，竟准致仕。光廉靖正直，居官无纷华之好，解组林下，不通冠盖。日从父老徒步田间，问樵答稼，无有知其为卿佐者。卒后，上遣官谕祭。

［乾隆］《佛山忠义乡志》卷八《名臣·明》：字汝实，祖福，始自佛山徙居顺德之鹭洲村。

［康熙十三年］《顺德县志》卷二《建置志·坊表》：曰少司空，在宣化街，为侍郎冼光建。

［咸丰］《顺德县志》卷二十三《列传三·明·冼光》：号罗江。孙中振、应芳、兆熊……宪祖。

罗尚䌹 明顺德谭义人。弘治五年（1492）、十一年、十七年三次中副贡。

［咸丰］《顺德县志》卷十一《明·弘治·副贡》：大良人，壬子、戊午、甲子三科。

---

①窭（jù）：贫穷。

②重辟：极刑、死罪。

周仁　明南海人。弘治五年（1492）举人，十二年进士。

《广州志》卷三十九《举人·国朝·弘治壬子科》：南海。卷三十八《进士·国朝·弘治己未科》：推官，南海。

姜焕　字希尧，明南海人。弘治五年（1492）举人。

《广州志》卷三十九《举人·国朝·弘治壬子科》：训导，南海。

［道光］《广东通志》卷七十二《举人三·明·弘治五年壬子·广州府》：南海人，字希尧，训导。

莫近　明高明步州人。弘治五年（1492）武举第一名。

［康熙八年］《高明县志》卷四《武举·明》：古霸人，弘治壬子科。

［道光］《高明县志》卷十二《武举·明》：步州人，弘治五年壬子武举。

［光绪］《高明县志》卷十二《明·武举》：步州人，弘治五年壬子科解元。

梁济　明顺德水藤人。弘治五年（1492）举人。

《广州志》卷三十九《举人·国朝·弘治壬子科》：顺德。

［万历］《顺德县志》卷九《举人·弘治五年》：水藤，桂东知县。

黄泽　字若雨，明顺德石硝（今属南海）人。弘治五年（1492）乡举第一，次年进士。

《广州志》卷三十九《举人·国朝·弘治壬子科》：解元，府学。卷三十八《进士·国朝·弘治癸丑科》：顺德。

［万历］《顺德县志》卷八《人物志第七之二》：黄泽者，石硝人也。尝从陈献章学，性豪举，博学工诗，善真草书。乡试第一，登进士。初计偕，同举人何钦疫，僮仆尽死。泽独负钦至馆省治，逾旬而愈，人义之。后养病归，以酒卒。

［万历］《广东通志》卷二十《广州府·选举·进士·国朝·顺德》：弘治癸丑，知县。

［康熙十三年］《顺德县志》卷七《人物传一·德业》：字若雨……初计偕之京，同同年何歆与童仆俱病疫，僮仆先丧，人皆畏避。泽曰："吾闻疫疠不能染人。"遂率其家人负何至馆，躬为调治，逾旬而愈，人皆义之。

［道光］《广东通志》卷二百七十四《列传七·广州七》：尝从陈献章学，献章闻泽发解，有诗："笑领春风第一花，文章谁敢傍飞沙。狂歌欲买花前

醉，不怕无钱付酒家。”

黄粤 字秀卿，明南海九江人。弘治五年（1492）举人。父篪，兄奉、泰。

《广州志》卷三十九《举人·国朝·弘治壬子科》：篪之子，南海。

《南海九江乡志》卷三《选举·乡举·弘治五年壬子科》：字秀卿，由南海学习《诗经》，中式第三十七名，进士、提学篪第四子。

崔芳 字元夫，明南海人。弘治五年（1492）举人。

《广州志》卷三十九《举人·国朝·弘治壬子科》：南海。

[道光]《广东通志》卷七十二《举人三·明·弘治五年壬子·广州府》：南海人，字元夫。

潘祥（明弘治） 明顺德平步人。弘治五年（1492）举人。

《广州志》卷三十九《举人·国朝·弘治壬子科》：教谕，南海。

[万历]《顺德县志》卷九《举人·弘治五年》：平步，光泽训导。

[康熙二十六年]《顺德县志》卷五《举人·明朝·弘治五年壬子科》：平步人，光泽县教谕。

杨傅 明高明村头人。弘治六年（1493）岁贡。兄休，子云翔。

[万历]《肇庆府志》卷六《选举表二·国朝岁贡·弘治·高明县学》：黟县知县。

[康熙八年]《高明县志》卷四《元明·恩岁贡》：上仓人，弘治六年岁贡，任□□□县知县。

[道光]《高明县志》卷十二《贡生·明》：村头人，休弟。弘治六年岁贡，任直隶黟县知县。

钟云 明顺德龙江人。弘治六年（1493）任顺德训术。

[康熙十三年]《顺德县志》卷四《官师志·训术训科》：龙江人，弘治六年任训术。

郑应新 字孟元，明顺德桂林人。父翼，弟应文，子用渊。

《粤大记》卷二十一《献征类·孝廉懿德明》：字孟元，顺德人。父星南公翼，登天顺己卯乡荐，为瑞金令，以廉介称，归居一室萧然。应新事之唯谨，朝夕亲供菽水，教授生徒以供滫瀡。星南公年六十遭奇疾，应新偕仲弟宜平令应文焚香祝天，愿以身代。比药石弗效，医言得臂肉可痊，应新慨然曰："吾欲生父，何爱于一臂哉！"寻自割左臂肉和药以进，父疾顿愈，延寿一纪，盖一念精诚所感格然也。子用渊，每述公行谊涕泫泫下，亦能绳其孝者。孙伊、传皆庠生，有时名。

［咸丰］《顺德县志》卷二十三《列传三·明·郑应新》：桂林人……年至七十生子用渊……用渊少孤，教育同己子，卒以成名。

关中杰 明高明清溪人。弘治七年（1494）岁贡。

［万历］《肇庆府志》卷六《选举表二·国朝岁贡·正德·府学》：高明人，宁化训导。

［康熙八年］《高明县志》卷四《元明·恩岁贡》：清溪人，弘治七年岁贡。

［康熙二十九年］《高明县志》卷十二《贡生·明》：清溪人，〔弘〕治七年府学岁贡，任福建宁化训导。《府志》作正德年间贡，误。

林郊 字子达，明南海大沥人。继承家学，擅水墨翎毛。弘治七年（1494）选天下画士，郊中第一名。授直武英殿，为锦衣卫镇抚，弘治十七年退休。父良。

［万历］《南海县志》卷十三《外志·方技·明》：字子远，良之子也。擅水墨翎毛。弘治七年□行取①天下画士，郊中第一，授直武英殿锦衣卫镇抚。弘治十七年乞恩致仕，有《都亭咏别序》，名宦士大夫赠诗甚众。归隐龙子窝，修黄白之术。

［崇祯］《南海县志》卷十三《外志·方技·明》：字子达，良之子也。擅水墨翎毛。弘治七年诏行取天下画士，郊中第一，授直武英殿锦衣卫镇抚。弘治十七年乞恩致仕，有《都亭咏别序》，名宦士大夫赠诗甚众。归隐龙□□黄白之术。

---

①行取：明制，地方官知县、推官，科目出身三年考满者，经地方高级官员保举和考选，由吏部、都察院协同注拟授职。

区行 字中行，明顺德龙山人。弘治八年（1495）举人，十八年进士，任江西泰和知县。

《广州志》卷三十九《举人·国朝·弘治乙卯科》：府庠。卷三十八《进士·国朝·弘治乙丑科》：知县，顺德。

[万历]《顺德县志》卷九《进士·弘治十八年》：龙山，泰和知县。

[道光]《广东通志》卷七十二《举人三·明·弘治八年乙卯·广州府》：顺德人，字中行，进士。

沈澜 字百川，明顺德连村人。弘治八年（1495）举人。子文冕。

《广州志》卷三十九《举人·国朝·弘治乙卯科》：教谕，府庠。

[万历]《顺德县志》卷九《举人·弘治八年》：石涌，上津教谕。

[道光]《广东通志》卷七十二《举人三·明·弘治八年乙卯·广州府》：顺德人，字百川，上津知县，子文冕。

[咸丰]《顺德县志》卷十《举人·明·弘治》：字百川，连村人，知上津县，乙卯科。

吴允祯 字天祐，明南海里水河村人。弘治八年（1495）举人，十五年进士，为户部郎中、湖南永州知府、广西参政、两淮都转运使。七十岁卒。父琏，弟允禄、允裕。

《广州志》卷三十九《举人·国朝·弘治乙卯科》：府庠。卷三十八《进士·国朝·弘治壬戌科》：盐运使，南海。

[嘉靖]《广东通志》卷十二《明·进士·弘治十五年壬戌》：参政。

《粤大记》卷五《科第·皇明进士科·弘治十五年壬戌科康海榜》：南海县人，琏之子，参议。卷十九《献征类·清直高踪治·明·李津传》：……转两淮都转运使，为权贵所忌……罢归。南海吴允祯继其任，亦以廉介称，每自曰："得无愧于吾乡济之否?"其为人所敬服如此，生平淡薄自得，片楮不抵公门，年七十卒于家。

[万历]《广东通志》卷二十《广州府·选举·进士·国朝·南海》：弘治壬戌，广西参政。《封赠·国朝·南海》：吴琏，进士，知县，以子允桢封员外。

[万历]《南海县志》卷十一《人物列传二》：字天祐。登弘治壬戌进士，历户部郎中。出知永州府，恺悌宽仁，莅官清俭，兴学造士。

[崇祯]《南海县志》卷十《人物志·吴琏传》：不科扰于民。民有弗率

者委曲训谕，不事刑罚，有长者风。历广西参政，祀永州名宦祠。卷十二《艺文志·书目》：《嘉树林集》，吴允祯撰。

吴时俊　字世英，明南海人。弘治八年（1495）举人。

《广州志》卷三十九《举人·国朝·弘治乙卯科》：知县，从化。

［道光］《广东通志》卷七十二《举人三·明·弘治八年乙卯·广州府》：南海人，从化籍，字世英，知县。

［道光］《南海县志》卷二十《举人·明弘治朝》：江宁知县，乙卯科。

岑恒　字世乔，明顺德桂洲人。弘治八年（1495）举人。

《广州志》卷三十九《举人·国朝·弘治乙卯科》：知县，顺德。

［万历］《顺德县志》卷九《举人·弘治八年》：桂洲，通山知县。

［道光］《广东通志》卷七十二《举人三·明·弘治八年乙卯·广州府》：顺德人，字世乔，通山知县。

何正　字道宗，明南海人。弘治八年（1495）举人。父寅。

《广州志》卷三十九《举人·国朝·弘治乙卯科》：寅之子，知县，南海。

［道光］《广东通志》卷七十二《举人三·明·弘治八年乙卯·广州府》：南海人，字道宗，知县。

陆瑗　字良玉，明南海人。弘治八年（1495）举人。

《广州志》卷三十九《举人·国朝·弘治乙卯科》：陵瑗，知县，南海。

［道光］《广东通志》卷七十二《举人三·明·弘治八年乙卯·广州府》：南海人，字良玉，知县。戴《志》、郭《志》、郝《志》误作陵瑗。

陈士器　明顺德容奇人。弘治八年（1495）武举。

［咸丰］《顺德县志》卷十一《武举·明·弘治》：容奇人，乙卯。

陈炫　字文光，明南海人。弘治八年（1495）举人，十五年进士。父肆。

《广州志》卷三十九《举人·国朝·弘治乙卯科》：府庠。卷三十八《进士·国朝·弘治壬戌科》：参议，南海。

［万历］《广东通志》卷二十《广州府·选举·进士·国朝·南海》：弘

治壬戌，福建参议。

［崇祯］《南海县志》卷四《封赠·明》：陈肆，以子炫封郎中。

［道光］《广东通志》卷七十二《举人三·明·弘治八年乙卯·广州府》：南海人，字文光，进士。

陈鹗 字时立，明南海人。弘治八年（1495）举人。兄鹏。

《广州志》卷三十九《举人·国朝·弘治乙卯科》：府庠，南海。

［万历］《广东通志》卷二十《广州府·选举·乡举·国朝·南海》：弘治乙卯。

［道光］《广东通志》卷七十二《举人三·明·弘治八年乙卯·广州府》：南海人，字时立，兄鹏。

郑应文 字叔章，明顺德桂林人。弘治八年（1495）举人，历浙江庆元、宣平及广西罗城县令。父翼，兄应新。

《广州志》卷三十九《举人·国朝·弘治乙卯科》：翼之子，知县，府庠，南海。

［嘉靖］《广东通志》卷十二《明·举人·弘治八年乙卯》：郑应旻，知县。

［万历］《顺德县志》卷九《举人·弘治八年》：桂林，罗城知县。

［万历］《南海县志》卷十一《人物列传二》：字叔章，宋郑汉章之后。性孝友，裕才略。年十九始事举业，登弘治乙卯榜。初仕浙江庆元令，会矿盗起，官兵畏却。应文率乡兵列阵扬威，坐散其党，境内晏然。丁艰去，服阕补宣平，凡五载，以廉直不能事上，复移广西之罗城。罗城故盗薮，应文一以治浙者治之，宽严有法，民赖安业。应文去甫□□□□□□□□□□□，署县者死之，乃知向日□□，应文抚同己子，教育无间。应文卒后，有子用夏以岁荐为邑宰。侄用渊，孙佐、伦俱相继登科，而用渊清苦尤甚。

［崇祯］《南海县志》卷十《人物志》：应文去甫两月，盗贼四出，破邑屠城，署县者死之，乃知向日倚重应文非虚也。生平好谈理学，与伦文叙、湛若水为莫逆交。父翼病笃，尝与兄应新吁天求代。新死，遗孤用渊，应文抚同己子，教育无间。

冼文渊 字希哲，明顺德新良人。弘治八年（1495）举人，任福建松溪教谕、南安知县。迁江西南昌通判，察知宁王必反，归卒。

《广州志》卷三十九《举人·国朝·弘治乙卯科》：临江通判，南海。

《广东通志初稿》卷二十《举人·明·弘治八年乙卯》：顺德。

［万历］《顺德县志》卷八《人物志第七之二》：冼文渊者，新良人也。举人，为松溪学谕，士鲜知学，聚而教之，始有闻于科第者。知南安县，食无重味，衣无文绮，冲约如寒士，谣曰："冼清清，冷如冰。"以不茹柔吐刚，权豪嫉之，迁南昌府通判。知宸濠将反，遂投檄①归。抵家六日而卒，贫不克葬。至嘉靖二十四年，御史陈储秀行部，始为起冢树碑。初，督学邵锐祀于乡贤。万历十二年，部檄独黜文渊，事之难核如此。

［万历］《广东通志》卷二十四《郡县志十一·广州府·人物二》：字希哲。

［康熙十三年］《顺德县志》卷七《人物传一·德业》：刚明介洁，有幾先②智。初授福建松溪学教谕，松溪人罕知学。文渊至，选生徒中有才质者聚而教之，贫者赒之。士争相劘濯，学问日益长进，自此始有显于科第者。擢知南安县，砥节履方，豪强不避……后权豪欲中以奇祸，计升文渊南昌府通判，民泣而别……御史陈储秀按邑，给买葬地，属邑人何翯成礼葬之，又为之买祭田、树墓碑而去，其起人遐思如此。

林诚通 字乾亨，明南海人。弘治八年（1495）举人。

《广州志》卷三十九《举人·国朝·弘治乙卯科》：盐运副使，南海。

［崇祯］《南海县志》卷四《乡举·明·弘治乙卯》：运使。

［道光］《广东通志》卷七十二《举人三·明·弘治八年乙卯·广州府》：南海人，字乾亨，福建运副。

欧允庄 姓一作区，字国仪，明顺德陈村人。弘治八年（1495）举人。

《广州志》卷三十九《举人·国朝·弘治乙卯科》：区允庄，知县，顺德。

［万历］《顺德县志》卷九《举人·弘治八年》：龙津，经魁，颍上知县。

［道光］《广东通志》卷七十二《举人三·明·弘治八年乙卯·广州府》：

---

①投檄：投弃征召的文书，借指弃官。

②幾先：犹机先，先兆。

区允庄，顺德人，字国仪，颍上知县。“区”一作“欧”。

［咸丰］《顺德县志》卷十《举人·明·弘治》：字国仪，陈村人，知颍上县，乙卯科。

罗献 字子忠、褷衣，明顺德大良人。弘治八年（1495）举人。

《广州志》卷三十九《举人·国朝·弘治乙卯科》：罗献。

《广东通志初稿》卷二十《举人·明·弘治八年乙卯》：顺德。

［万历］《顺德县志》卷九《举人·弘治八年》：大良。

［道光］《广东通志》卷七十二《举人三·明·弘治八年乙卯·广州府》：顺德人，字子忠。

［咸丰］《顺德县志》卷十《举人·明·弘治》：字褷衣，大良人，乙卯科。

钟湜 字子澄，明南海人。弘治八年（1495）举人。

《广州志》卷三十九《举人·国朝·弘治乙卯科》：教谕，南海。

［道光］《广东通志》卷七十二《举人三·明·弘治八年乙卯·广州府》：南海人，字子澄，教谕。

梁亿 字叔永，明顺德石硝（今属南海）人。弘治八年（1495）举人，正德六年（1511）进士，任兵部主事。储弟。

《广州志》卷三十九《举人·国朝·弘治乙卯科》：学正，顺德。卷三十八《进士·国朝·正德辛未科》：参议，顺德。

［万历］《顺德县志》卷九《进士·正德六年》：石硝，参议。

［万历］《广东通志》卷二十《广州府·选举·乡举·国朝·顺德》：弘治乙卯，少师储弟，见进士。

［康熙十三年］《顺德县志》卷五《明朝·乡举·弘治乙卯》：石硝人，进士。兵部主事，改南京礼工等部，历升广西参议致仕。《明朝·进士·正德辛未》：梁亿。

［道光］《广东通志》卷七十二《举人三·明·弘治八年乙卯·广州府》：顺德人，字叔永，进士。

［咸丰］《顺德县志》卷二十三《列传三·明·梁亿》：授兵部职方司①主事。奉诏清核江西、湖广兵粮，所过镇将例有馈贶。亿曰："受例禄犹惧弗胜，敢受非礼、丧名节耶?"悉却之。寻改工部，历礼部郎中，阅兵核饷、议礼考制各得其当。丙戌参政西粤，瑶、壮每以攻斗骚扰近县为民害。至则谕以祸福，召至苍梧，亲为劝诫，瑶、壮感之，望风归化。寻致仕，正其兄储当国时也。著有《怀元集》《续宾退录》《洪武辑遗》《传信录》《罗浮志》。亿修眉峻骨，燕颔虎头，而和蔼近人，卒祀乡贤。

梁贞　字惟正、廷贞，明顺德桂洲人。弘治八年（1495）举人，未任官死。

《广州志》卷三十九《举人·国朝·弘治乙卯科》：府庠，南海。

［万历］《广东通志》卷二十《广州府·选举·乡举·国朝·番禺》：弘治乙卯。

［康熙十三年］《顺德县志》卷九《侨寓》：字惟正，南海人。以父赘室桂洲家之，遂为此乡人。少游郡庠，师事陈献章，笃向古学。居父丧苫块②三年，哀毁逾礼，服除不入寝所，士论誉之。弘治乙卯举于乡，未仕而卒。献章酹之有曰："薄俗移人，始终殊归，求如惟正，守一而没，盖亦鲜矣。"其称重于白沙之门如此。

［道光］《广东通志》卷七十二《举人三·明·弘治八年乙卯·广州府》：番禺人，字廷贞。

梁廷贵　字时用，明南海人。弘治八年（1495）举人，次年乙榜第一，十一年为江西乡试考官。嘉靖二十四年（1545）升王府长史，七十岁退休归，寿八十四岁。孙宠，玄孙雯阶。

《广州志》卷三十九《举人·国朝·弘治乙卯科》：长史，南海。

［嘉靖］《广东通志》卷十二《明·举人·弘治八年乙卯》：教谕。

［康熙］《广州府志》卷三十九《人物志十·儒林列传·明》：字时用。少能文，以儒士登弘治乙卯乡榜，丙辰乙榜第一。授瓯宁教谕，明伦讲学，

---

①兵部职方司：职方清吏司，是明清兵部四司之一。掌理各省之舆图（地图）、武职官之叙功、核过、赏罚、抚恤及军旅之检阅、考验等事。

②苫块："寝苫枕块"的略语。苫为草席，块即土块。古礼，居父母之丧，孝子以草荐为席、土块为枕。

造士有方。戊午聘江西乡试分考，所得皆名士。寻升北监①学正，毅然以斯道自任，一时人才丕振。乙巳擢湖广荣府长史，风裁侃侃，王多嘉纳之。年七十乞休，进阶四品服中顺大夫。归里十余年，王犹赍币遣问，简郡守举为乡饮正宾。赋性方直，不尚浮华，无事干谒，士大夫咸敬重焉。卒年八十有四。孙宠登隆庆丁卯榜，授南京丹徒教谕，乙卯聘河南乡试分考，升福建南平县令。玄孙雯阶，康熙丙午乡荐。

［道光］《广东通志》卷七十二《举人三·明·弘治八年乙卯·广州府》：南海人，长史，进阶正四品，子宠。

黄衮　字德章，明顺德江村人。弘治八年（1495）举人。

《广州志》卷三十九《举人·国朝·弘治乙卯科》：学正，顺德。

［万历］《顺德县志》卷九《举人·弘治八年》：江村，横州学正。

［道光］《广东通志》卷七十二《举人三·明·弘治八年乙卯·广州府》：顺德人，字德章，横州学正。

黄常　字克庸，明顺德龙江人。弘治八年（1495）举人，历江西庐陵教谕、广西罗城知县。

《广州志》卷三十九《举人·国朝·弘治乙卯科》：知县，顺德。

［万历］《顺德县志》卷九《举人·弘治八年》：龙江，罗城知县。

［道光］《广东通志》卷七十二《举人三·明·弘治八年乙卯·广州府》：顺德人，字克庸，罗城知县。

［咸丰］《顺德县志》卷二十三《列传三·明·冼文渊传》：同年……黄常……庐陵教谕，迁令罗城。学行兼优，居官有古博士风，诸生无远近咸来就学。御史李岳与焉，贫甚，待之逾常士，授以《礼经》，终其任馈遗不间，盖预决其必显也。以忧归。

黄璋　字廷宜，明顺德羊额人。弘治八年（1495）举人，任江西南康知县时，正德十一年（1516）抵御赣南畲族民变。卒于官。

《广州志》卷三十九《举人·国朝·弘治乙卯科》：知县，顺德。

［嘉靖］《广东通志》卷六十二《列传十九·人物九·冼文渊传》：同年

①北监：明代北京国子监。

同邑黄璋，字廷宜。正德间知南康，廉介自持，刚毅有执。立旌善惩恶牌二面于要地，善恶直书其名，众皆服其公。后卒于官，士民哀之。

［万历］《顺德县志》卷九《举人·弘治八年》：羊额，南康知县。

［道光］《广东通志》卷七十二《举人三·明·弘治八年乙卯·广州府》：顺德人，番禺籍，字廷宝，南康知县。

［咸丰］《顺德县志》卷二十三《列传三·明·冼文渊》：同年黄璋……丙子，畲①贼谢志珊逼城七日，璋固守有方，城赖以全。

萧坤 字汝柔，明顺德龙江人。弘治八年（1495）举人。

《广州志》卷三十九《举人·国朝·弘治乙卯科》：教谕，顺德。

［万历］《顺德县志》卷九《举人·弘治八年》：龙江，国子学正。

［道光］《广东通志》卷七十二《举人三·明·弘治八年乙卯·广州府》：顺德人，字汝柔，国子监学正。

萧干 明顺德龙江人。弘治八年（1495）举人。

《广州志》卷三十九《举人·国朝·弘治乙卯科》：通判，顺德。

［万历］《顺德县志》卷九《举人·弘治八年》：龙江，永州通判。

［康熙二十六年］《顺德县志》卷五《举人·明朝·弘治八年乙卯科》：龙江人，永平府通判。

蒲澈 字汝澄，明南海人。弘治八年（1495）举人。父钢成化七年（1471）举人。

《广州志》卷三十九《举人·国朝·弘治乙卯科》：从化。

［万历］《广东通志》卷二十《广州府·选举·乡举·国朝·南海》：弘治乙卯。

［道光］《广东通志》卷七十二《举人三·明·广州府·弘治八年乙卯》：南海人，从化籍，字汝澄。

谭维城 字国基，明高明城中人。弘治八年（1495）岁贡，任江西新城主簿辞职。

［万历］《肇庆府志》卷六《选举表二·国朝岁贡·弘治·高明县学》：

①畲（shē）：古同“畲”。

新城主簿。

［康熙八年］《高明县志》卷四《元明·恩岁贡》：城中人，弘治八年岁贡，任江西新城县主簿。卷十三《人物传·明》：字国基，孝友厚德。未老辞职而恬静可嘉，有叔祖南昌之风。

［康熙二十九年］《高明县志》卷十三《人物》：佐贰新城。

熊一源 榜姓杨，字子濬，明南海人。弘治八年（1495）举人，任礼部郎中。父仲芳，叔季芳，弟一渼。

《广州志》卷三十九《举人·国朝·弘治乙卯科》：杨一源，复姓熊，司务、员外，府庠。

［万历］《广东通志》卷二十《广州府·选举·乡举·国朝·南海》：杨一源，弘治乙卯，员外，复姓熊。

［万历］《南海县志》卷十《人物列传一·熊季芳传》：仲芳子一源，官郎中。

［崇祯］《南海县志》卷十二《艺文志·书目》：《熊子濬诗话》，熊一源撰。

［道光］《广东通志》卷七十二《举人三·明·弘治八年乙卯·广州府》：杨一源，南海人，复姓熊，字子濬，员外郎，一渼兄。

冯文 明高明黎坑人。弘治九年（1496）岁贡。

［万历］《肇庆府志》卷六《选举表二·国朝岁贡·弘治·高明县学》：建水吏目。

［康熙八年］《高明县志》卷四《元明·恩岁贡》：崇步人，弘治九年岁贡，任云南永州吏目。

［道光］《高明县志》卷十二《贡生·明》：黎坑人，弘治九年岁贡，任云南永州吏目。

伦文叙 （1466—1513）字伯畴，别号迂冈，明南海魁岗黎涌村（今属禅城）人。才思敏捷，在当地有神童、鬼才之誉。弘治二年（1489）举人，参加院试，为国子监学生。十二年会试、殿试皆第一，授翰林院修撰，官至翰林侍讲。武宗登基，充任正使通告安南（今越南），途中因父丧折回。正德五年（1510）返京复原职，主管朝廷文书、奏章、诏谕、制诰等职事，担任经筵讲学官。不久升右春坊右谕德兼翰林院侍讲，给皇帝讲学。八年（1513）参与编修玉牒，出任应天府主考官，归途病，卒于京。父伦明，子以谅、以训、以诜。

《广州志》卷三十九《举人·国朝·弘治己酉》：南海。卷三十八《进士·国朝·弘治己未科》：会元、状元。谕德。南海。卷四十《封赠·国朝·翰林院修撰》：伦明，南海，以子文叙贵封。

［嘉靖］《广东通志》卷六十二《列传十九·人物九》：字伯畴，南海人。长身玉立，头颅大二尺许。五岁时与群儿戏，有术者独指之曰："此儿大魁相也。"弘治己酉以儒士就试，巡按御史周南得其卷于遗材中，嗟异之，入试果中高等。肄业太学，己未会试、殿试皆第一，授翰林院修撰，学行才器为世所推重。乙丑武宗登极，颁朔①安南充正使，会丁外艰归，不果行。庚午起复充经筵讲官②，寻推升右春坊右谕德③兼翰林院侍讲。壬申九月，进讲"舜有臣五人而天下治"，多规讽语。癸酉春进修《玉牒》，考核惟详。是秋被命主考应天府，比还得病，卒于京师，年四十有七。文叙天性纯厚，德器粹然，望之可知其为君子。笃于孝友，甘旨必尽而室无私财，雅有弘量未尝与物竞，尤能仗大义，赒族党，恤孤寡。既以文章连掇大魁，人皆期为台辅，及卒，天下惜之。所为文宗韩、杨，悠长宛转，类其为人。居尝以书史自娱，手不释卷。尤善教子，长以谅，字彦周，乡试第一，辛巳进士，入翰林，累官南京通政参议。次以训，字彦式，会试第一，殿试第二，官至南京国子监祭酒，赠文叙如己官，颖悟过人，诗文立笔而就，莅监待士以宽养，病卒于家。次以诜，登进士高等，南京兵部郎中。父子三元，海内衣冠盛事，未能或之先也。

［崇祯］《南海县志》卷二《政事志·事纪》：弘治十二年春三月会试，擢南海伦文叙第一，寻赐状元及第。

［道光］《南海县志》卷三十五《列传四·明·伦文叙》：别号迂冈……文有理致而辞藻溢发……每遇讲期，必凝神精思，务发明理奥以启君心，而仪度容昂，音吐洪亮，上注目焉。

赵善鸣　（1466—1513 后）字元墨，号丹山，明顺德龙江

---

①颁朔：颁布新历书。

②经筵讲官：为皇帝讲经籍的官。

③右春坊右谕德：负责对皇太子教谕道德的官。

人。成化十一年（1475），拜陈白沙门下学习。弘治十四年（1501）举人，历官南京户部员外郎、云南曲靖知府。祖智奴，父不傥。

《广州志》卷三十九《举人·国朝·弘治辛酉科》：知州，顺德。

［嘉靖］《广东通志》卷十二《明·举人·弘治十四年辛酉》：郎中。

［万历］《顺德县志》卷九《举人·弘治十四年》：龙江，知府。《封赠·都督府经历》：赵不傥，善鸣父，赠。

［康熙］《广州府志》卷三十七《人物志八·节义列传·明·赵智奴传》：嫡孙善鸣，登弘治辛酉举人，官至曲靖军民府知府。

［道光］《广东通志》卷七十二《举人三·明·弘治十四年辛酉·广州府》：顺德人，字元默，知府。卷二百七十四《列传七·广州七·赵善鸣》：少孤。每诵白沙诗心辄驰慕，乙未拜门下。弘治辛酉举人，仕南京户部员外郎（《白沙弟子传》），升知府。工书法，行草入神品，为世珍宝，称丹山先生。

［咸丰］《顺德县志》卷二十三《列传三·明·赵善鸣》：号丹山……时厓山慈元庙三忠祠圮，有司改建于圭峰，善鸣力请得修复……著有《朱鸟洞集》。

岑宗周　字希文，明顺德桂洲人。嘉靖四年（1525），与胡宗穆出谷建桂洲义仓。

［康熙十三年］《顺德县志》卷二《建置志·仓庾》：社仓凡十有一……嘉靖四年，知县曾仲魁劝义民出粟以建，用备凶荒……桂洲堡社仓积谷六百四十石，岑宗周、胡宗穆所建。

［乾隆］《广州府志》卷四十一《义行·顺德·明》：字希文。好读书，谙大义，补邑诸生。每晨起祷于天地以祈亲寿，岁饥捐金五百两平粜①资赈，建社仓多捐谷以为里党倡。

［咸丰］《顺德县志》卷二十三《列传三·明·岑宗周》：桂洲人……家政悉附于从兄，事禀而行，年五十犹作孺子慕。

胡宗穆　字敬之，明顺德桂洲人。陈献章弟子。嘉靖四年（1525）建桂洲义仓。

①平粜：荒年用平价出售积粟。

［乾隆］《广州府志》卷四十一《义行·顺德·清》：字敬之。性至孝，年五十犹孺慕①不衰。家非甚饶亦极力捐赈，建社仓多捐谷以为里党倡。孙岸、捷龙亦各捐谷，而岸妻岑、捷龙妻王同出金设普济堂，捷胡森好义，有祖父母风。

［咸丰］《顺德县志》卷二十三《列传三·明·胡宗穆》：桂洲人……尝从陈文恭游，文恭为题祖祠楹帖。与同门赵善鸣、霍韬相契，韬撰《云石说》，善鸣书以为赠，因又自号云石。

黄溥　明南海人。嘉靖四年（1525）举人。父鉴，成化十年（1474）举人，二十年进士。

《广州志》卷三十九《举人·国朝·弘治乙酉科》：鉴之子，南海。

高嵩　字宗岳，自号崙峰山人，明南海佛山镇人。精算卦。

［乾隆］《佛山忠义乡志》卷九《方技·明》：字宗岳，自号崙峰山人。爽丰神，喜饮酒，精郭景纯术，语灾福无不验。人争以礼延至，嵩但饮酒数斗，一无所索。尝为湛甘泉卜筑于金牛洞，甘泉赠以诗云："昔时白鹤称仙人，今恐崙峰是后身。袖里囊经心里诀，金牛许我可藏真。"嵩次答云："玉楼天上降仙人，结室金牛铸道身。从此罗浮增胜概，梅花村子有传真。"甘泉喜曰："山人亦能诗乎？"每游罗浮必偕嵩。嵩家甚贫，而胸次洒落不类术者，所与交皆当世名人。

陈善谋　字贻永，自名霞外子，明南海佛山镇人。考试不中，后以医著。

［乾隆］《佛山忠义乡志》卷九《方技·明》：字贻永，自名霞外子。颖悟博雅，连不得志于有司，遂以医著。他医不能治者，善谋治之无不活。脱②不活辄先以死日时告，至期果死矣。尝曰："人以元气为本，元气不足故病。补其不足，病乃有瘳。他医不究其本，以病治病，是以弗效也。若元气既索，虽扁鹊安能为哉？"一时求医者远近辐凑。其叔恒峰亦以医名。

廖翼　字飞卿，明南海人。弘治中蒙师，善堪舆术。

---

①孺慕：对父母的爱戴、怀念。

②脱：假若。

［万历］《南海县志》卷十三《外志·方技·明》：字飞卿。弘治中为训蒙师，善堪舆之术。老乃落魄山水间，托于辟谷服气，颜色如童。后不知所终。

罗章 明高明官棠人。弘治十年（1497）岁贡。

［万历］《肇庆府志》卷六《选举表二·国朝岁贡·弘治·高明县学》：嘉定州同。

［康熙八年］《高明县志》卷四《元明·恩岁贡》：官棠人，弘治十一年岁贡，任四川嘉定州同。

［光绪］《高明县志》卷十二《明·贡生·弘治朝》：官棠人，十年岁贡，四川嘉定州州同。

黄奉 字宗钦，明南海九江人。弘治十年（1497）岁贡，父篪，弟泰、粤。

《南海九江乡志》卷三《选举·进士·天顺元年丁丑科》：黄篪，……子奉，恩贡，教谕。《选举·贡·弘治十年丁巳岁贡》：字宗钦，由清远学习《诗经》，廷试授江西南昌府学训导，升广西北流教谕。进士、提学篪长子。

邓珍 字儒卿，明顺德龙江人。弘治十一年（1498）举人。

《广州志》卷三十九《举人·国朝·弘治戊午科》：顺德。

［万历］《顺德县志》卷九《举人·弘治十一年》：龙江，兴国州同。

［道光］《广东通志》卷七十二《举人三·明·弘治十一年戊午·广州府》：顺德人，字儒卿，兴国州同知。

冯济 字汝舟，明南海里水下沙涌村人。弘治十一年（1498）举人，任湖南永州同知卒。父遵，子楠。

《广州志》卷三十九《举人·国朝·弘治戊午科》：同知，府学。《举人·国朝·弘治乙酉科》：冯楠，济之子，南海。

［万历］《广东通志》卷二十《广州府·选举·乡举·国朝·南海》：弘治戊午，同知。

［乾隆］《南海县志》卷十六《人物志·循史·明》：冯遵子济，弘治戊午乡荐，授湖广永州同知，以廉能称，卒于官。

［道光］《广东通志》卷七十二《举人三·明·弘治十一年戊午·广州府》：南海人，字汝舟，遵子，同知，子楠。

冯理 字珆卿，明南海人。弘治十一年（1498）举人。父伟。

《广州志》卷三十九《举人·国朝·弘治戊午科》：南海。

［道光］《广东通志》卷七十二《举人三·明·弘治十一年戊午·广州府》：南海人，字珆卿，伟子。

刘览 明高明大唐美人。弘治十一年（1496）拔贡。

［万历］《肇庆府志》卷六《选举表二·国朝岁贡·弘治·高明县学》：刘览。

［康熙八年］《高明县志》卷四《选举表·元明·恩岁贡》：上仓人，弘治十一年拔贡。

［道光］《高明县志》卷十二《贡生·明》：大唐美人，弘治十一年拔贡。

麦祈庆 字景祥，明顺德马宁人。弘治十一年（1498）举人，任广西兴安县教谕。父谨，子文任。

《广州志》卷三十九《举人·国朝·弘治戊午科》：教谕，顺德。

［万历］《顺德县志》卷九《举人·弘治十一年》：石涌，兴安教谕。

［乾隆］《顺德县志》卷十《举人·明朝·弘治戊午》：马宁人，兴安县教谕。

［道光］《广东通志》卷七十二《举人三·明·弘治十一年戊午·广州府》：顺德人，字景祥，兴安教谕。

［咸丰］《顺德县志》卷十《举人·明·弘治》：字景祥，马宁人，兴安县教谕。谨子，文任父。戊午科。

严逢 字时鑑，明高明罗塘人。弘治十四年（1501）举人，正德时考进士中副榜，授湖南龙阳训导，卒于任。父缨，弟逾。

［嘉靖］《广东通志》卷十二《明·举人·弘治十四年辛酉》：训导。

《广东通志初稿》卷二十《举人·明·弘治十四年辛酉》：高要。

［万历］《肇庆府志》卷五《选举表一·国朝·举人·弘治十四年辛酉》：高明人，缨子，高要学，龙阳训导。

［康熙八年］《高明县志》卷四《明·举人·弘治十四年》：罗塘人，任湖广龙阳县训导。卷十三《人物传·明·严缨传》：长子逢，字时鑑，性醇学

博，举弘治辛酉科，署龙阳训〔导〕。龙阳科第久缺，逢至，择庠士可造者若李清、邓玺辈讲业程课，后清等皆以科第兴。逢未竟用而卒，所著有《记讲绪余》。

［光绪］《高明县志》卷十二《明·举人·弘治朝》：缨长子。十四年辛酉科，正德朝明通进士，任湖广龙阳训导。

严逾 字时镇，明高明罗塘人。弘治十一年（1498）举人，任广西河池知州，一年后因母老辞归。为嘉靖五年（1526）《高明县志》写序。父缨，兄逢。

［嘉靖］《广东通志》卷十二《明·举人·弘治十一年戊午》：肇庆人，知州。

［万历］《肇庆府志》卷五《明·举人·弘治十一年戊午》：缨子，府学，高明人，河池知县。

［康熙八年］《高明县志》卷四《明·举人·弘治十一年戊午》：罗塘人，任广西河池县知县。卷十三《人物传·明·严缨传》：次子逾，字时镇，举弘治戊午，知河池州逾年，念母老弃官而归。自少至老手不释卷，所著有《定集》。

［康熙二十九年］《高明县志》卷十二《举人·明》：罗塘人，弘治十一年戊午举人，任广西河池知州。

［光绪］《高明县志》卷十二《明·举人·弘治朝》：罗塘人，缨次子，逢弟。十一年戊午科，任广西河池州知州。案：设县后中式，以逾为先。

吴凤翔 字干霄，明顺德江村人。弘治十一年（1498）举人。

《广州志》卷三十九《举人·国朝·弘治戊午科》：学正，府学。

［万历］《顺德县志》卷九《举人·弘治十一年》：江村，宾州学正。

［道光］《广东通志》卷七十二《举人三·明·弘治十一年戊午·广州府》：顺德人，字干霄，宾州学正。

何沾 字宗泽，明顺德桂圃人。弘治十一年（1498）举人，十五年进士，任行人、南京御史。父瑀。

《广州志》卷三十九《举人·国朝·弘治戊午科》：顺德。卷三十八《进士·国朝·弘治壬戌科》：知府，顺德。

［嘉靖］《广东通志》卷十二《明·进士·弘治十五年壬戌》：知府。

[万历]《顺德县志》卷九《进士·弘治十五年》：平步，福州府知府。《封赠·御史》：何瑀，沾父，封。

[道光]《广东通志》卷七十二《举人三·明·弘治十一年戊午·广州府》：顺德人，字宗泽，进士。

[咸丰]《顺德县志》卷二十三《列传三·明·何沾》：桂圃人……授行人，武宗即位使谕安南，责王郊迎不如礼。王惧，馈以金宝，屏不纳。还朝，刘瑾索赂无有，后侦知却币事，亦置之，康对山以诗赠。擢南京御史，监乡试防范有法。按核戎政①，有千户杀人论死，持万金关说沾，仰天曰："此公，安可欺也？"卒抵法。十年台谏②，不增田产，或问以何遗子孙，沾曰："清白足矣。"竟以忤权贵出守福州，未至卒。

何谦　字元益，明南海人。弘治十一年（1498）举人。

《广州志》卷三十九《举人·国朝·弘治戊午科》：知县，南海。

[道光]《广东通志》卷七十二《举人三·明·弘治十一年戊午·广州府》：南海人，字元益，知县。

张文　字联奎，明顺德龙江人。弘治十一年（1498）举人。父清。

《广州志》卷三十九《举人·国朝·弘治戊午科》：知县，顺德。

[万历]《顺德县志》卷九《举人·弘治十一年》：龙江，东阳知县。

[道光]《广东通志》卷七十二《举人三·明·弘治十一年戊午·广州府》：顺德人，字联奎，东阳知县。

[咸丰]《顺德县志》卷十二《封赠（文阶）·明》：张清，龙江人，以子文封……知县。

陆平　字尚吕，明顺德水藤人。弘治十一年（1498）举人。

《广州志》卷三十九《举人·国朝·弘治戊午科》：知县，顺德。

[万历]《顺德县志》卷九《举人·弘治十一年》：水藤，济河知县。

[康熙十三年]《顺德县志》卷五《明朝·乡举·弘治戊午年》：水藤人，齐山县知县。

---

①戎政：谓军事与政务，亦专指军旅之事。

②台谏：负责监督官吏、讽谏君主的官。

［道光］《广东通志》卷七十二《举人三·明·弘治十一年戊午·广州府》：顺德人，字尚吕，济河知县。

陈锡 字祐卿，号天游，明南海沙贝（今属广州白云区）人。弘治十一年（1498）举人，十八年（1505）进士，授户部主事。正德十二年（1517）迁福建参政，历左布政、南京应天府尹归。寿八十一岁。父珙，弟鳌，子绍文。

《广州志》卷三十九《举人·国朝·弘治戊午科》：从化。卷三十八《进士·国朝·弘治乙丑科》：布政、府尹，南海。

［万历］《广东通志》卷二十《广州府·选举·进士·国朝·南海》：弘治乙丑，应天府尹。

［崇祯］《南海县志》卷十《人物列传》：字祐卿，宋朝散大夫康延之后。父珙为上犹训导，尝梦崔清献教之曰："子知学乎？毋不敬，内敬恒存。思无邪，外邪难入。"寤而索诸《言行录》果协，于是终身诵之。世传缃素，至锡尤力学。登弘治乙丑进士，授户部主事理厩政。逆瑾方用事，群珰星列，虽束刍出纳亦混主计，锡以法绳之，众不敢肆。司漕通州，革弊政六条。调吏部稽勋司，寻升郎中，一时名流咸所咨决。属舍人朱麒求袭封保国公，锡驳之曰："令甲①'非有重大军功不得封袭'，朱麒袭公非约也，宜从始封伯爵为是。"尚书杨一清从其议，因著为令。正德丁丑，迁福建参政，历左布政。绥定叛军，钩稽干没，树植风纪，绰有令闻。擢应天府尹，去之日，闽人为立遗爱亭。居应天未及三载，廷议欲晋孤卿，锡竟请致仕，凡三疏得允。优游田园，以翰墨自娱，凡十余年始卒，年八十有一，赐祭葬，祀乡贤。弟鳌能诗。以子绍儒封郎中，累赠太常寺卿，绍儒亦历府尹，转尚书，一门二京兆，人皆荣之。季子绍文、孙士暹相继举于乡。卷十二《艺文志·书目》：《天游集》，陈锡撰。

［道光］《广东通志》卷六十八《进士·明·弘治十八年乙丑顾鼎臣榜·广州府》：南海人，从化学。二甲，应天府尹。卷一百八十九《艺文略一·经部·易类》：《易说》，明陈锡撰，未见。见《岭南文献》。

［道光］《南海县志》卷三十六《列传五·明·陈锡》：号天游，沙贝乡人。卷二十五《艺文略一·经》：《易原》一卷，《尚书经传别解》一卷，《诗辨疑》一卷，明陈锡撰，据《明史·艺文志》。

①令甲：法令。

［宣统］《南海县志》卷十一《艺文略·经部·春秋三传类》：《春秋辨疑》一卷，明陈锡撰，据《经义考》。

周邦祚 字孟锡，明南海人。弘治十一年（1498）举人。子懋德。

《广州志》卷三十九《举人·国朝·弘治戊午科》：经魁。知州，府学，南海。

［嘉靖］《广东通志》卷十二《明·举人·弘治十一年戊午》：广州南海人，经魁，知州。

［道光］《广东通志》卷七十二《举人三·明·弘治十一年戊午·广州府》：南海人，字孟锡，经魁，知州，子懋德。

费溟 字容卿，明南海人。弘治十一年（1498）举人，任福建崇安教谕。父希冉，字师敬，正统间诸生，为濂溪书院教师。

《广州志》卷三十九《举人·国朝·弘治戊午科》：教谕，府学。

［万历］《广东通志》卷二十《广州府·选举·乡举·国朝·南海》：弘治戊午，教谕。

［万历］《南海县志》卷十一《隐逸·明》：费希冉，字师敬。父明以乡荐三领教职，希冉世其儒业。正统中，提学佥事①彭琉拔为郡诸生，援一子侍养例不就。举为濂溪书院师，教人有法。

［崇祯］《南海县志》卷十一《隐逸·明·费希冉传》：游其门者率多造就，所著《古文孝经解》《尚书本旨》《禺山稿》诸书。子溟，弘治戊午举于乡，仕为崇安教谕，俸虽薄，必与弟瀚、汇共之。瀚得恶疾，躬为调药，死敛亲浴无或畏忌。湛文简最重其为人。

［康熙］《广州府志》卷三十九《人物志十·儒林列传·明·费希冉传》：读书谈道，无复仕进，言常以渊明自拟，举陶集与子俨等疏以自助。其子吕为诗曰："骨肉至亲就如父子，爱而勿劳亦徒爱耳。劳汝以事事得其理，劳汝以道道积诸己。"所为诗文典粹可观。

---

①提学佥事：宋设提举学事司，管理所属州县学校和教育行政，简称提学。明正统元年始设提督学政，以按察司佥事充任。清改称"提督学院"，长官称"提督某省学政"，简称"学政"。

［道光］《广东通志》卷七十二《举人三·明·弘治十一年戊午·广州府》：南海人，字容卿，教谕。卷一百八十九《艺文略一·经部》：《尚书本旨》七卷，明费希冉撰，未见，黄《志》有。《孝经解》二卷，明费希冉撰，佚，黄《志》有。

唐泽 字加民，明南海人。弘治十一年（1498）举人，正德九年（1514）授江西新干知县，迁广西凤化知县，十二年入军中，立功后辞归。子资贤，岁贡；孙之灿。

《广州志》卷三十九《举人·国朝·弘治戊午科》：知县，府学，南海。

［万历］《广东通志》卷二十《广州府·选举·乡举·国朝·南海》：弘治戊午，知县。

［康熙］《广州府志》卷三十九《人物志十·儒林列传·明》：字加民，南海人。少孤，家贫好学。登弘治戊午贤书，设教于城中，执经问业者数百人，后多以科甲名世。其教人也，先孝弟次文学，持身待物俱以诚敬为本。正德甲戌授新淦令，维时江右多事，工役繁兴，泽独以爱民惜用为念。迁粤西凤化县。正德丁丑，兵备副使傅习雅重之，举至军前掌理钱谷。与征平修、荔之功，将升擢，值思恩土人阴谋背叛……遂解官归隐五羊不仕。泽性敏多能，善地理，能窥其奥，政事、行谊当时称之。子资贤，字彦齐，嘉靖庚午岁贡，力行嗜学，颖悟绝人。胸中绝无城府，读书之外不问家人生产，居常课诸子讲艺坡山，造就成名者比比皆然。比入南宫，结青溪社，海内相与咏歌，有《墅天萃稿》《青溪社稿》《北游杂咏》。以子之灿贵封司务。

梁丝 字世工，明顺德石硝（今属南海）人。弘治十一年（1498）举人，任广西洛容县教谕。

《广州志》卷三十九《举人·国朝·弘治戊午科》：教谕，府学，南海。

［万历］《顺德县志》卷九《举人·弘治十一年》：石硝，洛容教谕。

［道光］《广东通志》卷七十二《举人三·明·弘治十一年戊午·广州府》：顺德人，字世工，洛容教谕。

黄绣 字世美，明顺德龙头人。弘治十一年（1498）举人。

《广州志》卷三十九《举人·国朝·弘治戊午科》：教谕，顺德。

［万历］《顺德县志》卷九《举人·弘治十一年》：龙头，孝感教谕。

［道光］《广东通志》卷七十二《举人三·明·弘治十一年戊午·广州府》：顺德人，字世美，孝感教谕。

黄鹏　字应举，明南海人。弘治十一年（1498）举人。子榴。

《广州志》卷三十九《举人·国朝·弘治戊午科》：教授，南海。

［万历］《广东通志》卷二十《广州府·选举·乡举·国朝·南海》：弘治戊午，教授。

［道光］《广东通志》卷七十二《举人三·明·弘治十一年戊午·广州府》：南海人，字应举，教授，子榴。

廖骉　字尚殷，明三水白塔乡人。弘治十一年（1498）举人。

《广州志》卷三十九《举人·国朝·弘治戊午科》：同知，从化。

［康熙四十九年］《三水县志》卷三《乡举·明朝·弘治戊午科》：白塔乡人，从化中式。

［道光］《广东通志》卷七十二《举人三·明·弘治十一年戊午·广州府》：南海人，今隶三水，从化学，字尚殷，同知。

［道光］《南海县志》卷二十《举人·明弘治朝》：苏州府同知，戊午科。

钟华　字美彰，明顺德都粘人。弘治十一年（1498）举人，任江西兴国县教谕、福建光泽县令。子善本、善言、善行。

《广州志》卷三十九《举人·国朝·弘治戊午科》：光泽知县，有善政，顺德。

［嘉靖］《广州通志》卷六十二《列传十九·邓炳传》：字美彰，顺德人。戊午乡荐，为兴国教谕，擢光泽令，教民孝弟力田，作教条以谕之，经义、文学与炳齐名，乡皆称为笃实君子。二子善本、善言皆登乡科，族子善经最知名。

［万历］《顺德县志》卷八《人物志第七之二》：钟华者，都粘人也。

［康熙十三年］《顺德县志》卷七《人物传一·德业》：精于《易》学，既领乡荐，教授生徒常百余人，赖以成立甚众。授兴国学谕，勤于指教，由是《易》学彬彬。迁尹光泽，爱民如子，登士于庭而训之，作《谕民教条录》，范以力本孝弟，邑中感化，令简民安，数载致仕。三子皆以经述成名，善本、善言举于乡，善行贡太学。至今缙绅先生犹称其为淳笃君子云。

熊一渼　榜姓杨，明南海人。弘治十一年（1498）举人，次年进士。祖彦徵，父仲芳，子廷翰。

《广州志》卷三十九《举人·国朝·弘治戊午科》：杨一渼，复姓熊，从化。卷三十八《进士·国朝·弘治己未科》：副都御史、大理寺卿，南海。卷四十《封赠·国朝·太常卿》：熊彦徵，南海，字应麟，行义不倦，齿德可称，以孙一渼贵赠。熊仲芳，以子一渼贵赠。《恩荫·国子生》：熊廷翰，副都御史一渼子。

［万历］《广东通志》卷二十《广州府·选举·乡举·国朝·南海》：杨一渼，弘治戊午进士，复姓熊。《进士·国朝·南海》：杨一瑛，弘治己未，副都御史。

［道光］《南海县志》卷二十六《艺文略二·集》：《慎轩集》四卷，明熊一瑛撰，据黄《通志》。

潘溥　字元博，明顺德古楼人。弘治十一年（1498）举人。父瑾。

《广州志》卷三十九《举人·国朝·弘治戊午科》：太常典簿，顺德。

［万历］《顺德县志》卷九《举人·弘治十一年》：古楼，汀州同知。

［万历］《广东通志》卷二十《广州府·选举·封赠·国朝·顺德》：潘瑾，以子溥赠太常典簿。

［道光］《广东通志》卷七十二《举人三·明·弘治十一年戊午·广州府》：顺德人，字元博。汀州同知，一作太常典簿。

戴纪　字惟振，明南海人。弘治十一年（1498）举人。

《广州志》卷三十九《举人·国朝·弘治戊午科》：南海。

［道光］《广东通志》卷七十二《举人三·明·弘治十一年戊午·广州府》：南海人，字惟振。

冯灌　明高明杨梅人。弘治十二年（1499）岁贡。

［万历］《肇庆府志》卷六《选举表二·国朝岁贡·弘治·高明县学》：高要主簿。

［康熙八年］《高明县志》卷四《元明·恩岁贡》：杨梅人，弘治十二年岁贡，任江西高安县主簿。

麦霤 字后耕，明南海人。弘治十二年（1499）捐谷赈饥。

[崇祯]《南海县志》卷十一《隐逸·明》：字后耕。性至孝，少侍严慈，昕夕服膳必谨，终两丧，哀毁骨立。赡恤兄弟，有古孟元、阴庆之遗。弘治己未岁饥，捐赈谷二百石，当路旌其义。遗祠在城西横里，勋卿郭公棐题之曰“义士麦后耕祠”。

周南 明顺德鹭洲人。弘治十二年（1499）贡生，任江西信丰训导。正德四年（1509）升浙江鄞县教谕，十三年升江西安义县知县。子孔文。

[康熙十三年]《顺德县志》卷七《人物传一·德业》：鹭洲乡人。进本县儒学生补廪，应弘治己未贡，除江西赣州府信丰县学训导。正德四年升浙江宁波府鄞县教谕，正德十三年升江西安义县知县致仕。宁波府太守寇公讳天叙署其考曰“训诲之职详明，清苦之操益励”。《人物传一·德业·周孔文传》：江西安义县知县周南之子也。

黄民准 （约1470—约1559）名一作文准，字邦直，别号慎斋，明顺德甘竹人。嘉靖元年（1522）岁贡，任福建政和县、广西平乐府训导，升富川教谕，十七年继母去世回乡。寿九十岁。子应龙、宦业。

《粤大记》卷二十三《献征类·文学经论·明》：字邦直，别号慎斋，顺德人。少有文名，屡试弗第。应嘉靖元年贡，授福建政和县学训。九年满，补广西平乐府学训，徐升富川县学谕。嘉靖戊戌，以丁继母忧遂隐不出。公三仕为学官，率诸青衿讲学考课，甘坐寒毡，不受贽节，十八年如一日也，今彼中人士尚鳃鳃①景慕之。其甄陶人才，模范士习，所裨翊世道岂谫②哉？既致仕，年已七十余，师事甘泉先生，讲明心性之指。平生苦心问学，矢志圣贤，居己甚约，与人甚恭，而持论甚正。其天性浑厚正直，无疾言遽色，亦不以非礼徇人，甘泉先生雅重之，呼为老友。年九十卒，卒之前数日犹手不释卷。所遗二子者皆其先产，毫无增也。子应龙能继其志，领乡荐，任武昌知县，绩最，奉敕赠公文林郎如其官；今龙任户部主事司仓监兑，以清直敏断蜚声，其扬公芳烋者骎骎方炽云。

---

①鳃鳃（xǐxǐ）：恐惧貌。

②谫（jiǎn）：浅薄。

［康熙十三年］《顺德县志》卷七《人物传一·德业》：甘竹人。好学乐善，处己以温，与人以礼，无苟取，无疾言。嘉靖元年岁贡，初任政和司训。值尹入觐，准摄和篆，爱民洁己。郡寇蜂起，和城垂圮，准申两台崇雉堞，增保障，得批允即募民夫，捐俸修筑，不旬日而完固，和城克保无虞。九年秩满，遂迁平乐教谕。修葺学宫，虚怀造士，勉励诸生讲明心性之学，却束脯、周寒士其后也。丁继母忧还里，师事湛甘泉先生，年八十犹手不释卷，所著有《心性解》等书。子应龙，宦业另纪。

［宣统］《南海县志》卷二十六《杂录》：时有黎养真瑞鸾者年八十二，黄慎斋民准年八十一，吴藤川纯年八十，皆游甘泉门下。甘泉称为“三皓”，有歌云：“养真慎斋与藤川，三皓同时及我门。”而黄教授邮者年七十余，与慎斋同注甘泉心性图书。一堂之上，师弟子皆庞眉鹤发，太古衣冠，好事者因与简翁合绘为图，称为“师弟六皓”。

郑禄　（1471—1570）字永爵，明顺德伦教人，寿百岁。

［乾隆］《顺德县志》卷十四《耆寿》：字永爵，伦教人。生成化辛卯，终隆庆庚午。隆庆三年乡饮正宾，建百岁坊于伦教乡丰财墟。

钟晓　（约1472—约1561）字景旸，明顺德龙江人。弘治五年（1492）中举，任教广西梧州府学九年，迁国子学正、南京贵州道监察御史、湖北沔阳州判、归州知州、江西瑞州同知、广西思恩知府。寿八十五岁。父良，子千。

《广州志》卷三十九《举人·国朝·弘治壬子科》：助教、御史，顺德。

［嘉靖］《广东通志》卷十二《明·举人·弘治五年壬子》：御史。

［万历］《顺德县志》卷七《人物志第七之一》：钟晓者，龙江人也，字景旸。少沉毅寡言笑，邹智之谪石城①也，晓师焉。以举人分教梧州，督学重其学行，檄主桂林书院九载。迁国子监学正、南京贵州道监察御史，奏革锦衣、金吾、龙骧、腾骧四卫冗员及工部冗匠，岁省漕粟数十万。劾参政王奎，参议王泰、白金，佥事李淳，皆宸濠党也。刷卷四川，谏迎生佛，请召还使臣，毋空糜十余万。又奏停采木，蜀人德之。熊给事、简御史时亦以使事在蜀，则共请建储，疏至而武宗晏驾矣。未几为忌者所排，谪判沔阳，《沔阳志》称其长者，政事志节足称云。迁知归州。先是，湖广忠路与四川石柱两

---

①石城：位于广东雷州半岛北部，临北部湾，后改名廉江县。

土官争地，相攻四十余年，两省官不能决。晓奉檄讯之片言而服，人以是称其敏也。同知瑞州，进思恩知府致仕。晓居官三十余年，贫约甚于寒士。尝治室梁矣，比邻恶其蔽己，即裁其楹。世人得一命而以武力加于乡党，甚者兼并，可胜道哉？晓八十五卒，后二十九年知县沈鉄曰：晓"按蜀著谔谔之节，居家有恂恂①之风，男子六人无百金之产，盖清修之流也"。白两台②表之。子千，亦同知瑞州。

[康熙十三年]《顺德县志》卷七《人物传一·德业》：父良有隐德，生晓弱冠领乡荐。以乙榜署梧州府训导，大为督学彭、姚二公器重……升胄监，寻擢南京贵州道御史。首劾除江西藩、臬之官以默剪宸濠构逆之党，又疏荐名将邵永等，疏汰锦衣、龙骧二卫冗食员匠。刷卷四川，疏请追回迎佛人员，劾副总兵张杰贪酷，奏停买木之役，俱中时宜。寻落职判沔阳，善于救荒，民赖存活。董太史志其循良，曰晓长者也。转归州，川、湖二土官之争累年不决，一讯而服，其忠信明决如此……历任三纪，家无羡赢，屏迹丘园，澹如也。尝建第，方竖栋，觉屏蔽后一人宅，遽命驰栋裁之，尤人所难者。主事何鰲铭其墓曰："立朝负汲黯之戆，居乡持郭泰之贞。"人以为实录。

《龙江志略》卷一《编年·明》：正德十年乙亥，帝遣迎生佛，御史钟晓疏谏。

[咸丰]《顺德县志》卷二十二《列传二·明·钟顺》：族子晓……合州邹智以庶吉士疏论时政，坐事被杖，谪为石城吏目，往来邑境，晓师事焉……稍迁知归州。先是，湖广土官忠路与四川土司石柱争地，相攻杀四十年，官不能平。至是晓奉檄往讯，片言服之……祀沔阳名宦。

[民国]《顺德县志》卷十四《艺文略·集部·别集》：《一斋文集》《诗集》，明钟晓撰。

王文祐　字廷吉，明南海人。弘治十四年（1501）举人。

《广州志》卷三十九《举人·国朝·弘治辛酉科》：教授，南海。

[道光]《广东通志》卷七十二《举人三·明·弘治十四年辛酉·广州府》：南海人，字廷吉，教授。

邝约　字文博，号古潭，明南海扶南堡伯和乡人。弘治十

---

①恂恂：恭谨温顺的样子。

②两台：藩台和臬台的合称，指明清时期地方最高行政长官承宣布政使和提刑按察使。

四年（1501）举人，次年进士，任浙江龙泉、江西金溪知县。正德二年（1507）升云南监察御史，十年升河南按察副使。因母丧归，寻卒。祖文，父理，子元阳。

《广州志》卷三十九《举人·国朝·弘治辛酉科》：南海。卷三十八《进士·国朝·弘治壬戌科》：副使，南海。

［崇祯］《南海县志》卷九《人物列传·邝文传》：孙约，壬戌进士，历监察御史，巡按应天、贵州，所至有声，终河南按察副使。元乐知州，尤长于诗文。

［道光］《广东通志》卷七十二《举人三·明·弘治十四年辛酉·广州府》：南海人，字元博，进士。

［道光］《南海县志》卷三十六《列传五·明·邝约》：字文博，号古潭，扶南伯和乡人。父理，字乐富，孝友好学，义恤乡里，乡有争者咸就理质之，邑令蒋升旌为善士。约生而秀伟，弘治辛酉乡荐，壬戌进士，授龙泉令，有廉声。改知金溪，赈饥民不待请，全活甚众。正德丁卯，擢云南监察御史，时畿内苦烙马，约以闻，民免其害。出按应天等府，旌奖节孝，至徽，以余财新学宫。诸府沿江多水患，堤决民辄失业，约督治之，始有宁宇。逆瑾设店渔利，奏革其扛解诸费。属守有借势求荐举者，约以旷职坐之。时流贼猖獗，守将无功，约抗疏严劾，闻者悚慑。及考最，称能御史。癸酉按贵州永宁，羿蛮凭险横衅，设民兵为久屯之计，夷患少熄。及程番土舍石承玺之乱，约勒兵袭之，获其酋长，俘千余人。都匀猛朔以袭官争扰，或欲兵之，约曰："彼竟以官，非贰我也。"单骑入垒，谕以顺逆，遂大屈服，事闻有白金、文绮之赐。时诸夷方靖，乃设东西关以捍截山之苗，给田种以收散亡之众，行乡饮以变夷僚之习，碉房罽①服，四面受制。乙亥擢河南按察，镇守私人多不法，约治之无怨言。丙子入觐还治，值巡抚李某招民开河，众惧不应，约出郊一挥，归者如市。以内艰归，寻卒。子元阳，字子乾，号鹤舒，贡生。侄元礼、元乐、元祥、彦举。

冯祥 明高明杨梅人。弘治十四年（1501）岁贡。

［万历］《肇庆府志》卷六《选举表二·国朝岁贡·弘治·高明县学》：古田训导。

［康熙八年］《高明县志》卷四《元明·恩岁贡》：杨梅人，弘治十四年

---

①罽（jì）：用毛做成的毡子一类的东西。

岁贡，任广西古田县训导。

苏仲 字亚夫，明顺德碧江人。弘治十四年（1501）举人，次年连登进士，任户部主事，被贬湖南岳郡、广西象州，辞归。父福润，兄政、葵。

《广州志》卷三十九《举人·国朝·弘治辛酉科》：南海。卷三十八《进士·国朝·弘治壬戌科》：主事，顺德。卷四十《封赠·国朝·主事》：苏福润，顺德，以子仲贵赠。

［万历］《顺德县志》卷九《进士·弘治十五年》：龙头，主事。

［康熙十三年］《顺德县志》卷七《人物传一·德业》：字亚夫，碧江人。弘治壬戌进士，授户部主事。时逆瑾弄权，大小官奉差出外，及回京，朝见毕，皆赴瑾宅，习以为常，仲差天津、湖广等处，不赴瑾宅。所理粮饷，持正不为诡媚，多忤瑾意，遂为所嫉，出为岳郡散官。时郡大饥，仲申抚按，愿捐俸资，并查无碍钱粮赈济，存活者以万计。平江流贼丘仁、许清劫掠焚毁，逼近城池。仲运筹建策，追及城陵矶，杀灭殆尽。寻升广西象州知州，理政之暇，于州治之后圃有曰龙池者，筑亭其上而匾之曰“陋”，作记以志之，叙见嫉之，由惟其陋而已。象有贼首覃公仞等，累与官府抗敌，莫能追捕，仲到尽得而诛之。尝出令招抚瑶、壮，从来不入城市者，皆闻风归化。御史舒晟疏荐贤能，一时牧州者以仲为第一。未几，以案牍劳神，忽作秋风莼鲈想，遣吏王祐赍疏之京，乞恩休致。兄葵，翰林编修，亦以不屈逆阉董让，出为四川、江西督学，历官方伯，气节自高，与仲称二难①焉。仲初听选于京，葵寄诗勉励，有“往事模棱堪鉴戒，暮年完璧是行藏”之句，仲可谓不负其兄所勉矣。所著有《古愚集》。

苏瑶 字朝珍，明顺德碧江人。拜师于黄著。弘治十四年（1501）举人，十八年明通榜进士，任贵州金州学正、苏州府教授，山东宁津、福建长汀知县。父顺。

《广州志》卷三十九《举人·国朝·弘治辛酉科》：经魁，知县，府庠。

［嘉靖］《广东通志》卷十二《明·举人·弘治十四年辛酉》：广州南海人，经魁，知县。

［万历］《顺德县志》卷九《举人·弘治十四年》：龙头，经魁，上杭

①二难：谓兄弟皆佳，难分高低。

知县。

［乾隆］《顺德县志》卷十《封赠·知县·明朝》：苏顺，以子瑶贵赠。

［道光］《广东通志》卷七十二《举人三·明·弘治十四年辛酉·广州府》：顺德人，字汝珍，经魁，上杭知县，瑶一作琉。

［咸丰］《顺德县志》卷十《明通榜·明·弘治》：碧江人，知长汀县，有传，乙丑科。卷二十三《列传三·明·黄著》：著精小戴《礼》，碧江苏瑶师事焉。瑶，字朝珍，弘治辛酉乡举，乙丑中乙榜。授金州学正，督学姚鹏辟五经书院造士，以瑶为师。荐升苏州府教授，俗喜游，婚丧费侈，又每水葬，瑶以礼申禁。擢令宁津，会军兴征敛繁重，瑶核羡税，给度支，田里晏然。未几忧去，嘉靖初起补长汀令。汀守方议拓郡城，佐贰①利督工。瑶独上两院议以为非便，民闻之遽欢呼罢役，竟以此受排挤归。生平历官教士，一本曲台②训，至今八桂、三吴、河间、汀洲传其业者，尚称苏先生礼。

麦良　字性之，明南海人。弘治十四年（1501）举人。

《广州志》卷三十九《举人·国朝·弘治辛酉科》：梁良，南海。

［嘉靖］《广东通志》卷十二《明·举人·弘治十四年辛酉》：麦良。

［道光］《广东通志》卷七十二《举人三·明·弘治十四年辛酉·广州府》：南海人，字性之，戴《志》误作梁良。

何文翰　字汝辉，明南海人。弘治十四年（1501）举人。父朝宗。

《广州志》卷三十九《举人·国朝·弘治辛酉科》：教谕，南海。

［道光］《广东通志》卷七十二《举人三·明·广州府》：弘治十四年辛酉。何文翰，南海人，字汝辉，教谕。

何华暹　字伯洪，明顺德龙江人。弘治十四年（1501）举人。

《广州志》卷三十九《举人·国朝·弘治辛酉科》：州同，顺德。

［万历］《顺德县志》卷九《举人·弘治十四年》：龙江，知州。

［康熙十三年］《顺德县志》卷五《明朝·乡举·弘治辛酉》：龙江人，

---

①佐贰：辅助主官的副官。

②曲台：汉时作天子射官，又立为署，置太常博士弟子，为著记校书之处。

太仓州知州。

［道光］《广东通志》卷七十二《举人三·明·弘治十四年辛酉·广州府》：顺德人，字伯洪，太仓知州。

何汴　字宗豫，明顺德桂圃人。弘治十四年（1501）举人，为广西苍梧、贵县县令。

《广州志》卷三十九《举人·国朝·弘治辛酉科》：知县，府庠，南海。

［万历］《顺德县志》卷九《举人·弘治十四年》：平步，贵县知县。

［道光］《广东通志》卷七十二《举人三·明·弘治十四年辛酉·广州府》：顺德人，字宗豫，贵县知县。

［咸丰］《顺德县志》卷二十三《列传三·明·何汴》：桂圃人……令苍梧、贵县，稽保甲，劝农桑，所至屏绝供亿。时部内民田一稃二米，上官以为循绩所感。

何俊　字彦卿，明南海沙头人。弘治十四年（1501）举人，嘉靖二年（1523）进士。父能。

《广州志》卷三十九《举人·国朝·弘治辛酉科》：知县，府庠，南海。卷三十八《进士·国朝·嘉靖癸未科》：知县，南海。

［嘉靖］《广东通志》卷十二《明·进士·嘉靖二年癸未》：主事。

［万历］《广东通志》卷二十《广州府·选举·进士·国朝·南海》：嘉靖癸未，户部主事。《封赠·国朝·南海》：何能，以子俊赠户部主事。

［道光］《广东通志》卷七十二《举人三·明·弘治十四年辛酉·广州府》：南海人，字彦卿，进士。

［宣统］《南海县志》卷二十六《杂录》：沙头何三柳，名俊，十岁能文，有“神童”之目。年十四应童子试，邑宰举十字使属对，曰：“迟迟吾行，三月无君则吊。”俊即应声云：“嚣嚣自得，万钟于我何加？”邑宰称叹良久，拔置前列，后成嘉靖癸未进士。出宰海宁有德政，遽解组归。三奉朝旨起用，卒授以淮安昌粮储道，均不赴。尝自题《琼林醉归图》云：“醉中如走梦中驹，梦醉传真岂像吾？闻报凌霄茶已熟，丹心谁赠醒归图？”其风致可想也。

何淳　字宗厚，明顺德桂圃人。弘治十四年（1501）举人，次年进士。父璋。

《广州志》卷三十九《举人·国朝·弘治辛酉科》：璋之子，府庠，南海。卷三十八《进士·国朝·弘治壬戌科》：主事，顺德。卷四十《封赠·国朝·

主事》：何璋，长史，以子淳贵赠，顺德。

［万历］《顺德县志》卷十《进士·弘治十五年》：平步，主事。

［道光］《广东通志》卷七十二《举人三·明·弘治十四年辛酉·广州府》：顺德人，字宗厚，进士。

［咸丰］《顺德县志》卷二十三《列传三·明·何淳》：桂圃人……初任赣县知县，调临川。一意抚字，不阿上官风旨。按使下条例过刻，淳曰："是厉民也。"格不行，三疏竟弗报，遂被劾褫职①。百姓诣阙讼之，帝廉其治行，复除奉新县。擢南京户部主事。

何景章　明顺德马宁人。弘治十四年（1501）举人，为安徽徽州府通判。父训。

《广州志》卷三十九《举人·国朝·弘治辛酉科》：通判，顺德。

［嘉靖］《广东通志》卷十二《明·举人·弘治十四年辛酉》：何景彰，通判。

［万历］《顺德县志》卷九《举人·弘治十四年》：马宁，徽州通判。

［道光］《广东通志》卷七十二《举人三·明·弘治十四年辛酉·广州府》：何景华，顺德人，徽州通判，一作何景彰。

［咸丰］《顺德县志》卷十《举人·明·弘治》：马宁人，通判徽州府。按：阮《志》作"景华"而云一作"景璋"，则传写之误也，今从叶、姚二《志》……辛酉科。卷十二《封赠（文阶）·明》：何训，马宁人，以子景章赠府通判。

何景鹗　明顺德清沙人。弘治十四年（1501）副贡，任广东曲江县教谕。

［咸丰］《顺德县志》卷十一《副贡·明·弘治》：清沙人，辛酉，曲江县教谕。

陈九经　字汝成，明南海人。弘治十四年（1501）举人。

《广州志》卷三十九《举人·国朝·弘治辛酉科》：通判，府庠，南海。

［万历］《广东通志》卷二十《广州府·选举·乡举·国朝·南海》：弘治辛酉，通判。

---

①褫职：革去官职。

［道光］《广东通志》卷七十二《举人三·明·弘治十四年辛酉·广州府》：南海人，字汝成，通判。

陈则　字养新，一字宪卿，明南海人。弘治十四年（1501）举人，任河北定州学正，国子监学士、博士。正德八年（1513）到福建主持考试，迁北京御史，官至光禄寺少卿。孙世善，字惟敬，其子诚，诚孙宾王。

《广州志》卷三十九《举人·国朝·弘治辛酉科》：御史，府庠，南海。

［万历］《广东通志》卷二十《广州府·选举·乡举·国朝·南海》：弘治辛酉，御史。

［崇祯］《南海县志》卷十《人物志》：字养新，世家浙。祖德甫，元进士，官广州提领，始籍南海。子季泽，洪武初举人材赴阙，力辞仕，敕回教民。泽曾孙英负笃行，隐秋涧草堂，详黎暹、黄佐记志。则，英子也，性孝友。举乡书，繇博士擢御史，按保定、湖广，所在威怀①。疏除重税，劾贵幸权珰②，节尤烈。以忤时去，垂橐萧然。梁文康过则居，颜曰“心性”。魏浣初宪粤，颜则祠曰“诵芬”，联曰“到底青毡风味，摩空白简霜棱”。今祀乡贤番禺。

［康熙］《广州府志》卷三十三《人物志五·介直列传·明》：禀性端刚……授定州学正，教士有方。擢国子监学正，名动都下，卿相皆慕与游。转博士，癸酉典福建闱。迁河南道御史，立朝忠直敢谏，前后疏劾权珰刘瑾，纠贵幸江彬、钱宁欺罔，遇事辄言，不避权贵。巡视东城，执法不稍假借，嬖③寺为之敛迹。出按保定，继按湖广，所至举贤惩贪，释冤摘滞。疏除荆州重税，特劾内监抽分。当世宗继统，差巨珰南迎，宫眷多纵肆。则执法特劾，有旨扭珰解京下部严处，民甚赖之。寻致仕，杜门授徒讲学，岭士归之，闽、桂英才数千里负笈。其学主心性为宗，梁文康储常过其居，颜其堂，曰“心性”，与为密友，结昏姻亲，朝政、乡评多咨访之。遗橐萧然，家无粒税。著有《心性学宗》、疏稿、诗集行世。后天启间，督学魏浣初为题其词联曰：“一世贞心，到底青毡风味。千秋生气，摩空白简霜棱。”祀邑乡贤。孙世善字惟敬，别号海槐。则按楚时曾释枉囚，获其所献南岳异方。世善清白吏子

---

①威怀：威服和怀柔，谓威德并用。

②权珰：有权势的宦官。

③嬖（bì）：受宠爱。指宦官。

孙。家无粒税，安贫乐道。遵方炼丸，救病寿人。廉于取直，名驰南北。利赖甚广。事亲至孝，博极群书。尤善施与，岁饥施米及药，存活者众。闾里钦其长厚①，屡聘乡饮。子诚、孙元开俱寿九十余，人谓积善余庆。诚字表端，为诸生，精于经学，博贯六经，尤精《毛诗》。与先达钟鼎臣交善，砥尚气节。好谈理学，以静观为主，力学三十年，一日豁悟，语门人曰："吾学静以为体，观以为用，体用虽殊，静观无二。"建静观亭，澄怀端坐，以观万物之变。学使魏校卓奖德行，谒其先祠……生平无一事不可对人言，非衣冠不入内室，临财能让，人犯不较，荐绅称其醇儒。年九十余终，著有《静观存稿》。以《毛诗》授子婿黄士贵，登顺治戊戌进士；孙宾王领崇祯壬午乡荐。

［康熙］《南海县志》卷十三《人物传·耆寿·清·陈诚传》：耄期耳目聪明，行立强健，年百岁无疾而卒……以葩经②授婿黄士贵、孙宾王，同登壬午乡荐。

［雍正］《广东通志》卷四十七《人物志·明·隐逸·广州府·陈世善传》：祖则。世善燕居有威仪，衣必布素。

［道光］《广东通志》卷七十二《举人三·明·弘治十四年辛酉·广州府》：南海人，字养新，一字宪卿，光禄寺少卿。见《番禺志》。

［道光］《南海县志》卷三十五《列传四·明·陈则》：鲠直敢谏，疏劾刘瑾、江彬、钱宁欺罔之罪，朝端动色。复命掌河南道，加光禄寺少卿致仕。

陈参　明南海人。弘治十四年（1501）举人。

《广州志》卷三十九《举人·国朝·弘治辛酉科》：南海。

陈韶　字宗舜，明顺德桂林人。弘治十四年（1501）举人。孙光颖。

《广州志》卷三十九《举人·国朝·弘治辛酉科》：推官，顺德。

［万历］《顺德县志》卷九《举人·弘治十四年》：桂林，福州推官。

［道光］《广东通志》卷七十二《举人三·明·弘治十四年辛酉·广州府》：顺德人，字宗舜，福州推官，寿百岁。

［咸丰］《顺德县志》卷十《举人·明·弘治》：字宗舜，桂林人，福州府推官，见耆寿，光颖祖……辛酉科。

①长（zhǎng）厚：恭谨宽厚。

②唐代韩愈的《进学解》说："《诗》正而葩。"后因称《诗经》为"葩经"。

罗珊 字廷佩，明南海九江人。弘治十四年（1501）举人，正德中任福建永安知县，因忤权贵辞归。寿八十八岁。子宪、忠言，孙鸿。

《广州志》卷三十九《举人·国朝·弘治辛酉科》：知县，南海。

《南海九江乡志》卷三《乡举·弘治十四年辛酉科》：字廷佩，号沃斋。由南海学习《礼记》，中式选举十名，授福建永安知县，寿八十八。子宪、忠言并举人，孙鸿进士、御史，后裔舜臣、文治并庠生。

[道光]《广东通志》卷七十二《举人三·明·弘治十四年辛酉·广州府》：番禺人，徙南海，字廷珮，永安知县。

[道光]《南海县志》卷三十六《列传五·明·罗珊》：字廷珮。弘治辛酉举人，正德中知永安。政先爱民，不畏强御。总镇移文欲开县忠雒乡矿以贡，逼胁甚急，珊抗止之。大忤使者徐俊，俊诬珊杀人，差官逮系。邑汹汹①曰："使者贪利，执我廉宰，众盍死之?"奔诉当道，珊声益著，后擢去，民为撰文勒石。竟因忤权贵解绶归。珊子宪，次子忠言……宪子鸿。

《九江儒林乡志》卷十二《列传·明》：珊长于诗文，尤精星命。次子忠言负声庠序，嘉靖癸卯元旦谓之曰："汝今科合中，惟晦星缠阻恐不利，且俟之矣。"而正考、录遗皆北。八月八日晨起，呼忠言速携考具入场，曰："晦星已过，决中无疑。"旁人窃笑。及按院点名讫，尚余号舍，传语督学选岁试高等，未与科举者十余人同进，忠言与焉，榜发有名，一如所料。年八十八卒，祀延平府名宦。长子宪举人，官苏州倅。孙鸿进士，官御史，以忤严嵩归。

胡绍德 字志贤，明三水三江人。弘治十四年（1501）举人。

《广州志》卷三十九《举人·国朝·弘治辛酉科》：府庠，南海。

[万历]《广东通志》卷二十《广州府·选举·乡举·国朝·南海》：弘治辛酉。

[康熙四十九年]《三水县志》卷三《乡举·明朝·弘治辛酉科》：三江人，以南海中式。

[道光]《广东通志》卷七十二《举人三·明·弘治十四年辛酉·广州府》：三水人，南海学，字志贤。

---

①汹汹：形容动荡不安或骚乱不宁。

梁震　字绍乾，明南海佛山镇人。弘治十四年（1501）举人，任安徽太平府推官。

《广州志》卷三十九《举人·国朝·弘治辛酉科》：推官，南海。

［乾隆］《佛山忠义乡志》卷四《乡举·明·弘治辛酉》：江南太平府推官。

［道光］《广东通志》卷七十二《举人三·明·弘治十四年辛酉·广州府》：南海人，字绍乾，推官。

黄昇　字士超，号与竹，明南海人。弘治十四年（1501）举人。

《广州志》卷三十九《举人·国朝·弘治辛酉科》：知县，南海。

［道光］《广东通志》卷七十二《举人三·明·弘治十四年辛酉·广州府》：南海人，字士超，知县。

［道光］《南海县志》卷三十六《列传五·明·戴缙》：字士超，号与竹。弘治辛酉乡试，由肥乡学擢昌化令。尝六月祈雨，芒履出祷，入则焚香私第，密祷如外，三祷三雨。邑中虎为民害，以文祷于神，虎去。

廖翔　字一举，明南海人。弘治十四年（1501）举人，任福建永定教谕。

《广州志》卷三十九《举人·国朝·弘治辛酉科》：教授，府庠，南海。

［万历］《广东通志》卷二十《广州府·选举·乡举·国朝·南海》：弘治辛酉，教授。

［道光］《广东通志》卷七十二《举人三·明·弘治十四年辛酉·广州府》：南海人，字一举，教谕。

［道光］《南海县志》卷二十《举人·明弘治朝》：永定教谕，辛酉科。

谭鳌　字一元，明顺德甘竹人。弘治十四年（1501）举人。

《广州志》卷三十九《举人·国朝·弘治辛酉科》：顺德。

［万历］《顺德县志》卷九《举人·弘治十四年》：甘竹。

［道光］《广东通志》卷七十二《举人三·明·弘治十四年辛酉·广州府》：顺德人，字一元。

黎士翘 字杰甫，明南海人。弘治十四年（1501）举人。

《广州志》卷三十九《举人·国朝·弘治辛酉科》：知县，府庠，南海。

［万历］《广东通志》卷二十《广州府·选举·乡举·国朝·南海》：弘治辛酉，知县。

［万历］《南海县志》卷十一《人物列传二》：领弘治辛酉乡荐，正德中释褐知湖广安远县。清慎平易，节用轻徭，遇善类必扶植之。方锐志振刷积弊，未竟而卒，其仁民泽物之政，至今犹有存者。

［道光］《广东通志》卷七十二《举人三·明·弘治十四年辛酉·广州府》：南海人，字杰甫，知县。

黎应祥 明南海佛山镇人。弘治十四年（1501）举人。

［乾隆］《佛山忠义乡志》卷四《乡举·明·弘治辛酉》：广西太平府推官。卷六《乡俗志·氏族》：黎氏，明有推官应祥、教谕文治，国朝有举人、知县叶莲。

刘信 明高明大唐美人。弘治十六年（1503）岁贡。

［万历］《肇庆府志》卷六《选举表二·国朝岁贡·弘治·高明县学》：布政司经历。

［康熙八年］《高明县志》卷四《元明·恩岁贡》：上仓人，弘治十六年岁贡，任广西布政司经历。

［道光］《高明县志》卷十二《贡生·明》：大唐美人，弘治十六年岁贡，任广西布政司经历。

邝岑 字元秀，明南海人。弘治十七年（1504）举人，任湖北应城知县。父鼎，兄弟郊，子梦炎。

《广州志》卷三十九《举人·国朝·弘治甲子科》：知县，南海。

［道光］《广东通志》卷七十二《举人三·明·弘治十七年甲子·广州府》：顺德人，南海籍，字元秀，知县。

［道光］《南海县志》卷三十六《列传五·明·邝梦炎传》：大父鼎，成化乙酉乡荐。父岑，弘治甲子乡荐，任湖广应城知县。

冯宾 字汝贤，明南海人。弘治十七年（1504）举人。

《广州志》卷三十九《举人·国朝·弘治甲子科》：知县，府庠，南海。

［万历］《广东通志》卷二十《广州府·选举·乡举·国朝·南海》：弘

治甲子。

［道光］《广东通志》卷七十二《举人三·明·弘治十七年甲子·广州府》：南海人，字汝贤，知县。

［道光］《南海县志》卷二十《举人·明弘治朝》：灵川知县，据《广西志》参修，甲子科。

刘士奇　字邦正，号石桥，明顺德龙江人。弘治十七年（1504）举人，正德十二年（1517）进士，任刑部主事、员外郎、郎中，出为梧州太守七年，迁广西左参政、江西按察使、山东右布政使，病归八年卒。父璟。

《广州志》卷三十九《举人·国朝·弘治甲子科》：府庠。卷三十八《进士·国朝·正德丁丑科》：知府，顺德。卷四十《封赠·国朝·主事》：刘璟，顺德，以子士奇贵赠。

［嘉靖］《广东通志》卷六十二《列传十九·人物九》：字邦正，顺德人。正德丁丑进士，历刑部郎中。尝使山陕勘宗藩与给谏佥臬构狱，竟论如法。知梧州府，凡利薮皆无所私。迁广西参政，平七山寇，以功擢江西按察使。监试，柄文者欲私权要，数令人讽之，士奇执不可而止。晋山东右布政使，以病乞骸骨归。家无赢羡，杜门八载卒。

［万历］《顺德县志》卷九《进士·正德十二年》：龙江，山东布政。卷七《人物志第七之一》：刘士奇者，龙江人也。字邦正，举进士，主事刑部，锦衣千户陶淳枉法杀人，言官请逮治不问，士奇再请，竟法之。转员外郎，议礼与诸臣伏阙哭谏，杖，不死。迁郎中，山、陕两藩与有司讼，奉命临讯①，论如法。出守梧州，梧州有关之征，军饷委输时有奇羡②，士奇不为利。民多竹舍，失火延烧辄数十百家。士奇患之，表火道，度数家障以崇墉③，灾乃止。在郡七年，超拜广西左参政、江西按察使。有某甲者一家九人傅致④强盗，幽囚数年，士奇鞫而释之……士奇廉，家无余资，或传士奇常欲市蚬，问其妻，妻曰："何不书'清'字与之？"

［康熙十三年］《顺德县志》卷七《人物传一·德业》：号石桥……谳论

---

①临讯：谓亲临审讯。

②奇羡（jīxiàn）：赢余，指积存的财物。

③崇墉：高墙。

④傅致：附益而引致，罗织。

平允，遇事刚方。时言官劾掌诏狱①者附势杀人，得旨法司拿问，寻复中沮，士奇独奋奏，置之法。又往勘山、陕二藩与给谏佥臬官构狱，有负玉牒拥仗来胁之者，众皆畏缩。士奇正色徐谕之以义，乃谢去，竟以法行，士论壮之。以郎中出知梧州府，操履廉介。梧俗编竹为屋，多火患，乃捐贮库遗金，为筑火墙，以弥其灾，有《弥灾记》《去思碑》，家绘像祠焉。

[咸丰]《顺德县志》卷二十三《列传三·明·刘士奇》：寻官梧州……尝刊定性理书以示多士。盗藏镪，讯不伏，阴索其家得之……祀乡贤。

阮珩 字国用，明顺德黄连人。弘治十七年（1504），提学著文表扬。

[嘉靖]《广东通志》卷六十二《列传十九·人物九》：字国用，顺德人。少游邑庠，兄死告归，善事其亲，不求仕进。亲丧不饮酒食肉，形羸骨立。弘治甲子，提学潘府巡视至邑，珩出见即告归。潘心异之，强令就试，见其文优，令复学，补廪应试，皆辞。在学者始述其孝行，府为《四难文》以彰之，檄县旌劝。欲奏闻旌表，会府以终养去不果，珩寻卒。

[万历]《顺德县志》卷八《人物志第七之二》：阮珩者，黄连人也。少为诸生，归养。亲丧，不御酒肉。后督学潘府行部，珩复出见。府试其文，欲廪之，不受。于是诸生列上其行，府撰《四难文》旌之。

麦莹 字润夫，明顺德马宁人。弘治十七年（1504）举人，任江西抚州府同知。父让。

《广州志》卷三十九《举人·国朝·弘治甲子科》：同知、长史，府庠，南海。卷四十《封赠·国朝·同知》：麦让，顺德，以子莹贵赠。

[万历]《顺德县志》卷九《举人·弘治十七年》：石涌，抚州同知。

[康熙十三年]《顺德县志》卷五《明朝·乡举·弘治甲子》：马宁人，泉州府同知，改抚州府。

[道光]《广东通志》卷七十二《举人三·明·弘治十七年甲子·广州府》：顺德人，字润夫。同知，长史。

李策 字国良，明顺德龙头人。弘治十七年（1504）举人，任浙江金华府同知。

---

①诏狱：奉皇帝命令拘捕犯人的监狱。

《广州志》卷三十九《举人·国朝·弘治甲子科》：顺德。

［万历］《顺德县志》卷九《举人·弘治十七年》：李察，龙头，按察司经历。

［万历］《广东通志》卷二十《广州府·选举·乡举·国朝·南海》：李察，弘治甲子，同知。

［康熙十三年］《顺德县志》卷五《明朝·乡举·弘治甲子》：龙头人，历金华府同知。有高行，人物偶遗，乡人惜之。

［道光］《广东通志》卷七十二《举人三·明·弘治十七年甲子·广州府》：顺德人，字国良，金华府同知，郭《志》、郝《志》误作李察。

何闻贯 字唯之，明顺德登洲人。弘治十七年（1504）举人。

《广州志》卷三十九《举人·国朝·弘治甲子科》：顺德。

［万历］《顺德县志》卷九《举人·弘治十七年》：登洲。

［道光］《广东通志》卷七十二《举人三·明·弘治十七年甲子·广州府》：顺德人，字唯之。

余经 （？—1530）字朝纲，明顺德白藤（今属江门）人。弘治十七年（1504）举人，正德十六年（1521）进士，任刑科给事中，嘉靖四年（1525）清察两广钱粮。谪福建漳浦县丞，卒于瓯宁知县。

《广州志》卷三十九《举人·国朝·弘治甲子科》：顺德。卷三十八《进士·国朝·正德辛巳科》：给事中，顺德。

［万历］《顺德县志》卷九《进士·正德十六年》：白藤，给事中。

［康熙十三年］《顺德县志》卷二《建置志·坊表》：曰司谏，在白藤堡，为给事中余经建。卷七《人物传一·德业》：字朝纲，白藤人。所居下有石结龙成珠，识者谓三十年后当有显者，至经始验，因别号“石龙”。幼而奇颖，甫六岁矢口成文。时文学苏仲称宏博，经负笈往从之，苏见其文大惊。弱冠补弟子员，宪使盛加奖劝，捐俸为购书之费。辛酉丁外艰，甲子领乡荐，众咸羡之。经独泫然垂涕，痛父不得见负义方勤苦也，遇讳日辄呜咽不自胜，筑一堂颜曰“感梅”，以寓孝思云，著有《感梅堂记》。事母至孝，不忍远离。友爱仲弟，抚育良切。弟早殁，视其遗孤如己出。居乡约束乡人立保甲法，里中赖安堵。壬申复丁内艰，哀毁骨立，因成瘠病。岁至己卯，自念二人已逝，吾身可报国显扬二人也，治装赴春官。有白鹤数百回翔下集于寝堂，复

止于南山祖茔之榕树，盖先兆也。庚辰成进士，是年武宗南巡，辍廷试，越明年，辛巳世宗即位，廷对，得授行人。使蜀葬祭，奉命惟谨。蜀王锡宴，赠以重币，经纤芥不纳，行囊惟图书而已。王益重之，复赠以诗，士大夫制《皇华归使诗卷》以荣其行。复命日，即擢刑科都给事中。经在谏垣知无不言，不避权要，劾兵部侍郎胡世宁、南京督学萧鸣凤、广东督学魏校，廷臣畏服。乙酉，奉命清察两广钱粮，独持风裁，会计不爽毫忽。事竣未回，会廷议大礼，为权势所忌，左迁漳浦县，添注①县丞。朝论称屈，而经不少芥于中，尝曰："所贵居官者入则忠君，出则泽民已耳，惶恤其他。"自作诗有"崛强每孤良友戒，要枢甘让别人登"之句。漳浦枕山濒海，民乐盗而好逋逃，狱多滞囚，向来难治。经履任谕以教化，攘夺之徒闻风愧改。释逋负，与之定期完纳，民皆急公，庭无留狱，当道交奖。委摄龙溪篆，经力辞。擢瓯宁令，士民扳留有至涕泣。到瓯宁甫三月而旧病复作，庚寅正月卒于官，抚、按、藩、臬遣官护丧归，葬于广州白云山黄婆洞。至今子孙蕃盛，可见清廉垂世不朽云。

[道光]《广东通志》卷七十二《举人三·明·弘治十七年甲子·广州府》：番禺人，后徙顺德。进士。卷一百九十八《艺文略十·集部四·名媛》：《箧中集》，明名媛余玉馨撰，未见。《广州府志》玉馨顺德人，进士余经女，举人许炯室。

张镖　字文盛，明顺德龙山人。弘治十七年（1504）举人，任刑部员外郎、贵州思南知府。父庸。

《广州志》卷三十九《举人·国朝·弘治甲子科》：都事，顺德。卷四十《封赠·国朝·五府都事》：张庸，顺德，以子镖贵赠。

[嘉靖]《广东通志》卷十二《明·举人·弘治十七年甲子》：知府。

[万历]《顺德县志》卷九《举人·弘治十七年》：龙江，员外郎。

[康熙二十六年]《顺德县志》卷五《举人·明朝·弘治十七年甲子科》：龙山人，员外郎。

[道光]《广东通志》卷七十二《举人三·明·弘治十七年甲子·广州府》：顺德人，字文盛。员外郎，一作知府。

[咸丰]《顺德县志》卷十《举人·明·弘治》：字文盛，龙山人。刑部员外郎，知思南府。按：旧《志》止云员外，阮《志》云一作知府，今从《贵州通志》。甲子科。

---

①添注：添入注拟，即等候委用之意。

陈仲孚　明南海人。弘治十七年（1504）举人。

《广州志》卷三十九《举人·国朝·弘治甲子科》：南海。

陈瑾　字邦器，明南海人。弘治十七年（1504）举人。

《广州志》卷三十九《举人·国朝·弘治甲子科》：通判，南海。

［道光］《广东通志》卷七十二《举人三·明·弘治十七年甲子·广州府》：南海人，字邦器，通判。

［道光］《南海县志》卷二十《举人·明弘治朝》：汀州通判，据《福建志》参修，甲子科。

邵渊　字本澄，明顺德桂林人。弘治十七年（1504）举人，任浙江乐清县教谕。

《广州志》卷三十九《举人·国朝·弘治甲子科》：教谕，府庠，南海。

［万历］《顺德县志》卷九《举人·弘治十七年》：桂林，乐清教谕。

［崇祯］《南海县志》卷四《乡举·明·弘治甲子》：教授。

［道光］《广东通志》卷七十二《举人三·明·弘治十七年甲子·广州府》：顺德人，字本澄。乐清教谕，一作教授。又见《南海志》。

冼充　字方大，明顺德葛岸人。弘治十七年（1504）举人，任江西信丰知县。

《广州志》卷三十九《举人·国朝·弘治甲子科》：知县，府庠。

［万历］《顺德县志》卷九《举人·弘治十七年》：葛岸，信丰知县。

［道光］《广东通志》卷七十二《举人三·明·弘治十七年甲子·广州府》：顺德人，字方大，信丰知县。

冼涤　又姓梁，字一新，明南海佛山镇人。弘治十七年（1504）举人，任江西上犹、南康知县，宁国府通判，病卒。父政，子桂昌。

《广州志》卷三十九《举人·国朝·弘治甲子科》：府庠，南海。

［嘉靖］《广东通志》卷十二《明·举人·弘治十七年甲子》：知县。

［万历］《广东通志》卷二十《广州府·选举·乡举·国朝·南海》：弘治甲子，知县。

［崇祯］《南海县志》卷四《乡举·明·弘治甲子》：知县，复姓梁。《封赠·明》：冼政，训导，以子湬赠通判。

［乾隆］《佛山忠义乡志》卷八《循吏·明》：字一新，领弘治甲子乡荐，任江西上犹令。时县簿张纯去官，至皂口，夜被盗，舟人皆遇害，止存一妾与幼子。纯以仇诬哨官朱邦本及诸官兵为盗，所司擒获甚急。湬毅然赴理曰："官兵昼夜守城，皂口去县四百余里，哨官安能率之为盗耶？"所司始疑。湬乃潜访数日，得真盗置之理，官兵乃释。调南康令。总督王守仁用兵于广，道出南康，军令甚严。湬进见，言貌持重，守仁称曰："有养士也！"已而视其治，则又曰："贤令！贤令！"升直隶宁国府通判，贤声籍甚，部台使者交旌异之。三载给由赴部，得病而卒，百姓罢市巷哭，如丧考妣。时李古冲默以吏部郎谪任与湬同官，于人少许可，独敬重湬，凡棺衿饭含之物皆古冲临视，遣使护丧至家。古冲尝语人曰："冼公学行可方古人，使得究其志，于时必有大益。"人以为知言。一子桂昌，少为邑诸生，拔入胄监，历庆府典仪正。

周慈　字允宽，明顺德平步人。弘治十七年（1504）举人，任赵、岷二府右长史。父琏。

《广州志》卷三十九《举人·国朝·弘治甲子科》：助教，府庠，南海。

［万历］《顺德县志》卷九《举人·弘治十七年》：平步，长史。《封赠·长史》：周琏，慈父，赠。

［康熙十三年］《顺德县志》卷五《明朝·乡举·弘治甲子》：平步人，仕至赵珉二府右长史。

［道光］《广东通志》卷七十二《举人三·明·弘治十七年甲子·广州府》：顺德人，字允宽。长史，一作助教。

钟善本　字仁夫，明顺德都粘人。弘治十七年（1504）举人。父华。

《广州志》卷三十九《举人·国朝·弘治甲子科》：华子，顺德。

［道光］《广东通志》卷七十二《举人三·明·弘治十七年甲子·广州府》：顺德人，字仁夫，华子。

梁凤鸾　一说姓冯，字景和，明南海人。弘治十七年（1504）举人。

《广州志》卷三十九《举人·国朝·弘治甲子科》：府庠，南海。

[万历]《广东通志》卷二十《广州府·选举·乡举·国朝·南海》：冯凤鸾，弘治甲子。

[道光]《广东通志》卷七十二《举人三·明·弘治十七年甲子·广州府》：南海人，字景和。

梁乔升 字以顺，明顺德逢简人。弘治十七年（1504）举人，正德十五年（1520）进士，任户部主事。

《广州志》卷三十九《举人·国朝·弘治甲子科》：知县，顺德。卷三十八《进士·国朝·正德辛巳科》：主事，顺德。

[万历]《顺德县志》卷九《进士·正德十六年》：逢简，户部主事。

[道光]《广东通志》卷七十二《举人三·明·弘治十七年甲子·广州府》：顺德人，字以顺，进士。

[咸丰]《顺德县志》卷十八《艺文略二·集部一·别集一》：《平斋集》，明梁乔升撰。卷二十三《列传三·明·张拱辰传》：（叶《志》云，知县曾俊为人诬讼，友人主事梁乔升受金，言于藩司罪俊。拱辰俟藩司送乔升出，指骂之曰："以顺，汝欲子孙丐耶？元哲冤，谁不知者？不解骖①，又下石，如良友何？"以顺，乔升字，俊字元哲，后乔升子孙果不振。此乡曲陋儒不谙体制之语，遽入志乘，何足深辨？惟叶《志》动生论议，好奇者每因其文信之，所关颇巨。据称知县曾俊，以本传上文绎之，拱辰、乔升既皆顺德人，所指自属顺令。今历考诸《志·职官》，无曾俊其人，所云知县者究不知何指。考《明史·礼志》，二品官见一品，二品居右两拜，一品居左答礼。又三品见一品、四品见二品两拜，一、二品答拜从宜，余仿此。亲戚尊卑之分从行私礼。又百官以品秩分尊卑，其品级近者相见对立，卑西高东，越三等则卑下尊上，与《会典》同。又《职官志》，左右布政使正二品，参议从四品。今拱辰以参议见布政使，为四品见二品，安有不俟延请而闯入送客之地对主骂客理？纵闯入，门役必相拒争辱，主方错愕不暇，肯听其言乎？洪武初定十三布政，时藩司、六部均重，藩司入为尚书、侍郎，而都御史每出为藩司，故部属不与藩司讲均礼。虽宣、正后无之，当时督抚但兼都御史衔，不兼尚、侍。部、台平行，而部属自有尊卑，则主事见藩使有相越三等之例在，非若今日督抚必兼兵部主事、布政并称内外司员也。然则乔升以主事见藩司，其迎送之地自非从外闯入之拱辰所得至。即谓乡官稍从隆礼，或揖送舆前，亦安能逆料？其向者座间于知县事曾否启齿，以属司署道员，敢为此狂妄乎？况当时称县

①解骖：解脱骖马赠人，谓以财物救人困急。

人四世七登科皆乔升后，遽谓不振亦非确。）

崔立　字子礼，明南海人。弘治十七年（1504）举人。

《广州志》卷三十九《举人·国朝·弘治甲子科》：知县，南海。

［道光］《广东通志》卷七十二《举人三·明·弘治十七年甲子·广州府》：南海人，字子礼，知县。

［道光］《南海县志》卷二十《举人·明弘治朝》：藤县知县，据《广西志》参修，甲子科。

曾伟　字端夫，号浴凡，明南海九江人。弘治十七年（1504）举人。子一夔。

《广州志》卷三十九《举人·国朝·弘治甲子科》：府庠，南海。

［万历］《广东通志》卷二十《广州府·选举·乡举·国朝·南海》：弘治甲子。

［崇祯］《南海县志》卷四《乡举·明·弘治甲子》：由府学，知县。

《南海九江乡志》卷三《乡举·弘治十七年甲子科》：字端夫，号浴凡。由府学习《易经》，中式第十四名。子一夔廪膳。孙三省，曾孙兆雷，玄孙象乾、象图、象庚、象书并庠生。卷四《先达列传》：公负夙慧，年十六补弟子员，未婚登贤书。少与大学生方文襄公为笔砚交，同乡榜，方公历纶扉①时久，待远致之谊眷眷于公。公高尚其事，授县令不就，隐居里闬，著书讲学，弟子甚众，徜徉云水以终老。

［道光］《广东通志》卷七十二《举人三·明·弘治十七年甲子·广州府》：南海人，字世楚，知县。

霍子侗　字原卿，明南海人。弘治十七年（1504）举人。

《广州志》卷三十九《举人·国朝·弘治甲子科》：知县，南海。

［道光］《广东通志》卷七十二《举人三·明·弘治十七年甲子·广州府》：南海人，字原卿，知县。

严宪　字用章，号槐坛主人，明高明罗塘人。弘治十八年（1505）岁贡。

---

①纶扉：明清时称宰辅所在之处。

［万历］《肇庆府志》卷六《选举表二·国朝岁贡·弘治·高明县学》：陆川训导。

［康熙八年］《高明县志》卷四《元明·恩岁贡》：罗塘人，弘治十八年岁贡，任广西陆川县训导。卷十三《人物传·明》：字用章，号槐坛主人。生平好学寡言，不与人竞。

曾昺　明南海人。弘治十八年（1505）以卫经历升广西上思州同知。

［道光］《南海县志》卷三十六《列传五·明·戴缙传》：弘治十八年以卫经历擢上思州同知。先是，州以争袭屡构兵，昺乃率民奏改流。建州治，筑土城，立木栅，招残民千人给田种之，民诵不置。

孔彦章　字德高，明顺德上涌人。拜师于黄著习《三礼》，正德十四年（1519）举人舒素蕴，嘉靖八年（1529）进士何鰲、周裔登兄弟皆其学生。九次科考不中，嘉靖十年拟中又失。寿八十二岁。

［康熙十三年］《顺德县志》卷七《人物传一·德业》：字德高……居上涌。少颖异，七岁失恃，执丧礼如成人，事后母至孝，爱两弟如同胞。弱冠补弟子员，师民部容庵黄先生，得《三礼》之旨，邑中人士咸北面受业，经魁舒素蕴、会魁何鰲，甲科周裔登、裔先，皆章门下士。九战棘闱不遇，嘉靖辛卯已拟中魁，偶阁之，写榜时竟尔遗忘，后虽于笥中寻获，而已不及矣。章义命①自安，匾其庐曰“居易抱素”自适。癸丑岁饥，章捐粟赈济，又率乡族仗义存活甚众，邑令方公篆石旌其门曰“彰义”，申详院、司、道府咸为嘉奖。屡辞宾筵不就，享年八十二而卒，生平美德善行，迄今犹脍炙人口。

冯侊　明高明杨梅人。正德二年（1507）岁贡。

［万历］《肇庆府志》卷六《选举表二·国朝岁贡·正德·高明县学》：冯侊。

［康熙八年］《高明县志》卷四《元明·恩岁贡》：杨梅人，正德二年岁贡。

---

①义命：正道、天命，亦泛指本分。

卢津 字要卿，号涯轩，明南海沙头堡人。正德二年（1507）举人，六年进士乙榜，任安徽凤阳府训导、建平县教谕、长兴知县。子宁。

《广州志》卷三十九《举人·国朝·丁卯①科》：南海。

［嘉靖］《广东通志》卷十二《明·举人·正德二年丁卯》：卢津。

［万历］《广东通志》卷二十《广州府·选举·封赠·国朝·南海》：知县，以子宁封刑部主事。

［道光］《广东通志》卷七十三《举人四·明·正德二年丁卯·广州府》：顺德人，南海籍，字要卿。辛未乙榜，长兴知县。

［道光］《南海县志》卷三十六《列传五·明·卢津》：字要卿，号涯轩，沙头堡人。性敏好学，刻苦淬厉。正德丁卯举乡荐，辛未以乙榜授凤阳府训导，学范师模，严整弗苛。父忧服阕，改建平县学。尝曰："江北之士木质迟钝，吾缘饰以文。江南藻发有斐，吾勖以道。"母老，乞终养归。未几，起为长兴知县，竟不出。家居孝友，尤善教子。子宁，宰昆山、兴国，守潼川，时诏之曰："汝能为民父，吾能为汝父。汝不能子民，吾不能子汝矣。"最为名论。

［宣统］《南海县志》卷十一《艺文略·史部·传记类》：《开国明臣事迹》，明卢津撰，据《卢善庆堂家谱》。《艺文略·集部·别集》：《汇轩吟稿》，明卢津撰，据《卢善庆堂家谱》。

苏云 字从龙，明顺德龙头人。正德二年（1507）举人。

《广州志》卷三十九《举人·国朝·丁卯科》：经魁，顺德。

［嘉靖］《广东通志》卷十二《明·举人·正德二年丁卯》：顺德人，经魁，知县。

［万历］《顺德县志》卷九《举人·正德二年》：龙头，经魁，兴国知县。

［道光］《广东通志》卷七十三《举人四·明·正德二年丁卯·广州府》：顺德人，字从龙，经魁，兴国知县。

苏会 字时际，明顺德龙头人。正德二年（1507）举人。

《广州志》卷三十九《举人·国朝·丁卯科》：顺德。

［嘉靖］《广东通志》卷十二《明·举人·正德二年丁卯》：苏会。

---

①丁卯应为正德丁卯，原书没有标注正德，下同。

［万历］《顺德县志》卷九《举人·正德二年》：龙头。

［道光］《广东通志》卷七十三《举人四·明·正德二年丁卯·广州府》：顺德人，字时际。

杜文灿　字文明，明南海人。正德二年（1507）举人。

《广州志》卷三十九《举人·国朝·丁卯科》：南海。

［嘉靖］《广东通志》卷十二《明·举人·正德二年丁卯》：杜文灿。

［道光］《广东通志》卷七十三《举人四·明·正德二年丁卯·广州府》：南海人，字文明。

李章　明顺德龙山人。正德二年（1507）举人，任海南琼州府教授。

《广州志》卷三十九《举人·国朝·丁卯科》：知县，顺德。

［嘉靖］《广东通志》卷十二《明·举人·正德二年丁卯》：知县。

［万历］《顺德县志》卷九《举人·正德二年》：龙山，琼州教授。

［咸丰］《顺德县志》卷十《举人·明·正德》：龙山人，琼州府教授。按：阮《志》云一作知县。丁卯科。

吴凖　字世平，明南海人。正德二年（1507）举人。

《广州志》卷三十九《举人·国朝·丁卯科》：府庠，南海。

［嘉靖］《广东通志》卷十二《明·举人·正德二年丁卯》：广州南海人。

［道光］《广东通志》卷七十三《举人四·明·正德二年丁卯·广州府》：南海人，字世平。

何文邦　字献卿，明南海伏隆堡（今丹灶）人。正德二年（1507）举人，次年进士。父长。

《广州志》卷三十九《举人·国朝·丁卯科》：南海。卷三十八《进士·国朝·正德戊辰科》：盐运使，南海。

［嘉靖］《广东通志》卷十二《明·举人·正德二年丁卯》：进士。

［崇祯］《南海县志》卷四《封赠·明》：何长，以子文邦封主事。

［道光］《广东通志》卷七十三《举人四·明·正德二年丁卯·广州府》：南海人，字献卿，进士。

［道光］《南海县志》卷二十四《古迹略二·坊表》：进士坊凡六……一在伏隆堡，为何文邦。

何宏　字道充，明顺德黄连人。正德二年（1507）举人，次年任北京通州学正，迁江苏六合知县，升南京江西道御史，出为湖北德安知府，次年退休，家居十年卒。父一衢，堂弟鳌、翺。

《广州志》卷三十九《举人·国朝·丁卯科》：学正，顺德。

［嘉靖］《广东通志》卷十二《明·举人·正德二年丁卯》：御史。

［万历］《顺德县志》卷九《举人·正德二年》：黄连，德安知府。《封赠·御史》：何一衢，宏父，赠。卷七《人物志第七之一》：宏，字道充。举于乡，授通州学正。待人和易，然尚气节，不可挠屈。文庙分献，据《礼》与州守夏邦谟争论，请于督学，督学竟直宏也。诸生令居舍中月课之，又为籍书其勤惰嬾疵，督学至则以名闻。讲行四礼，吊死振乏，人人感劝。以父忧归，服除补泰州学，教如通州。岁饥，巡抚发廪，遣弟子监之，曰："何先生弟子必不欺也。"其见信于人如此。迁六合知县，县当孔道，民棘于供亿，宏均其役，称画一焉。辟浮屠，禁奇邪淫靡之习。断狱明允，不畏强御，即上官未尝少徇。有贵戚与豪民讼久弗决，刑部以宏往遂决之。溧阳民坐杀人，拷死相继不白，御史下宏遂白。尝具狱，御史田项三反，宏三执，人谓必获罪矣。项竟荐之曰："县令不为御史所挠，可不谓贤哉！"人以是贤项也。擢南京江西道御史，六合人为立生祠。吏部非人，宏上封事，逮诏狱，寻赦之。迁德安知府，未几以妻子丧致仕。

［康熙十三年］《顺德县志》卷七《人物传一·德业》：由举人为通州学正，教法师古，以礼义廉耻率士……升六合令，持守清介诚信，人不忍欺。屡谳疑狱得其情，平允有声。民疲供赋，则抚字加勤，催科不扰。民立祠之，吕公柟撰文为记。宏自司教两州，一宰赤县，士民感其政教，故有三任去思之碑。征入为南台御史，首疏铨衡非人，诏逮鞠之。直声震于朝，祭酒伦公以训称其数千里就逮而不色悔，著其节也。出为湖广德安知府，民仰之若慈母，政未及期，引疾休致。民诣台恳留不果，飘然而去，归林下十载而卒。孙图瑞。

［道光］《广东通志》卷七十三《举人四·明·正德二年丁卯·广州府》：顺德人，昌孙。御史，知府。

［咸丰］《顺德县志》卷二十三《列传三·明·何鳌传》：兄宏。

何瑗　名一作瑗，字汝璧，明顺德桂圃人。正德二年（1507）举人，九年进士，为山东、广西参议。父衢。

《广州志》卷三十九《举人·国朝·丁卯科》：顺德。卷三十八《进士·国朝·正德甲戌科》：顺德。

［嘉靖］《广东通志》卷十二《明·举人·正德二年丁卯》：进士。《明·进士·正德九年甲戌》：顺德人，参议。

［万历］《顺德县志》卷九《进士·正德九年》：平步，参议。《封赠·郎中》：何衢，瑗父，赠。

［道光］《广东通志》卷七十三《举人四·明·正德二年丁卯·广州府》：顺德人，字汝璧，进士。卷六十九《进士·明·正德九年甲戌唐皋榜·广州府》：顺德人，二甲，参议。

［咸丰］《顺德县志》卷二十三《列传三·明·何瑗》：桂圃人……字汝璧……积官山东参议，分守海右道，以劝民垦荒种树、招抚流亡为务。调广西绥靖瑶、壮，以礼教谕蛮俗，建靖州社学育士，计擒贵县奸豪。考绩报最①，受敕奖，寻致仕。

何瑶 名一作瑶，字邦献，明南海佛山镇人。正德二年（1507）举人。父敏宣。

《广州志》卷三十九《举人·国朝·丁卯科》：助教，府庠。

［嘉靖］《广东通志》卷十二《明·举人·正德二年丁卯》：助教。

［万历］《广东通志》卷二十《广州府·选举·乡举·国朝·番禺》：何瑶，助教，正德丁卯。

［康熙］《南海县志》卷五《选举志·明乡举·正德丁卯》：同知。

［乾隆］《佛山忠义乡志》卷四《明封赠》：何敏宣，以子瑶赠江西南安府同知。

［道光］《广东通志》卷七十三《举人四·明·正德二年丁卯·广州府》：何瑶，南海人，番禺籍，字邦献，国子监助教，“瑶”一作“瑶”。

杨节 字叔廉，明顺德桂洲人。正德二年（1507）举人。

《广州志》卷三十九《举人·国朝·丁卯科》：府庠。

［嘉靖］《广东通志》卷十二《明·举人·正德二年丁卯》：杨节。

［万历］《顺德县志》卷九《举人·正德二年》：桂洲。

［乾隆］《广州府志》卷三十六《儒林·顺德·明》：字叔廉。少颖悟，

---

①报最：旧时长官考察下属，把政绩最好的列名报告朝廷。

过目成诵，年十八补郡弟子员。与钟善经、何宏辈，读书龙岩山，以倡明理学为任，暇则为诗古文词以见志。时御史陈珷迮珰家居，引为莫逆交。正德丁卯，三人并登贤书，戊辰会试，主试王鏊、梁储得节卷欲元之，以策语直攻厂卫落第。当事惜其才，挽□雍馆，以咏京师八景诗名噪都下。梁储、蒋冕两公重其文行，延居西席，每听讲《易》，辄为解颐。太监刘瑾收揽天下名士，以节名重，欲罗致之，倔强弗从。旋擢松江府贰，因叹曰："安能碌碌因人成事耶？"遂以母老乞休，未几母卒，哀毁成疾，竟不能起。节工吟咏，不妄交游，当社事大兴互相标榜，节曰："党祸之祸兆于此矣。"故其诗文多不留稿，人谓其有先见之哲云。

[道光]《广东通志》卷一百八十九《艺文略一·经部·易类》：《周易折要》四卷，明杨节撰，未见。

招文选 明南海佛山镇人。正德二年（1507）举人。

《广州志》卷三十九《举人·国朝·丁卯科》：教谕，南海。

[嘉靖]《广东通志》卷十二《明·举人·正德二年丁卯》：教谕。

[乾隆]《佛山忠义乡志》卷六《乡俗志·氏族》：招氏，明有举人、教谕文选。

周雍 字宗冉，明南海人。正德二年（1507）举人。

《广州志》卷三十九《举人·国朝·丁卯科》：教谕，府庠，南海。

[嘉靖]《广东通志》卷十二《明·举人·正德二年丁卯》：教谕。

[万历]《广东通志》卷二十《广州府·选举·乡举·国朝·南海》：正德丁卯，教谕。

[道光]《广东通志》卷七十三《举人四·明·正德二年丁卯·广州府》：南海人，字宗冉，教谕。

谈储 字积德，明南海人。正德二年（1507）举人。父纶。

《广州志》卷三十九《举人·国朝·丁卯科》：通判，府庠，南海。卷四十《封赠·国朝·都督府经历》：谈□，南海，以子储贵赠。

[嘉靖]《广东通志》卷十二《明·举人·正德二年丁卯》：知府。

[万历]《广东通志》卷二十《广州府·选举封赠·国朝·南海》：谈纶，以子储赠都督府经历。

[道光]《广东通志》卷七十三《举人四·明·正德二年丁卯·广州府》：南海人，字积德，知府。

梁廷振 字伯纲，别号澜石，明南海人。正德二年（1507）举人。嘉靖二年（1523）进士，十年授兵部职方主事、郎中。十七年升广西副使，历福建右参政、福建按察使、浙江右布政，寻转左布政使，不久卒。父英。

《广州志》卷三十九《举人·国朝·丁卯科》：南海。卷三十八《进士·国朝·嘉靖癸未科》：南海。

［嘉靖］《广东通志》卷十二《明·举人·正德二年丁卯》：进士。《明·进士·嘉靖二年癸未》：布政使。

《粤大记》卷十九《献征类·清直高踪·明》：字伯纲，别号澜石。生而眉宇秀竦，天资颖异。事亲尽礼，时称孝童。年十四，师事白沙高弟陈东峰，闻江门之学，书“四勿”句于屏，虽居暗室，衣冠危坐。年十六习举业，丁卯领乡荐。庚午筑海云精舍于澜石上，究心古学，癸未第进士。连丁内外艰，号恸屡绝，时年四十二，发已斑白。服阕，辛卯春，授兵部职方主事。拟改风宪及礼部，俱力辞，寻进职方郎中。广西土官互相仇杀，总制陶公请大征，会安南弗廷，朝议主讨，公皆力止之，中外赖安。戊戌升广西副使，监督诸军进剿断藤峡，号令严肃，民不知兵。捷闻赐金币。复平府江诸瑶，士民颂德。寻升福建右参政，督理粮储，兼管诸道印务。公余讲明江门奥指，闽士向风。升本省按察使，百度贞肃。是秋入棘，得贤称最。入觐不持一物，清风穆如。会升浙江右布政，寻转左，遇旱祷雨辄应，民呼公为“续命爷”。时大工，木商应给银十八万两，众商欲以数万谢公，公斥绝之，其廉介若此。未几卒于任，民哭之如丧考妣。盖公学问以仁为宗，故其政以仁得民。诸孙腾茂等彬彬多贤，克继其志焉。

［万历］《广东通志》卷二十《广州府·选举·封赠·国朝·南海》：梁英，以子廷振累赠兵部郎中。

［万历］《南海县志》卷十一《人物列传二》：初廷振为孝廉下第，能远扶冼尚文之丧以归。又能惇笃友爱，感悟其弟既分爨而复合食，后自郎署陟方岳①，置园二亩、田一区，悉与弟共。切切怡怡之义如廷振者，世可多见哉？先是有李祥者，成化戊戌进士，亦历官贵州左布政，雅有清操，一介不苟取，为白沙先生门人高第，与廷振前后并称二方伯云。

①方岳：任专一方的重臣。

梁举　字直卿，明南海人。正德二年（1507）举人。

《广州志》卷三十九《举人·国朝·丁卯科》：训导，南海。

[嘉靖]《广东通志》卷十二《明·举人·正德二年丁卯》：知县。

[道光]《广东通志》卷七十三《举人四·明·正德二年丁卯·广州府》：南海人，字直卿，知县。

曾世昌　字士隆，一字豫斋，明南海人。正德二年（1507）举人，十五年进士。

《广州志》卷三十九《举人·国朝·丁卯科》：府庠，南海。卷三十八《进士·国朝·正德辛巳科》：主事，南海。

[嘉靖]《广东通志》卷十二《明·举人·正德二年丁卯》：进士。《明·进士·正德十六年辛巳》：佥事。

[万历]《广东通志》卷二十《广州府·选举·进士·国朝·南海》：正德辛巳，福建佥事。

[崇祯]《南海县志》卷四《进士·明·正德庚辰》：福建佥事。

[道光]《广东通志》卷七十三《举人四·明·正德二年丁卯·广州府》：南海人，字士隆，一字豫斋，进士。

曾俊　字元哲，一字仲才，号鹤峰，明南海九江人。正德二年（1507）举人，任广西融县知县。弟储，子应珪、应琛，孙邦盛、仕鉴。

《广州志》卷三十九《举人·国朝·丁卯科》：知县，府庠，南海。

[嘉靖]《广东通志》卷十二《明·举人·正德二年丁卯》：知县。

《粤大记》卷二十《献征类·循良懋绩》：字仲才，南海人。弱冠有文名，部使者才之。中正德己卯乡试，四上春官弗第，谒铨授广西融县令。融半瑶壮，梗化逋赋，讼必刻木投公府，公以至诚抚谕之，众皆乐输。邑多舞文，诇①其尤桀骜者罪之，遂戢②。修黉宫，兴社学，暇则进诸生讲解不辍。兴至遨游岩洞，偕士人觞咏，浩然有老安少怀之度。制府檄征铜鼓山蛮，他令苦当隘地，公请以己地易他令，自当隘，防御惟谨，贼不敢越。制府多公功，时皆难之。珰瑾擅权，官非人贿不得迁，公屹不为动。邑之牛税岁入千缗，

①诇（xiòng）：求。

②戢：收敛、停止。

前令多干没，公悉登于籍。人劝为子孙计，则曰："吾自有不尽之福以遗之也。"竟以廉介不能徇时免归，行李萧然，至今融人思之。嘉靖中，博罗翟宗鲁亦知融县事，廉与公埒，语曰："融令清白，前曾后翟。"公博学自植，孝亲睦邻。既归，躬耕教子为乡闾表式。其于理奥极深研精，而于诸子百家靡不淹贯，凡医卜、星纬、律历咸究其指。所著有《鹤峰集》《易义一得》《洪范图辑》诸书藏于家，其令融时有《训俗篇》，大关于世教。子应珪、孙士鑑，相继中式乡试，皆以才名显于时。

《南海九江乡志》卷三《选举·乡举·正德二年丁卯科》：字元哲，一字仲才，号鹤峰。由府学习《诗经》，中式第三十四名，授广西融县知县，祀名宦。所著有《鹤峰集》《洪范图辑》、天文地理、医卜星历、田家五行诸书，寿七十六。弟储举人、知州。子应珪举人，应琛庠生。孙邦盛庠生，士鉴举人、主事。曾孙泰、居渐、居涣，玄孙君棐并庠生。

［康熙］《南海县志》卷十二《人物传·循吏·明》：俟性孝友，与弟储皆早乞休，三十年林下，色养双亲。

［道光］《南海县志》卷三十六《列传五·明·曾俟传》：其先宝昌人，宋咸淳迁南海九江。

《九江儒林乡志》卷八《艺文略·子部·星家类》：天文书《历法统宗》四卷，《历法撮要》二卷，明曾俊撰。《艺文略·集部·别集》：《偶亭遗稿》，明曾俊撰。

黎伦　明顺德鹭洲人。正德二年（1507）举人。

《广州志》卷三十九《举人·国朝·丁卯科》：教谕，顺德。

［万历］《顺德县志》卷九《举人·正德二年》：鹭洲，广德州学正。

霍球　字廷献，明南海佛山镇人。正德二年（1507）举人，卒于湖南武陵知县任。

《广州志》卷三十九《举人·国朝·丁卯科》：知县，府庠，南海。

［万历］《广东通志》卷二十《广州府·选举·乡举·国朝·南海》：正德丁卯。

［万历］《南海县志》卷十一《人物列传二》：字廷献。正德中，以举人署晋江训导。性度坦夷，行如其学。勤于训诲，每以身率之，经年不少倦。邑中士大夫相过，讲学之外不轻发频。迁武陵知县，卒于官。今祀晋江名宦。

［乾隆］《佛山忠义乡志》卷六《乡俗志·氏族》：霍氏，明有郎中得之，同知良翰，知县球、维诚，教谕士翘、彦经，国朝举人儁韡，解元、会魁世

恒，进士作明。

戴辱 字景殷，明南海人。正德二年（1507）举人。父纨。

《广州志》卷三十九《举人·国朝·丁卯科》：知县、评事，府庠，南海。

［嘉靖］《广东通志》卷十二《明·举人·正德二年丁卯》：知府。

［道光］《广东通志》卷七十三《举人四·明·正德二年丁卯·广州府》：南海人，纨子，字景殷。泰宁知县，柳州知府。

方贵夫 （约1477—?）原名贵科，字伯显，号侃斋，明南海丹灶孔边村人。父遂早卒，祖权教育之。祖卒，弟茂科、献夫年幼，任都司录事谋生。正德六年（1511）考绩赴部，嘉靖六年（1527）授南京旗手卫知事，十二年迁湖南永州别驾，辞归。

［康熙］《南海县志》卷十三《人物传·义行·明》：原名贵科，字伯显，号侃斋。父遂领成化辛卯乡荐，授全州学正。科幼随父任全州，九岁失怙，扶殡回广，执丧如成人礼。时祖亭秋训诲之，祖弃世，两弟茂科、献夫尚幼，家贫，弃儒从都司录事。正德辛未考绩赴部，嘉靖丁亥授南京旗手卫知事。癸巳秩满，迁湖广永州别驾。自以朴鲁，拙于临民，因病乞休还里。日与亲旧徜徉山水间，慕尧夫所居之室，匾曰“亦邵窝”。科生平端厚恭谨，议论持正，虽尊贵不曲徇①，故号侃斋。弟献夫贵荣殿阁，科裹足不谒当途，赴任时徒步载书，若儒生然。生平行事编为《日录》，无不可对人言者。辑《南海方氏族谱》，经始孔边大宗祠，睦族敦孝，有古人风。曾孙茂猷，顺治甲午举于乡。

何应初 （约1477—1556）宇宗启，明南海登云堡人。主持修复嘉靖十四年（1535）崩塌，数年未能完工的堤围。子维柏、维椅。

［崇祯］《南海县志》卷四《封赠·明》：以子维柏赠左副都御史。

［康熙十二年］《三水县志》卷十二《人物传·潜德》：字宗启，南海登云堡人。与邑邻壤，田产赋役相错，遂寄籍南岸堡焉。初行谊素为乡里所推。

---

①曲徇：曲从。

少时，父以里役勾摄①愆期，法当笞，初闻之，亟趋入伏庭下请代。令异之，谓僚属曰："此孝子也。"释之。所居濒河，圩岸颓圮，呈保迁筑，署应初圩长。众议沟居民数十家于圩外，应初力止之曰："吾不忍数十家为鱼鳖也。"全之。嘉靖乙未西北潦甚，他堡圩陷数百丈，各乡相持数载不得完筑，民甚苦之。时应初既以子维柏贵受封矣，众复表请董厥事。应初经画如昔，于是两邑生灵咸借其庇，方文襄公献夫称其有御灾捍患之功云。应初性坦易，与人无相诈虞，旷达不问生产，惟以课子弟为事。维柏按八闽时抗疏被逮，寓书慰父，应初曰："儿职也，吾何憾？"九岩吴宪长闻之曰："真滂母也。"先是，闽中藩、臬、司、道会差仓官苏满遗金五百为应初津遣资。初不动费也，及维柏释归，谕以原物送还。项瓯东参政闻之，过而询焉，应初出闽库收示之。项曰："翁高人也。"为之立传，而榜其《宗约》于通衢以式国中。应初虽尊显，雅好朋旧无贵贱大小，至则命子相治具延接觞咏，终日不倦。平居天伦聚乐，投壶歌诗，更迭进爵，不复知人世，岂三公可易者？临卒执子柏手曰："功名外物，父子深恩。汝虽不久禄仕，然躬养我二十余年甚适。以此较彼，孰得孰失？汝兄弟子孙能如你我可矣！"享年七十有九，先敕封浙江道御史，后加赠都察院左副都御史，赐祭一坛。季子维椅登戊辰进士，读书中秘，以吏垣改授春官主政者也。

黄重　（1478—1539）字子任，号毅斋，明南海九江人。弘治十四年（1501）举人，正德三年（1508）进士。授任行人，七年出使伊藩葬祭，九年升户科给事中，十二年上言宽宥御史彭泽，不久进兵科右给事中，十五年遭母丧回家。嘉靖二年（1523）起补吏科右给事中，次年进兵科左给事中、户科都给事中。五年充武举考官，次年奏请赈济京城饥荒。升南京太常寺少卿，八年退休。父安定。子廷玠，孙裔裕、应元、流芳、应芳、应凯。

《广州志》卷三十九《举人·国朝·弘治辛酉科》：府庠，南海。卷三十八《进士·国朝·正德戊辰科》：给事、太常少卿，南海。卷四十《封赠·国朝·给事中》：黄安定，南海，以子重贵赠。

《粤大记》卷十九《献征类·清直高踪·明》：字子任，南海人。正德戊辰进士，授行人。使伊藩葬祭事竣，却其金币、鞍马。癸酉使辽东劳夷人，

---

①勾摄：旧指官府拘捕人犯。

却镇巡例赠，嚼然不缁①。擢户科给事中，巡视内库光禄寺，宿弊顿革，乃建言重名器、久任用、慎荐举、省榷课②四事，商旅称便，复言宽都御史彭泽之削籍以彰往功，时论韪之。寻进兵科右给事中，考选京卫精核，会毅皇帝北巡，迎驾有劳，赐金币数事。乞归省，罹内艰。癸未起补吏科右给事中，时市魁李凤阳挟中官势为奸，尚书林俊执奏不听，公继劾，言甚剀切。甲申夏进兵科左给事中，疏劾太监潘真，俄以言礼杖于午门外。寻进户科都给事中，入侍经筵，疏请赈饥，民赖全活甚众。擢南京太常少卿，己丑星变，自陈致仕，时同年吕状元楠书“乔岳太山气象，青天白日襟怀”赠之。家居甘澹泊，不谒公府，有陷诬枉者则亟为白之。嘉靖己亥卒，上遣官特赐谕祭。

［万历］《南海县志》卷十一《人物列传二》：字子任。正德戊辰进士，授行人。使伊府，复使辽东，俱以却馈有声。擢户科给事中，条陈重名器、久任用、慎荐举、省榷课四事，皆有裨时政，巡视光禄，清理仓场，奸弊肃清。寻转兵科，迎武宗北狩回銮，赐金币，未几请告，又赐宝镪以行，皆异数也。居母丧，起补吏科。市魁挟势为奸，重疏《慎政令以图治安》千余言。会灾异修省，再疏四事，尤极剀切。进兵科左，内官潘真镇楚，违例乞恩，重封驳不允。□□秋七月，以言礼被杖阙下。寻转户科都给事□□□□□□□□□□时称得人。擢太常寺少□□□□□□□□□□□。重和易善谑而急于赴□□姊贫，捐资赎其废产。僚友张汉卿落职不自振，出俸津送以还。白诬盗潘伯通等之狱，又代贷渔户逋课，厚德者类此。及卒，上遣官谕祭。著有《谏院疏略》《草堂存稿》藏于家。

［崇祯］《南海县志》卷十《人物志》：甲申秋七月以言礼被杖阙下。寻转户科都给事中，充武举考官，取孙堪等，时称得人。擢太尝寺少卿，以星变自陈，得旨致仕。重和易善谑而急于赴义，有姊贫，捐资赎其废产。卷十二《艺文志·书目》：《黄毅斋集》，黄重撰。

《南海九江乡志》卷三《选举·乡举·弘治十四年辛酉科》：中式第三十三名。《选举·进士·正德三年戊辰科》：字子任，号毅斋。由府学习《诗经》，赐同进士出身。初授行人，丁外艰，服阕补前职，擢户科给事中，敕封赠。转兵科右给事，丁内艰，服阕补吏科右给事。转兵科左给事，进户科都给事，升南京太常寺少卿，诰封赠。寿六十二，诏遣左参政谕祭，有《草堂撮稿》《谏院疏略》传世。子廷玠，岁贡，经历；孙裔裕、应元、流芳、应芳、应凯并庠生。

---

①嚼（jiào）：清白、洁净。缁（zī）：黑色。

②榷课：国家专利税。

[康熙]《广州府志》卷三十三《人物志五·介直烈传·明》：罹外艰归，服阕复职。壬申使伊藩葬祭，事竣却其金帛，鞍马行至怀庆，遣人驰投，复却之……甲戌以绩最擢户科给事中，巡视内十库并光禄寺，宿弊俱革……已而清理畿内仓场，权贵避焉……庚辰复任，寻罹内艰归……会灾异修省，复疏“诏令不常、爵赏太滥、听言不弘、营建不节”，言甚剀切，闻者危之……丙戌充武举考官。丁亥畿内饥，奏请赈济，诏行其言，多赖全活，入侍经筵。擢南京太常寺少卿，比莅事，养牲厨役皆受其惠……时同年吕楠谪金陵，尝书“乔岳大川气概，青天白日襟怀”以赠，归构草堂，刻楠书以自况……他如革横刷之舟、筑捍涝之牐①，乡人颂德辄自逊谢，其行谊类此。巡抚钱如京疏请起用，而重已卒。

[道光]《南海县志》卷三十六《列传五·明·黄重》：十二年，左都御史彭泽坐夷情削籍，重奏请宽宥以昭往功……先是，三拟进秩皆不报，久乃获迁。

[宣统]《南海县志》卷五《古迹略·坊表》：都谏坊在九江堡北方李涌社，明嘉靖□年为都察院佥都御史黄重建。

杨孟芳　明高明城中人。成化例贡，正德时捐金加高矮岭成为文峰山，嘉靖四年（1525）参与大沙堤开石窦。子衡，衡四子希文，万历岁贡。

[万历]《肇庆府志》卷六《选举表二·国朝岁贡·应例·高明》：复以例授锦衣卫千户。

[康熙八年]《高明县志》卷四《元明·例贡》：杨梅人，成化应例，以例授锦衣卫千户。卷五《地理志·山》：文峰山，在城南三里，儒学之面山也。初名矮岭，知县周赞、训道陈盎、邑人杨孟芳捐俸输金高之，峭出诸峰。自后科目相继，故名。

[道光]《高明县志》卷十《水利志·堤岸·大沙堤》：时有乡官杨孟芳开石窦一穴。卷十二《例贡·明》：罗格人，授锦衣卫经历。《贡生·明》：杨衡，罗格人，孟芳子。嘉靖十六年府学岁贡，任福建建阳教谕。杨希文，城中人，府学岁贡，衡四子，任万州训导。

严毅　明高明罗塘人。正德四年（1509）岁贡。父泰，

①牐：古同“闸”。

弟敭。

[万历]《肇庆府志》卷六《选举表二·国朝岁贡·正德·府学》：泰子，高明人，王府典仪。

[康熙八年]《高明县志》卷四《元明·恩岁贡》：罗塘人，正德四年府学岁贡，任江西王府典簿。

赵元善 明高明山平人。正德四年（1509）岁贡。

[万历]《肇庆府志》卷六《选举表二·国朝岁贡·正德·高明县学》：卫知事。

[康熙八年]《高明县志》卷四《元明·恩岁贡》：田心人，正德四年岁贡，任广西奉议卫知事。

[道光]《高明县志》卷十二《贡生·明》：山平人，正德四年岁贡，任广西奉议卫知事。

区宾 明高明清泰人。正德五年（1510）岁贡。

[万历]《肇庆府志》卷六《选举表二·国朝岁贡·正德·府学》：高明人，新建训导。

[康熙八年]《高明县志》卷四《元明·恩岁贡》：清溪人，正德二年府学岁贡，任江西新城县训导。

[道光]《高明县志》卷十二《贡生·明》：清泰人，正德五年府学岁贡，任江西新城训导。

冯教 字宗契，明南海人。正德五年（1510）举人。父载。

《广州志》卷三十九《举人·国朝·庚午科》：推官，南海。

[嘉靖]《广东通志》卷十二《明·举人·正德五年庚午》：助教。

《粤大记》卷二十三《献征类·文学经论·明·冯载传》：字克任，号野庄，南海人，先名祥。弱冠补邑庠生，廉宪薛公器之，委币使于白沙先生。慨然有求道之志，遂弃举业，讲明心性之学。秋试期逼，薛谕以引荐，意不顾，强之复学，亦不应，遂留受业焉。比归，白沙先生赠诗称许之。自是言寡默，学问精诣，湛甘泉称公能隐居以求其志。谨孝祀，敬父兄，貌庄礼恭，行修言确，以严教子而以义睦族，虽拟诸陈太丘可也。子教、徽同领正德庚午乡试，徽历官按察佥事，赠公如其官。孙士懋秉礼矢诲，恂恂有古人风。曾孙良栋领乙酉乡试第七名，敦重有大器，是能亢其宗者。

[万历]《广东通志》卷二十《广州府·选举·乡举·国朝·南海》：正

德庚午，教谕。

［道光］《广东通志》卷七十三《举人四·明·正德五年庚午·广州府》：南海人，字宗契，载子，推官。

冯徽 字宗典，明南海人。与兄教同中正德五年（1510）举人，任广西按察佥事，分巡左江。父祥（改名载）。

《广州志》卷三十九《举人·国朝·庚午科》：府庠，南海。

［嘉靖］《广东通志》卷十二《明·举人·正德五年庚午》：佥事。

［万历］《广东通志》卷二十《广州府·选举·乡举·明·南海》：正德庚午，佥事。《广州府·选举·封赠·国朝·南海》：冯祥，以子徽赠广西佥事。

［道光］《广东通志》卷七十三《举人四·明·正德五年庚午·广州府》：南海人，载子，字宗典，广西按察佥事。

［道光］《南海县志》卷二十《举人·明正德朝》：广西按察佥事，分巡左江，据《广西志》参修。又按《广西志》称徽进士，而郭、魏《志》及各《通志》进士表皆不载，未知其审。庚午科。

辛绍佐 字任之，明顺德桂林人。正德五年（1510）举人。

《广州志》卷三十九《举人·国朝·庚午科》：教谕，顺德。

［嘉靖］《广东通志》卷十二《明·举人·正德五年庚午》：通判。

［万历］《顺德县志》卷九《举人·正德五年》：桂林，通判。

［康熙十三年］《顺德县志》卷五《明朝·乡举·正德庚午》：桂林人，永安①县学教谕。

［道光］《广东通志》卷七十三《举人四·明·正德五年庚午·广州府》：顺德人，字任之。永安教谕，一作通判。郝《志》误作辛绍佳。

苏方晋 明顺德碧江人。正德五年（1510）、八年两中副贡。

［咸丰］《顺德县志》卷十一《副贡·明·正德》：碧江人，庚午、癸酉两科。卷十八《艺文略二·集部一·别集一》：《乐善堂稿》，明苏方晋撰。

---

①永安：位于广东河源东南部。

吴章 字成甫，号少村，明南海沙头堡人。正德五年（1510）举人，十五年进士，任南京户部郎中、江西按察司副使、广西右布政使、太仆寺卿、都察院左副都御史，为官二十八年归。父贵，子旦。

《广州志》卷三十九《举人·国朝·庚午科》：南海。卷三十八《进士·国朝·正德辛巳科》：主事，南海。卷四十《封赠·主事》：吴贵，以子章贵赠，南海。

[嘉靖]《广东通志》卷十二《明·举人·正德五年庚午》：进士。《明·进士·正德十六年辛巳》：南海人，副都御史。

[道光]《广东通志》卷七十三《举人四·明·正德五年庚午·广州府》：南海人，字达甫，进士，子旦。

[同治]《南海县志》卷十三《列传》：字成甫，号少村，沙头堡人。正德庚午科乡试举人，庚辰成进士。历南京户部主事、员外郎、郎中，升福建布政司参议、江西按察司副使、山东布政司参政，擢广西右布政使，转云南左布政使，内迁太仆寺卿，晋都察院左副都御史。巡抚云南，至则却供帐，减廪饩，不困民以自便，军储耗蠹疏剔无遗。有案牍株连拖累多人历年不结者，立限以时判断，毋许稽延，宿弊顿革。诸司入议政，必酌以公平，定以禁约，无不受教戒以行，纲纪振肃。抚滇二载，政化大行，汉夷胥服。旋引疾归，有旨慰留命俟代者，滇中士夫相率牵挽请留，曰："公本无疾，年亦未抵悬车岁，今决去，岂薄荒远、思高卧哉？"章曰："非也。君子量而后留，不留而后量。庞庄敏公有言：'必待筋力不给、主上厌弃然后求去，此不得已而去耳，岂知足之谓哉？'吾常服膺斯语，今日安敢违！"遂上疏坚请，得俞旨即欣然束装就道，其急流勇退如此。滇人敬服之，谓章生平风裁峻整，能敛华于朴、藏辨于讷、佐敏以勤、养廉以俭，自筮仕迄致政二十八年如一日，加以性情恬退，早赋遂初①，优游林下，更为仕途所少云。卒后配享云南三贤祠。子旦以诗称，即后南园五子也。

何振民 字维新，明南海人。正德五年（1510）举人。

《广州志》卷三十九《举人·国朝·庚午科》：南海。

[嘉靖]《广东通志》卷十二《明·举人·正德五年庚午》：何振民。

[道光]《广东通志》卷七十三《举人四·明·正德五年庚午·广州府》：

---

①遂初：遂其初愿，谓去官隐居。

南海人，字维新，郭《志》作何振文。

张淮 字景禹，明顺德龙山人。正德五年（1510）举人，十二年进士，任浙江台州知府、南京户部主事。父铮，号金峰。

《广州志》卷三十九《举人·国朝·庚午科》：顺德。卷三十八《进士·国朝·正德丁丑科》：郎中，顺德。卷四十《封赠·国朝·主事》：张铮，以子淮贵赠，顺德。

［嘉靖］《广东通志》卷十二《明·举人·正德五年庚午》：顺德人，进士。《明·进士·正德十二年丁丑》：知府。

［万历］《顺德县志》卷九《进士·正德十二年》：龙山，台州知府。

［嘉庆］《龙山乡志》卷十《艺文志·序》：《张金峰先生七十一寿叙》（湛若水）：南京户部主事金峰张先生，自少知道，逍遥于龙山之麓。龙山之小峰曰金紫峰，遂因以为号。摄提己丑，维秋七月念又一日，实维七十一诞辰……景禹于是乎不胜其望云之思，乃诣甘泉子求序，以为进觞之侑，遥致寿筵之祝。

［道光］《广东通志》卷七十三《举人四·明·正德五年庚午·广州府》：顺德人，字景禹，进士。

陈时用 字子行，明南海人。正德五年（1510）举人。

《广州志》卷三十九《举人·国朝·庚午科》：教谕，南海。

［嘉靖］《广东通志》卷十二《明·举人·正德五年庚午》：教谕。

［万历］《广东通志》卷二十《广州府·选举·乡举·国朝·南海》：正德庚午，推官。

［道光］《广东通志》卷七十三《举人四·明·正德五年庚午·广州府》：南海人，字子行，推官。

陈骥 字孟良，明顺德新良人。正德五年（1510）举人，任福建德化县教谕。

《广州志》卷三十九《举人·国朝·庚午科》：教谕，顺德。

［嘉靖］《广东通志》卷十二《明·举人·正德五年庚午》：教谕。

［万历］《顺德县志》卷九《举人·正德五年》：新良，德化教谕。

［道光］《广东通志》卷七十三《举人四·明·正德五年庚午·广州府》：顺德人，字孟良，德化教谕。

庞世高 字士翘，明南海人。正德五年（1510）举人。

《广州志》卷三十九《举人·国朝·庚午科》：教谕，府庠，南海。

［嘉靖］《广东通志》卷十二《明·举人·正德五年庚午》：教谕。

［万历］《广东通志》卷二十《广州府·选举·乡举·国朝·南海》：正德庚午，教谕。

［道光］《广东通志》卷七十三《举人四·明·正德五年庚午·广州府》：南海人，字士翘，教谕。

招宗广 字勤卿，明南海人。正德五年（1510）举人。

《广州志》卷三十九《举人·国朝·庚午科》：府庠，南海。

［嘉靖］《广东通志》卷十二《明·举人·正德五年庚午》：知县。

［万历］《广东通志》卷二十《广州府·选举·乡举·国朝·南海》：正德庚午。

［道光］《广东通志》卷七十三《举人四·明·正德五年庚午·广州府》：南海人，字勤卿，知县。

钟善言 字应夫，明顺德都粘人。正德五年（1510）举人。父华。

《广州志》卷三十九《举人·国朝·庚午科》：华之子，顺德。

［道光］《广东通志》卷七十三《举人四·明·正德五年庚午·广州府》：顺德人，华子，字应夫，学正。

梁旦 字明仲，明南海佛山镇人。正德五年（1510）举人。

《广州志》卷三十九《举人·国朝·庚午科》：府庠，南海。

［嘉靖］《广东通志》卷十二《明·举人·正德五年庚午》：通判。

［万历］《广东通志》卷二十《广州府·选举·乡举·国朝·番禺》：正德庚午。

［崇祯］《南海县志》卷四《乡举·明·正德庚午》：通判。

［乾隆］《佛山忠义乡志》卷四《乡举·明·正德庚午》：江南凤阳府通判。

［道光］《广东通志》卷七十三《举人四·明·正德五年庚午·广州府》：南海人，番禺籍，字明仲，通判。

［道光］《南海县志》卷二十《举人·明正德朝》：临桂知县，据《广西志》参修，庚午科。

梁材（明正德） 明南海人。正德五年（1510）举人。

《广州志》卷三十九《举人·国朝·庚午科》：南海。

［嘉靖］《广东通志》卷十二《明·举人·正德五年庚午》：知县。

崔爌 明南海人。正德五年（1510）举人。

《广州志》卷三十九《举人·国朝·庚午科》：府庠，南海。

［嘉靖］《广东通志》卷十二《明·举人·正德五年庚午》：知县。

［万历］《广东通志》卷二十《广州府·选举·乡举·国朝·番禺》：正德庚午。

［崇祯］《南海县志》卷四《乡举·明·正德庚午》：知县。

［道光］《广东通志》卷七十三《举人四·明·正德五年庚午·广州府》：南海人，番禺学，知县。

萧鼎 字允彰，明顺德龙江人。正德五年（1510）举人，任广西柳州府通判。

《广州志》卷三十九《举人·国朝·庚午科》：通判，顺德。

［嘉靖］《广东通志》卷十二《明·举人·正德五年庚午》：通判。

［万历］《顺德县志》卷九《举人·正德五年》：龙江，柳州通判。

［康熙十三年］《顺德县志》卷二《建置志·坊表》：曰文魁，有二俱在龙江堡，一为举人李文举修建，一为举人萧鼎修建。卷五《明朝·乡举·正德庚午》：龙江人，柳州府通判。守持廉介，平定瑶蛮休致。家居敦睦宗党，设义田以资塾教，族人多知向学。奉诏进阶奉训大夫。

［道光］《广东通志》卷七十三《举人四·明·正德五年庚午·广州府》：顺德人，字允彰。柳州府通判，进阶奉训大夫。

《龙江志略》卷一《舆地·祠墓》：明奉训大夫萧鼎墓在佛堂。

彭遇 改名端遇，字时可，明顺德石硝（今属南海）人。正德五年（1510）举人，嘉靖八年（1529）进士。

《广州志》卷三十九《举人·国朝·庚午科》：府庠，南海。

［嘉靖］《广东通志》卷十二《明·举人·正德五年庚午》：进士。《明·进士·嘉靖八年己丑》：彭端遇，知县。

《广东通志初稿》卷十九《进士·明·嘉靖八年己丑罗洪先榜》：彭端遇，顺德人。

［万历］《顺德县志》卷九《进士·嘉靖八年》：彭端遇，石硝，休宁知县。

［道光］《广东通志》卷七十三《举人四·明·正德五年庚午·广州府》：顺德人，字时可，改名端遇，进士。

钟汪 字子祥，明南海人。正德五年（1510）举人，嘉靖二年（1523）进士。父鸾。

《广州志》卷三十九《举人·国朝·庚午科》：教谕，南海。卷三十八《进士·国朝·嘉靖癸未科》：知州，南海。

［嘉靖］《广东通志》卷十二《明·举人·正德五年庚午》：进士。《明·进士·嘉靖二年癸未》：广州南海人，员外郎。

［万历］《广东通志》卷二十《广州府·选举·进士·国朝·南海》：嘉靖癸未，郎中。

［崇祯］《南海县志》卷四《封赠·明》：钟鸾，以子汪赠员外。

［道光］《广东通志》卷七十三《举人四·明·正德五年庚午·广州府》：南海人，字子祥，进士。卷六十九《进士·明·嘉靖二年癸未姚涞榜·广州府》：南海人，二甲，郎中。

詹文 名一作旻，字宗德，明南海人。正德五年（1510）举人。兄昊。

《广州志》卷三十九《举人·国朝·庚午科》：教谕，府庠，南海。

［嘉靖］《广东通志》卷十二《明·举人·正德五年庚午》：詹旻，教谕。

［万历］《广东通志》卷二十《广州府·选举·乡举·国朝·南海》：正德庚午。

［道光］《广东通志》卷七十三《举人四·明·正德五年庚午·广州府》：詹旻，南海人，字宗德，祁阳教谕。《南海志》作詹文，戴《志》同。昊弟。

蔡符 字宗瑞，明顺德龙江人。正德五年（1510）举人。

《广州志》卷三十九《举人·国朝·庚午科》：顺德。

［嘉靖］《广东通志》卷十二《明·举人·正德五年庚午》：蔡符。

［万历］《顺德县志》卷九《举人·正德五年》：龙江。

［道光］《广东通志》卷七十三《举人四·明·正德五年庚午·广州府》：顺德人，字宗瑞。

潘祥（明正德） 明南海人。正德五年（1510）岁贡。

［崇祯］《南海县志》卷四《贡·明》：由龙门学贡，训导。

［道光］《南海县志》卷二十《贡生荐辟·明正德朝》：庚午岁贡，光泽训导，据《福建志》参修。

陈九韶 明三水白坭人。死时，知县朱端明悼念。妻罗氏，子峻柏。

［康熙十二年］《三水县志》卷十二《人物传·孝义》：白坭人。为邑弟子员，孝友著闻，内外无间。所有之财悉与兄弟共之，铢两无私。叔病疫，人皆畏避，韶周旋卧起甚谨，需叔愈乃已。生平究心理学，实践副之，尝颜其所居曰“自见窝”，因号自见子，此有得于圣贤戒欺求慊之旨者也。及卒，邑令朱端明以诗挽之曰：“自见先生今何往，尽收正气上蓬莱。生平不作欺心事，没后清风实可哀！”卷十三《烈女志·抚孤完节者》：罗氏，高要罗岸村人。性澹素，适白坭陈九韶。九韶名家子，亦英特不群，补开建廪生。卷十一《秩官传·朱端明》：庠生陈峻柏者，母罗氏守节，未及旌年，侯为立传以俟之。

梁逢时 字直衢，明三水龙池人。未贡而卒。

［康熙十二年］《三水县志》卷十二《人物传·潜德》：龙池人，字直衢。幼而孤，事前母兄笃于恭敬。资性聪敏，弱冠为名诸生，督学张莱溪深器之。以诗教授，规范端严，所成就者多为科第名人。子姓率服，推为族正。立宗法一本朱子家礼，修族谱，法苏谱为图，法欧谱为传，至今世守其模。乡党有过失，皆曰“不可使直衢公知之”。有崔某者，其母以窃陈儛之物撞获，愧而自经。崔构势要将倾陈，逢时正言沮之。陈感其德，以斤金致谢，覆他物进。家僮福荣觉而白之，逢时咈然曰：“污我！”亟掷还之。其仗义守介类如此。循资将贡而卒，送葬者远近数百人，争舆土为之成坟，缙绅士咸惜其不获试于用云。

何瑜 字汝忠，明顺德桂圃人。弘治岁荐，正德六年（1511）为安徽祁门县丞。

［万历］《广东通志》卷二十四《郡县志十一·广州府·人物二》：字汝忠，顺德人。弘治中岁荐，正德辛未丞祁门。明敏练达，以善决狱闻，即冤

嫌久讼，历政不能平者，一鞠辄辨，无不以为能。尝署邑，一锾①不染，祷雨立应。桃源贼万余掠婺源，渐薄祁门，瑜以能应檄出捕。馈饷不继，士卒饥疫，瑜以俸佐之。众心感奋，邀贼于凤亭，一战歼焉。叙功行赏，偿以金不受。丙子红巾贼起，瑜复遮击②于柏溪，俘获甚众，当路表之。令嫉其能，遂力乞休，致邑人勒其功，特祠祀焉。

［咸丰］《顺德县志》卷二十三《列传三・明・何瑜》：桂圃人……权邑篆，不染一锾。

杜殷 明高明清泰人。正德六年（1511）岁贡。

［万历］《肇庆府志》卷六《选举表二・国朝岁贡・正德・高明县学》：泰宁训导。

［康熙八年］《高明县志》卷四《元明・恩岁贡》：清泰人，正德六年岁贡，任福建太宁县训导。

郑嘉祥 字应麟，明南海人。正德六年（1511），任福建宁德县典史六年。

［万历］《南海县志》卷十一《人物列传二》：字应麟。正德六年，以吏员任宁德县典史。历官六载，始终一节，赞画有方，声绩颇著。尊礼师儒，崇重学校。惟以刚直不协僚友致仕去，士夫为诗文颂之。今祀名宦。

邓翘 字孟材，明顺德龙江人。师从陈献章，正德岁贡生，官江西南平县训导、浮梁县教谕。香港中文大学文物馆藏其万历元年（1573）《草书寄弟诗页》。

［万历］《顺德县志》卷九《岁贡・正德》：龙江，浮梁教谕。卷八《人物志第七之二》：字孟材，龙江人……陈献章弟子也……尝送菊，献章有诗答之……贡为文学，浮梁〔教〕谕。善墨竹，称长者。

［道光］《广东通志》卷二百七十四《列传七・广州七・邓翘》：白沙《答翘送晚菊》诗曰："氤氲何处送花舟，岁晚相看碧玉楼。笑把一杯花亦笑，年年公酒为花留。"（《白沙弟子补编》）邓珙亦顺德人（《白沙弟子传》）。谨案：明《新会志》所编《弟子传》有邓珙、无邓翘，旧《顺德志》张希载与

---

①锾（huán）：古代重量单位。

②遮击：犹截击。

邓翘、邓德昌合传而不及邓珙，岂翘即珙耶？俟考。

［咸丰］《顺德县志》卷二十三《列传三·明·邓翘》：弘治间，与萧立、邓珙（里居、事迹失考）皆从白沙游……善画竹，风枝露叶翛然笔墨之外，书法亦遒劲，皆为世珍宝。《白沙集》有《答翘送晚菊》诗，盖所素投契者也。

［民国］《顺德县志》卷十三《胜迹略·泉石》：钓石，在龙江乡石龟涌。明教谕邓翘为陈白沙弟子，解任后与白沙唱和，筑钓台持竿吟咏，自号钓台归客。卷十四《艺文略·集部》：《归客集》，明邓翘撰。

麦成（明正德）　（？—1522）明顺德人。正德中任湖南安乡县典史，嘉靖初抗击流贼，与子一起遇害。

［咸丰］《顺德县志》卷二十三《列传三·明·麦成》：里居缺。正德中任安乡典史，有方略。嘉靖六年，流贼掠鼎江口，成率其子集民兵出御之，其妻坚止不听。及战马踬①，贼从槊刺之，犹徒手刃数贼，力竭遇害，子亦死焉。（《姓氏谱》）按：《采访册》别有麦村麦成，不言有官，自属两人。

佘世亨　字始大，明顺德马冈人。子嘉诏。

［康熙十三年］《顺德县志》卷六《明朝·封赠》：马冈人，以子嘉诏贵赠合肥县知县，有《山人诗集》行世。

［道光］《广东通志》卷一百九十五《艺文略七·集部一》：《佘山人诗集》四卷，明佘世亨撰，存。欧大任序称其在正德、嘉靖间，好游名山，去家数载而归，卜居粤秀山下。有子嘉诏既成进士，试令合肥，手录山人诗四卷，即县斋刻之。其诗近体居多，古体仅寥寥数篇耳。谨案：世亨有《纪游录》四卷，未见。

［咸丰］《顺德县志》卷二十四《列传四·明·佘嘉诏》：父世亨，字始大，淹博善丹青。家故饶，不治生产，好游岭北名山水，足迹几遍都门。巨公②爱其才，欲官之不就……藏古图籍、金石、彝器甚富，而家日贫，求诗画者踵至不却，晚号随时老人。

张希载　字博之，明顺德龙山人。师从陈献章。正德贡生，

---

①踬（zhì）：被东西绊倒。

②巨公：大人物。

任湖南攸县教谕。晚年在西樵，与张诩、霍韬等交游、讲学。孙在瑗与仆人温鸿俱能诗。

［万历］《顺德县志》卷八《人物志第七之二》：字博之，龙山人……陈献章弟子也……湛若水曰：“昔游白沙，惟柏山张子学有端绪。”柏山即希载也。贡为文学，攸县〔教〕谕，称长者。

［嘉庆］《龙山乡志》卷九《隐逸》：张在瑗，号蘧度，希载玄孙也。有祖风，学宗白沙，崇正黜邪。生平足迹几半天下，迨明鼎革，杜门不出，苏、何两相国遣陈会斌征之不起。著有《绿树山房集》，其侍儿清郎、香奴均能诗。

［道光］《广东通志》卷二百七十四《列传七·广州七·明》：从游白沙，尝诲之曰：“君子之心常存恐惧。于善有未迁，于过有未改，恐生懈怠。于静曰惺惺，于动曰惺惺，恐生冥醉。”（《白沙弟子传》）……性和蔼而不肯诡随，士熏其德，不严自化云。

［咸丰］《顺德县志》卷二十三《列传三·明·张希载》：弘治间……从白沙游……正德贡生……晚年与张东所、湛甘泉、霍文敏诸人来往于西樵大科烟霞云谷间，迭主讲席，得白沙“动静惺惺”之旨……尝以漱玉泉分饷白沙，白沙诗以答，有“江山几处堪还我，泉石边头合有人。高著一双无极眼，闲看宇宙万回春”语……在瑗……胸怀光朗，家仅粗足衣食而积书万卷，吟啸自娱且轻财好客，一时士大夫如袁总宪彭年、许少参汝都、关吏部捷先皆器重之……所作诗文清婉有奇气。

梁仕魁　名一作士魁，字国达，明顺德新良人。隆庆六年（1572）竭力赈饥。七十七岁卒。

［康熙十三年］《顺德县志》卷八《人物传二·孝友》：字国达，新良人。孝友敦睦，有不能举丧葬者辄助之。输赋行途，遇人以家难告，魁不问姓名，解赋金予之。壬申岁凶，竭资以粥，人赖全活。所著《家政》一篇，识者谓其事关风化，有古君子行焉，邑令沈公鈇贤而冠裳之。寿七十七卒，其子作五思台以慕之，乡缙绅钟千辈为文表之。

［咸丰］《顺德县志》卷二十四《列传四·明·梁士魁传》：隆庆壬申岁凶，竭资赈粥。

梁次摅　明顺德石硝（今属南海）人。授锦衣百户，后至广东都指挥佥事。正德时，与戴缙子仲朋等为争田杀人全家，因父储在朝仅充军边防。弟次揭、钧甫、次挹，子孜。

［万历］《顺德县志》卷九《选举志·恩荫》：梁次揆，储子，中书舍人。梁次掲，储子，国子生。梁钧甫，储子，尚宝司司丞。梁次挹，储子，中书舍人。梁宸，储孙，中书舍人。梁敕，储孙，太常寺少卿。梁孜，储孙，礼部主事，有传。梁鈙，储孙，礼部主事。《封赠·都指挥使》：梁次摅，孜父，赠。

［康熙］《广州府志》卷三十《人物志二·勋业列传·明·梁储传》：嘉靖乙酉，上念定策功，荫子世袭锦衣卫指挥，上疏辞免，乃进其子中书舍人钧甫尚宝司丞。长子次摅，历都指挥佥事。

［康熙十三年］《顺德县志》卷六《明朝·恩荫》：梁次揆，石硝人，以父储荫国子监生。正德壬申，四方盗平，加恩宰辅，命荫子世袭锦衣卫，辞之，改尚宝司丞，辞，改中书舍人，又辞不允，乃以次揆改荫，未仕而卒。

［咸丰］《顺德县志》卷十二《袭荫（武职）·明》：石硝人，以父储荫阶镇国将军。梁敷治，以父次摅袭指挥佥事。卷二十三《列传三·明·梁储传》：先是，储子次摅为锦衣卫百户，居家与富人杨端争民田，端杀田主，次摅遂灭端家二百余人。事发，武宗以储故仅发边卫立功。后还职，累官至广东都指挥佥事。

梁焯　（1483—1528）字日孚，明南海佛山镇岗头村（今禅城石角村）人。正德八年（1513）举人，次年进士，父逝回家。十三年返京候选任礼部主事，次年三月因谏阻武宗南巡遭杖击。嘉靖二年（1523）升兵部职方司员外郎，闻弟讣告而病，辞归。四十六岁卒。子露。

《广州志》卷三十九《举人·国朝·癸酉科》：府学，南海。卷三十八《进士·国朝·正德甲戌科》：梁卓，兵部员外，南海。卷四十《封赠·国朝·主事》：梁宗达，以子焯贵赠，南海。

［嘉靖］《广东通志》卷六十二《列传十九·人物九》：字日孚，南海人。与韬同登进士。尝过赣从阳明学，辩问居敬穷理①，悚然有悟。拜主客主事，己卯三月，上议南巡，与姜龙等十七人上疏谏止。上命罚跪五日，大杖三十，车驾遂行。会佛朗机夷人加必丹末等三十员，名入贡至南京。江彬领四家兵马从上游豫②，导引火者亚三谒，上喜而留之。比至京师，入四夷馆不行跪礼，焯执问杖之。又番人写亦虎先与其甥米黑儿马黑麻，以贡献事诬陷甘肃

①居敬穷理：宋代程朱学派倡导的道德修养方法，主张“存天理，灭人欲”。

②游豫：指帝王出巡。

文武大臣。时彬及钱宁用事，二夷人者或驰马于市，或享大官之馔于刑部，或从乘舆、馂珍膳于会同馆，或同仆臣卧起，而大臣被诬者皆桎梏幽囚，以是轻侮朝官。焯每以法约束之，二夷人相谓曰："天颜可即，主事乃顾不可即耶！"彬闻之，谓焯凌虐驾下人员，将奏闻，焯治后事以待命。三月丙寅，武宗晏驾，是日皇太后懿旨诛彬。已而火者亚三等就狱，称本华人，为外夷所役，于是与写亦虎先等皆伏诛。有诏：佛朗机不许入贡，以尝弑其君也。新政旌别淑慝，焯尝谏被杖升俸一级。初，举人武陵冀元亨与焯同师阳明，阳明使元亨往宁藩察其逆状。比濠为阳明所擒，乃指元亨同谋，下诏狱死，焯捐俸为备棺敛。嘉靖初改司职方，闻弟讣而病，遂予告归养。宜兴医士周冲送之，及别谓曰："益莫善于养心，损莫甚于多欲。"焯佩服其言。卒于家，年四十有六。

［乾隆］《佛山忠义乡志》卷三《乡事志·纪略》：明正德九年甲戌，梁焯登进士。（居社亭铺，在舒步街。）卷八《名臣·明》：颖悟而刚直。尝与香山黄佐，同邑冯徽、霍韬同读书于光孝寺，忽一夜室内石板响声雳雳，自起自伏，各皆骇异。焯濡笔题曰："匪阴之精，匪石之灵，汝何为兮，至我之亭？设有鬼神兮，鬼神其亦有情，阴阳判隔兮，同此衷诚。我惟敬远兮，何必如此营营，尔其有知兮，许尔从正！"题毕，其怪遂息。癸酉举于乡，甲戌成进士，丁外艰南归。服阕携家赴选，过赣闻王阳明先生讲学，停舟请谒。先生与之语移时而别，明日复见，日昃而别，又明日复见，抵暮而未忍别，又明日，假馆受业焉。同舟强之北者开譬①百端，焯皆笑而不应。其最亲爱者曰："子有万里之行，戒僮仆，聚资斧②，具舟楫，又挈其家室，经营越岁而始就道，行未千里而中止。此不有大苦，必有大乐者乎？"焯笑曰："吾今则有大苦，亦诚有大乐者，然未易以语子也。子不见狂病丧心者乎？方其昏迷愦乱，赴汤火，蹈荆棘，莫不恬然自信以为是也。比遇良医，沃之以清冷之浆，而投之以神明之剂，始苏然以醒。告之其向之所为，又始骇然以苦，示之以其所从归之途，又且欣然以喜，且恨遇斯人之晚也。彼狂病不复者反从而哂之，以为是变其常。今吾与子之事亦何以异此？"遂委资斧于逆旅，归家室于故乡，浩然自乐若将终身焉……久之，其母贻书责之，有"官未就职，贵未及亲"之语。先生曰："官未就职非忠也，贵未及亲非孝也。吾之道忠孝而已矣，母命不可违也，子盍行诸！"焯曰："焯焉能一日而离夫子，将复赴汤火、蹈荆棘耶？"先生曰："子以圣人之道为有方体乎？为可拘之以时、限

---

①开譬：开导劝说。

②资斧：利斧，借指旅费、盘缠。

之以地乎？世未有既醒之人而复赴汤火、蹈荆棘者，子务醒其心，毋徒汤火、荆棘之为惧！”焯悟，遂辞而北，抵京拜礼部主事……又奉提督四译馆①。彬谓焯擅打驾下人员即往拿焯，焯曰：“我是职官，无旨岂能擅拿耶！”时仆从逃散，焯单骑独行，京师皆号为“舍命主事”……世宗登极，念焯以谏被杖，赐银十两，加俸一级。旋以母命乞归，家居不通贵游，藩使应容庵三造庐乃得一见。闭户著书，欲阐阳明道学以传于世，书未竟而卒，年四十六。焯遇事敢为……霍韬少许可，独重焯，每经焯墓必祭之。后祀乡贤。子露，邑庠生。

何鳌　（约1484—约1533）字子鱼，明顺德黄连人。弘治十七年（1504）举人，正德三年（1508）进士，任浙江庆元知县、监察御史、浙江松江知府。嘉靖九年（1530）进山东副使，后擢湖广布政使。父一逵，兄宏，弟翱，子思赞。

《广州志》卷三十九《举人·国朝·弘治甲子科》：经魁，顺德。卷三十八《进士·国朝·正德戊辰科》：知府，顺德。卷四十《封赠·国朝·监察御史》：何一逵，以子鳌贵赠，顺德。

［嘉靖］《广东通志》卷十二《明·进士·正德三年戊辰》：布政，有传。

［万历］《顺德县志》卷七《人物志第七之一》：字子鱼。弱冠魁南粤，登进士，知庆元县。庆元在万山中，犷悍难治，豪猾持吏长短。鳌至，取首恶诛之，与民更始。治甚有声，召为监察御史。佛郎机以入贡为名，两台不许，遂治区脱②东莞之南头，潜至京师，见部不拜。朝欲位先诸夷，鳌与御史邱道隆奏驱之出境。人谓粤之不胥而夷，鳌有力焉。按湖广持大体，擢守松江，副使浙江。改徐淮兵备，定驿传③约法，岁省数万。筑堤自沛至徐延亘百里，河不为害，人以此归德焉。参政福建，左布政湖广，道卒。子思赞，亦进士，官福建都转运使方盛。卷九《进士·正德三年》：黄连，布政。

［万历］《广东通志》卷二十《广州府·选举·进士·国朝·顺德》：正德戊辰，江西布政使。《封赠·国朝·顺德》：何鳌，左布政，以子思赞进阶

---

①提督四译馆：明官署名，掌译书。

②区脱：匈奴语，指汉时与匈奴连界的边塞所立的土堡哨所，一说指双方都管辖不到的边境地带。

③驿传：中国古代政府设置的人夫、车马、食宿等交通组织，供一定品级的官吏往来，以及传递诏令文书。

正奉大夫。

［康熙十三年］《顺德县志》卷六《明朝·封赠》：黄连人，原任胡广左布政使，以子思赞贵，诰赠通奉大夫。卷七《人物传一·德业》：出按湖广，廉明著声。楚地藩封罗列，禄不时给，恒哗有司，鳌上议以守臣抽分辅其缺，民大称快。襄府嗣子非真，异时莫敢言者，鳌劾而夺之，尤人所难也。擢守松江，清粮册，革机户，实惠及民……仅五十而道卒，人咸惜之，崇祀乡贤。

［咸丰］《顺德县志》卷二十三《列传三·明·何鳌》：昌孙……家世仕宦，弱冠能文。庆元在万山中，民号犷悍，地方豪猾每持长吏短长……先是，佛郎机遣甲必丹求贡请封，诏给其直遣还。久留不去，剽掠商旅，掠食民间小儿，已复夤缘①镇守太监许入京。正德中，帝方在南都，江彬引其火者亚三入与帝戏，其留广东驿者筑舍为久居计，益肆掠，抚按以闻。十五年，鳌疏言："佛郎机最凶狡，兵械较诸番独精。前岁驾大舶突入广东会城，炮声殷②地。留驿者违制交通，入都者桀傲争长。今听其往来贸易，势必争斗杀伤，南方之祸殆无纪极③。祖宗朝贡有定期，防守有常制，故来者不多。近因布政吴廷举谓缺供香物，不问何年来即取货，致番舶不绝于海澨④，蛮人杂沓于州城。禁防既疏，水道益熟，此佛郎机所以乘机突至也。乞悉驱在澳番舶及番人潜居者，禁私通，严守备，庶一方获安。"会御史邱道隆亦以"满剌加乃本朝封国，今为佛郎机并以利求封贡，宜却去"为言，并下礼部。部以鳌顺德人，道隆亦先宰顺德，深晰利害，宜俟满剌加使至，廷诘侵夺罪如所奏行。明年帝崩，亚三伏法，却其贡，复携土物求市，诏复拒之……进浙江副使（按黄《志》：进山东副使在嘉靖九年庚寅，不云副使浙江，今从《粤大记》）……兄宏，弟翺。

方茂科　改名茂夫，字仲贤，明南海丹灶良登孔边村人。正德八年（1513）举人。父遂，弟献夫，子革。

《广州志》卷三十九《举人·国朝·癸酉科》：遂之子，更名茂夫，府学，南海。

［万历］《广东通志》卷二十《广州府·选举·乡举·国朝·南海》：正德癸酉，献夫兄。

---

①夤（yín）缘：攀附。

②殷：震动。

③纪极：终极，引申为穷尽。

④海澨（shì）：海边。

［道光］《广东通志》卷七十三《举人四·明·正德八年癸酉·广州府》：南海人，遂子，字仲贤，改名茂夫，子革。

［道光］《南海县志》卷二十六《艺文略二·集》：《狎鸭亭集》，明方茂夫撰，据阮《通志》。

叶基 字克绍，明南海人。正德八年（1513）举人。

［嘉靖］《广东通志》卷十二《明·举人·正德八年癸酉》：叶基。

《广东通志初稿》卷二十《举人·明·正德八年癸酉》：南海。

［崇祯］《南海县志》卷四《乡举·明·正德癸酉》：同知。

［道光］《广东通志》卷七十三《举人四·明·正德八年癸酉·广州府》：南海人，字克绍，同知。

许士经 名一作仕经，字纶甫，明南海人。正德八年（1513）举人。

《广州志》卷三十九《举人·国朝·癸酉科》：南海。

［嘉靖］《广东通志》卷十二《明·举人·正德八年癸酉》：许士经。

［崇祯］《南海县志》卷四《乡举·明·正德癸酉》：知县。

［道光］《广东通志》卷七十三《举人四·明·正德八年癸酉·广州府》：南海人，字纶甫，知县。卷二百七十八《列传十·广州十一》：嘉靖间福宁州学正，待士有恩礼。辑杨时以来至朱熹门人语，刻曰《道南观感录》，又刻《梭山家训》，士论翕然称之。（《福建通志》）谨案：《南海志·选举》云知县。

［道光］《南海县志》卷二十《举人·明正德朝》：许仕经，奉宁知县，癸酉科。按：郭、魏二《志》并作士，今从《福建志》。

许士腾 字允升，明南海人。正德八年（1513）举人。

《广州志》卷三十九《举人·国朝·癸酉科》：府学，南海。

［嘉靖］《广东通志》卷十二《明·举人·正德八年癸酉》：许士腾。

［万历］《广东通志》卷二十《广州府·选举·乡举·国朝·南海》：正德癸酉。

［道光］《广东通志》卷七十三《举人四·明·正德八年癸酉·广州府》：南海人，字允升。

吕文彦 一作姓吴，字道章，明南海人。正德八年（1513）

举人。

《广州志》卷三十九《举人·国朝·癸酉科》：教谕，南海。

［嘉靖］《广东通志》卷十二《明·举人·正德八年癸酉》：吴文彦。

［道光］《广东通志》卷七十三《举人四·明·正德八年癸酉·广州府》：南海人，字道章，教谕，戴《志》、黄《志》作吴姓。

［道光］《南海县志》卷二十《举人·明正德朝》：吴文彦，建阳知县，癸酉科。据《福建志》参修。按：郭、魏二《志》依郭《通志》作吕文彦，误也，戴、黄二《通志》及《福建志》并作吴。

朱冕 明高明罗塘人。正德八年（1513）岁贡。

［万历］《肇庆府志》卷六《选举表二·国朝岁贡·正德·高明县学》：武宁训导。

［康熙八年］《高明县志》卷四《元明·恩岁贡》：罗塘人，正德八年岁贡，任江西武宁县训导。

刘进修 明南海人。正德八年（1513）举人。

《广州志》卷三十九《举人·国朝·癸酉科》：知县，南海。

［嘉靖］《广东通志》卷十二《明·举人·正德八年癸酉》：知县。

［道光］《广东通志》卷七十三《举人四·明·正德八年癸酉·广州府》：南海人，字用勤，知县。

［道光］《南海县志》卷二十《举人·明正德朝》：仙游知县，据《福建志》参修，癸酉科。

伦诏 字廷言，明南海人。正德八年（1513）举人。父彝成化十九年（1483）举人，弟谏嘉靖四年（1525）举人。

《广州志》卷三十九《举人·国朝·癸酉科》：彝之子，学正，南海。

［嘉靖］《广东通志》卷十二《明·举人·正德八年癸酉》：伦诏，学正。

［道光］《广东通志》卷七十三《举人四·明·广州府》：正德八年癸酉。伦诏，南海人，字廷言，学正。父彝，弟谏。

邹鲁 字至道，明南海人。正德八年（1513）举人。

《广州志》卷三十九《举人·国朝·癸酉科》：教谕，南海。

［嘉靖］《广东通志》卷十二《明·举人·正德八年癸酉》：教谕。

［万历］《南海县志》卷十一《人物列传二》：字至道。正德癸酉举于乡，

释褐教谕安溪。博学强记，工于词藻。善诱诸生，每以道义相勉。

［崇祯］《南海县志》卷十《人物列传》：尤喜表章先哲，一时士论归之。迁知瓯宁县，改南京国子监学正。有集传于世。

［道光］《南海县志》卷二十五《艺文略一·子部·儒家类》：《信卦》一篇，明邹鲁撰，据《经义考》。

［宣统］《南海县志》卷十一《艺文略·集部·别集》：《邹至道集》，明邹鲁撰，据张《府志》。

张拱辰 字仰德，明顺德龙江沙富村人。正德八年（1513）举人，十二年进士，历任户部主事、户部郎中、福建布政司参议。父真。

《广州志》卷三十九《举人·国朝·癸酉科》：顺德。卷三十八《进士·国朝·正德丁丑科》：福建参议，顺德。卷四十《封赠·国朝·主事》：张真，以子拱辰贵赠，顺德。

［嘉靖］《广东通志》卷十二《明·举人·正德八年癸酉》：进士。《明·进士·正德十二年丁丑》：顺德人，参议。

［万历］《顺德县志》卷七《人物志第七之一》：张拱辰者，善昭族子也，字仰德。少力田，马驺见而异之，妻以女，驺以吏举于广右者也。拱辰既登进士，出遇骠骑将军陆宣，立马谭，宣重之，期过幸臣朱宁第，竟不往。主事户部，历郎中。监太仓，尚书侯观欲私，概人不可。监兑南直隶则杖金坛知县任佃，其同年进士也。成化来盐法改折①，商中盐输银户部以次给盐，有数世候支者。黠商潜贿计曹，通于内阁中贵人，祈四朝盐引偕发。拱辰独抗言："国家盐法有故，四朝偕发则成化、弘治盐壅②不行，盐壅不行则利人微，利人微则商不怀。失信商人，亏折国赋，非细事也，拱辰一日去位，惟诸公。"众不能夺。大同军叛，杀巡抚张文锦，议抚，拱辰独诣兵部请诛之。未几参议福建，会任佃起为御史，嗾给事中杨秉义劾拱辰，罢归。尚书霍韬两疏"张拱辰刚毅有守，吏部嗔不门跪黜之。《大明会典》：'考察无赃皆得举。'无终身废弃之令也。乞召拱辰，竟不起。拱辰刚直，急人之难，见不善必叱之。太史萧与成道病革，人以其疫，即相知过弗恤也，拱辰调护病苏乃去。知县曾俊为人诬讼，友人梁主事乔升受金，言于藩司罪俊。拱辰俟藩司

①改折：旧时赋税制度中，以其他物品或银两，替代原定应交物品的缴纳办法。

②盐壅：引盐壅积。

送乔升出，指骂之曰："以顺，汝欲子孙丐耶？元哲冤，谁不知者？不解骖，又下石，如良友何？"以顺，乔升字。俊字元哲，后乔升子孙果丐云。拱辰廉，居官十余年不增尺寸之产，晚节益坚。有献百金为寿而请其关说者，托族子以闻。属拱辰耘瓜，族子示顾金曰："有货如蛤，何苦耘瓜为？"拱辰曰："吾瓜大于蛤也。"妻子几不能给，韬乃割寺田以周之，御史陈联芳表其里曰"清白"。卷九《进士·正德十二年》：龙山，福建参议。

［道光］《广东通志》卷六十九《进士·明·正德十二年丁丑舒芬榜·广州府》：顺德人，二甲，参议。

［咸丰］《顺德县志》卷二十三《列传三·明·张拱辰》：明初，盐法以行运道远费烦，召商人就所近官司纳米而给以盐引，使得定地自鬻，所入增减率视时缓急与米值高下为差，谓之开中盐。后又折银悉输户部济边，以次给引，当正统中，已有祖孙相代自永乐来候支而不得者……祀乡贤。（据《史稿·食货志》。洪武三年，山西行省言大同粮储自陵县运至太和岭，路远费烦，请令商于大同仓入米，一石给盐一小引。帝从其请，召商输粮而与之盐，谓之"开中"。其后各行省边境多召商中盐以为军储，盐法相辅而行，中盐之例自四年定。今郭《志》云"成化来"已误，云"改折商中盐"亦误。又据《食货志》，正统三年，商人有自永乐中候支盐，祖孙相代不得者，乃加钞偿，自永乐越洪熙、宣德以迄正统。当时所谓四朝盐引，盖以久远旧引而言。故拱辰以成、弘两朝争之，若从正统至正德祈请，则中越景泰、天顺、成化、弘治为六朝矣，亦缘蒙混致误。）

张景献　字廷哲，明顺德龙江人。正德八年（1513）举人，嘉靖二年（1523）进士，任福建崇安知县。

《广州志》卷三十九《举人·国朝·癸酉科》：顺德。卷三十八《进士·国朝·嘉靖癸未科》：知县，顺德。

［嘉靖］《广东通志》卷十二《明·举人·正德八年癸酉》：进士。《明·进士·嘉靖二年癸未》：知县。

［万历］《顺德县志》卷九《进士·嘉靖二年》：龙江，崇安知县。

［道光］《广东通志》卷七十三《举人四·明·正德八年癸酉·广州府》：顺德人，字廷哲，进士。

陈希元　明顺德龙江人。正德八年（1513）举人，九年、十二年两次考进士中乙榜，任江西永新县、万安县教谕。

《广州志》卷三十九《举人·国朝·癸酉科》：经魁，教谕，顺德。

［嘉靖］《广东通志》卷十二《明·举人·正德八年癸酉》：顺德人，教谕。

［万历］《顺德县志》卷九《举人·正德八年》：龙山，经魁，安福训导。

［乾隆］《顺德县志》卷十《举人·明朝·正德癸酉》：龙江人，永新县教谕。

［咸丰］《顺德县志》卷十《明通榜·明·正德》：龙江人，万安县教谕。甲戌科，又丁丑科。

［民国］《顺德县志》卷十四《艺文略·史部·传记类名人之属》：《龙江先献录》，明陈希元撰，《采访册》。谨按：希元龙江人，正德甲戌、丁丑乙榜进士。《艺文略·集部·别集》：《鹅峰诗稿》，明陈希元撰。

陈翁年　字敬颐，明南海人。正德八年（1513）举人。父骐，子万。

《广州志》卷三十九《举人·国朝·癸酉科》：骐之孙，府学，南海。

［嘉靖］《广东通志》卷十二《明·举人·正德八年癸酉》：陈翁年。《明·举人·嘉靖十年辛卯》：陈万。

《广东通志初稿》卷二十《举人·明·嘉靖十年辛卯》：陈万，南海。

［万历］《广东通志》卷二十《广州府·选举·乡举·国朝·南海》：正德癸酉。陈万，嘉靖辛卯，翁年之子。

［道光］《广东通志》卷七十三《举人四·明·正德八年癸酉·广州府》：南海人，字敬颐。父骐，子万。

周世雍　字绍唐，明顺德平步人。正德八年（1513）举人，嘉靖二年（1523）进士，任江西副使。父志。

《广州志》卷三十九《举人·国朝·癸酉科》：顺德。卷三十八《进士·国朝·嘉靖癸未科》：知县，顺德。

［嘉靖］《广东通志》卷十二《明·举人·正德八年癸酉》：进士，副使。《明·进士·嘉靖二年癸未》：顺德人，副使。

《广东通志初稿》卷十九《进士·明·嘉靖二年癸未姚涞榜》：主事，顺德人。

［万历］《顺德县志》卷九《进士·嘉靖二年》：平步，江西副使。《封赠·郎中》：周志，世雍父，赠。

［康熙十三年］《顺德县志》卷五《明朝·乡举·正德癸酉》：平步人，进士，户部主事，历副使。

［道光］《广东通志》卷七十三《举人四·明·正德八年癸酉·广州府》：顺德人，字绍唐，进士。

［咸丰］《顺德县志》卷二十三《列传三·明·梁昉》：精通律令，剖决如流，清声并与昉埒。

徐汝勋　字建之，明南海人。正德八年（1513）举人。兄哲。

《广州志》卷三十九《举人·国朝·癸酉科》：府学，南海。

［嘉靖］《广东通志》卷十二《明·举人·正德八年癸酉》：徐汝勋。

［万历］《广东通志》卷二十《广州府·选举·乡举·国朝·南海》：正德癸酉。

［道光］《广东通志》卷七十三《举人四·明·广州府》：正德八年癸酉，徐汝勋，顺德人，字建之，兄哲。

梁世骠　字远之，明顺德桂林人。正德八年（1513）举人，十五年进士，任福建按察佥事。父韶，子有誉、有贞。

《广州志》卷三十九《举人·国朝·癸酉科》：府学。卷三十八《进士·国朝·正德辛巳科》：御史、佥事，顺德。卷四十《封赠·国朝·监察御史》：梁韶，以子世骠贵赠，顺德。

［嘉靖］《广东通志》卷十二《明·举人·正德八年癸酉》：进士。《明·进士·正德十六年辛巳》：顺德人，佥事。卷二十四《民物志五·土产下·梁有誉传》：父世骠，辛巳进士，为御史、按察佥事，严于庭训。

［万历］《顺德县志》卷九《进士·正德十六年》：桂林，浙江佥事。

［道光］《广东通志》卷七十三《举人四·明·正德八年癸酉·广州府》：顺德人，字远之，进士，子有誉、有贞。

梁随　字正夫，明南海佛山镇人。正德八年（1513）举人。

《广州志》卷三十九《举人·国朝·癸酉科》：府学，南海。

［嘉靖］《广东通志》卷十二《明·举人·正德八年癸酉》：梁随。

［万历］《广东通志》卷二十《广州府·选举·乡举·国朝·南海》：正德癸酉。

［崇祯］《南海县志》卷四《乡举·明·正德癸酉》：同知。

［雍正］《广东通志》卷三十三《举人·明·正德八年癸酉乡试榜》：南海人，知县。

［乾隆］《佛山忠义乡志》卷四《乡举·明·正德癸酉》：浙江处州府同知。

［道光］《广东通志》卷七十三《举人四·明·正德八年癸酉·广州府》：南海人，字正夫，同知。

［道光］《南海县志》卷二十《举人·明正德朝》：建宁知县，据《福建志》参修……癸酉科。

梁爵 名一作爝，明南海佛山镇人。正德八年（1513）举人，任江西宜春知县。父荣。

《广州志》卷三十九《举人·国朝·癸酉科》：府学，南海。

［嘉靖］《广东通志》卷十二《明·举人·正德八年癸酉》：知县。

［万历］《广东通志》卷二十《广州府·选举·乡举·国朝·南海》：正德癸酉。

［乾隆］《佛山忠义乡志》卷四《明封赠》：梁荣，以子爝赠宜春知县。

彭一举 字明卿，明南海人。正德八年（1513）举人。

《广州志》卷三十九《举人·国朝·癸酉科》：府学，南海。

［嘉靖］《广东通志》卷十二《明·举人·正德八年癸酉》：彭一举。

［万历］《广东通志》卷二十《广州府·选举·乡举·国朝·南海》：正德癸酉。

［道光］《广东通志》卷七十三《举人四·明·正德八年癸酉·广州府》：南海人，字明卿。

彭泽 字仁卿，明南海人。正德八年（1513）举人，十二年进士。父金，弘治间任广西陆川典史。兄一举。

《广州志》卷三十九《举人·国朝·癸酉科》：府学，南海。卷三十八《进士·国朝·正德丁丑科》：郎中，南海。卷四十《封赠·国朝·主事》：彭金，字世用，任陆川典史，署县事，以教养为己任。俗多杀牛祀鬼，严禁止之，民威其德。举人邓祚言于提学道，祀诸名宦祠。以子泽贵赠，南海。

［嘉靖］《广东通志》卷十二《明·举人·正德八年癸酉》：进士。《明·进士·正德十二年丁丑》：太常卿。

［康熙］《南海县志》卷五《选举志·明乡举·正德癸酉》：顺德人，由本学。

［道光］《广东通志》卷七十三《举人四·明·正德八年癸酉·广州府》：

顺德人，南海学，字仁卿，进士。考明本《题名录》泽为一举弟，同科，今《顺德志》不载。

［道光］《南海县志》卷三十六《列传五·明·彭金》：彭金，弘治间为陆川典史，廉公慈爱。乞休去，民肖像庆寿堂祀之。

董鸣凤 字于岐，明南海人。正德八年（1513）举人。

《广州志》卷三十九《举人·国朝·癸酉科》：通判，南海。

［嘉靖］《广东通志》卷十二《明·举人·正德八年癸酉》：同知。

［道光］《广东通志》卷七十三《举人四·明·正德八年癸酉·广州府》：南海人，字于岐。通判，一作同知。

蒙佾 字仲和，明南海人。正德八年（1513）举人。父昇。

《广州志》卷三十九《举人·国朝·癸酉科》：南海。

［嘉靖］《广东通志》卷十二《明·举人·正德八年癸酉》：通判。

［崇祯］《南海县志》卷四《封赠·明》：蒙昇，以子佾赠通判。

［道光］《广东通志》卷七十三《举人四·明·正德八年癸酉·广州府》：南海人，番禺学，字仲和，苏州府通判。

［道光］《南海县志》卷二十《举人·明正德朝》：漳州通判，据《福建志》参修。按：阮《通志》作苏州通判，《江南志》不载……癸酉科。

熊元 字孟才，明南海人。正德八年（1513）举人，十二年进士。

《广州志》卷三十九《举人·国朝·癸酉科》：府学，南海。卷三十八《进士·国朝·正德丁丑科》：南海。

［嘉靖］《广东通志》卷十二《明·举人·正德八年癸酉》：进士。《明·进士·正德十二年丁丑》：熊元。

《粤大记》卷五《科第·皇明进士科·正德十二年丁丑舒芬榜》：南海县人，郎中。

［道光］《广东通志》卷七十三《举人四·明·正德八年癸酉·广州府》：南海人，字孟才，进士。

方献夫 （1485—1544）原名献科，字叔贤，号西樵，明南海丹灶良登孔边村人。弘治十七年（1504）举人，次年进士。

正德中，母丧服满回京，授礼部主事，调吏部员外郎，拜主事王守仁为师。后归西樵山养病，与湛甘泉、霍韬等读书论学十年。嘉靖二年（1523）回朝，授吏部考功司员外郎，历翰林侍讲学士、少詹事、礼部右侍郎、吏部左侍郎、礼部及吏部尚书。因大礼议事件常遭官员攻讦，上疏请退，九年（1530）得以回乡。十一年应诏回京，晋少保兼武英殿大学士入阁辅政，进光禄大夫、柱国。三次称病请退，十三年致仕。居家十年卒，赠太保，谥文襄。父遂，子䕺、蕖，侄芷。

《广州志》卷三十九《举人·国朝·弘治甲子科》：方献科，经魁，名夫，府庠，南海。卷三十八《进士·国朝·弘治乙丑科》：方献科，礼部尚书，更名献夫，南海。

［嘉靖］《广东通志》卷十二《明·进士·弘治十八年乙丑》：大学士，有传。

《粤大记》卷五《科第·皇明进士科·弘治十八年乙丑科顾鼎臣榜》：南海县人。庶吉士，吏部主事，以议大礼历升少保兼武英殿大学士，赠太保，谥文襄。所著《周易约说》《大学原》《西樵子稿》《中庸原》诸书。

［万历］《南海县志》卷三《政事志·事纪》：国朝世宗肃皇帝嘉靖元年，吏部员外方献夫、兵部主事霍韬上大礼疏。九年冬十月，遣行人蔡叆召太子太保、吏部尚书方献夫，固辞，不许。十年夏六月，加献夫少保兼武英殿大学士，入阁□□机务，赐图书曰“忠诚直谅”。十二年夏四月，上幸西苑，召少保、大学士方献夫同游。十三年春二月，少保、大学士方献夫致仕。二十三年六月，致仕少保、武英殿大学士方献夫卒，赠太保，谥文襄。卷十一《人物列传二》：字叔贤。父遂，以乡荐署全州学正卒，遗腹生献夫。七岁即苦学不辍，庄重如成人。弘治甲子举乡试第二，登乙丑进士，选庶吉士。乞归养母，终丧起复，历吏部文选员外郎。正德中复谢病归，与湛若水、霍韬卜筑西樵，往来讲学。嘉靖癸未以荐起，授考功员外郎。会“大礼”议兴，廷臣惑于濮说。献夫上疏极言：“今日之事与濮议不同者三，乌得牵合强附?”少师杨廷和见而恶之。寻转侍讲学士，敷□□□□□，上皆嘉纳之。乙酉《大礼》书成，擢□□□□□□□□□□□□□□□□□□□□□□□□□□□□□□□□献夫摄大理寺，廷□□□□，上欲诛御史马录及其党四十人，献夫与璁等力救，录得谪戍，余皆末减。上又欲诛建昌侯张延龄，密询之。对曰：“昔汉文诛薄昭致母不食，今杀延龄必伤昭圣太后心，非盛德事也。”遂寝。后夏言伺上意，阴令董至等上变，延龄始不免。是冬迁吏部侍郎，寻擢礼部尚书。献夫遂请毁畿内尼姑庵堂至六百余区，天下僧道无度牒者悉令还

俗。戊子《明伦大典》成，加太子太保。寻改吏部尚书，陈言修省诸疏，多见采纳，庚寅谢病南归。居无何，复遣行人蔡叆征还，晋少保兼武英殿大学士，赐金章曰“忠诚直谅”。久之进光禄大夫、柱国，以病屡乞骸骨不许，恳少傅李时为请始许之。治第西樵山麓，优游十载而卒。上闻讣震悼，赠□□□□，谥文襄。平生厚于人伦，解相后笞家奴，□□□□□□□□□□□□□□□□□□□友人□□□□□□□□□□□其老。少时与王守仁同□□部而折节相师，士林多其谦逊。年仅五十辄力辞枢管，其急流勇退尤近世所罕觏①云。所著有《易经约说学解》《大学中庸二原》《西樵存稿》。子纛，荫历尚宝卿。蘘，多智略，精骑射，历赣州府同知，有平寇功，后至武定知府。

［崇祯］《南海县志》卷四《恩荫·明》：方芷，大学士献夫侄，荫中书舍人。卷十《人物列传》：敷陈《洪范》之义，上皆嘉纳之。乙酉《大礼》书成，擢少詹事，丁亥转礼部右侍郎。上以张寅狱久不白，命桂萼摄刑部，张璁摄都察院，献夫摄大理寺，廷鞫之，狱成……上闻计震悼，赠特进太保，谥文襄。平生厚于人伦，解相后笞家奴，忤其兄茂夫意，辄置酒长跪谢罪。尤笃交谊，友人陈激衷贫，为置田园以娱其老。少时与王守仁同官吏部而折节相师。

［道光］《广东通志》卷一百九十六《艺文略八·集部二》：《龙井集》，明方蘘撰，未见。《广东诗粹》：蘘，字清臣，献夫次子。

［道光］《南海县志》卷三十六《列传五·明·方献夫》：号西樵。其先七世祖宗元，宋季宦南海，因家焉……献夫幼孤颖敏，自力于学，祖权诲之曰：“学非圣贤道不明，非卿相道不行，小子志之!”献夫益砥砺……正德中授礼部主事，调吏部，进员外郎。与主事王守仁论学悦之，遂请为弟子。寻谢病归，读书西樵山中者十年。卷二十五《艺文略一》：《周易约说》十卷……《二礼会通》……《程子语》十二篇，明方献夫撰，据《西樵遗稿》。《大学原》一卷，明方献夫撰，据《国史经籍志》《经义考》同。《西樵子》，明方献夫撰，据魏《志》。卷二十六《艺文略二·集》：《西樵遗稿》八卷，明方献夫撰，据《四库全书目》。（案：《明志》作五卷）

刘涤 明三水松江人。正德十年（1515）恩贡，授浙江萧山知县。

［康熙四十九年］《三水县志》卷三《贡途·恩贡》：松江人，正德十年恩选，授萧山县知县。

---

①罕觏（gòu）：难以遇见。

程迈 字子超，明高明濠基人。正德十年（1515）岁贡。

［万历］《肇庆府志》卷六《选举表二·国朝岁贡·正德·高明县学》：上杭教谕。卷二十《人物传·国朝·程迈》：字子超，高明人。执亲之丧疏食蔬果，兄弟四人，独任殡葬。岁贡，任邵武训导、上杭教谕、靖江王教授，不屑屑升斗，过其师杨傅之门必式□。

［康熙八年］《高明县志》卷四《元明·恩岁贡》：下仓人，正德十年岁贡，任广西靖江府教授。

［道光］《高明县志》卷十二《贡生·明》：濠基人，正德十年岁贡，任福建靖江府教授。

关文英 字道充，明南海九江人。正德十一年（1516）岁贡。

《南海九江乡志》卷三《选举·贡·正德十一年丙子岁贡》：字道充，号□云。由龙门学习《礼记》，廷试授福建龙溪训导。丁艰补广西富川训导，升福建平和教谕。

伦以谅 字彦周，别号右溪，明南海魁岗黎涌村（今属禅城）人。正德十一年（1516）乡试第一（解元），十六年进士，选翰林庶吉士，任山西道御史、吏部文选司主事、南京通政司参议。嘉靖二年（1523）告老归养，六十五岁卒。文叙长子，与梁焯为亲家。弟以训、以诜。

《广州志》卷三十九《举人·国朝·丙子科》：文叙之子，解元，府庠，南海。卷三十八《进士·国朝·正德辛巳科》：御史，南海。

《粤大记》卷十九《献征类·清直高踪·明》：字彦周，别号右溪，状元文叙之长子也。丰神秀雅，器度端方，凡书过目成诵，幼同弟白山学于完斋何瑗进士之门，以聪悟见称。正德丙子举乡试第一人，辛巳登进士第，选翰林庶吉士，读中秘书二年而文日益有名。当是时，海内人士谓伦氏父子兄弟相继登三元古今罕见，而秉钧轴①者，忌公才名太盛、门第太高，出为山西道监察御史，未几归养凡数年。南北科道官交荐公才可大用，诏复起公，拜浙江道监察御史。正色立朝，尝导驾，修仪玉立，朝宁皆注目焉。累弹劾不职

①秉钧轴：谓执掌政权。

大臣数人，又举老成旧德之臣如都御史林俊辈，舆论翕服。寻改吏部文选司主事，凡三年历四司，严关防，端矩度，戒亵御，慎交游。历稽勋司郎中，未几升南京通政司参议，与横溪欧公司同心立政。居二年奔太恭人之丧而归，守制三年，哀毁逾礼，自是无复用世之志。公性孝友，待昴弟有恩，与白山、穗石诸昆和气恂恂可掬，至老翕如也。其量宏廓，不立畦畛，人有小过，多能容之。尤好施予，即父母妻之族待公举火者数十家，公无德色①。其为文不求奇而理自足，句不求琢而格自工，其诗描写天然，自有理趣，与青萝王渐逵最相得。公虽不以讲学名，而其一言一行莫不有得于道，非世之伪儒者可及也。

［万历］《南海县志》卷十一《人物列传二》：与主事王渐逵善，偕游名山，诗酒自娱。尤能仗义济人之急，不为德色，人以是多之。卒。

［崇祯］《南海县志》卷十二《艺文志·书目》：《右溪集》，伦以谅撰。

［康熙］《广州府志》卷三十九《人物志十·儒林传·明》：卒年六十五。以谅性孝友，弟以训宦游归，无居第，辄让舍居之，亲族待举火者甚众。

［道光］《南海县志》卷二十六《艺文略·集》：《石溪集》十卷，明伦以谅撰，据《明史·艺文志》。

沈文昊　一说名文旻，字邦元，明顺德连村人。正德十一年（1516）举人。

《广州志》卷三十九《举人·国朝·丙子科》：教谕，府庠，南海。

［万历］《顺德县志》卷九《举人·正德十一年》：石涌，安定教谕。

［道光］《广东通志》卷七十三《举人四·明·正德十一年丙子·广州府》：顺德人，字邦元，安定教谕。

［咸丰］《顺德县志》卷十《举人·明·正德》：沈文旻，字邦元，连村人。安定县教谕，知阳朔县。按：诸《志》不言知县，今从《广西通志》。丙子科。

麦翘　明南海人。正德十一年（1516）岁贡。

［道光］《南海县志》卷二十《贡生荐辟·明正德朝》：丙子岁贡。

李山　字润之，明南海人。正德十一年（1516）举人。

---

①德色：自以为有德于人而沾沾自喜。

《广州志》卷三十九《举人·国朝·丙子科》：教谕，南海。

［嘉靖］《广东通志》卷十二《明·举人·正德十一年丙子》：通判。

［道光］《广东通志》卷七十三《举人四·明·正德十一年丙子·广州府》：南海人，字润之。教谕，一作通判。

李文究 字宗鲁，明南海人。正德十一年（1516）举人。

《广州志》卷三十九《举人·国朝·丙子科》：教谕、知县，南海。

［道光］《广东通志》卷七十三《举人四·明·正德十一年丙子·广州府》：南海人，字宗鲁，知县，又见今《番禺志》。卷二百七十八《列传十·广州十一》：正德丙子举人，知尤溪县。县地旷险，盗贼易于啸聚。文究缮城郭，严戍守，闻警率兵奋击，直捣山阳雪山黄认团诸寨，俘其渠率，毁其巢穴，民自是安堵。

李邦祥 字兆卿，明高明城中人。正德十一年（1516）举人，任山东栖霞、福建长泰教谕，国子监助教，广西南宁、江苏常州通判，代理宜兴知县，任满退休。子时春。

［嘉靖］《广东通志》卷十二《明·举人·正德十一年丙子》：通判。

《广东通志初稿》卷二十《举人·明·正德十一年丙子》：高要。

［万历］《肇庆府志》卷五《选举表一·国朝·举人·正德十一年丙子》：字兆兴。国子助教，通判常州，以清慎称。卷六《选举表二·国朝岁贡·隆庆·高要县学》：李时春，邦祥子，山阴训导。卷二十《人物传·国朝·李邦祥》：字兆卿，高要人。举正德丙子乡试，为方伯吴廷举所器重。教谕栖霞，勤讲课，时给诸生膏火，语在《登州府志》。补长泰，教如栖霞，助修学宫，祠于名宦。迁国子助教，出判南宁。值田州兵后，民疲于征求，平赋均徭，邑人诵之。调常州，署宜兴县。开江阴河五十里，灌田若干顷，事竣而民不扰。秩满致仕。其在常，遂昌应槚为守。及应提督两广，一无所求，应益重之。

［康熙八年］《高明县志》卷四《明·举人·正德十一年丙子》：杨梅人，任国子监助教，迁常州府通。

［道光］《高明县志》卷十二《举人·明》：城中人，正德十一年丙子举人。任国子监助教，迁常州府通判。

吴允禄 字天申，号九岩，明南海里水人。正德十一年（1516）举人，嘉靖二年（1523）进士，任吏部郎中、湖广按察使。父琏。

《广州志》卷三十九《举人·国朝·丙子科》：琏之子，府庠，南海。卷三十八《进士·国朝·嘉靖癸未科》：主事，南海。

［嘉靖］《广东通志》卷十二《明·进士·嘉靖二年癸未》：按察使。

《广东通志初稿》卷十九《进士·明·嘉靖二年癸未姚涞榜》：参政，南海。

《粤大记》卷十九《献征类·清直高踪·明》：字天申，号九岩，琏之子。举嘉靖癸未进士，性驯雅，守绳墨，恂恂如也。授武选主事，时逆瑾熏灼之后，公不逾月削籍者一千六百余员。中官谷大用、张永辈诬奏公，下诏狱，已而事白，复原官。以贤调吏部稽勋主事，晋文选员外郎、验封郎中。是时权归执政，诸郎署共为淟涊①以相浮沉。公即力请外补，出为湖广参政。时楚大饥，公请发仓以赈，所全活者数十万家。未几转按察使，先年有仪宾十恶之狱六年弗决，公竞辩其诬。楚王德焉，寿以千金，却之，丰裁凛然。大木之役，公处置得宜，有白金、文绮之赐。至是凡七入荐剡，铨部一拟光禄卿，再拟布政使，俱不报。岁己亥，圣驾南巡，公与布政使徐乾预备有方，天颜甚悦。时导驾胡御史守中者，憸人也，贪索不满其欲，遂中伤公，竟不辨而归，人皆服公长者。公归而守中被戮，事益白，名益显。直指姚公以“廉明介节”荐于朝而公病笃不待矣。时称湖湘两介士，谓徐两溪、吴九岩二氏也，说者谓九岩尤挺嶓然之操云。

［道光］《广东通志》卷六十九《进士·明·嘉靖二年癸未姚涞榜·广州府》：南海人，二甲，湖广按察使。

［道光］《南海县志》卷二十五《艺文略》：《九峰集》，明吴允禄撰，据魏《志》。

何元达　字伯聪，明顺德龙江人。正德十一年（1516）举人。

《广州志》卷三十九《举人·国朝·丙子科》：顺德。

［嘉靖］《广东通志》卷十二《明·举人·正德十一年丙子》：知县。

［万历］《顺德县志》卷八《人物志第七之二》：何元达者，龙江人也，字伯聪，郡丞璧光之子。少慕古，居常危坐，衣冠整俨，朋辈诞荡必曰：“伯聪得无知乎？”乡荐，教谕仙游，以身率先，尝主三山书院。迁知永康，未

---

①淟涊（tiǎnniǎn）：污浊、卑污，软弱、懦怯。

赴卒。

陆任忠　字希旦，明南海罗冈人。正德十一年（1516）举人，任福建清流知县六年、广西梧州府同知八年，弃官归。

《广州志》卷三十九《举人·国朝·丙子科》：训导，府庠，南海。

［万历］《广东通志》卷二十五《人物六·孝友·陆任忠传》：字希旦，南海人。正德丙子举于乡，历知清流县。居官六载，不以家随，人多其廉静。转梧州府同知，时议征安南，理饷有功，受金币之赐。佐梧八载，以持正忤僚长，辄弃官归，督府蔡经慰留弗听。积俸置产与二弟均之，二弟议曰："兄三子，吾两人俱一子。今兄弟均产，是吾子之产三倍兄矣。拮据自兄，可滥受乎？宜析产为五，均之诸子。"力请乃许之，兄弟义让之美，盖近世所罕见云。同里罗汝泾亦以友爱称，历仕知州，父遗产数百金尽让其弟，自甘清约，乡评重之。

［崇祯］《南海县志》卷十《人物列传·罗汝泾传》：世居罗冈。

陆辂　明顺德龙江人。正德十一年（1516）举人。

《广州志》卷三十九《举人·国朝·丙子科》：顺德。

［嘉靖］《广东通志》卷十二《明·举人·正德十一年丙子》：训导。

［万历］《顺德县志》卷九《举人·正德十一年》：龙江，长乐训导。

陈中诚　字元白，明南海人。正德十一年（1516）举人。父庸，子捷，侄棐、恪。

《广州志》卷三十九《举人·国朝·丙子科》：府庠，南海。

［万历］《广东通志》卷二十《广州府·选举·乡举·国朝·番禺》：正德丙子。

［道光］《广东通志》卷七十三《举人四·明·正德十一年丙子·广州府》：南海人，字元白，父庸，又见《番禺志》。卷七十四《举人五·明·嘉靖十六年丁酉·广州府》：陈捷，南海人，纪善。祖庸，父中诚。

莫晦　名一作悔，字元昶，明南海人。正德十一年（1516）举人。

《广州志》卷三十九《举人·国朝·丙子科》：训导，府庠，南海。

［嘉靖］《广东通志》卷十二《明·举人·正德十一年丙子》：莫悔，

训导。

［万历］《广东通志》卷二十《广州府·选举·乡举·国朝·南海》：正德丙子，训导。

［崇祯］《南海县志》卷四《乡举·明·正德丙子》：翰林院孔目①。

［道光］《广东通志》卷七十三《举人四·明·正德十一年丙子·广州府》：南海人，字元昶，翰林院孔目，黄《志》晦作悔。

［宣统］《南海县志》卷十《拾遗订误·举人》：丙子，新城县。前《志》云翰林院孔目，正德朝。

梁世鳌　明顺德桂林人。正德十一年（1516）中举。

《广州志》卷三十九《举人·国朝·丙子科》：府庠，南海。

［嘉靖］《广东通志》卷十二《明·举人·正德十一年丙子》：知县。

［万历］《顺德县志》卷九《举人·正德十一年》：桂林。

［万历］《广东通志》卷二十《广州府·选举·乡举·国朝·番禺》：正德丙子，知县。《乡举·明·顺德》：正德丙子。

梁材（明正德）　字雪梅，明顺德龙山人。正德十一年（1516）武举。

［民国］《顺德县志》卷八《选举表二·郭〈志〉补遗·武举》：字雪梅，龙山人，明正德丙子科。

梁载　字子宏，明顺德逢简人。正德十一年（1516）举人，任浙江象山知县。父应鳌，子以教。

《广州志》卷三十九《举人·国朝·丙子科》：应鳌之子，府庠，南海。

［万历］《顺德县志》卷九《举人·正德十一年》：逢简。

［道光］《广东通志》卷七十三《举人四·明·正德十一年丙子·广州府》：顺德人，字子宏，知县。祖焕，父应鳌，子以教。

［咸丰］《顺德县志》卷十《举人·明·正德》：字子宏，逢简人，知象山县。焕孙，应鳌子，以教父。丙子科。

黄表　字子正，明南海人。正德十一年（1516）举人。孙

---

①孔目：原指档案目录，翰林属官有孔目，职责是管理图籍。

希锡。

《广州志》卷三十九《举人·国朝·丙子科》：南海。

［道光］《广东通志》卷七十三《举人四·明·正德十一年丙子·广州府》：南海人，字子正，孙希锡。

萧宪 字宗度，明南海人。正德十一年（1516）举人。

《广州志》卷三十九《举人·国朝·丙子科》：府庠，南海。

［万历］《广东通志》卷二十《广州府·选举·乡举·国朝·南海》：正德丙子。

［道光］《广东通志》卷七十三《举人四·明·正德十一年丙子·广州府》：南海人，字宗度。

曾储 号偶亭，字元秀，明南海九江人。正德十一年（1516）举人，嘉靖八年（1529）任湖北沔阳知州，转广西横州知州两年归。家居三十多年，七十四岁卒。父经，兄俊，子宏基，廪膳；宏宪、宏祐、宏彝，庠生。

《广州志》卷三十九《举人·国朝·丙子科》：府庠，南海。

［嘉靖］《广东通志》卷十二《明·举人·正德十一年丙子》：知州。

［万历］《广东通志》卷二十《广州府·选举·乡举·国朝·南海》：正德丙子，知州。

《南海九江乡志》卷三《选举·乡举·正德十一年丙子科》：字元秀，号偶亭。由府学习《诗经》，中式三十二名。授湖广沔阳知州，改广西横州知州。著有《海偶诗集》，寿七十四。子宏基廪膳，宏宪、宏祐、宏彝，曾孙凤、从孔、之璧，玄孙笃生、士美，并庠生。卷四《先达列传》：公生有异质，声若洪钟。少从黄奉尝毅斋公学，与兄俊齐名。领贤书，筮仕沔阳牧，一切火耗、馈遗陋规革尽，捐俸筑堤数百丈以捍潦，沔人戴若父母。请童太史撰《州志》，序其端，汉川争传诵焉。铨部有“士崇其道，民怀其惠，吏服其公”之奖。转横州，祝辕遍郊野。横比沔俗悍务冗，一经过化，事治民和。偶念双白在堂，遂赋归来。乡之贫妇渡海贸纱古劳，百十为群，为水所淹。公设纱市赵涌海旁，乡妇咸赖衣食之便，无性命之忧。捐资修建历代祠坟，以门前塘让伯氏，置子母钱养社老。购海偶山作亭榭、钓台，日偕乡族耆彦游览，饮酒赋诗。乡推为约长，纷争以息，相羊①山川三十余年。《文学列传》：曾宏基，字继夫，号泰崖，刺史储长子。擅风雅，娴词令，工晋人书法，与弟宏宪、宏彝相丽泽②。从父宦游，受经陈进士中，才名噪于时。补顺邑弟子员，试辄冠军，食饩二十年，棘闱六次，与黎秘书民表、陈宪副俊为莫逆交。生平色笑不苟，闲居必衣冠。刺史置海偶别业，日督置松柏花果以承欢。及父卒，鸡骨支床，黄宫詹③称诚孝，逢人说项④。垂贡而卒，著《泰崖集》《四书真讲》行世。

[康熙]《南海县志》卷十二《人物传·循吏·明》：日与兄俊偕朋旧游咏，时人以储兄弟比之二疏⑤。

《九江儒林乡志》卷十《选举略·明·封荫》：曾经，以子储封奉直大夫、广西横州知州。《明·行伍》：曾仕雄，钦州攘外营参将，祖储举人。《武选·明·封荫》：曾储，以孙仕雄赠昭勇将军、钦州攘外营参将。曾宏燮，以子仕雄赠昭勇将军、钦州攘外营参将。卷十二《列传·明》：登乡荐，卒业南雍⑥。归教授于乡，屡上公车不第。嘉靖己丑除湖广沔阳州知州……转广西横州知州，视篆二载……行将迁擢，储念亲老，遽赋归来。

钟千　字君锡，明顺德龙江人。正德十一年（1516）举人，任湖南岳州通判、江西瑞州同知，遭诽谤归，居家四十年。父晓。

《广州志》卷三十九《举人·国朝·丙子科》：晓之子，顺德

[嘉靖]《广东通志》卷十二《明·举人·正德十一年丙子》：顺德人，同知。

[万历]《顺德县志》卷九《举人·正德十一年》：龙江，瑞州同知。卷七《人物志第七之一》：千字君锡。举乡试，通判岳州。输木京师，羡金二百两进于部，部旌之。迁瑞州同知，禁溺女。世宗奉章圣太后南祔，抚臣命千祇迎，职辨而民不扰。郡中群盗数百，由宁州历敖桥，出凌江，卤掠獗甚。千部卒直抵凌江，歼其渠魁，余党悉平。建岳武穆、文信国祠。俗以上元舁

---

①相羊：徘徊、盘桓。

②丽泽：朋友之间互相学习切磋。

③宫詹：即太子詹事，属东宫詹事府。

④说项：替人说好话或说情。

⑤二疏：汉疏广、疏受。

⑥雍：即辟雍，古之大学。

佛出游，骇动人民，靡财币不可胜数。千出遇之，毁其像，杖僧还家，遂尽毁淫祠为社学，俗为一变。嘉靖九年，复令市木，价不足则鬻诸废田宅续之，终不箕敛于民。有恶之者见，谓所部不辨，遂归。父晓尚无恙，出橐中装不过十金，晓喜曰："此不负吾教矣！"家居四十年，不履城郭，飧粥不给，晏如也。沈鈇谓其父子济美，可以廉顽立懦，白两台存之。年九十卒。

［康熙十三年］《顺德县志》卷六《明朝·封赠》：钟晓，龙江人，思恩府知府，以子千贵进阶中宪大夫。

［民国］《顺德县志》卷十四《艺文略·集部·别集》：《梅村诗稿》，明钟千撰。

潘龙 明南海佛山镇人。正德十一年（1516）举人。

《广州志》卷三十九《举人·国朝·丙子科》：教谕，府庠，南海。

［万历］《广东通志》卷二十《广州府·选举·乡举·国朝·南海》：正德丙子，教谕。

［乾隆］《佛山忠义乡志》卷四《乡举·明·正德丙子》：福建尤溪县知县。

［道光］《南海县志》卷二十《举人·明正德朝》：瓯宁教谕，据《福建志》参修，丙子科。卷三十七《列传六·明·潘龙》：嘉靖间知尤溪，慈仁俭约。平狱讼，均徭役，捐冗差，民作《去思录》以纪之。

潘廷相 明南海人。正德十一年（1516）举人。父滥。

《广州志》卷三十九《举人·国朝·丙子科》：府庠，南海。

［万历］《广东通志》卷二十《广州府·选举·乡举·国朝·南海》：正德丙子。

［崇祯］《南海县志》卷四《乡举·明·正德丙子》：知州。《封赠·明》：潘滥，以子廷相封知县。

［道光］《南海县志》卷二十《封荫·明正德朝》：潘鑑，以子廷相封知县。

黎上功 字天叙，又字太岩，明顺德龙山人。正德十一年（1516）武举。

［民国］《顺德县志》卷八《选举表二·郭〈志〉补遗·武举》：字天叙，又字太岩，龙山人，明正德丙子科。

黎元桂 名一作元柱，明顺德槎涌人。正德十一年（1516）举人，任湖南祁阳知县。子民雍。

《广州志》卷三十九《举人·国朝·丙子科》：教谕，顺德。

［万历］《顺德县志》卷九《举人·正德十一年》：桂林，祁阳知县。

［咸丰］《顺德县志》卷十《举人·明·正德》：槎涌人，知祁阳县，子文雍，丙子科。

黎献 字元道，明顺德桃村人。正德十一年（1516）举人，任广西灌阳教谕。孙象春。

《广州志》卷三十九《举人·国朝·丙子科》：顺德。

［嘉靖］《广东通志》卷十二《明·举人·正德十一年丙子》：教谕。

［万历］《顺德县志》卷九《举人·正德十一年》：都粘，灌阳教谕。

［道光］《广东通志》卷七十三《举人四·明·正德十一年丙子·广州府》：顺德人，字元道，灌阳训导，教谕。

［咸丰］《顺德县志》卷十《举人·明·正德》：字元道，桃村人，灌阳县教谕，孙象春，丙子科。

霍元英 明南海人。正德十一年（1516）举人。

《广州志》卷三十九《举人·国朝·丙子科》：经魁，府庠，南海。

［万历］《广东通志》卷二十《广州府·选举·乡举·国朝·南海》：正德丙子，经魁。

霍重 明南海佛山镇人。正德十一年（1516）举人。

《广州志》卷三十九《举人·国朝·丙子科》：南海。

［乾隆］《佛山忠义乡志》卷四《乡举·明·正德丙子》：知县。

［道光］《南海县志》卷二十《举人·明正德朝》：北流知县，据《广西志》参修……丙子科。

谭杲 字子高，明高明范州人。正德十二年（1517）岁贡，任广西思恩训导、陆川教谕。

［万历］《肇庆府志》卷六《选举表二·国朝岁贡·正德·高明县学》：陆川教谕。卷二十《人物传·国朝·谭杲》：字子高，高明县人。为人重厚，不妄言笑。岁贡，任桂东思恩训导、陆川教谕几二十年，家产仅十余亩。里

豪侵其祖墓，杲往谕之。豪攘臂拳其面者三，受而不报，其量如此。

［康熙八年］《高明县志》卷四《元明·恩岁贡》：范州人，正德十二年岁贡，任广西兴业县教谕。

钟善经　（约1487—约1531）字理夫，明顺德都粘人。正德二年（1507）举人，六年进士，任福建兴化推官、福建道监察御史，告归侍养。父恕，弟善纶。

《广州志》卷三十九《举人·国朝·丁卯科》：顺德。卷三十八《进士·国朝·正德辛未科》：御史，顺德。卷四十《封赠·国朝·监察御史》：钟恕，以子善经贵赠。

［嘉靖］《广东通志》卷十二《明·举人·正德二年丁卯》：进士。《明·进士·正德六年辛未》：御史，有传。卷六十二《列传十九·人物九·邓炳传》：字理夫。弱冠举于乡，正德辛未进士，授兴化推官。谳狱明决，精于藻鉴。宾兴①供事，时御史李如珪主试，及将揭晓，有二卷相埒，欲置解首未决，如圭以委善经，遂置张岳为冠，后为名臣。有诈假官入境，一见即知其伪，叱左右擒之，当道交荐其廉能。迁监察御史，直谏有声。寻以亲老归侍，居会城中数十年未尝请谒，大寮咸敬重之。善经尝痛其季弟早世，慎恤其妇，抚育二孤，慈爱曲尽，择师与诸子同训，两孤侄卒有成立，咸举于乡。侍母每奉安舆，必扶持至百余步，母再三命返乃已。及卒，士大夫皆叹曰："贤人萎矣。"市人亦为之太息，相率白于当道，祀于仰高祠。

［万历］《顺德县志》卷九《进士·正德六年》：都粘，御史。

《粤大记》卷十九《献征类·清直高踪·明》：字理夫，顺德人。博综经史，尤明《易》学。辛未举进士，授兴化府推官。持法秉廉，剖讼明决，断案如老吏，藩、臬暨部使者皆谓莫及。督理赈济，民赖全活甚众。又诘假官杨日升之诈，折太监崔震之势，其发奸擿伏、不畏强御如此。乃操持峻洁，一毫不私，部使者称其"片言可以折狱，一介不以取人"，盖实录云。满考应召，授监察御史，劾奏不避豪贵，以风力闻。未几，移疾省觐，杜门读书，有司屡劝驾不起。卒年四十有五。其丰祭祀，恤孤寡，乡人有急难则力为白之。尝谓守身如处女，不可受人指点，故其中所自信皎然如一日云。

［康熙十三年］《顺德县志》卷七《人物传·德业》：抚育二孤继瑜、继瑶。

---

①宾兴：科举时代，地方官设宴招待应举之士，此借指乡试。

［咸丰］《顺德县志》卷二十三《列传三·明·钟华传》：族子善经……性孝谨，终父母丧未尝御酒肉，盛暑必服衰，祭葬无少逾礼。弟善纶殁，抚其孤寡，同居无间言……总镇崔太监使指挥诣府，锁其吏叱去之。崔初怒甚，将选事求中伤，及相见反为屈服。擢福建道御史，差往芦沟桥厂抽分竹木，会武宗北狩，力谏请回銮。尝劾锦衣千户陶淳，太监崔文、芮景贤不法，直声大著……贫不能殓，当道竞周之，吊者如市。

霍韬　（1487—1540）字渭先，明南海魁岗石头乡（今属禅城）人。正德八年（1513）举人第二名，九年会试第一，告归成婚，读书西樵山中。嘉靖登基，授兵部主事。次年（1523）谢病归乡，开四峰书院。嘉靖六年（1527）应召进京，升少詹事兼侍讲学士。八年受命主会试，任《大明会典》副总裁。次年率直逆上，下都察院狱，俸降一级，不久复官。因母丧归。十二年召为吏部左侍郎。十五年出为南京礼部尚书，十八年拜太子少保、礼部尚书，掌詹事府事。翌年卒，赠太子太保，谥文敏。父华，子与瑛、与瑕、与琦。

《广州志》卷三十九《举人·国朝·癸酉科》：经魁，府学，南海。卷三十八《进士·国朝·正德甲戌科》：会元，詹事，南海。

［嘉靖］《广东通志》卷十二《明·举人·正德八年癸酉》：经魁，见进士。《明·进士·正德九甲戌》：广州南海人，会元，有传。

《广东通志初稿》卷十九《进士·明·正德九年甲戌唐皋榜》：会元，吏部左侍郎，南海人。

［万历］《广东通志》卷二十《广州府·选举·进士·国朝·南海》：正德甲戌会元，宫保、尚书。

［万历］《南海县志》卷十一《人物列传二》：字渭先。生而重瞳，甫就小学即揭“居处恭”三字于座前。举正德癸酉第二，甲戌会试擢第一。归婚，值江彬等横恣，遂隐西樵。世宗登极，授兵部主事。大礼议起，廷臣主继嗣之说，韬上疏曰：“帝王相继，惟继其统，不继其嗣。自今言之，孝宗未尝□□也，无嗣者武宗耳。兴献所出惟陛下□□□□□□□□□□□孝宗有两嗣，武宗□□□□□□□□□□□得嗣也。一举三失，拂经①不祥。故惟统是继，兄终弟及，则不惟孝宗之统不绝，而武宗之统亦不绝矣。”后卒如韬议。嘉靖元

①拂经：违反常理。

年上三札，一论圣学治道、一论六部政务、一论中外积弊，侃侃万言，时以董、贾比之。癸未复谢病归，著书讲学将终焉，五召不赴。丁亥，擢少詹事兼侍读学士，两疏恳辞，惟详陈用人之法。上眷注弥切，赐《敬一箴》《洪范序》及《文献通考》于山中，部檄诸司趣行。首荐王琼、魏校、王守仁等三十余人，转詹事兼学士，上“法祖十二条”。江西提学徐一鸣毁寺散僧，为镇守内官诬逮诏狱，韬力救获免。戊子进礼部侍郎，寻擢尚书，俱累辞不拜。锦衣聂能迁结巨珰崔文，诬讦大臣，韬表其罪状，减死谪戍。韬虽逊处散地，每朝廷有大议辄建白数千言，多□□。己丑春，星变风霾，韬疏陈召灾变者六：曰宗□□□□□□□□□□□官扰民，曰赃吏害民，曰□□□□□□□□□□□。上嘉纳之，诏自今官吏□□法赃者谪戍无赦，酷刑杀人者因公亦黜，著为令。受命主会试，唐顺之、罗洪先辈皆所取士。寻充修《大明会典》副总裁，因疏言田土失额、文武冗滥，且请核内官员数属之礼曹，此属人人自危，遂中沮之。庚寅郊祀议兴，给事夏言首倡分祀。韬持论过激，上震怒下狱。会天昼晦，武库兵器动，上惊悟，复其官，俄以忧去。癸巳召为吏部侍郎，广询博访，多所鉴拔。乙未庄肃皇后崩，诏廷臣议谥，希旨者以四字请。韬曰：“帝后谥用十二字，历朝制也。武宗谥号既循旧典，则庄肃岂宜有异？”上不悦，却其议。久之尚书汪鋐罢，代秉铨衡，痛革宿弊，选法一新，无敢干以私者。甫十月出为南京礼部尚书，至则申礼制，正风俗，毁淫祠，兴社学，□□娼，南都由之改观，侍郎崔铣叹曰：“霍公可谓□□□□□□□□□□□□□□□□□韬刚正不□□□□□□□□□□□□太子少保、礼部尚书，□□□府事。时九庙七陵，工费靡极，公卿台谏结舌，乃与谕德邹守益上《圣功图》以讽。上怒诘责，寻察其忠恳原之。复有南巡之议，有司科敛，遐迩汹汹。韬疏陈其状，事遂寝。既而权贵结术士，谋导上退休，以东宫监国，冀为奸利。韬力谏止之，前后所上几三十余万言，直声震天下。庚子冬卒于官，赠太子太保，谥文敏。韬为人质直好古，行谊高洁，学崇庄敬，不喜浮谈。平生肆力于居处恭，即献纳亦以此为第一义。尤好进贤，汲汲如不及，康海、李梦阳、王九思辈坐累禁锢，犹屡荐之。尝移文峡山而虎害绝，毁峡江祠而妖患息，其精神感格类此。秩满叙荫，舍子而官宗子与球，积俸置产，与从兄弟共之，尤人所难云。所著有《诗经注解》《象山学辨》《□□训释》《霍氏家训》《渭厓集》《西汉书纂评》行于世，□□□□□□□□□□□□□□□人，年十五注□□□□□□□□□□□□举于乡，而与瑕登嘉靖己未进士。

［崇祯］《南海县志》卷二《政事志·事纪》：正德九年春二月会试，命少傅、谨身殿大学士梁储充考官，擢南海霍韬第一……嘉靖元年，吏部员外方献夫、兵部主事霍韬上大礼疏……兵部主事霍韬进三札疏……八年二月会试，以詹事兼翰林学士霍韬充考官……十九年冬十月，太子少保、礼部尚书，

掌詹事府事霍韬卒，赠太子太保，谥文敏。卷四《封赠·明》：霍厚一，以孙韬赠詹事兼翰林学士，累赠太子少保、礼部尚书。霍华，以子韬赠詹事兼翰林学士，累赠太子少保、礼部尚书。卷十《人物列传》：自今言之，孝宗未尝无嗣也，无嗣者武宗耳。兴献所出惟陛下一人，倘徇廷臣之议，是使孝宗有两嗣，武宗竟无嗣，兴献有嗣而不得嗣也。一举三失，拂经不祥……多采用。己丑春，星变风霾，韬疏陈召灾变者六：曰宗室失所，曰边军困苦，曰冗官扰民，曰赃吏害民，曰酷吏肆虐，曰内臣贪暴。上嘉纳之，诏自今官吏犯枉法赃者谪戍无赦……兴社学，清尼娼，南都繇之改观。侍郎崔铣叹曰："霍公可谓真宗伯矣！"己亥册立东宫，太宰许瓒荐韬刚正不阿，忠直有识，宜长宫僚。征拜太子少保、礼部尚书，掌詹事府事……所著有《诗经注解》《象山学辨》《程朱训释》《霍氏家训》《渭厓集》《西汉书纂评》行于世，学者称渭厓先生。长子与瑛颖悟过人，年十五注《楚辞》，早卒。与瑕、与瑺、与瑺并举于乡。

［道光］《南海县志》卷二十五《艺文略一》：《书解》，明霍韬撰，据《经义考》。《诗经解注》，明霍韬撰，据郭《通志》。《明诏制》八卷，明霍韬撰，据阮《通志》。《渭厓疏要》，明霍韬撰，据郭《志》。《圣功图》，明霍韬撰，据《府志》。卷二十六《艺文略二·集》：《渭厓文集》十卷，明霍韬撰，据《四库全书目》。《钦定四库全书提要》，是编为其子与瑕、与琦所编，皆所作杂文，惟七卷有诗数十首……按：《明志》作十五卷。《明良集》十二卷，明霍韬编，据《四库全书目》。

张溹　（1488—1524）字景川，明顺德龙山沙富人。正德五年（1510）举人，次年进士，授安徽建平知县。三年考绩，改迁到边远的广昌。擢礼部主事，迁精膳员外郎。嘉靖三年（1524），因谏阻嘉靖皇帝尊称生父兴献王为帝被杖死。父鉫，母梁氏。

《广州志》卷三十九《举人·国朝·庚午科》：顺德。卷三十八《进士·国朝·正德辛未科》：员外，顺德。卷四十《封赠·国朝·主事》：张鉫，以子溹贵赠。

［嘉靖］《广东通志》卷十二《明·举人·正德五年庚午》：进士。《明·进士·正德六年辛未》：员外郎，有传。卷六十二《列传十九·人物九》：字景川，顺德人。祖善昭兵部司务，超擢四川佥事，以时忌左迁通判。在临江尝雪冤狱，疏练子宁之党，得复其家者八十四人，士论壮之。溹生而聪敏，登正德辛未进士，令建平。首谒忠臣王叔英墓，捐俸修其祠。裁刁豪以法，

为所中，当道直之。转令广昌，抑强扶弱，民怀而畏。尝疏故尚书何乔新学行于朝，得谥文肃，为梓行其所著书。迁礼部主事、员外郎，以谏被杖卒。

［万历］《顺德县志》卷九《进士·正德六年》：龙山，礼部员外。《封赠·主事》：张鏳，潆父，封。卷七《人物志第七之一》：潆，字景川，生而秀朗，年十五补邑庠生。里豪侵其祖墓，权贵人为里豪关说，善昭以佥事家居不能白也。潆乃上书直指使者，祖墓得归，善昭语人曰："吾家千里驹也。"弱冠登进士，知建平县。建平剧邑，号难治，至则进长老问民疾苦而因革之。尤重学校，厉忠节，饬范仲淹之祠，表王叔英之墓，诸所措置，筐篋吏见谓迂远，以若所为，潆亦不屑也。三载称职，待诏考功。先是，巡江御史贺洪有里中子客游建平，檄潆与之徭，潆不听，洪憾之，而潆所禽治邑豪交构其间，于是洪署潆惰、不谨，改广昌。潆乃上书讼洪违宪纲，听请寄，预平徭，侵职掌，挟怀私忿，凌轹①下寮，洪坐削籍，潆改广昌如故。大司寇何乔新，先朝名臣，未有谥，潆为请易名任子②，其先名教，持大体皆此类也。迁礼部主客司主事，督会同馆。是时，大司马王琼与都御史彭泽有隙。泽经略③哈密，以金币与土鲁番赎城印，未几，土鲁番复据哈密，犯肃州。琼遂劾泽擅命遣使、纳币启衅欲杀之，并逮都御史李昆、副使陈九畴。泽刚毅敢行，屡讨流贼有功，时议多右泽者。潆乃往说大学士梁储，令为之地。储怃然曰："晋溪我尚畏之，安得此言？"晋溪即琼也。潆复进说，储许诺。数日，琼遣其属储洵持牍会潆，穷核其事曰："此宋覆辙，事成有显擢，与景川共此老秃翁何如？"潆正色曰："公误矣。大夫出使于外，苟有利于国家，专之可也。泽与土鲁番檄固在，岂宋屈己和戎比耶？范仲淹尝与元昊书，宁独泽？变起仓卒，非李、陈，边人且为鱼肉，奈何并罪之？公所得几何，乃助不义？为谢王公，毋污我，使得罪天下后世！"卒不署牒。已，阁部大臣及言官多救之者，泽等皆得释，潆之力也。改仪制，仪制掌朝廷典章封册、学校贡举及四方章奏，主事姚镆尝类为书未备，及潆主事乃卒就之。迁精膳员外郎。嘉靖甲申七月戊寅，诸臣以上必欲称孝宗为皇伯考，相率赴左顺门哭谏不起。上大怒，收系诏狱，为首编伍四品以上夺俸，五品以下各杖之，于是潆被杖死，年仅三十有八。潆未死犹力创草疏数千万言，大要主"为人后者为之子"，期再上。及弥留，投其疏谓李义壮曰："身尽废，独此心耿耿耳！"闻者莫不伤

①凌轹（lì）：欺压，排挤。

②任子：高官子弟凭借父兄而得官的制度。

③经略：明清两代有重要军事任务时特设经略，掌管一路或数路军政事务，职位高于总督。

之。隆庆改元，以御史庞尚鹏言，赠太常寺少卿。滐生平慨慷尚气节，不能容人之过。直指毛凤邀饮，语不合遂拳之。见义勇为，不顾其身，尝言惟吴献臣可语此，故卒死杖下。

[嘉庆]《龙山乡志》卷八《忠义》：号玉泉。卷十《艺文志·序》：《张莲峰先生寿叙》（郑元）：顺德之龙山有莲塘焉，发源龟峰，流衍不竭，莲峰居之，因以自号……今年戊寅十月初五日寿跻六十，而配梁安人亦五十有六焉……翁嗣子主事君滐引例乞归将为二亲寿，喜谓元曰："自滐之举进士也，别母氏者八年矣！"卷十一《艺文志·杂文》：《明正德戊辰恩进阶朝列大夫四川按察司佥事卧云张公彦充墓表》，子男二，长即鏰，以子滐贵敕封礼部主事……孙男长滐，即主事君是为鏰冢子……曾孙柱，滐所出。

关準 字汝衡，号洛川，明南海九江人。正德十三年（1518）岁贡，任福建龙溪训导、平和教谕。

《南海九江乡志》卷三《选举·贡·正德十三年戊寅岁贡》：字汝衡，号洛川。由府学习《礼记》，廷试授福建晋江训导。著《江洲录》行世。裔孙沛立、奇逢并庠生，家炳举人，主事。卷四《贡元列传》：公少负才落落，不可一世。贡为晋江司训，丰神峻厉，诸生望其容貌而易慢消。长于诗。

邓直卿 字介卿，明南海人。正德十四年（1519）举人，嘉靖五年（1526）进士。

《广州志》卷三十九《举人·国朝·己卯科》：府学，南海。卷三十八《进士·国朝·嘉靖丙戌科》：南海。

[嘉靖]《广东通志》卷十二《明·举人·正德十四年己卯》：见进士。《明·进士·嘉靖五年丙戌》：广州南海人，御史。

[道光]《广东通志》卷七十三《举人四·明·正德十四年己卯·广州府》：南海人，字介卿，进士。

邝用礼 字宗周，明南海人。正德十四年（1519）举人。父文锦，成化十六年（1480）举人。

《广州志》卷三十九《举人·国朝·己卯科》：文锦之子，府学，南海。

[嘉靖]《广东通志》卷十二《明·举人·正德十四年己卯》：邝用礼。

[万历]《广东通志》卷二十《广州府·选举·乡举·国朝·南海》：正德己卯，文锦子。

[道光]《广东通志》卷七十三《举人四·明·正德十四年己卯·广州

府》：南海人，字宗周。

甘学 字于盘，号二泉子，明顺德碧江人。少时与霍韬读书西樵山，后从湛若水游。正德十四年（1519），霍韬荐于朝，谢而不出。

［咸丰］《顺德县志》卷二十三《列传三・明・甘学》：号二泉子，甘村人。博学砺行，负才识，以世道自任，常落落不合于时。少与湛若水、方献夫、霍韬、何鳌兄弟读书西樵山，咸相推服，于韬尤心契。诸人皆先达，学尚困青衿。正德十四年，韬还朝，将荐之，先为序以送，劝使出山。及官兵部主事，上章特荐，格不行。学闻，自是抗志高尚，吟咏自适。韬忧还，舆役往访，闭门不纳。随屏从过之，破屋萧条，无妻子，一女擎茶出。束札相还，皆韬在都寄学使、投当道者，封识宛然，益心重之。因求其女为子与瑕妇，强而后许。未几，女瞽，学致韬书，谓瞽女不堪箕帚。韬乃封寄与瑕，与瑕请卜吉迎之，女既归，目顿明。

刘体元 字昊孚，明南海人。正德十四年（1519）举人，嘉靖二年（1523）进士。父荫。

《广州志》卷三十九《举人・国朝・己卯科》：南海。卷三十八《进士・国朝・嘉靖癸未科》：知县，南海。

［嘉靖］《广东通志》卷十二《明・举人・正德十四年己卯》：进士。《明・进士・嘉靖二年癸未》：郎中。

［万历］《广东通志》卷二十《广州府・选举・进士・国朝・南海》：嘉靖癸未，刑部郎中。《广州府・选举・乡举・明・南海》：正德己卯，进士。

［崇祯］《南海县志》卷四《封赠・明》：刘荫，以子体元封郎中。

［道光］《广东通志》卷七十三《举人四・明・正德十四年己卯・广州府》：南海人，字昊孚，进士。

［道光］《南海县志》卷二十《进士・明嘉靖朝》：浦城知县，据《福建志》参修……癸未科。

吴宗汤 字允相，明南海人。正德十四年（1519）举人，嘉靖十四年（1535）会试乙榜，任广西横州学正、浙江桐庐知县。

《广州志》卷三十九《举人・国朝・己卯科》：南海。

［嘉靖］《广东通志》卷十二《明·举人·正德十四年己卯》：吴宗汤。

［万历］《广东通志》卷二十四《郡县志十一·广州府·人物二》：字允相，南海人。少聪慧笃学，德性温醇。正德己卯举于乡，嘉靖乙未中乙榜。选横州学正，勤课士，贫者周之。迁桐庐知县，自励清操，夙弊尽革，莅政三载，吏畏民怀。及应朝，士民虑其不再来，解鞋识去思焉。中途病归，不克觐，例当黜，上官以其贤能保晋之，量移①古田，而宗汤飘然高蹈不复出矣。家居三十余年，足不履城市，惟吟咏自娱。里中有杨希颜者被盗诬，锻炼成狱，后诉直指下郡覆谳。郡守以宗汤长者，欲得其一言而决。希颜子奉厚资请，宗汤曰："汝父本良民，谁不知者，安用阿堵为？"竟为白其诬而不受馈，人皆义之。希颜感其德，宗汤没后，讳日必祭，寒食酹墓，终其身焉。

何彦　字善充，明顺德马宁人。正德十四年（1519）举人，嘉靖十四年（1535）进士，寿九十岁。父千之，子兆湖。

《广州志》卷三十九《举人·国朝·己卯科》：顺德。

［嘉靖］《广东通志》卷十二《明·举人·正德十四年己卯》：进士。《明·进士·嘉靖十四年乙未》：行太仆寺卿。

《广东通志初稿》卷十九《进士·明·嘉靖十四年乙未韩应龙榜》：行人，顺德人。

［万历］《顺德县志》卷七《人物志第七之一》：何彦者，马宁人也，字善充。以举人署惠安县教谕，登进士，给事南京户科。高皇帝禁宦官不得与政，长陵始于要地暂令镇守，后因革不常。正德间逆瑾擅权横暴，四出殃民为甚。世宗入继大统，用张璁言罢之，民欢然若更生，至是时武定侯郭勋请复置如故。勋怙宠作威福自恣，人莫敢犯其锋者。彦乃疏镇守之害，非祖宗法，事得寝，彦之力也。吏部尚书许赞徇私骫法，劾之。礼部尚书严嵩宣淫纳赂，又劾之。出守衡荆，辽王纵恣数害吏二千石，而诸王岁禄不继，每升堂而噪呼。彦在郡，无哗者。荆当岷江下流，分数道以杀其势，权贵人欲湮其一为利，彦独执不可，曰："若然，民其鱼矣。"彦虽和，至大利害未尝风靡，人以为难。擢宪副治荆岳，改贵州少卿、甘肃行太仆寺，遂不出。彦长者，于物无忤，居里中恂恂如也。晚筑定性、澄心二楼静坐其间，时从学士先生讲学赋诗。当道以其醇德，年又最高，益重之。九十卒。卷九《封赠·给事中》：何千之，彦父，封。

［万历］《广东通志》卷二十五《人物三·何彦传》：登嘉靖乙未进士，

---

①量移：泛指迁职。

授行人，擢南京户科给事中……彦弹劾任职，不避权贵……直声籍籍……子兆湖，以乡荐历国子监学正。

［咸丰］《顺德县志》卷十八《艺文略二·集部一·别集一》：《玩秀亭摘稿》，叶《志》。《石川集》十卷，明何彦撰，黄《通志》。卷二十三《列传三·明·何彦》：父千之约己利人，倡浚螭洲涌，修龙泉滘路，乡间德之……及出守衡、荆，时辽王迁藩荆州，嗣王恣害湘阴、衡阳……年九十九卒。

何演　字宗羲，明顺德桂圃人。正德十四年（1519）举人，为浙江义乌、临安县令。

［嘉靖］《广东通志》卷十二《明·举人·正德十四年己卯》：何寅。

《广东通志初稿》卷二十《举人·明·正德十四年己卯》：顺德。

［万历］《顺德县志》卷九《举人·正德十四年》：平步，义乌知县。

［咸丰］《顺德县志》卷二十三《列传三·明·何继之传》：演，字宗羲，正德己卯举人……知义乌。

何器　字信卿，明南海人。正德十四年（1519）举人。

《广州志》卷三十九《举人·国朝·己卯科》：训导，南海。

［嘉靖］《广东通志》卷十二《明·举人·正德十四年己卯》：何器。

［万历］《广东通志》卷二十《广州府·选举·乡举·国朝·南海》：正德己卯，训导。

［道光］《广东通志》卷七十三《举人四·明·正德十四年己卯·广州府》：南海人，字信卿。训导，一作教谕。

［道光］《南海县志》卷二十《举人·明正德朝》：闽县训导。

张诜　字羽和，号复斋，明顺德龙江人。正德十四年（1519）举人，任福建南靖教谕。父纪。

《广州志》卷三十九《举人·国朝·己卯科》：顺德。

［嘉靖］《广东通志》卷十二《明·举人·正德十四年己卯》：教谕。

［万历］《顺德县志》卷九《举人·正德十四年》：龙江，南靖教谕。

［康熙十三年］《顺德县志》卷七《人物传一·德业》：字羽和，号复斋，龙江人，纪季男也。由本邑庠生以《诗经》应正德己卯科乡试，中式第五十八名，授福建南靖县教谕。居官师表人伦，课士务端文体，院道各宪节嘉旌奖。致仕乞归，癖耽泉石，年四十而卒。

陈公辅　明高明苏村人。正德十四年（1519）岁贡。

［万历］《肇庆府志》卷六《选举表二·国朝岁贡·正德·高明县学》：南宁训导。

［康熙八年］《高明县志》卷四《元明·恩岁贡》：阮埇人，正德十四年岁贡，任直隶肃宁县训导。

［道光］《高明县志》卷十二《贡生·明》：苏村人，正德十四年岁贡，任直隶肃宁训导。

陈道潜　明顺德大良人。正德十四年（1519）举人。父绶，弘治三年（1490）进士。

《广州志》卷三十九《举人·国朝·己卯科》：顺德。

［嘉靖］《广东通志》卷十二《明·举人·正德十四年己卯》：陈道潜。

［万历］《顺德县志》卷九《举人·正德十四年》：大良。

［道光］《广东通志》卷七十三《举人四·明·正德十四年己卯·广州府》：顺德人，父绶，叔英。

邵廉　字文洁，明南海人。正德十四年（1519）举人。

《广州志》卷三十九《举人·国朝·己卯科》：南海。

［嘉靖］《广东通志》卷十二《明·举人·正德十四年己卯》：邵廉。

［道光］《广东通志》卷七十三《举人四·明·正德十四年己卯·广州府》：南海人，字文洁。

林钟　字太和，明三水冈头村人。正德十四年（1519）举人，嘉靖二年（1523）进士，授浙江西安（今衢州）县令。转南京刑部、户部郎中，迁安徽安庆知府。十八年，病死任内。父高，子樑，孙承芳。

［嘉靖］《广东通志》卷十二《明·举人·正德十四年己卯》：进士。《明·进士·嘉靖二年癸未》：肇庆高要人，知府。

《广东通志初稿》卷十九《进士·明·嘉靖二年癸未姚涞榜》：高要，郎中。

［万历］《肇庆府志》卷五《选举表一·国朝·举人·正德十四年己卯》：字太和，高要人，进士。《明·进士·嘉靖二年癸未姚涞榜》：安庆知府。父高照磨，赠郎中。

[万历]《广东通志》卷二十《广州府·选举·乡举·国朝·三水》：正德己卯，进士。

[康熙十二年]《三水县志》卷十二《人物传·贤良》：字太和，利琼人，江州照磨林高子也。幼慧敏，经史过目成诵。领正德己卯乡举，登嘉靖癸未进士，授浙江西安令。持廉奉公，劝农兴学，濯栉①奸胥，歼除豪猾，士振其德，民安其业。监司屡行旌异，或有他邑难谳之狱辄委钟白焉。考绩北上，士民设主祀之，员外徐璁为之赞。迨迁之日，载道遮留，立感思碑。江山郑骝称钟："宽而有立，严而不虐，遇士以礼，字民以仁，而先持之以廉明公恕，故狱讼平而民不冤，租庸减而役不扰。"诚定评哉！转南刑曹，动廑钦恤，不怵祸福。狱有干涉权贵者，诸司或局蹐推逊，悉以属钟，钟一断以法。太宰许赞以钟廉能为时所推，乃特转民部郎，督大同兵饷，钟抚诸叛卒，咸有经略。寻丁内艰，家居三年，足不至城邑。服阕迁安庆守，清操愈励。询民利病，与之更始。综理大纲，不事琐亵。故能自处整暇而百废具兴。尝建怀宁学，表余忠宣墓，旌徐孝子闾，皖城风教为之丕振，御史钱籍特疏荐之。己亥圣母祔郢，综理精密，梓宫乘潦江行，得以利涉而民不苦劳。抚按上其最，有白金、文绮之赐。以劳悴卒于官，阖郡如丧私亲。生平好吟咏，多不存稿，有《砚山集》十卷藏于家。次子樑，嘉靖丙午举于乡，历官大冶令，有道学惠政。孙承芳，钟第四子所出，登万历丙戌进士，官翰林编修，以文学见重于世。

[康熙四十九年]《三水县志》卷三《贡途·岁贡》：林高，冈头人，福建汀州照磨，赠郎中。《明封赠》：林高，冈头人，岁贡，汀州照磨，以子钟贵赠奉政大夫、户部郎中。

招源 名一作元，明南海人。正德十四年（1519）举人。

《广州志》卷三十九《举人·国朝·己卯科》：府学，南海。

[嘉靖]《广东通志》卷十二《明·举人·正德十四年己卯》：招源。

[崇祯]《南海县志》卷四《乡举·明·正德己卯》：一作元。

[道光]《广东通志》卷七十三《举人四·明·正德十四年己卯·广州府》：南海人，"源"一作"元"，又见明《番禺志》。

郭文翰 字会臣，明南海（一作三水）人。正德十四年

---

①濯栉：清除。

(1519) 举人。

《广州志》卷三十九《举人·国朝·己卯科》：南海。

[嘉靖]《广东通志》卷十二《明·举人·正德十四年己卯》：知府。

[康熙四十九年]《三水县志》卷三《乡举·明朝·正德己卯科》：□□人，以南海中式，历官南道御史、石阡府知府。

[道光]《广东通志》卷七十三《举人四·明·正德十四年己卯·广州府》：南海人，字会臣，知府，又见《番禺志》。

徐哲 字成夫，一字邦弼，明南海人。正德十四年（1519）举人，会试乙榜，任浙江分水、山东新城知县，改广西南宁教授，病归四十年。弟汝勋；子登，岁荐；外孙麦秀岐。

《广州志》卷三十九《举人·国朝·己卯科》：南海。

[崇祯]《南海县志》卷十《人物列传》：字成夫。与弟汝勋负才名，先后捷乡书。副南宫榜，教合肥，仿胡学造士八。应荐令分水，多山嚣讼，产女辄淹，哲化以惠威，俗丕革。教民田山麓，方国初金师古，民誉赫然。以恬介失某当事欢，会移山东新城，循益著，某亟螯之，改南宁授。宁士椎鲁，哲时率讲艺横经始知学，宾兴倍前。谢病家食余四十载，瓯无储粟，惟日与赵眉溪、伦穗石辈赓酬风雅耳，著有《诗钞》《半城集》行世。卷十一《人物列传·徐登传》：字道先，哲子也。侃直负俗①，慎朋游。与方宪副亮工厚善，工早贵，峻刑名，登数数举平恕规，工竟以循卓著。繇岁荐两教寿宁、会同，尝摄寿宁篆多平反，会同先后辈起科名，皆登所造士。初女兄适麦，甥秀岐髫而文，登谓即脱颖且端品，究如登言，其生平负人伦鉴类此。子荣，今以文行著黉序间。

[道光]《广东通志》卷七十三《举人四·明·正德十四年己卯·广州府》：南海人，字成夫，一字邦弼。会试乙榜，南宁教授，弟汝勋。

谈文惠 明顺德新良人。正德十四年（1519）举人，次年会试乙榜。

《广州志》卷三十九《举人·国朝·己卯科》：顺德。

[嘉靖]《广东通志》卷十二《明·举人·正德十四年己卯》：通判。

[万历]《顺德县志》卷九《举人·正德十四年》：新良，福州通判。

---

①侃直：指刚毅梗直，直抒己见。负俗：谓与世俗不相谐。

［咸丰］《顺德县志》卷十《明通榜·明·正德》：新良人，福州通判，庚辰科。

舒素蕴 明顺德大良人。正德十四年（1519）举人。

《广州志》卷三十九《举人·国朝·己卯科》：顺德。

［嘉靖］《广东通志》卷十二《明·举人·正德十四年己卯》：顺德人，经魁。

［万历］《顺德县志》卷九《举人·正德十四年》：大良，经魁。

廖廷臣 明顺德马宁人。正德十四年（1519）举人，任江西雩都（今于都）教谕。

《广州志》卷三十九《举人·国朝·己卯科》：府学，南海。

［嘉靖］《广东通志》卷十二《明·举人·正德十四年己卯》：教谕。

［万历］《顺德县志》卷九《举人·正德十四年》：马宁，雩都教谕。

廖珣 字公哲，明三水白塔乡人。正德十四年（1519）举人，任湖南安化、江西安仁（今余安）知县。祖贤，成化十六年（1480）举人；父啤（一作辱），弘治十一年（1498）举人。

《广州志》卷三十九《举人·国朝·己卯科》：啤之子，南海。

［嘉靖］《广东通志》卷十二《明·举人·正德十四年己卯》：廖珣。

［万历］《广东通志》卷二十《广州府·选举·乡举·国朝·三水》：正德己卯，知县。

［康熙四十九年］《三水县志》卷三《乡举·明朝·正德己卯科》：啤之子，南海中式，江西安仁县知县。

［道光］《广东通志》卷七十三《举人四·明·正德十四年己卯·广州府》：南海人，贤孙，辱子，字公哲，江西安仁知县，又见《三水志》。

［道光］《南海县志》卷二十《举人·明正德朝》：安化知县，贤孙……己卯科。

谭朝重 字储伯，明南海佛山镇人。正德十四年（1519）举人。

《广州志》卷三十九《举人·国朝·己卯科》：南海。

［嘉靖］《广东通志》卷十二《明·举人·正德十四年己卯》：谭朝重。

［乾隆］《佛山忠义乡志》卷六《乡俗志·氏族》：谭氏，明有举人教谕朝重。

［道光］《广东通志》卷七十三《举人四·明·正德十四年己卯·广州府》：南海人，字储伯，教谕。

［道光］《南海县志》卷二十《举人·明正德朝》：寿宁教谕，据《福建志》参修……己卯科。

潘珩　字佩之，明南海人。正德十四年（1519）举人。

《广州志》卷三十九《举人·国朝·己卯科》：南海。

［嘉靖］《广东通志》卷十二《明·举人·正德十四年己卯》：潘珩。

［道光］《广东通志》卷七十三《举人四·明·正德十四年己卯·广州府》：南海人，字佩之。

邓黎氏　（1489—1579）明顺德龙山人。九十一岁。夫邓维方。

［嘉庆］《龙山乡志》卷九《寿妇》：邓维方妻黎氏，生弘治己酉，终万历己卯，寿九十一。

潘濂　明南海人。正德五年（1510）举人，赴京会考中乙榜，归途病卒于江苏仪征。妻邵禘廉，殉夫死。

《广州志》卷三十九《举人·国朝·庚午科》：经魁，府庠，南海。

［嘉靖］《广东通志》卷十二《明·举人·正德五年庚午》：经魁。卷六十三《列传二十·列女》：邵禘廉者，南海人。未笄①许嫁郡庠生潘濂。岁庚午，濂以《易》领第四名文解②，赴春官中乙榜，辞不就。南归病作，卒于仪征。

［万历］《南海县志》卷十一《列女·明》：邵女禘廉，未笄许嫁郡庠生潘濂。既委禽矣，乃闻濂病瘵，父母悔。女执不可，私谓所亲曰："吾闻市道尚不食言，矧匹偶邪！"事遂已。正德庚午，濂举经魁，赴春官南归，卒于仪真。讣至，父母将别许，女闻而哀瘁。家人以好言慰之，竟自经。后有季华堡人李大妹，幼丧父母，依姑矢志不嫁，斯不亦尤难哉。

---

①笄（jī）：古代特指女子十五岁可以盘发插笄的年龄，即成年。

②文解：入京应试的证明文书之类。

［道光］《南海县志》卷四十一《列传十·列女·明》：贞烈邵褅廉（阮《通志》作缔廉，误）……受夏教堡郡庠生潘濂聘。

卢世杰　（1490—1516）字士兴、玉川，明南海人。正德八年（1513）举人，十一年赴京会试，染病回家卒。

《广州志》卷三十九《举人·国朝·癸酉科》：府学，南海。

［嘉靖］《广东通志》卷十二《明·举人·正德八年癸酉》：卢世杰。

［万历］《广东通志》卷二十《广州府·选举·乡举·国朝·南海》：正德癸酉。

［康熙］《广州府志》卷三十二《人物志四·忠贞列传·明》：字士兴，南海人。生有异质，过目成诵。十岁能文，书尽诗赋，援笔立就，藻思溢发若不经意，每试辄冠军。善剪纸成字，对客时出之袖中，人皆惊异。微时与宗伯霍文敏、机部梁象峰、郡判叶慕冈、县尹方三运为五交，正德癸酉同举于乡，杰名十一。霍第二，常语人曰“愧在卢前”，其为文敏所敬让者如此。聘蔡氏忽构异疾，闻诸杰请辞焉。杰曰：“吾分也，古人有娶盲女者，归当自愈。”竟娶之。计偕北上，有孝廉潘濂卒于都，三年无所归，公罄囊携柩还，求其妻与合葬焉，人益义之。丙子再上公车，途中染病，抵家而卒，年二十有七。

［道光］《广东通志》卷七十三《举人四·明·正德八年癸酉·广州府》：南海人，字玉川。

李义壮　（约1490—?）字稚大，明三水胥江人，家广州。正德五年（1510）中举，嘉靖二年（1523）进士，任浙江仁和县令。三年后升户部主事，调礼部仪制司。十五年升精膳员外郎、主客郎中，次年升广西督学、佥事。后升湖广军事副长官、四川参政。二十五年调福建按察使，转右布政使、都察院右佥都御史，巡抚贵州。因被密告平乱不力，遂辞官归里。父春芳，子成性。

《广州志》卷三十九《举人·国朝·庚午科》：南海。卷三十八《进士·国朝·嘉靖癸未科》：知县，南海。

［嘉靖］《广东通志》卷十二《明·举人·正德五年庚午》：进士。《明·进士·嘉靖二年癸未》：佥都御史。

《广东通志初稿》卷十九《进士·明·嘉靖二年癸未姚涞榜》：主事，

南海。

［万历］《广东通志》卷二十《广州府·选举·乡举·国朝·番禺》：正德庚午，进士。

［康熙十二年］《三水县志》卷十二《人物传·贤良》：字稚大，春芳子也……初令仁和，政在锄治豪强。矜恤茕独。三年迁户部主事临清钞关①。以进羡余七万受旌，改礼部仪制司。义壮尚古文词，其时诸郎其田汝成、王慎中、屠应峻悉负俊名，而独严事义壮以为益友。历员外郎，出为广西督学佥事。转湖广副使，备兵辰沅。先是，苗人不靖，都御史万镗以为忧。义壮至，督兵直走卢溪，急正其为梗者以次歼焉，诸寨遂望风降附，境内以平，诏赐白金、文绮，加俸一级。历四川参政、福建按察使，革冗弊，清吏蠹，杜请托，缙绅大夫莫敢干以私。转右布政，擢佥都御史巡抚贵州，时方征苗，所规画多与总制张岳相左，遂乞休。既归，有司造请辄不报，日简阅百家之书。为文弘博浩瀚有则，诗亦壮丽无卑琐之态。性刚方，于人过必嫚骂不能容，至砥砺名节者则交欢无忤，以故士论归焉。著述最富，多散佚，所存《三洲初稿》十五卷行世。子成性，领乡试第一，未仕而卒。

［康熙四十九年］《三水县志》卷三《乡举·明朝·正德庚午科》：胥江人，以南海中式，嘉靖癸未进士。

［道光］《广东通志》卷七十四《举人五·明·嘉靖四十三年甲子·广州府》：李成性，解元，番禺人，南海学，义壮子。卷一百八十九《艺文略一·经部·易类》：《周易或问》，明李义壮撰，未见。见《岭南文献》《经义考》有义壮自序。余详集部。卷一百九十六《艺文略八·集部二》：《三洲集》二十卷，明李义壮撰，未见。黄《志》有。《番禺县志》：义壮字稚夫。

［道光］《南海县志》卷二十《举人·明正德朝》：郭、魏二《志》阙载，郭、阮二《通志》举人皆番禺籍。考国子监《进士题名碑》仍作南海县民籍，《四川志》参政题名称义壮南海进士，郭《通志·进士》亦载入南海，据此则非贯番禺审矣……庚午科。卷三十六《列传五·明》：嘉靖间知仁和县，沉毅善谋。时丞署邑久，吏掾为奸，义壮至，勾捡略尽。片言折狱，持法公平，不为峭刻而亦无纵舍。岁编丁役皆亲自订定，终三年未尝妄取一介。

杨一芳　明高明城中人。正德十五年（1520）岁贡。

［万历］《肇庆府志》卷六《选举表二·国朝岁贡·正德·高明县学》：韶州训导。

---

①钞关：明代内地征税的关卡。此处指临清运河钞关。

［康熙八年］《高明县志》卷四《元明·恩岁贡》：杨梅人，正德十五年岁贡，任韶州府训导。

卢锡　字与斋，明南海沙头人。正德十六年（1521）岁贡。为方献夫私家教师。寿九十岁。

［道光］《南海县志》卷二十《贡生荐辟·明正德朝》：辛巳岁贡，耒阳教谕。

［宣统］《南海县志》卷二十《列传·善行》：字与斋，沙头堡水南乡人。明弘治岁贡生，任湖广莱阳县教谕，日进诸生讲明经史，训以圣贤大义，士风一变。大府廉其能，适县令缺，即擢锡摄篆①。锡轸念民瘼，剔衙蠹，折豪强，案无留牍，狱无冤系，莅任二载，政简刑清。慨仕途贪墨，自以不能俯仰随时，遽解组归。方文襄公献夫耳其名，延主其家讲席。值潦涨堤缺，当食闻报，锡不举箸。文襄诘之，锡曰："我桑园围数十万口昏垫无所得食，锡谊关桑梓，诚食之不下咽。"因泣下。文襄恻然，为请当道散赈，并奏蠲民租。又以堡内丁壮每遇潦涨星夜驰备西围甚苦言于文襄，定为东人当东围、西人当西围而役始免。锡素好施予，邻里多待以举火，虽舌耕糊口不少吝。岁暮自馆罢归，文襄以其修俸既竭，思有以给之，念其清介不可妄干，因赠以兰二盘，藏镪其中。锡疑有异，拔根见镪，笑曰："方公诚知我贫，而无处之馈事同暧昧。锡虽不才，义不敢受。"亟使人返之，文襄佯不认。锡自往返之，明年托故辞方席，其耿介如此。卒年九十。其子孙侨寓羊城，明社既屋②，阖家殉难，人以为锡之遗教云。

程本　字孟中，明高明城中人。正德十六年（1521）岁贡，任安徽广德州判官。

［万历］《肇庆府志》卷六《选举表二·国朝岁贡·正德·高明县学》：程本。卷二十《人物传·国朝·程本》：字孟中，高明人。以岁贡授广德州判。初至，有袭故事以金币献者，却之，未尝受人一羹一菜，秩满归，图书数卷耳。本慈，每笞人辄恻然，人称"程佛子"。会境内蝗，州守以下无策。本出令曰："捕蝗升者予粟升，捕蝗斗者与粟斗。"民争捕之，三日而尽，遂有年。获首虏，守欲分功，悉归之不较也。当是时涂相谪广德，与本同官，

---

①摄篆：指代理官职，掌其印信。

②明社既屋：明朝社稷终止。

重之。及相为佥事兵备岭西①则使人存本，本报谢，请所言，本曰：“特特来言，无他也。”至今以为谑。后人欲屠牛而奉金五百为本寿，竟不纳，其介如此。

［康熙八年］《高明县志》卷四《元明·恩岁贡》：上仓人，正德十六年岁贡，任直隶广德州判。

区曰琳　字世璋，明高明人。子益，嘉靖十九年（1540）举人；孙大枢、大相；曾孙怀顺、怀瑞、怀素。

［康熙八年］《高明县志》卷十三《人物传·明》：字世璋。幼而聪颖，目过成诵，补高要弟子员。早失怙，孝事其母。定省暇②博洽群书，慕邵尧夫行谊，精于《易》学，为文自成一家。屡试未售，中年弃业，怡志山水，因号“养闲”以见志。尝赋诗云：“分付儿孙勤结网，一番春浪一番鳞。”其子益举嘉靖庚子乡试。孙大枢、大相同登万历癸酉贤书，相与大伦同成己丑进士。曾孙怀顺举于丁酉科，怀瑞、怀素同隽天启丁卯榜，五世孙昌应中乙酉经魁，皆琳为善报也。有江西藩司侯一元、己丑状元翰林修撰焦竑铭其墓。

陈用彝　字存性，号小壶，明南海九江人。妻余氏，子万言。

《南海九江乡志》卷三《封赠》：陈用彝，字存性，号小壶，以子万言累赠御史、副使。卷四《封赠列传》：公孝友性成，早失怙，事母尝视听于形声。先族属子女无依者，母皆子之，公视若同出，两弟婚娶皆以居室让。平里中争讼，尤急友难，若新会雷生被掳，殚心力脱归而不受其报。生平多读书，于琴棋歌吹诸艺皆精绝，一时缙绅若太常黄公重、地曹尚书郎黄公著、明府曾公俊、刺史曾公储皆知交莫逆。临终执大参手诀曰：“吾家世有潜德，而母大有造于宗党。于公之门驷马可待，汝其勉之。”

《九江儒林乡志》卷十三《列传·明》：尝泛舟观海，乐偶山之胜，欲假地营馆舍。刺史讶其贫无以工筑，曰：“以待吾儿！”

欧世元　明顺德陈村人。父慎，子大任、大钧、大谟、大章。

---

①岭西：辖今广西，及肇庆以西的广东西部。

②定省暇：侍奉母亲以外的时间。

［万历］《顺德县志》卷九《封赠·郎中》：欧世元，大任父，赠。

［康熙］《广州府志》卷三十二《人物志四·忠贞列传·明》：顺德人。父慎敦行尚义，子五人，长震元，仲元、季元俱诸生。震元陈献章门人，笃行谊，著有《龙溪集》，卒年九十五。世元三岁时连失怙恃，及长，每见遗书杯棬辄涕泗，以不逮事二人为恨，遇忌日哀慕如初丧。事慈母霍氏孝同所生，五世同居。与浙人李廷器交善，千金付商毕生如一日，人方之管鲍。隐居躬行，著有《沙洲》等集，宫端黄文裕作《沙洲草堂歌》以美之。卒年六十。长子大任学行知名，仕至工部郎中，赠世元如其官。次大钧、大谟邑诸生。季大章游太学，有文行，善丹青，同兄入都，时称大、小欧云。孙葆守备，子葵监生。曾、玄太学生胤、昌，诸生兆、先、旦、白、亮等俱善诗文，韦玉顺治甲午拔贡。卷三十八《人物志九·清高列传·明》：欧慎，顺德人，敦行好施。少遇异人授以太素脉诀，以医行世，喜济穷乏。弘治间输粟①赈雷阳，诏赐将仕佐郎。孙大任工部郎中。

［康熙十三年］《顺德县志》卷二《建置志·坊表》：曰笃行，在龙津堡，为敕赠国子监助教欧世元建。卷六《明朝·封赠》：欧世元，龙津人，以子大任贵赠国子监助教，加赠南京工部郎中。

［咸丰］《顺德县志》卷二十四《列传四·明·欧大任》：陈村人。其先自金陵迁韶，宋建炎避金兵来居广州。自右文修撰志平凡十三传，至世元称沙洲先生者其父也。世元能词章，与李子长游，家蓄四部。

霍任　字尹先，明南海人。兄韬。

［万历］《南海县志》卷十一《隐逸·明》：字尹先。少同兄韬读书僧舍，衣冠相对即暑夜不违，人服其端庄。两试不遇，遂潜心理学，以主静为根宗。绝玩好，断戏谑，于声色名利澹如也。父母没，哀毁成瘠，斋素三年，因移家墓下。兄方历显要，秉铨衡，而任托迹溪谷间，与陈献章高弟邓德昌辈泉石自娱，不与世事。然赴人之急甚于其私，岁祲令家人减食以赈，见债负累者或代偿焉。有□□□□，乙不胜，毁甲先陇释憾，甲将讼于官，任□□□□□□□□□□□□□□□□□□□□□□□□□□□□□□山民父视之。比卒，著有《心性说解》《宙山剩言》行于世。

［崇祯］《南海县志》卷十一《隐逸·明》：有两田更斗，乙不胜……任乃具脯醑往拜其陇，躬饰之，甲惊，遂不复讼。其厚德类此。栖西樵垂四十载，山民父视之。

①输粟：明清时，富家子弟为得功名、官职，捐纳财货于官府。

[乾隆]《西樵山志》卷四《人物·霍任传》：弱冠以诸生应省辟，两举不遇辄谢去，隐西樵修身缮性。其学以主静为的，尝从王余姚、湛增城游。事二亲孝，居丧饘粥百日，蔬食三年。喜赒贫，岁侵令家人减食以赈，多所存活。邑中有受诬杀人者，廉知其冤，辄白当事释之。其人献百金为寿，辞弗顾，曰："我固未尝识子也。"性矜严好礼，中夜起火，延烧外舍，家人汹汹，犹衣冠而出。居西樵三十岁卒。

霍杰　（？—1522）字民先、平易，明南海人。隐居西樵山，嘉靖元年（1522）登广州越王台坐逝。兄韬、任。

[康熙]《广州府志》卷三十八《人物志九·清高列传·明》：字民先，任季弟也。倜傥不凡，脱然世外。尝游罗浮，不食十数日无饥色。初欲近家园筑室独居，诸兄止之。杰遂屏去厮仆，自负巨板入西樵，独栖锦岩中，日出采蕨，和粟炊之。闻湛文简讲心性之学，移书①辩论，久之信服，愿执弟子礼。方文襄与论古今名贤，无当意者，文襄笑曰："真古之任也。"居三载，忽出省城，登越秀山坐石而化。所著论自成一家言。文敏公称其超然无累，自得于万物之外，谓世之奇士允宜。

[乾隆]《西樵山志》卷四《人物·霍杰传》：霍文敏公之弟也，字平易……或问何乡人，曰："石头。"曰："霍会元公之弟欤？"曰："非也。"居锦岩，当烟霞洞口，石漏寒滴，以篷覆之，卧处三载。或出采蕨，汲泉自炊。常游罗浮，十日不食。初见甘泉，曰非周公、仲尼之道，久之乃服，执弟子礼。居二年所②，一日出广城，遍辞亲友。登观音山，坐石而逝，时嘉靖壬午也。

霍敦　（？—1539）字允厚，明南海人。

[乾隆]《西樵山志》卷四《人物·霍敦传》：字允厚，邑之佛山人。少负奇气，闻湛甘泉讲学西樵，来从之游。时烟霞洞书院方构，敦首助以金，诸生遂效义协成。未几，陈谟自顺德沙滘至，霍杰自本邑石头至，杨鸾自潮州揭阳至，敦翘然斋长。居十年，甘泉奉召北上，官经筵，上书以劝言"辅养君德，兴至太平"，词甚恳。平居重信义，好施与，家贫不能自活，犹与门人讲学不辍。嘉靖己亥卒，甘泉惜之。

---

①移书：致书，即写信。

②所：用在数量词后面，表示大概的数目。

冯杰 明南海人。嘉靖元年（1522）岁贡，四年举人。

［崇祯］《南海县志》卷四《乡举·明·嘉靖乙酉》：应天中式，通判。

［道光］《南海县志》卷二十《贡生荐辟·明嘉靖朝》：壬午岁贡，教谕。

刘文祥 字一凤，明南海人。嘉靖元年（1522）举人。祖灿，宣德十年（1435）举人。

《广州志》卷三十九《举人·国朝·壬午科》：教谕，南海。

［嘉靖］《广东通志》卷十二《明·举人·嘉靖元年壬午》：知县。

［道光］《广东通志》卷七十三《举人四·明·嘉靖元年壬午·广州府》：南海人，字一凤，祖灿。教谕，一作知县。

［道光］《南海县志》卷二十《举人·明嘉靖朝》：连城教谕，据《福建志》参修，壬午科。

刘廷宾 字允兴，明三水人。嘉靖元年（1522）举人。

《广州志》卷三十九《举人·国朝·壬午科》：府学，南海。

［嘉靖］《广东通志》卷十二《明·举人·嘉靖元年壬午》：通判。

［万历］《广东通志》卷二十《广州府·选举·乡举·国朝·三水》：嘉靖壬午。

［道光］《广东通志》卷七十三《举人四·明·嘉靖元年壬午·广州府》：三水人，字允兴。嘉靖五年始设三水，是科仍籍南海。由府学中式，《南海志》失载。

［道光］《南海县志》卷二十《举人·明嘉靖朝》：长乐教谕，据阮《通志》《福建志》参修。按：郭《通志》、郭《志》、魏《志》并阙载，黄《通志》载之而不著何邑人，阮《通志》载入南海。考《福建志》称为南海举人，则阮《志》是也，今据补。

朱廷亮 字寅甫，号清斋，明南海九江人。嘉靖元年（1522）举人，在国子监读书十三年，十四年任广西全州知州不满月丧父。孝满任湖北均州知州，二十一年为侍养母亲回乡。寿七十二岁。

《广州志》卷三十九《举人·国朝·壬午科》：南海。

［嘉靖］《广东通志》卷十二《明·举人·嘉靖元年壬午》：知州。

《南海九江乡志》卷二《名墓》：朱刺史廷亮，在凤山。卷三《选举·乡举·嘉靖元年壬午科》：字寅甫，号清斋。由南海学习《诗经》，中式第七名。授广西全州知州，丁外艰服阕，补湖广均州，寿七十二。

《九江儒林乡志》卷十《选举略·明·封荫》：朱耿，以子廷亮赠奉直大夫、湖广均州知州。卷十二《列传·明》：字仁甫，号清斋。幼有至性，眷恋庭帏，虽就外傅，日必三省，父禁之切乃犹越日一还。师事黄太常重，勉以移孝作忠始就试，嘉靖壬午登圣贤书。春闱报罢，迫于父命前后坐监①十三载。乙未铨授广西全州牧，任未期月罹外艰……壬寅以母老告归……母殁竟不复出。及门之士熏染其高风孝行，皆负时名，若曾应珪其最著者也。卒年七十二。

伦旦 字廷昌，明南海人。嘉靖元年（1522）举人。

《广州志》卷三十九《举人·国朝·壬午科》：南海。

［嘉靖］《广东通志》卷十二《明·举人·嘉靖元年壬午》：教谕。

［道光］《广东通志》卷七十三《举人四·明·嘉靖元年壬午·广州府》：南海人，字廷昌。

麦春芳 明顺德马宁人。嘉靖元年（1522）举人，次年进士。

《广州志》卷三十九《举人·国朝·壬午科》：经魁，府学，南海。卷三十八《进士·国朝·嘉靖癸未科》：行人，南海。

［嘉靖］《广东通志》卷十二《明·举人·嘉靖元年壬午》：广州南海人，经魁，进士。《明·进士·嘉靖二年癸未》：佥事。

《粤大记》卷五《科第·皇明进士科·嘉靖二年癸未科姚涞榜》：南海县人，行人、佥事、提学。

［康熙十三年］《顺德县志》卷五《明朝·乡举·嘉靖壬午》：马宁人，经魁，进士。行人，历提学、佥事。

严孔章 字道充，明高明高田人。嘉靖元年（1522）举人，五年会试副榜。

［嘉靖］《广东通志》卷十二《明·举人·嘉靖元年壬午》：严孔章。

《广东通志初稿》卷二十《举人·明·嘉靖元年壬午》：高明。

---

①坐监：在国子监读书。

［康熙八年］《高明县志》卷四《明·举人·嘉靖元年壬午》：太平人。卷十三《人物传·明》：字道充。自幼嗜学笃行，取与不苟①，举于乡，数年绝无干谒，居丧守礼。应会试，郡守曾公直馈以金五十两，章固辞不受，其介如此。

［康熙二十九年］《高明县志》卷十二《举人·明》：高田人，嘉靖元年壬午科举人。

［光绪］《高明县志》卷十二《明·举人·嘉靖朝》：高田人，元年壬午科，丙戌明通进士。

严勷 明高明罗塘人。嘉靖元年（1522）恩贡。父泰，兄毅。

［康熙八年］《高明县志》卷四《元明·恩岁贡》：罗塘人，泰子，由开建学嘉靖元年岁贡，任龙溪主簿。

严整 明高明罗塘人。嘉靖元年（1522）岁贡。

［万历］《肇庆府志》卷六《选举表二·国朝岁贡·嘉靖·高明县学》：荔浦知县。

［崇祯］《肇庆府志》卷七《明·岁贡·嘉靖·高明县学》：修仁知县，叶《志》作荔浦。

［康熙八年］《高明县志》卷四《元明·恩岁贡》：罗塘人，嘉靖元年岁贡，任广西修仁县知县。

吴允裕 字天和，明南海里水河村人。嘉靖元年（1522）举人，任浙江象山、湖南东安知县，浙江宁波通判。父琏，兄允祯、允禄，子维镇，孙光龙。

《广州志》卷三十九《举人·国朝·壬午科》：琏之子，府学，南海。

［嘉靖］《广东通志》卷十二《明·举人·嘉靖元年壬午》：通判。

［万历］《广东通志》卷二十《广州府·选举·乡举·国朝·南海》：嘉靖壬午，琏子，通判。

［万历］《南海县志》卷十一《人物列传二》：字天和。少颖异，博极群

---

①取与不苟：不随便接受或送给别人东西。

书，壬午举于乡。父琏卒，哭泣目成疾，梦神授以方，治之如法。既愈，谒选①。

［崇祯］《南海县志》卷十《人物志·吴琏传》：既愈，谒选为浙象山令。邑故无城，虎狼昼噬，莅政两月，擒三虎而患息。厉疫大作，北面焚香吁天而疫弗为害。平租庸，正风俗，大著声称。改知湖广东安，岁却盐例五百金，辨冤狱七十余人。擢判宁波，海仓旧羡千余尽行榜革，征倭司饷有功。秩满致仕，象山人立祠祀焉。褒者谓其“居官如家，爱民如子。嗜义如熊掌，轻利如鸿毛”，时称确论。子维镇，笃学力行，有声庠序。孙光龙，万历甲辰进士，以治行闻。卷十二《艺文志·书目》：《别驾集》，吴允裕撰。

何中行　字梓甫，号东江，明南海西樵坑边人。嘉靖元年（1522）举人，十一年进士。祖道养，祖母霍氏，父楚，子亮。

《广州志》卷三十九《举人·国朝·壬午科》：顺德。

［嘉靖］《广东通志》卷十二《明·举人·嘉靖元年壬午》：进士。《明·进士·嘉靖十一年壬辰》：顺德人，知府。

［万历］《顺德县志》卷九《进士·嘉靖十一年》：葛岸，广西佥事。

［万历］《广东通志》卷二十《广州府·选举·封赠·国朝·南海》：何楚，以子中行赠兵部主事。

［万历］《南海县志》卷十一《列女·明》：霍氏，何道养妻。年甫二十孀守，五十余年励志苦节。迁居仁里训子课孙，有孟母之风，孙中行登嘉靖壬辰进士。

［道光］《广东通志》卷七十三《举人四·明·嘉靖元年壬午·广州府》：顺德人，南海籍，字梓甫，进士。

《西樵白云洞志》第二册《传略》：《弼唐存稿》，中行，号东江，南海人。嘉靖壬辰进士，历官广西佥宪。家食时，雅志丘壑。爱白云洞之胜，时携书游息其中，因辟洞门。子亮，字子明。少游邑庠，不乐仕进，遂架石凿险，芟除荒秽，以久居焉。亮性闲恬，贯通典籍，砥励名节，人甚重之。《广东通志》：中行，字梓甫，顺德人，南海籍。

何鰲　字子时，明顺德黄连人。嘉靖元年（1522）举人，八年进士，寿六十六岁。兄鳌。

《广州志》卷三十九《举人·国朝·壬午科》：经魁，顺德。

---

①原本缺页，可参看［崇祯］《南海县志》。

［嘉靖］《广东通志》卷十二《明·举人·嘉靖元年壬午》：顺德人，经魁，会魁。《明·进士·嘉靖八年己丑》：广州顺德人，会魁，主事。

［万历］《顺德县志》卷九《进士·嘉靖八年》：黄连，兵部主事。卷七《人物志第七之一》：鳌字子时，鳌之弟也。以《礼经》魁南省，授兵部主事。督教武学，勋胄莫敢侻荡。有冒武籍为入试地者，痛斥之。未几移疾归，当路常造其庐咨询民瘼，郡邑阴受其赐而不知也。尤好急人之难，乡先生别驾冼文渊贫不能葬，邑博士滕凤客死广州不能归，皆白于当路而资之。与学者言依于名节，乡人有冤必为之直，以是重于月旦①。屡荐不起，六十卒。

［道光］《广东通志》卷六十九《进士·明·嘉靖八年己丑罗洪先榜·广州府》：顺德人，二甲第八名，兵部主事。卷一百八十九《艺文略一·经部·礼类》：《礼经札意》，明何鳌撰，未见。

［咸丰］《顺德县志》卷十《进士·明·嘉靖》：一甲，兵部主事，有传，己丑科。卷二十三《列传三·明·何鳌》：弟鳌……年六十六卒，与兄鳌同祀乡贤，著有《礼经札义》。

陈谏　字公从，明顺德龙江人。嘉靖元年（1522）举人，十一年进士。

《广州志》卷三十九《举人·国朝·壬午科》：番禺。

［嘉靖］《广东通志》卷十二《明·举人·嘉靖元年壬午》：进士。《明·进士·嘉靖十一年壬辰》：广州番禺人，推官。

［道光］《广东通志》卷七十三《举人四·明·嘉靖元年壬午·广州府》：番禺人，字直卿，进士。

［民国］《顺德县志》卷八《选举表一·郭〈志〉补遗·举人·明》：由番禺县学中嘉靖壬子科第三十三名，龙江人，据《龙江乡志》。《选举表一·郭〈志〉补遗·进士·明》：字公从，嘉靖十一年壬辰科进士，授广西太平府推官，卒于官。

陈激衷　字元诚，号尧山，明南海人。嘉靖元年（1522）举人，任福建泰宁（一作建宁）教谕、国子监助教。

《广州志》卷三十九《举人·国朝·壬午科》：教谕，府学，南海。

---

①月旦：指月旦评。东汉时，名士许劭和许靖都喜欢品评人物，每月一换品题，故称为“月旦评”。后泛指品评人物。

[嘉靖]《广东通志》卷十二《明·举人·嘉靖元年壬午》：助教。卷六十二《列传十九·人物九·方献夫传》：字元诚，南海人。行不疾趋，容无遽色。少为郡庠生，释奠掌佾①，遂善歌《鹿鸣》诸诗，声若出金石，闻者乐之。尝与献夫兄弟讲学……后激衷中壬午乡试，教谕邵武之泰宁，与诸生朔望习礼，束脩馈遗皆不受。晋国子助教，弃官归。初，何时矩师事白沙，晚谓其学虚无，因论王道要在农桑，不徒空言。雷州多荒田可垦，宜往开耕，以为民先，著《存羊录》。由是，激衷多借债往雷州开荒，及至耕熟为雷民所认，将讼之，激衷弃还不校也。归益贫窘，献夫时延之谈论，鼓琴雅歌。及卒，与献夫祀于乡贤祠。

[道光]《南海县志》卷三十六《列传五·明·陈激衷》：教谕邵武之建宁……巡按聂豹聘为五经书院长……生平行视言笑皆不苟，尤精于乐律。

[光绪]《广州府志》卷一百一十六《列传五·陈激衷传》：号尧山。

萧跃龙 字椝卿，明顺德龙江人。嘉靖元年（1522）举人，任江西瑞州府通判。

《广州志》卷三十九《举人·国朝·壬午科》：顺德。

[嘉靖]《广东通志》卷十二《明·举人·嘉靖元年壬午》：通判。

[万历]《顺德县志》卷九《举人·嘉靖元年》：龙江，瑞州通判。

[道光]《广东通志》卷七十三《举人四·明·嘉靖元年壬午·广州府》：顺德人，字耀卿，瑞州府通判。

[咸丰]《顺德县志》卷十《举人·明·嘉靖》：字椝卿，龙江人，通判瑞州府，壬午科。

彭大治 字治馨，明南海人。嘉靖元年（1522）举人。弟大均。

《广州志》卷三十九《举人·国朝·壬午科》：府学，南海。

[嘉靖]《广东通志》卷十二《明·举人·嘉靖元年壬午》：彭大治。《明·举人·嘉靖十九年庚子》：彭大均。

[万历]《广东通志》卷二十《广州府·选举·乡举·国朝·南海》：嘉靖壬午。

---

①释奠：古代在学校设置酒食以奠祭先圣先师的一种典礼。佾（yì）：古代乐舞的行列。

［道光］《广东通志》卷七十三《举人四·明·嘉靖元年壬午·广州府》：南海人，字治馨，弟大均。

简钦　字祈敬，明顺德高阳人。嘉靖元年（1522）举人。

《广州志》卷三十九《举人·国朝·壬午科》：顺德。

［嘉靖］《广东通志》卷十二《明·举人·嘉靖元年壬午》：知县。

［万历］《顺德县志》卷九《举人·嘉靖元年》：鹭洲，宜都知县。

［道光］《广东通志》卷七十三《举人四·明·嘉靖元年壬午·广州府》：顺德人，字邦敬，宜都知县。

［咸丰］《顺德县志》卷十《举人·明·嘉靖》：字祈敬，高阳人，知宜都县，壬午科。

蔡节　明顺德龙江人。嘉靖元年（1522）举人，任广西平南知县。

《广州志》卷三十九《举人·国朝·壬午科》：顺德。

［嘉靖］《广东通志》卷十二《明·举人·嘉靖元年壬午》：知县。

［万历］《顺德县志》卷九《举人·嘉靖元年》：龙江，平南知县。

曹彦福　（1493—1593）字廷介，号于石，明顺德石龙冈人。寿一百零一岁。

［乾隆］《顺德县志》卷十四《耆寿》：字廷介，号于石，石龙冈人。生弘治癸丑，终万历癸巳，寿一百零一岁。一门五代，同爨不分。

邓泉　字济之，明顺德水藤人。行孝，嘉靖二年（1523），提学魏校旌表。

［康熙十三年］《顺德县志》卷八《人物传二·孝友》：字济之，水藤人也。尝游张诩之门，亲死庐墓。督学魏校闻之，补邑庠生，充社学师。其卒也，大学士方献夫旌其孝。

［咸丰］《顺德县志》卷十六《胜迹略·坊表·表宅之属·江村属》：孝德流芳，在岑村。明嘉靖十二年，提学魏校为邓泉。

杨云翔　明高明村头人。父傅弘治六年（1493）岁贡。

［万历］《肇庆府志》卷六《选举表二·国朝岁贡·应例·高明》：河池

吏目。

[康熙八年]《高明县志》卷四《元明例贡》：上仓人，正德应例，任广西河池州吏目。

[道光]《高明县志》卷十二《例贡·明》：村头人，傅子，任广西河池州吏目。

周孔文 明顺德鹭洲人。嘉靖二年（1523）贡生，任鄞县训导、安徽巢县教谕。父南。

[康熙十三年]《顺德县志》卷七《人物传一·德业》：江西安义县知县周南之子也。进本县儒学生补廪，应嘉靖二年贡，除浙江宁波府鄞县儒学训导，职缵乃父，著《礼经注疏讲章》刊行……考满升直隶庐州府无为州巢县教谕致仕，署巢邑政五月，巡仓御史李公讳祺奖曰："明礼学于岭南，传孤经于僻郡。教士可嘉，近民平易。"

冯耀 字克昭，号易斋，明顺德龙山人。嘉靖三年（1524）岁贡，任江西吉安训导九年，归二十余年卒。

[嘉庆]《龙山乡志》卷八《德业》：字克昭，号易斋。少力学，善属文。年十九补邑弟子员，明年补廪。嘉靖甲申岁贡，赴京廷试，授江西吉安府儒学训导。越九载致仕，吉之士大夫制锦以送其行。既归，不涉外事，有门人张峰令南海，造门请谒，辞不见，优游林泉二十余年而卒。

何钰 字坚斋，明顺德羊额人。诸生。捐义谷以备灾赈，受到嘉靖三年（1524）到任的县令曾仲魁表彰。

[咸丰]《顺德县志》卷二十四《列传四·明·何钰》：字坚斋，羊额人。诸生，敦孝友，好义。藩使吴廷举、督学魏校，相与檄所部毁淫祠。邻村北海有祠宜毁，钰父玥请改祀朱子，而以其前为紫阳桥，未竟遽殁，钰终之。庶弟铨失亲心，预命以母岑奁田百余亩归钰，钰晨夕委曲训以孝，父死，出而均之。村旧有书院，与从弟宾修以育乡士，复建振文社学辅之。会劝捐义谷，与乡族合二百六十石，运附大良社仓备灾赈，令曾仲魁以"尚义"榜其门。性恬淡，能忘势，尝偕仲魁游，中宿灵洲，间题咏唱酬，而足迹未尝一入其署。生平扶危急必竭心力，郑太守炯表墓①称活三十余人，人尽德之而不

①表墓：在死者墓前刻石以彰其善。

自以为德也。

邓体静　字复仁，明顺德龙江（一作三水清塘）人。嘉靖四年（1525）举人。

《广州志》卷三十九《举人·国朝·乙酉科》：顺德。

［嘉靖］《广东通志》卷十二《明·举人·嘉靖四年乙酉》：知州。

［万历］《顺德县志》卷九《举人·嘉靖四年》：龙江，知州。

［万历］《广东通志》卷二十《广州府·选举·乡举·国朝·南海》：嘉靖乙酉，知州。

［嘉庆］《三水县志》卷九《举人·明·嘉靖四年乙酉陈思谦榜》：清塘人，由南海中式，官广西左州知州。旧志失载，今查《通志》补入。

［道光］《广东通志》卷七十三《举人四·明·嘉靖四年乙酉·广州府》：顺德人，南海籍，字复仁，知州。

邓浩　字师孟，明顺德龙江人。嘉靖四年（1525）举人，任安徽灵璧知县。

《广州志》卷三十九《举人·国朝·乙酉科》：顺德。

［嘉靖］《广东通志》卷十二《明·举人·嘉靖四年乙酉》：知县。

［万历］《顺德县志》卷九《举人·嘉靖四年》：龙江，灵璧知县。

［道光］《广东通志》卷七十三《举人四·明·嘉靖四年乙酉·广州府》：顺德人，字师孟，灵璧知县。

冯楠　字廷让，嘉靖四年（1525）举人。父济。

《广州志》卷三十九《举人·国朝·乙酉科》：济之子，南海。

［道光］《广东通志》卷七十三《举人四·明·嘉靖四年乙酉·广州府》：南海人，字廷让。祖遵，父济。

冯仁英　明顺德古楼人。嘉靖四年（1525）武举。

［康熙十三年］《顺德县志》卷六《明朝·武举·嘉靖乙酉》：古楼人。

布恒　字以道，明南海佛山镇人。嘉靖四年（1525）举人，任安徽怀远、广西宣化（今邕宁）知县。

《广州志》卷三十九《举人·国朝·乙酉科》：南海。

［嘉靖］《广东通志》卷十二《明·举人·嘉靖四年乙酉》：有恒。

［崇祯］《南海县志》卷四《乡举·明·嘉靖乙酉》：知县。

［乾隆］《佛山忠义乡志》卷四《乡举·明·嘉靖乙酉》：江南怀远县知县。

［道光］《广东通志》卷七十三《举人四·明·嘉靖四年乙酉·广州府》：南海人，字以道，广西宣化知县。

刘珙 明顺德逢简人。嘉靖四年（1525），建立逢简仓。

［康熙十三年］《顺德县志》卷二《建置志·仓庚》：社仓凡十有一，嘉靖四年，知县曾仲魁劝义民出粟以建，用备凶荒……刘珙等欣然从之，乃择地建仓，酌古立法，选民之贤者主之……逢简堡社仓积谷五百石，建于刘珙而协以陈元昌。

许士德 字容甫，明南海人。嘉靖四年（1525）举人。

《广州志》卷三十九《举人·国朝·乙酉科》：南海。

［嘉靖］《广东通志》卷十二《明·举人·嘉靖四年乙酉》：长史。

［万历］《广东通志》卷二十《广州府·选举·乡举·国朝·番禺》：嘉靖乙酉。

［崇祯］《南海县志》卷四《乡举·明·嘉靖乙酉》：知州。

［道光］《广东通志》卷七十三《举人四·明·嘉靖四年乙酉·广州府》：南海人，字容甫。知州，一作长史。又见明《番禺志》。

［道光］《南海县志》卷二十《举人·明嘉靖朝》：汀州通判，据《福建志》参修，乙酉科。

许鑑 字原湛，明南海人。嘉靖四年（1525）举人。

《广州志》卷三十九《举人·国朝·乙酉科》：南海。

［嘉靖］《广东通志》卷十二《明·举人·嘉靖四年乙酉》：知县。

［道光］《广东通志》卷七十三《举人四·明·嘉靖四年乙酉·广州府》：南海人，字原湛，知县。

朱文锦 原名廷英，字国俊，号絅斋，明南海九江人。嘉靖四年（1525）岁贡，授广西灵川训导，四十五岁卒于官。女婿陈其诩、关世立、曾应珪，外孙陈克侯、关玉成、曾仕鑑，曾外孙陈善赓、关纯，皆有文名。

《南海九江乡志》卷三《选举·贡·嘉靖四年乙酉岁贡》：字国俊，号絅斋。由连州学习《诗经》，廷试授广西灵川训导，署兴安、义宁两县事。裔孙淳庠生，润岁贡、训导，继凤、继芳、璧宴、璿衡、国臣、国材并庠生。卷四《贡元列传》：公夙负才名，先达伦祭酒以训、邓侍御直卿皆贻诗致赠。及贡，司训灵川。时黄宫詹佐督学西粤，雅重公文行，节次褒奖。委署义宁、兴安两邑，吏治练达，卒于官。裔孙文学蔚起。女三，长适关，生子明府玉成，孙孝廉纯；次适曾孝廉应珪，生子主政仕鑑；季适古朗陈，生子刺史克侯，孙孝廉善赓。相攸①称济美矣。

[同治]《南海县志》卷十五《列传·官师》：字絅斋，原名廷英……端重有学，早负才名，前辈伦祭酒以训、邓御史直卿咸推重之，引为气类。寻以廷试高等授广西灵川训导，褆躬②教士一准礼法。时香山黄文裕公佐为提学佥事，考察文行为西省最，益加敬重，下教谕诸生曰："汉诏云，古之立学，将以传先王之业，流化于天下也。儒林之官四海渊源，宜明于古今，温故知新，通达国体，故称为博士，否则学者无述，为世所轻，非所以尊道德也。灵川学朱文锦，和载六德，容包六行，学穷典奥，文奋龙鸾，克振师资，诚如汉诏所求矣，各学子弟，其委贽事之毋怠。"司训三年，擢权兴安知县，调义宁，练达政事，吏民怀之，巡按李奖誉有"讲学以古人为法，居官以风化为先。乐育春融，士类翕然遵化，文章豹变，远近赫然见知"等语。摄尹二载将除真，而文锦欲以高第取官资不就，报升簿书，稍闲精研经义不辍。年五十四以疾卒于官，黄佐后修《广西通志》《广州府志》详述其学行。文锦三女：长适顺德陈其诩，其诩子克侯，孙善赓；次适同里关世立，世立子玉成，孙纯；次适同里曾应珪，应珪子仕鑑。皆以文学、科第显。人称其相攸之美云。

《九江儒林乡志》卷十二《列传·明》：摄令二载将真除矣，而文锦尤欲以上第取官资不就。报升簿书，稍闲即退，掩衙斋精研经义不辍，年四十五竟以疾卒于官。卷八《艺文略·经部·经总义类》：《五经讲解》，明朱文锦撰，据《朱氏家谱》。

朱厚之　明顺德甘溪人。嘉靖四年（1525），建立甘溪仓。

[康熙十三年]《顺德县志》卷二《建置志·仓庾》：社仓凡十有一，嘉

---

①相攸：称择婿。

②褆（zhī）躬：犹褆身，安身、修身。

靖四年，知县曾仲魁劝义民出粟以建……甘溪堡社仓积谷四百石，朱厚之叔侄建之。后万历丙申岁饥，孙、曾生员朱兆虬、朱起虬、朱国华踵行其事，存活甚众。

伦谏　字廷臣，明南海人。嘉靖四年（1525）举人。父彝成化十九年（1483）举人，兄诏正德八年（1513）举人。

《广州志》卷三十九《举人·国朝·乙酉科》：彝之子，南海。

［嘉靖］《广东通志》卷十二《明·举人·嘉靖四年乙酉》：司务。

［道光］《广东通志》卷七十三《举人四·明·嘉靖四年乙酉·广州府》：南海人，字廷臣，司务，父彝，兄诏。

李鸣凤　明顺德古楼人。嘉靖四年（1525），建立古楼仓。

［康熙十三年］《顺德县志》卷二《建置志·仓庾》：社仓凡十有一，嘉靖四年，知县曾仲魁劝义民出粟以建……古楼堡社仓积谷一千一百二十石，李鸣凤率其族人建之。

岑万　初名薮，字体一，号蒲谷，明顺德沙滘人。嘉靖四年（1525）举人，次年进士，历户部主事、江西参政、福建左布政使、河南右布政使，五十六岁时被诬年老勒令退休，七十三岁卒于家。父梓，子用宾。

《广州志》卷三十九《举人·国朝·乙酉科》：府学，南海。卷三十八《进士·国朝·嘉靖丙戌科》：顺德。

［嘉靖］《广东通志》卷十二《明·进士·嘉靖五年丙戌》：顺德人，布政。

《广东通志初稿》卷十九《进士·明·嘉靖五年丙戌龚用卿榜》：顺德，员外。

［万历］《顺德县志》卷九《进士·嘉靖五年》：葛岸，福建左布政。《封赠·员外》：岑梓，万父，赠。

《粤大记》卷十八《献征类·藩监宣劳·明》：字体一，号蒲谷，顺德人。少补郡庠生，初名薮，督学欧阳石冈公改今名。乙酉乡试第八，连登丙戌进士。观政①工部，授户部主事。管九江钞关著廉声，转精膳员外、主客郎中。

①观政：实习政事。

升布政司参议，宪度清肃，督理御陶，器用不匮。升云南副使，严法御暴，夷裔归心。升四川参政，转廉使，风裁整敕，人棘得才称盛。升河南右布政，祛刷宿弊，秉持法纪，掌篆积羡数千皆归公库，时称其清介。升福建左布政，以持正忤于直指使者，谪广右参政，升按察使。寻复河南右布政使，适前直指复肆诋诬，以年老致政，时公年方五十六岁。浩然解组归，徜徉林泉，澹如也。子用宾己未进士，历官给谏，直言不避权贵，公庭训然也。公明朗端方，器度坦夷，人莫不爱敬之。作为诗歌优游平中，追古作者，有《蒲谷集》十卷藏于家笥。

［万历］《广东通志》卷二十五《人物三·岑万佳》：嘉靖丙戌以进士授户部主事，历福建左布政使。万寿节，御史曾佩拜于上，万引却之，曰："拜下之礼，按臣何独不然？"御史衔之，论谪广西参政，迁按察使。靖江王不得于母，作《慈母不慈记》，宴藩臬，命伶人歌焉。万遽起曰："此非臣等所忍闻也。以子仇母，于法不孝。一旦上闻，以此督过，于王奈何？"王悚然，立命焚其书，母子遂欢好如初。迁河南右布政，前御史仍不解，嗾言万老勒致仕，年甫逾艾①云。年七十三卒，祀蜀名宦。子用宾。用宾，字允穆，万长子。

［咸丰］《顺德县志》卷二十三《列传三·明·岑万》：沙滘人（姚《志》"选举"作葛岸人）……历江西参政，宪度精肃（按：他书有由江西改四川参政者，今从陈《志》）……归十八年乃卒。

何继之　（1503—1551）字克肖，明顺德桂圃人。嘉靖四年（1525）举人，次年进士，为湖南攸县、福建惠安知县，户部主事、郎中，出任江苏松江知府、河南参政。升职福建按察使，回家后死。祖璋，父冲。

《广州志》卷三十九《举人·国朝·乙酉科》：璋之孙，顺德。

［嘉靖］《广东通志》卷十二《明·举人·嘉靖四年乙酉》：知县。《明·进士·嘉靖五年丙戌》：顺德人。卷六十二《列传十九·人物九》：字克肖，顺德人。世家小圃，近登科甲者六人，继之独年少自励。初知攸县，豪民张金怙势逋负，执而惩之，由是知名。罹艰服阕，复补惠安，能剸烦剧。委摄莆田，士民称服。擢户部主事，历郎中。知松江府，不受粮长贿赂，权豪帖然。满考得貤恩，前此未有也。晋河南按察副使，转参政。受委往小滩，与主

①艾：五十岁。

事对籴杂粮，解运京仓。原额既完，羡银八万七千余两，同事欲私，坚不肯从，悉发府县收贮。晋福建按察使，抵家卒。继之谦和清谨，积俸能散，每赒族党云。

[万历]《顺德县志》卷八《人物志第七之二》：何继之者，平步人也。卷九《封赠·知府》：何冲，继之父，赠。

[咸丰]《顺德县志》卷二十三《列传三·明·何继之》：字克肖（《松江府志》作善甫），桂圃人……祖璋……出守松江，不受粮长规费，权豪帖然。时当灾赈平粜，安集流亡不遗余力。自奉俭约，卧敝榻，服浣衣，五年如一日。

张文龙 字云卿，明南海九江人。嘉靖四年（1525）举人。

《广州志》卷三十九《举人·国朝·乙酉科》：南海。

[嘉靖]《广东通志》卷十二《明·举人·嘉靖四年乙酉》：张文龙。

《南海九江乡志》卷三《乡举·嘉靖四年乙酉科》：字云卿，由南海学习《诗经》，中式第四十二名。（传闻公公车舟次曲江，被贼甘心同行者，公误赴水淹死。贼呼“与公无干，勿走”，已无及救。）

罗万里 字一鹏，明顺德大良人。嘉靖四年（1525）出谷建大良义仓。

[康熙十三年]《顺德县志》卷二《建置志·仓庾》：社仓凡十有一，嘉靖四年，知县曾仲魁劝义民出粟以建……大良堡社仓积谷一千二百六十石，建于户侯吴伋、生员罗万里等。卷八《人物传二·孝友》：字一鹏，大良人，为诸生。事亲孝，居丧尽礼。与弟万程友爱，男女四十口爨不分。知县曾仲魁立社仓劝贷富民，里出谷百余石，后饥又出谷，县常礼之，御史杨以诚、知县曾仲魁俱表其门。崇祯十五年，御史柳寅东观风于顺，旌曰“岭南孝子”。子孙即其庐为家庙，在锦岩之西麓。

[光绪]《广州府志》卷一百二十一《列传十·罗万里传》：父丧哀毁庐墓，知县曾仲魁、袁钺、吴宠并表其门。母卒，万里过哀而没，御史杨以诚复旌之。

周文兴 字质先，明南海人。嘉靖四年（1525）举人。祖禋。兄弟文明、鹤年。

《广州志》卷三十九《举人·国朝·乙酉科》：南海。

[嘉靖]《广东通志》卷十二《明·举人·嘉靖四年乙酉》：知县。

［道光］《广东通志》卷七十三《举人四・明・嘉靖四年乙酉・广州府》：南海人，字质先，知县，祖禋。

赵鹤随 字再鸣，明南海人。嘉靖四年（1525）举人。

《广州志》卷三十九《举人・国朝・乙酉科》：南海。

［嘉靖］《广东通志》卷十二《明・举人・嘉靖四年乙酉》：知县。

［道光］《广东通志》卷七十三《举人四・明・嘉靖四年乙酉・广州府》：南海人，字再鸣。南户部司务，一作知县。

莫如任 字彦谌，明南海人。嘉靖四年（1525）举人。

《广州志》卷三十九《举人・国朝・乙酉科》：晦之子，府学，南海。

［嘉靖］《广东通志》卷十二《明・举人・嘉靖四年乙酉》：莫如任。

［道光］《广东通志》卷七十三《举人四・明・嘉靖四年乙酉・广州府》：南海人，字彦谌。

梁士翘 字元表，明南海人。嘉靖四年（1525）举人。

《广州志》卷三十九《举人・国朝・乙酉科》：南海。

［嘉靖］《广东通志》卷十二《明・举人・嘉靖四年乙酉》：知县。

［道光］《广东通志》卷七十三《举人四・明・嘉靖四年乙酉・广州府》：南海人，字元表，知县。

［道光］《南海县志》卷二十《举人・明嘉靖朝》：瓯宁教谕，据《福建志》参修……乙酉科。

梁有容 明顺德逢简人。嘉靖四年（1525）副贡。

［咸丰］《顺德县志》卷十一《副贡・明・嘉靖》：逢简人，乙酉。

符钢 字崇介，明南海人。嘉靖四年（1525）举人。

《广州志》卷三十九《举人・国朝・乙酉科》：府学，南海。

［嘉靖］《广东通志》卷十二《明・举人・嘉靖四年乙酉》：符钢。

［万历］《广东通志》卷二十《广州府・选举・乡举・国朝・南海》：嘉靖乙酉，太仆寺丞。

［道光］《广东通志》卷七十三《举人四・明・嘉靖四年乙酉・广州府》：南海人，字崇介，太仆寺丞。

曾贯　字守贤，明南海人。嘉靖四年（1525）举人。

《广州志》卷三十九《举人·国朝·乙酉科》：经魁，府学，南海。

［嘉靖］《广东通志》卷十二《明·举人·嘉靖四年乙酉》：广州南海人，经魁，知州。

［道光］《广东通志》卷七十三《举人四·明·嘉靖四年乙酉·广州府》：南海人，字守贤，经魁，知州。

［道光］《南海县志》卷二十《举人·明嘉靖朝》：养利州知州，据《广西志》参修……乙酉科。

谢襟　明高明城中人。嘉靖四年（1525）岁贡。

［万历］《肇庆府志》卷六《选举表二·国朝岁贡·嘉靖·高明县学》：长乐训导。

［康熙八年］《高明县志》卷四《元明·恩岁贡》：上仓人，嘉靖四年岁贡，任福建晋江县训导。

［道光］《高明县志》卷十二《贡生·明》：城中人，嘉靖四年岁贡。任福建晋江训导，《郡志》长乐。

简钺　字邦仪，明顺德高阳人。嘉靖四年（1525）举人。

《广州志》卷三十九《举人·国朝·乙酉科》：顺德。

［嘉靖］《广东通志》卷十二《明·举人·嘉靖四年乙酉》：教谕。

［万历］《顺德县志》卷九《举人·嘉靖四年》：鹭洲，江夏教谕。

［道光］《广东通志》卷七十三《举人四·明·嘉靖四年乙酉·广州府》：顺德人，字邦仪，教谕。

［咸丰］《顺德县志》卷十《举人·明·嘉靖》：字邦仪，高阳人，江夏县教谕，乙酉科。

谭用读　一作姓谈，字双台，明南海叠滘人。嘉靖四年（1525）举人，任浙江瑞安、江西南城知县，迁福建福州通判，因父丧归，寿八十二岁。父明，字廷鑑，善占卜，寿八十岁。子纬。

《广州志》卷三十九《举人·国朝·乙酉科》：府学，南海。

［嘉靖］《广东通志》卷十二《明·举人·嘉靖四年乙酉》：通判。

［万历］《广东通志》卷二十《广州府·选举·乡举·国朝·南海》：嘉靖乙酉。

［万历］《南海县志》卷十三《外志·方技·明》：谭明，字廷鑑，叠滘堡人。幼习举业不利，中年潜心□□太乙□□□□□□□□□验。问卜者不远百□□明候□□□□□□□□□卦即闭门。晚年瞽，而占更神。有卜家宅及失物，曰："主前后门各有蛇为祟，且老马埋骨其下。其失物非财帛金钱，乃失去祠堂神主①耳。"果然。众讶其有邪术，答曰："非也。卯酉为人家门户，太乙加临，胜光伏焉。木落空亡无气，故知之。"遐迩皆闻其名，年八十卒。子用谏，乙酉举于乡，任福州通判。孙纬，教授琼州。曾孙彬彬有名庠序间。

［康熙］《南海县志》卷十三《人物传·方技·明·谭明传》：中年潜心六壬、太乙、奇门三式易卦，多奇验。问卜者不远百里，黎明候于门巷，早起占八卦即闭门。晚年瞽，占乃益神。

［道光］《广东通志》卷七十三《举人四·明·嘉靖四年乙酉·广州府》：南海人，字衷启，通判，《南海志》谭作谈。

［道光］《南海县志》卷二十《举人·明嘉靖朝》：福州通判，据《福建通志》参修。按：郭、魏二《志》作谈，黄、阮二《通志》作谭，与《福建志》合，今从之。乙酉科。卷三十六《列传五·明·谭用谏》：字双台，叠滘乡人。嘉靖乙酉举贤书，温州瑞安知县，兼署永嘉县事，兴利剔蠹，吏畏民怀。丁外艰归，二邑士民建怀贤亭，又肖像于三贤祠以配王侍郎、刘中丞，后举祀邑名宦祠。起补江西南城知县，迁福州府通判，南城人立碑以志去思。卒年八十二，著有《八闽行稿》《老圃堂》《双溪唱和》诸稿。长子纬，字从吾，号少台，贡生，历江西上高、惠州海丰两学训导，迁儋州学正，俱能教人，著有《边游》《日南》等稿藏于家。卷二十六《艺文略·集》：《四海同声集》《选苑诗集》，明谭用谏撰。

谭初　字元复，明高明城中人。嘉靖四年（1525）举人。

［嘉靖］《广东通志》卷十二《明·举人·嘉靖四年乙酉》：高明人。

［万历］《肇庆府志》卷五《选举表一·国朝·举人·嘉靖四年乙酉》：字元复，高明人。

［康熙八年］《高明县志》卷四《明·举人·嘉靖四年乙酉》：字元复，城中人。

①神主：指供奉祖先或死者用的小木牌。

蔡时茂 字正甫，明顺德龙江人。嘉靖四年（1525）举人，任山东鱼台县教谕。

《广州志》卷三十九《举人·国朝·乙酉科》：顺德。

［嘉靖］《广东通志》卷十二《明·举人·嘉靖四年乙酉》：教谕。

［万历］《顺德县志》卷九《举人·嘉靖四年》：龙江，鱼台教谕。

［道光］《广东通志》卷七十三《举人四·明·嘉靖四年乙酉·广州府》：顺德人，字正甫，教谕。

潘彦英 明顺德冲鹤人。嘉靖四年（1525）出谷建冲鹤义仓。

［康熙十三年］《顺德县志》卷二《建置志·仓庾》：社仓凡十有一，嘉靖四年，知县曾仲魁劝义民出粟以建……冲鹤堡社仓积谷四百三十石，潘彦英、潘李等所建。《建置志·表宅》：章义堂，知县曾仲魁为乡耆潘彦英立。

颜献忠 字仲献，明顺德葛岸人。嘉靖四年（1525）举人。

《广州志》卷三十九《举人·国朝·乙酉科》：顺德。

［嘉靖］《广东通志》卷十二《明·举人·嘉靖四年乙酉》：知县。

［万历］《顺德县志》卷九《举人·嘉靖四年》：葛岸，临武知县。

［道光］《广东通志》卷七十三《举人四·明·嘉靖四年乙酉·广州府》：顺德人，字仲献，知县。

霍谦 字士益，明南海佛山镇人。嘉靖四年（1525）举人。

《广州志》卷三十九《举人·国朝·乙酉科》：南海。

［嘉靖］《广东通志》卷十二《明·举人·嘉靖四年乙酉》：福建连江县知县。

［乾隆］《佛山忠义乡志》卷四《乡举·明·嘉靖乙酉》：福建连江县知县。

［道光］《广东通志》卷七十三《举人四·明·嘉靖四年乙酉·广州府》：南海人，字士益。

邓璿（明嘉靖） 字世美，号玉斋，明顺德龙山人。嘉靖五年（1526）岁贡，任广东钦州学正退休。

［嘉庆］《龙山乡志》卷八《德业》：字世美，玉斋其号也。少苦学，性纯粹。弱冠充邑弟子员，旋补廪膳生，嘉靖丙戌岁贡。初授南京松江府华亭训导，秩满迁本省钦州学正。未几致仕归里，督学薛公应旂赠以匾曰“翰苑文章”，林君希元等各以诗赠行。甫抵家，适檄下，报升浙江山阴知县，坚不就道。

冯楷　明南海人。嘉靖五年（1526）恩贡，任江西奉新教谕。

［道光］《南海县志》卷二十《贡生荐辟·明嘉靖朝》：丙戌恩贡，奉新训导。

谭允　明高明城中人。嘉靖六年（1527）岁贡。子诏。

［万历］《肇庆府志》卷六《选举表二·国朝岁贡·嘉靖·高明县学》：郑州判官。

［康熙八年］《高明县志》卷四《元明·恩岁贡》：城中人，嘉靖六年岁贡，任河南郑州通判。谭诏，城中人，允子。嘉靖三十六年贡，任云南永昌府推官。

庞宪　字世严，明南海桂城叠村头坊人。父弼，子尚鹏、尚鸿。

［万历］《南海县志》卷十一《隐逸·明》：字世严，赋性孝友勤俭。早岁读书通大义，以家贫丧父，遂弃举子业。贩木为生，而能仗义自持，赈恤不吝，如掩露胔①，如拯掠舟，如焦苦其身为乡民祷雨逐蝗，皆以匹夫参司牧之权。为德甚博，人亦化于其德，有争竞者咸就宪质成，而宪所立乡约条例相与遵守之。子尚鹏举进士，筮仕乐平，旋以御史考最封宪如其官。茹蔬衣布不改于旧，当路请宾乡饮，力辞不赴。惟勉子“公廉仁恕，留有余不尽之福以诒子孙”，故尚鹏所至勋望卓起，而尚鸿晚出亦能以古道服官，敢言不避，盖渐于庭训者深也。晚尤雅澹自适，禁戢②家人不预外事。独构一室，植梅于前，晨夕晤对。时召宗党痛饮尽欢，即□□□□无不把臂剧醉者，莫有知其为柱下素□□□□□□□□□□□□□□□□□□□□□□□□□□□□□□□□，

①露胔（zì）：指未葬的尸骸。

②禁戢（jí）：禁止、杜绝。

以方汉鹿门不啻过云。

[崇祯]《南海县志》卷十一《隐逸·明》：即市肆相逢，无不把臂剧醉者，莫有知其为柱下素臣也。及病笃，乡邻群向而祷，卒日，有大鸟数十噪如哀鸣。至今称隐德者。

马骢（明嘉靖） 字桓威，明南海丰冈人。嘉靖七年（1528）举人，任福建古田教谕，四十九岁卒于官。

[嘉靖]《广东通志》卷十二《明·举人·嘉靖七年戊子》：马聪，教谕。《广东通志初稿》卷二十《举人·明·嘉靖七年戊子》：番禺。

[万历]《广东通志》卷二十《广州府·选举·乡举·国朝·番禺》：嘉靖戊子，古田教谕，卓有志节。

[崇祯]《南海县志》卷四《乡举·明·嘉靖戊子》：由番禺学，教谕。卷十《人物列传》：字桓威，丰冈人也。颖悟过人，一览成诵，年二十饩于庠。嘉靖戊子以《戴记》领孝廉，举署闽古田教，毅然以师道自任。诸生有不率者，正冠危坐，惓惓诫告，得喻乃已。修古田邑志，断案严，去取公，为督学田公所奖，一时古田士夫咸多阙功。年四十九卒于官，卒之日，诸生无不痛哭，沐浴含敛①皆诸生躬之。性孝友，时念禄不逮亲，每遇家有饫食，或衣艳衣，即泪淫淫下，终身率以为常。事两兄如父，祖业悉归焉。《通志》曰“卓有志节”，其知骢深矣。孙梦吉，历福建兴化知府。

冯炫 （？—1539）字体谦，明南海人。嘉靖七年（1528）举人，十七年进士，任江西婺源知县。次年嘉靖南巡，因操劳过度卒于任。祖治。

[嘉靖]《广东通志》卷十二《明·举人·嘉靖七年戊子》：进士。《明·进士·嘉靖十七年戊戌》：南海人，知县。

[乾隆]《南海县志》卷十六《人物志·文学·宋》：冯治，孙炫登嘉靖戊戌进士，知婺源县。甫及期声称大著，台使者列荐第一，竟以劳瘁卒于官，子孙至不能自给，邑人思其德祠祀之。

[道光]《广东通志》卷七十三《举人四·明·嘉靖七年戊子·广州府》：南海人，字体谦，进士。

---

①含敛：古时将珠宝放于死者口中含之入棺，后泛称入殓。

关文鸣　字国隆，明顺德鹭洲人。嘉靖七年（1528）举人。

［嘉靖］《广东通志》卷十二《明·举人·嘉靖七年戊子》：知县。

《广东通志初稿》卷二十《举人·明·嘉靖七年戊子》：顺德。

［万历］《顺德县志》卷九《举人·嘉靖七年》：鹭洲，知县。

［道光］《广东通志》卷七十三《举人四·明·嘉靖七年戊子·广州府》：顺德人，字国隆，知县。

［咸丰］《顺德县志》卷十《举人·明·嘉靖》：字国隆，鹭洲人，知桂平县，戊子科。

关绍吕　字原渭，明南海人。嘉靖七年（1528）举人。

［嘉靖］《广东通志》卷十二《明·举人·嘉靖七年戊子》：关绍吕。

《广东通志初稿》卷二十《举人·明·嘉靖七年戊子》：南海。

［道光］《广东通志》卷七十三《举人四·明·嘉靖七年戊子·广州府》：南海人，字原渭。

沈文冕　字子中，嘉靖七年（1528）举人，任天津武清知县。父澜。

［嘉靖］《广东通志》卷十二《明·举人·嘉靖七年戊子》：知县。

《广东通志初稿》卷二十《举人·明·嘉靖七年戊子》：广州府学。

［万历］《顺德县志》卷九《举人·嘉靖七年》：石涌，武清知县。

［道光］《广东通志》卷七十三《举人四·明·嘉靖七年戊子·广州府》：顺德人，字子中，武清知县，父澜。

劳绍科　明顺德小劳村人。嘉靖七年（1528）举人，十一年进士。

［嘉靖］《广东通志》卷十二《明·举人·嘉靖七年戊子》：见进士。《明·进士·嘉靖十一年壬辰》：佥事。

《广东通志初稿》卷十九《进士·明·嘉靖十一年壬辰》：番禺人。

［道光］《广东通志》卷六十九《进士·明·嘉靖十一年壬辰林大钦榜·广州府》：番禺人，四川按察佥事。

［民国］《顺德县志》卷八《选举表一·郭〈志〉补遗·举人·明》：小劳村人，嘉靖戊子科。

苏应旻 名一作应文，字萃贞，明顺德龙头人。嘉靖七年（1528）举人，十四年进士。父政，子履中。

［嘉靖］《广东通志》卷十二《明·举人·嘉靖七年戊子》：顺德，进士。《明·进士·嘉靖十四年乙未》：顺德人，都给事中。

［万历］《顺德县志》卷九《进士·嘉靖十四年》：龙头，都给事中。

［万历］《广东通志》卷二十《广州府·选举·封赠·国朝·顺德》：苏政，训导，以子应旻赠左给事中。

［康熙十三年］《顺德县志》卷二《建置志·坊表》：都谏，在龙头堡，为给事苏应旻建。

［康熙四十九年］《三水县志》卷三《乡举·明朝·嘉靖戊子科》：顺德人，寄学中式，嘉靖乙未进士。

［道光］《广东通志》卷七十三《举人四·明·嘉靖七年戊子·广州府》：顺德人，三水学，字萃贞，进士，一作应文。

［咸丰］《顺德县志》卷十《举人·明·嘉靖》：字萃贞，龙头人，三水籍，见进士，履中父，戊子科。

杜祥光 字奎聚，明三水周村人。嘉靖七年（1528）举人。

［嘉靖］《广东通志》卷十二《明·举人·嘉靖七年戊子》：教谕。

《广东通志初稿》卷二十《举人·明·嘉靖七年戊子》：三水。

［康熙四十九年］《三水县志》卷三《乡举·明朝·嘉靖戊子科》：周村人，江西南康县教谕。

［道光］《广东通志》卷七十三《举人四·明·嘉靖七年戊子·广州府》：三水人，字奎聚，江西南康教谕。

吴宗贯 明南海人。嘉靖七年（1528）贡生，任广西太平府教授。

［道光］《南海县志》卷二十《贡生荐辟·明嘉靖朝》：戊子贡，太平府教授。

何誉 字实夫，明南海佛山镇人。嘉靖七年（1528）举人。

［嘉靖］《广东通志》卷十二《明·举人·嘉靖七年戊子》：知县。

《广东通志初稿》卷二十《举人·明·嘉靖七年戊子》：南海。

［乾隆］《佛山忠义乡志》卷四《乡举·明·嘉靖戊子》：广西隆安县知县。

［道光］《广东通志》卷七十三《举人四·明·嘉靖七年戊子·广州府》：南海人，字实夫，知县。

陈烋 字汝荷，明南海人。嘉靖七年（1528），御史姚虞、督学萧鸣凤表彰其孝行，二十二年（1543），举人庞嵩、高士楠等又举其德行。

［康熙］《南海县志》卷十三《人物传·孝行·明》：字汝荷。事亲克孝，居丧三年，未尝肉食。嘉靖七年以孝闻于有司，给冠带旌之。后二十二年，举人庞嵩、高士楠等举烋德行，巡按御史表其闾曰“善行之门”。

陈愚 字道言，明南海人。嘉靖七年（1528）举人。

［嘉靖］《广东通志》卷十二《明·举人·嘉靖七年戊子》：学正。

《广东通志初稿》卷二十《举人·明·嘉靖七年戊子》：南海。

［道光］《广东通志》卷七十三《举人四·明·嘉靖七年戊子·广州府》：南海人，字道言，学正。

陈德基 明顺德容奇人。嘉靖七年（1528）举人。

［嘉靖］《广东通志》卷十二《明·举人·嘉靖七年戊子》：陈德基。

《广东通志初稿》卷二十《举人·明·嘉靖七年戊子》：顺德。

［万历］《顺德县志》卷九《举人·嘉靖七年》：容奇。

邵道南 字次扬，明南海人。嘉靖七年（1528）举人。

［嘉靖］《广东通志》卷十二《明·举人·嘉靖七年戊子》：知县。

《广东通志初稿》卷二十《举人·明·嘉靖七年戊子》：南海。

［道光］《广东通志》卷七十三《举人四·明·嘉靖七年戊子·广州府》：南海人，字次扬，知县。

［道光］《南海县志》卷二十《举人·明嘉靖朝》：诏安知县，据《福建志》参修……戊子科。

冼谟 字赞臣，明南海佛山镇人。嘉靖七年（1528）举人。

［嘉靖］《广东通志》卷十二《明·举人·嘉靖七年戊子》：知县。

《广东通志初稿》卷二十《举人·明·嘉靖七年戊子》：南海。

［乾隆］《佛山忠义乡志》卷六《乡俗志·氏族》：冼氏，明有侍郎光、

参政宪祖、主事桂奇、通判涤、知州效、知县谟、学正政，国朝有举人煜、荣昌，署教授实。

［道光］《广东通志》卷七十三《举人四·明·嘉靖七年戊子·广州府》：南海人，字赞臣，知县。

［道光］《南海县志》卷二十《举人·明嘉靖朝》：连江知县，据《福建志》参修……戊子科。

欧文暹　字叔旦，明顺德陈村人。嘉靖七年（1528）举人，任湖北孝感知县。

［嘉靖］《广东通志》卷十二《明·举人·嘉靖七年戊子》：知县。

《广东通志初稿》卷二十《举人·明·嘉靖七年戊子》：顺德。

［万历］《顺德县志》卷九《举人·嘉靖七年》：龙津，旌德知县。

［乾隆］《顺德县志》卷十《举人·明朝·嘉靖戊子》：龙津人，孝感县知县。

［道光］《广东通志》卷七十三《举人四·明·嘉靖七年戊子·广州府》：顺德人，字叔旦，孝感知县。

［咸丰］《顺德县志》卷十《举人·明·嘉靖》：字叔旦，陈村人。孝感知县，戊子科。

罗汝泾　字湜卿，明南海罗冈人。嘉靖七年（1528）举人，任江西安仁（今余安）、湖南宁远、福建永春知县，升广西上石西州知州，弃官归。

［嘉靖］《广东通志》卷十二《明·举人·嘉靖七年戊子》：知县。

《广东通志初稿》卷二十《举人·明·嘉靖七年戊子》：南海。

［万历］《广东通志》卷二十《广州府·选举·乡举·国朝·南海》：嘉靖戊子，知州。

［崇祯］《南海县志》卷十《人物列传》：字湜卿，世居罗冈。嘉靖戊子乡荐，授江西安仁知县，改迁学宫。调湖广宁远县，远苦苗叛，倒悬引领。有九嶷山，虞墓在焉，久为苗所据，朝使祭告皆望而成礼，至是二十余年。泾莅事，首以安民为务，次练兵缮城，苗贼闻风向慕。适奉命者以故事至，遂力主创复诣庙行礼之典，苗长关启观果帅众来降。椎髻女乐歌舞于庭，观者以虞居歆而有苗格为贺。越二日外艰讣至，合邑奔号，为赠君孝服者三日。服阕补任永春，县初科甲寥寥，叹曰："学宫不利，司土责也！"尽以俸金迁改学宫，增置学田，嗣后科甲与晋江比隆焉。修《永春志》，有去思碑。升广

西上石西州守，筑州城，辑土官，以忤权弃官归。广州新城落成，荐绅各以诗夸形胜。有和语，结句曰：“飞鸿仰托高栖稳，黄鸟悲鸣恐未归。”盖讽在位者得邀金汤之幸，流民尚未安集也。州人服之，刻其作于碑。历俸不满千金，父遗产千余金尽让两弟，清约自甘，《通志》载《孝友传》。玄孙之玉，领崇祯己卯贤书。

［道光］《南海县志》卷二十《举人·明嘉靖朝》：永春知县，据《福建通志》参修……戊子科。

周懋德　字原衷，明南海人，嘉靖七年（1528）举人。

［嘉靖］《广东通志》卷十二《明·举人·嘉靖七年戊子》：知州。

《广东通志初稿》卷二十《举人·明·嘉靖七年戊子》：广州府学。

［万历］《广东通志》卷二十《广州府·选举·乡举·国朝·南海》：嘉靖戊子，同知。

［道光］《广东通志》卷七十三《举人四·明·嘉靖七年戊子·广州府》：南海人，字原衷。同知，一作知州。

［道光］《南海县志》卷二十《举人·明嘉靖朝》：永安知州，据《广西志》参修……戊子科。

赵崇信　字维周，明顺德碧江人。嘉靖七年（1528）举人，十四年进士。父汝旻。

［嘉靖］《广东通志》卷十二《明·举人·嘉靖七年戊子》：进士。《明·进士·嘉靖十四年乙未》：副使。卷十六《舆地志四·宫室·广州府》：二白堂，在顺德龙头堡。副使赵崇信建，祀封大理寺评事赵汝旻。

《广东通志初稿》卷二十《举人·明·嘉靖七年戊子》：进士，顺德。

［万历］《顺德县志》卷九《进士·嘉靖十四年》：龙头，贵州副使。

［康熙十三年］《顺德县志》卷六《明朝·封赠》：赵汝旻，龙头人，以子崇信贵封评事。

［道光］《广东通志》卷七十三《举人四·明·嘉靖七年戊子·广州府》：顺德人，字维周，进士。卷一百九十六《艺文略八·集部二》：《东台集》，明赵崇信撰，未见。《广东诗粹》：崇信字继周，一字仲履。嘉靖乙未进士，官至贵州按察副使。

［咸丰］《顺德县志》卷十《举人·明·嘉靖》：字维周，碧江人，见进士，戊子科。

唐尚忠　字道原，明顺德平步人。嘉靖七年（1528）举人，任湖北襄阳府通判。

［嘉靖］《广东通志》卷十二《明·举人·嘉靖七年戊子》：教授。

《广东通志初稿》卷二十《举人·明·嘉靖七年戊子》：顺德。

［万历］《顺德县志》卷九《举人·嘉靖七年》：平步，襄阳通判。

［道光］《广东通志》卷七十三《举人四·明·嘉靖七年戊子·广州府》：顺德人，字道原，襄阳府通判。

徐进　字至化，明顺德伦教人。嘉靖七年（1528）举人，十一年进士，任河北霸州兵备副使。父华。

［嘉靖］《广东通志》卷十二《明·举人·嘉靖七年戊子》：进士。《明·进士·嘉靖十一年壬辰》：副使。

《广东通志初稿》卷二十《举人·明·嘉靖七年戊子》：进士，顺德。

［万历］《顺德县志》卷九十《进士·嘉靖十一年》：伦教，副使。《封赠·主事》：徐华，进父，封。

［道光］《广东通志》卷七十三《举人四·明·嘉靖七年戊子·广州府》：顺德人，字至化，进士。

［咸丰］《顺德县志》卷十《进士·明·嘉靖》：霸州兵备副使，壬辰科。

梁体乾　字元建，明顺德龙渚人。嘉靖七年（1528）举人。

［嘉靖］《广东通志》卷十二《明·举人·嘉靖七年戊子》：梁体乾。

《广东通志初稿》卷二十《举人·明·嘉靖七年戊子》：顺德。

［万历］《顺德县志》卷九《举人·嘉靖七年》：龙渚。

［康熙四十九年］《三水县志》卷三《乡举·明朝·嘉靖戊子科》：顺德人，寄学中式。

［道光］《广东通志》卷七十三《举人四·明·嘉靖七年戊子·广州府》：顺德人，三水学，字元建。

梁睿　字惟思，明南海佛山镇人。嘉靖七年（1528）举人。

［嘉靖］《广东通志》卷十二《明·举人·嘉靖七年戊子》：知县。

《广东通志初稿》卷二十《举人·明·嘉靖七年戊子》：南海。

［乾隆］《佛山忠义乡志》卷四《明封赠》：梁南渚，以子睿赠浙江永康知县。

［道光］《广东通志》卷七十三《举人四·明·嘉靖七年戊子·广州府》：

南海人，字惟思，永康知县。

钟敬要 字行简，明南海人。嘉靖七年（1528）举人。

［嘉靖］《广东通志》卷十二《明·举人·嘉靖七年戊子》：钟敬要。

《广东通志初稿》卷二十《举人·明·嘉靖七年戊子》：南海。

［道光］《广东通志》卷七十三《举人四·明·嘉靖七年戊子·广州府》：南海人，字行简。

麦福 （1498—1552）明三水丰湖堡（今南边镇涡边村）人。幼年选送内廷被阉。正德十二年（1517）被派清宁宫服侍，翌年改入乾清宫。嘉靖元年（1522）任御马监左监丞，三年升御马监监督勇士四卫营务，六年奉命随朝，七年掌御马监印提督勇士四营禁兵，次年提督十二团营兵马掌乾清宫事，十二年提督内西教场操练。十八年世宗南巡，奉命留守京师。二十四年任司礼监，二十八年掌司礼监，三十年累加特进荣禄大夫、右都督。

［康熙十二年］《三水县志》卷十二《人物传·武略》：丰湖堡人。幼至京，选入内庭，以勤敏敬慎、遇事果断，特被武庙眷遇。历御马监乘马禁中提督、拾贰团营总提督、西教场都知监。上南巡，畀符验关防，留守京师。寻掌司礼监印，仍兼督东厂。前后屡赐玉带及飞鱼坐蟒服，至于“公勤端慎”银记及升庵别号之赐，尤出殊遇。福虽沉深有武略，而读书好礼。于东厂公署后建堂祠先师，出入必瞻拜。掌监数年，上有以终圣眷，下无疵于士大夫之议焉。

伦以训 （1499—1546）字彦式，别号白山，明南海魁岗黎涌村人。正德八年（1513）第六名举人，十二年会试第一名（会元），殿试第二名（榜眼），授翰林院编修。嘉靖二年（1523）婚后复出，四年参修《武宗实录》，十五年升南京国子监祭酒。因丧母悲伤病卒。文叙次子，兄以谅，弟以诜。

《广州志》卷三十九《举人·国朝·癸酉科》：文叙之子，南海。卷三十八《进士·国朝·正德丁丑科》：会元、榜眼。修撰，南海。

［嘉靖］《广东通志》卷十二《明·进士·正德十二年丁丑》：广州南海人，会元，榜眼，祭酒。

《广东通志初稿》卷十九《进士·明·正德十二年丁丑舒芬榜》：会元、榜眼。谕德，南海人。

《粤大记》卷二十四《献征类·词华黼藻冶·明》：字彦式，别号白山，状元文叙之次子。少年异质，书过目不忘，稍长通六经、子史百家言。正德癸酉乡试第六人，时年十五，是年丁父状元公忧。丁丑中省试第一人、殿试第二人，授翰林院编修。予告毕姻，遂侍母者七年。癸未，兄御史以谅亦告归养，公复出供职。乙酉纂修《武庙实录》成，晋修撰，赐白金、文绮。己丑、壬辰同典会试，校阅精确，所得多名士。充经筵讲官，仪度端雅，上为起敬。甲午，以九岁考绩晋右春坊右谕德，偕龙湖张公主试南畿，所得尤多名士。丙申升南京国子监祭酒，敦典明彝，修德讲学，毅然以斯道为己任，士习一时丕变。丁酉奉恩赠谕德公如其官，封太宜人①为太恭人，迎养于南监宦邸者二年。一日太恭人有归志，即上疏，得请奉板舆②还粤，时人荣之。公性夙敦孝友，与通政互相砥砺，教诸弟尤恳至。平生俭约雅淡，不植党，不树私，不苟取予。尤熟朝廷典章，有问者条答无遗。其发为文词，意畅神适，非人所能及。若壬辰会试《文质》一策，究竟古今循环之迹而变通以道，皇上大加奖异，后建崇质殿取其意云。所著文集四十八卷、诗集三十二卷、《国朝彝宪》二百卷，时称著述之工。庚子执太夫人之丧过哀而卒，年仅四十有八，其力方强，其化方熟，其泽未及施于天下。论者谓公有丘文庄之博而不为僻，有梁文康之厚而不为同，有霍文敏之刚而不为峻，而惜天不假之年，未见其止也。

[崇祯]《南海县志》卷二《政事志·事纪》：正德十二年二月会试，擢南海伦以训第一，寻赐及第。卷十《人物列传·伦文叙传》：授翰林院编修，予告毕昏……进右春坊右谕德，主试南畿。卷十二《艺文志·书目》：《白山集》，伦以训撰。

[道光]《南海县志》卷二十五《艺文略一·史部》：《明朝彝宪》二十卷，明伦以训撰，据《明史·艺文志》。

区贤（明嘉靖）　明高明罗格人。嘉靖八年（1529）岁贡。

[万历]《肇庆府志》卷六《选举表二·国朝岁贡·嘉靖·高明县学》：德府教授。

[康熙八年]《高明县志》卷四《元明·恩岁贡》：罗格人，嘉靖十年岁

---

①太宜人：明清时五品官之母或祖母的封号。

②板舆：一种用人抬的代步工具，多为老人乘坐。

贡，任德府教授。

［道光］《高明县志》卷十二《贡生·明》：罗格人，嘉靖八年岁贡，任德府教授。

［光绪］《高明县志》卷十二《明·贡生·嘉靖朝》：罗格人，嘉靖八年岁贡，任德府教授。

张允隆　明顺德古楼人。嘉靖八年（1529）武举。

［康熙十三年］《顺德县志》卷六《明朝·武举·嘉靖戊子》：古楼人。

严相　字汝弼，明高明杨和镇豸岗村人。嘉靖九年（1530）贡生。

［万历］《肇庆府志》卷六《选举表二·国朝岁贡·嘉靖·高明县学》：兴安知县。卷二十《人物传·国朝·严相》：字汝弼，高明人。嘉靖九年选贡，知兴安、荔浦二县。与经历刘信约为婚姻，未委禽也，信卒于官，其家自以贫而齐大非耦辞。相曰："吾其死友乎？"卒命子受室①。荔浦故多盗，诣垒谕以祸福，无不稽首愿降者，授以闲田，遂为编户②。未几乞休，家无余蓄。嘉靖辛亥贼略豸冈，戒曰："毋入严荔浦家也！"贼退，人贺之，曰："家贫，免盗憎耳。"

［康熙八年］《高明县志》卷四《元明·恩岁贡》：罗塘人，嘉靖八年岁贡，任广西兴安县知县。

孔钟灵　明南海人。嘉靖十年（1531）举人。

［嘉靖］《广东通志》卷十二《明·举人·嘉靖十年辛卯》：孔钟灵。

《广东通志初稿》卷二十《举人·明·嘉靖十年辛卯》：三水。

［万历］《广东通志》卷二十《广州府·选举·乡举·国朝·南海》：嘉靖辛卯。

［康熙四十九年］《三水县志》卷三《乡举·明朝·嘉靖辛卯科》：南海人，寄学中式。

邝元乐　字和仲，明南海扶南堡伯和乡人。嘉靖十年

---

①受室：娶妻。

②编户：指编入户籍的普通人家。

(1531)举人，考进士中乙榜，任安徽广德、广西玉林、山东宁海知州归。寿八十岁。叔约。

[嘉靖]《广东通志》卷十二《明·举人·嘉靖十年辛卯》：南海人，知州。

《广东通志初稿》卷二十《举人·明·嘉靖十年辛卯》：三水。

[万历]《广东通志》卷二十《广州府·选举·乡举·国朝·南海》：嘉靖辛卯，通判。

[康熙四十九年]《三水县志》卷三《乡举·明朝·嘉靖辛卯科》：南海人，寄学中式，历官广西郁林州知州。

[道光]《南海县志》卷三十六《列传五·明·邝约传》：扶南伯和乡人。侄元乐，字和仲，号五岭。嘉靖辛卯乡荐，乙榜进士，授广德知州，能雪冤狱。调郁林，倡修瑞虹桥。补山东宁海州，捍御流贼，有功于民。后归羊城讲学，人称五岭先生。卒年八十。卷二十六《艺文略二·集》：《郁洲遗稿》《五岭山人文集》，明邝元乐撰。

冯干 明南海人。嘉靖十年（1531）举人。

[崇祯]《南海县志》卷四《乡举·明·嘉靖辛卯》：应天中式，教授。

[道光]《南海县志》卷二十《贡生荐辟·明嘉靖朝》：赣州训导。按《采访册》作庚辰岁贡，考嘉靖朝有庚寅、庚子、庚戌、庚申而无庚辰，则《采访册》误也，故不敢据。《举人·明嘉靖朝》：应天中式，教授。按《贡生表》云训导，未知其审，姑两存之。辛卯科。

刘模 字叔宪，号素予，明南海人。嘉靖十年（1531）举人，十四年以乙榜任浙江兰溪教谕，迁广西贵县、四川梓潼知县，退休归。九十多岁卒。

[嘉靖]《广东通志》卷十二《明·举人·嘉靖十年辛卯》：知县。

《广东通志初稿》卷二十《举人·明·嘉靖十年辛卯》：南海。

《粤大记》卷十四《献征类·理学正传》：字叔宪，号素予，南海人。中辛卯乡试，乙未以副榜授浙兰溪学谕，今大学士溧阳赵公其授业门生也。典文陕西，得解元马公，后致位尚书，时称其藻鉴。擢知贵县，辞牛税，绝火耗，清刷掳之弊，弭五山之盗，颂声大作。丁母忧归，起补四川梓潼。革繁费以苏里甲，制灌车以兴民利，察何家杀妇之冤，创何石亭忠节之祀，吏畏而民怀焉。后致政归，父老哭留不得，则肖像立祠于学宫之右，复祀于名宦祠。既归，家居甘贫茹淡，而厚宗族，恤弟侄，和乡里，意倦倦笃至，有司屡请为乡饮宾。与庞弼唐、何古林诸公为诗易会，春王正月有辩，格致有说，学庸有疑，天德太极有解，多独得之见。其《春王正月辩》谓："阳明言：'孔子作《春秋》以诛僭乱，乃首改周之正朔①。何以服乱贼之心，而杜鲁宣、郑庄之口？'不知曰'敬授'，曰'巡狩'，皆用夏时，则《鲁史》所书固夏时耳，何忧于宣、庄？《小雅》《六官》，周公作也，何嫌于改正朔耶？"其格致之说祖述程、朱，谓："不学古而有博文一段工夫，则夫子亦不必删之述之矣。"皆至言也。学者欲寻洙泗正路，当于此求之。

[万历]《南海县志》卷十一《人物列传二》：年九十余卒，所著有《格致说》《学庸疑》《天德太极解》，多独得之见。

[崇祯]《南海县志》卷十《人物列传》：典文陕西，得大学士马自强为第一，时称其藻鉴。迁知贵县，祛积弊，弭山寇，以能名。

李绰 明南海人。嘉靖十年（1531）举人。

[嘉靖]《广东通志》卷十二《明·举人·嘉靖十年辛卯》：知县。

《广东通志初稿》卷二十《举人·明·嘉靖十年辛卯》：广州府学。

[万历]《广东通志》卷二十《广州府·选举·乡举·国朝·南海》：嘉靖辛卯，知县。

[道光]《南海县志》卷二十《举人·明嘉靖朝》：陆川知县，据《广西志》参修……辛卯科。

何允魁 字克升、桂峰，明顺德桂圃（今乐从小布）人。嘉靖十年（1531）举人，十四年进士，历行人司行人、监察御史。弹劾台阁首辅夏言，降浙江浦江知县离职。

[嘉靖]《广东通志》卷十二《明·举人·嘉靖十年辛卯》：进士。《明·进士·嘉靖十四年乙未》：御史。

《广东通志初稿》卷二十《举人·明·嘉靖十年辛卯》：顺德。

[万历]《顺德县志》卷九《进士·嘉靖十四年》：平步，御史。《封赠·御史》：何淘，允魁父，封。

[康熙十三年]《顺德县志》卷二《建置志·坊表》：北台豸史，在平步堡，为御史何允魁建。

[道光]《广东通志》卷七十四《举人五·明·嘉靖十年辛卯·广州府》：

---

①改正朔：新政权建立后，重新确定一年的正月初一是哪一天。

顺德人，别字桂峰，进士。

［咸丰］《顺德县志》卷十《举人·明·嘉靖》：字桂峰，桂圃人，见进士，辛卯科。卷二十三《列传三·明·何沾》：同族允魁，字克升……授行人，擢御史巡视京城，有廉能誉。帝阅陵寝特选扈从，还赐宴赉。巡按山东，吏民怀畏。协浚漕河成，锡金币。回京，劾首相夏言误国怙宠，语激切忤旨，左迁浦江知县致仕，县人合珗、沾称三直指。

陈万　字少谦，明南海人。嘉靖十年（1531）举人。祖骐，父翁年。

［嘉靖］《广东通志》卷十二《明·举人·嘉靖十年辛卯》：陈万。

《广东通志初稿》卷二十《举人·明·嘉靖十年辛卯》：南海。

［万历］《广东通志》卷二十《广州府·选举·乡举·国朝·南海》：嘉靖辛卯，翁年之子。

［道光］《广东通志》卷七十四《举人五·明·嘉靖十年辛卯·广州府》：南海人，字少谦。祖骐，父翁年。

陈规（明嘉靖）　明南海人。嘉靖十年（1531）岁贡。

［道光］《南海县志》卷二十《贡生荐辟·明嘉靖朝》：辛卯岁贡，益府修职郎。

陈善　字继初，号玄山，明南海佛山镇人。嘉靖十年（1531）举人，十四年授广西全州（一作福建泉州）学正。二十年进士，任刑部主事、员外郎，出为浙江佥事、广西参议，转江西按察使，顺路回家，不复出。寿五十九岁。父李生。

［嘉靖］《广东通志》卷十二《明·举人·嘉靖十年辛卯》：进士。《明·进士·嘉靖二十年辛丑》：广州南海人，参议。

《粤大记》卷十八《献征类·藩监宣芬·明》：字继初，号玄山，南海佛山人。幼颖悟，器宇凝重。嘉靖辛卯领乡荐第九人，乙未授全州学正，诲人率先名节信义，教学相长，益娴于文。辛丑登进士高等，授刑主事，尽心刑狱，多所平反。考绩得貤恩，晋员外郎，擢浙江佥事，威惠大著。时数十人采薪海岛，为逻者所执，诬以为盗，抚台欲按以大辟①，公力白而释之。有盗钱

①大辟：即死刑。

粮者牵连人众，郡倅概丽极刑，公核实出之。其持公平类此。升广西参议，殚意经略，以平柳、庆功，擢江西清戎副使。便道归侍太安人，遂不出。居惟承颜顺志，不以三公易一日之养，时论重之。何古林尚书志公墓，称其“秉宪恪职，随事著功，见幾介石①，难进之风”云。

［万历］《广东通志》卷二十《广州府·选举·封赠·国朝·南海》：陈李生，以子善赠户部郎中。

［乾隆］《佛山忠义乡志》卷三《乡事志·纪略》：明嘉靖二十年辛丑，陈善登进士。（居社亭铺之朱紫市。）卷八《循吏·明》：任泉州学正，凡贫士有志力学及逾时不能婚娶者，善捐俸为之助……然性直无媕②阿，与李监察议不合，李衔之，遂诬论焉，幸事得白。迁广西参议，征柳、庆蛮寇，以功转江西按察使。便道归省，喜曰：“自违老母，日切忧思。今何幸得侍膝下，吾不复出矣！”遂不之任，日与诸弟奉母，友爱甚笃。生平学问该博，为文有奇思，简而当于理。卒年五十九。

杨万山　明高明仓角人。嘉靖十年（1531）恩贡。

［康熙八年］《高明县志》卷四《元明例贡》：杨梅人，正德应例。

［道光］《高明县志》卷十二《例贡·明》：罗格人。

［光绪］《高明县志》卷十二《明·贡生·嘉靖朝》：仓角人，十年恩贡，旧《志》入《例贡》。

罗一中　字致吾，号元山，明高明古霸人。嘉靖十年（1531）举人，历江西乐安、湖南石门知县，病休，七十四岁卒。

［嘉靖］《广东通志》卷十二《明·举人·嘉靖十年辛卯》：肇庆高明人，经魁，知县。

［万历］《肇庆府志》卷五《选举表一·国朝·举人·嘉靖十年辛卯》：字择甫，高明学高要人。经魁，石门知县，有才名。

［崇祯］《肇庆府志》卷二十二《人物传·明》：字致吾，高明人。嘉靖初，督学魏校檄诸生有行者讲学五羊书院，一中与焉。举辛卯乡试第二人，历知乐安、石门二县，皆有惠政，霍文敏重之。其后从湛文简讲学，得江门

---

①介石：操守坚贞。

②媕（ān）：敷衍逢迎，犹豫不决。

真传。有《玄山稿》。

[康熙八年]《高明县志》卷四《明·举人》：古霸籍高要人，任湖广石门县知县。

[道光]《高明县志》卷十三《人物志·明》：号元山，古霸人。弱冠毅然有志希贤，从湛文简游，得闻陈白沙语录，益潜心理学……出宰江西乐安，转湖广石门，居官以慈惠为本，凡谳狱必焚香告天。有罹重辟者辄求其生，至不得已抵法，情甚恻然。居家孝友，一日会客，有小婢负一儿趋过，即肃然起立。客讶焉，及询之乃其叔也。适合族宗祠告成，文简闻之，书"礼义宗祠"四字以赠。所余清俸悉均分族党，或劝为子孙计，曰："吾书史满架即所以长子孙，何必阿堵物①也？"尝筑一轩，与子侄生徒聚讲性学②以终天年。寿七十有四，以子钦颜诰赠儒林郎、光禄寺署正。著有《躬行日省录》及《元山集》五十卷，为文简所赏，梓行于世。

[道光]《高要县志》卷二十《列传一·明·罗一中传》：八岁丧父，哀毁若成人。举嘉靖十年乡试选乐安知县，民有元祖一者坐杀人，系狱三十年，奏勘十八次。一中至甫四日，祷于城隍神得奇梦，案外获真犯，释祖一。县多逋负，文案山积，一中擿蠹吏刘镗等置于法，贼役遂清。永丰罗伦墓山为奸民投献宗室，伦子孙讼于官，大吏以属一中，乃倍追券金偿宗室，还其山。视事仅八月丁内艰，服阕补石门县。县西北有十隘，守军屯田之近民界者累肆侵夺，东南熟田大半为债商迫逃。一中白抚按诸司，先分军民之界，次定商债之息，征收俟其成熟，里甲杜其供亿，土民所逋负则径罪土长，居一年返逃亡十八九。因陈边粮十二事，参政廖某刊下所部以为法。历俸五年，恒经理九溪、永定诸卫所粮狱，在县止二载，以劳瘁得末疾，遂致仕……卒年六十四（《墓表》）。著有……《念山小集》《诗坛元览草》《元讲义》。

罗节卿 字贞可，明顺德大良人。嘉靖十年（1531）举人。父重，侄孙真英。

[嘉靖]《广东通志》卷十二《明·举人·嘉靖十年辛卯》：顺德人，应天推官。

[万历]《顺德县志》卷九《封赠·推官》：罗重，节卿父，赠。卷八《人物志第七之二》：罗节卿者，大良人也，字贞可。以乡荐推官应天，居五载，母老乞归。居丧尽礼，睦族善邻，礼下贤士，乡党称之。

①阿堵物：指钱。

②性学：即理学，理学家讲"天命之谓性"，故又称性命之学。

［咸丰］《顺德县志》卷二十四《列传四·明·罗真英传》：哲卿侄孙。哲卿，字贞可，嘉靖辛卯举人，南京府推官。

周允大　字巽之，号中斋，明南海九江人。嘉靖十年（1531）岁贡，任江苏江都训导。

《南海九江乡志》卷三《选举·贡·嘉靖十年辛卯岁贡》：字巽之，号中斋。由南海学习《易经》，廷试授南直江都训导。

周鹏　明南海人。嘉靖十年（1531）举人。

［嘉靖］《广东通志》卷十二《明·举人·嘉靖十年辛卯》：知州。

《广东通志初稿》卷二十《举人·明·嘉靖十年辛卯》：南海。

［道光］《南海县志》卷二十《举人·明嘉靖朝》：知县……辛卯科。

梁翘　明顺德逢简人。嘉靖十年（1531）拔贡。

［咸丰］《顺德县志》卷十一《拔贡·明·嘉靖》：逢简人，辛卯。

黄龙　明南海人。嘉靖十年（1531）举人。

［嘉靖］《广东通志》卷十二《明·举人·嘉靖十年辛卯》：知县。

《广东通志初稿》卷二十《举人·明·嘉靖十年辛卯》：广州府学。

［万历］《广东通志》卷二十《广州府·选举·乡举·国朝·南海》：嘉靖辛卯，知县。

［道光］《南海县志》卷二十《举人·明嘉靖朝》：候官知县，据《福建志》参修，辛卯科。

黄廷诰　字钦之，号文峰，明南海九江人。嘉靖十年（1531）举人。叔重。

［嘉靖］《广东通志》卷十二《明·举人·嘉靖十年辛卯》：知县。

《广东通志初稿》卷二十《举人·明·嘉靖十年辛卯》：番禺。

［万历］《广东通志》卷二十《广州府·选举·乡举·国朝·南海》：嘉靖辛卯。

《南海九江乡志》卷三《选举·乡举·嘉靖十年辛卯科》：字钦之，号文峰。由番禺学习《诗经》，中式第四十八名。七上公车，高尚不仕。进士，奉尝重嫡侄。子玉庠生。卷四《先达列传》：公资稍鲁，少读书，日不过七行而手不释卷。季父重称其苦心，无纨绔气，为家千里驹。领乡荐，韬精淡漠，绝迹公庭。

萧廷相 字公弼，明南海魁岗堡（今属禅城）人。嘉靖十年（1531）举人，二十年（1541）任山东莒州学正，升福建光泽知县辞归。

[嘉靖]《广东通志》卷十二《明·举人·嘉靖十年辛卯》：广州南海人，知县。

[道光]《南海县志》卷二十《举人·明嘉靖朝》：光泽知县，据《福建志》参修……辛卯科。

[同治]《南海县志》卷十三《列传·黎复性》：字公弼，魁岗堡人。由郡廪生中嘉靖辛卯科举人，越十年辛丑任青州府莒州学正。癸卯科聘典福建乡试，精鉴衡，出其门者多知名士。旋升邵武府光泽县知县，抵任后恪守官箴，留心民瘼，恒寓抚字于催科中，故下不病民，上不亏课。屡登荐剡，竟投符归。民怀其德，万历戊寅，绅民请于上，祀名宦祠。

崔殿 名一作甸，明南海人。嘉靖十年（1531）举人。

[嘉靖]《广东通志》卷十二《明·举人·嘉靖十年辛卯》：崔殿。

《广东通志初稿》卷二十《举人·明·嘉靖十年辛卯》：顺德。

[万历]《顺德县志》卷九《举人·嘉靖十年》：南海。

[万历]《广东通志》卷二十《广州府·选举·乡举·国朝·南海》：嘉靖辛卯，知县。

[崇祯]《南海县志》卷四《乡举·明·嘉靖辛卯》：一作甸，知县。

潘鹏举 明南海梯云堡镇头乡（今属大沥）人。嘉靖十年（1531）举人。子兆璘，孙献臣。

[嘉靖]《广东通志》卷十二《明·举人·嘉靖十年辛卯》：知县。

《广东通志初稿》卷二十《举人·明·嘉靖十年辛卯》：南海。

[崇祯]《南海县志》卷十《人物列传·潘兆璘传》：祖祥繇龙门贡，授福建德化训导，长子鹏，举嘉靖辛卯举于乡，即兆璘父。授广西苍梧令，廉洁厉俗，慈惠爱民，且持正不阿。典史某恃御史姻家多不法，鹏举每沮抑之，由是忤御史意，遂被诬劾致仕，时论惜之。子六人，三子俱有声庠序，兆璘其季也。

严历　明高明高田人。嘉靖十一年（1532）岁贡。

［万历］《肇庆府志》卷六《选举表二·国朝岁贡·嘉靖·高明县学》：广昌教谕。

［康熙八年］《高明县志》卷四《元明·恩岁贡》：高田人，嘉靖十一年岁贡，任江西广昌县教谕。

彭韶舞　明三水彭坑人。嘉靖十一年（1532）选贡。

［康熙四十九年］《三水县志》卷三《贡途·选贡》：彭坑人。嘉靖十一年，命选郡邑有学行者一人，舞应选，官扬州府学训导。

［嘉庆］《三水县志》卷九《贡途·选贡·明》：彭坑人，嘉靖十一年选，官扬州府训导。

杜应材　明高明清泰人。嘉靖十二年（1533）岁贡。

［万历］《肇庆府志》卷六《选举表二·国朝岁贡·嘉靖·高明县学》：鄞县教谕。

［崇祯］《肇庆府志》卷七《明·岁贡·嘉靖·高明县学》：鄞县知县，叶《志》教谕。

［康熙八年］《高明县志》卷四《元明·恩岁贡》：清泰人，嘉靖十二年岁贡，官至广西临桂县知县。

伦以诜　（1503—1582）字彦群，别号穗石，明南海人。正德十四年（1519）举人，嘉靖十七年（1538）进士，任南京兵部武选司郎中，请归养母，不复出。文叙第三子，兄以谅、以训。

《广州志》卷三十九《举人·国朝·己卯科》：文叙之子，南海。

［嘉靖］《广东通志》卷十二《明·举人·正德十四年己卯》：进士。《明·进士·嘉靖十七年戊戌》：广州南海人，郎中。

《粤大记》卷二十四《献征类·词华黻藻冶·明》：字彦群，别号穗石，南海人，状元文叙季子也。年十七举乙卯乡试，廷对拟鼎甲，为忌者抑置二甲。授礼部仪制司主事，凡表笺封拜、旌贤校士一切大典极其敬慎。考最，转兵部武选司郎中。公性至孝，例请归养，遂不复出，或讽之，则曰："隐居以求其志，吾盖遵孔子法也。"从甘泉先生游，宗白沙先生主静之学，尝谒阳明先生讲学，即以"志道笃，趋向正"称之。尝语学者云："道不在谈论，得之力行。文不在藻丽，准之六经。"故其言动婉有法程，其文章可追大雅。平生杜迹公庭，每遇圣节必俨然从当仕者后。甲子之变，四郊士女趋城不得入，公叩直指公启城，活生灵奚啻百万？至今德之。公为文下笔数千言立就，赋诗或一韵百余首，宏博不凡。寿八十卒，所著文集五十六卷、诗集四十三卷藏于家笥。

［万历］《南海县志》卷十一《人物列传二》：字彦群，文叙季子。幼颖悟，善属书摛词。年十七举乡荐，戊戌登进士，授仪制主事，考定典礼，表正文体。先是，王府科掾多滋弊窦，力厘革之。转南京武选郎中，以母老力请归养，事伯兄甚恭。从游湛文简，言动衣冠多率古礼，于乡间恂恂如也。暮□□学不倦，丐言者屦①满户外焉。卒年八十，所著②。

［崇祯］《南海县志》卷十二《艺文志·书目》：《穗石集》，伦以诜撰。

［道光］《广东通志》卷六十九《进士·明·嘉靖十七年戊戌茅瓒榜·广州府》：南海人，二甲第六，南兵部郎中。

邓献　（1504—1594）字允联，号峡川，明顺德龙山人。寿九十一岁。

［嘉庆］《龙山乡志》卷九《耆寿》：字允联，号峡川。生弘治甲子，终万历甲午，寿九十一。

区仁勇　明顺德甘溪人。嘉靖十三年（1534）武举。

［康熙十三年］《顺德县志》卷六《明朝·武举·嘉靖甲午》：甘溪人。

冯在衡　明南海人。嘉靖十三年（1534）举人。

［嘉靖］《广东通志》卷十二《明·举人·嘉靖十三年甲午》：冯在衡。

《广东通志初稿》卷二十《举人·明·嘉靖十三年甲午》：南海。

伦学智　明南海人。嘉靖十三年（1534）举人。

［嘉靖］《广东通志》卷十二《明·举人·嘉靖十三年甲午》：教授。

《广东通志初稿》卷二十《举人·明·嘉靖十三年甲午》：南海。

［万历］《广东通志》卷二十《广州府·选举·乡举·国朝·南海》：嘉靖甲午，知县。

---

①屦（jù）：用麻、葛等制成的一种鞋。

②原本漫漶，后缺。

孙勋 明南海人。嘉靖十三年（1534）举人。

［嘉靖］《广东通志》卷十二《明·举人·嘉靖十三年甲午》：知州。

《广东通志初稿》卷二十《举人·明·嘉靖十三年甲午》：广州府学。

［万历］《广东通志》卷二十《广州府·选举·乡举·国朝·南海》：嘉靖甲午，知县。

［崇祯］《南海县志》卷四《乡举·明·嘉靖甲午》：同知。

［道光］《广东通志》卷七十四《举人五·明·嘉靖十三年甲午·广州府》：南海人，字次薇。同知，一作知州。卷二百七十九《列传十三·广州十二·孙勋》：嘉靖甲午举人，二十六年知□州事。时海上军书狎①至，新命都御史治兵自浙入闽，供帐不如意，欲庭挞州官。勋顾谓行杖者曰："挞我必重始快其忿，不然汝死杖下矣！"百姓感泣，日拥其舆以行。初都御史至，民且皇皇，比出境，闾阎②无毫发扰者。

［道光］《南海县志》卷二十《举人·明嘉靖朝》：武平知县。据《福建志》参修，甲午科。

麦文任 字鳌洲，明顺德龙眼人。嘉靖十三年（1534）举人。祖谨，天顺六年（1462）举人；父祈庆，弘治十一年（1498）举人。

［嘉靖］《广东通志》卷十二《明·举人·嘉靖十三年甲午》：麦文任。

《广东通志初稿》卷二十《举人·明·嘉靖十三年甲午》：番禺。

［万历］《顺德县志》卷九《举人·嘉靖十三年》：石涌。

［道光］《广东通志》卷七十四《举人五·明·嘉靖十三年甲午·广州府》：顺德人，番禺籍，字鳌洲。祖谨，父祈庆。

［咸丰］《顺德县志》卷十《举人·明·嘉靖》：字鳌洲，龙眼人，番禺籍。谨孙，祈庆子。甲午科。

麦英 明南海人。嘉靖十三年（1534）举人，任广西宣化（今邕宁）知县。

［嘉靖］《广东通志》卷十二《明·举人·嘉靖十三年甲午》：知县。

---

①狎（xiá）：交替。

②闾阎：泛指平民百姓。

《广东通志初稿》卷二十《举人·明·嘉靖十三年甲午》：从化。

［万历］《广东通志》卷二十《广州府·选举·乡举·国朝·南海》：嘉靖甲午，宣化知县。

李刚 明顺德龙江人。嘉靖十三年（1534）岁贡，任今属越南的顺安县教谕。

［咸丰］《顺德县志》卷十一《岁贡·明·嘉靖》：龙江人，甲午，顺安县教谕。

李兆龙 明南海人。嘉靖十三年（1534）举人，次年进士，任河南按察司佥事。三十年为佛山镇石碑《世济忠义记》题额。

［嘉靖］《广东通志》卷十二《明·举人·嘉靖十三年甲午》：进士。《明·进士·嘉靖十四年乙未》：佥事。

《广东通志初稿》卷十九《进士·明·嘉靖十四年乙未韩应龙榜》：南海人。

［道光］《佛山忠义乡志》卷十二《金石志上·石·明》：《世济忠义记》，河南按察司佥事、邑人李兆龙篆额①，嘉靖三十年癸丑八月立。

陈贤 明南海人。嘉靖十三年（1534）举人。

［嘉靖］《广东通志》卷十二《明·举人·嘉靖十三年甲午》：陈贤。

《广东通志初稿》卷二十《举人·明·嘉靖十三年甲午》：南海。

［崇祯］《南海县志》卷四《乡举·明·嘉靖甲午》：知州。

陈道（明嘉靖） 别字苏山，明南海人。嘉靖十三年（1534）举人。

［嘉靖］《广东通志》卷十二《明·举人·嘉靖十三年甲午》：知县。

《广东通志初稿》卷二十《举人·明·嘉靖十三年甲午》：南海。

［道光］《广东通志》卷七十四《举人五·明·嘉靖十三年甲午·广州府》：南海人，别字苏山，知县。

［道光］《南海县志》卷二十《举人·明嘉靖朝》：苏山知县……甲午科。

---

①篆额：用篆字书写碑额。

庞玠　明南海人。嘉靖十三年（1534）举人。

［嘉靖］《广东通志》卷十二《明·举人·嘉靖十三年甲午》：博士。

《广东通志初稿》卷二十《举人·明·嘉靖十三年甲午》：南海。

林允高　明南海人。嘉靖十三年（1534）举人。

［嘉靖］《广东通志》卷十二《明·举人·嘉靖十三年甲午》：知县。

《广东通志初稿》卷二十《举人·明·嘉靖十三年甲午》：广州府学。

［万历］《广东通志》卷二十《广州府·选举·乡举·国朝·南海》：嘉靖甲午，知县。

罗本德　明南海人。嘉靖十三年（1534）举人，任福建南靖教谕。

［嘉靖］《广东通志》卷十二《明·举人·嘉靖十三年甲午》：教谕。

《广东通志初稿》卷二十《举人·明·嘉靖十三年甲午》：广州府学。

［万历］《广东通志》卷二十《广州府·选举·乡举·国朝·南海》：嘉靖甲午。

［道光］《南海县志》卷二十《举人·明嘉靖朝》：南靖教谕……甲午科。

罗宪（明嘉靖）　字纲卿，号庸所，明南海九江人。嘉靖十三年（1534）举人，任安徽太湖、广西宣化（今邕宁）知县。父珊，弟忠言，子鸿。

［嘉靖］《广东通志》卷十二《明·举人·嘉靖十三年甲午》：知县。

《广东通志初稿》卷二十《举人·明·嘉靖十三年甲午》：南海。

《南海九江乡志》卷三《选举·乡举·嘉靖十三年甲午科》：字纲卿，号庸所。由南海学习《礼记》，中式第六十四名。授南直太湖知县，改广西宣化知县。举人、知县珊长子，子鸿进士、御史。

《九江儒林乡志》卷十二《列传·明·罗珊传》：长子宪，举人，官苏州倅。孙鸿，进士，官御史，以忤严嵩归。

罗虞睿　明顺德大良人。嘉靖十三年（1534）副贡。子文鹏。

［咸丰］《顺德县志》卷十一《副贡·明·嘉靖》：大良人，甲午。

周文明　明南海人。嘉靖十三年（1534）举人。

［嘉靖］《广东通志》卷十二《明·举人·嘉靖十三年甲午》：知县。

高士材　明顺德容奇人，嘉靖十三年（1534）举人。

［嘉靖］《广东通志》卷十二《明·举人·嘉靖十三年甲午》：学正。

《广东通志初稿》卷二十《举人·明·嘉靖十三年甲午》：南海。

［万历］《顺德县志》卷九《举人·嘉靖十三年》：容奇。

［万历］《广东通志》卷二十《广州府·选举·乡举·国朝·南海》：嘉靖甲午。

［乾隆］《佛山忠义乡志》卷六《乡俗志·氏族》：高氏，明有同知士楠、举人学正士材。

梁以敩　字霞山，明顺德逢简人。嘉靖十三年（1534）举人，任全州知州。父载。

［嘉靖］《广东通志》卷十二《明·举人·嘉靖十三年甲午》：经魁，知州。

《广东通志初稿》卷二十《举人·明·嘉靖十三年甲午》：经魁，广州府学。

［万历］《顺德县志》卷九《举人·嘉靖十三年》：逢简，经魁，全州知州。

［万历］《广东通志》卷二十《广州府·选举·乡举·国朝·番禺》：嘉靖甲午。

［道光］《广东通志》卷七十四《举人五·明·嘉靖十三年甲午·广州府》：顺德人，番禺籍，字霞山，全州知州，父载。

梁可大　明南海人。嘉靖十三年（1534）举人。

［嘉靖］《广东通志》卷十二《明·举人·嘉靖十三年甲午》：通判。

《广东通志初稿》卷二十《举人·明·嘉靖十三年甲午》：南海。

［雍正］《广东通志》卷三十三《举人·明·嘉靖十三年甲午乡试榜》：南海人，知县。

［道光］《广东通志》卷七十四《举人五·明·嘉靖十三年甲午·广州府》：南海人。知县，一作通判。

梁希孟　明顺德大良人。嘉靖十三年（1534）武举。

［康熙十三年］《顺德县志》卷六《明朝·武举·嘉靖甲午》：大良人，充本县庠生。

黄衺 名一作褩，字仲宪，明高明伦埇人。嘉靖十三年（1534）岁贡。

［万历］《肇庆府志》卷六《选举表二·国朝岁贡·嘉靖·高明县学》：黄褩，怀远教谕，《县志》名衺。

［崇祯］《肇庆府志》卷七《明岁贡·嘉靖·高明县学》：黄褩，怀远教谕，褩《县志》作耿。

［康熙八年］《高明县志》卷四《元明·恩岁贡》：田心人，嘉靖十三年岁贡，任福建晋江县教谕。卷十三《人物传·明》：字仲宪，由岁贡任晋江训导，转怀远教谕。淹博古籍，课士有方，于贽馈①之礼无所求焉，从祀名宦。有《鸣真集》。

［道光］《高明县志》卷十二《贡生·明》：伦埇人，嘉靖十三年岁贡，任广西怀远教谕。

崔一濂 明南海人。嘉靖十三年（1534）举人，二十年进士。

［嘉靖］《广东通志》卷十二《明·举人·嘉靖十三年甲午》：进士。《明·进士·嘉靖二十年辛丑》：同知。

《广东通志初稿》卷二十《举人·明·嘉靖十三年甲午》：顺德。

［万历］《顺德县志》卷九《进士·嘉靖二十年》：南海，蕲州知州。

［万历］《广东通志》卷二十《广州府·选举·进士·国朝·南海》：嘉靖辛丑，员外郎。

［乾隆］《顺德县志》卷十《进士·明朝·嘉靖辛丑》：南海籍，知府。

［宣统］《南海县志》卷十《拾遗订误·进士》：辛丑。南阳府知府，前《志》但云蕲州知州。嘉靖朝，明。

潘秉慎 明南海人。嘉靖十三年（1534）举人。

［嘉靖］《广东通志》卷十二《明·举人·嘉靖十三年甲午》：知州。

《广东通志初稿》卷二十《举人·明·嘉靖十三年甲午》：广州府学。

---

①贽馈：统指生员送给老师的财物。

［万历］《广东通志》卷二十《广州府·选举·乡举·国朝·南海》：嘉靖甲午。

黎材 字虚谷，明顺德都粘人。嘉靖十三年（1534）举人，二十年进士。父庇。

［嘉靖］《广东通志》卷十二《明·举人·嘉靖十三年甲午》：顺德人，进士。《明·进士·嘉靖二十年辛丑》：顺德人，知府。

［万历］《顺德县志》卷九《进士·嘉靖二十年》：都粘，桂林知府。《封赠·员外》：黎庇，材父，封。

［道光］《广东通志》卷七十四《举人五·明·嘉靖十三年甲午·广州府》：顺德人，字虚谷，进士。卷六十九《进士·明·嘉靖二十年辛丑沈坤榜·广州府》：顺德人，二甲，桂林知府。

［咸丰］《顺德县志》卷十二《封赠（文阶）·明》：黎忠佐，桃村人，以孙材封员外郎。黎庇，沙滘人，以子材赠员外郎。黎忠佐，桃村人，以孙材赠知府。卷十六《胜迹略·坊表·官坊之属·江村属》：冬官，二在桃村，为工部郎黎材。

罗虞臣 （约1505—约1539）字熙载，明顺德大良人。嘉靖四年（1525）举人，八年进士，任江西建昌府推官、刑部主事、吏部司勋。十五年，受牵连，被贬斥为民。

《广州志》卷三十九《举人·国朝·乙酉科》：顺德。

［嘉靖］《广东通志》卷十二《明·举人·嘉靖四年乙酉》：顺德人，进士。《明·进士·嘉靖八年己丑》：顺德人，主事。

［万历］《顺德县志》卷八《人物志第七之二》：罗虞臣者，大良人也，字熙载。颖悟绝人，观书目数行下，九岁能属文。弱冠举进士，补建昌推官。建昌号繁剧难治，虞臣至，数守郡以文章润饰吏事。日召善书史数人于前，口占其所谢故人书，手授其所为文，且省吏事各有条，退则读书至夜分乃就寝，故虞臣居官文日益进，郡中亦翕然向文雅之风矣。三载，征拜刑部主事，改吏部。与李开先、任翰辈以文章气节相高，而虞臣尤刚肠疾恶，面斥人短，以故多忌之者，开先曰："熙载且见中于法矣。"会宛平人刘东山伪上变告张延龄奸，连虞臣，于是逮诣诏狱治。虞臣乃从狱中上书曰："臣昔为刑部主

事，提牢①囚刘东山私脱桎梏，越监戏赌，笞之所以示戒惩也。后调吏部主事几一年。东山近挟奏延龄，诬臣听属笞彼。臣常责治各监之奸禁者，谁为属耶？其奏延龄属臣又非大故，止为嗔其坐而不起。狱囚摧折延龄尚众，岂止坐而不起者？即人人嗔之，将不胜其属矣。陛下不肯骫天下正法赦延龄，诚古帝王'诛不避亲'之义也。有司质确其过，置诸丛棘之下，身诖幽狱，举目堪悲，是若坠不测之渊而践必死之地也。且延龄幸以肺腑侍先皇帝，得列侯封，当朝外戚之隆莫与为比。延龄不永惟先皇帝宠幸深恩，旷贵蔑法，卒婴②大僇。臣以延龄素骄贵，一旦下之吏，即不括发交手足荷索关械，言不苦者特为强耳。延龄身中明法，自当伏刑都市以章其罪，为外家骄蹇横恣之戒。当其时，提牢官一切以法苦之，万一防卫不谨，有如卒暴死狱中，陛下欲生得延龄，付有司正刀锯而不可，将必为臣等首咎，臣等之罪又安逃乎？况延龄禁在库房，业非臣始，夫库房亦狱中小房耳，自臣提牢，其在库房已逾一年，独以坐臣，岂不错哉？又诬臣与死囚陈邦宪去刑具，请至提牢厅高坐饮酒。提牢厅官署也，臣法官也。身为法官而引囚首之人坐官署饮酒，贱名器、辱清议甚矣。臣与邦宪虽同郡，平居未识，因其病疟，白尚书聂贤免柙数日耳。小人造饰欺谩，激怒圣朝，加诬及臣，以报前怨，遂令臣限身幽圄，搒格③受辱。身非木石，狱吏相伍，吊影酸心，谁复为怜？法官或不廉臣无验之罪，竟按空文，不与蠲除，臣恐薄恶相煽，慢由京师，其为亏损政体不小也。昔绛侯受系，低首狱吏。史迁下室，叹辱箠棰缧绁之耻。古今所同。臣被逮何惜，但念结发从仕，通籍荐绅，乃为小人所诬，尚复麻面目对人，不亦羞当世奇节之士乎？且人情顿挫而节义之行损，官师蒙辱而朝廷之威亵，奸慝不惩而法令之格废，诋欺无限而是非之真淆，皆往昔之殷鉴，非清朝所宜有也。"通政郑绅览书弃去不奏，狱成下御史府。大夫王廷相当虞臣故纵重囚、党结元恶，杖五十，褫职为民。虞臣既归，就中山结草堂，坟索置前，图牒陈后，总括百家，驰骋千载，虽仲舒潭思下帷、严平不窥城市，犹自谓过之也。尝言："虚生不如营名，羡古不如自立。"其志如此。两广都御史蔡经荐于朝，未用。卒年三十五，所著有《原子集》。

[万历]《广东通志》卷二十五《人物八·文苑·罗虞臣》：叶春及称其所为文上追两汉，下揖六朝，方驾作者，其于礼乐援据古今，拟议尤确，前后上其师霍文敏书最壮伟，不减子长《与任安书》云。

---

①提牢：狱官名。

②婴：通"撄"，触犯。

③搒格：笞击。

［康熙］《广州府志》卷三十九《人物志十·儒林列传·明》：虞臣至郡，以文章润色吏事……与太史唐顺之、验封李开先、考功任翰辈以文章气节相高。

［咸丰］《顺德县志》卷二十三《列传三·明·罗虞臣》：弱冠举嘉靖乙酉乡试……刘东山告张延龄谋不轨，连虞臣，因讦及沈椿等。帝怒，执先后提牢主事三十七人付诏狱……虞臣经史传记靡不淹贯……国朝康熙间下府县行取文集，参政蒋伊举祀穗城书院。

陈士兴 （1505—约1543）名一作仕兴，字文伯，明南海佛山镇人。嘉靖四年（1525）举人。

［嘉靖］《广东通志》卷十二《明·举人·嘉靖四年乙酉》：陈士兴。

《广东通志初稿》卷二十《举人·明·嘉靖四年乙酉》：广州府学。

［万历］《广东通志》卷二十《广州府·选举·乡举·国朝·番禺》：陈仕兴，嘉靖乙酉。

［乾隆］《佛山忠义乡志》卷八《文苑·明》：字文伯。聪颖博学，志概落落不群。年二十一领嘉靖乙酉乡荐，人往贺之，曰："丈夫不发解①，何贺也？"屡上春官不第，或劝之仕，曰："丈夫不掇上第、入中秘，何官为？"见公卿大夫侃侃辩论不少屈，尝上书霍宗伯韬数其过，宗伯服其直谅不怪也。所为诗文皆以发其肮脏不平之气，兀傲有奇致，惜随手散失，鲜有存者。年未四十而卒。

区诜 明高明官当人。嘉靖十年（1531）武举，十四年建议将高明太平巡检司迁到都含海口。

［康熙八年］《高明县志》卷四《武举·明》：清溪人，奏设都含太平巡检司。卷六《建置志·城池·太平巡检司》：嘉靖十四年海寇掳掠，武举生区诜奏迁太平巡司于都含海口。

［康熙二十九年］《高明县志》卷十二《武举·明》：清溪人。前《志》无科次，查嘉靖旧《志》载辛卯科武举人。

［道光］《高明县志》卷十二《武举·明》：官当人。前《志》无科次，查嘉靖旧《志》载辛卯科武举人。

---

①发解：考中举人第一名。

麦科　明高明版村人。嘉靖十四年（1535）岁贡，任广西灵山训导。

［万历］《肇庆府志》卷六《选举表二·国朝岁贡·嘉靖·高明县学》：灵山训导。

［康熙八年］《高明县志》卷四《元明·恩岁贡》：文储人，嘉靖十四年岁贡，任灵山县训导。

［道光］《高明县志》卷十二《贡生·明》：版村人，嘉靖十四年岁贡，任灵山训导。

钟南　字汝巽，别号肖愚，明顺德龙江人。嘉靖十四年（1535）岁贡，任海南乐会教谕归，九十多岁仍健康。

《粤大记》卷二十一《献征类·孝廉懿德·明》：字汝巽，别号肖愚，顺德人。性诚笃，事二亲极其孝敬。弱冠入为南海庠生，改充三水，考辄居优等。为文醇粹，尤精于经学。授徒数百人，多显僊者，而先生七入棘弗售。贡为福建福清县学训导，端范立教，捐俸以供会需，得贤如魏体明、薛德纯、施观民，皆知名于时。升乐会学谕，益勤诲诱，海滨诜诜有邹鲁风，未几引年归。先生尝从钟理夫先生，得养性养气之诀，年逾九十而精神完固，士人多宗之。

［咸丰］《顺德县志》卷二十三《列传三·明·钟南》：龙江人……嘉靖乙未岁贡。

朱文直　字与刚，号白川，明南海九江人。孝义多艺，四十七岁卒。妻郭氏，子让、媳关氏。

《南海九江乡志》卷三《封赠》：朱文直，字与刚，号白川，以子让累赠户部主事。郭氏，以子让累赠恭人。关氏，以夫让累封恭人。卷四《封赠列传》：公孝友敦睦，业儒不售弃去，以诗酒自娱，不事生产。长厚而旷达，日科头箕踞榕荫，与亲友族属棋枰为乐，四时不倦，陶陶然无求于世。子中宪方孩已预决亢宗，为季女相攸得沙头崔进士吉，一时共推识鉴。卷五《贤淑》：郭氏，大同名家女，朱赠君文直妻，太守让母，累赠安人。持家勤俭，丰啬得宜。赠君旷达不事生产，家政悉安人经画，蚕绩之余，躬率婢仆灌园。最喜奖励子姓读书，犹子别驾谟应诸生试，必脱簪珥遗之。赠君早世，延师教子，篝灯纺绩课读，午夜不休。中宪公之贵，安人教诲之力居多。

《九江儒林乡志》卷十三《列传·明》：资禀颖异，于学无所不窥，尤娴词赋。尝习博士家言，屡试弗售，辄弃去……刻意敦行，家居必禀于礼，平心率物①为乡闾所式。事兄文重极敬爱，常同卧起出入……早年子尚幼，而兄文重已七举男，文直弗二视，产入均以资膏膳。兄子游胶庠者三、举乡书者一，文直成就之力为多。子让方在襁褓，爱而奇之，甫受书即期以圣贤之学……比疾革，妻郭问家事不答，第拊床摩让顶曰："事在此儿矣。"……卒年四十七。

张佃 字勤夫，明顺德都粘人。侄大行、大藩受其教育，分别于嘉靖二十二年（1543）、四十年中举。

[康熙十三年]《顺德县志》卷九《人物传三·隐逸》：字勤夫，都粘人。邑《志》：人才张智之裔。补邑庠生，笃学博闻，为文古雅，持身清介。教授生徒多以科第显，如兄子大行、大藩皆其造就。邑令胡公崇德优其文，廉知佃贫无所处，给官房数间，辞不受。平生一介不苟取予，澹于名利，恬退自娱。雅有名山之趣，尝游金陵，浮楚襄，抵苍梧，所至辄有题咏。尝著诗文若干篇，曰《石林清笑集》。署篆通判周敦请饮宾，士论伟之。

[道光]《广东通志》卷一百九十六《艺文略八·集部二》：《石林清啸集》，明张佃撰，未见。《广东诗粹》，佃，原名侁。

邝梦吉 （约1507—约1592）字希因，别号养吾，改名梦琰（炎、掞），字均房，明南海人。嘉靖七年（1528）举人，会试不中，在家教书。二十九年任浙江定海教谕，三十四年改江西新建教谕，升南京国子监助教。为杭州通判时，四十二年大水，申请减征赈贫。辞归。祖鼎，父岑，子冬复、冬成、冬荣。

[嘉靖]《广东通志》卷十二《明·举人·嘉靖七年戊子》：助教。

《广东通志初稿》卷二十《举人·明·嘉靖七年戊子》：广州府学。

《粤大记》卷二十《献征类·循良懋绩·明》：邝梦琰，字均房，先名梦吉，字希因，别号养吾。大父鼎中壬子乡试，父岑登甲子科，任湖广应城知县。公十二善属文，十七入郡庠，督学欧阳公、萧公并奇之，所撰《五殊二实》及《黄钟万事根本论》宏博淹贯，多士称服。弱冠中戊子科乡荐，累试南宫。归则授徒讲业，都御史庞尚鹏出其门。岭南佥宪②何公元述、龚公大

①率物：做众人的榜样。

②佥宪：佥都御史的美称。

稔，以知厚过从，言不及私。时有清邑尹残民命数十被逮，以千金求解，公曰："若受千金，必枉多命，吾不为也。"庚戌就浙之定海学谕，克端身教，月三试士皆捐俸供给，乐舜宾等相继登第，两院交荐之。典福建文衡，得许天琦等皆名士。癸丑丁内艰，诸士立碑思德。乙卯服阕改补新建，端诲作人①，巡按徐君荐之。升南京国子监助教，益正范模，司成②潘公、秦公大加器重。未几升通判杭州，癸亥大水，公申请减征赈贫，百姓赖之。素耽于古籍，簿书非其所乐也，竟以直忤盐院，遂解组归。归而室庐萧然，或讽之，公正色曰："予三世四科，自先君雅志清苦，于岂营营为子孙作牛马耶？"卒年八十六，所著《养吾吟稿》藏于家，子冬复、冬成、冬荣皆业儒。

［道光］《南海县志》卷二十《举人·明嘉靖朝》：邝梦掞，杭州通判，戊子科。卷三十六《列传五·明·邝梦炎》：郊之从子也。

邓叶氏　（1507—1599）明顺德龙山人。九十四岁。夫邓怡。

［嘉庆］《龙山乡志》卷九《寿妇》：邓怡妻叶氏，生正德丁卯，终万历己亥，寿九十四岁。

方大猷　字次洲，明南海人。嘉靖十六年（1537）举人。

［嘉靖］《广东通志》卷十二《明·举人·嘉靖十六年丁酉》：知州。

［万历］《广东通志》卷二十《广州府·选举·乡举·国朝·南海》：嘉靖丁酉，知州。

［道光］《广东通志》卷七十四《举人五·明·嘉靖十六年丁酉·广州府》：南海人，字次洲，知州。

［道光］《南海县志》卷二十《举人·明嘉靖朝》：次州知州，丁酉科。

区永盛　明高明人。为墟长，嘉靖十六年（1537），筑复石奇堤。

［康熙八年］《高明县志》卷十一《水利·圩岸·石奇堤》：嘉靖十六年洪潦坏堤，墟长区永盛集众补筑高厚，六穴各灌溉一方。

---

①作人：造就人才。

②司成：古代教育贵族子弟之官职，祭酒的别称。

邝彦举 字超儒，号拔堂，明南海扶南堡伯和乡人。嘉靖十六年（1537）举人，任南京国子监助教。

[嘉靖]《广东通志》卷十二《明·举人·嘉靖十六年丁酉》：邝彦举。

[万历]《广东通志》卷二十《广州府·选举·乡举·国朝·南海》：嘉靖丁酉。

[道光]《南海县志》卷二十《举人·明嘉靖朝》：顺昌教谕，据《福建志》参修。卷三十六《列传五·邝约传》：扶南伯和乡人。侄彦举，字超儒，号拔堂。嘉靖丁酉乡举，南京国子监助教。成均条教，多所厘正，当事重之。

刘汉 明南海人。嘉靖十六年（1537）举人。

[嘉靖]《广东通志》卷十二《明·举人·嘉靖十六年丁酉》：经魁，通判。

[万历]《广东通志》卷二十《广州府·选举·乡举·国朝·南海》：嘉靖丁酉，南宁同知。

[道光]《广东通志》卷七十四《举人五·明·嘉靖十六年丁酉·广州府》：南海人。南宁知府，一作通判、同知。

[道光]《南海县志》卷二十《举人·明嘉靖朝》：漳州通判，据《福建志》参修……丁酉科。

麦天惠 字顺斋，明南海人。嘉靖十六年（1537）举人。

[嘉靖]《广东通志》卷十二《明·举人·嘉靖十六年丁酉》：知县。

[万历]《广东通志》卷二十《广州府·选举·乡举·国朝·南海》：嘉靖丁酉，知州。

[道光]《广东通志》卷七十四《举人五·明·嘉靖十六年丁酉·广州府》：南海人，字顺斋，知州。

[道光]《南海县志》卷二十《举人·明嘉靖朝》：诏安知县，据《福建志》参修……丁酉科。

麦祥 明三水丰湖堡人。嘉靖十六年（1537）在宁夏总兵府军前听用，升正千户指挥佥事、指挥同知，三十年（1551）累官至荣禄大夫、右都督。太监麦福弟，子麦舟。

[康熙十二年]《三水县志》卷十二《人物传·武略》：福之弟也。于嘉

靖十六年，以冠带舍人，随宁夏总兵官军前听用，有斩杀功，核实升冠带小旗①。后于辽东、凉州等处屡有斩杀功，升授锦衣卫左百户所，寻升正千户指挥佥事、指挥同知。嘉靖三十年，累加特进荣禄大夫、右都督。子麦舟，荫锦衣卫千户。

［康熙四十九年］《三水县志》卷十二《人物传·武略》：麦福，丰湖堡人。

［嘉庆］《三水县志》卷九《封赠·明》：麦保旺，以曾孙祥赠荣禄大夫、后军右都督。麦宁，以孙祥赠荣禄大夫、后军右都督。麦常禄，以子祥赠荣禄大夫、后军右都督。《恩荫·明》：麦祥，以兄福荫后军都督府右都督。麦忠，以伯福荫锦衣卫指挥。麦丹，以父祥荫锦衣卫千户。

严济宽　明顺德大良人。嘉靖十六年（1537）举人，三十年为《顺德城东驷马桥碑记》书丹。

［嘉靖］《广东通志》卷十二《明·举人·嘉靖十六年丁酉》：东莞人。

［万历］《顺德县志》卷九《举人·嘉靖十六年》：大良。

［光绪］《高明县志》卷十二《明·举人》：时代无考，丁酉科。旧《志》无，据《采访册》。

［民国］《顺德县志》卷十五《金石略·石》：《顺德城东驷马桥碑记》，嘉靖三十年，云阳严济宽书丹。

苏于汲　字泽敷，明南海人。嘉靖十六年（1537）举人，任广西左州知州，湖北荆州、广西思明同知。子瑞桂。

［嘉靖］《广东通志》卷十二《明·举人·嘉靖十六年丁酉》：知州。

《粤大记》卷二十《献征类·循良懋绩·明》：字泽敷，南海人。敦礼而慷慨大度，弱冠选入邑庠，壮领乡荐。授官知左州，开辟城池，足固保障。均徭役，减余粮，捐俸建学，士心翕服，政成名立。升荆州府同知，修筑江陵、石首、公安等县陂堤，民蒙其利。江陵尹酷而虐，则革积吏二人以除邑害，放释里排②七十余人而捐羡余以补原欠。及左迁思明，能用夏变夷，化俗

①小旗：明代军队编制单位名称。

②里排：明代赋役法，以一百一十户为一里，推丁粮多者十户为长。余百户为十甲，甲凡十人。每年轮流由里长一人、甲首一人，催征租税。凡十年一周，曰排年。某一年轮值充当的里长，称“里排”。

革弊。后丐休归，请乡饮正宾。岁饥，出谷百余石备赈，又出轊①四十余以瘗毙者，诚乡之醇德也。子瑞桂，秉志励行，克承其志云。

吴权　明顺德桂洲人。嘉靖十六年（1537）拔贡。

［咸丰］《顺德县志》卷十一《拔贡·明·嘉靖》：桂洲人，丁酉，崖州训导。

何右之　字克左，明顺德桂圃人。嘉靖十六年（1537）举人，为江西石城县令卒。祖球，父汴。

［嘉靖］《广东通志》卷十二《明·举人·嘉靖十六年丁酉》：经魁，知县。

［万历］《顺德县志》卷九《举人·嘉靖十六年》：平步，经魁，知县。

［道光］《广东通志》卷七十四《举人五·明·嘉靖十六年丁酉·广州府》：顺德人。经魁，知府。祖球，父汴。

［咸丰］《顺德县志》卷二十三《列传三·明·何继之》：桂圃人……同族有并仕为令长者三人……右之，字克左……知石城，以敏悟精谳听，洁操守不名一钱，时称何石城。巡按表荐，未几卒官。

何用行　明顺德新良人。嘉靖十六年（1537）举人。

［嘉靖］《广东通志》卷十二《明·举人·嘉靖十六年丁酉》：通判。

［万历］《顺德县志》卷九《举人·嘉靖十六年》：新良，通判。

何所闻　字希韶，明顺德大良人。嘉靖十六年（1537）举人，任福建罗源知县。

［嘉靖］《广东通志》卷十二《明·举人·嘉靖十六年丁酉》：顺德人。

［万历］《顺德县志》卷九《举人·嘉靖十六年》：大良，罗源知县。

［道光］《广东通志》卷七十四《举人五·明·嘉靖十六年丁酉·广州府》：顺德人，字希韶，罗源知县。

陈士介　名一作士价，字尹宪，明南海佛山镇人。嘉靖十六年（1537）举人。

---

①轊（wèi）：车轴头，即套在车轴末端的金属筒状物。此代指车。

[嘉靖]《广东通志》卷十二《明·举人·嘉靖十六年丁酉》：陈士价。

[万历]《广东通志》卷二十《广州府·选举·乡举·国朝·南海》：嘉靖丁酉。

[崇祯]《南海县志》卷四《乡举·明·嘉靖丁酉》：知州。

[乾隆]《佛山忠义乡志》卷四《乡举·明·嘉靖丁酉》：知州。

[道光]《广东通志》卷七十四《举人五·明·嘉靖十六年丁酉·广州府》：南海人，字尹宪，知州，“介”一作“价”。

陈迁 字二山，明南海人。嘉靖十六年（1537）举人，任广西浔州知府。

[嘉靖]《广东通志》卷十二《明·举人·嘉靖十六年丁酉》：博士。

[万历]《广东通志》卷二十《广州府·选举·乡举·国朝·南海》：嘉靖丁酉，浔州知府。

[道光]《广东通志》卷七十四《举人五·明·嘉靖十六年丁酉·广州府》：番禺人，南海学，别字二山，浔州知府。

[道光]《南海县志》卷二十六《艺文略·集》：《代奕编》，明陈迁撰，据阮《通志》。

陈绍文 字师尧，一字公载，号中阁，明南海沙贝（今属广州白云区）人。嘉靖十六年（1537）举人，任浙江汤溪知县、广西梧州通判，辞归，寿七十九岁。父锡弘治十八年（1505）进士，子士暹，嘉靖四十三年（1564）举人。

[嘉靖]《广东通志》卷十二《明·举人·嘉靖十六年丁酉》：知县。

[万历]《广东通志》卷二十《广州府·选举·乡举·国朝·南海》：嘉靖丁酉，通判。

[崇祯]《南海县志》卷十《人物列传》：季子绍文、孙士暹，相继举于乡。

[道光]《广东通志》卷七十四《举人五·明·嘉靖十六年丁酉·广州府》：南海人，从化学。锡子，士暹父。通判。

[道光]《南海县志》卷三十六《列传五·明》：字师尧，一字公载，号中阁。锡之子。少颖悟，神宇耸秀，工举业，旁及百家，为古文词。学于大司徒陈儒，所交游尽当世知名士。田公汝成来视学，试高等。嘉靖丁酉举于乡，为汤溪令，著有声绩。所司行部，不具供帐，以故不为上官所喜。久之，晋梧州府通判，寻转藩府理官。慨然叹曰：“吾素无宦情，尚可为王门吏耶？”

即解印去。绍文素精医，能鼓琴，霜髯电目，人以为仙也。年七十九卒。

陈绍儒　名一作韶儒，字师孔，明南海黄歧泌冲沙贝村（今广州白云区石井镇）人。嘉靖十年（1531）岁贡，十六年举人，次年进士，历任户部郎中、湖广按察司副使、福建泉州同知、江西南昌知府、广西按察司副使、福建参政、四川参政、四川按察使、广西右布政使、云南左布政使、北京顺天府尹、太常寺卿、南京刑部右侍郎、南京工部尚书，退休归。寿七十六岁。子熙韶、熙昌、熙阳。

［嘉靖］《广东通志》卷十二《明·举人·嘉靖十六年丁酉》：进士。《明·进士·嘉靖十七年戊戌》：参政。

《粤大记》卷五《科第·皇明进士科·嘉靖十七年戊戌科茅瓒榜》：南海县人。户郎中，副使，参政，布政，顺天府尹，南京户尚书，卒赐祭葬。

［万历］《广东通志》卷二十《广州府·选举·进士·国朝·南海》：嘉靖戊戌，工部尚书。

［万历］《南海县志》卷十一《人物列传二》：字师孔。生而异光满室，五岁读《小学》《孝经》，明爱亲敬长之理。弱冠补从化诸生，应嘉靖辛卯岁贡，卒业成均，时司成湛若水、吕柟咸器重之。丁酉领本省乡试，戊戌登进士。给假归省，适母病，昼□□侍不少懈。旋授户部主事，晋员外郎，诘内竖□□□□□□□□□□□□议设陪库主事、经历□□□□□□□□□□，著为令。岁羡至盈五万，遂晋郎中。命总理辽东粮储，兼理屯粮三年，章凡十数上皆防守大计。时承平日久，忽报贼寇至，绍儒登陴拒守，寇不得逞。自是益习骑射，射必破的，诸将惊谓神授。调山西、云南二司，进《会计录》，省京边冗费二十余万。升湖广副使，分部荆南。襄樊水溢，城不没者三版①，乃议筑老龙诸堤以捍之，水不为灾。又设法赈饥，存活万余人，襄人树碑岘山以纪其事。居二年，为权贵人齮龁②，文致其罪。谪泉州同知，未赴，转南昌知府。越五月，升广西副使，督狼兵救援两浙，纪律严明，所过秋毫无犯。晋福建参政，丁内艰，服阕补四川参政。寻转按察使，平白莲教秦政和之乱，馘其渠魁，散其党三千余众。擢广西右布政，转左。丁外艰，起补云南，即召为顺天府尹。□□□皇登极，百度惟贞。绍儒厘革县驿冒滥，豪□□□□□

---

①三版：古代筑墙、坟所用的板，每块高二尺，三板为六尺。

②齮龁（yǐhé）：毁伤、陷害。

□□□□寺卿。上耕藉，召问礼仪。□□□□□□□□□南京刑部右侍郎，未几召□户部。条陈辽东、甘肃等镇兵马、主客钱粮之数，凡万余言，经济凿凿，皆可行者，上嘉纳之。转左侍郎，提督京通仓场，议复漕运例限，至今遵守其制。升南京工部尚书，为忌者所媒蘖①，遂致仕归。土垣竹扉，甘澹自适，室无二八之奉，坐无九九之客，惟手一编，弗间寒暑，诲子弟必以忠孝大节为先，至老不懈。年七十六卒，诏给祭葬。子弘采，以荫至知府；弘乘，博学砥行，以孝友闻，不喜为贵介容交于当路，繇岁荐历善化知县，葺颓圮，杜侵欺，剖冤滞，未期月而百废备举，竟卒于官。子熙韶选贡生，熙昌领丙午解额，熙阳亦登同榜，世多荣之。

［崇祯］《南海县志》卷十《人物列传》：母病，昼夜扶侍不少懈……诘内竖混窃之奸，革仓库积年之弊。议设陪库主事、经历大使各一人以防阑出②，著为令。岁羡至盈五万，遂晋郎中……时穆皇登极，百度惟贞。绍儒厘革县驿冒滥，豪贵敛手。甫六月转太常寺卿，上耕藉，召问礼仪，按经以对，上韪之。晋南京刑部右侍郎，未几召还户部。卷十二《艺文志·书目》：《洛南集》《留余遗稿》《圉漕疏要》《陈氏宗谱》，陈韶儒撰。

［道光］《南海县志》卷三十六《列传五·明·陈绍儒》：号洛南。父雁泉尝梦神人授以积墨之法并“甲榜”二字，以语府尹天游公，大异之，是夕韶儒生……弱冠读书浮丘朱明观中，精于《易》。嘉靖丙戌补从化弟子员，应辛卯岁贡，卒业成均，每试必居首……丁酉与从兄绍文同科中本省乡试，戊戌登进士，观政通政司……升广西按察司副使，备兵右江，兼理分巡，营新城堡。又经略千蔓、理定等处，置兵防守，地方安谧。南归杜门，惟研究经典。其穷理以濂洛为宗，文尚史汉，诗祖少陵，所著集二十卷行于世。孙熙昌、熙阳，曾孙子壮。卷二十六《艺文略·集》：《大司空遗稿》十卷，明陈韶儒撰，据《四库全书目》。

陈捷　明南海人。嘉靖十六年（1537）举人。祖庸，父中诚。

［嘉靖］《广东通志》卷十二《明·举人·嘉靖十六年丁酉》：纪善。

［万历］《广东通志》卷二十《广州府·选举·乡举·国朝·南海》：嘉靖丁酉。

［道光］《广东通志》卷七十四《举人五·明·嘉靖十六年丁酉·广州

---

①媒蘖：酒母，比喻借端诬罔构陷，酿成其罪。

②阑出：无凭证擅自出边关。后泛指不受约束，擅自出疆界。

府》：南海人，纪善。祖庸，父中诚。

陈棐　字晋伯，明南海人。拜师于庞嵩，与叔捷、弟恪同为嘉靖十六年（1537）举人，任安徽太和知县，卒于官。祖庸，成化十年（1474）举人。

［嘉靖］《广东通志》卷十二《明·举人·嘉靖十六年丁酉》：知县。

［万历］《广东通志》卷二十《广州府·选举·乡举·国朝·南海》：嘉靖丁酉。

［崇祯］《南海县志》卷十《人物列传》：字晋伯。颖敏博学，守乃祖陈庸道学之遗。师事庞嵩，以风节自励。嘉靖丁酉，与叔捷、弟恪同举于乡，任直隶太和令。甫及期，政和民洽，郭外濠产并头莲，时以为异政所感。邑名侍御周光祖赠言有曰："中都十八郡，天独厚和阳。不尽君侯德，双莲一段香。"任未满，卒于官，未究厥施，识者惜之。居官清约，宦橐萧然。后嗣食贫，能世其业。曾孙敏性、敏勉辈，皆以科目显于时。

［道光］《广东通志》卷二百七十四《列传七·广州七·陈庸》：孙棐……曾孙敏性，崇祯己卯副榜准贡；敏勉，崇祯丙子乡荐。

陈恪　明南海人。嘉靖十六年（1537）举人。兄棐。

［万历］《广东通志》卷二十《广州府·选举·乡举·国朝·南海》：嘉靖丁酉。

［崇祯］《南海县志》卷四《乡举·明·嘉靖丁酉》：知县。

［康熙四十九年］《三水县志》卷三《乡举·明朝·嘉靖丁酉科》：南海人，寄学中式。

［道光］《南海县志》卷二十《举人·明嘉靖朝》：武平知县，据《福建志》参修……丁酉科。

林焯　明南海人。嘉靖十六年（1537）举人。

［嘉靖］《广东通志》卷十二《明·举人·嘉靖十六年丁酉》：林焯。

［万历］《广东通志》卷二十《广州府·选举·乡举·国朝·南海》：嘉靖丁酉。

杨衡　字南秀，明高明城中人。嘉靖十六年（1537）岁贡，任福建建阳教谕。父孟芳，子希文。

［万历］《肇庆府志》卷六《选举表二·国朝岁贡·嘉靖·府学》：高明人，建阳教谕。卷二十《人物传·国朝·杨衡》：字南秀，高明人，充邑诸生。家世饶益而自御澹素，督学魏校以"富而好礼"称之。岁贡，训导洛容，转建阳教谕，一时名士多出其门。

［康熙八年］《高明县志》卷四《元明·恩岁贡》：杨梅人，嘉靖十六年岁贡，任福建建阳县教谕。

［道光］《高明县志》卷十二《贡生·明》：罗格人，孟芳子。嘉靖十六年岁贡，任福建建阳教谕。

罗斌臣　原名应世，明顺德大良人。嘉靖十六年（1537）武举。

［咸丰］《顺德县志》卷十一《武举·明·嘉靖》：原名应世，大良人，丁酉。

梁木　明南海人。嘉靖十六年（1537）举人。

［嘉靖］《广东通志》卷十二《明·举人·嘉靖十六年丁酉》：梁木。

［万历］《广州通志》卷二十《广州府·选举·举人·明·南海》：嘉靖丁酉。

符渭　明南海人。嘉靖十六年（1537）举人。

［嘉靖］《广东通志》卷十二《明·举人·嘉靖十六年丁酉》：符渭。

［万历］《广州通志》卷二十《广州府·选举·举人·明·南海》：嘉靖丁酉。

谢庄　明高明对村人。嘉靖十六年（1537）岁贡。

［万历］《肇庆府志》卷六《选举表二·国朝岁贡·嘉靖·高明县学》：安远训导。

［康熙八年］《高明县志》卷四《元明·恩岁贡》：杨梅人，嘉靖十六年岁贡，任江西安远县训导。

［道光］《高明县志》卷十二《贡生·明》：对村人，嘉靖十六年岁贡，任江西安远训导。

彭大年　明南海人。嘉靖十六年（1537）举人。

[嘉靖]《广东通志》卷十二《明·举人·嘉靖十六年丁酉》：知县。

[万历]《广东通志》卷二十《广州府·选举·乡举·国朝·南海》：嘉靖丁酉，知县。

钟继瑶 名一作继琺，字碧泉，明顺德都粘人。嘉靖十六年（1537）举人。

[嘉靖]《广东通志》卷十二《明·举人·嘉靖十六年丁酉》：知县。

[万历]《顺德县志》卷九《举人·嘉靖十六年》：都粘，霍山知县。

[道光]《广东通志》卷七十四《举人五·明·嘉靖十六年丁酉·广州府》：顺德人，字碧泉，霍山知县，“瑶”一作“琺”。

潘文泽 明南海人。嘉靖十六年（1537）举人。子懋昭。

[嘉靖]《广东通志》卷十二《明·举人·嘉靖十六年丁酉》：教谕。

[万历]《广东通志》卷二十《广州府·选举·乡举·国朝·番禺》：嘉靖丁酉。

[崇祯]《南海县志》卷四《乡举·明·嘉靖丁酉》：教谕。

[道光]《广东通志》卷七十四《举人五·明·嘉靖十六年丁酉·广州府》：南海人，怀安知县，子懋昭。

黎用节 明高明田心人。嘉靖十七年（1538）督筑仙村陂。

[康熙八年]《高明县志》卷十一《水利·陂塘·仙村陂》：在田心二都。嘉靖十七年，乡民黎用节督众建筑，灌田五十余顷。

李文璧 字图庵，明高明城中人。嘉靖十八年（1539）岁贡。

[万历]《肇庆府志》卷六《选举表二·国朝岁贡·嘉靖·高明县学》：平南训导。

[康熙八年]《高明县志》卷四《元明·恩岁贡》：下仓人，嘉靖十九年岁贡，任广西平南县训导。卷十三《人物传·明》：字图庵。敦本务学，绝意奔竞。由岁贡任平南训〔导〕，集士课文，赈给贫生，时誉归之。秩满乡居，与族党讲学，胥相勉励。有司慕其硕望，两举大宾云。

[道光]《高明县志》卷十二《贡生·明》：城中人，嘉靖十八年岁贡，任广西平南训导。

严岁元 明高明高田人。嘉靖十八年（1539）恩贡。

［康熙八年］《高明县志》卷四《选举表·元明·恩岁贡》：高田人，嘉靖十八年恩贡。

冼桂奇 （1509—1554）字奕倩，号秋白、少汾，别号云樵，明南海佛山镇人。嘉靖十年（1531）举人，十四年进士，授工部主事。三十二年饥荒，佛山镇出现饥民抢劫，他说服富户捐赈，及时消弭了乱象。次年卒。父灌，兄桂魁，子梦松、梦竹、梦龙。

［嘉靖］《广东通志》卷十二《明·举人·嘉靖十年辛卯》：进士。《明·进士·嘉靖十四年乙未》：广州南海人，主事。

［万历］《广东通志》卷二十《广州府·选举·进士·国朝·南海》：嘉靖乙未，刑部主事。

［康熙］《广州府志》卷三十八《人物志九·清高列传·明》：字奕倩……授工部主事，时权宰夏贵溪当国，诸司震慑，桂奇与语不屈，遂为所忌。无何吏部郎缺，霍文敏韬拟补桂奇，桂奇辞之曰："金陵佳丽，素协夙怀，留都①少事，病休安之。苟可以仕，不必皆吏部也。"遂改南刑曹，乞终养，许之。桂奇师事湛文简若水，遂与俱南，乃访匡庐，游白鹿，登武彝，历览诸胜。奉母居罗浮，革履布服，无异野人，日与诸名士游息赠答。归筑室古洛之滨，养双鹤自娱，屏迹城市。母终骨立，以遗命卒业于文简之门，当事交荐竟不就，卒年四十六。通籍二十年，居官仅五载，时方文襄献夫、霍文敏韬后先秉铨，敬慕最深，乃竟超世外，莫不称其清风劲节云。

［康熙］《南海县志》卷十二《人物传·循吏·明》：号秋白……矜介自持，不能善事上官。

［乾隆］《佛山忠义乡志》卷三《乡事志·纪略》：明嘉靖十四年乙未，冼桂奇登进士。（居潘涌铺之鹤园。）卷八《循吏·明》：一字少汾……尝作《醒翁传》云："醒翁初举进士内补，以不能俯仰，遂求罢归。人或讽之再出，醒翁曰：'今之仕者孰为廉洁？不过呢訾②取容、富金帛为子孙计耳，吾耻之！'人或与之语及时事，辄掩耳不听，作诗诫子曰：'酒中有深趣，多饮乃丧志。诗中有深理，多吟乃逐艺。语言不可过，过之生患害。金帛不可积，

①留都：明朝成祖之后以南京为留都。

②呢訾（zúzī）：阿谀奉承。

积之为后累。四者若不戒，危亡可立致。'"由此诗，则醒翁非但醒于酒而已，所谓众人皆醉我独醒，众人皆浊我独清者非耶？盖自述也。所著有《广居堂稿》《鹤园集》，子梦松、梦竹、梦龙俱诸生。

［道光］《佛山忠义乡志》卷九《人物志·循吏·明》：字奕倩，号少汾，一号秋白。幼聪警，嘉靖辛卯弱冠举于乡，登乙未进士，第授工部主事。时桂州权势熏炙……乃求改南京刑部，迎母就养，寻疏请告……爰度岭南，卜筑罗浮，日与名公游息歌咏其间。未几兄卒母病，桂奇乃疏乞终养，上许之……逾年母卒，哀毁骨立，既而卒业文简之门，讲明心性之学。巡按觉山洪垣、大参欧东项乔每相过从，鲈羹粝饭，谈必竟日，总制静峰张岳特疏荐之不起。家居绝不干谒，而建宗祠、周姻族、恤里之贫乏者则殚心力为之。癸丑岁大荒，饥民啸聚，始以乞给，因而抢掠，白昼行劫，动至千百，势将叵测。桂奇挺身出，谕以利害，众乃解散。首捐粟以赈，又劝谕二十四铺户殷实人户赈粟赈金，所赖全活者数千而地方无恐。乡人立祠以报德，星野卢梦阳为纪其事，载于忠义祠碑……寄处西樵，与同门辑师说，有《问疑续录》。

［民国］《佛山忠义乡志》卷十《风土志二·古冢》：明主事冼桂奇墓，在西樵山大琴峰。墓域建自嘉靖甲午，载《西樵山志》。《明故承德郎南京刑部江西清吏司主事少汾冼公墓表》：公讳桂奇，号少汾，别号云樵。生于正德四年己巳四月初十日，终于嘉靖三十三年甲寅八月初六日，享年四十六。配何氏，同乡人江西南安府同知何瑶长女，封安人，生男二人。长梦松府庠生，娶顺德大良罗氏，前吏部稽勋司罗虞臣乃其妇翁也。继娶北村知州崔一濂之孙女，生孙六人：炳先、焕先、炫先、燧先、焯先、烨先。次梦竹府庠生，娶霍氏即礼部尚书霍韬文敏公之女，生孙一人继先。曾孙二人观保、观德，厥后孙与曾孙相继而瓜瓞绵绵也。卷十五《艺文志一·经部·明》：《广居堂稿》二卷，冼桂奇著，侄孙冼沂注，录经义四篇。重刻《广居堂稿》序：冼桂奇，字奕倩，一字少汾，晚号云樵，乃沂十世房伯祖也。登明嘉靖乙未进士，官比部改南刑曹旋，乞休养母。师事湛甘泉，讲学于罗浮青霞洞及乡之古洛，欲阐发甘泉、白沙之蕴，未竟其业，年四十六而卒。著有《秋官》《日录》各书，今板已漫漶。检家乘得《广居堂稿》《鹤园诗集》，惧其复佚也，遂附诸剞劂①。

潘梅　（约1509—？）字元夫，明顺德冲鹤人。十四岁时，

①剞劂（jījué）：雕版，刻书。

被正德十六年（1521）至嘉靖二年（1523）任广东提学的魏校录为弟子员。七年举人，入国子监学习。任江西抚州通判，代理临川知县，改浙江绍兴、江苏应天同知，南京户部员外郎、郎中，退休后卒。父真惠。

［嘉靖］《广东通志》卷十二《明·举人·嘉靖七年戊子》：郎中。

《广东通志初稿》卷二十《举人·明·嘉靖七年戊子》：顺德。

［万历］《顺德县志》卷九《举人·嘉靖七年》：冲鹤，郎中。《封赠·郎中》：潘真惠，梅父，赠。

［康熙十三年］《顺德县志》卷五《明朝·乡举·嘉靖戊子》：冲鹤人，廉毅敏练。判抚州，貳绍兴，屡著俘获功，有潘父福星之谣。陟户曹，度支惟谨。守粤南上疏乞休，居乡人称长者。

［康熙二十六年］《顺德县志》卷五《明朝·举人·嘉靖七年戊子科》：冲鹤人。仕至知府，居官有廉毅称，居乡人称长者。

［咸丰］《顺德县志》卷二十四《列传四·明·潘梅》：字元夫……年十四，学道魏校录入弟子员……举于乡，卒业太学。官抚州通判，修学舍，除奸慝，不以官价市物。谕耆老，捕盗不扰里甲，民颂之。权令临川，以罚锾代逋赋。迁绍兴同知，倭寇至，婴城守御，射以劲弩，追获千人。巡抚令归粤募兵，所过安堵。转应天治中，权贵请改狱词不应，衔之。改南户部员外，历郎中，致仕卒。性明敏，知孝敬，与香山黄文裕交，能始终。

庞嵩　（1510—1586）字振卿，明南海弼唐村（今属禅城张槎）人。嘉靖十三年（1534）中举，到罗浮山读书、讲学。二十三年入仕，任南京应天府通判、治中八年，迁南京刑部员外郎、郎中。三十五年升云南曲靖知府，三年后罢归。年轻时受业于浙江王阳明，罢官后又拜增城湛甘泉为师，会通二家学说。父鸾，子一夔、一德。

［嘉靖］《广东通志》卷十二《明·举人·嘉靖十三年甲午》：知府。

戴璟《广东通志初稿》卷二十《举人·明·嘉靖十三年甲午》：广州府学。

［万历］《广东通志》卷二十《广州府·选举·乡举·国朝·南海》：嘉靖甲午，曲靖知府。《广州府·选举·封赠·国朝·南海》：庞鸾，以子嵩赠刑部郎中。卷二十五《人物三》：字振卿，南海人。博通经籍，嘉靖十三年举于乡。复讲业罗浮，学者执经门下百余人。释褐判应天，迁治中。筑堤垦田，

民蒙其利。值岁歉，辄发粟赈境内，所存活者数万人。寻徙刑曹郎，时诸郎鲜习法令，奸吏得因缘为市。嵩谙练而介，多所平反，其执议即权贵不假，以故见忌于时。尝科比律例撰《刑曹志》，为编四：曰《原刑》，曰《司刑》，曰《祥刑》，曰《明刑》。尚书陶尚德深器重之。擢守曲靖，曲靖故杂夷难治，嵩曲加训诲，夷风渐变。居二载以老罢，而年才五十，盖忌者中伤云。归从湛增城游，闻"随处体认天理"之说，叹曰："几虚此生！"湛没，场居三年，力恤其孤，由是声誉益著，学者翕然从之。晚年筑室西樵大科峰下，常栖息焉，卒年七十有七。嵩秩二千石，田仅数十亩，食不兼味，澹薄若寒儒，世多其清苦。所著有《太极解》《图书解》《弼唐遗言》，祀曲靖、应天名宦祠。子一夔、一德并举于乡。

［崇祯］《南海县志》卷十二《艺文志·书目》：《太极图书解》……《弼唐遗言》《弼唐存稿》，俱庞嵩撰。

［康熙］《广州府志》卷二十九《人物志一·理学列传·明》：居南海弼唐乡，学者称弼唐先生。嘉靖甲辰由乡举授应天府通判，晋治中，先后凡八年，太京兆缺屡摄府事。初至旱魃为灾，嵩督赈委悉沾洽。公粟既竭，贷之乡先生富民，诚意恳恻，人多应者……已而蠲其积逋，于以劳来拊循①之，所由以复业者十万六千有奇。部民苦役重，嵩取公费议宽之，命甲首轮镪免其置办，付之印簿，以防侵渔。清寄居客户，以助夫役，移僻驿马匹以苏冲途，核冒滥优免及诡称官户、寄庄户、女户、神帛堂匠户以实丁口，八邑皆蒙惠焉。时江宁葛仙、永丰二乡数有水患，居民余七户而已，岁课不能办。嵩为筑堤辟莱，得田三千六百亩，立惠民庄四，召贫民佃之，流移尽还而全邑迄无代输之苦，百姓至今赖之。折狱无细大必得其情，有张元二者以追逃妇不返诉。嵩躬至妇所，见室畔悬崖矗立，林木飒然，心动，行数十武而前，佯执村老呵问之，对曰："我但见尸。"遂得元二杀人状。又高淳佣人亡其妻，妻家以为死，执诉之。嵩侦知邻有画工，以其妻归日遁也，计致画工夺还之，闻者以为神。戚畹王湧举人赵君宠古良人妻，杀其夫，嵩并论死，居间②者万方拒不听。嵩饶吏干，在事拮据，百废具举。尤加意造士，暇则进诸生课之，自捐捧以资赏给，历寒暑无倦。淹通五经，为诸生发疑抉异，无不虚往实归者。早游王守仁、湛若水之门，至是奉其绪论为诸生规，建会所于新泉书院，日与讲习，以故一时文行之士成就兴起者为多。性严明，崭崭不可犯而又与闻于名儒巨公，以是施之政，亦以是持其身，见义勇为，独信一力，虽贲、

①拊循：安抚、抚慰。

②居间：指处于双方之间调解或说合。

育不能夺也。单骑行县，所至肃然，一疏片楮不以烦民，人目为庞青天云。晋南刑部郎中、曲靖军民府知府，所在士民衔德，既去而追思之，葛仙乡有特祠，至今俎豆不绝云。

［康熙］《南海县志》卷十一《人物列传·理学·明》：摄京兆尹，值岁歉辄发粟赈给，活六万七千人……所部民苦役重，嵩取经费酌剂之，较公私备物贵贱之数，以轻者予民……折狱无大小必慎察其情，不为钩距而奸不能欺，宗藩势贵之家有干纪者必论之如律……嵩谙于事而介，其所执议庙堂不能夺，以故忌之者众……嵩曲加训诲，刻《同文编》以变俗，奉檄开浚滇池及理矿务皆有成绩……嵩乡举出钱德洪之门，在留都新泉书院讲王文成之学。及归从湛文简游，诣极清纯，好学弗倦，湛文简谓“北有吕泾野，南有庞弼唐，江门之绪不坠”云。

何维柏　（1510—1587）字乔仲，生于南海南岸堡沙滘村（今南海丹灶镇辖），嘉靖五年（1526）三水建县时划入三水，故自称三水人。十年举人，十四年进士，选庶吉士，任监察御史。十六年上疏劝阻在河北沙河修建行宫和营造金山功德寺，继则请求罢征安南免劳徭役，帝答允而未行，称病退隐西樵山。二十二年赴南昌拜访罗钦顺请教白沙之学，次年巡按福建。二十四年上疏力数严嵩罪恶，被逮至京廷杖一百，削职回籍，在广州河南建天山书院讲学。隆庆元年（1567）奉召复职，升大理寺少卿、都察院左副都御史。次年母逝还乡。万历元年（1573）复原职，迁吏部侍郎，五年得罪张居正，外放陪都南京礼部尚书，途中再次请辞。父应初，弟维椅。

［嘉靖］《广东通志》卷十二《明·举人·嘉靖十年辛卯》：进士。《明·进士·嘉靖十四年乙未》：御史。

《广东通志初稿》卷十九《进士·明·嘉靖十四年乙未韩应龙榜》：庶吉士，南海人。

《粤大记》卷十四《献征类·理学正传》：字乔仲。其先祖平自南雄珠玑巷卜居南海沙滘，大父方、父应初皆以公贵赠通议大夫、都察院左副都御史。公生甫四岁，见客有尊贵者端拱为礼，客奇异之。长为三水诸生，闭户读书，取周、程诸子玩绎之，得其大旨，每言动稍忽则曰：“得无与圣贤殊乎？”辛卯以《三礼》举于乡，下第归。入西樵古梅洞澄心静坐，日读《白沙集》思见端倪，时霍文敏、方文襄常过访洞中，语多默契。乙未举进士，读中秘书益窥见精蕴。既而授御史，上《沙河》《功德》二疏，省费百万。毛总制夺情起复征安南，疏论其非是，上嘉纳焉。未几在告，复入樵，与刘素予模、王青萝渐逵、陈尧山激衷为莫逆交，门人从远方来者屦常满。癸卯北上，访罗整庵以证白沙之学，日益精进。既补任，寻出按闽，值岁大祲，福、兴、漳、泉为甚。公条救荒十余策，发仓廪余羡，亲率郡邑长吏分行之，民赖全活者数十万。时分宜①窃柄误国，摧陷言官，公首疏其奸，比之李林甫、卢杞，上震怒诏逮。官校至，公即受系，神色自若，赋诗有"孤臣倘有生还日，圣德真同宇宙宽"之句，所过士庶遮留动以万计。缇骑持之急，诸生大哭，公徐徐拱手谢曰："此予虑定而后发，人臣之义自当如是，生何哭为?"民间矢为歌谣数十百章，有《诚征录》以传。既至，奉廷杖仅存余息，备极拷掠语不变，下狱与杨斛山、周纳溪、刘晴川三公聚首甚惬。上一日于宫中扶鸾②问养身治国之要，神对以"养身莫要于寡欲，治国莫先于惜才"，上默悟，乃削籍归。时通议公方矫健，公日侍膝下称觞为欢，教其弟维椅举进士，读中秘书。四方从游者众，大会于广孝寺，发明白沙宗指，名其所居为"天山草堂"，又辟河南胜地为"天山书院"，以处从游之士。隆庆改元，诏起诸建言者，公首膺荐复原官，迁大理，再迁协院。徐文贞、杨襄毅二公敬重之，凡机务重大取决焉。既而丁内艰还，庐墓侧。服阕遇今上登极，召入仍旧职，转贰铨卿。上"修圣德、勤圣学、饬群工"诸疏多谠语，忤江陵③意。值江陵遭父丧夺情，太宰张公翰以保留质之公，公曰："此万世纲常，不可易也。"江陵闻而衔之，迁南秩宗④，实远之也。公次潞河乞骸骨，上允致仕。归居草堂，与诸生讲明白沙宗旨。逾十年，丁亥卒。讣闻，上恻然命祭，赐水衡金钱⑤以葬，谥曰端恪。公学以无欲之教为宗，而忠孝实行、出处大节可为世范。所著有《易义》《礼经说》《太极图解》《天山草堂存稿》，及编《陈子言行录》传于世，学者称古林先生。

[崇祯]《南海县志》卷二《政事志·事纪》：嘉靖二十四年八月，御史何维柏劾奏大学士严嵩，被逮，削籍归南海……隆庆元年正月，召前御史何维柏赴京，复其官……万历六年，南京礼部尚书何维柏、都察院左副都御史庞尚鹏罢。卷十《人物列传》：繁所过，士庶遮道攀留……荐绅之士即皓首犹

①分宜：代指严嵩，江西分宜县人。

②扶鸾：中国道教的一种占卜方法。

③江陵：明张居正为湖广江陵人。

④秩宗：官名，后世用为礼部的习称。

⑤水衡钱：汉代皇室私藏的钱，由水衡都尉、水衡丞掌管、铸造，故称。

北面就弟子列，如尚书叶梦熊、佥宪陈吾德尤以勋节著声海内云……弟维椅亦登进士，选庶吉士，迁礼部主事。子崇亨，以荫历南京都督府经历。

［康熙四十九年］《三水县志》卷三《乡举·明朝·嘉靖辛卯科》：原籍南海登云人，寄籍南岸堡，嘉靖乙未进士。《明录荫》：何崇亨，以父维柏荫，历官南京都督府经历。《例监·明》：何崇京，维柏之子，附例。

吴旦 （约1510—?）字而待，号兰皋，明南海九江沙头人。嘉靖十六年（1537）举人，任湖北归州知州、山西按察司佥事。与顺德欧大任、梁有誉及从化黎民表、番禺李时行为南园后五子。父章。

［嘉靖］《广东通志》卷十二《明·举人·嘉靖十六年丁酉》：知州。

［万历］《广东通志》卷二十《广州府·选举·乡举·国朝·南海》：嘉靖丁酉，知州。

［道光］《广东通志》卷二百八十《列传十三·广州十三·明·吴旦》：字而待，号兰皋，南海人。父章，正德庚辰进士，都察院左副都御史，为官有风节。幼聪悟，十岁能属文……官归州知州，治行第一，擢山西按察司佥事。为诸生时，师事黄泰泉。与欧大任、黎民表、梁有誉为友，结社南园，世称南园后五先生之一，著有《兰皋集》行世。崇祀乡贤，又祀抗风轩（《南园后五先生诗集小传》）。而待诗格清新俊逸，惜其稿失传，今所存诗五言古三首、七言古一首、五言律二首、五言排一首、七言律七首、七言绝句四首。

［道光］《南海县志》卷三十六《列传五·明·吴旦》：沙头堡人。

侯国治 （约1510—约1599）字平裕，明南海人。嘉靖十三年（1534）举人，二十九年任江苏江浦知县，转浙江宁波同知五年，迁户部郎中，隆庆四年（1570）督粮北京密云。出任广西思恩知府，升广西副使、右参政，万历八年（1580）乞归。寿九十岁。父天锡。

［嘉靖］《广东通志》卷十二《明·举人·嘉靖十三年甲午》：三水人，知县。

《粤大记》卷二十三《献征类·文学经论·侯天锡传》：以子国治贵，奉诰赠奉政大夫、户部郎中。

［万历］《南海县志》卷十一《人物列传二》：字平裕。嘉靖甲午领乡荐，庚戌授应天之江浦令。邑当南北冲衢，输蹄如织，贡赋繁疲，国治□□有方，

民用不困。擢为宁波府同知，时宁郡中□□□□□□□□□□躬巡御于舟山、昌国之间，□□□□□□□□□□□得与赐金。委署鄞县、□□、定海、余姚，所至俱有殊绩，而城慈一事功烈尤著，慈人尸祝之。居五年，稍迁南都督参军，转户部郎中，请告。隆庆庚午，起督密云粮储。密为畿辅重镇，主客兵饷以百万计，当事者因而自赢。国治严核，其余尽归之公，岁省可三之一，边庭皎然。未几出守思恩，所辖土司夷落，国治率以清正，峻却馈例，捣北三之巢，定武缘之属，思恩自是赫然改观。寻陟广西按察副使，备兵苍梧。时大征八寨，督府以国治监夷江军。国治先在思恩计贼情形甚熟，遂以蜡书约会诸将，一鼓歼之，比奏功，夷江为第一。晋国治右参政，国治遂引年乞骸骨，时万历庚辰之九月也。国治为人廉明谨畏，治家尤严，出入进退，尺寸不爽。历官三纪无一字挂弹章，归日□□盛堂年轻。门外引海潮入，灌畦种蔬，杂莳花。公府精神□饶，年过九□□□□□□□□□□宾客无惰容，见者惊异。藩□郡邑数称觞表间，乡里后进奉为仪刑者，二十年乃卒，世以人瑞归之。

[崇祯]《南海县志》卷十《人物列传》：治综理有方，民用不困。转宁波府同知，时宁中倭方甚，治职海防，躬巡御于舟山、昌国之间，危险不避。事平捷奏，得与赐金。委署鄞县、慈溪、安海、余姚，所至有声，而城慈一事功烈尤著，慈人尸祝之。晋南都督参军、户部郎中，督密云粮储，核羡余归之公，岁省可三之一……时大征八寨，督府以国治监彝江军。〔国〕治先在思恩计贼情形甚熟，遂以蜡书约会诸将一鼓歼之，比奏功，彝江为第一。晋国治右参政，国治遂引年乞骸骨，卒年九十。

[康熙四十九年]《三水县志》卷三《乡举·明朝·嘉靖甲午科》：南海人，寄学中式，历官参政。

[道光]《南海县志》卷二十《进士·明嘉靖朝》：广西副使，据《广西志》参修，旧《志》作参政。按：《广西志》右参政不载其人……甲午科。

马钟英 字君储，明顺德龙江人。嘉靖十九年（1540）举人，次年进士，任浙江乌程县令、户部郎中、浙江台州知府、云南按察副使。父逢乐。

[嘉靖]《广东通志》卷十二《明·举人·嘉靖十九年庚子》：进士。《明·进士·嘉靖二十年辛丑》：知府。

[万历]《顺德县志》卷九《进士·嘉靖二十年》：龙江，南宁知府。《封赠·主事》：马逢乐，钟英父，赠。

[咸丰]《顺德县志》卷二十四《列传四·明·马钟英》：字君储……令

乌程，邑多宦达据要津，赋繁事剧，每为所挠，钟英不少偏徇，而判决具有卓识，声绩茂著。未考满擢户部主事，监淮安粮盐，算核精严，吏奸无所售，累迁本部郎中。出知台州府，濒海多盗，为修战舰严守望，民借以安。郡绅应大猷方官尚书，荐之，会以忧归。再补守南宁，升云南按察副使，未一年乞病归。卒祀乡贤。

区益　字叔谦，号两莲，明高明阮埇人。嘉靖十九年(1540)举人，任江西都昌、浙江泰顺知县，升广西庆远府、浙江温州同知罢归。子大标、大枢、大相、大伦。

［嘉靖］《广东通志》卷十二《明·举人·嘉靖十九年庚子》：高明人，知县。

［万历］《肇庆府志》卷五《选举表一·国朝·举人·嘉靖十九年庚子》：字叔谦，高明人，温州府同知。

《粤大记》卷二十《献征类·循良懋绩·明》：字叔谦，号两莲，高明人。幼敏悟，年十四补邑弟子员。督学少厓林公、默泉吴公校文俱居首，诸名公器重之。登乡荐，授都昌知县，爱民礼士，驭吏尤严。以直道忤当路，改知泰顺。泰顺在万山中，初莅任，适倭寇五千突至，城陴久颓，兵粮乏绝，大敌压境，外无应援。公下令民各出壮丁守城，将城外居民尽移入内。又拣义兵数百人，时出骁勇间击之，俘获三百有奇，贼遂引去。捷闻，两台藩、臬各相称庆。时东南久苦倭患，例三功升爵一级。制府胡某索千金为叙功首。公曰："吾安所取金？夫戮力御海，臣职也，敢望崇阶①？"功竟不叙。其尽心民事如都昌时，二邑民至今祠祀之。寻升庆远府同知，时有古田之役，公督西路兵多中机宜。寻以母忧去，起补温州。政声方著，值当路以非意过求，公叹曰："吾有子可教，安能折腰以事权贵？"遂解绶归，续《芝田之歌》，盖有陶彭泽之感焉。生丈夫子四人：长大标，庠生；大枢领乡荐；大相、大伦同登乙丑榜进士。而大相选为庶吉士，升检讨。大伦任知县，选监察御史，直言落职。曩弟蔚有时名，足占庭训云。

［万历］《广东通志》卷五十《人物·国朝·区益传》：以失使者欢改泰顺，甫下车时倭寇躏闽、浙，突至泰顺不下五千……益日夜乘城缮守备，且纳城外居民，焚其庐舍、盖藏，毋令资寇，又募壮士数百乘间袭击，斩首三百级，贼乃遁去。是时夷所向无坚城，以泰顺挫其锋，东瓯得不殆。益之力

①崇阶：高位、高官。

也。上功幕府，觊千金为最，益无以应之，竟迁庆远府同知……服除补温州，士民喜曰："是向挫岛夷恭顺公也！"复忤当路，赋《芝田》归。益四仕郡邑，俱以直道肮脏而惠政在民，并尸祝之。性孝友，居丧骨立，讳忌日必哭，兄弟早丧，抚诸姑孤犹子也。生平好左氏、两汉文、杜诗，撰述亦富，有《阮溪草堂集》。子大枢乡荐，大相、大伦同登己丑进士。大相今左中允兼编修。大伦监察御史，以直谏罢归。时称益为有子云。

[崇祯]《肇庆府志》卷二十二《人物传·明》：岛夷躏闽、浙……邑在万山中，素不备海寇，人人惴恐，以为无泰顺矣……益率士卒乘城，缮楼橹雉堞，布渠答①蔺石②，日夜击刁斗自卫……上功幕府，无千金不最，止迁庆远同知。是时朝廷忧岛夷甚，越常法、出高爵以待有功，奈何千金失士哉？益至庆远，有古田之役，得之如一敌国……赋《芝田》归，文多不录……四仕郡邑，皆有惠政，直道而行辄不合……有《岩居集》。卒祠温州、泰顺名宦，郡邑乡贤。

[康熙八年]《高明县志》卷四《明·举人》：阮埇人，官至温州府同知。

[道光]《高明县志》卷二《地理·冢墓》：同知、赠大理寺少卿区益墓，在高要古耶界横冈。

[道光]《肇庆府志》卷十八《人物·明》：曰琳子。

卢宁　（？—1561）字忠献，明南海人。拜师香山黄佐，习王守仁、湛若水之学。嘉靖十九年（1540）举人，二十三年进士，授江苏昆山知县。二十六年移江西兴国知县，二十九年升四川潼川太守。三十三年迁南京户部员外郎，后为南京刑部郎中。三十八年升山东登州知府，四十年卒于任。父津。

[嘉靖]《广东通志》卷十二《明·举人·嘉靖十九年庚子》：进士。《明·进士·嘉靖二十三年甲辰》：知府。

[万历]《顺德县志》卷九《进士·嘉靖二十三年》：南海，莱州知府。

[道光]《广东通志》卷七十四《举人五·明·嘉靖十九年庚子·广州府》：南海人，顺德学，津子，进士，《顺德志》误考。卷六十九《进士·明·嘉靖二十三年甲辰秦鸣雷榜·广州府》：南海人，顺德学。会试第十九名，登州知府。卷一百九十六《艺文略八·集部二》：《五鹊别集》二卷，明

---

①渠答：铁蒺藜。守城御敌的战具。

②蔺石：古代守城时用以打击敌人的大石。

卢宁撰，存。《钦定四库全书提要》：宁，字献子，号冠岩，嘉靖甲辰进士。宁受业黄佐之门，佐《乐典》序即所作也。是集乃其官南京刑部时讲学新泉精舍，其门人程子明所刻。及守登州，所属黄县知县刘琪又重刻之。宁先有《五鹊台集》，故此以别集名，凡诗一卷、文一卷。

[道光]《南海县志》卷三十七《列传六·明·卢宁》：字忠献，津子。博学工文而修正强执，能激昂任事。嘉靖庚子由顺德学乡荐，甲辰登进士，观通政司政，授昆山知县。嘉靖丁未移知赣州兴国县事，诞章敷化①，随事更革。首发黠吏奸胥，县治肃清，政自己出。富民多食无税之田，税积贫民，一时迸窜，虚赋无收，有司恒受其累。使臣知宁才，委之，乃循畦履亩，参稽审画，爬搜弓丈，经略以正，版籍无伪。又数临学宫，集诸生讲授扬榷，文教聿兴。尤慎刑狱，多所平反，凡出死狱二十余。有胡文宠者，坐杀人死罪，而实非所杀，群官以其家富具狱②，莫敢言。宁曰："避嫌而杀人，吾所不忍。"竟白其冤，出之。庚戌擢守潼川，民怀其德，祠于县治之右。甲寅迁南京户部员外郎，寻改刑部，后为南京刑部郎中。己未升登州知府，辛酉卒于官。卷二十五《艺文略一》：《献子讲存》，明卢宁撰，据《明儒学案》。《讲存类编》，明卢龙云撰，据《四留堂稿》。侄卢龙云跋曰：诸父献子大夫宦游中外，未尝以仕废学问，辨所得者每手录之，久而盈帙。计部郎张君初成进士，尤相向往，辄请告就学焉，因以其所存者校付梓人，命曰《献子讲存》……是编出于晚年，又在宦中。

孔志道　字用伸，明南海人。嘉靖十九年（1540）举人。婿王学曾，孙济美。

[嘉靖]《广东通志》卷十二《明·举人·嘉靖十九年庚子》：孔志道。

[万历]《广东通志》卷二十《广州府·选举·乡举·国朝·南海》：嘉靖庚子，知州。

[崇祯]《南海县志》卷十《人物列传》：字用伸。早负才名，疏通警敏。嘉靖庚子乡荐，授滇赵州守。赵故滇善地，宦斯土者惟筐篋是谋，道一不染指，抚循其民，孜孜不倦，有古良吏风。以忧去，士民追送者数百里不绝。既释服③，遂不复有仕志，足迹不履城市。于所居之南溪乡构园亭莳花草，日偕同志著述其中，布袍蔬食，淡如也。识王学曾于草角，择为东床，后曾登

---

①诞章：指国家大法。敷化：布行教化。

②具狱：备文定案。

③释服：谓守父母丧期完毕。

进士，历勋卿，以忠谏闻，世服公知人。孙济美，登崇祯己卯贤书。

［道光］《广东通志》卷七十四《举人五·明·嘉靖十九年庚子·广州府》：南海人，字南台，知州。

麦联芳 明顺德龙眼人。嘉靖十九年（1540）举人。

［嘉靖］《广东通志》卷十二《明·举人·嘉靖十九年庚子》：知县。

［万历］《顺德县志》卷九《举人·嘉靖十九年》：石涌。

［万历］《广东通志》卷二十《广州府·选举·乡举·国朝·南海》：嘉靖庚子，知县。

［康熙十三年］《顺德县志》卷八《明朝·乡举·嘉靖庚子》：马宁人，建德县知县。

［咸丰］《顺德县志》卷十《举人·明·嘉靖》：龙眼人，南海籍。知建德县，庚子科。

苏时化 字少坡，明南海人。嘉靖十九年（1540）举人。

［嘉靖］《广东通志》卷十二《明·举人·嘉靖十九年庚子》：知县。

［万历］《广东通志》卷二十《广州府·选举·乡举·国朝·南海》：嘉靖庚子。

［道光］《广东通志》卷七十四《举人五·明·嘉靖十九年庚子·广州府》：南海人，番禺籍，字少坡，知州。郝《志》误姓傅。

李光宙 名或作光寅，明南海人。嘉靖十九年（1540）举人，任安徽亳州学正。弟绍敏。

［嘉靖］《广东通志》卷十二《明·举人·嘉靖十九年庚子》：李光宙。

［万历］《广东通志》卷二十《广州府·选举·乡举·国朝·南海》：嘉靖庚子，知县。

［道光］《南海县志》卷二十《举人·明嘉靖朝》：李光寅，知县。黄《通志》作光宙，未知其审……庚子科。卷三十六《列传五·明·李绍敏》：子光宸……兄子光宙，嘉靖庚子亦举于乡，为亳州学正。

李应科 明南海人。嘉靖十九年（1540）举人。

［嘉靖］《广东通志》卷十二《明·举人·嘉靖十九年庚子》：李应科。

［万历］《顺德县志》卷九《举人·嘉靖十九年》：南海。

［万历］《广东通志》卷二十《广州府·选举·乡举·国朝·南海》：嘉

靖庚子，知县。

［乾隆］《顺德县志》卷十《举人·明朝·嘉靖庚子》：南海籍顺德人。

［道光］《南海县志》卷二十《举人·明嘉靖朝》：长乐教谕，据《福建志》参修……庚子科。

［宣统］《南海县志》卷十《拾遗订误·举人》：庚子，长汀知县，前《志》云长乐教谕，嘉靖朝。

李植　明南海人。嘉靖十九年（1540）举人。

［嘉靖］《广东通志》卷十二《明·举人·嘉靖十九年庚子》：知州。

［万历］《广东通志》卷二十《广州府·选举·乡举·国朝·南海》：嘉靖庚子。

何其厚　字应坤、奥桥，明南海人。嘉靖十九年（1540）举人，寿七十一岁。祖本忠，成化四年（1468）举人。

［嘉靖］《广东通志》卷十二《明·举人·嘉靖十九年庚子》：何其厚。

［万历］《南海县志》卷十一《人物列传二》：字应坤。领嘉靖庚子乡荐，初授南京刑部司务，执谳有声。时应天诸生某贫而绩学，出馆冶城。其妻狂病，与邻妪詈，忽自刃，妻族群讼之，谓生手刃也。其厚核得状，力为白冤。宪臣以重赂欲骫法，胁之屹不为动，且托遗暮金①。其厚矢曰：“吾焚鱼休矣，欲诬人重辟，天且重覆之也。”辄谢病趣装。时邑人岑用宾官留垣，曰：“君徐行，吾当疏之。”诸受赇者皆落职。寻晋户部郎中，度支井井。理九库苜蓿诸场，一切羡余捐贮公费，每月验农桑绢万余，橐脂不染。徘徊京邸者十年，然多以公诤忤寅属故，□□□□□旋中伤之而家食。曳布凉凉，图书数□□□□□□□□□□□□□□□□□□□□□□□□□□□□□□□以沙坦二顷，不纳。□雅量有容，尝被侮谇，置若罔闻。年七十一卒，倾囊仅五金。诸子治襄无措，率以其妇钗珥鬻棺衰之而葬云。

［崇祯］《南海县志》卷十《人物列传》：度之井井……然多以公诤忤寅属故，赍捧去留台②，旋中伤之而家食。曳布凉凉，图书数卷，杜门著述若寒生，未尝一干津要。家徒四壁，操励益坚，左辖李江廉其清约，遗以沙坦二顷，不纳。且雅量有容。

①暮金：指贿赂的金钱。
②留台：特指王朝迁都后，留置于旧都之官署。

[道光]《广东通志》卷七十四《举人五·明·嘉靖十九年庚子·广州府》：南海人，字粤桥，南户部郎中，郭《志》无，祖本忠。

[道光]《南海县志》卷二十《举人·明嘉靖朝》：南户部郎中，有传，本忠孙……庚子科。

陈幼迁 名或作迁，明南海人。嘉靖十九年（1540）举人。

[嘉靖]《广东通志》卷十二《明·举人·嘉靖十九年庚子》：陈迁，番禺人，评事。

[万历]《广东通志》卷二十《广州府·选举·乡举·国朝·南海》：嘉靖庚子。

[道光]《广东通志》卷七十四《举人五·明·嘉靖十九年庚子·广州府》：陈迁，番禺人，由本学，大理寺评事。郭《志》《南海志》有陈幼迁，疑是此误。

张溥 明顺德龙山人。嘉靖十九年（1540）举人。

[嘉靖]《广东通志》卷十二《明·举人·嘉靖十九年庚子》：知县。

[万历]《顺德县志》卷九《举人·嘉靖十九年》：龙山，知县。

庞一玑 明南海人。嘉靖十九年（1540）举人，任山东临清学正。早卒。妻杨氏，子钟鲁，孙应奎。

[嘉靖]《广东通志》卷十二《明·举人·嘉靖十九年庚子》：学正。

[万历]《广东通志》卷二十《广州府·选举·乡举·国朝·南海》：嘉靖庚子。

[万历]《南海县志》卷十一《列女·明》：杨氏，庞一玑妻。玑领嘉靖庚子乡荐，随任临清学官。生子钟鲁百日而夫故，时年二十余。矢志守节，茹贫训子，足不履户外。七十而卒，人无间言。

[道光]《广东通志》卷七十四《举人五·明·嘉靖十九年庚子·广州府》：南海人，学正。孙应奎。

庞瑜 明南海人。嘉靖十九年（1540）举人。

[嘉靖]《广东通志》卷十二《明·举人·嘉靖十九年庚子》：教谕。

[万历]《广东通志》卷二十《广州府·选举·乡举·国朝·南海》：嘉靖庚子，知县。

[道光]《广东通志》卷七十四《举人五·明·嘉靖十九年庚子·广州

府》：南海人，知州。

周都郃 明南海人。嘉靖十九年（1540）举人。

［嘉靖］《广东通志》卷十二《明·举人·嘉靖十九年庚子》：周都郃。

［万历］《广东通志》卷二十《广州府·选举·乡举·国朝·南海》：嘉靖庚子。

［雍正］《广东通志》卷三十三《举人·明·嘉靖十九年庚子乡试榜》：南海人。

［道光］《南海县志》卷二十《举人·明嘉靖朝》：藤县知县，据《广西志》参修……庚子科。

周鹤年 字与龄，明南海人。嘉靖十九年（1540）举人。任古田知县。

［嘉靖］《广东通志》卷十二《明·举人·嘉靖十九年庚子》：教谕。

［万历］《广东通志》卷二十《广州府·选举·乡举·国朝·南海》：嘉靖庚子。

［崇祯］《南海县志》卷四《乡举·明·嘉靖庚子》：知县。

［道光］《广东通志》卷七十四《举人五·明·嘉靖十九年庚子·广州府》：南海人，字与龄，古田知县。

高士楠 字建卿，明顺德容奇人，居佛山。嘉靖十九年（1540）举人。父汉，兄士材。

［嘉靖］《广东通志》卷十二《明·举人·嘉靖十九年庚子》：顺德人，经魁，知州。

［万历］《顺德县志》卷九《举人·嘉靖十九年》：容奇，经魁，横州知州。

［万历］《广东通志》卷二十《广州府·选举·乡举·国朝·南海》：嘉靖庚子，长史。

［万历］《南海县志》卷九《人物列传二》：字建卿。举嘉靖庚子第三名。任横州知州，迁太平府同知，节爱有声，边人留思焉。性极孝友，父汉治家严急，士楠奉以惋愉。休官日小忤辄怒，闭门不食，士楠长跽①通衢请罪，亲

①跽（jì）：长跪，挺直上身，两膝着地。

友交劝，不得命不敢起。兄士材亦举于乡，早卒，遗一女贫甚。士楠以己产均其继子，而以己资财为女择配嫁之，其厚于人伦若此。没后，邑人庞一夔为撰孝友传。

［乾隆］《佛山忠义乡志》卷六《乡俗志·氏族》：高氏，明有同知士楠，举人学正士材。

郭维翰　字甘棠，明南海人。嘉靖十九年（1540）举人。

［嘉靖］《广东通志》卷十二《明·举人·嘉靖十九年庚子》：进士。

［万历］《广东通志》卷二十《广州府·选举·乡举·国朝·南海》：嘉靖庚子。

［崇祯］《南海县志》卷四《乡举·明·嘉靖庚子》：知县。

［道光］《广东通志》卷七十四《举人五·明·嘉靖十九年庚子·广州府》：南海人，字甘棠，知县。

［道光］《南海县志》卷二十《举人·明嘉靖朝》：清流知县，据《福建志》参修……庚子科。

康建勋　明顺德龙江人。嘉靖十九年（1540）举人。

［嘉靖］《广东通志》卷十二《明·举人·嘉靖十九年庚子》：知县。

［万历］《顺德县志》卷九《举人·嘉靖十九年》：龙江，陆川知县。

梁士介　字石湾，明南海人。嘉靖十九年（1540）举人，任福建沙县教授、湖北大冶知县，寿八十八岁。

［嘉靖］《广东通志》卷十二《明·举人·嘉靖十九年庚子》：教谕。

［万历］《广东通志》卷二十《广州府·选举·乡举·国朝·南海》：嘉靖庚子，知县。

［崇祯］《南海县志》卷十《人物列传》：字石湾。少贫好学。每以古人自励。庄渠、魏文宗以五经儒士拔取观场，登嘉靖庚子乡榜，授沙县教。设五经书院为讲堂，养育群才，俸入悉供文会之费。转湖广大冶令，政治廉明。有富民为盗械狱者，进暮金百镒。翌日鞫之，叱曰："若非真盗，暮金何为？"不伏，遂出诸匣曰："此何物也？"竟正其罪，执法不阿如此。县治落鹜围向苦旱潦，介捐俸教民筑基开圳，一方遂为乐土，民为立惠政碑称曰"梁公堤"。旋以忧去，百姓如失慈母，宦橐萧然。服阕，竟不复出。后门人易可久任海南督学，知介清苦，迎至官署以父事之，竟不干以私，助以田产，介亦不受。归，至鬻蔬以自乐，其清操有非晚近士大夫所及云。卒年八十有八。

佛山人物志

战国至明代卷

下

佛山市图书馆 编

岳麓書社 · 长沙

温旧闻 明顺德龙山人。嘉靖十九年（1540）举人，任山东临清州学正。子景明。

［嘉靖］《广东通志》卷十二《明·举人·嘉靖十九年庚子》：学正。

［万历］《顺德县志》卷九《举人·嘉靖十九年》：龙山，临清学正。

［崇祯］《南海县志》卷四《乡举·明·嘉靖庚子》：顺德人，由本学。

［道光］《广东通志》卷七十四《举人五·明·嘉靖十九年庚子·广州府》：顺德人，南海学，临清州学正，子景明。

曾楚 字罗江，明南海人。嘉靖十九年（1540）举人，二十三年进士。

［嘉靖］《广东通志》卷十二《明·举人·嘉靖十九年庚子》：进士。《明·进士·嘉靖二十三年甲辰》：广州南海人，知府。

［道光］《广东通志》卷七十四《举人五·明·嘉靖十九年庚子·广州府》：南海人，字罗江，进士。卷六十九《进士·明·嘉靖二十三年甲辰秦鸣雷榜·广州府》：南海人，二甲，知府。

彭大均 明南海人。嘉靖十九年（1540）举人。兄大治。

［嘉靖］《广东通志》卷十二《明·举人·嘉靖十九年庚子》：彭大均。

［万历］《广东通志》卷二十《广州府·选举·乡举·国朝·南海》：嘉靖庚子。

［道光］《广东通志》卷七十四《举人五·明·嘉靖十九年庚子·广州府》：南海人，兄大治。

彭标 明顺德龙江人。嘉靖十九年（1540）举人。

［嘉靖］《广东通志》卷十二《明·举人·嘉靖十九年庚子》：知县。

［万历］《顺德县志》卷九《举人·嘉靖十九年》：龙江，召南知县。

［道光］《广东通志》卷七十四《举人五·明·嘉靖十九年庚子·广州府》：南海人，召南知县。

傅大业 明南海人。嘉靖十九年（1540）举人。

［嘉靖］《广东通志》卷十二《明·举人·嘉靖十九年庚子》：傅大业。

［万历］《顺德县志》卷九《举人·嘉靖十九年》：南海。

区金奇 明高明官当人。嘉靖二十年（1541）岁贡。

［万历］《肇庆府志》卷六《选举表二·国朝岁贡·嘉靖·高明县学》：恭城训导。

［康熙八年］《高明县志》卷四《元明·恩岁贡》：清溪人，嘉靖二十年岁贡，任广西恭城县训导。

［道光］《高明县志》卷十二《贡生·明》：官当人，嘉靖二十年岁贡，任广西恭城训导。

吴景旸 明顺德水藤人。乐善好施，嘉靖二十一年（1542）、三十二年，两次流寇皆不侵犯他。八十四岁卒。

［康熙十三年］《顺德县志》卷九《人物传三·行谊》：水藤人，宋参军琏之裔。琏室赵宗女，没葬镇涌历紫山，子孙遂居于水藤焉。景旸性孝好施，遇荒歉则设粥以赈，借活甚众。有称贷者辄予之不靳，而尤加意穷乏，敦睦宗族，人咸称之。嘉靖壬寅，乡盗蜂起，昼掠，独戒毋犯旸。癸丑寇复作，流毒乡土，过旸门曰："善人居也，亟去之！"其见格于群盗类如此。邑令沈公鈇廉其贤，礼聘乡宾。生平不履公府，雅志泉石。寿八十四卒。

［咸丰］《顺德县志》卷二十四《列传四·明·赵汝广》：后水藤吴景旸亦以任恤见礼沈鈇……志泉石，不入公府。

黄廷玠 字锡之，号少江，明南海九江人。嘉靖二十一年（1542）岁贡。父重。

《南海九江乡志》卷三《选举·贡·嘉靖□□□年岁贡》：字锡之，号少江。由连州学习《诗经》，廷试入监，授福建镇东卫经历。进士奉（尝）〔常〕重子。卷四《贡元列传》：公以岁贡参军镇东卫。卫岁进庠十余人，拜学修仪皆公代送。抚按知公义且才，委署古田篆，安静为理。生平仗义疏财，急人之困。

《九江儒林乡志》卷十二《列传·明》：嘉靖壬寅，由连州籍贡。

区金龙（明嘉靖） 明高明官当人。嘉靖二十二年（1543）岁贡，任海南万州训导。

［万历］《肇庆府志》卷六《选举表二·国朝岁贡·嘉靖·高明县学》：万州训导。

［康熙八年］《高明县志》卷四《元明·恩岁贡》：清溪人，嘉靖二十二年岁贡，任万州训导。

［道光］《高明县志》卷十二《贡生·明》：官当人，嘉靖二十二年岁贡，任万州训导。

邓进 字体乾，号九谷，明南海九江人。与陈万言、朱谟、关文仰结社，嘉靖二十二年（1541）乡试得而复失，为诸生五十年至八十岁。

《南海九江乡志》卷四《文学列传》：字体乾，号九谷。才学雄视一时，试辄优等，素为同社推许。嘉靖癸卯已入彀而复失，在学中五十年。寿八十。关文仰，号丹丘。博学能文，与陈大参万言、陈郡丞良珍、朱别驾谟、邓茂才进五人结社论文，公为领袖。时蕴藉博雅，必首推公。

龙垓 号樵养，明顺德大良人。嘉靖二十二年（1543）举人，任贵州清平教谕、临淄县令罢归，寿九十岁。

［嘉靖］《广东通志》卷十二《明·举人·嘉靖二十二年癸卯》：教谕。

［万历］《顺德县志》卷九《举人·嘉靖二十二年》：大良，临淄知县。

［康熙十三年］《顺德县志》卷七《人物传一·德业》：号樵养，大良人。苦心力学，孝友禔躬。中式嘉靖癸卯乡科，初掌清平学教谕事，文行课士。置立学田二百一十二亩赈给贫生，多士慕悦。升山东临淄县正，爱民如子。念人才缺乏，则迁改黉宫。虑盗贼跳梁，则筑建城堡。它如彰善殚恶、拯溺亨屯、祷雨祈晴、赈饥捐俸，种种善政，皆从生民起见，屡蒙两院奖赏，有"存心愿悫，赋性和平，断狱不为深文，理饷渐完积负"之语，一时士庶安康。操守清白，方期超擢有加，因忤权贵，解组东归，淄民如失慈母。归家之日，考槃自乐，处兄弟无私财，抚诸侄如己子。年高德劭，三请宾筵，寿登九十而卒。

［民国］《顺德县志》卷十五《金石略·石》：《顺德城东驷马桥碑记》，嘉靖三十年，樵养龙垓撰文。

关铭（明嘉靖） 字熙甫，号右川，明南海九江人。嘉靖二十二年（1543）举人，任福建漳平教谕，二十八年贵州乡试考官。任大理寺司务六年，将升职时卒。舅父黄重。

［嘉靖］《广东通志》卷十二《明·举人·嘉靖二十二年癸卯》：司务。

［万历］《广东通志》卷二十《广州府·选举·乡举·国朝·南海》：嘉靖癸卯，大理寺司务。

［崇祯］《南海县志》卷四《乡举·明·嘉靖癸酉》：大理寺司务。

《南海九江乡志》卷三《选举·乡举·嘉靖二十二年癸卯科》：字熙甫，号右川。由连州学习《诗经》，中式第六十三名。初授福建漳平教谕，升工部司务，卒于任。裔孙王玮、王桂并庠生。卷四《先达列传》：公少聪敏，为母舅黄奉常毅斋公器重。年逾舞象游泮①，寻登贤书，筮仕闽漳平谕。平士一经甄陶，人文自是蔚起，若陈九韧、九叙伯仲联捷南宫，皆门下桃李也。己酉聘黔分考，有得人庆。晋秩司务冬官，精白祗事，勤劳著绩，会营大工，出纳度支惟允而毫无所私。在部六阅载，方考最迁擢而卒。

《九江儒林乡志》卷十二《列传·明》：关名。（《通志》、邑《志》、黎《志》皆作铭。）

杜桂　明南海人。嘉靖二十二年（1543）举人。

［嘉靖］《广东通志》卷十二《明·举人·嘉靖二十二年癸卯》：广州南海人，知县。

何嵩　字肖申，明顺德黄连人。嘉靖二十二年（1543）举人，任广西永福知县。

［嘉靖］《广东通志》卷十二《明·举人·嘉靖二十二年癸卯》：经魁，教谕。

［万历］《顺德县志》卷九《举人·嘉靖二十二年》：黄连，经魁，永福知县。

［道光］《广东通志》卷七十四《举人五·明·嘉靖二十二年癸卯·广州府》：顺德人，字肖申，经魁，桂林永福知县。

何蔼然　字复吾，明顺德登洲人。嘉靖二十二年（1543）举人，任广西融县知县。

［嘉靖］《广东通志》卷十二《明·举人·嘉靖二十二年癸卯》：何蔼然。

［万历］《顺德县志》卷九《举人·嘉靖二十二年》：登洲，融县知县。

［道光］《广东通志》卷七十四《举人五·明·嘉靖二十二年癸卯·广州府》：顺德人，字复吾，融县知县。

---

①舞象：象舞是武舞，古代成童所学，借指男子十五至二十岁。游泮：明清科举制度，经州县考试录取为生员者，就读于学官。

伦文 字绍周，明顺德石硝（今属南海）人。嘉靖二十二年（1543）乡试第一，四十一年进士，任大理寺评事、广西柳州太守卒。父克昇，子丕显。

［嘉靖］《广东通志》卷十二《明·举人·嘉靖二十二年癸卯》：解元。

［万历］《顺德县志》卷九《进士·嘉靖四十一年》：石硝，柳州知府。

《粤大记》卷十九《献征类·清直高踪·明》：字绍周，顺德人。癸卯中省解元，嘉靖壬戌进士。孝友天植，恭俭性成。授官大理，母年八秩①不克迎养，尝望云而思。居官留心谳鞫，多所平反，暇则偕同僚陈玉叔工古文词。满考，敕封父如其官、母太孺人。及出守柳郡，迎母禄养。柳地僻远，法疏吏靡，兵粮岁诎。公锐志节爰，厘革宿弊，请军饷以给兵，立乡约以敉②民。甫一月卒于官，士民哀之，工部尚书徐公养正追惜其贤。公生平澹约，不以贤智先人，家无余资，时称长者。子丕显。五孙，而步武、接武皆业儒，诜诜知向往云。

［康熙十三年］《顺德县志》卷六《明朝·封赠》：伦克昇，石硝人，以子文贵赠文林郎、大理寺评事。

［康熙二十六年］《顺德县志》卷七《人物志·德业》：乡试第一，二十年乃成进士，亦以柳州守卒。初文官大理，家人过常山夺鬲，常山簿偿三十金，后簿至京，文悉还之。

［道光］《广东通志》卷七十四《举人五·明·嘉靖二十二年癸卯·广州府》：解元，顺德人，字警轩，进士。

张大行 明顺德都粘人。嘉靖二十二年（1543）举人。

［嘉靖］《广东通志》卷十二《明·举人·嘉靖二十二年癸卯》：教谕。

［万历］《顺德县志》卷九《举人·嘉靖二十二年》：都粘，南靖教谕。

陈简 明南海人。嘉靖二十二年（1543）举人。

［嘉靖］《广东通志》卷十二《明·举人·嘉靖二十二年癸卯》：教谕。

［万历］《广东通志》卷二十《广州府·选举·乡举·国朝·南海》：嘉靖癸卯，知县。

---

①八秩：八十岁。

②敉（mǐ）：安抚、安定。

［崇祯］《南海县志》卷四《乡举·明·嘉靖癸酉》：知县。

林挺春　字少和，一字元育，明顺德都粘堡（今北滘桃村、绿道一带）人。嘉靖二十二年（1543）举人，任福建仙游县教谕、南靖知县，升云南沾益知州辞归。

［嘉靖］《广东通志》卷十二《明·举人·嘉靖二十二年癸卯》：知县。

［万历］《顺德县志》卷七《人物志第七之一》：林挺春者，都粘人也，字少和，一字元育。从湛元明先生游，事亲孝，藩、臬皆旌其门。挺春曰："事亲若曾子可也，举而律我，当伏不孝之刑，奈何以为嚆矢？"随屏去之。以举人教谕仙游，故有田租，掌教多侵渔，挺春悉散诸生。尝自作笾豆礼器，或谓有主者，曰："学佛乃舍其身，吾何惜锱铢而俭夫子？"迁知零陵，调南靖。南靖兵燹后，官寺里屋一空，蒿藋成林，白骨满野，虎豹昼行。挺春芟秽掩骼，驱虎豹而远之，倚茅听政。已，洪水至，城郭荡析，乘桴露处，乃迁于大帽山下邑焉。漳经界不正，自朱子已患其然，今尤甚。富者割倍赋之田，无直以啖贫民，贫民利而从之，既赋日积，县官受其病。挺春悉问富者，招流移，抚凋瘵①，南靖大治称之。迁沾益州知州，以亲老不赴。挺春醇谨，自筮仕至老未尝一介取于人，罢官贫，人以是重之。

［崇祯］《南海县志》卷四《乡举·明·嘉靖癸酉》：知州。

［道光］《广东通志》卷七十四《举人五·明·嘉靖二十二年癸卯·广州府》：南海人，字洋谷，知沾益州，又见《顺德志》。

［咸丰］《顺德县志》卷二十三《列传三·明·林挺春》：藩、臬旌其孝，挺春曰："事亲当法曾子，今以律我，当伏不孝之刑，敢自居耶？"遽去所题门额。

杨穗　明顺德马宁人。嘉靖二十二年（1543）举人，任广西北流知县。

［嘉靖］《广东通志》卷十二《明·举人·嘉靖二十二年癸卯》：经魁，知县。

［万历］《顺德县志》卷九《举人·嘉靖二十二年》：马宁，经魁，北流知县。

［道光］《广东通志》卷七十四《举人五·明·嘉靖二十二年癸卯·广州

①凋瘵（zhài）：衰败、困乏。

府》：顺德人，番禺学，经魁，北流知县，今《番禺志》失载。

罗宇　名一作宁，明顺德赤花人。嘉靖二十二年（1543）举人，任广西融县知县。

［嘉靖］《广东通志》卷十二《明·举人·嘉靖二十二年癸卯》：知县。

［万历］《顺德县志》卷九《举人·嘉靖二十二年》：龙头，融县知县。

［康熙十三年］《顺德县志》卷五《明朝·乡举·嘉靖癸卯》：龙头人，融县知县，改邻水。

［乾隆］《顺德县志》卷十《举人·明朝·嘉靖癸卯》：赤花人，融县知县。

［道光］《广东通志》卷七十四《举人五·明·嘉靖二十二年癸卯·广州府》：罗宁，顺德人，融县知县，郭《志》、郝《志》"宁"误作"宇"。

［咸丰］《顺德县志》卷十《举人·明·嘉靖》：赤花人，知融县。按：阮《志》作宁，而以郝《志》作"宇"为误，今从姚《志》。癸卯科。

罗忠言　字少宇，号前洲，明南海九江人。嘉靖二十二年（1543）举人。父珊。

［嘉靖］《广东通志》卷十二《明·举人·嘉靖二十二年癸卯》：罗忠言。

［崇祯］《南海县志》卷四《乡举·明·嘉靖癸酉》：罗忠言。

《南海九江乡志》卷三《选举·乡举·嘉靖二十二年癸卯科》：字少宇，号前洲。由南海学习《礼记》，中式第二十九名举人，知县珊次子。

［道光］《南海县志》卷三十六《列传五·明·罗珊传》：次子忠言，举嘉靖癸卯科，不仕。

《九江儒林乡志》卷十二《列传·明·罗珊传》：次子忠言，负声庠序，嘉靖癸卯元旦谓之曰："汝今科合中，惟晦星缠阻，恐不利，且俟之矣。"而正考、录遗皆北。八月八日晨起，呼忠言速携考具入场，曰："晦星已过，决中无疑。"旁人窃笑。及按院点名讫，尚余号舍，传语督学，选岁试高等未与科举者十余人同进，忠言与焉，榜发有名，一如所料。

梁用逵　号徐厅，明顺德北滘上寮人。嘉靖二十二年（1543）举人，任广西玉林州学正、江西萍乡知县。子符、兆电、观；孙朝鑑。

［嘉靖］《广东通志》卷十二《明·举人·嘉靖二十二年癸卯》：梁符。

［万历］《顺德县志》卷九《举人·嘉靖二十二年》：甘溪，知县。

[康熙]《广东通志》卷十六《人物上·广州府·明》：号徐厅，顺德人。嘉靖癸卯举于乡，初授广西郁林州学正，理学为一时推重。征聘江西乡闱同考，升袁州府萍乡县。赋性刚直。萍邑与分宜接壤，时严嵩当轴，田里多在萍乡，子弟恃势逋赋，前令莫敢问。逵下车不避权贵，严之族戚有抗逋者辄笞之不少贷。严嗾直指陷逵，使者知逵刚正，密令解组归。严家人要①之于道，袁州守某潜以车盖拥护始得免。萍乡向有虎患，逵至，捐俸修理城郭，安辑居民，猛虎绝迹，时人以比刘昆云。子符复以《易经》中式嘉靖己酉乡试，考选为天下第一，授福州府同知。与海瑞同年最厚，立身行己，相为砥砺。后随总兵戚继光征倭，监军转饷，运筹为多，上赐金奖谕，以亲老乞致。子兆电举万历乙酉乡荐，授东安县②教谕。时县初建，电至即立学宫，置学田，教士有方，卒于官。子观郡庠岁贡士，孙朝鑑仍举崇祯丙子科。四世家学习《易》，俱登贤书，为邑望族。

[道光]《广东通志》卷七十四《举人五·明·嘉靖二十二年癸卯·广州府》：顺德人，萍乡知县，子符。

游说心 明顺德大良人。嘉靖二十二年（1543）副贡。

[咸丰]《顺德县志》卷十一《副贡·明·嘉靖》：大良人，癸卯。

曾应珪 （？—1572）字侯信，号起岑，别号右崑，明南海九江人。嘉靖二十二年（1543）举人，家居教学三十年。父俊，子仕鑑。

[嘉靖]《广东通志》卷十二《明·举人·嘉靖二十二年癸卯》：曾应珪。

《粤大记》卷二十一《献征类·孝廉懿德·明》：字侯信，号起岑。其先保昌人，宋咸淳迁南海九江。父俊，知融县有善政，生公幼神颖，七岁日诵三万言，伦司成以训、戴太守啤甚奇之。时钱塘田汝成视学政，得其文曰："此力追秦汉者。"选举茂异，读书越秀山。癸卯领乡荐，春闱不第，居家窭甚，乃教授生徒，绝不干谒有司。笃于人伦，事嫡母刘起敬孝，父居官廉，公以束修佐之，弟妹婚嫁丧葬悉出己资无所吝。公博学豪举，初谓青紫可芥

---

①要（yāo）：古同"邀"，中途拦截。

②东安：位于广东省的西部。

拾①，既屡绌，遂不复应公车，尝言："官与财，造物所腐视者，何逐逐为也。"木屐葛巾浮湛里中，托情于酒，家贫不能沽，有召者辄往，往辄醉，徜徉泉石，以故无贤不肖，各得其欢心。尝夜出遇恶少行劫，公佯醉，众扶归。过溪，公曰："慎之慎之，一入深渊不复出矣。"众悟，各散去。隆庆壬申疾革，或说请计偕舟车助丧，公正色曰："不计偕而受，是欺也，宁裸葬以全吾志。"或言事业未毕，公曰："死即毕矣。"正衾而卒。君子谓其齐死生，一物我，为东方、嵇、阮之流非与？仲子仕鑑应乙酉乡书，任中书科有才名。孙泰、渐皆弱冠为庠生，翩翩竞爽，显庸未艾，盖盛德之后。

[万历]《广东通志》卷二十《广州府·选举·封赠·国朝·南海》：举人，以子士鑑赠中书舍人。

[崇祯]《南海县志》卷四《乡举·明·嘉靖癸酉》：曾应珪。

《南海九江乡志》卷三《乡举·嘉靖二十二年癸卯》：字侯信，号起岑，别号右崑。由南海学习《诗经》，中式第五十一名举人。三十年山中不仕，以子贵赠征仕郎、内阁制敕房中书舍人。崇祀乡贤，著《右崑集》《醉饮楼稿》。举人、知县俊子，子仕鑑举人、主事。卷四《先达列传》：十岁师朱刺史廷亮，学与日博，尤工古文辞，不属草千言立就。弱冠著《正学》《休忧》《成人》《释悔》等篇，体裁本《尚书》。督学田公汝成论文每期秦汉以上，独心折公。事嫡母刘甚谨，刘既大归，犹母事不衰。家贫，坐客常满，辄倾倒沉湎为度。尝夜出遇恶少方谋行劫，公醉倩扶归，过溪曰："慎之慎之，一入深渊不复出矣。"恶少悟，散去。

董用威　明顺德古楼人。嘉靖二十二年（1543）武举。

[康熙十三年]《顺德县志》卷六《明朝·武举·嘉靖癸卯》：古楼人，癸卯、乙卯、戊午三科，例冠带。

誉绍芳　明南海人。嘉靖二十二年（1543）举人。

[嘉靖]《广东通志》卷十二《明·举人·嘉靖二十二年癸卯》：广西中式。

[崇祯]《南海县志》卷四《乡举·明·嘉靖癸酉》：广西中式，知县。

[道光]《南海县志》卷二十《举人·明嘉靖朝》：案安知县，据《福建志》参修，癸卯科。

---

①青紫可芥拾：把任高官看作像捡起一棵小草那样轻松，比喻有才能，可以轻松取得高位。

钟继瑜 明顺德都粘人。嘉靖二十二年（1543）举人。

［嘉靖］《广东通志》卷十二《明·举人·嘉靖二十二年癸卯》：钟继瑜。

［万历］《顺德县志》卷九《举人·嘉靖二十二年》：都粘，博白知县。

蔡翘芳 明顺德古楼人。嘉靖二十二年（1543）武举。

［康熙十三年］《顺德县志》卷六《明朝·武举·嘉靖癸卯》：古楼人，癸卯、乙卯、戊午三科。

潘仁 明顺德古楼人。嘉靖二十二年（1543）武举。

［康熙十三年］《顺德县志》卷六《明朝·武举·嘉靖癸卯》：古楼人，癸卯、己酉、壬子三科。

黎天启 一说姓林，字益庵，明顺德鹭洲人。嘉靖二十二年（1543）举人，任广西南宁知府。父骥。

［嘉靖］《广东通志》卷十二《明·举人·嘉靖二十二年癸卯》：同知。

［万历］《顺德县志》卷九《举人·嘉靖二十二年》：林天启，鹭洲，南宁知府。《封赠·郎中》：黎骥，天启父，赠。

［道光］《广东通志》卷七十四《举人五·明·嘉靖二十二年癸卯·广州府》：顺德人，字益庵，南宁知府。

邓德昌 字顺之，明顺德水藤人。嘉靖岁贡，官江苏应天训导。

［万历］《顺德县志》卷九《岁贡·嘉靖》：水藤，应天训导。卷八《人物志第七之二》：字顺之，水藤人，陈献章弟子也。初，德昌与南海梁惟正往白沙遇盗。惟正以舟泊浅登岸避之，德昌抱书立鹢①首，盗亦不害。献章戏之曰："试问邓德昌，何如梁惟正？"盖固之云……贡为文学，训导应天。

［道光］《南海县志》卷二十三《古迹略一·署宅》：远志楼，在西樵铁泉峰下。明嘉靖中，邓德昌建。

［咸丰］《顺德县志》卷二十三《列传三·明·邓德昌》：弘治间……从

①鹢（yì）：有头上画着鹢的船，泛指船。

白沙游……居西樵，筑铁泉精舍读书其中。以其学授傅明应、史芳桂，皆得传白沙心法……成化间岁贡，官应天训导，以实行诱诸生，不责其贽①。卒祀应天名宦祠。

李绍敏 字叔宜，别号槐台，明南海人。嘉靖初（1522）补为县学生。子光宸。

《粤大记》卷二十二《献征类·行谊芳标·明》：字叔宜，别号槐台。幼聪悟，十三通《毛诗》。嘉靖初补邑弟子员，督学欧阳公铎优异之。四入棘试弗售，遂退隐林泉，日诲其子光宸，俾淬励以继志。公天性孝友，成童时侍父柏山公病，衣不解带，药必先尝，事二母先意承志②，务得其欢。至襄大事必揆于礼，与昆弟同居攻苦茹淡，束帛钧金不私于橐，待梁安人相对如宾。妹夫黄裳病异症，同气咸辟去，公调护之数月，又经纪其后事，卒亦无恙。外族梁汪被诬，公为白其冤而却其谢，邑人称之。教诸子先志行，严章程。光宸连举庚戌进士，以户部主事绩最，封公承德郎如其官，邑人荣之。光宸历官漳州知府，公诲之，尝曰："守为一郡纲纪，必以身帅人，万毋循俗好，辜主恩。"光宸以名守称，盖公庭训之力也。兄子光宙亦举于乡，为亳州学正。孙男廷璘、廷琰、廷璪、廷瑜，能读书以绳武云。

李彦 字克甫，明顺德龙山人。嘉靖岁贡，任海南澄迈教谕卒。

[万历]《顺德县志》卷九《岁贡·嘉靖》：龙山，澄迈教谕。

[康熙十三年]《顺德县志》卷八《人物传二·孝友》：字克甫，龙山人也。少为诸生。事嫡母孝，母爱之，尝获遗金以均两兄，皆嫡出也。督学魏校闻而廪之，后以贡任澄迈学谕卒。

郭廉 明南海夏教环溪（今属平洲）人。子昭，孙尚宾。

[万历]《南海县志》卷十一《隐逸·明》：幼丧父母，九岁自营家产以供祀事。稍长力求葬地，亲筑坟茔，擗踊③如初。凡追远诒谋，靡不竭力为之，尤能自反，虽屡遭横逆而不较。行年九十，仅一入城市，尝被盗掳去，

---

①贽（zhì）：见面礼。

②先意承志：指孝子不等父母开口，就能顺父母的心意去做。

③擗踊（pǐyǒng）：擗，捶胸。踊，以脚顿地。形容极度悲哀。

知其为廉也，亟放还，乡人称为郭孝子。

［崇祯］《南海县志》卷四《封赠·明》：郭昭，以子尚宾赠兵部侍郎。卷十一《隐逸·明》：以孙尚宾贵，得如例赠官。

［宣统］《南海县志》卷五《古迹略·冢墓》：明郭廉墓在芙蓉堡芙蓉冈，郭尚宾之祖，入祀孝弟祠。明赠兵部侍郎郭昭墓在大圃堡南榄冈，郭尚宾之父。

黄启让　字廷寅，明顺德龙江人。岁贡，任江西上饶训导。父著，子在衮、在裘同中嘉靖三十四年（1555）举人。

［万历］《顺德县志》卷九《岁贡·嘉靖》：龙江，著子，上饶训导。

［康熙十三年］《顺德县志》卷七《人物传一·德业》：字廷寅，著之子也。岁贡，授上饶训导。教人先实行，次乃文艺。故有怀玉书院，摄院者辄干没官租数千缗，檄启让摄，谢不往。诸生贫者周之。有当路子从父任不报假，启让督以科条衔焉。会同年某子甲征入为铨曹郎，属之曰："是人吾所急也。"至则以为庐江教授，遂拂衣归。启让性方严，能攻人过，于人善有味乎其言之也。初从学士黄佐游，能诗。子在衮、在裘皆以诗鸣，盖家学也。

《龙江志略》卷一《舆地·祠墓》：明教授、赠博士黄启让墓在马鞍冈。

［民国］《顺德县志》卷十四《艺文略·集部·别集》：《筠原逸稿》，明黄启让撰。

李应尧　明顺德绿道人。嘉靖二十三年（1544）岁贡。

［咸丰］《顺德县志》卷十一《岁贡·明·嘉靖》：绿道人，甲辰。

陈治策　号丹泉，明三水白坭人。

［康熙十二年］《三水县志》卷十二《人物传·隐逸》：号丹泉，白坭人。生而颖悟，七岁能文，诸父命联曰"雀啄荔枝红映嘴"，即应声云"马行芳草绿遮蹄"。生平喜读古书，好吟咏，不为时文以干仕进。知县朱端明行部造访，赠以诗云："闻说丹泉好，未能来一观。新诗堪对咏，古操可时弹。清映月星朗，咏如冰雪寒。此心能共结，久乐可忘餐。"

邝元礼　字中伯，号白云，明南海扶南堡伯和乡人。嘉靖二十四年（1545）恩贡，任重庆府通判退休。七十六岁卒。

［康熙］《广东通志》卷十五《选举上·广州府·岁贡·明·南海》：通判。

［康熙四十九年］《三水县志》卷三《贡途·岁贡》：南海人，通判。

［道光］《南海县志》卷三十六《列传五·明·邝约传》：扶南伯和乡人……侄……元礼，字中伯，号白云。嘉靖乙巳恩贡，授河南汲县，改知福建大田，洁己爱民。迁吉安府审理，寻升重庆府通判，秩满致仕。令大田时，首拔詹贞吉冠多士，后贞吉抚粤，以千金为寿，元礼辞不获，乃以助祭产、设学田义地。其好善乐施多类此。年七十六卒。

朱应几　明高明罗塘人。嘉靖二十四年（1545）岁贡。

［万历］《肇庆府志》卷六《选举表二·国朝岁贡·嘉靖·高明县学》：朱应畿，融县教谕。

［康熙八年］《高明县志》卷四《元明·恩岁贡》：罗塘人，嘉靖二十四年岁贡，任广西融县教谕。

陈泽　（约1513—？）字子仁，号平川，明南海人。嘉靖七年（1528）举人，二十三年授浙江庆元知县，二十七年授职南京贵州道御史。

［嘉靖］《广东通志》卷十二《明·举人·嘉靖七年戊子》：御史。

《广东通志初稿》卷二十《举人·明·嘉靖七年戊子》：广州府学。

《粤大记》卷十九《献征类·清直高踪·明》：字子仁，号平川，南海人。少颖异，总角领嘉靖戊子乡荐，游甘泉先生门。甲辰授浙江庆元知县，躬节省，严保伍，剔猾遂良，民俗丕变。有举溪民积逋歉法，公谕之出见官府受约束，择其子弟入社学，延师训之，遂为良民。又谕抚栗洋矿徒叶姓千余家，俾立功赎罪，众誓以死报。甲辰冬，矿贼吴八拥众数千犯城，公亟撤桥阻水，聿严捍御，贼乃掠闽。乙巳春，潜谕叶姓率栗洋死士二百人追击败之，获渠魁十六人，斩首三百余级。数十年剧寇一鼓而歼之，乃请以废寺田价创建县城，民赖保障。寻膺荐剡，课绩为浙令第一。戊申内召，士民攀辕树碑以识去思。拜南京贵州道御史，振饬风纪，按齐庶人，狱得其平。弹罢本兵大臣交通权贵者，风采凛然。巡视仓场，革官攒侵渔与包揽冒支等弊，宪纪大振。壬子给由冒暑往返得病，终于任。泽天性孝友，履官俸入奉二亲，祖业悉让诸弟。为政尚仁慈，禁溺女之陋俗，革秤耗之积弊。一日亟戒庆民慎火，已而毁者数百家，又为文祷除虎患，谓政通于神明非与？殁祀名宦祠，所著有《留台存稿》。

杨绍震　（约1514—？）明南海人。嘉靖十三年（1534）

举人，早卒。子茂先。

［嘉靖］《广东通志》卷十二《明·举人·嘉靖十三年甲午》：番禺人。

［万历］《广东通志》卷二十《广州府·选举·封赠·国朝·番禺》：经魁，以子茂先赠福州推官。

［崇祯］《南海县志》卷十《人物列传·杨茂先传》：震负不世才，弱冠登嘉靖甲午科，上公车而没。

罗焕章　（1514—1595）字美充，明高明杨和镇圆岗村人。嘉靖二十八年（1549）举人，任福建寿宁、浙江山阴、江西宜春教谕，福建龙溪知县、广西横州判官、湖广荆州府正审理。子珽，孙复贤。

［嘉靖］《广东通志》卷十二《明·举人·嘉靖二十八年己酉》：肇庆高明人。

［万历］《肇庆府志》卷五《选举表一·国朝·举人·嘉靖二十八年己酉》：字美充，高明人，龙溪知县。

《粤大记》卷二十《献征类·循良懋绩·明》：性诚实而行端直……授寿宁学谕，造士有方，应聘滇南。以外艰归，阕补山阴。时东廓邹先生来讲阳明学，章从之游，功务实践，东廓器重之，以“戒慎恐惧，常精常明”语相劝勉。寻丁外艰，补宜春，典蜀文衡。升龙溪尹，富户隐粮为奸，馈以千金，麾①之而正其罪。察伪篆者二，释淹系者六，时称其明。修学宫，集生儒讲明心性之指。左迁横州判官，旋迁荆藩审理，以直道而仕，不事逢迎故也。归则修宗祠，置祭田，建文昌塔。山阴门人王泮来宪岭西，表其门曰“明世儒宗”。所著《仕学类编》及《家录》十一种传世。

［康熙八年］《高明县志》卷一《事纪·明》：嘉靖二十九年冬十一月，浪贼掠罗塘等都。（掳罗塘举人罗焕章及学生、乡民共五百余人，营茅州径责赎，被杀者半。）卷四《明·举人·嘉靖二十八年己酉》：清泰人，任龙溪县知县。卷六《建置志·城池·布政分司》：弘治间倒塌。嘉靖三十年，员冈村举人罗焕章被贼掳去赎回，移家入城。时分巡刘公洵悯其患难，将前地给罗焕章承买，纳价银在库。又同段地进士罗黄裳承买，各有印信执照，久属为民居。《建置志·桥》：游鱼桥在清泰都，长二丈，高七尺，知县陈坡建，邑人罗焕章购石重建。卷十三《人物传·明》：署福建寿宁谕，分闱云南。补浙

①麾（huī）：同“挥”，退掉。

江山阴谕，课士得张一坤、王泮。又补江西宜教谕，分闱四川。升福建龙溪尹，有志思碑。后迁荆府正审理旋乡，与县令徐纯督建东洲寺。及兵巡道王泮临邑，督建文昌塔，设东关墟，总理开黄丝岭沟引水灌田数百亩，捐资作石桥十渡。《通志》云，罗黄裳与兄焕章同发乡榜，俱有声名于时。寿八十二，有宫允区大相为之墓铭。

［道光］《广东通志》卷二百九十七《列传三十·肇庆二·明·罗黄裳传》：授寿宁学谕，以内艰归。

［道光］《高明县志》卷十二《举人·明》：员冈人，嘉靖二十八年己酉举人，任龙溪县知县。《监生·明》：罗珽，城中人，焕章子。罗复贤，城中人，焕章孙。

冯煦　（1514—1594）字彦和，明南海人。子奕垣、良栋、良标。

［万历］《南海县志》卷十一《隐逸·明》：字彦和。生而歧嶷，日诵千言，总角试辄冠诸生。居庠二十年，数奇不第，遂谢衿佩。性至孝，尤重追远。有昆弟鬻其祖业者，煦率族正于官得不鬻。又有鬻其祖坟地者，煦复纠正如初。而所受鬻人为舞文巨奸，中煦以奇祸，下之狱谋致煦死。会狱中疫大作，煦梦神人须眉皓白护持之曰："吾乃北正黎也。"得不死。既免归家，垂垂壁立矣，而煦母汤氏复以疫终。敛甫毕，柘林叛贼且至，人争奔匿。煦念母榇在堂必无幸，以计塞其户乃后出，卒无恙□□□□□□孝通神明非虚语已！生子奕垣，口□□□□□□□□□□□□□□□□□□□□□□□□□□□事迹开发□。晚年家业殆□□□之益裕如。门俯江流，旁有石几。月夜则兀坐其上，清风徐来，潮水骤至，辄浩歌长吟，兴竭乃已，率以为常。广州司理鲁点素闻煦名，延至乡饮，坚辞不获始就席。万历甲午，煦年八十一矣，忽命驾游名山，访异人，贻诗赠果，皆自署以仙，不逾月遂卒，殆若仙化者。子奕垣竟成进士，官侍御，有清直声。

［崇祯］《南海县志》卷十一《隐逸·明·冯煦传》：卒无恙，乡邻啧啧叹："至孝通神明，非虚语已！"生子奕垣，口授之经，遇疑难辄为训解。居恒提命必以忠孝节义为先，且取古今名臣事迹开发之。晚年家业殆尽，煦处之益裕如。

麦应豪　（1515—1617）字元贵，号静真，明顺德勒楼人。寿一百零三岁。

［乾隆］《顺德县志》卷十四《耆寿》：字元贵，号静真，勒楼人。生平

诚信谦谨，无疾言遽色，前郑参政曾旌其门。生正德乙亥，终万历丁□□□□□□□□诚人瑞也。

［咸丰］《顺德县志》卷十五《耆寿表·百岁以外寿民·明》：年百有三。

欧大任　（1516—1595）字桢伯，别号崙山，明顺德陈村人。十四岁为县学生员，拜师香山黄佐门下，与梁有誉、黎民表、李时行、吴旦等为“南园后五子”。八次科场落第，四十七岁选为贡生，赴京应试获优等。隆庆四年（1570）任江都（今扬州）训导，不久进京参修《世宗实录》，后任光州（今河南潢川）学正、福建邵武府教授。万历三年（1575）任国子监助教，升大理寺评事、南京工部员外郎，十年官南京工部虞衡司郎中，十二年退休回乡。在京城同卢冉、俞允文、李先芳、吴维岳为“广五子”。父世元，弟大章。

《粤大记》卷二十四《献征类·词华黼藻治·明》：字桢伯，别号仑山，顺德人。父赠奉政大夫、南京工部郎中士元。家多藏书，公幼耽诵览，无所不窥。十四岁授《春秋》，为邑弟子员，督学林端简公云同试居首。时与黎惟敬民表、梁公实有誉从黄文裕公佐学，众拟必举《春秋》第一人，乃八应举弗录。就廷试选江都训导，历光州学正、邵武教授。栖迟十年始入为国子助教，六馆之士争执经问难。上方幸学，献《临雍颂》，赐衣一袭。寻改大理寺左评事，公谓：“刑狱至重，一成而不可变。”凡论白必尽心焉。黄太监侄杀人，司寇欲以小火者①抵罪，卒驳正之。一日奉许戚畹②封事入奏，中贵人自内出却之，公大呼曰：“御前封事，谁敢阻却？”竟上之。俄迁南京屯田主事，殚力稽察，积弊稍除，转虞衡郎中，庶务具举。督修孝陵有白金、文绮之赐，甲申丐致仕归。天性孝友，修始祖祠，为家祏以祀奉政公，时多其孝。公学博而才赡，所撰咏力追汉魏，与李于麟、王元美、汪伯玉、徐子与、吴明乡号称才子，晚与曾以三辈尤友善。年八十卒，所著有《百越先贤传》《广陵十先生传》《思玄》《旅燕》《浮淮》《雍馆》《秣陵》《蘧园》等集传于世。

［万历］《广东通志》卷二十五《人物八·文苑》：博涉史籍，与黎民表、梁孜、梁柱臣相友善，俱以诗名……当大任北游时，历下、琅琊诸大夫主盟词坛，见大任争推毂之，日相唱和，名益起，海内无不知有大任者……有

①火者：宦官，亦泛指受阉的仆役。

②戚畹：犹戚里。

《虞部集》行于世。

［康熙十三年］《顺德县志》卷七《人物传一・德业》：龙津人。博涉史籍，与黎民表、梁有誉、梁绍震相友善。

［康熙二十六年］《顺德县志》卷八《人物志・德业》：以明经授江都训导、光州学正，历国博①、虞衡郎中……名益起，与七才子并驱，才或过焉……所经陆止则车马盈门，水次则舳舻相属，望颜色，聆余论，虽事卿相不如也。著有《游梁集》《雍馆集》《思铉堂集》行于世。

［咸丰］《顺德县志》卷二十四《列传四・明・欧大任》：陈村人……早禀家教，聪慧绝伦。五岁口授书辄成诵，始就傅读经，一目无遗，稍长博涉诸史，攻古文词。年十四补诸生，督学林云门、张希举尝合十郡隽异士试之。（杨瑞云撰《行状》无张名，今从郝《志》。）皆第一，名噪胶庠。与梁有誉、梁绍震、黎民表、潘光统定交，相与受学于黄佐，教以心性、文艺、经济、律吕之学。归里闭户精研有得，八应乡举不录。尝与其师佐修《广东通志》，多所考订，补正其缺陋。嘉靖癸亥以岁贡廷试，瞿景淳得其卷惊曰："一代才也。"进呈列首，由是声称籍甚。都门齐之李于麟、谢茂秦，吴之王元美、汪伯玉、徐子与，楚之吴明卿约同盟结社，过从甚昵。隆庆四年，循资②授江都训导。上《两淮屯盐事宜》曰："私盐不禁，官盐不行。官盐既平，私贩自息。祖宗时，商人支盐本少利重，民食贱盐。盐灶有工本之给，受惠甚厚，私盐岂能复行？今客商用本既多，支买岁久而官盐贵矣，灶丁每正盐一引仅得赈银五分而恩意薄矣，此民间灶户所以宁不畏法而愿食贱盐、敢于私贩也。不求其本，必欲尽法绳之，朝鞭夕挞，日亦不足，徒苦肩挑背负易食小民耳。必如明示效工本钞③遗意，官收灶户余盐，恩威并举，著为令甲，渐复旧制，是谓澄源。且两淮盐课除水乡征银外，三十场俱征本色，惟管渎一场折色④。后白驹场准纳折色五分，西亭场准折色三分。嘉靖十八年大水，各场俱暂免纳本色。每引折价一钱四分，其递年总催拖欠，折追价银二钱。自今言之，其纳本色不若折色为两利也。纳本色在灶丁则有篓席之费、风雨消耗之费、吏胥常例之费，合无比照。两浙见今事例俱纳本色，每引以二钱为率，量其场分丰歉，价因低昂，类解运司榜派，扣商应纳赈银支给，听商贾自补，庶

---

①国博：国子监博士的省称。

②循资：按资历。

③工本钞：官支工本，按盐的数额多少，以引为单位发给。

④折色：自唐末至明清，原定征收的实物田赋称本色，如改征其他实物或货币，称折色。

灶、商两利而包赔之患可免矣。屯田之弊莫甚于夺占，清理既明，必公于拨给。今须查每卫指挥一员管屯军若干，千百户每员各管屯军若干，某某下该屯田若干顷亩，又各官军余家人自耕种者若干顷亩。年故者除，新签者补，造立册籍，沿卫查清，如多者即属占夺，有军无田者即应拨给。盖闻国初屯田、盐法相为表里，边屯既广，粮草日贱，商人中纳本色，飞挽易集，此边境所以富强，而夷虏所以畏惧者也。"当事遂采为令。会纂修《实录》，召至都。(《粤大记》：庚午授江都训导，纂修《实录》至都，漕运中丞荐光州学正。《家传》荐学正在己巳，今从《粤大记》。) 事竣，漕帅方濂荐转光州学正。迁邵武教授，寻丁内艰归，服阕补南康未赴。万历三年升国子监助教，六馆生咸执经门庭，一以作人劝学为事（按：《家传》《行状》均不载与修《实录》事)。尝应诏上封事"明实学、广生徒、重掌故、表贤才"四条，其意以为："国初荐辟科贡并行，即嘉靖初年申三途并用之例，于是以举人、监生孙翥为给事中，岁贡、监生张澍为御史，一时六馆诸生争思奋励。皇上光嗣祖宗、敦学明伦之治，伏乞敕下该部，甄拔六馆行谊端方之士，容臣等从公举荐一二以备擢用。安知贡无师逵、许观，举无夏原吉、陈献章，荫无张敷华，例无罗玘辈哉？"疏上称旨，帝已耳大任名，亲书"不二"二字额赐之，会临雍献颂，赐衣一袭。寻改大理寺左评事，每谓刑狱至重，遇巡城御史及刑部郎论囚至，必夜阅文牍而后朝审，囚徒凡可平反者无不殚心细鞫，罪从轻出者多不胜计。黄太监有侄杀人，刑部定谳以小火者抵罪，大任再三驳正之。会火者击登闻鼓鸣冤，刑曹原鞫者谓政府亦宜蔽火者辜。大任曰："火者殴人在一月前，及再殴致命，加功①非火者也，岂得以贿入人罪？大理不知畏人，但知畏三尺法耳！"卒直之。一日大理两封事入，其一则许戚畹家人论绞事也。中贵自内出受诸臣封事曰："大理两封且将去。"大任遽裂眦大呼曰："大理臣奉陛下法评当论奏，谁敢阻却御前封章耶?"一时府部卿寺台省同上奏者相顾吐舌。尝扈从南郊，命赐果饼。回国贡千里马，帝却不受，大任为作《天马篇》以颂。时权相当国，将奔走天下人才，欲留大任入为两制，预使所知喻意，大任闻即思引避。辛巳遂迁南京工部屯田主事，凡屯种、芦课、班匠按科籍理，积弊稍稍厘正。壬午转本部虞衡郎中，诸军器械及窑冶工作多与内府盟局相连接，一一按以旧章营造，宫殿、陵庙、城垣率先备具。既而督修孝陵，有白金、文绮之赐，而大任已怀去志。甲申秋建玄武门工竣，遽上书乞骸骨，再请而后得旨，即就道归。年八十卒，祀乡贤。大任少习礼节，自傅还必揖其亲，夫妇出入亦相揖，终其身无妾媵，不问家人生

---

①加功：古代法律谓以实际行动帮助杀人的犯罪行为。

产。归就赤花洲上凿池开径，艺杞菊以供客。楼贮御书宝翰，性嗜读，非大寒暑不辍，远近乞文、诗者无虚日。设宗法、立族正以率其宗，冬至三千余众衣冠拜祠下，为他族所仅见。爱山水，督学郭某造庐，偕入罗浮盘桓旬月。先是，令叶初春延叶春及界以志事，梁柱臣大言“非桢伯不可”，令以大任未乡举不听，而不知望重海内非科甲人比也。存有《百越先贤志》四卷、《平阳家乘》二十卷、《广陵十先生传》一卷、《思元堂集》八卷、《旅燕集》四卷、《轺中集》一卷、《浮淮集》七卷、《游梁集》七卷、《南翥集》一卷、《北辕草》一卷、《雍馆集》四卷、《西署集》八卷、《秣陵集》八卷、《诏归集》一卷、《蘧园集》十卷、《虞部文集》七十卷。

朱谟　（1516—1579）字次皋，号石潭，明南海九江人。嘉靖二十一年（1542）选贡，三十一年举人，三十九年任浙江湖州通判。归后移居广州。子樵、完、建勋，孙端御、端士、端履、端揆，曾孙梦伟。

［嘉靖］《广东通志》卷十二《明·举人·嘉靖三十一年壬子》：朱谟。

［万历］《广东通志》卷二十《广州府·选举·乡举·国朝·南海》：嘉靖壬子，通判。

《南海九江乡志》卷三《选举·贡·嘉靖二十一年壬寅选贡》：廷试入监。《选举·乡举·嘉靖三十一年壬子科》：字次皋，号石潭。由泷水学习《诗经》，中式第四十九名，授浙江湖州府通判。寿六十五。子樵、完并庠生，建勋三科武举。孙端御、端士、端履并庠生，端揆以息唐藩功授侍卫、指挥同知世袭。曾孙梦伟武举。卷四《先达列传》：公食饩，历贡监，与陈大参万言五人结社为时学士倡。及领乡荐，筮仕吴兴别驾，摄司理职，事迎刃而解。德清胡进士友信固文章宗匠，未第时落落难合，而意气独孚于公，盖针芥所投，公能相于骊黄外也。上台委解龙衣，遂招忌，解组归。日与黎秘书民表及平昔欢倡和梅花堂，群族之俊秀而劝课之，自是人才辈出，科第蝉联，公力居多。

《九江儒林乡志》卷十二《列传·明》：性慷慨负气节，年十七补泷水县学廪生，与陈参政万言、关茂才文仰、陈同知良珍、邓茂才进五人结社于小樵山堂……嘉靖壬寅选贡南京国子监，坐监满中壬子科乡试。庚申除授浙江湖州府通判，时谟年四十五矣。干济老成，神明湛定，事至辄迎刃解。大府才之，委摄乌程县事。乌程附郭①雄紧，赋役甲天下，谟拊循征缮不缓不絚，民受其赐。兼摄司理，刑谳明允，一时三印系肘，丛冗毛集，冰解距脱，豪猾屏迹，久宦越中者自以为不及也……越四年，大府委解龙衣，为忌者所中，遂投劾归。筑室会城坡山五仙观侧，复令子樵、完辟虹冈别业，日召集名流故旧觞咏其中。赵文懿公志皋谪，公至粤，举浮丘诗社，谟时时与会。卷八《艺文略·集部·别集》：《石潭集》，明朱谟撰，据《朱氏家谱》。

云上行 字鳌波，明顺德甘溪人。嘉靖二十五年（1546）举人，任广东怀集知县。

［嘉靖］《广东通志》卷十二《明·举人·嘉靖二十五年丙午》：云上行。

［万历］《顺德县志》卷九《举人·嘉靖二十五年》：甘溪，怀集知县。

［万历］《广东通志》卷二十《广州府·选举·乡举·国朝·顺德》：嘉靖丙午，审理。

［崇祯］《南海县志》卷四《乡举·明·嘉靖丙午》：顺德人，由本学，审理。

［道光］《广东通志》卷七十四《举人五·明·嘉靖二十五年丙午·广州府》：顺德人，南海学，字鳌坡，知县、审理。

［咸丰］《顺德县志》卷十《举人·明·嘉靖》：字鳌波，甘溪人，南海籍，知怀集县，按：阮《志》作审理，丙午科。

邝元祥 字懋毂，号凤山，明南海扶南堡伯和乡人。嘉靖二十五年（1546）举人。寿七十一岁。

［嘉靖］《广东通志》卷十二《明·举人·嘉靖二十五年丙午》：通判。

［万历］《广东通志》卷二十《广州府·选举·乡举·国朝·南海》：嘉靖丙午。

［康熙四十九年］《三水县志》卷三《乡举·明朝·嘉靖丙午科》：南海人，寄学中式，历官承天府通判。

［道光］《南海县志》卷三十六《列传五·明·邝约传》：扶南伯和乡人。侄……元祥，字懋毂，号凤山。嘉靖丙午乡荐，历知广西阳朔、河南唐县，升湖广承天府通判，俱有政声，卒年七十一。

---

①附郭：指县政府治所与州、府、省等上级政府机构治所设置于同一城池内的状态。

冯仁　字恕可，明南海人。嘉靖二十五年（1546）举人。

［嘉靖］《广东通志》卷十二《明·举人·嘉靖二十五年丙午》：经魁，知州。

［万历］《广东通志》卷二十《广州府·选举·乡举·国朝·南海》：嘉靖丙午，知州。

［道光］《广东通志》卷七十四《举人五·明·嘉靖二十五年丙午·广州府》：南海人，字恕可，云南知州。

［道光］《南海县志》卷二十《举人·明嘉靖朝》：漳州教授，据《福建志》参修……丙午科。

刘泽　明南海人。嘉靖二十五年（1546）举人。

［嘉靖］《广东通志》卷十二《明·举人·嘉靖二十五年丙午》：刘泽。

［万历］《广东通志》卷二十《广州府·选举·国朝·南海》：嘉靖丙午，知县。

［崇祯］《南海县志》卷四《乡举·明·嘉靖丙午》：由从化学，知县。

刘禹龙　明三水横村人。嘉靖二十五年（1546）举人。

［嘉靖］《广东通志》卷十二《明·举人·嘉靖二十五年丙午》：教谕。

［万历］《广东通志》卷二十《广州府·选举·乡举·国朝·三水》：嘉靖丙午。

［康熙］《广州府志》卷二十七《选举志上·乡举·明·三水》：嘉靖丙午，同知。

［康熙四十九年］《三水县志》卷三《乡举·明朝·嘉靖丙午科》：横村人，历官常州府同知，闽、蜀两同考。

［雍正］《广东通志》卷三十三《举人·明·嘉靖二十五年丙午乡试榜》：三水人，知县。

朱朝用　字宾山，明顺德龙江人。嘉靖二十五年（1546）举人，任江西吉安府通判。

［嘉靖］《广东通志》卷十二《明·举人·嘉靖二十五年丙午》：朱朝用。

［万历］《顺德县志》卷九《举人·嘉靖二十五年》：龙江，吉安通判。

［万历］《广东通志》卷二十《广州府·选举·乡举·国朝·南海》：嘉靖丙午。

［道光］《广东通志》卷七十四《举人五·明·嘉靖二十五年丙午·广州

府》：顺德人，南海籍，字宾山，吉安府通判。

严文辅 字仲台，明高明罗塘人。嘉靖二十五年（1546）举人。

［嘉靖］《广东通志》卷十二《明·举人·嘉靖二十五年丙午》：肇庆高要人，经魁。

［万历］《肇庆府志》卷五《选举表一·国朝·举人·嘉靖二十五年丙午》：字仲台，府学，高明人。经魁，平南知县。

［康熙八年］《高明县志》卷四《明·举人·嘉靖二十五年丙午》：罗塘人，任广西平南县知县。

李炜 明顺德龙山人。嘉靖二十五年（1546）举人，任浙江严州府同知。

［嘉靖］《广东通志》卷十二《明·举人·嘉靖二十五年丙午》：李炜。

［万历］《顺德县志》卷九《举人·嘉靖二十五年》：龙山，严州同知。

［道光］《广东通志》卷七十四《举人五·明·嘉靖二十五年丙午·广州府》：顺德人，严州府同知，一作郁林知州。

［咸丰］《顺德县志》卷十《举人·明·嘉靖》：龙山人，同知严州府，按：阮《志》一作知郁林州，丙午科。

岑远 字近基，明南海佛山镇人。嘉靖二十五年（1546）举人，二十九年进士，卒于官。兄逵。

［嘉靖］《广东通志》卷十二《明·举人·嘉靖二十五年丙午》：进士。《明·进士·嘉靖二十九年庚戌》：知县。

［万历］《广东通志》卷二十《广州府·选举·乡举·国朝·南海》：嘉靖丙午，进士。《广州府·选举·进士·明·南海》：嘉靖庚戌，知县。

［乾隆］《佛山忠义乡志》卷三《乡事志·纪略》：明嘉靖二十九年庚戌，岑远登进士。（居石路铺之石路头。）卷八《循吏·明》：字近基。事亲以孝闻，与兄逵相师友，并有声黉序。领嘉靖丙午乡荐，庚戌成进士。授丹阳令，值年荒盗炽，郭鲜行人。远督兵卫，民俾得尽力田亩，是秋大熟，士民建祠尸祝之。以艰归，起补虞城令。邑小政简，与民相安于无事，日引诸生讲学胶庠，诱掖不倦。当事器之，调繁杞县，甫受命卒于官。才优宦浅，未竟其用，君子惜之。

何鸿　明顺德马宁人。嘉靖二十五年（1546）举人。

［嘉靖］《广东通志》卷十二《明·举人·嘉靖二十五年丙午》：何鸿。

［万历］《顺德县志》卷九《举人·嘉靖二十五年》：马宁，缙云知县。

陈大本　明南海人。嘉靖二十五年（1546）举人。

［嘉靖］《广东通志》卷十二《明·举人·嘉靖二十五年丙午》：陈大本。

［万历］《广东通志》卷二十《广州府·选举·国朝·南海》：嘉靖丙午。

林楘　明三水白坭人。嘉靖二十五年（1546）举人，任湖北大冶县令。父钟，嘉靖二年进士。

［嘉靖］《广东通志》卷十二《人物传·贤良·明·举人·嘉靖二十五年丙午》：三水人，知县。

［康熙十二年］《三水县志》卷十二《人物传·贤良·林钟传》：次子楘，嘉靖丙午举于乡，历官大冶令，有道学惠政。

［康熙四十九年］《三水县志》卷三《乡举·明朝·嘉靖丙午科》：冈头人，钟之子，湖广大冶知县。

罗鸿　字羽捷、九湾，号顺轩，明南海九江人。嘉靖二十五年（1546）举人，次年进士，任江苏常熟知县、御史，回乡养病卒，三十三岁卒。父宪，嘉靖十三年（1534）举人。兄弟鹗。

［嘉靖］《广东通志》卷十二《明·举人·嘉靖二十五年丙午》：经魁，进士。《明·进士·嘉靖二十六年丁未》：广州南海人，御史。

《南海九江乡志》卷三《选举·乡举·嘉靖二十五年丙午科》：中式第四名。《选举·进士·嘉靖二十六年丁未科》：字羽捷，号顺轩。由番禺学习《礼记》，赐同进士出身。初授南直常熟知县，行取御史，疏归养病遂卒。祖珊，举人，知县；父宪，举人，知县；叔忠言，举人。按：省《志》载顺德人，邑《志》载罗纲以子鸿封御史，皆误甚。鸿世居九江，宦后始移居省城东方，擢御史未几即忤严嵩回籍，未尝膺封。父宪，字纲卿，非纲也。卷五《上寿》：罗鹗，号遂渠，明府宪子。工文藻，为诸生不第，放情诗酒，著《梅花园》《云窝》《青门》等集。寿九十二。

［道光］《广东通志》卷七十四《举人五·明·嘉靖二十五年丙午·广州府》：南海人，字九湾，经魁，进士，父宪。

《九江儒林乡志》卷十二《列传·明》：少英迈，举动不凡……常熟南畿剧邑，百冗丛杂，且乡宦多贵人，素称难治。鸿以盛年发硎①新试，视事无不可为，兴学校，宽赋敛，未期月而廉能懋著。擢监察御史，至则摩厉锋距，掊击奸邪，直声振一时，群小侧目。既复疏臣寮罔上植私，语侵执政，大忤严嵩意，将中以法，遂引疾解官。年三十三遽卒。

胡元钊 明三水三江人。嘉靖二十五年（1546）举人。

[嘉靖]《广东通志》卷十二《明·举人·嘉靖二十五年丙午》：教谕。

[万历]《广东通志》卷二十《广州府·选举·乡举·国朝·三水》：嘉靖丙午，助教。

[康熙四十九年]《三水县志》卷三《乡举·明朝·嘉靖丙午科》：三江人，历官东昌府同知。

梁柱臣 字衡南，明顺德龙头人。嘉靖二十五年（1546）举人，三十年为《顺德城东驷马桥碑记》题写碑额。父献言，字谏甫。

[嘉靖]《广东通志》卷十二《明·举人·嘉靖二十五年丙午》：龙头，大理寺正。

[万历]《广东通志》卷二十《广州府·选举·乡举·国朝·顺德》。

[万历]《顺德县志》卷九《举人·嘉靖二十五年》：龙头，大理寺正。

[康熙十三年]《顺德县志》卷五《明朝·乡举·嘉靖丙午》：龙头人，历国子助教、大理寺正，谪永宁州判，仕至马龙州知州。卷八《人物传二·孝友》：梁献言，字谏甫，龙头人……子弟出其门者二百余人，并其嗣柱臣，掇科第者甚众。

[道光]《广东通志》卷七十四《举人五·明·嘉靖二十五年丙午·广州府》：顺德人，字衡南。马龙知州，一作德安推官。

[民国]《顺德县志》卷十五《金石略·石》：《顺德城东驷马桥碑记》，嘉靖三十年，赤城梁柱臣篆额。

梁镇成 明顺德平步人。嘉靖二十五年（1546）岁贡，任广东曲江县训导。

---

①发硎（xíng）：指刀新从磨刀石上磨出来。

［咸丰］《顺德县志》卷十一《岁贡·明·嘉靖》：平步人，丙午，曲江县训导。

黄朝聘　字韦轩，明顺德陈村人。嘉靖二十五年（1546）举人，二十九年进士，官云南布政司参议，得罪权贵辞归。曾祖鸾，弟朝宾。

［嘉靖］《广东通志》卷十二《明·举人·嘉靖二十五年丙午》：进士。《明·进士·嘉靖二十九年庚戌》：佥事。

［崇祯］《南海县志》卷四《进士·明·嘉靖庚戌》：佥事。

［康熙十三年］《顺德县志》卷五《明朝·进士·嘉靖庚戌》：由进士历官参议，谪贰温州，终黎平太守。家居，生平笃孝友，重然诺，周穷恤患，乡党以长厚称。扬历中外，清忠勤恪，能于其官。至却武人于金之馈，时俗尤以为难。竟以直节忤时，不克究其用而卒，士林惜之。

［乾隆］《广州府志》卷三十三《名臣二·明》：鸾之曾孙也。状貌魁伟，性刚介不苟合，与何维柏以文章节气相高……官至云南布政使，痛革宿弊，惩奸慝，所至无敢干以私。权贵重其名，檄令劾所怨且厚赂。公正色曰："明有君父，幽有鬼神。"峻却之。权贵衔之，几至不免，遂三疏乞休。《古今名节集》其所著也。弟朝宾。

［道光］《广东通志》卷七十四《举人五·明·嘉靖二十五年丙午·广州府》：南海人，顺德籍，字宜轩，进士。卷六十九《进士·明·嘉靖二十九年庚戌唐汝楫榜·广州府》：南海人，顺德籍，会魁。参政，一作副使，一作佥事。

［咸丰］《顺德县志》卷十《举人·明·嘉靖》：字韦轩，陈村人……鸾曾孙，朝宾兄。按：阮《志》作南海人，误。丙午科。卷十六《胜迹略·坊表·官坊之属·都宁属》：参藩，在龙津堡黄村，御史陈详道为参议黄朝聘。卷二十二《列传二·明·黄佐传》：兄鸾……曾孙朝聘……积官云南布政司参议……昆弟翕然，同倡海西诗社。

黎复初　明顺德鹭洲人。嘉靖二十五年（1546）举人。

［嘉靖］《广东通志》卷十二《明·举人·嘉靖二十五年丙午》：黎复初。

［万历］《顺德县志》卷九《举人·嘉靖二十五年》：鹭洲。

［咸丰］《顺德县志》卷十《举人·明·嘉靖》：鹭洲人，国子监学录，丙午科。

黎楚　字子立，明顺德石硝（今属南海）人。嘉靖二十五年（1546）举人。

［万历］《顺德县志》卷九《举人·嘉靖二十五年》：石硝，桂林同知。

［万历］《广东通志》卷二十《广州府·选举·乡举·国朝·番禺》：嘉靖丙午，知县。

［咸丰］《顺德县志》卷二十三《列传三·明·何道临》：字子立，石硝人。嘉靖丙午乡举，知乐平县，廉明果断。时有恶少酿祸，楚获首乱者十数人，置之法，境内肃然。邑故无城，楚任建筑役，规划详审，不逾年而告成。擢桂林府同知。

戴朝恩　字东江，明南海人。嘉靖二十五年（1546）举人，任福建尤溪知县，因母丧归。

［嘉靖］《广东通志》卷十二《明·举人·嘉靖二十五年丙午》：知县。

［万历］《广东通志》卷二十《广州府·选举·乡举·国朝·南海》：嘉靖丙午。

［道光］《广东通志》卷二百八十《列传十三·广州十三·明》：字东江，南海人。嘉靖中丙午乡荐，知尤溪。初至官，会山寇窃发，朝恩严防守，增城堞，练士卒，锻戈矛，贮矢石，凡火炬、药箭、铳炮之类无不毕备。次年秋，叛兵连结山贼七千有奇突至，薄城而攻。朝恩招乡兵、猎户分布四门，自督防守三十余日，寇溃围去。以母丧，解官归。

马骏　明顺德水藤人。与邓右林交好，寿七十二岁。父复亨。

［康熙十三年］《顺德县志》卷九《人物传三·行谊·马复亨传》：水藤人，性资雅淡……马骏即亨子也，质直温良有父风。尝慕陶渊明为人，建一味亭，环植松菊，因号“从陶”。与邓右林辈结社松堂，振复先世征君马应辰、愈隆之响，当歌对酒，义重词林。至奉生送死、振难恤孤不遗余力。接人无边幅，犯而不校，人服其量，乐与游。家世衣冠，有所亲欲请建其祖科第祠坊，及言其子扶先、扶道于当涂，骏咸谢却，谓：“吾后当有兴者。”先是，邻豪侵地竟归之，斯盛德事哉！义闻有司，恩例①冠带。邑侯胡公友信欲宾之，辞焉。大中丞庞公尚鹏称其英风懿行，可维持世教、兴复古道云。寿

①恩例：指帝王为宣示恩德而颁布的条例、规定。

七十有二卒。

邓右林　字懋卿，明顺德水藤人。教书供养父母，写诗显现志向。死时，万历二年（1574）到任的县令沈鈇写诔文纪念。

［康熙十三年］《顺德县志》卷九《人物传三·隐逸》：字懋卿，水藤人。性谦谨，言动不苟于礼，事亲孝。母最严厉，林常得其欢心。家贫舌耕，于奉亲必甘旨也。平生志行高洁，澹然自乐。喜吟咏，尝有“市朝无梦来孤枕，势利长空过片云”之句，人传诵之，刻《野怀漫稿》以见志。奉例给以寿官，郡邑屡请乡饮。及卒，县令沈鈇诔之，至比之太丘彦方焉。

梁祖寅　字诚卿，别号冰蘖，明顺德泮浦人。万历十九年（1591）举人，任福建上杭知县。祖观贤、父宗道。子鹏，嘉靖四十三年（1564）举人，万历二年（1574）进士，先于其父入宦。

《粤大记》卷二十二《献征类·行谊芳标·明》：字诚卿，别号冰蘖，顺德人。祖观贤、父宗道皆业儒。公天资秀朗，从游世父西川及钟复轩之门。幼孤奋迅，博综坟典，旁及子史百家，靡不淹贯。屡试有司弗售，则负笈于瓯、粤、连、韶，所至皋比①风严，衿裳云集。暇则出绪余海二子，俾脱颖以继志。长鹗方铿铿有声于庠序间。次鹏负骏才，中万历甲戌进士，历官南户郎中，屹然有公辅望，以阐公志未艾。公又乐善广施，岁歉则群其乡之人为糜粥食之，曰：“于我乎养！”积稍裕，乃又群其乡之子弟而延师训之，曰：“于我乎教！”合宗子姓累累三千余指未有谱帙，则仿欧、苏二氏谱法次而联之，俾宗人有所统而弗涣，其孝弟忠信之实，敬长恤孤之心，自壮至老如一日。其尝训子有句云：“屋漏鬼神在，斋居天地临。”深得圣门敬畏之旨，年方六十七而卒。鹏先尹崇安，考绩居最，赠公文林郎如其官，母唐封孺人。敕词有曰：“衡门乐道，里闬传经。长厚重于乡评，义方严于庭训。其贤足觇已，其后赫赫显盛允宜。”

［康熙］《广东通志》卷十五《选举上·广州府·举人·明·南海》：万历辛卯。

［道光］《广东通志》卷七十五《举人六·明·万历十九年辛卯·广州府》：顺德人，番禺学，上杭知县。《顺德志》作南海籍，今南海、番禺《志》

①皋比：本意虎皮。后代指讲席。

俱无。郝《志》重见南、番，误。

区运（明嘉靖） 明高明阮埇人。嘉靖二十六年（1547）岁贡。

[康熙八年]《高明县志》卷四《元明·恩岁贡》：阮埇人，嘉靖二十五年岁贡，任广西融县教谕。

[道光]《高明县志》卷十二《贡生·明》：阮埇人，嘉靖二十六年岁贡，任广西融县教谕。

区著 明高明官当人。嘉靖二十六年（1547）岁贡。

[万历]《肇庆府志》卷六《选举表二·国朝岁贡·嘉靖·高明县学》：楚雄经历。

[康熙八年]《高明县志》卷四《元明·恩岁贡》：清溪人，嘉靖二十六年超贡，任云南楚雄府经历。

[道光]《高明县志》卷十二《贡生·明》：官当人，嘉靖二十六年超贡，任云南楚雄府经历。

吴慧 明南海人。嘉靖二十七年（1548）岁贡，任山东日照教谕。

[道光]《南海县志》卷二十《贡生荐辟·明嘉靖朝》：戊申岁贡，日照教谕。

文济武 明顺德大良人。嘉靖二十八年（1549）举人。

[嘉靖]《广东通志》卷十二《明·举人·嘉靖二十八年己酉》：知县。

[万历]《顺德县志》卷九《举人·嘉靖二十八年》：大良，福州通判。

区次颜 字德愚，明南海西樵松塘村人。嘉靖二十八年（1549）举人。父翰；子庆云，万历三十四年（1606）举人。

[嘉靖]《广东通志》卷十二《明·举人·嘉靖二十八年己酉》：区次颜。

[万历]《广东通志》卷二十《广州府·选举·乡举·国朝·南海》：嘉靖己酉，知州。

[万历]《南海县志》卷十一《人物列传二》：字德愚。父翰，有阴德，生次颜孝友慷慨，能任大事。登嘉靖己酉榜，筮仕河南新蔡学谕。太守徐中

行独重之，拔十三州邑髦俊，辟漆雕书院属以董教，多所成立。甲子典试山东，得名士王象坤为榜首，及今户部尚书赵世卿，时称藻鉴。擢知广西北流县，先是，瑶贼为厉，屡破城残掠，官以谴去。次颜力振颓纲，昼则视事，夜则登陴，亲督兵擒斩那留、茅田等数十名，贼辟易不敢近。有州幕老而跛，挟上官势求县捕，次颜力拒不许。巨猾杨绍尧揽纳窝访为一方蠹，次颜廉得其状，三木①囊置通衢立毙之。司府差役小有需索，即执逮不避，如此□甚夥，是以虽得民心而权贵侧目，仅迁养利知□□□□□□□□□□唐鍊奏立，养利有贡举自□□□□□□□□□□陋规岁可五百金。委擒忠州叛酋黄贤相，家资巨万悉弃不取。上赐金旌功，次颜与焉。他如议建新宁州治、议清宣化丁粮、议设八寨屯戍皆见施行，为左江永利。邑簿李某凭上恣睢，赃私狼籍，次颜发其奸状，而某所凭深衔，欲中之矣。会父病笃，乞养不得，旋以忧罢，仇者遂计落次颜职。家居二十年，未尝以片刺干有司，结庐粤秀山下，人罕觌其面。所得俸醵入祖祠，余均沾兄弟、宗戚，及卒仅具衾敛。至今养利祠祀之，所著有《宁野堂稿》藏于家。子庆云，举万历丙午第四人。

［崇祯］《南海县志》卷十《人物列传》：如此类甚夥，是以虽得民心而权贵侧目，仅迁养利知州。州故无学，首请御史唐炼奏立，养利有贡举自次颜始。又革〔土〕目供应陋规，岁可五百金。

［康熙］《南海县志》卷十二《人物传·循吏·明》：自次颜如革土目供应陋规，岁可五百金。

［道光］《广东通志》卷一百九十六《艺文略八·集部二》：《安野堂稿》，明区次颜撰，未见。

邝元辅　明南海人。嘉靖二十八年（1549）举人。祖澄，成化二十二年（1486）举人；父仲学。

［嘉靖］《广东通志》卷十二《明·举人·嘉靖二十八年己酉》：邝元辅。

［万历］《广东通志》卷二十《广州府·选举·乡举·国朝·南海》：嘉靖己酉。

［康熙四十九年］《三水县志》卷三《乡举·明朝·嘉靖己酉科》：南海人，寄学中式。

［道光］《广东通志》卷七十四《举人五·明·嘉靖二十八年己酉·广州府》：南海人，三水学，教谕。祖澄，父仲学。

①三木：木制重刑刑具，枷在犯人颈、手、足三处。

龙尧达 明顺德大良人。嘉靖二十八年（1549）举人。祖澈。

［嘉靖］《广东通志》卷十二《明·举人·嘉靖二十八年己酉》：顺德。

［万历］《顺德县志》卷九《举人·嘉靖二十八年》：大良，永定知县。

［咸丰］《顺德县志》卷二十三《列传三·明·龙宣和》：父澈……澈孙尧达，嘉靖己酉乡举，福建永定令。

杜一元 明南海人。嘉靖二十八年（1549）举人。

［嘉靖］《广东通志》卷十二《明·举人·嘉靖二十八年己酉》：杜一元。

［万历］《广东通志》卷二十《广州府·选举·乡举·国朝·南海》：嘉靖己酉，知县。

李质 字崇义，明顺德陈村人。嘉靖二十八年（1549）举人。子需光。

［嘉靖］《广东通志》卷十二《明·举人·嘉靖二十八年己酉》：李质。

［万历］《顺德县志》卷九《举人·嘉靖二十八年》：龙津。

［道光］《广东通志》卷七十四《举人五·明·嘉靖二十八年己酉·广州府》：顺德人，字崇义，子光需。

吴兆榴 字宾皋，明顺德水藤人。嘉靖二十八年（1549）举人。子万里。

［嘉靖］《广东通志》卷十二《明·举人·嘉靖二十八年己酉》：吴兆榴。

［万历］《顺德县志》卷九《举人·嘉靖二十八年》：水藤。

［乾隆］《顺德县志》卷十《举人·明朝·嘉靖己酉》：水藤人，有信义称，未仕卒。

［道光］《广东通志》卷七十四《举人五·明·嘉靖二十八年己酉·广州府》：顺德人，字宾泉，子万里。

［咸丰］《顺德县志》卷十《举人·明·嘉靖》：字宾皋，水藤人，万里父，己酉科。

岑用宾 字允穆，明顺德沙滘人。嘉靖二十八年（1549）举人，三十八年（1559）进士。隆庆初年（1567）弹劾台阁首辅高拱，遭报复外放浙江绍兴知府，再贬陕西宜川县丞，不足一月去世。父万。

［嘉靖］《广东通志》卷十二《明・举人・嘉靖二十八年己酉》：进士。《明・进士・嘉靖三十八年》：顺德人，推官。

［万历］《广东通志》卷二十五《人物三》：用宾，字允穆，万长子。嘉靖己未登进士，授衢州推官，补池州。景王归葬，官校以供张不给，多凌虐有司，二千石而下不免。守属用宾，能独称办而民亦不扰。擢南京户科给事中，喜论，奏章凡数十上，劝经筵、崇立学、择师儒、举遗逸、减织造尤其大者。大学士高拱负才刚狠，狭中而忌，隆庆初为给事中魏时亮所劾，而御史齐康希拱旨劾大学士徐玠，上皆不问。用宾乃奏言："两人日侍左右，心孰邪正，行孰臧否，量孰广狭，岂能逃遁圣鉴？高拱刚愎自用，苛刻立威，决非端人，小则殃民，大则误国，乞令致仕，以杜厉阶。"不听。拱深衔之，以此出为绍兴守。绍兴人闻用宾来，计必武健自用。及至，乃更为宽和，立教条，木铎以徇，务在德化，于是绍兴人大喜。有故人欲馈用宾，畏其廉，托以茗进。用宾面发之得金，大怒绝焉。既入计，谪陕宜川丞，犹以前憾故，至逾月卒。自严嵩当国，沈杨辈以直言贾祸，人皆结舌。及用宾在职，言路复振，终亦不免贬死，海内惜之。有《小谷集》行于世。

［万历］《顺德县志》卷七《人物志第七之一》：岑用宾者，葛岸人也，字允穆。父万，字体一，进士，官河南右布政使，所至以清谨称。用宾父虽方岳，谦约若家人子。成进士，推官衢州。母丧服除补池州，景王归葬供张办。给事南京户科绾六印，多所论奏，崇经筵、购典籍、议从祀、择师儒、举遗逸其大者。尝劾福建督抚汪道昆曰："道昆监军闽中为军窘辱，遮留两日夜所以得脱者，臣不忍言之也。今晋都御史督治之，如以羊牧狼，外见轻忽，内生疑畏。兵符上之所赐，以指师命众也，移军不奉而行，委于婢子家人，失火遂致焚毁。海寇吴平蹂躏我边疆，系累我民人，虔刘我官校①，虏我卒五百断趾遣归耻辱我。道昆一策不施，徒置酒乌石山平远台，与客为长夜之饮，袒露跳梁，比弄歌儿，羞污印绶。所征东阳战士、材官、队长悉从资得，羽书交驰，孰能窥左足而先应哉？阘茸②淫贪，不宜久握兵柄，为国患害。"道昆坐免。大学士高拱俊材过绝于人，勇猛果敢，处事不疑，内或迫狭猜忌。隆庆初为给事中魏时亮举劾，而御史齐康又劾大学士徐玠，上皆不问。用宾乃奏言："两人日侍左右，心孰邪正，行孰臧否，量孰广狭，岂能遁逃？去留视之，何疾之藏比于山薮，盖指拱也。"又正劾之曰："高拱文章雄俊，策画

①官校：泛指低级文武官吏。

②阘茸：指人品卑劣或庸碌无能。

卓诡，臣岂敢诬？第其刚愎自用，苛刻立威，无纤介爱利之风。意忌文深，决非端人，小则殃民，大则误国。虽曾授经，臣子常分，何足称伐？乞令致仕以杜厉阶，拱亦全进退之节。”不听。用宾居谏垣三年，据法以弹，其所贬退皆应令，惟汪道昆有文为海内操觚①之士所归。拱柄臣，死生荣辱在其呼吸，莫敢有犯之者。用宾不缩朒②，故直声籍甚，亦以此出守云。其治绍兴持大体，不苛细，为条教使木铎以徇，务在以德化民。入觐谪丞陕之宜川，犹尚以前过也，至逾月卒。余侄梦熊时言边事谪丞郃阳，经纪其丧，友人太仓王世贞裒其遗文梓之。初用宾严事③南海曾应珪，尝戒之曰：“材美易折，玉美易缺。予不能从子而翱翔，子亦思免于难。”后用宾赴谪，乃叹曰：“昔惭柳下，今愧应珪。”应珪内朗，风节特峻，故沉冥以混世，盖柳下之流。卷九《进士·嘉靖三十八年》：万子，绍兴知府。

[咸丰]《顺德县志》卷二十三《列传三·明·岑万》：长子用宾……先后劾勋臣英国公张溶、丰城侯李儒、遂安伯陈鏸及朱希忠、李庭、黄光昇、钱邦彦、雷礼、吕光询。

何汉（明嘉靖） 明高明阮埇人。嘉靖二十八年（1549）岁贡。

[万历]《肇庆府志》卷六《选举表二·国朝岁贡·嘉靖·高明县学》：岷府教授。

[康熙八年]《高明县志》卷四《元明·恩岁贡》：阮埇人，嘉靖二十八年岁贡，任湖广黔阳县教谕。

何贤 明南海人。嘉靖二十八年（1549）举人。

[嘉靖]《广东通志》卷十二《明·举人·嘉靖二十八年己酉》：助教。

[万历]《广东通志》卷二十《广州府·选举·乡举·国朝·南海》：嘉靖己酉，同知。

何思赞 原名思聪，字绍襄，明顺德黄连人。嘉靖二十八年（1549）举人，次年进士。隆庆初升福建盐运使，晋阶大中

---

①觚（gū）：古代用来书写的木简。操觚：原指执简写字，后即指写文章。

②缩朒（suōnǜ）：行动迟缓貌、退缩不前貌。

③严事：师事，拜师门下学习。

大夫。辞归三十年，寿八十二岁。祖一逵，父鳌。

[嘉靖]《广东通志》卷十二《明·举人·嘉靖二十八年己酉》：何思聪，进士。《明·进士·嘉靖二十九年庚戌》：顺德人，知府。

[万历]《顺德县志》卷九《举人·嘉靖二十八年》：何思聪，进士，改名思赞。《进士·嘉靖二十九年》：鳌子，福建转运使。《封赠·都转运使》：何一逵，思赞祖，赠。

[康熙十三年]《顺德县志》卷五《明朝·乡举·嘉靖己酉》：黄连人，进士。卷七《人物传一·德业》：字绍襄，鳌之子也。以《礼经》登二甲进士，授南京户部主事，历陕西司员外郎、四川司郎中，廉谨练达有声。迁梧州守，勤抚字，梧民甚德焉，立祠祀之。升福建盐运使，玺书褒美有"清修足以激贪励俗，明察足以祛蠹厘奸"之称。考满晋阶大中大夫，覃恩诰赠三代。致仕，优游林下三十载，建义仓以备凶歉，当道重其齿德，屡聘宾筵。寿八十二卒。曾孙光。

[咸丰]《顺德县志》卷二十三《列传三·明·何鳌》：思赞，字绍襄，鳌子……隆庆初升福建盐运使，廉洁自持，商人供应悉却不受。三载考满，赐玺书褒美有"清修励俗，明察烛奸"语……性质直，耻以脂韦①事上官，遽辞职归。

何梦龙　字节庵，明南海人。嘉靖二十八年（1549）举人。

[嘉靖]《广东通志》卷十二《明·举人·嘉靖二十八年己酉》：何梦龙。

[万历]《广东通志》卷二十《广州府·选举·乡举·国朝·南海》：嘉靖己酉，知县。

[道光]《广东通志》卷七十四《举人五·明·嘉靖二十八年己酉·广州府》：南海人，番禺学，字节庵，宜山知县，今《番禺志》失载。

何惠　明南海人。嘉靖二十八年（1549）举人。

[嘉靖]《广东通志》卷十二《明·举人·嘉靖二十八年己酉》：何惠。

[万历]《顺德县志》卷九《举人·嘉靖二十八年》：南海。

[万历]《广东通志》卷二十《广州府·选举·乡举·国朝·南海》：嘉靖己酉，知县。

---

①脂韦：油脂和软皮，比喻阿谀或圆滑。

郑昊　字祖钦，明顺德伦教人。嘉靖二十八年（1549）举人，四十四年进士，历江苏江阴县令、工部郎中、广西柳州太守。父汉奎。

［嘉靖］《广东通志》卷十二《明·举人·嘉靖二十八年己酉》：郑昊。

［万历］《顺德县志》卷八《人物志第七之二》：郑昊者，伦教人也，字祖钦。其先汉章，得金蒲涧，访其主还之者也。昊善属文，温醇如其人，登进士，知江阴县。补海盐，里甲海塘，前令筹策未竟，昊卒就之。主事南户部，郎中工部。出守柳州，会八寨之役，又暵①久，百姓嗷嗷。昊殚力昼夜，八寨平，赐金，无何，卒。昊长者，未尝以其贵加人，里人甚爱称之。卷九《进士·嘉靖四十四年》：伦教，柳州知府。《封赠·主事》：郑汉奎，昊父，赠。

郑献衷　字洪冈，明南海人。嘉靖二十八年（1549）举人。

［嘉靖］《广东通志》卷十二《明·举人·嘉靖二十八年己酉》：郑献衷。

［万历］《广东通志》卷二十《广州府·选举·乡举·国朝·南海》：嘉靖己酉。

［崇祯］《南海县志》卷四《乡举·明·嘉靖己酉》：知县。

［道光］《广东通志》卷七十四《举人五·明·嘉靖二十八年己酉·广州府》：南海人，字洪冈，知县。

杨佐　字相夫，别号少槐，明南海人。九次应试不第，嘉靖二十八年（1549）贡生，三十七年选广西思恩府经历，荐兴安知县，升岷府审理，一个月后卒。子瑞云。

《粤大记》卷二十《献征类·循良懋绩·明》：字相夫，别号少槐，南海人。弱冠为博士弟子员，检身绩学，为欧阳石冈诸公所重。然九试场屋不一合于有司，己酉贡于南宫，业于太学。值北虏入寇，以司业赵公兼佥都御史讲武事，公入侍经幄，出参戎幕，赵公亟称之。待选于家，从甘泉先生讲心性之学，卓然自得。戊午谒选，为思恩府经历。时有土目韦帅者弑其主，摄府事。党同知畏不敢问，以印付公。公慨然任之，集该司旧目，出故巡检幼子，以大义感动之，众皆掩泣请效力，乃帅众逐韦帅，帅走田州死焉。按台陈我渡公檄褒之，使摄上恩州及宣化县事，咸登于理。荐升兴安知县，恭勤

①暵（hàn）：干枯、干旱。

廉惠，坚秉一节。又停逋负之征，出滥逮之狱，正豪强武断之罪，吏畏而民怀之。升岷府审理，至任逾月而卒。三洲李公为志其墓，称其“廉足励俗，惠足济众，勇足御侮，智足解纷，而正足格物，为应世之具”云。子瑞云，登甲戌科进士，居官所至赫赫有声。

黄骝　字寅甫，明南海人。八十岁。外甥杨瑞云，万历二年（1574）进士。

［万历］《南海县志》卷十一《隐逸·明》：字寅甫。幼聪敏，读书一目成诵。稍长补弟子员，五经子史无不淹贯。岁大比①，往藩司前看榜，一见尽将榜内姓名、学分、经书录完，一字不差，其强记如此。杨瑞云进士其甥也，初令华亭，以俸金馈之，斥出不纳。瑞云转京秩年已耄，犹呼其名。真诚无伪，言笑不苟。与人借书，读遍即还，以五经扁其□□□□□□。使登第入官，可备顾问，惜以丘壑②。

［崇祯］《南海县志》卷十一《隐逸·明》：惜以丘壑老焉。卒年八十，世比之李孔修云。

梁符　明顺德人。嘉靖二十八年（1549）举人，任福建福州府同知。父用逵。

［嘉靖］《广东通志》卷十二《明·举人·嘉靖二十八年己酉》：梁符。

［万历］《顺德县志》卷九《举人·嘉靖二十八年》：甘溪，福州同知。

［康熙］《广东通志》卷十六《人物上·广州府·明·梁用逵传》：子符，复以《易经》中式嘉靖己酉乡试，考选为天下第一，授福建福州府同知。与海瑞同年最厚，立身行己，相为砥砺。后随总兵戚继光征倭，监军转饷，运筹为多，上赐金奖谕，以亲老乞致。

梁任大　明南海人。嘉靖二十八年（1549）举人。兄任重。

［万历］《广东通志》卷二十《广州府·选举·乡举·国朝·南海》：嘉靖己酉。

［道光］《广东通志》卷七十四《举人五·明·嘉靖二十八年己酉·广州府》：南海人，任重弟。

---

①大比：即乡试，中者称举人。

②丘壑：泛指山水美丽的地方，亦谓隐逸。后缺一行。

梁绍曾　明顺德石硝（今属南海）人。嘉靖二十八年（1549）举人。曾祖储。

［嘉靖］《广东通志》卷十二《明·举人·嘉靖二十八年己酉》：梁绍曾。

［万历］《顺德县志》卷九《举人·嘉靖二十八年》：石硝。

［道光］《广东通志》卷七十四《举人五·明·嘉靖二十八年己酉·广州府》：顺德人，大学士储曾孙。

崔吉　明南海人。嘉靖二十八年（1549）举人，三十五年进士。父德厚。

［嘉靖］《广东通志》卷十二《明·举人·嘉靖二十八年己酉》：进士。《明·进士·嘉靖三十五年丙辰》：南海人，主事。

《粤大记》卷五《科第·皇明进士科·嘉靖三十五年丙辰科诸大绶榜》：南海县人。户主事、员外郎，降州同，升知州。

［万历］《广东通志》卷二十《广州府·选举·进士·国朝·南海》：嘉靖丙辰，同知。《封赠·国朝·南海》：崔德厚，以子吉赠户部主事。

［康熙四十九年］《三水县志》卷三《乡举·明朝·嘉靖己酉科》：南海人，寄学中式，嘉靖丙辰进士。

［道光］《广东通志》卷六十九《进士·明·嘉靖三十五年丙辰诸大绶榜·广州府》：南海人，三水学。二甲五名，同知。

［道光］《南海县志》卷二十《进士·明嘉靖朝》：福州通判，据《福建志》参修，丙辰科。

［宣统］《南海县志》卷十《拾遗订误·进士》：丙辰，户部员外郎，前《志》但云福州通判。嘉靖朝，明。

霍超　字两湾，明南海人。嘉靖二十八年（1549）举人，三十二年进士。子公悦。

［嘉靖］《广东通志》卷十二《明·举人·嘉靖二十八年己酉》：广州南海人，见进士。《明·进士·嘉靖三十二年癸丑》：评事。

［万历］《广东通志》卷二十《广州府·选举·进士·国朝·南海》：嘉靖癸丑，大理评事。

［道光］《广东通志》卷七十四《举人五·明·嘉靖二十八年己酉·广州府》：南海人，字两湾，进士，子公悦。

李世勋 明南海人。嘉靖二十九年（1550）武进士。

［嘉靖］《广东通志》卷十二《选举表下·明·武科（赴京师中式者）》：南海人，庚戌科，广州前卫镇抚。

［崇祯］《南海县志》卷四《武科·明》：嘉靖庚戌，广州前卫镇抚。

［康熙］《广州府志》卷二十八《选举下·武进士·明·南海》：嘉靖庚戌进士，前卫镇抚。

区金津 明高明官当人。嘉靖三十年（1551）岁贡。

［万历］《肇庆府志》卷六《选举表二·国朝岁贡·嘉靖·高明县学》：松溪教谕。

［崇祯］《肇庆府志》卷七《明·岁贡·嘉靖·高明县学》：龙溪教谕。

［康熙八年］《高明县志》卷四《元明·恩岁贡》：清溪人，嘉靖三十年岁贡，任福建松溪县教谕。

［道光］《高明县志》卷十二《贡生·明》：官当人，嘉靖三十年岁贡，任福建龙溪训导。

梁有誉 （1521—1556）字公实，明顺德乾滘（今北滘镇广教村）人。嘉靖二十二年（1543）举人，二十九年（1550）进士，授刑部主事。在京与李攀龙、王世贞、谢榛、宗臣、徐中行、吴国伦共结诗社，史称后七子。回乡种菜著书，寒病而卒。父世骠，弟有兆、有祯，子逄。

［嘉靖］《广东通志》卷十二《明·举人·嘉靖二十二年癸卯》：进士。《明·进士·嘉靖二十九年庚戌》：番禺人，主事。

［万历］《顺德县志》卷九《进士·嘉靖二十九年》：桂林，刑部主事。

［康熙］《广州府志》卷三十九《人物志十·儒林列传·明》：字公寔。父世骠，辛巳进士，为御史、按察佥事，严于庭训。有誉童时日诵数千言，长益湛思，博核工诗文。登嘉靖庚戌进士，授刑部主事。时有自少被虏入狄者，迨长奔归，侦者得之以为间谍，廉得其情，遂从轻典，其善折狱类此。与李攀龙、王世贞、徐中行、宗臣诸部郎，吴国伦舍人、谢榛辈布衣倡和，篇咏为人所传诵，时称七才子。岁余上章归养，既议改吏部，誉笑曰："吾自欲归，岂为觊要秩哉。"竟致去。既归一切杜绝，务穷作者之奥。当道踵门辄谢，乡里纨绔子屏不相闻，于潦倒书生日三接弗厌也。未几卒，年三十有六。誉一时推为词宗而貌甚古，笃孝友，践言诺，取与严于一介。居官澹如也，衣数浣不易。与诸贵游间过，一肉不再簋。所著有《兰汀稿》行于世。

[康熙十三年]《顺德县志》卷七《人物传一·德业》：字公实，桂林人。父世骠以进士为御史，转福建佥宪，所至以风裁著。公实少颖悟绝伦，长趋庭训，益肆力于学，自经史以逮百家稗说，靡不流览精究。至性孝友，父没后，奉其母太孺人甚欢，遇诸弟曲尽友爱。至于朋好之谊最利断金，然不以市道交也。为诸生，籍籍名誉起粤中，虽日从事训诂括帖①语，非其好也。与黎民表兄弟暨欧大任、梁孜、梁柱臣辈讲业于黄才伯先生之门，以古文辞相劘切，尤砥砺行谊……公实授曹事，奉职惟谨。时有贵臣被谗论死下狱者，虽法不可贷，公实意悲怜之，为之洗沐，左右皆感叹泣下。狱中有囚为一相知者所恶，令公实文致成狱，竟不从，讼系宽释之。边人少时被掠虏中，比长奔归，侦者得之以为间谍，讯得其情竟宥之。其治狱务平反文无害，省中称为长者，自大司寇以下咸敬重之。居曹日无事，得以博综研钻，多所撰著，求当于古作者自期待。每乘休沐暇，出与山人谢榛、吏部郎宗臣，比部郎李攀龙、徐中行、王世贞，舍人吴国伦相倡和为乐，每篇咏出都，人争传诵之，比之邺中洛下游，称七子焉。旅食三载，萧然客邸中，绝迹权贵，即袁州柄国、建安持衡，甚怜其才，竟不能致也。为比部岁余，即上疏谢病归，奉其母太孺人家园中，怡怡色笑②，自谓“三公不与易”。课两弟有兆、有贞，俱成艺业，竞爽儒林。暇复构拙清楼，读书啸咏其中，嚣嚣然自得也。郡国大吏慕公实名，门外干旄③相踵，则以一苍头谢却不任客。乡里纨绔子绝迹不相闻，楼中悬榻，非其人竟弗为下也。尝与黎民表约游罗浮，值飓作不果，而友人欧大任、梁柱臣方游西樵归，公实得览二人所为西樵诗，意翩翩然欲往。无何卧疾竟卒矣，时年三十六，有《比部集》行于世。子逢，登郡学诸生，有名，能世其家。

[乾隆]《顺德县志》卷十三《文苑》：乾滘人……先是，李攀龙官刑曹，与濮州李先芳、临清谢榛、孝丰吴维岳辈倡诗社。□□□初释褐，先芳引入社，遂与攀龙定交。明年，先芳出为外吏，又二年，宗臣与有誉入，是为五子。未几，徐中行、吴国伦亦至，乃改称七子。诸人多少年，才高气锐，互相标榜，视当世无人，七才子之名播天下。摈先芳、维岳不与，已而榛亦被摈，攀龙遂为之魁。其持论谓文自西京、诗自天宝以下俱无足观，于本朝独推李梦阳，诸子翕然和之，非是则诋为宋学。居三年，严嵩柄国，子世蕃欲亲有誉，有誉耻为亵狎，以养母告归……所著有《兰汀集》。弟有贞。

---

①括帖：泛指科举应试文章。

②色笑：指和颜悦色的态度。

③干旄：代指卿大夫。

［咸丰］《顺德县志》卷二十三《列传三·明·梁有誉》：所为诗文绝工，弱冠补弟子员（《进士题名碑》云番禺籍，阮《志》据明抄本旧《题名录》云府学）……先是，李攀龙与李先芳辈开诗社于都门，王世贞释褐入，而先芳以官外出，有誉继之。既而徐中行、吴国伦亦至，于是五子、七子先后皆有有誉……有誉善相人，谓同社宗臣曰："子甚贵，而无年已。"又自叹曰："吾亦不久于人世。"有誉死六年，宗臣果死，得年同。

孙裔兴　（约1521—约1582）字奉初，号居素，明南海人。嘉靖十九年（1540）举人，四十四年授上海崇明知县。三年期满，召为陕西道御史。得罪首辅高拱，出任福建屯田佥事，三年后自请退休回家。六十二岁卒。弟振兴、嗣兴，子蕙、萱。

［嘉靖］《广东通志》卷十二《明·举人·嘉靖十九年庚子》：孙裔兴。

《粤大记》卷十九《献征类·清直高踪·明》：字奉初，号居素。德性和平，弱冠领庚子乡荐。乙丑谒选，授直隶崇明县令。编差即日而定，委浚水利，旬日告成，郡守讶为神工。崇明沙田旧多欺隐，公丈出余亩，召贫民给之，百姓立以颂其功。邑有戍兵，巡道议革之，业已申文抚按，公谓："崇明滨海，兵难轻革。"执不可。院、道博访竟如公言，众乃服其练。公实爱民，利兴弊革，至今民尸祝之。三载绩最，召为陕西道监察御史。时司礼监孟冲弄权，公疏其罪，当事者称其正直。赵大洲与高冲玄不睦，告休濒行，诸御史不敢出送。公谓："大洲以署院而行，台官岂容不送？"率一二同寅郊饯之，冲公衔焉。出为福建屯田佥事，至则清厘屯弊，豪贵敛手。署学道，考选不徇私嘱，士论重之。三载秉公执法如一日，以赍捧事竣丐休。杜门养静，年六十二卒。公天性孝友，操尚廉介，兄弟三人自相师友。仲弟濂中己酉乡试，任长乐令，练达有为。季弟嗣兴以选贡令南安，廉靖不苟。子蕙，领乡荐，任修仁令，有循良声。次子萱，庠生，进取未艾。

［万历］《广东通志》卷二十《广州府·选举·封赠·国朝·南海》：孙鋕，以子裔兴赠崇明知县。

［万历］《南海县志》卷十《人物列传二》：字奉初。家世武弁，裔兴始以经术领嘉靖庚子乡荐。筮仕崇明县，初至即如老吏洞悉民隐，审编、清丈有法，又浚水利溉旱田千余顷，崇民赖之。召为陕西道御史，尤鲠直敢言，疏救同僚詹仰庇廷杖、劾司礼太监孟冲弄权，皆撄逆鳞，几不免。辅臣赵贞吉与首辅高拱不协罢政，在位者莫敢送，裔兴独郊饯之，以此忤拱。出为福建屯田佥事，田多侵于豪贵，裔兴为按尺籍清隐占，务足军需。选贡届期，移摄督学，力拒请托，不肯以盛典私故人。是时，裔兴年甫强仕，声起八闽

籍甚。顾独厌薄荣进，常有挂冠之思，而子蕙业举于乡，遂因入贺□□□□致政。家居六载，恬淡自如……抚幼妹，捐金营嫁不啻己出。至于功名之际，急流勇退，时论多之。蕙后仕至广西通判。

［崇祯］《南海县志》卷十《人物志》：裔兴始以经术领万历庚子乡荐……遂因入贺具疏①请告致政。督府凌云翼素知裔兴廉，赠以腴田，不受。暮年犹屡膺荐剡，竟不及用而卒。裔兴天性诚笃，早丧父，孺慕恳切，其奉祖母许、母黄劳养备至。

马拯　（1521—约1540）字壮与，别号双村，明南海吉利上村（今属禅城南庄）人。十三岁入郡学，嘉靖十六年（1537）举人第一名，次年进士。告假归娶，赴选授工部主事，不久卒于任。妻陈氏。

［嘉靖］《广东通志》卷十二《明·举人·嘉靖十六年丁酉》：解元，进士。《明·进士·嘉靖十七年戊戌》：主事。

［万历］《南海县志》卷十一《列女·明》：陈氏，主事马拯妻。拯以妙龄擢解，连登制科，归娶。未几，卒于任。陈年仅十八，扶榇归葬，抚一孤女孀居，矢志不渝。万历甲申具题旌表。

［康熙］《广州府志》卷三十九《儒林列传·明》：字壮与，别号双村，南海人。少颖悟，于经史过目成诵。年十三岁入郡庠，督学田公汝成试，居首等。巡按余本会考第一，奇其文，遂中丁酉科解元。戊戌连登进士，与卢梦阳齐名，时称“卢马”。拯年方弱冠，请告归娶。赴选，授工部主事。介直自持，不徇内竖嘱托。未数月，卒于任，人咸惜其才未竟其用。然公才名自足不朽，何问年哉！

［道光］《广东通志》卷七十四《举人五·明·嘉靖十六年丁酉·广州府》：解元，南海人，时年十七，连登进士。卷六十九《进士·明·嘉靖十七年戊戌茅瓒榜·广州府》：南海人，二甲，工部主事。

［道光］《南海县志》卷四十一《列传十·列女·明》：陈氏，吉利堡主事马拯妻也。

卢梦阳　（约1522—？）字少明，别号星野，明南海叠滘堡人。十四岁入郡庠，与马拯齐名。嘉靖十六年（1537）举人，

---

①具疏：备文分条陈述。

次年进士，请假完婚。十九年授刑部主事，升员外郎。二十九年任会试监考，母丧服孝期满补郎中。转左副都御史，督学闽中。三十四年迁辽东苑马卿，转云南参政。四十一年入觐，迁福建右布政使，为秦御史疏论罢职。父世儒；子禋早卒，其妻梁氏守节。

［嘉靖］《广东通志》卷十二《明·举人·嘉靖十六年丁酉》：进士。《明·进士·嘉靖十七年戊戌》：参政。

《粤大记》卷五《科第·皇明进士科·嘉靖十七年戊戌科茅瓒榜》：南海县人，提学副使，历官布政使，著《星野文集》。卷十八《献征类·藩监宣劳·明》：字少明，别号星野，南海人。甫十岁，通经书大义。十四入郡庠，督学田豫阳公奇其文。丁酉举乡荐第六，戊戌登进士，时方弱冠，请告毕姻。庚子谒选授刑部主事，尽心谳议①，明允有声。升员外郎，两拜恩纶，封厥父母。寻奉敕录囚②两浙，所释活者若干人，具《恤刑录》中。庚戌典试礼闱，所得多名士。以丁内艰起补郎中，未几转宪副督学闽中，青衿斌斌奋起，会元田一俊、榜眼黄凤翔、探花林士章皆公所鉴识者。乙卯迁辽东苑马③卿，寻转云南参政。辛卯乡科人棘，录中文序多出手笔。壬戌入觐，迁福建右布政使，会赍《万寿表》过里，会邸报为秦御史疏论罢职，公怡然安之。夙性聪悟，与同邑双村马拯齐名，时称"卢马"。马举丁酉解首，同连登甲第。当时才名烨烨，而马不寿，授工部主事而卒，时论惜之。公雅好文词，贮书万卷，所著文集藏于家。

［崇祯］《南海县志》卷四《封赠·明》：卢世儒，以子梦阳封郎中。卷十二《艺文志·书目》：《竹园集》《东征集》《西征集》《胜奕索》，卢梦阳撰。

［道光］《广东通志》卷七十四《举人五·明·嘉靖十六年丁酉·广州府》：南海人，第六名，连登进士。卷六十九《进士·明·嘉靖十七年戊戌茅瓒榜·广州府》：南海人，二甲，福建右布政使。

［道光］《南海县志》卷三十六《列传五·明·卢梦阳》：所著《焕初堂文集》藏于家。卷二十五《艺文略一·子部·儒家类》：《卢氏家训》，明卢梦阳撰，据《焕初堂稿》。

---

①谳（yàn）议：议处案件。

②录囚：巡视监狱，对在押犯的情况进行审录，以防止冤狱和淹狱。

③苑马：明朝掌管养马的机构。

霍与瑕 （1522—?）号勉斋，明南海深村堡（今属禅城）人。嘉靖十九年（1537）举人，三十八年进士，授浙江慈溪知县，得罪御史鄢懋卿，罢归西樵六年。隆庆二年（1568）复出，任浙江鄞县知县、南太仆丞、兵部员外郎。出为广西佥事，平黄金彪之叛有功。任江西鹾宪，一年后又为御史张简弹劾，归乡二十多年死。父韬，孙蒙拯。

［嘉靖］《广东通志》卷十二《明·举人·嘉靖十九年庚子》：进士。《明·进士·嘉靖三十八年己未》：广州南海人，知县。

《粤大记》卷五《科第·皇明进士科·嘉靖三十八年己未科丁士美榜》：韬之子，南海县人。知慈溪县，觐休，复起知鄞县。太仆寺丞，历官佥事。

［万历］《南海县志》卷十一《人物列传二·霍韬传》：与瑕登嘉靖己未进士，授慈溪知县。时邑罹倭祸，遐迩萧条。与瑕筮仕之初，缵父家声，振以明敏，政行令肃，豪猾敛手，慈民甚德之。御史袁淳受权贵指以列白简，民赴阙诉留不得，归卧西樵者六年。隆庆戊辰，用给事中张卤等荐，召补鄞令。俄迁南太仆丞，转兵部员外郎。寻出为广西佥事，饬兵左江。土酋黄金彪叛，督府议进讨，与瑕以计缚致。又抚八寨、城新宁州俱有功。会忧去，御史唐錬劾调简，时兵部尚书谭纶重其才，为除江西鹾①宪，逾年复为御史张简所劾。与瑕叹曰："吾安能随时俯仰，视人眉睫乎？"遂拂衣归，二十余年卒。所著有《勉斋集》，慈人祀诸名宦云。

［康熙］《南海县志》卷十二《人物传·循吏·明》：号勉斋，韬仲子……与瑕莅任，恤孤赈贫，宽里甲，省词讼，均差徭，慈民德之。时鄢懋卿阿附权相，巡盐淮、浙，所过州县趋迎恐后，惟瑕与海瑞不往谒。懋卿深憾，嗾御史袁淳劾，瑕及瑞俱罢职，归卧西樵者六年……孙蒙拯，万历乙卯举人，寿州知州。拯子师乾，崇祯癸酉举人；学济，岁贡。乾子文寅，康熙己酉举人。

［乾隆］《佛山忠义乡志》卷三《乡事志·纪略》：明嘉靖三十八年己未修通济桥。（深村堡进士霍与瑕捐修，与瑕仕至佥事。）隆庆二年戊申重修通济桥。（深村堡霍隆捐修，隆即与瑕世父。）

［道光］《南海县志》卷三十七《列传六·明·霍与瑕》：年十九领嘉靖庚子乡荐……遵令丈量田亩，目过之不爽尺寸，吏民诧以为神。与淳安知县海瑞齐名，时称"二廉"……二人俱落职。萧然出署，署中置书若干帙，曰：

---

①鹾（cuó）：盐。

“使吾有藏书，曷若使邑有文教？”尽捐之学宫以去……终广西佥事，时饬兵江左。先是，四都叛服不常，致南、太二府道路阻绝。奏请于朝，开建新宁州治，州人德之……慈溪、新宁并祀名宦。卷二十六《艺文略·集》：《勉斋集》二十二卷，明霍与瑕撰。

罗黄裳 （1522—1584）字美至，明高明西安范湖州（今属高明荷城）人。嘉靖二十八年（1549）举人，三十八年进士，为高明建县后第一位进士。任江西吉水、湖北云梦知县，转南京大理寺评事，改北京大理寺。出为广西平乐知州，建议分设昭平县，特授中宪大夫。升贵州按察司副使，因病辞官。父祯，族兄焕章，子建娄、建箕。

［嘉靖］《广东通志》卷十二《明·举人·嘉靖二十八年己酉》：进士。《明·进士·嘉靖三十八年己未》：肇庆高明人，知县。

［万历］《肇庆府志》卷五《选举表一·国朝·举人·嘉靖二十八年己酉》：府学，高明人，进士。《选举表一·国朝·进士·嘉靖三十九年己未丁士美榜》：父祯，封大理寺评事，赠平乐知府。卷二十《人物传·国朝·罗黄裳》：字美至，高明人。嘉靖己未进士，授吉水县知县，谨身爱民，以忤权门改云梦。云梦疲邑，又当亲王之国，百度杂遝则竭心力，事集而民不扰。转南京大理寺评事，民建祠立碑。改北，虑囚江南，多所平反。出守平乐，地①。

《粤大记》卷十九《献征类·清直高踪·明》：字美至，高明人，嘉靖己未进士。性资惇笃，生平无疾言遽色。筮仕吉水县令，恪守官箴，勤恤民隐。以忤权门调云梦，云梦连遘水灾，民不聊生，值亲王之国，往来供应殚竭心力，百度整戢，时不告匮。以才能转南京大理寺评事，民立祠竖碑以纪去思。改北，虑囚江南，平反有声。出守平乐，地瘠而险，多盗，议设昭平县以握其吭②。升贵州按察司副使，以足疾乞休。家居恂恂若儒生，立宗祠，置祭田，以联其族，开北港以济乡闾，时称其贤。子建娄、建箕皆太学生，有时名。

［崇祯］《肇庆府志》卷二十二《人物传·明》：出守平乐，集勇锐屯黄沙当贼之冲，出则倾其巢，复要其归而蹙之，贼骇遁，民乃安堵。昭平设县，

①原本此处缺一页。

②吭（háng）：鸟喉，此泛指咽喉。

与有劳焉。嘉靖辛丑从督府征黎，功为诸郡最。迁宪副，未及之任卒于家，祀平乐名宦。

[万历]《广东通志》卷五十《人物·国朝·罗黄裳》：与族兄焕章从塾师游，同领己酉乡荐。下车值亲王之国，供应烦费，百姓愁苦。黄裳以身当之，境内赖以安。擢南大理评〔事〕，转北，恤刑江南，历平乐知府，晋贵州按察司副使，以不习水土丐休归，居乡恂恂。尝蓄水筑桥以便农旅，邑人称之。焕章为县，亦有声于时云。

[康熙八年]《高明县志》卷四《明·举人·嘉靖二十八年己酉》：范州人，己未进士。卷十三《人物传·明》：事集而民不扰，吉水罗洪先以诗送之。即转南京大理寺评事，立断法轻重若持衡，民建祠立碑。改北，虑囚江南，多所平反，金如玉等百数十人死而复生……五载荐疏凡八上，锡之诰命，特授中宪大夫，迁贵州宪副，未及之任卒于家，祀平乐、昭平名宦，裳之功与乡贤诸君子并驾，亦当分一俎豆之席，当轴者①图之。

陈万言　（约1522—约1596）字道襄，别号海山，明南海九江人。嘉靖三十一年（1552）举人，三十五年进士，授安徽池州府推官。召拜监察御史，巡按福建时主持嘉靖四十三年（1564）乡试，巡按四川时主持隆庆元年（1567）乡试。迁江西副使，因母病归。服孝期满，补河北大名府兵备副使，转江西右参政。退休归十余年，寿七十五岁。父用彝，子鸣阳、鸣岳、鸣燕。

[嘉靖]《广东通志》卷十二《明·举人·嘉靖三十一年壬子》：进士。《明·进士·嘉靖三十五年丙辰》：推官。

《粤大记》卷五《科第·皇明进士科·嘉靖三十五年丙辰科诸大绶榜》：南海县人。推官，御史，提学副使，参政，以原职调简。卷十八《献征类·藩监宣劳·明》：字道襄，别号海山，南海人。自幼歧嶷，年十一以奇童称。入为邑庠弟子垂二十年，领壬子乡荐，丙辰成进士。授池州府推官，锄奸剔蠹，雷励风行，池民爱颂之。满三年，召拜监察御史巡中城。时同年御史邹公应龙劾首相子世蕃，众惧不测，公往讯之，相与鼓琴终日，义形于色。已巡长芦，清厘积弊。巡闽中，倭寇警急，行视列郡，严檄戚将军继光为防御计，民赖以安。再巡川蜀，即羌胡入贡溢常例者三百余人，公以朝廷威德谕

---

①当轴者：指当权者。

之，俾遵旧约，风纪丕振。公之巡闽、蜀也，皆典试事，得名士最多。迁江西副使，视学事二载余。忽报太恭人病，公即疏辞归侍病，久之太恭人卒，得亲敛殡无憾。既服阕，以御史疏荐，谒部补大名兵备副使，改永平。公习于边务，转江西右参政，为忌者所捃摭①，乃致政归。与予辈结社浮丘，优游林泉者十余年而卒。公慷慨大度，不为小廉曲谨，所践履亦不局促于绳规之内。卒年七十有五，子鸣阳、鸣岳、鸣燕皆庠生。公以蜀省举劾疏至京，词藻炳蔚，时称才。

《南海九江乡志》卷三《选举·乡举·嘉靖三十一年壬子科》：中式二十八名。《选举·进士·嘉靖三十五年丙辰科》：字道襄，号海山。由南海学习《礼记》，赐同进士出身。初授南直池州府推官，行取贵州道御史。巡按福建，主甲子乡试。再巡按四川，主丁卯乡试。升江西副使，提督学政。丁内艰，服阕，补北直永平兵备副使。转山东副使，升江西参政。寿七十五，有《本业堂稿》传世，历受御史、副使封赠。子鸣阳监生，岳鸿胪寺署丞。孙春开、廷表，曾孙亨、豫，并庠生。

［道光］《南海县志》卷二十《封荫·明嘉靖朝》：陈用彝，以子万言赠御史。卷三十七《列传六·明·陈万言》：有风采，景王之国，阉寺驿骚，万言每裁抑之。署铜陵，尤多惠政。卷二十五《艺文略一·史》：《台中奏疏》二十卷，明陈万言撰，据《九江乡志》。

孙振兴　明南海人。嘉靖二十八年（1549）举人。兄裔兴。

［嘉靖］《广东通志》卷十二《明·举人·嘉靖二十八年己酉》：孙振兴。

［万历］《广东通志》卷二十《广州府·选举·乡举·国朝·南海》：嘉靖己酉。

［崇祯］《南海县志》卷四《乡举·明·嘉靖己酉》：知县。

［道光］《南海县志》卷三十七《列传六·明·孙裔兴传》：仲弟振兴，嘉靖己酉乡荐，任长乐令练达有为。

陈良珍　原名便殿，字在璞，号淇涯，明南海九江人。嘉靖二十八年（1549）举人，官安徽黟县教谕，隆庆元年（1567）受聘为广西乡试考官。后任湖南永州同知、福建盐运副使、广西玉林知州等，父丧回家不复出，寿八十九岁。父词，兄万言。

---

①捃摭（jùnzhí）：指搜罗材料以打击别人。

［嘉靖］《广东通志》卷十二《明·举人·嘉靖二十八年己酉》：陈便殿。

［万历］《广东通志》卷二十《广州府·选举·乡举·国朝·南海》：陈便殿，改名良珍，嘉靖己酉，永州同知。

［崇祯］《南海县志》卷十《人物列传》：字在璞。工诗文，与嘉、隆诸子齐名。隽①己酉榜，教黟县，聘粤西，称得士。理永州，白举人费柏冤，觋行却赆。守彝陵，禁王铨部役民，中王螫。调闽副运司，捐例金万余。守郁林，革官机葛布。擢丞永州，濒行，叛卒破岑溪，民请晋城守，卒戒毋犯。再入永，法豪绅夺民聘女，介益峻。丁艰去，不复出。著有诗文行世，吴明卿为序。前《志》永、郁推史才，今祀乡贤郡县。

《南海九江乡志》卷三《选举·乡举·嘉靖二十八年己酉科》：原名便殿，字在璞，号淇涯。由南海学习《诗经》，中式第二十九名。初授南直黟县学教谕，丁卯聘广西分考。升江西广信府推官，以兄万言督学回避，改湖广永州推官。升本省夷陵知州，赴任过限，谪福建都转盐运司副使。升广西郁林知州。升湖广永州府同知。丁外艰致仕，寿八十九。著《在璞文稿》八卷、《诗稿》十三卷、《训规》二卷传世，崇祀府、县乡贤。子宰庠生、复岁贡，孙官治庠生、官宁副总兵，曾孙大经庠生。卷四《先达列传》：公幼称奇童，九岁能属文。领乡荐，益下帏发愤。病痰火，废公车，十年捧檄黟教。何太守令造徽秀于紫阳书院，一时名隽若督学曹公楼、大理罗公应鹤、给谏邵公庶皆出门下……晋节推②广信，执法不阿，多所平反。署篆贵溪，节爱廉平，六案风霾尽扫……知夷陵，势豪分取私盐，旧俗也，公禁而归库，攒造例银千计尽数解司。有王吏部建坊擅役乡夫，公谕令免，家人不法摄杖之。吏部于是思有以报公，然无暇可摘，遂以赴任违限调闽运副。往奸商贩盐逾限罪止罚赎，公为约法，违期以私盐论，新票已发，旧票即销，岁增饷万金。掌运司事，常例万计悉申报，毫无所取。转知郁林，郁葛旧有官机供应派扰里甲，公尽请革，凡上台取葛皆捐俸以应。库有羡金三千余两，吏白公取，公尽解充兵饷。任满报丞永州，适寇震领，公留为守御，寇却，单车之永，永民喜相告……有张清者被房客故殴，命诬赖枉招，公一鞫得其情，客服罪。祁阳徐茂卿女已受聘，复献宦家，公令还原聘者，阖郡颂快。方署堂篆，丁艰回籍，高卧不复出。日与故旧相羊山水，吟咏舒啸。门人罗公应鹤按粤，绝不干以私，查送香山沙十余顷悉固却。优游林下殆三十年。

《九江儒林乡志》卷十《明·举人·嘉靖二十八年己酉科》：湖广永州同

---

①隽：科举时代喻称考中。

②节推："节度推官"的略称，为节度使属官，掌勘问刑狱。

知，署本府事。鹿鸣重宴。《明·封荫》：陈词，以子良珍赠奉政大夫、湖广永州府同知。

黄榴 字樵溪，明南海人。嘉靖二十八年（1549）举人，任福建莆田知县。父鹏。

［万历］《广东通志》卷二十《广州府·选举·乡举·国朝·南海》：嘉靖己酉，知县。

［道光］《广东通志》卷七十四《举人五·明·嘉靖二十八年己酉·广州府》：南海人，字樵溪，鹏子，莆田知县。

马颙 明顺德江村人。嘉靖三十一年（1552）举人。

［嘉靖］《广东通志》卷十二《明·举人·嘉靖三十一年壬子》：马颙。

［万历］《顺德县志》卷九《举人·嘉靖三十一年》：江村。

［咸丰］《顺德县志》卷十《举人·明·嘉靖》：马禺，江村人。按：原从禺、从页，阮《志》避作禺，今从之。壬子科。

区志才 字绍佐，明顺德高阳人。嘉靖三十一年（1552）举人，任江西贵溪知县。

［嘉靖］《广东通志》卷十二《明·举人·嘉靖三十一年壬子》：教谕。

［万历］《顺德县志》卷九《举人·嘉靖三十一年》：鹭洲，贵溪知县。

［道光］《广东通志》卷七十四《举人五·明·嘉靖三十一年壬子·广州府》：顺德人，字绍佐，贵溪知县。

［咸丰］《顺德县志》卷十《举人·明·嘉靖》：字绍佐，高阳人，知贵溪县，壬子科。

区惟诚 明顺德登洲人。嘉靖三十一年（1552）任顺德训术。

［万历］《顺德县志》卷五《官师志·阴阳学训术》：邑，嘉靖。

［康熙十三年］《顺德县志》卷四《官师志·训术训科》：登洲人，嘉靖三十一年任训术。

邓于蕃 名一作于藩，字白屏，明南海人。嘉靖三十一年（1552）举人，任福建古田知县。万历初调福建宁洋知县，请福建提学副使朱衡为父阶写墓志铭。

[嘉靖]《广东通志》卷十二《明·举人·嘉靖三十一年壬子》：邓于蕃。

《粤大记》卷二十五《献征类·岩泉隐德·明》：邓阶，字文高，号宾野，南海人。幼孤业儒，崭然自植。奉母张氏尽菽水欢，母卒，执丧哀毁如礼。敬事二伯兄如父，伯兄俱早世，家政丛集，日兢兢综理不遗余力。以课其子鳌俾继其志。鳌领甲子乡荐，比任信丰令明敏而断。公曰："令在爱民，非公非廉无以广吾爱也，汝其勔①之。"后恩例给冠带，年八十二卒，朱尚书衡志其墓称"庶几卫武公耄期②不倦"云。

[万历]《广东通志》卷二十《广州府·选举·乡举·国朝·南海》：嘉靖壬子，运司同知。

[崇祯]《南海县志》卷四《封赠·明》：邓阶，以子于藩赠奉政大夫。

[道光]《广东通志》卷七十四《举人五·明·嘉靖三十一年壬子·广州府》：邓于藩，南海人，字白屏，运同。

[道光]《南海县志》卷三十七《列传六·明·邓于蕃》：嘉靖壬子乡荐。万历初，自古田调知宁洋。始迁文庙，广学宫，建谯楼，又甃③石夹渠以列廛市，丈田平赋，流徙复业。

刘朝鸣　字献谟，明顺德平步人。嘉靖三十一年（1552）举人。

[嘉靖]《广东通志》卷十二《明·举人·嘉靖三十一年壬子》：刘朝鸣。

[万历]《顺德县志》卷九《举人·嘉靖三十一年》：平步，东乡知县。

[道光]《广东通志》卷七十四《举人五·明·嘉靖三十一年壬子·广州府》：顺德人，番禺学，字献谟，东乡知县，今《番禺志》无。

吕调阳　改名朝阳，明顺德石涌人。嘉靖三十一年（1552）举人。

[嘉靖]《广东通志》卷十二《明·举人·嘉靖三十一年壬子》：吕调阳。

[万历]《顺德县志》卷九《举人·嘉靖三十一年》：石涌，改名朝阳，余干教谕。

---

①勔（miǎn）：尽力不倦。

②耄期：暮年、衰老之年。耄通"耄"。

③甃（zhòu）：以砖瓦砌壁。

苏惟一　字敬亭，明顺德龙头人。嘉靖三十一年（1552）举人，三十八年进士乙榜，任湖北广济知县。

［嘉靖］《广东通志》卷十二《明·举人·嘉靖三十一年壬子》：苏惟一。

［万历］《顺德县志》卷九《举人·嘉靖三十一年》：龙头，广济知县。

［道光］《广东通志》卷七十四《举人五·明·嘉靖三十一年壬子·广州府》：顺德人，字敬亭，广济知县。

［咸丰］《顺德县志》卷十《明通榜·明·嘉靖》：龙头人，知广济县，己未科。

何予方　字柳湖，明南海佛山镇人。嘉靖三十一年（1552）举人。父宪雄。

［嘉靖］《广东通志》卷十二《明·举人·嘉靖三十一年壬子》：何予方。

［万历］《广东通志》卷二十《广州府·选举·乡举·国朝·南海》：嘉靖壬子，知县。

［乾隆］《佛山忠义乡志》卷四《明封赠》：何宪雄，以子予芳赠广西桂平知县。

［道光］《广东通志》卷七十四《举人五·明·嘉靖三十一年壬子·广州府》：何子方，南海人，字柳湖，广西桂平知县。

何振初　明南海人。嘉靖三十一年（1552）举人。

［万历］《广东通志》卷二十《广州府·选举·乡举·国朝·南海》：嘉靖壬子。

何道澜　字濬伯，明顺德羊额人。嘉靖三十一年（1552）举人，四十一年授河南郾城教谕。四十四年署河南长葛知县，迁湖南安化知县、广西上思知州，八十岁卒于家。父文初，子汉桀。

［嘉靖］《广东通志》卷十二《明·举人·嘉靖三十一年壬子》：何道澜。

［万历］《顺德县志》卷九《举人·嘉靖三十一年》：羊额，上思州知州。

［康熙十三年］《顺德县志》卷七《人物传一·德业》：羊额人，字濬伯。嘉靖壬午乡荐，壬戌授河南郾城教谕，以兴德育才为己任，巡按江西御史杨柏闻其名，聘主江西甲子乡试。乙丑署长葛令，以石梁溵水，至今赖焉。迁

知长沙安化县，宽和无扰，百废具举，抚按荐循良第一，赐金奖异。升上思州知州，时土酋黄宗美、黄贤相聚众数万为乱，督府以兵事属。道澜计画出奇，生擒两酋，朝廷嘉之，赐之金币。道澜劳苦成疾，引年乞休，会本县知县胡友信筑县城池，赞襄之功居多。又诣部使请汰五巡司冗兵，为县人去害，郡邑交请为大宾。卒年八十，后御史刘逵闻于朝，祀本邑乡贤。道澜性谨厚，所至为民兴利除害。居平与从弟道临自相师友，乙卯道临举于乡，庚午以高安教谕同考浙江乡试。兄弟衡文，江浙人皆服其藻鉴。长子汉节为邑诸生，以文行器量名于时，知县沈鈇重之。卷九《人物传三·行谊》：何汉棨，号云溪，羊额人，知州何道澜第八子。

[咸丰]《顺德县志》卷二十三《列传三·明·何道澜》：五巡检弓兵初设额冗为民害，至是，以承平诣部使者请汰其名数。时乡宾礼重，郡邑敦请，人士咸以为当。卷十二《封赠（文阶）·明》：何文初，羊额人，以子道澜赠知州。

何维椅　字乔佐，别字二禺，明南海登云堡人。嘉靖三十一年（1552）举人，隆庆二年（1568）进士，任吏科给事中、礼部主事。父应初，兄维柏。

[嘉靖]《广东通志》卷十二《明·举人·嘉靖三十一年壬子》：何维椅。

《粤大记》卷五《科第·皇明进士科·隆庆二年戊辰科罗万化榜》：南海县人，庶吉士，礼主事卒。

[万历]《南海县志》卷十一《人物传二·何维柏传》：弟维椅，亦登进士，选庶吉士，迁礼部主事。子崇亨，以荫历南京都督府经历。

[崇祯]《南海县志》卷四《进士·明·隆庆戊辰》：庶吉士，礼部主事。

[康熙十二年]《三水县志》卷十二《人物传·忠侃·何维柏传》：季弟维椅，隆庆戊戌进士，读书中秘，改授吏科给谏，以柏晋内台总宪，辞就春官祠祭司主政。

[康熙四十九年]《三水县志》卷十二《人物传·潜德》：何应初，字宗启，南海登云堡人，与邑邻壤，田产赋役相错，遂寄籍南岸堡焉。

[嘉庆]《三水县志》卷九《进士·明·隆庆二年戊辰罗万化榜》：历官吏科给事中。

[道光]《广东通志》卷七十四《举人五·明·嘉靖三十一年壬子·广州府》：南海人，字乔佐，别字二禺，进士，兄维柏。

陈三俊　字泽吾，明南海人。嘉靖三十一年（1552）举人，任福建连城知县。

［嘉靖］《广东通志》卷十二《明·举人·嘉靖三十一年壬子》：陈三俊。

［万历］《广东通志》卷二十《广州府·选举·乡举·国朝·南海》：嘉靖壬子，知县。

［崇祯］《南海县志》卷十二《艺文志·书目》：《汇亨陈氏家谱》，陈三俊撰。

［道光］《广东通志》卷七十四《举人五·明·嘉靖三十一年壬子·广州府》：南海人，番禺学，字泽吾，连城知县，今《番禺志》无。

［道光］《南海县志》卷二十五《艺文略一·史》：《汇京陈氏家谱》，明陈三俊撰，据魏《志》。

陈王道　明南海人。嘉靖三十一年（1552）举人。

［嘉靖］《广东通志》卷十二《明·举人·嘉靖三十一年壬子》：陈王道。

［万历］《广东通志》卷二十《广州府·选举·乡举·国朝·南海》：嘉靖壬子。

陈诰　明新会人。嘉靖三十一年（1552）举人，隆庆元年（1567）入籍三水。

［嘉靖］《广东通志》卷十二《明·举人·嘉靖三十一年壬子》：陈诰。

［万历］《广东通志》卷二十《广州府·选举·乡举·国朝·新会》：嘉靖壬子，通判。

［嘉庆］《三水县志》卷九《举人·明·嘉靖三十一年壬子张大猷榜》：新会人。由府庠中式，授兴化府通判。隆庆丁卯迁于邑城内，立籍世居焉。

陈悌　字圣修，号峻崖，明南海九江人。嘉靖三十一年（1552）乡试乙榜，庞尚鹏同学。

《南海九江乡志》卷四《文学列传》：字圣修，号峻崖。舞象补郡庠，棘闱十六战，四中副榜。嘉靖壬子，房考以争元竟乙，与都宪庞公尚鹏同学莫逆。门下孝廉七人、明经三十二人，卢君云龙、王君佩、梁君亨、谢君高贤最著也。生平高洁端静，寿八十五。曾孙人俊庠生。

陈嗣光　（？—约1570）明顺德龙山人。嘉靖三十一年（1552）举人，任湖南通道知县。父莅，弟嗣舜，子锡爵。

［嘉靖］《广东通志》卷十二《明·举人·嘉靖三十一年壬子》：陈嗣光。

［万历］《顺德县志》卷九《举人·嘉靖三十一年》：龙江，通道知县。

［咸丰］《顺德县志》卷十《举人·明·嘉靖》：龙山人，知通道县，有传，锡爵父。按：郭《志》作南海人，误。壬子科。卷十二《封赠（文阶）·明》：陈莅，龙山人，以子嗣光赠知县。

陈善藏　字贵之，明顺德大良人。嘉靖三十一年（1552）举人。

［嘉靖］《广东通志》卷十二《明·举人·嘉靖三十一年壬子》：顺德人。

［万历］《顺德县志》卷八《人物志第七之二》：大良人也，字贵之，生有异质。里中丛祠，男女朝夕相聚祷赛。善藏曰："鬼乃敢诳吾民！"率群儿毁之，是时方就外傅，众异焉。事嫡母孝。患俗侈靡，恶衣食为闾里表率，至于鬼神则极洗腆。振助困乏，倒橐与之。于人不类，借一颦笑不可得，间有狂狡面唾庭诟，怡然不校，其俭而中礼、介而有容如此。年五十始与计偕，至江西即归，未阅月而母温妪卒，善藏自是不复仕矣，冠里父颓然陇亩间。尝有访者竖曰"主人翁田"，须臾归，敝裳蓬首，濯足结袜，披深衣，乃出相见。留止信宿，盘蔬相对，甚欢也。当大比，有司劝驾，供道里费，辄辞曰："善藏蒙朝廷甄录，不幸衰暮不能报。方自愧恧①，敢勤有司？"邑人争田，造善藏曰："邑大夫甚重公，愿假一言，有不腆之币以为公寿。"叹曰："寡妇既自约敕，意乃慕宋伯姬，岂以未死之年败其宿昔，此言奚至我哉？"洁廉自守终其身，卒年六十八。族子其才同举，仕为滨州守，治甚有声。以母六十拜疏归，其才时年四十，善藏之风类也。

［康熙十三年］《顺德县志》卷九《人物传二·隐逸》：字贵之，大良人，少聪敏有志。出就外塾，见淫祠辄标其门曰："往古来今赖有吾儒扶正道，青天白日岂容邪鬼惑生民。"率同侪毁之。藏庶出，事嫡母甚孝。侍父病衣不解带，执丧循礼不入内寝三年。壬子领荐，计偕道出江右，心动而返，未逾月，生母病卒，人谓其孝感所致云。自是绝意仕进，却馈杜门，读书著述其中，于天文地里、古今人物、医卜书画，靡不精究。然卒无所施，惟接引后进不倦，率乡族以俭朴而已。曾有诗曰："微名忝借诸贤后，老梦空教魏阙②悬。"斯不为大负其志哉！平生所著有《周易杂佩》《易传缵言》《杂俎》《述志》诸书，而体用之学具在《述志》编中。

①恧（nǜ）：惭愧。

②魏阙：朝廷的代称。

邹可张 字卫中，号海屿，明南海泌冲堡人。嘉靖三十一年（1552）举人，任河北南和县教谕、福建建阳知县。

［嘉靖］《广东通志》卷十二《明·举人·嘉靖三十一年壬子》：知县。

［万历］《广东通志》卷二十《广州府·选举·乡举·国朝·南海》：嘉靖壬子，知县。

［道光］《南海县志》卷二十《举人·明嘉靖朝》：建阳知县……壬子科。

［同治］《南海县志》卷十三《列传》：字卫中，号海屿，泌冲堡人。广府学廪生，嘉靖壬子乡试，以《诗经》中式第九名举人。初可张为诸生时，悯族内各房分祀歧食意见参商，始祖而下祠宇弗立，陇墓不修，家法不举，至不肖子弟无所遵依，肆无忌惮。乃纠合族老建永诜祠，并立房长、房正执祠训以率族人，贤者书名以示褒嘉，不肖者鸣官使知惩戒。族有祭田在浔江滨，为西潦所击撞日冲塌，粢盛不供，虚粮为累。可张率族之贫者种草积沙，数年间虚粮尽填，祀典无缺。时御史郭文周、广州守陈复升皆有赠言，谓可为收族法。登第后任直隶南和县教谕，北人敦本务实，短于文词，可张留意训导，期月间声名大行。不数年升福建建阳县知县，抚字催科，井井有法。尤志在端士习、振文风，因仿宋本校刊《事文类聚》前集、后集、续集、别集、新集、外集一百七十一卷，流播邑内，俾修辞者得所取材焉。然可张性恬淡，以簿书期会为烦，任满即解组归。归即采石粤西，为诸祖坟遍立碑碣，并捐积俸多置祭田，岁入日丰，族内粮税有所归，族人丧葬婚娶、从师修脯皆有所助。闲与知交结社酬倡，非公事不至有司之门，惟关地方利病、国计民生始出而任其事。万历初奉诏清丈地亩，多以荒山瘠地逼使升科①，居人惴惴。可张与众秉公执丈，凡有税无业者白官免之，牍成而民不扰。邑宰喜曰：“使吾民尽如泌冲，官民两便，事不易济乎？”万历十年，族人追怀其德，醵金建祠于祖祠之右，肖像祀之，广守颜曰“风劝祠”以风世也。说者谓唐中叶以后，仕宦者一往不返，故韩昌黎有士大夫以官为家、官罢则无所归之叹。宋人最喜礼法，然去官即流寓他所，又多木落不粪其根，狐死不首其邱，使族人无荫庇之依，坟冢有馁而之鬼，《周礼》所谓“宗以族得民”之意浸微矣。如可张者，犹有古之遗风云。

---

①升科：明清定制，开垦荒地，满规定年限后，就按照普通田地收税条例征收钱粮。

杨存礼　明南海人。嘉靖三十一年（1552）举人。

［嘉靖］《广东通志》卷十二《明·举人·嘉靖三十一年壬子》：广州南海人。

［崇祯］《南海县志》卷四《乡举·明·嘉靖壬子》：知县。

杨侯度　明顺德北滘人。嘉靖三十一年（1552）举人。

［嘉靖］《广东通志》卷十二《明·举人·嘉靖三十一年壬子》：杨侯度。

［万历］《顺德县志》卷九《举人·嘉靖三十一年》：桂林，桂林府推官。

［咸丰］《顺德县志》卷十《举人·明·嘉靖》：北滘人，桂林府推官，壬子科。

唐宪　字星涯，明南海人。嘉靖三十一年（1552）举人。

［嘉靖］《广东通志》卷十二《明·举人·嘉靖三十一年壬子》：唐宪。

［万历］《广东通志》卷二十《广州府·选举·乡举·国朝·南海》：嘉靖壬子。

［道光］《广东通志》卷七十四《举人五·明·嘉靖三十一年壬子·广州府》：南海人，字星涯。

梁有贞　字西麓，明顺德乾滘（今北滘镇广教村）人。嘉靖三十一年（1552）举人，官四川绵州太守。兄弟有誉、有兆。

［万历］《顺德县志》卷八《人物志第七之二·梁有誉传》：弟有贞，棉州守，亦以诗名。

［道光］《广东通志》卷七十四《举人五·明·嘉靖三十一年壬子·广州府》：顺德人，字西麓，棉州知州。

［咸丰］《顺德县志》卷二十三《列传三·明·梁有誉传》：乾滘人……弟有兆、有贞并有诗名。有贞，嘉靖壬子举人，积官棉州守。

梁希学（明嘉靖）　字叔思，明顺德逢简人。

［康熙十三年］《顺德县志》卷八《人物传二·孝友》：字叔思，逢简人。侍亲怡悦形色，疾病必躬扶持，衣不解带。逮亲卒哀慕过情，仪节一仿文公家礼。两遇岁饥，出粟救赈。至春民尚有困不能耕者必询贷之，不问其偿。御史郭公文周匾其堂曰“尚义”，邑令方公攸跻致礼其家曰“好义承芳”云。

[咸丰]《顺德县志》卷二十四《列传四·明·赵汝广》：两遇凶祲①皆以粟济，贷籽种者不责偿。

梁典　字惇伯，明顺德都粘人。嘉靖三十一年（1552）举人，任广西上林教谕、南京国子监博士，卒于江西南康府通判任内。子思年。

[嘉靖]《广东通志》卷十二《明·举人·嘉靖三十一年壬子》：教谕。

[万历]《顺德县志》卷七《人物志第七之一》：梁典者，都粘人也，字惇伯。家故贫，传经以事其亲。及举于乡则二亲已没，欲弃去屡矣。已谒选，部主爵者恶典，得上林学谕。典曰："主爵恶我，当令上林士德我。"至则课诸生如传经时，自是彬彬有文学之士矣。博士南雍未几，出判南康，署星子、都昌、建昌三县，而在建昌最久。建昌学圮于河，典浚河而新之，诸斋舍自此兴。建昌厉多逋负，民卒流亡，典缓之，民始复。在南康三年清谨如一日，伯兄尝过其邸，及家人产，典从容答曰："过传经时，典已侈矣。"以官卒，百姓祠之。

[康熙]《广州府志》卷三十九《人物志十·儒林列传·明》：伯兄常过其邸，谈及家人产，典曰："视传经时已侈矣。"子思年，博古工诗翰，喜谈名理。早卒，今得其隶书者竞珍之。

[咸丰]《顺德县志》卷二十三《列传三·明·梁典》：伯兄至，语及家人产，典从容答曰："比授读时已侈矣。"

梁任重　明南海人。嘉靖三十一年（1552）举人。弟任大。

[嘉靖]《广东通志》卷十二《明·举人·嘉靖三十一年壬子》：梁任重。

[万历]《广东通志》卷二十《广州府·选举·乡举·国朝·南海》：嘉靖壬子。

谭经　字少洲，明南海人。嘉靖三十一年（1552）举人。

[嘉靖]《广东通志》卷十二《明·举人·嘉靖三十一年壬子》：教谕。

[万历]《广东通志》卷二十《广州府·选举·乡举·国朝·南海》：嘉靖壬子。

[崇祯]《南海县志》卷四《乡举·明·嘉靖壬子》：通判。

---

①凶祲：灾害。

[道光]《广东通志》卷七十四《举人五·明·嘉靖三十一年壬子·广州府》：南海人，番禺学，字少洲，山东济宁知州，今《番禺志》无。

黎民雍（明嘉靖） 明顺德桂林人。嘉靖三十一年（1552）武举。

[康熙十三年]《顺德县志》卷六《明朝·武举·嘉靖壬子》：桂林人，壬子、乙卯、丁卯三科。

[乾隆]《顺德县志》卷十《武举·明朝·嘉靖壬子》：桂林人。

黎复性 字炳初，明南海夏教堡（今属南海平洲）人。嘉靖三十一年（1552）举人，三十五年进士，任福建瓯宁知县，落职回家，四十九岁卒。

[嘉靖]《广东通志》卷十二《明·举人·嘉靖三十一年壬子》：进士。《明·进士·嘉靖三十五年丙辰》：广州南海人，知县。

《粤大记》卷五《科第·皇明进士科·嘉靖三十五年丙辰科诸大绶榜》：南海县人，知瓯宁县卒。

[万历]《广东通志》卷二十《广州府·选举·乡举·国朝·南海》：嘉靖壬子，举人。嘉靖丙辰，知县。

[同治]《南海县志》卷十三《列传》：字炳初，夏教堡人。五岁而孤，性颖悟，甫弱冠有声庠序间……授福建建宁府瓯宁县知县，其莅任也，勤抚字，拙催科，搜蠹奸，不遗余力，屡膺保荐。适有豪右怙恶庇贼者，复性持之急，遂造蜚语播于上，大吏信之，因中以法，竟落职。后观察使直其事于朝，有旨起用，不复出。家居著《训族条约》，卒时年四十九。

李秀茂 明顺德绿道人。嘉靖三十二年（1553）岁贡。

[咸丰]《顺德县志》卷十一《岁贡·明·嘉靖》：绿道人，癸丑。

陈彦际 字道章，别号环碧，明南海人。岁贡，嘉靖三十二年（1553）赴选，三十五年（1556）授福建建宁训导，升福建古田县教谕、广西柳州府教授。晋藩官，长子大猷、次子大期。

《粤大记》卷二十三《献征类·文学经论·明·陈彦际传》：字道章，别号环碧。幼聪悟嗜学，祖父静斋公勖诲之。弱冠补从化弟子员，屡入棘弗第。

癸丑赴铨，授福建建宁司训。至则与宁士讲究课业，砥砺行检，一时髦俊奋起。贫者捐俸助之，宪副朱东光为诸生，公知其伟器，尤厚待焉。升吉田学谕，寄寓桂林，至则请修宣成书院，集诸生摘文讲学。严却馈遗，布衣蔬食，怡然自得，士人树碣以表之。寻升柳州府学教授，朔望升画集讲，宗程、朱大义，柳士始知向方。又选其秀者捐俸按月试之，士益思淬濯以自表见。未几晋藩官，辞不拜。会子大猷中戊辰榜进士，迎养归。日与诗朋道友遨游水石，削迹公门，而于宗姻贫者竭力周之。以子贵诰封中宪大夫、柳州知府，年八十卒。次子大期，亦领乡荐，任宜山尹，有治声。

[万历]《广东通志》卷二十《广州府·选举·封赠·国朝·南海》：教授，以子大猷赠柳州府知府。

[万历]《南海县志》卷十一《人物列传二》：字道章。幼有大志，慨然慕范希文、王孝先为人。弱冠游从化庠，试辄高等，时名蔚起。屡赴棘闱不第，嘉靖丙辰始以岁贡授建宁司训，至则与宁士讲求课业，砥砺行谊。迁古田教谕，古田夷地，学宫圮废。彦际请修书院，立约法，群多士，躬淬濯之如建宁时，严却馈遗，敦尚风节，士皆翕然向往。以母年高乞养，当路勉留，寻转柳州府学教授，解组东归，古田士为立去思碑。时子大猷已成进士，大期举于乡矣，彦际惟杜门奉母，足不履公府。母□哀毁如不欲生。尤友伯兄，兄有所欲，慨然义让，亦随力周之。□则以诗生产。晚以子贵，晋封中宪大夫，犹却金绯不御。时时□□□□□□□□□□□从乡里故人，鹤袍鸠杖□□□□□□□□□□□，优游林下二十余年乃终。彦际为人浑朴而长厚，其教家教国务尽真心，以故所至人人化于其德。建宁若朱东光，古田若洪敷文、洪敷诰、张文熙皆所称高足者，后俱历中外有声，而大猷、大期能以清白世其家。

赵汝广　字存贞，明顺德龙头人。嘉靖三十二年（1553）赈饥。

[康熙十三年]《顺德县志》卷二《建置志·表宅》：曰尚义，御史郭文周、知县方攸跻为赵汝广立。卷八《人物传二·孝友》：龙头人，字存贞，宋濮懿王之后。少颖悟，补邑弟子员，执父丧哀毁成疾，遂弃去。隐迹林壑，事二兄怡怡。质直好义，与人无竞，乡族有忿争不决多质正之。尝以祭田岁入无纪，会族协议取裁于官以丰庙食，又捐资举族人无婚葬者。癸丑岁饥，广力出粟赈济多活，邑令方公攸跻申按院给“尚义”匾旌其门，两举乡饮。耕课之暇，尤好吟咏，赵有诗书之族，至广克继前修云。

梁儆　明高明罗塘人。嘉靖三十二年（1553）岁贡。

［万历］《肇庆府志》卷六《选举表二·国朝岁贡·嘉靖·高明县学》：龙溪训导。

［康熙八年］《高明县志》卷四《元明·恩岁贡》：罗塘人，嘉靖三十二年岁贡，任福建龙溪县训导。

黄公彦　明顺德赤花人。嘉靖三十二年（1553）、万历二十四年（1596），两次捐助修筑青云路，知县倪尚忠表彰。

［咸丰］《顺德县志》卷十六《胜迹略·坊表·表宅之属·紫泥属》：尚义之门，在赤花横岭，明万历间知县倪尚忠为黄公彦。按：公彦于嘉靖癸丑、万历丙申两捐米赈济，青云路之筑又捐五十金。倪使致礼币，盖义举不出敦劝。视后之迫公论、迁怒劝者，事后靦然受好义之褒，相去天壤矣。

庞尚鹏　（1524—1581）字少南，明南海桂城叠村头坊人。嘉靖二十五年（1546）举人，三十二年进士。召为监察御史，出劾南京、浙江军饷，按察河南、浙江，推行“一条鞭法”。隆庆二年（1568）升右佥都御史，得罪权贵，次年被罢。万历四年（1576）复官巡抚福建，因与张居正不合，罢官回籍，居家四年卒。父宪，弟尚鸿。

［嘉靖］《广东通志》卷十二《明·举人·嘉靖二十五年丙午》：广州南海人，进士。《明·进士·嘉靖三十二年癸丑》：广州南海人，御史。

［万历］《广东通志》卷二十五《人物三·庞尚鹏传》：字少南，南海人。嘉靖癸丑进士，授江西乐平知县。立社学，置赡田，建洪皓、许瑗祠以表忠节，政声大著。召为监察御史，命核浙直军饷。发总制胡宗宪、监军鄢懋卿冒破之奸，语侵少师严嵩，几中奇祸，赖上明圣不问。事竣复命，犹执奏如前，直声动天下。上《防倭五事》，忧深虑远，士论韪之。出按河南，独持风裁，强宗①缩朒，贪墨吏望风解印绶。巡抚蔡汝楠获白鹿于王屋山，欲会疏献瑞，尚鹏固执不可。寻丁外艰，服阕，催赴河南道，理考察事。力为善类保全，时科臣胡应嘉刺太宰得罪，尚鹏疏救甚力，且劾辅臣郭朴。寻按浙江，以激浊扬清为己任。首发归安豪宦纵横之罪，贪墨吏不寒而栗，称真御史。又立均徭条鞭法以便民，岁省费百万，疏请通行。海内称快，随在立祠，广

---

①强宗：豪门大族。

城建永赖祠以报功德。矿徒倡乱，亟促巡抚刘畿剿平之，纪验其功。释出幼小者千余，欢声载道。又立孙忠烈祠、修岳武穆墓以示风劝。改提督京畿学校，首严条约，立学规，务先德行而兼文艺，士习丕变。会庄皇帝践祚，条陈时政数万言，皆黼治讦谟①。擢大理寺丞，谳狱持平。时议兴复九边②屯盐，晋右佥都御史行部。次东昌疏劾内侍张恩驰驿杀人，司礼为恩营护，得末减谪戍。又劾御史孙以仁赃私狼籍，罢之，并劾给事中张齐阴坏边饷。言官憾伤其类，思有以中之。尚鹏巡历各边，足迹殆遍，河套捣巢，与总督尚书王崇古克成厥功，执政忌之，竟不得叙。上《会计录》言："从古征敛烦多则民穷盗起，天下遂大乱。臣亲视边方，生灵愁苦。"几欲绘郑侠之图，读者咸壮其志。次甘州，御史部永春以前憾劾之。疏下吏部，杨太宰博曰："此能臣也。"特疏保留。少辅高拱不悦，传旨切责，勒博致仕，尚鹏落职，九卿科道会疏，留之不报。未几太宰博召用，尚鹏亦以佥都御史起督福建军务。至则罢商税，减寺租，蠲宿逋五十余万。逾年擢左副都御史，协理院事。时张居正夺情复相，论者俱得罪。尚鹏移书申救诸言者，词过直，居正不怿。亡何报最，居正党陈三谟以簿书年月小误参之，回籍听用。亟抵家值母病剧，得永诀，时谓尚鹏虽去官，是天成其孝云。居四年卒。尚鹏生平忠介慷慨，有经纶才，其胆略足当大事、定大变，其立朝知有法纪而不顾一身利害，其当官知恤民艰而不避一时谗疑，海内缙绅实倚重焉。所著有《百可亭稿》十六卷、《奏议》十卷，其《殷鉴录》《行边漫纪》，仲弟尚鸿汇次，为评断疏进之。尚鹏没后，遣官谕祭，未获赐谥，论者谓缺典云。

［万历］《南海县志》卷十一《人物列传二》：粤人以条鞭故立永赖祠，岁时报祀，比于崔清献云。

［崇祯］《南海县志》卷二《政事志・事纪》：嘉靖四十三年，御史庞尚鹏奏行条鞭法……尚鹏又以舶夷入据香山濠镜澳建屋屯住，为桑梓患，同时上疏，下兵部创提督吴桂芳，议袪逐之。四十四年，庞尚鹏奏："准天下军户许明注军由，分拆户籍……"万历六年，南京礼部尚书何维柏、都察院左副都御史庞尚鹏罢。卷四《封赠・明》：庞宪，以子尚鹏封御史赠左副都御史。卷十《人物列传》：随在立祠祀之。矿徒倡乱，亟促抚臣刘畿剿平。纪功时，释幼小千余，欢声载道。旋建孙忠烈祠、修岳武穆墓以励风化。改提督京畿学校，都人士翕然丕变……蠲宿逋五十余万……时权相张居正闻丧夺情，罪及言者，尚鹏移书申救，居正党陈三谟承望风旨，以考满年月小误指摘，遂

---

①讦谟：远大宏伟的谋划。

②九边：明代北部边塞的九个军事要镇。

奉旨回籍听用……崇祯纪元，赐谥惠敏。

［道光］《南海县志》卷二十《封荫·明嘉靖朝》：庞建极，以祖尚鹏荫官生。卷三十七《列传五·明·庞尚鹏》：擢监察御史，疏请抚处濠镜澳夷，复偕给事中罗嘉宾出劾南京、浙江军饷，请罪参将戚继光、张四维，而尽发军兴督抚侵军需状……巡抚刘畿讨平矿寇，属尚鹏纪验……按治乡官吕希周、严杰、茅坤、潘仲骖子弟僮奴，请夺希周等冠带，诏尽黜为民。尚鹏介直无所倚，所至搏击豪强，吏民震慑。已，督畿辅学政，立学规务先德行，重经术，次文艺……隆庆元年，请帝时御便殿延见大臣，恤建言得罪者马从谦等。寻还京师侍经筵，预修肃皇《实录》，擢大理右寺丞。明年春，朝议兴九边屯、盐，擢尚鹏右佥都御史，与副都御史邹应龙、唐继禄分理。尚鹏辖两淮、长芦、山东三运司，兼理畿辅、河南、山东、江北、辽东屯务……其秋，应龙等召还，命尚鹏兼理九边屯务。疏列盐政二十事，鹾利大兴。乃自江北躬历九边，先后列上屯政便宜江北者四、蓟镇者九，辽东、宣大者各十一，宁夏者四、甘肃者七，奏辄报可……诸御史督盐政者，以事权见夺，欲攻去之……明年，复坐按浙时验进宫币不中程，斥为民。神宗立，御史计坤亨等交荐，保定巡抚宋纁亦白其无罪……万历四年冬，始以故官抚福建，奏蠲逋饷银五十余万，推行“一条鞭法”，劾罢总兵官胡守仁，属吏咸奉职……逾年，会拜左副都御史，居正令吏科陈三谟，以“给由岁月有误”劾之，遂罢去……卒……遣官谕祭。闽人为之罢市，与殷从俭并祀西湖上，岁时伏腊尚呼为庞公福云。浙江、福建暨乡人皆以徭轻故德尚鹏，立祠祀……天启中，赐谥惠敏。卷二十五《艺文略》：《殷鉴录》三卷、《行边漫纪》五卷，明庞尚鹏撰，据郭《志》。《惺庵奏议》十卷，《庞氏家训》一卷，明庞尚鹏撰，据魏《志》。《庞氏族谱》，明庞尚鹏撰，据《采访册》。《卧游录》一卷，明庞尚鹏撰，据郭棐所撰行状。《二氏测》，明庞尚鹏撰，据王学曾《稿》序。

罗昌儒　字孟醇，明顺德大良人。秀才，二十六岁卒。妻苏氏。

［康熙十三年］《顺德县志》卷九《节义传·列女》：苏氏，大良人，生员罗昌儒妻。昌儒为诸生时才望翘誉，事母以孝闻，居家冠婚丧祭力行古礼，人皆占其有远到器。未几夭绝。

［咸丰］《顺德县志》卷二十三《列传三·明·罗虞臣》：族有昌儒者，字孟醇。生十岁而孤，执丧如成人。为诸生，好学孰实行，冠昏丧祭独行古礼，人诮之益坚。母病，时名医昭云者傲不就人，感昌儒孝，为治而瘳之。世父曦无子，妻妒，逐妾之有身者，复使鸩之。妾走欲自杀，昌儒送妾母所，

岁自给以费，遂举子①鹏，终为曦嗣。而昌儒年仅二十六卒，竟无子，虞臣为传而悼之。

邓复阳　字晓谷，明顺德水藤人。嘉靖三十四年（1555）举人，任福建崇安知县。万历时顺德建北帝庙，他捐田十四亩作庙产。

［嘉靖］《广东通志》卷十二《明·举人·嘉靖三十四年乙卯》：邓复阳。

［万历］《顺德县志》卷九《举人·嘉靖三十四年》：水藤，海澄知县。

［乾隆］《顺德县志》卷十《举人·明朝·嘉靖乙卯》：水藤人，崇安县知县。

［道光］《广东通志》卷七十四《举人五·明·嘉靖三十四年乙卯·广州府》：顺德人，字晓谷，崇安知县。

［民国］《顺德县志》卷三《建置略·庙祠》：北帝庙，在阜南门外。额榜曰：紫府。明万历十一年，知县叶初春偕阖邑绅耆创建……庙田一十四亩一分，明水藤举人邓复阳捐送。

卢焕　明南海人。嘉靖三十四年（1555）举人。

［嘉靖］《广东通志》卷十二《明·举人·嘉靖三十四年乙卯》：广州南海人。

［万历］《广东通志》卷二十《广州府·选举·乡举·国朝·南海》：嘉靖乙卯，知县。

［崇祯］《南海县志》卷十二《艺文志·书目》：《唐诗鼓吹注》，卢焕撰。

［道光］《南海县志》卷二十《举人·明嘉靖朝》：平和知县，据《福建志》参修……乙卯科。

叶懋　字维新，明南海人。嘉靖三十四年（1555）任海南文昌训导，升崖州学正，归数年卒。

［万历］《南海县志》卷十一《人物列传二》：字维新。弱冠补邑弟子即以经术驰声，行尤敦笃，自师友以至藩、臬大吏多取重焉。念母年高，辞恩贡以终养。捐己地以辟兄祠墓，特举节妇彭氏以励世风，皆独见独行不为流俗所挠。嘉靖乙卯授文昌训导，至即端轨范，勤课程，白民妇邢氏之冤，正

---

①举子：生育子女。

府胥滛逼之罪。台院监司为刮目待之，委□□□□□□□□□□学正，操履一如文昌。时州□□□□□□□□□□围州城，三日不解，守惧甚，懋挺身出谕贼乃退。崖人倚重方切，而懋以年老泛海不便，遂乞休归，居家数年而卒。著有《琼崖集》《幽居集》。文昌人以名宦祀之，而所教士如林华、王懋德、邢栻辈，后俱以甲第显。

［崇祯］《南海县志》卷十《人物列传》：白民妇邢氏之冤，正府胥滛逼之罪。台院监司为刮目待之，委署邑篆有声，寻升崖州学正，操履一如文昌。时州守陈某暴黎彝，彝反攻围州城，三日不解，守惧甚，懋挺身出谕贼乃退。卷十二《艺文志·书目》：《琼崖杂录》，叶懋撰。

关仰旒　名一作仰流，字瑞之，号讷庵，明南海九江人。嘉靖三十四年（1555）举人。父昇，寿八十九岁。子大度、大珪，孙钟秀、钟喜。

［万历］《广东通志》卷二十《广州府·选举·乡举·国朝·南海》：嘉靖乙卯，知县。

《南海九江乡志》卷三《选举·乡举·嘉靖三十四年乙卯科》：字瑞之，号讷庵。由南海学习《诗经》，中式第二十九名。授北直祁州学正，升湖广会同知县，改惠州永安教谕。升浙江青田知县。子大度，岁贡，教授；大珪，庠生。孙钟秀，庠生；钟喜，举人。卷五《上寿》：关昇，字德著，号南屏，明府仰旒父也。

［道光］《南海县志》卷二十《举人·明嘉靖朝》：关仰流，会同知县。按《九江乡志》作"旒"，以字端之考之，则"旒"是也……乙卯科。

《九江儒林乡志》卷十二《列传·明》：质重寡言，少即能自树立。弱冠补县学生，领北直祁州乡荐，久困公车。就铨嘉靖乙卯学正，悉心教士，严而有恩，荐最。擢湖广会同知县，会同民物硗瘠①，不尚苛刻。旋以催科失额，改徽州府永安教谕，其饬躬造就一如祁州。俸满特除浙江青田县，为浙省繁邑，政赋烦杂。仰旒善于其职，张弛得宜，循声丕著，随解组归。生平公正无私，不喜议论，晚号讷庵。

刘介龄　字少修，别号鹤台，明广州人。嘉靖三十四年（1555）举人，三十八年进士，任浙江长兴知县、大理评事、湖

---

①硗（qiāo）：地坚硬、不肥沃。硗瘠：土地坚硬瘠薄，亦指瘠薄之地。

北荆州府长史。子孔集、端复、曾省、孟淑。

［嘉靖］《广东通志》卷十二《明·举人·嘉靖三十四年乙卯》：进士。

《粤大记》卷五《科第·皇明进士科·嘉靖三十八年己未科丁士美榜》：三水县人。知县，大理评事，调知县，降州判，通判，知州，同知，长史。卷二十《献征类·循良懋绩》：字少修，别号鹤台。其先金陵人，始祖云甫生寿庵，元末仕为广州路教授，卜宅州城。高大父钺以来历世隐德，至穗坡公甘贫矢诲。介龄十岁从其塾师习读，稍长能自操觚为博士家言，应有司试为诸生。嘉靖乙卯中乡试，己未成进士，授长兴令。邑多豪强，耿介不少假借，讼日省而逋负早完。直指才之，檄兼理诸郡县，所至风裁凛然，而青蝇亦止于棘矣。寻应内召，值以母丧归，谤益丛起，竟出为蕲州判官。转承天，署郡事，庭无留狱。时狱多疫，则为代备赎锾，出百余人，咸颂其德。擢守福宁州，其地濒海多寇，倭众出没来薄州城，乃开门尽入外郭之民，徐乃坚壁拒战，贼潜遁去。自捐俸薪营诸寨堡，民恃有备。升苏州郡丞。苏大郡也，民饶赋重，织造之费岁数十万，诸当事者索例繁多，公一切汰之，众皆侧目。因与其守相忤，遂调台州。岁余，以前憾迁荆府长史，乃拂袖归栖林宪，卜池亭于浮丘之右，灌园赋诗，浩然自得。所为诗文自成一家，诫令勿梓，今散见于《浮丘社集》，沨沨可诵也。子孔集、端复、曾省、孟淑，皆彬彬能继其志者。

［万历］《南海县志》卷十一《人物列传二》：字少修。生而聪颖，稍长能自操觚，不繇师授。登嘉靖己未进士，授长兴令。邑多豪右，介龄治以廉毅，政平奸戢。直指才之，檄随行部，辙迹遍浙中，风裁凛然，而谤声自此起矣。寻应内召，仅迁大理评事，再调知望江县。以母丧起复，谪蕲州判官，量移承天别驾，皆长兴故也。在楚二年，历署黄梅、沔阳、荆门及府诸篆，悉以才守著声，其大者如处□□王禄米借发武弁俸薪，代输锾以出狱囚之□□□□□□□□□□□语在□山□石擢守福□□□□□□□□□□□城外之民，徐乃坚壁拒战贼潜遁去。升苏州府同知，职司织造。故事，渔猎机户①岁可万金，介龄一切斥之，庭中皭然。独以谳狱执法忤其守吴，遂调台州。岁余，犹以平海寇功两膺金币之赐，而是时中丞抚浙者即吴守也，介龄竟迁荆府长史。归卜筑浮丘之傍十余年，惟灌园赋诗，不闻户外事，当途显贵片刺不通。性喜作人，尤精识鉴，其以门籍②登仕版者不可枚举，没后犹时时问讯。而小

①机户：古代专门从事手工、丝棉织业的从业户，又称机坊、机家或机房。

②门籍：弟子对老师的隶属关系。

民讴思在吴、楚綦甚，至比召棠、周衮①云。所为诗文自成一家，临终诫勿梓。今其后多贤者，称清白吏子孙焉。

[崇祯]《南海县志》卷十《人物列传》：其大者如处置诸王禄米借发武弁俸薪，代输镪以出狱囚之疫，持空囊以罢人计之供，语在《岘山片石》。擢守福宁州，倭寇薄城，介龄尽入城外之民，徐乃坚壁拒战，贼潜遁去。

[康熙四十九年]《三水县志》卷三《乡举·明朝·嘉靖乙卯科》：南海人，寄学中式，嘉靖己未进士。

孙滔　明南海人。嘉靖三十四年（1555）举人。子兆葵。

[万历]《广东通志》卷二十《广州府·选举·乡举·国朝·南海》：嘉靖乙卯，知县。

[道光]《广东通志》卷七十四《举人五·明·嘉靖三十四年乙卯·广州府》：南海人，建阳知县，子兆葵。

严守约　字君卓，明顺德大良人。嘉靖三十四年（1555）举人。父清，妻游氏寿一百零一岁。

[嘉靖]《广东通志》卷十二《明·举人·嘉靖三十四年乙卯》：严守约。

[万历]《顺德县志》卷九《封赠·知州》：严清，守约父，赠。卷八《人物志第七之二》：字君卓，大良人也。以举人教谕宁海、平和，迁国子助教，识太史张元忭于六馆。出知滦州，治甚有声，会其僚为直指所收，疑守约为之，则飞语以中守约，改镇宁。镇宁僻远法疏，卫储主于武人，军吏相缘为市，主者又从而盖覆之，根株窟穴②不可问。守约廉得主守，罪数人，其弊乃革。土酋安知、安国亨交恶，因之劫盗为百姓忧，当路以属守约。至召二酋于庭，谕以祸福，皆顿首奉约束，守约之力也。以官卒，百姓哀之。守约多大节，伯叔赖以举丧，事兄嫂如父母，既仕不分终其身，故见重于闾里。

[康熙十三年]《顺德县志》卷七《人物传一·德业》：既仕不异爨终其身。

[道光]《广东通志》卷七十四《举人五·明·嘉靖三十四年乙卯·广州府》：顺德人，番禺学，字凤林，镇宁知州，今《番禺志》失载。

[民国]《顺德县志》卷十二《耆寿表二·寿妇·郭〈志〉补遗·明》：游氏，大良举人、知州严守约妻，百有一岁。

---

①周衮："周官补衮"之缩语，后世常用此典称颂贤相。

②窟穴：盘踞。

何道临 字建伯，明顺德羊额人。嘉靖三十四年（1555）举人，任江西高安教谕。隆庆四年（1570）分考浙江，迁广西崇善县令、四川涪州太守、代王府长史，乞休归。六十三岁卒。祖璨，父文刚。

［嘉靖］《广东通志》卷十二《明·举人·嘉靖三十四年乙卯》：何道临。

［万历］《顺德县志》卷九《举人·嘉靖三十四年》：羊额，代府长史。

［康熙十三年］《顺德县志》卷七《人物传一·德业》：字建伯，羊额人。嘉靖乙卯举人，初授高安教谕，著《存订篇》以训庠士。庚午聘浙江分考。迁知崇善县，县固荒徼，改土为流，俗杂交蛮，亲死焚毁，同姓为婚。临至悉令安葬，复建墓亭一十七所，作诗三章刊示晓谕，使民以时祭其焚毁者。又立社学一十八处，著有规则劝诱秀民①，由是咸知礼教，立祀尸祝。抚按交荐卓异，擢守涪州。涪沃野，故事，岁报羡余以要声誉，临请革之。饬学宫，禁词讼，绝包收，清盗源，大纲丕振。会委勘永播，同事者受赇曲宥，临独秉正谓当按以法，致忤当事。左迁代府长史，引病致仕，进阶左参议，代王遣人送之抵家。时年六十三卒，崇祀崇善名宦。道临刚介，博学善属文。为诸生时，督学张希举异之，期以大事，临亦自谓大行可待。五上公车不遇，所至多见龃龉，未老致仕。太史迁曰：“美好者不详之器。”岂谓是欤？后播州杨应龙反叛，庚子之役，用兵征剿，费用金钱二十余万，识者每恨不用道临之议云。

［咸丰］《顺德县志》卷十二《封赠（文阶）·明》：何璨，羊额人，以孙道临封。何文刚，以子道临封山西布政左参议。

余克宣 明顺德石涌人。嘉靖三十四年（1555）武举。

［康熙十三年］《顺德县志》卷六《明朝·武举·嘉靖乙卯》：石涌人。

［咸丰］《顺德县志》卷十一《武举·明·嘉靖》：龙眼人，乙卯。

佘光裕 字武可，别号江石，明顺德马冈人。嘉靖三十四年（1555）第一名举人，屡赴会考不中。任安徽怀宁教谕，四十四年升湖南桃源知县，隆庆六年（1572）改广西柳城知县。

①秀民：德才优异的平民。

万历二十三年（1595）迁云南蒙化府通判，进荆府左长史。退休归，七十六岁卒。弟光舍，子祖颐。

[嘉靖]《广东通志》卷十二《明·举人·嘉靖三十四年乙卯》：佘光裕。

[万历]《顺德县志》卷九《举人·嘉靖三十四年》：容奇，荆府长史。

《粤大记》卷二十《献征类·循良懋绩·明》：字武可，别号江石，顺德人。性孝友，读书经目成诵。年十四补香山邑庠，屡试辄冠诸生，掇乙卯乡魁。从游甘泉先生，默契“体认天理”之旨，先生作《三杰歌》赠之。屡困公车，就怀宁学谕。正己率物，以养贞操、明义利、究性命、戒怠荒为教之要。又择士之秀者作文会、给供需，因材造就，士多丕变。督学耿楚侗公雅敬重之，期以大受①，征典广右文衡，所录多奇士。乙丑擢湖广桃源令，丁外艰归。服阕补博白令，丁内艰未任。壬申改令柳城，下车革常例，却馈遗，秋毫无染。柳俗昏不亲迎，丧不辍乐，又多火葬，悉严禁之。清查隐占，均平差役，羸孑大苏，豪右屏迹。壮民负险为乱，中丞视师容、柳间。公慨然身任之，擒巨奸数百，抚降者以千计。中丞上其功，钦赐白金、文绮。乙未迁蒙化府通判，政尚宽简，蠲租税之逋负者数万缗。寻欲告休，父老子弟上书愿留福星。未几升荆府左史，行李萧然，图书数卷而已。既抵荆藩，多辅导之功，上书言“慎威仪、戒嗜欲”等八事，王敬重之。寻致政归，年七十六而卒。生平言行笃信，操持清白。子祖颐，乙酉举人，进取方锐，克亢其宗云。

[康熙十三年]《顺德县志》卷七《人物传一·德业》：号江石，马冈人，嘉靖乙卯亚魁。初任广西柳城县知县，大征容柳功成，蒙上赐帛金四十两，当事匾其堂曰“两承天宠”。升荆藩左长史，有诗文集传世。弟光舍番庠，两登乙榜，有诗名。光裕殁时，荆王殿下诔曰：“嗟尔左辅，朴忠是导。民望国华，人龙天宝。惜夺予鉴，不遗一老。顾此迅飚，谁为劲草？”

[道光]《广东通志》卷七十四《举人五·明·嘉靖三十四年乙卯·广州府》：顺德人，香山籍。经魁，荆府左长史。《香山志》失载。卷一百九十六《艺文略八·集部二》：《江石集》，明佘光裕撰，未见。

佘光舍　明顺德马冈人。嘉靖时副贡。兄光裕，嘉靖三十四年（1555）举人。

[咸丰]《顺德县志》卷十一《副贡·明·嘉靖》：马冈人。卷二十三

---

①大受：承担重任，委以重任。

《列传三·明·佘光裕传》：弟光舍，两登乙榜，负诗名。

陈允默　明南海人。嘉靖三十四年（1555）举人。

［万历］《广东通志》卷二十《广州府·选举·乡举·国朝·南海》：嘉靖乙卯。

陈时言　明顺德大良人。嘉靖三十四年（1555）武举。

［康熙十三年］《顺德县志》卷六《明朝·武举·嘉靖乙卯》：大良人，乙卯、戊午、甲子三科，例授赞画。

陈俊（明嘉靖）　字彦际，明南海人。嘉靖三十四年（1555）举人，四十一年进士。父和。

［嘉靖］《广东通志》卷十二《明·举人·嘉靖三十四年乙卯》：陈俊。

《粤大记》卷五《科第·皇明进士科·嘉靖四十一年壬戌科徐时行榜》：南海县人。主事，员外，郎中，知府，副使。

［崇祯］《南海县志》卷四《封赠·明》：陈和，以子俊封郎中。

［道光］《广东通志》卷七十四《举人五·明·嘉靖三十四年乙卯·广州府》：南海人，字彦际，进士。卷六十九《进士·明·嘉靖四十一年壬戌徐时行榜·广州府》：南海人，二甲，广西副使。

［道光］《南海县志》卷二十《进士·明嘉靖朝》：广西副使，分巡右江，据《广西志》参修……壬戌科。

陈堂　字明佐，明南海人。嘉靖三十四年（1555）举人，隆庆二年（1568）进士，任浙江严州推官、南京湖广道御史、四川参议，被贬归。起广西佥事，晋光禄寺少卿、南京尚宝司卿。晚年筑别墅“朱明馆”于浮休。父其鲁。

［嘉靖］《广东通志》卷十二《明·举人·嘉靖三十四年乙卯》：陈堂。

《粤大记》卷五《科第·皇明进士科·隆庆二年戊辰科罗万化榜》：南海县人。推官，南御史，参议，调佥事，光禄少卿，南尚宝卿。卷二十三《献征类·文学经论·明》：陈其鲁，字思颖，别号巨川。性至孝，事澹泉公惟谨。幼好学，弱冠应试第二名，入为博士弟子员。觉山洪公同受学于甘泉先生，相得欢甚。后杜门艺圃者二十余年。子堂克承庭训，领乙卯乡荐，登戊辰进士，授严州推官，迎养宦邸。公谕之曰：“吾不患汝不廉，患不恕。不患汝不明，患不平。”堂跽遵教，克恪于官，召入为监察御史。随养留都官舍，朝夕聿严锁钥，久之拂衣归。万历初覃恩封监察御史，衣服、仆役一如诸生。或讽之，曰：“吾岂以轩冕桎梏哉？”日以诗酒自适，招携同志遨游白云蒲涧之巅，观天风海涛，徜徉啸歌。时彗星昼见，公忧形于色，为诗曰：“圣皇今在上，愁见彗星明。”其心不忘于世如此。庚辰夏卒，值参议公以觐归，得视含敛，时叹为孝感所致。

［万历］《南海县志》卷十一《人物列传二》：□□□□□□□□异质，苦心嗜学，数奇不售。□堂聪警，其鲁授以经书，不繇外傅。隆庆戊辰登进士，筮仕严州司理。以治行最，征拜南京湖广道御史。屡奉敕巡视京营，巡上下江，监兑漕糟，督修孝陵，两监应天棘闱。所至激浊扬清，厘奸剔蠹，白简一出，无不人人胆寒者。万历丁丑，以星变上疏，论河套贡市、漕河段匹诸宜兴革状，及请斥权珰、退不法司马、乞宥谏臣，纚纚数万言皆切中时弊。会元辅张居正闻丧夺情，欲堂附会保留，堂不可。复劾大臣之党庇者，益与张忤，遂出为四川参议，竟用大计①贬堂官。时父其鲁病且革矣，堂归旬有三日乃属纩。堂遂居家奉母，绝意仕进。辟朱明洞、龙津园旦夕寄傲，与乡绅名士结社吟咏其间，凡九膺荐剡不起。母终，乃起广西佥事，大征岑□□□堂有劳焉。逾年入贺，晋光禄寺少卿。疏裁□□□□□□□□□□□□□□□□□□□□□□□□□□□□□□□□□□不允，道拜南京尚宝司卿，疏再上乃许致仕。堂平生娴于词翰，至是益肆力著述。览胜探奇，挥毫作赋，箧笥常满。载酒问玄者过从虽数，堂皆从容应之。且于世利极澹，家居二十年靡所营树，惟建祠修谱、睦族周贫，则始终不吝。易箦②之前半载，犹以篮舆遍历罗浮诸胜。后事、葬期皆手自裁定，谈笑舒徐而化，尤为异云。其鲁故仗忠信，谨然诺，为布衣时，平讼却金，人多长者。及子贵，屡引大义勉令尽言报主，敦尚朴素不异平日，无有知为贵人父者。人以为堂显，其鲁所贻也，而病革之日，蜀藩悬车适与事会，非盛德与孝感不能有此云。堂卒后，所著《朱明洞稿》、《湘南》、《皇华》、《南归》诸集、《边河》四疏皆行于世。

［崇祯］《南海县志》卷二《政事志·事纪》：隆庆六年九月，御史陈堂请讨岭东山寇。惠州寇乱十余年，杀掠不可胜纪，士民赴阙告急。堂念桑梓之忧，上疏请讨从人。卷十《人物列传》：字明佐。父其鲁有异质，苦心嗜学，数奇不售……乃起广西佥事，大征岑溪奏捷，堂有劳焉。逾年入贺，晋光禄寺少卿。疏裁冗费，又请皇太子冠婚，危言劲气不减居南台时。未几奉

---

①大计：官吏每三年一次的考绩。

②易箦（zé）：更换床席，指人临终的时候。

使册封，移疾不允，道拜南京尚宝司卿，疏再上乃许致仕。卷十二《艺文志·书目》：《皇华稿》《湘南稿》《南归稿》《奏草焚馀》《朱明洞稿》，俱陈堂撰。《巨川集》，陈其鲁撰。

［道光］《广东通志》卷六十九《进士·明·隆庆二年戊辰罗万化榜·广州府》：增城人，南海学，南尚宝卿。

［道光］《南海县志》卷三十七《列传六·明·陈堂》：万历丁丑，闰八月日食不见，九月彗星见从东南方起，长亘天……尝往来西樵，与霍尚守善筑别墅于浮休之麓。

［宣统］《南海县志》卷十一《艺文略·史部·奏议类》：《谏草焚余》，明陈堂撰，据《广州乡贤传》。

邵经邦　明顺德古楼人。嘉靖三十四年（1555）举人。

［嘉靖］《广东通志》卷十二《明·举人·嘉靖三十四年乙卯》：邵经邦。

［万历］《顺德县志》卷九《举人·嘉靖三十四年》：古楼。

［道光］《广东志》卷七十四《举人五·明·嘉靖三十四年乙卯·广州府》：南海人，又见《顺德志》。

郑伟　明顺德伦教人。嘉靖三十四年（1555）举人。

［嘉靖］《广东通志》卷十二《明·举人·嘉靖三十四年乙卯》：郑倩。

［万历］《顺德县志》卷九《举人·嘉靖三十四年》：伦教。

［康熙四十九年］《三水县志》卷三《乡举·明朝·嘉靖乙卯科》：顺德人，寄学中式。

郑梦赉　明南海人。嘉靖三十四年（1555）举人，任福建崇安教谕、邵武知县、江苏泰州知州。因功待升，卒。

［嘉靖］《广东通志》卷十二《明·举人·嘉靖三十四年乙卯》：番禺，经魁。

［万历］《广东通志》卷二十《广州府·选举·乡举·国朝·番禺》：嘉靖乙卯，知县。

［崇祯］《南海县志》卷十《人物列传》：生有至性，少尝减膳养亲，甘淡薄以全兄弟。由番禺中嘉靖乙卯经魁，初授福建崇安教，以勤学率先诸士。两台交荐几八月，遂升邵武知县。时有贼首郑春等作乱，连党数万。抚按调兵议剿，赉单身入寨谕以顺逆，春等果相率输降。有余党未从，计尽擒获，阖郡称快。六载考绩，耆老士庶诣阙保留，得旨再着职一年，加五品服、俸。

晋泰州知州，时奉旨开凿漕河，两旁坟墓以数万计，势难迁就。赉出示委曲泣谕，出于至诚，间有乏财者俱令到官捐俸给助。功成叙赉，钦赏花币，部推加级超升，未及而终，当世惜之。

杨士琚　明顺德容奇人。嘉靖三十四年（1555）副贡。

［咸丰］《顺德县志》卷十一《副贡·明·嘉靖》：容奇人，乙卯。

杨乔选　明高明村头人。嘉靖三十四年（1555）岁贡。

［康熙八年］《高明县志》卷四《选举表·元明·恩岁贡》：上仓人，嘉靖三十四年岁贡。

［道光］《高明县志》卷十二《贡生·明》：村头人，嘉靖三十四年岁贡。

杨瑞云　字肖韩，明南海人。嘉靖三十四年（1555）举人，万历二年（1574）进士。父佐。

［嘉靖］《广东通志》卷十二《明·举人·嘉靖三十四年乙卯》：杨瑞云。

《粤大记》卷五《科第·皇明进士科·万历二年甲戌科孙继皋榜》：南海县人。知县，户主事，降运判，府通判。

［万历］《广东通志》卷二十《广州府·选举·封赠·国朝·南海》：杨佐，兴安知县，恭勤廉惠，永坚一节，以子瑞云赠文林郎。

［道光］《广东通志》卷七十四《举人五·明·嘉靖三十四年乙卯·广州府》：南海人，字肖韩，进士。

［道光］《南海县志》卷二十三《古迹略一·署宅》：浮丘诗社。明万历中，郭棐致仕归，与陈堂、姚光泮、张建臣、黄志尹、邓时雨、梁士楚、陈履、邓于蕃、袁昌祚、杨瑞云、黄鳌、陈大猷、王学曾、金节、郭棨凡十六人，辟浮丘社以续南园。卷三十七《列传六·明·杨佐传》：子瑞云登，万历甲戌科进士，居官所至有声。

姚光虞　（？—1592）字继如，明南海桂城人。嘉靖三十四年（1555）举人，任广西宜山学官、南京翰林院孔目，都察院都事、经历，广西庆远知府共十九年，卒于官。父文贯。

［嘉靖］《广东通志》卷十二《明·举人·嘉靖三十四年乙卯》：姚光虞。

［万历］《广东通志》卷二十《广州府·选举·乡举·国朝·南海》：嘉靖乙卯，知府。《封赠·国朝·南海》：姚文贯，以子光虞赠都事。

［万历］《南海县志》卷十一《人物列传二》：字继如。少从司成黄佐讲学，潜心稽古。登嘉靖乙卯榜，授宜山学官。升南京翰林院孔目，甘淡自守者七年，乃迁都察院都事。寻转经历，赞台□□又六年，举动一遵宪纲。凡御史拨差、监书随□□□□□□□□□□为定，请托毫不得人，风采□□□□□□□□□□地也，光虞无厌薄意，教民开垦耕种以益国课，广设乡校以变蛮俗，境内向风。土司馈遗必峻却之，人服其介。万历壬辰觐还，卒于徐州。光虞入官凡十九年，过家不满三月，惟孜孜奉公，务行所学，没后，家无余财。四世同居，百口无间，人尤异之。平生好词赋，著有《玉亭》《蓟门》《西游》诸稿藏于家。弟光泮，登嘉靖乙丑进士，历官南台御史，出知泉州；光南万历丙子举于乡，为盱眙教谕，皆未竟用而卒。

［崇祯］《南海县志》卷十《人物列传》：赞台政者又六年，举动一遵宪纲。凡御史拨差、监书随巡，悉据例以南北先后为定，请托毫不得入，风采肃然。秩满擢守庆远地也。

徐弘箕　明南海人。嘉靖三十四年（1555）举人。

［嘉靖］《广东通志》卷十二《明·举人·嘉靖三十四年乙卯》：徐弘箕。

［万历］《广东通志》卷二十《广州府·选举·乡举·国朝·南海》：嘉靖乙卯。

梁乔干　字瑶山，明三水利琼乡人。嘉靖二十五年（1546）岁贡，授广西阳朔训导。在广西乡试，三十四年举人，三十九年任福建漳平县令，以亲老辞官归。孙梦冠。

［嘉靖］《广东通志》卷十二《明·举人·嘉靖三十四年乙卯》：三水人，广西中。

［万历］《广东通志》卷二十《广州府·选举·乡举·国朝·三水》：嘉靖乙卯，广西中式，知县。

［康熙十二年］《三水县志》卷十二《人物传·贤良》：字瑶山，利琼人。少好学，年十五补弟子员。尝从湛甘泉先生游，以学道自励，不斤斤于章句。何古林宗伯重其人，因迎社于近乡之瑶山，每得社中佳文辄跪而读之，曰：“吾社长也，而学不及，敢不自责？”应嘉靖丙午岁荐，补阳朔训导，寻领粤西乙卯乡书第六名。先是，场中已定为元，拆号见属外籍，遂亚之。庚申除福建漳平令，时邑城未建，值倭贼犯境，邻邑多受荼毒。乔干设方略备御，倭不敢犯，两台奇之，行且大用矣。以亲年老乞致政归养，晨昏不离膝下。每朔望设圣座，率乡父老讲训六规。暇则读书文、玩物理而已，所著有《性

理训释》《诸子要言》等书。孙梁槐力学能文，万历乙酉岁荐，为浦城令，多善政，以次子耀书贵赠文林郎。耀书少颖悟，补东安学生，笃学工苦。凡九战棘闱不遇，铭壁白砥云："读而弗售，我如命何？弗售愈读，命如我何？"领万历戊午贤书，为诸暨令有声，进阶授爵。尝语人曰："吾莅暨无他长，惟旬日接人，命数十词，十无一行，间得其情，亦复质勘再三，庶几不愧于心耳。"寻卒于任。

［康熙四十九年］《三水县志》卷三《贡途·岁贡》：冈头人，举人。《乡举·明朝·嘉靖乙卯科》：大冈，由岁贡授广西阳朔训导，中式广西乡试，授福建漳平县知县。《贡途·岁贡》：梁梦冠，大冈人，乔干孙，柳州府教授。

梁徽　明南海人。嘉靖三十四年（1555）举人。

［嘉靖］《广东通志》卷十二《明·举人·嘉靖三十四年乙卯》：梁徽。

［万历］《广东通志》卷二十《广州府·选举·乡举·国朝·南海》：嘉靖乙卯。

［康熙四十九年］《三水县志》卷三《乡举·明朝·嘉靖乙卯科》：南海人，寄学中式。

康圭　字雅堂，明顺德龙江人。嘉靖三十四年（1555）举人。

［嘉靖］《广东通志》卷十二《明·举人·嘉靖三十四年乙卯》：康圭。

［万历］《顺德县志》卷九《举人·嘉靖三十四年》：龙江，乌蒙通判。

［道光］《广东通志》卷七十四《举人五·明·嘉靖三十四年乙卯·广州府》：顺德人，字雅堂，乌蒙府通判。

［民国］《顺德县志》卷三《建置略·庙祠》：神步塔文阁……左祀邑绅陈其才、陈克侯、康圭、罗仁瓒，诸人皆功在建塔者。

黄可大　字璧川，明顺德桂林人。嘉靖三十四年（1555）举人，次年进士，任户部主事、广西参政，革职。父文相。

［嘉靖］《广东通志》卷十二《明·举人·嘉靖三十四年乙卯》：进士。《明·进士·嘉靖三十五年丙辰》：番禺人，主事。

［万历］《顺德县志》卷九《进士·嘉靖三十五年》：桂林，广西参政。

《粤大记》卷五《科第·皇明进士科·嘉靖三十五年丙辰科诸大绶榜》：番禺县人。户主事，员外，郎中，参议，副使，参政。革职为民。

［万历］《广东通志》卷二十《广州府·选举·乡举·国朝·番禺》：嘉

靖乙卯，进士。《乡举·国朝·顺德》：嘉靖乙卯，进士。

［康熙十三年］《顺德县志》卷六《明朝·封赠》：黄文相，桂林人，以子可大赠户部主事，加赠福建佥事。乐善好施，雅量质行，乡人敬而式之。

［乾隆］《顺德县志》卷十《举人·明朝·嘉靖乙卯》：番禺籍桂林人。

［道光］《广东通志》卷七十四《举人五·明·嘉靖三十四年乙卯·广州府》：顺德人，番禺籍，字璧川，进士，郭《志》重载。

黄在衮　明顺德龙江人。与弟在裘同时中嘉靖三十四年（1555）举人。祖著，父启让，弟在裘。

［嘉靖］《广东通志》卷十二《明·举人·嘉靖三十四年乙卯》：经魁。

［万历］《顺德县志》卷九《举人·嘉靖三十四年》：龙江，经魁。

《粤大记》卷十九《献征类·清直高踪·明·黄著传》：孙在衮、在裘同科领乡荐，仕则直道不循于时好，居则守道不轻谒公府，有容庵之流风，皆以诗知于时云。

［咸丰］《顺德县志》卷十《举人·明·嘉靖》：龙江人，番禺籍。知贺县。著孙，在裘兄。乙卯科。

黄在裘　字应洲，明顺德龙江人。嘉靖三十四年（1555）举人，任国子监博士。父启让，兄在衮。

［嘉靖］《广东通志》卷十二《明·举人·嘉靖三十四年乙卯》：黄在裘。

［万历］《顺德县志》卷九《举人·嘉靖三十四年》：龙江，国子博士。卷八《人物志第七之二·黄著传》：黄著者，龙江人也。进士，知安溪县。俗喜讼，以刑书程子弟。著革之，令授《孝经》诸书，俗为之变。以堪治剧调泰兴，兴学校，缮城池，表忠烈，逆瑾檄扬州县腐童子三百，不听。擢户部主事、员外郎，武宗亲征，充前道督饷使者，赐斗牛服。晋郎中，以足疾归。子启让岁贡，训导上饶，教人先实行。故有怀玉书院，摄院者辄干没官租钱数千缗，檄启让谢不往。有当路子从父任不报假，启让督以科条，衔焉。会同年某子甲征人铨曹，属之曰："是人吾所急也。"至则以为庐江教授，遂拂衣归。启让性方严，能攻人过，于人善有味其言之也。初从学士黄佐游，能诗。子在衮、在裘皆以诗鸣，家学也。

［道光］《广东通志》卷七十四《举人五·明·嘉靖三十四年乙卯·广州府》：顺德人，番禺学，字应洲，国子监博士，今《番禺志》失载，在衮弟。

［咸丰］《顺德县志》卷十二《封赠（文阶）·明》：黄启让，龙江人，以子在裘，赠国子监博士。

董仕祯　名或作士桢、仕正，字希泰，明顺德金陡人。嘉靖三十四年（1555）举人，为河北清河教谕、浙江桐庐县令、广西南宁教授。

[嘉靖]《广东通志》卷十二《明·举人·嘉靖三十四年乙卯》：董仕祯。

[万历]《顺德县志》卷七《人物志第七之一》：董仕祯者，古楼人也，字希泰。事母孝。一日从学归，见嫂唐事母孝，再拜曰："非嫂，仕祯安能离母一宿于外？它日贵，不敢忘。"及母没，终身事其兄嫂如父母焉。举于乡，为清河教谕，称其官。知县桐庐，禁溺女，王监生溺女，法之，自是人不敢溺女矣。节用爱人，不能迎媚过客，即上官按部无加常饩。太守周望不悦，然未有以中之也。会邑中儿为府吏归，恃府而请，仕祯叱之。府吏助其凶虐，于是望考仕祯沉酣曲蘖①、不恤民隐，改南宁教授，纪善靖江以归。仕祯不任酒，生平未尝涓滴沾唇，徒以鼻过。傅成其文，孰察之哉？先人遗产仕祯尽推让兄，即其奉入惟兄是执，不归私室，嫂没，嫁其三女，妻以为言，曰："匪是何以报吾嫂也？"仕祯卒，田不满百亩，士论重之。

[乾隆]《顺德县志》卷十二《宦迹》：董仕正者，金斗人也。

[咸丰]《顺德县志》卷十《举人·明·嘉靖》：董士桢，古楼人，知桐庐县，有传，按：姚《志》作"仕"。乙卯科。卷二十四《列传四·明·董仕正》：金陡人……为清河教谕，条教整肃。迁令桐庐……太守周望不相能也。会部民有恃，充府吏归，有所干请，仕正叱之，吏还谮。

蔡显节　明顺德大良人。嘉靖三十四年（1555）举人。

[嘉靖]《广东通志》卷十二《明·举人·嘉靖三十四年乙卯》：蔡显节。

[万历]《顺德县志》卷九《举人·嘉靖三十四年》：大良，福宁知州。

潘大行　明顺德冲鹤人。嘉靖三十四年（1555）举人，任福建宁化知县。

[嘉靖]《广东通志》卷十二《明·举人·嘉靖三十四年乙卯》：顺德人，经魁。

[万历]《顺德县志》卷九《举人·嘉靖三十四年》：冲鹤，经魁，宁化知县。

---

①曲蘖：即酒曲。

周士弘　（1526—1572）名或作士宏，字仲仁，号见泉，明顺德黎村人。嘉靖二十二年（1543）举人，任河南西平教谕、湖北当阳县令。升工部主事，未赴而卒。

［嘉靖］《广东通志》卷十二《明·举人·嘉靖二十二年癸卯》：周士宏，教谕。

［万历］《顺德县志》卷九《举人·嘉靖二十二年》：黎村，当阳知县。

［康熙十三年］《顺德县志》卷七《人物传一·德业》：周士宏，字仲仁，号见泉，顺之黎水人也。少颖悟，博闻强记，落笔如驶，乡里多奇之，其天性孝友，尤非近世所能。应童子试辄冠军，补番禺学博士弟子员，年十八登嘉靖癸卯贤书。才名耿亮，文章丽藻，而问字执经者履满户外焉。旋以亲老请禄，就西平县学教谕。讲道明经，崇正学，敦实行，一时人文蔚起，咸以为湖州夫子再世云。随转湖广当阳知县，当阳剧邑也，驿递要冲，供应浩繁，非有廉明之吏则百姓多至疲敝。弘至当阳，除奸剔弊，惜士爱民，治狱多平反。夜则焚香自矢曰："抚民当如黄霸，教民当效朱文翁，而谳讼勘囚则取法于定国。"是以政清刑简，课桑麻于田间，寓抚字于催科。士之寒者则计月给廪、计口授资，而鳏寡孤独、丧葬婚嫁之需靡不捐助，周恤焉。适岁大饥，弘又恻然自念曰："余向所自矢取法者三人而已，今凶荒荐臻饥我赤子，汲长孺在前所当是，则是效也。"然艰于时势，不克行事，悉捐俸以赈饿者，又请富户大族出粟救饥，当阳之民赖以活者万计，父老子弟莫不曰："起我小民之白骨而肉之者，惟周侯是赖。"会景王车次荆门，其行宫糗粮，虽时发内帑，大约累民实甚，弘则悉自捐资，毫不重烦百姓，父老子弟又莫不曰："恺弟君子，民之攸塈，今再见之矣。"自是弘名振中州，才高南国，戊午聘金陵分考，一时豪俊尽出门下。即内升虞部主政，未履任而卒，时年四十有七也，元配苏孺人亦抱痛同逝，其覃恩诰封荣及先世焉。两广总制刘继文援有德于民之例，亲置祭田二百亩而亲为祭祀，自总制以下诸大吏亦莫不捐俸建祠，用彰有德。诸孙林立，克世其家，有声文学者指不胜屈，而解元周继贤则其嫡孙也。

李光宸　（1526—1606）字仲熙，明南海人。嘉靖二十八年（1549）举人，次年进士，任户部主事，福建漳州、浙江台州知府，罢归。父绍敏。

［嘉靖］《广东通志》卷十二《明·举人·嘉靖二十八年己酉》：进士。《明·进士·嘉靖二十九年庚戌》：广州南海人，知府。

[万历]《广东通志》卷二十《广州府·选举·进士·国朝·南海》：嘉靖庚戌，知府。《封赠·国朝·南海》：李绍敏，以子光宸赠户部主事。

[崇祯]《南海县志》卷十《人物列传》：字仲熙。幼禀灵异，十一为郡诸生，文名籍甚，大为所司刮目。连举嘉靖庚戌进士，授户部主事，年才二十四。遍历仓粮税课、草场监兑诸差，发奸擿伏如老吏。执法不避豪贵，都下目“铁面郎”。与同官李价互相砥砺，俸入外，丝毫不以自点。擢漳州知府，岁荒盗炽，复丁倭患。光宸极力拮据，振颓纲，杜请谒，严接济，修武备，恤疲民，释冤狱，抚良善，不基年而漳大治，倭不敢入其疆。独以议论峭直与当事者不合，改官台州。台之难治犹漳也，光宸益自奋发，以御安民为己任，条陈十事上之。又豁派籴于富户，汰冗兵于邻司，皆力反旧政，不以为嫌。居台可三载，竟以前隙罢归。光宸遂杜门不通贵游，日与姻戚故人赏花钓鱼为乐，父产悉均同气，一无所取，乡里有犯，概置不较，事干公府来求者，必正色谢之。晚年尤务习静，足不出户庭，卧榻之外环以图史，披阅倦则引大觥浮满尽醉，曰：“吾不能营利名，不能近利名客，不能作谀世文字，吾姑以此适吾志而已。”前后部使者推毂干朝终不起，即乡饮亦恳辞不赴，其狷操类如此。惟治家课子则谆谆，宁苛毋略，自谓“礼、义、严、正、量、俭六字，平生食报不尽，愿与子孙共勖”云。居官尤嘉意作人，所得士如戴耀、吴善、卢维桢、黄曰谨、杨守仁、王士性、王亮、林国材辈，先后登庸，皆为名卿大夫。年八十一而卒。

[道光]《广东通志》卷六十九《进士·明·嘉靖二十九年庚戌唐汝楫榜·广州府》：南海人，二甲，知府。

[道光]《南海县志》卷二十六《艺文略二·集》：《绿野亭诗集》，明李光宸撰，据魏《志》。

王梦吉　（1527—1564）字兆祯，明南海人。死后十三年，子学曾，成万历五年（1577）进士。

《粤大记》卷二十五《献征类·岩泉隐德·明》：字兆桢，南海人。父梅涧公廷举有至行，尝捐金以济甲丁，操舟以拯溺者，为乡评所重，年方壮而卒。梦吉奉母李以居，屹屹负巨人志。比长业文，隽朗有矩度。督学试阳山冠诸生，遂为诸生所击不得入籍中。乃就试南海，每试辄数千人，屡角屡不胜，遂归休。以素业教其子学曾、学韶、学羲，俾各淬锋以进，而自筑亭台，凿泉垒石，杂莳花果，行乐其间甚适也。父有所育族人子，比长而公割产赡之，思以承父之志。南海里人困于役，度输可二百金，公倾囊代偿。至于阳山之产有鮑而夺之者，则以大义争焉，曰：“祖业而夺于豪民乎？非夫也。”

年三十八而卒。后十三年，学曾成进士，为崇阳令，赠公如其官，制词曰："居家孝友，处己廉恭，有济物之仁，无绝俗之行。"盖实录也。学曾寻召为御史，遇事敢言，以谠谏谪。后历转光禄丞，上《请建储疏》，天子震怒，落职归。直声动海内，皆出公庭训，则公之贤可知。王元美作公传，称为奇男子云。

[万历]《南海县志》卷十一《隐逸·明》：字兆祯。世有洁行，生即警敏迈伦，早年失怙，奉母孀居力学。以先世占籍阳山，从督学就试，文名訇甚。当入彀①，而梦吉之诸父游阳庠者，先后夺其贡额数人，阳之士侧目有日矣，遂群起而攻梦吉。梦吉罢归试南海，复以数奇不售，则时时取名公程墨②手自丹铅。筑馆舍旁，延师教子与族人之慧而贫者。更筑亭榭，垒石为池，种花养鱼，俯仰甚适，蕲以是为菟裘③弗迁也。而阳之豪横犹以夙憾龁其产，梦吉愤然起曰："田一成，山一区，是恶足絷王生哉？所不能忘者幅员受自先人，委而弃之为不孝耳！"遂远与豪对簿相持者十年，多以己业质券于人以资族众讼费，尤人所难者。豪巧能舞文，梦吉不能胜，竟归病卒于道。梦吉为人谦和坦□□□乐施予，尝焚券以救窭人，倾橐金三百代□□□□□□□□□□产业赠父之育子，其他□□□□□□□□□□专务荣进，时勖以忠孝大节。后子学曾历台□，屡效谠言称直臣，复阳产卒成父志。蒙恩褒赠文林郎、崇阳令，而海内名流若王世贞、吴国伦皆慕其风争为之传，其感人有若此者。

[崇祯]《南海县志》卷十一《隐逸·明》：梦吉为人谦和坦中，轻财乐施予，尝焚券以救窭人，倾橐金三百代里役之困输将④者，又割己产以赡父之育子，其他奇节尤多所为。庭训不专务荣进，时勖以忠孝大节。后子学曾历台寺屡效谠言，称直臣。

庞尚鸿　字少襄，明南海桂城叠村头坊人。捐租六十石以助广东广宁学，由广宁学超贡入都，任江苏盐城训导、湖北英山县令、浙江西安（今衢州）教谕、上海尉、江苏昆山丞，辞归。寿八十二岁。父宪，兄尚鹏。

[崇祯]《肇庆府志》卷二十二《人物传·明》：字少襄，南海人，都御

①入彀（gòu）：科举考试。

②程墨：科举时代作为范例的文章。

③菟裘（túqiú）：士大夫告老退隐的处所。

④输将：指缴纳赋税。

史尚鹏之弟。由广宁学贡，入都即上书政府发赈。授盐城司训，寻擢英山令，上《祖陵》《安边》《治河》诸疏。奉檄治淮河，渐次底绩①，值巡抚与巡河议不合，移怒于鸿，谪西安学谕。迁上海尉，当事复委浚吴淞江，不避权贵，江通复旧。转昆山丞，疏劾辅臣溺职，留中不报，遂辞归。自策名至解组，章疏及台阁书凡十数上，皆匡时要略，时论伟之。

[崇祯]《南海县志》卷十一《人物列传》：遇事刚决，饶经济才。繇广宁学超贡，捐租六十石助学。入都上书政府请赈，名动京师。复上《安边》《飞车》《飞舟》《殷鉴录》诸疏，悉得旨下部。授盐城司训，立学规、式多士皆先正格言。寻擢英山令，邑最疲敝，抵任首详九弊十害，当事允行。是时河决为陵寝患，鸿《治河三策》擘画如指掌。于是河道移文令辍县事，协理河运，渐次底绩……讲学不辍，两修南、番邑乘。捐义田，立祭产，孝先厚族。卒年八十有二。卷十二《艺文志·书目》：《戆言》三卷、《粤言》六卷、《安边书》、《正学疏》、《殷鉴录评断》、《治水经》、《续治水经》、《问道篇》、《经略朝鲜录》、《学易堂诗选》、《庞氏族约》，俱庞尚鸿撰。

[雍正]《广东通志》卷三十四《明·荐举·贡生·广州府·南海县》：知县。《明·荐举·贡生·肇庆府·广宁县》：知县。

[道光]《南海县志》卷二十五《艺文略一》：《治水或问》四卷，明庞尚鸿撰，据《四库书目》……《英山政书》，明庞尚鸿撰，据郭《通志》。《粤言》三卷，明庞尚鸿撰，据魏《志》。卷二十六《艺文略二·集》：《学易堂诗选》，明庞尚鸿撰，据魏《志》。

杨铨 字惟虚，明高明城中人。嘉靖三十六年（1557）岁贡。

[万历]《肇庆府志》卷六《选举表二·国朝岁贡·嘉靖·府学》：高明人。卷二十《人物传·国朝·杨铨》：字惟虚，高明人。居家孝友，适父之所下气怡色，父命呼虽夜必冠，分产惟弟侄所欲取。处人和易，好谈玄。嘉靖戊午贡入太学，京师闻其辟谷。

[康熙八年]《高明县志》卷四《元明·恩岁贡》：杨梅人，嘉靖三十六年岁贡。

[道光]《高明县志》卷十二《贡生·明》：城中人，嘉靖三十六年府学岁贡。

①底绩：谓获得成功、取得成绩。

谭诏 明高明城中人。嘉靖三十六年（1557）岁贡。父允。

［万历］《肇庆府志》卷六《明岁贡·嘉靖·高明县学》：谭诏，允子，永昌推官。

［康熙八年］《高明县志》卷四《元明·恩岁贡》：谭诏，城中人，允子。嘉靖三十六年岁贡，任云南永昌府推官。

区鹤鸣 字次野，明南海人。嘉靖三十七年（1558）举人。

［嘉靖］《广东通志》卷十二《明·举人·嘉靖三十七年戊午》：区鹤鸣。

［万历］《广东通志》卷二十《广州府·选举·乡举·国朝·南海》：嘉靖戊午，知县。

［道光］《广东通志》卷七十四《举人五·明·嘉靖三十七年戊午·广州府》：南海人，字次野。岳池知县，谪蒲城教谕。

［道光］《南海县志》卷二十《举人·明嘉靖朝》：泉州教授，据《福建志》参修……戊午科。

邝彭龄 明南海人。嘉靖三十七年（1558）举人，隆庆五年（1571）进士。父梦肖，曾孙露。

［嘉靖］《广东通志》卷十二《明·举人·嘉靖三十七年戊午》：广州南海人，经魁。

《粤大记》卷五《科第·皇明进士科·隆庆五年辛未科张元忭榜》：南海县人。知县，调宁德，升通判卒。

［崇祯］《南海县志》卷四《封赠·明》：邝梦肖，以子彭龄封文林郎。

［道光］《广东通志》卷七十四《举人五·明·嘉靖三十七年戊午·广州府》：南海人，进士，曾孙露。

［道光］《南海县志》卷二十《进士·明隆庆朝》：宁德知县，据《福建志》参修……辛未科。

冯颖 字觉庵，明南海人。嘉靖三十七年（1558）举人，万历五年（1577）任广东新兴教谕，升广西恭城知县。

［嘉靖］《广东通志》卷十二《明·举人·嘉靖三十七年戊午》：冯颖。

［万历］《肇庆府志》卷四《秩官表二·国朝·新兴县·儒学教谕》：南海人，举人。万历五年任，升恭城知县。

［万历］《广东通志》卷二十《广州府·选举·乡举·国朝·南海》：嘉靖戊午，同知。

[道光]《广东通志》卷七十四《举人五·明·嘉靖三十七年戊午·广州府》：南海人，字觉庵。新兴教谕，一作同知。

伦楚 明顺德石硝（今属南海）人。嘉靖三十七年（1558）副贡。

[咸丰]《顺德县志》卷十一《副贡·明·嘉靖》：石硝人，戊午。

苏皐 字少凝，明三水龙池都人。嘉靖三十七年（1558）举人，隆庆二年（1568）会试副榜，代理浙江天台教谕。任丽水县令五年，五十岁退休。祖仲长，父霑露，子兆亨。

[嘉靖]《广东通志》卷十二《明·举人·嘉靖三十七年戊午》：三水人。

[万历]《广东通志》卷二十《广州府·选举·乡举·国朝·三水》：嘉靖戊午，光禄署正。

[康熙十二年]《三水县志》卷十二《人物传·贤良》：字少凝，龙池都人。都事仲长之孙，恭城知县霑露之子也。嘉靖戊午举于乡，中戊辰乙榜。署天台教谕，月设五课以诱进士儒。诸生张天麟贫无以葬，皐捐金为赠。池天章长而无室，皐助金使娶。庚午，应聘分考滇南。迁丽水令，莅任五年，兴利厘弊，民用以康，镌石建祠志遗思焉。擢光禄寺正，丁艰起复补高邮州守。兼理河工有成劳，例得叙部转官，皐时仅五十，以倦勤乞致仕。家居足不履公庭，惟读书训子，岁荒出粟赈助，远近咸服。子兆亨、孙滉以诸生入太学也。

[康熙四十九年]《三水县志》卷三《乡举·明朝·嘉靖戊午科》：蓬村人，历官光禄寺正、高邮州知州。《贡途·岁贡》：苏仲长，蓬村人，湖广布政司都事。《贡途·岁贡》：苏霑露，仲长子，广西恭城县知县。三水开贡始此。《例监·明》：苏兆亨，皐之子，附例。苏滉，蓬村人，附监，兆亨子。

[嘉庆]《三水县志》卷九《例监·明》：苏兆亨，皐之子，由附生。苏滉，兆亨子，蓬村人，由附生。

[道光]《广东通志》卷七十四《举人五·明·嘉靖三十七年戊午·广州府》：三水人，字见沧，光禄寺署正、高邮知州。

李必昌 明南海人。嘉靖三十七年（1558）举人。

[嘉靖]《广东通志》卷十二《明·举人·嘉靖三十七年戊午》：李必昌。

[万历]《广东通志》卷二十《广州府·选举·乡举·国朝·南海》：嘉靖戊午，教授。

［崇祯］《南海县志》卷四《乡举·明·嘉靖戊午》：知县。

李时春（明嘉靖） 明南海人。嘉靖三十七年（1558）举人。

［嘉靖］《广东通志》卷十二《明·举人·嘉靖三十七年戊午》：李时春。

［万历］《广东通志》卷二十《广州府·选举·乡举·国朝·南海》：嘉靖戊午。

李纯仁 字次尧，明三水五顶都天湖村人。嘉靖三十七年（1558）举人，任福建同安教谕、湖南绥宁县令。子士安，万历二十一年（1593）选贡，二十八年举人。

［嘉靖］《广东通志》卷十二《明·举人·嘉靖三十七年戊午》：李纯仁。

［万历］《广东通志》卷二十《广州府·选举·乡举·国朝·三水》：嘉靖戊午，知县。李士安，万历庚子。

［康熙十二年］《三水县志》卷十二《人物传·贤良》：五顶都天湖乡人，字次尧。聪颖，一览成诵。十二岁补邑弟子员，明年即与省试，及潮郡王赞襄者同时号两神童。监试徐按院见而器之，命制定二小青袍以待，发榜并见遗，即以给旌曰"下科元魁也"，归而益所学以需大用耳。仁性孝谨，凡日用所行皆恪遵父训。母陈氏老得健忘病，每饮泣祷天，就养始终勿懈。嘉靖戊午举于乡，初授同安学教谕。一时人士咸服其教业，无有败群者，遂以不开劣报，忤姜督学意。移教镇海卫，节推唐素知其贤，檄主五经院事。岁甲子聘分楚闱考，得士萧良有为庚辰会榜第一人。寻转楚绥宁令，所至有冰檗声。致政家居，杜门息嚣，断迹公庭，虽经仕宦而布衣蔬食始终如一。时标圣贤微言课迪诸子，雅嗜摩研编削，暇时哦吟，若有所得，盖安静乐道，任真而行，浩浩然也，所著有《绿野堂集》。次子士安以万历癸巳起贡，登庚子贤书，初选池州石埭县知县，丁内艰起复候补。

吴誉闻 字紫楼，明顺德黎村堡（今伦教荔村）人。嘉靖三十七年（1558）举人，四十四年会试副榜，任河南许州学正、贵州独山知州、广西思恩府同知。孙元翰。

［嘉靖］《广东通志》卷十二《明·举人·嘉靖三十七年戊午》：吴誉闻。

［万历］《顺德县志》卷九《举人·嘉靖三十七年》：黎村，思恩府同知。

［康熙二十六年］《顺德县志》卷六《封赠·明朝·同知》：吴侪，以子

誉闻贵赠。卷八《德业》：字紫楼，黎村人。嘉靖戊午举人，乙丑南宫乙榜。选许州学正，主大梁书院，诱掖八郡生儒，多所成就。迁邵武府推官，调度兵食防倭备极勤劬，奉檄饬战舰兵械皆得实用。寻丁外艰，服阕补郧阳。抚院王懋贞闻其名，令修《郧郡志》，仍委丈郧、襄屯田，为分则壤九等，厥赋维均，经界清理，军民便之。丁丑转独山知州，勾当六卫事务，清操自矢。土苗慕其德化，凡苗种之最难驯者皆刻木归附。当事才之，令谕水西安国亨等，誉闻宣示国威，皆泥首听命。庚辰以招苗瓮袍功拜钦赏，辛巳升思恩府同知。时用兵之际，抚安八寨有善后功，而却交彝之金尤见操守。有疾而谮之者，遂罢归。闻为簿书吏，然有文名。初在中州应聘江西分考，后历楚、滇皆然，凡三入锁闱，得士三十余人，不以墨庄沾沾也。任滇时，邹南皋在戍，与交游砥砺风节，又从宗伯孙淮海讲明正学。后南皋起谏垣，疏荐于朝曰："吴誉闻文章政事倜然名家。"不果用，复移书慰之曰："公少师陈白沙，以悟修传宗印。壮学丘琼山，以衍义明治平。历官清苦，天日监之，方正谅之。壬人①下石，天道昭然。"盖深惜之也。孙元翰成进士，历官关西道佥事，有长厚称，而事业逊其祖云。

何启寅　字心泉，明顺德登洲人。嘉靖三十七年（1558）举人，任广西阳朔知县，改教授。

[嘉靖]《广东通志》卷十二《明·举人·嘉靖三十七年戊午》：何启寅。

[万历]《顺德县志》卷九《举人·嘉靖三十七年》：登洲，阳朔知县。

[道光]《广东通志》卷七十四《举人五·明·嘉靖三十七年戊午·广州府》：顺德人，番禺学，字心泉。阳朔知县，降教授。今《番禺志》失载。

何景禄　明顺德黄连人。嘉靖三十七年（1558）举人。

[嘉靖]《广东通志》卷十二《明·举人·嘉靖三十七年戊午》：何景禄。

[万历]《顺德县志》卷九《举人·嘉靖三十七年》：黄连。

陈大猷（明嘉靖）　字鸣翊，明南海人。嘉靖三十七年（1558）举人，隆庆二年（1568）进士，任广西柳州知府、四川按察副使。父彦际，弟大期。

[嘉靖]《广东通志》卷十二《明·举人·嘉靖三十七年戊午》：陈大猷。

①壬人：奸人、佞人。

《粤大记》卷五《科第·皇明进士科·隆庆二年戊辰科罗万化榜》：南海县人。知县，主事，员外，郎中，知府，副使。

[万历]《广东通志》卷二十《广州府·选举·进士·国朝·南海》：隆庆戊辰，四川副使。《封赠·国朝·南海》：陈彦际，教授，以子大猷赠柳州府知府。

[道光]《广东通志》卷七十四《举人五·明·嘉靖三十七年戊午·广州府》：南海人，字鸣翊，弟大期。卷六十九《进士·明·隆庆二年戊辰罗万化榜·广州府》：南海人，云南副使。

[道光]《南海县志》卷二十《进士·明隆庆朝》：按察副使，据《四川志》参修……戊辰科。

陈光宇　字映峰，明顺德桂林人。嘉靖三十七年（1558）举人，任广西贺县知县。

[嘉靖]《广东通志》卷十二《明·举人·嘉靖三十七年戊午》：陈光宇。

[万历]《顺德县志》卷九《举人·嘉靖三十七年》：桂林，贺县知县。

[道光]《广东通志》卷七十四《举人五·明·嘉靖三十七年戊午·广州府》：顺德人，字映峰，贺县知县。

陈克侯　字士鹄，明顺德杏坛古朗人。嘉靖三十七年（1558）中举，隆庆二年（1568）官福建闽县教谕。后任广西永福知县、云南腾越州知州、大理府丞，退休居家二十年卒。父其诩，子以恪。

[嘉靖]《广东通志》卷十二《明·举人·嘉靖三十七年戊午》：陈克侯。

[万历]《顺德县志》卷九《举人·嘉靖三十七年》：北水，大理府同知。

[康熙十三年]《顺德县志》卷六《明朝·封赠》：陈其诩，古朗人，以子克侯贵赠腾越州知州。卷八《人物传二·孝友》：陈以恪，字寅衷，原古朗人。父克侯，云南大理府同知，迁居大良。恪品行惇谨，系出乌衣，不离布素。弱冠补邑弟子员，闭户读书，不涉外事。性更至孝，敬奉庶母，友爱庶弟，备极情谊，以欢亲心。虽私居衣冠必整，乡邻钦仰。其家范端严，子弟率循惟谨，至今孙、曾尤式仪型。县请乡饮，一时人庆嘉宾。两子善膺、善赉，庠序端醇，孙蕴玉贤书早荐，邑称诗礼传家。

[康熙二十六年]《顺德县志》卷八《人物志·德业》：字士鹄，古朗人。七岁就外傅，能日诵万言，舞象补邑庠，饩诸生中。嘉靖戊午举于乡，南宫落第归，益究心古学。与黎惟敬、袁茂文、梁彦国、欧桢伯诸名士为诗文社，

时琅琊、历下推之。越十年署闽县教谕，以师道自任，诸邑缝掖①士皆造门受业。叶化甫亦沿牒闽清，擅古文词，侯雅相友善，著作多颉颃焉。擢令永福，值岁祲，孳孳务赈恤，捐不急，警无良，境内赖之。又省科法，务便民，夫里在官悉纵还治生业，有政一呼辄至，即征发无后期，民信之矣。既迁黔中永宁守，值丁内外艰，服阕补云南腾越州。境内多矿，染指可自润，久或酿薮盗不可诘，侯至即申革而弊害已。明年州地震，山蹊民居塌多压死者。侯下令能救一人予三金，于是健儿争走陵谷墙下觅活百十人。州徼去缅仅百余里，奸人岳凤亡命，教诱为中行说。朝命生缚之，台部使者悬重赏弗得，从侯画便宜遂缚以献。缅人复拥象马讧境上，猝无兵，兵道拟闭门为墨守。侯密启曰："居城内外皆吾赤子，今不为相存计，徒借以资寇兵，守土谓何？"因多张旗帜为疑兵，开门纳民，保存数万口。缅趦趄不敢逼，因得集兵为备。众请方略，曰："小丑耳！徒强作狂态以示威，必不敢逆我颜行②。万一豕突，惟严伍敦队向之，以逸待劳，可破走也。"于是民志稍定，贼亦闻风戢敛，全滇赖安者数载。当事服其知兵，咸委重焉。高国春、木元瑞起徒步为万户侯，感侯恩以百金为寿，正色却之曰："腾越岂受暮夜金耶？"兼绾土彝印，属例五百金修羔雁，畏其廉不敢显进，以黄金涂黑貌乌药恳受馈，旋觉即还之，人服其介。时方增兵，兵民杂处。侯调剂得宜，严号令，禁游闲，偶俱无猜，皆晏然就约束。迁大理郡丞仍管本州事，以两台疏请从民愿也，所部以行能荐者三，在事拜钦赏者二。无何，会苏御史墨甚，与李中丞材修隙，劾其冒功。事下侯勘，侯直李，因并逮。州民数万欲诣阙，侯力止之。未几，上察其冤，免归，寻复官。致仕家居，学古无少懈，文必轨秦汉，诗宗李杜，而议论韵致悉本性情发之。家居二十年，遇朔日必北向拜稽，不忘魏阙也。所著诗文、时政策议甚富，藏于家戒勿示人，故鲜传焉。

陈宪 明顺德古楼人。嘉靖三十七年（1558）举人。

［嘉靖］《广东通志》卷十二《明·举人·嘉靖三十七年戊午》：陈宪。

［万历］《顺德县志》卷九《举人·嘉靖三十七年》：古楼，宜章知县。

陈崇讚 明南海人。嘉靖三十七年（1558）举人。

［嘉靖］《广东通志》卷十二《明·举人·嘉靖三十七年戊午》：经魁。

---

①缝掖：亦作"缝腋"，大袖单衣，古儒者所服，亦指儒者。

②颜行：指首行、前列。

［万历］《广东通志》卷二十《广州府·选举·乡举·国朝·南海》：嘉靖戊午，经魁。

［崇祯］《南海县志》卷四《乡举·明·嘉靖戊午》：经魁，教谕。

罗昌道 明顺德大良人。嘉靖三十七年（1558）副贡。

［咸丰］《顺德县志》卷十一《副贡·明·嘉靖》：大良人，戊午。

梁兆鳌 字云海，明顺德水藤人。嘉靖三十七年（1558）举人，任浙江青田知县。

［嘉靖］《广东通志》卷十二《明·举人·嘉靖三十七年戊午》：顺德人。

［万历］《顺德县志》卷九《举人·嘉靖三十七年》：水藤，青田知县。

［道光］《广东通志》卷七十四《举人五·明·嘉靖三十七年戊午·广州府》：顺德人，字云海，青田知县。

曾传 号翠屏，明南海九江人。嘉靖三十七年（1558）岁贡。堂兄俊，正德二年（1507）举人；储，十一年（1516）举人。

《南海九江乡志》卷三《选举·贡·嘉靖三十七年戊午岁贡》：号翠屏。由府学习《诗经》，廷试，以母老终养。子以鲁庠生。孙鸣雷举人，陈诗举人、知州。曾孙琚、之谦、道恕，玄孙胤芬，并庠生。卷四《贡元列传》：公矩范端肃，有古人风。为诸生，试辄列四名内，与从兄俊、储齐名。讲学省中，及门皆时隽，乡饮两请介宾不就。以母李氏年垂百岁告侍养，给冠带，依亲竟不仕，人称为孝隐先生。

蒲凝重 原名凝翠，字任斋，明南海人。嘉靖三十七年（1558）举人，四十四年进士。父维霑。

［嘉靖］《广东通志》卷十二《明·举人·嘉靖三十七年戊午》：蒲凝翠。

《粤大记》卷五《科第·皇明进士科·嘉靖四十四年乙丑科范应期榜》：南海县人。行人，降县丞，升同知。

［万历］《广东通志》卷二十《广州府·选举·进士·国朝·南海》：嘉靖乙丑，同知。《封赠·国朝·南海》：蒲维霑，以子凝重封行人。

［道光］《广东通志》卷七十四《举人五·明·嘉靖三十七年戊午·广州府》：蒲凝翠，南海人，字任斋，更名凝重，进士。

谭见龙 明顺德甘竹人。嘉靖三十七年（1558）、四十年两次副贡。

[咸丰]《顺德县志》卷十一《副贡·明·嘉靖》：甘竹人，戊午、辛酉两科。

潘潮 明南海人。嘉靖三十七年（1558）岁贡，任福建连江县丞。

[道光]《南海县志》卷二十《贡生荐辟·明嘉靖朝》：戊午岁贡，连江县丞。

黎士伟 明南海人。嘉靖三十七年（1558）举人。

[嘉靖]《广东通志》卷十二《明·举人·嘉靖三十七年戊午》：黎士伟。

[万历]《广东通志》卷二十《广州府·选举·乡举·国朝·南海》：嘉靖戊午。

[道光]《广东通志》卷七十四《举人五·明·嘉靖三十七年戊午·广州府》：南海人，番禺学，《番禺志》失载。

霍与瓔 明南海人。嘉靖三十七年（1558）举人。父韬，兄与瑕、弟与瑺。

[嘉靖]《广东通志》卷十二《明·举人·嘉靖三十七年戊午》：霍与瓔。

[万历]《顺德县志》卷九《举人·嘉靖三十七年》：龙津。

[万历]《广东通志》卷二十《广州府·选举·乡举·国朝·南海》：嘉靖戊午，尚书韬子。霍与瑺，隆庆庚午，尚书韬子，分宜知县。

[崇祯]《南海县志》卷十《人物志·霍韬传》：子……与瑕、与瓔、与瑺并举于乡，而与瑕登嘉靖己未进士。

[道光]《广东通志》卷七十四《举人五·明·嘉靖三十七年戊午·广州府》：南海人，韬三子。

罗琅 （1528—1625）字继可，明顺德大良人。嘉靖三十七年（1558）副贡，寿九十八岁。子文奎。

[乾隆]《顺德县志》卷十四《耆寿》：字继可，大良人。弱冠为邑诸生，试多前矛，嘉靖戊午《易》房副榜。生平沉潜渊博，寡言质行，澹于名利。年九十时县宾之，按院王旌门曰“儒林德寿”，被赐高年帛，给冠带。九十八

岁卒之日，县大夫以下皆造庐吊焉。生嘉靖戊子，卒天启乙丑，寿九十八。子文奎等皆邑庠生。

朱学濂　（1529—1615）字次周，号后溪，明南海九江人。子凌霄。

《南海九江乡志》卷三《封赠》：字次周，号后溪，庠生，以子凌霄封知县。卷四《封赠列传》：公博学笃行，研究经史每得其要归，远近士奉为矜式①。偃蹇诸生，十战棘闱不遇，未尝稍愠。及仲子掇科拜封，孙复登科，亦未尝加喜。日逍遥杖履与耆老觞咏，谆谆以忠孝大节训子若孙。贞不绝俗，通不易方……寿八十七。著《经书讲说》《燕居日录》《逍遥斋稿》行世。

《九江儒林乡志》卷七《金石略二》：《朱刺史凌霄墓志铭》，父以公贵封文林郎、咸宁县知县，母陈氏封孺人，生男二，长凌仲封融县知县，次即公。乙巳陈孺人卒，乙卯父后溪公复卒。

林崇彬　（1529—1625）字惟忠，明顺德赤花人。寿九十七岁。

［乾隆］《顺德县志》卷十四《耆寿》：字惟忠，赤花人。生嘉靖己丑，终天启乙丑，寿九十七。

马锐　明顺德龙江人。嘉靖三十八年（1559）岁贡。

［咸丰］《顺德县志》卷十一《岁贡·明·嘉靖》：龙江人，阳春籍，己未。

区式　明高明清溪人。嘉靖三十八年（1559）岁贡。

［万历］《肇庆府志》卷六《选举表二·国朝岁贡·嘉靖·高明县学》：连江训导。

［康熙八年］《高明县志》卷四《元明·恩岁贡》：清溪人，嘉靖三十八年岁贡，任福建连江县训导。

庞端学　字季昭，明南海叠滘人。嘉靖三十八年（1559），

---

①矜式：敬重和取法。

广东广宁县成立，他捐田二十二亩给广宁县学。

［崇祯］《南海县志》卷十一《隐逸·明》：字季昭，广宁庠士，叠滘人。性闲旷，乐施予，居家不治生产，与人不立城府。尝游蚬壳冈乌石湖，悯岁荒，竭资千余助土人垦田，全活甚众，至今乡人啧啧。时广宁县治初开，捐田二十二亩零岁租六十石入学宫祀先贤，宾兴养士资焉，冢宰端恪何公维柏记。

朱学懋　字少修，号龟台，明南海九江人。七十岁卒时，兄学濂。

《南海九江乡志》卷四《文学列传》：字少修，号龟台。学务穷理，与兄封君学濂齐名。充郡庠，问业盈门。性至孝谨，指甲须发脱落皆珍为遗体。群从以科名显，公敦尚简朴，以古道自律，凡子姓轻佻华侈皆不敢近。孙晌、瑞珍并庠生。

《九江儒林乡志》卷八《艺文略·史部·谱系类》：《朱氏家谱》一卷，朱学懋撰，据《朱氏家谱》。卷十三《列传·明》：幼聪颖，嗜学能文，衣冠整肃，有先民矩度。弱冠充郡庠生，提学临试，与兄学濂迭为冠军，时称朱家双凤。久困场屋，物望益隆，四方名士多负笈请业。其学以静专为主，尤教人服膺。礼法凡冠昏丧祭以至周旋曲折，一准以考亭《家礼》……性至孝，前后执亲丧哀毁泣血，负土成坟，手植松柏，虽年届六旬，悲感犹昔。预知亡日，将易箦，呼子妇诸孙集榻前，涕淫淫下，以先茔未修为言。兄学濂至，曰："茔石已备，期已卜矣，何忧！"颔之而瞑，年七十。

黄镐　（1531—1630）字建周，号岐山，明顺德甘竹右滩人。孝友长寿。祖斌，父廷玑，子士俊、士效。

［康熙十三年］《顺德县志》卷九《人物传三·行谊》：字建周，号岐山。廷玑仲子，士俊之父。博学能文，隐居不求闻达，平生修德行善。颇负知人之鉴，乡党亲朋每以文艺相质，判其人修短、功名事业，捷验如神。一生无怒，教子弟以孝友。镐仲也，居让兄，畔让弟。壮年得子，耄年子贵。三十载，由修撰、洗马、春坊詹事、吏礼侍郎、礼部尚书，六拜封命，足迹不履省邑，不与当道通问。有藩、臬式庐①造请者，而温和冲融之气，一见不再，人深敬爱。五十有母，每外归辄怀果嘻戏母前，进食而后已。自居母忧，四

①式庐：指登门拜谒。

时祭扫，耄耋必躬，涕泣竟日。庚申、甲子，两奉封章至墓悲号，傍人俱泣，甘露雨降松柏，人称孝感云。岁丙辰，乡中水灾决围，捐金修复，易土以石，民赖以安。知县施槃准乡民请勒石名“黄公堤”，后设为阜宁墟贸易之地。九十五六尚能作蝇头小书，每行游必带钱帛，道遇饥寒则给之，岁以为常。崇祯己巳，封资政大夫、礼部尚书兼翰林院学士。庚午年近百龄，奉旨遣藩伯陆问礼造庐存问，有司岁给禄米夫役，敕赐“熙朝人瑞”坊表，建于省城。前朝三百年，天下存问封君者三，镐其一也。寿百岁卒，谆谆忠孝报国，片言不及家事，敕祠臣加笾，缮臣饬茔。赠光禄大夫、太子太保、礼部尚书兼文渊阁大学士，加赠特进光禄大夫、左柱国、少保兼太子太师、吏礼兵三部尚书、文华殿大学士，郡邑崇祀乡贤。崇祯癸未，督臣沈犹龙、按臣刘逵等共建百岁坊曰“国柱弘贻”于甘竹，为镐祠表。

陈其才　（约1532—约1604）字少恺，号复堂，明顺德大良人。嘉靖三十一年（1552）举人，隆庆二年（1568）任山东商河县令，调滨州知州，四十岁辞官。子琮咏、禹畴。

［嘉靖］《广东通志》卷十二《明·举人·嘉靖三十一年壬子》：陈其才。

［万历］《顺德县志》卷九《举人·嘉靖三十一年》：大良，滨州知州。

［康熙十三年］《顺德县志》卷七《人物传一·德业》：字少恺，号复堂，邑城人。弱冠与伯善藏同登嘉靖壬子乡试，初授昌邑学谕，造就多名士。升商河令，宽里甲，捐积逋赋税，有经流亡复业。时邑有蝗患，才令民捕蝗代赎，一夕大风，蝗尽歼，稼不害，咸称德政所感。听讼平反无冤，邻郡人命之谳，当道咸委决焉。考满转知滨州，治郡一如商河。东土审编最难，才多方诹度，上下厥赋咸中其实，民翕然称善。岁余以陟屺①念切，入觐陈情终养，主爵勉留不获，致政归里。居乡慷慨好义，岁饥捐赈存活甚众。邑建双塔，属才经理，文运丕振，施惠乡闾。年高德劭，累蒙恩诏，进阶者三，屡举宾筵。享寿七十三岁，所著有《读书法日录》《宦纪》等书，合邑公举崇祀乡贤。

［康熙二十六年］《顺德县志》卷八《人物志·德业》：童年已闲礼度如成人，补郡诸生，孜孜力学，一室不设枕簟三年。室内忽产异卉若天花，邑人竞观以为瑞。明年举于乡，为嘉靖壬子，时年弱冠耳。隆庆戊辰就教山东

①陟屺（zhìqǐ）：《诗·魏风·陟岵》：“陟彼屺兮，瞻望母兮。”思念母亲之典或借指母亲。

昌邑，造就士多成名。迁商河令，多善政，流亡复业者千余家，赋课称最。诸邑皆患蝗，忌不敢捕，才准《周礼》束矢①之法，下令凡听一词先纳蝗一斗，赎锾亦以蝗代，于是民争捕蝗，蝗渐稀，一夕大风雨尽歼焉。他邑告凶，商独有年，太守巡行，叹曰："真德政所感也！"州人路絅者狡黠，恃奥援②以私憾中赵皋危法。狱成矣，才心独耿耿，既乃廉得其情，竟坐路而释赵。监司直指皆曰："自成案而自反之，匪至虚不能具。"服其胆识，凡各郡人命之狱多委之听论。德州王、李二家哄，李父八十余死以诬王，才固争竟得白。其后偶至德州，王携一儿顶香于道左，泫然曰："此儿君侯赐也。"考满转知滨州，治如商河而加之以勤。编审精察，使上下厥赋维均，当途意中无不知有陈滨州矣。然才事亲孝，母太孺人不乐就养，每望南云辄下泪，或席中演《琵琶记》及左右禀省亲假，每惨然不乐。值入觐，遂陈情终养，主爵惜其能，慰留不得，遂归，逮事母者二十余年。里居慷慨好义，岁饥捐赈，倾橐不倦。邑南建双塔，嗣后科名益盛，皆其经画也。所著有《读书法日录》《宦纪》诸书。三举宾筵，累蒙恩诏进阶，卒祀乡贤。子禹畴，孙迪祥、迪纯并举于乡，仕宦有绩，曾孙慧業成进士，玄孙际临、宪祖皆孝廉。邑人科第世其家，自滨州始。

[乾隆]《顺德县志》卷十四《人物列传三·隐逸三·陈善藏传》：族子其才同举，仕为滨州守，治甚有声。以母六十拜疏归，其才时年四十，善藏之风类也。

[咸丰]《顺德县志》卷二十三《列传三·明·陈其才》：子琮咏……迪祥、迪纯皆琮咏子……迪祥子慧業……子际临。

韦宪文　（约1532—约1611）字纯显，号洪初，明顺德鹭洲人。嘉靖三十一年（1552）举人，任江西泰和、广东龙川教谕，国子监助教、马湖同知、黑盐提举、靖府长史，退休归居广州。父基，子大成、士贲、士赞。

[嘉靖]《广东通志》卷十二《明·举人·嘉靖三十一年壬子》：韦宪文。

[万历]《顺德县志》卷九《举人·嘉靖三十一年》：鹭洲，提举。《封赠·国子监助教》：韦基，宪文父，封。

---

①束矢：一束箭。《周礼·秋官·大司寇》："以两造禁民讼，入束矢于朝然后听之。"

②奥援：暗中支持、帮助的力量。

［康熙］《广州府志》卷二十九《人物志一·理学列传·明》：字纯显，号洪初。赋性纯笃颖悟，少领嘉靖壬子乡荐。初工诗词，久之悟曰："此非安身正鹄。"遂研精理学。教谕泰和，正学一时兴起，郭子章辈十余人皆所乐育士也。以内艰归，继补龙川，一如泰和之教。擢国子监助教，著《正义》《居敬》诸书，期诸士为有用之学。会上临雍，赐衣褒异。旋遇外艰，服阕补马湖同知，其地民彝杂居，宪文兴学劝耕，练兵防阻，卓有奇绩。以方正稍忤当事，调黑盐提举，宪文开诚集思，盐政悉举。闻丰城李材倡道洱海讲止修之学，北面师之，曰："非此行几误过一生矣！"集诸弟子员于修止堂中相与阐明，因著论曰《井天学测》以示诸生。适有王府长史之命，遂辞官归。开讲会于州城之北，曰石渠洞，日与门人发明师说，所与叶春及、唐伯元辈往返书札皆透彻宗趣，故在李门入室者，惟宪文与徐即登为最云。是时藩、臬徐用检、周应治讲学天关，请宪文执牛耳，陈庭学、蔡应科扁其门曰"海南正学"。临川汤显祖谓："入粤得游罗浮，嚼西施舌，接韦洪初教，足称三饱。"与区大伦深相契悟，大约宪文之学派自江门而参以余姚，惟以丰城为宗云。宪文事亲待弟极孝友，接子侄一于礼，言笑不假，治丧不用浮屠。唯义是视，如卜兆以葬何白云，买田以赠叶蒲泉，置宅以处冯参元，建祠以祀李材，皆笃于师友之谊者。所著书数百卷，皆以阐明理学之要。年八十卒。子大成、士贲；士贲弱冠补诸生，能世其家学，父没居丧尽礼，服阕即走剑江，北面徐即登，大被称赏……年逾耄耋犹手口不绝，世称其渊源云。

［康熙十三年］《顺德县志》卷九《人物传三·隐逸》：著《居敬》《正义》诸书……闻李见罗倡道洱海讲正修之学，文师事焉，因著《学测》一书以示诸生……居羊城辟石渠洞，日与门人发明师说所与叶絅斋、霍勉斋诸公往返书札皆透彻宗趣，故在李门入室者十人，惟文与徐匡岳为最云。是时藩、臬诸公请宪文讲学天关，渊源汇合，临川汤若士、高明欧罗阳皆深相契悟也。《人物传三·行谊》：韦士贲，字质倩，号志白，鹭洲人。父宪文，仕马湖同知。贲行三。

《西樵白云洞志》第二册《传略》：按，宪文与何亮友善，数相往来。亮没，宪文重游白云洞，感旧赋诗，石刻犹存。

何亮　字子明，一字景恺，明南海西樵坑边人。父中行开辟西樵白云洞，嘉靖十一年（1532）成进士，赴广西为官。拓展白云洞，隆庆五年（1571）完工。父中行，开辟西樵白云洞，嘉靖十一年（1532）成进士、赴广西为官。与韦宪文为儿女亲家，万历七年（1579）韦重游白云洞，写诗怀念他。

《西樵白云洞志》第二册《传略》：《岭南诗海》，亮，字子明，番禺人，万历壬子举人。父佥宪中行，爱西樵白云洞之胜，欲拓以居未果。亮不乐仕进，始修而廓之，架石凿险，读书其中。贯通典籍，砥励名节，乡人重之，塑像于洞中祀焉。著有《白云洞集》。《广东通志·选举》万历壬子科乡荐，亮，字子明，一字景恺，番禺人。按，亮实西樵坑边乡人。其族孙何文学元荣述其家乘，所载亮父中行科第官阶与诸志同，谓原籍顺德葛岸良教乡，迁居西樵龙津堡坑边乡，亦与省《志》中行籍贯略符，唯载亮止郡庠生与省《志》异。夫父子异籍，省《志》何不注明亮为中行子？愚窃疑登壬子乡荐之何亮，番禺别有其人。随查《番禺县志·选举》，亮，字子明，著有《白云洞集》，则固混而一之然。使亮果登科，其子孙何以无知之者？据庞弼唐记，亮重开白云洞事在隆庆辛未，时亮已泮游。至万历壬子距四十余年，年逾六十矣。以不乐仕进之人，至老而犹逐逐举场，以博取科名，此必无之事。要以亮之高节，至今啧啧称白云先生，与斯洞同其不朽，正不必以科名之有无为轻重耳。第三册《艺文·文》：庞嵩《重开白云洞记》，东江何先生家食时，雅志兹洞，时携书游息其中。既而系身朝绂，不忘丘壑之想。已筑洞门，余未就绪。其子亮泮游……隆庆辛未暮春，予游踪始至……顾亮谓曰："……盍稍修治蹑级，与游观者共乎？"亮慨然曰："吾责也！"即募工涤污芟芜，濬淤架壑凿险……仲夏以成功告……先生讳中行，壬辰进士，历官广西佥宪。三子即亮、襄、衮，皆识趣，超越继志当有大者。铭曰：白云古洞，谁哉辟始？观察何公，嘉靖初纪。子亮治之，隆庆辛未。第一册《名胜·古迹》：韦宪文诗（并序在洞壁）：再游白云洞，何君载酒于云崖，念白云主人先友何子明已逝……怅然有感赋此……万历己卯菊月韦宪文诗，外孙何元干重刻。何白云先生读书处，孙元干重刻。

区翔凤　明高明官当人。嘉靖四十年（1561）参加编辑《高明县志》，万历十七年（1589）岁贡。

［万历］《肇庆府志》卷六《选举表二·国朝岁贡·万历·高明县学》：临江训导。

［康熙八年］《高明县志》卷四《元明·恩岁贡》：清溪人，万历岁贡，任江西临江县训导。

［康熙二十九年］《高明县志》卷十二《贡生·明》：清溪人，万历十七年岁贡，任江西临江训导。

［道光］《高明县志》卷十二《贡生·明》：官当人，万历十七年岁贡，任江西临江训导。

［道光］《肇庆府志》卷二十一《艺文·史部·地理类郡县之属》：《高明县志》，明徐纯修，管维乾等辑，嘉靖四十年。纯知县，维乾教谕。同辑：训导黄淳，邑庠士杨太和、严贞、杨绍程、区翔凤、何一麒。

刘士进　字宾吾，明南海人。嘉靖四十年（1561）举人。

［万历］《广东通志》卷二十《广州府·选举·乡举·国朝·南海》：嘉靖辛酉，知县。

［道光］《广东通志》卷七十四《举人五·明·嘉靖四十年辛酉·广州府》：南海人，字宾吾。万安教谕，知县。

刘钟　明南海人。嘉靖四十年（1561）举人，任福建泰宁知县。

［万历］《广东通志》卷二十《广州府·选举·乡举·国朝·南海》：嘉靖辛酉，知县。

［道光］《广东通志》卷七十四《举人五·明·嘉靖四十年辛酉·广州府》：南海人，泰宁知县。

刘朝孚　字献忠，明顺德平步人。嘉靖四十年（1561）举人，隆庆二年（1568）乙榜进士，任安徽颍上知县。

［万历］《顺德县志》卷九《举人·嘉靖四十年》：平步，颍上知县。

［道光］《广东通志》卷七十四《举人五·明·嘉靖四十年辛酉·广州府》：顺德人，字献忠，颍上知县。

［咸丰］《顺德县志》卷十《明通榜·明·隆庆》：平步人，戊辰科。

关玉成　字少抑，号念斋，明南海九江人。嘉靖四十年（1561）举人，次年及四十四年两次会试均中副榜，任江西赣县教谕，福建仙游、江西玉山、福建建宁知县，调靖江藩府审理告归，九年后卒。

［万历］《广东通志》卷二十《广州府·选举·乡举·国朝·南海》：嘉靖辛酉，知县。

［万历］《南海县志》卷十一《人物列传二》：字少抑。嘉靖辛酉举于乡，

知福建仙游县。性至孝，清介自高。勤于抚字，以催科不办调。去之日，卧辙扳辕①者甚众。从子纯亦领乡书。

《南海九江乡志》卷三《选举·乡举·嘉靖四十年辛酉科》：字少抑，号念斋。由南海学习《春秋》，中式第十八名。初授江西赣县学教谕，升福建仙游知县。改浙江钱塘教谕，升江西玉山知县，升靖江藩审理。祀仙游名宦，子禹玄庠生。卷四《先达列传》：公天性诚孝，少失怙，思之每废寝食。领乡荐，以礼闱乙榜授赣教，升仙游令。邑值岛寇之余，困甚。公至，免夫甲，罢乡兵，缓征求，均徭役，葺学宫，民赖苏息。继大旱，公露祷沾足，邻封竟无雨。奉上令造巨舰，当水涸，公告河伯，须臾潮涌。以拙催科坐调，公疏其实得白，量移玉山。当京道要冲，民减夫马之苦，然不无忤朝贵过客。谪教桐庐，署堂篆及摄钱塘，俱有惠政。升建宁令，值大饥，救荒不遗余策。尝檄虎渡河，反风灭火，异政甚多。

［同治］《南海县志》卷十三《列传》：壬戌、乙丑会试两登明通进士，授赣县教职。训饬多士，恒先身心而后文艺，诸生翕然向风。制府遴选赣府各属生员，命总其事。玉成为缕析奥义，发扬道妙，兴起、成就尤多，乃与巡按下檄旌奖。逾年擢福建仙游县知县。先是，倭夷毒闽，仙游尤遭蹂躏，疮痍未起。玉成至即拯夫甲，罢乡兵，均徭役，催科不忍苛，牢狱不妄系，其巨绅豪右之居间图利以苦民者必绝之，上下交孚，民亦相劝输将，令不烦而事举。又以暇日修复青龙、石马等桥，役虽巨而民不扰。会巡抚欲造大战舰，檄玉成采木深山，造舟海澨。玉成不敢告劳，跋涉奔波，如期就绪。然性鲠介，不能面谀上官，多所抵牾，竟以赋不中额②移令玉山。县为江浙两省要冲，贵游过境者络绎。玉成志在恤民，清理邮政，减夫马之征，因此不悦过客。谪为桐庐教谕，浙大吏闻其有治才，委署钱塘县，俄桐庐县缺，又檄摄桐庐。以所居俱有惠政，擢邵武府建宁县知县。其宰建宁也，如玉山、仙游，待下以宽，事上以正，不肯稍事依违，卒降调靖江藩府审理。玉成宦情本淡，遂奉母告休归，归九年而卒。其令仙游时所造就门生李多见，以部曹出守琼州，对人言公作令异政甚多，祷雨雨零，檄潮潮涌，讨虎虎渡河，至爱士礼贤，振荒御患，美不胜书，特粤人不知耳。身后，人思其遗爱，祀仙游县名宦祠。

关学尹 原名与张，字蜀卿，号碧湾，明南海九江人。嘉

---

①卧辙扳辕：拉住车辕，躺在车道上，不让车走。旧时用作挽留好官的谀词。

②中额：达到要求的额度。

靖四十年（1561）举人，任广西上林教谕、江西上高知县、福建兴化同知、南京都督府经历、云南澂江知府。寿七十三岁。父文侃。

［万历］《广东通志》卷二十《广州府·选举·乡举·国朝·南海》：关与张，嘉靖辛酉，改名学尹，知府。《封赠·国朝·南海》：关文侃，以子学尹赠兴化府同知。

［崇祯］《南海县志》卷四《乡举·明·嘉靖辛酉》：关与张，更名学尹，知县。

《南海九江乡志》卷三《选举·乡举·嘉靖四十年辛酉科》：原名与张，字蜀卿，号碧湾。由府学习《礼记》，中式第五十名。初授广西上林县学教谕，聘福建分考。升江西上高知县，改福建汀州教授。丁外艰服阕补前职，升北京国子监助教。升福建兴化府同知，转南京都督府经历，两受封赠。升云南澂江知府，疏辞不允，寻丁内艰致仕。寿七十三。卷四《先达列传》：公质直孝友，母病笃，焚香告天请身代。领乡书，释褐士林教，士习以正。晋令上高，政行民悦。以强项得罪谪汀教，汀士皆范于礼，两院交荐。擢助教，升兴化丞。会征倭寇，以转饷功诏赐金。分考闽闱，得士如胡公明佐、李公开藻皆成进士，李乃他房落卷，公拔魁选者。转幕督府，出守澂江，历中外皆有嘉猷善政。解组绝迹城市，布衣蔬食以老。

伦贞一　明顺德石硝（今属南海）人。嘉靖四十年（1561）举人，任浙江青田县教谕。

［万历］《顺德县志》卷九《举人·嘉靖四十年》：石硝，青田教谕。

严祯　字道兴，明高明罗塘人。嘉靖四十年（1561）参编《高明县志》，四十二年岁贡，任广东长宁县（今新丰县）教谕。父仉。

［万历］《肇庆府志》卷六《选举表二·国朝岁贡·应例·高明》：严仉①，融县丞。《选举表二·国朝岁贡·嘉靖·高明县学》：长宁②教谕。卷二十《人物传·国朝·严仉》：字用敬，高明人。纳粟入胄监，授灵川县主簿，

---

①仉：音 zhǎng。

②长宁：地处广东韶关南端，明隆庆三年（1569）置。

革限钱①，不待捶楚而课最②，民称“严菩萨”。迁融县丞。子祯，字道兴，岁贡，任长宁教谕。

[康熙八年]《高明县志》卷四《元明·例贡》：严仉，罗塘人，正德应例，任广西融县县丞。《元明·恩岁贡》：罗塘人，嘉靖癸亥年岁贡，任长宁县教谕。

[道光]《高明县志》卷十二《贡生·明》：严一贞，罗塘人，嘉靖四十二年岁贡，任长宁教谕。

[道光]《肇庆府志》卷二十一《艺文·史部·地理类郡县之属》：《高明县志》：嘉靖四十年。同辑：邑庠士杨太和、严贞。

苏兆印 字达泉，明南海人。嘉靖四十年（1561）举人，任云南临安同知。

[万历]《广东通志》卷二十《广州府·选举·乡举·国朝·南海》：嘉靖辛酉，同知。

[道光]《广东通志》卷七十四《举人五·明·嘉靖四十年辛酉·广州府》：南海人，字达泉，临安同知。

李大芳 改名尚桂，字任斋，明南海人。嘉靖四十年（1561）举人。

[万历]《广东通志》卷二十《广州府·选举·乡举·国朝·南海》：嘉靖辛酉，改名尚桂，审理。

[道光]《广东通志》卷七十四《举人五·明·嘉靖四十年辛酉·广州府》：南海人，更名尚桂，字任斋，审理。

李万石 明顺德甘竹人。嘉靖四十年（1561）举人。

[万历]《顺德县志》卷九《举人·嘉靖四十年》：甘竹。

李任芳 字穗台，明三水蓬村人。嘉靖四十年（1561）举人。

[万历]《广东通志》卷二十《广州府·选举·乡举·国朝·三水》：嘉

---

①限钱：指官方限定私人贮藏的现钱数量。

②课最：税款集中得起来，即完成税收任务。

靖辛酉，知县。

［康熙四十九年］《三水县志》卷三《乡举·明朝·嘉靖辛酉》：蓬村人，历官湖广宁远县知县，两同考。

［嘉庆］《三水县志》卷九《举人·明·嘉靖四十年辛酉王宏诲榜》：蓬村人，历官湖广宁远县知县，两同考试官。

［道光］《广东通志》卷七十四《举人五·明·嘉靖四十年辛酉·广州府》：三水人，字穗台，湖广宁远知县。

李楚 字卓倩，明南海人。嘉靖四十年（1561）举人。

［万历］《广东通志》卷二十《广州府·选举·乡举·国朝·南海》：嘉靖辛酉，长史。

［万历］《南海县志》卷十一《人物列传二》：字卓倩。中嘉靖辛酉乡试，授湖广零陵学谕。□□□□□□□□□盗破城，民残法驰，藩禄、兵□□□□□□□□□责之政，而楚专务安和，议□不入，遂改教于广西平乐。平乐士阙科已久，楚为迁其学宫于凤凰山下。鼎新费巨，楚与郡守罗黄裳、邑令庄希益捐俸佐之。又市学田以供诸生会饩，品题诱掖，晓夕不懈。万历乙酉，唐世尧、陶明礼遂连名冠乡闱，后皆成进士。居六载，始擢四川重庆府判。出镇黄平，职署粮马，盖黔、蜀、湖北三省要官也，楚一以公廉威信治之。播酋杨应龙与奢氏争疆，楚承檄往勘。龙馈全鹿，藏镪四十，楚不为动。又与冉维屏交构，奏勘十余年不决。龙欲冉赴乌江河，设伏邀杀之。楚为徙勘地，谋竟不行，而龙逆亦不即溃者，多惮楚也。后竟迁衡府长史，遂拂衣归。楚性最温厚，与物无竞，鹑饭藜羹，终身不改，绮縠非大宴会不服。结庐物外，无故不至城市，见□□□则倾储周之，晚年犹正族弟之嗣息大衅①。

［崇祯］《南海县志》卷十《人物列传》：迁江西安义尹，前官被盗破城，民残法驰，藩禄、兵饷并急。当事者方行督责之政，而楚专务安和，议格不入……见人有急则倾储周之，晚年犹正族弟之嗣息大衅之端，远近皆为诵义。卒之日，人以比陈太丘②云。

［道光］《广东通志》卷七十四《举人五·明·嘉靖四十年辛酉·广州府》：南海人，字歧野。安义知府，长史。

岑谏 明顺德桂洲人。嘉靖四十年（1561）举人，任浙江

---

①原本漫漶，“大衅”后缺一行。

②东汉名士陈寔曾任太丘长，人称陈太丘。

新昌知县。

[万历]《顺德县志》卷九《举人·嘉靖四十年》：桂洲，新昌知县。

[道光]《广东通志》卷七十四《举人五·明·嘉靖四十年辛酉·广州府》：顺德人。新昌知县，一作灵寿县。

何一麒 字文明，明高明石歧人。嘉靖四十年（1561）参编《高明县志》，隆庆元年（1567）举人。

[万历]《肇庆府志》卷五《选举表一·国朝·举人·隆庆元年丁卯》：大理府通判，高明人。

[康熙八年]《高明县志》卷四《明·举人·隆庆元年丁卯》：清溪人，云南大理通判。卷十三《人物传·明》：字文明。博学能文，雅尚节操。诸生时，为邑令徐纯聘辑《县志》。登隆庆丁卯贤书，署兴业教谕，洁己饬躬，表率多士，时士习于焉丕变。升龙安知县，平徭役，省冗费，民有过者不为苛法而诵声大作。晋大理通判，署府事，督责劝课，仁惠慈良，为一时贤牧。归装一担，大半图书而已。

[道光]《高明县志》卷十二《举人·明》：石歧人，隆庆元年丁卯举人，仕至云南大理府通判。

何惧 明南海人。嘉靖四十年（1561）举人。

[万历]《广东通志》卷二十《广州府·选举·乡举·国朝·南海》：嘉靖辛酉，知县。

张大藩 明顺德都粘人。嘉靖四十年（1561）举人，任湖北德安府（今安陆）同知。

[万历]《顺德县志》卷九《举人·嘉靖四十年》：都粘，德安府同知。

陈允培 明南海人。嘉靖四十年（1561）岁贡，任湖北荆州教授。

[道光]《南海县志》卷二十《贡生荐辟·明嘉靖朝》：辛酉岁贡，荆州教授。

陈应斗 字台垣，明顺德小湾人。嘉靖四十年（1561）举人。

［万历］《顺德县志》卷九《举人·嘉靖四十年》：小湾，国子助教。

［道光］《广东通志》卷七十四《举人五·明·嘉靖四十年辛酉·广州府》：顺德人，字台垣，国子监助教。

陈岳 明顺德容奇人。嘉靖四十年（1561）武举。

［康熙十三年］《顺德县志》卷六《明朝·武举·嘉靖辛酉》：容奇人。

杨太和 明高明城中人。嘉靖四十年（1561）岁贡，任福建武平教谕。

［万历］《肇庆府志》卷六《选举表二·国朝岁贡·嘉靖·高明县学》：武平教谕。

［康熙二十九年］《高明县志》卷十二《贡生·明》：嘉靖四十年岁贡，任武平教谕。

［道光］《高明县志》卷十二《贡生·明》：城中人，嘉靖四十年岁贡，任武平教谕。

［光绪］《高明县志》卷十四《艺文志·史部》：《高明县志》，嘉靖四十年辛酉，徐纯《序》：请邑博管君惟乾操笔以总其事，司训黄君淳参互考证，偕庠彦杨子太和、严子贞、杨子绍程、区子翔凤、何子一麒，搜罗雠校，咸二阅月告成，命登诸梓。

杨绍程 字翠庭，明高明海坦人。嘉靖四十年（1561）参编《高明县志》，万历元年（1573）岁贡。

［万历］《肇庆府志》卷六《选举表二·国朝岁贡·万历·高明县学》：清远教谕。

［康熙八年］《高明县志》卷四《元明·恩岁贡》：杨梅人，岁贡，任清远县教谕。卷十三《人物传·明》：字翠庭。博通经史，善属文词，为邑令徐纯聘修邑乘。以岁贡授清远训，升揭阳谕。凛正气，立学规，务先德行而后文艺，士风蔚然振起。

［康熙二十九年］《高明县志》卷十二《贡生·明》：杨梅人，万历元年岁贡，任揭阳县教谕。

［道光］《高明县志》卷十二《贡生·明》：海坦人，万历元年岁贡，任揭阳县教谕。

欧学程 明顺德陈村人。嘉靖四十年（1561）举人。

[万历]《顺德县志》卷九《举人·嘉靖四十年》：龙津，蓝山知县。

[乾隆]《顺德县志》卷十《举人·明朝·嘉靖辛酉》：番禺籍龙津人，蓝山县知县。

[咸丰]《顺德县志》卷十《举人·明·嘉靖》：陈村人，番禺籍，知蓝山县，辛酉科。

周昌逵 明顺德桂林人。嘉靖四十年（1561）武举。

[康熙十三年]《顺德县志》卷六《明朝·武举·嘉靖辛酉》：桂林人，辛酉、万历己卯二科举，奉例考取冠带听用。

姚光泮 字继昭，明南海桂城蠕冈人。嘉靖四十年（1561）举人，四十四年进士，任行人、南京山西道御史、福建泉州知府，辞归。父文宽，兄光南、光虞。

《粤大记》卷五《科第·皇明进士科·嘉靖四十四年乙丑科范应期榜》：南海县人。行人，南御史，知府，以京考谪州判，升推官，同知。卷二十二《献征类·行谊芳标·明·姚文宽传》：姚文宽，字裕夫，别号东皋，南海人，世居蠕江。父石川经有隐德，生公幼颖悟，强记博览。既壮从石川游广右，所莅佳山水多题咏，与诸同志者为兰亭诗社。天性孝友，旅次尝有《爱日》之咏。及执父丧哀毁特甚，岁时祭享辄呜呜泣下，人称其孝。与诸弟友爱，同居合爨，出所藏以给公费，斗粟尺帛不归私房。诸弟或为他讼者所齮龁，公必力为直之。其临大事、遘大变，瞻略过人。尝次乌滩遇蛮兵，舟人皆惧亡匿，公挺身以理谕焉，众惊叹其义，因解去。又还诸商羡金三十，不为非义之得，乡族诜诜称之。与弟文贯、文粹、文畅同心竞爽，而文粹尤贤。粹字纯夫，号蠕山，从钟公善言习举子业。试弗遇，遂师事泰泉先生，雅见许可，尝疏《钟律》万余言，黄嘉予之。为诗音调俊逸，不规规①以字句为工。家笥蓄古图籍甚富，以分授诸子侄，时为讲说义理，又延明师训之。兄子光虞、光南、光泮相继取科第，称一门之盛，出公诲诱居多。嘉靖己酉，束书将逾岭游豫章，比至雄州，疾作而返，抵家数日卒。初，公生子光玉未周而夭，择兄之子光泮为嗣。二公卒后，光泮举乙丑进士，拜官行人，遇穆宗登极，覃恩赠二公皆如其官。迨泮拜留台，又赠二公俱南京山西道监察御史。说者谓二公各抱明达之识、负该洽之学、躬孝弟忠信之行，足称二难。而两荷敕

①规规：浅陋拘泥原貌。

命，并受恩褒，其为义方劝，岂浅鲜哉？

[万历]《广东通志》卷二十《广州府·选举·乡举·国朝·南海》：嘉靖辛酉，举人。见进士。《进士·国朝·南海》：嘉靖乙丑，泉州知府。《封赠·国朝·南海》：姚文宽，以子光泮累赠监察御史。姚文粹，以嗣子光泮累赠监察御史。

[崇祯]《南海县志》卷十一《人物列传》：字继昭。嘉靖辛酉举于乡，乙丑成进士，授行人，擢南京山西道御史，谙练时务，侃侃直节。进《议谒孝陵仪式疏》，上嘉纳之，刊为典。巨商韩嘉言为权贵诬以窝盗，辇金数万贿当路，泮特疏纠之，尽白其状，奉严旨勘问诸大吏受贿得实，悉罢斥。风裁茂著，竟以忌者出为泉州守。泉称难治，甫下车即廉得一二巨奸绳以法，豪猾敛戢。至均赋役，宽逋负，建文庙，兴里塾，恤贫士，厘奸胥，民畏而爱。有武弁于惠安海上获百余人，皆漳、泉商贾也，当事欲文致为功赏地。泮实知其冤，乃曰："安可杀人以媚人？"当事者颔之，未几报罢。解组而归，辟郭西荒畦，构台榭，结社赋诗，相国史继偕颜曰"亦自丹丘"。兄光南，领嘉靖丙子乡荐，授盱眙教谕。兄光虞，举嘉靖乙卯科，知庆远府。

[道光]《南海县志》卷三十六《列传五·明·姚文宽》：世家蠕冈。

陶维垣　字鸾坡，明南海人。嘉靖四十年（1561）举人，任广西容县知县。

[万历]《广东通志》卷二十《广州府·选举·乡举·国朝·南海》：嘉靖辛酉。

[道光]《广东通志》卷七十四《举人五·明·嘉靖四十年辛酉·广州府》：南海人，字鸾坡，容县知县。

梁肯堂　明顺德人。嘉靖四十年（1561）副贡。

[咸丰]《顺德县志》卷十一《副贡·明·嘉靖》：辛酉。

梁梦雷　（？—1594）号明霖，明顺德伦教人。嘉靖四十年（1561）举人，任福建同安训导、湖北荆州通判。父承，堂弟梦昇，孙元柱。

[万历]《顺德县志》卷九《举人·嘉靖四十年》：伦教，丰城教谕。

[康熙二十六年]《顺德县志》卷六《封赠·明朝·同知》：梁承，以子梦雷贵赠。卷八《人物志·德业》：号明霖，御史元柱之祖，伦教人也。少与从弟梦昇杜门力学，嘉靖辛酉科以《易经》中式，至万历癸酉，梦昇亦以

《易》举于乡。雷历官荆州通判，政多奇绩。万历甲午年间各省亢旱，刑科给事中杨东明绘《饥民图》进，河南御史陈登云以饥民所食雁粪进。时皇帝斋居，敕各省臣工祷雨，荆州旱魃尤甚，公晨出虔祷，途遇一道士轻肆如风狂状，不避清道。雷异之，试使人问其能，曰能卖风雨，亟下车揖焉。遂携至东郊，指麾令人民作坛数尺，以布幕之。道士及雷登坛，须臾雷雨大作，顾问曰雨足乎？雷谢曰“愿暂息”，因与道士归。至中路，私谓雷曰：“公德及人多矣，但仙召有期，可速归。后当令异人生尔家，如是以报。”言毕，忽亡道士所在。雷入城，士庶欢迎。直指击节称奇，谓惠爱感格所致，交章特荐，欲大用于朝。雷因念道士临别数语，坚辞，请老归家，百日而终，果如道士所言云。

[道光]《广东通志》卷七十四《举人五·明·嘉靖四十年辛酉·广州府》：顺德人，字鸣霖，同安训导。

[咸丰]《顺德县志》卷二十四《列传四·明·梁元柱传》：抵家百日而元柱生，梦雷旋卒。父士芳，诸生。

梁肇修 明顺德石硝（今属南海）人。嘉靖四十年（1561）举人，任广西阳朔知县。

[万历]《顺德县志》卷九《举人·嘉靖四十年》：石硝，阳朔知县。

黄仕祯 明南海人。嘉靖四十年（1561）举人。

[万历]《广东通志》卷二十《广州府·选举·乡举·国朝·南海》：嘉靖辛酉，知州。《封赠·国朝·南海》：黄用，以子仕祯赠将乐知县。

[道光]《南海县志》卷二十《举人·明嘉靖朝》：知州。魏《志》作“士”，今从郭《通志》……辛酉科。

霍与逵 原名珊，明顺德石硝（今属南海）人。嘉靖四十年（1561）举人。

[万历]《顺德县志》卷九《举人·嘉靖四十年》：霍珊，石硝。

[万历]《广东通志》卷二十《广州府·选举·乡举·国朝·南海》：嘉靖辛酉，原名珊，教谕。

[道光]《广东通志》卷七十四《举人五·明·嘉靖四十年辛酉·广州府》：霍珊，南海人，更名与逵，教谕，又见《顺德志》。郝《志》误作“霍山”，又重见与逵。

关于参　（？—1598）字才可，号江城，明南海九江人。孝义多艺。子骥。

《南海九江乡志》卷三《封赠》：关于参，字才可，号江城，以子骥累赠知府。吴氏，以子骥累赠恭人。苏氏，以子骥累封恭人。吴氏，以夫骥累封恭人。卷四《封赠列传》：公识量渊涵，辞华蕴藉，经史而外，天文地理、古今治乱之故罔不流览。时拂席榕荫，为儿辈谈紫阳《纲目》①，条贯如流，间引诸家评断，衷以己意，听者欣然解释。性高洁，不妄名一钱，虽瓜果之遗，不悉所从来不食……事亲至孝，父东野任侠，客至所需不称辄不怿，公委曲将顺，捐家产勿问也。友爱两弟，一味之甘必分。先是，居有隙地，世与土豪构。豪计穷，纠群不逞，持刃发屋，将执公父践曹柯之盟②，父觉遁去。公守母病，肩被重创，血流浃地犹据床护母，贼义之，舍去。迨子贵，豪惧，愿弃地，归百金寿公。公笑却，临终谆谆学宪毋修前怨，里人叹服。

《九江儒林乡志》卷七《金石略二》：《关学宪骥旧传》：学宪关公讳骥，字德甫，南海九江凤山里人也，父江城公以公贵。丁酉秋，江城公偶病，不欲赴公车……侍江城公疾衣不解带，目不交睫者三浃旬，奉讳。

冯元度　字元机，号一所，明顺德龙山人。嘉靖四十一年（1562）岁贡，官至江苏淮安教授，万历四年（1576）退休。

［嘉庆］《龙山乡志》卷七《贡生·明·嘉靖岁贡》：南雄府教授。卷八《德业》：字元机，号一所。少颖悟，博学有才识，年十九充邑弟子员，寻补廪。壬戌岁贡，选授浙江衢州府县训导。县尹梁问孟雅重之，考语云："捐俸资以缮黉宫，却节仪以庇寒士。不惟无忝于儒职，实堪克任夫有司。"升江西赣州府信丰县教谕，历任南雄、淮安两府教授。万历丙子致仕。

陈爵　明三水白坭人。嘉靖四十一年（1562）奖冠带。

［康熙十二年］《三水县志》卷十二《人物传·潜德》：白坭人。嘉靖四十一年间，经图里邓、祁等呈举年高有德，恳给冠带。本县通详③司道，爵力

①紫阳：宋代理学家朱熹的别称。纲目：指《资治通鉴纲目》。

②曹柯之盟：春秋时，鲁国和齐国发生战争，鲁国失败后割地求和，在柯地会盟。会盟时，鲁将曹沬手持匕首威胁齐桓公归还所侵之鲁地，齐桓公只得答应他的要求。

③通详：旧时下级向上级申报文书。

辞请止。知县陶批："恳辞奖典，不惟见其孝友之可嘉，而恬退之风亦足以励世矣。此辈不扬，何以示劝?"又行该学师生查，称"陈爵益加淬励，为人宅心温厚，制行端庄，勤俭持家，雍和睦族，孝友素孚，宗戚乡党称无间言"云，遂为具文申详。

李英（明万历） 字少芝，明万历时顺德陈村人。欧大任仆，能诗。欧大章为他的《当炉集》写序出版。

[咸丰]《顺德县志》卷二十四《列传四·明·欧大任传》：有同县李英……为大任仆，颇知声律，楚楚有致，朋从诗酒之会每令步和。既而遂用为记室，宦游所至，恒得其力，人称之曰"李生"。

李畅 （？—1582）字若无，明南海佛山镇人。四十岁任浙江嘉兴狱官，迁广东韶州仓，转边蓬巡检卒。子孝问、敬问、待问。

[万历]《南海县志》卷十一《隐逸·明》：字若无。父壮，朴茂醇笃，少孤，事母孝，殖产悉均诸弟。畅弱而父督为臬掾，非其好也，居恒闭户读书学声诗。舍旁有洲焉，营知津亭于洲上，为之□□□当狱徜徉其中，日邀诸文士携酒唱和。年四□□□□□□□□□□□□□□勉修三过堂□□□□□□□□□□命刻于石，越人诵之。狱中饥疫畅□乐施粥，全活甚众。囚有当刑者，所司欲亟决，畅疑其冤，坚执请缓。其为德多类此。稍迁韶州仓兼榷遇仙桥税，羡余不以自利。豪右侵冢发骨，属畅勘。豪持百金为寿，畅谢不纳，卒正三尺。御史黄正色叹曰："掾史类以卑局自颓，其皭然可风者惟李某哉!"下檄旌之。寻转边蓬尉，城复于隍①，慨然鼎新，事未竟而殁。畅虽屈于举业而读书慕古，力行善事，常欲光大其门。惜浮沉下寮，位不配德，人谓展禽之逸似之。所著有《蜩笑集》，宪副薛藩为之传。子待问，举进士，盖治狱之报云。

[崇祯]《南海县志》卷十一《隐逸·明》：为之种树蓄鱼徜徉其中……年四十，父强之仕，司嘉兴狱。刺史龚勉修三过堂、烟雨楼，畅题诗大见称赏，命刻于石，越人诵之。狱中饥疫，畅治药施粥……仲子孝问恩选知县。季子待问举进士，繇晋江令擢礼部铨部郎，历卿贰②，升苏州巡抚，晋漕运军门、户部尚书。

---

①城复于隍：城墙倒在护城沟里。隍：护城沟。

②卿贰：次于卿相的朝中大官。卿是指大理寺正卿等三品京堂，贰是各部侍郎。

陈弘乘 字任夫，明南海黄歧泌冲沙贝村（今广州白云区石井镇）人。嘉靖朝岁贡，任浙江天台、国子监教谕，卒于湖南善化知县任内。父绍儒，嘉靖十七年（1538）进士。兄弘采，因父荫任南户部郎中、贵州镇远知府。子熙韶、熙昌、熙阳，孙子壮。

［崇祯］《南海县志》卷四《恩荫·明》：陈弘采，尚书绍儒子，荫镇远知府。陈弘乘，尚书绍儒子，荫国子生。卷十《人物列传》：字任夫，尚书绍儒仲子。弱冠补诸生受饩，攻苦恂恂。让腴产伯兄弘采，饘粥时或不继。执父丧哀毁，侍母病废寝食，不解带旬月，会当贡，以侍药辞。分教天台，却脯脩，助婚葬孤寒不倦。邻郡中岛倭，当事才乘，题令象山，而典国子命先下，入教国子。寻升湖广善化，县故瘠区，疲奔命。乘革耗羡①，便征收，均传邮，省供亿，条马政，苏囹户，劳薪寝起。乘随卒，祀名宦善化、天台，本府乡贤。子熙韶，知府。次熙昌，解元、进士，历吏垣，赠太常寺正卿。次熙阳，孝廉。俱别有传。熙昌子子壮，万历己未探花。见礼部右侍郎。

［道光］《南海县志》卷二十《贡生荐辟·明嘉靖朝》：岁贡，善化知县。《封荫·明万历朝》：陈弘乘，以季子熙昌赠给事中，又以仲子熙韶赠户部郎中，后以孙子壮赠礼部侍郎。卷三十六《列传五·明·陈绍儒传》：子弘采，以荫历南户部郎中、镇远知府。弘乘，岁荐，国子典籍，历善化知县。

梁腾茂 字翕之，号云瀑，明南海人。嘉靖朝贡生，任江西信州训导、广西上林知县，卒于官。祖廷振，嘉靖二年（1523）进士。弟嘉宾，明末殉难。

［崇祯］《南海县志》卷十一《人物列传》：字翕之，方伯澜石之孙。少失怙，事母至孝。母瞽，朝夕虔祷，孝感还明。以文学起家，司训信州九载，士风丕变。转知上林县，值峒蛮狓猖，人莫敢犯。茂挺身招集，察险设防，民赖安堵。革除长马，申销荒田，修学宫，置学田，赫然可观。未几以病卒于官，士民执绋②走百里哭之。品行循良，视方伯先后有光焉。

［康熙］《广州府志》卷三十二《人物志四·德行列传·明》：号云瀑，布政使廷振之孙……由邑学明经高第，司训信州九载……次孙嘉宾……字德宜，郡学生，死国难，未经旌恤。妻叶氏东莞人，闻夫变，执刀自刎，视方伯先后

---

①耗羡：旧时官府征收钱粮时，以弥补损耗为名，在正额之外加征的部分。

②绋（fú）：拉柩的绳子。执绋：送葬时帮助牵引灵车，后来泛指送葬。

有光焉。

谭舜典 字帝则，明高明丙洲人。嘉靖四十二年（1563），其父被掠，愿代父待赎金，最终父子得归。

［万历］《肇庆府志》卷二十《人物传·国朝·谭舜典》：字帝则，高明人，为邑诸生。嘉靖癸亥，新、恩贼略丙州牛巷口，舜典父获焉。走入贼壁愿代，父归营赎金，贼许之。旬日，同知吕天恩捕贼至杨梅都，贼败，舜典脱归。是时被略之人死者以谷量①，而舜典父子俱存，人谓孝感。

［康熙］《广东通志》卷十七《孝义·肇庆府·明》：嘉靖癸亥，新兴、恩平贼掠丙洲，舜典父获焉。走入贼营云"愿代父归乃得赎金"，贼许之。旬日，同知吕天恩捕贼至杨梅都，险败，舜典脱归。是时被掠之人死者无数，独舜典父子俱存，人谓孝感。

邓万 明三水小洲人。嘉靖四十三年（1564）举人。

［万历］《广东通志》卷二十《广州府·选举·乡举·国朝·三水》：嘉靖甲子，知县。

［康熙四十九年］《三水县志》卷三《乡举·明朝·嘉靖甲子科》：小洲人，知县。

邓俊 字可吁，明三水清塘村人。嘉靖四十三年（1564）举人，代理北京庆云教谕，升广西崇善令，卒于广西石西州守任。父丕，子林楠。

［万历］《广东通志》卷二十《广州府·选举·乡举·国朝·三水》：嘉靖甲子，知县。

［康熙十二年］《三水县志》卷十二《人物传·贤良》：字可吁，清塘人。少而颖异，言动不苟。父冷炉公，有道君子也，深器之。在诸生间，学行一时推重，以介节自砥。尝客羊城，寓提举廨中，有邻居冼司吏者，司官因事窘之，搜其藏急，将散金一瓿②投俊。俊为封识，迨得释，悉还之。旅馆篝灯，邻有少妇素慕俊，因取火求合，俊正色拒之。领嘉靖甲子贤书，未几丁外艰，哀毁骨立，三年不内宿。署北京庆云教，晋广西崇善令。以柜金而鞫出同贾之自益，

---

①谷量：谓以山谷计算牛马等牲畜，极言其多。

②瓿（bù）：古代器名，青铜或陶制，圆口、深腹、圈足，用以盛酒或水。

因屠刀而辨明贡生之诬杀，皆异政也。俊性诚怛，至义所不可则确然难夺。有甲科乡宦为郡守所庇，将引至从祀，俊廉得其家食时无行状，峻辞焉。土司李天爌父子以孽贰阻兵相仇者累年，诸质讯莫可解者。俊受命最后，一折柬动之，遂为父子如初，馈厚资而将以美姝，则一概屏谢。凭祥州与安南争界，俊奉檄往判。交人先期遗白金千两、黄金百两，俊笑却之，卒据公明界，为立石而旋。方其却遗金也，书还刺尾云："文定谨持三尺法，杨公不受四知金。天朝使者堂堂日，却笑交人错用心。"及其旋轸也，安人亦饯以诗曰："天使风流宋广平①，冰怀湛湛玉壶清。华交疆界从兹定，一路生灵口是铭。"因为立却金亭以志盛德焉。在崇善三年，每曰："凡事虽尽在我求实际。"寻升上石西州守，感疾而卒，囊金不逾二十，盖廉介之操始终如一也。子林楠，以选贡为新淦令，今致政家居。《人物传·隐逸》：邓丕，清塘人，号冷炉。家素贫，教读为业而胸怀洒落，长于吟咏，不知人世有贫富相也。娴习医方，常以药剂济人，不受谢资。子俊既魁贤书，丕粗衣蔬食泊如也。老年善治气养生，咸谓其得道术也。

邓筠　更名修贤，字若坚，明南海人。嘉靖四十三年（1564）举人。

[万历]《广东通志》卷二十《广州府·选举·乡举·国朝·南海》：嘉靖甲子，大理评事。

[崇祯]《南海县志》卷四《乡举·明·嘉靖甲子》：更名修贤，评事。

[康熙四十九年]《三水县志》卷三《乡举·明朝·嘉靖甲子科》：南海人，寄学中式，历官大理寺评事。

[道光]《广东通志》卷七十四《举人五·明·嘉靖四十三年甲子·广州府》：南海人，三水学，字若坚，更名修贤，大理寺评事。

李成性　明三水胥江人，嘉靖四十三年（1564）举人第一名。父义壮。

[万历]《广东通志》卷二十《广州府·选举·乡举·国朝·南海》：嘉靖甲子，解元。

[嘉庆]《三水县志》卷九《举人·明·嘉靖四十三年甲子李成性榜》：义壮子，中式第一名。旧《志》失载，今查补人。

---

①宋广平：宋璟的别称，唐玄宗时名相，守法持正，刑赏无私，封广平郡公，故名。

［道光］《广东通志》卷七十四《举人五·明·嘉靖四十三年甲子·广州府》：解元，番禺人，南海学，义壮子。

李春显 字叔明，明南海人。嘉靖四十三年（1564）举人。

［万历］《广东通志》卷二十《广州府·选举·乡举·国朝·南海》：嘉靖甲子，知县。

［道光］《广东通志》卷七十四《举人五·明·嘉靖四十三年甲子·广州府》：南海人，字叔明，知县。

何建中 字道本，明三水三江人。嘉靖四十三年（1564）举人。

［万历］《广东通志》卷二十《广州府·选举·乡举·国朝·三水》：嘉靖甲子。

［康熙四十九年］《三水县志》卷三《乡举·明朝·嘉靖甲子科》：三江人。

［道光］《广东通志》卷七十四《举人五·明·嘉靖四十三年甲子·广州府》：三水人，字道本。

张于京 字振周，明南海人。嘉靖四十三年（1564）举人。

［万历］《广东通志》卷二十《广州府·选举·乡举·国朝·南海》：嘉靖甲子，知州。

［道光］《广东通志》卷七十四《举人五·明·嘉靖四十三年甲子·广州府》：南海人，字振周。知州，一作知府。

张贤 字懋良，明顺德石硝（今属南海）人。嘉靖四十三年（1564）举人。父贵。

［万历］《顺德县志》卷九《举人·嘉靖四十三年》：石硝，太平通判。

［康熙二十六年］《顺德县志》卷六《封赠·明朝·知县》：张贵，以子贤贵赠。

［道光］《广东通志》卷七十四《举人五·明·嘉靖四十三年甲子·广州府》：顺德人，番禺学，字懋良，太平府通判，今《番禺志》失载。

张翼 字鸿渐，明顺德龙山人。嘉靖四十三年（1564）举人，任云南沾益知州。

[万历]《顺德县志》卷九《举人·嘉靖四十三年》：龙山，沾益州知州。

[万历]《广东通志》卷二十《广州府·选举·乡举·国朝·番禺》：嘉靖甲子，知州。

[道光]《广东通志》卷七十四《举人五·明·嘉靖四十三年甲子·广州府》：顺德人，番禺籍，字鸿渐，沾益知州，《番禺志》失载。

陈士暹 字懋升，明南海人。嘉靖四十三年（1564）举人。父绍文，十六年举人。子良贵。

[万历]《广东通志》卷二十《广州府·选举·乡举·国朝·南海》：嘉靖甲子，知县。

[道光]《广东通志》卷七十四《举人五·明·嘉靖四十三年甲子·广州府》：南海人，从化学，字懋升，知县。父绍文，子良贵。

[道光]《南海县志》卷二十《举人·明嘉靖朝》：长汀教谕，据《福建志》参修……甲子科。

陈法 字萃章，明南海人。嘉靖四十三年（1564）举人，次年进士。

《粤大记》卷五《科第·皇明进士科·嘉靖四十四年乙丑科范应期榜》：南海县人，知县，卒于家。

[万历]《广东通志》卷二十《广州府·选举·乡举·国朝·南海》：嘉靖甲子，举人。《广州府·选举·进士·明·南海》：嘉靖乙丑，知县。

[崇祯]《南海县志》卷四《乡举·明·嘉靖甲子》：经魁。

[道光]《广东通志》卷七十四《举人五·明·嘉靖四十三年甲子·广州府》：南海人，字萃章。经魁，进士。

邹兆阳 字瑞东，明南海人。嘉靖四十三年（1564）举人。

[万历]《广东通志》卷二十《广州府·选举·乡举·国朝·三水》：嘉靖甲子，知县。

[道光]《广东通志》卷七十四《举人五·明·嘉靖四十三年甲子·广州府》：南海人，字瑞东，定南知县。

庞一夔 字仲虔，明南海人。嘉靖四十三年（1564）举人，父嵩丧，孝满，补福建归化知县。半年后升广西养利知州，升唐府长史不赴任。

[万历]《广东通志》卷二十《广州府·选举·乡举·国朝·南海》：嘉靖甲子，长史。

[崇祯]《南海县志》卷十二《艺文志·书目》：《孝睦祠宗谱》，庞一夔撰。

[康熙]《南海县志》卷十二《人物传·循吏·明》：字仲虔，嵩长子……授苍梧令，下车革裁浮冗，省岁编千金。修学造士，聘礼名师。尚书吴廷举之裔寒微，特请廪其孙于学宫。莅邑六载，抚流移，垦荒田，会丁外艰去，民若失怙恃。起复补归化，甫七月晋知养利州守。州由土改流，民以村次更番供应。夔痛革陋规，创举条编粮，差轻十之七。定四礼简易仪节，刻《谕俗编》行之，民知习礼向学。六载迁永昌同知，昌向被缅患，夔建议筑八关以扼险，建二城以积储，练乡勇，省客兵，为握兵者所忌。会缅入犯，夔周行部落，分调粮米，缅知有备遁去，以御缅功钦赏白金十两。改除九江府同知，练兵江上，操日必亲临，悬赏格以比射。夺各将领私役兵丁，清驿传革私用夫马，使客、武弁益嫉之。夔遂告致，升唐府长史不赴任，归建先祠。著有《苍梧养利志》《江门正脉》《谕俗编》。

郑用渊 榜姓黎，明顺德桂林人。嘉靖四十三年（1564）举人，任福建南平知县、上海松江通判。父应新七十岁时生他，由叔应文教育成才。

[万历]《顺德县志》卷九《举人·嘉靖四十三年》：桂林，松江通判。

[崇祯]《南海县志》卷四《乡举·明·嘉靖甲子》：通判。

[雍正]《广东通志》卷四十七《人物志·明·孝义·广州府·郑应新传》：字孟元，顺德人，宋主簿汉章九世孙也。父翼，瑞金令，晚年遘奇疾，药弗效，应新百计疗治，疾遂瘳。应新久无子，年七十五始生子用渊，以乡荐仕至通判。

[乾隆]《顺德县志》卷十《举人·明朝·嘉靖甲子》：黎用渊，桂林人，松江府通判。

[道光]《广东通志》卷七十四《举人五·明·嘉靖四十三年甲子·广州府》：明本《题名录》云番禺人，南平知县，降理问，祖翼。考明《番禺志》云顺德人，番禺学，又见《南海志》。今《顺德志》有黎用渊，官松江通判，无郑用渊，俟考。

郑兆芝 字钟美，明南海人。嘉靖四十三年（1564）举人。任江西高安教谕，万历七年（1579）应聘到四川监督乡试。不久补永宁教谕，后迁福建建安知县、安徽徽州通判，辞归。

［万历］《广东通志》卷二十《广州府·选举·乡举·国朝·南海》：嘉靖甲子，通判。

［崇祯］《南海县志》卷十《人物列传》：字钟美。少至孝，母早逝，哀毁骨立。领嘉靖甲子乡荐，初授高安教谕。己卯应聘蜀闱，得士九人，皆一时名士。寻补永宁，迁建安令。建俗浮靡难治，芝严约束，尚廉洁，民渐以醇。岁遇旱魃，至诚步祷，甘霖随应。邑偶灾回禄，民有焚炙于隘巷者，破垣救拯，活命者数百。奏最①，迁徽州别驾。建安士民遮道扳辕，立去思碑，祀名宦祠。三载徽郡，两督京运，籍甚贤声，未几解组。著有《澹然集》藏于家。

［道光］《广东通志》卷七十四《举人五·明·嘉靖四十三年甲子·广州府》：南海人，字少奇，通判。

郑佐　明顺德桂林人。嘉靖四十三年（1564）举人，任福建漳州府通判。祖应新，弟伦。

［万历］《顺德县志》卷九《举人·嘉靖四十三年》：桂林，漳州通判。

［崇祯］《南海县志》卷四《乡举·明·嘉靖甲子》：通判。

［咸丰］《顺德县志》卷十《举人·明·嘉靖》：桂林人，通判漳州府，伦兄。按：阮《志》作新会人，误。甲子科。卷二十三《列传三·明·郑应新传》：孙佐、伦，以举人令永福。时有兵役，随宜设防修学，设堡募兵，多所经理，民、壮安堵，升漳州通判。

梁大壮　明顺德石涌人。嘉靖四十三年（1564）武举。

［康熙十三年］《顺德县志》卷六《明朝·武举·嘉靖甲子》：石涌人，甲子、癸酉二科。

［咸丰］《顺德县志》卷十一《武举·明·嘉靖》：龙眼人，甲子。

梁誉　字孚永，明顺德桃村人。嘉靖四十三年（1564）举人。

［万历］《顺德县志》卷九《举人·嘉靖四十三年》：都粘。

［万历］《广东通志》卷二十《广州府·选举·乡举·国朝·南海》：嘉靖甲子，招平知县。

［崇祯］《南海县志》卷四《乡举·明·嘉靖甲子》：经魁，知县。

［道光］《广东通志》卷七十四《举人五·明·嘉靖四十三年甲子·广州

①奏最：考绩列为优等，以此向朝廷上报。

府》：顺德人，南海学，经魁，字孚永，知县。

［道光］《南海县志》卷二十《举人·明嘉靖朝》：经魁，兴业知县，据《广西志》参修……甲子科。

［咸丰］《顺德县志》卷十《举人·明·嘉靖》：字孚永，桃村人，南海籍。青田县教谕，按：阮《志》作知县。甲子科。

梁鹏 字冲宇，明顺德西洲人。嘉靖四十三年（1564）举人，万历二年（1574）进士，任福建崇安知县，户部主事、郎中。

［万历］《顺德县志》卷九《举人·嘉靖四十三年》：进士。《进士·万历二年》：都粘，崇安知县。

《粤大记》卷五《科第·皇明进士科·万历二年甲戌科孙继皋榜》：顺德县人。知县，降运知事，知县，南户主事、员外、郎中，养病。

［咸丰］《顺德县志》卷二十四《列传四·明·梁鹏》：字冲宇，西洲人……知崇安县，政简刑清，爱士恤民。首禁健讼，减耗羡，革里长私派，胥吏不敢为奸。富豪杀人，将出重赂自脱，惮鹏不敢行贿，卒论如法，一县称快。考绩擢户部主事，转郎中归。饘粥外无余积，编篱以居，足不窥户。

黄卷 字翰伯，明顺德连村人。嘉靖四十三年（1564）举人，隆庆二年（1568）进士，任云南广南知府。父浩然。

［万历］《顺德县志》卷九《举人·嘉靖四十三年》：进士。《进士·隆庆二年》：石涌，广南知府。《封赠·知县》：黄浩然，卷父，赠。

《粤大记》卷五《科第·皇明进士科·隆庆二年戊辰科罗万化榜》：顺德县人。知县，南户主事、郎中，知府，致仕。

［乾隆］《顺德县志》卷十《举人·明朝·嘉靖甲子》：石涌堡连村人。

［道光］《广东通志》卷七十四《举人五·明·嘉靖四十三年甲子·广州府》：新会人，徙顺德，字翰伯，进士。

［咸丰］《顺德县志》卷十《进士·明·隆庆》：知广南府，戊辰科。按：阮《志》云新会人迁顺德，误。

梅应行 字尧济，号霖川，明顺德龙山人。嘉靖四十三年（1564）武举。

［康熙六年］《西宁县志》卷六《明·武举人》：筑城功完，隐居教子。建祖祠，置义田。著《家则》，二子在庠。

［嘉庆］《龙山乡志》卷八《武功》：字尧济，号霖川。少补西宁①庠生，性果敢，有膂力。长于记录，遇有见闻，毅然行之，不避艰险。屡困文场，因弃去，中嘉靖甲子科武榜。初任千总，领军征剿大藤峡贼。以功升守备，署游击事，赐西宁田五十亩。

［咸丰］《顺德县志》卷二十四《列传四·明·梅应行》：（按《龙山乡志》，应行由西宁籍膺荐，《西宁县志·选举》有之而不详其年。甲子为嘉靖四十三年，西宁尚未开县。省、府《志》嘉靖以前武举又并缺无稽，不知究由何籍、何年中式。）……万历初西宁立县，董筑城役。致仕，著《家则》训子。

温文润　明顺德龙山人。嘉靖四十三年（1564）武举。

［嘉庆］《龙山乡志》卷七《武举·明·嘉靖甲子》：温文润。

傅敏德　字成之，明顺德黄连人。嘉靖四十三年（1564）举人。弟敏功。

［万历］《顺德县志》卷九《举人·嘉靖四十三年》：黄连。

［万历］《广东通志》卷二十《广州府·选举·乡举·国朝·番禺》：嘉靖甲子，教谕。

［道光］《广东通志》卷七十四《举人五·明·嘉靖四十三年甲子·广州府》：顺德人，番禺籍，字成之，教谕，今《番禺志》失载，弟敏功。

谭大壮　字少宠，明南海人。嘉靖四十三年（1564）举人。

［万历］《广东通志》卷二十《广州府·选举·乡举·国朝·南海》：嘉靖甲子，知县。

［道光］《广东通志》卷七十四《举人五·明·嘉靖四十三年甲子·广州府》：南海人，字少宠，宜山知县。

［道光］《南海县志》卷二十《举人·明嘉靖朝》：宜山知县……甲子科。

熊九畴　字定宇，明南海人。嘉靖四十三年（1564）举人。曾祖季芳。

［万历］《广东通志》卷二十《广州府·选举·乡举·国朝·南海》：嘉靖甲子。

---

①西宁：位于广东西部。1914年，因与青海西宁同名，改名郁南。

［道光］《广东通志》卷七十四《举人五·明·嘉靖四十三年甲子·广州府》：南海人，番禺学，字定宇，曾祖季芳，今《番禺志》失载。

黎民敬　字献夫，明顺德鹭洲人。嘉靖四十三年（1564）举人。

［万历］《顺德县志》卷九《举人·嘉靖四十三年》：鹭洲，古田知县。

［万历］《广东通志》卷二十《广州府·选举·乡举·国朝·顺德》：嘉靖甲子，知州。

［道光］《广东通志》卷七十四《举人五·明·嘉靖四十三年甲子·广州府》：顺德人，字献夫，知州。

［咸丰］《顺德县志》卷十《举人·明·嘉靖》：字献夫，鹭洲人，知新化州，甲子科。

黎绍诜　明顺德鹭洲人。嘉靖四十三年（1564）举人。

［万历］《顺德县志》卷九《举人·嘉靖四十三年》：鹭洲，福州通判。

［康熙十三年］《顺德县志》卷五《明朝·乡举·嘉靖甲子》：鹭洲人，任河东盐运司经历。

黎绍周　明顺德龙山人。嘉靖四十三年（1564）武举第一名。

［康熙十三年］《顺德县志》卷六《明朝·武举·嘉靖戊午》：龙江人，戊午、甲子、辛酉三科，例授冠带。

［乾隆］《顺德县志》卷十《武举·明朝·嘉靖甲子》：龙山人，解元。

邓铎　（1535—1625）字子谕，号远山，明顺德龙山人。寿九十一岁。

［嘉庆］《龙山乡志》卷九《耆寿》：字子谕，号远山。生嘉靖乙未，终天启乙丑，寿九十一。

朱让　（1535—1604）字次夔，号絅庵，明南海九江人。嘉靖三十七年（1558）举人，万历二年（1574）进士，任福建南平、江西临川知县，升南京户部主事、员外郎，十五年出为四川夔州知府，入朝面帝，归途告病，回乡十六年，七十岁卒。父文直。子田、畴、宏扬。孙实莲、伯莲、会莲、叔莲、协莲、仪莲、期莲。外孙子壮。

[嘉靖]《广东通志》卷十二《明·举人·嘉靖三十七年戊午》：朱让。

[万历]《广东通志》卷二十《广州府·选举·进士·国朝·南海》：万历甲戌，夔州知府。《封赠·国朝·南海》：朱文直，以子让赠户部主事。

[崇祯]《南海县志》卷十《人物列传》：字次夔。以《毛诗》中嘉靖戊午乡试，以《礼记》登甲戌进士。初授福建南平知县，邑当闽之冲，让裁制得宜。时溪水暴至，荡拆民居，让开仓赈济，民获安堵。调繁江西临川令，循良著声，两分考江西试官，得士皆成名进士。作令六载，擢南京户部主事。出纳钱谷精明，差榷浙江北新关，商人莫敢为奸。历晋员外郎，丁亥擢四川夔州府知府。夔岁大旱，让精诚露祷，已乃大雨。州县利病尽为兴革，节省过多，仓储充实，数月而夔大治。因入觐往返，还至公安，以病屡疏乞休。让前梦蚕满襞①间，历任蜀古蚕丛国，果应前梦，遂投符而归。抚按方伯屡次推毂，以让为用不尽才，急流勇退，可当大受，让亦未尝以一刺私谒者。优休林下凡十六年，累捐资修建桥梁，以便道路，行者歌其义。寿七十岁而终，祀乡贤，外孙礼部侍郎陈子壮，纪其行实甚详。孙实莲经魁、知县，伯莲举人。

《南海九江乡志》卷三《选举·乡举·嘉靖三十七年戊午戊午科》：中式第四十二名。《进士·万历二年甲戌科》：字次夔，号絅庵。由府学，乡试《诗经》，会试《礼记》，赐同进士出身。初授福建南平知县，转江西临川知县，进阶文林郎。升南京户部主事，敕封赠。升本部员外、郎中，升四川夔州知府。寿七十，崇祀府、县乡贤，累赠兵部左侍郎。子田庠生，赠中书舍人；畤庠生，赠兵部左侍郎；宾扬庠生。孙实莲举人、主政，赠兵部左侍郎；伯莲举人、给事中；会莲庠生，特授节推；叔莲游击；协莲、仪莲、期莲并庠生。曾孙国荐监生，国霭锦衣卫千户。

《九江儒林乡志》卷六《古迹略·冢墓一》：朱太守让墓在大望山，外孙陈子壮题墓，神道碑族孙朱次琦追撰。神道碑文：万历三十二年卒，寿七十……配关恭人，生子畤……侧室子田、甸、畯……孙十五人。

杨茂先　（约1535—?）字儒培，明南海人。嘉靖三十四年（1555）举人，授官福建福州府推官，万历元年（1573）监考福建乡试。任广西上思州知州，因功转云南永宁府同知不赴而归。父绍震，子应聘，孙邦翰、改之，曾孙云龙。

---

①襞（bì）：衣服上的褶子。

［嘉靖］《广东通志》卷十二《明·举人·嘉靖三十四年乙卯》：杨茂先。

［万历］《广东通志》卷二十《广州府·选举·乡举·国朝·番禺》：嘉靖乙卯，同知。

［崇祯］《南海县志》卷十《人物列传》：字孺培，孝廉绍震子。震负不世才，弱冠登嘉靖甲午科，上公车而没。茂先稍长即能读父书，嘉靖乙卯亦以弱冠举于乡。初授福州府推官，三尺无所纵挠而意独主平反，居恒以“刑期无刑”四字铭之座右。癸酉与闱，所得皆八闽名士。既而守粤西之上思州多善政，平寨有功奉旨加一级。寻报转滇中郡丞，弗之任而归。性嗜吟咏，著有《草玄居集》。宦后淡泊一如儒素，唯以积书积德训子若孙。子应聘，叨恩南工部尚书郎。孙邦翰，以弱冠成崇祯辛未进士，孙改之、曾孙云龙，俱以弱冠同领崇祯己卯乡荐。

［道光］《广东通志》卷七十四《举人五·明·嘉靖三十四年乙卯·广州府》：南海人，绍震子，永宁同知，又见《番禺志》。

罗应中　明高明员冈人。嘉靖四十四年（1565）岁贡。

［万历］《肇庆府志》卷六《选举表二·国朝岁贡·嘉靖·高明县学》：马平训导。

［康熙八年］《高明县志》卷四《元明·恩岁贡》：员冈人，岁贡，任福建平和县知县。

［康熙二十九年］《高明县志》卷十二《贡生·明》：员冈人，嘉靖四十四年岁贡，任福建平和知县。

严简　字海峰，明高明罗塘人。嘉靖四十五年（1566）岁贡。

［康熙八年］《高明县志》卷四《元明·恩岁贡》：罗塘人，嘉靖丙寅年岁贡。卷十三《人物传·明》：字海峰。性生至孝，竭力事亲。亲没既葬，创永思亭于墓左，出入必先拜告，朔望亦然。内外以孝行称之，曾大尹旌其门曰“孝子之堂”。

马一化　明顺德龙江人。隆庆元年（1567）举人，任浙江萧山县训导。

［万历］《顺德县志》卷九《举人·隆庆元年》：龙江，萧山训导。

［道光］《广东通志》卷七十五《举人六·明·隆庆元年丁卯·广州府》：顺德人，萧山训导，一作教谕。

方思贤 明顺德古粉人。隆庆元年（1567）举人，万历八年（1580）任广西昭平县令。父元震。

[万历]《顺德县志》卷九《举人·隆庆元年》：古粉，招平知县。《封赠·知县》：方元震，思贤父，赠。

[崇祯]《南海县志》卷四《乡举·明·隆庆丁卯》：顺德人，由本学，同知。

[道光]《广东通志》卷七十五《举人六·明·隆庆元年丁卯·广州府》：顺德人，南海学，昭平知县，一作知州。

[咸丰]《顺德县志》卷二十四《列传四·明·梁绍震传》：同榜方思贤……万历庚辰作令昭平，时兵燹甫息，百度草创，城垣多顷圮，瑶壮四出。思贤日夜躬亲督守，伐马滩石，并缮学廨、铺递①，以次告成。北陀壮黄琏宝等负固不服征输，省议将用兵。思贤直抵其巢谕以祸福，其徒缚琏宝出谢罪，敛资完逋赋。五载迁蜀，二年卒。

叶瑞 明高明下仓人。隆庆元年（1567）岁贡。

[康熙八年]《高明县志》卷四《选举表·例贡》：下仓人，隆庆元年岁贡。

刘徵 字可久，明高明世塘美人。隆庆元年（1567）举人，任四川合州学正、广西容县知县，代理福建永福知县，官至云南永昌府推官。

[万历]《肇庆府志》卷五《选举表一·国朝·举人·隆庆元年丁卯》：永昌府推官……高明人。

[崇祯]《肇庆府志》卷二十二《人物传·明》：字可久，高明人。家贫好学，文不属草。隆庆丁卯乡荐，繇四川合州学正迁广西融县令。融当残破，豪者没田②，贫者逋欠，下车即清理之。修筑土城至今屹峙，课士爱民，融久赖焉。未几以疏节忤当事，谪闽臬照磨③。署永福县，为檄驱虎，祷雨辄应，民咸以为神司李。滇之永昌蛮夷率服，豪强敛手。居家奉继母无间言，睦邻、结社至耋不衰，乡俗为之丕变云。

[康熙八年]《高明县志》卷四《明·举人·隆庆元年丁卯》：下仓人，云

①铺递：指驿站。

②豪者没田：强横的人隐报田亩漏税。

③照磨：掌管宗卷、钱谷的属吏。

南永昌府推官。

[道光]《高明县志》卷十二《举人·明》：世唐美人，隆庆元年丁卯举人，任云南永昌推官。

关志拯　字应遇，号鹤崖，明南海九江人。隆庆元年（1567）举人，任北京涿州学正，万历四年（1576）聘陕西分考，升福建尤溪知县、云南剑州知州、靖江府长史。寿六十六岁。子元辅、元弼、际飞，孙禹瑚。

[万历]《顺德县志》卷九《举人·隆庆元年》：南海，剑州知州。

[万历]《广东通志》卷二十《广州府·选举·乡举·国朝·南海》：隆庆丁卯，长史。

《南海九江乡志》卷二《名墓》：关长史志拯，在象山。卷三《乡举·隆庆元年丁卯科》：字应遇，号鹤崖。由顺德学习《礼记》，中式第五十七名。初授北京涿州学正，丙子聘陕西分考。升福建尤溪知县，转湖广监利知县。升云南剑州知州，升靖江藩长史。丁外艰服阕，补河南郑府长史，封赠。寿六十六。子元辅、元弼、际飞，孙禹瑚，并庠生。《封赠》：关晓，以子志拯赠长史。黄氏，以子志拯赠宜人。黄氏，以夫志拯封宜人。卷四《先达列传》：公少负奇。举乡榜，受涿州教聘，陕西分考，晋尤溪令，有美政，调繁监利，程量簿书皆自裁，决不假手幕客。筑堤数十里以捍水患，民利赖，尸祝建祠祀公。邑粮多欺隐，公为清丈，奸无所售。晋牧剑州，时讨贼需粮急如星火，公转馈不乏，不以催科妨抚字。尤尽心狴犴①，凡冤狱辄出。郡向未有城，公营筑殚力，剑始有苞桑②之巩。升靖藩长史，诣相国锄悍珰。丁艰起补郑藩，奉差进乐、历等书，赐宴，赐书。及居乡，仁让朴俭，笃故旧，睦乡邻，绝干谒，卓有贤大夫风。《文学列传·关名世传》：字诚守，号琼石。丰仪峻整，读书一览成诵。年舞勺③，随仲父志拯涿州学署。偕燕隽月课，文艺惊人。充邑庠，试辄优。生平乐施与，凡贫丧必捐助。一夕梦星陨，越数日遂殁，年三十二。子中载，能读父书，工小楷。孙嘉鼎笃志向学。

---

①狴犴（bì'àn）：传说中的兽名，古代牢狱门上绘其形状，故又用为牢狱的代称。

②苞桑：桑树之本，比喻牢固的根基。

③舞勺：古代男孩十三至十五岁学文舞，称舞勺之年。

伦天秩　字肖惇，明顺德石硝（今属南海）人。隆庆元年（1567）举人。

［万历］《顺德县志》卷九《举人·隆庆元年》：石硝，王府典膳。

［万历］《广东通志》卷二十《广州府·选举·乡举·国朝·顺德》：隆庆丁卯，纪善。

［康熙十三年］《顺德县志》卷十《明朝·乡举·隆庆丁卯》：石硝人，任王府纪善。

［道光］《广东通志》卷七十五《举人六·明·隆庆元年丁卯·广州府》：顺德人，番禺学，字肖惇，王府纪善，今《番禺志》无。

苏日新　改名允芳，字敏跻，明顺德杏坛人。隆庆元年（1567）举人，任山东德州学正、福建松溪知县、靖江王府审理。

［万历］《顺德县志》卷九《举人·隆庆元年》：龙渚，改名允芳，松溪知县。

［乾隆］《顺德县志》卷十《举人·明朝·隆庆丁卯》：改名允芳，杏坛人，松溪县知县。

［道光］《广东通志》卷七十五《举人六·明·隆庆元年丁卯·广州府》：顺德人，改名允芳，字敏跻，松溪知县。

［咸丰］《顺德县志》卷二十四《列传四·明·梁绍震》：同榜苏允芳……初为德州学正，却贽恤贫。擢令松溪，劝垦缓征。三载绩著，迁靖江王府审理。民留之不得，为祠祀之。

苏光汉　明顺德龙头人。隆庆元年（1567）举人，任福建惠安知县、漳州通判。

［万历］《顺德县志》卷九《举人·隆庆元年》：龙头，惠安知县。

［道光］《广东通志》卷七十五《举人六·明·隆庆元年丁卯·广州府》：顺德人，东安知县、漳州通判。

苏武英　明顺德碧江人。隆庆元年（1567）武举。

［咸丰］《顺德县志》卷十一《武举·明·隆庆》：碧江人，丁卯。

李时春（明隆庆）　明高明城中人。隆庆元年（1567）岁贡。父邦祥。

[康熙八年]《高明县志》卷四《元明·恩岁贡》：邦祥子，住郡城，任山阴县训导。

[康熙二十九年]《高明县志》卷十二《贡生·明》：邦祥子，隆庆元年由高要县学岁贡，任浙江山阴训导。

李学颜　明顺德北水人。隆庆元年（1567）举人，任福建同安县教谕。弟学曾。

[万历]《顺德县志》卷九《举人·隆庆元年》：北水，同安教谕。

[万历]《广东通志》卷二十《广州府·选举·乡举·国朝·顺德》：隆庆丁卯，通判。

[咸丰]《顺德县志》卷十《举人·明·隆庆》：北水人，同安县教谕。纲孙，学曾兄。丁卯科。

李需光　字体乎，明顺德陈村人。隆庆元年（1567）举人。父质。

[万历]《顺德县志》卷九《举人·隆庆元年》：龙津。

[万历]《广东通志》卷二十《广州府·选举·乡举·国朝·顺德》：隆庆丁卯，知县。

[道光]《广东通志》卷七十五《举人六·明·隆庆元年丁卯·广州府》：顺德人，字体乎，质子，御史。

[咸丰]《顺德县志》卷十六《胜迹略·署宅·堂室之属·都宁属》：读月居，在陈村。明举人李需光与弟质以贫，摊书月下，诵读不辍，自题所居。

吴光启　字挺建，明南海人。隆庆元年（1567）举人。

[万历]《广东通志》卷二十《广州府·选举·乡举·国朝·南海》：隆庆丁卯。

[道光]《广东通志》卷七十五《举人六·明·隆庆元年丁卯·广州府》：南海人，字挺建。

岑凤翔　字克与，明顺德葛岸人。隆庆元年（1567）举人。

[万历]《顺德县志》卷九《举人·隆庆元年》：葛岸。

[道光]《广东通志》卷七十五《举人六·明·隆庆元年丁卯·广州府》：顺德人，番禺学，字克与。今《番禺志》失载；《顺德志》又云大良人，香山籍；《香山志》无。

何朝卿　明南海人。隆庆元年（1567）举人。

［万历］《广东通志》卷二十《广州府·选举·乡举·国朝·南海》：隆庆丁卯，知县。

［道光］《广东通志》卷七十五《举人六·明·隆庆元年丁卯·广州府》：南海人，彭泽知县。

陈大廷　字德台、少猷，明顺德大良人。隆庆元年（1567）举人。

［万历］《顺德县志》卷九《举人·隆庆元年》：大良，歙县教谕。

［万历］《广东通志》卷二十《广州府·选举·乡举·国朝·顺德》：隆庆丁卯，同知。

［康熙］《广州府志》卷二十七《选举志上·乡举·明·香山》：隆庆丁卯。

［雍正］《广东通志》卷三十三《举人·明·隆庆元年丁卯乡试榜》：香山人，知县。

［乾隆］《顺德县志》卷十《举人·明朝·隆庆丁卯》：香山籍大良人，彭泽县知县。

［道光］《广东通志》卷七十五《举人六·明·隆庆元年丁卯·广州府》：香山人，番禺学。字穗台，一字少猷，彭泽知县，今《番禺志》无。

［咸丰］《顺德县志》卷十《举人·明·隆庆》：字德台，又字少猷，大良人，香山籍，知彭泽县。按：阮《志》作香山人，番禺学，误。丁卯科。

陈大期　字鸣志，明南海人。隆庆元年（1567）举人。父彦际；兄大猷，嘉靖三十七年（1558）举人。

［万历］《广东通志》卷二十《广州府·选举·乡举·国朝·南海》：隆庆丁卯，同知。

［崇祯］《南海县志》卷四《乡举·明·隆庆丁卯》：知府。卷十《人物列传·陈彦际传》：兄有所欲，慨然义让，无难色。至于宗亲之贫者，亦随力周之。暇则以诗文、水石自娱，口不道世人生产。

［道光］《广东通志》卷七十五《举人六·明·隆庆元年丁卯·广州府》：南海人，字鸣志，大猷弟，大理知府。

陈世泽　明顺德容奇人。隆庆元年（1567）武举人第一名。

［康熙十三年］《顺德县志》卷六《明朝·武举·隆庆丁卯》：容奇人，

解元。

陈仲益 字舜臣，明南海人。隆庆元年（1567）举人，病死，妻黄氏守节教子。

［万历］《广东通志》卷二十《广州府·选举·乡举·国朝·番禺》：隆庆丁卯。

［万历］《南海县志》卷十一《列女·明》：黄氏，陈仲益妻。仲益举隆庆丁卯，寝疾岁余，氏衣不解带。及夫逝，愿死相从，时年二十，遂矢志孀守。亲女红以度活，藜羹含糗①，甘贫教子。子陈彦，今行年七十有四。

［道光］《广东通志》卷七十五《举人六·明·隆庆元年丁卯·广州府》：番禺人，字舜臣，父修。

张大武 明顺德龙江人。隆庆元年（1567）武举。

［咸丰］《顺德县志》卷十一《武举·明·隆庆》：龙江人，丁卯。

张素蕴 字鸣谷，明顺德熹涌人。隆庆元年（1567）举人。

［崇祯］《南海县志》卷四《乡举·明·隆庆丁卯》：通判。

［道光］《广东通志》卷七十五《举人六·明·隆庆元年丁卯·广州府》：南海人，字鸣谷，通判。郭《志》、郝《志》失载。

［咸丰］《顺德县志》卷十《举人·明·隆庆》：熹涌人，南海籍，丁卯科。

郑学醇 字承孟，明顺德伦教人。隆庆元年（1567）举人，万历十二年（1584）任广西武缘知县，曾修《武缘县志》。弟学流。

［万历］《顺德县志》卷九《举人·隆庆元年》：伦教，武缘知县。

［道光］《广东通志》卷七十五《举人六·明·隆庆元年丁卯·广州府》：顺德人，番禺学，字承孟，武缘知县，兄学忠。今《番禺志》无。卷一百九十六《艺文略八·集部二》：《勾漏集》一卷，明郑学醇撰，存。

［咸丰］《顺德县志》卷十八《艺文略二·集部一·别集一》：《勾漏集》四卷、《浙游草》一卷、《清晖阁草》一卷、《咏史诗》一卷，并郑学醇撰。《采

①藜（lí）羹含糗（qiǔ）：泛指饮食粗劣。藜，野菜。糗，饭或面食粘连成块状或糊状。

访册》。按……集名同欧必元。欧大任序……勾漏在百粤之郁林……余友人郑君承孟曩署郁林州博士，雅好四诗，博综六艺，下帷鸣铎……化勾漏之墟风……承孟……号慕洲……邑前辈秉忠之玄孙也。

［民国］《顺德县志》卷十四《艺文略·史部·传记类杂录之属》：《郁林草》，明郑学醇撰，《郑氏易谱序》。

冼效 字衍孔，明南海佛山镇人。隆庆元年（1567）举人，任福建罗源教谕、闽清知县、广西永安知州，病休。寿七十八岁。祖聚昶，寿百岁。

［万历］《广东通志》卷二十《广州府·选举·乡举·国朝·南海》：隆庆丁卯，知县。

［崇祯］《南海县志》卷四《乡举·明·隆庆丁卯》：知县。

［乾隆］《佛山忠义乡志》卷八《循吏·明》：字衍孔，百岁翁冼聚昶之孙。以乡荐任罗源教谕，督课有声。迁闽清令，清慎廉明，士民爱戴，为立生祠。擢广西永安知州，惠政益闻。以考最行取，竟以病告休。家居不通贵游，俸薄无积。卧榻之外环列图史，披阅之暇或引杯酌而已。卒年七十八。卷九《耆寿·明》：冼聚昶，字日新，为人直道无他肠。一日野行，遇异人谓之曰："子骨法当寿，又夙有善根。若力善不怠，则不贵于身，必贵于子孙矣。"聚昶自是益谦谨，年满百岁乃卒。孙效，领乡荐，历永安知州。

［道光］《广东通志》卷七十五《举人六·明·隆庆元年丁卯·广州府》：南海人，字学礼，永安知州。

［民国］《佛山忠义乡志》卷十四《人物志·循吏·明》：补遗（据《广西志》及《岭南冼氏宗谱》），冼效为一代良吏，政绩甚多，已载两广各志。然服官时有二轶事。其一则官永安州，毁妖庙也。州人素尚鬼，治北有大王庙者，相传祀山蛇怪。每岁二月诞辰，阖州人民无论贫富按户科派，扮演故事迎神游行。夜则以牛羊豕数十头置庙中设祭，谓之享神，且延州长主祭，越日群畜不见，相传为神所啖，岁以为常。若州民有不愿科派者，祝巫咒于神，其家必有暴亡者，岁不举行，则水旱疠疫迭作，故神诞日举国若狂。效赴任未几，会士民来请祭，效叩其故，始知怪异，立可之。至日戎服往，命衙役携引火器与俱抵庙，先焚文讨怪，复移偶像于庙外手剑斩之，命衙役发火焚庙，怪遂绝。后州民于大王庙遗址建祠祀效，盖纪遗爱也。其一则官平乐府，锄抑土豪案。初有黄大绶者，以武进士留籍充团长。黄故强族，平居无恶不作，以其出魏阉门且勾通匪类，故历任非惟畏势不治且仰承之。效抵任，郡民控诉者垂数百起，效亟欲治之而未得其间。会有陈富户者与黄同里，其女绝色姝也，黄艳之，诣

陈请作媵妾，陈拒之。豪衔恨，遣团丁宵夜抢陈女，犹恐其报复也，即赴郡诬陈富户结交匪类，坐地分肥，请效立查，抄其家产。效伪应之，期以数日后查办，豪以效为可欺也，又归强占富户家产。富户以屈白效，怀数千金请效缓颊，效却不受，且将富户羁系。人疑效畏豪势，盖留富户而不启豪疑，效之智也。效早已详大府将豪革究，大府素重效，数日驿卒赍文回，一切从效请。效乃不动声息，先谕黄豪，伪为邻郡有警，着其将团丁调郡差遣，一面布置兵力以防他变。豪既抵郡，效又伪约豪同往富户宅查抄，豪固不知也，遂与效偕。既抵豪里，效袖出大府公文，立械豪于乡局就市决之，先命人送陈富户返而籍没豪家，将其资拨府学及义仓经费。被抢妇女均送还，田地、财物有受豪侵占者，许郡民具状给领，助豪为恶者，悉治如律。布豪罪于其团，择郡绅知兵者，改充团长。时魏阉势盛，僚友为效危，效不少动。自是郡民称快，各属土豪闻风无不敛迹，一郡称治。

林桐　字瑞可，明南海人。隆庆元年（1567）举人。

［万历］《广东通志》卷二十《广州府·选举·乡举·国朝·南海》：隆庆丁卯，知县。

［崇祯］《南海县志》卷四《乡举·明·隆庆丁卯》：知县。

［道光］《广东通志》卷七十五《举人六·明·隆庆元年丁卯·广州府》：南海人，番禺学，字瑞可，知县。今《番禺志》失载。

欧大才　改名大宪，明顺德登洲人。隆庆元年（1567）举人，任福建武平知县。

［万历］《顺德县志》卷九《举人·隆庆元年》：登洲，改名大宪，武平知县。

罗中英　明顺德大良人。隆庆元年（1567）武举。

［咸丰］《顺德县志》卷十一《武举·明·隆庆》：大良人。按：《五山志林》云万历甲子，《志》失之，然万历无甲子，误。

郭才华　明南海人。隆庆元年（1567）举人。

［崇祯］《南海县志》卷四《乡举·明·隆庆丁卯》：广西中式，知县。

［道光］《广东通志》卷七十五《举人六·明·隆庆元年丁卯·附广西中式》：南海人，思恩籍。郭《志》失载。

袁灿　明南海人。隆庆元年（1567）举人。

［万历］《广东通志》卷二十《广州府·选举·乡举·国朝·南海》：隆庆丁卯，教谕。

［崇祯］《南海县志》卷四《乡举·明·隆庆丁卯》：知县。

［道光］《广东通志》卷七十五《举人六·明·隆庆元年丁卯·广州府》：南海人，字建明，知县。

莫与京　明南海人。隆庆元年（1567）举人。

［万历］《广东通志》卷二十《广州府·选举·乡举·国朝·南海》：隆庆丁卯。

［崇祯］《南海县志》卷四《乡举·明·隆庆丁卯》：教谕。

［道光］《广东通志》卷七十五《举人六·明·隆庆元年丁卯·广州府》：南海人，字君□，教谕。

［道光］《南海县志》卷二十《举人·明隆庆朝》：闽清教谕，据《福建志》参修……丁卯科。

［宣统］《南海县志》卷十《拾遗订误·举人》：丁卯，莆田知县。前《志》云闽清教谕，隆庆朝。

梁宠　字茂锡，明南海人。隆庆元年（1567）举人。任南平知县。祖廷贵。

［万历］《广东通志》卷二十《广州府·选举·乡举·国朝·南海》：隆庆丁卯，知县。

［道光］《广东通志》卷七十五《举人六·明·隆庆元年丁卯·广州府》：南海人，字茂锡，南平知县，祖廷贵。

［道光］《南海县志》卷二十《举人·明隆庆朝》：南平知县，廷贵孙……丁卯科。

梁绍震　字原东，明顺德桂林人。隆庆元年（1567）举人，五年会试乙榜。代理江苏淮安教谕，万历四年（1576）及九年为山西、江西乡试同考官。升国子监博士，不久出任广西河池太守、平乐郡副职。

［万历］《顺德县志》卷九《举人·隆庆元年》：桂林。

［万历］《广东通志》卷二十《广州府·选举·乡举·国朝·顺德》：隆庆

丁卯，知州。

[康熙十三年]《顺德县志》卷七《人物传一·德业》：字原东，桂林人。自少苦学，弱冠食邑饩。丁卯领乡荐，辛未会闱乙榜。与杨复所、刘懋一善，时劝仕者辄以"未信"对。及念高堂垂白发，遂署教淮安。当仕者闻绍震名，万历丙子聘考山西，己卯复同考江右，二次校文，多获名士。寻升国博，英杰盈门，如学士萧良友、良誉皆出门下。及迁守河池，复佐郡①平乐，政声籍籍。归田作《正学论》以示子孙。自诸生至宦成，数十年如一日未尝少有高贵之容，乡人忘为缙绅先生，咸称泰台夫子。常与欧桢伯、黎惟仁辈结社唱和，有《绪昌堂稿》。平乐列名宦，广郡列乡贤，士论咸快。

[道光]《广东通志》卷一百九十六《艺文略八·集部二》：《绪昌堂稿》，明梁绍震撰，未见。《岭南五朝诗选》：绍震字泰台，隆庆丁卯乡荐，万历甲戌副榜。历官平乐同知，祀郡邑乡贤。

黄希锡 明南海人。隆庆元年（1567）举人，任湖南永兴知县。

[万历]《广东通志》卷二十《广州府·选举·乡举·国朝·南海》：隆庆丁卯，知县。

[道光]《广东通志》卷七十五《举人六·明·隆庆元年丁卯·广州府》：南海人，表正孙，永兴知县。

温景明 字永阳，明顺德龙山人，隆庆元年（1567）举人，万历八年（1580）任广东四会教谕，升福建长汀知县、广西南宁知府。父旧闻。

[万历]《顺德县志》卷九《举人·隆庆元年》：龙山，长汀知县。

[万历]《肇庆府志》卷四《秩官表二·国朝·四会县·儒学教谕》：顺德人，举人。万历八年任，升知县。

[万历]《广东通志》卷二十《广州府·选举·乡举·国朝·顺德》：隆庆丁卯，知府。

[崇祯]《南海县志》卷四《乡举·明·隆庆丁卯》：顺德人，由本学，知府。

[康熙十三年]《顺德县志》卷五《明朝·乡举·隆庆丁卯》：龙山人，仕

---

①佐郡：协理州郡政务，指任州郡的司马、通判等职。

南宁府知府。

[道光]《广东通志》卷七十五《举人六·明·隆庆元年丁卯·广州府》：顺德人，南海学，旧闻子，字永阳，南宁知府。

谭大始 字少健，明南海人。隆庆元年（1567）举人，任湖南零陵知县。

[万历]《广东通志》卷二十《广州府·选举·乡举·国朝·南海》：隆庆丁卯，知县。

[道光]《广东通志》卷七十五《举人六·明·隆庆元年丁卯·广州府》：南海人，字少健，零陵知县。

谭大经 字彦纶，明南海大富堡（今属禅城张槎）人。隆庆元年（1567）举人。万历七年（1579）应聘贵州乡试同考官，升云南大理、福建延平通判。子宪。

[万历]《广东通志》卷二十《广州府·选举·乡举·国朝·南海》：隆庆丁卯，知县。

[崇祯]《南海县志》卷十一《隐逸·明》：字彦纶。领隆庆丁卯乡荐，司教留都，诸士实被熏陶。己卯应聘贵州同考，咸称得人。晋大理府判，值土寇交作，经运筹绥服①不遗余力。丁外艰复除延平府判，摄平南、永安、沙县诸篆，洁己爱民，邑称神君。生平端方淡泊，官居即秩，布衣蔬食。乡人有遭横诬，力为超雪，谢金屏却，人咸德之。至设蒸尝、公同气、凛遗命，尤其孝友之最著云。《隐逸·明·谭宪传》：字懋襄，从庠增广生②，别驾谭大经次子。孝友性成，母好持素，宪亦喜布施，终身戒杀。服丧三年，哀毁茹素有如一日。事兄如父，与兄同爨，三代不分财产。俭朴笃实，口无杂言，身不露顶。人或有负，旋折券勿问，盖有道之器与？

[道光]《南海县志》卷三十七《列传六·明·谭大经》：大富堡人……子宪性至孝，以母长斋故终身戒杀……人有负责者折券③与之。

---

①绥服：平定征服。

②增广生：明生员都有月廪名额，称廪膳生。于正额之外增加者称增广生，地位次于廪生。清沿袭明制。

③折券：谓毁弃债券，不再索取。

蔡文焕　明顺德龙江人。隆庆元年（1567）武举。

［康熙十三年］《顺德县志》卷六《明朝·武举·隆庆丁卯》：龙江人。

［乾隆］《顺德县志》卷十《武举·明朝·隆庆庚午》：龙江人。

黎民雍（明隆庆）　明顺德槎涌人。隆庆元年（1567）举人。父元桂。

［咸丰］《顺德县志》卷十《举人·明·隆庆》：槎涌人，元桂子。按：前《志》无，见《五山志林》。丁卯科。

黎来王　明顺德大罗村人。隆庆元年（1567）举人，任广西平乐知县、柳州府同知。

［万历］《顺德县志》卷九《举人·隆庆元年》：鹭洲，平乐知县。

［万历］《广东通志》卷二十《广州府·选举·乡举·国朝·顺德》：隆庆丁卯，同知。

［道光］《广东通志》卷七十五《举人六·明·隆庆元年丁卯·广州府》：顺德人，平乐知县，一作同知。

［咸丰］《顺德县志》卷十《举人·明·隆庆》：大罗村人，知平乐县、柳州府同知，丁卯科。

李树声　字子实，明南海人。隆庆二年（1568）选贡，万历四年（1576）举人。

［万历］《广东通志》卷二十《广州府·选举·乡举·国朝·南海》：万历丙子，知县。

［崇祯］《南海县志》卷四《贡·明》：选贡，知县。

［康熙］《广东通志》卷十五《选举上·广州府·岁贡·明·南海》：知县，隆庆戊辰选贡。

［道光］《广东通志》卷七十五《举人六·明·万历四年丙子·广州府》：南海人，字子实，知县。又见《番禺志》。

莫若清　明高明步州人。隆庆二年（1568）恩贡。

［万历］《肇庆府志》卷六《选举表二·国朝岁贡·隆庆·高明县学》：龙阳县丞。

［万历］《广东通志》卷四十八《肇庆府·选举·岁贡·国朝·高明》：隆庆二年选贡。

［康熙八年］《高明县志》卷四《元明·恩岁贡》：古霸人，隆庆己巳年恩贡，任湖广麻城县县丞。

［道光］《高明县志》卷十二《贡生·明》：步州人，隆庆二年恩贡，任湖广麻城县丞。

徐尚敷　明南海人。隆庆二年（1568）选贡。

［崇祯］《南海县志》卷四《贡·明》：府学选贡，两淮运判。

［道光］《南海县志》卷二十《贡生荐辟·明隆庆朝》：两淮运判，戊辰选贡。

徐尚徽　明南海人。隆庆二年（1568）选贡。

［崇祯］《南海县志》卷四《贡·明》：选贡，知县。

［道光］《南海县志》卷二十《贡生荐辟·明隆庆朝》：知县，戊辰选贡。

赵崇晓　（1538—1638）字启初，明顺德大良人。一百零二岁卒。

［康熙十三年］《顺德县志》卷九《百岁志》：字启初，大良人。素性孝友谨厚。生于嘉靖戊戌年九月初二日，享年至崇祯戊寅年三月二十二日，寿一百二岁。邑侯刘公大垣请见，赐白金二两，匾题“寿世遐龄”。

唐之灿　（约1538—?）字道宣，明南海人。嘉靖三十七年（1558）举人，会试乙榜，授福建侯官县教谕。四十三年聘任浙江典试，晋升国子监学正、吏部司务。因父资贤丧归，不久亦卒。父资贤。

［万历］《广东通志》卷二十《广州府·选举·乡举·国朝·南海》：嘉靖戊午，员外。《封赠·国朝·南海》：唐资贤，贡生，以子之灿赠吏部司务。

［康熙］《广东通志》卷十六《人物上·广州府·明·唐泽传》：子资贤，嘉靖戊午岁贡，以其子之灿贵封司务。之灿字道宣，弱冠登戊午乡书，会试乙榜，授侯官教谕。甲子聘典浙试，晋国子学正。秩满晋吏部司务，仰佐铨衡有声，两得恩诰，上荣所尊。以外艰归，寻卒。孙辉，岁贡，四代科名称最盛云。

［康熙］《广州府志》卷三十九《人物志十·儒林列传·明·唐译传》：之灿，字道宣，弱冠登嘉靖戊午乡荐，以乙榜授侯官教谕，晋国学。秩满晋吏部司务，陈堂、姚光泮、余嘉诏俱一时争鸣南都，卓卓有声。以外艰归，寻卒。

子士望，笃志嗜学，以孝友称；孙辉，康熙辛丑岁贡。

[道光]《广东通志》卷七十四《举人五·明·嘉靖三十七年戊午·广州府》：南海人，字韦庵。司务，一作员外。又见今《番禺志》，泽孙。

黄应龙 （约1538—?）明顺德甘竹人。嘉靖三十七年（1558）举人，任福建漳浦教谕、湖北武昌县令，户部主事、郎中，四川保宁知府。父民准。

[万历]《顺德县志》卷九《举人·嘉靖三十七年》：甘竹，漳浦教谕。

[万历]《广东通志》卷二十《广州府·选举·乡举·国朝·顺德》：嘉靖戊午，知府。《封赠·国朝·顺德》：黄民准，教谕，□□正直，居官十八年，始终不受贽仪，以子应龙累赠知府。

[康熙十三年]《顺德县志》卷七《人物传一·德业》：号珠江，甘竹人。少承父训，舞象时顺庠补廪。弱冠登嘉靖戊午科，初任教谕，迁武昌知县。武昌钱粮弊多欺隐，前令每以此挂误。龙力排权势，丈田均赋，钱粮由是肃清，实心爱民，一尘不染。擢北京户部主事，奉敕监兑湖广粮饷，转陕西司郎中。守道不失，凡有措注皆为国家久远计，少不合辨论终日，必行乃已。美绩昭彰，升四川保宁知府。时有权珰奉差而出，所过咸悉索厚馈，又横敛于民，各郡趋承恐后。龙独力拒之，相角甚将至诣阙。百姓虑龙不敌，通郡激变，院司道不能解。权珰忧之，请当事诣龙求和，龙必得行己志乃已，一出而民变旋定。至理民听讼至公至明，有"黄青天"之号，别郡事有不明者移龙决之。秩满擢叙马泸兵备道副使，却平奢酋，绥靖女彝，胆识有同韩、范。武昌、保宁皆崇祀名宦，士民咸建生祠。崇祯壬午，按院柳公寅东蜀人，知龙政绩，准入广州乡贤。

黄宏 （1538—?）字静斋，明顺德龙山人。嘉靖二十二年（1543）举人，任广西苍梧教谕、湖北郧阳知县、云南昆阳知州、浙江杭州同知，退休归。母陈氏寿九十六岁。

[嘉靖]《广东通志》卷十二《明·举人·嘉靖二十二年癸卯》：知县。

[万历]《顺德县志》卷九《举人·嘉靖二十二年》：龙山，长史。

[康熙十三年]《顺德县志》卷五《明朝·乡举·嘉靖癸卯》：龙山人，同知，升靖江府左长史。

[嘉庆]《龙山乡志》卷八《德业》：冈贝人也。幼而颖悟，七岁能诗文，年十二补邑弟子员，十六登嘉靖癸卯贤书。初授广西苍梧县教谕，寻升湖北郧阳县知县，历彝陵、建水、晋宁等州，迁思恩、杭州两府同知。赞理靖江王左

长史，所至有政声。调充福建房考官，所取士陈谨、吴桂芳等，以得人称。后致政归，大吏题其门曰“贤大夫第”，复颜其堂曰“六茇甘棠”云。

［道光］《广东通志》卷七十四《举人五·明·嘉靖二十二年癸卯·广州府》：顺德人，字静斋，靖江府左长史。

［咸丰］《顺德县志》卷二十四《列传四·明·梁用逵》：万历间任昆阳知州，律己以廉，养民以惠，能辩疑狱，无冤民。

［民国］《顺德县志》卷十二《耆寿表二·寿妇·郭〈志〉补遗·明》：陈氏，龙山黄乐庵妻，九十六岁，以子宏贵封宜人。

潘兆璘　（约1538—?）字感万，明南海梯云堡人。嘉靖三十七年（1558）举人，万历二年（1574）考进士中副榜，任福建连城教谕，晋浙江淳安知县，未赴而卒。父鹏举，子献臣。

［万历］《广东通志》卷二十《广州府·选举·乡举·国朝·南海》：潘兆麟，嘉靖戊午，知县。

［康熙］《南海县志》卷十二《人物传·文学·明》：字感万，本邑之梯云堡镇头乡人。祖祥由龙门贡，授福建德化训导。长子鹏举，嘉靖辛卯举于乡，是为兆璘父。授广西苍梧令，廉洁爱民，持正不阿。典史某恃御史姻家多不法，鹏举每沮抑之，由是忤御史意，遂被诬劾致仕，时论惜之。子六人，三子皆有声庠序，兆璘其季也。少颖敏博洽，弱冠领嘉靖戊午乡荐，万历甲戌副榜。署福建连城教谕，不携妻子。在任数载，课士之勤虽以文艺，而孳孳劝勉尤以忠孝为先，弟子奉教惟谨。晋浙江淳安县尹，未赴任卒。五子，列庠序者三，季子献臣最知名。献臣子鸿儒，崇祯癸酉领乡荐。时献臣年已七十，督学曾化龙欲荣以冠带不受，副辛酉榜。属纩怡然，语不及私。其质朴严正、好学不倦有父风。

［道光］《广东通志》卷七十四《举人五·明·嘉靖三十七年戊午·广州府》：南海人，知县。郭《志》、郝《志》璘作麟。

蔡大勋　（1539—1642）字希尧，明南海人。万历二十年（1592）拯救覆舟溺水者六十八人，寿一百零四岁。

［康熙］《广州府志》卷三十八《人物志九·清高列传·明·耆德附》：字希尧，南海增步乡人。天性孝友，十岁丧父，哀毁绝粒，事母终如父礼，与弟白首同爨。尤善词赋，日课四代儿孙诗书。族叔冤陷重辟，勋控抚按鸣冤得免。

万历壬辰，狂飙覆舟，海上黄叟①毕溺，旁见者莫措。勋独身先率僮拯生六十八人，酬金帛者却之，感恩者图像事焉。饥荒常赈贫穷，充扩祖宗祭业。生嘉靖己亥，迄崇祯壬午，寿一百零四岁，乡国皆称善人，藩司表其庐曰“齿荣椿茂”。

关秩　（？—1598）字礼甫，号龙淇，明南海九江人。妻张氏，子季益。

《南海九江乡志》卷三《封赠》：字礼甫，号龙淇，以子季益赠知县。张氏，以子季益封孺人。张氏，以夫季益封孺人。卷四《封赠列传》：公笃志力学，慷慨孤高而不绝俗。时为亲族邻里排难息争，一本于忠信至诚而无阿比之私，生平言动多合于君子之道。

何一凤　字文彩，明末清初高明石岐人。任广西浔州府经历。兄一麒，隆庆元年（1567）举人。

［崇祯］《肇庆府志》卷七《掾史·高明》：福宁卫经历。

［康熙八年］《高明县志》卷四《吏职》：广西浔州府经历。

［道光］《高明县志》卷十二《吏职·明》：石岐人，广西浔州府经历。卷十三《人物志·清》：字文彩，号与竹，一麒弟。生平慷慨好善，族中孝义应琛鬻身葬父，凤为之愀然，遂置葬具，赎其身以归。官广西浔州府经历，著有治绩。长子光秋，郡庠；次子光秩，郡廪。孙鸣相，邑庠。曾孙会隆，怀集县尉。人谓盛德所致云。

何应琛　字念江，明末清初高明明城镇人。卖身葬父，拾金不昧，获万历三十六年（1608）到任的高明知县熊德扬表扬。康熙三年（1664）到任的知县鲁杰为其题匾。九十六岁。

［康熙八年］《高明县志》卷十三《人物传·清》：字念江。家贫，鬻身葬父，拾金还人。知县熊德扬手书奖曰：“善民何应琛鬻身葬父，拾金还人，岂不成孝廉真君子哉？”以匾额银花扬其幽德。岭西按察使冯旌以匾曰“孝义”，知县鲁杰旌以匾曰“德寿齐高”。年九十六。

---

①黄叟：“黄童白叟”之省，泛指老人与孩子。

张熙 明顺德龙江人。湛若水弟子，隆庆六年（1572）赈饥。

［乾隆］《顺德县志》卷十三《行谊》：字中卿，龙江人。少游邑庠，后更名度。累试不第，遂弃博士业。从湛若水游，负气任侠，尤重大义。弟出继，不忍自厚，先业与分之，任其弟择取。隆庆壬申岁凶，野有饿殍。熙鬻产易粟以赈饥，一乡赖其全活者甚众。尤嗜学博古，长于声诗，为世所传诵。

［咸丰］《顺德县志》卷二十四《列传四・明・陈谟》：同时张度（初名熙），字仲卿。

陈谟 （？—1538）字公赞，号艮斋，明顺德人。湛若水弟子。

《粤大记》卷二十二《献征类・行谊芳标・明》：字公赞，号艮斋，顺德人。父乐山先生从甘泉先生隐居烟霞洞中，携公赞来从授业。讲圣贤之学脱然有悟，遂卜筑于烟霞后洞，名其亭曰“仰止”。设短床其中，不敢安寝，少假寐即起坐，尝惕然自讼曰：“谟，汝离父母远从学，可悠悠虚度乎！”乃益自奋，盖不就枕者七夕。先生虑其厉志生病也，力谕止之。后随京居，逾年而归。见愈真，养愈定，凡所以事亲敬长、孚于妻子、信于朋友、处乎族党者莫不求尽心焉，其笃志如此。戊戌夏病革，犹扶掖见母省诀，还正寝而卒，甘泉先生哭之恸云。

［康熙］《广州府志》卷二十九《人物志一・理学列传・明》：父东山，尝惕然自诵。

［乾隆］《西樵山志》卷四《人物・陈谟传》：甘泉奉召北上，负笈以从，常昼夜不寝，居数年归……嘉靖戊戌夏得疾，竟日起坐，目已不视，犹衣冠诀母，端坐正寝而终……

杨英 明高明村头人。隆庆三年（1569）岁贡，任广东潮州训导。

［万历］《肇庆府志》卷六《选举表二・国朝岁贡・隆庆・高明县学》：潮州训导。

［康熙八年］《高明县志》卷四《元明・恩岁贡》：上仓人，恩贡，任潮州府训导。

［康熙二十九年］《高明县志》卷十二《贡生・明》：上仓人，隆庆三年岁贡，任潮州训导。

［道光］《高明县志》卷十二《贡生・明》：村头人，隆庆三年岁贡，任潮州训导。

文嗣徵 明顺德大良人。隆庆四年（1570）武举。

［康熙十三年］《顺德县志》卷六《明朝·武举·隆庆庚午》：大良人，中三科，授南头左司。

［康熙二十六年］《顺德县志》卷六《武举·明朝·隆庆》：大良人，南头把总①。

邓璿（明隆庆） 字巩伯，明南海人。隆庆四年（1570）举人，任天津武清教谕，四川崇宁、江西南康知县，广西玉林知州。父冕，嘉靖三十二年（1553）赈饥，万历八年（1580）被捉为人质终放还，寿八十一岁。

［万历］《广东通志》卷二十《广州府·选举·乡举·国朝·南海》：隆庆庚午，知州。

［崇祯］《南海县志》卷十一《隐逸·明》：字巩伯。资性明敏，清介自持。举隆庆庚午，授武清教，讲学课文，士风丕变。升崇宁知县，调烦南康。立长单以催征，退白役②以防扰，革供应，苏里甲，议积贮，备饥荒，皆实心实政，士民建祠尸祝，详《去思记》。擢守郁林，适奉旨清丈，璿加意清厘，单骑履亩，蠲豁浮粮③，逃亡复业。剿蒲塘白花贼窠，戮渠魁，余归命恐后。设子城，修瑞龙桥，建北极祠，广学宫殿庑，功在地方。旋以亲老致政归，承欢十有余载。优游林下三十余年，祀郁林名宦。孙务忠，登辛未进士，御史。《隐逸·明·邓冕传》：字用纯。少失怙，刻意儒业不售。事母至孝，与兄共产，毫无私财。足不入城市，口不道人短长，取予甚严而好为施济。闾里有忿争者，冕以片言论之，无不解去。嘉靖癸丑岁大饥，贫民竞起攘夺，里门多闭。冕倡义出赈，一境贴然。万历庚辰，海寇突掠里中，挟冕以拒追兵。冕不为惧，感以至诚，竟得释归。尤善教子，授经课文皆有方，虽隆冬盛暑不令辍。子璿，以乡荐历宰崇义、南康，最后守郁林，冕皆勖以廉勤、毋败家声。性尤不乐繁嚣，璿在郁林，强迎乃就道，居无何即辞归，留不许则曰："吾不乐闻拷讯声也。"优游田园，布衣蔬食，卒年八十一。

［宣统］《南海县志》卷十一《艺文略·集部·别集》：《莲菊居诗钞》，明

①把总：明清军官名。

②白役：旧时官署中的编外差役。

③蠲豁（juānhuō）：免除。浮粮：定额之外的钱粮税款。

邓璿撰，据《邓惇叙堂家谱》。

邓鑑 字少妍，明顺德水藤人。隆庆四年（1570）举人，任河北巨鹿教谕、安徽凤阳通判、湖南澧州知县，寿七十三岁。

［万历］《顺德县志》卷九《举人·隆庆四年》：水藤，钜鹿教谕。

［万历］《广东通志》卷二十《广州府·选举·乡举·国朝·顺德》：隆庆庚午，通判。

［康熙十三年］《顺德县志》卷七《人物传一·德业》：字少妍，水藤人。隆庆庚午中式，三上公车。初授钜鹿县教谕，捐俸课士，士心乐育，学宪杨公奖曰："一腔秋宇，满座春风。"升南直凤阳府通判，驻扎正阳镇，专管捕盗，兼理钞关。鑑捐苛减耗，榷税公廉，商旅归心。时镇无城郭，寇盗出没。鑑设策守御，清查保约，贼踪潜息。明达过人，才识两合。镇中有东湖腴田数百顷，利在无水则患有水，利在有水则患无水，民苦稼穑。鑑捐俸筑堤，修建窦闸，水之畜泄以时，自此春耕秋获，岁以荐丰，吏民胥庆，国课乐输。署正堂一载，化育高于冀北，惠泽洽于南淮。奉上委任查盘，奉法持正，不为阿曲，悃愊无华①，廉慎有执。署寿州事，进神宗万寿表，升湖广澧州知州，晋阶奉政大夫。历俸二十月，因母吴氏七秩有奇，申文侍养。离任日，百姓遮道扳辕恳留，建祠崇祀。后侍御李公时华特题荐用，邸报工部员外，鑑以亲老坚辞不赴。寿七十三。所著有《德政录》《东湖纪胜》行世。鑑生而颖异，长而嗜古，居官廉明，传家清白，不侮乡里，不扰公门。豁达大度，虽勋业未竟，然以事业付后人，殆天眷单厚云。子二人：长汝轼，天启辛酉科贡，除授詹事府录事；次汝辙，国子监生。孙廷梅，郡庠；廷楫，从化庠；廷柏，南海庠；廷标，邑庠恩贡；廷机，肇郡庠。

冯家相 字宜重，明南海人。隆庆四年（1570）举人。

［万历］《广东通志》卷二十《广州府·选举·乡举·国朝·南海》：隆庆庚午。

［崇祯］《南海县志》卷四《乡举·明·隆庆庚午》：知县。

［道光］《广东通志》卷七十五《举人六·明·隆庆四年庚午·广州府》：南海人，字宜重，知县。

---

①悃愊无华：至诚而不虚浮。

刘时可　字志孔，明高明大唐美人。隆庆四年（1570）举人，任安徽黟县教谕、浙江奉化知县，改广东惠州、江苏镇江教授，升楚王府官。

［万历］《肇庆府志》卷五《选举表一・国朝・举人・隆庆四年庚午》：高明人，奉化知县。

［康熙八年］《高明县志》卷四《明・举人・隆庆四年庚午》：沙村人，任奉化县知县。卷十三《人物传・明》：字志孔。登隆庆庚午乡书，授南京徽州黟县谕。温雅和平，造就有方，每立规条必以身先之，于诸生贽馈之礼一无所索，祀黟县名宦。升浙江奉化尹，改惠州府教授及镇江府教授，迁楚府纪善。著有《梁湖集》《群书拔萃》《分门玉屑》藏于家。

［道光］《高明县志》卷十二《举人・明》：大唐美人，隆庆四年庚午举人，任奉化知县。

刘道　字远侯，明顺德荷村人。隆庆四年（1570）举人，任江西上高知县。子若侗。

［万历］《顺德县志》卷九《举人・隆庆四年》：平步，上高知县。

［道光］《广东通志》卷七十五《举人六・明・广州府》：隆庆四年庚午。顺德人，字远侯，上高知县，子若侗。

［咸丰］《顺德县志》卷十《举人・明・隆庆》：字远侯，荷村人，知上高县，若侗父，庚午科。

孙蕙　字原毓，明南海人。隆庆四年（1570）举人，任广西修仁知县、广西通判。父裔兴，弟萱，子光祚。

［万历］《广东通志》卷二十《广州府・选举・乡举・国朝・南海》：隆庆庚午，通判。

［道光］《广东通志》卷七十五《举人六・明・隆庆四年庚午・广州府》：南海人，字原毓，通判。父裔兴，子光祚。

［道光］《南海县志》卷三十七《列传六・孙裔兴传》：子蕙，隆庆庚午乡举，任修仁令，转广西通判，有循良声。次子萱，庠生；蕙之子光祚，万历乙卯乡荐。

伦大经　字少恺，明顺德石硝（今属南海）人。隆庆四年（1570）举人，任广西恭城知县。

[万历]《顺德县志》卷九《举人·隆庆四年》：石硝。

[崇祯]《南海县志》卷四《乡举·明·隆庆庚午》：顺德人，由本学，知县。

[道光]《广东通志》卷七十五《举人六·明·隆庆四年庚午·广州府》：顺德人，南海学，字少恺，知县。

[咸丰]《顺德县志》卷十《举人·明·隆庆》：字少恺，石硝人，番禺籍，知恭城县，庚午科。

苏良辅 字公亮，明南海人。隆庆四年（1570）举人。

[万历]《广东通志》卷二十《广州府·选举·乡举·国朝·南海》：隆庆庚午，知县。

[道光]《广东通志》卷七十五《举人六·明·隆庆四年庚午·广州府》：南海人，字公亮，知县。

李一德 明顺德龙江人。隆庆四年（1570）武举。

[乾隆]《顺德县志》卷十《武举·明朝·万历壬子》：龙江人。

[咸丰]《顺德县志》卷十一《武举·明·隆庆》：龙江人，三科武举，庚午。

李学曾 字仰先，明顺德人。隆庆四年（1570）举人，任广东揭阳县教谕。祖纲，父梦龙，兄学颜。

[万历]《顺德县志》卷九《举人·隆庆四年》：北水，揭阳教谕。

[乾隆]《顺德县志》《封赠·知县·明朝》：李梦龙，以子学曾贵赠。

[万历]《广东通志》卷二十《广州府·选举·乡举·国朝·顺德》：隆庆庚午，通判。

[道光]《广东通志》卷七十五《举人六·明·隆庆四年庚午·广州府》：顺德人，番禺学，字仰先。揭阳教谕，一作知县。祖纲，兄学颜。今《番禺志》无。

吴钺 字节伯，明南海人。隆庆四年（1570）举人。兄鑑。

[万历]《广东通志》卷二十《广州府·选举·乡举·国朝·南海》：隆庆庚午，知县。

[道光]《广东通志》卷七十五《举人六·明·隆庆四年庚午·广州府》：番禺人，南海学，字节伯，知县，兄鑑。

陈世源 明顺德容奇人。隆庆四年（1570）武举。

［康熙十三年］《顺德县志》卷六《明朝·武举·隆庆庚午》：容奇人。

陈谦 字吉庵，明顺德逢简人。隆庆四年（1570）举人。

［万历］《顺德县志》卷九《举人·隆庆四年》：逢简。

［万历］《广东通志》卷二十《广州府·选举·乡举·国朝·顺德》：隆庆庚午，推官。

［道光］《广东通志》卷七十五《举人六·明·隆庆四年庚午·广州府》：顺德人，字吉庵。

张佩 字鸣玉，明顺德龙江人。隆庆四年（1570）举人，任江西兴国知县。

［万历］《顺德县志》卷九《举人·隆庆四年》：龙江，高邑教谕。

［万历］《广东通志》卷二十《广州府·选举·乡举·国朝·顺德》：隆庆庚午，知县。

［康熙二十六年］《顺德县志》卷五《举人·明朝·隆庆四年庚午科》：龙江人，兴国县知县。

［道光］《广东通志》卷七十五《举人六·明·隆庆四年庚午·广州府》：顺德人，字鸣玉，兴国知县。

冼思谦 字吉甫，明南海人。隆庆四年（1570）举人。弟桂芳、继登。

［万历］《广东通志》卷二十《广州府·选举·乡举·国朝·南海》：隆庆庚午，教谕。

［道光］《广东通志》卷七十五《举人六·明·隆庆四年庚午·广州府》：南海人，字吉甫，教谕，弟桂芳、继登。

冼桂芳 字少丛，明南海人。隆庆四年（1570）举人。兄思谦，弟继登。

［万历］《广东通志》卷二十《广州府·选举·乡举·国朝·南海》：隆庆庚午。

［崇祯］《南海县志》卷四《乡举·明·隆庆庚午》：知州。

［道光］《广东通志》卷七十五《举人六·明·隆庆四年庚午·广州府》：南海人，字少丛，胶州知州，与兄思谦同科。又见《番禺志》。

杨试　明顺德容奇人。隆庆四年（1570）武举。

［康熙十三年］《顺德县志》卷六《明朝·武举·隆庆庚午》：容奇人。

罗兆旗　明南海人。隆庆四年（1570）举人，万历十一年（1583）任广东阳春教谕。

［万历］《广东通志》卷二十《广州府·选举·乡举·国朝·南海》：罗兆麒，隆庆庚午，知州。《封赠·国朝·南海》：罗源，以子兆旗赠新昌知县。

［万历］《肇庆府志》卷四《秩官表二·国朝·阳春县·教谕》：南海人，举人，万历十一年任。

周昌湛　明顺德桂林人。隆庆四年（1570）武举。

［康熙十三年］《顺德县志》卷六《明朝·武举·隆庆庚午》：桂林人。

唐世臣　明南海人。隆庆四年（1570）举人。子际昌。

［万历］《广东通志》卷二十《广州府·选举·乡举·国朝·南海》：隆庆庚午，推官。

［道光］《广东通志》卷七十五《举人六·明·隆庆四年庚午·广州府》：南海人，推官。曾祖祯，子际昌。

梁岳　字仲登，明顺德大良人。隆庆四年（1570）举人，任江西瑞州府推官。

［万历］《顺德县志》卷九《举人·隆庆四年》：大良，瑞州推官。

［万历］《广东通志》卷二十《广州府·选举·乡举·国朝·顺德》：隆庆庚午，知州。

［道光］《广东通志》卷七十五《举人六·明·隆庆四年庚午·广州府》：顺德人，番禺学，字仲登。知州，一作瑞州推官。明《番禺志》作“梁钦”。

［咸丰］《顺德县志》卷十《举人·明·隆庆》：字仲登，大良人，番禺籍，瑞州府推官。按：阮《志》云知州，又引《番禺志》作“梁钦”，误。庚午科。

梁炫　原名文灿，字美中，明南海盐步水藤村人。隆庆四年

（1570）举人，万历十七年（1589）进士，任湖南宁津教谕、衡州推官。幼年父栋客死江西，母李氏守节。

《粤大记》卷五《科第·皇明进士科·万历十七年己丑科焦竑榜》：南海县人。宁津县学教谕，升知县，升衡州府推官。

［万历］《广东通志》卷二十《广州府·选举·乡举·国朝·南海》：梁文灿，隆庆庚午，改名炫，举人。《进士·国朝·南海》：万历己丑，由教谕中式，主事。

［万历］《南海县志》卷十一《列女·明》：李氏，赠员外梁栋妻。年二十余而栋亡，奉姑育子，足不逾户四十余年，节操凛如，以子炫贵赠安人。万历壬辰，制府刘继文具题旌表。

［崇祯］《南海县志》卷四《进士·明·万历己丑》：副使。《封赠·明》：梁栋，以子炫赠推官。

［道光］《广东通志》卷七十五《举人六·明·隆庆四年庚午·广州府》：梁文灿，南海人，字美中，更名炫，进士。

［道光］《南海县志》卷二十《进士·明万历朝》：南宁知府，据《广西志》参修。按：炫原名文灿，魏《志》是科未别出梁文灿，盖误耳，《题名碑》有炫、无文灿是其证也，今删之而附辨证于此……己丑科。卷四十一《列传十·列女·明》：李氏，盐步堡梁栋妻。年二十六（郝《通志》作二十二），栋客死江西，子炫在襁褓，贫无产业……万历二十年旌，建坊于水藤村，都御史刘继文具题也。炫贵，栋赠员外郎，李累封安人。

梁焕（明隆庆） 字绍登，明顺德葛岸人。隆庆四年（1570）举人，任福建邵武府同知。父锐。

［万历］《顺德县志》卷九《举人·隆庆四年》：葛岸，中牟教谕。

［万历］《广东通志》卷二十《广州府·选举·乡举·国朝·顺德》：隆庆庚午，同知。

［康熙十三年］《顺德县志》卷五《明朝·乡举·隆庆庚午》：葛岸人，授中牟县学教谕，升福建福宁州福安县知县，继迁福建邵武府同知，恩纶宠锡。

［乾隆］《顺德县志》卷十《封赠·知县·明朝》：梁锐，以子焕贵赠。

［咸丰］《顺德县志》卷十《举人·明·隆庆》：字绍登，葛岸人，同知邵武府，庚午科。

黄应兆 字道祯，明南海人。隆庆四年（1570）举人，授湖南宁远教谕、陕西汉中推官、大理寺评事，为官二十年，任江西袁州知府时卒。

[万历]《广东通志》卷二十《广州府·选举·乡举·国朝·南海》：隆庆庚午，袁州知府。

[崇祯]《南海县志》卷四《封赠·明》：黄富，以子应兆赠知府。卷十一《隐逸·明》：字道祯。隆庆庚午举人，授宁远教，当事重之，凡纂修、典试必属焉。升汉中推官。先是岁饥，盗以掠布伤妪，久拟辟。兆曰："饥而盗可悯也，况妪无恙乎！"释之。武弁有所利，怂监司开堰，兆勘报以伤人田庐丘陇已之，便值岁祲，捐赎镪数百赈之。升大理评事，民皆画像、顶香以送。有中官假旨诈僧财，及失火毁内酒房，部从末减，兆不可。质剂①家刘国贤击毙罗登第，以千金请，竟拟抵，俱奉俞旨。三经纪录，擢守袁州。抑豪强，轻行户②，复减税额州。甫下车，行户逃匿，以前任短价也，兆定价先给行户。复集郡水夫，昔取之坊郭，兆尽豁，以皂壮代之，民大悦。比入觐谒赵司徒，止以名刺③往，赵敬重之。以劳卒于官，袁民哭之哀，特祠祀之。举名宦，祀乡贤。季子日宁，崇祯丙子举于乡。

[康熙]《南海县志》卷十二《人物传·循吏·明》：兆最孝，少耽奕，母不悦，遂破局跪谢。曾被豪螯几褫，既贵，戒子勿报复。分考得隽，有少傅吴道南、司寇张承诏等。历官二十年，居室仅蔽风雨。

萧鑑　明顺德龙江人。隆庆四年（1570）岁贡。

[咸丰]《顺德县志》卷十一《岁贡·明·隆庆》：龙江人，庚午。

温少龙　明顺德龙山人。隆庆四年（1570）武举。

[嘉庆]《龙山乡志》卷七《武举·明·隆庆壬午》。

霍公悦　字仲光，明南海人。隆庆四年（1570）举人。父超。

[万历]《广东通志》卷二十《广州府·选举·乡举·国朝·南海》：隆庆庚午，知县。

[道光]《广东通志》卷七十五《举人六·明·隆庆四年庚午·广州府》：

---

①质剂：西周时书面契约，古代贸易券契的并称。此处为"典当"的俗称。

②行（háng）户：古代按行业编制之工商业铺户，亦称商户临时抽调雇用的差役。

③名刺：又称"名帖"。

字仲光，知县，父超。

霍苠臣 字于宣，明南海人。隆庆四年（1570）举人，万历五年（1577）任贵阳司理，升湖北荆州、广西梧州同知，迁浙江运同知，晋湖南岳州知府。罢官归，次年卒。

［万历］《广东通志》卷二十《广州府·选举·乡举·国朝·南海》：隆庆庚午，知州。《封赠·国朝·南海》：霍道政，以子相赠刑部司狱。霍相，以子苠臣赠荆州同知。

［万历］《南海县志》卷十一：字于宣。隆庆庚午举于乡，万历丁丑授贵□□□□□□□□□□□□□□□□□□□□□□□□□□□□□□□□□□□氏私语亦曰："必霍使君□生我。"苠臣至，为开陈顺逆、晓以祸福，贼遂匍匐稽颡，愿受约束如故，台司异之。秩满，擢荆州同知，寻改梧州，皆职税务，苠臣前后上还羡金万余，不为染指。稍迁浙江运同，忧去，复除前任，视篆几二载。时税珰衔命欲增鹾饷，商、灶千人嗸嗸不安，谋为鸟散。苠臣言于鹾台，极力调剂，卒从初议。收支课银库价岁可三十万缗，故称利薮。苠臣毫无加取给放，贾人则以原封畀之，浙运为之一清。寻晋岳州知府，筑堤捍水，禁戢湖中盗贼，居人行旅安焉。以失他郡司理欢，为其所中，遂罢官，抵家逾年而卒。苠臣兄弟七人极相友善，父遗产业苠臣概举以让，且为营宅而居。诸侄婚嫁经费悉自己出，亲戚故旧之贫者时蒙周给。古称廉而不刿①，庶几□之。

［崇祯］《南海县志》卷十《霍苠臣传》：万历丁丑授贵阳司理。适土酋安国亨据险以叛，前官往抚者多遭折辱。苠臣毅然请行，安氏私语亦曰"必霍使君来生我"……

霍镇东 字彦蕃，明南海人。隆庆四年（1570）举人第一名，次年进士，任刑部主事、云南副使、湖南岳州江防，弃官归，七十二岁卒。子见大、汝元。

［万历］《广东通志》卷二十《广州府·选举·乡举·国朝·南海》：隆庆庚午，举人。《进士·国朝·南海》：隆庆辛未，湖广副使。《封赠·国朝·南海》：霍正，以子镇东赠刑部主事。

［万历］《南海县志》卷十一《人物列传》：字彦蕃。六岁失恃，事继母以孝闻。举隆庆庚午第一，辛未成进士，授刑部主事。以执法不阿□□□□□□

①刿（guì）：割伤、刺伤。

□□□□□□□□□□□□□□□□□□□□□□□□□□□□□□刑首以镇东往浙及事竣，擢云南副使，备兵曲靖，皆清意也。而镇东虑浙囚平反至四百余人，其在曲靖恩威并著。缅寇孔棘，抚滇者欲调寻甸兵，镇东言寻新附之邦，调之恐生他变，力持不可。未几以父丧罢，复除湖广，分部岳州江防。有行客被杀，漂尸至君山寺，鞫狱者概坐无辜。镇东廉得其冤，具状白抚台李某，冀得释，而李已主先入，与镇东忤。镇东度不可解，遂题诗岳阳楼上，径弃官归。后李亦觉悟，与藩、臬遣使追留之，则镇东已飘然度关矣。镇东自是屏弃冠绅，杜门谢客，闲暇则率意吟咏以度日。年七十二卒。子见大、汝玄皆举于乡。

［崇祯］《南海县志》卷十《人物列传》：……以执法不阿、清苦勤劳，受知大司寇严清。清滇人，性故廉介，少许可，独器镇东。辛巳当恤刑，首以镇东往浙。及事竣，擢云南副使……子见大、汝元皆举于乡。

［道光］《广东通志》卷六十九《进士·明·隆庆五年辛未张元忭榜·广州府》：南海人，二甲，云南副使。

何天衢（明嘉靖） （约 1541—?）字大行，明高明幕冈人。嘉靖四十年（1561）乡试第二名，任安徽旌德训导，升广西贺县知县，病卒。子可逾。

［万历］《肇庆府志》卷五《选举表一·国朝·举人·嘉靖四十年辛酉》：高明人，经魁，贺县知县。

［康熙八年］《高明县志》卷四《明·举人·嘉靖四十年辛酉》：清溪人，亚元①，任广西贺县知县。万历二十二年甲午。卷十三《人物传·明》：字大行。幼颖悟，潜心举业，笃学力行。弱冠以儒士入科，中嘉靖辛酉亚元，屡上春官不第。授直隶旌德训，课士有规，兴学劝贤，弟子翕然宗之。有李生者为里豪所讼，欲置之法，且株连多人。衢抱不平，白于当道，卒能保全善类，活数百余命。以异绩升贺令。贺适凋敝，衢下车悉心整顿，扶弱锄强，厘奸剔蠹，不遗余力。岁偶歉，多方赈恤，给牛种，周困乏，民有起色。忽以疾卒于官，百姓追思，立祠以祀，榇旋之日，遐迩赙赠。子五人，四登黉序，次可逾，以麟经中万历甲午乡荐，盖盛德之报也。

［道光］《高明县志》卷十二《举人·明》：幕冈人，嘉靖四十年辛酉亚元，任广西贺县知县。

---

①亚元：乡试中式第二名。

周裔登 （约1541—?）字朝亮，明南海人。嘉靖四十年（1561）举人，隆庆二年（1568）进士。任福建上杭知县，万历中补仙居知县，迁漳州同知、户部郎中。为邵武知府五年，晋滇南宪副辞归。弟裔先；子梦鲤，万历三十一年（1603）举人。

[万历]《广东通志》卷二十《广州府·选举·乡举·国朝·南海》：嘉靖辛酉，举人。《进士·国朝·南海》：隆庆戊辰，副使。《封赠·国朝·南海》：周楫，以子裔登赠漳州府同知，以季子裔先赠福州都转御史。

[崇祯]《南海县志》卷十《人物列传》：字朝亮。弱冠领乡荐，戊辰进士，任上杭令。丁内艰，补仙居，剔弊厘奸，催科不扰。迁漳州同知，擢户部郎中、邵武守。仿紫阳社仓以备荒，申蓝田约束而范俗。五载晋滇南宪副，以老辞归。悉历俸所得与诸弟均之，凡两救覆舟之命，岁饥赈活千人。在漳有戴商负奇冤，登力出之。及登覲，舟次安庆风涛撼甚，忽见前商立水次，既而他舟俱覆，惟登无恙，人咸谓结草之报云。弟裔先，隆庆进士，累至太仆卿，所至多贤声。子梦鲤，亦领乡荐。卷四《乡举·明·万历癸卯》：周梦鲤。

[道光]《广东通志》卷六十九《进士·明·隆庆二年戊辰罗万化榜·广州府》：南海人，云南副使。

[道光]《南海县志》卷二十《进士·明隆庆朝》：邵武知府，据《福建志》参修，戊辰科。按：阮《通志》作云南副使，考《云南志》无其人。本传云晋滇南宪副，以疾辞归，然则裔登实未至云南也，今不从。卷三十七《列传六·明·周裔登》：万历中补仙居，平易近民，蒲鞭不施，而能剔弊厘奸。往往釜中生尘①，高歌一室，泊如也。

潘焯 （1541—1639）字如参，明顺德冲鹤人。寿九十八岁。

[康熙十三年]《顺德县志》卷九《百岁志》：字如参，冲鹤人。生于嘉靖二十年辛丑八月十三日，终于崇祯十二年己卯五月初一日，寿九十有八。邑侯刘公大垣匾其堂曰“名宗人瑞”，给以冠带。焯有隐德，素不入城郭。

何一英 明高明朗锦人。隆庆五年（1571）岁贡。

[康熙八年]《高明县志》卷四《元明·例贡》：何一英。

---

①釜中生尘：比喻断炊已久。

[康熙二十九年]《高明县志》卷十二《贡生·明》：溯泔村人，隆庆五年岁贡。

[道光]《高明县志》卷十二《贡生·明》：朗锦人，隆庆五年岁贡。

陈崇谅 明南海人。隆庆五年（1571）武举。

[崇祯]《南海县志》卷四《武科·明》：隆庆辛未会举，历都司。

潘光统 字少承，明顺德冲鹤人。隆庆五年（1571）以优贡出任光禄寺丞，万历初（1573）参与纂修《穆宗实录》，升北京通判卒。

《粤大记》卷二十四《献征类·词华黼藻冶·明》：字少承，号滋兰，顺德人。魁岸磊落，少补邑弟子员。应诏输粟为太学生，见知于司成季泉孙公、司业大洲赵公，而大学士李公敬重之。未几以母老告归养，投赠言者多比之何蕃云。既归，从黄泰泉先生于粤洲，究心子史，兼工诗学。请于泰泉，类选《明音》《唐音》若干卷而自捐资剞劂之，泰泉为序以传。辛未选光禄良酝署①监事，堂卿路坦斋奇之，荐升大官丞。岁羡万余，中贵人侵没为奸，光统毫不染指，群邪敛手。铨部廉其贤，欲优迁之，寻以病卒。发其箧无余积，值其子豫之寄百金至乃得成殓，时称其廉。光统天性孝友，为其父树家庙，为其母筑楼居，鸟革翚飞甲于海上，乡党邻里有乏则乐周之。雅好图史，作怡馨堂、飞云阁为藏书之府，所著《史汉存疑》《山房纪闻》及诗文各若干卷存于家笥。子豫之博而雅，益之敏而隽，皆能诗，仗义有父风云。

[康熙十三年]《顺德县志》卷七《人物传一·德业》：字少承，冲鹤人也。天性孝友。少补庠，丧考枕块蔬食，服阕例贡入太学。初授光禄寺监事，升署丞注选管粮，廉介卓著。以贤才檄修《穆宗实录》，迁京府通判，念母老疏乞侍养。母年八十咽病，供药进膳皆统亲手。岁荒赈饥恤族，建祠设尝。著有《滋兰》等集二十卷行世……子豫之博而雅官署丞，益之敏而隽太学生，皆工诗仗义有父风。孙宪龙郡庠，孝行复善吟咏，渊源不替云。

[乾隆]《顺德县志》卷十二《宦迹》：……孙宪龙，郡庠；宪骝，邑庠。卷十《封赠·光禄寺监事·明朝》：潘杞，以子光统贵赠。

[咸丰]《顺德县志》卷二十四《列传四·明·潘光统》：父杞，字材夫。宋景定中，其先达德者自闽来迁。杞博闻赅记，善诗，两兄桃、梅并游庠

---

①良酝署：官署名，掌供应宫廷所需之酒。

序……杞妻母予以厚资不受，以赒恤贫乏称。光统……以堂官路坦斋荐升本寺丞……寻迁京府通判，念母老遽乞归侍。时母年八十就养，病咽，供药进膳皆亲手。未几病卒，会其子豫之寄百金至乃得成殓。（《粤大记》……无注选管粮及修《实录》、迁通判事，此据陈《志》。然《志》云迁通判、疏乞侍养，又似奉母在南归后，与寄金成殓语不合，意乞养、病卒尚在都门也。）子豫之……子宪龙。

周裔先 字朝采，明南海人。嘉靖四十三年（1564）举人，隆庆五年（1571）进士，任都转运史、太仆卿。兄裔登。

《粤大记》卷五《科第·皇明进士科·隆庆五年辛未科张元忭榜》：南海县人。知县，同知，户员外、郎中，知府，运使。

［万历］《广东通志》卷二十《广州府·选举·乡举·国朝·南海》：嘉靖甲子，举人。《进士·国朝·南海》：隆庆辛未，行太仆卿。《封赠·国朝·南海》：周昺，以孙裔先赠福建都转运史。

［崇祯］《南海县志》卷十《人物列传·周裔登传》：……弟裔先隆庆进士，所至多贤声。

［道光］《广东通志》卷七十四《举人五·明·嘉靖四十三年甲子·广州府》：南海人，字朝采，进士，弟裔登。

区大枢 字用环，明高明阮埇人。万历元年（1573）举人，谒选郡丞、征召内阁中书皆不就。晚年任江西安远县令，转湖南岳州通判，卒于官。父益，弟大相、大伦。

［万历］《肇庆府志》卷五《选举表一·国朝·举人·万历元年癸酉》：益子……高明人。

［崇祯］《肇庆府志》卷六《明·举人·万历元年癸酉》：益子，岳州府通判。卷二十二《人物传·明》：字用环，高明人。嗜学博通古今，早举孝廉。谒选得郡丞不就，赵兰溪作相，辟阁中书亦不屑也。晚年令安远，剔蠹爱民，养恬守洁。转岳倅，督饷九永，清净不扰一如安远。数月卒于官，故里所携囊不赢一钱。性喜佳山水，两附叔弟大相使车，多题咏。有《振雅堂廉江岳阳稿》若干编，列岭南文献。

［康熙八年］《高明县志》卷四《明·举人·万历元年癸酉》：阮埇人，益子，岳州府通判。

区大相 （？—1614）字用孺，明高明阮埇人。万历元年

(1573）中举，十七年成进士，授翰林院检讨、赞善中允，起草诏令十六载。二十二年、二十九年两次册封藩邸，到过山东、山西、江苏、浙江、河南、湖南，以风土人情、民生国计入诗，尽去浮靡习气。三十三年调南太仆丞，称病辞官。父益，子怀瑞、怀年。

［万历］《肇庆府志》卷五《选举表一·国朝·举人·万历元年癸酉》：字用孺，益子，高明人。

《粤大记》卷五《科第·皇明进士科·万历十七年己丑科焦竑榜》：大伦之兄，高明县人。庶吉士，检讨，右赞善。

［万历］《广东通志》卷四十八《肇庆府·选举·举人·国朝·高明》：癸酉科，见进士。《肇庆府·选举·进士·国朝·高明》：万历己丑，春坊中允。

［崇祯］《肇庆府志》卷六《明·进士·万历十七年己丑焦竑榜》：左春坊，左中允。卷二十二《人物传·明》：字用孺，高明人。为文有奇气，援笔数千言。万历癸酉举乡，己丑成进士，选庶吉士，授检讨、同修国史①、经筵展书②，历赞善中允③，掌制诰，居词垣十五年。兰溪赵公、新建张公、四明沈公先后当国。兰溪忤江陵，迁岭表，以古文词受知，及居政府，引避不轻谒。尝肄业南雍，新建为大司成深赏重，后柄政欲汲引，托所知谕意不答，以是东宫讲官、京省典试一无所与。四明沈公移居比邻，竟鬻宅迁避，沈以是为憾，拾遗调南仆丞。二年移疾归，里居八年卒。明兴，前后七子称诗，号翰林为馆阁体。大相始力袪浮靡，还之风雅三百篇以至汉、魏、盛唐，各造其极，陈言习气为之一变。再奉剪桐命，历齐晋、吴越、嵩洛、衡湘，土风遗迹、民瘼国计咸著篇咏，馆阁以来所未有也。天性至孝，追远若孺慕。生平耻干谒，公论侃侃，义形于色。积俸置祭田外，悉周亲友急。六经微言奥旨皆笺传未发，所著《太史诗集》《使集》《图南集》《濠上集》《制诰馆课杂文》行于世。

［崇祯］《南海县志》卷十《人物列传》：字用孺，祖岭西人。弱冠举孝廉，与欧祯伯、黎惟敬相友善。随父卜居五羊，砥砺风雅，遂占籍南海。成

①同修国史：官名，宋始置，以侍从官兼任。

②经筵展书：给皇帝上课时，负责展示书籍的官员。

③赞善中允：春坊官名，明代备翰林院修撰、编修升转之官。

万历己丑进士，选庶吉士，授简讨①、同修国史、经筵展书，历赞善左中允。献皇太子《三礼》之章，再命桐圭陈诗贡俗，久掌制诰，出入禁闼凡十六年。于时相继秉国者，兰溪赵公、新建张公、四明沈公也。初兰溪分宪岭表，尝以古文词过从、商略为布衣交。新建曾为大司成，正其肄业留都时以制义见赏者也。及居词垣，于赵则公谒之外一无所关，于张则未尝轻诣其第，张使人喻以夙好弗答，故东宫讲官、京省典试皆不疏名。四明之大拜也，移就比邻，欲延揽以为重，竟徙避他所，沈繇是憾焉。同列有忌其才者乘间媒孽，遽有拾遗之挤，量移南太仆丞。未几谢病归，杜门静摄于牍，不至有司，八年卒。其学渊富弘伟，六经子史咸有发明，为诗力追汉、魏、盛唐，所著《太史集》四十余卷，名宦、乡贤两登祠祀。子怀瑞，领天启丁卯乡荐，见任知县；怀年，贡生。

[康熙八年]《高明县志》卷四《明·举人·万历元年癸酉》：阮埇人，益子，字用孺，己丑进士。卷六《建置志·塔》：龟峰塔，在都含海口外。东障滴江，西控仓步水，为一方大捍门。万历己丑，里人左中允区大相出银二百两，言于副使陈濂建，有侍御区大伦铭。

[道光]《肇庆府志》卷二十一《艺文·史部·诏令奏议类》：《内外制诰稿》，明区大相撰。

区运（明万历） 明高明冈头人。万历元年（1573）举人第二名。

[万历]《肇庆府志》卷五《选举表一·国朝·举人·万历元年癸酉》：经魁……高明人。

[康熙八年]《高明县志》卷四《明·举人·万历元年癸酉》：清溪人，经魁。

[道光]《广东通志》卷七十五《举人六·明·万历元年癸酉·肇庆府》：高明人，亚元，翁源②教谕。

[道光]《高明县志》卷十二《举人·明》：冈头人，万历元年癸酉亚元。

仇顺方 字公直，明顺德甘溪人。万历元年（1573）举人。父宗周。

[万历]《顺德县志》卷九《举人·万历元年》：甘溪。

---

①简讨：明翰林院史官名，本作检讨，避崇祯帝讳改。

②翁源：位于广东省北部，毗邻江西省。

［万历］《广东通志》卷二十《广州府·选举·乡举·国朝·顺德》：万历癸酉，员外。

［崇祯］《南海县志》卷四《乡举·明·万历癸酉》：顺德人，由本学，员外。

［乾隆］《顺德县志》卷十《举人·明朝·万历癸酉》：甘溪人，工部员外。《封赠·知县·明朝》：仇宗周，以子顺方贵赠。

［道光］《广东通志》卷七十五《举人六·明·万历元年癸酉·广州府》：顺德人，南海学，字公直，工部员外郎。

冯绍京　字敬宇，明顺德马冈人。万历元年（1573）举人，官睢宁知县。父大树。

［万历］《顺德县志》卷九《举人·万历元年》：容奇，翁源教谕。

《粤大记》卷二十五《献征类·岩泉隐德·明·冯大树传》：卒时子绍京尚幼，公谆谆嘱以自植。后果领万历癸酉乡荐，官翁源、睢宁，以清介闻，列于名宦，其不负公之志如此。

［万历］《广东通志》卷二十《广州府·选举·乡举·国朝·顺德》：万历癸酉，知县。

［康熙十三年］《顺德县志》卷七《人物传一·德业》：字敬宇，马冈人。万历癸酉举人，孝友笃学。初授翁源教谕，作兴士类，人民秀起。升睢宁令，督修黄河，不惮拮据。致仕回籍，居乡长厚，郡县乡饮三与宾宴。常与杜二憨诸公结社浮丘，联吟终老，所著有《翁山吟》行世。

［康熙］《广州府志》卷二十七《选举上·乡举·明·香山》：知县。

［道光］《广东通志》卷七十五《举人六·明·万历元年癸酉·广州府》：顺德人，香山籍，大树子，字念江，通判。

卢宸　明南海人。万历元年（1573）贡，任广西容县知县。

［崇祯］《南海县志》卷四《贡·明》：广宁学贡，教授。

［道光］《南海县志》卷二十《贡生荐辟·明万历朝》：癸酉贡，容县知县。

阮维翰　明南海人。万历元年（1573）恩贡，任广西岑溪知县。

［崇祯］《南海县志》卷四《贡·明》：恩贡，教授。

［道光］《南海县志》卷二十《贡生荐辟·明万历朝》：癸酉恩贡，岑溪

知县。

苏廉　明顺德碧江人。万历元年（1573）武举。

［咸丰］《顺德县志》卷十一《武举·明·万历》：碧江人，癸酉。

苏履中　字定甫、格卿，明顺德碧江人。万历元年（1573）举人。父应文（一作应旻）。

［康熙十三年］《顺德县志》卷五《明朝·乡举·万历癸酉》：龙头人。学多蕴籍，才负经纶，仗义轻则亲故感德。未仕，赍志而卒，士论惜之。

［康熙二十六年］《顺德县志》卷五《举人·明朝·万历元年癸酉科》：龙头人。多才学，重信义，乡人称之。

［康熙四十九年］《三水县志》卷三《乡举·明朝·万历癸酉科》：苏履忠，顺德人，寄学中式。

［乾隆］《顺德县志》卷十三《行谊》：字格卿，碧江人，都谏应旻子。好读书，□□暑置炭，寒盛水，昼夜刻励，群书淹贯。才识亦炼，乡里□□，裁处咸得其当。素重然诺，虽□□□要不忘。周□□急倾囊不顾，族戚贫者多赖以举火。见人困乏为代筹之，必使有济。万历癸酉登乡荐，三上公车不第，赍志以殁，人共惜之。

［道光］《广东通志》卷七十五《举人六·明·万历元年癸酉·广州府》：顺德人，三水学，字定甫，父应旻。《三水志》误作苏履忠。

［咸丰］《顺德县志》卷二十四《列传四·明·谭师孔》：应文子。读书具才识，处乡里事咸得其当，重然诺。

李暹　字亮寅，明南海人。万历元年（1573）举人。

［万历］《广东通志》卷二十《广州府·选举·乡举·国朝·南海》：万历癸酉，同知。

［崇祯］《南海县志》卷四《乡举·明·万历癸酉》：知府。

［道光］《广东通志》卷七十五《举人六·明·万历元年癸酉·广州府》：南海人，字亮寅，知府，祖廷爵。本以番禺入籍从化，《番禺志》失载，《从化志》误作癸卯科。

［道光］《南海县志》卷二十《举人·明万历朝》：南宁知府，据《广西志》参修……癸酉科。

吴中谦　字惟炳，明南海人。万历元年（1573）举人，次年进士。父九韶，子继光，孙尊谟。

［万历］《广东通志》卷二十《广州府·选举·乡举·国朝·南海》：万历癸酉，举人。《进士·国朝·南海》：万历甲戌，吏部郎中。《封赠·国朝·南海》：吴九韶，以子中谦赠主事。

［崇祯］《南海县志》卷十一《吴中谦传》：字惟炳。早著才名，联捷万历癸酉、甲戌，授户部主事。时朝政清明，诸司凛凛，谦襄国计，去烦苛，持大体，监兑江西，公私交裕。擢铨部，历文选员外、郎中茹檗有声，权豪挠铨法辄期期不应，惟地擢官，号称得人。惜早卒未竟厥施云。子继光，领天启甲子贤书；孙尊谟，辛酉贤书，知河南永城县。

［道光］《广东通志》卷七十五《举人六·明·万历元年癸酉·广州府》：南海人，字逊轩，进士。子继光，孙尊谟。卷六十九《进士·明·万历二年甲戌孙继皋榜·广州府》：南海人，二甲，吏部郎中。

何乙光　明顺德水藤人。万历元年（1573）、四年、三十四年三次武举。

［咸丰］《顺德县志》卷十一《武举·明·万历》：水藤人，癸酉、丙子三科，香山营守备，丙午。

何泮　明高明勤学人。万历元年（1573）恩贡。

［康熙八年］《高明县志》卷四《元明·恩岁贡》：清溪人，万历元年恩贡，任江西会昌县知县。

［康熙二十九年］《高明县志》卷十二《贡生·明》：清溪人，万历元年由广宁学恩贡，任江西会昌知县。

［道光］《高明县志》卷十二《贡生·明》：勤学人，万历元年由广宁学恩贡，任江西会昌知县。

张榆　字君茂，明南海人。万历元年（1573）举人。

［万历］《广东通志》卷二十《广州府·选举·乡举·国朝·南海》：万历癸酉，知县。

［道光］《广东通志》卷七十五《举人六·明·万历元年癸酉·广州府》：南海人，字君茂，王府教授。曾祖琮，祖彦。籍番禺，今《番禺志》失载。

孙兆葵　字尚衷，明南海人。万历元年（1573）举人。

父滔。

[万历]《广东通志》卷二十《广州府·选举·乡举·国朝·南海》：万历癸酉。

[道光]《广东通志》卷七十五《举人六·明·万历元年癸酉·广州府》：南海人，字尚衷，父滔。郝《志》《南海志》作孙兆魁。

陈良政　明高明苏村人。万历元年（1573）岁贡。

[万历]《肇庆府志》卷六《选举表二·国朝岁贡·万历·府学》：高明人，奉议州判官。

[康熙八年]《高明县志》卷四《元明·恩岁贡》：阮埇人，万历元年岁贡，任奉议州判官。

[康熙二十九年]《高明县志》卷十二《贡生·明》：苏村人，府学岁贡，任广西奉议州判。

庞尚龙　字德普，明南海桂城叠村头坊人。祖瑽，兄尚鹏。万历元年（1573）举人，任江苏溧水教谕、广西富川县令、广西永宁知州、楚府长史。

[万历]《广东通志》卷二十《广州府·选举·乡举·国朝·南海》：万历癸酉，楚府长史。

[万历]《南海县志》卷十《人物列传一·庞瑽传》：孙尚龙，以乡荐历仕长史。

[崇祯]《南海县志》卷十一《人物列传》：字德普，知县瑽孙。中万历癸酉，授溧水谕。乙酉顺天分考，得白瑜等皆名士。寻升富川县，革例仪，清隐占，增守御，置义仓。劝民出谷，民乐从之。修桥建塔，邑大改观。湖广扶灵瑶腴而富，中卫所宫欲利，其有伪票招兵剿杀，煽惑兴变。龙密擒遣戍，两地卒获安堵。堂廨偶火，拜祷旋灭，其格天如此。晋永宁知州，禁缉诈之扰，轻赎便民。库镪有干没者，捐俸补置。立成规，纂州《志》，一洗积弊。桐木土镇为梗多年，一旦伏辜，没其土田以给军费，免义宁、两江诸县岁运之苦，集数利而除大害，厥绩甚伟。终以不善媚上转楚府长史，适藩王遭诬奏，上遣内臣会勘，属龙起草连疏辩白。迁左史，进阶致仕。三十余年绝迹公门，故人蒋光彦来守岭西，屡请不谒。行年九十，好学不倦，有卫武之风。

[道光]《广东通志》卷七十五《举人六·明·万历元年癸酉·广州府》：南海人，字于化，楚府左长史。祖瑽，兄尚鹏。

林承芳 字开先，明三水白坭人。万历元年（1573）举人，十四年进士，授翰林院编修。降为江西省参议，辞官归里。祖钟嘉靖二年（1523）进士。

［万历］《广东通志》卷二十《广州府·选举·乡举·国朝·三水》：万历癸酉，进士。《进士·明·三水》：万历丙戌，编修、参议。

［康熙十二年］《三水县志》卷十二《人物传·文学》：字开先，钟之孙也。幼颖悟，文过目成诵，下笔惊人。坟典无不究览，工诗文，精翰墨。中万历丙戌会榜，廷试奏策纚纚万言，咸有经济才。已定第一人三日，因错一字遂置二甲第一。选读中秘书，授翰林院编修，当时推服。受知神庙，命书“中极殿”额甚嘉赏之，犹见重于张、王两相公。未几以名高见妒，左迁江西参议归。怡情山水，遇景辄吟咏，所著有《文峰集》《竹窗存稿》。今士人有得其翰墨者辄如获宝玩云。

［康熙四十九年］《三水县志》卷三《进士·明朝·万历丙戌科》：冈头人。历官翰林院编修，迁参议。

［雍正］《广东通志》卷四十七《人物志·明·文苑·广州府》：字文峰……承芳，黎民表之甥，人谓酷似云。

罗仁方 字道基，明南海人。万历元年（1573）举人，任江西宜春知县。

［万历］《广东通志》卷二十《广州府·选举·乡举·国朝·南海》：万历癸酉，知县。

［道光］《广东通志》卷七十五《举人六·明·万历元年癸酉·广州府》：南海人，字道基，宜春知县。

罗名世 字光宇，明顺德大良人。万历元年（1573）举人。

［万历］《顺德县志》卷九《举人·万历元年》：大良。

［道光］《广东通志》卷七十五《举人六·明·万历元年癸酉·广州府》：顺德人，字光宇。

罗昌立 明顺德大良人。万历元年（1573）副贡。

［咸丰］《顺德县志》卷十一《副贡·明·万历》：大良人，癸酉。

袁裔　字维述，明南海人。万历元年（1573）举人。

[万历]《广东通志》卷二十《广州府·选举·乡举·国朝·南海》：万历癸酉。

[道光]《广东通志》卷七十五《举人六·明·万历元年癸酉·广州府》：南海人，字维述。

梁鹤鸣　字体诚，明三水白坭镇龙池村人。万历元年（1573）举人，七年参加浙江分试后任广西阳朔知县，二十九年辞官归里。父廷桧，子见龙。

[万历]《广东通志》卷二十《广州府·选举·乡举·国朝·三水》：万历癸酉，知府。

[康熙十二年]《三水县志》卷十二《人物传·贤良》：字体诚，龙池人。登万历癸酉乡书，再诣春官，乞恩受闽县训。视篆罗源，政声大著，己卯应聘两浙分试。转阳朔令，因民赋重，酌丈量法以宽之。朔民苦于鬻粟，以输税为艰，鸣许纳禾米而为之转变。请免朔人岁加差马仆夫，及省刑简讼诸善政，一皆出于爱民实心，与前贤令钟昌并称“召杜”① 焉。升判常州，偏署剧邑，所至去思。课最②，晋户曹郎，奉仓场差有成劳。出守浔州，浔故僻瘠郡，鸣至，免勾摄之扰，禁毒赖之俗，以轻折代浮粮，以小艇代马差，笃行乡约，重修学宫，皆一时所忽略者而鸣具举焉。有税监者虎而翼，罪连无辜。鸣力雪之，并除积棍之为榷爪者，即祸患不恤也。武靖彝目拾怨仇杀，鸣镇抚有方，赖以安息。考几满，慨然告致。夷民数千竖旗通衢告庙陈请，环府衙攀辕不肯散，院司委曲劝留，凡五上书称“三宜休、十不当留”乃得归。浔人思之，即城隍庙左为祠祀之。后张二守洪典为之记曰：“公辛丑去浔，浔人以乙巳祠公，谓其以真诚之心，运平易之政云。”鸣既归，筑后乐园以老，与族党觞咏为乐，有二疏风。仿《家礼》立族规，四方仪之。陈文烛、吴中行皆谓其自身而家国，为政有本云。所著《梁氏家规》《后乐园集》具载家传中。

[康熙四十九年]《三水县志》卷三《例监·明》：梁见龙，龙池人，鹤鸣子，廪例。《明封赠》：梁廷桧，龙池人，以子鹤鸣赠承德郎、常州府判。

---

①召杜：用来称赞地方官政绩显赫。召指西汉召信臣，杜指东汉杜诗，他们先后任南阳太守，行善政。

②课最：指做官考核时列为最上等，课即考查、考核。

［嘉庆］《三水县志》卷九《例监·明》：梁见龙，龙池人，鹤鸣子，由廪生。

梁梦昇　字延发，明顺德伦教人。万历元年（1573）举人。

［万历］《顺德县志》卷九《举人·万历元年》：伦教。

［道光］《广东通志》卷七十五《举人六·明·万历元年癸酉·广州府》：顺德人，字延发。

萧建勋　字子沛，明顺德黄连人。万历元年（1573）举人，任重庆忠州知州。子光渐。

［万历］《顺德县志》卷九《举人·万历元年》：黄连，教谕。

［万历］《广东通志》卷二十《广州府·选举·乡举·国朝·顺德》：万历癸酉，知州。

［乾隆］《顺德县志》卷十《举人·明朝·万历癸酉》：黄连人，忠州知州。

［道光］《广东通志》卷七十五《举人六·明·万历元年癸酉·广州府》：顺德人，字子沛，四川忠州知州，子光渐。

傅敏功　字逊之，明顺德黄连人。万历元年（1573）举人。兄敏德。

［万历］《顺德县志》卷九《举人·万历元年》：黄连。

［万历］《广东通志》卷二十《广州府·选举·乡举·国朝·番禺》：万历癸酉，知县。

［道光］《广东通志》卷七十五《举人六·明·万历元年癸酉·广州府》：顺德人，番禺籍，字逊之，知县，兄敏德。《番禺志》无。

［咸丰］《顺德县志》卷十《举人·明·万历》：字进之，黄连人，番禺籍，知县，敏德弟，癸酉科。

杨希文　明高明城中人。万历（1573—1620）岁贡，任海南万州训导。祖梦芳，父衡。

［万历］《肇庆府志》卷六《选举表二·国朝岁贡·万历·府学》：高明人，万州训导。

［康熙八年］《高明县志》卷四《元明·恩岁贡》：杨梅人，岁贡，任万

州训导。

［道光］《高明县志》卷十二《贡生·明》：杨衡，罗格人，梦芳子。杨希文，城中人，府学岁贡，衡四子，任万州训导。

严应祖　字若创，明顺德大良人。好学，万历元年（1573）考为县学生，八十六岁卒。女婿梁崇廷；子逢泰、逢晋；孙匡、宣。

［康熙十三年］《顺德县志》卷八《人物传二·孝友》：字若创，城东人。孝友夙著，文行兼优。户有逋粮逃遁，祖仗义代为完纳。万历癸酉学道科考，遗才第一进场，后充顺德县学，辄试高等。屡试棘闱未遇，不以得失介怀。穷年力学，诲人不倦，凡孤寒困苦之士，有志上进者，卵翼教戒，邑中名士多出其门。宪副梁崇廷属祖爱婿，长子戊午举人逢泰皆祖造就，并掇巍科①，崇廷仕登显秩。次子逢晋，孙匡、宣有声庠序，咸祖教育所致。年跻八十有六，升遐之日犹手不释卷，惟以诗书垂训，一语不及家事，亦士林中之希觏者。

［咸丰］《顺德县志》卷二十四《列传四·明·梁崇廷》：崇廷妻父严应祖，大良人。

梁秀林　号丽所，明顺德伦教人。万历岁贡，任广东韶州训导、遂溪教谕，七十九岁卒。子在廷、崇廷。

［康熙十三年］《顺德县志》卷七《人物传一·德业》：号丽所，伦教人。少进邑庠，棘闱七战，以岁贡授韶州司训，孝友作型，端方范士，善教可歌朴棫，科条再见苏湖②。文庙重新，不惜捐俸。留心乐育，尽却修仪。秩满晋爵遂溪③，知止遂还初服，优游泉石，寄志林皋。邑里会举乡贤，韶郡推入名宦，不特师资两地，抑且垂裕堪嘉。长子在廷，字伯仰，登甲午乡科……次子崇廷，万历辛酉举人。卷六《明朝·封赠》：伦教人，遂溪学教谕，以子崇廷贵，累赠刑部主事。

---

①巍科：犹高第，古代称科举考试名次在前者。

②苏湖：指北宋胡瑗在苏州、湖州二地办学时，一反当时盛行的重视诗赋歌律的学风，提倡经世致用的实学，设经义、治事两斋而推行的分斋教法。

③遂溪：位于广东雷州半岛北部，南面与海南岛、西面与广西北海市隔海相望。

［咸丰］《顺德县志》卷二十四《列传四・明・梁崇廷》：父秀林……能文，试必冠曹而遇甚蹇……司训韶州，严课程，察勤惰，士赖教泽多隽科第，性廉介，禄入以新文庙、资贫士……七十九卒……崇廷与兄在廷同受庭训……与父并祀乡贤，而秀林于韶州，在廷于归善，崇廷于政和，皆祀名宦，一家数享俎豆，开县以来所无也。

何功右 字元理，明顺德黄连人。母李氏。万历二十五年（1597）受表彰，五十岁卒。

［万历］《广东通志》卷二十五《人物六・孝友》：字元理，顺德人。生三月而孤，母李氏守节，育之无间言。功右有至性，稍长问父容貌，见遗书辄泣，尝以不逮事父为恨。奉母极欢，未尝远左右，母病吁天求代。居丧哀毁几不能生，著《苦思录》以寄哀慕，见者伤之。后家产芝九茎，甘露降于庭，人谓孝感，缙绅、长者多与之游，虽盗贼亦戒，毋犯何孝子。万历丁酉，御史刘会以闻，下诏旌之。

［康熙］《广州府志》卷三十二《人物志四・忠贞列传・明》：性纯好学……奉母至孝，先意承志唯谨。幼习举业，弱冠益工，以母老不忍离膝下，曰："吾求禄养何如以善养乎！"遂绝意进取。居尝甘旨，母疾则朝夕奉药饵。比执丧，哀毁几不欲生，泣血三年，闾里称孝。尝伤母节未经表扬，痛慕终其身。尝接文学士，户外屦常满，日相与赋诗为乐。每遇大义竭力为之，岁旱赈恤不少吝，乡人称为善士。尝夜归遇盗于途，群盗闻其贤，各来扶掖，持谷送之。功右揣其可与为善，谕以利害，众感其言，各化为良善。家蓄老牛忽向功右跪拜，庭有灵芝、甘露之瑞，人谓孝感所致。巡按刘某闻于朝，下所司立坊旌之。功右行履益坚，年甫及艾而卒，缙绅士夫多哀挽之。

［康熙十三年］《顺德县志》卷九《节义传》：李氏，黄连何祖雄妻。年二十八夫死，子功右始生三月，李抚孤守志，人无间言。临终遗金数十两嘱右备赈，适岁饥，贫民多赖全活。事闻，巡按郭文周、学宪张希举扁其堂曰"节义徽音"。功右性孝，母没极哀，居常念二亲辄泣下。周贫恤丧，聿追亲心，虽罄囊不吝也。其文雅为士林敬重，虽恶少亦感其行义。巡按采风，上于朝廷，建坊旌表，曰"旌孝"，又曰"表贤"。

潘京 字朝京，明南海黄鼎紫冈人。父文重，子濬。

［万历］《南海县志》卷十一《隐逸・明》：字朝京，黄鼎之紫冈人。弱龄失怙，事母吴至孝，母体少不怿，辄为减匕箸。敬事兄如父，客惠一果蔬必与共嚼。动一以礼，训子弟整如也，有不率者，委曲开譬，需其憬悟乃已。

而识度廓落，以疑事就咨议，无不人人厌心者。乡人相竞，宾客数居间不能得，得其一言立解。敦朴自甘，不嗜华绮，性节□□□□□□□□□□。负者家窭，偿不及格，慨然□□□□□□□□□□□□□□□□□□□□□□□□□□□□□□之予为？丙申、丁酉连年岁□米价数倍，曩时菜色者相望于途，则捐粟作粥为乡闾倡，所全活甚众。里中牛路等田亢而瘠，旱魃一为虐，亩至费金钱百以事桔槔①，究或不能半斛入。乃醵金凿渠，躬督畚锸，虽甚风雨弗辍，而出内惟公，毫不以规肥。渠成，赖以灌溉者亡虑数万亩，瘠区化为沃壤，利赖无穷，里中人方思尸祝于不替。后以子濬贵，得如例赠官。

［崇祯］《南海县志》卷四《封赠·明》：潘文重，以孙濬累赠刑部尚书。卷十一《人物列传·隐逸》：性节俭，自奉甚菲而好施予。负者家窭，偿不及格，慨然还券不责也。每家僮鬻粟于市，令尽汰其糠秕，曰："彼市粟贫者也，何滥恶之予为？"丙申、丁酉连年岁祲，米价数倍，曩时菜色者相望于途。则捐粟作粥，为乡闾倡，所全活甚众。

霍注淇　字殊湛，明南海人。子化鹏。

［万历］《南海县志》卷十一《隐逸·明》：字殊湛。少孤，家产益落。注淇孝友负大节，郭外田可二十亩，姊嫁，注淇与兄鬻其半为奁资。舌耕仰给，奉母陈氏最谨。生徒致饮，念母甘旨不□□□□。母病则晓夜彷徨，不愈不敢就私室。母□□□□□□□□□□□□供母。□□，不忍□□□□□□□□□□□□□□母黎氏□□无子，注淇事若亲母，率其妻与子妇迎养于家，视膳问安，终身不衰。乡族有不孝者，愿诣注淇请罪，即僮仆久习家训，亦皆知爱敬其父祖云。累试有司不售，年过四十，遂一意杜门课子，时举文体之浇漓者谆谆切戒，里中人士多化之。没十余年，而子化鹏、侄一龄举于乡。

［崇祯］《南海县志》卷十一《隐逸·明》：生徒致饮，念母甘旨不充辄泪下……母性嗜鱼，注淇积脩金买池供母。母没，不敢窥池者数年，视卧冰逾苦矣。叔母黎氏孀而无子，注淇事若亲母，率其妻与子妇迎养于家……化鹏登庚戌进士。

佘嘉诏　（1543—？）字彦伦，号斗南，明顺德马冈人。嘉靖四十三年（1564）乡举，次年进士，任安徽合肥知县，升南京福建道御史。隆庆三年（1569）回籍退隐，病卒。父世亨；

---

①桔槔（jiégāo）：俗称"吊杆"，是一种原始的井上汲水工具。

子继南、绍南。

［万历］《广东通志》卷二十《广州府·选举·乡举·国朝·顺德》：嘉靖甲子，进士。《进士·国朝·顺德》：嘉靖乙丑，御史。

［康熙十三年］《顺德县志》卷七《人物传一·德业》：字彦伦，号斗南，马冈人。天资聪颖，过目成诵。妙年游泮，二十二岁登嘉靖甲子举人，乙丑连捷进士。初授合肥令，设焚书楼励悬鱼之节，清介上闻，锡之敕命，封赠父母如其官。擢升南京福建御史，多奏疏，以耿直忤中贵回籍。后召用，寻病卒。生平慷慨，拯人之急。性好吟咏，不喜干谒。休致后，人有以千金求其移札于当道，径谢却之。所置田产仅足以供饘粥，尝自言曰："吾以清白遗子孙，不必求他也。"楷书有二王法，所作诗文酷似晋魏。二子长继南、绍南俱国学生，能世其德。

［咸丰］《顺德县志》卷二十四《列传四·明·佘嘉诏》：父世亨……令合肥，灾祲洊历，民气凋瘵，乃力节浮费，条刻诸石。性严毅清介，贿嘱不行。擢南京福建道御史，质直敢言。同官詹仰庇巡视十库，揭内官干没，怨者摘疏中语激上，遂予廷杖百，除名，因罢科道巡库，隆庆三年事也。嘉诏与南给事中骆问礼合疏救，并陈巡视官不当罢状，弗听。

苏民怀　（约1544—?）字子仁，明南海人。嘉靖四十三年（1564）举人。初官赵州，入为国子监丞，迁刑部主事，改户部，历郎中，终朗宁知府。父焯。

［万历］《广东通志》卷二十《广州府·选举·乡举·国朝·南海》：嘉靖甲子，南宁知府。

［崇祯］《南海县志》卷四《封赠·明》：苏焯，以子民怀封国子监学正。卷十一《人物列传》：字子仁。弱冠领乡荐，三上公车，乃以亲老秉铎①赵州，士风丕变。晋雍僚，精品藻，一时名硕如张应槐、吴邦相皆出拣拔。徙廷尉，官属多所平反，有杀二命者，诸司及比部皆以投鼠故纵之，怀毅然参驳，不避权贵。寻转民部主政，迁尚书郎，益矢清慎。综榷淮上，征羡顿裁，商旅颂德。拜郎宁太守，加意抚绥。田、龙二土酋争地构兵，折以片言，俯首受命。交彝内阋，拮据铜柱，宁辑著劳。值父忧去职，属吏修怨，乘间中伤，不屑自白，杜门课子，乐道以终。生平孝友笃挚，母病虔祷，请以身代，俄而勿药，两亲皆逾八秩，人谓纯孝格天。甫掇科即慨捐先产推诸昆弟，不

①秉铎：指担任文教之官。

以为恩。忠介海公卒于官，治丧无具，力为经理，事载《金陵别纪》中，其急人之难类此。善声诗，雅尚博古，旁及绘事，所著有《吹池稿》。

［道光］《南海县志》卷三十七《列传六·明·苏民怀》：晋国子监属，精于藻鉴……寻转民部主事……交彝内掠，民怀力任抚辑，著有劳绩。

吴诰　（1544—1645）明顺德大良人。寿一百零二岁。

［康熙十三年］《顺德县志》卷九《百岁志》：大良人，原族登洲。淳朴孝友。生于嘉靖二十二年甲辰，至顺治乙酉，寿一百零二岁。奉邑侯周公齐曾额其门曰“瑞世耆英”，署县连公城璧额其门曰“吾见期人”。

梁绍綦　（约1545—约1608）改名绍勋，字怀芝，明南海人。年少中嘉靖四十年（1561）举人，四十四年会试中乙榜，任安徽太和教谕、河南遂平知县。以病退休，万历二十四年（1596）在家赈灾。

［万历］《广东通志》卷二十《广州府·选举·乡举·国朝·南海》：嘉靖辛酉，知县。

［崇祯］《南海县志》卷十《人物列传》：改名绍勋，字怀芝。少聪颖绝伦，十二游泮，十三食饩，有神童之誉。髫年登嘉靖辛酉榜，乙丑乙榜，授太和谕，转河南遂平令。莅官清勤，实心子惠，不事逢迎，年余颂声载道。寻以病致政，家居不履公庭，教子砥砺，诗酒怡悦。丙申大饥，率里党捐济，不足则自捐家食以赈之，贫者得免于沟壑。卒年六十有五，里党无不叹惜之。

［道光］《广东通志》卷七十四《举人五·明·嘉靖四十三年甲子·广州府》：南海人，从化学，字洛川，知县，改名绍勋。《从化志》“綦”作“基”。

曾仕鑑　（1545—?）字人倩，号洞庭，明南海九江人。为诸生时，与修《顺德县志》。万历十三年（1585）举人，二十年授内阁中书舍人，迁户部主事归。父应珪。

［万历］《顺德县志》卷九《举人·万历十三年》：南海。

［万历］《广东通志》卷二十《广州府·选举·乡举·国朝·南海》：万历乙酉，户部主事。

［崇祯］《南海县志》卷四《封赠·明》：曾应珪，以子仕鑑赠中书舍人。卷十一《人物列传》：字人倩，九江人。大父俊官融令，祀名宦。父应理举乡

书不仕，祠于学宫。鑑生而四乳，少慷慨有大志。十岁解赋诗，十五通经史，尝梦天人授彩笔半百，书一函，自是文日进。十九补邑诸生，所著如《两粤镇乘》《顺德图经①》翕然称史才。万历乙酉举于乡，壬辰授内阁制敕房中书舍人。时因倭警，赵文懿公延入画策，鑑著《兵略》上之。宋经略应昌得之惊喜，疏请加鑑职衔充赞画，与俱东征，上以鑑供事制敕不许。宁夏平，鑑奉使谕两广。复命纂修《玉牒宝训实录》，加俸二级。鑑官侍从，留意民瘼。锦衣千户韦梦麒请采珠，鑑即疏止之。又疏修屯政，酌古适今，凿凿可法。迁户部主事，会差趱南直隶白粮，乘便南还，遂不复出。鑑天性孝友，居丧三年不履房阈，庐墓六载，松降甘露，家有嘉瓜紫芝之祥，人称为曾孝子云。

《南海九江乡志》卷三《选举·乡举·万历十三年乙酉科》：字人倩，号洞庭。由顺德学习《礼记》，中式第二十五名。初授内阁制敕房试中书舍人，寻实授，加俸二级。升北京户部主事，封赠。著《庆历稿》《公车集》《洞庭集》《兵略》《西清暇笔》《军门志》《顺德图经》《罗浮稿》《南槎记》《皇明大政纂》《和杜集》等书。卷四《先达列传》：公负异质，燕颔四乳，寡言笑……尝梦婺女②授彩笔半百，书一函。自是文学益进，与庞弼唐嵩、叶化甫春及讲学罗浮、西樵间，才名倾动一时。凌制台③以《镇乘》请，叶顺德以邑《志》请，与叶化甫史才齐名。年四十一始登贤书……三上春官不售，钦授秘书……转地曹，差趱南直白粮，次湖州闻谪，遂南还，高卧山中十年，与当路不通书问……前后著作数百卷行世。

《九江儒林乡志》卷八《艺文略·史部·政书类》：《纶音草》，明曾仕鑑撰，据《采访册》。《艺文略·史部·奏疏类》：《奏停采珠疏、屯政疏》，明曾仕鑑撰，据《采访册》。《艺文略·史部·风土杂记类》：《粤东杂识》，明曾仕鑑撰，据《采访册》。《艺文略·史部·别史类》：《岭南逸史》，明曾仕鑑撰，据《采访册》。《艺文略·子部·医家类》：《医方》，明曾仕鑑撰，据《采访册》。《艺文略·子部·释家类》：《浮邱图》，明曾仕鑑撰，据黎《志》。

［民国］《顺德县志》卷二十二《寓贤·明》：万历乙酉以顺德学举于乡（《南海志》作邑诸生，今从郭《志》），壬辰授内阁中书舍人……仕鑑当为诸生时，与修《顺德县志》。原本山川，抉遗文轶事，历诸村堡。《图经》二卷初属叶春及，未成而春及归，仕鑑受而撰次之，称详核焉。

---

①图经：以图为主或图文并重记述地方情况的专门著作，又称图志、图记，是方志的一种编纂形式。

②婺女：星宿名，即女宿。二十八宿之一，玄武七宿之第三宿，有星四颗。

③制台：明清官场通称总督为制军、制台。

梁大宾 明高明人。万历三年（1575）岁贡，任福建诏安教谕。

［万历］《肇庆府志》卷六《选举表二·国朝岁贡·万历·高明县学》：诏安教谕。

［康熙八年］《高明县志》卷四《元明·恩岁贡》：岁贡，任诏安县教谕。

［康熙二十九年］《高明县志》卷十二《贡生·明》：万历三年岁贡，任诏安教谕。

马鸣淮 明顺德龙江人。万历四年（1576）武举。

［咸丰］《顺德县志》卷十一《武举·明·万历》：龙江人，丙子。

王学曾 字唯吾，明南海人。万历四年（1576）举人，次年进士，任湖南醴陵、湖北崇阳知县。十一年擢南京御史，谪湖北兴国州、德安府判官。迁南京刑部主事、郎中，招为光禄丞。以上疏论三王并封事削职，奉养母亲二十年。父梦吉，岳父孔志道。

［万历］《广东通志》卷二十《广州府·选举·乡举·国朝·南海》：万历丙子，举人。《进士·国朝·南海》：万历丁丑，历御史、光禄寺卿。《封赠·国朝·南海》：王梦吉，以子学曾赠崇阳知县。

［崇祯］《南海县志》卷二《政事志·事纪》：万历十四年二月，南京湖广道御史王学曾上《谏麒麟疏》：贬秩……二十一年正月，光禄寺丞王学曾上《谏东宫封王疏》，削籍归南海。卷十一《人物列传》：字唯吾……授醴陵令。陵俗豪横，骫法不可问，曾以三尺绳之，境内肃清。移繁崇阳，均土田，平徭役，隆学校，崇称大治。癸未考选南道御史，疏救言官邹元标①、孟一脉②等，纠劾弗避权贵。光山县民牛产麒麟旋毙，近幸传入禁中，有旨进览。曾

---

①邹元标（1551—1624），字尔瞻，明江西吉水人。万历五年（1577）进士，直言遭贬，以疾归家，讲学近三十年。天启元年（1621）任吏部左侍郎，因魏忠贤乱政求去。后追赠太子太保、吏部尚书，谥忠介。

②孟一脉（1535—1616），字淑孔，明山东东平县人。隆庆五年（1571）进士，授山西平遥知县。升南京御史，万历六年因上书被削职为民。四十一年（1613）任右佥都御史，以病辞归，卒赠副都御史。

疏极谏，上怒，谪判兴国州，事卒寝，论者以曾有回天之力。移德安司理，南刑部主事、郎中，有《革冒封》《慎名器》诸疏，皆不刊。擢勋寺寺丞助飨太庙，上“法祖切要”八事。忽有三王并封之诏，时光庙睿龄十有二，册立屡请不下，议者纷纷。曾焚香告天，草疏乞收还诏旨。上震怒，祸不测，旋削籍。移书切责政府有谓“皇上易回，相公难挽”等语，当事深衔之，诏亦不行，一时直声震朝野。曾归辟飞云洞，奉母欢二十载，偕御史区大伦辈倡明道学。抚台藩臬聘修省乘及南、番两邑乘，鉴裁有体，咸称信史。推银台参议不报，旋卒。曾忠孝天植，友爱弟昆，置尝田，设义冢。邑中凡大议大事，靡不力请当事为之力办，如建海鳌寺塔、浚复太平濠，为阖省禔福不少。祀乡贤。泰昌纪元，恤录先朝有功国本旧臣，降诏褒嘉，赠太仆寺少卿，赐祭一坛，易名之典尚有俟于来兹。有《入楚吟》《疏草》《壬癸存草》《山中约言》《西游草》《五羊约法》《飞云》等集。

卢龙云　（？—1619）字少从，明南海沙头人。万历四年（1576）举人，十一年进士，任广西马平、河北邯郸知县，历南京大理寺副、户部员外郎、贵州参议卒。父宠，子有观。

《粤大记》卷五《科第·皇明进士科·万历十一年癸未科朱国祚榜》：南海县人。知县，改调闲散，升知县。

［万历］《广东通志》卷二十《广州府·选举·乡举·国朝·南海》：万历丙子，举人。《进士·国朝·南海》：万历癸未。

［崇祯］《南海县志》卷四《封赠·明》：卢宠，以子龙云赠知县。卷十一《人物列传》：字少从。生有异征，幼而颖悟……初令马平，清兼并隐占，裁汰浮冗，田赋获免二千余石。丁外艰服阕补邯郸令，治行为诸郡邑冠。复丁内艰，服阕除闽长乐令。邑多豪猾且岁苦洪潦，龙云创浚陈唐港圳抵海三千余丈，疏导滨湖、岩湖、七十二洋总流。以性鲠直不能俯仰权要，上计遂左迁江右藩幕。贵竹直指冯闻其才名聘往分考，名士尽出其门。寻转南廷尉，晋户部员外郎。出榷扬州税，足正供①而已，毫无所染。升贵州参议，时苗仲猖獗，攻城杀官。云下车即访夷情，条其款要于中丞，志在不杀，而极恶渠魁在所必诛，恩威并及，慑服有法。惟时往来溪峒，竭力尽瘁，寝以成病，已未五月疾遂不起。将逝犹呼偏裨语以彝情数事，语不及私。中丞乃疏其前后功阀，奉旨有白金、文绮之赐，下部酌量赠恤。龙云负性蕴籍，言不妄发，

①正供：常供，法定的赋税。

和乐坦衷，无有边幅，虽遭迁挫，无几微少见颜色。事亲以孝闻，嗜学至老不倦，所著有《四留堂稿》三十卷、《尚论全篇》百余卷、《易经补义》、《谈诗类要》诸书行世。祀乡贤。卷十二《艺文志·书目》：《遵海集》《出樵集》，卢龙云撰。

[道光]《广东通志》卷七十五《举人六·明·万历四年丙子·广州府》：南海人，进士。郝《志》《南海志》误作卢云龙。子有观。

[道光]《南海县志》卷三十七《列传六·明·卢龙云》：沙头堡人……升贵州参议（《贵州通志》云分守新镇）……卷二十五《艺文略一》：《历朝尚论全篇》四十四卷，《经久录》，明卢龙云撰，据《四留堂稿》。

[宣统]《南海县志》卷十一《艺文略·集部·别集》：《樵宗吟稿》，明卢汴撰，据《卢善庆堂家谱》。《艺文略·集部·别集》：《感遇篇》《儆喻斋稿》，明卢龙云撰，据《卢善庆堂藏本》。案：二集为起溟先生寓霸州时作。《在齐稿》，明卢龙云撰，据《卢善庆堂藏本》。案：集为起溟先生令临朐①时作，以上三书并入《遵海集》。《郊居草》，明卢龙云撰，据《卢善庆堂藏本》。

邝立方　明南海人。万历四年（1576）举人。弟镇方。

[万历]《广东通志》卷二十《广州府·选举·乡举·国朝·南海》：万历丙子，知县。

[道光]《广东通志》卷七十五《举人六·明·万历四年丙子·广州府》：南海人，弟镇方，知县。

杜华秋　字思遂，明南海人。万历四年（1576）举人，任江西永新、河北肃宁教谕，江苏安东知县，弃官归。

[万历]《广东通志》卷二十《广州府·选举·乡举·国朝·南海》：万历丙子，知县。

[崇祯]《南海县志》卷十一《人物列传》：字思遂。舞象缵厥父，麟经有声。隽万历丙子，司铎永新、肃宁。两聘分较黔、豫，所拔士悉列南宫，如前粤督王尊德其一也。令淮之安东，濒河苦潦，前令催科屡蹶。秋饮冰捋荼，兴厘具举，台部剡凡十三，竟失权贵欢。三径白沙，分俸惠族，课犹子，友诸昆，两却宾筵。王制府初按粤，未尝干以私，人益高之。念禄养终不逮

①临朐：地处山东半岛中部，潍坊市西南部，自西汉置县至今。

亲，易号“哀劬子”云。

李维 字继志，明顺德鹿门人。万历四年（1576）举人。

［万历］《顺德县志》卷九《举人·万历四年》：古楼。

［乾隆］《顺德县志》卷十《举人·明朝·万历丙子》：香山籍鹿门人。

［道光］《广东通志》卷七十五《举人六·明·万历四年丙子·广州府》：顺德人，香山籍，字继志。《香山志》失载。

吴自修 明南海人。万历四年（1576）举人。

［万历］《广东通志》卷二十《广州府·选举·乡举·国朝·南海》：万历丙子，知县。

吴美 改名彰，字彦卓，明顺德大良人。万历四年（1576）举人。

［万历］《顺德县志》卷九《举人·万历四年》：大良。

［万历］《广东通志》卷二十《广州府·选举·乡举·国朝·顺德》：万历丙子，知县，改名彰。《封赠·国朝·顺德》：吴仲奭，以子彰赠兴安知县。

［道光］《广东通志》卷七十五《举人六·明·万历四年丙子·广州府》：顺德人，字彦卓，改名彰，兴安知县。

吴道昭 字懋中，明南海人。万历四年（1576）举人，任江西安远、上海教谕，福建沙县、贵州余庆知县，母丧归。父淳。

［万历］《广东通志》卷二十《广州府·选举·乡举·国朝·南海》：万历丙子，广西致仕，知县。《封赠·国朝·南海》：吴淳，以子道昭赠沙县知县。

［崇祯］《南海县志》卷十一《吴道昭传》：字懋中。举广西丙子科，授安远教，丁艰补上海。升福建沙县尹，建塔改学，筑水笔堤，修步云桥。村农罗文厚昏夜被杀，祷城隍以梦征，而死者之冤雪。建登瀛阁于县治东，而丁酉即有徐登瀛以应，合邑歌谣、祠祝焉。后补贵州余庆县，余为土酋作难新建之邦。昭至，建牗六百余丈，形势巍然。又清土酋之侵占，而版籍赖正，赋税如初。抚按题叙，调繁湄潭。以内艰卒于家，所著有《史溪集》。

［道光］《广东通志》卷七十五《举人六·明·万历四年丙子·附广西中

式》：南海人，字清源，武缘籍，知县。《广西志》作吴懋昭。

张官 明顺德道教人。万历四年（1576）、十三年两次应乡试副贡，任广西桂林府教授。

［咸丰］《顺德县志》卷十一《副贡·明·万历》：道教人，丙子、乙酉两科，桂林府教授。

陈希周 字懋谦，明南海人。万历四年（1576）举人。

［万历］《广东通志》卷二十《广州府·选举·乡举·国朝·南海》：万历丙子，知县。

［道光］《广东通志》卷七十五《举人六·明·万历四年丙子·广州府》：南海人，番禺学，字懋谦。今《番禺志》无。祖九霄。

陈璘 明顺德石硝（今属南海）人。万历四年（1576）举人。

［万历］《顺德县志》卷九《举人·万历四年》：石硝。

［万历］《广东通志》卷二十《广州府·选举·乡举·国朝·顺德》：万历丙子，学正。

庞一德 字与虔，明南海弼唐人。万历四年（1576）举人，十七年任广东恩平教谕。父嵩。

［万历］《广东通志》卷二十《广州府·选举·乡举·国朝·南海》：万历丙子，知县。

［崇祯］《肇庆府志》卷五《明·恩平县·儒学教谕》：南海人，举人。万历十七年任，升知县。

［崇祯］《南海县志》卷十二《艺文志·书目》：《双瀑堂草》，庞一德撰。

［康熙］《南海县志》卷十二《人物传·循吏·明》：字与虔，嵩次子。领万历丙子乡荐，从父讲学于吴、浙、楚、滇，一时名儒器重之。初谕恩平，以二业合一训士。晋令嘉鱼，治崇大体，去烦苛，视事竟日无疾言遽色，吏散堂空则搦管微吟。邑饶山水，每登临，从父老问民疾苦而罢行之，修诸葛武侯台，创吴清惠、李大崖祠，皆有关风教。内监陈奉以督税过六口，地多流民武悍，以石击奉舟，误中其额，奉盛怒，民汹汹谋为鸟散。德谒之江浒，从容理论，不屈不竦，奉怒潜消。六口赖安，立祠祝之。邑城崩泐，德请宪

檄修筑，屹然江上称岩邑焉。考满膺荐奖。嗣以频年水灾民饥，不忍鞭朴，仰天叹曰："吾非不急公家赋，如此菜色何！"遂上牍请改教职，初授扬州，再授施州卫，皆能兴文起衰、陶士成章。摄江都篆，清介自持，始终如一。归家著述，耋年手不释卷……子玮，乳源教谕；孙嘉耋，选贡。

郑伦 字宗明，明顺德桂林人。万历四年（1576）举人。

[万历]《顺德县志》卷九《举人·万历四年》：桂林。

[万历]《广东通志》卷二十《广州府·选举·乡举·国朝·番禺》：万历丙子。

[崇祯]《南海县志》卷四《乡举·明·万历丙子》：郑伦。

[乾隆]《顺德县志》卷十《举人·明朝·万历丙子》：番禺籍桂林人。

[道光]《广东通志》卷七十五《举人六·明·万历四年丙子·广州府》：顺德人，番禺籍，字宗明。曾祖翼，祖应文，兄佐。《番禺志》无，《南海志》有。

[咸丰]《顺德县志》卷十《举人·明·万历》：字宗明，桂林人。番禺籍，同知衢州府。翼曾孙，应文孙，佐弟。丙子科。卷二十三《列传三·明·郑应新》：孙佐伦以举人令永福……升漳州通判。

杨卜韬 明南海人。万历四年（1576）举人。

[万历]《广东通志》卷二十《广州府·选举·乡举·国朝·南海》：万历丙子，教谕。

[崇祯]《南海县志》卷四《乡举·明·万历丙子》：知县。

[道光]《南海县志》卷二十《举人·明万历朝》：顺昌知县。据《福建志》参修……丙子科。

罗彦 明南海人。万历四年（1576）举人。

[万历]《广东通志》卷二十《广州府·选举·乡举·国朝·南海》：万历丙子，知县。

周京 字建中，明南海人。万历四年（1576）举人。

[万历]《广东通志》卷二十《广州府·选举·乡举·国朝·南海》：万历丙子。

[道光]《广东通志》卷七十五《举人六·明·万历四年丙子·广州府》：南海人，字建中。明本《题名录》作从化人，《从化志》无。

胡宗桂 明南海人。万历四年（1576）举人。

[万历]《广东通志》卷二十《广州府·选举·乡举·国朝·南海》：万历丙子，知州。

姚子南 明南海人。万历四年（1576）举人。

[万历]《广东通志》卷二十《广州府·选举·乡举·国朝·南海》：万历丙子，广西中式。

[道光]《广东通志》卷七十五《举人六·明·万历四年丙子附广西中式》：南海人，宣化籍。《广西志》作姚子楠，列入上科癸酉，恐误。

姚光南 字继如，明南海人。万历四年（1576）举人，任江苏盱眙教谕。兄光虞、光泮。

[万历]《广东通志》卷二十《广州府·选举·乡举·国朝·南海》：万历丙子，教谕。

[崇祯]《南海县志》卷十《人物列传·姚光虞传》：弟光泮等嘉靖乙丑进士，历官南台御史，出知全州；光南，万历丙子举于乡，为盱眙教谕，皆未竟用而卒。

梁王佐 明顺德江尾人。万历四年（1576）举人。子维襄。

[万历]《顺德县志》卷九《举人·万历四年》：江尾。

[道光]《广东通志》卷七十五《举人六·明·万历四年丙子·广州府》：顺德人，子维襄。

梁元祯 明南海佛山镇人。万历四年（1576）举人。

[万历]《广东通志》卷二十《广州府·选举·乡举·国朝·南海》：万历丙子，知县。《封赠·国朝·南海》：梁盛，以子元祯赠武平知县。

[乾隆]《顺德县志》卷十《举人·明朝·万历丙子》：梁元贞，南海籍，顺德人。

[乾隆]《佛山忠义乡志》卷四《乡举·明·隆庆丁卯》：福建武平县知县。

[道光]《广东通志》卷七十五《举人六·明·万历四年丙子·广州府》：顺德人，南海籍，上杭知县。又见今《番禺志》，“祯”一作“桢”，一作

"贞"。

［道光］《南海县志》卷二十《举人・明万历朝》：宁化、武平知县，据《福建志》参修……丙子科。卷二十六《艺文略二・集》：《云洞集》《锦岩草》，明梁元祯撰，据魏《志》。

［咸丰］《顺德县志》卷十《举人・明・万历》：梁元贞，以南海人寄县籍，知上杭、武平二县。按：阮《志》作元桢，《南海志》作知宁化县。丙子科。

黄朝宾　字少嘉，明顺德陈村人。万历四年（1576）举人。兄朝聘。

［万历］《顺德县志》卷九《举人・万历四年》：龙津。

［万历］《广东通志》卷二十《广州府・选举・乡举・国朝・顺德》：万历丙子，教谕。

［乾隆］《顺德县志》卷十《举人・明朝・万历丙子》：龙津人，任长泰县教谕。

［乾隆］《广州府志》卷三十三《名臣二・明・黄朝聘传》：弟朝宾由孝廉任福建长泰县教谕，入觐授长县令，病作不果就退。归与兄朝聘唱和著述，乡有海西诗社，鸿才显仕多推公为盟主，著有《仙石洞稿》。

［道光］《广东通志》卷七十五《举人六・明・万历四年丙子・广州府》：顺德人，番禺籍，字少嘉，长泰教谕。今《番禺志》无。卷一百九十六《艺文略八・集部二》：《仙石洞稿》，明黄朝宾撰，未见。《广州府志》：朝宾字伯迁。

黄思谏　字懋忠，明南海人。万历四年（1576）举人。

［万历］《广东通志》卷二十《广州府・选举・乡举・国朝・南海》：万历丙子，知县。

［道光］《广东通志》卷七十五《举人六・明・万历四年丙子・广州府》：南海人，字懋忠，知县。

［道光］《南海县志》卷二十《举人・明万历朝》：尤溪知县。据《福建志》参修……丙子科。

崔光玉　明南海人。万历四年（1576）举人。官通判。

［万历］《广东通志》卷二十《广州府・选举・乡举・国朝・南海》：万历丙子，通判。

［崇祯］《南海县志》卷十二《艺文志·书目》：《南舟草》，崔光玉撰。

［宣统］《南海县志》卷十一《艺文略·经部·春秋三传类》：《春秋释义》四卷，明崔光玉撰，据《崔留月堂家谱》。

［道光］《广东通志》卷七十五《举人六·明·万历四年丙子·广州府》：南海人，通判。

游云路 明顺德大良人。万历四年（1576）、十三年两次乡试均副贡。

［咸丰］《顺德县志》卷十一《副贡·明·万历》：大良人，丙子、乙酉两科。

彭应璋 字用元，明顺德石硝（今属南海）人。万历四年（1576）举人，任湖南黔阳教谕。迁河南睢阳知县，三十四年因赈灾积劳成疾归。

［万历］《顺德县志》卷九《举人·万历四年》：石硝。

［道光］《广东通志》卷七十五《举人六·明·万历四年丙子·广州府》：顺德人，字用元。

［咸丰］《顺德县志》卷二十四《列传四·明·彭应璋》：万历丙子乡举，官黔阳教谕。迁令睢阳，尽革陋规，捐筑城堤，夹植以柳。甲午河水涨，举赈先发后请，竟焦劳病归。民祀于文昌祠。

詹云龙 字见卿，明顺德陈村人。万历四年（1576）举人。

［万历］《顺德县志》卷九《举人·万历四年》：龙津。

［道光］《广东通志》卷七十五《举人六·明·万历四年丙子·广州府》：顺德人，字见卿。

［咸丰］《顺德县志》卷十《举人·明·万历》：字见卿，陈村人，丙子科。

潘同龄 明顺德冲鹤人。万历四年（1576）副贡。

［咸丰］《顺德县志》卷十一《副贡·明·万历》：冲鹤人，丙子。

霍维诚 字积忠，明南海佛山镇人。万历四年（1576）举人。子得之。

［万历］《广东通志》卷二十《广州府·选举·乡举·国朝·南海》：万历丙子，知县。

［康熙］《南海县志》卷五《选举志·封赠·明》：举人，知县，以子得之制敕房，撰文中书，仍赠文林郎。

［乾隆］《佛山忠义乡志》卷八《循吏·明》：字积忠。领万历丙子乡荐，由教谕迁广西上林令。邑多奸民，勾盗肆劫。维诚严保甲，派十家牌，盗遂不敢入境。冰孽自矢，不受民间一钱。与民语如家人父子，民爱戴之。时剧盗攻略州郡，独不犯上林，曰："霍公贤令，吾何忍犯？"其感人若此。俄解组归，官橐萧然，所居仅蔽风雨而已，子得之仕至郎中。

［道光］《广东通志》卷七十五《举人六·明·万历四年丙子·广州府》：南海人，字积中，知县。子得之，孙儁韡。

薛藩 字侯宣，明顺德龙江人。万历四年（1576）举人，十七年进士。二十年，日本丰臣秀吉侵朝，明朝派他以一品行人持节特使往朝鲜。提督李如松过境参战时，他每天在中、朝两军之间奔走联络，直至平壤大捷后才奉召回国。历户部员外郎、郎中，广西南宁、福建延平知府，云南按察副使等职。六十岁退休回乡，八十二岁卒。《顺德县志》载他于万历二十八年为《顺德胡令君报功祠碑记》书丹，三十一年为《双塔碑铭》篆额，三十七年撰写《重修顺德县儒学碑记》。父元洁。

《粤大记》卷五《科第·皇明进士科·万历十七年己丑科焦竑榜》：顺德县人，行人司正①、郎中。

［万历］《顺德县志》卷九《举人·万历四年》：龙江。

［康熙十三年］《顺德县志》卷七《人物传一·德业》：字侯宣，龙江人。生而聪颖，崇尚古学，立就万言。处人以宽，气谊甚重。由本庠廪生中万历四年丙子科乡试，己丑成进士，初授行人司司正。时朝鲜国王李昖湎酒弛备，被倭寇潜窥，逼王出奔，王子被俘。朝廷以朝鲜藩篱之地不可不援，遂遣藩持节出使，特赐一品服色便宜行事。藩届王国拟径底倭，左右咸悸止之，藩曰："吾奉使至此，不能宣播威声，其若君命何？"遂扬言朝鲜为天朝属国，天朝十万擐甲且至，而海外琉球、暹罗诸国俱已捧檄，捣穴之师又在其后云。

①行人司正：明设行人司，官员称行人及左、右行人。后改为司正及左、右司副，以进士充任。

后寇果弃王京遁，既而又献王子。是时，朝鲜八道几尽没，残破流离。藩至宣传天语，谕王以匡复整师自守，而又多为经画处置，国人咸举手加额，以为今日始得复见汉官威仪。逮回朝报命，赉赐殊荣，升户部员外，丁内艰起复径补郎中。值度支告匮，藩悉心计算，国用称裕，特下玺书褒美。升广西南宁府知府，匪躬寅恪，惠训不怠，介著悬鱼，居上上考，钦赐清廉宴。丁外艰起复补福建延平府，改学宫、设学田，以广乐育，立阡地、议义产，以葬无归，士民德之，立去思碑，建遗爱祠以尸祝焉。升云南臬司副使。云南地近边鄙，地方多故，藩整饬洱、澜沧江等处，措置多方，民赖安堵，且兴利除弊，务协民心。在任二年，口碑载道，忽兴张翰之思，遂挂冠归里。家居二十余年，敦尚俭素，爱人以德，里中有事多向藩质成。偶值岁饥，乡人多赖举火，督院周公嘉谟，按院王公尊德、田公生金①锡以匾额曰“尚义宏施”。寿高八十有二，死之日行道哀之，咸曰福星去矣。

[康熙二十六年]《顺德县志》卷八《人物志·德业》：年六十致政归里……常独立门前，有吏持书币至求通，呼为园公，初不意即副使也，其质类此。

[乾隆]《顺德县志》卷十《封赠·郎中·明朝》：薛元洁，以子藩贵赠。

《龙江志略》卷一《编年·明》：万历廿五年丁酉秋七月，以行人薛藩宣谕朝鲜，赐一品斗牛服。

[咸丰]《顺德县志》卷二十四《列传四·明·薛潘》：先是，日本酋平秀吉自称关白（《明史稿·日本传》：日本故有王，其下称关白者最尊显），居对马岛（《史稿·朝鲜传》作马对岛。按《武备志》日本图，朝鲜釜山对渡即日本对马岛，朝鲜在其西北，《史稿》偶误），使其渠帅行长清正等以舟师数百艘逼朝鲜釜山，诸郡皆陷，壬辰五月事也。朝鲜世事中朝，视他属国倍恭顺，顾承平久不习战……岛难猝起，昖令其次子珲摄国事，守王城，而自奔平壤，走义州。事闻，下兵部议，令驻险要待援，号召通国勤王图恢复。时倭已人王京，劫王妃及珲去（《史稿·朝鲜传》不云劫王妃，而《日本传》云与王子并执），八道几尽没，乞师之使不绝于道。廷议以朝鲜为国藩篱，事在必救，而不欲遽兴兵，遂遣藩以行人持节……藩至，谕昖以兴复大义，径抵倭军，扬言大兵十万克期至，不日渡鸭绿矣。而倭且抵平壤，朝鲜君臣益急，趋避爱州。明师既出，前锋败，渡鸭绿江援者仅以身免。中朝震动，于是趣

---

①田生金：明湖北麻城人，万历三十二年（1604）进士，四十年至四十七年任广东巡按，著有《柱下刍言》《按粤疏稿》六卷。

经略宋应昌①进兵。明年，提督李如松战于平壤大捷，复四道。会倭乏食，求封贡，献还王京，返琿而退，朝鲜故土复定。藩在使多所经画，国人倚以为重，复命赐赉甚厚（按陈《志》……似藩但以虚声扬播，而倭人闻即畏慑，遽退出国城，送还王子，未尝一动干戈矣。考《明史·神宗纪》：自二十年五月倭人朝鲜，至二十六年十二月倭平，中间屡经胜负，易将增兵，首尾曲折甚多，而据《明史稿·朝鲜传》则二十一年李如松战胜始许封贡，倭弃地请款。后明兵甫议裁撤，倭复犯晋州，据釜山。廷臣交章谏止款贡，复以顾养谦为经略，议留戍兵。二十二年，昖以许贡保国为请，帝乃排群议，召小西飞入朝，封秀吉日本王。二十四年，封使李忠城以图淫倭酋女逮问，改使秀吉，又怨朝鲜致贺物微拒其使，仍留釜山候天子处分，其帅清正又拥二百艘屯机张营。于是，复改麻贵为备倭大将军，倭再陷梁山、闲山，犯全庆，逼王京，贵守稷山。先是，游击沈维敬密为倭向导被执，至是令为书止倭，倭乃退屯尉山，时征兵大集破之。二十六年，总督邢玠益募水兵为持久计，四路进剿，倭伪退以败贵。会秀吉死，倭兵乃尽退。益始行薄伐，继示包容，凡历七载，丧师数十万，縻饷数百万，明年始以平倭诏告天下。今陈《志》但称藩以一语而收功，殊为失实。又云：琉球诸国捧檄兴师捣穴，据《史稿·日本传》，万历十四年，秀吉称关白，益治兵征服六十六州以威胁琉球，吕宋、暹罗、佛郎机皆奉贡。是诸国方向倭臣服，而云为中国兴师，尤为不知当时情事之言）。

霍湖　（1547—1643）字成侯，明顺德马滘人。寿九十七岁。

［康熙十三年］《顺德县志》卷九《百岁志》：字成侯，马滘人。为人温良静讷，言动不苟。自幼业儒，《鉴》《史》诸书，悉心考究。生于嘉靖丁未，终于崇祯癸未，享年九十七岁。

谭师孔　（1548—?）字所愿，明顺德甘竹人。万历元年（1573）举人，次年考进士中乙榜，任广东归善教谕、北京国子

①宋应昌（1536—1606），字思文。明嘉靖四十四年（1565）进士，官至兵部左侍郎，加右都御史。万历二十年（1592），日本侵略朝鲜，他以兵部左侍郎经略朝鲜、蓟辽等处军务，与总兵李如松率大军渡鸭绿江援朝，击败日军，因建议留兵协守被召还。寻乞归，隐居西湖孤山。著有《道器图说》《心径茅锄》《窥测陈筌》《朝鲜复国经略》等。

监学正、湖北黄州通判、四川龙安同知。

[万历]《顺德县志》卷九《举人·万历元年》：甘竹，经魁。

[康熙十三年]《顺德县志》卷七《人物传一·德业》：字所愿，甘竹人。孝友洽邻，倜傥迈俗。年二十六，以礼经中式万历癸酉科第五名。甲戌乙榜，授归善学谕，督课诸生，作人兴学。迁国子监学正，守道不屈，为势者忌，遂出为黄州别驾。讼无停谳，黄人戴若父母。晋龙安府丞，尚循廉励气节，祈雨祈晴均有灵应。时珰竖奉差至蜀，悉索币赋，生民荼毒。郡以下不屈者罕其人，孔独撄鳞批颔，民赖以安。署松镇三月，摄府篆六年，清风两袖，囹圄一空。大者如商船覆溺，单骑率民救，活数百命，蜀民为庙食。子士颖铨；孙仞、瑄、正、佐，俱庠生。

王谕　明高明苏村人。万历五年（1577）岁贡，任广东遂溪训导。

[康熙八年]《高明县志》卷四《元明·恩岁贡》：阮埇人，岁贡，任遂溪县训导。

[康熙二十九年]《高明县志》卷十二《贡生·明》：苏村人，万历五年岁贡，任遂溪训导。

黄朴　明南海人。万历六年（1578）岁贡。

[道光]《南海县志》卷二十《贡生荐辟·明万历朝》：戊寅岁贡。

区大伦　（1549—1628）字孝先，明高明阮埇人。万历十年（1582）中举，与兄大相到南京太学学习。十七年进士，任山东东明知县。调御史，削职归，建蓬山、沧溪书院讲学。光宗即位（1620）起为光禄寺丞，熹宗时（1621—1627）升大理寺少卿，改南户部侍郎又被革职。崇祯即位（1628）复原职，未成行病逝。父益，兄大相，子怀灵。

[万历]《肇庆府志》卷五《选举表一·国朝·举人·万历十年壬午》：高明人，益子。

《粤大记》卷五《科第·皇明进士科·万历十七年己丑科焦竑榜》：大相之弟，高明县人。知县，御史，以谏罢官。

[万历]《广东通志》卷四十八《肇庆府·选举·举人·国朝·高明》：万历己卯科，见进士。《肇庆府·选举·进士·明·高明》：万历己丑，监察

御史。

［崇祯］《肇庆府志》卷六《明·进士·万历十七年己丑焦竑榜》：南京户部侍郎，赠父益大理寺左少卿。卷二十二《人物传·明》：字孝先，高明人。少负气节，举孝廉，与兄大相肄业南雍。海忠介公瑞在留台，直声震天下，少司寇王公世贞主词坛盟，兄诣□冠质以古调不合，大伦诣忠介甚契洽也。成进士，宰东明。爱民如子，劝农桑，敦孝让，岁歉鬻子女者悉为赎还，出税契羡买牛数百以给贫乏。觐入都，策蹇数千里，面目黧黑。授御史，草疏必焚香涕泣，期于诚感。神宗朝谏不亲郊祀，夺职归。筑烟霞圃，为往后书辞优免，为析产文易粟供朝夕。一褐衣二十年坐处皆穿，灌园读书晏如也，郡邑不识其面，有欲周其乏却之以诗。潜心学脉，梦陈江门赠以诗句，遂更透悟，直标“明明德”为宗旨。曾集诃林与士大夫明辨，居数年，四方从者愈众，共建蓬山、沧溪二书院为会讲。光宗即位，起光禄丞，转尚宝、南太常少卿。署南祭酒，掌翰林院事，恢拓湛甘泉书院，讲学留都。其学抑往进狷以挽颓风，辟禅伪、绝党徇以卫圣真、稗实用。熹宗初进《圣学三札》，保乂圣躬，规切时政，上嘉纳。以大理左少卿入侍经筵，党人侧目，繇太仆卿改南户部侍郎。时珰焰方炽，郎属附离之者悉纠弹无所避，附离者恨，欲中之，复夺职归。今上即位，还原职需用，未几疾终于家，及门士执心丧凡若干人。常曰：“吾生惟二事，一崇正学，一佐太平。今耄矣，将寄撰述以俟知者。”疾且革，犹惓切后学，言不及家事。所著有《大学定本》《四书翼》《南都会讲录》《端溪日录》《崇正辟邪录》《端溪诗稿》《江门游稿》《江州存稿》诸书。

［康熙八年］《高明县志》卷四《明·举人·万历元年癸酉》：阮埇人，益子，字孝先，己丑进士。卷十八《艺文·书目·子汇》：《崇正辟邪》一卷、《天文地理》一卷、《杂记》一卷、《南雍会语》一卷，俱区大伦撰。《艺文·书目·集汇》：《端溪诗草》一卷、《江门游稿》一卷、《两朝疏稿》一卷、《江潮存稿》八卷，俱区大伦撰。

梁名显　（1549—1647）字永德，明顺德桂林人。寿九十九岁。

［乾隆］《顺德县志》卷十四《耆寿》：字永德，桂林人，宋大夫梁百揆

十二世孙。少失所恃，艰难卓立，用计然七策①起家。俭约自守而能好义乐施，人多感焉。明末海寇泊乡，男妇奔匿，时名显卧病，孙子欲负而逃，显曰："我无忧，汝速避可耳。"及寇至，问曰："老人为谁？"曰："某也。"抚床出白金以豢寇。寇曰："无畏！吾辈慕公德久矣，曷忍取公财？"侍卫良久，竟掷金而去。其硕德懿行格于强暴者如此，邑令周齐曾颜其庐曰"十朝德寿"。生嘉靖己酉，终顺治丁亥，寿九十九，尚书□□□为之传。子孙济济，有仕宦者。

梁建岸 （1549—1651）字仲昇，明顺德桂洲人。寿一百零二岁。

[乾隆]《顺德县志》卷十四《耆寿》：字仲昇，西华乡人。端方恭谨，自幼至老并无疾言遽色慢容。年九十时，邑令王寝大举宾筵，迄礼成，揖让步履若壮年，都人耸异。令赠诗曰："铜狄摩挲九十春，乌纱白发倍精神。须知此乐非吾赐，王制推恩有德人。"后历十有二年，神益敦固，一门五代，曾、玄盈庭。生嘉靖庚戌，终顺治丁卯，寿一百有二岁。

方苹 字元野，明南海丹灶良登孔边村人。万历七年（1579）举人。父茂科。

[万历]《广东通志》卷二十《广州府·选举·乡举·国朝·南海》：万历己卯。

[道光]《广东通志》卷七十五《举人六·明·万历七年己卯·广州府》：南海人，字元野。祖遂，父茂科，叔献夫。知县。

区元望 字德符，明顺德登洲人。万历七年（1579）举人。

[万历]《顺德县志》卷九《举人·万历七年》：登洲。

[万历]《广东通志》卷二十《广州府·选举·乡举·国朝·顺德》：万历己卯，知县。

[乾隆]《顺德县志》卷十《举人·明朝·万历己卯》：登洲人，建宁县知县。

---

①计然七策：春秋时代的一种经济学说，后泛指生财致富之道。计然是春秋时越国的学者，博学善计算，他利用天时旱涝、农业丰歉有别进行物价观测，价格低的时候买进货物，价格高的时候卖出获利。

[道光]《广东通志》卷七十五《举人六·明·万历七年己卯·广州府》：顺德人，字德符，建宁知县。

孔宗尧 改名祖谦（一说祖颖），字定之，明顺德人。万历七年（1579）举人，任广西思明府同知。

[万历]《顺德县志》卷九《举人·万历七年》：番禺。

[万历]《广东通志》卷二十《广州府·选举·乡举·国朝·番禺》：万历己卯，知州。

[康熙二十六年]《顺德县志》卷五《举人·明朝·万历七年己卯科》：南海人，顺德籍。

[康熙]《广州府志》卷二十七《选举志上·乡举·明·番禺》：万历己卯，改名祖谦，同知。

[乾隆]《顺德县志》卷十《举人·明朝·万历己卯》：番禺籍，顺德人，历思明府同知。

[道光]《广东通志》卷七十五《举人六·明·万历七年己卯·广州府》：顺德人，番禺籍，改名祖颖，字定之，思明同知。

邝尧龄 字若钦，明南海人。万历七年（1579）举人。父大复。

[万历]《广东通志》卷二十《广州府·选举·乡举·国朝·南海》：万历己卯，知州。《封赠·国朝·南海》：邝大复，训导，以子尧龄赠知州。

[崇祯]《南海县志》卷十一《人物列传》：字若钦。明敏嗜学，贯通经史。万历己卯举于乡，初任山东巨野教，聘福建分考。升南京国子监学正，成均诸务多所厘振。晋河南裕州知州，多惠政。田生嘉禾，一茎三穗，士民异之，刻图以赞。时裕多窝访，罗致官司，人莫敢犯。龄正己执法，廉获而锄殛之，豪猾屏迹。裕有采金之役，龄公廉自矢，名誉益著。荐剡者八，奖扬者十三，进阶授奉直大夫。历任三年，丁后艰，归家而终。裕士民思慕之，建祠尸祝焉。

甘守正 字元甫，明三水西南人。万历七年（1579）举人。

[万历]《广东通志》卷二十《广州府·选举·乡举·国朝·南海》：万历己卯，知县。

[康熙四十九年]《三水县志》卷三《乡举·明朝·万历己卯科》：西南街人，省《志》属南海，历官广西桂平知县。

［道光］《广东通志》卷七十五《举人六·明·万历七年己卯·广州府》：南海人，字元甫，桂平知县。又见《三水志》。

刘大经　明顺德逢简人。万历七年（1579）武举。

［康熙十三年］《顺德县志》卷六《明朝·武举·万历》：逢简人。

［康熙二十六年］《顺德县志》卷六《武举·明朝·万历》：逢简人。

刘拱辰　字象丹，明南海人。万历七年（1579）举人，任安徽怀宁、广西灵川知县。寿七十九岁。弟景辰。

［万历］《广东通志》卷二十《广州府·选举·乡举·国朝·南海》：万历己卯。

［崇祯］《南海县志》卷十一《人物列传》：字象丹。父应鹏封御史，以长厚著称。辰生而茂敏，与弟御史景辰并驾，文名先侍御。登万历己卯榜，授怀宁令。宁屏蔽淮服，江介要冲①。辰下车剔蠹惠民，悬衡造士，大魁宫坊刘若宰、侍御汪游龙皆其首拔名彦。阅二年以艰去，补粤右灵川。问民最疾苦无如马户一役，力议请编官雇，三覆而后报可，民脱苦海若更生。百废并兴，缮练毕集，援黔之役惟灵兵能，上多其功。两地循声至今不绝，年七十有九。

［道光］《广东通志》卷七十五《举人六·明·万历七年己卯·广州府》：番禺人，南海籍，知县。今《番禺志》误入乙卯。褎然十二世孙，弟景辰。

关沛　字茂舜，号心宇，明南海九江人。万历七年（1579）举人，卒于长芦盐运经历任。父真逊，于思忠，孙学尹。

［万历］《广东通志》卷二十《广州府·选举·乡举·国朝·南海》：万历己卯，知县。

《南海九江乡志》卷二《名墓》：关明府沛，在花山。卷三《选举·乡举·万历七年己卯科》：字茂舜，号心宇。由府学习《礼记》，中式第六十一名。初授琼州陵水学教谕，升广西容县知县，未任丁艰，服阕补福建龙岩知县，调北京长芦盐运经历，卒于任。子思忠、孙学尹并庠生。卷四《先达列传》：公少孤，笃学。登贤书，署陵水教，立程课士，士之文行一变，聘粤西

---

①江介要冲：沿江一带。

分考称得人。知龙岩，清廉著声，尤留心民瘼，划繁苛，崇宽大，杜苞苴，省桁杨①，缓催科，勤听政，置常平，讲乡约。祷雨甘霖立应，屡经抚按嘉奖，岩之乡绅石侍郎、蔡御史与通邑士庶咸制锦勒碑，尸祝不忘。

［道光］《广东通志》卷七十五《举人六·明·万历七年己卯·广州府》：南海人，字心宇。知县。又见《新会志》，云由府学，河间府经历。

《九江儒林乡志》卷十《选举略·明·封荫》：关真逊，以子沛赠文林郎、福建龙岩县知县。卷十二《列传·明》：笃学励行。从师受《礼记》，通马、郑之学，以新会籍补郡庠生。

严应恩　字若晛，明顺德大良人。万历七年（1579）举人，妻黎氏，弟旗先，子廷相，孙世佐、世倬、世光。

［万历］《顺德县志》卷九《举人·万历七年》：大良。

［康熙十三年］《顺德县志》卷七《人物传一·德业》：字若晛，大良人。沉潜博学，誉噪黉宫，登万历己卯乡科，庚辰不售。与弟旗先磋磨共席，旗先壬午中式，兄弟同舟，三上公车。恩以亲老，筮仕署东光教谕，造就人才，耳提面命，不啻家塾。升国子监学录，考课衡文，声高六馆。出守西粤象州，起凋敝于旱魃，开巍科于边鄙，发奸伏于村壮，执投金于解赎。转任云南沾益州，安辑土地，捐俸赈饥，转移风俗，厘奸扶衰，最为黔国，公所推重。例应超擢，以剔历年深、高堂双白，致政归里，膝下承欢。俸置各祖祭田，分授兄弟膳产，三赴宾筵，一经启后。子廷相府庠，孙世佐、世倬、世光咸列青衿，曾孙镖三水廪饩。

［道光］《广东通志》卷七十五《举人六·明·万历七年己卯·广州府》：顺德人，字君晛，沾益知州，弟旗先。

［咸丰］《顺德县志》卷二十四《列传四·明·严应恩》：卒祀乡贤。

［民国］《顺德县志》卷十二《耆寿表二·寿妇·郭〈志〉补遗·明》：黎氏，大良举人、乡贤严应恩妻，九十一岁。卷九《封赠·郭〈志〉补遗·明》：严操，大良人，以孙应恩赠；严贻式，以子应恩赠，俱云南沾益州。

吴宗札　字邦礼，明南海人。万历七年（1579）举人。

［万历］《广东通志》卷二十《广州府·选举·乡举·国朝·南海》：万历己卯，知县。

［道光］《广东通志》卷七十五《举人六·明·万历七年己卯·广州府》：

①桁（háng）杨：指用于套在囚犯脚或颈的刑具。

南海人，字邦礼，知县。

［道光］《南海县志》卷二十《举人·明万历朝》：崇安教谕，据《福建志》参修……己卯科。

陈光颖　字少敏，明顺德桂林人。万历七年（1579）举人。祖韶。

［万历］《顺德县志》卷九《举人·万历七年》：桂林。

［道光］《广东通志》卷七十五《举人六·明·万历七年己卯·广州府》：顺德人，字少敏，祖韶。

何太庚　字吉甫，明顺德桂圃人。万历十年（1579）举人，十四年进士，为广西兴安、临桂县令，入京觐见时卒。父绍舒，弟与伦、豸。

［万历］《顺德县志》卷九《举人·万历十年》：平步。

《粤大记》卷五《科第·皇明进士科·万历十四年丙戌科谭文献榜》：何大庚，顺德县人。兴安知县，调临桂，卒于任。

［道光］《广东通志》卷七十五《举人六·明·万历十年壬午·广州府》：顺德人，番禺学，进士，弟与伦、豸，今《番禺志》无。

［咸丰］《顺德县志》卷十二《封赠（文阶）·明》：何绍舒，桂圃人，以子太庚封知县。卷二十三《列传三·明·何太庚》：桂圃人，字吉甫。万历丙戌进士，令兴安。力锄豪强，教民以礼，一时顽俗为变。修陡河悉心经画，灌溉遍万家，民镌石纪绩，为祠祀之。寻调临桂，权势屏息，声誉日起。会入觐，卒于京。

何与伦　改名文伟，明顺德桂圃人。万历七年（1579）举人，调桂林，因亲丧归。

［万历］《顺德县志》卷九《举人·万历七年》：平步。

［万历］《广东通志》卷二十《广州府·选举·乡举·国朝·顺德》：万历己卯，同知。

［康熙十三年］《顺德县志》卷五《明朝·乡举·万历己卯》：何文伟，平步人，原名与伦，赣州府同知。

［咸丰］《顺德县志》卷二十三《列传三·明·何与伦》：改文伟……桂

圃人……由平远①教谕迁浔州同知，黔中杨应龙倡乱，檄与伦往应援，凯旋。调桂林，以忧去。

何兆湖 字子雨，明顺德马宁人。万历七年（1579）举人。父彦。

［万历］《顺德县志》卷九《举人·万历七年》：马宁。

［康熙十三年］《顺德县志》卷五《明朝·乡举·万历己卯》：马宁人，彦之子，博士。

［道光］《广东通志》卷七十五《举人六·明·万历七年己卯·广州府》：顺德人，彦子，字子雨，博士。

何维翰 字孔邦，一说字孔用，明顺德霞石人。万历七年（1579）举人。

［万历］《顺德县志》卷九《举人·万历七年》：黎村。

［道光］《广东通志》卷七十五《举人六·明·万历七年己卯·广州府》：顺德人，字孔邦。

［咸丰］《顺德县志》卷十《举人·明·万历》：字孔用，霞石人，知仙游县。按：诸《志》皆不载其官，今从《福建通志》。己卯科。

陆逵 字景星，明南海人。万历七年（1579）举人。

［万历］《广东通志》卷二十《广州府·选举·乡举·国朝·南海》：万历己卯，知县。

［崇祯］《南海县志》卷四《乡举·明·万历己卯》：通判。

［道光］《广东通志》卷七十五《举人六·明·万历七年己卯·广州府》：南海人，字景星，通判。

陈建中 字达可，明南海佛山镇人。万历七年（1579）举人。父暨。

［万历］《广东通志》卷二十《广州府·选举·乡举·国朝·南海》：万历己卯。

［康熙］《南海县志》卷五《选举志·明乡举·万历己卯》：学正。

---

①平远：今属广东梅州，位于粤、赣、闽省交界处。

［乾隆］《佛山忠义乡志》卷四《明封赠》：陈暨，以子建中赠广西宾州学正。

［道光］《广东通志》卷七十五《举人六·明·万历七年己卯·广州府》：南海人，字达可，学正。

陈梦斗 字肖枢，明顺德熹涌人。万历七年（1579）举人，任广西象州知州。

［万历］《顺德县志》卷九《举人·万历七年》：黎村。

［万历］《广东通志》卷二十《广州府·选举·乡举·国朝·顺德》：万历己卯，知县。

［康熙十三年］《顺德县志》卷五《明朝·乡举·万历己卯》：黎村人，程乡县教谕，升彭泽县知县，补公安县知县，迁象州知州。

［乾隆］《顺德县志》卷十《举人·明朝·万历己卯》：熹涌人，象州知州。

［道光］《广东通志》卷七十五《举人六·明·万历七年己卯·广州府》：顺德人，字肖枢，象州知州。

陈嗣舜 字启寅，明顺德龙山人。万历七年（1579）举人，任山东寿张县教谕。兄嗣光，侄锡爵。

［万历］《顺德县志》卷九《举人·万历七年》：龙山，寿张教谕。

［道光］《广东通志》卷七十五《举人六·明·万历七年己卯·广州府》：顺德人，字启寅，寿张县教谕。曾祖珷，兄嗣光，侄锡爵。

［咸丰］《顺德县志》卷二十四《列传四·明·陈锡爵传》：世父嗣舜亦举万历己卯，官寿张教谕。

林志孟 字淑之，号韦铭，明顺德古朗人。万历七年（1579）举人，十一年会试乙榜。子应昌、应会。

［万历］《顺德县志》卷九《举人·万历七年》：北水。

［万历］《广东通志》卷二十《广州府·选举·乡举·国朝·顺德》：万历己卯，知县。

［康熙十三年］《顺德县志》卷七《人物传一·德业》：字淑之，号韦铭，古朗人。元进士、朝散大夫林万三裔孙，国学生林有桐子也。生颖异，八岁能文，试童子科第一。髫龄领万历己卯贤书，癸未南宫乙榜，授江西进贤教谕。分校棘闱，所取皆名士，如翰林学士吴士元、礼部侍郎李光元、兵部尚

书熊明遇等俱出门下，一时盛称得人。奉命修《邦政条例》诸书，多裨国计。寻升荔波知县，筑城郭，修学校，兴利除害，士民风俗丕变，绘像思祝。三台交荐，调烦昭平，立歼积年巨寇。旋丁内艰，服阕擢令浙江建德，政简刑清，民怀吏畏。历任三年，考绩升户部贵州司主事，命甫下为忌者所中，遂拂衣归里。士庶扳辕，为之崇祀名宦，勒石创祠以志去思慕。家居四载卒，廉静杜门，惠周乡党，所著有《留余集》及《疏议》数卷藏于家。长子应昌庠廪、恩例荐举，次应会廪例、国学生，孙观承、卓承俱郡邑庠生，能世其德。

[道光]《广东通志》卷七十五《举人六·明·万历七年己卯·广州府》：顺德人，字我醇。癸未乙榜，户部主事。

林朝钥　明南海人。万历七年（1579）举人，十一年进士，任福建莆田、广西贵县知县，南京户部主事。父曙，母邵氏。

《粤大记》卷二十二《献征类·行谊芳标·明·林曙传》：字行旦，别号晓塘，南海人。弱冠游邑庠，督学欧阳石冈、吴默泉、田豫阳诸名公咸器重之，考辄居首。游其门者时多名士，为教先孝弟、敦礼让，为文法先秦两汉，为诗继响盛唐。性甘淡泊，不为苟得，乐天知命，每遇有拂意事即以理自遣，以“泰然”名其堂。又慕蘧伯玉之为人，慨然曰：“人能知非，便可希贤希圣!”遂构思蘧轩，尚友千古。卒老场屋，其弟子获俊者语人曰：“我辈登科能无厚颜?”而公志自若也。至于乐善好施，虽老不倦。又严于教子，不少姑息，人比于陈太丘、刘去华①云。子三人。长朝钥，少负奇，登万历癸未进士，知莆田，改贵县，历南户主事。以邑满考绩，赠公如其官，母邵孺人，制词有“积学典谟，褆身矩矱，虽绌鸿逵，竟成燕翼”之褒。次子朝钰、朝铨皆明经，进取未艾云。

[万历]《广东通志》卷二十《广州府·选举·乡举·国朝·南海》：万历己卯，举人。《进士·明·南海》：万历癸未，户部主事。

[崇祯]《南海县志》卷四《乡举·明·万历己卯》：知县。

罗文著　明高明仙村人。万历七年（1579）岁贡。

---

①刘蕡（？—848），字去华，唐幽州昌平（今属北京）人。宝历二年进士，善作文，耿介嫉恶。太和元年参加科举考试时，秉笔直书主张除掉宦官，后授秘书郎。终因宦官诬害，贬为柳州司户参军，客死异乡。

［万历］《肇庆府志》卷六《选举表二·国朝岁贡·万历·高明县学》：吴川训导。

［康熙八年］《高明县志》卷四《元明·恩岁贡》：田心人，万历十年岁贡，任吴川县训导。

［康熙二十九年］《高明县志》卷十二《贡生·明》：田心人，万历七年岁贡，任吴川训导。

［道光］《高明县志》卷十二《贡生·明》：仙村人，万历七年岁贡，任吴川训导。

罗绅　字象文，明南海绿潭堡人。万历七年（1579）举人，子士皋。

［万历］《广东通志》卷二十《广州府·选举·乡举·国朝·南海》：万历己卯，同知。《封赠·国朝·南海》：罗张胜，以子绅赠知县。

［崇祯］《南海县志》卷十一《人物列传》：字象文。万历己卯乡荐，授乳源教，修葺文庙。乳多贫生，每分蔬给之。晋湖广应城知县，时大祲频仍，绅下车悉却铺设供应，捐俸赈救存活甚众。至于汰羡余、置学田、崇节义、修桥梁，政教兼善，所拔士皆一时名硕。县税多隶楚藩，豪右逋负，绅设法征解，功在藩禄。课最，疏名行取，为巨室所螫，遂转广西永安知州。会昭平贼首韦扶仲率党入寇，绅擒斩渠魁五十余名，招抚八百余家，活男女二千五百名口。抚按上其功次，帝嘉赐白金、文绮。州僻，人文不振，绅捐俸建聚奎楼，讲学倡化，而欧腾霄等始以科名显。以功升福建建宁同知，代庖府篆①，兴利除害，清勤益著。两考，录士多列魁选。代觐两行，推江西抚州知府，以母老乞终养。其天性至孝，见之辞荣如此。所著有《大受堂稿》。

［康熙］《广州府志》卷四十四《列女传四》：罗氏，南海庠士霍黄裳妻，同知罗绅孙女。于归霍门，事翁姑至孝。丙申海寇焚劫石头乡，虏氏至船，贼欲犯之。氏亟奔赴水而死，时氏子女二人亦同死焉。

［康熙］《南海县志》卷十二《人物传·循吏·明》：子士皋，恩贡；孙璟、璋，俱恩荐；曾孙颢，康熙甲子科首贡，文行尤著。

［乾隆］《佛山忠义乡志》卷八《人物志·国朝·罗颢传》：原绿潭堡人，迁居佛山。

---

①代庖府篆：代庖即代替厨人，后多用以比喻代人行事或代理他人职务，此指代行知府职务。

罗继皋 明顺德大良人。万历七年（1579）武举，武进士。

［康熙十三年］《顺德县志》卷六《明朝·武举·万历》：大良人，三科进士。《明朝·武进士·万历》：罗继皋。

［康熙二十六年］《顺德县志》卷六《武举·明朝·万历》：大良人。《武进士·明朝·万历》：大良人，辛未。

［咸丰］《顺德县志》卷十一《武进士·明·万历》：东山营参将，辛未。

罗缙绅 明顺德大良人。万历七年（1579）武举。

［康熙十三年］《顺德县志》卷六《明朝·武举·万历》：大良人。

［康熙二十六年］《顺德县志》卷六《武举·明朝·万历》：大良人，俱己卯。

胡洛 明顺德桂洲人。万历七年（1579）武举。

［乾隆］《顺德县志》卷十《武举·明朝·万历己卯》：桂洲人。

袁光裔 字梦锡，明顺德横岸人。万历七年（1579）举人。

［万历］《顺德县志》卷九《举人·万历七年》：都粘。

［道光］《广东通志》卷七十五《举人六·明·万历七年己卯·广州府》：顺德人，番禺学，字梦锡。今《番禺志》无。

［咸丰］《顺德县志》卷十《举人·明·万历》：字梦锡，横岸人，番禺籍，己卯科。

梁为熹 字士哲，明顺德龙眼人。万历七年（1579）举人。

［万历］《顺德县志》卷九《举人·万历七年》：石涌。

［道光］《广东通志》卷七十五《举人六·明·万历七年己卯·广州府》：顺德人，字士哲。

［咸丰］《顺德县志》卷十《举人·明·万历》：字士哲，龙眼人，己卯科。

梁以祯 字儒干，明顺德石硝（今属南海）人。万历七年（1579）举人。

［万历］《顺德县志》卷九《举人·万历七年》：石硝。

［万历］《广东通志》卷二十《广州府·选举·乡举·国朝·顺德》：万

历已卯，知县。

[道光]《广东通志》卷七十五《举人六·明·万历七年己卯·广州府》：梁以桢，顺德人，番禺学，字儒干。今《番禺志》无。

[咸丰]《顺德县志》卷十《举人·明·万历》：梁以贞，字儒干，石硝人，番禺籍。按：阮《志》避作“桢”，己卯科。

梁尚通　明顺德龙头人。万历七年（1579）举人，二十年乙榜进士。

[万历]《顺德县志》卷九《举人·万历七年》：龙头。

[万历]《广东通志》卷二十《广州府·选举·乡举·国朝·顺德》：万历己卯，知县。

[康熙十三年]《顺德县志》卷五《明朝·乡举·万历己卯》：龙头人，琼山学教谕，礼聘山东、应天两闱分考，升广西修仁县知县，有诗文行世。

黄煜　字元彬，明南海人。万历七年（1579）举人。

[万历]《广东通志》卷二十《广州府·选举·乡举·国朝·南海》：万历已卯，知县。

[道光]《广东通志》卷七十五《举人六·明·万历七年己卯·广州府》：南海人，字元彬，知县，曾祖文庆。

黄善养　字于纯，明顺德人。万历七年（1579）举人。

[道光]《广东通志》卷七十五《举人六·明·万历七年己卯存疑》：顺德人，字于纯。见明本《题名录》，而《顺德志》不载，余亦无考。

[咸丰]《顺德县志》卷十《举人·明·万历》：里居缺。按：旧《志》缺，阮《志》存疑，今从明《题名录》。己卯科。

黄赞猷　明顺德江尾人。万历七年（1579）举人。

[万历]《顺德县志》卷九《举人·万历七年》：福岸。

[万历]《广东通志》卷二十《广州府·选举·乡举·国朝·顺德》：万历己卯。

[道光]《广东通志》卷七十五《举人六·明·万历七年己卯存疑》：顺德人，见郭《志》、郝《志》，惟明本《题名录》不载。

[咸丰]《顺德县志》卷十《举人·明·万历》：江尾人。按：阮《志》以《题名录》不载，附存疑，今从郭、郝二《志》，姚《志》。己卯科。

萧应凤　名一作引凤，明顺德龙江人。万历七年（1579）武举，次年武进士。

［康熙十三年］《顺德县志》卷六《明朝·武举·万历》：萧引凤，龙江人。《明朝·武进士·万历庚辰》：龙江人，官守备。

［康熙二十六年］《顺德县志》卷六《武举·明朝·万历》：萧引凤，龙江人。《武进士·明朝·万历》：龙江人，庚辰。

曾守要　字少徵，号约斋，明南海九江人。万历七年（1579）岁贡。

《南海九江乡志》卷三《选举·贡·万历七年己卯岁贡》：字少徵，号约斋。由府学习《易经》，廷试授福建惠安学训导。卷四《贡元列传》：公质鲁好学。诸生时，与顺德苏君日登同庠相友善。公司训惠安时，适苏以孝廉授惠安令，政事多咨决于公，而公毫不干以私，苏益重之。考最，迁河南谕，以耆年倦于跋涉解组，优游林下十七载。

《九江儒林乡志》卷十二《列传·明》：归倡建翠岳祖祠，并立条约以重守祧……卒年七十八。

曾守谦　字光卿，明顺德大良人。万历七年（1579）举人。

［万历］《顺德县志》卷九《举人·万历七年》：大良。

［道光］《广东通志》卷七十五《举人六·明·万历七年己卯·广州府》：顺德人，字光卿。

彭哲与　字倩明，明南海人。万历七年（1579）举人，十七年进士，任云南征江道副使时卒。父纶，子懋都。

《粤大记》卷五《科第·皇明进士科·万历十七年己丑科焦竑榜》：南海县人，知县、南户主事。

［万历］《广东通志》卷二十《广州府·选举·乡举·国朝·南海》：万历己卯，见进士。《进士·国朝·南海》：万历己丑，见知府。《封赠·国朝·南海》：彭纶，以子哲与赠知县。

［崇祯］《南海县志》卷十一《人物列传》：字倩明。幼负奇志，登万历己卯贤书，己丑进士。初任福建长乐令，乐故岩邑，哲与殚心力拮据，群废毕举，修学宫，创青云路、道义门，皆捐己俸，不费公储。岁荒，抢掠四起。

暂与单骑冒赤日，遍历乡间，劝民出谷交赈，存活万余人。考绩，擢南民部主政，督理奉阳仓储。一意革弊，积年奸蠹为之划除。转员外郎，升本部郎中，迁楚黄郡守。黄宦薮也，每视事，持札为缓颊者日以数十计，暂与皆火焚之，自是言事之风遂息。寻调粤西梧州，五载迁云南征江道，移镇临安。会小丑弄兵潢池，暂与调兵转饷，积劳成瘁，卒于临安署中。长乐有去思录，在黄、在梧俱有生祠，征江祀之名宦。

[道光]《广东通志》卷七十五《举人六·明·万历七年己卯·广州府》：南海人，字倩明，进士。子懋都，征辟孝廉，忠州知州。《南海志》失载。

程述颐 字仲玉，明南海人。万历七年（1579）举人。

[万历]《广东通志》卷二十《广州府·选举·乡举·国朝·南海》：万历己卯，知县。

[道光]《广东通志》卷七十五《举人六·明·万历七年己卯·广州府》：南海人，字仲玉，云和知县。

潘湛 字献可，明顺德昌教人。万历七年（1579）举人。

[万历]《顺德县志》卷九《举人·万历七年》：昌教。

[道光]《广东通志》卷七十五《举人六·明·万历七年己卯·广州府》：顺德人，字献可。郝《志》“湛”作“谌”。

霍良翰 明南海佛山镇人。万历七年（1579）举人。父实。

[万历]《广东通志》卷二十《广州府·选举·乡举·国朝·南海》：万历己卯，助教。

[崇祯]《南海县志》卷四《乡举·明·万历己卯》：同知。《封赠·明》：霍实，以子良翰封同知。

[乾隆]《佛山忠义乡志》卷四《乡举·明·万历己卯》：江西庐州府同知。

陈复 字承泰，号逢交，明南海九江人。顺治五年（1648）岁贡，寿七十四岁。父良珍，兄宰，子官治，孙大经。

《南海九江乡志》卷三《选举·贡·永历二年戊子岁贡》：字承泰，号逢交。由南海学习《诗经》，寿七十四。著《燕贻录》《诗经解》《文集》《诗集》。父良珍，举人，同知；子官治，庠生，官宁副总兵；孙大经，庠生。卷四《贡元列传》：公幼年志气不类群儿，与伯氏邑庠宰敦行孝弟，人无间言。

经赏德行第一，乙卯、甲子两科乙榜。生平正直和厚，喜怒不形于色，缓急借贷尝否不计，七十二社推为约长。公劝善戒恶，感德遍闾里，间有一二宵壬妒公之直，中以危祸。群乡老幼以身家保，公饥不及餐，上台洞悉益重公，公虽知害己者终不较。

庞儒　字与芳，别号中阳，明南海佛山镇人。父若泉，子景忠。

［崇祯］《南海县志》卷十一《隐逸·明》：字与芳，别号中阳，佛山人。天性孝友，母黄氏早丧，尝以不逮养为憾，触念必泪。事父若泉敬谨，稍不当意辄长跪请罪，命之起乃起，自壮而老有如一日。家本贫约，倜傥好义，施药施棺、急人之急略无倦色，即无宿炊不顾也。仲弟早世，季弟幼稚，抚育婚娶皆一手拮据。先世四丧未厝，徒步日走林麓得地襄事，称贷治办，未尝有德色于弟兄间。一日入海遇飓风，烟雾不辨色。儒向船头再拜，舟人曰："桅上火光矣。"既而异香满船，邻舟颠覆，独所坐舟无恙，赖庇免者二三十人，其格神也如此。为人正直，面折人过，至有相戒勿令中阳知者，盖无为彦芳所短之意。乡里不平，片言剖析，彼此咸服。闲居燕处，教孝教忠，不及私语。子景忠将入仕，戒之曰："无以家为，好恤民瘼。"敕书有"孝友承家，忠良训后"之词，盖实录也。砌江浦巡司前石路十余里，置本县儒学义田六亩有奇，本学宾兴有饯席自儒捐助日始，邑侯朱公钦相立石学宫记其事。子景忠，领万历丙午乡举，历户部主事。

邹舜龙　（1551—1565）字佐虞，明南海泌冲人。嘉靖四十三年（1564）举人。

［万历］《广东通志》卷二十《广州府·选举·乡举·国朝·南海》：嘉靖甲子。

［道光］《广东通志》卷七十四《举人五·明·嘉靖四十三年甲子·广州府》：南海人，字佐虞。

［道光］《南海县志》卷四十一《列传十·列女·明》：何氏女，许字泌冲邹舜龙。舜龙年十五领嘉靖甲子乡荐，赴春闱逾岁，未婚而卒。女闻讣，遂投河殉焉。

吴道尧　（1551—1648）字韶伯，明顺德水藤人。寿九十八岁，妻陈氏。

［乾隆］《顺德县志》卷十四《耆寿》：字韶伯，水藤人，本宋参军吴琏

之裔。少业儒书，性恬静，至老益笃。生嘉靖辛亥，终顺治癸丑，年九十八岁。妻陈氏，时年九十四。里社推为祭祝，前邑令蔡楠旌其门曰“人瑞齐眉”。

马梦吉 （1552—1616）字一甫、长惺，明顺德水藤（一作南海里水）人。万历十年（1582）举人。六十五岁卒。子养愚。

［万历］《顺德县志》卷九《举人·万历十年》：番禺。

［崇祯］《南海县志》卷十一《马梦吉传》：字一甫，里水人，父鸣鸾以长厚称。吉自幼力学不倦，酷嗜《左》《国》，故下笔皆古文词。登万历壬午贤书，时臬长徐鲁源先生讲学，梦吉师事之，为创营道堂。选河南荥阳教，其教荥也，先德行而后文艺，束脯谢弗受。诸生中如苏衮、阴有常辈，贫不克婚娶者，必周之。以直指命察盘归德、卫辉两府，风裁凛然。擢成均，荥士不忍去，至追送数百里外，为绘像、勒石以志思焉。历比部员外、郎中，出守福建兴化。兴值兵燹之后，呻吟之声未绝。梦吉一意抚循其民，罢不急之务、裁无名之征而首重教化。如宣七、宣八兄弟讼田，梦吉泣语之曰：“而奈何同气操戈也。”宣七兄弟遂感泣而退。岁旱祈祷，徒跣行烈日中，甘雨随注，遐迩大悦。当入觐，兴之荐绅父老泣控诸上台保留，然骨节不媚，竟为当路所中罢归。居家与二三故友往来讲学，监司郡邑罕见其面。郡邑岁试儒童，梦吉不投一荐牍，其介性如此。卒年六十有五。梦吉笃于人伦，其孝事两尊人及友爱诸弟近古未有。丙辰病大渐，先二日肃衣冠拜其父，启箧得百金，命诸弟贮之为父异时丧葬资。又命诸子设寝外庭，曰：“丈夫不死于妇人之手。”非其讲学有素，见真养定，能有此乎？督学曾化龙祀之乡贤。季子养愚，崇祯癸酉举于乡。卷十二《艺文志·书目》：《秦汉钞》《雁木斋诗稿》，俱马梦吉撰。

［康熙］《南海县志》卷五《选举志·明乡举·万历壬午》：知府，由顺德学。

［道光］《广东通志》卷七十五《举人六·明·万历十年壬午·广州府》：字一甫，一字长惺，兴化知府。《南海志》云顺德学，《顺德志》云番禺籍，《番禺志》云骢之孙，又见《从化志》。

［咸丰］《顺德县志》卷十《举人·明·万历》：字一甫，一字长惺，水藤人。骢孙，知兴化府。按：陈《志》云番禺人，今从《采访册》。壬午科。

［民国］《顺德县志》卷十五《金石略·石》：《重修招募冈岳武穆祠记》，万历四十三年，中宪大夫、福建兴化府知府、前工刑两部尚书郎，奉敕督理

乾清、坤宁两宫工程贲禺①马梦吉顿首篆额。

邹景修 明南海人。万历九年（1581）岁贡，任江西高安教谕。

[崇祯]《南海县志》卷四《贡·明》：教谕。

[道光]《南海县志》卷二十《贡生荐辟·明万历朝》：辛巳岁贡，高安教谕。

赵崇 明高明良村人。万历九年（1581）岁贡。

[万历]《肇庆府志》卷六《选举表二·国朝岁贡·万历·高明县学》：儋州训导。

[康熙八年]《高明县志》卷四《元明·恩岁贡》：田心人，万历十年岁贡，任广西苍梧县教谕。

[康熙二十九年]《高明县志》卷十二《贡生·明》：田心人，万历九年岁贡，任苍梧教谕。

[道光]《高明县志》卷十二《贡生·明》：良村人，万历九年岁贡，任苍梧教谕。

潘侨 明南海人。万历九年（1581）选贡。

[道光]《南海县志》卷二十《贡生荐辟·明万历朝》：辛巳选贡。

王家相 改名桂魁，明南海人。万历十年（1582）举人。

[万历]《广东通志》卷二十《广州府·选举·乡举·国朝·南海》：万历壬午。

[崇祯]《南海县志》卷四《乡举·明·万历壬午》：更名桂魁，知县。

邝廷窍 字允通，明南海人。万历十年（1582）举人。

[万历]《广东通志》卷二十《广州府·选举·乡举·国朝·南海》：万历壬午。

[道光]《广东通志》卷七十五《举人六·明·万历十年壬午·广州府》：南海人，字允通。

---

①贲禺：即番禺。

刘若侗 字知亭，明顺德荷村人。万历十年（1582）举人。父道。

［万历］《顺德县志》卷九《举人·万历十年》：平步。

［万历］《广东通志》卷二十《广州府·选举·乡举·国朝·顺德》：万历壬午，知县。

［康熙二十六年］《顺德县志》卷五《举人·明朝·万历十年壬午科》：平步人，寿宁县知县。

［道光］《广东通志》卷七十五《举人六·明·万历十年壬午·广州府》：顺德人，寿宁知县，父道。

［咸丰］《顺德县志》卷十《举人·明·万历》：字知亭，荷村人，知寿张县，道子，壬午科。

麦镇鳌 明三水利琼人。万历十年（1582）举人。

［万历］《广东通志》卷二十《广州府·选举·乡举·国朝·三水》：万历壬午，知县。

［康熙四十九年］《三水县志》卷三《乡举·明朝·万历壬午科》：利琼人，历官四川仁寿知县。

严旗先 字羽仪，明顺德大良人。万历十年（1582）举人。兄应恩。

［万历］《顺德县志》卷九《举人·万历十年》：大良。

［道光］《广东通志》卷七十五《举人六·明·万历十年壬午·广州府》：顺德人，字羽仪，知州，兄应恩。

苏日登 字汉齐，明顺德杏坛人。万历十年（1582）举人。父迥。

［万历］《顺德县志》卷九《举人·万历十年》：马齐。

［康熙二十六年］《顺德县志》卷五《举人·明朝·万历十年壬午科》：杏坛人，桂林府同知。

［乾隆］《顺德县志》卷十《封赠·知县·明朝》：苏迥，以子日登贵赠。

［道光］《广东通志》卷七十五《举人六·明·万历十年壬午·广州府》：顺德人，字汉齐，桂林同知。

李凤姿 明顺德逢简人。万历十年（1582）举人。

［万历］《顺德县志》卷九《举人·万历十年》：逢简。

［康熙十三年］《顺德县志》卷五《明朝·乡举·万历壬午》：逢简人，澄海①县学教谕，迁江县知县，升开封府通判。

［道光］《广东通志》卷七十五《举人六·明·万历十年壬午·广州府》：顺德人，番禺学，开封府通判。今《番禺志》无。

张大勋 明顺德鹭洲人。万历十年（1582）武举。

［康熙十三年］《顺德县志》卷六《明朝·武举·万历壬午》：鹭洲人。

［咸丰］《顺德县志》卷十一《武举·明·万历》：道教人，壬午。

张烓 明顺德龙山人。万历十年（1582）武举。

［康熙十三年］《顺德县志》卷六《明朝·武举·万历壬午》：龙山人。

冼继登 明南海人。万历十年（1582）举人。兄思谦、桂芳。

［万历］《广东通志》卷二十《广州府·选举·乡举·国朝·南海》：万历壬午。

［道光］《广东通志》卷七十五《举人六·明·广州府·万历十年壬午》：南海人，兄思谦、桂芳。

郑学忠 字承赞，明顺德伦教人。万历十年（1582）举人，任江苏仪征知县。

［万历］《顺德县志》卷九《举人·万历十年》：伦教。

［万历］《广东通志》卷二十《广州府·选举·乡举·国朝·顺德》：万历壬午，知县。

［道光］《广东通志》卷七十五《举人六·明·万历十年壬午·广州府》：顺德人，字承赞。郝《志》误姓邹。

［民国］《顺德县志》卷十三《胜迹略·署宅·里居之属》：二侯居，二贤梓里又名石狮巷，在伦教乡，明武缘县令郑学醇、仪真县令郑学忠故宅。（里外旧有涉趣园亦学醇建。学醇有园居诗十首《勾漏集》中。）

---

①澄海：位于广东省东部、韩江三角洲出海口。

罗良信　字惇卓，明顺德大良人。万历十年（1582）举人，十七年任河北定州学正，卒于广西庆远府知府。父仁瓒，弟良策。

［万历］《顺德县志》卷九《举人·万历十年》：大良。

［万历］《广东通志》卷二十《广州府·选举·乡举·国朝·顺德》：万历壬午，同知。

［康熙十三年］《顺德县志》卷二《建置志·坊表》：世承天宠，在县前直街，为奉政大夫罗良信父子建。卷六《明朝·封赠》：罗仁瓒，大良人，以子良信贵，赠奉政大夫。卷七《人物传一·德业》：字惇卓，大良人也。忠孝廉爱，由万历壬午乡荐，恐亲不逮禄养，己丑即授定州学正。其风励多士，不事科条，惟以身先之，曰："圣人教人文行忠信，四者缺一不可。"布程督课，自诸生以及俊秀多所造就。升卫辉司理，方其拜官曰"矢志移孝作忠"，其告神有曰"神念职而庇福双亲，职报神而造福万姓"之语。辉固悍黠，犴狴纷纷，信至，详刑平反，狱无冤民。七登荐剡，转佐漳郡，却羡余，发奸擿伏如神。佐漳六载，摄郡四年。郡中有恶党，官于漳者莫能穷治，信以法歼其渠魁，余党潜踪。时中贵虐焰薰天，信恩不纤靡，威不亢激，能使中贵敛迹，漳民赖安，时有"罗青天"之号。丁外艰去职，销带治丧，萧然行李，哭泣几至伤明。有戴中丞耀、蒋太史孟育、蔡方伯应科，合郡士民建祠肖貌尸祝之，各碑铭志感。服阕补永郡，数月迁姚安太守。姚地荒徼，俗少知书。甫下车教民耕絍，给以牛种、农具。尤重学校，设科启训，教以六经诸子之书，俗变雅习。且杜里甲行市之奸，革掾吏皂舆之弊，惟以俸缗自赡，未尝一介取诸民。丁内艰离任，卧辙扳辕者以万计，有参知孙学易、刺史陶希皋、进士陶娖暨学校军民人等立石兴思。寻补守庆远，至即修城池，建社学，作新学宫，凡可以成就安全、鼓掖诱进无不力焉，竟以劳瘁卒于黄堂正寝，致吊祭者盖数郡。宦游十载，家园寂若，人不知其二千石之门也。弟良策，戊子举人。

［咸丰］《顺德县志》卷十《举人·明·万历》：字一我，大良人，同知庆远府，三德兄。按：阮《志》作文鹏兄，误。壬午科。卷二十四《列传四·明》：七登荐剡，转漳德同知。今祀学乡贤祠。

周若圣　明顺德黎村人。万历十年（1582）武举。

［民国］《顺德县志》卷八《选举表二·郭〈志〉补遗·武举》：黎村人，明万历壬午科。

胡与京 字子穀，号白斋，明顺德桂洲人。万历十年（1582）举人。父明几，子曰乾，又作日乾。

［万历］《顺德县志》卷九《举人·万历十年》：桂洲。

［康熙二十六年］《顺德县志》卷五《举人·明朝·万历十年壬午科》：桂洲人，户部主事。

［雍正］《广东通志》卷三十三《举人·明·万历十年壬午乡试榜》：顺德人，知县。

［乾隆］《顺德县志》卷十《封赠·员外·明朝》：胡明几，以子与京贵赠。卷十二《宦迹》：字子穀，号白斋。桂州人。早孤，家贫力学。万历壬午举于乡，授大埔①教谕，痛父不逮禄养，泪时涔涔下。迎母就署，色养备至。每晨起，焚香祝天，以祈母寿，风雨弗辍，有甘露降于署中，潮人以为孝感，歌之诗至盈帙。勤课诸生，务敦实学，著《八行解》及《玉林摘粹》诸书以训多士。贫者束脯必却，丧葬不能举，割俸赠之。以卓异升国子监学录，陶镕六馆，如韩求仲、包仪甫皆常闻教者也。□□□□□治狱多所平□□□□转饷户部移檄□□京殷勤毕事。升户部员□□□户部郎中，历官廉介。及卒，橐无余金，止遗图□□□而已。京学术醇正，宗李见罗正修之传，常勒“修身为本”四字于座右。长子曰乾，登戊午贤书，任澄海教谕，荐转南雍助教未赴，同祀乡贤。

［乾隆］《广州府志》卷三十五《循吏二·明》：转刑部主事，治狱多所平反。适辽阳转饷，户部移檄，与京殷勤毕事。历户部员外、郎中，居官清介。子日乾，举人，南京国子助教。

［道光］《广东通志》卷七十五《举人六·明·万历十年壬午·广州府》：顺德人，字员峤，户部主事，子日乾。

［咸丰］《顺德县志》卷二十四《列传四·明·胡与京》：号自斋……风雨弗辍，甘露降斋庭。

胡来庭 明顺德桂洲人。万历十年（1582）武举。

［乾隆］《顺德县志》卷十《武举·明朝·万历壬午》：桂洲人。

柯少茂 改名廷芳，明顺德龙山人。万历十年（1582）

---

①大埔：地处广东省东北部、韩江上游，今属梅州。

举人。

[万历]《顺德县志》卷九《举人·万历十年》：龙山。

[康熙十三年]《顺德县志》卷五《明朝·乡举·万历壬午》：龙山人，改名廷芳，历官岳州府同知。

[嘉庆]《龙山乡志》卷八《德业》：字廷芳，玉宇其号也。博学能文，雅尚节概。少为诸生即留心世务，凡义之所在，无不身任担负，以为乡里先。登万历壬午乡榜，己丑之岁饥馑洊至，粒粟如珠，乡中贫民待食皇皇无告。少茂时方卧病，奋然起……倡议仿紫阳常平义仓，以天地自然之力，岁为积谷，因民利民……少茂……集众捐金输粟，力白于官……初，乡大冈墟租地每为富强包占，乡人惮之，无敢言者。少茂……复率众请官清厘地界，悉令退出，岁取所入以裕谷……自是出纳赈赡岁以为常，虽水暵不为灾，少茂之力也。是役也，里义士温池、张建昇、李杞、邱月、陈光祖等同董其事输金谷者，官为之给冠带、悬匾额，一时传为盛举，乡人至今思之，岁设位于墟所，春秋祀焉。后出为岳州府同知，有政声。

高为仪　明南海人。万历十年（1582）举人。弟为表。

[崇祯]《南海县志》卷十一《人物列传·高为表传》：兄为仪，万历壬午亦举于乡。

谈应召　字侣周，一说字绍周。明顺德大良人。万历十年（1582）举人。

[万历]《顺德县志》卷九《举人·万历十年》：大良。

[道光]《广东通志》卷七十五《举人六·明·万历十年壬午·广州府》：顺德人，字侣周。

[咸丰]《顺德县志》卷十《举人·明·万历》：字绍周，大良人，壬午科。

郭浡然　字文典，明南海人。万历十年（1582）举人。

[万历]《广东通志》卷二十《广州府·选举·乡举·国朝·南海》：万历壬午。

[道光]《广东通志》卷七十五《举人六·明·万历十年壬午·广州府》：南海人，字文典。

袁士楚　明南海人。万历十年（1582）举人。

［崇祯］《南海县志》卷四《乡举·明·万历壬午》：广西中式，通判。

［道光］《广东通志》卷七十五《举人六·明·万历十年壬午附广西中式》：南海人，太平养利籍，通判。

［道光］《南海县志》卷二十《举人·明万历朝》：广西中式，泉州教授，据《福建志》参修，壬午科。

梁维屏　字卓卿，明顺德赤花人。万历十年（1582）举人第一名。

［万历］《顺德县志》卷九《举人·万历十年》：龙头，解元。

［道光］《广东通志》卷七十五《举人六·明·万历十年壬午·广州府》：解元，顺德人，字卓卿，知府。

［咸丰］《顺德县志》卷十《举人·明·万历》：字卓卿，赤花人，第一名，知府，壬午科。卷十六《胜迹略·署宅·书舍之属·紫泥属》：半浦书堂，在龙头堡。万历初，雄楚知府梁维屏父建以教子，延都粘梁进士为之师。维屏休归，仍开讲席于此，及门者多掇科第。

［民国］《顺德县志》卷十五《金石略·石》：《重修招募冈岳武穆祠记》，万历四十三年，中宪大夫、云南楚雄府知府、前敕广西恤刑、刑部江西清吏司郎中梁维屏顿首书丹。

黄家相　明顺德龙山人。万历十年（1582）副贡。

［嘉庆］《龙山乡志》卷七《贡生·明·万历副贡》：壬午科，鸿胪寺①署丞。

谭善继　明三水利琼人。万历十年（1582）举人。父大裕。

［万历］《广东通志》卷二十《广州府·选举·乡举·国朝·三水》：万历壬午。

［康熙］《广东通志》卷十五《选举上·广州府·封赠·明·三水》：谭大裕，以子善继赠知府。

［康熙四十九年］《三水县志》卷三《乡举·明朝·万历壬午科》：西南街人，历官广西梧州府同知。

---

①鸿胪寺：官署名。鸿胪本为大声传赞、引导仪节之意，故鸿胪寺掌朝会仪节等。

罗大猷　明高明孔堂人。万历十一年（1583）岁贡。

［崇祯］《肇庆府志》卷七《明·岁贡·万历·高明县学》：三水训导。

［康熙八年］《高明县志》卷四《元明·恩岁贡》：田心人，万历十二年岁贡，任三水县训导。

［康熙二十九年］《高明县志》卷十二《贡生·明》：田心人，万历十一年岁贡，任三水训导。

［道光］《高明县志》卷十二《贡生·明》：孔堂人，万历十一年岁贡，任三水训导。

何应阳　明顺德黄连人。万历十二年（1583）任广东封川县训导。

［万历］《顺德县志》卷九《岁贡·万历》：黄连，封川训导。

［万历］《肇庆府志》卷四《秩官表二·国朝·封川县·训导》：顺德人，岁贡，万历十二年任。

黎应珍　字聘伯，明顺德马滘人。万历十二年（1584）岁贡，次年中武举回家。

［咸丰］《顺德县志》卷十一《岁贡·明·万历》：马滘人，新会籍。《武举·明·万历》：马滘人，乙酉。卷二十四《列传四·明·黎宏业》：其族应珍者，字聘伯，少孤，事耄母袁，寝膳皆手供，兄弟同居不渝。万历甲申岁荐，弃去，与欧大任辈吟咏自乐。

阮遂松　（1555—1648）字嵩阳，别号大生子，明南海官窑人。四十岁钻研医书，治病奇效。

［康熙］《南海县志》卷十三《人物传·方技·清》：号嵩阳，别号大生子。世居官窑，祖父五世为医。松幼失怙恃，依两兄成立，博览好学。遇父母讳辰，号哭竟日不饮食，悲失养也。尝授徒连州，遇试得进为诸生。及年

四十未举子，遂谢青衿，搜家传，究岐黄之术①，精太素②，治病多奇效。以利济为心，不乘危索财，不吝施予，当事缙绅踵门延请者无虚晷。赋性仁厚，骨相清癯。晚年耽仙术，喜修炼，何香山题其炼药之所曰“丹度斋”。所著有《大生方论》《三元秘录》《七发真言》《玉枕记》《锡类编》《惠阳行草》诸书，藏于家。顺治丁亥，无病沐浴，就寝而卒，年九十四。

麦秀岐　（约 1556—?）字德征，明南海人。万历四年（1576）举人。子懋藻。

［万历］《广东通志》卷二十《广州府·选举·乡举·国朝·南海》：万历丙子，知县。

［崇祯］《南海县志》卷四《乡举·明·万历丙子》：知州。《贡·明》：麦懋藻，崇祯恩贡，已卯举人。卷十一《人物列传》：字德征。性温厚沉毅，然诺不侵，事父母孝谨。舞象应童子科试，郡邑俱冠军。弱冠领贤书，令江西万年。万岩邑，故姚源盗薮，民鸷悍。秀岐加意抚循，催科不扰。试童生某始以文字拔第二，寻假权牍恳置第一，径不录。司理某墨甚，佐直指按部，索郴州纸，志不在鱼。秀岐笑曰：“吾安能剥赤子媚若辈？宁挂冠行耳！”径具纸报。某衔之，寻闻其廉，殊悔。邑巨商携家返越挟厚资，贼御于途，刃十一命。秀岐设法擒七贼讯，伏辜弃市。攒造税溢额，秀岐请其羡赈诸孤贫，得报可。其清节贞心多类此。西江人士咸延伫内转，以寡营迁云南巨津州守，辞不就，万年碑去思、尸祝。家食屏将迎，惟与黄太史儒炳、吴侍御光龙结社觞咏。诗宗初盛，有集藏于家。卷十二《艺文志·书目》：《澹远堂诗稿》，麦秀岐撰。

［道光］《广东通志》卷七十五《举人六·明·万历四年丙子·广州府》：南海人，云南巨津知州。子懋藻，孙耀先。

高为表　（约 1556—约 1636）字正甫，明南海人。万历四年（1576）举人，任河北沧州学正、国子博士、刑部主政、户部郎中、江西袁州知府，三十二年退休。兄为仪。

---

①岐黄之术：指代中医医术。相传黄帝常与岐伯、雷公等臣子对疾病的病因、诊断以及治疗等原理设问作答，予以阐明，很多内容记载于《黄帝内经》中。

②太素：隋唐时杨上善《黄帝内经太素》的简称。

[万历]《广东通志》卷二十《广州府·选举·乡举·国朝·南海》：万历丙子，袁州知府。

[崇祯]《南海县志》卷十一《人物列传》：字正甫。性端庄，寡言笑。少应童子科，三试俱第一。弱冠领万历丙子乡荐，谒选沧州学正。迁国子博士，加意作人，翰林刘生中、沈灌、朱之蕃皆出其门。晋刑曹主政，献狱淮阳，多所平反。寻以忧去，补户部员外、郎中。出知袁州府，时分宜奸徒诱潘珰开采银矿，表力陈利害，事遂寝，袁民安堵，表之功也。举先正陈重祠以风世，设秀江文社以课士，三年政通人和，有循良声。甲辰入觐，事峻即乞休，年仅五十，其急流勇退如此。家居三十载，诗文自娱。与人恂恂，无疾言遽色，虽贵至二千石而食不兼味，衣必布褐，淡如也。直指王公、李公、田公、督抚陈公五疏荐不起。所著有《榆枋斋集》行世，《田间汇稿》藏于家，尝修番邑志。终年八十一。

[道光]《广东通志》卷七十五《举人六·明·万历四年丙子·广州府》：番禺人，南海学，字正甫，袁州知府，兄为仪。

冯奕垣 字弱璧，明南海人。万历十九年（1591）举人，二十九年进士。三十五年巡按贵州，归家病卒，赠光禄寺少卿。父熙，弟良栋、良标。

[万历]《广东通志》卷二十《广州府·选举·乡举·国朝·南海》：万历辛卯，见进士。《广州府·选举·进士·国朝·南海》：万历辛丑，见庶吉士。

[崇祯]《南海县志》卷四《封赠·明》：冯熙，以子奕垣赠御史。卷十《人物列传》：字弱璧。少有至性，甫十龄，父以祖坟讼为仇家齮龁系狱，疫病濒危。垣侍药进梨，父愈，竟直其诬而出，人以为孝感所致。事后母孝谨，友爱两弟。弱冠郡、庠两试冠军，遂食饩。万历辛卯举于乡，辛丑成进士，选庶吉士，未几出补台中，巡视西城。时逆珰骫法，按治不避，一时权豪钦戢。丙午巡方黔中，黜贪奖廉，百司肃清。时黔以平播复，苗人土司交讧，占印争官构衅，纵苗恣梗，加以蜀抚贪功，大扰边徼。奕垣殚厥心力，运筹参处，屡疏得旨，追印寝兵。黔、蜀百万生灵不至糜烂者，奕垣力也。按部抵铜仁，四面俱红苗窟穴，向无藩篱。垣捐锾千三百缗城之，至今屹然金汤。

以积劳瓜代①还家，遘疾而卒，叙功，奉旨加赠光禄寺少卿。生平俭朴，不贵异物。征苗获铜鼓二，铭刻制自姚虞，却而不纳。由史馆以迄西台，朝廷利弊知无不言，所上有《二弊五穷疏》《挽乱图治疏》《信任辅臣疏》《请平铨政疏》皆宗社硕画云。祀名宦、乡贤。

［乾隆］《南海县志》卷十五《人物志·明》：征苗获铜鼓二，系三代物，却而不纳。

［道光］《广东通志》卷七十五《举人六·明·万历十九年辛卯·广州府》：南海人，进士，弟良栋。

［道光］《南海县志》卷三十八《列传七·明·冯奕垣》：未几，补监察御史巡视西城……丙午巡按贵州。卷二十六《艺文略二·集》：《侍御冯浮西公集》，明冯奕垣撰。

［咸丰］《顺德县志》卷十《进士·明·万历》：南海籍。御史，赠光禄少卿。

冯良栋　字隆友，明南海人。万历十三年（1585）举人。兄奕垣。

［万历］《顺德县志》卷九《举人·万历十三年》：南海。

［万历］《广东通志》卷二十《广州府·选举·乡举·国朝·南海》：万历乙酉。

［乾隆］《顺德县志》卷十《举人·明朝·万历乙酉》：南海籍顺德人。

［道光］《广东通志》卷七十五《举人六·明·万历十三年乙酉·广州府》：顺德人，南海籍，字隆友，兄奕垣。

关天启　字思若，号念吾，明南海九江人。万历十三年（1585）举人。

［万历］《广东通志》卷二十《广州府·选举·乡举·国朝·南海》：万历乙酉，知县。

《南海九江乡志》卷三《选举·乡举·万历十三年乙酉科》：字思若，号念吾。由南海学习《诗经》，中式第十名。初授湖广会同县学教谕，升南直黟县知县，改江西贵溪学教谕，升江西南安府通判。子恺之，监生。卷四《先

---

①瓜代：春秋时，齐襄公叫连称和管至父两个人去戍守葵丘，正当瓜熟的季节，约定明年吃瓜的时候叫人来接替。后称任期已满，换人接替。

达列传》：公天资懋美，学行端醇。年十七邑试领批，乡试冠本房。两司教铎，以培士气、育真才为先。令黟，下车即延父老询疾苦，划从前夙弊，与之更始，事治民安。冰蘖之操特严……以介遭忌改教。寻倅南安，益清慎，或值公冗更阑退食，每自然藜就餐中厨，不倩婢仆。

《九江儒林乡志》卷十二《列传·明》：卒年六十五，子士慥。

伍大璋　明顺德勒楼人。万历十三年（1585）武举。

［咸丰］《顺德县志》卷十一《武举·明·万历》：勒楼人，乙酉。

麦盛秋　字穗阳，明顺德勒楼人。万历十三年（1585）举人。

［万历］《顺德县志》卷九《举人·万历十三年》：勒楼。

［崇祯］《南海县志》卷四《乡举·明·万历乙酉》：顺德人，由本学。

［康熙十三年］《顺德县志》卷五《明朝·乡举·万历乙酉》：勒楼人，历任江南太平县知县。

［道光］《广东通志》卷七十五《举人六·明·万历十三年乙酉·广州府》：顺德人，南海学，字穗阳，太平知县。

李仕晁　一作士晁，字长卿，明顺德江村人。万历十三年（1585）举人。

［万历］《顺德县志》卷九《举人·万历十三年》：江村。

［万历］《广东通志》卷二十《广州府·选举·乡举·国朝·顺德》：李士晁，万历乙酉。

［康熙十三年］《顺德县志》卷五《明朝·乡举·万历乙酉》：李士晁，江村人，通判。

［道光］《广东通志》卷七十五《举人六·明·万历十三年乙酉·广州府》：顺德人，一作士晁，字长卿。

何七德　明顺德水藤人。万历十三年（1585）武举。

［咸丰］《顺德县志》卷十一《武举·明·万历》：水藤人，乙酉。

何豸　字平甫，明顺德桂圃人。万历十三年（1585）举人，十七年进士。兄太庚、与伦。

［万历］《顺德县志》卷九《举人·万历十三年》：平步，解元。

《粤大记》卷五《科第·皇明进士科·万历十七年己丑科焦竑榜》：顺德县人，知县。

［万历］《广东通志》卷二十《广州府·选举·乡举·国朝·顺德》：万历乙酉，解元进士。《进士·国朝·顺德》：万历己丑。《广州府·选举·封赠·国朝·顺德》：何绍异，以子豸赠上颖知县。

［康熙十三年］《顺德县志》卷五《明朝·进士·万历己丑》：户部主事。

［道光］《广东通志》卷七十五《举人六·明·万历十三年乙酉·广州府》：解元，顺德人，番禺学，字平甫，今《番禺志》失载。兄太庚、与伦。

［咸丰］《顺德县志》卷十《举人·明·万历》：字平甫，桂圃人，番禺籍，第一名，见进士，太庚，与伦弟，乙酉科。卷二十三《列传三·明·何继之》：同族有并仕为令长者三人……豸字平甫……知嘉兴矢清介，处膏腴不自润，有谋夺继者贿以万金，峻却焉。丁外艰归橐萧然，父老百辈走送百里外，各赍一金献，豸慰而谢之。终户部主事。

何挺鸾　字维翼，明三水鲁村人。万历十三年（1585）举人。

［万历］《广东通志》卷二十《广州府·选举·乡举·国朝·三水》：万历乙酉。

［康熙四十九年］《三水县志》卷三《乡举·明朝·万历乙酉科》：鲁村人，江西饶州府推官。

［道光］《广东通志》卷七十五《举人六·明·万历十三年乙酉·广州府》：三水人，字维翼，江西饶州推官。

陈份　明顺德容奇人。万历十三年（1585）武举。

［康熙十三年］《顺德县志》卷六《明朝·武举·万历乙酉》：容奇人。

［咸丰］《顺德县志》卷十一《武举·明·万历》：容奇人，乙酉。

林挺　字乔化，明南海大江堡人。万历二十年（1592）选贡，授江西宁都知县，辞归。参修郭棐主编的《广东通志》，最后统稿时，与霍尚守增订完成。

［崇祯］《南海县志》卷四《贡·明》：由府学选贡，知县。

［康熙］《广东通志》卷十五《选举上·广州府·岁贡·明·南海》：府

学，万历壬辰选贡。

[道光]《南海县志》卷二十《贡生荐辟·明万历朝》：壬辰选贡，知县。按：《采访册》作乙酉贡、宁都知县，今从郭《通志》。

[同治]《南海县志》卷十八《列传·文学》：字乔化，大江堡人。明万历乙酉恩贡生，授宁都县知县。出膺民社，囊橐萧然，解组归只携一砚得自任所，仍刻铭于背以纪所由来，其清操为当时最。平素博学能文，负淹贯称，出其门者多知名士。到家时，值大吏议修省《志》，聘郭光禄棐、王禄丞学曾、袁藩参昌祚总其事，而挺与黄作霖等司分纂。佥谓："局中同事意见不无异同，势必互相推诿，窃恐河清可俟、削稿无时。不若分郡责成，各有攸司，尸祝不相替代，或不至多费日时。"众皆韪其说。挺建议："分任责成以求易于竣事，理固然矣，然能分不能合，弊亦相同。吾阅历朝国史，惟班、马二书乃其家所世守，虽旁搜博采，仍自为义例，踳驳①不多。下至承祚蔚宗，虽宽于取材，实一手所删定，故能曰简曰洁，体大思精。嗣后变为官书，或广召群儒，或委员开局，去取不相酌，彼此不相闻。至一卷之书首尾互舛，一事之记先后互殊，甚至一人两其名、一名两其传，他若表志重见、年月违谬者难悉数也，推原其故，皆由分而不合故至此。窃谓今日书成后彼此校阅，略者详之，阙者补之，衍者删之，讹者订之，以众人之长补一人之短，庶有合哉！"佥曰："诺。"依其议，《志》乃告成。时直指使者李时华性好理学，恐此中未能详尽，留挺及霍尚守同增订，又阅三月功乃毕焉。挺生平多诗文，然尽散佚，稍存一二于岭南文献中。

周之祯　明顺德黎村人。万历十三年（1585）武举。

[康熙十三年]《顺德县志》卷六《明朝·武举·万历乙酉》：黎村人。

胡道明　改名丽明，字绍行，明顺德龙山人。万历十三年（1585）举人，任广西宣化（今邕宁）知县。

[万历]《顺德县志》卷九《举人·万历十三年》：龙山。

[康熙十三年]《顺德县志》卷五《明朝·乡举·万历乙酉》：龙山人，改名丽明，宣化县知县。

[道光]《广东通志》卷七十五《举人六·明·万历十三年乙酉·广州府》：顺德人，改名丽明，字绍行，宣化知县。

---

①踳（chǔn）驳：错乱，驳杂。

郭宇　字霁崙，明南海人。万历十三年（1585）举人。

［万历］《广东通志》卷二十《广州府·选举·乡举·国朝·南海》：万历乙酉。

［康熙四十九年］《三水县志》卷三《乡举·明朝·万历乙酉科》：南海人，寄学中式。

［道光］《广东通志》卷七十五《举人六·明·万历十三年乙酉·广州府》：南海人，三水学，字霁崙。

谈豸　字繍臣，明顺德龙涌人。万历十三年（1585）举人，任江西南丰知县。

［万历］《顺德县志》卷九《举人·万历十三年》：龙渚。

［康熙十三年］《顺德县志》卷五《明朝·乡举·万历乙酉》：龙涌人，南丰县知县。

［道光］《广东通志》卷七十五《举人六·明·万历十三年乙酉·广州府》：顺德人，字繍臣，南丰知县。

梁兆电　字曜甫，又作跃甫，明顺德北滘上寮人。万历十三年（1585）举人，授广东东安（今云浮）教谕。祖用逵，父符。

［万历］《顺德县志》卷九《举人·万历十三年》：甘溪，符子。

［万历］《广东通志》卷二十《广州府·选举·乡举·国朝·顺德》：万历乙酉，教谕。

［康熙十一年］《东安县志》卷六《秩官志·教谕·明》：南海人，举人。祖符、父用逵皆以名孝廉历宦有声，家学源流，科甲轩冕。举人署教谕自公始，品行端方，表率多士，修学宫，设学田，邑称善教者必首推公云。

［康熙］《广东通志》卷十六《人物上·广州府·明·梁用逵》：子兆电，举万历乙酉乡荐，授东安县①教谕。时县初建，电至即立学宫，置学田，教士有方，卒于官。

［康熙十三年］《顺德县志》卷五《明朝·乡举·万历乙酉》：上寮人，教谕。

［道光］《广东通志》卷七十五《举人六·明·万历十三年乙酉·广州

①东安：位于广东省的西部。

府》：顺德人，字曜甫，东安知县。用逵孙，符子，孙朝鑑。

［咸丰］《顺德县志》卷十《举人·明·万历》：字跃甫，上寮人，东安县教谕。有传。按：阮《志》作东安知县，误。乙酉科。卷二十四《列传四·明·梁用逵》：孙兆电……授东安教谕，时县初建，至即立学置田，教士有方，卒于官。

梁淳　字遂初，明顺德葛岸人。万历十三年（1585）举人，任福建延平府同知。父维翰。

［万历］《顺德县志》卷九《举人·万历十三年》：葛岸。

［万历］《广东通志》卷二十《广州府·选举·乡举·国朝·顺德》：万历乙酉，推官。

［康熙十三年］《顺德县志》卷五《明朝·乡举·万历乙酉》：葛岸人，延平府同知。

［乾隆］《顺德县志》卷十《举人·明朝·万历乙酉》：葛岸人。历延平府同知，转郑府左长史。《封赠·同知·明朝》：梁维翰，以子淳贵赠。

［道光］《广东通志》卷七十五《举人六·明·万历十三年乙酉·广州府》：顺德人，字遂初，郑府左长史。

梁槐　明三水利琼人。万历十三年（1585）岁贡。祖乔干，次子耀书。

［康熙］《广东通志》卷十五《选举上·广州府·封赠·明·三水》：以子耀书赠知县。

［康熙四十九年］《三水县志》卷三《贡途·岁贡》：大冈人，乔干孙，福建浦城知县。卷十二《人物传·贤良》：梁乔干，孙梁槐，力学能文，万历乙酉岁荐，为浦城令，多善政，以次子耀书贵赠文林郎。耀书少颖悟，补东安学生，笃学工苦。凡九战棘闱不遇，铭壁自砥云："读而弗售，我如命何？弗售愈读，命如我何？"领万历戊午贤书，为诸暨令有声，进阶授爵。尝语人曰："吾莅暨无他长，惟旬日接人，命数十词，十无一行，间得其情，亦复质勘再三，庶几不愧于心耳。"寻卒于任。

［乾隆］《东安县志》卷三《选举志·岁贡·明》：三水县学生，改拨本学，万历十四年贡。

黄文绶　明高明伦埇人。万历十三年（1585）岁贡，任广东东安（今云浮）教谕。

[康熙八年]《高明县志》卷四《元明·恩岁贡》：田心人，万历十三年岁贡，任东安县教谕。

[康熙二十九年]《高明县志》卷十二《贡生·明》：伦埇人，万历十三年岁贡，任东安教谕。

黄懋宪　字元度，明南海人。与马梦吉同学。万历十三年（1585）已经中举，因得罪权要未录取，二十四年在家赈饥。

[崇祯]《南海县志》卷十一《隐逸·明》：字元度。生而颖异，十岁能文。性刚直，好博古。读汉史见黄叔度，酷慕其人，因以命名。八岁伴父夜读书，父不寝不先寝也。自幼手不释卷，父语人曰："吾儿如此，可废教笞矣！"弱冠名噪南庠，试辄高等。万历乙酉棘闱中选，以后场语直刺权要弗录。知交皆贤豪，与兴化守马梦吉称密友，同居食，下帷十载，规勉不倦，吉宦成犹敬惮之。丙申岁大饥，时父病革，聚族谋祷。宪曰："吾父志在活人。"遂甘饘粥，捐谷以存饿者数百命，父竟痊，人谓阴功所致云。事后母最孝，母病垂毙，痛母无子，虑后之人湮其讳祀也，宪哀号五日，其母奄奄延待，竟同前母讳日而卒，其孝感如此。素笃友谊，有伦姓者厚善，夫妻沦没，贫无葬具，其子请助，即为置窀穸阡焉，生平仗义类然。家近金山，晚构山楼，耽著述，有天香斋各集。动法古人，别号"友古"。年几八帙，乡尊宿分题赋寿，宪属和尤工。卒之日，远近德之，皆为流涕。

谭大宁　字彦祯，明高明范州人。万历十三年（1585）与弟邦杰同时中举，任广西太平府同知。转贵州黎平府太守，未到任即病逝，家贫如洗，草草下葬。父重道。

[万历]《肇庆府志》卷五《选举表一·国朝·举人·万历十三年乙酉》：字彦祯……高明人。

[崇祯]《肇庆府志》卷六《明·举人·万历十三年乙酉》：字彦祯，黎平府知府。父重道，赠南京刑部主事，一生清苦自励，狷介真品。卷七《掾史·高明·谭重道》：子大宁，赠南京刑部主事。卷二十二《人物传·明》：字彦祯，高明人。万历乙酉与弟邦杰同乡举，事嫡母如所生，每以气节相砥。初为广西太平司李，思明土目陆酋横甚，他司李过者率茹其馈。大宁至，复密献千金，正色却之。悉廉得其不轨状，白监司两台，竟缚之正法，思明合

境以安。事闻，转南曹①郎。所居官舍止一衣箧，不设缄鐍，人皆得启视之，无长物②也。在太平时，陀陵县隘而荒，为之抚流移，开田数十万亩，县供以裕。谳狱南刑曹，爰书平反配引情律不可更移。转黎平太守，未之官而卒，贫至不能殓。

［康熙八年］《高明县志》卷四《明·举人·万历十三年乙酉》：范州人，字彦祯，官至黎平知府。

［康熙二十九年］《高明县志》卷二《地理·冢墓》：刑部郎中谭大宁墓，在刘村都黄麖湖。

谭邦杰 字彦屏，明高明范州人。万历十三年（1585）举人。崇祯六年（1633），请求增加高明科举名额十名。兄大宁。

［万历］《肇庆府志》卷五《选举表一·国朝·举人·万历十三年乙酉》：字彦□，大宁弟，由东安学中式，高明人。

［崇祯］《肇庆府志》卷六《明·举人·万历十三年乙酉》：字彦屏，大宁弟，由东安学，南京工部主事，高明人。

［康熙八年］《高明县志》卷四《明·举人·万历十三年乙酉》：范州人，字彦屏，大宁弟，官至南京工部主事。卷十三《人物传·明》：字彦屏，立身行己克循矩度。与兄大宁同领万历乙酉乡荐，授湖广京山知县，台使者以治状荐，行取北城兵马，升南京工部主事。崇祯癸酉，请增本邑科举额十名，亦作兴后学之意。

［康熙二十六年］《东安县志》卷七《举人·明·万历乙酉科》：高明人，附籍入学，中式乡试第三十六名。建县初，邦杰考列第一，是年为本学开科第一人，仕至知县。

潘廷直 字葆冲，明顺德冲鹤人。万历十三年（1585）举人。

［万历］《顺德县志》卷九《举人·万历十三年》：冲鹤。

［道光］《广东通志》卷七十五《举人六·明·万历十三年乙酉·广州府》：顺德人，字葆冲。

---

①南曹：泛指明代留都南京各部的官员。

②长（cháng）物：原指多余的东西，后来也指像样的东西。

潘养忠　明顺德冲鹤人。万历十三年（1585）副贡。

［咸丰］《顺德县志》卷十一《副贡·明·万历》：冲鹤人，乙酉。

霍见大　字泰如，明南海人。万历十三年（1585）举人。父镇东，弟汝元。

［道光］《广东通志》卷七十五《举人六·明·万历十三年乙酉·广州府》：南海人，镇东子，字泰如。

陈世濂　字懋周，明顺德人。与曾仕鑑、欧大任结诗社。

［乾隆］《广州府志》卷三十八《孝行·顺德·明》：字懋周，邑弟子员。性至孝，恪遵庭训，居恒左右就养。亲没执丧一循古礼，筑室庐墓，晨夕悲哀。事继母敬养备至，兄嫂之丧悉以己任。所交皆海内名流，尝与秘书曾人倩、虞部欧贞伯辈结社赋诗，晚号溢江。名所居曰"云门"，而其集即以是名之。

区铎　明顺德甘溪人。隆庆岁贡，万历十四年（1586）任广东高要教谕。

［万历］《顺德县志》卷九《岁贡·隆庆》：甘溪，揭阳教谕。

［万历］《肇庆府志》卷四《秩官表二·国朝·高要县·儒学教谕》：顺德人，岁贡，万历十四年任。

［康熙十三年］《顺德县志》卷五《明朝·岁贡·隆庆》：甘溪人，龙溪学训导，升揭阳学教谕。

冯照　明南海人。万历十四年（1586）岁贡。

［道光］《南海县志》卷二十《贡生荐辟·明万历朝》：丙戌岁贡。

区国光　明顺德登洲人。万历十五年（1587）任广东四会县训导。

［万历］《顺德县志》卷九《岁贡·万历》：登洲。

［万历］《肇庆府志》卷四《秩官表二·国朝·四会县·训导》：顺德人，岁贡，十五年任。

程大亨　明高明城中人。万历十五年（1587）岁贡。

［崇祯］《肇庆府志》卷七《明·岁贡·万历·高明县学》：靖安教授。

［康熙八年］《高明县志》卷四《元明·恩岁贡》：良村人，岁贡，任昌化县训谕。

［康熙二十九年］《高明县志》卷十二《贡生·明》：良村人，万历十五年岁贡，任昌化训导。

［道光］《高明县志》卷十二《贡生·明》：城中人，万历十五年岁贡，任浙江昌化教谕。

邓如海　明三水周村人。万历十六年（1588）岁贡。

［康熙四十九年］《三水县志》卷三《贡途·岁贡》：周村人，以东安学荐授江西沿山县丞。

［乾隆］《东安县志》卷三《选举志·岁贡·明》：三水县学生，改拨本学，万历十六年贡。

卢云　字从龙，明顺德龙山人。万历十六年（1588）举人，子炯然娶南海九江朱凌霄女。

［崇祯］《南海县志》卷四《乡举·明·万历戊子》：顺德人，由本学。

《南海九江乡志》卷二《名墓》：龙山卢孝廉云，在镇山。

［道光］《广东通志》卷七十五《举人六·明·万历十六年戊子·广州府》：顺德人，南海学，字从龙。《顺德志》失载。

［咸丰］《顺德县志》卷十《举人·明·万历》：字从龙，里居缺，南海籍。按：旧《志》缺，今从阮《志》。戊子科。

《九江儒林乡志》卷七《金石略二》：《朱刺史凌霄墓志铭》……女一，适孝廉卢云之子卢炯然。

［民国］《顺德县志》卷八《选举表一·郭〈志〉补遗·举人·明》：字从龙，旧《志》里居缺。龙山人，据《龙山乡志》。

丘惟峻　一作邱维峻，字翘明，明南海佛山镇人。万历十六年（1588）举人。

［万历］《广东通志》卷二十《广州府·选举·乡举·国朝·南海》：万历戊子，知县。

［乾隆］《佛山忠义乡志》卷四《乡举·明·万历戊子》：福建平和县知县。

［道光］《广东通志》卷七十五《举人六·明·万历十六年戊子·广州

府》：邱维峻，南海人，字翘明，知县。

［道光］《南海县志》卷二十《举人·明万历朝》：邱维峻，漳平知县，据《福建志》参修……戊子科。

叶重华 字思渐，明顺德桂洲人。万历十六年（1588）与弟文华同科举人。

［万历］《广东通志》卷二十《广州府·选举·乡举·国朝·顺德》：万历戊子。

［康熙十三年］《顺德县志》卷五《明朝·乡举·万历戊子》：桂洲人。

［道光］《广东通志》卷七十五《举人六·明·万历十六年戊子·广州府》：顺德人，字思渐，弟文华同科。

叶朝阳 原名德（一作得），明顺德龙江人。万历十六年（1588）举人，次年会试不中，二十三年代理福建永春教谕。二十六年会试中乙榜，选四川江津县令，卒于蓬溪县令。

［万历］《广东通志》卷二十《广州府·选举·乡举·国朝·顺德》：叶得，万历戊子，知县。

［崇祯］《南海县志》卷四《乡举·明·万历戊子》：叶得，顺德人，由本学，知县。

［康熙十三年］《顺德县志》卷五《明朝·乡举·万历戊子》：叶德，龙江人，改名朝阳。卷七《人物传一·德业》：原名得，龙江人。少豪爽，为南海诸生……己丑下第，筑室石壁山中，下帷攻苦。乙未署福建永春教谕，一以躬行课士，成就甚众。当道廉其能，委署宁德印。有权贵欲庇一亲人，阳廉得其情鞫而释之，其人酬以千金，却而不受。名誉日起，丁酉聘分考应天，得名士王名登等九人。戊戌上春官中副榜，谒选得江津令。时土官杨应龙叛，征兵四省，转饷为艰。津当要冲，征役繁苦，阳念民力与上官抗，改调蓬溪，毫无愠色。时兵事未已，仍以息民为事，循良之声载道。在任六月即染微疴，犹复问民疾苦，清查盐井以杜奸欺，核隐税以扶困弱。卒于官署，百姓如丧考妣，囊中不满十金，众争赙之乃克殓云。平生厚待亲友，乡人在京遭难，典衣相救，人以为难。少时胞叔未嗣，命阳为其嗣。后叔乃生子，以宅边之田与之不受。在永春时，诸生有贫乏捐俸济之。丙申吾粤大饥，遥寄俸金分

赈戚族。工诗文，精藻鉴，识冢宰何熊祥①、少宰②黄儒炳于未遇之时。其祖籍出自唐宰相叶颙，颙尝为南海尉，留一子于粤，阳盖其裔云。

刘景辰 号清源，字紫星，明南海人。万历十六年（1588）举人第一名，次年进士，任行人、云南道御史。四十五岁卒。父应鹏，兄拱辰。

《粤大记》卷五《科第·皇明进士科·万历十七年己丑科焦竑榜》：南海县人。行人，御史。巡按陕西，督视工程。

[万历]《广东通志》卷二十《广州府·选举·乡举·国朝·南海》：万历戊子。见进士。《进士·国朝·南海》：万历己丑，御史。《封赠·国朝·南海》：刘应鹏，以子景辰封监察御史。

[崇祯]《南海县志》卷十一《人物列传》：字紫星。万历戊子领乡解，登己丑进士，授行人。选云南道御史，立朝正色，条上用人简练诸事，皆裨军国大计。寻按陕、蜀茶马，以厘剔为务，茶则片引不得阑出，衡完销多寡以为程等，人竞趋之，边计称裕。马则羸驽不入中，前属泄泄积玩，丁年皆抵腊而后得报代。景辰挽缓为急，竟一年而收两差之功，人以为神。值西夏兵变，四镇合击，营马多毙，几不能军，得景辰所中二万四千余骑始克济战。继巡乾清、坤宁两宫工，力循旧章，严核滥溢，工用得减十之三。虽与中贵龃龉，然卒服其廉正不敢龁龁，其风力如此。援例归省，卒年四十有五。所存有《焚余稿》。

[康熙]《南海县志》卷十一《人物列传·名臣·明》：字紫星，号清源……人马者不得以羸驽充，前之积玩尽祛。

[道光]《广东通志》卷六十九《进士·明·万历十七年己丑焦竑榜·广州府》：番禺人，南海籍，监察御史，《题名碑》作从化人。卷二百八十二《列传十五·广州十五·刘景辰》：番禺人，拱辰弟。由南海学拨郡庠……己丑进士（《题名碑》云南海籍从化人，恐误）。癸巳，擢云南道御史……甲午，按陕、蜀茶马。（何熊祥撰履历政绩状）

---

①何熊祥（1567—1642），字乾宰、师帝，广东新会司前河村人。万历二十年（1592）进士，官至吏部尚书。天启三年（1623）辞职回乡，死赠太子太保，谥文懿。著有《四巡奏疏》6卷、《马政事宜、平刑八义》10卷、《南都疏略》2卷、《南都续刻》1卷。

②少宰：官名，明清常用作吏部侍郎的别称。

刘裔　字维箕，明南海金紫乡人。万历十六年（1588）举人，任浙江建德教谕、云南易门知县、安徽亳州知州归。寿八十岁。

［万历］《广东通志》卷二十《广州府·选举·乡举·国朝·南海》：万历戊子。

［崇祯］《南海县志》卷十一《刘裔传》：字维箕，金紫乡人。领万历戊子贤书，历建德教、易门令，好读书，达政体，易门之役功在社稷。定武余孽贾白负固，抚军才裔，假裔符节。裔单骑要之，数其地形要害，夺其恃如指诸掌，贼率众流涕伏罪。明年山寇大至，十倍我军，邑无生气。裔召贾白受计，斩获献俘，潜师境上。会嶍峨县贼施成性贾江西流劫适至，申威抚之，不折一矢，抚军益才裔。寻晋亳州守，赈饥剔盗，安民无遗力。秩满两奉恩纶，赋诗云："闲来对酒思弹铗，老去逢人懒折腰。"遂谢仕归。生平孝友，老而弥笃，年至八十，交儆不衰。

岑永清　字克润，别号天门，明顺德沙滘人。任教广东西宁（今郁南县），中万历十六年（1588）副榜。

［康熙六年］《西宁县志》卷九《人物志·岑天门先生传》：字克润，天门别号也……三世祖中可，洪武初应聘未仕。至沙堤翁有隐德，生子四曰珮、曰九思、曰永思，九思桂阳学博、永思乡饮宾，季即先生。先生幼丧父，哀毁如成人，长游西宁庠业麟经，戊子乡试乙榜。母疾，吁天求代。襄大事，经营合圹，躬自锹畚，垂白孺慕如一日。兄弟同居，内外无间，兄艰嗣，以子嗣之。壮年拓产于宁，因家焉。宁方开创，邑大夫一禀区画，林、吴两明府遗先生田百余亩，先生峻却之。所居滨大江，潦水骤涌，先生急僦舟。已而庐舍尽没，嫂柩漂逝。先生哀号亟追得之，鱼腹遗骸受先生棺敛者多人，迄今诵义无穷。至如排难解纷、解衣推食，又未能悉数也。总之，先生心胸坦然无城府，有怀必吐，敦尚气谊。能急人之急，族姑之子以事羁狱，先生为出之竟不望报。若为公义愤发则持正而不阿，亲朋有过直以规之，义形于色，其爱人以德又如此也。教子则曰先器识而后文艺，以学问出处之大节相勉励，仲子之豹贵，敕赠文林郎。崇祯六年，蒙提学道曾化龙送祀乡贤。

［雍正］《广东通志》卷四十六《人物志·明·罗定州·西宁》：天启间选贡。操守清介，家虽贫，有以腴田请托者，谢不受。

［道光］《广东通志》卷三百零三《列传三十六·岑永清》：西宁人（原籍顺德）。

［咸丰］《顺德县志》卷二十四《列传四·明·岑永清》：沙滘人……治

《春秋》，有特识。授学西宁，家焉，遂由宁庠中万历戊子副榜。时县始建，令事每与商，籍间田百亩予之，不受。所居滨江，值淫潦骤涨，庐舍多漂没……卒后，本籍、宁邑并祀乡贤。卷十二《封赠（文阶）·明》：沙滘人，以所生子之豹赠知县。

何玉汝　字端复，明顺德水藤人。万历十六年（1588）举人。

［万历］《广东通志》卷二十《广州府·选举·乡举·国朝·顺德》：万历戊子。

［康熙十三年］《顺德县志》卷五《明朝·乡举·万历戊子》：水藤人。

［道光］《广东通志》卷七十五《举人六·明·万历十六年戊子·广州府》：顺德人，字端复。

何兆旸　明顺德登洲人。万历十六年（1588）武举。

［咸丰］《顺德县志》卷十一《武举·明·万历》：登洲人，戊子。

何捷　明南海人。万历十六年（1588）举人。

［万历］《广东通志》卷二十《广州府·选举·乡举·国朝·南海》：万历戊子。

张焕　字尧文，明顺德桂洲人。万历十六年（1588）举人，任江苏徐州学正，三十四年分考浙江。寿八十九岁。子国基。

［万历］《广东通志》卷二十《广州府·选举·乡举·国朝·顺德》：万历戊子。

［康熙十三年］《顺德县志》卷七《人物传一·德业》：字尧文，桂洲人。万历戊子举人，署徐州学正。丙午浙江分考得士六人，登制科者四。升江西建昌知县，兴利除弊，案无留牍，赋无积逋，士民向化。以丁艰回籍，服阕补龙泉令，出沉狱，格神奸，声名籍籍。奈情耽山水，致政还里，居家教子。两赴宾筵，享年八十有九。子国基，崇祯己卯科贡。孙自眉，食饩新邑。

陈一举　明南海人。万历十六年（1588）岁贡。

［道光］《南海县志》卷二十《贡生荐辟·明万历朝》：戊子岁贡。

陈超然 号崑泉，字承雅，明南海九江人。万历十六年（1588）举人，考进士两次中乙榜。任江西玉山知县病归二十多年，寿七十五岁。父又斋，子召策。

［万历］《广东通志》卷二十《广州府·选举·乡举·国朝·南海》：万历戊子。

［崇祯］《南海县志》卷四《乡举·明·万历戊子》：经魁，知县。卷十一《人物列传》：字承雅。少颖异，淹贯群籍，领万历戊子乡荐。授文安教，履任后即以水患日为诸生告赈。升上犹知县，未任丁艰，复补玉山。县当入省之冲，客使往来供役不息，然为撙节调剂，公私以苏。三载惠政，民皆感德，因病解组，士民建祠县侧。逍遥林下二十余年，年七十五。

《南海九江乡志》卷三《选举·乡举·万历十六年戊子科》：字承雅，号崑泉。由南海学习《礼记》，中式第二名……著《礼记讲说》《道德阴符诸经解》传世。子召策，庠生。卷四《先达列传》：公父梦抱绯衣儿而诞。公少跅驰，龀年乃就塾，淹贯经书百家，余及内典。举高魁，礼闱乙榜两次……令玉山，冲邑政修人和，编户绥夫役之扰，使车忘行路之难……归来屏迹乡居，制台胡公应台、太守林公绍明皆公旧好，致书求见皆谢。

《九江儒林乡志》卷十《选举略·明·举人·万历十六年戊子科》：……乙丑、壬辰两登乙榜。《选举略·明·封荫》：陈又斋，以子超然赠文林郎、江西玉山县知县。

冼中振 明南海佛山镇人。万历十六年（1588）武举。祖光。

［乾隆］《佛山忠义乡志》卷四《选举志·武进士》：万历戊子，光孙。

欧葆 明顺德陈村人。万历十六年（1588）、十九年、二十二年武举。祖世元，为欧大任子侄辈。

［康熙］《广州府志》卷三十二《人物志四·忠贞列传·明·欧世元传》：孙葆守备。卷四十《人物志十一·武功列传·明》：顺德人。魁梧有膂力，善骑射，复能文，下笔辄千言。万历戊子、辛卯、甲午三科武举人，历广海南头守备。屡建勋绩，总督陈大科、戴耀先后以心膂①任之。万历庚戌，兵部会选将材第三人，擢大同游击。会奉两广戴调狼兵督剿琼黎，遘疾终于粤西，

①心膂：心与脊骨，喻主要的辅佐人员，此喻亲信得力之人。

戴厚为赙赠云。

罗良策　榜名三德，明顺德大良人。万历十六年（1588）举人，二十六年任广东封川教谕。退休二十多年，寿八十五岁。兄良信。

［万历］《广东通志》卷二十《广州府·选举·乡举·国朝·顺德》：罗三德，万历戊子。

［崇祯］《肇庆府志》卷五《明·封川县·儒学教谕》：顺德人，举人，万历二十六年任。学行俱优，讲解不倦，时称及门者受其泽，贤愚佥益云。升国子监助教。

［康熙十三年］《顺德县志》卷五《明朝·乡举·万历戊子》：罗三德，大良人，改名良策，刑部主事。

［康熙二十六年］《顺德县志》卷八《人物志·德业·罗良信》：弟良策，戊子举人，博学洽闻，历官刑部主事，所至以廉能称。归休林下二十余年，寿至八十五岁而卒。

［咸丰］《顺德县志》卷十《举人·明·万历》：榜名三德，大良人。南京刑部主事，知嵩明州。有传，戊子科。

罗文鹏　明顺德大良人。万历十六年（1588）举人。父虞睿，叔虞臣。

［万历］《广东通志》卷二十《广州府·选举·乡举·国朝·顺德》：万历戊子。

［康熙十三年］《顺德县志》卷五《明朝·乡举·万历戊子》：大良人，峡江县知县。

［乾隆］《顺德县志》卷十《举人·明朝·万历戊子》：大良人，峡江县知县，升许州知州。

［咸丰］《顺德县志》卷十《举人·明·万历》：大良人，知许州。虞臣侄，虞睿子。按：阮《志》作三德弟，郝《志》作知县，并误。戊子科。

周兴　字士宾，号濂川，明南海沙头人。万历十六年（1588）举人。祖凤。子文豹、先豹。

［万历］《广东通志》卷二十《广州府·选举·乡举·国朝·南海》：万历戊子。

［崇祯］《南海县志》卷四《乡举·明·万历戊子》：知县。

［康熙六年］《西宁县志》卷六《明·举人》：南海人，立籍西宁，万历戊子科开科。

［康熙］《广州府志》卷三十九《人物志十·儒林列传·明·周凤传》：孙兴，中万历乡试，历官汤溪知县。居官持大体，缓催科，勤考课，行乡约，禁溺女、火葬，邑民戴之。未几以母老乞休，母丧哀毁骨立，以孝谨闻于乡。

［康熙二十六年］《西宁县志》卷九《人物志》：字士宾，号濂川，南海人。立县初，首取入西宁学，寻食饩。万历十六年乡试中式，初授江西宁都县知县，改龙川县教谕，升浙江汤溪县知县……生平率履无玷，以孝谨闻于乡。男文豹、尧豹俱庠生。

［道光］《南海县志》卷二十《举人·明万历朝》：阳溪知县……戊子科。

［同治］《南海县志》卷十三《列传·黎复性》：字士望，号濂川，由西宁学中万历戊子科举，沙头堡人也……性恬淡，厌冲烦，改官为龙川学教谕。旋以保荐授汤溪县知县。

聂桂芳　明南海人。万历十六年（1588）举人，次年进士。父时英。

《粤大记》卷五《科第·皇明进士科·万历十七年己丑科焦竑榜》：南海县人，知县、主事。

［万历］《广东通志》卷二十《广州府·选举·乡举·国朝·南海》：万历戊子，见进士。《进士·国朝·南海》：万历己丑，见员外郎。《封赠·国朝·南海》：聂时英，淳朴质直，卓有古风，以子桂芳封南陵知县，赠工部主事。

［道光］《广东通志》卷六十九《进士·明·万历十七年己丑焦竑榜·广州府》：南海人，番禺学，工部员外郎。

［道光］《南海县志》卷二十《进士·明万历朝》：工部员外郎。阮《通志》云番禺学，考太学《题名碑》云南海县民籍，则非贯番禺也……己丑科。

梁廷钦　字体寅，明顺德新良人。万历十六年（1588）与弟思聪同科举人，次年会试乙榜第一，任海南文昌、山东肥城教谕，福建尤溪、广西平南县令。

［万历］《广东通志》卷二十《广州府·选举·乡举·国朝·顺德》：万历戊子，教谕。

［康熙十三年］《顺德县志》卷五《明朝·乡举·万历戊子》：新良人，龙溪知县。卷七《人物传一·德业》：字体寅，新良人。父少江，寿八十九，

德望举乡饮大宾。钦生而宏才笃行，中万历戊子科第三名，己丑礼闱副榜第一。初就教文昌，丁内艰，服阕补肥城教谕，雅意作人。升尤溪令，尤岩邑也，钦至问民疾苦，兴利除害。禁溺女，存活婴儿万计。清豁虚粮，民免赔贱①之苦。自奉清约，衙斋供具，旧取办里甲，钦悉行蠲免，士民欢声载道，颂以五歌有“四知操守廉，苞苴无私谒，生民荷教育，枯骨亦沾恩”之句。以中于馋口移平南，爱民如子，无异尤溪。古田、罗运诸瑶素难约束，悉遣子受学。平南俗治丧用鼓乐痛饮，费至破家，钦行禁革，以文公家礼立教。有贫不能举葬者，着里保开报，捐俸给助，又收瘗暴露枯骸，所藏无数。尤平两地尸祝之。生平事亲孝，处弟友，莅官廉，居乡睦，不欺暗室，不履邪径，高风懿行，其古完德之君子欤！

[道光]《广东通志》卷七十五《举人六·明·万历十六年戊子·广州府》：顺德人，弟思聪同科。

梁思聪　明顺德桃村人。万历十六年（1588）与兄廷钦同科举人。

[万历]《广东通志》卷二十《广州府·选举·乡举·国朝·顺德》：万历戊子。

[康熙十三年]《顺德县志》卷五《明朝·乡举·万历戊子》：桃村人，三河知县。

梁懿　明南海人。万历十六年（1588）举人。

[万历]《广东通志》卷二十《广州府·选举·乡举·国朝·南海》：万历戊子，应天中式。

游学程　字翼传、雪门，明顺德金斗人。万历十六年（1588）举人。父智仁。

[万历]《广东通志》卷二十《广州府·选举·乡举·国朝·顺德》：万历戊子。

[康熙十三年]《顺德县志》卷五《明朝·乡举·万历戊子》：大良人，富川县知县，宁波府通判。卷七《人物传一·德业》：字翼传，金斗人。万历

---

①贱（bì）：以物辗转给人。赔贱：赔垫、赔补。

戊子乡荐，宏才博学，邑里推崇，屡上公车，数奇不售。始署雷州徐闻①学教谕，躬励诸生，考德课艺，定期不爽，士风丕变。升广西富川知县，刑清政简，洁己爱人，民乐亲之。升浙江宁波府别驾不赴，致仕卜居县右，曰西麓闲居，为园自适。生平赋性虽刚方正直，然与人绝无边幅，雅淡自若，有古高士风。俸积置产无多，半以赡宗亲贫乏，犹能奖进后学，多所成就。三赴宾筵，年七十有六，无病而卒。

［道光］《广东通志》卷七十五《举人六·明·万历十六年戊子·广州府》：顺德人，字雪门，宁波通判。

［咸丰］《顺德县志》卷十二《封赠·明》：游智仁，大良人，以子学程赠知县。

游瑚　明南海人。万历十六年（1588）举人。

［万历］《广东通志》卷二十《广州府·选举·乡举·国朝·南海》：万历戊子。

［崇祯］《南海县志》卷四《乡举·明·万历戊子》：知县。

［康熙二十六年］《东安县志》卷七《举人·明·万历戊子科》：南海人，建县之初附籍入学。中式乡试第四十一名，仕至知县。

［道光］《广东通志》卷七十五《举人六·明·万历十六年戊子·罗定州》：原南海人，东安籍，知县。郝《志》误重一游湖南。

谭慎独　改名慎德，明顺德甘竹人。万历十六年（1588）举人。

［万历］《广东通志》卷二十《广州府·选举·乡举·国朝·顺德》：万历戊子，知县。

［康熙十三年］《顺德县志》卷五《明朝·乡举·万历戊子》：甘竹人，改名慎德。

钟大器　明顺德龙江人。万历十六年（1588）武举。

［咸丰］《顺德县志》卷十一《武举·明·万历》：龙江人，戊子。

潘廷球　明顺德冲鹤人。万历十六年（1588）副贡。

---

①徐闻：位于广东西南部的雷州半岛。

［咸丰］《顺德县志》卷十一《副贡·明·万历》：冲鹤人，戊子。

潘梦说　明顺德冲鹤人。万历十六年（1588）副贡，崇祯岁贡。

［咸丰］《顺德县志》卷十一《副贡·明·万历》：冲鹤人，戊子。《岁贡·明·崇正》：冲鹤人。按：崇正元年始准以副榜充贡，故梦说先中万历戊子副榜，至是复岁贡。

霍腾蛟　明南海佛山镇人。万历十六年（1588）举人，任江西瑞州同知。父与璋，弟若善，子子衡。

［万历］《广东通志》卷二十《广州府·选举·乡举·国朝·南海》：万历戊子，寿宁知县。

［崇祯］《南海县志》卷四《乡举·明·万历戊子》：同知。《封赠·明》：霍与璋，以子腾蛟赠知县。

［道光］《广东通志》卷七十五《举人六·明·广州府·万历十六年戊子》：南海人，瑞州同知。弟若善，子衡、子伟。

［道光］《南海县志》卷三十八《列传五·明·霍腾蛟》：万历戊子举人，知寿宁，署建安、瓯宁、建阳三县，所至有声。顺昌妖人吴建鼓众谋乱，巡抚檄延、建二府往抚，众相顾失色。腾蛟独请行，单骑入垒，谕以祸福。贼中有欲加害者，建曰：“可杀我，毋杀仁父母也。”护之还。既而贼相诛戮，官军乘势歼之，尸蔽山谷。腾蛟叹曰：“皆吾赤子，令听吾言，何遽至此？”捐资买山瘗之。

朱凌冲　字宏会，号太一，明南海九江人。父学濂，弟凌霄，子光祖。

《南海九江乡志》卷三《封赠》：字宏会，号太一，庠生，以子光祖封知县。关氏，以子光祖赠孺人。周氏，以夫光祖封孺人。卷四《封赠列传》：公读书务究本源，父赠君学濂许青钱①选。四十始籍诸生，五困场屋，惟乐天知命。弟、子、侄连发高科，公但下帷蔬素自安，以诱掖后进为事。与关孺人相敬如宾，方壮关故，终身不娶。寿八十四。

《九江儒林乡志》卷十三《列传·明》：万历四十年，海舟堡下堤被水冲

---

①青钱：铅、锡比例较高的钱，以其外观颜色灰蓝得名，比喻有才学的人。

割坍陷几尽，凌冲谓："此基逆障洪流，为河伯所必争，须折旋让之，方可免患。"亟与文学朱遐倡请制府，于原基内退数十丈别创一基，工竣后原基尽没不为害，全围赖安。

朱遐 号石室，字叔华，明南海九江人。万历四十六年(1618)，与朱凌冲建议改筑新堤。

《南海九江乡志》卷二《园洞》：曰啸园，朱遐建。卷五《上寿》：字叔华，号石室。籍诸生，博洽多闻，论古今事皆有见。时留心乡闾利害，筑入李村围实虑始首功。尝辑乡乘，虽经乱残缺，而一段苦心不可没。寿八十六。

《九江儒林乡志》卷十三《列传・明》：以西宁籍补诸生。博洽多闻，深于史学，论列古今事剖别分明……万历戊午、己未间，与文学朱凌冲建议于李村大围内改筑新堤，不与水争地，实虑始首功。草创乡乘，虽经乱残缺，黎刺史春曦得因其遗绪勒成专书。晚辟啸园，优游杖履其中，名流赋咏几遍。

朱樵 号攒云，字叔祥，明南海九江人。父谟。与弟完在广州北郊筑虹冈别业。

《南海九江乡志》卷四《文学列传》：字叔祥，号攒云，别驾谟仲子。年舞勺，才慧器识大不类群儿。弱冠充顺邑庠，试辄前矛，制举之余雅好弄柔翰。赵文敏分宪吾粤，见所为文艺丹青大奇之。所居虹冈园亭古旷，修竹万竿，名花奇鸟毕具。日焚香静坐，著书余暇，与刘克治昆弟及弟完弹琴咏诗。时以书画应求者，芦雁尤称殊绝，一时台使当路、海内名流咸争藏手迹为快。

《九江儒林乡志》卷十三《列传・明》：浙中赵文懿公志皋见所为文翰丹青，大赏异之。家有虹园别墅……日楗户焚香著书，或与弟完辈寻幽觅契、弦琴咏诗以为乐。欧虞部大任告归时年已七十，岿然为岭外风雅总持，每造樵谭燕忘晷。樵妙擅六法，芦雁笔意尤超，虽邑人林以善无以过。

朱凌霄 (1558—1639)原名必迪，字宏惠，号湛一，明南海九江人。万历十三年(1585)举人，二十三年任广东新兴教谕。二十五年为湖广乡试同考官，升湖北咸宁知县、贵州定番州知州、江西赣州通判，天启二年(1622)辞归。妻曾氏，子光胤。

[万历]《广东通志》卷二十《广州府・选举・乡举・国朝・南海》：万历乙酉，知县。

［崇祯］《肇庆府志》卷五《明·新兴县·儒学教谕》：南海人，举人，万历二十三年任。

［崇祯］《南海县志》卷四《乡举·明·万历乙酉》：知州。《封赠·明》：朱学濂，以子凌霄封知县。

《南海九江乡志》卷三《选举·乡举·万历十三年乙酉科》：字宏惠，号湛一。由府学习《礼记》，中式第五十三名。初授新兴学教谕，聘湖广分考。升湖广咸宁知县，拜封。升云南宁州知州，丁内艰服阕，补山东平度知州未任，改贵州安化知县。升定番知州，仍署安化事。丁外艰服阕，补赣州府通判。寿八十二。子光胤，举人，主事；光衡，庠生。孙汝栋、汝楠并庠生。卷四《先达列传》：公少才名籍甚，歌鹿鸣，四上春官不售。选新兴教，聘湖广分考，得士张邦翼、穆天颜、王同谦皆成进士。晋咸宁令，当京、省要冲。时内监粮运播师，兼赵、孟、徐三大绅事多掣肘，公处之一一有法，膺荐三次。晋刺滇宁，适虐珰播祸，从危得安。内艰起，调安化。奉上令徙邑治，捐俸创衙宇七十余间而民不扰，又奉委为邻涪州出王木著劳。法戢戍卒透苗突劫，去民大灾。考满，士民恳留借寇①，抚按题加定番州衔，仍掌县事。外艰补知平度，为新冢宰苛求交际，改赣水利别驾。商旅颂德，勒公还金事于储潭庙，复物议别调。公慨然挂冠返里，惟营家庙、葺先坟、训子姓、造福党里为事。

［乾隆］《肇庆府志》卷八《新兴县·明·儒学教谕》：南海举人，二十三年任。聘考湖广，士多连捷，升知州。万历。

［道光］《广东通志》卷七十五《举人六·明·万历十三年乙酉·广州府》：南海人，字宏惠，知州。

［道光］《南海县志》卷三十八《列传五·明·朱凌霄》：万历间知安化县，卓有循声。

［同治］《南海县志》卷十三《列传》：元名必迪……充丁酉科湖广同考官。擢咸宁县知县，力争税监粮运之扰。值朝廷用师讨播州，县为往来冲衢，凌霄剂量有方，居民不惊，饷馈无乏。治行为楚中第一，当内迁矣。邑有乡宦赵、孟、徐三家皆黩货，势张甚，监司莫敢何。凌霄曰："朝廷设官以卫民也，岂剥民以事大官乎？"摩厉锋距以需，豪强屏息，三家衔之，赵尤恨……会在楚时建江桥功甚巨，赵为吏部索蚨不应龁挤之，左迁贵州安化县知县。

---

①借寇：寇指寇恂。《后汉书·寇恂传》载寇恂曾为颍川太守，后随光武帝至颍川。百姓在路上拦住光武帝说："愿从陛下复借寇君一年。"后以为地方上挽留官员的典故。

安化新造邑也，前任恇怯，托言廨①舍有祟不肯居，凌霄安居之。会大府徙邑治，凌霄竭力经营……官帑不足以俸继之。方营缮时，又委襄办涪州王木，经阅三载购剧材过千，役葳而民不扰。安化戍卒横悍病民，导苗突劫而呈俵遗弃以蔽辜。凌霄白兵备严失事之罚，犯无赦，兵、苗获戢。邑无甲科贵仕，凌霄政余督课，孳孳讲授，邑人田仰遂登上第、位台司，陋风丕振……四十三年父丧解职，服阕补平度州知州署青州府事，媢忮者沮之，谪江西赣州通判。有闽商溺金江中百铤，无赖篡之，越境来诉，责还之。分其半为谢不取，商乃以金饰储潭庙代为祈福，仍刻石庙中。在任三载，天启二年谢政归，归十七年而卒，年八十二。凌霄以高年清望见重乡间，当道奉为约长，乃仿吕氏乡约著为一书，岁时会老幼讲明之。穷檐疾苦知无不言，里人树阙于居第前，曰"表正门"以不忘遗荫云。兄子光祖，万历壬子举人，广西融县知县。子光允，乙卯举人，户部员外郎。

《九江儒林乡志》卷十二《列传·明》：讲求实用，不为鞶帨浮辞。万历乙酉领乡荐，里人陈贞伯诬陷大辟，偕同年生曾仕鑑雪其冤……凌霄辑《会约》一书……得吕氏《蓝田乡约》② 遗意。卷七《金石略》：《朱刺史凌霄墓志铭》，门人田仰顿首拜撰：公弱冠补广郡增生……乙未选署新兴学谕……己酉入京，左迁安化令……己未调补山东平度州守……谪赣州府通判，居三载……公生嘉靖戊午年二月初九日午时，卒崇祯己卯年七月二十一日子时。

朱完 （1559—1617）字季美，号白岳，明南海九江人。随父谟、兄樵在广州筑别墅，与名流结社吟咏，博学善文。

《南海九江乡志》卷四《文学列传》：字季美，号白岳，别驾谟第三子。少嗜学，及长兼精书画，为古文诗词皆非时流所及，与兄樵同为赵文敏公推许。辟虹冈、清晖、师古、巢云诸精舍，随地高下间以松梅千株、修竹万竿，蓄古书画、鼎彝，日优游于词翰茂林粉黛间，才名奔走海内。两台司道府县及往来使君，若大司马当湖刘公、广陵陈公、通政高陵刘公、奉常晋江王公、囧卿永春李公，冠盖日络绎于门。督抚陈公聘修粤志及许氏《说文》《初学记》，兵宪李公聘修《石室志》，方伯胡公聘修《草堂诗余》诸书。尝游金陵、观宫阙，足迹遍天下，到处巨卿名彦争逢迎交欢，笔花墨沛宝若琬琰，穷乡

---

①廨（xiè）：官署，旧时官吏办公处所的通称。

②蓝田乡约：北宋时期，吕大钧兄弟在家乡蓝田制定的乡约，是我国第一部乡规里约。

曲巷、蜃海鸡林①莫不珍藏手迹。当盛年车马杂沓，岁费数千金而缓急时有，家人或数米而炊。公视平等观，客至无贵贱必款。门人林穆七丧不能葬，罄资代襄。生平知交满四海，刘克治、克平，韩上桂等其莫逆也，著《清晖馆稿》行世。

[道光]《南海县志》卷四十二《方技·明》：诸生。有文名，能诗，工篆、隶。曾定许氏《说文》行世。尤以墨竹擅长，与万国桢齐名。

[同治]《南海县志》卷十八《列传·文学》：湖州通判谟子，邑学廪膳生。幼敏慧，父执欧大任、黎民表以文学负重望，折年辈下交之，称为小友。谟宦成后移居省垣，完兄弟又筑虹冈别业于北郭，备极花竹池台之胜，储古书名画、乐石吉金之属充牣其中。沾渍多年，故能以辞藻翰墨之名倾动海内。家既富饶，性尤任侠，亲友待举火者百余家。宾客到门，不问贵贱炎寒，无不款接。时宦于粤者，自两台监司、郡守及令长至外来使客，冠盖络绎。文字之饮无休时，求诗文笔迹者几踏破铁限。而粤大吏编辑刊刻文籍，如《粤乘》、许氏《说文》，徐坚《初学记》《石室志》《草堂诗余》诸书，无不聘使纂修较勘，以完文笔优长、学尤淹贯故也。顾性好游，自谓局处方隅不能发舒意气，乃逾岭峤②、下衡湘顺流而东，凡三江两浙、七泽八闽，所有峻岭崇山无不穷其幽邃。偶遇芜城废垒、故苑遗墟，怀古伤今、淋漓跌宕一于词翰发之，故诗字皆遒劲清雄，饶得江山之助。归后仍无所遇，遂弃举业，不复试于有司，选贡国学亦不赴。或疑其高尚，乃为友人作《啬如园赋》以见己志……粤东诗社自南园先后五先生外，则有王光禄渐逵、伦祭酒以训之越山社，郭光禄棐、王御史学曾之浮丘社以羽翼之，自后风流稍歇。完乃与顺德潘子朋、梁有谦、欧必元等继踵而起，远绍前修，社事复振。时岭海名流与会者，如香山李孙宸、番禺韩上桂、新会林枝乔、从化刘克治等皆社中人，相与扬扢其间，粤台风雅得以不坠，而盛举自完倡之。后世见其书画入能品，遂以书史画工视之，不知在前明万历间固一代风骚主也。完以万历四十五年卒，年五十九。著有《虹冈漫录》《清晖馆稿》《白岳山人全集》行于世。

《九江儒林乡志》卷十三《列传·明》：姿敏好学，年十七由顺德学充廪膳生……复精购古书名画、吉金乐石，日枕藉其中。以故辞藻翰墨名倾海内……尝为陈尚书大科聘修《粤乘》及许氏《说文》、徐氏《初学记》，李太仆开芳聘修《石室志》，胡方伯心得聘修《草堂诗余》诸书。顾完性好游，尝渡岭历衡湘、泛洞庭，寻荆襄江汉争战故墟凭吊兴亡之迹，浮江逾淮至广陵钟

①鸡林：原为新罗国，唐时改为鸡林州，即今朝鲜。

②岭峤：五岭的别称，指越城、都庞、萌渚、骑田、大庾等五岭。

吾反观金陵宫阙，南访姑苏台，探禹穴，观潮于钱塘，遍览浙东山水……一一穷其幽胜，循闽峤而反……兄宏早殁，与仲兄挚爱，出入必偕。嗜朋友为性命，倾倒曲尽……为文刻意新裁，诗以自然为宗，书赅众体。卷八《艺文略·集部·别集》：《虹冈漫录续录》，明朱完撰，据《朱氏家谱》。

何赵氏　（1559—1652）女，明顺德羊额人。寿九十四岁。夫何士全。

［乾隆］《顺德县志》卷十四《寿妇》：生员何士全妻赵氏，羊额人。生嘉靖己未，终顺治壬辰己卯，寿九十四。

［咸丰］《顺德县志》卷十五《耆寿表·九十寿妇·清》：赵氏，羊额生员何士全妻，年九十四，受绢帛。

岑建卿　明顺德沙滘人。万历十七年（1589）岁贡，任安徽当涂县教谕。

［咸丰］《顺德县志》卷十一《岁贡·明·万历》：沙滘人，己丑，当涂县教谕。

何烋　明高明唐际村人。万历二十七年（1599），捐建大幕都水瓮桥。崇祯十三年（1640），其孙何万春重修。

［康熙八年］《高明县志》卷六《建置志·桥》：水瓮桥，在大幕都，近城西五里。万历二十七年，唐际村耆民何烋蠲资建造，甃以石拱。万历三十七年，知县熊德阳嘉烋善行，申文上台给以冠带。崇祯庚辰桥腮石颓，其孙何万春重修。

梁大瓒　明高明人。万历十七年（1589）岁贡。

［万历］《肇庆府志》卷六《选举表二·国朝岁贡·万历·高明县学》：王府教授。

［康熙二十九年］《高明县志》卷十二《贡生·明》：万历十七年岁贡，授王府教授。

谢迪　字惠斋，明高明城中人。中年时得罗黄裳赞赏，与子家运同于清康熙四十二年（1703）因孙旻禧授封赠。

［康熙二十九年］《高明县志》卷十三《人物·明》：字惠斋。宽厚能容，

力学不辍，中岁补邑廪生。时宪副罗黄裳以假归，课士于頖，每月照闱中例试以七义，迪阅岁未尝一以事免，文辄居异等。裳期之曰："子学不倦勤，他日得薪传者必子也。"遂解缯①衣衣之。尝有宅边地为豪邻所侵，或劝之讼，迪不应，但诵李子长诗云："普天之下皆王土，更过些来也不妨。"人服其量焉。子家运、家基及诸孙充邑庠者八人，旻禧乙卯乡荐即其孙也。卷十八《外志·庵堂庙宇》：帝宫，在城东郊，一在官径，郡庠谢家运、家基建。

［道光］《高明县志》卷十二《封典·清》：城中人，增生，康熙四十二年，以孙旻禧赠文林郎、晋赠奉直大夫。

陈兆可 字孔试，号直庵，明南海九江人。万历十八年（1590）贡。

《南海九江乡志》卷三《选举·贡·万历十八年庚寅选贡》：字孔试，号直庵。由府学习《诗经》，廷试授江西泰和训导。

马壮行 （1561—1604）字幼珍，一说字体初，明顺德水藤人。万历十三年（1585）举人，二十三年会试副榜，授广东长宁县（今新丰县）教谕。二十五年聘江西分考，二十八年升福建延平府推官。满三年升陕西道御史，未及赴而卒，为官十年。子应图、应元；孙归华、京华、廷华；曾孙琳。

［万历］《广东通志》卷二十《广州府·选举·乡举·国朝·顺德》：万历乙酉，推官。

［康熙十三年］《顺德县志》卷七《人物传一·德业》：字幼珍，水藤人。中万历乙酉科乡试，己丑会试副榜。初授惠州府长宁县教谕，振兴士类，作育有方。丁酉聘江西分考，得士七人，连发者李世叶、李廷觐。庚子升福建延平府推官，历任三载，公慎廉明，宽严并用。按台奖语谓"弊绝风清，民无冤狱"，特疏题荐，报升陕西道御史，未及赴而卒。行自少颖异，勤学好问，博雅淹通，手不释卷。年二十游府庠，试辄优等，二十五领贤书，公门不入，闭户潜修。历官十载，清慎自持，捐俸周亲，家资不满数百。延平士庶有马青天之号，设主奉祀甚众。生平笃于教子，有《诗集》《四书讲意》传后。子二。长应图，南海学庠生，棘闱一十三战，丙午、庚午两科副榜，年七十有一。次应元，广府增生。孙归华，邑庠，恩选授廉州合浦教谕；京华、

①缯（zēng）：古代对丝织品的总称。

廷华俱番禺庠生。曾孙琳，新会学廪生。

［道光］《广东通志》卷七十五《举人六·明·万历十三年乙酉·广州府》：顺德人，字体初，郝《志》误作马庄行。

马羲祥　明顺德鸡洲人。万历十九年（1591）举人。子应房。

［万历］《广东通志》卷二十《广州府·选举·乡举·国朝·顺德》：万历辛卯。

［康熙十三年］《顺德县志》卷五《明朝·乡举·万历辛卯》：鸡洲人，镇远府推官，升大理府知府。

［康熙二十六年］《顺德县志》卷六《封赠·明朝·推官》：马自远，以子羲祥贵移赠。马自弘，以嗣子羲祥贵赠。

［道光］《广东通志》卷二百八十五《列传十八·广州十八·马应芳传》：父羲祥，官云南鹤庆府知府，仁廉有声。

邝镇方　字季参，明南海人。万历十九年（1591）举人，寿八十岁。兄立方。

［万历］《广东通志》卷二十《广州府·选举·乡举·国朝·南海》：万历辛卯，知县。

［崇祯］《南海县志》卷十一《人物列传》：字季参。举万历辛卯科，除知广西藤县。方赋性磊落，廉敏莅政。于梧清复屯田，蠲俸赈荒，梧人德之。梧有禤州，水常作祟，商舰苦之。方切痛悯，为词章以责波臣，不越月害遂寝，商民勒石建祠尸祝。历任三年，力恳侍养，士民遮道挽留，更为立去思祠。归来清修自好，又能急人之困，助葬瘗骸，遇饥赈贷，咸称长者。寿八十。

［道光］《广东通志》卷七十五《举人六·明·万历十九年辛卯·广州府》：南海人，字季参，知县，兄立方。

刘尧裔　字世兴，明南海人。万历十九年（1591）举人。

［万历］《广东通志》卷二十《广州府·选举·乡举·国朝·南海》：万历辛卯。

［崇祯］《南海县志》卷四《乡举·明·万历辛卯》：推官。

［道光］《广东通志》卷七十五《举人六·明·万历十九年辛卯·广州府》：南海人，字世兴，推官。

关纯　字光赞，号九螺，明南海九江人。万历十九年（1591）举人，二十三年会试乙榜。叔玉成。

［万历］《广东通志》卷二十《广州府·选举·乡举·国朝·南海》：万历辛卯。

《南海九江乡志》卷三《选举·乡举·万历十九年辛卯科》：字光赞，号九螺。由南海学习《礼记》，中式第四十八名。卷四《先达列传》：公力学慕义，为远近士林宗。举于乡，益肆力下帷。生童试有司卷，每就正，辄预定优劣不爽……时海道沉，议徙城濠民居，公详民苦状，酌附城空城二丈许，余仍旧，公私两便。竟瘿疾，年不究才，士林叹息。

《九江儒林乡志》卷十《选举略·明·举人·万历十九年辛卯科》：……乙未乙榜。

［同治］《南海县志》卷十五《列传·官师·朱文锦传》：文锦三女……次适同里关世立，世立子玉成、孙纯……皆以文学、科第显。

甘允龙　明高明芹水人。万历十九年（1591）岁贡。

［康熙八年］《高明县志》卷四《元明·恩岁贡》：崇步人，万历十九年岁贡。

［道光］《高明县志》卷十二《贡生·明》：芹水人，万历十九年岁贡。

沈梦龙　字际明，明南海人。万历十九年（1591）举人。

［万历］《广东通志》卷二十《广州府·选举·乡举·国朝·南海》：万历辛卯。

［道光］《广东通志》卷七十五《举人六·明·万历十九年辛卯·广州府》：南海人，字际明。

劳鹗　字太冲，明南海人。万历十九年（1591）举人。弟鸥。

［万历］《广东通志》卷二十《广州府·选举·乡举·国朝·南海》：万历辛卯。

［道光］《广东通志》卷七十五《举人六·明·万历十九年辛卯·广州府》：南海人，字太冲，弟鸥。

苏应期 字介我，明顺德碧江人。万历十九年（1591）举人。

［万历］《广东通志》卷二十《广州府·选举·乡举·国朝·顺德》：万历辛卯。

［康熙十三年］《顺德县志》卷五《明朝·乡举·万历辛卯》：碧江人。

［道光］《广东通志》卷七十五《举人六·明·万历十九年辛卯·广州府》：顺德人，字介我。

李梦行 明顺德逢简人。万历十九年（1591）武举。

［咸丰］《顺德县志》卷十一《武举·明·万历》：逢简人，辛卯。

吴继禧 原名玉，字少华，明顺德赤花人。万历十九年（1591）举人，三十年出任浙江龙游知县，调广西陆川知县、江西九江府通判。

［万历］《广东通志》卷二十《广州府·选举·乡举·国朝·顺德》：吴玉，万历辛卯。

［康熙十三年］《顺德县志》卷五《明朝·乡举·万历辛卯》：吴玉，周涌人，改名继禧。任龙游、陆川知县，以廉能称。瀹①北泽堰，溉废田数百顷，民勒碑思之，祀陆川生祠。擢九江府通判。入本学乡贤。

［康熙二十六年］《顺德县志》卷六《封赠·明朝·知县》：吴士琭，以子继禧贵封。卷八《人物志·德业》：字少华，赤花人，原名玉。万历辛卯举于乡，壬寅授龙游知县。龙为八省孔道，供亿浩繁，甫至任见所供具叹曰："竭民膏以奉上，何忍也！薄而得罪，吾拚一官以苏民足矣！"遂为节减，上台知其廉介反重之。俗好嚚讼，继禧听断明察，民不敢欺。暇与诸生论文艺，浚白莲池以通宫墙地脉，文运大振。岁常患旱潦，为建仓积贮以备之，民恃无恐。县治北泽堰淤成水害，捐俸募民疏瀹，复腴田数百余顷，是秋大稔，人号为"吴公堰"。一商死于逆旅，其妻诬居停，系狱久未决，廉得其冤释之。有杀妻以诬人者按验无实，因一夕微行道经其家猝讯，其子具道父击杀状，出其椎血痕犹在，乃抵罪。又一豪杀人，夤缘百端求免，卒论如法，政声大著。会衢州司理汤某素贪，疾其廉能，注考"下中"，调陆川。龙民遮道泣留，为建祠。甫抵陆川值地震，民多逃难他邑，禧为招流亡，葺庐舍，民

①瀹（yuè）：煮，浸渍，疏导（河道）。

始安集。邑又被火灾，陆多编茅，每遇火炽，祸无孑遗。继禧泣号祝天，向火叩头，俄而风止火灭，全活一城，陆民大悦。中丞杨公疏闻，上赐玺书褒异。秩满又为忌者所厄，仅转九江府通判。九江为江右上流，有榷税，例郡倅佐之，有羡余应入倅署，继禧即封还关。部嘉其节，疏治绩荐于朝，奉旨加一级，寻以亲老遂乞归。殁后，陆民祀于名宦，复构祠塑像事之，祈祷辄应焉。郡邑两祀乡贤。禧性廉介，少逢迎，故虽有卓绩，不克居显要，士论惜之。子六人，俱知名。

［咸丰］《顺德县志》卷二十四《列传四·明·吴继禧》：子……翼尤著，崇祯间以贡任浔州府推官。

何与伍　名一作兴伍，字君奭，明顺德平步人。万历十九年（1591）举人。

［万历］《广东通志》卷二十《广州府·选举·乡举·国朝·南海》：万历辛卯。

［康熙二十六年］《顺德县志》卷五《举人·明朝·万历十九年辛卯科》：何与五，平步人。

［乾隆］《顺德县志》卷十《举人·明朝·万历辛卯》：何兴五，南海籍，平步人。

［道光］《广东通志》卷七十五《举人六·明·万历十九年辛卯·广州府》：顺德人，南海籍，字君奭。《顺德志》作何兴五。

何其杰　字回九，明三水西南人。万历十九年（1591）举人。

［万历］《广东通志》卷二十《广州府·选举·乡举·国朝·三水》：万历辛卯。

［崇祯］《南海县志》卷四《乡举·明·万历辛卯》：三水人，由本学。

［康熙四十九年］《三水县志》卷三《乡举·明朝·万历辛卯科》：西南街人，浙江新城县知县。友爱兄弟，合爨均财。

［道光］《广东通志》卷七十五《举人六·明·万历十九年辛卯·广州府》：三水人，南海学，字回九，浙江新城知县。

何嘉训　字式伯，明顺德黎村人。万历十九年（1591）举人。

［万历］《广东通志》卷二十《广州府·选举·乡举·国朝·顺德》：万

历辛卯。

［康熙十三年］《顺德县志》卷五《明朝·乡举·万历辛卯》：黎村人。

［道光］《广东通志》卷七十五《举人六·明·万历十九年辛卯·广州府》：顺德人，字式伯。

张光琳　字碧楼，明顺德龙江人。万历十九年（1591）举人。

［万历］《广东通志》卷二十《广州府·选举·乡举·国朝·顺德》：张光林，万历辛卯。

［康熙二十六年］《顺德县志》卷五《举人·明朝·万历十九年辛卯科》：龙江人。

［道光］《广东通志》卷七十五《举人六·明·万历十九年辛卯·广州府》：张光林，顺德人，番禺学，字碧楼。《顺德志》作光琳，郝《志》重载，误。

陈豸　明顺德大良人。万历十九年（1591）举人，官至广西庆远知府。

［万历］《广东通志》卷二十《广州府·选举·乡举·国朝·顺德》：万历辛卯。

［康熙十三年］《顺德县志》卷五《明朝·乡举·万历辛卯》：大良人，任恭城知县，升福州同知、应天府治中、庆远知府。

周襄　字少林，明南海人。万历十九年（1591）举人，二十六年任广东四会教谕。

［万历］《广东通志》卷二十《广州府·选举·乡举·国朝·南海》：万历辛卯，教谕。

［崇祯］《肇庆府志》卷五《明·四会县·儒学教谕》：南海人，举人，万历二十六年任。

［崇祯］《南海县志》卷四《乡举·明·万历辛卯》：知县。

［道光］《广东通志》卷七十五《举人六·明·万历十九年辛卯·广州府》：南海人，字少林，知县。

费应奎　字元聚，明南海人。万历十九年（1591）举人。

[万历]《广东通志》卷二十《广州府·选举·乡举·国朝·南海》：万历辛卯。

[道光]《广东通志》卷七十五《举人六·明·万历十九年辛卯·广州府》：南海人，字元聚。

曹光　字卓吾，明三水胥江南岸人。万历十九年（1591）举人，任福建大田知县。

[万历]《广东通志》卷二十《广州府·选举·乡举·国朝·三水》：万历辛卯。

[康熙四十九年]《三水县志》卷三《乡举·明朝·万历辛卯科》：胥江南岸人，教谕。

[嘉庆]《三水县志》卷九《举人·明·万历十九年辛卯林耀初榜》：胥江南岸人，大田县知县。

[道光]《广东通志》卷七十五《举人六·明·万历十九年辛卯·广州府》：三水人，字卓吾，教谕。

彭必鸣　字懋超，明顺德石（今属南海）人。万历十九年（1591）举人第二名，孝义，卒于家。

[万历]《广东通志》卷二十《广州府·选举·乡举·国朝·顺德》：万历辛卯，经魁。

[康熙]《广州府志》卷三十二《人物志四·忠贞列传·明》：字懋超，顺德人。中式万历辛卯第二人，性温醇简厚，仗义乐施，以亲老不愿就铨。比丁内艰，哀思骨立，所交尽一时贤士，卒以孺慕而终。子孙彬彬继起，能世其家。

[道光]《广东通志》卷七十五《举人六·明·万历十九年辛卯·广州府》：顺德人，番禺学，经魁。今《番禺志》无，郝《志》重见，误。

潘廷元　明顺德冲鹤人。万历十九年（1591）副贡。

[咸丰]《顺德县志》卷十一《副贡·明·万历》：冲鹤人，辛卯。

潘咨诰　字子寅，明南海人。万历十九年（1591）举人。

[万历]《广东通志》卷二十《广州府·选举·乡举·国朝·南海》：万历辛卯。

[崇祯]《南海县志》卷四《乡举·明·万历辛卯》：教谕。

［道光］《广东通志》卷七十五《举人六·明·万历十九年辛卯·广州府》：南海人，字子寅，教谕。

霍尚守　字益芳，明南海人。隐居西樵山碧玉洞，约万历七年（1579）至十九年完成《西樵山志》，曾参修郭棐主编的《广东通志》。六十二岁卒。

［崇祯］《南海县志》卷十二《艺文志·书目》：《西樵山志》《粤东名臣志》《名山志》，霍尚守撰。

［康熙］《南海县志》卷十二《人物传·文学·明》：字益芳，尚书韬从孙也。博雅多才，食饩邑庠，数奇不遇。隐居西樵，著《西樵山志》。尚平婚娶毕，思游五岳，因著《天下名山水志》。又有《粤东名臣志》《安边记》《樵中汇草》诸书。当事重其才，聘修《广东通志》。年六十二卒。

［乾隆］《西樵山志》旧《志》序：守大父宙山先生……挈家山居垂三十载，守从产焉，守殆西樵人也。弱冠复来读书山中，偶阅周氏《樵志》夸诞失真……思搜罗所见更弦为之……逾纪《志》成，别类为十……万历辛卯阳月哉生明霍尚守益芳甫书于四峰山房。

［道光］《广东通志》卷一百九十《艺文略二·史部一·传记类》：《粤东名臣志》三卷，明霍尚守撰，存。

［道光］《南海县志》卷二十五《艺文略一·史部》：《西樵山志》六卷，国朝马符录撰。《钦定四库全书提要》，明万历辛卯，郡人霍尚守初为之《志》，岁久散佚。国朝罗国器重修未竟，符录因其旧本辑为此编。《安边志》，明霍尚守撰。

邓茂和　号罗霄，字钟介，明顺德龙山人。与黄维贵同时同乡，与李待问友好。九十四岁。

［嘉庆］《龙山乡志》卷八《行谊》：字钟介，号罗霄。万历间擅才名，与南海司农李撄孺、司寇梁遂良两先生友善，文章学问相为鼎足，当道荐绅咸器重之。然数奇不遇，归隐乡之螺阳，别号樗全野老，有五柳先生之风。生平耿介正直，乡里有所短者不敢使闻。尝一日在门外拾得遗金，坐待失者至反璧。无何，失者果至，遂以原金还之。于宗族中尤称敦睦，凡广祖尝①、

①祖尝：旧时大家族为筹集祭祀祖宗所需费用而留出的公田。尝，原指秋天祭祖。

建祠宇多出其手，其笃行好义率类此。寿至九旬，戚族制锦称觞。卒年九十四。

［咸丰］《顺德县志》卷二十四《列传四·明·黄维贵》：乡人邓茂和……与维贵同时。

黄维贵　（约1562—?）字周士，号怀龙，明顺德龙山人。万历十年（1582）举人。子圣期、圣年。

［万历］《广东通志》卷二十《广州府·选举·乡举·国朝·顺德》：万历壬午。

［康熙十三年］《顺德县志》卷五《明朝·乡举·万历壬午》：龙山人，浙江乐清县知县，升温州府同知。

［嘉庆］《龙山乡志》卷八《德业》：字周士，号怀龙，村头人也。少有异质，七岁能文，弱冠补郡弟子员。中万历壬午乡试亚魁，文名噪甚，当道交相称誉。然生平不尚口耳之学①，从归善杨复所游，高谈性命深诣远到。兰溪徐鲁源时以宪使倡道吾粤，维贵复与之参订异同娓娓不倦。乙未中乙榜，选授浙江温州乐清县知县。清故剧邑，俗嚣而讼繁，抵任后剖断如神，锄强抑梗未尝少贷，民由是惮服。去治八十里有雁荡山，诸大吏莅兹土者每出游览，供给浩费大为民累，维贵调剂节省，至今便之。邑先贤王十朋、钱舜卿坟墓久埋草莽，其子孙亦流落无依，力为修葺，复恤其后人焉，一时讴歌载道……未几以病乞休，行李萧然，图书数卷……归里筑室溪上，屏迹杜门，暇即与二三山癯野叟临流觞咏以相娱乐，或命诸子分题课艺，手自评骘……所著有《黄氏家训》《好生广录》《求仁笔记》《敦仁堂稿》。子圣期、圣年。

［道光］《广东通志》卷七十五《举人六·明·万历十年壬午·广州府》：顺德人，字士周，温州同知，子圣年、希睿，又见明《番禺志》。

［咸丰］《顺德县志》卷二十四《列传四·明》：弱冠隽万历壬午乡试……迁温州府同知，致仕归。

梁民相　（1562—1597）原名文，字井卿，明南海人。工诗善书。万历十三年（1585）举人，二十年进士，任湖南零陵知县、河北广平博士，卒于官。

---

①口耳之学：指只知道耳朵进、口里出的皮毛之见，而没有真正的学识，也指道听途说的片断知识。

《粤大记》卷五《科第·皇明进士科·万历二十年壬辰科翁正春榜》：梁文，南海县人，知县。

［万历］《广东通志》卷二十《广州府·选举·乡举·国朝·南海》：梁文，万历乙酉进士，改名民相。

［万历］《南海县志》卷十一《人物列传》：□□□□□□童称，十七补邑弟子，兼工□□□□□□□□□□□，性复和厚可亲。万历乙酉领乡荐，己丑登会榜，壬辰乃对大廷。授湖广零陵令，治务简约不扰，褆履如水，百姓安之。顾民相善病，公车归日，时时屏迹诃林①。与梁思年、熊楚、林挺二三知己讲《灵枢·玉版》② 之术，雅不欲出。为家大人强起，非其志也。迨居零陵可一载，病复作。零人遍走群望，有以身祷者，竟不瘳，遂求去益力。当事者怜相茂龄中废，为请于朝，改授广平郡博。丁酉秋，应河南御史聘校士闱中，得严允节等七人。比撤棘③，病不任，遂卒于大梁之官舍，年三十有六。民相平生不近名利，登第后益务恬澹。初犹好诗文，后以多病修玄亦概谢绝。舆榇万里，室如县磬，妻子至不能自给，闻者莫不伤之。

［崇祯］《南海县志》卷十《人物列传》：字井卿。幼以神童称，十七补邑弟子，兼工古文诗赋，篆、隶靡不过人，性复和厚可亲。万历乙酉领乡荐。

霍若善　字敦元，明南海佛山镇人。万历十九年（1591）举人。兄腾蛟，侄子衡、子伟。

［万历］《广东通志》卷二十《广州府·选举·乡举·国朝·南海》：万历辛卯。

［乾隆］《佛山忠义乡志》卷四《乡举·明·万历辛卯》：霍若善。

［道光］《广东通志》卷七十五《举人六·明·广州府》：万历十九年辛卯，霍若善，南海人，字敦元。兄腾蛟，侄子衡、子伟。

关骥　（1562—1627）字德甫，号粤良，明南海九江人。

①诃林：设于广州光孝寺的岭南文人会所。

②《灵枢》：古代论述针灸的医书，与《素问》合称《内经》，泛指医书、医方。《玉版》：中医经典《灵枢经》第六十篇名“玉版”，是言内容重要，刻于玉版之上以传后世的意思。

③撤棘：科举考试结束。因放榜日关闭贡院，门口设置荆棘，以防落第者闯入喧闹，放榜后始撤去，故称。

万历二十二年（1594）举人，三十二年进士，次年任安徽全椒知县，迁浙江嘉兴府同知。四十一年升刑部员外郎，四十七年为安徽宁国太守。天启三年（1623）升广西提学副使，后辞归。元配何氏，继室吴氏。子廷相、廷翀、廷选，孙贤祚。

［万历］《广东通志》卷二十《广州府·选举·乡举·国朝·南海》：万历甲午。

［崇祯］《南海县志》卷四《进士·明·万历甲辰》：广西提学副使。

《南海九江乡志》卷三《选举·乡举·万历二十二年甲午科》：中式第六十三名。《进士·万历三十二年甲辰科》：字德甫，号粤良。由南海学习《诗经》，赐同进士出身。初授南直全椒知县，丙午分考试官，升浙江嘉兴府同知。升刑部员外郎，恤刑江南，转本部郎中。升南直宁国知府，升广西副使提督学政，屡膺诰封赠。寿六十七，崇祀府、县乡贤。子廷相、廷翀、廷选，孙贤祚，并庠生。卷四《先达列传》：公少颖，十岁能属文。十三居母丧，哀擗如礼。十八试有司，三试俱第一。辛卯科考高等，以妻病辍场，戊午以父病辍公车。全椒疲邑兼年饥，公备讲荒政，捐俸佐赈，全活甚众。岁课衡量不谬，黍累小羡皆皮。公帑浚陂蓄泄，旱潦不复为灾。片言折两造①，尚存蒲鞭风。尤加意学宫，置田以赡贫士。丙午分考南都，所录皆名士，台使交章荐。值滁守有厚征于椒民，公力庇召谗蜚，量移嘉禾丞，士民攀辕数百里。嘉禾积有海寇为患，公简廉能、授方略、擒渠魁遂靖。有奴杀主七人，逸去二千里外，公严遣踪迹获逆奴磔于市，郡颂神君。壬子郡邑入计，公总六篆听决无留牍。擢比部郎，奉差恤刑江南，尽心稽察，平反数百人。迁宁国守，郡荐绅与闾左构难，讼连年葛藤不可究诘，公下车即为排解，织造先献机样陋规概行屏绝。中贵责贡梨、栗横甚，公控驭有法，不致肆虐额外。时辽事急，助边积粟频兴，悉捐俸及肺石②之羡，毫不扰民。请督学广科考额，入彀视昔为盛。晋宪副督学粤西，衡文尚典则，尔雅贤书皆公高等。诸生舒宏慈以家难系狱，公廉非其罪，场前数日出之俾就试，遂冠其经。会当轴肆求贿赂，公曰："宪臣以贿庸，尚腼颜为人师乎？"即弃官归。奉继母，课诸子，衣粗食粝，数椽仅蔽风雨，负郭差供岁祀，而宗戚知交时待缓急，奖掖后学如不及。卒之日，远近哀悼，望门行哭失声。

［康熙］《南海县志》卷十二《人物传·循吏·明》：值滁州有厚征于椒

---

①两造：古代称诉讼当事人双方，即原告和被告。

②肺石：相传古代设于朝门外的形如垂肺、颜色赤红的石头。

民，骥力庇之，滁守蜚谗都下竟尼……癸丑擢比部郎……壬戌入计与卓异宴，旋擢观察副使督学粤西，崇雅黜浮，先行谊，后文艺，士翕然化之……历官二十余年廉明清白，全椒、嘉兴、宁国皆建祠祀之。年七十有六卒于家。

《九江儒林乡志》卷七《金石略二》：《关学宪骥墓志铭》，关公偕配安人何氏、吴氏，副室曾氏合葬墓志铭……大父曰东野公，父曰江城公，父以先生贵累赠中宪大夫、直隶宁国府知府，母吴赠恭人……十岁诵万言，十二诵二万言，十三丧吴恭人……十八补邑弟子，三试皆冠军。甲午举于乡，丁酉秋公车就道，赠公偶病，既瘳之，坚不行……逾春竟奉赠公讳……甲辰成进士，转饷云中，明年谒选，授直隶滁州全椒县知县。五年报政……量移司马，同知浙江嘉兴府。癸丑擢刑部尚书郎，司广西司事。丙辰奉敕审录江南，戊午□陕西司。己未升直隶宁国府知府，壬戌入觐与卓异宴。癸亥晋观察副使提督广西学政，两试甫毕而先生归矣……归奉继母苏太恭人欢，三年如一日……于嘉靖壬戌六月，终于天启丁卯十一月，得寿六十有六。吴后先生死十年，得寿六十有七。何仅二十有九，曾仅二十有四。

李俊　一说姓陈。明南海人。万历二十年（1592）岁贡。

［崇祯］《南海县志》卷四《明贡》：陈俊，由东安贡，学正。

［乾隆］《东安县志》卷三《选举志·岁贡·明》：南海人附籍，万历二十年贡。

陈鸣阳　字于冈，号贞吾，明南海九江人。万历二十年（1592），叶梦熊在宁夏平叛，他单骑出玉门关参与。隔年读书成均，仗义料理朋友何兆瑚的丧葬事。二十六年为贵州巡抚郭子章的幕僚，以功授别驾，因病归。父万言，弟鸣岳，子廷表。

《南海九江乡志》卷四《文学列传》：字于冈，号贞吾，大参万言长子。生而岐嶷倜傥，仗义任侠。笃于孝，父督学豫章，事祖母尽其诚。尝慕太史公阅历，遂游禹穴，浮五湖。访汪司马长公象先把剑论心，感泣交为诗赠。时西鄙跳梁，公受大司马叶公梦熊国士之知，遂单骑出玉关，筹边多硕画，作《扶风歌》九章赠大司马。司马心折，于其归赠以言。抵里与欧虞部桢伯诸君刻烛赋诗，有竹林河朔之致。逾年读书成均，千金结客，交游半天下。

故人何博士兆瑚卒于官，公为经纪其丧并扶榇还，大司成中涵方公①雅重其义。归镌父台中奏疏、本业堂诸稿，益潜心经世之业，自三坟至百家、遁甲、天文靡不博宗。大司马郭公子章②开府于黔，贻书请公赞画，星驰入幕。播平，二苗匪茹。公枕戈入皮林，统标兵万余同陈都护璘剿叛奏凯。叙功奉旨授别驾，以积劳恙急旋。公有古癖，书画鼎彝罄囊致之，尤癖于阴符素书③，皆为序以见志。素擅弈，著谱二卷，并《粤吟》《西游》《西征》《北游》诸稿行世。《陈廷表传》：字时献，大参公万言长孙，授别驾鸣阳子。生平孝友端雅，多读书，尝绘赵清献、司马温公二像，手书“夜必焚香告天，无不可对人言”之句供于斋头，每月设功过簿记善恶。急人难，周人贫，士颖而困尤加意资助以成其材。尝游豫章，过钱塘，声气知交遍海内，于郭青螺、邹南皋两先生有青原白社之偕，与闻子将、夏彝仲辈结社松溪隐。嫡母病革，叩天身代，及葬，方伯冼公宪祖、御史潘公珙造坟咸啧啧公孝。庐墓哀毁成疾，将易箦，命子扶起拜生母，嘱善事祖母外无他言，卒年三十有六。有《彩笔斋》《松溪隐集》行世。子亨、豫，庠生。

《九江儒林乡志》卷十三《列传·明》：访汪司马长子象先……未几，播州杨应龙反，连犯重庆、黄平，攻陷綦江，西南累卵……不旋踵而杨酋授首。播事甫平，皮林苗匪又复披猖，杀官校，屠城邑。

陈鸣岳 字于东，号太华，明南海九江人。壮年游太学，授鸿胪寺署丞。晚年筑墅广州西郊，结社吟咏。父万言，兄鸣阳。

《南海九江乡志》卷四《文学列传》：字于东，号太华，大参公万言仲子。端直博雅，补邑庠，文行兼著。诗赋之余溢为巴歌，日群十余辈相与酬和不足给，信口皆隽永可传。壮游太学，授鸿胪寺丞，厘正一切礼仪，实与有力。内监李凤奉差百粤，肆害多端，公每以理讽谕救正。岭东道陈公鸿渐以通家谊，往来循水甚密而毫不干以私。暮年筑墅西郊数十亩，有慈云阁、雨花径、

---

①方从哲（1562—1628），字中涵，浙江德清（今湖州）人。万历十一年进士，四十一年（1613）任礼部尚书兼东阁大学士，入阁为相。泰昌元年（1620）请辞回家。卒赠太傅，谥文端。

②郭子章（1543—1618），字相奎，明江西泰和人。隆庆五年（1571）进士，万历二十六年（1598），巡抚贵州兼制蜀楚军事，剿平播州杨应龙叛乱，以功封兵部尚书、右都御史，加太子少保衔，告老还乡。

③阴符素书：指道家秘典《黄帝阴符经》和《黄石公素书》。

绿荷桥、莲舫诸胜，时鹤氅纶巾，日与潘侍御珙、庞司农景忠、潘孝廉云衢结社吟咏手谈。著《慈云阁稿》行世。

《九江儒林乡志》卷十三《列传·明》：弱冠补邑庠生。

区金龙（明万历） 字云从，明高明亘厚人。万历二十一年（1593）选贡，任广西宾州判、云南大理府判归。

［万历］《广东通志》卷四十八《肇庆府·选举·岁贡·国朝·高明》：万历二十二年选贡。

［崇祯］《肇庆府志》卷七《明·岁贡·万历·高明县学》：云南大理府判。

［康熙八年］《高明县志》卷四《元明·恩岁贡》：清溪人，万历二十一年选贡，任大理府通判。卷十三《人物传·明》：字云从。性沉静好读书，以选贡授宾州州判。时值大饥，流民载道，分宪廉其能，委令督赈。龙设法有方，以次就食，公廪不足益以励助，所活甚众。升大理府判，管盐井却羡金，人称不扰。以母老乞休归，奉母克尽晨昏，居丧骨立。尝从区罗阳先生学，能发心性之蕴，远近学者宗之。

［道光］《高明县志》卷十二《贡生·明》：亘厚人，万历二十一年选贡，任大理府通判。

关邦彦 字彦聪，号紫云，明南海九江人。万历二十一年（1593）岁贡。父用宾。

《九江儒林乡志》卷十《选举略·明·贡生·万历二十一年癸巳》：字彦聪，号紫云。县学岁贡，廷试授福建清流知县。谨按：据关氏谱补入。《选举略·明·封荫》：关用宾，以子邦彦赠文林郎、福建清流县知县。

伦在孝 明南海人。万历二十一年（1593）选贡。

［崇祯］《南海县志》卷四《贡·明》：由西宁学选贡。

［康熙六年］《西宁县志》卷六《明·恩岁贡》：南海人，附籍西宁，万历二十一年岁贡。

严大楠 明高明高田人。万历二十一年（1593）岁贡，任江西建昌府教谕。

［万历］《广东通志》卷四十八《肇庆府·选举·岁贡·国朝·高明》：

二十四年贡。

［崇祯］《肇庆府志》卷七《明·岁贡·万历·高明县学》：惠安教谕。

［康熙八年］《高明县志》卷四《元明·恩岁贡》：高田人，万历二十四年岁贡，任惠安县教谕。

［康熙二十九年］《高明县志》卷十二《贡生·明》：高田人，万历二十一年岁贡，任惠安教谕。

［康熙］《广东通志》卷十五《选举下·肇庆府·岁贡·明·高明》：万历二十二年选贡。

［道光］《高明县志》卷十二《贡生·明》：高田人，万历二十一年岁贡，任建昌府教谕。

［道光］《肇庆府志》卷十四《明·贡生·万历朝》：二十七年选贡，高明县学。

张棐　明南海人。万历二十一年（1593）选贡。

［道光］《南海县志》卷二十《贡生荐辟·明万历朝》：癸巳选贡，据郝《通志》参修。

陈良楚　明南海人。万历二十一年（1593）选贡，任广西义宁知县。

［道光］《南海县志》卷二十《贡生荐辟·明万历朝》：癸巳选贡，义宁知县。

陈熙韶　字仲慈，号兰砌，明南海沙贝村人。万历二十一年（1593）选贡，三十七年举人，官至广西思恩府太守。父弘乘，弟熙昌、熙阳，子子履、子丰。

［崇祯］《南海县志》卷四《贡·明》：选贡，己酉。卷十一《人物列传》：字仲慈。负夙颖，甫就傅，王父①大司空客至，命属联，应声辄佳。弱冠同弟熙昌应选贡入南雍，与海内名流顾起元、邵景尧辈雁行雍试，冯司成亟赏识，称岭南二陈。中万历己酉，授梧州府同知。威惠兼行，急公求瘼，摄守若令，所在宜民。榷梧厂，裕饷通商。较乡闱拔张茂梧，领解②联捷，称

---

①王父：即祖父。

②领解：谓乡试中举。

得士。督援黔师入省，严纪律，无绎骚。升南户部员外，《管库十议》厘弊森然，积羡千缗悉捐饷辽，转郎中。出守思恩府，九司故桀骜，从前率苛征，渔土物，熙韶概捐，九司威怀。奉戌索，归五羊，只垂橐耳。嗣是不复铨补，杜门觞咏，谨言笑，耻干谒，教子一经，今祀乡贤。伯子子履，以恩荐授县令，见候补。季子子丰，有异才，尤工弈。重然诺，多侠士风。张广文①凤翼卒于官，得丰赙，始成殡，仍厚赙檪归黔。其慕义多类此。年三十五殁，时论伤之。

［康熙］《广东通志》卷十五《选举上・广州府・岁贡・明・南海》：万历己亥选贡。

［乾隆］《广州府志》卷三十四《循吏一・明》：绍儒孙也。祭酒冯梦正赏识之。摄守、令篆，所在宜民。

［道光］《南海县志》卷二十《贡生荐辟・明万历朝》：癸巳选贡，据郭《通志》参修。郝《通志》作己亥，魏《志》作己酉，今皆不从。卷三十八《列传七・明・陈熙韶》：号兰砌。

梁有年　字书之，号惺田，明顺德古朗人。万历二十一年（1593）选贡，次年举人，二十三年进士。三十八年任河南按察使，次年浙江右布政。子仞廉，孙宠元、宠良。

《粤大记》卷五《科第・皇明进士科・万历二十三年乙未科朱之蕃榜》：顺德县人，庶吉士。

［康熙十三年］《顺德县志》卷二《建置志・坊表》：“玉堂青琐②”，在县前直街，为浙江布政使司梁有年父子建。卷五《明朝・乡举・万历甲午》：古朗人，北监中式，乙未进士。卷七《人物传一・德业》：字书之，古朗人。生而聪敏强记，十四补弟子员，甲午选贡北监肄业。中式顺天乡试，联捷进士，选翰林院庶吉士。丁内艰，服阕，读书中秘三载，授吏科给事中，转历吏、礼、刑三科。恭遇皇长孙诞生，赐一品服，副朱修撰之蕃③颁诏朝鲜，却

---

①唐天宝九年设广文馆，设博士、助教主持国学，明清时因称教官为“广文”，泛指清苦闲散的儒学教官。

②玉堂青琐：上古称帝王宫殿为玉堂，青琐本为宫廷门上刻镂的青色图纹，泛指帝王宫殿，代指朝廷。

③朱之蕃（1546—1624），字元升，明山东聊城茌平县人，附籍南直锦衣卫（今南京）。万历二十三年殿试第一人，官终礼部右侍郎，任内于三十三年（1605）出使朝鲜。

国王馈金，朝鲜君臣悚然异之。在谏闼七年，切劘人主，抵触贵近，而于释累臣尤三致意焉。当此时也，年晔奕有声名，少宰杨止庵尤相慕重，然竟外补山东参政备兵霸州，年曰："汲长孺岂薄淮南乎？"霸自刘六、刘七残破之后，余孽未殄，年至，力复捕额备缓急。岁旱蝗，继复淫雨，民大饥，借通州官粮十余万济之，全活甚众。郡城进羡缗，年笑曰："丞廉洁固当，奈何尝乃公也。"立以新学宫。庚戌夏，河南按察使备兵颍川，八月补湖广按察使，明年迁浙江右布政。丁外艰归，三载而卒。初，太孺人当就馆①，封公夜恍惚见一白鹤翔鸣而下，遂生年。至是，一苍头梦父夜谓之曰："向来仙鹤飏去矣。"生平德量过人，未尝一报睚眦，居官强执不阿。藩浙时，左方伯降阶以揖各属，年独拱揖座右不移去。左方伯所常丈许，相君里居有私请，左方伯已报允，具牍请年署之。年曰："苟以为可，君但自署，年不能。"事竟寝。年在庶常课最当留，阁臣授意所厚善中书舍人某索玉带以尝年。年拒之曰："何官非王臣？安敢从权要干泽②，亦非若所宜言也。"相君闻而衔之，乃授吏科给事中，除书不下者半载。万历四十年，霸属士民呈举名宦从祀。庚戌，颍州士民呈建生祠。在浙藩刘大中、丞李扬两直指疏荐于朝，推升郧阳巡抚候旨，适丁内艰。居官二十年，遗诸子负郭产，人不百亩，仅香山一二斥卤供伏腊。天启四年，士民举崇祀本县乡贤祠。后嗣亦能以诗书振家声。

［康熙］《广东通志》卷十五《广州府·岁贡·明·顺德》：万历癸巳选贡。

［道光］《广东通志》卷一百九十六《艺文略八·集部二》：《使东方集》，明梁有年撰，未见。《粤东诗海》：有年，字书之，号悝田。

黎衷　字文和，明高明扶丽人。万历时乡试、会试均中副榜，二十一年（1593）选贡，任江西南康知府退休归。

［万历］《广东通志》卷四十八《肇庆府·选举·岁贡·国朝·高明》：万历二十二年选贡。

［崇祯］《肇庆府志》卷七《明·岁贡·万历·高明县学》：由东安学，南康通判。

［康熙八年］《高明县志》卷四《元明·恩岁贡》：罗俊人，东安学选贡，任南康府通判。

［康熙二十九年］《高明县志》卷十二《贡生·明》：扶丽人，万历二十

①就馆：临产时移住侧室分娩，引申指生子。

②干泽：犹干禄，指求取功名利禄。

一年东安学选贡，任南康府通判。卷十三《人物·明》：字文和。敦行力学，万历间两登副榜。由选贡授江南常州府通判，崇大体，厘积弊。斥衙蠹、击奸僧以除害，筑芙蓉堤、浚桃花港以兴利。摄无锡篆，兴学校，奖孝友，诛逆妇，民镌其懿迹于石以志思。后补任南康府，视民如子，以老致仕，民咸爱戴不忘。

潘献臣　(1564—1633后）明南海梯云堡镇头乡（今属大沥）人。天启元年（1621）副榜。父兆璘，子鸿儒。

［乾隆］《南海县志》卷十六《人物志·文学·明》：潘兆璘，五子，列庠序者三，季子献臣最知名。献臣子鸿儒，崇正癸酉领乡荐。时献臣年已七十，督学曾化龙欲荣以冠带，不受，副辛酉榜。属纩怡然，语不及私。其质朴严正、好学不倦有父风。

马维新　明顺德扬教人。万历二十二年（1594）武举。

［咸丰］《顺德县志》卷十一《武举·明·万历》：扬教人，虎门营参将，甲午。

邓储材　明顺德水藤人。万历二十二年（1594）举人。

［万历］《广东通志》卷二十《广州府·选举·乡举·国朝·顺德》：万历甲午。

［康熙十三年］《顺德县志》卷五《明朝·乡举·万历甲午》：水藤人。

卢迪简　改名懿简，明南海人。万历二十二年（1594）举人。子翚。

［万历］《广东通志》卷二十《广州府·选举·乡举·国朝·南海》：万历甲午。

［崇祯］《南海县志》卷四《乡举·明·万历甲午》：卢懿简，原名迪简，知州。

［道光］《广东通志》卷七十五《举人六·明·万历二十二年甲午·广州府》：南海人，改名懿简，陈知州，子翚。

［宣统］《南海县志》卷十一《艺文略·集部·别集》：《五若诗草》，明卢懿简撰，据《卢奉思堂家谱》。

叶锷　明南海人。万历二十二年（1594）举人。

[万历]《广东通志》卷二十《广州府·选举·乡举·国朝·新会》：万历甲午。

[康熙]《南海县志》卷五《选举志·明乡举·万历甲午》：知县。

[道光]《南海县志》卷二十《举人·明万历朝》：宁化知县，据《福建志》参修……甲午科。

朱建勋　字文祥，号赤城，明南海九江人。万历二十二年（1594）、二十五年、四十三年三次武举。父谟。

《九江儒林乡志》卷十《选举略·明·武举》：万历二十二年甲午科，字文祥，号赤城，选材官。万历二十五年丁酉科。万历四十三年乙卯科，直隶西山营守备。父谟，举人。

麦得霖　明顺德马宁人。万历二十二年（1594）武举。子上登。

[康熙六年]《西宁县志》卷六《明·武举人》：顺德人，立籍西宁，生员麦上登之父。

[康熙十三年]《顺德县志》卷六《明朝·武举·万历甲午》：马宁人，己卯、甲午，任参将。

吴光龙　字用潜，明南海里水人。万历二十二年（1594）举人，三十二年进士。四十二年考选江西道御史，天启六年（1626）补广西苍梧道副使，次年升尚宝司卿，历太仆寺少卿卒。父维镇。

[万历]《广东通志》卷二十《广州府·选举·乡举·国朝·南海》：万历甲午。

[崇祯]《南海县志》卷四《封赠·明》：吴维镇，以子光龙累赠尚宝司卿。卷十一《人物列传》：字用潜。万历甲午领乡书，甲辰成进士，授江西余干令。簿书亲自裁决，舞文珥笔者不敢夤缘为奸。征课不取羡耗，建水次仓于省以便里甲①解纳。月课诸生，其文皆手自校雠，人人心服。移繁永丰，治

①里甲：以里甲为单位编派的徭役。

一如余干。未几以内艰去，服阕补北直邢台。邑本瘠冲，加以水旱，民贫赋逋，奸宄窃发，龙设法抚绥。甲寅考选江西道御史，建白多剀切。差巡两浙盐课，蠲逋课以苏灶丁，清案牍以释冤狱。旋以年例外补，养病在籍。丙寅起补广西苍梧道副使，时马铲窃发，流劫郡邑，龙缮甲兵、增城堡以为备御。丁卯升尚宝司卿，历太仆少卿。差赍滇诏，道出楚中，遘疾而卒。家居数年辟西畴庄，赋诗谈棋自如，片刺不入公门。至割田宅以给废疾之兄，立宗庙以备烝尝之祀，皆其大节之表表者。

[道光]《广东通志》卷七十五《举人六·明·万历二十二年甲午·广州府》：南海人，进士，曾祖琏。

吴范 字介吾，明顺德登洲人。万历二十二年（1594）举人，寿九十五岁。

[万历]《广东通志》卷二十《广州府·选举·乡举·国朝·顺德》：万历甲午。

[康熙十三年]《顺德县志》卷八《人物传二·德业》：字介吾，登洲人也。素性朴鲁，茹淡攻苦。登万历甲午贤书，设帐授徒，公门绝迹，日食蔬食菜羹，并不营情阿堵。初铨博罗教谕，雅淡作人，通学立碑思慕。转升四川万县尹，积弊粮耗甚繁，范至以藩马为平，听民自秤自纳，毫无耗折干没，百姓鼓舞忻输。峒贼素悍披猖，惯犯城邑，范履任五年，贼戴德不敢作逆，民赖安生。按院考注清廉第一，因欠逢迎，府推旁填矫字，遂升王府审理。范挂冠两袖回归，寄趣农圃，不履城郭，县两请乡饮不赴。巡按柳寅东四川人也，夙仰范德政高风，下车即行县令王寝大访求礼候，范称病不出，贴礼珍复。后按院着县举人乡贤，范以匪德不堪，力辞坚却。终身韬晦修恬，寿九十五，至今犹令人闻风兴起。

吴继瑀 明顺德赤花人。万历二十二年（1594）武举。

[咸丰]《顺德县志》卷十一《武举·明·万历》：赤花人，甲午。

陈奇器 明顺德逢简人。万历二十二年（1594）举人，任广西宣化（今邕宁）知县。

[万历]《广东通志》卷二十《广州府·选举·乡举·国朝·顺德》：万历甲午。

[崇祯]《南海县志》卷四《乡举·明·万历甲午》：顺德人，由本学，知县。

［康熙十三年］《顺德县志》卷五《明朝·乡举·万历甲午》：逢简人，仕广西宣化县知县。

［道光］《广东通志》卷七十五《举人六·明·万历二十二年甲午·广州府》：顺德人，南海学，宁化知县。

冼应芳 明顺德鹭洲人。万历二十二年（1594）举人。与嘉靖八年（1529）武举中振、万历三十四年（1606）武举兆熊、三十八年进士宪祖同为冼光后辈。

［万历］《广东通志》卷二十《广州府·选举·乡举·国朝·顺德》：万历甲午，侍郎，光曾孙。

［康熙十三年］《顺德县志》卷五《明朝·乡举·万历甲午》：鹭洲人。

［咸丰］《顺德县志》卷二十三《列传四·明·冼光传》：孙中振、应芳、兆熊俱举于乡。

杨应魁 明高明城中人。万历二十二年（1594）举人。子之恺。

［万历］《广东通志》卷四十八《肇庆府·选举·举人·国朝·高明》：甲午科。

［崇祯］《肇庆府志》卷六《明·举人·万历二十二年甲午》：高明人。

［康熙八年］《高明县志》卷四《明·举人·万历二十二年甲午》：杨梅人。

［道光］《高明县志》卷十二《监生·明》：杨之恺，城中人，应魁子。

何可逾 明高明幕冈人。万历二十二年（1594）举人。父天衢。

［万历］《广东通志》卷四十八《肇庆府·选举·举人·国朝·高明》：甲午科。

［康熙八年］《高明县志》卷四《明·举人·万历二十二年甲午》：清溪人，天衢子。

张大成 明顺德道教人。万历二十二年（1594）武举。

［咸丰］《顺德县志》卷十一《武举·明·万历》：道教人，甲午。

欧达勋　字仲策，明顺德陈村人。万历二十二年（1594）中举，任广西太平府通判。兄达政。

［万历］《广东通志》卷二十《广州府·选举·乡举·国朝·顺德》：万历甲午。

［康熙六年］《西宁县志》卷九《人物志·欧先生联萼传》：字仲策，顺德人，附籍西宁，兄弟齐名。达勋万历甲午举人，授山东胶州知州。遇旱步祷，甘霖辄应。州北蝗灾祷即散去，南境又起大鸟至，食蝗殆尽，人以为神。兄弟早赋归来，居家孝友雍睦，皆以寿终。

［康熙十三年］《顺德县志》卷五《明朝·乡举·万历甲午》：陈村人，太平府通判。

罗廷玮　字孟珍，明顺德大良人。万历二十二年（1594）举人，任江苏吴县教谕、安徽霍山县令、湖南衡州府同知。父光叙。

［万历］《广东通志》卷二十《广州府·选举·乡举·国朝·顺德》：万历甲午。

［康熙十三年］《顺德县志》卷六《明朝·封赠》：罗光叙，大良人，以子廷玮贵赠文林郎。卷八《人物传二·德业》：字孟珍，大良人。博学洽闻，万历甲午举于乡，授苏州府吴县教谕。莅任之日，唯以崇正学、敦孝弟为首务，训诸生曰："士先德行而后文艺，诸不在六行之科者绝使勿进。"督程课艺，诱掖有方，一时士习丕变。凡俊秀初进，一切馈遗束脩皆却谢，唯受名书古画。三吴绅士谓古所称安定、道州、文翁①、马融②之俦未之或先，申文定公时行③撰文镵石纪其事。擢霍山令，值大旱，玮斋沐祈祷，霎时甘霖随车，弥天漫野，民赖耕耨。逾年飞蝗害稼，翳天蔽日，玮躬祀先啬，蝗入水而化，一时里巷歌讴，以为中牟三异再见也。建生祠，祀名宦，事详《霍山县志》。任满迁衡州府同知，解组归，旋舟载石，行李萧然。隐居著书歌咏，

①文翁（前187—前110），名党，字仲翁，西汉庐江人。汉景帝末年为蜀郡守，政绩卓著。

②马融（79—166），字季长，东汉扶风茂陵（今陕西兴平东北）人。任议郎，在东观校勘儒学典籍，因病离职。长于古文经学。

③申时行（1535—1614），字汝默，明长洲（今苏州）人。嘉靖四十一年殿试第一名，历官至首辅，卒赠太子太师，谥文定。

匾其居曰“侣鱼虾门”，联曰“结庐在人境，推分得天然”。唯守先人敝庐，置田园以自给。

罗应许　字荩侯，明顺德杏坛罗水人。万历二十二年（1594）中举，任广东电白教谕、云南司理、户曹主事、北平粮储、山西佥事、湖南临沅兵备、云南按察副使。战时出色完成押运军粮任务，记大功。按例规粮储官只能任一年，他连任三年。弟梦说。

［万历］《广东通志》卷二十《广州府·选举·乡举·国朝·顺德》：万历甲午。

［崇祯］《南海县志》卷四《乡举·明·万历甲午》：顺德人，副使。

［康熙十三年］《顺德县志》卷五《明朝·乡举·万历甲午》：杏坛人，历官云南副使。卷七《人物传一·德业》：字荩侯，杏坛人。赋性在灵、拙间，稍长喜积书，诵读不辍。许伯弗嗣，父小江以许嗣之。丙午生母见背，许请之县欲以终丧，索诸礼与律而俱不得，索诸《会典》有给假治丧之例，乃得终制。肥甘不入口者三年，外人弗知也。生平不喜干谒，僻嗜子史，故其文、诗、赋皆熔今铸古。万历甲午中式。九赴春官不倦，竟以亲老勉就滇南司理。时有土酋安效良设科女寇之警，当事张皇失措，许捐俸易粟以济军需，土酋服其德，遂不敢犯。民有冤狱为明之，滞狱为通之，疑狱为决之，有“青天罗佛子”之称。藩、臬二司有批发，欲许徇情而许弗任，驳复数次甚至庭争。许曰：“司理职在明刑，知有国法而已！”按台重许廉明，司理数载，行取还朝，授户曹主政。纂修《赋役全书》①，札管草场刍粟，复差趱江西、广东钱粮，后委草场刍粟会计，适城北平粮储之命至矣。时地当残破之余，又值前任失职，河决，刍粟尽为所败，仓空乏，运道艰难，令人裹足。至，较量缓急，建设仓廒五十余，使无浥烂之虞。建设水运粮船二百余艘，省其脚价。三年之内，除贼上手二千余金，复羡银一十六万有奇，具奏还朝，不私毫末。是差前止一年，朝廷重许廉能，特差三载。时巡抚杨公嗣昌误听蛊惑，亲历卢龙②，势如风火。欲借法马、运艘起衅，县尉张公瑄慷慨语曰：“库与县邻，罗部尊一清如水，库供酒席分毫不染。且有部运初到，部封未

①《赋役全书》：又名《条鞭赋役册》，明清记载各地赋役数额的册籍，是官府公布的征收赋税税则。

②卢龙：地处河北省东北部。

启，可一发而知也。”杨公曰：“本院无心。”竟不面谢过而去。后以驴运牛运孰多、牛驴之费孰省难许，许：“驴便。”杨怒欲入都门揭许，因许无疵可求，杨遂悔悟，言归于好，今北平犹从驴议云。又接济莱之急，飞挽关隘之糈，奉钦赏纪录。还朝报政，遮道留履者数千。其下车艰难之状，在任广济之才，有关抚冯公任、大堂侯公恂交章题赠及赠言可考也。河东之役，宗室横行，流寇充斥，旱魃为灾，攫人而食。至日，雨随车下，及至黄河，洁牲祀神禹之庙，而龙门之水再潮。秦寇拥万临河，见许一矢不发。备兵临沅，小民之郊，迎者欢欣舞蹈，莫不以为父母再生，且能使普酋之子母效顺、沙酋之兄弟相安、宁酋之束手献俘、交国之雄兵挫锐，皆许之力，生平赫赫可纪者。至于孝友为心，温恭成性，脱人之难，济人之急，掩骼通商种种，未遑更仆。

［乾隆］《广州府志》卷三十三《名臣二·明》：授云南理刑，时土酋寇警，当事张皇失措，应许捐俸易粟以济军需，兵士腾厉，酋不敢犯……其接济登莱之急，飞挽关隘之糈皆应程期……调临沅兵备，当四方云扰之日，镇之以静，意气安闲，调度有方，诸酋效顺。应许居功多，终云南按察副使。

［道光］《南海县志》卷三十八《列传五·明·罗应许》：邑诸生……

［咸丰］《顺德县志》卷十二《封赠（文阶）·明》：罗元美，杏坛人，以子应许赠；罗元慎以嗣子应许赠，俱云南按察使。卷二十四《列传四·明·罗应许》：举……乡试，授电白教谕，敦范乐诲，泽被士林……既而登莱有急，关粮飞运接济皆应期程，邀纪录，赐银币……弟梦说。

罗梦说　（？—1645）字楫侯，明顺德杏坛人，应许弟。

［康熙十三年］《顺德县志》卷八《人物传二·孝友》：字辑侯，杏坛人，番禺学廪膳。广额长躯，双瞳。炯炯，孝友直谅，重言诺，慎交游，博览古今典籍，终身不殆。母苏氏耄年病剧，说割股调羹疗治，两日而愈，事闻，院司道府赏赉有差。先是，随长兄应许任，所过名山大川皆有纪兴，著有《罗浮集》《湘潭赋》《神禹庙文》，其外诗歌和答、古风近体历历可考。乙酉病卒，将革时，取割股调羹瓦器熟视，呼父母百余声而绝。三子俱列庠序。

［乾隆］《顺德县志》卷十二《孝友》：字楫侯，杏坛人，番禺廪膳生。广额长躯，双瞳炯炯。

［乾隆］《广州府志》卷三十八《孝行·顺德·明》：字揖侯。

［咸丰］《顺德县志》卷二十四《列传四·明·罗梦说》：曾孙麟。

罗治身　明顺德大良人。万历二十二年（1594）武举。

［咸丰］《顺德县志》卷十一《武举·明·万历》：大良人，甲午。

梁在廷　字伯仰、翼明，明顺德伦教人。万历二十二年（1594）举人，五十岁后，出任广东归善教谕、广西贺县令。转四川叙州府通判，未任归，寿八十二岁。父秀林，弟崇廷，子梿、楫。

[万历]《广东通志》卷二十《广州府·选举·乡举·国朝·顺德》：万历甲午。

[康熙十三年]《顺德县志》卷五《明朝·乡举·万历甲午》：大良人，叙州通判。

[康熙二十六年]《顺德县志》卷八《人物志·德业·梁秀林传》：长子在廷，字伯仰，登甲午乡科。

[道光]《广东通志》卷七十五《举人六·明·万历二十二年甲午·广州府》：顺德人，字翼明，叙州通判，兄崇廷。

[咸丰]《顺德县志》卷二十四《梁崇廷传》：在廷子梿，字器圃，晚号寒塘，叙州归后始生。

梁思耿　明顺德桃村人。万历二十二年（1594）举人。

[万历]《广东通志》卷二十《广州府·选举·乡举·国朝·顺德》：万历甲午。

[康熙十三年]《顺德县志》卷五《明朝·乡举·万历甲午》：桃村人。

萧效纪　一作效纯，明南海人。万历二十二年（1594）举人。

[万历]《广东通志》卷二十《广州府·选举·乡举·国朝·南海》：萧效纯，万历甲午。

[崇祯]《南海县志》卷四《乡举·明·万历甲午》：知县。

潘岸登　明顺德冲鹤人。万历二十二年（1594）副贡。

[咸丰]《顺德县志》卷十一《副贡·明·万历》：冲鹤人，甲午。

黎耀　明顺德鹭洲人。万历二十二年（1594）武举。

[咸丰]《顺德县志》卷十一《武举·明·万历》：鹭洲人，虎门中军守备，甲午。

霍汝元　明南海人。万历二十二年（1594）举人。父镇东，兄见大。

［万历］《广东通志》卷二十《广州府·选举·乡举·国朝·南海》：霍汝玄，万历甲午。

［道光］《广东通志》卷七十五《举人六·明·广州府》：万历二十二年甲午，南海人，镇东子，兄见大。

霍肖嵩　明南海人。万历二十二年（1594）举人。

［万历］《广东通志》卷二十《广州府·选举·乡举·国朝·南海》：万历甲午。

欧达政　字仲行，明顺德龙津人。万历二十三年（1595）岁贡，任广西梧州府通判。弟达勋。

［康熙六年］《西宁县志》卷九《人物志·欧先生联萼传》：字仲行……顺德人，附籍西宁，兄弟齐名。达政万历二十三年岁贡入监，授广西梧州府通判，视榷务，通商裕国，不求奇羡……遇旱步祷，甘霖辄应。州北蝗灾，祷即散去，南境又起大鸟至，食蝗殆尽，人以为神。兄弟早赋归来，居家孝友雍睦，皆以寿终。

［康熙十三年］《顺德县志》卷五《明·岁贡·万历》：龙津人，梧州通判。

黎祯　明高明陀程人，迁居南河里。万历二十三年（1595）岁贡，任广东海阳教谕，代理知县。

［崇祯］《肇庆府志》卷七《明·岁贡·万历·高明县学》：海阳教谕。

［康熙二十九年］《高明县志》卷十二《贡生·明》：万历二十三年岁贡，任海阳教谕。

［光绪］《高明县志》卷十二《明·贡生·万历朝》：黎桢，陀程人，迁居南河里。二十三年岁贡，海阳教谕，署县事。

马乾　字应元，明南海人。万历二十四年（1596）赈饥。

［崇祯］《南海县志》卷十一《隐逸·明》：字应元，宋制置使从龙、元进士廷叟之胤也。美丰仪，喜博古，少有才誉，憨上人手赞其肖像，有“外朴而纯，中实而贞。在世越世，居尘出尘。无意浊富，甘心清贫。推有余以

济物，体忘己以行仁。才藏虽龙，技老斫轮①”之句，实其肖行也。万历丙申饥，治饘赈活甚众。有故家妇缩朒道旁，使人侦其故，计其家口，每晨兴，命小僮致饘，遂赖以活。见罗雀者，购而纵之。有逆加者，宛而遣之。宗伯杨起元摄春官，旌之冠裳，檄邑大夫善视焉。清修美行，可为世风。

欧阳文乐　明三水雄旗人。万历二十四年（1596）赈饥。

［康熙十二年］《三水县志》卷十二《人物传·潜德》：雄旗人。年十四失父。父先为聘高要刘廷熙女，以治疽损背。母命退婚，文乐曰：“是背父也。”乃止。刘虑其长有悔心，年十六即促之娶，厚以奁田，弗受，卒为夫妻终身。居宗族间善于劝诲，凡乡党有不平事必质之，遂不成讼。时有欺弟愚弱谋夺其田者，文乐责以大义，其人悔悟，即还之。丙申大饥，出粟赈济，并诱乡之有资者互相周□。知县高瀛临乡行赈，阅册独雄旗无饥人，询得其故，大称赏之。

周崇仁　明三水黄冈里人。弟崇智。

［康熙十二年］《三水县志》卷十二《人物传·潜德》：黄冈乡人。事母孝谨，终九旬如一日。为邑庠生，穷经教授。每揭伦理大义诱迪后进，成就者多，所得束金辄以赠恤孤寡。万历丙申岁斗米贰钱，与弟崇智出粟米赈饥不遗余财。让书田为族义田，以预周急贫者。数用刚正范族，族人服之，告诸县，命为族正。修族谱、辑家训俾子孙世守，准古而裁，量力而行，至今教行于后，知县高□命刊家训祠中而为之序。

［嘉庆］《三水县志》卷十一《人物传·潜德》：黄冈里人……知县高其昌命刊家训祠中，而之为序。

邓公庆　字衎之，明南海人。父璿，子务忠。

［崇祯］《南海县志》卷四《乡举·明·天启甲子》：邓务忠，进士。《封赠·明》：以子务忠赠知县。卷十一《隐逸·明》：字衎之，郁林州守璿子。性至孝，少失恃，哀毁逾节。事父肫笃，父耄久病，侍左右，顷刻不离。父怜其勤苦，嘱膳田三亩以偿其劳。庆坚不受，均之弟侄。兄嫂早亡，抚孤侄不啻己子。筑莲菊居，莳花草，诗酒自娱。与唐十洲辈结社青门，一切名利

①斫（zhuó）轮：砍木头做车轮。后来称对某种事情富有经验的人为“斫轮老手”。

不关。尝自教子，疑义与析。生平施与不苟，童叟莫不仰慕之。子务忠举进士，御史。

［道光］《南海县志》卷三十七《列传六·明·邓公庆》：崇祀忠孝祠。

［宣统］《南海县志》卷十一《艺文略·集部·别集》：《秋寰集》，明邓公庆撰，据《邓惇叙堂家谱》。

何尚贤 号芬林，明顺德羊额人。万历间恩贡。

［康熙十三年］《顺德县志》卷五《明朝·恩贡·万历》：羊额人，恩贡，授宁都学训导，升陵水县学教谕。

［咸丰］《顺德县志》卷二十四《列传四·明·梁瞰》：号芬林……万历间恩贡，选西宁训导，迁陵水教谕。勤课试，奖行能，捐建一轩曰“习静”，便诸生会文，择《朱子家礼》简要者锓板俾易循。习俗多留婢不嫁，著论谕之，风顿革。士省试苦路远费艰，悉资其行。海贼探文武官以公俱出，猝拥众犯城。尚贤先登陴拒守，士民继之，贼知有备不敢薄。间道走万州请援兵至，贼已遁，城卒获全。未几致仕归，著有《芬林集》。

何翰 号罗峰，明三水西南人。任广东惠州、永安（今紫金）教谕，升雷州府教授三年归，寿八十九岁。与万历二十五年（1597）举人陈开泰、三十一年举人梁胤泗为好友，同时出任官职。子显。

［康熙四十九年］《三水县志》卷十二《人物传·贤良》：号罗峰，西南街人。明万历岁荐。在庠食廪，一字不入官门，学以德行首称。初任福建永春儒学，廉静寡欲，新进有贫寒者俯慰赠之，相勉以学。及奉委署县事兢兢业业，非切要公行不敢轻启堂印，时按君考语云“古貌古心”，通县称其有学有守。缙绅吴载鳌相赠以诗曰：“美人在粤东，珠光照琼树。美人在桃源（桃源，永春胜名），赏心与我遇。铎振群寐清，紫衿朱履素。蓝青相与华，冰蘖何所慕？纵目天马峰，偃室绝器暮。征贤重宿成，赞襄灿皇路。”生徒制锦，颂扬不辍。转惠州永安教谕，诸生迎送载道，铎声愈振。寻升雷州府教授，甫三载辞归林下。陶成后学，子孙相继庠序。与本街友人陈开泰、梁胤泗同时出仕，清声并著。享年八十有九，不惟贤良可风，盖一时之气运亦足纪也！《人物传·儒行·何显传》：字济善，邑庠，西南街人，教授何翰之子。

佘祖颐 （约1565—?）字于正，号葆惺，明顺德马冈人。万历十三年（1585）举人，任河南兰阳、西华教谕。父光裕。

［万历］《广东通志》卷二十《广州府·选举·乡举·国朝·顺德》：万历乙酉。

［康熙十三年］《顺德县志》卷七《人物传一·德业》：字于正，号葆惺，马冈人。荆藩左长史光裕之子也，孝友性成。弱冠登贤书，初任河南兰阳教谕。先是，兰阳士鲜勤学，人才寥寥。颐至，日教士有方，不受束脩，捐俸以供月课，兰阳文运大振，掇科第者蝉联，操江巡抚梁云构皆其会课门生也。摄篆西华，减面税，裁荒额，舆人诵之。聘北京分考，取士七人，登制科者五，首拔韩敬连中会状，人称为欧阳藻鉴。寻升翰林院孔目，休致回家，不以私干当事，待族党恭而有礼，有古君子之风。康熙丙午，通邑孝廉黎可逢等、廪增附周天保等、里排冯奕隆等百余人，白颐行谊于邑令佘弼，举祀乡贤。行学覆勘，申详广府，蒙太守刘士芳核实，转详学道侯良翰，业经批允，值复命忙速不果。颐居官政绩详载兰阳、西华名宦传。

陈琮咏　（约1565—1635后）字叔铉，号华真，明顺德大良人。父其才，幼弟禹畴。崇祯八年（1635）七十一岁，子迪祥、迪纯及孙慧业等回家为他祝寿。

［康熙十三年］《顺德县志》卷七《人物传一·德业》：字叔玄，号华真，滨州刺史长子。性颖异，为诸生苦心积学，四战棘闱。奈赋性坦夷，日夕棋枰自适，边幅不修，机心尽化。济人之急不惮垂橐，有古君子之风，屡举宾筵，寿逾古稀。长子迪祥，登万历戊午第二，初授饶平教谕。操履端洁为多士式，捐脩俸之入新黉序、饰文阁，饶庠永赖。转南国博，教铎益弘，四方士咸宗之。升北枢务未赴，以忧回籍。卷八《陈慧业传》：时崇祯乙亥，祖琮咏七十开帙。

［乾隆］《顺德县志》卷十四《隐逸》：字叔铉，号华真，大良人也……七岁能谒邑侯议筑城之役……自经史以逮百家稗说靡不流览精究，四举不售，未尝介怀……督学使者杨瞿崃以行表黉宫、旌其门并宠以冠带，琮咏岸然不屑……孙慧业崇正甲戌魁南宫捷至，琮咏方踞树下与客弈，报人叫呼跳跃其傍，容色不动，每下一子辄曰："无预吾事。"竟夕乃罢，人服其高韵闲致不可强也。

岑还初　（1566—1668）字太珍，明顺德桂洲人。寿一百零三岁。

［康熙十三年］《顺德县志》卷九《百岁志》：字太珍，寓大良，原桂洲人，朴直淳良。生于嘉靖丙寅十一月二十八日，享年至康熙戊申年七月十七

日，寿一百零三岁。邑侯佘公弼、郡守刘公士芳俱赐金帛，匾题曰“百龄余庆”。

李孝问　（1567—1620）字懿衷、莱儒，明南海佛山镇人。万历十八年（1590）参加童子试，后两中副贡。泰昌元年（1620）恩贡，赴京候选知县路上，五十四岁病卒于江西德安。父畅，继室周氏，弟待问，子象震、象孚、象随。

［崇祯］《南海县志》卷四《贡·明》：泰昌恩贡，考授知县。卷十一《人物列传》：字懿衷。生有异质，端弘简重。十岁通《易》能文，铮铮有声。万历庚寅童试，受知蒋崑阳邑侯。逾年，罗鹏云学使以冠军拔决科①，自后历试皆前茅。凫阳方郡守造士会城，推为高足，每评其文曰：“是语非是人不能道。”未几进食饩廪，畿省十一战两登乙榜，为姚瀛曙司李、袁越畸邑令所知，侥收侥失。姚公每叹曰：“不及收此名士!”光宗御极，诏选士一人，蔡质凡学使首举以应成均。事峻，部试署邑令，未及受官而卒。生平识高才朗，留心时务。省中濠镜之备御、定弓之减免，蒿目持筹，曲中事情。而里门营兵之设，建营料饷，多出其经画，乡人帖席②，至今赖之，使出而寄民社，建树当必无量。郭璽吾司马序其文曰：“尘而嚣弗闻，靡而行弗习。叩其中，汪洋停蓄，不知所之。”足觇其为人矣。

［康熙］《广州府志》卷四十四《列女传四》：周氏，南海人。十五适知县李孝问，十八生子象随。三年孝问卒于旅馆，周抚孤矢志孀守。

［康熙］《广东通志》卷十六《人物上·广州府·明》：字莱儒，南海人，诰赠尚书李畅仲子……部考知县候选趣装，时胞弟尚书待问以驰命偕行。抵德安行台病卒，年五十四，遂舆榇归，合妻陈氏葬鳌头冈……建立忠义营，并嘱拨南泉庵傍山涌婆滘等田，送祀文昌社学及敦睦宗祠，奖学助祭，乡族赖之。与弟待问同祀郡邑乡贤，刊载实录。弟敬问，光禄寺署丞。子长象震，副榜，国学。仲象孚，从化岁贡，三奖优行，十试粤闱，备录副卷。季象随恩贡生。孙锡续、锡缤等，陪祀生。

严廷宾　字侯俨，明顺德大良人。崇祯十三年（1640）以孝友受荐举，八十岁卒。父应寅，子而舒，次子而恕。

---

①决科：谓参加射策以决定科第，后指参加科举考试。

②帖席：安卧于席，喻安稳。

[康熙十三年]《顺德县志》卷八《人物传二·孝友》：字侯俨，大良人。父应寅，香山学增广生，宏才博学，数战棘闱不售，著书教子。宾少进南庠有声，然赋性坦夷，乐游山水，淡于势利。居家孝友，品行端方，与人绝无边幅，犯而不校，人咸爱敬。长子而舒，癸酉贤书，庚辰特赐进士，人以为光显，宾视之澹如也。崇祯十三年诏举孝友，硕儒里老推宾与区大参龙祯、逸士罗真英三人应诏。经院司道府覆勘，会题“严廷宾家居顺邑，名列南庠，两邑高文行之，评一身备孝德之实，和风时扇，乡闾惠泽，覃敷井里。七帙潜修，百年师表”等语。奉旨允行旌奖，舆论咸属。晚年，长子而舒宦回，与次子生员而恕承欢膝下数载。宾怡情浮白，如意甘旨，寿八十无病而卒。人以宾世有隐德，俾尔单厚云。

罗真英　字敬真，明顺德大良人。崇祯十三年（1640）以孝友受荐举。

[康熙十三年]《顺德县志》卷八《人物传二·孝友》：字敬真，应天推官罗节卿侄孙，大良人也。孝友醇谨。四岁失母，涕泪常沾衣。成童丧父，居丧尽礼。异母弟早没，抚遗孤不啻己出，掌家业无此疆尔界。侄既长有室，荡散祖产，或侵损及己，略不介意。处宗族戚友，揖逊雍容。事九十继母，晨温寝膳，必躬必亲。竭力修外祖之茔，捐资葳服弟之柩，白首执丧哀毁骨立，乡族称其至孝。会崇祯十三年，翰林学士林欲楫具题，旨行天下举孝友廉让，通习《孝经》《小学》，无论绅衿隐逸，县不过三人。邑里排学校举真英孝友，与大参区龙祯、生员严廷宾应诏具题。奉旨允行，按院柳寅东匾旌曰“伦敦行洁”。

马鸣鸾　明顺德桂洲人。万历二十五年（1597）举人，任广西阳朔知县。

[万历]《广东通志》卷二十《广州府·选举·乡举·国朝·顺德》：万历丁酉。

[康熙十三年]《顺德县志》卷五《明朝·乡举·万历丁酉》：桂洲人，阳朔县知县。

王珮　明高明苏村人。万历二十五年（1597）举人第一名。

[万历]《广东通志》卷四十八《肇庆府·选举·举人·国朝·高明》：丁酉科，解元。

[崇祯]《肇庆府志》卷六《明·举人·万历二十五年丁酉》：王佩，高

明人，解元。

［康熙二十九年］《高明县志》卷十二《举人·明》：苏村人，万历二十五年丁酉解元。

［雍正］《广东通志》卷三十三《举人·明·万历二十五年丁酉乡试榜》：高要人，解元。

［乾隆］《肇庆府志》卷十八《明·举人·万历丁酉》：王佩，高明籍，高要人，解元。

［道光］《高明县志》卷十二《明·举人》：苏村人，由高要籍，万历二十五年丁酉解元。

区龙祯　字象先，明顺德西滘（今属北滘镇）人。万历二十五年（1597）举人，三十八年进士，历福建漳浦县、河北魏县知县，升户部主事、郎中。天启年间，巡查川、滇，值大股缅甸土匪入境烧杀掳掠。他召集沦陷州县及毗连地区的官军，亲任总指挥，抄近道夜袭匪营，歼敌一千三百余名，敌逃回缅甸。身为文官，调动两千余名装备、素质都不够理想的杂牌军，一举击退强敌，西南封疆大吏们惊叹不已。天启七年（1627）转粤西左江道，崇祯三年（1630）官滇南屯道左参政。权贵挟怒排挤，愤然告归。晚年常向知县提供兴利除弊的建议，年八十四卒。能文工书。父世湜；子昌炯，明末殉国。

［万历］《广东通志》卷二十《广州府·选举·乡举·国朝·顺德》：万历丁酉。

［康熙十三年］《顺德县志》卷二《建置志·坊表》：秉宪名臣，在县治西街口，为云南参政区龙祯建。卷五《明朝·乡举·万历丁酉》：西滘人，庚戌进士，历任云南参政。卷六《明朝·封赠》：区世湜，西滘人，以子龙祯贵赠广西左江道副使。卷八《人物传二·德业》：字象先，西滘人。少颖异，以孝友称，为林文峰先生器重。万历丁酉领乡荐，庚戌成进士，除漳浦尹，政异有声。二年丁内艰，浦民建祠立石志思。服阕补魏县令，修洹阳书院，大兴学校，改建刘元城①祠于学宫之左以崇俎豆。时地方中有土霸棒槌手者，廉

①刘元城（1048—1125），名安世，字器之，北宋魏（治今河北大名东）人。登进士第，不就官，学于司马光。司马光任宰相，荐为秘书省正字。论事刚直，连遭贬谪，晚年回京任内阁中书。

得其状杖杀之，威名显著。秩满升户部主事，晋郎中。管通州粮储，力清预支布袋之费，岁计剩朝廷金钱十万有奇。会辽阳不利，题改管理新饷，厘剔夙弊。稽正饷外应得羡银一十六万，尽解入太仓以充兵饷，奉旨优叙札谕有“忘私奉公，如水为心”之褒。应得京堂超擢，祯守己不回，止升四川兵巡。会秦中回寇突攻太平，秦山险峻，兵力单弱，各属皆有难色。祯策骑亟行，出不意直抵太平，诸回授首，计斩首一千三百余级，幕府惊为奇捷。随转东川，增修兴文书院，作养所属诸生。值回寇复发，时祯署西道，移镇保宁，提兵直抵秦关，歼寇而还，斩获三百级。幕府奏捷，荐举边材，丁卯转粤西府江。时右江东阑土州酋奴弑主作乱，右江戒严，抚台委祯剿逆。祯移镇宾州，宣布朝廷德意，谕以祸福，逆奴授首，胁从皆免。不动一兵，不费一饷，帖然向化，右江之变悉平。庚午转滇南屯道，抵滇掌宪司印，并署临沅守巡二道。时阿迷土司跋扈，东南震恐。抚按知祯有韬略，属祯讨贼。祯画策先城维摩州以断其后，复上机宜七事。议方行三月，计报以老致仕矣。抚按交章保留，祯无留意，遂归隐林泉。先是，祯以管理新饷数止三百余万，是年加至六百万。祯具疏上陈各省司、府、州、县催解，倘不如额及不如期听本司特参，奉旨准行，于是外解稍足，转饷不失。祯当清汰冗冒之时，曾参论某官者，某素憾之，因寻修隙。故祯虽叠承奖荐，四举边材，终为忌者中，以年老之条参政致仕，弗克大展其才，士林惜之。祯负文武材，忠义慷慨，持守清贞，所在皆有廉能声。居官三十载，俸置田庐不及中人之产，以先业凉薄，出与弟侄均之，里族赖其周急丧葬者不计。归山后，邑士夫多所咨询，待其兴除者数十事。乡党服其雅化者数百人，咸请抚按建祠报德，经仰县行，祯力辞不受。后督师阁臣瞿式耜①疏题粤东人望，擢祯左通政使。有旨遣行人李世荣赍敕起用，未赴召。卒年八十有四。所著有《司饷疏钞》四卷、《辽阳全书》二卷，汇辑《洹山刘元城语录》二卷、《沧浪洞诗集》六卷遗世。子太学生昌炯以死节闻，君子谓其继体有人云。

［咸丰］《顺德县志》卷二十四《列传四・明・区龙正》：令漳浦甫两载，丁内艰去……管通州漕运，奏米包以布代蒲，更迭用之，岁省十余万……年八十四卒，并祀乡贤、忠孝祠……洞在城中，盖归后所辟以习静者也。

---

①瞿式耜（1590—1650），字起田，明江苏常熟人。万历四十四年（1616）进士，崇祯初擢户部给事中，因弹劾魏忠贤余党下狱。福王朱由崧起用为佥都御史，巡抚广西。南明隆武二年拥立桂王朱由榔，累进文渊阁大学士兼兵部尚书。留守桂林，多次击退清兵，城破被执就义。

区怀顺 明高明阮埇人。万历二十五年（1597）举人。

［万历］《广东通志》卷四十八《肇庆府·选举·举人·国朝·高明》：丁酉科。

［康熙八年］《高明县志》卷四《明·举人·万历二十五年丁酉》：阮埇人。

［康熙二十九年］《高明县志》卷十三《人物·区曰琳传》：曾孙怀顺，举于丁酉科。

刘观光 号萝径，明顺德龙山人。万历二十五年（1599）举人，三十二年进士。父定殷，祖道东。

［万历］《广东通志》卷二十《广州府·选举·乡举·国朝·顺德》：万历丁酉。

［崇祯］《南海县志》卷四《乡举·明·万历丁酉》：进士。

［康熙十三年］《顺德县志》卷五《明朝·乡举·万历丁酉》：龙山人，甲辰进士。《明朝·进士·万历甲辰》：任山东左布政使。

［嘉庆］《龙山乡志》卷七《封赠·明》：刘道东，以孙观光贵赠布政司。刘定殷，以子观光贵赠布政司。

［咸丰］《顺德县志》卷二十四《列传四·明·马钟英》：按，同乡刘观光，号萝径，终右布政，亦祀乡贤。诸书不载其宦迹，附识于此。

［民国］《顺德县志》卷十五《金石略·石》：《署顺德县知县王公去思碑记》，万历四十一年，赐进士、思石兵巡道贵州等处提刑按察使佥事治、年侄①刘观光撰文。

刘应峦 明顺德逢简人。万历二十五年（1597）武举。

［咸丰］《顺德县志》卷十一《武举·明·万历》：逢简人，丁酉。

刘相国 明顺德逢简人。万历二十五年（1597）武举，任浙江处州营守备。

［咸丰］《顺德县志》卷十一《武举·明·万历》：逢简人，处州营守备，丁酉。

---

①年侄：明清科举中式者对同年之子的称谓。

麦大有 明南海人。万历二十五年（1597）举人。

［万历］《广东通志》卷二十《广州府·选举·乡举·国朝·南海》：万历丁酉。

劳谦 明南海人。万历二十五年（1597）举人。

［万历］《广东通志》卷二十《广州府·选举·乡举·国朝·南海》：万历丁酉。

李谧 明顺德江尾人。万历二十五年（1597）举人，任湖南澧州知州。

［万历］《广东通志》卷二十《广州府·选举·乡举·国朝·顺德》：万历丁酉。

［康熙十三年］《顺德县志》卷五《明朝·乡举·万历丁酉》：江尾人，澧州知州。

何天逊 明顺德平步人。万历二十五年（1597）武举。

［咸丰］《顺德县志》卷十一《武举·明·万历》：平步人，千总，丁酉。

陆即登 明南海人。万历二十五年（1597）举人，任福建长泰知县。父忠。

［万历］《广东通志》卷二十《广州府·选举·乡举·国朝·南海》：万历丁酉。

［崇祯］《南海县志》卷四《乡举·明·万历丁酉》：知州。《封赠·明》：陆忠，以子即登封知县，赠知州。

［道光］《南海县志》卷二十《举人·明万历朝》：长泰知县，丁酉科。

陈开泰 字侯亮，明三水西南街人。万历二十五年（1597）举人，四十二年任广东广宁教谕，升国子助教、云南鹤庆太守。在贵州威清道副使任内，筹千金筑路八十里达顺州，卒于官。父士经。

［万历］《广东通志》卷二十《广州府·选举·乡举·国朝·三水》：万历丁酉。

［崇祯］《肇庆府志》卷五《明·广宁县·儒学教谕》：三水人，举人。

万历四十二年任，升国子监，历升知府。

［康熙十二年］《三水县志》卷十二《人物传·贤良》：字侯亮，西南街人。诚实刚介，动履可法。登万历丁酉乡书，有司罕识其面。天性孝友，丁内外忧皆致哀尽礼，遇二弟共爨同财，无彼此视焉。署广宁谕，授餐课士，篝灯论文，洎如也。用两台荐，擢国子助教，寻晋南院司务，历官地郎。大司徒郑公方端严少许可，独雅重开泰，尝语少司徒毕公曰："陈郎中老成廉慎，他多不及也。"每大事必咨焉。出守鹤庆，岁大祲，时方告讪。泰忧形于色，亟捐俸倡赈，于是好义之众皆感动乐助，所存活几数十万人。郡南北通道八十里达于顺州，阻山临壑，嵚崎曲折，益以泥泞，往来者患苦焉，泰措千金为辟隘夷险，万世赖之。晋酋作逆，震邻且亟，泰厉高土司等兵勇往戎行，而华、裕诸族为之供亿，贼望风远遁。且问劳抑痛，有古恤士体。裒资创复文庙，丽江木府至以千金相助，其敬慕有素矣。迨持宪威清，恩威并著，苗汉之民歌来暮焉。以劳瘁卒于官，一时诸台司如失左右手，朱少傅燮元临吊极哀曰："陈宪使大用未竟，且为地方惜人也。"崇祯十一年，学道魏檄祀乡贤。

［康熙］《广东通志》卷十五《选举上·广州府·封赠·明·三水》：陈士经，以子开泰赠户部郎中。

［康熙四十九年］《三水县志》卷三《乡举·明朝·万历丁酉科》：西南街人，历官贵州威清道副使，祀乡贤。

陈禹畴　字叔叙，号詹鲁，明顺德大良人。万历二十五年（1597）举人，任江西宁州知州，被诬罢官。父其才，兄琮咏，子迪俊。

［万历］《广东通志》卷二十《广州府·选举·乡举·国朝·顺德》：万历丁酉。

［康熙十三年］《顺德县志》卷八《人物传二·德业》：字叔叙，号詹鲁，其才季子。弱冠邑试第一，补诸生。中万历丁酉科，授宁州知州。首创南昌水次仓，民便输挽，捐俸修葺学宫。治宁三载，爱民如子，苟可便民，不避权贵。有孝廉恃亲当路，要挟以私，不应。强项难容，遂拂衣归。性沉雄练达，果于任事，造福乡党，年高德劭，邑礼大宾。所著有《文选》《牖日讲意》等书。子迪儁，字知度，有父风，官中书舍人。

［康熙二十六年］《顺德县志》卷八《人物志·德业》：濒江之滨，蛟螭肆螫，良田变为洿池，民多逃亡。畴极力抚循，上恳捐租，下宽民力，民遂安集。州有鬼物以瓦石掷民居，众聚观因而为奸，畴自草示禁之，怪遂

绝……有孝廉某，恃当路有联，多所要挟，畴方夜坐堂皇听讼，以私干。举烛焚其牍，叱杖投牍者，满堂凛凛。

［道光］《广东通志》卷七十五《举人六·明·万历二十五年丁酉·广州府》：顺德人，知州。父其才，兄在廷、崇廷，子迪祥、迪纯，孙慧业。

杨汝孝　明高明城中人。万历二十五年（1597）岁贡。弟朝臣。

［崇祯］《肇庆府志》卷七《明·岁贡·万历·高明县学》：潮州教授。

［康熙八年］《高明县志》卷四《元明·恩岁贡》：杨梅人，岁贡，任潮州府教授。

［康熙二十九年］《高明县志》卷十二《贡生·明》：杨梅人，万历二十三年岁贡，任潮州府教授。

［道光］《高明县志》卷十二《贡生·明》：城中人，万历二十五年岁贡，任潮州府教授。

罗嘉猷　改名应明，明顺德桂林人。万历二十五年（1597）举人，任江西宁都知县。

［万历］《广东通志》卷二十《广州府·选举·乡举·国朝·顺德》：万历丁酉，改名应明。

［康熙十三年］《顺德县志》卷五《明朝·乡举·万历丁酉》：大良人，改名应明，宁都知县。

［康熙二十六年］《顺德县志》卷五《举人·明朝·万历二十五年丁酉科》：桂林人，改名应明，宁都知县。

梁必登　字晋甫，明南海人。万历二十五年（1597）举人，任湖南宜章、浙江宁海知县。

［万历］《广东通志》卷二十《广州府·选举·乡举·国朝·南海》：万历丁酉。

［崇祯］《南海县志》卷四《乡举·明·万历丁酉》：知县。

［道光］《广东通志》卷七十五《举人六·明·万历二十五年丁酉·广州府》：南海人，字晋甫，宜章、宁海知县。

梁应抡　明顺德龙江人。万历二十五年（1597）举人。父兆梅。

[万历]《广东通志》卷二十《广州府·选举·乡举·国朝·顺德》：万历丁酉。

[康熙十三年]《顺德县志》卷五《明朝·乡举·万历丁酉》：龙江人，泸溪县知县，升广西象州知州。《封赠·明朝》：梁兆梅，龙江人，以子应抡贵赠泸溪县知县。

[道光]《广东通志》卷七十五《举人六·明·万历二十五年丁酉·广州府》：顺德人，番禺学，象州知州。今《番禺志》失载。

梁晓福　明顺德大良人。万历二十五年（1597）举人，任湖北承天府同知。

[万历]《广东通志》卷二十《广州府·选举·乡举·国朝·顺德》：万历丁酉。

[康熙十三年]《顺德县志》卷五《明朝·乡举·万历丁酉》：大良人，同知。

[乾隆]《顺德县志》卷十《举人·明朝·万历丁酉》：大良人，历承天府同知。

梁履昌　明顺德碧江人。万历二十五年（1597）副贡。

[咸丰]《顺德县志》卷十一《副贡·明·万历》：碧江人，丁酉。

黄一龙　明顺德大良人。万历二十五年（1597）举人。

[万历]《广东通志》卷二十《广州府·选举·乡举·国朝·新会》：万历丁酉。

[康熙二十六年]《顺德县志》卷五《举人·明朝·万历二十五年丁酉科》：大良人。

萧相　明南海人。万历二十五年（1597）举人。

[万历]《广东通志》卷二十《广州府·选举·乡举·国朝·南海》：万历丁酉。

程大进　明顺德光华人。万历二十五年（1597）武举。

[咸丰]《顺德县志》卷十一《武举·明·万历》：光华人，那扶营都司，

丁酉。

蔡国名　明顺德龙江人。万历二十五年（1597）举人。

[万历]《广东通志》卷二十《广州府·选举·乡举·国朝·顺德》：万历丁酉。

[康熙十三年]《顺德县志》卷五《明朝·乡举·万历丁酉》：龙江人。

潘成　明南海人。万历二十五年（1597）举人。

[万历]《广东通志》卷二十《广州府·选举·乡举·国朝·南海》：万历丁酉。

[道光]《广东通志》卷七十五《举人六·明·万历二十五年丁酉·广州府》：南海人，知县。

颜大机　明南海人。万历二十五年（1597）举人。

[万历]《广东通志》卷二十《广州府·选举·乡举·国朝·南海》：万历丁酉。

[道光]《广东通志》卷七十五《举人六·明·万历二十五年丁酉·广州府》：南海人，番禺学。今《番禺志》失载。

黎来享　明顺德大罗村人。万历二十五年（1597）举人，任浙江遂昌知县。

[万历]《广东通志》卷二十《广州府·选举·乡举·国朝·顺德》：万历丁酉。

[康熙十三年]《顺德县志》卷五《明朝·乡举·万历丁酉》：鹭洲人，遂昌县知县。

[咸丰]《顺德县志》卷十《举人·明·万历》：大罗村人，知遂昌县，丁酉科。

陆少荷　明三水人。万历二十六年（1598）扩筑大路窦。

[康熙十二年]《三水县志》卷十《水利志·堤窦·县治之南》：平田堤，城南二十里，在平田、五顶二都。上、中、下田二百八十余顷，北出有大路窦，南下有永安窦，田洼苦潦。大路窦，万历二十六年，圩长陆少荷修阔。

[嘉庆]《三水县志》卷八《水利·堤窦》：大路围，旧《志》载镇南、

平田二堤，今改为大路围。

何琫　（1568—1666）字金廷，明顺德黄连人。寿九十八岁。

［乾隆］《顺德县志》卷十四《耆寿》：字金廷，黄连人。诚心笃行，无求于世。中年丧偶，孤居一室，足不履城邑。年七十子亡，始继娶，八十乃生男。何族盛祠祀，琫时已耄耋，犹能拜起卒礼无惰容，诸少年不及也。生隆庆庚午，至康熙丙午九月，午梦人迎至一大宇飨之，侍从甚盛。琫生平不饮酒，及醒，酒容满面。是夜无病卒，寿九十有八。

关孟汉　（1568—1669）明顺德鹭洲人。寿一百零二岁。

［乾隆］《顺德县志》卷十四《耆寿》：鹭洲人。生平孝友，甘守淡薄，有质无文。生隆庆戊辰，迨至康熙戊申，享寿一百零一岁。卒年己酉，次子、季子皆年七十、六十，见在执丧，其孙皆五十、四十，内外孙、曾茂衍，四代一门。康熙七年，里老士民公举上寿①，邑令佘弼匾堂曰“大椿锡祚”云。

邓林楠　明三水清塘村人。万历二十七年（1599）选贡，任江西新淦县令。父俊。

［康熙］《广东通志》卷十五《选举上·广州府·岁贡·明·三水》：万历己亥选贡，知县。

［康熙四十九年］《三水县志》卷三《贡途·选贡》：清塘人，万历己亥选，江西新淦县知县。

关昌　明南海人。万历二十七年（1599）选贡。

［崇祯］《南海县志》卷四《贡·明》：选贡。

［康熙］《广东通志》卷十五《广州府·岁贡·明·南海》：万历己亥选贡。

何效　明高明大幕人。万历二十七年（1599）岁贡。

［崇祯］《肇庆府志》卷七《明·岁贡·万历·高明县学》：何效。

---

①上寿：三寿中之上者，谓最高的年寿。

［康熙八年］《高明县志》卷四《元明·恩岁贡》：大幕人，万历二十八年岁贡。

［康熙二十九年］《高明县志》卷十二《贡生·明》：大幕人，万历二十七年岁贡。

林昱 明高明范州人。万历二十七年（1599）恩贡。

［万历］《广东通志》卷四十八《肇庆府·选举·岁贡·国朝·高明》：二十七年选贡。

［崇祯］《肇庆府志》卷七《明·岁贡·万历·高明县学》：吴县县丞。

［康熙八年］《高明县志》卷四《元明·恩岁贡》：范州人，恩贡，任吴县县丞。

［康熙二十九年］《高明县志》卷十二《贡生·明》：范州人，万历二十七年恩贡，任吴县县丞。

黄早 改名启泰，明顺德桂林人。万历二十七年（1599）选贡，三十一年举人，任四川剑州知州。

［康熙十三年］《顺德县志》卷五《明朝·乡举·万历癸卯》：□□人，改名启泰，南宁府推官、剑州知州。

［康熙二十六年］《顺德县志》卷五《举人·明朝·万历三十一年癸卯科》：桂林人，改名启泰，历任剑川守。

［康熙］《广东通志》卷十五《选举上·广州府·岁贡·明·顺德》：万历己亥选贡。

［咸丰］《顺德县志》卷十《举人·明·万历》：黄启泰，原名早，桂林人，知剑州。按：阮《志》作新会人，误。癸卯科。

梁梦阳 字永雅，明顺德桂林人。万历二十七年（1599）到任的知县倪尚忠和崇祯七年（1634）到任的知县刘大垣表彰。父可澜。

［康熙］《广州府志》卷四十三《列女传三》：李氏，顺德邑庠李应魁妹也。年十九适儒士梁梦阳，年余夫故。

［康熙十三年］《顺德县志》卷九《人物传三·隐逸》：梁可澜，字元叔，

桂林人。博学能诗，性耽山水。隐居罗浮，慕葛稚川①修炼故事，自号“三十二峰太狂长啸仙”。署邑令连公继芳高其人，访诸山中，酬和竟日。所著有《狂仙诗草》。卒年八十，颜色犹生，举尸入棺，轻如空服，人皆奇之，葬白郁峰。子梦阳，尤工诗画及大小篆，庠序有声。

[道光]《广东通志》卷一百九十六《艺文略八·集部二》：《飞仙草》，明梁梦阳撰，未见。《广东诗粹》：梦阳，字永雅，顺德人，可澜子，诸生，工诗画，不乐仕进。

[咸丰]《顺德县志》卷二十七《列传七·清·梁梦阳》：以篆隶著，淡然自适……故鲜知名。尝往来罗浮，与道客缁流作方外契。

方从相　明南海人。万历二十八年（1600）岁贡。

[崇祯]《南海县志》卷四《贡·明》：由西宁学，恩贡。

[康熙六年]《西宁县志》卷六《明·恩岁贡》：万历二十八年岁贡。

[康熙]《广东通志》卷十五《选举上·广州府·岁贡·明·南海》：由西宁学，壬寅恩贡。

王安舜　明南海人。万历二十八年（1600）举人，三十八年进士。

[万历]《广东通志》卷二十《广州府·选举·乡举·国朝·番禺》：万历庚子。

[崇祯]《南海县志》卷四《进士·明·万历庚戌》：参议。

王瑞辉　明南海人。万历二十八年（1600）举人。

[万历]《广东通志》卷二十《广州府·选举·乡举·国朝·南海》：王瑞煇，万历庚子。

[崇祯]《南海县志》卷四《乡举·明·万历庚子》：王瑞辉。

邝岷　明南海人。万历二十八年（1600）举人。

[万历]《广东通志》卷二十《广州府·选举·乡举·国朝·南海》：万历庚子。

---

①葛洪，字稚川，东晋人。隐居罗浮山炼丹，著有《神仙传》《抱朴子》《肘后备急方》《西京杂记》等。

冯昌历 字文孺，号启南，明顺德北海人。万历二十八年（1600）举人，次年中明通榜。授天津宝邸知县，以母老为由，不赴。在乡授徒，讲主静之理学。

[万历]《广东通志》卷二十《广州府·选举·乡举·国朝·顺德》：万历庚子。

[康熙十三年]《顺德县志》卷八《人物传二·德业》：字文孺，北海人也。生颖异，风格清峻，潜心博极群书。年十七三试冠军，进庠廪饩。登万历庚子贤书，辛丑会试副榜。铨宝邸知县，以母老不赴。设帐授徒，郡邑名士立雪盈门。高僧憨山尤相敬奉，与持斋素甚欢。历惟终日闭门习静，宰令欲求见不得，乡闾亦罕见其面。卒之日，远近赴吊旬日不绝。门人司理刘起相、翰博陈迪祥等建祠置尝，春秋二祭，每祭门徒子孙几二百人，至今永慕弗替。所著有《单传篇》《半峰录》《一树斋集》遗后。

[康熙二十六年]《顺德县志》卷八《人物志·德业》：潜心内典，博极群书，年十七试冠军……高僧憨山尤相敬，与谈心性儒释同源之旨，多所启发，因闭门习静，久之得悟……卒之日预知，时至端坐而逝。门人司理刘起相、国博陈迪祥等私谥“明善夫子”……尤工行草，书为好事所重。

[咸丰]《顺德县志》卷二十四《列传四·明·冯昌历》：号启南……授徒讲主静之学，门墙峻甚，士乐从之游，期许者十余人率得科第……复建祠于城内，称先师，即姓字为额，而十弟子设祀尝，令子孙岁行祀事不替。十弟子者：刘起相，陈迪纯、迪祥，善赉、罗潒明，尚絅、子俨，奇积、子仪，龙寿鹊也。

冯瑞 字子厚，明顺德大良人。万历二十八年（1600）举人，代理广东徐闻教谕，卒于广西柳州府推官任。父业裘。

[万历]《广东通志》卷二十《广州府·选举·乡举·国朝·顺德》：万历庚子。

[康熙十三年]《顺德县志》卷二《建置志·坊表》：擢科，在黄连堡，为举人冯瑞建。卷八《人物传二·德业》：字子厚，大良人。笃谨纯静，万历庚子举人。足迹不履公门，融帐修脯自乐。父祖遗产尽让两兄，人称孝友。初署徐闻教谕，教育贤才。升柳州府推官，端方廉介，不避权贵。署堂印，有羡银一千八百两，瑞丝毫不染，报明上台贮库，当道重之。卒于官，囊橐萧然，士民纠金助其子扶榇归里，立祠祀瑞德政，思慕不忘。

[康熙二十六年]《顺德县志》卷六《封赠·明朝·推官》：冯业裘，以

子瑞贵赠。

［咸丰］《顺德县志》卷二十四《列传四·明·高鸣雁》：同乡榜冯瑞，字子厚，大良人。

关宪曾 明南海人。万历二十八年（1600）举人第一名。

［万历］《广东通志》卷二十《广州府·选举·乡举·国朝·南海》：万历庚子，解元。

关管 字诚要，号嶰谷，明南海九江人。万历二十八年（1600）举人，任湖北嘉鱼学正。四十七年进士乙榜，升广西永宁知州，调湖北沔阳知州任满归。六十五岁卒。

［万历］《广东通志》卷二十《广州府·选举·乡举·国朝·南海》：万历庚子。

［崇祯］《南海县志》卷十一《关管传》：字诚要。领万历庚子乡书，任嘉鱼学正。晋永宁州守，旋调沔阳。矜慎刑狱，恒捐俸为民购罪。夜半火焰民居，管为起拜火辄熄。州近岩谷多虎患，管精诚所格虎辄远避。任满日，父老攀辕，勒碑记绩。生平孝友慈恻，博学淹通，力置祖尝。里有贫者，亲死多火之，见为流涕，买地葬焉，且陈请有司革其俗。又乐为文词诗赋，海内称名云。

《南海九江乡志》卷二《名墓》：关刺史管，在象山。卷三《选举·乡举·万历二十八年庚子科》：字诚要，号嶰谷。由南海学习《礼记》，中式第三名。初授湖广嘉鱼学教谕，己未乙榜，升广西永宁知州，改浙江安吉州未任，转湖广沔阳知州。寿六十五，著《轩鸣集》《存石稿》《皆山楼草》传世。子云客，庠生。卷四《先达列传》：公赋性醇和，学穷理奥，乡试从落卷拔魁。选授嘉鱼教，月课多士，一时楚才称有造，如熊给谏开元、金太史声，皆以儒童受翦拂，凡贫生丧葬，必资助之。署邑篆，革弊察冤，文章吏治并美。士民勤碑思颂，己未礼闱乙榜，晋永宁州守……以回避调吉安，未任转沔阳。值大旱，露祷霖注……归筑皆山楼，日与故旧饮酒赋诗。

苏景熙 字汝载，自号闻道人，明顺德碧江人。万历二十八年（1600）时为府学生，以学宫旧碑界见官，恢复被侵占的地界，亦因此被豪强中伤，坎坷难振。独子追随永历帝而死。

［乾隆］《顺德县志》卷十三《文苑》：字汝载，碧江人。性伉爽任侠，为郡诸生。庚子春，教授董应举重修学宫。景熙按学宫古碑，徙豪有力者百

家复诸侵地，后为所中伤被黜。著《桐柏山房》诸集，诗文瘦硬如其人。

［道光］《广东通志》卷一百九十六《艺文略八·集部二》：《桐柏山房集》，明苏景熙撰，未见。《广东诗粹》：景熙，字汝载，自号闻道人。

［咸丰］《顺德县志》卷二十五《列传五·明·苏景熙》：先是，会城数遭兵燹，学东西故址多为豪右占。景熙执旧碑界至，白之官，悉复之。

杜熙阳　字耀均，明南海人。万历二十八年（1600）举人，三十八年进士，任浙江归安知县，卒于官。

［万历］《广东通志》卷二十《广州府·选举·乡举·国朝·南海》：万历庚子。

［崇祯］《南海县志》卷十一《杜熙阳传》：字耀均。少识器异，尝学于冯侍郎奕垣，以远到卜之。应万历庚子乡书，成庚戌进士，令归安。邑浇讼嚣，故难治，阳强教悦安，翕然丕变。岁役当践更，奸诡莫可穷，阳刚不吐柔不茹，数十年积弊一清。拮据过疲，入计①殁②于都，萧然殡不成礼。讣闻，士民食功悯劳，赙恐后，榇获返。先专祠颜曰“尽瘁”，继阖请督学祀名宦，仍移会③粤祀乡贤，具归安《崇祀录》中。

［道光］《南海县志》卷三十八《列传七·明·杜熙阳》：入计卒于都。

吴羽侯　字心翼，号五云，明南海九江人。万历二十八年（1600）举人，代理江西永丰教谕，四十七年进士，五十四岁卒于河北涿鹿。祖父道南。子兆晋、兆健、兆巽。

［万历］《广东通志》卷二十《广州府·选举·乡举·国朝·南海》：万历庚子。

［崇祯］《南海县志》卷四《进士·明·万历己未》：吴羽侯。

《南海九江乡志》卷二《名墓》：吴进士羽侯，在大望山。卷三《选举·乡举·万历二十八年庚子科》：中式第二十九名。《进士·万历四十七年己未科》：字心翼，号五云。由府学习《诗经》，先以举人授江西永丰教谕，赐同进士出身。寿五十四，有《四书拟格》《物主静解》《映带堂诗集》传世。子

①入计：谓地方官入京听候考核。

②殁（mò）：古同“殁”。

③移会：旧制官府文书的一种。《清会典》：“通政司大理寺行文，除各部院用咨外，余皆用移会。”

兆晋、兆健、兆巽并庠生。卷四《先达列传》：公稚年具大人长者器，家贫力学，一禀王父道南教。甲午，直指以儒士选决科，才名噪一时。尝有胥役宿卧公榻，梦神叱曰："汝何人，敢卧此榻？"庚子登贤书。数困公车，署永丰博。进诸生讲明经书大义，训以圣贤自律，毋徒剿袭章句博时名，所著经书解说，督学王公汝亨一见推服。厘正乡贤名宦，加祀王灵溪、李信国诸贤。广学田供祀典，余以赡贫士。约诸生，凡有建白当朔望庙见令君陈告，此外不得厕足公庭。由是丰士争励名节，进士徐际旦、程九万皆造就卵翼，感同生我者也。摄弋阳篆，急去民疾苦。有奸胥舞法虐民，赃积巨万，械至毒杖，详其恶迹于上司，佯病不视事，越日权要宽奸牍叠至则已毙狱，邑人大快。先是，丰学宫有巨钟，凡署学后登甲科则钟不击自鸣。公到夕，钟鸣声彻皋比座，已未果验。时庶常之选物望归公，公以违母久请假还乡。敦睦九族，敬恭桑梓，释怨仇，阴行善……竟以赴铨抱疴涿鹿卒。《文学列传·吴兆健》：字行之，进士羽侯仲子，籍诸生。

［同治］《南海县志》卷十七《列传·节义·朱名臣传》：子壮与朱实莲起师九江谋恢复……乃招名臣与吴兆健入幕中襄军务。兆健亦九江人，邑庠生，进士吴羽侯子，子壮年家子也，刚果有干济……退守高明，乃奏以名臣署训导，兆健摄教谕，共城守。鏖战五十余日……与兆健俱不屈死。

《九江儒林乡志》卷二《舆地略二·灾祥·清》：顺治五年戊子（即桂王二年）七月，赐恤死事诸臣。谨按：乡人同时殉难高明者有教谕吴兆健、训导朱名臣……恤典皆未及。

何述文　字太歧，明顺德龙山人。万历二十八年（1600）举人。

［康熙十三年］《顺德县志》卷五《明朝·乡举·万历庚子》：龙山人，通判。

［康熙］《广东通志》卷十五《选举上·广州府·举人·明·香山》：万历庚子。

［道光］《广东通志》卷七十五《举人六·明·万历二十八年庚子·广州府》：顺德人，香山籍，字太歧。

陈俊（明万历）　明南海人。万历二十八年（1600）任三水训导八年。

［康熙十二年］《三水县志》卷二《秩官表·明训导》：南海人，岁贡，万历二十八年任。

冼宪祖 字懋章，明顺德大罗村人。万历二十八年（1600）举人，三十八年进士，任江西参政病归，六十岁卒。曾祖光，祖敏修，父梦龙。子士炳。

［万历］《广东通志》卷二十《广州府·选举·乡举·国朝·顺德》：万历庚子，侍郎，光玄孙。

［崇祯］《南海县志》卷十一《冼宪祖传》：字懋章，佛山人，南少司空光其高祖也。生而颖异，髫年以冠军补弟子员，随食饩。万历庚子举于乡，庚戌成进士。授大理评事，平反大狱，存活甚众。转比部员外，寻知武昌府，政尚宽仁，不数月歌兴来暮①，会引疾去。五年，起补建昌府，清窝核逋，境内肃然。清出官帑五万余，复蠲小税、豁马户诸法之不便民者，即寻常赎锾尽归于公，一清如水。大计举卓异第一，晋副宪。备兵东湖，缮备完整，流寇戒勿近。署臬篆②，阻建逆珰伪祠。及转参政守南昌道，适虏薄都城，慨慷入卫。竣事，因病乞身林下，惟明农训子，不通当路名刺。卒年六十，祀豫章名宦、粤东乡贤。

［康熙十三年］《顺德县志》卷五《明朝·乡举·万历辛丑》：参政。《明朝·进士·万历庚戌》：参政。

［道光］《广东通志》卷七十五《举人六·明·广州府》：万历二十八年庚子：顺德人，南海学，进士。曾祖光，子士炳。

［咸丰］《顺德县志》卷十《举人·明·万历》：大罗村人，南海籍，见进士，光孙，庚子科。卷十二《封赠（文阶）·明》：冼敏修，鹭洲人，以孙宪祖赠。冼梦龙，以子宪祖赠。江西参政。

罗三才 明顺德大良人。万历二十八年（1600）武举。

［咸丰］《顺德县志》卷十一《武举·明·万历》：大良人，庚子。

胡道行 改名一清，明顺德甘竹人。万历二十八年（1600）举人。

［万历］《广东通志》卷二十《广州府·选举·乡举·国朝·顺德》：万历庚子。

---

①来暮：来得太晚，为称颂地方官德政之辞。

②臬篆：古代一省的按察使司的公章，俗称臬台衙门的公章。

［康熙十三年］《顺德县志》卷五《明朝·乡举·万历庚子》：甘竹人，改名一清。

高鸣雁　号雍石，明顺德马滘人。万历二十八年（1600）举人，三十二年进士。

［万历］《广东通志》卷二十《广州府·选举·乡举·国朝·顺德》：万历庚子。

［康熙十三年］《顺德县志》卷五《明朝·乡举·万历庚子》：马滘人，甲辰进士。卷八《人物传二·德业》：号雍石。万历庚子举人，甲辰进士。初任北京河间府推官，为人刚直廉洁。时有荫袭官朱自让被人诬告，上批雁审详。让恐不能自白，以金三百两赂之，雁怒将持金者责之，其廉有如此者。历俸二年，丁艰回籍，后补任广西桂林府推官。时藩府有殴人折其左膊骨而死者，贿嘱土公①阴以别朽膊骨易之，历经前任屡审未判。雁莅任留心审问，时将死者右膊骨与所易之膊骨用天平衡其轻重而决其伪焉，因而定罪，人人咸服，称为高清天。后推南京户部主事，因病未赴。居家调养，囊无长物，第以积善读书垂训。乡人每有争讼者不赴有司，惟听鸣雁分解。卒之日，乡民慕其德，哀泣罢市三日。

［康熙二十六年］《顺德县志》卷八《人物志·德业》：白藤人……时有荫官朱自让为人诬诘，当雁论听，让恐不能自白，以金三百两为赂。雁责持金者，挥之，事卒与雪，其廉如此……贿嘱仵人，阴易以别骨。伤佐互舛，历审未判。雁审知其奸，取左右膊骨对衡之，轻重各殊，因决其伪，狱遂定。

［乾隆］《广州府志》卷三十五《循吏二·顺德·明》：字雍石……任河间推官。

郭尚宾　（？—约1630）字朝谔，明南海夏教环溪（今属大沥）人。万历二十八年（1600）举人，三十二年进士。四十三年典试山东，次年上《人主亲裁宜审疏》，谪江西布政使检校。泰昌元年，提拔为南京兵部主事，转大理寺丞。天启二年（1622）充廷试读卷官，四年升太仆寺卿，因不愿阿附魏忠贤，六年被削籍归。崇祯初起为兵部右侍郎，督师郊战，积劳而卒，追赠尚书。居京时，倡修岭南、广州诸会馆。堂弟胜龙任广东

①土公：方言，以埋葬死人为业的人，旧亦指验尸的法医。

电白参将，永历时起兵勤王战死。子聰、骕。

[万历]《广东通志》卷二十《广州府·选举·乡举·国朝·南海》：万历庚子。

[崇祯]《南海县志》卷二《政事志·事纪》：万历四十三年，命刑科给事中郭尚宾典试山东。四十四年，刑科给事中郭尚宾进《人主亲裁宜审疏》，奉旨谪江西简校。天启元年，起江西简校郭尚宾南京兵部主事。六年，江西巡抚郭尚宾削籍归南海。崇祯二年十一月，起升郭尚宾兵部，添设右侍郎。卷十一《人物列传》：字朝谔。登万历甲辰进士，授吉安司理。剖疑决滞，执法如山，风裁凛凛，江以右卿大夫无敢干以私。他郡有大议大狱必以质平，朝下夕报咸得其当，明敏冠诸理。摄府篆，摄庐陵、吉水、安福诸邑，锾金火耗，一切不染。秩满行取，垂橐萧然，邹元标诸名绅雅推重之。及选刑垣，忠直敢言，疏中如请枚卜①储教，福王之国，瑞王婚礼，释满朝荐、王邦才、卞孔时、楚宗之累，复劳养魁、梁斗辉、钟声朝三孝廉，皆朝政之大者也。如请减盐税、止采珠，止闽榷监之移粤、纠东厂缉事阮升之入广，徙澳夷、清滥狱。邑有定弓虚税②，岁赋七千两，疏请下抚、按，以各邑新生沙坦饷抵尽而止，乡人赖之。乙卯典试山东，得隽皆名士。丙辰上《封还内降疏》批鳞③，投散地。光庙登极，诏起南京兵部主事，历转理丞、署寺事。壬戌充廷试读卷官，甲子晋冏卿，寻迁江西巡抚。时魏珰④熏灼，尚宾章数十上无一字谀之，珰衔宾，遂削夺去。四载林下，跬步不及城闉，粗衣蔬食，绝口不问家人生产。追起枢贰，视师都郊，催战御敌，多所建白，简军较艺日积劳瘁，卒于京邸。上嘉其忠勤，赠大司马，予葬祭。尚宾忠介性成，才猷天赋，直言不畏权贵，遇事慷慨以身任之，再起再挫，屹不为动。居家以孝友范俗，廉介律身，门内外肃然也。有疏稿、文集藏于家，祀乡贤。

[康熙]《广州府志》卷三十《人物志二·勋业列传》：子聰，授光禄寺署丞，骕授中书科舍人。

[康熙]《南海县志》卷三《编年志·事纪·明》：怀宗崇祯三年十一月，兵部侍郎郭尚宾奏请除豁定弓虚税。（郡覆依议，将本府各县新生沙坦升科税

①枚卜：以木条为工具进行占卜。古代以占卜法选官，因以指选用官员。明代专指选大臣为大学士，入内阁主事。

②定弓虚税：万历九年起，南海知县周文卿为行清丈法，而加派的田亩税。

③批鳞：指敢于直言犯上。古人以龙比喻君主，传说龙喉下有逆鳞径尺，触之必怒而杀人。

④魏珰：即魏忠贤，明末宦官。

亩陆续抵补。)

［道光］《南海县志》卷三十八《列传七·明》：秩满行取，授刑科给事中，遇事辄谏诤……尚宾性严厉……时中官吕贵假奸民奏留督浙江织造，冉登提督九门诬奏市民殴门卒，下兵马指挥，欧相之吏邢洪辱御史凌汉翀于朝，尚宾暨同官劾之……翟凤翀抗疏极论贵、登、洪三人罪，帝大怒谪凤翀……而是时尚宾亦上疏，极言："比来拟旨不由内阁，托以亲裁，言官稍涉同类辄云党附，将使大臣不肯尽言，小臣不敢抗论，天下事尚可为哉？乞陛下明诏阁臣，封还内降，容纳直谏，以保治安。"忤旨，阁臣及言官论救，皆不纳，二人同日谪官，时称"二谏"。光宗时起为南兵部主事，转大理丞……甲子晋太仆卿，迁江西巡抚……宦京邸时倡修岭南、广州诸会馆，为粤士居停之始……卷二十五《艺文略一·史部·奏疏类》：《郭给谏疏稿》，明郭尚宾撰。卷二十六《艺文略二·集部》：《郭尚宾文集》，明郭尚宾撰。

［宣统］《南海县志》卷五《古迹略·坊表》：尚书坊在大通堡三眼桥侧，为郭尚宾立，道光十九年重修。卷二十六《杂录》：郭胜龙，字宇容，明尚书尚宾从弟，以礼部儒士历官至游击，加升电白参将。永历时起师勤王，卒以战死。骢，字子卫，尚书长子，荫授北京光禄寺寺丞，官广西上思州知州、宣化县知县。骕，字子御，尚书次子，荫授北京武英殿中书科中书。

梁从兴 明顺德石硝（今属南海）人。万历二十八年(1600)举人，次年进士。

［万历］《广东通志》卷二十《广州府·选举·乡举·国朝·顺德》：万历庚子，进士。《进士·明·顺德》：万历辛丑。

［崇祯］《南海县志》卷四《乡举·明·万历庚子》：进士。

［康熙十三年］《顺德县志》卷五《明朝·乡举·万历庚子》：石硝人，辛丑进士。《明朝·进士·万历辛丑》：景陵县知县。

谭心得 明顺德马宁人。万历二十八年(1600)举人。女洁娘。

［万历］《广东通志》卷二十《广州府·选举·乡举·国朝·顺德》：万历庚子。

［康熙十三年］《顺德县志》卷九《节义传》：谭洁娘，马宁人。万历庚子科举人谭心得之女。

简麒 明南海人。万历二十八年(1600)举人，三十八年进士。

[万历]《广东通志》卷二十《广州府·选举·乡举·国朝·南海》：万历庚子。

[崇祯]《南海县志》卷四《进士·明·万历庚戌》：主事。

[道光]《南海县志》卷二十《进士·明万历朝》：户部主事。阮《通志》作“麟”误，太学《题名碑》作“麒”……庚戌科。

潘濬 字季深、澄源，明南海黄鼎紫冈人。万历二十八年(1600)举人，次年进士，四十四年巡按云南。天启二年(1622)升太仆寺少卿，出为南京刑部侍郎、尚书。辞归，至江西南昌卒。父京，子士桐。

[万历]《广东通志》卷二十《广州府·选举·乡举·国朝·南海》：万历庚子，见进士。《进士·国朝·南海》：万历辛丑。

[崇祯]《南海县志》卷二《政事志·事纪》：天启七年，擢刑部右侍郎潘濬为南京刑部尚书……崇祯四年遣行人李日登至南海，谕祭尚书潘濬。卷四《封赠·明》：潘京，以子濬累赠刑部尚书。《恩荫·明》：潘士桐，尚书濬子，荫国子生。卷十《人物列传》：字季深，自幼颖悟过人，举万历庚子乡书，辛丑成进士，授江西安福县。县多巨室豪横，政事掣肘，田赋不均。濬于审编除收外，定为画一，丁从粮起，贫富不得偏累，阖邑称平。四乡之西剧盗潜伏，遇民多服毒草以相尤，悍仆弁髦其主。濬为约法，敢盗者诛无赦，尤赖及叛抵罪，邑民慑服，刻军册匠籍，以虞逃亡。在任七年，转兵部主事，改山西道御史。首疏澳门诸番为岭海肘腋之患，又疏减粤东税银以苏民困，奏止续差粤东收税阮监。出按贵州，时苗仲梗道，杀越人于货①。濬奉命雕剿②，斩馘有差，嗣是诸苗敛戢不敢骚动。寻以艰去，所积赎锾二千余金悉捐修平坝、桥梁、道路。丙辰服阕在籍，旋差按云南，汰墨吏，御狡蛮，发奸弁，惩狂士，蠲贡金。突有严解元妻暧昧事发，同年李嗣淳活捉其妻，钉棺埋之，濬力正其擅杀之律。又捐赎锾四千买学田。天启壬戌升太仆寺少卿，巡视东路历三载。擢左佥都御史甫三月，以珰欲为所亲地，出为南京刑部侍郎，未几复改北。会海内创珰祠者不一，违命即逮，遇下法司，濬多所宽宥。

---

①杀越人于货：西周的罪名，即杀人而取其货，类似于近世的抢劫杀人罪。

②雕剿：明中期统治者镇压少数民族起义总结的经验，即模仿老鹰捕食，摸准情报，选准时机，指挥军队快速出击，得手后迅速撤离。

珰知不附己，仍出为南刑部尚书，次第雪冤抑者无算。有太学生倡创珰祠，濬严正其罪，利者咋舌缩退。期月之后以病乞身，久之得旨归，至豫章卒，安福士庶缟衣冠出荐者数十百人。濬为人有气节，有胆略，遇事担当，不动声色。居家端方廉静，片则不入公府，僮仆恪守家规，未闻凌驾乡里。所居乡，每两江潦涨，田庐淹没，濬请两台捐锾，增筑良安围二千九百丈，至今蓄泄有赖，复定为上、中、下分修，勒碑以记，大都为桑梓至计。卒赠太子少保，遣官谕祭葬，祀乡贤。

［道光］《广东通志》卷七十五《举人六·明·万历二十八年庚子·广州府》：南海人，字澄源，进士。

［道光］《南海县志》卷三十八《列传七·明·潘濬》：诛剧盗，禁愚民服毒草，治悍仆叛主者，与为约法，邑民慑服。

黄儒炳　（1570—1627）字士明，明顺德龙江人。万历三十一年（1603）举人，次年进士。四十三年主试江西，四十五年升右中允。天启元年（1621）主试应天，三年擢南吏部左侍郎。魏忠贤天启六年封其侄魏良卿为伯爵，儒炳辞官归里，不久母逝，一恸不起。祖信，父文礼。

［康熙十三年］《顺德县志》卷五《明朝·乡举·万历癸卯》：龙江人，甲辰进士。卷六《明朝·封赠》：黄信，龙江人，以孙儒炳贵，累赠吏部左侍郎兼侍读学士，寿九十。黄文礼，以子儒炳贵封编修，累赠吏部左侍郎、侍读学士。卷八《人物传二·德业》：字士明，龙江人。生岐嶷，有夙慧，十岁能文，博学强记。万历甲辰进士，改庶吉士，授编修。乙卯主试江西，得王绩灿等一百人。辛酉主试应天，得陈组绶、卢象昇、华琪芳等一百五十八人。丁巳升右中允，进左谕德，寻转庶子，管司经局事。进南祭酒，振积弛，除蠹弊，清号舍，核仓廒，修《南雍续志》，辑《二十一史》。率性、正义、修道三堂颓跌，明伦堂及两厢倾圮，具题请修，不惮捐俸。博士王汝受欲移所遗木植以构私署，炳正言曰：“监志所载许存仁①、刘义其事宛然在也。”遂夺其魄。时有条议纳班以充材用，炳曰：“圣祖建国学，诸生直班有定例，日久废弛。正宜今日振起，岂可自我辈坏乎？”议乃止。转南铨左部，值尚书

①许存仁（？—约1367），元婺州金华（今属浙江）人，名元，以字行。朱元璋克金华，被召至应天（今江苏南京）教诸子书，吴元年（1367）升至祭酒，深得信任。后以请归触怒元璋被逮，死狱中。

缺，摄理堂务，考核明允。时魏珰柄，冢卿缺，会推邹元标不得俞旨。炳两疏恳用，首言进用大臣必由祖制，以推用付铨臣，票拟①归辅臣，中引宋宁宗、朱熹事内批罢正臣为规，言极剀切。摄工部篆，有主事惠承芳议于都城下岁加税十万两，人情汹汹，炳随疏驳参议始罢。摄礼部篆，齐庶宗多不法，定宗长以弭乱萌，奏广监生科额。转礼部左侍郎兼侍读学士，纂修神宗、光宗实录副总裁，进吏部左侍郎，兼官如故。内傅欲以中珰出镇，炳直谏不可，遣状至奉严旨诘责，犹三拜疏。右侍郎缺，逆党借内傅挟补，炳与冢宰王绍徽矢曰："头可断，缺不可假。"逆谋始寝。既而珰侄魏良卿副伯爵，炳叹曰："事不可为矣！"即于是日杜门注籍②，以母老身病请告，得旨回籍。甫归舍逾月而母病，手奉汤药，亲视含殓。居苫帷终夜悲号，闻者莫不凄怆，遂哀毁成病，竟于天启丁卯六月二十日卒，享年五十八。诘朝巨风拔木，海水沸腾溢居城外二十丈，乡老谓从来巨浸未之有也，顺邑前数日有星殒于塔畔云。炳母厌逆旅劳顿不肯随任，炳每之官辄低徊旬日，母多方宽谕始勉就道。友爱两弟终始如一，食共匙箸，衣同楎椸，囊无充积，俸余悉均同气，督学潘闻达旌其门曰"玉堂孝友"。食不重味，服不绮纨，无台池，无娈季。番邑侯陈钟盛，炳门下士也，查有入官田三百余亩遗之，力辞不受。官至少宰不竖一坊，其廉介俭朴素性然也。有制台何士晋增榷税，炳侃白不可乃止。辽饷初兴，监司督责烦苛，炳请带征，民称便。澳门借饷贩籴，省中大怖，炳陈利害娓娓千言，民获安息。甲子，御史陈保泰③激变被殴，炳在南都闻知，欲与同乡联疏救解。时首辅叶向高与保泰皆闽人，莫敢佥者，炳疏为辩晰。后止诛乱首，不株连无辜，炳之力也。其留心桑梓类此。学行事功显著，当时崇祀广州府、番禺、顺德三序，敕谕祭葬，墓在番禺峒旗之五雷岭。所著有《影木轩文集》《影木轩时艺》《读书漫录》《史概》诸书。

[康熙二十六年]《顺德县志》卷八《人物志·德业》：中引宋宁宗、朱熹内批罢正臣事为规，言极剀切……内传欲以中珰出镇，炳直谏不可，遣状至奉严旨诘责，犹三拜疏。右侍郎缺，逆党借内传挟补。

[道光]《广东通志》卷六十九《进士·明·广州府·万历三十二年甲辰

---

①票拟：明清内阁代皇帝批答臣僚章奏，先将拟定之辞书写于票签，附本进呈皇帝裁决。

②注籍：古代朝臣受弹劾，情节较重者在家听候处理，在家门上贴"注籍"两字，以避免与人往来。

③陈保泰：字子徵，明福建惠安县人。万历四十一年（1613）进士，任广东巡按，后自请回乡。

杨守勤榜·广州府》：顺德人，二甲，吏部左侍郎。

《龙江志略》卷一《舆地·祠墓》：明赠侍郎黄信墓在佛堂。《编年·明》：天启三年癸亥，以黄儒炳为南京吏部左侍郎。四年甲子，以黄儒炳为北京礼部左侍郎，寻改吏部左侍郎。夏，察院陈保泰激变，广州以叛闻，黄儒炳疏奏乃免大饥。七年丁丑六月左侍郎黄儒炳卒，赠吏部尚书，赐祭葬。初五日大飓，十二日复大飓，二十日复大飓。

［咸丰］《顺德县志》卷二十四《列传四·明·黄儒炳》：进南祭酒……监旧有全史，书贾就近刷印，板已漶漫不完。儒炳令属官率诸生补刻，自为校勘，卷页悉符原目，嘉惠士林，为功最巨。

［民国］《顺德县志》卷十四《艺文略·史部·史钞类》：《史略》六卷，明黄儒炳撰。谨按：郭《志·史钞类》载儒炳著有《史概》《二十一史辑》两种，而无《史略》之名。兹据《采访册》补录之，究未知其同异也。《艺文略·子部·法家》：《大明律集解》，明黄儒炳撰。

黄士俊　（1570—1655）字亮垣，号玉嵛，别号镜亭归叟，又号碧滩钓叟，明顺德甘竹右滩人。万历三十一年（1603）举人，三十五年赴京会试，殿试夺魁，为顺德建县后第一个状元。任翰林修撰，四十八年迁太子洗马。天启三年（1623），升詹事兼侍读、礼部右侍郎，不满太监魏忠贤横行霸道，称病辞归。崇祯元年（1628）应召回朝，授吏部右侍郎，历升礼部尚书、太子太傅、户部尚书，借病辞职。十七年正月复召回京，还未上路，李自成攻入北京，崇祯帝死。后辅永明王，年老乞归，至八十五岁卒。父镐，子昌祯、昌祺、昌禧。

［康熙十三年］《顺德县志》卷八《人物传二·德业》：甘竹人，字亮垣，号玉嵛，别号镜亭归叟，又号碧滩钓叟。生母龙山刘，一夕闻乐声绕室而生。七岁能文，读书于乡之鹅山绿竹亭中。未髫，首选邑庠。万历癸卯登贤书，时闻伯兄高凉有病，遂不赴公车，曰：“安有急功名而缓友于乎？”竟奔视药，扶榇归，时中滩潭鲤鱼化龙。丁未中会闱，廷对第一。旋丁嫡母何忧，躬寻葬地，倒插松竹为界，越月松竹俱生，人谓孝感云。服阕官国史修撰，受知于李九我、叶台山二相公，每朝廷大典大事必相咨询。阁中召对，密授纸笔以随，策议俱立成不属稿，恐疏泄也。神宗两朝典文衡，名士多出俊门。奉差册封肃府，历秦、晋、豫、楚，各图地方情形、官民利弊以献，帝甚嘉之。庚申，升太子洗马，掌司经局，领封命二次。历升左右春坊谕德、庶子、侍读、侍讲，掌坊事。天启癸亥升协理詹事府詹事，兼翰林院侍读学士、日讲，

勤劳，加恩封赠父祖，荫子昌祯入国学，考授左军都督府都事，改中书舍人，历升礼部主客司主事。俊以天启乙丑进礼部右侍郎日讲，覃恩封赠三代如秩，又荫一子。时魏阉炽焰挟附，俊拂衣归，同年杨琏、左光斗，门人周顺昌各有诗赠行，极道幾先之哲。崇祯戊辰升吏部右侍郎，登极加恩封赠父祖如秩。己巳升大宗伯，掌詹事，纂修神、光两庙实录、玉牒总裁、记注起居、经筵讲官。满考加恩封赠三代如秩，荫子昌祺入监，考选荐授工部主事，以勤劳事卒，赠光禄少卿。俊与张鼐、吴宗达、成基命共事，九卿诸公首推大拜，以亲老力辞，三公不易。庚午，父镐百龄，乞恩省亲，特允赐金币驰驿归觐，仍遣藩司岁时存问，敕建“熙朝人瑞”坊表，盖异数也。俊每假归，与季弟士儆同居事父，极尽孝道。甲戌召起掌大宗伯，在位端肃正直。时圣明励精求治，俊知无不言，清理宗勋恤典等事深称圣心。考选御医向皆厂卫权要持衡，俊独不然，内侍有“清正黄尚书”之谣。御医库被盗，事在禁近，人皆畏缩，惟俊明断。追复宗才援授等例皆俊手定，历奉温旨依行，同官董其昌图《山川出云为天下雨》以赠。往例枚卜相臣俱九卿会推。及崇祯丙子，帝密书众名，斋戒告天，仅卜得俊与孔贞运①、贺逢圣②三人，进东阁大学士。命下，举朝相庆，谓天心合人心云。丙子冬以守城功升文渊阁，加光禄大夫、太子太保，覃恩五代封赠至曾祖如秩，荫子昌禧入监，改中书舍人，奉敕知经筵，管理制诰，总裁实录、东宫讲读提调官。丁丑以筹边功加太子太傅、户部尚书，赠至曾祖如秩，又荫一子。充庭对读卷官，特取江右刘同升卷，谓此人事业必大，同升果赐状元，历官阁部，不愧科名，其知人皆此类。及谳狱，往例皆大冢宰、三法司定决，案呈阁辅磨勘。有甲科县令某某狱词可疑，公再三平反，几忤圣意，廷争减戍而后已。后同官悚栗，公曰：“磨勘何事，人命可坐视耶？”因加辽饷，公廷争之，惟粤东得免。又因条陈选举、政令、察官、弭盗四疏与权相稍左，遂因病乞骸坚恳，得旨赐彩币、路费，差官护送，驰驿暂归，仍敕抚按官伫俟痊可具题召用。戊寅归，途经西湖，与门人许誉卿辈游止两阅月，曰：“去国甚轻，忧国甚重，山林岂息肩地耶？”抵里疏六大事入谏，求治过急、进退颇轻、民力已竭、筹边尚疏、饷务太繁、

---

①孔贞运（1574—1644），字开仲，号玉横，明建德县（今安徽东至县）人。万历四十七年（1619）进士第二人（榜眼），崇祯九年官至首辅，寻引归。闻崇祯帝哀诏恸绝遽卒，谥文忠。著有《光宗实录》等。

②贺逢圣（1587—1643），字克繇，一字对扬，明湖广江夏（今湖北武汉）人。万历进士，拂魏忠贤旨被削籍，崇祯九年入阁参政，十五年告归。张献忠攻陷武昌，投湖死。

内防宜密等开陈详明，奉旨："览卿条奏诸疏，深切时政，具见忠悃，朕当首纪御屏，以称卿山林廊庙至意。"归里一载，特差中书舍人陈春辉即家存问，赐以羊酒俸币，仍敕敦趣入直①，因老病恳辞。庚辰，督按官建"父子存问"坊表于省城双门街。癸未，总督沈犹龙、按院刘逵等为封翁建百岁坊于甘竹曰"国柱弘诒"，又为俊建生祠牌坊曰"龙头凤阁"。县令王寢大详建状元坊于邑城未就，督按熊文灿、张敬心、李云鸿、刘呈瑞，司道姜一洪、陶崇道、王道元、王继廉等，允阖郡乡民之请，建世德碑亭于伏波桥左。俊入邑行学，见明伦堂颓圮，捐金修复。甲申正月，奉旨加柱国、太子太师、武英殿大学士，遣敕趣召。嗣闻闯祸，号恸几绝。屡差中行官冯斐、礼部官陈士梅等敦请加特进光禄大夫、左柱国、少保兼太子太师、文华殿大学士，复加督师吏礼兵三部尚书，赐上方便宜，再三恳辞而老病不支矣。及鼎革变乱，家遭罄劫，辞祖入海。庚寅两王定粤，辛卯归里，甘心贫贱，楼居八载，足不履地，一切家产不问。凡平昔奏疏、著作皆化劫灰，有遗编悉焚之，曰："埋名待尽，安用此为？"且曰："虚叨禄位，苟全性命，得伴先茔足矣。"身后事谆谆戒毋他求，及病危笃，乡人素感其安全恩，愿各输年岁保俊，其见爱于人如此。卒年八十有五。

[咸丰]《顺德县志》卷二十四《列传四·明·黄士俊》：曰碧滩钓叟者，则予告后所自署也……李廷机、叶向高当国，每朝廷大典必相咨询……时魏阉与客氏表里为奸，朝政日替，遽假归，同年杨琏、左光斗、周顺昌送之，兴叹以为能知先幾……有旨赐彩币、路费，予驰驿，仍敕抚按官俟其病痊即报召用，十一年戊寅正月也……未几，闯贼陷都城，帝殉社稷，士俊闻号恸几绝。既鼎革，凡平昔章奏、著作悉聚烧之……自是楼居不下。国朝顺治三年丙戌（唐王聿键绍武元年），唐王自立于广州，以原官召之不赴。先一月，永明王自立于肇庆改元。以伪永历三年正月朔，罢其阁臣朱天麟，召士俊与何吾驺入辅台省，以士俊耄不能决事数为论列，乞罢不许。逾年正月，南韶破于大兵，王仓皇西上，廷臣多乘间逃者，士俊坐阁中不去。王濒行，念其老不能从，令回籍听召。归仍居楼上，阅数载，惛不知人，随卒，年八十五。（钱澄之《所知录》云：永历三年己丑正月，朱天麟引退，召旧辅臣黄士俊、何吾驺赴行在。吾驺资固在士俊前，及至，用为首辅，已为金堡所参，亦引疾去。士俊为首辅，同严起恒入直。十一月，时史官乏员，诰敕多出中书。上欲归其职于翰林，内阁辅臣黄士俊、严起恒奏请考选，诏廷臣各举所知严

①入直：古代称臣下朝见皇帝、僚属见长官，或官员入宫禁、在衙内值班供职。直，同"值"。

加考核。十二月，临轩亲试。先是，辅臣请詹、翰诸臣同入阅卷，外廷密奏阅卷官通关节。上独留两辅臣宿文华殿，宫中小竖①司饮馔，关防特严。上御文华殿，辅臣将卷分上、中、下进呈拆号，御笔亲为填写。观过六卷遽命已，辅臣再三奏请，更允两卷，合八人。诸臣有资俸深者请授编简，上敕内阁、吏部："朕亲试士，取刘茝、钱东镫、杨在、李来、吴龙桢、姚子壮、涂宏猷、杨致和八员，着授翰林庶吉士，命辅臣送馆，推礼部翰、詹②大臣教习。"时黄奇遇、郭之奇相争，久之，辅臣黄士俊亦粤人也，请并推候点定乃已。四年庚寅正月，南韶守将罗成耀弃韶走，上将移跸西幸，以初八日登舟，百官仓皇就道。粤东人皆奔回，惟辅臣黄士俊独坐阁中不去。上念其年且九十，不能从行，敕令回籍，候乱定再召乃去云云。据澄之自跋，谓自戊子十月到肇庆，永历二年、三年以前事皆得诸刘湘客日记。己丑、庚寅忝厕班行，或得诸目击，或得诸章奏，较野史为确。又何是非《风倒梧桐记》于己丑永历三年八月叙袁彭年辞朝后四年正月失南雄府事，闻初九永历登舟前云：时崇祯朝旧相何吾驺、黄士俊正月廿八日入直以来，论章不止盈箧，兹皆告归。此时揆地③纷嚣，惟起恒耐之，故得独相云云。又无名氏《行在阳秋》云：三年正月罢大学士朱天麟，召旧辅黄士俊、何吾驺入直。二十八日，大学士黄士俊、何吾驺乞罢，许之，严起恒、王化澄同入阁办事。按士俊之相永历，三书年月并同，惟《行在阳秋》以入阁日为罢相，与钱、何二说不同。当时家顺德甘竹，三年正月十六日朱天麟退出，始有诏召，计使命自端州抵其家，趋朝被台论劾乞罢，果在是月二十八日，则情事不如是速。《明史》称："台谏论列，辞归而卒。"是明明先辞绍武、继就永历矣。但辞归无年可考，而三书又并与姚《志》所云"鼎革后，家居八载不履平地"语异，姚《志》当据其《家乘》。意其时，永历拒抗大兵，故略其复相一事，而《阳秋》乞罢见许，即以召用之日当之，亦从其归后为追叙约略之词。惟复入揆席适当俶扰，其所建白无异承平，则当日耄龄被劾不去，犹有恋恋宗社之意。今于传但书大略，而附录三书夹注补之。）子昌祯……昌祺……昌禧。按《风倒梧桐记》：平、靖二王攻陷羊城，旧辅何吾驺、黄士俊及杨邦翰、李贞、吴以连等各各投诚。今考国朝《贰臣传》无士俊名，则语属子虚可知。

余犹龙　（1571—1658）字毓初、羽翀，明顺德龙江人。

---

①小竖：对宦官的蔑称。

②翰詹：清代对翰林和詹事的合称。

③揆地：谓居宰相之位，指内阁。

万历三十四年（1606）举人，任浙江昌化、湖南桂阳知县，湖北郧阳、广西梧州、江苏淮安同知，云南永昌太守退休归。寿八十八岁。父襄，子圣典、圣衡，孙学昌。

［康熙十三年］《顺德县志》卷八《人物传二·德业》：字禹翀，龙江人。万历丙午举人，筮仕昌化有善政，革服卤、溺女恶俗，民化之。有讼受责者，越日造庭叩首，言后改过自新。受事文武两闱。六载奏最，封父母如其官。升桂阳州守，士民扳辕号送者千人，谓民不服卤而死、不受溺而生、不罹法而刑者，皆龙教养之也，建祠肖像事之。莅任桂阳惠政益溥，时杂饷加至数千，龙集里甲劝谕急公，不加火耗，民感之，旬日而办。上台器重，交章奖荐，资转郧阳贰守。民留不得，投资于匭为建祠享祀。丞郧一年丁内艰，服阕补梧州府署府篆，榷税秋毫不染。逾年复丁外艰，服阕补淮安丞，出镇庙湾修河、提督漕运掌郡务不惮劳苦，士民感德，又建生祠。八年擢守永昌，永昌古金齿①郡，边鄙犷悍，龙知洁己爱民。莅任三年，抚按会题洱海副使，以劳瘁日久引年致仕，囊橐萧然，仅残书一簏而已。辛卯清朝粤始开科，季子圣衡领贤书。龙优游泉石，与野老量阴课晴，与亲族燕会。人有忿争，片言而解，乡有警息，率乡众御之。岁饥设法赒恤，人有借贷不尽责偿。至戊戌冬三日无病而卒，享寿八十有八。长孙学昌，登康熙丙午乡荐，与龙先后同科，人谓世德、世寿、世科云。

［道光］《广东通志》卷七十五《举人六·明·万历三十四年丙午·广州府》：顺德人，字毓初，云南永昌知府。子圣衡，孙学昌。

《龙江志略》卷一《舆地·祠墓》：明知府余犹龙墓在平松园。

［咸丰］《顺德县志》卷二十四《列传四·明·余犹龙》：令昌化，俗近夷，生女多溺之，犹龙以善政感化，悉革焉。民有争讼，谕以“隐忍即不受公门累，遇事当思县门不可入”，辄感悟去……下乡课农桑，戒妇女毋入庙寺旷工，自是邑野清静，富饶几埒徽歙……子圣典，岁荐；圣衡，入国朝领顺治辛卯贤书。长孙学昌，领康熙丙午乡荐，科更周甲适与犹龙同，令平谷，有声。

刘善可　明高明大唐美人。万历二十九年（1601）岁贡。

［崇祯］《肇庆府志》卷七《明·岁贡·万历·高明县学》：刘善可。

［康熙八年］《高明县志》卷四《元明·恩岁贡》：上仓人，万历二十九

①金齿：滇西傣族的别称，后演变为永昌（今云南保山）的地名。

年岁贡，任广西昭平县教谕。

[道光]《高明县志》卷十二《贡生·明》：大唐美人，万历二十九年岁贡，任广西昭平教谕。

区梦鲤 明高明阮埇人。万历三十年（1602）恩贡。

[崇祯]《肇庆府志》卷七《明·岁贡·万历·高明县学》：区梦鲤。

[康熙八年]《高明县志》卷四《元明·恩岁贡》：阮埇人，万历三十年岁贡。

[光绪]《高明县志》卷十二《明·贡生·万历朝》：阮埇人，三十年恩贡。

劳序义 明南海人。万历三十年（1602）岁贡，任王府教授。

[崇祯]《南海县志》卷四《贡·明》：训导。

[道光]《南海县志》卷二十《贡生荐辟·明万历朝》：壬寅岁贡，王府教授。

严茂诚 明三水城内凤冈人。万历三十年（1602），督建三水文笔塔。孙而慊。

[康熙十二年]《三水县志》卷一《事纪》：明万历三十年壬寅，创文笔塔于城东南。（坊老严茂诚督建）卷十二《人物传·耆寿》：县内凤冈人，寿八十岁，建塔，筑魁冈基。县主闵之，闻送扁“奉公好义”。《人物传·儒行·严而慊传》：字有严，凤冈人，茂诚之孙。

苏效颜 一说名敏颜，明顺德碧江人。万历三十年（1602）恩贡，任海南陵水县教谕。

[康熙]《广东通志》卷十五《选举上·广州府·岁贡·明·顺德》：万历壬寅，由东安恩贡。

[乾隆]《东安县志》卷三《选举志·恩贡·明》：苏敏颜，万历三十年恩贡。

[乾隆]《顺德县志》卷十《贡生·明朝·万历恩贡》：碧江人，陵水县教谕。

李存义　明南海人。万历三十年（1602）岁贡，任江苏淮安教授。

［康熙］《广东通志》卷十五《选举上·广州府·岁贡·明·南海》：壬寅，由信宜恩贡。

［道光］《南海县志》卷二十《贡生荐辟·明万历朝》：壬寅岁贡，淮安教授。魏《志》作恩贡，今从《采访册》。

陈所得　明南海人。万历三十年（1602）恩贡，任浙江衢州教授。

［崇祯］《南海县志》卷四《贡·明》：训导。

［道光］《南海县志》卷二十《贡生荐辟·明万历朝》：壬寅恩贡，衢州教授。

张应麟　明顺德人。万历三十年（1602），任广东德庆州训导。

［崇祯］《肇庆府志》卷五《明·德庆州·训导》：顺德人，万历三十年任。

张昇　明顺德龙江人。岁贡，万历三十年（1602）任广东新兴教谕。

［崇祯］《肇庆府志》卷五《明·新兴县·儒学教谕》：顺德人，贡生，万历年任。

［康熙二十六年］《顺德县志》卷六《明朝·岁贡·万历》：龙江人，益府教授。

［乾隆］《肇庆府志》卷八《新兴县·明·儒学教谕》：顺德岁贡，三十年任，万历。

郑日章　字维存，号素如，明末清初南海九江人。捐修学宫，万历三十年（1602）任广东提学的朱燮元授冠带，表彰为义士。死后，崇祯十年（1637）进士林逢春为写墓志铭。七子。

《南海九江乡志》卷四《潜德列传》：字维存，号素如。力学弗售。生平孝友直方，乐道好贤笃故旧，急人之难饥不及餐，有负金者辄焚其券。时邑学宫芜圮，公捐金葺缮。督学朱公燮元授冠带，表其闾曰“圣门义士”，府县合表曰“义著宫墙”。尝游燕京，入大内，恭题纪遇有“金掌雪融三殿晓，玉河花发九宫春”之句。晚年玄修，乐善不倦，以寿终，葬马山，林囧卿逢春志其墓。子贤，副榜，恩贡；宝，太学生；赓，岁贡；一唯，邑庠；濴，功贡，任梧州府理刑；賁，题授①守备；笕，邑庠。大司马汤公来贺，称：“一乳七子无白衣，亦世罕见。”

梁大武　明南海人。万历三十年（1602）恩贡。

[崇祯]《南海县志》卷四《贡·明》：恩贡，训导。

[康熙]《广东通志》卷十五《选举上·广州府·岁贡·明·南海》：万历壬寅恩贡。

黄璟　明顺德人。万历三十年（1602）恩贡。

[康熙]《广东通志》卷十五《选举上·广州府·岁贡·明·顺德》：万历壬寅恩贡。

谢表　明三水西南人。万历三十年（1602）恩贡。

[康熙]《广东通志》卷十五《选举上·广州府·岁贡·明·三水》：永兴知县。

[康熙四十九年]《三水县志》卷三《贡途·恩贡》：西南街人，万历壬寅恩选，和平②教谕。

王大用　明高明苏村人。万历三十一年（1603）岁贡。

[崇祯]《肇庆府志》卷七《明·岁贡·万历·高明县学》：广州府训导，升教谕。

[康熙八年]《高明县志》卷四《元明·恩岁贡》：阮埇人，万历三十□年岁贡，任兴业县知县。

[康熙二十九年]《高明县志》卷十二《贡生·明》：苏村人，万历三十一年岁贡，仕至广西兴业知县。

冯球　字泰卿、敬箴，明南海人。万历三十一年（1603）

①题授：奏准任命官员。

②和平：位于广东东北部，东江上游，粤赣边境的九连山区。

举人，任湖南慈利知县。

［崇祯］《南海县志》卷四《乡举·明·万历癸卯》：知县。

［康熙］《南海县志》卷十二《人物传·循吏·明》：字泰卿。领万历癸卯乡荐，初任山东汶上教谕。育才养士，学校振兴，汶士勒其教条，竖碑纪思。晋令粤西临桂，地广民疲，类多逋欠。球洁己勤事，革耗劝输，不数月而积逋尽楚白。富民黎自良等数年冤狱，平反著声。值守道陈士章衔隙计劾，赖直指谙球勤慎，得调湖广慈利。弹丸处瘠，球以善化，民不忍欺，案无留牍。童试拔袁经邦等联捷，士论服其藻鉴。悬车后，敦族睦邻，排难解纷，有古人之风。仲弟早逝无嗣，割己产为之立后，尤人所难能者。

［道光］《广东通志》卷七十五《举人六·明·万历三十一年癸卯·广州府》：南海人，字敬箴，慈利知县。

刘旨元　明南海人。万历三十一年（1603）举人。

［崇祯］《南海县志》卷四《乡举·明·万历癸卯》：刘旨元。

关光裕　明顺德鹭洲人。万历三十一年（1603）武举。

［咸丰］《顺德县志》卷十一《武举·明·万历》：鹭洲人，癸卯。

关逢阳　字诚一，号恒斯，明南海九江人。万历三十一年（1603）举人，四十七年会试乙榜，任湖南沅州学正。赴京会试卒。父志举。

［崇祯］《南海县志》卷四《乡举·明·万历癸卯》。

《南海九江乡志》卷二《名墓》：关孝廉逢阳，在象山。卷三《选举·乡举·万历三十一年癸卯科》：字诚一，号恒斯。由南海学习《礼记》，中式第七十二名。己未乙榜，授湖广郴州学正，未任丁内艰，服阕补湖广沅州学正。公车卒于京。卷四《先达列传》：公少负才豪迈。儒童时偶沉醉，与海道抗礼于途。道怒甚，发张节推勘，面课艺，立就且工，张惊赏，力为解免。领乡书，屡困春官，因构精舍饰稚童教歌舞。己未卷已入彀，因落卷上有小鬼跳跃，本房以为奇怪，遂荐换公卷。榜放，查鬼跳卷乃樊君维城也。就教沅州，聘黔分考，以道梗不果行。《文学列传》：关志举，号泰宇。平居无戏言，动以古人自期。食饩庠中，究经书奥义，远近士翕然宗之。时以束脩周族党之急，晚尤精《易》筮。仲子逢阳，孝廉。

《九江儒林乡志》卷十二《列传·明》：嗜酒好声妓……己未乡试中乙榜。

朱润　字纲伯，号碧潭，明南海九江人。万历三十一年（1603）岁贡。

《南海九江乡志》卷三《选举·贡·万历三十一年癸卯岁贡》：字纲伯，号碧潭。由西宁学习《礼记》，廷试授南雄保昌训导。

[康熙六年]《西宁县志》卷六《明·恩岁贡》：万历三十年岁贡。

伦应祥　字履卿，明南海苏滘（今属禅城南庄）人。万历三十一年（1603）举人，任江西万载知县，四十年赈饥，升湖北蕲州知州。

[崇祯]《南海县志》卷四《乡举·明·万历癸卯》：伦应祥。

[康熙六年]《西宁县志》卷六《明·举人》：南海人，附籍西宁。万历癸卯科中式三十六名，授江西万载县知县，升湖广蕲州知州。卷九《人物志·蕲州知州伦先生传》：附籍西宁，为庠中名士……万载素逋粮，先生委曲劝谕，乐输罔后。俗多健讼，先生遇告人命者，着运尸相验，虚即反坐①，刁风少息。壬子大饥，先生请按院发银五千两赈之，活数千人。顾、韩两按院荐奖，升湖广蕲州知州。里长出役，吏典到科，例有馈送之礼，痛革严禁。建阁于江浒以兴文运，造桥于冲流以通往来。蕲民兑运甚苦，先生请上台题改折色。万载、蕲州建去思祠。居家俭朴，食不兼味，衣服布素。所居即秀才时读书处也，萧然四壁，别无长物。尤笃孝友，宦业分四股以赡诸弟，捐俸置祖尝，广州、西宁屡请乡饮俱正宾。

[康熙]《南海县志》卷十二《人物传·循吏·明》：字履卿，邑之鳌头苏滘人……初授江西万载知县。邑瘠民顽，首革耗羡，输银非解纳司部不使镕模，但令足支给而已……居乡狷介，不通干谒，置业悉分赡诸弟，建祖祠、设祭田皆为后法。

李陛问　（？—1629）字晋衷，明南海佛山镇人。万历三十一年（1603）举人，次年会试中乙榜。四十一年任广东博罗教谕，官至刑部员外郎，获罪于魏忠贤被夺职。天启七年（1627），在家主持修建祖庙，崇正社学。崇祯初复官，不久弃官归，崇祯二年（1629）卒。父芝，弟应问。

---

①反坐：诬告他人犯罪者，即以其所诬告的罪承担罪责。

［崇祯］《南海县志》卷四《乡举·明·万历癸卯》：刑部员外。《封赠·明》：李芝，府庠，以子陞问封司务，赠刑部员外。卷十一《人物列传》：字晋衷。少聪颖能文，癸丑补郡庠即举于乡，明年会试置乙榜。癸丑领博罗教，端本尚实，捐俸督课，以彰教为己任。擢南雍学正，迁棘寺①司务，转刑部员外。时魏珰窃柄，户郎李柱明者以事忤，坐辟热审，同事噤不敢释。公奋笔曰："限内赃完得释，恩例宜然。"毅然出之。疏上几蹈不测，幸主上圣明，镌职②追夺。新皇御极，置珰于法，复公原官，还诰命，恩诏录用，同处毕起。或劝上章自白，公曰："京华梦断矣，赋闲居以奉潘舆，有余适也。"构遁园，与旧游诗酒倡和。二年卒。弟应问，登甲子榜。

［乾隆］《佛山忠义乡志》卷八《名臣·明》：性友爱，历俸所入，悉以均诸两弟，无吝色。所著有《六休堂稿》。卷三《乡事志·纪略》：明崇正元年戊辰，诏团练乡兵。乡则员外郎李陞问总其事，以郡邑币请也。

吴鸿儒　明顺德大良人。万历三十一年（1603）举人。

［康熙十三年］《顺德县志》卷五《明朝·乡举·万历癸卯》：大良人。

陈琬　明南海人。万历三十一年（1603）举人。

［崇祯］《南海县志》卷四《乡举·明·万历癸卯》：陈琬。

周廷翰　明顺德黎村人。万历三十一年（1603）举人。弟廷选。

［康熙］《广东通志》卷十五《选举上·广州府·举人·明·番禺》：万历癸卯。

［咸丰］《顺德县志》卷十《举人·明·万历》：癸卯科。按：阮《志》廷选注云：与兄廷翰同科，并作番禺人。郝《志》以廷翰归番禺，以廷选归顺德。姚、陈二《志》亦止收廷选。今据阮《志》附此。

周廷选　明顺德黎村人。万历三十一年（1603）举人，任浙江江山知县。兄廷翰。

［康熙十三年］《顺德县志》卷五《明朝·乡举·万历癸卯》：黎村人，

---

①棘寺：泛指九卿官署。

②镌职：降职。

江山县知县。

［康熙］《广东通志》卷十五《选举上·广州府·举人·明·番禺》：万历癸卯。

［道光］《广东通志》卷七十五《举人六·明·万历三十一年癸卯·广州府》：番禺人，与兄廷翰同科，江山知县。今《番禺志》失。

［咸丰］《顺德县志》卷十《举人·明·万历》：黎村人，知江山县。按阮《志》廷选注云：与兄廷翰同科，并作番禺人。郝《志》以廷翰归番禺，以廷选归顺德。姚、陈二《志》亦止收廷选。今据阮《志》附此。

唐应昌 明南海人。万历三十一年（1603）岁贡，任海南万州学正。

［道光］《南海县志》卷二十《贡生荐辟·明万历朝》：癸丑岁贡，万州学正。

梁胤泗 字起麟，明三水西南街人。万历三十一年（1603）举人，代理广东博白教谕，任广西横州知州，称病告归。祖可基，叔祖可至，父铎。

［康熙十二年］《三水县志》卷十二《人物传·贤良》：字起麟，西南街人。祖可基以恩选为闽簿，有惠政。祖叔可至为浏阳令，廉谨著声。父铎广宁庠生，有大节，好施赈。泗生而敏异，博学能文，遗才①第一，应秋试充郡学诸生。倜傥好义，动以古人自期。万历癸卯登贤书第五人，公车挫归，惟授徒力学，屏迹公门。迨谒选，署博白教谕。博白僻壤也，人鲜知学。至则大设讲席，迪以彝伦大义，四方来学者数十百人，士习翕然丕变。时苍梧副使作育十一学生儒，厚币聘泗使主其教。寻迁助教国学，都御史邹元标素慕其为人，一见握手若生平，遣子就学焉。出守横州，值岁旱荒，却供亿，免赎锾，凡诸常例为之申革。马铲贼炽，泗防御有方，横赖安枕。时有援黔之师，抚按行派里甲米布。泗悯民重困不堪追呼，捐俸照民价买办抵解。寻以忤势调简，遂谢病归，装囊萧然。

［康熙］《广东通志》卷十五《选举上·广州府·封赠·明·三水》：梁铎，以子胤泗赠知府。

---

①遗才：科举考试发榜后，怕有遗漏人才，所以在不中的人中进行补考，称遗才。

[康熙四十九年]《三水县志》卷三《乡举·明朝·万历癸卯科》：西南街人，经魁，历官广西横州知州。

梁材（明万历） 明顺德桂林人。万历三十一年（1603）举人，任福建将乐县教谕。

[康熙十三年]《顺德县志》卷五《明朝·乡举·万历癸卯》：桂林人。

[咸丰]《顺德县志》卷十《举人·明·万历》：桂林人，将乐县教谕，癸卯科。

黄应举 字宏选，号青霞，明南海九江人。万历三十一年（1603）举人，次年进士，三十六岁卒。父思存，子珪、球。

[崇祯]《南海县志》卷四《乡举·明·万历癸卯》：进士。《进士·明·万历甲辰》：刑部主事。

《南海九江乡志》卷二《名墓》：黄主政应举，在大望山。卷三《选举·乡举·万历三十一年癸卯科》：中式第七十名。《进士·万历三十二年甲辰科》：字宏选，号青霞。由南海学习《诗经》，赐同进士出身。初授福建漳浦知县，封赠，升北京刑部主事。子珪、球并庠生。《封赠》：黄思存，号接源，以子应举赠知县。□氏，以子应举封孺人。□氏，以夫应举封孺人。卷四《先达列传》：公年逾弱冠联捷进士，筮仕令漳浦。销逆党，息盗贼，折豪强，剔衙蠹，轸民瘼，备载《德政录》。漳《志·列传》令止五人，公与焉。闽之巨卿名贤若宰辅蒋公德璟、黄公道周①、大参莫公廷牖、少参张公国经、太守颜公容暄，皆出公门下而沐浴教泽者。奏最，考选止晋秋曹②。公兢兢职守，谳决多所平反，奉差南旋，竟病不起，年三十六。《文学列传》：黄球，字尔穀，主政应举仲子。静悟冲雅，为文根极理奥，质至而有光。充郡庠，试辄优等。凡被容接，若坐春风中。年方壮，遂赍志殁。

[道光]《南海县志》卷三十八《列传七·明·黄应举》：知漳浦县无留讼，民颂神君。邑有嗜摴蒱③、挟佳冶逍遥市门者，悉禁革之。严缉盗贼，夜

---

①黄道周（1585—1646），明福建漳浦县人。天启二年（1622）进士，南明隆武时任吏部尚书兼兵部尚书、武英殿大学士，被俘殉国。隆武帝谥“忠烈”，清乾隆四十一年追谥“忠端”。有《黄漳浦先生全集》。

②秋曹：刑部的别称。

③摴蒱（chūpú）：古代一种类似掷色子的博戏。此处指赌博。

户不扃。公余崇奖士类，有加礼。

[同治]《南海县志》卷十三《列传》：少家贫苦，溺于学……勤听断，严缉捕，其有挟优倡聚摴博者以法惩之，至外户不扃，野无游手。尤敬礼乡绅，崇奖士类，别有藻鉴，能识拔人于未遇之先。初抵漳考观风得一卷，见其经术湛深，通达时务，诧曰："少年安能办此？必老宿也。若非平津牧豕之年，亦贾生上书之岁矣。"盖黄忠端公道周卷也。问署中黄生年几何，曰："才逾弱冠耳。"益大惊。翌日诸生谒见，黄不至，询其故，曰："有丧服，不敢见长者。"命别日以宴私见。黄至，问平日有著述否，曰："未有。"问所作诗文，袖出《拟骚》一卷。应举读之，叹其哀感顽艳逼近楚词，为之流涕曰："我少孤，又贫且贱，遇坎坷与生同。然生之才非我所敢望也，愿勉之，显仕巍科不足以尽子。"故忠端公谓黄父母为生平第一知己云。闻故老言，应举在闽中多所赏识，如蒋德璟、黄景昉皆于诸生时决其远到，后皆为名相。应举卒，蒋为祭文刻于墓道，尤盛称之。

曾鸣雷 字在歧、乾义，号九龙，明南海九江人。万历三十一年（1603）举人，刚过三十岁卒。父以鲁，弟陈诗、鸣熙。

[崇祯]《南海县志》卷四《乡举·明·万历癸卯》：经魁。

《南海九江乡志》卷三《选举·乡举·万历三十一年癸卯科》：字在歧，号九龙。由府学习《礼记》，中式第四名。著《九龙洞稿》传世。弟陈诗，举人，知州。卷四《先达列传》：公幼聪颖，十倍于人，而有懒癖。其弟力劝就举子业，相与偕顺德仇生入西樵山读书。两载出试，三人同进庠。因族中构讼，盐商诬之，几致罢黜，乡绅为白其冤于制台，准复学。不数日试科考，旋入场中式冠《戴经》。生平喜作诗赋，兼学无生，竟赍志早世，士林叹息。

《九江儒林乡志》卷八《艺文略·集部·别集》：《九龙洞稿》，明曾鸣雷撰。卷十二《列传·明》：字乾义。生平喜作诗赋，兼通禅学，乃高才物忌，年方逾壮竟卒。

谢鸿猷 明高明周田人。万历三十一年（1603）副贡。

[道光]《高明县志》卷十二《补遗》：周田人，万历癸卯副榜。

程可登 明高明城中人。万历三十一年（1603）举人，任河北深泽知县。四十八年参与重修高明学宫。

[崇祯]《肇庆府志》卷六《明·举人·万历三十一年癸卯》：深泽知县，高明人。

［康熙八年］《高明县志》卷四《举人·明·万历三十一年癸卯》：上仓人，任深泽县知县。

［道光］《高明县志》卷十二《举人·明》：城中人，万历三十一年癸卯举人，任深泽县知县。卷十六《艺文志·记序》：《重修高明县儒学记》，黄儒炳，顺德人，编修。邑之孝廉程君可登，暨诸生何良玉、谭用中、邓维屏、杨宣仁、刘衍芳、程万里、罗公裕者……或庀其材，或督其植……凡三越月而成，盖庚申岁之春夏间也……万历四十八年。

黎文桢　明高明罗俊人。万历三十一年（1603）岁贡，任广东大埔教谕。

［光绪］《高明县志》卷十二《明·贡生·万历朝》：罗俊人，三十一年岁贡，大埔县教谕。旧《志》无，据《采访册》。

霍化鹏　字伟表，号絃觉，明南海溶洲堡（今禅城南庄镇上元村）人。万历三十一年（1603）举人，四十一年进士，任浙江永嘉知县、南京户部郎中，辞归。六十五岁。

［崇祯］《南海县志》卷四《乡举·明·万历癸卯》：进士。《进士·明·万历癸丑》：户部郎中。

［同治］《南海县志》卷十三《列传》：字伟表，号絃觉，溶洲堡人……乡荐后就职学官，屡赴春闱，至癸丑科成进士。逾三载，出为温州府永嘉县知县，真率简素，务与民亲。知差役多需索，乃刻木为檄，使民如期赴谳。知东瓯俗尚鬼，乃厘正祀典，使民不惑于淫祠。其盗贼之诬攀良善以索贿、富民之遏粜屯积以居奇者，重法惩之。公余无事，即召邑文士商榷文义，有以时艺呈者，为之点定，若父兄训子弟然。在任数年，邑科名倍盛于昔。然性耿介，不能事上官。适巡道李甲牒命拓仙岩诗若干篇，实为廋词以索贿也，化鹏伪不晓其意，如檄以应。李怒，谮之台使者，及报政入觐，果遭镌秩。后浮沉下邑者数年，顾以义命自安，意豁如也。天启初魏忠贤擅权，中外官皆献媚，化鹏作《浮云吟》三十章以刺之。时东土兵兴，边疆屡蹙，作《防边十策》上于朝。天启末年，以先后劳绩晋南京户部郎中。旋奉命督理凤阳仓粮、浙江北新关税务，洁己奉公，脂膏不润，清声著闻。以时事日非，年丁晚暮，遂解组归，逾数年卒，年六十五。及国朝定鼎后，桂王由榔尚称制广东，顺治七年为桂王永历四年，残明诸臣谓化鹏有先见，疏请赠恤云。著有《社仓条议》《祝鸠奏议》《燕台稿》《金陵稿》诗文集共若干卷，行于世。

李希孔 （约1573—?）字子铸，明三水金本洲边村人。万历三十年（1602）倡建魁岗文塔，五年后又倡建尊经阁。三十七年举人，次年进士，授中书舍人，考任南京江西道御史。天启三年（1623）上《修两朝实录公论疏》，调屯马之职，未到任而卒于客寓。父大遇，弟希孟，子去非。

［康熙十二年］《三水县志》卷十二《人物传·忠侃》：字子铸。祖白吾，有还金厚德。父大遇，为柳州卫幕。孔生而颖悟，八岁能属文，十三补邑弟子员。于书无所不读，每求明体适用，不为口耳之学，兼好为古文辞。笃于孝友，慷慨有大志。为诸生倡建魁冈塔、尊经阁，九踬棘闱而志益励。越万历己酉、庚戌年乃联魁两榜，观吏部政。忽心动告归，归数日而经历公卒，居丧不饮酒茹荤者三年。服阕授中书舍人，奉命册封陕藩，悉屏馈遇。考选南道御史，值辽左经抚失和①致误封疆，阅科姚宗文②前后独挤经略熊廷弼③。孔甫拜命即疏纠之，举其可骇者二，揭其不解者三，疏再三上。纠其阻抑考选，以"令旨"二字抗言缴还，遏抑先帝非常之德。一时人心大快，咸谓海瑞复出，周冢宰嘉谟④扬言于属云："近数十年不见如许章疏。李侍御气节棱棱，大有担当人也。"泰昌元年冬陛辞而南，另条陈时务七款，以裨熹庙新政。明年夏，驰疏奏府臣邵辅忠⑤影匿之奸。又明年奉京营差，因白莲作尊，留都震邻，疏条四策，以戒不虞。抵京城，有最急七事之陈，必期实行。

---

①经抚失和：明天启年间，辽东经略熊廷弼主守，巡抚王化贞主攻，意见分歧而不和。

②姚宗文：明末浙江慈溪人。万历三十五年（1607）进士。至辽东检阅军马，谤熊廷弼于朝。天启时依附魏忠贤，官至吏部给事中。崇祯初被弹劾罢官。

③熊廷弼（1569—1625），字飞百，明末湖广江夏（今湖北武昌）人。万历进士，四十七年（1619）以兵部右侍郎代经略辽东。天启元年再任辽东经略，与广宁（今辽宁北镇）巡抚王化贞不和，终致广宁失守，五年（1625）被冤杀。

④周嘉谟（1546—1629），字明卿，明湖北天门人。隆庆五年进士。天启五年（1625）遭魏党迫害，被削籍。崇祯元年（1628），起为南京吏部尚书，加太子太保，卒赠少保。

⑤邵辅忠：字广益，明浙江镇海人（今宁波北仑人）。万历三十三年进士，天启五年任兵部尚书，封大司马，赠太子太保。依附浙党，借"匿名榜"兴大狱，迫害东林党人。

诸如讽去沈搉①辅纮、请逮刘赞画时俊②、乞正邹之麟③造书倾陷之罪，凡皆侃侃劲概，凛不可夺。而其大者因修万历、泰昌两朝《实录》，巨奸变乱是非，疏辨宫闱三大事。天子嘉其忠，宣付史馆。又疏请保姆出宫，请诛崔文昇，皆言人所不敢言者，佥壬切齿，几为主察者所中，幸正人相扶得免。京营差满，旋差屯马，未拜命而卒于邸，举朝咸惜其大志之未毕也。所汇《南台疏草》，具载家集中。次弟希孟，以恩贡授漳平县令，有善政。卷一《事纪》：明天启元年辛酉，御史李希孔奏请诛崔文昇（为“红丸案”）。三年癸亥，御史李希孔上《修两朝实录公论疏》。

［康熙四十九年］《三水县志》卷三《明封赠》：李大遇，洲边人，官柳州卫经历，才能有声。以次子希孔贵赠文林郎、南京江西道御史。《例监·明》：李去非，希孔之子，附例。

［嘉庆］《三水县志》卷九《举人·明·万历三十七年己酉李士淳榜》：州边人。《例监·明》：李去非，希孔之子，由附生。

［道光］《广东通志》卷七十五《举人六·明·万历三十七年己酉·广州府》：三水人，第十三名，登进士。

陈熙昌　（约1573—1628）字当时，号果庵，明南海黄歧泌冲沙贝村（今广州白云区石井镇）人。万历二十一年（1593）选贡入南京国子监读书，三十四年乡试解元，四十四年进士，任浙江平湖知县、吏科给事中。天启四年（1624），与子子壮同日被罢官。崇祯初复官，随即去世。父弘乘，兄熙韶，弟熙阳。子子壮。

［崇祯］《南海县志》卷二《政事志·事纪》：崇祯元年……八月，吏科都给事陈熙昌卒，赠太常寺少卿。卷四《贡·明》：由番禺学选贡，进士。卷十一《人物列传》：字当时。神明英朗，望而知经国才。弱冠与兄熙韶应选贡入南雍，才藻冠东南名宿。隽丙午粤闱第一，闱义脍炙一时，丙辰成进士。令浙平湖，上抗下嚚，故难治。熙昌持大体，出以英明，讼平反，无留牍。

①沈纮（？—1624），字铭缜，明浙江湖州乌程县人。万历进士，任南京礼部侍郎、礼部尚书、少保、武英殿大学士。勾结魏忠贤，被弹劾致仕回乡。

②刘时俊：字尹升，明重庆府荣昌县人。万历二十六年进士，官至兵部右侍郎，赠兵部尚书。

③邹之麟：字臣虎，明末江苏武进人。万历三十八年（1610）进士，弘光时官至都宪。

定七限征输，屏鞭笞，早如额。邑田赋诡飞不可问，熙昌任劳怨按籍清厘，得溢田四万二千余亩，官民户均役，无从前偏重轻积累。豪有力服其公且诚，民雷动欢声，咸曰万代瞻仰。公余嘉与作士，蔚起誉髦，较一经所得皆名俊。擢吏科给事，风采天下想闻。魏、崔逆微张，首疏权珰盘踞益工，逆魄褫。逆崔入淮，商贿夺粤行盐，疏争之。力疏濠镜①伏戎内地，语尤切。转户左桐封，转吏科都。魏、崔久谋荼毒，会子子壮典浙闱，竟诬录讪谤，并镌籍为民。上登祚，俞补京堂。寻卒，徽猷未竟，同朝悼惜。赠尝少，祀平湖名宦、郡乡贤。子子壮，见以礼部右侍郎起用。

[康熙]《南海县志》卷十一《人物列传·名臣·明》：退食余暇，即课士较艺，人文蔚起。分房省闱，所得皆名俊。

[康熙]《广东通志》卷十五《选举上·广州府·岁贡·明·南海》：万历癸巳选贡。

[道光]《广东通志》卷七十五《举人六·明·万历三十四年丙午·广州府》：解元，南海人，番禺学，进士。今《番禺志》失载。绍儒孙，子壮父。

[道光]《南海县志》卷三十八《列传七·明·陈熙昌》：号果庵。祖绍儒，父弘乘……万历丙午解元，与弟熙阳同。除平湖知县，在任六载……尝捐羡金，贷赎锾，宽徭赋，减贴役……岁歉谷贵，平粜赈恤……擢吏科给事中……疏劾魏忠贤、崔呈秀②……天启四年，子子壮，典浙江乡试，发策刺阉竖……并及熙昌俱为民。

严学思 （1573—1653）字心印，明末高明西安镇塘肚人。万历三十四年（1606）年近四十岁时中举，崇祯四年（1631）进士，九年兼北京顺天乡试考官。父圣宝，子贞恕、贞慧。

[崇祯]《肇庆府志》卷六《明·举人·万历三十四年丙午》：高明人，进士。《明·进士·崇祯四年辛未陈于泰榜》：行人。

[康熙八年]《高明县志》卷四《举人·明·万历三十四年丙午》：古霸人，字心印，辛未进士。《貤封》：严圣宝，以子学思赠征仕郎。卷十三《人物传·明》：字心印，早列贤书，稽古不辍。成崇祯辛未进士，授北京行人司行人，分丙子北围乡试。转南京兵部武选司郎中，提督武学，两主武场考，

①濠镜：今澳门。

②崔呈秀（？—1627），明天津蓟州人。万历四十一年进士。求附东林党被拒，乃投魏忠贤乞为义子，迫害东林党人。官至工部尚书兼左都御史，改兵部尚书。崇祯即位，遭劾，畏罪自缢死。

政声丕著。迁光禄寺正卿。年八十卒。

[康熙五十八年]《肇庆府志》卷二十四《杂志·神梦三则》：高明县平步村人。弱冠补博士弟子，意气傲岸，谓掇科第如拾芥，而久困棘闱，年将四十始举于乡。又复自负，谓南宫之捷转瞬可俟，仍下第归，由此惘惘若失，卜筮之询殆无虚晷。或言："我村洪圣庙其神甚灵，盍往祈焉？"学思即携襆被，夜宿殿庑，恍惚梦神告曰："汝欲成名须俟麦而炫，乃同榜耳。"惊喜而悟，及遍访知名之士并无其人。偶一日自村入城，东门外亦有洪圣庙，见塾师训课其中，相与谈论。忽一童子呈书仿于前，视其姓名则麦而炫也。因细问年岁里居，嘿志而去，不以告人，是时炫方髫龄。越十有余载，炫一举获隽，学思欣然资以行李，偕入京师。崇祯辛未科俱成进士，联舫旋乡，乃话前梦。

[道光]《高明县志》卷十二《进士·明》：唐肚人，崇祯四年辛未陈于泰榜进士，仕至兵部武选司郎中、光禄寺正卿。

[光绪]《高明县志》卷十二《明·贡生·崇祯朝》：严贞恕，学思长子，府学。严贞慧，学思次子。

梁陈氏 （1573—1671）女，明末清初顺德逢简人。寿九十九岁，五代同堂。夫梁小山。

[康熙十三年]《顺德县志》卷九《百岁志》：陈氏，逢简人。适夫梁小山，孝勤起家，生二子。长男梁榆，府庠。长孙梁子受，钦州庠。膝下曾孙十二人，玄孙二人。家温席厚，敦尚诗礼，五代同居，和谐可法。生于万历元年癸酉，卒于康熙十年辛亥，享年九十九岁。

张卢氏 （1573—1674）女，明末清初顺德古楼人。寿一百零二岁。夫张荣登。

[康熙十三年]《顺德县志》卷九《百岁志》：古楼堡隐士张荣登妻卢氏，生于万历癸酉年五月初九日，历今康熙甲寅，寿跻一百零二岁。康强健饭，行步如常。有子五人，见存者张耀宸、耀祥俱年高七十余岁，内外孙、曾三十余人。通堡里排士民公举于县，蒙前令王公尹给赐匾额曰"期颐壶瑞"。本年三月，复行公举，蒙新任张公学孔给赐匾额曰"母仪瑞寿"，署县黄公培彝给赐匾曰"寿臻双甲"，儒学余公鼎藩匾曰"寿母嗣徽"。

曾陈诗 （1574—1656）字命观，号奇石，明末南海九江人。万历四十年（1612）乡试中乙榜，崇祯三年（1630）举人，十二年监考云南乡试。辞官家居十三年，夫妻白头偕老，八十三岁。父以鲁，兄鸣雷。子琚、之谦、道恕，孔胤芬。

[崇祯]《南海县志》卷四《乡举·明·崇祯庚午》：知州。

《南海九江乡志》卷三《选举·乡举·崇祯三年庚午科》：字命观，号奇石。由番禺学习《礼记》，中式第六十四名。初授归善教谕，己卯聘云南分考，升广西新宁知州。著《焚余草》及《疏稿》行世，寿八十三。子琚、之谦、道恕，孙胤芬并庠生。卷四《先达列传》：公幼超奇，数龄时闻“太极”“两仪”之说大有解悟，父特异之。与伯仲淬励齐名，壬子乙榜，年五十六始领乡荐。公车即陈筑辅城、枚卜、用贤诸疏数万言，当事博择采行。就教归善，首以孝弟廉耻课多士，次及文艺，明行赏罚，皆砥厉有成。典滇分考，所得皆知名士。晋刺新宁僻郡，壤接诸土州，而忠酋最桀骜跳梁。公至，修疆圉，练乡勇，设堵御，申威信，于是土酋相戒无生事。有犀牛洞地逼土州，向为远近贼巢，官府不得问。公亲诣其穴，谕以朝廷德威，诸寇遂罗拜，心面咸革。每为地方出力，有庠虎贵介素为州蠹，公首惩以法，士民称快。有庠生为奸吏以假印计陷，向莫之察，公验其原申文知为伪印，擒奸吏诘服置法，复诸生学，人有神君之颂。有异棍假称都司奉差趱粤西粮，历太平各府还辖取船，兵房以州向无船告，遂被拷锁。公疑其举动凶狠非官体，适棍遣两皂役、一门子押兵房回衙。公怒讯两皂，称系武缘拨送，及讯门子则能为粤音，尽供伪官情实，摄之已窜去，邻封闻之咸惊愧……值理刑某贪墨素著，州属察盘事竣需索琐屑，公遂脱冠决意解组。归林下十三年，日训孙、曾读书，月课宗族子姓文艺。与元配关偕老八旬，相敬如宾，客过无卑贱皆起恭敬。花晨月夜，时集亲知儿孙笙歌欢笑。

《九江儒林乡志》卷八《艺文略·经部·易类》：《太极两仪解》，明曾陈诗撰。卷十《选举略·明·封荫》：曾以鲁，以子陈诗赠奉直大夫、广西新宁州知州。卷十二《列传·明》：及长，与兄鸣雷读书西樵山二载，出应督学试，伯仲同进黉宫……卒年八十三。卷二十一《杂录上》：吾乡曾氏有二石可传。一在赵涌司徒第，曾赠君经号槐轩，每当风晨月夕辄往第外榕阴下，蹲踞巨石，谭论俳谐，倦则假卧。正德丙子子储乡荐报至，赠君犹鼾睡石上未醒。家人呼赠君曰：“二郎中矣。”赠君徐整衣起曰：“储亦中乎？”人问赠君云胡不喜，赠君曰：“读书子登科分内事耳，胡喜为？他日居官有声乃真喜也！”此石至今尚存，人呼为“槐公卧石”。一在西方上沙，曾刺史陈诗官新宁时，解组归行李萧然，舟轻恐不能渡海，取二巨石镇舟，归令子孙世守之，号曰“大夫石”。

朱田　字可易，明南海九江人。父让，弟畴，子伯莲。

［崇祯］《南海县志》卷十一《隐逸·明》：字可易，朱让之长子。少敏捷，弱冠补邑弟子员，试辄高等。性孝友，事嫡母至孝，以仲弟畴嫡出，每事推厚之，嫡母遇之亦如己生。万历丙申岁歉，父让出粟赈济，田又尽捐私橐继之，存活为多。乡族有急，挺身以代经画，不责报也。父让既背，所遗无几，率以周人之贫。既丁内艰，因念嫡母甚，引侍养例，奉生母冯氏曲尽色养。教课子伯莲、侄实莲悉领贤书。崇祯甲戌，督学曾给送冠带，有曰："百行懋修，一经式谷①。无论家施有政，抑且乡可为仪。"旌其庐曰"守先启后"。晚节冲旷，无贵贱皆得其欢，慕田文之义结客，户履尝满。且嗜登临，喜丝竹，风雨晨夕不辍，未尝言倦，人比之为地行仙。

《南海九江乡志》卷二《名墓》：朱赠君田，在大望山。卷四《封赠列传》：公为中宪公让长子，生而敏达慷慨，折节下士，无贵介气。籍邑庠，试辄高等，署县刘公复初录科首拔。诗文援笔立就，不事敲推，五战棘闱不售，即弃去……子侄辈上公车，每勖以交名贤、眺名胜为急。归日辄问得友几何、遨游何似，倘副中怀，欣然神往。督学曾公化龙给冠带……年近古稀，筋力不少衰，月夜每呼侍儿数辈挟笙瑟随行，恣意所之……甥大学士陈公子壮书"陶写堂"以赠。卷五《贤淑》：李氏，顺德鹿门太学公思集女，会魁何公翯外孙女也。配朱赠公田，封太孺人。

《九江儒林乡志》卷十三《列传·明》：弱冠补邑增生，屡试高等，尝与弟畴及同里黄比部应举等结雅言社于牛山麓。卷十八《列传·列女》：朱田妻李，太学生思集女……长子伯莲计偕，诫之曰："古人云'水流万物，金玉留止'。京师人海品流最杂，女曹入呼其中，当时思在我之节，惟圣人为能与世推移耳。"

李好问　明南海佛山镇人。万历三十二年（1604），捐修祖庙门楼。

［乾隆］《佛山忠义乡志》卷三《乡事志·纪略》：明万历三十二年乙巳，修灵应祠门楼。（经历李好问同弟待问捐修。）

陈大捷　字肖彭，明三水白坭人。万历三十三年（1605）授广州右卫中所百户世袭，仍随征广西钦州等地民众的暴动，

①式谷：谓赐以福禄。

升从化千总世袭。后归老家园。子蒙鹭、蒙品、蒙拣。

［康熙十二年］《三水县志》卷十二《人物传·武略》：字肖彭，白坭乡人。万历初，以武生从都督陈璘①击倭救援朝鲜，于露石洋、昌善岛、丫山口等处焚毁倭船，多斩获功，宗伯南石泉公赠诗称美之。寻又从攻播州杨酋及湖、贵皮林逆苗，皆获全胜，督府江前后荐奖，有“帷幄久借谋猷，战守咸资”之语，又有“乘雪夜而恢复爬城，冒锋镝而成擒酋首”之语。三十三年授广州右卫中所百户世袭，仍随征水砚等寨。秋援钦州，捣破交□扳蒙、狼利等巢，督府孔具奏有“两奏奇勋于异域，十收芳誉于参军”之语，升授从化所千户世袭。上书谢事，归老家园，吟风醉月，雅有林下风致。

［康熙］《广州府志》卷四十《人物志十一·武功列传·明》：于露石洋、昌石岛、丫山口等处焚毁倭船……秋援钦州，捣破交彝扳蒙、狼利等巢。

［嘉庆］《三水县志》卷九《恩荫·明》：陈蒙鹭，陈蒙品，陈蒙拣，以父大捷荫从化所正千户。陈夫干，以祖大捷荫从化所千户，升授指挥。陈炯，以曾祖大捷荫从化所正千户。卷十二《列女·贤媛》：陆氏，白坭乡世袭千户陈大捷继室。冯氏遗一子，氏抚之如子。出时尚寒微，勤纺绩以持中馈，与妾刘形影相依、食贫共励。大捷应都督陈璘聘赞平反侧，十余年于外专心帷幄成世袭勋，得以无内顾忧者，氏持家之力也。

周茂良　明三水黄冈里人。武生。随都督陈璘征战朝鲜及播州、贵州，与陈大捷同事。万历二十三年（1595），授南海县百户世袭。

［康熙十二年］《三水县志》卷十二《人物传·武略》：白下黄冈尾人。以武生随都督陈璘，征战朝鲜、播、贵等处有功，皆与陈大捷同事。于万历二十三年，授南海县百户世袭。

［嘉庆］《三水县志》卷九《武职·明》：黄冈里人，武生，南海县百户世袭。

李先春　明三水五顶人。与李希孔、陈开泰为友。

［康熙十二年］《三水县志》卷十二《人物传·孝义》：伍顶人。食饩邑

①陈璘（1532—1607），明广东翁源人。嘉靖末年平广东贼兵。万历二十六年出征朝鲜，二十八年（1600）参与播州之役，晚年又平定苗民。卒赠太子太保，荫封为百户。

庠，潜心《太极》《西铭》① 等篇。动遵古礼，事嫡母陈氏尽孝，居丧三年不近闺阃，大督学陈署《孝行第一》。与李侍御希孔、陈宪副开泰为敬业友，属疾，宪副候汤药，侍御诔文谓“不缁不躁风来世②”云。

［嘉庆］《三水县志》卷十一《人物传·孝义》：五顶人……与李侍御希孔、陈宪副开泰为敬业友，属疾，陈宪副候汤药，及卒，李侍御诔。

关志贤　明高明罗俊人。万历三十三年（1605）岁贡。

［崇祯］《肇庆府志》卷七《明·岁贡·万历·高明县学》：长泰训导，升教谕。

［康熙八年］《高明县志》卷四《元明·恩岁贡》：罗俊人，万历三十三年岁贡。卷八《学校志·尊经阁》：万历三十三年，邑人左中允区大相力请宪副陈濂、知县韩国藩措银三百两，于学门左创建，生员严中礼、关志贤督理。

陆希禹　明三水金竹人。万历三十三年（1605）岁贡，任广东廉州府教授。

［康熙四十九年］《三水县志》卷三《贡途·岁贡》：金竹人，廉州府教授。

［嘉庆］《三水县志》卷九《岁贡·明》：金竹人，万历乙巳贡，廉州府教授。

谭乔桂　明高明小崗人。万历三十三年（1605），赠地给高明学宫。

［康熙八年］《高明县志》卷四《吏职》：任广西临桂县主簿，署兴业县事。

［康熙二十九年］《高明县志》卷七《学校志·儒学》：尊经阁，万历三十三年……于儒门左创建……其地系邑人主簿谭乔桂送入学宫。递年春秋丁祭③，县主、儒学各有胙三斤给其后裔以嘉其义。

---

①《西铭》：宋张载《正蒙·乾称篇》中有篇文章名《订顽》，程颐改称为《西铭》。

②不缁不躁风来世：不沾染污点，不急躁行事，拿这种美德来示范后人。

③丁祭：旧时于每年阴历二月、八月第一个丁日祭祀孔子，称丁祭。

杨朝臣 原名汝悌，明高明城中人。万历三十七年（1609）岁贡，三十九年任三水训导八年。兄汝孝。

［康熙八年］《高明县志》卷四《元明·恩岁贡》：杨梅人，岁贡，任三水县训导。

［康熙十二年］《三水县志》卷二《秩官表·明训导》：高明人，岁贡，万历三十九年任。

［道光］《高明县志》卷十二《贡生·明》：城中人，万历三十七年府学岁贡，任三水训导。

［光绪］《高明县志》卷十二《明·万历朝·贡生》：城中人，汝孝弟，原名汝悌。三十七年岁贡，由府学，三水训导。

李克孝 （1575—?）字寐怀，明三水西南人。孝义。父孟阳。

［康熙十二年］《三水县志》卷十二《人物传·孝义》：字寐怀，西南街人。父孟阳，客故泗城，以遗腹得克孝。既长，痛父之永隔而母氏苦贞也，遂为若名若字。生平以膝前左右承顺母氏，无不周至。母梁课督颇严，克孝亦顺受无斁，务刻苦自励以副所期。为名诸生，博学能文，试辄上列，郡守余深器之。有远族李洲宾等仇扳成狱①，克孝恻然。时适余守柬招，克孝至省，慰其下第，意甚殷，克孝因得义白之，并同案三十余人俱得释。致谢分文不受，但留一剑识不忘云。有母舅高要梁少珍，以盐商卒钦州，遗金数百。族梁贵在寓，逼珍妾李氏辄取之归，复欺珍子预麟在孤幼中，透势占产。孝痛愤。无何，适高邑长周训者道经三水，夙知克孝文名，因会晤间力请代白。追金复产，且谕贵曰：“懿亲不可失也。”遂亦悔悟如初。孝食饩三十一载，经曾学宪檄奖，有“二人明发②，读《蓼莪》而可兴，文学既著，孝行尤昭”之语。于正贡年卒。

朱畴 （1575—1646）字可叙，号箕作，明南海九江人。父让，妻易氏，子实莲，外甥陈子壮。

《南海九江乡志》卷三《封赠》：字可叙，号箕作，庠生。著《峻发阁期

---

①仇扳成狱：给仇家诬告坐牢。

②二人明发：《诗》“明发不寐，有怀二人”。明发谓将天明，二人指父母。后因以“明发”称孝思。

适亭稿》行世，竟失于兵燹，只字无存。以子实莲赠兵部左侍郎。卷四《封赠列传》：公为中宪公让嫡子，生而颖悟凝重，孝友端方。寡言笑嗜欲，终日杜门静坐，读书之余弹琴咏诗，里人罕识其面。舞象籍邑庠，试必冠军。奉张制台聘选制义，评骘甲乙，一时名彦推服。奉魏守道檄采地方事宜，上书数千言皆要务硕画，当事一一举行。里人梁妃庆妻周氏、关沛妻朱氏贞烈向莫有表，公上其事，邑令陈公仪扁旌门间，阖乡称快。张督学奖优行第一，讲学中宪祠，远近士云集，莫不通经学古为高。试棘闱十三次，乙卯诗四房高荐，主者左之竟落第。寿七十三，著《期适亭草》《峻发阁集》行世。卷五《贤淑》：易氏，永昌太守道源女，赠少司马朱公畴妻。

［同治］《南海县志》卷二十二《列传・列女》：朱实莲母易氏，新会桥头乡人。

《九江儒林乡志》卷六《古迹略・冢墓一》：朱少司马实莲墓神道碑文，祖让守夔州，治绩冠万历时。父畴廪膳生，著文行……起临淮县知县，闻内艰未赴……忧归。亡何，南北都相继沦陷，公忿不欲生。丙戌，继丁忧。卷十三《列传・明》：让次子……年十五补邑廪生，秋闱①十三试无倦容。督学张天麟奖优行第一，制府张鸣冈聘选制义，畴评骘甲乙，名彦推服。守道魏守忠询采地方事宜。梁妃庆妻周，夫死茹蘗养姑，姑殁投烈焰中死。关沛妻朱即畴祖姑，夫死贞厉不渝，卒存宗祀。两节久未表扬，乡论称屈……子实莲令德清，迎养再三，畴勉就道。会实莲得罪，遂拂衣归。卒年七十二。先封浙江德清县知县，卒后二年以实莲恤典推恩御赐祭葬，晋赠兵部左侍郎。

关季益　（1576—1624）字小谦，号居冲，明南海九江人。万历四十三年（1615）举人，四十七年进士，病卒于官。父秩。子廷善、孙萃恩。

［崇祯］《南海县志》卷四《乡举・明・万历乙卯》：进士。《进士・明・万历己未》：知县。

《南海九江乡志》卷三《选举・乡举・万历四十三年乙卯科》：中式第四十二名。《进士・万历四十七年己未科》：字小谦，号居冲。由南海学习《书经》，赐同进士出身。初授江西新建知县，甲子科分考试官，封赠。寿四十九，崇祀府学乡贤。子廷善、孙萃恩，并庠生。卷四《先达列传》：公负夙

---

①秋闱：科举制度一般分乡试、会试、殿试三级。乡试一般在秋八月举行，因此又称秋闱。

慧，屡蹶乡场，遂束书高阁，寄情于酒，天人性命之学日有参悟。乙卯举于乡，年强仕矣，以母老辍公车。戊午觞母八十一，奉母命勉治装，上春官，成进士，即请假依亲三年，无谒铨意。母趣之行，公犹惓惓慈闱，怏怏驿柳。筮仕新建泽邑，税赋为艰。公下车加意咻噢，洼下圩之，一切衙门火耗差费陋规革尽，捐俸马薪纸三百金代民辽饷。尤尽心囹圄，时躬诣清察，三宥①日闻，省会冠盖云集之区，簿书雨下，午夜不遑寝处。而月课多士，凡文艺经评骘，莫能赞辞，讴颂日遍南浦，以为既得慈父，复得严师。时有仇生与督学年家争产，牒发公审，公按实杖报。督学深恨仇，批配并加捶楚，囊头三木垂毙矣。诸生数百人汹汹涕泣，遍恳诸司道府，莫肯申救，群拥吁公。公慨然即命开枷进粥，传鼓督学抗辞雄辩，督学意动，听公宽释，满豫章城欢声若雷。莅任甫二载，直指汪公、谢公，大中丞房公，直隶盐院房公、周公，饷院李公、督漕少司农吕公交章特荐，一时循良声冠江南。适奉恩诏，凡令俸满二载，经抚按正荐者得与覃恩，公俸计十三月远未及格，诸上台以治行卓异特题，破格得旨，人以为公平昔孝感所致。甲子分考得士七人皆江右名隽，出闱抱恙告致，士民攀辕号泣万计，舟次白下②遂卒。

《九江儒林乡志》卷十二《列传·明》：建居赣、汝下流，地势低洼，频年苦涝，税赋为艰。季益至……周历田野，筑圩堤，治筧窦，俾水潦无患，国赋不亏，民免催科之扰。时有辽饷之派，慨捐廉俸等项三百金代民完……新建士民闻讣驰奠逾万人，护丧至岭乃返。

区庆云　字子卿，明南海西樵松塘村人。万历三十四年(1606)举人，任江苏宜兴教谕、云南顺宁府同知，天启年间辞归。六十五岁卒。父次颜。

[崇祯]《南海县志》卷四《乡举·明·万历丙午》：经魁，同知。

[康熙]《广东通志》卷十六《人物上·广州府·明》：字子卿。淹博能文，优吏治。时有疑狱连年不决，司理赍卷造庐以请，条析了然。聘修邑志、郡志、通志。登万历丙午科，屡中副车③，寻就教宜兴，甫履任聘修《常州府志》。邑多学田为权势所占，云不避显要毅然请复。给养诸生，成进士者若吴

---

①三宥：古代指犯人可以得到宽大处理的三种减免刑罚的情况。宥，宽宥、赦免。

②白下：相传东晋陶侃讨苏峻筑白石垒，后人在此筑白下城，故址在今南京市金川门外。唐初曾移金陵县城于此，改名白下县，因此成为南京的别称。

③副车：清代称乡试的副榜贡生。以中正榜之举人为公车，故名。

贞启、关昌儒等数十余人。复以忤势珰遂左迁滇倅，理烦治剧，一时署二府七厅，兴利除弊皆出手裁，所至建祠尸祝。两台交荐报迁，以子幼引退。杜门著书，所作有《定香楼集》二十卷及《古文世编》《历代大文章》《四书纂注》传世。

[道光]《广东通志》卷七十五《举人六·明·万历三十四年丙午·广州府》：南海人，次颜子。第四名，屡中副车，同知。卷一百九十六《艺文略八·集部二》：《定香楼全集》二十卷，明区庆云撰，存。朱燮元序曰：万历庚戌秋七夕，门人区子卿自白下操舟访余柴门，以所著古文词赋名《定香楼稿》者请序……未几忽以广文振铎义兴，迁滇南别驾……一日子卿遣使介币持其《定香楼全集》示余，视前刻不啻数倍矣……子卿兼治临安、永昌、顺宁、大理诸郡……今且引疾脂车①矣。卷一百九十八《艺文略十·集部四·总集》：《古文粹》，明区庆云编，佚，见《定香楼集》。《历代大文章选》，明区庆云编，佚。《定香楼集》自序略：戊申岁为督学潘完朴先生校刻《古文世编》一百卷，于其中精选诏策书疏、表论序义、记诵词赋、文檄箴铭之有关世教足以明道辅治者，起汉高祖《求贤诏》，终文天祥《正气歌》，凡得目五十编。

[道光]《南海县志》卷二十五《艺文略一·史部·总编》：《小史摘编》，明区庆云撰，据《定香楼文集》。卷二十六《艺文略二·集部》：《碧玉洞稿》，明区庆云撰，据魏《志》。

关振宗 明高明苏村人。万历三十四年（1606）举人。父景运。

[崇祯]《肇庆府志》卷六《明·举人·万历三十四丙午》：高明人，同知。

[康熙八年]《高明县志》卷四《举人·明·万历三十四年丙午》：阮埇人，官至建宁府同知。《貤封》：关景运，以子振宗封江西瑞州府推官。卷十八《艺文·书目·史汇》：《学海连珠》，关振宗辑。《艺文·书目·集汇》：《□南小隐集》十卷、《拾沈草》四卷，俱关振宗撰。

[康熙二十九年]《高明县志》卷十二《举人·明》：苏村人，万历三十四年丙午举人，仕至建宁府同知。

①脂车：给车涂好油脂，指驾车出行。

李元　明顺德龙山人。万历三十四年（1606）副贡。

［嘉庆］《龙山乡志》卷七《贡生·明·万历副贡》：丙午科。

吴万里　明顺德水藤人，万历三十四年（1606）举人，任广东电白教谕、四川犍为知县。父兆榴。

［康熙十三年］《顺德县志》卷五《明朝·乡举·万历丙午》：水藤人，犍为县知县。

［道光］《广东通志》卷七十五《举人六·明·万历三十四丙午·广州府》：顺德人，捷为县知县，父兆榴。

［咸丰］《顺德县志》卷二十四《列传四·明·余犹龙传》：吴万里，水藤人，与犹龙同举，任电白教谕，日与诸生课艺谈经，不及他事，持己正而待人厚，师范最敦。

岑昌运　字赞复，号向日，明南海九江人。万历三十四年（1606）举人，四十一年会试乙榜，四十三年聘贵州乡试考官，后辞官归。子圣功。

［崇祯］《南海县志》卷四《乡举·明·万历丙午》：知州。

《南海九江乡志》卷三《选举·乡举·万历三十四丙午科》：字赞复，号向日。由南海学习《礼记》，中式第二十四名，癸丑乙榜。授江西奉新教谕，乙卯聘贵州分考。升四川筠连知县，升四川茂州知州。寿六十一。子圣功，庠生，永历元年特授知县。卷四《先达列传》：公茂龄举于乡，癸丑点额典豫章教，分考黔闱称得人。令蜀南筠，受任未几，逆贼逼筠。无城池，士卒器械皆鲜弱，虽墨翟①失其守。公捧符属士民避贼锋，从者如市，及腥溅门庭而民被害犹轻，当事嘉其智。晋刺茂边郡，值疮痍之余，诸艰骈集。公励精与更始，实心宽政，宽猛兼宜，茂之百废具兴。奉委带摄威郡并及巡方，剔蠹厘奸，毫不宽假，民怀其惠，吏服其威，岷江遍神君之颂。解组归来时试巴辞，日与里人乐易诙谐为欢。

---

①墨翟（dí）：东周春秋末期战国初期宋国人，所著《墨子》为秦以前专题论述永备筑城体系的唯一论著。

《九江儒林乡志》卷十二《列传·明》：擢筠连知县，会永宁奢崇明①反，播州遗孽蜂起应之。据重庆，陷遵义，分道趋成都，烽烟四起，筠连适当其冲。

庞景忠 字孝移，明南海佛山镇人。万历三十四年（1606）举人，任湖北京山知县、南京户部主事乞归。子汝衡、汝弼，孙上标、上梓。

［崇祯］《南海县志》卷四《乡举·明·万历丙午》：户部主事

［康熙］《南海县志》卷十二《人物传·循吏·明》：字孝移……初令湖广京山，时征辰沅兵赴辽，所过横掠。比至境，忠单骑逆之，士民遮留欲闭城门，忠不可。视沅兵有一二白衣冠，因呼而问之："尔何为者？"曰："国丧。"曰："而尚知有君乎？"曰："然。"又问："尔去何之？"曰："还家。"曰："而尚知有亲乎？"曰："然。"因谕之曰："京弹丸邑无粮无兵，今城闼不闭恣若等所为。诚听吾言当给一饱，必行焚劫不若且杀知县。"开襟引颈示之。众罗跪誓遵约束，移营去。京邑安堵，忠之力也。邑有宋河，地先为显宦侵害，土人裹足不敢造城。有司阿意议以兵剿，忠至，屏舆从径入，晓谕抚辑，祸构顿息。在任兴利除害，案无留牍，三膺荐最。旋丁外艰，城郭为之罢舂，扶輀出，士民执绋拥送百余里。服阕，补闽归化。化文庙北向面城湫隘，士无登科者，忠改建城外，丙子、己卯连隽乡闱。期月迁留都司城，城役率亡命包充，捕盗为盗，忠擿发如神，奸猾屏迹。寻晋南户部主事，监兑供亿概行禁革。会粮阙兵噪，解粮至日已晡，欲不即散恐益哗，散之日晚且招变。乃出声言散粮，命取米至视之大怒，再取米至视之愈怒，曰："甲士枵腹②，奴辈坐饱侵欺，如此糠滓谓国法何？"痛责解者，众兵欢呼而散。榷杨关，漕挽飞急，借运民船，解丁、奸商相影射，忠至咸厘剔之。奉加二新赋，忠轸商困，减其半以羡补，具文陈请司宪留中，盖虑不敷也。忠力请曰："公家苟完，商困可苏，私囊奚恤哉？"乃悉如详，其应变济时之才如此。以母老乞归，屡征不出，地方利病当途辄从咨确，万历、崇祯间两聘修邑乘。时苦水寇，辟陆路百里，与尚书李待问捐资共成其事，而鸡头一桥忠自营造，至今称"庞公桥"云。所建大小宗祠俱置祭业，蒙惠者众。子汝衡，崇祯恩

---

①奢崇明（？—1629），明代四川永宁（今叙永）彝族头人，世袭永宁宣抚司职。天启元年（1621）应征援辽，至重庆杀四川巡抚徐可求起兵反明，自称大梁王。后被明军击败。

②枵（xiāo）腹：空腹，谓饥饿。

贡；汝弼荐举。孙上标，国朝顺治恩贡；上梓，顺治丁酉举人，现任荆门知州。曾孙翘青、之兑并登贤书。

［乾隆］《佛山忠义乡志》卷八《人物志·循吏·明·庞景忠传》：字孝移。万历丙午举于乡，初令湖广京山……三膺荐最。旋丁外艰……服阕补闽归化令……期月迁留都司城……寻晋南户部主事……以母老乞归。子汝衡恩贡，汝弼荐举。孙上梓举人，知州。曾孙翘菁、之兑并举人。玄孙逵举人，遥现进士。

［道光］《广东通志》卷七十五《举人六·明·万历三十四丙午·广州府》：南海人，户部郎中。

林瑞奇　明顺德平步人。万历三十四年（1606）举人。父润繁。

［康熙十三年］《顺德县志》卷五《明朝·乡举·万历丙午》：平步人，宗人府①经历，升广西梧州府同知。《封赠·明朝》：林润繁，平步人，以子瑞奇贵，赠奉政大夫、梧州府同知。

赵恂如　字侯圣，明顺德碧江人。万历三十四年（1606）副贡，四十六年举人，次年进士。谢病归，七十岁卒。父崇伟。

［康熙十三年］《顺德县志》卷五《明朝·进士·万历己未》：任吏部主事，升四川佥事。卷六《明朝·封赠》：赵崇伟，碧江人，以子恂如贵赠承德郎、吏部验封司②主事。卷八《人物传二·德业》：字侯圣。少颖异，善属文，潜心经术。弱冠补郡庠，屡试冠军，棘闱七战，中万历戊午科乡试，己未联捷。初授中书，挥毫珠玉，罕见其俦，分较京闱③，得人皆知名士。顷赋皇华，三膺使命，驾星轺④驰闽楚、及吴越。上嘉其劳，擢铨部主政，进退肃然，有“毕卓山涛”之誉。剔历四司，养疴请假南归，杜门屏迹，望重东山。

①宗人府：官署名，中国古代管理皇室宗族的谱牒、爵禄、赏罚、祭祀等项事务的机构，分别职掌收发文件、管理宗室内部诸事，登记黄册、红册，圈禁罪犯及教育宗室子弟。

②吏部验封司：官署名，掌文职官员封爵、议恤、褒赠、土官（少数民族聚居地区的本地官）世职及任用。

③京闱：指科举时代在京城举行的考试。

④星轺（yáo）：使者所乘的车，亦借指使者。轺，古代的轻便马车。

时主眷方殷，转宪西蜀，以病恳辞，忠悃具详疏。内阅，纶音所谕有“风采早腾于使节，清通遂彻于冰壶。奉三无以甄叙，怀四畏以得人”之语。方将就道之官，乃二竖为殃，寿七十而卒。如生平孝友，居丧哀毁，建祠设尝以祀祖考。无疾言厉色，厌浮夸，甘布素，有古君子之风，两祀郡邑乡贤。

［康熙］《广东通志》卷十五《选举上·广州府·举人·明·番禺》：万历戊午，进士。

［乾隆］《广州府志》卷三十五《循吏二·明》：擢铨部主事，剔历四司。转郎中，清通有守，人敬而惮之。以病归，杜门屏迹，未几卒，祀郡邑乡贤。

［咸丰］《顺德县志》卷十一《副贡·明·万历》：碧江人，丙午。卷十《进士·明·万历》：吏部员外郎，四川威茂兵备道，己未科。

梁凤翔　明顺德莘村人。万历三十四年（1606）副贡。

［咸丰］《顺德县志》卷十一《副贡·明·万历》：莘村人，丙午。

梁继勋　明顺德乌洲人。万历三十四年（1606）武举。父秉义，子丰，孙应秀。

［咸丰］《顺德县志》卷十一《武举·明·万历》：乌洲人，见袭荫，丙午。卷十二《袭荫（武职）·明》：梁秉义，□□人，以祖宽荫后卫前所。梁继勋，武生，以父秉义袭。梁丰，以父继勋袭，官指挥同知。梁应秀，以父丰袭，官指挥同知。

梁梦环　（？—1629）明顺德乾冈（今北滘广教村）人。万历三十四年（1606）举人，四十一年进士。认魏忠贤作义父，官至太仆寺少卿。崇祯二年（1629）下诏处死一批魏党，亦论斩。工书法，万历四十一年题写《署顺德县知县王公去思碑记》。

［康熙十三年］《顺德县志》卷五《明朝·乡举·万历丙午》：桂林人，癸丑进士。《明朝·进士·万历癸丑》：太仆卿。

［民国］《顺德县志》卷十五《金石略·石》：《署顺德县知县王公去思碑记》，万历四十一年，赐进士、户部观政，邑人梁梦环篆额。

黄龙光　明南海人。万历三十四年（1606）举人。

［崇祯］《南海县志》卷四《乡举·明·万历丙午》：黄龙光。

霍一龄 明南海人。万历三十四年（1606）举人。

［崇祯］《南海县志》卷四《乡举·明·万历丙午》：霍一龄。

［道光］《广东通志》卷七十五《举人六·明·万历三十四年丙午·广州府》：南海人，番禺学。今《番禺志》失载。

刘尚绩 明三水望楼冈人。万历三十五年（1607）岁贡，授广东高州府训导。

［嘉庆］《三水县志》卷九《岁贡·明》：望楼冈人，万历丁未贡。授高州府训导，卓异，升授浙江绍兴府同知。

严建周 明高明白鹳人。万历三十五年（1607）岁贡。

［崇祯］《肇庆府志》卷七《明·岁贡·万历·高明县学》：揭阳训导，升教谕。

［康熙八年］《高明县志》卷四《元明·恩岁贡》：杨梅人，岁贡。任潮阳县训导，升教谕。

［康熙二十九年］《高明县志》卷十二《贡生·明》：杨梅人，万历三十五年岁贡。任潮阳训导，升教谕。

［道光］《高明县志》卷十二《贡生·明》：白鹳人，万历三十五年岁贡。任揭阳训导，升教谕。

陈大仞 明南海人。万历三十五年（1607）岁贡，四十一年任广东新兴县训导，升江苏常州府教授。

［康熙十二年］《肇庆府志》卷八《明·新兴县训导》：陈太胤，南海人。

［乾隆］《肇庆府志》卷八《新兴县·明·训导》：南海岁贡，四十一年任，万历间。

［道光］《南海县志》卷二十《贡生荐辟·明万历朝》：丁未岁贡，常州府教授。

范念劬 明三水三江人。

［康熙四十九年］《三水县志》卷十二《人物传·潜德》：三江人。幼失怙恃，终身肥甘不入口。举动皆循古礼，乡邻多所感化。韩县主造庐见之，奖曰“潜德维风”。生平笃学，闭户揣摩，经史、兵刑、律历俱通。积书遗

后，诵读弗替，人谓令德食报云。

曾效孔　字圣传，明顺德勒楼人。万历三十六年（1608）在广州倡建“唯一”祠祭宗族祖公，巡抚田生金奖给冠带以奉祀事。寿九十七岁。子文烺，孙赓吕。

［康熙十三年］《顺德县志》卷八《人物传二·孝友》：字圣传，勒楼人，宗圣之后。孝友敦睦，好义乐施。每祀亲必泣下，至老弗衰。让祖庐于兄不计其直，周族人无能婚葬者，殡庠士张翼明一家五丧，岁荒捐赈活林奕新数十家。万历戊申，集族绅士建郡城“唯一”祠祀宗圣公。巡按御史田公生金嘉其行，旌以冠带俾奉祀事，榜其门曰“先贤硕裔”，郡邑守令并以“齿德”表闾焉。年九十七无病而卒。子文烺，邑庠；孙赓吕，顺治丁酉乡荐，一门四代，后嗣蕃昌。

李学洪　明顺德桂洲人。万历三十七年（1609）奖给冠带。

［乾隆］《顺德县志》卷十四《冠带》：桂洲人，万历三十七年给赐冠带。

麦秋繁　号丛堂，明顺德人。万历三十九年（1611）奖给冠带。

［乾隆］《顺德县志》卷十四《冠带》：号丛堂，万历三十九年给赐冠带。

严贻模　明顺德大良人。万历四十七年（1619）奖给冠带。

［乾隆］《顺德县志》卷十四《冠带》：大良人，万历己未给赐冠带。

朱继凤　明南海九江人。

《九江儒林乡志》卷八《艺文略·集部·别集》：《自适轩诗赋全集》，明朱继凤撰，据《朱氏家谱》。卷一《舆地略·山川》：睡牛，山首有朱氏祠堂……黄比部应举、郑孝廉融、赠中秘朱田、赠少司马朱畴、廪生朱继凤，尝于此结雅言社往来觞咏，为象山社之先声。

朱畯　字可周，号怀玉，明南海九江人。父让，兄田、畴，子叔莲、期莲。

《南海九江乡志》卷四《潜德列传》：字可周，号怀玉，中宪公让第四子。幼颖敏，读书过目成诵，郡县试辄前矛。不役役于功名，筑台榭蓄书画，日与文人墨客开尊欢笑，丝竹琴棋皆优。尤坦率冲旷，坐人春风中，卓有陶柴桑之风。于子侄好学者时赞叹不置，花晨月夕必招欢饮。甥陈子壮大魁，侄实莲、伯莲领乡荐，公惟闲静澹漠以山人老，始终无贵介气。子四，长叔莲游击，季期莲庠生。

《九江儒林乡志》卷六《古迹略·冢墓一》:《朱太守让墓神道碑文》,配关恭人，生子畴，侧室子田、甸、畯……孙十五人，实莲户部郎中，恤赠兵部左侍郎；伯莲户兵两科给事中；会莲推官；叔莲游击；协莲、仪莲、期莲并庠生；公莲、保莲、观莲、现莲、觐莲、明莲、振莲、世莲。外孙陈子壮，东阁大学士兼兵部尚书。

李徵问　号毓劬，明南海佛山镇人。任江苏镇江府经历，天启五年（1625）捐修通济桥。

［乾隆］《佛山忠义乡志》卷三《乡事志·纪略》:明天启六年丙寅，修通济桥，建亭于左畔。（经历李徵问同弟总漕待问捐修。）卷十《艺文志》:《修通济桥纪略》(李待问),一日与建衷季兄语，兄曰："余抱此愿久矣，余将罄力焉，弟其为我共此!"经始于天启五年八月二十八日，以六年二月二十二日讫工……季兄及余共肩成事。季兄剔历丞簿间，以廉谨闻，资产仅逮中人，而罄所有为德无倦色。《通济桥记》(番禺令张国维，东阳人),中丞李公以栗里故，偕兄司幕君慨然树不拔之基捐橐金，不烦里旅，不爱省试勤渠。公名待问……见任巡抚应天都御史。司幕名徵问，号毓劬，原任直隶镇江府经历。

李敬问　（1571后—1648后）字翼衷，明南海佛山镇人。崇祯八年（1635）捐修祖庙，顺治五年（1648）赈饥。寿七十八岁。父畅，兄待问，子象丰。

［康熙］《广东通志》卷十七《孝义·广州府·明》:字翼衷，南海人，赠尚书李畅第四子，户部尚书李待问胞兄。授光禄寺署丞，赋性警敏。少游燕赵、豫楚、吴越间，山川胜概悉为流览，古今人物加意咨访，尝中夜自呼振奋策励以图有成。兄弟并登仕籍，不遑将母①，敬问遂绝志大用，躬亲菽水，事母至孝，孺慕终身。年五十母死，哀毁骨立，庐墓尽礼，训教子侄，严厉方正，抚孤侄若己子。善施与，里人彭毓吾寝疾，寄其二子并橐中所存

①将母：奉养母亲。

六百金以付。敬问乃为其子治生①，延师西塾②，后俱为诸生。业师霍良濬死，遗孤方在襁褓，敬问代为治丧，抚其幼子至于成立，世皆感激。丙戌，海寇披猖，捐资筑栅铸铳，简练乡勇，地方赖安。越年戊子，岁大饥，复蠲产乞籴以赈，存活万余。晚年筑圃林下，诗酒陶情，为诗率口不求甚工，所著有《嚼蜡》诸篇。卒年七十有八，葬清水冈。子象丰，领乡书。

［乾隆］《佛山忠义乡志》卷三《乡事志·纪略》：明崇正八年乙亥，修灵应祠，改塑神像。（署丞李敬问捐修）

陆丕显　明三水清塘人。

［康熙十二年］《三水县志》卷十二《人物传·孝义》：清塘人。天性至孝，天启丙寅，父病剧，显叩天愿以身代。父病转笃，显潜入密室中，割其腹肉一脔，和药以进。父病寻愈，显抱痾半月亦愈。知县蒋献奇扁其门曰“孝行垂芳”。

陈锡爵　（约1578—?）字儒修，明顺德龙山人。九岁时，父嗣光、母相继去世。万历二十五年（1597）举人，任河南光州知州、云南永昌府同知，不到五十岁辞归。

［康熙］《南海县志》卷十二《人物传·循吏·明》：字儒修。高祖珷成化进士，由庶吉士转御史，忤汪珰，戍居庸。父嗣光，嘉靖壬子乡举，为通道令，持守清白，殒于官。爵才九岁，母复见背，号嗄躃踊若成人。弱冠中万历丁酉科，授光州知州。州苦河患，爵捐俸建潢桥以利涉，光民至今赖之。启题桥社日集诸生讲业，先后登甲乙榜者甚众。先是，福王之国，一时供亿孔棘，爵酬应如出素储。直指、监司交相奖荐，然以执法不肯阿徇，光人宦京邸者轧之，仅转永昌府同知。时值瓦酋狰狞，乃首募乡勇历巡关隘，严斥堠，诘侦探，缮火功，摩厉以须，逆酋闻风胆落。又云龙土知州段进忠负险反，官兵进剿不得地利，反为所衄，爵密陈方略缚进忠，得其地为流，抚按荐卓异。爵赍表至京，台省会推边才，欲大用之，而忌者已眈眈视其后矣，爵闻遂挂冠去，时年尚未五十。平生好义乐施，置田产与诸兄共之。视从子如己子，婚姻生业皆殚力经营。所著有《征观阁》等集行于世。

［嘉庆］《龙山乡志》卷八《德业·陈锡爵》：生有慧质，幼读左氏史记，

①治生：经营家业，谋生计。

②西塾：即私塾，旧时私人设立的教学处所。古礼主位在东，宾位在西，故称。

能以己意置解。

陈熙阳　（1578—1616）字季慈，明南海黄歧泌冲沙贝村人。万历三十四年（1606）举人。父弘乘，兄熙韶、熙昌，子子复。

［崇祯］《南海县志》卷四《乡举·明·万历丙午》：陈熙阳。卷十一《人物列传》：字季慈，弘乘季子也。仲、叔两兄既以才行重，阳魁梧特达，言诺不侵，人挹其谊若芝兰。甫十龄，以风雅器于林太史承芳。侍父乘官楚，躬孝谨，修业日富，佐乘发奸伏尤多。乘以勤坊，主藏吏匿千缗诬乘。阳综晰白御史，径坐吏，乘廉节获完。举乡书同兄熙昌榜，同今相国何吾驺门。阳故长三岁，逆知驺公辅才，执兄事礼特谨，生平负人伦鉴多类此。当兄成进士，趣归待母，次江西卒。著有《南雅斋稿》。子子复，廪南庠，以文行称。

梁亭表　（1579—1644）字无畸，号昔莪，明顺德碧江人。万历三十四年（1606）中举，任广东大埔教谕、国子监助教、都察院司务、兵部员外郎、江西南安知府。崇祯末升荆南兵备副使，一病不起。父蕃，子若衡，孙古籍、宗典。

［康熙十三年］《顺德县志》卷八《人物传二·德业》：字无畸，号昔莪，世家顺德之碧江乡。表少时，大父穗沙常口授之书便能记诵，稍长益颖敏，读书过目辄熟。苦贫不能多置书，其宜人苏氏脱簪珥助之。年二十八，以麟经举万历丙午乡试。居恒廉节自砺，不事干谒，不营产业，以著作自乐，四方之士多来学者。肆力于诗歌古文词，所作日工。居父母丧泣血，三年不知酒肉。后八上公车落第，选潮州大埔教谕，以理学经济课诸生，诸生之自乡来学者甚众，邑令《县志》属笔定焉。迁北京国子监助教，助教冷官也，曰：“官虽冷，可以读未尽之书。”又迁都察院，司务吏部。司务吏部主铨者也，有以贿求荐拔者，表拒之。尚书某知其苦节，因曰：“何久无所举耶？”徐谢曰：“某所谓寡交者。”公余时吟咏见志，得与烈皇帝赐宴、赐扇、耕耤皆诗以纪荣，朝贵与交者率以耿介不合，及见表诗未尝不乐为称道。寻迁兵部武库清吏司员外，诸大老得罪遣戍者将听命，人方以府怨①为惧，表按军书遣之而人卒服。时上方英决，言事者稍不合多得罪，亭表数数上章陈世务，上皆

①府怨：大家怨恨所集中的对象。

嘉纳。寻出为南安府知府，南安居两广之冲，供应烦剧，其最苦者马户、夫头、船户，表先加恤之故事，广之抚按承差一人给马三四、夫倍之，表止给夫、马各一。诸差皆乡人也，力为之请，曰："为此方官知有此方耳，乡人非所知也。"诸差归诉之，抚按提吏治之，表不为沮。经过要人率不便，又表性介不为逢迎，咸怨表，表亦不顾。郡有禁油之令，同里商以千金为馈，却之。修学宫教训诸士，有贫民无告者出俸金与之。有母诉其子不为食者，比召之至，则曰子实贫不能给，昨诉一朝愤耳。其子亦自咎责之而与之金，且陈古今孝行以教而遣之。未几，流寇张献忠陷湖广，湖广与南安接壤，郡西为贼将所据。表塞其隘口以遏绝之，贼遂破袁、吉等府。先是，贼至衡、永，有无耻士人迎贼，贼授之官，所属崇义、南康等处多有庠生制挟县令逼之降。贼飞檄郡中，居人震骇，官吏骇愕，束手无策。表慷慨谕僚属曰："公等毋怖！君父重则身家轻，不肖读书明志三十年，申胥哭庭①、鲁连蹈海②不待今日，已筹之久矣。"因察形势，集众论议守御之策，编辑成书，誓以死守，郡人闻之莫不感激，愿为效死。贼退，抚按以功状闻于朝，朝论壮之。甲申，烈皇帝告变，表闻之痛哭曰："昔以员外出守，陛辞之日泪淋淋下，谓所知伍国开曰：'吾得事皇上数载，一旦捐弃于外，年齿已老，此地无复予之迹矣。'今日地折天崩，碎身奚赎？况向者蒙皇上之录，不见待以不肖，此恩何日忘之耶！"大恸欲绝，幽居蔬食，痛悼不解，得病寝剧。弘光改元，直指使荐表治行第一，擢荆南兵备兼抚夷副使，闻命十日而卒，年六十有七。生平忠孝廉洁，不苟取一介，自筮仕迄宦成，未尝增置田宅。在官时有劝为子孙计者，曰："今有一女子少而守贞，老而丧节，非畏人知，心有不忍也。吾老矣，志不忍负之。"惟嗜古好学，簿书之暇手不释卷。所著举子业，刻有《临池课》《松谡山房艺古文词》，有《昔莪集》。子若衡，左州知州，赠光禄卿。孙古籍，庠生；宗典，举人，现德庆州学正。

［康熙二十六年］《顺德县志》卷六《封赠·明朝·助教》：梁蕃，以子亭表贵赠。

［咸丰］《顺德县志》卷十《举人·明·万历》：碧江人，番禺籍。知南安府，四川副使。有传，若衡父。丙午科。卷二十四《列传四·明·梁亭表》：迁台司务，调吏部，求荐者拒其贿。尚书某知其廉苦，问曰："何久无

①申胥哭庭：伍子胥因家族被楚王诛灭而奔吴，率吴兵破楚。其旧友申包胥乞师于秦，哭七日，秦感动而救楚，后为请兵抒国难之典。

②鲁连蹈海：战国时齐国人鲁仲连不满秦王称帝的计划，曾说秦如称帝则蹈东海而死。后表示宁死而不受强敌屈辱的气节、情操。

所举耶?”谢曰:“司官实寡交。”出知南安府……亭表多请厘革,无所徇,修学校训士,恤贫加惠无告……著有……《松谡山房集》。

邓绍禹　字龙门,明顺德龙江人。万历三十七年(1609)举人,任广西浔州推官。

[康熙十三年]《顺德县志》卷五《明朝·乡举·万历己酉》:龙江人,浔州府推官。

[康熙二十六年]《东安县志》卷七《举人·明·万历己酉科》:顺德人,仕至广西浔州府推官。

[乾隆]《东安县志》卷三《选举志·举人·明》:顺德人,附籍。万历己酉科第六十二名,同解元李士淳榜,仕至浔州府推官。

[道光]《广东通志》卷七十五《举人六·明·万历三十七年己酉·罗定州》:原顺德人,附东安籍,字龙门,浔州推官。

冯上拱　明顺德古楼人。万历三十七年(1609)武举。

[康熙十三年]《顺德县志》卷六《明朝·武举·万历己酉》:古楼人。

冯树标　明顺德大良人。万历三十七年(1609)武举。

[康熙十三年]《顺德县志》卷六《明朝·武举·万历己酉》:大良人,中三科,官至电白守备。

[康熙二十六年]《顺德县志》卷六《武举·明朝·万历》:大良人,己酉、壬子、乙卯三科,守备。

刘兆昆　字桓叔,明南海人。万历三十七年(1609)举人,任湖北汉阳通判。

[崇祯]《南海县志》卷四《乡举·明·万历己酉》:由番禺学。

[道光]《广东通志》卷七十五《举人六·明·万历三十七年己酉·广州府》:南海人,番禺学,字桓叔,汉阳通判。今《番禺志》失。

刘图　明顺德逢简人。万历三十七年(1609)武举。

[康熙十三年]《顺德县志》卷六《明朝·武举·万历己酉》:逢简人,雷州守备。

刘琦 明顺德逢简人。万历三十七年（1609）武举，四十七年武进士。子振先，孙云翰。

[康熙十三年]《顺德县志》卷六《明朝·武举·万历己酉》：逢简人，己未进士，子振先。《明朝·武进士·万历己未》：守备，升云南都司。

关要 字司启，号静宇，明南海九江人。万历三十七年（1609）岁贡。

[崇祯]《南海县志》卷四《贡·明》：由西宁学，训导。

《南海九江乡志》卷三《选举·贡·万历三十七年己酉岁贡》：字司启，号静宇。由西宁学习《诗经》，廷试授连州训导。

[康熙六年]《西宁县志》卷六《明·恩岁贡》：万历三十六年岁贡。

[道光]《南海县志》卷二十《贡生荐辟·明万历朝》：己酉岁贡，阳山训导。

严鑑 字宇廷，号曙崑，明顺德黎村人。万历三十七年（1609）举人，崇祯元年（1628）进士。

[康熙十三年]《顺德县志》卷五《明朝·乡举·万历己酉》：黎村人，戊辰进士，户部郎中。卷六《明朝·进士·天启戊辰》：户部郎中。

[康熙二十六年]《顺德县志》卷五《进士·明朝·崇祯元年戊辰科》：黎村人，郎中，赠光禄少卿。

[道光]《广东通志》卷七十五《举人六·明·万历三十七年己酉·广州府》：顺德人，字宇廷，进士。

[咸丰]《顺德县志》卷十《举人·明·万历》：字宇廷，号曙崑，黎村人，见进士，己酉科。《进士·明·崇正》：郎中，以光禄寺少卿督山海关粮储，戊辰科。

李应杰 改名大年，明顺德大良人。万历三十七年（1609）举人。

[康熙十三年]《顺德县志》卷五《明朝·乡举·万历己酉》：大良人，改名大年，泗州知州。

李台盘 明顺德绿道人。万历三十七年（1609）副贡，任福建清流县丞。

[咸丰]《顺德县志》卷十一《副贡·明·万历》：绿道人，己酉，清流县丞。

吴翼运 明顺德水藤人。万历四十年（1612）举人。

[康熙十三年]《顺德县志》卷五《明朝·乡举·万历壬子》：水藤人。

岑壮图 字叔猷，号紫盖，明南海九江人。万历三十七年（1609）、四十年，天启元年（1621）三次武举，任把总、守备。

《九江儒林乡志》卷十《选举略·明·武举·万历三十七年己酉科》：字叔猷，号紫盖。武生，中式第九名。《选举略·明·武举·万历四十年壬子科》：中式第八名。《选举略·明·武举·天启元年辛酉科》：中式第十四名。初官广海所把总，部铨山西龙鹏营守备。

张斯陶 明顺德道教人。万历三十七年（1609）副贡，任广东东安（今云浮）教谕。

[咸丰]《顺德县志》卷十一《副贡·明·万历》：道教人，己酉，东安县教谕。

郑懋纬 字承聚，明顺德桂林人。万历三十七年（1609）举人，次年进士，任江西新淦知县，卒于任。

[崇祯]《南海县志》卷十一《郑懋纬传》：字承聚，郑汉章裔也。祖用夏，岁贡，知县。曾祖应新、高祖翼，皆乡科，县尹。纬负才聪敏，督学陈公岁试第一，饩廪学宫，声望赫然。邑令刘公廷元廉其贤，聘与修邑志。中万历己酉乡试，庚戌成进士，授江西新淦县尹。甫莅任辄集邑人宣示圣谕，革火耗，祛奸宄，集诸生明伦堂修古文、祠礼乐，期月而政化大行。寻卒于任，未竟厥施，时论惜之。门人张叔鑑诔之曰："冰洁其操，犀利其才。民诵慈母，吏威如雷。"

[康熙十三年]《顺德县志》卷五《明朝·乡举·万历己酉》：桂林人，庚戌进士。《明朝·进士·万历庚戌》：参议。

[乾隆]《顺德县志》卷十《举人·明朝·万历己酉》：南海籍桂林人。

林一鹗 明三水冈头人。岁贡，万历三十七年（1609）任广东肇庆府训导，四十一年升恩平教谕。

［崇祯］《肇庆府志》卷五《明·肇庆府·训导》：三水人，岁贡，万历三十七年任，升恩平县教谕。《明·恩平县·儒学教谕》：三水人，万历四十一年任。

［康熙四十九年］《三水县志》卷三《贡途·岁贡》：冈头人，肇庆府教授。

罗仪 字于孕，明高明城中人。万历三十七年（1609）岁贡，任福建同安训导年余卒。子守昌。

［崇祯］《肇庆府志》卷七《明·岁贡·万历·高明县学》：同安训导。

［康熙八年］《高明县志》卷四《元明·恩岁贡》：清泰人，万历三十七年贡，任福建同安县训导。卷十三《人物传·明》：字于孕。性孝友醇笃，善诗启，为韩、熊两侯所器重。应万历三十七年岁贡，任福建同安学训。正气自凛，劝士敦尚孝弟，不计脩脯，绅士尊敬称“端朴先生”。逾年卒于官，囊空无措，门人作《扶义录》五本，助百金，扶榇哀送数里，乡绅咸厚祭赙之。子守昌，康熙元年恩贡。

［康熙二十九年］《高明县志》卷十二《贡生·明》：清泰人，万历三十七年岁贡，任福建同安县训导。

［道光］《高明县志》卷十二《贡生·明》：城中人，万历三十七年岁贡，任福建同安县训导。

［道光］《肇庆府志》卷十八《人物·明》：善诗及骈体文，为韩、熊两县宰所器重。万历丁未岁贡。

唐际昌 字石雄，明南海人。万历三十七年（1609）举人，任安徽宁国同知。父世臣。

［崇祯］《南海县志》卷四《乡举·明·万历己酉》：由府学，同知。

［道光］《广东通志》卷七十五《举人六·明·广州府》：万历三十七年己酉，南海人，字石雄，宁国同知，父世臣。

康叔允 明顺德龙江人。万历三十七年（1609）、四十年、四十三年，连续三次乡试均中副榜。

［咸丰］《顺德县志》卷十一《副贡·明·万历》：龙江人，己酉、壬子、乙卯三科。

梁子璠　字辉岳，明南海人。万历三十七年（1609）举人，天启二年（1622）进士，次年任广西苍梧知县。父英。

［崇祯］《南海县志》卷四《乡举·明·万历己酉》：进士。《进士·明·天启壬戌》：御史。

［康熙］《广东通志》卷十五《选举上·广州府·封赠·明·南海》：梁英，以子子璠赠御史。

［道光］《广东通志》卷七十五《举人六·明·万历三十七年己酉·广州府》：梁子蟠，南海人，字辉岳，进士。

［道光］《南海县志》卷二十《举人·明万历朝》：阮《通志》作蟠，按其字辉岳，则作璠是也，《广西志·职官表》亦作璠……己酉科。卷三十八《列传七·明·梁子璠》：天启壬戌进士，三年知苍梧县，逐积蠹，革陋规，凡病民者悉请裁省。上官知其廉，檄榷梧厂，正额外无苛取，商旅悦之。后入为御史，以论事廷杖谪戍，寻放还。卒，梧民建祠祀之。

梁铉　名一作铉、铉，字赓玉，明南海人。万历三十七年（1609）举人，次年进士，任浙江绍兴府教授、户部主事，为官十年病归，到家卒。

［崇祯］《南海县志》卷四《乡举·明·万历己酉》：由番禺学，进士《进士·明·万历庚戌》：主事。

［康熙］《广州府志》卷三十九《人物志十·儒林列传·明》：字赓玉。贫而好学，祖父世业农桑，尝曝稻于庭，命铉守之。铉执书沉味，会雨骤至，漂流殆尽犹不觉也。年甫弱冠，学使者朱燮元拔冠一军……中韩敬榜二甲进士，应授州守，铉曰："甫离呫哔，遽应民社，吾斯未信之谓何？愿分苜蓿一盘，阐扬圣学足矣。"领绍兴掌故，以振兴名教为己任，一时甄陶士如施邦耀、房可壮、姜一洪俱以忠贞节介闻。壬子聘校闽闱，所得人林日烺皆当世知名士。铉皆以古道相期，一切馈遗脩脯不妄取丝粟。门下士愧无以致弟子之诚，窃以问铉之使以铉之所欲，使者了无以对，曰："吾主生平总忘嗜好，一絺帷三十年，自诸生来至今日，几不足御蚊蚋矣。藜藿自甘，食无兼味，不知何者为主所欲也。"门下士得其语，遂以一纱帷献，铉麾去且疑之，后知其仆之云，竟责而逐之。铉之淡薄自持如此。升国博，转户部主事，奉旨督催粤饷。归里门徒步，布衣不异寒素。廷推铨部，铉以清望闻，当事首以铉应，命甫下而铉已卒于家矣。后十年，门人林日烺为东粤藩伯，谒师之庭，门不容车，烺大骇异焉。祀邑乡贤。

［道光］《广东通志》卷七十五《举人六·明·万历三十七年己酉·广州

府》：梁铉，南海人，番禺学，字赓生，进士。明《番禺志》作梁铉，一作梁铉。卷六十九《进士·明·万历三十八年庚戌韩敬榜·广州府》：南海人，番禺学。主事，参政。铉一作铉，误作铉。

［道光］《南海县志》卷三十八《列传七·明》：字恭先。赋性恬淡，不乐簿书，以淑人为己任，告就教职，遂授浙江绍兴府教授。日与诸生敦诗说礼，有不率教者召其父兄告诫之，一年，绍兴逢掖之士咸丕变焉。壬子聘分考福建乡试，所拔六人皆名下士。寻丁艰去，服阕起补户部主事，持筹会计日无宁晷①。上官以铉有综理才，别司事，恒委之出纳，无锱铢之差。命催解各饷，日夜劳瘁，遂得心病。解饷至天津，以疾乞归，抵里七日而卒。铉沉毅狷介，制行端方，言笑不苟。居官恬静寡营，宦游将十载，相从止二仆，布衣蔬食一如诸生时，归箧中惟图书数卷而已。

黄公仪 字元礼，明顺德陈村人。万历三十七年（1609）举人，任江西上犹教谕、广西河池州太守、湖北武昌府同知。寿八十二岁。

［康熙十三年］《顺德县志》卷五《明朝·乡举·万历己酉》：陈村人，河池知州，升武昌同知。卷八《人物传二·德业》：字元礼，陈村人。生而颖悟，少进番庠。中万历己酉科第二名，出新会令王公命璿门下，庚戌落第，下帷攻苦。戊午王公按粤，人为仪喜曰："师生情重，公车有赖矣！"仪逐队一见即返。时郡县有事托仪代达，多与金帛，仪咸谢之。绝迹公门，至王公复命日竟不沾一丝一粟，王公前重其文，后重其品。十上公车不售，谒铨得上犹学谕。贽金束脯却而不受，定期课生童习文艺，家塾不如也。时有富生习赌，其妇啖进学宫，司训罗欲得而甘心焉。仪代宽释曰："妇人之言安可听？"事遂已。越日，本生诣学曰："某荷师宽宥，具金十两上献。此照罗师所得相报，实出中心。"仪怒形于色，屏而弃之。以清节升河池州守，州小而僻，学宫毁于草莽。仪修谒见此风雨不蔽，捐俸修葺，州学焕然一新。奈土瘠民贫，征收皆以鸡、布抵赋，仪代为输转。后亦见谅于上台，得注上考，升湖广武昌二守，然宦情已淡，致政归里矣。生平端方正直有王彦方②之风，所谈者尊祖敬宗之事，所友者诗书礼义之人，吟风弄月，笑傲烟云已耳。岁

①宁晷（guǐ）：安定的时刻。

②王烈（141—218），字彦方，东汉三国时平原县（今属山东）人。少时师从陈寔，以义行闻名遐迩。董卓作乱时避乱辽东，多次拒绝曹操的聘请，病死于辽东。

当乙酉，海寇披猖，乡众推仪为乡长、孝廉欧芬为副共主乡事。有善必旌，有恶必铲，陈村帖然无事皆两人之力。戊子，斗米三钱，死亡相继，仪与芬募化赈饥，存活甚众。至癸巳再饥，二人劝赈如前，贫民德之，邑侯周齐曾式庐相访。一言一行，必信必从，乡里奉为矜式。若夫诗章词翰，先后著作不啻数十万言，今见存者有《北征草》《易轩集》《九转草》《犹川稿》《粤州草》《佚老堂稿》《疲征草》藏于家。孙、曾绕膝，年八十二卒于家。

曾道唯　字元鲁，明南海人。万历三十七年（1609）举人，次年进士。天启间（1621—1627）起江西右布政不就，崇祯时起浙江右布政，调湖广左布政催饷解运，不久以亲老乞休。七十六岁去世。父绍皋，百岁。

［崇祯］《南海县志》卷四《乡举·明·万历己酉》：进士。《进士·明·万历庚戌》：湖广左布政使。

［康熙］《广州府志》卷三十八《人物志九·清高列传·明·耆德附·曾绍皋》：字举贤，号裔宾，南海人。孝友禔躬，忠信待物，恤穷拯乏，靡所吝资，以长子道唯贵封布政司参政。淡素自甘，不通刺当道，岁时伏腊与园翁溪叟较晴量雨，虽妇孺莱佣笑谈弗辍。与人子言依于孝，与人弟言依于弟，曲尽诱迪焉。延请乡饮正宾者八，巡按御史葛征奇扁其庐曰“六朝人瑞”，卒寿百岁。生平无求田问舍，故子孙仅可蔽风雨、供饘粥，惟恢建西庙其大创置云。

［康熙］《南海县志》卷十二《人物传·循吏·明》：字元鲁……授刑部主事，转郎中。凡会审大狱皆持正论，孤介自守，不及权要。出参常镇兵备，转山东臬使①，寻以病归。天启间起江西右藩，时魏珰用事，唯力辞不就，海内重之。崇祯间起湖广左布政使，适流寇披猖，单车莅任，催饷解运，遂有荆襄之捷。是时楚王府将军、中尉禄米外，庶宗口粮悉多虚伪。唯知宿弊，厘剔滥冒，岁省公帑数万金。未几以亲老乞休，会广郡荒旱，捐助赈济，乡人赖焉。唯居官居乡廉能勤慎，非公不谒当途。晚岁究心岐黄，得颐养之法，卒年七十六。有《介石斋诗稿》传世。

［道光］《广东通志》卷六十九《进士·明·万历三十八年庚戌韩敬榜·广州府》：南海人，二甲，湖广左布政使。

---

①臬使：即按察使。

谢云虬　字起东，明南海人。万历三十七年（1609）举人，四十七年进士，卒于江西参政任。父之屏，母何氏。

［崇祯］《南海县志》卷四《乡举·明·万历己酉》：进士。《进士·明·万历己未》：参政。卷十一《人物列传》：字起东。天性孝友，早岁失怙，侍孀母与大父母唯谨……未谒选即疏表，扬太淑人节义，奉旨建坊。初授大行，三建桐封。转职方主政，当东奴流寇逆我颜行，云虬诘戎筹伍，机宜中款①。未几养疴里居，将终身焉。首建棹楔宗祠以崇报本，春秋享祀必垂泣，念王父母劬劳抚教未徼宠贲②，遂再出山。转武库员外，迁武选郎中。寻转浙江宪副，清勤祗慎，禁令凛然，详刑恳恻，赖活甚众。闻迁江西大参，越人士垂涕攀辕，立碑颂德。甫莅任江州，值流寇蹂躏楚地，时切震邻。云虬躬自训练，治战具，葺战舰，厉士设险，日无宁晷，西江半壁屹然长城。积劳遘疾卒于官，祀东杨、江州名宦。生平坦直，待少贱必温肃，尤喜荐拔善类、昭雪冤抑。凡桑梓利害不避劳怨，侃侃言之有力。不能丧葬婚嫁者捐资助之，好行其德如此。

［康熙］《广东通志》卷十五《选举上·广州府·封赠·明·南海》：谢之屏，以子云虬赠参政。

［道光］《南海县志》卷三十八《列传七·明·谢云虬》：初授行人，三使藩封。

廖呈龙　明南海龙津（今属禅城南庄）人。万历三十七年（1609）贡生。

［道光］《南海县志》卷二十《贡生荐辟·明万历朝》：己酉科贡，饶平教谕。

钟光岳　字六符，明顺德龙山人。万历三十七年（1609）举人，任广西河池知州。孙子虬。

［康熙十三年］《顺德县志》卷五《明朝·乡举·万历己酉》：龙山人，河池州知州。

［道光］《广东通志》卷七十五《举人六·明·万历三十七年己酉·广州府》：顺德人，字六符，河池知州，孙子虬。

---

①中款：合乎形势。

②宠贲（bēn）：征聘的荣耀。

钟焕 明南海人。岁贡，万历三十七年（1609）任广东高要训导。

[乾隆]《肇庆府志》卷七《高要县·明·训导》：南海岁贡，（万历）三十七年任。

潘廷兰 明顺德大良人。万历三十七年（1609）举人。

[康熙十三年]《顺德县志》卷五《明朝·乡举·万历己酉》：大良人，荔波县知县。

[道光]《广东通志》卷七十五《举人六·明·万历三十七年己酉·广州府》：顺德人，荔波知县，疑是荔浦。

[咸丰]《顺德县志》卷十《举人·明·万历》：大良人，知荔浦，己酉科。

薛炳忠 明顺德龙江人。万历三十七年（1609）举人，任江西吉安府同知。

[康熙十三年]《顺德县志》卷五《明朝·乡举·万历己酉》：龙江人，吉安府同知。

[咸丰]《顺德县志》卷十《举人·明·万历》：龙江人，同知吉安府。按：阮《志》作九江府同知，今从姚《志》……己酉科。

邓兆钟 明三水周村人。万历三十八年（1610）岁贡。

[康熙四十九年]《三水县志》卷三《贡途·岁贡》：周村人，以东安学荐，授饶平县训导。

[乾隆]《东安县志》卷三《选举志·岁贡·明》：万历三十八年贡。

冯体旻 字象君，明南海人。子琎、梦兆，孙鑣、录。

[崇祯]《南海县志》卷十一《隐逸·明》：字象君。幼聪颖，性孝友。少丧父母，哀毁骨立。家无余财，两弟髫稚，乃以妻黄氏奁资治丧具、完宿负①，暨分产弗问偿也。祖屋壮丽，初为旻所得，旋而告其伯叔曰：“若幼余

①宿负：旧时常指拖欠的赋税。

长，余创图易，若则艰。”遂让弟，乡党贤之。生平好学，博极群书，制义古奥，一时推服。数奇弗售，乃舌耕而兼教子。砥行砺名，澹约自喜。尤任侠乐施，矜鳏寡，恤困穷，乡族有斗者咸质成焉。有《一德集》《兰轩草》行世。子琎领崇祯己卯，梦兆领崇祯壬午贤书。

［康熙］《南海县志》卷十二《人物传・文学・明》：所著有《得集》《兰轩草》《词说》《字说》等书。子知县琎、教谕梦兆俱举人，赓岁荐。孙鏸、录并领国朝己酉、戊午贤书。

方叔后　明南海人。万历四十年（1612）武举。

［康熙］《南海县志》卷五《选举志・武科・明》：万历壬子。

朱光祖　明南海九江人。万历四十年（1612）举人，崇祯三年（1630）乡试考官，升江苏扬州通判辞归。父凌冲，堂弟光允，子汝楫。

［崇祯］《南海县志》卷四《乡举・明・万历壬子》：通判。《封赠・明》：朱凌冲，以子光祖封知县。

《南海九江乡志》卷二《名墓》：朱赠君凌冲，朱别驾光祖，俱在大望山。卷三《选举・乡举・万历四十年壬子科》：字象之，号海若。由南海学习《书经》，中式第三十名。授广西融县知县，封赠。报升南直扬州府通判，寿六十二。子汝楫，庠生。卷四《先达列传》：公丰仪冠玉，登贤书。筮仕融，瑶壮丛杂之地，公移易其俗，穷山幽谷焕然声名文物之观，革夙蠹积弊，惟撙节爱养为事，豪猾莫得售其奸，抚台王公尊德疏荐。庚午分考，得士陈天明连捷进士。时有亡命韦付能以枭悍擅西瓯，流寓融境，与瑶蓝大口仇构，公然借南丹州狼兵二千屯融城郊，令人邀取印票与蓝战。士民股栗代请，公坚不允，严为备，谕令解散，不动声色，衅孽潜消。适有闽人巡简徐行悌素凶狡，因其子为道西席挟公谋摄邑簿，公严拒之，遂借荒后缺额粮中伤。经府勘明奉两台提责，悌计穷，复含沙射影。值邸报升扬州别驾。公遭世坎坷，挂冠承菽水之欢。

［道光］《广东通志》卷七十五《举人六・明・万历四十年壬子・广州府》：南海人，凌霄子，扬州通判，弟光允。

［同治］《南海县志》卷十三《列传》：县瑶壮杂居，顽犷呰窳①。光祖悯

①呰窳（zǐyǔ）：苟且懒惰，贫弱。

其陋，手教开示，躬自化诲，昏丧服器各有仪式，伧俗①渐革，民德之，巡抚王尊德列上治行为岭西最……光祖在融多年，以资应迁擢……悌计穷，多方构陷。光祖不欲与宵小较曲直，适升南直扬州通判，乞养归。先是，正德时邑人曾俊，与博罗翟宗鲁迭宰县有声，语曰“融令清白”。前曾后翟，及光祖继乡先辈后，名与颉颃，人以为美谈焉。

《九江儒林乡志》卷十二《列传·明》：融地……号难治……躬历田里，劝之耕稼，导以礼义。

陈良贵　明南海人。万历四十年（1612）举人。父士暹。

［崇祯］《南海县志》卷四《乡举·明·万历壬子》：由从化学。

［道光］《广东通志》卷七十五《举人六·明·万历四十年壬子·广州府》：南海人，从化学，士暹子。《从化志》误作嘉靖壬子。

欧必元　字子建，明末顺德陈村人。早年与香山何吾驺、李孙宸同学，至六十岁成为万历朝岁贡。诗文受其族祖欧大任称赞。明亡后，其子宠贤、思贤同为唐王监纪推官，顺治三年（1646）同在江西赣州殉难。

［康熙］《广州府志》卷三十九《人物志十·儒林列传》：字子建，顺德龙津人。少负不羁之才，与香山何吾驺②、李孙宸同学，以淹博闻。十五补邑弟子员，试辄第一，文望蔚起，远近名士获奉交游恐后。性孝友，筑围凿池，广置台榭，奉亲色笑。亲诞，何、李二公登堂拜祝若家人欢。无何，何、李二公次第成大名，元益喜自负，众亦莫不以青紫期之，大比十数秋，数奇弗售。尝以书上大中丞③言海内情形、民生利弊，娓娓章牍皆救时急务，大中丞韪之。穆侍御天颜常言于萧少宰云举④曰：“粤东奇士有如必元者，天下无双矣！”及相见读其诗文，惊异称绝，叙梓以传，名《勾漏草》。族祖虞部大任

---

①伧（cāng）俗：指本地粗鄙的习俗。

②何吾驺（1581—1651），广东香山（今中山）小榄人，明万历三十四年丙午科举人。

③大中丞：明清巡抚的别称。明朝都察院副都御史职位相当于御史中丞，常用作巡抚的加衔，故称。

④萧云举（1554—1627），字允升，明广西宣化县（今南宁）人。万历十四年（1586）进士，官至礼部尚书，追赠太傅，谥文端。著有《青罗集》五十余卷。

尝评其诗，谓雁行李于鳞、王弇州间也。先是，其家素封，元喜豪侠，与公卿大夫游、为文字交，凡辈所不敢望。复挥金如土第可致客之欢，且周人之急多不吝惜，常慕孔北海曰：“坐上客常满，樽中酒不空。”兴酣搦管下笔千言立就，人得其文辞珍如拱璧。家因以落，卖文几常不足供客，客尝晨至昏具饭，其家人语曰：“瓶粟罄矣。”质干旁舍举火，日已停午，亦旷然尽欢不为意，比于丰厚时。所得产钱人每欺之，亦不复问。行年六十甫以岁荐扬于王廷，而豪迈之气一无所施，都郁于怀，竟以病终。有《球玉斋》《竹素山房》各集行于世。其长子家贤茂才、次子思贤俱从戎，丙戌同殉难于赣州。

［康熙十三年］《顺德县志》卷五《明朝·岁贡·万历》：龙津人。

［乾隆］《顺德县志》卷十三《文苑》：陈村人……年六十膺岁荐，督学何某颜其堂曰“积学明经”。与修郡县志书，名符其实。方伯孙朝肃慕其才，谓：“与若祖大任后先继美。”赠诗云：“中郎既去无宗匠，北海年来有典型。”晚年遨游山水……所著《球玉斋》《罗浮溪上二草》行世，康熙十九年奉取遗集。

［咸丰］《顺德县志》卷十一《岁贡·明·崇正》：陈村人。卷二十四《列传四·明·欧大任》：从孙必元。

薛天植　（约1580—约1635）字性之，明顺德龙江人。万历三十四年（1606）举人，任福建闽清知县、户科给事中。父茂槐，母刘氏，子始亨、起蛟。

［康熙十三年］《顺德县志》卷六《明朝·封赠》：薛茂槐，龙江人，以子天植贵，赠闽清县知县。卷八《人物传二·德业》：字性之，龙江人，性至孝。少聪颖，读书一览成诵，中万历丙午乡科。为闽清令，慈惠字民，治绩日著。每论时政于上官前，侃侃亹亹，悉中利弊，恒获信从。中丞朱公钦相①开府入闽，才之，特荐于朝。历蒙直指三荐循良异等，擢户曹主政。会丁内艰，士民涕泣挽留者道相属，建立生祠岁时尸祝，讴思不绝。后以居丧哀毁过度，服阕卒，未竟其用，士论惜之。殁后十余年，有同年过其旧治，父老争相询问我薛公无恙否，告之，皆泣曰：“我公不可见，见君如见我公矣。”延留眷恋尽境而止，其遗爱在民如此。

［康熙二十六年］《顺德县志》卷八《人物志·德业》：仲子始亨能古文

①朱钦相，字如容，明江西临川人。万历进士，擢吏科给事中。天启初劾客氏罢官，后因皇子生而复故官。五年（1625）以右都御史巡抚福建，旋以忤魏忠贤除名。

词，诗歌有盛名，鼎革后弃儒冠学道去。

[道光]《广东通志》卷七十五《举人六·明·万历三十四年丙午·广州府》：顺德人，字子林，闽县知县。

[咸丰]《顺德县志》卷十《举人·明·万历》：字子休，龙江人。知闽县，户科给事中。咸丰……丙午科。卷二十四《列传四·明·薛天植》：每有条论悉中利弊，多见施行。中丞朱钦相采循声荐于朝，三都宪历继之，擢户部主事……服甫阕，竟卒……子始亨、起蛟。

朱光胤 （1580—1637）一说名光允。字嗣之，号松萝，明南海九江人。万历四十三年（1615）举人，崇祯三年（1630）任广东龙川教谕，升国子助教，卒于户部主事任。父凌霄，兄光祖，子汝楠。

[崇祯]《南海县志》卷四《乡举·明·万历乙卯》：朱光伆，主事。

《南海九江乡志》卷三《选举·乡举·万历四十三年乙卯科》：字嗣之，号松萝。由南海学习《礼记》，中式第四十一名。初授龙川教谕，升北京国子监助教，转监丞。升北京户部主事，钦差协理钱法，卒于官，寿五十八。子汝楠庠生。卷四《先达列传》：公少卓荦笃学，动静有则，撝谦自牧，在诸生试辄冠军。庚子房师高荐，为别房争执落第，历五科始登贤书。七困公车，讲学选制义为士林式，及门多名隽，如冯主政毓舜、关主政家炳、黄给谏葵日最著。就教龙川，捐俸筑尊经阁，立鳌湖社日课多士，策御流寇，督毁淫祠，巍然山斗之望。迁助教、监丞，转地曹督理钱法三载，剔厘奸弊，出息数万，已前积逋皆代补足而一文不染。凡百粤利病力为兴革，如捐谷税、清厂蠹其切要者。生员左逢世沉冤狴犴十余年，公为昭雪于直指得释。竟以劳瘁病卒于官，同乡黄内阁、梁翰林，叶、郭二都谏同简遗囊，惟俸八缗。署堂篆右侍郎吴为纪录付史，疏请恤典。

[道光]《广东通志》卷七十五《举人六·明·万历四十三年乙卯·广州府》：朱光允，南海人，凌霄子，光祖弟，户部主事。

[同治]《南海县志》卷十三《列传》：朱光允，英年修学，植品伟然，负清望……擢户部陕西司主事，监督宝泉局①事，奉命协理钱法……时郡国军兴，度支大绌，廷臣争抒计画，户部尚书毕自严上筹饷十二策，有增盐引、议鼓铸、括杂税、核隐田、税寺产等目，续又上十二策，有增关税、捐公费、

①宝泉局：明清户部所属铸造钱币的工厂。

鬻生祠、酌市税、汰冗役、核虚冒、加抵赎等目，帝皆允行。然搜索琐碎，弊混丛生，于灌输无益也。时辽饷、练饷、剿饷陆续增益，约加旧赋二千万有奇，人不聊生，穷愁思乱。光允在户部，蒿目时艰，酌量调剂，作筹饷政议，言皆切实可行。崇祯十年卒于官，管尚书事右侍郎吴国仕疏请恤典，将事迹纪录付史馆。光允清标绝世，久任膻曹，一尘不涴，京邸费恒给于家，不继则妻父陈县尹超然助之。卒后同乡黄内阁士俊、梁翰林兆阳、叶都谏廷祚、郭都谏尚宾入视含殓……群佽助①归其丧。在官留意桑梓，粤中利病锐意兴革，捐谷税、清厂蠹两条陈尤孚舆论……其卒也，乡人怛痛思慕之。

《九江儒林乡志》卷十二《列传·明》：朱光允，丁丑竟以劳瘁卒于官，年五十八。卷八《艺文略·史部·政书类》：《户部筹饷政议》，明朱光允撰，据《朱氏家谱》。《艺文略·集部·别集》：《湖海楼集》，明朱光允撰，据《采访册》。

梁元敬　（1580—1686）号懿廷，明末清初南海人。寿一百零七岁。

［康熙］《南海县志》卷十三《人物传·耆寿·清》：号懿廷。性孝友直谅，治家严而有法，训子以义方，齿德并优，邑令徐秉义旌以“硕德遐龄”。康熙壬戌，抚院李士桢致馈问，颜其庭曰“百龄人瑞”，复有蜀锦寿图之锡，时一百又三龄矣。越三年，琼郡太守佟湘年至，咨以历朝典故，贶②纁币③，为诗以荣之。又明年，一百七岁无疾卒，子孙数十人所仅见云。

刘劳氏　（1581—1687）女，明末清初顺德荷村人。寿一百零七岁。夫刘清寰。

［乾隆］《顺德县志》卷十四《寿妇》：刘清寰妻劳氏，荷村人。生万历辛巳，终康熙丁卯，寿一百零七岁。康熙元年领绢帛。

李待问　（1582—1645）字葵孺，明南海佛山镇人。万历三十一年（1603）举人，次年进士，任福建连城、沙县、晋江知县，擢礼部主事、吏部文选郎中、佥都御史、户部右侍郎。

---

①佽助：帮助。

②贶：kuàng，赠、赐。

③纁：xūn，浅红色。纁币：浅绛色的帛。

崇祯十年（1637）升户部尚书，致力于河漕务。患疾告假回家，未及一年去世，朝廷谥忠定，追赠其父尚书衔。父畅，子象复、象豫、象蒙、象家、象颐。

［崇祯］《南海县志》卷二《政事志·事纪·崇祯》：十年，擢李待问户部尚书，有旨趣入京。卷四《乡举·明·万历癸卯》：进士。《进士·明·万历甲辰》：户部尚书，予告赐驿。《封赠·明》：李畅，登仕佐郎，以子待问累赠户部尚书。《恩荫·明》：李象复，尚书待问子，荫国子生。李象豫，尚书待问子，荫国子生。卷十二《艺文志·书目》：《李氏族谱》《抚吴疏稿》《抚漕疏稿》《典铨疏稿》《松石轩诗文稿》《史涉》各数十卷，俱李待问撰。

［康熙］《广州府志》卷三十《人物志二·勋业列传·明》：字葵孺，南海人。登万历甲辰进士，初授连城知县，给假归娶。之官，下车蠲浮粮五百余缗，息阖郡累岁聚讼。邑有虎，待问祷于神，虎患遂息。调沙县，多逃亡，待问至，招徕尽复。再调晋江，免杂饷千两，表先儒罗仲素、李愿中从祀。己酉分闱，得士半捷南宫。惕历三邑，士民并立祠祀。擢礼部主事，调吏部，历文选郎中。核权珰冒滥选例，时政府连函代致，却之不避权要。迁奉常，陪从南郊，蒙赐赉。寻丁内艰，起升佥都御史，巡抚应天。时魏珰煽焰，中外冒颂功德，建生祠遍吴中、苏郡、留都等处当孝陵周道者，凡进谒陵，守阉辄先责拜珰祠。待问邸江宁，诣陵毕即疾驰履任，不肯附媚。后先封章如黄山民变、三王之国、漕粮过江，珰意所注者，待问不涉一语。松、徽等郡复呈建珰祠，待问并格之，正色曰："名正安得弃置若此？"杜门谢病。崇祯特简少司农总漕①，蒙赐荫并玺书褒嘉。先时漕法濡滞，待问为整饬之，漕入淮督发比先年早至数月，阁臣入告有曰："年来复祖制者仅见漕粮一事，可谓留心于漕务矣。"秩满晋户部侍郎，仍督漕务。题塞河决、修陵堤，请恤蝗潦、减疲邑催征，主犒兵造炮、赈饥筑坝皆罄俸为之。越年拜本部尚书，召对多所筹策，如以兵饷两额合算及按额核实，还之朝廷等，皆裕国体民真意。以二品考满荫子，赐银两、羊酒。待问自田间拜命，星驰入都，正值殷忧困苦之时，数招对赐坐，御札第书计臣而不名，隆眷冠诸廷僚。呕心竭力，至是遂萎，仍力疾视事，上遣太医院堂上官诊视。病甚，吏部代疏，奉旨驰驿回。起户部尚书，官都御史，未几以病终。待问端伟廉恪，敏毅忠孝，家居如设忠义营以捍乡，修北帝庙、通济桥、文昌书院，复省城古路、筑赤冈塔、复本邑丁口旧额、揭造《赋役全书》，皆心力绝笃至意，前后推都宪三、冢宰三、枚卜二。所著有《史涉》《诗集》《文集》《署铨典铨总漕筹计疏略》《履

---

①特简：皇帝对官吏的破格选用。总漕：明清总管漕运的官。

历随录》。子象蒙，字泉生，少慧悟，少列诸生，试辄冠军。遇恩荫移于其弟，士有文行者馆谷之岁数十人，罪人配赎无资如李逢年、黄应璧者解赠免其流徙。寻遇荐辟，当事劝驾，授五经博士，入馆月课程。待问晋阶司农，以国事劳瘁右臂不仁，累疏乞归，至乙酉卒于乡。蒙哀毁成病，苫块中有进药饵者拂去之，寻赴阙为父请谥，得赐忠定。仅三十二而逝，子三人琰、瓒、琳皆文学。蒙有诗文汇集传世。

［康熙］《南海县志》卷十一《人物列传·名臣·明》：子象蒙，国子监博士；象家，恩贡；象颐，司务。卷十三《人物传·貤封·明·李畅传》：季子待问举进士。

［乾隆］《南海县志》卷三《编年志·纪事·明》：怀宗崇祯十三年庚辰……增筑北城。（会城后枕崇山，城外诸峰连矗，盗易窥逞。邑尚书李待问疏请增筑。）

［乾隆］《佛山忠义乡志》卷八《名臣·明》：复请增修堤堰、赈恤蝗潦、宽辽饷之半、革疲邑之征，前后诸疏悉为残黎①请命……筹画兵食辄至夜分，心枯血竭，遂病痿不能行，告病章凡二十八上始得旨。途次犹手疏请免练饷，谓“今日需饷孔亟，而臣敢言免者，诚以练饷一项，百姓则受额外之征，国家实无毫发之益，外而墨吏肥其私囊，内而税珰视为奇货。上有既毁之室，下无可怡之堂，臣不知税驾②”云云。怀宗读之辄流涕，然弗能用也。归未逾年卒，赠宫保，谥忠定。待问为人忠孝宽厚，乐捐不倦……皆他人力所不任者……子象蒙、象家、象颐俱以贡生荫入监。卷十《艺文志·文昌书院记》：佛山忠义乡向无文昌专祠，有之自大司徒李公始。公尝捐百金购学田，隙地亩余以为山川之秀毕萃于此，因创文昌院三楹……经始于崇祯壬午秋，落成于癸未之冬……自公释重负归里，省会监司干旌在门，必求促膝以请，语次无非为桑梓计久远。当连寇窃发，自鸠工以筑铳台，又增城北垣堞。修复古路凡二百里，岁祲捐廪以赈闾左，从德色。所居之乡设营堡、建桥梁、立大宗祠、置尝田书田、鼎新元帝庙，不靳解囊数千余金，乡党咸称义举。至于居家则敦尚俭朴，布衣蔬食无异书生态，内外之人皆化之……及捐馆舍，诸士失其典型哭公于书院，奉其像位而祀之。

［道光］《南海县志》卷二十六《艺文略二·集部》：《李忠定诗文集》，明李待问撰，据阮《通志》。《松柏轩诗文集》，明李待问撰，据魏《志》。

---

①残黎：疲敝的民众。

②税驾：犹言解驾、停车，喻休息或归宿。

吴务圣 （1582—1675）字尼峰，明末清初顺德黄连人。寿九十九岁，妻何氏九十五岁。

［乾隆］《顺德县志》卷十四《耆寿》：字尼峰，黄连人。伟须眉，言论举止，望而知为长者。常每为里人讲论六谕，旁引曲譬期见实行。人信服之，凡有忿争，得其一言辄解。明末乱，民多揭竿。国朝定鼎，县令陈嘉猷行部擒治疑羁旅者，械系于庭，将投诸水，众惴惴莫敢发。圣前白其冤，历指某为某乡人以某工作至、某为某乡人以某工作至，皆良民，非盗也，愿以百口保。令信而释之，凡存活五十余人。令旋至该乡廉访果符，益重之。生万历壬午，终康熙乙卯，寿九十有九，智虑不衰。妻何氏亦偕老，至九十五而卒。

张其繁 （1582—1681）字志藻，明清之际顺德龙江人。百岁。子汝龄。

［乾隆］《顺德县志》卷十四《耆寿》：字志藻，龙江人。少治《春秋》，得圣人微旨，先达罗幼鲁推为畏友。设帐传经垂五十年，不求荣达，顾生徒习师说多有显者。常诲人曰："淡泊宁静，学者能立定脚根，可无咎矣。"生平坦夷和恕，乡党有诟谇辄谈笑为解纷，闻人患难则竭力拯援如不及。终身不谋财利，虽褐衣蔬食处之泰如。八十岁时，尝手植荔枝于家园，或举东坡"人老树小"为言，繁笑曰："吾当啖之。"五稔后，果如言，盖荔枝非十五年不结实也，人服其定力前知云。年至九十耳目聪明，与人清谈竟夕不倦。生万历壬午年七月，至康熙辛酉四月无病而终，寿一百岁。子汝龄。

［咸丰］《顺德县志》卷十五《耆寿表·百岁寿民·清·张其繁》：子汝龄，康熙举人，教谕。

李逢时 明高明上仓人。万历三十九年（1611）岁贡。

［崇祯］《肇庆府志》卷七《明·岁贡·万历·高明县学》：李逢时。

［康熙八年］《高明县志》卷四《元明·恩岁贡》：上仓人，万历三十九年岁贡。

区配乾 字健吾，明高明棠美人。万历四十年（1612）举人，任广东化州学正、国子监学录、江西九江府同知、四川蓬州知府，卒于官。

［崇祯］《肇庆府志》卷六《明·举人·万历四十年壬子》：经魁，九江府同知，高明人。

[康熙八年]《高明县志》卷四《举人·明·万历四十年壬子》：清溪人，经魁，官至九江府同知。卷十三《人物传·明》：字健吾。家贫好学，性笃孝友。父晁卒于徐闻，乾往扶柩。遇风覆舟，号哭抱柩漂泊一日夕始抵岸，人以为孝感所致。万历壬子以经魁任化州学正，教有成绩，升国子学录。出为九江府同知，调知蓬州。民有讼者分别是非令其退思，民多感悔。卒于官，百姓号送数十里。

[康熙二十九年]《高明县志》卷二《地理·冢墓》：明同知区配乾墓，在双杰山。

[道光]《高明县志》卷十二《举人·明》：棠美人，万历四十年壬子经魁，仕至九江府同知。

刘彬 明顺德逢简人。万历四十年（1612）武举。

[咸丰]《顺德县志》卷十一《武举·明·万历》：逢简人，壬子。

关名教 字司直，号星岸，明南海九江人。万历四十年（1612）举人，任山西平阳府、江苏扬州府同知，福建运同。病归，卒于广东曲江。父储，子其忠，孙达。

[崇祯]《南海县志》卷四《乡举·明·万历壬子》：由府学，运同。

《南海九江乡志》卷二《名墓》：关运丞名教，在镇山。卷三《选举·乡举·万历四十年壬子科》：字司直，号星岸。由府学习《礼记》，中式第五十四名。初授山西平阳府同知，受封典。丁内艰服阕，补南直扬州府同知，转福建运同。子其忠，庠生，通政司知事，转太常寺典簿；孙达，庠生。《封赠》：关储，字贤相，号乔伯，以子名教封同知。黄氏，以子名教封宜人。何氏，以夫名教封宜人。卷四《先达列传》：公禀奇气，在诸生中以天下为己任。时释德清戍粤，粤士皈依恐后，公请督学厉禁……为乡除盗保良，指攀害熄。乡荐出邑令陈公门，不干以私……谒铨丞平阳剧郡，厘奸清蠹，藩封、闾左两宜，公私交裕。摄蒲篆，素逋粮难治，公至悉革羡金，旬月输三万余。岁大祲，饥民啸聚走险，当事属公便宜剿抚。公单骑入贼垒宣谕，贼感德畏威悉听抚，任未期月以平贼功封赠。绛州土豪与藩忤，聚不逞火藩居，焚死三十余人。监司檄两进士谕豪不听，会公摄郡，遣役暴豪罪状，贷胁从散其党，豪父子自缚诣狱，事悉平。部民以私盐诬服论死，公平反，得其情出之，一朝豁死囚十七，仁声满尧都①矣。内艰补扬州，综船政木屑竹头，事半功倍。三藩同时之国，与卫供应驿骚甚，公任之井井有法。兵枢邵公桐封报命，疏公劳第一。转运丞膻地，嚼然不染。以足疾乞休，归次曲江卒。

严贵琉 字两瞻，明顺德黎村人。万历四十年（1612）举人。

［康熙十三年］《顺德县志》卷五《明朝·乡举·万历壬子》：黎村人。

［咸丰］《顺德县志》卷十《举人·明·万历》：字两瞻，黎村人。按：郝《志》作吴姓，误……壬子科。

李廷龙 字勷臣、瞻韦，明顺德龙头人。万历四十年（1612）举人，天启二年（1622）进士，历江西宁都知县、南京吏部郎中，崇祯四年（1631），御谕“力定如山，心止如水”。父大有，病，告归，租居广州。五十六岁卒。

［康熙十三年］《顺德县志》卷二《建置志·坊表》：奕世铨曹，在龙头堡，为李廷龙父子建。卷六《明朝·封赠》：李大有，龙头人，以子廷龙贵封吏部主事。卷八《人物传二·德业》：字勷臣，龙头人。少颖悟，博极群书，年十八补弟子员。万历壬子乡荐，登天启壬戌进士，出宰宁都。邑地瘠民嚣，素称难治，甫及期政平讼息。时三殿两宫并兴土木，司农②告匮，诛求日急，龙捐俸金、清羡余以应，不科扰于民。复值流寇充斥，逼近邻邑，人心汹汹。龙矢志死守，陈方略，备刍粮，身为士卒倡。贼谍闻不敢犯，阖邑士民建祠尸祝。尤加意作人，倡明理学，修黉序，置学田以赡贫士。甲子分考江西，得士如雷谷、谢光忭、漆嘉祉等七人皆一时名宿，人服其藻鉴。秩满报最，升南吏部主事，寻改北，历稽勋、验封、考功，转文选司员外，晋郎中。每当考核，公慎自持，无敢干以私者。疏陈铨弊数十事皆切时务，上嘉纳之。辛未冬召对内殿，注任益隆，有“司勋力定如山，心清似水”之褒。用皆得人，钦蒙圣眷。父年耄耋，陈情侍养，壬申获告归省，出京宦囊萧然。僦③居五羊，监司守令罕见其面。年五十有六，未竟厥施云，学道魏浣，初祀于郡

①尧都：传为五帝之一商尧陶唐氏诞生、建都之地，平阳的别称。

②司农：官名，支付百官俸禄、军费和工程造作等用度，管理官营的农业和手工业。

③僦（jiù）：租赁。

邑乡贤。著有《毛诗翻疑》《纲鉴翻疑》《可亭集》藏于家。

［康熙二十六年］《顺德县志》卷五《举人·明朝·万历四十年壬子科》：陈村人，进士。

［道光］《广东通志》卷七十五《举人六·明·万历四十年壬子·广州府》：顺德人，明本《题名录》作翊龙，字瞻韦，进士。

［咸丰］《顺德县志》卷十《举人·明·万历》：字瞻韦，赤花人，见进士。按：明《题名录》作翊龙，误……壬子科。

吴坦 明顺德水藤人。万历四十年（1612）举人，次年进士乙榜。子逢明。

［崇祯］《南海县志》卷四《乡举·明·万历壬子》：吴坦。

［康熙十三年］《顺德县志》卷五《明朝·乡举·万历壬子》：水藤人，教谕。

［康熙］《南海县志》卷五《选举志·明乡举·万历壬子》：顺德人，福建罗源教谕。

［乾隆］《顺德县志》卷十《举人·明朝·万历壬子》：南海籍水藤人，癸丑副榜，罗源县教谕。

何一鹗 明南海人。岁贡，万历四十年（1612）任高明训导。

［崇祯］《肇庆府志》卷五《明·高明县·训导》：南海人，万历四十年任，升曲江教谕。

［道光］《高明县志》卷十六《艺文志·记序》：《重修高明县儒学记》（黄儒炳），今高安陈侯来令是邑……捐俸金三百有奇为修学……学训何君一鹗属诸生介孝廉君赍书来曰，愿有记以识重修之美……万历四十八年。

佘裔昌 明顺德马冈人。万历四十年（1612）举人。

［康熙十三年］《顺德县志》卷五《明朝·乡举·万历壬子》：马冈人。

张芝璧 明顺德道教人。万历四十年（1612）、四十三年、四十六年，连续三次乡试均中副榜。

［咸丰］《顺德县志》卷十一《副贡·明·万历》：道教人，壬子、乙卯、戊午三科。

张应泰　明顺德龙江人。万历四十年（1612）举人。

［崇祯］《南海县志》卷四《乡举·明·万历壬子》：知县。

［康熙十三年］《顺德县志》卷五《明朝·乡举·万历壬子》：龙江人，邵武县知县。

陈国樟　字天觉，明南海人。万历四十年（1612）举人，次年进士。祖时用。

［崇祯］《南海县志》卷四《进士·明·万历癸丑》：知县。

［康熙］《广东通志》卷十五《选举上·广州府·举人·明·番禺》：万历壬子。

［道光］《广东通志》卷七十五《举人六·明·万历四十年壬子·广州府》：南海人，时用孙，字天觉，进士。郝《志》《南海志》"璋"一作"樟"。

［道光］《南海县志》卷二十《举人·明万历朝》：宁德知县，据《福建志》参修。阮《通志》作"璋"，误……壬子科。

罗方正　明顺德大良人。万历四十年（1612）武举。

［康熙十三年］《顺德县志》卷六《明朝·武举·万历》：大良人，中三科。

［康熙二十六年］《顺德县志》卷六《武举·明朝·万历》：大良人，壬子、乙卯、戊午三科。

［咸丰］《顺德县志》卷十一《武举·明·万历》：大良人，双鱼寨千总……壬子。

罗浩瀚　明顺德大良人。万历四十年（1612）武举。

［康熙十三年］《顺德县志》卷六《明朝·武举·万历》：大良人，中三科，东山守备，方正子。

［康熙二十六年］《顺德县志》卷六《武举·明朝·万历》：大良人，壬子、乙卯、戊午三科，东山守备。

罗韬　明顺德大良人。万历四十年（1612）武举。

［康熙十三年］《顺德县志》卷六《明朝·武举·万历》：大良人，中三科，广海守备。

［康熙二十六年］《顺德县志》卷六《武举·明朝·万历》：大良人，壬子、乙卯、戊午三科，任守备。

［咸丰］《顺德县志》卷十一《武举·明·万历》：大良人，三科武举。守备，升都司佥事……壬子。

郭衮 字嵩屿，明顺德龙江人。万历四十年（1612）举人，四十七年考进士中乙榜，任广东平远教谕。

［崇祯］《南海县志》卷四《进士·明·万历壬子》：郭衮。

［康熙十三年］《顺德县志》卷五《明朝·乡举·万历癸丑》：龙江人，平远教谕。

［康熙二十六年］《顺德县志》卷五《举人·明朝·万历四十年壬子科》：龙江人，平远教谕。

［道光］《广东通志》卷七十五《举人六·明·万历四十年壬子·广州府》：顺德人，字嵩巘，平远教谕。又见《南海志》。

［咸丰］《顺德县志》卷十《举人·明·万历》：字嵩屿……壬子科。

梁栋隆 字洛文，明顺德泮浦人。万历四十年（1612）举人，任广西玉林太守、江西吉安同知，升蜀府长史，退休归。父祖绪。

［康熙十三年］《顺德县志》卷五《明朝·乡举·万历壬子》：泮浦人，吉安府同知。卷八《人物传二·德业》：字洛文，龙头人。少小歧嶷，家贫力学，有乃祖解元济平风。举万历壬子科，初授广西郁林州守，州居山薮，为绿林出没之所，前任各官擒获无策。栋隆运奇决胜，歼厥渠魁，萑苻顿肃，兴利除害，无不竭尽心力，士民感其德，立祠祀焉。迁江西吉安府丞，政声丕著，甫数月，升蜀府藩相以归。捐俸积修祠，所置家产子与侄平分。长兄无子，早为立后置产，宗党义之。子五人，能世其家。卷九《节义传》：梁氏，泮浦人，吉安府同知梁栋隆之女，生员佘翼泰妻也。

［康熙］《广东通志》卷十五《选举上·广州府·举人·明·番禺》：万历壬子，知州。

［乾隆］《顺德县志》卷十《封赠·知州·明朝》：梁祖绪，以子栋隆贵赠。

黄金虬 （？—1622）字渐角，明顺德龙山人。万历四十年（1612）举人，天启二年（1622）卒于京城。

［康熙十三年］《顺德县志》卷五《明朝·乡举·万历壬子》：龙山人。

［嘉庆］《龙山乡志》卷八《德业》：字渐角，冈贝人也。少孤，事母孝。

沉潜力学，甫弱冠补邑弟子员，旋食饩，中万历壬子乡试经魁。素有远志，不肯小就。壬戌礼闱副总裁某公得其卷叹为异才，拟中会元，因与正总裁争执不相下，竟不果售，旋卒于京师。其生平与人如坐春风，读无虚夕，日记千言。隆冬之夜常置冷水桌下，跣足而坐，读倦欲睡即以冷水浇足，其苦学如此。事业未就，忽尔早丧，士林惜之。

游淳先 明顺德大良人。万历四十年（1612）副贡。

［咸丰］《顺德县志》卷十一《副贡·明·万历》：大良人，壬子。

谢鲤 明三水竹州人。万历四十年（1612）举人。

［康熙四十九年］《三水县志》卷三《乡举·明朝·万历壬子科》：竹州人。

［康熙］《广东通志》卷十五《选举下·肇庆府·乡举·明·四会》：万历壬子。

熊若龙 明南海人。万历四十年（1612）举人。

［崇祯］《南海县志》卷四《乡举·明·万历壬子》：熊若龙。

谭大智 字舜明，明高明人。孝义。

［康熙八年］《高明县志》卷十三《人物传·明》：字舜明。天性孝友，守贫力学，充郡增。教授生徒，以修礼供菽水。亲殁，朝夕号泣，哀毁逾节，递月朔望衣服冠而告，为知府戴熺优奖，督学张邦翼以孝行旌之。凡事关风纪，力为扶植，族党有孤幼，尽心抚恤，视若己子，使其父祖产业不致废荡而为强悍侵夺，其孝义如此。

黎学皋 明高明扶丽人。万历四十一年（1613）岁贡。

［崇祯］《肇庆府志》卷七《明·岁贡·万历·高明县学》：新会训导。

［康熙八年］《高明县志》卷四《元明·恩岁贡》：罗俊人，岁贡，任广州府教授。

［康熙二十九年］《高明县志》卷十二《贡生·明》：扶丽人，万历四十一年岁贡，任广州府教授。

梁崇廷 （1583—1664）字伯畠、襄明，明末清初顺德伦教人。天启元年（1621）举人，崇祯四年（1631）授福建政和县令，九年南京东城兵马正指挥，十一年北京刑部主事，十六年广西平乐太守。隆武二年（1646）按察副使，退休归，八十二岁。父秀林，兄在廷，子家栋、家棣，孙法乾。

［康熙十三年］《顺德县志》卷七《人物传一·德林·梁秀林传》：次子崇廷，万历辛酉举人，历官府江副使，善政颇多。卷八《人物传二·德业》：字伯晶，伦教人。天启辛酉举人，初授政和令，直指使者以清、慎、勤入告。兼治松溪，民有"两地一天"之颂，考满封文林郎。升南京东城兵马正指挥，风裁凛凛，命督修凤陵，赐金褒奖。升北京刑部主政，转员外，历郎中，考绩封承德郎。时怀宗英明，凡在秋漕决狱者鲜当旨。廷不避权贵，奉命审录粤西，谳狱千余人皆可其奏。升守平乐，抚字催科有方。弥贺县隘贼，万余悉平，民用安堵。三院交章特荐，以黄次公、张渔阳目之。时靖江藩王欲自立，人情鼎沸，廷独守正不屈。有受藩职欲夺其太守章者，廷曰："予受烈皇帝命，此印岂易假人？"终不见夺，遂坚守孤城旬月，藩兵溃散，所属州县无恙。三院叙功增加服俸，会覃恩进封中宪大夫，升本省臬司副使，分守左江四府。值国事纷纭，廷急流勇退，请致之章七上，得遂初衣。与胞兄在廷皆杜门扫轨，并举乡贤，优游林壑，年八十有二而卒。长子家栋、次子家棣、孙法乾皆著声胶序，绳绳①未艾云。

［咸丰］《顺德县志》卷二十四《列传四·明·梁崇廷》：又字襄明……父秀林……中天启元年辛酉乡书，又十年授政和令，以清勤注最……丙子考满，迁南东城正指挥……以功擢北刑部主事，盖崇祯十一年戊辰也……以癸未出守平乐……国朝顺治乙酉（唐王聿键伪隆武元年），靖江王亨嘉闻南都破欲自立，征狼兵为变，执巡抚瞿式耜幽之。亨嘉为丁魁楚②所攻，旋被执于陈邦傅……抚按上其功，加二品服俸。丙戌迁按察副使，分守左江道。

冯文俊　（1583—1674）字子孟，明末清初顺德马冈人。明末全力救济灾荒。

［乾隆］《顺德县志》卷十三《行谊》：字子孟，马冈人也。处季世，浇

①绳绳（mǐnmǐn）：形容接连不断，小心谨慎。

②丁魁楚（？—1647），字中翘，明河南永城人。万历四十四年（1616）进士，官至户部侍郎。明亡后，拥立朱由榔在广东肇庆称帝。清兵南下，投降清将李成栋，被开肠破肚而死。

俗好使气上人□。时俊独恂恂读书谨行，率兄弟四人孝事其亲，友爱无间。居乡教授生徒，口不谈势利争斗事，强问之终不答，于是邻里号为善人。明季岁凶，盗起不逞。往□□□□俊遽□□遍行告之曰：无然无□□□犯……即过□□□□□□□在无食耳□□□□处众愕不□姑□□□□□□。祖尝有积谷，因尽发之平粜以倡，或助和之，众□安。逾年益饥，斗米五百钱，各乡煽乱，乡大被焚劫，诸无赖益勃勃欲动。俊私计之曰，事急矣！倾修脯余资，妻潘氏佐以簪珥，得数十金，使男、侄向储谷乡庄买回。时青黄不接，粒米为宝，若牟利可十五矣。俊悉照原价付之，谷尽复买，转移阅月，备极劳顿不倦。众感其诚，戒不为非，而得食存活者甚众。至康熙甲寅五月，俊年九十有二，方饮蒲酒后，忽谓其子曰："吾明日将行矣，汝辈勉为善。"次日果无病卒。一子两孙皆庠生。论者谓俊乡里一老儒，非有抚民治乱之责也，顾触目时艰，勤勤恳恳，戒之食之，出于至诚，卒免乡人于饥馁刑戮。倘有位，所及不更远乎？是可风矣。

区孔伸　（1583—1681）明末清初顺德甘溪人。寿九十九岁。

［乾隆］《顺德县志》卷十四《耆寿》：甘溪人。读书隐居，足不履城市。行年九十，时康熙壬子，奉旨赐高年粟帛。生于万历癸未，终于康熙辛酉，享寿九十九岁。署县事黄培彝匾其堂曰"熙朝仁寿"。

朱光衡　（约1584—约1621）字开之，号开云，明南海九江人。父凌霄，母曾氏，兄光胤。

《南海九江乡志》卷四《文学列传》：字开之，号开云，刺史公凌霄仲子。生而丰神轩豁，颖悟倜傥。十岁作《闻雷》诗，十二随父任咸宁作《送王父乡旋》诗，皆已隽迈殊绝于人。淹贯百家诸史，制义、古文诗词及游艺书法皆工。数困场屋，遂放情诗酒胭花，备极人间乐事。凡义所在，慷慨直任，为人解危周急挥金如土，聚处未尝见戾气。时有贵介欲夺所钟爱名妓，公是夕为妓赋《青楼怨》五千言刻成一帙，虽古之子夜桃叶词无以过，越早示贵介，惊服踵谢，尽欢而去。与伯氏分产，将平昔预费准折，兄弟交让。年三十八卒，著《游息斋草》《象谷戏草》《独游草》《恨草》《客话》诸集行世。子汝栋，庠生。

《九江儒林乡志》卷七《金石略二》：《朱刺史凌霄墓志铭》，（万历）乙未选署新兴学谕，聘充湖广丁酉分考，晋咸宁令……生男二：长光允，乙卯举人，官户部主事，娶知县陈超然女；次光衡，邑廪生，娶宪副谭维鼎孙女。

皆先卒。孙男四人：汝楠邑庠生，汝杞允出，汝栋邑庠生，汝桀衡出。

简维谦　（1584—1683）字嘉俊，号一宇，明末清初顺德连村人。寿百岁。子公裁，孙晦三，曾孙敬天，均高寿。

［乾隆］《顺德县志》卷十四《耆寿》：字嘉俊，号一宇，连村人。生平勤俭克家，孝友性成，施与不吝，乡里德之。生万历甲申，终康熙癸亥，寿百岁。子公裁寿八十，孙晦三寿九十，曾孙敬天现年八十有六，累世耄期，人称羡之。

陈何氏　（1584—1691）女，明末清初顺德古楼人。寿九十八岁。夫陈敬庵。

［乾隆］《顺德县志》卷十四《寿妇》：陈敬庵妻何氏，古楼人，寓居大良。生平勤谨，孝事其姑，色养备至。生万历甲申，终康熙辛未，寿九十八。诗礼传家，五代同居，邻里称之。

区际龙　明高明阮埇人。万历四十三年（1615）岁贡。

［崇祯］《肇庆府志》卷七《明·岁贡·万历·高明县学》。

［康熙八年］《高明县志》卷四《元明·恩岁贡》：阮埇人，万历四十四年岁贡。

［康熙二十九年］《高明县志》卷十二《贡生·明》：阮埇人，万历四十三年岁贡。

仇志骏　明顺德文海人。万历四十三年（1615）副贡。

［咸丰］《顺德县志》卷十一《副贡·明·万历》：文海人，乙卯。

甘天植　明高明罗俊人。万历四十三年（1615）举人。

［崇祯］《肇庆府志》卷六《明·举人·万历四十三年乙卯》：高明人，邳州知州。

［康熙八年］《高明县志》卷四《举人·明·万历四十三年乙卯》：罗俊人，任邳州知州。

叶杰　明顺德龙江人。万历四十三年（1615）岁贡，四十八年任高明训导，升浙江会稽教谕。

［崇祯］《肇庆府志》卷五《明·高明县·训导》：顺德人，岁贡，万历四十八年任，升会稽教谕。

［咸丰］《顺德县志》卷十一《岁贡·明·万历》：龙江人，乙卯，淮安府教授。

刘振先　明顺德逢简人。万历四十三年（1615）武举。父琦，子云翰。

［康熙十三年］《顺德县志》卷六《明朝·武举·万历》：逢简人，原府学生员，中二科。父琦，子云翰。

［康熙二十六年］《顺德县志》卷六《武举·明朝·万历》：逢简人，乙卯。

刘光祖　明南海人。万历四十三年（1615）中举。

［崇祯］《南海县志》卷四《乡举·明·万历乙卯》：由府学。

刘起相　字中雷，明顺德安教人。万历四十三年（1615）举人，崇祯元年（1628）选四川雅州学正不赴，补海南崖州。十三年（1640）迁江西瑞州府推官，辞归。八十二岁。

［康熙十三年］《顺德县志》卷五《明朝·乡举·万历乙卯》：安教人，任瑞州推官。

［康熙二十六年］《顺德县志》卷八《人物志·德业》：字中雷，安教乡人。生时，日者①为按年月支干，惊曰："异哉！命格与王阳明先生同，儿不凡也。"从幼性湛静，颖悟过人。十二岁时，卧榻处在困侧，中夜墙颓困裂。家人走视，见土粟并满床陛，意必死矣。畚掮尽，有光飏飏，起相眠故无恙，若不知为物压者，与夏尚书原吉少时事同，皆异之。及长读书鹿门乡，文已屈其时彦。补邑诸生，试屡冠军，饩学宫。乙卯领贤书，为孝廉十余年，不事干谒，惟乡闾有冤必为书代直之，然绝不令彼人觉。尝诲子曰："非为彼直为我且自伐者无功，勿以微劳矜也。"于时，邑令吴裕中锐意捕贼，烦于刑，所攀连虽良民无轻免者。相以书直诋其非，令素严重相，因虚心请教，改辙从宽，邑人赖之。禅僧憨山入粤提唱宗风，及门甚众，独以法器许相焉。壬辰计偕至江西，改辕入匡庐谒憨山，与谈性命宗旨、儒释同源之契。住匡庐

①日者：古代观察天象的人，也叫天官。

两岁余，遍阅内典，宦情益淡。将归，憨山赋诗曰："匡山解制送君归，千里孤帆带雨飞。一片远心溯流水，相期端不为传衣。"嘱曰："以宰官身而行佛事更易济人。"相颔之。戊辰谒选得雅州学正，辞不赴，补崖州。庚辰迁瑞州推官，抵任三日即和陶《归去来辞》拟挂冠，家人苦劝曰："孺子何知刑罚讵细故，倘失出入，咎莫逭矣。"故论囚每多平反，精体律意，比法协情。榜其门联曰："幸少私书通贵客，庶无屈棒打平民。"远近传诵，缙绅亦成其志，庭少竿牍焉。执公三载，明慎如一日。摄府及丞判三篆，只字皆出手裁，而剔蠹锄奸、兴害除害更凛凛见丰采若有游刃，然非其好也。久之，以疾谢事，瑞民垂发黄耇涕泣挽车道相属凡五日，相决志拂衣不可留矣。道过匡庐，时憨山已化去有年，至是现梦欲从刘居士还曹溪，僧徒因附舟送归。相归后卜居鹅湖洞，建精舍掩关参究其中……盖鼎革后足不履阈，托于禅以逃者也。临行预知时日，北向四拜起，盘足西向端坐而逝，年八十有二。经数日四体不僵，香气氤氲，盖定力之征也。

朱梦伟　字从翰，号峻阁，明南海九江人。万历四十三年（1615）、四十六年两次武举。

《九江儒林乡志》卷十《选举略·明·武举》：万历四十三年乙卯科，字从翰，号峻阁，行伍。万历四十六年戊午科，初官广协左营把总，题升千总，擢惠州白云营守备。

孙光祚　明南海人。万历四十三年（1615）举人。父蕙。

［崇祯］《南海县志》卷四《乡举·明·万历乙卯》：知府。

［康熙］《广东通志》卷十五《选举上·广州府·举人·明·南海》：万历乙卯，副使。

［道光］《广东通志》卷七十五《举人六·明·万历四十三年乙卯·广州府》：南海人，蕙子，贵州布政。

［道光］《南海县志》卷三十七《孙裔兴传》：蕙之子光祚，万历乙卯乡荐，仕至布政使。

孙德筠　原名得君，明南海人。万历四十三年（1615）举人，任浙江桐庐知县。

［崇祯］《南海县志》卷四《乡举·明·万历乙卯》：原名得君，知县。

［康熙］《南海县志》卷五《选举志·明乡举·万历乙卯》：孙得筠，原名得君，知县。

[道光]《广东通志》卷七十五《举人六·明·万历四十三年乙卯·广州府》：孙得君，南海人，更名德筠，桐庐知县。

苏昇　字孺子，号紫舆，明顺德碧江人。万历四十三年(1615) 举人，次年进士，任江西新建知县。父承曾。

[康熙十三年]《顺德县志》卷五《明朝·乡举·万历乙卯》：碧江人，丙辰进士。《明朝·进士·万历丙辰》：任新建县知县。

[乾隆]《顺德县志》卷十《封赠·知县·明朝》：苏承曾，以子昇贵赠。

[道光]《广东通志》卷一百九十六《艺文略八·集部二》：《读易堂稿》，明苏昇撰，未见。《广东诗粹》：昇字孺子，号紫舆，万历丙辰进士。

何泗　字仲磬、鲁瞻，明顺德黄连人。万历四十三年(1615) 举人。子廷杰。

[崇祯]《南海县志》卷四《乡举·明·万历乙卯》：同知。

[康熙十三年]《顺德县志》卷五《明朝·乡举·万历乙卯》：沙头人，祖籍黄连，苏州府同知。卷八《人物传二·德业》：字仲磬，嘉靖癸未进士何俊之裔孙，自黄连迁居沙头。生而聪颖，以《春秋》领万历乙卯乡荐，入国学肄业，大司成张侗初先生器重之。崇祯戊寅署海丰教，新学宫，正祀典，修《县志》。日以敦德兴行、课文较射广励丰士，莅任四载而文风丕变。晋苏州府丞，督运白粮，厘奸剔蠹，积弊肃清。遭荒遇警，粮无缺额，视他郡独先期告竣。廷议方擢大用，竟以引疾乞休。居家简澹自怡，和桑梓，恤贫困，寿七十有七。子廷杰，香山庠。

[道光]《广东通志》卷七十五《举人六·明·万历四十三年乙卯·广州府》：顺德人，南海籍，字鲁瞻。淮安同知，一作苏州。

[咸丰]《顺德县志》卷十《举人·明·万历》：字鲁瞻，黄连人，南海籍，同知淮安府。按：陈《志》作苏州府同知，今从阮《志》《南海志》……乙卯科。

何载宠　字子玉，号参寥，明顺德三桂人。万历四十三年(1615) 举人，五十三岁卒于官。父其伟，弟载阳。

[康熙十三年]《顺德县志》卷六《明朝·封赠》：何其伟，三桂人，以子载宠贵封富阳县知县。卷八《人物传二·德业》：字子玉，号参寥，三桂人。性至孝，与弟载阳，乡人称为二孝子。领万历乙卯乡荐，以亲老就禄，筮仕富阳县令，政多善迹。在任四年，直指中丞疏经入荐，阻于资格不得显

擢，士民惜之。俸置薄产俱归于父，欲与弟均之，其弟一无所受，兄友弟恭盖两得之矣。年五十三卒于官，卒之日，罢市巷哭三日，为之立祠入富阳名宦。

何钟斗　明顺德桂圃人。万历四十三年（1615）副贡。

［咸丰］《顺德县志》卷十一《副贡·明·万历》：桂圃人，乙卯。

张玺书　明顺德龙江人。万历四十三年（1615）举人。

［康熙十三年］《顺德县志》卷五《明朝·乡举·万历乙卯》：龙江人，教谕。

陈大球　明顺德容奇人。万历四十三年（1615）举人，任江西南安府推官。

［康熙十三年］《顺德县志》卷五《明朝·乡举·万历乙卯》：容奇人，博罗县教谕，升南安府推官。

陈世熙　明南海人。万历四十三年（1615）举人，任福建漳州同知。

［崇祯］《南海县志》卷四《乡举·明·万历乙卯》：由府学，同知。

［道光］《广东通志》卷七十五《举人六·明·万历四十三年乙卯·广州府》：南海人，漳州同知。

陈昌谟　明南海人。万历四十三年（1615）举人。

［康熙四十九年］《三水县志》卷三《乡举·明朝·万历乙卯科》：南海人，寄学中式。湖广随州知州，省民赈饥，戢盗保境有声。

郑懋伦　明顺德桂林人。万历四十三年（1615）武举。

［咸丰］《顺德县志》卷十一《武举·明·万历》：桂林人……乙卯。

郑融　字仲通，别号真孩，明南海九江人。万历四十三年（1615）举人。

［崇祯］《南海县志》卷四《乡举·明·万历乙卯》：郑融。

《南海九江乡志》卷三《选举·乡举·万历四十三年乙卯科》：字仲通，

别号真孩。由南海学习《春秋》，中式第五名。著《麟经颔珠》行世。卷四《先达列传》：公貌魁伟，行端简，五岁见王父必起立。志在《春秋》，穷年仡仡，几废寝食，凡遇事必折衷经传。乡榜领《春秋》第一，监临直指田公生金伯兄弟俱以麟经发甲，每许公经冠海内，出家传密经授公订刻，公删补而跋之。公车不售，或劝公简铨，公以亲老不就，归侍养。著书暇与同社觞咏，未尝半刺入公门。惟馆穗城邻人有女被乐户挟势跳骗，讼于府堂，公慨然为白，不由嘱托，亦毫不受谢。著《春秋颔珠》行世。

《九江儒林乡志》卷十《选举略·明·举人·万历四十三年乙卯科》：部铨授职未赴。

罗万象 字森然。明南海人。万历四十三年（1615）举人。

［崇祯］《南海县志》卷四《乡举·明·万历乙卯》：罗万象。

［道光］《广东通志》卷七十五《举人六·明·万历四十三年乙卯·广州府》：南海人，字森然。《南海志》、郝《志》误入上科壬子。

［道光］《南海县志》卷二十《举人·明万历朝》：按魏《志》列壬子科，阮《通志》列此科，当有据，今从之……乙卯科。

罗百朋 明顺德大良人。万历四十三年（1615）武举。

［康熙十三年］《顺德县志》卷六《明朝·武举·万历》：大良人。

［康熙二十六年］《顺德县志》卷六《武举·明朝·万历》：大良人，乙卯。

［乾隆］《广州府志》卷三十一《武选举·顺德县·明》：罗伯朋，万历乙卯举人。

罗继明 明顺德大良人。万历四十三年（1615）武举。

［康熙十三年］《顺德县志》卷六《明朝·武举·万历》：大良人，万历乙卯科。

胡其伟 字尔汉、光绪，明顺德白藤人。万历四十三年（1615）举人。

［康熙六年］《西宁县志》卷六《明·举人》：顺德人，立籍西宁。万历乙酉卯科，仕至九江府知府。卷九《人物志·胡尔汉先生传》：字尔汉。初任福建建宁府瓯宁县知县，瓯宁颇繁剧，先生事事中窾，巡按以卓异荐。升户部主事，解运军储不稽时日，有功，升江西九江府知府。居乡忠厚慈和，至

劝勉子弟爱之以德，诚后人所景仰者也。

［康熙二十六年］《西宁县志》卷九《人物志》：号拟汉。

［康熙十三年］《顺德县志》卷八《人物传二·德业》：字光绪，白藤人。少时事父一德、母恭人曹氏以孝名，弱冠游邑庠，士林有声。乙卯中式乡科，拣选瓯宁知县。县陋规，钱粮必加火耗，伟示禁革。瓯民喜讼，案如山积，伟悉致于庭，片言立剖。以德化人，人皆逊让，勒珉颂德。转中城兵马，不畏强御，上台奖荐。升户部主政，管中南大运仓，仓中羡不染，悉归公家。朝廷知其冰蘗，锡宴宠嘉，转员外郎。出守九江，兴利除害，刑清政简，民甚德之。以两兄年高归休林下，友于共乐，抚兄子女一如自己子女，俸入共之。赠父一德中宪大夫。

唐梦鲲　（约 1585—1644）字化卿，明南海季华堡人。万历四十三年（1615）举人，任浙江仙居、天台、分水知县，谪安徽池州经历。升陕西宝鸡知县，李自成据西安攻城，他自杀殉职。

［崇祯］《南海县志》卷四《乡举·明·万历乙卯》：由番禺学，知县。

［康熙］《广州府志》卷三十一《人物志三·忠贞列传·明》：字化卿，番禺人。家贫力学，为邑诸生。好经术，授生徒常数百人。万历乙卯举于乡，四上公车不第，就闽福宁州学正。福宁距省会五百里，路多险恶，诸生赴试艰于跋涉，鲲力请诸学使者按临考较，多士德之。擢知浙江仙居县，不三月以内艰去。寻补知天台县，改知广西富川，后复改知浙江分水，所历四邑皆有政声。四川有矿徒素为奸盗，又湖南江华公行剽掠，两省督抚发兵夹剿之，诸瑶怙乱逆拒，官军败衄。鲲乃力持抚议，单骑入峒巢招谕，瑶人俯首听命。权要忌之，谪南直池州府经历。甫莅任，值楚、豫兵叛众十余万自武昌顺流而东，所过焚掠，湖口、彭泽皆陷，而池阳适当其冲。县官适缺，当事知梦鲲才，委署池阳事。梦鲲遂督兵贮粮，乘城力守，而附城远近男妇亿万闻乱争趋入城，守者拒弗纳，民皆望城而哭。梦鲲恻然，下令选其老稚者入城，捐俸米以食之，阅月事平，民甚德之。时吏部尚书郑三俊池人也，嘉梦鲲能，擢知陕西宝鸡县。宝鸡为三秦剧邑，或谓梦鲲曰："公年垂耳顺①而远宦岩疆，为君危之。"梦鲲笑曰："为朝廷臣子，安所避？"时流寇已至潼关，梦鲲即星夜交驰，甫入境而潼关失守，西安诸邑俱陷。贼欲取道宝鸡，梦鲲力御

①耳顺：指人到了六十岁，听得进不同的意见或是清楚理解听到的话。

之，岐山、陇州杀掠甚众，而宝鸡得以无恙。未几，李自成据西安，三秦相继陷没。梦鲲知宝鸡弹丸邑不能独完，一日晨起慷慨谓仆曰："吾力竭矣，唯一死以尽吾职。"悲愤痛哭，遂缢于官署，时崇祯癸未十二月十八日也。上闻，赠光禄寺少卿，赐祭葬焉。

［道光］《广东通志》卷七十五《举人六·明·万历四十三年乙卯·广州府》：南海人，番禺学。第十名，宝鸡知县。死节，国朝赐谥节愍。

［道光］《南海县志》卷三十八《列传七·明·唐梦鲲》：季华堡人……而贵池适当其冲。左良玉①拥兵下乡，民奔入城，守者拒……后祀名宦、乡贤祠，国朝赐谥节愍。

梁紫来　（1585—1681）明末清初顺德黄连人。寿九十七岁。

［乾隆］《顺德县志》卷十四《耆寿》：黄连人。敦孝友，饬廉隅。生万历乙酉，终康熙辛酉，寿九十七。

黄玉吾　（1585—1684）明末清初顺德弼教人。寿一百岁或九十七岁。

［咸丰］《顺德县志》卷十五《耆寿表·百岁寿民·清》：弼教人，百岁。康熙甲子卒，进士龚上柱旌门。《耆寿表·九十寿民·清》：弼教人，年九十七。康熙年卒，进士黎上林颜其门。

何飞岳　（1585—1685）明末清初顺德水藤人。寿一百零一岁。

［乾隆］《顺德县志》卷十四《耆寿》：水藤人。貌古而行纯，严于律身，宽以待物。生于万历乙酉，终于康熙乙丑，寿一百零一岁。曾、玄满前，一门五代，臬宪王令曾旌其门。

康王允　明顺德龙江人。万历四十三年（1615）副贡。

［咸丰］《顺德县志》卷十一《副贡·明·万历》：龙江人，乙卯。

---

①左良玉（？—1645），字昆山，明山东临清人。初在辽东与清军作战，崇祯十七年（1644）封宁南伯。南明福王朱由崧即位后晋为侯，镇守武昌。顺治二年进军南京，病死于九江舟中。子左梦庚率所部降清。

袁鹤翀 字豫明，明南海人。万历四十三年（1615）举人，任浙江桐庐知县。

［道光］《广东通志》卷七十五《举人六·明·广州府·万历四十三年乙卯·附广西中式》：南海人，字豫明，太平府养利籍，桐庐知县。《广西通志》作袁学冲，《南海志》失载。

谈森 明南海人。万历四十三年（1615）中举。

［崇祯］《南海县志》卷四《乡举·明·万历乙卯》：由府学。

梁先知 改名酬知，明南海人。万历四十三年（1615）举人。

［崇祯］《南海县志》卷四《乡举·明·万历乙卯》：更名酬知，知县。

［康熙］《广东通志》卷十五《选举上·广州府·举人·明·番禺》：万历乙卯。

［道光］《广东通志》卷七十五《举人六·明·万历四十三年乙卯·广州府》：南海人，更名酬知，惠来①教谕。郝《志》误作二人。

梁衍泗 明末顺德大墩人。万历四十三年（1615）副贡，天启七年（1627）举人，崇祯元年（1628）进士。父美艺。

［康熙十三年］《顺德县志》卷六《明朝·乡举·天启丁卯》：大墩人，戊辰进士。《明朝·进士·天启戊辰》：翰林，升福建粮储道副使。

［康熙］《广东通志》卷十五《选举上·广州府·封赠·明·顺德》：梁美艺，以子衍泗赠副使。

［道光］《南海县志》卷二十《举人·明天启朝》：按阮《通志·进士表》载入南海，而《举人表》又列入顺德，殊为两歧。考《题名碑》录衍泗，特寄籍顺德耳，实南海人……谨补于此。丁卯科。《进士·明崇祯朝》：副使，戊辰科。按郭、魏《志》失载，太学《题名碑》录，称衍泗顺德县军籍、南海县人，今据补。

［咸丰］《顺德县志》卷十一《副贡·明·万历》：大墩人，乙卯。卷十《进士·明·崇正》：二甲，编修，福建粮储道副使。按：阮《志》作南人顺

---

①惠来：在广东省东部沿海。

籍，乡、会科歧出，误……戊辰科。

黄云举　字宾鲁，一说字瑞腾，明南海人。万历四十三年（1615）举人，任湖南衡阳知县。

[崇祯]《南海县志》卷五《乡举·明·万历乙卯》：知县。

[康熙]《广东通志》卷十五《选举上·广州府·举人·明·东莞》：万历乙卯，知县。

[道光]《广东通志》卷七十五《举人六·明·万历四十三年乙卯·广州府》：南海人，字宾鲁，衡阳知县。又《东莞志》，字瑞腾。

潘三楚　明顺德桂洲人。万历四十三年（1615）武举。

[康熙二十六年]《顺德县志》卷六《武举·明朝·万历》：桂洲人，乙卯。

霍蒙拯　明南海深村堡（今属禅城）人。万历四十三年（1615）举人，任安徽寿州、亳州知州。祖与瑕，父若祺，母方氏，子师乾、学济。

[崇祯]《南海县志》卷四《乡举·明·万历乙卯》：知州。卷十一《列女》：方氏，庠生霍若祺妻。年二十四祺卒，遗子蒙拯未周岁。氏毁形截发以死自誓，虽出宦门，缟衣蔬食，日事纺绩，三十余年不问户外。子蒙拯以万历乙卯领贤书、仕知州，孙师乾弱冠领崇祯癸酉贤书，皆氏式谷之贻。天启二年，奉旨建坊旌表。

[康熙]《南海县志》卷十三《人物传·列女》：陈氏，石头霍蒙擢妻。年十九于归，三载夫亡，一子甫二岁，复有遗腹。

[道光]《广东通志》卷七十五《举人六·明·万历四十三年乙卯·广州府》：南海人，亳州知州。韬曾孙，与瑕孙，子师乾。

[道光]《南海县志》卷三十七《霍与瑕传》：孙蒙拯……寿州知州，拯子师乾……学济岁贡，乾子文寅。卷四十一《列传十·列女·明》：方氏，深村堡庠生霍若祺妻。

叶文煌　明南海人。万历四十四年（1616）岁贡，任广东平远训导。

[道光]《南海县志》卷二十《贡生荐辟·明万历朝》：丙辰岁贡，平远

训导。

黄圣期 （约1586—约1621）榜名希睿，字逢一，号济石，明顺德龙山人。万历三十一年（1603）举人，三十八年进士，任户部郎中，三十六岁卒。父维贵，弟圣年。

［康熙十三年］《顺德县志》卷五《明朝·乡举·万历癸卯》：龙山人，改名圣期，庚戌进士。户部主事，管德州仓。《明朝·进士·万历庚戌》：户部云南司主事，升陕西司郎中，有《计部诗集》行世。

［康熙］《广东通志》卷十五《选举上·广州府·进士·明·番禺》：万历庚戌，主事。

［嘉庆］《龙山乡志》卷八《文苑》：初名希睿，字逢一，号济石，维贵子也。幼聪慧，尤善记，长善属文，识者器之。年十八补邑弟子员，旋中万历癸卯贤书，登庚戌进士。铨选户部主事，监督太仓粮储，清慎素著，无敢以私尝者。未几移疾求归，寻卒，年甫三十六，其志未竟，士林惜之。所著有《春晖堂稿》。弟圣年字逢永，号石佣。

［道光］《广东通志》卷六十九《进士·明·万历三十八年庚戌韩敬榜·广州府》：顺德人，番禺籍，原名希睿。二甲，郎中。

释道丘 （1586—1658）俗姓柯，字离际，法号栖壑，明末顺德龙山人。十七岁投大良宝林寺憨山禅师，二十二岁到江南拜高僧为师，得净土宗法门。崇祯四年（1631）南归为广州白云山蒲涧寺住持，八年往新兴谒六祖惠能故里，途径肇庆鼎湖，喜山色清幽，为庆云寺住持。康熙年间坐化。

［嘉庆］《龙山乡志》卷九《仙释》：字离际，栖壑其号也……丱①角嬉戏辄为佛事，每趺坐默默，母尝指之曰："是果老僧再来耶？"洎就塾即知有三宝可归，尝喜读《金刚经》，由是随母持素，发出家意。屡请于父母弗许，至年十七始获礼碧崖禅师剃染，继侍憨山大师，憨甚器之。年二十一腰包度岭，首历南郡，名宿法席俱往参扣。闻雪浪、一雨二公演教，亲依久之，深究性相宗趣，洞契玄奥，命为副讲，时年二十五。复如杭参云栖莲池大师，授以净土法门并付衣钵。寻思亲老旋乡，侍养至襄圹事濡滞数年，癸亥腊八寄莽

①丱（guàn）：形容儿童束发成两角的样子。

大师开戒法性，道丘始得受圆具①焉。然于己事未明，深萦念虑，丁卯春复往博山亲见无异和尚。时异在鼓山未回，随叩雪关首座，逮异还山，再求证戒，解制随伴入闽。是冬异应董岩请，道丘时在翠岩，即过参异，异语以故，即日返博山钵盂峰，力参三年，将有所得。己巳冬辞异之浙，庚午春复回博山，命为教授，道丘愈自刻励，心地悉彻。会异示寂，襄丧事毕乃出山，顺入匡庐，会同参宗宝禅师于金轮。辛未冬归广州，闻者争谒，缁素问道如雨。明年壬申，陈公秋涛等邀道丘住白云蒲涧。乙亥秋访六祖新州故址，路出端州，望鼎湖山水秀丽，策杖而入，见山势嶙峋，溪流澄湛，遂休心栖迟，卒为开山之祖。事详《鼎湖山志》。

苏洪　（1586—1687）字茂文，明末清初顺德大良人。万历四十六年（1618）副榜。寿一百零二岁，康熙十二年（1673）受赐。子瓛、缙臣。

［乾隆］《顺德县志》卷十四《耆寿》：字茂文，大良人也。弱冠为诸生，有隽才，工制义，试有司辄高等。为人沉深有智略，谙当世务，凡就所画多奇中，当事雅以大用期之。万历戊午闱卷已荐首，以文奇与邻房争长，绌置副车，榜发知其名皆惋惜。凡九战棘闱皆不售，顾相从揣摩用其术，掇科第者累累矣，自知数奇，遂绝意仕进。日与友人寻盟山水文酒间，自号笑闲子。暇则课儿孙读书，长子瓛用恩荐为南宁节推，先卒，少子、诸孙亦彬彬庠序。洪素善饮，至五斗不乱，年近八十稍自节，犹以一斗为率。生于万历十四年丙戌，康熙丁卯年一百有二，匕箸不减，浮白朗吟，虽豪兴少年不如也。康熙癸丑，恩诏加赐粟帛。春坊学士胡会恩来邑谒祖祠，式庐敬礼之，旌其门曰“门阀遐龄”。都人士争为诗以寿，犹属和不倦，盖其天存其养厚云。

［咸丰］《顺德县志》卷十五《耆寿表·百岁以外寿民·清·苏洪》：长子瓛节推，次缙臣寿九十九。卷十七《艺文略·史部·地理类州郡之属》：《顺德县志》，康熙壬子。严而舒序曰：余……谬叨委任，与罗君安国、佘君象斗、廖君万楚、佘君云祚暨文学苏洪会同开局，核实举行。自揣老髦寡闻，曷克胜任，恳而再三。公曰：“志者记也，无籍可稽，唯年高有德涉历已深，见闻日广，周知世务，方能微显阐幽。”

梁耀书　明三水大冈人。万历四十四年（1616）岁贡，四

---

①圆具：年满二十岁的出家人受具足戒后方成为正式僧人，戒品近于涅盘圆果，故称圆具。

十六年举人，任浙江诸暨县知县卒。父槐。

[康熙四十九年]《三水县志》卷三《乡举·明朝·万历戊午科》：槐子，以东安学中式，浙江诸暨县知县。

[乾隆]《东安县志》卷三《选举志·岁贡·明》：三水人附籍，万历四十四年贡，中式举人。《选举志·举人·明》：三水人附籍，万历戊午科第十二名，同解元朱祚昌榜。

[嘉庆]《三水县志》卷九《岁贡·明》：槐之子，大冈人。历监期满，回籍中式。

霍子衡　（约1587—1647）字觉商，明末南海人。万历三十四年（1606）举人，官广东海康教谕、国子监助教、都察院司务、户部郎中、江西袁州知府。明亡后，召为太仆寺卿。父腾蛟。

[康熙]《广州府志》卷三十一《人物志三·忠贞列传·明》：字觉商，南海人，瑞州郡丞霍腾蛟之子。弱冠举万历丙午乡书，初授海康教。升国子监助教，改都察院司务。迁户部主事，晋郎中管京粮厅。出知袁州府，廉洁自持，政声丕著。擢太仆寺少卿，值甲申之变①，愤不欲生，遂归，杜门不出，恒训家人必以忠孝。丙戌冬十二月望日，总兵李成栋、部院佟养甲潜师由惠入广。是夜五鼓，衡衣朝衣北面稽首，次易大红服往谒祖祠。归呼妾莫氏集三子而命之曰："'忠孝'二字，临难毋苟免！汝曹读古人书，曾知之乎？"三子唯唯，皆愿相从于地下。衡援笔书壁曰："世受国恩，弗忘大义。为臣死忠，为子死孝。阖门尽节，以报国恩。"又将白牌大书"忠孝节烈之家"竖于堂上，题毕曳裾逍遥赴宅后大池中而死，妾莫氏继之。各仆欲援长子应兰，亟止之曰："毋，正吾父子得所时也。"遂偕其妻梁氏及女大娘同赴水，次子应荃、季子应芑亦各偕其妻徐氏、区氏阖门赴水死，止留一孙以存宗祀。小婢亚长目击伤心，亦投水自殒。十八日，诸仆迎尸停于池畔，衡面色如生，子媳孙女俱不改容。事闻，总兵李、部院佟皆祭奠之，表其门曰"阖门死节之家"。知府陆元机请曰："阖门十命从容就义，皆由本官修齐之化，故三子习与性成，妇女皆知大义，今既骑箕②天上，允宜俎豆人间。"会

①甲申之变：指崇祯甲申年李自成攻陷北京，十月清兵入关，复陷北京。

②骑箕：指游仙、去世。

佟部院卒，事未奏闻。后葬于石人园冈①，诸冢垒垒，过者莫不唏嘘凭吊焉。

［康熙］《南海县志》卷十二《人物传·节烈·明》：兰死时，以三幼子付老仆抚养以存宗祀……衡姊子、番禺举人梁朝钟同赴水死，又南海举人梁蔼爵亦于是日赴水死。

［雍正］《广东通志》卷四十七《人物志·明·忠烈·广州府》：同时死者：衡姊子、番禺举人梁朝钟及举人樊于震，诸生郭景相、樊良佐、黎士奇、李应春、樊廷槐，孙玉堙、玉球②，南海举人梁万爵、龙门举人廖翰标等。卷四十九《列女志一·明·广州府》：莫氏，南海人，霍子衡妾也。子衡仕明为太仆卿，丙戌赴池水死，莫匍匐从之。

萧君凤 （1587—1687）字九河，明末清初顺德龙江人。弟君鸾。

［乾隆］《顺德县志》卷十四《耆寿》：字九河，弟君鸾字九吾，龙江人，兄弟年俱百龄。生平孝友，赋性醇直，举动光明，尝拾遗金三次，悉寻物主还之。年近期颐③犹康健善饭，气旺神丰，手不扶杖，耳目聪明，不减少壮。一堂四代，兄弟父子皆皤然白发。孙曾数十人，有荐明经、列国学、饩庠序者，犹日训以诗书，士大夫咸钦重之。与从叔三吾年俱上寿，优游林下，岁时伏腊，朋酒兕觥，更相献酬为乐，人称为三寿作朋焉。九河生万历丁亥，寿一百有一岁。九吾生万历己丑，终康熙丙寅，寿九十有八，同母兄弟也。

关士运 明高明罗俊人。万历四十五年（1617）岁贡。

［康熙八年］《高明县志》卷四《元明·恩岁贡》：罗俊人，万历四十六年岁贡，任江西南安教授。

［康熙二十九年］《高明县志》卷十二《贡生·明》：罗俊人，万历四十五年岁贡，任江西南安教授。

梁大作 明三水新生人。岁贡，万历四十五年（1617）任广东阳江教谕。

［崇祯］《肇庆府志》卷五《明·阳江县·训导》：三水人，岁贡，万历

---

①石人园冈：在今广州市西北郊。

②孙玉堙、玉球：《广东通志》说是樊于震之孙。樊于震：番禺龙洞人，广西洛容县知县。

③期颐：也称为人瑞，指百岁以上的老人。

四十五年任。

［康熙四十九年］《顺德县志》卷三《明·岁贡》：新生人，四川绵竹教谕。能诗，有《蝉蛙遗稿》。

王为鹏 明高明苏村人。万历四十六年（1618）举人。

［崇祯］《肇庆府志》卷六《明·举人·万历四十六年戊午》：亚魁，高明人。

［康熙八年］《高明县志》卷四《举人·明·万历四十六年戊午》：阮埇人，亚魁。

［康熙二十九年］《高明县志》卷十二《举人·明》：苏村人，万历四十六年戊午亚魁。

区湝 明高明夏塘人。万历四十六年（1618）举人。

［崇祯］《肇庆府志》卷六《明·举人·万历四十六年戊午》：藤县知县，高明人。

［康熙八年］《高明县志》卷四《举人·明·万历四十六年戊午》：清溪人，任广西藤县知县。

［道光］《高明县志》卷十二《举人·明》：夏塘人，万历四十六年戊午举人，任广西藤县知县。

邝耀初 明顺德赤花人。万历四十六年（1618）副贡。

［咸丰］《顺德县志》卷十一《副贡·明·万历》：赤花人，戊午。

卢跃龙 （？—1644）原名兆龙，字仲霖，明顺德大良人。万历四十六年（1618）举人，任河北安次、福建上杭知县，迁江苏淮安同知归。

［康熙十三年］《顺德县志》卷五《明朝·乡举·万历戊午》：卢兆龙，大良人，改名跃龙，上杭县知县。卷八《人物传二·德业》：字仲霖，大良人。性倜傥有大节，弱冠受饩黉宫。中式万历戊午乡科。初任北京东安县令，值边警迫城，龙率士民登陴捍御。有襄城伯家僮缓命，诛之，民益奋守。同时邻邑如固安、良乡皆陷，东安赖存。台部上功擢用，丁母忧回籍，服阕补上杭。杭富人邱廷枢为势要中害人命，狱久不决。龙甫任，集父老诣城隍庙，书一联曰："江阔湖深波浪急，做官人念头休错。雷霁电霹霹雳声，造孽人心里自惊。"即焚香神所，为之平反，其廉介刚任大率类此。迁淮安二守归里，

杭民争建生祠祀之。甲申闯贼陷都，龙家居闻讣，哀泣成疾，子孙进药不许，曰："主辱臣死，生也何为？"易箦遗命："薄棺衾，捐家措饷。"当时绅士为文致奠详其事。

［康熙二十六年］《顺德县志》卷八《人物志·德业》：值丁母忧回籍，去未久，邑城遂破，民益思之……时邑有巨盗数人，事发阻匿，台使者大索弗得，檄责甚厉。龙曰："兵法欲急反缓，乃可袭而取也。"密以白上，令族里以死闻，阳为具结腾达，因尽释其亲属系累谕宁家。盗信之，驰备间出，遽掩捕，尽获之。掾吏叩头争言不宜自背前结且得罪，龙笑不应，械送辕门，大见称赏，服其方略。

［道光］《广东通志》卷七十五《举人六·明·万历四十六年戊午·广州府》：卢兆龙，顺德人，字雁门，更名跃龙，淮安同知。

［咸丰］《顺德县志》卷二十四《列传四·明》：襄城伯家僮玩命，数而诛之。诣城隍神焚香誓，闻者悚惕，即按廷枢牍据理平反。县有数巨盗事发深匿，密白上司令族里以死闻，阳为结状申上，尽释其亲属。盗以为官已售欺也，从容遽出，掩捕尽获。解之，吏以背结得罪阻，笑不应。

关应凤　明顺德黎村人。万历四十六年（1618）举人。

［康熙十三年］《顺德县志》卷五《明朝·乡举·万历戊午》：黎村人。

关键　明顺德熹涌人。万历四十六年（1618）举人，任江西分宜知县。

［康熙十三年］《顺德县志》卷五《明朝·乡举·万历戊午》：熹涌人。

［咸丰］《顺德县志》卷十《举人·明·万历》：熹涌人，知分宜县……戊午科。

麦元　明顺德上寮人。万历四十六年（1618）举人。

［康熙十三年］《顺德县志》卷五《明朝·乡举·万历戊午》：上寮人。

严逢泰　明顺德大良人。万历四十六年（1618）举人。父应祖，姐夫梁崇廷，弟逢晋。

［康熙十三年］《顺德县志》卷五《明朝·乡举·万历戊午》：大良人。卷九《节义传》：严氏，本学生员严应祖之女，戊午举人严逢泰之妹。

［咸丰］《顺德县志》卷二十四《列传四·明·梁崇廷传》：子逢泰，举人。

[光绪]《高明县志》卷十二《明·举人·万历朝》：古霸人，顺德籍，四十六年戊子科。

李象震　明南海佛山镇人。万历四十六年（1618）乡试副榜。父孝问，弟象孚、象随。

[崇祯]《南海县志》卷四《例监·明》：由戊午副榜。

[康熙]《广东通志》卷十六《人物上·广州府·明·李孝问传》：子长象震，副榜，国学。仲象孚，从化岁贡，三奖优行，十试粤闱，备录副卷。季象随，恩贡生。孙锡续、锡缤等，陪祀生。

余之恺　明南海人。万历四十六年（1618）举人。

[崇祯]《南海县志》卷四《乡举·明·万历戊午》：由府学，教谕。

[康熙十三年]《顺德县志》卷五《明朝·乡举·万历戊午》：南海人。

陈迪祥　字之祺，号篆云，明顺德大良人。万历四十六年（1618）举人，任广东饶平教谕、北兵部司务。父琮咏，弟迪纯，子慧業。

[康熙十三年]《顺德县志》卷五《明朝·乡举·万历戊午》：大良人，国子监博士。

[康熙二十六年]《顺德县志》卷五《举人·明朝·万历四十六年戊午科》：大良人，兵部司务。

[乾隆]《顺德县志》卷十四《人物列传三·隐逸·陈琮咏传》：长子迪祥号篆云，登万历戊午乡榜第二人。初署潮州饶平县教谕，操履端洁为多士式，捐脩俸之入新黉序、饰文阁，焕然改观，诸生有贫乏者皆资给焉，饶之人士蔚然兴起。转南国博，四方士咸宗之。升北京枢部司务未赴，以外艰回籍。

[道光]《广东通志》卷七十五《举人六·明·万历四十六年戊午·广州府》：顺德人，字之祺，兵部司务。

[咸丰]《顺德县志》卷二十三《列传三·明·陈其才》：迪祥、迪纯皆琮咏子，同领万历戊午乡荐。迪祥号义云，署饶平教谕，操履清洁，捐修文庙，资助贫生，转南国博，迁北兵部司务……迪祥子慧業。

陈维重　字维鲁，号心鲁，明南海九江人。万历四十六年

（1618）岁贡。子文霈。

［崇祯］《南海县志》卷四《贡·明》：由东安学。

《南海九江乡志》卷三《选举·贡·万历四十六年戊午岁贡》：字维鲁，号心鲁。由东安学习《诗经》，廷试入监，卒于京。子文霈，庠生。

［乾隆］《东安县志》卷三《选举志·岁贡·明》：万历四十八年贡。

冼士炳 字子瞻，明顺德鹭洲人。万历四十六年（1618）举人。父宪祖。

［康熙十三年］《顺德县志》卷五《明朝·乡举·万历戊午》：鹭洲人，郓城县知县。

［道光］《广东通志》卷七十五《举人六·明·万历四十六年戊午·广州府》：顺德人，字子瞻，郓城知县。高祖光，父宪祖。

易绳宗 字敦甫，明南海人。万历四十六年（1618）中举，崇祯四年（1631）任广东阳江教谕。

［崇祯］《肇庆府志》卷五《明·阳江县·儒学教谕》：南海人，举人，崇祯四年任。

［崇祯］《南海县志》卷四《乡举·明·万历戊午》：由府学，知州。

［道光］《广东通志》卷七十五《举人六·明·万历四十六年戊午·广州府》：南海人，字敦甫，广西永安知州。

罗龙光 明顺德大良人。万历四十六年（1618）武举。

［咸丰］《顺德县志》卷十一《武举·明·万历》：大良人，戊午。

罗宪（明万历） 字天牧，明南海人。万历四十六年（1618）举人。

［崇祯］《南海县志》卷四《乡举·明·万历戊午》：同知。

［道光］《广东通志》卷七十五《举人六·明·万历四十六年戊午·广州府》：南海人，字天牧，苏州同知。

洪天赋 明南海佛山镇人。万历四十六年（1618）中举，天启五年（1625）任广东四会教谕，升浙江台州同知。

［崇祯］《肇庆府志》卷五《明·四会县·儒学教谕》：南海人，举人。

天启五年任，升国子监助教。

［崇祯］《南海县志》卷四《乡举·明·万历戊午》：由府学，同知。

［道光］《广东通志》卷七十五《举人六·明·万历四十六年戊午·广州府》：南海人，台州同知。

［道光］《佛山忠义乡志》卷十《选举志下·仕宦·明》：礼部员外郎。

［道光］《肇庆府志》卷十二《明·四会县·教谕·崇祯朝》：南海人，举人。

胡日烴　名一作日经，明南海人。万历四十六年（1618）举人。

［崇祯］《南海县志》卷四《乡举·明·万历戊午》：胡日烴。

［康熙］《广东通志》卷十五《选举上·广州府·举人·明·南海》：胡日经，万历戊午。

胡兆乾　改名日乾，字酉仲，号鹭园，明顺德桂洲人。万历四十六年（1618）举人，三十年后任广东澄海教谕。父与京。

［崇祯］《南海县志》卷四《乡举·明·万历戊午》：教谕。

［康熙十三年］《顺德县志》卷五《明朝·乡举·万历戊午》：桂洲人，改名曰乾，国子监助教。

［乾隆］《广州府志》卷三十九《人物八·文苑》：胡日乾，字酉仲，户部郎中与京长子也。髫年好学，父尝携其文至京师，见者诧为神童，瀫水胡元瑞作《阿咸歌》赠之。万历戊午魁贤书，逾三十载就教澄海。捐资治学宫，召诸生课读、资其廪给。擢南雍助教。日乾喜购书□□□余卷，古今名画、法书①数百轴，尊彝鼎卣皆秦汉物，□后散失殆尽亦不甚惜。年八十六卒，祀乡贤。

［咸丰］《顺德县志》卷十二《封赠（武阶）·清》：胡日乾，桂洲人，助教，以曾孙大猷赠。胡缉祖，以孙大猷赠，胡汝峻，以子大猷赠。俱蓟州三屯协……副将。卷二十四《列传四·明·胡与京传》：长子日乾……号鹭园。少聪慧，年十二为诸生，侍父入都。任澄海教谕，勤于课士，修学建两庑②明伦堂。荐南助教未赴，会国变，遂杜门著述。蓄彝鼎图籍甚富，值国朝

---

①法书：历史上能够长远流传、供后人作为楷模取法的书法。

②两庑：宫殿或祠庙的东西两廊。

迁界尽失之。尝上书王巡抚请复界，语甚惋切。巡抚后以遗疏得请，日乾实感之也。

［民国］《顺德县志》卷十四《艺文略·集部·别集》：《鹭园集》，明胡日乾撰，《郭志·前事略》引。

胡宾 明顺德桂洲人。万历四十六年（1618）副贡。

［咸丰］《顺德县志》卷十一《副贡·明·万历》：桂洲人，戊午。

高运元 明顺德马滘人。万历四十六年（1618）举人，任江西永丰知县。

［康熙十三年］《顺德县志》卷五《明朝·乡举·万历戊午》：马滘人，任广信府永丰县知县。

［道光］《广东通志》卷七十五《举人六·明·万历四十六年戊午·广州府》：新会人，顺德学，永丰知县，祖士蜚。

梁一鹗 明顺德桂林人。万历四十六年（1618）副贡。

［咸丰］《顺德县志》卷十一《副贡·明·万历》：桂林人，戊午。

梁祐新 明顺德泮浦人。万历四十六年（1618）举人。弟祐逵。

［康熙十三年］《顺德县志》卷五《明朝·乡举·万历戊午》：泮浦人，户部郎中。

［康熙］《广东通志》卷十五《选举上·广州府·举人·明·番禺》：万历戊午，郎中。

［道光］《广东通志》卷七十五《举人六·明·万历四十六年戊午·广州府》：番禺人，郎中，弟祐逵。

梁继善 字子才，一说字子千，别号木公，明顺德桂林人。万历四十六年（1618）举人。

［康熙十三年］《顺德县志》卷五《明朝·乡举·万历戊午》：林头人，石屏州知州。卷八《人物传二·德业》：字子才，别号木公，桂林人。少即沉

酣典籍，虽箪瓢屡空风雨不辍，于六经子史、内典丹书①及河洛数悉皆研讨。《易》学尤精，所著《韵》《易摩》皆探索玄奥，补传注所未及，直指葛介龛亟赏，叙其篇首梓行。自戊午登贤书，公车六上，知交遍海内，执经问义及索丹书户外屦满，惜未大展其学。就外翰②三载，迁石屏州守不赴，归林簪冠野服，闭户著书。

[道光]《广东通志》卷一百八十九《艺文略一·经部·易类》:《易韵》《易摩》，明梁继善撰，未见。《顺德县志》:继善字子千。卷一百九十六《艺文略八·集部二》:《南枝集》，明梁继善撰，未见。

[咸丰]《顺德县志》卷十八《艺文略·集部》:《玉林集》《诗粹》《南枝集》，明梁继善撰。按继善别有《南还》《西舟》《笔兴》等集，未见。卷二十四《列传四·明·梁继善》:以余事为丹青，工甚。

黄圣年 字逢永，号石佣，明顺德龙山人。万历四十六年(1618)举人。父维贵，兄圣期。

[崇祯]《南海县志》卷四《乡举·明·万历戊午》:教谕。

[康熙十三年]《顺德县志》卷五《明朝·乡举·万历戊午》:龙江人，任当阳教谕，有诗集文稿行世。

[嘉庆]《龙山乡志》卷八《文苑·黄圣期》:弟圣年字逢永，号石佣。好学能文，与其兄少受庭训，敏捷过之，数千言顷刻立就，一时朋辈悉为倾服。弱冠游邑庠，旋食廪饩。中万历戊午乡试举人，选授湖广当阳教谕。生平著述甚富，尤精于字学，得钟、王法，时人得其柬笺辄宝笥中。寻以足疾致仕，旋卒，年六十二。所著有《薜蕊斋诗集》十一卷、《壬游草》二卷、《非有堂草》三卷、《说圃》四卷、《诗骚本草通》三十二卷、《坤舆志》十卷、《春秋测》一卷、《家乘》四卷、《金刚如义》二卷、《墙东草》一卷、《存蛩》一卷。

黄应秀 字伯毓，号柏郁，明南海九江人。万历四十六年(1618)举人，次年进士，任北京户部主事、员外、郎中，升江西饶州、抚州知府、副使，归家十年，五十二岁卒。父思垣，

①丹书：道教语，即丹书墨箓，指以墨书写符文的朱漆之简，泛指炼丹之书、道教经书。

②外翰：外放的翰林。

子德澄、德涛。

[崇祯]《南海县志》卷四《乡举·明·万历戊午》：进士。《进士·明·万历己未》：副使。《封赠·明》：黄思垣，以子应秀累封员外，赠知府。

《南海九江乡志》卷二《名墓》：黄赠君思垣，黄宪副应秀，俱在大望山。卷三《选举·乡举·万历四十六年戊午科》：中式第五十九名。《进士·万历四十七年己未科》：字伯毓，号柏郁。由南海学习《诗经》，赐进士出身。初授北京户部主事，升本部员外、郎中。升江西饶州知府，丁外艰服阕，补江西抚州知府。升本省粮储道副使兼参议，三膺封赠。寿五十二。子德澄、德涛并庠生。《封赠》：黄思垣，字卫邦，号泰宇，以子应秀累封员外，赠知府。潘氏，以子应秀累封恭人。崔氏，以夫应秀累封恭人。卷四《先达列传》：公少歧嶷朗拔，试辄冠军。联捷筮仕户曹，转饷云中。晋员外司庾①德州综核出纳，胥猾罔售其奸，虽时事旁午②孔亟而军获果腹、民赖惜膏。出知饶州泽国，其民陟降为利，奸狡辏集。公静而正之，若管仲治齐国行于耳目，所及所不及者莫不阴化焉焉外艰起抚州，抚比饶为易治，公至，士悦民安。适制台有征发之令，他郡不无驿骚，公胸有成竹，不逾旬兵集饷具而民不扰。又值闽师过抚，客兵每难控驭，公扼其要以节制之……秩满陟宪副督江右粮储，时戎马在郊，此任最艰巨。公剔耗蠹、酌盈虚、权缓急而国裕军安，心力拮据尽瘁，事竣即赋归来。里居十载，惟承欢课子、听鸟观鱼，次杜老《秋兴》八首见意。

[道光]《广东通志》卷六十九《进士·明·万历四十七年己未关际昌榜·广州府》：南海人，二甲，江南副使。

《九江儒林乡志》卷十二《列传·明》：年方强仕，旋赋归来。

黄星焕　明顺德赤花人。万历四十六年（1618）举人。

[崇祯]《南海县志》卷四《乡举·明·万历戊午》：黄星焕。

[康熙十三年]《顺德县志》卷五《明朝·乡举·万历己未》：陈村人。

[咸丰]《顺德县志》卷十《举人·明·万历》：赤花人，南海籍……戊午科。

---

①司庾：官署名，即户部仓部司，唐高宗龙朔二年（662）改，咸亨元年（630）复名仓部。

②旁午：亦作“旁迕”，交错、纷繁。

黄孺炜 明顺德龙江人。万历四十六年（1618）举人。

［康熙十三年］《顺德县志》卷五《明朝·乡举·万历己未》：龙江人。

游庆贻 明顺德大良人。万历四十六年（1618）副贡。

［咸丰］《顺德县志》卷十一《副贡·明·万历》：大良人，戊午。

谭兆雷 明顺德甘竹人。万历四十六年（1618）武举。

［康熙十三年］《顺德县志》卷六《明朝·武举·万历》：甘竹人，万历戊午科，又甲子、丁卯，共三科。

霍龙光 本姓岑，明顺德桂洲人。万历四十六年（1618）举人。

［崇祯］《南海县志》卷四《乡举·明·万历戊午》。

［乾隆］《顺德县志》卷十《举人·明朝·万历戊午》：本姓岑，南海籍桂洲人。

［咸丰］《顺德县志》卷十《举人·明·万历》：岑龙光，榜姓霍，桂洲人，南海籍……戊午科。

欧芬 （1588—1658）字嘉祝，明末顺德陈村人。五十二岁中崇祯十二年（1639）举人。顺治二年（1645）与黄公仪管理乡事，五年劝赈。兄苾，弟莒，子鼎，孙士斐。

［康熙］《广州府志》卷三十九《人物志十·儒林列传·明》：字嘉祝，顺德人，举崇祯己卯乡荐。为文思若泉涌，奇峭逼《左史》，诗多宗晋魏，人咸推为师匠。十六岁应童子试，三列前茅，为番邑弟子员补饩，入棘闱者十二年，五十二始得志。与兄苾、弟莒籍籍庠序中，人号三欧，称所居为第一里。芬兄弟孝友，执父丧哀毁骨立，至六十犹孺慕焉……伯兆房年臻大耋，事之如父，兄弟无异财产。芬性尤豪宕，亲友过从辄浮白痛饮。复好施与，乡里敬其文行并优云。卒年七十一，子鼎，邑诸生。

［康熙十三年］《顺德县志》卷五《明朝·乡举·崇祯己卯》：陈村人。

［康熙二十六年］《顺德县志》卷八《人物志·德业·黄公仪》：岁当乙酉，海寇乱作，众推长，仪与孝廉欧芬共主乡政，清内御外，经画周悉，陈

村得安衽席①，皆其力也。戊子斗米三百钱，死亡相继，仪与芬日夕徒行募化赈饥，存活甚众。癸巳再饥，二人劝赈益力，贫民德之。

［康熙］《广东通志》卷十五《选举上·广州府·举人·明·番禺》：崇祯己卯。

［雍正］《广东通志》卷三十三《举人·明·崇正十二年己卯乡试榜》：顺德人，知州。

［咸丰］《顺德县志》卷十六《胜迹略·署宅·里居之属·都宁属》：第一里，在陈村，明举人欧芬故宅。芬年十六尝以诸生三试皆第一，乡人遂以名所居。按：芬举崇祯己卯，同族弟璞同榜。兄苾、弟莒、从弟通判之标，皆有时名；孙士斐，举人。

萧宪昌　（1588—1687）字三吾，明末清初顺德龙江人。长寿百岁。母蔡氏九十八岁。

［乾隆］《顺德县志》卷十四《耆寿》：字三吾，龙江人。事母蔡氏至孝，母年九十有八，躬亲菽水七十余年，先意承志，未尝少懈。持家甚勤，济人利物之事至老不倦。教诸子务和睦，庭列五代未尝析箸。孙、曾、玄共数十人，其著声列成均、胶序间者皆其义方之训也。生万历戊子三月，终康熙丁卯三月，寿一百岁。妻蔡氏，寿九十有五。母子夫妻皆近百岁，世以谓人瑞。

李良材　（1589—1671）字霖苍，明末清初高明人。寿八十三。子翘楚，孙其蕃。

［康熙八年］《高明县志》卷十三《人物·清》：字霖苍。澡躬浴德，好学不倦，日以大业训子孙为务。不膻利，不履公庭，党里间咸以忠厚长者称之。康熙八年遇覃恩赐材帛绢、廪肉，知县鲁杰重其齿德撰文制锦，与阖邑绅士跻堂祝寿。及良材终年八十有三，而有司绅士咸束刍致诔，其德之感人若此。孙其蕃举顺治丁酉乡榜。卷十七《艺文》：《贺霖苍李处士八十一序》鲁杰（本邑知县），霖苍李公……孝廉异苑氏之大父也，值兹应钟②月十日登八秩一芳旦。

---

①衽席：即床褥与莞簟，引申为寝处之所，借指太平安居的生活。

②应钟：古乐律名，十二律之一。古人以十二律与十二月相配，每月以一律应之。应钟与十月相应。

萧君鸾 （1589—1686）字九吾，明末清初顺德龙江人。兄君凤，俱百龄。

［乾隆］《顺德县志》卷十四《耆寿·萧君凤传》：弟君鸾，字九吾，龙江人，兄弟年俱百龄……九吾生万历己丑，终康熙丙寅，寿九十有八。

区怀瑞 字启图，明高明阮埇人。万历四十七年（1619）岁贡，天启七年（1627）举人。父大相，弟怀年。

［崇祯］《肇庆府志》卷六《明·举人·天启七年丁卯》：高明人，大相子。卷七《明·岁贡·万历·高明县学》：丁卯举人。

［崇祯］《南海县志》卷十《人物列传·区大相传》：子怀瑞，领天启丁卯乡荐，见任知县；怀年，贡生。

［康熙八年］《高明县志》卷四《明·举人·天启丁卯》：阮埇人，大相子，任北直平山县知县。卷十三《人物传·明》：字启图。少负大才，好读汉唐书。未弱冠从父大相玉署①中，赋《秋雁》诗为首辅赵志皋器重。举天启丁卯孝廉，以文章节义自勖，未尝轻履公庭。郡守陆鏊慕其才，聘辑《府志》，精核大备，蔚然成一郡良书。授湖广当阳知县，值流寇残破之余，力行抚字，招集逃亡，民始安堵。兴学校，设义仓，维新百度②，直指使者余公首荐。未几以内艰去，后补直隶平山令，流寇益肆，不二年挂冠归里。日以崇正学、砥末流为己任，生平多所著述，有《趋庭稿》《游燕草》《游滁草》《玉阳稿》《琅玕巢稿》诸书行世。卷十八《艺文·书目·集汇》：《峤雅》二十四卷，区怀瑞辑。《☐山草堂稿》三卷、《续燕吴游稿》四卷、《滃云楼稿》三卷、《证往堂稿》四卷、《琅玕巢稿》三卷、《二岳游稿》三卷、《南帆稿》三卷，俱区怀瑞撰。

［康熙二十九年］《高明县志》卷十二《贡生·明》：阮埇人，万历四十七年岁贡，丁卯科中式。

［道光］《广东通志》卷一百九十六《艺文略八·集部二》：《游滁稿》三卷，明区怀瑞撰，未见。（《韩节愍集》韩上桂《序》略：区太史海目先生以文章擅名海内，令子启图绍而振之，其《游滁诗》则往省太史时作也。余从太史游，尝师事之，与启图为共社。）《燕吴游稿》正续集七卷、《玉阳稿》八卷，明区怀瑞撰，未见。（序见《莲须阁集》。）卷一百九十八《艺文略十·集

---

①玉署：官署的美称。此指玉堂，翰林院别称。

②维新百度：多方面进行革新。

部四·总集》：《峤雅》，明区怀瑞撰，佚。《粤台征雅录》：怀瑞选粤诗自唐迄明凡五百余家，名曰《峤雅》，刊犹未竟，国朝诸老犹及见之。

［道光］《肇庆府志》卷二十一《艺文·集部·别集类》：《趋庭稿》《琅玕巢稿》《廓然堂稿》《证往堂稿》《双源桐稿》《碧山草堂稿》，明区怀瑞撰。

［宣统］《南海县志》卷二十六《杂录》：粤中文集之名有两《峤雅》，一则高明区怀瑞启图所辑粤先辈之诗也，一则南海邝露湛若自辑其诗也。二君同时交好，不知集名何以相同。(《楚庭稗珠》)

陈士逊　明南海人。万历四十七年（1619）岁贡，任广东长宁县（今新丰县）训导。

［崇祯］《南海县志》卷四《贡·明》：训导。

［道光］《南海县志》卷二十《贡生荐辟·明万历朝》：己未岁贡，长宁训导。

罗洪基　明顺德赤花人。万历四十七年（1619）拔贡，天启元年（1621）举人，入清任广西修仁县教谕。

［康熙十一年］《东安县志》卷七《选举志·进士·明·崇祯丁丑科》：顺德人，以本学恩选入监。中式北闱第十一名，任浙江汤溪知县。

［康熙十三年］《顺德县志》卷六《明朝·乡举·天启辛酉》：赤花人，北监中式十名，汤溪县知县。

［乾隆］《顺德县志》卷十《举人·明朝·天启辛酉》：赤花人，北监中式。汤溪县知县，行取江西清吏司郎中。

［道光］《广东通志》卷七十六《举人七·明·天启元年辛酉附顺天中式》：顺德人，东安籍恩贡，中十一名。浙江汤溪知县，国朝修仁教谕。

［咸丰］《顺德县志》卷十一《拔贡·明·万历》：赤花人，己未。

罗公裕　明高明范州人。顺治四年（1647）岁贡。

［康熙八年］《高明县志》卷四《清·恩岁贡》：范州人，顺治五年岁贡。

［康熙二十九年］《高明县志》卷十二《贡生·明》：范州人，岁贡。

［道光］《高明县志》卷十六《艺文志·记序》：《重修高明县儒学记》（黄儒炳）……邑之孝廉程君可登，暨诸生何良玉、谭用中、邓维屏、杨宣仁、刘衍芳、程万里、罗公裕者……或庀其材，或督其值……万历四十八年。

［光绪］《高明县志》卷十二《明·贡生·崇祯朝》：范州人，丁亥年岁贡。

谢洪勋　明高明罗俊人。万历四十八年（1620）岁贡。

［崇祯］《肇庆府志》卷七《明·岁贡·万历·府学》：高明人。

［康熙八年］《高明县志》卷四《元明·恩岁贡》：罗塘人，万历四十八年岁贡。

区怀懿　字凝初，明末高明人。孝顺。

［康熙八年］《高明县志》卷十三《人物传·明》：字凝初，为邑诸生。母死泣血三年，苫块坐穿，不茹荤，不食稻，不近妻，骨形毁立。乡间以闻，邑令陈京璧①匾曰“孝敷黉宫”。

罗文解　字元美，明末清初顺德罗水人。约万历末广东连山岁贡，崇祯时任广西南宁训导。顺治二年（1645）擢通判，归隐。祖星耀，父鳌，子瑞枬，孙象贤、象升。

［咸丰］《顺德县志》卷十一《岁贡·明·万历》：罗水人，连山籍，南宁训导。卷二十四《列传四·明·罗文解》：字元美，罗水人……祖星耀，万历间岁贡，官金山教谕；父鳌，亦廪于庠。文解世其家学，由连山学贡，崇祯中司训南宁。丙戌、丁亥西粤未隶版图，值兵事，守职不屈。擢通判，军书日迫，上官檄克期措饷米二千石无所出，乃集豪右激劝输将，不三日毕，解以应。诸帅冒功多诬平民系狱，文解鞫实辄释之，当事益器重。会条陈不当意，降永淳令，文解知势不可留，弃官归隐于悔溪。鼎革后，葛巾野服自比逸民。子瑞枬……孙象贤……象升。

释十力　（？—1645）明末南海人。五十岁在庐山出家，崇祯十五年随师说法于广州光孝寺，与同乡旧识薛始亨、起蛟兄弟预测即将改朝换代。次年坐化。

［道光］《南海县志》卷四十二《列传十一·仙释》：十力禅师者，空隐老人之上座也。能诗，工八分书。慷慨有才略，久游西北边关及滇黔秦蜀，

①陈京璧：高安人，由贡生，万历四十四年任，升广西府通判。

与曹文诏①、虎大威②交厚。年五十始依空隐出家匡庐，崇祯辛巳从空隐说法于广州光孝寺。与二樵、薛起蛟同乡旧识，梵修之暇辄抵掌谈四方兵将强弱、险要塞隘。密语薛曰："汝辈经生，不知兴废大势何伊。吾谓大事去矣，不久将革命。"薛曰："代兴者闯耶？"曰："非也。中国之民与中国之君相终始，日月既没，虽有爝火，尚不能以微光自存，况腐草之萤火虫哉！然则谁得之，曰有天命者得之，老僧不及见矣。"癸未八月，坐化于罗浮山。（据《楚庭稗珠录》修）

岑乔起　（1590—1686）字符敬，明清之交顺德桂洲人。九十七岁。

［乾隆］《顺德县志》卷十四《耆寿》：字符敬，桂洲人。为诸生，有笃行而澹于名利。闲雅有致，好山水，善大书丹青，写翎毛花卉，人得之□弆以为玩。生万历庚寅，终康熙丙寅，寿九十七。其将逝前十日，犹然作书画如常时，亦异于人者。

尤于乔　（1590—1687）明末清初顺德北水人。寿九十八岁。

［乾隆］《顺德县志》卷十四《耆寿》：北水人。为人俭朴，隐居不履城郭，居家好礼，尚义重贤。生于万历庚寅，终康熙丁卯，寿九十八。一门四代，子四人，孙十三人，曾孙八人，乡人称其福云。

冯之显　字子令，一字二宜，号愧庵，明顺德龙山人。泰昌元年（1620）恩贡，授安徽宁国主簿，后退休归。

［康熙十三年］《顺德县志》卷五《明朝·恩贡》：龙山人，泰昌恩贡，仕桂林主簿。

［嘉庆］《龙山乡志》卷八《德业》：字子令，一字二宜，号愧庵。泰昌元年恩拔贡生，选授江南宁国主簿奏最，擢云南武定经历，历署姚州、禄劝州事。迁广西临桂县丞，擢靖江王府典宝，署右长史致仕。公为人廉而爱人，在武定时，武定以年冬尽点乡兵烟灶，鸡犬弗宁，公……具文详署府事理刑彭君榜禁之。莅姚州时捐火耗以充脚价，姚民获免重派之苦。禄劝州堂鞠为

①曹文诏：明山西大同人，崇祯间任延绥东路副总兵，后调大同为援剿总兵。

②虎大威：明陕西榆林人，累官山西总兵官。

茂草，至即葺之……署长史时建省城，食议及诸所规画皆可施行。生平为文钻微抉邃……在宁国著有《梓人》《觳音》等集，致仕时有《归去来歌》五章以见志。晚更叙其生平，所著为《说梦集》。

李希孟 明三水金本洲边村人。泰昌元年（1620）恩贡。

［康熙四十九年］《三水县志》卷三《贡途·恩贡》：洲边人，泰昌元年恩贡，福建漳平知县。修陂塘，劝种植，葺城浚濠，百姓祠之。

何惟恕 字养矩，明高明幕冈人。泰昌元年（1620）恩贡。

［崇祯］《肇庆府志》卷七《明·岁贡·泰昌·高明县学》：恩贡。

［康熙八年］《高明县志》卷四《元明·恩岁贡》：清溪人，泰昌元年恩贡，任福建宁德县县丞。卷十三《人物传·明》：字养矩。力学能文。生平慷慨自命，义之所在虽破产不惜，有古侠烈风，奖励后进多所成就。尤工于书画，墨水葡萄为世所珍。应泰昌恩贡，授宁德丞，居官清勤，恤民宽赋。邑多淫赌，恕悉心惩革，民风丕变。迁浙卫参军拂衣还里，归担唯方竹杖数株而已。婆娑林下作了一局，著书以训来学，乡之俊秀咸式教焉。

［道光］《高明县志》卷十二《贡生·明》：幕冈人，泰昌元年恩贡，任福建宁德县丞。

［道光］《肇庆府志》卷十四《明·贡生·泰昌朝》：何维恕，高明县学。

黎昌期 明顺德石硝（今属南海）人。泰昌元年（1620）恩贡。

［康熙十三年］《顺德县志》卷五《明朝·恩贡》：石硝人，泰昌恩贡，官至工部员外。

马琼白 明顺德扬教人。天启元年（1621）岁贡。

［咸丰］《顺德县志》卷十一《岁贡·明·天启》：扬教人，辛酉。

王材 明高明冈头人。天启元年（1621）武举。

［康熙八年］《高明县志》卷四《武举·明》：清溪人，天启辛酉武举，任南头陆营千总加守备。

［道光］《高明县志》卷十二《明·武举》：冈头人，天启元年辛酉科。任南头陆营千总，加守备。

区怀年 字叔永，明高明阮埇人。恩选入太学，考取通判，授翰林院孔目，清初归隐故里。负诗名，与陈子壮等为南园十二子。父大相，兄怀瑞。

［康熙八年］《高明县志》卷四《元明·恩岁贡》：阮埇人，由南海学。天启元年恩贡，授翰林院孔目。卷十三《人物传·明》：字叔永，大相之仲子。幼而聪颖，十岁能诗，宫寮咸器重焉。英年应恩选，历太学，考通判职。丙子入都候选，以内艰回籍，后授翰林孔目。归卧云石学赤松①游，日以赓和撰述为事。有《楚乡亭》《石洞游》《一啸集》《击筑吟》《燕邸旅言》《元超堂稿》诸书传世，社中推年诗文有馆阁气，与伯兄怀瑞齐名。卷十八《艺文·书目·集汇》：《湖草》一卷、《楚芗亭稿》十卷、《燕邸旅言》一卷、《金陵怀古诗草》一卷、《元超堂藏稿》二十二卷，俱区怀年撰。

［道光］《肇庆府志》卷二十一《艺文·集部·别集类》：《元超堂稿》，明区怀年撰。（薛始亨《序》：吾党二三同志犹不以乱离辍业，卓然自命者若而人，海内久耳而目之，其尤著者则曰海目先生之仲子叔永。叔永弱冠有声文坛，中甫受饩即与拔俊、上公车。缘资性简率，不乐为郡县吏，优游泉石者垂二十年。神鼎播迁之际，隶脱未见，为当事物色，不得已起家为翰林供奉。丝纶②鞅掌③，寻以病乞归。未几而天下事竟不可问，叔永益韬晦遁迹，隐忧孤愤微寓于诗……方且洞元而入禅④，即声韵一班皆其游戏三昧耳。）

［同治］《南海县志》卷二十五《杂录》：吾粤前明诗社特盛，而南园称最，最后十二人：陈秋涛子壮、弟中洲子升，黎美周遂球，区启图怀瑞、弟叔永怀年，高见庵赍明、黄石佣圣年、梁纪石佑逵、黎洞石邦瑊、谢雪航长文、曾息庵道唯。诸君子自息庵外，多以忠烈称，洵所谓余事作诗人者。（据《楚庭稗珠录》《粤小记》参修）

区宪董 明高明阮埇人。天启元年（1621）岁贡。子黉暹。

［崇祯］《肇庆府志》卷七《明·岁贡·天启·高明县学》：高明人，西宁学贡。

---

①赤松：号左圣南极南岳真人左仙太虚真人，汉族神话传说中的上古仙人，相传为神农时雨师。

②丝纶：皇帝制诏及三省同奉圣旨所发省札之类的泛称。

③鞅掌：谓职事纷扰烦忙。

④洞元而入禅：通达玄妙的道理而进入佛教哲理的境界。元通“玄”，为避康熙名讳玄烨而改字。

［康熙六年］《西宁县志》卷六《明·恩岁贡》：泰昌元年岁贡。

［康熙八年］《高明县志》卷四《元明·恩岁贡》：阮埇人，岁贡，由西宁学。

［康熙二十九年］《高明县志》卷十二《贡生·明》：阮埇人，天启元年西宁学岁贡。

邓之凤　字仲翥，明南海人。天启元年（1621）举人，任福建寿宁知县，入清任广西贺县教谕。

［崇祯］《南海县志》卷四《乡举·明·天启辛酉》：知县。

［道光］《广东通志》卷七十六《举人七·明·天启元年辛酉·广州府》：南海人，字仲翥。寿宁知县，国朝贺县教谕。

许修　明南海人。天启元年（1621）岁贡。

［康熙］《南海县志》卷五《选举志·明贡》：科贡。

［道光］《南海县志》卷二十《贡生荐辟·明天启朝》：辛酉科贡。

严耀初　字启元，明高明罗塘人。天启元年（1621）恩贡。

［崇祯］《肇庆府志》卷七《明·岁贡·天启·高明县学》：选贡。

［康熙八年］《高明县志》卷四《元明·恩岁贡》：罗塘人，天启元年恩贡。卷十三《人物传·明》：字启元。警敏淹博，孝敬事亲、义方教子且悯饥济急，人多德之。应天启元年恩贡，授郎官秩服①，高尚不仕，有耿介拔俗之风。

劳鹍　明南海人。天启元年（1621）举人，崇祯五年（1632）任高明教谕。兄鹗。

［崇祯］《肇庆府志》卷五《明·高明县·儒学教谕》：南海人，举人，崇祯五年任。

［崇祯］《南海县志》卷四《乡举·明·天启辛酉》：劳鹍。

李瑞环　字侯辑，明三水天湖人。天启元年（1621）岁

①秩服：爵禄与服饰的等级。

贡生。

[康熙十二年]《三水县志》卷十二《人物传·潜德》：字侯辑，天湖人。食饩邑庠。天性孝谨，侍父卧病，夙夜不解衣带。生平未尝私放一钱，尝焚先人债券数十纸，示不取，济贫恤孤则推致无吝，通学再举德行。为族正四十余年，族人皆服其范而怀其德。每受闾里质平，因以无讼者多。应天启元年岁贡，遂绝意出宦，日笑吟山房，以文籍自娱终身。

吴诚初 字协先，明南海人。天启元年（1621）举人。

[崇祯]《南海县志》卷四《乡举·明·天启辛酉》：吴诚初。

[康熙]《南海县志》卷五《选举志·明乡举·天启辛酉》：教谕。

[道光]《广东通志》卷七十六《举人七·明·天启元年辛酉·广州府》：南海人，字协先，教谕。

吴尊谟 字允畏，明南海人。天启元年（1621）举人。祖中谦，父继光。

[崇祯]《南海县志》卷十一《人物列传·吴继光传》：子尊谟，辛酉举人，知河南永城县。

[道光]《广东通志》卷七十六《举人七·明·天启元年辛酉·广州府》：南海人，字允畏，河南永城知县。祖中谦，父继光。

何廷珪 明顺德水藤人。天启元年（1621）武举。

[咸丰]《顺德县志》卷十一《武举·明·天启》：水藤人，钦州营守备，辛酉。

陈心涵 明顺德大良人。天启元年（1621）举人。

[康熙十三年]《顺德县志》卷六《明朝·乡举·天启辛酉》：大良人。

陈应元 明顺德石硝（今属南海）人。天启元年（1621）举人。

[康熙十三年]《顺德县志》卷六《明朝·乡举·天启辛酉》：石硝人。

陈官纪 （？—1647）字清望，号翼心，明南海九江人。天启元年（1621）举人。父从心。

［崇祯］《南海县志》卷四《乡举·明·天启辛酉》：由府学。

《南海九江乡志》卷二《事纪》：顺治四年六月，阁部陈子壮在乡奉敕起义，联络义兵千艘。七月，义师两攻省城不克，乡中益乱。众疑陈孝廉官纪输情①执戮，阁部不能救。卷三《选举·乡举·天启元年辛酉科》：字清望，号翼心。由府学习《礼记》，中式第五十六名。

《九江儒林乡志》卷十《选举略·明·举人·天启元年辛酉科》：大理寺评事。《选举略·明·封荫》：陈从心，以子官纪赠文林郎、大理寺评事。

陈桢　明南海人。天启元年（1621）岁贡，任湖南桂阳训导。

［崇祯］《南海县志》卷四《贡·明》：训导。

［道光］《南海县志》卷二十《贡生荐辟·明天启朝》：辛酉岁贡，桂阳训导。

欧日广　明顺德陈村人。天启元年（1621）岁贡。

［咸丰］《顺德县志》卷十一《岁贡·明·天启》：陈村人，辛酉。

罗士皋　明南海绿潭堡人。天启元年（1621）恩贡。

［康熙］《南海县志》卷五《选举志·明贡》：由东安学。

［道光］《南海县志》卷二十《贡生荐辟·明天启朝》：元年辛酉恩贡。

罗子鼎　改名应耳，明顺德大良人。天启元年（1621）举人，崇祯十年（1637）任广东德庆州学正。妻黄氏。

［康熙十三年］《顺德县志》卷六《明朝·乡举·天启辛酉》：大良人，改名应耳，教谕。

［康熙二十六年］《顺德县志》卷五《举人·明朝·天启元年辛酉科》：大良人，改名应耳，德庆州学正。

［乾隆］《顺德县志》卷十四《寿妇》：举人罗子鼎妻黄氏，大良人。生天启壬戌，终康熙乙未，寿九十四。

［乾隆］《肇庆府志》卷九《德庆州·明·学正》：罗应耳，顺德举人，崇正十年任。

---

①输情：表达真情，此处为投降清军的委婉说法。

［咸丰］《顺德县志》卷十《举人·明·天启》：罗应耳，原名子鼎，大良人。德庆州学正，迁兵部员外郎。按：阮《志》云罗定州学正。辛酉科。卷十八《艺文略·集部》：《慧花园诗草》，明罗应耳撰。

［民国］《顺德县志》卷十三《胜迹略·署宅·园林之属》：慧花园，在县城北凤山麓象龙桥畔，明天启间邑人罗应耳别业。应耳号龙象山人，为孙耀族祖。园与石湖迷蝶园相距不远，今废。(《罗氏族谱》)

罗崇柳 明顺德三桂人。天启元年（1621）举人，任湖北襄阳府同知。

［康熙十三年］《顺德县志》卷六《明朝·乡举·天启辛酉》：三桂人，襄阳府同知。

［康熙］《广东通志》卷十五《选举上·广州府·举人·明·番禺》：天启辛酉，同知。

［道光］《广东通志》卷七十六《举人七·明·天启元年辛酉·广州府》：顺德人，番禺籍，襄阳同知。今《番禺志》失载。

周光祖 字公懋，明南海人。天启元年（1621）举人。

［崇祯］《南海县志》卷四《乡举·明·天启辛酉》：周光祖。

［道光］《广东通志》卷七十六《举人七·明·天启元年辛酉·广州府》：南海人，字公懋。

高赉明 字孟良，明顺德马滘人。天启元年（1621）举人，次年进士，任御史谪归。南明永历三年（1649）为众涌天后庙修整作记。父应兆。

［康熙十三年］《顺德县志》卷六《明朝·乡举·天启辛酉》：马滘人，壬戌进士。《封赠·明朝》：高应兆，以子赉明贵赠御史。卷八《人物传二·德业》：字孟良。戊午科副榜，辛酉中试第六名，壬戌进士。筮仕新喻，以卓异著声。调繁安福，刚直不阿，尤重士类，留心民隐。先是，安福里排解米到省，舟泊河下，每苦交纳。明捐俸筑仓城外，收储以待上纳，百姓称便。安福风俗，每获窃盗俱置蒙潭淹之，日久相沿成例。明莅任后，以窃盗罪不至死，只依律按拟，盗为感泣。在任三年，民化于善，竟无窃盗。又署永新县，县民感德，安福、永新两县建立生祠。考满，擢陕西道御史，历俸年余，以建言降谪归里。事亲至孝，起用原职不就，遂耽志泉石。生平淡薄自甘，居家不置田宅，诗书垂训，子孙俱列庠序。

［康熙二十六年］《顺德县志》卷八《人物志·德业》：白藤人。

［咸丰］《顺德县志》卷十《举人·明·天启》：马滘人。见进士。按：阮《志》作新会人寄县籍，误……辛酉科。《进士·明·天启》：御史，大理寺少卿，有传……壬戌科。卷十六《胜迹略·祠庙·乡庙附·江村属》：天后庙，在众涌，宋博士卢爱澜建。卢仕莆田，祷于神而得子，遂迎像归其乡庙祀之。伪永历三年修，御史高赉明撰记，四年，知县王苇撰祭田碑，并存。卷二十四《列传四·明·高赉明》：权监魏忠贤矫制，毁天下书院变价为己建生祠，安福故有两书院曰复古、复礼已并在毁中。赉明谓复古祀王文成、湛文简、丘文庄皆本朝大儒，毁之则得罪天下名教，虽死不敢为。争之力，复礼缘是亦得免，人士同声颂之。

梁羽翰　（？—1647）榜名裕国，字鹊起，明顺德逢简人，广东海康（今雷州）籍。天启元年（1621）举人，崇祯十六年（1643）进士，不仕而卒。

［康熙］《广东通志》卷十八《隐逸·雷州府·明》：号鹊起，海康人。少负才名，力学不倦。领天启辛酉乡荐，崇祯癸未成进士。因甲申之变归家，杜门不干仕进。时同榜在要津者颇多，丁亥岁有同年赵最守雷，多方劝慰诱其出仕，辄以各行其志拒之，绝无趋时附势之念。是年，抱志郁郁卒于家，二子遇饥荒相继而亡，郡人惜之。卷十五《选举下·雷州府·举人·明·海康》：梁国裕，天启辛酉进士。《选举下·雷州府·进士·明·海康》：梁国裕，崇祯癸未。

［道光］《广东通志》卷七十六《举人七·明·天启元年辛酉·雷州府》：梁裕国，海康人，改名羽翰，进士，字鹊起，郝《志》误作国裕。卷六十九《进士·明·崇祯十六年癸未杨廷鉴榜·雷州府》：海康人。原名裕国，郝《志》误作国裕。《题名碑》作姓于名翰，亦误。卷三百《列传三十三·雷州·梁国翰传》：谨案《雷州志》《海康志》天启辛酉有梁裕国，改名羽翰，登进士。郝《志》乡、会科皆误作国裕，是承金《志》之谬，《五山志林》遂以为失载，亦不考也。惟《进士题名碑》又误作“于翰”为姓，殊不可解。

［咸丰］《顺德县志》卷十《举人·明·天启》：桂林人。按：旧《志》无，今从《五山志林》……辛酉科。《进士·明·崇正》：榜名裕国，字鹊起，逢简人，海康籍。癸未科。按：《五山志林》讥前《志》漏载林头梁羽翰云：雷州学，省、县《志》不载。翰分居林头，寄海康籍。阮《志》引《雷州志》、《海康志》、郝《志》立传，称负才力学，得第杜门不仕，同榜多在要津，劝出不应。卒，二子遇荒随亡云。金、郝二《志》误作国裕，《题名碑》

漏其姓，又讹声作“于翰”。

梁俊之 明三水三江人。天启元年（1621）恩贡。

[康熙四十九年]《三水县志》卷三《贡途·恩贡》：三江人，天启元年恩选。

梅起 （？—1635）字子俊，号衷秀，明南海九江人。天启元年（1621）举人。

[崇祯]《南海县志》卷四《乡举·明·天启辛酉》：梅起。

《南海九江乡志》卷三《选举·乡举·天启元年辛酉科》：字子俊，号衷秀。由番禺学习《诗经》，中式第三十名。卷四《先达列传》：公举止端重，于人未尝见艴色忿容。父素谨厚，居货于市，辛酉揭榜前一日，将铺货分散与人。问故，曰：“明日榜放，不便仍此生涯矣。”公发科后惟馆谷生徒，绝迹公门。尝海上被盗劫，既而知为梅孝廉，即返其行装。甲戌公车至清江浦忽返棹，或问其故，曰：“昨在此处祈签，有‘改图莫依旧’语。”或曰：“事在不疑，何卜焉？”公曰：“承厚意。但吾已倦驰，不堪鞭策矣。”寻归，逾年遂卒。

谢振宗 字占熊，明高明城中人。天启元年（1621）恩贡。寿八十五岁。

[崇祯]《肇庆府志》卷七《明·岁贡·天启·府学》：恩贡，高明人。

[康熙八年]《高明县志》卷四《元明·恩岁贡》：上仓人，由府学天启元年恩贡。卷十三《人物传·明》：字占熊。性恬淡，事亲以孝谨闻。应天启元年恩贡，为大冢宰周家谟器重，荐授郎官秩服，遂归卧岩林，布衣蔬食数十年不出就显爵，人以高尚称之。年八十五。

[道光]《高明县志》卷十二《贡生·明》：城中人，天启元年府学恩贡。

黎曰穑 明高明扶丽人。天启元年（1621）岁贡。

[康熙八年]《高明县志》卷四《元明·恩岁贡》：罗俊人，天启六年岁贡。

[康熙二十九年]《高明县志》卷十二《贡生·明》：扶丽人，天启元年岁贡。

黎淳贞　字伯源，明顺德昌教人。天启元年（1621）拔贡，崇祯六年（1633）破贼。弟淳禧、淳礼、淳祐。

［咸丰］《顺德县志》卷十一《拔贡·明·天启》：昌教人，辛酉，署南雄教授。卷二十五《列传五·国朝·黎淳贞》：字伯源，昌教人……拔贡。少从其父恩贡王臣学，博涉多通，有干才，署南雄教授归。崇祯六年，县盗蜂起。萧鸿谋聚数百人，拒捕于昌教、鹭洲间。淳贞阴使人解散其党，缚而置诸法。逾二年，潘村大盗潘廷赞、谈尧志等勾引海寇八十艘溯流西上，淳贞纠合沿海居民御于谷湾，贼不得逞。弟淳禧、淳礼皆以廪得贡，淳祐庠生。

霍子伟　明南海石头乡（今属禅城）人。天启元年（1621）举人，任福建延平知州、刑部员外郎。父若邴为霍韬堂兄弟。兄子衡。

［崇祯］《南海县志》卷四《乡举·明·天启辛酉》：知州。

［康熙］《广东通志》卷十八《隐逸·霍若邴传》：子子伟，登辛酉贤书，历官刑部员外。

［道光］《广东通志》卷七十六《举人七·明·天启元年辛酉·广州府》：南海人，延平同知，一作知州。卷七十五《举人六·明·万历三十四年丙午·广州府》：霍子衡，南海人，腾蛟子，袁州知府。死节，国朝赐谥烈愍。子伟兄，梁朝钟舅父。

叶秉重　明南海人。天启间（1621—1627）科贡。

［崇祯］《南海县志》卷四《贡·明》：科贡。

［康熙十三年］《顺德县志》卷六《明朝·恩贡·崇祯》：龙山人，柳城县知县。

［道光］《南海县志》卷二十《贡生荐辟·明天启朝》：科贡，柳城知县。据《广西志》参修。

陈子履　明南海人。天启间恩贡。

［崇祯］《南海县志》卷四《贡·明》：天启恩贡，知县。

［道光］《南海县志》卷二十《贡生荐辟·明天启朝》：恩贡，贵县知县。据《广西志》参修。

陈主遇　明南海人。天启间恩贡。

［崇祯］《南海县志》卷四《贡·明》：天启恩贡，由府学。

黄积行 字伯顺，别字伯可，号腾凤，明顺德陈村人。岁贡，天启五年（1625）在陈村建玩芳园。

［咸丰］《顺德县志》卷十一《岁贡·明·天启》：陈村人，鸿胪寺序班。卷十六《胜迹略·署宅·园林之属·都宁属》：玩芳园，在陈村。黄鸿胪积行，字伯顺，别字伯可，号腾凤。天启五年，辟地数亩园于章甲，有白鹅池、耸翠楼诸胜，南海周光祖称其台榭甲岭峤云。

李欧氏 （1591—1687）明清之交顺德江村人。寿九十七岁。夫李守真。

［乾隆］《顺德县志》卷十四《寿妇》：李守真妻欧氏，江村人。少有至性，父被盗劫掳絷，氏脱簪珥佐赎。于归守真，事尊嫜①致敬尽礼，四十年如一日，邻里称之。生万历辛卯，至康熙丁卯，寿九十七犹康健，两子垂白。

霍得之 （1592—1670）字叔求，别号曼倩，明清之交南海佛山镇人。天启四年（1624）举人，崇祯初（1628）考为内阁中书，转工部主事，晋员外营缮正郎辞归。父维诚。

［崇祯］《南海县志》卷四《乡举·明·天启甲子》：由番禺学，工部郎中。

［康熙］《南海县志》卷五《选举志·明乡举·天启甲子》：由番禺学，工部郎中，升太仆寺少卿。卷十二《人物传·循吏·明》：字叔求。少负奇志，领天启甲子乡荐。闭户读书，足不入城，庭无杂宾。为人高视阔步，旷达寡营，每谈地舆险要、兵机进退辄移晷弗休。崇祯丁丑考授内阁中书，转工部主事，晋员外、营缮正郎，差造福府多所节省。计部方叙劳，得之遽拂衣归，囊橐萧然。鼎革初，佛山驻防别驾屠彪者，得之督造福府时部掾也，悯其困苦谋周之。得之不受，安贫乐志，卒年七十有六。

［乾隆］《佛山忠义乡志》卷四《乡举·明·天启甲子》：工部郎中，维诚子。

［民国］《佛山忠义乡志》卷十四《人物志·儒林·明》：先是，崇祯丁丑考试内阁中书，相国贺逢圣主试事，中选者朱子覲、韩维、王升彦及得之

---

①尊嫜：亦作“尊章”，即舅姑，是对丈夫父母或对人公婆的敬称。

四人皆负时望，遂日从逢圣请业……素以古人风节自期，慕吴康斋、罗一峰之为人，其言论亦复相近，世以为道学宗派云……《墓志铭》附：先生讳得之，字叔求。姓霍氏，曼倩其别号也。按：霍文王之后，本姬姓，系出霍叔，故世居平阳之霍州。宋靖康时，有正一郎公者避狄难迁粤，遂家焉，世为南海佛山人。传十三世，有隐君爱泉公孝友积德，乡里称善人，为先生王父。爱泉公生赠文林郎、邑侯公讳维诚，领万历丙子乡荐，为先生父。邑侯公有子五人，先生其季也。先生性淳粹明重，材质瑰秀，孩提时即异于常儿，未尝为戏弄之事，数岁已自知为学，邑侯公每抚其背曰："兴吾学者必是儿也！"未冠居邑侯公丧以孝闻，家贫无以养，攻苦自励。年二十四补邑诸生，领天启甲子乡荐。崇祯丁丑，相国贺文忠公以阁中撰文乏员，议以会试后，天下举人群聚京师，试之可得人，请旨蒙俞钦试，中选者首朱公，次子觐予世父西韩公讳维枢，次王公陛彦暨先生，凡四人。先生与予世父受知怀宗皇帝，珥笔彤廷尤号为称职，故内制丝纶多出两公之手。两公更交谊殷笃，晨夕聚首若兄弟欢，西清①供奉，三年相得未尝间也。时先生同乡大学士黄公为玉牒国史大总裁，属先生纂修校对，参考详慎，随侍经筵讲幄奏对明敏，周旋紫禁矩度雍容，班联咸矜仰之。后先生以常例转司空郎，奉委建藩王宫殿，估计者卒数倍其值，先生独以质报，乃用其乡土木之工数十人领其役，以民间兴建之值酬之，而责其效一人，所作可兼都下三人。内宫董役者皆笑曰："此穷书生伎俩，岂朝家大体哉？"比落成费省而工坚，有旨嘉奖，历仕至太仆少卿。先生于功名干济之暇，习古文辞，作诗歌，有汉晋风味；工行楷，得长史右军笔法，深为辇下巨公赏识。先生复虚怀善下，凡贤士大夫无不折节定交，广为取益。贺文忠公在馆阁时倡明正学，先生日从请业，大有证悟，文忠公手授《思聪录》（其尊人贺叔交先生手著）一编，以"肩荷道南一席"重期许之。先生尝曰："儒者有向上工夫，本朝大人物薛、王、顾、高诸君子彼何人哉？讵独不从举业中来乎？顾人自命若何耳。"其素以古人风节自期，类非寻常所能识者。观其通籍十余年素丝皎皎，归休以来，晏然乡居，鲜入城市。坐一室左右图史帘前昼永，日惟焚香、抚琴自乐，值春风逢秋月，间与散人衲子盘旋梵宫、梧竹之间，于花柳酣宴、骄奢淫佚之事生平未尝涉。尝谓："独居栖心元化，观吾有身于此世间，正犹微云点空、淡烟出岫，依约仅存等于无物，况乃附身而有者愈微愈淡，复何所累耶？"时而瓶粟告罄，亦旷然不以为意，酷嗜吴康斋、罗一峰两先生传，每当境穷孤寂徙几朗诵，慷慨激昂，声出金石。昔人称久宦减产，如先生则无产可减，诚如杜正献公所

①西清：西厢清净之处，后指帝王宫内游宴之处。

云，依然一穷措大①耳。佛山驻防别驾有屠彪者，先生在部时故掾也，悯其困乏，谋周之不受，其安贫不屈类如此。视世之宦途膻行天真丧尽，日劳劳干声利场中无须臾宁泰者，何足当其一顾也哉！先生生万历壬辰三月初七日，卒康熙庚戌十月十三日，寿七十有九。元配恭人冼有贤行，为宗党所尊。子一曰炎，先公卒；女一适邹。嗣孙俊嶷，今将卜葬先生于邑枫林山祖茔之次，配□恭人合葬焉。从孙朝望，计偕北上来谒，持公状而请曰："先从祖归圹，愧清贫无以饰封树也。先生于予家旧交世讲，顾乞一言以志。"予览状而叹，不禁兴怀旧谊之思也。忆四十年前，予从世父薇署侍先生左右获灸芝宇②，亲聆风旨犹赫赫若前日事。未几先生还里，予世父观察山左，致政家居，南北暌违距万里犹通好音问勿绝。予尝观先生与世父书，亹亹皆规劝至言，披沥肝鬲有古交道风，匪近时套辞谀语可比，古所称千里神交孰有如二公者哉？予知先生之道为详，故得论载行治之美以诏后人，握管神往，犹恍惚先生之音容羹墙③如在也。铭曰：枫山重重，其下也先生之宫，惟其清风，与山无穷！赐进士出身、光禄大夫、保和殿大学士、太子太傅兼兵部尚书、真定年通家世侄梁清标顿首拜撰。

何锡爵　（1592—1686）号修吾，明清之交顺德羊额人。寿九十五岁。

［乾隆］《顺德县志》卷十四《耆寿》：号修吾，羊额人。生万历壬辰，终康熙丙寅，寿九十五。

黎弘业　（1593—1636）原名弘基，字孟扩，别号行俟，明末顺德马滘人。天启元年（1621）举人，崇祯七年（1634）任安徽和州知州。次年底抵御张献忠起义军，城破，自刎殉职。父遇。

［康熙］《广州府志》卷三十一《人物志三·忠贞列传·明》：字孟扩，顺德人（初名弘基，后避讳改今名，别号行俟）。少颖异，王大母奇爱之不令夜读，而弘业篝灯閟光继晷申旦。父遇以博士弟子员淹极群书，每览今古兴废之由掩卷累欷，弘业幼侍膝下，往往为之动色，其忠孝盖根于天性云。天

①穷措大：比喻贫穷的读书人。

②芝宇：对他人容颜的美称，常用于书信中。

③羹墙又作"见羹见墙"，追念前辈或仰慕圣贤。

启辛酉举于乡，甲戌知和州。和州为淮南沃壤，卷握之资足任十世，而弘业身处脂膏，苞苴不入，惟以字人①剔奸、补敝起废为竞竞②。崇祯八年，流寇张献忠自庐阳三犯州鄙，弘业图上方略请命监司不报，乃督率士民修雉堞，浚濠堑，登陴防守。阅数月贼不入境，人有懈志，弘业曰："和为高皇帝龙兴之地，当吴楚水陆之冲，一有不虞，长江之险吾且与贼共之，彼讵忘眈眈之视耶?"其冬腊月贼果来寇，众数十万绕城数匝，弘业喋血誓众，乘城效死，贼顿兵坚城议欲引去。会大雪连日，耳目迷漫，贼以芦柴焚其南门而以精兵冲突其北攻其无备，弘业巷战败绩，母李、妻杨及其子一人、女三人、妾一人皆自经死。弘业引佩刀自刺不殒，复慷慨裹创曰："等死耳，吾将陷阵而死，犹有鲸鲵当我锋刃者耶!"噀血题诗于壁曰："为官不负民，为臣不负君。忠孝诚已尽，死生安足论?"遂上马摧锋而死，贼籍其家，唯图史数种及请援疏草而已，见其题诗有为之陨涕者。凤阳巡抚朱大典以闻，诏赐葬祭，赠太仆寺卿，荫一子入监读书。其后修葺和州衙署，欲圬镘弘业题词，粉垩随手陨落，血迹莹然。顺治八年，和州学正刘苏列状上，请奉祀名宦。

[康熙十三年]《顺德县志》卷八《人物传二·忠义》：年十九首举于乡。甲戌授和州知州。和素称饶给，或称之，弘业曰："地方富则教易行，苟百姓咸有尊君亲上之心而不为悖乱，上下相安渐成治理，则司牧有所借以报天子矣，岂反易吾素襟哉?"……乙亥，流贼张献忠等自卢阳三掠其鄙，弘业具方略上，道臣不省，乃率士民垒城浚濠，身擐甲胄、冒矢石数月勿懈。客谓弘业曰："贼过此数矣而不能入，当无虑。"弘业曰："吾孤城，侥幸何足恃也!"益治军。冬十二月，贼数十万众至，躏其乡，突城，弘业喋血登陴，吏民咸效死，贼以坚且释去。会大雪迷漫耳目，贼运芦积城南高垛丈余纵焚，守者惊救，而贼乃潜从北门入。时有母李妻杨及妾子女四人，咸自缢。弘业巷战连败，众溃，贼大掠居民。弘业返州堂，北面再拜："臣力竭矣!"弘业引佩刀自刭不当喉，家人扶救。弘业曰："吾固必死，等死不如触贼刃死!"负创上马，家丁挺击贼毙于乱刃。弘业复还，沉眩气绝，印犹在其臂，贼入署见之，亦为叹息，几上唯图史，数种请援文稿而已，为腊月除前一日也……初，贼围急，弘业募人突围请援，时经略驻师安庆，以除夕近飨士卒，置饮高会，唯谕固守以待。及城败，和民被贼屠害最惨，经略知贼将去乃徐徐出兵，至今和民痛弘业之死而咎经略之不救也。顺治八年，州学正刘苏追弘业忠言于学御史，遂入名宦庙食。

---

①字人：抚治百姓。

②竞竞：指小心谨慎。

［雍正］《广东通志》卷四十九《列女志一·明·广州府》：李氏，顺德人黎弘业母也，从弘业官和州。崇祯癸未，州为流寇张献忠所陷，李自缢死，弘业妻杨氏偕其妾及女三人皆以身殉。一门就义，诏赐旌奖。

［乾隆］《顺德县志》卷十《举人·明朝·天启辛酉》：黎弘基，改名弘业，马滘人，和州知州。

［咸丰］《顺德县志》卷二十四《列传四·明·黎宏业》：（初名弘基，捷后避讳改）先世曰金源者自高要金利来迁，十传至弘业为大宗子。父齐其（查继佐撰《别传》，称父名御，今从《年谱》），诸生，通史籍，有声庠序……齐其善记古今兴废胜败及忠孝成迹，每谈辄唏嘘，弘业侍侧闻之，亦多动色。年十六补府学生。天启辛酉，总督陈邦瞻监粤闱，梦顺德举子首入者其官太仆卿，觉而异之。及试，吏唱名弘业第一，留款以茶，盛期许，弘业不知所由。平时文字与房考李应昇有针芥投，私计卷入李当不相弃，榜发，果出其房。谒总督，语以所梦，弘业益自负。（《年谱》云：直指梦顺德举子第一，尊太仆卿黎弘业，榜发果见公名，异之，乃语所梦。《明史》本传、诸《志》传皆不载其事，惟《别传》："直指梦顺德举子第一，尊太仆官。是日次名，弘业首唱，特为款茶。"据此云第一者为入试名次，弘业当时尚未改名，非梦中见姓名可知。）既三上公车不第，崇祯甲戌授和州知州……抵任数月，剔蠹抉幽，加意整饰，百废具举。积岁秋歉，禁粜粟境外。俗每越江而讼，卒至破产，开诚谕之，顿止。士习奢华，以公暇勤课迪，崇行谊，士知向学。乙亥春，流寇张献忠犯全椒陈家市，弘业具方略上之，道不省，既而三及州鄙。先是，在籍御史马如蛟与弘业论经术极相契重，至是如蛟诣商守策，自募二百余勇听指挥。弘业劝城中殷富醵金五千、米五千石，乡捐如其数，集城绅分门守而尽运一城田谷入，与沈阳右卫仓之在城者同。贮备兵食，铸炮百余、马铳千，他械咸具……十二月二十四日，贼至含山，民尽奔和城。含，属县也。二十六日，贼骑伪为淮抚催饷者，城闭不得入。越日，十万众骤集，分掠村落。又越旦攻城急，缚竹木为梯沿城遍倚。城上炮击杀多人，钩上其梯，掷土塞毁水关贼出路。午，复戴方桌，护以板，倚城墙，登砖石，旁滚则縋火烧之，贼畏坚稍却。会大风雪，兵迷漫不能立，守懈，有归者。贼积芦，高出城南垛上，噪而纵火，守者惊顾，贼已从北门悬城入，如蛟死之。（《黎州守殉节纪略》：贼知含山民奔和，二十六日至，弘业出金犒士，伤贼颇众。贼移营十里，三日不攻，兵晚各归。大风雪，贼炮击西门，蚁附而登。而《和州失城本末记》则云：绅衾顾家室，城火渐缺，城内数处火起，贼梯上城，分烧六门。两说不同，又并与《别传》烧南攻北异。今从《别传》。）弘业犹巷战连败，众散去。初，父齐其以就养至，见贼势迫，挟孙宣哲先归，而母李、妻杨、妾李及三女曰捷、曰足、曰细者并留。及城陷，跄踉入跪母

前曰："儿不肖累母，奈何？"母曰："事至此，有死而已。"麾之出，遂先自缢，妻妾女继之……引佩刀自刎，手战不当喉未殊①，血喷仆地。吏目景一高随数壮士入，大呼："等死，不如触贼！"弘业强起，濡血笔题壁曰："为官不负民，为臣不负君。忠孝诚已尽，死生安足论？"（《明史》："为臣尽忠，为子尽孝，何惜一死？"语稍异。）掷笔遽上马，一高前击，贼刃交下，家丁回马返署，弘业已沈眩气绝。黠贼读壁词，止其党勿犯官属，而诸死者已不可活矣……州学正刘苏……则躬走粤访其裔，而宣哲先死无子，从父光玉择支属帝维者存弘业后。和州之难，守御指挥逃江南免，同死者学官康谏、赵世选、总管周廷儒皆赠如例。而弘业阖门死独惨，年仅四十有六，别与如蛟合祀。今祀忠义。按《年谱》：生之夕，父梦游一庙，奉金书两牌，左题太仆卿黎，右侍御马，皆无名。问司祝者，答以黎名弘，语未竟遽醒。公生，因命名弘基。殉难后，士民并祀如蛟，梦至是符。此事不见他书，合以总督事，则两见梦兆矣。忠义争光天日，何不可信？然如蛟在籍练兵，其饷实出条鞭，死时仅免一弟。明明为国捐躯，似当别有恤赠，而梦见仍题侍御，是宜缺疑从略矣。

区学修　明高明冈尾人。天启三年（1623）岁贡，子士璋。

［崇祯］《肇庆府志》卷七《明·岁贡·天启·高明县学》：区学修。

［康熙八年］《高明县志》卷四《元明·恩岁贡》：清溪人，天启七年岁贡，任潮州府大埔县教谕。

［康熙二十九年］《高明县志》卷十二《贡生·明》：清溪人，天启三年岁贡，任大埔教谕。

［道光］《高明县志》卷十二《贡生·明》：冈尾人，天启三年岁贡，任大埔教谕。

关大度　字达畿，号襟寰，别号鼎梅，明南海九江人。天启三年（1623）岁贡。父仰旒，子钟秀、钟喜。

［崇祯］《南海县志》卷四《贡·明》：由永安学，教授。

《南海九江乡志》卷三《选举·贡·天启三年癸亥岁贡》：字达畿，号襟寰，别号鼎梅。由永安学习《书经》，廷试授程乡训导，升湖广蓝山教谕，升广州府学教授。父仰旒，举人，知县。子钟秀，庠生；钟喜，举人。卷四

---

①未殊：身首尚未分离，指自杀未死。

《贡元列传》：公端方雅量。司训程乡，浮华之习一变，捐金葺缮宫墙。奉委查盘平远、大浦两邑，以廉著。晋蓝山谕，署堂篆，三月遂投符归襄事。晋本府授，就任期月致仕，日与故旧倡和，卒岁。

朱光绪 字季倩，号汉津，明南海九江人。天启三年（1623）岁贡。子正星。

《南海九江乡志》卷三《选举·贡·天启三年癸亥岁贡》：字季倩，号汉津。由西宁学习《诗经》，廷试入监。子正星，庠生。

［康熙六年］《西宁县志》卷六《明·恩岁贡》：天启二年岁贡。

梁元柱 （1594—1640）字仲玉、森瑯，明顺德伦教人。万历四十六年（1618）举人，天启二年（1622）进士，为御史斥魏忠贤专权祸国，得梁梦环念乡情免死斥革。魏垮台后，回京补福建道御史，升陕西参议，未赴任卒。父士芳，子泰臣、庄臣、莲臣。

［康熙十三年］《顺德县志》卷八《人物传二·德业》：字仲玉，伦教人也。生有奇颖，与人无忤。万历戊午举于乡，天启壬戌成进士，入为翰林院庶吉士，迁陕西道御史。时权阉魏忠贤窃柄，与奉圣夫人客氏交煽，呼风起雾，天日为昏，受颐指则升诸天，逆颜行则坠诸渊，一时宰执大臣皆软靡听命。时有同僚某某邀柱结交魏珰，柱严气正性拒之，因书一联于门曰："患得患失鄙夫何足事君？不怨不尤圣者方能遁世。"某某见之，笑为不识时也。副都御史杨涟首疏魏珰二十四大罪侃侃凿凿，柱继疏为《穹苍之告变已彰圣主之去奸宜决》，累累千万言皆切时弊，一时直声震天下。珰衔之，削籍去。柱归隐五羊，选胜粤秀山，修竹清泉，细帘嘉树。每花晨月夕携妓招邀朋旧饮酒赋诗，醉则纵笔作画，山水松石、人鬼神物须臾间扫尽数十章，箱笥皆满，落落有奇致，学士家争宝之为真丹青。不知老将至、富贵于我如浮云也。崇祯改元，召还前职，至河间而京师围急，朝臣在外咸多观望，柱曰："主忧臣辱，正当稽首伏阶，以笏画策君前，尚泄泄在此耶？"闻者慑服。抵京补福建道御史，监北京乡试，巡青坝上。旋奉敕按云南，便道归省，连构父母丧。服阕迁广西参议，未赴得疾卒，年四十八，功业未竟所学。厥嗣泰臣、庄臣等五人仅为清白吏，子孙归茔日几不能成礼，赖有戚族望灵车而拜赠者踵相接，人以为盛德之报云。

［乾隆］《广州府志》卷三十三《名臣二·明》：著有《疏要》四卷、《偶堂集》六卷。

［咸丰］《顺德县志》卷十八《艺文略·集部·别集》：《偶然堂集》四卷，明梁元柱撰，郝《通志》。区龙正序曰：梁侍御森瑯先生，余姻家也。壬戌登第馆选，会余以部郎理漕饷务，共游长安两阅岁，相得益欢，遂订姻好，诗篇来往未可一二记。森瑯天才卓异，气节嶙峋，咄嗟世事辄有斩奸佞、清君侧之志。适以庶常除御史，直疏纠大珰，过余作别曰："余且归矣。"归山。后珰祸既除，复起侍御史，督理屯马，监顺天乡闱，巡按云南，以读《礼》还。凡一再出山一再立朝，议论风采见诸诗赋不知凡几……尤洪饮量，善作书画，每醉至一石，不问诗、字、画淋漓而出，达旦不休，奇警绝人，仿佛灵均、青莲、东坡、南宫犹伯仲遇之。读《礼》既毕，方问出山之期，一夕得疾而长往。余挽之诗，有"西方徂彼美，忽讶是青莲。酒价长安减，诗余太白篇"，又有"载读离骚赋，灵均是后身。曾吟渔父泽，翻吊楚臣邻"之句。卷二十四《列传四·明·梁元柱》：又字森琅……祖梦雷……嘉靖辛酉举人，历官荆州通判……父士芳，诸生。元柱貌殊端秀，聪颖绝伦。稍长有大志，外恂谨而中持刚介。尝观竞渡溺，族父援就已舍勖之学。元柱感奋力读，无寒暑间，万历戊午由副榜领乡荐……厂监魏忠贤……权势赫灼……廷臣稍有声者率罗致，而计去其异己。会所识某愿为介以见，辄峻拒之，某曰："履虎尾不畏咥人耶?"……某以为不识时，逡巡去……甫入台，条上七事……勋贵子弟得荫者辄用郡守、部郎，往往骄侈不习吏事，疏请改用闲散。光禄典簿许以忠倚要路①，巧营户缺，侵剥官物，并论罢之。四年，汪文言狱兴，忠贤借以罗织，人人自危。左副都御史杨琏抗疏，列二十四大罪，下旨切责，元柱与台省诤臣合疏继言不纳。会六月京畿大雨雹，独上《穹苍告变疏》曰："臣惟宇宙间阳能制阴，阴必不能亢阳，此天地之大义也。阳制阴则顺而常，阴亢阳则逆而变，此天人不爽之征符也。今日朝廷间，在族类则君子为阳、小人为阴，在宫府则廷陛为阳、禁密为阴，在臣僚则公卿百执为阳、阉珰妇寺为阴。顷东厂逆监魏忠贤罪恶贯盈，无君无天，神人共愤，且与奉圣夫人客氏互相朋比，结成建宁之衅。辇毂之下敢怨不敢怒，庙堂之上敢怒不敢言。独臣堂官杨琏首疏纠参，摘陈大罪二十四款，侃侃凿凿，天监同昭。当斯时也，上帝为之式凭，祖宗为之假口，皇上不亟收为谠论，竟以寻声沽直斥。既而遍台省诤臣伏蒲声恶，章满公车，皇上又不早赐圜转，并以同声渎扰斥，又既而部、寺诸臣危言叩阍②而天听如故，又既而台辅诸臣微讽纳牖而奉传如故。夫忠贤一阉竖耳，举朝之所共非，在皇上不能独是，普天之所共弃，在

①要路：比喻显要的职位。

②叩阍：扣击宫门，指官吏、百姓到朝廷诉冤。

臣邻必非独仇。何至煌煌天语，倚忠直于刑余，概牵诬之入告，几于我父我母、我寇我仇。皇上愎谏日坚一日，奸窃宠荣日专一日，忠贤盘踞日甚一日，宗社隐忧日深一日。皇上固尧舜主也，一时举动不知何以若此？满朝汹汹，屏息重足。半月之内，廉陛之间，炀灶①蔽明，丰蔀掩昼，已闭成一坚冰冥晦景象。人心为之栗寒，祖宗为之凄恫，天地为之惨暗。于昨十四日，凄风暴雨，陨雹弥空，如拳如石，注击移时。畿甸惊惶，不知所出。臣相顾错愕，扼腕图维②。以为近日朝廷无事可以召变，则忠贤实致之。忠贤未必能动天，而皇上之庇忠贤实致之。皇上谓权奸不足疑，将天变不足征乎？谓人言不足信，岂天心不足喻乎？皇上试对惕休咎之符，何以前十日躬虔露祷而甘澍万家？何以后十日宠庇逆珰遂雹阴六月？征应之机，固的的不爽也。非乘此虔告修省，急揽大权，急震天威，将忠贤立赐处分，令禁闼一清，隐忧永杜。将来人愤愈盈，天心日隔，宫掖之变有不忍言者。臣即碎首剖心，愿与李杜齐名，不能为皇上效涓滴也。纳谏除凶于以回天永命，在圣明顷刻图之耳。”疏入，忠贤衔之，削籍去。（按《家传》：疏入，忠贤愤甚，摘疏末数语，指以诽谤，将矫旨置极刑。有同县宗人某方党忠贤，阴为调护，仅拟严旨夺职，即请为介见忠贤者。今从金《志》。）归隐五羊，筑园城北粤秀山南。浚池得奇石，移古树为配，谓皆偶得也，署堂曰“偶然”。日与其姻旧邝露、黎遂球、陈子壮、赵焞夫、梁继善辈诗酒高会，醉后画山水人物神鬼无不精绝，好事者得片楮争宝焉。独不喜与当事往还。值上元，露跨马抵南海令前驱，令怒将拘辱之，元柱为缓颊不可。崇祯改元，诏戮忠贤尸，复诸臣被冤陷者，元柱以原职召还。二年十月，大兵分三道入大安口，进龙井、马兰。军官周镇战没，张安、王纯臣遁，张万春降，遂围蓟州，破遵化，京师戒严。既而大兵将越蓟州，拒于袁崇焕，遂破玉田、顺义诸县，向德胜门攻南城。时元柱行抵河间，同召诸臣闻警皆迟疑不敢进。元柱慨然曰：“主忧臣辱，此时恨不飞入都门稽首殿阶，以笏画策上前为国家三百年养士报耳。泄泄留此，意且奚为？”闻者感愧服，悉随之行，无逗留者。（按：诸《志》但云至河间，京师戒严，或云京师围急，皆不知其年其事。据《明史》纪，召还诸臣职在元年二月。二年十月大清兵入大安、龙井、马兰，十一月京师戒严，大兵破遵化、玉田、顺义，向德胜门移营南苑攻南城，十二月破良乡、张湾城。三年破永平滦州，五月振旅归。则《志》云戒严，当在三年冬。元柱以元年受复官命，逾年冬抵河间，促诸臣同赴。及抵都门，大兵已在良乡矣。今从

---

①炀灶：喻佞幸专权，蒙蔽国君。

②图维：谋划，考虑。

《明史》。）旋按云南，自审理举劾以迄清厘钱谷一矢公平，积弊顿清。差峻请便道归省，连丁内外艰，守制六年如一日。设祭田，由始祖而本支而分支祖庙均焉。初元柱少时，族有忌者辱之不能堪。至贵，诣门谢，置弗校。国朝雍正中祀乡贤……子泰臣、庄臣、莲臣并庠生。

邝炳寰　明顺德赤花人。天启四年（1624）官赐冠带，寿八十三。子彦超。

［康熙］《广州府志》卷三十八《人物志九·清高列传·明》：顺德人。性孝友强学，修德好施，持躬正直。天启甲子，按院王举为练总，给赐冠带。劝善惩恶，解纷息争，乡党悉称其德，寿八十有三。

梁华藻　字文宇，明三水龙池人。寿八十九岁。

［康熙十二年］《三水县志》卷十二《人物传·潜德》：梁华落，字文宇。为乡约正①，生平自律不苟。凡遇父母畏日皆预斋以奠，终身哀思。坦怀乐施，岁荒每粥饥人。值潦涨，沿江多溺骸，藻亲执锄畚，收埋七十余所。尤笃敬文学士，汲汲于劝人为善。督行乡约不倦，每承邑檄平族里之讼，有致馈求庇者叱却之。为约正最久，知县陈素养②每召见，优礼命坐。雅好赋诗，筑南园一区，朝夕扶筇逍遥其间。卒年八十有九。《人物传·耆寿》：龙池人，寿八十九岁，约正。

邓务忠　字子良，明南海人。天启四年（1624）举人，崇祯四年（1631）进士。任御史巡按贵州，转湖广参议归乡。遇明清朝廷更替，安然布衣，手不释卷。

［崇祯］《南海县志》卷十一《隐逸·明·邓公庆传》：子务忠，举进士，御史。

［康熙］《南海县志》卷十二《人物传·循吏·明》：字子良。崇祯辛未进士，知广西苍梧县，有善政。行取，授山西道监察御史，巡按贵州，监军督饷。贵州多土司，苗、彝错处，将领生事冒功辄请用兵，忠悉为报罢。惟持大体，肃纪纲，省讼狱，裁滥费，苏民困，全黔赖之。以平定水西功赐金币、纪录，拟擢京堂，权贵尼之。左转湖广参议，取道回里，旋值鼎革，杜

---

①约正：旧时地方基层组织的头目。

②陈素养：广西怀集人，举人，天启四年任。

门家居。生平操履端谨，恬淡寡营，庭鲜干谒，居常手不释卷。不殖生业，仕宦十五年，无百亩产，蔬布自如也。

[道光]《广东通志》卷六十九《进士·明·崇祯四年辛未陈于泰榜·广州府》：南海人，太常少卿。卷一百九十六《艺文略八·集部二》：《勋卿遗稿》，明邓务忠撰，未见。

邓毓瑞　字英之，明顺德水藤人。天启四年（1624）举人。

[康熙十三年]《顺德县志》卷六《明朝·乡举·天启甲子》：水藤人，国子监助教，升司务。

[道光]《广东通志》卷七十六《举人七·明·天启四年甲子·广州府》：顺德人，字英之，户部司务。

邝洪照　字远台，明南海大沥人。天启四年（1624）举人，任河南光山、河北涞水（一作江苏溧水）知县，因母丧归。明亡后闭门讲学，八十六岁。父肇龄。

[崇祯]《南海县志》卷四《乡举·明·天启甲子》：由番禺学，知县。

[康熙]《南海县志》卷十二《人物传·循吏·明》：号远台，扶南堡人。高祖邝颐，成化进士。父肇龄，焚券存孀产。照丰度凝重，精《易》理。天启甲子举于乡，振铎①潮阳，鼎新学宫，士风丕变。升光山县，会署令有图实授者，得调溧水。革陋规，厘积弊。值蝗灾，流亡载道，照设义仓，下令捕蝗易粟，存活数万。邻境饥民啸聚观山，照单骑往谕，投戈请抚。事载《溧水志》。继遭旱魃，步行斋祷，酷日忽降雷雨，田畴沾足，台使力荐廉能。丁内艰归，邑士民为建祠祀之。鼎革后杜门不出，家徒壁立，讲学不辍，著有《易河解图》十卷。年八十六卒。

[乾隆]《广州府志》卷三十四《循吏一·明》：字远台……甲申之后杜门不出。

[道光]《广东通志》卷七十六《举人七·明·天启四年甲子·广州府》：邝洪熙，南海人，番禺学，字东升，涞水知县。

[道光]《南海县志》卷三十八《列传七·明·邝洪熙》：邝洪熙，扶南堡人……世有隐德……振铎潮阳，修葺黉舍。升光山令，旋调溧水。

---

①振铎：摇铃，谓从事教职。

冯成懿 明顺德龙山人。天启四年（1624）举人。

［崇祯］《南海县志》卷四《乡举·明·天启甲子》：冯成懿。

［康熙十三年］《顺德县志》卷六《明朝·乡举·天启乙丑》：龙山人。

冯琮 本姓崔，明顺德大良人。天启四年（1624）举人，入清任广西平乐县教谕。

［康熙十三年］《顺德县志》卷六《明朝·乡举·天启乙丑》：大良堡籍，省城住。

［康熙］《广东通志》卷十五《选举上·广州府·举人·明·番禺》：天启甲子，经元。

［乾隆］《顺德县志》卷十《举人·明朝·天启甲子》：番禺籍大良人。

［道光］《广东通志》卷七十六《举人七·明·天启四年甲子·广州府》：番禺人，本姓崔。知县，国朝平乐教授。又见《顺德志》云番禺籍。

朱可贞 字占遇，号子庵，明顺德龙江人。天启四年（1624）武举，崇祯元年（1628）武状元，辞归。

［康熙十三年］《顺德县志》卷六《明朝·武进士·崇祯戊辰》：龙江人，状元，授都留守司留守。

［康熙二十六年］《顺德县志》卷六《武进士·明朝·崇祯》：龙江人，戊辰状元，留守司留守。

［乾隆］《番禺县志》卷十三《武科·明》：崇祯戊辰状元，顺德人，由本学。

《龙江志略》卷一《编年·明》：崇祯元年戊辰，赐朱可贞状元及第。

［咸丰］《顺德县志》卷二十四《列传四·明·朱可贞》：字占遇，号子庵……初习举子业，为番禺诸生，而非性所嗜，弃去帖括，间驰骋于诗赋。尤留心韬钤①，凡孙吴武略、诸葛心书皆习之，能挽强命中，时时作万里封侯想。既屡踬场屋，慨然改图应武科。登天启甲子乡榜，崇祯初元会试成进士，殿试以一甲第一人及第，授锦衣副千户，升中都副留守。以事左迁两广坐营②都司，谪戍柳州，旋复职，调任广西。可贞为人尚气节、喜任事，当寓都门候试时，尝单骑出关走塞上审察形势。抑郁不得其志，落魄无可与言者，激

①韬钤（tāoqián）：古代兵书《六韬》《玉钤篇》的并称，后泛指兵书。

②坐营：谓军队驻扎，此为军队中的低级军官。

昂慷慨之气一见于题咏，魏阉党闻，欲罗致之不可得。御史吴裕中尝宰县有政声，以申救熊廷弼得罪被杖毙，戚友在都者多畏祸瑟缩莫敢往问。可贞独与举人金某经纪其丧，送之旋籍，无识不识皆义之。官粤时，海寇犯阳、电，可贞获其船数十，贼党飏去。见国步日蹙，无可救药，遂不复有意仕进，以诗人终。著有《丹松斋草》。(《龙江乡志》，陈钟盛撰集序)

李应问　字俞衷，明南海佛山镇人。天启四年（1624）举人。父芝，兄陞问。

［崇祯］《南海县志》卷四《乡举·明·天启甲子》：李应问。卷十一《人物列传·李陞问传》：弟应问，登甲子榜。

［康熙］《广东通志》卷十五《选举上·广州府·举人·明·南海》：天启甲子，知县。

［道光］《广东通志》卷二百八十二《列传十五·广州十五·李陞问传》：弟应问，字俞衷，登天启甲子榜。

吴元翰　明顺德黎村人。天启四年（1624）举人，次年进士。父茂云。

［康熙十三年］《顺德县志》卷六《明朝·乡举·天启甲子》：黎村人，乙丑进士。《明朝·进士·天启乙丑》：陕西参议。

［康熙二十六年］《顺德县志》卷六《封赠·明朝·郎中》：吴茂云，以子元翰贵封。

［咸丰］《顺德县志》卷二十《金石略二·前顺德县倪公遗爱祠碑记（崇祯九年)》：赐进士第、奉政大夫、兵部车驾司郎中、邑人吴元翰书丹。

吴继光　字应蟾、曙东，明南海人。天启四年（1624）举人。父中谦，子尊谟、羽先。

［崇祯］《南海县志》卷四《乡举·明·天启甲子》：由府学。卷十一《人物列传》：字应蟾。负夙颖，食饩廿余载，棘闱十战，中天启甲子榜主者。读闱义磊落，英多意少，成士比旅，见知名宿喜甚。继光犹敦至性，尝念父中谦早世辄泣下，友爱诸昆数十年如一日，周族贫窭不惮倾储。介性冰操，秉公扶植，虽未登宦籍而远迩歌颂，推戴醇休，咸谓于才行交无负。

［道光］《广东通志》卷七十六《举人七·明·天启四年甲子·广州府》：南海人，字曙东。父中谦，子尊谟。

［道光］《南海县志》卷三十八《列传七·明·吴继光》：子羽先。

岑之豹　字子文，号居云，明顺德沙滘人。天启四年（1624）举人，次年进士，授江苏江阴知县，归隐广州。兄之麟、弟之凤。

［康熙六年］《西宁县志》卷六《明·举人》：天启甲子科。《明·进士》：顺德人，入籍西宁。天启乙丑科进士，江阴县知县。卷九《人物志·岑居云先生传》：字子文，号居云，天门公之次子也。少刚敏过人，天启甲子领乡荐，乙丑捷南宫二甲进士，例入翰林。公上章乞就外职，人询其故，公曰："京师苦寒，吾母老，不若外职可挈而随也。"命下，授南直常州府江阴县知县。下车问民疾苦惟充粮头为甚，奸猾之民附势豪获免者甚众。慨然欲清其弊，乃令吏具簿十数，悉邀势豪者至，遍询某业几何、某业几何，吏执簿其旁，随问而书之。仓卒之顷，势豪者方记其己业，而附之者则莫记也，清出避役之田十之四五，由是民困稍苏。江阴故事有公堂之礼，里排居其一、胥役居其一、铺户居其一，岁以千计。公甫至即痛为禁革，申之藩、臬而勒碑焉。前之令兹土者恶其扬己短也，而抚按之交章荐者前后十三上矣。时公论方俟考满畀以风纪之任，邑中大宦之子某殴其服兄庠生某杀之，诸生诉之公。公竟为执法，罪其家奴十余辈，而元恶则未获也。大宦自京师三遗书于公，寝其事显宦可立致，公弗顾，大宦将以他事中之。公即解绶归，士民留之者至数万，公弗止，行李萧然，公亦不介意也。归而僦屋穗城，怡情诗酒，当事者罕见其面。虽海内知己宦此方者时从而访之，一会之外无他求，或劝之再仕则微笑不答。生平最慕张公九世同居，所置饘粥之产悉与兄弟共之，不见其为己有。所著有《麟经秘旨》及《草堂集》。

［康熙十三年］《顺德县志》卷六《明朝·乡举·天启甲子》：沙滘人，乙丑进士。

［雍正］《广东通志》卷四十六《人物志·明·罗定州·西宁》：归隐番禺二山间……与兄之麟、弟之凤极友爱。

何廷苞　原名观泮，明南海人。天启四年（1624）举人。

［崇祯］《南海县志》卷四《乡举·明·天启甲子》：原名观泮，由府学。

何献赤　明顺德水藤人。天启四年（1624）副贡。

［咸丰］《顺德县志》卷十一《副贡·明·天启》：水藤人，西宁籍，甲子。

陈孔连 一说名孔运，明南海人。天启四年（1624）举人。

［崇祯］《南海县志》卷四《乡举·明·天启甲子》：由府学。

［道光］《广东通志》卷七十六《举人七·明·天启四年甲子·广州府》：南海人，一作陈孔运。

陈善赓 字子载，明顺德古朗人。天启四年（1624）举人。

［康熙十三年］《顺德县志》卷六《明朝·乡举·天启甲子》：古朗人。

［道光］《广东通志》卷七十六《举人七·明·天启四年甲子·广州府》：顺德人，字子载。

庞应奎 字斗光，明南海人。天启四年（1624）举人。祖一玑。

［崇祯］《南海县志》卷四《乡举·明·天启甲子》：庞应奎。

［道光］《广东通志》卷七十四《举人五·明·嘉靖十九年庚子·广州府》：庞一玑，南海人，学正，孙应奎。卷七十六《举人七·明·天启四年甲子·广州府》：南海人，字斗光。

林云鸿 明高明范州人。天启四年（1624）武举。

［康熙八年］《高明县志》卷四《武举·明》：范州人，天启甲子科。

林桂芝 明南海人。天启四年（1624）举人。

［崇祯］《南海县志》卷四《乡举·明·天启甲子》：林桂芝。

［康熙］《广东通志》卷十五《广州府·举人·明·番禺》：天启甲子。

［道光］《广东通志》卷七十六《举人七·明·天启四年甲子·广州府》：番禺人，南海学。康熙《番禺志》作桂枝。

欧演 明顺德陈村人。天启四年（1624）副贡。

［咸丰］《顺德县志》卷十一《副贡·明·天启》：陈村人，甲子。

梁文彬 明顺德碧湾人。天启四年（1624），崇祯三年（1630）、九年三次乡试中副榜。

［咸丰］《顺德县志》卷十一《副贡·明·天启》：碧湾人，甲子、崇祯庚午、丙子三科。

梁兆阳 字若木，明顺德逢简人。天启四年（1624）举人，崇祯元年（1628）进士。父凌汉。

［康熙十三年］《顺德县志》卷六《明朝·乡举·天启甲子》：逢简人，戊辰进士。《明朝·进士·天启戊辰》：行取翰林。

［康熙］《广东通志》卷十五《选举上·广州府·进士·明·番禺》：天启戊辰，左春坊。《封赠·明·番禺》：梁凌汉，以子兆阳封检讨。

［道光］《广东通志》卷七十六《举人七·明·天启四年甲子·广州府》：顺德人，番禺籍，字若木，进士。

［咸丰］《顺德县志》卷十《进士·明·崇正》：逢简人，右中允……戊辰科。卷二十《金石略二·前顺德县倪公遗爱祠碑记（崇祯九年）》：赐进士征仕郎、翰林院简讨加升一级，邑人梁兆阳篆额。

梁国楹 明顺德碧江人。天启四年（1624）举人，任广东揭阳教谕，入清任广西贵县知县。

［康熙十三年］《顺德县志》卷六《明朝·乡举·天启甲子》：碧江人，教谕。

［道光］《广东通志》卷七十六《举人七·明·天启四年甲子·广州府》：顺德人，揭阳教谕，国朝贵县教谕。

［咸丰］《顺德县志》卷十《举人·明·天启》：碧江人。揭阳县教谕，国朝贵县教谕、知县……甲子科。

梁鸣琡 明顺德碧江人。天启四年（1624）、崇祯十五年（1642）两次乡试中副榜。

［咸丰］《顺德县志》卷十一《副贡·明·天启》：碧江人，甲子、崇祯壬午两科。

梁培泰 字际明，明南海人。天启四年（1624）举人，崇祯五年（1632）任广东西宁（今郁南县）教授。

［崇祯］《南海县志》卷四《乡举·明·天启甲子》：由府学，教谕。

［康熙六年］《西宁县志》卷五《秩官志·明·教授》：南海人，举人，崇祯五年任。卷八《宦绩志·梁先生传》：号际明。天启甲子举人。学富才宏，《毛诗》独步。设帐仙城，名士咸出其门。掌西宁教，生童负笈从之者

众，其型范至今犹令人仰思不忘，有《四书解》《诗解》刻本行世。

［道光］《广东通志》卷七十六《举人七·明·天启四年甲子·广州府》：南海人，字际明，东安教谕。

黄应鹏 明顺德甘竹人。天启四年（1624）举人。

［康熙十三年］《顺德县志》卷六《明朝·乡举·天启甲子》：甘竹人，竹山县知县。

龚庚 字长孺，明南海人。天启四年（1624）举人。

［崇祯］《南海县志》卷四《乡举·明·天启甲子》：由府学。知县。卷十一《人物列传》：字长孺。垂髫补邑弟子员，寻食饩，名噪诸生者三十年。甲子领乡荐，拣选湖广钟祥令。邑当凋疢，又值寇警，庚加意抚循，流离稍集。继而旱魃为灾，庚步行祷雨，设法修堤，祥民赖之。以直道忤时归来，弹琴赋诗以终余年，不问家人生产。庚少失怙恃，事伯如父。伯豪宕，挥金如土，先人产业斥变殆尽。大父另设书田五十亩、屋二间以助游泮膏火，亦在斥变中，庚处之恬如。叔早卒，抚其遗孤，饮食教诲以至成立，其笃于人伦如此。

曾宜高 字清仲，别号天放，明顺德新良人。天启四年（1624）举人，任海南澄迈教谕、江西万载县令，七十五岁。子必晋、卓之，孙澮雯、琅准。

［康熙］《广州府志》卷三十八《人物志九·清高列传·明》：字清仲，顺德人。少性真率，奇尚嗜古。天启甲子举于乡，谕教澄迈。转江西万载县知县，宽和廉爱，邑人呼为“外祖”，解组后立碑以志去思。抵家琴鹤相随，别无长物。雅好琴，作《碧梧引》见志。所著有《年谱》《琴谱》《自存稿》《吹剑集》《一决草》《拟试草》藏于家，卒年七十五。子必晋，府庠；卓之，崇祯丙子乡荐。孙澮雯、琅准，文学，三世俱以冠军入泮，郡邑奇之。

［康熙十三年］《顺德县志》卷八《人物传二·德业》：别号天放，曾子六十八代孙。宋时，其先有宦于广者，因家顺德之新良。高善为诗词，大家文试辄冠军，矫然标云柯而绝扶疏矣。天启甲子登乡进士，就澄迈县学教谕，转江西万载县令。万故岩邑也，民风顽，赋税繁重。其令每以钱粮被参处，多则一二年或数月而去。故膺是缺者专以催科为心，刑愈肃而俗愈敝。高至则革其苛政而一出以宽和，岁无水旱昆虫之灾，民无凶饥妖孽之疾。解组之日，邑人扶老携幼送数十里不绝，至相顾语曰：“是吾侪外祖。”其意以外祖

者慈母所自出，爱高甚深之词也。自订琴谱，常曰：“大丈夫遇圣主当奏天保之章，矢冈凤之什，不遇时则积土为室，编蓬为户，弹琴其中以咏先王之风，东方子之言不余欺也。”筑馆于城之北，唯一琴自随，所著《一吷①草》《政品》藏于家。

［康熙二十六年］《顺德县志》卷八《人物志·德业》：高至则革其苛政而一出以宽和，民更安之，相劝输租曰：“毋累我公也。”入其邑，岁无水旱昆虫之灾，民无凶饥夭札之疾，几几太古焉，邻寇过亦相戒勿犯……高雅善琴，每坐堂皇，吏抱牍待判犹鸣弦不辍，意气闲适无俗吏容。

谢奎灿　明南海人。天启四年（1624）举人。

［崇祯］《南海县志》卷四《乡举·明·天启甲子》：谢奎灿。

蔡遂初　明顺德龙江人。天启四年（1624）副贡。

［咸丰］《顺德县志》卷十一《副贡·明·天启》：龙江人，南海籍，甲子。

黎元孚　明南海人。天启四年（1624）举人。

［崇祯］《南海县志》卷四《乡举·明·天启甲子》：由顺德学。

［康熙十三年］《顺德县志》卷六《明朝·乡举·天启甲子》：南海人。

黎民化　明顺德大良人。天启四年（1624）举人，任广西象山知县。

［康熙十三年］《顺德县志》卷六《明朝·乡举·天启甲子》：大良人，象山县知县。

黎象斗　字枢汉，明顺德逢简人。天启四年（1624）举人，崇祯七年（1634）任广东阳江教谕。家居三十多年，寿八十五岁。父佐宸，子可逢。

［康熙十三年］《顺德县志》卷六《明朝·乡举·天启甲子》：逢简人，父佐宸。历官思州府推官，山东高唐州知州。卷八《人物传二·德业》：字枢

①吷（chuò）：同“啜”，饮、喝。

汉，逢简人。少聪颖，年十五进黉宫，试辄高等。甲子领贤书，录文以献。甲戌司铎鼍江①，却脩赀周贫士，考德课艺丕变文风。先圣祀典节裁，斗捐俸如常致祭。直指刘公、叶公两荐于朝：一曰器宇珪璋比润，词章云汉为昭，俎豆生光，圣贤孚格；一曰士沐一帘化雨，人钦两袖清风。升思州府推官，勒碑革弊，建天堂桥济人，听讼平反，无冤得雪甚众。有指挥孙三才究僧匿女奴，僧狡毙游僧诬孙，中有贵显下石，孙几不白。斗片讯服法，合郡称平。己卯分校黔闱，得士如张佐宸、黎景升次第捷南宫，咸斗甄拔。黔督李若星复会疏荐，曰："本官拮据爱民，遐方保障，品贞金玉，胸富甲兵，矢迅风清，尘案冤雪，春生圜土。"晋陕宁刺史，以母老归养，行橐无资，李为赠路费牌，彰本部院特荐贤能之意。归田三十余年，不事干谒，讲学家庭，乡党矜式。生六子，长可逢，甲午乡进士，余皆彬彬文学，竞爽词林。孙、曾蕃衍，一门四代。寿高八十有五，卒岁节，乡里罢歌遏乐。所称福德兼全者，象斗谓欤！

［康熙二十六年］《顺德县志》卷八《人物志·德业》：先是，丁祭奉文节省，斗独捐俸备物加虔……黔督李若星复会疏荐，终以不事营求，只晋陕宁刺史。以母老归养，行橐匮甚，李为脂廉吏车。归田三十余年，宽衣博带，讲学家庭，至老不倦……卒之日，里人罢市往哭，不歌舞者三年，盛德感人深也。长子可逢，亦举顺治甲午孝廉，令鄢陵。

［乾隆］《肇庆府志》卷七《阳江县·明·教谕》：顺德举人。

［咸丰］《顺德县志》卷十《举人·明·天启》：逢简人，知高唐州，有传，可逢父……甲子科。

李崇觇　（1595—1689）字知生，号觉源，明清之交顺德龙头人。寿九十五岁。

［乾隆］《顺德县志》卷十四《耆寿》：字知生，号觉源，龙头人。以敦朴好善著名乡闾。生万历己未，终康熙己巳，寿九十五。

梁纯生　（1595—1691）明清之交顺德水口人。寿九十七岁。

［乾隆］《顺德县志》卷十四《耆寿》：水口人。生万历乙未，终康熙辛未，寿九十七。

---

①鼍（tuó）江：在广东阳江县，以形似名，相传有龙潜焉，故又名龙涛。

岑苏氏 （1595—1692）女，明清之交顺德桂洲人。寿九十八岁。夫岑培风。

［乾隆］《顺德县志》卷十四《寿妇》：岑培风妻苏氏，桂洲人。生万历乙未，终康熙壬申，寿九十八。

岑翔凤 字亦韶，号冲溟，明南海九江人。天启五年（1625）岁贡，任广东翁源训导五年回家卒，邸报升石城（今廉江）教谕，寿七十岁。子天嶙。

［崇祯］《南海县志》卷四《贡·明》：由西宁学，训导。

《南海九江乡志》卷三《选举·贡·天启五年乙丑岁贡》：字亦韶，号冲溟。由西宁学习《诗经》，廷试授翁源训导，升石城教谕。寿七十。子天嶙，庠生。卷四《贡元列传》：公博雅冲和，廷试召讲赐七品服。司训翁源，堂官毛每以政就经画。时讨九连山寇，令视师山中，寇谋袭城。公率簿典守御，命男鼎贤向近山授生员张维等方略，集乡勇擒贼渠，余远遁，纪录功，直指叶公、钱公交奖荐。任五载，迁擢伊迩，忽赋归来……抵家十日遂卒，续邸报升石城谕。

［康熙六年］《西宁县志》卷六《明·恩岁贡》：南海人，附籍西宁。天启四年岁贡，授翁源教谕。

黎元德 明高明扶丽人。天启五年（1625）岁贡。

［崇祯］《肇庆府志》卷七《明·岁贡·天启·高明县学》：黎元德。

［康熙八年］《高明县志》卷四《元明·恩岁贡》：罗俊人，岁贡。

［康熙二十九年］《高明县志》卷十二《贡生·明》：扶丽人，天启五年岁贡。前《志》误作万历间贡，今仍崇祯《府志》。

陈子壮 （1596—1647）字集生，号秋涛，明末南海泌冲沙贝村（今属广州白云区）人，在九江生长。万历四十三年（1615）举人，四十七年进士，廷对第三名即“探花”，官翰林编修。父熙昌，子上庸、上延、上图。

［崇祯］《南海县志》卷二《政事志·事纪》：万历四十七年廷试，特擢陈子壮第三人……天启元年九月，命翰林编修陈子壮祭南海神……四年……命翰林院编修陈子壮典试浙江。五年……编修陈子壮镌籍归南海，以壮典试

录讪谤。时父熙昌桐封过里，曾疏击逆珰，并镌焉……崇祯元年，起编修陈子壮，寻擢谕德……八年……礼部右侍郎陈子壮进《宗才换授疏》，上怒，下刑部，寻配赎罢归……十五年……三月，陈子壮以原礼部右侍郎起用。卷四《乡举·明·万历乙卯》：由番禺学，进士。卷十二《艺文志·书目》：《南宫集》《练要堂稿》，俱陈子壮撰。

《南海九江乡志》卷五《移居》：字集生，号秋涛。先世南海沙贝乡，徙家广城，因母族朱氏遂卜居本乡，朱中宪絅庵公其外王父也。世为名家，大王父大司空洛南公绍儒道学经济人伦师表，望隆嘉靖间而谦冲隐让，乡里颂慕弗衰。王父湖广善化知县二楼公宏乘仁厚澹泊，益彰大司空之德，生四子，三登科甲。第三子解元、进士都谏赠奉尝杲庵公熙昌，文章德业光启前后人，生三子，公其长也。生而卓荦颖达，弱冠举乡书第八名，总裁陆公梦龙大庆得人，从杲庵公宦署，与东湖文士谈《易》，籍籍一时。己未年二十四岁登进士一甲第三名，授编修，奉差主考浙江，取士多节烈名流。会珰魏忠贤擅权恣奸，杲庵公在省垣疏其罪，公忧国规讽之情见于试录，遂父子并削籍。迨珰败，起杲庵公吏科都给事，召公春坊谕德，人咸以父子出处同道为荣。寻丁父艰，服阕转左春坊左中允，晋詹事、礼部右侍郎。充经筵日讲，承旨解《尚书》《春秋》，上辄赞赏称为陈先生。时议行宗才换授，公疏反复论列，极言其不可，忤旨，以为非祖间亲下，刑部勘问，朝士咸联章请宥，得拟配休居。于是娱情泉石，往来白云、西樵诸胜，创云淙书院于白云，创樵阳书院于九江，与亲友昆弟觞咏其间，弈理超绝，辄以此自适。宏光初，晋礼部尚书，掌詹事府事加宫保。先是，掌礼部篆，与唐王争定礼仪有隙，及隆武闽中拥立，特召东阁大学士，弥见敬重，未赴。永历正位端州，遂于本乡受敕起义，与东官张侍郎家玉互相犄角，声势几就。力竭遇害惨甚，口中惟高呼二祖列宗、主上，通都人士掩泣吞声，白日改色。戊子江粤反正，追赠上柱国，特进光禄大夫、中极殿大学士、吏兵二部尚书、忠烈侯，谥文忠。著《练要堂集》《礼部存稿》行世。三子，长上庸，兵部职方司主事，殉难赠太仆寺卿；次上延，荫尚宝司丞；次上图，世袭锦衣卫指挥使加都督同知。孙周赞，荫中书科中书舍人。季弟子升，兵科右给事中，亦同移居。

［康熙］《南海县志》卷十一《人物列传·名臣·明》：曾祖绍儒，工部尚书；父熙昌，吏科都给事中，世居会城之仙湖里。少颖异绝伦，读书一览成诵……时父熙昌任平湖令，以治行征为吏科给事，内珰魏忠贤窃柄，熙昌劾其奸。珰怒，讽其党摭子壮甲子典试浙江试录中语以为诽谤，于是父子同日夺官归里。怀宗立，逆珰伏诛，诏起诸言事者……会熙昌病卒，诏赠太常少卿。子壮居忧奉母色养，服阕不入官凡五年，转詹事府少詹，年迁礼部右侍郎兼侍读学士。充经筵日讲官，每进讲，上动容倾听。尝一日召诸儒臣对

便殿，给笔札令拟票疏，称旨者凡九人，最属意子壮，且大用。寻署本部事，敏练掌故，奏对动合机宜。崇祯八年，流寇蹂中都、毁皇陵，上素服召见廷臣问策。子壮倡言："今日当以收人心为急，宜下罪己诏以激发忠义，寇乃可灭。"因陈时务十一事，上说，诏行其十事焉。子壮感知遇，言无不尽。会宗藩唐王、周王皆以小故劾州县道府官并下狱论治，子壮虑外藩势重，有司不能制，下民受虐，因具疏论救。适有诏宗室中具文武材者许改秩授职，子壮复疏言不便。上怒，下诏狱，廷臣交章申救，得减死放还。自是杜门谢客，筑云淙书院啸咏其中。崇祯十五年，台省疏荐不起。十七年京师陷，子壮趋金陵，为詹事兼礼部尚书。金陵破，归奉母隐南海九江乡。丙戌，国朝兵入粤，子壮自念世受明恩，期以死报，乃破产招集流散。丁亥七月，遂率舟师千余艘攻广州，战败，退保高明。十二月，城破被执杀之，是日白昼黯晦，大雨震电，郡学两楹无故自坏。子壮世历华朊，弱冠即致身清要，文章气节为海内所宗，其死也，粤人比之文信国云。平生著撰多散失，所传有《经济言》《南宫集》《礼部堂稿》《练要堂诸稿》。

[道光]《南海县志》卷三十八《列传七・明・陈子壮》：年十六试冠邑弟子员……先是，魏忠贤筑坞落成，欲子壮书"元勋"二字匾于堂以示威尊，曰："书此当得好官。"子壮坚却之……崇祯四年辛未，以资深起詹事府少詹，兼翰林院侍读学士。五年壬申，纂修《玉牒》告成，累迁礼部右侍郎。归辟云淙别墅于城市北白云山中，修复南园旧社……京师陷，子壮在羊城闻报，成服率缙绅设位光孝寺，哀临泣血几死。福王时……马士英专理机密，与阮大铖朋比为奸，由是与子壮有隙，后子壮每有谋策辄沮抑不行。五月九日，闻大兵破扬州，克日将临金陵，子壮趋朝请旨设法守御，为马士英所阻不得入觐。往会掌京城戎政忻城伯赵芝龙条陈守御机宜，赵芝龙曰："闻史可法镇扬州竭力守御，大小十余战，自谓能军犹且卒至破败。今南京人情汹汹，兵微将寡，各镇之兵不听征召。战固无功，守亦岂万全之策?"子壮曰："今日所赖者非战则守耳，至云守非万全，然则尊意若何?"赵芝龙曰："予固未有胜算，然则用兵而不计强弱，不问众寡，是所谓驱羸羊而与猛虎斗也，事必不济矣!"子壮知其有降意也，辞出。因念钱谦益平素交厚，往见谦益曰："金陵克日受兵，马士英嫉贤妒能，蛊惑宸聪①，赵芝龙色厉内荏，心怀叵测，事势如此，将若之何?"谦益闻子壮言，唯唯而已，子壮曰："今亡在旦夕，正人臣誓死效忠之时，乃人各一心，大事去矣!"长叹而出……是夜三鼓，马士英竟挟王与太后阖宫遁去。次日子壮始惊觉，而大兵已次于金陵之

①宸聪：谓皇帝的听闻，借指皇帝的心思、主意。

北郊。二十一日，赵芝龙与钱谦益等出城降，子壮遂微服潜出。国朝赐谥忠简……（据《明史》本传、《胜朝殉节诸臣录》、阮《通志》、《采访册》参修）卷二十五《艺文略一》：《秋痕》，明陈子壮撰，据《广东新语》。《经济考略》八卷，明陈子壮撰，据《四库全书目》。

《九江儒林乡志》卷十一《列传·寓贤》：今寓居处尚名曰“探花墩”“探花桥”……永明王正位端州，子壮在九江奉王诏，授东阁大学士兼兵部尚书督军务，丁亥八月遂起兵九江村……大兵克高明，子壮被执至广州，不屈，遂遇害。

李区氏 （1597—1699）女，明清之交顺德陈村人。寿一百零三岁。婆母罗氏，夫李传诲。子伯仪。

［乾隆］《顺德县志》卷十四《寿妇》：李传诲妻区氏，陈村人。修职郎伯仪母，遂溪教谕寅高祖母，郡廪李恺曾祖母。生万历丁酉，终康熙己卯，寿一百零三岁。夙娴妇道，礼义自持，夫死，矢志柏舟，义方训子，年登百岁犹康强健饭、步履如常。卷十三《行谊·李伯仪传》：母区，寿跻一百零三。

区怀素 字原白，明高明阮埇人。天启七年（1627）举人。祖盒，又作祖益，兄怀顺。

［崇祯］《肇庆府志》卷六《明·举人·天启七年丁卯》：高明人。卷二十四《列女传》：梁氏，高明区盒妻。生二子方在襁褓盒亡，梁年止二十五，矢志自励，冰蘖为操。事姑久而愈恭，教养二子皆能成立。卒年八十一。孙怀素，举孝廉。

［康熙八年］《高明县志》卷四《明·举人·天启丁卯》：阮埇人，任福建寿宁县知县。

［道光］《广东通志》卷七十六《举人七·明·天启七年丁卯·肇庆府》：高明人，寿宁知县，字原白。祖益，兄怀顺。

［道光］《高明县志》卷十四《列女》：梁氏，阮埇区盒妻……卒年八十二。孙怀素、玄孙昌应举孝廉。

区尚恕 明高明阮埇人。天启七年（1627）举人。

［崇祯］《肇庆府志》卷六《明·举人·天启七年丁卯》：亚魁，高明人。

［康熙八年］《高明县志》卷四《明·举人·天启丁卯》：阮埇人，亚魁。

区铣　（？—1647）明高明冈尾人。天启七年（1627）举人。

［崇祯］《肇庆府志》卷六《明·举人·天启七年丁卯》：高明人。

［康熙八年］《高明县志》卷四《明·举人·天启丁卯》：清溪人。卷一《事纪·清》：顺治四年秋八月，陈子壮入城。（知县徐中炫、教谕曾飏被害。至十月二十九日，督师李成栋攻城，从南门城外掘地，用火药攻破之。时署县南海举人朱实莲、本邑举人区铣……等，杀死城内，及杀男妇二千余人。）

［道光］《高明县志》卷十二《举人·明》：冈尾人，天启七年丁卯举人。

冯际良　明顺德龙山人。天启七年（1627）武举。

［嘉庆］《龙山乡志》卷七《武举·明·天启丁卯》：冯际良。

冯显忠　字介乎，明顺德龙山人。天启七年（1627）举人。外祖父朱叔政。

［崇祯］《南海县志》卷十一《列女》：张氏，张惟治女，嫁朱叔政。夫故，年仅廿有四孀守，一女一子。后女归于冯，生举人冯显忠。

［康熙十三年］《顺德县志》卷六《明朝·乡举·天启丁卯》：龙山人。

［康熙四十九年］《三水县志》卷三《乡举·明朝·天启丁卯科》：住省城，寄学中式。

［道光］《广东通志》卷七十六《举人七·明·天启七年丁卯·广州府》：顺德人，三水籍，字介乎。

冯泰运　明顺德马冈人。天启七年（1627）举人。

［康熙十三年］《顺德县志》卷六《明朝·乡举·天启丁卯》：马冈人。

刘士斗　（？—1647）字瞻甫，明南海人。天启七年（1627）举人，崇祯四年（1631）进士，任江苏太仓知州、江西按察司知事、四川成都推官。父瑞龙，子然。

［崇祯］《南海县志》卷四《乡举·明·天启丁卯》：进士。

［康熙］《广州府志》卷三十一《人物志三·忠贞列传·明》：字瞻甫，南海人。天启丁卯举于乡，崇祯辛未成进士。初任知太仓州，多惠政，爱民如子，廉明公慎，一无所私。尤喜嘉惠后学，日课诸生，文会无虚日。癸酉分校《易经》，首拔许直即连捷去。州故多名硕如张采、张溥、吴伟业，一时

皆以风节乐相砥砺，故士斗以公正与同僚异。大计降江西按察司知事即就道，不以闲散自外，兢兢执法。上司心重焉，檄署抚州推官。复分考《礼经》，取季秋实为首亦捷南宫。丁丑，丁继母艰归里，橐无长物，唯图书数簏①而已。太仓、抚州之民去而益思，咸建祠尸祝。庚辰服阕入都，辛巳补四川成都推官。时流贼充斥，士斗不惮劳苦，不避艰险，驱车就道。至则抚绥下民，法绳奸宄，备御有方，上下咸倚重之。壬午又檄分考，得瞿昶拔冠多士，癸未亦捷去，其知人得士藻鉴之公，天下悉推重焉。会成都府缺，委士斗署篆，绸缪抚辑，忧勤备至。升户部主政，上台坚留不听，行又晋江西湖南道参议亦不听。就道，百姓万辈遮道痛哭如依怙恃，士斗故慈爱，不忍割去。甲申八月，闯贼破成都，士斗骂贼遇害，妾张氏及幼子晋、家人仆御阖门共二十余人悉殉义死难。士斗生平廉静寡欲，宦成十余载，只存瘠田数亩、祖屋二间。长子然，任鹿川令，以劳瘁卒于任，竟无血胤，产业皆废，莫不痛之。

［康熙］《南海县志》卷十二《人物传·节烈·明》：首拔许直连捷南宫，后为吏部郎，死甲申之难……推官周之夔嫉其异己，会士斗视篆昆山，因漕粮解运里民、军士相讧，夔遂中伤之，大计降补江西臬幕……升户部主事，上台疏留不听……长子然，任陆川令，卒于官，竟无血嗣，维桑痛之。

［道光］《广东通志》卷六十九《进士·明·崇祯四年辛未陈于泰榜·广州府》：南海人，二甲，建昌兵备。死节，国朝赐谥烈愍。

［道光］《南海县志》卷二十《封荫·明崇祯朝》：刘瑞龙，以子士斗封推官，据郝《通志》补。卷三十八《列传七·明·刘士斗》：知太仓州，常时不取官下一物，值生子，市吴绸四尺坐堂上，村妇子皆得见。豪猾凌善良，立讯无少借。绳衙役以法，不敢肆横，他邑枉滞多乞台司赴州辨之……大计降补江西按察司知事，两邑士民号泣负砖石填城门，且诉于巡盐御史，特疏留之不得请……案魏《志》云，士斗自成都推官升户部主事，晋江西参议。卷四十一《列传十·列女·明》：成都推官刘士斗妻张氏（郭《志》士斗传作妾），随夫之任。崇祯甲申，闯贼破成都，士斗骂贼遇害，张偕其幼子晋及阖门二十余人悉殉义。

［道光］《佛山忠义乡志》卷十三《乡禁志（告示）清》：禁邻堡开涌碑示：隆武二年四月二十四日，奉岭南兵巡道宪牌，奉两广军门平粤伯丁批……顺治三年（正印②）八月初十日，给示原呈乡绅工部郎中霍得之、户部主事刘士斗、光禄署丞李敬问、国学博士李象蒙等。

---

①簏（lù）：竹箱。

②正印：犹正宗。

麦见龙　明顺德上寮人。天启七年（1627）举人。

［康熙十三年］《顺德县志》卷六《明朝·乡举·天启丁卯》：上寮人。

麦昌龄　明顺德上寮人。天启七年（1627）举人。

［康熙十三年］《顺德县志》卷六《明朝·乡举·天启丁卯》：上寮人。

［康熙］《广东通志》卷十五《选举上·广州府·举人·明·番禺》：天启丁卯。

杜肇　明高明清泰人。天启七年（1627）岁贡。

［康熙八年］《高明县志》卷四《元明·例贡》：清太人，广西籍，天启七年岁贡。

［康熙二十九年］《高明县志》卷十二《贡生·明》：清泰人，天启七年广西籍岁贡。

李时英　明南海人。天启七年（1627）举人，任云南楚雄知县，入清任广西修仁知县。

［崇祯］《南海县志》卷四《乡举·明·天启丁卯》：李时英。

［康熙］《广东通志》卷十五《选举上·广州府·举人·明·番禺》：天启丁卯。

［道光］《广东通志》卷七十六《举人七·明·天启七年丁卯·广州府》：南海人。楚雄知县，国朝修仁知县。又见《番禺志》。

陈万三　明末顺德龙山人。天启七年（1627）举人。

［民国］《顺德县志》卷八《选举表一·郭〈志〉补遗·举人·明》：天启七年丁卯科，中式第二十六名，龙山人。据《龙山乡志》。

陈宁　明高明苏村人。天启七年（1627）岁贡。

［崇祯］《肇庆府志》卷七《明·岁贡·天启·高明县学》：陈宁。

［康熙八年］《高明县志》卷四《元明·恩岁贡》：阮埇人，岁贡，任临皋县教谕。

［康熙二十九年］《高明县志》卷十二《贡生·明》：苏村人，天启七年岁贡，任临皋教谕。

欧主遇　字嘉可，别字壶公，明顺德陈村人。天启七年（1627）副贡，七十一岁。

［康熙］《广州府志》卷三十九《人物志十·儒林列传·明》：顺德龙津人。少而聪颖，博极群书，笃于孝友。弱冠应童子试，南海令刘廷元首拔之曰：“子王佐才也！”时尚未婚，为致聘于刺史车鸣时①，筑甥馆居焉。前后学使者咸拔前矛，应大比十余秋，既隽复弃者再三。丁卯以副榜恩贡入国子监读书，大司城孔贞运一见异之，延誉公卿间，海内之士莫不知有欧生者。是时，缙绅先生尤以古文辞推重，乞言操觚，应之日未遑食，诸仕宦之在吴、楚、闽、越争致礼聘者皆未之许，惟与诸名士复结南园诗社吟咏自适。香山相君何吾驺、南海宗伯陈子壮皆髫年文会交欢，登山涉水日从之游，未尝稍有所干。藩、臬、守、令慕义丘左倒屣相接，间有造庐觅访者虽未尝谢绝，讫耻事干谒，自守非公不至之义，无他求焉，其生平廉介如此。友人有讼田者质百金为寿，蹙然不顾曰：“书生言微，何以金为！即能言，宁用金？”竟为友人析辨。戊子岁饥，斗米五六百，几饿殍遍野。首倡大义赈赡，乡族凡三千余家皆艳称焉。居恒客来问字常满户限，凡八索九丘之秘、古今成败之迹、国家因革之务罔不究晰。辟授中书舍人，以病辞，归老龙津。先是，从憨山大师游，命之字曰“嘉可”，有《字说》《载梦游集》。尝梦仙人起其沉疴，遂托志于仙，别署壶公山人云。年七十有一，卒于家，有《西游稿》《北游稿》《醉吟草》《自耕篇》各集行于世。

［康熙十三年］《顺德县志》卷九《人物传三·行谊》：字嘉可，别字壶公，陈村人……十战棘闱不遇，丁卯副榜受恩入国学……虽末有秘书之命，遇以病辞免，优游林壑，绝迹公门。

［道光］《广东通志》卷一百九十六《艺文略八·集部二》：《自耕轩集》，明欧主遇撰，未见。《广东诗粹》：主遇与陈子壮、黎遂球、黄圣年等十二人复修南园旧社。

欧耀龙　明顺德陈村人。天启七年（1627）武举。

［乾隆］《顺德县志》卷十《武举·明朝·天启丁卯》：陈村人。

---

①车鸣时：字宜仲，明广东归善县人。万历四年（1576）举人，任顺天府文安县教谕、广西永安州知州。晚年归隐，自号羊鹤山人，著有《梅花集》。

易第昌　明南海人。天启七年（1627）举人。父士标。

［崇祯］《南海县志》卷四《乡举·明·天启丁卯》：刑部郎中。《封赠·明》：易士标，以子第昌赠助教。

［道光］《广东通志》卷七十六《举人七·明·天启七年丁卯·广州府》：南海人，云南副使。

［道光］《南海县志》卷二十《举人·明天启朝》：刑部郎中。阮《通志》云南副使，考《云南志》不载……丁卯科。

周琅　明南海人。天启七年（1627）举人。

［崇祯］《南海县志》卷四《乡举·明·天启丁卯》：周琅。

胡龙德　明顺德桂洲人。天启七年（1627）副贡。

［咸丰］《顺德县志》卷十一《副贡·明·天启》：桂洲人，丁卯。

莫御　字扩如，明高明步州人。天启七年（1627）举人。

［崇祯］《肇庆府志》卷六《明·举人·天启七年丁卯》：高明人。

［康熙八年］《高明县志》卷四《明·举人·天启丁卯》：古霸人，任山东清平县知县。卷十三《人物传·明》：字扩如。领天启丁卯乡书，授山东清平县尹。饥民载道，罄橐以活之。流寇逼城，御与绅士防守，寇知有备引去。补太常典簿，转博士，迁浙江道御史。捐修鹤山径路，将平头席税送入学宫，为春闱公车、秋闱科举用。卷八《学校志·芏席船六只》：芏①席船六支。（乡官莫御送入学宫。岁免差役，递年饷额供文庙香灯及春元公车，廪增附科举之用。）

［道光］《高明县志》卷十二《举人·明》：步州人，天启七年丁卯举人。任山东清平知县，后升浙江道御史。

梁士达　明三水龙池人。天启七年（1627）举人。

［康熙四十九年］《三水县志》卷三《乡举·明朝·天启丁卯科》：龙池人。

梁坤　明南海人。天启七年（1627）岁贡。

---

①芏（dù）：草名，茎叶细长，可以织席造纸。

[崇祯]《南海县志》卷四《贡·明》：教谕，由番禺学。

[道光]《南海县志》卷二十《贡生荐辟·明天启朝》：丁卯岁贡，马平教谕。

梁秉中 明顺德桂林人。天启七年（1627）副贡。

[咸丰]《顺德县志》卷十一《副贡·明·天启》：桂林人，丁卯。

彭和焰 明顺德石硝（今属南海）人。天启七年（1627）副贡。

[咸丰]《顺德县志》卷十一《副贡·明·天启》：石硝人。

谭敷 明高明大塘冈人。天启七年（1627）武举。

[康熙八年]《高明县志》卷四《武举·明》：大塘冈人，广西籍，天启七年丁卯科。

廖负暄 明顺德勒楼人。天启七年（1627）举人，崇祯十年（1637）进士。

[康熙十三年]《顺德县志》卷六《明朝·乡举·天启丁卯》：勒楼人，丁丑进士，无锡县知县。

[康熙]《广东通志》卷十五《选举上·广州府·进士·明·顺德》：崇祯辛未，知县。

潘九玄 明顺德冲鹤人。天启七年（1627）副贡。

[咸丰]《顺德县志》卷十一《副贡·明·天启》：冲鹤人，丁卯。

潘必达 明顺德冲鹤人。天启七年（1627）副贡。

[咸丰]《顺德县志》卷十一《副贡·明·天启》：冲鹤人，丁卯。

温玉振 字觉斯，明顺德龙山人。游览到南京时，陈子壮（1596—1647）赠诗序。寿九十岁。

[嘉庆]《龙山乡志》卷九《隐逸》：字觉斯。少好古文词，长博洽，无书不读，尤长于知今。有明一代礼乐、刑政、官制、建置皆悉其制作因革损益所由。讲学于区罗阳，罗阳称之。为诸生不售，遂弃去。性好山水，自闽

越、吴楚、齐鲁、燕赵，凡名山未尝不登，爱金马碧鸡①之奇，两度入滇，以世乱不能入蜀为恨。所著诗歌有汉魏风格，文章典雅。其游金陵也，陈文忠时为学士，作诗送之，其序略曰：觉斯体无累之神，负能游之癖，西樵崖壑乐以忘归，北海樽罍夜以继日云云。初，振为举子业，尝执经于南海汤某。汤负才不矜小节，为飞语所中。督学信谗，下汤于理。门下惧祸及皆走匿，振毅然力为周旋，具牍明其冤于当事，且曰："师、弟子犹父子也，愿以身任。"汤出狱，当事疑其党，里方伯刘观光争之曰："扬政之义缺久矣，是可风也，顾当抑之耶？"事赖以白，人皆义振。其友郭衮官平远广文，入署而病卒，遗言以后事托振。平远去顺德千余里，振闻即赴之，至则孤榇萧然，家人不能谋朝夕。振为文遍告诸在位者，勉以大义，皆感动敛赙，扶其丧以归。年八十五时，杯杓甚健，精爽不衰，读书不辍，又五年乃卒。自为像赞曰："鹤其骨，虬其髯，闻义惟恐居后，见利不喜居先。足迹半天下，惟搜奇揽胜而不受人怜。嗜酒任真似陶元亮，轻世肆志亦鲁仲连。嗟乎莫我知也，我惟与我相周旋已！"其自许如此。

程曰仙　（？—1661）字匪凡，明南海大同堡人。子可则。

［康熙］《南海县志》卷十二《人物传·循吏·清·程可则传》：字周量。伯淳程子十八世孙，其先数迁至南海，卜居鼎安大同里。可则之父曰仙治《毛诗》，教授生徒，常语人曰："学究先生受人子弟责亦非轻，安可不砥砺文行使成佳士？"既困于诸生，思训子以成其志。

朱昌任　明高明石歧人。崇祯元年（1628）恩贡。父天成。

［崇祯］《肇庆府志》卷七《明·岁贡·崇祯·高明县学》：恩贡。

［康熙八年］《高明县志》卷四《元明·恩岁贡》：范州人，崇祯元年恩贡，官至太仆寺丞。《貤封》：朱天成，以子昌任赠太仆寺寺丞。

［道光］《高明县志》卷十二《贡生·明》：南河人，崇祯元年恩贡，仕至太仆寺寺丞。

何如贤　明高明石歧人。崇祯元年（1628）岁贡。

［崇祯］《南海县志》卷三《官师志·明训导》：高明人，岁贡。

---

①金马碧鸡：传说中的神明。今云南昆明市东有金马山，西有碧鸡山，两山相对，山上都有神祠。

［康熙八年］《高明县志》卷四《元明·恩岁贡》：清溪人，岁贡，任南海县训导。

［康熙二十九年］《高明县志》卷十二《贡生·明》：清溪人，崇祯元年府学岁贡，任南海县训导。

［道光］《高明县志》卷十二《贡生·明》：石岐人，崇祯元年府学岁贡，任南海县训导。

陈子贲　明南海人。崇祯元年（1628）恩贡。

［崇祯］《南海县志》卷四《贡·明》：崇祯恩贡，由府学。

［道光］《南海县志》卷二十《贡生荐辟·明崇祯朝》：戊辰恩贡。

庞汝衡　明南海佛山镇人。崇祯元年（1628）恩贡。父景忠，子上梓。

［崇祯］《南海县志》卷四《贡·明》：崇祯恩贡，由三水学。

［康熙四十九年］《三水县志》卷三《贡途·恩贡》：南海人，寄学，崇祯元年恩选。

［雍正］《广东通志》卷三十七《封荫志·国朝封赠》：南海人，以子上梓赠文林郎、瓮安知县。

［乾隆］《佛山忠义乡志》卷八《人物志·循吏·明·庞景忠传》：子汝衡恩贡，汝弼荐举。孙上梓举人、知州，曾孙翘菁、之兑并举人，玄孙逵举人、遥现进士。

陈迪纯　（约1598—?）字之美，明顺德大良人。万历四十六年（1618）举人，崇祯十三年（1640）进士。父琮咏，兄迪祥。

［康熙十三年］《顺德县志》卷五《明朝·乡举·万历戊午》：大良人，庚辰特赐进士。卷六《明朝·进士·崇祯庚辰特榜》：刑部员外。

［康熙二十六年］《顺德县志》卷六《封赠·明朝·员外》：陈琮咏，以子迪纯贵移赠。陈凤鸣，以嗣子迪纯贵赠。

［乾隆］《顺德县志》卷十四《人物传三·隐逸·陈琮咏传》：次子迪纯，弱冠与兄同榜，庚辰特赐题名录用，仕至刑部员外郎，诰赠琮咏如其官。

［道光］《广东通志》卷七十五《举人六·明·万历四十六年戊午·广州府》：顺德人，字之美，庚辰特赐进士，兄迪祥。

［咸丰］《顺德县志》卷十《进士·明·崇正》：刑部员外郎……特赐录

用。《贡举考》云：十三年，以就教举人、廷试贡生，于部寺①各司及推知②正官③挨补，不为例名庚辰特用，而《题名碑》则列为壬午科，盖十五年也。今从阮《志》。壬午科。

区贵恩　(1598—1695) 明顺德龙山人。寿九十八岁。

[乾隆]《顺德县志》卷十四《耆寿》：龙山人。生平刚正，遇事不苟。生万历戊戌，终康熙乙亥，寿九十八，乡里称为善人。

欧兴稼　(1599—1691) 字嘉富，明顺德陈村人。寿九十三岁。弟兴穑、兴穢。

[乾隆]《顺德县志》卷十四《耆寿》：陈村人，字嘉富。生万历己亥，终康熙辛未，寿九十三。

陈性祥　(1599—1693) 字子胜，明顺德大良人。寿九十五岁。

[乾隆]《顺德县志》卷十四《耆寿》：字子胜，大良人。生万历己亥，终康熙癸酉，寿九十五。

吴鸣凤　字仪声，明顺德大良人。明历法。崇祯二年(1629) 为乡团练保管钱财，顺治三年 (1646) 完璧归还。寿九十岁。

[乾隆]《顺德县志》卷十三《行谊》：字仪声，大良人。博涉群书，隐居不仕，好占天象，明历法。著有《大统历搜》一书，以意为万年周回，六十年支干时日吉凶皆符，遇灾异辄笔之书以俟占验，积久成帙，其用心如此。性直谅，不肯刓方为圆，人或□□踵门，求分曲直，凤一语剖析，皆悔服去。有王彦方之风，乡里号为吴圣人，似戏实敬之也，至今传焉。年七十□，两请乡宾坚辞不赴，曰："今非□□只为诟耳。"崇祯己巳议团练乡约，里绅相国黄士俊、参政区龙正雅相敬重，推长之，练达老成足助邑大夫为政。精力

①部寺：吏、户、礼、兵、刑、工六部与大理、太常、光禄、太仆、鸿胪等五寺的连称。

②推知：明推官、知县之略称。

③正官：在编制的官，是与编制以外的官相对说的，并说明此官不是赠官。

不衰，年九十始卒。先是，有祖尝四百两推贮其家，凤谨藏之。丙戌乡寇破城，家被劫如洗，惟所贮独存。事定，族人候问，见残毁状，无望矣。凤徐曰："赖祖宗之灵，尝固无恙。"举以还之，皆惊叹，论者谓其行谊胜返遗金云。

[咸丰]《顺德县志》卷二十四《列传四·明·吴鸣凤》：人多踵门，求判曲直。

黄元标　明三水下黄山人。崇祯四年（1631）按资历获得贡生，未及任职而卒。

[康熙十二年]《三水县志》卷十二《人物传·潜德》：下黄山人。食饩邑庠，端谨有行、敦笃好学，素见辈推，两特奖于学宪。崇祯己巳年，奉旨择有学行者明伦堂讲"忠孝义利"四字，知县蒋献奇①会通学师生舆论以元标荐充。辛未岁循资正贡，未见用而卒。

[康熙四十九年]《三水县志》卷十二《人物传·潜德》：学宪崇祯乙巳年奉。

黄邦镇　字迺康，明高明伦涌人。崇祯二年（1629）岁贡。

[崇祯]《肇庆府志》卷七《明·岁贡·崇祯·高明县学》：黄邦镇。

[康熙八年]《高明县志》卷四《元明·恩岁贡》：田心人，崇祯三年岁贡，历任湖广松滋县知县。

[康熙二十九年]《高明县志》卷十二《贡生·明》：伦埇人，崇祯二年岁贡，仕至湖广松滋知县。卷十三《人物·明》：字迺康。才识慷慨，尚义不屈。崇祯三年岁贡，任雷州府学训。转信宜②县学谕，知县赵挺行取邦镇守城池。适西寇数千犯境迫城，领兵督战杀贼无算。岭西巡道冒起宗③嘉其功有"惜乎籍系高明，不克直任代庖"之语，巡按李云鸿④荐以"文事武备挥斥有

---

①蒋献奇：广西全州人，举人，天启五年任。

②信宜：位于广东省西南部。

③冒起宗（1590—1654），字宗起，明江苏如皋人。崇祯元年（1628）进士，仕至山东按察司副使，入清不仕，著有《拙存堂集》《七游草》《律陶集》。子冒襄（1611—1693）字辟疆，明末四公子之一。

④李云鸿：明末河南开封人。崇祯四年进士，十二年（1639）任广东巡按御史。

余，济时之选”，督院张镜心①以“樽俎折冲，真儒经济”荐，升湖广荆州府松滋知县。有《平贼集》《醉翁集》《和督学吴贞启②梅花诗》传世。

[道光]《高明县志》卷十二《贡生·明》：伦埇人，崇祯二年岁贡，仕志湖广松滋知县。

黎佐宸 明顺德逢简人。崇祯二年（1629）岁贡。

[康熙十三年]《顺德县志》卷六《明朝·岁贡》：逢简人，崇祯己巳岁贡，讲学教授，高年配德，有古君子风。

薛天琦 （1600—1687）明顺德大良人。寿八十八岁。妻龙氏。

[乾隆]《顺德县志》卷十四《齐眉》：大良人，妻龙氏，俱生万历庚子。天琦终于康熙丁卯，寿八十八。龙氏终于康熙丙子，寿九十七。

罗作纪 （1600—1691）号景堂，明顺德大良人。寿九十二岁。

[乾隆]《顺德县志》卷十四《耆寿》：号景堂，大良人。生万历庚子，终康熙辛未，寿九十二。

翁伍氏 （1600—1700）女，明顺德羊额人。寿一百零一岁。夫翁万期，子邕。

[乾隆]《顺德县志》卷十四《寿妇》：翁万期妻伍氏，羊额人，教授翁邕之母。生万历庚子，终康熙庚辰，寿一百零一岁，康熙三十九年旌表。

[咸丰]《顺德县志》卷十五《耆寿表·百岁以外寿妇·清》：伍氏，康熙三十九年旌表建坊，子邕举人、教授。

马应图 明顺德扬教人。崇祯三年（1630）副贡。

[咸丰]《顺德县志》卷十一《副贡·明·崇正》：扬教人，庚午。

---

①张镜心（1590—1656），字孝仲，明河北磁县人。天启二年（1622）进士，官至兵部尚书。入清闭户注《易》，有《易经增注》《云隐堂集》《驭交纪》。

②吴贞启：字元行，江苏宜兴人。崇祯十年（1637）会元，选广东督学。

王骏声　字效昭，明南海人。崇祯三年（1630）举人，十三年特用进士，以父丧归。寿九十五岁。

[崇祯]《南海县志》卷四《乡举·明·崇祯庚午》：知县。

[康熙]《南海县志》卷十二《人物传·循吏·明》：字效昭。登崇祯庚午贤书，庚辰谒选，奉旨特用，授岳州平江令。时流贼蹂楚，声莅任防御有方，贼来犯境率多擒获，贼闻风遁去。寻丁外艰归，居庐哀毁，三载无异，服阕绝意仕宦。村隈竹屿，吟咏自娱，尝有“宦情秋水冷，归兴晚云浓”之句。当途有请见者以诗谢之，参议蒋伊慕其风，题“松龄筠节”以表焉。卒年九十有五，有前后《泠然诗集》藏于家。

[乾隆]《广州府志》卷三十四《循吏一·明》：有前后《泠然诗集》。

[道光]《南海县志》卷二十《举人·明崇祯朝》：特用进士。按《贡举考》云，十三年七月十五日，奉旨就教举人并廷试过贡士共二百六十三名，著于六部都通大理①、太常、太仆等衙门各司属及推知正官，通行察缺挨补。此系特用，后不为例，名曰庚辰特用进士。《题名碑》列为壬午科，称赐特用出身……庚午科。

区怀灵　（？—1647）明高明人。崇祯三年（1630）副榜举人，顺治四年（1647）与麦而炫抗拒清兵同死。父大伦。

[康熙八年]《高明县志》卷一《事纪·清》：顺治四年秋八月，陈子壮入城。（时有南海陈子壮、邑官生区怀灵、生员区宇宁、曾一唯等被执还省，寻杀之。）

[道光]《肇庆府志》卷十八《人物·明·麦而炫传附》：高明人，司徒大伦子，天启副车。紫髯，少负气节。与而炫同被害，藏血衣于南蓬山，至今区氏子孙有扫其坟者，辄病疫死云。

《九江儒林乡志》卷六《古迹略·冢墓一》：《朱少司马实莲墓神道碑文》，官生区怀灵、举人区铣以下从而死者二千人……无一生降者，难后其城遂空，实丁亥十月二十九日也。

区賁暹　明高明阮埇人。崇祯三年（1630）举人。父宪董。

---

①六部都通大理：指六部及都察院、通政使司、大理寺。明清统称吏、户、礼、兵、刑、工六部与都察院、通政司、大理寺九部门首长为大九卿。

［崇祯］《肇庆府志》卷六《明·举人·崇祯三年庚午》：高明人。

［康熙八年］《高明县志》卷四《举人·明·崇祯三年庚午》：阮埇人，宪董子。

邓腾云　字非皇，明南海人。崇祯三年（1630）举人，寿九十四岁。父简。

［崇祯］《南海县志》卷四《乡举·明·崇祯庚午》：由三水学。

［康熙十一年］《东安县志》卷六《秩官志·教谕·明》：三水人，举人。

［康熙］《南海县志》卷十二《人物传·循吏·明》：字非皇。领崇祯庚午乡荐，累上公车不第。以禄养捧檄，知粤西崇善县。居官简静，政务近民。归卧泉壑，足不入城市，诗酒自娱，萧然高寄。卒年九十有四。

［康熙］《广东通志》卷十五《选举上·广州府·封赠·明·南海》：邓简，以子腾云赠主事。

［康熙四十九年］《三水县志》卷三《乡举·明朝·崇祯庚午科》：南海人，寄学中式，署东安学谕。

［道光］《广东通志》卷七十六《举人七·明·崇正元年庚午·广州府》：南海人，三水学，兵部主事。

［道光］《南海县志》卷二十《举人·明崇祯朝》：工部主事……庚午科。

关家炳　字尧夫，号羹素，明南海九江人。崇祯三年（1630）举人，十三年特用进士，任户部司务、主事。因亲丧回乡后明亡，六十二岁卒。

［崇祯］《南海县志》卷四《乡举·明·崇祯庚午》：司务。

《南海九江乡志》卷三《选举·乡举·崇祯三年庚午科》：中式第十八名。《特用》（崇祯十三年庚辰科，奉旨特简科贡二百六十三人同日赐秩，照《会典》钦定进士例谒庙释褐，国子监立石题名）：字尧夫，号羹素。由顺德学习《礼记》，赐特用出身。初授南京户部司务，升本部主事。寿六十二，有《巢栖集》传世。卷四《先达列传》：公学行静笃，动履端凝，在诸生中岿然具公辅之望。读书外一无所知，为文不事追琢，若风水相遭而成。筮仕陪京地曹，监督粮兑，祗恪称职。公余但开卷赋诗，大司农张公慎言每称公文而静方。及奏最，期读《礼》南还，适世变，杜门咄咄书空，忠孝节义之气与云霞相蒸蔚。志之所至，诗亦至焉，即谐辞谑句皆可爱可传。撤瑟①之日，党里咸辍舂②哀悼，所遗图书外别无余物。

伦建勋 明南海佛山镇人。崇祯三年（1630）武举。

［崇祯］《南海县志》卷四《武科·明》：崇祯庚午科，佛山巷心人。

麦而炫 （？—1648）字章闇（一作炫人），明末高明更合镇版村人。崇祯三年（1630）中举，次年进士。任上海知县，降为检校文书。补任河北安肃知县，辞官归里。明亡，唐王任麦为御史。南明隆武二年（1646），清兵占领广州、肇庆，而炫倾家聚兵攻占高明，迎陈子壮入驻。子壮派他攻新兴，兵败被俘至广州杀害。弟而焗。

［崇祯］《肇庆府志》卷六《明·举人·崇祯三年庚午》：高明人，进士。《明·进士·崇祯四年辛未陈于泰榜》：上海知县。

［康熙八年］《高明县志》卷四《举人·明·崇祯三年庚午》：黄村人，辛未进士。卷十三《人物传·明》：字炫人。嗜学博古，长于诗赋。崇祯庚午荐于乡，辛未登进士。授南京松江府上海尹，城外多虎伤人，为文祭之。以粮务谪检校，补北京保定府安肃知县。书法人皆珍之，所著有《康山集》四卷。卷一《事纪·清》：顺治四年秋八月，陈子壮入城。（先是，本邑进士麦而炫、举人谭相国等率众往新兴。至十二月，而炫同弟麦而焗及严曾、谢逵等，在东安地方被执回省杀之。）

［康熙二十九年］《高明县志》卷十二《举人·明》：城中人，崇祯三年庚午举人。

［道光］《广东通志》卷二百九十七《列传三十·肇庆二·明·麦而炫》：字章闇，高明人（《明史》陈子壮传、《高明志》：字炫人）。唐王时擢御史。丁亥九月大兵克高明（《钦定通鉴辑览》云：尝陷高明，迎子壮），子壮、而铉俱执至广州，不降被戮（陈子壮传）。国朝赐谥烈愍。（《胜朝殉节诸臣录》）

［道光］《高明县志》卷十二《进士·明》：城中人，崇祯四年辛未陈于

---

①撤瑟：本谓父母病重，撤去琴瑟使病者安静，后称死亡或将死。

②辍舂：古代舂筑时以歌相和，以杵声相送，里中有丧则舂筑者不相杵，后表示对死者的哀悼。

泰榜进士，任江南上海知县，后升御史。卷十三《人物志·明》：乾隆四十一年奉上谕，以通谥烈愍、监军御史麦而炫为明季殉节之臣，着入祠享祀，并于授命之所附祠。

［道光］《肇庆府志》卷十八《人物·明》：尤长于诗，恒以诗谳狱（《县志》）。上海城外有虎伤人，而炫禳以文而去，叹曰："禳虎易，禳人难也!"大吏恶之，以粮务谪检校。后补安肃令，寻罢去。居邑之太康山，多以诗纪事，曰《太康集》。甲申国变，廷臣随风降贼，而炫勃然曰："国家三百年养士，固如此哉!"手拊床，拳皮尽裂（谢鸣皋撰传）。唐王时擢御史（《明史》）。我朝顺治三年，明永明王由郴至肇庆自立，唐王弟聿鐭立于广州。大兵入广州，聿鐭被执，由郴走桂林。故庶吉士张家玉、贡生陈邦彦、东阁大学士陈子壮俱起兵谋袭广，结故指挥使杨可观等为内应。事泄，可观死，子壮驻羊城驿为大兵击败，还九江村（汪由典《史外》）。而炫复破高明（《明史》），杀知县徐中炫、教谕曾飚，以故主事朱实莲摄县事，迎子壮（《史外》）。子壮遣而炫攻新兴，为援兵邀击，环以劲弩欲生致之。而炫孤军且战且走，至东安道势益急，谓其徒曰："吾力竭矣！为我语陈公，后事悉相附。他日倘拔一城一邑，幸酹我一杯酒!"遂被执至广州不屈死（谢鸣皋撰传），新兴生员梁州垣、耆民梁州翰与而炫合谋皆死之（《新兴志》）。先是，王师将至，一巡检驰以徇众令弃城走，佥曰，非公志也。城陷，死者一千七百余人。乾隆四十一年诏录遗忠，仍而炫监军御史衔加谥烈愍，祀忠义祠。（《殉节诸臣录》）

李干城　明顺德龙江人。崇祯三年（1630）武举。

［咸丰］《顺德县志》卷十一《武举·明·崇祯》：龙江人，庚午。

李钟颖　明三水西南人。崇祯三年（1630）举人，入清任广西永福知县。

［康熙十二年］《三水县志》卷十四《外志·庙寺》：和光庵，在西南街后，有邑人李钟颖《修复记》。卷十五《艺文·下卷》：《修复和光庵序》（李钟颖），邑侯沈公见宰官身。卷二《秩官表·明·知县》：沈起蛟，浙江长兴人，举人，崇祯七年任。

［康熙四十九年］《三水县志》卷三《乡举·明朝·崇祯庚午科》：西南街人，广西桂林府永福知县。

吴以连　字泰茹、拔之，明末南海人。崇祯三年（1630）

举人，十年进士，任户部主事、员外郎，因亲丧归。家居三十年，七十三岁卒。父勋。

[崇祯]《南海县志》卷四《乡举·明·崇祯庚午》：进士。《进士·明·崇祯丁丑》：主事。

[康熙]《南海县志》卷十二《人物传·循吏·明》：字泰茹。幼颖悟，力学砥行，总角由邑庠有声。崇祯庚午乡荐第二人，丁丑成进士，选授户部主事。奉旨督理易州、保定诸处粮储。莅任越月，即疏地方积弊，厘剔一清。继督运山海关，催输有法，军需赖济。因条陈筹边五策，转户部员外，自以耿介孤立、违忤时俗，遂疏乞休。随丁艰南还，杜门不出垂三十年。喜游览，遇山水辄吟咏竟日，箨冠野服澹如也。邑侯桂冲云钦其清介，聘修邑志。卒年七十三，所著有《西山四书铎》八卷、《易经阐微》六卷。

[道光]《广东通志》卷七十六《举人七·明·崇正元年庚午·广州府》：南海人，字拔之，进士。

[道光]《南海县志》卷二十《封荫·明崇祯朝》：吴勋，以子以连封户部主事，据郝《通志》补。

何大绅　明末高明幕冈人。崇祯三年（1630）举人，任安徽庐州府通判，升知府。

[崇祯]《肇庆府志》卷六《明·举人·崇祯三年庚午》：高明人。

[康熙八年]《高明县志》卷四《举人·明·崇祯三年庚午》：清溪人，任江南庐州府通判，升知府。

[道光]《高明县志》卷十二《举人·明》：幕冈人，崇贞三年庚午举人。任江南庐州府通判，升知府。

何天衢（明崇祯）　明末南海人。崇祯三年（1630）举人。

[崇祯]《南海县志》卷四《乡举·明·崇祯庚午》：教谕。

[道光]《广东通志》卷七十六《举人七·明·崇祯元年庚午·广州府》：南海人，揭阳教谕。

[道光]《南海县志》卷二十《举人·明崇祯朝》：贺县知县，据《广西志》参修……庚午科。

何景云　明末顺德大良人。崇祯三年（1630）举人，十三年特赐进士，任山西太谷知县、兵部员外。

[康熙十三年]《顺德县志》卷六《明朝·乡举·崇祯庚午》：大良人，

庚辰特赐进士。《明朝·进士·崇祯庚辰特榜》：兵部员外。

［康熙二十六年］《顺德县志》卷五《举人·明朝·崇祯三年庚午科》：大良人，太谷知县。

张奇 明末顺德熹涌人。崇祯三年（1630）举人。

［康熙十三年］《顺德县志》卷六《明朝·乡举·天启丁卯》：熹涌人。

［康熙二十六年］《顺德县志》卷五《举人·明朝·天启七年丁卯科》：紫坭人。《举人·明朝·崇祯三年庚午科》：熹涌人。

陈公瑀 字叔宪，明末顺德龙山人。崇祯三年（1630）武举。

［民国］《顺德县志》卷八《选举表二·郭〈志〉补遗·武举》：字叔宪，龙山人，明崇祯庚午科。

陈显思 名一作显忠，字子敬，明末南海人。崇祯三年（1630）举人，十六年任广东新兴教谕。

［崇祯］《南海县志》卷四《乡举·明·崇祯庚午》：陈显思。

［康熙］《广州府志》卷二十七《选举志上·乡举·明·番禺》：崇祯庚午。

［乾隆］《肇庆府志》卷八《新兴县·明·儒学教谕》：南海举人，十六年任，崇祯间。

［道光］《广东通志》卷七十六《举人七·明·崇祯元年庚午·广州府》：南海人，字子敬，海丰教谕。又见《番禺志》，惟郝《志》作陈显忠。

郑流 字承衮，明末顺德伦教人。崇祯三年（1630）岁贡。兄学醇。

［乾隆］《顺德县志》卷十三《儒林》：字承衮，伦教人。崇祯庚午岁贡。沉潜理窟，尝取汉京房①、宋邵尧夫数学而精研之而推衍益密。如以每气分十六爻，余两时五刻即连着十五日，法象天成，不假割裂，此二氏未尝拈出也。又订岁差，以六十六年余八月，按唐尧至今靡不符券。书成，名《易谱》，中

---

①京房：本姓李，汉元帝时为郎、魏郡太守。治《易》学，详于灾异，开创了京氏《易》学，言飞伏纳甲。

多妙义，其玄侄孙贡生时达重辑，行于世。

［乾隆］《广州府志》卷三十六《儒林·明》：达亦博学能文，邑人重之。

［咸丰］《顺德县志》卷二十三《列传三·明·郑昊传》：族孙学醇，隆庆丁卯举人，字承孟。诗有唐音，官武缘令。旒……学醇弟。著《易谱》，同里参议梁元柱为序行之。

罗如绮 字鲁缝，明末南海人。崇祯三年（1630）举人，十三年特赐进士。

［崇祯］《南海县志》卷四《乡举·明·崇祯庚午》：知县。

［道光］《广东通志》卷七十六《举人七·明·崇祯元年庚午·广州府》：南海人，字鲁缝，特赐进士。卷六十九《进士·明·崇祯十五年壬午·广州府》：（《番禺志》《揭阳志》云：十三年考选举人，廷试俱特用主事、同知、知县等官，副榜准作贡生。《贡举考》云：十三年七月十五日，奉旨就教举人并廷试过贡生共二百六十三名，著于六部都通大理、太常、太仆等衙门各司属及推知正官，通行察缺挨补。此系特用，后不为例，名曰庚辰特用进士，《题名碑》则列为壬午科。）南海人，知县。

胡平运 字明卿，号南石，明末顺德白藤人。崇祯三年（1630）举人，次年进士，任陕西道御史、福建布政司参议，后辞官归隐。父亢。

［康熙］《广州府志》卷三十三《人物志五·介直列传·明》：字明卿，号南石，顺德人。性至孝，少颖异，读书十行俱下，试辄冠军。崇祯庚午举乡荐第一，辛未联捷，授翰林庶吉士。改授陕西道御史，立朝正色，知无不言。时刘香贼作难扰乱粤海，焚劫新会、江门，所在流离远遁。粤之宦京都者恨当事选蠕，又虑其势焰隐忍不发，平运特疏纠参，粤人赖以安堵。巡按黔中，土司二十余目惟化沙、卧这二目称雄，万姓受毒。平运下车，单骑入穴，多方抚辑，咸投诚向化，黔人德之，立生祠祀焉。崇祯乙亥，当宁有事珠池，平运力言其招寇殃民，谏书上役乃止。黔远在天末，文教未敷，平运教读以韩、苏文，遂尔丕变，复命日行李萧然。转福建少参，不就。再转广西大参，复不就。居乡无贵贱老幼，皆厚遇之，日与故人饮酒赋诗，未几丁外艰，哀毁成疾而终。士人列其行谊，请于督学使者，祠祀广郡乡贤。

［康熙十三年］《顺德县志》卷六《明朝·乡举·崇祯庚午》：白藤人，解元，进士。《明朝·进士·崇祯庚午》：翰林，御史，福建布政司参议。《封赠·明朝》：胡亢，白藤人，以子平运贵封御史。

［咸丰］《顺德县志》卷十《举人·明·崇正》：白藤人，新会籍，第一名。见进士。按：郝《志》作胡运，误……庚午科。卷二十四《列传四·明·胡平运》：时濠镜澳税居西夷，渐积横肆，不就范围，而闽寇刘香扰乱粤海，焚劫江门。当事选蠕不敢示以兵威，粤绅官都门者积不平。平运特疏纵参，其略曰："臣窃惟今日之患，澳夷与海寇而已。臣乡人不言，无有为皇上言之者，亦何从知万里之外受毒如此甚哉？其一在澳夷。彼占住濠镜澳，凡番、南、东、顺、新皆可扬帆直抵。其船高大如屋，重驾番铳，人莫敢近。所到之处，硝磺、刃铁、子女、玉帛公然搬运，沿海乡村被其掳夺、杀掠者莫敢谁何，官兵每被杀伤而上司亦莫敢问。往者哨不过数只，今打造至于近百，出入无忌，挟制官司。往者夷数不满千人，近者报数万，一旦有警，此数万夷人何逞不得？此大可忧也。而大蠹则在闽商聚食于粤，以澳为利者亦不下数万人。凡私货通夷勾引作歹皆此辈为之祟，官兵盘获其船则以匿金、匿宝诬揑反噬，而中国边情邸报日与抄传，虚实亦在其窥玩中。乞敕督臣责道府设法禁制，令澳夷将番船拆毁。凡通夷勾夷，拿获审实则行重典。其一在外洋寇。粤自潮州而下及于阳、电，沿海俱是盐场，臣乡行盐通粤西、江西吉安、南赣三府及桂府王盐。年来闽寇截据要路，盐船大小勒买路银三百五百两不等，不从即焚毁其票。贼来无时，乘风飘突，越虎门一限，可以直泊广州城下。去年二月，粤将陈昭、李相斩贼以保全城，朱可贞擒获多舟以保阳、电。今贼日夕图报，卒然再至，何以为御？此大可忧也。而大蠹则在接济，米谷向来严禁出海。自郑芝龙到粤假兵食为兴贩，又为潮船运盐之说，带私以入，载米以出，直以接济海寇。乞敕督臣严禁米谷不许出海，以绝接济之端。其一在里海贼。南、番、东、顺、新、香等县交通之小海，农、工、商、贾出入必经之路。其盗皆本地无赖聚众打劫，向者不过数十人，今以近千为鯮、近百为号，白昼公行，与官为难，攻围乡村，杀男掳女，良家被害者不知几千百矣。其最可恨者掳人勒赎，富者千金百金，贫者亦十两五两。刑威万状，得其财复杀其命，有产之家不敢出门一步，春农罢耕，行旅绝迹，上司间或调哨调兵，已先知消息，此大可忧也。而大蠹则在窝家，各县窝贼必有主名。乞敕粤东按臣访犯必以窝家为先，考察府县必以获犯多寡为殿最，督臣必以得盗情否为功罪，守巡道必以治兵治船之坚瑕为黜陟，如此则粤之亿万生灵皆受皇上再生之赐矣。"疏入，帝以未见报，切责督按不能消弭，令回奏。奏复，又谕以殚力剪除，不得以积年夷盗卸责。平运因又言："昨臣接乡在籍诸臣书云，贼于六月十五日由虎跳门驾船百余只，闯入江门、新会大肆劫掠，杀死千余人，烧毁房屋，火光三日不绝。其近白沙、白石、都会、水南、麻围、寨尾、能子、三江等乡，概被焚劫，即臣所居白藤乡，流离逃窜不可名状。贼所经村乡留连劫掠凡六昼夜，新会一县几不可保，本乡之兵招

合罯家共出击贼。值贼水浅胶舟，我兵正在奋勇，忽有闽棍白弁王绳武驾船竖旗，上书“奉令招抚，不许追击”字样，乡兵沮气而退，不闻有一兵防御。由江门至省仅二百里，焚劫六日六夜，并无一官兵救护。王绳武敢公然为脱身，所奉之令果属谁令，明明纵寇，白日欺人。江门为臣乡一巨镇，客商聚集，交易以数百万计，不比前之劫小埔、马冈一二村已也。切虑盗贼路熟，胆志愈雄，防御之不能，招抚之不得，为祸更不可胜言矣。伏乞严谕在粤文武诸臣，必以剿贼为心，毋徒以招抚纵寇，生灵庶其有瘳乎！”复得严旨下，制府卒出兵讨平之，粤寇乃息，平运建言之力也……复命粤东，会有开采珠池之议，平运力谏乃止。（张《府志》、姚《志》、《广州乡贤传》、王有旦撰墓志）

梁之栋 字跃隆，明末高明孔堂人。崇祯三年（1630）副榜举人。子炳宸，顺治十一年（1654）乡试第一名。

［康熙八年］《高明县志》卷十三《人物传·清》：字跃隆。充邑增生。天性纯孝，曲体亲心，亲之所爱而必爱，亲之未食不先食，亲没丧葬尽礼。笃于友爱，终身无半言忤。淹博古籍，以理学为宗，列崇祯庚午乙榜，为督学使王廷璧①优奖德行。顺治甲午，子炳宸首领乡荐，座师郑龙光谓之栋于饮食间有养志隐德。及子授北京永年令，之栋就养署中，日以持躬清白、爱养百姓为谆谆，乡绅冀司空、宁御史等以“真太慈父”称之，适际覃恩荣宠。所注有《易解图说》，年七十四卒。

［光绪］《高明县志》卷十二《明·贡生·崇祯朝》：孔堂人，三年庚午科副榜。

梁万里 字鲲南，明末南海人。崇祯三年（1630）举人，任江苏盱眙知县。

［崇祯］《南海县志》卷四《乡举·明·崇祯庚午》：由西宁学，知县。

［康熙六年］《西宁县志》卷六《明·举人》：南海人，立籍西宁。崇祯庚午科，授泗州盱眙县知县。

［道光］《广东通志》卷七十六《举人七·明·崇祯元年庚午·罗定州》：原南海人，西宁学，字鲲南，盱眙知县。

---

①王廷璧，字素修，广东海丰人。清顺治九年（1652）进士，授刑部主事。有《聚远楼诗集》。

梁煋 字日生，明末顺德泮浦人。崇祯三年（1630）举人，入清任广西昭平知县。

[康熙十三年]《顺德县志》卷六《明朝·乡举·崇祯庚午》：泮浦人。

[道光]《广东通志》卷七十六《举人七·明·崇祯元年庚午·广州府》：顺德人，字日生，国朝昭平知县。

黄章 （1601—1702）明清之际顺德龙山人。康熙三年（1664）任广东平远县训导，三十八年九十九岁仍参加举人考试。

[康熙五十七年]《西宁县志》卷六《清·岁贡》：康熙三十一年。

[乾隆]《顺德县志》卷十四《耆寿》：龙山人，西宁县岁贡。生万历辛丑，康熙乙卯科百岁入闱，壬午卒，寿一百零二岁。

[道光]《广东通志》卷五十七《职官表四十八·清·平远县教谕训导·康熙朝》：顺德人，三年任，训导。

[道光]《南海县志》卷四十四《杂录二》：佛山有诸生黄章者，年一百二岁，康熙己卯尚入省闱，自言："吾今科且未中，来科百五岁亦未中，至百八岁始当获隽。尚有许多事业，出为国家效力。"耳闻近岁已死，其言无验。

萧凤（明末） 明末顺德龙江人。崇祯三年（1630）武举。

[咸丰]《顺德县志》卷十一《武举·明·崇祯》：龙江人……庚午。

廖良栋 明末三水白塔人。崇祯三年（1630）举人，七年考进士中乙榜。祖珦。

[康熙四十九年]《三水县志》卷三《乡举·明朝·崇祯庚午科》：白塔人，珦之孙。

[道光]《广东通志》卷七十六《举人七·明·崇祯元年庚午·广州府》：三水人，珦孙。甲戌乙榜，丰城知县。

黎献熙 字起泰，明末南海人。崇祯三年（1630）举人。

[崇祯]《南海县志》卷四《乡举·明·崇祯庚午》：黎献熙。

[道光]《广东通志》卷七十六《举人七·明·崇祯元年庚午·广州府》：南海人，字起泰。知县，国朝陆川教谕。

关捷先　（约1602—约1660）初名捷元，字宁后、子卿，号蓬石，明末高明人，居佛山镇。天启元年（1621）中举，崇祯七年（1634）进士，任江西上饶、庐陵知县，升吏部主事。顺治三年（1646）九月，与苏观生、何吾驺等在广州拥立唐王弟朱聿鐭，拜东阁大学士兼吏部尚书，余生隐居西樵山。父梦旦，子毓穗。

［崇祯］《肇庆府志》卷六《明·举人·天启元年辛酉》：高明人，南海学。

［崇祯］《南海县志》卷四《乡举·明·天启辛酉》：原名捷元，进士。《进士·明·崇祯甲戌》：知县。

［康熙八年］《高明县志》卷四《举人·明·天启元年辛酉》：阮埇人，南海学，甲戌进士。《进士·明·崇祯七年甲戌刘同升榜》：官至吏部文选司郎中。《貤封》：关梦旦，以子捷先赠江西吉安府庐陵县知县。卷十三《人物传·明》：字子卿。性聪颖，目过无遗……授江西上饶令，丁艰补吉安庐陵县尹。惠政宜民，德教善俗，民戴之，建立生祠。升吏部郎中，著作甚富。

［康熙二十九年］《高明县志》卷十二《进士·明》：苏村人，南海籍。崇祯七年甲戌□同□榜进士，仕至吏部文选司郎中。

［康熙］《南海县志》卷十二《人物传·循吏·明》：初名捷元，字宁后，号蓬石，由高明隶籍南海。生而聪颖，过目成诵。辛酉弱冠以《礼经》举于乡，甲戌成进士。初令上饶，当八省之冲，土瘠民疲。先殚心抚字，苏驿递困，捐漕运舟，赈饥修学，浚河建仓，为江右循良第一。丙子，分校豫章，尽弋名士。岁大旱，露宿步祷，甘霖立沛。饥民群哗监司，先片言定变，凶乱潜消，其廉明服人如此。寻丁内艰，补令庐陵，善政如治上饶。壬午，举卓异。癸未，行取例应留部，廷议以入觐廉吏，悉试畿辅。山右凋残邑，先遂晋级仍署莱阳，至则建城筑堵，瘗骸施药，甫半期哀鸿悉集。甲申春，内转吏部主事，次德州闻变归。丙戌后隐居西樵，年未六十卒。先慷慨义侠，负经济才，居恒不问生产，抚孤侄逾于己子，奖掖后进多所曲成。所著《锦廷》《青原》诸集、《云随》《樵余》诸草藏于家。子毓穗，科贡。

［乾隆］《佛山忠义乡志》卷四《选举志·乡举·明》：天启辛酉，进士。卷八《循吏·明》：孙孙谋，领康熙己卯乡荐，任建阳知县。卷六《乡俗志·氏族》：关氏，明有进士、知县捷先，国朝有举人、知县孙谋。

朱实莲　（1602—1647）字子洁，号微龛，明末南海九江人。天启元年（1621）举人，崇祯十三年（1640）授浙江德清知县，官至户部郎中。清顺治四年（1647）据高明抗击清兵，城破遇害。

[崇祯]《南海县志》卷四《乡举·明·天启辛酉》：知县。

《南海九江乡志》卷三《选举·乡举·天启元年辛酉科》：字子洁，号微龛。由南海学习《礼记》，未冠中式第三名。初授德清知县，谪南直松江府照磨。升临淮知县，未任，丁内艰，升刑部主事。丁亥同陈阁部起义死节，赠光禄寺少卿，荫子国学生，加赠兵部左侍郎三代同官，荫子世袭锦衣卫正千户。著《冬春草》《横云轩》《春江咏》《西樵草》行世。卷四《先达列传》：公七岁能文，一目十行，王父中宪公以为必光吾宗者。总角魁乡榜，刘按院、魏督学疏保举境内人才俱第一。任德清，值荒赈活数万人，所行多善政。时漕兑急于星火，以愆期诖白简，缇骑至，各上台念清廉遘祸，义助千缗。公慷慨就道，吟咏盈帙，忧时悯事之怀见于言表。下刑部议得白，谪松江幕，才名倾云间。迨永历行在粤西，奉敕团练水陆义师……因与陈文忠公起义，两攻广州不克，恢复三水、清远、高明。公独镇守高明，以应西师，被围援绝，城陷而死。戊子，覃恩赠荫。

[康熙]《广州府志》卷三十一《人物志三·忠贞列传·明》：崇祯庚辰，督学魏浣初举荐境内人才第一……寻升刑部主事，转户部郎中……有《积雪轩集》行世。

[康熙]《南海县志》卷十二《人物传·节烈·明》：时同事死者黄炅元。炅元兄弟，皆邑庠名士。

[同治]《南海县志》卷十三《列传》：久于公车，声望益显……崇祯十三年授浙江德清县知县，时中原盗炽，捧檄者多惴惴。实莲慷慨誓行，谓："今天下虽鱼烂，然拊循东南以勘定西北，事或可为也。"抵任，明年值苏松旱蝗之余，浙西三府大水，湖州尤剧。多方拯济外，吁大府请蠲缓，大府怒以"误漕"劾之。时政府尚搜括，票旨①逮治，缇骑汹汹，崇德令赵夔自缢死。实莲曰："朝廷以民付我，我当与民存亡。今民旦夕死而朝廷不知，无宽政，此守土责也，吾宁归死司败，以救此一方民。"遂就诏狱，狱中极陈地方荒苦，上疏曰："微臣闻之，水旱者极备之凶也，补救者时亮之权也。去不忘忧者职思之勤也，死不忘忠者事君之节也。窃惟天灾流行，何处蔑有？未有四五年来饥馑洊臻，旱妭②嗣虐，孑遗靡定，降割继行，井邑为墟，民物将

①明清时代，内阁学士代皇帝批答章奏，书写批语于票签，贴各疏面，谓之票旨。

②妭：古通"魃"。旱魃，迷信传说中指造成旱灾的鬼怪。

尽，如浙西之甚者也。追惟九年、十年浙右奇荒，亘古罕有，桑株砍伐，耕牛宰价，至乃掘草鬻土，人类相食，小民死徙之余未获安业。而十二年夏秋之蝗旱，冬月之淫雨又作矣，阴淫积久，淋潦非时。去年夏五甫交，龙水骤发，百川灌河，鸣山应谷，江浙、苏松、常嘉湖数郡，稽天巨浸，千里弥漫，吴江、德清腰腹太湖如坐釜底，苕、霅诸水与江海通波。于斯时也，城隅倾圮，堤堰溃决，廨署泛汪洋之浸，坛庙无映干之所。起视四境，谷蔬沦没，室庐飘荡，人畜蔽江流而下，帆樯缘木杪而渡，男号妇哭，天日为昏。其有乘高驾浮幸不即毙者，无所得食，惊痫饥羸，有孩稚推弃于涨中，夫妻子母枕藉待死于水涯者矣。微臣此时受任未久，四出拊循，测量潦势，深者水可数寻，浅者犹至灭顶，坊厢如此，乡堡可知。是以塘栖以西，尖山以北，千村万落烟火断绝，伤亡死徙民气索然。询之故老，佥云江浙水荒，创于万历丙午，惨于天启甲子，然前此两见皆淹未兼旬，兹则奔腾数月。前此民户盖藏尚足枝吾旦夕，兹则凶饥之后元气萧条。历数三十年来，上天降殃，虔刘下国，未有甚于此时者也！微臣目击情形，痛心酸鼻，自伤为人司牧，政刑颇僻，措置乖违，无以导迎祥和，覆以招灾速戾，使万户生灵颠连若此。是时即肆微臣于市朝，正溺职之诛，谢横死之众，是微臣所大愿也。当已再四思维，图拯救于万一，顾乃纳隍①有愿，起瘠无因，不避先发之嫌而官库如洗矣，欲倡富民之义而大家中落矣，期沾抽分之益而商船裹足矣，思乞邻封之籴而同病无门矣，四顾旁皇，捶胸饮血。不得已，两申抚按，面要道府，吁恳丁粮漕白一切奏蠲，发帑截运以资接济。是时非无尼微臣、怵微臣者，微臣以谓：熙朝圣圣相承勤求民瘼，深仁厚泽二百余年矣。高皇设预备仓御荒歉，地方偏灾州县不以闻者许耆民申诉，处极刑。永乐中河南饥，文皇治有司之玩泄者，榜示天下。宣宗皇帝圣谕：‘民饥无食，济之当如救焚拯溺，何待勘？’为煌煌大训，我朝鼎命之隆在此也。至谓筹饷方殷，浩费恐非朝廷意，是又浅之乎测皇上矣。皇上御极以来，以祖宗之心为心，以天下之安为安，乃者不因旱斋居避正殿乎？不振延馁饥乎？不饩南阳粟乎？不普免山西新旧二饷乎？微臣方且恃天恩之有素，盼大吏之飞章，方且噢咻老幼，抚摩疮痍，勉之以忍死须臾，慰之以大泽将至，而不谓漕兑严期突然逼迫矣，揭参符劾急如星火矣。微臣奉职无状，法重命轻，钦奉严提之下，分宜速正刑诛，引义自決，而必腼颜囚首归死司败者，非有所顾望也。伏念唐石烈士马前一驺耳，尚思排丰碑、撞守卒，俾自致于万乘之前以鸣主将之劳烈。方今圣明在上居高听卑，坐使一方向隅恩不下究，九重万里壅于上闻，万物憔悴

①纳隍：谓推入城池中。张衡《东京赋》：“人或不得其所，若己纳之于隍。”

而阳泽不施，群方戴盆而天光不照，汝身虽歼，汝罪不容诛矣。且夫苏浙数郡钱漕金花银之偏重，天下所知也。里下办差，如解户、粮长、马船头、馆夫、祗候、抬柴、修仓、接递、站铺、闸浅夫诸色目①，又如寄养马匹、黄穰苗、撞竿等差徭，又有采买银朱、生漆、铁线、香蜡、金两，取求之无艺，帮贴之烦猥又天下所无也。荒旱以来，带征有三年五年，添派有助饷练饷，天下所苦也。万一赒恤无闻，追胥如故，虎冠之吏，敲吸为能。藐尔残黎，展转之下惟有逃亡，逃亡不能因而铤险，时事将有不忍言者。宋臣曾巩之言曰：'振灾不力，小民或出无聊之计，有窥府库盗一囊之粟、一束之帛，彼知已负有司之禁，则必鸟散鼠窜，窃弄锄梃于草茅之中，以捍游徼之吏。强者既嚣而动，弱者必随而聚矣。不幸或连一二城之地有枹鼓之警，国家胡能晏然而已乎？'比者中原多故，风声播流，保无有枭獍②之徒，包藏祸心，乘间思乱？初犹煽劫，继且盗兵，裹诱渐繁，横流益溃，陕、晋、楚、豫其已事矣，是可不为之寒心哉？语曰：'失之东隅，收之桑榆。'又曰：'前车覆，后车戒。前车覆而不戒，是后车又将覆也。'是故，欲回天意，先召人心，欲保东南财赋之疆，先予亿兆更生之路。伏愿皇上独断圣衷，截留南漕米十万石，准在淮南水次驳放，仍提浙江存留银十万两火速散施，其科办、带征、添派各官钱暂从恩免。或仿宋范仲淹守临安兴工代赈故事，令饥民挑浚吴淞、白茅两江赴役就食。若此，则收行水之利，广泽枯之仁，畬列祖眷顾之灵，弥五行饥穰之患，塞奸人窥窬之窦，巩皇图保定之基，胥于此乎得之。孰与屯一时之膏，酿滔天之祸而后悔无及哉！若此，则微臣去职为不徒忠言为有补，则虽膺大戮、伏斧砧且将含笑入地矣。"奏入，帝惊叹动容。逾月，普免直省存留起解，上供本折钱价。德清漕旋报足，狱遂解，谪南直松江府照磨。起临淮知县，丁内艰未赴。擢刑部广西司主事，兼兵部武选司，转户部郎中。无何，南北都相继沦陷。陈子壮与督抚立桂王子永明王于肇庆，故辅苏观生立唐王聿鐭于广州。会大兵入广州，聿鐭死。实莲毁家募兵，与陈邦彦约攻广州不克，返九江。会麦而炫破高明，迎子壮，以实莲摄县事。大兵为十，覆迭攻之，守陴五十日，孤孑无援，城不守。实莲闻子壮被执，握刀冒阵死，同城死者二千余人。明年赠嘉议大夫、兵部左侍郎。乾隆四十一年，褒录胜朝殉

---

①《明史·食货志》："凡役民，自里甲正办外，如粮长、解户、马船头、馆夫、祗候、弓兵、皂隶、门禁、厨斗为常役，后又有斫薪、抬柴、修河、修仓、运料、接递、站铺、闸浅夫之类，因事编佥，岁有增益。"

②枭獍（xiāojìng）：相传枭是吃母的恶鸟，獍是吃父的恶兽。旧时比喻凶残狠毒、无情无义之人。

节诸臣，赐谥烈愍，予祀忠义祠。

《九江儒林乡志》卷十二《列传·明》：……号微庵，字子洁，与姑子陈文忠公子壮并有“神童”之目……值苏浙仍岁奇荒，继以旱蝗，民饥乏食，实莲抵任绸缪赈恤，存活数万家……累擢刑部广西司主事兼兵部武选司，转户部郎中。当是时，帝知实莲忠，有意向用，故骤迁其官，会以忧归而止。无何，南北都相继沦陷，福州亦亡。桂王子永明王监国肇庆，起陈子壮督四省军务，并敕实莲团练水陆义师，时大兵已入广州、破会城。明年丁亥，张家玉、陈邦彦先后起兵，实莲亦以六月墨缞①举义，尽毁其家输军实。与子壮募旅于九江，舟师千余艘多疍户番鬼，饶勇善战……闻子壮被执，度事不可为，乃西向再拜，齿指血书绝命辞于谯壁，握刀冒阵死，文武吏士下至氓隶闺阁从而死者二千余人……时丁亥十月二十九日也。次年永明王赐祭葬，再荫子国子监助教……实莲颀身赧面，角犀隆起，顾盼伟如神人。幼有大志，虽长华朊，被服必于儒者，工诗文，重气谊，士类归之，而忠诚之性本于天植，殉节时年四十六。

陈邦彦　（1603—1647）字会斌（一作令份、会份），号岩野，明末顺德龙山华西小圃村人。二十多岁始在大良城北锦岩山下设帐讲学二十年。清军入关，到南京上书南明弘光帝不果。返乡参加南明广东乡试，隆武元年（1645）中举。次年任兵部职方司主事，派往赣州参与军事，清兵陷广州时匿高明山中。顺治四年（1647），说服顺德甘竹滩大盗余龙起兵，与张家玉呼应，七月约陈子壮围广州败，转战三水、清远，负伤被俘遇害。父韶音，子恭尹、馨尹。

［康熙］《广州府志》卷三十一《人物志三·忠贞列传·明》：字会份，顺德人。少颖异，十六补弟子员，试辄冠军。以文行负重名，从学者数千，人称岩野先生。为人慷慨有智略，以天下为己任。甲申之变，走金陵上《政要》书三十二策不报。逾年有诏征拜推官，是日适举于乡，登贤书第七人，转职方主事，擢兵科给事中。丙戌，王师入粤，邦彦拥兵拒战，再犯广州，破三水、高明、四会、清远诸县。丁亥九月，提督李成栋困之于清远，城破执至广州，不屈磔之。临命歌曰：“天造兮多艰，臣也江之浒。书生漫谈兵，时哉不我与！我后兮何之，我躬兮独苦。匡山多忠魂，后先照千古。”死之

---

①墨缞（cuī）：黑色丧服。

日，门生耆老为位哭祭者相望于诸县。所著《雪声堂集》十卷。先是，邦彦起兵时，部院佟养甲执其二子和尹、虞尹，又使遗书招之，邦彦不从，二子俱死。其门人都督佥事霍师连、诸生马应房俱从邦彦起兵，后先战败死之。

［康熙二十六年］《顺德县志》卷五《举人·明朝·明季乙酉科》：龙山人，王师入粤，拥兵不屈，死之。

［乾隆］《广州府志》卷三十七《忠烈·顺德·明》：字会斌……崇祯十七年寇陷京师，邦彦忧愤草《中兴政要》数万言，走南都上之，报闻。唐王聿键自立，以苏观生荐授监纪推官，未任改职方主事监广西兵，授赣州。会丁魁楚等已立永明王监国于肇庆，观生遣邦彦入贺而别立唐王聿鐭于广州，邦彦不知也。夜召入对，邦彦始知观生卖己，遽出不意而进对以诚。王大悦，立擢兵科给事中，赍敕还谕观生。抵广州止近郊不入，移书观生，责以大义，观生不顾，邦彦遂变姓名入高州山中。顺治三年冬大兵破广州，观生死，列城悉下，邦彦乃谋起兵。四年春，大兵克肇庆，梧州败走，势危甚。顺德大盗余龙者在甘竹滩众数万，邦彦乃说龙乘间图广州，而己发高明兵由海道入珠江与龙会。大兵自桂林还救，龙等掠城外而退。邦彦遣门人马应芳会龙军取顺德，大兵至黄连，龙与应方俱败绩。应芳亦顺德人，被执不屈，缚而沉之水。龙再战败没，邦彦乃弃高明。初，广州之围，大兵知谋出邦彦，密使骑掩获其妾何氏及二子，乃书招邦彦。邦彦大判其书曰："妾辱子杀，身为忠臣，义不顾私！"七月与□□□密约复攻广州，□□先至，与邦彦军合，伏兵禺珠。大兵还救会城，纵火焚舟，大兵引而西，邦彦尾之。日暮，□□不能辨旗帜，阵动。大兵顺风追击，遂大溃，□□奔高明，邦彦奔三水。八月，清远指挥白常灿以城迎邦彦，乃入清远，与诸生朱学熙婴城固守。大兵薄城，伏人于庙，关钟喜与常灿死之。邦彦巷战，肩受三刃。兵且尽，走朱氏园见学熙缢，题诗三章于壁，赴池水不死。旋被执，槛致广州，不屈被戮。永明王赠邦彦兵部尚书，谥忠愍，荫子锦衣指挥。

［嘉庆］《龙山乡志》卷八《忠义》：号岩野……唐王聿键读而伟之，既自立，即其家授监纪推官。未任举于乡，以苏观生荐改职方主事。监广西狼兵援赣州，至岭闻汀州变，劝观生东保潮，惠不听……王因赣州破，惧逼己，西走梧州。邦彦甫入谒……夜二鼓，王遣中使十余辈召入舟中。王太后垂帘坐，王西向坐，魁楚侍。语以广州事，邦彦请急还肇庆，正大位以系人心。命南雄勍①卒取韶州，制粤东十郡之七，而委其三于唐王代我受敌，从而乘其敝……抵广州闻使臣彭耀被杀，乃遣从人授观生敕而自以书晓利害。观生犹

①勍（qíng）：强有力。

豫累日欲议和，会闻永明王兵大败不果……初赣州万元吉遣族人万年募兵于广，得余龙等千余人，未行而赣州失。龙等无所归，聚甘竹滩为盗，他溃卒多附至二万余人。总督朱治憪招降之，既而噪归。四年春，大兵定广州、克肇庆，梧州败走，治憪杀魁楚，前驱抵平乐。永明王方自梧道平乐、走桂林，势危甚。邦彦……遗张家玉书曰："桂林累卵，但得牵制毋西，浔、平间可完葺，是我致力于此而收功于彼也。"家玉以为然。然龙卒故无纪律，大兵自桂林还救，扬言取甘竹滩，龙等顾其家辄退，邦彦亦却归……四月，龙再战黄连江亦败殁。大兵攻家玉于新安①，邦彦乃弃高明，收余众徇下江门据之……七月，与陈子壮密约复攻广州。子壮先至，谋泄将引退。邦彦军亦至，谋伏兵禺珠洲侧，伺大兵还救会城而纵火以焚舟，子壮如其计果焚舟数十……邦彦自起兵，日一食，夜则坐而假寐，与其下同劳苦，故军最强，尝分兵救诸营之败者。至是精锐尽丧，外无援军。越数日城破，常灿死。邦彦率数十人巷战，肩受三刃不死，走朱氏园见学熙缢，拜哭之。旋被执，馈之食不食，系狱五日被戮。邦彦死，子壮被执，逾月家玉亦自沉。

［咸丰］《顺德县志》卷二十四《列传四·明·陈邦彦》：字会份。（《明史》本传作令份，旧《志》作会斌，均与何绛录《行状》异，今从薛始亨撰别传。）宋末有玺者从端宗入粤，子元，枢密副使。大谟子某徙南海之龙山，析县遂为顺德人。父韶音，徙县北郊锦岩山下……隐居讲性命之学，邦彦幼承家训，无他师……十八饩于庠……督学魏校尝旌其孝……治《易》《诗》，教授生徒岁数百，先后注籍者千人。四十未售（按《行状》：十八饩学宫，以文行负重名，迁居县北锦岩，从学数千。不云迁自韶音也，然今北郭有邦彦自筑生我庐尚存。此从别传）……唐王聿键在闽，求士于苏观生，以邦彦对，进书草称善……乙酉，弘光新开科举，本省乡试第七。顺治三年（伪隆武元年），迁兵部职方司主事……九月，大兵再攻赣州，观生移驻南安。闽中不救，聿键死……既而赣亦陷，观生将还入广州……邦彦曰："国有主，非所急也。今东事孔亟，全师在焉。计不如且勿入广……从间道疾趋惠州，连帜下潮郡，因漳、泉未溃而控扼之，两粤可保，我能自立以制人……君但卷甲而东，留一兵以委邦彦，当以死守之，迟速之间，间不容发也。"观生不能听……会丁魁楚已立永明王由榔，称监国，驻肇庆。观生拥残旅进退无主，旧与魁楚有隙，闻之不悦。邦彦引义固争，乃遣邦彦奉笺入贺且劝进请回驻广州……邦彦濒出犹数以惠、潮为言，既就道而唐王聿𨮁浮海自闽至郡。群小

①新安：古县名。明万历元年（1573）分东莞县置，辖今深圳及香港区域。民国三年，复称宝安。

欲以为利，共倡兄终弟及议，怂恿观生拥而立之，就都司署为行宫，伪改元绍武，仓卒举事，旬日除官数千……抵梧上启……语以广州事毕，因问："今日非战则和，二者安出？"邦彦始知观生卖己，事出不意，乃从容对曰："此或仍闽旧称，而小民传讹乎？"魁楚曰："即真①矣。"邦彦因慷慨言曰："我弱彼强，战则不敌。我直彼曲，和又非名。观生不悔祸则亡，悔则不得不请和于我，无事而先求之，是示弱也。粤西之士，生不见舟楫，督府诸军四出，其在苍梧高峡间者，大抵皆新募之众，浮嚣钝懦，未经大敌，战则难胜，故曰不可。且天潢之派、中州之产悉在区区两粤中，不以死仇雠而反死于骨肉，无是理也。今独速返端州正大位以系人心，因以号召忠义。"……时丙戌十有一月九日也，王大悦，是月遽即位肇庆。即日遣番禺陈际泰督军攻肇庆，与永明总督林佳鼎兵战于三水（佳鼎，《明史·观生传》作总督，《通鉴辑览》云兵部右侍郎，惟《行在阳秋》云以林为总督、兵部侍郎剿唐藩）。又招海盗数万，将以林察。二林故相善，察使盗诈降为应，火攻胜之。追至三山海口，全师皆覆……至是，邦彦还及广州，观生闻邦彦且至，奏署为刑科给事。邦彦知前使被执，乃止郊外，使其副职方主事刘大壮入授观生敕……（按：耀奉使入广与邦彦还谕本属两事，孰为先后，《明史》《通鉴》皆无明文。据《行在阳秋》：陈子壮移书瞿式耜请东伐，上曰："先遣官谕之。"邦彦同耀受命入广州，闻耀死乃还，据此则同衔命偕行而耀先入矣。至云邦彦闻耀死乃还，与《明史》云入高明山异。）十二月，大兵自潮、惠袭广州，总督佟养甲、提督李成栋伪为援兵求入，拔之，聿𨮁、观生并缢死（《行状》云：唐王方幸学，逾墙走被执。惟《行在阳秋》云自尽）。永明闻报跄踉走梧州，邦彦不得从，乃变姓名曰林居士，入高明山（按《成仁录》：观生骄无和志，高峡、三水之间无日不战，胜负相当，乃议水军新败无以为守，于是由榔奔梧。别传云：廷议水军新败，上幸桂林。《行状》又云：水军败，于是上幸西粤。盖当日由榔自端至梧、自梧移柳、自柳入桂，云西粤、云桂林，虽与《成仁录》异，无关要义。惟三书并云迁避由军败，当在大兵陷广州前，与《行在阳秋》不合。《阳秋》云：十二月二十五日，行在得广州陷报，上出城驾小舟如西峡。传幸梧州，式耜留之不得，部署五日疾趋梧。据此则西奔实畏大兵，恐乘胜咫尺直下肇庆也。若如三书，则彼此方互有胜败，未必西行，若是其急，情事然也。《明史》本传破广州有月而无日）……大兵既至桂林，而养甲飞骑日夜促成栋还，或献计曰："龙辈辎重、妻孥聚甘竹，可以虚声走也。"于是成栋扬言取甘竹，龙等各顾其家辄退……可观方与景烨计事，闻子壮攻

①即真：去掉"代理"，成为实任。

城，惊曰："奈何先期负我？此必泄矣！"语未毕而步骑至，养甲使引其同谋者，不听，并杀之。（按，陈恭尹《锦岩死节杨可观传》：伪降，会陈文忠攻广州，养甲严逻城外耳目，可观家奴以私事发觉，且利购金，乃具首内应事。不云子壮家童也，今从《行状》。）而犒花山三千人，伏甲空院分伍而入，斩之尽。谋泄，子壮将引退，邦彦军亦至……池水诸村落辇刍粟①佐军，四会、韶连多应者。成栋虑其复横辄尽锐以争，邦彦设栅江上，不得战。总兵霍师连以火舟出栅，成栋败，会风反，成栋因火舟还兵，却于栅不入，焚之。邦彦退入城……然被围十日犹不拔。乃穴地于郊外古洞，实以火器，战酣，火发城崩，邦彦率死士巷战，左右死伤略尽……养甲欲降之，邦彦自书生平一纸及题壁三诗示之，好事者争投笔求遗书，辄为书予……九月二十八日被杀于四牌楼，其友罗文昭抱其首与尸合殓……（按《行状》：监刑者取视其肝，肝跃着其面，惊死。《传》但云视其肝，跃击坠马。邦彦死甚烈，似无故取其肝理）……著有《雪声堂集》（按：今著录艺文者曰《岩野先生集》，为同县温汝能辑）……四子：恭尹……馨尹死军前，其二被执。邦彦兵以盗起于癸未，既以赈饥并索资，富人不敢吝。生平讲学勖生徒以忠义，故当国难作，旧从学锦岩者同县马应房外，如杨景烨、高为穰……霍师连……朱学熙……关钟喜……先后死节。其先死者邦彦皆祭之，曰："吾迟死，师不及弟矣。汝死君，实死师，古今死师者几人哉？"哭之恸。他如杨可观……白尝灿……霍连芳……花巡简诸人，虽未尝从学而同患难，谈笑捐躯。至若僧性显共谋起兵，始终一致，则尤难焉者也。

陈埏 字南叟，明末南海九江人。祖万言；父超然，万历十六年（1588）举人；岳父区大伦。明亡后，收留连襟朱实莲幼子。

［同治］《南海县志》卷十九《列传·善行》：字南叟，九江堡人。前明江西参政万言从孙，玉山知县超然季子也。生长清华，无纨绮之习。娶高明户部侍郎区大伦女，与同里郎中朱实莲僚婿也。明亡，实莲举义师殉国难。李成栋提兵下乡收捕家口，下令苛猛，匿者连坐十家，人咸股栗。实莲妻挈子国蔼、国荐，崎岖山海无所容，卒投其妹。埏悯之，抚其二子而流涕，藏之于楼房复壁中，数年邻里莫之知，禁解乃出。时人义之，拟诸北海孙宾

①刍粟：粮草，多指供军队用的饲料和粮食。

石①。埏子孙繁衍，历今二百余年衣巾不绝第。世孙履恒，嘉庆己卯举人。履恒子信民，道光丙申进士。

《九江儒林乡志》卷十三《列传·明》：字南叟，南方营前坊人。

罗炳汉 明末清初顺德大良人。

［民国］《顺德县志》卷二十四《杂志》：罗文昭，名炳汉，大良人，淹博而侠。少与陈岩野先生邻，称总南美。陈公完节日，罗定匿旁近，俟正刑后，即出而抱其元与尸合殓，独漉款称“文昭先生”。罗阅毕曰：“吾今当呼？”子元孝，后生矣。时罗日就困，而独漉诗名大噪，因谓人曰：“司马公四牌楼被刑时，元孝逃匿，其弟俱死于黄连乱军中，亲友畏祸，非余谁合其首？今乃先生余！”盖怒勘也。粤人称先生最泛，呼巫曰先生，日者医者曰先生。罗以轵里之姊，鄗坞之邕，不曰世叔父执而泛视之，无怪其不满意矣。独漉亦一时失检欤？

释性显 明末顺德人。在大良城北锦岩山为僧，与陈邦彦交好。邦彦起兵，性显守清远城，巷战死。

［咸丰］《顺德县志》卷三十《列传十·方外·释性显》：县人，缺其俗里。出家居锦岩山东庵，与陈邦彦居近交厚，为作《乞米帖》。属明季邦彦兵起，性显自领一队，从邦彦北行。守清远城，为李成栋攻陷，性显巷战，手杀十数人，后援不继，为乱兵所砍死焉。(《陈岩野文集》)

黎景义 一名内美，明末顺德桃村人。与陈邦彦交友，入清隐居。祖材，侄鸿渐。

［咸丰］《顺德县志》卷二十五《列传五·清·黎景义》：一名内美，桃村人，诸生。祖材，明进士，桂林知府。景义少读于舅氏罗虞臣家，兼习朝章典故，上下千古均有论说。于当时忠义如黎美周、梁未央、陈会份、陈云淙皆素与交好，即目所亲见事各为之传，盖同习举业、逐名场，而于岩野尤有深契。鼎革后，奉母桃山不出，其抑塞磊落之气一见于文。尝取二妃以来讫宋、明女史人为一传，寓其香草美人之意。著有《二丸居集》八卷、《艳史》四卷。侄鸿渐，能传其学。

---

①孙宾石：名嵩，东汉北海郡安丘县人。赵岐在汉桓帝时，因得罪宦官，逃到北海卖饼为生，得孙嵩救援，藏孙家中数年。事见《后汉书·赵岐传》。

马养愚 字端明，明南海人。崇祯六年（1633）举人。父梦吉。

［崇祯］《南海县志》卷四《乡举·明·崇祯癸酉》：马养愚。

［道光］《广东通志》卷七十六《举人七·明·崇祯六年癸酉·广州府》：南海人，字端明，父梦吉。

邓时芳 字兰友，明末顺德龙江人。崇祯六年（1633）举人。

［康熙］《广州府志》卷二十七《选举志上·乡举·明·番禺》：崇祯癸酉。

［康熙十三年］《顺德县志》卷六《明朝·乡举·崇祯癸酉》：龙江人。

［道光］《广东通志》卷七十六《举人七·明·崇祯六年癸酉·广州府》：顺德人，番禺籍，字兰友。《番禺志》失载。

邝露 （1604—1650）字湛若，明末南海大沥大镇人。十三岁入县学，负才傲物。崇祯七年（1634）上元节骑马出游，冲撞了南海县令出行队伍，被捕削名。出走广西，著《赤雅》记述当地的山川风土以及瑶区的歌舞战阵。后遍游燕齐吴楚，赋诗数百章，名公巨卿延请接待。永明王朱由榔称帝于肇庆，顺治五年（1648）起为中书舍人，七年奉使回广州。值清兵临城，与城中军民死守十个月。城陷，回住所海雪堂，以书琴、古剑和怀素真迹等环列身前，清兵入而死。父思诰，子鸿。

［康熙］《南海县志》卷十二《人物传·文学·明》：字湛若，进士彭龄曾孙也。生而甘露降庭，因名。露幼聪慧绝伦，年十三游泮，慕坟典、左氏、庄骚古文，不沾沾举子业。古诗宗汉魏，近体法盛唐，篆隶仿先秦，行草效王、张。举动风致，摹拟竹林，绝口不言阿堵物。尝上元与陈、潘诸公子联骑遨游，值邑侯黄熙印出弗及避。令衔之，通详削其名，侍御梁元柱代为请罪不释，露遂曳裾遍游燕齐吴楚，所至名人巨公莫不倾盖延誉。开府张镜心筑馆崧台，延露读书其中。晚耽琴操，诗益工。庚寅城破，殉难死。有《峤雅》集行世。

［道光］《广东通志》卷一百九十三《艺文略五·史部四·外录》：《赤雅》三卷，明邝露撰，存。国朝顺治初，王师入粤，露义不改节，竟抱平生所宝古琴不食而死。是书乃露游广西之时，遍历岑、蓝、胡、侯、槃五姓土

司，因为瑶女云亸娘留掌书记，归而述所见闻，所记山川物产皆词藻简雅、序次典核。卷一百九十六《艺文略八·集部二》：《峤雅》四卷，明邝露撰，存。

[道光]《南海县志》卷三十八《列传七·明·邝露》：曾祖梦肖，郡庠生。祖彭龄，隆庆辛未进士，知宁德县，有惠政，民为立去思碑。父思诰，廪生……由曾祖至子鸿，五代俱能诗，载《粤东诗海》。

刘季炳 明末顺德甘竹人。崇祯六年（1633）武举。

[乾隆]《顺德县志》卷十《武举·明朝·崇祯癸酉》：甘竹人，崖州守备。

[咸丰]《顺德县志》卷十一《武举·明·崇祯》：安滘人，崖州营守备……癸酉。

关应旸 明末高明井溢人。崇祯六年（1633）岁贡。

[崇祯]《肇庆府志》卷七《明·岁贡·崇祯·高明县学》：关应旸。

[康熙八年]《高明县志》卷四《元明·恩岁贡》：清溪人，崇祯辛未年岁贡。

[康熙二十九年]《高明县志》卷十二《贡生·明》：清溪人，崇祯六年岁贡。

[道光]《高明县志》卷十二《贡生·明》：井溢人，崇贞六年岁贡。

朱子虚 原姓梁，字意剡，明末清初南海人。崇祯六年（1633）举人，康熙二十一年（1682）任广东英德教谕。

[崇祯]《南海县志》卷四《乡举·明·崇祯癸酉》：朱子虚。

[康熙]《南海县志》卷五《选举志·明乡举·崇祯癸酉》：教授。

[道光]《广东通志》卷七十六《举人七·明·崇祯六年癸酉·广州府》：南海人，字意剡，国朝桂平教谕。卷四十七《职官表三十八·清·韶州府·英德县教谕训导·康熙朝》：南海人，二十一年任，教谕。

[民国]《顺德县志》卷八《选举表一·郭〈志〉补遗·举人·明》：梁子虚，榜姓朱，字意剡。崇祯六年癸酉科中式第三十六名，官琼州教授。龙山人。据《龙山乡志》。

朱伯莲 字子敬，号净燠，明末清初南海九江人。崇祯六年（1633）举人，次年考进士中乙榜，任江苏无锡教谕。父田；

堂兄实莲；子培源，康熙十一年（1672）副贡。

［崇祯］《南海县志》卷四《乡举·明·崇祯癸酉》：由府学。卷一《舆地志·道路》：乡民议筑濒海陆路便往来，请于部院，藩臬监司各报可，捐助有差。知县黄熙胤捐百缗，躬察勘形势高下平陂为之经始。而鸠工庀材、度支出入则邑尚书李待问、主政庞景忠，克底于成，九江一带孝廉朱伯莲宣力为多……（详《艺文》熊总制碑）

《南海九江乡志》卷二《园洞》：曰“韡韡洞”，朱伯莲家园也。周遭十亩许，中有妍瞰堂、净燠山房、清言斋、日华轩、玉照亭及娥术绿映等小书室，清池、英石、花卉、长松杂施。陈云淙公载酒留连，爰有买邻卜筑之志。后值兵扰靺鞈①，群入偃息其中，犹相戒勿损动。主人有歌纪之，余群从园亭亦皆称是。自歌（有引）：忆故园作也。予家园周遭可十亩，经始自先臣，予兄弟稍扩之。其曰韡韡洞，曰引兴园，曰日华轩，曰扫石高谈，先臣旧所颜题也……自丁亥义师起，云林勃窣鞠为战场。予避地他徙，昕夕倚望，愀然有怀。因作长歌，倚曲歌阙，复各系一绝，申以小引，令览者如见其处。《事纪》：顺治四年八月初五，李总兵督师到乡，九月廿四又到，皆却。十月二十日又大举到乡，乡师溃，被焚杀掳，烟焰蔽天，惟西方一带庐舍居人幸免。后陈阁部在高明失事，义师解散。十一月，高知县下乡招安，通乡里老合词共保，朱伯莲独免推论。卷三《选举·乡举·崇祯六年癸酉科》：字子敬，号净燠。由府学习《礼记》，中式第二十五名。甲戌乙榜，初授南直无锡教谕。隆武行在，升中书科中书舍人。《封赠》：朱田，字可易，号莘黎，庠生，以子伯莲赠中书舍人。李氏，以子伯莲封太孺人。陆氏，以夫伯莲封孺人。

［道光］《广东通志》卷七十六《举人七·明·崇祯六年癸酉·广州府》：南海人，实莲弟。中书，国朝顺治戊戌乙榜，教谕。

［同治］《南海县志》卷二十五《杂志》：前明九江堡楼阁园林称最……而朱氏昆仲所构尤擅绝景，同遂雅怀。实莲有芝园，伯莲家园有韡韡洞、引兴园、日华轩、思广园、天台深处、清言斋等诸胜，协莲有依园暨水镜草堂、怡云楼、来隽斋、庇欢亭等诸胜。迨经兵燹，仓皇避地，芜秽不治已。伯莲尝赋长歌以寄慨，并序，复各系一绝句……读之令人感喟沧桑。而后弭不可问，并凭吊无人矣。

《九江儒林乡志》卷七《金石略二》：《朱有斐堂石垆刻字》，崇祯十四年朱伯莲书，有斐堂，崇祯辛巳孟夏孙伯莲置。刻在大正坊朱南塘祠。据《采访册》《朱氏家谱》。谨按：《朱氏谱》谓垆重二十四斤十二两，高四寸八分，

---

①靺鞈（mògé）：赤色皮蔽膝，此借指清军。

口径七寸三分，口围二尺三寸，腹围二尺六寸，耳高三寸，身耳俱厚一寸三分，蜡黄石制。卷八《艺文略·集部·别集》：《净燠存稿》《净燠山房文稿》，明朱伯莲撰。卷十《选举略·明·举人·崇祯六年癸酉科》：初官南直无锡教谕，递擢中书科中书舍人、户科右给事兼兵科给事中。祖让，进士。谨按：《府志》作国朝无锡教谕，误。《清·贡生·康熙十一年壬子》：朱培源，字惠修，号惠山，四会学副贡，父伯莲举人。谨按：府《志》作培元，县《志》作科贡，均误。

严而舒　字安性，明末清初顺德大良人。崇祯六年（1633）举人，十三年特赐进士，任四川富顺知县。祖应寅，父廷宾。

［康熙十三年］《顺德县志》卷六《明朝·乡举·崇祯甲戌》：大良人，庚辰特赐进士。庆符县知县，改富顺县。《明朝·进士·庚辰特榜》：庆符知县，就繁本府富顺，考满。

［咸丰］《顺德县志》卷十《举人·明·崇祯》：字安性，大良人。知富良县，见进士……癸酉科。

［民国］《顺德县志》卷九《封荫表·封赠·郭志补遗·明》：严应寅，大良人，以孙而舒赠。严廷宾，以子而舒赠。俱四川富顺县。

苏张　明末顺德甘竹人。崇祯六年（1633）武举。

［咸丰］《顺德县志》卷十一《武举·明·崇祯》：碧江人……癸酉。

李际明　字伯章，明末清初顺德陈村人。崇祯六年（1633）举人，十三年进士，次年任浙江建德知县，入清任广西庆远知府。父万龄，子文灿、文焰。

［康熙十三年］《顺德县志》卷六《明朝·乡举·崇祯癸酉》：陈村人，庚辰进士。《明朝·进士·崇祯庚辰》：建德知县，吏部郎中。《封赠·明朝》：李万龄，龙津人，以子际明贵赠奉直大夫。

［康熙二十六年］《顺德县志》卷五《进士·明朝·崇祯十三年庚辰科》：龙津人，吏部郎中。

［道光］《广东通志》卷七十六《举人七·明·崇祯六年癸酉·广州府》：顺德人，字伯章，进士。卷六十九《进士·明·崇祯十三年庚辰魏藻德榜·广州府》：顺德人，国朝庆远知府。卷一百九十六《艺文略八·集部二》：《自家意思诗集》三卷，明李万龄撰，存。《岭南贯珠集》之一，末附李朝澍《自鸣集》诗六首，为《贯珠集》之二。谨案：万龄，字永年，顺德人，善画山

水人物。朝澍，字公化，号梅石，万龄父。《风操堂集》十六卷，明李际明撰，存。《岭南贯珠集》之三。《广东诗粹》际明有《樵怀集》，未见。

[咸丰]《顺德县志》卷二十四《列传四·明·李廷龙》：李廷龙，辛巳知建德县，杜绝苞苴，赎锾悉归公库，不自私。(《郭志刊误》：选举表称际明仕国朝，知庆远府。)

李懋修 字伯跻，明末顺德大良人。崇祯六年（1633）举人，十三年特赐进士。

[康熙十三年]《顺德县志》卷六《明朝·乡举·崇祯癸酉》：鹿门人，庚辰特赐进士。《明朝·进士·崇祯庚辰特榜》：工部郎中。

[康熙二十六年]《顺德县志》卷五《举人·明朝·崇祯六年癸酉科》：鹿门人，工部主事。《进士·明朝·崇祯十三年庚辰科特赐题名录用》：大良人，郎中。

[道光]《广东通志》卷七十六《举人七·明·崇祯六年癸酉·广州府》：顺德人，字伯跻，特赐进士。卷六十九《进士·明·崇祯十五年壬午·广州府》：顺德人，工部主事、宁州知州。

何乔松 字伯章，明末顺德三桂人。崇祯六年（1633）举人，十三年特赐进士，任陕西府谷知县。

[康熙十三年]《顺德县志》卷六《明朝·乡举·崇祯癸酉》：三桂人，庚辰特赐进士。《明朝·进士·崇祯庚辰特榜》：府谷县知县。

邹万镇 字安世，明末南海人。崇祯六年（1633）举人，入清任广西贺县知县。

[崇祯]《南海县志》卷四《乡举·明·崇祯癸酉》：由府学。

[康熙]《广州府志》卷二十七《选举志上·乡举·明·番禺》：崇祯癸酉。

[道光]《广东通志》卷七十六《举人七·明·崇祯六年癸酉·广州府》：南海人，字安世，国朝贺县知县。又见《番禺志》。

陈子达 明末顺德龙涌人。崇祯六年（1633）举人，次年进士，任四川巴县知县、兵科给事中。入清任广西梧州推官，迁知府。父道荣。

[康熙十三年]《顺德县志》卷六《明朝·乡举·崇祯癸酉》：龙涌人，甲戌进士。《明朝·进士·崇祯甲戌》：巴县知县。

[道光]《广东通志》卷六十九《进士·明·崇祯七年甲戌刘理顺榜·广州府》：顺德人，兵科给事中，国朝梧州推官、知府。

[咸丰]《顺德县志》卷十《举人·明·崇正》：龙涌人，见进士。按：《肇庆志》作高要人，番禺籍，误……癸酉科。卷十二《封赠（文阶）·明》：陈道荣，龙涌人，以子子达赠尚宝司丞。卷十六《胜迹略·寺观·紫泥属》：节胜庵在龙涌，明季陈子达女为尼建。

陈诗　（？—1644）字采俞，明末顺德桂洲人。崇祯六年（1633）举人，明亡，不食而死，子文标亦殉死。父士谔，崇祯四年举乡宾。

[康熙十三年]《顺德县志》卷六《明朝·乡举·崇祯癸酉》：桂洲人。

[乾隆]《顺德县志》卷十三《行谊》：陈士谔，字□□，号赤城，桂洲人。居家□孝友称，杜门隐居，不与户外事。早谢举子业而能崇尚经学，教子弟敦行孝让，毋陷于浮薄。贼犯乡掳掠男女，率丁仗邀截，脱回者百数十计，人多其能。士谔家富于财，慨然曰："富者众之怨也！"乃轻资以济人急，尝救人于溺，赈乡里之饥者。崇祯四年乡饮宾，雍正元年祀乡贤。

[咸丰]《顺德县志》卷二十四《列传四·明·陈士谔传》：字永勷……子诗，字采俞，迁大良。少读书即尚节义，举乡试，观政礼部，忤权贵假还。甲申之变，闭门痛哭，不食死，子诸生文标殉之。著有《知鸿堂文集》。

林上梧　明末顺德黎村人。崇祯六年（1633）举人。

[康熙十三年]《顺德县志》卷六《明朝·乡举·崇祯癸酉》：黎村人。

钟镇　字原静，明末顺德桃村人。崇祯六年（1633）举人，十三年特赐进士。

[康熙]《广州府志》卷二十七《选举志上·乡举·明·番禺》：崇祯癸酉，特用主事。

[康熙十三年]《顺德县志》卷六《明朝·乡举·崇祯癸酉》：番禺人，庚辰特赐进士。《明朝·进士·崇祯庚辰特榜》：刑部主事。

[道光]《广东通志》卷七十六《举人七·明·崇祯六年癸酉·广州府》：顺德人，番禺籍，字原静，特赐进士。卷六十九《进士·明·崇祯十五年壬午·广州府》：顺德人，番禺籍，刑部员外郎。

[咸丰]《顺德县志》卷十《举人·明·崇祯》：字原静，桃村人，番禺籍，见进士。按：陈《志》作南海籍，今从阮《志》《采访册》。癸酉科。

梁如虹　明末顺德伦教人。崇祯六年（1633）武举。

[咸丰]《顺德县志》卷十一《武举·明·崇祯》：伦教人，癸酉。

梁若衡　（1604—1647）字简臣，明末顺德碧江人。崇祯三年（1630）举人，十三年特赐进士，任广西永福知县。明亡后与陈子壮策划反清起义，因走漏消息被清军杀害。父亭表，陈子壮妹夫。子宗典，顺治十一年（1654）举人。

[康熙十三年]《顺德县志》卷六《明朝·乡举·崇祯庚午》：碧江人，父亭表，庚辰特赐进士。卷八《人物传二·德业》：字简臣。性好洁，事亲孝。少读书致废饮食，为诸生试辄居首。娶陈氏，所得资奁买宅，与弟共之。有妹归何，父昔峨公，官清无以为资，衡尽其妻所有饰焉。年二十七举崇祯庚午乡试，廉介有父风，家去县门咫尺，未尝一至。庚辰特赐进士，授永福令。福岩邑也，其民瑶、壮居半，与长吏言语不相习。各堡设土官治之，风俗顽悍，不读律令。加以先令庸愦，吏胥盗窃权柄，民间积逋无计。衡曰："非猛以济之不可。"一时吏民惧罪，输将恐后。故俗，县隶人摘诸瑶不法事下之堡，堡索其赎锾归之县，岁可得金数千，衡谓："彼不县诉，一听之隶与堡，乌得其情？"首革其例。瑶时反侧，衡选健卒亲征之，擒李大王等，境内大安。一夕与三骑出营觇视，适与贼遇，号火遍野，从者不知所出，衡令二骑前呵而过，盗仓卒莫测散去。邑当六郡之冲，衡捐资设帷幔及饮食之具，上官至止取而供之，不以烦民库。吏支兵饷，循例取其羡以进，衡不取。时靖江王蓄异志，阴与岩峒群盗相结，每有擒获强衡开释，衡不屈。又奸徒指良民田以献王，王遣吏执券索印，衡不可，王威胁之，卒不为动。有征蛮总兵，王之党也，移文来县苦檄麾下，然衡谓："文武不相属，何妄相加？"裂之。未几，流寇陷湖广，桂林大震。衡移眷属东还，泣与母诀，誓以必死。属弁有言山中峒峒可避，叱之，值贼为狼兵所败，得无恙。寻闻京师告变，瑶复反侧，方集兵进剿而昔峨公凶问至，即奔丧归，虽报迁左州知州，衡不之顾矣。福民感平盗功，泣涕扳留者遮道。抵家痛悼泣血，不饮酒食肉三年。值国朝鼎革，清兵入粤，衡竟以身殉之，后追赠光禄寺卿。

[康熙二十六年]《顺德县志》卷八《人物志·德业》：鼎革后，故阁部陈子壮举兵向城，制府佟养甲逼令致书招降不答，遂见杀。

[康熙]《广东通志》卷十五《选举上·广州府·举人·明·番禺》：崇

祯庚午。

[咸丰]《顺德县志》卷二十四《列传四·明·梁亭表》：赠光禄卿，祀忠孝。国朝赐谥节愍。

梁挺桂 明末三水龙池人。崇祯六年（1633）举人。

[康熙四十九年]《三水县志》卷三《乡举·明朝·崇祯癸酉科》：龙池人，中式第十名。

黄玄经 名一作天经，字纶官，明末顺德龙江人。崇祯六年（1633）举人，十三年特赐进士。

[崇祯]《南海县志》卷四《乡举·明·崇祯癸酉》：知县。

[康熙]《广州府志》卷二十七《选举志上·乡举·明·番禺》：黄元经，崇祯癸酉，庚辰特用。黄天经，崇祯癸酉。

[康熙十三年]《顺德县志》卷六《明朝·乡举·崇祯癸酉》：黄天经，龙江人，庚辰特赐进士。《明朝·进士·庚辰特榜》：黄天经，邹县知县。

[康熙]《南海县志》卷五《选举志·明乡举·崇祯癸酉》：黄元经，知县。

[康熙]《广东通志》卷十五《选举上·广州府·举人·明·番禺》：黄天经，崇祯癸酉。

[道光]《广东通志》卷七十六《举人七·明·崇祯六年癸酉·广州府》：黄元经，番禺人，南海学，特赐进士。黄天经，顺德人，番禺籍，特赐进士，《番禺志》失载。卷六十九《进士·明·崇祯十五年壬午·广州府》：黄元经，番禺人，南海学，知县，一作平乐司理，《题名碑》作顺德人，南海学。黄天经，顺德人，番禺籍，邹县知县。

[道光]《南海县志》卷二十《进士·明崇祯朝》：黄元经，知县，据阮《通志》参修，壬午科。按《贡举考》云庚辰特用进士，《题名碑》则列为壬午科。考《曝书亭集·进士题名碑跋》称，史惇等请援进士例谒孔庙、行释菜礼并立石题名，帝如所请。大学士周延儒奉敕撰文，翰林院侍书朱国诏奉敕书石篆额，工部营缮司郎中王灏监工，立于进士题名之次。则《题名碑》列为壬午科必非漫然也，今从之。

[咸丰]《顺德县志》卷十《进士·明·崇祯》：黄天经，番禺籍，知邹县。按：《题名碑》作元经，误……特赐录用……壬午科。卷二十三《列传三·明·黄著》：龙江人……玄孙天经，字纶官，举崇祯癸酉，选赐进士，令邹县有声。

黄必登 明末顺德弼教人。崇祯六年（1633）副贡。

［咸丰］《顺德县志》卷十一《副贡·明·崇祯》：弼教人，癸酉，苍梧县教谕。

黄剑雄 明末顺德龙江人。崇祯六年（1633）举人。

［康熙十三年］《顺德县志》卷六《明朝·乡举·崇祯癸酉》：龙江人。

［康熙］《广东通志》卷十五《选举上·广州府·举人·明·番禺》：崇祯癸酉。

黄梦赉 字予良，号岩起，明末清初顺德大良人。崇祯六年（1633）举人，清顺治十三年（1656）任广东永安训导，十八年海丰教谕，康熙时高州教授。

［崇祯］《南海县志》卷四《乡举·明·崇祯癸酉》：黄梦赉。

［康熙］《南海县志》卷五《选举志·明乡举·崇祯癸酉》：教授。

［乾隆］《顺德县志》卷十《举人·明朝·崇祯癸酉》：南海籍，历高州府训导。卷十三《儒林》：字予良，号岩起，大良人。淹通经史，入南海庠，崇祯癸酉领解额第二。以亲老就教职，筮仕惠阳学博。时当用兵，师过棘生，文庙鞠为茂草，梦赉罄俸修饰。勖诸生以大义，各急公输赋，县令得以转漕飞挽资给军食。转高州郡博，以作育人才为务。摄篆茂名，案无留牍，狱无滞情，民无秏蠹，懋著循声。寻告休归，讲学明道。子文栻，孙象坤，俱有声庠序。曾孙郑冕，康熙癸巳登贤书。

［道光］《广东通志》卷四十九《职官表四十·清·惠州府·永安县教谕训导·顺治朝》：南海人，十三年任，教谕。《清·惠州府·海丰县教谕训导·顺治朝》：南海人，十八年任，教谕。卷五十二《职官表四十三·清·高州府·教授训导·康熙朝》：南海人，举人，教授。

萧光渐 明顺德黄连人。崇祯六年（1633）举人。父建勋。

［康熙十三年］《顺德县志》卷六《明朝·乡举·崇祯癸酉》：黄连人，父建勋。

谭兆奇 明末顺德甘竹人。崇祯六年（1633）武举。

［康熙十三年］《顺德县志》卷六《明朝·武举》：甘竹人，崇祯癸酉科。

谭经纬 明末顺德甘竹人。崇祯六年（1633）武举。

［康熙十三年］《顺德县志》卷六《明朝·武举》：甘竹人，崇祯癸酉科。

谭嘉遇 字宪可，明末南海人。崇祯六年（1633）举人。父兆德。

［崇祯］《南海县志》卷十一《隐逸·明》：谭兆德，字本智。赋性孝友，人无间言。怙恃既失，胞兄弟继亡，丧葬诸务竭力而图，虽捐己业无所吝惜，抚两孤侄如己子。广尝业，设义田，五服之亲绝无废祀。子姓有窘于财者，吉凶缓急随事捐助。怡情棋酒，庭训一经，门外事多不乐闻，尝自号“怀素”以见志。尤自治以礼，接物以诚，乡族有争往往求得一言以取平焉。子嘉遇，领癸酉乡荐。

［道光］《广东通志》卷七十六《举人七·明·崇祯六年癸酉·广州府》：南海人，字宪可，福建知县。

潘国斌 明末顺德桂洲人。崇祯六年（1633）武举。

［康熙二十六年］《顺德县志》卷六《武举·明朝·崇祯》：桂洲人，俱癸酉。

潘鸿儒 明末南海梯云堡人。崇祯六年（1633）举人。祖兆璘，父献臣。

［崇祯］《南海县志》卷四《乡举·明·崇祯癸酉》：由府学。

［道光］《南海县志》卷三十七《列传六·人物·明·潘兆璘传》：献臣子鸿儒，崇祯癸酉乡荐，时献臣年已七十，督学曾化龙欲荣以冠带，不受。天启辛酉副榜。属纩之日怡然，语不及私，其质朴严正，好学不倦殊有父风。

黎民铎 明末高明田心人。崇祯六年（1633）举人，次年进士乙榜。孙贞，清康熙五十九年（1720）举人，雍正二年（1724）进士。贞长子道炳，乾隆三十年（1765）拔贡；次子道然，三十九年岁贡。

［康熙八年］《高明县志》卷四《举人·明·崇祯六年癸酉》：田心人，由石城学。

［道光］《广东通志》卷七十六《举人七·明·崇祯六年癸酉·高州府》：原高明人，石城籍，甲戌乙榜。

黎春曦 字梅映，号梅嶽，明末南海九江人。崇祯六年(1633)举人，十三年特赐进士。入清独力著《九江乡志》，卒于家。父日进。

[崇祯]《南海县志》卷四《乡举·明·崇祯癸酉》：由番禺学，知州。

《南海九江乡志》卷三《选举·乡举·崇祯六年癸酉科》：中式第五十四名。《特用》(崇祯十三年庚辰科，奉旨特简科贡二百六十三人同日赐秩，照《会典》钦定进士例谒庙释褐、国子监立石题名)：字梅映，号梅嶽。由番禺学习《礼记》，赐特用出身，初授山东武定州知州。卷五《上寿》：黎日进，字冲锡，号罗东，黎春曦父。生平敬贤慕士乐施予，凡族属死无归者皆为殓葬。窘未尝忧，虽缓急时有而歌声出金石间，为诗及巴词亦称韵雅。寿八十四，以棋枰老。

[同治]《南海县志》卷十三《列传》：父日进以处士家居，好施予，能吟咏，虽樵苏不爨①，晏如也。春曦承其家学，素有能文声……特赐进士，授山东武定州知州。时中原鼎沸，盗贼如猬毛，赴任者恒惴惴。春曦谓："士人求科第非谋温饱，欲得百里以行所学耳。盗贼何处蔑有，奚避焉?"遂慷慨就列。然是时频年饥馑，大乱已成。朝廷日事搜括，大吏更喜苞苴，州、县多以剥民为保位计。春曦儒者，性清廉，不能趋时，寡援助，又与上官龃龉，欲行事多掣肘，遂以亲老告养归。归后目击时艰，多作为诗歌以抒愤懑。又数年明社屋，目睹变革，时同乡故旧朋好、忠臣义士与国俱亡。及嘉、隆以来前辈缙绅士夫同里闬者，其嘉言哲行不及时纪录，日久湮没不彰无以为后进法，乃发凡起例成《九江乡志》五卷。虽出自一人之手未能该博，然数百年后犹获十一于千百者，春曦力也。明鼎革，不复筮仕，卒于家。

《九江儒林乡志》卷二《舆地略二·灾祥·清》：顺治十四年丁酉，《乡志》成，黎春曦纂辑。卷八《艺文略·集部·别集》：《复抑茀庐诗草》一卷，明黎春曦撰。卷十二《列传·明》：慷慨赴官，亲询民疾苦，抚摩妪妪，深得人心。贼攻武定逾城入，势危迫，乡民四面拥至护之出围，贼竟披靡……居恒卑以自牧，好奖掖后进。尝夜归道邻村，闻书声聒耳，伫听久之。既抵家，子弟遽以前村人欺陵赴诉，春曦谕令往听，有所闻当还告。须臾复命，谓但闻读书，乃点首曰："若然，他人胜汝多矣。汝曹不知向学，徒事争论短长，无益也!"卷二十一《杂录上》：术士金吊桶推命最有灵验，名噪一时，求论

①爨（cuàn）：煮饭。

定者无虚日。黎梅映刺史未第时曾请其布算，判曰："一双宝鸭落池塘，红粉佳人绕画梁。五品大夫归故里，不摇团扇自然凉。"语语华贵，观者咸以为吉祥。厥后刺史以五品终其身，时当鼎革，乃漆身为癞，世人不识其自废苦心，乃谬传其染疯疾。两孙溺死，一妾自缢，语皆验。里老朱万鹏、朱冠南嘉庆初年犹述其事，朱故刺史家近邻也。

黎象春　明顺德桃村人。崇祯六年（1633）举人。

［崇祯］《南海县志》卷四《乡举·明·崇祯癸酉》：黎象春。

［康熙十三年］《顺德县志》卷六《明朝·乡举·崇祯癸酉》：桃村人。

［道光］《广东通志》卷七十六《举人七·明·崇祯六年癸酉·广州府》：顺德人，南海籍，山西石楼知县。

何仁隆　（约1605—约1675）字效坤，明末顺德羊额人。崇祯九年（1636）举人，次年会试中乙榜。入清隐居。

［康熙十三年］《顺德县志》卷六《明朝·乡举·崇祯丙子》：羊额人。

［乾隆］《顺德县志》卷十四《隐逸》：字效坤，羊额人。以《诗经》应崇祯丙子贤书。丁丑试南宫，黄宫詹道周闱中得其卷，叹赏不置，以末作遇奇竟乙之。公车凡三上，遇鼎革时，年始强仕，遂隐居不复出。筑古照堂为容膝之所，歌咏其中，足不履城郭。知县沈梓隆，房师①吴光斗亲串也，数招之终不至，叹为古高士云。隆为人外和内刚，期于古处，子侄有不类者不敢过其门。常语亲朋曰："吾辈中人资耳，善恶均可为。晤对间，幸以古今忠孝节义相勉，使闻者操持日坚，裨益多矣。"人皆以长者目之。邻乡有盗某，国人皆曰可杀矣。时令重其事，久不能决，特驰书质之，待其一言，其行谊见信于当事者如此。为孝廉四十年，家人衣食常不足，读书自如不计也，吾夫子称贫而乐殆几近之。

陈显忠　（1605—?）字子敬、赤涵，号若夔，明末南海西樵大桐堡蚬冈乡人。崇祯九年（1636）举人，清顺治十五年（1658）进士，几年后任四川犍为知县、江苏邳州知州，因老而归。

［崇祯］《南海县志》卷四《乡举·明·崇祯丙子》：陈显忠。

---

①房师：明清科举制度中，举人、进士对荐举自己试卷的同考官的尊称。

［康熙］《南海县志》卷五《选举志·清进士·顺治戊戌》：犍为知县。

［道光］《广东通志》卷七十六《举人七·明·崇祯九年丙子·广州府》：南海人，字子敬，进士。卷七十七《进士·清·顺治十五年戊戌孙承恩榜·广州府》：南海人。崇祯乡荐，国朝登第，授知县。

［同治］《南海县志》卷十三《列传》：字赤涵，号若夔，大桐堡蚬冈乡人。年十五进邑庠……明季习尚士夫，或滄于仕宦，必竞于科名，谓出仕以行所学、进退系于天，登科以验所学、足考信于己故也。显忠精研制艺①，登贤书后跋涉七千余里频赴春官，有不获售不休之意，及捷南宫年五十四矣。逾数年，授四川犍为令。蜀自献贼蹂躏后，邑井萧条。洎我朝定鼎以还，元气未复。显忠曰："犍虽古县，在今日如新造邦。新国用轻典，忍加以严威乎？"由是一意招徕，拊循备至，笞杖之罚亦不忍看，只蒲鞭示辱而已。邑有虎，为文檄之，虎徙去，一时有仁慈之目。以报最，升江南邳州知州。邳为南北之冲，经高、黄骚扰，地益贫瘠，显忠治犍为者治之，然是时年已笃老矣，遂引疾归。虽宦囊如洗，仍捐祭田二十亩，买置西樵山义冢十余亩，以惠宗族，论者以为难。

王家屏　明末高明苏村人。崇祯八年（1635）拔贡。

［康熙八年］《高明县志》卷四《元明·恩岁贡》：阮埇人，崇祯乙亥年拔贡，任陆川县训导。

［康熙二十九年］《高明县志》卷十二《贡生·明》：苏村人，崇祯八年拔贡，任广西陆川训导。

区士璋　明高明人。崇祯八年（1635）拔贡。父学修。

［康熙八年］《高明县志》卷四《元明·恩岁贡》：清溪人，学修子，崇祯乙亥年拔贡。

梁梦卜　字赍良，明末三水龙池人。崇祯八年（1635）选贡，任湖北襄阳府判，代理汉阳府篆。

［康熙十二年］《三水县志》卷一《事纪》：明崇祯八年乙亥，诏开特科，拔廪生贡实两雍。（简甲科推知分考，主以督学。前场五艺，后场论、表、策。其监临提调、锁闱撤帘一如乡场规，虽分经阅卷，每学不逾一名，共录

---

①制艺：指八股文。

六十名。本学梁梦卜，戴经拔第五。）

［康熙四十九年］《三水县志》卷三《贡途·拔贡》：龙池人，崇祯八年特典，以《礼经》拔中第五名。

［嘉庆］《三水县志》卷十一《人物传·宦迹》：字赍良……以《礼经》拔第五名选贡，任襄阳府判，奉抚军何腾蛟委，署汉阳府篆。时有巨贼踞梗，黄安县亦新破，鸠①残黎勤抚字，有军功。值郡试，悉心校阅。有张希良者，年十三，善属文，得其卷叹曰："奇才也！"亟拔冠军，未几成进士，官翰林侍讲学士，佥颂知人。其强干廉明，楚省《通志》称其有古良吏风，崇祀名宦祠。

黄茂先　榜姓李，字大生，明末南海九江人。崇祯八年（1635）广西容县恩贡，十五年举人。父应鼇。

《南海九江乡志》卷三《选举·贡·崇祯八年乙亥超贡》：黄茂先。《选举·乡举·崇祯十五年壬午科》：字大生，由容县恩贡习《诗经》，中式第三十四名。卷四《文学列传·黄应鼇传》：字柱坤，号酉阳。幼聪颖孝友，经书过目成诵，弱冠遇藩、臬奖赏十六属上等，闯入风檐，倚马文字超迈，当道咸赞叹。朱孝廉凌霄署教新兴，延公西席，新令胡公一见若平生，欢延至家教子。日与曾隐君仕慎谈青乌之术，诗文行俱优，称士林翘楚。子茂先，孝廉。

《九江儒林乡志》卷十《选举略·明·贡生·崇祯八年乙亥》：榜姓李，字大生，岑溪籍恩贡，壬午举人。谨按：黎《志》容县恩贡，而广西选举则云岑溪籍，《通志》从之，当以岑溪籍为确。

黎天相　字吉夫，明末高明扶丽人。崇祯八年（1635）岁贡，子晔然顺治十一年（1654）岁贡。

［康熙八年］《高明县志》卷四《元明·恩岁贡》：罗俊人，岁贡，任广西隆安县教谕。卷十三《人物传·明》：字吉夫。孝友克敦，进修不倦。以岁贡授江西广信府铅山训，课士程艺。慕陆九渊、陆九龄、朱熹、吕东莱四贤之道，督修鹅湖书院，功勒石碑。时土官侬国奇破城，官民尽戮，惟相全家获免，乃盛德之报也。子晔然，顺治十一年岁贡。

［康熙二十九年］《高明县志》卷十二《贡生·明》：扶丽人，崇祯八年

---

①鸠：安置。

岁贡，任广西隆安县教谕。

邓之桢　（？—1647）字应桂，明末顺德水藤人。崇祯九年（1636）举人，任广西兴业知县时，抵御土匪死。妻陈氏，子瑞，孙太勋。

[康熙十三年]《顺德县志》卷六《明朝·乡举·崇祯丙子》：水藤人。

[康熙二十六年]《顺德县志》卷五《举人·明朝·崇祯九年丙子科》：邓之祯，水藤人。

[乾隆]《顺德县志》卷十四《节妇》：举人邓之正妻陈氏，水藤人，年十八于归。之桢中崇祯丙子乡科，任广西兴业县令寻卒。氏年二十六，苦志孀守，抚孤子瑞，教以读书。瑞于康熙甲子科中式，任澄海教谕。孙太勋，康熙癸巳亦登贤书。

[道光]《广东通志》卷二百八十六《列传十九·广州十九·邓之桢》：字应桂，顺德人。慷慨负气节，登崇祯丙子贤书。顺治四年任兴业令，土寇谭荣乱攻城，之桢率士民登陴守御。四月城破，之桢瞋目大骂不绝口，贼丛刃刺之遂死。

[咸丰]《顺德县志》卷二十四《列传四·明·邓之桢》：国朝顺治四年任兴业令，时西粤未入版图……城破被执……仆邹萃恒亦同骂贼死。

冯毓舜　字尔锡，号景符，明末南海九江人。崇祯九年（1636）举人，十三年特用进士。父皋。子迪瓒，顺治八年（1651）拔贡，任广东茂名教谕、福建浦城县丞。

[崇祯]《南海县志》卷四《乡举·明·崇祯丙子》：工部主事。

《南海九江乡志》卷三《乡举·崇祯九年丙子科》：中式第六十六名。《特用》（崇祯十三年庚辰科，奉旨特简科贡二百六十三人同日赐秩，照《会典》钦定进士例谒庙释褐，国子监立石题名）：字尔锡，号景符。由南海学习《诗经》，赐特用出身。初授北京刑部司务，升工部主事。永历二年奉旨赴行在供职，又奉旨实加一级。子迪瓒，庠生，署茂名教，升福建浦城县丞。《封赠》：冯皋，字仰泰，号峻岳，以子毓舜封工部营缮司主事。张氏，以子毓舜赠宜人。黄氏，以夫毓舜赠宜人。曾氏，以夫毓舜封宜人。卷四《封赠列传·冯皋传》：公少笃学能文，孝友敦挚。生平喜儒尊师，乐奖人善，里或嚣争质以一言辄解，训子姓和而严，义利一介不苟，督学魏公浣初扁闾表异。晚年悠游自足，耄耋犹以文义训子孙不倦，终始俭素澹如也。寿八十七。

《九江儒林乡志》卷十二《列传·明》：弱冠补博士弟子员……告归后值

鼎革，抗节起义，永明王赐敕褒美……黎刺史春曦撰《乡志》成，毓舜序之。（关增寿据《采访册》修）卷十《选举略·清·贡生·顺治八年辛卯》：冯迪瓒，字佩瑜，号澹庵，县学拔贡。初官茂名教谕，迁福建浦城县丞，署县事。父毓舜，特用。卷八《艺文略·集部·别集》：《奚囊诗集》，国朝冯迪瓒撰，据《采访册》。

刘兆衡　字本铨，明末南海人。崇祯九年（1636）举人。

［崇祯］《南海县志》卷四《乡举·明·崇祯丙子》：刘兆衡。

［道光］《广东通志》卷七十六《举人七·明·崇祯九年丙子·广州府》：南海人，字本铨。

刘伟　明末顺德逢简人。崇祯九年（1636）武举。

［康熙十三年］《顺德县志》卷六《明朝·武举》：逢简人，由三水庠，崇祯丙子科第十五名。

杜长乔　字仲培，明末清初南海白沙村人。崇祯九年（1636）举人，入清任广西义宁知县。寿八十二岁。

［崇祯］《南海县志》卷四《乡举·明·崇祯丙子》：杜长乔。

［康熙］《南海县志》卷十三《人物传·隐逸·清》：字仲培，白沙村人。领崇祯丙子乡荐。行品端方，潜心理学，居恒整襟危坐，湛默寡营，族戚、知交皆以道义勖。中岁遭世变，矢怀高尚，著《荔枝说》，寓脱屣尘坌、寄傲山林之概，人以逸民目之。年八十二卒。

［道光］《广东通志》卷七十六《举人七·明·崇祯九年丙子·广州府》：南海人，字仲培，国朝义宁知县。

李如春　字子木，明末南海人。崇祯九年（1636）举人。

［崇祯］《南海县志》卷四《乡举·明·崇祯丙子》：由府学。

［道光］《广东通志》卷七十六《举人七·明·崇祯九年丙子·广州府》：南海人，字子木。

吴宾王　明末顺德水藤人。崇祯九年（1636）武举。

［咸丰］《顺德县志》卷十一《武举·明·崇祯》：水藤人，丙子。

吴逢明 明顺德水藤人。崇祯九年（1636）举人。父坦。

［康熙十三年］《顺德县志》卷六《明朝·乡举·崇祯丙子》：水藤人，父坦。

吴夔初 字和先，明末南海人。崇祯九年（1636）举人。

［崇祯］《南海县志》卷四《乡举·明·崇祯丙子》：由番禺学。

［道光］《广东通志》卷七十六《举人七·明·崇祯九年丙子·广州府》：南海人，番禺学，字和先。

岑正功 明末顺德桂洲人。崇祯九年（1636）武举。

［乾隆］《顺德县志》卷十《武举·明朝·崇祯丙子》：桂洲人。

岑鼎新 明末顺德桂洲人。崇祯九年（1636）副贡。

［咸丰］《顺德县志》卷十一《副贡·明·崇祯》：桂洲人，丙子。

何崇焜 明末顺德桂圃人。崇祯九年（1636）举人，入清任广西博白知县。

［康熙十三年］《顺德县志》卷六《明朝·乡举·崇祯丙子》：平步人。

［咸丰］《顺德县志》卷十《举人·明·崇祯》：桂圃人，国朝知博白县……丙子科。

陈子高 字子瑞，明末南海人。崇祯九年（1636）举人。

［崇祯］《南海县志》卷四《乡举·明·崇祯丙子》：由从化学。

［道光］《广东通志》卷七十六《举人七·明·崇祯九年丙子·广州府》：南海人，从化学，字子瑞。

陈敏勉 明末南海魁岗堡（今属禅城）人。崇祯九年（1636）举人。祖应龙，祖母唐氏。兄敏性，十二年（1639）副贡；弟敏璿，同科举人。

［崇祯］《南海县志》卷四《乡举·明》：崇祯丙子，由府学。

［康熙］《广州府志》卷四十三《列女传三》：唐氏，南海庠士陈应龙妻，孝廉唐宪长女。孙敏性、敏勉继登科目，见在请旌。

［道光］《广东通志》卷七十六《举人七·明·崇祯九年丙子·广州府》：

南海人，弟敏璿。《崇祯十二年己卯·广州府》：陈敏璿，南海人，顺德学，兄敏性同科副榜。卷四十一《列传十·列女》：唐氏，魁岗堡庠生陈应龙妻。

冼鹏 字翻卿，号翀寰，明末清初南海人。崇祯九年(1636)，乡人准备兴兵御贼，他以自己的威望解散之。寿九十七岁。父灿垣，子国桢，国干。

［康熙］《南海县志》卷十三《人物传·耆寿·清》：字翻卿，号翀寰，系出高凉，散处南海，代有闻人。生而敏异，不沾沾章句，尤好形家十筮，书辄能淹贯。色养两亲，家贫，衣食或不给，不使二亲知。承父灿垣命，延师教子，力办脩脯。长子国桢、季子国干次第食饩，常期以圣贤之学，不以小得自满假也。营宗祠，夙夜鸠工，追远睦族之义独重。生平正直刚方，见义勇为。丙子冬，水寇窃发，乡人谋联。少年铸器设舰推鹏为主，鹏曰："汝等欲御乱耶？欲为乱耶？不遄①散，吾刃将斩汝矣！"遂各焚舟销兵，诸堡获宁，鹏之力也。最喜急人贫乏，僦屋多不取值。敬儒重道，终身不倦。康熙壬戌，国干成进士，桢亦是年岁荐。鹏享期颐之寿，人皆荣之。年九十七卒，以闰计之实，亦满百龄云。

林逢春 字孟育，号木翁，明末顺德龙山人。崇祯九年(1636)举人，次年进士，任浙江会稽、福建永定知县。十六年晋户部主事。父羽翱。子子瑜、子璟。

［崇祯］《南海县志》卷十一《隐逸·明·林羽翱传》：字汉直。少治举子业，为周、蒋二令公所器重。事母萧氏至孝，菽水承欢，无不备至，六十年如一日。母病久不起，告天愿以身代，旋获安，享年九十六。兄患恶病，躬调治之，弥月不忍去，兄亡存孤，一介不私。居家整肃，教子姓以忠孝。疏财喜与，虽罄筐弗顾。晚与名流结社，寄情诗酒，有《唱酬诗集》。子逢春，登崇祯丁丑进士。

［康熙］《南海县志》卷十二《人物传·循吏·明》：字孟育，号木翁，百岁翁宪副雪堂公玄孙也。生而颖悟，弱不好弄。十二能文章，酷嗜古学，为举业必规先正。居庠二十余年，督学张玮、蔡侃、张天麟皆以国士目之，绛帐授生徒指盈数千。丙子、丁丑联捷进士，出黄石斋之门，除会稽令。会故繁剧难理，民奸吏猾，春莅以至诚，人不敢欺。均九湖患田之累，调剂各

①遄（chuán）：快、疾速。

驿帮递之劳，民皆悦服。轮当掣盐，所清侵匿余羡悉申鹾院①积谷，后者大憾之。以弗谐上官左迁汀州幕，视篆永定。定在万山中，有物怪伤民男女，讼至，春徐曰："邪不胜正，第安之。"已而妖果息。流寇数千逼城，邑小无兵，人心汹汹。春誓集士民乘城分陴且守且战，遂擒渠魁，危垒获全，当路交章题叙。转理常州，申行要政六条，厘夙弊，革侈靡，上台韪之。在江浙雅意作人，如王自超、章贞、吴南岱、庄有筠辈胥其所造士也。癸未，转户部主事，督饷浙江，寻转本司员外。迁池州知府未拜，因抱病归隐龙山乡，一室仅蔽风雨，门人复请讲学，仍设科授徒。手不释卷，所辑《家乘》《识乘》《医书》《诗韵》《兰陵》《鄞江》诸集早出问世。年七十三卒。子子瑜，恩贡；子璟，岁贡，教谕。

［康熙］《广东通志》卷十五《选举上·广州府·封赠·明·南海》：林羽翱，以子逢春赠评事。

［嘉庆］《龙山乡志》卷二《乡事志·古迹》：烟还庄，庄在螺冈之阳。林太仆逢春隐于此，构亭种竹，一时名士题咏殆遍。今悉倾圮，唯《仙媛》诗尚存云。卷七《进士·明·崇祯丁丑》：南海籍，户部主事。卷八《行谊·林羽翱》：子逢春，登崇祯丁丑进士，官户部主事，赠如其官。

［道光］《广东通志》卷六十九《进士·明·崇祯十年丁丑刘同升榜·广州府》：南海人。主事、知府，国朝授参政。

［咸丰］《顺德县志》卷二十四《列传四·明·林逢春》：父羽翱（旧《志》目歧作凤翔）……寄籍南海县……除会稽令，地大而剧……逢春能发摘，人不敢欺。九湖田患累民，至即均其丁赋，调剂驿递使彼此相帮，役劳顿节。轮当掣盐，清出侵匿，以余羡申鹾院请移项积谷备荒，以规裁不便继者，缘是龃龉，中于上游……子子璟，西宁教谕。

招应昇　名一作应声，明末南海人。崇祯九年（1636）武举。

［康熙］《南海县志》卷五《武科·明》：崇祯丙子。

［乾隆］《南海县志》卷八《选举志·武科·明》：招应声，崇祯丙子。

罗侃　明末高明员冈人。崇祯九年（1636）岁贡。

［康熙八年］《高明县志》卷四《元明·恩岁贡》：员冈人，崇祯丙子年岁贡。

---

①鹾（cuó）院：掌管盐务的官署。

［康熙二十九年］《高明县志》卷十二《贡生·明》：员冈人，崇祯九年府学岁贡。

周铉 字玉生，又字象鼎，明末顺德龙江人。崇祯九年（1636）举人，十三年特赐进士，任江西雩都（今于都）知县。

［崇祯］《南海县志》卷四《乡举·明·崇祯丙子》：知县。

［道光］《广东通志》卷七十六《举人七·明·崇祯九年丙子·广州府》：南海人，字玉生，特赐进士。卷六十九《进士·明·崇祯十五年壬午·广州府》：南海人。

《龙江志略》卷一《编年·明》：崇祯十三年庚辰，赐周铉题名进士。

［民国］《顺德县志》卷八《选举表一·郭〈志〉补遗·举人·明》：由南海县学，中崇祯丙子科四十一名。龙江人。据《龙江乡志》。《选举表一·郭〈志〉补遗·进士·明》：字王生，又字象鼎。崇祯十三年庚辰考选，赐进士出身，任江西雩都县知县。

高元迈 一说名玄迈，明末顺德马滘人。崇祯九年（1636）举人，任广东龙川教谕，入清调海南感恩教谕。

［康熙十三年］《顺德县志》卷六《明朝·乡举·崇祯丙子》：高玄迈，龙山人，龙川教谕。

［康熙二十六年］《顺德县志》卷五《举人·明朝·崇祯九年丙子科》：马滘人，龙川县教谕。

［道光］《广东通志》卷七十六《举人七·明·崇祯九年丙子·广州府》：顺德人，新会籍。龙川教谕，国朝感恩教谕。

梁朝鑑 明末顺德上寮人。崇祯九年（1636）举人。

［康熙十三年］《顺德县志》卷六《明朝·乡举·崇祯丙子》：上寮人。

［道光］《广东通志》卷七十六《举人七·明·崇祯九年丙子·广州府》：顺德人，南海学。《顺德志》云番禺籍，《番禺志》无。卷二百八十《列传十三·广州十三·明·梁用逵传》：玄孙朝鑑，番禺籍，仍举崇祯丙子科。谨案：梁朝鑑为番禺籍中式，《顺德志》，不见《番禺志》，而《南海志·选举》及明本《题名录》则云由南海学。

梁景耀 名一作燿，字睿镇，明末清初南海人。崇祯九年

（1636）举人，清顺治十六年（1659）任广东河源教谕。祖柱；叔祖士介，嘉靖十九年（1540）举人。

［崇祯］《南海县志》卷十一《隐逸·明·梁柱传》：字彦乔，士介嫡侄。资性颖悟，言动每以名节自励。虽不事举子业，而博极群书、怡情诗赋有古逸士风。尝拾路上遗金，亟俟其人而还之。立《善恶簿》以劝戒子孙，族党惮其严厉焉，乡间有争斗者闻柱一言而解。晚年辟避俗园优游赋诗，著述颇富，有《村翁诗集》遗世。卒年八十余。子时澄，尤饱学乐善，著有《棣华诗集》。孙景耀崇祯丙子举于乡。

［康熙］《南海县志》卷五《选举志·明乡举·崇祯丙子》：教谕。卷十三《人物传·义行·明·梁柱传》：字产乔……孙景耀，崇祯丙子举于乡。

［道光］《广东通志》卷七十六《举人七·明·崇祯九年丙子·广州府》：南海人，字睿镇，教谕，一作燿。卷四十九《清·惠州府·河源县教谕训导·顺治朝》：南海人，十六年任教谕。

黄元捷　字日三，明末南海人。崇祯九年（1636）举人。

［崇祯］《南海县志》卷四《乡举·明·崇祯丙子》：黄元捷。

［道光］《广东通志》卷七十六《举人七·明·崇祯九年丙子·广州府》：南海人，字日三，国朝荔浦知县。

黄日宁　明末南海人。崇祯九年（1636）举人，任广东海阳教谕。其女嫁郭棐的孙子景相，顺治三年（1646）清军破广州，景相殉难，女亦投井死，公公阳龄合葬之。

［崇祯］《南海县志》卷四《乡举·明·崇祯丙子》：由府学，教谕。

［道光］《广东通志》卷七十六《举人七·明·崇祯九年丙子·广州府》：南海人，海阳教谕。

［道光］《南海县志》卷四十一《列传十·列女·明》：黄氏，孝廉日宁女，大桐堡生员郭景相妻，光禄正卿郭棐孙媳也。丙戌冬广州城破，景相殉难，黄亦携少女投井死。翁阳龄为殡之，合葬北门外，铭其墓曰：“夫死于难，妇死于节。白刃不回，渊冰表烈。”案：郝、阮两《通志》、张《郡志》此条皆编入番禺，且系之庚寅。然景相乃郭笃周孙，大桐堡人，其死难见魏《志》霍子衡传，黄即同时殉节似不容诬，特采而正之。

黄昌祯　字符昇，明末清初顺德甘竹右滩人。崇祯九年（1636）举人，授左军都督府都司，转中书、礼部主事，出使册封加太常卿。后隐居家乡。父士俊（1570—1655），弟昌祺、昌禧皆早卒，二姐妹分别嫁叶之炳、梁彦芳，均死节。

［康熙十三年］《顺德县志》卷六《明朝·恩荫》：甘竹人，以父士俊荫国子监，考授左军都督府都事，改授中书科舍人，升礼部主客司主事。

［雍正］《广东通志》卷五十《列女志二·清·各府》：黄氏二女，顺德人。一为参将叶之炳妻，归二载得一子。之炳从戎死难，妇闻之，托孤于其兄，投池水死。其女弟适梁奏昇，早寡，遗腹举孪生子，服阕呕血而死。二妇皆明大学士士俊之女。

［咸丰］《顺德县志》卷二十四《列传四·明·黄士俊》：子昌祯，字符昇，十二补诸生。崇祯丙子举于乡，考授左军都督府都司，转科中书、礼部主客主事，出使册封加太常卿。善书，好吟咏，著有《贲园诗集》。昌祺，字符鼎，以荫官工部虞衡主事。督造军器尽瘁卒，赠光禄寺卿，予祭葬，与弟昌禧皆早卒。（按：姚《志》昌祯、昌祺皆先卒，昌禧以荫为中书舍人，进礼部、工部主事，异，今从《采访册》。）

［民国］《顺德县志》卷十三《胜迹略·署宅·楼阁之属》：凤池阁在甘竹右滩乡，明太常黄昌祯读书处。《胜迹略·署宅·园林之属》：贲园在甘竹右滩乡，明太常黄昌祯隐居处。

黄屋　字章美，明末南海人。崇祯九年（1636）举人。祖汝凤。

［崇祯］《南海县志》卷四《乡举·明·崇祯丙子》：黄屋。卷十一《隐逸·明》：黄汝凤，字羽侯。生而警敏，彬彬文雅，禔躬事亲，敦服古道，乡党慕其行谊。至为人排难解纷，款款恳恳，各满其意而去。迄今里闾中犹有传其片言，以比太丘先生者。孙屋，登丙子乡荐。

［道光］《广东通志》卷七十六《举人七·明·崇祯九年丙子·广州府》：南海人，字章美。

黄葵日　字献君，号都华，明末南海九江人。崇祯九年（1636）举人，十三年进士。五十六岁卒。父应诏。

［崇祯］《南海县志》卷四《乡举·明·崇祯丙子》：由府学，进士。卷二《政事志·事纪·灾祥附·崇祯》：十四年大水。六月初三日，风雨迸集，水浸民居，丹桂等十八堡悉被淹没。三水大路峡水势建瓴，一概冲决，百万

生灵几为鱼鳖。知县朱光熙减仪从，驾农舟行湴淖①中，挥涕解衣，躬亲抚慰。申请发谷赈恤，仍筑圩堤以杜后患。又捐俸三十缗助修三水峡路基围，及申请两院司府助工，峡基始竣……绅衿黄葵日等有《道济天南歌谣诗刻》纪盛。

《南海九江乡志》卷三《选举·乡举·崇祯九年丙子科》：中式第二十四名。《选举·进士·崇祯十三年庚辰科》：字献君，号都华。由府学习《诗经》，赐同进士出身。初授北京大理寺评事，隆武行在升兵科给事中，永历行在补原官，寿五十六。卷四《先达列传》：公方就塾，文艺已空群。总角试戊午场，本房荐冠军，以孟义大结有“岭蛮瘴”语遂落第。淬励二十年成进士，房稿为海内推服，纸贵长安。筮仕廷尉，当四海鼎沸，奉差山左趱运，颠覆相寻。闽海方征，司谏兵垣，旋雪峰旗帜。忽改崧台，事多掣肘，徒旁皇于鸡声楫响，玉楼遽征矣。

［道光］《南海县志》卷二十《封荫·明崇祯朝》：黄应诏，以子葵日赠评事，据郝《通志》补。

《九江儒林乡志》卷八《艺文略·经部·诗类》：《诗经明训》一卷，明黄葵日撰，据梁佩兰本《墓志》。《艺文略·经部·四书类》：《四书出目》一卷，明黄葵日撰，据梁佩兰本《墓志》。

游尔泮　明末南海人。崇祯九年（1636）举人。

［崇祯］《南海县志》卷四《乡举·明·崇祯丙子》：游尔泮。

［道光］《广东通志》卷七十六《举人七·明·崇祯九年丙子·广州府》：南海人，国朝广西知县。

温瑞魁　明末顺德龙江人。崇祯九年（1636）岁贡。

［康熙六年］《西宁县志》卷六《明·恩岁贡》：顺德人，崇祯九年岁贡。

［康熙十三年］《顺德县志》卷六《明朝·岁贡·崇祯丙子》：龙江人，惠州府学训导。

［咸丰］《顺德县志》卷十一《岁贡·明·崇祯》：龙山人，惠州府教授。

彭耀　（？—1646）名或作曜，字著卿，明末顺德龙江乡人。崇祯九年（1636）举人，十三年特赐进士，任陕西延川知

①湴淖（bànnào）：烂泥、淤泥。

县。明亡后随丁魁楚、瞿式耜拥立桂王朱由榔，任户科给事中。往广州告谕唐王放弃帝号，被唐王臣下所杀。父士楚，子睿埙。

［康熙十三年］《顺德县志》卷六《明朝·乡举·崇祯丙子》：龙江人，庚辰特赐进士。《明朝·进士·崇祯庚辰特榜》：工部郎中。

［康熙二十六年］《顺德县志》卷五《举人·明朝·崇祯九年丙子科》：龙江人，延川县知县，升户科。《进士·明朝·崇祯十三年庚辰科特赐题名录用》：龙江人，户科给事，赠大理寺卿。

［乾隆］《广州府志》卷三十七《忠烈·顺德·明》：字著卿。崇祯己卯举人，为秦令有能声。顺治三年，汀州构变，丁魁楚等拥立桂王子永明王由榔于肇庆，耀任给事中。值唐王聿键、大学士苏观生退入广州，欲与魁楚共事，魁楚素轻观生，拒不与议。适唐王弟聿𨯁与大学生何吾驺自闽至，或倡兄终弟及议，观生等拥立聿𨯁，永明王遣耀与主事陈嘉谟赍敕往谕。耀过家拜先庙，托子与友人，至广州以诸王礼见，备陈天潢伦序及监国先后，语甚切至。因历诋观生诸人，观生怒，执杀之。后谥忠愍。

《龙江志略》卷一《编年·国朝》：顺治三年丙戌冬十一月，明桂王遣给事中彭曜宣谕唐王聿𨯁，不屈死之。

［咸丰］《顺德县志》卷十二《封赠（文阶）·明》：彭启则，龙江人，以孙曜死节赠；彭士楚，以子曜死节赠。大理寺卿。

谭遇春　明末顺德甘竹人。崇祯九年（1636）武举。

［康熙十三年］《顺德县志》卷六《明朝·武举》：甘竹人，崇祯丙子科，授御营都司。

黎士楚　字蒲徵，明末高明南河人。崇祯九年（1636）举人。十九年被人虏入山寨，家贫无法筹措赎金，人重其德，拨学校经费赎身。孙毓祥，康熙三十七年（1698）岁贡。

［康熙八年］《高明县志》卷一《事纪·清》：顺治三年夏四月，土贼掠南河墟地。（贼众千余，掳举人黎士楚等数十人还巢勒赎。自是贼锋益炽，民不安生者数载。）卷四《举人·明·崇祯九年丙子》：南河人。卷十三《人物传·明》：字蒲徵。守贫力学，和以与人。崇祯丙子乡书。淡泊自甘，义不苟取。丙戌年山寇劫隔河，掳士楚入寨勒赎金五百两，通学以按院柳寅东作养学校银五十两助之，其感动于人如此。

［康熙五十八年］《肇庆府志》卷十四《清·岁贡·高明》：黎毓祥，三十七年贡，高明县学康熙间贡。

［道光］《高明县志》卷十二《例贡·清》：黎毓祥，仙村人，康熙三十七年贡生。

［光绪］《高明县志》卷十二《清·岁贡·康熙朝》：黎毓祥，士楚孙，三十七年贡。

霍藻　字澹公，明末南海人。崇祯九年（1636）举人，十三年特赐进士。

［崇祯］《南海县志》卷四《乡举·明·崇祯丙子》：知县。

［道光］《广东通志》卷七十六《举人七·明·崇祯九年丙子·广州府》：南海人，字澹公，特赐进士。卷六十九《进士·明·崇祯十五年壬午·广州府》：南海人，户部主事。

李文灿　字兴韬，号韫庵，明末清初顺德陈村人。崇祯（1628—1644）恩贡，与碧江苏士许、三桂罗宁默同时有名。父际明。

［康熙十三年］《顺德县志》卷六《清朝·岁贡·顺治》：龙津人，父际明。

［康熙二十六年］《顺德县志》卷六《恩贡·明朝·崇祯》：陈村人，际明子。

［乾隆］《顺德县志》卷十三《文苑》：苏士许，字未人，碧江人。李文灿，字兴韬，号韫庵，陈村人。罗宁默，字仲恭，三桂人。文学渊瞻，擅才名。士许家贫好施，见饥者食之。里中河淤，倡众疏浚。游邑庠，工书善诗。诗好竟陵体，清迥拔俗，著有《相以居集》。文灿补博士弟子员，尝为西贼困七日，谈笑自若，喻以乡中贫苦，贼薄索而去，乡赖以安。素有“李书柜”之目，五言长城、三曹乐府兼而有之，著有《天山草堂》诸书。宁默寡言笑，读书默识。先世多藏书，咸窥其义。里党课文，经其甲乙无不悦服。善诗词，尤长于歌行古体，著有《偶然斋诗集》。香山李瑞隆称三人皆一时魁杰。

［道光］《广东通志》卷一百九十七《艺文略九·集部三》：《罗仲恭遗诗》，国朝罗宁默撰，未见。见《天山草堂集》李文灿序。谨案：宁默，贡生。《天山草堂集》二十二卷，国朝李文灿撰，存。《岭南贯珠集》之四。王鸣雷序略曰：李子韫庵苦心古文二十载，简视收听，肆坚忍之力于古文辞。撰史则古人洞若观火，著论则前事晰若列眉，序、记、赋、传各能穷高极妙。得意疾书，气之洁、骨之坚、法之古，大约得之史汉大家。往复流连于幽兰

芳草之间，既无宠辱以撄其胸次①，故著为文章具见梗概，亦可想见其人矣。《岭南五朝诗选》：文灿，贡生。《相以居诗集》，国朝苏士许撰，未见。《广东诗粹》：士许，字未人。

［咸丰］《顺德县志》卷十八《艺文略·集部·别集·清》：《相以居集》，国朝苏士许撰。《诗粹》：按士许字末人，诸生，工书，善诗画。

冼士鑑　字汝明，号台衡，明末清初南海佛山镇人。性喜山水，刘士斗请入幕府。晚以授徒为业，寿九十八岁。父圭九十四，母黎氏九十三。

［乾隆］《佛山忠义乡志》卷九《耆寿·明》：冼圭，九十四。《耆寿·清》：冼士鑑。

［民国］《佛山忠义乡志》卷三《建置志·内政·团局》：追冼圭、李舜孺诸乡先生致仕归，立嘉会堂以处理乡事，诸先生歿，乡人建乡仕祠祀之。清顺治四年，平黄头贼，立忠义营，旋废。卷九《氏族志·各姓祠堂》：台衡冼公祠，在东头塘边坊，祀明十世祖明征士台衡公。《记》曰："我十世祖台衡公祠，自康熙时卜筑于栅水蚬栏街……重念我台衡公一代名士，性癖泉林，东林诸胜多所点缀。"卷十四《人物志·隐逸·明》：冼圭，字端玉，号崑华。初攻举业弗售，乃折节为藩掾，公事勤劳，牍无丛脞。历任方伯交章保荐，以考最中式候选，将授邑令，圭以告养乞休。生平好义乐交与，与致仕乡先生李舜孺、梁完素等友善，倡设乡仕会馆、文会堂，以维持乡事及课乡子弟之俊秀者。尝以身作则，风励流俗。扶翼世教，乡人化之。歿年九十四，尚书李待问等率乡人建乡仕祠，以圭德望隆重为位以祀，至今馨香不绝。古所谓乡先生歿而祭于社者，圭真无愧矣。冼士鑑，字汝明，号台衡，冼圭子。少颖异，读书十行俱下，好学能文，惟不求闻达。放情山水，历访名山大川，足迹遍天下，所至名士倾心。南京左布政刘士斗礼致幕府，待以上宾，公卿争荐之，屡征不起。后旋乡教授诲人不倦，门下多贵显。寿九十八，例封文林郎、七品寿官。著有《七松轩集》十卷、《惇五堂课余钞》二卷。《耆寿·女寿表》：冼圭妻黎氏，九十三岁。

潘大魁　明末南海佛山镇人。国子生，任湖南永州府同知。崇祯时，辅佐郡守抵御流贼死。妻刘氏。

---

①撄：扰乱。胸次：胸怀、心里。

［乾隆］《佛山忠义乡志》卷八《义行·明》：由国子生历湖广永州府同知，有干才，郡守屡以难事见委，无不立办。崇祯时流贼犯郡城，大魁佐郡守极力捍御，俄外援不至，城竟破，贼入执大魁，骂贼不屈死之。卷九《列女·明》：刘氏，同知潘大魁妻。

黎尧宾　字赓台，明末清初南海白沙村人。府学学生，九次应试不中。崇祯间县修路，请求官府遵循古道免侵田地。寿七十二岁。

［道光］《南海县志》卷三十八《列传七·明·黎尧宾》：字赓台。少聪敏，事亲孝，有经济才，乡闾重之。充府庠，棘闱九战未售。崇祯间，邑令修筑各乡官路，尧宾偕众呈请藩司务循古道，无容迁就，以伤田亩，第令甃筑而已。县优奖之，匾曰“尚义勤公”。尧宾性喜排难解纷，周恤邻族，卒年七十有二。其继室谭氏，抚育七子二女，子孙五代相见，卒年百岁，人以为盛德之报云。

区黉遇　明末高明阮埇人。崇祯十年（1637）岁贡。

［康熙八年］《高明县志》卷四《元明·恩岁贡》：阮埇人，由府学，崇祯丁丑年岁贡。

李逢登　明末三水胥江人。崇祯十年（1637）岁贡。

［康熙四十九年］《三水县志》卷三《贡途·岁贡》：胥江人，崇祯十年，通省贡元。

罗文进　（1608—1699）字惠君，明末清初顺德大良人。寿九十二岁。

［乾隆］《顺德县志》卷十四《耆寿》：字惠君，大良人。生万历戊申，终康熙己卯，寿九十二。

罗守昌　明末清初高明城中人。崇祯十年（1637）、顺治十年（1653），众推督理大沙堤。康熙元年（1662）恩贡，八年修《高明县志》。父仪万历三十七年（1609）岁贡。

［康熙八年］《高明县志》卷四《清恩岁贡》：员冈人，康熙元年恩贡。卷六《建置志·城池·城》：崇祯三年夏五月，老香山潦涨入城……东门外坭

春子城俱崩，生员麦而炫、罗守昌、李天瑞等举呈知县萧易以砖砌。卷十《兵防志》：邑候选恩贡生罗守昌分辑。卷十一《水利·圩岸·大沙堤》：万历十四年，众赴岭西兵巡道，呈保乡官罗焕章总理前事，亲踏查核各甲历年推收并各新包围内子堤税，增入该属甲下……崇祯丁丑、顺治癸巳，众举罗守昌督理。康熙四年，知县鲁杰捐俸买桩牌，委严柱廷督筑巩固，逃户归，民复业，咸歌功德。

[康熙二十九年]《高明县志》卷十《水利志·堤岸》：大沙堤，康熙三年基崩，五口屡筑屡倾……墟长严柱廷竭力督众筑复巩固，通围赖其功焉。

[道光]《高明县志》卷十二《贡生·清》：城中人，康熙元年恩贡。

罗朝缙　明末高明员冈人。崇祯十年（1637）岁贡。

[康熙八年]《高明县志》卷四《元明·恩岁贡》：员冈人，崇祯丁丑年岁贡。

胡鳌　（1608—1704）字尊孔，号仲隆，明末清初顺德桂洲人。寿九十七岁。子琚、琪；孙斯盛。

[乾隆]《顺德县志》卷十四《耆寿》：字尊孔，号仲隆，桂洲人。生万历戊申，终康熙甲申，寿九十七。两受恩赐粟帛。生平端方朴直，博览经史，人多景仰。长子琚，质实有父风，寿八十有四。次子琪，番禺邑庠。孙斯盛，乾隆己未进士，授高州教授。

黄国英　字而灿，号涵海，明末南海九江人。崇祯十年（1637）岁贡。

《南海九江乡志》卷三《选举·贡·崇祯十年丁丑岁贡》：字而灿，号涵海。由西宁学习《书经》，廷试授福建永安训导。

[康熙六年]《西宁县志》卷六《明·恩岁贡》：南海人，崇祯七年岁贡。

黄象奎　字攀汉，号两玄，明末南海九江人。崇祯十年（1637）岁贡。

《南海九江乡志》卷三《选举·贡·崇祯十年丁丑岁贡》：字攀汉，号两玄。由南海学习《诗经》，未赴廷试。寿七十三。子鸣驹，庠生。卷四《贡元列传》：公幼颖悟，十岁能文，从叔庠生献贞学。未冠领县批，试辄冠军，棘闱十二次。辛酉进士陈公沃心拟首荐，后觅卷不见……甲子副榜，督学魏浣初批贡卷云“才士也”。

黄道著 明末高明人。崇祯十年（1637），与谭道权为墟长，筑佛凹基。

［康熙八年］《高明县志》卷十一《水利·圩岸·佛凹堤》：在县东南二十五里三洲围内。一十三村屡被杨梅潦水之患。于崇祯十年，合众保众耆老黄道著、谭道权为墟长，筑塞佛凹基。经按院柳寅东委府推官王绍美勘审，自后永无潦患。

黎庶瞻 明末顺德鹭洲人。岁贡，崇祯十年（1637）任高明训导。

［康熙八年］《高明县志》卷三《秩官·明·训导》：顺德人，由岁贡，崇祯十年任。

［康熙十三年］《顺德县志》卷六《明朝·岁贡·崇祯》：鹭洲人，肇庆府学教授。

劳严氏 （1609—1708）女，明末清初顺德羊额人。百岁。夫劳起运。

［乾隆］《顺德县志》卷十四《寿妇》：劳起运妻严氏，劳村人。生万历己酉，卒康熙戊子，寿百岁。

区鸣天 明末高明官当人。崇祯十二年（1639）岁贡。

［康熙八年］《高明县志》卷四《元明·恩岁贡》：清溪人，岁贡，任归善县训导。

［道光］《高明县志》卷十二《贡生·明》：官当人，崇祯十二年岁贡，任归善训导。

孔济美 字文彦，明末南海人。崇祯十二年（1639）举人。

［崇祯］《南海县志》卷四《乡举·明·崇祯己卯》：孔济美。

［道光］《广东通志》卷七十六《举人七·明·崇祯十二年己卯·广州府》：南海人，字文彦。

冯甘雨 字沛生，明末南海人。崇祯十二年（1639）中举。

父志皋，母丘氏。

[崇祯]《南海县志》卷四《乡举·明·崇祯己卯》：冯甘雨。

[康熙]《广州府志》卷四十二《列女传一》：丘氏，南海人。年十九岁适夫冯志皋，生一子。越四年夫亡时称未亡人，龄仅二十三也，子甫一岁。家贫难以为给，父母欲夺其志，矢曰："幸有子，奈何弃诸?"于是女红养翁姑，孀守义方教子。年六十终，后子甘雨领崇祯己卯贤书。

[道光]《广东通志》卷七十六《举人七·明·崇祯十二年己卯·广州府》：南海人，字沛生。

冯琎　（？—1665）名一作琏，字玺若、晋叔，明末清初南海大富堡（今属禅城张槎）人。崇祯十二年（1639）举人，顺治九年（1652）任广东化州学正，擢福建漳浦知县卒。弟梦兆。

[崇祯]《南海县志》卷四《乡举·明·崇祯己卯》：由府学。

[康熙]《南海县志》卷十二《人物传·循吏·清》：字玺若，大富堡人。天资英敏，弱冠有声郡庠。营父圹躬亲负土，侍母药衣不解带，教诸弟成名，人以孝友称之。以麟经领己卯乡荐，顺治壬辰选化州学正。化地经兵燹，学宫榛芜，力请上台修葺。月课诸生勖以德业，贫丧葬无资者捐俸助之。学使者王廷璧、监察张问政以最荐，转福建漳浦知县。漳冲而疲，甫莅任值界海迁民、靖藩移镇，左画方而右画圆皆出一手经营，上台以勤慎之奖。夙夜拮据，积劳成病。康熙癸卯，闽闱分考，得方旭、朱翰春等七人皆名士。乙巳病告弗获，竟卒于任。卒日昧爽①，城隍庙祝者见琎公服入庙，正属纩时也，漳人士传而志之。榇回，漳民挂楮道旁，泣送者数十里。

[道光]《广东通志》卷七十六《举人七·明·崇祯十二年己卯·广州府》：南海人，字晋叔。卷五十二《清·高州府·化州学正训导·顺治朝》：冯琏，广州人，举人，学正。

[道光]《南海县志》卷二十《举人·明崇祯朝》：冯琏……己卯科。卷二十六《艺文略二·集部》：《石濑堂集》，国朝冯琎撰，据《广东诗海》。

刘良斌　明末顺德谭义人。崇祯十二年（1639）武举。

[康熙二十六年]《顺德县志》卷六《武举·明朝·崇祯》：谭义人。

---

①昧爽：拂晓、黎明。

刘明新 明末三水横村人。崇祯十二年（1639）举人。

[康熙四十九年]《三水县志》卷三《乡举·明朝·崇祯己卯科》：横村人，由本学中式，第二名。

吕梦龙 字公望，明末清初顺德马冈人。崇祯十二年（1639）举人，清顺治十一年（1654）任广东普宁县教谕。

[康熙十三年]《顺德县志》卷六《明朝·乡举·崇祯己卯》：马冈人，普宁学教谕。

[道光]《广东通志》卷七十六《举人七·明·崇祯十二年己卯·广州府》：顺德人，字公望。卷五十《清·潮州府·普宁县教谕训导·顺治朝》：顺德人，十一年任，教谕。

麦普济 明末顺德麦村人。崇祯十二年（1639）武举。

[咸丰]《顺德县志》卷十一《武举·明·崇祯》：麦村人……己卯。

麦懋藻 字去华，明南海人。崇祯十二年（1639）举人。父秀岐，子耀先。

[崇祯]《南海县志》卷四《贡·明》：崇祯恩贡，己卯举人。卷十一《人物列传·麦秀岐传》：仲子懋藻，崇祯己卯举于乡。

[道光]《广东通志》卷七十六《举人七·明·崇祯十二年己卯·广州府》：南海人，字去华。父秀岐，子耀先。

苏奠安 明末顺德桑麻人。崇祯十二年（1639）武举。

[咸丰]《顺德县志》卷十一《武举·明·崇祯》：桑麻人，己卯。

李应星 字炳垣，一说字台炳，明末顺德马宁人。崇祯十二年（1639）举人。祖静轩，叔少轩。

[康熙十三年]《顺德县志》卷六《明朝·乡举·崇祯己卯》：马宁人。卷九《百岁》：李静轩，马宁人……孙应星，少游庠序，中式崇祯己卯科乡荐。李少轩，静轩之子，应星之叔……子寿人，郡庠生。

[道光]《广东通志》卷七十六《举人七·明·崇祯十二年己卯·广州府》：顺德人，字台炳。

［咸丰］《顺德县志》卷十《举人·明·崇祯》：字炳垣，马宁人……己卯科。

李若泌 明末清初顺德赤花人。崇祯十二年（1639）恩贡。

［咸丰］《顺德县志》卷十一《恩贡·明·崇祯》：赤花人，己卯，通政司知事。

杨邦翰 （约1610—?）明末南海佛山镇人。崇祯三年（1630）举人，次年进士，任江苏溧水知县、福建福州知府，辞归。祖茂先，父应聘。

［崇祯］《南海县志》卷四《乡举·明·崇祯庚午》：进士。《进士·明·崇祯辛未》：知府。《封赠·明》：杨应聘，以子邦翰封工部郎中。卷十《人物列传·杨茂先传》：子应聘，叨恩南工部尚书郎。孙邦翰以弱冠成崇祯辛未进士……茂先为福州府司李，邦翰后为福州府太守。闽人既为司李崇祀名宦，复为太守特建生祠，以志世德之报云。

［雍正］《广东通志》卷三十二《进士·明·崇祯四年辛未陈干泰榜》：番禺人，太仆卿。卷四十五《人物传·明·南海》：初任溧水令，省徭宽赋能爱民，分校南闱能得士。以最绩擢部曹①，堂考有"清操练达"之语。授福州郡守值军变，开诚抚谕，咸遵约束。迁粤西学使，以终养辞归。卒祀乡贤。

［乾隆］《佛山忠义乡志》卷四《进士·明·崇祯辛未》：太仆寺少卿，原番禺县人。

杨魁鼎 明末南海人，一作顺德人。崇祯十二年（1639）举人。

［崇祯］《南海县志》卷四《乡举·明·崇祯己卯》：冒籍题革。

［雍正］《广东通志》卷三十三《举人·明·崇祯十二年己卯乡试榜》：顺德人。

［道光］《广东通志》卷七十六《举人七·明·崇祯十二年己卯·广州府》：郝《志》作顺德人，《顺德志》无，旧《南海志》云冒籍题革。

吴应期 明末南海人。崇祯十二年（1639）岁贡。

---

①部曹：旧指京师各部司官。

［崇祯］《南海县志》卷四《贡·明》：吴应期。

［道光］《南海县志》卷二十《贡生荐辟·明崇祯朝》：己卯岁贡。

岑骏功　明末顺德桂洲人。崇祯十二年（1639）武举。

［乾隆］《顺德县志》卷十《武举·明朝·崇祯己卯》：桂洲人。

何光汉　明末高明石岐人。崇祯十二年（1639）任广西廉州府仓大使。

［康熙二十九年］《高明县志》卷十二《吏职·明》：崇祯十二年任廉州府仓大使，清溪都人。

［道光］《高明县志》卷十二《吏职·明》：石岐人，崇祯十二年任廉州府仓大使。

何廷宾　（1610—1707）明末清初顺德羊额人。寿九十八岁。子骥生，寿八十五岁；大成，寿九十一岁。

［乾隆］《顺德县志》卷十四《耆寿》：羊额人。醇谨厚重，闾里称为长者。生万历庚戌，终康熙丁亥，寿九十八，两蒙恩赐粟帛。长子骥生，寿八十五；季子大成，授八品顶戴，寿九十一。父子兄弟，一门寿考。

何若超　字应元，明末顺德霞石人。崇祯十二年（1639）举人。

［康熙十三年］《顺德县志》卷六《明朝·乡举·崇祯己卯》：霞石人。

［道光］《广东通志》卷七十六《举人七·明·崇祯十二年己卯·广州府》：顺德人，字应元。

佘梦鲤　明末顺德马冈人。崇祯十二年（1639）武举。父述周。

［康熙十三年］《顺德县志》卷六《明朝·武举·崇祯己卯》：马冈人，原本学生员，父述周。

张上科　字养哲，明末清初南海魁岗堡人。崇祯十二年（1639）贡生，顺治间任湖北华容知县辞归。

［崇祯］《南海县志》卷四《贡·明》：科贡。

[康熙十三年]《顺德县志》卷六《明朝·恩贡·崇祯》：南海人，己卯副榜贡，华容县知县。

[康熙]《南海县志》卷十二《人物传·循吏·清》：字养哲，石湾人。登崇祯己卯乙榜，国朝考选知县，筮仕湖广华容令。革用下下而赋上下，役重民困。科力请优恤，罢一切杂征，廉以持己，宽以御下，耗羡、赎锾毫无私入，故贪橐敛迹，百姓乐业。雅意作人，张兆华捷南宫，孙枝、潘登州获隽，皆科所造士也。及解组，华人建祠祝之。天性孝友，恬静无营，归林下，淡薄不异寒士。

[道光]《南海县志》卷三十九《列传八·清·张上科》：魁岗堡人。顺治间考选知县……

张国基　明顺德桂洲人。崇祯十二年（1639）乡贡。父焕。

[康熙十三年]《顺德县志》卷六《明朝·恩贡·崇祯己卯》：桂洲人，父焕，己卯副榜贡。卷七《人物传一·德业·张焕传》：子国基，崇祯己卯科贡，品行端方，为文冲融大雅。八战棘闱，三列乙榜，入北雍肄业。

陈永觉　明顺德古朗人。崇祯十二年（1639）副贡。

[康熙十三年]《顺德县志》卷六《明朝·恩贡·崇祯》：古朗人，己卯副榜贡。

陈光祐　明末顺德龙山人。崇祯十二年（1639）武举。

[民国]《顺德县志》卷八《选举表二·郭〈志〉补遗·武举》：龙山人，崇祯己卯科。

陈兆相　明末南海人。崇祯十二年（1639）举人，入清任广西富川知县。

[崇祯]《南海县志》卷四《乡举·明·崇祯己卯》：由府学。

[道光]《广东通志》卷七十六《举人七·明·崇祯十二年己卯·广州府》：南海人，国朝富川知县。

陈官顺　（约1610—?）字方和，号介庵，明末清初南海九江人。崇祯三年（1630）举人，清康熙五年（1666）任广东连平州学正。父学礼。

[崇祯]《南海县志》卷四《乡举·明·崇祯庚午》：陈官顺。

《南海九江乡志》卷三《选举·乡举·崇祯三年庚午科》：字方和，号介庵。由南海学习《礼记》，中式第三十八名。卷四《潜德列传》：陈学礼，字起中，号象平。性质醇厚，学博行修。遵王父郡庠生准家训，从伯大参万言、少府良珍咸器重之。家甚贫，馆谷四十年怡然自乐，及门多有声庠序及登贤书者。处乡族辄解困周急，有贷尝不能还者出束脩代偿，人争慕义。著《礼记删要》五卷、《四书参玄》五卷、《家训》一卷、《思亲诗》一卷。仲子官顺，弱冠领乡荐。

[康熙]《广州府志》卷二十七《选举志上·乡举·明·南海》：崇祯庚午，学正。

[道光]《广东通志》卷四十九《清·惠州府·连平州学正训导·康熙朝》：南海人，五年任，学正。

《九江儒林乡志》卷十《选举略·明·举人·崇祯三年庚午科》：初官琼山教谕，迁连平州①学正，擢广西怀集知县。谨按：《县志》止载学正，未核。

陈国新 字若文，号柳湾，明末南海九江人。崇祯十二年（1639）贡。

《南海九江乡志》卷三《选举·贡·崇祯十二年己卯科准贡》：字若文，号柳湾。由番禺学习《礼记》，中乙榜第四名，准贡入北京国子监肄业。考定知县职衔，给假回籍应乡试。

《九江儒林乡志》卷十《选举略·明·贡生·崇祯十二年己卯》：廷试第一，授知县不赴。谨按：副榜准贡自是科始。

陈觉显 明末南海人。崇祯十二年（1639）贡。

[道光]《南海县志》卷二十《贡生荐辟·明崇祯朝》：己卯科贡。

陈彩 字美公，明末清初顺德平步人。崇祯十二年（1639）乡试乙榜，贡入国子监。顺治八年（1651）中举，次年进士，十二年（1655）分校礼闱，次年转江右宪副，补湖北盐法道，迁江南苏、松、常三郡参政，病卒。父殷鼎。

---

①连平州：地处广东省北部，新丰江上游。

［崇祯］《南海县志》卷四《贡·明》：科贡，由顺德学。

［康熙十三年］《顺德县志》卷六《明朝·恩贡·崇祯》：南海人，己卯副榜贡。辛卯举人，壬辰进士。卷八《人物传二·德业》：字美公，先世自闽入粤。由顺德诸生己卯副榜贡，顺治辛卯闱荐，壬辰联捷进士。考选弘文院庶吉士，升秘书院编修。乙未会试分闱，取士皆一时名彦。丙申，奉命借才风宪，出为岭北宪副。奉裁，寻补湖广鹾使，裕国便民，恤商清课。参藩江南，苏、松、常诸郡称繁剧地，莅任廉介自守，百度整肃。粮饷供应并不派及民间，刑清政简，水利通达。署观察事，廉能有声。回籍葬母，病卒于里，遗橐萧然。彩为人仁孝慎重，寡交明志，淡薄有寒士风。自为诸生，至官翰苑，终日览诵经史，手不释卷，考求前代得失，校论异同，著有《鸿笑轩集》。长子于朝，才慧，随任卒于楚。聘众涌卢搏之女，未字奔丧，矢志守节，邑里称钦。

［康熙］《南海县志》卷五《选举志·清进士·顺治壬辰》：庶吉士，历仕苏松参政。卷十二《人物传·循吏·清》：先世自闽入粤，占籍南海。彩美丰仪，颖敏力学。己卯乡试乙榜，准贡赴雍，积考得县职弗就，归益淬厉。顺治辛卯举葩经第三人，壬辰赴试南宫，大宗伯胡世安①一见亟叹赏之，联捷成进士……乙未分校礼闱，所取士如顾豹文②、徐元珙③、王士禛辈皆海内名彦。丙申外转江右宪副，政声籍甚……迁江南苏、松、常三郡大参……综稽白粮，裁核耗赠，民间欢然。署观察事，公明为江南冠。既而诖误，回籍葬母，遽病卒于里门。先是，彩在姑苏参藩，有州县军公奏销浮冒，彩以失察诖议。继奉部驳行察正，值彩物故，士林惜之……著《鸣笑轩集》行世。

［康熙］《广东通志》卷十五《选举上·广州府·封赠·清·南海》：陈殷鼎，以子彩赠湖广副使。

［乾隆］《顺德县志》卷十《举人·清朝·顺治辛卯》：南海籍平步人。

［道光］《广东通志》卷七十七《进士·清·顺治九年壬辰邹忠倚榜·广州府》：顺德人，南海籍。二甲，庶吉士，苏松参政。

［道光］《南海县志》卷二十《贡生荐辟·明万历朝》：丙子岁贡，魏

①胡世安，字处静，别号菊潭，四川井研人。明崇祯元年（1628）进士，累官詹事府少詹事。

②顾豹文：字季蔚，号且菴，浙江杭州人。清顺治十二年（1655）进士，除真阳知县，出按湖广。著有《世美堂集》。

③徐元珙（？—1688），字辑五，江苏武进人。清顺治十二年进士，授刑部主事。出为山西冀宁南道参议。

《志》作科贡。

陈敏性 明末南海魁岗堡（今属禅城）人。崇祯十二年（1639）副贡。祖应龙，祖母唐氏。弟敏勉，九年举人；敏璿，十二年同科举人。

[崇祯]《南海县志》卷四《贡·明》：科贡。

[康熙十三年]《顺德县志》卷六《明朝·恩贡·崇祯》：南海人，己卯副榜贡。

[道光]《广东通志》卷七十六《举人七·明·广州府》：弟敏璇，兄敏性同科副榜。

陈敏璿 明末南海魁岗堡（今属禅城）人。崇祯十二年（1639）举人。祖应龙，祖母唐氏，兄敏性十二年同科举人、敏勉九年举人。

[崇祯]《南海县志》卷四《乡举·明·崇祯己卯》：由顺德学。

[康熙十三年]《顺德县志》卷六《明朝·乡举·崇祯己卯》：南海人。

[道光]《广东通志》卷七十六《举人七·明·崇祯十二年己卯·广州府》：兄敏性，同科副榜。

罗之玉 （？—1647）字田生，明末南海江浦人。崇祯十二年（1639）举人。追随唐王聿鐭，任佥都御史。唐王自杀，之玉投火窑死。

[崇祯]《南海县志》卷四《乡举·明·崇祯己卯》：由番禺学。

[道光]《广东通志》卷七十六《举人七·明·崇祯十二年己卯·广州府》：南海人，番禺学，字田生，兵科给事中。卷二百八十五《列传十八·广州十八·明·苏观生传附》：南海江浦人，汝泾曾孙。倜傥有大志，崇祯己卯举于乡。顺治三年十一月，故明大学士何吾驺奉唐王驻会城，之玉从苏观生尊拥立之，以之玉为佥都御史。十二月十五日，大兵入广州，观生自缢死。聿鐭方事阅射，仓皇逾城走，之玉闻变，追至龙津罗村冈。十八日谋奔肇庆，为追兵所获，聿鐭不食投缳死，之玉从死于瓦窑。其子追至，玉尸已不存，归奉衣冠葬于西樵之广朗坪。

罗文在 明末顺德大良人。崇祯十二年（1639）副贡。

［咸丰］《顺德县志》卷十一《副贡·明·崇祯》：大良人，己卯。

罗琦　又作梁琦，字玮甫，明末顺德沙浦人。崇祯十二年（1639）举人，入清任广西平南县教谕。

［道光］《广东通志》卷七十六《举人七·明·崇祯十二年己卯·广州府》：顺德人，字玮甫。见《五山志林》。而《顺德志》、郝《志》俱失载，明《题名录》又作姓梁，字伟甫。国朝平南教谕。

［咸丰］《顺德县志》卷十《举人·明·崇祯》：字玮甫，沙浦人，国朝平南县教谕。按：旧《志》均漏，明《题名录》作梁姓、字伟甫，阮《志》据《五山志林》作沙步村人，今从《采访册》……己卯科。

柯拂云　字修伯，明末南海人。崇祯十二年（1639）举人。

［崇祯］《南海县志》卷四《乡举·明·崇祯己卯》：由府学。

［康熙］《广东通志》卷十五《选举上·广州府·举人·明·番禺》：崇祯己卯。

［道光］《广东通志》卷七十六《举人七·明·崇祯十二年己卯·广州府》：南海人，字修伯，监运道。

钟子虬　明顺德龙山人。崇祯十二年（1639）副贡。

［康熙十三年］《顺德县志》卷六《明朝·恩贡·崇祯》：龙山人，己卯副榜贡。

梁佑逵　一说名祐逵，字渐子、佑新，别字纪石子，明末顺德泮浦人。祖祖鳌，祖母苏氏。崇祯十二年（1639）举人，入清出家为僧。

［康熙十三年］《顺德县志》卷六《明朝·乡举·崇祯己卯》：梁祐逵，泮浦人。卷九《节义传》：苏氏，碧江苏我松长女，泮浦梁祖鳌妻，孝廉梁祐逵祖母也。

［乾隆］《顺德县志》卷十三《文苑》：字渐子，别字纪石子。泮浦人，六岁从父徙居羊城。十五通《春秋》胡、左二传，尤精史学。寝食古事，好踳驳，积成帙，颜曰《私案书》十卷。客有见者奇而袖见邑令，令欲罗之幕下不应。既籍诸生谒令索前书，以无兼本告弗还。慨然曰：“全子栖三焚文稿，苏允明亦自悔少作，奈何享敝帚以千金耶？”崇祯己卯登贤书，益肆力于

列史，综其异同、别其流派，纂为《史眉》。鼎革后，弃儒冠为僧。

[道光]《广东通志》卷七十六《举人七·明·崇祯十二年己卯·广州府》：顺德人，字佑新。卷一百九十六《艺文略八·集部二》：《绮园蕉筒集》，明梁佑逵撰，存。《代耕编》，明梁佑逵撰，未见。黎遂球序。

谭相国 字起臣，明末高明大唐冈人。崇祯十二年（1639）举人，教书为业。顺治四年（1647），参加陈子壮领导的抗清活动，与麦而炫率众往新兴。妻李氏。

[康熙八年]《高明县志》卷四《明·举人·崇祯十二年己卯》：大唐冈人，经魁。卷十三《人物传·明》：字起臣。性孝友节义，博通群籍，□生徒焉。卷十四《列女传》：李氏，举人谭相国妻。娶东堡李贞吾次女。卷一《事纪·清》：顺治四年秋八月，陈子壮入城。（先是，本邑进士麦而炫、举人谭相国等率众往新兴。）

[道光]《高明县志》卷十三《人物传·明》：以五经教授生徒焉。

黎龙瑞 明顺德桑麻人。崇祯十二年（1639）副贡。

[康熙十三年]《顺德县志》卷六《明朝·恩贡·崇祯》：桑麻人，已卯副榜贡。

黎思汲 明末南海人。崇祯十二年（1639）贡。

[崇祯]《南海县志》卷四《贡·明》：科贡。

[道光]《南海县志》卷二十《贡生荐辟·明崇祯朝》：已卯贡。

夏昌期 明末高明横冈人。崇祯十四年（1641）岁贡。

[康熙八年]《高明县志》卷四《元明·恩岁贡》：夏昌期。

[康熙二十九年]《高明县志》卷十二《贡生·明》：横冈人，崇祯十四年岁贡。

马厚扬 明末顺德扬滘人。崇祯十五年（1642）岁贡。

[咸丰]《顺德县志》卷十一《岁贡·明·崇祯》：杨滘人，壬午。

区光表 字炳兹，明末高明官当人。崇祯十五年（1642）岁贡。

［康熙八年］《高明县志》卷四《元明·恩岁贡》：清溪人，崇祯癸未年补贡。任云南楚雄府通判，署知州事。卷十三《人物传·明》：字炳兹。聪敏力学，笃于孝友。尤善事后母，家素贫，常以廪饩供菽水，内外无间言。补崇祯癸未岁贡，授贵州镇远令，迁云南、广西府判，课耕宽刑，讼狱衰息。调烦楚雄府，寻署沾益州，循声不替。

［康熙二十九年］《高明县志》卷十二《贡生·明》：清溪人，崇祯十五年补岁贡。仕至云南楚雄府通判，署□□事。

［道光］《高明县志》卷十二《贡生·明》：官当人，崇祯十五年补岁贡。仕至云南楚雄府通判，署知州事。

邓研聪　（？—1647）明末顺德龙山人。崇祯十五年（1642）举人。在陈邦彦手下，招降余龙，战死。

［康熙十一年］《东安县志》卷七《选举志·进士·明·崇祯壬午科》：顺德人。

［康熙十三年］《顺德县志》卷六《明朝·乡举·崇祯壬午》：龙山人。

［乾隆］《东安县志》卷三《选举志·举人·明》：顺德人附籍，崇祯壬午科第三十七名。

［道光］《广东通志》卷七十六《举人七·明·崇祯十五年壬午·罗定州》：原顺德人，东安籍，御史。

［嘉庆］《龙山乡志》卷二《乡事志·坊表》：忠义世庐，在沙富腾蛟里，为举人邓研聪建。

［咸丰］《顺德县志》卷二十四《列传四·明·陈邦彦传》：邓彦聪……亦在邦彦门。治惆使同往招余龙，战黄连，与龙俱死。王表其庐。

冯大进　明末南海人。崇祯十五年（1642）武举。

［康熙］《南海县志》卷五《选举志·武科·明》：崇祯壬午。

冯光璧　字子真，明末清初南海人。崇祯十五年（1642）举人，清顺治三年（1646）为乡正。寿六十八岁。

［崇祯］《南海县志》卷四《乡举·明·崇祯壬午》：由东安学。

［康熙十一年］《东安县志》卷七《选举志·进士·明·崇祯壬午科》：南海人。

［康熙］《南海县志》卷十三《人物传·隐逸·清》：字子真……少颖异，四岁能诵古文词，长益肆力古学。年十八丁父忧，哀毁骨立，绝荤寝块，丧

葬如礼。事母尤孺慕。兄早世，抚孤如己子。癸未，公车南还，即隐居教授。丙戌、丁亥间，岭海骚攘，群盗窃发，父老忧惧，咸以璧积行服众，遂联二十四乡推为乡正。璧一本至诚，扶弱抑强，保障安堵，桑梓赖之。尝取剧盗于巨室，制奸弁于将幕，人莫敢难，其救难商不受馈金、脱乡民于盗扳、倡赈活饥尤其著者。生平于书无不读，尤研精性理乐律、皇极经世诸书，所著有《春秋订义》《纲鉴贯珠录》《雪涧集》，藏于家。卒年六十八。

［乾隆］《东安县志》卷三《选举志·举人·明》：南海人，附籍。崇祯壬午科，同解元钟丁先榜。

［道光］《南海县志》卷二十五《艺文略一·经部·四书类》：《四书管豹》，明冯光璧撰，据魏《志》。

冯继异　明末高明坐阁根人。崇祯十五年（1642）副贡。

［康熙八年］《高明县志》卷四《元明·恩岁贡》：杨梅人，恩贡，任潮阳县训导。

［康熙二十九年］《高明县志》卷十二《贡生·明》：杨梅人，崇祯十五年壬午科副榜贡，任潮阳县训导。

［道光］《高明县志》卷十二《贡生·明》：坐阁根人，崇祯十五年壬午科副榜，任潮州县训导。

冯梦兆　改名珧，字玺若，明末清初南海人。崇祯十五年（1642）举人，清康熙十九年（1680）任广东澄海县教谕。兄琎。

［崇祯］《南海县志》卷四《乡举·明·崇祯壬午》：冯梦兆。

［康熙］《南海县志》卷五《选举志·明乡举·崇祯壬午》：冯珧，原名梦兆，教谕。

［道光］《广东通志》卷七十六《举人七·明·崇祯十五年壬午·广州府》：南海人，改名珧，琎弟，教谕。卷五十《清·潮州府·澄海县教谕训导·康熙朝》：冯珧，南海人，十九年任，教谕。卷五十二《清·高州府·电白县教谕训导·顺治朝》：冯珧，南海人，举人，教谕。卷一百九十六《艺文略八·集部二》：《冯梦兆诗集》，明冯珧撰，未见。《岭南五朝诗选》原名梦兆，字玺若。

冯道济　明末南海人。崇祯十五年（1642）举人。

［崇祯］《南海县志》卷四《乡举·明·崇祯壬午》：冯道济。

［康熙］《南海县志》卷五《选举志·明乡举·崇祯壬午》：教谕。

龙大俊　字如我，明末顺德大良人。崇祯十五年（1642）武举。

［民国］《顺德县志》卷八《选举表二·郭〈志〉补遗·武举》：字如我，大良人，崇祯壬午科。

龙罗氏　（1613—1709）女，明末清初顺德羊额人。寿九十七岁。夫龙曙宸。

［乾隆］《顺德县志》卷十四《寿妇》：龙曙宸妻罗氏，大良人。生万历癸丑，终康熙己丑，寿九十七。

刘廷琮　（？—1644）字观福，号绎堂，明末南海亭冈乡人。崇祯十五年（1642）举人，次年进士，明亡殉难。

［崇祯］《南海县志》卷四《乡举·明·崇祯壬午》：由从化学，癸未进士。

［康熙］《广东通志》卷十五《选举上·广州府·进士·明·番禺》：崇祯癸未，翰林庶吉士。

［道光］《广东通志》卷七十六《举人七·明·崇祯十五年壬午·广州府》：南海人，从化学，字观复，进士。卷六十九《进士·明·崇正十六年癸未杨廷鑑榜·广州府》：南海人，番禺籍，从化学，二甲，庶吉士。

［道光］《南海县志》卷三十八《列传七·明·刘廷琮》：字观福，号绎堂，亭冈乡人。性廉静能文，客大司马熊文灿幕。崇祯壬午乡荐，癸未成进士，入翰林，甲申三月殉难卒。同乡黄炅，字元晦，诸生。邑令蒋棻聘主穗城书院，著有《大易元苞经》。丙戌大兵入粤，与弟元容同死之。

刘宪章　明末高明田心人。崇祯十五年（1642）武举。

［康熙八年］《高明县志》卷四《武举·明》：田心人，广西籍，崇祯壬午科。

关自传　明末高明罗俊人。崇祯十五年（1642）武举。

［康熙八年］《高明县志》卷四《武举·明》：罗俊人，广西籍，崇祯壬午科。

关运 明末高明清溪人。崇祯十五年（1642）武举。

［康熙八年］《高明县志》卷四《武举·明》：清溪人，广西籍，崇祯壬午科。

关时发 字明珍，明末南海人。崇祯十五年（1642）举人，入清任广西陆川知县。

［崇祯］《南海县志》卷四《乡举·明·崇祯壬午》：关时发。

［道光］《广东通志》卷七十六《举人七·明·崇祯十五年壬午·广州府》：南海人，字明珍，国朝陆川知县。

苏铨 字介持，明末顺德碧江人。崇祯十五年（1642）举人。

［康熙十三年］《顺德县志》卷六《明朝·乡举·崇祯壬午》：碧江人。

［道光］《广东通志》卷七十六《举人七·明·崇祯十五年壬午·广州府》：顺德人，字介持。

李童沃 明末顺德龙江人。崇祯十五年（1642）武举。

［咸丰］《顺德县志》卷十一《武举·明·崇祯》：龙江人……壬午。

杨从尧 （？—1647）字中郎，明末高明城中人。崇祯十五年（1642）岁贡，顺治四年（1647）清军破高明时被杀。

［康熙八年］《高明县志》卷四《元明·恩岁贡》：杨梅人，补贡。卷十三《人物传·明》：字中郎。赋性隽颖，博猎坟典，年十五以学行知名。工诗赋，善撰述，尤精于楷书，为世所重。补崇祯壬午岁贡，名士之出其门者以百数，盖文学之儒也，所著有《梦花窗集》藏于家。卷一《事纪·清》：顺治四年秋八月，陈子壮入城。（至十月二十九日，督师李成栋攻城，从南门城外掘地，用火药攻破之。时署县南海举人朱实莲、本邑举人区铣，贡生杨从尧、谭熙昌、程宪京等……杀死城内，及杀男妇二千余人。）

［康熙二十九年］《高明县志》卷十二《贡生·明》：杨梅人，崇祯十五年府学补贡。

［道光］《高明县志》卷十二《贡生·明》：城中人，崇祯十五年府学补岁贡。

吴龙祯 字云御，明末南海人。崇祯十五年（1642）举人，入清不仕，寿八十岁。

［崇祯］《南海县志》卷四《乡举·明·崇祯壬午》：吴龙祯。

［康熙］《南海县志》卷十二《人物传·文学·明》：字云御。少笃儒行，父命受业于同邑刘士斗，以忠孝廉节相砥砺，斗深器之，曰："此吾门游、杨也。"为诸生有声，受知学使者何三省，领崇祯壬午乡荐。酉戌间间士习怪诞，每叹曰："文风至此，时事可知。"遂绝意进取。时值扰攘，寇盗充斥，躬率乡民完堡垒为守御计，寇至辄却之，一方赖安堵焉。两遇岁饥，设法赈恤，乡人存活者千家。晚隐金茆，筑勿庵，自号"勿庵居士"。足不出山，与樵牧杂处，常戴远游冠，携书箕，踞泉石。所著有《泠音阁集》十卷、《勿庵史钞》七卷。卒年八十。

［道光］《南海县志》卷二十六《艺文略二·集部》：《泠香阁集》十卷，明吴龙正撰，据郭《志》。

吴如祈 明末南海佛山镇人。崇祯十五年（1642）举人。父化龙。

［康熙］《广州府志》卷二十七《选举志上·乡举·明·南海》：崇祯壬子。

［康熙］《广东通志》卷十五《选举上·广州府·举人·明·新会》：崇祯壬午，知县。

［乾隆］《佛山忠义乡志》卷四《乡举·明·崇祯壬午》：福建龙岩县知县，原新会县人。《选举志·明·封赠》：吴化龙，以子如祈赠福建龙岩知县。卷六《乡俗志·氏族》：吴氏，国朝有举人、知县如祈，知县玮，现教谕俊聪。

［民国］《佛山忠义乡志》卷九《氏族志·坟墓·清》：赠知县吴化龙墓，在澜石白仙冈。

吴奇遇 字锡侯，明末南海人。崇祯十五年（1642）中举。

［崇祯］《南海县志》卷四《乡举·明·崇祯壬午》：由府学。

［道光］《广东通志》卷七十六《举人七·明·崇祯十五年壬午·广州府》：南海人，字锡侯。

吴椠廷　明末顺德水藤人。崇祯十五年（1642）武举。

［咸丰］《顺德县志》卷十一《武举·明·崇祯》：水藤人，三水籍，壬午。

岑圭璋　明末顺德桂洲人。崇祯十五年（1642）副贡。

［咸丰］《顺德县志》卷十一《副贡·明·崇祯》：桂洲人，壬午。

何允升　字时偕，明末顺德岳步人。崇祯十五年（1642）举人。

［康熙十三年］《顺德县志》卷六《明朝·乡举·崇祯壬午》：岳步人。

［道光］《广东通志》卷七十六《举人七·明·崇祯十五年壬午·广州府》：顺德人，字时偕。

陈安南　明末顺德龙山人。崇祯十五年（1642）武举。

［民国］《顺德县志》卷八《选举表二·郭〈志〉补遗·武举》：龙山人，崇祯壬午科。

陈宾王　明末南海佛山镇人。崇祯十五年（1642）举人。祖诚，入清百岁；次子宗行卒，其妻为顺治十一年（1654）举人何龙春女。

［崇祯］《南海县志》卷四《乡举·明·崇祯壬午》：由府学。

［雍正］《广东通志》卷五十《列女志二·清·各府》：何氏，南海人。溧阳令龙春女，孝廉陈宾王次子、庠士宗行妻。

［乾隆］《佛山忠义乡志》卷七《乡学志·书院》：心性书院，在崁岐铺，举人陈宾王建。卷四《乡举·清·顺治甲午》：何龙春，江南溧阳县知县，原番禺县人。

［道光］《南海县志》卷四十《列传九·耆寿·陈诚传》：百岁无疾而卒。婿黄士贵、孙宾王同领壬午乡荐，士贵后登顺治戊戌进士。

陈慧業　（1613—1636）字瑚仲，一字嵋雪，明末顺德大良人。崇祯三年副贡，六年（1633）举人，次年进士，授行人司行人。曾祖其才，祖琮咏。父迪祥，叔迪纯，同为万历四十六年（1618）举人。弟慧崑，子际临。

[康熙]《广州府志》卷三十九《人物志十·儒林列传·明》：字湖仲，顺德人。父国博迪祥夜梦一僧投其家，次日生棨。少聪明，于书无所不读，与弟司理慧崑砥砺品行，以圣贤为师，制举义灵异警拔，根极理要，海内宗之。弱冠魁癸酉乡闱，甲戌连魁南宫，授行人，与同官临川陈际泰齐名。谢绝长安游燕，惟以讲求理学为事。未几，奉使谕葬大学士徐光启，与云间诸名宿唱和，有不屑一世意。衔鸡诏，便道归省，居里中落落穆穆，不以竿牍侵有司，温清外惟课子弟读书，咸服其持正。丙子仲秋复命，行次吉安，会乡试时房师徐懋曙出守，挽留之一日。游金斗寺中，恍然旧地，至一室惯甚，固询寺僧，称为慧棨禅师兰若，惊与己名合，入瞻容貌，遂悟夙身。是夕端坐而化，时年甫二十有五。讣闻，海内名宿莫不异而惜之。

[康熙十三年]《顺德县志》卷六《明朝·乡举·崇祯癸酉》：大良人，父迪祥，甲戌会魁。《明朝·进士·崇祯甲戌》：行人司行人。《明朝·岁贡·崇祯》：陈慧昆，大良人，梧州司理。

[康熙二十六年]《顺德县志》卷八《人物志·德业》：字瑚仲，一字嵋雪。国博陈迪祥长子，滨州守陈其才曾孙也。生时父梦白衣大士以童子与之，故命名慧棨。性至孝，少有夙慧，于书无所不读，砥砺廉隅，以圣贤为师，制艺灵异警彻，根极理要。年二十有一魁癸酉乡闱，甲戌连魁南宫，廷试擢二甲第五人，与临川陈际泰齐名，有大小陈之称，复同官。大行长安，游燕一切谢绝，惟以讲求理学为事。未几，奉使至云间，与诸名士唱和，有不屑一世意。便道还家，居里中落落穆穆，不以竿牍侵有司，定省外惟课子弟读书。族人有因之渔猎乡曲者，引莲池大师公案谕之不从，乃请当事执治之，于是肃然无敢假借者，乡党服其持正。丙子仲秋复命，行次吉安，太守徐懋曙其座主也。棨修谒止金牛寺，见僧徒集山门前甚众，怪询之，对曰："夜梦本师归，谕令出迎，不意遇贵人。"询师为谁，曰："堂头和尚慧棨禅师也。"棨恍然若有所感，一夕无病而终，似有夙因焉。

[咸丰]《顺德县志》卷十一《副贡·明·崇祯》：大良人，庚午。

庞建楫　明末南海人。崇祯十五年（1642）中举。

[崇祯]《南海县志》卷四《乡举·明·崇祯壬午》：由顺德学。

[康熙十三年]《顺德县志》卷六《明朝·乡举·崇祯壬午》：南海人。

[道光]《南海县志》卷二十六《艺文略二·集部》：《绿香堂草》，明庞建楫撰，据魏《志》。

冼嘉徵　字志如，号惠来，清初南海佛山镇人。教授童蒙

为业，后行医，50 岁后生子。长子煜，康熙三十年（1691）前撰《重修锦香池记》，三十八年举人。煜子荣昌，雍正元年（1723）举人。

［乾隆］《佛山忠义乡志》卷四《乡举·清·康熙己卯》：冼煜。《乡举·清·雍正癸卯》：冼荣昌，煜子。卷九《方技·国朝》：字惠来。少事括贴，教授童蒙。遇异人授以岐黄术，诊脉若神，用药百发百应。晨起户外屦常满，日发百剂，不问药金多寡。间有不治之症，按视即知必死，一时酬扁褒赠盈于闾左。俄杜门谢客攻举子业，匿赠匾以自晦，奈延请者、就医者敦逼不已，复出应世，人以为华、扁复生。后补弟子员。年五十未嗣，一夕梦天帝曰："汝活人甚众，赐汝贤子孙！"晚年连产子。长子煜暨孙荣昌，皆领乡荐，人咸谓阴德之报云。

［道光］《佛山忠义乡志》卷九《方技·清》：字志如，号惠来。

［宣统］《南海县志》卷十三《金石略二·国朝》：《重修锦香池记》，里人冼煜撰，刻在佛山灵应祠。案此碑文不载年月，考《佛山忠义乡志》附于文院祭器碑记后（此碑题康熙二十一年勒）、新建文昌书院碑记前（此碑题康熙二十九年立），则修池勒碑当在康熙三十年以前事。

罗玉藻　字泽岷，明末顺德大良人。崇祯十五年（1642）举人。

［康熙十三年］《顺德县志》卷六《明朝·乡举·崇祯壬午》：大良人。

［道光］《广东通志》卷七十六《举人七·明·崇祯十五年壬午·广州府》：顺德人，字泽岷。

罗安国　明末顺德大良人。崇祯十五年（1642）举人。

［崇祯］《南海县志》卷四《乡举·明·崇祯壬午》：罗安国。

［康熙十三年］《顺德县志》卷六《明朝·乡举·崇祯壬午》：大良人。

［康熙］《南海县志》卷五《选举志·明乡举·崇祯壬午》：顺德人，由本学。

胡天球　字瑞嘉，明末清初顺德桂洲人。崇祯十五年（1642）举人，康熙元年（1662）全力保卫乡井。子景泰。

［康熙十三年］《顺德县志》卷六《明朝·乡举·崇祯壬午》：桂洲人。

［乾隆］《顺德县志》卷十三《行谊》：字瑞嘉……桂洲人。笃学好义，

天球崇祯壬午举于乡，有海内骏誉之目……乡居皆敦孝弟，尚廉隅。康熙壬寅，乡为仇家所诬，藩王大发兵围剿，万命胥危。天球、向日冒刃肉袒军前叩分黑白，被囚数月，几受戮者数。四军将悯之，许释二人之家，请曰："如欲冤杀，愿与乡人同死，何忍独生?"既而监军陈大常廉得其情，亟为之请，乡乃获免，天球罄家资犒饷。以受先朝选举，慕柴桑五柳①之风，著有《柳盟园诗集》。

［咸丰］《顺德县志》卷二十五《列传五·清·胡天球》：负文誉……鼎革不出……康熙壬寅，乡莖为窃，保甲未之觉也，仇家诬以构变，县令遽请尚藩大发兵围剿。兵船环集……冒刃吁请被囚……陈太常入乡验，无濠寨逆状，塾有书声，严鞠县兵吏得令听仇嘱故，亟剀切禀巡抚请之藩许撤兵，而藩下军官仍索饷馈。天球……与子景泰竭蹶②筹画……倡众共醵二万有奇犒焉。

袁康侯　字接三，明末顺德横岸人。崇祯十五年（1642）举人，入清任海南崖州学正。

［康熙］《广东通志》卷十五《选举上·广州府·举人·明·番禺》：崇祯壬午。

［道光］《广东通志》卷七十六《举人七·明·崇祯十五年壬午·广州府》：番禺人，字接三，国朝崖州学正。

［咸丰］《顺德县志》卷十《举人·明·崇祯》：字接三，横岸人，番禺籍，国朝崖州学正……壬午科。

梁师训　明顺德赤花人。崇祯十五年（1642）岁贡。

［崇祯］《南海县志》卷四《贡·明》：梁师训。

［咸丰］《顺德县志》卷十一《岁贡·明·崇祯》：赤花人，壬午。

梁伟栋　号方来，明末顺德龙山人。崇祯十五年（1642）岁贡，长寿。

［崇祯］《南海县志》卷五《明贡》：由西宁学。

［康熙六年］《西宁县志》卷六《明·恩岁贡》：顺德人，崇祯十五年

①柴桑五柳：借指晋陶渊明，因其故里在柴桑，号五柳先生。

②竭蹶：原指走路艰难，后用来形容经济困难。

岁贡。

［康熙五十七年］《西宁县志》卷六《明·恩岁贡》：崇祯十五年岁贡，有传。卷九《人物志·乡贤》：号方来。明崇祯年间荐明经，隐处不仕。性温厚淳笃，居躬坦易，接人蔼若春风，至于津引后学，则谆谆不倦若课己子。终身未尝私谒长吏之庭，累举乡饮不就，时令以此高之，虽庸人孺子亦共称其为先生也。寿九十卒于家。

［雍正］《广东通志》卷四十七《人物志·明·隐逸·罗定州》：寿八十八。

［道光］《南海县志》卷二十《贡生荐辟·明崇祯朝》：己卯科贡。

［咸丰］《顺德县志》卷十一《岁贡·明·崇祯》：龙山人，西宁籍，戊寅。

梁昭阳　（约1613—?）字宅羲，改名暾，明末顺德逢简人。崇祯六年（1633）举人，授广东兴宁教谕，抵抗陈丹、陈周攻城，升户部司务赴京时被陈丹、陈周截杀。子昕，孙逢时。

［崇祯］《南海县志》卷四《乡举·明·崇祯癸酉》：顺德人，由本学。

［康熙十三年］《顺德县志》卷八《人物传二·德业》：字宅羲，逢简人，招讨公裔。弱冠登崇祯癸酉榜，改名暾。授兴宁教谕，勤讲课，敦廉节，都人士翕然宗之。时贼首陈丹、陈周拥党数万，胁宁令开城出迎。宁乏兵，令懦莫措，人心汹汹。暾毅然曰：“予职非民社，顾忍此亿万生灵遭荼毒乎？”擐甲登陴，身率士民捍御。贼环攻连旬，暾督守益力，城赖保全。既而虑贼再至，城内强有力者潜徙，暾亟止之，罄俸募兵，造大炮火箭，率子弟团练。嗣是，贼屡闯屡却去，宁邑安堵。功闻，擢户部司务。贼衔暾，要杀于道。宁士民恸哭如丧考妣，奉暾崇祀名宦，复祠祀于鸡鸣山。逾年，陈丹被戮，陈周自称抚职总戎。一日，屯众城外，宁人亟欲报，报无由也。会周拥甲士数十入城谒令，宁人争扃国门，趋县争先击周。邑令欲禁之以请，众厉声曰：“梁宦为吾等千万人受其害，吾等千万人今为报仇，就死亦甘心也！”立斩周祭暾，具情申详，当事义之。复经众请恤，值时艰未竟其事。

［乾隆］《广州府志》卷四十一《义行·顺德·明》：梁昕，字静子，孝廉、忠义昭阳长子。少识大义，随父司铎兴宁时值沧桑寇拥，宁城食尽，宁民无措。昕请散斋积并借贷富室，异时鬻家产以偿，倾一家可以保一邑，昭阳跃然曰：“竖子之计信然！”悉心经理，多方捍御，合城赖保，昕之力也……擢户部司务，贼憾之要于路而昭阳戕焉，昕呼号莫及，率邑人奋勇讨贼首陈、周以雪父仇，乃偕母、弟归里。家贫，耕以养母，暇则读书，游胶

庠。子逢时，字言配，阳山庠生。讲学翰林梁佩兰家，俭积束脩二百金，康熙甲戌、丁丑岁歉，慨然尽捐赈济。生平无私蓄，有悉均散兄弟，常得父母欢心，人称其父子孝义。

［咸丰］《顺德县志》卷二十四《列传四·明·梁暾传》：罄所蓄，变及钗珥募兵，购炮潮州，制火箭，率子弟团练，贼来辄败，杀伤甚众。功闻，擢户部司务，受代入都。过歧岭，其妇请挈行李先一日行，而暾以次日微服出不意下舟。暾曰："是示弱也。"不听，遂遇害……县祀忠孝……子昕随侍兴宁……劳瘁备至……暾既被戕……昕返县招旧所募壮士奋勇讨贼雪仇，士民相率从之，贼远逃。游胶庠屡试前茅……弟死恤其寡孤，增拓尝产赈贫乏，学行最为令何玉度所称服。其长子逢时，梁佩兰未第从之学……其父……将死……语之曰："家皆兴自汝，他日当厚与汝子。"逢时叩枕曰："乞勿言及此，则不孝死，心安矣。"

黄士贵　字璧仲，明末清初南海人。崇祯十五年（1642）举人，顺治十五年（1658）进士，授河北深泽知县，卒于官。

［崇祯］《南海县志》卷四《乡举·明·崇祯壬午》：由府学。

［康熙］《南海县志》卷五《选举志·清进士·顺治戊戌》：深泽知县。卷十二《人物传·循吏·清》：字璧仲。祖文秀，天顺己卯乡荐，历广西兵备副使。贵生而魁梧颖敏，少负大志，立品端方，尤笃孝友。举业力追先正，饩食郡庠。崇祯壬午举于乡，顺治戊戌成进士，释褐归里，杜门不谒。当事授深泽知县，廉介慈惠，爱民如子。泽故洿下①，多水患，贵疏凿沟洫以卫民庐。振兴学校，教育成材。病卒于官，贫无以殡，士民哀痛，义助治丧归榇，行李萧然，士论惜之。

黄洪　明末南海佛山镇人。崇祯十五年（1642）武举。

［乾隆］《佛山忠义乡志》卷四《选举志·武进士》：崇祯壬午。

黄鲲化　明末顺德石甘竹人。崇祯十五年（1642）武举。

［康熙十三年］《顺德县志》卷六《明朝·武举·崇祯壬午》：甘竹人，授凤阳漕运中军守备，历任副总兵。

［康熙二十六年］《顺德县志》卷六《武举·明朝·崇祯》：甘竹人，壬

---

①洿（wū）下：低洼。

午。任守备，升副总兵。

游吾道 明末顺德大良人。崇祯十五年（1642）副贡。

［咸丰］《顺德县志》卷十一《副贡·明·崇祯》：大良人，壬午。

游鹏翔 字抟万，明末顺德大良人。崇祯十五年（1642）举人。

［康熙十三年］《顺德县志》卷六《明朝·乡举·崇祯壬午》：大良人。

［道光］《广东通志》卷七十六《举人七·明·崇祯十五年壬午·广州府》：游鹏程，顺德人，字抟万。

温清 字秀南，又字洁沂，明顺德龙山人。崇祯十五年（1642）武举。

［民国］《顺德县志》卷八《选举表二·郭〈志〉补遗·武举》：字秀南，又字洁沂，龙山人，崇祯壬午科。

谢文伦 字季新，明末南海磻溪堡人。崇祯十五年（1642）举人。父道成，为县吏九年考满授浙江临海尉，转福建漳浦巡检归，寿八十二岁。

［崇祯］《南海县志》卷四《乡举·明·崇祯壬午》：谢文伦。

［康熙］《南海县志》卷十二《人物传·循吏·明·谢道成传》：字豫所，磻溪堡人。少事举子业弗售，以亲命寄迹公门。考满谒选，授浙江临海尉，官小政行，当道倚畀①。初莅尉，时有富贾倪光祚妻死，族恶居奇构陷。诚廉其冤，力请上台矜释保全，光祚肖像祝之。他如勘山却馈、发奸息诤，贤声卓荦。历任四载，八膺奖荐。转福建漳浦巡检，适同郡进士胡一魁为令，相须甚殷。诚任未期力辞，解职还里。义方训子，拯赈贫难曾无吝色。捐馆前旬日，召集戚属告以逝期。至日，沐浴更新衣就寝，无疾而化，年八十二。著有《积善录》《吾兼斋诗稿》。子文伦，领崇祯壬午贤书。

［道光］《广东通志》卷七十六《举人七·明·崇祯十五年壬午·广州府》：南海人，字季新。

---

①倚畀（bì）：谓倚靠信任。

［道光］《南海县志》卷三十七《列传六·明·谢道成传》：以县吏考满，选授浙江临海尉。

简龙云　明末顺德简岸人。崇祯十五年（1642）举人。

［康熙十三年］《顺德县志》卷六《明朝·乡举·崇祯壬午》：简岸人。

谭当世　明末高明尼教人。崇祯十五年（1642）副贡。

［康熙八年］《高明县志》卷四《元明·恩岁贡》：田心人，由信宜学，崇祯壬午年副榜贡。

［光绪］《高明县志》卷十二《明·贡生·崇祯朝》：尼教人，十五年壬午科副榜，信宜训导。

潘贞臣　字献济，明末清初顺德冲鹤人。崇祯十五年（1642）举人，清顺治十三年（1656）任广东海丰教谕。兄柱臣，南明隆武乙酉（1645）举人。

［康熙十三年］《顺德县志》卷六《明朝·乡举·崇祯壬午》：冲鹤人，海丰县学教谕。

［道光］《广东通志》卷七十六《举人七·明·崇祯十五年壬午·广州府》：顺德人，字献济，海丰教谕。《举人七·明·谨案》：潘柱臣，贞臣兄。卷四十九《清·惠州府·海丰县教谕训导·顺治朝》：顺德人，十三年任，教谕。

黎龙涛　本姓招，明南海人。崇祯十五年（1642）武举。

［康熙］《南海县志》卷五《选举志·武科·明》：本姓招，崇祯壬午。

黎如琼　明末高明上村人。崇祯十五年（1642）举人。

［康熙八年］《高明县志》卷四《举人·明·崇祯十五年壬午》：罗俊人，任广西林桂县教谕。

［康熙二十九年］《高明县志》卷十二《举人·明》：扶丽人，崇祯十五年壬午举人，任广西临桂教谕。

［光绪］《高明县志》卷十二《明·举人·崇祯朝》：上村人，十五年壬午科，广西临桂教谕。

霍师乾 （约1613—?）字始生，明末南海人。崇祯六年（1633）举人。曾祖与瑕，祖若祺，父蒙拯，子文寅。

［崇祯］《南海县志》卷四《乡举·明·崇祯癸酉》：霍师乾。卷十一《列女·明》：方氏，子蒙拯，以万历乙卯领贤书，仕知州；孙师乾，弱冠领崇祯癸酉贤书，皆氏式谷之贻。

［道光］《广东通志》卷七十六《举人七·明·崇祯六年癸酉·广州府》：南海人，字始生。与瑕曾孙，父蒙拯，子文寅。

［宣统］《南海县志》卷五《古迹略》：霍文敏公祠，旧《志》载，一在粤秀山麓，一在石头里。明崇祯癸酉年，孙霍师乾等移建军营磨刀石。

霍禹谟 名一作与谟，字敦相，明末南海人。崇祯十五年（1642）举人，任江西瑞金知县。

［崇祯］《南海县志》卷四《乡举·明·崇祯壬午》：由番禺学。

［康熙］《南海县志》卷五《选举志·明乡举·崇祯壬午》：由番禺学，知县。

［道光］《广东通志》卷七十六《举人七·明·崇祯十五年壬午·广州府》：南海人，番禺学，字敦相，瑞金知县。旧《番禺志》有，今无。

［道光］《南海县志》卷二十《举人·明崇祯朝》：霍与谟，瑞金知县……壬午科。

薛天瑛 字季瑜，明末顺德龙江人。崇祯十五年（1642）岁贡，授海南琼山训导，转教谕，崇祯十九年归。寿九十岁。

［康熙二十六年］《顺德县志》卷八《人物志·德业》：字季瑜，龙江人也。弱冠补郡诸生，饩于庠。性恬雅，澹于名利，嗜读史，常取古人行事论断之身效法焉。其族侄始亨亦博学好奇节，居五羊，瑛每至居停，辄从夜谈明、宋以上人物，及古今治乱、得失所由，或大声争论，或拍案叫绝，至五鼓不休。邻舍生疑哄也，窥觇之，见两人口诵汉唐书及列传通纪如流，视案上无书卷，皆服。才最高，久困场屋无怨色，时幸门渐辟，后饩者或猎速化，瑛无所尤。至崇祯壬午始以岁序贡，廷试高第应得县，瑛无所营，仅授琼山训导。至则集士明伦堂告之曰：“高皇帝设教官来以教诸生力学砺行耳，彼铢缁修贽乃末世媕鄙之尤，吾耻之久矣，若等勿疑。”嗣后日与谈名理、课作文，文得当则留共饮食慰勉之，俸入不供率贷之乡舶为常。寻转教谕。丙戌，王师入粤，琼民乱，攘夺官舍无遗，独戒毋入薛学师家，以其清且能乐育我子弟也。事定后，道镇以兵临，原官各责输饷，惟嘉瑛一介不取免输。复官，

瑛辞曰："嫠①也未期而醮②，则人皆贱之矣。教官虽小，曾委挚，忍遽二事乎？"上官义而许之，遂只身趋海船，冒风涛归。至老犹读史不辍，年九十乃卒。

马应房 （约1614—1647）名一作应芳，字子龙，明末顺德黎村堡鸡州乡人。清顺治四年（1647），配合陈邦彦部进攻广州。撤回顺德黄连乡，被擒就义。父羲祥。

［道光］《广东通志》卷二百八十五《列传十八·广州十八·马应芳》：马应芳（《史》作应芳，《岩野集》作应房），字子龙，顺德人……应芳弱冠补生员，师事陈岩野。广州破，将死学宫。其友曰："子无徒死，甘竹诸乡盗舟千余，不可一奋乎？"应芳勃然起，遂从邦彦往说余龙诸盗，沥血酒中，指天相誓。龙等大喜，率兵攻广州，邦彦则往九江招呼骁勇以为应。龙等既薄广州，斩首数百级，遽退曰："城坚无内应，不可拔也。"至虎头门遇大清兵舟师数百，以计焚之，溺死者二千余人。转攻顺德，总兵李成栋猝至与战，龙大败。或劝应芳亡，曰："吾有母。"遂就执，沉之伏波桥下，时年三十三。陈岩野之学为岭南所宗，前后受业者凡数千人，一训之以忠义。属当变乱相从起兵者，自应房而下有霍师连、杨景煜二人，皆摧锋陷阵以死。应房死最先，次杨，次霍，邦彦皆哭而祭之曰："吾为师，乃不及吾弟子。为君而死，实为师而死也。自古死于君者多有之，死于师者三子之外曾几何人？吾不可以负之。"顷之，岩野亦死。（《岩野集》）

［咸丰］《顺德县志》卷二十四《列传四·明·陈邦彦传》：应房……鸡洲人。父羲祥，万历辛卯举人，知鹤庆府。应房弱冠为诸生，广州陷，以文告孔子庙，将归死焉。龙攻广州，应房指画多中……龙……出虎头门为大兵舟师所焚……令诘曰："若故以太守子充生员，胡作贼？"厉声答曰："吾父子世受国恩，今举义何云贼也？""然则胡为与盗伍？"曰："书生持空拳，将假彼以集事。文信国招合洞蛮、岳武穆指麾么军亦非义耶？今愿死，毋多言！"……年三十五，与邦彦同祀忠孝。卷十六《胜迹略·坊表·表宅之属·紫泥属》：忠义流芳，在鸡洲，嘉庆庚辰，旌生员马子龙。

［民国］《顺德县志》卷十五《金石略·石》：《马子龙先生祠堂记》，叔祖淳，上杭县知县；父羲祥，大理府知府，均祀名宦。先生讳应房，字子龙，

---

①嫠（lí）：寡妇。

②醮（jiào）：古代结婚时用酒祭神的礼，此指寡妇再嫁。

弱冠补郡庠生，师事同邑陈忠愍公邦彦。公授徒邑城北锦岩山下雪声堂，尝讲鲁论至“见义不为无勇也”，慷慨激昂，推案而起，案为之毁。门人皆窃笑，先生独肃然拱立。及明鼎革，忠愍公举义于乡，先生从。苦兵少，请于公曰：“余龙以援赣未行，兵聚甘竹滩为盗者几二万余人，请得降而用之。”乃以公命往说龙降，期与合兵攻广州。适公败奔三水，转清远，先生还乡召募，被执不屈。沉诸伏波桥下，半日出之复苏，劝使降，曰：“父为太守，身为诸生，一息尚存，誓复国仇，何降为!”乃更以石压沉杀之，于是一家十三口同赴鉴江死……乾隆中赐谥节愍，入祀忠义，旌表其庐。乡人常以春秋社日兼祭先生，因构堂以祀焉。

朱协莲 明末清初南海九江人。顺治十六年（1659），妻卢氏，妾周氏、李氏，女十姑（1643—1659）、细姑、娓姑，皆在一次劫掠中被杀。堂兄实莲。

《南海九江乡志》卷二《园洞》：曰依园，朱协莲建，中有水镜草堂、怡云楼、来隽斋、庇欢亭。

［康熙］《广州府志》卷四十四《列女传四》：卢氏，南海庠生朱协莲妻也。海贼掠莲家，卢被执，骂不绝口，受刃而死。其妾周氏、李氏，媵婢张绣云、幼女娓姑以卢死益愤唾不顾，同死贼手。

《九江儒林乡志》卷八《艺文略·集部·别集》：《依园集》，明朱协莲撰，据黎《志》《朱氏家谱》。黎春曦序曰：初夏归里，朱庇亭示余园居旧诗，并委为序。庇亭具经纶天地之才而志存养晦，知交广而意气真，步不践过失之地，乡井恃赖殆二十年。陈秋涛先生尝称庇亭诗兼鲍、庾之长，莫能赞一辞矣。余少与庇亭诸君皆莫逆交，于庇亭重以渊盟三复。卷十八《列传·列女》：卢烈妇，朱协莲妻。天资贞劲，尤负器鉴。鼎革后，协莲以故诸生屡为乡约长。卢从容谏曰：“时有兴废，君旧门子，谓宜寻绎明夷用晦之义，服膺柱史守雌之诫，顺时遵养，庶保贞吉。”协莲弗听，竟为里豪关公性所害。顺治十六年六月三日夜，公性复购海盗关阿苏，纠党焚略其家。

何三复 字载绎，明末清初高明幕冈人。崇祯十六年（1643）岁贡，任云南景东府通判，以老告归。康熙七年（1668）在家乡建文昌书院。

［康熙八年］《高明县志》卷四《元明·恩岁贡》：清溪人，崇祯癸未年岁贡。任云南景东府通判。

［康熙二十九年］《高明县志》卷十三《人物·清》：字载绎。少孤贫，

日食不给。励志博学，精治麟经，屡试冠军，一时学者奉为矜式。崇□庚午科，房考张熙明取中，拟荐本房第二卷，为周主考所抑置副车，张深叹惜之。由崇〔祯〕癸未岁贡，授贵州新贵县尹，设法催科，民乐输将。新贵乃古新筑地，军民杂处，复以恩抚之，以法驭之，卫所军伍咸感激焉。黔多苗患，连年用兵，官俸悉供军费，自朝祭公服外，衣不曳帛，食不重味。范督院察而重之，荐语有“子惠廉明，宅念原清，孑然孤冷”之句。后忤当事，竟改安龙教授。龙士多经商旷业，复乃申严课格，每月三试甄别高下，捐俸奖劝以示鼓舞，文风丕变，于郡守、范巡道闻而嘉之，相与作兴，赏赉不辍。署笼南税司，复出纳不苟，商贾德之。掌教□□□□余资。迁云南景东府判，管同知事。景□□□□□□千余里，艰于莅任，以年告老归。离郡之日，士民老幼遮道饯送四十余里，临别悲哭不忍舍焉。归途不办夫马，徒步四日。道经泗城，泗城大夫闻而迎之，且赠归囊，乃得抵家。居乡布衣蔬食，年逾八旬犹荷锄灌汲不惮劳苦，暇则工草篆或流览史籍，怡然自适焉。

[康熙]《广东通志》卷十五《选举下·肇庆府·岁贡·明·高明》：楚雄府通判。

[道光]《高明县志》卷十二《贡生·明》：幕冈人，崇祯十六年岁贡，仕至云南景东府判。卷十三《人物志·清》：掌教五载，囊无余资……景故土府，距龙千余里。卷三《建置志·亭台塔书院·文昌书院》：在清溪都。康熙七年，里人通判何三复等建，士子课文于此。

陆殿抡　号金卜，明末三水城内人。崇祯十六年（1643）督修学宫。

[康熙四十九年]《三水县志》卷十二《人物传·潜德》：号金卜，县内人。庠生。于崇祯癸未年重修学宫，开文明门，建文昌阁，筑青云路，不惮艰苦，躬亲督理。后被仇口陷身，通邑含冤，比之志士仁人亦不愧焉。

朱匡　初名如瑎，字远公，明末清初南海九江人。三十七岁卒，陈子升（1614—1692）吊以诗。

《九江儒林乡志》卷十六《列传·方伎》：初名如瑎，字远公。初习举子业，遭乱弃去。身虽弱，能娴武艺。尝夜客帅幕，武士四五人相与论刀棒。匡于月下听久之，谓曰：“此法未精密也。”四五人顾见其文弱，皆笑曰：“秀才何与刀槊间事邪?”匡请与试对，执丈二棒于一隅，立武士一人前，尽其击刺之术。匡植立不动，视其所攻而徐应之，意态甚闲而攻者终不得所欲。匡俟其回旋，急进足深剿之，中其股而仆。匡笑谓四五人曰：“皆来。”四五人者忿执刀仗四面至。匡进退左右，不越寻丈，而棒之所及，四五人无不失仗呼伏者。匡尝与人论曰："丈二棒而操其中，前后余各五六尺。手动寸则末，尺动尺则末，而战者常侧身，所备者纵七尺、广七寸耳。故手上下左右不使过六七寸，则力专而握固，以拒则坚，以击则破。昧者用力费而神摇，是以败。盖吾师云，然亦兵法也。"善白描人物，得古意，矜惜不轻与人，尤不肯为时贵人作，垂殁之年益精而世希得之。

陈子升　（1614—1692）字乔生，号中洲，明末清初南海人。十五岁童子试第一名，南明弘光帝登极，以明经举第一。隆武时赴福建，以贡生荐授中书舍人。出差广东，福建陷落，留肇庆永历帝处，任吏科给事中，转兵科右给事中。兄子壮殉难后，顺治七年（1650）粤东再陷，入黄山隐于药地禅师方以智处。后归羊城，与陈恭尹、屈大均等酬唱往来。

［道光］《南海县志》卷三十八《列传七·明·陈子升》：字乔生，号中洲，子壮弟也。年十五应童子试，郡司李颜俊彦行太守事，赏其文拔冠，一郡目曰十六邑之"奇童"，遂为郡弟子员。每督学试士辄隽，饩于二十人中十余年，以明经举第一。隆武改元于闽，赴闽拜中书科中书舍人。使粤而闽陷，奔邕州，拜吏科给事中，迁兵科右给事中。子升幼时从父宦游，自浙而京师，历齐鲁，逾京汉，水陆万余里。尝过孟尝君养士处，慨然太息，见者咸异之，时六岁童子耳。读书一览辄诵，虽世贵而力学刻苦，被服雅素。初操觚为文，覃思湛深，愤悱不自得。一夕梦其胸前有一孔洞开彻背，惊寤而文遂大进。粤人鲜解音律，而子升能吴愉，世所侈九宫十二调，曲尽其妙，又善鼓琴。诗媲颜、谢，画法董、倪，即以余技为印章亦追秦汉。一时吴越间贤士大夫，从数千里外想见其为人。粤会再陷，子壮殉难死，籍其家。子升奉母流落山泽间，为诗多悲慨，或以为三闾泽畔、拾遗夔州不是过也。著有《中洲集》传于世。（据薛始亨撰《传》修）卷二十六《艺文略二·集部》：《中洲草堂集》，明陈子升撰，据阮《通志》。

《九江儒林乡志》卷十一《列传·寓贤》：寓居吾乡中洲，构中洲草堂以宅，遂号中洲……屡题咏九江风物。

［宣统］《南海县志》卷五《古迹略·祠宅》：陈太常故居在九江堡北方大洲，明太守朱让为太常陈熙昌建，今名曰探花塾。按《朱氏家谱》：太常里第，原朱让别墅，号曰水竹居，后割以居其子婿陈熙昌为馆甥之室。熙昌因

移家焉，鬻子①抱孙、获解登第皆在于此，传子集生阁部、乔生给谏式廓閈闳②增成宅相。阁部前后居之，中间惟崇祯朝再削籍，归筑云淙书院于白云山中，奉母以往，筑斐园于省垣之东皋，皆未久辄还，《明史本传》谓苏观廷议别立唐王聿𨮁，子壮沮不得退居于邑之九江村；又谓，子壮起兵于九江村，皆指此。今其遗址曰探花塾、探花桥有由来也。卷十一《艺文略·集部·别集》：《大江吟稿》，明陈子升撰，据《粤台征雅录》。

关善纶　（？—1647）字荣掌，明末南海吉利堡（今属禅城南庄）人。任广西龙州游击，弟善纬为广州参将。一起跟随陈子壮起兵，攻广州时均战死。

［道光］《南海县志》卷三十八《列传七·明·陈子壮传》：又与子壮同时死事者，关善纶，字荣掌，官游击；弟善纬，字荣邦，官参将。俱吉利堡人。

［同治］《南海县志》卷十七《列传·节义》：关善纶，龙州游击；关善纬，广州参将，吉利堡人，同隶子壮麾下，攻省城兵败，同赴阵死。

朱名臣　（？—1647）字君伦，明末南海九江人。崇祯十年（1637）充番禺学武生，十五年考改文附生。明亡，陈子壮起兵，应邀襄助军务。退守高明，守城至牺牲。

［同治］《南海县志》卷十七《列传·节义》：字君伦。少喜读书，慷慨慕大节，所交多奇材剑客，习知韬略。饶膂力，翘关、负重之技不学而能。崇祯初流寇起，中原久不见兵革，名城隘塞所至辄糜。天子慨然思爪牙折冲之士，十年，诏天下府、州、县立武学，置生员，提学官以时抡补，如校士例。名臣出应试膺高选，充番禺学武生。顾是时尚文轻武，结习积重难返，以兜鍪③进者虽值专阃④，亦拜起于文吏前如傔⑤从，文吏又凌籍之，几不与搢绅齿。名臣愤曰："吾岂不能操三寸不律作时艺，与若辈角耶？"值壬午大比，愿就文闱。提学吴祯启阅其卷赏异之，取录科举，三场毕，改充番禺学

①鬻子：犹育子。

②閈闳（hànhóng）：里巷的大门。

③兜鍪（dōumóu）：原指头盔，代士兵。

④专阃：专主京城以外的权事，后称将帅在外统军。

⑤傔（qiàn）：侍从。

附生。居二年京师陷，庄烈帝殉社稷。报至，名臣涕泣不自胜，所亲慰籍之，扼腕言曰："人谁无死，死君父即考终矣。吾虽未禄于朝，不必与国相终始，独不当与学校相终始乎？吾欲拌七尺报国家养士恩，安得偷活草间，使欧阳澈、陈东辈拍手笑人地下！"闻者悚息。乙酉、丙戌间，金陵、福州相继陷，陈阁部子壮与广督丁魁楚、西抚瞿式耜，奉永明王由榔监国。唐藩故辅苏观生，亦使陈邦彦劝进于端州，俄而怀二心，别立聿键弟聿𨮁于广州。名臣谓："灰烬之余萧墙衅起，非祥也。"止不赴。广州旋为大清兵所破，聿𨮁死，子壮与朱实莲起师九江谋恢复。子壮朱氏出也，于母族人才知之最悉，乃招名臣与吴兆健入幕中襄军务……时事起仓卒，一切选锋、筹饷，联声势、募间谍，二人之力为多。会攻李成栋于禺珠，师大衄，子壮退守高明。乃奏以名臣署训导，兆健摄教谕，共城守。鏖战五十余日，大兵围困之，攻益急，西救不至，城遂溃。先是，城危时，或谓名臣曰："公非世所指名，盍跳免？"曰："此事早断于心矣，吾若畏死不若勿为。且与人共事而背之，不特无以对阁部，亦无以对薇庵！"薇庵，实莲别号也。与兆健俱不屈死。明年江广反正，优恤建义诸臣。方有诏查取职名，广州再陷，故恤典不及。

《九江儒林乡志》卷六《古迹略·冢墓一》：朱少司马实莲墓神道碑文：公族父摄训道事曰名臣亦不屈死……实丁亥十月二十九日也。

苏允适　（？—1647）字景南，明末顺德乌州人。任永明王黄冈守备，与万历四十四年（1616）进士丁魁楚同死。

［咸丰］《顺德县志》卷二十四《列传四·明·陈邦彦》：字景南，乌州人。以黄冈守备从永明，分屯岑溪，与丁魁楚同死。

苏汝贤　（？—1650）字凯禹，明末顺德碧江人。天启年间任游击、参将等武职，明亡后跟随永历帝，历总兵、左都督。永历四年（清顺治七年）九月，从桂林分兵支援全州牺牲。子云凤，追随永历帝流落到缅甸，与永历同被害。

［咸丰］《顺德县志》卷二十四《列传四·明·苏汝贤》：字凯禹，碧江人。天启初游幕青莱，献策大帅使从兵沈，盖乘不备破之。以守备从孙承宗，迁都司，历游击、参将致仕。明亡事永明王，积官总兵、左都督。与瞿式耜守桂林，大兵至，援全州死之。著有《篆法考订》《醉翰斋集》。子云凤，字圣侣，以羽林左卫都司，从王死缅甸。

何非池　（？—1660）字改颠，明末清初顺德羊额人。永明王授以佥事道衔，援赣战败，逃山中，顺治十七年被捉死。

［咸丰］《顺德县志》卷二十五《列传五·明·何绛》：绛同族非池，字改颠。能举业，弃而言兵。崇祯末游西粤，既而永明授以佥事道衔，随揭重熙援赣。李成栋死，遂逃山中，号双真子。庚子土人缚献，与陈奇策同日死。有持其诗扇归者，家人始知。

何琛 （？—1646）字文江，明末顺德羊额人。崇祯间授守备，与海盗作战死。

［康熙二十六年］《顺德县志》卷六《武功·明朝》：羊额人。崇祯间，功授守备，御贼战死。

［乾隆］《顺德县志》卷十《行伍·明朝》：羊额人，崇祯授守备，御贼死战。

［咸丰］《顺德县志》卷二十四《列传四·明·何琛》：字文江，羊额人。负胆略。崇祯间盗风四起，琛以杀贼功荐授守备。尝擒斩郭天生、大波澜诸盗魁，余党无敢窃发，县赖以安。丙戌六月，孤舟入贼薮，值潮退舟胶，贼分沿两岸夹击，河狭舟小，贼蜂拥登舟。琛指挥励士曰："男儿死耳，无怖也。兵法，立死地者胜。"士皆鼓勇搏战，方斩一队，他队又至。琛令士负版蔽己推舟行，且战且推。及达海，篷、楫皆血，断指、臂如积，而士无一创者。其月，海寇连艘将犯城，复挐孤舟出碧鉴崩冈闸拒之，贼却去。琛舟失火，与侄万显并五兵同毙。县人敛资助其丧，知县连城璧使县人资助之，会鼎革不得恤。

何熙之 （？—1647）字于健，明末顺德羊额人。为陈邦彦军前参谋，败归死。

［咸丰］《顺德县志》卷二十四《列传四·明·陈邦彦传》：何熙之，字于健，羊额人，诸生。为邦彦军前策画，败归死。

张珆 （？—1647）字台玉，明末顺德逢简人。隆武时任广东东莞训导，张家玉让他代理县令，城破死。

［咸丰］《顺德县志》卷二十四《列传四·明·陈邦彦传》：张珆，字台玉，逢简人，为隆武东莞训导。家玉之举事也，使摄令，三日而大兵至。城破，与安宏猷、张恂尹同死。

张道行 明末南海伏隆堡（今丹灶）人。任浙江临海县选广备三仓大使，崇祯时城破死。

[同治]《南海县志》卷十七《列传·节义·潘武能传附》：亦伏隆堡人。明季任台州府临海县，迁广备三仓大使。崇祯年间城破殉难死，葬芜湖县西梁山。

陈奇策 明末南海河清堡人。明亡，为永明王凌海将军，与郭之奇（1607—1662）遥相呼应，战败死。

[康熙八年]《高明县志》卷一《事纪·清》：顺治三年秋七月，海贼掠清溪等都。（南海河清村陈奇策，扎大船百余艘于清溪东岸，沿海劫掠。至十二月十五日，复泊大船百余艘于清溪，贼众数千大掠苏村、清溪、罗俊等都，焚毁房屋，财物一空，荼毒特甚。）

[同治]《南海县志》卷十七《列传·节义·潘云客传附》：亦河清堡人。为永明王凌海将军，与郭之奇等相掎角，兵败，亦殉难死。

冼夒 （？—1644）字推寅，明末南海龙津堡（今属禅城南庄）人。崇祯末任广西钦州巡检，清兵围钦州，抵抗被捉，受刑不屈死。子圣勷，同被捉，得救后，随桂王逃亡，至云南死。

[同治]《南海县志》卷十七《列传·节义》：字推寅，龙津堡人。明崇祯末年，以吏员选钦州长墩司巡检。会大兵围钦州，夒抗王师，誓与城俱碎。俄城破，与子圣勷同被执，备受苦刑不屈。无何，明帅朱祚昌复钦城，夒已前死。其子随桂王由椰遁粤西，至云南死焉。

萧日高 （？—1644）字伯升，明末顺德龙江人。广西平乐籍监生，任四川峨嵋县主簿。崇祯末，抵御张献忠攻城死。弟日昭唐王时恩贡，官广西桂林府训导。

[咸丰]《顺德县志》卷二十四《列传四·明·萧日高》：字伯升（《广西通志》传：字旭祥），龙江人，平乐籍，监生。其族有玙者令定陶，岑者官横州，并祀名宦。日高官峨嵋县主簿，崇祯末，流贼张献忠攻城围急，日高方署县事，率民兵登陴守御，城破死之，国朝通谥节愍。弟日昭，字季昭，唐王时恩贡，官桂林府训导，迁兵曹，归养。兄弟并祀平乐忠孝祠。

潘武能　明末南海伏隆堡（今丹灶）人。任亲军游击，守江西赣州城，战死。

［同治］《南海县志》卷十七《列传·节义》：伏隆堡人。明末仕为亲军游击，同守江西赣州城。会王师破城，力战死。

潘云客　（？—1647）明末南海河清堡人。明亡，跟从陈子壮起兵，败退高明为城守。李成栋攻高明城，战死。

［同治］《南海县志》卷十七《列传·节义》：河清堡人。勇力善射。明亡，南北都相继沦陷，陈阁部子壮起义九江，兵败退保高明城图恢复。云客隶麾下，任高明城守，与粤西桂林遥为声援。无何，提督李成栋统大兵攻高明城。城破，云客慷慨赴阵死。

霍达芳　（？—1654）字懿诚，明末南海人。追随陈邦彦死。

［道光］《广东通志》卷二百八十五《列传十八·广州十八·霍达芳》：字懿诚，南海生员。从邦彦起兵，为中军，授兵部司务。永历四年十一月广州破，达芳走文村、下川之间。与虎贲将军王兴、凌海将军陈奇策厚，相约结二将军，分以舟师数百人，使往来海上为游兵。舟轻士锐，出没波涛三载。一日以单舸护获于四沙，猝遇逻舟，惊其存发，执之。尚王鞫之，不语姓名，以家有老母也。问曰降乎？三摇其首，遂遇害。（《岩野集》）

霍师连　（？—1647）字连生，明末南海人。早年师事陈邦彦，授副总兵，后降清。邦彦起兵后反正。到清远，与清将李成栋战失败，骑马去四会求救，渡河时落水淹死。

［康熙十二年］《三水县志》卷一《事纪》：大清顺治四年丁亥，水师霍师连叛，犯城。

［道光］《广东通志》卷二百八十五《列传十八·广州十八·霍师连》：字连生，南海人，韬之玄孙也。师事陈邦彦。隆武初，以生员募兵勤王，授游击将军，以功升副总兵。广州之陷，师连诈降，得守三水。邦彦兵起，师连邀诱养甲属官数人斩之，反戈以应。从攻广州不利，退至三水，大小十余战，斩首级千余。清远卫指挥白尝灿举城迎之，师连与邦彦往赴，列栅江上为拒守计。李成栋至，不得战，愤骂成上。会北风大作，师连出不意疾以火舟出击，成栋伪跳，师连尽舟追之数里。风反，成栋因火舟相攻，舟迫栅门

不得人。师连策马渡河，将走四会求救，成栋追及，甲重堕溺而死。隆武赠都督同知，赐祭葬，荫子千户。（《岩野集》）国朝赐谥烈愍。（《胜朝殉节诸臣录》）

陈昌期（明崇祯） 明末南海人。崇祯十六年（1643）贡。

［康熙］《南海县志》卷五《选举志·明贡》：由从化学。

［道光］《南海县志》卷二十《贡生荐辟·明崇祯朝》：癸未科贡。

关民迪 字朝荐，号燕谷，明末清初南海九江乡人。崇祯十七年（1644）提醒子孙积善，顺治四年（1647）被劫持能逃脱。寿九十五岁，妻黄氏寿九十一岁。

《南海九江乡志》卷五《上寿》：字朝荐，号燕谷。孝友谨厚，型于室家，毕生如一日。时为邻族解纷，处横逆惟三自反，刻六箴于壁以示训。甲申闻燕都陷，戒子孙曰："世乱矣，为善庶可免祸！"丁亥，兵残乡间，公被执，在白刃丛中得免，人咸以为生平忠厚之报。寿九十五，临终遗言："勤俭可成家，谨慎可持己，忠厚可寡怨，遵守六箴可免祸。"妻黄氏壸则有闻，寿九十一。次子仲莲，庠生。

严贞恕 明高明古霸人。崇祯十七年（1644）拔贡。父学思，弟贞慧。

［康熙八年］《高明县志》卷四《元明·例贡》：古霸人。

［道光］《高明县志》卷十二《例贡·清》：古霸人。

［光绪］《高明县志》卷十二《明·贡生·崇祯朝》：学思长子，府学。甲申拔贡，内阁中书。旧《志》列入国朝，误。

严贞慧 明高明古霸人。崇祯十七年（1644）拔贡。父学思，兄贞恕。

［康熙八年］《高明县志》卷四《元明·例贡》：古霸人。

［道光］《高明县志》卷十二《例贡·清》：古霸人。

［光绪］《高明县志》卷十二《明·贡生·崇祯朝》：学思次子。甲申拔贡，内阁中书。旧《志》列入国朝，误。

杨通 明末清初高明城中人。顺治元年（1644）任广东廉州府都司。

［道光］《高明县志》卷十二《补遗》：城中人，顺治元年任廉州府都司。

陈孙氏　（1615—1715）女，明末清初顺德熹涌人。寿一百零一岁。夫陈克明。

［乾隆］《顺德县志》卷十《贡生·清朝·康熙例贡》：陈克明，熹涌人，选昌化训导，未任。卷十四《寿妇》：陈克明妻孙氏，熹涌人。孝敬翁姑，逮妾吴氏式好无尤，妯娌交称，子孙济美。生万历乙卯，终康熙乙未，寿一百零一岁。

［咸丰］《顺德县志》卷十五《耆寿表·百岁以外寿妇·清》：孙氏，熹涌训导陈克明妻。知县刘旌表……年百有四。

林子玿　清初顺德龙山人。崇祯末年为诸生，入清到西樵山隐居。子孙修、孙偁。

［乾隆］《顺德县志》卷十四《隐逸》：龙山人。天资敏悟，沉酣典籍，崇祯末补弟子员。鼎革后弃儒冠，入西樵山读书，不知户外事，尝有“岭头开沼沚，天半畜鸡豚”之句。乡曲子弟以古义见质，随叩即鸣。其诗和平蕴藉，得风人之遗，篆隶书法、镌刻印章各极其工。子孙修、孙偁有父风。

罗大宾　（1615—1647）字敬叔，明末顺德大良人。早年为陈邦彦学生，崇祯十五年（1642）举人。清入关后，隐罗浮山。邦彦死，痛哭成疾而卒。

［康熙十三年］《顺德县志》卷六《明朝·乡举·崇祯壬午》：大良人。

［乾隆］《顺德县志》卷十二《忠义》：字敬叔，大良人，司勋虞臣曾孙也。生有异质，敏悟绝人，五经诸史百家过目能记，遂尽读大父架上遗书万卷。年十四补邑弟子，督学魏浣初奇其才。壬午，吴贞启以南宫第一人为督学，号知言，称其文溯湃浩瀚、瑰伟广博，以国士期之。试冠军，是科举乡试第六。宾为人慷慨尚气节，高行谊，好言天下事，抱负不凡，视当世龌龊子淟涊①利禄，不足当其一盼也。癸未公车北上，目击时艰，上书魏相国首论圣学，次理财、用贤、安民、察吏、慎刑、除害、兴利、选将、治兵十事，侃侃数万言俱切中时弊。魏相览书踟蹰叹惋弥日，然不能用。甲申之变，宾斩

①淟涊（tiǎnniǎn）：污浊、卑污，软弱、懦怯。

衰就位痛哭，如丧考妣，哀动路人。闻江南新君政乱，叹曰："天不祚汉矣，奈何？"遂焚公据隐居罗浮，每对客诵《离骚》辄涕泣横集，客多不忍视。又一年，闻业师陈邦彦死节，不食者数日，设位于见阳台哭之，服心丧渐致骨立。疾革，呼天数声而卒，年三十三岁，士林伤之。有《咏怀诗集》一卷藏于家。

区世英 明末高明冈尾人。南明隆武乙酉（1645）恩贡。

［康熙八年］《高明县志》卷四《元明·恩岁贡》：清溪人，乙酉年恩贡，任广西横州训导。

［道光］《高明县志》卷十二《贡生·明》：冈尾人，乙酉年恩贡，任广西横州训导。

区应昌 字彭裔，明末高明阮埇人。南明隆武乙酉（1645）举人。出生两个月，父迁乔死。母李氏。

［康熙八年］《高明县志》卷四《明·举人·乙酉科》：字彭裔，阮埇人，经魁。卷十四《列女传》：梁氏，阮埇区盒妻。生二子方在襁褓盒亡，梁年止二十五，矢志自励，冰蘗为操。事姑久而愈恭，教养二子皆能成立。卒年八十一，孙怀素、玄孙昌应举孝廉。（《府志》）李氏，阮埇区迁乔妻。生子应昌甫两月而乔亡，氏年二十三，抚孤守节不渝。日勤纺绩，事姑惟谨，教子成立，以妙龄登乙酉贤书。氏享年七十，完节而终。

［乾隆］《肇庆府志》卷十八《明·举人·崇正壬午》：区应昌，高明人。

［道光］《广东通志》卷七十六《举人七·明》：（谨案：大清顺治二年，广东有伪隆武一科。）高明人，经魁。

卢有观 （？—约1646）字子容，明末南海沙头人。南明隆武乙酉（1645）举人。父龙云。

［康熙］《广州府志》卷二十七《选举志上·乡举·明·乙酉科》：（闽、广两省正朔未及，举乡试，广府所属共隽七十二人今废，附书以备查考。）番禺。

［道光］《广东通志》卷七十六《举人七·明》：（谨案：大清顺治二年，广东有伪隆武一科）南海人，番禺学，云龙子，字子容。

［宣统］《南海县志》卷十一《艺文略·集部·别集》：《闺怨诗稿》，明卢有观撰，据《卢善庆堂家谱》。案：卢氏谱载，有观为龙云之子。龙云为贵州布政司左参议，分守新疆道，讨苗獍尽瘁，卒于任所。奉旨赐白金、文绮，

下部议恤而恤典不下，有观赴阙请恤，时流寇蜂起，间关就道，至湖阻兵而还。自以臣之不得于君，犹妇之不得于夫，因作此编。又案：有观于明唐王永历乙酉举于乡，旋任河南太康县知县，合家赴水殉国，则其一生之感慨悲歌良有以也。

卢启昆　明末顺德羊额人。南明隆武乙酉（1645）举人。

［康熙］《广州府志》卷二十七《选举志上·乡举·明·乙酉科》：顺德。

［康熙二十六年］《顺德县志》卷五《举人·明朝·明季乙酉科》：羊额人。

［乾隆］《顺德县志》卷十六《杂志》：本朝以甲申定鼎，粤至丙戌始入版图。岁乙酉，取二十五人：……卢启昆，羊额人……照康熙丁卯旧《志》存之，以备稗野之考。

卢翚　字子舒，明顺德南海人，清顺治二年（1645）举人。父迪简。

［康熙］《广州府志》卷二十七《选举志上·乡举·明·乙酉科》：顺德。

［康熙二十六年］《顺德县志》卷五《举人·明朝·明季乙酉科》：南海人，顺德籍。

［道光］《广东通志》卷七十六《举人七·明》：（谨案：大清顺治二年，广东有伪隆武一科。）顺德人，字子舒，迪简子。

刘浑成　明末高明大唐美人。南明隆武乙酉（1645）岁贡。

［康熙八年］《高明县志》卷四《元明·恩岁贡》：上仓人，岁贡，选三水县训导。

［康熙二十九年］《高明县志》卷十二《贡生·明》：上仓人，乙酉年岁贡，选三水县训导。

［道光］《高明县志》卷十二《贡生·明》：大唐美人，乙酉岁贡，选三水县训导。

刘琛（南明隆武）　明末顺德逢简人。南明隆武乙酉（1645）举人。

［康熙］《广州府志》卷二十七《选举志上·乡举·明·乙酉科》：顺德。

［康熙二十六年］《顺德县志》卷五《举人·明朝·明季乙酉科》：逢简人。

关汝蛟 字用乘，号非池，明末南海九江人。南明隆武乙酉（1645）恩贡，任广西北流训导、知县，五十九岁卒于官。子家耀、家光。

《南海九江乡志》卷三《选举·贡·隆武元年乙酉功贡》：字用乘，号非池。由三水学习《礼记》，授广西北流训导，升知县。寿五十九，子家耀、家光并庠生。卷四《贡元列传》：公舞勺能文，性孝友，事继母张甚谨，仲父孝廉逢阳器之。恩选司训北流，加意月课，士习丕变。署邑篆，值兵荒，积谷备赈，多所全活。时事日危，晋北流令，劳瘁卒于官。

关钟喜 （约1616—1647）字岳宣，号嵩台，明南海九江人。天启七年（1627）举人，明亡，随陈邦彦战死。祖仰旒、父大度。

［崇祯］《南海县志》卷四《贡·明》：关大度，由永安学，教授。《乡举·明·天启丁卯》：关钟喜。

《南海九江乡志》卷三《选举·贡·天启三年癸亥岁贡》：关大度，……子钟秀，庠生；钟喜，举人。《选举·乡举·天启七年丁卯科》：字岳宣，号嵩台。由南海学习《礼记》，中式第六十名。丁亥同起义死事，而赠荫不及。卷四《先达列传》：公生平豪放，出绳尺外。读书过目成诵，弱冠领批籍邑庠，遂束书高阁，笔墨皆废，寻登贤书。与陈文忠公起义，殉难清远，戊子覃恩不及。

《九江儒林乡志》卷二《舆地略二·灾祥·清》：顺治五年戊子（即桂王二年）七月，赐恤死事诸臣，赠朱实莲奉议大夫、光禄寺少卿，加赠嘉议大夫、兵部左侍郎，三代同官，谕赐祭葬、荫子。谨按：乡人同时殉难清远者有主事关钟喜，恤典未及。卷十二《列传·明》：高祖福记以诸生卫乡闾，死黄萧养之难。祖仰旒、父大度以宦业著于时……钟喜一赴计偕，愤世泄沓，每欲有所建树以报国家。师事陈邦彦，与同年杨可观、霍师连等筹论天下大计，时中原陷没，闻报辄激昂废食。顺治三年丙戌，大兵破广州，钟喜随邦彦谋恢复。四年，邦彦说余龙乘间图广州，而令张家玉牵制李成栋使不得西。又约家玉及陈子壮、黄公辅互为犄角，复联王兴、胡靖、陈邦传等水陆相援，钟喜皆在师中赞画。迨攻广州不克，奔三水。八月，清远指挥白尝灿、翰林待制朱学熙杀其知县，迎邦彦入城，分门坚守。钟喜以兵部职方主事摄县篆，料兵筹饷，夜以继日。成栋兵至，外无援师，战失利，已而霍师连火舟复败，遂被围困。成栋患其久不拔也，乃伏人于庙，潜穴城垣，实以火药。战酣药发，崩十余丈，势如山倒，城遂破，战死城下。

关毓穗 明末高明苏村人。南明隆武乙酉（1645）副贡。

［康熙八年］《高明县志》卷四《元明·恩岁贡》：阮埇人，乙酉年副榜恩贡。

［康熙二十九年］《高明县志》卷十二《贡生·明》：苏村人，乙酉副榜贡。

麦檑 明末顺德麦村人。南明隆武乙酉（1645）举人。

［康熙］《广州府志》卷二十七《选举志上·乡举·明·乙酉科》：顺德。

［康熙二十六年］《顺德县志》卷五《举人·明朝·明季乙酉科》：麦村人。

苏家伟 明末顺德碧江人。南明隆武乙酉（1645）举人。

［康熙］《广州府志》卷二十七《选举志上·乡举·明·乙酉科》：番禺。

［康熙二十六年］《顺德县志》卷五《举人·明朝·明季乙酉科》：碧江人。

苏梦吉 明末顺德碧江人。南明隆武乙酉（1645）武举。

［咸丰］《顺德县志》卷十一《武举·明·崇祯·附》：碧江人，隆武乙酉。

李子朴 字木生，明末清初顺德马冈人。南明隆武乙酉（1645）举人。寿七十一岁。父道纯。子齐贤、仰贤。

［康熙］《广州府志》卷二十七《选举志上·乡举·明·乙酉科》：顺德。

［康熙十三年］《顺德县志》卷八《人物传二·德业》：字木生，马冈人。少而颖异，淹贯诸史百家，为文自出机杼，不蹈时蹊①，常以起衰八代为己任。及长游泮，历试冠军，食饩，声重胶庠。设帐邑城，雪立者千余人，率多名士，登贤书者亦不可胜纪。乙酉举于乡，兢兢以廉洁自励，不喜投刺，不入公门，清风竣节，学者仰之如泰山北斗。事父道纯菽水承欢，岁所获馆谷均分诸弟。笃孺慕，洽友于，其天性然也。饮人以醇，弗设城府，敦信尚

①蹊：表示行走在祖辈走过的道路上。

义，见重月旦。晚年乐道隐居，手不释卷，雅慕陶靖节、徐孺子为人。然怀才抱璞，时与愿违，弗获展厥大用，士林惜之。寿七十有一。长子齐贤、次子仰贤恂恂长厚，咸事艺文，能世其德。

李向明　明末顺德石龙冈人。与弟梦嵩同中南明隆武乙酉（1645）举人。

［康熙］《广州府志》卷二十七《选举志上·乡举·明·乙酉科》：顺德。

［康熙二十六年］《顺德县志》卷五《举人·明朝·明季乙酉科》：石龙冈人。

李梦嵩　字伯龄，明末顺德石龙冈人。与兄向明同中南明隆武乙酉（1645）举人。兄向明。

［康熙］《广州府志》卷二十七《选举志上·乡举·明·乙酉科》：顺德。

［康熙二十六年］《顺德县志》卷五《举人·明朝·明季乙酉科》：石龙冈人。

［道光］《广东通志》卷七十六《举人七·明》：（谨案：大清顺治二年，广东有伪隆武一科。）顺德人，字伯龄，向明弟。

李象丰　字照生，明末清初南海佛山镇人。南明隆武乙酉（1645）举人，一作清顺治十四年（1657）举人。康熙五年（1666）撰《重建厚俗社学记》。父敬问。

［康熙］《广州府志》卷二十七《选举志上·乡举·明·乙酉科》：从化。

［道光］《广东通志》卷七十六《举人七·明》：（谨案：大清顺治二年，广东有伪隆武一科）从化人，待问、陞问侄，原南海籍。卷一百九十七《艺文略九·集部三》：《仲堂诗抄》，国朝李象丰撰，未见。《岭南五朝诗选》：象丰，字照生，南海人，顺治丁酉举人。

［道光］《佛山忠义乡志》卷十二《金石志上·石·清》：《重修厚俗社学记》，里人李象丰撰，康熙五年岁次丙午冬十一月二十六日立石。

［道光］《南海县志》卷三十八《列传七·明·李敬问传》：子象丰，领乡荐。

杨应元　明末清初高明禾仓人。顺治二年（1645）任广东高州府游击。

[道光]《高明县志》卷十二《补遗》：禾仓人，顺治二年任高州府游击。

杨维岌 明末顺德容奇人。顺治二年（1645）武举。

[咸丰]《顺德县志》卷十一《武举·清·顺治》：容奇人，乙酉。

岑汉翀 明末顺德葛岸人。南明隆武乙酉（1645）举人。曾祖万。

[康熙二十六年]《顺德县志》卷五《举人·明朝·明季乙酉科》：葛岸人，万之曾孙。

岑国藩 字承翰，号赤霞，明末南海九江人。南明隆武乙酉（1645）恩贡。子希望、希贤。

《南海九江乡志》卷三《选举·贡·隆武元年乙酉功贡》：字承翰，号赤霞。由西宁学习《诗经》，子希望、希贤并庠生。

何伟如 字叔宏，明末顺德登洲人。隆武乙酉（1645）举人。

[康熙]《广州府志》卷二十七《选举志上·乡举·明·乙酉科》：顺德。

[康熙二十六年]《顺德县志》卷五《举人·明朝·明季乙酉科》：登洲人。

[道光]《广东通志》卷七十六《举人七·明》：（谨案：大清顺治二年，广东有伪隆武一科。）顺德人，字叔宏。

佘锦 字似龄，明末顺德马冈人。南明隆武乙酉（1645）举人，寿七十岁。子杜，康熙十七年（1678）举人。

[康熙]《广州府志》卷二十七《选举志上·乡举·明·乙酉科》：顺德。

[康熙二十六年]《顺德县志》卷五《举人·明朝·明季乙酉科》：马冈人。

[乾隆]《顺德县志》卷十三《行谊》：字似龄，马冈人。博学善属文，饬躬励行，以古道自期。其伯克仁读书任侠，不治家人产业，家渐落，止余妻麦氏奁田二十五亩糊口而已。无何，仁逝无子。锦曰：“礼不可不后。伯也

贫，莫或后之，若敖①馁矣。我不患贫，请后伯。”遂斩衰成服，事母麦如所生。会舅家侈斗鸡走狗，与豪贵游，慕效之，不给则质田以贷，家道日窘。锦劝母以田还之，母曰：“子之后我，日给仅此田耳。”锦曰：“父有遗书可读，砚田可耕，惟义所在，岂利之□？”母乃为具召舅，戒以勤俭，因归汶阳，出券书焚之。舅氏泣下谢去，得免颠沛焉。居常教授生徒，□□□□及门者甚众，岁入□脯以供滫髓②，犹□□□□□□□令张其策□为邑□酒。年七十乃卒，次子□□□□举孝廉。

［咸丰］《顺德县志》卷二十五《列传五·清·余锦》：教授奖掖，及门者众，束脯供养外均于兄弟。县令张其策礼之，谓后必昌……次子杜，康熙戊午举人。

张侃 字伯颖，明末顺德龙江人。南明隆武乙酉（1645）举人。

［康熙］《广州府志》卷二十七《选举志上·乡举·明·乙酉科》：顺德。

［康熙二十六年］《顺德县志》卷五《举人·明朝·明季乙酉科》：龙江人。

［道光］《广东通志》卷七十六《举人七·明》：（谨案：大清顺治二年，广东有伪隆武一科。）顺德人，字伯颖。

张赓飏 字君赞，一字康伯，明末顺德紫泥人。南明隆武乙酉（1645）举人。

［康熙］《广州府志》卷二十七《选举志上·乡举·明·乙酉科》：南海。

［康熙二十六年］《顺德县志》卷五《举人·明朝·明季乙酉科》：紫泥人。

［道光］《广东通志》卷七十六《举人七·明》：（谨案：大清顺治二年，广东有伪隆武一科。）番禺人，南海学。字君赞，一字康伯。

陆钟灵 明末三水金竹人。与弟煊同中南明隆武乙酉（1645）举人。

---

①若敖：指春秋时楚国的若敖氏。若敖氏灭宗，无人祭祀，比喻没有后代。

②滫（xiǔ）：古烹调方法之一，用淀粉拌和食物使之柔滑。滫髓：柔滑爽口的食物。

［康熙］《广州府志》卷二十七《选举志上·乡举·明·乙酉科》：三水。

［康熙四十九年］《三水县志》卷三《乡举·明朝·崇祯乙酉科》：金竹人，由本学中式。

［嘉庆］《三水县志》卷九《举人·明·乙酉科》：（国朝以甲申定鼎，广东至丙戌始入版图。乙酉，故明唐王乡试。查《通志》及南、番各《志》俱不登人，而邑旧《志》及广郡《志》悉皆备载，今仍之。）金竹人。

陆煊　一说名爆、烜，字始然，明末三水金竹人。与兄钟灵同中南明隆武乙酉（1645）举人。父文遇，兄钟灵。

［康熙］《广州府志》卷二十七《选举志上·乡举·明·乙酉科》：陆爆，三水。

［康熙四十九年］《三水县志》卷三《乡举·明朝·崇祯乙酉科》：金竹人，由本府学中式。兄弟同榜，文遇之子。

［乾隆］《广州府志》卷三十一《选举三·三水县·明》：陆烜，崇祯乙酉举人。

［道光］《广东通志》卷七十六《举人七·明》：（谨案：大清顺治二年，广东有伪隆武一科）陆烜，三水人，文遇子，钟灵弟，字始然。

陈养健　字稚行，明末顺德容奇人。南明隆武乙酉（1645）举人。

［康熙］《广州府志》卷二十七《选举志上·乡举·明·乙酉科》：顺德。

［康熙二十六年］《顺德县志》卷五《举人·明朝·明季乙酉科》：容奇人。

［道光］《广东通志》卷七十六《举人七·明》：（谨案：大清顺治二年，广东有伪隆武一科）顺德人，字稚行。

陈嘉会　一说名嘉惠，字掌礼，明末南海人。南明隆武乙酉（1645）举人。

［康熙］《广州府志》卷二十七《选举志上·乡举·明·乙酉科》：南海。

［道光］《广东通志》卷七十六《举人七·明》：（谨案：大清顺治二年，广东有伪隆武一科）陈嘉惠，南海人，字掌礼。

郑潒　字参之，号海公，明南海九江人。南明隆武元年

（1645）恩贡。父日章，子宫霆。

《南海九江乡志》卷三《选举·贡·隆武元年乙酉功贡》：字参之，号海公。由西宁县学习《诗经》，大司马汤公来贺①聘为赞画。赴行在，钦授节推，奉差回粤催趱粮务。任广西梧州府理刑。著《武略问答》行世。子宫霆题授守备。卷四《潜德列传·郑日章传》……濴功贡，任梧州府理刑。

《九江儒林乡志》卷十《选举略·明·行伍·桂王朝》：郑宫霆，题授守备，父濴功贡。

冼宪誉　字长貘，明末南海人。南明隆武乙酉（1645）举人。

［康熙］《广州府志》卷二十七《选举志上·乡举·明·乙酉科》：南海。

［道光］《广东通志》卷七十六《举人七·明》：（谨案：大清顺治二年，广东有伪隆武一科。）南海人，字长貘。

欧子虬　本姓张，字康遇，明末顺德紫泥人。南明隆武乙酉（1645）举人，永历时任广东博白教谕。

［康熙］《广州府志》卷二十七《选举志上·乡举·明·乙酉科》：番禺。

［康熙二十六年］《顺德县志》卷五《举人·明朝·明季乙酉科》：紫泥人，本姓张。

［道光］《广东通志》卷七十六《举人七·明》：（谨案：大清顺治二年，广东有伪隆武一科。）番禺人，字康遇，本姓张，永历博白教谕。

欧兆槐　字若虚，明末顺德陈村人。南明隆武乙酉（1645）举人。

［康熙］《广州府志》卷二十七《选举志上·乡举·明·乙酉科》：南海。

［康熙二十六年］《顺德县志》卷五《举人·明朝·明季乙酉科》：陈村人。

［道光］《广东通志》卷七十六《举人七·明》：（谨案：大清顺治二年，

---

①汤来贺（1607—1688），原名汤来肇，字佐平，改字念平，明末清初江西南丰人。崇祯十三年（1640）进士，与明众遗老共推唐王朱聿键于福州登基，官至兵部侍郎兼广东巡抚。后回归故里南丰，秘密筹建反清组织洪门帮。康熙二十四年（1685），出任白鹿洞书院主讲，后告老还乡，卒于家。

广东有伪隆武一科。）南海人，字若虚。

罗文连　（1616—1714）字捷君，明末清初顺德大良人。寿九十二岁。

［乾隆］《顺德县志》卷十四《耆寿》：字捷君，大良人，宋解元铸夫十世孙。性嗜学，善岐黄术，持斋好施。年跻九十，白发童颜，步履康健，里中呼为凤仙。两受恩赐粟帛。生万历丙辰，终康熙甲午，寿九十九。

梁仞廉　一说名胤廉、允廉，字伯简，明末顺德逢简人。南明隆武乙酉（1645）举人。父有年，子宠元、宠良。

［康熙］《广州府志》卷二十七《选举志上·乡举·明·乙酉科》：梁胤廉，顺德。

［康熙二十六年］《顺德县志》卷五《举人·明朝·明季乙酉科》：古朗人，有年子。卷八《人物志·德业·梁有年》：年赴任楚臬时，生少子仞廉于舟中，有紫云旋绕，异之。稍长益自负，力学攻苦，为文雄博典丽，与诸兄并驾。旋登贤书，考授中书舍人，兼撰诰敕，蹇谔有父风。时同里黄士俊为相，才之，称于同列王化澄，俾掌丝纶最久。鼎革后屏居，多所著述，临终赋诗如平时，自云读书有得力处。

［乾隆］《顺德县志》卷十三《行谊·梁宠元传》：字殿一，古朗人。万历郧阳开府有年孙，□□廉子。生而谨厚，八岁生母亡，哀毁如礼。稍长以孝□，待兄弟备极友恭。伯无子绝嗣□□□□□□□□继，长兄早□诸侄茕幼，元□□□□□□□□□□□□□□□□为完□□□剔其□□□□□□□□□□□□□□言，招怨弗顾也。有过诬者每曰："某人知之乎？"其敬畏如此。性刚方，事所当为，义形于色，乡里多倚重之，以明经老。长子愈达，举康熙乙酉贤书，官江南道监察御史；次子显荣，膺岁荐。

［道光］《广东通志》卷七十六《举人七·明》：（谨案：大清顺治二年，广东有伪隆武一科）梁允廉，顺德人，字伯简。

［咸丰］《顺德县志》卷二十四《列传四·明·梁有年传》：子仞廉，登贤书；仞毅，国朝顺治岁贡，平南教谕。孙祚訾，康熙辛酉乡荐。宠元……仞廉子……长敦孝友，捐产为伯父立嗣，兄死抚教诸孤侄成人。户有虚粮，代完而厘正之。喜道人善，而恶者亦极言无隐。弟宠良，少从学，每论古今事必呼共语至夜分，见兄拱手旁立，未尝稍逞才智，事必禀而行。县大役如学祠、钟楼，宠良皆任之。

梁湛然　明顺德逄简人。南明隆武元年（1645）举人第一名，隐居教书。祖确。

［康熙］《广州府志》卷三十八《人物志九·清高列传·明》：梁确……孙湛然，举乙酉科榜首，隐居为学者宗，其家教以诚为主，弟子数百人，中多显达者云。卷二十七《乡举·明·乙酉科》：南海，解元。

［康熙十三年］《顺德县志》卷九《节义传》：梁氏，逄简人，博兴知县陈嘉徵之嫂、前乙酉解元梁湛然之姑。

［康熙二十六年］《顺德县志》卷五《举人·明朝·明季乙酉科》：逄简人，解元。

黄开熙　明末顺德龙山人。南明隆武乙酉（1645）举人。

［康熙］《广州府志》卷二十七《选举志上·乡举·明·乙酉科》：顺德。

［康熙二十六年］《顺德县志》卷五《举人·明朝·明季乙酉科》：龙山人。

崔千上　又名振，字毓英，明末清初南海人。南明隆武乙酉（1645）举人，隐居顺德龙江。

［道光］《广东通志》卷七十六《举人七·明》：（谨案：大清顺治二年，广东有伪隆武一科）崔振，新兴人，字毓英。

［民国］《顺德县志》卷二十二《寓贤·明》：佚其名，南海人，登隆武乙酉乡荐。国亡后，与王邦畿、吴献隐于龙江。千上与陈邦彦同榜，邦彦子恭尹父事之。平居恂恂不为矫矫之节、棱棱之行，当利义之交则侃侃然。或劝之仕，曰："是非我所得为也。"生徒百人请南面为师，曰："是我所得为也。"当时远近皆曰崔先生忠信人云。（《粤东胜朝遗民录》：原按，《顺德志》称当时避地龙江者，南海则有崔振、王邦畿，千上当名振。阮《通志·选举表》隆武乙酉一榜无姓崔者，盖偶佚也。）

谢一鹏　字飞九，明末高明对村人。南明隆武乙酉（1645）举人。

［康熙八年］《高明县志》卷四《明·举人·乙酉科》：杨梅人。卷十四《列女传》：谭氏，对村谢廷惠妻。娶伯喜之女一年惠故，氏十九岁，柏舟自矢，孝养翁姑。伯叔稀零，外侮洊至，乃抚孤儿返于谭家。纺绩课子献琛，十七岁游府泮。氏寿九十，邑令旌嘉，乙酉科谢一鹏其玄孙也。

［康熙二十九年］《高明县志》卷十二《举人·明》：对村人，乙酉举人。

［乾隆］《肇庆府志》卷十八《明·举人·崇祯壬午》：高明人。

［道光］《广东通志》卷七十六《举人七·明》：（谨案：大清顺治二年，广东有伪隆武一科）高明人，字飞九。

谢元觃 明末高明对村人。南明隆武乙酉（1645）举人。

［康熙八年］《高明县志》卷四《明·举人·乙酉科》：小峒人。

［康熙二十九年］《高明县志》卷十二《举人·明》：对村人，乙酉举人。

［乾隆］《肇庆府志》卷十八《明·举人·崇祯壬午》：高明人。

［道光］《广东通志》卷七十六《举人七·明》：（谨案：大清顺治二年，广东有伪隆武一科）高明人。

谢锡 明末高明东亨人。南明隆武乙酉（1645）岁贡。

［康熙八年］《高明县志》卷四《元明·恩岁贡》：罗塘人，乙酉年岁贡，任广西南宁府教授。

［道光］《高明县志》卷十二《贡生·明》：东亨人，乙酉年府学岁贡，任广西南宁府教授。

程必焕 字文先，明末南海人。南明隆武乙酉（1645）举人。

［康熙］《广州府志》卷二十七《选举志上·乡举·明·乙酉科》：顺德。

［康熙二十六年］《顺德县志》卷五《举人·明朝·明季乙酉科》：南海人，顺德籍。

［道光］《广东通志》卷七十六《举人七·明》：（谨案：大清顺治二年，广东有伪隆武一科）顺德人，字文先。

潘凤飞 字彰翼，明末南海人。南明隆武乙酉（1645）举人。

［康熙］《广州府志》卷二十七《选举志上·乡举·明·乙酉科》：顺德。

［康熙二十六年］《顺德县志》卷五《举人·明朝·明季乙酉科》：南海人，顺德籍。

［道光］《广东通志》卷七十六《举人七·明》：（谨案：大清顺治二年，广东有伪隆武一科）顺德人，字彰翼。

潘柱臣　明末清初顺德冲鹤人。南明隆武乙酉（1645）举人。弟贞臣。

［康熙］《广州府志》卷二十七《选举志上·乡举·明·乙酉科》：顺德。

［康熙二十六年］《顺德县志》卷五《举人·明朝·明季乙酉科》：冲鹤人。

［道光］《广东通志》卷七十六《举人七·明》：（谨案：大清顺治二年，广东有伪隆武一科）顺德人，贞臣兄。

黎之显　明末高明扶丽人。南明隆武乙酉（1645）岁贡。

［康熙八年］《高明县志》卷四《元明·恩岁贡》：清溪人，乙酉年恩贡，任广西浔州府推官。

［康熙二十九年］《高明县志》卷十二《贡生·明》：扶丽人，乙酉年岁贡，任广西浔州府推官。

黎如璧　明末高明扶丽人。南明隆武乙酉（1645）副贡。

［光绪］《高明县志》卷十二《明·贡生·崇祯朝》：扶丽人，乙酉科副榜。旧《志》无，据《采访册》。

黎国衡　字方侯，明末顺德鹭洲人。南明隆武乙酉（1645）举人。

［康熙］《广州府志》卷二十七《选举志上·乡举·明·乙酉科》：顺德。

［康熙二十六］年《顺德县志》卷五《举人·明朝·明季乙酉科》：鹭洲人。

［道光］《广东通志》卷七十六《举人七·明》：（谨案：大清顺治二年，广东有伪隆武一科）广州人，字方侯。

邝日晋　字无傲，明末清初南海人。顺治三年（1646）清军破广州时，他参加张家玉起义，失败后削发为僧。

［道光］《南海县志》卷二十六《艺文略二·方外》：《磊园集》，国朝邝日晋撰，据《岭南五朝诗选》。案：日晋，字无傲，南海人。明末官副使。暮年削发，为九疑尊宿。

刘金章　明末高明大唐美人。隆武丙戌（1646）恩贡。

［康熙八年］《高明县志》卷四《元明·恩岁贡》：上仓人，恩贡。

［道光］《高明县志》卷十二《贡生·明》：大唐美人，恩贡。

［光绪］《高明县志》卷十二《明·贡生·崇祯朝》：大唐美人，丙戌年恩贡。

严初旦　明末高明罗塘人。隆武丙戌（1646）岁贡。

［康熙八年］《高明县志》卷四《清·恩岁贡》：罗塘人，岁贡，任清远县训导。

［康熙二十九年］《高明县志》卷十二《贡生·明》：罗塘人，府学岁贡，任清远县训导。

［光绪］《高明县志》卷十二《明·贡生·崇祯朝》：罗塘人，丙戌年岁贡，由府学，清远教谕。

何文康　字燕生，号遂闻，明末清初顺德黄连人。顺治三年（1646），妹妹被掳入藩王府，哀求藩妃放还。寿七十一岁。

［乾隆］《顺德县志》卷十三《行谊》：字燕生，号遂闻，黄连人……少俱孤苦，竭力事孀母，以孝闻。顺治丙戌，文康遭兵燹，长妹甫十岁被掳入藩，踪迹得所，哀恳藩太妃释与归聚……骨肉情挚同见称于闾里。文康里有古丧未葬、孤孀无靠者解囊以济。一日向取所贷，值其人丧偶无措，悯而赙之，举所有借券悉焚之……孜孜为善，老而不倦，文康尝采古今格言为家训。年七十一卒。

郑贤　原名琛，字聚之，号西崑，明南海九江人。南明绍武元年（1646）恩贡，六十四岁。父日章，弟赓，子宫蟾。

《南海九江乡志》卷三《选举·贡·绍武元年丙戌恩贡》：字聚之，号西崑。由南海学习《诗经》，寿六十四。著《鹤林家训》《玉树堂集》传世。子宫蟾，庠生。卷四《贡元列传》：公原名琛，义士公日章长子。少梦游匡山一大院……闻呼“郑贤来”……因改名。公信敏博达，慷慨仗义，为文典则尔雅，甲子乙榜。训六弟成材……捐资代族襄葬七坟，乡中凡建言咸推首事……丙戌，与弟赓倡捐廪赡军饷，院嘉叹，疏五事皆切要奉俞旨。《潜德列传·郑日章传》……子贤副榜，恩贡。

冼能盟　（1617—1686后）字秩文，明末清初南海佛山镇人。行孝。父宠臣。

［民国］《佛山忠义乡志》卷十四《人物志·孝友·清》：字秩文，生有至性。父宠臣，喜食鲜鱼，家贫不能常得。秩文持网临溪得鱼独多，择其肥美者供亲膳，日以为常，风雨弗辍。遇相者谓之曰："子面有善根，惜哉年三十当横死，且自爱。"归郁郁不乐，其父怪，问之，曰："相者谓儿三十当横死，恐不能事父母，是以忧耳。"自是服劳加谨，如恐不及，未几父母相继卒，负土营坟，不避艰险，大事既毕，亦不复介于怀。一日出治田，决窦引水，左有败墙数堵，风水骤至，砉然而崩，压秩文于内。一笠飞出田间，邻人认是物奔告其家，率众往救，扒土尽不获，启窦视之，则横卧其中。水尚未至，扶之出，惘惘如梦觉，问其故，徐答曰："方被压时已晕不省事，忽见一金甲神摄之入窦，遂恍恍惚惚亦不自知其身在何处。今得生，赖诸君救我耳。"时年甫三十，顺治三年二月初六日事也。既生还，岁至是日必亲往祭窦曰："生我者父母，再生我者此窦也。"感相者言，行善益力，年七十余而卒。故窦在佛山大塘涌。子孙遵遗命，岁具牲醴为坛致祭，谓之纪念日，至今不衰。孝弟之至通于神明，信已。

林之秀 一说名芝秀，明末高明范州人。隆武丙戌（1646）岁贡。

［康熙八年］《高明县志》卷四《元明·恩岁贡》：范州人，岁贡，任潮州府海阳县训导。

［光绪］《高明县志》卷十二《明·贡生·崇祯朝》：林芝秀，范州人，丙戌年岁贡，澄海训导。

游应运 （1617—1708）明末清初顺德莘村人。寿九十二岁。

［乾隆］《顺德县志》卷十四《耆寿》：新村人。生万历丁巳，终康熙戊子，寿九十二。

［咸丰］《顺德县志》卷十五《耆寿表·九十寿民·清》：莘村人，年九十二。

薛始亨 （1617—1686）字刚生，自号二樵山人，明末清初顺德龙江人。父天植，弟起蛟（1620—1718）。

《龙江志略》卷一《舆地·亭台》：山陲精舍，薛始亨建，顺治辛卯落成以藏琴书。

[道光]《广东通志》卷一百九十七《艺文略九·集部三》:《南枝堂集》,国朝薛始亨撰,存。《广东诗粹》,始亨,字刚生,顺德诸生,自号二樵山人。博学好奇,尝遇异人授以《论剑书》一编,因又自称剑公。

[咸丰]《顺德县志》卷二十四《列传四·明·薛天植传》:子始亨,能诗,古文词有时名,兼通琴棋曲艺……尝宝藏一古剑,鼎革后,弃儒冠学道,号剑道人。秀水朱彝尊①游粤,时与唱和。

[民国]《顺德县志》卷十四《艺文略·子部·道家》:《南华经吹影》八卷,明武林胡文蔚,龙江薛始亨、薛起蛟合注。《采访册》。《艺文略·集部·别集》:《蒯缑②馆十一草》,明薛始亨撰。《采访册》。《艺文略·集部·总集》:《粤七家诗选》,明薛始亨辑。《采访册》。

邓呈芳 明末高明田心人。隆武丁亥(1647)岁贡。

[康熙八年]《高明县志》卷四《清·恩岁贡》:田心人,顺治三年岁贡,任从化县训导。

[光绪]《高明县志》卷十二《明·贡生·崇祯朝》:田心人,丁亥年岁贡,由府学,从化训导。

李象随 (1618—?)明末清初南海佛山镇人。恩贡,任广西平乐通判。父孝问,母周氏。异母兄象震、象乎。

[雍正]《广东通志》卷三十四《明·荐举·贡生·广州府·南海县》:平乐通判。

[康熙]《广东通志》卷二十《列女·广州府·清》:周氏,顺德人。十五适知县李孝问,年十八生一子……子象随,平乐通判。

[乾隆]《佛山忠义乡志》卷四《岁贡·明》:恩贡。

刘祖满 女,字兰雪,一字畹卿,明末南海人,何维柏侄孙允衎妻。十四岁以至诚孝心医好母亲的眼病。聪慧善诗。

[崇祯]《南海县志》卷十一《列女·明》:字兰雪,宗伯何维柏侄孙何

---

①朱彝尊(1629—1709),字锡鬯,清秀水(今浙江嘉兴)人。康熙十八年举博学鸿词科,除检讨。著有《曝书亭集》80卷、《日下旧闻》42卷、《经义考》300卷,选《明诗综》100卷、《词综》36卷。

②蒯缑(kuǎigōu):用草绳缠结剑柄。

允衎妻也。裔出江右庐陵刘虞部后，其祖入粤，占籍番禺。生祖满灵慧而嫕，幼嗜古书，喜作韵语，每意到即成诗，皆得性情之正，或入岭南诗乘选，或入名媛集中，粤不多见也。年十四，母患目剧甚。祖满栉沐祷以身代，夜梦神语曰："能燃指乎？"授其法。旦日理燃具，火发而僵。母惊抱大泣，滞泪出目开明，人以为精孝所感。廿四而卒，有《梅妆阁》《丛桂轩稿》藏于家。

［康熙十三年］《顺德县志》卷九《侨寓》：生员何衎之妻也。少聪慧，好读异书，过目成诵。年将二十，善吟咏，有才名。今读其诗出自胸臆，字字庄雅，是才而得性情之正者也。至其梦神诲以燃指，痛昏仆地，母抱之而哭，两目遂开，是孝而感动天帝，与曹娥溺水救父亦复何异？寓居本邑容奇村，迨年方廿四，遽赴玉楼作记①。都人士甚为痛悼，直指使王公化澄、太守严公起恒旌表孝义，邑令朱公光熙援笔纪其事，非虚美矣。

［道光］《广东通志》卷一百九十八《艺文略十·集部四·名媛》：《丛桂剩稿》《梅妆阁诗》，明名媛刘祖满撰，未见。《粤东诗海》，祖满，一字畹卿。

释今印　俗姓梁，名琼，字佩之，改字海发，明末清初顺德逢简人。早年与梁佩兰为友，屡试不第。相传顺治五年（1648），同乡黎象斗以为琼应考将为魁首，他却出家了。在京为住持时坐化。弟海岸。

［咸丰］《顺德县志》卷三十《列传十·方外·释今印》：原名琼，字佩之，更字海发，逢简梁氏子。家贫嗜学，少与吴炜、梁佩兰友善，通试东莞及本籍并居首，补庠生。先是，戏为人构一艺，录之辄冠其曹，遂自悔欺冒，乃自试。既售，屡蹶场屋。馆西粤，归而母死，哀恸吐血，垂绝而苏。自是锐意修道，步入匡庐，皈天老人，落发受具，研究至于忘身。随师还粤，复返庐山掌书记，确有证人。行脚至黄州，天章付以大法。由陕西入都，某丛林迎请住持。时徒众甚盛，当事虑惑众，问："能移堂前树乎？"海发即三叩其树曰："根深不可移也。"一日趺坐，集众语曰："西方净域，近即灵台。物欲不滓，洞见天心。"语毕遂寂，有群鹤绕寺。弟海岸，亦海幢名僧。（《六莹堂集》《海云禅集》）按：相传海发出家在戊子，其年元旦，同乡黎象斗梦锦鲤海有紫气接空，语其子海达曰："海发文佳甚，今科必得魁首。"后始知为修行之应。

①玉楼作记：相传唐代李贺昼见绯衣人传玉帝诏令，谓白玉楼成，召使作记，随卒。后因称文人早死。

释今严 俗姓罗，名殿式，字君奭，出家后字足两，明末清初顺德人。二十多岁问道于天然禅师，顺治六年（1649）削发为僧，居番禺雷峰。十五年，往浙江嘉兴请藏经回庐山归宗寺，病逝于五乳峰静室。兄寅。

［咸丰］《顺德县志》卷三十《列传十・方外・释今严》：字足两，县罗氏子，原名殿式，字君奭。邑诸生，与兄寅皆有文名，为梁朝钟、梁祐逵小友。弱冠从天然禅师求生死大事，己丑脱白受具。其母颇知书，相继落发。严性孤高好洁，非其人，虽贵游不肯晋接，居雷峰丈室最久。戊戌，诣嘉兴请藏，还至归宗，阅大藏一周。岁饥，日仅食匙糜。以病还雷峰，爱栖贤山水，扶病强行，竟蜕于五乳峰静室。严道念甚深，知解明敏，有《西窗遗稿》一卷，《秋怀》《百合》诸诗尤为世所传诵。（《海云禅集》）

释古行 字克躬，明末清初顺德人。早年与今严同乡塾，父母逝后，至番禺雷峰出家，游行吴、越、楚、闽募化。康熙十五年（1676），为天然禅师往庐山打探栖贤寺近况。

［咸丰］《顺德县志》卷三十《列传十・方外・释古行》：字克躬，县人，生为循圆族弟。童子时与足两同乡塾，世乱弃去，慨然思出世。养亲至殁，即入雷峰受具。行募于吴、楚、闽越中，积有勤劳。丙辰，岭外阻梗，老人念栖贤困厄，音问阔绝，间关无可使者，行毅然请往，至净成顺化。（《海云禅集》）

释元觉 （？—1681）俗姓简，字离幻，明末清初顺德人。云门宗禅师，晚年居罗浮石洞主持华林。

［道光］《南海县志》卷四十二《列传十一・仙释》：石洞名元觉，字离幻，云门宗①符禅师嫡嗣，顺德简氏子也。晚居罗浮石洞，因以为号焉。夙具正信，专修净业，遍躬诸方。往来吴越承事，名宿多见许可。既而归觐，首众华林，亲受记莂。平生坦怀接物，禅律兼通，才品并茂，四方学者多从之游。宗公示寂，师继席主法，大兴云门之道，会下千指。康熙辛酉十月朔晨，起沐浴，处分华林常住，安慰大众已，索笔自题遗像，悬之座间。谓大众云："诸兄弟道这个似还不似？似则打煞老僧，不似烧却影子。"众无对，乃代云：

①云门宗：禅宗五家七宗之一，与曹洞宗、法眼宗同属南宗青原法系，以开山祖师云门文偃禅师的名字而得名。

"似则似矣，是则未是。"端坐而逝。

冯宸俞　（1619—1714）字恭若，明末清初顺德大良人。寿九十六岁。子文熊（1648—1747），寿九十二岁。

［乾隆］《顺德县志》卷十四《耆寿》：字恭若，大良人。生万历己未，卒年九十六，两受恩赐粟帛。子文熊，字谦隽，生顺治五年，寿九十二。

杨有声　字比雷，明末清初高明村头人。三次乡试副榜，顺治五年（1648）岁贡，十七年举人，以老辞官。康熙八年（1669）参修《县志》。父维福。

［康熙八年］《高明县志》卷四《清·恩岁贡》：杨梅人，岁贡，任琼山训导，庚子年举人。《清·举人·顺治十七年庚子》：字比雷，杨梅人，知县。卷十三《人物·明》：杨维福，字蛟雨。为邑诸生四十年，足不履公门。敦尚正直，乡族有不平者，向福质成顿释。治《葩经》，义方贻训。子有声，以岁贡授琼山训，登顺治庚子科乡试。卷首《高明县志重辑序》，萃邑绅士杨君有声、谭君良泰、李君其蕃等择吉开局，分任纂修……康熙己酉仲春谷旦，文林郎、知高明县事三韩鲁杰识。

［康熙二十九年］《高明县志》卷十二《贡生·清》：杨梅人，顺治八年补五年分岁贡，任琼山训导，庚子科中式。卷十三《人物·清》：好学博古，为文雄健，卓有奇气。诸生屡试冠军，督学咸预决其首捷，乃三中副车，邑中名士多出其门。以顺治五年岁贡授琼山训，作养士类。当道以夙儒目之，赠资赴闱，登康熙庚子科乡荐。拣选至部，以老致仕。

［道光］《高明县志》卷十二《贡生·清》：村头人，顺治八年补五年分岁贡，任琼山训导，庚子科中式。

杨改之　（约1619—?）字完人，明末南海人。崇祯十二年（1639）举人，入清任山东日照知县。祖茂先，兄邦翰。

［崇祯］《南海县志》卷四《乡举·明·崇祯己卯》：由番禺县学。卷十《人物列传·杨茂先传》：孙改之、曾孙云龙，俱以弱冠同领崇祯己卯乡荐。

［道光］《广东通志》卷七十六《举人七·明·崇祯十二年己卯·广州府》：南海人，番禺学。字完人，邦翰弟，国朝日照知县。

杨云龙　（约1619—?）字素公，明末南海人。崇祯十二年

（1639）举人。

［崇祯］《南海县志》卷四《乡举·明·崇祯己卯》：杨云龙。

［道光］《广东通志》卷七十六《举人七·明·崇祯十二年己卯·广州府》：南海人，字素公。

何观礼 一名宏仁，字命卿，明末清初顺德羊额人。顺治五年（1648）饥荒时，拾金不昧。有七子，因子懋昭受赠登仕郎。子懋全。

［乾隆］《顺德县志》卷十三《行谊》：一名宏仁，字命卿，羊额人。性淳笃，读书以古君子自期。事父母馔膳必亲，涤濯必亲，尝药必亲，忌日素衣冠涕泣而处，不饮酒食肉，守“君子有终身之丧”之礼也。待伯叔、兄长尤恭谨。居家素俭啬，自奉极约，虽干糇或愆①，而能严一介不取不予之操。顺治戊子，广郡大饥，民多困穷。一日偶于衢路旁见一布袱，揣之甚重，礼拾而伺之。至夜携归，不告妻子。次日复候于其处，忽有人踉跄奔至，意甚怆恍。询之，自言姓赵名少纪，昨以讼事问渡，忙迫遗金一袱，重一百四十一两，道封识、锭件数目甚详。礼引归，启封悉与符合，礼曰：“果君物也。”举以还之。纪搏颡②请分其半，礼不纳，又请分谢三之一亦不许，纪拜天而去。乡邻皆怪之，谓身俭者惜财，胡天与不取？礼应之曰：“俭乌用财？彼凶岁亡金，一家失所矣，吾忍乎哉？”其存心仁恕如此。康熙六十一年，以子懋昭贵赠登仕郎。妻吴氏更贤淑，相夫子、事尊嫜克尽妇道。礼故，教七子，纺绩训读，四子一孙皆游泮有声，邑令姚肃规旌其门曰“柳母遗风”。

［乾隆］《广州府志》卷三十八《孝行·顺德·清》：何懋全，字际君，为诸生。天性纯笃，痛生不逮事父，祀日涕泣，子侄皆为酸鼻。母吴目瞽，饮食维艰，懋全进箸捧饭，备极婉愉，二十年不改。居母丧日，术者谓宜禁哭，全不听，卒无害，士论韪之。母殁后，闻邻有与母称觞者辄恸哭欲绝。为人厚重诚朴，笑言不苟，遇事则胸有定算，与计成败无或爽，人皆钦其孝而服其识云。

［咸丰］《顺德县志》卷二十五《列传五·清·何懋全传》：父观礼……懋全其季也。

---

①干糇（gānhóu）：干粮，亦泛指普通的食品。愆（qiān）：耽误。

②搏颡（sǎng）：叩头。

郑赓 字阿载，别号嵋半，明南海九江人。永历二年(1648)岁贡。父日章。

《南海九江乡志》卷三《选举·贡·永历二年戊子岁贡》：字阿载，别号嵋半。由西宁学习《诗经》，廷试候铨①。以时事孔亟②还里，见讲学山中，著《山晓堂集》及《曹溪》《桃溪》《甲峰》诸刻。卷四《潜德列传·郑日章传》：……赓，岁贡。

《九江儒林乡志》卷二《舆地略二·灾祥·清》：顺治十四年丁酉，《乡志》成，黎春曦纂辑，冯毓舜、郑赓序。

欧璞持 (约1619—约1658)字子玉，明末顺德陈村人。崇祯十二年(1639)举人。祖履廷。同族兄芬。

[康熙]《广州府志》卷三十九《人物志十·儒林列传·明·欧芬传》：同族弟璞持弱冠登贤书，与芬同榜。文藻富丽，书尤杰出，四十而逝，亦未展厥用焉。卷四十三《列女传三》：关氏，欧履廷妻。归数月履廷卒，关矢志孀居，称未亡人者七十余载，卒年九十六。嗣子兆虬，孝养弗违。孙璞持，崇祯己卯举人。欧氏，顺德龙津人。适赤花关敬尧，宗党有鸿光之誉。无何敬尧游学苍梧而卒，氏未三十。家贫孀守，终岁不逾户阈，勤纺绩，教子永镇、永钰、锦鳌等义方皆成立。氏至老犹亲女红不辍，族里化之。父庠生文袁怜其贫守，常目之为永洁。卒之夕，乡人为罢中秋之庆，弟璞持颜其堂曰“德白”。

[康熙十三年]《顺德县志》卷六《明朝·乡举·崇祯己卯》：欧璞持，陈村人。

[道光]《广东通志》卷七十六《举人七·明·崇祯十二年己卯·广州府》：顺德人，字子玉。

[咸丰]《顺德县志》卷十《举人·明·崇祯》：字子玉，陈村人。按：郝《志》、张《府志》、姚《志》并作“朴”，以字当从阮《志》作“璞”……己卯科。卷三十二《杂志》：欧芬以名诸生为塾师，夜梦人语之曰：“越月当赴同年汤饼会。”醒而莫解。后族叔群石子璞持生招饮，抱儿出见，芬抚之，群石戏曰：“他日当次汝兄后。”芬愕然，逾二纪竟同登崇祯己卯乡书。陈其才之生，其叔善藏亦有此梦，善藏曰：“汝则英达，所难堪者汝叔尔。”后亦

---

①候铨：听候委派官职。

②孔亟(jí)：很紧急、很急迫。

登壬子贤书。

岑士雅　明末清初顺德沙滘人。顺治六年（1649）岁贡。

［咸丰］《顺德县志》卷十一《岁贡·清·顺治》：沙滘人，己丑。

黄凤文　本姓冯，明末清初南海人。顺治六年（1649）任广东归善训导。

［康熙］《南海县志》卷五《选举志·明贡·年分未考者》：本姓冯，训导。

［道光］《广东通志》卷四十九《清·惠州府·归善县教谕训导·顺治朝》：南海人，六年任，训导。

薛起蛟　（1620—1718）字牟山，一字炎洲，又字焰万，明末清初顺德龙江人。康熙二十六年（1687），广东巡抚李士桢请编《抚粤政略》。寿九十八岁。父天植，兄始亨，子伯蒲。

［康熙十三年］《顺德县志》卷六《清朝·恩贡·顺治》：龙江人。

［康熙二十六年］《顺德县志》卷六《恩贡·明朝·崇祯》：龙江人，天植子。

［乾隆］《顺德县志》卷十三《文苑》：字牟山……与兄始亨并有文名，学者称“小薛”以别之。幼颖慧，就外傅，日记千言。稍长补邑诸生，旋中明经科。好古传、外家语①，务有用之学，虽淡意禄仕而常为当事延访，所陈生民利害动中机宜。为文力追柳州，尤工史学，中丞李士贞抚粤，举废修坠诸大建置悉属为记。住柏府②经年，修《姜氏家谱》及《抚粤政略》。丁卯，邑大夫聘修邑《志》，继修《新会志》，考核精当。年九十犹喜读书，稍暇则临摹古帖，书法与年俱进，片纸点墨人争宝之。卒年九十有八。次子伯蒲，郡诸生，性孝谨，工诗字，尤精弈法。

［道光］《广东通志》卷一百九十七《艺文略九·集部三》：《木末山房稿》，国朝薛起蛟撰，未见。《广东诗粹》，起蛟，一字炎洲，又字焰万，顺德诸生。

［咸丰］《顺德县志》卷二十四《列传四·明·薛天植传》：起蛟……贡

---

①外家语：谓儒家六经以外的史书诸子甚至方术杂说。

②柏府：御史府的别称。西汉御史大夫府内有柏树林，因而得名。

太学，读书务淹贯。

李震元 明末清初三水人。顺治七年（1650），率乡人诱杀海盗。

［康熙十二年］《三水县志》卷一《事纪》：大清顺治七年庚寅，冬十二月，海贼沿劫彭坑等乡，邑人李震元擒之。（时海贼狉猖河南、西江一带，蓬村、龙池、天湖等近海乡村皆被劫。有巨魁一十八人，从彭坑将入州边、官员等乡。李震元率乡众，诱至西头冈庙杀之，自是贼不敢犯入内地。）

吴应声 （1621—1717）字宪良，号思灿，明末清初顺德大良人。寿九十七岁。

［乾隆］《顺德县志》卷十四《耆寿》：字宪良，号思灿，大良人。生天启辛酉，终康熙丁酉，寿九十七，两受恩赐粟帛。

林启杰 （1621—1711）明末清初顺德陈村人。寿九十一岁。

［乾隆］《顺德县志》卷十四《耆寿》：陈村人。生天启辛酉，终康熙辛卯，寿九十一。

罗曾勇 明末清初高明田心人。顺治七年（1650）岁贡。

［康熙八年］《高明县志》卷四《清·恩岁贡》：田心人，顺治七年岁贡。

黎克慎 （1621—1713）字醇夫，明末清初顺德大良人。妻苏氏，生卒年同。祖壮卿，父鹤汀。

［乾隆］《顺德县志》卷十四《齐眉》：字醇夫，桃村人，妻苏氏。俱生天启辛酉，至康熙癸巳，寿九十三，恩赐绢帛。祖壮卿寿八十，父鹤汀寿八十五，母何氏寿九十六。三世耄期，两代齐眉。

马观鹏 （1624—1647）字扶泰，明末顺德龙江人。二十四岁为江西参将，驻防赣州。清兵围城，巷战阵亡。翌年，永历帝追谥为“飞虎将军”。妻谭氏。

［雍正］《广东通志》卷四十七《人物志·明·忠烈》：字扶泰，顺德人。少英勇，奋身从戎。崇祯间随征流贼有功，授江西参将。守赣州加副将，进

阶飞虎将军，时年二十四。方乞假归娶，猝遇报急。众将请坚守以待，鹏曰：“不可以私情误公事。”遂进兵力战而死，妻谭氏，闻讣矢节。

［乾隆］《顺德县志》卷十二《忠义》：龙江人……崇祯末李贼披猖，随征有功。

《龙江志略》卷一《舆地·祠墓》：明飞虎将军、副总兵烈愍马观鹏墓在金钗臂。《编年·国朝》：顺治三年丙戌冬十月，大兵破赣州，明副兵马观鹏死之。

［咸丰］《顺德县志》卷二十四《列传四·明·马观鹏》：祀忠孝，国朝赐谥烈愍。

征引方志目录

1. ［嘉靖］《广东通志初稿》四十卷，首一卷，（明）戴璟修，张岳等纂，嘉靖十四年（1535）刻本

2. ［嘉靖］《广东通志》七十卷，（明）黄佐纂修，嘉靖四十年（1561）刻本

3. ［万历］《广东通志》七十二卷，（明）郭棐等纂，万历三十年（1602）刻本

4. 《粤大记》三十二卷，（明）郭棐纂，万历间刻本

5. ［康熙］《广东通志》三十卷，（清）金光祖修，莫庆元等纂，康熙三十六年（1697）刻本

6. ［雍正］《广东通志》六十四卷，（清）郝玉麟修，鲁曾煜等纂，雍正九年（1731）刻本

7. ［道光］《广东通志》三百三十四卷，首一卷，（清）阮元修，陈昌齐等纂，道光二年（1822）刻本

8. ［民国］《续修广东通志》不分卷，朱庆澜等修，梁鼎芬等纂，民国五年（1916）广东通志局稿本

9. ［民国］《广东通志稿》一百二十册，广东通志馆纂，民国二十四年（1935）修

10. ［嘉靖］《广州志》七十卷，（明）黄佐纂修，嘉靖六年（1527）刻本

11. ［康熙］《新修广州府志》五十四卷，（清）汪永瑞修纂，康熙十二年（1673）抄本

12. ［乾隆］《广州府志》六十卷，首一卷，（清）金烈、张嗣

衍修，沈廷芳纂，乾隆二十四年（1759）刻本

13. ［光绪］《广州府志》一百六十三卷，（清）戴肇辰、苏佩训修，史澄、李光廷纂，光绪五年（1879）刻本

14. ［民国］《花县志》十三卷，孔昭度、符矩存修，利璋纂，民国十三年（1924）铅印本

15. ［乾隆］《番禺县志》二十卷，（清）任果、常德修，檀萃、凌鱼纂，乾隆三十九年（1774）刻本

16. 《佛山忠义乡志》十一卷，（清）毛维锜等修，陈炎宗等纂，乾隆十九年（1754）刻本

17. 《佛山忠义乡志》十四卷，（清）吴荣光纂修，道光十年（1830）刻本

18. 《佛山忠义乡志》十九卷，首一卷，汪宗准修，冼宝干等纂，民国十五年（1926）刻本

19. ［民国］《连山县志》十六卷，首一卷，何一鸾修，凌锡华增修，民国四年（1915）修，十七年（1928）增修铅印本

20. ［同治］《连州志》十二卷，（清）袁泳锡、觉罗祥瑞修，单兴诗纂，同治十年（1871）刻本

21. ［万历］《南海县志》十三卷，（明）刘廷元修，王学曾纂，万历三十七年（1609）刻本

22. ［崇祯］《南海县志》十三卷，（明）朱光熙修，庞景忠、麦懋藻纂，崇祯修，清抄本

23. ［康熙］《南海县志》十七卷，（清）郭尔戺、胡云客等纂修，康熙三十年（1691）刻本

24. ［乾隆］《南海县志》二十卷，（清）魏绾修，陈张翼纂，乾隆六年（1741）刻本

25. ［道光］《南海县志》四十四卷，首一卷，末一卷，（清）潘尚楫等修，邓士宪等纂，道光十五年（1835）修，同治八年（1869）刻本

26. ［同治］《南海县志》二十六卷，首一卷，（清）郑梦玉等修，梁绍献等纂，同治十一年（1872）刻本

27. ［宣统］《南海县志》二十六卷，末一卷，（清）郑棻等修，桂坫等纂，宣统三年（1911）刻本

28. 《南海九江乡志》五卷，（清）黎春曦纂，同治十三年（1874）刻本

29. 《九江儒林乡志》二十一卷，（清）朱次琦等修，冯栻宗等纂，光绪九年（1883）刻本

30. ［乾隆］《西樵山志》六卷，（清）罗国器、马符录辑，乾隆刻本

31. 《西樵白云洞志》五卷，（清）黄亨辑，道光十八年（1838）刻本

32. ［康熙］《三水县志》十五卷，首一卷，（清）苏嵋修、梁绍光纂，康熙十二年（1673）刻本

33. ［康熙］《三水县志》十五卷，首一卷，（清）郑玫纂修，康熙四十九年（1710）刻本

34. ［嘉庆］《三水县志》十六卷，首一卷，（清）李友榕等修，邓云龙等纂，嘉庆二十四年（1819）刻本

35. ［民国］《三水县志·艺文略稿》，黄荣康纂，民国二十六年（1937）稿本

36. ［万历］《顺德县志》十卷，（明）叶初春修，叶春及纂，万历十三年（1585）刻本

37. ［康熙］《顺德县志》十三卷，首一卷，（清）黄培彝等修，严而舒等纂，康熙十三年（1674）刻本

38. ［康熙］《顺德县志》十二卷，（清）姚肃规修，佘象斗纂，康熙二十六年（1687）刻本

39. ［乾隆］《顺德县志》十六卷，（清）陈志仪修，胡定纂，乾隆十五年（1750）刻本

40. ［咸丰］《顺德县志》三十二卷，（清）郭汝诚修，冯奉初纂，咸丰三年（1853）修，六年（1856）刻本

41. ［民国］《顺德县志》二十四卷，附郭志刊误二卷，周之贞、冯葆熙修，周朝槐等纂，民国十八年（1929）刻本

42. 《龙江志略》四卷，（清）儒林书院纂，道光十三年（1833）稿本

43. 《龙山乡志》十四卷，首一卷，（清）温汝能纂，嘉庆十年（1805）顺德金紫阁刻本

44. ［康熙］《高明县志》十八卷，（清）鲁杰修，罗守昌等纂，康熙八年（1669）刻本

45. ［康熙］《高明县志》十八卷，首一卷，（清）于学修，黄之璧等纂，康熙二十九年（1690）刻本

46. ［道光］《高明县志》十八卷，首一卷，（清）祝淮修，夏值亨纂，道光五年（1825）刻本

47. ［光绪］《高明县志》十六卷，首一卷，（清）邹兆麟等修，区为梁等纂，光绪二十年（1894）刻本

48. ［万历］《肇庆府志》二十二卷，（明）郑一麟修，叶春及纂，万历十六年（1588）刻本

49. ［崇祯］《肇庆府志》五十卷，（明）陆鏊、陈烜奎纂修，崇祯六年（1633）至十三年（1640）刻本

50. ［康熙］《肇庆府志》三十二卷，（清）史树骏修，区简臣纂，康熙十二年（1673）刻本

51. ［康熙］《肇庆府志》三十二卷，（清）史树骏修，区简臣纂，宋志益增辑，康熙五十八年（1719）增刻本

52. ［乾隆］《肇庆府志》二十八卷，（清）吴绳年修，何梦瑶纂，乾隆二十五年（1760）刻本

53. ［道光］《肇庆府志》二十二卷，首一卷，（清）屠英等修，江藩等纂，道光十三年（1833）刻本，光绪二年（1876）补刻本

54. ［道光］《高要县志》二十二卷，首一卷，（清）韩际飞修，何元等纂，道光六年（1826）刻本

55. ［康熙］《东安县志》十卷，（清）韩允嘉纂修，张其善增修，康熙十一年（1672）刻本

56. ［康熙］《东安县志》十一卷，（清）袁承秦纂修，康熙二十六年（1687）刻本

57. ［乾隆］《东安县志》四卷，（清）庄大中纂修，乾隆五年（1740）刻本

58. ［康熙］《西宁县志》十卷，（清）赵震阳修，钟光斗纂，康熙六年（1667）刻本

59. ［康熙］《西宁县志》十二卷，首一卷，（清）张溶修，区

孟贤纂，康熙二十六年（1687）刻本

60. [康熙]《西宁县志》十二卷，首一卷，（清）李玉鋐修，金光绶纂，康熙五十七年（1718）刻本

61. [道光]《西宁县志》十二卷，首一卷，末一卷，（清）诸豫宗修，周中孚纂，道光十年（1830）刻本

后　记

重塑千年典籍生命，传承与弘扬中华优秀传统文化乃当今国之大计。乡邦文献，蕴藏一地文化之根脉，亦为地方城市发展之本源。

佛山肇迹于晋，得名于唐，明清时期发展成为商贾云集、经济繁荣的天下名镇。经济的繁荣促成人文的鼎盛。芸芸百姓生活其间，百代遗风，在册在典，化民成俗，足资考证，是为佛山历史文化最为关键之部分。

本着立足馆藏，深挖地方历史文化资源，传承与弘扬佛山优秀传统文化，服务读者，促进佛山高质量城市文化建设的职责，2018 年佛山市图书馆启动了《佛山人物志》这一佛山地方文献整理研究与开发利用项目。与以往“名人”研究的思维定式不同，本项目通过对出版于 1949 年以前的广东历代方志进行查阅，辑录其中所载与佛山现辖五区历史人物相关的所有资料，不以人物作为、名气大小定取舍。我们按一定的方式对辑录出来的资料进行组织整理，使分散于各种方志之中的人物资料得以集中，形成有史以来最全面的佛山历史人物资料汇辑，从而为读者提供方便易得、原始可靠的一手资料。

此次出版的《佛山人物志·战国至明代卷》一书为项目成果之一。该卷汇辑了上迄战国高固，下至明末马观鹏，近 3000 位佛山历史人物的资料，参考了广东历代方志 60 余种，内容浩繁，资料丰富。项目的另一成果《佛山人物志·清代卷》嗣后出版。

从项目启动至今，历时四年，此书能够付梓，离不开佛山市文化广电旅游体育局的大力支持和佛山市建设文化事业基金会的资助以及项目所有参与人员的共同努力。原佛山科学技术学院图书馆罗春华老师不辞辛劳为本书文稿资料的收集与整理工作提供了大量帮助，佛山科学技术学院文学院文际平老师协助提供相关资料。广东省立中山图书馆倪俊明副馆长作为审稿专家对文稿提出了许多指导性修改意见。岳麓书社作为本书的出版机构，为文稿的编辑出版费心费力。在此特表谢忱。

书海茫无涯，皓首亦难穷。此次佛山历史人物资料的整理，内容繁多，资料复杂，限于水平和时间，如有错讹挂漏之处，敬祈方家不吝批评指正，在此亦感激不尽。

佛山市图书馆

2022 年 4 月

图书在版编目(CIP)数据

佛山人物志. 战国至明代卷/佛山市图书馆编. —长沙:岳麓书社,2022. 12

ISBN 978-7-5538-1522-0

Ⅰ. ①佛… Ⅱ. ①佛… Ⅲ. ①历史人物—列传—佛山 Ⅳ. ①K820. 865. 3

中国版本图书馆 CIP 数据核字(2021)第 131768 号

FOSHAN RENWU ZHI ZHANGUO ZHI MINGDAI JUAN

佛山人物志 战国至明代卷

编　　者:佛山市图书馆

责任编辑:刘　文

责任校对:舒　舍

封面设计:罗志义

岳麓书社出版发行

地址:湖南省长沙市爱民路 47 号

直销电话:0731-88804152　0731-88885616

邮编:410006

版次:2022 年 12 月第 1 版

印次:2022 年 12 月第 1 次印刷

开本:960mm×640mm　1/16

印张:65. 75

字数:1250 千字

书号:ISBN 978-7-5538-1522-0

定价:298. 00 元

承印:长沙鸿发印务实业有限公司

如有印装质量问题,请与本社印务部联系

电话:0731-88884129